Medienrecht

Textbuch
Deutsches Recht

Medienrecht

Vorschriftensammlung

Stand: März 2022

Zusammengestellt und herausgegeben von

Prof. Dr. Frank Fechner
TU Ilmenau

und

Rechtsassessor Johannes C. Mayer
M.P.A., Hochschuldozent
Hochschule für Polizei und öffentliche Verwaltung NRW
Abteilung Gelsenkirchen

17., neu bearbeitete und erweiterte Auflage

Bibliografische Information der Deutschen Nationalbibliothek
Die Deutsche Nationalbibliothek verzeichnet diese Publikation in der Deutschen Nationalbibliografie; detaillierte bibliografische Daten sind im Internet über http://dnb.d-nb.de abrufbar.

ISBN 978-3-8114-5845-1

E-Mail: kundenservice@cfmueller.de
Telefon: +49 6221 1859 599
Telefax: +49 6221 1859 598

www.cfmueller.de

© 2022 C. F. Müller GmbH, Waldhofer Straße 100, 69123 Heidelberg

Dieses Werk, einschließlich aller seiner Teile, ist urheberrechtlich geschützt. Jede Verwertung außerhalb der engen Grenzen des Urheberrechtsgesetzes ist ohne Zustimmung des Verlages unzulässig und strafbar. Dies gilt insbesondere für Vervielfältigungen, Übersetzungen, Mikroverfilmungen und die Einspeicherung und Verarbeitung in elektronischen Systemen.

Satz: FotoSatz Pfeifer GmbH, Krailling
Druck: CPI books, Leck

Vorwort

Das anhaltende Interesse an der Textsammlung „Medienrecht" hat wiederum eine Neuauflage erforderlich gemacht. Ermöglicht wurde hierdurch eine umfassende Aktualisierung aufgrund zahlreicher Gesetzesänderungen. Berücksichtigt wurde vor allem die Reform des Urheberrechts 2021, die nicht nur mit Änderungen am UrhG verbunden war, sondern zudem zur Aufnahme des Urheberrechts-Diensteanbieter-Gesetzes in die Sammlung geführt hat sowie die Novellierung des Jugendschutzgesetzes und des Jugendmedienschutz-Staatsvertrags. Umfassende Novellierungen des Telemediengesetzes und Netzwerkdurchsetzungsgesetzes sowie des Telekommunikationsgesetzes wurden ebenso berücksichtigt. Neu eingeführt wurde im Kontext weiterreichender datenschutzrechtlicher EU-Vorgaben zudem das Telekommunikation-Telemedien-Datenschutz-Gesetz. In dieser Textsammlung sind die für das Studium und die Praxis wichtigsten medienrechtlichen Gesetze und Rechtsnormen zusammengestellt. Sie entspricht dem Wunsch der Studierenden nach einer übergreifenden Vorschriftensammlung für die Einführungsvorlesung bis hin zu den Vertiefungsrichtungen im Medienrecht. Berücksichtigt wurden die Grundlagen des Medienrechts im Grundgesetz und im Europarecht, die klassischen Gebiete des Medienrechts, insbesondere Presserecht und Rundfunkrecht, wie auch die speziellen Gebiete insbesondere des Multimediarechts.

Die Normen des Medienrechts spielen nicht nur in der universitären Ausbildung von Juristen und in den Medienstudiengängen eine wichtige Rolle, in zunehmendem Maße befassen sich auch andere Bildungsträger mit medienrechtlichen Themen, deren Studierende sich eine Orientierung im „Normendschungel" des Medienrechts wünschen. Doch auch erfahrenen Medienrechtspraktikern in Presseunternehmen, Rundfunksendern, Onlineredaktionen und Medienrechtsanwälten soll diese Sammlung, die sich nun schon über viele Auflagen bewährt hat, die tägliche Arbeit erleichtern.

Um die Bearbeitung landesrechtlich geprägter Fragestellungen des Medienrechts zu vereinfachen, wurde aus den unterschiedlichen Landespressegesetzen ein Musterpressegesetz erstellt, das durch den Wortlaut der abweichenden Normen ergänzt wird.

Für wertvolle inhaltliche Hinweise danken wir den Mitarbeitern am Fachgebiet Öffentliches Recht, Frau Ass. iur. *Cordula Pelz*, Frau Ass. iur. *Maria Elisabeth Heinemann*, Frau Ass. iur. *Marlies Kerssen* und Herrn Ass. iur. *Johannes Arnhold* sowie für die tatkräftige Unterstützung bei dieser Auflage dem studentischen Assistenten des Fachgebiets, Herrn *Marius Schüll*. Dem Verlag C.F. Müller und seinen Mitarbeitern, danken wir für wie immer zuverlässige kontinuierliche Betreuung. Herrn Ass. iur. *Christian Lenz*, unserem Lektor vom C.F. Müller Verlag, sind wir für die rasche und unermüdliche Unterstützung sowie Geduld zu besonderem Dank verpflichtet.

Die Herausgeber danken Herrn Regierungsdirektor Dr. *Alexander Schäfer* vom Bundesministerium für Justiz und für Verbraucherschutz für den kollegialen-fachlichen Austausch sowie die Hinweise zur Gesetzgebungspraxis im Bereich zentraler Gesetzgebungsverfahren im Medienrecht.

Für Verbesserungsvorschläge sind wir stets dankbar (Kontaktadressen: Frank.Fechner@tu-ilmenau.de und johannes.mayer@hspv.nrw.de).

Ilmenau und Essen, im März 2022 *Frank G. Fechner*
Johannes C. Mayer

Inhaltsverzeichnis

Vorwort		V
Abkürzungsverzeichnis		IX
Einführung		XI

I. Übergeordnete Rechtsvorschriften

1	Grundgesetz für die Bundesrepublik Deutschland (GG) – Auszug –	1
1a	Landesverfassungen (LVerf) – Auszüge –	13
2	Vertrag über die Arbeitsweise der Europäischen Union (AEUV) – Auszug –	19
3	Charta der Grundrechte der Europäischen Union (GRCh) – Auszug –	29
4	Konvention zum Schutz der Menschenrechte und Grundfreiheiten (EMRK) – Auszug –	33
5	Bürgerliches Gesetzbuch (BGB) – Auszug –	37
6	Einführungsgesetz zum Bürgerlichen Gesetzbuch (EGBGB) – Auszug –	117
7	Verordnung (EU) 2016/679 des Europäischen Parlaments und des Rates vom 27. April 2016 zum Schutz natürlicher Personen bei der Verarbeitung personenbezogener Daten, zum freien Datenverkehr und zur Aufhebung der Richtlinie 95/46/EG (Datenschutz-Grundverordnung – DSGVO)	155
7a	DSGVO-Erwägungsgründe (DSGVO-ErwG)	235
7b	Bundesdatenschutzgesetz (BDSG)	299
7c	EU-Urheberrechtsrichtlinie (EU-UrhRL)	361
8	Gesetz über Urheberrecht und verwandte Schutzrechte (UrhG)	383
8a	Urheberrechts-Diensteanbieter-Gesetz (UrhDaG)	481
9	Gesetz über die Wahrnehmung von Urheberrechten und verwandten Schutzrechten durch Verwertungsgesellschaften (Verwertungsgesellschaftengesetz – VGG)	491
10	Gesetz betreffend das Urheberrecht an Werken der bildenden Künste und der Photographie (KunstUrhG) – Auszug –	541
11	Gesetz über den Schutz von Marken und sonstigen Kennzeichen (MarkenG) – Auszug –	543
12	Gesetz gegen den unlauteren Wettbewerb (UWG)	553
13	Gesetz gegen Wettbewerbsbeschränkungen (GWB) – Auszug –	579
14	Strafgesetzbuch (StGB) – Auszug –	593
15	Strafprozessordnung (StPO) – Auszug –	627
15a	Gerichtsverfassungsgesetz (GVG) – Auszug –	651
15b	Zivilprozessordnung (ZPO) – Auszug –	657
16	Staatsvertrag über den Schutz der Menschenwürde und den Jugendschutz in Rundfunk und Telemedien (JMStV)	671

Inhaltsverzeichnis

    17   Jugendschutzgesetz (JuSchG) – Auszug – 691
    18   Gesetz zur Regelung des Zugangs zu Informationen
          des Bundes (IFG) 717
    18a Verbraucherinformationsgesetz (VIG) 725
    18b Umweltinformationsgesetz (UIG) 733
    18c Gesetz für die Nutzung der Daten des öffentlichen Sektors
          (DNG) 743

II. Presse
    19   Pressegesetz (Mustergesetz) 751

III. Rundfunk
    20   Richtlinie über audiovisuelle Mediendienste (AVMD) 801
    20a EG-Protokoll über den öffentlich-rechtlichen Rundfunk 833
    21   Medienstaatsvertrag (MStV) 835
    22   Rundfunkbeitragsstaatsvertrag (RBeitrStV) 931
    23   Rundfunkfinanzierungsstaatsvertrag (RFinStV) 947
    24   ARD-StV 957
    25   ZDF-StV 959

IV. Buch
    26   Gesetz über das Verlagsrecht (VerlG) 975
    27   Gesetz über die Preisbindung für Bücher –
          Buchpreisbindungsgesetz (BuchPrG) 983
    27a Gesetz über die Deutsche Nationalbibliothek (DNBG) 987
    27b Pflichtablieferungsverordnung (PflAV) 993
    27c Landesbibliotheksgesetz (Mustergesetz) 999

V. Film
    28   Filmförderungsgesetz (FFG) 1003

VI. Multimediarecht
    29   Telekommunikationsgesetz (TKG) 1079
    29a Netzwerkdurchsetzungsgesetz (NetzDG) 1295
    30   Telemediengesetz (TMG) 1313
    30a Telekommunikation-Telemedien-Datenschutz-Gesetz (TTDSG) 1327
    30b Bundeskriminalamtgesetz (BKAG) – Auszug – 1359
    31   Vertrauensdienstegesetz (VDG) 1411
    31a De-Mail-Gesetz (De-MailG) 1423
    32   Vertragsschluss im Internet 1443
    33   Gegenansprüche und Domainrecht 1463
    34   Gerichtsberichterstattung 1483

Stichwortverzeichnis 1485

Abkürzungsverzeichnis

BW Baden-Württemberg
BY Bayern
BE Berlin
BB Brandenburg
HB Bremen
HH Hamburg
HE Hessen
MV Mecklenburg-Vorpommern
ND Niedersachsen
NW Nordrhein-Westfalen
RP Rheinland-Pfalz
SL Saarland
SN Sachsen
ST Sachsen-Anhalt
SH Schleswig-Holstein
TH Thüringen

Einführung

von Universitätsprofessor Dr. Frank Fechner,
Technische Universität Ilmenau

Das Medienrecht* ist eine Querschnittsmaterie, deren Rechtsgrundlagen in zahlreichen Gesetzen verstreut sind. Es gibt kein „Mediengesetz", in dem alle medienrelevanten Fragen geregelt wären. Bei der Lösung medienrechtlicher Fälle muss daher zunächst eine Einordnung der Fragestellung in das jeweilige Rechtsgebiet und eine Zuordnung zu den einzelnen Rechtsnormen erfolgen. Zu beachten ist der Vorrang der speziellen vor der allgemeinen Norm sowie des Bundesrechts vor dem Landesrecht (Art. 31 GG). Gesetzesrecht und Staatsverträge müssen sich an höherrangigen Normen messen lassen und sind auf deren Grundlage zu interpretieren. Seine Grundstrukturierung erfährt das Medienrecht durch die Verfassung.

1. Grundgesetz

Das Grundgesetz (GG → Nr. 1) enthält zunächst die klassischen Grundrechte der Medien: die Presse-, die Rundfunk- und die Filmfreiheit. Angesichts der Geltung dieser Grundrechte auch im Multimediabereich und im Hinblick auf die Konvergenz der Medien lassen sich die Gewährleistungen des Art. 5 Abs. 1 Satz 2 GG als ein einheitliches Grundrecht „der Medienfreiheit" interpretieren. Damit genießen alle Betätigungen in den unterschiedlichen Medienformen grundrechtlichen Schutz. Die Medienfreiheit wird ergänzt durch die Meinungsäußerungsfreiheit (Art. 5 Abs. 1 Satz 1, 1. Var. GG) und die Freiheit, Medieninhalte zu rezipieren, die Informationsfreiheit (Art. 5 Abs. 1 Satz 1, 2 Var. GG). Die Medienfreiheit und die beiden individualrechtlichen Garantien werden unter dem Begriff „Kommunikationsfreiheiten" zusammengefasst. Ihre Ergänzung finden sie im Zensurverbot des Art. 5 Abs. 1 Satz 3 GG. Es bezieht sich lediglich auf staatliche Maßnahmen und ist als Verbot der Vorzensur zu interpretieren. Das bedeutet, dass der Gesetzgeber daran gehindert ist, eine Pflicht zur Vorlage von Medieninhalten vor deren Veröffentlichung einzuführen, weshalb es sich beim Zensurverbot grundrechtsdogmatisch nicht um ein zusätzliches Grundrecht, sondern um eine sog. „Schranken-Schranke" handelt.

Diese „Kommunikationsgrundrechte" können beschränkt werden durch „allgemeine Gesetze" i.S.d. Art. 5 Abs. 2 GG. Ein Gesetz ist dann ein allgemeines, wenn es nicht gegen eine bestimmte Meinung gerichtet ist oder einer bestimmten Auffassung zum Durchbruch verhelfen soll. Durch den qualifizierten Ge-

---

* Einzelheiten und Literaturhinweise bei Frank Fechner: Medienrecht. Lehrbuch des gesamten Medienrechts unter besonderer Berücksichtigung von Presse, Rundfunk und Multimedia, 21. Auflage 2021; eine Zusammenstellung der medienrechtlichen Rechtsprechung, ders.: Entscheidungen zum Medienrecht, 3. Aufl. 2018.

Einführung

setzesvorbehalt in Abs. 2 des Art. 5 GG soll sichergestellt werden, dass der Gesetzgeber nicht die Schrankenregelung dazu missbraucht, medienpolitischen Einfluss zu nehmen, sondern die Grundrechte des Abs. 1 lediglich aus anderen, inhaltsneutralen Gründen beschränken kann, beispielsweise aus Gründen des Jugendschutzes.

Das Verhältnis der Medien zu „Medienopfern" ist aufgrund der „mittelbaren Drittwirkung" der Grundrechte sehr stark durch grundrechtliche Abwägungsvorgänge geprägt. Die Generalklauseln des BGB wirken dabei als „Einfallstore der Grundrechte ins Privatrecht". Ihre Grenze finden die Medienfreiheiten insbesondere im allgemeinen Persönlichkeitsrecht, das vom Bundesverfassungsgericht aus Art. 2 Abs. 1 i.V.m. Art. 1 Abs. 1 GG abgeleitet wird (BVerfGE 54, S. 148, 153). Da ihm die Bedeutung eines eigenständigen Grundrechts zukommt, wird es in dieser Sammlung in eckigen Klammern zwischen den Art. 1 und 2 des Grundgesetzes erwähnt. Es hat hohes Gewicht in den Abwägungsvorgängen zwischen der Medienfreiheit, ergänzt durch das Informationsinteresse der Allgemeinheit auf der einen Seite und dem allgemeinen Persönlichkeitsrecht auf der anderen Seite, da es auch in der Menschenwürde wurzelt. Das postmortale Persönlichkeitsrecht beruht der Rechtsprechung des BVerfG zufolge lediglich auf Art. 1 Abs. 1 GG, das Unternehmenspersönlichkeitsrecht demgegenüber ausschließlich auf Art. 2 Abs. 1 GG.

In der Rechtsprechung der Zivilgerichte hat das Persönlichkeitsrecht mittlerweile eine eigenständige, gewohnheitsrechtlich abgesicherte Ausprägung erfahren, so dass in Klausuren in diesem Zusammenhang regelmäßig ein Eingehen auf die Drittwirkungsproblematik nicht erforderlich ist. Allerdings kann auch in rein zivilrechtlichen Fällen von Persönlichkeitsrechtsverletzungen eine Abwägung mit den Grundrechten der Medien erforderlich sein, beispielsweise bei § 823 BGB im Rahmen der Rechtswidrigkeitsprüfung. Persönlichkeitsrechtsverletzende Äußerungen in den Medien können Ausdruck der Medienfreiheit sein und dem Informationsinteresse der Allgemeinheit dienen und sind den Besonderheiten des Einzelfalls entsprechend gegen das Persönlichkeitsrecht abzuwägen. Feste Regeln für die Abwägung gibt es nicht. Daher ist in jedem Einzelfall eine Abwägung durchzuführen.

Weitere Grundrechte können die Medienfreiheit verstärken. Dies gilt für die Kunstfreiheit des Art. 5 Abs. 3 GG sowie für die Berufsfreiheit des Art. 12 Abs. 1 GG. Demgegenüber rechtfertigt Art. 6 Abs. 1 GG i.V. mit dem Persönlichkeitsrecht von Kindern und Jugendlichen Einschränkungen der Medienfreiheit durch die gesetzlichen Bestimmungen des Jugendschutzes.

Im Anschluss an das Grundgesetz finden sich einzelne exemplarische Normen der Landesverfassungen mit medienrechtlicher Relevanz (LVerf → Nr. 1a). Sie erweitern die medienrechtlichen Garantien des Grundgesetzes zum Teil erheblich, soweit sie das Multimediarecht ausdrücklich in den Anwendungsbereich der Medienfreiheit einbeziehen und damit insoweit die Diskussion um die verfassungsrechtliche Verankerung der Onlinepresse obsolet machen. Weitere,

Einführung

das Grundgesetz an Detailreichtum übertreffende Regelungen beziehen sich beispielsweise auf den Grundversorgungsauftrag des öffentlich-rechtlichen Rundfunks oder die Pluralität der Aufsichtsgremien.

2. Europarecht

In zunehmendem Maße ist das Medienrecht durch europäische Rechtsvorschriften geprägt. Maßgeblich sind die medienbezogenen europäischen Richtlinien. Zu nennen sind insbesondere die unmittelbar wirkende Datenschutz-Grundverordnung (→ Nr. 7) sowie verschiedene, von den Mitgliedstaaten in nationales Recht umzusetzende Richtlinien, wie die Richtlinie über audiovisuelle Mediendienste (AVMD → Nr. 20), die Urheberrechts-Richtlinie (EU-UrhRL → Nr. 7b), die Fernkommunikationsrichtlinie und die Signaturrichtlinie. Die grundlegenden Strukturen ergeben sich aus dem Vertrag über die Arbeitsweise der Europäischen Union (AEUV → Nr. 2) und aus der Charta der Grundrechte der Europäischen Union (GRCh → Nr. 3). Enthalten sind im AEUV insbesondere die Grundfreiheiten (Warenverkehr, Dienstleistungen, Personenfreizügigkeit, Kapital- und Zahlungsverkehr), auf die sich alle Medienschaffenden unmittelbar berufen können. Die Grundrechtecharta garantiert in Art. 11 Abs. 1 das Recht auf freie Meinungsäußerung. Im nachfolgenden Absatz wird festgeschrieben, dass die Freiheit der Medien und ihre Pluralität geachtet werden. Die Europäische Menschenrechtskonvention (EMRK → Nr. 4) ist kein EU-Recht, sondern ein vom Europarat erarbeiteter, geographisch weiterreichender völkerrechtlicher Vertrag, der für Deutschland Verbindlichkeit hat. Die „Freiheit der Meinungsäußerung" in Art. 10 Abs. 1 EMRK wird als umfassende Medienfreiheit interpretiert. Das gegenläufige Interesse an einer Begrenzung der Berichterstattung über die eigene Person lässt sich aus dem Recht auf Achtung des Privat- und Familienlebens in Art. 8 Abs. 1 EMRK ableiten.

3. Datenschutz

Der Datenschutz ist ganz von der EU-Datenschutz-Grundverordnung (DSGVO → Nr. 7) geprägt. Als Verordnung ist sie direkt und unmittelbar in allen Mitgliedstaaten anwendbar und bedarf keiner Umsetzung durch das nationale Recht. Sie schützt natürliche Personen bei der Verarbeitung ihrer personenbezogenen Daten. Aus Art. 6 Abs. 1 DSGVO lässt sich ableiten, dass die Verarbeitung von personenbezogenen Daten grundsätzlich unzulässig ist. Allerdings gibt es verschiedene Ausnahmen von diesem Verbot. Neben der Einwilligung (Art. 7 DSGVO) ist die Ausnahme für persönliche oder familiäre Tätigkeiten in Art. 2 Abs. 2c DSGVO von praktischer Relevanz. Für das Medienrecht bedeutsam ist Art. 6 Abs. 1f DSGVO, demzufolge die Verarbeitung von Daten rechtmäßig ist, wenn sie zur Wahrnehmung der berechtigten Interessen des Verantwortlichen erforderlich ist. Hieraus lässt sich ein „Medienprivileg" ableiten. Den Besonderheiten der Medien wird zudem in Art. 85 DSGVO Rechnung getragen.

Einführung

Das Bundesdatenschutzgesetz (BDSG → Nr. 7a) kann lediglich die Vorgaben der Datenschutz-Grundverordnung ins nationale Recht hin ausgestalten und regelt insbesondere die Verfahrensabläufe und Zuständigkeiten. Im BDSG finden sich beispielsweise ergänzende Vorschriften u.a. zu den Rechtsgrundlagen der Verarbeitung personenbezogener Daten (§ 3 f. BDSG), für die Videoüberwachung öffentlich zugänglicher Räume (§ 4 BDSG) sowie für die Datenübermittlung ins Ausland (§§ 78 ff. BDSG).

4. Urheberrecht

Ein weiteres eigenständiges Rechtsgebiet mit grundlegender Bedeutung für die Medien ist das Urheberrecht. Es schützt den Urheber in den Beziehungen zu seinem Werk und wirkt sich daher gegen eine unzulässige Vereinnahmung seiner Werke durch die Medien aus, schützt damit jedoch auch die Interessen von Medienschaffenden an ihren Produkten. Das Urheberrechtsgesetz (UrhG → Nr. 8) definiert in § 2 den Kreis der geschützten Werke. Darüber hinaus werden durch das UrhG die „Leistungsschutzrechte" der ausübenden Künstler, wie der Interpreten von musikalischen Werken, der Tonträgerhersteller, Filmhersteller u.a., normiert (§§ 70 ff. UrhG).

Das Urheberrecht schützt die wirtschaftlich relevanten Verwertungsrechte sowie die Urheberpersönlichkeitsrechte gleichermaßen (§ 11 UrhG, „monistische Theorie"). Dem Urheber stehen körperliche Verwertungsrechte in Form des Vervielfältigungsrechts (§ 16 UrhG), des Verbreitungsrechts (§ 17 UrhG) und des Ausstellungsrechts (§ 18 UrhG) zu, sowie die unkörperlichen Verwertungsrechte beispielsweise zur Aufführung, zur Sendung und zur Wiedergabe des Werks durch Bild- oder Tonträger (§§ 19, 20, 21 UrhG). Das „Recht der öffentlichen Zugänglichmachung" des § 19a UrhG umfasst die Befugnis des Urhebers, darüber zu entscheiden, ob sein Werk im Internet zugänglich gemacht wird oder nicht. Das Urheberpersönlichkeitsrecht beinhaltet insbesondere das Recht, über die Veröffentlichung eines Werks zu entscheiden (§ 12 UrhG), das Recht auf Anerkennung der Urheberschaft (§ 13 UrhG) sowie das Recht, Entstellungen des Werks zu verhindern (§ 14 UrhG). Das Urheberrechtsgesetz kennt über die zivilrechtlichen Ansprüche auf Unterlassung und Schadensersatz (§ 97 UrhG) hinaus Straftatbestände, die eine Verletzung von Urheberrechten sanktionieren (§§ 106 ff. UrhG). Dies spielt nicht zuletzt im Hinblick auf den Kopierschutz im Multimediabereich eine Rolle. Durch die Urheberrechtsrichtlinie der EU (→ Nr. 7b) wurden Änderungen des UrhG erforderlich. Die Richtlinie wurde nicht lediglich im UrhG umgesetzt. Vielmehr wurde ein neues Gesetz geschaffen, das Pflichten für Betreiber von Plattformen normiert, die urheberrechtliches Material Dritter veröffentlichen. Durch das Urheberrechts-Diensteanbieter-Gesetz (UrhDaG → Nr. 8a) werden die Plattformbetreiber verpflichtet, sich um Lizenzen für das von ihnen veröffentlichte urheberrechtlich geschützte Material zu bemühen (§ 4 UrhDaG). Geschieht dies nicht, muss der Plattformbetreiber auf Initiative des Berechtigten die urheberrechtlich unzulässigen Inhalte blockieren, wobei das Gesetz zahl-

Einführung

reiche Ausnahmen vorsieht. Mit diesen – urheberrechtlich nicht unumstrittenen Ausnahmen insbesondere hinsichtlich kurzer Ausschnitte von Werken versucht der Gesetzgeber, der Kritik an „Uploadfiltern" im Hinblick auf die Meinungsfreiheit Rechnung zu tragen. Von hoher praktischer Bedeutung für die wirtschaftliche Realisierung urheberrechtlicher Befugnisse ist das Verwertungsgesellschaftengesetz (VGG → Nr. 9).

5. Recht am eigenen Bild

Das in der Praxis wichtige Recht der Bildberichterstattung ist im Kunsturhebergesetz (KunstUrhG oder KUG → Nr. 10) geregelt. Die Vorstellung, das KUG werde vollumfänglich durch die DSGVO verdrängt, ist wohl nicht vertretbar, auch wenn eine letztverbindliche Aussage des EuGH noch aussteht. Diese Auffassung stützt sich auf Art. 85 Abs. 2 DSGVO, demzufolge die Mitgliedstaaten Rechtsvorschriften für die Verarbeitung von Daten u.a. für journalistische Zwecke vorzusehen haben, um der Freiheit der Meinungsäußerung und der Informationsfreiheit Rechnung zu tragen. Das Persönlichkeitsrecht in Gestalt des Rechts am eigenen Bild wurde schon vor längerer Zeit durch die Rechtsprechung des Europäischen Gerichtshofs für Menschenrechte (EGMR) gestärkt. Diese Rechtsprechung wurde vom BGH als „abgestuftes Schutzkonzept" ins nationale Recht inkorporiert. Während der Grundsatz – Einwilligung des Abgebildeten in die Veröffentlichung seines Bildnisses – die erste Stufe bildet, normiert das Gesetz in den Nr. 1–4 des § 23 Abs. 1 KUG Ausnahmen von dem Einwilligungserfordernis. In diesen Fällen ist die Veröffentlichung des Fotos oder Films einer identifizierbaren Person auch ohne deren Einwilligung möglich (zweite Stufe). Allerdings muss immer abgewogen werden, ob nicht durch die Verbreitung des Bildnisses ein berechtigtes Interesse des Abgebildeten verletzt wird (dritte Stufe, die in der Praxis des BGH schon in der ersten Stufe mit berücksichtigt wird). Eine Abwägung muss in jedem Einzelfall durchgeführt werden und ist auch bei „Prominenten" keineswegs entbehrlich. Die wichtigste Ausnahme vom Erfordernis der Einwilligung greift bei einer Berichterstattung über ein Ereignis von zeitgeschichtlicher Bedeutung und ist zu bejahen, wenn das Informationsinteresse der Allgemeinheit gegenüber dem Interesse des Abgebildeten an dem Schutz seiner Privatsphäre überwiegt.

6. Wettbewerbsrecht

Wie andere Teilnehmer am Wirtschaftsleben haben auch die Medienunternehmen die Wettbewerbsregeln des Gesetzes gegen den unlauteren Wettbewerb (UWG → Nr. 12) zu beachten. Der Generalklausel des § 3 UWG zufolge sind unlautere Wettbewerbshandlungen unzulässig. Einige geschäftliche Handlungen gegenüber Verbrauchern sind im Anhang zu § 3 Abs. 3 UWG aufgelistet, die ohne weitere Prüfung der Umstände des Einzelfalls unlauter sind (sog. „schwarze Liste", abgedruckt nach § 20 UWG). Unlauter handelt gem. § 3a UWG, wer einer gesetzlichen Vorschrift zuwiderhandelt, die auch dazu bestimmt ist, im Interesse der Marktteilnehmer das Marktverhalten zu regeln,

Einführung

und wenn der Verstoß geeignet ist, die Interessen von Verbrauchern, sonstigen Marktteilnehmern oder Mitbewerbern spürbar zu beeinträchtigen („Rechtsbruch"). Unlauter handelt, wer die in § 4 UWG aufgezählten Mitbewerberrechte verletzt. Darüber hinaus werden aggressive geschäftliche Handlungen in § 4a UWG für unlauter erklärt. Unlauter können zudem irreführende geschäftliche Handlungen sein (§ 5 UWG), irreführende Formen der vergleichenden Werbung (§ 6 UWG) sowie die belästigende Werbung, beispielsweise mittels Telefon, Fax oder Mail, wenn der Adressat nicht zuvor eingewilligt hat (§ 7 Abs. 2 UWG „opt in").

Die Anspruchsgrundlagen finden sich in den §§ 8 ff. UWG. Beim Schadensersatzanspruch ist in § 9 Satz 2 UWG ein „Presseprivileg" formuliert, das aber wohl als Medienprivileg zu interpretieren ist. Voraussetzung für die Anwendung des UWG ist zunächst eine geschäftliche Handlung i.S.d. § 2 Abs. 1 Nr. 1 UWG. In der fallmäßigen Prüfung sind die genannten Paragraphen dann in umgekehrter Reihenfolge – von den speziellen zu den allgemeinen Normen – zu prüfen: zunächst die Katalogtatbestände der „Schwarzen Liste", dann die Sondertatbestände und sodann § 3 Abs. 1 UWG als Auffangtatbestand, jeweils in Verbindung mit der Rechtsfolge der Unzulässigkeit gem. § 3 Abs. 1 UWG.

Ergänzend wird das Gesetz gegen Wettbewerbsbeschränkungen aufgeführt, das auch Kartellgesetz genannt wird (GWB → Nr. 13). Hier findet sich in § 30 GWB die Ausnahmevorschrift vom Verbot von Preisbindungen für Zeitungen und Zeitschriften.

7. Strafrecht

Alle Medienschaffenden haben ihre Tätigkeit so auszuüben, dass sie keine Strafnormen (insbesondere des Strafgesetzbuchs, StGB → 14) verletzen. Die Medienfreiheit rechtfertigt insbesondere nicht die Begehung von Straftaten bei der Informationsbeschaffung. Hierzu zählen auch die Verbote, das nicht öffentlich gesprochene Wort aufzuzeichnen (§ 201 StGB) oder Bildaufnahmen aus dem höchstpersönlichen Lebensbereich anzufertigen (§ 201a StGB). Medienrechtlich bedeutungsvoll kann auch das Stalking (§ 238 StGB) sein. Zu unterscheiden sind Presseinhaltsdelikte sowie die Strafnormen, die innerhalb wie außerhalb der Medien Anwendung finden. Presseinhaltsdelikte sind Straftaten, deren Tatbestand durch Veröffentlichung in der Presse erfüllt wird. Typisch hierfür sind die Strafschärfungen innerhalb der §§ 186 und 187 StGB, die bei einer pressemäßigen Veröffentlichung von üblen Nachreden und Verleumdungen anwendbar sein können. Die Beleidigungstatbestände der §§ 185 ff. StGB haben über § 823 Abs. 2 BGB auch im Medienzivilrecht Bedeutung, nicht zuletzt der Rechtfertigungsgrund der Wahrnehmung berechtigter Interessen in § 193 StGB.

Auf diese Weise können persönlichkeitsrechtsbeeinträchtigende Medienberichte gerechtfertigt sein, wenn an der Berichterstattung ein erhebliches Informationsinteresse der Allgemeinheit besteht und wenn die journalistische Sorg-

Einführung

faltspflicht beachtet wurde. Dazu gehört insbesondere, dass dem in seinem Persönlichkeitsrecht Betroffenen Gelegenheit zur Stellungnahme gegeben wurde. In solchen Fällen kann es angesichts des Zeitdrucks, unter dem die Medien stehen, zulässig sein, über den für einen Missstand Verantwortlichen identifizierbar zu berichten („Verdachtsberichterstattung"), auch wenn der Medienschaffende noch keine Beweise vorlegen kann. Damit der „journalistischen Sorgfaltspflicht" Genüge getan ist, müssen jedoch ausreichend plausible Hinweise für das Fehlverhalten genannt werden können. Strafrechtlich relevante Normen finden sich auch außerhalb des StGB in sog. strafrechtlichen Nebengesetzen. Ein Beispiel ist die strafbare Verletzung der Presseordnung (§ 14 MusterPresseG).

Die dem StGB in Auszügen nachfolgende Strafprozessordnung (StPO → Nr. 15) enthält neben verschiedenen Medienprivilegien bei der Strafverfolgung das den Informantenschutz absichernde Zeugnisverweigerungsrecht von Journalisten (§ 53 Abs. 1 Nr. 5 StPO). Ergänzende medienrechtlich relevante Normen finden sich im Gerichtsverfassungsgesetz (GVG → Nr. 15a). Hervorzuheben sind die Vorschriften über die Fernsehaufnahmen in § 169 Abs. 3 GVG.

8. Jugendschutz

Weitere, von den Medien zu beachtende Normen sind die Jugendschutzbestimmungen. Sie sind in zwei unterschiedlichen Regelungskomplexen aufgeteilt. Die „Trägermedien" sind im Jugendschutzgesetz (JuSchG → Nr. 17) geregelt, die „Telemedien" im Jugendmedienschutz-Staatsvertrag (JMStV → Nr. 16). Im JuSchG sind auch die Kinofilme und deren Freigabe für Kinder und Jugendliche im Wege der regulierten Selbstregulierung normiert. Grundlegend ist die Unterscheidung zwischen schwer jugendgefährdenden Inhalten, die überhaupt nicht verbreitet werden dürfen und entwicklungsbeeinträchtigenden Angeboten, deren Kenntnisnahme durch Kinder oder Jugendliche mittels zeitlicher oder technischer Vorkehrungen zu verhindern ist. Insbesondere im Bereich der Interaktionsrisiken gibt es derzeit weitreichende, z.T. konfligierende Novellierungsvorhaben im Bereich des JuSchG (Bund) und des JMStV (Länder).

9. Auskunftsansprüche

Auskunftsansprüche von Medienmitarbeitern gegenüber staatlichen Stellen, insbesondere Behörden, ergeben sich aus den medienrechtlichen Spezialgesetzen, dem Pressegesetz (§ 4 PresseG → Nr. 19), sowie dem Medienstaatsvertrag (vgl. § 5 Abs. 3 MStV → Nr. 21). Auskunftsansprüche können sich zudem aus dem Informationsfreiheitsgesetz (Gesetz zur Regelung des Zugangs zu Informationen des Bundes, IFG → Nr. 18) ergeben. Das Informationsfreiheitsgesetz ist zwar kein spezifisch für die Medien geschaffenes Gesetz, indessen können sich auch Journalisten darauf berufen. Es räumt Informationsansprüche unabhängig von einer eigenen Betroffenheit ein. Die Ansprüche aus dem

Einführung

IFG gehen über die Ansprüche aus den Landespressegesetzen hinaus, nicht nur, weil es sich um Bundesrecht handelt, das auch gegenüber Bundesbehörden Anwendung findet, sondern auch, weil über die reine Auskunftserteilung hinaus grundsätzlich nach Wahl des Antragstellers Akteneinsicht oder andere Formen des Informationszugangs verlangt werden können. Hinzuweisen ist auf Ausnahmebestimmungen, die insbesondere Geheimhaltungsinteressen und Persönlichkeitsrechte berücksichtigen. Informationsfreiheitsgesetze gibt es zudem in den Bundesländern. Eine Übersicht über die dem Informationsfreiheitsgesetz entsprechenden landesrechtlichen Regelungen findet sich im Anhang zum IFG. Ergänzend sind das Verbraucherinformationsgesetz und das Umweltinformationsgesetz zu erwähnen (VIG → Nr. 18a, UIG → Nr. 18b).

10. Presserecht

Das Presserecht ist in den Landespressegesetzen ausgestaltet. Die meisten Gesetze entsprechen sich in den Grundzügen. Unterschiede bestehen u.a. hinsichtlich der Zählung der Paragrafen. Aus diesem Grund werden in dieser Textsammlung die gemeinsamen Regelungen in einem Musterpressegesetz zusammengefasst, dem die abweichenden Sondervorschriften der einzelnen Bundesländer synoptisch angefügt sind (PresseG → Nr. 19).

Bitte erkundigen Sie sich, ob Sie in Klausuren nach dem Musterpressegesetz zitieren dürfen. Falls nicht und für die Rechtspraxis, sind im Anhang an das Musterpressegesetz eventuell abweichende Zählungen und abweichender Wortlaut in den verschiedenen Bundesländern aufgelistet. Beachten Sie dabei, dass das Landespressegesetz anwendbar ist, das am Sitz des Presseunternehmens gilt, und zwar auch dann, wenn das Gerichtsverfahren in einem anderen Bundesland stattfindet.

Wichtigstes Recht der Presse in den Landespressegesetzen ist der Auskunftsanspruch. Er richtet sich gegen Behörden und ist lediglich im Ausnahmefall durch überwiegende Interessen beschränkt, etwa Geheimhaltung und Datenschutz. Die übrigen Rechte der Presse – wie Gründungsfreiheit, Redaktionsgeheimnis und Tendenzschutz – ergeben sich aus Art. 5 Abs. 1 Satz 1, 1. Var. GG direkt. Wichtige Pflichten der Presse in den Landespressegesetzen sind die journalistische Sorgfaltspflicht, die Impressumspflicht sowie die Pflicht zur Kennzeichnung entgeltlicher Veröffentlichungen.

11. Rundfunkrecht

Das Rundfunkrecht ist ebenfalls landesrechtlich geprägt, in erster Linie durch zwischen den Bundesländern abgeschlossene Staatsverträge (→ Nr. 21 ff.). Diese greifen die Grundstrukturierung auf, die das Bundesverfassungsgericht aus der Rundfunkfreiheit des Art. 5 Abs. 1 Satz 2, 2. Var. GG abgeleitet hat. Danach hat der Rundfunk in erster Linie der freien individuellen und öffentlichen Meinungsbildung zu dienen. Aus diesem Grund hat der Gesetzgeber die Freiheit des Rundfunks vor staatlicher Beherrschung und Einflussnahme si-

Einführung

cherzustellen und zugleich durch Rechtsregeln zu gewährleisten, dass die Vielfalt der Meinungen im Rundfunk zum Ausdruck kommen kann. In der dualen Rundfunkordnung, in der Bestand und Entwicklung der öffentlich-rechtlichen Anstalten neben den privaten Sendern garantiert sind, kommt den Rundfunkanstalten die Aufgabe zu, die Grundversorgung der Bevölkerung sicherzustellen. Grundversorgung bedeutet, dass im Prinzip dafür Sorge getragen sein muss, dass für die Gesamtheit der Bevölkerung Programme angeboten werden, die umfassend und in der vollen Breite des klassischen Rundfunkauftrags informieren und dass Meinungsvielfalt in der verfassungsrechtlich gebotenen Weise gesichert ist. Den Begriff der Grundversorgung hat das Bundesverfassungsgericht durch den Begriff des Funktionsauftrags ersetzt. Der öffentlich-rechtliche Rundfunk hat seiner Funktion im demokratischen Staat gerecht zu werden, weshalb das BVerfG bezüglich der Rundfunkanstalten die Rundfunkfreiheit auch als eine „dienende Freiheit" bezeichnet. Die Funktionsfähigkeit des öffentlich-rechtlichen Rundfunks setzt seine bedarfsgerechte Finanzierung voraus. Um eine Vereinnahmung des öffentlich-rechtlichen Rundfunks durch den Staat auszuschließen, wird die Meinungspluralität durch die Rundfunkräte in den Rundfunkanstalten sichergestellt, wie dies in den Landesrundfunkgesetzen vorgesehen ist. Der Gesetzgeber hat dieses binnenplurale Modell mit dem außenpluralistischen Modell kombiniert, in dem die öffentlich-rechtlichen Rundfunkanstalten außerhalb des Grundversorgungsbereichs im Wettbewerb mit den Privatsendern stehen.

Der wichtigste, zwischen allen Bundesländern abgeschlossene Staatsvertrag im Rundfunkbereich ist der Medienstaatsvertrag, der den früheren Rundfunkstaatsvertrag abgelöst hat (MStV → Nr. 21). Er enthält die allgemeinen Regelungen, um eine gewisse Einheitlichkeit des Rundfunkrechts zwischen den Bundesländern sicherzustellen.

Der MStV gestaltet den Rundfunkbegriff zeitgemäßer aus als der frühere Rundfunkstaatsvertrag und stellt bestimmte, weniger stark meinungsbeeinflussende Angebote im Internet von der rundfunkrechtlichen Genehmigungspflicht frei (§ 54 MStV), was insbesondere für Streamingportale bedeutungsvoll sein kann. Zudem enthält er Vorschriften für Medienplattformen, Benutzeroberflächen und Medienintermediäre (§ 2 Abs. 2 Nr. 14 ff. MStV). Zu den Medienintermediären zählen vor allem Suchmaschinen und soziale Netzwerke. Der MStV legt ihnen bestimmte Pflichten hinsichtlich der Gleichbehandlung von Angeboten und der Transparenz hinsichtlich ihrer Auswahlkriterien auf (§§ 91 ff. MStV). Zudem besteht eine Kennzeichnungspflicht für „Social Bots" (§ 18 Abs. 3 MStV).

Der öffentlich-rechtliche Rundfunk wird von den Rundfunkteilnehmern durch einen Rundfunkbeitrag finanziert, der als Haushalts- und Betriebsstättenabgabe ausgestaltet ist. Damit soll eine Finanzierung aus Steuermitteln vermieden werden, was zu einer unzulässigen programminhaltlichen Beeinflussung der Anstalten führen könnte. Die Einzelheiten regelt der Rundfunkbeitragsstaatsvertrag (RBeitrStV → Nr. 22). Das Verfahren zur Festlegung des Rund-

Einführung

funkbeitrags, bei dem zwischen der Bedarfsanmeldung der Rundfunkanstalten und der Festsetzung der Höhe des Rundfunkbeitrags eine unabhängige Kommission, die Kommission zur Ermittlung des Finanzbedarfs der Rundfunkanstalten, kurz KEF, zwischengeschaltet ist, findet sich, wie auch der Finanzausgleich zwischen den Rundfunkanstalten, im Rundfunkfinanzierungsstaatsvertrag (RFinStV → Nr. 23).

Seine Ausgestaltung erfährt der Medienstaatsvertrag in den Landesrundfunkgesetzen, die den öffentlich-rechtlichen Rundfunk betreffen bzw. in einigen Bundesländern in einem Staatsvertrag, sofern mehrere Bundesländer an einer öffentlich-rechtlichen Sendeanstalt beteiligt sind (z.B. SWR-Staatsvertrag, MDR-Staatsvertrag). Die Organe einer öffentlich-rechtlichen Rundfunkanstalt sind anhand exemplarischer Normen aus dem Landesrecht veranschaulicht (→ Anhang II zum MStV, Nr. 21). Hinzu treten die Landesmediengesetze, die den privaten Rundfunk regeln. Privater Rundfunk bedarf der Zulassung. Sie wird bei Vorliegen der Zulassungsvoraussetzungen von der zuständigen Landesmedienanstalt erteilt, die auch die Einhaltung der Programmgrundsätze überprüft und ggf. die Einstellung der Veranstaltung anordnet und dem Träger der technischen Übertragungseinrichtung die Verbreitung untersagt. Bei bundesweit verbreiteten Programmen ist die Kommission für Zulassung und Aufsicht (ZAK) zuständig (§§ 104 ff. MStV). Abgedruckt sind exemplarisch landesrechtliche Regelungen zur Zulassung von Privatsendern (→ Anhang zum MStV, Nr. 21).

Inhaltlich sind vor allem die Vorgaben hinsichtlich der Werbung bedeutungsvoll, die Einschränkung von Exklusivrechten durch das Kurzberichterstattungsrecht aller Fernsehveranstalter (§ 14 MStV) sowie die Vorgabe, bestimmte Großereignisse zumindest auch im Free-TV ausstrahlen zu müssen (§ 13 MStV).

Im Wahlkampf sind die Besonderheiten für Wahlwerbung zu beachten (§ 68 Abs. 2 MStV, wie auch das Verbot politischer Werbung in § 8 Abs. 9 MStV). Hinsichtlich der Dauer von Wahlwerbespots ist das Prinzip der abgestuften Chancengleichheit zu beachten, das sich aus § 5 PartG ergibt, der als Fußnote zu Art. 21 GG abgedruckt ist.

Die Besonderheiten der großen Sendeanstalten ARD und ZDF sind in den jeweiligen Staatsverträgen enthalten (→ Nr. 24, 25).

12. Buch

Die grundrechtlich gewährleistete Pressefreiheit bezieht sich nicht lediglich auf die periodische Presse, sondern auch auf andere Druckwerke, insbesondere Bücher. Für das Recht der Bücher ist neben dem Urheberrechtsgesetz (UrhG → Nr. 8) vor allem das Verlagsgesetz (VerlG → Nr. 26) bedeutungsvoll. Das Verlagsgesetz bestimmt die Rechte und Pflichten im Verhältnis des Verlegers zum Autor. Es handelt sich um dispositives Recht, d.h. es kann von den Vertragsparteien durch abweichende Vereinbarungen abbedungen werden.

Einführung

Das Buchpreisbindungsgesetz (BuchPrG → Nr. 27) hat zum Ziel, ein möglichst breites Buchangebot durch Quersubventionierung weniger populärer Titel durch Bestseller zu ermöglichen und die Existenz vieler Buchhandlungen sicherzustellen. Wer Bücher verlegt oder importiert, muss gem. § 5 Abs. 1 BuchPrG einen Endpreis festlegen, den Verkäufer entsprechend der Vorgaben § 3 BuchPrG bei Verkäufen an Letztabnehmer einzuhalten haben. § 7 BuchPrG nennt einige Ausnahmen von diesem auch von der Rechtsprechung streng angewendeten System. Ausdrücklich sind E-Books in den Regelungsbereich des Gesetzes einbezogen (§ 2 Abs. 1 Nr. 3 BuchPrG), nicht jedoch Hörbücher.

Bibliotheksrechtlich relevant sind das Gesetz über die Deutsche Nationalbibliothek mit Pflichtablieferungsverordnung und die Landesbibliotheksgesetze (→ Nr. 27a-c).

13. Filmrecht

Das Filmrecht ist dem Presserecht näher als dem Rundfunkrecht, da hier die Meinungspluralität nicht durch öffentlich-rechtliche Anstalten gewährleistet werden muss. Von praktischer Relevanz ist die Filmförderung, die hinsichtlich der Bundesfilmförderung im Filmförderungsgesetz (FFG → Nr. 28) geregelt ist. Gefördert werden können Projektfilme (§ 59 Abs. 1 FFG) und Referenzfilme (§ 73 Abs. 1 FFG), sofern die Fördervoraussetzungen gem. § 41 FFG vorliegen. Über die Förderung entscheidet nach § 20 FFG zuständige Förderkommission.

14. Multimediarecht

Das Multimediarecht ist auf der Basis des klassischen Medienrechts gewachsen, mittlerweile indessen durch eine Fülle eigenständiger Rechtsvorschriften geprägt. Das Internet ist mitnichten ein „rechtsfreier Raum", wie dies von Nutzern ab und an irrig angenommen wird; lediglich hinsichtlich der grenzüberschreitenden Internetangebote sind Defizite des internationalen Rechts zu verzeichnen, die sich auch auf die Durchsetzung des Rechts im Inland auswirken können.

a) Telemedien

Die Aufteilung der Gesetzgebungskompetenzen im Multimediarecht ist unübersichtlich. Während der Bund sich u.a. auf die ausschließliche Gesetzgebungskompetenz für das Postwesen und die Telekommunikation in Art. 73 Abs. 1 Nr. 7 GG und auf die konkurrierende Zuständigkeit für das Recht der Wirtschaft in Art. 74 Abs. 1 Nr. 11 GG stützt, berufen sich die Bundesländer, da dem Bund vom Grundgesetz keine ausdrückliche Kompetenz zur Regelung der Medien eingeräumt wird, auf ihre Länderzuständigkeit aus Art. 70 GG. Dieser Kompetenzstreit war ursächlich für eine erste Phase, in der keine Regelungen getroffen wurden, was eine große wirtschaftliche Unsicherheit mit sich

Einführung

brachte. Ein erster, als unglücklich empfundener Kompromiss wurde 2007 durch die heutige Aufteilung ersetzt. Der Bund regelt im Telemediengesetz (TMG → Nr. 30) alle elektronischen Informations- und Kommunikationsdienste, soweit sie nicht als Telekommunikationsdienste und nicht als Rundfunk einzuordnen sind. Soweit Telemedien Relevanz für die Meinungsbildung haben, sind zusätzlich zu den allgemeinen bundesrechtlichen Regelungen im TMG landesrechtliche Vorschriften zu beachten. Diese wurden zwischen den Bundesländern abgestimmt und in den Medienstaatsvertrag integriert (§§ 17 ff. MStV → Nr. 21).

Telemedien sind zulassungs- und anmeldefrei (§ 4 TMG). Vor allem für die Praxis sind die Informationspflichten der §§ 5 f. TMG bedeutungsvoll, die durch § 18 Abs. 2 MStV für journalistisch-redaktionell gestaltete Angebote ergänzt werden. Diensteanbieter sind für eigene Informationen, die sie zur Nutzung bereithalten, uneingeschränkt nach den allgemeinen Gesetzen verantwortlich (§ 7 TMG). Die Verantwortlichkeit bezieht sich auch auf fremde Inhalte, wenn der Diensteanbieter sie sich „zu eigen gemacht" hat. Das ist immer dann der Fall, wenn ein fremder Inhalt nicht deutlich als solcher gekennzeichnet ist. Die Verantwortlichkeit für eigene Inhalte bezieht sich auf alle Gesetze, aus denen sich eine Haftung ergeben kann, insbesondere des Straf- und des Zivilrechts wie auch die Normen des Urheberrechts und des Jugendschutzes. Demgegenüber sind Zugangsvermittler, die fremde Informationen lediglich weiterleiten oder die den Zugang zu ihnen vermitteln, grundsätzlich nicht für fremde Informationen verantwortlich (§ 8 TMG). Diese Haftungsprivilegierungen gelten allerdings nur dann, wenn der Anbieter keine Kenntnis von der Rechtswidrigkeit fremder Inhalte hatte. Ab Kenntniserlangung trifft den Anbieter die Pflicht, die Informationen unverzüglich zu entfernen oder den Zugang zu ihnen zu sperren, sofern dies möglich und zumutbar ist. Entsprechendes gilt für die Zwischenspeicherung zur beschleunigten Übermittlung von Informationen (§ 9 TMG) und für fremde Informationen, die Diensteanbieter für Dritte speichern (§ 10 TMG). Die genannten Normen, die sich auf die Verantwortlichkeit von Telemedienanbietern beziehen, sind keine eigenständigen Haftungsnormen, vielmehr haben sie eine Filterfunktion. Angesichts der faktischen Unkontrollierbarkeit der Informationsmengen wollte der Gesetzgeber eine weitergehende Haftung ausschließen.

Allerdings greifen die Ausschlusstatbestände nicht für Unterlassungsansprüche, die ja naturgemäß in die Zukunft gerichtet sind. Bei der Störerhaftung, die beispielsweise auch ein Internet-Auktionshaus trifft, das nicht selbst als Täter oder Teilnehmer haftet, bestehen – soweit zumutbar – nicht nur Unterlassungsansprüche, sondern auch in die Zukunft gerichtete Prüfpflichten, damit es nicht zu neuerlichen Rechtsverletzungen kommt.

Eine umfassende Novellierung des TMG zur Anpassung an die AVMD-RL betreffen im Wesentlichen Regelungen zu audiovisuellen Mediendiensten und Videosharingplattformen.

Einführung

Das Netzwerkdurchsetzungsgesetz (NetzDG → Nr. 29a) verpflichtet Netzwerkdiensteanbieter ab einer bestimmten Nutzerzahl (§ 1 Abs. 2 NetzDG) dazu, bestimmte rechtswidrige Inhalte zu löschen. Als „rechtswidrige Inhalte" werden allerdings vom Gesetz nur Beiträge in sozialen Netzwerken angesehen, die ganz bestimmte strafrechtliche Tatbestände erfüllen (§ 1 Abs. 3 NetzDG). Bei offensichtlich rechtswidrigen Inhalten muss der Netzwerkdiensteanbieter diese innerhalb von 24 Stunden nach Eingang der Beschwerde entfernen oder den Zugang zu ihnen sperren (§ 3 Abs. 2 Nr. 2 NetzDG). Rechtswidrige Inhalte, die nicht offensichtlich rechtswidrig sind, müssen in der Regel innerhalb von sieben Tagen nach Eingang der Beschwerde gelöscht oder gesperrt werden (§ 3 Abs. 2 Nr. 3 NetzDG). Aufgrund der hohen Bußgelder besteht die Gefahr des „Overblocking", d.h., im Zweifel werden auch rechtmäßige Inhalte gelöscht, um den Sanktionen des NetzDG zu entgehen. Darüber hinaus wurde den Netzwerkdiensteanbietern die Pflicht auferlegt, das Bundeskriminalamt über bestimmte unzulässige Inhalte zu informieren (§ 3a NetzDG).

b) Telekommunikation

Das Telemediengesetz und der Medienstaatsvertrag beziehen sich auf die Inhalte der Multimediaangebote. Der technische Vorgang der Telekommunikation wird demgegenüber durch das Telekommunikationsgesetz (TKG → Nr. 29) geregelt. Ziel des TKG ist es, durch Regulierung im Bereich der Telekommunikation den Wettbewerb und leistungsfähige Telekommunikationsinfrastrukturen zu fördern und flächendeckende und ausreichende Dienstleistungen zu gewährleisten. Um dieses Ziel zu erreichen, sieht das TKG ein Marktregulierungsverfahren vor, das auf der Grundlage einer Marktdefinition und einer Marktanalyse (§§ 10, 11 TKG) Zugangsregulierungen (§§ 16 ff. TKG), Entgeltregulierungen (§§ 37 ff. TKG) und eine Missbrauchsaufsicht (§§ 37 f. TKG) ermöglicht. Solche Regulierungen sind allerdings nur dann und insoweit anwendbar, als wirksamer Wettbewerb wegen des früheren Monopolisten noch nicht besteht. Schließlich erfolgt durch die Bundesnetzagentur eine Frequenzzuteilung (§§ 87 ff. TKG).

Eine aktuelle grundlegende Novellierung erfolgte im Jahr 2021 durch das Telekommunikationsmodernisierungsgesetz (TKMoG, das den Europäischen Kodex für die elektronische Kommunikation (EU- Richtlinie 2018/1972) umsetzt.

Noch offen ist das weitere Schicksal der Vorratsdatenspeicherung (§ 113b TKG, neu u.a. in den §§ 175, 176 TKG- Novelle 2021), da auch an der neuerlichen Regelung des Gesetzgebers verfassungsrechtliche bzw. europarechtliche Bedenken bestehen und eine endgültige Entscheidung des EuGH noch aussteht.

Neu eingeführt in diese Sammlung wurde das Telekommunikations-Telemedien-Datenschutz-Gesetz (TTDSG → Nr. 30a), dass Regelungen zum Fernmeldegeheimnis und zum Datenschutz für Telekommunikations- und Telemediendienste zusammenfasst.

Einführung

c) *Elektronische Signatur*

Um Sicherheit hinsichtlich des Ausstellers einer rechtsverbindlichen Erklärung im Internet und der Unverfälschtheit einer solchen Erklärung zu garantieren, bietet der Gesetzgeber im Vertrauensdienstegesetz (VDG → Nr. 31) die Möglichkeit an, eine elektronische Signatur zu benutzen. Es handelt sich um ein technisches Verfahren, dem bei Beachtung bestimmter Vorgaben hinsichtlich der technischen Sicherheit eine erhöhte Rechtswirkung zugemessen wird. Das Vertrauensdienstegesetz dient der Umsetzung der Vorgaben der Elektronischen-Transaktionen-Verordnung oder eIDAS (= electronic IDentification, Authentication and trust Services)-Verordnung. Als Aufsichtsstellen wurden die Bundesnetzagentur und das Bundesamt für Sicherheit in der Informationstechnik festgelegt (§ 2 VDG) sowie die Anforderungen an private oder öffentliche Zertifizierungsstellen. Das Gesetz enthält technische Anforderungen an fortgeschrittene elektronische Signaturen und qualifizierte Zertifikate für elektronische Signaturen. Das VDG regelt die Anforderungen an qualifizierte Zertifikate für elektronische Signaturen und Siegel in der Verbindung mit der EU-Verordnung. Die Rechtswirkungen qualifizierter elektronischer Signaturen (§§ 9 ff., 17 VDG) zeigen sich in ihrer Gleichstellung mit der Schriftform in § 126 Abs. 3 BGB. Das De-Mail-Gesetz (→ Nr. 31a) zielt in eine ähnliche Richtung, indem es die Möglichkeit einer höheren Rechtsverbindlichkeit für E-Mails durch besonders akkreditierte Diensteanbieter vorsieht, um so eine gewisse Annäherung an rechtsverbindliche Dokumente in üblicher Schriftform zu erreichen. Hierdurch soll insbesondere die Zustellung amtlicher Schriftstücke erleichtert werden. In der Praxis werden diese Möglichkeiten bislang nur wenig genutzt.

Das Gesetz zur Förderung des elektronischen Rechtsverkehrs mit den Gerichten sieht eine Vielzahl von Anwendungsfeldern für elektronische Dokumente mit Beweiskraft vor. Diese wirken sich vor allem auf die Zivilprozessordnung aus. Hervorzuheben ist die Nutzungspflicht der elektronischen Form für bestimmte Schriftsätze, Anträge und Erklärungen durch Rechtsanwälte und Behörden vor Gericht (§ 130d ZPO, der erst ab dem 1.1.2022 gelten wird) sowie ein elektronisches Register für Schutzschriften (Schutzschriftenregister, § 945a ZPO).

d) *Vertragsschluss im Internet*

Bei Vertragsschlüssen im Internet sind nicht nur die Rechtswirkungen von elektronischen Signaturen zu beachten, sondern vor allem die Vorschriften für sogenannte Fernkommunikationsmittel, die in den §§ 312b ff. BGB (→ Nr. 5, Nr. 32) enthalten sind. Besondere Informationspflichten zum Schutz des Verbrauchers gelten dann, wenn ein Vertrag ohne persönlichen Kontakt ausschließlich über solche Fernkommunikationsmittel abgeschlossen wird (§ 312b BGB). Darüber hinaus steht den Verbrauchern ein besonderes Widerrufsrecht zu (§§ 355 ff. BGB).

Einführung

Weitere medienrechtlich relevante Vorschriften des Privatrechts enthalten die Nr. 5 (BGB) und die Nr. 6 (EGBGB). Eine Zusammenfassung der für den Vertragsschluss im Internet relevanten Normen findet sich unter → Nr. 32. Im Bereich des Bürgerlichen Gesetzbuches ist die Einfügung eines neuen Teiles 2a zu Verträgen über digitale Inhalte (§§ 327 ff. BGB) durch das Gesetz zur Umsetzung der Richtlinie über bestimmte vertragsrechtliche Aspekte der Bereitstellung digitaler Inhalte und digitaler Dienstleistungen hervorzuheben.

Im Anhang zum EGBGB sind zudem Musterformulare für Widerrufsbelehrungen und umfangreiche Detailinformationen für die Verbraucher abgedruckt worden.

e) Zivilrechtliche Gegenansprüche

Gegen Medienberichte stehen den Betroffenen eine Reihe zivilrechtlicher Gegenansprüche zur Verfügung. Da diese teilweise nicht direkt im BGB verankert sind, wurden im Anhang (→ Nr. 33) die wichtigsten Gegenansprüche mit ihren Anspruchsgrundlagen zusammengestellt. Teilweise lassen sich die Anspruchsvoraussetzungen den Normen nicht direkt entnehmen. So ist für einen Unterlassungsanspruch, der zur Abwehr künftiger Verletzungen dient, neben der Beeinträchtigung des Persönlichkeitsrechts durch einen bevorstehenden Eingriff eine Erstbegehungsgefahr oder Wiederholungsgefahr darzulegen.

Der lediglich im Medienrecht vorkommende Gegendarstellungsanspruch, der es dem Betroffenen ermöglicht, seine Sicht der Dinge darzustellen, muss in den Normen des jeweils einschlägigen Rechtsgebiets gesucht werden, etwa in § 10 PresseG (→ Nr. 19; MusterPG), für den Rundfunk in den Landesmedien- und Landesrundfunkgesetzen sowie für Telemedienangebote in § 20 MStV (→ Nr. 21). Lediglich das TMG enthält keinen Gegendarstellungsanspruch. In den anderen Fällen lassen sich die Tatbestandsvoraussetzungen leicht aus der jeweils einschlägigen Norm ableiten. Durchweg wird das Vorliegen einer Tatsachenbehauptung in der Erstmitteilung gefordert, was der Fall ist, wenn der Wahrheitsgehalt der Aussage in einem gerichtlichen Verfahren durch Beweisaufnahme prinzipiell festgestellt werden könnte (ohne dass ein solcher Beweis im konkreten Falle auch erbracht werden müsste). Auf die Richtigkeit der Tatsachenbehauptung kommt es nicht an, ebenso wenig wie auf den Wahrheitsgehalt der Gegendarstellung, die aber vom Umfang her angemessen sein muss, d.h. den Umfang des beanstandeten Medienberichts nicht überschreiten darf. Vorliegen muss zudem ein berechtigtes Interesse an der Gegendarstellung. Die übrigen, formalen Voraussetzungen lassen sich der jeweiligen Norm entnehmen.

Der Berichtigungsanspruch kann ebenfalls nur gegen eine Tatsachenbehauptung gerichtet werden. Allerdings muss diese nachweislich unrichtig sein, da bei diesem Anspruch der Journalist bzw. das Medienunternehmen selbst eine fehlerhafte Berichterstattung einzugestehen hat. Aus diesem Grund ist zudem eine fortwirkende Beeinträchtigung der Persönlichkeit des Betroffenen nach-

Einführung

zuweisen, wie auch die Berichtigung geeignetes Mittel zur Beseitigung der Persönlichkeitsbeeinträchtigung sein muss.

Werden durch Medienberichte materielle Schäden, d.h. in Geld messbare Schäden, verursacht, so ist wie auch sonst im Zivilrecht § 823 BGB (Abs. 1, allgemeines Persönlichkeitsrecht als „sonstiges Recht" bzw. bei Verletzung eines Schutzgesetzes wie dem KUG oder den Ehrschutzdelikten des StGB Abs. 2) die richtige Anspruchsgrundlage.

Demgegenüber ist der Geldentschädigungsanspruch nicht im Gesetz geregelt und erst später durch die Rechtsprechung entwickelt worden. Er dient dazu, Genugtuung für immaterielle Schäden zu gewährleisten und soll auch Präventionswirkung entfalten. Da es sich hier um einen subsidiären Anspruch handelt, ist das Vorliegen einer schweren Persönlichkeitsrechtsverletzung Voraussetzung. Hinzukommen muss ein schuldhaftes Handeln des Verletzers. Schließlich darf dem Geschädigten keine anderweitige zumutbare Ausgleichsmöglichkeit zur Verfügung stehen.

f) Domainrecht

An dem Spezialgebiet des Domainrechts lässt sich die Komplexität der im Medienrecht möglicherweise zur Anwendung kommenden Rechtsgrundlagen besonders gut verdeutlichen. Wird ein Eigenname von einem Unbefugten als Domain verwendet, so kann sich der Berechtigte auf das Namensrecht des § 12 BGB (→ Nr. 5, Nr. 33) berufen. Handelt es sich um eine Marke, so ist § 14 Abs. 1 MarkenG (→ Nr. 11, Nr. 33) zu prüfen. Geht es um den Schutz einer geschäftlichen Bezeichnung, so ist § 15 Abs. 1 MarkenG einschlägig (Zusammenfassung der Normen zum Domainrecht → Nr. 33).

Die hier lediglich überblicksartig skizzierte Fülle medienrechtlich relevanter Normen darf nicht vergessen lassen, dass im Medienrecht der Rechtsprechung insbesondere der Obergerichte besondere Bedeutung zukommt. Die nachfolgenden Normen sind die Grundlage für die Anwendung medienrechtlicher Kenntnisse.

Ilmenau, im März 2022 *Frank Fechner*

# GG 1

I. Übergeordnete Rechtsvorschriften

Grundgesetz für die Bundesrepublik Deutschland

vom 23. Mai 1949 (BGBl. S. 1),
zuletzt geändert durch Gesetz vom 29. September 2020 (BGBl. I S. 2048)

– Auszug –

INHALTSVERZEICHNIS[1]

I.	Grundrechte (Art. 1–19)
II.	Der Bund und die Länder (Art. 20–32)
III.	Der Bundestag (Art. 46)
VII.	Die Gesetzgebung des Bundes (Art. 70–79)
VIII.	Die Ausführung der Bundesgesetze und die Bundesverwaltung (Art. 86, 87)
IX.	Die Rechtsprechung (Art. 93)

I. Grundrechte (Art. 1–19)

Art. 1 [Menschenwürde]. (1) ¹Die Würde des Menschen ist unantastbar. ²Sie zu achten und zu schützen ist Verpflichtung aller staatlichen Gewalt.

(2) Das Deutsche Volk bekennt sich darum zu unverletzlichen und unveräußerlichen Menschenrechten als Grundlage jeder menschlichen Gemeinschaft, des Friedens und der Gerechtigkeit in der Welt.

(3) Die nachfolgenden Grundrechte binden Gesetzgebung, vollziehende Gewalt und Rechtsprechung als unmittelbar geltendes Recht.

[Allgemeines Persönlichkeitsrecht gemäß Art. 2 Abs. 1 i.V.m Art. 1 Abs. 1 GG[2]]

Art. 2 [Freie Entfaltung der Persönlichkeit, Recht auf Leben und körperliche Unversehrtheit, Freiheit der Person]. (1) Jeder hat das Recht auf die freie Entfaltung seiner Persönlichkeit, soweit er nicht die Rechte anderer verletzt und nicht gegen die verfassungsmäßige Ordnung oder das Sittengesetz verstößt.

---

1 Das Inhaltsverzeichnis bezieht sich auf den vorliegenden Auszug aus dem GG. In Klammern sind die aus dem entsprechenden Teil des GG entnommenen Artikel aufgeführt.
2 Dieses Grundrecht und seine Ausprägungen wurden durch das Bundesverfassungsgericht entwickelt. Es wird nicht explizit im Grundgesetz genannt. Es spielt eine wichtige Rolle bei den zivilrechtlichen Abwehransprüchen (insbesondere in Verbindung mit den §§ 823 ff., 1004 analog sowie §§ 812 ff. BGB; → **Nr. 5, Nr. 32**).

(2) ¹Jeder hat das Recht auf Leben und körperliche Unversehrtheit. ²Die Freiheit der Person ist unverletzlich. ³In diese Rechte darf nur aufgrund eines Gesetzes eingegriffen werden.

Art. 3 [Gleichheit]. (1) Alle Menschen sind vor dem Gesetz gleich.

(2) ¹Männer und Frauen sind gleichberechtigt. ²Der Staat fördert die tatsächliche Durchsetzung der Gleichberechtigung von Frauen und Männern und wirkt auf die Beseitigung bestehender Nachteile hin.

(3) ¹Niemand darf wegen seines Geschlechtes, seiner Abstammung, seiner Rasse, seiner Sprache, seiner Heimat und Herkunft, seines Glaubens, seiner religiösen oder politischen Anschauungen benachteiligt oder bevorzugt werden. ²Niemand darf wegen seiner Behinderung benachteiligt werden.

Art. 4 [Freiheit des Glaubens, des Gewissens und des Bekenntnisses, Kriegsdienstverweigerung]. (1) Die Freiheit des Glaubens, des Gewissens und die Freiheit des religiösen und weltanschaulichen Bekenntnisses sind unverletzlich.

(2) Die ungestörte Religionsausübung wird gewährleistet.

(3) ¹Niemand darf gegen sein Gewissen zum Kriegsdienst mit der Waffe gezwungen werden. ²Das Nähere regelt ein Bundesgesetz.

Art. 5 [Kommunikationsfreiheiten, Medienfreiheit, Kunst- und Wissenschaftsfreiheit]. (1) ¹Jeder hat das Recht, seine Meinung in Wort, Schrift und Bild frei zu äußern und zu verbreiten und sich aus allgemein zugänglichen Quellen ungehindert zu unterrichten. ²Die Pressefreiheit und die Freiheit der Berichterstattung durch Rundfunk und Film werden gewährleistet. ³Eine Zensur findet nicht statt.

(2) Diese Rechte finden ihre Schranken in den Vorschriften der allgemeinen Gesetze, den gesetzlichen Bestimmungen zum Schutze der Jugend und in dem Recht der persönlichen Ehre.

(3) ¹Kunst und Wissenschaft, Forschung und Lehre sind frei. ²Die Freiheit der Lehre entbindet nicht von der Treue zur Verfassung.

Art. 6 [Ehe, Familie]. (1) Ehe und Familie stehen unter dem besonderen Schutze der staatlichen Ordnung.

(2) ¹Pflege und Erziehung der Kinder sind das natürliche Recht der Eltern und die zuvörderst ihnen obliegende Pflicht. ²Über ihre Betätigung wacht die staatliche Gemeinschaft.

(3) Gegen den Willen der Erziehungsberechtigten dürfen Kinder nur aufgrund eines Gesetzes von der Familie getrennt werden, wenn die Erziehungsberechtigten versagen oder wenn die Kinder aus anderen Gründen zu verwahrlosen drohen.

(4) Jede Mutter hat Anspruch auf den Schutz und die Fürsorge der Gemeinschaft.

Grundgesetz **GG 1**

(5) Den unehelichen Kindern sind durch die Gesetzgebung die gleichen Bedingungen für ihre leibliche und seelische Entwicklung und ihre Stellung in der Gesellschaft zu schaffen wie den ehelichen Kindern.

Art. 8 [Versammlungsfreiheit]. (1) Alle Deutschen haben das Recht, sich ohne Anmeldung oder Erlaubnis friedlich und ohne Waffen zu versammeln.

(2) Für Versammlungen unter freiem Himmel kann dieses Recht durch Gesetz oder aufgrund eines Gesetzes beschränkt werden.

Art. 9 [Vereinigungsfreiheit]. (1) Alle Deutschen haben das Recht, Vereine und Gesellschaften zu bilden.

(2) Vereinigungen, deren Zwecke oder deren Tätigkeit den Strafgesetzen zuwiderlaufen oder die sich gegen die verfassungsmäßige Ordnung oder gegen den Gedanken der Völkerverständigung richten, sind verboten.

(3) ^{1}Das Recht, zur Wahrung und Förderung der Arbeits- und Wirtschaftsbedingungen Vereinigungen zu bilden, ist für jedermann und für alle Berufe gewährleistet. ^{2}Abreden, die dieses Recht einschränken oder zu behindern suchen, sind nichtig, hierauf gerichtete Maßnahmen sind rechtswidrig. ^{3}Maßnahmen nach den Art. 12a, 35 Abs. 2 und 3, Art. 87a Abs. 4 und Art. 91 dürfen sich nicht gegen Arbeitskämpfe richten, die zur Wahrung und Förderung der Arbeits- und Wirtschaftsbedingungen von Vereinigungen im Sinne des Satzes 1 geführt werden.

Art. 10 [Telekommunikationsgeheimnis]. (1) Das Briefgeheimnis sowie das Post- und Fernmeldegeheimnis sind unverletzlich.

(2) ^{1}Beschränkungen dürfen nur aufgrund eines Gesetzes angeordnet werden. ^{2}Dient die Beschränkung dem Schutze der freiheitlichen demokratischen Grundordnung oder des Bestandes oder der Sicherung des Bundes oder eines Landes, so kann das Gesetz bestimmen, dass sie dem Betroffenen nicht mitgeteilt wird und dass an die Stelle des Rechtsweges die Nachprüfung durch von der Volksvertretung bestellte Organe und Hilfsorgane tritt.

Art. 12 [Berufsfreiheit]. (1) ^{1}Alle Deutschen haben das Recht, Beruf, Arbeitsplatz und Ausbildungsstätte frei zu wählen. ^{2}Die Berufsausübung kann durch Gesetz oder aufgrund eines Gesetzes geregelt werden.

(2) Niemand darf zu einer bestimmten Arbeit gezwungen werden, außer im Rahmen einer herkömmlichen allgemeinen, für alle gleichen öffentlichen Dienstleistungspflicht.

(3) Zwangsarbeit ist nur bei einer gerichtlich angeordneten Freiheitsentziehung zulässig.

Art. 13 [Unverletzlichkeit der Wohnung]. (1) Die Wohnung ist unverletzlich.

(2) Durchsuchungen dürfen nur durch den Richter, bei Gefahr im Verzuge auch durch die in den Gesetzen vorgesehenen anderen Organe angeordnet und nur in der dort vorgeschriebenen Form durchgeführt werden.

(3) ¹Begründen bestimmte Tatsachen den Verdacht, dass jemand eine durch Gesetz einzeln bestimmte besonders schwere Straftat begangen hat, so dürfen zur Verfolgung der Tat aufgrund richterlicher Anordnung technische Mittel zur akustischen Überwachung von Wohnungen, in denen der Beschuldigte sich vermutlich aufhält, eingesetzt werden, wenn die Erforschung des Sachverhalts auf andere Weise unverhältnismäßig erschwert oder aussichtslos wäre. ²Die Maßnahme ist zu befristen. ³Die Anordnung erfolgt durch einen mit drei Richtern besetzten Spruchkörper. ⁴Bei Gefahr im Verzuge kann sie auch durch einen einzelnen Richter getroffen werden.

(4) ¹Zur Abwehr dringender Gefahren für die öffentliche Sicherheit, insbesondere einer gemeinen Gefahr oder einer Lebensgefahr, dürfen technische Mittel zur Überwachung von Wohnungen nur aufgrund richterlicher Anordnung eingesetzt werden. ²Bei Gefahr im Verzuge kann die Maßnahme auch durch eine andere gesetzlich bestimmte Stelle angeordnet werden; eine richterliche Entscheidung ist unverzüglich nachzuholen.

(5) ¹Sind technische Mittel ausschließlich zum Schutze der bei einem Einsatz in Wohnungen tätigen Personen vorgesehen, kann die Maßnahme durch eine gesetzlich bestimmte Stelle angeordnet werden. ²Eine anderweitige Verwertung der hierbei erlangten Erkenntnisse ist nur zum Zwecke der Strafverfolgung oder der Gefahrenabwehr und nur zulässig, wenn zuvor die Rechtmäßigkeit der Maßnahme richterlich festgestellt ist; bei Gefahr im Verzuge ist die richterliche Entscheidung unverzüglich nachzuholen.

(6) ¹Die Bundesregierung unterrichtet den Bundestag jährlich über den nach Absatz 3 sowie über den im Zuständigkeitsbereich des Bundes nach Absatz 4 und, soweit richterlich überprüfungsbedürftig, nach Absatz 5 erfolgten Einsatz technischer Mittel. ²Ein vom Bundestag gewähltes Gremium übt auf der Grundlage dieses Berichts die parlamentarische Kontrolle aus. ³Die Länder gewährleisten eine gleichwertige parlamentarische Kontrolle.

(7) Eingriffe und Beschränkungen dürfen im Übrigen nur zur Abwehr einer gemeinen Gefahr oder einer Lebensgefahr für einzelne Personen, aufgrund eines Gesetzes auch zur Verhütung dringender Gefahren für die öffentliche Sicherheit und Ordnung, insbesondere zur Behebung der Raumnot, zur Bekämpfung von Seuchengefahr oder zum Schutze gefährdeter Jugendlicher vorgenommen werden.

Art. 14 [Eigentumsfreiheit]. (1) ¹Das Eigentum und das Erbrecht[3] werden gewährleistet. ²Inhalt und Schranken werden durch die Gesetze bestimmt.

(2) ¹Eigentum verpflichtet. ²Sein Gebrauch soll zugleich dem Wohle der Allgemeinheit dienen.

(3) ¹Eine Enteignung ist nur zum Wohle der Allgemeinheit zulässig. ²Sie darf nur durch Gesetz oder aufgrund eines Gesetzes erfolgen, das Art und Aus-

---

3 Geschützt ist auch das geistige Eigentum, insbesondere das **Urheberrecht** (UrhG → **Nr. 8**).

maß der Entschädigung regelt. ³Die Entschädigung ist unter gerechter Abwägung der Interessen der Allgemeinheit und der Beteiligten zu bestimmen. ⁴Wegen der Höhe der Entschädigung steht im Streitfalle der Rechtsweg vor den ordentlichen Gerichten offen.

Art. 19 [Grundrechtseinschränkungen, Rechtsweggarantie]. (1) ¹Soweit nach diesem Grundgesetz ein Grundrecht durch Gesetz oder aufgrund eines Gesetzes eingeschränkt werden kann, muss das Gesetz allgemein und nicht nur für den Einzelfall gelten. ²Außerdem muss das Gesetz das Grundrecht unter Angabe des Artikels nennen.

(2) In keinem Falle darf ein Grundrecht in seinem Wesensgehalt angetastet werden.

(3) Die Grundrechte gelten auch für inländische juristische Personen, soweit sie ihrem Wesen nach auf diese anwendbar sind.

(4) ¹Wird jemand durch die öffentliche Gewalt in seinen Rechten verletzt, so steht ihm der Rechtsweg offen. ²Soweit eine andere Zuständigkeit nicht begründet ist, ist der ordentliche Rechtsweg gegeben. ³Art. 10 Abs. 2 Satz 2 bleibt unberührt.

II. Der Bund und die Länder (Art. 20–32)

Art. 20 [Staatsprinzipien; Widerstandsrecht]. (1) Die Bundesrepublik Deutschland ist ein demokratischer und sozialer Bundesstaat.

(2) ¹Alle Staatsgewalt geht vom Volke aus. ²Sie wird vom Volke in Wahlen und Abstimmungen und durch besondere Organe der Gesetzgebung, der vollziehenden Gewalt und der Rechtsprechung ausgeübt.

(3) Die Gesetzgebung ist an die verfassungsmäßige Ordnung, die vollziehende Gewalt und die Rechtsprechung sind an Gesetz und Recht gebunden.

(4) Gegen jeden, der es unternimmt, diese Ordnung zu beseitigen, haben alle Deutschen das Recht zum Widerstand, wenn andere Abhilfe nicht möglich ist.

Art. 21 GG⁴ [Parteien]. (1) ¹Die Parteien wirken bei der politischen Willensbildung des Volkes mit. ²Ihre Gründung ist frei. ³Ihre innere Ordnung muß demokratischen Grundsätzen entsprechen. ⁴Sie müssen über die Herkunft und Verwendung ihrer Mittel sowie über ihr Vermögen öffentlich Rechenschaft geben.

---

4 In diesem Zusammenhang ist **§ 5 Parteiengesetz** (Gesetz über die politischen Parteien vom 31. Januar 1994, BGBl. I S. 149, zuletzt geändert durch Verordnung vom 10. August 2021, BGBl. I S. 3436) zu beachten. Er hat folgenden Wortlaut:

§ 5 Gleichbehandlung. (1) ¹Wenn ein Träger öffentlicher Gewalt den Parteien Einrichtungen zur Verfügung stellt oder andere öffentliche Leistungen gewährt, sollen alle Parteien gleichbehandelt werden. ²Der Umfang der Gewährung kann nach der

(2) Parteien, die nach ihren Zielen oder nach dem Verhalten ihrer Anhänger darauf ausgehen, die freiheitliche demokratische Grundordnung zu beeinträchtigen oder zu beseitigen oder den Bestand der Bundesrepublik Deutschland zu gefährden, sind verfassungswidrig.

(3) ¹Parteien, die nach ihren Zielen oder dem Verhalten ihrer Anhänger darauf ausgerichtet sind, die freiheitliche demokratische Grundordnung zu beeinträchtigen oder zu beseitigen oder den Bestand der Bundesrepublik Deutschland zu gefährden, sind von staatlicher Finanzierung ausgeschlossen. ²Wird der Ausschluss festgestellt, so entfällt auch eine steuerliche Begünstigung dieser Parteien und von Zuwendungen an diese Parteien.

(4) Über die Frage der Verfassungswidrigkeit nach Absatz 2 sowie über den Ausschluss von staatlicher Finanzierung nach Absatz 3 entscheidet das Bundesverfassungsgericht.

(5) Das Nähere regeln Bundesgesetze.

Art. 23 [Verwirklichung der Europäischen Union; Beteiligung des Bundesrates, der Bundesregierung]. (1) ¹Zur Verwirklichung eines vereinten Europas wirkt die Bundesrepublik Deutschland bei der Entwicklung der Europäischen Union mit, die demokratischen, rechtsstaatlichen, sozialen und föderativen Grundsätzen und dem Grundsatz der Subsidiarität verpflichtet ist und einen diesem Grundgesetz im Wesentlichen vergleichbaren Grundrechtsschutz gewährleistet. ²Der Bund kann hierzu durch Gesetz mit Zustimmung des Bundesrates Hoheitsrechte übertragen. ³Für die Begründung der Europäischen Union sowie für Änderungen ihrer vertraglichen Grundlagen und vergleichbare Regelungen, durch die dieses Grundgesetz seinem Inhalt nach geändert oder ergänzt wird oder solche Änderungen oder Ergänzungen ermöglicht werden, gilt Artikel 79 Abs. 2 und 3.

(2) ¹In Angelegenheiten der Europäischen Union wirken der Bundestag und durch den Bundesrat die Länder mit. ²Die Bundesregierung hat den Bundestag und den Bundesrat umfassend und zum frühestmöglichen Zeitpunkt zu unterrichten.

(3) ¹Die Bundesregierung gibt dem Bundestag Gelegenheit zur Stellungnahme vor ihrer Mitwirkung an Rechtsetzungsakten der Europäischen Union.

Bedeutung der Parteien bis zu dem für die Erreichung ihres Zweckes erforderlichen Mindestmaß abgestuft werden. ³Die Bedeutung der Parteien bemisst sich insbesondere auch nach den Ergebnissen vorausgegangener Wahlen zu Volksvertretungen. ⁴Für eine Partei, die im Bundestag in Fraktionsstärke vertreten ist, muss der Umfang der Gewährung mindestens halb so groß wie für jede andere Partei sein.

(2) Für die Gewährung öffentlicher Leistungen in Zusammenhang mit einer Wahl gilt Absatz 1 während der Dauer des Wahlkampfes nur für Parteien, die Wahlvorschläge eingereicht haben.

(3) Öffentliche Leistungen nach Absatz 1 können an bestimmte sachliche, von allen Parteien zu erfüllende Voraussetzungen gebunden werden.

(4) Der Vierte Abschnitt bleibt unberührt

Grundgesetz

Die Bundesregierung berücksichtigt die Stellungnahmen des Bundestages bei den Verhandlungen. ²Das Nähere regelt ein Gesetz.

(4) Der Bundesrat ist an der Willensbildung des Bundes zu beteiligen, soweit er an einer entsprechenden innerstaatlichen Maßnahme mitzuwirken hätte oder soweit die Länder innerstaatlich zuständig wären.

(5) ¹Soweit in einem Bereich ausschließlicher Zuständigkeiten des Bundes Interessen der Länder berührt sind oder soweit im Übrigen der Bund das Recht zur Gesetzgebung hat, berücksichtigt die Bundesregierung die Stellungnahme des Bundesrates. ²Wenn im Schwerpunkt Gesetzgebungsbefugnisse der Länder, die Einrichtung ihrer Behörden oder ihre Verwaltungsverfahren betroffen sind, ist bei der Willensbildung des Bundes insoweit die Auffassung des Bundesrates maßgeblich zu berücksichtigen; dabei ist die gesamtstaatliche Verantwortung des Bundes zu wahren. ³In Angelegenheiten, die zu Ausgabenerhöhungen oder Einnahmeminderungen für den Bund führen können, ist die Zustimmung der Bundesregierung erforderlich.

(6) ¹Wenn im Schwerpunkt ausschließliche Gesetzgebungsbefugnisse der Länder auf den Gebieten der schulischen Bildung, der Kultur oder des Rundfunks betroffen sind, wird die Wahrnehmung der Rechte, die der Bundesrepublik Deutschland als Mitgliedstaat der Europäischen Union zustehen, vom Bund auf einen vom Bundesrat benannten Vertreter der Länder übertragen. ²Die Wahrnehmung der Rechte erfolgt unter Beteiligung und in Abstimmung mit der Bundesregierung; dabei ist die gesamtstaatliche Verantwortung des Bundes zu wahren.

(7) Das Nähere zu den Absätzen 4 bis 6 regelt ein Gesetz, das der Zustimmung des Bundesrates bedarf

Art. 25 [Völkerrecht Bestandteil des Bundesrechtes]. ¹Die allgemeinen Regeln des Völkerrechtes sind Bestandteil des Bundesrechtes. ²Sie gehen den Gesetzen vor und erzeugen Rechte und Pflichten unmittelbar für die Bewohner des Bundesgebietes.

Art. 30 [Funktionen der Länder]. Die Ausübung der staatlichen Befugnisse und die Erfüllung der staatlichen Aufgaben ist Sache der Länder, soweit dieses Grundgesetz keine andere Regelung trifft oder zulässt.

Art. 32 [Auswärtige Beziehungen]. (1) Die Pflege der Beziehungen zu auswärtigen Staaten ist Sache des Bundes.

(2) Vor dem Abschlusse eines Vertrages, der die besonderen Verhältnisse eines Landes berührt, ist das Land rechtzeitig zu hören.

(3) Soweit die Länder für die Gesetzgebung zuständig sind, können sie mit Zustimmung der Bundesregierung mit auswärtigen Staaten Verträge abschließen.

III. Der Bundestag (Art. 46)

Art. 46 [Indemnität und Immunität der Abgeordneten]. (1) ¹Ein Abgeordneter darf zu keiner Zeit wegen seiner Abstimmung oder wegen einer Äußerung, die er im Bundestage oder in einem seiner Ausschüsse getan hat, gerichtlich oder dienstlich verfolgt oder sonst außerhalb des Bundestages zur Verantwortung gezogen werden. ²Dies gilt nicht für verleumderische Beleidigungen.

(2) Wegen einer mit Strafe bedrohten Handlung darf ein Abgeordneter nur mit Genehmigung des Bundestages zur Verantwortung gezogen oder verhaftet werden, es sei denn, dass er bei Begehung der Tat oder im Laufe des folgenden Tages festgenommen wird.

(3) Die Genehmigung des Bundestages ist ferner bei jeder anderen Beschränkung der persönlichen Freiheit eines Abgeordneten oder zur Einleitung eines Verfahrens gegen einen Abgeordneten gemäß Art. 18 erforderlich.

(4) Jedes Strafverfahren und jedes Verfahren gemäß Art. 18 gegen einen Abgeordneten, jede Haft und jede sonstige Beschränkung seiner persönlichen Freiheit sind auf Verlangen des Bundestages auszusetzen.

VII. Die Gesetzgebung des Bundes (Art. 70–79)

Art. 70 [Gesetzgebung des Bundes und der Länder]. (1) Die Länder haben das Recht der Gesetzgebung, soweit dieses Grundgesetz nicht dem Bunde Gesetzgebungsbefugnisse verleiht.

(2) Die Abgrenzung der Zuständigkeit zwischen Bund und Ländern bemisst sich nach den Vorschriften dieses Grundgesetzes über die ausschließliche und die konkurrierende Gesetzgebung.

Art. 71 [Ausschließliche Gesetzgebung]. Im Bereiche der ausschließlichen Gesetzgebung des Bundes haben die Länder die Befugnis zur Gesetzgebung nur, wenn und soweit sie hierzu in einem Bundesgesetze ausdrücklich ermächtigt werden.

Art. 72 [Konkurrierende Gesetzgebung]. (1) Im Bereich der konkurrierenden Gesetzgebung haben die Länder die Befugnis zur Gesetzgebung, solange und soweit der Bund von seiner Gesetzgebungszuständigkeit nicht durch Gesetz Gebrauch gemacht hat.

(2) Auf den Gebieten des Artikels 74 Abs. 1 Nr. 4, 7, 11, 13, 15, 19a, 20, 22, 25 und 26 hat der Bund das Gesetzgebungsrecht, wenn und soweit die Herstellung gleichwertiger Lebensverhältnisse im Bundesgebiet oder die Wahrung der Rechts- oder Wirtschaftseinheit im gesamtstaatlichen Interesse eine bundesgesetzliche Regelung erforderlich macht.

Grundgesetz **GG 1**

(3) ¹Hat der Bund von seiner Gesetzgebungszuständigkeit Gebrauch gemacht, können die Länder durch Gesetz hiervon abweichende Regelungen treffen über:
1. das Jagdwesen (ohne das Recht der Jagdscheine);
2. den Naturschutz und die Landschaftspflege (ohne die allgemeinen Grundsätze des Naturschutzes, das Recht des Artenschutzes oder des Meeresnaturschutzes);
3. die Bodenverteilung;
4. die Raumordnung;
5. den Wasserhaushalt (ohne stoff- oder anlagenbezogene Regelungen);
6. die Hochschulzulassung und die Hochschulabschlüsse.

²Bundesgesetze auf diesen Gebieten treten frühestens sechs Monate nach ihrer Verkündung in Kraft, soweit nicht mit Zustimmung des Bundesrates anderes bestimmt ist. ³Auf den Gebieten des Satzes 1 geht im Verhältnis von Bundes- und Landesrecht das jeweils spätere Gesetz vor.

(4) Durch Bundesgesetz kann bestimmt werden, dass eine bundesgesetzliche Regelung, für die eine Erforderlichkeit im Sinne des Absatzes 2 nicht mehr besteht, durch Landesrecht ersetzt werden kann.

Art. 73 [Gegenstände der ausschließlichen Gesetzgebungskompetenz].
. (1) Der Bund hat die ausschließliche Gesetzgebung über:
1. die auswärtigen Angelegenheiten sowie die Verteidigung einschließlich des Schutzes der Zivilbevölkerung; [...]
7. das Postwesen und die Telekommunikation; [...]
9. den gewerblichen Rechtsschutz, das Urheberrecht und das Verlagsrecht; [...]

Art. 74 [Gegenstände der konkurrierenden Gesetzgebungskompetenz].
. (1) Die konkurrierende Gesetzgebung erstreckt sich auf folgende Gebiete:
1. das bürgerliche Recht, das Strafrecht, die Gerichtsverfassung, das gerichtliche Verfahren (ohne das Recht des Untersuchungshaftvollzugs), die Rechtsanwaltschaft, das Notariat und die Rechtsberatung; [...]
3. das Vereinsrecht; [...]
7. die öffentliche Fürsorge (ohne das Heimrecht); [...]
11. das Recht der Wirtschaft (Bergbau, Industrie, Energiewirtschaft, Handwerk, Gewerbe, Handel, Bank- und Börsenwesen, privatrechtliches Versicherungswesen) ohne das Recht des Ladenschlusses, der Gaststätten, der Spielhallen, der Schaustellung von Personen, der Messen, der Ausstellungen und der Märkte; [...]
16. die Verhütung des Missbrauchs wirtschaftlicher Machtstellung; [...]

Art. 79 [Änderung des Grundgesetzes, „Ewigkeitsgarantie"]. (1) ¹Das Grundgesetz kann nur durch ein Gesetz geändert werden, das den Wortlaut des Grundgesetzes ausdrücklich ändert oder ergänzt. ²Bei völkerrechtlichen Verträgen, die eine Friedensregelung, die Vorbereitung einer Friedensregelung oder den Abbau einer besatzungsrechtlichen Ordnung zum Gegenstand haben oder der Verteidigung der Bundesrepublik zu dienen bestimmt sind, genügt zur Klarstellung, dass die Bestimmungen des Grundgesetzes dem Abschluss und dem Inkraftsetzen der Verträge nicht entgegenstehen, eine Ergänzung des Wortlautes des Grundgesetzes, die sich auf diese Klarstellung beschränkt.

(2) Ein solches Gesetz bedarf der Zustimmung von zwei Dritteln der Mitglieder des Bundestages und zwei Dritteln der Stimmen des Bundesrates.

(3) Eine Änderung dieses Grundgesetzes, durch welche die Gliederung des Bundes in Länder, die grundsätzliche Mitwirkung der Länder bei der Gesetzgebung oder die in den Artikeln 1 und 20 niedergelegten Grundsätze berührt werden, ist unzulässig.

VIII. Die Ausführung der Bundesgesetze und die Bundesverwaltung (Art. 86, 87)

Art. 86 [Bundeseigene Verwaltung]. ¹Führt der Bund die Gesetze durch bundeseigene Verwaltung oder durch bundesunmittelbare Körperschaften oder Anstalten des öffentlichen Rechtes aus, so erlässt die Bundesregierung, soweit nicht das Gesetz Besonderes vorschreibt, die allgemeinen Verwaltungsvorschriften. ²Sie regelt, soweit das Gesetz nichts anderes bestimmt, die Einrichtung der Behörden.

Art. 87f [Postwesen und Telekommunikation]. (1) Nach Maßgabe eines Bundesgesetzes, das der Zustimmung des Bundesrates bedarf, gewährleistet der Bund im Bereich des Postwesens und der Telekommunikation flächendeckend angemessene und ausreichende Dienstleistungen.

(2) ¹Dienstleistungen im Sinne des Absatzes 1 werden als privatwirtschaftliche Tätigkeiten durch die aus dem Sondervermögen Deutsche Bundespost hervorgegangenen Unternehmen und durch andere private Anbieter erbracht. ²Hoheitsaufgaben im Bereich des Postwesens und der Telekommunikation werden in bundeseigener Verwaltung ausgeführt.

(3) Unbeschadet des Absatzes 2 Satz 2 führt der Bund in der Rechtsform einer bundesunmittelbaren Anstalt des öffentlichen Rechts einzelne Aufgaben in bezug auf die aus dem Sondervermögen Deutsche Bundespost hervorgegangenen Unternehmen nach Maßgabe eines Bundesgesetzes aus.

Art. 91c [Informationstechnische Systeme]. (1) Bund und Länder können bei der Planung, der Errichtung und dem Betrieb der für ihre Aufgabenerfüllung benötigten informationstechnischen Systeme zusammenwirken.

(2) ¹Bund und Länder können auf Grund von Vereinbarungen die für die Kommunikation zwischen ihren informationstechnischen Systemen notwendigen Standards und Sicherheitsanforderungen festlegen. ²Vereinbarungen über

Grundgesetz **GG 1**

die Grundlagen der Zusammenarbeit nach Satz 1 können für einzelne nach Inhalt und Ausmaß bestimmte Aufgaben vorsehen, dass nähere Regelungen bei Zustimmung einer in der Vereinbarung zu bestimmenden qualifizierten Mehrheit für Bund und Länder in Kraft treten. ^{3}Sie bedürfen der Zustimmung des Bundestages und der Volksvertretungen der beteiligten Länder; das Recht zur Kündigung dieser Vereinbarungen kann nicht ausgeschlossen werden. ^{4}Die Vereinbarungen regeln auch die Kostentragung.

(3) Die Länder können darüber hinaus den gemeinschaftlichen Betrieb informationstechnischer Systeme sowie die Errichtung von dazu bestimmten Einrichtungen vereinbaren.

(4) ^{1}Der Bund errichtet zur Verbindung der informationstechnischen Netze des Bundes und der Länder ein Verbindungsnetz. ^{2}Das Nähere zur Errichtung und zum Betrieb des Verbindungsnetzes regelt ein Bundesgesetz mit Zustimmung des Bundesrates.

(5) Der übergreifende informationstechnische Zugang zu den Verwaltungsleistungen von Bund und Ländern wird durch Bundesgesetz mit Zustimmung des Bundesrates geregelt.

IX. Die Rechtsprechung (Art. 93)

Art. 93 [Zuständigkeit des Bundesverfassungsgerichts]. (1) Das Bundesverfassungsgericht entscheidet: [...]
4a. über Verfassungsbeschwerden, die von jedermann mit der Behauptung erhoben werden können, durch die öffentliche Gewalt in einem seiner Grundrechte oder in einem seiner in Art. 20 Abs. 4, 33, 38, 101, 103 und 104 enthaltenen Rechte verletzt zu sein; [...]

LVerf 1a

**Vorbemerkungen zu den Auszügen
aus den Landesverfassungen**

In diesem Teil finden sich einige exemplarische Artikel der Landesverfassungen mit medienrechtlicher Relevanz. In vielen Fällen erweitern die Landesverfassungen den grundrechtlichen Schutz der Medien oder gestalten diesen näher aus. Einige Landesverfassungen verweisen lediglich auf die Geltung der Grundrechte des GG und die dort enthaltenen medienrechtlichen Vorgaben bzw. geben diese mit nur leicht verändertem Inhalt wieder. Von dem Abdruck dieser Vorschriften wurde abgesehen.

Auszüge aus den Landesverfassungen

I. Bayern (BayVerf)

Auszug aus der **Verfassung des Freistaates Bayern**
vom 15. Dezember 1998 (GVBl. S. 991)
zuletzt geändert durch Gesetz vom 11. November 2013 (GVBl. S. 642)

Art. 110 [Recht der freien Meinungsäußerung]. (1) [1]Jeder Bewohner Bayerns hat das Recht, seine Meinung durch Wort, Schrift, Druck, Bild oder in sonstiger Weise frei zu äußern. [2]An diesem Recht darf ihn kein Arbeits- und Anstellungsvertrag hindern und niemand darf ihn benachteiligen, wenn er von diesem Recht Gebrauch macht.

(2) Die Bekämpfung von Schmutz und Schund ist Aufgabe des Staates und der Gemeinden.

Art. 111a [Freiheit des Rundfunks]. (1) [1]Die Freiheit des Rundfunks wird gewährleistet. [2]Der Rundfunk dient der Information durch wahrheitsgemäße, umfassende und unparteiische Berichterstattung sowie durch die Verbreitung von Meinungen. [3]Er trägt zur Bildung und Unterhaltung bei. [4]Der Rundfunk hat die freiheitliche demokratische Grundordnung, die Menschenwürde, religiöse und weltanschauliche Überzeugungen zu achten. [5]Die Verherrlichung von Gewalt sowie Darbietungen, die das allgemeine Sittlichkeitsgefühl grob verletzen, sind unzulässig. [6]Meinungsfreiheit, Sachlichkeit, gegenseitige Achtung, Schutz vor Verunglimpfung sowie die Ausgewogenheit des Gesamtprogramms sind zu gewährleisten.

(2) [1]Rundfunk wird in öffentlicher Verantwortung und in öffentlich-rechtlicher Trägerschaft betrieben. [2]An der Kontrolle des Rundfunks sind die in Betracht kommenden bedeutsamen politischen, weltanschaulichen und gesellschaftlichen Gruppen angemessen zu beteiligen. [3]Der Anteil der von der Staatsregierung, dem Landtag und dem Senat in die Kontrollorgane entsandten

Vertreter darf ein Drittel nicht übersteigen. [5]Die weltanschaulichen und gesellschaftlichen Gruppen wählen oder berufen ihre Vertreter selbst.

(3) Das Nähere regelt ein Gesetz.

II. Brandenburg (BrandVerf)

Auszug aus der **Verfassung des Landes Brandenburg**
vom 20. August 1992 (GVBl. I S. 298),
zuletzt geändert durch Gesetz vom 16. Mai 2019 (GVBl. I Nr. 16)

Art. 19 [Meinungs- und Medienfreiheit]. (1) [1]Jeder hat das Recht, Informationen und Meinungen in jeder Form frei zu verbreiten und sich aus allgemein zugänglichen oder anderen, rechtmäßig erschließbaren Quellen zu unterrichten. [2]Die Geltung dieser Rechte in Dienst- und Arbeitsverhältnissen darf nur aufgrund eines Gesetzes eingeschränkt werden.

(2) [1]Die Freiheit der Presse, des Rundfunks, des Films und anderer Massenmedien ist gewährleistet. [2]Das Gesetz hat durch Verfahrensregelungen sicherzustellen, daß die Vielfalt der in der Gesellschaft vorhandenen Meinungen in Presse und Rundfunk zum Ausdruck kommt.

(3) [1]Gesetzliche Einschränkungen zum Schutze der Kinder und Jugendlichen sowie der Ehre und anderer wichtiger Rechtsgüter sind zulässig. [2]Kriegspropaganda und öffentliche, die Menschenwürde verletzende Diskriminierungen sind verboten.

(4) [1]Hörfunk und Fernsehen haben die Aufgabe, durch das Angebot einer Vielfalt von Programmen zur öffentlichen Meinungsbildung beizutragen. [2]Neben den öffentlich-rechtlichen Anstalten sind private Sender aufgrund eines Gesetzes zuzulassen. [3]Dabei ist ein Höchstmaß an Meinungsvielfalt zu gewährleisten.

(5) Rechtmäßige journalistische Tätigkeit darf durch Zeugnispflicht, Beschlagnahme und Durchsuchung nicht behindert werden.

(6) Eine Zensur findet nicht statt.

III. Bremen (BremVerf)

Auszug aus der **Landesverfassung der Freien Hansestadt Bremen**
vom 21. Oktober 1947 (Brem.GBl. S. 251),
zuletzt geändert durch Gesetz vom 16. Juli 2020 (Brem.GBl. S. 468)

Art. 15 [Freie Meinungsäußerung, Zensurverbot, Postgeheimnis, Informationsfreiheit]. (1) [1]Jeder hat das Recht, im Rahmen der verfassungsmäßigen Grundrechte seine Meinung frei und öffentlich durch Wort, Schrift, Druck, Bild oder in sonstiger Weise zu äußern. [2]Diese Freiheit darf auch durch ein Dienstverhältnis nicht beschränkt werden. [3]Niemandem darf ein Nachteil widerfahren, wenn er von diesem Recht Gebrauch macht.

Landesverfassungen

(2) Eine Zensur ist unstatthaft.

(3) Wer gesetzliche Bestimmungen zum Schutze der Jugend verletzt, kann sich nicht auf das Recht der freien Meinungsäußerung berufen.

(4) ¹Das Postgeheimnis ist unverletzlich. ²Eine Ausnahme ist nur in einem Strafverfahren, in den vom Gesetz vorgeschriebenen Fällen und Formen und auf Grund einer richterlichen Anordnung zulässig. ³Bei Gefahr im Verzuge können auch die Staatsanwaltschaft und ihre Hilfsbeamten eine Beschlagnahme von Postsachen anordnen.

(5) Das Recht, sich über die Meinung anderer zu unterrichten, insbesondere durch den Bezug von Druckerzeugnissen und durch den Rundfunk, darf nicht eingeschränkt werden.

IV. Hessen (HessVerf)

Auszug aus der **Verfassung des Landes Hessen**
vom 1. Dezember 1946
(GVBl. I S. 229, ber. GVBl. 1947 S. 106 u. GVBl. 1948 S. 68),
zuletzt geändert durch Gesetz vom 12. Dezember 2018 (GVBl. I S. 752)

Art. 13 [Informationsfreiheit]. Jedermann hat das Recht, sich auf allen Gebieten des Wissens und der Erfahrung sowie über die Meinung anderer durch den Bezug von Druck-Erzeugnissen, das Abhören von Rundfunksendern oder auf sonstige Weise frei zu unterrichten.

V. Rheinland-Pfalz (RhpfVerf)

Auszug aus der **Verfassung für Rheinland-Pfalz**
vom 18. Mai 1947 (VOBl. S. 209),
zuletzt geändert durch Gesetz vom 8. Mai 2015 (GVBl. S. 35)

Art. 4a [Schutz personenbezogener Daten]. (1) ¹Jeder Mensch hat das Recht, über die Erhebung und weitere Verarbeitung seiner personenbezogenen Daten selbst zu bestimmen. ²Jeder Mensch hat das Recht auf Auskunft über ihn betreffende Daten und auf Einsicht in amtliche Unterlagen, soweit diese solche Daten enthalten.

(2) Diese Rechte dürfen nur durch Gesetz oder aufgrund eines Gesetzes eingeschränkt werden, soweit überwiegende Interessen der Allgemeinheit es erfordern.

Art. 10 [Freie Meinungsäußerung; Informationsfreiheit; Medienfreiheit; Zensurverbot]. (1) ¹Jedermann hat das Recht, seine Meinung in Wort, Schrift und Bild frei zu äußern und zu verbreiten und sich aus allgemein zugänglichen Quellen ungehindert zu unterrichten. ²Niemand darf ihn deshalb benachteiligen. ³Die Pressefreiheit und die Freiheit der Berichterstattung durch Rundfunk und Film werden gewährleistet. ⁴Eine Zensur findet nicht statt.

(2) Diese Rechte finden ihre Schranken in den Vorschriften der allgemeinen Gesetze, den gesetzlichen Bestimmungen zum Schutze der Jugend und in dem Recht der persönlichen Ehre.

VI. Sachsen (SaVerf)

Auszug aus der **Verfassung des Freistaates Sachsen**
vom 27. Mai 1992 (SächsGVBl. S. 243),
zuletzt geändert durch Gesetz vom 11. Juli 2013 (SächsGVBl. S. 502)

Art. 20 [Meinungs- und Medienfreiheit]. (1) [1]Jede Person hat das Recht, ihre Meinung in Wort, Schrift und Bild frei zu äußern und zu verbreiten und sich aus allgemein zugänglichen Quellen ungehindert zu unterrichten. [2]Die Pressefreiheit und die Freiheit der Berichterstattung durch Rundfunk und Film werden gewährleistet. [3]Eine Zensur findet nicht statt.

(2) Unbeschadet des Rechtes, Rundfunk in privater Trägerschaft zu betreiben, werden Bestand und Entwicklung des öffentlich-rechtlichen Rundfunks gewährleistet.

(3) Diese Rechte finden ihre Schranken in den Vorschriften der allgemeinen Gesetze, den gesetzlichen Bestimmungen zum Schutz der Jugend und in dem Recht der persönlichen Ehre.

VII. Thüringen (ThürVerf)

Auszug aus der **Verfassung des Freistaats Thüringen**
vom 25. Oktober 1993 (GVBl. S. 625),
zuletzt geändert durch Gesetz vom 11. Oktober 2004 (GVBl. S. 745)

Art. 11 [Meinungs- und Medienfreiheit]. (1) Jeder hat das Recht, seine Meinung frei zu äußern und zu verbreiten sowie sich aus allgemein zugänglichen Quellen ungehindert zu unterrichten.

(2) [1]Die Freiheit der Presse, des Rundfunks, des Fernsehens, des Films und der anderen Medien wird gewährleistet. [2]Zensur ist nicht zulässig.

(3) Diese Rechte finden ihre Schranken in den Vorschriften der allgemeinen Gesetze, den gesetzlichen Bestimmungen zum Schutz der Kinder und Jugendlichen und in dem Recht der persönlichen Ehre.

Art. 12 [Rundfunkversorgung]. (1) Das Land gewährleistet die Grundversorgung durch öffentlich-rechtlichen Rundfunk und sorgt für die Ausgewogenheit der Verbreitungsmöglichkeiten zwischen privaten und öffentlich-rechtlichen Veranstaltern.

(2) In den Aufsichtsgremien der öffentlich-rechtlichen Rundfunkanstalten und in den vergleichbaren Aufsichtsgremien über den privaten Rundfunk sind die politischen, weltanschaulichen und gesellschaftlichen Gruppen nach Maßgabe der Gesetze zu beteiligen.

Landesverfassungen **LVerf 1a**

VIII. Mecklenburg-Vorpommern (MVVerf)

Auszug aus der **Verfassung des Landes Mecklenburg-Vorpommern**
vom 23. Mai 1993 (GVOBl. M-V S. 372),
zuletzt geändert durch Gesetz vom 14. Juli 2016 (GVOBl. M-V S. 573)

Art. 6 [Datenschutz, Informationsrechte]. (1) [1]Jeder hat das Recht auf Schutz seiner personenbezogenen Daten. [2]Dieses Recht findet seine Grenzen in den Rechten Dritter und in den überwiegenden Interessen der Allgemeinheit.

(2) Jeder hat das Recht auf Auskunft über ihn betreffende Daten, soweit nicht Bundesrecht, rechtlich geschützte Interessen Dritter oder überwiegende Interessen der Allgemeinheit entgegenstehen.

(3) Jeder hat das Recht auf Zugang zu Informationen über die Umwelt, die bei der öffentlichen Verwaltung vorhanden sind.

(4) Das Nähere regelt das Gesetz.

IX. Sachsen-Anhalt (LSAVerf)

Auszug aus der **Verfassung des Landes Sachsen-Anhalt**
vom 16. Juli 1992 (GVBl. LSA S. 600),
zuletzt geändert durch Gesetz vom 20. März 2020 (GVBl. LSA S. 64)

Art. 6 [Datenschutz, Umweltdaten]. (1) [1]Jeder hat das Recht auf Schutz seiner personenbezogenen Daten. [2]In dieses Recht darf nur durch oder auf Grund eines Gesetzes eingegriffen werden. [3]Dabei sind insbesondere Inhalt, Zweck und Ausmaß der Erhebung, Verarbeitung und Nutzung der personenbezogenen Daten zu bestimmen und das Recht auf Auskunft, Löschung und Berichtigung näher zu regeln.

(2) [1]Jeder hat das Recht auf Auskunft über die Vorhaben und Daten im Verfügungsbereich der öffentlichen Gewalt, welche die natürliche Umwelt in seinem Lebensraum betreffen, soweit nicht Bundesrecht, rechtlich geschützte Interessen Dritter oder das Wohl der Allgemeinheit entgegenstehen. [2]Das Nähere regeln die Gesetze.

AEUV 2
Vertrag über die Arbeitsweise der Europäischen Union

in der Fassung der Bekanntmachung vom 9. Mai 2008 (ABl. C 115/47),
zuletzt geändert durch Art. 2 des Vertrags von Lissabon vom 13.12.2007
(ABl. C 306/1, ber. ABl. 2008 C 111/56 u. ABl. 2009 C 290/1)
einschließlich der Berichtigung der authentischen deutschen Fassung
des Vertrages von Lissabon vom 9. März 2010 (BGBl. 2010 II S. 151),
hier in der konsolidierten Fassung (ABl. C 83/47 vom 30. März 2010),
zuletzt geändert durch Art. 2 ÄndBeschl. 2012/419/EU
vom 11. Juli 2012 (ABl. Nr. L 204/131)[1],
konsolidierte Fassung vom 7.6.2016, ABl. Nr. C 202/1

– Auszug –[2]

Art. 15 [Grundsatz der Offenheit]. (1) Um eine verantwortungsvolle Verwaltung zu fördern und die Beteiligung der Zivilgesellschaft sicherzustellen, handeln die Organe, Einrichtungen und sonstigen Stellen der Union unter weitestgehender Beachtung des Grundsatzes der Offenheit.

(2) Das Europäische Parlament tagt öffentlich; dies gilt auch für den Rat, wenn er über Entwürfe zu Gesetzgebungsakten berät oder abstimmt.

(3) [1] Jeder Unionsbürger sowie jede natürliche oder juristische Person mit Wohnsitz oder satzungsgemäßem Sitz in einem Mitgliedstaat hat das Recht auf Zugang zu Dokumenten der Organe, Einrichtungen und sonstigen Stellen der Union, unabhängig von der Form der für diese Dokumente verwendeten Träger, vorbehaltlich der Grundsätze und Bedingungen, die nach diesem Absatz festzulegen sind.

[2] Die allgemeinen Grundsätze und die aufgrund öffentlicher oder privater Interessen geltenden Einschränkungen für die Ausübung dieses Rechts auf Zugang zu Dokumenten werden vom Europäischen Parlament und vom Rat durch Verordnungen gemäß dem ordentlichen Gesetzgebungsverfahren festgelegt.

[3] Die Organe, Einrichtungen und sonstigen Stellen gewährleisten die Transparenz ihrer Tätigkeit und legen im Einklang mit den in Unterabsatz 2 genannten Verordnungen in ihrer Geschäftsordnung Sonderbestimmungen hinsichtlich des Zugangs zu ihren Dokumenten fest.

---

1 Dieser Teil enthält einen Auszug aus dem Vertrag über die Arbeitsweise der Europäischen Union (AEUV), der im Rahmen des Reformvertrages von Lissabon an die Stelle des Vertrages zur Gründung der Europäischen Gemeinschaft getreten ist. Der Vertrag von Lissabon trat zum 1. Dezember 2009 in Kraft.
2 Die Absatznummerierung ist in der Originalfassung nicht besonders konsistent bzw. benutzerfreundlich. Daher wurden zusätzliche Absätze nach dem Muster der ebenfalls bei C.F. Müller erschienen Textsammlung Staats- und Verwaltungsrecht Bundesrepublik Deutschland eingefügt.

[4] Dieser Absatz gilt für den Gerichtshof der Europäischen Union, die Europäische Zentralbank und die Europäische Investitionsbank nur dann, wenn sie Verwaltungsaufgaben wahrnehmen.

[5] Das Europäische Parlament und der Rat sorgen dafür, dass die Dokumente, die die Gesetzgebungsverfahren betreffen, nach Maßgabe der in Unterabsatz 2 genannten Verordnungen öffentlich zugänglich gemacht werden.

Art. 18 [Diskriminierungsverbot]. [1] Unbeschadet besonderer Bestimmungen der Verträge ist in ihrem Anwendungsbereich jede Diskriminierung aus Gründen der Staatsangehörigkeit verboten.

[2] Das Europäische Parlament und der Rat können gemäß dem ordentlichen Gesetzgebungsverfahren Regelungen für das Verbot solcher Diskriminierung treffen.

Art. 28 [Zollunion; Warenverkehrsfreiheit]. (1) Die Union umfasst eine Zollunion, die sich auf den gesamten Warenaustausch erstreckt; sie umfasst das Verbot, zwischen den Mitgliedstaaten Ein- und Ausfuhrzölle und Abgaben gleicher Wirkung zu erheben, sowie die Einführung eines Gemeinsamen Zolltarifs gegenüber dritten Ländern.

(2) Artikel 30 und Kapitel 3 dieses Titels gelten für die aus den Mitgliedstaaten stammenden Waren sowie für diejenigen Waren aus dritten Ländern, die sich in den Mitgliedstaaten im freien Verkehr befinden.

Art. 34 [Verbot mengenmäßiger Einfuhrbeschränkungen]. Mengenmäßige Einfuhrbeschränkungen sowie alle Maßnahmen gleicher Wirkung sind zwischen den Mitgliedstaaten verboten.

Art. 35 [Verbot mengenmäßiger Ausfuhrbeschränkungen]. Mengenmäßige Ausfuhrbeschränkungen sowie alle Maßnahmen gleicher Wirkung sind zwischen den Mitgliedstaaten verboten.

Art. 36 [Ausnahmen wegen öffentlicher Interessen]. [1]Die Bestimmungen der Artikel 34 und 35 stehen Einfuhr-, Ausfuhr- und Durchfuhrverboten oder -beschränkungen nicht entgegen, die aus Gründen der öffentlichen Sittlichkeit, Ordnung und Sicherheit, zum Schutze der Gesundheit und des Lebens von Menschen, Tieren oder Pflanzen, des nationalen Kulturguts von künstlerischem, geschichtlichem oder archäologischem Wert oder des gewerblichen und kommerziellen Eigentums gerechtfertigt sind. [2]Diese Verbote oder Beschränkungen dürfen jedoch weder ein Mittel zur willkürlichen Diskriminierung noch eine verschleierte Beschränkung des Handels zwischen den Mitgliedstaaten darstellen.

Art. 45 [Freizügigkeit der Arbeitnehmer]. (1) Innerhalb der Union ist die Freizügigkeit der Arbeitnehmer gewährleistet.

(2) Sie umfasst die Abschaffung jeder auf der Staatsangehörigkeit beruhenden unterschiedlichen Behandlung der Arbeitnehmer der Mitgliedstaaten in Bezug auf Beschäftigung, Entlohnung und sonstige Arbeitsbedingungen.

(3) Sie gibt – vorbehaltlich der aus Gründen der öffentlichen Ordnung, Sicherheit und Gesundheit gerechtfertigten Beschränkungen – den Arbeitnehmern das Recht,
a) sich um tatsächlich angebotene Stellen zu bewerben;
b) sich zu diesem Zweck im Hoheitsgebiet der Mitgliedstaaten frei zu bewegen;
c) sich in einem Mitgliedstaat aufzuhalten, um dort nach den für die Arbeitnehmer dieses Staates geltenden Rechts- und Verwaltungsvorschriften eine Beschäftigung auszuüben;
d) nach Beendigung einer Beschäftigung im Hoheitsgebiet eines Mitgliedstaats unter Bedingungen zu verbleiben, welche die Kommission durch Verordnungen festlegt.

(4) Dieser Artikel findet keine Anwendung auf die Beschäftigung in der öffentlichen Verwaltung.

Art. 49 [Niederlassungsfreiheit]. [1] ^{1}Die Beschränkungen der freien Niederlassung von Staatsangehörigen eines Mitgliedstaats im Hoheitsgebiet eines anderen Mitgliedstaats sind nach Maßgabe der folgenden Bestimmungen verboten. ^{2}Das Gleiche gilt für Beschränkungen der Gründung von Agenturen, Zweigniederlassungen oder Tochtergesellschaften durch Angehörige eines Mitgliedstaats, die im Hoheitsgebiet eines Mitgliedstaats ansässig sind.

[2] Vorbehaltlich des Kapitels über den Kapitalverkehr umfasst die Niederlassungsfreiheit die Aufnahme und Ausübung selbstständiger Erwerbstätigkeiten sowie die Gründung und Leitung von Unternehmen, insbesondere von Gesellschaften im Sinne des Artikels 54 Absatz 2, nach den Bestimmungen des Aufnahmestaats für seine eigenen Angehörigen.

Art. 56 [Dienstleistungsfreiheit]. [1] Die Beschränkungen des freien Dienstleistungsverkehrs innerhalb der Union für Angehörige der Mitgliedstaaten, die in einem anderen Mitgliedstaat als demjenigen des Leistungsempfängers ansässig sind, sind nach Maßgabe der folgenden Bestimmungen verboten.

[2] Das Europäische Parlament und der Rat können gemäß dem ordentlichen Gesetzgebungsverfahren beschließen, dass dieses Kapitel auch auf Erbringer von Dienstleistungen Anwendung findet, welche die Staatsangehörigkeit eines dritten Landes besitzen und innerhalb der Union ansässig sind.

Art. 57 [Definition der Dienstleistungen]. [1] Dienstleistungen im Sinne der Verträge sind Leistungen, die in der Regel gegen Entgelt erbracht werden, soweit sie nicht den Vorschriften über den freien Waren- und Kapitalverkehr und über die Freizügigkeit der Personen unterliegen.

[2] Als Dienstleistungen gelten insbesondere:
a) gewerbliche Tätigkeiten,
b) kaufmännische Tätigkeiten,

c) handwerkliche Tätigkeiten,
d) freiberufliche Tätigkeiten.

[3] Unbeschadet des Kapitels über die Niederlassungsfreiheit kann der Leistende zwecks Erbringung seiner Leistungen seine Tätigkeit vorübergehend in dem Mitgliedstaat ausüben, in dem die Leistung erbracht wird, und zwar unter den Voraussetzungen, welche dieser Mitgliedstaat für seine eigenen Angehörigen vorschreibt.

Art. 101 [Verbot wettbewerbshindernder Vereinbarungen oder Beschlüsse]. (1) Mit dem Binnenmarkt unvereinbar und verboten sind alle Vereinbarungen zwischen Unternehmen, Beschlüsse von Unternehmensvereinigungen und aufeinander abgestimmte Verhaltensweisen, welche den Handel zwischen Mitgliedstaaten zu beeinträchtigen geeignet sind und eine Verhinderung, Einschränkung oder Verfälschung des Wettbewerbs innerhalb des Binnenmarktes bezwecken oder bewirken, insbesondere
a) die unmittelbare oder mittelbare Festsetzung der An- oder Verkaufspreise oder sonstiger Geschäftsbedingungen;
b) die Einschränkung oder Kontrolle der Erzeugung, des Absatzes, der technischen Entwicklung oder der Investitionen;
c) die Aufteilung der Märkte oder Versorgungsquellen;
d) die Anwendung unterschiedlicher Bedingungen bei gleichwertigen Leistungen gegenüber Handelspartnern, wodurch diese im Wettbewerb benachteiligt werden;
e) die an den Abschluss von Verträgen geknüpfte Bedingung, dass die Vertragspartner zusätzliche Leistungen annehmen, die weder sachlich noch nach Handelsbrauch in Beziehung zum Vertragsgegenstand stehen.

(2) Die nach diesem Artikel verbotenen Vereinbarungen oder Beschlüsse sind nichtig.

(3) Die Bestimmungen des Absatzes 1 können für nicht anwendbar erklärt werden auf
– Vereinbarungen oder Gruppen von Vereinbarungen zwischen Unternehmen,
– Beschlüsse oder Gruppen von Beschlüssen von Unternehmensvereinigungen,
– aufeinander abgestimmte Verhaltensweisen oder Gruppen von solchen,
die unter angemessener Beteiligung der Verbraucher an dem entstehenden Gewinn zur Verbesserung der Warenerzeugung oder -verteilung oder zur Förderung des technischen oder wirtschaftlichen Fortschritts beitragen, ohne dass den beteiligten Unternehmen
a) Beschränkungen auferlegt werden, die für die Verwirklichung dieser Ziele nicht unerlässlich sind, oder
b) Möglichkeiten eröffnet werden, für einen wesentlichen Teil der betreffenden Waren den Wettbewerb auszuschalten.

Art. 102 [Missbrauch einer den Markt beherrschenden Stellung]. [1] Mit dem Binnenmarkt unvereinbar und verboten ist die miss-

Vertrag über die Arbeitsweise der Europäischen Union **AEUV 2**

bräuchliche Ausnutzung einer beherrschenden Stellung auf dem Binnenmarkt oder auf einem wesentlichen Teil desselben durch ein oder mehrere Unternehmen, soweit dies dazu führen kann, den Handel zwischen Mitgliedstaaten zu beeinträchtigen.

[2] Dieser Missbrauch kann insbesondere in Folgendem bestehen:
a) der unmittelbaren oder mittelbaren Erzwingung von unangemessenen Einkaufs- oder Verkaufspreisen oder sonstigen Geschäftsbedingungen;
b) der Einschränkung der Erzeugung, des Absatzes oder der technischen Entwicklung zum Schaden der Verbraucher;
c) der Anwendung unterschiedlicher Bedingungen bei gleichwertigen Leistungen gegenüber Handelspartnern, wodurch diese im Wettbewerb benachteiligt werden;
d) der an den Abschluss von Verträgen geknüpften Bedingung, dass die Vertragspartner zusätzliche Leistungen annehmen, die weder sachlich noch nach Handelsbrauch in Beziehung zum Vertragsgegenstand stehen.

Art. 103 [Erlass von Verordnungen und Richtlinien]. (1) Die zweckdienlichen Verordnungen oder Richtlinien zur Verwirklichung der in den Artikeln 101 und 102 niedergelegten Grundsätze werden vom Rat auf Vorschlag der Kommission und nach Anhörung des Europäischen Parlaments beschlossen.

(2) Die in Absatz 1 vorgesehenen Vorschriften bezwecken insbesondere:
a) die Beachtung der in Artikel 101 Absatz 1 und Artikel 102 genannten Verbote durch die Einführung von Geldbußen und Zwangsgeldern zu gewährleisten;
b) die Einzelheiten der Anwendung des Artikels 101 Absatz 3 festzulegen; dabei ist dem Erfordernis einer wirksamen Überwachung bei möglichst einfacher Verwaltungskontrolle Rechnung zu tragen;
c) gegebenenfalls den Anwendungsbereich der Artikel 101 und 102 für die einzelnen Wirtschaftszweige näher zu bestimmen;
d) die Aufgaben der Kommission und des Gerichtshofes der Europäischen Union bei der Anwendung der in diesem Absatz vorgesehenen Vorschriften gegeneinander abzugrenzen;
e) das Verhältnis zwischen den innerstaatlichen Rechtsvorschriften einerseits und den in diesem Abschnitt enthaltenen oder aufgrund dieses Artikels getroffenen Bestimmungen andererseits festzulegen.

Art. 104 [Entscheidung über Zulässigkeit wettbewerbsrechtlicher Vereinbarungen]. Bis zum Inkrafttreten der gemäß Artikel 103 erlassenen Vorschriften entscheiden die Behörden der Mitgliedstaaten im Einklang mit ihren eigenen Rechtsvorschriften und den Bestimmungen der Artikel 101, insbesondere Absatz 3, und 102 über die Zulässigkeit von Vereinbarungen, Beschlüssen und aufeinander abgestimmten Verhaltensweisen sowie über die missbräuchliche Ausnutzung einer beherrschenden Stellung auf dem Binnenmarkt.

Art. 105 [Verfahren bei Zuwiderhandlungen]. (1) [1]Unbeschadet des Artikels 104 achtet die Kommission auf die Verwirklichung der in den Artikeln

101 und 102 niedergelegten Grundsätze. ²Sie untersucht auf Antrag eines Mitgliedstaates oder von Amts wegen in Verbindung mit den zuständigen Behörden der Mitgliedstaaten, die ihr Amtshilfe zu leisten haben, die Fälle, in denen Zuwiderhandlungen gegen diese Grundsätze vermutet werden. ³Stellt sie eine Zuwiderhandlung fest, so schlägt sie geeignete Mittel vor, um diese abzustellen.

(2) ¹Wird die Zuwiderhandlung nicht abgestellt, so trifft die Kommission in einem mit Gründen versehenen Beschluss die Feststellung, dass eine derartige Zuwiderhandlung vorliegt. ²Sie kann den Beschluss veröffentlichen und die Mitgliedstaaten ermächtigen, die erforderlichen Abhilfemaßnahmen zu treffen, deren Bedingungen und Einzelheiten sie festlegt.

(3) Die Kommission kann Verordnungen zu den Gruppen von Vereinbarungen erlassen, zu denen der Rat nach Artikel 103 Absatz 2 Buchstabe b eine Verordnung oder Richtlinie erlassen hat.

Art. 106 [Öffentliche und monopolartige Unternehmen]. (1) Die Mitgliedstaaten werden in Bezug auf öffentliche Unternehmen und auf Unternehmen, denen sie besondere oder ausschließliche Rechte gewähren, keine den Verträgen und insbesondere den Artikeln 18 und 101 bis 109 widersprechende Maßnahmen treffen oder beibehalten.

(2) ¹Für Unternehmen, die mit Dienstleistungen von allgemeinem wirtschaftlichem Interesse betraut sind oder den Charakter eines Finanzmonopols haben, gelten die Vorschriften der Verträge, insbesondere die Wettbewerbsregeln, soweit die Anwendung dieser Vorschriften nicht die Erfüllung der ihnen übertragenen besonderen Aufgabe rechtlich oder tatsächlich verhindert. ²Die Entwicklung des Handelsverkehrs darf nicht in einem Ausmaß beeinträchtigt werden, das dem Interesse der Union zuwiderläuft.

(3) Die Kommission achtet auf die Anwendung dieses Artikels und richtet erforderlichenfalls geeignete Richtlinien oder Beschlüsse an die Mitgliedstaaten.

Art. 107 [Verbot staatlicher Beihilfen; Ausnahmen]. (1) Soweit in den Verträgen nicht etwas anderes bestimmt ist, sind staatliche oder aus staatlichen Mitteln gewährte Beihilfen gleich welcher Art, die durch die Begünstigung bestimmter Unternehmen oder Produktionszweige den Wettbewerb verfälschen oder zu verfälschen drohen, mit dem Binnenmarkt unvereinbar, soweit sie den Handel zwischen Mitgliedstaaten beeinträchtigen.

(2) ¹Mit dem Binnenmarkt vereinbar sind:
a) Beihilfen sozialer Art an einzelne Verbraucher, wenn sie ohne Diskriminierung nach der Herkunft der Waren gewährt werden;
b) Beihilfen zur Beseitigung von Schäden, die durch Naturkatastrophen oder sonstige außergewöhnliche Ereignisse entstanden sind;
c) Beihilfen für die Wirtschaft bestimmter, durch die Teilung Deutschlands betroffener Gebiete der Bundesrepublik Deutschland, soweit sie zum Aus-

gleich der durch die Teilung verursachten wirtschaftlichen Nachteile erforderlich sind. ²Der Rat kann fünf Jahre nach dem Inkrafttreten des Vertrags von Lissabon auf Vorschlag der Kommission einen Beschluss erlassen, mit dem dieser Buchstabe aufgehoben wird.

(3) Als mit dem Binnenmarkt vereinbar können angesehen werden:
a) Beihilfen zur Förderung der wirtschaftlichen Entwicklung von Gebieten, in denen die Lebenshaltung außergewöhnlich niedrig ist oder eine erhebliche Unterbeschäftigung herrscht, sowie der im Artikel 349 genannten Gebiete unter Berücksichtigung ihrer strukturellen, wirtschaftlichen und sozialen Lage;
b) Beihilfen zur Förderung wichtiger Vorhaben von gemeinsamem europäischem Interesse oder zur Behebung einer beträchtlichen Störung im Wirtschaftsleben eines Mitgliedstaats;
c) Beihilfen zur Förderung der Entwicklung gewisser Wirtschaftszweige oder Wirtschaftsgebiete, soweit sie die Handelsbedingungen nicht in einer Weise verändern, die dem gemeinsamen Interesse zuwiderläuft;
d) Beihilfen zur Förderung der Kultur und der Erhaltung des kulturellen Erbes, soweit sie die Handels- und Wettbewerbsbedingungen in der Union nicht in einem Maß beeinträchtigen, das dem gemeinsamen Interesse zuwiderläuft;³
e) sonstige Arten von Beihilfen, die der Rat durch einen Beschluss auf Vorschlag der Kommission bestimmt.

Art. 108 [Maßnahmen bei unstatthaften Beihilfen; Notifizierungspflicht].
(1) ¹Die Kommission überprüft fortlaufend in Zusammenarbeit mit den Mitgliedstaaten die in diesen bestehenden Beihilferegelungen. ²Sie schlägt ihnen die zweckdienlichen Maßnahmen vor, welche die fortschreitende Entwicklung und das Funktionieren des Binnenmarktes erfordern.

---

3 Filmförderung u. Finanzierung des öffentlich-rechtlichen Rundfunks sind an den Vorgaben des **europäischen Wettbewerbsrechts** (Art. 101 ff. AEUV und vor allem Art. 107 ff. AEUV) zu messen. Zur Filmförderung: Aktuelle **Mitteilung der Kommission über staatliche Beihilfen für Filme und andere audiovisuelle Werke (Filmmitteilung**; 2013/C 332/01), ABl. 2013/C 332), die die bisherige **Mitteilung der Kommission zu bestimmten Rechtsfragen im Zusammenhang mit Kinofilmen und anderen audiovisuellen Werken** (ABl. 2002 C 43/6 ff.) ersetzt. Zum öffentlich-rechtlichen Rundfunk: **Protokoll C. Nr. 9 zum Vertrag zur Gründung der Europäischen Gemeinschaft über den öffentlich-rechtlichen Rundfunk in den Mitgliedstaaten** (Schlussakte des Vertrages von Amsterdam vom 2. Oktober 1997; BGBl. II 1998, S. 438). Ebenso auch **Protokoll Nr. 27 zum Vertrag über eine Verfassung für Europa (Nr. 2a)**. Diese Protokolle betonen die Zulässigkeit der Finanzierung des öffentlich-rechtlichen Rundfunks durch die Mitgliedstaaten, dem der öffentliche Auftrag, wie er von den Mitgliedstaaten den Anstalten übertragen, festgelegt und ausgestaltet wird, entsprechen muss. Auch dessen Bedeutung für die demokratischen, sozialen und kulturellen Bedürfnisse sowie den Pluralismus in den Medien wird genannt. Zur beihilferechtlichen Zulässigkeit vgl. **Mitteilung der Kommission über die Anwendung der Vorschriften über staatliche Beihilfen auf den öffentlich-rechtlichen Rundfunk** (ABl. 2009 C 320/5 ff.).

(2) [1] Stellt die Kommission fest, nachdem sie den Beteiligten eine Frist zur Äußerung gesetzt hat, dass eine von einem Staat oder aus staatlichen Mitteln gewährte Beihilfe mit dem Binnenmarkt nach Artikel 107 unvereinbar ist oder dass sie missbräuchlich angewandt wird, so beschließt sie, dass der betreffende Staat sie binnen einer von ihr bestimmten Frist aufzuheben oder umzugestalten hat.

[2] Kommt der betreffende Staat diesem Beschluss innerhalb der festgesetzten Frist nicht nach, so kann die Kommission oder jeder betroffene Staat in Abweichung von den Artikeln 258 und 259 den Gerichtshof der Europäischen Union unmittelbar anrufen.

[3] ¹Der Rat kann einstimmig auf Antrag eines Mitgliedstaats beschließen, dass eine von diesem Staat gewährte oder geplante Beihilfe in Abweichung von Artikel 107 oder von den nach Artikel 109 erlassenen Verordnungen als mit dem Binnenmarkt vereinbar gilt, wenn außergewöhnliche Umstände einen solchen Beschluss rechtfertigen. ²Hat die Kommission bezüglich dieser Beihilfe das in Unterabsatz 1 dieses Absatzes vorgesehene Verfahren bereits eingeleitet, so bewirkt der Antrag des betreffenden Staates an den Rat die Aussetzung dieses Verfahrens, bis der Rat sich geäußert hat.

[4] Äußert sich der Rat nicht binnen drei Monaten nach Antragstellung, so beschließt die Kommission.

(3) ¹Die Kommission wird von jeder beabsichtigten Einführung oder Umgestaltung von Beihilfen so rechtzeitig unterrichtet, dass sie sich dazu äußern kann. ²Ist sie der Auffassung, dass ein derartiges Vorhaben nach Artikel 107 mit dem Binnenmarkt unvereinbar ist, so leitet sie unverzüglich das in Absatz 2 vorgesehene Verfahren ein. ³Der betreffende Mitgliedstaat darf die beabsichtigte Maßnahme nicht durchführen, bevor die Kommission einen abschließenden Beschluss erlassen hat.

(4) Die Kommission kann Verordnungen zu den Arten von staatlichen Beihilfen erlassen, für die der Rat nach Artikel 109 festgelegt hat, dass sie von dem Verfahren nach Absatz 3 ausgenommen werden können.

Art. 109 [Erlass von Durchführungsverordnungen]. Der Rat kann auf Vorschlag der Kommission und nach Anhörung des Europäischen Parlaments alle zweckdienlichen Durchführungsverordnungen zu den Artikeln 107 und 108 erlassen und insbesondere die Bedingungen für die Anwendung des Artikels 108 Absatz 3 sowie diejenigen Arten von Beihilfen festlegen, die von diesem Verfahren ausgenommen sind.

Art. 114 [Rechtsangleichung im Binnenmarkt]. (1) ¹Soweit in den Verträgen nichts anderes bestimmt ist, gilt für die Verwirklichung der Ziele des Artikels 26 die nachstehende Regelung. ²Das Europäische Parlament und der Rat erlassen gemäß dem ordentlichen Gesetzgebungsverfahren und nach Anhörung des Wirtschafts- und Sozialausschusses die Maßnahmen zur Angleichung der Rechts- und Verwaltungsvorschriften der Mitgliedstaaten, welche die Errichtung und das Funktionieren des Binnenmarkts zum Gegenstand haben.

(2) Absatz 1 gilt nicht für die Bestimmungen über die Steuern, die Bestimmungen über die Freizügigkeit und die Bestimmungen über die Rechte und Interessen der Arbeitnehmer.

(3) [1]Die Kommission geht in ihren Vorschlägen nach Absatz 1 in den Bereichen Gesundheit, Sicherheit, Umweltschutz und Verbraucherschutz von einem hohen Schutzniveau aus und berücksichtigt dabei insbesondere alle auf wissenschaftliche Ergebnisse gestützten neuen Entwicklungen. [2]Im Rahmen ihrer jeweiligen Befugnisse streben das Europäische Parlament und der Rat dieses Ziel ebenfalls an.

(4) Hält es ein Mitgliedstaat nach dem Erlass einer Harmonisierungsmaßnahme durch das Europäische Parlament und den Rat beziehungsweise durch den Rat oder die Kommission für erforderlich, einzelstaatliche Bestimmungen beizubehalten, die durch wichtige Erfordernisse im Sinne des Artikels 36 oder in Bezug auf den Schutz der Arbeitsumwelt oder den Umweltschutz gerechtfertigt sind, so teilt er diese Bestimmungen sowie die Gründe für ihre Beibehaltung der Kommission mit.

(5) Unbeschadet des Absatzes 4 teilt ferner ein Mitgliedstaat, der es nach dem Erlass einer Harmonisierungsmaßnahme durch das Europäische Parlament und den Rat beziehungsweise durch den Rat oder die Kommission für erforderlich hält, auf neue wissenschaftliche Erkenntnisse gestützte einzelstaatliche Bestimmungen zum Schutz der Umwelt oder der Arbeitsumwelt aufgrund eines spezifischen Problems für diesen Mitgliedstaat, das sich nach dem Erlass der Harmonisierungsmaßnahme ergibt, einzuführen, die in Aussicht genommenen Bestimmungen sowie die Gründe für ihre Einführung der Kommission mit.

(6) [1] Die Kommission beschließt binnen sechs Monaten nach den Mitteilungen nach den Absätzen 4 und 5, die betreffenden einzelstaatlichen Bestimmungen zu billigen oder abzulehnen, nachdem sie geprüft hat, ob sie ein Mittel zur willkürlichen Diskriminierung und eine verschleierte Beschränkung des Handels zwischen den Mitgliedstaaten darstellen und ob sie das Funktionieren des Binnenmarkts behindern.

[2] Erlässt die Kommission innerhalb dieses Zeitraums keinen Beschluss, so gelten die in den Absätzen 4 und 5 genannten einzelstaatlichen Bestimmungen als gebilligt.

[3] Die Kommission kann, sofern dies aufgrund des schwierigen Sachverhalts gerechtfertigt ist und keine Gefahr für die menschliche Gesundheit besteht, dem betreffenden Mitgliedstaat mitteilen, dass der in diesem Absatz genannte Zeitraum gegebenenfalls um einen weiteren Zeitraum von bis zu sechs Monaten verlängert wird.

(7) Wird es einem Mitgliedstaat nach Absatz 6 gestattet, von der Harmonisierungsmaßnahme abweichende einzelstaatliche Bestimmungen beizubehalten oder einzuführen, so prüft die Kommission unverzüglich, ob sie eine Anpassung dieser Maßnahme vorschlägt.

(8) Wirft ein Mitgliedstaat in einem Bereich, der zuvor bereits Gegenstand von Harmonisierungsmaßnahmen war, ein spezielles Gesundheitsproblem auf, so teilt er dies der Kommission mit, die dann umgehend prüft, ob sie dem Rat entsprechende Maßnahmen vorschlägt.

(9) In Abweichung von dem Verfahren der Artikel 258 und 259 kann die Kommission oder ein Mitgliedstaat den Gerichtshof der Europäischen Union unmittelbar anrufen, wenn die Kommission oder der Staat der Auffassung ist, dass ein anderer Mitgliedstaat die in diesem Artikel vorgesehenen Befugnisse missbraucht.

(10) Die vorgenannten Harmonisierungsmaßnahmen sind in geeigneten Fällen mit einer Schutzklausel verbunden, welche die Mitgliedstaaten ermächtigt, aus einem oder mehreren der in Artikel 36 genannten nichtwirtschaftlichen Gründe vorläufige Maßnahmen zu treffen, die einem Kontrollverfahren der Union unterliegen

Art. 167 [Kompetenz der Gemeinschaft im Kulturbereich]. (1) Die Union leistet einen Beitrag zur Entfaltung der Kulturen der Mitgliedstaaten unter Wahrung ihrer nationalen und regionalen Vielfalt sowie gleichzeitiger Hervorhebung des gemeinsamen kulturellen Erbes.

(2) Die Union fördert durch ihre Tätigkeit die Zusammenarbeit zwischen den Mitgliedstaaten und unterstützt und ergänzt erforderlichenfalls deren Tätigkeit in folgenden Bereichen:
– Verbesserung der Kenntnis und Verbreitung der Kultur und Geschichte der europäischen Völker,
– Erhaltung und Schutz des kulturellen Erbes von europäischer Bedeutung,
– nichtkommerzieller Kulturaustausch,
– künstlerisches und literarisches Schaffen, einschließlich im audiovisuellen Bereich.

(3) Die Union und die Mitgliedstaaten fördern die Zusammenarbeit mit dritten Ländern und den für den Kulturbereich zuständigen internationalen Organisationen, insbesondere mit dem Europarat.

(4) Die Union trägt bei ihrer Tätigkeit aufgrund anderer Bestimmungen der Verträge den kulturellen Aspekten Rechnung, insbesondere zur Wahrung und Förderung der Vielfalt ihrer Kulturen.

(5) Als Beitrag zur Verwirklichung der Ziele dieses Artikels
– erlassen das Europäische Parlament und der Rat gemäß dem ordentlichen Gesetzgebungsverfahren und nach Anhörung des Ausschusses der Regionen Fördermaßnahmen unter Ausschluss jeglicher Harmonisierung der Rechts- und Verwaltungsvorschriften der Mitgliedstaaten.
– erlässt der Rat auf Vorschlag der Kommission Empfehlungen.

GRCh 3

Charta der
Grundrechte der Europäischen Union

vom 12. Dezember 2007
(ABl. 2007/C 303/1 ff.),
zuletzt angepasst durch Bekanntmachung vom 26. Oktober 2012
(ABl. 2012/C 326/391 ff.)[1]

– Auszug –

Art. 1 Würde des Menschen. [1]Die Würde des Menschen ist unantastbar. [2]Sie ist zu achten und zu schützen.

Art. 2 Recht auf Leben. (1) Jeder Mensch hat das Recht auf Leben.

(2) Niemand darf zur Todesstrafe verurteilt oder hingerichtet werden.

Art. 3 Recht auf Unversehrtheit. (1) Jeder Mensch hat das Recht auf körperliche und geistige Unversehrtheit.

(2) Im Rahmen der Medizin und der Biologie muss insbesondere Folgendes beachtet werden:
a) die freie Einwilligung des Betroffenen nach vorheriger Aufklärung entsprechend den gesetzlich festgelegten Einzelheiten,
b) das Verbot eugenischer Praktiken, insbesondere derjenigen, welche die Selektion von Menschen zum Ziel haben,
c) das Verbot, den menschlichen Körper und Teile davon als solche zur Erzielung von Gewinnen zu nutzen,
d) das Verbot des reproduktiven Klonens von Menschen.

Art. 7 Achtung des Privat- und Familienlebens. Jede Person hat das Recht auf Achtung ihres Privat- und Familienlebens, ihrer Wohnung sowie ihrer Kommunikation.

Art. 8 Schutz personenbezogener Daten. (1) Jede Person hat das Recht auf Schutz der sie betreffenden personenbezogenen Daten.

(2) [1]Diese Daten dürfen nur nach Treu und Glauben für festgelegte Zwecke und mit Einwilligung der betroffenen Person oder auf einer sonstigen gesetzlich geregelten legitimen Grundlage verarbeitet werden. [2]Jede Person hat das Recht, Auskunft über die sie betreffenden erhobenen Daten zu erhalten und die Berichtigung der Daten zu erwirken.

(3) Die Einhaltung dieser Vorschriften wird von einer unabhängigen Stelle überwacht.

---

1 Die Charta war ursprünglich als Teil einer Europäischen Verfassung vorgesehen. Der Vertrag von Lissabon (Art. 6 Abs. 1) verlieh den Bestimmungen der Charta Rechtsverbindlichkeit. Die aktuelle konsolidierte Fassung kann auf den Seiten des Rechtsinformationssystems für EU-Recht „EUR-Lex" abgerufen werden.

Art. 9 Recht, eine Ehe einzugehen und eine Familie zu gründen. Das Recht, eine Ehe einzugehen, und das Recht, eine Familie zu gründen, werden nach den einzelstaatlichen Gesetzen gewährleistet, welche die Ausübung dieser Rechte regeln.

Art. 10 Gedanken-, Gewissens- und Religionsfreiheit. (1) [1]Jede Person hat das Recht auf Gedanken-, Gewissens- und Religionsfreiheit. [2]Dieses Recht umfasst die Freiheit, die Religion oder Weltanschauung zu wechseln, und die Freiheit, seine Religion oder Weltanschauung einzeln oder gemeinsam mit anderen öffentlich oder privat durch Gottesdienst, Unterricht, Bräuche und Riten zu bekennen.

(2) Das Recht auf Wehrdienstverweigerung aus Gewissensgründen wird nach den einzelstaatlichen Gesetzen anerkannt, welche die Ausübung dieses Rechts regeln.

Art. 11 Freiheit der Meinungsäußerung und Informationsfreiheit.
(1) [1]Jede Person hat das Recht auf freie Meinungsäußerung. [2]Dieses Recht schließt die Meinungsfreiheit und die Freiheit ein, Informationen und Ideen ohne behördliche Eingriffe und ohne Rücksicht auf Staatsgrenzen zu empfangen und weiterzugeben.

(2) Die Freiheit der Medien und ihre Pluralität werden geachtet.

Art. 12 Versammlungs- und Vereinigungsfreiheit. (1) Jede Person hat das Recht, sich insbesondere im politischen, gewerkschaftlichen und zivilgesellschaftlichen Bereich auf allen Ebenen frei und friedlich mit anderen zu versammeln und frei mit anderen zusammenzuschließen, was das Recht jeder Person umfasst, zum Schutz ihrer Interessen Gewerkschaften zu gründen und Gewerkschaften beizutreten.

(2) Politische Parteien auf der Ebene der Union tragen dazu bei, den politischen Willen der Unionsbürgerinnen und Unionsbürger zum Ausdruck zu bringen.

Art. 13 Freiheit der Kunst und der Wissenschaft. [1]Kunst und Forschung sind frei. [2]Die akademische Freiheit wird geachtet.

Art. 15 Berufsfreiheit und Recht zu arbeiten. (1) Jede Person hat das Recht, zu arbeiten und einen frei gewählten oder angenommenen Beruf auszuüben.

(2) Alle Unionsbürgerinnen und Unionsbürger haben die Freiheit, in jedem Mitgliedstaat Arbeit zu suchen, zu arbeiten, sich niederzulassen oder Dienstleistungen zu erbringen.

(3) Die Staatsangehörigen dritter Länder, die im Hoheitsgebiet der Mitgliedstaaten arbeiten dürfen, haben Anspruch auf Arbeitsbedingungen, die denen der Unionsbürgerinnen und Unionsbürger entsprechen.

Art. 16 Unternehmerische Freiheit. Die unternehmerische Freiheit wird nach dem Unionsrecht und den einzelstaatlichen Rechtsvorschriften und Gepflogenheiten anerkannt.

Charta Grundrechte

Art. 17 Eigentumsrecht. (1) ¹Jede Person hat das Recht, ihr rechtmäßig erworbenes Eigentum zu besitzen, zu nutzen, darüber zu verfügen und es zu vererben. ²Niemandem darf sein Eigentum entzogen werden, es sei denn aus Gründen des öffentlichen Interesses in den Fällen und unter den Bedingungen, die in einem Gesetz vorgesehen sind, sowie gegen eine rechtzeitige angemessene Entschädigung für den Verlust des Eigentums. ³Die Nutzung des Eigentums kann gesetzlich geregelt werden, soweit dies für das Wohl der Allgemeinheit erforderlich ist.

(2) Geistiges Eigentum wird geschützt.

Art. 21 Nichtdiskriminierung. (1) Diskriminierungen insbesondere wegen des Geschlechts, der Rasse, der Hautfarbe, der ethnischen oder sozialen Herkunft, der genetischen Merkmale, der Sprache, der Religion oder der Weltanschauung, der politischen oder sonstigen Anschauung, der Zugehörigkeit zu einer nationalen Minderheit, des Vermögens, der Geburt, einer Behinderung, des Alters oder der sexuellen Ausrichtung sind verboten.

(2) Unbeschadet besonderer Bestimmungen der Verträge ist in ihrem Anwendungsbereich jede Diskriminierung aus Gründen der Staatsangehörigkeit verboten.

Art. 24 Rechte des Kindes. (1) ¹Kinder haben Anspruch auf den Schutz und die Fürsorge, die für ihr Wohlergehen notwendig sind. ²Sie können ihre Meinung frei äußern. ³Ihre Meinung wird in den Angelegenheiten, die sie betreffen, in einer ihrem Alter und ihrem Reifegrad entsprechenden Weise berücksichtigt.

(2) Bei allen Kinder betreffenden Maßnahmen öffentlicher Stellen oder privater Einrichtungen muss das Wohl des Kindes eine vorrangige Erwägung sein.

(3) Jedes Kind hat Anspruch auf regelmäßige persönliche Beziehungen und direkte Kontakte zu beiden Elternteilen, es sei denn, dies steht seinem Wohl entgegen.

Art. 42 Recht auf Zugang zu Dokumenten. Die Unionsbürgerinnen und Unionsbürger sowie jede natürliche oder juristische Person mit Wohnsitz oder satzungsmäßigem Sitz in einem Mitgliedstaat haben das Recht auf Zugang zu den Dokumenten der Organe, Einrichtungen und sonstigen Stellen der Union, unabhängig von der Form der für diese Dokumente verwendeten Träger.

Art. 45 Freizügigkeit und Aufenthaltsfreiheit. (1) Die Unionsbürgerinnen und Unionsbürger haben das Recht, sich im Hoheitsgebiet der Mitgliedstaaten frei zu bewegen und aufzuhalten.

(2) Staatsangehörigen von Drittländern, die sich rechtmäßig im Hoheitsgebiet eines Mitgliedstaats aufhalten, kann nach Maßgabe der Verfassung Freizügigkeit und Aufenthaltsfreiheit gewährt werden.

Art. 51 Anwendungsbereich. (1) ¹Diese Charta gilt für die Organe, Einrichtungen und sonstigen Stellen der Union unter Wahrung des Subsidiaritätsprinzips und für die Mitgliedstaaten ausschließlich bei der Durchführung des Rechts der Union ²Dementsprechend achten sie die Rechte, halten sie sich an die Grundsätze und fördern sie deren Anwendung entsprechend ihren jeweiligen Zuständigkeiten und unter Achtung der Grenzen der Zuständigkeiten, die der Union in den Verträgen übertragen werden.

(2) Diese Charta dehnt den Geltungsbereich des Unionsrechts nicht über die Zuständigkeiten der Union hinaus aus und begründet weder neue Zuständigkeiten noch neue Aufgaben für die Union, noch ändert sie die in den Verträgen festgelegten Zuständigkeiten und Aufgaben.

Art. 52 Tragweite und Auslegung der Rechte und Grundsätze. (1) ¹Jede Einschränkung der Ausübung der in dieser Charta anerkannten Rechte und Freiheiten muss gesetzlich vorgesehen sein und den Wesensgehalt dieser Rechte und Freiheiten achten. ²Unter Wahrung des Grundsatzes der Verhältnismäßigkeit dürfen Einschränkungen nur vorgenommen werden, wenn sie erforderlich sind und den von der Union anerkannten dem Gemeinwohl dienenden Zielsetzungen oder den Erfordernissen des Schutzes der Rechte und Freiheiten anderer tatsächlich entsprechen.

(2) Die Ausübung der durch diese Charta anerkannten Rechte, die in den Verträgen geregelt sind, erfolgt im Rahmen der in den Verträgen festgelegten Bedingungen und Grenzen.

(3) ¹Soweit diese Charta Rechte enthält, die den durch die Europäische Konvention zum Schutz der Menschenrechte und Grundfreiheiten garantierten Rechten entsprechen, haben sie die gleiche Bedeutung und Tragweite, wie sie ihnen in der genannten Konvention verliehen wird. ²Diese Bestimmung steht dem nicht entgegen, dass das Recht der Union einen weiter gehenden Schutz gewährt.

(4) Soweit in dieser Charta Grundrechte anerkannt werden, wie sie sich aus den gemeinsamen Verfassungsüberlieferungen der Mitgliedstaaten ergeben, werden sie im Einklang mit diesen Überlieferungen ausgelegt.

(5) ¹Die Bestimmungen dieser Charta, in denen Grundsätze festgelegt sind, können durch Akte der Gesetzgebung und der Ausführung der Organe, Einrichtungen und sonstigen Stellen der Union sowie durch Akte der Mitgliedstaaten zur Durchführung des Rechts der Union in Ausübung ihrer jeweiligen Zuständigkeiten umgesetzt werden. ²Sie können vor Gericht nur bei der Auslegung dieser Akte und bei Entscheidungen über deren Rechtmäßigkeit herangezogen werden.

(6) Den einzelstaatlichen Rechtsvorschriften und Gepflogenheiten ist, wie es in dieser Charta bestimmt ist, in vollem Umfang Rechnung zu tragen.

(7) Die Erläuterungen, die als Anleitung für die Auslegung dieser Charta verfasst wurden, sind von den Gerichten der Union und der Mitgliedstaaten gebührend zu berücksichtigen.

EMRK 4

Konvention zum Schutze der Menschenrechte und Grundfreiheiten

in der Fassung der Bekanntmachung vom 22. Oktober 2010 (BGBl. II S. 1198)[1], zuletzt geändert durch Protokoll Nr. 15 zur EMRK vom 24. Juni 2013 (BGBl. II S. 1034)

– Auszug –

Art. 1 Verpflichtung zur Achtung der Menschenrechte. Die Hohen Vertragsparteien sichern allen ihrer Hoheitsgewalt unterstehenden Personen die in Abschnitt I bestimmten Rechte und Freiheiten zu.

Art. 2 Recht auf Leben. (1) ¹Das Recht jedes Menschen auf Leben wird gesetzlich geschützt. ²Niemand darf absichtlich getötet werden, außer durch Vollstreckung eines Todesurteils, das ein Gericht wegen eines Verbrechens verhängt hat, für das die Todesstrafe gesetzlich vorgesehen ist.

(2) Eine Tötung wird nicht als Verletzung dieses Artikels betrachtet, wenn sie durch eine Gewaltanwendung verursacht wird, die unbedingt erforderlich ist, um
a) jemanden gegen rechtswidrige Gewalt zu verteidigen;
b) jemanden rechtmäßig festzunehmen oder jemanden, dem die Freiheit rechtmäßig entzogen ist, an der Flucht zu hindern;
c) einen Aufruhr oder Aufstand rechtmäßig niederzuschlagen.

Art. 6 Recht auf ein faires Verfahren. (1) ¹Jede Person hat ein Recht darauf, dass über Streitigkeiten in Bezug auf ihre zivilrechtlichen Ansprüche und Verpflichtungen oder über eine gegen sie erhobene strafrechtliche Anklage von einem unabhängigen und unparteiischen, auf Gesetz beruhenden Gericht in einem fairen Verfahren, öffentlich und innerhalb angemessener Frist verhandelt wird. ²Das Urteil muss öffentlich verkündet werden; Presse und Öffentlichkeit können jedoch während des ganzen oder eines Teiles des Verfahrens ausgeschlossen werden, wenn dies im Interesse der Moral, der öffentlichen Ordnung oder der nationalen Sicherheit in einer demokratischen Gesellschaft liegt, wenn die Interessen von Jugendlichen oder der Schutz des Privatlebens der Prozessparteien es verlangen oder – soweit das Gericht es für unbedingt erforderlich hält – wenn unter besonderen Umständen eine öffentliche Verhandlung die Interessen der Rechtspflege beeinträchtigen würde.

(2) Jede Person, die einer Straftat angeklagt ist, gilt bis zum gesetzlichen Beweis ihrer Schuld als unschuldig.

---

1 Die EU ist der EMRK bisher nicht beigetreten (vergl. indessen Artikel 6 Abs. 2 EUV in der Fassung des Reformvertrages von Lissabon).

(3) Jede angeklagte Person hat mindestens folgende Rechte:
a) innerhalb möglichst kurzer Frist in einer ihr verständlichen Sprache in allen Einzelheiten über Art und den Grund der gegen sie erhobenen Beschuldigung unterrichtet zu werden;
b) ausreichende Zeit und Gelegenheit zur Vorbereitung ihrer Verteidigung zu haben;
c) sich selbst zu verteidigen, sich durch einen Verteidiger ihrer Wahl verteidigen zu lassen oder, falls ihr die Mittel zur Bezahlung fehlen, unentgeltlich den Beistand eines Verteidigers zu erhalten, wenn dies im Interesse der Rechtspflege erforderlich ist;
d) Fragen an Belastungszeugen zu stellen oder stellen zu lassen und die Ladung und Vernehmung von Entlastungszeugen unter denselben Bedingungen zu erwirken, wie sie für Belastungszeugen gelten;
e) unentgeltliche Unterstützung durch einen Dolmetscher zu erhalten, wenn sie die Verhandlungssprache des Gerichts nicht versteht oder spricht.

Art. 8 Recht auf Achtung des Privat- und Familienlebens. (1) Jede Person hat das Recht auf Achtung ihres Privat- und Familienlebens, ihrer Wohnung und ihrer Korrespondenz.

(2) Eine Behörde darf in die Ausübung dieses Rechts nur eingreifen, soweit der Eingriff gesetzlich vorgesehen und in einer demokratischen Gesellschaft notwendig ist für die nationale oder öffentliche Sicherheit, für das wirtschaftliche Wohl des Landes, zur Aufrechterhaltung der Ordnung, zur Verhütung von Straftaten, zum Schutz der Gesundheit oder der Moral oder zum Schutz der Rechte und Freiheiten anderer.

Art. 9 Gedanken-, Gewissens- und Religionsfreiheit. (1) Jede Person hat das Recht auf Gedanken-, Gewissens- und Religionsfreiheit; dieses Recht umfasst die Freiheit, seine Religion oder Weltanschauung zu wechseln und die Freiheit, seine Religion oder Weltanschauung einzeln oder gemeinsam mit anderen öffentlich oder privat durch Gottesdienst, Unterricht oder Praktizieren von Bräuchen und Riten zu bekennen.

(2) Die Freiheit, seine Religion oder Weltanschauung zu bekennen, darf nur Einschränkungen unterworfen werden, die gesetzlich vorgesehen und in einer demokratischen Gesellschaft notwendig sind für die öffentliche Sicherheit, zum Schutz der öffentlichen Ordnung, Gesundheit oder Moral oder zum Schutz der Rechte und Freiheiten anderer.

Art. 10 Freiheit der Meinungsäußerung. (1) [1]Jede Person hat das Recht auf freie Meinungsäußerung. [2]Dieses Recht schließt die Meinungsfreiheit und die Freiheit ein, Informationen und Ideen ohne behördliche Eingriffe und ohne Rücksicht auf Staatsgrenzen zu empfangen und weiterzugeben. [3]Dieser Artikel hindert die Staaten nicht, für Hörfunk-, Fernseh- oder Kinounternehmen eine Genehmigung vorzuschreiben.

(2) Die Ausübung dieser Freiheiten ist mit Pflichten und Verantwortung verbunden; sie kann daher Formvorschriften, Bedingungen, Einschränkungen oder Strafdrohungen unterworfen werden, die gesetzlich vorgesehen und in einer demokratischen Gesellschaft notwendig sind für die nationale Sicherheit, die territoriale Unversehrtheit oder die öffentliche Sicherheit, zur Aufrechterhaltung der Ordnung oder zur Verhütung von Straftaten, zum Schutz der Gesundheit oder der Moral, zum Schutz des guten Rufes oder der Rechte anderer, zur Verhinderung der Verbreitung vertraulicher Informationen oder zur Wahrung der Autorität und der Unparteilichkeit der Rechtsprechung.

Art. 11 Versammlungs- und Vereinigungsfreiheit. (1) Jede Person hat das Recht, sich frei und friedlich mit anderen zu versammeln und sich frei mit anderen zusammenzuschließen; dazu gehört auch das Recht, zum Schutz seiner Interessen Gewerkschaften zu gründen und Gewerkschaften beizutreten.

(2) [1]Die Ausübung dieser Rechte darf nur Einschränkungen unterworfen werden, die gesetzlich vorgesehen und in einer demokratischen Gesellschaft notwendig sind für die nationale oder öffentliche Sicherheit, zur Aufrechterhaltung der Ordnung oder zur Verhütung von Straftaten, zum Schutz der Gesundheit oder der Moral oder zum Schutz der Rechte und Freiheiten anderer. [2]Dieser Artikel steht rechtmäßigen Einschränkungen der Ausübung dieser Rechte für Angehörige der Streitkräfte, der Polizei oder der Staatsverwaltung nicht entgegen.

Art. 13 Recht auf wirksame Beschwerde. Jede Person, die in ihren in dieser Konvention anerkannten Rechten oder Freiheiten verletzt worden ist, hat das Recht, bei einer innerstaatlichen Instanz eine wirksame Beschwerde zu erheben, auch wenn die Verletzung von Personen begangen worden ist, die in amtlicher Eigenschaft gehandelt haben.

Art. 14 Diskriminierungsverbot. Der Genuss der in dieser Konvention anerkannten Rechte und Freiheiten ist ohne Diskriminierung insbesondere wegen des Geschlechts, der Rasse, der Hautfarbe, der Sprache, der Religion, der politischen oder sonstigen Anschauung, der nationalen oder sozialen Herkunft, der Zugehörigkeit zu einer nationalen Minderheit, des Vermögens, der Geburt oder eines sonstigen Status zu gewährleisten.

BGB 5

Bürgerliches Gesetzbuch

in der Fassung der Bekanntmachung vom 2. Januar 2002
(BGBl. I S. 42, 2909 und BGBl. 2003 I S. 738),
zuletzt geändert durch Gesetz vom 21. Dezember 2021 (BGBl. I S. 5252)

– Auszug –

INHALTSVERZEICHNIS[1]

ERSTES BUCH

Allgemeiner Teil

Erster Abschnitt. Personen	
Erster Titel. Natürliche Personen, Verbraucher, Unternehmer	12–14
Dritter Abschnitt. Rechtsgeschäfte	
Zweiter Titel. Willenserklärung	119–144
Dritter Titel. Vertrag	145–157

ZWEITES BUCH

Recht der Schuldverhältnisse

Erster Abschnitt. Inhalt der Schuldverhältnisse	
Erster Titel. Verpflichtung zur Leistung	241–292
Zweiter Abschnitt. Gestaltung rechtsgeschäftlicher Schuldverhältnisse durch Allgemeine Geschäftsbedingungen	305–305a
Dritter Abschnitt. Schuldverhältnisse aus Verträgen	
Erster Titel. Begründung, Inhalt und Beendigung	
Zweiter Untertitel. Grundsätze bei Verbraucherverträgen und Besondere Vertriebsformen	312–312m
Titel 2a. Verträge über digitale Produkte	327–327u
Fünfter Titel. Rücktritt; Widerrufs- und Rückgaberecht bei Verbraucherverträgen	
Zweiter Untertitel. Widerrufsrecht bei Verbraucherverträgen	355–360
Achter Abschnitt. Einzelne Schuldverhältnisse	
Erster Titel. Kauf	433–453
Achter Titel. Dienstvertrag und ähnliche Verträge	611–630
Neunter Titel. Werkvertrag und ähnliche Verträge	631–651
Sechsundzwanzigster Titel. Ungerechtfertigte Bereicherung	812–822
Siebenundzwanzigster Titel. Unerlaubte Handlungen	823–831

DRITTES BUCH

Sachenrecht

Dritter Abschnitt. Eigentum	
Vierter Titel. Ansprüche aus dem Eigentum	1004

---

1 Das Inhaltsverzeichnis bezieht sich auf den vorliegenden Auszug aus dem BGB.

5 BGB

Bürgerliches Gesetzbuch

Buch 1

Allgemeiner Teil

Abschnitt 1

Personen

Titel 1

Natürliche Personen, Verbraucher, Unternehmer

§ 12 Namensrecht. [1]Wird das Recht zum Gebrauch eines Namens dem Berechtigten von einem anderen bestritten oder wird das Interesse des Berechtigten dadurch verletzt, dass ein anderer unbefugt den gleichen Namen gebraucht, so kann der Berechtigte von dem anderen Beseitigung der Beeinträchtigung verlangen. [2]Sind weitere Beeinträchtigungen zu besorgen, so kann er auf Unterlassung klagen.

§ 13 Verbraucher. Verbraucher ist jede natürliche Person, die ein Rechtsgeschäft zu Zwecken abschließt, die überwiegend weder ihrer gewerblichen noch ihrer selbstständigen beruflichen Tätigkeit zugerechnet werden können.

§ 14 Unternehmer. (1) Unternehmer ist eine natürliche oder juristische Person oder eine rechtsfähige Personengesellschaft, die bei Abschluss eines Rechtsgeschäfts in Ausübung ihrer gewerblichen oder selbstständigen beruflichen Tätigkeit handelt.

(2) Eine rechtsfähige Personengesellschaft ist eine Personengesellschaft, die mit der Fähigkeit ausgestattet ist, Rechte zu erwerben und Verbindlichkeiten einzugehen.

Abschnitt 3

Rechtsgeschäfte

Titel 2

Willenserklärung

§ 119 Anfechtbarkeit wegen Irrtums. (1) Wer bei der Abgabe einer Willenserklärung über deren Inhalt im Irrtum war oder eine Erklärung dieses Inhalts überhaupt nicht abgeben wollte, kann die Erklärung anfechten, wenn anzunehmen ist, dass er sie bei Kenntnis der Sachlage und bei verständiger Würdigung des Falles nicht abgegeben haben würde.

(2) Als Irrtum über den Inhalt der Erklärung gilt auch der Irrtum über solche Eigenschaften der Person oder der Sache, die im Verkehr als wesentlich angesehen werden.

§ 120 Anfechtbarkeit wegen falscher Übermittlung. Eine Willenserklärung, welche durch die zur Übermittlung verwendete Person oder Einrichtung unrichtig übermittelt worden ist, kann unter der gleichen Voraussetzung angefochten werden wie nach § 119 eine irrtümlich abgegebene Willenserklärung.

§ 121 Anfechtungsfrist. (1) [1]Die Anfechtung muss in den Fällen der §§ 119, 120 ohne schuldhaftes Zögern (unverzüglich) erfolgen, nachdem der Anfechtungsberechtigte von dem Anfechtungsgrund Kenntnis erlangt hat. [2]Die einem Abwesenden gegenüber erfolgte Anfechtung gilt als rechtzeitig erfolgt, wenn die Anfechtungserklärung unverzüglich abgesendet worden ist.

(2) Die Anfechtung ist ausgeschlossen, wenn seit der Abgabe der Willenserklärung zehn Jahre verstrichen sind.

§ 122 Schadensersatzpflicht des Anfechtenden. (1) Ist eine Willenserklärung nach § 118 nichtig oder aufgrund der §§ 119, 120 angefochten, so hat der Erklärende, wenn die Erklärung einem anderen gegenüber abzugeben war, diesem, andernfalls jedem Dritten den Schaden zu ersetzen, den der andere oder der Dritte dadurch erleidet, dass er auf die Gültigkeit der Erklärung vertraut, jedoch nicht über den Betrag des Interesses hinaus, welches der andere oder der Dritte an der Gültigkeit der Erklärung hat.

(2) Die Schadensersatzpflicht tritt nicht ein, wenn der Beschädigte den Grund der Nichtigkeit oder der Anfechtbarkeit kannte oder infolge von Fahrlässigkeit nicht kannte (kennen musste).

§ 123 Anfechtbarkeit wegen Täuschung oder Drohung. (1) Wer zur Abgabe einer Willenserklärung durch arglistige Täuschung oder widerrechtlich durch Drohung bestimmt worden ist, kann die Erklärung anfechten.

(2) [1]Hat ein Dritter die Täuschung verübt, so ist eine Erklärung, die einem anderen gegenüber abzugeben war, nur dann anfechtbar, wenn dieser die Täuschung kannte oder kennen musste. [2]Soweit ein anderer als derjenige, welchem gegenüber die Erklärung abzugeben war, aus der Erklärung unmittelbar ein Recht erworben hat, ist die Erklärung ihm gegenüber anfechtbar, wenn er die Täuschung kannte oder kennen musste.

§ 124 Anfechtungsfrist. (1) Die Anfechtung einer nach § 123 anfechtbaren Willenserklärung kann nur binnen Jahresfrist erfolgen.

(2) [1]Die Frist beginnt im Falle der arglistigen Täuschung mit dem Zeitpunkt, in welchem der Anfechtungsberechtigte die Täuschung entdeckt, im Falle der Drohung mit dem Zeitpunkt, in welchem die Zwangslage aufhört. [2]Auf den Lauf der Frist finden die für die Verjährung geltenden Vorschriften der §§ 206, 210 und 211 entsprechende Anwendung.

(3) Die Anfechtung ist ausgeschlossen, wenn seit der Abgabe der Willenserklärung zehn Jahre verstrichen sind.

§ 125 Nichtigkeit wegen Formmangels. ¹Ein Rechtsgeschäft, welches der durch Gesetz vorgeschriebenen Form ermangelt, ist nichtig. ²Der Mangel der durch Rechtsgeschäft bestimmten Form hat im Zweifel gleichfalls Nichtigkeit zur Folge.

§ 126 Schriftform. (1) Ist durch Gesetz schriftliche Form vorgeschrieben, so muss die Urkunde von dem Aussteller eigenhändig durch Namensunterschrift oder mittels notariell beglaubigten Handzeichens unterzeichnet werden.

(2) ¹Bei einem Vertrag muss die Unterzeichnung der Parteien auf derselben Urkunde erfolgen. ²Werden über den Vertrag mehrere gleichlautende Urkunden aufgenommen, so genügt es, wenn jede Partei die für die andere Partei bestimmte Urkunde unterzeichnet.

(3) Die schriftliche Form kann durch die elektronische Form ersetzt werden, wenn sich nicht aus dem Gesetz ein anderes ergibt.

(4) Die schriftliche Form wird durch die notarielle Beurkundung ersetzt.

§ 126a Elektronische Form. (1) Soll die gesetzlich vorgeschriebene schriftliche Form durch die elektronische Form ersetzt werden, so muss der Aussteller der Erklärung dieser seinen Namen hinzufügen und das elektronische Dokument mit einer qualifizierten elektronischen Signatur versehen.

(2) Bei einem Vertrag müssen die Parteien jeweils ein gleichlautendes Dokument in der in Absatz 1 bezeichneten Weise elektronisch signieren.

§ 126b Textform. ¹Ist durch Gesetz Textform vorgeschrieben, so muss eine lesbare Erklärung, in der die Person des Erklärenden genannt ist, auf einem dauerhaften Datenträger abgegeben werden. ²Ein dauerhafter Datenträger ist jedes Medium, das
1. es dem Empfänger ermöglicht, eine auf dem Datenträger befindliche, an ihn persönlich gerichtete Erklärung so aufzubewahren oder zu speichern, dass sie ihm während eines für ihren Zweck angemessenen Zeitraums zugänglich ist, und
2. geeignet ist, die Erklärung unverändert wiederzugeben.

§ 127 Vereinbarte Form. (1) Die Vorschriften des § 126, des § 126a oder des § 126b gelten im Zweifel auch für die durch Rechtsgeschäft bestimmte Form.

(2) ¹Zur Wahrung der durch Rechtsgeschäft bestimmten schriftlichen Form genügt, soweit nicht ein anderer Wille anzunehmen ist, die telekommunikative Übermittlung und bei einem Vertrag der Briefwechsel. ²Wird eine solche Form gewählt, so kann nachträglich eine dem § 126 entsprechende Beurkundung verlangt werden.

(3) ¹Zur Wahrung der durch Rechtsgeschäft bestimmten elektronischen Form genügt, soweit nicht ein anderer Wille anzunehmen ist, auch eine andere als in § 126a bestimmte elektronische Signatur und bei einem Vertrag der Aus-

tausch von Angebots- und Annahmeerklärung, die jeweils mit einer elektronischen Signatur versehen sind. ²Wird eine solche Form gewählt, so kann nachträglich eine dem § 126a entsprechende elektronische Signierung oder, wenn diese einer der Parteien nicht möglich ist, eine dem § 126 entsprechende Beurkundung verlangt werden.

§ 128 Notarielle Beurkundung. Ist durch Gesetz notarielle Beurkundung eines Vertrags vorgeschrieben, so genügt es, wenn zunächst der Antrag und sodann die Annahme des Antrags von einem Notar beurkundet wird.

§ 129 Öffentliche Beglaubigung. (1)¹Ist durch Gesetz für eine Erklärung öffentliche Beglaubigung vorgeschrieben, so muss die Erklärung schriftlich abgefasst und die Unterschrift des Erklärenden von einem Notar beglaubigt werden. ²Wird die Erklärung von dem Aussteller mittels Handzeichens unterzeichnet, so ist die in § 126 Abs. 1 vorgeschriebene Beglaubigung des Handzeichens erforderlich und genügend.

(2) Die öffentliche Beglaubigung wird durch die notarielle Beurkundung der Erklärung ersetzt.

§ 129 Öffentliche Beglaubigung. [*Text gültig ab 1.8.2022*] (1) ¹Ist für eine Erklärung durch Gesetz öffentliche Beglaubigung vorgeschrieben, so muss die Erklärung
1. in schriftlicher Form abgefasst und die Unterschrift des Erklärenden von einem Notar beglaubigt werden oder
2. in elektronischer Form abgefasst und die qualifizierte elektronische Signatur des Erklärenden von einem Notar beglaubigt werden.

²In dem Gesetz kann vorgesehen werden, dass eine Erklärung nur nach Satz 1 Nummer 1 oder nach Satz 1 Nummer 2 öffentlich beglaubigt werden kann.

(2) Wurde eine Erklärung in schriftlicher Form von dem Erklärenden mittels notariell beglaubigten Handzeichens unterzeichnet, so erfüllt die Erklärung auch die Anforderungen nach Absatz 1 Satz 1 Nummer 1.

(3) Die öffentliche Beglaubigung wird durch die notarielle Beurkundung ersetzt.

§ 130 Wirksamwerden der Willenserklärung gegenüber Abwesenden.
(1) ¹Eine Willenserklärung, die einem anderen gegenüber abzugeben ist, wird, wenn sie in dessen Abwesenheit abgegeben wird, in dem Zeitpunkt wirksam, in welchem sie ihm zugeht. ²Sie wird nicht wirksam, wenn dem Anderen vorher oder gleichzeitig ein Widerruf zugeht.

(2) Auf die Wirksamkeit der Willenserklärung ist es ohne Einfluss, wenn der Erklärende nach der Abgabe stirbt oder geschäftsunfähig wird.

(3) Diese Vorschriften finden auch dann Anwendung, wenn die Willenserklärung einer Behörde gegenüber abzugeben ist.

§ 131 Wirksamwerden gegenüber nicht voll Geschäftsfähigen. (1) Wird die Willenserklärung einem Geschäftsunfähigen gegenüber abgegeben, so wird sie nicht wirksam, bevor sie dem gesetzlichen Vertreter zugeht.

(2) [1]Das Gleiche gilt, wenn die Willenserklärung einer in der Geschäftsfähigkeit beschränkten Person gegenüber abgegeben wird. [2]Bringt die Erklärung jedoch der in der Geschäftsfähigkeit beschränkten Person lediglich einen rechtlichen Vorteil oder hat der gesetzliche Vertreter seine Einwilligung erteilt, so wird die Erklärung in dem Zeitpunkt wirksam, in welchem sie ihr zugeht.

§ 133 Auslegung einer Willenserklärung. Bei der Auslegung einer Willenserklärung ist der wirkliche Wille zu erforschen und nicht an dem buchstäblichen Sinne des Ausdrucks zu haften.

§ 138 Sittenwidriges Rechtsgeschäft; Wucher. (1) Ein Rechtsgeschäft, das gegen die guten Sitten verstößt, ist nichtig.

(2) Nichtig ist insbesondere ein Rechtsgeschäft, durch das jemand unter Ausbeutung der Zwangslage, der Unerfahrenheit, des Mangels an Urteilsvermögen oder der erheblichen Willensschwäche eines anderen sich oder einem Dritten für eine Leistung Vermögensvorteile versprechen oder gewähren lässt, die in einem auffälligen Missverhältnis zu der Leistung stehen.

§ 142 Wirkung der Anfechtung. (1) Wird ein anfechtbares Rechtsgeschäft angefochten, so ist es als von Anfang an nichtig anzusehen.

(2) Wer die Anfechtbarkeit kannte oder kennen musste, wird, wenn die Anfechtung erfolgt, so behandelt, wie wenn er die Nichtigkeit des Rechtsgeschäfts gekannt hätte oder hätte kennen müssen.

§ 143 Anfechtungserklärung. (1) Die Anfechtung erfolgt durch Erklärung gegenüber dem Anfechtungsgegner.

(2) Anfechtungsgegner ist bei einem Vertrag der andere Teil, im Falle des § 123 Abs. 2 Satz 2 derjenige, welcher aus dem Vertrag unmittelbar ein Recht erworben hat.

(3) [1]Bei einem einseitigen Rechtsgeschäft, das einem anderen gegenüber vorzunehmen war, ist der andere der Anfechtungsgegner. [2]Das Gleiche gilt bei einem Rechtsgeschäft, das einem anderen oder einer Behörde gegenüber vorzunehmen war, auch dann, wenn das Rechtsgeschäft der Behörde gegenüber vorgenommen worden ist.

(4) [1]Bei einem einseitigen Rechtsgeschäft anderer Art ist Anfechtungsgegner jeder, der aufgrund des Rechtsgeschäfts unmittelbar einen rechtlichen Vorteil erlangt hat. [2]Die Anfechtung kann jedoch, wenn die Willenserklärung einer Behörde gegenüber abzugeben war, durch Erklärung gegenüber der Behörde erfolgen; die Behörde soll die Anfechtung demjenigen mitteilen, welcher durch das Rechtsgeschäft unmittelbar betroffen worden ist.

Bürgerliches Gesetzbuch

§ 144 Bestätigung des anfechtbaren Rechtsgeschäfts. (1) Die Anfechtung ist ausgeschlossen, wenn das anfechtbare Rechtsgeschäft von dem Anfechtungsberechtigten bestätigt wird.

(2) Die Bestätigung bedarf nicht der für das Rechtsgeschäft bestimmten Form.

Abschnitt 3

Rechtsgeschäfte

Titel 3

Vertrag

§ 145 Bindung an den Antrag. Wer einem anderen die Schließung eines Vertrags anträgt, ist an den Antrag gebunden, es sei denn, dass er die Gebundenheit ausgeschlossen hat.

§ 146 Erlöschen des Antrags. Der Antrag erlischt, wenn er dem Antragenden gegenüber abgelehnt oder wenn er nicht diesem gegenüber nach den §§ 147 bis 149 rechtzeitig angenommen wird.

§ 147 Annahmefrist. (1) [1]Der einem Anwesenden gemachte Antrag kann nur sofort angenommen werden. [2]Dies gilt auch von einem mittels Fernsprechers oder einer sonstigen technischen Einrichtung von Person zu Person gemachten Antrag.

(2) Der einem Abwesenden gemachte Antrag kann nur bis zu dem Zeitpunkt angenommen werden, in welchem der Antragende den Eingang der Antwort unter regelmäßigen Umständen erwarten darf.

§ 148 Bestimmung einer Annahmefrist. Hat der Antragende für die Annahme des Antrags eine Frist bestimmt, so kann die Annahme nur innerhalb der Frist erfolgen.

§ 149 Verspätet zugegangene Annahmeerklärung. [1]Ist eine dem Antragenden verspätet zugegangene Annahmeerklärung dergestalt abgesendet worden, dass sie bei regelmäßiger Beförderung ihm rechtzeitig zugegangen sein würde, und musste der Antragende dies erkennen, so hat er die Verspätung dem Annehmenden unverzüglich nach dem Empfang der Erklärung anzuzeigen, sofern es nicht schon vorher geschehen ist. [2]Verzögert er die Absendung der Anzeige, so gilt die Annahme als nicht verspätet.

§ 150 Verspätete und abändernde Annahme. (1) Die verspätete Annahme eines Antrags gilt als neuer Antrag.

(2) Eine Annahme unter Erweiterungen, Einschränkungen oder sonstigen Änderungen gilt als Ablehnung verbunden mit einem neuen Antrag.

§ 151 Annahme ohne Erklärung gegenüber dem Antragenden. [1]Der Vertrag kommt durch die Annahme des Antrags zu Stande, ohne dass die Annahme dem Antragenden gegenüber erklärt zu werden braucht, wenn eine solche Erklärung nach der Verkehrssitte nicht zu erwarten ist oder der Antragende auf sie verzichtet hat. [2]Der Zeitpunkt, in welchem der Antrag erlischt, bestimmt sich nach dem aus dem Antrag oder den Umständen zu entnehmenden Willen des Antragenden.

§ 154 Offener Einigungsmangel; fehlende Beurkundung. (1) [1]Solange nicht die Parteien sich über alle Punkte eines Vertrags geeinigt haben, über die nach der Erklärung auch nur einer Partei eine Vereinbarung getroffen werden soll, ist im Zweifel der Vertrag nicht geschlossen. [2]Die Verständigung über einzelne Punkte ist auch dann nicht bindend, wenn eine Aufzeichnung stattgefunden hat.

(2) Ist eine Beurkundung des beabsichtigten Vertrags verabredet worden, so ist im Zweifel der Vertrag nicht geschlossen, bis die Beurkundung erfolgt ist.

§ 155 Versteckter Einigungsmangel. Haben sich die Parteien bei einem Vertrag, den sie als geschlossen ansehen, über einen Punkt, über den eine Vereinbarung getroffen werden sollte, in Wirklichkeit nicht geeinigt, so gilt das Vereinbarte, sofern anzunehmen ist, dass der Vertrag auch ohne eine Bestimmung über diesen Punkt geschlossen sein würde.

§ 156 Vertragsschluss bei Versteigerung. [1]Bei einer Versteigerung kommt der Vertrag erst durch den Zuschlag zu Stande. [2]Ein Gebot erlischt, wenn ein Übergebot abgegeben oder die Versteigerung ohne Erteilung des Zuschlags geschlossen wird.

§ 157 Auslegung von Verträgen. Verträge sind so auszulegen, wie Treu und Glauben mit Rücksicht auf die Verkehrssitte es erfordern.

Buch 2
Recht der Schuldverhältnisse

Abschnitt 1
Inhalt der Schuldverhältnisse

Titel 1
Verpflichtung zur Leistung

§ 241 Pflichten aus dem Schuldverhältnis. (1) [1]Kraft des Schuldverhältnisses ist der Gläubiger berechtigt, von dem Schuldner eine Leistung zu fordern. [2]Die Leistung kann auch in einem Unterlassen bestehen.

(2) Das Schuldverhältnis kann nach seinem Inhalt jeden Teil zur Rücksicht auf die Rechte, Rechtsgüter und Interessen des anderen Teils verpflichten.

§ 241a Unbestellte Leistungen. (1) Durch die Lieferung beweglicher Sachen, die nicht auf Grund von Zwangsvollstreckungsmaßnahmen oder anderen gerichtlichen Maßnahmen verkauft werden (Waren), oder durch die Erbringung sonstiger Leistungen durch einen Unternehmer an den Verbraucher wird ein Anspruch gegen den Verbraucher nicht begründet, wenn der Verbraucher die Waren oder sonstigen Leistungen nicht bestellt hat.

(2) Gesetzliche Ansprüche sind nicht ausgeschlossen, wenn die Leistung nicht für den Empfänger bestimmt war oder in der irrigen Vorstellung einer Bestellung erfolgte und der Empfänger dies erkannt hat oder bei Anwendung der im Verkehr erforderlichen Sorgfalt hätte erkennen können.

(3) [1]Von den Regelungen dieser Vorschrift darf nicht zum Nachteil des Verbrauchers abgewichen werden. [2]Die Regelungen finden auch Anwendung, wenn sie durch anderweitige Gestaltungen umgangen werden.

§ 242 Leistung nach Treu und Glauben. Der Schuldner ist verpflichtet, die Leistung so zu bewirken, wie Treu und Glauben mit Rücksicht auf die Verkehrssitte es erfordern.

§ 249 Art und Umfang des Schadensersatzes. (1) Wer zum Schadensersatz verpflichtet ist, hat den Zustand herzustellen, der bestehen würde, wenn der zum Ersatz verpflichtende Umstand nicht eingetreten wäre.

(2) [1]Ist wegen Verletzung einer Person oder wegen Beschädigung einer Sache Schadensersatz zu leisten, so kann der Gläubiger statt der Herstellung den dazu erforderlichen Geldbetrag verlangen. [2]Bei der Beschädigung einer Sache schließt der nach Satz 1 erforderliche Geldbetrag die Umsatzsteuer nur mit ein, wenn und soweit sie tatsächlich angefallen ist.

§ 250 Schadensersatz in Geld nach Fristsetzung. [1]Der Gläubiger kann dem Ersatzpflichtigen zur Herstellung eine angemessene Frist mit der Erklärung bestimmen, dass er die Herstellung nach dem Ablauf der Frist ablehne. [2]Nach dem Ablauf der Frist kann der Gläubiger den Ersatz in Geld verlangen, wenn nicht die Herstellung rechtzeitig erfolgt; der Anspruch auf die Herstellung ist ausgeschlossen.

§ 251 Schadensersatz in Geld ohne Fristsetzung. (1) Soweit die Herstellung nicht möglich oder zur Entschädigung des Gläubigers nicht genügend ist, hat der Ersatzpflichtige den Gläubiger in Geld zu entschädigen.

(2) [1]Der Ersatzpflichtige kann den Gläubiger in Geld entschädigen, wenn die Herstellung nur mit unverhältnismäßigen Aufwendungen möglich ist. [2]Die aus der Heilbehandlung eines verletzten Tieres entstandenen Aufwendungen sind nicht bereits dann unverhältnismäßig, wenn sie dessen Wert erheblich übersteigen.

§ 252 Entgangener Gewinn. ¹Der zu ersetzende Schaden umfasst auch den entgangenen Gewinn. ²Als entgangen gilt der Gewinn, welcher nach dem gewöhnlichen Lauf der Dinge oder nach den besonderen Umständen, insbesondere nach den getroffenen Anstalten und Vorkehrungen, mit Wahrscheinlichkeit erwartet werden konnte.

§ 253 Immaterieller Schaden. (1) Wegen eines Schadens, der nicht Vermögensschaden ist, kann Entschädigung in Geld nur in den durch das Gesetz bestimmten Fällen gefordert werden.

(2) Ist wegen einer Verletzung des Körpers, der Gesundheit, der Freiheit oder der sexuellen Selbstbestimmung Schadensersatz zu leisten, kann auch wegen des Schadens, der nicht Vermögensschaden ist, eine billige Entschädigung in Geld gefordert werden.

§ 254 Mitverschulden. (1) Hat bei der Entstehung des Schadens ein Verschulden des Beschädigten mitgewirkt, so hängt die Verpflichtung zum Ersatz sowie der Umfang des zu leistenden Ersatzes von den Umständen, insbesondere davon ab, inwieweit der Schaden vorwiegend von dem einen oder dem anderen Teil verursacht worden ist.

(2) ¹Dies gilt auch dann, wenn sich das Verschulden des Beschädigten darauf beschränkt, dass er unterlassen hat, den Schuldner auf die Gefahr eines ungewöhnlich hohen Schadens aufmerksam zu machen, die der Schuldner weder kannte noch kennen musste, oder dass er unterlassen hat, den Schaden abzuwenden oder zu mindern. ²Die Vorschrift des § 278 findet entsprechende Anwendung.

§ 275 Ausschluss der Leistungspflicht. (1) Der Anspruch auf Leistung ist ausgeschlossen, soweit diese für den Schuldner oder für jedermann unmöglich ist.

(2) ¹Der Schuldner kann die Leistung verweigern, soweit diese einen Aufwand erfordert, der unter Beachtung des Inhalts des Schuldverhältnisses und der Gebote von Treu und Glauben in einem groben Missverhältnis zu dem Leistungsinteresse des Gläubigers steht. ²Bei der Bestimmung der dem Schuldner zuzumutenden Anstrengungen ist auch zu berücksichtigen, ob der Schuldner das Leistungshindernis zu vertreten hat.

(3) Der Schuldner kann die Leistung ferner verweigern, wenn er die Leistung persönlich zu erbringen hat und sie ihm unter Abwägung des seiner Leistung entgegenstehenden Hindernisses mit dem Leistungsinteresse des Gläubigers nicht zugemutet werden kann.

(4) Die Rechte des Gläubigers bestimmen sich nach den §§ 280, 283 bis 285, 311a und 326.

§ 276 Verantwortlichkeit des Schuldners. (1) ¹Der Schuldner hat Vorsatz und Fahrlässigkeit zu vertreten, wenn eine strengere oder mildere Haftung

Bürgerliches Gesetzbuch **BGB 5**

weder bestimmt noch aus dem sonstigen Inhalt des Schuldverhältnisses, insbesondere aus der Übernahme einer Garantie oder eines Beschaffungsrisikos zu entnehmen ist. ²Die Vorschriften der §§ 827 und 828 finden entsprechende Anwendung.

(2) Fahrlässig handelt, wer die im Verkehr erforderliche Sorgfalt außer Acht lässt.

(3) Die Haftung wegen Vorsatzes kann dem Schuldner nicht im Voraus erlassen werden.

§ 277 Sorgfalt in eigenen Angelegenheiten. Wer nur für diejenige Sorgfalt einzustehen hat, welche er in eigenen Angelegenheiten anzuwenden pflegt, ist von der Haftung wegen grober Fahrlässigkeit nicht befreit.

§ 278 Verantwortlichkeit des Schuldners für Dritte. ¹Der Schuldner hat ein Verschulden seines gesetzlichen Vertreters und der Personen, deren er sich zur Erfüllung seiner Verbindlichkeit bedient, in gleichem Umfang zu vertreten wie eigenes Verschulden. ²Die Vorschrift des § 276 Abs. 3 findet keine Anwendung.

§ 280 Schadensersatz wegen Pflichtverletzung. (1) ¹Verletzt der Schuldner eine Pflicht aus dem Schuldverhältnis, so kann der Gläubiger Ersatz des hierdurch entstehenden Schadens verlangen. ²Dies gilt nicht, wenn der Schuldner die Pflichtverletzung nicht zu vertreten hat.

(2) Schadensersatz wegen Verzögerung der Leistung kann der Gläubiger nur unter der zusätzlichen Voraussetzung des § 286 verlangen.

(3) Schadensersatz statt der Leistung kann der Gläubiger nur unter den zusätzlichen Voraussetzungen des § 281, des § 282 oder des § 283 verlangen.

§ 281 Schadensersatz statt der Leistung wegen nicht oder nicht wie geschuldet erbrachter Leistung. (1) ¹Soweit der Schuldner die fällige Leistung nicht oder nicht wie geschuldet erbringt, kann der Gläubiger unter den Voraussetzungen des § 280 Abs. 1 Schadensersatz statt der Leistung verlangen, wenn er dem Schuldner erfolglos eine angemessene Frist zur Leistung oder Nacherfüllung bestimmt hat. ²Hat der Schuldner eine Teilleistung bewirkt, so kann der Gläubiger Schadensersatz statt der ganzen Leistung nur verlangen, wenn er an der Teilleistung kein Interesse hat. ³Hat der Schuldner die Leistung nicht wie geschuldet bewirkt, so kann der Gläubiger Schadensersatz statt der ganzen Leistung nicht verlangen, wenn die Pflichtverletzung unerheblich ist.

(2) Die Fristsetzung ist entbehrlich, wenn der Schuldner die Leistung ernsthaft und endgültig verweigert oder wenn besondere Umstände vorliegen, die unter Abwägung der beiderseitigen Interessen die sofortige Geltendmachung des Schadensersatzanspruchs rechtfertigen.

(3) Kommt nach der Art der Pflichtverletzung eine Fristsetzung nicht in Betracht, so tritt an deren Stelle eine Abmahnung.

(4) Der Anspruch auf die Leistung ist ausgeschlossen, sobald der Gläubiger statt der Leistung Schadensersatz verlangt hat.

(5) Verlangt der Gläubiger Schadensersatz statt der ganzen Leistung, so ist der Schuldner zur Rückforderung des Geleisteten nach den §§ 346 bis 348 berechtigt.

§ 282 Schadensersatz statt der Leistung wegen Verletzung einer Pflicht nach § 241 Abs. 2. Verletzt der Schuldner eine Pflicht nach § 241 Abs. 2, kann der Gläubiger unter den Voraussetzungen des § 280 Abs. 1 Schadensersatz statt der Leistung verlangen, wenn ihm die Leistung durch den Schuldner nicht mehr zuzumuten ist.

§ 283 Schadensersatz statt der Leistung bei Ausschluss der Leistungspflicht. [1]Braucht der Schuldner nach § 275 Abs. 1 bis 3 nicht zu leisten, kann der Gläubiger unter den Voraussetzungen des § 280 Abs. 1 Schadensersatz statt der Leistung verlangen. [2]§ 281 Abs. 1 Satz 2 und 3 und Abs. 5 findet entsprechende Anwendung.

§ 284 Ersatz vergeblicher Aufwendungen. Anstelle des Schadensersatzes statt der Leistung kann der Gläubiger Ersatz der Aufwendungen verlangen, die er im Vertrauen auf den Erhalt der Leistung gemacht hat und billigerweise machen durfte, es sei denn, deren Zweck wäre auch ohne die Pflichtverletzung des Schuldners nicht erreicht worden.

§ 285 Herausgabe des Ersatzes. (1) Erlangt der Schuldner infolge des Umstands, auf Grund dessen er die Leistung nach § 275 Abs. 1 bis 3 nicht zu erbringen braucht, für den geschuldeten Gegenstand einen Ersatz oder einen Ersatzanspruch, so kann der Gläubiger Herausgabe des als Ersatz Empfangenen oder Abtretung des Ersatzanspruchs verlangen.

(2) Kann der Gläubiger statt der Leistung Schadensersatz verlangen, so mindert sich dieser, wenn er von dem in Absatz 1 bestimmten Recht Gebrauch macht, um den Wert des erlangten Ersatzes oder Ersatzanspruchs.

§ 286 Verzug des Schuldners. (1) [1]Leistet der Schuldner auf eine Mahnung des Gläubigers nicht, die nach dem Eintritt der Fälligkeit erfolgt, so kommt er durch die Mahnung in Verzug. [2]Der Mahnung stehen die Erhebung der Klage auf die Leistung sowie die Zustellung eines Mahnbescheids im Mahnverfahren gleich.

(2) Der Mahnung bedarf es nicht, wenn
1. für die Leistung eine Zeit nach dem Kalender bestimmt ist,
2. der Leistung ein Ereignis vorauszugehen hat und eine angemessene Zeit für die Leistung in der Weise bestimmt ist, dass sie sich von dem Ereignis an nach dem Kalender berechnen lässt,

Bürgerliches Gesetzbuch **BGB 5**

3. der Schuldner die Leistung ernsthaft und endgültig verweigert,
4. aus besonderen Gründen unter Abwägung der beiderseitigen Interessen der sofortige Eintritt des Verzugs gerechtfertigt ist.

(3) ¹Der Schuldner einer Entgeltforderung kommt spätestens in Verzug, wenn er nicht innerhalb von 30 Tagen nach Fälligkeit und Zugang einer Rechnung oder gleichwertigen Zahlungsaufstellung leistet; dies gilt gegenüber einem Schuldner, der Verbraucher ist, nur, wenn auf diese Folgen in der Rechnung oder Zahlungsaufstellung besonders hingewiesen worden ist. ²Wenn der Zeitpunkt des Zugangs der Rechnung oder Zahlungsaufstellung unsicher ist, kommt der Schuldner, der nicht Verbraucher ist, spätestens 30 Tage nach Fälligkeit und Empfang der Gegenleistung in Verzug.

(4) Der Schuldner kommt nicht in Verzug, solange die Leistung infolge eines Umstands unterbleibt, den er nicht zu vertreten hat.

(5) Für eine von den Absätzen 1 bis 3 abweichende Vereinbarung über den Eintritt des Verzugs gilt § 271a Absatz 1 bis 5 entsprechend.

§ 287 Verantwortlichkeit während des Verzugs. ¹Der Schuldner hat während des Verzugs jede Fahrlässigkeit zu vertreten. ²Er haftet wegen der Leistung auch für Zufall, es sei denn, dass der Schaden auch bei rechtzeitiger Leistung eingetreten sein würde.

§ 288 Verzugszinsen und sonstiger Verzugsschaden. (1) ¹Eine Geldschuld ist während des Verzugs zu verzinsen. ²Der Verzugszinssatz beträgt für das Jahr fünf Prozentpunkte über dem Basiszinssatz.

(2) Bei Rechtsgeschäften, an denen ein Verbraucher nicht beteiligt ist, beträgt der Zinssatz für Entgeltforderungen neun Prozentpunkte über dem Basiszinssatz.

(3) Der Gläubiger kann aus einem anderen Rechtsgrund höhere Zinsen verlangen.

(4) Die Geltendmachung eines weiteren Schadens ist nicht ausgeschlossen.

(5) ¹Der Gläubiger einer Entgeltforderung hat bei Verzug des Schuldners, wenn dieser kein Verbraucher ist, außerdem einen Anspruch auf Zahlung einer Pauschale in Höhe von 40 Euro. ²Dies gilt auch, wenn es sich bei der Entgeltforderung um eine Abschlagszahlung oder sonstige Ratenzahlung handelt. ³Die Pauschale nach Satz 1 ist auf einen geschuldeten Schadensersatz anzurechnen, soweit der Schaden in Kosten der Rechtsverfolgung begründet ist.

(6) ¹Eine im Voraus getroffene Vereinbarung, die den Anspruch des Gläubigers einer Entgeltforderung auf Verzugszinsen ausschließt, ist unwirksam. ²Gleiches gilt für eine Vereinbarung, die diesen Anspruch beschränkt oder den Anspruch des Gläubigers einer Entgeltforderung auf die Pauschale nach Absatz 5 oder auf Ersatz des Schadens, der in Kosten der Rechtsverfolgung begründet ist, ausschließt oder beschränkt, wenn sie im Hinblick auf die Belange des Gläubigers grob unbillig ist. ³Eine Vereinbarung über den Ausschluss der

Pauschale nach Absatz 5 oder des Ersatzes des Schadens, der in Kosten der Rechtsverfolgung begründet ist, ist im Zweifel als grob unbillig anzusehen. [4]Die Sätze 1 bis 3 sind nicht anzuwenden, wenn sich der Anspruch gegen einen Verbraucher richtet.

§ 289 Zinseszinsverbot. [1]Von Zinsen sind Verzugszinsen nicht zu entrichten. [2]Das Recht des Gläubigers auf Ersatz des durch den Verzug entstehenden Schadens bleibt unberührt.

§ 290 Verzinsung des Wertersatzes. [1]Ist der Schuldner zum Ersatz des Wertes eines Gegenstands verpflichtet, der während des Verzugs untergegangen ist oder aus einem während des Verzugs eingetretenen Grund nicht herausgegeben werden kann, so kann der Gläubiger Zinsen des zu ersetzenden Betrags von dem Zeitpunkt an verlangen, welcher der Bestimmung des Wertes zugrunde gelegt wird. [2]Das Gleiche gilt, wenn der Schuldner zum Ersatz der Minderung des Wertes eines während des Verzugs verschlechterten Gegenstands verpflichtet ist.

§ 291 Prozesszinsen. [1]Eine Geldschuld hat der Schuldner von dem Eintritt der Rechtshängigkeit an zu verzinsen, auch wenn er nicht im Verzug ist; wird die Schuld erst später fällig, so ist sie von der Fälligkeit an zu verzinsen. [2]Die Vorschriften des § 288 Abs. 1 Satz 2, Abs. 2, Abs. 3 und des § 289 Satz 1 finden entsprechende Anwendung.

§ 292 Haftung bei Herausgabepflicht. (1) Hat der Schuldner einen bestimmten Gegenstand herauszugeben, so bestimmt sich von dem Eintritt der Rechtshängigkeit an der Anspruch des Gläubigers auf Schadensersatz wegen Verschlechterung, Untergangs oder einer aus einem anderen Grunde eintretenden Unmöglichkeit der Herausgabe nach den Vorschriften, welche für das Verhältnis zwischen dem Eigentümer und dem Besitzer von dem Eintritt der Rechtshängigkeit des Eigentumsanspruchs an gelten, soweit nicht aus dem Schuldverhältnis oder dem Verzug des Schuldners sich zugunsten des Gläubigers ein anderes ergibt.

(2) Das Gleiche gilt von dem Anspruch des Gläubigers auf Herausgabe oder Vergütung von Nutzungen und von dem Anspruch des Schuldners auf Ersatz von Verwendungen.

Abschnitt 2

Gestaltung rechtsgeschäftlicher Schuldverhältnisse durch Allgemeine Geschäftsbedingungen

§ 305 Einbeziehung Allgemeiner Geschäftsbedingungen in den Vertrag. (1) [1]Allgemeine Geschäftsbedingungen sind alle für eine Vielzahl von Verträgen vorformulierten Vertragsbedingungen, die eine Vertragspartei (Verwender) der anderen Vertragspartei bei Abschluss eines Vertrags stellt. ²Gleichgültig ist, ob die Bestimmungen einen äußerlich gesonderten Bestandteil des Vertrags bilden oder in die Vertragsurkunde selbst aufgenommen werden, welchen Umfang sie haben, in welcher Schriftart sie verfasst sind und welche Form der Vertrag hat. ³Allgemeine Geschäftsbedingungen liegen nicht vor, soweit die Vertragsbedingungen zwischen den Vertragsparteien im Einzelnen ausgehandelt sind.

(2) Allgemeine Geschäftsbedingungen werden nur dann Bestandteil eines Vertrags, wenn der Verwender bei Vertragsschluss
1. die andere Vertragspartei ausdrücklich oder, wenn ein ausdrücklicher Hinweis wegen der Art des Vertragsschlusses nur unter unverhältnismäßigen Schwierigkeiten möglich ist, durch deutlich sichtbaren Aushang am Orte des Vertragsschlusses auf sie hinweist und
2. der anderen Vertragspartei die Möglichkeit verschafft, in zumutbarer Weise, die auch eine für den Verwender erkennbare körperliche Behinderung der anderen Vertragspartei angemessen berücksichtigt, von ihrem Inhalt Kenntnis zu nehmen,
und wenn die andere Vertragspartei mit ihrer Geltung einverstanden ist.

(3) Die Vertragsparteien können für eine bestimmte Art von Rechtsgeschäften die Geltung bestimmter Allgemeiner Geschäftsbedingungen unter Beachtung der in Absatz 2 bezeichneten Erfordernisse im Voraus vereinbaren.

§ 305a Einbeziehung in besonderen Fällen. Auch ohne Einhaltung der in § 305 Abs. 2 Nr. 1 und 2 bezeichneten Erfordernisse werden einbezogen, wenn die andere Vertragspartei mit ihrer Geltung einverstanden ist,
1. die mit Genehmigung der zuständigen Verkehrsbehörde oder aufgrund von internationalen Übereinkommen erlassenen Tarife und Ausführungsbestimmungen der Eisenbahnen und die nach Maßgabe des Personenbeförderungsgesetzes genehmigten Beförderungsbedingungen der Straßenbahnen, Obusse und Kraftfahrzeuge im Linienverkehr in den Beförderungsvertrag,
2. die im Amtsblatt der Bundesnetzagentur für Elektrizität, Gas, Telekommunikation, Post und Eisenbahnen veröffentlichten und in den Geschäftsstellen des Verwenders bereitgehaltenen Allgemeinen Geschäftsbedingungen
    a) in Beförderungsverträge, die außerhalb von Geschäftsräumen durch den Einwurf von Postsendungen in Briefkästen abgeschlossen werden,
    b) in Verträge über Telekommunikations-, Informations- und andere Dienstleistungen, die unmittelbar durch Einsatz von Fernkommunikationsmitteln und während der Erbringung einer Telekommunikationsdienstleistung in einem Mal erbracht werden, wenn die Allgemeinen Geschäftsbedingungen der anderen Vertragspartei nur unter unverhältnismäßigen Schwierigkeiten vor dem Vertragsschluss zugänglich gemacht werden können.

Abschnitt 3
Schuldverhältnisse aus Verträgen

Titel 1
Begründung, Inhalt und Beendigung

Untertitel 2
Grundsätze bei Verbraucherverträgen und besondere Vertriebsformen

Kapitel 1
Anwendungsbereich und Grundsätze bei Verbraucherverträgen

§ 312 Anwendungsbereich. *[Text gültig ab 28.5. bis 30.6.2022]* (1) Die Vorschriften der Kapitel 1 und 2 dieses Untertitels sind auf Verbraucherverträge anzuwenden, bei denen sich der Verbraucher zu der Zahlung eines Preises verpflichtet.

(1a) [1]Die Vorschriften der Kapitel 1 und 2 dieses Untertitels sind auch auf Verbraucherverträge anzuwenden, bei denen der Verbraucher dem Unternehmer personenbezogene Daten bereitstellt oder sich hierzu verpflichtet. [2]Dies gilt nicht, wenn der Unternehmer die vom Verbraucher bereitgestellten personenbezogenen Daten ausschließlich verarbeitet, um seine Leistungspflicht oder an ihn gestellte rechtliche Anforderungen zu erfüllen, und sie zu keinem anderen Zweck verarbeitet.

(2) Von den Vorschriften der Kapitel 1 und 2 dieses Untertitels ist nur § 312a Absatz 1, 3, 4 und 6 auf folgende Verträge anzuwenden:
1. notariell beurkundete Verträge
   a) über Finanzdienstleistungen, die außerhalb von Geschäftsräumen geschlossen werden,
   b) die keine Verträge über Finanzdienstleistungen sind; für Verträge, für die das Gesetz die notarielle Beurkundung des Vertrags oder einer Vertragserklärung nicht vorschreibt, gilt dies nur, wenn der Notar darüber belehrt, dass die Informationspflichten nach § 312d Absatz 1 und das Widerrufsrecht nach § 312g Absatz 1 entfallen,
2. Verträge über die Begründung, den Erwerb oder die Übertragung von Eigentum oder anderen Rechten an Grundstücken,
3. Verbraucherbauverträge nach § 650i Absatz 1,
4. *[aufgehoben]*
5. *[aufgehoben]*
6. Verträge über Teilzeit-Wohnrechte, langfristige Urlaubsprodukte, Vermittlungen und Tauschsysteme nach den §§ 481 bis 481b,

Bürgerliches Gesetzbuch **BGB 5**

7. Behandlungsverträge nach § 630a,
8. Verträge über die Lieferung von Lebensmitteln, Getränken oder sonstigen Haushaltsgegenständen des täglichen Bedarfs, die am Wohnsitz, am Aufenthaltsort oder am Arbeitsplatz eines Verbrauchers von einem Unternehmer im Rahmen häufiger und regelmäßiger Fahrten geliefert werden,
9. Verträge, die unter Verwendung von Warenautomaten und automatisierten Geschäftsräumen geschlossen werden,
10. Verträge, die mit Betreibern von Telekommunikationsmitteln mit Hilfe öffentlicher Münz- und Kartentelefone zu deren Nutzung geschlossen werden,
11. Verträge zur Nutzung einer einzelnen von einem Verbraucher hergestellten Telefon-, Internet- oder Telefaxverbindung,
12. außerhalb von Geschäftsräumen geschlossene Verträge, bei denen die Leistung bei Abschluss der Verhandlungen sofort erbracht und bezahlt wird und das vom Verbraucher zu zahlende Entgelt 40 Euro nicht überschreitet, und
13. Verträge über den Verkauf beweglicher Sachen auf Grund von Zwangsvollstreckungsmaßnahmen oder anderen gerichtlichen Maßnahmen.

(3) Auf Verträge über soziale Dienstleistungen, wie Kinderbetreuung oder Unterstützung von dauerhaft oder vorübergehend hilfsbedürftigen Familien oder Personen, einschließlich Langzeitpflege, sind von den Vorschriften der Kapitel 1 und 2 dieses Untertitels nur folgende anzuwenden:
1. die Definitionen der außerhalb von Geschäftsräumen geschlossenen Verträge und der Fernabsatzverträge nach den §§ 312b und 312c,
2. § 312a Absatz 1 über die Pflicht zur Offenlegung bei Telefonanrufen,
3. § 312a Absatz 3 über die Wirksamkeit der Vereinbarung, die auf eine über das vereinbarte Entgelt für die Hauptleistung hinausgehende Zahlung gerichtet ist,
4. § 312a Absatz 4 über die Wirksamkeit der Vereinbarung eines Entgelts für die Nutzung von Zahlungsmitteln,
5. § 312a Absatz 6,
6. § 312d Absatz 1 in Verbindung mit Artikel 246a § 1 Absatz 2 und 3 des Einführungsgesetzes zum Bürgerlichen Gesetzbuche über die Pflicht zur Information über das Widerrufsrecht und
7. § 312g über das Widerrufsrecht.

(4) [1]Auf Verträge über die Vermietung von Wohnraum sind von den Vorschriften der Kapitel 1 und 2 dieses Untertitels nur die in Absatz 3 Nummer 1 bis 7 genannten Bestimmungen anzuwenden. [2]Die in Absatz 3 Nummer 1, 6 und 7 genannten Bestimmungen sind jedoch nicht auf die Begründung eines Mietverhältnisses über Wohnraum anzuwenden, wenn der Mieter die Wohnung zuvor besichtigt hat.

(5) [1]Bei Vertragsverhältnissen über Bankdienstleistungen sowie Dienstleistungen im Zusammenhang mit einer Kreditgewährung, Versicherung, Altersversorgung von Einzelpersonen, Geldanlage oder Zahlung (Finanzdienstleis-

tungen), die eine erstmalige Vereinbarung mit daran anschließenden aufeinanderfolgenden Vorgängen oder eine daran anschließende Reihe getrennter, in einem zeitlichen Zusammenhang stehender Vorgänge gleicher Art umfassen, sind die Vorschriften der Kapitel 1 und 2 dieses Untertitels nur auf die erste Vereinbarung anzuwenden. ²§ 312a Absatz 1, 3, 4 und 6 ist daneben auf jeden Vorgang anzuwenden. ³Wenn die in Satz 1 genannten Vorgänge ohne eine solche Vereinbarung aufeinanderfolgen, gelten die Vorschriften über Informationspflichten des Unternehmers nur für den ersten Vorgang. ⁴Findet jedoch länger als ein Jahr kein Vorgang der gleichen Art mehr statt, so gilt der nächste Vorgang als der erste Vorgang einer neuen Reihe im Sinne von Satz 3.

(6) Von den Vorschriften der Kapitel 1 und 2 dieses Untertitels ist auf Verträge über Versicherungen sowie auf Verträge über deren Vermittlung nur § 312a Absatz 3, 4 und 6 anzuwenden.

(7) ¹Auf Pauschalreiseverträge nach den §§ 651a und 651c sind von den Vorschriften dieses Untertitels nur § 312a Absatz 3 bis 6, die §§ 312i, 312j Absatz 2 bis 5 und § 312l anzuwenden; diese Vorschriften finden auch Anwendung, wenn der Reisende kein Verbraucher ist. ²Ist der Reisende ein Verbraucher, ist auf Pauschalreiseverträge nach § 651a, die außerhalb von Geschäftsräumen geschlossen worden sind, auch § 312g Absatz 1 anzuwenden, es sei denn, die mündlichen Verhandlungen, auf denen der Vertragsschluss beruht, sind auf vorhergehende Bestellung des Verbrauchers geführt worden.

(8) Auf Verträge über die Beförderung von Personen ist von den Vorschriften der Kapitel 1 und 2 dieses Untertitels nur § 312a Absatz 1 und 3 bis 6 anzuwenden.

§ 312 Anwendungsbereich. *[Text gültig ab 1.7.2022]* (1) Die Vorschriften der Kapitel 1 und 2 dieses Untertitels sind auf Verbraucherverträge anzuwenden, bei denen sich der Verbraucher zu der Zahlung eines Preises verpflichtet.

(1a) ¹Die Vorschriften der Kapitel 1 und 2 dieses Untertitels sind auch auf Verbraucherverträge anzuwenden, bei denen der Verbraucher dem Unternehmer personenbezogene Daten bereitstellt oder sich hierzu verpflichtet. ²Dies gilt nicht, wenn der Unternehmer die vom Verbraucher bereitgestellten personenbezogenen Daten ausschließlich verarbeitet, um seine Leistungspflicht oder an ihn gestellte rechtliche Anforderungen zu erfüllen, und sie zu keinem anderen Zweck verarbeitet.

(2) Von den Vorschriften der Kapitel 1 und 2 dieses Untertitels ist nur § 312a Absatz 1, 3, 4 und 6 auf folgende Verträge anzuwenden:
1. notariell beurkundete Verträge
   a) über Finanzdienstleistungen, die außerhalb von Geschäftsräumen geschlossen werden,
   b) die keine Verträge über Finanzdienstleistungen sind; für Verträge, für die das Gesetz die notarielle Beurkundung des Vertrags oder einer Ver-

Bürgerliches Gesetzbuch **BGB 5**

tragserklärung nicht vorschreibt, gilt dies nur, wenn der Notar darüber belehrt, dass die Informationspflichten nach § 312d Absatz 1 und das Widerrufsrecht nach § 312g Absatz 1 entfallen,
2. Verträge über die Begründung, den Erwerb oder die Übertragung von Eigentum oder anderen Rechten an Grundstücken,
3. Verbraucherbauverträge nach § 650i Absatz 1,
4. *[aufgehoben]*
5. *[aufgehoben]*
6. Verträge über Teilzeit-Wohnrechte, langfristige Urlaubsprodukte, Vermittlungen und Tauschsysteme nach den §§ 481 bis 481b,
7. Behandlungsverträge nach § 630a,
8. Verträge über die Lieferung von Lebensmitteln, Getränken oder sonstigen Haushaltsgegenständen des täglichen Bedarfs, die am Wohnsitz, am Aufenthaltsort oder am Arbeitsplatz eines Verbrauchers von einem Unternehmer im Rahmen häufiger und regelmäßiger Fahrten geliefert werden,
9. Verträge, die unter Verwendung von Warenautomaten und automatisierten Geschäftsräumen geschlossen werden,
10. Verträge, die mit Betreibern von Telekommunikationsmitteln mit Hilfe öffentlicher Münz- und Kartentelefone zu deren Nutzung geschlossen werden,
11. Verträge zur Nutzung einer einzelnen von einem Verbraucher hergestellten Telefon-, Internet- oder Telefaxverbindung,
12. außerhalb von Geschäftsräumen geschlossene Verträge, bei denen die Leistung bei Abschluss der Verhandlungen sofort erbracht und bezahlt wird und das vom Verbraucher zu zahlende Entgelt 40 Euro nicht überschreitet, und
13. Verträge über den Verkauf beweglicher Sachen auf Grund von Zwangsvollstreckungsmaßnahmen oder anderen gerichtlichen Maßnahmen.

(3) Auf Verträge über soziale Dienstleistungen, wie Kinderbetreuung oder Unterstützung von dauerhaft oder vorübergehend hilfsbedürftigen Familien oder Personen, einschließlich Langzeitpflege, sind von den Vorschriften der Kapitel 1 und 2 dieses Untertitels nur folgende anzuwenden:
1. die Definitionen der außerhalb von Geschäftsräumen geschlossenen Verträge und der Fernabsatzverträge nach den §§ 312b und 312c,
2. § 312a Absatz 1 über die Pflicht zur Offenlegung bei Telefonanrufen,
3. § 312a Absatz 3 über die Wirksamkeit der Vereinbarung, die auf eine über das vereinbarte Entgelt für die Hauptleistung hinausgehende Zahlung gerichtet ist,
4. § 312a Absatz 4 über die Wirksamkeit der Vereinbarung eines Entgelts für die Nutzung von Zahlungsmitteln,
5. § 312a Absatz 6,
6. § 312d Absatz 1 in Verbindung mit Artikel 246a § 1 Absatz 2 und 3 des Einführungsgesetzes zum Bürgerlichen Gesetzbuche über die Pflicht zur Information über das Widerrufsrecht und
7. § 312g über das Widerrufsrecht.

(4) ¹Auf Verträge über die Vermietung von Wohnraum sind von den Vorschriften der Kapitel 1 und 2 dieses Untertitels nur die in Absatz 3 Nummer 1 bis 7 genannten Bestimmungen anzuwenden. ²Die in Absatz 3 Nummer 1, 6 und 7 genannten Bestimmungen sind jedoch nicht auf die Begründung eines Mietverhältnisses über Wohnraum anzuwenden, wenn der Mieter die Wohnung zuvor besichtigt hat.

(5) ¹Bei Vertragsverhältnissen über Bankdienstleistungen sowie Dienstleistungen im Zusammenhang mit einer Kreditgewährung, Versicherung, Altersversorgung von Einzelpersonen, Geldanlage oder Zahlung (Finanzdienstleistungen), die eine erstmalige Vereinbarung mit daran anschließenden aufeinanderfolgenden Vorgängen oder eine daran anschließende Reihe getrennter, in einem zeitlichen Zusammenhang stehender Vorgänge gleicher Art umfassen, sind die Vorschriften der Kapitel 1 und 2 dieses Untertitels nur auf die erste Vereinbarung anzuwenden. ²§ 312a Absatz 1, 3, 4 und 6 ist daneben auf jeden Vorgang anzuwenden. ³Wenn die in Satz 1 genannten Vorgänge ohne eine solche Vereinbarung aufeinanderfolgen, gelten die Vorschriften über Informationspflichten des Unternehmers nur für den ersten Vorgang. ⁴Findet jedoch länger als ein Jahr kein Vorgang der gleichen Art mehr statt, so gilt der nächste Vorgang als der erste Vorgang einer neuen Reihe im Sinne von Satz 3.

(6) Von den Vorschriften der Kapitel 1 und 2 dieses Untertitels ist auf Verträge über Versicherungen sowie auf Verträge über deren Vermittlung nur § 312a Absatz 3, 4 und 6 anzuwenden.

(7) ¹Auf Pauschalreiseverträge nach den §§ 651a und 651c sind von den Vorschriften dieses Untertitels nur § 312a Absatz 3 bis 6, die §§ 312i, 312j Absatz 2 bis 5 und § 312m anzuwenden; diese Vorschriften finden auch Anwendung, wenn der Reisende kein Verbraucher ist. ²Ist der Reisende ein Verbraucher, ist auf Pauschalreiseverträge nach § 651a, die außerhalb von Geschäftsräumen geschlossen worden sind, auch § 312g Absatz 1 anzuwenden, es sei denn, die mündlichen Verhandlungen, auf denen der Vertragsschluss beruht, sind auf vorhergehende Bestellung des Verbrauchers geführt worden.

(8) Auf Verträge über die Beförderung von Personen ist von den Vorschriften der Kapitel 1 und 2 dieses Untertitels nur § 312a Absatz 1 und 3 bis 6 anzuwenden.

§ 312a Allgemeine Pflichten und Grundsätze bei Verbraucherverträgen; Grenzen der Vereinbarung von Entgelten. (1) Ruft der Unternehmer oder eine Person, die in seinem Namen oder Auftrag handelt, den Verbraucher an, um mit diesem einen Vertrag zu schließen, hat der Anrufer zu Beginn des Gesprächs seine Identität und gegebenenfalls die Identität der Person, für die er anruft, sowie den geschäftlichen Zweck des Anrufs offenzulegen.

(2) ¹Der Unternehmer ist verpflichtet, den Verbraucher nach Maßgabe des Artikels 246 des Einführungsgesetzes zum Bürgerlichen Gesetzbuche zu informieren. ²Der Unternehmer kann von dem Verbraucher Fracht-, Liefer- oder Versandkosten und sonstige Kosten nur verlangen, soweit er den Verbraucher

Bürgerliches Gesetzbuch **BGB 5**

über diese Kosten entsprechend den Anforderungen aus Artikel 246 Absatz 1 Nummer 3 des Einführungsgesetzes zum Bürgerlichen Gesetzbuche informiert hat. [3]Die Sätze 1 und 2 sind weder auf außerhalb von Geschäftsräumen geschlossene Verträge noch auf Fernabsatzverträge noch auf Verträge über Finanzdienstleistungen anzuwenden.

(3) [1]Eine Vereinbarung, die auf eine über das vereinbarte Entgelt für die Hauptleistung hinausgehende Zahlung des Verbrauchers gerichtet ist, kann ein Unternehmer mit einem Verbraucher nur ausdrücklich treffen. [2]Schließen der Unternehmer und der Verbraucher einen Vertrag im elektronischen Geschäftsverkehr, wird eine solche Vereinbarung nur Vertragsbestandteil, wenn der Unternehmer die Vereinbarung nicht durch eine Voreinstellung herbeiführt.

(4) Eine Vereinbarung, durch die ein Verbraucher verpflichtet wird, ein Entgelt dafür zu zahlen, dass er für die Erfüllung seiner vertraglichen Pflichten ein bestimmtes Zahlungsmittel nutzt, ist unwirksam, wenn
1. für den Verbraucher keine gängige und zumutbare unentgeltliche Zahlungsmöglichkeit besteht oder
2. das vereinbarte Entgelt über die Kosten hinausgeht, die dem Unternehmer durch die Nutzung des Zahlungsmittels entstehen.

(5) [1]Eine Vereinbarung, durch die ein Verbraucher verpflichtet wird, ein Entgelt dafür zu zahlen, dass der Verbraucher den Unternehmer wegen Fragen oder Erklärungen zu einem zwischen ihnen geschlossenen Vertrag über eine Rufnummer anruft, die der Unternehmer für solche Zwecke bereithält, ist unwirksam, wenn das vereinbarte Entgelt das Entgelt für die bloße Nutzung des Telekommunikationsdienstes übersteigt. [2]Ist eine Vereinbarung nach Satz 1 unwirksam, ist der Verbraucher auch gegenüber dem Anbieter des Telekommunikationsdienstes nicht verpflichtet, ein Entgelt für den Anruf zu zahlen. [3]Der Anbieter des Telekommunikationsdienstes ist berechtigt, das Entgelt für die bloße Nutzung des Telekommunikationsdienstes von dem Unternehmer zu verlangen, der die unwirksame Vereinbarung mit dem Verbraucher geschlossen hat.

(6) Ist eine Vereinbarung nach den Absätzen 3 bis 5 nicht Vertragsbestandteil geworden oder ist sie unwirksam, bleibt der Vertrag im Übrigen wirksam.

Untertitel 2

Grundsätze bei Verbraucherverträgen und besondere Vertriebsformen

Kapitel 1

Anwendungsbereich und Grundsätze bei Verbraucherverträgen

§ 312b Außerhalb von Geschäftsräumen geschlossene Verträge. (1) [1]Außerhalb von Geschäftsräumen geschlossene Verträge sind Verträge,

1. die bei gleichzeitiger körperlicher Anwesenheit des Verbrauchers und des Unternehmers an einem Ort geschlossen werden, der kein Geschäftsraum des Unternehmers ist,
2. für die der Verbraucher unter den in Nummer 1 genannten Umständen ein Angebot abgegeben hat,
3. die in den Geschäftsräumen des Unternehmers oder durch Fernkommunikationsmittel geschlossen werden, bei denen der Verbraucher jedoch unmittelbar zuvor außerhalb der Geschäftsräume des Unternehmers bei gleichzeitiger körperlicher Anwesenheit des Verbrauchers und des Unternehmers persönlich und individuell angesprochen wurde, oder
4. die auf einem Ausflug geschlossen werden, der von dem Unternehmer oder mit seiner Hilfe organisiert wurde, um beim Verbraucher für den Verkauf von Waren oder die Erbringung von Dienstleistungen zu werben und mit ihm entsprechende Verträge abzuschließen.

²Dem Unternehmer stehen Personen gleich, die in seinem Namen oder Auftrag handeln.

(2) ¹Geschäftsräume im Sinne des Absatzes 1 sind unbewegliche Gewerberäume, in denen der Unternehmer seine Tätigkeit dauerhaft ausübt, und bewegliche Gewerberäume, in denen der Unternehmer seine Tätigkeit für gewöhnlich ausübt. ²Gewerberäume, in denen die Person, die im Namen oder Auftrag des Unternehmers handelt, ihre Tätigkeit dauerhaft oder für gewöhnlich ausübt, stehen Räumen des Unternehmers gleich.

§ 312c Fernabsatzverträge[2]. (1) Fernabsatzverträge sind Verträge, bei denen der Unternehmer oder eine in seinem Namen oder Auftrag handelnde Person und der Verbraucher für die Vertragsverhandlungen und den Vertragsschluss ausschließlich Fernkommunikationsmittel verwenden, es sei denn, dass der Vertragsschluss nicht im Rahmen eines für den Fernabsatz organisierten Vertriebs- oder Dienstleistungssystems erfolgt.

(2) Fernkommunikationsmittel im Sinne dieses Gesetzes sind alle Kommunikationsmittel, die zur Anbahnung oder zum Abschluss eines Vertrags eingesetzt werden können, ohne dass die Vertragsparteien gleichzeitig körperlich anwesend sind, wie Briefe, Kataloge, Telefonanrufe, Telekopien, E-Mails, über den Mobilfunkdienst versendete Nachrichten (SMS) sowie Rundfunk und Telemedien.

§ 312d Informationspflichten. (1) ¹Bei außerhalb von Geschäftsräumen geschlossenen Verträgen und bei Fernabsatzverträgen ist der Unternehmer verpflichtet, den Verbraucher nach Maßgabe des Artikels 246a des Einführungsgesetzes zum Bürgerlichen Gesetzbuche zu informieren. ²Die in Erfüllung dieser Pflicht gemachten Angaben des Unternehmers werden Inhalt des Vertrags, es sei denn, die Vertragsparteien haben ausdrücklich etwas anderes vereinbart.

---

2 Für die im Rahmen dieser Vertragstypen bedeutsamen Informationspflichten vgl. auch §§ 312 b ff. und Art. 246 f. EGBGB (**Nr. 6 EGBGB**) mit den dort aufgeführten Anlagen.

Bürgerliches Gesetzbuch

(2) Bei außerhalb von Geschäftsräumen geschlossenen Verträgen und bei Fernabsatzverträgen über Finanzdienstleistungen ist der Unternehmer abweichend von Absatz 1 verpflichtet, den Verbraucher nach Maßgabe des Artikels 246b des Einführungsgesetzes zum Bürgerlichen Gesetzbuche zu informieren.

§ 312e Verletzung von Informationspflichten über Kosten. [*Text gültig ab 28.5.2022*] Der Unternehmer kann von dem Verbraucher Fracht-, Liefer- oder Versandkosten und sonstige Kosten nur verlangen, soweit er den Verbraucher über diese Kosten entsprechend den Anforderungen aus § 312d Absatz 1 in Verbindung mit Artikel 246a § 1 Absatz 1 Satz 1 Nummer 7 des Einführungsgesetzes zum Bürgerlichen Gesetzbuche informiert hat.

§ 312f Abschriften und Bestätigungen. (1) ¹Bei außerhalb von Geschäftsräumen geschlossenen Verträgen ist der Unternehmer verpflichtet, dem Verbraucher alsbald auf Papier zur Verfügung zu stellen
1. eine Abschrift eines Vertragsdokuments, das von den Vertragsschließenden so unterzeichnet wurde, dass ihre Identität erkennbar ist, oder
2. eine Bestätigung des Vertrags, in der der Vertragsinhalt wiedergegeben ist.

²Wenn der Verbraucher zustimmt, kann für die Abschrift oder die Bestätigung des Vertrags auch ein anderer dauerhafter Datenträger verwendet werden. ³Die Bestätigung nach Satz 1 muss die in Artikel 246a des Einführungsgesetzes zum Bürgerlichen Gesetzbuche genannten Angaben enthalten, wenn der Unternehmer dem Verbraucher diese Informationen nicht bereits vor Vertragsschluss in Erfüllung seiner Informationspflichten nach § 312d Absatz 1 auf einem dauerhaften Datenträger zur Verfügung gestellt hat.

(2) ¹Bei Fernabsatzverträgen ist der Unternehmer verpflichtet, dem Verbraucher eine Bestätigung des Vertrags, in der der Vertragsinhalt wiedergegeben ist, innerhalb einer angemessenen Frist nach Vertragsschluss, spätestens jedoch bei der Lieferung der Ware oder bevor mit der Ausführung der Dienstleistung begonnen wird, auf einem dauerhaften Datenträger zur Verfügung zu stellen. ²Die Bestätigung nach Satz 1 muss die in Artikel 246a des Einführungsgesetzes zum Bürgerlichen Gesetzbuche genannten Angaben enthalten, es sei denn, der Unternehmer hat dem Verbraucher diese Informationen bereits vor Vertragsschluss in Erfüllung seiner Informationspflichten nach § 312d Absatz 1 auf einem dauerhaften Datenträger zur Verfügung gestellt.

(3) Bei Verträgen über digitale Inhalte (§ 327 Absatz 2 Satz 1), die nicht auf einem körperlichen Datenträger bereitgestellt werden, ist auf der Abschrift oder in der Bestätigung des Vertrags nach den Absätzen 1 und 2 gegebenenfalls auch festzuhalten, dass der Verbraucher vor Ausführung des Vertrags
1. ausdrücklich zugestimmt hat, dass der Unternehmer mit der Ausführung des Vertrags vor Ablauf der Widerrufsfrist beginnt, und
2. seine Kenntnis davon bestätigt hat, dass er durch seine Zustimmung mit Beginn der Ausführung des Vertrags sein Widerrufsrecht verliert.

(4) Diese Vorschrift ist nicht anwendbar auf Verträge über Finanzdienstleistungen.

5 BGB Bürgerliches Gesetzbuch

§ 312g Widerrufsrecht. (1) Dem Verbraucher steht bei außerhalb von Geschäftsräumen geschlossenen Verträgen und bei Fernabsatzverträgen ein Widerrufsrecht gemäß § 355 zu.

(2) Das Widerrufsrecht besteht, soweit die Parteien nichts anderes vereinbart haben, nicht bei folgenden Verträgen:

1. Verträge zur Lieferung von Waren, die nicht vorgefertigt sind und für deren Herstellung eine individuelle Auswahl oder Bestimmung durch den Verbraucher maßgeblich ist oder die eindeutig auf die persönlichen Bedürfnisse des Verbrauchers zugeschnitten sind,
2. Verträge zur Lieferung von Waren, die schnell verderben können oder deren Verfallsdatum schnell überschritten würde,
3. Verträge zur Lieferung versiegelter Waren, die aus Gründen des Gesundheitsschutzes oder der Hygiene nicht zur Rückgabe geeignet sind, wenn ihre Versiegelung nach der Lieferung entfernt wurde,
4. Verträge zur Lieferung von Waren, wenn diese nach der Lieferung auf Grund ihrer Beschaffenheit untrennbar mit anderen Gütern vermischt wurden,
5. Verträge zur Lieferung alkoholischer Getränke, deren Preis bei Vertragsschluss vereinbart wurde, die aber frühestens 30 Tage nach Vertragsschluss geliefert werden können und deren aktueller Wert von Schwankungen auf dem Markt abhängt, auf die der Unternehmer keinen Einfluss hat,
6. Verträge zur Lieferung von Ton- oder Videoaufnahmen oder Computersoftware in einer versiegelten Packung, wenn die Versiegelung nach der Lieferung entfernt wurde,
7. Verträge zur Lieferung von Zeitungen, Zeitschriften oder Illustrierten mit Ausnahme von Abonnement-Verträgen,
8. Verträge zur Lieferung von Waren oder zur Erbringung von Dienstleistungen, einschließlich Finanzdienstleistungen, deren Preis von Schwankungen auf dem Finanzmarkt abhängt, auf die der Unternehmer keinen Einfluss hat und die innerhalb der Widerrufsfrist auftreten können, insbesondere Dienstleistungen im Zusammenhang mit Aktien, mit Anteilen an offenen Investmentvermögen im Sinne von § 1 Absatz 4 des Kapitalanlagegesetzbuchs und mit anderen handelbaren Wertpapieren, Devisen, Derivaten oder Geldmarktinstrumenten,
9. Verträge zur Erbringung von Dienstleistungen in den Bereichen Beherbergung zu anderen Zwecken als zu Wohnzwecken, Beförderung von Waren, Kraftfahrzeugvermietung, Lieferung von Speisen und Getränken sowie zur Erbringung weiterer Dienstleistungen im Zusammenhang mit Freizeitbetätigungen, wenn der Vertrag für die Erbringung einen spezifischen Termin oder Zeitraum vorsieht,
10. Verträge, die im Rahmen einer Vermarktungsform geschlossen werden, bei der der Unternehmer Verbrauchern, die persönlich anwesend sind oder denen diese Möglichkeit gewährt wird, Waren oder Dienstleistungen anbietet, und zwar in einem vom Versteigerer durchgeführten, auf

Bürgerliches Gesetzbuch **BGB 5**

konkurrierenden Geboten basierenden transparenten Verfahren, bei dem der Bieter, der den Zuschlag erhalten hat, zum Erwerb der Waren oder Dienstleistungen verpflichtet ist (öffentlich zugängliche Versteigerung),

11. Verträge, bei denen der Verbraucher den Unternehmer ausdrücklich aufgefordert hat, ihn aufzusuchen, um dringende Reparatur- oder Instandhaltungsarbeiten vorzunehmen; dies gilt nicht hinsichtlich weiterer bei dem Besuch erbrachter Dienstleistungen, die der Verbraucher nicht ausdrücklich verlangt hat, oder hinsichtlich solcher bei dem Besuch gelieferter Waren, die bei der Instandhaltung oder Reparatur nicht unbedingt als Ersatzteile benötigt werden,
12. Verträge zur Erbringung von Wett- und Lotteriedienstleistungen, es sei denn, dass der Verbraucher seine Vertragserklärung telefonisch abgegeben hat oder der Vertrag außerhalb von Geschäftsräumen geschlossen wurde, und
13. notariell beurkundete Verträge; dies gilt für Fernabsatzverträge über Finanzdienstleistungen nur, wenn der Notar bestätigt, dass die Rechte des Verbrauchers aus § 312d Absatz 2 gewahrt sind.

(3) Das Widerrufsrecht besteht ferner nicht bei Verträgen, bei denen dem Verbraucher bereits auf Grund der §§ 495, 506 bis 513 ein Widerrufsrecht nach § 355 zusteht, und nicht bei außerhalb von Geschäftsräumen geschlossenen Verträgen, bei denen dem Verbraucher bereits nach § 305 Absatz 1 bis 6 des Kapitalanlagegesetzbuchs ein Widerrufsrecht zusteht.

§ 312h Kündigung und Vollmacht zur Kündigung. Wird zwischen einem Unternehmer und einem Verbraucher nach diesem Untertitel ein Dauerschuldverhältnis begründet, das ein zwischen dem Verbraucher und einem anderen Unternehmer bestehendes Dauerschuldverhältnis ersetzen soll, und wird anlässlich der Begründung des Dauerschuldverhältnisses von dem Verbraucher
1. die Kündigung des bestehenden Dauerschuldverhältnisses erklärt und der Unternehmer oder ein von ihm beauftragter Dritter zur Übermittlung der Kündigung an den bisherigen Vertragspartner des Verbrauchers beauftragt oder
2. der Unternehmer oder ein von ihm beauftragter Dritter zur Erklärung der Kündigung gegenüber dem bisherigen Vertragspartner des Verbrauchers bevollmächtigt,

bedarf die Kündigung des Verbrauchers oder die Vollmacht zur Kündigung der Textform.

§ 312i Allgemeine Pflichten im elektronischen Geschäftsverkehr.
(1) [1]Bedient sich ein Unternehmer zum Zwecke des Abschlusses eines Vertrags über die Lieferung von Waren oder über die Erbringung von Dienstleistungen der Telemedien (Vertrag im elektronischen Geschäftsverkehr), hat er dem Kunden

[61]

1. angemessene, wirksame und zugängliche technische Mittel zur Verfügung zu stellen, mit deren Hilfe der Kunde Eingabefehler vor Abgabe seiner Bestellung erkennen und berichtigen kann,
2. die in Artikel 246c des Einführungsgesetzes zum Bürgerlichen Gesetzbuche bestimmten Informationen rechtzeitig vor Abgabe von dessen Bestellung klar und verständlich mitzuteilen,
3. den Zugang von dessen Bestellung unverzüglich auf elektronischem Wege zu bestätigen und
4. die Möglichkeit zu verschaffen, die Vertragsbestimmungen einschließlich der Allgemeinen Geschäftsbedingungen bei Vertragsschluss abzurufen und in wiedergabefähiger Form zu speichern.

²Bestellung und Empfangsbestätigung im Sinne von Satz 1 Nummer 3 gelten als zugegangen, wenn die Parteien, für die sie bestimmt sind, sie unter gewöhnlichen Umständen abrufen können.

(2) Absatz 1 Satz 1 Nummer 1 bis 3 ist nicht anzuwenden, wenn der Vertrag ausschließlich durch individuelle Kommunikation geschlossen wird. Absatz 1 Satz 1 Nummer 1 bis 3 und Satz 2 ist nicht anzuwenden, wenn zwischen Vertragsparteien, die nicht Verbraucher sind, etwas anderes vereinbart wird.

(3) Weitergehende Informationspflichten auf Grund anderer Vorschriften bleiben unberührt.

§ 312j Besondere Pflichten im elektronischen Geschäftsverkehr gegenüber Verbrauchern. [*Text gültig ab 28.5.2022*] (1) Auf Webseiten für den elektronischen Geschäftsverkehr mit Verbrauchern hat der Unternehmer zusätzlich zu den Angaben nach § 312i Absatz 1 spätestens bei Beginn des Bestellvorgangs klar und deutlich anzugeben, ob Lieferbeschränkungen bestehen und welche Zahlungsmittel akzeptiert werden.

(2) Bei einem Verbrauchervertrag im elektronischen Geschäftsverkehr, der den Verbraucher zur Zahlung verpflichtet, muss der Unternehmer dem Verbraucher die Informationen gemäß Artikel 246a § 1 Absatz 1 Satz 1 Nummer 1, 5 bis 7, 8, 14 und 15 des Einführungsgesetzes zum Bürgerlichen Gesetzbuche, unmittelbar bevor der Verbraucher seine Bestellung abgibt, klar und verständlich in hervorgehobener Weise zur Verfügung stellen.

(3) ¹Der Unternehmer hat die Bestellsituation bei einem Vertrag nach Absatz 2 so zu gestalten, dass der Verbraucher mit seiner Bestellung ausdrücklich bestätigt, dass er sich zu einer Zahlung verpflichtet. ²Erfolgt die Bestellung über eine Schaltfläche, ist die Pflicht des Unternehmers aus Satz 1 nur erfüllt, wenn diese Schaltfläche gut lesbar mit nichts anderem als den Wörtern „zahlungspflichtig bestellen" oder mit einer entsprechenden eindeutigen Formulierung beschriftet ist.

(4) Ein Vertrag nach Absatz 2 kommt nur zustande, wenn der Unternehmer seine Pflicht aus Absatz 3 erfüllt.

(5) ¹Die Absätze 2 bis 4 sind nicht anzuwenden, wenn der Vertrag ausschließlich durch individuelle Kommunikation geschlossen wird. ²Die Pflich-

ten aus den Absätzen 1 und 2 gelten weder für Webseiten, die Finanzdienstleistungen betreffen, noch für Verträge über Finanzdienstleistungen.

Kapitel 4

Abweichende Vereinbarungen und Beweislast

§ 312k Allgemeine Informationspflichten für Betreiber von Online-Marktplätzen. *[Text gültig ab 28.5. bis 20.6.2022]* (1) Der Betreiber eines Online-Marktplatzes ist verpflichtet, den Verbraucher nach Maßgabe des Artikels 246d des Einführungsgesetzes zum Bürgerlichen Gesetzbuche zu informieren.

(2) Absatz 1 gilt nicht, soweit auf dem Online-Marktplatz Verträge über Finanzdienstleistungen angeboten werden.

(3) Online-Marktplatz ist ein Dienst, der es Verbrauchern ermöglicht, durch die Verwendung von Software, die vom Unternehmer oder im Namen des Unternehmers betrieben wird, einschließlich einer Webseite, eines Teils einer Webseite oder einer Anwendung, Fernabsatzverträge mit anderen Unternehmern oder Verbrauchern abzuschließen.

(4) Betreiber eines Online-Marktplatzes ist der Unternehmer, der einen Online-Marktplatz für Verbraucher zur Verfügung stellt.

§ 312k Kündigung von Verbraucherverträgen im elektronischen Geschäftsverkehr. *[Text gültig ab 1.7.2022]* (1) [1]Wird Verbrauchern über eine Webseite ermöglicht, einen Vertrag im elektronischen Geschäftsverkehr zu schließen, der auf die Begründung eines Dauerschuldverhältnisses gerichtet ist, das einen Unternehmer zu einer entgeltlichen Leistung verpflichtet, so treffen den Unternehmer die Pflichten nach dieser Vorschrift. [2]Dies gilt nicht
1. für Verträge, für deren Kündigung gesetzlich ausschließlich eine strengere Form als die Textform vorgesehen ist, und
2. in Bezug auf Webseiten, die Finanzdienstleistungen betreffen, oder für Verträge über Finanzdienstleistungen.

(2) [1]Der Unternehmer hat sicherzustellen, dass der Verbraucher auf der Webseite eine Erklärung zur ordentlichen oder außerordentlichen Kündigung eines auf der Webseite abschließbaren Vertrags nach Absatz 1 Satz 1 über eine Kündigungsschaltfläche abgeben kann. [2]Die Kündigungsschaltfläche muss gut lesbar mit nichts anderem als den Wörtern „Verträge hier kündigen" oder mit einer entsprechenden eindeutigen Formulierung beschriftet sein. [3]Sie muss den Verbraucher unmittelbar zu einer Bestätigungsseite führen, die
1. den Verbraucher auffordert und ihm ermöglicht Angaben zu machen
    a) zur Art der Kündigung sowie im Falle der außerordentlichen Kündigung zum Kündigungsgrund,
    b) zu seiner eindeutigen Identifizierbarkeit,
    c) zur eindeutigen Bezeichnung des Vertrags,

d) zum Zeitpunkt, zu dem die Kündigung das Vertragsverhältnis beenden soll,
e) zur schnellen elektronischen Übermittlung der Kündigungsbestätigung an ihn und
2. eine Bestätigungsschaltfläche enthält, über deren Betätigung der Verbraucher die Kündigungserklärung abgeben kann und die gut lesbar mit nichts anderem als den Wörtern „jetzt kündigen" oder mit einer entsprechenden eindeutigen Formulierung beschriftet ist.
[4]Die Schaltflächen und die Bestätigungsseite müssen ständig verfügbar sowie unmittelbar und leicht zugänglich sein.

(3) Der Verbraucher muss seine durch das Betätigen der Bestätigungsschaltfläche abgegebene Kündigungserklärung mit dem Datum und der Uhrzeit der Abgabe auf einem dauerhaften Datenträger so speichern können, dass erkennbar ist, dass die Kündigungserklärung durch das Betätigen der Bestätigungsschaltfläche abgegeben wurde.

(4) [1]Der Unternehmer hat dem Verbraucher den Inhalt sowie Datum und Uhrzeit des Zugangs der Kündigungserklärung sowie den Zeitpunkt, zu dem das Vertragsverhältnis durch die Kündigung beendet werden soll, sofort auf elektronischem Wege in Textform zu bestätigen. [2]Es wird vermutet, dass eine durch das Betätigen der Bestätigungsschaltfläche abgegebene Kündigungserklärung dem Unternehmer unmittelbar nach ihrer Abgabe zugegangen ist.

(5) Wenn der Verbraucher bei der Abgabe der Kündigungserklärung keinen Zeitpunkt angibt, zu dem die Kündigung das Vertragsverhältnis beenden soll, wirkt die Kündigung im Zweifel zum frühestmöglichen Zeitpunkt.

(6) [1]Werden die Schaltflächen und die Bestätigungsseite nicht entsprechend den Absätzen 1 und 2 zur Verfügung gestellt, kann ein Verbraucher einen Vertrag, für dessen Kündigung die Schaltflächen und die Bestätigungsseite zur Verfügung zu stellen sind, jederzeit und ohne Einhaltung einer Kündigungsfrist kündigen. [2]Die Möglichkeit des Verbrauchers zur außerordentlichen Kündigung bleibt hiervon unberührt.

§ 312l Abweichende Vereinbarungen und Beweislast. [*Text gültig ab 28.5. bis 30.6.2022*]
(1) [1]Von den Vorschriften dieses Untertitels darf, soweit nichts anderes bestimmt ist, nicht zum Nachteil des Verbrauchers oder Kunden abgewichen werden. [2]Die Vorschriften dieses Untertitels finden, soweit nichts anderes bestimmt ist, auch Anwendung, wenn sie durch anderweitige Gestaltungen umgangen werden.

(2) Der Unternehmer trägt gegenüber dem Verbraucher die Beweislast für die Erfüllung der in diesem Untertitel geregelten Informationspflichten.

§ 312l Allgemeine Informationspflichten für Betreiber von Online-Marktplätzen. [*Text gültig ab 1.7.2022*]
(1) Der Betreiber eines Online-Marktplatzes ist verpflichtet, den Verbraucher nach Maßgabe des Arti-

Bürgerliches Gesetzbuch **BGB 5**

kels 246d des Einführungsgesetzes zum Bürgerlichen Gesetzbuche zu informieren.

(2) Absatz 1 gilt nicht, soweit auf dem Online-Marktplatz Verträge über Finanzdienstleistungen angeboten werden.

(3) Online-Marktplatz ist ein Dienst, der es Verbrauchern ermöglicht, durch die Verwendung von Software, die vom Unternehmer oder im Namen des Unternehmers betrieben wird, einschließlich einer Webseite, eines Teils einer Webseite oder einer Anwendung, Fernabsatzverträge mit anderen Unternehmern oder Verbrauchern abzuschließen.

(4) Betreiber eines Online-Marktplatzes ist der Unternehmer, der einen Online-Marktplatz für Verbraucher zur Verfügung stellt.

§ 312m Abweichende Vereinbarungen und Beweislast. [*Text gültig ab 1.7.2022*] (1) ¹Von den Vorschriften dieses Untertitels darf, soweit nichts anderes bestimmt ist, nicht zum Nachteil des Verbrauchers oder Kunden abgewichen werden. ²Die Vorschriften dieses Untertitels finden, soweit nichts anderes bestimmt ist, auch Anwendung, wenn sie durch anderweitige Gestaltungen umgangen werden.

(2) Der Unternehmer trägt gegenüber dem Verbraucher die Beweislast für die Erfüllung der in diesem Untertitel geregelten Informationspflichten.

Titel 2a
Verträge über digitale Produkte

Untertitel 1
Verbraucherverträge über digitale Produkte

§ 327 Anwendungsbereich. (1) ¹Die Vorschriften dieses Untertitels sind auf Verbraucherverträge anzuwenden, welche die Bereitstellung digitaler Inhalte oder digitaler Dienstleistungen (digitale Produkte) durch den Unternehmer gegen Zahlung eines Preises zum Gegenstand haben. ²Preis im Sinne dieses Untertitels ist auch eine digitale Darstellung eines Werts.

(2) ¹Digitale Inhalte sind Daten, die in digitaler Form erstellt und bereitgestellt werden. ²Digitale Dienstleistungen sind Dienstleistungen, die dem Verbraucher
1. die Erstellung, die Verarbeitung oder die Speicherung von Daten in digitaler Form oder den Zugang zu solchen Daten ermöglichen, oder
2. die gemeinsame Nutzung der vom Verbraucher oder von anderen Nutzern der entsprechenden Dienstleistung in digitaler Form hochgeladenen oder erstellten Daten oder sonstige Interaktionen mit diesen Daten ermöglichen.

(3) Die Vorschriften dieses Untertitels sind auch auf Verbraucherverträge über die Bereitstellung digitaler Produkte anzuwenden, bei denen der Verbrau-

cher dem Unternehmer personenbezogene Daten bereitstellt oder sich zu deren Bereitstellung verpflichtet, es sei denn, die Voraussetzungen des § 312 Absatz 1a Satz 2 liegen vor.

(4) Die Vorschriften dieses Untertitels sind auch auf Verbraucherverträge anzuwenden, die digitale Produkte zum Gegenstand haben, welche nach den Spezifikationen des Verbrauchers entwickelt werden.

(5) Die Vorschriften dieses Untertitels sind mit Ausnahme der §§ 327b und 327c auch auf Verbraucherverträge anzuwenden, welche die Bereitstellung von körperlichen Datenträgern, die ausschließlich als Träger digitaler Inhalte dienen, zum Gegenstand haben.

(6) Die Vorschriften dieses Untertitels sind nicht anzuwenden auf:
1. Verträge über andere Dienstleistungen als digitale Dienstleistungen, unabhängig davon, ob der Unternehmer digitale Formen oder Mittel einsetzt, um das Ergebnis der Dienstleistung zu generieren oder es dem Verbraucher zu liefern oder zu übermitteln,
2. Verträge über Telekommunikationsdienste im Sinne des § 3 Nummer 61 des Telekommunikationsgesetzes vom 23. Juni 2021 (BGBl. I S. 1858) mit Ausnahme von nummernunabhängigen interpersonellen Telekommunikationsdiensten im Sinne des § 3 Nummer 40 des Telekommunikationsgesetzes,
3. Behandlungsverträge nach § 630a,
4. Verträge über Glücksspieldienstleistungen, die einen geldwerten Einsatz erfordern und unter Zuhilfenahme elektronischer oder anderer Kommunikationstechnologien auf individuellen Abruf eines Empfängers erbracht werden,
5. Verträge über Finanzdienstleistungen,
6. Verträge über die Bereitstellung von Software, für die der Verbraucher keinen Preis zahlt und die der Unternehmer im Rahmen einer freien und quelloffenen Lizenz anbietet, sofern die vom Verbraucher bereitgestellten personenbezogenen Daten durch den Unternehmer ausschließlich zur Verbesserung der Sicherheit, der Kompatibilität oder der Interoperabilität der vom Unternehmer angebotenen Software verarbeitet werden,
7. Verträge über die Bereitstellung digitaler Inhalte, wenn die digitalen Inhalte der Öffentlichkeit auf eine andere Weise als durch Signalübermittlung als Teil einer Darbietung oder Veranstaltung zugänglich gemacht werden,
8. Verträge über die Bereitstellung von Informationen im Sinne des Informationsweiterverwendungsgesetzes vom 13. Dezember 2006 (BGBl. I S. 2913), das durch Artikel 1 des Gesetzes vom 8. Juli 2015 (BGBl. I S. 1162) geändert worden ist.

§ 327a Anwendung auf Paketverträge und Verträge über Sachen mit digitalen Elementen. (1) ¹Die Vorschriften dieses Untertitels sind auch auf Verbraucherverträge anzuwenden, die in einem Vertrag zwischen denselben Vertragsparteien neben der Bereitstellung digitaler Produkte die Bereitstellung

Bürgerliches Gesetzbuch **BGB 5**

anderer Sachen oder die Bereitstellung anderer Dienstleistungen zum Gegenstand haben (Paketvertrag). ²Soweit nachfolgend nicht anders bestimmt, sind die Vorschriften dieses Untertitels jedoch nur auf diejenigen Bestandteile des Paketvertrags anzuwenden, welche die digitalen Produkte betreffen.

(2) ¹Die Vorschriften dieses Untertitels sind auch auf Verbraucherverträge über Sachen anzuwenden, die digitale Produkte enthalten oder mit ihnen verbunden sind. ²Soweit nachfolgend nicht anders bestimmt, sind die Vorschriften dieses Untertitels jedoch nur auf diejenigen Bestandteile des Vertrags anzuwenden, welche die digitalen Produkte betreffen.

(3) ¹Absatz 2 gilt nicht für Kaufverträge über Waren, die in einer Weise digitale Produkte enthalten oder mit ihnen verbunden sind, dass die Waren ihre Funktionen ohne diese digitalen Produkte nicht erfüllen können (Waren mit digitalen Elementen). ²Beim Kauf einer Ware mit digitalen Elementen ist im Zweifel anzunehmen, dass die Verpflichtung des Verkäufers die Bereitstellung der digitalen Inhalte oder digitalen Dienstleistungen umfasst.

§ 327b Bereitstellung digitaler Produkte. (1) Ist der Unternehmer durch einen Verbrauchervertrag gemäß § 327 oder § 327a dazu verpflichtet, dem Verbraucher ein digitales Produkt bereitzustellen, so gelten für die Bestimmung der Leistungszeit sowie für die Art und Weise der Bereitstellung durch den Unternehmer die nachfolgenden Vorschriften.

(2) Sofern die Vertragsparteien keine Zeit für die Bereitstellung des digitalen Produkts nach Absatz 1 vereinbart haben, kann der Verbraucher die Bereitstellung unverzüglich nach Vertragsschluss verlangen, der Unternehmer sie sofort bewirken.

(3) Ein digitaler Inhalt ist bereitgestellt, sobald der digitale Inhalt oder die geeigneten Mittel für den Zugang zu diesem oder das Herunterladen des digitalen Inhalts dem Verbraucher unmittelbar oder mittels einer von ihm hierzu bestimmten Einrichtung zur Verfügung gestellt oder zugänglich gemacht worden ist.

(4) Eine digitale Dienstleistung ist bereitgestellt, sobald die digitale Dienstleistung dem Verbraucher unmittelbar oder mittels einer von ihm hierzu bestimmten Einrichtung zugänglich gemacht worden ist.

(5) Wenn der Unternehmer durch den Vertrag zu einer Reihe einzelner Bereitstellungen verpflichtet ist, gelten die Absätze 2 bis 4 für jede einzelne Bereitstellung innerhalb der Reihe.

(6) Die Beweislast für die nach den Absätzen 1 bis 4 erfolgte Bereitstellung trifft abweichend von § 363 den Unternehmer.

§ 327c Rechte bei unterbliebener Bereitstellung. (1) ¹Kommt der Unternehmer seiner fälligen Verpflichtung zur Bereitstellung des digitalen Produkts auf Aufforderung des Verbrauchers nicht unverzüglich nach, so kann der Verbraucher den Vertrag beenden. ²Nach einer Aufforderung gemäß Satz 1 kann eine andere Zeit für die Bereitstellung nur ausdrücklich vereinbart werden.

5 BGB Bürgerliches Gesetzbuch

(2) [1]Liegen die Voraussetzungen für eine Beendigung des Vertrags nach Absatz 1 Satz 1 vor, so kann der Verbraucher nach den §§ 280 und 281 Absatz 1 Satz 1 Schadensersatz oder nach § 284 Ersatz vergeblicher Aufwendungen verlangen, wenn die Voraussetzungen dieser Vorschriften vorliegen. [2] § 281 Absatz 1 Satz 1 ist mit der Maßgabe anzuwenden, dass an die Stelle der Bestimmung einer angemessenen Frist die Aufforderung nach Absatz 1 Satz 1 tritt. [3]Ansprüche des Verbrauchers auf Schadensersatz nach den §§ 283 und 311a Absatz 2 bleiben unberührt.

(3) [1]Die Aufforderung nach Absatz 1 Satz 1 und Absatz 2 Satz 2 ist entbehrlich, wenn
1. der Unternehmer die Bereitstellung verweigert,
2. es nach den Umständen eindeutig zu erkennen ist, dass der Unternehmer das digitale Produkt nicht bereitstellen wird, oder
3. der Unternehmer die Bereitstellung bis zu einem bestimmten Termin oder innerhalb einer bestimmten Frist nicht bewirkt, obwohl vereinbart war oder es sich für den Unternehmer aus eindeutig erkennbaren, den Vertragsabschluss begleitenden Umständen ergeben konnte, dass die termin- oder fristgerechte Bereitstellung für den Verbraucher wesentlich ist.

[2]In den Fällen des Satzes 1 ist die Mahnung gemäß § 286 stets entbehrlich.

(4) [1]Für die Beendigung des Vertrags nach Absatz 1 Satz 1 und deren Rechtsfolgen sind die §§ 327o und 327p entsprechend anzuwenden. [2]Das Gleiche gilt für den Fall, dass der Verbraucher in den Fällen des Absatzes 2 Schadensersatz statt der ganzen Leistung verlangt. [3]§ 325 gilt entsprechend.

(5) § 218 ist auf die Vertragsbeendigung nach Absatz 1 Satz 1 entsprechend anzuwenden.

(6) [1]Sofern der Verbraucher den Vertrag nach Absatz 1 Satz 1 beenden kann, kann er sich im Hinblick auf alle Bestandteile des Paketvertrags vom Vertrag lösen, wenn er an dem anderen Teil des Paketvertrags ohne das nicht bereitgestellte digitale Produkt kein Interesse hat. [2]Satz 1 ist nicht auf Paketverträge anzuwenden, bei denen der andere Bestandteil ein Telekommunikationsdienst im Sinne des § 3 Nummer 61 des Telekommunikationsgesetzes ist.

(7) Sofern der Verbraucher den Vertrag nach Absatz 1 Satz 1 beenden kann, kann er sich im Hinblick auf alle Bestandteile eines Vertrags nach § 327a Absatz 2 vom Vertrag lösen, wenn aufgrund des nicht bereitgestellten digitalen Produkts sich die Sache nicht zur gewöhnlichen Verwendung eignet.

§ 327d Vertragsmäßigkeit digitaler Produkte. Ist der Unternehmer durch einen Verbrauchervertrag gemäß § 327 oder § 327a zur Bereitstellung eines digitalen Produkts verpflichtet, so hat er das digitale Produkt frei von Produkt- und Rechtsmängeln im Sinne der §§ 327e bis 327g bereitzustellen.

§ 327e Produktmangel. (1) [1]Das digitale Produkt ist frei von Produktmängeln, wenn es zur maßgeblichen Zeit nach den Vorschriften dieses Untertitels den subjektiven Anforderungen, den objektiven Anforderungen und den An-

Bürgerliches Gesetzbuch **BGB 5**

forderungen an die Integration entspricht. ²Soweit nachfolgend nicht anders bestimmt, ist die maßgebliche Zeit der Zeitpunkt der Bereitstellung nach § 327b. ³Wenn der Unternehmer durch den Vertrag zu einer fortlaufenden Bereitstellung über einen Zeitraum (dauerhafte Bereitstellung) verpflichtet ist, ist der maßgebliche Zeitraum der gesamte vereinbarte Zeitraum der Bereitstellung (Bereitstellungszeitraum).

(2) ¹Das digitale Produkt entspricht den subjektiven Anforderungen, wenn
1. das digitale Produkt
   a. die vereinbarte Beschaffenheit hat, einschließlich der Anforderungen an seine Menge, seine Funktionalität, seine Kompatibilität und seine Interoperabilität,
   b. sich für die nach dem Vertrag vorausgesetzte Verwendung eignet,
2. es wie im Vertrag vereinbart mit Zubehör, Anleitungen und Kundendienst bereitgestellt wird und
3. die im Vertrag vereinbarten Aktualisierungen während des nach dem Vertrag maßgeblichen Zeitraums bereitgestellt werden.

²Funktionalität ist die Fähigkeit eines digitalen Produkts, seine Funktionen seinem Zweck entsprechend zu erfüllen. ³Kompatibilität ist die Fähigkeit eines digitalen Produkts, mit Hardware oder Software zu funktionieren, mit der digitale Produkte derselben Art in der Regel genutzt werden, ohne dass sie konvertiert werden müssen. ⁴Interoperabilität ist die Fähigkeit eines digitalen Produkts, mit anderer Hardware oder Software als derjenigen, mit der digitale Produkte derselben Art in der Regel genutzt werden, zu funktionieren.

(3) ¹Das digitale Produkt entspricht den objektiven Anforderungen, wenn
1. es sich für die gewöhnliche Verwendung eignet,
2. es eine Beschaffenheit, einschließlich der Menge, der Funktionalität, der Kompatibilität, der Zugänglichkeit, der Kontinuität und der Sicherheit aufweist, die bei digitalen Produkten derselben Art üblich ist und die der Verbraucher unter Berücksichtigung der Art des digitalen Produkts erwarten kann,
3. es der Beschaffenheit einer Testversion oder Voranzeige entspricht, die der Unternehmer dem Verbraucher vor Vertragsschluss zur Verfügung gestellt hat,
4. es mit dem Zubehör und den Anleitungen bereitgestellt wird, deren Erhalt der Verbraucher erwarten kann,
5. dem Verbraucher gemäß § 327f Aktualisierungen bereitgestellt werden und der Verbraucher über diese Aktualisierungen informiert wird und
6. sofern die Parteien nichts anderes vereinbart haben, es in der zum Zeitpunkt des Vertragsschlusses neuesten verfügbaren Version bereitgestellt wird.

²Zu der üblichen Beschaffenheit nach Satz 1 Nummer 2 gehören auch Anforderungen, die der Verbraucher nach vom Unternehmer oder einer anderen Person in vorhergehenden Gliedern der Vertriebskette selbst oder in deren Auftrag vorgenommenen öffentlichen Äußerungen, die insbesondere in der Werbung oder auf dem Etikett abgegeben wurden, erwarten kann. ³Das gilt nicht, wenn

der Unternehmer die Äußerung nicht kannte und auch nicht kennen konnte, wenn die Äußerung im Zeitpunkt des Vertragsschlusses in derselben oder in gleichwertiger Weise berichtigt war oder wenn die Äußerung die Entscheidung, das digitale Produkt zu erwerben, nicht beeinflussen konnte.

(4) [1]Soweit eine Integration durchzuführen ist, entspricht das digitale Produkt den Anforderungen an die Integration, wenn die Integration
1. sachgemäß durchgeführt worden ist oder
2. zwar unsachgemäß durchgeführt worden ist, dies jedoch weder auf einer unsachgemäßen Integration durch den Unternehmer noch auf einem Mangel in der vom Unternehmer bereitgestellten Anleitung beruht.

[2]Integration ist die Verbindung und die Einbindung eines digitalen Produkts mit den oder in die Komponenten der digitalen Umgebung des Verbrauchers, damit das digitale Produkt gemäß den Anforderungen nach den Vorschriften dieses Untertitels genutzt werden kann. [3]Digitale Umgebung sind Hardware, Software oder Netzverbindungen aller Art, die vom Verbraucher für den Zugang zu einem digitalen Produkt oder die Nutzung eines digitalen Produkts verwendet werden.

(5) Einem Produktmangel steht es gleich, wenn der Unternehmer ein anderes digitales Produkt als das vertraglich geschuldete digitale Produkt bereitstellt.

§ 327f Aktualisierungen. (1) [1]Der Unternehmer hat sicherzustellen, dass dem Verbraucher während des maßgeblichen Zeitraums Aktualisierungen, die für den Erhalt der Vertragsmäßigkeit des digitalen Produkts erforderlich sind, bereitgestellt werden und der Verbraucher über diese Aktualisierungen informiert wird. [2]Zu den erforderlichen Aktualisierungen gehören auch Sicherheitsaktualisierungen. [3]Der maßgebliche Zeitraum nach Satz 1 ist
1. bei einem Vertrag über die dauerhafte Bereitstellung eines digitalen Produkts der Bereitstellungszeitraum,
2. in allen anderen Fällen der Zeitraum, den der Verbraucher aufgrund der Art und des Zwecks des digitalen Produkts und unter Berücksichtigung der Umstände und der Art des Vertrags erwarten kann.

(2) Unterlässt es der Verbraucher, eine Aktualisierung, die ihm gemäß Absatz 1 bereitgestellt worden ist, innerhalb einer angemessenen Frist zu installieren, so haftet der Unternehmer nicht für einen Produktmangel, der allein auf das Fehlen dieser Aktualisierung zurückzuführen ist, sofern
1. der Unternehmer den Verbraucher über die Verfügbarkeit der Aktualisierung und die Folgen einer unterlassenen Installation informiert hat und
2. die Tatsache, dass der Verbraucher die Aktualisierung nicht oder unsachgemäß installiert hat, nicht auf eine dem Verbraucher bereitgestellte mangelhafte Installationsanleitung zurückzuführen ist.

§ 327g Rechtsmangel. Das digitale Produkt ist frei von Rechtsmängeln, wenn der Verbraucher es gemäß den subjektiven oder objektiven Anforderungen nach § 327e Absatz 2 und 3 nutzen kann, ohne Rechte Dritter zu verletzen.

Bürgerliches Gesetzbuch **BGB 5**

§ 327h Abweichende Vereinbarungen über Produktmerkmale. Von den objektiven Anforderungen nach § 327e Absatz 3 Satz 1 Nummer 1 bis 5 und Satz 2, § 327f Absatz 1 und § 327g kann nur abgewichen werden, wenn der Verbraucher vor Abgabe seiner Vertragserklärung eigens davon in Kenntnis gesetzt wurde, dass ein bestimmtes Merkmal des digitalen Produkts von diesen objektiven Anforderungen abweicht, und diese Abweichung im Vertrag ausdrücklich und gesondert vereinbart wurde.

§ 327i Rechte des Verbrauchers bei Mängeln. Ist das digitale Produkt mangelhaft, kann der Verbraucher, wenn die Voraussetzungen der folgenden Vorschriften vorliegen,
1. nach § 327l Nacherfüllung verlangen,
2. nach § 327m Absatz 1, 2, 4 und 5 den Vertrag beenden oder nach § 327n den Preis mindern und
3. nach § 280 Absatz 1 oder § 327m Absatz 3 Schadensersatz oder nach § 284 Ersatz vergeblicher Aufwendungen verlangen.

§ 327j Verjährung. (1) [1]Die in § 327i Nummer 1 und 3 bezeichneten Ansprüche verjähren in zwei Jahren. [2]Die Verjährung beginnt mit der Bereitstellung.

(2) Im Fall der dauerhaften Bereitstellung verjähren die Ansprüche nicht vor Ablauf von zwölf Monaten nach dem Ende des Bereitstellungszeitraums.

(3) Ansprüche wegen einer Verletzung der Aktualisierungspflicht verjähren nicht vor Ablauf von zwölf Monaten nach dem Ende des für die Aktualisierungspflicht maßgeblichen Zeitraums.

(4) Hat sich ein Mangel innerhalb der Verjährungsfrist gezeigt, so tritt die Verjährung nicht vor dem Ablauf von vier Monaten nach dem Zeitpunkt ein, in dem sich der Mangel erstmals gezeigt hat.

(5) Für die in § 327i Nummer 2 bezeichneten Rechte gilt § 218 entsprechend.

§ 327k Beweislastumkehr. (1) Zeigt sich bei einem digitalen Produkt innerhalb eines Jahres seit seiner Bereitstellung ein von den Anforderungen nach § 327e oder § 327g abweichender Zustand, so wird vermutet, dass das digitale Produkt bereits bei Bereitstellung mangelhaft war.

(2) Zeigt sich bei einem dauerhaft bereitgestellten digitalen Produkt während der Dauer der Bereitstellung ein von den Anforderungen nach § 327e oder § 327g abweichender Zustand, so wird vermutet, dass das digitale Produkt während der bisherigen Dauer der Bereitstellung mangelhaft war.

(3) Die Vermutungen nach den Absätzen 1 und 2 gelten vorbehaltlich des Absatzes 4 nicht, wenn
1. die digitale Umgebung des Verbrauchers mit den technischen Anforderungen des digitalen Produkts zur maßgeblichen Zeit nicht kompatibel war oder

2. der Unternehmer nicht feststellen kann, ob die Voraussetzungen der Nummer 1 vorlagen, weil der Verbraucher eine hierfür notwendige und ihm mögliche Mitwirkungshandlung nicht vornimmt und der Unternehmer zur Feststellung ein technisches Mittel einsetzen wollte, das für den Verbraucher den geringsten Eingriff darstellt.

(4) Absatz 3 ist nur anzuwenden, wenn der Unternehmer den Verbraucher vor Vertragsschluss klar und verständlich informiert hat über
1. die technischen Anforderungen des digitalen Produkts an die digitale Umgebung im Fall des Absatzes 3 Nummer 1 oder
2. die Obliegenheit des Verbrauchers nach Absatz 3 Nummer 2.

§ 327l Nacherfüllung. (1) [1]Verlangt der Verbraucher vom Unternehmer Nacherfüllung, so hat dieser den vertragsgemäßen Zustand herzustellen und die zum Zwecke der Nacherfüllung erforderlichen Aufwendungen zu tragen. [2]Der Unternehmer hat die Nacherfüllung innerhalb einer angemessenen Frist ab dem Zeitpunkt, zu dem der Verbraucher ihn über den Mangel informiert hat, und ohne erhebliche Unannehmlichkeiten für den Verbraucher durchzuführen.

(2) [1]Der Anspruch nach Absatz 1 ist ausgeschlossen, wenn die Nacherfüllung unmöglich oder für den Unternehmer nur mit unverhältnismäßigen Kosten möglich ist. [2]Dabei sind insbesondere der Wert des digitalen Produkts in mangelfreiem Zustand sowie die Bedeutung des Mangels zu berücksichtigen. [3]§ 275 Absatz 2 und 3 findet keine Anwendung.

§ 327m Vertragsbeendigung und Schadensersatz. (1) Ist das digitale Produkt mangelhaft, so kann der Verbraucher den Vertrag gemäß § 327o beenden, wenn
1. der Nacherfüllungsanspruch gemäß § 327l Absatz 2 ausgeschlossen ist,
2. der Nacherfüllungsanspruch des Verbrauchers nicht gemäß § 327l Absatz 1 erfüllt wurde,
3. sich trotz der vom Unternehmer versuchten Nacherfüllung ein Mangel zeigt,
4. der Mangel derart schwerwiegend ist, dass die sofortige Vertragsbeendigung gerechtfertigt ist,
5. der Unternehmer die gemäß § 327l Absatz 1 Satz 2 ordnungsgemäße Nacherfüllung verweigert hat, oder
6. es nach den Umständen offensichtlich ist, dass der Unternehmer nicht gemäß § 327l Absatz 1 Satz 2 ordnungsgemäß nacherfüllen wird.

(2) [1]Eine Beendigung des Vertrags nach Absatz 1 ist ausgeschlossen, wenn der Mangel unerheblich ist. [2]Dies gilt nicht für Verbraucherverträge im Sinne des § 327 Absatz 3.

(3) [1]In den Fällen des Absatzes 1 Nummer 1 bis 6 kann der Verbraucher unter den Voraussetzungen des § 280 Absatz 1 Schadensersatz statt der Leistung verlangen. [2] § 281 Absatz 1 Satz 3 und Absatz 4 sind entsprechend anzuwenden. [3]Verlangt der Verbraucher Schadensersatz statt der ganzen Leistung,

Bürgerliches Gesetzbuch

so ist der Unternehmer zur Rückforderung des Geleisteten nach den §§ 327o und 327p berechtigt. [4]§ 325 gilt entsprechend.

(4) [1]Sofern der Verbraucher den Vertrag nach Absatz 1 beenden kann, kann er sich im Hinblick auf alle Bestandteile des Paketvertrags vom Vertrag lösen, wenn er an dem anderen Teil des Paketvertrags ohne das mangelhafte digitale Produkt kein Interesse hat. [2]Satz 1 ist nicht auf Paketverträge anzuwenden, bei denen der andere Bestandteil ein Telekommunikationsdienst im Sinne des § 3 Nummer 61 des Telekommunikationsgesetzes ist.

(5) Sofern der Verbraucher den Vertrag nach Absatz 1 beenden kann, kann er sich im Hinblick auf alle Bestandteile eines Vertrags nach § 327a Absatz 2 vom Vertrag lösen, wenn aufgrund des Mangels des digitalen Produkts sich die Sache nicht zur gewöhnlichen Verwendung eignet.

§ 327n Minderung. (1) [1]Statt den Vertrag nach § 327m Absatz 1 zu beenden, kann der Verbraucher den Preis durch Erklärung gegenüber dem Unternehmer mindern. [2]Der Ausschlussgrund des § 327m Absatz 2 Satz 1 findet keine Anwendung. [3] § 327o Absatz 1 ist entsprechend anzuwenden.

(2) [1]Bei der Minderung ist der Preis in dem Verhältnis herabzusetzen, in welchem zum Zeitpunkt der Bereitstellung der Wert des digitalen Produkts in mangelfreiem Zustand zu dem wirklichen Wert gestanden haben würde. [2]Bei Verträgen über die dauerhafte Bereitstellung eines digitalen Produkts ist der Preis unter entsprechender Anwendung des Satzes 1 nur anteilig für die Dauer der Mangelhaftigkeit herabzusetzen.

(3) Die Minderung ist, soweit erforderlich, durch Schätzung zu ermitteln.

(4) [1]Hat der Verbraucher mehr als den geminderten Preis gezahlt, so hat der Unternehmer den Mehrbetrag zu erstatten. [2]Der Mehrbetrag ist unverzüglich, auf jeden Fall aber innerhalb von 14 Tagen zu erstatten. [3]Die Frist beginnt mit dem Zugang der Minderungserklärung beim Unternehmer. [4]Für die Erstattung muss der Unternehmer dasselbe Zahlungsmittel verwenden, das der Verbraucher bei der Zahlung verwendet hat, es sei denn, es wurde ausdrücklich etwas anderes vereinbart und dem Verbraucher entstehen durch die Verwendung eines anderen Zahlungsmittels keine Kosten. [5]Der Unternehmer kann vom Verbraucher keinen Ersatz für die Kosten verlangen, die ihm für die Erstattung des Mehrbetrags entstehen.

§ 327o Erklärung und Rechtsfolgen der Vertragsbeendigung. (1) [1]Die Beendigung des Vertrags erfolgt durch Erklärung gegenüber dem Unternehmer, in welcher der Entschluss des Verbrauchers zur Beendigung zum Ausdruck kommt. [2] § 351 ist entsprechend anzuwenden.

(2) [1]Im Fall der Vertragsbeendigung hat der Unternehmer dem Verbraucher die Zahlungen zu erstatten, die der Verbraucher zur Erfüllung des Vertrags geleistet hat. [2]Für Leistungen, die der Unternehmer aufgrund der Vertragsbeendigung nicht mehr zu erbringen hat, erlischt sein Anspruch auf Zahlung des vereinbarten Preises.

(3) ¹Abweichend von Absatz 2 Satz 2 erlischt bei Verträgen über die dauerhafte Bereitstellung eines digitalen Produkts der Anspruch des Unternehmers auch für bereits erbrachte Leistungen, jedoch nur für denjenigen Teil des Bereitstellungszeitraums, in dem das digitale Produkt mangelhaft war. ²Der gezahlte Preis für den Zeitraum, für den der Anspruch nach Satz 1 entfallen ist, ist dem Verbraucher zu erstatten.

(4) Für die Erstattungen nach den Absätzen 2 und 3 ist § 327n Absatz 4 Satz 2 bis 5 entsprechend anzuwenden.

(5) ¹Der Verbraucher ist verpflichtet, einen vom Unternehmer bereitgestellten körperlichen Datenträger an diesen unverzüglich zurückzusenden, wenn der Unternehmer dies spätestens 14 Tage nach Vertragsbeendigung verlangt. ²Der Unternehmer trägt die Kosten der Rücksendung. ³§ 348 ist entsprechend anzuwenden.

§ 327p Weitere Nutzung nach Vertragsbeendigung. (1) ¹Der Verbraucher darf das digitale Produkt nach Vertragsbeendigung weder weiter nutzen noch Dritten zur Verfügung stellen. ²Der Unternehmer ist berechtigt, die weitere Nutzung durch den Verbraucher zu unterbinden. ³Absatz 3 bleibt hiervon unberührt.

(2) ¹Der Unternehmer darf die Inhalte, die nicht personenbezogene Daten sind und die der Verbraucher bei der Nutzung des vom Unternehmer bereitgestellten digitalen Produkts bereitgestellt oder erstellt hat, nach der Vertragsbeendigung nicht weiter nutzen. ²Dies gilt nicht, wenn die Inhalte
1. außerhalb des Kontextes des vom Unternehmer bereitgestellten digitalen Produkts keinen Nutzen haben,
2. ausschließlich mit der Nutzung des vom Unternehmer bereitgestellten digitalen Produkts durch den Verbraucher zusammenhängen,
3. vom Unternehmer mit anderen Daten aggregiert wurden und nicht oder nur mit unverhältnismäßigem Aufwand disaggregiert werden können oder
4. vom Verbraucher gemeinsam mit anderen erzeugt wurden, sofern andere Verbraucher die Inhalte weiterhin nutzen können.

(3) ¹Der Unternehmer hat dem Verbraucher auf dessen Verlangen die Inhalte gemäß Absatz 2 Satz 1 bereitzustellen. ²Dies gilt nicht für Inhalte nach Absatz 2 Satz 2 Nummer 1 bis 3. ³Die Inhalte müssen dem Verbraucher unentgeltlich, ohne Behinderung durch den Unternehmer, innerhalb einer angemessenen Frist und in einem gängigen und maschinenlesbaren Format bereitgestellt werden.

§ 327q Vertragsrechtliche Folgen datenschutzrechtlicher Erklärungen des Verbrauchers. (1) Die Ausübung von datenschutzrechtlichen Betroffenenrechten und die Abgabe datenschutzrechtlicher Erklärungen des Verbrauchers nach Vertragsschluss lassen die Wirksamkeit des Vertrags unberührt.

(2) Widerruft der Verbraucher eine von ihm erteilte datenschutzrechtliche Einwilligung oder widerspricht er einer weiteren Verarbeitung seiner personenbezogenen Daten, so kann der Unternehmer einen Vertrag, der ihn zu einer

Reihe einzelner Bereitstellungen digitaler Produkte oder zur dauerhaften Bereitstellung eines digitalen Produkts verpflichtet, ohne Einhaltung einer Kündigungsfrist kündigen, wenn ihm unter Berücksichtigung des weiterhin zulässigen Umfangs der Datenverarbeitung und unter Abwägung der beiderseitigen Interessen die Fortsetzung des Vertragsverhältnisses bis zum vereinbarten Vertragsende oder bis zum Ablauf einer gesetzlichen oder vertraglichen Kündigungsfrist nicht zugemutet werden kann.

(3) Ersatzansprüche des Unternehmers gegen den Verbraucher wegen einer durch die Ausübung von Datenschutzrechten oder die Abgabe datenschutzrechtlicher Erklärungen bewirkten Einschränkung der zulässigen Datenverarbeitung sind ausgeschlossen.

§ 327r Änderungen an digitalen Produkten. (1) Bei einer dauerhaften Bereitstellung darf der Unternehmer Änderungen des digitalen Produkts, die über das zur Aufrechterhaltung der Vertragsmäßigkeit nach § 327e Absatz 2 und 3 und § 327f erforderliche Maß hinausgehen, nur vornehmen, wenn
1. der Vertrag diese Möglichkeit vorsieht und einen triftigen Grund dafür enthält,
2. dem Verbraucher durch die Änderung keine zusätzlichen Kosten entstehen und
3. der Verbraucher klar und verständlich über die Änderung informiert wird.

(2) ¹Eine Änderung des digitalen Produkts, welche die Zugriffsmöglichkeit des Verbrauchers auf das digitale Produkt oder welche die Nutzbarkeit des digitalen Produkts für den Verbraucher beeinträchtigt, darf der Unternehmer nur vornehmen, wenn er den Verbraucher darüber hinaus innerhalb einer angemessenen Frist vor dem Zeitpunkt der Änderung mittels eines dauerhaften Datenträgers informiert. ²Die Information muss Angaben enthalten über:
1. Merkmale und Zeitpunkt der Änderung sowie
2. die Rechte des Verbrauchers nach den Absätzen 3 und 4.

³Satz 1 gilt nicht, wenn die Beeinträchtigung der Zugriffsmöglichkeit oder der Nutzbarkeit nur unerheblich ist.

(3) ¹Beeinträchtigt eine Änderung des digitalen Produkts die Zugriffsmöglichkeit oder die Nutzbarkeit im Sinne des Absatzes 2 Satz 1, so kann der Verbraucher den Vertrag innerhalb von 30 Tagen unentgeltlich beenden. ²Die Frist beginnt mit dem Zugang der Information nach Absatz 2 zu laufen. ³Erfolgt die Änderung nach dem Zugang der Information, so tritt an die Stelle des Zeitpunkts des Zugangs der Information der Zeitpunkt der Änderung.

(4) Die Beendigung des Vertrags nach Absatz 3 Satz 1 ist ausgeschlossen, wenn
1. die Beeinträchtigung der Zugriffsmöglichkeit oder der Nutzbarkeit nur unerheblich ist oder
2. dem Verbraucher die Zugriffsmöglichkeit auf das unveränderte digitale Produkt und die Nutzbarkeit des unveränderten digitalen Produkts ohne zusätzliche Kosten erhalten bleiben.

(5) Für die Beendigung des Vertrags nach Absatz 3 Satz 1 und deren Rechtsfolgen sind die §§ 327o und 327p entsprechend anzuwenden.

(6) Die Absätze 1 bis 5 sind auf Paketverträge, bei denen der andere Bestandteil des Paketvertrags die Bereitstellung eines Internetzugangsdienstes oder eines öffentlich zugänglichen nummerngebundenen interpersonellen Telekommunikationsdienstes im Rahmen eines Paketvertrags im Sinne des § 66 Absatz 1 des Telekommunikationsgesetzes zum Gegenstand hat, nicht anzuwenden.

§ 327s Abweichende Vereinbarungen. (1) Auf eine Vereinbarung mit dem Verbraucher, die zum Nachteil des Verbrauchers von den Vorschriften dieses Untertitels abweicht, kann der Unternehmer sich nicht berufen, es sei denn, die Vereinbarung wurde erst nach der Mitteilung des Verbrauchers gegenüber dem Unternehmer über die unterbliebene Bereitstellung oder über den Mangel des digitalen Produkts getroffen.

(2) Auf eine Vereinbarung mit dem Verbraucher über eine Änderung des digitalen Produkts, die zum Nachteil des Verbrauchers von den Vorschriften dieses Untertitels abweicht, kann der Unternehmer sich nicht berufen, es sei denn, sie wurde nach der Information des Verbrauchers über die Änderung des digitalen Produkts gemäß § 327r getroffen.

(3) Die Vorschriften dieses Untertitels sind auch anzuwenden, wenn sie durch anderweitige Gestaltungen umgangen werden.

(4) Die Absätze 1 und 2 gelten nicht für den Ausschluss oder die Beschränkung des Anspruchs auf Schadensersatz.

(5) § 327h bleibt unberührt.

Untertitel 2

Besondere Bestimmungen für Verträge über digitale Produkte zwischen Unternehmern

§ 327t Anwendungsbereich. Auf Verträge zwischen Unternehmern, die der Bereitstellung digitaler Produkte gemäß der nach den §§ 327 und 327a vom Anwendungsbereich des Untertitels 1 erfassten Verbraucherverträge dienen, sind ergänzend die Vorschriften dieses Untertitels anzuwenden.

§ 327u Rückgriff des Unternehmers. (1) ¹Der Unternehmer kann von dem Unternehmer, der sich ihm gegenüber zur Bereitstellung eines digitalen Produkts verpflichtet hat (Vertriebspartner), Ersatz der Aufwendungen verlangen, die ihm im Verhältnis zu einem Verbraucher wegen einer durch den Vertriebspartner verursachten unterbliebenen Bereitstellung des vom Vertriebspartner bereitzustellenden digitalen Produkts aufgrund der Ausübung des Rechts des Verbrauchers nach § 327c Absatz 1 Satz 1 entstanden sind. ²Das Gleiche gilt

Bürgerliches Gesetzbuch **BGB 5**

für die nach § 327l Absatz 1 vom Unternehmer zu tragenden Aufwendungen, wenn der vom Verbraucher gegenüber dem Unternehmer geltend gemachte Mangel bereits bei der Bereitstellung durch den Vertriebspartner vorhanden war oder in einer durch den Vertriebspartner verursachten Verletzung der Aktualisierungspflicht des Unternehmers nach § 327f Absatz 1 besteht.

(2) [1]Die Aufwendungsersatzansprüche nach Absatz 1 verjähren in sechs Monaten. [2]Die Verjährung beginnt
1. im Fall des Absatzes 1 Satz 1 mit dem Zeitpunkt, zu dem der Verbraucher sein Recht ausgeübt hat,
2. im Fall des Absatzes 1 Satz 2 mit dem Zeitpunkt, zu dem der Unternehmer die Ansprüche des Verbrauchers nach § 327l Absatz 1 erfüllt hat.

(3) § 327k Absatz 1 und 2 ist mit der Maßgabe entsprechend anzuwenden, dass die Frist mit der Bereitstellung an den Verbraucher beginnt.

(4) [1]Der Vertriebspartner kann sich nicht auf eine Vereinbarung berufen, die er vor Geltendmachung der in Absatz 1 bezeichneten Aufwendungsersatzansprüche mit dem Unternehmer getroffen hat und die zum Nachteil des Unternehmers von den Absätzen 1 bis 3 abweicht. [2]Satz 1 ist auch anzuwenden, wenn die Absätze 1 bis 3 durch anderweitige Gestaltungen umgangen werden.

(5) § 377 des Handelsgesetzbuchs bleibt unberührt.

(6) Die vorstehenden Absätze sind auf die Ansprüche des Vertriebspartners und der übrigen Vertragspartner in der Vertriebskette gegen die jeweiligen zur Bereitstellung verpflichteten Vertragspartner entsprechend anzuwenden, wenn die Schuldner Unternehmer sind.

Abschnitt 3

Schuldverhältnisse aus Verträgen

Titel 5

Rücktritt; Widerrufsrecht bei Verbraucherverträgen

§ 355 Widerrufsrecht bei Verbraucherverträgen. (1) [1]Wird einem Verbraucher durch Gesetz ein Widerrufsrecht nach dieser Vorschrift eingeräumt, so sind der Verbraucher und der Unternehmer an ihre auf den Abschluss des Vertrags gerichteten Willenserklärungen nicht mehr gebunden, wenn der Verbraucher seine Willenserklärung fristgerecht widerrufen hat. [2]Der Widerruf erfolgt durch Erklärung gegenüber dem Unternehmer. [3]Aus der Erklärung muss der Entschluss des Verbrauchers zum Widerruf des Vertrags eindeutig hervorgehen. Der Widerruf muss keine Begründung enthalten. [4]Zur Fristwahrung genügt die rechtzeitige Absendung des Widerrufs.

(2) Die Widerrufsfrist beträgt 14 Tage. Sie beginnt mit Vertragsschluss, soweit nichts anderes bestimmt ist.

(3) ¹Im Falle des Widerrufs sind die empfangenen Leistungen unverzüglich zurückzugewähren. ²Bestimmt das Gesetz eine Höchstfrist für die Rückgewähr, so beginnt diese für den Unternehmer mit dem Zugang und für den Verbraucher mit der Abgabe der Widerrufserklärung. ³Ein Verbraucher wahrt diese Frist durch die rechtzeitige Absendung der Waren. ⁴Der Unternehmer trägt bei Widerruf die Gefahr der Rücksendung der Waren.

§ 356 Widerrufsrecht bei außerhalb von Geschäftsräumen geschlossenen Verträgen und Fernabsatzverträgen. [*Text gültig ab 28.5.2022*] (1) ¹Der Unternehmer kann dem Verbraucher die Möglichkeit einräumen, das Muster-Widerrufsformular nach Anlage 2 zu Artikel 246a § 1 Absatz 2 Satz 1 Nummer 1 des Einführungsgesetzes zum Bürgerlichen Gesetzbuche oder eine andere eindeutige Widerrufserklärung auf der Webseite des Unternehmers auszufüllen und zu übermitteln. ²Macht der Verbraucher von dieser Möglichkeit Gebrauch, muss der Unternehmer dem Verbraucher den Zugang des Widerrufs unverzüglich auf einem dauerhaften Datenträger bestätigen.

(2) Die Widerrufsfrist beginnt
1. bei einem Verbrauchsgüterkauf,
   a) der nicht unter die Buchstaben b bis d fällt, sobald der Verbraucher oder ein von ihm benannter Dritter, der nicht Frachtführer ist, die Waren erhalten hat,
   b) bei dem der Verbraucher mehrere Waren im Rahmen einer einheitlichen Bestellung bestellt hat und die Waren getrennt geliefert werden, sobald der Verbraucher oder ein von ihm benannter Dritter, der nicht Frachtführer ist, die letzte Ware erhalten hat,
   c) bei dem die Ware in mehreren Teilsendungen oder Stücken geliefert wird, sobald der Verbraucher oder ein vom Verbraucher benannter Dritter, der nicht Frachtführer ist, die letzte Teilsendung oder das letzte Stück erhalten hat,
   d) der auf die regelmäßige Lieferung von Waren über einen festgelegten Zeitraum gerichtet ist, sobald der Verbraucher oder ein von ihm benannter Dritter, der nicht Frachtführer ist, die erste Ware erhalten hat,
2. bei einem Vertrag, der die nicht in einem begrenzten Volumen oder in einer bestimmten Menge angebotene Lieferung von Wasser, Gas oder Strom, die Lieferung von Fernwärme oder die Lieferung von nicht auf einem körperlichen Datenträger befindlichen digitalen Inhalten zum Gegenstand hat, mit Vertragsschluss.

(3) ¹Die Widerrufsfrist beginnt nicht, bevor der Unternehmer den Verbraucher entsprechend den Anforderungen des Artikels 246a § 1 Absatz 2 Satz 1 Nummer 1 oder des Artikels 246b § 2 Absatz 1 des Einführungsgesetzes zum Bürgerlichen Gesetzbuche unterrichtet hat. ²Das Widerrufsrecht erlischt spätestens zwölf Monate und 14 Tage nach dem in Absatz 2 oder § 355 Absatz 2 Satz 2 genannten Zeitpunkt. ³Satz 2 ist auf Verträge über Finanzdienstleistungen nicht anwendbar.

Bürgerliches Gesetzbuch **BGB 5**

(4) Das Widerrufsrecht erlischt bei Verträgen über die Erbringung von Dienstleistungen auch unter folgenden Voraussetzungen:
1. bei einem Vertrag, der den Verbraucher nicht zur Zahlung eines Preises verpflichtet, wenn der Unternehmer die Dienstleistung vollständig erbracht hat,
2. bei einem Vertrag, der den Verbraucher zur Zahlung eines Preises verpflichtet, mit der vollständigen Erbringung der Dienstleistung, wenn der Verbraucher vor Beginn der Erbringung
   a) ausdrücklich zugestimmt hat, dass der Unternehmer mit der Erbringung der Dienstleistung vor Ablauf der Widerrufsfrist beginnt,
   b) bei einem außerhalb von Geschäftsräumen geschlossenen Vertrag die Zustimmung nach Buchstabe a auf einem dauerhaften Datenträger übermittelt hat und
   c) seine Kenntnis davon bestätigt hat, dass sein Widerrufsrecht mit vollständiger Vertragserfüllung durch den Unternehmer erlischt,
3. bei einem Vertrag, bei dem der Verbraucher den Unternehmer ausdrücklich aufgefordert hat, ihn aufzusuchen, um Reparaturarbeiten auszuführen, mit der vollständigen Erbringung der Dienstleistung, wenn der Verbraucher die in Nummer 2 Buchstabe a und b genannten Voraussetzungen erfüllt hat,
4. bei einem Vertrag über die Erbringung von Finanzdienstleistungen, wenn der Vertrag von beiden Seiten auf ausdrücklichen Wunsch des Verbrauchers vollständig erfüllt ist, bevor der Verbraucher sein Widerrufsrecht ausübt.

(5) Das Widerrufsrecht erlischt bei Verträgen über die Bereitstellung von nicht auf einem körperlichen Datenträger befindlichen digitalen Inhalten auch unter folgenden Voraussetzungen:
1. bei einem Vertrag, der den Verbraucher nicht zur Zahlung eines Preises verpflichtet, wenn der Unternehmer mit der Vertragserfüllung begonnen hat,
2. bei einem Vertrag, der den Verbraucher zur Zahlung eines Preises verpflichtet, wenn
   a) der Verbraucher ausdrücklich zugestimmt hat, dass der Unternehmer mit der Vertragserfüllung vor Ablauf der Widerrufsfrist beginnt,
   b) der Verbraucher seine Kenntnis davon bestätigt hat, dass durch seine Zustimmung nach Buchstabe a mit Beginn der Vertragserfüllung sein Widerrufsrecht erlischt, und
   c) der Unternehmer dem Verbraucher eine Bestätigung gemäß § 312f zur Verfügung gestellt hat.

§ 356b Widerrufsrecht bei Verbraucherdarlehensverträgen. (1) Die Widerrufsfrist beginnt auch nicht, bevor der Darlehensgeber dem Darlehensnehmer eine für diesen bestimmte Vertragsurkunde, den schriftlichen Antrag des Darlehensnehmers oder eine Abschrift der Vertragsurkunde oder seines Antrags zur Verfügung gestellt hat.

(2) ¹Enthält bei einem Allgemein-Verbraucherdarlehensvertrag die dem Darlehensnehmer nach Absatz 1 zur Verfügung gestellte Urkunde die Pflichtangaben nach § 492 Absatz 2 nicht, beginnt die Frist erst mit Nachholung die-

ser Angaben gemäß § 492 Absatz 6. ²Enthält bei einem Immobiliar-Verbraucherdarlehensvertrag die dem Darlehensnehmer nach Absatz 1 zur Verfügung gestellte Urkunde die Pflichtangaben zum Widerrufsrecht nach § 492 Absatz 2 in Verbindung mit Artikel 247 § 6 Absatz 2 des Einführungsgesetzes zum Bürgerlichen Gesetzbuche nicht, beginnt die Frist erst mit Nachholung dieser Angaben gemäß § 492 Absatz 6. ³In den Fällen der Sätze 1 und 2 beträgt die Widerrufsfrist einen Monat. ⁴Das Widerrufsrecht bei einem Immobiliar-Verbraucherdarlehensvertrag erlischt spätestens zwölf Monate und 14 Tage nach dem Vertragsschluss oder nach dem in Absatz 1 genannten Zeitpunkt, wenn dieser nach dem Vertragsschluss liegt.

(3) Die Widerrufsfrist beginnt im Falle des § 494 Absatz 7 bei einem Allgemein-Verbraucherdarlehensvertrag erst, wenn der Darlehensnehmer die dort bezeichnete Abschrift des Vertrags erhalten hat.

§ 356c Widerrufsrecht bei Ratenlieferungsverträgen. (1) Bei einem Ratenlieferungsvertrag, der weder im Fernabsatz noch außerhalb von Geschäftsräumen geschlossen wird, beginnt die Widerrufsfrist nicht, bevor der Unternehmer den Verbraucher gemäß Artikel 246 Absatz 3 des Einführungsgesetzes zum Bürgerlichen Gesetzbuche über sein Widerrufsrecht unterrichtet hat.

(2) ¹§ 356 Absatz 1 gilt entsprechend. ²Das Widerrufsrecht erlischt spätestens zwölf Monate und 14 Tage nach dem in § 355 Absatz 2 Satz 2 genannten Zeitpunkt.

§ 357 Rechtsfolgen des Widerrufs von außerhalb von Geschäftsräumen geschlossenen Verträgen und Fernabsatzverträgen mit Ausnahme von Verträgen über Finanzdienstleistungen. [*Text gültig ab 28.5.2022*] (1) Die empfangenen Leistungen sind spätestens nach 14 Tagen zurückzugewähren.

(2) ¹Der Unternehmer muss auch etwaige Zahlungen des Verbrauchers für die Lieferung zurückgewähren. ²Dies gilt nicht, soweit dem Verbraucher zusätzliche Kosten entstanden sind, weil er sich für eine andere Art der Lieferung als die vom Unternehmer angebotene günstigste Standardlieferung entschieden hat.

(3) ¹Für die Rückzahlung muss der Unternehmer dasselbe Zahlungsmittel verwenden, das der Verbraucher bei der Zahlung verwendet hat. ²Satz 1 gilt nicht, wenn ausdrücklich etwas anderes vereinbart worden ist und dem Verbraucher dadurch keine Kosten entstehen.

(4) ¹Bei einem Verbrauchsgüterkauf kann der Unternehmer die Rückzahlung verweigern, bis er die Waren zurückerhalten hat oder der Verbraucher den Nachweis erbracht hat, dass er die Waren abgesandt hat. ²Dies gilt nicht, wenn der Unternehmer angeboten hat, die Waren abzuholen.

(5) Der Verbraucher trägt die unmittelbaren Kosten der Rücksendung der Waren, wenn der Unternehmer den Verbraucher nach Artikel 246a § 1 Absatz 2 Satz 1 Nummer 2 des Einführungsgesetzes zum Bürgerlichen Gesetzbuche von dieser Pflicht unterrichtet hat. Satz 1 gilt nicht, wenn der Unternehmer sich bereit erklärt hat, diese Kosten zu tragen.

Bürgerliches Gesetzbuch **BGB 5**

(6) Der Verbraucher ist nicht verpflichtet, die Waren zurückzusenden, wenn der Unternehmer angeboten hat, die Waren abzuholen.

(7) Bei außerhalb von Geschäftsräumen geschlossenen Verträgen, bei denen die Waren zum Zeitpunkt des Vertragsschlusses zur Wohnung des Verbrauchers gebracht worden sind, ist der Unternehmer verpflichtet, die Waren auf eigene Kosten abzuholen, wenn die Waren so beschaffen sind, dass sie nicht per Post zurückgesandt werden können.

(8) Für die Rechtsfolgen des Widerrufs von Verträgen über die Bereitstellung digitaler Produkte gilt ferner § 327p entsprechend.

§ 357a Rechtsfolgen des Widerrufs von Verträgen über Finanzdienstleistungen. [*Text gültig ab 28.5.2022*] (1) Der Verbraucher hat Wertersatz für einen Wertverlust der Ware zu leisten, wenn
1. der Wertverlust auf einen Umgang mit den Waren zurückzuführen ist, der zur Prüfung der Beschaffenheit, der Eigenschaften und der Funktionsweise der Waren nicht notwendig war, und
2. der Unternehmer den Verbraucher nach Artikel 246a § 1 Absatz 2 Satz 1 Nummer 1 des Einführungsgesetzes zum Bürgerlichen Gesetzbuche über dessen Widerrufsrecht unterrichtet hat.

(2) ¹Der Verbraucher hat Wertersatz für die bis zum Widerruf erbrachten Dienstleistungen, für die der Vertrag die Zahlung eines Preises vorsieht, oder die bis zum Widerruf erfolgte Lieferung von Wasser, Gas oder Strom in nicht bestimmten Mengen oder nicht begrenztem Volumen oder von Fernwärme zu leisten, wenn
1. der Verbraucher von dem Unternehmer ausdrücklich verlangt hat, dass mit der Leistung vor Ablauf der Widerrufsfrist begonnen werden soll,
2. bei einem außerhalb von Geschäftsräumen geschlossenen Vertrag der Verbraucher das Verlangen nach Nummer 1 auf einem dauerhaften Datenträger übermittelt hat und
3. der Unternehmer den Verbraucher nach Artikel 246a § 1 Absatz 2 Satz 1 Nummer 1 und 3 des Einführungsgesetzes zum Bürgerlichen Gesetzbuche ordnungsgemäß informiert hat.

²Bei der Berechnung des Wertersatzes ist der vereinbarte Gesamtpreis zu Grunde zu legen. ³Ist der vereinbarte Gesamtpreis unverhältnismäßig hoch, so ist der Wertersatz auf der Grundlage des Marktwerts der erbrachten Leistung zu berechnen.

(3) Widerruft der Verbraucher einen Vertrag über die Bereitstellung von nicht auf einem körperlichen Datenträger befindlichen digitalen Inhalten, so hat er keinen Wertersatz zu leisten.

§ 357b Rechtsfolgen des Widerrufs von Teilzeit-Wohnrechteverträgen, Verträgen über ein langfristiges Urlaubsprodukt, Vermittlungsverträgen und Tauschsystemverträgen. [*Text gültig ab 28.5.2022*] (1) Die empfangenen Leistungen sind spätestens nach 30 Tagen zurückzugewähren.

(2) ¹Im Falle des Widerrufs von außerhalb von Geschäftsräumen geschlossenen Verträgen oder Fernabsatzverträgen über Finanzdienstleistungen ist der Verbraucher zur Zahlung von Wertersatz für die vom Unternehmer bis zum Widerruf erbrachte Dienstleistung verpflichtet, wenn er
1. vor Abgabe seiner Vertragserklärung auf diese Rechtsfolge hingewiesen worden ist und
2. ausdrücklich zugestimmt hat, dass der Unternehmer vor Ende der Widerrufsfrist mit der Ausführung der Dienstleistung beginnt.

²Im Falle des Widerrufs von Verträgen über eine entgeltliche Finanzierungshilfe, die von der Ausnahme des § 506 Absatz 4 erfasst sind, gelten auch § 357 Absatz 5 bis 7 und § 357a Absatz 1 und 2 entsprechend. ³Ist Gegenstand des Vertrags über die entgeltliche Finanzierungshilfe die Lieferung von nicht auf einem körperlichen Datenträger befindlichen digitalen Inhalten, hat der Verbraucher Wertersatz für die bis zum Widerruf gelieferten digitalen Inhalte zu leisten, wenn er
1. vor Abgabe seiner Vertragserklärung auf diese Rechtsfolge hingewiesen worden ist und
2. ausdrücklich zugestimmt hat, dass der Unternehmer vor Ende der Widerrufsfrist mit der Lieferung der digitalen Inhalte beginnt.

⁴Ist im Vertrag eine Gegenleistung bestimmt, ist sie bei der Berechnung des Wertersatzes zu Grunde zu legen. ⁵Ist der vereinbarte Gesamtpreis unverhältnismäßig hoch, ist der Wertersatz auf der Grundlage des Marktwerts der erbrachten Leistung zu berechnen.

(3) ¹Im Falle des Widerrufs von Verbraucherdarlehensverträgen hat der Darlehensnehmer für den Zeitraum zwischen der Auszahlung und der Rückzahlung des Darlehens den vereinbarten Sollzins zu entrichten. ²Bei einem Immobiliar-Verbraucherdarlehen kann nachgewiesen werden, dass der Wert des Gebrauchsvorteils niedriger war als der vereinbarte Sollzins. ³In diesem Fall ist nur der niedrigere Betrag geschuldet. ⁴Im Falle des Widerrufs von Verträgen über eine entgeltliche Finanzierungshilfe, die nicht von der Ausnahme des § 506 Absatz 4 erfasst sind, gilt auch Absatz 2 entsprechend mit der Maßgabe, dass an die Stelle der Unterrichtung über das Widerrufsrecht die Pflichtangaben nach Artikel 247 § 12 Absatz 1 in Verbindung mit § 6 Absatz 2 des Einführungsgesetzes zum Bürgerlichen Gesetzbuche, die das Widerrufsrecht betreffen, treten. ⁵Darüber hinaus hat der Darlehensnehmer dem Darlehensgeber nur die Aufwendungen zu ersetzen, die der Darlehensgeber gegenüber öffentlichen Stellen erbracht hat und nicht zurückverlangen kann.

§ 357c Rechtsfolgen des Widerrufs von Teilzeit-Wohnrechteverträgen, Verträgen über ein langfristiges Urlaubsprodukt, Vermittlungsverträgen und Tauschsystemverträgen. [*Text gültig ab 28.5.2022*] (1) ¹Der Verbraucher hat im Falle des Widerrufs keine Kosten zu tragen. ²Die Kosten des Vertrags, seiner Durchführung und seiner Rückabwicklung hat der Unternehmer dem Verbraucher zu erstatten. ³Eine Vergütung für geleistete Dienste sowie für die Überlassung von Wohngebäuden zur Nutzung ist ausgeschlossen.

(2) Der Verbraucher hat für einen Wertverlust der Unterkunft im Sinne des § 481 nur Wertersatz zu leisten, soweit der Wertverlust auf einer nicht bestimmungsgemäßen Nutzung der Unterkunft beruht.

§ 358 Mit dem widerrufenen Vertrag verbundener Vertrag. (1) Hat der Verbraucher seine auf den Abschluss eines Vertrags über die Lieferung einer Ware oder die Erbringung einer anderen Leistung durch einen Unternehmer gerichtete Willenserklärung wirksam widerrufen, so ist er auch an seine auf den Abschluss eines mit diesem Vertrag verbundenen Darlehensvertrags gerichtete Willenserklärung nicht mehr gebunden.

(2) Hat der Verbraucher seine auf den Abschluss eines Darlehensvertrags gerichtete Willenserklärung auf Grund des § 495 Absatz 1 oder des § 514 Absatz 2 Satz 1 wirksam widerrufen, so ist er auch nicht mehr an diejenige Willenserklärung gebunden, die auf den Abschluss eines mit diesem Darlehensvertrag verbundenen Vertrags über die Lieferung einer Ware oder die Erbringung einer anderen Leistung gerichtet ist.

(3) [1]Ein Vertrag über die Lieferung einer Ware oder über die Erbringung einer anderen Leistung und ein Darlehensvertrag nach den Absätzen 1 oder 2 sind verbunden, wenn das Darlehen ganz oder teilweise der Finanzierung des anderen Vertrags dient und beide Verträge eine wirtschaftliche Einheit bilden. [2]Eine wirtschaftliche Einheit ist insbesondere anzunehmen, wenn der Unternehmer selbst die Gegenleistung des Verbrauchers finanziert, oder im Falle der Finanzierung durch einen Dritten, wenn sich der Darlehensgeber bei der Vorbereitung oder dem Abschluss des Darlehensvertrags der Mitwirkung des Unternehmers bedient. [3]Bei einem finanzierten Erwerb eines Grundstücks oder eines grundstücksgleichen Rechts ist eine wirtschaftliche Einheit nur anzunehmen, wenn der Darlehensgeber selbst dem Verbraucher das Grundstück oder das grundstücksgleiche Recht verschafft oder wenn er über die Zurverfügungstellung von Darlehen hinaus den Erwerb des Grundstücks oder grundstücksgleichen Rechts durch Zusammenwirken mit dem Unternehmer fördert, indem er sich dessen Veräußerungsinteressen ganz oder teilweise zu Eigen macht, bei der Planung, Werbung oder Durchführung des Projekts Funktionen des Veräußerers übernimmt oder den Veräußerer einseitig begünstigt.

(4) [1]Auf die Rückabwicklung des verbundenen Vertrags sind unabhängig von der Vertriebsform § 355 Absatz 3 und, je nach Art des verbundenen Vertrags, die §§ 357 bis 357c entsprechend anzuwenden. [2]Ist der verbundene Vertrag ein Vertrag über die Lieferung von nicht auf einem körperlichen Datenträger befindlichen digitalen Inhalten, hat der Verbraucher abweichend von § 357a Absatz 3 unter den Voraussetzungen des § 356 Absatz 5 Nummer 2 Wertersatz für die bis zum Widerruf gelieferten digitalen Inhalte zu leisten. [3]Ist der verbundene Vertrag ein im Fernabsatz oder außerhalb von Geschäftsräumen geschlossener Ratenlieferungsvertrag, sind neben § 355 Absatz 3 auch die §§ 357 und 357a entsprechend anzuwenden; im Übrigen gelten für verbundene Ratenlieferungsverträge § 355 Absatz 3 und § 357d entsprechend. [4]Im Falle

des Absatzes 1 sind jedoch Ansprüche auf Zahlung von Zinsen und Kosten aus der Rückabwicklung des Darlehensvertrags gegen den Verbraucher ausgeschlossen. [5]Der Darlehensgeber tritt im Verhältnis zum Verbraucher hinsichtlich der Rechtsfolgen des Widerrufs in die Rechte und Pflichten des Unternehmers aus dem verbundenen Vertrag ein, wenn das Darlehen dem Unternehmer bei Wirksamwerden des Widerrufs bereits zugeflossen ist.

(5) Die Absätze 2 und 4 sind nicht anzuwenden auf Darlehensverträge, die der Finanzierung des Erwerbs von Finanzinstrumenten dienen.

§ 359 Einwendungen bei verbundenen Verträgen. (1) [1]Der Verbraucher kann die Rückzahlung des Darlehens verweigern, soweit Einwendungen aus dem verbundenen Vertrag ihn gegenüber dem Unternehmer, mit dem er den verbundenen Vertrag geschlossen hat, zur Verweigerung seiner Leistung berechtigen würden. [2]Dies gilt nicht bei Einwendungen, die auf einer Vertragsänderung beruhen, welche zwischen diesem Unternehmer und dem Verbraucher nach Abschluss des Darlehensvertrags vereinbart wurde. [3]Kann der Verbraucher Nacherfüllung verlangen, so kann er die Rückzahlung des Darlehens erst verweigern, wenn die Nacherfüllung fehlgeschlagen ist.

(2) Absatz 1 ist nicht anzuwenden auf Darlehensverträge, die der Finanzierung des Erwerbs von Finanzinstrumenten dienen, oder wenn das finanzierte Entgelt weniger als 200 Euro beträgt.

§ 360 Zusammenhängende Verträge. [*Text gültig ab 28.5.2022*] (1) [1]Hat der Verbraucher seine auf den Abschluss eines Vertrags gerichtete Willenserklärung wirksam widerrufen und liegen die Voraussetzungen für einen verbundenen Vertrag nicht vor, so ist er auch an seine auf den Abschluss eines damit zusammenhängenden Vertrags gerichtete Willenserklärung nicht mehr gebunden. [2]Auf die Rückabwicklung des zusammenhängenden Vertrags ist § 358 Absatz 4 Satz 1 bis 3 entsprechend anzuwenden. [3]Widerruft der Verbraucher einen Teilzeit-Wohnrechtevertrag oder einen Vertrag über ein langfristiges Urlaubsprodukt, hat er auch für den zusammenhängenden Vertrag keine Kosten zu tragen; § 357c Absatz 1 Satz 2 und 3 gilt entsprechend.

(2) [1]Ein zusammenhängender Vertrag liegt vor, wenn er einen Bezug zu dem widerrufenen Vertrag aufweist und eine Leistung betrifft, die von dem Unternehmer des widerrufenen Vertrags oder einem Dritten auf der Grundlage einer Vereinbarung zwischen dem Dritten und dem Unternehmer des widerrufenen Vertrags erbracht wird. [2]Ein Darlehensvertrag ist auch dann ein zusammenhängender Vertrag, wenn das Darlehen, das ein Unternehmer einem Verbraucher gewährt, ausschließlich der Finanzierung des widerrufenen Vertrags dient und die Leistung des Unternehmers aus dem widerrufenen Vertrag in dem Darlehensvertrag genau angegeben ist.

Bürgerliches Gesetzbuch

Abschnitt 8
Einzelne Schuldverhältnisse

Titel 1
Kauf, Tausch

§ 433 Vertragstypische Pflichten beim Kaufvertrag. (1) [1]Durch den Kaufvertrag wird der Verkäufer einer Sache verpflichtet, dem Käufer die Sache zu übergeben und das Eigentum an der Sache zu verschaffen. [2]Der Verkäufer hat dem Käufer die Sache frei von Sach- und Rechtsmängeln zu verschaffen.

(2) Der Käufer ist verpflichtet, dem Verkäufer den vereinbarten Kaufpreis zu zahlen und die gekaufte Sache abzunehmen.

§ 434 Sachmangel. (1) Die Sache ist frei von Sachmängeln, wenn sie bei Gefahrübergang den subjektiven Anforderungen, den objektiven Anforderungen und den Montageanforderungen dieser Vorschrift entspricht.

(2) [1]Die Sache entspricht den subjektiven Anforderungen, wenn sie
1. die vereinbarte Beschaffenheit hat,
2. sich für die nach dem Vertrag vorausgesetzte Verwendung eignet und
3. mit dem vereinbarten Zubehör und den vereinbarten Anleitungen, einschließlich Montage- und Installationsanleitungen, übergeben wird.

[2]Zu der Beschaffenheit nach Satz 1 Nummer 1 gehören Art, Menge, Qualität, Funktionalität, Kompatibilität, Interoperabilität und sonstige Merkmale der Sache, für die die Parteien Anforderungen vereinbart haben.

(3) [1]Soweit nicht wirksam etwas anderes vereinbart wurde, entspricht die Sache den objektiven Anforderungen, wenn sie
1. sich für die gewöhnliche Verwendung eignet,
2. eine Beschaffenheit aufweist, die bei Sachen derselben Art üblich ist und die der Käufer erwarten kann unter Berücksichtigung
   a. der Art der Sache und
   b. der öffentlichen Äußerungen, die von dem Verkäufer oder einem anderen Glied der Vertragskette oder in deren Auftrag, insbesondere in der Werbung oder auf dem Etikett, abgegeben wurden,
3. der Beschaffenheit einer Probe oder eines Musters entspricht, die oder das der Verkäufer dem Käufer vor Vertragsschluss zur Verfügung gestellt hat, und
4. mit dem Zubehör einschließlich der Verpackung, der Montage- oder Installationsanleitung sowie anderen Anleitungen übergeben wird, deren Erhalt der Käufer erwarten kann.

[2]Zu der üblichen Beschaffenheit nach Satz 1 Nummer 2 gehören Menge, Qualität und sonstige Merkmale der Sache, einschließlich ihrer Haltbarkeit, Funktionalität, Kompatibilität und Sicherheit.

[3]Der Verkäufer ist durch die in Satz 1 Nummer 2 Buchstabe b genannten öffentlichen Äußerungen nicht gebunden, wenn er sie nicht kannte und auch nicht kennen konnte, wenn die Äußerung im Zeitpunkt des Vertragsschlusses in derselben oder in gleichwertiger Weise berichtigt war oder wenn die Äußerung die Kaufentscheidung nicht beeinflussen konnte.

(4) Soweit eine Montage durchzuführen ist, entspricht die Sache den Montageanforderungen, wenn die Montage
1. sachgemäß durchgeführt worden ist oder
2. zwar unsachgemäß durchgeführt worden ist, dies jedoch weder auf einer unsachgemäßen Montage durch den Verkäufer noch auf einem Mangel in der vom Verkäufer übergebenen Anleitung beruht.

(5) Einem Sachmangel steht es gleich, wenn der Verkäufer eine andere Sache als die vertraglich geschuldete Sache liefert.

§ 435 Rechtsmangel. [1]Die Sache ist frei von Rechtsmängeln, wenn Dritte in Bezug auf die Sache keine oder nur die im Kaufvertrag übernommenen Rechte gegen den Käufer geltend machen können. [2]Einem Rechtsmangel steht es gleich, wenn im Grundbuch ein Recht eingetragen ist, das nicht besteht.

§ 436 Öffentliche Lasten von Grundstücken. (1) Soweit nicht anders vereinbart, ist der Verkäufer eines Grundstücks verpflichtet, Erschließungsbeiträge und sonstige Anliegerbeiträge für die Maßnahmen zu tragen, die bis zum Tage des Vertragsschlusses bautechnisch begonnen sind, unabhängig vom Zeitpunkt des Entstehens der Beitragsschuld.

(2) Der Verkäufer eines Grundstücks haftet nicht für die Freiheit des Grundstücks von anderen öffentlichen Abgaben und von anderen öffentlichen Lasten, die zur Eintragung in das Grundbuch nicht geeignet sind.

§ 437 Rechte des Käufers bei Mängeln. Ist die Sache mangelhaft, kann der Käufer, wenn die Voraussetzungen der folgenden Vorschriften vorliegen und soweit nicht ein anderes bestimmt ist,
1. nach § 439 Nacherfüllung verlangen,
2. nach den §§ 440, 323 und 326 Abs. 5 von dem Vertrag zurücktreten oder nach § 441 den Kaufpreis mindern und
3. nach den §§ 440, 280, 281, 283 und 311a Schadensersatz oder nach § 284 Ersatz vergeblicher Aufwendungen verlangen.

§ 438 Verjährung der Mängelansprüche. (1) Die in § 437 Nr. 1 und 3 bezeichneten Ansprüche verjähren
1. in 30 Jahren, wenn der Mangel
    a) in einem dinglichen Recht eines Dritten, aufgrund dessen Herausgabe der Kaufsache verlangt werden kann, oder
    b) in einem sonstigen Recht, das im Grundbuch eingetragen ist,
    besteht,
2. in fünf Jahren

Bürgerliches Gesetzbuch **BGB 5**

    a) bei einem Bauwerk und
    b) bei einer Sache, die entsprechend ihrer üblichen Verwendungsweise für ein Bauwerk verwendet worden ist und dessen Mangelhaftigkeit verursacht hat, und
3. im Übrigen in zwei Jahren.

(2) Die Verjährung beginnt bei Grundstücken mit der Übergabe, im Übrigen mit der Ablieferung der Sache.

(3) ¹Abweichend von Absatz 1 Nr. 2 und 3 und Absatz 2 verjähren die Ansprüche in der regelmäßigen Verjährungsfrist, wenn der Verkäufer den Mangel arglistig verschwiegen hat. ²Im Falle des Absatzes 1 Nr. 2 tritt die Verjährung jedoch nicht vor Ablauf der dort bestimmten Frist ein.

(4) ¹Für das in § 437 bezeichnete Rücktrittsrecht gilt § 218. ²Der Käufer kann trotz einer Unwirksamkeit des Rücktritts nach § 218 Abs. 1 die Zahlung des Kaufpreises insoweit verweigern, als er aufgrund des Rücktritts dazu berechtigt sein würde. ³Macht er von diesem Recht Gebrauch, kann der Verkäufer vom Vertrag zurücktreten.

(5) Auf das in § 437 bezeichnete Minderungsrecht finden § 218 und Absatz 4 Satz 2 entsprechende Anwendung.

§ 439 Nacherfüllung. (1) Der Käufer kann als Nacherfüllung nach seiner Wahl die Beseitigung des Mangels oder die Lieferung einer mangelfreien Sache verlangen.

(2) Der Verkäufer hat die zum Zwecke der Nacherfüllung erforderlichen Aufwendungen, insbesondere Transport-, Wege-, Arbeits- und Materialkosten zu tragen.

(3) Hat der Käufer die mangelhafte Sache gemäß ihrer Art und ihrem Verwendungszweck in eine andere Sache eingebaut oder an eine andere Sache angebracht, bevor der Mangel offenbar wurde, ist der Verkäufer im Rahmen der Nacherfüllung verpflichtet, dem Käufer die erforderlichen Aufwendungen für das Entfernen der mangelhaften und den Einbau oder das Anbringen der nachgebesserten oder gelieferten mangelfreien Sache zu ersetzen.

(4) ¹Der Verkäufer kann die vom Käufer gewählte Art der Nacherfüllung unbeschadet des § 275 Abs. 2 und 3 verweigern, wenn sie nur mit unverhältnismäßigen Kosten möglich ist. ²Dabei sind insbesondere der Wert der Sache in mangelfreiem Zustand, die Bedeutung des Mangels und die Frage zu berücksichtigen, ob auf die andere Art der Nacherfüllung ohne erhebliche Nachteile für den Käufer zurückgegriffen werden könnte. ³Der Anspruch des Käufers beschränkt sich in diesem Fall auf die andere Art der Nacherfüllung; das Recht des Verkäufers, auch diese unter den Voraussetzungen des Satzes 1 zu verweigern, bleibt unberührt.

(5) Der Käufer hat dem Verkäufer die Sache zum Zweck der Nacherfüllung zur Verfügung zu stellen.

(6) ¹Liefert der Verkäufer zum Zwecke der Nacherfüllung eine mangelfreie Sache, so kann er vom Käufer Rückgewähr der mangelhaften Sache nach Maßgabe der §§ 346 bis 348 verlangen. ²Der Verkäufer hat die ersetzte Sache auf seine Kosten zurückzunehmen.

§ 440 Besondere Bestimmungen für Rücktritt und Schadensersatz.
¹Außer in den Fällen des § 281 Absatz 2 und des § 323 Absatz 2 bedarf es der Fristsetzung auch dann nicht, wenn der Verkäufer beide Arten der Nacherfüllung gemäß § 439 Absatz 4 verweigert oder wenn die dem Käufer zustehende Art der Nacherfüllung fehlgeschlagen oder ihm unzumutbar ist. ²Eine Nachbesserung gilt nach dem erfolglosen zweiten Versuch als fehlgeschlagen, wenn sich nicht insbesondere aus der Art der Sache oder des Mangels oder den sonstigen Umständen etwas anderes ergibt.

§ 441 Minderung. (1) ¹Statt zurückzutreten, kann der Käufer den Kaufpreis durch Erklärung gegenüber dem Verkäufer mindern. ²Der Ausschlussgrund des § 323 Abs. 5 Satz 2 findet keine Anwendung.

(2) Sind auf der Seite des Käufers oder auf der Seite des Verkäufers mehrere beteiligt, so kann die Minderung nur von allen oder gegen alle erklärt werden.

(3) ¹Bei der Minderung ist der Kaufpreis in dem Verhältnis herabzusetzen, in welchem zur Zeit des Vertragsschlusses der Wert der Sache in mangelfreiem Zustand zu dem wirklichen Wert gestanden haben würde. ²Die Minderung ist, soweit erforderlich, durch Schätzung zu ermitteln.

(4) ¹Hat der Käufer mehr als den geminderten Kaufpreis gezahlt, so ist der Mehrbetrag vom Verkäufer zu erstatten. ²§ 346 Abs. 1 und § 347 Abs. 1 finden entsprechende Anwendung.

§ 442 Kenntnis des Käufers. (1) ¹Die Rechte des Käufers wegen eines Mangels sind ausgeschlossen, wenn er bei Vertragsschluss den Mangel kennt. ²Ist dem Käufer ein Mangel infolge grober Fahrlässigkeit unbekannt geblieben, kann der Käufer Rechte wegen dieses Mangels nur geltend machen, wenn der Verkäufer den Mangel arglistig verschwiegen oder eine Garantie für die Beschaffenheit der Sache übernommen hat.

(2) Ein im Grundbuch eingetragenes Recht hat der Verkäufer zu beseitigen, auch wenn es der Käufer kennt.

§ 443 Beschaffenheits- und Haltbarkeitsgarantie. (1) Übernimmt der Verkäufer oder ein Dritter eine Garantie für die Beschaffenheit der Sache oder dafür, dass die Sache für eine bestimmte Dauer eine bestimmte Beschaffenheit behält (Haltbarkeitsgarantie), so stehen dem Käufer im Garantiefall unbeschadet der gesetzlichen Ansprüche die Rechte aus der Garantie zu den in der Garantieerklärung und der einschlägigen Werbung angegebenen Bedingungen gegenüber demjenigen zu, der die Garantie eingeräumt hat.

(2) Soweit eine Haltbarkeitsgarantie übernommen worden ist, wird vermutet, dass ein während ihrer Geltungsdauer auftretender Sachmangel die Rechte aus der Garantie begründet.

§ 444 Haftungsausschluss. Auf eine Vereinbarung, durch welche die Rechte des Käufers wegen eines Mangels ausgeschlossen oder beschränkt werden, kann sich der Verkäufer nicht berufen, soweit er den Mangel arglistig verschwiegen oder eine Garantie für die Beschaffenheit der Sache übernommen hat.

§ 445 Haftungsbegrenzung bei öffentlichen Versteigerungen. Wird eine Sache aufgrund eines Pfandrechts in einer öffentlichen Versteigerung unter der Bezeichnung als Pfand verkauft, so stehen dem Käufer Rechte wegen eines Mangels nur zu, wenn der Verkäufer den Mangel arglistig verschwiegen oder eine Garantie für die Beschaffenheit der Sache übernommen hat.

§ 445a Rückgriff des Verkäufers. (1) Der Verkäufer kann beim Verkauf einer neu hergestellten Sache von dem Verkäufer, der ihm die Sache verkauft hatte (Lieferant), Ersatz der Aufwendungen verlangen, die er im Verhältnis zum Käufer nach § 439 Absatz 2, 3 und 6 Satz 2 sowie nach § 475 Absatz 4 zu tragen hatte, wenn der vom Käufer geltend gemachte Mangel bereits beim Übergang der Gefahr auf den Verkäufer vorhanden war oder auf einer Verletzung der Aktualisierungspflicht gemäß § 475b Absatz 4 beruht.

(2) Für die in § 437 bezeichneten Rechte des Verkäufers gegen seinen Lieferanten bedarf es wegen des vom Käufer geltend gemachten Mangels der sonst erforderlichen Fristsetzung nicht, wenn der Verkäufer die verkaufte neu hergestellte Sache als Folge ihrer Mangelhaftigkeit zurücknehmen musste oder der Käufer den Kaufpreis gemindert hat.

(3) Die Absätze 1 und 2 finden auf die Ansprüche des Lieferanten und der übrigen Käufer in der Lieferkette gegen die jeweiligen Verkäufer entsprechende Anwendung, wenn die Schuldner Unternehmer sind.

(4) § 377 des Handelsgesetzbuchs bleibt unberührt.

§ 445b Verjährung von Rückgriffsansprüchen. (1) Die in § 445a Absatz 1 bestimmten Aufwendungsersatzansprüche verjähren in zwei Jahren ab Ablieferung der Sache.

(2) Die Verjährung der in den §§ 437 und 445a Absatz 1 bestimmten Ansprüche des Verkäufers gegen seinen Lieferanten wegen des Mangels einer verkauften neu hergestellten Sache tritt frühestens zwei Monate nach dem Zeitpunkt ein, in dem der Verkäufer die Ansprüche des Käufers erfüllt hat.

(3) Die Absätze 1 und 2 finden auf die Ansprüche des Lieferanten und der übrigen Käufer in der Lieferkette gegen die jeweiligen Verkäufer entsprechende Anwendung, wenn die Schuldner Unternehmer sind.

§ 445c Rückgriff bei Verträgen über digitale Produkte. [1]Ist der letzte Vertrag in der Lieferkette ein Verbrauchervertrag über die Bereitstellung digitaler Produkte nach den §§ 327 und 327a, so sind die §§ 445a, 445b und 478 nicht anzuwenden. [2]An die Stelle der nach Satz 1 nicht anzuwendenden Vorschriften treten die Vorschriften des Abschnitts 3 Titel 2a Untertitel 2.

§ 446 Gefahr- und Lastenübergang. [1]Mit der Übergabe der verkauften Sache geht die Gefahr des zufälligen Untergangs und der zufälligen Verschlechterung auf den Käufer über. [2]Von der Übergabe an gebühren dem Käufer die Nutzungen und trägt er die Lasten der Sache. [3]Der Übergabe steht es gleich, wenn der Käufer im Verzug der Annahme ist.

§ 447 Gefahrübergang beim Versendungskauf. (1) Versendet der Verkäufer auf Verlangen des Käufers die verkaufte Sache nach einem anderen Ort als dem Erfüllungsort, so geht die Gefahr auf den Käufer über, sobald der Verkäufer die Sache dem Spediteur, dem Frachtführer oder der sonst zur Ausführung der Versendung bestimmten Person oder Anstalt ausgeliefert hat.

(2) Hat der Käufer eine besondere Anweisung über die Art der Versendung erteilt und weicht der Verkäufer ohne dringenden Grund von der Anweisung ab, so ist der Verkäufer dem Käufer für den daraus entstehenden Schaden verantwortlich.

§ 448 Kosten der Übergabe und vergleichbare Kosten. (1) Der Verkäufer trägt die Kosten der Übergabe der Sache, der Käufer die Kosten der Abnahme und der Versendung der Sache nach einem anderen Ort als dem Erfüllungsort.

(2) Der Käufer eines Grundstücks trägt die Kosten der Beurkundung des Kaufvertrags und der Auflassung, der Eintragung ins Grundbuch und der zu der Eintragung erforderlichen Erklärungen.

§ 449 Eigentumsvorbehalt. (1) Hat sich der Verkäufer einer beweglichen Sache das Eigentum bis zur Zahlung des Kaufpreises vorbehalten, so ist im Zweifel anzunehmen, dass das Eigentum unter der aufschiebenden Bedingung vollständiger Zahlung des Kaufpreises übertragen wird (Eigentumsvorbehalt).

(2) Aufgrund des Eigentumsvorbehalts kann der Verkäufer die Sache nur herausverlangen, wenn er vom Vertrag zurückgetreten ist.

(3) Die Vereinbarung eines Eigentumsvorbehalts ist nichtig, soweit der Eigentumsübergang davon abhängig gemacht wird, dass der Käufer Forderungen eines Dritten, insbesondere eines mit dem Verkäufer verbundenen Unternehmens, erfüllt.

§ 450 Ausgeschlossene Käufer bei bestimmten Verkäufen. (1) Bei einem Verkauf im Wege der Zwangsvollstreckung dürfen der mit der Vornahme oder Leitung des Verkaufs Beauftragte und die von ihm zugezogenen Gehilfen einschließlich des Protokollführers den zu verkaufenden Gegenstand weder für sich persönlich oder durch einen anderen noch als Vertreter eines anderen kaufen.

Bürgerliches Gesetzbuch **BGB 5**

(2) Absatz 1 gilt auch bei einem Verkauf außerhalb der Zwangsvollstreckung, wenn der Auftrag zu dem Verkauf aufgrund einer gesetzlichen Vorschrift erteilt worden ist, die den Auftraggeber ermächtigt, den Gegenstand für Rechnung eines anderen verkaufen zu lassen, insbesondere in den Fällen des Pfandverkaufs und des in den §§ 383 und 385 zugelassenen Verkaufs, sowie bei einem Verkauf aus einer Insolvenzmasse.

§ 451 Kauf durch ausgeschlossenen Käufer. (1) ¹Die Wirksamkeit eines dem § 450 zuwider erfolgten Kaufs und der Übertragung des gekauften Gegenstandes hängt von der Zustimmung der bei dem Verkauf als Schuldner, Eigentümer oder Gläubiger Beteiligten ab. ²Fordert der Käufer einen Beteiligten zur Erklärung über die Genehmigung auf, so findet § 177 Abs. 2 entsprechende Anwendung.

(2) Wird infolge der Verweigerung der Genehmigung ein neuer Verkauf vorgenommen, so hat der frühere Käufer für die Kosten des neuen Verkaufs sowie für einen Mindererlös aufzukommen.

§ 452 Schiffskauf. Die Vorschriften dieses Untertitels über den Kauf von Grundstücken finden auf den Kauf von eingetragenen Schiffen und Schiffsbauwerken entsprechende Anwendung.

§ 453 Rechtskauf; Verbrauchervertrag über den Kauf digitaler Inhalte. (1) ¹Die Vorschriften über den Kauf von Sachen finden auf den Kauf von Rechten und sonstigen Gegenständen entsprechende Anwendung. ²Auf einen Verbrauchervertrag über den Verkauf digitaler Inhalte durch einen Unternehmer sind die folgenden Vorschriften nicht anzuwenden:
1. § 433 Absatz 1 Satz 1 und § 475 Absatz 1 über die Übergabe der Kaufsache und die Leistungszeit sowie
2. § 433 Absatz 1 Satz 2, die §§ 434 bis 442, 475 Absatz 3 Satz 1, Absatz 4 bis 6 und die §§ 476 und 477 über die Rechte bei Mängeln.

³An die Stelle der nach Satz 2 nicht anzuwendenden Vorschriften treten die Vorschriften des Abschnitts 3 Titel 2a Untertitel 1.

(2) Der Verkäufer trägt die Kosten der Begründung und Übertragung des Rechts.

(3) Ist ein Recht verkauft, das zum Besitz einer Sache berechtigt, so ist der Verkäufer verpflichtet, dem Käufer die Sache frei von Sach- und Rechtsmängeln zu übergeben.

Untertitel 3

Verbrauchsgüterkauf

§ 474 Verbrauchsgüterkauf. (1) ¹Verbrauchsgüterkäufe sind Verträge, durch die ein Verbraucher von einem Unternehmer eine Ware (§ 241a Absatz 1) kauft. ²Um einen Verbrauchsgüterkauf handelt es sich auch bei einem

Vertrag, der neben dem Verkauf einer Ware die Erbringung einer Dienstleistung durch den Unternehmer zum Gegenstand hat.

(2) ¹Für den Verbrauchsgüterkauf gelten ergänzend die folgenden Vorschriften dieses Untertitels. ²Für gebrauchte Waren, die in einer öffentlich zugänglichen Versteigerung (§ 312g Absatz 2 Nummer 10) verkauft werden, gilt dies nicht, wenn dem Verbraucher klare und umfassende Informationen darüber, dass die Vorschriften dieses Untertitels nicht gelten, leicht verfügbar gemacht wurden.

§ 475 Anwendbare Vorschriften. (1) ¹Ist eine Zeit für die nach § 433 zu erbringenden Leistungen weder bestimmt noch aus den Umständen zu entnehmen, so kann der Gläubiger diese Leistungen abweichend von § 271 Absatz 1 nur unverzüglich verlangen. ²Der Unternehmer muss die Ware in diesem Fall spätestens 30 Tage nach Vertragsschluss übergeben. ³Die Vertragsparteien können die Leistungen sofort bewirken.

(2) § 447 Absatz 1 gilt mit der Maßgabe, dass die Gefahr des zufälligen Untergangs und der zufälligen Verschlechterung nur dann auf den Käufer übergeht, wenn der Käufer den Spediteur, den Frachtführer oder die sonst zur Ausführung der Versendung bestimmte Person oder Anstalt mit der Ausführung beauftragt hat und der Unternehmer dem Käufer diese Person oder Anstalt nicht zuvor benannt hat.

(3) ¹ § 439 Absatz 6 ist mit der Maßgabe anzuwenden, dass Nutzungen nicht herauszugeben oder durch ihren Wert zu ersetzen sind. ²Die §§ 442, 445 und 447 Absatz 2 sind nicht anzuwenden.

(4) Der Verbraucher kann von dem Unternehmer für Aufwendungen, die ihm im Rahmen der Nacherfüllung gemäß § 439 Absatz 2 und 3 entstehen und die vom Unternehmer zu tragen sind, Vorschuss verlangen.

(5) Der Unternehmer hat die Nacherfüllung innerhalb einer angemessenen Frist ab dem Zeitpunkt, zu dem der Verbraucher ihn über den Mangel unterrichtet hat, und ohne erhebliche Unannehmlichkeiten für den Verbraucher durchzuführen, wobei die Art der Ware sowie der Zweck, für den der Verbraucher die Ware benötigt, zu berücksichtigen sind.

(6) ¹Im Fall des Rücktritts oder des Schadensersatzes statt der ganzen Leistung wegen eines Mangels der Ware ist § 346 mit der Maßgabe anzuwenden, dass der Unternehmer die Kosten der Rückgabe der Ware trägt. ²§ 348 ist mit der Maßgabe anzuwenden, dass der Nachweis des Verbrauchers über die Rücksendung der Rückgewähr der Ware gleichsteht.

§ 475a Verbrauchsgüterkaufvertrag über digitale Produkte. (1) ¹Auf einen Verbrauchsgüterkaufvertrag, welcher einen körperlichen Datenträger zum Gegenstand hat, der ausschließlich als Träger digitaler Inhalte dient, sind § 433 Absatz 1 Satz 2, die §§ 434 bis 442, 475 Absatz 3 Satz 1, Absatz 4 bis 6, die §§ 475b bis 475e und die §§ 476 und 477 über die Rechte bei Mängeln

Bürgerliches Gesetzbuch **BGB 5**

nicht anzuwenden. ²An die Stelle der nach Satz 1 nicht anzuwendenden Vorschriften treten die Vorschriften des Abschnitts ³ Titel 2a Untertitel 1.

(2) ¹Auf einen Verbrauchsgüterkaufvertrag über eine Ware, die in einer Weise digitale Produkte enthält oder mit digitalen Produkten verbunden ist, dass die Ware ihre Funktionen auch ohne diese digitalen Produkte erfüllen kann, sind im Hinblick auf diejenigen Bestandteile des Vertrags, welche die digitalen Produkte betreffen, die folgenden Vorschriften nicht anzuwenden:
1. § 433 Absatz 1 Satz 1 und § 475 Absatz 1 über die Übergabe der Kaufsache und die Leistungszeit sowie
2. § 433 Absatz 1 Satz 2, die §§ 434 bis 442, 475 Absatz 3 Satz 1, Absatz 4 bis 6, die §§ 475b bis 475e und die §§ 476 und 477 über die Rechte bei Mängeln.

²An die Stelle der nach Satz 1 nicht anzuwendenden Vorschriften treten die Vorschriften des Abschnitts 3 Titel 2a Untertitel 1.

§ 475b Sachmangel einer Ware mit digitalen Elementen. (1) ¹Für den Kauf einer Ware mit digitalen Elementen (§ 327a Absatz 3 Satz 1), bei dem sich der Unternehmer verpflichtet, dass er oder ein Dritter die digitalen Elemente bereitstellt, gelten ergänzend die Regelungen dieser Vorschrift. ²Hinsichtlich der Frage, ob die Verpflichtung des Unternehmers die Bereitstellung der digitalen Inhalte oder digitalen Dienstleistungen umfasst, gilt § 327a Absatz 3 Satz 2.

(2) Eine Ware mit digitalen Elementen ist frei von Sachmängeln, wenn sie bei Gefahrübergang und in Bezug auf eine Aktualisierungspflicht auch während des Zeitraums nach Absatz 3 Nummer 2 und Absatz 4 Nummer 2 den subjektiven Anforderungen, den objektiven Anforderungen, den Montageanforderungen und den Installationsanforderungen entspricht.

(3) Eine Ware mit digitalen Elementen entspricht den subjektiven Anforderungen, wenn
1. sie den Anforderungen des § 434 Absatz 2 entspricht und
2. für die digitalen Elemente die im Kaufvertrag vereinbarten Aktualisierungen während des nach dem Vertrag maßgeblichen Zeitraums bereitgestellt werden.

(4) Eine Ware mit digitalen Elementen entspricht den objektiven Anforderungen, wenn
1. sie den Anforderungen des § 434 Absatz 3 entspricht und
2. dem Verbraucher während des Zeitraums, den er aufgrund der Art und des Zwecks der Ware und ihrer digitalen Elemente sowie unter Berücksichtigung der Umstände und der Art des Vertrags erwarten kann, Aktualisierungen bereitgestellt werden, die für den Erhalt der Vertragsmäßigkeit der Ware erforderlich sind, und der Verbraucher über diese Aktualisierungen informiert wird.

(5) Unterlässt es der Verbraucher, eine Aktualisierung, die ihm gemäß Absatz 4 bereitgestellt worden ist, innerhalb einer angemessenen Frist zu instal-

5 BGB Bürgerliches Gesetzbuch

lieren, so haftet der Unternehmer nicht für einen Sachmangel, der allein auf das Fehlen dieser Aktualisierung zurückzuführen ist, wenn
1. der Unternehmer den Verbraucher über die Verfügbarkeit der Aktualisierung und die Folgen einer unterlassenen Installation informiert hat und
2. die Tatsache, dass der Verbraucher die Aktualisierung nicht oder unsachgemäß installiert hat, nicht auf eine dem Verbraucher bereitgestellte mangelhafte Installationsanleitung zurückzuführen ist.

(6) Soweit eine Montage oder eine Installation durchzuführen ist, entspricht eine Ware mit digitalen Elementen
1. den Montageanforderungen, wenn sie den Anforderungen des § 434 Absatz 4 entspricht, und
2. den Installationsanforderungen, wenn die Installation
   a. der digitalen Elemente sachgemäß durchgeführt worden ist oder
   b. zwar unsachgemäß durchgeführt worden ist, dies jedoch weder auf einer unsachgemäßen Installation durch den Unternehmer noch auf einem Mangel der Anleitung beruht, die der Unternehmer oder derjenige übergeben hat, der die digitalen Elemente bereitgestellt hat.

§ 475c Sachmangel einer Ware mit digitalen Elementen bei dauerhafter Bereitstellung der digitalen Elemente. (1) [1]Ist beim Kauf einer Ware mit digitalen Elementen eine dauerhafte Bereitstellung für die digitalen Elemente vereinbart, so gelten ergänzend die Regelungen dieser Vorschrift. [2]Haben die Parteien nicht bestimmt, wie lange die Bereitstellung andauern soll, so ist § 475b Absatz 4 Nummer 2 entsprechend anzuwenden.

(2) Der Unternehmer haftet über die §§ 434 und 475b hinaus auch dafür, dass die digitalen Elemente während des Bereitstellungszeitraums, mindestens aber für einen Zeitraum von zwei Jahren ab der Ablieferung der Ware, den Anforderungen des § 475b Absatz 2 entsprechen.

§ 475d Sonderbestimmungen für Rücktritt und Schadensersatz. (1) Für einen Rücktritt wegen eines Mangels der Ware bedarf es der in § 323 Absatz 1 bestimmten Fristsetzung zur Nacherfüllung abweichend von § 323 Absatz 2 und § 440 nicht, wenn
1. der Unternehmer die Nacherfüllung trotz Ablaufs einer angemessenen Frist ab dem Zeitpunkt, zu dem der Verbraucher ihn über den Mangel unterrichtet hat, nicht vorgenommen hat,
2. sich trotz der vom Unternehmer versuchten Nacherfüllung ein Mangel zeigt,
3. der Mangel derart schwerwiegend ist, dass der sofortige Rücktritt gerechtfertigt ist,
4. der Unternehmer die gemäß § 439 Absatz 1 oder 2 oder § 475 Absatz 5 ordnungsgemäße Nacherfüllung verweigert hat oder
5. es nach den Umständen offensichtlich ist, dass der Unternehmer nicht gemäß § 439 Absatz 1 oder 2 oder § 475 Absatz 5 ordnungsgemäß nacherfüllen wird.

(2) ¹Für einen Anspruch auf Schadensersatz wegen eines Mangels der Ware bedarf es der in § 281 Absatz 1 bestimmten Fristsetzung in den in Absatz 1 bestimmten Fällen nicht. ² § 281 Absatz 2 und § 440 sind nicht anzuwenden.

§ 475e Sonderbestimmungen für die Verjährung. (1) Im Fall der dauerhaften Bereitstellung digitaler Elemente nach § 475c Absatz 1 Satz 1 verjähren Ansprüche wegen eines Mangels an den digitalen Elementen nicht vor dem Ablauf von zwölf Monaten nach dem Ende des Bereitstellungszeitraums.

(2) Ansprüche wegen einer Verletzung der Aktualisierungspflicht nach § 475b Absatz 3 oder 4 verjähren nicht vor dem Ablauf von zwölf Monaten nach dem Ende des Zeitraums der Aktualisierungspflicht.

(3) Hat sich ein Mangel innerhalb der Verjährungsfrist gezeigt, so tritt die Verjährung nicht vor dem Ablauf von vier Monaten nach dem Zeitpunkt ein, in dem sich der Mangel erstmals gezeigt hat.

(4) Hat der Verbraucher zur Nacherfüllung oder zur Erfüllung von Ansprüchen aus einer Garantie die Ware dem Unternehmer oder auf Veranlassung des Unternehmers einem Dritten übergeben, so tritt die Verjährung von Ansprüchen wegen des geltend gemachten Mangels nicht vor dem Ablauf von zwei Monaten nach dem Zeitpunkt ein, in dem die nachgebesserte oder ersetzte Ware dem Verbraucher übergeben wurde.

§ 476 Abweichende Vereinbarungen. (1) ¹Auf eine vor Mitteilung eines Mangels an den Unternehmer getroffene Vereinbarung, die zum Nachteil des Verbrauchers von den §§ 433 bis 435, 437, 439 bis 441 und 443 sowie von den Vorschriften dieses Untertitels abweicht, kann der Unternehmer sich nicht berufen. ²Von den Anforderungen nach § 434 Absatz 3 oder § 475b Absatz 4 kann vor Mitteilung eines Mangels an den Unternehmer durch Vertrag abgewichen werden, wenn
1. der Verbraucher vor der Abgabe seiner Vertragserklärung eigens davon in Kenntnis gesetzt wurde, dass ein bestimmtes Merkmal der Ware von den objektiven Anforderungen abweicht, und
2. die Abweichung im Sinne der Nummer 1 im Vertrag ausdrücklich und gesondert vereinbart wurde.

(2) ¹Die Verjährung der in § 437 bezeichneten Ansprüche kann vor Mitteilung eines Mangels an den Unternehmer nicht durch Rechtsgeschäft erleichtert werden, wenn die Vereinbarung zu einer Verjährungsfrist ab dem gesetzlichen Verjährungsbeginn von weniger als zwei Jahren, bei gebrauchten Waren von weniger als einem Jahr führt. ²Die Vereinbarung ist nur wirksam, wenn
1. der Verbraucher vor der Abgabe seiner Vertragserklärung von der Verkürzung der Verjährungsfrist eigens in Kenntnis gesetzt wurde und
2. die Verkürzung der Verjährungsfrist im Vertrag ausdrücklich und gesondert vereinbart wurde.

(3) Die Absätze 1 und 2 gelten unbeschadet der §§ 307 bis 309 nicht für den Ausschluss oder die Beschränkung des Anspruchs auf Schadensersatz.

(4) Die Regelungen der Absätze 1 und 2 sind auch anzuwenden, wenn sie durch anderweitige Gestaltungen umgangen werden.

§ 477 Beweislastumkehr. (1) ¹Zeigt sich innerhalb eines Jahres seit Gefahrübergang ein von den Anforderungen nach § 434 oder § 475b abweichender Zustand der Ware, so wird vermutet, dass die Ware bereits bei Gefahrübergang mangelhaft war, es sei denn, diese Vermutung ist mit der Art der Ware oder des mangelhaften Zustands unvereinbar. ²Beim Kauf eines lebenden Tieres gilt diese Vermutung für einen Zeitraum von sechs Monaten seit Gefahrübergang.

(2) Ist bei Waren mit digitalen Elementen die dauerhafte Bereitstellung der digitalen Elemente im Kaufvertrag vereinbart und zeigt sich ein von den vertraglichen Anforderungen nach § 434 oder § 475b abweichender Zustand der digitalen Elemente während der Dauer der Bereitstellung oder innerhalb eines Zeitraums von zwei Jahren seit Gefahrübergang, so wird vermutet, dass die digitalen Elemente während der bisherigen Dauer der Bereitstellung mangelhaft waren.

§ 478 Sonderbestimmungen für den Rückgriff des Unternehmers. (1) Ist der letzte Vertrag in der Lieferkette ein Verbrauchsgüterkauf (§ 474), findet § 477 in den Fällen des § 445a Absatz 1 und 2 mit der Maßgabe Anwendung, dass die Frist mit dem Übergang der Gefahr auf den Verbraucher beginnt.

(2) ¹Auf eine vor Mitteilung eines Mangels an den Lieferanten getroffene Vereinbarung, die zum Nachteil des Unternehmers von Absatz 1 sowie von den §§ 433 bis 435, 437, 439 bis 443, 445a Absatz 1 und 2 sowie den §§ 445b, 475b und 475c abweicht, kann sich der Lieferant nicht berufen, wenn dem Rückgriffsgläubiger kein gleichwertiger Ausgleich eingeräumt wird. ²Satz 1 gilt unbeschadet des § 307 nicht für den Ausschluss oder die Beschränkung des Anspruchs auf Schadensersatz. ³Die in Satz 1 bezeichneten Vorschriften finden auch Anwendung, wenn sie durch anderweitige Gestaltungen umgangen werden.

(3) Die Absätze 1 und 2 finden auf die Ansprüche des Lieferanten und der übrigen Käufer in der Lieferkette gegen die jeweiligen Verkäufer entsprechende Anwendung, wenn die Schuldner Unternehmer sind.

§ 479 Sonderbestimmungen für Garantien. (1) ¹Eine Garantieerklärung (§ 443) muss einfach und verständlich abgefasst sein. ²Sie muss Folgendes enthalten:
1. den Hinweis auf die gesetzlichen Rechte des Verbrauchers bei Mängeln, darauf, dass die Inanspruchnahme dieser Rechte unentgeltlich ist sowie darauf, dass diese Rechte durch die Garantie nicht eingeschränkt werden,
2. den Namen und die Anschrift des Garantiegebers,
3. das vom Verbraucher einzuhaltende Verfahren für die Geltendmachung der Garantie,
4. die Nennung der Ware, auf die sich die Garantie bezieht, und

Bürgerliches Gesetzbuch

5. die Bestimmungen der Garantie, insbesondere die Dauer und den räumlichen Geltungsbereich des Garantieschutzes.

(2) Die Garantieerklärung ist dem Verbraucher spätestens zum Zeitpunkt der Lieferung der Ware auf einem dauerhaften Datenträger zur Verfügung zu stellen.

(3) Hat der Hersteller gegenüber dem Verbraucher eine Haltbarkeitsgarantie übernommen, so hat der Verbraucher gegen den Hersteller während des Zeitraums der Garantie mindestens einen Anspruch auf Nacherfüllung gemäß § 439 Absatz 2, 3, 5 und 6 Satz 2 und § 475 Absatz 3 Satz 1 und Absatz 5.

(4) Die Wirksamkeit der Garantieverpflichtung wird nicht dadurch berührt, dass eine der vorstehenden Anforderungen nicht erfüllt wird.

Abschnitt 8

Einzelne Schuldverhältnisse

Titel 4

Schenkungen

§ 516a Verbrauchervertrag über die Schenkung digitaler Produkte. (1) [1]Auf einen Verbrauchervertrag, bei dem der Unternehmer dem Verbraucher
1. digitale Produkte oder
2. einen körperlichen Datenträger, der ausschließlich als Träger digitaler Inhalte dient, schenkt, und der Verbraucher dem Unternehmer personenbezogene Daten nach Maßgabe des § 327 Absatz 3 bereitstellt oder sich hierzu verpflichtet, sind die §§ 523 und 524 über die Haftung des Schenkers für Rechts- oder Sachmängel nicht anzuwenden.[2]An die Stelle der nach Satz 1 nicht anzuwendenden Vorschriften treten die Vorschriften des Abschnitts 3 Titel 2a.

(2) Für einen Verbrauchervertrag, bei dem der Unternehmer dem Verbraucher eine Sache schenkt, die digitale Produkte enthält oder mit digitalen Produkten verbunden ist, gilt der Anwendungsausschluss nach Absatz 1 entsprechend für diejenigen Bestandteile des Vertrags, welche die digitalen Produkte betreffen.

Titel 5

Mietvertrag

§ 548 Verjährung der Ersatzansprüche und des Wegnahmerechts. (1) [1]Die Ersatzansprüche des Vermieters wegen Veränderungen oder Verschlechterungen der Mietsache verjähren in sechs Monaten. [2]Die Verjährung beginnt mit dem Zeitpunkt, in dem er die Mietsache zurückerhält. ³Mit der Verjährung des Anspruchs des Vermieters auf Rückgabe der Mietsache verjähren auch seine Ersatzansprüche.

(2) Ansprüche des Mieters auf Ersatz von Aufwendungen oder auf Gestattung der Wegnahme einer Einrichtung verjähren in sechs Monaten nach der Beendigung des Mietverhältnisses.

§ 548a Miete digitaler Produkte. Die Vorschriften über die Miete von Sachen sind auf die Miete digitaler Produkte entsprechend anzuwenden.

Untertitel 3

Mietverhältnis über andere Sachen und digitale Produkte

§ 578b Verträge über die Miete digitaler Produkte. (1) ¹Auf einen Verbrauchervertrag, bei dem der Unternehmer sich verpflichtet, dem Verbraucher digitale Produkte zu vermieten, sind die folgenden Vorschriften nicht anzuwenden:
1. § 535 Absatz 1 Satz 2 und die §§ 536 bis 536d über die Rechte bei Mängeln und
2. § 543 Absatz 2 Satz 1 Nummer 1 und Absatz 4 über die Rechte bei unterbliebener Bereitstellung.

²An die Stelle der nach Satz 1 nicht anzuwendenden Vorschriften treten die Vorschriften des Abschnitts 3 Titel 2a. ³Der Anwendungsausschluss nach Satz 1 Nummer 2 gilt nicht, wenn der Vertrag die Bereitstellung eines körperlichen Datenträgers zum Gegenstand hat, der ausschließlich als Träger digitaler Inhalte dient.

(2) ¹Wenn der Verbraucher einen Verbrauchervertrag nach Absatz 1 wegen unterbliebener Bereitstellung (§ 327c), Mangelhaftigkeit (§ 327m) oder Änderung (§ 327r Absatz 3 und 4) des digitalen Produkts beendet, sind die §§ 546 bis 548 nicht anzuwenden. ²An die Stelle der nach Satz 1 nicht anzuwendenden Vorschriften treten die Vorschriften des Abschnitts 3 Titel 2a.

(3) Für einen Verbrauchervertrag, bei dem der Unternehmer sich verpflichtet, dem Verbraucher eine Sache zu vermieten, die ein digitales Produkt enthält oder mit ihm verbunden ist, gelten die Anwendungsausschlüsse nach den Absätzen 1 und 2 entsprechend für diejenigen Bestandteile des Vertrags, die das digitale Produkt betreffen.

(4) ¹Auf einen Vertrag zwischen Unternehmern, der der Bereitstellung digitaler Produkte gemäß eines Verbrauchervertrags nach Absatz 1 oder Absatz 3 dient, ist § 536a Absatz 2 über den Anspruch des Unternehmers gegen den Vertriebspartner auf Ersatz von denjenigen Aufwendungen nicht anzuwenden, die er im Verhältnis zum Verbraucher nach § 327l zu tragen hatte. ²An die Stelle des nach Satz 1 nicht anzuwendenden § 536a Absatz 2 treten die Vorschriften des Abschnitts 3 Titel 2a Untertitel 2.

Bürgerliches Gesetzbuch **BGB 5**

Titel 8

Dienstvertrag

§ 611 Vertragstypische Pflichten beim Dienstvertrag. (1) Durch den Dienstvertrag wird derjenige, welcher Dienste zusagt, zur Leistung der versprochenen Dienste, der andere Teil zur Gewährung der vereinbarten Vergütung verpflichtet.

§ 611a Arbeitsvertrag. (1) [1]Durch den Arbeitsvertrag wird der Arbeitnehmer im Dienste eines anderen zur Leistung weisungsgebundener, fremdbestimmter Arbeit in persönlicher Abhängigkeit verpflichtet. [2]Das Weisungsrecht kann Inhalt, Durchführung, Zeit und Ort der Tätigkeit betreffen. [3]Weisungsgebunden ist, wer nicht im Wesentlichen frei seine Tätigkeit gestalten und seine Arbeitszeit bestimmen kann. [4]Der Grad der persönlichen Abhängigkeit hängt dabei auch von der Eigenart der jeweiligen Tätigkeit ab. [5]Für die Feststellung, ob ein Arbeitsvertrag vorliegt, ist eine Gesamtbetrachtung aller Umstände vorzunehmen. [6]Zeigt die tatsächliche Durchführung des Vertragsverhältnisses, dass es sich um ein Arbeitsverhältnis handelt, kommt es auf die Bezeichnung im Vertrag nicht an.

(2) Der Arbeitgeber ist zur Zahlung der vereinbarten Vergütung verpflichtet.

§ 612 Vergütung. (1) Eine Vergütung gilt als stillschweigend vereinbart, wenn die Dienstleistung den Umständen nach nur gegen eine Vergütung zu erwarten ist.

(2) Ist die Höhe der Vergütung nicht bestimmt, so ist bei dem Bestehen einer Taxe die taxmäßige Vergütung, in Ermangelung einer Taxe die übliche Vergütung als vereinbart anzusehen.

§ 612a Maßregelungsverbot. Der Arbeitgeber darf einen Arbeitnehmer bei einer Vereinbarung oder einer Maßnahme nicht benachteiligen, weil der Arbeitnehmer in zulässiger Weise seine Rechte ausübt.

§ 613 Unübertragbarkeit. [1]Der zur Dienstleistung Verpflichtete hat die Dienste im Zweifel in Person zu leisten. [2]Der Anspruch auf die Dienste ist im Zweifel nicht übertragbar.

§ 613a Rechte und Pflichten bei Betriebsübergang. (1) [1]Geht ein Betrieb oder Betriebsteil durch Rechtsgeschäft auf einen anderen Inhaber über, so tritt dieser in die Rechte und Pflichten aus den im Zeitpunkt des Übergangs bestehenden Arbeitsverhältnissen ein. [2]Sind diese Rechte und Pflichten durch Rechtsnormen eines Tarifvertrags oder durch eine Betriebsvereinbarung geregelt, so werden sie Inhalt des Arbeitsverhältnisses zwischen dem neuen Inhaber und dem Arbeitnehmer und dürfen nicht vor Ablauf eines Jahres nach dem Zeitpunkt des Übergangs zum Nachteil des Arbeitnehmers geändert werden. [3]Satz 2 gilt nicht, wenn die Rechte und Pflichten bei dem neuen Inhaber durch Rechtsnormen eines anderen Tarifvertrags oder durch eine andere Betriebsvereinbarung geregelt werden. [4]Vor Ablauf der Frist nach Satz 2 können die Rechte und Pflichten geändert werden, wenn der Tarifvertrag oder die Betriebsvereinbarung nicht mehr gilt oder bei fehlender beiderseitiger Tarifgebundenheit im Geltungsbereich eines anderen Tarifvertrags dessen Anwendung zwischen dem neuen Inhaber und dem Arbeitnehmer vereinbart wird.

(2) [1]Der bisherige Arbeitgeber haftet neben dem neuen Inhaber für Verpflichtungen nach Absatz 1, soweit sie vor dem Zeitpunkt des Übergangs entstanden sind und vor Ablauf von einem Jahr nach diesem Zeitpunkt fällig werden, als Gesamtschuldner. [2]Werden solche Verpflichtungen nach dem Zeitpunkt des Übergangs fällig, so haftet der bisherige Arbeitgeber für sie jedoch nur in dem Umfang, der dem im Zeitpunkt des Übergangs abgelaufenen Teil ihres Bemessungszeitraums entspricht.

(3) Absatz 2 gilt nicht, wenn eine juristische Person oder eine Personenhandelsgesellschaft durch Umwandlung erlischt.

(4) [1]Die Kündigung des Arbeitsverhältnisses eines Arbeitnehmers durch den bisherigen Arbeitgeber oder durch den neuen Inhaber wegen des Übergangs eines Betriebs oder eines Betriebsteils ist unwirksam. [2]Das Recht zur Kündigung des Arbeitsverhältnisses aus anderen Gründen bleibt unberührt.

(5) Der bisherige Arbeitgeber oder der neue Inhaber hat die von einem Übergang betroffenen Arbeitnehmer vor dem Übergang in Textform zu unterrichten über:
1. den Zeitpunkt oder den geplanten Zeitpunkt des Übergangs,
2. den Grund für den Übergang,
3. die rechtlichen, wirtschaftlichen und sozialen Folgen des Übergangs für die Arbeitnehmer und
4. die hinsichtlich der Arbeitnehmer in Aussicht genommenen Maßnahmen.

(6) [1]Der Arbeitnehmer kann dem Übergang des Arbeitsverhältnisses innerhalb eines Monats nach Zugang der Unterrichtung nach Absatz 5 schriftlich widersprechen. [2]Der Widerspruch kann gegenüber dem bisherigen Arbeitgeber oder dem neuen Inhaber erklärt werden.

§ 614 Fälligkeit der Vergütung. [1]Die Vergütung ist nach der Leistung der Dienste zu entrichten. [2]Ist die Vergütung nach Zeitabschnitten bemessen, so ist sie nach dem Ablauf der einzelnen Zeitabschnitte zu entrichten.

§ 615 Vergütung bei Annahmeverzug und bei Betriebsrisiko. [1]Kommt der Dienstberechtigte mit der Annahme der Dienste in Verzug, so kann der Verpflichtete für die infolge des Verzugs nicht geleisteten Dienste die vereinbarte Vergütung verlangen, ohne zur Nachleistung verpflichtet zu sein. [2]Er muss sich jedoch den Wert desjenigen anrechnen lassen, was er infolge des Unterbleibens der Dienstleistung erspart oder durch anderweitige Verwendung seiner Dienste erwirbt oder zu erwerben böswillig unterlässt. [3]Die Sätze 1 und

2 gelten entsprechend in den Fällen, in denen der Arbeitgeber das Risiko des Arbeitsausfalls trägt.

§ 616 Vorübergehende Verhinderung. ¹Der zur Dienstleistung Verpflichtete wird des Anspruchs auf die Vergütung nicht dadurch verlustig, dass er für eine verhältnismäßig nicht erhebliche Zeit durch einen in seiner Person liegenden Grund ohne sein Verschulden an der Dienstleistung verhindert wird. ²Er muss sich jedoch den Betrag anrechnen lassen, welcher ihm für die Zeit der Verhinderung aus einer aufgrund gesetzlicher Verpflichtung bestehenden Kranken- oder Unfallversicherung zukommt.

§ 617 Pflicht zur Krankenfürsorge. (1) ¹Ist bei einem dauernden Dienstverhältnis, welches die Erwerbstätigkeit des Verpflichteten vollständig oder hauptsächlich in Anspruch nimmt, der Verpflichtete in die häusliche Gemeinschaft aufgenommen, so hat der Dienstberechtigte ihm im Falle der Erkrankung die erforderliche Verpflegung und ärztliche Behandlung bis zur Dauer von sechs Wochen, jedoch nicht über die Beendigung des Dienstverhältnisses hinaus, zu gewähren, sofern nicht die Erkrankung von dem Verpflichteten vorsätzlich oder durch grobe Fahrlässigkeit herbeigeführt worden ist. ²Die Verpflegung und ärztliche Behandlung kann durch Aufnahme des Verpflichteten in eine Krankenanstalt gewährt werden. ³Die Kosten können auf die für die Zeit der Erkrankung geschuldete Vergütung angerechnet werden. ⁴Wird das Dienstverhältnis wegen der Erkrankung von dem Dienstberechtigten nach § 626 gekündigt, so bleibt die dadurch herbeigeführte Beendigung des Dienstverhältnisses außer Betracht.

(2) Die Verpflichtung des Dienstberechtigten tritt nicht ein, wenn für die Verpflegung und ärztliche Behandlung durch eine Versicherung oder durch eine Einrichtung der öffentlichen Krankenpflege Vorsorge getroffen ist.

§ 618 Pflicht zu Schutzmaßnahmen. (1) Der Dienstberechtigte hat Räume, Vorrichtungen oder Gerätschaften, die er zur Verrichtung der Dienste zu beschaffen hat, so einzurichten und zu unterhalten und Dienstleistungen, die unter seiner Anordnung oder seiner Leitung vorzunehmen sind, so zu regeln, dass der Verpflichtete gegen Gefahr für Leben und Gesundheit soweit geschützt ist, als die Natur der Dienstleistung es gestattet.

(2) Ist der Verpflichtete in die häusliche Gemeinschaft aufgenommen, so hat der Dienstberechtigte in Ansehung des Wohn- und Schlafraums, der Verpflegung sowie der Arbeits- und Erholungszeit diejenigen Einrichtungen und Anordnungen zu treffen, welche mit Rücksicht auf die Gesundheit, die Sittlichkeit und die Religion des Verpflichteten erforderlich sind.

(3) Erfüllt der Dienstberechtigte die ihm in Ansehung des Lebens und der Gesundheit des Verpflichteten obliegenden Verpflichtungen nicht, so finden auf seine Verpflichtung zum Schadensersatz die für unerlaubte Handlungen geltenden Vorschriften der §§ 842 bis 846 entsprechende Anwendung.

§ 619 Unabdingbarkeit der Fürsorgepflichten. Die dem Dienstberechtigten nach den §§ 617, 618 obliegenden Verpflichtungen können nicht im Voraus durch Vertrag aufgehoben oder beschränkt werden.

§ 619a Beweislast bei Haftung des Arbeitnehmers. Abweichend von § 280 Abs. 1 hat der Arbeitnehmer dem Arbeitgeber Ersatz für den aus der Verletzung einer Pflicht aus dem Arbeitsverhältnis entstehenden Schaden nur zu leisten, wenn er die Pflichtverletzung zu vertreten hat.

§ 620 Beendigung des Dienstverhältnisses. (1) Das Dienstverhältnis endigt mit dem Ablauf der Zeit, für die es eingegangen ist.

(2) Ist die Dauer des Dienstverhältnisses weder bestimmt noch aus der Beschaffenheit oder dem Zwecke der Dienste zu entnehmen, so kann jeder Teil das Dienstverhältnis nach Maßgabe der §§ 621 bis 623 kündigen.

(3) Für Arbeitsverträge, die auf bestimmte Zeit abgeschlossen werden, gilt das Teilzeit- und Befristungsgesetz.

(4) Ein Verbrauchervertrag über eine digitale Dienstleistung kann auch nach Maßgabe der §§ 327c, 327m und 327r Absatz 3 und 4 beendet werden.

§ 621 Kündigungsfristen bei Dienstverhältnissen. Bei einem Dienstverhältnis, das kein Arbeitsverhältnis im Sinne des § 622 ist, ist die Kündigung zulässig,
1. wenn die Vergütung nach Tagen bemessen ist, an jedem Tag für den Ablauf des folgenden Tages;
2. wenn die Vergütung nach Wochen bemessen ist, spätestens am ersten Werktag einer Woche für den Ablauf des folgenden Sonnabends;
3. wenn die Vergütung nach Monaten bemessen ist, spätestens am fünfzehnten eines Monats für den Schluss des Kalendermonats;
4. wenn die Vergütung nach Vierteljahren oder längeren Zeitabschnitten bemessen ist, unter Einhaltung einer Kündigungsfrist von sechs Wochen für den Schluss eines Kalendervierteljahrs;
5. wenn die Vergütung nicht nach Zeitabschnitten bemessen ist, jederzeit; bei einem die Erwerbstätigkeit des Verpflichteten vollständig oder hauptsächlich in Anspruch nehmenden Dienstverhältnis ist jedoch eine Kündigungsfrist von zwei Wochen einzuhalten.

§ 622 Kündigungsfristen bei Arbeitsverhältnissen. (1) Das Arbeitsverhältnis eines Arbeiters oder eines Angestellten (Arbeitnehmers) kann mit einer Frist von vier Wochen zum Fünfzehnten oder zum Ende eines Kalendermonats gekündigt werden.

(2) Für eine Kündigung durch den Arbeitgeber beträgt die Kündigungsfrist, wenn das Arbeitsverhältnis in dem Betrieb oder Unternehmen
1. zwei Jahre bestanden hat, einen Monat zum Ende eines Kalendermonats,
2. fünf Jahre bestanden hat, zwei Monate zum Ende eines Kalendermonats,
3. acht Jahre bestanden hat, drei Monate zum Ende eines Kalendermonats,

Bürgerliches Gesetzbuch **BGB 5**

4. zehn Jahre bestanden hat, vier Monate zum Ende eines Kalendermonats,
5. zwölf Jahre bestanden hat, fünf Monate zum Ende eines Kalendermonats,
6. 15 Jahre bestanden hat, sechs Monate zum Ende eines Kalendermonats,
7. 20 Jahre bestanden hat, sieben Monate zum Ende eines Kalendermonats.

(3) Während einer vereinbarten Probezeit, längstens für die Dauer von sechs Monaten, kann das Arbeitsverhältnis mit einer Frist von zwei Wochen gekündigt werden.

(4) [1]Von den Absätzen 1 bis 3 abweichende Regelungen können durch Tarifvertrag vereinbart werden. [2]Im Geltungsbereich eines solchen Tarifvertrags gelten die abweichenden tarifvertraglichen Bestimmungen zwischen nicht tarifgebundenen Arbeitgebern und Arbeitnehmern, wenn ihre Anwendung zwischen ihnen vereinbart ist.

(5) [1]Einzelvertraglich kann eine kürzere als die in Absatz 1 genannte Kündigungsfrist nur vereinbart werden,
1. wenn ein Arbeitnehmer zur vorübergehenden Aushilfe eingestellt ist; dies gilt nicht, wenn das Arbeitsverhältnis über die Zeit von drei Monaten hinaus fortgesetzt wird;
2. wenn der Arbeitgeber in der Regel nicht mehr als 20 Arbeitnehmer ausschließlich der zu ihrer Berufsbildung Beschäftigten beschäftigt und die Kündigungsfrist vier Wochen nicht unterschreitet.

[2]Bei der Feststellung der Zahl der beschäftigten Arbeitnehmer sind teilzeitbeschäftigte Arbeitnehmer mit einer regelmäßigen wöchentlichen Arbeitszeit von nicht mehr als 20 Stunden mit 0,5 und nicht mehr als 30 Stunden mit 0,75 zu berücksichtigen. [3]Die einzelvertragliche Vereinbarung längerer als der in den Absätzen 1 bis 3 genannten Kündigungsfristen bleibt hiervon unberührt.

(6) Für die Kündigung des Arbeitsverhältnisses durch den Arbeitnehmer darf keine längere Frist vereinbart werden als für die Kündigung durch den Arbeitgeber.

§ 623 Schriftform der Kündigung. Die Beendigung von Arbeitsverhältnissen durch Kündigung oder Auflösungsvertrag bedürfen zu ihrer Wirksamkeit der Schriftform; die elektronische Form ist ausgeschlossen.

§ 624 Kündigungsfrist bei Verträgen über mehr als fünf Jahre. [1]Ist das Dienstverhältnis für die Lebenszeit einer Person oder für längere Zeit als fünf Jahre eingegangen, so kann es von dem Verpflichteten nach dem Ablauf von fünf Jahren gekündigt werden. [2]Die Kündigungsfrist beträgt sechs Monate.

§ 625 Stillschweigende Verlängerung. Wird das Dienstverhältnis nach dem Ablauf der Dienstzeit von dem Verpflichteten mit Wissen des anderen Teiles fortgesetzt, so gilt es als auf unbestimmte Zeit verlängert, sofern nicht der andere Teil unverzüglich widerspricht.

§ 626 Fristlose Kündigung aus wichtigem Grund. (1) Das Dienstverhältnis kann von jedem Vertragsteil aus wichtigem Grund ohne Einhaltung einer

Kündigungsfrist gekündigt werden, wenn Tatsachen vorliegen, aufgrund derer dem Kündigenden unter Berücksichtigung aller Umstände des Einzelfalles und unter Abwägung der Interessen beider Vertragsteile die Fortsetzung des Dienstverhältnisses bis zum Ablauf der Kündigungsfrist oder bis zu der vereinbarten Beendigung des Dienstverhältnisses nicht zugemutet werden kann.

(2) [1]Die Kündigung kann nur innerhalb von zwei Wochen erfolgen. [2]Die Frist beginnt mit dem Zeitpunkt, in dem der Kündigungsberechtigte von den für die Kündigung maßgebenden Tatsachen Kenntnis erlangt. [3]Der Kündigende muss dem anderen Teil auf Verlangen den Kündigungsgrund unverzüglich schriftlich mitteilen.

§ 627 Fristlose Kündigung bei Vertrauensstellung. (1) Bei einem Dienstverhältnis, das kein Arbeitsverhältnis im Sinne des § 622 ist, ist die Kündigung auch ohne die in § 626 bezeichnete Voraussetzung zulässig, wenn der zur Dienstleistung Verpflichtete, ohne in einem dauernden Dienstverhältnis mit festen Bezügen zu stehen, Dienste höherer Art zu leisten hat, die aufgrund besonderen Vertrauens übertragen zu werden pflegen.

(2) [1]Der Verpflichtete darf nur in der Art kündigen, dass sich der Dienstberechtigte die Dienste anderweit beschaffen kann, es sei denn, dass ein wichtiger Grund für die unzeitige Kündigung vorliegt. [2]Kündigt er ohne solchen Grund zur Unzeit, so hat er dem Dienstberechtigten den daraus entstehenden Schaden zu ersetzen.

§ 628 Teilvergütung und Schadensersatz bei fristloser Kündigung.
(1) [1]Wird nach dem Beginn der Dienstleistung das Dienstverhältnis aufgrund des § 626 oder des § 627 gekündigt, so kann der Verpflichtete einen seinen bisherigen Leistungen entsprechenden Teil der Vergütung verlangen. [2]Kündigt er, ohne durch vertragswidriges Verhalten des anderen Teiles dazu veranlasst zu sein, oder veranlasst er durch sein vertragswidriges Verhalten die Kündigung des anderen Teiles, so steht ihm ein Anspruch auf die Vergütung insoweit nicht zu, als seine bisherigen Leistungen infolge der Kündigung für den anderen Teil kein Interesse haben. [3]Ist die Vergütung für eine spätere Zeit im Voraus entrichtet, so hat der Verpflichtete sie nach Maßgabe des § 346 oder, wenn die Kündigung wegen eines Umstands erfolgt, den er nicht zu vertreten hat, nach den Vorschriften über die Herausgabe einer ungerechtfertigten Bereicherung zurückzuerstatten.

(2) Wird die Kündigung durch vertragswidriges Verhalten des anderen Teiles veranlasst, so ist dieser zum Ersatz des durch die Aufhebung des Dienstverhältnisses entstehenden Schadens verpflichtet.

§ 629 Freizeit zur Stellungssuche. Nach der Kündigung eines dauernden Dienstverhältnisses hat der Dienstberechtigte dem Verpflichteten auf Verlangen angemessene Zeit zum Aufsuchen eines anderen Dienstverhältnisses zu gewähren.

Bürgerliches Gesetzbuch

§ 630 Pflicht zur Zeugniserteilung. [1]Bei der Beendigung eines dauernden Dienstverhältnisses kann der Verpflichtete von dem anderen Teil ein schriftliches Zeugnis über das Dienstverhältnis und dessen Dauer fordern. [2]Das Zeugnis ist auf Verlangen auf die Leistungen und die Führung im Dienst zu erstrecken. [3]Die Erteilung des Zeugnisses in elektronischer Form ist ausgeschlossen. [4]Wenn der Verpflichtete ein Arbeitnehmer ist, findet § 109 der Gewerbeordnung Anwendung.

Abschnitt 8

Einzelne Schuldverhältnisse

Titel 9

Werkvertrag und ähnliche Verträge

§ 631 Vertragstypische Pflichten beim Werkvertrag. (1) Durch den Werkvertrag wird der Unternehmer zur Herstellung des versprochenen Werkes, der Besteller zur Entrichtung der vereinbarten Vergütung verpflichtet.

(2) Gegenstand des Werkvertrags kann sowohl die Herstellung oder Veränderung einer Sache als auch ein anderer durch Arbeit oder Dienstleistung herbeizuführender Erfolg sein.

§ 632 Vergütung. (1) Eine Vergütung gilt als stillschweigend vereinbart, wenn die Herstellung des Werkes den Umständen nach nur gegen eine Vergütung zu erwarten ist.

(2) Ist die Höhe der Vergütung nicht bestimmt, so ist bei dem Bestehen einer Taxe die taxmäßige Vergütung, in Ermangelung einer Taxe die übliche Vergütung als vereinbart anzusehen.

(3) Ein Kostenanschlag ist im Zweifel nicht zu vergüten.

§ 632a Abschlagszahlungen. (1) [1]Der Unternehmer kann von dem Besteller eine Abschlagszahlung in Höhe des Wertes der von ihm erbrachten und nach dem Vertrag geschuldeten Leistungen verlangen. [2]Sind die erbrachten Leistungen nicht vertragsgemäß, kann der Besteller die Zahlung eines angemessenen Teils des Abschlags verweigern. [3]Die Beweislast für die vertragsgemäße Leistung verbleibt bis zur Abnahme beim Unternehmer. [4]§ 641 Abs. 3 gilt entsprechend. [5]Die Leistungen sind durch eine Aufstellung nachzuweisen, die eine rasche und sichere Beurteilung der Leistungen ermöglichen muss. [6]Die Sätze 1 bis 5 gelten auch für erforderliche Stoffe oder Bauteile, die angeliefert oder eigens angefertigt und bereitgestellt sind, wenn dem Besteller nach seiner Wahl Eigentum an den Stoffen oder Bauteilen übertragen oder entsprechende Sicherheit hierfür geleistet wird.

(2) Die Sicherheit nach Absatz 1 Satz 6 kann auch durch eine Garantie oder ein sonstiges Zahlungsversprechen eines im Geltungsbereich dieses Gesetzes

zum Geschäftsbetrieb befugten Kreditinstituts oder Kreditversicherers geleistet werden.

§ 633 Sach- und Rechtsmangel. (1) Der Unternehmer hat dem Besteller das Werk frei von Sach- und Rechtsmängeln zu verschaffen.

(2) ¹Das Werk ist frei von Sachmängeln, wenn es die vereinbarte Beschaffenheit hat. ²Soweit die Beschaffenheit nicht vereinbart ist, ist das Werk frei von Sachmängeln,
1. wenn es sich für die nach dem Vertrag vorausgesetzte, sonst
2. für die gewöhnliche Verwendung eignet und eine Beschaffenheit aufweist, die bei Werken der gleichen Art üblich ist und die der Besteller nach der Art des Werks erwarten kann.

³Einem Sachmangel steht es gleich, wenn der Unternehmer ein anderes als das bestellte Werk oder das Werk in zu geringer Menge herstellt.

(3) Das Werk ist frei von Rechtsmängeln, wenn Dritte in Bezug auf das Werk keine oder nur die im Vertrag übernommenen Rechte gegen den Besteller geltend machen können.

§ 634 Rechte des Bestellers bei Mängeln. Ist das Werk mangelhaft, kann der Besteller, wenn die Voraussetzungen der folgenden Vorschriften vorliegen und soweit nicht ein anderes bestimmt ist,
1. nach § 635 Nacherfüllung verlangen,
2. nach § 637 den Mangel selbst beseitigen und Ersatz der erforderlichen Aufwendungen verlangen,
3. nach den §§ 636, 323 und 326 Abs. 5 von dem Vertrag zurücktreten oder nach § 638 die Vergütung mindern und
4. nach den §§ 636, 280, 281, 283 und 311a Schadensersatz oder nach § 284 Ersatz vergeblicher Aufwendungen verlangen.

§ 634a Verjährung der Mängelansprüche. (1) Die in § 634 Nr. 1, 2 und 4 bezeichneten Ansprüche verjähren
1. vorbehaltlich der Nummer 2 in zwei Jahren bei einem Werk, dessen Erfolg in der Herstellung, Wartung oder Veränderung einer Sache oder in der Erbringung von Planungs- oder Überwachungsleistungen hierfür besteht,
2. in fünf Jahren bei einem Bauwerk und einem Werk, dessen Erfolg in der Erbringung von Planungs- oder Überwachungsleistungen hierfür besteht, und
3. im Übrigen in der regelmäßigen Verjährungsfrist.

(2) Die Verjährung beginnt in den Fällen des Absatzes 1 Nr. 1 und 2 mit der Abnahme.

(3) ¹Abweichend von Absatz 1 Nr. 1 und 2 und Absatz 2 verjähren die Ansprüche in der regelmäßigen Verjährungsfrist, wenn der Unternehmer den Mangel arglistig verschwiegen hat. ²Im Fall des Absatzes 1 Nr. 2 tritt die Verjährung jedoch nicht vor Ablauf der dort bestimmten Frist ein.

(4) ¹Für das in § 634 bezeichnete Rücktrittsrecht gilt § 218. ²Der Besteller kann trotz einer Unwirksamkeit des Rücktritts nach § 218 Abs. 1 die Zahlung der Vergütung insoweit verweigern, als er auf Grund des Rücktritts dazu berechtigt sein würde. ³Macht er von diesem Recht Gebrauch, kann der Unternehmer vom Vertrag zurücktreten.

(5) Auf das in § 634 bezeichnete Minderungsrecht finden § 218 und Absatz 4 Satz 2 entsprechende Anwendung.

§ 635 Nacherfüllung. (1) Verlangt der Besteller Nacherfüllung, so kann der Unternehmer nach seiner Wahl den Mangel beseitigen oder ein neues Werk herstellen.

(2) Der Unternehmer hat die zum Zwecke der Nacherfüllung erforderlichen Aufwendungen, insbesondere Transport-, Wege-, Arbeits- und Materialkosten zu tragen.

(3) Der Unternehmer kann die Nacherfüllung unbeschadet des § 275 Abs. 2 und 3 verweigern, wenn sie nur mit unverhältnismäßigen Kosten möglich ist.

(4) Stellt der Unternehmer ein neues Werk her, so kann er vom Besteller Rückgewähr des mangelhaften Werks nach Maßgabe der §§ 346 bis 348 verlangen.

§ 636 Besondere Bestimmungen für Rücktritt und Schadensersatz.
Außer in den Fällen des § 281 Abs. 2 und des § 323 Abs. 2 bedarf es der Fristsetzung auch dann nicht, wenn der Unternehmer die Nacherfüllung gemäß § 635 Abs. 3 verweigert oder wenn die Nacherfüllung fehlgeschlagen oder dem Besteller unzumutbar ist.

§ 637 Selbstvornahme. (1) Der Besteller kann wegen eines Mangels des Werkes nach erfolglosem Ablauf einer von ihm zur Nacherfüllung bestimmten angemessenen Frist den Mangel selbst beseitigen und Ersatz der erforderlichen Aufwendungen verlangen, wenn nicht der Unternehmer die Nacherfüllung zu Recht verweigert.

(2) ¹§ 323 Abs. 2 findet entsprechende Anwendung. ²Der Bestimmung einer Frist bedarf es auch dann nicht, wenn die Nacherfüllung fehlgeschlagen oder dem Besteller unzumutbar ist.

(3) Der Besteller kann von dem Unternehmer für die zur Beseitigung des Mangels erforderlichen Aufwendungen Vorschuss verlangen.

§ 638 Minderung. (1) ¹Statt zurückzutreten, kann der Besteller die Vergütung durch Erklärung gegenüber dem Unternehmer mindern. ²Der Ausschlussgrund des § 323 Abs. 5 Satz 2 findet keine Anwendung.

(2) Sind auf der Seite des Bestellers oder auf der Seite des Unternehmers mehrere beteiligt, so kann die Minderung nur von allen oder gegen alle erklärt werden.

(3) ¹Bei der Minderung ist die Vergütung in dem Verhältnis herabzusetzen, in welchem zur Zeit des Vertragsschlusses der Wert des Werkes in mangelfreiem Zustand zu dem wirklichen Wert gestanden haben würde. ²Die Minderung ist, soweit erforderlich, durch Schätzung zu ermitteln.

(4) ¹Hat der Besteller mehr als die geminderte Vergütung gezahlt, so ist der Mehrbetrag vom Unternehmer zu erstatten. ²§ 346 Abs. 1 und § 347 Abs. 1 finden entsprechende Anwendung.

§ 639 Haftungsausschluss. Auf eine Vereinbarung, durch welche die Rechte des Bestellers wegen eines Mangels ausgeschlossen oder beschränkt werden, kann sich der Unternehmer nicht berufen, soweit er den Mangel arglistig verschwiegen oder eine Garantie für die Beschaffenheit des Werkes übernommen hat.

§ 640 Abnahme. (1) ¹Der Besteller ist verpflichtet, das vertragsmäßig hergestellte Werk abzunehmen, sofern nicht nach der Beschaffenheit des Werkes die Abnahme ausgeschlossen ist. ²Wegen unwesentlicher Mängel kann die Abnahme nicht verweigert werden.

(2) ¹Als abgenommen gilt ein Werk auch, wenn der Unternehmer dem Besteller nach Fertigstellung des Werks eine angemessene Frist zur Abnahme gesetzt hat und der Besteller die Abnahme nicht innerhalb dieser Frist unter Angabe mindestens eines Mangels verweigert hat. ²Ist der Besteller ein Verbraucher, so treten die Rechtsfolgen des Satzes 1 nur dann ein, wenn der Unternehmer den Besteller zusammen mit der Aufforderung zur Abnahme auf die Folgen einer nicht erklärten oder ohne Angabe von Mängeln verweigerten Abnahme hingewiesen hat; der Hinweis muss in Textform erfolgen.

(3) Nimmt der Besteller ein mangelhaftes Werk gemäß Absatz 1 Satz 1 ab, obschon er den Mangel kennt, so stehen ihm die in § 634 Nr. 1 bis 3 bezeichneten Rechte nur zu, wenn er sich seine Rechte wegen des Mangels bei der Abnahme vorbehält.

§ 641 Fälligkeit der Vergütung. (1) ¹Die Vergütung ist bei der Abnahme des Werkes zu entrichten. ²Ist das Werk in Teilen abzunehmen und die Vergütung für die einzelnen Teile bestimmt, so ist die Vergütung für jeden Teil bei dessen Abnahme zu entrichten.

(2) ¹Die Vergütung des Unternehmers für ein Werk, dessen Herstellung der Besteller einem Dritten versprochen hat, wird spätestens fällig,
1. soweit der Besteller von dem Dritten für das versprochene Werk wegen dessen Herstellung seine Vergütung oder Teile davon erhalten hat,
2. soweit das Werk des Bestellers von dem Dritten abgenommen worden ist oder als abgenommen gilt oder
3. wenn der Unternehmer dem Besteller erfolglos eine angemessene Frist zur Auskunft über die in den Nummern 1 und 2 bezeichneten Umstände bestimmt hat.

²Hat der Besteller dem Dritten wegen möglicher Mängel des Werks Sicherheit geleistet, gilt Satz 1 nur, wenn der Unternehmer dem Besteller entsprechende Sicherheit leistet.

(3) Kann der Besteller die Beseitigung eines Mangels verlangen, so kann er nach der Fälligkeit die Zahlung eines angemessenen Teils der Vergütung verweigern; angemessen ist in der Regel das Doppelte der für die Beseitigung des Mangels erforderlichen Kosten.

(4) Eine in Geld festgesetzte Vergütung hat der Besteller von der Abnahme des Werkes an zu verzinsen, sofern nicht die Vergütung gestundet ist.

§ 642 Mitwirkung des Bestellers. (1) Ist bei der Herstellung des Werkes eine Handlung des Bestellers erforderlich, so kann der Unternehmer, wenn der Besteller durch das Unterlassen der Handlung in Verzug der Annahme kommt, eine angemessene Entschädigung verlangen.

(2) Die Höhe der Entschädigung bestimmt sich einerseits nach der Dauer des Verzugs und der Höhe der vereinbarten Vergütung, andererseits nach demjenigen, was der Unternehmer infolge des Verzugs an Aufwendungen erspart oder durch anderweitige Verwendung seiner Arbeitskraft erwerben kann.

§ 643 Kündigung bei unterlassener Mitwirkung. ¹Der Unternehmer ist im Falle des § 642 berechtigt, dem Besteller zur Nachholung der Handlung eine angemessene Frist mit der Erklärung zu bestimmen, dass er den Vertrag kündige, wenn die Handlung nicht bis zum Ablauf der Frist vorgenommen werde. ²Der Vertrag gilt als aufgehoben, wenn nicht die Nachholung bis zum Ablauf der Frist erfolgt.

§ 644 Gefahrtragung. (1) ¹Der Unternehmer trägt die Gefahr bis zur Abnahme des Werkes. ²Kommt der Besteller in Verzug der Annahme, so geht die Gefahr auf ihn über. ³Für den zufälligen Untergang und eine zufällige Verschlechterung des von dem Besteller gelieferten Stoffes ist der Unternehmer nicht verantwortlich.

(2) Versendet der Unternehmer das Werk auf Verlangen des Bestellers nach einem anderen Ort als dem Erfüllungsort, so finden die für den Kauf geltenden Vorschriften des § 447 entsprechende Anwendung.

§ 645 Verantwortlichkeit des Bestellers. (1) ¹Ist das Werk vor der Abnahme infolge eines Mangels des von dem Besteller gelieferten Stoffes oder infolge einer von dem Besteller für die Ausführung erteilten Anweisung untergegangen, verschlechtert oder unausführbar geworden, ohne dass ein Umstand mitgewirkt hat, den der Unternehmer zu vertreten hat, so kann der Unternehmer einen der geleisteten Arbeit entsprechenden Teil der Vergütung und Ersatz der in der Vergütung nicht inbegriffenen Auslagen verlangen. ²Das Gleiche gilt, wenn der Vertrag in Gemäßheit des § 643 aufgehoben wird.

(2) Eine weitergehende Haftung des Bestellers wegen Verschuldens bleibt unberührt.

§ 646 Vollendung statt Abnahme. Ist nach der Beschaffenheit des Werkes die Abnahme ausgeschlossen, so tritt in den Fällen des § 634a Abs. 2 und der §§ 641, 644 und 645 an die Stelle der Abnahme die Vollendung des Werkes.

§ 647 Unternehmerpfandrecht. Der Unternehmer hat für seine Forderungen aus dem Vertrag ein Pfandrecht an den von ihm hergestellten oder ausgebesserten beweglichen Sachen des Bestellers, wenn sie bei der Herstellung oder zum Zwecke der Ausbesserung in seinen Besitz gelangt sind.

§ 648 Kündigungsrecht des Bestellers. ¹Der Besteller kann bis zur Vollendung des Werkes jederzeit den Vertrag kündigen. ²Kündigt der Besteller, so ist der Unternehmer berechtigt, die vereinbarte Vergütung zu verlangen; er muss sich jedoch dasjenige anrechnen lassen, was er infolge der Aufhebung des Vertrags an Aufwendungen erspart oder durch anderweitige Verwendung seiner Arbeitskraft erwirbt oder zu erwerben böswillig unterlässt. ³Es wird vermutet, dass danach dem Unternehmer 5 vom Hundert der auf den noch nicht erbrachten Teil der Werkleistung entfallenden vereinbarten Vergütung zustehen.

§ 648a Kündigung aus wichtigem Grund. (1) ¹Beide Vertragsparteien können den Vertrag aus wichtigem Grund ohne Einhaltung einer Kündigungsfrist kündigen. ²Ein wichtiger Grund liegt vor, wenn dem kündigenden Teil unter Berücksichtigung aller Umstände des Einzelfalls und unter Abwägung der beiderseitigen Interessen die Fortsetzung des Vertragsverhältnisses bis zur Fertigstellung des Werks nicht zugemutet werden kann.

(2) Eine Teilkündigung ist möglich; sie muss sich auf einen abgrenzbaren Teil des geschuldeten Werks beziehen.

(3) § 314 Absatz 2 und 3 gilt entsprechend.

(4) ¹Nach der Kündigung kann jede Vertragspartei von der anderen verlangen, dass sie an einer gemeinsamen Feststellung des Leistungsstandes mitwirkt. ²Verweigert eine Vertragspartei die Mitwirkung oder bleibt sie einem vereinbarten oder einem von der anderen Vertragspartei innerhalb einer angemessenen Frist bestimmten Termin zur Leistungsstandsfeststellung fern, trifft sie die Beweislast für den Leistungsstand zum Zeitpunkt der Kündigung. ³Dies gilt nicht, wenn die Vertragspartei infolge eines Umstands fernbleibt, den sie nicht zu vertreten hat und den sie der anderen Vertragspartei unverzüglich mitgeteilt hat.

(5) Kündigt eine Vertragspartei aus wichtigem Grund, ist der Unternehmer nur berechtigt, die Vergütung zu verlangen, die auf den bis zur Kündigung erbrachten Teil des Werks entfällt.

(6) Die Berechtigung, Schadensersatz zu verlangen, wird durch die Kündigung nicht ausgeschlossen.

§ 649 Kostenanschlag. (1) Ist dem Vertrag ein Kostenanschlag zugrunde gelegt worden, ohne dass der Unternehmer die Gewähr für die Richtigkeit des

Bürgerliches Gesetzbuch **BGB 5**

Anschlags übernommen hat, und ergibt sich, dass das Werk nicht ohne eine wesentliche Überschreitung des Anschlags ausführbar ist, so steht dem Unternehmer, wenn der Besteller den Vertrag aus diesem Grund kündigt, nur der im § 645 Abs. 1 bestimmte Anspruch zu.

(2) Ist eine solche Überschreitung des Anschlags zu erwarten, so hat der Unternehmer dem Besteller unverzüglich Anzeige zu machen.

§ 650 Werklieferungsvertrag; Verbrauchervertrag über die Herstellung digitaler Produkte. (1) [1]Auf einen Vertrag, der die Lieferung herzustellender oder zu erzeugender beweglicher Sachen zum Gegenstand hat, finden die Vorschriften über den Kauf Anwendung. [2]§ 442 Abs. 1 Satz 1 findet bei diesen Verträgen auch Anwendung, wenn der Mangel auf den vom Besteller gelieferten Stoff zurückzuführen ist. [3]Soweit es sich bei den herzustellenden oder zu erzeugenden beweglichen Sachen um nicht vertretbare Sachen handelt, sind auch die §§ 642, 643, 645, 648 und 649 mit der Maßgabe anzuwenden, dass an die Stelle der Abnahme der nach den §§ 446 und 447 maßgebliche Zeitpunkt tritt.

(2) [1]Auf einen Verbrauchervertrag, bei dem der Unternehmer sich verpflichtet,
1. digitale Inhalte herzustellen,
2. einen Erfolg durch eine digitale Dienstleistung herbeizuführen oder
3. einen körperlichen Datenträger herzustellen, der ausschließlich als Träger digitaler Inhalte dient,
4. sind die §§ 633 bis 639 über die Rechte bei Mängeln sowie § 640 über die Abnahme nicht anzuwenden.

[2]An die Stelle der nach Satz 1 nicht anzuwendenden Vorschriften treten die Vorschriften des Abschnitts 3 Titel 2a. [3]Die §§ 641, 644 und 645 sind mit der Maßgabe anzuwenden, dass an die Stelle der Abnahme die Bereitstellung des digitalen Produkts (§ 327b Absatz 3 bis 5) tritt.

(3) [1]Auf einen Verbrauchervertrag, bei dem der Unternehmer sich verpflichtet, einen herzustellenden körperlichen Datenträger zu liefern, der ausschließlich als Träger digitaler Inhalte dient, sind abweichend von Absatz 1 Satz 1 und 2 § 433 Absatz 1 Satz 2, die §§ 434 bis 442, 475 Absatz 3 Satz 1, Absatz 4 bis 6 und die §§ 476 und 477 über die Rechte bei Mängeln nicht anzuwenden. [2]An die Stelle der nach Satz 1 nicht anzuwendenden Vorschriften treten die Vorschriften des Abschnitts 3 Titel 2a. (4) [1]Für einen Verbrauchervertrag, bei dem der Unternehmer sich verpflichtet, eine Sache herzustellen, die ein digitales Produkt enthält oder mit digitalen Produkten verbunden ist, gilt der Anwendungsausschluss nach Absatz 2 entsprechend für diejenigen Bestandteile des Vertrags, welche die digitalen Produkte betreffen. [2]Für einen Verbrauchervertrag, bei dem der Unternehmer sich verpflichtet, eine herzustellende Sache zu liefern, die ein digitales Produkt enthält oder mit digitalen Produkten verbunden ist, gilt der Anwendungsausschluss nach Absatz 3 entsprechend für diejenigen Bestandteile des Vertrags, welche die digitalen Produkte betreffen.

Abschnitt 8

Einzelne Schuldverhältnisse

Titel 26

Ungerechtfertigte Bereicherung

§ 812 Herausgabeanspruch. (1) [1]Wer durch die Leistung eines anderen oder in sonstiger Weise auf dessen Kosten etwas ohne rechtlichen Grund erlangt, ist ihm zur Herausgabe verpflichtet. [2]Diese Verpflichtung besteht auch dann, wenn der rechtliche Grund später wegfällt oder der mit einer Leistung nach dem Inhalt des Rechtsgeschäfts bezweckte Erfolg nicht eintritt.

(2) Als Leistung gilt auch die durch Vertrag erfolgte Anerkennung des Bestehens oder des Nichtbestehens eines Schuldverhältnisses.

§ 813 Erfüllung trotz Einrede. (1) [1]Das zum Zwecke der Erfüllung einer Verbindlichkeit Geleistete kann auch dann zurückgefordert werden, wenn dem Anspruch eine Einrede entgegenstand, durch welche die Geltendmachung des Anspruchs dauernd ausgeschlossen wurde. [2]Die Vorschrift des § 214 Abs. 2 bleibt unberührt.

(2) Wird eine betagte Verbindlichkeit vorzeitig erfüllt, so ist die Rückforderung ausgeschlossen; die Erstattung von Zwischenzinsen kann nicht verlangt werden.

§ 814 Kenntnis der Nichtschuld. Das zum Zwecke der Erfüllung einer Verbindlichkeit Geleistete kann nicht zurückgefordert werden, wenn der Leistende gewusst hat, dass er zur Leistung nicht verpflichtet war, oder wenn die Leistung einer sittlichen Pflicht oder einer auf den Anstand zu nehmenden Rücksicht entsprach.

§ 818 Umfang des Bereicherungsanspruchs. (1) Die Verpflichtung zur Herausgabe erstreckt sich auf die gezogenen Nutzungen sowie auf dasjenige, was der Empfänger aufgrund eines erlangten Rechts oder als Ersatz für die Zerstörung, Beschädigung oder Entziehung des erlangten Gegenstands erwirbt.

(2) Ist die Herausgabe wegen der Beschaffenheit des Erlangten nicht möglich oder ist der Empfänger aus einem anderen Grunde zur Herausgabe außerstande, so hat er den Wert zu ersetzen.

(3) Die Verpflichtung zur Herausgabe oder zum Ersatz des Wertes ist ausgeschlossen, soweit der Empfänger nicht mehr bereichert ist.

(4) Von dem Eintritt der Rechtshängigkeit an haftet der Empfänger nach den allgemeinen Vorschriften.

§ 819 Verschärfte Haftung bei Kenntnis und bei Gesetzes- oder Sittenverstoß. (1) Kennt der Empfänger den Mangel des rechtlichen Grundes bei dem

Empfang oder erfährt er ihn später, so ist er von dem Empfang oder der Erlangung der Kenntnis an zur Herausgabe verpflichtet, wie wenn der Anspruch auf Herausgabe zu dieser Zeit rechtshängig geworden wäre.

(2) Verstößt der Empfänger durch die Annahme der Leistung gegen ein gesetzliches Verbot oder gegen die guten Sitten, so ist er von dem Empfang der Leistung an in der gleichen Weise verpflichtet.

§ 822 Herausgabepflicht Dritter. Wendet der Empfänger das Erlangte unentgeltlich einem Dritten zu, so ist, soweit infolgedessen die Verpflichtung des Empfängers zur Herausgabe der Bereicherung ausgeschlossen ist, der Dritte zur Herausgabe verpflichtet, wie wenn er die Zuwendung von dem Gläubiger ohne rechtlichen Grund erhalten hätte.

Abschnitt 8

Einzelne Schuldverhältnisse

Titel 27

Unerlaubte Handlungen

§ 823 Schadensersatzpflicht. (1) Wer vorsätzlich oder fahrlässig das Leben, den Körper, die Gesundheit, die Freiheit, das Eigentum oder ein sonstiges Recht eines anderen widerrechtlich verletzt, ist dem Anderen zum Ersatz des daraus entstehenden Schadens verpflichtet.

(2) [1]Die gleiche Verpflichtung trifft denjenigen, welcher gegen ein den Schutz eines anderen bezweckendes Gesetz verstößt. [2]Ist nach dem Inhalt des Gesetzes ein Verstoß gegen dieses auch ohne Verschulden möglich, so tritt die Ersatzpflicht nur im Falle des Verschuldens ein.

§ 824 Kreditgefährdung. (1) Wer der Wahrheit zuwider eine Tatsache behauptet oder verbreitet, die geeignet ist, den Kredit eines anderen zu gefährden oder sonstige Nachteile für dessen Erwerb oder Fortkommen herbeizuführen, hat dem Anderen den daraus entstehenden Schaden auch dann zu ersetzen, wenn er die Unwahrheit zwar nicht kennt, aber kennen muss.

(2) Durch eine Mitteilung, deren Unwahrheit dem Mitteilenden unbekannt ist, wird dieser nicht zum Schadensersatz verpflichtet, wenn er oder der Empfänger der Mitteilung an ihr ein berechtigtes Interesse hat.

§ 826 Sittenwidrige vorsätzliche Schädigung. Wer in einer gegen die guten Sitten verstoßenden Weise einem anderen vorsätzlich Schaden zufügt, ist dem Anderen zum Ersatz des Schadens verpflichtet.

§ 827 Ausschluss und Minderung der Verantwortlichkeit. [1]Wer im Zustand der Bewusstlosigkeit oder in einem die freie Willensbestimmung ausschließenden Zustand krankhafter Störung der Geistestätigkeit einem anderen Schaden zufügt, ist für den Schaden nicht verantwortlich. ²Hat er sich durch geistige Getränke oder ähnliche Mittel in einen vorübergehenden Zustand dieser Art versetzt, so ist er für einen Schaden, den er in diesem Zustand widerrechtlich verursacht, in gleicher Weise verantwortlich, wie wenn ihm Fahrlässigkeit zur Last fiele; die Verantwortlichkeit tritt nicht ein, wenn er ohne Verschulden in den Zustand geraten ist.

§ 828 Minderjährige. (1) Wer nicht das siebente Lebensjahr vollendet hat, ist für einen Schaden, den er einem anderen zufügt, nicht verantwortlich.

(2) ¹Wer das siebente, aber nicht das zehnte Lebensjahr vollendet hat, ist für den Schaden, den er bei einem Unfall mit einem Kraftfahrzeug, einer Schienenbahn oder einer Schwebebahn einem anderen zufügt, nicht verantwortlich. ²Dies gilt nicht, wenn er die Verletzung vorsätzlich herbeigeführt hat.

(3) Wer das 18. Lebensjahr noch nicht vollendet hat, ist, sofern seine Verantwortlichkeit nicht nach Absatz 1 oder 2 ausgeschlossen ist, für den Schaden, den er einem anderen zufügt, nicht verantwortlich, wenn er bei der Begehung der schädigenden Handlung nicht die zur Erkenntnis der Verantwortlichkeit erforderliche Einsicht hat.

§ 829 Ersatzpflicht aus Billigkeitsgründen. Wer in einem der in den §§ 823 bis 826 bezeichneten Fälle für einen von ihm verursachten Schaden aufgrund der §§ 827, 828 nicht verantwortlich ist, hat gleichwohl, sofern der Ersatz des Schadens nicht von einem aufsichtspflichtigen Dritten erlangt werden kann, den Schaden insoweit zu ersetzen, als die Billigkeit nach den Umständen, insbesondere nach den Verhältnissen der Beteiligten, eine Schadloshaltung erfordert und ihm nicht die Mittel entzogen werden, deren er zum angemessenen Unterhalt sowie zur Erfüllung seiner gesetzlichen Unterhaltspflichten bedarf.

§ 830 Mittäter und Beteiligte. (1) ¹Haben mehrere durch eine gemeinschaftlich begangene unerlaubte Handlung einen Schaden verursacht, so ist jeder für den Schaden verantwortlich. ²Das Gleiche gilt, wenn sich nicht ermitteln lässt, wer von mehreren Beteiligten den Schaden durch seine Handlung verursacht hat.

(2) Anstifter und Gehilfen stehen Mittätern gleich.

§ 831 Haftung für den Verrichtungsgehilfen. (1) ¹Wer einen anderen zu einer Verrichtung bestellt, ist zum Ersatz des Schadens verpflichtet, den der andere in Ausführung der Verrichtung einem Dritten widerrechtlich zufügt. ²Die Ersatzpflicht tritt nicht ein, wenn der Geschäftsherr bei der Auswahl der bestellten Person und, sofern er Vorrichtungen oder Gerätschaften zu beschaffen oder die Ausführung der Verrichtung zu leiten hat, bei der Beschaffung oder der Leitung die im Verkehr erforderliche Sorgfalt beobachtet oder wenn der Schaden auch bei Anwendung dieser Sorgfalt entstanden sein würde.

(2) Die gleiche Verantwortlichkeit trifft denjenigen, welcher für den Geschäftsherrn die Besorgung eines der im Absatz 1 Satz 2 bezeichneten Geschäfte durch Vertrag übernimmt.

§ 852 Herausgabeanspruch nach Eintritt der Verjährung. [1]Hat der Ersatzpflichtige durch eine unerlaubte Handlung auf Kosten des Verletzten etwas erlangt, so ist er auch nach Eintritt der Verjährung des Anspruchs auf Ersatz des aus einer unerlaubten Handlung entstandenen Schadens zur Herausgabe nach den Vorschriften über die Herausgabe einer ungerechtfertigten Bereicherung verpflichtet. [2]Dieser Anspruch verjährt in zehn Jahren von seiner Entstehung an, ohne Rücksicht auf die Entstehung in 30 Jahren von der Begehung der Verletzungshandlung oder dem sonstigen, den Schaden auslösenden Ereignis an.

Buch 3

Sachenrecht

Abschnitt 3

Eigentum

Titel 4

Ansprüche aus dem Eigentum

§ 1004 Beseitigungs- und Unterlassungsanspruch. (1) [1]Wird das Eigentum in anderer Weise als durch Entziehung oder Vorenthaltung des Besitzes beeinträchtigt, so kann der Eigentümer von dem Störer die Beseitigung der Beeinträchtigung verlangen. [2]Sind weitere Beeinträchtigungen zu besorgen, so kann der Eigentümer auf Unterlassung klagen.

(2) Der Anspruch ist ausgeschlossen, wenn der Eigentümer zur Duldung verpflichtet ist.

Vorbemerkungen zum Einführungsgesetz zum Bürgerlichen Gesetzbuche

Die bisher in der Verordnung über Informations- und Nachweispflichten nach bürgerlichem Recht (BGB-InfoV) enthaltenen § 1 (Informationspflichten bei Fernabsatzverträgen), § 3 (Kundeninformationspflichten des Unternehmers bei Verträgen im elektronischen Geschäftsverkehr), § 14 (Form der Widerrufs- und Rückgabebelehrung, Verwendung eines Musters) wurden vom Gesetzgeber mit den darauf bezogenen Musterbelehrungen aufgehoben. Daher wurde vom Abdruck der in den Vorauflagen enthaltenen BGB-InfoV → Nr. 5a abgesehen. Maßgeblich sind nunmehr die §§ 355, 360 BGB, die auf Art. 246 ff. EGBGB verweisen und hierauf bezogene spezifische Musterbelehrungen enthalten.

Im Anschluss an den Auszug aus dem EGBGB sind ergänzend Normen aus der Verordnung (EG) Nr. 593/2008 des Europäischen Parlaments und des Rates vom 17. Juni 2008 über das auf **vertragliche Schuldverhältnisse** anzuwendende Recht/Rom I (Anhang I) und aus der Verordnung (EG) Nr. 864/2007 des Europäischen Parlaments und des Rates vom 11. Juli 2007 über das auf **außervertragliche Schuldverhältnisse** anzuwendende Recht/Rom II (Anhang II) aufgeführt. Art. 3 EGBGB bestimmt die Anwendbarkeit dieser Normen im Bereich des Internationalen Privatrechts. Wegen Internationalität von Multimediaangeboten und des Vertragsschlusses im Internet sind diese Normen besonders bedeutsam.

Einführungsgesetz zum Bürgerlichen Gesetzbuche

in der Fassung der Bekanntmachung vom 21. September 1994
(BGBl. I S. 2494, ber. BGBl. 1997 I S. 1061),
zuletzt geändert durch Gesetz vom 21. Dezember 2021 (BGBl. I S. 5252 ff.)

– Auszug –

Art. 3 Anwendungsbereich; Verhältnis zu Regelungen der Europäischen Union und zu völkerrechtlichen Vereinbarungen. Soweit nicht
1. unmittelbar anwendbare Regelungen der Europäischen Union in ihrer jeweils geltenden Fassung, insbesondere
    a) die Verordnung (EG) Nr. 864/2007 des Europäischen Parlaments und des Rates vom 11. Juli 2007 über das auf außervertragliche Schuldverhältnisse anzuwendende Recht (Rom II),
    b) die Verordnung (EG) Nr. 593/2008 des Europäischen Parlaments und des Rates vom 17. Juni 2008 über das auf vertragliche Schuldverhältnisse anzuwendende Recht (Rom I),
    c) Artikel 15 der Verordnung (EG) Nr. 4/2009 des Rates vom 18. Dezember 2008 über die Zuständigkeit, das anwendbare Recht, die Anerkennung und Vollstreckung von Entscheidungen und die Zusammenarbeit

in Unterhaltssachen in Verbindung mit dem Haager Protokoll vom 23. November 2007 über das auf Unterhaltpflichten anzuwendende Recht,
d) die Verordnung (EU) Nr. 1259/2010 des Rates vom 20. Dezember 2010 zur Durchführung einer Verstärkten Zusammenarbeit im Bereich des auf die Ehescheidung und Trennung ohne Auflösung des Ehebandes anzuwendenden Rechts sowie
e) die Verordnung (EU) Nr. 650/2012 des Europäischen Parlaments und des Rates vom 4. Juli 2012 über die Zuständigkeit, das anzuwendende Recht, die Anerkennung und Vollstreckung von Entscheidungen und die Annahme und Vollstreckung öffentlicher Urkunden in Erbsachen sowie zur Einführung eines Europäischen Nachlasszeugnisses oder
2. Regelungen in völkerrechtlichen Vereinbarungen, soweit sie unmittelbar anwendbares innerstaatliches Recht geworden sind,

maßgeblich sind, bestimmt sich das anzuwendende Recht bei Sachverhalten mit einer Verbindung zu einem ausländischen Staat nach den Vorschriften dieses Kapitels (Internationales Privatrecht).

Art. 3a Sachnormverweisung; Einzelstatut. (1) Verweisungen auf Sachvorschriften beziehen sich auf die Rechtsnormen der maßgebenden Rechtsordnung unter Ausschluss derjenigen des Internationalen Privatrechts.

(2) Soweit Verweisungen im Dritten Abschnitt das Vermögen einer Person dem Recht eines Staates unterstellen, beziehen sie sich nicht auf Gegenstände, die sich nicht in diesem Staat befinden und nach dem Recht des Staates, in dem sie sich befinden, besonderen Vorschriften unterliegen.

Art. 5 Personalstatut. (1) [1]Wird auf das Recht des Staates verwiesen, dem eine Person angehört, und gehört sie mehreren Staaten an, so ist das Recht desjenigen dieser Staaten anzuwenden, mit dem die Person am engsten verbunden ist, insbesondere durch ihren gewöhnlichen Aufenthalt oder durch den Verlauf ihres Lebens. [2]Ist die Person auch Deutscher, so geht diese Rechtsstellung vor.

(2) Ist eine Person staatenlos oder kann ihre Staatsangehörigkeit nicht festgestellt werden, so ist das Recht des Staates anzuwenden, in dem sie ihren gewöhnlichen Aufenthalt oder, mangels eines solchen, ihren Aufenthalt hat.

(3) Wird auf das Recht des Staates verwiesen, in dem eine Person ihren Aufenthalt oder ihren gewöhnlichen Aufenthalt hat, und ändert eine nicht voll geschäftsfähige Person den Aufenthalt ohne den Willen des gesetzlichen Vertreters, so führt diese Änderung allein nicht zur Anwendung eines anderen Rechts.

Art. 6 Öffentliche Ordnung (ordre public). [1]Eine Rechtsnorm eines anderen Staates ist nicht anzuwenden, wenn ihre Anwendung zu einem Ergebnis führt, das mit wesentlichen Grundsätzen des deutschen Rechts offensichtlich unvereinbar ist. [2]Sie ist insbesondere nicht anzuwenden, wenn die Anwendung mit den Grundrechten unvereinbar ist.

Einführungsgesetz zum BGB **EGBGB 6**

Art. 11 Form von Rechtsgeschäften. (1) Ein Rechtsgeschäft ist formgültig, wenn es die Formerfordernisse des Rechts, das auf das seinen Gegenstand bildende Rechtsverhältnis anzuwenden ist, oder des Rechts des Staates erfüllt, in dem es vorgenommen wird.

(2) Wird ein Vertrag zwischen Personen geschlossen, die sich in verschiedenen Staaten befinden, so ist er formgültig, wenn er die Formerfordernisse des Rechts, das auf das seinen Gegenstand bildende Rechtsverhältnis anzuwenden ist, oder des Rechts eines dieser Staaten erfüllt.

(3) Wird der Vertrag durch einen Vertreter geschlossen, so ist bei Anwendung der Absätze 1 und 2 der Staat maßgebend, in dem sich der Vertreter befindet.

(4) Ein Rechtsgeschäft, durch das ein Recht an einer Sache begründet oder über ein solches Recht verfügt wird, ist nur formgültig, wenn es die Formerfordernisse des Rechts erfüllt, das auf das seinen Gegenstand bildende Rechtsverhältnis anzuwenden ist.

Art. 40 Unerlaubte Handlung. (1) [1]Ansprüche aus unerlaubter Handlung unterliegen dem Recht des Staates, in dem der Ersatzpflichtige gehandelt hat. [2]Der Verletzte kann verlangen, daß anstelle dieses Rechts das Recht des Staates angewandt wird, in dem der Erfolg eingetreten ist. [3]Das Bestimmungsrecht kann nur im ersten Rechtszug bis zum Ende des frühen ersten Termins oder dem Ende des schriftlichen Vorverfahrens ausgeübt werden.

(2) [1]Hatten der Ersatzpflichtige und der Verletzte zur Zeit des Haftungsereignisses ihren gewöhnlichen Aufenthalt in demselben Staat, so ist das Recht dieses Staates anzuwenden. [2]Handelt es sich um Gesellschaften, Vereine oder juristische Personen, so steht dem gewöhnlichen Aufenthalt der Ort gleich, an dem sich die Hauptverwaltung oder, wenn eine Niederlassung beteiligt ist, an dem sich diese befindet.

(3) Ansprüche, die dem Recht eines anderen Staates unterliegen, können nicht geltend gemacht werden, soweit sie
1. wesentlich weiter gehen als zur angemessenen Entschädigung des Verletzten erforderlich,
2. offensichtlich anderen Zwecken als einer angemessenen Entschädigung des Verletzten dienen oder
3. haftungsrechtlichen Regelungen eines für die Bundesrepublik Deutschland verbindlichen Übereinkommens widersprechen.

(4) Der Verletzte kann seinen Anspruch unmittelbar gegen einen Versicherer des Ersatzpflichtigen geltend machen, wenn das auf die unerlaubte Handlung anzuwendende Recht oder das Recht, dem der Versicherungsvertrag unterliegt, dies vorsieht.

Art. 46b Verbraucherschutz für besondere Gebiete. (1) Unterliegt ein Vertrag auf Grund einer Rechtswahl nicht dem Recht eines Mitgliedstaats der Europäischen Union oder eines anderen Vertragsstaats des Abkommens über

6 EGBGB Einführungsgesetz zum BGB

den Europäischen Wirtschaftsraum, weist der Vertrag jedoch einen engen Zusammenhang mit dem Gebiet eines dieser Staaten auf, so sind die im Gebiet dieses Staates geltenden Bestimmungen zur Umsetzung der Verbraucherschutzrichtlinien gleichwohl anzuwenden.

(2) Ein enger Zusammenhang ist insbesondere anzunehmen, wenn der Unternehmer
1. in dem Mitgliedstaat der Europäischen Union oder einem anderen Vertragsstaat des Abkommens über den Europäischen Wirtschaftsraum, in dem der Verbraucher seinen gewöhnlichen Aufenthalt hat, eine berufliche oder gewerbliche Tätigkeit ausübt oder
2. eine solche Tätigkeit auf irgendeinem Wege auf diesen Mitgliedstaat der Europäischen Union oder einen anderen Vertragsstaat des Abkommens über den Europäischen Wirtschaftsraum oder auf mehrere Staaten, einschließlich dieses Staates, ausrichtet und der Vertrag in den Bereich dieser Tätigkeit fällt.

(3) Verbraucherschutzrichtlinien im Sinne dieser Vorschrift sind in ihrer jeweils geltenden Fassung:
1. die Richtlinie 93/13/EWG des Rates vom 5. April 1993 über missbräuchliche Klauseln in Verbraucherverträgen (ABl. L 95 vom 21.4.1993, S. 29);
2. die Richtlinie 2002/65/EG des Europäischen Parlaments und des Rates vom 23. September 2002 über den Fernabsatz von Finanzdienstleistungen an Verbraucher und zur Änderung der Richtlinie 90/619/EWG des Rates und der Richtlinien 97/7/EG und 98/27/EG (ABl. L 271 vom 9.10.2002, S. 16);
3. die Richtlinie 2008/48/EG des Europäischen Parlaments und des Rates vom 23. April 2008 über Verbraucherkreditverträge und zur Aufhebung der Richtlinie 87/102/EWG des Rates (ABl. L 133 vom 22.5.2008, S. 66).

(4) Unterliegt ein Teilzeitnutzungsvertrag, ein Vertrag über ein langfristiges Urlaubsprodukt, ein Wiederverkaufsvertrag oder ein Tauschvertrag im Sinne von Artikel 2 Absatz 1 Buchstabe a bis d der Richtlinie 2008/122/EG des Europäischen Parlaments und des Rates vom 14. Januar 2009 über den Schutz der Verbraucher im Hinblick auf bestimmte Aspekte von Teilzeitnutzungsverträgen, Verträgen über langfristige Urlaubsprodukte sowie Wiederverkaufs- und Tauschverträgen (ABl. L 33 vom 3.2.2009, S. 10) nicht dem Recht eines Mitgliedstaats der Europäischen Union oder eines anderen Vertragsstaats des Abkommens über den Europäischen Wirtschaftsraum, so darf Verbrauchern der in Umsetzung dieser Richtlinie gewährte Schutz nicht vorenthalten werden, wenn
1. eine der betroffenen Immobilien im Hoheitsgebiet eines Mitgliedstaats der Europäischen Union oder eines anderen Vertragsstaats des Abkommens über den Europäischen Wirtschaftsraum belegen ist oder
2. im Falle eines Vertrags, der sich nicht unmittelbar auf eine Immobilie bezieht, der Unternehmer eine gewerbliche oder berufliche Tätigkeit in einem Mitgliedstaat der Europäischen Union oder einem anderen Vertragsstaat des Abkommens über den Europäischen Wirtschaftsraum ausübt oder diese

Einführungsgesetz zum BGB **EGBGB 6**

Tätigkeit auf irgendeine Weise auf einen solchen Staat ausrichtet und der Vertrag in den Bereich dieser Tätigkeit fällt.

Art. 246 Informationspflichten beim Verbrauchervertrag [*gültig ab 28.5.2022*] (1) Der Unternehmer ist, sofern sich diese Informationen nicht aus den Umständen ergeben, nach § 312a Absatz 2 des Bürgerlichen Gesetzbuchs verpflichtet, dem Verbraucher vor Abgabe von dessen Vertragserklärung folgende Informationen in klarer und verständlicher Weise zur Verfügung zu stellen:
1. die wesentlichen Eigenschaften der Waren oder Dienstleistungen in dem für den Datenträger und die Waren oder Dienstleistungen angemessenen Umfang,
2. seine Identität, beispielsweise seinen Handelsnamen und die Anschrift des Ortes, an dem er niedergelassen ist, sowie seine Telefonnummer,
3. den Gesamtpreis der Waren und Dienstleistungen einschließlich aller Steuern und Abgaben oder in den Fällen, in denen der Preis auf Grund der Beschaffenheit der Ware oder Dienstleistung vernünftigerweise nicht im Voraus berechnet werden kann, die Art der Preisberechnung sowie gegebenenfalls alle zusätzlichen Fracht-, Liefer- oder Versandkosten und alle sonstigen Kosten oder in den Fällen, in denen diese Kosten vernünftigerweise nicht im Voraus berechnet werden können, die Tatsache, dass solche zusätzlichen Kosten anfallen können,
4. gegebenenfalls die Zahlungs-, Liefer- und Leistungsbedingungen, den Termin, bis zu dem sich der Unternehmer verpflichtet hat, die Waren zu liefern oder die Dienstleistungen zu erbringen, sowie das Verfahren des Unternehmers zum Umgang mit Beschwerden,
5. das Bestehen eines gesetzlichen Mängelhaftungsrechts für die Waren oder die digitalen Produkte sowie gegebenenfalls das Bestehen und die Bedingungen von Kundendienstleistungen und Garantien,
6. gegebenenfalls die Laufzeit des Vertrags oder die Bedingungen der Kündigung unbefristeter Verträge oder sich automatisch verlängernder Verträge,
7. gegebenenfalls die Funktionalität der Waren mit digitalen Elementen oder der digitalen Produkte, einschließlich anwendbarer technischer Schutzmaßnahmen, und
8. gegebenenfalls, soweit wesentlich, die Kompatibilität und die Interoperabilität der Waren mit digitalen Elementen oder der digitalen Produkte, soweit diese Informationen dem Unternehmer bekannt sind oder bekannt sein müssen.

(2) Absatz 1 ist nicht anzuwenden auf Verträge, die Geschäfte des täglichen Lebens zum Gegenstand haben und bei Vertragsschluss sofort erfüllt werden.

(3) ¹Steht dem Verbraucher ein Widerrufsrecht zu, ist der Unternehmer verpflichtet, den Verbraucher in Textform über sein Widerrufsrecht zu belehren. ²Die Widerrufsbelehrung muss deutlich gestaltet sein und dem Verbraucher seine wesentlichen Rechte in einer dem benutzten Kommunikationsmittel angepassten Weise deutlich machen. ³Sie muss Folgendes enthalten:

1. einen Hinweis auf das Recht zum Widerruf,
2. einen Hinweis darauf, dass der Widerruf durch Erklärung gegenüber dem Unternehmer erfolgt und keiner Begründung bedarf,
3. den Namen und die ladungsfähige Anschrift desjenigen, gegenüber dem der Widerruf zu erklären ist, und
4. einen Hinweis auf Dauer und Beginn der Widerrufsfrist sowie darauf, dass zur Fristwahrung die rechtzeitige Absendung der Widerrufserklärung genügt.

Art. 246a Informationspflichten bei außerhalb von Geschäftsräumen geschlossenen Verträgen und Fernabsatzverträgen mit Ausnahme von Verträgen über Finanzdienstleistungen.

§ 1 Informationspflichten. (1) [1]Der Unternehmer ist nach § 312d Absatz 1 des Bürgerlichen Gesetzbuchs verpflichtet, dem Verbraucher folgende Informationen zur Verfügung zu stellen:
1. die wesentlichen Eigenschaften der Waren oder Dienstleistungen in dem für das Kommunikationsmittel und für die Waren und Dienstleistungen angemessenen Umfang,
2. seine Identität, beispielsweise seinen Handelsnamen, sowie die Anschrift des Ortes, an dem er niedergelassen ist, sowie gegebenenfalls die Identität und die Anschrift des Unternehmers, in dessen Auftrag er handelt,
3. seine Telefonnummer, seine E-Mail-Adresse sowie gegebenenfalls andere von ihm zur Verfügung gestellte Online-Kommunikationsmittel, sofern diese gewährleisten, dass der Verbraucher seine Korrespondenz mit dem Unternehmer, einschließlich deren Datums und deren Uhrzeit, auf einem dauerhaften Datenträger speichern kann,
4. zusätzlich zu den Angaben gemäß den Nummern 2 und 3 die Geschäftsanschrift des Unternehmers und gegebenenfalls die Anschrift des Unternehmers, in dessen Auftrag er handelt, an die sich der Verbraucher mit jeder Beschwerde wenden kann, falls diese Anschrift von der Anschrift nach Nummer 2 abweicht,
5. den Gesamtpreis der Waren oder der Dienstleistungen, einschließlich aller Steuern und Abgaben, oder in den Fällen, in denen der Preis auf Grund der Beschaffenheit der Waren oder der Dienstleistungen vernünftigerweise nicht im Voraus berechnet werden kann, die Art der Preisberechnung,
6. gegebenenfalls den Hinweis, dass der Preis auf der Grundlage einer automatisierten Entscheidungsfindung personalisiert wurde,
7. gegebenenfalls alle zusätzlich zu dem Gesamtpreis nach Nummer 5 anfallenden Fracht-, Liefer- oder Versandkosten und alle sonstigen Kosten, oder in den Fällen, in denen diese Kosten vernünftigerweise nicht im Voraus berechnet werden können, die Tatsache, dass solche zusätzlichen Kosten anfallen können,
8. im Falle eines unbefristeten Vertrags oder eines Abonnement-Vertrags den Gesamtpreis; dieser umfasst die pro Abrechnungszeitraum anfallen-

Einführungsgesetz zum BGB **EGBGB 6**

den Gesamtkosten und, wenn für einen solchen Vertrag Festbeträge in Rechnung gestellt werden, ebenfalls die monatlichen Gesamtkosten; wenn die Gesamtkosten vernünftigerweise nicht im Voraus berechnet werden können, ist die Art der Preisberechnung anzugeben,
9. die Kosten für den Einsatz des für den Vertragsabschluss genutzten Fernkommunikationsmittels, sofern dem Verbraucher Kosten berechnet werden, die über die Kosten für die bloße Nutzung des Fernkommunikationsmittels hinausgehen,
10. die Zahlungs-, Liefer- und Leistungsbedingungen, den Termin, bis zu dem der Unternehmer die Waren liefern oder die Dienstleistung erbringen muss, und gegebenenfalls das Verfahren des Unternehmers zum Umgang mit Beschwerden,
11. das Bestehen eines gesetzlichen Mängelhaftungsrechts für die Waren oder die digitalen Produkte,
12. gegebenenfalls das Bestehen und die Bedingungen von Kundendienst, Kundendienstleistungen und Garantien,
13. gegebenenfalls bestehende einschlägige Verhaltenskodizes gemäß Artikel 2 Buchstabe f der Richtlinie 2005/29/EG des Europäischen Parlaments und des Rates vom 11. Mai 2005 über unlautere Geschäftspraktiken im binnenmarktinternen Geschäftsverkehr zwischen Unternehmen und Verbrauchern und zur Änderung der Richtlinie 84/450/EWG des Rates, der Richtlinien 97/7/EG, 98/27/EG und 2002/65/EG des Europäischen Parlaments und des Rates sowie der Verordnung (EG) Nr. 2006/2004 des Europäischen Parlaments und des Rates (ABl. L 149 vom 11.6.2005, S. 22; L 253 vom 25.9.2009, S. 18), die zuletzt durch die Richtlinie (EU) 2019/2161 (ABl. L 328 vom 18.12.2019, S. 7) geändert worden ist, und wie Exemplare davon erhalten werden können,
14. gegebenenfalls die Laufzeit des Vertrags oder die Bedingungen der Kündigung unbefristeter Verträge oder sich automatisch verlängernder Verträge,
15. gegebenenfalls die Mindestdauer der Verpflichtungen, die der Verbraucher mit dem Vertrag eingeht,
16. gegebenenfalls die Tatsache, dass der Unternehmer vom Verbraucher die Stellung einer Kaution oder die Leistung anderer finanzieller Sicherheiten verlangen kann, sowie deren Bedingungen,
17. gegebenenfalls die Funktionalität der Waren mit digitalen Elementen oder der digitalen Produkte, einschließlich anwendbarer technischer Schutzmaßnahmen,
18. gegebenenfalls, soweit wesentlich, die Kompatibilität und die Interoperabilität der Waren mit digitalen Elementen oder der digitalen Produkte, soweit diese Informationen dem Unternehmer bekannt sind oder bekannt sein müssen, und
19. gegebenenfalls, dass der Verbraucher ein außergerichtliches Beschwerde- und Rechtsbehelfsverfahren, dem der Unternehmer unterworfen ist, nutzen kann, und dessen Zugangsvoraussetzungen.

[2]Wird der Vertrag im Rahmen einer öffentlich zugänglichen Versteigerung geschlossen, können anstelle der Angaben nach Satz 1 Nummer 2 bis 4 die entsprechenden Angaben des Versteigerers zur Verfügung gestellt werden.

(2) [1]Steht dem Verbraucher ein Widerrufsrecht nach § 312g Absatz 1 des Bürgerlichen Gesetzbuchs zu, ist der Unternehmer verpflichtet, den Verbraucher zu informieren
1. über die Bedingungen, die Fristen und das Verfahren für die Ausübung des Widerrufsrechts nach § 355 Absatz 1 des Bürgerlichen Gesetzbuchs sowie das Muster-Widerrufsformular in der Anlage 2,
2. gegebenenfalls darüber, dass der Verbraucher im Widerrufsfall die Kosten für die Rücksendung der Waren zu tragen hat, und bei Fernabsatzverträgen zusätzlich über die Kosten für die Rücksendung der Waren, wenn die Waren auf Grund ihrer Beschaffenheit nicht auf dem normalen Postweg zurückgesendet werden können, und
3. darüber, dass der Verbraucher dem Unternehmer bei einem Vertrag über die Erbringung von Dienstleistungen, für die die Zahlung eines Preises vorgesehen ist, oder über die nicht in einem bestimmten Volumen oder in einer bestimmten Menge vereinbarte Lieferung von Wasser, Gas, Strom oder die Lieferung von Fernwärme einen angemessenen Betrag nach § 357a Absatz 2 des Bürgerlichen Gesetzbuchs für die vom Unternehmer erbrachte Leistung schuldet, wenn der Verbraucher das Widerrufsrecht ausübt, nachdem er auf Aufforderung des Unternehmers von diesem ausdrücklich den Beginn der Leistung vor Ablauf der Widerrufsfrist verlangt hat.

[2]Der Unternehmer kann diese Informationspflichten dadurch erfüllen, dass er das in der Anlage 1 vorgesehene Muster für die Widerrufsbelehrung zutreffend ausgefüllt in Textform übermittelt.

(3) Der Unternehmer hat den Verbraucher auch zu informieren, wenn
1. dem Verbraucher nach § 312g Absatz 2 Nummer 1, 2, 5 und 7 bis 13 des Bürgerlichen Gesetzbuchs ein Widerrufsrecht nicht zusteht, dass der Verbraucher seine Willenserklärung nicht widerrufen kann, oder
2. das Widerrufsrecht des Verbrauchers nach § 312g Absatz 2 Nummer 3, 4 und 6 sowie § 356 Absatz 4 und 5 des Bürgerlichen Gesetzbuchs vorzeitig erlöschen kann, über die Umstände, unter denen der Verbraucher ein zunächst bestehendes Widerrufsrecht verliert

§ 2 Erleichterte Informationspflichten bei Reparatur- und Instandhaltungsarbeiten. (1) Hat der Verbraucher bei einem Vertrag über Reparatur- und Instandhaltungsarbeiten, der außerhalb von Geschäftsräumen geschlossen wird, bei dem die beiderseitigen Leistungen sofort erfüllt werden und die vom Verbraucher zu leistende Vergütung 200 Euro nicht übersteigt, ausdrücklich die Dienste des Unternehmers angefordert, muss der Unternehmer dem Verbraucher lediglich folgende Informationen zur Verfügung stellen:
1. die Angaben nach § 1 Absatz 1 Satz 1 Nummer 2 und 3 sowie
2. den Preis oder die Art der Preisberechnung zusammen mit einem Kostenvoranschlag über die Gesamtkosten.

Einführungsgesetz zum BGB **EGBGB 6**

(2) Ferner hat der Unternehmer dem Verbraucher folgende Informationen zur Verfügung zu stellen:
1. die wesentlichen Eigenschaften der Waren oder Dienstleistungen in dem für das Kommunikationsmittel und die Waren oder Dienstleistungen angemessenen Umfang,
2. gegebenenfalls die Bedingungen, die Fristen und das Verfahren für die Ausübung des Widerrufsrechts sowie das Muster-Widerrufsformular in der Anlage 2 und
3. gegebenenfalls die Information, dass der Verbraucher seine Willenserklärung nicht widerrufen kann, oder die Umstände, unter denen der Verbraucher ein zunächst bestehendes Widerrufsrecht vorzeitig verliert.

(3) Eine vom Unternehmer zur Verfügung gestellte Abschrift oder Bestätigung des Vertrags nach § 312f Absatz 1 des Bürgerlichen Gesetzbuchs muss alle nach § 1 zu erteilenden Informationen enthalten.

§ 3 Erleichterte Informationspflichten bei begrenzter Darstellungsmöglichkeit. ¹Soll ein Fernabsatzvertrag mittels eines Fernkommunikationsmittels geschlossen werden, das nur begrenzten Raum oder begrenzte Zeit für die dem Verbraucher zu erteilenden Informationen bietet, ist der Unternehmer verpflichtet, dem Verbraucher mittels dieses Fernkommunikationsmittels zumindest folgende Informationen zur Verfügung zu stellen:
1. die wesentlichen Eigenschaften der Waren oder Dienstleistungen,
2. die Identität des Unternehmers,
3. den Gesamtpreis oder in den Fällen, in denen der Preis auf Grund der Beschaffenheit der Waren oder Dienstleistungen vernünftigerweise nicht im Voraus berechnet werden kann, die Art der Preisberechnung,
4. gegebenenfalls die Bedingungen, die Fristen und das Verfahren für die Ausübung des Widerrufsrechts nach § 355 Absatz 1 des Bürgerlichen Gesetzbuchs und
5. gegebenenfalls die Vertragslaufzeit und die Bedingungen für die Kündigung eines Dauerschuldverhältnisses.

²Die weiteren Angaben nach § 1 hat der Unternehmer dem Verbraucher in geeigneter Weise unter Beachtung von § 4 Absatz 3 zugänglich zu machen.

§ 4 Formale Anforderungen an die Erfüllung der Informationspflichten. (1) Der Unternehmer muss dem Verbraucher die Informationen nach den §§ 1 bis 3 vor Abgabe von dessen Vertragserklärung in klarer und verständlicher Weise zur Verfügung stellen.

(2) ¹Bei einem außerhalb von Geschäftsräumen geschlossenen Vertrag muss der Unternehmer die Informationen auf Papier oder, wenn der Verbraucher zustimmt, auf einem anderen dauerhaften Datenträger zur Verfügung stellen. Die Informationen müssen lesbar sein. ²Die Person des erklärenden Unternehmers muss genannt sein. ³Der Unternehmer kann die Informationen nach § 2 Absatz 2 in anderer Form zur Verfügung stellen, wenn sich der Verbraucher hiermit ausdrücklich einverstanden erklärt hat.

6 EGBGB Einführungsgesetz zum BGB

(3) ¹Bei einem Fernabsatzvertrag muss der Unternehmer dem Verbraucher die Informationen in einer den benutzten Fernkommunikationsmitteln angepassten Weise zur Verfügung stellen. ²Soweit die Informationen auf einem dauerhaften Datenträger zur Verfügung gestellt werden, müssen sie lesbar sein, und die Person des erklärenden Unternehmers muss genannt sein. ³Abweichend von Satz 1 kann der Unternehmer dem Verbraucher die in § 3 Satz 2 genannten Informationen in geeigneter Weise zugänglich machen.

Art. 246b Informationspflichten bei außerhalb von Geschäftsräumen geschlossenen Verträgen und Fernabsatzverträgen über Finanzdienstleistungen.

§ 1 Informationspflichten. (1) Der Unternehmer ist nach § 312d Absatz 2 des Bürgerlichen Gesetzbuchs verpflichtet, dem Verbraucher rechtzeitig vor Abgabe von dessen Vertragserklärung klar und verständlich und unter Angabe des geschäftlichen Zwecks, bei Fernabsatzverträgen in einer dem benutzten Fernkommunikationsmittel angepassten Weise, folgende Informationen zur Verfügung zu stellen:
1. seine Identität, anzugeben ist auch das öffentliche Unternehmensregister, bei dem der Rechtsträger eingetragen ist, und die zugehörige Registernummer oder gleichwertige Kennung,
2. die Hauptgeschäftstätigkeit des Unternehmers und die für seine Zulassung zuständige Aufsichtsbehörde,
3. die Identität des Vertreters des Unternehmers in dem Mitgliedstaat, in dem der Verbraucher seinen Wohnsitz hat, wenn es einen solchen Vertreter gibt, oder die Identität einer anderen gewerblich tätigen Person als dem Anbieter, wenn der Verbraucher mit dieser Person geschäftlich zu tun hat, und die Eigenschaft, in der diese Person gegenüber dem Verbraucher tätig wird,
4. die ladungsfähige Anschrift des Unternehmers und jede andere Anschrift, die für die Geschäftsbeziehung zwischen diesem, seinem Vertreter oder einer anderen gewerblich tätigen Person nach Nummer 3 und dem Verbraucher maßgeblich ist, bei juristischen Personen, Personenvereinigungen oder Personengruppen auch den Namen des Vertretungsberechtigten,
5. die wesentlichen Merkmale der Finanzdienstleistung sowie Informationen darüber, wie der Vertrag zustande kommt,
6. den Gesamtpreis der Finanzdienstleistung einschließlich aller damit verbundenen Preisbestandteile sowie alle über den Unternehmer abgeführten Steuern oder, wenn kein genauer Preis angegeben werden kann, seine Berechnungsgrundlage, die dem Verbraucher eine Überprüfung des Preises ermöglicht,
7. gegebenenfalls zusätzlich anfallende Kosten sowie einen Hinweis auf mögliche weitere Steuern oder Kosten, die nicht über den Unternehmer abgeführt oder von ihm in Rechnung gestellt werden,
8. gegebenenfalls den Hinweis, dass sich die Finanzdienstleistung auf Finanzinstrumente bezieht, die wegen ihrer spezifischen Merkmale oder der

durchzuführenden Vorgänge mit speziellen Risiken behaftet sind oder deren Preis Schwankungen auf dem Finanzmarkt unterliegt, auf die der Unternehmer keinen Einfluss hat, und dass in der Vergangenheit erwirtschaftete Erträge kein Indikator für künftige Erträge sind,
9. eine Befristung der Gültigkeitsdauer der zur Verfügung gestellten Informationen, beispielsweise die Gültigkeitsdauer befristeter Angebote, insbesondere hinsichtlich des Preises,
10. Einzelheiten hinsichtlich der Zahlung und der Erfüllung,
11. alle spezifischen zusätzlichen Kosten, die der Verbraucher für die Benutzung des Fernkommunikationsmittels zu tragen hat, wenn solche zusätzlichen Kosten durch den Unternehmer in Rechnung gestellt werden,
12. das Bestehen oder Nichtbestehen eines Widerrufsrechts sowie die Bedingungen, Einzelheiten der Ausübung, insbesondere Name und Anschrift desjenigen, gegenüber dem der Widerruf zu erklären ist, und die Rechtsfolgen des Widerrufs einschließlich Informationen über den Betrag, den der Verbraucher im Falle des Widerrufs nach § 357b des Bürgerlichen Gesetzbuchs für die erbrachte Leistung zu zahlen hat,
13. die Mindestlaufzeit des Vertrags, wenn dieser eine dauernde oder regelmäßig wiederkehrende Leistung zum Inhalt hat,
14. die vertraglichen Kündigungsbedingungen einschließlich etwaiger Vertragsstrafen,
15. die Mitgliedstaaten der Europäischen Union, deren Recht der Unternehmer der Aufnahme von Beziehungen zum Verbraucher vor Abschluss des Vertrags zugrunde legt,
16. eine Vertragsklausel über das auf den Vertrag anwendbare Recht oder über das zuständige Gericht,
17. die Sprachen, in welchen die Vertragsbedingungen und die in dieser Vorschrift genannten Vorabinformationen mitgeteilt werden, sowie die Sprachen, in welchen sich der Unternehmer verpflichtet, mit Zustimmung des Verbrauchers die Kommunikation während der Laufzeit dieses Vertrags zu führen,
18. gegebenenfalls, dass der Verbraucher ein außergerichtliches Beschwerde- und Rechtsbehelfsverfahren, dem der Unternehmer unterworfen ist, nutzen kann, und dessen Zugangsvoraussetzungen und
19. das Bestehen eines Garantiefonds oder anderer Entschädigungsregelungen, die weder unter die Richtlinie 94/19/EG des Europäischen Parlaments und des Rates vom 30. Mai 1994 über Einlagensicherungssysteme (ABl. L 135 vom 31.5.1994, S. 5) noch unter die Richtlinie 97/9/EG des Europäischen Parlaments und des Rates vom 3. März 1997 über Systeme für die Entschädigung der Anleger (ABl. L 84 vom 26.3.1997, S. 22) fallen.

(2) [1]Bei Telefongesprächen hat der Unternehmer nur folgende Informationen zur Verfügung zu stellen:
1. die Identität der Kontaktperson des Verbrauchers und deren Verbindung zum Unternehmer,
2. die Beschreibung der Hauptmerkmale der Finanzdienstleistung,

3. den Gesamtpreis, den der Verbraucher dem Unternehmer für die Finanzdienstleistung schuldet, einschließlich aller über den Unternehmer abgeführten Steuern, oder, wenn kein genauer Preis angegeben werden kann, die Grundlage für die Berechnung des Preises, die dem Verbraucher eine Überprüfung des Preises ermöglicht,
4. mögliche weitere Steuern und Kosten, die nicht über den Unternehmer abgeführt oder von ihm in Rechnung gestellt werden, und
5. das Bestehen oder Nichtbestehen eines Widerrufsrechts sowie für den Fall, dass ein Widerrufsrecht besteht, auch die Widerrufsfrist und die Bedingungen, Einzelheiten der Ausübung und die Rechtsfolgen des Widerrufs einschließlich Informationen über den Betrag, den der Verbraucher im Falle des Widerrufs nach § 357b des Bürgerlichen Gesetzbuchs für die erbrachte Leistung zu zahlen hat.

[2]Satz 1 gilt nur, wenn der Unternehmer den Verbraucher darüber informiert hat, dass auf Wunsch weitere Informationen übermittelt werden können und welcher Art diese Informationen sind, und der Verbraucher ausdrücklich auf die Übermittlung der weiteren Informationen vor Abgabe seiner Vertragserklärung verzichtet hat.

§ 2 Weitere Informationspflichten. (1) [1]Der Unternehmer hat dem Verbraucher rechtzeitig vor Abgabe von dessen Vertragserklärung die folgenden Informationen auf einem dauerhaften Datenträger mitzuteilen:
1. die Vertragsbestimmungen einschließlich der Allgemeinen Geschäftsbedingungen und
2. die in § 1 Absatz 1 genannten Informationen.

[2]Wird der Vertrag auf Verlangen des Verbrauchers telefonisch oder unter Verwendung eines anderen Fernkommunikationsmittels geschlossen, das die Mitteilung auf einem dauerhaften Datenträger vor Vertragsschluss nicht gestattet, hat der Unternehmer dem Verbraucher abweichend von Satz 1 die Informationen unverzüglich nach Abschluss des Fernabsatzvertrags zu übermitteln.

(2) Der Verbraucher kann während der Laufzeit des Vertrags vom Unternehmer jederzeit verlangen, dass dieser ihm die Vertragsbedingungen einschließlich der Allgemeinen Geschäftsbedingungen in Papierform zur Verfügung stellt.

(3) Zur Erfüllung seiner Informationspflicht nach Absatz 1 Satz 1 Nummer 2 in Verbindung mit § 1 Absatz 1 Nummer 12 über das Bestehen eines Widerrufsrechts kann der Unternehmer dem Verbraucher das in der Anlage 3 vorgesehene Muster für die Widerrufsbelehrung bei Finanzdienstleistungsverträgen zutreffend ausgefüllt in Textform übermitteln.

Art. 246c Informationspflichten bei Verträgen im elektronischen Geschäftsverkehr. Bei Verträgen im elektronischen Geschäftsverkehr muss der Unternehmer den Kunden unterrichten
1. über die einzelnen technischen Schritte, die zu einem Vertragsschluss führen,

2. darüber, ob der Vertragstext nach dem Vertragsschluss von dem Unternehmer gespeichert wird und ob er dem Kunden zugänglich ist,
3. darüber, wie er mit den nach § 312i Absatz 1 Satz 1 Nummer 1 des Bürgerlichen Gesetzbuchs zur Verfügung gestellten technischen Mitteln Eingabefehler vor Abgabe der Vertragserklärung erkennen und berichtigen kann,
4. über die für den Vertragsschluss zur Verfügung stehenden Sprachen und
5. über sämtliche einschlägigen Verhaltenskodizes, denen sich der Unternehmer unterwirft, sowie über die Möglichkeit eines elektronischen Zugangs zu diesen Regelwerken.

Artikel 246d Allgemeine Informationspflichten für Betreiber von Online-Marktplätzen. [*gültig ab 28.5.2022*]

§ 1 Informationspflichten. Der Betreiber eines Online-Marktplatzes muss den Verbraucher informieren
1. zum Ranking der Waren, Dienstleistungen oder digitalen Inhalte, die dem Verbraucher als Ergebnis seiner Suchanfrage auf dem Online-Marktplatz präsentiert werden, allgemein über
   a) die Hauptparameter zur Festlegung des Rankings und
   b) die relative Gewichtung der Hauptparameter zur Festlegung des Rankings im Vergleich zu anderen Parametern,
2. falls dem Verbraucher auf dem Online-Marktplatz das Ergebnis eines Vergleichs von Waren, Dienstleistungen oder digitalen Inhalten präsentiert wird, über die Anbieter, die bei der Erstellung des Vergleichs einbezogen wurden,
3. gegebenenfalls darüber, dass es sich bei ihm und dem Anbieter der Waren, Dienstleistungen oder digitalen Inhalte um verbundene Unternehmen im Sinne von § 15 des Aktiengesetzes handelt,
4. darüber, ob es sich bei dem Anbieter der Waren, Dienstleistungen oder digitalen Inhalte nach dessen eigener Erklärung gegenüber dem Betreiber des Online-Marktplatzes um einen Unternehmer handelt,
5. falls es sich bei dem Anbieter der Waren, Dienstleistungen oder digitalen Inhalte nach dessen eigener Erklärung gegenüber dem Betreiber des Online-Marktplatzes nicht um einen Unternehmer handelt, darüber, dass die besonderen Vorschriften für Verbraucherverträge auf den Vertrag nicht anzuwenden sind,
6. gegebenenfalls darüber, in welchem Umfang der Anbieter der Waren, Dienstleistungen oder digitalen Inhalte sich des Betreibers des Online-Marktplatzes bei der Erfüllung von Verbindlichkeiten aus dem Vertrag mit dem Verbraucher bedient, und darüber, dass dem Verbraucher hierdurch keine eigenen vertraglichen Ansprüche gegenüber dem Betreiber des Online-Marktplatzes entstehen, und
7. falls ein Anbieter eine Eintrittsberechtigung für eine Veranstaltung weiterverkaufen will, ob und gegebenenfalls in welcher Höhe der Veranstalter nach Angaben des Anbieters einen Preis für den Erwerb dieser Eintrittsberechtigung festgelegt hat.

§ 2 Formale Anforderungen. (1) Der Betreiber eines Online-Marktplatzes muss dem Verbraucher die Informationen nach § 1 vor Abgabe von dessen Vertragserklärung in klarer, verständlicher und in einer den benutzten Fernkommunikationsmitteln angepassten Weise zur Verfügung stellen.

(2) Die Informationen nach § 1 Nummer 1 und 2 müssen dem Verbraucher in einem bestimmten Bereich der Online-Benutzeroberfläche zur Verfügung gestellt werden, der von der Webseite, auf der die Angebote angezeigt werden, unmittelbar und leicht zugänglich ist.

Artikel 246e Verbotene Verletzung von Verbraucherinteressen und Bußgeldvorschriften. [*gültig ab 28.5.2022*]

§ 1 Verbotene Verletzung von Verbraucherinteressen im Zusammenhang mit Verbraucherverträgen. (1) Die Verletzung von Verbraucherinteressen im Zusammenhang mit Verbraucherverträgen, bei der es sich um einen weitverbreiteten Verstoß gemäß Artikel 3 Nummer 3 oder einen weitverbreiteten Verstoß mit Unions-Dimension gemäß Artikel 3 Nummer 4 der Verordnung (EU) 2017/2394 des Europäischen Parlaments und des Rates vom 12. Dezember 2017 über die Zusammenarbeit zwischen den für die Durchsetzung der Verbraucherschutzgesetze zuständigen nationalen Behörden und zur Aufhebung der Verordnung (EG) Nr. 2006/2004 (ABl. L 345 vom 27.12.2017, S. 1), die zuletzt durch die Richtlinie (EU) 2019/771 (ABl. L 136 vom 22.5.2019, S. 28) geändert worden ist, handelt, ist verboten.

(2) Eine Verletzung von Verbraucherinteressen im Zusammenhang mit Verbraucherverträgen im Sinne des Absatzes 1 liegt vor, wenn
1. gegenüber dem Verbraucher ein nach § 241a Absatz 1 des Bürgerlichen Gesetzbuchs nicht begründeter Anspruch geltend gemacht wird,
2. von einem Unternehmer in seinen Allgemeinen Geschäftsbedingungen eine Bestimmung empfohlen oder verwendet wird,
   a) die nach § 309 des Bürgerlichen Gesetzbuchs unwirksam ist oder
   b) deren Empfehlung oder Verwendung gegenüber Verbrauchern dem Unternehmer durch rechtskräftiges Urteil untersagt wurde,
3. eine Identität oder der geschäftliche Zweck eines Anrufs nicht nach § 312a Absatz 1 des Bürgerlichen Gesetzbuchs offengelegt wird,
4. der Verbraucher nicht nach § 312a Absatz 2 Satz 1 oder § 312d Absatz 1 des Bürgerlichen Gesetzbuchs informiert wird,
5. eine Vereinbarung nach § 312a Absatz 3 Satz 1, auch in Verbindung mit Satz 2, des Bürgerlichen Gesetzbuchs nicht ausdrücklich getroffen wird,
6. eine nach § 312a Absatz 4 Nummer 2 oder Absatz 5 Satz 1 des Bürgerlichen Gesetzbuchs unwirksame Vereinbarung abgeschlossen wird,
7. von dem Verbraucher entgegen § 312e des Bürgerlichen Gesetzbuchs die Erstattung der Kosten verlangt wird,
8. eine Abschrift oder eine Bestätigung des Vertrags nach § 312f Absatz 1 Satz 1, auch in Verbindung mit Satz 2, oder nach Absatz 2 Satz 1 des Bürgerlichen Gesetzbuchs nicht zur Verfügung gestellt wird,

Einführungsgesetz zum BGB **EGBGB 6**

9. im elektronischen Geschäftsverkehr gegenüber Verbrauchern
   a) eine zusätzliche Angabe nicht nach den Vorgaben des § 312j Absatz 1 des Bürgerlichen Gesetzbuchs gemacht wird,
   b) eine Information nicht nach den Vorgaben des § 312j Absatz 2 des Bürgerlichen Gesetzbuchs zur Verfügung gestellt wird oder
   c) die Bestellsituation nicht nach den Vorgaben des § 312j Absatz 3 des Bürgerlichen Gesetzbuchs gestaltet wird,
10. der Verbraucher nicht nach § 312k Absatz 1 des Bürgerlichen Gesetzbuchs informiert wird,
11. eine Sache bei einem Verbrauchsgüterkauf nicht innerhalb einer dem Unternehmer nach § 323 Absatz 1 des Bürgerlichen Gesetzbuchs gesetzten angemessenen Frist geliefert wird,
12. nach einem wirksamen Widerruf des Vertrags durch den Verbraucher
    a) Inhalte entgegen § 327p Absatz 2 Satz 1 in Verbindung mit § 357 Absatz 8 des Bürgerlichen Gesetzbuchs genutzt werden,
    b) Inhalte nicht nach § 327p Absatz 3 Satz 1 in Verbindung mit § 357 Absatz 8 des Bürgerlichen Gesetzbuchs bereitgestellt werden,
    c) eine empfangene Leistung dem Verbraucher nicht nach § 355 Absatz 3 Satz 1 in Verbindung mit § 357 Absatz 1 bis 3 des Bürgerlichen Gesetzbuchs zurückgewährt wird oder
    d) Ware nicht nach § 357 Absatz 7 des Bürgerlichen Gesetzbuchs auf eigene Kosten abgeholt wird,
13. im Falle eines Rücktritts des Verbrauchers von einem Verbrauchsgüterkauf eine Leistung des Verbrauchers nicht nach § 346 Absatz 1 des Bürgerlichen Gesetzbuchs zurückgewährt wird,
14. der Zugang eines Widerrufs nicht nach § 356 Absatz 1 Satz 2 des Bürgerlichen Gesetzbuchs bestätigt wird oder
15. eine Sache dem Verbraucher nicht innerhalb der nach § 433 Absatz 1 Satz 1 in Verbindung mit § 475 Absatz 1 Satz 1 und 2 des Bürgerlichen Gesetzbuchs maßgeblichen Leistungszeit übergeben wird.

(3) Eine Verletzung von Verbraucherinteressen im Zusammenhang mit Verbraucherverträgen nach Absatz 1 liegt auch vor, wenn
1. eine Handlung oder Unterlassung die tatsächlichen Voraussetzungen eines der in Absatz 2 geregelten Fälle erfüllt und
2. auf den Verbrauchervertrag das nationale Recht eines anderen Mitgliedstaates der Europäischen Union anwendbar ist, welches eine Vorschrift enthält, die der jeweiligen in Absatz 2 genannten Vorschrift entspricht.

§ 2 Bußgeldvorschriften. (1) Ordnungswidrig handelt, wer vorsätzlich oder fahrlässig entgegen § 1 Absatz 1 Verbraucherinteressen im Zusammenhang mit Verbraucherverträgen nach § 1 Absatz 2 oder 3 verletzt.

(2) ¹Die Ordnungswidrigkeit kann mit einer Geldbuße bis zu fünfzigtausend Euro geahndet werden. ²Gegenüber einem Unternehmer, der in den von dem Verstoß betroffenen Mitgliedstaaten der Europäischen Union in dem der Behördenentscheidung vorausgegangenen Geschäftsjahr mehr als eine Million

zweihundertfünfzigtausend Euro Jahresumsatz erzielt hat, kann eine höhere Geldbuße verhängt werden; diese darf 4 Prozent des Jahresumsatzes nicht übersteigen. [3]Die Höhe des Jahresumsatzes kann geschätzt werden. [4]Liegen keine Anhaltspunkte für eine Schätzung des Jahresumsatzes vor, beträgt das Höchstmaß der Geldbuße zwei Millionen Euro. [5]Abweichend von den Sätzen 2 bis 4 gilt gegenüber einem Täter oder einem Beteiligten, der im Sinne des § 9 des Gesetzes über Ordnungswidrigkeiten für einen Unternehmer handelt, und gegenüber einem Beteiligten im Sinne von § 14 Absatz 1 Satz 2 des Gesetzes über Ordnungswidrigkeiten, der kein Unternehmer ist, der Bußgeldrahmen des Satzes 1. Das für die Ordnungswidrigkeit angedrohte Höchstmaß der Geldbuße im Sinne von § 30 Absatz 2 Satz 2 des Gesetzes über Ordnungswidrigkeiten ist das nach den Sätzen 1 bis 4 anwendbare Höchstmaß.

(3) Die Ordnungswidrigkeit kann nur im Rahmen einer koordinierten Durchsetzungsmaßnahme nach Artikel 21 der Verordnung (EU) 2017/2394 geahndet werden.

(4) Verwaltungsbehörde im Sinne des § 36 Absatz 1 Nummer 1 des Gesetzes über Ordnungswidrigkeiten ist das Bundesamt für Justiz.

Einführungsgesetz zum BGB **EGBGB 6**

Anlage 1
(zu Artikel 246 a § 1 Absatz 2 Satz 2)

Muster
für die Widerrufsbelehrung bei außerhalb von Geschäftsräumen geschlossenen Verträgen und bei Fernabsatzverträgen mit Ausnahme von Verträgen über Finanzdienstleistungen

Widerrufsbelehrung

Widerrufsrecht

Sie haben das Recht, binnen vierzehn Tagen ohne Angabe von Gründen diesen Vertrag zu widerrufen.

Die Widerrufsfrist beträgt vierzehn Tage ab dem Tag [1].

Um Ihr Widerrufsrecht auszuüben, müssen Sie uns um [2] mittels einer eindeutigen Erklärung (z.B. ein mit der Post versandter Brief, Telefax oder E-Mail) über Ihren Entschluss, diesen Vertrag zu widerrufen, informieren. Sie können dafür das beigefügte Muster-Widerrufsformular verwenden, das jedoch nicht vorgeschrieben ist. [3]

Zur Wahrung der Widerrufsfrist reicht es aus, dass Sie die Mitteilung über die Ausübung des Widerrufsrechts vor Ablauf der Widerrufsfrist absenden.

Folgen des Widerrufs

Wenn Sie diesen Vertrag widerrufen, haben wir Ihnen alle Zahlungen, die wir von Ihnen erhalten haben, einschließlich der Lieferkosten (mit Ausnahme der zusätzlichen Kosten, die sich daraus ergeben, dass Sie eine andere Art der Lieferung als die von uns angebotene, günstigste Standardlieferung gewählt haben), unverzüglich und spätestens binnen vierzehn Tagen ab dem Tag zurückzuzahlen, an dem die Mitteilung über Ihren Widerruf dieses Vertrags bei uns eingegangen ist. Für diese Rückzahlung verwenden wir dasselbe Zahlungsmittel, das Sie bei der ursprünglichen Transaktion eingesetzt haben, es sei denn, mit Ihnen wurde ausdrücklich etwas anderes vereinbart; in keinem Fall werden Ihnen wegen dieser Rückzahlung Entgelte berechnet.

[4]

[5]

[6]

6 EGBGB

Einführungsgesetz zum BGB

Gestaltungshinweise:

[1] Fügen Sie einen der folgenden in Anführungszeichen gesetzten Textbausteine ein:
  a) im Falle eines Dienstleistungsvertrags oder eines Vertrags über die Lieferung von Wasser, Gas oder Strom, wenn sie nicht in einem begrenzten Volumen oder in einer bestimmten Menge zum Verkauf angeboten werden, von Fernwärme oder von digitalen Inhalten, die nicht auf einem körperlichen Datenträger geliefert werden: „des Vertragsabschlusses.";
  b) im Falle eines Kaufvertrags: „an dem Sie oder ein von Ihnen benannter Dritter, der nicht der Beförderer ist, die Waren in Besitz genommen haben bzw. hat.";
  c) im Falle eines Vertrags über mehrere Waren, die der Verbraucher im Rahmen einer einheitlichen Bestellung bestellt hat und die getrennt geliefert werden: „an dem Sie oder ein von Ihnen benannter Dritter, der nicht der Beförderer ist, die letzte Ware in Besitz genommen haben bzw. hat.";
  d) im Falle eines Vertrags über die Lieferung einer Ware in mehreren Teilsendungen oder Stücken: „an dem Sie oder ein von Ihnen benannter Dritter, der nicht der Beförderer ist, die letzte Teilsendung oder das letzte Stück in Besitz genommen haben bzw. hat.";
  e) im Falle eines Vertrags zur regelmäßigen Lieferung von Waren über einen festgelegten Zeitraum hinweg: „an dem Sie oder ein von Ihnen benannter Dritter, der nicht der Beförderer ist, die erste Ware in Besitz genommen haben bzw. hat."

[2] Fügen Sie Ihren Namen, Ihre Anschrift und, soweit verfügbar, Ihre Telefonnummer, Telefaxnummer und E-Mail-Adresse ein.

[3] Wenn Sie dem Verbraucher die Wahl einräumen, die Information über seinen Widerruf des Vertrags auf Ihrer Webseite elektronisch auszufüllen und zu übermitteln, fügen Sie Folgendes ein: „Sie können das Muster-Widerrufsformular oder eine andere eindeutige Erklärung auch auf unserer Webseite [Internet-Adresse einfügen] elektronisch ausfüllen und übermitteln. Machen Sie von dieser Möglichkeit Gebrauch, so werden wir Ihnen unverzüglich (z.B. per E-Mail) eine Bestätigung über den Eingang eines solchen Widerrufs übermitteln.":

[4] Im Falle von Kaufverträgen, in denen Sie nicht angeboten haben, im Falle des Widerrufs die Waren selbst abzuholen, fügen Sie Folgendes ein: „Wir können die Rückzahlung verweigern, bis wir die Waren wieder zurückerhalten haben oder bis Sie den Nachweis erbracht haben, dass Sie die Waren zurückgesandt haben, je nachdem, welches der frühere Zeitpunkt ist."

[5] Wenn der Verbraucher Waren im Zusammenhang mit dem Vertrag erhalten hat:
  a) Fügen Sie ein:
    – „Wir holen die Waren ab." oder
    – „Sie haben die Waren unverzüglich und in jedem Fall spätestens binnen vierzehn Tagen ab dem Tag, an dem Sie uns über den Widerruf dieses Vertrags unterrichten, an ... uns oder an [hier sind gegebenenfalls der Name und die Anschrift der von Ihnen zur Entgegennahme der Waren ermächtigten Person einzufügen] zurückzusenden oder zu übergeben. Die Frist ist gewahrt, wenn Sie die Waren vor Ablauf der Frist von vierzehn Tagen absenden."
  b) fügen Sie ein:
    – „Wir tragen die Kosten der Rücksendung der Waren.";
    – „Sie tragen die unmittelbaren Kosten der Rücksendung der Waren.";
    – Wenn Sie bei einem Fernabsatzvertrag nicht anbieten, die Kosten der Rücksendung der Waren zu tragen, und die Waren aufgrund ihrer Beschaffenheit nicht normal mit der Post zurückgesandt werden können: „Sie tragen die unmittelba-

ren Kosten der Rücksendung der Waren in Höhe von ... EUR [Betrag einfügen].", oder, wenn die Kosten vernünftigerweise nicht im Voraus berechnet werden können: „Sie tragen die unmittelbaren Kosten der Rücksendung der Waren. Die Kosten werden auf höchstens etwa ... EUR [Betrag einfügen] geschätzt." oder
- Wenn die Waren bei einem außerhalb von Geschäftsräumen geschlossenen Vertrag aufgrund ihrer Beschaffenheit nicht normal mit der Post zurückgesandt werden können und zum Zeitpunkt des Vertragsschlusses zur Wohnung des Verbrauchers geliefert worden sind: „Wir holen die Waren auf unsere Kosten ab." und
c) fügen Sie ein: „Sie müssen für einen etwaigen Wertverlust der Waren nur aufkommen, wenn dieser Wertverlust auf einen zur Prüfung der Beschaffenheit, Eigenschaften und Funktionsweise der Waren nicht notwendigen Umgang mit ihnen zurückzuführen ist."

[6] Im Falle eines Vertrags zur Erbringung von Dienstleistungen oder der Lieferung von Wasser, Gas oder Strom, wenn sie nicht in einem begrenzten Volumen oder in einer bestimmten Menge zum Verkauf angeboten werden, oder von Fernwärme fügen Sie Folgendes ein: „Haben Sie verlangt, dass die Dienstleistungen oder Lieferung von Wasser/Gas/Strom/Fernwärme [Unzutreffendes streichen] während der Widerrufsfrist beginnen soll, so haben Sie uns einen angemessenen Betrag zu zahlen, der dem Anteil der bis zu dem Zeitpunkt, zu dem Sie uns von der Ausübung des Widerrufsrechts hinsichtlich dieses Vertrags unterrichten, bereits erbrachten Dienstleistungen im Vergleich zum Gesamtumfang der im Vertrag vorgesehenen Dienstleistungen entspricht."

Anlage 2
(zu Artikel 246a § 1 Absatz 2 Satz 1 Nummer 1 und § 2 Absatz 2 Nummer 2)

Muster
für das Widerrufsformular

Muster-Widerrufsformular

(Wenn Sie den Vertrag widerrufen wollen, dann füllen Sie bitte dieses Formular aus und senden Sie es zurück.)
- An [hier ist der Name, die Anschrift und gegebenenfalls die Telefaxnummer und E-Mail-Adresse des Unternehmers durch den Unternehmer einzufügen]:
- Hiermit widerrufe(n) ich/wir (*) den von mir/uns (*) abgeschlossenen Vertrag über den Kauf der folgenden Waren (*)/die Erbringung der folgenden Dienstleistung (*)
- Bestellt am (*)/erhalten am (*)
- Name des/der Verbraucher(s)
- Anschrift des/der Verbraucher(s)
- Unterschrift des/der Verbraucher(s) (nur bei Mitteilung auf Papier)
- Datum
- (*) Unzutreffendes streichen.

Anlage 3
(zu Artikel 246b § 2 Absatz 3 Satz 1)

Muster
für die Widerrufsbelehrung bei im Fernabsatz und außerhalb von Geschäftsräumen geschlossenen Verträgen über Finanzdienstleistungen mit Ausnahme von Verträgen über die Erbringung von Zahlungsdiensten und Immobiliarförderdarlehensverträgen

Widerrufsbelehrung

Abschnitt 1
Widerrufsrecht

Sie können Ihre Vertragserklärung **innerhalb von 14 Tagen ohne Angabe von Gründen mittels einer eindeutigen Erklärung widerrufen**. Die Frist beginnt nach Abschluss des Vertrags und nachdem Sie die Vertragsbestimmungen einschließlich der Allgemeinen Geschäftsbedingungen sowie **alle nachstehend unter Abschnitt 2 aufgeführten Informationen** auf einem dauerhaften Datenträger (z.B. Brief, Telefax, E-Mail) **erhalten haben**. **Zur Wahrung der Widerrufsfrist genügt die rechtzeitige Absendung des Widerrufs**, wenn die Erklärung auf einem dauerhaften Datenträger erfolgt. Der Widerruf ist zu richten an: [1]

Abschnitt 2
Für den Beginn der Widerrufsfrist erforderliche Informationen

[2]

Die Informationen im Sinne des Abschnitts 1 Satz 2 umfassen folgende Angaben:
1. die Identität des Unternehmers; anzugeben ist auch das öffentliche Unternehmensregister, bei dem der Rechtsträger eingetragen ist, und die zugehörige Registernummer oder gleichwertige Kennung;
2. die Hauptgeschäftstätigkeit des Unternehmers und die für seine Zulassung zuständige Aufsichtsbehörde;
3. *die Identität des Vertreters des Unternehmers in dem Mitgliedstaat der Europäischen Union, in dem der Verbraucher seinen Wohnsitz hat, wenn es einen solchen Vertreter gibt, oder einer anderen gewerblich tätigen Person als dem Unternehmer, wenn der Verbraucher mit dieser Person geschäftlich zu tun hat, und die Eigenschaft, in der diese Person gegenüber dem Verbraucher tätig wird;*
4. zur Anschrift
    a) die ladungsfähige Anschrift des Unternehmers und jede andere Anschrift, die für die Geschäftsbeziehung zwischen dem Unternehmer

und dem Verbraucher maßgeblich ist, bei juristischen Personen, Personenvereinigungen oder Personengruppen auch den Namen des Vertretungsberechtigten;

b) jede andere Anschrift, die für die Geschäftsbeziehung zwischen dem Verbraucher und einem Vertreter des Unternehmers oder einer anderen gewerblich tätigen Person als dem Unternehmer, wenn der Verbraucher mit dieser Person geschäftlich zu tun hat, maßgeblich ist, bei juristischen Personen, Personenvereinigungen oder Personengruppen auch den Namen des Vertretungsberechtigten;

5. die wesentlichen Merkmale der Finanzdienstleistung sowie Informationen darüber, wie der Vertrag zustande kommt;
6. den Gesamtpreis der Finanzdienstleistung einschließlich aller damit verbundenen Preisbestandteile sowie alle über den Unternehmer abgeführten Steuern oder, wenn kein genauer Preis angegeben werden kann, seine Berechnungsgrundlage, die dem Verbraucher eine Überprüfung des Preises ermöglicht;
7. *gegebenenfalls zusätzlich anfallende Kosten sowie einen Hinweis auf mögliche weitere Steuern oder Kosten, die nicht über den Unternehmer abgeführt oder von ihm in Rechnung gestellt werden;*
8. *den Hinweis, dass sich die Finanzdienstleistung auf Finanzinstrumente bezieht, die wegen ihrer spezifischen Merkmale oder der durchzuführenden Vorgänge mit speziellen Risiken behaftet sind oder deren Preis Schwankungen auf dem Finanzmarkt unterliegt, auf die der Unternehmer keinen Einfluss hat, und dass in der Vergangenheit erwirtschaftete Erträge kein Indikator für künftige Erträge sind;*
9. *eine Befristung der Gültigkeitsdauer der zur Verfügung gestellten Informationen, beispielsweise die Gültigkeitsdauer befristeter Angebote, insbesondere hinsichtlich des Preises;*
10. Einzelheiten hinsichtlich der Zahlung und der Erfüllung;
11. *alle spezifischen zusätzlichen Kosten, die der Verbraucher für die Benutzung des Fernkommunikationsmittels zu tragen hat, wenn solche zusätzlichen Kosten durch den Unternehmer in Rechnung gestellt werden;*
12. das Bestehen oder Nichtbestehen eines Widerrufsrechts sowie die Bedingungen, Einzelheiten der Ausübung, insbesondere Name und Anschrift desjenigen, gegenüber dem der Widerruf zu erklären ist, und die Rechtsfolgen des Widerrufs einschließlich Informationen über den Betrag, den der Verbraucher im Fall des Widerrufs für die erbrachte Leistung zu zahlen hat, sofern er zur Zahlung von Wertersatz verpflichtet ist (zugrunde liegende Vorschrift: § 357a des Bürgerlichen Gesetzbuchs);
13. *die Mindestlaufzeit des Vertrags, wenn dieser eine dauernde oder regelmäßig wiederkehrende Leistung zum Inhalt hat;*
14. *die vertraglichen Kündigungsbedingungen einschließlich etwaiger Vertragsstrafen;*

15. die Mitgliedstaaten der Europäischen Union, deren Recht der Unternehmer der Aufnahme von Beziehungen zum Verbraucher vor Abschluss des Vertrags zugrunde legt;
16. *eine Vertragsklausel über das auf den Vertrag anwendbare Recht oder über das zuständige Gericht;*
17. die Sprachen, in denen die Vertragsbedingungen und die in dieser Widerrufsbelehrung genannten Vorabinformationen mitgeteilt werden, sowie die Sprachen, in denen sich der Unternehmer verpflichtet, mit Zustimmung des Verbrauchers die Kommunikation während der Laufzeit dieses Vertrags zu führen;
18. den Hinweis, ob der Verbraucher ein außergerichtliches Beschwerde- und Rechtsbehelfsverfahren, dem der Unternehmer unterworfen ist, nutzen kann, und gegebenenfalls dessen Zugangsvoraussetzungen;
19. *das Bestehen eines Garantiefonds oder anderer Entschädigungsregelungen, die weder unter die gemäß der Richtlinie 2014/49/EU des Europäischen Parlaments und des Rates vom 16. April 2014 über Einlagensicherungssysteme (ABl. L 173 vom 12.6.2014, S. 149; L 212 vom 18.7.2014, S. 47; L 309 vom 30.10.2014, S. 37) geschaffenen Einlagensicherungssysteme noch unter die gemäß der Richtlinie 97/9/EG des Europäischen Parlaments und des Rates vom 3. März 1997 über Systeme für die Entschädigung der Anleger (ABl. L 84 vom 26.3.1997, S. 22) geschaffenen Anlegerentschädigungssysteme fallen.*

Abschnitt 3
Widerrufsfolgen

Im Fall eines wirksamen Widerrufs **sind die beiderseits empfangenen Leistungen zurückzugewähren.** [3] Sie sind zur **Zahlung von Wertersatz** für die bis zum Widerruf erbrachte Dienstleistung verpflichtet, wenn Sie vor Abgabe Ihrer Vertragserklärung auf diese Rechtsfolge hingewiesen wurden und ausdrücklich zugestimmt haben, dass vor dem Ende der Widerrufsfrist mit der Ausführung der Gegenleistung begonnen werden kann. Besteht eine Verpflichtung zur Zahlung von Wertersatz, kann dies dazu führen, dass Sie die vertraglichen Zahlungsverpflichtungen für den Zeitraum bis zum Widerruf dennoch erfüllen müssen.**Ihr Widerrufsrecht erlischt** vorzeitig, wenn der Vertrag **von beiden Seiten auf Ihren ausdrücklichen Wunsch vollständig erfüllt ist,** bevor Sie Ihr Widerrufsrecht ausgeübt haben.**Verpflichtungen zur Erstattung von Zahlungen müssen innerhalb von 30 Tagen erfüllt werden.** Diese Frist beginnt für Sie mit der Absendung Ihrer Widerrufserklärung, für uns mit deren Empfang.

[4]

[5]

[6]

Einführungsgesetz zum BGB **EGBGB 6**

[7]

[8]

(Ort), (Datum), (Unterschrift des Verbrauchers) [9]

Gestaltungshinweise:

[1] Einsetzen: Namen/Firma und ladungsfähige Anschrift des Widerrufsadressaten. Zusätzlich können angegeben werden: Telefaxnummer, E-Mail-Adresse und/oder, wenn der Verbraucher eine Bestätigung seiner Widerrufserklärung an den Unternehmer erhält, auch eine Internetadresse.

[2] Die unter den **Nummern 3, 4 Buchstabe b, den Nummern 7, 8, 9, 11, 13, 14, 16 und 19 aufgelisteten und kursiv gedruckten Informationen** sind nur dann in die Widerrufsbelehrung aufzunehmen, **wenn sie für den vorliegenden Vertrag einschlägig sind.** Der Kursivdruck ist dabei zu entfernen. Eine Information ist auch dann vollständig aufzunehmen, wenn sie nur teilweise einschlägig ist, beispielsweise, wenn bei Nummer 7 nur zusätzliche Kosten, nicht aber weitere Steuern, die nicht über den Unternehmer abgeführt oder von ihm in Rechnung gestellt werden, anfallen. Werden Informationen gemäß der vorstehenden Vorgabe nicht aufgenommen, so ist die fortlaufende Nummerierung entsprechend anzupassen (wird beispielsweise Nummer 8 nicht übernommen, so wird Nummer 9 zu Nummer 8 etc.). Wird bei Nummer 4 Buchstabe b nicht übernommen, so entfällt bei Buchstabe a im Text der Buchstabe „a)" sowie die Überschrift „zur Anschrift". Die letzte in der Widerrufsbelehrung aufgenommene Information soll mit dem Satzzeichen „." abschließen.

[3] Bei der Vereinbarung eines Entgelts für die Duldung einer Überziehung im Sinne des § 505 des Bürgerlichen Gesetzbuchs (BGB) ist hier Folgendes einzufügen:

„Überziehen Sie Ihr Konto ohne eingeräumte Überziehungsmöglichkeit oder überschreiten Sie die Ihnen eingeräumte Überziehungsmöglichkeit, können wir von Ihnen über die Rückzahlung des Betrags der Überziehung oder Überschreitung hinaus weder Kosten noch Zinsen verlangen, wenn wir Sie nicht ordnungsgemäß über die Bedingungen und Folgen der Überziehung oder Überschreitung (z.B. anwendbarer Sollzinssatz, Kosten) informiert haben."

[4] Bei einem Vertrag über eine entgeltliche Finanzierungshilfe, der von der Ausnahme des § 506 Absatz 4 BGB erfasst ist, gilt Folgendes:

a) Ist Vertragsgegenstand die Überlassung einer Sache mit Ausnahme der Lieferung von Wasser, Gas oder Strom, die nicht in einem begrenzten Volumen oder in einer bestimmten Menge zum Verkauf angeboten werden, so sind hier die konkreten Hinweise entsprechend Gestaltungshinweis [5] Buchstabe a bis c der Anlage 1 des Einführungsgesetzes zum Bürgerlichen Gesetzbuche (EGBGB) zu geben.

b) Ist Vertragsgegenstand die Erbringung einer Dienstleistung, die nicht in der Überlassung einer Sache gemäß Buchstabe a oder in einer Finanzdienstleistung besteht, mit Ausnahme der Lieferung von Wasser, Gas oder Strom, wenn sie nicht in einem begrenzten Volumen oder in einer bestimmten Menge zum Verkauf angeboten werden, oder die Lieferung von Fernwärme, so sind hier die konkreten Hinweise entsprechend Gestaltungshinweis [6] der Anlage 1 des EGBGB zu geben.

c) Ist Vertragsgegenstand die Lieferung von nicht auf einem körperlichen Datenträger befindlichen digitalen Inhalten, so ist hier folgender Hinweis zu geben:

„Sie sind zur Zahlung von Wertersatz für die bis zum Widerruf gelieferten digitalen Inhalte verpflichtet, wenn Sie vor Abgabe Ihrer Vertragserklärung auf diese Rechtsfolge hingewiesen wurden und ausdrücklich zugestimmt haben, dass wir vor dem Ende der Widerrufsfrist mit der Lieferung der digitalen Inhalte beginnen."

[5] Bei Anwendung der Gestaltungshinweise [6] oder [7] ist hier folgende Unterüberschrift einzufügen:

„Besondere Hinweise".

[6] Wenn ein verbundenes Geschäft (§ 358 BGB) vorliegt, ist für finanzierte Geschäfte der nachfolgende Hinweis einzufügen:

„Wenn Sie diesen Vertrag durch ein Darlehen finanzieren und ihn später widerrufen, sind Sie auch an den Darlehensvertrag nicht mehr gebunden, sofern beide Verträge eine wirtschaftliche Einheit bilden. Dies ist insbesondere dann anzunehmen, wenn wir gleichzeitig Ihr Darlehensgeber sind oder wenn sich Ihr Darlehensgeber im Hinblick auf die Finanzierung unserer Mitwirkung bedient. Wenn uns das Darlehen bei Wirksamwerden des Widerrufs oder bei der Rückgabe der Ware bereits zugeflossen ist, tritt Ihr Darlehensgeber im Verhältnis zu Ihnen hinsichtlich der Rechtsfolgen des Widerrufs oder der Rückgabe in unsere Rechte und Pflichten aus dem finanzierten Vertrag ein. Letzteres gilt nicht, wenn der finanzierte Vertrag den Erwerb von Finanzinstrumenten (z.b. von Wertpapieren, Devisen oder Derivaten) zum Gegenstand hat. Wollen Sie eine vertragliche Bindung so weitgehend wie möglich vermeiden, machen Sie von Ihrem Widerrufsrecht Gebrauch und widerrufen Sie zudem den Darlehensvertrag, wenn Ihnen auch dafür ein Widerrufsrecht zusteht."

Bei einem finanzierten Erwerb eines Grundstücks oder eines grundstücksgleichen Rechts ist Satz 2 des vorstehenden Hinweises wie folgt zu ändern:

„Dies ist nur anzunehmen, wenn die Vertragspartner in beiden Verträgen identisch sind oder wenn der Darlehensgeber über die Zurverfügungstellung von Darlehen hinaus Ihr Grundstücksgeschäft durch Zusammenwirken mit dem Veräußerer fördert, indem er sich dessen Veräußerungsinteressen ganz oder teilweise zu eigen macht, bei der Planung, Werbung oder Durchführung des Projekts Funktionen des Veräußerers übernimmt oder den Veräußerer einseitig begünstigt."

[7] Wenn ein zusammenhängender Vertrag (§ 360 BGB) vorliegt, ist der nachfolgende Hinweis einzufügen:

„Bei Widerruf dieses Vertrags sind Sie auch an einen mit diesem Vertrag zusammenhängenden Vertrag nicht mehr gebunden, wenn der zusammenhängende Vertrag eine Leistung betrifft, die von uns oder einem Dritten auf der Grundlage einer Vereinbarung zwischen uns und dem Dritten erbracht wird."

[8] Wird für einen Vertrag belehrt, der auch einen Vertrag über die Erbringung von Zahlungsdiensten betrifft, für den in Anlage 3a und/oder in Anlage 3b des EGBGB ein Muster für eine Widerrufsbelehrung zur Verfügung gestellt wird, so sind die jeweils zutreffenden Ergänzungen aus den Mustern für die Widerrufsbelehrung zu kombinieren. Soweit die kombinierende Ergänzungen identisch sind, sind Wiederholungen des Wortlauts nicht erforderlich.

[9] Ort, Datum und Unterschriftsleiste können entfallen. In diesem Fall sind diese Angaben entweder durch die Wörter „Ende der Widerrufsbelehrung" oder durch die Wörter „(einsetzen: Firma des Unternehmers)" zu ersetzen.

Einführungsgesetz zum BGB **EGBGB 6**

Anlage 4
(zu Artikel 247 § 2)

Europäische Standardinformationen für Verbraucherkredite

1. Name und Kontaktangaben des Kreditgebers/Kreditvermittlers

Kreditgeber Anschrift Telefon*) E-Mail*) Fax*) Internet-Adresse*)	[Name] [Ladungsfähige Anschrift für Kontakte des Verbrauchers]
(falls zutreffend) Kreditvermittler Anschrift Telefon*) E-Mail*) Fax*) Internet-Adresse*)	[Name] [Anschrift für Kontakte mit dem Verbraucher]

*) Freiwillige Angaben des Kreditgebers

In allen Fällen, in denen „falls zutreffend" angegeben ist, muss der Kreditgeber das betreffende Kästchen ausfüllen, wenn die Information für den Kreditvertrag relevant ist, oder die betreffende Information bzw. die gesamte Zeile streichen, wenn die Information für die in Frage kommende Kreditart nicht relevant ist.

Die Vermerke in eckigen Klammern dienen zur Erläuterung und sind durch die entsprechenden Angaben zu ersetzen.

2. Beschreibung der wesentlichen Merkmale des Kredits

Kreditart	
Gesamtkreditbetrag Obergrenze oder Summe aller Beträge, die aufgrund des Kreditvertrags zur Verfügung gestellt wird	
Bedingungen für die Inanspruchnahme Gemeint ist, wie und wann Sie das Geld erhalten	

[141]

Laufzeit des Kreditvertrags	
Teilzahlungen und gegebenenfalls Reihenfolge, in der die Teilzahlungen angerechnet werden	Sie müssen folgende Zahlungen leisten: [Betrag, Anzahl und Periodizität der vom Verbraucher zu leistenden Zahlungen] Zinsen und/oder Kosten sind wie folgt zu entrichten:
Von Ihnen zu zahlender Gesamtbetrag Betrag des geliehenen Kapitals zuzüglich Zinsen und etwaiger Kosten im Zusammenhang mit Ihrem Kredit	[Summe des Gesamtkreditbetrags und der Gesamtkosten des Kredits]
(falls zutreffend) Der Kredit wird in Form eines Zahlungsaufschubs für eine Ware oder Dienstleistung gewährt oder ist mit der Lieferung bestimmter Waren oder der Erbringung einer Dienstleistung verbunden. Bezeichnung der Ware oder Dienstleistung Barzahlungspreis	
(falls zutreffend) Verlangte Sicherheiten Beschreibung der von Ihnen im Zusammenhang mit dem Kreditvertrag zu stellenden Sicherheiten	[Art der Sicherheiten]
(falls zutreffend) Zahlungen dienen nicht der unmittelbaren Kapitaltilgung	

3. Kreditkosten

Sollzinssatz oder gegebenenfalls die verschiedenen Sollzinssätze, die für den Kreditvertrag gelten	[% – gebunden oder – veränderlich (mit dem Index oder Referenzzinssatz für den anfänglichen Sollzinssatz) – Zeiträume]
Effektiver Jahreszins Gesamtkosten ausgedrückt als jährlicher Prozentsatz des Gesamtkreditbetrags Diese Angabe hilft Ihnen dabei, unterschiedliche Angebote zu vergleichen.	[% Repräsentatives Beispiel unter Angabe sämtlicher in die Berechnung des Jahreszinses einfließender Annahmen]

Ist – der Abschluss einer Kreditversicherung oder – die Inanspruchnahme einer anderen mit dem Kreditvertrag zusammenhängenden Nebenleistung zwingende Voraussetzung dafür, dass der Kredit überhaupt oder nach den vorgesehenen Vertragsbedingungen gewährt wird? Falls der Kreditgeber die Kosten dieser Dienstleistungen nicht kennt, sind sie nicht im effektiven Jahreszins enthalten.	Ja/Nein [Falls ja, Art der Versicherung:] Ja/Nein [Falls ja, Art der Nebenleistung:]
Kosten im Zusammenhang mit dem Kredit	
(falls zutreffend) Die Führung eines oder mehrerer Konten ist für die Buchung der Zahlungsvorgänge und der in Anspruch genommenen Kreditbeträge erforderlich.	
(falls zutreffend) Höhe der Kosten für die Verwendung eines bestimmten Zahlungsmittels (z.B. einer Kreditkarte)	
(falls zutreffend) Sonstige Kosten im Zusammenhang mit dem Kreditvertrag	
(falls zutreffend) Bedingungen, unter denen die vorstehend genannten Kosten im Zusammenhang mit dem Kreditvertrag geändert werden können	
(falls zutreffend) Verpflichtung zur Zahlung von Notarkosten	
Kosten bei Zahlungsverzug Ausbleibende Zahlungen können schwer wiegende Folgen für Sie haben (z.B. Zwangsverkauf) und die Erlangung eines Kredits erschweren.	Bei Zahlungsverzug wird Ihnen [... (anwendbarer Zinssatz und Regelungen für seine Anpassung sowie gegebenenfalls Verzugskosten)] berechnet.

6 EGBGB

4. Andere wichtige rechtliche Aspekte

Widerrufsrecht Sie haben das Recht, innerhalb von 14 Kalendertagen den Kreditvertrag zu widerrufen.	Ja/Nein
Vorzeitige Rückzahlung Sie haben das Recht, den Kredit jederzeit ganz oder teilweise vorzeitig zurückzuzahlen. (falls zutreffend) Dem Kreditgeber steht bei vorzeitiger Rückzahlung eine Entschädigung zu	[Festlegung der Entschädigung (Berechnungsmethode) gemäß § 502 BGB]
Datenbankabfrage Der Kreditgeber muss Sie unverzüglich und unentgeltlich über das Ergebnis einer Datenbankabfrage unterrichten, wenn ein Kreditantrag aufgrund einer solchen Abfrage abgelehnt wird. Dies gilt nicht, wenn eine entsprechende Unterrichtung durch die Rechtsvorschriften der Europäischen Union untersagt ist oder den Zielen der öffentlichen Ordnung oder Sicherheit zuwiderläuft.	
Recht auf einen Kreditvertragsentwurf Sie haben das Recht, auf Verlangen unentgeltlich eine Kopie des Kreditvertragsentwurfs zu erhalten. Diese Bestimmung gilt nicht, wenn der Kreditgeber zum Zeitpunkt der Beantragung nicht zum Abschluss eines Kreditvertrags mit Ihnen bereit ist.	
(falls zutreffend) Zeitraum, während dessen der Kreditgeber an die vorvertraglichen Informationen gebunden ist	Diese Informationen gelten vom ... bis ...

(falls zutreffend)

5. Zusätzliche Informationen beim Fernabsatz von Finanzdienstleistungen

a) zum Kreditgeber	
(falls zutreffend) Vertreter des Kreditgebers in dem Mitgliedstaat, in dem Sie Ihren Wohnsitz haben Anschrift Telefon*)	[Name] [Ladungsfähige Anschrift für Kontakte des Verbrauchers]

Einführungsgesetz zum BGB   **EGBGB 6**

E-Mail*) Fax*) Internet-Adresse*) *) Freiwillige Angaben des Kreditgebers	
(falls zutreffend) Eintrag im Handelsregister	[Handelsregister, in das der Kreditgeber eingetragen ist, und seine Handelsregisternummer oder eine gleichwertige in diesem Register verwendete Kennung]
(falls zutreffend) Zuständige Aufsichtsbehörde	
b) zum Kreditvertrag	
(falls zutreffend) Ausübung des Widerrufsrechts	[Praktische Hinweise zur Ausübung des Widerrufsrechts, darunter Widerrufsfrist, Angabe der Anschrift, an die die Widerruferklärung zu senden ist, sowie Folgen bei Nichtausübung dieses Rechts]
(falls zutreffend) Recht, das der Kreditgeber der Aufnahme von Beziehungen zu Ihnen vor Abschluss des Kreditvertrags zugrunde legt	
(falls zutreffend) Klauseln über das auf den Kreditvertrag anwendbare Recht und/oder das zuständige Gericht	[Entsprechende Klauseln hier wiedergeben]
(falls zutreffend) Wahl der Sprache	Die Informationen und Vertragsbedingungen werden in [Angabe der Sprache] vorgelegt. Mit Ihrer Zustimmung werden wir während der Laufzeit des Kreditvertrags in [Angabe der Sprache(n)] mit Ihnen Kontakt halten.

c) zu den Rechtsmitteln	
Verfügbarkeit außergerichtlicher Beschwerde- und Rechtsbehelfsverfahren und Zugang dazu	[Angabe, ob der Verbraucher, der Vertragspartei eines Fernabsatzvertrags ist, Zugang zu einem außergerichtlichen Beschwerde- und Rechtsbehelfsverfahren hat, und gegebenenfalls die Voraussetzungen für diesen Zugang]

Anhang I

Rom I (Vertragliche Schuldverhältnisse)

Auszug aus der **Verordnung (EG) Nr. 593/2008**
des Europäischen Parlaments und des Rates vom 17. Juni 2008
über das auf vertragliche Schuldverhältnisse anzuwendende Recht
(Abl. 2008 L 177/6, ber. Abl. 2009 L 309/87)

Art. 1 Anwendungsbereich. (1) [1]Diese Verordnung gilt für vertragliche Schuldverhältnisse in Zivil- und Handelssachen, die eine Verbindung zum Recht verschiedener Staaten aufweisen. [2]Sie gilt insbesondere nicht für Steuer- und Zollsachen sowie verwaltungsrechtliche Angelegenheiten.

(2) Vom Anwendungsbereich dieser Verordnung ausgenommen sind:
a) der Personenstand sowie die Rechts-, Geschäfts- und Handlungsfähigkeit von natürlichen Personen, unbeschadet des Art. 13;
b) Schuldverhältnisse aus einem Familienverhältnis oder aus Verhältnissen, die nach dem auf diese Verhältnisse anzuwendenden Recht vergleichbare Wirkungen entfalten, einschließlich der Unterhaltspflichten;
c) Schuldverhältnisse aus ehelichen Güterständen, aus Güterständen aufgrund von Verhältnissen, die nach dem auf diese Verhältnisse anzuwendenden Recht mit der Ehe vergleichbare Wirkungen entfalten, und aus Testamenten und Erbrecht;
d) Verpflichtungen aus Wechseln, Schecks, Eigenwechseln und anderen handelbaren Wertpapieren, soweit die Verpflichtungen aus diesen anderen Wertpapieren aus deren Handelbarkeit entstehen;
e) Schieds- und Gerichtsstandsvereinbarungen;
f) Fragen betreffend das Gesellschaftsrecht, das Vereinsrecht und das Recht der juristischen Personen, wie die Errichtung durch Eintragung oder auf andere Weise, die Rechts- und Handlungsfähigkeit, die innere Verfassung und die Auflösung von Gesellschaften, Vereinen und juristischen Personen sowie die persönliche Haftung der Gesellschafter und der Organe für die Verbindlichkeiten einer Gesellschaft, eines Vereins oder einer juristischen Person;

Einführungsgesetz zum BGB **EGBGB 6**

g) die Frage, ob ein Vertreter die Person, für deren Rechnung er zu handeln vorgibt, Dritten gegenüber verpflichten kann, oder ob ein Organ einer Gesellschaft, eines Vereins oder einer anderen juristischen Person diese Gesellschaft, diesen Verein oder diese juristische Person gegenüber Dritten verpflichten kann;
h) die Gründung von „Trusts" sowie die dadurch geschaffenen Rechtsbeziehungen zwischen den Verfügenden, den Treuhändern und den Begünstigten;
i) Schuldverhältnisse aus Verhandlungen vor Abschluss eines Vertrags;
j) Versicherungsverträge aus von anderen Einrichtungen als den in Art. 2 der Richtlinie 2002/83/EG des Europäischen Parlaments und des Rates vom 5. November 2002 über Lebensversicherungen genannten Unternehmen durchgeführten Geschäften, deren Zweck darin besteht, den unselbstständig oder selbstständig tätigen Arbeitskräften eines Unternehmens oder einer Unternehmensgruppe oder den Angehörigen eines Berufes oder einer Berufsgruppe im Todes- oder Erlebensfall oder bei Arbeitseinstellung oder bei Minderung der Erwerbstätigkeit oder bei arbeitsbedingter Krankheit oder Arbeitsunfällen Leistungen zu gewähren.

(3) Diese Verordnung gilt unbeschadet des Art. 18 nicht für den Beweis und das Verfahren.

(4) [1]Im Sinne dieser Verordnung bezeichnet der Begriff „Mitgliedstaat" die Mitgliedstaaten, auf die diese Verordnung anwendbar ist. [2]In Art. 3 Absatz 4 und Art. 7 bezeichnet der Begriff jedoch alle Mitgliedstaaten.

Art. 2 Universelle Anwendung. Das nach dieser Verordnung bezeichnete Recht ist auch dann anzuwenden, wenn es nicht das Recht eines Mitgliedstaats ist.

Art. 3 Freie Rechtswahl. (1) [1]Der Vertrag unterliegt dem von den Parteien gewählten Recht. [2]Die Rechtswahl muss ausdrücklich erfolgen oder sich eindeutig aus den Bestimmungen des Vertrags oder aus den Umständen des Falles ergeben. [3]Die Parteien können die Rechtswahl für ihren ganzen Vertrag oder nur für einen Teil desselben treffen.

(2) [1]Die Parteien können jederzeit vereinbaren, dass der Vertrag nach einem anderen Recht zu beurteilen ist als dem, das zuvor entweder aufgrund einer früheren Rechtswahl nach diesem Artikel oder aufgrund anderer Vorschriften dieser Verordnung für ihn maßgebend war. [2]Die Formgültigkeit des Vertrags im Sinne des Art. 11 und Rechte Dritter werden durch eine nach Vertragsschluss erfolgende Änderung der Bestimmung des anzuwendenden Rechts nicht berührt.

(3) Sind alle anderen Elemente des Sachverhalts zum Zeitpunkt der Rechtswahl in einem anderen als demjenigen Staat belegen, dessen Recht gewählt wurde, so berührt die Rechtswahl der Parteien nicht die Anwendung derjenigen Bestimmungen des Rechts dieses anderen Staates, von denen nicht durch Vereinbarung abgewichen werden kann.

6 EGBGB

Einführungsgesetz zum BGB

(4) Sind alle anderen Elemente des Sachverhalts zum Zeitpunkt der Rechtswahl in einem oder mehreren Mitgliedstaaten belegen, so berührt die Wahl des Rechts eines Drittstaats durch die Parteien nicht die Anwendung der Bestimmungen des Gemeinschaftsrechts – gegebenenfalls in der von dem Mitgliedstaat des angerufenen Gerichts umgesetzten Form –, von denen nicht durch Vereinbarung abgewichen werden kann.

(5) Auf das Zustandekommen und die Wirksamkeit der Einigung der Parteien über das anzuwendende Recht finden die Art. 10, 11 und 13 Anwendung.

Art. 4 Mangels Rechtswahl anzuwendendes Recht. (1) Soweit die Parteien keine Rechtswahl gemäß Art. 3 getroffen haben, bestimmt sich das auf den Vertrag anzuwendende Recht unbeschadet der Art. 5 bis 8 wie folgt:

a) Kaufverträge über bewegliche Sachen unterliegen dem Recht des Staates, in dem der Verkäufer seinen gewöhnlichen Aufenthalt hat.

b) Dienstleistungsverträge unterliegen dem Recht des Staates, in dem der Dienstleister seinen gewöhnlichen Aufenthalt hat.

c) Verträge, die ein dingliches Recht an unbeweglichen Sachen sowie die Miete oder Pacht unbeweglicher Sachen zum Gegenstand haben, unterliegen dem Recht des Staates, in dem die unbewegliche Sache belegen ist.

d) Ungeachtet des Buchstabens c unterliegt die Miete oder Pacht unbeweglicher Sachen für höchstens sechs aufeinander folgende Monate zum vorübergehenden privaten Gebrauch dem Recht des Staates, in dem der Vermieter oder Verpächter seinen gewöhnlichen Aufenthalt hat, sofern der Mieter oder Pächter eine natürliche Person ist und seinen gewöhnlichen Aufenthalt in demselben Staat hat.

e) Franchiseverträge unterliegen dem Recht des Staates, in dem der Franchisenehmer seinen gewöhnlichen Aufenthalt hat.

f) Vertriebsverträge unterliegen dem Recht des Staates, in dem der Vertriebshändler seinen gewöhnlichen Aufenthalt hat.

g) Verträge über den Kauf beweglicher Sachen durch Versteigerung unterliegen dem Recht des Staates, in dem die Versteigerung abgehalten wird, sofern der Ort der Versteigerung bestimmt werden kann.

h) Verträge, die innerhalb eines multilateralen Systems geschlossen werden, das die Interessen einer Vielzahl Dritter am Kauf und Verkauf von Finanzinstrumenten im Sinne von Art. 4 Absatz 1 Nummer 17 der Richtlinie 2004/39/EG nach nicht diskretionären Regeln und nach Maßgabe eines einzigen Rechts zusammenführt oder das Zusammenführen fördert, unterliegen diesem Recht.

(2) Fällt der Vertrag nicht unter Absatz 1 oder sind die Bestandteile des Vertrags durch mehr als einen der Buchstaben a bis h des Absatzes 1 abgedeckt, so unterliegt der Vertrag dem Recht des Staates, in dem die Partei, welche die für den Vertrag charakteristische Leistung zu erbringen hat, ihren gewöhnlichen Aufenthalt hat.

(3) Ergibt sich aus der Gesamtheit der Umstände, dass der Vertrag eine offensichtlich engere Verbindung zu einem anderen als dem nach Absatz 1

Einführungsgesetz zum BGB **EGBGB 6**

oder 2 bestimmten Staat aufweist, so ist das Recht dieses anderen Staates anzuwenden.

(4) Kann das anzuwendende Recht nicht nach Absatz 1 oder 2 bestimmt werden, so unterliegt der Vertrag dem Recht des Staates, zu dem er die engste Verbindung aufweist.

Art. 6 Verbraucherverträge. (1) Unbeschadet der Art. 5 und 7 unterliegt ein Vertrag, den eine natürliche Person zu einem Zweck, der nicht ihrer beruflichen oder gewerblichen Tätigkeit zugerechnet werden kann („Verbraucher"), mit einer anderen Person geschlossen hat, die in Ausübung ihrer beruflichen oder gewerblichen Tätigkeit handelt („Unternehmer"), dem Recht des Staates, in dem der Verbraucher seinen gewöhnlichen Aufenthalt hat, sofern der Unternehmer

a) seine berufliche oder gewerbliche Tätigkeit in dem Staat ausübt, in dem der Verbraucher seinen gewöhnlichen Aufenthalt hat, oder

b) eine solche Tätigkeit auf irgendeiner Weise auf diesen Staat oder auf mehrere Staaten, einschließlich dieses Staates, ausrichtet

und der Vertrag in den Bereich dieser Tätigkeit fällt.

(2) ^{1}Ungeachtet des Absatzes 1 können die Parteien das auf einen Vertrag, der die Anforderungen des Absatzes 1 erfüllt, anzuwendende Recht nach Art. 3 wählen. ^{2}Die Rechtswahl darf jedoch nicht dazu führen, dass dem Verbraucher der Schutz entzogen wird, der ihm durch diejenigen Bestimmungen gewährt wird, von denen nach dem Recht, das nach Absatz 1 mangels einer Rechtswahl anzuwenden wäre, nicht durch Vereinbarung abgewichen werden darf.

(3) Sind die Anforderungen des Absatzes 1 Buchstabe a oder b nicht erfüllt, so gelten für die Bestimmung des auf einen Vertrag zwischen einem Verbraucher und einem Unternehmer anzuwendenden Rechts die Art. 3 und 4.

(4) Die Absätze 1 und 2 gelten nicht für:

a) Verträge über die Erbringung von Dienstleistungen, wenn die dem Verbraucher geschuldeten Dienstleistungen ausschließlich in einem anderen als dem Staat erbracht werden müssen, in dem der Verbraucher seinen gewöhnlichen Aufenthalt hat;

b) Beförderungsverträge mit Ausnahme von Pauschalreiseverträgen im Sinne der Richtlinie 90/314/EWG des Rates vom 13. Juni 1990 über Pauschalreisen;

c) Verträge, die ein dingliches Recht an unbeweglichen Sachen oder die Miete oder Pacht unbeweglicher Sachen zum Gegenstand haben, mit Ausnahme der Verträge über Teilzeitnutzungsrechte an Immobilien im Sinne der Richtlinie 94/47/EG;

d) Rechte und Pflichten im Zusammenhang mit einem Finanzinstrument sowie Rechte und Pflichten, durch die die Bedingungen für die Ausgabe oder das öffentliche Angebot und öffentliche Übernahmeangebote bezüglich übertragbarer Wertpapiere und die Zeichnung oder den Rückkauf von

6 EGBGB Einführungsgesetz zum BGB

Anteilen an Organismen für gemeinsame Anlagen in Wertpapieren festgelegt werden, sofern es sich dabei nicht um die Erbringung von Finanzdienstleistungen handelt;
e) Verträge, die innerhalb der Art von Systemen geschlossen werden, auf die Art. 4 Absatz 1 Buchstabe h Anwendung findet.

Art. 11 Form. (1) Ein Vertrag, der zwischen Personen geschlossen wird, die oder deren Vertreter sich zum Zeitpunkt des Vertragsschlusses in demselben Staat befinden, ist formgültig, wenn er die Formerfordernisse des auf ihn nach dieser Verordnung anzuwendenden materiellen Rechts oder die Formerfordernisse des Rechts des Staates, in dem er geschlossen wird, erfüllt.

(2) Ein Vertrag, der zwischen Personen geschlossen wird, die oder deren Vertreter sich zum Zeitpunkt des Vertragsschlusses in verschiedenen Staaten befinden, ist formgültig, wenn er die Formerfordernisse des auf ihn nach dieser Verordnung anzuwendenden materiellen Rechts oder die Formerfordernisse des Rechts eines der Staaten, in denen sich eine der Vertragsparteien oder ihr Vertreter zum Zeitpunkt des Vertragsschlusses befindet, oder die Formerfordernisse des Rechts des Staates, in dem einer der Vertragsparteien zu diesem Zeitpunkt ihren gewöhnlichen Aufenthalt hatte, erfüllt.

(3) Ein einseitiges Rechtsgeschäft, das sich auf einen geschlossenen oder zu schließenden Vertrag bezieht, ist formgültig, wenn es die Formerfordernisse des materiellen Rechts, das nach dieser Verordnung auf den Vertrag anzuwenden ist oder anzuwenden wäre, oder die Formerfordernisse des Rechts des Staates erfüllt, in dem dieses Rechtsgeschäft vorgenommen worden ist oder in dem die Person, die das Rechtsgeschäft vorgenommen hat, zu diesem Zeitpunkt ihren gewöhnlichen Aufenthalt hatte.

(4) ¹Die Absätze 1, 2 und 3 des vorliegenden Artikels gelten nicht für Verträge, die in den Anwendungsbereich von Art. 6 fallen. ²Für die Form dieser Verträge ist das Recht des Staates maßgebend, in dem der Verbraucher seinen gewöhnlichen Aufenthalt hat.

(5) Abweichend von den Absätzen 1 bis 4 unterliegen Verträge, die ein dingliches Recht an einer unbeweglichen Sache oder die Miete oder Pacht einer unbeweglichen Sache zum Gegenstand haben, den Formvorschriften des Staates, in dem die unbewegliche Sache belegen ist, sofern diese Vorschriften nach dem Recht dieses Staates
a) unabhängig davon gelten, in welchem Staat der Vertrag geschlossen wird oder welchem Recht dieser Vertrag unterliegt, und
b) von ihnen nicht durch Vereinbarung abgewichen werden darf.

Art. 12 Geltungsbereich des anzuwendenden Rechts. (1) Das nach dieser Verordnung auf einen Vertrag anzuwendende Recht ist insbesondere maßgebend für
a) seine Auslegung,
b) die Erfüllung der durch ihn begründeten Verpflichtungen,

c) die Folgen der vollständigen oder teilweisen Nichterfüllung dieser Verpflichtungen, in den Grenzen der dem angerufenen Gericht durch sein Prozessrecht eingeräumten Befugnisse, einschließlich der Schadensbemessung, soweit diese nach Rechtsnormen erfolgt,
d) die verschiedenen Arten des Erlöschens der Verpflichtungen sowie die Verjährung und die Rechtsverluste, die sich aus dem Ablauf einer Frist ergeben,
e) die Folgen der Nichtigkeit des Vertrags.

(2) In Bezug auf die Art und Weise der Erfüllung und die vom Gläubiger im Falle mangelhafter Erfüllung zu treffenden Maßnahmen ist das Recht des Staates, in dem die Erfüllung erfolgt, zu berücksichtigen.

Art. 16 Mehrfache Haftung. [1]Hat ein Gläubiger eine Forderung gegen mehrere für dieselbe Forderung haftende Schuldner und ist er von einem der Schuldner ganz oder teilweise befriedigt worden, so ist für das Recht dieses Schuldners, von den übrigen Schuldnern Ausgleich zu verlangen, das Recht maßgebend, das auf die Verpflichtung dieses Schuldners gegenüber dem Gläubiger anzuwenden ist. [2]Die übrigen Schuldner sind berechtigt, diesem Schuldner diejenigen Verteidigungsmittel entgegenzuhalten, die ihnen gegenüber dem Gläubiger zugestanden haben, soweit dies gemäß dem auf ihre Verpflichtung gegenüber dem Gläubiger anzuwendenden Recht zulässig wäre.

Anhang II

Rom II

Auszug aus der **Verordnung (EG) Nr. 864/2007 des Europäischen Parlaments und des Rates vom 11. Juli 2007 über das auf außervertragliche Schuldverhältnisse anzuwendende Recht/Rom II** (Abl. 2007/L 199/40),
zuletzt bereinigt durch Abl. 2012 L 310/52)

Art. 1 Anwendungsbereich. (1) [1]Diese Verordnung gilt für außervertragliche Schuldverhältnisse in Zivil- und Handelssachen, die eine Verbindung zum Recht verschiedener Staaten aufweisen. [2]Sie gilt insbesondere nicht für Steuer- und Zollsachen, verwaltungsrechtliche Angelegenheiten oder die Haftung des Staates für Handlungen oder Unterlassungen im Rahmen der Ausübung hoheitlicher Rechte („acta iure imperii").

(2) Vom Anwendungsbereich dieser Verordnung ausgenommen sind
a) außervertragliche Schuldverhältnisse aus einem Familienverhältnis oder aus Verhältnissen, die nach dem auf diese Verhältnisse anzuwendenden Recht vergleichbare Wirkungen entfalten, einschließlich der Unterhaltspflichten;
b) außervertragliche Schuldverhältnisse aus ehelichen Güterständen, aus Güterständen aufgrund von Verhältnissen, die nach dem auf diese Verhältnisse

6 EGBGB

anzuwendenden Recht mit der Ehe vergleichbare Wirkungen entfalten, und aus Testamenten und Erbrecht;
c) außervertragliche Schuldverhältnisse aus Wechseln, Schecks, Eigenwechseln und anderen handelbaren Wertpapieren, sofern die Verpflichtungen aus diesen anderen Wertpapieren aus deren Handelbarkeit entstehen;
d) außervertragliche Schuldverhältnisse, die sich aus dem Gesellschaftsrecht, dem Vereinsrecht und dem Recht der juristischen Personen ergeben, wie die Errichtung durch Eintragung oder auf andere Weise, die Rechts- und Handlungsfähigkeit, die innere Verfassung und die Auflösung von Gesellschaften, Vereinen und juristischen Personen, die persönliche Haftung der Gesellschafter und der Organe für die Verbindlichkeiten einer Gesellschaft, eines Vereins oder einer juristischen Person sowie die persönliche Haftung der Rechnungsprüfer gegenüber einer Gesellschaft oder ihren Gesellschaftern bei der Pflichtprüfung der Rechnungslegungsunterlagen;
e) außervertragliche Schuldverhältnisse aus den Beziehungen zwischen den Verfügenden, den Treuhändern und den Begünstigten eines durch Rechtsgeschäft errichteten „Trusts";
f) außervertragliche Schuldverhältnisse, die sich aus Schäden durch Kernenergie ergeben;
g) außervertragliche Schuldverhältnisse aus der Verletzung der Privatsphäre oder der Persönlichkeitsrechte, einschließlich der Verleumdung.

(3) Diese Verordnung gilt unbeschadet der Art. 21 und 22 nicht für den Beweis und das Verfahren.

(4) Im Sinne dieser Verordnung bezeichnet der Begriff „Mitgliedstaat" jeden Mitgliedstaat mit Ausnahme Dänemarks.

Art. 2 Außervertragliche Schuldverhältnisse. (1) Im Sinne dieser Verordnung umfasst der Begriff des Schadens sämtliche Folgen einer unerlaubten Handlung, einer ungerechtfertigten Bereicherung, einer Geschäftsführung ohne Auftrag („Negotiorum gestio") oder eines Verschuldens bei Vertragsverhandlungen („Culpa in contrahendo").

(2) Diese Verordnung gilt auch für außervertragliche Schuldverhältnisse, deren Entstehen wahrscheinlich ist.

(3) Sämtliche Bezugnahmen in dieser Verordnung auf
a) ein schadensbegründendes Ereignis gelten auch für schadensbegründende Ereignisse, deren Eintritt wahrscheinlich ist, und
b) einen Schaden gelten auch für Schäden, deren Eintritt wahrscheinlich ist.

Art. 3 Universelle Anwendung. Das nach dieser Verordnung bezeichnete Recht ist auch dann anzuwenden, wenn es nicht das Recht eines Mitgliedstaats ist.

Art. 6 Unlauterer Wettbewerb und den freien Wettbewerb einschränkendes Verhalten. (1) Auf außervertragliche Schuldverhältnisse aus unlauterem Wettbewerbsverhalten ist das Recht des Staates anzuwenden, in dessen Gebiet

Einführungsgesetz zum BGB **EGBGB 6**

die Wettbewerbsbeziehungen oder die kollektiven Interessen der Verbraucher beeinträchtigt worden sind oder wahrscheinlich beeinträchtigt werden.

(2) Beeinträchtigt ein unlauteres Wettbewerbsverhalten ausschließlich die Interessen eines bestimmten Wettbewerbers, ist Art. 4 anwendbar.

(3)
a) Auf außervertragliche Schuldverhältnisse aus einem den Wettbewerb einschränkenden Verhalten ist das Recht des Staates anzuwenden, dessen Markt beeinträchtigt ist oder wahrscheinlich beeinträchtigt wird.
b) Wird der Markt in mehr als einem Staat beeinträchtigt oder wahrscheinlich beeinträchtigt, so kann ein Geschädigter, der vor einem Gericht im Mitgliedstaat des Wohnsitzes des Beklagten klagt, seinen Anspruch auf das Recht des Mitgliedstaats des angerufenen Gerichts stützen, sofern der Markt in diesem Mitgliedstaat zu den Märkten gehört, die unmittelbar und wesentlich durch das den Wettbewerb einschränkende Verhalten beeinträchtigt sind, das das außervertragliche Schuldverhältnis begründet, auf welches sich der Anspruch stützt; klagt der Kläger gemäß den geltenden Regeln über die gerichtliche Zuständigkeit vor diesem Gericht gegen mehr als einen Beklagten, so kann er seinen Anspruch nur dann auf das Recht dieses Gerichts stützen, wenn das den Wettbewerb einschränkende Verhalten, auf das sich der Anspruch gegen jeden dieser Beklagten stützt, auch den Markt im Mitgliedstaat dieses Gerichts unmittelbar und wesentlich beeinträchtigt.

(4) Von dem nach diesem Artikel anzuwendenden Recht kann nicht durch eine Vereinbarung gemäß Art. 14 abgewichen werden.

Art. 8 Verletzung von Rechten des geistigen Eigentums. (1) Auf außervertragliche Schuldverhältnisse aus einer Verletzung von Rechten des geistigen Eigentums ist das Recht des Staates anzuwenden, für den der Schutz beansprucht wird.

(2) Bei außervertraglichen Schuldverhältnissen aus einer Verletzung von gemeinschaftsweit einheitlichen Rechten des geistigen Eigentums ist auf Fragen, die nicht unter den einschlägigen Rechtsakt der Gemeinschaft fallen, das Recht des Staates anzuwenden, in dem die Verletzung begangen wurde.

(3) Von dem nach diesem Artikel anzuwendenden Recht kann nicht durch eine Vereinbarung nach Art. 14 abgewichen werden.

Art. 14 Freie Rechtswahl. (1) [1]Die Parteien können das Recht wählen, dem das außervertragliche Schuldverhältnis unterliegen soll:
a) durch eine Vereinbarung nach Eintritt des schadensbegründenden Ereignisses;
oder
b) wenn alle Parteien einer kommerziellen Tätigkeit nachgehen, auch durch eine vor Eintritt des schadensbegründenden Ereignisses frei ausgehandelte Vereinbarung.

²Die Rechtswahl muss ausdrücklich erfolgen oder sich mit hinreichender Sicherheit aus den Umständen des Falles ergeben und lässt Rechte Dritter unberührt.

(2) Sind alle Elemente des Sachverhalts zum Zeitpunkt des Eintritts des schadensbegründenden Ereignisses in einem anderen als demjenigen Staat belegen, dessen Recht gewählt wurde, so berührt die Rechtswahl der Parteien nicht die Anwendung derjenigen Bestimmungen des Rechts dieses anderen Staates, von denen nicht durch Vereinbarung abgewichen werden kann.

(3) Sind alle Elemente des Sachverhalts zum Zeitpunkt des Eintritts des schadensbegründenden Ereignisses in einem oder mehreren Mitgliedstaaten belegen, so berührt die Wahl des Rechts eines Drittstaats durch die Parteien nicht die Anwendung – gegebenenfalls in der von dem Mitgliedstaat des angerufenen Gerichts umgesetzten Form – der Bestimmungen des Gemeinschaftsrechts, von denen nicht durch Vereinbarung abgewichen werden kann.

Art. 20 Mehrfache Haftung. Hat ein Gläubiger eine Forderung gegen mehrere für dieselbe Forderung haftende Schuldner und ist er von einem der Schuldner vollständig oder teilweise befriedigt worden, so bestimmt sich der Anspruch dieses Schuldners auf Ausgleich durch die anderen Schuldner nach dem Recht, das auf die Verpflichtung dieses Schuldners gegenüber dem Gläubiger aus dem außervertraglichen Schuldverhältnis anzuwenden ist.

Art. 21 Form. Eine einseitige Rechtshandlung, die ein außervertragliches Schuldverhältnis betrifft, ist formgültig, wenn sie die Formerfordernisse des für das betreffende außervertragliche Schuldverhältnis maßgebenden Rechts oder des Rechts des Staates, in dem sie vorgenommen wurde, erfüllt.

DSGVO 7

Verordnung (EU) 2016/679 des Europäischen Parlaments und des Rates vom 27. April 2016 zum Schutz natürlicher Personen bei der Verarbeitung personenbezogener Daten, zum freien Datenverkehr und zur Aufhebung der Richtlinie 95/46/EG (Datenschutz-Grundverordnung – DSGVO)

(ABl. 2016 L 119/S. 1, ber. Nr. L 314 S. 72 und ABl. 2018 Nr. L 127 S. 2)[1]

Kapitel I
Allgemeine Bestimmungen

Art. 1 Gegenstand und Ziele. (1) Diese Verordnung enthält Vorschriften zum Schutz natürlicher Personen bei der Verarbeitung personenbezogener Daten und zum freien Verkehr solcher Daten.

(2) Diese Verordnung schützt die Grundrechte und Grundfreiheiten natürlicher Personen und insbesondere deren Recht auf Schutz personenbezogener Daten.

(3) Der freie Verkehr personenbezogener Daten in der Union darf aus Gründen des Schutzes natürlicher Personen bei der Verarbeitung personenbezogener Daten weder eingeschränkt noch verboten werden.

Art. 2 Sachlicher Anwendungsbereich. (1) Diese Verordnung gilt für die ganz oder teilweise automatisierte Verarbeitung personenbezogener Daten sowie für die nichtautomatisierte Verarbeitung personenbezogener Daten, die in einem Dateisystem gespeichert sind oder gespeichert werden sollen.

(2) Diese Verordnung findet keine Anwendung auf die Verarbeitung personenbezogener Daten
a) im Rahmen einer Tätigkeit, die nicht in den Anwendungsbereich des Unionsrechts fällt,
b) durch die Mitgliedstaaten im Rahmen von Tätigkeiten, die in den Anwendungsbereich von Titel V Kapitel 2 EUV fallen,
c) durch natürliche Personen zur Ausübung ausschließlich persönlicher oder familiärer Tätigkeiten,
d) durch die zuständigen Behörden zum Zwecke der Verhütung, Ermittlung, Aufdeckung oder Verfolgung von Straftaten oder der Strafvollstreckung,

---
1 Die Erwägungsgründe sind unter der nachfolgenden **Nr. 7a DSGVO-Erwägungsgründe** abgedruckt.

7 DSGVO Datenschutz-Grundverordnung

einschließlich des Schutzes vor und der Abwehr von Gefahren für die öffentliche Sicherheit.

(3) ¹Für die Verarbeitung personenbezogener Daten durch die Organe, Einrichtungen, Ämter und Agenturen der Union gilt die Verordnung (EG) Nr. 45/2001. ²Die Verordnung (EG) Nr. 45/2001 und sonstige Rechtsakte der Union, die diese Verarbeitung personenbezogener Daten regeln, werden im Einklang mit Artikel 98 an die Grundsätze und Vorschriften der vorliegenden Verordnung angepasst.

(4) Die vorliegende Verordnung lässt die Anwendung der Richtlinie 2000/31/EG und speziell die Vorschriften der Artikel 12 bis 15 dieser Richtlinie zur Verantwortlichkeit der Vermittler unberührt.

Art. 3 Räumlicher Anwendungsbereich. (1) Diese Verordnung findet Anwendung auf die Verarbeitung personenbezogener Daten, soweit diese im Rahmen der Tätigkeiten einer Niederlassung eines Verantwortlichen oder eines Auftragsverarbeiters in der Union erfolgt, unabhängig davon, ob die Verarbeitung in der Union stattfindet.

(2) Diese Verordnung findet Anwendung auf die Verarbeitung personenbezogener Daten von betroffenen Personen, die sich in der Union befinden, durch einen nicht in der Union niedergelassenen Verantwortlichen oder Auftragsverarbeiter, wenn die Datenverarbeitung im Zusammenhang damit steht
a) betroffenen Personen in der Union Waren oder Dienstleistungen anzubieten, unabhängig davon, ob von diesen betroffenen Personen eine Zahlung zu leisten ist;
b) das Verhalten betroffener Personen zu beobachten, soweit ihr Verhalten in der Union erfolgt.

(3) Diese Verordnung findet Anwendung auf die Verarbeitung personenbezogener Daten durch einen nicht in der Union niedergelassenen Verantwortlichen an einem Ort, der aufgrund Völkerrechts dem Recht eines Mitgliedstaats unterliegt.

Art. 4 Begriffsbestimmungen. Im Sinne dieser Verordnung bezeichnet der Ausdruck:
1. „personenbezogene Daten" alle Informationen, die sich auf eine identifizierte oder identifizierbare natürliche Person (im Folgenden „betroffene Person") beziehen; als identifizierbar wird eine natürliche Person angesehen, die direkt oder indirekt, insbesondere mittels Zuordnung zu einer Kennung wie einem Namen, zu einer Kennnummer, zu Standortdaten, zu einer Online-Kennung oder zu einem oder mehreren besonderen Merkmalen, die Ausdruck der physischen, physiologischen, genetischen, psychischen, wirtschaftlichen, kulturellen oder sozialen Identität dieser natürlichen Person sind, identifiziert werden kann;
2. „Verarbeitung" jeden mit oder ohne Hilfe automatisierter Verfahren ausgeführten Vorgang oder jede solche Vorgangsreihe im Zusammenhang

Datenschutz-Grundverordnung **DSGVO 7**

mit personenbezogenen Daten wie das Erheben, das Erfassen, die Organisation, das Ordnen, die Speicherung, die Anpassung oder Veränderung, das Auslesen, das Abfragen, die Verwendung, die Offenlegung durch Übermittlung, Verbreitung oder eine andere Form der Bereitstellung, den Abgleich oder die Verknüpfung, die Einschränkung, das Löschen oder die Vernichtung;

3. „Einschränkung der Verarbeitung" die Markierung gespeicherter personenbezogener Daten mit dem Ziel, ihre künftige Verarbeitung einzuschränken;
4. „Profiling" jede Art der automatisierten Verarbeitung personenbezogener Daten, die darin besteht, dass diese personenbezogenen Daten verwendet werden, um bestimmte persönliche Aspekte, die sich auf eine natürliche Person beziehen, zu bewerten, insbesondere um Aspekte bezüglich Arbeitsleistung, wirtschaftliche Lage, Gesundheit, persönliche Vorlieben, Interessen, Zuverlässigkeit, Verhalten, Aufenthaltsort oder Ortswechsel dieser natürlichen Person zu analysieren oder vorherzusagen;
5. „Pseudonymisierung" die Verarbeitung personenbezogener Daten in einer Weise, dass die personenbezogenen Daten ohne Hinzuziehung zusätzlicher Informationen nicht mehr einer spezifischen betroffenen Person zugeordnet werden können, sofern diese zusätzlichen Informationen gesondert aufbewahrt werden und technischen und organisatorischen Maßnahmen unterliegen, die gewährleisten, dass die personenbezogenen Daten nicht einer identifizierten oder identifizierbaren natürlichen Person zugewiesen werden;
6. „Dateisystem" jede strukturierte Sammlung personenbezogener Daten, die nach bestimmten Kriterien zugänglich sind, unabhängig davon, ob diese Sammlung zentral, dezentral oder nach funktionalen oder geografischen Gesichtspunkten geordnet geführt wird;
7. „Verantwortlicher" die natürliche oder juristische Person, Behörde, Einrichtung oder andere Stelle, die allein oder gemeinsam mit anderen über die Zwecke und Mittel der Verarbeitung von personenbezogenen Daten entscheidet; sind die Zwecke und Mittel dieser Verarbeitung durch das Unionsrecht oder das Recht der Mitgliedstaaten vorgegeben, so kann der Verantwortliche beziehungsweise können die bestimmten Kriterien seiner Benennung nach dem Unionsrecht oder dem Recht der Mitgliedstaaten vorgesehen werden;
8. „Auftragsverarbeiter" eine natürliche oder juristische Person, Behörde, Einrichtung oder andere Stelle, die personenbezogene Daten im Auftrag des Verantwortlichen verarbeitet;
9. „Empfänger" eine natürliche oder juristische Person, Behörde, Einrichtung oder andere Stelle, der personenbezogene Daten offengelegt werden, unabhängig davon, ob es sich bei ihr um einen Dritten handelt oder nicht. Behörden, die im Rahmen eines bestimmten Untersuchungsauftrags nach dem Unionsrecht oder dem Recht der Mitgliedstaaten möglicherweise personenbezogene Daten erhalten, gelten jedoch nicht als Empfänger; die

Verarbeitung dieser Daten durch die genannten Behörden erfolgt im Einklang mit den geltenden Datenschutzvorschriften gemäß den Zwecken der Verarbeitung;

10. „Dritter" eine natürliche oder juristische Person, Behörde, Einrichtung oder andere Stelle, außer der betroffenen Person, dem Verantwortlichen, dem Auftragsverarbeiter und den Personen, die unter der unmittelbaren Verantwortung des Verantwortlichen oder des Auftragsverarbeiters befugt sind, die personenbezogenen Daten zu verarbeiten;

11. „Einwilligung" der betroffenen Person jede freiwillig für den bestimmten Fall, in informierter Weise und unmissverständlich abgegebene Willensbekundung in Form einer Erklärung oder einer sonstigen eindeutigen bestätigenden Handlung, mit der die betroffene Person zu verstehen gibt, dass sie mit der Verarbeitung der sie betreffenden personenbezogenen Daten einverstanden ist;

12. „Verletzung des Schutzes personenbezogener Daten" eine Verletzung der Sicherheit, die, ob unbeabsichtigt oder unrechtmäßig, zur Vernichtung, zum Verlust, zur Veränderung, oder zur unbefugten Offenlegung von beziehungsweise zum unbefugten Zugang zu personenbezogenen Daten führt, die übermittelt, gespeichert oder auf sonstige Weise verarbeitet wurden;

13. „genetische Daten" personenbezogene Daten zu den ererbten oder erworbenen genetischen Eigenschaften einer natürlichen Person, die eindeutige Informationen über die Physiologie oder die Gesundheit dieser natürlichen Person liefern und insbesondere aus der Analyse einer biologischen Probe der betreffenden natürlichen Person gewonnen wurden;

14. „biometrische Daten" mit speziellen technischen Verfahren gewonnene personenbezogene Daten zu den physischen, physiologischen oder verhaltenstypischen Merkmalen einer natürlichen Person, die die eindeutige Identifizierung dieser natürlichen Person ermöglichen oder bestätigen, wie Gesichtsbilder oder daktyloskopische Daten;

15. „Gesundheitsdaten" personenbezogene Daten, die sich auf die körperliche oder geistige Gesundheit einer natürlichen Person, einschließlich der Erbringung von Gesundheitsdienstleistungen, beziehen und aus denen Informationen über deren Gesundheitszustand hervorgehen;

16. „Hauptniederlassung"

   a) im Falle eines Verantwortlichen mit Niederlassungen in mehr als einem Mitgliedstaat den Ort seiner Hauptverwaltung in der Union, es sei denn, die Entscheidungen hinsichtlich der Zwecke und Mittel der Verarbeitung personenbezogener Daten werden in einer anderen Niederlassung des Verantwortlichen in der Union getroffen und diese Niederlassung ist befugt, diese Entscheidungen umsetzen zu lassen; in diesem Fall gilt die Niederlassung, die derartige Entscheidungen trifft, als Hauptniederlassung;

   b) im Falle eines Auftragsverarbeiters mit Niederlassungen in mehr als einem Mitgliedstaat den Ort seiner Hauptverwaltung in der Union oder, sofern der Auftragsverarbeiter keine Hauptverwaltung in der

Union hat, die Niederlassung des Auftragsverarbeiters in der Union, in der die Verarbeitungstätigkeiten im Rahmen der Tätigkeiten einer Niederlassung eines Auftragsverarbeiters hauptsächlich stattfinden, soweit der Auftragsverarbeiter spezifischen Pflichten aus dieser Verordnung unterliegt;

17. „Vertreter" eine in der Union niedergelassene natürliche oder juristische Person, die von dem Verantwortlichen oder Auftragsverarbeiter schriftlich gemäß Artikel 27 bestellt wurde und den Verantwortlichen oder Auftragsverarbeiter in Bezug auf die ihnen jeweils nach dieser Verordnung obliegenden Pflichten vertritt;
18. „Unternehmen" eine natürliche oder juristische Person, die eine wirtschaftliche Tätigkeit ausübt, unabhängig von ihrer Rechtsform, einschließlich Personengesellschaften oder Vereinigungen, die regelmäßig einer wirtschaftlichen Tätigkeit nachgehen;
19. „Unternehmensgruppe" eine Gruppe, die aus einem herrschenden Unternehmen und den von diesem abhängigen Unternehmen besteht;
20. „verbindliche interne Datenschutzvorschriften" Maßnahmen zum Schutz personenbezogener Daten, zu deren Einhaltung sich ein im Hoheitsgebiet eines Mitgliedstaats niedergelassener Verantwortlicher oder Auftragsverarbeiter verpflichtet im Hinblick auf Datenübermittlungen oder eine Kategorie von Datenübermittlungen personenbezogener Daten an einen Verantwortlichen oder Auftragsverarbeiter derselben Unternehmensgruppe oder derselben Gruppe von Unternehmen, die eine gemeinsame Wirtschaftstätigkeit ausüben, in einem oder mehreren Drittländern;
21. „Aufsichtsbehörde" eine von einem Mitgliedstaat gemäß Artikel 51 eingerichtete unabhängige staatliche Stelle;
22. „betroffene Aufsichtsbehörde" eine Aufsichtsbehörde, die von der Verarbeitung personenbezogener Daten betroffen ist, weil
    a) der Verantwortliche oder der Auftragsverarbeiter im Hoheitsgebiet des Mitgliedstaats dieser Aufsichtsbehörde niedergelassen ist,
    b) diese Verarbeitung erhebliche Auswirkungen auf betroffene Personen mit Wohnsitz im Mitgliedstaat dieser Aufsichtsbehörde hat oder haben kann oder
    c) eine Beschwerde bei dieser Aufsichtsbehörde eingereicht wurde;
23. „grenzüberschreitende Verarbeitung" entweder
    a) eine Verarbeitung personenbezogener Daten, die im Rahmen der Tätigkeiten von Niederlassungen eines Verantwortlichen oder eines Auftragsverarbeiters in der Union in mehr als einem Mitgliedstaat erfolgt, wenn der Verantwortliche oder Auftragsverarbeiter in mehr als einem Mitgliedstaat niedergelassen ist, oder
    b) eine Verarbeitung personenbezogener Daten, die im Rahmen der Tätigkeiten einer einzelnen Niederlassung eines Verantwortlichen oder eines Auftragsverarbeiters in der Union erfolgt, die jedoch erhebliche Auswirkungen auf betroffene Personen in mehr als einem Mitgliedstaat hat oder haben kann;

24. „maßgeblicher und begründeter Einspruch" einen Einspruch gegen einen Beschlussentwurf im Hinblick darauf, ob ein Verstoß gegen diese Verordnung vorliegt oder ob beabsichtigte Maßnahmen gegen den Verantwortlichen oder den Auftragsverarbeiter im Einklang mit dieser Verordnung steht, wobei aus diesem Einspruch die Tragweite der Risiken klar hervorgeht, die von dem Beschlussentwurf in Bezug auf die Grundrechte und Grundfreiheiten der betroffenen Personen und gegebenenfalls den freien Verkehr personenbezogener Daten in der Union ausgehen;
25. „Dienst der Informationsgesellschaft" eine Dienstleistung im Sinne des Artikels 1 Nummer 1 Buchstabe b der Richtlinie (EU) 2015/1535 des Europäischen Parlaments und des Rates[2];
26. „internationale Organisation" eine völkerrechtliche Organisation und ihre nachgeordneten Stellen oder jede sonstige Einrichtung, die durch eine zwischen zwei oder mehr Ländern geschlossene Übereinkunft oder auf der Grundlage einer solchen Übereinkunft geschaffen wurde.

Kapitel II

Grundsätze

Art. 5 Grundsätze für die Verarbeitung personenbezogener Daten.
(1) Personenbezogene Daten müssen
a) auf rechtmäßige Weise, nach Treu und Glauben und in einer für die betroffene Person nachvollziehbaren Weise verarbeitet werden („Rechtmäßigkeit, Verarbeitung nach Treu und Glauben, Transparenz");
b) für festgelegte, eindeutige und legitime Zwecke erhoben werden und dürfen nicht in einer mit diesen Zwecken nicht zu vereinbarenden Weise weiterverarbeitet werden; eine Weiterverarbeitung für im öffentlichen Interesse liegende Archivzwecke, für wissenschaftliche oder historische Forschungszwecke oder für statistische Zwecke gilt gemäß Artikel 89 Absatz 1 nicht als unvereinbar mit den ursprünglichen Zwecken („Zweckbindung");
c) dem Zweck angemessen und erheblich sowie auf das für die Zwecke der Verarbeitung notwendige Maß beschränkt sein („Datenminimierung");
d) sachlich richtig und erforderlichenfalls auf dem neuesten Stand sein; es sind alle angemessenen Maßnahmen zu treffen, damit personenbezogene Daten, die im Hinblick auf die Zwecke ihrer Verarbeitung unrichtig sind, unverzüglich gelöscht oder berichtigt werden („Richtigkeit");
e) in einer Form gespeichert werden, die die Identifizierung der betroffenen Personen nur so lange ermöglicht, wie es für die Zwecke, für die sie verarbeitet werden, erforderlich ist; personenbezogene Daten dürfen länger ge-

---

[2] Richtlinie (EU) 2015/1535 des Europäischen Parlaments und des Rates vom 9. September 2015 über ein Informationsverfahren auf dem Gebiet der technischen Vorschriften und der Vorschriften für die Dienste der Informationsgesellschaft (ABl. L 241 vom 17.9.2015, S. 1).

speichert werden, soweit die personenbezogenen Daten vorbehaltlich der Durchführung geeigneter technischer und organisatorischer Maßnahmen, die von dieser Verordnung zum Schutz der Rechte und Freiheiten der betroffenen Person gefordert werden, ausschließlich für im öffentlichen Interesse liegende Archivzwecke oder für wissenschaftliche und historische Forschungszwecke oder für statistische Zwecke gemäß Artikel 89 Absatz 1 verarbeitet werden („Speicherbegrenzung");

f) in einer Weise verarbeitet werden, die eine angemessene Sicherheit der personenbezogenen Daten gewährleistet, einschließlich Schutz vor unbefugter oder unrechtmäßiger Verarbeitung und vor unbeabsichtigtem Verlust, unbeabsichtigter Zerstörung oder unbeabsichtigter Schädigung durch geeignete technische und organisatorische Maßnahmen („Integrität und Vertraulichkeit");

(2) Der Verantwortliche ist für die Einhaltung des Absatzes 1 verantwortlich und muss dessen Einhaltung nachweisen können („Rechenschaftspflicht").

Art. 6 Rechtmäßigkeit der Verarbeitung. (1) ^{1}Die Verarbeitung ist nur rechtmäßig, wenn mindestens eine der nachstehenden Bedingungen erfüllt ist:

a) Die betroffene Person hat ihre Einwilligung zu der Verarbeitung der sie betreffenden personenbezogenen Daten für einen oder mehrere bestimmte Zwecke gegeben;
b) die Verarbeitung ist für die Erfüllung eines Vertrags, dessen Vertragspartei die betroffene Person ist, oder zur Durchführung vorvertraglicher Maßnahmen erforderlich, die auf Anfrage der betroffenen Person erfolgen;
c) die Verarbeitung ist zur Erfüllung einer rechtlichen Verpflichtung erforderlich, der der Verantwortliche unterliegt;
d) die Verarbeitung ist erforderlich, um lebenswichtige Interessen der betroffenen Person oder einer anderen natürlichen Person zu schützen;
e) die Verarbeitung ist für die Wahrnehmung einer Aufgabe erforderlich, die im öffentlichen Interesse liegt oder in Ausübung öffentlicher Gewalt erfolgt, die dem Verantwortlichen übertragen wurde;
f) die Verarbeitung ist zur Wahrung der berechtigten Interessen des Verantwortlichen oder eines Dritten erforderlich, sofern nicht die Interessen oder Grundrechte und Grundfreiheiten der betroffenen Person, die den Schutz personenbezogener Daten erfordern, überwiegen, insbesondere dann, wenn es sich bei der betroffenen Person um ein Kind handelt.

^{2}Unterabsatz 1 Buchstabe f gilt nicht für die von Behörden in Erfüllung ihrer Aufgaben vorgenommene Verarbeitung.

(2) Die Mitgliedstaaten können spezifischere Bestimmungen zur Anpassung der Anwendung der Vorschriften dieser Verordnung in Bezug auf die Verarbeitung zur Erfüllung von Absatz 1 Buchstaben c und e beibehalten oder einführen, indem sie spezifische Anforderungen für die Verarbeitung sowie sonstige Maßnahmen präziser bestimmen, um eine rechtmäßig und nach Treu und Glauben erfolgende Verarbeitung zu gewährleisten, einschließlich für andere besondere Verarbeitungssituationen gemäß Kapitel IX.

(3) ¹Die Rechtsgrundlage für die Verarbeitungen gemäß Absatz 1 Buchstaben c und e wird festgelegt durch
a) Unionsrecht oder
b) das Recht der Mitgliedstaaten, dem der Verantwortliche unterliegt.
²Der Zweck der Verarbeitung muss in dieser Rechtsgrundlage festgelegt oder hinsichtlich der Verarbeitung gemäß Absatz 1 Buchstabe e für die Erfüllung einer Aufgabe erforderlich sein, die im öffentlichen Interesse liegt oder in Ausübung öffentlicher Gewalt erfolgt, die dem Verantwortlichen übertragen wurde. ³Diese Rechtsgrundlage kann spezifische Bestimmungen zur Anpassung der Anwendung der Vorschriften dieser Verordnung enthalten, unter anderem Bestimmungen darüber, welche allgemeinen Bedingungen für die Regelung der Rechtmäßigkeit der Verarbeitung durch den Verantwortlichen gelten, welche Arten von Daten verarbeitet werden, welche Personen betroffen sind, an welche Einrichtungen und für welche Zwecke die personenbezogenen Daten offengelegt werden dürfen, welcher Zweckbindung sie unterliegen, wie lange sie gespeichert werden dürfen und welche Verarbeitungsvorgänge und -verfahren angewandt werden dürfen, einschließlich Maßnahmen zur Gewährleistung einer rechtmäßig und nach Treu und Glauben erfolgenden Verarbeitung, wie solche für sonstige besondere Verarbeitungssituationen gemäß Kapitel IX. ⁴Das Unionsrecht oder das Recht der Mitgliedstaaten müssen ein im öffentlichen Interesse liegendes Ziel verfolgen und in einem angemessenen Verhältnis zu dem verfolgten legitimen Zweck stehen.

(4) Beruht die Verarbeitung zu einem anderen Zweck als zu demjenigen, zu dem die personenbezogenen Daten erhoben wurden, nicht auf der Einwilligung der betroffenen Person oder auf einer Rechtsvorschrift der Union oder der Mitgliedstaaten, die in einer demokratischen Gesellschaft eine notwendige und verhältnismäßige Maßnahme zum Schutz der in Artikel 23 Absatz 1 genannten Ziele darstellt, so berücksichtigt der Verantwortliche – um festzustellen, ob die Verarbeitung zu einem anderen Zweck mit demjenigen, zu dem die personenbezogenen Daten ursprünglich erhoben wurden, vereinbar ist – unter anderem
a) jede Verbindung zwischen den Zwecken, für die die personenbezogenen Daten erhoben wurden, und den Zwecken der beabsichtigten Weiterverarbeitung,
b) den Zusammenhang, in dem die personenbezogenen Daten erhoben wurden, insbesondere hinsichtlich des Verhältnisses zwischen den betroffenen Personen und dem Verantwortlichen,
c) die Art der personenbezogenen Daten, insbesondere ob besondere Kategorien personenbezogener Daten gemäß Artikel 9 verarbeitet werden oder ob personenbezogene Daten über strafrechtliche Verurteilungen und Straftaten gemäß Artikel 10 verarbeitet werden,
d) die möglichen Folgen der beabsichtigten Weiterverarbeitung für die betroffenen Personen,
e) das Vorhandensein geeigneter Garantien, wozu Verschlüsselung oder Pseudonymisierung gehören kann.

Art. 7 Bedingungen für die Einwilligung. (1) Beruht die Verarbeitung auf einer Einwilligung, muss der Verantwortliche nachweisen können, dass die betroffene Person in die Verarbeitung ihrer personenbezogenen Daten eingewilligt hat.

(2) [1]Erfolgt die Einwilligung der betroffenen Person durch eine schriftliche Erklärung, die noch andere Sachverhalte betrifft, so muss das Ersuchen um Einwilligung in verständlicher und leicht zugänglicher Form in einer klaren und einfachen Sprache so erfolgen, dass es von den anderen Sachverhalten klar zu unterscheiden ist. [2]Teile der Erklärung sind dann nicht verbindlich, wenn sie einen Verstoß gegen diese Verordnung darstellen.

(3) [1]Die betroffene Person hat das Recht, ihre Einwilligung jederzeit zu widerrufen. [2]Durch den Widerruf der Einwilligung wird die Rechtmäßigkeit der aufgrund der Einwilligung bis zum Widerruf erfolgten Verarbeitung nicht berührt. [3]Die betroffene Person wird vor Abgabe der Einwilligung hiervon in Kenntnis gesetzt. [4]Der Widerruf der Einwilligung muss so einfach wie die Erteilung der Einwilligung sein.

(4) Bei der Beurteilung, ob die Einwilligung freiwillig erteilt wurde, muss dem Umstand in größtmöglichem Umfang Rechnung getragen werden, ob unter anderem die Erfüllung eines Vertrags, einschließlich der Erbringung einer Dienstleistung, von der Einwilligung zu einer Verarbeitung von personenbezogenen Daten abhängig ist, die für die Erfüllung des Vertrags nicht erforderlich sind.

Art. 8 Bedingungen für die Einwilligung eines Kindes in Bezug auf Dienste der Informationsgesellschaft. (1) [1]Gilt Artikel 6 Absatz 1 Buchstabe a bei einem Angebot von Diensten der Informationsgesellschaft, das einem Kind direkt gemacht wird, so ist die Verarbeitung der personenbezogenen Daten des Kindes rechtmäßig, wenn das Kind das sechzehnte Lebensjahr vollendet hat. [2]Hat das Kind noch nicht das sechzehnte Lebensjahr vollendet, so ist diese Verarbeitung nur rechtmäßig, sofern und soweit diese Einwilligung durch den Träger der elterlichen Verantwortung für das Kind oder mit dessen Zustimmung erteilt wird. [3]Die Mitgliedstaaten können durch Rechtsvorschriften zu diesen Zwecken eine niedrigere Altersgrenze vorsehen, die jedoch nicht unter dem vollendeten dreizehnten Lebensjahr liegen darf.

(2) Der Verantwortliche unternimmt unter Berücksichtigung der verfügbaren Technik angemessene Anstrengungen, um sich in solchen Fällen zu vergewissern, dass die Einwilligung durch den Träger der elterlichen Verantwortung für das Kind oder mit dessen Zustimmung erteilt wurde.

(3) Absatz 1 lässt das allgemeine Vertragsrecht der Mitgliedstaaten, wie etwa die Vorschriften zur Gültigkeit, zum Zustandekommen oder zu den Rechtsfolgen eines Vertrags in Bezug auf ein Kind, unberührt.

7 DSGVO

Art. 9 Verarbeitung besonderer Kategorien personenbezogener Daten.
(1) Die Verarbeitung personenbezogener Daten, aus denen die rassische und ethnische Herkunft, politische Meinungen, religiöse oder weltanschauliche Überzeugungen oder die Gewerkschaftszugehörigkeit hervorgehen, sowie die Verarbeitung von genetischen Daten, biometrischen Daten zur eindeutigen Identifizierung einer natürlichen Person, Gesundheitsdaten oder Daten zum Sexualleben oder der sexuellen Orientierung einer natürlichen Person ist untersagt.

(2) Absatz 1 gilt nicht in folgenden Fällen:
a) Die betroffene Person hat in die Verarbeitung der genannten personenbezogenen Daten für einen oder mehrere festgelegte Zwecke ausdrücklich eingewilligt, es sei denn, nach Unionsrecht oder dem Recht der Mitgliedstaaten kann das Verbot nach Absatz 1 durch die Einwilligung der betroffenen Person nicht aufgehoben werden,
b) die Verarbeitung ist erforderlich, damit der Verantwortliche oder die betroffene Person die ihm bzw. ihr aus dem Arbeitsrecht und dem Recht der sozialen Sicherheit und des Sozialschutzes erwachsenden Rechte ausüben und seinen bzw. ihren diesbezüglichen Pflichten nachkommen kann, soweit dies nach Unionsrecht oder dem Recht der Mitgliedstaaten oder einer Kollektivvereinbarung nach dem Recht der Mitgliedstaaten, das geeignete Garantien für die Grundrechte und die Interessen der betroffenen Person vorsieht, zulässig ist,
c) die Verarbeitung ist zum Schutz lebenswichtiger Interessen der betroffenen Person oder einer anderen natürlichen Person erforderlich und die betroffene Person ist aus körperlichen oder rechtlichen Gründen außerstande, ihre Einwilligung zu geben,
d) die Verarbeitung erfolgt auf der Grundlage geeigneter Garantien durch eine politisch, weltanschaulich, religiös oder gewerkschaftlich ausgerichtete Stiftung, Vereinigung oder sonstige Organisation ohne Gewinnerzielungsabsicht im Rahmen ihrer rechtmäßigen Tätigkeiten und unter der Voraussetzung, dass sich die Verarbeitung ausschließlich auf die Mitglieder oder ehemalige Mitglieder der Organisation oder auf Personen, die im Zusammenhang mit deren Tätigkeitszweck regelmäßige Kontakte mit ihr unterhalten, bezieht und die personenbezogenen Daten nicht ohne Einwilligung der betroffenen Personen nach außen offengelegt werden,
e) die Verarbeitung bezieht sich auf personenbezogene Daten, die die betroffene Person offensichtlich öffentlich gemacht hat,
f) die Verarbeitung ist zur Geltendmachung, Ausübung oder Verteidigung von Rechtsansprüchen oder bei Handlungen der Gerichte im Rahmen ihrer justiziellen Tätigkeit erforderlich,
g) die Verarbeitung ist auf der Grundlage des Unionsrechts oder des Rechts eines Mitgliedstaats, das in angemessenem Verhältnis zu dem verfolgten Ziel steht, den Wesensgehalt des Rechts auf Datenschutz wahrt und angemessene und spezifische Maßnahmen zur Wahrung der Grundrechte und Interessen der betroffenen Person vorsieht, aus Gründen eines erheblichen öffentlichen Interesses erforderlich,

Datenschutz-Grundverordnung **DSGVO 7**

h) die Verarbeitung ist für Zwecke der Gesundheitsvorsorge oder der Arbeitsmedizin, für die Beurteilung der Arbeitsfähigkeit des Beschäftigten, für die medizinische Diagnostik, die Versorgung oder Behandlung im Gesundheits- oder Sozialbereich oder für die Verwaltung von Systemen und Diensten im Gesundheits- oder Sozialbereich auf der Grundlage des Unionsrechts oder des Rechts eines Mitgliedstaats oder aufgrund eines Vertrags mit einem Angehörigen eines Gesundheitsberufs und vorbehaltlich der in Absatz 3 genannten Bedingungen und Garantien erforderlich,

i) die Verarbeitung ist aus Gründen des öffentlichen Interesses im Bereich der öffentlichen Gesundheit, wie dem Schutz vor schwerwiegenden grenzüberschreitenden Gesundheitsgefahren oder zur Gewährleistung hoher Qualitäts- und Sicherheitsstandards bei der Gesundheitsversorgung und bei Arzneimitteln und Medizinprodukten, auf der Grundlage des Unionsrechts oder des Rechts eines Mitgliedstaats, das angemessene und spezifische Maßnahmen zur Wahrung der Rechte und Freiheiten der betroffenen Person, insbesondere des Berufsgeheimnisses, vorsieht, erforderlich, oder

j) die Verarbeitung ist auf der Grundlage des Unionsrechts oder des Rechts eines Mitgliedstaats, das in angemessenem Verhältnis zu dem verfolgten Ziel steht, den Wesensgehalt des Rechts auf Datenschutz wahrt und angemessene und spezifische Maßnahmen zur Wahrung der Grundrechte und Interessen der betroffenen Person vorsieht, für im öffentlichen Interesse liegende Archivzwecke, für wissenschaftliche oder historische Forschungszwecke oder für statistische Zwecke gemäß Artikel 89 Absatz 1 erforderlich.

(3) Die in Absatz 1 genannten personenbezogenen Daten dürfen zu den in Absatz 2 Buchstabe h genannten Zwecken verarbeitet werden, wenn diese Daten von Fachpersonal oder unter dessen Verantwortung verarbeitet werden und dieses Fachpersonal nach dem Unionsrecht oder dem Recht eines Mitgliedstaats oder den Vorschriften nationaler zuständiger Stellen dem Berufsgeheimnis unterliegt, oder wenn die Verarbeitung durch eine andere Person erfolgt, die ebenfalls nach dem Unionsrecht oder dem Recht eines Mitgliedstaats oder den Vorschriften nationaler zuständiger Stellen einer Geheimhaltungspflicht unterliegt.

(4) Die Mitgliedstaaten können zusätzliche Bedingungen, einschließlich Beschränkungen, einführen oder aufrechterhalten, soweit die Verarbeitung von genetischen, biometrischen oder Gesundheitsdaten betroffen ist.

Art. 10 Verarbeitung von personenbezogenen Daten über strafrechtliche Verurteilungen und Straftaten. ^{1}Die Verarbeitung personenbezogener Daten über strafrechtliche Verurteilungen und Straftaten oder damit zusammenhängende Sicherungsmaßregeln aufgrund von Artikel 6 Absatz 1 darf nur unter behördlicher Aufsicht vorgenommen werden oder wenn dies nach dem Unionsrecht oder dem Recht der Mitgliedstaaten, das geeignete Garantien für die Rechte und Freiheiten der betroffenen Personen vorsieht, zulässig ist. ^{2}Ein umfassendes Register der strafrechtlichen Verurteilungen darf nur unter behördlicher Aufsicht geführt werden.

Art. 11 Verarbeitung, für die eine Identifizierung der betroffenen Person nicht erforderlich ist. (1) Ist für die Zwecke, für die ein Verantwortlicher personenbezogene Daten verarbeitet, die Identifizierung der betroffenen Person durch den Verantwortlichen nicht oder nicht mehr erforderlich, so ist dieser nicht verpflichtet, zur bloßen Einhaltung dieser Verordnung zusätzliche Informationen aufzubewahren, einzuholen oder zu verarbeiten, um die betroffene Person zu identifizieren.

(2) [1]Kann der Verantwortliche in Fällen gemäß Absatz 1 des vorliegenden Artikels nachweisen, dass er nicht in der Lage ist, die betroffene Person zu identifizieren, so unterrichtet er die betroffene Person hierüber, sofern möglich. [2]In diesen Fällen finden die Artikel 15 bis 20 keine Anwendung, es sei denn, die betroffene Person stellt zur Ausübung ihrer in diesen Artikeln niedergelegten Rechte zusätzliche Informationen bereit, die ihre Identifizierung ermöglichen.

Kapitel III

Rechte der betroffenen Person

Abschnitt 1

Transparenz und Modalitäten

Art. 12 Transparente Information, Kommunikation und Modalitäten für die Ausübung der Rechte der betroffenen Person. (1) [1]Der Verantwortliche trifft geeignete Maßnahmen, um der betroffenen Person alle Informationen gemäß den Artikeln 13 und 14 und alle Mitteilungen gemäß den Artikeln 15 bis 22 und Artikel 34, die sich auf die Verarbeitung beziehen, in präziser, transparenter, verständlicher und leicht zugänglicher Form in einer klaren und einfachen Sprache zu übermitteln; dies gilt insbesondere für Informationen, die sich speziell an Kinder richten. [2]Die Übermittlung der Informationen erfolgt schriftlich oder in anderer Form, gegebenenfalls auch elektronisch. [3]Falls von der betroffenen Person verlangt, kann die Information mündlich erteilt werden, sofern die Identität der betroffenen Person in anderer Form nachgewiesen wurde.

(2) [1]Der Verantwortliche erleichtert der betroffenen Person die Ausübung ihrer Rechte gemäß den Artikeln 15 bis 22. [2]In den in Artikel 11 Absatz 2 genannten Fällen darf sich der Verantwortliche nur dann weigern, aufgrund des Antrags der betroffenen Person auf Wahrnehmung ihrer Rechte gemäß den Artikeln 15 bis 22 tätig zu werden, wenn er glaubhaft macht, dass er nicht in der Lage ist, die betroffene Person zu identifizieren.

(3) ¹Der Verantwortliche stellt der betroffenen Person Informationen über die auf Antrag gemäß den Artikeln 15 bis 22 ergriffenen Maßnahmen unverzüglich, in jedem Fall aber innerhalb eines Monats nach Eingang des Antrags zur Verfügung. ²Diese Frist kann um weitere zwei Monate verlängert werden, wenn dies unter Berücksichtigung der Komplexität und der Anzahl von Anträgen erforderlich ist. ³Der Verantwortliche unterrichtet die betroffene Person innerhalb eines Monats nach Eingang des Antrags über eine Fristverlängerung, zusammen mit den Gründen für die Verzögerung. ⁴Stellt die betroffene Person den Antrag elektronisch, so ist sie nach Möglichkeit auf elektronischem Weg zu unterrichten, sofern sie nichts anderes angibt.

(4) Wird der Verantwortliche auf den Antrag der betroffenen Person hin nicht tätig, so unterrichtet er die betroffene Person ohne Verzögerung, spätestens aber innerhalb eines Monats nach Eingang des Antrags über die Gründe hierfür und über die Möglichkeit, bei einer Aufsichtsbehörde Beschwerde einzulegen oder einen gerichtlichen Rechtsbehelf einzulegen.

(5) ¹Informationen gemäß den Artikeln 13 und 14 sowie alle Mitteilungen und Maßnahmen gemäß den Artikeln 15 bis 22 und Artikel 34 werden unentgeltlich zur Verfügung gestellt. ²Bei offenkundig unbegründeten oder – insbesondere im Fall von häufiger Wiederholung – exzessiven Anträgen einer betroffenen Person kann der Verantwortliche entweder
a) ein angemessenes Entgelt verlangen, bei dem die Verwaltungskosten für die Unterrichtung oder die Mitteilung oder die Durchführung der beantragten Maßnahme berücksichtigt werden, oder
b) sich weigern, aufgrund des Antrags tätig zu werden.
³Der Verantwortliche hat den Nachweis für den offenkundig unbegründeten oder exzessiven Charakter des Antrags zu erbringen.

(6) Hat der Verantwortliche begründete Zweifel an der Identität der natürlichen Person, die den Antrag gemäß den Artikeln 15 bis 21 stellt, so kann er unbeschadet des Artikels 11 zusätzliche Informationen anfordern, die zur Bestätigung der Identität der betroffenen Person erforderlich sind.

(7) ¹Die Informationen, die den betroffenen Personen gemäß den Artikeln 13 und 14 bereitzustellen sind, können in Kombination mit standardisierten Bildsymbolen bereitgestellt werden, um in leicht wahrnehmbarer, verständlicher und klar nachvollziehbarer Form einen aussagekräftigen Überblick über die beabsichtigte Verarbeitung zu vermitteln. ²Werden die Bildsymbole in elektronischer Form dargestellt, müssen sie maschinenlesbar sein.

(8) Der Kommission wird die Befugnis übertragen, gemäß Artikel 92 delegierte Rechtsakte zur Bestimmung der Informationen, die durch Bildsymbole darzustellen sind, und der Verfahren für die Bereitstellung standardisierter Bildsymbole zu erlassen.

Abschnitt 2

Informationspflicht und Recht auf Auskunft zu personenbezogenen Daten

Art. 13 Informationspflicht bei Erhebung von personenbezogenen Daten bei der betroffenen Person. (1) Werden personenbezogene Daten bei der betroffenen Person erhoben, so teilt der Verantwortliche der betroffenen Person zum Zeitpunkt der Erhebung dieser Daten Folgendes mit:
a) den Namen und die Kontaktdaten des Verantwortlichen sowie gegebenenfalls seines Vertreters;
b) gegebenenfalls die Kontaktdaten des Datenschutzbeauftragten;
c) die Zwecke, für die die personenbezogenen Daten verarbeitet werden sollen, sowie die Rechtsgrundlage für die Verarbeitung;
d) wenn die Verarbeitung auf Artikel 6 Absatz 1 Buchstabe f beruht, die berechtigten Interessen, die von dem Verantwortlichen oder einem Dritten verfolgt werden;
e) gegebenenfalls die Empfänger oder Kategorien von Empfängern der personenbezogenen Daten und
f) gegebenenfalls die Absicht des Verantwortlichen, die personenbezogenen Daten an ein Drittland oder eine internationale Organisation zu übermitteln, sowie das Vorhandensein oder das Fehlen eines Angemessenheitsbeschlusses der Kommission oder im Falle von Übermittlungen gemäß Artikel 46 oder Artikel 47 oder Artikel 49 Absatz 1 Unterabsatz 2 einen Verweis auf die geeigneten oder angemessenen Garantien und die Möglichkeit, wie eine Kopie von ihnen zu erhalten ist, oder wo sie verfügbar sind.

(2) Zusätzlich zu den Informationen gemäß Absatz 1 stellt der Verantwortliche der betroffenen Person zum Zeitpunkt der Erhebung dieser Daten folgende weitere Informationen zur Verfügung, die notwendig sind, um eine faire und transparente Verarbeitung zu gewährleisten:
a) die Dauer, für die die personenbezogenen Daten gespeichert werden oder, falls dies nicht möglich ist, die Kriterien für die Festlegung dieser Dauer;
b) das Bestehen eines Rechts auf Auskunft seitens des Verantwortlichen über die betreffenden personenbezogenen Daten sowie auf Berichtigung oder Löschung oder auf Einschränkung der Verarbeitung oder eines Widerspruchsrechts gegen die Verarbeitung sowie des Rechts auf Datenübertragbarkeit;
c) wenn die Verarbeitung auf Artikel 6 Absatz 1 Buchstabe a oder Artikel 9 Absatz 2 Buchstabe a beruht, das Bestehen eines Rechts, die Einwilligung jederzeit zu widerrufen, ohne dass die Rechtmäßigkeit der aufgrund der Einwilligung bis zum Widerruf erfolgten Verarbeitung berührt wird;
d) das Bestehen eines Beschwerderechts bei einer Aufsichtsbehörde;
e) ob die Bereitstellung der personenbezogenen Daten gesetzlich oder vertraglich vorgeschrieben oder für einen Vertragsabschluss erforderlich ist, ob die betroffene Person verpflichtet ist, die personenbezogenen Daten be-

reitzustellen, und welche möglichen Folgen die Nichtbereitstellung hätte und
f) das Bestehen einer automatisierten Entscheidungsfindung einschließlich Profiling gemäß Artikel 22 Absätze 1 und 4 und – zumindest in diesen Fällen – aussagekräftige Informationen über die involvierte Logik sowie die Tragweite und die angestrebten Auswirkungen einer derartigen Verarbeitung für die betroffene Person.

(3) Beabsichtigt der Verantwortliche, die personenbezogenen Daten für einen anderen Zweck weiterzuverarbeiten als den, für den die personenbezogenen Daten erhoben wurden, so stellt er der betroffenen Person vor dieser Weiterverarbeitung Informationen über diesen anderen Zweck und alle anderen maßgeblichen Informationen gemäß Absatz 2 zur Verfügung.

(4) Die Absätze 1, 2 und 3 finden keine Anwendung, wenn und soweit die betroffene Person bereits über die Informationen verfügt.

Art. 14 Informationspflicht, wenn die personenbezogenen Daten nicht bei der betroffenen Person erhoben wurden. (1) Werden personenbezogene Daten nicht bei der betroffenen Person erhoben, so teilt der Verantwortliche der betroffenen Person Folgendes mit:
a) den Namen und die Kontaktdaten des Verantwortlichen sowie gegebenenfalls seines Vertreters;
b) zusätzlich die Kontaktdaten des Datenschutzbeauftragten;
c) die Zwecke, für die die personenbezogenen Daten verarbeitet werden sollen, sowie die Rechtsgrundlage für die Verarbeitung;
d) die Kategorien personenbezogener Daten, die verarbeitet werden;
e) gegebenenfalls die Empfänger oder Kategorien von Empfängern der personenbezogenen Daten;
f) gegebenenfalls die Absicht des Verantwortlichen, die personenbezogenen Daten an einen Empfänger in einem Drittland oder einer internationalen Organisation zu übermitteln, sowie das Vorhandensein oder das Fehlen eines Angemessenheitsbeschlusses der Kommission oder im Falle von Übermittlungen gemäß Artikel 46 oder Artikel 47 oder Artikel 49 Absatz 1 Unterabsatz 2 einen Verweis auf die geeigneten oder angemessenen Garantien und die Möglichkeit, eine Kopie von ihnen zu erhalten, oder wo sie verfügbar sind.

(2) Zusätzlich zu den Informationen gemäß Absatz 1 stellt der Verantwortliche der betroffenen Person die folgenden Informationen zur Verfügung, die erforderlich sind, um der betroffenen Person gegenüber eine faire und transparente Verarbeitung zu gewährleisten:
a) die Dauer, für die die personenbezogenen Daten gespeichert werden oder, falls dies nicht möglich ist, die Kriterien für die Festlegung dieser Dauer;
b) wenn die Verarbeitung auf Artikel 6 Absatz 1 Buchstabe f beruht, die berechtigten Interessen, die von dem Verantwortlichen oder einem Dritten verfolgt werden;

c) das Bestehen eines Rechts auf Auskunft seitens des Verantwortlichen über die betreffenden personenbezogenen Daten sowie auf Berichtigung oder Löschung oder auf Einschränkung der Verarbeitung und eines Widerspruchsrechts gegen die Verarbeitung sowie des Rechts auf Datenübertragbarkeit;
d) wenn die Verarbeitung auf Artikel 6 Absatz 1 Buchstabe a oder Artikel 9 Absatz 2 Buchstabe a beruht, das Bestehen eines Rechts, die Einwilligung jederzeit zu widerrufen, ohne dass die Rechtmäßigkeit der aufgrund der Einwilligung bis zum Widerruf erfolgten Verarbeitung berührt wird;
e) das Bestehen eines Beschwerderechts bei einer Aufsichtsbehörde;
f) aus welcher Quelle die personenbezogenen Daten stammen und gegebenenfalls ob sie aus öffentlich zugänglichen Quellen stammen;
g) das Bestehen einer automatisierten Entscheidungsfindung einschließlich Profiling gemäß Artikel 22 Absätze 1 und 4 und – zumindest in diesen Fällen – aussagekräftige Informationen über die involvierte Logik sowie die Tragweite und die angestrebten Auswirkungen einer derartigen Verarbeitung für die betroffene Person.

(3) Der Verantwortliche erteilt die Informationen gemäß den Absätzen 1 und 2
a) unter Berücksichtigung der spezifischen Umstände der Verarbeitung der personenbezogenen Daten innerhalb einer angemessenen Frist nach Erlangung der personenbezogenen Daten, längstens jedoch innerhalb eines Monats,
b) falls die personenbezogenen Daten zur Kommunikation mit der betroffenen Person verwendet werden sollen, spätestens zum Zeitpunkt der ersten Mitteilung an sie, oder,
c) falls die Offenlegung an einen anderen Empfänger beabsichtigt ist, spätestens zum Zeitpunkt der ersten Offenlegung.

(4) Beabsichtigt der Verantwortliche, die personenbezogenen Daten für einen anderen Zweck weiterzuverarbeiten als den, für den die personenbezogenen Daten erlangt wurden, so stellt er der betroffenen Person vor dieser Weiterverarbeitung Informationen über diesen anderen Zweck und alle anderen maßgeblichen Informationen gemäß Absatz 2 zur Verfügung.

(5) Die Absätze 1 bis 4 finden keine Anwendung, wenn und soweit
a) die betroffene Person bereits über die Informationen verfügt,
b) die Erteilung dieser Informationen sich als unmöglich erweist oder einen unverhältnismäßigen Aufwand erfordern würde; dies gilt insbesondere für die Verarbeitung für im öffentlichen Interesse liegende Archivzwecke, für wissenschaftliche oder historische Forschungszwecke oder für statistische Zwecke vorbehaltlich der in Artikel 89 Absatz 1 genannten Bedingungen und Garantien oder soweit die in Absatz 1 des vorliegenden Artikels genannte Pflicht voraussichtlich die Verwirklichung der Ziele dieser Verarbeitung unmöglich macht oder ernsthaft beeinträchtigt. In diesen Fällen ergreift der Verantwortliche geeignete Maßnahmen zum Schutz der Rechte

Datenschutz-Grundverordnung und Freiheiten sowie der berechtigten Interessen der betroffenen Person, einschließlich der Bereitstellung dieser Informationen für die Öffentlichkeit,
c) die Erlangung oder Offenlegung durch Rechtsvorschriften der Union oder der Mitgliedstaaten, denen der Verantwortliche unterliegt und die geeignete Maßnahmen zum Schutz der berechtigten Interessen der betroffenen Person vorsehen, ausdrücklich geregelt ist oder
d) die personenbezogenen Daten gemäß dem Unionsrecht oder dem Recht der Mitgliedstaaten dem Berufsgeheimnis, einschließlich einer satzungsmäßigen Geheimhaltungspflicht, unterliegen und daher vertraulich behandelt werden müssen.

Art. 15 Auskunftsrecht der betroffenen Person. (1) Die betroffene Person hat das Recht, von dem Verantwortlichen eine Bestätigung darüber zu verlangen, ob sie betreffende personenbezogene Daten verarbeitet werden; ist dies der Fall, so hat sie ein Recht auf Auskunft über diese personenbezogenen Daten und auf folgende Informationen:
a) die Verarbeitungszwecke;
b) die Kategorien personenbezogener Daten, die verarbeitet werden;
c) die Empfänger oder Kategorien von Empfängern, gegenüber denen die personenbezogenen Daten offengelegt worden sind oder noch offengelegt werden, insbesondere bei Empfängern in Drittländern oder bei internationalen Organisationen;
d) falls möglich die geplante Dauer, für die die personenbezogenen Daten gespeichert werden, oder, falls dies nicht möglich ist, die Kriterien für die Festlegung dieser Dauer;
e) das Bestehen eines Rechts auf Berichtigung oder Löschung der sie betreffenden personenbezogenen Daten oder auf Einschränkung der Verarbeitung durch den Verantwortlichen oder eines Widerspruchsrechts gegen diese Verarbeitung;
f) das Bestehen eines Beschwerderechts bei einer Aufsichtsbehörde;
g) wenn die personenbezogenen Daten nicht bei der betroffenen Person erhoben werden, alle verfügbaren Informationen über die Herkunft der Daten;
h) das Bestehen einer automatisierten Entscheidungsfindung einschließlich Profiling gemäß Artikel 22 Absätze 1 und 4 und – zumindest in diesen Fällen – aussagekräftige Informationen über die involvierte Logik sowie die Tragweite und die angestrebten Auswirkungen einer derartigen Verarbeitung für die betroffene Person.

(2) Werden personenbezogene Daten an ein Drittland oder an eine internationale Organisation übermittelt, so hat die betroffene Person das Recht, über die geeigneten Garantien gemäß Artikel 46 im Zusammenhang mit der Übermittlung unterrichtet zu werden.

(3) ^{1}Der Verantwortliche stellt eine Kopie der personenbezogenen Daten, die Gegenstand der Verarbeitung sind, zur Verfügung. ^{2}Für alle weiteren Kopien, die die betroffene Person beantragt, kann der Verantwortliche ein ange-

messenes Entgelt auf der Grundlage der Verwaltungskosten verlangen. [3]Stellt die betroffene Person den Antrag elektronisch, so sind die Informationen in einem gängigen elektronischen Format zur Verfügung zu stellen, sofern sie nichts anderes angibt.

(4) Das Recht auf Erhalt einer Kopie gemäß Absatz 3b darf die Rechte und Freiheiten anderer Personen nicht beeinträchtigen.

Abschnitt 3
Berichtigung und Löschung

Art. 16 Recht auf Berichtigung. [1]Die betroffene Person hat das Recht, von dem Verantwortlichen unverzüglich die Berichtigung sie betreffender unrichtiger personenbezogener Daten zu verlangen. [2]Unter Berücksichtigung der Zwecke der Verarbeitung hat die betroffene Person das Recht, die Vervollständigung unvollständiger personenbezogener Daten – auch mittels einer ergänzenden Erklärung – zu verlangen.

Art. 17 Recht auf Löschung („Recht auf Vergessenwerden"). (1) Die betroffene Person hat das Recht, von dem Verantwortlichen zu verlangen, dass sie betreffende personenbezogene Daten unverzüglich gelöscht werden, und der Verantwortliche ist verpflichtet, personenbezogene Daten unverzüglich zu löschen, sofern einer der folgenden Gründe zutrifft:
a) Die personenbezogenen Daten sind für die Zwecke, für die sie erhoben oder auf sonstige Weise verarbeitet wurden, nicht mehr notwendig.
b) Die betroffene Person widerruft ihre Einwilligung, auf die sich die Verarbeitung gemäß Artikel 6 Absatz 1 Buchstabe a oder Artikel 9 Absatz 2 Buchstabe a stützte, und es fehlt an einer anderweitigen Rechtsgrundlage für die Verarbeitung.
c) Die betroffene Person legt gemäß Artikel 21 Absatz 1 Widerspruch gegen die Verarbeitung ein und es liegen keine vorrangigen berechtigten Gründe für die Verarbeitung vor, oder die betroffene Person legt gemäß Artikel 21 Absatz 2 Widerspruch gegen die Verarbeitung ein.
d) Die personenbezogenen Daten wurden unrechtmäßig verarbeitet.
e) Die Löschung der personenbezogenen Daten ist zur Erfüllung einer rechtlichen Verpflichtung nach dem Unionsrecht oder dem Recht der Mitgliedstaaten erforderlich, dem der Verantwortliche unterliegt.
f) Die personenbezogenen Daten wurden in Bezug auf angebotene Dienste der Informationsgesellschaft gemäß Artikel 8 Absatz 1 erhoben.

(2) Hat der Verantwortliche die personenbezogenen Daten öffentlich gemacht und ist er gemäß Absatz 1 zu deren Löschung verpflichtet, so trifft er unter Berücksichtigung der verfügbaren Technologie und der Implementierungskosten angemessene Maßnahmen, auch technischer Art, um für die Datenverarbeitung Verantwortliche, die die personenbezogenen Daten verarbeiten, darüber zu informieren, dass eine betroffene Person von ihnen die Lö-

schung aller Links zu diesen personenbezogenen Daten oder von Kopien oder Replikationen dieser personenbezogenen Daten verlangt hat.

(3) Die Absätze 1 und 2 gelten nicht, soweit die Verarbeitung erforderlich ist
a) zur Ausübung des Rechts auf freie Meinungsäußerung und Information;
b) zur Erfüllung einer rechtlichen Verpflichtung, die die Verarbeitung nach dem Recht der Union oder der Mitgliedstaaten, dem der Verantwortliche unterliegt, erfordert, oder zur Wahrnehmung einer Aufgabe, die im öffentlichen Interesse liegt oder in Ausübung öffentlicher Gewalt erfolgt, die dem Verantwortlichen übertragen wurde;
c) aus Gründen des öffentlichen Interesses im Bereich der öffentlichen Gesundheit gemäß Artikel 9 Absatz 2 Buchstaben h und i sowie Artikel 9 Absatz 3;
d) für im öffentlichen Interesse liegende Archivzwecke, wissenschaftliche oder historische Forschungszwecke oder für statistische Zwecke gemäß Arti-kel 89 Absatz 1, soweit das in Absatz 1 genannte Recht voraussichtlich die Verwirklichung der Ziele dieser Verarbeitung unmöglich macht oder ernsthaft beeinträchtigt, oder
e) zur Geltendmachung, Ausübung oder Verteidigung von Rechtsansprüchen.

Art. 18 Recht auf Einschränkung der Verarbeitung. (1) Die betroffene Person hat das Recht, von dem Verantwortlichen die Einschränkung der Verarbeitung zu verlangen, wenn eine der folgenden Voraussetzungen gegeben ist:
a) die Richtigkeit der personenbezogenen Daten von der betroffenen Person bestritten wird, und zwar für eine Dauer, die es dem Verantwortlichen ermöglicht, die Richtigkeit der personenbezogenen Daten zu überprüfen,
b) die Verarbeitung unrechtmäßig ist und die betroffene Person die Löschung der personenbezogenen Daten ablehnt und stattdessen die Einschränkung der Nutzung der personenbezogenen Daten verlangt;
c) der Verantwortliche die personenbezogenen Daten für die Zwecke der Verarbeitung nicht länger benötigt, die betroffene Person sie jedoch zur Geltendmachung, Ausübung oder Verteidigung von Rechtsansprüchen benötigt, oder
d) die betroffene Person Widerspruch gegen die Verarbeitung gemäß Artikel 21 Absatz 1 eingelegt hat, solange noch nicht feststeht, ob die berechtigten Gründe des Verantwortlichen gegenüber denen der betroffenen Person überwiegen.

(2) Wurde die Verarbeitung gemäß Absatz 1 eingeschränkt, so dürfen diese personenbezogenen Daten – von ihrer Speicherung abgesehen – nur mit Einwilligung der betroffenen Person oder zur Geltendmachung, Ausübung oder Verteidigung von Rechtsansprüchen oder zum Schutz der Rechte einer anderen natürlichen oder juristischen Person oder aus Gründen eines wichtigen öffentlichen Interesses der Union oder eines Mitgliedstaats verarbeitet werden.

(3) Eine betroffene Person, die eine Einschränkung der Verarbeitung gemäß Absatz 1 erwirkt hat, wird von dem Verantwortlichen unterrichtet, bevor die Einschränkung aufgehoben wird.

Art. 19 Mitteilungspflicht im Zusammenhang mit der Berichtigung oder Löschung personenbezogener Daten oder der Einschränkung der Verarbeitung. [1]Der Verantwortliche teilt allen Empfängern, denen personenbezogenen Daten offengelegt wurden, jede Berichtigung oder Löschung der personenbezogenen Daten oder eine Einschränkung der Verarbeitung nach Artikel 16, Artikel 17 Absatz 1 und Artikel 18 mit, es sei denn, dies erweist sich als unmöglich oder ist mit einem unverhältnismäßigen Aufwand verbunden. [2]Der Verantwortliche unterrichtet die betroffene Person über diese Empfänger, wenn die betroffene Person dies verlangt.

Art. 20 Recht auf Datenübertragbarkeit. (1) Die betroffene Person hat das Recht, die sie betreffenden personenbezogenen Daten, die sie einem Verantwortlichen bereitgestellt hat, in einem strukturierten, gängigen und maschinenlesbaren Format zu erhalten, und sie hat das Recht, diese Daten einem anderen Verantwortlichen ohne Behinderung durch den Verantwortlichen, dem die personenbezogenen Daten bereitgestellt wurden, zu übermitteln, sofern
a) die Verarbeitung auf einer Einwilligung gemäß Artikel 6 Absatz 1 Buchstabe a oder Artikel 9 Absatz 2 Buchstabe a oder auf einem Vertrag gemäß Artikel 6 Absatz 1 Buchstabe b beruht und
b) die Verarbeitung mithilfe automatisierter Verfahren erfolgt.

(2) Bei der Ausübung ihres Rechts auf Datenübertragbarkeit gemäß Absatz 1 hat die betroffene Person das Recht, zu erwirken, dass die personenbezogenen Daten direkt von einem Verantwortlichen einem anderen Verantwortlichen übermittelt werden, soweit dies technisch machbar ist.

(3) [1]Die Ausübung des Rechts nach Absatz 1 des vorliegenden Artikels lässt Artikel 17 unberührt. [2]Dieses Recht gilt nicht für eine Verarbeitung, die für die Wahrnehmung einer Aufgabe erforderlich ist, die im öffentlichen Interesse liegt oder in Ausübung öffentlicher Gewalt erfolgt, die dem Verantwortlichen übertragen wurde.

(4) Das Recht gemäß Absatz 1 darf die Rechte und Freiheiten anderer Personen nicht beeinträchtigen.

Abschnitt 4

Widerspruchsrecht und automatisierte Entscheidungsfindung im Einzelfall

Art. 21 Widerspruchsrecht. (1) [1]Die betroffene Person hat das Recht, aus Gründen, die sich aus ihrer besonderen Situation ergeben, jederzeit gegen die Verarbeitung sie betreffender personenbezogener Daten, die aufgrund von Artikel 6 Absatz 1 Buchstabe e oder f erfolgt, Widerspruch einzulegen; dies gilt auch für ein auf diese Bestimmungen gestütztes Profiling. [2]Der Verantwortliche verarbeitet die personenbezogenen Daten nicht mehr, es sei denn, er kann zwingende schutzwürdige Gründe für die Verarbeitung nachweisen, die die Interessen, Rechte und Freiheiten der betroffenen Person überwiegen, oder die Verarbeitung dient der Geltendmachung, Ausübung oder Verteidigung von Rechtsansprüchen.

(2) Werden personenbezogene Daten verarbeitet, um Direktwerbung zu betreiben, so hat die betroffene Person das Recht, jederzeit Widerspruch gegen die Verarbeitung sie betreffender personenbezogener Daten zum Zwecke derartiger Werbung einzulegen; dies gilt auch für das Profiling, soweit es mit solcher Direktwerbung in Verbindung steht.

(3) Widerspricht die betroffene Person der Verarbeitung für Zwecke der Direktwerbung, so werden die personenbezogenen Daten nicht mehr für diese Zwecke verarbeitet.

(4) Die betroffene Person muss spätestens zum Zeitpunkt der ersten Kommunikation mit ihr ausdrücklich auf das in den Absätzen 1 und 2 genannte Recht hingewiesen werden; dieser Hinweis hat in einer verständlichen und von anderen Informationen getrennten Form zu erfolgen.

(5) Im Zusammenhang mit der Nutzung von Diensten der Informationsgesellschaft kann die betroffene Person ungeachtet der Richtlinie 2002/58/EG ihr Widerspruchsrecht mittels automatisierter Verfahren ausüben, bei denen technische Spezifikationen verwendet werden.

(6) Die betroffene Person hat das Recht, aus Gründen, die sich aus ihrer besonderen Situation ergeben, gegen die sie betreffende Verarbeitung sie betreffender personenbezogener Daten, die zu wissenschaftlichen oder historischen Forschungszwecken oder zu statistischen Zwecken gemäß Artikel 89 Absatz 1 erfolgt, Widerspruch einzulegen, es sei denn, die Verarbeitung ist zur Erfüllung einer im öffentlichen Interesse liegenden Aufgabe erforderlich.

Art. 22 Automatisierte Entscheidungen im Einzelfall einschließlich Profiling. (1) Die betroffene Person hat das Recht, nicht einer ausschließlich auf einer automatisierten Verarbeitung – einschließlich Profiling – beruhenden Entscheidung unterworfen zu werden, die ihr gegenüber rechtliche Wirkung entfaltet oder sie in ähnlicher Weise erheblich beeinträchtigt.

(2) Absatz 1 gilt nicht, wenn die Entscheidung
a) für den Abschluss oder die Erfüllung eines Vertrags zwischen der betroffenen Person und dem Verantwortlichen erforderlich ist,
b) aufgrund von Rechtsvorschriften der Union oder der Mitgliedstaaten, denen der Verantwortliche unterliegt, zulässig ist und diese Rechtsvorschriften angemessene Maßnahmen zur Wahrung der Rechte und Freiheiten sowie der berechtigten Interessen der betroffenen Person enthalten oder
c) mit ausdrücklicher Einwilligung der betroffenen Person erfolgt.

(3) In den in Absatz 2 Buchstaben a und c genannten Fällen trifft der Verantwortliche angemessene Maßnahmen, um die Rechte und Freiheiten sowie die berechtigten Interessen der betroffenen Person zu wahren, wozu mindestens das Recht auf Erwirkung des Eingreifens einer Person seitens des Verantwort-

lichen, auf Darlegung des eigenen Standpunkts und auf Anfechtung der Entscheidung gehört.

(4) Entscheidungen nach Absatz 2 dürfen nicht auf besonderen Kategorien personenbezogener Daten nach Artikel 9 Absatz 1 beruhen, sofern nicht Artikel 9 Absatz 2 Buchstabe a oder g gilt und angemessene Maßnahmen zum Schutz der Rechte und Freiheiten sowie der berechtigten Interessen der betroffenen Person getroffen wurden.

Abschnitt 5

Beschränkungen

Art. 23 Beschränkungen. (1) Durch Rechtsvorschriften der Union oder der Mitgliedstaaten, denen der Verantwortliche oder der Auftragsverarbeiter unterliegt, können die Pflichten und Rechte gemäß den Artikeln 12 bis 22 und Artikel 34 sowie Artikel 5, insofern dessen Bestimmungen den in den Artikeln 12 bis 22 vorgesehenen Rechten und Pflichten entsprechen, im Wege von Gesetzgebungsmaßnahmen beschränkt werden, sofern eine solche Beschränkung den Wesensgehalt der Grundrechte und Grundfreiheiten achtet und in einer demokratischen Gesellschaft eine notwendige und verhältnismäßige Maßnahme darstellt, die Folgendes sicherstellt:
a) die nationale Sicherheit;
b) die Landesverteidigung;
c) die öffentliche Sicherheit;
d) die Verhütung, Ermittlung, Aufdeckung oder Verfolgung von Straftaten oder die Strafvollstreckung, einschließlich des Schutzes vor und der Abwehr von Gefahren für die öffentliche Sicherheit;
e) den Schutz sonstiger wichtiger Ziele des allgemeinen öffentlichen Interesses der Union oder eines Mitgliedstaats, insbesondere eines wichtigen wirtschaftlichen oder finanziellen Interesses der Union oder eines Mitgliedstaats, etwa im Währungs-, Haushalts- und Steuerbereich sowie im Bereich der öffentlichen Gesundheit und der sozialen Sicherheit;
f) den Schutz der Unabhängigkeit der Justiz und den Schutz von Gerichtsverfahren;
g) die Verhütung, Aufdeckung, Ermittlung und Verfolgung von Verstößen gegen die berufsständischen Regeln reglementierter Berufe;
h) Kontroll-, Überwachungs- und Ordnungsfunktionen, die dauernd oder zeitweise mit der Ausübung öffentlicher Gewalt für die unter den Buchstaben a bis e und g genannten Zwecke verbunden sind;
i) den Schutz der betroffenen Person oder der Rechte und Freiheiten anderer Personen;
j) die Durchsetzung zivilrechtlicher Ansprüche.

(2) Jede Gesetzgebungsmaßnahme im Sinne des Absatzes 1 muss insbesondere gegebenenfalls spezifische Vorschriften enthalten zumindest in Bezug auf

Datenschutz-Grundverordnung **DSGVO 7**

a) die Zwecke der Verarbeitung oder die Verarbeitungskategorien,
b) die Kategorien personenbezogener Daten,
c) den Umfang der vorgenommenen Beschränkungen,
d) die Garantien gegen Missbrauch oder unrechtmäßigen Zugang oder unrechtmäßige Übermittlung;
e) die Angaben zu dem Verantwortlichen oder den Kategorien von Verantwortlichen,
f) die jeweiligen Speicherfristen sowie die geltenden Garantien unter Berücksichtigung von Art, Umfang und Zwecken der Verarbeitung oder der Verarbeitungskategorien,
g) die Risiken für die Rechte und Freiheiten der betroffenen Personen und
h) das Recht der betroffenen Personen auf Unterrichtung über die Beschränkung, sofern dies nicht dem Zweck der Beschränkung abträglich ist.

Kapitel IV

Verantwortlicher und Auftragsverarbeiter

Abschnitt 1

Allgemeine Pflichten

Art. 24 Verantwortung des für die Verarbeitung Verantwortlichen.
(1) ¹Der Verantwortliche setzt unter Berücksichtigung der Art, des Umfangs, der Umstände und der Zwecke der Verarbeitung sowie der unterschiedlichen Eintrittswahrscheinlichkeit und Schwere der Risiken für die Rechte und Freiheiten natürlicher Personen geeignete technische und organisatorische Maßnahmen um, um sicherzustellen und den Nachweis dafür erbringen zu können, dass die Verarbeitung gemäß dieser Verordnung erfolgt. ²Diese Maßnahmen werden erforderlichenfalls überprüft und aktualisiert.

(2) Sofern dies in einem angemessenen Verhältnis zu den Verarbeitungstätigkeiten steht, müssen die Maßnahmen gemäß Absatz 1 die Anwendung geeigneter Datenschutzvorkehrungen durch den Verantwortlichen umfassen.

(3) Die Einhaltung der genehmigten Verhaltensregeln gemäß Artikel 40 oder eines genehmigten Zertifizierungsverfahrens gemäß Artikel 42 kann als Gesichtspunkt herangezogen werden, um die Erfüllung der Pflichten des Verantwortlichen nachzuweisen.

Art. 25 Datenschutz durch Technikgestaltung und durch datenschutzfreundliche Voreinstellungen. (1) Unter Berücksichtigung des Stands der Technik, der Implementierungskosten und der Art, des Umfangs, der Umstände und der Zwecke der Verarbeitung sowie der unterschiedlichen Eintrittswahrscheinlichkeit und Schwere der mit der Verarbeitung verbundenen Risiken für die Rechte und Freiheiten natürlicher Personen trifft der Verantwortliche sowohl zum Zeitpunkt der Festlegung der Mittel für die Verarbeitung als auch zum Zeitpunkt der eigentlichen Verarbeitung geeignete technische und organisatorische Maßnahmen – wie z.b. Pseudonymisierung – trifft, die dafür ausgelegt sind, die Datenschutzgrundsätze wie etwa Datenminimierung wirksam umzusetzen und die notwendigen Garantien in die Verarbeitung aufzunehmen, um den Anforderungen dieser Verordnung zu genügen und die Rechte der betroffenen Personen zu schützen.

(2) ¹Der Verantwortliche trifft geeignete technische und organisatorische Maßnahmen, die sicherstellen, dass durch Voreinstellung grundsätzlich nur personenbezogene Daten, deren Verarbeitung für den jeweiligen bestimmten Verarbeitungszweck erforderlich ist, verarbeitet werden. ²Diese Verpflichtung gilt für die Menge der erhobenen personenbezogenen Daten, den Umfang ihrer Verarbeitung, ihre Speicherfrist und ihre Zugänglichkeit. ³Solche Maßnahmen müssen insbesondere sicherstellen, dass personenbezogene Daten durch Voreinstellungen nicht ohne Eingreifen der Person einer unbestimmten Zahl von natürlichen Personen zugänglich gemacht werden.

(3) Ein genehmigtes Zertifizierungsverfahren gemäß Artikel 42 kann als Faktor herangezogen werden, um die Erfüllung der in den Absätzen 1 und 2 des vorliegenden Artikels genannten Anforderungen nachzuweisen.

Art. 26 Gemeinsam Verantwortliche. (1) ¹Legen zwei oder mehr Verantwortliche gemeinsam die Zwecke der und die Mittel zur Verarbeitung fest, so sind sie gemeinsam Verantwortliche. ²Sie legen in einer Vereinbarung in transparenter Form fest, wer von ihnen welche Verpflichtung gemäß dieser Verordnung erfüllt, insbesondere was die Wahrnehmung der Rechte der betroffenen Person angeht, und wer welchen Informationspflichten gemäß den Artikeln 13 und 14 nachkommt, sofern und soweit die jeweiligen Aufgaben der Verantwortlichen nicht durch Rechtsvorschriften der Union oder der Mitgliedstaaten, denen die Verantwortlichen unterliegen, festgelegt sind. ³In der Vereinbarung kann eine Anlaufstelle für die betroffenen Personen angegeben werden.

(2) ¹Die Vereinbarung gemäß Absatz 1 muss die jeweiligen tatsächlichen Funktionen und Beziehungen der gemeinsam Verantwortlichen gegenüber betroffenen Personen gebührend widerspiegeln. ²Das wesentliche der Vereinbarung wird der betroffenen Person zur Verfügung gestellt.

(3) Ungeachtet der Einzelheiten der Vereinbarung gemäß Absatz 1 kann die betroffene Person ihre Rechte im Rahmen dieser Verordnung bei und gegenüber jedem einzelnen der Verantwortlichen geltend machen.

Art. 27 Vertreter von nicht in der Union niedergelassenen Verantwortlichen oder Auftragsverarbeitern. (1) In den Fällen gemäß Artikel 3 Absatz 2 benennt der Verantwortliche oder der Auftragsverarbeiter schriftlich einen Vertreter in der Union.

(2) Die Pflicht gemäß Absatz 1 des vorliegenden Artikels gilt nicht für
a) eine Verarbeitung, die gelegentlich erfolgt, nicht die umfangreiche Verarbeitung besonderer Datenkategorien im Sinne des Artikels 9 Absatz 1 oder

die umfangreiche Verarbeitung von personenbezogenen Daten über strafrechtliche Verurteilungen und Straftaten im Sinne des Artikels 10 einschließt und unter Berücksichtigung der Art, der Umstände, des Umfangs und der Zwecke der Verarbeitung voraussichtlich nicht zu einem Risiko für die Rechte und Freiheiten natürlicher Personen führt, oder

b) Behörden oder öffentliche Stellen.

(3) Der Vertreter muss in einem der Mitgliedstaaten niedergelassen sein, in denen die betroffenen Personen, deren personenbezogene Daten im Zusammenhang mit den ihnen angebotenen Waren oder Dienstleistungen verarbeitet werden oder deren Verhalten beobachtet wird, sich befinden.

(4) Der Vertreter wird durch den Verantwortlichen oder den Auftragsverarbeiter beauftragt, zusätzlich zu diesem oder an seiner Stelle insbesondere für Aufsichtsbehörden und betroffene Personen bei sämtlichen Fragen im Zusammenhang mit der Verarbeitung zur Gewährleistung der Einhaltung dieser Verordnung als Anlaufstelle zu dienen.

(5) Die Benennung eines Vertreters durch den Verantwortlichen oder den Auftragsverarbeiter erfolgt unbeschadet etwaiger rechtlicher Schritte gegen den Verantwortlichen oder den Auftragsverarbeiter selbst.

Art. 28 Auftragsverarbeiter. (1) Erfolgt eine Verarbeitung im Auftrag eines Verantwortlichen, so arbeitet dieser nur mit Auftragsverarbeitern, die hinreichend Garantien dafür bieten, dass geeignete technische und organisatorische Maßnahmen so durchgeführt werden, dass die Verarbeitung im Einklang mit den Anforderungen dieser Verordnung erfolgt und den Schutz der Rechte der betroffenen Person gewährleistet.

(2) ^{1}Der Auftragsverarbeiter nimmt keinen weiteren Auftragsverarbeiter ohne vorherige gesonderte oder allgemeine schriftliche Genehmigung des Verantwortlichen in Anspruch. ^{2}Im Fall einer allgemeinen schriftlichen Genehmigung informiert der Auftragsverarbeiter den Verantwortlichen immer über jede beabsichtigte Änderung in Bezug auf die Hinzuziehung oder die Ersetzung anderer Auftragsverarbeiter, wodurch der Verantwortliche die Möglichkeit erhält, gegen derartige Änderungen Einspruch zu erheben.

(3) ^{1}Die Verarbeitung durch einen Auftragsverarbeiter erfolgt auf der Grundlage eines Vertrags oder eines anderen Rechtsinstruments nach dem Unionsrecht oder dem Recht der Mitgliedstaaten, der bzw. das den Auftragsverarbeiter in Bezug auf den Verantwortlichen bindet und in dem Gegenstand und Dauer der Verarbeitung, Art und Zweck der Verarbeitung, die Art der personenbezogenen Daten, die Kategorien betroffener Personen und die Pflichten und Rechte des Verantwortlichen festgelegt sind. ^{2}Dieser Vertrag bzw. dieses andere Rechtsinstrument sieht insbesondere vor, dass der Auftragsverarbeiter

a) die personenbezogenen Daten nur auf dokumentierte Weisung des Verantwortlichen – auch in Bezug auf die Übermittlung personenbezogener Daten an ein Drittland oder eine internationale Organisation – verarbeitet, sofern er nicht durch das Recht der Union oder der Mitgliedstaaten, dem der Auftragsverarbeiter unterliegt, hierzu verpflichtet ist; in einem solchen Fall teilt der Auftragsverarbeiter dem Verantwortlichen diese rechtlichen Anforderungen vor der Verarbeitung mit, sofern das betreffende Recht eine solche Mitteilung nicht wegen eines wichtigen öffentlichen Interesses verbietet;

b) gewährleistet, dass sich die zur Verarbeitung der personenbezogenen Daten befugten Personen zur Vertraulichkeit verpflichtet haben oder einer angemessenen gesetzlichen Verschwiegenheitspflicht unterliegen;
c) alle gemäß Artikel 32 erforderlichen Maßnahmen ergreift;
d) die in den Absätzen 2 und 4 genannten Bedingungen für die Inanspruchnahme der Dienste eines weiteren Auftragsverarbeiters einhält;
e) angesichts der Art der Verarbeitung den Verantwortlichen nach Möglichkeit mit geeigneten technischen und organisatorischen Maßnahmen dabei unterstützt, seiner Pflicht zur Beantwortung von Anträgen auf Wahrnehmung der in Kapitel III genannten Rechte der betroffenen Person nachzukommen;
f) unter Berücksichtigung der Art der Verarbeitung und der ihm zur Verfügung stehenden Informationen den Verantwortlichen bei der Einhaltung der in den Artikeln 32 bis 36 genannten Pflichten unterstützt;
g) nach Abschluss der Erbringung der Verarbeitungsleistungen alle personenbezogenen Daten nach Wahl des Verantwortlichen entweder löscht oder zurückgibt und die vorhandenen Kopien löscht, sofern nicht nach dem Unionsrecht oder dem Recht der Mitgliedstaaten eine Verpflichtung zur Speicherung der personenbezogenen Daten besteht;
h) dem Verantwortlichen alle erforderlichen Informationen zum Nachweis der Einhaltung der in diesem Artikel niedergelegten Pflichten zur Verfügung stellt und Überprüfungen – einschließlich Inspektionen –, die vom Verantwortlichen oder einem anderen von diesem beauftragten Prüfer durchgeführt werden, ermöglicht und dazu beiträgt.

[3]Mit Blick auf Unterabsatz 1 Buchstabe h informiert der Auftragsverarbeiter den Verantwortlichen unverzüglich, falls er der Auffassung ist, dass eine Weisung gegen diese Verordnung oder gegen andere Datenschutzbestimmungen der Union oder der Mitgliedstaaten verstößt.

(4) [1]Nimmt der Auftragsverarbeiter die Dienste eines weiteren Auftragsverarbeiters in Anspruch, um bestimmte Verarbeitungstätigkeiten im Namen des Verantwortlichen auszuführen, so werden diesem weiteren Auftragsverarbeiter im Wege eines Vertrags oder eines anderen Rechtsinstruments nach dem Unionsrecht oder dem Recht des betreffenden Mitgliedstaats dieselben Datenschutzpflichten auferlegt, die in dem Vertrag oder anderen Rechtsinstrument zwischen dem Verantwortlichen und dem Auftragsverarbeiter gemäß Absatz 3 festgelegt sind, wobei insbesondere hinreichende Garantien dafür geboten werden muss, dass die geeigneten technischen und organisatorischen Maßnahmen so durchgeführt werden, dass die Verarbeitung entsprechend den Anforderungen dieser Verordnung erfolgt. [2]Kommt der weitere Auftragsverarbeiter seinen Datenschutzpflichten nicht nach, so haftet der erste Auftragsverarbeiter

Datenschutz-Grundverordnung **DSGVO 7**

gegenüber dem Verantwortlichen für die Einhaltung der Pflichten jenes anderen Auftragsverarbeiters.

(5) Die Einhaltung genehmigter Verhaltensregeln gemäß Artikel 40 oder eines genehmigten Zertifizierungsverfahrens gemäß Artikel 42 durch einen Auftragsverarbeiter kann als Faktor herangezogen werden, um hinreichende Garantien im Sinne der Absätze 1 und 4 des vorliegenden Artikels nachzuweisen.

(6) Unbeschadet eines individuellen Vertrags zwischen dem Verantwortlichen und dem Auftragsverarbeiter kann der Vertrag oder das andere Rechtsinstrument im Sinne der Absätze 3 und 4 des vorliegenden Artikels ganz oder teilweise auf den in den Absätzen 7 und 8 des vorliegenden Artikels genannten Standardvertragsklauseln beruhen, auch wenn diese Bestandteil einer dem Verantwortlichen oder dem Auftragsverarbeiter gemäß den Artikeln 42 und 43 erteilten Zertifizierung sind.

(7) Die Kommission kann im Einklang mit dem Prüfverfahren gemäß Artikel 93 Absatz 2 Standardvertragsklauseln zur Regelung der in den Absätzen 3 und 4 des vorliegenden Artikels genannten Fragen festlegen.

(8) Eine Aufsichtsbehörde kann im Einklang mit dem Kohärenzverfahren gemäß Artikel 63 Standardvertragsklauseln zur Regelung der in den Absätzen 3 und 4 des vorliegenden Artikels genannten Fragen festlegen.

(9) Der Vertrag oder das andere Rechtsinstrument im Sinne der Absätze 3 und 4 ist schriftlich abzufassen, was auch in einem elektronischen Format erfolgen kann.

(10) Unbeschadet der Artikel 82, 83 und 84 gilt ein Auftragsverarbeiter, der unter Verstoß gegen diese Verordnung die Zwecke und Mittel der Verarbeitung bestimmt, in Bezug auf diese Verarbeitung als Verantwortlicher.

Art. 29 Verarbeitung unter der Aufsicht des Verantwortlichen oder des Auftragsverarbeiters. Der Auftragsverarbeiter und jede dem Verantwortlichen oder dem Auftragsverarbeiter unterstellte Person, die Zugang zu personenbezogenen Daten hat, dürfen diese Daten ausschließlich auf Weisung des Verantwortlichen verarbeiten, es sei denn, dass sie nach dem Unionsrecht oder dem Recht der Mitgliedstaaten zur Verarbeitung verpflichtet sind.

Art. 30 Verzeichnis von Verarbeitungstätigkeiten. (1) [1]Jeder Verantwortliche und gegebenenfalls sein Vertreter führen ein Verzeichnis aller Verarbeitungstätigkeiten, die ihrer Zuständigkeit unterliegen. [2]Dieses Verzeichnis enthält sämtliche folgenden Angaben:
a) den Namen und die Kontaktdaten des Verantwortlichen und gegebenenfalls des gemeinsam mit ihm Verantwortlichen, des Vertreters des Verantwortlichen sowie eines etwaigen Datenschutzbeauftragten;
b) die Zwecke der Verarbeitung;
c) eine Beschreibung der Kategorien betroffener Personen und der Kategorien personenbezogener Daten;

d) die Kategorien von Empfängern, gegenüber denen die personenbezogenen Daten offengelegt worden sind oder noch offengelegt werden, einschließlich Empfänger in Drittländern oder internationalen Organisationen;
e) gegebenenfalls Übermittlungen von personenbezogenen Daten an ein Drittland oder an eine internationale Organisation, einschließlich der Angabe des betreffenden Drittlands oder der betreffenden internationalen Organisation, sowie bei den in Artikel 49 Absatz 1 Unterabsatz 2 genannten Datenübermittlungen die Dokumentierung geeigneter Garantien;
f) wenn möglich, die vorgesehenen Fristen für die Löschung der verschiedenen Datenkategorien;
g) wenn möglich, eine allgemeine Beschreibung der technischen und organisatorischen Maßnahmen gemäß Artikel 32 Absatz 1.

(2) Jeder Auftragsverarbeiter und gegebenenfalls sein Vertreter führen ein Verzeichnis zu allen Kategorien von im Auftrag eines Verantwortlichen durchgeführten Tätigkeiten der Verarbeitung, die Folgendes enthält:
a) den Namen und die Kontaktdaten des Auftragsverarbeiters oder der Auftragsverarbeiter und jedes Verantwortlichen, in dessen Auftrag der Auftragsverarbeiter tätig ist, sowie gegebenenfalls des Vertreters des Verantwortlichen oder des Auftragsverarbeiters und eines etwaigen Datenschutzbeauftragten;
b) die Kategorien von Verarbeitungen, die im Auftrag jedes Verantwortlichen durchgeführt werden;
c) gegebenenfalls Übermittlungen von personenbezogenen Daten an ein Drittland oder an eine internationale Organisation, einschließlich der Angabe des betreffenden Drittlands oder der betreffenden internationalen Organisation, sowie bei den in Artikel 49 Absatz 1 Unterabsatz 2 genannten Datenübermittlungen die Dokumentierung geeigneter Garantien;
d) wenn möglich, eine allgemeine Beschreibung der technischen und organisatorischen Maßnahmen gemäß Artikel 32 Absatz 1.

(3) Das in den Absätzen 1 und 2 genannte Verzeichnis ist schriftlich zu führen, was auch in einem elektronischen Format erfolgen kann.

(4) Der Verantwortliche oder der Auftragsverarbeiter sowie gegebenenfalls der Vertreter des Verantwortlichen oder des Auftragsverarbeiters stellen der Aufsichtsbehörde das Verzeichnis auf Anfrage zur Verfügung.

(5) Die in den Absätzen 1 und 2 genannten Pflichten gelten nicht für Unternehmen oder Einrichtungen, die weniger als 250 Mitarbeiter beschäftigen, es sei denn, die von ihnen vorgenommene Verarbeitung birgt ein Risiko für die Rechte und Freiheiten der betroffenen Personen, die Verarbeitung erfolgt nicht nur gelegentlich oder es erfolgt eine Verarbeitung besonderer Datenkategorien gemäß Artikel 9 Absatz 1 bzw. die Verarbeitung von personenbezogenen Daten über strafrechtliche Verurteilungen und Straftaten im Sinne des Artikels 10.

Datenschutz-Grundverordnung **DSGVO 7**

Art. 31 Zusammenarbeit mit der Aufsichtsbehörde. Der Verantwortliche und der Auftragsverarbeiter und gegebenenfalls deren Vertreter arbeiten auf Anfrage mit der Aufsichtsbehörde bei der Erfüllung ihrer Aufgaben zusammen.

Abschnitt 2

Sicherheit personenbezogener Daten

Art. 32 Sicherheit der Verarbeitung. (1) Unter Berücksichtigung des Stands der Technik, der Implementierungskosten und der Art, des Umfangs, der Umstände und der Zwecke der Verarbeitung sowie der unterschiedlichen Eintrittswahrscheinlichkeit und Schwere des Risikos für die Rechte und Freiheiten natürlicher Personen treffen der Verantwortliche und der Auftragsverarbeiter geeignete technische und organisatorische Maßnahmen, um ein dem Risiko angemessenes Schutzniveau zu gewährleisten; diese Maßnahmen schließen gegebenenfalls unter anderem Folgendes ein:
a) die Pseudonymisierung und Verschlüsselung personenbezogener Daten;
b) die Fähigkeit, die Vertraulichkeit, Integrität, Verfügbarkeit und Belastbarkeit der Systeme und Dienste im Zusammenhang mit der Verarbeitung auf Dauer sicherzustellen;
c) die Fähigkeit, die Verfügbarkeit der personenbezogenen Daten und den Zugang zu ihnen bei einem physischen oder technischen Zwischenfall rasch wiederherzustellen;
d) ein Verfahren zur regelmäßigen Überprüfung, Bewertung und Evaluierung der Wirksamkeit der technischen und organisatorischen Maßnahmen zur Gewährleistung der Sicherheit der Verarbeitung.

(2) Bei der Beurteilung des angemessenen Schutzniveaus sind insbesondere die Risiken zu berücksichtigen, die mit der Verarbeitung verbunden sind, insbesondere durch – ob unbeabsichtigt oder unrechtmäßig – Vernichtung, Verlust, Veränderung oder unbefugte Offenlegung von beziehungsweise unbefugten Zugang zu personenbezogenen Daten, die übermittelt, gespeichert oder auf andere Weise verarbeitet wurden.

(3) Die Einhaltung genehmigter Verhaltensregeln gemäß Artikel 40 oder eines genehmigten Zertifizierungsverfahrens gemäß Artikel 42 kann als Faktor herangezogen werden, um die Erfüllung der in Absatz 1 des vorliegenden Artikels genannten Anforderungen nachzuweisen.

(4) Der Verantwortliche und der Auftragsverarbeiter unternehmen Schritte, um sicherzustellen, dass ihnen unterstellte natürliche Personen, die Zugang zu personenbezogenen Daten haben, diese nur auf Anweisung des Verantwortlichen verarbeiten, es sei denn, sie sind nach dem Recht der Union oder der Mitgliedstaaten zur Verarbeitung verpflichtet.

Art. 33 Meldung von Verletzungen des Schutzes personenbezogener Daten an die Aufsichtsbehörde. (1) [1]Im Falle einer Verletzung des Schutzes personenbezogener Daten meldet der Verantwortliche unverzüglich und möglichst binnen 72 Stunden, nachdem ihm die Verletzung bekannt wurde, diese der gemäß Artikel 55 zuständigen Aufsichtsbehörde, es sei denn, dass die Verletzung des Schutzes personenbezogener Daten voraussichtlich nicht zu einem Risiko für die Rechte und Freiheiten natürlicher Personen führt. ²Erfolgt die Meldung an die Aufsichtsbehörde nicht binnen 72 Stunden, so ist ihr eine Begründung für die Verzögerung beizufügen.

(2) Wenn dem Auftragsverarbeiter eine Verletzung des Schutzes personenbezogener Daten bekannt wird, meldet er diese dem Verantwortlichen unverzüglich.

(3) Die Meldung gemäß Absatz 1 enthält zumindest folgende Informationen:
a) eine Beschreibung der Art der Verletzung des Schutzes personenbezogener Daten, soweit möglich mit Angabe der Kategorien und der ungefähren Zahl der betroffenen Personen, der betroffenen Kategorien und der ungefähren Zahl der betroffenen personenbezogenen Datensätze;
b) den Namen und die Kontaktdaten des Datenschutzbeauftragten oder einer sonstigen Anlaufstelle für weitere Informationen;
c) eine Beschreibung der wahrscheinlichen Folgen der Verletzung des Schutzes personenbezogener Daten;
d) eine Beschreibung der von dem Verantwortlichen ergriffenen oder vorgeschlagenen Maßnahmen zur Behebung der Verletzung des Schutzes personenbezogener Daten und gegebenenfalls Maßnahmen zur Abmilderung ihrer möglichen nachteiligen Auswirkungen.

(4) Wenn und soweit die Informationen nicht zur gleichen Zeit bereitgestellt werden können, kann der Verantwortliche diese Informationen ohne unangemessene weitere Verzögerung schrittweise zur Verfügung stellen.

(5) ¹Der Verantwortliche dokumentiert Verletzungen des Schutzes personenbezogener Daten einschließlich aller im Zusammenhang mit der Verletzung des Schutzes personenbezogener Daten stehenden Fakten, von deren Auswirkungen und der ergriffenen Abhilfemaßnahmen. ²Diese Dokumentation muss der Aufsichtsbehörde die Überprüfung der Einhaltung der Bestimmungen dieses Artikels ermöglichen.

Art. 34 Benachrichtigung der von einer Verletzung des Schutzes personenbezogener Daten betroffenen Person. (1) Hat die Verletzung des Schutzes personenbezogener Daten voraussichtlich ein hohes Risiko für die persönlichen Rechte und Freiheiten natürlicher Personen zur Folge, so benachrichtigt der Verantwortliche die betroffene Person unverzüglich von der Verletzung.

(2) Die in Absatz 1 genannte Benachrichtigung der betroffenen Person beschreibt in klarer und einfacher Sprache die Art der Verletzung des Schutzes personenbezogener Daten und enthält zumindest die in Artikel 33 Absatz 3 Buchstaben b, c und d genannten Informationen und Maßnahmen.

Datenschutz-Grundverordnung

(3) Die Benachrichtigung der betroffenen Person gemäß Absatz 1 ist nicht erforderlich, wenn eine der folgenden Bedingungen erfüllt ist:
a) der Verantwortliche geeignete technische und organisatorische Sicherheitsvorkehrungen getroffen hat und diese Vorkehrungen auf die von der Verletzung betroffenen personenbezogenen Daten angewandt wurden, insbesondere solche, durch die die personenbezogenen Daten für alle Personen, die nicht zum Zugang zu den personenbezogenen Daten befugt sind, unzugänglich gemacht werden, etwa durch Verschlüsselung;
b) der Verantwortliche durch nachfolgende Maßnahmen sichergestellt hat, dass das hohe Risiko für die Rechte und Freiheiten der betroffenen Personen gemäß Absatz 1 aller Wahrscheinlichkeit nach nicht mehr besteht;
c) dies mit einem unverhältnismäßigen Aufwand verbunden wäre. In diesem Fall hat stattdessen eine öffentliche Bekanntmachung oder eine ähnliche Maßnahme zu erfolgen, durch die die betroffenen Personen vergleichbar wirksam informiert werden.

(4) Wenn der Verantwortliche die betroffene Person nicht bereits über die Verletzung des Schutzes personenbezogener Daten benachrichtigt hat, kann die Aufsichtsbehörde unter Berücksichtigung der Wahrscheinlichkeit, mit der die Verletzung des Schutzes personenbezogener Daten zu einem hohen Risiko führt, von dem Verantwortlichen verlangen, dies nachzuholen, oder sie kann mit einem Beschluss feststellen, dass bestimmte der in Absatz 3 genannten Voraussetzungen erfüllt sind.

Abschnitt 3

Datenschutz-Folgenabschätzung und vorherige Konsultation

Art. 35 Datenschutz-Folgenabschätzung. (1) [1]Hat eine Form der Verarbeitung, insbesondere bei Verwendung neuer Technologien, aufgrund der Art, des Umfangs, der Umstände und der Zwecke der Verarbeitung voraussichtlich ein hohes Risiko für die Rechte und Freiheiten natürlicher Personen zur Folge, so führt der Verantwortliche vorab eine Abschätzung der Folgen der vorgesehenen Verarbeitungsvorgänge für den Schutz personenbezogener Daten durch.
[2]Für die Untersuchung mehrerer ähnlicher Verarbeitungsvorgänge mit ähnlich hohen Risiken kann eine einzige Abschätzung vorgenommen werden.

(2) Der Verantwortliche holt bei der Durchführung einer Datenschutz-Folgenabschätzung den Rat des Datenschutzbeauftragten, sofern ein solcher benannt wurde, ein.

(3) Eine Datenschutz-Folgenabschätzung gemäß Absatz 1 ist insbesondere in folgenden Fällen erforderlich:
a) systematische und umfassende Bewertung persönlicher Aspekte natürlicher Personen, die sich auf automatisierte Verarbeitung einschließlich Profiling gründet und die ihrerseits als Grundlage für Entscheidungen dient, die

Rechtswirkung gegenüber natürlichen Personen entfalten oder diese in ähnlich erheblicher Weise beeinträchtigen;
b) umfangreiche Verarbeitung besonderer Kategorien von personenbezogenen Daten gemäß Artikel 9 Absatz 1 oder von personenbezogenen Daten über strafrechtliche Verurteilungen und Straftaten gemäß Artikel 10 oder
c) systematische umfangreiche Überwachung öffentlich zugänglicher Bereiche.

(4) ¹Die Aufsichtsbehörde erstellt eine Liste der Verarbeitungsvorgänge, für die gemäß Absatz 1 eine Datenschutz-Folgenabschätzung durchzuführen ist, und veröffentlicht diese. ²Die Aufsichtsbehörde übermittelt diese Listen dem in Artikel 68 genannten Ausschuss.

(5) ¹Die Aufsichtsbehörde kann des Weiteren eine Liste der Arten von Verarbeitungsvorgängen erstellen und veröffentlichen, für die keine Datenschutz-Folgenabschätzung erforderlich ist. ²Die Aufsichtsbehörde übermittelt diese Listen dem Ausschuss.

(6) Vor Festlegung der in den Absätzen 4 und 5 genannten Listen wendet die zuständige Aufsichtsbehörde das Kohärenzverfahren gemäß Artikel 63 an, wenn solche Listen Verarbeitungstätigkeiten umfassen, die mit dem Angebot von Waren oder Dienstleistungen für betroffene Personen oder der Beobachtung des Verhaltens dieser Personen in mehreren Mitgliedstaaten im Zusammenhang stehen oder die den freien Verkehr personenbezogener Daten innerhalb der Union erheblich beeinträchtigen könnten.

(7) Die Folgenabschätzung enthält zumindest Folgendes:
a) eine systematische Beschreibung der geplanten Verarbeitungsvorgänge und der Zwecke der Verarbeitung, gegebenenfalls einschließlich der von dem Verantwortlichen verfolgten berechtigten Interessen;
b) eine Bewertung der Notwendigkeit und Verhältnismäßigkeit der Verarbeitungsvorgänge in Bezug auf den Zweck;
c) eine Bewertung der Risiken für die Rechte und Freiheiten der betroffenen Personen gemäß Absatz 1 und
d) die zur Bewältigung der Risiken geplanten Abhilfemaßnahmen, einschließlich Garantien, Sicherheitsvorkehrungen und Verfahren, durch die der Schutz personenbezogener Daten sichergestellt und der Nachweis dafür erbracht wird, dass diese Verordnung eingehalten wird, wobei den Rechten und berechtigten Interessen der betroffenen Personen und sonstiger Betroffener Rechnung getragen wird.

(8) Die Einhaltung genehmigter Verhaltensregeln gemäß Artikel 40 durch die zuständigen Verantwortlichen oder die zuständigen Auftragsverarbeiter ist bei der Beurteilung der Auswirkungen der von diesen durchgeführten Verarbeitungsvorgänge, insbesondere für die Zwecke einer Datenschutz-Folgenabschätzung, gebührend zu berücksichtigen.

(9) Der Verantwortliche holt gegebenenfalls den Standpunkt der betroffenen Personen oder ihrer Vertreter zu der beabsichtigten Verarbeitung unbeschadet

Datenschutz-Grundverordnung

des Schutzes gewerblicher oder öffentlicher Interessen oder der Sicherheit der Verarbeitungsvorgänge ein.

(10) Falls die Verarbeitung gemäß Artikel 6 Absatz 1 Buchstabe c oder e auf einer Rechtsgrundlage im Unionsrecht oder im Recht des Mitgliedstaats, dem der Verantwortliche unterliegt, beruht und falls diese Rechtsvorschriften den konkreten Verarbeitungsvorgang oder die konkreten Verarbeitungsvorgänge regeln und bereits im Rahmen der allgemeinen Folgenabschätzung im Zusammenhang mit dem Erlass dieser Rechtsgrundlage eine Datenschutz-Folgenabschätzung erfolgte, gelten die Absätze 1 bis 7 nur, wenn es nach dem Ermessen der Mitgliedstaaten erforderlich ist, vor den betreffenden Verarbeitungstätigkeiten eine solche Folgenabschätzung durchzuführen.

(11) Erforderlichenfalls führt der Verantwortliche eine Überprüfung durch, um zu bewerten, ob die Verarbeitung gemäß der Datenschutz-Folgenabschätzung durchgeführt wird; dies gilt zumindest, wenn hinsichtlich des mit den Verarbeitungsvorgängen verbundenen Risikos Änderungen eingetreten sind.

Art. 36 Vorherige Konsultation. (1) Der Verantwortliche konsultiert vor der Verarbeitung die Aufsichtsbehörde, wenn aus einer Datenschutz-Folgenabschätzung gemäß Artikel 35 hervorgeht, dass die Verarbeitung ein hohes Risiko zur Folge hätte, sofern der Verantwortliche keine Maßnahmen zur Eindämmung des Risikos trifft.

(2) [1]Falls die Aufsichtsbehörde der Auffassung ist, dass die geplante Verarbeitung gemäß Absatz 1 nicht im Einklang mit dieser Verordnung stünde, insbesondere weil der Verantwortliche das Risiko nicht ausreichend ermittelt oder nicht ausreichend eingedämmt hat, unterbreitet sie dem Verantwortlichen und gegebenenfalls dem Auftragsverarbeiter innerhalb eines Zeitraums von bis zu acht Wochen nach Erhalt des Ersuchens um Konsultation entsprechende schriftliche Empfehlungen und kann ihre in Artikel 58 genannten Befugnisse ausüben. [2]Diese Frist kann unter Berücksichtigung der Komplexität der geplanten Verarbeitung um sechs Wochen verlängert werden. [3]Die Aufsichtsbehörde unterrichtet den Verantwortlichen oder gegebenenfalls den Auftragsverarbeiter über eine solche Fristverlängerung innerhalb eines Monats nach Eingang des Antrags auf Konsultation zusammen mit den Gründen für die Verzögerung. [4]Diese Fristen können ausgesetzt werden, bis die Aufsichtsbehörde die für die Zwecke der Konsultation angeforderten Informationen erhalten hat.

(3) Der Verantwortliche stellt der Aufsichtsbehörde bei einer Konsultation gemäß Absatz 1 folgende Informationen zur Verfügung:
a) gegebenenfalls Angaben zu den jeweiligen Zuständigkeiten des Verantwortlichen, der gemeinsam Verantwortlichen und der an der Verarbeitung beteiligten Auftragsverarbeiter, insbesondere bei einer Verarbeitung innerhalb einer Gruppe von Unternehmen;
b) die Zwecke und die Mittel der beabsichtigten Verarbeitung;
c) die zum Schutz der Rechte und Freiheiten der betroffenen Personen gemäß dieser Verordnung vorgesehenen Maßnahmen und Garantien;

d) gegebenenfalls die Kontaktdaten des Datenschutzbeauftragten;
e) die Datenschutz-Folgenabschätzung gemäß Artikel 35 und
f) alle sonstigen von der Aufsichtsbehörde angeforderten Informationen.

(4) Die Mitgliedstaaten konsultieren die Aufsichtsbehörde bei der Ausarbeitung eines Vorschlags für von einem nationalen Parlament zu erlassende Gesetzgebungsmaßnahmen oder von auf solchen Gesetzgebungsmaßnahmen basierenden Regelungsmaßnahmen, die die Verarbeitung betreffen.

(5) Ungeachtet des Absatzes 1 können Verantwortliche durch das Recht der Mitgliedstaaten verpflichtet werden, bei der Verarbeitung zur Erfüllung einer im öffentlichen Interesse liegenden Aufgabe, einschließlich der Verarbeitung zu Zwecken der sozialen Sicherheit und der öffentlichen Gesundheit, die Aufsichtsbehörde zu konsultieren und deren vorherige Genehmigung einzuholen.

Abschnitt 4

Datenschutzbeauftragter

Art. 37 Benennung eines Datenschutzbeauftragten. (1) Der Verantwortliche und der Auftragsverarbeiter benennen auf jeden Fall einen Datenschutzbeauftragten, wenn
a) die Verarbeitung von einer Behörde oder öffentlichen Stelle durchgeführt wird, mit Ausnahme von Gerichten, soweit sie im Rahmen ihrer justiziellen Tätigkeit handeln,
b) die Kerntätigkeit des Verantwortlichen oder des Auftragsverarbeiters in der Durchführung von Verarbeitungsvorgängen besteht, welche aufgrund ihrer Art, ihres Umfangs und/oder ihrer Zwecke eine umfangreiche regelmäßige und systematische Überwachung von betroffenen Personen erforderlich machen, oder
c) die Kerntätigkeit des Verantwortlichen oder des Auftragsverarbeiters in der umfangreichen Verarbeitung besonderer Kategorien von Daten gemäß Artikel 9 oder von personenbezogenen Daten über strafrechtliche Verurteilungen und Straftaten gemäß Artikel 10 besteht.

(2) Eine Unternehmensgruppe darf einen gemeinsamen Datenschutzbeauftragten ernennen, sofern von jeder Niederlassung aus der Datenschutzbeauftragte leicht erreicht werden kann.

(3) Falls es sich bei dem Verantwortlichen oder dem Auftragsverarbeiter um eine Behörde oder öffentliche Stelle handelt, kann für mehrere solcher Behörden oder Stellen unter Berücksichtigung ihrer Organisationsstruktur und ihrer Größe ein gemeinsamer Datenschutzbeauftragter benannt werden.

(4) [1]In anderen als den in Absatz 1 genannten Fällen können der Verantwortliche oder der Auftragsverarbeiter oder Verbände und andere Vereinigungen, die Kategorien von Verantwortlichen oder Auftragsverarbeitern vertreten, einen Datenschutzbeauftragten benennen; falls dies nach dem Recht der Union

oder der Mitgliedstaaten vorgeschrieben ist, müssen sie einen solchen benennen. ²Der Datenschutzbeauftragte kann für derartige Verbände und andere Vereinigungen, die Verantwortliche oder Auftragsverarbeiter vertreten, handeln.

(5) Der Datenschutzbeauftragte wird auf der Grundlage seiner beruflichen Qualifikation und insbesondere des Fachwissens benannt, das er auf dem Gebiet des Datenschutzrechts und der Datenschutzpraxis besitzt, sowie auf der Grundlage seiner Fähigkeit zur Erfüllung der in Artikel 39 genannten Aufgaben.

(6) Der Datenschutzbeauftragte kann Beschäftigter des Verantwortlichen oder des Auftragsverarbeiters sein oder seine Aufgaben auf der Grundlage eines Dienstleistungsvertrags erfüllen.

(7) Der Verantwortliche oder der Auftragsverarbeiter veröffentlicht die Kontaktdaten des Datenschutzbeauftragten und teilt diese Daten der Aufsichtsbehörde mit.

Art. 38 Stellung des Datenschutzbeauftragten. (1) Der Verantwortliche und der Auftragsverarbeiter stellen sicher, dass der Datenschutzbeauftragte ordnungsgemäß und frühzeitig in alle mit dem Schutz personenbezogener Daten zusammenhängenden Fragen eingebunden wird.

(2) Der Verantwortliche und der Auftragsverarbeiter unterstützen den Datenschutzbeauftragten bei der Erfüllung seiner Aufgaben gemäß Artikel 39, indem sie die für die Erfüllung dieser Aufgaben erforderlichen Ressourcen und den Zugang zu personenbezogenen Daten und Verarbeitungsvorgängen sowie die zur Erhaltung seines Fachwissens erforderlichen Ressourcen zur Verfügung stellen.

(3) ¹Der Verantwortliche und der Auftragsverarbeiter stellen sicher, dass der Datenschutzbeauftragte bei der Erfüllung seiner Aufgaben keine Anweisungen bezüglich der Ausübung dieser Aufgaben erhält. ²Der Datenschutzbeauftragte darf von dem Verantwortlichen oder dem Auftragsverarbeiter wegen der Erfüllung seiner Aufgaben nicht abberufen oder benachteiligt werden. ³Der Datenschutzbeauftragte berichtet unmittelbar der höchsten Managementebene des Verantwortlichen oder des Auftragsverarbeiters.

(4) Betroffene Personen können den Datenschutzbeauftragten zu allen mit der Verarbeitung ihrer personenbezogenen Daten und mit der Wahrnehmung ihrer Rechte gemäß dieser Verordnung im Zusammenhang stehenden Fragen zu Rate ziehen.

(5) Der Datenschutzbeauftragte ist nach dem Recht der Union oder der Mitgliedstaaten bei der Erfüllung seiner Aufgaben an die Wahrung der Geheimhaltung oder der Vertraulichkeit gebunden.

(6) ¹Der Datenschutzbeauftragte kann andere Aufgaben und Pflichten wahrnehmen. ²Der Verantwortliche oder der Auftragsverarbeiter stellt sicher, dass derartige Aufgaben und Pflichten nicht zu einem Interessenkonflikt führen.

Art. 39 Aufgaben des Datenschutzbeauftragten. (1) Dem Datenschutzbeauftragten obliegen zumindest folgende Aufgaben:
a) Unterrichtung und Beratung des Verantwortlichen oder des Auftragsverarbeiters und der Beschäftigten, die Verarbeitungen durchführen, hinsichtlich ihrer Pflichten nach dieser Verordnung sowie nach sonstigen Datenschutzvorschriften der Union bzw. der Mitgliedstaaten;
b) Überwachung der Einhaltung dieser Verordnung, anderer Datenschutzvorschriften der Union bzw. der Mitgliedstaaten sowie der Strategien des Verantwortlichen oder des Auftragsverarbeiters für den Schutz personenbezogener Daten einschließlich der Zuweisung von Zuständigkeiten, der Sensibilisierung und Schulung der an den Verarbeitungsvorgängen beteiligten Mitarbeiter und der diesbezüglichen Überprüfungen;
c) Beratung – auf Anfrage – im Zusammenhang mit der Datenschutz-Folgenabschätzung und Überwachung ihrer Durchführung gemäß Artikel 35;
d) Zusammenarbeit mit der Aufsichtsbehörde;
e) Tätigkeit als Anlaufstelle für die Aufsichtsbehörde in mit der Verarbeitung zusammenhängenden Fragen, einschließlich der vorherigen Konsultation gemäß Artikel 36, und gegebenenfalls Beratung zu allen sonstigen Fragen.

(2) Der Datenschutzbeauftragte trägt bei der Erfüllung seiner Aufgaben dem mit den Verarbeitungsvorgängen verbundenen Risiko gebührend Rechnung, wobei er die Art, den Umfang, die Umstände und die Zwecke der Verarbeitung berücksichtigt.

Abschnitt 5

Verhaltensregeln und Zertifizierung

Art. 40 Verhaltensregeln. (1) Die Mitgliedstaaten, die Aufsichtsbehörden, der Ausschuss und die Kommission fördern die Ausarbeitung von Verhaltensregeln, die nach Maßgabe der Besonderheiten der einzelnen Verarbeitungsbereiche und der besonderen Bedürfnisse von Kleinstunternehmen sowie kleinen und mittleren Unternehmen zur ordnungsgemäßen Anwendung dieser Verordnung beitragen sollen.

(2) Verbände und andere Vereinigungen, die Kategorien von Verantwortlichen oder Auftragsverarbeitern vertreten, können Verhaltensregeln ausarbeiten oder ändern oder erweitern, mit denen die Anwendung dieser Verordnung beispielsweise zu dem Folgenden präzisiert wird:
a) faire und transparente Verarbeitung;
b) die berechtigten Interessen des Verantwortlichen in bestimmten Zusammenhängen;
c) Erhebung personenbezogener Daten;
d) Pseudonymisierung personenbezogener Daten;
e) Unterrichtung der Öffentlichkeit und der betroffenen Personen;
f) Ausübung der Rechte betroffener Personen;

Datenschutz-Grundverordnung **DSGVO 7**

g) Unterrichtung und Schutz von Kindern und Art und Weise, in der die Einwilligung des Trägers der elterlichen Verantwortung für das Kind einzuholen ist;
h) die Maßnahmen und Verfahren gemäß den Artikeln 24 und 25 und die Maßnahmen für die Sicherheit der Verarbeitung gemäß Artikel 32;
i) die Meldung von Verletzungen des Schutzes personenbezogener Daten an Aufsichtsbehörden und die Benachrichtigung der betroffenen Person von solchen Verletzungen des Schutzes personenbezogener Daten;
j) die Übermittlung personenbezogener Daten an Drittländer oder an internationale Organisationen oder
k) außergerichtliche Verfahren und sonstige Streitbeilegungsverfahren zur Beilegung von Streitigkeiten zwischen Verantwortlichen und betroffenen Personen im Zusammenhang mit der Verarbeitung, unbeschadet der Rechte betroffener Personen gemäß den Artikeln 77 und 79.

(3) ^{1} Zusätzlich zur Einhaltung durch die unter diese Verordnung fallenden Verantwortlichen oder Auftragsverarbeiter können Verhaltensregeln, die gemäß Absatz 5 des vorliegenden Artikels genehmigt wurden und gemäß Absatz 9 des vorliegenden Artikels allgemeine Gültigkeit besitzen, auch von Verantwortlichen oder Auftragsverarbeitern, die gemäß Artikel 3 nicht unter diese Verordnung fallen, eingehalten werden, um geeignete Garantien im Rahmen der Übermittlung personenbezogener Daten an Drittländer oder internationale Organisationen nach Maßgabe des Artikels 46 Absatz 2 Buchstabe e zu bieten. ^{2}Diese Verantwortlichen oder Auftragsverarbeiter gehen mittels vertraglicher oder sonstiger rechtlich bindender Instrumente die verbindliche und durchsetzbare Verpflichtung ein, die geeigneten Garantien anzuwenden, auch im Hinblick auf die Rechte der betroffenen Personen.

(4) Die Verhaltensregeln gemäß Absatz 2 des vorliegenden Artikels müssen Verfahren vorsehen, die es der in Artikel 41 Absatz 1 genannten Stelle ermöglichen, die obligatorische Überwachung der Einhaltung ihrer Bestimmungen durch die Verantwortlichen oder die Auftragsverarbeiter, die sich zur Anwendung der Verhaltensregeln verpflichten, vorzunehmen, unbeschadet der Aufgaben und Befugnisse der Aufsichtsbehörde, die nach Artikel 55 oder 56 zuständig ist.

(5) ^{1}Verbände und andere Vereinigungen gemäß Absatz 2 des vorliegenden Artikels, die beabsichtigen, Verhaltensregeln auszuarbeiten oder bestehende Verhaltensregeln zu ändern oder zu erweitern, legen den Entwurf der Verhaltensregeln bzw. den Entwurf zu deren Änderung oder Erweiterung der Aufsichtsbehörde vor, die nach Artikel 55 zuständig ist. ^{2}Die Aufsichtsbehörde gibt eine Stellungnahme darüber ab, ob der Entwurf der Verhaltensregeln bzw. der Entwurf zu deren Änderung oder Erweiterung mit dieser Verordnung vereinbar ist und genehmigt diesen Entwurf der Verhaltensregeln bzw. den Entwurf zu deren Änderung oder Erweiterung, wenn sie der Auffassung ist, dass er ausreichende geeignete Garantien bietet.

(6) Wird durch die Stellungnahme nach Absatz 5 der Entwurf der Verhaltensregeln bzw. der Entwurf zu deren Änderung oder Erweiterung genehmigt und beziehen sich die betreffenden Verhaltensregeln nicht auf Verarbeitungstätigkeiten in mehreren Mitgliedstaaten, so nimmt die Aufsichtsbehörde die Verhaltensregeln in ein Verzeichnis auf und veröffentlicht sie.

(7) Bezieht sich der Entwurf der Verhaltensregeln auf Verarbeitungstätigkeiten in mehreren Mitgliedstaaten, so legt die nach Artikel 55 zuständige Aufsichtsbehörde – bevor sie den Entwurf der Verhaltensregeln bzw. den Entwurf zu deren Änderung oder Erweiterung genehmigt – ihn nach dem Verfahren gemäß Artikel 63 dem Ausschuss vor, der zu der Frage Stellung nimmt, ob der Entwurf der Verhaltensregeln bzw. der Entwurf zu deren Änderung oder Erweiterung mit dieser Verordnung vereinbar ist oder – im Fall nach Absatz 3 dieses Artikels – geeignete Garantien vorsieht.

(8) Wird durch die Stellungnahme nach Absatz 7 bestätigt, dass der Entwurf der Verhaltensregeln bzw. der Entwurf zu deren Änderung oder Erweiterung mit dieser Verordnung vereinbar ist oder – im Fall nach Absatz 3 – geeignete Garantien vorsieht, so übermittelt der Ausschuss seine Stellungnahme der Kommission.

(9) [1]Die Kommission kann im Wege von Durchführungsrechtsakten beschließen, dass die ihr gemäß Absatz 8 übermittelten genehmigten Verhaltensregeln bzw. deren genehmigte Änderung oder Erweiterung allgemeine Gültigkeit in der Union besitzen. [2]Diese Durchführungsrechtsakte werden gemäß dem Prüfverfahren nach Artikel 93 Absatz 2 erlassen.

(10) Die Kommission trägt dafür Sorge, dass die genehmigten Verhaltensregeln, denen gemäß Absatz 9 allgemeine Gültigkeit zuerkannt wurde, in geeigneter Weise veröffentlicht werden.

(11) Der Ausschuss nimmt alle genehmigten Verhaltensregeln bzw. deren genehmigte Änderungen oder Erweiterungen in ein Register auf und veröffentlicht sie in geeigneter Weise.

Art. 41 Überwachung der genehmigten Verhaltensregeln. (1) Unbeschadet der Aufgaben und Befugnisse der zuständigen Aufsichtsbehörde gemäß den Artikeln 57 und 58 kann die Überwachung der Einhaltung von Verhaltensregeln gemäß Artikel 40 von einer Stelle durchgeführt werden, die über das geeignete Fachwissen hinsichtlich des Gegenstands der Verhaltensregeln verfügt und die von der zuständigen Aufsichtsbehörde zu diesem Zweck akkreditiert wurde.

(2) Eine Stelle gemäß Absatz 1 kann zum Zwecke der Überwachung der Einhaltung von Verhaltensregeln akkreditiert werden, wenn sie
a) ihre Unabhängigkeit und ihr Fachwissen hinsichtlich des Gegenstands der Verhaltensregeln zur Zufriedenheit der zuständigen Aufsichtsbehörde nachgewiesen hat;
b) Verfahren festgelegt hat, die es ihr ermöglichen, zu bewerten, ob Verantwortliche und Auftragsverarbeiter die Verhaltensregeln anwenden können,

die Einhaltung der Verhaltensregeln durch die Verantwortlichen und Auftragsverarbeiter zu überwachen und die Anwendung der Verhaltensregeln regelmäßig zu überprüfen;

c) Verfahren und Strukturen festgelegt hat, mit denen sie Beschwerden über Verletzungen der Verhaltensregeln oder über die Art und Weise, in der die Verhaltensregeln von dem Verantwortlichen oder dem Auftragsverarbeiter angewendet werden oder wurden, nachgeht und diese Verfahren und Strukturen für betroffene Personen und die Öffentlichkeit transparent macht, und

d) zur Zufriedenheit der zuständigen Aufsichtsbehörde nachgewiesen hat, dass ihre Aufgaben und Pflichten nicht zu einem Interessenkonflikt führen.

(3) Die zuständige Aufsichtsbehörde übermittelt den Entwurf der Anforderungen an die Akkreditierung einer Stelle nach Absatz 1 gemäß dem Kohärenzverfahren nach Artikel 63 an den Ausschuss.

(4) [1]Unbeschadet der Aufgaben und Befugnisse der zuständigen Aufsichtsbehörde und der Bestimmungen des Kapitels VIII ergreift eine Stelle gemäß Absatz 1 vorbehaltlich geeigneter Garantien im Falle einer Verletzung der Verhaltensregeln durch einen Verantwortlichen oder einen Auftragsverarbeiter geeignete Maßnahmen, einschließlich eines vorläufigen oder endgültigen Ausschlusses des Verantwortlichen oder Auftragsverarbeiters von den Verhaltensregeln. [2]Sie unterrichtet die zuständige Aufsichtsbehörde über solche Maßnahmen und deren Begründung.

(5) Die zuständige Aufsichtsbehörde widerruft die Akkreditierung einer Stelle gemäß Absatz 1, wenn die Anforderungen an ihre Akkreditierung nicht oder nicht mehr erfüllt sind oder wenn die Stelle Maßnahmen ergreift, die nicht mit dieser Verordnung vereinbar sind.

(6) Dieser Artikel gilt nicht für die Verarbeitung durch Behörden oder öffentliche Stellen.

Art. 42 Zertifizierung. (1) [1]Die Mitgliedstaaten, die Aufsichtsbehörden, der Ausschuss und die Kommission fördern insbesondere auf Unionsebene die Einführung von datenschutzspezifischen Zertifizierungsverfahren sowie von Datenschutzsiegeln und -prüfzeichen, die dazu dienen, nachzuweisen, dass diese Verordnung bei Verarbeitungsvorgängen von Verantwortlichen oder Auftragsverarbeitern eingehalten wird. [2]Den besonderen Bedürfnissen von Kleinstunternehmen sowie kleinen und mittleren Unternehmen wird Rechnung getragen.

(2) [1]Zusätzlich zur Einhaltung durch die unter diese Verordnung fallenden Verantwortlichen oder Auftragsverarbeiter können auch datenschutzspezifische Zertifizierungsverfahren, Siegel oder Prüfzeichen, die gemäß Absatz 5 des vorliegenden Artikels genehmigt worden sind, vorgesehen werden, um nachzuweisen, dass die Verantwortlichen oder Auftragsverarbeiter, die gemäß Artikel 3 nicht unter diese Verordnung fallen, im Rahmen der Übermittlung personenbezogener Daten an Drittländer oder internationale Organisationen

nach Maßgabe von Artikel 46 Absatz 2 Buchstabe f geeignete Garantien bieten. [2]Diese Verantwortlichen oder Auftragsverarbeiter gehen mittels vertraglicher oder sonstiger rechtlich bindender Instrumente die verbindliche und durchsetzbare Verpflichtung ein, diese geeigneten Garantien anzuwenden, auch im Hinblick auf die Rechte der betroffenen Personen.

(3) Die Zertifizierung muss freiwillig und über ein transparentes Verfahren zugänglich sein.

(4) Eine Zertifizierung gemäß diesem Artikel mindert nicht die Verantwortung des Verantwortlichen oder des Auftragsverarbeiters für die Einhaltung dieser Verordnung und berührt nicht die Aufgaben und Befugnisse der Aufsichtsbehörden, die gemäß Artikel 55 oder 56 zuständig sind.

(5) [1]Eine Zertifizierung nach diesem Artikel wird durch die Zertifizierungsstellen nach Artikel 43 oder durch die zuständige Aufsichtsbehörde anhand der von dieser zuständigen Aufsichtsbehörde gemäß Artikel 58 Absatz 3 oder – gemäß Artikel 63 – durch den Ausschuss genehmigten Kriterien erteilt. [2]Werden die Kriterien vom Ausschuss genehmigt, kann dies zu einer gemeinsamen Zertifizierung, dem Europäischen Datenschutzsiegel, führen.

(6) Der Verantwortliche oder der Auftragsverarbeiter, der die von ihm durchgeführte Verarbeitung einem Zertifizierungsverfahren unterwirft, stellt der Zertifizierungsstelle nach Artikel 43 oder gegebenenfalls der zuständigen Aufsichtsbehörde alle für die Durchführung des Zertifizierungsverfahrens erforderlichen Informationen zur Verfügung und gewährt ihr den in diesem Zusammenhang erforderlichen Zugang zu seinen Verarbeitungstätigkeiten.

(7) [1]Die Zertifizierung wird einem Verantwortlichen oder einem Auftragsverarbeiter für eine Höchstdauer von drei Jahren erteilt und kann unter denselben Bedingungen verlängert werden, sofern die einschlägigen Kriterien weiterhin erfüllt werden. [2]Die Zertifizierung wird gegebenenfalls durch die Zertifizierungsstellen nach Artikel 43 oder durch die zuständige Aufsichtsbehörde widerrufen, wenn die Kriterien für die Zertifizierung nicht oder nicht mehr erfüllt werden.

(8) Der Ausschuss nimmt alle Zertifizierungsverfahren und Datenschutzsiegel und -prüfzeichen in ein Register auf und veröffentlicht sie in geeigneter Weise.

Art. 43 Zertifizierungsstellen. (1) [1]Unbeschadet der Aufgaben und Befugnisse der zuständigen Aufsichtsbehörde gemäß den Artikeln 57 und 58 erteilen oder verlängern Zertifizierungsstellen, die über das geeignete Fachwissen hinsichtlich des Datenschutzes verfügen, nach Unterrichtung der Aufsichtsbehörde – damit diese erforderlichenfalls von ihren Befugnissen gemäß Artikel 58 Absatz 2 Buchstabe h Gebrauch machen kann – die Zertifizierung. [2]Die Mitgliedstaaten stellen sicher, dass diese Zertifizierungsstellen von einer oder beiden der folgenden Stellen akkreditiert werden:
a) der gemäß Artikel 55 oder 56 zuständigen Aufsichtsbehörde;

b) der nationalen Akkreditierungsstelle, die gemäß der Verordnung (EG) Nr. 765/2008 des Europäischen Parlaments und des Rates[3] im Einklang mit EN-ISO/IEC 17065/2012 und mit den zusätzlichen von der gemäß Artikel 55 oder 56 zuständigen Aufsichtsbehörde festgelegten Anforderungen benannt wurde.

(2) Zertifizierungsstellen nach Absatz 1 dürfen nur dann gemäß dem genannten Absatz akkreditiert werden, wenn sie
a) ihre Unabhängigkeit und ihr Fachwissen hinsichtlich des Gegenstands der Zertifizierung zur Zufriedenheit der zuständigen Aufsichtsbehörde nachgewiesen haben;
b) sich verpflichtet haben, die Kriterien nach Artikel 42 Absatz 5, die von der gemäß Artikel 55 oder 56 zuständigen Aufsichtsbehörde oder – gemäß Artikel 63 – von dem Ausschuss genehmigt wurden, einzuhalten;
c) Verfahren für die Erteilung, die regelmäßige Überprüfung und den Widerruf der Datenschutzzertifizierung sowie der Datenschutzsiegel und -prüfzeichen festgelegt haben;
d) Verfahren und Strukturen festgelegt haben, mit denen sie Beschwerden über Verletzungen der Zertifizierung oder die Art und Weise, in der die Zertifizierung von dem Verantwortlichen oder dem Auftragsverarbeiter umgesetzt wird oder wurde, nachgehen und diese Verfahren und Strukturen für betroffene Personen und die Öffentlichkeit transparent machen, und
e) zur Zufriedenheit der zuständigen Aufsichtsbehörde nachgewiesen haben, dass ihre Aufgaben und Pflichten nicht zu einem Interessenkonflikt führen.

(3) [1]Die Akkreditierung von Zertifizierungsstellen nach den Absätzen 1 und 2 erfolgt anhand der Anforderungen, die von der gemäß Artikel 55 oder 56 zuständigen Aufsichtsbehörde oder – gemäß Artikel 63 – von dem Ausschuss genehmigt wurden. [2]Im Fall einer Akkreditierung nach Absatz 1 Buchstabe b des vorliegenden Artikels ergänzen diese Anforderungen diejenigen, die in der Verordnung (EG) Nr. 765/2008 und in den technischen Vorschriften, in denen die Methoden und Verfahren der Zertifizierungsstellen beschrieben werden, vorgesehen sind.

(4) [1]Die Zertifizierungsstellen nach Absatz 1 sind unbeschadet der Verantwortung, die der Verantwortliche oder der Auftragsverarbeiter für die Einhaltung dieser Verordnung hat, für die angemessene Bewertung, die der Zertifizierung oder dem Widerruf einer Zertifizierung zugrunde liegt, verantwortlich. [2]Die Akkreditierung wird für eine Höchstdauer von fünf Jahren erteilt und kann unter denselben Bedingungen verlängert werden, sofern die Zertifizierungsstelle die Anforderungen dieses Artikels erfüllt.

---

3 Verordnung (EG) Nr. 765/2008 des Europäischen Parlaments und des Rates vom 9. Juli 2008 über die Vorschriften für die Akkreditierung und Marktüberwachung im Zusammenhang mit der Vermarktung von Produkten und zur Aufhebung der Verordnung (EWG) Nr. 339/93 des Rates (ABl. L 218 vom 13.8.2008, S. 30).

(5) Die Zertifizierungsstellen nach Absatz 1 teilen den zuständigen Aufsichtsbehörden die Gründe für die Erteilung oder den Widerruf der beantragten Zertifizierung mit.

(6) ¹Die Anforderungen nach Absatz 3 des vorliegenden Artikels und die Kriterien nach Artikel 42 Absatz 5 werden von der Aufsichtsbehörde in leicht zugänglicher Form veröffentlicht. ²Die Aufsichtsbehörden übermitteln diese Anforderungen und Kriterien auch dem Ausschuss.

(7) Unbeschadet des Kapitels VIII widerruft die zuständige Aufsichtsbehörde oder die nationale Akkreditierungsstelle die Akkreditierung einer Zertifizierungsstelle nach Absatz 1, wenn die Voraussetzungen für die Akkreditierung nicht oder nicht mehr erfüllt sind oder wenn eine Zertifizierungsstelle Maßnahmen ergreift, die nicht mit dieser Verordnung vereinbar sind.

(8) Der Kommission wird die Befugnis übertragen, gemäß Artikel 92 delegierte Rechtsakte zu erlassen, um die Anforderungen festzulegen, die für die in Artikel 42 Absatz 1 genannten datenschutzspezifischen Zertifizierungsverfahren zu berücksichtigen sind.

(9) ¹Die Kommission kann Durchführungsrechtsakte erlassen, mit denen technische Standards für Zertifizierungsverfahren und Datenschutzsiegel und -prüfzeichen sowie Mechanismen zur Förderung und Anerkennung dieser Zertifizierungsverfahren und Datenschutzsiegel und -prüfzeichen festgelegt werden. ²Diese Durchführungsrechtsakte werden gemäß dem in Artikel 93 Absatz 2 genannten Prüfverfahren erlassen.

Kapitel V

Übermittlungen personenbezogener Daten an Drittländer oder an internationale Organisationen

Art. 44 Allgemeine Grundsätze der Datenübermittlung. ¹Jedwede Übermittlung personenbezogener Daten, die bereits verarbeitet werden oder nach ihrer Übermittlung an ein Drittland oder eine internationale Organisation verarbeitet werden sollen, ist nur zulässig, wenn der Verantwortliche und der Auftragsverarbeiter die in diesem Kapitel niedergelegten Bedingungen einhalten und auch die sonstigen Bestimmungen dieser Verordnung eingehalten werden; dies gilt auch für die etwaige Weiterübermittlung personenbezogener Daten aus dem betreffenden Drittland oder der betreffenden internationalen Organisation an ein anderes Drittland oder eine andere internationale Organisation. ²Alle Bestimmungen dieses Kapitels sind anzuwenden, um sicherzustellen, dass das durch diese Verordnung gewährleistete Schutzniveau für natürliche Personen nicht untergraben wird.

Art. 45 Datenübermittlung auf der Grundlage eines Angemessenheitsbeschlusses. (1) ¹Eine Übermittlung personenbezogener Daten an ein Drittland oder eine internationale Organisation darf vorgenommen werden, wenn die

Kommission beschlossen hat, dass das betreffende Drittland, ein Gebiet oder ein oder mehrere spezifische Sektoren in diesem Drittland oder die betreffende internationale Organisation ein angemessenes Schutzniveau bietet. ²Eine solche Datenübermittlung bedarf keiner besonderen Genehmigung.

(2) Bei der Prüfung der Angemessenheit des gebotenen Schutzniveaus berücksichtigt die Kommission insbesondere das Folgende:
a) die Rechtsstaatlichkeit, die Achtung der Menschenrechte und Grundfreiheiten, die in dem betreffenden Land bzw. bei der betreffenden internationalen Organisation geltenden einschlägigen Rechtsvorschriften sowohl allgemeiner als auch sektoraler Art – auch in Bezug auf öffentliche Sicherheit, Verteidigung, nationale Sicherheit und Strafrecht sowie Zugang der Behörden zu personenbezogenen Daten – sowie die Anwendung dieser Rechtsvorschriften, Datenschutzvorschriften, Berufsregeln und Sicherheitsvorschriften einschließlich der Vorschriften für die Weiterübermittlung personenbezogener Daten an ein anderes Drittland bzw. eine andere internationale Organisation, die Rechtsprechung sowie wirksame und durchsetzbare Rechte der betroffenen Person und wirksame verwaltungsrechtliche und gerichtliche Rechtsbehelfe für betroffene Personen, deren personenbezogene Daten übermittelt werden,
b) die Existenz und die wirksame Funktionsweise einer oder mehrerer unabhängiger Aufsichtsbehörden in dem betreffenden Drittland oder denen eine internationale Organisation untersteht und die für die Einhaltung und Durchsetzung der Datenschutzvorschriften, einschließlich angemessener Durchsetzungsbefugnisse, für die Unterstützung und Beratung der betroffenen Personen bei der Ausübung ihrer Rechte und für die Zusammenarbeit mit den Aufsichtsbehörden der Mitgliedstaaten zuständig sind, und
c) die von dem betreffenden Drittland bzw. der betreffenden internationalen Organisation eingegangenen internationalen Verpflichtungen oder andere Verpflichtungen, die sich aus rechtsverbindlichen Übereinkünften oder Instrumenten sowie aus der Teilnahme des Drittlands oder der internationalen Organisation an multilateralen oder regionalen Systemen insbesondere in Bezug auf den Schutz personenbezogener Daten ergeben.

(3) ¹Nach der Beurteilung der Angemessenheit des Schutzniveaus kann die Kommission im Wege eines Durchführungsrechtsaktes beschließen, dass ein Drittland, ein Gebiet oder ein oder mehrere spezifische Sektoren in einem Drittland oder eine internationale Organisation ein angemessenes Schutzniveau im Sinne des Absatzes 2 des vorliegenden Artikels bieten. ²In dem Durchführungsrechtsakt ist ein Mechanismus für eine regelmäßige Überprüfung, die mindestens alle vier Jahre erfolgt, vorzusehen, bei der allen maßgeblichen Entwicklungen in dem Drittland oder bei der internationalen Organisation Rechnung getragen wird. ³Im Durchführungsrechtsakt werden der territoriale und der sektorale Anwendungsbereich sowie gegebenenfalls die in Absatz 2 Buchstabe b des vorliegenden Artikels genannte Aufsichtsbehörde bzw. genannten Aufsichtsbehörden angegeben. ⁴Der Durchführungsrechtsakt wird gemäß dem in Artikel 93 Absatz 2 genannten Prüfverfahren erlassen.

(4) Die Kommission überwacht fortlaufend die Entwicklungen in Drittländern und bei internationalen Organisationen, die die Wirkungsweise der nach Absatz 3 des vorliegenden Artikels erlassenen Beschlüsse und der nach Artikel 25 Absatz 6 der Richtlinie 95/46/EG erlassenen Feststellungen beeinträchtigen könnten.

(5) [1]Die Kommission widerruft, ändert oder setzt die in Absatz 3 des vorliegenden Artikels genannten Beschlüsse im Wege von Durchführungsrechtsakten aus, soweit dies nötig ist und ohne rückwirkende Kraft, soweit entsprechende Informationen – insbesondere im Anschluss an die in Absatz 3 des vorliegenden Artikels genannte Überprüfung – dahingehend vorliegen, dass ein Drittland, ein Gebiet oder ein oder mehrere spezifischer Sektor in einem Drittland oder eine internationale Organisation kein angemessenes Schutzniveau im Sinne des Absatzes 2 des vorliegenden Artikels mehr gewährleistet. [2]Diese Durchführungsrechtsakte werden gemäß dem Prüfverfahren nach Artikel 93 Absatz 2 erlassen.

In hinreichend begründeten Fällen äußerster Dringlichkeit erlässt die Kommission gemäß dem in Artikel 93 Absatz 3 genannten Verfahren sofort geltende Durchführungsrechtsakte.

(6) Die Kommission nimmt Beratungen mit dem betreffenden Drittland bzw. der betreffenden internationalen Organisation auf, um Abhilfe für die Situation zu schaffen, die zu dem gemäß Absatz 5 erlassenen Beschluss geführt hat.

(7) Übermittlungen personenbezogener Daten an das betreffende Drittland, das Gebiet oder einen oder mehrere spezifische Sektoren in diesem Drittland oder an die betreffende internationale Organisation gemäß den Artikeln 46 bis 49 werden durch einen Beschluss nach Absatz 5 des vorliegenden Artikels nicht berührt.

(8) Die Kommission veröffentlicht im Amtsblatt der Europäischen Union und auf ihrer Website eine Liste aller Drittländer beziehungsweise Gebiete und spezifischen Sektoren in einem Drittland und aller internationalen Organisationen, für die sie durch Beschluss festgestellt hat, dass sie ein angemessenes Schutzniveau gewährleisten bzw. nicht mehr gewährleisten.

(9) Von der Kommission auf der Grundlage von Artikel 25 Absatz 6 der Richtlinie 95/46/EG erlassene Feststellungen bleiben so lange in Kraft, bis sie durch einen nach dem Prüfverfahren gemäß den Absätzen 3 oder 5 des vorliegenden Artikels erlassenen Beschluss der Kommission geändert, ersetzt oder aufgehoben werden.

Art. 46 Datenübermittlung vorbehaltlich geeigneter Garantien. (1) Falls kein Beschluss nach Artikel 45 Absatz 3 vorliegt, darf ein Verantwortlicher oder ein Auftragsverarbeiter personenbezogene Daten an ein Drittland oder eine internationale Organisation nur übermitteln, sofern der Verantwortliche oder der Auftragsverarbeiter geeignete Garantien vorgesehen hat und sofern den betroffenen Personen durchsetzbare Rechte und wirksame Rechtsbehelfe zur Verfügung stehen.

(2) Die in Absatz 1 genannten geeigneten Garantien können, ohne dass hierzu eine besondere Genehmigung einer Aufsichtsbehörde erforderlich wäre, bestehen in
a) einem rechtlich bindenden und durchsetzbaren Dokument zwischen den Behörden oder öffentlichen Stellen,
b) verbindlichen internen Datenschutzvorschriften gemäß Artikel 47,
c) Standarddatenschutzklauseln, die von der Kommission gemäß dem Prüfverfahren nach Artikel 93 Absatz 2 erlassen werden,
d) von einer Aufsichtsbehörde angenommenen Standarddatenschutzklauseln, die von der Kommission gemäß dem Prüfverfahren nach Artikel 93 Absatz 2 genehmigt wurden,
e) genehmigten Verhaltensregeln gemäß Artikel 40 zusammen mit rechtsverbindlichen und durchsetzbaren Verpflichtungen des Verantwortlichen oder des Auftragsverarbeiters in dem Drittland zur Anwendung der geeigneten Garantien, einschließlich in Bezug auf die Rechte der betroffenen Personen, oder
f) einem genehmigten Zertifizierungsmechanismus gemäß Artikel 42 zusammen mit rechtsverbindlichen und durchsetzbaren Verpflichtungen des Verantwortlichen oder des Auftragsverarbeiters in dem Drittland zur Anwendung der geeigneten Garantien, einschließlich in Bezug auf die Rechte der betroffenen Personen.

(3) Vorbehaltlich der Genehmigung durch die zuständige Aufsichtsbehörde können die geeigneten Garantien gemäß Absatz 1 auch insbesondere bestehen in
a) Vertragsklauseln, die zwischen dem Verantwortlichen oder dem Auftragsverarbeiter und dem Verantwortlichen, dem Auftragsverarbeiter oder dem Empfänger der personenbezogenen Daten im Drittland oder der internationalen Organisation vereinbart wurden, oder
b) Bestimmungen, die in Verwaltungsvereinbarungen zwischen Behörden oder öffentlichen Stellen aufzunehmen sind und durchsetzbare und wirksame Rechte für die betroffenen Personen einschließen.

(4) Die Aufsichtsbehörde wendet das Kohärenzverfahren nach Artikel 63 an, wenn ein Fall gemäß Absatz 3 des vorliegenden Artikels vorliegt.

(5) [1]Von einem Mitgliedstaat oder einer Aufsichtsbehörde auf der Grundlage von Artikel 26 Absatz 2 der Richtlinie 95/46/EG erteilte Genehmigungen bleiben so lange gültig, bis sie erforderlichenfalls von dieser Aufsichtsbehörde geändert, ersetzt oder aufgehoben werden. [2]Von der Kommission auf der Grundlage von Artikel 26 Absatz 4 der Richtlinie 95/46/EG erlassene Feststellungen bleiben so lange in Kraft, bis sie erforderlichenfalls mit einem nach Absatz 2 des vorliegenden Artikels erlassenen Beschluss der Kommission geändert, ersetzt oder aufgehoben werden.

7 DSGVO

Art. 47 Verbindliche interne Datenschutzvorschriften. (1) Die zuständige Aufsichtsbehörde genehmigt gemäß dem Kohärenzverfahren nach Artikel 63 verbindliche interne Datenschutzvorschriften, sofern diese
a) rechtlich bindend sind, für alle betreffenden Mitglieder der Unternehmensgruppe oder einer Gruppe von Unternehmen, die eine gemeinsame Wirtschaftstätigkeit ausüben, gelten und von diesen Mitgliedern durchgesetzt werden, und dies auch für ihre Beschäftigten gilt,
b) den betroffenen Personen ausdrücklich durchsetzbare Rechte in Bezug auf die Verarbeitung ihrer personenbezogenen Daten übertragen und
c) die in Absatz 2 festgelegten Anforderungen erfüllen.

(2) Die verbindlichen internen Datenschutzvorschriften nach Absatz 1 enthalten mindestens folgende Angaben:
a) Struktur und Kontaktdaten der Unternehmensgruppe oder Gruppe von Unternehmen, die eine gemeinsame Wirtschaftstätigkeit ausüben, und jedes ihrer Mitglieder;
b) die betreffenden Datenübermittlungen oder Reihen von Datenübermittlungen einschließlich der betreffenden Arten personenbezogener Daten, Art und Zweck der Datenverarbeitung, Art der betroffenen Personen und das betreffende Drittland beziehungsweise die betreffenden Drittländer;
c) interne und externe Rechtsverbindlichkeit der betreffenden internen Datenschutzvorschriften;
d) die Anwendung der allgemeinen Datenschutzgrundsätze, insbesondere Zweckbindung, Datenminimierung, begrenzte Speicherfristen, Datenqualität, Datenschutz durch Technikgestaltung und durch datenschutzfreundliche Voreinstellungen, Rechtsgrundlage für die Verarbeitung, Verarbeitung besonderer Kategorien von personenbezogenen Daten, Maßnahmen zur Sicherstellung der Datensicherheit und Anforderungen für die Weiterübermittlung an nicht an diese internen Datenschutzvorschriften gebundene Stellen;
e) die Rechte der betroffenen Personen in Bezug auf die Verarbeitung und die diesen offenstehenden Mittel zur Wahrnehmung dieser Rechte einschließlich des Rechts, nicht einer ausschließlich auf einer automatisierten Verarbeitung – einschließlich Profiling – beruhenden Entscheidung nach Artikel 22 unterworfen zu werden sowie des in Artikel 79 niedergelegten Rechts auf Beschwerde bei der zuständigen Aufsichtsbehörde beziehungsweise auf Einlegung eines Rechtsbehelfs bei den zuständigen Gerichten der Mitgliedstaaten und im Falle einer Verletzung der verbindlichen internen Datenschutzvorschriften Wiedergutmachung und gegebenenfalls Schadenersatz zu erhalten;
f) die von dem in einem Mitgliedstaat niedergelassenen Verantwortlichen oder Auftragsverarbeiter übernommene Haftung für etwaige Verstöße eines nicht in der Union niedergelassenen betreffenden Mitglieds der Unternehmensgruppe gegen die verbindlichen internen Datenschutzvorschriften; der Verantwortliche oder der Auftragsverarbeiter ist nur dann teilweise oder vollständig von dieser Haftung befreit, wenn er nachweist, dass der Um-

stand, durch den der Schaden eingetreten ist, dem betreffenden Mitglied nicht zur Last gelegt werden kann;
g) die Art und Weise, wie die betroffenen Personen über die Bestimmungen der Artikel 13 und 14 hinaus über die verbindlichen internen Datenschutzvorschriften und insbesondere über die unter den Buchstaben d, e und f dieses Absatzes genannten Aspekte informiert werden;
h) die Aufgaben jedes gemäß Artikel 37 benannten Datenschutzbeauftragten oder jeder anderen Person oder Einrichtung, die mit der Überwachung der Einhaltung der verbindlichen internen Datenschutzvorschriften in der Unternehmensgruppe oder Gruppe von Unternehmen, die eine gemeinsame Wirtschaftstätigkeit ausüben, sowie mit der Überwachung der Schulungsmaßnahmen und dem Umgang mit Beschwerden befasst ist;
i) die Beschwerdeverfahren;
j) die innerhalb der Unternehmensgruppe oder Gruppe von Unternehmen, die eine gemeinsame Wirtschaftstätigkeit ausüben, bestehenden Verfahren zur Überprüfung der Einhaltung der verbindlichen internen Datenschutzvorschriften. Derartige Verfahren beinhalten Datenschutzüberprüfungen und Verfahren zur Gewährleistung von Abhilfemaßnahmen zum Schutz der Rechte der betroffenen Person. Die Ergebnisse derartiger Überprüfungen sollten der in Buchstabe h genannten Person oder Einrichtung sowie dem Verwaltungsrat des herrschenden Unternehmens einer Unternehmensgruppe oder der Gruppe von Unternehmen, die eine gemeinsame Wirtschaftstätigkeit ausüben, mitgeteilt werden und sollten der zuständigen Aufsichtsbehörde auf Anfrage zur Verfügung gestellt werden;
k) die Verfahren für die Meldung und Erfassung von Änderungen der Vorschriften und ihre Meldung an die Aufsichtsbehörde;
l) die Verfahren für die Zusammenarbeit mit der Aufsichtsbehörde, die die Befolgung der Vorschriften durch sämtliche Mitglieder der Unternehmensgruppe oder Gruppe von Unternehmen, die eine gemeinsame Wirtschaftstätigkeit ausüben, gewährleisten, insbesondere durch Offenlegung der Ergebnisse von Überprüfungen der unter Buchstabe j genannten Maßnahmen gegenüber der Aufsichtsbehörde;
m) die Meldeverfahren zur Unterrichtung der zuständigen Aufsichtsbehörde über jegliche für ein Mitglied der Unternehmensgruppe oder Gruppe von Unternehmen, die eine gemeinsame Wirtschaftstätigkeit ausüben, in einem Drittland geltenden rechtlichen Bestimmungen, die sich nachteilig auf die Garantien auswirken könnten, die die verbindlichen internen Datenschutzvorschriften bieten, und
n) geeignete Datenschutzschulungen für Personal mit ständigem oder regelmäßigem Zugang zu personenbezogenen Daten.

(3) ¹Die Kommission kann das Format und die Verfahren für den Informationsaustausch über verbindliche interne Datenschutzvorschriften im Sinne des vorliegenden Artikels zwischen Verantwortlichen, Auftragsverarbeitern und Aufsichtsbehörden festlegen. ²Diese Durchführungsrechtsakte werden gemäß dem Prüfverfahren nach Artikel 93 Absatz 2 erlassen.

Art. 48 Nach dem Unionsrecht nicht zulässige Übermittlung oder Offenlegung. Jegliches Urteil eines Gerichts eines Drittlands und jegliche Entscheidung einer Verwaltungsbehörde eines Drittlands, mit denen von einem Verantwortlichen oder einem Auftragsverarbeiter die Übermittlung oder Offenlegung personenbezogener Daten verlangt wird, dürfen unbeschadet anderer Gründe für die Übermittlung gemäß diesem Kapitel jedenfalls nur dann anerkannt oder vollstreckbar werden, wenn sie auf eine in Kraft befindliche internationale Übereinkunft wie etwa ein Rechtshilfeabkommen zwischen dem ersuchenden Drittland und der Union oder einem Mitgliedstaat gestützt sind.

Art. 49 Ausnahmen für bestimmte Fälle. (1) ^{1}Falls weder ein Angemessenheitsbeschluss nach Artikel 45 Absatz 3 vorliegt noch geeignete Garantien nach Artikel 46, einschließlich verbindlicher interner Datenschutzvorschriften, bestehen, ist eine Übermittlung oder eine Reihe von Übermittlungen personenbezogener Daten an ein Drittland oder an eine internationale Organisation nur unter einer der folgenden Bedingungen zulässig:
a) die betroffene Person hat in die vorgeschlagene Datenübermittlung ausdrücklich eingewilligt, nachdem sie über die für sie bestehenden möglichen Risiken derartiger Datenübermittlungen ohne Vorliegen eines Angemessenheitsbeschlusses und ohne geeignete Garantien unterrichtet wurde,
b) die Übermittlung ist für die Erfüllung eines Vertrags zwischen der betroffenen Person und dem Verantwortlichen oder zur Durchführung von vorvertraglichen Maßnahmen auf Antrag der betroffenen Person erforderlich,
c) die Übermittlung ist zum Abschluss oder zur Erfüllung eines im Interesse der betroffenen Person von dem Verantwortlichen mit einer anderen natürlichen oder juristischen Person geschlossenen Vertrags erforderlich,
d) die Übermittlung ist aus wichtigen Gründen des öffentlichen Interesses notwendig,
e) die Übermittlung ist zur Geltendmachung, Ausübung oder Verteidigung von Rechtsansprüchen erforderlich,
f) die Übermittlung ist zum Schutz lebenswichtiger Interessen der betroffenen Person oder anderer Personen erforderlich, sofern die betroffene Person aus physischen oder rechtlichen Gründen außerstande ist, ihre Einwilligung zu geben,
g) die Übermittlung erfolgt aus einem Register, das gemäß dem Recht der Union oder der Mitgliedstaaten zur Information der Öffentlichkeit bestimmt ist und entweder der gesamten Öffentlichkeit oder allen Personen, die ein berechtigtes Interesse nachweisen können, zur Einsichtnahme offensteht, aber nur soweit die im Recht der Union oder der Mitgliedstaaten festgelegten Voraussetzungen für die Einsichtnahme im Einzelfall gegeben sind.

^{2}Falls die Übermittlung nicht auf eine Bestimmung der Artikel 45 oder 46 – einschließlich der verbindlichen internen Datenschutzvorschriften – gestützt werden könnte und keine der Ausnahmen für einen bestimmten Fall gemäß dem ersten Unterabsatz anwendbar ist, darf eine Übermittlung an ein Drittland

Datenschutz-Grundverordnung **DSGVO 7**

oder eine internationale Organisation nur dann erfolgen, wenn die Übermittlung nicht wiederholt erfolgt, nur eine begrenzte Zahl von betroffenen Personen betrifft, für die Wahrung der zwingenden berechtigten Interessen des Verantwortlichen erforderlich ist, sofern die Interessen oder die Rechte und Freiheiten der betroffenen Person nicht überwiegen, und der Verantwortliche alle Umstände der Datenübermittlung beurteilt und auf der Grundlage dieser Beurteilung geeignete Garantien in Bezug auf den Schutz personenbezogener Daten vorgesehen hat. ³Der Verantwortliche setzt die Aufsichtsbehörde von der Übermittlung in Kenntnis. ⁴Der Verantwortliche unterrichtet die betroffene Person über die Übermittlung und seine zwingenden berechtigten Interessen; dies erfolgt zusätzlich zu den der betroffenen Person nach den Artikeln 13 und 14 mitgeteilten Informationen.

(2) ¹Datenübermittlungen gemäß Absatz 1 Unterabsatz 1 Buchstabe g dürfen nicht die Gesamtheit oder ganze Kategorien der im Register enthaltenen personenbezogenen Daten umfassen. ²Wenn das Register der Einsichtnahme durch Personen mit berechtigtem Interesse dient, darf die Übermittlung nur auf Anfrage dieser Personen oder nur dann erfolgen, wenn diese Personen die Adressaten der Übermittlung sind.

(3) Absatz 1 Unterabsatz 1 Buchstaben a, b und c und sowie Absatz 1 Unterabsatz 2 gelten nicht für Tätigkeiten, die Behörden in Ausübung ihrer hoheitlichen Befugnisse durchführen.

(4) Das öffentliche Interesse im Sinne des Absatzes 1 Unterabsatz 1 Buchstabe d muss im Unionsrecht oder im Recht des Mitgliedstaats, dem der Verantwortliche unterliegt, anerkannt sein.

(5) ¹Liegt kein Angemessenheitsbeschluss vor, so können im Unionsrecht oder im Recht der Mitgliedstaaten aus wichtigen Gründen des öffentlichen Interesses ausdrücklich Beschränkungen der Übermittlung bestimmter Kategorien von personenbezogenen Daten an Drittländer oder internationale Organisationen vorgesehen werden. ²Die Mitgliedstaaten teilen der Kommission derartige Bestimmungen mit.

(6) Der Verantwortliche oder der Auftragsverarbeiter erfasst die von ihm vorgenommene Beurteilung sowie die angemessenen Garantien im Sinne des Absatzes 1 Unterabsatz 2 des vorliegenden Artikels in der Dokumentation gemäß Artikel 30.

Art. 50 Internationale Zusammenarbeit zum Schutz personenbezogener Daten. In Bezug auf Drittländer und internationale Organisationen treffen die Kommission und die Aufsichtsbehörden geeignete Maßnahmen zur
a) Entwicklung von Mechanismen der internationalen Zusammenarbeit, durch die die wirksame Durchsetzung von Rechtsvorschriften zum Schutz personenbezogener Daten erleichtert wird,
b) gegenseitigen Leistung internationaler Amtshilfe bei der Durchsetzung von Rechtsvorschriften zum Schutz personenbezogener Daten, unter anderem durch Meldungen, Beschwerdeverweisungen, Amtshilfe bei Untersuchun-

gen und Informationsaustausch, sofern geeignete Garantien für den Schutz personenbezogener Daten und anderer Grundrechte und Grundfreiheiten bestehen,
c) Einbindung maßgeblicher Interessenträger in Diskussionen und Tätigkeiten, die zum Ausbau der internationalen Zusammenarbeit bei der Durchsetzung von Rechtsvorschriften zum Schutz personenbezogener Daten dienen,
d) Förderung des Austauschs und der Dokumentation von Rechtsvorschriften und Praktiken zum Schutz personenbezogener Daten einschließlich Zuständigkeitskonflikten mit Drittländern.

Kapitel VI

Unabhängige Aufsichtsbehörden

Abschnitt 1

Unabhängigkeit

Art. 51 Aufsichtsbehörde. (1) Jeder Mitgliedstaat sieht vor, dass eine oder mehrere unabhängige Behörden für die Überwachung der Anwendung dieser Verordnung zuständig sind, damit die Grundrechte und Grundfreiheiten natürlicher Personen bei der Verarbeitung geschützt werden und der freie Verkehr personenbezogener Daten in der Union erleichtert wird (im Folgenden „Aufsichtsbehörde").

(2) ^{1}Jede Aufsichtsbehörde leistet einen Beitrag zur einheitlichen Anwendung dieser Verordnung in der gesamten Union. ^{2}Zu diesem Zweck arbeiten die Aufsichtsbehörden untereinander sowie mit der Kommission gemäß Kapitel VII zusammen.

(3) Gibt es in einem Mitgliedstaat mehr als eine Aufsichtsbehörde, so bestimmt dieser Mitgliedstaat die Aufsichtsbehörde, die diese Behörden im Ausschuss vertritt, und führt ein Verfahren ein, mit dem sichergestellt wird, dass die anderen Behörden die Regeln für das Kohärenzverfahren nach Artikel 63 einhalten.

(4) Jeder Mitgliedstaat teilt der Kommission bis spätestens 25. Mai 2018 die Rechtsvorschriften, die er aufgrund dieses Kapitels erlässt, sowie unverzüglich alle folgenden Änderungen dieser Vorschriften mit.

Art. 52 Unabhängigkeit. (1) Jede Aufsichtsbehörde handelt bei der Erfüllung ihrer Aufgaben und bei der Ausübung ihrer Befugnisse gemäß dieser Verordnung völlig unabhängig.

(2) Das Mitglied oder die Mitglieder jeder Aufsichtsbehörde unterliegen bei der Erfüllung ihrer Aufgaben und der Ausübung ihrer Befugnisse gemäß dieser Verordnung weder direkter noch indirekter Beeinflussung von außen und ersuchen weder um Weisung noch nehmen sie Weisungen entgegen.

Datenschutz-Grundverordnung **DSGVO 7**

(3) Das Mitglied oder die Mitglieder der Aufsichtsbehörde sehen von allen mit den Aufgaben ihres Amtes nicht zu vereinbarenden Handlungen ab und üben während ihrer Amtszeit keine andere mit ihrem Amt nicht zu vereinbarende entgeltliche oder unentgeltliche Tätigkeit aus.

(4) Jeder Mitgliedstaat stellt sicher, dass jede Aufsichtsbehörde mit den personellen, technischen und finanziellen Ressourcen, Räumlichkeiten und Infrastrukturen ausgestattet wird, die sie benötigt, um ihre Aufgaben und Befugnisse auch im Rahmen der Amtshilfe, Zusammenarbeit und Mitwirkung im Ausschuss effektiv wahrnehmen zu können.

(5) Jeder Mitgliedstaat stellt sicher, dass jede Aufsichtsbehörde ihr eigenes Personal auswählt und hat, das ausschließlich der Leitung des Mitglieds oder der Mitglieder der betreffenden Aufsichtsbehörde untersteht.

(6) Jeder Mitgliedstaat stellt sicher, dass jede Aufsichtsbehörde einer Finanzkontrolle unterliegt, die ihre Unabhängigkeit nicht beeinträchtigt und dass sie über eigene, öffentliche, jährliche Haushaltspläne verfügt, die Teil des gesamten Staatshaushalts oder nationalen Haushalts sein können.

Art. 53 Allgemeine Bedingungen für die Mitglieder der Aufsichtsbehörde. (1) Die Mitgliedstaaten sehen vor, dass jedes Mitglied ihrer Aufsichtsbehörden im Wege eines transparenten Verfahrens ernannt wird, und zwar
– vom Parlament,
– von der Regierung,
– vom Staatsoberhaupt oder
– von einer unabhängigen Stelle, die nach dem Recht des Mitgliedstaats mit der Ernennung betraut wird.

(2) Jedes Mitglied muss über die für die Erfüllung seiner Aufgaben und Ausübung seiner Befugnisse erforderliche Qualifikation, Erfahrung und Sachkunde insbesondere im Bereich des Schutzes personenbezogener Daten verfügen.

(3) Das Amt eines Mitglieds endet mit Ablauf der Amtszeit, mit seinem Rücktritt oder verpflichtender Versetzung in den Ruhestand gemäß dem Recht des betroffenen Mitgliedstaats.

(4) Ein Mitglied wird seines Amtes nur enthoben, wenn es eine schwere Verfehlung begangen hat oder die Voraussetzungen für die Wahrnehmung seiner Aufgaben nicht mehr erfüllt.

Art. 54 Errichtung der Aufsichtsbehörde. (1) Jeder Mitgliedstaat sieht durch Rechtsvorschriften Folgendes vor:
a) die Errichtung jeder Aufsichtsbehörde;
b) die erforderlichen Qualifikationen und sonstigen Voraussetzungen für die Ernennung zum Mitglied jeder Aufsichtsbehörde;
c) die Vorschriften und Verfahren für die Ernennung des Mitglieds oder der Mitglieder jeder Aufsichtsbehörde;

d) die Amtszeit des Mitglieds oder der Mitglieder jeder Aufsichtsbehörde von mindestens vier Jahren; dies gilt nicht für die erste Amtszeit nach dem 24. Mai 2016, die für einen Teil der Mitglieder kürzer sein kann, wenn eine zeitlich versetzte Ernennung zur Wahrung der Unabhängigkeit der Aufsichtsbehörde notwendig ist;
e) die Frage, ob und – wenn ja – wie oft das Mitglied oder die Mitglieder jeder Aufsichtsbehörde wiederernannt werden können;
f) die Bedingungen im Hinblick auf die Pflichten des Mitglieds oder der Mitglieder und der Bediensteten jeder Aufsichtsbehörde, die Verbote von Handlungen, beruflichen Tätigkeiten und Vergütungen während und nach der Amtszeit, die mit diesen Pflichten unvereinbar sind, und die Regeln für die Beendigung des Beschäftigungsverhältnisses.

(2) [1]Das Mitglied oder die Mitglieder und die Bediensteten jeder Aufsichtsbehörde sind gemäß dem Unionsrecht oder dem Recht der Mitgliedstaaten sowohl während ihrer Amts- beziehungsweise Dienstzeit als auch nach deren Beendigung verpflichtet, über alle vertraulichen Informationen, die ihnen bei der Wahrnehmung ihrer Aufgaben oder der Ausübung ihrer Befugnisse bekannt geworden sind, Verschwiegenheit zu wahren. [2]Während dieser Amtsbeziehungsweise Dienstzeit gilt diese Verschwiegenheitspflicht insbesondere für die von natürlichen Personen gemeldeten Verstößen gegen diese Verordnung.

Abschnitt 2

Zuständigkeit, Aufgaben und Befugnisse

Art. 55 Zuständigkeit. (1) Jede Aufsichtsbehörde ist für die Erfüllung der Aufgaben und die Ausübung der Befugnisse, die ihr mit dieser Verordnung übertragen wurden, im Hoheitsgebiet ihres eigenen Mitgliedstaats zuständig.

(2) [1]Erfolgt die Verarbeitung durch Behörden oder private Stellen auf der Grundlage von Artikel 6 Absatz 1 Buchstabe c oder e, so ist die Aufsichtsbehörde des betroffenen Mitgliedstaats zuständig. [2]In diesem Fall findet Artikel 56 keine Anwendung.

(3) Die Aufsichtsbehörden sind nicht zuständig für die Aufsicht über die von Gerichten im Rahmen ihrer justiziellen Tätigkeit vorgenommenen Verarbeitungen.

Art. 56 Zuständigkeit der federführenden Aufsichtsbehörde. (1) Unbeschadet des Artikels 55 ist die Aufsichtsbehörde der Hauptniederlassung oder der einzigen Niederlassung des Verantwortlichen oder des Auftragsverarbeiters gemäß dem Verfahren nach Artikel 60 die zuständige federführende Aufsichtsbehörde für die von diesem Verantwortlichen oder diesem Auftragsverarbeiter durchgeführte grenzüberschreitende Verarbeitung.

(2) Abweichend von Absatz 1 ist jede Aufsichtsbehörde dafür zuständig, sich mit einer bei ihr eingereichten Beschwerde oder einem etwaigen Verstoß

Datenschutz-Grundverordnung **DSGVO 7**

gegen diese Verordnung zu befassen, wenn der Gegenstand nur mit einer Niederlassung in ihrem Mitgliedstaat zusammenhängt oder betroffene Personen nur ihres Mitgliedstaats erheblich beeinträchtigt.

(3) [1]In den in Absatz 2 des vorliegenden Artikels genannten Fällen unterrichtet die Aufsichtsbehörde unverzüglich die federführende Aufsichtsbehörde über diese Angelegenheit. [2]Innerhalb einer Frist von drei Wochen nach der Unterrichtung entscheidet die federführende Aufsichtsbehörde, ob sie sich mit dem Fall gemäß dem Verfahren nach Artikel 60 befasst oder nicht, wobei sie berücksichtigt, ob der Verantwortliche oder der Auftragsverarbeiter in dem Mitgliedstaat, dessen Aufsichtsbehörde sie unterrichtet hat, eine Niederlassung hat oder nicht.

(4) [1]Entscheidet die federführende Aufsichtsbehörde, sich mit dem Fall zu befassen, so findet das Verfahren nach Artikel 60 Anwendung. [2]Die Aufsichtsbehörde, die die federführende Aufsichtsbehörde unterrichtet hat, kann dieser einen Beschlussentwurf vorlegen. [3]Die federführende Aufsichtsbehörde trägt diesem Entwurf bei der Ausarbeitung des Beschlussentwurfs nach Artikel 60 Absatz 3 weitestgehend Rechnung.

(5) Entscheidet die federführende Aufsichtsbehörde, sich mit dem Fall nicht selbst zu befassen, so befasst die Aufsichtsbehörde, die die federführende Aufsichtsbehörde unterrichtet hat, sich mit dem Fall gemäß den Artikeln 61 und 62.

(6) Die federführende Aufsichtsbehörde ist der einzige Ansprechpartner der Verantwortlichen oder der Auftragsverarbeiter für Fragen der von diesem Verantwortlichen oder diesem Auftragsverarbeiter durchgeführten grenzüberschreitenden Verarbeitung.

Art. 57 Aufgaben. (1) Unbeschadet anderer in dieser Verordnung dargelegter Aufgaben muss jede Aufsichtsbehörde in ihrem Hoheitsgebiet
a) die Anwendung dieser Verordnung überwachen und durchsetzen;
b) die Öffentlichkeit für die Risiken, Vorschriften, Garantien und Rechte im Zusammenhang mit der Verarbeitung sensibilisieren und sie darüber aufklären. Besondere Beachtung finden dabei spezifische Maßnahmen für Kinder;
c) im Einklang mit dem Recht des Mitgliedsstaats das nationale Parlament, die Regierung und andere Einrichtungen und Gremien über legislative und administrative Maßnahmen zum Schutz der Rechte und Freiheiten natürlicher Personen in Bezug auf die Verarbeitung beraten;
d) die Verantwortlichen und die Auftragsverarbeiter für die ihnen aus dieser Verordnung entstehenden Pflichten sensibilisieren;
e) auf Anfrage jeder betroffenen Person Informationen über die Ausübung ihrer Rechte aufgrund dieser Verordnung zur Verfügung stellen und gegebenenfalls zu diesem Zweck mit den Aufsichtsbehörden in anderen Mitgliedstaaten zusammenarbeiten;
f) sich mit Beschwerden einer betroffenen Person oder Beschwerden einer Stelle, einer Organisation oder eines Verbandes gemäß Artikel 80 befassen,

den Gegenstand der Beschwerde in angemessenem Umfang untersuchen und den Beschwerdeführer innerhalb einer angemessenen Frist über den Fortgang und das Ergebnis der Untersuchung unterrichten, insbesondere, wenn eine weitere Untersuchung oder Koordinierung mit einer anderen Aufsichtsbehörde notwendig ist;

g) mit anderen Aufsichtsbehörden zusammenarbeiten, auch durch Informationsaustausch, und ihnen Amtshilfe leisten, um die einheitliche Anwendung und Durchsetzung dieser Verordnung zu gewährleisten;

h) Untersuchungen über die Anwendung dieser Verordnung durchführen, auch auf der Grundlage von Informationen einer anderen Aufsichtsbehörde oder einer anderen Behörde;

i) maßgebliche Entwicklungen verfolgen, soweit sie sich auf den Schutz personenbezogener Daten auswirken, insbesondere die Entwicklung der Informations- und Kommunikationstechnologie und der Geschäftspraktiken;

j) Standardvertragsklauseln im Sinne des Artikels 28 Absatz 8 und des Artikels 46 Absatz 2 Buchstabe d festlegen;

k) eine Liste der Verarbeitungsarten erstellen und führen, für die gemäß Artikel 35 Absatz 4 eine Datenschutz-Folgenabschätzung durchzuführen ist;

l) Beratung in Bezug auf die in Artikel 36 Absatz 2 genannten Verarbeitungsvorgänge leisten;

m) die Ausarbeitung von Verhaltensregeln gemäß Artikel 40 Absatz 1 fördern und zu diesen Verhaltensregeln, die ausreichende Garantien im Sinne des Artikels 40 Absatz 5 bieten müssen, Stellungnahmen abgeben und sie billigen;

n) die Einführung von Datenschutzzertifizierungsmechanismen und von Datenschutzsiegeln und -prüfzeichen nach Artikel 42 Absatz 1 anregen und Zertifizierungskriterien nach Artikel 42 Absatz 5 billigen;

o) gegebenenfalls die nach Artikel 42 Absatz 7 erteilten Zertifizierungen regelmäßig überprüfen;

p) die Anforderungen für die Akkreditierung einer Stelle für die Überwachung der Einhaltung der Verhaltensregeln gemäß Artikel 41 und einer Zertifizierungsstelle gemäß Artikel 43 abfassen und veröffentlichen;

q) die Akkreditierung einer Stelle für die Überwachung der Einhaltung der Verhaltensregeln gemäß Artikel 41 und einer Zertifizierungsstelle gemäß Artikel 43 vornehmen;

r) Vertragsklauseln und Bestimmungen im Sinne des Artikels 46 Absatz 3 genehmigen;

s) verbindliche interne Vorschriften gemäß Artikel 47 genehmigen;

t) Beiträge zur Tätigkeit des Ausschusses leisten;

u) interne Verzeichnisse über Verstöße gegen diese Verordnung und gemäß Artikel 58 Absatz 2 ergriffene Maßnahmen und

v) jede sonstige Aufgabe im Zusammenhang mit dem Schutz personenbezogener Daten erfüllen.

(2) Jede Aufsichtsbehörde erleichtert das Einreichen von in Absatz 1 Buchstabe f genannten Beschwerden durch Maßnahmen wie etwa die Bereitstellung

Datenschutz-Grundverordnung

eines Beschwerdeformulars, das auch elektronisch ausgefüllt werden kann, ohne dass andere Kommunikationsmittel ausgeschlossen werden.

(3) Die Erfüllung der Aufgaben jeder Aufsichtsbehörde ist für die betroffene Person und gegebenenfalls für den Datenschutzbeauftragten unentgeltlich.

(4) [1]Bei offenkundig unbegründeten oder – insbesondere im Fall von häufiger Wiederholung – exzessiven Anfragen kann die Aufsichtsbehörde eine angemessene Gebühr auf der Grundlage der Verwaltungskosten verlangen oder sich weigern, aufgrund der Anfrage tätig zu werden. [2]In diesem Fall trägt die Aufsichtsbehörde die Beweislast für den offenkundig unbegründeten oder exzessiven Charakter der Anfrage.

Art. 58 Befugnisse. (1) Jede Aufsichtsbehörde verfügt über sämtliche folgenden Untersuchungsbefugnisse, die es ihr gestatten,

a) den Verantwortlichen, den Auftragsverarbeiter und gegebenenfalls den Vertreter des Verantwortlichen oder des Auftragsverarbeiters anzuweisen, alle Informationen bereitzustellen, die für die Erfüllung ihrer Aufgaben erforderlich sind,

b) Untersuchungen in Form von Datenschutzüberprüfungen durchzuführen,

c) eine Überprüfung der nach Artikel 42 Absatz 7 erteilten Zertifizierungen durchzuführen,

d) den Verantwortlichen oder den Auftragsverarbeiter auf einen vermeintlichen Verstoß gegen diese Verordnung hinzuweisen,

e) von dem Verantwortlichen und dem Auftragsverarbeiter Zugang zu allen personenbezogenen Daten und Informationen, die zur Erfüllung ihrer Aufgaben notwendig sind, zu erhalten,

f) gemäß dem Verfahrensrecht der Union oder dem Verfahrensrecht des Mitgliedstaats Zugang zu den Geschäftsräumen, einschließlich aller Datenverarbeitungsanlagen und -geräte, des Verantwortlichen und des Auftragsverarbeiters zu erhalten.

(2) Jede Aufsichtsbehörde verfügt über sämtliche folgenden Abhilfebefugnisse, die es ihr gestatten,

a) einen Verantwortlichen oder einen Auftragsverarbeiter zu warnen, dass beabsichtigte Verarbeitungsvorgänge voraussichtlich gegen diese Verordnung verstoßen,

b) einen Verantwortlichen oder einen Auftragsverarbeiter zu verwarnen, wenn er mit Verarbeitungsvorgängen gegen diese Verordnung verstoßen hat,

c) den Verantwortlichen oder den Auftragsverarbeiter anzuweisen, den Anträgen der betroffenen Person auf Ausübung der ihr nach dieser Verordnung zustehenden Rechte zu entsprechen,

d) den Verantwortlichen oder den Auftragsverarbeiter anzuweisen, Verarbeitungsvorgänge gegebenenfalls auf bestimmte Weise und innerhalb eines bestimmten Zeitraums in Einklang mit dieser Verordnung zu bringen,

e) den Verantwortlichen anzuweisen, die von einer Verletzung des Schutzes personenbezogener Daten betroffenen Person entsprechend zu benachrichtigen,

f) eine vorübergehende oder endgültige Beschränkung der Verarbeitung, einschließlich eines Verbots, zu verhängen,
g) die Berichtigung oder Löschung von personenbezogenen Daten oder die Einschränkung der Verarbeitung gemäß den Artikeln 16, 17 und 18 und die Unterrichtung der Empfänger, an die diese personenbezogenen Daten gemäß Artikel 17 Absatz 2 und Artikel 19 offengelegt wurden, über solche Maßnahmen anzuordnen,
h) eine Zertifizierung zu widerrufen oder die Zertifizierungsstelle anzuweisen, eine gemäß den Artikeln 42 und 43 erteilte Zertifizierung zu widerrufen, oder die Zertifizierungsstelle anzuweisen, keine Zertifizierung zu erteilen, wenn die Voraussetzungen für die Zertifizierung nicht oder nicht mehr erfüllt werden,
i) eine Geldbuße gemäß Artikel 83 zu verhängen, zusätzlich zu oder anstelle von in diesem Absatz genannten Maßnahmen, je nach den Umständen des Einzelfalls,
j) die Aussetzung der Übermittlung von Daten an einen Empfänger in einem Drittland oder an eine internationale Organisation anzuordnen.

(3) Jede Aufsichtsbehörde verfügt über sämtliche folgenden Genehmigungsbefugnisse und beratenden Befugnisse, die es ihr gestatten,
a) gemäß dem Verfahren der vorherigen Konsultation nach Artikel 36 den Verantwortlichen zu beraten,
b) zu allen Fragen, die im Zusammenhang mit dem Schutz personenbezogener Daten stehen, von sich aus oder auf Anfrage Stellungnahmen an das nationale Parlament, die Regierung des Mitgliedstaats oder im Einklang mit dem Recht des Mitgliedstaats an sonstige Einrichtungen und Stellen sowie an die Öffentlichkeit zu richten,
c) die Verarbeitung gemäß Artikel 36 Absatz 5 zu genehmigen, falls im Recht des Mitgliedstaats eine derartige vorherige Genehmigung verlangt wird,
d) eine Stellungnahme abzugeben und Entwürfe von Verhaltensregeln gemäß Artikel 40 Absatz 5 zu billigen,
e) Zertifizierungsstellen gemäß Artikel 43 zu akkreditieren,
f) im Einklang mit Artikel 42 Absatz 5 Zertifizierungen zu erteilen und Kriterien für die Zertifizierung zu billigen,
g) Standarddatenschutzklauseln nach Artikel 28 Absatz 8 und Artikel 46 Absatz 2 Buchstabe d festzulegen,
h) Vertragsklauseln gemäß Artikel 46 Absatz 3 Buchstabe a zu genehmigen,
i) Verwaltungsvereinbarungen gemäß Artikel 46 Absatz 3 Buchstabe b zu genehmigen
j) verbindliche interne Vorschriften gemäß Artikel 47 zu genehmigen.

(4) Die Ausübung der der Aufsichtsbehörde gemäß diesem Artikel übertragenen Befugnisse erfolgt vorbehaltlich geeigneter Garantien einschließlich wirksamer gerichtlicher Rechtsbehelfe und ordnungsgemäßer Verfahren gemäß dem Unionsrecht und dem Recht des Mitgliedstaats im Einklang mit der Charta.

(5) Jeder Mitgliedstaat sieht durch Rechtsvorschriften vor, dass seine Aufsichtsbehörde befugt ist, Verstöße gegen diese Verordnung den Justizbehörden zur Kenntnis zu bringen und gegebenenfalls die Einleitung eines gerichtlichen Verfahrens zu betreiben oder sich sonst daran zu beteiligen, um die Bestimmungen dieser Verordnung durchzusetzen.

(6) [1]Jeder Mitgliedstaat kann durch Rechtsvorschriften vorsehen, dass seine Aufsichtsbehörde neben den in den Absätzen 1, 2 und 3 aufgeführten Befugnissen über zusätzliche Befugnisse verfügt. [2]Die Ausübung dieser Befugnisse darf nicht die effektive Durchführung des Kapitels VII beeinträchtigen.

Art. 59 Tätigkeitsbericht. [1]Jede Aufsichtsbehörde erstellt einen Jahresbericht über ihre Tätigkeit, der eine Liste der Arten der gemeldeten Verstöße und der Arten der getroffenen Maßnahmen nach Artikel 58 Absatz 2 enthalten kann. [2]Diese Berichte werden dem nationalen Parlament, der Regierung und anderen nach dem Recht der Mitgliedstaaten bestimmten Behörden übermittelt. [3]Sie werden der Öffentlichkeit, der Kommission und dem Ausschuss zugänglich gemacht.

Kapitel VII

Zusammenarbeit und Kohärenz

Abschnitt 1

Zusammenarbeit

Art. 60 Zusammenarbeit zwischen der federführenden Aufsichtsbehörde und den anderen betroffenen Aufsichtsbehörden. (1) [1]Die federführende Aufsichtsbehörde arbeitet mit den anderen betroffenen Aufsichtsbehörden im Einklang mit diesem Artikel zusammen und bemüht sich dabei, einen Konsens zu erzielen. [2]Die federführende Aufsichtsbehörde und die betroffenen Aufsichtsbehörden tauschen untereinander alle zweckdienlichen Informationen aus.

(2) Die federführende Aufsichtsbehörde kann jederzeit andere betroffene Aufsichtsbehörden um Amtshilfe gemäß Artikel 61 ersuchen und gemeinsame Maßnahmen gemäß Artikel 62 durchführen, insbesondere zur Durchführung von Untersuchungen oder zur Überwachung der Umsetzung einer Maßnahme in Bezug auf einen Verantwortlichen oder einen Auftragsverarbeiter, der in einem anderen Mitgliedstaat niedergelassen ist.

(3) [1]Die federführende Aufsichtsbehörde übermittelt den anderen betroffenen Aufsichtsbehörden unverzüglich die zweckdienlichen Informationen zu der Angelegenheit. [2]Sie legt den anderen betroffenen Aufsichtsbehörden unverzüglich einen Beschlussentwurf zur Stellungnahme vor und trägt deren Standpunkten gebührend Rechnung.

(4) Legt eine der anderen betroffenen Aufsichtsbehörden innerhalb von vier Wochen, nachdem sie gemäß Absatz 3 des vorliegenden Artikels konsultiert wurde, gegen diesen Beschlussentwurf einen maßgeblichen und begründeten Einspruch ein und schließt sich die federführende Aufsichtsbehörde dem maßgeblichen und begründeten Einspruch nicht an oder ist der Ansicht, dass der Einspruch nicht maßgeblich oder nicht begründet ist, so leitet die federführende Aufsichtsbehörde das Kohärenzverfahren gemäß Artikel 63 für die Angelegenheit ein.

(5) [1]Beabsichtigt die federführende Aufsichtsbehörde, sich dem maßgeblichen und begründeten Einspruch anzuschließen, so legt sie den anderen betroffenen Aufsichtsbehörden einen überarbeiteten Beschlussentwurf zur Stellungnahme vor. [2]Der überarbeitete Beschlussentwurf wird innerhalb von zwei Wochen dem Verfahren nach Absatz 4 unterzogen.

(6) Legt keine der anderen betroffenen Aufsichtsbehörden Einspruch gegen den Beschlussentwurf ein, der von der federführenden Aufsichtsbehörde innerhalb der in den Absätzen 4 und 5 festgelegten Frist vorgelegt wurde, so gelten die federführende Aufsichtsbehörde und die betroffenen Aufsichtsbehörden als mit dem Beschlussentwurf einverstanden und sind an ihn gebunden.

(7) [1]Die federführende Aufsichtsbehörde erlässt den Beschluss und teilt ihn der Hauptniederlassung oder der einzigen Niederlassung des Verantwortlichen oder gegebenenfalls des Auftragsverarbeiters mit und setzt die anderen betroffenen Aufsichtsbehörden und den Ausschuss von dem betreffenden Beschluss einschließlich einer Zusammenfassung der maßgeblichen Fakten und Gründe in Kenntnis. [2]Die Aufsichtsbehörde, bei der eine Beschwerde eingereicht worden ist, unterrichtet den Beschwerdeführer über den Beschluss.

(8) Wird eine Beschwerde abgelehnt oder abgewiesen, so erlässt die Aufsichtsbehörde, bei der die Beschwerde eingereicht wurde, abweichend von Absatz 7 den Beschluss, teilt ihn dem Beschwerdeführer mit und setzt den Verantwortlichen in Kenntnis.

(9) [1]Sind sich die federführende Aufsichtsbehörde und die betreffenden Aufsichtsbehörden darüber einig, Teile der Beschwerde abzulehnen oder abzuweisen und bezüglich anderer Teile dieser Beschwerde tätig zu werden, so wird in dieser Angelegenheit für jeden dieser Teile ein eigener Beschluss erlassen. [2]Die federführende Aufsichtsbehörde erlässt den Beschluss für den Teil, der das Tätigwerden in Bezug auf den Verantwortlichen betrifft, teilt ihn der Hauptniederlassung oder einzigen Niederlassung des Verantwortlichen oder des Auftragsverarbeiters im Hoheitsgebiet ihres Mitgliedstaats mit und setzt den Beschwerdeführer hiervon in Kenntnis, während die für den Beschwerdeführer zuständige Aufsichtsbehörde den Beschluss für den Teil erlässt, der die Ablehnung oder Abweisung dieser Beschwerde betrifft, und ihn diesem Beschwerdeführer mitteilt und den Verantwortlichen oder den Auftragsverarbeiter hiervon in Kenntnis setzt.

(10) ¹Nach der Unterrichtung über den Beschluss der federführenden Aufsichtsbehörde gemäß den Absätzen 7 und 9 ergreift der Verantwortliche oder der Auftragsverarbeiter die erforderlichen Maßnahmen, um die Verarbeitungstätigkeiten all seiner Niederlassungen in der Union mit dem Beschluss in Einklang zu bringen. ²Der Verantwortliche oder der Auftragsverarbeiter teilt der federführenden Aufsichtsbehörde die Maßnahmen mit, die zur Einhaltung des Beschlusses ergriffen wurden; diese wiederum unterrichtet die anderen betroffenen Aufsichtsbehörden.

(11) Hat – in Ausnahmefällen – eine betroffene Aufsichtsbehörde Grund zu der Annahme, dass zum Schutz der Interessen betroffener Personen dringender Handlungsbedarf besteht, so kommt das Dringlichkeitsverfahren nach Artikel 66 zur Anwendung.

(12) Die federführende Aufsichtsbehörde und die anderen betroffenen Aufsichtsbehörden übermitteln einander die nach diesem Artikel geforderten Informationen auf elektronischem Wege unter Verwendung eines standardisierten Formats.

Art. 61 Gegenseitige Amtshilfe. (1) ¹Die Aufsichtsbehörden übermitteln einander maßgebliche Informationen und gewähren einander Amtshilfe, um diese Verordnung einheitlich durchzuführen und anzuwenden, und treffen Vorkehrungen für eine wirksame Zusammenarbeit. ²Die Amtshilfe bezieht sich insbesondere auf Auskunftsersuchen und aufsichtsbezogene Maßnahmen, beispielsweise Ersuchen um vorherige Genehmigungen und eine vorherige Konsultation, um Vornahme von Nachprüfungen und Untersuchungen.

(2) ¹Jede Aufsichtsbehörde ergreift alle geeigneten Maßnahmen, um einem Ersuchen einer anderen Aufsichtsbehörde unverzüglich und spätestens innerhalb eines Monats nach Eingang des Ersuchens nachzukommen. ²Dazu kann insbesondere auch die Übermittlung maßgeblicher Informationen über die Durchführung einer Untersuchung gehören.

(3) ¹Amtshilfeersuchen enthalten alle erforderlichen Informationen, einschließlich Zweck und Begründung des Ersuchens. ²Die übermittelten Informationen werden ausschließlich für den Zweck verwendet, für den sie angefordert wurden.

(4) Die ersuchte Aufsichtsbehörde lehnt das Ersuchen nur ab, wenn
a) sie für den Gegenstand des Ersuchens oder für die Maßnahmen, die sie durchführen soll, nicht zuständig ist oder
b) ein Eingehen auf das Ersuchen gegen diese Verordnung verstoßen würde oder gegen das Unionsrecht oder das Recht der Mitgliedstaaten, dem die Aufsichtsbehörde, bei der das Ersuchen eingeht, unterliegt.

(5) ¹Die ersuchte Aufsichtsbehörde informiert die ersuchende Aufsichtsbehörde über die Ergebnisse oder gegebenenfalls über den Fortgang der Maßnahmen, die getroffen wurden, um dem Ersuchen nachzukommen. ²Die ersuchte Aufsichtsbehörde erläutert gemäß Absatz 4 die Gründe für die Ablehnung des Ersuchens.

(6) Die ersuchten Aufsichtsbehörden übermitteln die Informationen, um die von einer anderen Aufsichtsbehörde ersucht wurde, in der Regel auf elektronischem Wege unter Verwendung eines standardisierten Formats.

(7) [1]Ersuchte Aufsichtsbehörden verlangen für Maßnahmen, die sie aufgrund eines Amtshilfeersuchens getroffen haben, keine Gebühren. [2]Die Aufsichtsbehörden können untereinander Regeln vereinbaren, um einander in Ausnahmefällen besondere aufgrund der Amtshilfe entstandene Ausgaben zu erstatten.

(8) [1]Erteilt eine ersuchte Aufsichtsbehörde nicht binnen eines Monats nach Eingang des Ersuchens einer anderen Aufsichtsbehörde die Informationen gemäß Absatz 5, so kann die ersuchende Aufsichtsbehörde eine einstweilige Maßnahme im Hoheitsgebiet ihres Mitgliedstaats gemäß Artikel 55 Absatz 1 ergreifen. [2]In diesem Fall wird von einem dringenden Handlungsbedarf gemäß Artikel 66 Absatz 1 ausgegangen, der einen im Dringlichkeitsverfahren angenommenen verbindlichen Beschluss des Ausschuss gemäß Artikel 66 Absatz 2 erforderlich macht.

(9) [1]Die Kommission kann im Wege von Durchführungsrechtsakten Form und Verfahren der Amtshilfe nach diesem Artikel und die Ausgestaltung des elektronischen Informationsaustauschs zwischen den Aufsichtsbehörden sowie zwischen den Aufsichtsbehörden und dem Ausschuss, insbesondere das in Absatz 6 des vorliegenden Artikels genannte standardisierte Format, festlegen. [2]Diese Durchführungsrechtsakte werden gemäß dem in Artikel 93 Absatz 2 genannten Prüfverfahren erlassen.

Art. 62 Gemeinsame Maßnahmen der Aufsichtsbehörden. (1) Die Aufsichtsbehörden führen gegebenenfalls gemeinsame Maßnahmen einschließlich gemeinsamer Untersuchungen und gemeinsamer Durchsetzungsmaßnahmen durch, an denen Mitglieder oder Bedienstete der Aufsichtsbehörden anderer Mitgliedstaaten teilnehmen.

(2) [1]Verfügt der Verantwortliche oder der Auftragsverarbeiter über Niederlassungen in mehreren Mitgliedstaaten oder werden die Verarbeitungsvorgänge voraussichtlich auf eine bedeutende Zahl betroffener Personen in mehr als einem Mitgliedstaat erhebliche Auswirkungen haben, ist die Aufsichtsbehörde jedes dieser Mitgliedstaaten berechtigt, an den gemeinsamen Maßnahmen teilzunehmen. [2]Die gemäß Artikel 56 Absatz 1 oder Absatz 4 zuständige Aufsichtsbehörde lädt die Aufsichtsbehörde jedes dieser Mitgliedstaaten zur Teilnahme an den gemeinsamen Maßnahmen ein und antwortet unverzüglich auf das Ersuchen einer Aufsichtsbehörde um Teilnahme.

(3) [1]Eine Aufsichtsbehörde kann gemäß dem Recht des Mitgliedstaats und mit Genehmigung der unterstützenden Aufsichtsbehörde den an den gemeinsamen Maßnahmen beteiligten Mitgliedern oder Bediensteten der unterstützenden Aufsichtsbehörde Befugnisse einschließlich Untersuchungsbefugnisse übertragen oder, soweit dies nach dem Recht des Mitgliedstaats der einladenden Aufsichtsbehörde zulässig ist, den Mitgliedern oder Bediensteten der un-

Datenschutz-Grundverordnung

terstützenden Aufsichtsbehörde gestatten, ihre Untersuchungsbefugnisse nach dem Recht des Mitgliedstaats der unterstützenden Aufsichtsbehörde auszuüben. ²Diese Untersuchungsbefugnisse können nur unter der Leitung und in Gegenwart der Mitglieder oder Bediensteten der einladenden Aufsichtsbehörde ausgeübt werden. ³Die Mitglieder oder Bediensteten der unterstützenden Aufsichtsbehörde unterliegen dem Recht des Mitgliedstaats der einladenden Aufsichtsbehörde.

(4) Sind gemäß Absatz 1 Bedienstete einer unterstützenden Aufsichtsbehörde in einem anderen Mitgliedstaat im Einsatz, so übernimmt der Mitgliedstaat der einladenden Aufsichtsbehörde nach Maßgabe des Rechts des Mitgliedstaats, in dessen Hoheitsgebiet der Einsatz erfolgt, die Verantwortung für ihr Handeln, einschließlich der Haftung für alle von ihnen bei ihrem Einsatz verursachten Schäden.

(5) ¹Der Mitgliedstaat, in dessen Hoheitsgebiet der Schaden verursacht wurde, ersetzt diesen Schaden so, wie er ihn ersetzen müsste, wenn seine eigenen Bediensteten ihn verursacht hätten. ²Der Mitgliedstaat der unterstützenden Aufsichtsbehörde, deren Bedienstete im Hoheitsgebiet eines anderen Mitgliedstaats einer Person Schaden zugefügt haben, erstattet diesem anderen Mitgliedstaat den Gesamtbetrag des Schadenersatzes, den dieser an die Berechtigten geleistet hat.

(6) Unbeschadet der Ausübung seiner Rechte gegenüber Dritten und mit Ausnahme des Absatzes 5 verzichtet jeder Mitgliedstaat in dem Fall des Absatzes 1 darauf, den in Absatz 4 genannten Betrag des erlittenen Schadens anderen Mitgliedstaaten gegenüber geltend zu machen.

(7) ¹Ist eine gemeinsame Maßnahme geplant und kommt eine Aufsichtsbehörde binnen eines Monats nicht der Verpflichtung nach Absatz 2 Satz 2 des vorliegenden Artikels nach, so können die anderen Aufsichtsbehörden eine einstweilige Maßnahme im Hoheitsgebiet ihres Mitgliedstaats gemäß Artikel 55 ergreifen. ²In diesem Fall wird von einem dringenden Handlungsbedarf gemäß Artikel 66 Absatz 1 ausgegangen, der eine im Dringlichkeitsverfahren angenommene Stellungnahme oder einen im Dringlichkeitsverfahren angenommenen verbindlichen Beschluss des Ausschusses gemäß Artikel 66 Absatz 2 erforderlich macht.

Abschnitt 2

Kohärenz

Art. 63 Kohärenzverfahren. Um zur einheitlichen Anwendung dieser Verordnung in der gesamten Union beizutragen, arbeiten die Aufsichtsbehörden im Rahmen des in diesem Abschnitt beschriebenen Kohärenzverfahrens untereinander und gegebenenfalls mit der Kommission zusammen.

Art. 64 Stellungnahme des Ausschusses. (1) ¹Der Ausschuss gibt eine Stellungnahme ab, wenn die zuständige Aufsichtsbehörde beabsichtigt, eine der nachstehenden Maßnahmen zu erlassen. ²Zu diesem Zweck übermittelt die zuständige Aufsichtsbehörde dem Ausschuss den Entwurf des Beschlusses, wenn dieser

a) der Annahme einer Liste der Verarbeitungsvorgänge dient, die der Anforderung einer Datenschutz-Folgenabschätzung gemäß Artikel 35 Absatz 4 unterliegen,
b) eine Angelegenheit gemäß Artikel 40 Absatz 7 und damit die Frage betrifft, ob ein Entwurf von Verhaltensregeln oder eine Änderung oder Ergänzung von Verhaltensregeln mit dieser Verordnung in Einklang steht,
c) der Billigung der Anforderungen an die Akkreditierung einer Stelle nach Artikel 41 Absatz 3, einer Zertifizierungsstelle nach Artikel 43 Absatz 3 oder der Kriterien für die Zertifizierung gemäß Artikel 42 Absatz 5 dient,
d) der Festlegung von Standard-Datenschutzklauseln gemäß Artikel 46 Absatz 2 Buchstabe d und Artikel 28 Absatz 8 dient,
e) der Genehmigung von Vertragsklauseln gemäß Artikels 46 Absatz 3 Buchstabe a dient, oder
f) der Annahme verbindlicher interner Vorschriften im Sinne von Artikel 47 dient.

(2) Jede Aufsichtsbehörde, der Vorsitz des Ausschuss oder die Kommission können beantragen, dass eine Angelegenheit mit allgemeiner Geltung oder mit Auswirkungen in mehr als einem Mitgliedstaat vom Ausschuss geprüft wird, um eine Stellungnahme zu erhalten, insbesondere wenn eine zuständige Aufsichtsbehörde den Verpflichtungen zur Amtshilfe gemäß Artikel 61 oder zu gemeinsamen Maßnahmen gemäß Artikel 62 nicht nachkommt.

(3) ¹In den in den Absätzen 1 und 2 genannten Fällen gibt der Ausschuss eine Stellungnahme zu der Angelegenheit ab, die ihm vorgelegt wurde, sofern er nicht bereits eine Stellungnahme zu derselben Angelegenheit abgegeben hat. ²Diese Stellungnahme wird binnen acht Wochen mit der einfachen Mehrheit der Mitglieder des Ausschusses angenommen. ³Diese Frist kann unter Berücksichtigung der Komplexität der Angelegenheit um weitere sechs Wochen verlängert werden. ⁴Was den in Absatz 1 genannten Beschlussentwurf angeht, der gemäß Absatz 5 den Mitgliedern des Ausschusses übermittelt wird, so wird angenommen, dass ein Mitglied, das innerhalb einer vom Vorsitz angegebenen Frist keine Einwände erhoben hat, dem Beschlussentwurf zustimmt.

(4) Die Aufsichtsbehörden und die Kommission übermitteln unverzüglich dem Ausschuss auf elektronischem Wege unter Verwendung eines standardisierten Formats alle zweckdienlichen Informationen, einschließlich – je nach Fall – einer kurzen Darstellung des Sachverhalts, des Beschlussentwurfs, der Gründe, warum eine solche Maßnahme ergriffen werden muss, und der Standpunkte anderer betroffener Aufsichtsbehörden.

(5) Der Vorsitz des Ausschusses unterrichtet unverzüglich auf elektronischem Wege

Datenschutz-Grundverordnung **DSGVO 7**

a) unter Verwendung eines standardisierten Formats die Mitglieder des Ausschusses und die Kommission über alle zweckdienlichen Informationen, die ihm zugegangen sind. Soweit erforderlich stellt das Sekretariat des Ausschusses Übersetzungen der zweckdienlichen Informationen zur Verfügung und
b) je nach Fall die in den Absätzen 1 und 2 genannte Aufsichtsbehörde und die Kommission über die Stellungnahme und veröffentlicht sie.

(6) Die in Absatz 1 genannte zuständige Aufsichtsbehörde nimmt den in Absatz 1 genannten Beschlussentwurf nicht vor Ablauf der in Absatz 3 genannten Frist an.

(7) Die in Absatz 1 genannte zuständige Aufsichtsbehörde trägt der Stellungnahme des Ausschusses weitestgehend Rechnung und teilt dessen Vorsitz binnen zwei Wochen nach Eingang der Stellungnahme auf elektronischem Wege unter Verwendung eines standardisierten Formats mit, ob sie den Beschlussentwurf beibehalten oder ändern wird; gegebenen- falls übermittelt sie den geänderten Beschlussentwurf.

(8) Teilt die in Absatz 1 genannte zuständige Aufsichtsbehörde dem Vorsitz des Ausschusses innerhalb der Frist nach Absatz 7 des vorliegenden Artikels unter Angabe der maßgeblichen Gründe mit, dass sie beabsichtigt, der Stellungnahme des Ausschusses insgesamt oder teilweise nicht zu folgen, so gilt Artikel 65 Absatz 1.

Art. 65 Streitbeilegung durch den Ausschuss. (1) Um die ordnungsgemäße und einheitliche Anwendung dieser Verordnung in Einzelfällen sicherzustellen, erlässt der Ausschuss in den folgenden Fällen einen verbindlichen Beschluss:
a) wenn eine betroffene Aufsichtsbehörde in einem Fall nach Artikel 60 Absatz 4 einen maßgeblichen und begründeten Einspruch gegen einen Beschlussentwurf der federführenden Aufsichtsbehörde eingelegt hat und sich die federführende Aufsichtsbehörde dem Einspruch nicht angeschlossen hat oder den Einspruch als nicht maßgeblich oder nicht begründet abgelehnt hat. Der verbindliche Beschluss betrifft alle Angelegenheiten, die Gegenstand des maßgeblichen und begründeten Einspruchs sind, insbesondere die Frage, ob ein Verstoß gegen diese Verordnung vorliegt;
b) wenn es widersprüchliche Standpunkte dazu gibt, welche der betroffenen Aufsichtsbehörden für die Hauptniederlassung zuständig ist,
c) wenn eine zuständige Aufsichtsbehörde in den in Artikel 64 Absatz 1 genannten Fällen keine Stellungnahme des Ausschusses einholt oder der Stellungnahme des Ausschusses gemäß Artikel 64 nicht folgt. In diesem Fall kann jede betroffene Aufsichtsbehörde oder die Kommission die Angelegenheit dem Ausschuss vorlegen.

(2) ^{1}Der in Absatz 1 genannte Beschluss wird innerhalb eines Monats nach der Befassung mit der Angelegenheit mit einer Mehrheit von zwei Dritteln der Mitglieder des Ausschusses angenommen. ^{2}Diese Frist kann wegen der Kom-

plexität der Angelegenheit um einen weiteren Monat verlängert werden. ³Der in Absatz 1 genannte Beschluss wird begründet und an die federführende Aufsichtsbehörde und alle betroffenen Aufsichtsbehörden übermittelt und ist für diese verbindlich.

(3) ¹War der Ausschuss nicht in der Lage, innerhalb der in Absatz 2 genannten Fristen einen Beschluss anzunehmen, so nimmt er seinen Beschluss innerhalb von zwei Wochen nach Ablauf des in Absatz 2 genannten zweiten Monats mit einfacher Mehrheit der Mitglieder des Ausschusses an. ²Bei Stimmengleichheit zwischen den Mitgliedern des Ausschusses gibt die Stimme des Vorsitzes den Ausschlag.

(4) Die betroffenen Aufsichtsbehörden nehmen vor Ablauf der in den Absätzen 2 und 3 genannten Fristen keinen Beschluss über die dem Ausschuss vorgelegte Angelegenheit an.

(5) ¹Der Vorsitz des Ausschusses unterrichtet die betroffenen Aufsichtsbehörden unverzüglich über den in Absatz 1 genannten Beschluss. ²Er setzt die Kommission hiervon in Kenntnis. ³Der Beschluss wird unverzüglich auf der Website des Ausschusses veröffentlicht, nachdem die Aufsichtsbehörde den in Absatz 6 genannten endgültigen Beschluss mitgeteilt hat.

(6) ¹Die federführende Aufsichtsbehörde oder gegebenenfalls die Aufsichtsbehörde, bei der die Beschwerde eingereicht wurde, trifft den endgültigen Beschluss auf der Grundlage des in Absatz 1 des vorliegenden Artikels genannten Beschlusses unverzüglich und spätestens einen Monat, nachdem der Europäische Datenschutzausschuss seinen Beschluss mitgeteilt hat. ²Die federführende Aufsichtsbehörde oder gegebenenfalls die Aufsichtsbehörde, bei der die Beschwerde eingereicht wurde, setzt den Ausschuss von dem Zeitpunkt, zu dem ihr endgültiger Beschluss dem Verantwortlichen oder dem Auftragsverarbeiter bzw. der betroffenen Person mitgeteilt wird, in Kenntnis. ³Der endgültige Beschluss der betroffenen Aufsichtsbehörden wird gemäß Artikel 60 Absätze 7, 8 und 9 angenommen. ⁴Im endgültigen Beschluss wird auf den in Absatz 1 genannten Beschluss verwiesen und festgelegt, dass der in Absatz 1 des vorliegenden Artikels genannte Beschluss gemäß Absatz 5 auf der Website des Ausschusses veröffentlicht wird. ⁵Dem endgültigen Beschluss wird der in Absatz 1 des vorliegenden Artikels genannte Beschluss beigefügt.

Art. 66 Dringlichkeitsverfahren. (1) ¹Unter außergewöhnlichen Umständen kann eine betroffene Aufsichtsbehörde abweichend vom Kohärenzverfahren nach Artikel 63, 64 und 65 oder dem Verfahren nach Artikel 60 sofort einstweilige Maßnahmen mit festgelegter Geltungsdauer von höchstens drei Monaten treffen, die in ihrem Hoheitsgebiet rechtliche Wirkung entfalten sollen, wenn sie zu der Auffassung gelangt, dass dringender Handlungsbedarf besteht, um Rechte und Freiheiten von betroffenen Personen zu schützen. ²Die Aufsichtsbehörde setzt die anderen betroffenen Aufsichtsbehörden, den Ausschuss und die Kommission unverzüglich von diesen Maßnahmen und den Gründen für deren Erlass in Kenntnis.

Datenschutz-Grundverordnung

DSGVO 7

(2) Hat eine Aufsichtsbehörde eine Maßnahme nach Absatz 1 ergriffen und ist sie der Auffassung, dass dringend endgültige Maßnahmen erlassen werden müssen, kann sie unter Angabe von Gründen im Dringlichkeitsverfahren um eine Stellungnahme oder einen verbindlichen Beschluss des Ausschusses ersuchen.

(3) Jede Aufsichtsbehörde kann unter Angabe von Gründen, auch für den dringenden Handlungsbedarf, im Dringlichkeitsverfahren um eine Stellungnahme oder gegebenenfalls einen verbindlichen Beschluss des Ausschusses ersuchen, wenn eine zuständige Aufsichtsbehörde trotz dringenden Handlungsbedarfs keine geeignete Maßnahme getroffen hat, um die Rechte und Freiheiten von betroffenen Personen zu schützen.

(4) Abweichend von Artikel 64 Absatz 3 und Artikel 65 Absatz 2 wird eine Stellungnahme oder ein verbindlicher Beschluss im Dringlichkeitsverfahren nach den Absätzen 2 und 3 binnen zwei Wochen mit einfacher Mehrheit der Mitglieder des Ausschusses angenommen.

Art. 67 Informationsaustausch. [1] Die Kommission kann Durchführungsrechtsakte von allgemeiner Tragweite zur Festlegung der Ausgestaltung des elektronischen Informationsaustauschs zwischen den Aufsichtsbehörden sowie zwischen den Aufsichtsbehörden und dem Ausschuss, insbesondere des standardisierten Formats nach Artikel 64, erlassen.

[2] Diese Durchführungsrechtsakte werden gemäß dem Prüfverfahren nach Artikel 93 Absatz 2 erlassen.

Abschnitt 3

Europäischer Datenschutzausschuss

Art. 68 Europäischer Datenschutzausschuss. (1) Der Europäische Datenschutzausschuss (im Folgenden „Ausschuss") wird als Einrichtung der Union mit eigener Rechtspersönlichkeit eingerichtet.

(2) Der Ausschuss wird von seinem Vorsitz vertreten.

(3) Der Ausschuss besteht aus dem Leiter einer Aufsichtsbehörde jedes Mitgliedstaats und dem Europäischen Datenschutzbeauftragten oder ihren jeweiligen Vertretern.

(4) Ist in einem Mitgliedstaat mehr als eine Aufsichtsbehörde für die Überwachung der Anwendung der nach Maßgabe dieser Verordnung erlassenen Vorschriften zuständig, so wird im Einklang mit den Rechtsvorschriften dieses Mitgliedstaats ein gemeinsamer Vertreter benannt.

(5) [1]Die Kommission ist berechtigt, ohne Stimmrecht an den Tätigkeiten und Sitzungen des Ausschusses teilzunehmen. [2]Die Kommission benennt einen Vertreter. [3]Der Vorsitz des Ausschusses unterrichtet die Kommission über die Tätigkeiten des Ausschusses.

(6) In den in Artikel 65 genannten Fällen ist der Europäische Datenschutzbeauftragte nur bei Beschlüssen stimmberechtigt, die Grundsätze und Vorschriften betreffen, die für die Organe, Einrichtungen, Ämter und Agenturen der Union gelten und inhaltlich den Grundsätzen und Vorschriften dieser Verordnung entsprechen.

Art. 69 Unabhängigkeit. (1) Der Ausschuss handelt bei der Erfüllung seiner Aufgaben oder in Ausübung seiner Befugnisse gemäß den Artikeln 70 und 71 unabhängig.

(2) Unbeschadet der Ersuchen der Kommission gemäß Artikel 70 Absätze 1 und 2 ersucht der Ausschuss bei der Erfüllung seiner Aufgaben oder in Ausübung seiner Befugnisse weder um Weisung noch nimmt er Weisungen entgegen.

Art. 70 Aufgaben des Ausschusses. (1) [1]Der Ausschuss stellt die einheitliche Anwendung dieser Verordnung sicher. [2]Hierzu nimmt der Ausschuss von sich aus oder gegebenenfalls auf Ersuchen der Kommission insbesondere folgende Tätigkeiten wahr:

a) Überwachung und Sicherstellung der ordnungsgemäßen Anwendung dieser Verordnung in den in den Artikeln 64 und 65 genannten Fällen unbeschadet der Aufgaben der nationalen Aufsichtsbehörden;

b) Beratung der Kommission in allen Fragen, die im Zusammenhang mit dem Schutz personenbezogener Daten in der Union stehen, einschließlich etwaiger Vorschläge zur Änderung dieser Verordnung;

c) Beratung der Kommission über das Format und die Verfahren für den Austausch von Informationen zwischen den Verantwortlichen, den Auftragsverarbeitern und den Aufsichtsbehörden in Bezug auf verbindliche interne Datenschutzvorschriften;

d) Bereitstellung von Leitlinien, Empfehlungen und bewährten Verfahren zu Verfahren für die Löschung gemäß Artikel 17 Absatz 2 von Links zu personenbezogenen Daten oder Kopien oder Replikationen dieser Daten aus öffentlich zugänglichen Kommunikationsdiensten;

e) Prüfung – von sich aus, auf Antrag eines seiner Mitglieder oder auf Ersuchen der Kommission – von die Anwendung dieser Verordnung betreffenden Fragen und Bereitstellung von Leitlinien, Empfehlungen und bewährten Verfahren zwecks Sicherstellung einer einheitlichen Anwendung dieser Verordnung;

f) Bereitstellung von Leitlinien, Empfehlungen und bewährten Verfahren gemäß Buchstabe e des vorliegenden Absatzes zur näheren Bestimmung der Kriterien und Bedingungen für die auf Profiling beruhenden Entscheidungen gemäß Artikel 22 Absatz 2;

g) Bereitstellung von Leitlinien, Empfehlungen und bewährten Verfahren gemäß Buchstabe e des vorliegenden Absatzes für die Feststellung von Verletzungen des Schutzes personenbezogener Daten und die Festlegung der Unverzüglichkeit im Sinne des Artikels 33 Absätze 1 und 2, und zu den

spezifischen Umständen, unter denen der Verantwortliche oder der Auftragsverarbeiter die Verletzung des Schutzes personenbezogener Daten zu melden hat;
h) Bereitstellung von Leitlinien, Empfehlungen und bewährten Verfahren gemäß Buchstabe e des vorliegenden Absatzes zu den Umständen, unter denen eine Verletzung des Schutzes personenbezogener Daten voraussichtlich ein hohes Risiko für die Rechte und Freiheiten natürlicher Personen im Sinne des Artikels 34 Absatz 1 zur Folge hat;
i) Bereitstellung von Leitlinien, Empfehlungen und bewährten Verfahren gemäß Buchstabe e des vorliegenden Absatzes zur näheren Bestimmung der in Artikel 47 aufgeführten Kriterien und Anforderungen für die Übermittlungen personenbezogener Daten, die auf verbindlichen internen Datenschutzvorschriften von Verantwortlichen oder Auftragsverarbeitern beruhen, und der dort aufgeführten weiteren erforderlichen Anforderungen zum Schutz personenbezogener Daten der betroffenen Personen;
j) Bereitstellung von Leitlinien, Empfehlungen und bewährten Verfahren gemäß Buchstabe e des vorliegenden Absatzes zur näheren Bestimmung der Kriterien und Bedingungen für die Übermittlungen personenbezogener Daten gemäß Artikel 49 Absatz 1;
k) Ausarbeitung von Leitlinien für die Aufsichtsbehörden in Bezug auf die Anwendung von Maßnahmen nach Artikel 58 Absätze 1, 2 und 3 und die Festsetzung von Geldbußen gemäß Artikel 83;
l) Überprüfung der praktischen Anwendung der unter den Buchstaben e und f genannten Leitlinien, Empfehlungen und bewährten Verfahren;
m) Bereitstellung von Leitlinien, Empfehlungen und bewährten Verfahren gemäß Buchstabe e des vorliegenden Absatzes zur Festlegung gemeinsamer Verfahren für die von natürlichen Personen vorgenommene Meldung von Verstößen gegen diese Verordnung gemäß Artikel 54 Absatz 2;
n) Förderung der Ausarbeitung von Verhaltensregeln und der Einrichtung von datenschutzspezifischen Zertifizierungsverfahren sowie Datenschutzsiegeln und -prüfzeichen gemäß den Artikeln 40 und 42;
o) Genehmigung der Zertifizierungskriterien gemäß Artikel 42 Absatz 5 und Führung eines öffentlichen Registers der Zertifizierungsverfahren sowie von Datenschutzsiegeln und -prüfzeichen gemäß Artikel 42 Absatz 8 und der in Drittländern niedergelassenen zertifizierten Verantwortlichen oder Auftragsverarbeiter gemäß Artikel 42 Absatz 7;
p) Präzisierung der in Artikel 43 Absatz 3 genannten Anforderungen im Hinblick auf die Akkreditierung von Zertifizierungsstellen gemäß Artikel 42;
q) Abgabe einer Stellungnahme für die Kommission zu den Zertifizierungsanforderungen gemäß Artikel 43 Absatz 8;
r) Abgabe einer Stellungnahme für die Kommission zu den Bildsymbolen gemäß Artikel 12 Absatz 7;
s) Abgabe einer Stellungnahme für die Kommission zur Beurteilung der Angemessenheit des in einem Drittland oder einer internationalen Organisation gebotenen Schutzniveaus einschließlich zur Beurteilung der Frage, ob

7 DSGVO

das Drittland, das Gebiet, ein oder mehrere spezifische Sektoren in diesem Drittland oder eine internationale Organisation kein angemessenes Schutzniveau mehr gewährleistet. Zu diesem Zweck gibt die Kommission dem Ausschuss alle erforderlichen Unterlagen, darunter den Schriftwechsel mit der Regierung des Drittlands, dem Gebiet oder spezifischen Sektor oder der internationalen Organisation;

t) Abgabe von Stellungnahmen im Kohärenzverfahren gemäß Artikel 64 Absatz 1 zu Beschlussentwürfen von Aufsichtsbehörden, zu Angelegenheiten, die nach Artikel 64 Absatz 2 vorgelegt wurden und um Erlass verbindlicher Beschlüsse gemäß Artikel 65, einschließlich der in Artikel 66 genannten Fälle;

u) Förderung der Zusammenarbeit und eines wirksamen bilateralen und multilateralen Austauschs von Informationen und bewährten Verfahren zwischen den Aufsichtsbehörden;

v) Förderung von Schulungsprogrammen und Erleichterung des Personalaustausches zwischen Aufsichtsbehörden sowie gegebenenfalls mit Aufsichtsbehörden von Drittländern oder mit internationalen Organisationen;

w) Förderung des Austausches von Fachwissen und von Dokumentationen über Datenschutzvorschriften und -praxis mit Datenschutzaufsichtsbehörden in aller Welt;

x) Abgabe von Stellungnahmen zu den auf Unionsebene erarbeiteten Verhaltensregeln gemäß Artikel 40 Absatz 9 und

y) Führung eines öffentlich zugänglichen elektronischen Registers der Beschlüsse der Aufsichtsbehörden und Gerichte in Bezug auf Fragen, die im Rahmen des Kohärenzverfahrens behandelt wurden.

(2) Die Kommission kann, wenn sie den Ausschuss um Rat ersucht, unter Berücksichtigung der Dringlichkeit des Sachverhalts eine Frist angeben.

(3) Der Ausschuss leitet seine Stellungnahmen, Leitlinien, Empfehlungen und bewährten Verfahren an die Kommission und an den in Artikel 93 genannten Ausschuss weiter und veröffentlicht sie.

(4) [1]Der Ausschuss konsultiert gegebenenfalls interessierte Kreise und gibt ihnen Gelegenheit, innerhalb einer angemessenen Frist Stellung zu nehmen. [2]Unbeschadet des Artikels 76 macht der Ausschuss die Ergebnisse der Konsultation der Öffentlichkeit zugänglich.

Art. 71 Berichterstattung. (1) [1]Der Ausschuss erstellt einen Jahresbericht über den Schutz natürlicher Personen bei der Verarbeitung in der Union und gegebenenfalls in Drittländern und internationalen Organisationen. [2]Der Bericht wird veröffentlicht und dem Europäischen Parlament, dem Rat und der Kommission übermittelt.

(2) Der Jahresbericht enthält eine Überprüfung der praktischen Anwendung der in Artikel 70 Absatz 1 Buchstabe l genannten Leitlinien, Empfehlungen und bewährten Verfahren sowie der in Artikel 65 genannten verbindlichen Beschlüsse.

Datenschutz-Grundverordnung

Art. 72 Verfahrensweise. (1) Sofern in dieser Verordnung nichts anderes bestimmt ist, fasst der Ausschuss seine Beschlüsse mit einfacher Mehrheit seiner Mitglieder.

(2) Der Ausschuss gibt sich mit einer Mehrheit von zwei Dritteln seiner Mitglieder eine Geschäftsordnung und legt seine Arbeitsweise fest.

Art. 73 Vorsitz. (1) Der Ausschuss wählt aus dem Kreis seiner Mitglieder mit einfacher Mehrheit einen Vorsitzenden und zwei stellvertretende Vorsitzende.

(2) Die Amtszeit des Vorsitzenden und seiner beiden Stellvertreter beträgt fünf Jahre; ihre einmalige Wiederwahl ist zulässig.

Art. 74 Aufgaben des Vorsitzes. (1) Der Vorsitz hat folgende Aufgaben:
a) Einberufung der Sitzungen des Ausschusses und Erstellung der Tagesordnungen,
b) Übermittlung der Beschlüsse des Ausschusses nach Artikel 65 an die federführende Aufsichtsbehörde und die betroffenen Aufsichtsbehörden,
c) Sicherstellung einer rechtzeitigen Ausführung der Aufgaben des Ausschusses, insbesondere der Aufgaben im Zusammenhang mit dem Kohärenzverfahren nach Artikel 63.

(2) Der Ausschuss legt die Aufteilung der Aufgaben zwischen dem Vorsitzenden und dessen Stellvertretern in seiner Geschäftsordnung fest.

Art. 75 Sekretariat. (1) Der Ausschuss wird von einem Sekretariat unterstützt, das von dem Europäischen Datenschutzbeauftragten bereitgestellt wird.

(2) Das Sekretariat führt seine Aufgaben ausschließlich auf Anweisung des Vorsitzes des Ausschusses aus.

(3) Das Personal des Europäischen Datenschutzbeauftragten, das an der Wahrnehmung der dem Ausschuss gemäß dieser Verordnung übertragenen Aufgaben beteiligt ist, unterliegt anderen Berichtspflichten als das Personal, das an der Wahrnehmung der dem Europäischen Datenschutzbeauftragten übertragenen Aufgaben beteiligt ist.

(4) Soweit angebracht, erstellen und veröffentlichen der Ausschuss und der Europäische Datenschutzbeauftragte eine Vereinbarung zur Anwendung des vorliegenden Artikels, in der die Bedingungen ihrer Zusammenarbeit festgelegt sind und die für das Personal des Europäischen Datenschutzbeauftragten gilt, das an der Wahrnehmung der dem Ausschuss gemäß dieser Verordnung übertragenen Aufgaben beteiligt ist.

(5) Das Sekretariat leistet dem Ausschuss analytische, administrative und logistische Unterstützung.

(6) Das Sekretariat ist insbesondere verantwortlich für
a) das Tagesgeschäft des Ausschusses,
b) die Kommunikation zwischen den Mitgliedern des Ausschusses, seinem Vorsitz und der Kommission,

c) die Kommunikation mit anderen Organen und mit der Öffentlichkeit,
d) den Rückgriff auf elektronische Mittel für die interne und die externe Kommunikation,
e) die Übersetzung sachdienlicher Informationen,
f) die Vor- und Nachbereitung der Sitzungen des Ausschusses,
g) die Vorbereitung, Abfassung und Veröffentlichung von Stellungnahmen, von Beschlüssen über die Beilegung von Streitigkeiten zwischen Aufsichtsbehörden und von sonstigen vom Ausschuss angenommenen Dokumenten.

Art. 76 Vertraulichkeit. (1) Die Beratungen des Ausschusses sind gemäß seiner Geschäftsordnung vertraulich, wenn der Ausschuss dies für erforderlich hält.

(2) Der Zugang zu Dokumenten, die Mitgliedern des Ausschusses, Sachverständigen und Vertretern von Dritten vorgelegt werden, wird durch die Verordnung (EG) Nr. 1049/2001 des Europäischen Parlaments und des Rates[4] geregelt.

Kapitel VIII

Rechtsbehelfe, Haftung und Sanktionen

Art. 77 Recht auf Beschwerde bei einer Aufsichtsbehörde. (1) Jede betroffene Person hat unbeschadet eines anderweitigen verwaltungsrechtlichen oder gerichtlichen Rechtsbehelfs das Recht auf Beschwerde bei einer Aufsichtsbehörde, insbesondere in dem Mitgliedstaat ihres Aufenthaltsorts, ihres Arbeitsplatzes oder des Orts des mutmaßlichen Verstoßes, wenn die betroffene Person der Ansicht ist, dass die Verarbeitung der sie betreffenden personenbezogenen Daten gegen diese Verordnung verstößt.

(2) Die Aufsichtsbehörde, bei der die Beschwerde eingereicht wurde, unterrichtet den Beschwerdeführer über den Stand und die Ergebnisse der Beschwerde einschließlich der Möglichkeit eines gerichtlichen Rechtsbehelfs nach Artikel 78.

Art. 78 Recht auf wirksamen gerichtlichen Rechtsbehelf gegen eine Aufsichtsbehörde. (1) Jede natürliche oder juristische Person hat unbeschadet eines anderweitigen verwaltungsrechtlichen oder außergerichtlichen Rechtsbehelfs das Recht auf einen wirksamen gerichtlichen Rechtsbehelf gegen einen sie betreffenden rechtsverbindlichen Beschluss einer Aufsichtsbehörde.

(2) Jede betroffene Person hat unbeschadet eines anderweitigen verwaltungsrechtlichen oder außergerichtlichen Rechtsbehelfs das Recht auf einen

---

4 Verordnung (EG) Nr. 1049/2001 des Europäischen Parlaments und des Rates vom 30. Mai 2001 über den Zugang der Öffentlichkeit zu Dokumenten des Europäischen Parlaments, des Rates und der Kommission (ABl. L 145 vom 31.5.2001, S. 43).

Datenschutz-Grundverordnung

wirksamen gerichtlichen Rechtsbehelf, wenn die nach den Artikeln 55 und 56 zuständige Aufsichtsbehörde sich nicht mit einer Beschwerde befasst oder die betroffene Person nicht innerhalb von drei Monaten über den Stand oder das Ergebnis der gemäß Artikel 77 erhobenen Beschwerde in Kenntnis gesetzt hat.

(3) Für Verfahren gegen eine Aufsichtsbehörde sind die Gerichte des Mitgliedstaats zuständig, in dem die Aufsichtsbehörde ihren Sitz hat.

(4) Kommt es zu einem Verfahren gegen den Beschluss einer Aufsichtsbehörde, dem eine Stellungnahme oder ein Beschluss des Ausschusses im Rahmen des Kohärenzverfahrens vorangegangen ist, so leitet die Aufsichtsbehörde diese Stellungnahme oder diesen Beschluss dem Gericht zu.

Art. 79 Recht auf wirksamen gerichtlichen Rechtsbehelf gegen Verantwortliche oder Auftragsverarbeiter. (1) Jede betroffene Person hat unbeschadet eines verfügbaren verwaltungsrechtlichen oder außergerichtlichen Rechtsbehelfs einschließlich des Rechts auf Beschwerde bei einer Aufsichtsbehörde gemäß Artikel 77 das Recht auf einen wirksamen gerichtlichen Rechtsbehelf, wenn sie der Ansicht ist, dass die ihr aufgrund dieser Verordnung zustehenden Rechte infolge einer nicht im Einklang mit dieser Verordnung stehenden Verarbeitung ihrer personenbezogenen Daten verletzt wurden.

(2) ¹Für Klagen gegen einen Verantwortlichen oder gegen einen Auftragsverarbeiter sind die Gerichte des Mitgliedstaats zuständig, in dem der Verantwortliche oder der Auftragsverarbeiter eine Niederlassung hat. ²Wahlweise können solche Klagen auch bei den Gerichten des Mitgliedstaats erhoben werden, in dem die betroffene Person ihren gewöhnlichen Aufenthaltsort hat, es sei denn, es handelt sich bei dem Verantwortlichen oder dem Auftragsverarbeiter um eine Behörde eines Mitgliedstaats, die in Ausübung ihrer hoheitlichen Befugnisse tätig geworden ist.

Art. 80 Vertretung von betroffenen Personen. (1) Die betroffene Person hat das Recht, eine Einrichtung, Organisationen oder Vereinigung ohne Gewinnerzielungsabsicht, die ordnungsgemäß nach dem Recht eines Mitgliedstaats gegründet ist, deren satzungsmäßige Ziele im öffentlichem Interesse liegen und die im Bereich des Schutzes der Rechte und Freiheiten von betroffenen Personen in Bezug auf den Schutz ihrer personenbezogenen Daten tätig ist, zu beauftragen, in ihrem Namen eine Beschwerde einzureichen, in ihrem Namen die in den Artikeln 77, 78 und 79 genannten Rechte wahrzunehmen und das Recht auf Schadensersatz gemäß Artikel 82 in Anspruch zu nehmen, sofern dieses im Recht der Mitgliedstaaten vorgesehen ist.

(2) Die Mitgliedstaaten können vorsehen, dass jede der in Absatz 1 des vorliegenden Artikels genannten Einrichtungen, Organisationen oder Vereinigungen unabhängig von einem Auftrag der betroffenen Person in diesem Mitgliedstaat das Recht hat, bei der gemäß Artikel 77 zuständigen Aufsichtsbehörde eine Beschwerde einzulegen und die in den Artikeln 78 und 79 aufgeführten Rechte in Anspruch zu nehmen, wenn ihres Erachtens die Rechte einer betrof-

fenen Person gemäß dieser Verordnung infolge einer Verarbeitung verletzt worden sind.

Art. 81 Aussetzung des Verfahrens. (1) Erhält ein zuständiges Gericht in einem Mitgliedstaat Kenntnis von einem Verfahren zu demselben Gegenstand in Bezug auf die Verarbeitung durch denselben Verantwortlichen oder Auftragsverarbeiter, das vor einem Gericht in einem anderen Mitgliedstaat anhängig ist, so nimmt es mit diesem Gericht Kontakt auf, um sich zu vergewissern, dass ein solches Verfahren existiert.

(2) Ist ein Verfahren zu demselben Gegenstand in Bezug auf die Verarbeitung durch denselben Verantwortlichen oder Auftragsverarbeiter vor einem Gericht in einem anderen Mitgliedstaat anhängig, so kann jedes später angerufene zuständige Gericht das bei ihm anhängige Verfahren aussetzen.

(3) Sind diese Verfahren in erster Instanz anhängig, so kann sich jedes später angerufene Gericht auf Antrag einer Partei auch für unzuständig erklären, wenn das zuerst angerufene Gericht für die betreffenden Klagen zuständig ist und die Verbindung der Klagen nach seinem Recht zulässig ist.

Art. 82 Haftung und Recht auf Schadenersatz. (1) Jede Person, der wegen eines Verstoßes gegen diese Verordnung ein materieller oder immaterieller Schaden entstanden ist, hat Anspruch auf Schadenersatz gegen den Verantwortlichen oder gegen den Auftragsverarbeiter.

(2) [1]Jeder an einer Verarbeitung beteiligte Verantwortliche haftet für den Schaden, der durch eine nicht dieser Verordnung entsprechende Verarbeitung verursacht wurde. [2]Ein Auftragsverarbeiter haftet für den durch eine Verarbeitung verursachten Schaden nur dann, wenn er seinen speziell den Auftragsverarbeitern auferlegten Pflichten aus dieser Verordnung nicht nachgekommen ist oder unter Nichtbeachtung der rechtmäßig erteilten Anweisungen des für die Datenverarbeitung Verantwortlichen oder gegen diese Anweisungen gehandelt hat.

(3) Der Verantwortliche oder der Auftragsverarbeiter wird von der Haftung gemäß Absatz 2 befreit, wenn er nachweist, dass er in keinerlei Hinsicht für den Umstand, durch den der Schaden eingetreten ist, verantwortlich ist.

(4) Ist mehr als ein Verantwortlicher oder mehr als ein Auftragsverarbeiter bzw. sowohl ein Verantwortlicher als auch ein Auftragsverarbeiter an derselben Verarbeitung beteiligt und sind sie gemäß den Absätzen 2 und 3 für einen durch die Verarbeitung verursachten Schaden verantwortlich, so haftet jeder Verantwortliche oder jeder Auftragsverarbeiter für den gesamten Schaden, damit ein wirksamer Schadensersatz für die betroffene Person sichergestellt ist.

(5) Hat ein Verantwortlicher oder Auftragsverarbeiter gemäß Absatz 4 vollständigen Schadenersatz für den erlittenen Schaden gezahlt, so ist dieser Verantwortliche oder Auftragsverarbeiter berechtigt, von den übrigen an derselben Verarbeitung beteiligten für die Datenverarbeitung Verantwortlichen oder Auf-

Datenschutz-Grundverordnung

tragsverarbeitern den Teil des Schadenersatzes zurückzufordern, der unter den in Absatz 2 festgelegten Bedingungen ihrem Anteil an der Verantwortung für den Schaden entspricht.

(6) Mit Gerichtsverfahren zur Inanspruchnahme des Rechts auf Schadenersatz sind die Gerichte zu befassen, die nach den in Artikel 79 Absatz 2 genannten Rechtsvorschriften des Mitgliedstaats zuständig sind.

Art. 83 Allgemeine Bedingungen für die Verhängung von Geldbußen.

(1) Jede Aufsichtsbehörde stellt sicher, dass die Verhängung von Geldbußen gemäß diesem Artikel für Verstöße gegen diese Verordnung gemäß den Absätzen 4, 5 und 6 in jedem Einzelfall wirksam, verhältnismäßig und abschreckend ist.

(2) ^{1}Geldbußen werden je nach den Umständen des Einzelfalls zusätzlich zu oder anstelle von Maßnahmen nach Artikel 58 Absatz 2 Buchstaben a bis h und i verhängt. ^{2}Bei der Entscheidung über die Verhängung einer Geldbuße und über deren Betrag wird in jedem Einzelfall Folgendes gebührend berücksichtigt:

a) Art, Schwere und Dauer des Verstoßes unter Berücksichtigung der Art, des Umfangs oder des Zwecks der betreffenden Verarbeitung sowie der Zahl der von der Verarbeitung betroffenen Personen und des Ausmaßes des von ihnen erlittenen Schadens;
b) Vorsätzlichkeit oder Fahrlässigkeit des Verstoßes;
c) jegliche von dem Verantwortlichen oder dem Auftragsverarbeiter getroffenen Maßnahmen zur Minderung des den betroffenen Personen entstandenen Schadens;
d) Grad der Verantwortung des Verantwortlichen oder des Auftragsverarbeiters unter Berücksichtigung der von ihnen gemäß den Artikeln 25 und 32 getroffenen technischen und organisatorischen Maßnahmen;
e) etwaige einschlägige frühere Verstöße des Verantwortlichen oder des Auftragsverarbeiters;
f) Umfang der Zusammenarbeit mit der Aufsichtsbehörde, um dem Verstoß abzuhelfen und seine möglichen nachteiligen Auswirkungen zu mindern;
g) Kategorien personenbezogener Daten, die von dem Verstoß betroffen sind;
h) Art und Weise, wie der Verstoß der Aufsichtsbehörde bekannt wurde, insbesondere ob und gegebenenfalls in welchem Umfang der Verantwortliche oder der Auftragsverarbeiter den Verstoß mitgeteilt hat;
i) Einhaltung der nach Artikel 58 Absatz 2 früher gegen den für den betreffenden Verantwortlichen oder Auftragsverarbeiter in Bezug auf denselben Gegenstand angeordneten Maßnahmen, wenn solche Maßnahmen angeordnet wurden;
j) Einhaltung von genehmigten Verhaltensregeln nach Artikel 40 oder genehmigten Zertifizierungsverfahren nach Artikel 42 und
k) jegliche anderen erschwerenden oder mildernden Umstände im jeweiligen Fall, wie unmittelbar oder mittelbar durch den Verstoß erlangte finanzielle Vorteile oder vermiedene Verluste.

(3) Verstößt ein Verantwortlicher oder ein Auftragsverarbeiter bei gleichen oder miteinander verbundenen Verarbeitungsvorgängen vorsätzlich oder fahrlässig gegen mehrere Bestimmungen dieser Verordnung, so übersteigt der Gesamtbetrag der Geldbuße nicht den Betrag für den schwerwiegendsten Verstoß.

(4) Bei Verstößen gegen die folgenden Bestimmungen werden im Einklang mit Absatz 2 Geldbußen von bis zu 10 000 000 EUR oder im Fall eines Unternehmens von bis zu 2% seines gesamten weltweit erzielten Jahresumsatzes des vorangegangenen Geschäftsjahrs verhängt, je nachdem, welcher der Beträge höher ist:
a) die Pflichten der Verantwortlichen und der Auftragsverarbeiter gemäß den Artikeln 8, 11, 25 bis 39, 42 und 43;
b) die Pflichten der Zertifizierungsstelle gemäß den Artikeln 42 und 43;
c) die Pflichten der Überwachungsstelle gemäß Artikel 41 Absatz 4.

(5) Bei Verstößen gegen die folgenden Bestimmungen werden im Einklang mit Absatz 2 Geldbußen von bis zu 20 000 000 EUR oder im Fall eines Unternehmens von bis zu 4% seines gesamten weltweit erzielten Jahresumsatzes des vorangegangenen Geschäftsjahrs verhängt, je nachdem, welcher der Beträge höher ist:
a) die Grundsätze für die Verarbeitung, einschließlich der Bedingungen für die Einwilligung, gemäß den Artikeln 5, 6, 7 und 9;
b) die Rechte der betroffenen Person gemäß den Artikeln 12 bis 22;
c) die Übermittlung personenbezogener Daten an einen Empfänger in einem Drittland oder an eine internationale Organisation gemäß den Artikeln 44 bis 49;
d) alle Pflichten gemäß den Rechtsvorschriften der Mitgliedstaaten, die im Rahmen des Kapitels IX erlassen wurden;
e) Nichtbefolgung einer Anweisung oder einer vorübergehenden oder endgültigen Beschränkung oder Aussetzung der Datenübermittlung durch die Aufsichtsbehörde gemäß Artikel 58 Absatz 2 oder Nichtgewährung des Zugangs unter Verstoß gegen Artikel 58 Absatz 1.

(6) Bei Nichtbefolgung einer Anweisung der Aufsichtsbehörde gemäß Artikel 58 Absatz 2 werden im Einklang mit Absatz 2 des vorliegenden Artikels Geldbußen von bis zu 20 000 000 EUR oder im Fall eines Unternehmens von bis zu 4% seines gesamten weltweit erzielten Jahresumsatzes des vorangegangenen Geschäftsjahrs verhängt, je nachdem, welcher der Beträge höher ist.

(7) Unbeschadet der Abhilfebefugnisse der Aufsichtsbehörden gemäß Artikel 58 Absatz 2 kann jeder Mitgliedstaat Vorschriften dafür festlegen, ob und in welchem Umfang gegen Behörden und öffentliche Stellen, die in dem betreffenden Mitgliedstaat niedergelassen sind, Geldbußen verhängt werden können.

(8) Die Ausübung der eigenen Befugnisse durch eine Aufsichtsbehörde gemäß diesem Artikel muss angemessenen Verfahrensgarantien gemäß dem Unionsrecht und dem Recht der Mitgliedstaaten, einschließlich wirksamer gerichtlicher Rechtsbehelfe und ordnungsgemäßer Verfahren, unterliegen.

(9) ¹Sieht die Rechtsordnung eines Mitgliedstaats keine Geldbußen vor, kann dieser Artikel so angewandt werden, dass die Geldbuße von der zuständigen Aufsichtsbehörde in die Wege geleitet und von den zuständigen nationalen Gerichten verhängt wird, wobei sicherzustellen ist, dass diese Rechtsbehelfe wirksam sind und die gleiche Wirkung wie die von Aufsichtsbehörden verhängten Geldbußen haben. ²In jeden Fall müssen die verhängten Geldbußen wirksam, verhältnismäßig und abschreckend sein. ³Die betreffenden Mitgliedstaaten teilen der Kommission bis zum 25. Mai 2018 die Rechtsvorschriften mit, die sie aufgrund dieses Absatzes erlassen, sowie unverzüglich alle späteren Änderungsgesetze oder Änderungen dieser Vorschriften.

Art. 84 Sanktionen. (1) ¹Die Mitgliedstaaten legen die Vorschriften über andere Sanktionen für Verstöße gegen diese Verordnung – insbesondere für Verstöße, die keiner Geldbuße gemäß Artikel 83 unterliegen – fest und treffen alle zu deren Anwendung erforderlichen Maßnahmen. ²Diese Sanktionen müssen wirksam, verhältnismäßig und abschreckend sein.

(2) Jeder Mitgliedstaat teilt der Kommission bis zum 25. Mai 2018 die Rechtsvorschriften, die er aufgrund von Absatz 1 erlässt, sowie unverzüglich alle späteren Änderungen dieser Vorschriften mit.

Kapitel IX

Vorschriften für besondere Verarbeitungssituationen

Art. 85 Verarbeitung und Freiheit der Meinungsäußerung und Informationsfreiheit. (1) Die Mitgliedstaaten bringen durch Rechtsvorschriften das Recht auf den Schutz personenbezogener Daten gemäß dieser Verordnung mit dem Recht auf freie Meinungsäußerung und Informationsfreiheit, einschließlich der Verarbeitung zu journalistischen Zwecken und zu wissenschaftlichen, künstlerischen oder literarischen Zwecken, in Einklang.

(2) Für die Verarbeitung, die zu journalistischen Zwecken oder zu wissenschaftlichen, künstlerischen oder literarischen Zwecken erfolgt, sehen die Mitgliedstaaten Abweichungen oder Ausnahmen von Kapitel II (Grundsätze), Kapitel III (Rechte der betroffenen Person), Kapitel IV (Verantwortlicher und Auftragsverarbeiter), Kapitel V (Übermittlung personenbezogener Daten an Drittländer oder an internationale Organisationen), Kapitel VI (Unabhängige Aufsichtsbehörden), Kapitel VII (Zusammenarbeit und Kohärenz) und Kapitel IX (Vorschriften für besondere Verarbeitungssituationen) vor, wenn dies erforderlich ist, um das Recht auf Schutz der personenbezogenen Daten mit der Freiheit der Meinungsäußerung und der Informationsfreiheit in Einklang zu bringen.

(3) Jeder Mitgliedstaat teilt der Kommission die Rechtsvorschriften, die er aufgrund von Absatz 2 erlassen hat, sowie unverzüglich alle späteren Änderungsgesetze oder Änderungen dieser Vorschriften mit.

Art. 86 Verarbeitung und Zugang der Öffentlichkeit zu amtlichen Dokumenten. Personenbezogene Daten in amtlichen Dokumenten, die sich im Besitz einer Behörde oder einer öffentlichen Einrichtung oder einer privaten Einrichtung zur Erfüllung einer im öffentlichen Interesse liegenden Aufgabe befinden, können von der Behörde oder der Einrichtung gemäß dem Unionsrecht oder dem Recht des Mitgliedstaats, dem die Behörde oder Einrichtung unterliegt, offengelegt werden, um den Zugang der Öffentlichkeit zu amtlichen Dokumenten mit dem Recht auf Schutz personenbezogener Daten gemäß dieser Verordnung in Einklang zu bringen.

Art. 87 Verarbeitung der nationalen Kennziffer. [1]Die Mitgliedstaaten können näher bestimmen, unter welchen spezifischen Bedingungen eine nationale Kennziffer oder andere Kennzeichen von allgemeiner Bedeutung Gegenstand einer Verarbeitung sein dürfen. [2]In diesem Fall darf die nationale Kennziffer oder das andere Kennzeichen von allgemeiner Bedeutung nur unter Wahrung geeigneter Garantien für die Rechte und Freiheiten der betroffenen Person gemäß dieser Verordnung verwendet werden.

Art. 88 Datenverarbeitung im Beschäftigungskontext. (1) Die Mitgliedstaaten können durch Rechtsvorschriften oder durch Kollektivvereinbarungen spezifischere Vorschriften zur Gewährleistung des Schutzes der Rechte und Freiheiten hinsichtlich der Verarbeitung personenbezogener Beschäftigtendaten im Beschäftigungskontext, insbesondere für Zwecke der Einstellung, der Erfüllung des Arbeitsvertrags einschließlich der Erfüllung von durch Rechtsvorschriften oder durch Kollektivvereinbarungen festgelegten Pflichten, des Managements, der Planung und der Organisation der Arbeit, der Gleichheit und Diversität am Arbeitsplatz, der Gesundheit und Sicherheit am Arbeitsplatz, des Schutzes des Eigentums der Arbeitgeber oder der Kunden sowie für Zwecke der Inanspruchnahme der mit der Beschäftigung zusammenhängenden individuellen oder kollektiven Rechte und Leistungen und für Zwecke der Beendigung des Beschäftigungsverhältnisses vorsehen.

(2) Diese Vorschriften umfassen geeignete und besondere Maßnahmen zur Wahrung der menschlichen Würde, der berechtigten Interessen und der Grundrechte der betroffenen Person, insbesondere im Hinblick auf die Transparenz der Verarbeitung, die Übermittlung personenbezogener Daten innerhalb einer Unternehmensgruppe oder einer Gruppe von Unternehmen, die eine gemeinsame Wirtschaftstätigkeit ausüben, und die Überwachungssysteme am Arbeitsplatz.

(3) Jeder Mitgliedstaat teilt der Kommission bis zum 25. Mai 2018 die Rechtsvorschriften, die er aufgrund von Absatz 1 erlässt, sowie unverzüglich alle späteren Änderungen dieser Vorschriften mit.

Art. 89 Garantien und Ausnahmen in Bezug auf die Verarbeitung zu im öffentlichen Interesse liegenden Archivzwecken, zu wissenschaftlichen oder historischen Forschungszwecken und zu statistischen Zwecken. (1) [1]Die Verarbeitung zu im öffentlichen Interesse liegenden Archivzwecken, zu wissenschaftlichen oder historischen Forschungszwecken oder zu statistischen Zwecken unterliegt geeigneten Garantien für die Rechte und Freiheiten der betroffenen Person gemäß dieser Verordnung. ²Mit diesen Garantien wird sichergestellt, dass technische und organisatorische Maßnahmen bestehen, mit denen insbesondere die Achtung des Grundsatzes der Datenminimierung gewährleistet wird. ³Zu diesen Maßnahmen kann die Pseudonymisierung gehören, sofern es möglich ist, diese Zwecke auf diese Weise zu erfüllen. ⁴In allen Fällen, in denen diese Zwecke durch die Weiterverarbeitung, bei der die Identifizierung von betroffenen Personen nicht oder nicht mehr möglich ist, erfüllt werden können, werden diese Zwecke auf diese Weise erfüllt.

(2) Werden personenbezogene Daten zu wissenschaftlichen oder historischen Forschungszwecken oder zu statistischen Zwecken verarbeitet, können vorbehaltlich der Bedingungen und Garantien gemäß Absatz 1 des vorliegenden Artikels im Unionsrecht oder im Recht der Mitgliedstaaten insoweit Ausnahmen von den Rechten gemäß der Artikel 15, 16, 18 und 21 vorgesehen werden, als diese Rechte voraussichtlich die Verwirklichung der spezifischen Zwecke unmöglich machen oder ernsthaft beeinträchtigen und solche Ausnahmen für die Erfüllung dieser Zwecke notwendig sind.

(3) Werden personenbezogene Daten für im öffentlichen Interesse liegende Archivzwecke verarbeitet, können vorbehaltlich der Bedingungen und Garantien gemäß Absatz 1 des vorliegenden Artikels im Unionsrecht oder im Recht der Mitgliedstaaten insoweit Ausnahmen von den Rechten gemäß der Artikel 15, 16, 18, 19, 20 und 21 vorgesehen werden, als diese Rechte voraussichtlich die Verwirklichung der spezifischen Zwecke unmöglich machen oder ernsthaft beeinträchtigen und solche Ausnahmen für die Erfüllung dieser Zwecke notwendig sind.

(4) Dient die in den Absätzen 2 und 3 genannte Verarbeitung gleichzeitig einem anderen Zweck, gelten die Ausnahmen nur für die Verarbeitung zu den in diesen Absätzen genannten Zwecken.

Art. 90 Geheimhaltungspflichten. (1) ¹Die Mitgliedstaaten können die Befugnisse der Aufsichtsbehörden im Sinne des Artikels 58 Absatz 1 Buchstaben e und f gegenüber den Verantwortlichen oder den Auftragsverarbeitern, die nach Unionsrecht oder dem Recht der Mitgliedstaaten oder nach einer von den zuständigen nationalen Stellen erlassenen Verpflichtung dem Berufsgeheimnis oder einer gleichwertigen Geheimhaltungspflicht unterliegen, regeln, soweit dies notwendig und verhältnismäßig ist, um das Recht auf Schutz der personenbezogenen Daten mit der Pflicht zur Geheimhaltung in Einklang zu bringen. ²Diese Vorschriften gelten nur in Bezug auf personenbezogene Daten, die der Verantwortliche oder der Auftragsverarbeiter bei einer Tätigkeit erlangt oder erhoben hat, die einer solchen Geheimhaltungspflicht unterliegt.

(2) Jeder Mitgliedstaat teilt der Kommission bis zum 25. Mai 2018 die Vorschriften mit, die er aufgrund von Absatz 1 erlässt, und setzt sie unverzüglich von allen weiteren Änderungen dieser Vorschriften in Kenntnis.

Art. 91 Bestehende Datenschutzvorschriften von Kirchen und religiösen Vereinigungen oder Gemeinschaften. (1) Wendet eine Kirche oder eine religiöse Vereinigung oder Gemeinschaft in einem Mitgliedstaat zum Zeitpunkt des Inkrafttretens dieser Verordnung umfassende Regeln zum Schutz natürlicher Personen bei der Verarbeitung an, so dürfen diese Regeln weiter angewandt werden, sofern sie mit dieser Verordnung in Einklang gebracht werden.

(2) Kirchen und religiöse Vereinigungen oder Gemeinschaften, die gemäß Absatz 1 umfassende Datenschutzregeln anwenden, unterliegen der Aufsicht durch eine unabhängige Aufsichtsbehörde, die spezifischer Art sein kann, sofern sie die in Kapitel VI niedergelegten Bedingungen erfüllt.

Kapitel X

Delegierte Rechtsakte und Durchführungsrechtsakte

Art. 92 Ausübung der Befugnisübertragung. (1) Die Befugnis zum Erlass delegierter Rechtsakte wird der Kommission unter den in diesem Artikel festgelegten Bedingungen übertragen.

(2) Die Befugnis zum Erlass delegierter Rechtsakte gemäß Artikel 12 Absatz 8 und Artikel 43 Absatz 8 wird der Kommission auf unbestimmte Zeit ab dem 24. Mai 2016 übertragen.

(3) [1]Die Befugnisübertragung gemäß Artikel 12 Absatz 8 und Artikel 43 Absatz 8 kann vom Europäischen Parlament oder vom Rat jederzeit widerrufen werden. [2]Der Beschluss über den Widerruf beendet die Übertragung der in diesem Beschluss angegebenen Befugnis. [3]Er wird am Tag nach seiner Veröffentlichung im Amtsblatt der Europäischen Union oder zu einem im Beschluss über den Widerruf angegebenen späteren Zeitpunkt wirksam. [4]Die Gültigkeit von delegierten Rechtsakten, die bereits in Kraft sind, wird von dem Beschluss über den Widerruf nicht berührt.

(4) Sobald die Kommission einen delegierten Rechtsakt erlässt, übermittelt sie ihn gleichzeitig dem Europäischen Parlament und dem Rat.

(5) [1]Ein delegierter Rechtsakt, der gemäß Artikel 12 Absatz 8 und Artikel 43 Absatz 8 erlassen wurde, tritt nur in Kraft, wenn weder das Europäische Parlament noch der Rat innerhalb einer Frist von drei Monaten nach Übermittlung dieses Rechtsakts an das Europäische Parlament und den Rat Einwände erhoben haben oder wenn vor Ablauf dieser Frist das Europäische Parlament und der Rat beide der Kommission mitgeteilt haben, dass sie keine Einwände erheben werden. [2]Auf Veranlassung des Europäischen Parlaments oder des Rates wird diese Frist um drei Monate verlängert.

Art. 93 Ausschussverfahren. (1) [1]Die Kommission wird von einem Ausschuss unterstützt. [2]Dieser Ausschuss ist ein Ausschuss im Sinne der Verordnung (EU) Nr. 182/2011.

Datenschutz-Grundverordnung

(2) Wird auf diesen Absatz Bezug genommen, so gilt Artikel 5 der Verordnung (EU) Nr. 182/2011.

(3) Wird auf diesen Absatz Bezug genommen, so gilt Artikel 8 der Verordnung (EU) Nr. 182/2011 in Verbindung mit deren Artikel 5.

Kapitel XI

Schlussbestimmungen

Art. 94 Aufhebung der Richtlinie 95/46/EG. (1) Die Richtlinie 95/46/EG wird mit Wirkung vom 25. Mai 2018 aufgehoben.

(2) ¹Verweise auf die aufgehobene Richtlinie gelten als Verweise auf die vorliegende Verordnung. ²Verweise auf die durch Artikel 29 der Richtlinie 95/46/EG eingesetzte Gruppe für den Schutz von Personen bei der Verarbeitung personenbezogener Daten gelten als Verweise auf den kraft dieser Verordnung errichteten Europäischen Datenschutzausschuss.

Art. 95 Verhältnis zur Richtlinie 2002/58/EG. Diese Verordnung erlegt natürlichen oder juristischen Personen in Bezug auf die Verarbeitung in Verbindung mit der Bereitstellung öffentlich zugänglicher elektronischer Kommunikationsdienste in öffentlichen Kommunikationsnetzen in der Union keine zusätzlichen Pflichten auf, soweit sie besonderen in der Richtlinie 2002/58/EG festgelegten Pflichten unterliegen, die dasselbe Ziel verfolgen.

Art. 96 Verhältnis zu bereits geschlossenen Übereinkünften. Internationale Übereinkünfte, die die Übermittlung personenbezogener Daten an Drittländer oder internationale Organisationen mit sich bringen, die von den Mitgliedstaaten vor dem 24. Mai 2016 abgeschlossen wurden und die im Einklang mit dem vor diesem Tag geltenden Unionsrecht stehen, bleiben in Kraft, bis sie geändert, ersetzt oder gekündigt werden.

Art. 97 Berichte der Kommission. (1) ¹Bis zum 25. Mai 2020 und danach alle vier Jahre legt die Kommission dem Europäischen Parlament und dem Rat einen Bericht über die Bewertung und Überprüfung dieser Verordnung vor. ²Die Berichte werden öffentlich gemacht.

(2) Im Rahmen der Bewertungen und Überprüfungen nach Absatz 1 prüft die Kommission insbesondere die Anwendung und die Wirkungsweise

a) des Kapitels V über die Übermittlung personenbezogener Daten an Drittländer oder an internationale Organisationen insbesondere im Hinblick auf die gemäß Artikel 45 Absatz 3 der vorliegenden Verordnung erlassenen Beschlüsse sowie die gemäß Artikel 25 Absatz 6 der Richtlinie 95/46/EG erlassenen Feststellungen,
b) des Kapitels VII über Zusammenarbeit und Kohärenz.

(3) Für den in Absatz 1 genannten Zweck kann die Kommission Informationen von den Mitgliedstaaten und den Aufsichtsbehörden anfordern.

(4) Bei den in den Absätzen 1 und 2 genannten Bewertungen und Überprüfungen berücksichtigt die Kommission die Standpunkte und Feststellungen des Europäischen Parlaments, des Rates und anderer einschlägiger Stellen oder Quellen.

(5) Die Kommission legt erforderlichenfalls geeignete Vorschläge zur Änderung dieser Verordnung vor und berücksichtigt dabei insbesondere die Entwicklungen in der Informationstechnologie und die Fortschritte in der Informationsgesellschaft.

Art. 98 Überprüfung anderer Rechtsakte der Union zum Datenschutz.
[1]Die Kommission legt gegebenenfalls Gesetzgebungsvorschläge zur Änderung anderer Rechtsakte der Union zum Schutz personenbezogener Daten vor, damit ein einheitlicher und kohärenter Schutz natürlicher Personen bei der Verarbeitung sichergestellt wird. [2]Dies betrifft insbesondere die Vorschriften zum Schutz natürlicher Personen bei der Verarbeitung solcher Daten durch die Organe, Einrichtungen, Ämter und Agenturen der Union und zum freien Verkehr solcher Daten.

Art. 99 Inkrafttreten und Anwendung. (1) Diese Verordnung tritt am zwanzigsten Tag nach ihrer Veröffentlichung im Amtsblatt der Europäischen Union in Kraft.

(2) Sie gilt ab dem 25. Mai 2018.

EG-DSGVO 7a

Erwägungsgründe
Datenschutz-Grundverordnung

DAS EUROPÄISCHE PARLAMENT UND DER RAT DER EUROPÄISCHEN UNION –

gestützt auf den Vertrag über die Arbeitsweise der Europäischen Union, insbesondere auf Artikel 16,

auf Vorschlag der Europäischen Kommission,

nach Zuleitung des Entwurfs des Gesetzgebungsakts an die nationalen Parlamente,

nach Stellungnahme des Europäischen Wirtschafts- und Sozialausschusses[IV],

nach Stellungnahme des Ausschusses der Regionen[V],

gemäß dem ordentlichen Gesetzgebungsverfahren[VI],

in Erwägung nachstehender Gründe:

(1) [1]Der Schutz natürlicher Personen bei der Verarbeitung personenbezogener Daten ist ein Grundrecht. [2]Gemäß Artikel 8 Absatz 1 der Charta der Grundrechte der Europäischen Union (im Folgenden „Charta") sowie Artikel 16 Absatz 1 des Vertrags über die Arbeitsweise der Europäischen Union (AEUV) hat jede Person das Recht auf Schutz der sie betreffenden personenbezogenen Daten.

(2) [1]Die Grundsätze und Vorschriften zum Schutz natürlicher Personen bei der Verarbeitung ihrer personenbezogenen Daten sollten gewährleisten, dass ihre Grundrechte und Grundfreiheiten und insbesondere ihr Recht auf Schutz personenbezogener Daten ungeachtet ihrer Staatsangehörigkeit oder ihres Aufenthaltsorts gewahrt bleiben. [2]Diese Verordnung soll zur Vollendung eines Raums der Freiheit, der Sicherheit und des Rechts und einer Wirtschaftsunion, zum wirtschaftlichen und sozialen Fortschritt, zur Stärkung und zum Zusammenwachsen der Volkswirtschaften innerhalb des Binnenmarkts sowie zum Wohlergehen natürlicher Personen beitragen.

(3) Zweck der Richtlinie 95/46/EG des Europäischen Parlaments und des Rates[VII] ist die Harmonisierung der Vorschriften zum Schutz der Grundrechte und Grundfreiheiten natürlicher Personen bei der Datenverarbeitung sowie die Gewährleistung des freien Verkehrs personenbezogener Daten zwischen den Mitgliedstaaten.

(4) [1]Die Verarbeitung personenbezogener Daten sollte im Dienste der Menschheit stehen. [2]Das Recht auf Schutz der personenbezogenen Daten ist kein uneingeschränktes Recht; es muss im Hinblick auf seine gesellschaftliche Funktion gesehen und unter Wahrung des Verhältnismäßigkeitsprinzips gegen andere Grundrechte abgewogen werden. [3]Diese Verordnung steht im

Einklang mit allen Grundrechten und achtet alle Freiheiten und Grundsätze, die mit der Charta anerkannt wurden und in den Europäischen Verträgen verankert sind, insbesondere Achtung des Privat- und Familienlebens, der Wohnung und der Kommunikation, Schutz personenbezogener Daten, Gedanken-, Gewissens- und Religionsfreiheit, Freiheit der Meinungsäußerung und Informationsfreiheit, unternehmerische Freiheit, Recht auf einen wirksamen Rechtsbehelf und ein faires Verfahren und Vielfalt der Kulturen, Religionen und Sprachen.

(5) [1]Die wirtschaftliche und soziale Integration als Folge eines funktionierenden Binnenmarkts hat zu einem deutlichen Anstieg des grenzüberschreitenden Verkehrs personenbezogener Daten geführt. [2]Der unionsweite Austausch personenbezogener Daten zwischen öffentlichen und privaten Akteuren einschließlich natürlichen Personen, Vereinigungen und Unternehmen hat zugenommen. [3]Das Unionsrecht verpflichtet die Verwaltungen der Mitgliedstaaten, zusammenzuarbeiten und personenbezogene Daten auszutauschen, damit sie ihren Pflichten nachkommen oder für eine Behörde eines anderen Mitgliedstaats Aufgaben durchführen können.

(6) [1]Rasche technologische Entwicklungen und die Globalisierung haben den Datenschutz vor neue Herausforderungen gestellt. [2]Das Ausmaß der Erhebung und des Austauschs personenbezogener Daten hat eindrucksvoll zugenommen. [3]Die Technik macht es möglich, dass private Unternehmen und Behörden im Rahmen ihrer Tätigkeiten in einem noch nie dagewesenen Umfang auf personenbezogene Daten zurückgreifen. [4]Zunehmend machen auch natürliche Personen Informationen öffentlich weltweit zugänglich. [5]Die Technik hat das wirtschaftliche und gesellschaftliche Leben verändert und dürfte den Verkehr personenbezogener Daten innerhalb der Union sowie die Datenübermittlung an Drittländer und internationale Organisationen noch weiter erleichtern, wobei ein hohes Datenschutzniveau zu gewährleisten ist.

(7) [1]Diese Entwicklungen erfordern einen soliden, kohärenteren und klar durchsetzbaren Rechtsrahmen im Bereich des Datenschutzes in der Union, da es von großer Wichtigkeit ist, eine Vertrauensbasis zu schaffen, die die digitale Wirtschaft dringend benötigt, um im Binnenmarkt weiter wachsen zu können. [2]Natürliche Personen sollten die Kontrolle über ihre eigenen Daten besitzen. [3]Natürliche Personen, Wirtschaft und Staat sollten in rechtlicher und praktischer Hinsicht über mehr Sicherheit verfügen.

(8) Wenn in dieser Verordnung Präzisierungen oder Einschränkungen ihrer Vorschriften durch das Recht der Mitgliedstaaten vorgesehen sind, können die Mitgliedstaaten Teile dieser Verordnung in ihr nationales Recht aufnehmen, soweit dies erforderlich ist, um die Kohärenz zu wahren und die nationalen Rechtsvorschriften für die Personen, für die sie gelten, verständlicher zu machen.

(9) [1]Die Ziele und Grundsätze der Richtlinie 95/46/EG besitzen nach wie vor Gültigkeit, doch hat die Richtlinie nicht verhindern können, dass der Da-

tenschutz in der Union unterschiedlich gehandhabt wird, Rechtsunsicherheit besteht oder in der Öffentlichkeit die Meinung weit verbreitet ist, dass erhebliche Risiken für den Schutz natürlicher Personen bestehen, insbesondere im Zusammenhang mit der Benutzung des Internets. ²Unterschiede beim Schutzniveau für die Rechte und Freiheiten von natürlichen Personen im Zusammenhang mit der Verarbeitung personenbezogener Daten in den Mitgliedstaaten, vor allem beim Recht auf Schutz dieser Daten, können den unionsweiten freien Verkehr solcher Daten behindern. ³Diese Unterschiede im Schutzniveau können daher ein Hemmnis für die unionsweite Ausübung von Wirtschaftstätigkeiten darstellen, den Wettbewerb verzerren und die Behörden an der Erfüllung der ihnen nach dem Unionsrecht obliegenden Pflichten hindern. ⁴Sie erklären sich aus den Unterschieden bei der Umsetzung und Anwendung der Richtlinie 95/46/EG.

(10) ¹Um ein gleichmäßiges und hohes Datenschutzniveau für natürliche Personen zu gewährleisten und die Hemmnisse für den Verkehr personenbezogener Daten in der Union zu beseitigen, sollte das Schutzniveau für die Rechte und Freiheiten von natürlichen Personen bei der Verarbeitung dieser Daten in allen Mitgliedstaaten gleichwertig sein. ²Die Vorschriften zum Schutz der Grundrechte und Grundfreiheiten von natürlichen Personen bei der Verarbeitung personenbezogener Daten sollten unionsweit gleichmäßig und einheitlich angewandt werden. ³Hinsichtlich der Verarbeitung personenbezogener Daten zur Erfüllung einer rechtlichen Verpflichtung oder zur Wahrnehmung einer Aufgabe, die im öffentlichen Interesse liegt oder in Ausübung öffentlicher Gewalt erfolgt, sollten die Mitgliedstaaten die Möglichkeit haben, nationale Bestimmungen, mit denen die Anwendung der Vorschriften dieser Verordnung genauer festgelegt wird, beizubehalten oder einzuführen. ⁴In Verbindung mit den allgemeinen und horizontalen Rechtsvorschriften über den Datenschutz zur Umsetzung der Richtlinie 95/46/EG gibt es in den Mitgliedstaaten mehrere sektorspezifische Rechtsvorschriften in Bereichen, die spezifischere Bestimmungen erfordern. ⁵Diese Verordnung bietet den Mitgliedstaaten zudem einen Spielraum für die Spezifizierung ihrer Vorschriften, auch für die Verarbeitung besonderer Kategorien von personenbezogenen Daten (im Folgenden „sensible Daten"). ⁶Diesbezüglich schließt diese Verordnung nicht Rechtsvorschriften der Mitgliedstaaten aus, in denen die Umstände besonderer Verarbeitungssituationen festgelegt werden, einschließlich einer genaueren Bestimmung der Voraussetzungen, unter denen die Verarbeitung personenbezogener Daten rechtmäßig ist.

(11) Ein unionsweiter wirksamer Schutz personenbezogener Daten erfordert die Stärkung und präzise Festlegung der Rechte der betroffenen Personen sowie eine Verschärfung der Verpflichtungen für diejenigen, die personenbezogene Daten verarbeiten und darüber entscheiden, ebenso wie – in den Mitgliedstaaten – gleiche Befugnisse bei der Überwachung und Ge-

währleistung der Einhaltung der Vorschriften zum Schutz personenbezogener Daten sowie gleiche Sanktionen im Falle ihrer Verletzung.

(12) Artikel 16 Absatz 2 AEUV ermächtigt das Europäische Parlament und den Rat, Vorschriften über den Schutz natürlicher Personen bei der Verarbeitung personenbezogener Daten und zum freien Verkehr solcher Daten zu erlassen.

(13) [1]Damit in der Union ein gleichmäßiges Datenschutzniveau für natürliche Personen gewährleistet ist und Unterschiede, die den freien Verkehr personenbezogener Daten im Binnenmarkt behindern könnten, beseitigt werden, ist eine Verordnung erforderlich, die für die Wirtschaftsteilnehmer einschließlich Kleinstunternehmen sowie kleiner und mittlerer Unternehmen Rechtssicherheit und Transparenz schafft, natürliche Personen in allen Mitgliedstaaten mit demselben Niveau an durchsetzbaren Rechten ausstattet, dieselben Pflichten und Zuständigkeiten für die Verantwortlichen und Auftragsverarbeiter vorsieht und eine gleichmäßige Kontrolle der Verarbeitung personenbezogener Daten und gleichwertige Sanktionen in allen Mitgliedstaaten sowie eine wirksame Zusammenarbeit zwischen den Aufsichtsbehörden der einzelnen Mitgliedstaaten gewährleistet. [2]Das reibungslose Funktionieren des Binnenmarkts erfordert, dass der freie Verkehr personenbezogener Daten in der Union nicht aus Gründen des Schutzes natürlicher Personen bei der Verarbeitung personenbezogener Daten eingeschränkt oder verboten wird. [3]Um der besonderen Situation der Kleinstunternehmen sowie der kleinen und mittleren Unternehmen Rechnung zu tragen, enthält diese Verordnung eine abweichende Regelung hinsichtlich des Führens eines Verzeichnisses für Einrichtungen, die weniger als 250 Mitarbeiter beschäftigen. [4]Außerdem werden die Organe und Einrichtungen der Union sowie die Mitgliedstaaten und deren Aufsichtsbehörden dazu angehalten, bei der Anwendung dieser Verordnung die besonderen Bedürfnisse von Kleinstunternehmen sowie von kleinen und mittleren Unternehmen zu berücksichtigen. [5]Für die Definition des Begriffs „Kleinstunternehmen sowie kleine und mittlere Unternehmen" sollte Artikel 2 des Anhangs zur Empfehlung 2003/361/EG der Kommission[VIII] maßgebend sein.

(14) [1]Der durch diese Verordnung gewährte Schutz sollte für die Verarbeitung der personenbezogenen Daten natürlicher Personen ungeachtet ihrer Staatsangehörigkeit oder ihres Aufenthaltsorts gelten. [2]Diese Verordnung gilt nicht für die Verarbeitung personenbezogener Daten juristischer Personen und insbesondere als juristische Person gegründeter Unternehmen, einschließlich Name, Rechtsform oder Kontaktdaten der juristischen Person.

(15) [1]Um ein ernsthaftes Risiko einer Umgehung der Vorschriften zu vermeiden, sollte der Schutz natürlicher Personen technologieneutral sein und nicht von den verwendeten Techniken abhängen. [2]Der Schutz natürlicher

Erwägungsgründe DSGVO **EG-DSGVO 7a**

Personen sollte für die automatisierte Verarbeitung personenbezogener Daten ebenso gelten wie für die manuelle Verarbeitung von personenbezogenen Daten, wenn die personenbezogenen Daten in einem Dateisystem gespeichert sind oder gespeichert werden sollen. ³Akten oder Aktensammlungen sowie ihre Deckblätter, die nicht nach bestimmten Kriterien geordnet sind, sollten nicht in den Anwendungsbereich dieser Verordnung fallen.

(16) ¹Diese Verordnung gilt nicht für Fragen des Schutzes von Grundrechten und Grundfreiheiten und des freien Verkehrs personenbezogener Daten im Zusammenhang mit Tätigkeiten, die nicht in den Anwendungsbereich des Unionsrechts fallen, wie etwa die nationale Sicherheit betreffende Tätigkeiten. ²Diese Verordnung gilt nicht für die von den Mitgliedstaaten im Rahmen der Gemeinsamen Außen- und Sicherheitspolitik der Union durchgeführte Verarbeitung personenbezogener Daten.

(17) ¹Die Verordnung (EG) Nr. 45/2001 des Europäischen Parlaments und des Rates[IX] gilt für die Verarbeitung personenbezogener Daten durch die Organe, Einrichtungen, Ämter und Agenturen der Union. ²Die Verordnung (EG) Nr. 45/2001 und sonstige Rechtsakte der Union, die diese Verarbeitung personenbezogener Daten regeln, sollten an die Grundsätze und Vorschriften der vorliegenden Verordnung angepasst und im Lichte der vorliegenden Verordnung angewandt werden. ³Um einen soliden und kohärenten Rechtsrahmen im Bereich des Datenschutzes in der Union zu gewährleisten, sollten die erforderlichen Anpassungen der Verordnung (EG) Nr. 45/2001 im Anschluss an den Erlass der vorliegenden Verordnung vorgenommen werden, damit sie gleichzeitig mit der vorliegenden Verordnung angewandt werden können.

(18) ¹Diese Verordnung gilt nicht für die Verarbeitung von personenbezogenen Daten, die von einer natürlichen Person zur Ausübung ausschließlich persönlicher oder familiärer Tätigkeiten und somit ohne Bezug zu einer beruflichen oder wirtschaftlichen Tätigkeit vorgenommen wird. ²Als persönliche oder familiäre Tätigkeiten könnte auch das Führen eines Schriftverkehrs oder von Anschriftenverzeichnissen oder die Nutzung sozialer Netze und Online-Tätigkeiten im Rahmen solcher Tätigkeiten gelten. ³Diese Verordnung gilt jedoch für die Verantwortlichen oder Auftragsverarbeiter, die die Instrumente für die Verarbeitung personenbezogener Daten für solche persönlichen oder familiären Tätigkeiten bereitstellen.

(19) ¹Der Schutz natürlicher Personen bei der Verarbeitung personenbezogener Daten durch die zuständigen Behörden zum Zwecke der Verhütung, Ermittlung, Aufdeckung oder Verfolgung von Straftaten oder der Strafvollstreckung, einschließlich des Schutzes vor und der Abwehr von Gefahren für die öffentliche Sicherheit, sowie der freie Verkehr dieser Daten sind in einem eigenen Unionsrechtsakt geregelt. Deshalb sollte diese Verordnung auf Verarbeitungstätigkeiten dieser Art keine Anwendung fin-

den. ²Personenbezogene Daten, die von Behörden nach dieser Verordnung verarbeitet werden, sollten jedoch, wenn sie zu den vorstehenden Zwecken verwendet werden, einem spezifischeren Unionsrechtsakt, nämlich der Richtlinie (EU) 2016/680 des Europäischen Parlaments und des Rates[X] unterliegen. ³Die Mitgliedstaaten können die zuständigen Behörden im Sinne der Richtlinie (EU) 2016/680 mit Aufgaben betrauen, die nicht zwangsläufig für die Zwecke der Verhütung, Ermittlung, Aufdeckung oder Verfolgung von Straftaten oder der Strafvollstreckung, einschließlich des Schutzes vor und der Abwehr von Gefahren für die öffentliche Sicherheit, ausgeführt werden, so dass die Verarbeitung von personenbezogenen Daten für diese anderen Zwecke insoweit in den Anwendungsbereich dieser Verordnung fällt, als sie in den Anwendungsbereich des Unionsrechts fällt. ⁴In Bezug auf die Verarbeitung personenbezogener Daten durch diese Behörden für Zwecke, die in den Anwendungsbereich dieser Verordnung fallen, sollten die Mitgliedstaaten spezifischere Bestimmungen beibehalten oder einführen können, um die Anwendung der Vorschriften dieser Verordnung anzupassen. ⁵In den betreffenden Bestimmungen können die Auflagen für die Verarbeitung personenbezogener Daten durch diese zuständigen Behörden für jene anderen Zwecke präziser festgelegt werden, wobei der verfassungsmäßigen, organisatorischen und administrativen Struktur des betreffenden Mitgliedstaats Rechnung zu tragen ist. ⁶Soweit diese Verordnung für die Verarbeitung personenbezogener Daten durch private Stellen gilt, sollte sie vorsehen, dass die Mitgliedstaaten einige Pflichten und Rechte unter bestimmten Voraussetzungen mittels Rechtsvorschriften beschränken können, wenn diese Beschränkung in einer demokratischen Gesellschaft eine notwendige und verhältnismäßige Maßnahme zum Schutz bestimmter wichtiger Interessen darstellt, wozu auch die öffentliche Sicherheit und die Verhütung, Ermittlung, Aufdeckung und Verfolgung von Straftaten oder die Strafvollstreckung zählen, einschließlich des Schutzes vor und der Abwehr von Gefahren für die öffentliche Sicherheit. ⁷Dies ist beispielsweise im Rahmen der Bekämpfung der Geldwäsche oder der Arbeit kriminaltechnischer Labors von Bedeutung.

(20) ¹Diese Verordnung gilt zwar unter anderem für die Tätigkeiten der Gerichte und anderer Justizbehörden, doch könnte im Unionsrecht oder im Recht der Mitgliedstaaten festgelegt werden, wie die Verarbeitungsvorgänge und Verarbeitungsverfahren bei der Verarbeitung personenbezogener Daten durch Gerichte und andere Justizbehörden im Einzelnen auszusehen haben. ²Damit die Unabhängigkeit der Justiz bei der Ausübung ihrer gerichtlichen Aufgaben einschließlich ihrer Beschlussfassung unangetastet bleibt, sollten die Aufsichtsbehörden nicht für die Verarbeitung personenbezogener Daten durch Gerichte im Rahmen ihrer justiziellen Tätigkeit zuständig sein. ³Mit der Aufsicht über diese Datenverarbeitungsvorgänge sollten besondere Stellen im Justizsystem des Mitgliedstaats betraut werden können, die insbesondere die Einhaltung der Vor-

schriften dieser Verordnung sicherstellen, Richter und Staatsanwälte besser für ihre Pflichten aus dieser Verordnung sensibilisieren und Beschwerden in Bezug auf derartige Datenverarbeitungsvorgänge bearbeiten sollten.

(21) [1]Die vorliegende Verordnung berührt nicht die Anwendung der Richtlinie 2000/31/EG des Europäischen Parlaments und des Rates[XI] und insbesondere die der Vorschriften der Artikel 12 bis 15 jener Richtlinie zur Verantwortlichkeit von Anbietern reiner Vermittlungsdienste. [2]Die genannte Richtlinie soll dazu beitragen, dass der Binnenmarkt einwandfrei funktioniert, indem sie den freien Verkehr von Diensten der Informationsgesellschaft zwischen den Mitgliedstaaten sicherstellt.

(22) [1]Jede Verarbeitung personenbezogener Daten im Rahmen der Tätigkeiten einer Niederlassung eines Verantwortlichen oder eines Auftragsverarbeiters in der Union sollte gemäß dieser Verordnung erfolgen, gleich, ob die Verarbeitung in oder außerhalb der Union stattfindet. [2]Eine Niederlassung setzt die effektive und tatsächliche Ausübung einer Tätigkeit durch eine feste Einrichtung voraus. [3]Die Rechtsform einer solchen Einrichtung, gleich, ob es sich um eine Zweigstelle oder eine Tochtergesellschaft mit eigener Rechtspersönlichkeit handelt, ist dabei nicht ausschlaggebend.

(23) [1]Damit einer natürlichen Person der gemäß dieser Verordnung gewährleistete Schutz nicht vorenthalten wird, sollte die Verarbeitung personenbezogener Daten von betroffenen Personen, die sich in der Union befinden, durch einen nicht in der Union niedergelassenen Verantwortlichen oder Auftragsverarbeiter dieser Verordnung unterliegen, wenn die Verarbeitung dazu dient, diesen betroffenen Personen gegen Entgelt oder unentgeltlich Waren oder Dienstleistungen anzubieten. [2]Um festzustellen, ob dieser Verantwortliche oder Auftragsverarbeiter betroffenen Personen, die sich in der Union befinden, Waren oder Dienstleistungen anbietet, sollte festgestellt werden, ob der Verantwortliche oder Auftragsverarbeiter offensichtlich beabsichtigt, betroffenen Personen in einem oder mehreren Mitgliedstaaten der Union Dienstleistungen anzubieten. [3]Während die bloße Zugänglichkeit der Website des Verantwortlichen, des Auftragsverarbeiters oder eines Vermittlers in der Union, einer E-Mail-Adresse oder anderer Kontaktdaten oder die Verwendung einer Sprache, die in dem Drittland, in dem der Verantwortliche niedergelassen ist, allgemein gebräuchlich ist, hierfür kein ausreichender Anhaltspunkt ist, können andere Faktoren wie die Verwendung einer Sprache oder Währung, die in einem oder mehreren Mitgliedstaaten gebräuchlich ist, in Verbindung mit der Möglichkeit, Waren und Dienstleistungen in dieser anderen Sprache zu bestellen, oder die Erwähnung von Kunden oder Nutzern, die sich in der Union befinden, darauf hindeuten, dass der Verantwortliche beabsichtigt, den Personen in der Union Waren oder Dienstleistungen anzubieten.

7a EG-DSGVO

(24) ¹Die Verarbeitung personenbezogener Daten von betroffenen Personen, die sich in der Union befinden, durch einen nicht in der Union niedergelassenen Verantwortlichen oder Auftragsverarbeiter sollte auch dann dieser Verordnung unterliegen, wenn sie dazu dient, das Verhalten dieser betroffenen Personen zu beobachten, soweit ihr Verhalten in der Union erfolgt. ²Ob eine Verarbeitungstätigkeit der Beobachtung des Verhaltens von betroffenen Personen gilt, sollte daran festgemacht werden, ob ihre Internetaktivitäten nachvollzogen werden, einschließlich der möglichen nachfolgenden Verwendung von Techniken zur Verarbeitung personenbezogener Daten, durch die von einer natürlichen Person ein Profil erstellt wird, das insbesondere die Grundlage für sie betreffende Entscheidungen bildet oder anhand dessen ihre persönlichen Vorlieben, Verhaltensweisen oder Gepflogenheiten analysiert oder vorausgesagt werden sollen.

(25) Ist nach Völkerrecht das Recht eines Mitgliedstaats anwendbar, z.B. in einer diplomatischen oder konsularischen Vertretung eines Mitgliedstaats, so sollte die Verordnung auch auf einen nicht in der Union niedergelassenen Verantwortlichen Anwendung finden.

(26) ¹Die Grundsätze des Datenschutzes sollten für alle Informationen gelten, die sich auf eine identifizierte oder identifizierbare natürliche Person beziehen. ²Einer Pseudonymisierung unterzogene personenbezogene Daten, die durch Heranziehung zusätzlicher Informationen einer natürlichen Person zugeordnet werden könnten, sollten als Informationen über eine identifizierbare natürliche Person betrachtet werden. ³Um festzustellen, ob eine natürliche Person identifizierbar ist, sollten alle Mittel berücksichtigt werden, die von dem Verantwortlichen oder einer anderen Person nach allgemeinem Ermessen wahrscheinlich genutzt werden, um die natürliche Person direkt oder indirekt zu identifizieren, wie beispielsweise das Aussondern. ⁴Bei der Feststellung, ob Mittel nach allgemeinem Ermessen wahrscheinlich zur Identifizierung der natürlichen Person genutzt werden, sollten alle objektiven Faktoren, wie die Kosten der Identifizierung und der dafür erforderliche Zeitaufwand, herangezogen werden, wobei die zum Zeitpunkt der Verarbeitung verfügbare Technologie und technologische Entwicklungen zu berücksichtigen sind. ⁵Die Grundsätze des Datenschutzes sollten daher nicht für anonyme Informationen gelten, d.h. für Informationen, die sich nicht auf eine identifizierte oder identifizierbare natürliche Person beziehen, oder personenbezogene Daten, die in einer Weise anonymisiert worden sind, dass die betroffene Person nicht oder nicht mehr identifiziert werden kann. ⁶Diese Verordnung betrifft somit nicht die Verarbeitung solcher anonymer Daten, auch für statistische oder für Forschungszwecke.

(27) Diese Verordnung gilt nicht für die personenbezogenen Daten Verstorbener. Die Mitgliedstaaten können Vorschriften für die Verarbeitung der personenbezogenen Daten Verstorbener vorsehen.

Erwägungsgründe DSGVO **EG-DSGVO 7a**

(28) ¹Die Anwendung der Pseudonymisierung auf personenbezogene Daten kann die Risiken für die betroffenen Personen senken und die Verantwortlichen und die Auftragsverarbeiter bei der Einhaltung ihrer Datenschutzpflichten unterstützen. ²Durch die ausdrückliche Einführung der „Pseudonymisierung" in dieser Verordnung ist nicht beabsichtigt, andere Datenschutzmaßnahmen auszuschließen.

(29) ¹Um Anreize für die Anwendung der Pseudonymisierung bei der Verarbeitung personenbezogener Daten zu schaffen, sollten Pseudonymisierungsmaßnahmen, die jedoch eine allgemeine Analyse zulassen, bei demselben Verantwortlichen möglich sein, wenn dieser die erforderlichen technischen und organisatorischen Maßnahmen getroffen hat, um – für die jeweilige Verarbeitung – die Umsetzung dieser Verordnung zu gewährleisten, wobei sicherzustellen ist, dass zusätzliche Informationen, mit denen die personenbezogenen Daten einer speziellen betroffenen Person zugeordnet werden können, gesondert aufbewahrt werden. ²Der für die Verarbeitung der personenbezogenen Daten Verantwortliche, sollte die befugten Personen bei diesem Verantwortlichen angeben.

(30) ¹Natürlichen Personen werden unter Umständen Online-Kennungen wie IP-Adressen und Cookie-Kennungen, die sein Gerät oder Software-Anwendungen und -Tools oder Protokolle liefern, oder sonstige Kennungen wie Funkfrequenzkennzeichnungen zugeordnet. ²Dies kann Spuren hinterlassen, die insbesondere in Kombination mit eindeutigen Kennungen und anderen beim Server eingehenden Informationen dazu benutzt werden können, um Profile der natürlichen Personen zu erstellen und sie zu identifizieren.

(31) ¹Behörden, gegenüber denen personenbezogene Daten aufgrund einer rechtlichen Verpflichtung für die Ausübung ihres offiziellen Auftrags offengelegt werden, wie Steuer- und Zollbehörden, Finanzermittlungsstellen, unabhängige Verwaltungsbehörden oder Finanzmarktbehörden, die für die Regulierung und Aufsicht von Wertpapiermärkten zuständig sind, sollten nicht als Empfänger gelten, wenn sie personenbezogene Daten erhalten, die für die Durchführung – gemäß dem Unionsrecht oder dem Recht der Mitgliedstaaten – eines einzelnen Untersuchungsauftrags im Interesse der Allgemeinheit erforderlich sind. ²Anträge auf Offenlegung, die von Behörden ausgehen, sollten immer schriftlich erfolgen, mit Gründen versehen sein und gelegentlichen Charakter haben, und sie sollten nicht vollständige Dateisysteme betreffen oder zur Verknüpfung von Dateisystemen führen. ³Die Verarbeitung personenbezogener Daten durch die genannten Behörden sollte den für die Zwecke der Verarbeitung geltenden Datenschutzvorschriften entsprechen.

(32) ¹Die Einwilligung sollte durch eine eindeutige bestätigende Handlung erfolgen, mit der freiwillig, für den konkreten Fall, in informierter Weise und unmissverständlich bekundet wird, dass die betroffene Person mit der

[243]

Verarbeitung der sie betreffenden personenbezogenen Daten einverstanden ist, etwa in Form einer schriftlichen Erklärung, die auch elektronisch erfolgen kann, oder einer mündlichen Erklärung. ²Dies könnte etwa durch Anklicken eines Kästchens beim Besuch einer Internetseite, durch die Auswahl technischer Einstellungen für Dienste der Informationsgesellschaft oder durch eine andere Erklärung oder Verhaltensweise geschehen, mit der die betroffene Person in dem jeweiligen Kontext eindeutig ihr Einverständnis mit der beabsichtigten Verarbeitung ihrer personenbezogenen Daten signalisiert. ³Stillschweigen, bereits angekreuzte Kästchen oder Untätigkeit der betroffenen Person sollten daher keine Einwilligung darstellen. ⁴Die Einwilligung sollte sich auf alle zu demselben Zweck oder denselben Zwecken vorgenommenen Verarbeitungsvorgänge beziehen. ⁵Wenn die Verarbeitung mehreren Zwecken dient, sollte für alle diese Verarbeitungszwecke eine Einwilligung gegeben werden. ⁶Wird die betroffene Person auf elektronischem Weg zur Einwilligung aufgefordert, so muss die Aufforderung in klarer und knapper Form und ohne unnötige Unterbrechung des Dienstes, für den die Einwilligung gegeben wird, erfolgen.

(33) ¹Oftmals kann der Zweck der Verarbeitung personenbezogener Daten für Zwecke der wissenschaftlichen Forschung zum Zeitpunkt der Erhebung der personenbezogenen Daten nicht vollständig angegeben werden. ²Daher sollte es betroffenen Personen erlaubt sein, ihre Einwilligung für bestimmte Bereiche wissenschaftlicher Forschung zu geben, wenn dies unter Einhaltung der anerkannten ethischen Standards der wissenschaftlichen Forschung geschieht. ³Die betroffenen Personen sollten Gelegenheit erhalten, ihre Einwilligung nur für bestimme Forschungsbereiche oder Teile von Forschungsprojekten in dem vom verfolgten Zweck zugelassenen Maße zu erteilen.

(34) Genetische Daten sollten als personenbezogene Daten über die ererbten oder erworbenen genetischen Eigenschaften einer natürlichen Person definiert werden, die aus der Analyse einer biologischen Probe der betreffenden natürlichen Person, insbesondere durch eine Chromosomen, Desoxyribonukleinsäure (DNS)- oder Ribonukleinsäure (RNS)-Analyse oder der Analyse eines anderen Elements, durch die gleichwertige Informationen erlangt werden können, gewonnen werden.

(35) ¹Zu den personenbezogenen Gesundheitsdaten sollten alle Daten zählen, die sich auf den Gesundheitszustand einer betroffenen Person beziehen und aus denen Informationen über den früheren, gegenwärtigen und künftigen körperlichen oder geistigen Gesundheitszustand der betroffenen Person hervorgehen. ²Dazu gehören auch Informationen über die natürliche Person, die im Zuge der Anmeldung für sowie der Erbringung von Gesundheitsdienstleistungen im Sinne der Richtlinie 2011/24/EU des Europäischen Parlaments und des Rates[XII] für die natürliche Person erhoben werden, Nummern, Symbole oder Kennzeichen, die einer natürlichen Person zugeteilt wurden, um diese natürliche Person für gesundheitliche

Zwecke eindeutig zu identifizieren, Informationen, die von der Prüfung oder Untersuchung eines Körperteils oder einer körpereigenen Substanz, auch aus genetischen Daten und biologischen Proben, abgeleitet wurden, und Informationen etwa über Krankheiten, Behinderungen, Krankheitsrisiken, Vorerkrankungen, klinische Behandlungen oder den physiologischen oder biomedizinischen Zustand der betroffenen Person unabhängig von der Herkunft der Daten, ob sie nun von einem Arzt oder sonstigem Angehörigen eines Gesundheitsberufes, einem Krankenhaus, einem Medizinprodukt oder einem In-Vitro-Diagnostikum stammen.

(36) [1]Die Hauptniederlassung des Verantwortlichen in der Union sollte der Ort seiner Hauptverwaltung in der Union sein, es sei denn, dass Entscheidungen über die Zwecke und Mittel der Verarbeitung personenbezogener Daten in einer anderen Niederlassung des Verantwortlichen in der Union getroffen werden; in diesem Fall sollte die letztgenannte als Hauptniederlassung gelten. [2]Zur Bestimmung der Hauptniederlassung eines Verantwortlichen in der Union sollten objektive Kriterien herangezogen werden; ein Kriterium sollte dabei die effektive und tatsächliche Ausübung von Managementtätigkeiten durch eine feste Einrichtung sein, in deren Rahmen die Grundsatzentscheidungen zur Festlegung der Zwecke und Mittel der Verarbeitung getroffen werden. [3]Dabei sollte nicht ausschlaggebend sein, ob die Verarbeitung der personenbezogenen Daten tatsächlich an diesem Ort ausgeführt wird. [4]Das Vorhandensein und die Verwendung technischer Mittel und Verfahren zur Verarbeitung personenbezogener Daten oder Verarbeitungstätigkeiten begründen an sich noch keine Hauptniederlassung und sind daher kein ausschlaggebender Faktor für das Bestehen einer Hauptniederlassung. [5]Die Hauptniederlassung des Auftragsverarbeiters sollte der Ort sein, an dem der Auftragsverarbeiter seine Hauptverwaltung in der Union hat, oder – wenn er keine Hauptverwaltung in der Union hat – der Ort, an dem die wesentlichen Verarbeitungstätigkeiten in der Union stattfinden. [6]Sind sowohl der Verantwortliche als auch der Auftragsverarbeiter betroffen, so sollte die Aufsichtsbehörde des Mitgliedstaats, in dem der Verantwortliche seine Hauptniederlassung hat, die zuständige federführende Aufsichtsbehörde bleiben, doch sollte die Aufsichtsbehörde des Auftragsverarbeiters als betroffene Aufsichtsbehörde betrachtet werden und diese Aufsichtsbehörde sollte sich an dem in dieser Verordnung vorgesehenen Verfahren der Zusammenarbeit beteiligen. [7]Auf jeden Fall sollten die Aufsichtsbehörden des Mitgliedstaats oder der Mitgliedstaaten, in dem bzw. denen der Auftragsverarbeiter eine oder mehrere Niederlassungen hat, nicht als betroffene Aufsichtsbehörden betrachtet werden, wenn sich der Beschlussentwurf nur auf den Verantwortlichen bezieht. [8]Wird die Verarbeitung durch eine Unternehmensgruppe vorgenommen, so sollte die Hauptniederlassung des herrschenden Unternehmens als Hauptniederlassung der Unternehmensgruppe gelten, es sei denn, die Zwecke und Mittel der Verarbeitung werden von einem anderen Unternehmen festgelegt.

(37) ¹Eine Unternehmensgruppe sollte aus einem herrschenden Unternehmen und den von diesem abhängigen Unternehmen bestehen, wobei das herrschende Unternehmen dasjenige sein sollte, das zum Beispiel aufgrund der Eigentumsverhältnisse, der finanziellen Beteiligung oder der für das Unternehmen geltenden Vorschriften oder der Befugnis, Datenschutzvorschriften umsetzen zu lassen, einen beherrschenden Einfluss auf die übrigen Unternehmen ausüben kann. ²Ein Unternehmen, das die Verarbeitung personenbezogener Daten in ihm angeschlossenen Unternehmen kontrolliert, sollte zusammen mit diesen als eine „Unternehmensgruppe" betrachtet werden.

(38) ¹Kinder verdienen bei ihren personenbezogenen Daten besonderen Schutz, da Kinder sich der betreffenden Risiken, Folgen und Garantien und ihrer Rechte bei der Verarbeitung personenbezogener Daten möglicherweise weniger bewusst sind. ²Ein solcher besonderer Schutz sollte insbesondere die Verwendung personenbezogener Daten von Kindern für Werbezwecke oder für die Erstellung von Persönlichkeits- oder Nutzerprofilen und die Erhebung von personenbezogenen Daten von Kindern bei der Nutzung von Diensten, die Kindern direkt angeboten werden, betreffen. ³Die Einwilligung des Trägers der elterlichen Verantwortung sollte im Zusammenhang mit Präventions- oder Beratungsdiensten, die unmittelbar einem Kind angeboten werden, nicht erforderlich sein.

(39) ¹Jede Verarbeitung personenbezogener Daten sollte rechtmäßig und nach Treu und Glauben erfolgen. ²Für natürliche Personen sollte Transparenz dahingehend bestehen, dass sie betreffende personenbezogene Daten erhoben, verwendet, eingesehen oder anderweitig verarbeitet werden und in welchem Umfang die personenbezogenen Daten verarbeitet werden und künftig noch verarbeitet werden. ³Der Grundsatz der Transparenz setzt voraus, dass alle Informationen und Mitteilungen zur Verarbeitung dieser personenbezogenen Daten leicht zugänglich und verständlich und in klarer und einfacher Sprache abgefasst sind. ⁴Dieser Grundsatz betrifft insbesondere die Informationen über die Identität des Verantwortlichen und die Zwecke der Verarbeitung und sonstige Informationen, die eine faire und transparente Verarbeitung im Hinblick auf die betroffenen natürlichen Personen gewährleisten, sowie deren Recht, eine Bestätigung und Auskunft darüber zu erhalten, welche sie betreffende personenbezogene Daten verarbeitet werden. ⁵Natürliche Personen sollten über die Risiken, Vorschriften, Garantien und Rechte im Zusammenhang mit der Verarbeitung personenbezogener Daten informiert und darüber aufgeklärt werden, wie sie ihre diesbezüglichen Rechte geltend machen können. ⁶Insbesondere sollten die bestimmten Zwecke, zu denen die personenbezogenen Daten verarbeitet werden, eindeutig und rechtmäßig sein und zum Zeitpunkt der Erhebung der personenbezogenen Daten feststehen. ⁷Die personenbezogenen Daten sollten für die Zwecke, zu denen sie verarbeitet werden, angemessen und erheblich sowie auf das für die Zwecke ihrer Verar-

beitung notwendige Maß beschränkt sein. ⁸Dies erfordert insbesondere, dass die Speicherfrist für personenbezogene Daten auf das unbedingt erforderliche Mindestmaß beschränkt bleibt. ⁹Personenbezogene Daten sollten nur verarbeitet werden dürfen, wenn der Zweck der Verarbeitung nicht in zumutbarer Weise durch andere Mittel erreicht werden kann.¹⁰ Um sicherzustellen, dass die personenbezogenen Daten nicht länger als nötig gespeichert werden, sollte der Verantwortliche Fristen für ihre Löschung oder regelmäßige Überprüfung vorsehen. ¹¹Es sollten alle vertretbaren Schritte unternommen werden, damit unrichtige personenbezogene Daten gelöscht oder berichtigt werden. Personenbezogene Daten sollten so verarbeitet werden, dass ihre Sicherheit und Vertraulichkeit hinreichend gewährleistet ist, wozu auch gehört, dass Unbefugte keinen Zugang zu den Daten haben und weder die Daten noch die Geräte, mit denen diese verarbeitet werden, benutzen können.

(40) Damit die Verarbeitung rechtmäßig ist, müssen personenbezogene Daten mit Einwilligung der betroffenen Person oder auf einer sonstigen zulässigen Rechtsgrundlage verarbeitet werden, die sich aus dieser Verordnung oder – wann immer in dieser Verordnung darauf Bezug genommen wird – aus dem sonstigen Unionsrecht oder dem Recht der Mitgliedstaaten ergibt, so unter anderem auf der Grundlage, dass sie zur Erfüllung der rechtlichen Verpflichtung, der der Verantwortliche unterliegt, oder zur Erfüllung eines Vertrags, dessen Vertragspartei die betroffene Person ist, oder für die Durchführung vorvertraglicher Maßnahmen, die auf Anfrage der betroffenen Person erfolgen, erforderlich ist.

(41) ¹Wenn in dieser Verordnung auf eine Rechtsgrundlage oder eine Gesetzgebungsmaßnahme Bezug genommen wird, erfordert dies nicht notwendigerweise einen von einem Parlament angenommenen Gesetzgebungsakt; davon unberührt bleiben Anforderungen gemäß der Verfassungsordnung des betreffenden Mitgliedstaats. ²Die entsprechende Rechtsgrundlage oder Gesetzgebungsmaßnahme sollte jedoch klar und präzise sein und ihre Anwendung sollte für die Rechtsunterworfenen gemäß der Rechtsprechung des Gerichtshofs der Europäischen Union (im Folgenden „Gerichtshof") und des Europäischen Gerichtshofs für Menschenrechte vorhersehbar sein.

(42) ¹Erfolgt die Verarbeitung mit Einwilligung der betroffenen Person, sollte der Verantwortliche nachweisen können, dass die betroffene Person ihre Einwilligung zu dem Verarbeitungsvorgang gegeben hat. ²Insbesondere bei Abgabe einer schriftlichen Erklärung in anderer Sache sollten Garantien sicherstellen, dass die betroffene Person weiß, dass und in welchem Umfang sie ihre Einwilligung erteilt. ³Gemäß der Richtlinie 93/13/EWG des Rates(XIII) sollte eine vom Verantwortlichen vorformulierte Einwilligungserklärung in verständlicher und leicht zugänglicher Form in einer klaren und einfachen Sprache zur Verfügung gestellt werden, und sie sollte keine missbräuchlichen Klauseln beinhalten. ⁴Damit sie in Kenntnis

der Sachlage ihre Einwilligung geben kann, sollte die betroffene Person mindestens wissen, wer der Verantwortliche ist und für welche Zwecke ihre personenbezogenen Daten verarbeitet werden sollen. [5]Es sollte nur dann davon ausgegangen werden, dass sie ihre Einwilligung freiwillig gegeben hat, wenn sie eine echte oder freie Wahl hat und somit in der Lage ist, die Einwilligung zu verweigern oder zurückzuziehen, ohne Nachteile zu erleiden.

(43) [1]Um sicherzustellen, dass die Einwilligung freiwillig erfolgt ist, sollte diese in besonderen Fällen, wenn zwischen der betroffenen Person und dem Verantwortlichen ein klares Ungleichgewicht besteht, insbesondere wenn es sich bei dem Verantwortlichen um eine Behörde handelt, und es deshalb in Anbetracht aller Umstände in dem speziellen Fall unwahrscheinlich ist, dass die Einwilligung freiwillig gegeben wurde, keine gültige Rechtsgrundlage liefern. [2]Die Einwilligung gilt nicht als freiwillig erteilt, wenn zu verschiedenen Verarbeitungsvorgängen von personenbezogenen Daten nicht gesondert eine Einwilligung erteilt werden kann, obwohl dies im Einzelfall angebracht ist, oder wenn die Erfüllung eines Vertrags, einschließlich der Erbringung einer Dienstleistung, von der Einwilligung abhängig ist, obwohl diese Einwilligung für die Erfüllung nicht erforderlich ist.

(44) Die Verarbeitung von Daten sollte als rechtmäßig gelten, wenn sie für die Erfüllung oder den geplanten Abschluss eines Vertrags erforderlich ist.

(45) [1]Erfolgt die Verarbeitung durch den Verantwortlichen aufgrund einer ihm obliegenden rechtlichen Verpflichtung oder ist die Verarbeitung zur Wahrnehmung einer Aufgabe im öffentlichen Interesse oder in Ausübung öffentlicher Gewalt erforderlich, muss hierfür eine Grundlage im Unionsrecht oder im Recht eines Mitgliedstaats bestehen. [2]Mit dieser Verordnung wird nicht für jede einzelne Verarbeitung ein spezifisches Gesetz verlangt. [3]Ein Gesetz als Grundlage für mehrere Verarbeitungsvorgänge kann ausreichend sein, wenn die Verarbeitung aufgrund einer dem Verantwortlichen obliegenden rechtlichen Verpflichtung erfolgt oder wenn die Verarbeitung zur Wahrnehmung einer Aufgabe im öffentlichen Interesse oder in Ausübung öffentlicher Gewalt erforderlich ist. [4]Desgleichen sollte im Unionsrecht oder im Recht der Mitgliedstaaten geregelt werden, für welche Zwecke die Daten verarbeitet werden dürfen. [5]Ferner könnten in diesem Recht die allgemeinen Bedingungen dieser Verordnung zur Regelung der Rechtmäßigkeit der Verarbeitung personenbezogener Daten präzisiert und es könnte darin festgelegt werden, wie der Verantwortliche zu bestimmen ist, welche Art von personenbezogenen Daten verarbeitet werden, welche Personen betroffen sind, welchen Einrichtungen die personenbezogenen Daten offengelegt werden, für welche Zwecke und wie lange sie gespeichert werden dürfen und welche anderen Maßnahmen ergriffen werden, um zu gewährleisten, dass die Verarbeitung rechtmäßig und nach Treu und Glauben erfolgt. [6]Desgleichen sollte im Unionsrecht oder im

Recht der Mitgliedstaaten geregelt werden, ob es sich bei dem Verantwortlichen, der eine Aufgabe wahrnimmt, die im öffentlichen Interesse liegt oder in Ausübung öffentlicher Gewalt erfolgt, um eine Behörde oder um eine andere unter das öffentliche Recht fallende natürliche oder juristische Person oder, sofern dies durch das öffentliche Interesse einschließlich gesundheitlicher Zwecke, wie die öffentliche Gesundheit oder die soziale Sicherheit oder die Verwaltung von Leistungen der Gesundheitsfürsorge, gerechtfertigt ist, eine natürliche oder juristische Person des Privatrechts, wie beispielsweise eine Berufsvereinigung, handeln sollte.

(46) ^{1}Die Verarbeitung personenbezogener Daten sollte ebenfalls als rechtmäßig angesehen werden, wenn sie erforderlich ist, um ein lebenswichtiges Interesse der betroffenen Person oder einer anderen natürlichen Person zu schützen. ^{2}Personenbezogene Daten sollten grundsätzlich nur dann aufgrund eines lebenswichtigen Interesses einer anderen natürlichen Person verarbeitet werden, wenn die Verarbeitung offensichtlich nicht auf eine andere Rechtsgrundlage gestützt werden kann. ^{3}Einige Arten der Verarbeitung können sowohl wichtigen Gründen des öffentlichen Interesses als auch lebenswichtigen Interessen der betroffenen Person dienen; so kann beispielsweise die Verarbeitung für humanitäre Zwecke einschließlich der Überwachung von Epidemien und deren Ausbreitung oder in humanitären Notfällen insbesondere bei Naturkatastrophen oder vom Menschen verursachten Katastrophen erforderlich sein.

(47) ^{1}Die Rechtmäßigkeit der Verarbeitung kann durch die berechtigten Interessen eines Verantwortlichen, auch eines Verantwortlichen, dem die personenbezogenen Daten offengelegt werden dürfen, oder eines Dritten begründet sein, sofern die Interessen oder die Grundrechte und Grundfreiheiten der betroffenen Personen nicht überwiegen; dabei sind die vernünftigen Erwartungen der betroffenen Personen, die auf ihrer Beziehung zu dem Verantwortlichen beruhen, zu berücksichtigen. ^{2}Ein berechtigtes Interesse könnte beispielsweise vorliegen, wenn eine maßgebliche und angemessene Beziehung zwischen der betroffenen Person und dem Verantwortlichen besteht, z.B. wenn die betroffene Person ein Kunde des Verantwortlichen ist oder in seinen Diensten steht. ^{3}Auf jeden Fall wäre das Bestehen eines berechtigten Interesses besonders sorgfältig abzuwägen, wobei auch zu prüfen ist, ob eine betroffene Person zum Zeitpunkt der Erhebung der personenbezogenen Daten und angesichts der Umstände, unter denen sie erfolgt, vernünftigerweise absehen kann, dass möglicherweise eine Verarbeitung für diesen Zweck erfolgen wird. ^{4}Insbesondere dann, wenn personenbezogene Daten in Situationen verarbeitet werden, in denen eine betroffene Person vernünftigerweise nicht mit einer weiteren Verarbeitung rechnen muss, könnten die Interessen und Grundrechte der betroffenen Person das Interesse des Verantwortlichen überwiegen. ^{5}Da es dem Gesetzgeber obliegt, per Rechtsvorschrift die Rechtsgrundlage für die Verarbeitung personenbezogener Daten durch die Behörden

zu schaffen, sollte diese Rechtsgrundlage nicht für Verarbeitungen durch Behörden gelten, die diese in Erfüllung ihrer Aufgaben vornehmen. [6]Die Verarbeitung personenbezogener Daten im für die Verhinderung von Betrug unbedingt erforderlichen Umfang stellt ebenfalls ein berechtigtes Interesse des jeweiligen Verantwortlichen dar. [7]Die Verarbeitung personenbezogener Daten zum Zwecke der Direktwerbung kann als eine einem berechtigten Interesse dienende Verarbeitung betrachtet werden.

(48) Verantwortliche, die Teil einer Unternehmensgruppe oder einer Gruppe von Einrichtungen sind, die einer zentralen Stelle zugeordnet sind können ein berechtigtes Interesse haben, personenbezogene Daten innerhalb der Unternehmensgruppe für interne Verwaltungszwecke, einschließlich der Verarbeitung personenbezogener Daten von Kunden und Beschäftigten, zu übermitteln. Die Grundprinzipien für die Übermittlung personenbezogener Daten innerhalb von Unternehmensgruppen an ein Unternehmen in einem Drittland bleiben unberührt.

(49) [1]Die Verarbeitung von personenbezogenen Daten durch Behörden, Computer-Notdienste (Computer Emergency Response Teams – CERT, beziehungsweise Computer Security Incident Response Teams – CSIRT), Betreiber von elektronischen Kommunikationsnetzen und -diensten sowie durch Anbieter von Sicherheitstechnologien und -diensten stellt in dem Maße ein berechtigtes Interesse des jeweiligen Verantwortlichen dar, wie dies für die Gewährleistung der Netz- und Informationssicherheit unbedingt notwendig und verhältnismäßig ist, d.h. soweit dadurch die Fähigkeit eines Netzes oder Informationssystems gewährleistet wird, mit einem vorgegebenen Grad der Zuverlässigkeit Störungen oder widerrechtliche oder mutwillige Eingriffe abzuwehren, die die Verfügbarkeit, Authentizität, Vollständigkeit und Vertraulichkeit von gespeicherten oder übermittelten personenbezogenen Daten sowie die Sicherheit damit zusammenhängender Dienste, die über diese Netze oder Informationssysteme angeboten werden bzw. zugänglich sind, beeinträchtigen. [2]Ein solches berechtigtes Interesse könnte beispielsweise darin bestehen, den Zugang Unbefugter zu elektronischen Kommunikationsnetzen und die Verbreitung schädlicher Programmcodes zu verhindern sowie Angriffe in Form der gezielten Überlastung von Servern („Denial of service"-Angriffe) und Schädigungen von Computer- und elektronischen Kommunikationssystemen abzuwehren.

(50) [1]Die Verarbeitung personenbezogener Daten für andere Zwecke als die, für die die personenbezogenen Daten ursprünglich erhoben wurden, sollte nur zulässig sein, wenn die Verarbeitung mit den Zwecken, für die die personenbezogenen Daten ursprünglich erhoben wurden, vereinbar ist. [2]In diesem Fall ist keine andere gesonderte Rechtsgrundlage erforderlich als diejenige für die Erhebung der personenbezogenen Daten. [3]Ist die Verarbeitung für die Wahrnehmung einer Aufgabe erforderlich, die im öffentlichen Interesse liegt oder in Ausübung öffentlicher Gewalt erfolgt,

Erwägungsgründe DSGVO **EG-DSGVO 7a**

die dem Verantwortlichen übertragen wurde, so können im Unionsrecht oder im Recht der Mitgliedstaaten die Aufgaben und Zwecke bestimmt und konkretisiert werden, für die eine Weiterverarbeitung als vereinbar und rechtmäßig erachtet wird. [4]Die Weiterverarbeitung für im öffentlichen Interesse liegende Archivzwecke, für wissenschaftliche oder historische Forschungszwecke oder für statistische Zwecke sollte als vereinbarer und rechtmäßiger Verarbeitungsvorgang gelten. [5]Die im Unionsrecht oder im Recht der Mitgliedstaaten vorgesehene Rechtsgrundlage für die Verarbeitung personenbezogener Daten kann auch als Rechtsgrundlage für eine Weiterverarbeitung dienen. [6]Um festzustellen, ob ein Zweck der Weiterverarbeitung mit dem Zweck, für den die personenbezogenen Daten ursprünglich erhoben wurden, vereinbar ist, sollte der Verantwortliche nach Einhaltung aller Anforderungen für die Rechtmäßigkeit der ursprünglichen Verarbeitung unter anderem prüfen, ob ein Zusammenhang zwischen den Zwecken, für die die personenbezogenen Daten erhoben wurden, und den Zwecken der beabsichtigten Weiterverarbeitung besteht, in welchem Kontext die Daten erhoben wurden, insbesondere die vernünftigen Erwartungen der betroffenen Personen, die auf ihrer Beziehung zu dem Verantwortlichen beruhen, in Bezug auf die weitere Verwendung dieser Daten, um welche Art von personenbezogenen Daten es sich handelt, welche Folgen die beabsichtigte Weiterverarbeitung für die betroffenen Personen hat und ob sowohl beim ursprünglichen als auch beim beabsichtigten Weiterverarbeitungsvorgang geeignete Garantien bestehen.
[7]Hat die betroffene Person ihre Einwilligung erteilt oder beruht die Verarbeitung auf Unionsrecht oder dem Recht der Mitgliedstaaten, was in einer demokratischen Gesellschaft eine notwendige und verhältnismäßige Maßnahme zum Schutz insbesondere wichtiger Ziele des allgemeinen öffentlichen Interesses darstellt, so sollte der Verantwortliche die personenbezogenen Daten ungeachtet der Vereinbarkeit der Zwecke weiterverarbeiten dürfen. [8]In jedem Fall sollte gewährleistet sein, dass die in dieser Verordnung niedergelegten Grundsätze angewandt werden und insbesondere die betroffene Person über diese anderen Zwecke und über ihre Rechte einschließlich des Widerspruchsrechts unterrichtet wird. [9]Der Hinweis des Verantwortlichen auf mögliche Straftaten oder Bedrohungen der öffentlichen Sicherheit und die Übermittlung der maßgeblichen personenbezogenen Daten in Einzelfällen oder in mehreren Fällen, die im Zusammenhang mit derselben Straftat oder derselben Bedrohung der öffentlichen Sicherheit stehen, an eine zuständige Behörde sollten als berechtigtes Interesse des Verantwortlichen gelten. [10]Eine derartige Übermittlung personenbezogener Daten im berechtigten Interesse des Verantwortlichen oder deren Weiterverarbeitung sollte jedoch unzulässig sein, wenn die Verarbeitung mit einer rechtlichen, beruflichen oder sonstigen verbindlichen Pflicht zur Geheimhaltung unvereinbar ist.

(51) [1]Personenbezogene Daten, die ihrem Wesen nach hinsichtlich der Grundrechte und Grundfreiheiten besonders sensibel sind, verdienen einen be-

sonderen Schutz, da im Zusammenhang mit ihrer Verarbeitung erhebliche Risiken für die Grundrechte und Grundfreiheiten auftreten können. [2]Diese personenbezogenen Daten sollten personenbezogene Daten umfassen, aus denen die rassische oder ethnische Herkunft hervorgeht, wobei die Verwendung des Begriffs „rassische Herkunft" in dieser Verordnung nicht bedeutet, dass die Union Theorien, mit denen versucht wird, die Existenz verschiedener menschlicher Rassen zu belegen, gutheißt. [3]Die Verarbeitung von Lichtbildern sollte nicht grundsätzlich als Verarbeitung besonderer Kategorien von personenbezogenen Daten angesehen werden, da Lichtbilder nur dann von der Definition des Begriffs „biometrische Daten" erfasst werden, wenn sie mit speziellen technischen Mitteln verarbeitet werden, die die eindeutige Identifizierung oder Authentifizierung einer natürlichen Person ermöglichen. [4]Derartige personenbezogenen Daten sollten nicht verarbeitet werden, es sei denn, die Verarbeitung ist in den in dieser Verordnung dargelegten besonderen Fällen zulässig, wobei zu berücksichtigen ist, dass im Recht der Mitgliedstaaten besondere Datenschutzbestimmungen festgelegt sein können, um die Anwendung der Bestimmungen dieser Verordnung anzupassen, damit die Einhaltung einer rechtlichen Verpflichtung oder die Wahrnehmung einer Aufgabe im öffentlichen Interesse oder die Ausübung öffentlicher Gewalt, die dem Verantwortlichen übertragen wurde, möglich ist. [5]Zusätzlich zu den speziellen Anforderungen an eine derartige Verarbeitung sollten die allgemeinen Grundsätze und andere Bestimmungen dieser Verordnung, insbesondere hinsichtlich der Bedingungen für eine rechtmäßige Verarbeitung, gelten. [6]Ausnahmen von dem allgemeinen Verbot der Verarbeitung dieser besonderen Kategorien personenbezogener Daten sollten ausdrücklich vorgesehen werden, unter anderem bei ausdrücklicher Einwilligung der betroffenen Person oder bei bestimmten Notwendigkeiten, insbesondere wenn die Verarbeitung im Rahmen rechtmäßiger Tätigkeiten bestimmter Vereinigungen oder Stiftungen vorgenommen wird, die sich für die Ausübung von Grundfreiheiten einsetzen.

(52) [1]Ausnahmen vom Verbot der Verarbeitung besonderer Kategorien von personenbezogenen Daten sollten auch erlaubt sein, wenn sie im Unionsrecht oder dem Recht der Mitgliedstaaten vorgesehen sind, und – vorbehaltlich angemessener Garantien zum Schutz der personenbezogenen Daten und anderer Grundrechte – wenn dies durch das öffentliche Interesse gerechtfertigt ist, insbesondere für die Verarbeitung von personenbezogenen Daten auf dem Gebiet des Arbeitsrechts und des Rechts der sozialen Sicherheit einschließlich Renten und zwecks Sicherstellung und Überwachung der Gesundheit und Gesundheitswarnungen, Prävention oder Kontrolle ansteckender Krankheiten und anderer schwerwiegender Gesundheitsgefahren. [2]Eine solche Ausnahme kann zu gesundheitlichen Zwecken gemacht werden, wie der Gewährleistung der öffentlichen Gesundheit und der Verwaltung von Leistungen der Gesundheitsversorgung, insbesondere wenn dadurch die Qualität und Wirtschaftlichkeit der Ver-

fahren zur Abrechnung von Leistungen in den sozialen Krankenversicherungssystemen sichergestellt werden soll, oder wenn die Verarbeitung im öffentlichen Interesse liegenden Archivzwecken, wissenschaftlichen oder historischen Forschungszwecken oder statistischen Zwecken dient. [3]Die Verarbeitung solcher personenbezogener Daten sollte zudem ausnahmsweise erlaubt sein, wenn sie erforderlich ist, um rechtliche Ansprüche, sei es in einem Gerichtsverfahren oder in einem Verwaltungsverfahren oder einem außergerichtlichen Verfahren, geltend zu machen, auszuüben oder zu verteidigen.

(53) [1]Besondere Kategorien personenbezogener Daten, die eines höheren Schutzes verdienen, sollten nur dann für gesundheitsbezogene Zwecke verarbeitet werden, wenn dies für das Erreichen dieser Zwecke im Interesse einzelner natürlicher Personen und der Gesellschaft insgesamt erforderlich ist, insbesondere im Zusammenhang mit der Verwaltung der Dienste und Systeme des Gesundheits- oder Sozialbereichs, einschließlich der Verarbeitung dieser Daten durch die Verwaltung und die zentralen nationalen Gesundheitsbehörden zwecks Qualitätskontrolle, Verwaltungsinformationen und der allgemeinen nationalen und lokalen Überwachung des Gesundheitssystems oder des Sozialsystems und zwecks Gewährleistung der Kontinuität der Gesundheits- und Sozialfürsorge und der grenzüberschreitenden Gesundheitsversorgung oder Sicherstellung und Überwachung der Gesundheit und Gesundheitswarnungen oder für im öffentlichen Interesse liegende Archivzwecke, zu wissenschaftlichen oder historischen Forschungszwecken oder statistischen Zwecken, die auf Rechtsvorschriften der Union oder der Mitgliedstaaten beruhen, die einem im öffentlichen Interesse liegenden Ziel dienen müssen, sowie für Studien, die im öffentlichen Interesse im Bereich der öffentlichen Gesundheit durchgeführt werden. [2]Diese Verordnung sollte daher harmonisierte Bedingungen für die Verarbeitung besonderer Kategorien personenbezogener Gesundheitsdaten im Hinblick auf bestimmte Erfordernisse harmonisieren, insbesondere wenn die Verarbeitung dieser Daten für gesundheitsbezogene Zwecke von Personen durchgeführt wird, die gemäß einer rechtlichen Verpflichtung dem Berufsgeheimnis unterliegen. [3]Im Recht der Union oder der Mitgliedstaaten sollten besondere und angemessene Maßnahmen zum Schutz der Grundrechte und der personenbezogenen Daten natürlicher Personen vorgesehen werden. [4]Den Mitgliedstaaten sollte gestattet werden, weitere Bedingungen – einschließlich Beschränkungen – in Bezug auf die Verarbeitung von genetischen Daten, biometrischen Daten oder Gesundheitsdaten beizubehalten oder einzuführen. [5]Dies sollte jedoch den freien Verkehr personenbezogener Daten innerhalb der Union nicht beeinträchtigen, falls die betreffenden Bedingungen für die grenzüberschreitende Verarbeitung solcher Daten gelten.

(54) [1]Aus Gründen des öffentlichen Interesses in Bereichen der öffentlichen Gesundheit kann es notwendig sein, besondere Kategorien personenbezo-

gener Daten auch ohne Einwilligung der betroffenen Person zu verarbeiten. ²Diese Verarbeitung sollte angemessenen und besonderen Maßnahmen zum Schutz der Rechte und Freiheiten natürlicher Personen unterliegen. ³In diesem Zusammenhang sollte der Begriff „öffentliche Gesundheit" im Sinne der Verordnung (EG) Nr. 1338/2008 des Europäischen Parlaments und des Rates[XIV] ausgelegt werden und alle Elemente im Zusammenhang mit der Gesundheit wie den Gesundheitszustand einschließlich Morbidität und Behinderung, die sich auf diesen Gesundheitszustand auswirkenden Determinanten, den Bedarf an Gesundheitsversorgung, die der Gesundheitsversorgung zugewiesenen Mittel, die Bereitstellung von Gesundheitsversorgungsleistungen und den allgemeinen Zugang zu diesen Leistungen sowie die entsprechenden Ausgaben und die Finanzierung und schließlich die Ursachen der Mortalität einschließen. ⁴Eine solche Verarbeitung von Gesundheitsdaten aus Gründen des öffentlichen Interesses darf nicht dazu führen, dass Dritte, unter anderem Arbeitgeber oder Versicherungs- und Finanzunternehmen, solche personenbezogene Daten zu anderen Zwecken verarbeiten.

(55) Auch die Verarbeitung personenbezogener Daten durch staatliche Stellen zu verfassungsrechtlich oder völkerrechtlich verankerten Zielen von staatlich anerkannten Religionsgemeinschaften erfolgt aus Gründen des öffentlichen Interesses.

(56) Wenn es in einem Mitgliedstaat das Funktionieren des demokratischen Systems erfordert, dass die politischen Parteien im Zusammenhang mit Wahlen personenbezogene Daten über die politische Einstellung von Personen sammeln, kann die Verarbeitung derartiger Daten aus Gründen des öffentlichen Interesses zugelassen werden, sofern geeignete Garantien vorgesehen werden.

(57) ¹Kann der Verantwortliche anhand der von ihm verarbeiteten personenbezogenen Daten eine natürliche Person nicht identifizieren, so sollte er nicht verpflichtet sein, zur bloßen Einhaltung einer Vorschrift dieser Verordnung zusätzliche Daten einzuholen, um die betroffene Person zu identifizieren. ²Allerdings sollte er sich nicht weigern, zusätzliche Informationen entgegenzunehmen, die von der betroffenen Person beigebracht werden, um ihre Rechte geltend zu machen. ³Die Identifizierung sollte die digitale Identifizierung einer betroffenen Person – beispielsweise durch Authentifizierungsverfahren etwa mit denselben Berechtigungsnachweisen, wie sie die betroffene Person verwendet, um sich bei dem von dem Verantwortlichen bereitgestellten Online-Dienst anzumelden – einschließen.

(58) ¹Der Grundsatz der Transparenz setzt voraus, dass eine für die Öffentlichkeit oder die betroffene Person bestimmte Information präzise, leicht zugänglich und verständlich sowie in klarer und einfacher Sprache abgefasst ist und gegebenenfalls zusätzlich visuelle Elemente verwendet werden. ²Diese Information könnte in elektronischer Form bereitgestellt wer-

Erwägungsgründe DSGVO **EG-DSGVO 7a**

den, beispielsweise auf einer Website, wenn sie für die Öffentlichkeit bestimmt ist. ³Dies gilt insbesondere für Situationen, wo die große Zahl der Beteiligten und die Komplexität der dazu benötigten Technik es der betroffenen Person schwer machen, zu erkennen und nachzuvollziehen, ob, von wem und zu welchem Zweck sie betreffende personenbezogene Daten erfasst werden, wie etwa bei der Werbung im Internet. ⁴Wenn sich die Verarbeitung an Kinder richtet, sollten aufgrund der besonderen Schutzwürdigkeit von Kindern Informationen und Hinweise in einer dergestalt klaren und einfachen Sprache erfolgen, dass ein Kind sie verstehen kann.

(59) ¹Es sollten Modalitäten festgelegt werden, die einer betroffenen Person die Ausübung der Rechte, die ihr nach dieser Verordnung zustehen, erleichtern, darunter auch Mechanismen, die dafür sorgen, dass sie unentgeltlich insbesondere Zugang zu personenbezogenen Daten und deren Berichtigung oder Löschung beantragen und gegebenenfalls erhalten oder von ihrem Widerspruchsrecht Gebrauch machen kann. ²So sollte der Verantwortliche auch dafür sorgen, dass Anträge elektronisch gestellt werden können, insbesondere wenn die personenbezogenen Daten elektronisch verarbeitet werden. ³Der Verantwortliche sollte verpflichtet werden, den Antrag der betroffenen Person unverzüglich, spätestens aber innerhalb eines Monats zu beantworten und gegebenenfalls zu begründen, warum er den Antrag ablehnt.

(60) ¹Die Grundsätze einer fairen und transparenten Verarbeitung machen es erforderlich, dass die betroffene Person über die Existenz des Verarbeitungsvorgangs und seine Zwecke unterrichtet wird. ²Der Verantwortliche sollte der betroffenen Person alle weiteren Informationen zur Verfügung stellen, die unter Berücksichtigung der besonderen Umstände und Rahmenbedingungen, unter denen die personenbezogenen Daten verarbeitet werden, notwendig sind, um eine faire und transparente Verarbeitung zu gewährleisten. ³Darüber hinaus sollte er die betroffene Person darauf hinweisen, dass Profiling stattfindet und welche Folgen dies hat. ⁴Werden die personenbezogenen Daten bei der betroffenen Person erhoben, so sollte dieser darüber hinaus mitgeteilt werden, ob sie verpflichtet ist, die personenbezogenen Daten bereitzustellen, und welche Folgen eine Zurückhaltung der Daten nach sich ziehen würde. ⁵Die betreffenden Informationen können in Kombination mit standardisierten Bildsymbolen bereitgestellt werden, um in leicht wahrnehmbarer, verständlicher und klar nachvollziehbarer Form einen aussagekräftigen Überblick über die beabsichtigte Verarbeitung zu vermitteln. Werden die Bildsymbole in elektronischer Form dargestellt, so sollten sie maschinenlesbar sein.

(61) ¹Dass sie betreffende personenbezogene Daten verarbeitet werden, sollte der betroffenen Person zum Zeitpunkt der Erhebung mitgeteilt werden oder, falls die Daten nicht von ihr, sondern aus einer anderen Quelle erlangt werden, innerhalb einer angemessenen Frist, die sich nach dem kon-

kreten Einzelfall richtet. ²Wenn die personenbezogenen Daten rechtmäßig einem anderen Empfänger offengelegt werden dürfen, sollte die betroffene Person bei der erstmaligen Offenlegung der personenbezogenen Daten für diesen Empfänger darüber aufgeklärt werden. ³Beabsichtigt der Verantwortliche, die personenbezogenen Daten für einen anderen Zweck zu verarbeiten als den, für den die Daten erhoben wurden, so sollte er der betroffenen Person vor dieser Weiterverarbeitung Informationen über diesen anderen Zweck und andere erforderliche Informationen zur Verfügung stellen. ⁴Konnte der betroffenen Person nicht mitgeteilt werden, woher die personenbezogenen Daten stammen, weil verschiedene Quellen benutzt wurden, so sollte die Unterrichtung allgemein gehalten werden.

(62) ¹Die Pflicht, Informationen zur Verfügung zu stellen, erübrigt sich jedoch, wenn die betroffene Person die Information bereits hat, wenn die Speicherung oder Offenlegung der personenbezogenen Daten ausdrücklich durch Rechtsvorschriften geregelt ist oder wenn sich die Unterrichtung der betroffenen Person als unmöglich erweist oder mit unverhältnismäßig hohem Aufwand verbunden ist. ²Letzteres könnte insbesondere bei Verarbeitungen für im öffentlichen Interesse liegende Archivzwecke, zu wissenschaftlichen oder historischen Forschungszwecken oder zu statistischen Zwecken der Fall sein. ³Als Anhaltspunkte sollten dabei die Zahl der betroffenen Personen, das Alter der Daten oder etwaige geeignete Garantien in Betracht gezogen werden.

(63) ¹Eine betroffene Person sollte ein Auskunftsrecht hinsichtlich der sie betreffenden personenbezogenen Daten, die erhoben worden sind, besitzen und dieses Recht problemlos und in angemessenen Abständen wahrnehmen können, um sich der Verarbeitung bewusst zu sein und deren Rechtmäßigkeit überprüfen zu können. ²Dies schließt das Recht betroffener Personen auf Auskunft über ihre eigenen gesundheitsbezogenen Daten ein, etwa Daten in ihren Patientenakten, die Informationen wie beispielsweise Diagnosen, Untersuchungsergebnisse, Befunde der behandelnden Ärzte und Angaben zu Behandlungen oder Eingriffen enthalten. ³Jede betroffene Person sollte daher ein Anrecht darauf haben zu wissen und zu erfahren, insbesondere zu welchen Zwecken die personenbezogenen Daten verarbeitet werden und, wenn möglich, wie lange sie gespeichert werden, wer die Empfänger der personenbezogenen Daten sind, nach welcher Logik die automatische Verarbeitung personenbezogener Daten erfolgt und welche Folgen eine solche Verarbeitung haben kann, zumindest in Fällen, in denen die Verarbeitung auf Profiling beruht. ⁴Nach Möglichkeit sollte der Verantwortliche den Fernzugang zu einem sicheren System bereitstellen können, der der betroffenen Person direkten Zugang zu ihren personenbezogenen Daten ermöglichen würde. ⁵Dieses Recht sollte die Rechte und Freiheiten anderer Personen, etwa Geschäftsgeheimnisse oder Rechte des geistigen Eigentums und insbesondere das Urheberrecht an

Erwägungsgründe DSGVO **EG-DSGVO 7a**

Software, nicht beeinträchtigen. [6]Dies darf jedoch nicht dazu führen, dass der betroffenen Person jegliche Auskunft verweigert wird. [7]Verarbeitet der Verantwortliche eine große Menge von Informationen über die betroffene Person, so sollte er verlangen können, dass die betroffene Person präzisiert, auf welche Information oder welche Verarbeitungsvorgänge sich ihr Auskunftsersuchen bezieht, bevor er ihr Auskunft erteilt.

(64) [1]Der Verantwortliche sollte alle vertretbaren Mittel nutzen, um die Identität einer Auskunft suchenden betroffenen Person zu überprüfen, insbesondere im Rahmen von Online-Diensten und im Fall von Online-Kennungen. [2]Ein Verantwortlicher sollte personenbezogene Daten nicht allein zu dem Zweck speichern, auf mögliche Auskunftsersuchen reagieren zu können.

(65) [1]Eine betroffene Person sollte ein Recht auf Berichtigung der sie betreffenden personenbezogenen Daten besitzen sowie ein „Recht auf Vergessenwerden", wenn die Speicherung ihrer Daten gegen diese Verordnung oder gegen das Unionsrecht oder das Recht der Mitgliedstaaten, dem der Verantwortliche unterliegt, verstößt. [2]Insbesondere sollten betroffene Personen Anspruch darauf haben, dass ihre personenbezogenen Daten gelöscht und nicht mehr verarbeitet werden, wenn die personenbezogenen Daten hinsichtlich der Zwecke, für die sie erhoben bzw. anderweitig verarbeitet wurden, nicht mehr benötigt werden, wenn die betroffenen Personen ihre Einwilligung in die Verarbeitung widerrufen oder Widerspruch gegen die Verarbeitung der sie betreffenden personenbezogenen Daten eingelegt haben oder wenn die Verarbeitung ihrer personenbezogenen Daten aus anderen Gründen gegen diese Verordnung verstößt. [3]Dieses Recht ist insbesondere wichtig in Fällen, in denen die betroffene Person ihre Einwilligung noch im Kindesalter gegeben hat und insofern die mit der Verarbeitung verbundenen Gefahren nicht in vollem Umfang absehen konnte und die personenbezogenen Daten – insbesondere die im Internet gespeicherten – später löschen möchte. [4]Die betroffene Person sollte dieses Recht auch dann ausüben können, wenn sie kein Kind mehr ist. [5]Die weitere Speicherung der personenbezogenen Daten sollte jedoch rechtmäßig sein, wenn dies für die Ausübung des Rechts auf freie Meinungsäußerung und Information, zur Erfüllung einer rechtlichen Verpflichtung, für die Wahrnehmung einer Aufgabe, die im öffentlichen Interesse liegt oder in Ausübung öffentlicher Gewalt erfolgt, die dem Verantwortlichen übertragen wurde, aus Gründen des öffentlichen Interesses im Bereich der öffentlichen Gesundheit, für im öffentlichen Interesse liegende Archivzwecke, zu wissenschaftlichen oder historischen Forschungszwecken oder zu statistischen Zwecken oder zur Geltendmachung, Ausübung oder Verteidigung von Rechtsansprüchen erforderlich ist.

(66) [1]Um dem „Recht auf Vergessenwerden" im Netz mehr Geltung zu verschaffen, sollte das Recht auf Löschung ausgeweitet werden, indem ein Verantwortlicher, der die personenbezogenen Daten öffentlich gemacht hat, verpflichtet wird, den Verantwortlichen, die diese personenbezoge-

nen Daten verarbeiten, mitzuteilen, alle Links zu diesen personenbezogenen Daten oder Kopien oder Replikationen der personenbezogenen Daten zu löschen. ²Dabei sollte der Verantwortliche, unter Berücksichtigung der verfügbaren Technologien und der ihm zur Verfügung stehenden Mittel, angemessene Maßnahmen – auch technischer Art – treffen, um die Verantwortlichen, die diese personenbezogenen Daten verarbeiten, über den Antrag der betroffenen Person zu informieren.

(67) ¹Methoden zur Beschränkung der Verarbeitung personenbezogener Daten könnten unter anderem darin bestehen, dass ausgewählte personenbezogenen Daten vorübergehend auf ein anderes Verarbeitungssystem übertragen werden, dass sie für Nutzer gesperrt werden oder dass veröffentliche Daten vorübergehend von einer Website entfernt werden. ²In automatisierten Dateisystemen sollte die Einschränkung der Verarbeitung grundsätzlich durch technische Mittel so erfolgen, dass die personenbezogenen Daten in keiner Weise weiterverarbeitet werden und nicht verändert werden können. ³Auf die Tatsache, dass die Verarbeitung der personenbezogenen Daten beschränkt wurde, sollte in dem System unmissverständlich hingewiesen werden.

(68) ¹Um im Fall der Verarbeitung personenbezogener Daten mit automatischen Mitteln eine bessere Kontrolle über die eigenen Daten zu haben, sollte die betroffene Person außerdem berechtigt sein, die sie betreffenden personenbezogenen Daten, die sie einem Verantwortlichen bereitgestellt hat, in einem strukturierten, gängigen, maschinenlesbaren und interoperablen Format zu erhalten und sie einem anderen Verantwortlichen zu übermitteln. ²Die Verantwortlichen sollten dazu aufgefordert werden, interoperable Formate zu entwickeln, die die Datenübertragbarkeit ermöglichen. ³Dieses Recht sollte dann gelten, wenn die betroffene Person die personenbezogenen Daten mit ihrer Einwilligung zur Verfügung gestellt hat oder die Verarbeitung zur Erfüllung eines Vertrags erforderlich ist. ⁴Es sollte nicht gelten, wenn die Verarbeitung auf einer anderen Rechtsgrundlage als ihrer Einwilligung oder eines Vertrags erfolgt. ⁵Dieses Recht sollte naturgemäß nicht gegen Verantwortliche ausgeübt werden, die personenbezogenen Daten in Erfüllung ihrer öffentlichen Aufgaben verarbeiten. ⁶Es sollte daher nicht gelten, wenn die Verarbeitung der personenbezogenen Daten zur Erfüllung einer rechtlichen Verpflichtung, der der Verantwortliche unterliegt, oder für die Wahrnehmung einer ihm übertragenen Aufgabe, die im öffentlichen Interesse liegt oder in Ausübung einer ihm übertragenen öffentlichen Gewalt erfolgt, erforderlich ist. ⁷Das Recht der betroffenen Person, sie betreffende personenbezogene Daten zu übermitteln oder zu empfangen, sollte für den Verantwortlichen nicht die Pflicht begründen, technisch kompatible Datenverarbeitungssysteme zu übernehmen oder beizubehalten. ⁸Ist im Fall eines bestimmten Satzes personenbezogener Daten mehr als eine betroffene Person tangiert, so sollte das Recht auf Empfang der Daten die Grundrechte und Grundfreiheiten

anderer betroffener Personen nach dieser Verordnung unberührt lassen. [9]Dieses Recht sollte zudem das Recht der betroffenen Person auf Löschung ihrer personenbezogenen Daten und die Beschränkungen dieses Rechts gemäß dieser Verordnung nicht berühren und insbesondere nicht bedeuten, dass die Daten, die sich auf die betroffene Person beziehen und von ihr zur Erfüllung eines Vertrags zur Verfügung gestellt worden sind, gelöscht werden, soweit und solange diese personenbezogenen Daten für die Erfüllung des Vertrags notwendig sind. [10]Soweit technisch machbar, sollte die betroffene Person das Recht haben, zu erwirken, dass die personenbezogenen Daten direkt von einem Verantwortlichen einem anderen Verantwortlichen übermittelt werden.

(69) [1]Dürfen die personenbezogenen Daten möglicherweise rechtmäßig verarbeitet werden, weil die Verarbeitung für die Wahrnehmung einer Aufgabe, die im öffentlichen Interesse liegt oder in Ausübung öffentlicher Gewalt – die dem Verantwortlichen übertragen wurde, – oder aufgrund des berechtigten Interesses des Verantwortlichen oder eines Dritten erforderlich ist, sollte jede betroffene Person trotzdem das Recht haben, Widerspruch gegen die Verarbeitung der sich aus ihrer besonderen Situation ergebenden personenbezogenen Daten einzulegen. [2]Der für die Verarbeitung Verantwortliche sollte darlegen müssen, dass seine zwingenden berechtigten Interessen Vorrang vor den Interessen oder Grundrechten und Grundfreiheiten der betroffenen Person haben.

(70) [1]Werden personenbezogene Daten verarbeitet, um Direktwerbung zu betreiben, so sollte die betroffene Person jederzeit unentgeltlich insoweit Widerspruch gegen eine solche – ursprüngliche oder spätere – Verarbeitung einschließlich des Profilings einlegen können, als sie mit dieser Direktwerbung zusammenhängt. [2]Die betroffene Person sollte ausdrücklich auf dieses Recht hingewiesen werden; dieser Hinweis sollte in einer verständlichen und von anderen Informationen getrennten Form erfolgen.

(71) [1]Die betroffene Person sollte das Recht haben, keiner Entscheidung – was eine Maßnahme einschließen kann – zur Bewertung von sie betreffenden persönlichen Aspekten unterworfen zu werden, die ausschließlich auf einer automatisierten Verarbeitung beruht und die rechtliche Wirkung für die betroffene Person entfaltet oder sie in ähnlicher Weise erheblich beeinträchtigt, wie die automatische Ablehnung eines Online-Kreditantrags oder Online-Einstellungsverfahren ohne jegliches menschliche Eingreifen. [2]Zu einer derartigen Verarbeitung zählt auch das „Profiling", das in jeglicher Form automatisierter Verarbeitung personenbezogener Daten unter Bewertung der persönlichen Aspekte in Bezug auf eine natürliche Person besteht, insbesondere zur Analyse oder Prognose von Aspekten bezüglich Arbeitsleistung, wirtschaftliche Lage, Gesundheit, persönliche Vorlieben oder Interessen, Zuverlässigkeit oder Verhalten, Aufenthaltsort oder Ortswechsel der betroffenen Person, soweit dies rechtliche Wirkung für die betroffene Person entfaltet oder sie in ähnlicher Weise erheblich

beeinträchtigt. ³Eine auf einer derartigen Verarbeitung, einschließlich des Profilings, beruhende Entscheidungsfindung sollte allerdings erlaubt sein, wenn dies nach dem Unionsrecht oder dem Recht der Mitgliedstaaten, dem der für die Verarbeitung Verantwortliche unterliegt, ausdrücklich zulässig ist, auch um im Einklang mit den Vorschriften, Standards und Empfehlungen der Institutionen der Union oder der nationalen Aufsichtsgremien Betrug und Steuerhinterziehung zu überwachen und zu verhindern und die Sicherheit und Zuverlässigkeit eines von dem Verantwortlichen bereitgestellten Dienstes zu gewährleisten, oder wenn dies für den Abschluss oder die Erfüllung eines Vertrags zwischen der betroffenen Person und einem Verantwortlichen erforderlich ist oder wenn die betroffene Person ihre ausdrückliche Einwilligung hierzu erteilt hat. ⁴In jedem Fall sollte eine solche Verarbeitung mit angemessenen Garantien verbunden sein, einschließlich der spezifischen Unterrichtung der betroffenen Person und des Anspruchs auf direktes Eingreifen einer Person, auf Darlegung des eigenen Standpunkts, auf Erläuterung der nach einer entsprechenden Bewertung getroffenen Entscheidung sowie des Rechts auf Anfechtung der Entscheidung. ⁵Diese Maßnahme sollte kein Kind betreffen. ⁶Um unter Berücksichtigung der besonderen Umstände und Rahmenbedingungen, unter denen die personenbezogenen Daten verarbeitet werden, der betroffenen Person gegenüber eine faire und transparente Verarbeitung zu gewährleisten, sollte der für die Verarbeitung Verantwortliche geeignete mathematische oder statistische Verfahren für das Profiling verwenden, technische und organisatorische Maßnahmen treffen, mit denen in geeigneter Weise insbesondere sichergestellt wird, dass Faktoren, die zu unrichtigen personenbezogenen Daten führen, korrigiert werden und das Risiko von Fehlern minimiert wird, und personenbezogene Daten in einer Weise sichern, dass den potenziellen Bedrohungen für die Interessen und Rechte der betroffenen Person Rechnung getragen wird und unter anderem verhindern, dass es gegenüber natürlichen Personen aufgrund von Rasse, ethnischer Herkunft, politischer Meinung, Religion oder Weltanschauung, Gewerkschaftszugehörigkeit, genetischer Anlagen oder Gesundheitszustand sowie sexueller Orientierung zu diskriminierenden Wirkungen oder zu einer Verarbeitung kommt, die eine solche Wirkung hat. ⁷Automatisierte Entscheidungsfindung und Profiling auf der Grundlage besonderer Kategorien von personenbezogenen Daten sollten nur unter bestimmten Bedingungen erlaubt sein.

(72) ¹Das Profiling unterliegt den Vorschriften dieser Verordnung für die Verarbeitung personenbezogener Daten, wie etwa die Rechtsgrundlage für die Verarbeitung oder die Datenschutzgrundsätze. ²Der durch diese Verordnung eingerichtete Europäische Datenschutzausschuss (im Folgenden „Ausschuss") sollte, diesbezüglich Leitlinien herausgeben können.

(73) ¹Im Recht der Union oder der Mitgliedstaaten können Beschränkungen hinsichtlich bestimmter Grundsätze und hinsichtlich des Rechts auf Un-

terrichtung, Auskunft zu und Berichtigung oder Löschung personenbezogener Daten, des Rechts auf Datenübertragbarkeit und Widerspruch, Entscheidungen, die auf der Erstellung von Profilen beruhen, sowie Mitteilungen über eine Verletzung des Schutzes personenbezogener Daten an eine betroffene Person und bestimmten damit zusammenhängenden Pflichten der Verantwortlichen vorgesehen werden, soweit dies in einer demokratischen Gesellschaft notwendig und verhältnismäßig ist, um die öffentliche Sicherheit aufrechtzuerhalten, wozu unter anderem der Schutz von Menschenleben insbesondere bei Naturkatastrophen oder vom Menschen verursachten Katastrophen, die Verhütung, Aufdeckung und Verfolgung von Straftaten oder die Strafvollstreckung – was auch den Schutz vor und die Abwehr von Gefahren für die öffentliche Sicherheit einschließt – oder die Verhütung, Aufdeckung und Verfolgung von Verstößen gegen Berufsstandsregeln bei reglementierten Berufen, das Führen öffentlicher Register aus Gründen des allgemeinen öffentlichen Interesses sowie die Weiterverarbeitung von archivierten personenbezogenen Daten zur Bereitstellung spezifischer Informationen im Zusammenhang mit dem politischen Verhalten unter ehemaligen totalitären Regimen gehört, und zum Schutz sonstiger wichtiger Ziele des allgemeinen öffentlichen Interesses der Union oder eines Mitgliedstaats, etwa wichtige wirtschaftliche oder finanzielle Interessen, oder die betroffene Person und die Rechte und Freiheiten anderer Personen, einschließlich in den Bereichen soziale Sicherheit, öffentliche Gesundheit und humanitäre Hilfe, zu schützen. ²Diese Beschränkungen sollten mit der Charta und mit der Europäischen Konvention zum Schutz der Menschenrechte und Grundfreiheiten im Einklang stehen.

(74) ¹Die Verantwortung und Haftung des Verantwortlichen für jedwede Verarbeitung personenbezogener Daten, die durch ihn oder in seinem Namen erfolgt, sollte geregelt werden. ²Insbesondere sollte der Verantwortliche geeignete und wirksame Maßnahmen treffen müssen und nachweisen können, dass die Verarbeitungstätigkeiten im Einklang mit dieser Verordnung stehen und die Maßnahmen auch wirksam sind. ³Dabei sollte er die Art, den Umfang, die Umstände und die Zwecke der Verarbeitung und das Risiko für die Rechte und Freiheiten natürlicher Personen berücksichtigen.

(75) Die Risiken für die Rechte und Freiheiten natürlicher Personen – mit unterschiedlicher Eintrittswahrscheinlichkeit und Schwere – können aus einer Verarbeitung personenbezogener Daten hervorgehen, die zu einem physischen, materiellen oder immateriellen Schaden führen könnte, insbesondere wenn die Verarbeitung zu einer Diskriminierung, einem Identitätsdiebstahl oder -betrug, einem finanziellen Verlust, einer Rufschädigung, einem Verlust der Vertraulichkeit von dem Berufsgeheimnis unterliegenden personenbezogenen Daten, der unbefugten Aufhebung der Pseudonymisierung oder anderen erheblichen wirtschaftlichen oder ge-

sellschaftlichen Nachteilen führen kann, wenn die betroffenen Personen um ihre Rechte und Freiheiten gebracht oder daran gehindert werden, die sie betreffenden personenbezogenen Daten zu kontrollieren, wenn personenbezogene Daten, aus denen die rassische oder ethnische Herkunft, politische Meinungen, religiöse oder weltanschauliche Überzeugungen oder die Zugehörigkeit zu einer Gewerkschaft hervorgehen, und genetische Daten, Gesundheitsdaten oder das Sexualleben oder strafrechtliche Verurteilungen und Straftaten oder damit zusammenhängende Sicherungsmaßregeln betreffende Daten verarbeitet werden, wenn persönliche Aspekte bewertet werden, insbesondere wenn Aspekte, die die Arbeitsleistung, wirtschaftliche Lage, Gesundheit, persönliche Vorlieben oder Interessen, die Zuverlässigkeit oder das Verhalten, den Aufenthaltsort oder Ortswechsel betreffen, analysiert oder prognostiziert werden, um persönliche Profile zu erstellen oder zu nutzen, wenn personenbezogene Daten schutzbedürftiger natürlicher Personen, insbesondere Daten von Kindern, verarbeitet werden oder wenn die Verarbeitung eine große Menge personenbezogener Daten und eine große Anzahl von betroffenen Personen betrifft.

(76) [1]Eintrittswahrscheinlichkeit und Schwere des Risikos für die Rechte und Freiheiten der betroffenen Person sollten in Bezug auf die Art, den Umfang, die Umstände und die Zwecke der Verarbeitung bestimmt werden. [2]Das Risiko sollte anhand einer objektiven Bewertung beurteilt werden, bei der festgestellt wird, ob die Datenverarbeitung ein Risiko oder ein hohes Risiko birgt.

(77) [1]Anleitungen, wie der Verantwortliche oder Auftragsverarbeiter geeignete Maßnahmen durchzuführen hat und wie die Einhaltung der Anforderungen nachzuweisen ist, insbesondere was die Ermittlung des mit der Verarbeitung verbundenen Risikos, dessen Abschätzung in Bezug auf Ursache, Art, Eintrittswahrscheinlichkeit und Schwere und die Festlegung bewährter Verfahren für dessen Eindämmung betrifft, könnten insbesondere in Form von genehmigten Verhaltensregeln, genehmigten Zertifizierungsverfahren, Leitlinien des Ausschusses oder Hinweisen eines Datenschutzbeauftragten gegeben werden. [2]Der Ausschuss kann ferner Leitlinien für Verarbeitungsvorgänge ausgeben, bei denen davon auszugehen ist, dass sie kein hohes Risiko für die Rechte und Freiheiten natürlicher Personen mit sich bringen, und angeben, welche Abhilfemaßnahmen in diesen Fällen ausreichend sein können.

(78) [1]Zum Schutz der in Bezug auf die Verarbeitung personenbezogener Daten bestehenden Rechte und Freiheiten natürlicher Personen ist es erforderlich, dass geeignete technische und organisatorische Maßnahmen getroffen werden, damit die Anforderungen dieser Verordnung erfüllt werden. [2]Um die Einhaltung dieser Verordnung nachweisen zu können, sollte der Verantwortliche interne Strategien festlegen und Maßnahmen ergreifen, die insbesondere den Grundsätzen des Datenschutzes durch Technik (data

Erwägungsgründe DSGVO **EG-DSGVO 7a**

protection by design) und durch datenschutzfreundliche Voreinstellungen (data protection by default) Genüge tun. ³Solche Maßnahmen könnten unter anderem darin bestehen, dass die Verarbeitung personenbezogener Daten minimiert wird, personenbezogene Daten so schnell wie möglich pseudonymisiert werden, Transparenz in Bezug auf die Funktionen und die Verarbeitung personenbezogener Daten hergestellt wird, der betroffenen Person ermöglicht wird, die Verarbeitung personenbezogener Daten zu überwachen, und der Verantwortliche in die Lage versetzt wird, Sicherheitsfunktionen zu schaffen und zu verbessern. ⁴In Bezug auf Entwicklung, Gestaltung, Auswahl und Nutzung von Anwendungen, Diensten und Produkten, die entweder auf der Verarbeitung von personenbezogenen Daten beruhen oder zur Erfüllung ihrer Aufgaben personenbezogene Daten verarbeiten, sollten die Hersteller der Produkte, Dienste und Anwendungen ermutigt werden, das Recht auf Datenschutz bei der Entwicklung und Gestaltung der Produkte, Dienste und Anwendungen zu berücksichtigen und unter gebührender Berücksichtigung des Stands der Technik sicherzustellen, dass die Verantwortlichen und die Verarbeiter in der Lage sind, ihren Datenschutzpflichten nachzukommen. ⁵Den Grundsätzen des Datenschutzes durch Technik und durch datenschutzfreundliche Voreinstellungen sollte auch bei öffentlichen Ausschreibungen Rechnung getragen werden.

(79) Zum Schutz der Rechte und Freiheiten der betroffenen Personen sowie bezüglich der Verantwortung und Haftung der Verantwortlichen und der Auftragsverarbeiter bedarf es – auch mit Blick auf die Überwachungs- und sonstigen Maßnahmen von Aufsichtsbehörden – einer klaren Zuteilung der Verantwortlichkeiten durch diese Verordnung, einschließlich der Fälle, in denen ein Verantwortlicher die Verarbeitungszwecke und -mittel gemeinsam mit anderen Verantwortlichen festlegt oder ein Verarbeitungsvorgang im Auftrag eines Verantwortlichen durchgeführt wird.

(80) ¹Jeder Verantwortliche oder Auftragsverarbeiter ohne Niederlassung in der Union, dessen Verarbeitungstätigkeiten sich auf betroffene Personen beziehen, die sich in der Union aufhalten, und dazu dienen, diesen Personen in der Union Waren oder Dienstleistungen anzubieten – unabhängig davon, ob von der betroffenen Person eine Zahlung verlangt wird – oder deren Verhalten, soweit dieses innerhalb der Union erfolgt, zu beobachten, sollte einen Vertreter benennen müssen, es sei denn, die Verarbeitung erfolgt gelegentlich, schließt nicht die umfangreiche Verarbeitung besonderer Kategorien personenbezogener Daten oder die Verarbeitung von personenbezogenen Daten über strafrechtliche Verurteilungen und Straftaten ein und bringt unter Berücksichtigung ihrer Art, ihrer Umstände, ihres Umfangs und ihrer Zwecke wahrscheinlich kein Risiko für die Rechte und Freiheiten natürlicher Personen mit sich oder bei dem Verantwortlichen handelt es sich um eine Behörde oder öffentliche Stelle. ²Der Vertreter sollte im Namen des Verantwortlichen oder des Auftragsverar-

beiters tätig werden und den Aufsichtsbehörden als Anlaufstelle dienen. [3]Der Verantwortliche oder der Auftragsverarbeiter sollte den Vertreter ausdrücklich bestellen und schriftlich beauftragen, in Bezug auf die ihm nach dieser Verordnung obliegenden Verpflichtungen an seiner Stelle zu handeln. [4]Die Benennung eines solchen Vertreters berührt nicht die Verantwortung oder Haftung des Verantwortlichen oder des Auftragsverarbeiters nach Maßgabe dieser Verordnung. [5]Ein solcher Vertreter sollte seine Aufgaben entsprechend dem Mandat des Verantwortlichen oder Auftragsverarbeiters ausführen und insbesondere mit den zuständigen Aufsichtsbehörden in Bezug auf Maßnahmen, die die Einhaltung dieser Verordnung sicherstellen sollen, zusammenarbeiten. [6]Bei Verstößen des Verantwortlichen oder Auftragsverarbeiters sollte der bestellte Vertreter Durchsetzungsverfahren unterworfen werden.

(81) [1]Damit die Anforderungen dieser Verordnung in Bezug auf die vom Auftragsverarbeiter im Namen des Verantwortlichen vorzunehmende Verarbeitung eingehalten werden, sollte ein Verantwortlicher, der einen Auftragsverarbeiter mit Verarbeitungstätigkeiten betrauen will, nur Auftragsverarbeiter heranziehen, die – insbesondere im Hinblick auf Fachwissen, Zuverlässigkeit und Ressourcen – hinreichende Garantien dafür bieten, dass technische und organisatorische Maßnahmen – auch für die Sicherheit der Verarbeitung – getroffen werden, die den Anforderungen dieser Verordnung genügen. [2]Die Einhaltung genehmigter Verhaltensregeln oder eines genehmigten Zertifizierungsverfahrens durch einen Auftragsverarbeiter kann als Faktor herangezogen werden, um die Erfüllung der Pflichten des Verantwortlichen nachzuweisen. [3]Die Durchführung einer Verarbeitung durch einen Auftragsverarbeiter sollte auf Grundlage eines Vertrags oder eines anderen Rechtsinstruments nach dem Recht der Union oder der Mitgliedstaaten erfolgen, der bzw. das den Auftragsverarbeiter an den Verantwortlichen bindet und in dem Gegenstand und Dauer der Verarbeitung, Art und Zwecke der Verarbeitung, die Art der personenbezogenen Daten und die Kategorien von betroffenen Personen festgelegt sind, wobei die besonderen Aufgaben und Pflichten des Auftragsverarbeiters bei der geplanten Verarbeitung und das Risiko für die Rechte und Freiheiten der betroffenen Person zu berücksichtigen sind. [4]Der Verantwortliche und der Auftragsverarbeiter können entscheiden, ob sie einen individuellen Vertrag oder Standardvertragsklauseln verwenden, die entweder unmittelbar von der Kommission erlassen oder aber nach dem Kohärenzverfahren von einer Aufsichtsbehörde angenommen und dann von der Kommission erlassen wurden. [5]Nach Beendigung der Verarbeitung im Namen des Verantwortlichen sollte der Auftragsverarbeiter die personenbezogenen Daten nach Wahl des Verantwortlichen entweder zurückgeben oder löschen, sofern nicht nach dem Recht der Union oder der Mitgliedstaaten, dem der Auftragsverarbeiter unterliegt, eine Verpflichtung zur Speicherung der personenbezogenen Daten besteht.

Erwägungsgründe DSGVO **EG-DSGVO 7a**

(82) ¹Zum Nachweis der Einhaltung dieser Verordnung sollte der Verantwortliche oder der Auftragsverarbeiter ein Verzeichnis der Verarbeitungstätigkeiten, die seiner Zuständigkeit unterliegen, führen. ²Jeder Verantwortliche und jeder Auftragsverarbeiter sollte verpflichtet sein, mit der Aufsichtsbehörde zusammenzuarbeiten und dieser auf Anfrage das entsprechende Verzeichnis vorzulegen, damit die betreffenden Verarbeitungsvorgänge anhand dieser Verzeichnisse kontrolliert werden können.

(83) ¹Zur Aufrechterhaltung der Sicherheit und zur Vorbeugung gegen eine gegen diese Verordnung verstoßende Verarbeitung sollte der Verantwortliche oder der Auftragsverarbeiter die mit der Verarbeitung verbundenen Risiken ermitteln und Maßnahmen zu ihrer Eindämmung, wie etwa eine Verschlüsselung, treffen. ²Diese Maßnahmen sollten unter Berücksichtigung des Stands der Technik und der Implementierungskosten ein Schutzniveau – auch hinsichtlich der Vertraulichkeit – gewährleisten, das den von der Verarbeitung ausgehenden Risiken und der Art der zu schützenden personenbezogenen Daten angemessen ist. ³Bei der Bewertung der Datensicherheitsrisiken sollten die mit der Verarbeitung personenbezogener Daten verbundenen Risiken berücksichtigt werden, wie etwa – ob unbeabsichtigt oder unrechtmäßig – Vernichtung, Verlust, Veränderung oder unbefugte Offenlegung von oder unbefugter Zugang zu personenbezogenen Daten, die übermittelt, gespeichert oder auf sonstige Weise verarbeitet wurden, insbesondere wenn dies zu einem physischen, materiellen oder immateriellen Schaden führen könnte.

(84) ¹Damit diese Verordnung in Fällen, in denen die Verarbeitungsvorgänge wahrscheinlich ein hohes Risiko für die Rechte und Freiheiten natürlicher Personen mit sich bringen, besser eingehalten wird, sollte der Verantwortliche für die Durchführung einer Datenschutz-Folgenabschätzung, mit der insbesondere die Ursache, Art, Besonderheit und Schwere dieses Risikos evaluiert werden, verantwortlich sein. ²Die Ergebnisse der Abschätzung sollten berücksichtigt werden, wenn darüber entschieden wird, welche geeigneten Maßnahmen ergriffen werden müssen, um nachzuweisen, dass die Verarbeitung der personenbezogenen Daten mit dieser Verordnung in Einklang steht. ³Geht aus einer Datenschutz-Folgenabschätzung hervor, dass Verarbeitungsvorgänge ein hohes Risiko bergen, das der Verantwortliche nicht durch geeignete Maßnahmen in Bezug auf verfügbare Technik und Implementierungskosten eindämmen kann, so sollte die Aufsichtsbehörde vor der Verarbeitung konsultiert werden.

(85) ¹Eine Verletzung des Schutzes personenbezogener Daten kann – wenn nicht rechtzeitig und angemessen reagiert wird – einen physischen, materiellen oder immateriellen Schaden für natürliche Personen nach sich ziehen, wie etwa Verlust der Kontrolle über ihre personenbezogenen Daten oder Einschränkung ihrer Rechte, Diskriminierung, Identitätsdiebstahl oder -betrug, finanzielle Verluste, unbefugte Aufhebung der Pseudonymisierung, Rufschädigung, Verlust der Vertraulichkeit von dem Berufsge-

heimnis unterliegenden Daten oder andere erhebliche wirtschaftliche oder gesellschaftliche Nachteile für die betroffene natürliche Person. ²Deshalb sollte der Verantwortliche, sobald ihm eine Verletzung des Schutzes personenbezogener Daten bekannt wird, die Aufsichtsbehörde von der Verletzung des Schutzes personenbezogener Daten unverzüglich und, falls möglich, binnen höchstens 72 Stunden, nachdem ihm die Verletzung bekannt wurde, unterrichten, es sei denn, der Verantwortliche kann im Einklang mit dem Grundsatz der Rechenschaftspflicht nachweisen, dass die Verletzung des Schutzes personenbezogener Daten voraussichtlich nicht zu einem Risiko für die persönlichen Rechte und Freiheiten natürlicher Personen führt. ³Falls diese Benachrichtigung nicht binnen 72 Stunden erfolgen kann, sollten in ihr die Gründe für die Verzögerung angegeben werden müssen, und die Informationen können schrittweise ohne unangemessene weitere Verzögerung bereitgestellt werden.

(86) ¹Der für die Verarbeitung Verantwortliche sollte die betroffene Person unverzüglich von der Verletzung des Schutzes personenbezogener Daten benachrichtigen, wenn diese Verletzung des Schutzes personenbezogener Daten voraussichtlich zu einem hohen Risiko für die persönlichen Rechte und Freiheiten natürlicher Personen führt, damit diese die erforderlichen Vorkehrungen treffen können. ²Die Benachrichtigung sollte eine Beschreibung der Art der Verletzung des Schutzes personenbezogener Daten sowie an die betroffene natürliche Person gerichtete Empfehlungen zur Minderung etwaiger nachteiliger Auswirkungen dieser Verletzung enthalten. ³Solche Benachrichtigungen der betroffenen Person sollten stets so rasch wie nach allgemeinem Ermessen möglich, in enger Absprache mit der Aufsichtsbehörde und nach Maßgabe der von dieser oder von anderen zuständigen Behörden wie beispielsweise Strafverfolgungsbehörden erteilten Weisungen erfolgen. ⁴Um beispielsweise das Risiko eines unmittelbaren Schadens mindern zu können, müssten betroffene Personen sofort benachrichtigt werden, wohingegen eine längere Benachrichtigungsfrist gerechtfertigt sein kann, wenn es darum geht, geeignete Maßnahmen gegen fortlaufende oder vergleichbare Verletzungen des Schutzes personenbezogener Daten zu treffen.

(87) ¹Es sollte festgestellt werden, ob alle geeigneten technischen Schutzsowie organisatorischen Maßnahmen getroffen wurden, um sofort feststellen zu können, ob eine Verletzung des Schutzes personenbezogener Daten aufgetreten ist, und um die Aufsichtsbehörde und die betroffene Person umgehend unterrichten zu können. ²Bei der Feststellung, ob die Meldung unverzüglich erfolgt ist, sollten die Art und Schwere der Verletzung des Schutzes personenbezogener Daten sowie deren Folgen und nachteilige Auswirkungen für die betroffene Person berücksichtigt werden. ³Die entsprechende Meldung kann zu einem Tätigwerden der Aufsichtsbehörde im Einklang mit ihren in dieser Verordnung festgelegten Aufgaben und Befugnissen führen.

Erwägungsgründe DSGVO

(88) ¹Bei der detaillierten Regelung des Formats und der Verfahren für die Meldung von Verletzungen des Schutzes personenbezogener Daten sollten die Umstände der Verletzung hinreichend berücksichtigt werden, beispielsweise ob personenbezogene Daten durch geeignete technische Sicherheitsvorkehrungen geschützt waren, die die Wahrscheinlichkeit eines Identitätsbetrugs oder anderer Formen des Datenmissbrauchs wirksam verringern. ²Überdies sollten solche Regeln und Verfahren den berechtigten Interessen der Strafverfolgungsbehörden in Fällen Rechnung tragen, in denen die Untersuchung der Umstände einer Verletzung des Schutzes personenbezogener Daten durch eine frühzeitige Offenlegung in unnötiger Weise behindert würde.

(89) ¹Gemäß der Richtlinie 95/46/EG waren Verarbeitungen personenbezogener Daten bei den Aufsichtsbehörden generell meldepflichtig. ²Diese Meldepflicht ist mit einem bürokratischen und finanziellen Aufwand verbunden und hat dennoch nicht in allen Fällen zu einem besseren Schutz personenbezogener Daten geführt. ³Diese unterschiedslosen allgemeinen Meldepflichten sollten daher abgeschafft und durch wirksame Verfahren und Mechanismen ersetzt werden, die sich stattdessen vorrangig mit denjenigen Arten von Verarbeitungsvorgängen befassen, die aufgrund ihrer Art, ihres Umfangs, ihrer Umstände und ihrer Zwecke wahrscheinlich ein hohes Risiko für die Rechte und Freiheiten natürlicher Personen mit sich bringen. ⁴Zu solchen Arten von Verarbeitungsvorgängen gehören insbesondere solche, bei denen neue Technologien eingesetzt werden oder die neuartig sind und bei denen der Verantwortliche noch keine Datenschutz-Folgenabschätzung durchgeführt hat bzw. bei denen aufgrund der seit der ursprünglichen Verarbeitung vergangenen Zeit eine Datenschutz-Folgenabschätzung notwendig geworden ist.

(90) ¹In derartigen Fällen sollte der Verantwortliche vor der Verarbeitung eine Datenschutz-Folgenabschätzung durchführen, mit der die spezifische Eintrittswahrscheinlichkeit und die Schwere dieses hohen Risikos unter Berücksichtigung der Art, des Umfangs, der Umstände und der Zwecke der Verarbeitung und der Ursachen des Risikos bewertet werden. ²Diese Folgenabschätzung sollte sich insbesondere mit den Maßnahmen, Garantien und Verfahren befassen, durch die dieses Risiko eingedämmt, der Schutz personenbezogener Daten sichergestellt und die Einhaltung der Bestimmungen dieser Verordnung nachgewiesen werden soll.

(91) ¹Dies sollte insbesondere für umfangreiche Verarbeitungsvorgänge gelten, die dazu dienen, große Mengen personenbezogener Daten auf regionaler, nationaler oder supranationaler Ebene zu verarbeiten, eine große Zahl von Personen betreffen könnten und – beispielsweise aufgrund ihrer Sensibilität – wahrscheinlich ein hohes Risiko mit sich bringen und bei denen entsprechend dem jeweils aktuellen Stand der Technik in großem Umfang eine neue Technologie eingesetzt wird, sowie für andere Verarbeitungsvorgänge, die ein hohes Risiko für die Rechte und Freiheiten der

betroffenen Personen mit sich bringen, insbesondere dann, wenn diese Verarbeitungsvorgänge den betroffenen Personen die Ausübung ihrer Rechte erschweren. ²Eine Datenschutz-Folgenabschätzung sollte auch durchgeführt werden, wenn die personenbezogenen Daten für das Treffen von Entscheidungen in Bezug auf bestimmte natürliche Personen im Anschluss an eine systematische und eingehende Bewertung persönlicher Aspekte natürlicher Personen auf der Grundlage eines Profilings dieser Daten oder im Anschluss an die Verarbeitung besonderer Kategorien von personenbezogenen Daten, biometrischen Daten oder von Daten über strafrechtliche Verurteilungen und Straftaten sowie damit zusammenhängende Sicherungsmaßregeln verarbeitet werden. ³Gleichermaßen erforderlich ist eine Datenschutz-Folgenabschätzung für die weiträumige Überwachung öffentlich zugänglicher Bereiche, insbesondere mittels optoelektronischer Vorrichtungen, oder für alle anderen Vorgänge, bei denen nach Auffassung der zuständigen Aufsichtsbehörde die Verarbeitung wahrscheinlich ein hohes Risiko für die Rechte und Freiheiten der betroffenen Personen mit sich bringt, insbesondere weil sie die betroffenen Personen an der Ausübung eines Rechts oder der Nutzung einer Dienstleistung bzw. Durchführung eines Vertrags hindern oder weil sie systematisch in großem Umfang erfolgen. ⁴Die Verarbeitung personenbezogener Daten sollte nicht als umfangreich gelten, wenn die Verarbeitung personenbezogene Daten von Patienten oder von Mandanten betrifft und durch einen einzelnen Arzt, sonstigen Angehörigen eines Gesundheitsberufes oder Rechtsanwalt erfolgt. ⁵In diesen Fällen sollte eine Datenschutz-Folgenabschätzung nicht zwingend vorgeschrieben sein.

(92) Unter bestimmten Umständen kann es vernünftig und unter ökonomischen Gesichtspunkten zweckmäßig sein, eine Datenschutz-Folgenabschätzung nicht lediglich auf ein bestimmtes Projekt zu beziehen, sondern sie thematisch breiter anzulegen – beispielsweise wenn Behörden oder öffentliche Stellen eine gemeinsame Anwendung oder Verarbeitungsplattform schaffen möchten oder wenn mehrere Verantwortliche eine gemeinsame Anwendung oder Verarbeitungsumgebung für einen gesamten Wirtschaftssektor, für ein bestimmtes Marktsegment oder für eine weit verbreitete horizontale Tätigkeit einführen möchten.

(93) Anlässlich des Erlasses des Gesetzes des Mitgliedstaats, auf dessen Grundlage die Behörde oder öffentliche Stelle ihre Aufgaben wahrnimmt und das den fraglichen Verarbeitungsvorgang oder die fraglichen Arten von Verarbeitungsvorgängen regelt, können die Mitgliedstaaten es für erforderlich erachten, solche Folgeabschätzungen vor den Verarbeitungsvorgängen durchzuführen.

(94) ¹Geht aus einer Datenschutz-Folgenabschätzung hervor, dass die Verarbeitung bei Fehlen von Garantien, Sicherheitsvorkehrungen und Mechanismen zur Minderung des Risikos ein hohes Risiko für die Rechte und Freiheiten natürlicher Personen mit sich bringen würde, und ist der Ver-

antwortliche der Auffassung, dass das Risiko nicht durch in Bezug auf verfügbare Technologien und Implementierungskosten vertretbare Mittel eingedämmt werden kann, so sollte die Aufsichtsbehörde vor Beginn der Verarbeitungstätigkeiten konsultiert werden. ²Ein solches hohes Risiko ist wahrscheinlich mit bestimmten Arten der Verarbeitung und dem Umfang und der Häufigkeit der Verarbeitung verbunden, die für natürliche Personen auch eine Schädigung oder eine Beeinträchtigung der persönlichen Rechte und Freiheiten mit sich bringen können. ³Die Aufsichtsbehörde sollte das Beratungsersuchen innerhalb einer bestimmten Frist beantworten. ⁴Allerdings kann sie, auch wenn sie nicht innerhalb dieser Frist reagiert hat, entsprechend ihren in dieser Verordnung festgelegten Aufgaben und Befugnissen eingreifen, was die Befugnis einschließt, Verarbeitungsvorgänge zu untersagen. ⁵Im Rahmen dieses Konsultationsprozesses kann das Ergebnis einer im Hinblick auf die betreffende Verarbeitung personenbezogener Daten durchgeführten Datenschutz-Folgenabschätzung der Aufsichtsbehörde unterbreitet werden; dies gilt insbesondere für die zur Eindämmung des Risikos für die Rechte und Freiheiten natürlicher Personen geplanten Maßnahmen.

(95) Der Auftragsverarbeiter sollte erforderlichenfalls den Verantwortlichen auf Anfrage bei der Gewährleistung der Einhaltung der sich aus der Durchführung der Datenschutz-Folgenabschätzung und der vorherigen Konsultation der Aufsichtsbehörde ergebenden Auflagen unterstützen.

(96) Eine Konsultation der Aufsichtsbehörde sollte auch während der Ausarbeitung von Gesetzes- oder Regelungsvorschriften, in denen eine Verarbeitung personenbezogener Daten vorgesehen ist, erfolgen, um die Vereinbarkeit der geplanten Verarbeitung mit dieser Verordnung sicherzustellen und insbesondere das mit ihr für die betroffene Person verbundene Risiko einzudämmen.

(97) ¹In Fällen, in denen die Verarbeitung durch eine Behörde – mit Ausnahmen von Gerichten oder unabhängigen Justizbehörden, die im Rahmen ihrer justiziellen Tätigkeit handeln –, im privaten Sektor durch einen Verantwortlichen erfolgt, dessen Kerntätigkeit in Verarbeitungsvorgängen besteht, die eine regelmäßige und systematische Überwachung der betroffenen Personen in großem Umfang erfordern, oder wenn die Kerntätigkeit des Verantwortlichen oder des Auftragsverarbeiters in der umfangreichen Verarbeitung besonderer Kategorien von personenbezogenen Daten oder von Daten über strafrechtliche Verurteilungen und Straftaten besteht, sollte der Verantwortliche oder der Auftragsverarbeiter bei der Überwachung der internen Einhaltung der Bestimmungen dieser Verordnung von einer weiteren Person, die über Fachwissen auf dem Gebiet des Datenschutzrechts und der Datenschutzverfahren verfügt, unterstützt werden. ²Im privaten Sektor bezieht sich die Kerntätigkeit eines Verantwortlichen auf seine Haupttätigkeiten und nicht auf die Verarbeitung personenbezogener Daten als Nebentätigkeit. ³Das erforderliche Niveau des Fachwis-

sens sollte sich insbesondere nach den durchgeführten Datenverarbeitungsvorgängen und dem erforderlichen Schutz für die von dem Verantwortlichen oder dem Auftragsverarbeiter verarbeiteten personenbezogenen Daten richten. [4]Derartige Datenschutzbeauftragte sollten unabhängig davon, ob es sich bei ihnen um Beschäftigte des Verantwortlichen handelt oder nicht, ihre Pflichten und Aufgaben in vollständiger Unabhängigkeit ausüben können.

(98) [1]Verbände oder andere Vereinigungen, die bestimmte Kategorien von Verantwortlichen oder Auftragsverarbeitern vertreten, sollten ermutigt werden, in den Grenzen dieser Verordnung Verhaltensregeln auszuarbeiten, um eine wirksame Anwendung dieser Verordnung zu erleichtern, wobei den Besonderheiten der in bestimmten Sektoren erfolgenden Verarbeitungen und den besonderen Bedürfnissen der Kleinstunternehmen sowie der kleinen und mittleren Unternehmen Rechnung zu tragen ist. [2]Insbesondere könnten in diesen Verhaltensregeln – unter Berücksichtigung des mit der Verarbeitung wahrscheinlich einhergehenden Risikos für die Rechte und Freiheiten natürlicher Personen – die Pflichten der Verantwortlichen und der Auftragsverarbeiter bestimmt werden.

(99) Bei der Ausarbeitung oder bei der Änderung oder Erweiterung solcher Verhaltensregeln sollten Verbände und oder andere Vereinigungen, die bestimmte Kategorien von Verantwortlichen oder Auftragsverarbeitern vertreten, die maßgeblichen Interessenträger, möglichst auch die betroffenen Personen, konsultieren und die Eingaben und Stellungnahmen, die sie dabei erhalten, berücksichtigen.

(100) Um die Transparenz zu erhöhen und die Einhaltung dieser Verordnung zu verbessern, sollte angeregt werden, dass Zertifizierungsverfahren sowie Datenschutzsiegel und -prüfzeichen eingeführt werden, die den betroffenen Personen einen raschen Überblick über das Datenschutzniveau einschlägiger Produkte und Dienstleistungen ermöglichen.

(101) [1]Der Fluss personenbezogener Daten aus Drittländern und internationalen Organisationen und in Drittländer und internationale Organisationen ist für die Ausweitung des internationalen Handels und der internationalen Zusammenarbeit notwendig. [2]Durch die Zunahme dieser Datenströme sind neue Herausforderungen und Anforderungen in Bezug auf den Schutz personenbezogener Daten entstanden. [3]Das durch diese Verordnung unionsweit gewährleistete Schutzniveau für natürliche Personen sollte jedoch bei der Übermittlung personenbezogener Daten aus der Union an Verantwortliche, Auftragsverarbeiter oder andere Empfänger in Drittländern oder an internationale Organisationen nicht untergraben werden, und zwar auch dann nicht, wenn aus einem Drittland oder von einer internationalen Organisation personenbezogene Daten an Verantwortliche oder Auftragsverarbeiter in demselben oder einem anderen

Drittland oder an dieselbe oder eine andere internationale Organisation weiterübermittelt werden. ⁴In jedem Fall sind derartige Datenübermittlungen an Drittländer und internationale Organisationen nur unter strikter Einhaltung dieser Verordnung zulässig. ⁵Eine Datenübermittlung könnte nur stattfinden, wenn die in dieser Verordnung festgelegten Bedingungen zur Übermittlung personenbezogener Daten an Drittländer oder internationale Organisationen vorbehaltlich der übrigen Bestimmungen dieser Verordnung von dem Verantwortlichen oder dem Auftragsverarbeiter erfüllt werden.

(102) ¹Internationale Abkommen zwischen der Union und Drittländern über die Übermittlung von personenbezogenen Daten einschließlich geeigneter Garantien für die betroffenen Personen werden von dieser Verordnung nicht berührt. ²Die Mitgliedstaaten können völkerrechtliche Übereinkünfte schließen, die die Übermittlung personenbezogener Daten an Drittländer oder internationale Organisationen beinhalten, sofern sich diese Übereinkünfte weder auf diese Verordnung noch auf andere Bestimmungen des Unionsrechts auswirken und ein angemessenes Schutzniveau für die Grundrechte der betroffenen Personen umfassen.

(103) ¹Die Kommission darf mit Wirkung für die gesamte Union beschließen, dass ein bestimmtes Drittland, ein Gebiet oder ein bestimmter Sektor eines Drittlands oder eine internationale Organisation ein angemessenes Datenschutzniveau bietet, und auf diese Weise in Bezug auf das Drittland oder die internationale Organisation, das bzw. die für fähig gehalten wird, ein solches Schutzniveau zu bieten, in der gesamten Union Rechtssicherheit schaffen und eine einheitliche Rechtsanwendung sicherstellen. ²In derartigen Fällen dürfen personenbezogene Daten ohne weitere Genehmigung an dieses Land oder diese internationale Organisation übermittelt werden. ³Die Kommission kann, nach Abgabe einer ausführlichen Erklärung, in der dem Drittland oder der internationalen Organisation eine Begründung gegeben wird, auch entscheiden, eine solche Feststellung zu widerrufen.

(104) ¹In Übereinstimmung mit den Grundwerten der Union, zu denen insbesondere der Schutz der Menschenrechte zählt, sollte die Kommission bei der Bewertung des Drittlands oder eines Gebiets oder eines bestimmten Sektors eines Drittlands berücksichtigen, inwieweit dort die Rechtsstaatlichkeit gewahrt ist, der Rechtsweg gewährleistet ist und die internationalen Menschenrechtsnormen und -standards eingehalten werden und welche allgemeinen und sektorspezifischen Vorschriften, wozu auch die Vorschriften über die öffentliche Sicherheit, die Landesverteidigung und die nationale Sicherheit sowie die öffentliche Ordnung und das Strafrecht zählen, dort gelten. ²Die Annahme eines Angemessenheitsbeschlusses in Bezug auf ein Gebiet oder einen bestimmten Sektor eines Drittlands sollte unter Berücksichtigung eindeutiger und objektiver Kriterien wie bestimmter Verarbeitungsvorgänge und des Anwendungsbe-

reichs anwendbarer Rechtsnormen und geltender Rechtsvorschriften in dem Drittland erfolgen. ³Das Drittland sollte Garantien für ein angemessenes Schutzniveau bieten, das dem innerhalb der Union gewährleisteten Schutzniveau der Sache nach gleichwertig ist, insbesondere in Fällen, in denen personenbezogene Daten in einem oder mehreren spezifischen Sektoren verarbeitet werden. ⁴Das Drittland sollte insbesondere eine wirksame unabhängige Überwachung des Datenschutzes gewährleisten und Mechanismen für eine Zusammenarbeit mit den Datenschutzbehörden der Mitgliedstaaten vorsehen, und den betroffenen Personen sollten wirksame und durchsetzbare Rechte sowie wirksame verwaltungsrechtliche und gerichtliche Rechtsbehelfe eingeräumt werden.

(105) ¹Die Kommission sollte neben den internationalen Verpflichtungen, die das Drittland oder die internationale Organisation eingegangen ist, die Verpflichtungen, die sich aus der Teilnahme des Drittlands oder der internationalen Organisation an multilateralen oder regionalen Systemen insbesondere im Hinblick auf den Schutz personenbezogener Daten ergeben, sowie die Umsetzung dieser Verpflichtungen berücksichtigen. ²Insbesondere sollte der Beitritt des Drittlands zum Übereinkommen des Europarates vom 28. ³Januar 1981 zum Schutz des Menschen bei der automatischen Verarbeitung personenbezogener Daten und dem dazugehörigen Zusatzprotokoll berücksichtigt werden. Die Kommission sollte den Ausschuss konsultieren, wenn sie das Schutzniveau in Drittländern oder internationalen Organisationen bewertet.

(106) ¹Die Kommission sollte die Wirkungsweise von Feststellungen zum Schutzniveau in einem Drittland, einem Gebiet oder einem bestimmten Sektor eines Drittlands oder einer internationalen Organisation überwachen; sie sollte auch die Wirkungsweise der Feststellungen, die auf der Grundlage des Artikels 25 Absatz 6 oder des Artikels 26 Absatz 4 der Richtlinie 95/46/EG erlassen werden, überwachen. ²In ihren Angemessenheitsbeschlüssen sollte die Kommission einen Mechanismus für die regelmäßige Überprüfung von deren Wirkungsweise vorsehen. ³Diese regelmäßige Überprüfung sollte in Konsultation mit dem betreffenden Drittland oder der betreffenden internationalen Organisation erfolgen und allen maßgeblichen Entwicklungen in dem Drittland oder der internationalen Organisation Rechnung tragen. ⁴Für die Zwecke der Überwachung und der Durchführung der regelmäßigen Überprüfungen sollte die Kommission die Standpunkte und Feststellungen des Europäischen Parlaments und des Rates sowie der anderen einschlägigen Stellen und Quellen berücksichtigen. ⁵Die Kommission sollte innerhalb einer angemessenen Frist die Wirkungsweise der letztgenannten Beschlüsse bewerten und dem durch diese Verordnung eingesetzten Ausschuss im Sinne der Verordnung (EU) Nr. 182/2011 des Europäischen Parlaments und des Rates[XV] sowie dem Europäischen Parlament und dem Rat über alle maßgeblichen Feststellungen Bericht erstatten.

Erwägungsgründe DSGVO **EG-DSGVO 7a**

(107) ¹Die Kommission kann feststellen, dass ein Drittland, ein Gebiet oder ein bestimmter Sektor eines Drittlands oder eine internationale Organisation kein angemessenes Datenschutzniveau mehr bietet. ²Die Übermittlung personenbezogener Daten an dieses Drittland oder an diese internationale Organisation sollte daraufhin verboten werden, es sei denn, die Anforderungen dieser Verordnung in Bezug auf die Datenübermittlung vorbehaltlich geeigneter Garantien, einschließlich verbindlicher interner Datenschutzvorschriften und auf Ausnahmen für bestimmte Fälle werden erfüllt. ³In diesem Falle sollten Konsultationen zwischen der Kommission und den betreffenden Drittländern oder internationalen Organisationen vorgesehen werden. ⁴Die Kommission sollte dem Drittland oder der internationalen Organisation frühzeitig die Gründe mitteilen und Konsultationen aufnehmen, um Abhilfe für die Situation zu schaffen.

(108) ¹Bei Fehlen eines Angemessenheitsbeschlusses sollte der Verantwortliche oder der Auftragsverarbeiter als Ausgleich für den in einem Drittland bestehenden Mangel an Datenschutz geeignete Garantien für den Schutz der betroffenen Person vorsehen. ²Diese geeigneten Garantien können darin bestehen, dass auf verbindliche interne Datenschutzvorschriften, von der Kommission oder einer Aufsichtsbehörde angenommene Standarddatenschutzklauseln oder von einer Aufsichtsbehörde genehmigte Vertragsklauseln zurückgegriffen wird. ³Diese Garantien sollten sicherstellen, dass die Datenschutzvorschriften und die Rechte der betroffenen Personen auf eine der Verarbeitung innerhalb der Union angemessene Art und Weise beachtet werden; dies gilt auch hinsichtlich der Verfügbarkeit von durchsetzbaren Rechten der betroffenen Person und von wirksamen Rechtsbehelfen einschließlich des Rechts auf wirksame verwaltungsrechtliche oder gerichtliche Rechtsbehelfe sowie des Rechts auf Geltendmachung von Schadenersatzansprüchen in der Union oder in einem Drittland. ⁴Sie sollten sich insbesondere auf die Einhaltung der allgemeinen Grundsätze für die Verarbeitung personenbezogener Daten, die Grundsätze des Datenschutzes durch Technik und durch datenschutzfreundliche Voreinstellungen beziehen. ⁵Datenübermittlungen dürfen auch von Behörden oder öffentlichen Stellen an Behörden oder öffentliche Stellen in Drittländern oder an internationale Organisationen mit entsprechenden Pflichten oder Aufgaben vorgenommen werden, auch auf der Grundlage von Bestimmungen, die in Verwaltungsvereinbarungen – wie beispielsweise einer gemeinsamen Absichtserklärung –, mit denen den betroffenen Personen durchsetzbare und wirksame Rechte eingeräumt werden, aufzunehmen sind. ⁶Die Genehmigung der zuständigen Aufsichtsbehörde sollte erlangt werden, wenn die Garantien in nicht rechtsverbindlichen Verwaltungsvereinbarungen vorgesehen sind.

(109) ¹Die dem Verantwortlichen oder dem Auftragsverarbeiter offenstehende Möglichkeit, auf die von der Kommission oder einer Aufsichtsbehörde

festgelegten Standard-Datenschutzklauseln zurückzugreifen, sollte den Verantwortlichen oder den Auftragsverarbeiter weder daran hindern, die Standard-Datenschutzklauseln auch in umfangreicheren Verträgen, wie zum Beispiel Verträgen zwischen dem Auftragsverarbeiter und einem anderen Auftragsverarbeiter, zu verwenden, noch ihn daran hindern, ihnen weitere Klauseln oder zusätzliche Garantien hinzuzufügen, solange diese weder mittelbar noch unmittelbar im Widerspruch zu den von der Kommission oder einer Aufsichtsbehörde erlassenen Standard-Datenschutzklauseln stehen oder die Grundrechte und Grundfreiheiten der betroffenen Personen beschneiden. ²Die Verantwortlichen und die Auftragsverarbeiter sollten ermutigt werden, mit vertraglichen Verpflichtungen, die die Standard-Schutzklauseln ergänzen, zusätzliche Garantien zu bieten.

(110) Jede Unternehmensgruppe oder jede Gruppe von Unternehmen, die eine gemeinsame Wirtschaftstätigkeit ausüben, sollte für ihre internationalen Datenübermittlungen aus der Union an Organisationen derselben Unternehmensgruppe oder derselben Gruppe von Unternehmen, die eine gemeinsame Wirtschaftstätigkeit ausüben, genehmigte verbindliche interne Datenschutzvorschriften anwenden dürfen, sofern diese sämtliche Grundprinzipien und durchsetzbaren Rechte enthalten, die geeignete Garantien für die Übermittlungen beziehungsweise Kategorien von Übermittlungen personenbezogener Daten bieten.

(111) ¹Datenübermittlungen sollten unter bestimmten Voraussetzungen zulässig sein, nämlich wenn die betroffene Person ihre ausdrückliche Einwilligung erteilt hat, wenn die Übermittlung gelegentlich erfolgt und im Rahmen eines Vertrags oder zur Geltendmachung von Rechtsansprüchen, sei es vor Gericht oder auf dem Verwaltungswege oder in außergerichtlichen Verfahren, wozu auch Verfahren vor Regulierungsbehörden zählen, erforderlich ist. ²Die Übermittlung sollte zudem möglich sein, wenn sie zur Wahrung eines im Unionsrecht oder im Recht eines Mitgliedstaats festgelegten wichtigen öffentlichen Interesses erforderlich ist oder wenn sie aus einem durch Rechtsvorschriften vorgesehenen Register erfolgt, das von der Öffentlichkeit oder Personen mit berechtigtem Interesse eingesehen werden kann. ³In letzterem Fall sollte sich eine solche Übermittlung nicht auf die Gesamtheit oder ganze Kategorien von im Register enthaltenen personenbezogenen Daten erstrecken dürfen. ⁴Ist das betreffende Register zur Einsichtnahme durch Personen mit berechtigtem Interesse bestimmt, sollte die Übermittlung nur auf Anfrage dieser Personen oder nur dann erfolgen, wenn diese Personen die Adressaten der Übermittlung sind, wobei den Interessen und Grundrechten der betroffenen Person in vollem Umfang Rechnung zu tragen ist.

(112) ¹Diese Ausnahmen sollten insbesondere für Datenübermittlungen gelten, die aus wichtigen Gründen des öffentlichen Interesses erforderlich sind, beispielsweise für den internationalen Datenaustausch zwischen

Wettbewerbs-, Steuer- oder Zollbehörden, zwischen Finanzaufsichtsbehörden oder zwischen für Angelegenheiten der sozialen Sicherheit oder für die öffentliche Gesundheit zuständigen Diensten, beispielsweise im Falle der Umgebungsuntersuchung bei ansteckenden Krankheiten oder zur Verringerung und/oder Beseitigung des Dopings im Sport. ²Die Übermittlung personenbezogener Daten sollte ebenfalls als rechtmäßig angesehen werden, wenn sie erforderlich ist, um ein Interesse, das für die lebenswichtigen Interessen – einschließlich der körperlichen Unversehrtheit oder des Lebens – der betroffenen Person oder einer anderen Person wesentlich ist, zu schützen und die betroffene Person außerstande ist, ihre Einwilligung zu geben. ³Liegt kein Angemessenheitsbeschluss vor, so können im Unionsrecht oder im Recht der Mitgliedstaaten aus wichtigen Gründen des öffentlichen Interesses ausdrücklich Beschränkungen der Übermittlung bestimmter Kategorien von Daten an Drittländer oder internationale Organisationen vorgesehen werden. ⁴Die Mitgliedstaaten sollten solche Bestimmungen der Kommission mitteilen. ⁵Jede Übermittlung personenbezogener Daten einer betroffenen Person, die aus physischen oder rechtlichen Gründen außerstande ist, ihre Einwilligung zu erteilen, an eine internationale humanitäre Organisation, die erfolgt, um eine nach den Genfer Konventionen obliegende Aufgabe auszuführen oder um dem in bewaffneten Konflikten anwendbaren humanitären Völkerrecht nachzukommen, könnte als aus einem wichtigen Grund im öffentlichen Interesse notwendig oder als im lebenswichtigen Interesse der betroffenen Person liegend erachtet werden.

(113) ¹Übermittlungen, die als nicht wiederholt erfolgend gelten können und nur eine begrenzte Zahl von betroffenen Personen betreffen, könnten auch zur Wahrung der zwingenden berechtigten Interessen des Verantwortlichen möglich sein, sofern die Interessen oder Rechte und Freiheiten der betroffenen Person nicht überwiegen und der Verantwortliche sämtliche Umstände der Datenübermittlung geprüft hat. ²Der Verantwortliche sollte insbesondere die Art der personenbezogenen Daten, den Zweck und die Dauer der vorgesehenen Verarbeitung, die Situation im Herkunftsland, in dem betreffenden Drittland und im Endbestimmungsland berücksichtigen und angemessene Garantien zum Schutz der Grundrechte und Grundfreiheiten natürlicher Personen in Bezug auf die Verarbeitung ihrer personenbezogenen Daten vorsehen. ³Diese Übermittlungen sollten nur in den verbleibenden Fällen möglich sein, in denen keiner der anderen Gründe für die Übermittlung anwendbar ist. ⁴Bei wissenschaftlichen oder historischen Forschungszwecken oder bei statistischen Zwecken sollten die legitimen gesellschaftlichen Erwartungen in Bezug auf einen Wissenszuwachs berücksichtigt werden. ⁵Der Verantwortliche sollte die Aufsichtsbehörde und die betroffene Person von der Übermittlung in Kenntnis setzen.

(114) In allen Fällen, in denen kein Kommissionsbeschluss zur Angemessenheit des in einem Drittland bestehenden Datenschutzniveaus vorliegt, sollte der Verantwortliche oder der Auftragsverarbeiter auf Lösungen zurückgreifen, mit denen den betroffenen Personen durchsetzbare und wirksame Rechte in Bezug auf die Verarbeitung ihrer personenbezogenen Daten in der Union nach der Übermittlung dieser Daten eingeräumt werden, damit sie weiterhin die Grundrechte und Garantien genießen können.

(115) [1]Manche Drittländer erlassen Gesetze, Vorschriften und sonstige Rechtsakte, die vorgeben, die Verarbeitungstätigkeiten natürlicher und juristischer Personen, die der Rechtsprechung der Mitgliedstaaten unterliegen, unmittelbar zu regeln. [2]Dies kann Urteile von Gerichten und Entscheidungen von Verwaltungsbehörden in Drittländern umfassen, mit denen von einem Verantwortlichen oder einem Auftragsverarbeiter die Übermittlung oder Offenlegung personenbezogener Daten verlangt wird und die nicht auf eine in Kraft befindliche internationale Übereinkunft wie etwa ein Rechtshilfeabkommen zwischen dem ersuchenden Drittland und der Union oder einem Mitgliedstaat gestützt sind. [3]Die Anwendung dieser Gesetze, Verordnungen und sonstigen Rechtsakte außerhalb des Hoheitsgebiets der betreffenden Drittländer kann gegen internationales Recht verstoßen und dem durch diese Verordnung in der Union gewährleisteten Schutz natürlicher Personen zuwiderlaufen. [4]Datenübermittlungen sollten daher nur zulässig sein, wenn die Bedingungen dieser Verordnung für Datenübermittlungen an Drittländer eingehalten werden. [5]Dies kann unter anderem der Fall sein, wenn die Offenlegung aus einem wichtigen öffentlichen Interesse erforderlich ist, das im Unionsrecht oder im Recht des Mitgliedstaats, dem der Verantwortliche unterliegt, anerkannt ist.

(116) [1]Wenn personenbezogene Daten in ein anderes Land außerhalb der Union übermittelt werden, besteht eine erhöhte Gefahr, dass natürliche Personen ihre Datenschutzrechte nicht wahrnehmen können und sich insbesondere gegen die unrechtmäßige Nutzung oder Offenlegung dieser Informationen zu schützen. [2]Ebenso kann es vorkommen, dass Aufsichtsbehörden Beschwerden nicht nachgehen oder Untersuchungen nicht durchführen können, die einen Bezug zu Tätigkeiten außerhalb der Grenzen ihres Mitgliedstaats haben. [3]Ihre Bemühungen um grenzüberschreitende Zusammenarbeit können auch durch unzureichende Präventiv- und Abhilfebefugnisse, widersprüchliche Rechtsordnungen und praktische Hindernisse wie Ressourcenknappheit behindert werden. [4]Die Zusammenarbeit zwischen den Datenschutzaufsichtsbehörden muss daher gefördert werden, damit sie Informationen austauschen und mit den Aufsichtsbehörden in anderen Ländern Untersuchungen durchführen können. [5]Um Mechanismen der internationalen Zusammenarbeit zu entwickeln, die die internationale Amtshilfe bei der Durchsetzung

Erwägungsgründe DSGVO   **EG-DSGVO 7a**

von Rechtsvorschriften zum Schutz personenbezogener Daten erleichtern und sicherstellen, sollten die Kommission und die Aufsichtsbehörden Informationen austauschen und bei Tätigkeiten, die mit der Ausübung ihrer Befugnisse in Zusammenhang stehen, mit den zuständigen Behörden der Drittländer nach dem Grundsatz der Gegenseitigkeit und gemäß dieser Verordnung zusammenarbeiten.

(117) ¹Die Errichtung von Aufsichtsbehörden in den Mitgliedstaaten, die befugt sind, ihre Aufgaben und Befugnisse völlig unabhängig wahrzunehmen, ist ein wesentlicher Bestandteil des Schutzes natürlicher Personen bei der Verarbeitung personenbezogener Daten. ²Die Mitgliedstaaten sollten mehr als eine Aufsichtsbehörde errichten können, wenn dies ihrer verfassungsmäßigen, organisatorischen und administrativen Struktur entspricht.

(118) Die Tatsache, dass die Aufsichtsbehörden unabhängig sind, sollte nicht bedeuten, dass sie hinsichtlich ihrer Ausgaben keinem Kontroll- oder Überwachungsmechanismus unterworfen werden bzw. sie keiner gerichtlichen Überprüfung unterzogen werden können.

(119) ¹Errichtet ein Mitgliedstaat mehrere Aufsichtsbehörden, so sollte er mittels Rechtsvorschriften sicherstellen, dass diese Aufsichtsbehörden am Kohärenzverfahren wirksam beteiligt werden. ²Insbesondere sollte dieser Mitgliedstaat eine Aufsichtsbehörde bestimmen, die als zentrale Anlaufstelle für eine wirksame Beteiligung dieser Behörden an dem Verfahren fungiert und eine rasche und reibungslose Zusammenarbeit mit anderen Aufsichtsbehörden, dem Ausschuss und der Kommission gewährleistet.

(120) ¹Jede Aufsichtsbehörde sollte mit Finanzmitteln, Personal, Räumlichkeiten und einer Infrastruktur ausgestattet werden, wie sie für die wirksame Wahrnehmung ihrer Aufgaben, einschließlich derer im Zusammenhang mit der Amtshilfe und Zusammenarbeit mit anderen Aufsichtsbehörden in der gesamten Union, notwendig sind. ²Jede Aufsichtsbehörde sollte über einen eigenen, öffentlichen, jährlichen Haushaltsplan verfügen, der Teil des gesamten Staatshaushalts oder nationalen Haushalts sein kann.

(121) ¹Die allgemeinen Anforderungen an das Mitglied oder die Mitglieder der Aufsichtsbehörde sollten durch Rechtsvorschriften von jedem Mitgliedstaat geregelt werden und insbesondere vorsehen, dass diese Mitglieder im Wege eines transparenten Verfahrens entweder – auf Vorschlag der Regierung, eines Mitglieds der Regierung, des Parlaments oder einer Parlamentskammer – vom Parlament, der Regierung oder dem Staatsoberhaupt des Mitgliedstaats oder von einer unabhängigen Stelle ernannt werden, die nach dem Recht des Mitgliedstaats mit der Ernennung betraut wird. ²Um die Unabhängigkeit der Aufsichtsbehörde zu gewährleisten, sollten ihre Mitglieder ihr Amt integer ausüben, von

7a EG-DSGVO — Erwägungsgründe DSGVO

allen mit den Aufgaben ihres Amts nicht zu vereinbarenden Handlungen absehen und während ihrer Amtszeit keine andere mit ihrem Amt nicht zu vereinbarende entgeltliche oder unentgeltliche Tätigkeit ausüben. ³Die Aufsichtsbehörde sollte über eigenes Personal verfügen, das sie selbst oder eine nach dem Recht des Mitgliedstaats eingerichtete unabhängige Stelle auswählt und das ausschließlich der Leitung des Mitglieds oder der Mitglieder der Aufsichtsbehörde unterstehen sollte.

(122) ¹Jede Aufsichtsbehörde sollte dafür zuständig sein, im Hoheitsgebiet ihres Mitgliedstaats die Befugnisse auszuüben und die Aufgaben zu erfüllen, die ihr mit dieser Verordnung übertragen wurden. ²Dies sollte insbesondere für Folgendes gelten: die Verarbeitung im Rahmen der Tätigkeiten einer Niederlassung des Verantwortlichen oder Auftragsverarbeiters im Hoheitsgebiet ihres Mitgliedstaats, die Verarbeitung personenbezogener Daten durch Behörden oder private Stellen, die im öffentlichen Interesse handeln, Verarbeitungstätigkeiten, die Auswirkungen auf betroffene Personen in ihrem Hoheitsgebiet haben, oder Verarbeitungstätigkeiten eines Verantwortlichen oder Auftragsverarbeiters ohne Niederlassung in der Union, sofern sie auf betroffene Personen mit Wohnsitz in ihrem Hoheitsgebiet ausgerichtet sind. ³Dies sollte auch die Bearbeitung von Beschwerden einer betroffenen Person, die Durchführung von Untersuchungen über die Anwendung dieser Verordnung sowie die Förderung der Information der Öffentlichkeit über Risiken, Vorschriften, Garantien und Rechte im Zusammenhang mit der Verarbeitung personenbezogener Daten einschließen.

(123) ¹Die Aufsichtsbehörden sollten die Anwendung der Bestimmungen dieser Verordnung überwachen und zu ihrer einheitlichen Anwendung in der gesamten Union beitragen, um natürliche Personen im Hinblick auf die Verarbeitung ihrer Daten zu schützen und den freien Verkehr personenbezogener Daten im Binnenmarkt zu erleichtern. ²Zu diesem Zweck sollten die Aufsichtsbehörden untereinander und mit der Kommission zusammenarbeiten, ohne dass eine Vereinbarung zwischen den Mitgliedstaaten über die Leistung von Amtshilfe oder über eine derartige Zusammenarbeit erforderlich wäre.

(124) ¹Findet die Verarbeitung personenbezogener Daten im Zusammenhang mit der Tätigkeit einer Niederlassung eines Verantwortlichen oder eines Auftragsverarbeiters in der Union statt und hat der Verantwortliche oder der Auftragsverarbeiter Niederlassungen in mehr als einem Mitgliedstaat oder hat die Verarbeitungstätigkeit im Zusammenhang mit der Tätigkeit einer einzigen Niederlassung eines Verantwortlichen oder Auftragsverarbeiters in der Union erhebliche Auswirkungen auf betroffene Personen in mehr als einem Mitgliedstaat bzw. wird sie voraussichtlich solche Auswirkungen haben, so sollte die Aufsichtsbehörde für die Hauptniederlassung des Verantwortlichen oder Auftragsverarbeiters oder für die einzige Niederlassung des Verantwortlichen oder Auftrags-

verarbeiters als federführende Behörde fungieren. ²Sie sollte mit den anderen Behörden zusammenarbeiten, die betroffen sind, weil der Verantwortliche oder Auftragsverarbeiter eine Niederlassung im Hoheitsgebiet ihres Mitgliedstaats hat, weil die Verarbeitung erhebliche Auswirkungen auf betroffene Personen mit Wohnsitz in ihrem Hoheitsgebiet hat oder weil bei ihnen eine Beschwerde eingelegt wurde. ³Auch wenn eine betroffene Person ohne Wohnsitz in dem betreffenden Mitgliedstaat eine Beschwerde eingelegt hat, sollte die Aufsichtsbehörde, bei der Beschwerde eingelegt wurde, auch eine betroffene Aufsichtsbehörde sein. ⁴Der Ausschuss sollte – im Rahmen seiner Aufgaben in Bezug auf die Herausgabe von Leitlinien zu allen Fragen im Zusammenhang mit der Anwendung dieser Verordnung – insbesondere Leitlinien zu den Kriterien ausgeben können, die bei der Feststellung zu berücksichtigen sind, ob die fragliche Verarbeitung erhebliche Auswirkungen auf betroffene Personen in mehr als einem Mitgliedstaat hat und was einen maßgeblichen und begründeten Einspruch darstellt.

(125) ¹Die federführende Behörde sollte berechtigt sein, verbindliche Beschlüsse über Maßnahmen zu erlassen, mit denen die ihr gemäß dieser Verordnung übertragenen Befugnisse ausgeübt werden. ²In ihrer Eigenschaft als federführende Behörde sollte diese Aufsichtsbehörde für die enge Einbindung und Koordinierung der betroffenen Aufsichtsbehörden im Entscheidungsprozess sorgen. ³Wird beschlossen, die Beschwerde der betroffenen Person vollständig oder teilweise abzuweisen, so sollte dieser Beschluss von der Aufsichtsbehörde angenommen werden, bei der die Beschwerde eingelegt wurde.

(126) ¹Der Beschluss sollte von der federführenden Aufsichtsbehörde und den betroffenen Aufsichtsbehörden gemeinsam vereinbart werden und an die Hauptniederlassung oder die einzige Niederlassung des Verantwortlichen oder Auftragsverarbeiters gerichtet sein und für den Verantwortlichen und den Auftragsverarbeiter verbindlich sein. ²Der Verantwortliche oder Auftragsverarbeiter sollte die erforderlichen Maßnahmen treffen, um die Einhaltung dieser Verordnung und die Umsetzung des Beschlusses zu gewährleisten, der der Hauptniederlassung des Verantwortlichen oder Auftragsverarbeiters im Hinblick auf die Verarbeitungstätigkeiten in der Union von der federführenden Aufsichtsbehörde mitgeteilt wurde.

(127) ¹Jede Aufsichtsbehörde, die nicht als federführende Aufsichtsbehörde fungiert, sollte in örtlichen Fällen zuständig sein, wenn der Verantwortliche oder Auftragsverarbeiter Niederlassungen in mehr als einem Mitgliedstaat hat, der Gegenstand der spezifischen Verarbeitung aber nur die Verarbeitungstätigkeiten in einem einzigen Mitgliedstaat und nur betroffene Personen in diesem einen Mitgliedstaat betrifft, beispielsweise wenn es um die Verarbeitung von personenbezogenen Daten von Arbeitnehmern im spezifischen Beschäftigungskontext eines Mitgliedstaats geht. ²In solchen Fällen sollte die Aufsichtsbehörde unverzüglich die fe-

derführende Aufsichtsbehörde über diese Angelegenheit unterrichten. ³Nach ihrer Unterrichtung sollte die federführende Aufsichtsbehörde entscheiden, ob sie den Fall nach den Bestimmungen zur Zusammenarbeit zwischen der federführenden Aufsichtsbehörde und anderen betroffenen Aufsichtsbehörden gemäß der Vorschrift zur Zusammenarbeit zwischen der federführenden Aufsichtsbehörde und anderen betroffenen Aufsichtsbehörden (im Folgenden „Verfahren der Zusammenarbeit und Kohärenz") regelt oder ob die Aufsichtsbehörde, die sie unterrichtet hat, den Fall auf örtlicher Ebene regeln sollte. ⁴Dabei sollte die federführende Aufsichtsbehörde berücksichtigen, ob der Verantwortliche oder der Auftragsverarbeiter in dem Mitgliedstaat, dessen Aufsichtsbehörde sie unterrichtet hat, eine Niederlassung hat, damit Beschlüsse gegenüber dem Verantwortlichen oder dem Auftragsverarbeiter wirksam durchgesetzt werden. ⁵Entscheidet die federführende Aufsichtsbehörde, den Fall selbst zu regeln, sollte die Aufsichtsbehörde, die sie unterrichtet hat, die Möglichkeit haben, einen Beschlussentwurf vorzulegen, dem die federführende Aufsichtsbehörde bei der Ausarbeitung ihres Beschlussentwurfs im Rahmen dieses Verfahrens der Zusammenarbeit und Kohärenz weitestgehend Rechnung tragen sollte.

(128) ¹Die Vorschriften über die federführende Behörde und das Verfahren der Zusammenarbeit und Kohärenz sollten keine Anwendung finden, wenn die Verarbeitung durch Behörden oder private Stellen im öffentlichen Interesse erfolgt. ²In diesen Fällen sollte die Aufsichtsbehörde des Mitgliedstaats, in dem die Behörde oder private Einrichtung ihren Sitz hat, die einzige Aufsichtsbehörde sein, die dafür zuständig ist, die Befugnisse auszuüben, die ihr mit dieser Verordnung übertragen wurden.

(129) ¹Um die einheitliche Überwachung und Durchsetzung dieser Verordnung in der gesamten Union sicherzustellen, sollten die Aufsichtsbehörden in jedem Mitgliedstaat dieselben Aufgaben und wirksamen Befugnisse haben, darunter, insbesondere im Fall von Beschwerden natürlicher Personen, Untersuchungsbefugnisse, Abhilfebefugnisse und Sanktionsbefugnisse und Genehmigungsbefugnisse und beratende Befugnisse, sowie – unbeschadet der Befugnisse der Strafverfolgungsbehörden nach dem Recht der Mitgliedstaaten – die Befugnis, Verstöße gegen diese Verordnung den Justizbehörden zur Kenntnis zu bringen und Gerichtsverfahren anzustrengen. ²Dazu sollte auch die Befugnis zählen, eine vorübergehende oder endgültige Beschränkung der Verarbeitung, einschließlich eines Verbots, zu verhängen. ³Die Mitgliedstaaten können andere Aufgaben im Zusammenhang mit dem Schutz personenbezogener Daten im Rahmen dieser Verordnung festlegen. ⁴Die Befugnisse der Aufsichtsbehörden sollten in Übereinstimmung mit den geeigneten Verfahrensgarantien nach dem Unionsrecht und dem Recht der Mitgliedstaaten unparteiisch, gerecht und innerhalb einer angemessenen Frist

ausgeübt werden. ⁵Insbesondere sollte jede Maßnahme im Hinblick auf die Gewährleistung der Einhaltung dieser Verordnung geeignet, erforderlich und verhältnismäßig sein, wobei die Umstände des jeweiligen Einzelfalls zu berücksichtigen sind, das Recht einer jeden Person, gehört zu werden, bevor eine individuelle Maßnahme getroffen wird, die nachteilige Auswirkungen auf diese Person hätte, zu achten ist und überflüssige Kosten und übermäßige Unannehmlichkeiten für die Betroffenen zu vermeiden sind. ⁶Untersuchungsbefugnisse im Hinblick auf den Zugang zu Räumlichkeiten sollten im Einklang mit besonderen Anforderungen im Verfahrensrecht der Mitgliedstaaten ausgeübt werden, wie etwa dem Erfordernis einer vorherigen richterlichen Genehmigung. ⁷Jede rechtsverbindliche Maßnahme der Aufsichtsbehörde sollte schriftlich erlassen werden und sie sollte klar und eindeutig sein; die Aufsichtsbehörde, die die Maßnahme erlassen hat, und das Datum, an dem die Maßnahme erlassen wurde, sollten angegeben werden und die Maßnahme sollte vom Leiter oder von einem von ihm bevollmächtigen Mitglied der Aufsichtsbehörde unterschrieben sein und eine Begründung für die Maßnahme sowie einen Hinweis auf das Recht auf einen wirksamen Rechtsbehelf enthalten. ⁸Dies sollte zusätzliche Anforderungen nach dem Verfahrensrecht der Mitgliedstaaten nicht ausschließen. ⁹Der Erlass eines rechtsverbindlichen Beschlusses setzt voraus, dass er in dem Mitgliedstaat der Aufsichtsbehörde, die den Beschluss erlassen hat, gerichtlich überprüft werden kann.

(130) ¹Ist die Aufsichtsbehörde, bei der die Beschwerde eingereicht wurde, nicht die federführende Aufsichtsbehörde, so sollte die federführende Aufsichtsbehörde gemäß den Bestimmungen dieser Verordnung über Zusammenarbeit und Kohärenz eng mit der Aufsichtsbehörde zusammenarbeiten, bei der die Beschwerde eingereicht wurde. ²In solchen Fällen sollte die federführende Aufsichtsbehörde bei Maßnahmen, die rechtliche Wirkungen entfalten sollen, unter anderem bei der Verhängung von Geldbußen, den Standpunkt der Aufsichtsbehörde, bei der die Beschwerde eingereicht wurde und die weiterhin befugt sein sollte, in Abstimmung mit der zuständigen Aufsichtsbehörde Untersuchungen im Hoheitsgebiet ihres eigenen Mitgliedstaats durchzuführen, weitestgehend berücksichtigen.

(131) ¹Wenn eine andere Aufsichtsbehörde als federführende Aufsichtsbehörde für die Verarbeitungstätigkeiten des Verantwortlichen oder des Auftragsverarbeiters fungieren sollte, der konkrete Gegenstand einer Beschwerde oder der mögliche Verstoß jedoch nur die Verarbeitungstätigkeiten des Verantwortlichen oder des Auftragsverarbeiters in dem Mitgliedstaat betrifft, in dem die Beschwerde eingereicht wurde oder der mögliche Verstoß aufgedeckt wurde, und die Angelegenheit keine erheblichen Auswirkungen auf betroffene Personen in anderen Mitgliedstaaten hat oder haben dürfte, sollte die Aufsichtsbehörde, bei der eine

Beschwerde eingereicht wurde oder die Situationen, die mögliche Verstöße gegen diese Verordnung darstellen, aufgedeckt hat bzw. auf andere Weise darüber informiert wurde, versuchen, eine gütliche Einigung mit dem Verantwortlichen zu erzielen; falls sich dies als nicht erfolgreich erweist, sollte sie die gesamte Bandbreite ihrer Befugnisse wahrnehmen. [2]Dies sollte auch Folgendes umfassen: die spezifische Verarbeitung im Hoheitsgebiet des Mitgliedstaats der Aufsichtsbehörde oder im Hinblick auf betroffene Personen im Hoheitsgebiet dieses Mitgliedstaats; die Verarbeitung im Rahmen eines Angebots von Waren oder Dienstleistungen, das speziell auf betroffene Personen im Hoheitsgebiet des Mitgliedstaats der Aufsichtsbehörde ausgerichtet ist; oder eine Verarbeitung, die unter Berücksichtigung der einschlägigen rechtlichen Verpflichtungen nach dem Recht der Mitgliedstaaten bewertet werden muss.

(132) Auf die Öffentlichkeit ausgerichtete Sensibilisierungsmaßnahmen der Aufsichtsbehörden sollten spezifische Maßnahmen einschließen, die sich an die Verantwortlichen und die Auftragsverarbeiter, einschließlich Kleinstunternehmen sowie kleiner und mittlerer Unternehmen, und an natürliche Personen, insbesondere im Bildungsbereich, richten.

(133) [1]Die Aufsichtsbehörden sollten sich gegenseitig bei der Erfüllung ihrer Aufgaben unterstützen und Amtshilfe leisten, damit eine einheitliche Anwendung und Durchsetzung dieser Verordnung im Binnenmarkt gewährleistet ist. [2]Eine Aufsichtsbehörde, die um Amtshilfe ersucht hat, kann eine einstweilige Maßnahme erlassen, wenn sie nicht binnen eines Monats nach Eingang des Amtshilfeersuchens bei der ersuchten Aufsichtsbehörde eine Antwort von dieser erhalten hat.

(134) [1]Jede Aufsichtsbehörde sollte gegebenenfalls an gemeinsamen Maßnahmen von anderen Aufsichtsbehörden teilnehmen. [2]Die ersuchte Aufsichtsbehörde sollte auf das Ersuchen binnen einer bestimmten Frist antworten müssen.

(135) [1]Um die einheitliche Anwendung dieser Verordnung in der gesamten Union sicherzustellen, sollte ein Verfahren zur Gewährleistung einer einheitlichen Rechtsanwendung (Kohärenzverfahren) für die Zusammenarbeit zwischen den Aufsichtsbehörden eingeführt werden. [2]Dieses Verfahren sollte insbesondere dann angewendet werden, wenn eine Aufsichtsbehörde beabsichtigt, eine Maßnahme zu erlassen, die rechtliche Wirkungen in Bezug auf Verarbeitungsvorgänge entfalten soll, die für eine bedeutende Zahl betroffener Personen in mehreren Mitgliedstaaten erhebliche Auswirkungen haben. [3]Ferner sollte es zur Anwendung kommen, wenn eine betroffene Aufsichtsbehörde oder die Kommission beantragt, dass die Angelegenheit im Rahmen des Kohärenzverfahrens behandelt wird. [4]Dieses Verfahren sollte andere Maßnahmen, die die Kommission möglicherweise in Ausübung ihrer Befugnisse nach den Verträgen trifft, unberührt lassen.

(136) ¹Bei Anwendung des Kohärenzverfahrens sollte der Ausschuss, falls von der Mehrheit seiner Mitglieder so entschieden wird oder falls eine andere betroffene Aufsichtsbehörde oder die Kommission darum ersuchen, binnen einer festgelegten Frist eine Stellungnahme abgeben. ²Dem Ausschuss sollte auch die Befugnis übertragen werden, bei Streitigkeiten zwischen Aufsichtsbehörden rechtsverbindliche Beschlüsse zu erlassen. ³Zu diesem Zweck sollte er in klar bestimmten Fällen, in denen die Aufsichtsbehörden insbesondere im Rahmen des Verfahrens der Zusammenarbeit zwischen der federführenden Aufsichtsbehörde und den betroffenen Aufsichtsbehörden widersprüchliche Standpunkte zu dem Sachverhalt, vor allem in der Frage, ob ein Verstoß gegen diese Verordnung vorliegt, vertreten, grundsätzlich mit einer Mehrheit von zwei Dritteln seiner Mitglieder rechtsverbindliche Beschlüsse erlassen.

(137) ¹Es kann dringender Handlungsbedarf zum Schutz der Rechte und Freiheiten von betroffenen Personen bestehen, insbesondere wenn eine erhebliche Behinderung der Durchsetzung des Rechts einer betroffenen Person droht. ²Eine Aufsichtsbehörde sollte daher hinreichend begründete einstweilige Maßnahmen in ihrem Hoheitsgebiet mit einer festgelegten Geltungsdauer von höchstens drei Monaten erlassen können.

(138) ¹Die Anwendung dieses Verfahrens sollte in den Fällen, in denen sie verbindlich vorgeschrieben ist, eine Bedingung für die Rechtmäßigkeit einer Maßnahme einer Aufsichtsbehörde sein, die rechtliche Wirkungen entfalten soll. ²In anderen Fällen von grenzüberschreitender Relevanz sollte das Verfahren der Zusammenarbeit zwischen der federführenden Aufsichtsbehörde und den betroffenen Aufsichtsbehörden zur Anwendung gelangen, und die betroffenen Aufsichtsbehörden können auf bilateraler oder multilateraler Ebene Amtshilfe leisten und gemeinsame Maßnahmen durchführen, ohne auf das Kohärenzverfahren zurückzugreifen.

(139) ¹Zur Förderung der einheitlichen Anwendung dieser Verordnung sollte der Ausschuss als unabhängige Einrichtung der Union eingesetzt werden. ²Damit der Ausschuss seine Ziele erreichen kann, sollte er Rechtspersönlichkeit besitzen. ³Der Ausschuss sollte von seinem Vorsitz vertreten werden. ⁴Er sollte die mit der Richtlinie 95/46/EG eingesetzte Arbeitsgruppe für den Schutz der Rechte von Personen bei der Verarbeitung personenbezogener Daten ersetzen. ⁵Er sollte aus dem Leiter einer Aufsichtsbehörde jedes Mitgliedstaats und dem Europäischen Datenschutzbeauftragten oder deren jeweiligen Vertretern gebildet werden. ⁶An den Beratungen des Ausschusses sollte die Kommission ohne Stimmrecht teilnehmen und der Europäische Datenschutzbeauftragte sollte spezifische Stimmrechte haben. ⁷Der Ausschuss sollte zur einheitlichen Anwendung der Verordnung in der gesamten Union beitragen, die Kommission insbesondere im Hinblick auf das Schutzniveau in Drittländern oder internationalen Organisationen beraten und die Zusammenar-

beit der Aufsichtsbehörden in der Union fördern. [8]Der Ausschuss sollte bei der Erfüllung seiner Aufgaben unabhängig handeln.

(140) [1]Der Ausschuss sollte von einem Sekretariat unterstützt werden, das von dem Europäischen Datenschutzbeauftragten bereitgestellt wird. [2]Das Personal des Europäischen Datenschutzbeauftragten, das an der Wahrnehmung der dem Ausschuss gemäß dieser Verordnung übertragenen Aufgaben beteiligt ist, sollte diese Aufgaben ausschließlich gemäß den Anweisungen des Vorsitzes des Ausschusses durchführen und diesem Bericht erstatten.

(141) [1]Jede betroffene Person sollte das Recht haben, bei einer einzigen Aufsichtsbehörde insbesondere in dem Mitgliedstaat ihres gewöhnlichen Aufenthalts eine Beschwerde einzureichen und gemäß Artikel 47 der Charta einen wirksamen gerichtlichen Rechtsbehelf einzulegen, wenn sie sich in ihren Rechten gemäß dieser Verordnung verletzt sieht oder wenn die Aufsichtsbehörde auf eine Beschwerde hin nicht tätig wird, eine Beschwerde teilweise oder ganz abweist oder ablehnt oder nicht tätig wird, obwohl dies zum Schutz der Rechte der betroffenen Person notwendig ist. [2]Die auf eine Beschwerde folgende Untersuchung sollte vorbehaltlich gerichtlicher Überprüfung so weit gehen, wie dies im Einzelfall angemessen ist. [2]Die Aufsichtsbehörde sollte die betroffene Person innerhalb eines angemessenen Zeitraums über den Fortgang und die Ergebnisse der Beschwerde unterrichten. [3]Sollten weitere Untersuchungen oder die Abstimmung mit einer anderen Aufsichtsbehörde erforderlich sein, sollte die betroffene Person über den Zwischenstand informiert werden. [4]Jede Aufsichtsbehörde sollte Maßnahmen zur Erleichterung der Einreichung von Beschwerden treffen, wie etwa die Bereitstellung eines Beschwerdeformulars, das auch elektronisch ausgefüllt werden kann, ohne dass andere Kommunikationsmittel ausgeschlossen werden.

(142) [1]Betroffene Personen, die sich in ihren Rechten gemäß dieser Verordnung verletzt sehen, sollten das Recht haben, nach dem Recht eines Mitgliedstaats gegründete Einrichtungen, Organisationen oder Verbände ohne Gewinnerzielungsabsicht, deren satzungsmäßige Ziele im öffentlichem Interesse liegen und die im Bereich des Schutzes personenbezogener Daten tätig sind, zu beauftragen, in ihrem Namen Beschwerde bei einer Aufsichtsbehörde oder einen gerichtlichen Rechtsbehelf einzulegen oder das Recht auf Schadensersatz in Anspruch zu nehmen, sofern dieses im Recht der Mitgliedstaaten vorgesehen ist. [2]Die Mitgliedstaaten können vorsehen, dass diese Einrichtungen, Organisationen oder Verbände das Recht haben, unabhängig vom Auftrag einer betroffenen Person in dem betreffenden Mitgliedstaat eine eigene Beschwerde einzulegen, und das Recht auf einen wirksamen gerichtlichen Rechtsbehelf haben sollten, wenn sie Grund zu der Annahme haben, dass die Rechte der betroffenen Person infolge einer nicht im Einklang mit dieser Verordnung stehenden Verarbeitung verletzt worden sind. [3]Diesen Einrich-

tungen, Organisationen oder Verbänden kann unabhängig vom Auftrag einer betroffenen Person nicht gestattet werden, im Namen einer betroffenen Person Schadenersatz zu verlangen.

(143) [1]Jede natürliche oder juristische Person hat das Recht, unter den in Artikel 263 AEUV genannten Voraussetzungen beim Gerichtshof eine Klage auf Nichtigerklärung eines Beschlusses des Ausschusses zu erheben. [2]Als Adressaten solcher Beschlüsse müssen die betroffenen Aufsichtsbehörden, die diese Beschlüsse anfechten möchten, binnen zwei Monaten nach deren Übermittlung gemäß Artikel 263 AEUV Klage erheben. [3]Sofern Beschlüsse des Ausschusses einen Verantwortlichen, einen Auftragsverarbeiter oder den Beschwerdeführer unmittelbar und individuell betreffen, so können diese Personen binnen zwei Monaten nach Veröffentlichung der betreffenden Beschlüsse auf der Website des Ausschusses im Einklang mit Artikel 263 AEUV eine Klage auf Nichtigerklärung erheben. [3]Unbeschadet dieses Rechts nach Artikel 263 AEUV sollte jede natürliche oder juristische Person das Recht auf einen wirksamen gerichtlichen Rechtsbehelf bei dem zuständigen einzelstaatlichen Gericht gegen einen Beschluss einer Aufsichtsbehörde haben, der gegenüber dieser Person Rechtswirkungen entfaltet. [4]Ein derartiger Beschluss betrifft insbesondere die Ausübung von Untersuchungs-, Abhilfe- und Genehmigungsbefugnissen durch die Aufsichtsbehörde oder die Ablehnung oder Abweisung von Beschwerden. [5]Das Recht auf einen wirksamen gerichtlichen Rechtsbehelf umfasst jedoch nicht rechtlich nicht bindende Maßnahmen der Aufsichtsbehörden wie von ihr abgegebene Stellungnahmen oder Empfehlungen. [6]Verfahren gegen eine Aufsichtsbehörde sollten bei den Gerichten des Mitgliedstaats angestrengt werden, in dem die Aufsichtsbehörde ihren Sitz hat, und sollten im Einklang mit dem Verfahrensrecht dieses Mitgliedstaats durchgeführt werden. [7]Diese Gerichte sollten eine uneingeschränkte Zuständigkeit besitzen, was die Zuständigkeit, sämtliche für den bei ihnen anhängigen Rechtsstreit maßgebliche Sach- und Rechtsfragen zu prüfen, einschließt. [8]Wurde eine Beschwerde von einer Aufsichtsbehörde abgelehnt oder abgewiesen, kann der Beschwerdeführer Klage bei den Gerichten desselben Mitgliedstaats erheben.
[7]Im Zusammenhang mit gerichtlichen Rechtsbehelfen in Bezug auf die Anwendung dieser Verordnung können einzelstaatliche Gerichte, die eine Entscheidung über diese Frage für erforderlich halten, um ihr Urteil erlassen zu können, bzw. müssen einzelstaatliche Gerichte in den Fällen nach Artikel 267 AEUV den Gerichtshof um eine Vorabentscheidung zur Auslegung des Unionsrechts – das auch diese Verordnung einschließt – ersuchen. [9]Wird darüber hinaus der Beschluss einer Aufsichtsbehörde zur Umsetzung eines Beschlusses des Ausschusses vor einem einzelstaatlichen Gericht angefochten und wird die Gültigkeit des Beschlusses des Ausschusses in Frage gestellt, so hat dieses einzelstaatliche Gericht nicht die Befugnis, den Beschluss des Ausschusses für nich-

7a EG-DSGVO

tig zu erklären, sondern es muss im Einklang mit Artikel 267 AEUV in der Auslegung des Gerichtshofs den Gerichtshof mit der Frage der Gültigkeit befassen, wenn es den Beschluss für nichtig hält. [10]Allerdings darf ein einzelstaatliches Gericht den Gerichtshof nicht auf Anfrage einer natürlichen oder juristischen Person mit Fragen der Gültigkeit des Beschlusses des Ausschusses befassen, wenn diese Person Gelegenheit hatte, eine Klage auf Nichtigerklärung dieses Beschlusses zu erheben – insbesondere wenn sie unmittelbar und individuell von dem Beschluss betroffen war –, diese Gelegenheit jedoch nicht innerhalb der Frist gemäß Artikel 263 AEUV genutzt hat.

(144) [1]Hat ein mit einem Verfahren gegen die Entscheidung einer Aufsichtsbehörde befasstes Gericht Anlass zu der Vermutung, dass ein dieselbe Verarbeitung betreffendes Verfahren – etwa zu demselben Gegenstand in Bezug auf die Verarbeitung durch denselben Verantwortlichen oder Auftragsverarbeiter oder wegen desselben Anspruchs – vor einem zuständigen Gericht in einem anderen Mitgliedstaat anhängig ist, so sollte es mit diesem Gericht Kontakt aufnehmen, um sich zu vergewissern, dass ein solches verwandtes Verfahren existiert. [2]Sind verwandte Verfahren vor einem Gericht in einem anderen Mitgliedstaat anhängig, so kann jedes später angerufene Gericht das Verfahren aussetzen oder sich auf Anfrage einer Partei auch zugunsten des zuerst angerufenen Gerichts für unzuständig erklären, wenn dieses später angerufene Gericht für die betreffenden Verfahren zuständig ist und die Verbindung von solchen verwandten Verfahren nach seinem Recht zulässig ist. [3]Verfahren gelten als miteinander verwandt, wenn zwischen ihnen eine so enge Beziehung gegeben ist, dass eine gemeinsame Verhandlung und Entscheidung geboten erscheint, um zu vermeiden, dass in getrennten Verfahren einander widersprechende Entscheidungen ergehen.

(145) Bei Verfahren gegen Verantwortliche oder Auftragsverarbeiter sollte es dem Kläger überlassen bleiben, ob er die Gerichte des Mitgliedstaats anruft, in dem der Verantwortliche oder der Auftragsverarbeiter eine Niederlassung hat, oder des Mitgliedstaats, in dem die betroffene Person wohnt; dies gilt nicht, wenn es sich bei dem Verantwortlichen um eine Behörde eines Mitgliedstaats handelt, die in Ausübung ihrer hoheitlichen Befugnisse tätig geworden ist.

(146) [1]Der Verantwortliche oder der Auftragsverarbeiter sollte Schäden, die einer Person aufgrund einer Verarbeitung entstehen, die mit dieser Verordnung nicht im Einklang steht, ersetzen. [2]Der Verantwortliche oder der Auftragsverarbeiter sollte von seiner Haftung befreit werden, wenn er nachweist, dass er in keiner Weise für den Schaden verantwortlich ist. [3]Der Begriff des Schadens sollte im Lichte der Rechtsprechung des Gerichtshofs weit auf eine Art und Weise ausgelegt werden, die den Zielen dieser Verordnung in vollem Umfang entspricht. [4]Dies gilt unbeschadet von Schadenersatzforderungen aufgrund von Verstößen gegen andere

Vorschriften des Unionsrechts oder des Rechts der Mitgliedstaaten. ⁴Zu einer Verarbeitung, die mit der vorliegenden Verordnung nicht im Einklang steht, zählt auch eine Verarbeitung, die nicht mit den nach Maßgabe der vorliegenden Verordnung erlassenen delegierten Rechtsakten und Durchführungsrechtsakten und Rechtsvorschriften der Mitgliedstaaten zur Präzisierung von Bestimmungen der vorliegenden Verordnung im Einklang steht. ⁵Die betroffenen Personen sollten einen vollständigen und wirksamen Schadenersatz für den erlittenen Schaden erhalten. ⁶Sind Verantwortliche oder Auftragsverarbeiter an derselben Verarbeitung beteiligt, so sollte jeder Verantwortliche oder Auftragsverarbeiter für den gesamten Schaden haftbar gemacht werden. ⁷Werden sie jedoch nach Maßgabe des Rechts der Mitgliedstaaten zu demselben Verfahren hinzugezogen, so können sie im Verhältnis zu der Verantwortung anteilmäßig haftbar gemacht werden, die jeder Verantwortliche oder Auftragsverarbeiter für den durch die Verarbeitung entstandenen Schaden zu tragen hat, sofern sichergestellt ist, dass die betroffene Person einen vollständigen und wirksamen Schadenersatz für den erlittenen Schaden erhält. ⁸Jeder Verantwortliche oder Auftragsverarbeiter, der den vollen Schadenersatz geleistet hat, kann anschließend ein Rückgriffsverfahren gegen andere an derselben Verarbeitung beteiligte Verantwortliche oder Auftragsverarbeiter anstrengen.

(147) Soweit in dieser Verordnung spezifische Vorschriften über die Gerichtsbarkeit – insbesondere in Bezug auf Verfahren im Hinblick auf einen gerichtlichen Rechtsbehelf einschließlich Schadenersatz gegen einen Verantwortlichen oder Auftragsverarbeiter – enthalten sind, sollten die allgemeinen Vorschriften über die Gerichtsbarkeit, wie sie etwa in der Verordnung (EU) Nr. 1215/2012 des Europäischen Parlaments und des Rates[XVI] enthalten sind, der Anwendung dieser spezifischen Vorschriften nicht entgegenstehen.

(148) ¹Im Interesse einer konsequenteren Durchsetzung der Vorschriften dieser Verordnung sollten bei Verstößen gegen diese Verordnung zusätzlich zu den geeigneten Maßnahmen, die die Aufsichtsbehörde gemäß dieser Verordnung verhängt, oder an Stelle solcher Maßnahmen Sanktionen einschließlich Geldbußen verhängt werden. ²Im Falle eines geringfügigeren Verstoßes oder falls voraussichtlich zu verhängende Geldbuße eine unverhältnismäßige Belastung für eine natürliche Person bewirken würde, kann anstelle einer Geldbuße eine Verwarnung erteilt werden. ³Folgendem sollte jedoch gebührend Rechnung getragen werden: der Art, Schwere und Dauer des Verstoßes, dem vorsätzlichen Charakter des Verstoßes, den Maßnahmen zur Minderung des entstandenen Schadens, dem Grad der Verantwortlichkeit oder jeglichem früheren Verstoß, der Art und Weise, wie der Verstoß der Aufsichtsbehörde bekannt wurde, der Einhaltung der gegen den Verantwortlichen oder Auftragsverarbeiter angeordneten Maßnahmen, der Einhaltung von Verhaltensregeln und

jedem anderen erschwerenden oder mildernden Umstand. [4]Für die Verhängung von Sanktionen einschließlich Geldbußen sollte es angemessene Verfahrensgarantien geben, die den allgemeinen Grundsätzen des Unionsrechts und der Charta, einschließlich des Rechts auf wirksamen Rechtsschutz und ein faires Verfahren, entsprechen.

(149) [1]Die Mitgliedstaaten sollten die strafrechtlichen Sanktionen für Verstöße gegen diese Verordnung, auch für Verstöße gegen auf der Grundlage und in den Grenzen dieser Verordnung erlassene nationale Vorschriften, festlegen können. [2]Diese strafrechtlichen Sanktionen können auch die Einziehung der durch die Verstöße gegen diese Verordnung erzielten Gewinne ermöglichen. [3]Die Verhängung von strafrechtlichen Sanktionen für Verstöße gegen solche nationalen Vorschriften und von verwaltungsrechtlichen Sanktionen sollte jedoch nicht zu einer Verletzung des Grundsatzes „ne bis in idem", wie er vom Gerichtshof ausgelegt worden ist, führen.

(150) [1]Um die verwaltungsrechtlichen Sanktionen bei Verstößen gegen diese Verordnung zu vereinheitlichen und ihnen mehr Wirkung zu verleihen, sollte jede Aufsichtsbehörde befugt sein, Geldbußen zu verhängen. [2]In dieser Verordnung sollten die Verstöße sowie die Obergrenze der entsprechenden Geldbußen und die Kriterien für ihre Festsetzung genannt werden, wobei diese Geldbußen von der zuständigen Aufsichtsbehörde in jedem Einzelfall unter Berücksichtigung aller besonderen Umstände und insbesondere der Art, Schwere und Dauer des Verstoßes und seiner Folgen sowie der Maßnahmen, die ergriffen worden sind, um die Einhaltung der aus dieser Verordnung erwachsenden Verpflichtungen zu gewährleisten und die Folgen des Verstoßes abzuwenden oder abzumildern, festzusetzen sind. [3]Werden Geldbußen Unternehmen auferlegt, sollte zu diesem Zweck der Begriff „Unternehmen" im Sinne der Artikel 101 und 102 AEUV verstanden werden. [4]Werden Geldbußen Personen auferlegt, bei denen es sich nicht um Unternehmen handelt, so sollte die Aufsichtsbehörde bei der Erwägung des angemessenen Betrags für die Geldbuße dem allgemeinen Einkommensniveau in dem betreffenden Mitgliedstaat und der wirtschaftlichen Lage der Personen Rechnung tragen. [5]Das Kohärenzverfahren kann auch genutzt werden, um eine kohärente Anwendung von Geldbußen zu fördern. [6]Die Mitgliedstaaten sollten bestimmen können, ob und inwieweit gegen Behörden Geldbußen verhängt werden können. [7]Auch wenn die Aufsichtsbehörden bereits Geldbußen verhängt oder eine Verwarnung erteilt haben, können sie ihre anderen Befugnisse ausüben oder andere Sanktionen nach Maßgabe dieser Verordnung verhängen.

(151) [1]Nach den Rechtsordnungen Dänemarks und Estlands sind die in dieser Verordnung vorgesehenen Geldbußen nicht zulässig. [2]Die Vorschriften über die Geldbußen können so angewandt werden, dass die Geldbuße in Dänemark durch die zuständigen nationalen Gerichte als Strafe und in

Estland durch die Aufsichtsbehörde im Rahmen eines Verfahrens bei Vergehen verhängt wird, sofern eine solche Anwendung der Vorschriften in diesen Mitgliedstaaten die gleiche Wirkung wie die von den Aufsichtsbehörden verhängten Geldbußen hat. ³Daher sollten die zuständigen nationalen Gerichte die Empfehlung der Aufsichtsbehörde, die die Geldbuße in die Wege geleitet hat, berücksichtigen. ⁴In jeden Fall sollten die verhängten Geldbußen wirksam, verhältnismäßig und abschreckend sein.

(152) ¹Soweit diese Verordnung verwaltungsrechtliche Sanktionen nicht harmonisiert oder wenn es in anderen Fällen – beispielsweise bei schweren Verstößen gegen diese Verordnung – erforderlich ist, sollten die Mitgliedstaaten eine Regelung anwenden, die wirksame, verhältnismäßige und abschreckende Sanktionen vorsieht. ²Es sollte im Recht der Mitgliedstaaten geregelt werden, ob diese Sanktionen strafrechtlicher oder verwaltungsrechtlicher Art sind.

(153) ¹Im Recht der Mitgliedstaaten sollten die Vorschriften über die freie Meinungsäußerung und Informationsfreiheit, auch von Journalisten, Wissenschaftlern, Künstlern und/oder Schriftstellern, mit dem Recht auf Schutz der personenbezogenen Daten gemäß dieser Verordnung in Einklang gebracht werden. ²Für die Verarbeitung personenbezogener Daten ausschließlich zu journalistischen Zwecken oder zu wissenschaftlichen, künstlerischen oder literarischen Zwecken sollten Abweichungen und Ausnahmen von bestimmten Vorschriften dieser Verordnung gelten, wenn dies erforderlich ist, um das Recht auf Schutz der personenbezogenen Daten mit dem Recht auf Freiheit der Meinungsäußerung und Informationsfreiheit, wie es in Artikel 11 der Charta garantiert ist, in Einklang zu bringen. ³Dies sollte insbesondere für die Verarbeitung personenbezogener Daten im audiovisuellen Bereich sowie in Nachrichten- und Pressearchiven gelten. ⁴Die Mitgliedstaaten sollten daher Gesetzgebungsmaßnahmen zur Regelung der Abweichungen und Ausnahmen erlassen, die zum Zwecke der Abwägung zwischen diesen Grundrechten notwendig sind. ⁴Die Mitgliedstaaten sollten solche Abweichungen und Ausnahmen in Bezug auf die allgemeinen Grundsätze, die Rechte der betroffenen Person, den Verantwortlichen und den Auftragsverarbeiter, die Übermittlung von personenbezogenen Daten an Drittländer oder an internationale Organisationen, die unabhängigen Aufsichtsbehörden, die Zusammenarbeit und Kohärenz und besondere Datenverarbeitungssituationen erlassen. ⁵Sollten diese Abweichungen oder Ausnahmen von Mitgliedstaat zu Mitgliedstaat unterschiedlich sein, sollte das Recht des Mitgliedstaats angewendet werden, dem der Verantwortliche unterliegt. Um der Bedeutung des Rechts auf freie Meinungsäußerung in einer demokratischen Gesellschaft Rechnung zu tragen, müssen Begriffe wie Journalismus, die sich auf diese Freiheit beziehen, weit ausgelegt werden.

(154) ¹Diese Verordnung ermöglicht es, dass bei ihrer Anwendung der Grundsatz des Zugangs der Öffentlichkeit zu amtlichen Dokumenten berücksichtigt wird. ²Der Zugang der Öffentlichkeit zu amtlichen Dokumenten kann als öffentliches Interesse betrachtet werden. ³Personenbezogene Daten in Dokumenten, die sich im Besitz einer Behörde oder einer öffentlichen Stelle befinden, sollten von dieser Behörde oder Stelle öffentlich offengelegt werden können, sofern dies im Unionsrecht oder im Recht der Mitgliedstaaten, denen sie unterliegt, vorgesehen ist. ⁴Diese Rechtsvorschriften sollten den Zugang der Öffentlichkeit zu amtlichen Dokumenten und die Weiterverwendung von Informationen des öffentlichen Sektors mit dem Recht auf Schutz personenbezogener Daten in Einklang bringen und können daher die notwendige Übereinstimmung mit dem Recht auf Schutz personenbezogener Daten gemäß dieser Verordnung regeln. ⁵Die Bezugnahme auf Behörden und öffentliche Stellen sollte in diesem Kontext sämtliche Behörden oder sonstigen Stellen beinhalten, die vom Recht des jeweiligen Mitgliedstaats über den Zugang der Öffentlichkeit zu Dokumenten erfasst werden. ⁶Die Richtlinie 2003/98/EG des Europäischen Parlaments und des Rates[XVII] lässt das Schutzniveau für natürliche Personen in Bezug auf die Verarbeitung personenbezogener Daten gemäß den Bestimmungen des Unionsrechts und des Rechts der Mitgliedstaaten unberührt und beeinträchtigt diesen in keiner Weise, und sie bewirkt insbesondere keine Änderung der in dieser Verordnung dargelegten Rechte und Pflichten. ⁶Insbesondere sollte die genannte Richtlinie nicht für Dokumente gelten, die nach den Zugangsregelungen der Mitgliedstaaten aus Gründen des Schutzes personenbezogener Daten nicht oder nur eingeschränkt zugänglich sind, oder für Teile von Dokumenten, die nach diesen Regelungen zugänglich sind, wenn sie personenbezogene Daten enthalten, bei denen Rechtsvorschriften vorsehen, dass ihre Weiterverwendung nicht mit dem Recht über den Schutz natürlicher Personen in Bezug auf die Verarbeitung personenbezogener Daten vereinbar ist.

(155) Im Recht der Mitgliedstaaten oder in Kollektivvereinbarungen (einschließlich ‚Betriebsvereinbarungen') können spezifische Vorschriften für die Verarbeitung personenbezogener Beschäftigtendaten im Beschäftigungskontext vorgesehen werden, und zwar insbesondere Vorschriften über die Bedingungen, unter denen personenbezogene Daten im Beschäftigungskontext auf der Grundlage der Einwilligung des Beschäftigten verarbeitet werden dürfen, über die Verarbeitung dieser Daten für Zwecke der Einstellung, der Erfüllung des Arbeitsvertrags einschließlich der Erfüllung von durch Rechtsvorschriften oder durch Kollektivvereinbarungen festgelegten Pflichten, des Managements, der Planung und der Organisation der Arbeit, der Gleichheit und Diversität am Arbeitsplatz, der Gesundheit und Sicherheit am Arbeitsplatz sowie für Zwecke der Inanspruchnahme der mit der Beschäftigung zusammenhän-

genden individuellen oder kollektiven Rechte und Leistungen und für Zwecke der Beendigung des Beschäftigungsverhältnisses.

(156) ¹Die Verarbeitung personenbezogener Daten für im öffentlichen Interesse liegende Archivzwecke, zu wissenschaftlichen oder historischen Forschungszwecken oder zu statistischen Zwecken sollte geeigneten Garantien für die Rechte und Freiheiten der betroffenen Person gemäß dieser Verordnung unterliegen. ²Mit diesen Garantien sollte sichergestellt werden, dass technische und organisatorische Maßnahmen bestehen, mit denen insbesondere der Grundsatz der Datenminimierung gewährleistet wird. ³Die Weiterverarbeitung personenbezogener Daten zu im öffentlichen Interesse liegende Archivzwecken, zu wissenschaftlichen oder historischen Forschungszwecken oder zu statistischen Zwecken erfolgt erst dann, wenn der Verantwortliche geprüft hat, ob es möglich ist, diese Zwecke durch die Verarbeitung von personenbezogenen Daten, bei der die Identifizierung von betroffenen Personen nicht oder nicht mehr möglich ist, zu erfüllen, sofern geeignete Garantien bestehen (wie z.B. die Pseudonymisierung von personenbezogenen Daten). ⁴Die Mitgliedstaaten sollten geeignete Garantien in Bezug auf die Verarbeitung personenbezogener Daten für im öffentlichen Interesse liegende Archivzwecke, zu wissenschaftlichen oder historischen Forschungszwecken oder zu statistischen Zwecken vorsehen. ⁵Es sollte den Mitgliedstaaten erlaubt sein, unter bestimmten Bedingungen und vorbehaltlich geeigneter Garantien für die betroffenen Personen Präzisierungen und Ausnahmen in Bezug auf die Informationsanforderungen sowie der Rechte auf Berichtigung, Löschung, Vergessenwerden, zur Einschränkung der Verarbeitung, auf Datenübertragbarkeit sowie auf Widerspruch bei der Verarbeitung personenbezogener Daten zu im öffentlichen Interesse liegende Archivzwecken, zu wissenschaftlichen oder historischen Forschungszwecken oder zu statistischen Zwecken vorzusehen. ⁶Im Rahmen der betreffenden Bedingungen und Garantien können spezifische Verfahren für die Ausübung dieser Rechte durch die betroffenen Personen vorgesehen sein – sofern dies angesichts der mit der spezifischen Verarbeitung verfolgten Zwecke angemessen ist – sowie technische und organisatorische Maßnahmen zur Minimierung der Verarbeitung personenbezogener Daten im Hinblick auf die Grundsätze der Verhältnismäßigkeit und der Notwendigkeit. ⁷Die Verarbeitung personenbezogener Daten zu wissenschaftlichen Zwecken sollte auch anderen einschlägigen Rechtsvorschriften, beispielsweise für klinische Prüfungen, genügen.

(157) ¹Durch die Verknüpfung von Informationen aus Registern können Forscher neue Erkenntnisse von großem Wert in Bezug auf weit verbreiteten Krankheiten wie Herz-Kreislauferkrankungen, Krebs und Depression erhalten. ²Durch die Verwendung von Registern können bessere Forschungsergebnisse erzielt werden, da sie auf einen größeren Bevöl-

kerungsanteil gestützt sind. ³Im Bereich der Sozialwissenschaften ermöglicht die Forschung anhand von Registern es den Forschern, entscheidende Erkenntnisse über den langfristigen Zusammenhang einer Reihe sozialer Umstände zu erlangen, wie Arbeitslosigkeit und Bildung mit anderen Lebensumständen. ⁴Durch Register erhaltene Forschungsergebnisse bieten solide, hochwertige Erkenntnisse, die die Basis für die Erarbeitung und Umsetzung wissensgestützter politischer Maßnahmen darstellen, die Lebensqualität zahlreicher Menschen verbessern und die Effizienz der Sozialdienste verbessern können. ⁵Zur Erleichterung der wissenschaftlichen Forschung können daher personenbezogene Daten zu wissenschaftlichen Forschungszwecken verarbeitet werden, wobei sie angemessenen Bedingungen und Garantien unterliegen, die im Unionsrecht oder im Recht der Mitgliedstaaten festgelegt sind.

(158) ¹Diese Verordnung sollte auch für die Verarbeitung personenbezogener Daten zu Archivzwecken gelten, wobei darauf hinzuweisen ist, dass die Verordnung nicht für verstorbene Personen gelten sollte. ²Behörden oder öffentliche oder private Stellen, die Aufzeichnungen von öffentlichem Interesse führen, sollten gemäß dem Unionsrecht oder dem Recht der Mitgliedstaaten rechtlich verpflichtet sein, Aufzeichnungen von bleibendem Wert für das allgemeine öffentliche Interesse zu erwerben, zu erhalten, zu bewerten, aufzubereiten, zu beschreiben, mitzuteilen, zu fördern, zu verbreiten sowie Zugang dazu bereitzustellen. ²Es sollte den Mitgliedstaaten ferner erlaubt sein vorzusehen, dass personenbezogene Daten zu Archivzwecken weiterverarbeitet werden, beispielsweise im Hinblick auf die Bereitstellung spezifischer Informationen im Zusammenhang mit dem politischen Verhalten unter ehemaligen totalitären Regimen, Völkermord, Verbrechen gegen die Menschlichkeit, insbesondere dem Holocaust, und Kriegsverbrechen.

(159) ¹Diese Verordnung sollte auch für die Verarbeitung personenbezogener Daten zu wissenschaftlichen Forschungszwecken gelten. ²Die Verarbeitung personenbezogener Daten zu wissenschaftlichen Forschungszwecken im Sinne dieser Verordnung sollte weit ausgelegt werden und die Verarbeitung für beispielsweise die technologische Entwicklung und die Demonstration, die Grundlagenforschung, die angewandte Forschung und die privat finanzierte Forschung einschließen. ³Darüber hinaus sollte sie dem in Artikel 179 Absatz 1 AEUV festgeschriebenen Ziel, einen europäischen Raum der Forschung zu schaffen, Rechnung tragen. ⁴Die wissenschaftlichen Forschungszwecke sollten auch Studien umfassen, die im öffentlichen Interesse im Bereich der öffentlichen Gesundheit durchgeführt werden. ⁵Um den Besonderheiten der Verarbeitung personenbezogener Daten zu wissenschaftlichen Forschungszwecken zu genügen, sollten spezifische Bedingungen insbesondere hinsichtlich der Veröffentlichung oder sonstigen Offenlegung personenbezogener Daten im Kontext wissenschaftlicher Zwecke gelten. ⁵Geben die Ergebnisse

Erwägungsgründe DSGVO

wissenschaftlicher Forschung insbesondere im Gesundheitsbereich Anlass zu weiteren Maßnahmen im Interesse der betroffenen Person, sollten die allgemeinen Vorschriften dieser Verordnung für diese Maßnahmen gelten.

(160) [1]Diese Verordnung sollte auch für die Verarbeitung personenbezogener Daten zu historischen Forschungszwecken gelten. [2]Dazu sollte auch historische Forschung und Forschung im Bereich der Genealogie zählen, wobei darauf hinzuweisen ist, dass diese Verordnung nicht für verstorbene Personen gelten sollte.

(161) Für die Zwecke der Einwilligung in die Teilnahme an wissenschaftlichen Forschungstätigkeiten im Rahmen klinischer Prüfungen sollten die einschlägigen Bestimmungen der Verordnung (EU) Nr. 536/2014 des Europäischen Parlaments und des Rates[XVIII] gelten.

(162) [1]Diese Verordnung sollte auch für die Verarbeitung personenbezogener Daten zu statistischen Zwecken gelten. [2]Das Unionsrecht oder das Recht der Mitgliedstaaten sollte in den Grenzen dieser Verordnung den statistischen Inhalt, die Zugangskontrolle, die Spezifikationen für die Verarbeitung personenbezogener Daten zu statistischen Zwecken und geeignete Maßnahmen zur Sicherung der Rechte und Freiheiten der betroffenen Personen und zur Sicherstellung der statistischen Geheimhaltung bestimmen. [3]Unter dem Begriff „statistische Zwecke" ist jeder für die Durchführung statistischer Untersuchungen und die Erstellung statistischer Ergebnisse erforderliche Vorgang der Erhebung und Verarbeitung personenbezogener Daten zu verstehen. [4]Diese statistischen Ergebnisse können für verschiedene Zwecke, so auch für wissenschaftliche Forschungszwecke, weiterverwendet werden. [5]Im Zusammenhang mit den statistischen Zwecken wird vorausgesetzt, dass die Ergebnisse der Verarbeitung zu statistischen Zwecken keine personenbezogenen Daten, sondern aggregierte Daten sind und diese Ergebnisse oder personenbezogenen Daten nicht für Maßnahmen oder Entscheidungen gegenüber einzelnen natürlichen Personen verwendet werden.

(163) [1]Die vertraulichen Informationen, die die statistischen Behörden der Union und der Mitgliedstaaten zur Erstellung der amtlichen europäischen und der amtlichen nationalen Statistiken erheben, sollten geschützt werden. [2]Die europäischen Statistiken sollten im Einklang mit den in Artikel 338 Absatz 2 AEUV dargelegten statistischen Grundsätzen entwickelt, erstellt und verbreitet werden, wobei die nationalen Statistiken auch mit dem Recht der Mitgliedstaaten übereinstimmen müssen. [3]Die Verordnung (EG) Nr. 223/2009 des Europäischen Parlaments und des Rates[XIX] enthält genauere Bestimmungen zur Vertraulichkeit europäischer Statistiken.

(164) [1]Hinsichtlich der Befugnisse der Aufsichtsbehörden, von dem Verantwortlichen oder vom Auftragsverarbeiter Zugang zu personenbezogenen

Daten oder zu seinen Räumlichkeiten zu erlangen, können die Mitgliedstaaten in den Grenzen dieser Verordnung den Schutz des Berufsgeheimnisses oder anderer gleichwertiger Geheimhaltungspflichten durch Rechtsvorschriften regeln, soweit dies notwendig ist, um das Recht auf Schutz der personenbezogenen Daten mit einer Pflicht zur Wahrung des Berufsgeheimnisses in Einklang zu bringen. ²Dies berührt nicht die bestehenden Verpflichtungen der Mitgliedstaaten zum Erlass von Vorschriften über das Berufsgeheimnis, wenn dies aufgrund des Unionsrechts erforderlich ist.

(165) Im Einklang mit Artikel 17 AEUV achtet diese Verordnung den Status, den Kirchen und religiöse Vereinigungen oder Gemeinschaften in den Mitgliedstaaten nach deren bestehenden verfassungsrechtlichen Vorschriften genießen, und beeinträchtigt ihn nicht.

(166) ¹Um die Zielvorgaben dieser Verordnung zu erfüllen, d.h. die Grundrechte und Grundfreiheiten natürlicher Personen und insbesondere ihr Recht auf Schutz ihrer personenbezogenen Daten zu schützen und den freien Verkehr personenbezogener Daten innerhalb der Union zu gewährleisten, sollte der Kommission die Befugnis übertragen werden, gemäß Artikel 290 AEUV Rechtsakte zu erlassen. ²Delegierte Rechtsakte sollten insbesondere in Bezug auf die für Zertifizierungsverfahren geltenden Kriterien und Anforderungen, die durch standardisierte Bildsymbole darzustellenden Informationen und die Verfahren für die Bereitstellung dieser Bildsymbole erlassen werden. ³Es ist von besonderer Bedeutung, dass die Kommission im Zuge ihrer Vorbereitungsarbeit angemessene Konsultationen, auch auf der Ebene von Sachverständigen, durchführt. ⁴Bei der Vorbereitung und Ausarbeitung delegierter Rechtsakte sollte die Kommission gewährleisten, dass die einschlägigen Dokumente dem Europäischen Parlament und dem Rat gleichzeitig, rechtzeitig und auf angemessene Weise übermittelt werden.

(167) ¹Zur Gewährleistung einheitlicher Bedingungen für die Durchführung dieser Verordnung sollten der Kommission Durchführungsbefugnisse übertragen werden, wenn dies in dieser Verordnung vorgesehen ist. ²Diese Befugnisse sollten nach Maßgabe der Verordnung (EU) Nr. 182/2011 des Europäischen Parlaments und des Rates ausgeübt werden. ³In diesem Zusammenhang sollte die Kommission besondere Maßnahmen für Kleinstunternehmen sowie kleine und mittlere Unternehmen erwägen.

(168) Für den Erlass von Durchführungsrechtsakten bezüglich Standardvertragsklauseln für Verträge zwischen Verantwortlichen und Auftragsverarbeitern sowie zwischen Auftragsverarbeitern; Verhaltensregeln; technische Standards und Verfahren für die Zertifizierung; Anforderungen an die Angemessenheit des Datenschutzniveaus in einem Drittland, einem Gebiet oder bestimmten Sektor dieses Drittlands oder in einer in-

Erwägungsgründe DSGVO

ternationalen Organisation; Standardschutzklauseln; Formate und Verfahren für den Informationsaustausch zwischen Verantwortlichen, Auftragsverarbeitern und Aufsichtsbehörden im Hinblick auf verbindliche interne Datenschutzvorschriften; Amtshilfe; sowie Vorkehrungen für den elektronischen Informationsaustausch zwischen Aufsichtsbehörden und zwischen Aufsichtsbehörden und dem Ausschuss sollte das Prüfverfahren angewandt werden.

(169) Die Kommission sollte sofort geltende Durchführungsrechtsakte erlassen, wenn anhand vorliegender Beweise festgestellt wird, dass ein Drittland, ein Gebiet oder ein bestimmter Sektor in diesem Drittland oder eine internationale Organisation kein angemessenes Schutzniveau gewährleistet, und dies aus Gründen äußerster Dringlichkeit erforderlich ist.

(170) [1]Da das Ziel dieser Verordnung, nämlich die Gewährleistung eines gleichwertigen Datenschutzniveaus für natürliche Personen und des freien Verkehrs personenbezogener Daten in der Union, von den Mitgliedstaaten nicht ausreichend verwirklicht werden kann, sondern vielmehr wegen des Umfangs oder der Wirkungen der Maßnahme auf Unionsebene besser zu verwirklichen ist, kann die Union im Einklang mit dem in Artikel 5 des Vertrags über die Europäische Union (EUV) verankerten Subsidiaritätsprinzip tätig werden. [2]Entsprechend dem in demselben Artikel genannten Grundsatz der Verhältnismäßigkeit geht diese Verordnung nicht über das für die Verwirklichung dieses Ziels erforderliche Maß hinaus.

(171) [1]Die Richtlinie 95/46/EG sollte durch diese Verordnung aufgehoben werden. [2]Verarbeitungen, die zum Zeitpunkt der Anwendung dieser Verordnung bereits begonnen haben, sollten innerhalb von zwei Jahren nach dem Inkrafttreten dieser Verordnung mit ihr in Einklang gebracht werden. [3]Beruhen die Verarbeitungen auf einer Einwilligung gemäß der Richtlinie 95/46/EG, so ist es nicht erforderlich, dass die betroffene Person erneut ihre Einwilligung dazu erteilt, wenn die Art der bereits erteilten Einwilligung den Bedingungen dieser Verordnung entspricht, so dass der Verantwortliche die Verarbeitung nach dem Zeitpunkt der Anwendung der vorliegenden Verordnung fortsetzen kann. [4]Auf der Richtlinie 95/46/EG beruhende Entscheidungen bzw. Beschlüsse der Kommission und Genehmigungen der Aufsichtsbehörden bleiben in Kraft, bis sie geändert, ersetzt oder aufgehoben werden.

(172) Der Europäische Datenschutzbeauftragte wurde gemäß Artikel 28 Absatz 2 der Verordnung (EG) Nr. 45/2001 konsultiert und hat am 7. März 2012$^{(XX)}$ eine Stellungnahme abgegeben.

(173) [1]Diese Verordnung sollte auf alle Fragen des Schutzes der Grundrechte und Grundfreiheiten bei der Verarbeitung personenbezogener Daten Anwendung finden, die nicht den in der Richtlinie 2002/58/EG des Euro-

päischen Parlaments und des Rates[XXI] bestimmte Pflichten, die dasselbe Ziel verfolgen, unterliegen, einschließlich der Pflichten des Verantwortlichen und der Rechte natürlicher Personen. ²Um das Verhältnis zwischen der vorliegenden Verordnung und der Richtlinie 2002/58/EG klarzustellen, sollte die Richtlinie entsprechend geändert werden. ³Sobald diese Verordnung angenommen ist, sollte die Richtlinie 2002/58/EG einer Überprüfung unterzogen werden, um insbesondere die Kohärenz mit dieser Verordnung zu gewährleisten.

HABEN FOLGENDE VERORDNUNG ERLASSEN:*

(I) Richtlinie (EU) 2015/1535 des Europäischen Parlaments und des Rates vom 9. September 2015 über ein Informationsverfahren auf dem Gebiet der technischen Vorschriften und der Vorschriften für die Dienste der Informationsgesellschaft (ABl. L 241 vom 17.9.2015, S. 1).

(II) Verordnung (EG) Nr. 765/2008 des Europäischen Parlaments und des Rates vom 9. Juli 2008 über die Vorschriften für die Akkreditierung und Marktüberwachung im Zusammenhang mit der Vermarktung von Produkten und zur Aufhebung der Verordnung (EWG) Nr. 339/93 des Rates (ABl. L 218 vom 13.8.2008, S. 30).

(III) Verordnung (EG) Nr. 1049/2001 des Europäischen Parlaments und des Rates vom 30. Mai 2001 über den Zugang der Öffentlichkeit zu Dokumenten des Europäischen Parlaments, des Rates und der Kommission (ABl. L 145 vom 31.5.2001, S. 43).

(IV) ABl. C 229 vom 31.7.2012, S. 90.

(V) ABl. C 391 vom 18.12.2012, S. 127.

(VI) Standpunkt des Europäischen Parlaments vom 12. März 2014 (noch nicht im Amtsblatt veröffentlicht) und Standpunkt des Rates in erster Lesung vom 8. April 2016 (noch nicht im Amtsblatt veröffentlicht). Standpunkt des Europäischen Parlaments vom 14. April 2016.

(VII) Richtlinie 95/46/EG des Europäischen Parlaments und des Rates vom 24. Oktober 1995 zum Schutz natürlicher Personen bei der Verarbeitung personenbezogener Daten und zum freien Datenverkehr (ABl. L 281 vom 23.11.1995, S. 31).

(VIII) Empfehlung der Kommission vom 6. Mai 2003 betreffend die Definition der Kleinstunternehmen sowie der kleinen und mittleren Unternehmen (C (2003) 1422) (ABl. L 124 vom 20.5.2003, S. 36).

(IX) Verordnung (EG) Nr. 45/2001 des Europäischen Parlaments und des Rates vom 18. Dezember 2000 zum Schutz natürlicher Personen bei der Verarbeitung personenbezogener Daten durch die Organe und Einrichtungen der Gemeinschaft und zum freien Datenverkehr (ABl. L 8 vom 12.1.2001, S. 1).

(X) Richtlinie (EU) 2016/680 des Europäischen Parlaments und des Rates vom 27. April 2016 zum Schutz natürlicher Personen bei der Verarbeitung personenbezogener Daten durch die zuständigen Behörden zum Zwecke der Verhütung, Aufdeckung, Untersuchung oder Verfolgung von Straftaten oder der Strafvollstreckung sowie zum freien Datenverkehr und zur Aufhebung des Rahmenbeschlusses 2000/383/JI des Rates (siehe Seite 89 dieses Amtsblatts).

(XI) Richtlinie 2000/31/EG des Europäischen Parlaments und des Rates vom 8. Juni 2000 über bestimmte rechtliche Aspekte der Dienste der Informationsgesell-

---

* Aus redaktionellen Gründen wurde der Text der DS-GVO vorgezogen.

schaft, insbesondere des elektronischen Geschäftsverkehrs, im Binnenmarkt („Richtlinie über den elektronischen Geschäftsverkehr") (ABl. L 178 vom 17.7.2000, S. 1).
(XII) Richtlinie 2011/24/EU des Europäischen Parlaments und des Rates vom 9. März 2011 über die Ausübung der Patientenrechte in der grenzüberschreitenden Gesundheitsversorgung (ABl. L 88 vom 4.4.2011, S. 45).
(XIII) Richtlinie 93/13/EWG des Rates vom 5. April 1993 über missbräuchliche Klauseln in Verbraucherverträgen (ABl. L 95 vom 21.4.1993, S. 29).
(XIV) Verordnung (EG) Nr. 1338/2008 des Europäischen Parlaments und des Rates vom 16. Dezember 2008 zu Gemeinschaftsstatistiken über öffentliche Gesundheit und über Gesundheitsschutz und Sicherheit am Arbeitsplatz (ABl. L 354 vom 31.12.2008, S. 70).
(XV) Verordnung (EU) Nr. 182/2011 des Europäischen Parlaments und des Rates vom 16. Februar 2011 zur Festlegung der allgemeinen Regeln und Grundsätze, nach denen die Mitgliedstaaten die Wahrnehmung der Durchführungsbefugnisse durch die Kommission kontrollieren (ABl. L 55 vom 28.2.2011, S. 13).
(XVI) Verordnung (EU) Nr. 1215/2012 des Europäischen Parlaments und des Rates vom 12. Dezember 2012 über die gerichtliche Zuständigkeit und die Anerkennung und Vollstreckung von Entscheidungen in Zivil- und Handelssachen (ABl. L 351 vom 20.12.2012, S. 1).
(XVII) Richtlinie 2003/98/EG des Europäischen Parlaments und des Rates vom 17. November 2003 über die Weiterverwendung von Informationen des öffentlichen Sektors (ABl. L 345 vom 31.12.2003, S. 90).
(XVIII) Verordnung (EU) Nr. 536/2014 des Europäischen Parlaments und des Rates vom 16. April 2014 über klinische Prüfungen mit Humanarzneimitteln und zur Aufhebung der Richtlinie 2001/20/EG Text von Bedeutung für den EWR (ABl. L 158 vom 27.5.2014, S. 1).
(XIX) Verordnung (EG) Nr. 223/2009 des Europäischen Parlaments und des Rates vom 11. März 2009 über europäische Statistiken und zur Aufhebung der Verordnung (EG, Euratom) Nr. 1101/2008 des Europäischen Parlaments und des Rates über die Übermittlung von unter die Geheimhaltungspflicht fallenden Informationen an das Statistische Amt der Europäischen Gemeinschaften, der Verordnung (EG) Nr. 322/97 des Rates über die Gemeinschaftsstatistiken und des Beschlusses 89/382/EWG, Euratom des Rates zur Einsetzung eines Ausschusses für das Statistische Programm der Europäischen Gemeinschaften (ABl. L 87 vom 31.3.2009, S. 164).
(XX) ABl. C 192 vom 30.6.2012, S. 7.
(XXI) Richtlinie 2002/58/EG des Europäischen Parlaments und des Rates vom 12. Juli 2002 über die Verarbeitung personenbezogener Daten und den Schutz der Privatsphäre in der elektronischen Kommunikation (Datenschutzrichtlinie für elektronische Kommunikation) (ABl. L 201 vom 31.7.2002, S. 37).

Bundesdatenschutzgesetz (BDSG)

vom 30. Juni 2017 (BGBl. I S. 2097),
das zuletzt durch Artikel 7 des Gesetzes vom 23. Juni 2021
(BGBl. I S. 1626) geändert worden ist

INHALTSÜBERSICHT

Teil 1
Gemeinsame Bestimmungen

Kapitel 1
Anwendungsbereich und Begriffsbestimmungen

- § 1 Anwendungsbereich des Gesetzes
- § 2 Begriffsbestimmungen

Kapitel 2
Rechtsgrundlagen der Verarbeitung personenbezogener Daten

- § 3 Verarbeitung personenbezogener Daten durch öffentliche Stellen
- § 4 Videoüberwachung öffentlich zugänglicher Räume

Kapitel 3
Datenschutzbeauftragte öffentlicher Stellen

- § 5 Benennung
- § 6 Stellung
- § 7 Aufgaben

Kapitel 4
Die oder der Bundesbeauftragte für den Datenschutz und die Informationsfreiheit

- § 8 Errichtung
- § 9 Zuständigkeit
- § 10 Unabhängigkeit
- § 11 Ernennung und Amtszeit
- § 12 Amtsverhältnis
- § 13 Rechte und Pflichten
- § 14 Aufgaben
- § 15 Tätigkeitsbericht
- § 16 Befugnisse

Kapitel 5
Vertretung im Europäischen Datenschutzausschuss, zentrale Anlaufstelle, Zusammenarbeit der Aufsichtsbehörden des Bundes und der Länder in Angelegenheiten der Europäischen Union

- § 17 Vertretung im Europäischen Datenschutzausschuss, zentrale Anlaufstelle
- § 18 Verfahren der Zusammenarbeit der Aufsichtsbehörden des Bundes und der Länder
- § 19 Zuständigkeiten

Kapitel 6
Rechtsbehelfe

- § 20 Gerichtlicher Rechtsschutz
- § 21 Antrag der Aufsichtsbehörde auf gerichtliche Entscheidung bei angenommener Rechtswidrigkeit eines Beschlusses der Europäischen Kommission

Teil 2
Durchführungsbestimmungen für Verarbeitungen zu Zwecken gemäß Art. 2 der Verordnung (EU) 2016/679

Kapitel 1
Rechtsgrundlagen der Verarbeitung personenbezogener Daten

Abschnitt 1
Verarbeitung besonderer Kategorien personenbezogener Daten und Verarbeitung zu anderen Zwecken

- § 22 Verarbeitung besonderer Kategorien personenbezogener Daten

7b BDSG — Bundesdatenschutzgesetz

- § 23 Verarbeitung zu anderen Zwecken durch öffentliche Stellen
- § 24 Verarbeitung zu anderen Zwecken durch nichtöffentliche Stellen
- § 25 Datenübermittlungen durch öffentliche Stellen

Abschnitt 2
Besondere Verarbeitungssituationen

- § 26 Datenverarbeitung für Zwecke des Beschäftigungsverhältnisses
- § 27 Datenverarbeitung zu wissenschaftlichen oder historischen Forschungszwecken und zu statistischen Zwecken
- § 28 Datenverarbeitung zu im öffentlichen Interesse liegenden Archivzwecken
- § 29 Rechte der betroffenen Person und aufsichtsbehördliche Befugnisse im Fall von Geheimhaltungspflichten
- § 30 Verbraucherkredite
- § 31 Schutz des Wirtschaftsverkehrs bei Scoring und Bonitätsauskünften

Kapitel 2
Rechte der betroffenen Person

- § 32 Informationspflicht bei Erhebung von personenbezogenen Daten bei der betroffenen Person
- § 33 Informationspflicht, wenn die personenbezogenen Daten nicht bei der betroffenen Person erhoben wurden
- § 34 Auskunftsrecht der betroffenen Person
- § 35 Recht auf Löschung
- § 36 Widerspruchsrecht
- § 37 Automatisierte Entscheidungen im Einzelfall einschließlich Profiling

Kapitel 3
Pflichten der Verantwortlichen und Auftragsverarbeiter

- § 38 Datenschutzbeauftragte nichtöffentlicher Stellen
- § 39 Akkreditierung

Kapitel 4
Aufsichtsbehörde für die Datenverarbeitung durch nichtöffentliche Stellen

- § 40 Aufsichtsbehörden der Länder

Kapitel 5
Sanktionen

- § 41 Anwendung der Vorschriften über das Bußgeld- und Strafverfahren
- § 42 Strafvorschriften
- § 43 Bußgeldvorschriften

Kapitel 6
Rechtsbehelfe

- § 44 Klagen gegen den Verantwortlichen oder Auftragsverarbeiter

Teil 3
Bestimmungen für Verarbeitungen zu Zwecken gemäß Art. 1 Absatz 1 der Richtlinie (EU) 2016/680

Kapitel 1
Anwendungsbereich, Begriffsbestimmungen und allgemeine Grundsätze für die Verarbeitung personenbezogener Daten

- § 45 Anwendungsbereich
- § 46 Begriffsbestimmungen
- § 47 Allgemeine Grundsätze für die Verarbeitung personenbezogener Daten

Kapitel 2
Rechtsgrundlagen der Verarbeitung personenbezogener Daten

- § 48 Verarbeitung besonderer Kategorien personenbezogener Daten
- § 49 Verarbeitung zu anderen Zwecken
- § 50 Verarbeitung zu archivarischen, wissenschaftlichen und statistischen Zwecken
- § 51 Einwilligung
- § 52 Verarbeitung auf Weisung des Verantwortlichen
- § 53 Datengeheimnis
- § 54 Automatisierte Einzelentscheidung

Kapitel 3
Rechte der betroffenen Person

- § 55 Allgemeine Informationen zu Datenverarbeitungen
- § 56 Benachrichtigung betroffener Personen
- § 57 Auskunftsrecht

Bundesdatenschutzgesetz **BDSG 7b**

§ 58 Rechte auf Berichtigung und Löschung sowie Einschränkung der Verarbeitung
§ 59 Verfahren für die Ausübung der Rechte der betroffenen Person
§ 60 Anrufung der oder des Bundesbeauftragten
§ 61 Rechtsschutz gegen Entscheidungen der oder des Bundesbeauftragten oder bei deren oder dessen Untätigkeit

Kapitel 4

Pflichten der Verantwortlichen und Auftragsverarbeiter

§ 62 Auftragsverarbeitung
§ 63 Gemeinsam Verantwortliche
§ 64 Anforderungen an die Sicherheit der Datenverarbeitung
§ 65 Meldung von Verletzungen des Schutzes personenbezogener Daten an die oder den Bundesbeauftragten
§ 66 Benachrichtigung betroffener Personen bei Verletzungen des Schutzes personenbezogener Daten
§ 67 Durchführung einer Datenschutz-Folgenabschätzung
§ 68 Zusammenarbeit mit der oder dem Bundesbeauftragten
§ 69 Anhörung der oder des Bundesbeauftragten
§ 70 Verzeichnis von Verarbeitungstätigkeiten
§ 71 Datenschutz durch Technikgestaltung und datenschutzfreundliche Voreinstellungen
§ 72 Unterscheidung zwischen verschiedenen Kategorien betroffener Personen
§ 73 Unterscheidung zwischen Tatsachen und persönlichen Einschätzungen
§ 74 Verfahren bei Übermittlungen
§ 75 Berichtigung und Löschung personenbezogener Daten sowie Einschränkung der Verarbeitung
§ 76 Protokollierung
§ 77 Vertrauliche Meldung von Verstößen

Kapitel 5

Datenübermittlungen an Drittstaaten und an internationale Organisationen

§ 78 Allgemeine Voraussetzungen
§ 79 Datenübermittlung bei geeigneten Garantien
§ 80 Datenübermittlung ohne geeignete Garantien
§ 81 Sonstige Datenübermittlung an Empfänger in Drittstaaten

Kapitel 6

Zusammenarbeit der Aufsichtsbehörden

§ 82 Gegenseitige Amtshilfe

Kapitel 7

Haftung und Sanktionen

§ 83 Schadensersatz und Entschädigung
§ 84 Strafvorschriften

Teil 4

Besondere Bestimmungen für Verarbeitungen im Rahmen von nicht in die Anwendungsbereiche der Verordnung (EU) 2016/679 und der Richtlinie (EU) 2016/680 fallenden Tätigkeiten

§ 85 Verarbeitung personenbezogener Daten im Rahmen von nicht in die Anwendungsbereiche der Verordnung (EU) 2016/679 und der Richtlinie (EU) 2016/680 fallenden Tätigkeiten
§ 86 Verarbeitung personenbezogener Daten für Zwecke staatlicher Auszeichnungen und Ehrungen

7b BDSG

Bundesdatenschutzgesetz

Teil 1

Gemeinsame Bestimmungen

Kapitel 1

Anwendungsbereich und Begriffsbestimmungen

§ 1 Anwendungsbereich des Gesetzes. (1) [1]Dieses Gesetz gilt für die Verarbeitung personenbezogener Daten durch
1. öffentliche Stellen des Bundes,
2. öffentliche Stellen der Länder, soweit der Datenschutz nicht durch Landesgesetz geregelt ist und soweit sie
a) Bundesrecht ausführen oder
b) als Organe der Rechtspflege tätig werden und es sich nicht um Verwaltungsangelegenheiten handelt.

[2]Für nichtöffentliche Stellen gilt dieses Gesetz für die ganz oder teilweise automatisierte Verarbeitung personenbezogener Daten sowie die nicht automatisierte Verarbeitung personenbezogener Daten, die in einem Dateisystem gespeichert sind oder gespeichert werden sollen, es sei denn, die Verarbeitung durch natürliche Personen erfolgt zur Ausübung ausschließlich persönlicher oder familiärer Tätigkeiten.

(2) [1]Andere Rechtsvorschriften des Bundes über den Datenschutz gehen den Vorschriften dieses Gesetzes vor. [2]Regeln sie einen Sachverhalt, für den dieses Gesetz gilt, nicht oder nicht abschließend, finden die Vorschriften dieses Gesetzes Anwendung. [3]Die Verpflichtung zur Wahrung gesetzlicher Geheimhaltungspflichten oder von Berufs- oder besonderen Amtsgeheimnissen, die nicht auf gesetzlichen Vorschriften beruhen, bleibt unberührt.

(3) Die Vorschriften dieses Gesetzes gehen denen des Verwaltungsverfahrensgesetzes vor, soweit bei der Ermittlung des Sachverhalts personenbezogene Daten verarbeitet werden.

(4) [1]Dieses Gesetz findet Anwendung auf öffentliche Stellen. [2]Auf nichtöffentliche Stellen findet es Anwendung, sofern
1. der Verantwortliche oder Auftragsverarbeiter personenbezogene Daten im Inland verarbeitet,
2. die Verarbeitung personenbezogener Daten im Rahmen der Tätigkeiten einer inländischen Niederlassung des Verantwortlichen oder Auftragsverarbeiters erfolgt oder
3. der Verantwortliche oder Auftragsverarbeiter zwar keine Niederlassung in einem Mitgliedstaat der Europäischen Union oder in einem anderen Vertragsstaat des Abkommens über den Europäischen Wirtschaftsraum hat, er aber in den Anwendungsbereich der Verordnung (EU) 2016/679 des Europäischen Parlaments und des Rates vom 27. April 2016 zum Schutz natürlicher Personen bei der Verarbeitung personenbezogener Daten, zum freien Datenverkehr und zur Aufhebung der Richtlinie 95/46/EG (Datenschutz-

Grundverordnung) ABl. L 119 vom 4.5.2016, S. 1; L 314 vom 22.11.2016, S. 72; L 127 vom 23.5.2018, S. 2) in der jeweils geltenden Fassung) fällt. ³Sofern dieses Gesetz nicht gemäß Satz 2 Anwendung findet, gelten für den Verantwortlichen oder Auftragsverarbeiter nur die §§ 8 bis 21, 39 bis 44.

(5) Die Vorschriften dieses Gesetzes finden keine Anwendung, soweit das Recht der Europäischen Union, im Besonderen die Verordnung (EU) 2016/679 in der jeweils geltenden Fassung, unmittelbar gilt.

(6) ¹Bei Verarbeitungen zu Zwecken gemäß Artikel 2 der Verordnung (EU) 2016/679 stehen die Vertragsstaaten des Abkommens über den Europäischen Wirtschaftsraum den Mitgliedstaaten der Europäischen Union gleich. ²Andere Staaten gelten insoweit als Drittstaaten.

(7) ¹Bei Verarbeitungen zu Zwecken gemäß Artikel 1 Absatz 1 der Richtlinie (EU) 2016/680 des Europäischen Parlaments und des Rates vom 27. April 2016 zum Schutz natürlicher Personen bei der Verarbeitung personenbezogener Daten durch die zuständigen Behörden zum Zwecke der Verhütung, Ermittlung, Aufdeckung oder Verfolgung von Straftaten oder der Strafvollstreckung sowie zum freien Datenverkehr und zur Aufhebung des Rahmenbeschlusses 2008/977/JI des Rates (ABl. L 119 vom 4.5.2016, S. 89) stehen die bei der Umsetzung, Anwendung und Entwicklung des Schengen-Besitzstands assoziierten Staaten den Mitgliedstaaten der Europäischen Union gleich. ²Andere Staaten gelten insoweit als Drittstaaten.

(8) Für Verarbeitungen personenbezogener Daten durch öffentliche Stellen im Rahmen von nicht in die Anwendungsbereiche der Verordnung (EU) 2016/679 und der Richtlinie (EU) 2016/680 fallenden Tätigkeiten finden die Verordnung (EU) 2016/679 und die Teile 1 und 2 dieses Gesetzes entsprechend Anwendung, soweit nicht in diesem Gesetz oder einem anderen Gesetz Abweichendes geregelt ist.

§ 2 Begriffsbestimmungen. (1) Öffentliche Stellen des Bundes sind die Behörden, die Organe der Rechtspflege und andere öffentlich-rechtlich organisierte Einrichtungen des Bundes, der bundesunmittelbaren Körperschaften, der Anstalten und Stiftungen des öffentlichen Rechts sowie deren Vereinigungen ungeachtet ihrer Rechtsform.

(2) Öffentliche Stellen der Länder sind die Behörden, die Organe der Rechtspflege und andere öffentlich-rechtlich organisierte Einrichtungen eines Landes, einer Gemeinde, eines Gemeindeverbandes oder sonstiger der Aufsicht des Landes unterstehender juristischer Personen des öffentlichen Rechts sowie deren Vereinigungen ungeachtet ihrer Rechtsform.

(3) ¹Vereinigungen des privaten Rechts von öffentlichen Stellen des Bundes und der Länder, die Aufgaben der öffentlichen Verwaltung wahrnehmen, gelten ungeachtet der Beteiligung nichtöffentlicher Stellen als öffentliche Stellen des Bundes, wenn

1. sie über den Bereich eines Landes hinaus tätig werden oder

7b BDSG

2. dem Bund die absolute Mehrheit der Anteile gehört oder die absolute Mehrheit der Stimmen zusteht.
²Andernfalls gelten sie als öffentliche Stellen der Länder.

(4) ¹Nichtöffentliche Stellen sind natürliche und juristische Personen, Gesellschaften und andere Personenvereinigungen des privaten Rechts, soweit sie nicht unter die Absätze 1 bis 3 fallen. ²Nimmt eine nichtöffentliche Stelle hoheitliche Aufgaben der öffentlichen Verwaltung wahr, ist sie insoweit öffentliche Stelle im Sinne dieses Gesetzes.

(5) ¹Öffentliche Stellen des Bundes gelten als nichtöffentliche Stellen im Sinne dieses Gesetzes, soweit sie als öffentlich-rechtliche Unternehmen am Wettbewerb teilnehmen. ²Als nichtöffentliche Stellen im Sinne dieses Gesetzes gelten auch öffentliche Stellen der Länder, soweit sie als öffentlich-rechtliche Unternehmen am Wettbewerb teilnehmen, Bundesrecht ausführen und der Datenschutz nicht durch Landesgesetz geregelt ist.

Kapitel 2

Rechtsgrundlagen der Verarbeitung personenbezogener Daten

§ 3 Verarbeitung personenbezogener Daten durch öffentliche Stellen.
Die Verarbeitung personenbezogener Daten durch eine öffentliche Stelle ist zulässig, wenn sie zur Erfüllung der in der Zuständigkeit des Verantwortlichen liegenden Aufgabe oder in Ausübung öffentlicher Gewalt, die dem Verantwortlichen übertragen wurde, erforderlich ist.

§ 4 Videoüberwachung öffentlich zugänglicher Räume.
(1) ¹Die Beobachtung öffentlich zugänglicher Räume mit optisch-elektronischen Einrichtungen (Videoüberwachung) ist nur zulässig, soweit sie
1. zur Aufgabenerfüllung öffentlicher Stellen,
2. zur Wahrnehmung des Hausrechts oder
3. zur Wahrnehmung berechtigter Interessen für konkret festgelegte Zwecke erforderlich ist und keine Anhaltspunkte bestehen, dass schutzwürdige Interessen der betroffenen Personen überwiegen.

²Bei der Videoüberwachung von
1. öffentlich zugänglichen großflächigen Anlagen, wie insbesondere Sport-, Versammlungs- und Vergnügungsstätten, Einkaufszentren oder Parkplätzen, oder
2. Fahrzeugen und öffentlich zugänglichen großflächigen Einrichtungen des öffentlichen Schienen-, Schiffs- und Busverkehrs
   gilt der Schutz von Leben, Gesundheit oder Freiheit von dort aufhältigen Personen als ein besonders wichtiges Interesse.

(2) Der Umstand der Beobachtung und der Name und die Kontaktdaten des Verantwortlichen sind durch geeignete Maßnahmen zum frühestmöglichen Zeitpunkt erkennbar zu machen.

Bundesdatenschutzgesetz **BDSG 7b**

(3) ¹Die Speicherung oder Verwendung von nach Absatz 1 erhobenen Daten ist zulässig, wenn sie zum Erreichen des verfolgten Zwecks erforderlich ist und keine Anhaltspunkte bestehen, dass schutzwürdige Interessen der betroffenen Personen überwiegen. ²Absatz 1 Satz 2 gilt entsprechend. ³Für einen anderen Zweck dürfen sie nur weiterverarbeitet werden, soweit dies zur Abwehr von Gefahren für die staatliche und öffentliche Sicherheit sowie zur Verfolgung von Straftaten erforderlich ist.

(4) ¹Werden durch Videoüberwachung erhobene Daten einer bestimmten Person zugeordnet, so besteht die Pflicht zur Information der betroffenen Person über die Verarbeitung gemäß den Artikeln 13 und 14 der Verordnung (EU) 2016/679. ²§ 32 gilt entsprechend.

(5) Die Daten sind unverzüglich zu löschen, wenn sie zur Erreichung des Zwecks nicht mehr erforderlich sind oder schutzwürdige Interessen der betroffenen Personen einer weiteren Speicherung entgegenstehen.

Kapitel 3

Datenschutzbeauftragte öffentlicher Stellen

§ 5 Benennung. (1) ¹Öffentliche Stellen benennen eine Datenschutzbeauftragte oder einen Datenschutzbeauftragten. ²Dies gilt auch für öffentliche Stellen nach § 2 Absatz 5, die am Wettbewerb teilnehmen.

(2) Für mehrere öffentliche Stellen kann unter Berücksichtigung ihrer Organisationsstruktur und ihrer Größe eine gemeinsame Datenschutzbeauftragte oder ein gemeinsamer Datenschutzbeauftragter benannt werden.

(3) Die oder der Datenschutzbeauftragte wird auf der Grundlage ihrer oder seiner beruflichen Qualifikation und insbesondere ihres oder seines Fachwissens benannt, das sie oder er auf dem Gebiet des Datenschutzrechts und der Datenschutzpraxis besitzt, sowie auf der Grundlage ihrer oder seiner Fähigkeit zur Erfüllung der in § 7 genannten Aufgaben.

(4) Die oder der Datenschutzbeauftragte kann Beschäftigte oder Beschäftigter der öffentlichen Stelle sein oder ihre oder seine Aufgaben auf der Grundlage eines Dienstleistungsvertrags erfüllen.

(5) Die öffentliche Stelle veröffentlicht die Kontaktdaten der oder des Datenschutzbeauftragten und teilt diese Daten der oder dem Bundesbeauftragten für den Datenschutz und die Informationsfreiheit mit.

§ 6 Stellung. (1) Die öffentliche Stelle stellt sicher, dass die oder der Datenschutzbeauftragte ordnungsgemäß und frühzeitig in alle mit dem Schutz personenbezogener Daten zusammenhängenden Fragen eingebunden wird.

(2) Die öffentliche Stelle unterstützt die Datenschutzbeauftragte oder den Datenschutzbeauftragten bei der Erfüllung ihrer oder seiner Aufgaben gemäß § 7, indem sie die für die Erfüllung dieser Aufgaben erforderlichen Ressourcen

und den Zugang zu personenbezogenen Daten und Verarbeitungsvorgängen sowie die zur Erhaltung ihres oder seines Fachwissens erforderlichen Ressourcen zur Verfügung stellt.

(3) ¹Die öffentliche Stelle stellt sicher, dass die oder der Datenschutzbeauftragte bei der Erfüllung ihrer oder seiner Aufgaben keine Anweisungen bezüglich der Ausübung dieser Aufgaben erhält. ²Die oder der Datenschutzbeauftragte berichtet unmittelbar der höchsten Leitungsebene der öffentlichen Stelle. ³Die oder der Datenschutzbeauftragte darf von der öffentlichen Stelle wegen der Erfüllung ihrer oder seiner Aufgaben nicht abberufen oder benachteiligt werden.

(4) ¹Die Abberufung der oder des Datenschutzbeauftragten ist nur in entsprechender Anwendung des § 626 des Bürgerlichen Gesetzbuchs zulässig. ²Die Kündigung des Arbeitsverhältnisses ist unzulässig, es sei denn, dass Tatsachen vorliegen, welche die öffentliche Stelle zur Kündigung aus wichtigem Grund ohne Einhaltung einer Kündigungsfrist berechtigen. ³Nach dem Ende der Tätigkeit als Datenschutzbeauftragte oder als Datenschutzbeauftragter ist die Kündigung des Arbeitsverhältnisses innerhalb eines Jahres unzulässig, es sei denn, dass die öffentliche Stelle zur Kündigung aus wichtigem Grund ohne Einhaltung einer Kündigungsfrist berechtigt ist.

(5) ¹Betroffene Personen können die Datenschutzbeauftragte oder den Datenschutzbeauftragten zu allen mit der Verarbeitung ihrer personenbezogenen Daten und mit der Wahrnehmung ihrer Rechte gemäß der Verordnung (EU) 2016/679, diesem Gesetz sowie anderen Rechtsvorschriften über den Datenschutz im Zusammenhang stehenden Fragen zu Rate ziehen. ²Die oder der Datenschutzbeauftragte ist zur Verschwiegenheit über die Identität der betroffenen Person sowie über Umstände, die Rückschlüsse auf die betroffene Personen zulassen, verpflichtet, soweit sie oder er nicht davon durch die betroffene Person befreit wird.

(6) ¹Wenn die oder der Datenschutzbeauftragte bei ihrer oder seiner Tätigkeit Kenntnis von Daten erhält, für die der Leitung oder einer bei der öffentlichen Stelle beschäftigten Person aus beruflichen Gründen ein Zeugnisverweigerungsrecht zusteht, steht dieses Recht auch der oder dem Datenschutzbeauftragten und den ihr oder ihm unterstellten Beschäftigten zu. ²Über die Ausübung dieses Rechts entscheidet die Person, der das Zeugnisverweigerungsrecht aus beruflichen Gründen zusteht, es sei denn, dass diese Entscheidung in absehbarer Zeit nicht herbeigeführt werden kann. ³Soweit das Zeugnisverweigerungsrecht der oder des Datenschutzbeauftragten reicht, unterliegen ihre oder seine Akten und andere Dokumente einem Beschlagnahmeverbot.

§ 7 Aufgaben. (1) ¹Der oder dem Datenschutzbeauftragten obliegen neben den in der Verordnung (EU) 2016/679 genannten Aufgaben zumindest folgende Aufgaben:
1. Unterrichtung und Beratung der öffentlichen Stelle und der Beschäftigten, die Verarbeitungen durchführen, hinsichtlich ihrer Pflichten nach diesem

Gesetz und sonstigen Vorschriften über den Datenschutz, einschließlich der zur Umsetzung der Richtlinie (EU) 2016/680 erlassenen Rechtsvorschriften;
2. Überwachung der Einhaltung dieses Gesetzes und sonstiger Vorschriften über den Datenschutz, einschließlich der zur Umsetzung der Richtlinie (EU) 2016/680 erlassenen Rechtsvorschriften sowie der Strategien der öffentlichen Stelle für den Schutz personenbezogener Daten, einschließlich der Zuweisung von Zuständigkeiten, der Sensibilisierung und der Schulung der an den Verarbeitungsvorgängen beteiligten Beschäftigten und der diesbezüglichen Überprüfungen;
3. Beratung im Zusammenhang mit der Datenschutz-Folgenabschätzung und Überwachung ihrer Durchführung gemäß § 67 dieses Gesetzes;
4. Zusammenarbeit mit der Aufsichtsbehörde;
5. Tätigkeit als Anlaufstelle für die Aufsichtsbehörde in mit der Verarbeitung zusammenhängenden Fragen, einschließlich der vorherigen Konsultation gemäß § 69 dieses Gesetzes, und gegebenenfalls Beratung zu allen sonstigen Fragen.

[2]Im Fall einer oder eines bei einem Gericht bestellten Datenschutzbeauftragtem beziehen sich diese Aufgaben nicht auf das Handeln des Gerichts im Rahmen seiner justiziellen Tätigkeit.

(2) [1]Die oder der Datenschutzbeauftragte kann andere Aufgaben und Pflichten wahrnehmen. [2]Die öffentliche Stelle stellt sicher, dass derartige Aufgaben und Pflichten nicht zu einem Interessenkonflikt führen.

(3) Die oder der Datenschutzbeauftragte trägt bei der Erfüllung ihrer oder seiner Aufgaben dem mit den Verarbeitungsvorgängen verbundenen Risiko gebührend Rechnung, wobei sie oder er die Art, den Umfang, die Umstände und die Zwecke der Verarbeitung berücksichtigt.

Kapitel 4

Die oder der Bundesbeauftragte für den Datenschutz und die Informationsfreiheit

§ 8 Errichtung. (1) [1]Die oder der Bundesbeauftragte für den Datenschutz und die Informationsfreiheit (Bundesbeauftragte) ist eine oberste Bundesbehörde. [2]Der Dienstsitz ist Bonn.

(2) Die Beamtinnen und Beamten der oder des Bundesbeauftragten sind Beamtinnen und Beamte des Bundes.

(3 [1]Die oder der Bundesbeauftragte kann Aufgaben der Personalverwaltung und Personalwirtschaft auf andere Stellen des Bundes übertragen, soweit hierdurch die Unabhängigkeit der oder des Bundesbeauftragten nicht beeinträchtigt wird. [2]Diesen Stellen dürfen personenbezogene Daten der Beschäftigten übermittelt werden, soweit deren Kenntnis zur Erfüllung der übertragenen Aufgaben erforderlich ist.

§ 9 Zuständigkeit. (1) ¹Die oder der Bundesbeauftragte ist zuständig für die Aufsicht über die öffentlichen Stellen des Bundes, auch soweit sie als öffentlich-rechtliche Unternehmen am Wettbewerb teilnehmen, sowie über Unternehmen, soweit diese für die geschäftsmäßige Erbringung von Telekommunikationsdienstleistungen Daten von natürlichen oder juristischen Personen verarbeiten und sich die Zuständigkeit nicht bereits aus § 27 des Telekommunikation-Telemedien-Datenschutz-Gesetzes ergibt. ²Die Vorschriften dieses Kapitels gelten auch für Auftragsverarbeiter, soweit sie nichtöffentliche Stellen sind, bei denen dem Bund die Mehrheit der Anteile gehört oder die Mehrheit der Stimmen zusteht und der Auftraggeber eine öffentliche Stelle des Bundes ist.

(2) Die oder der Bundesbeauftragte ist nicht zuständig für die Aufsicht über die von den Bundesgerichten im Rahmen ihrer justiziellen Tätigkeit vorgenommenen Verarbeitungen.

§ 10 Unabhängigkeit. (1) ¹Die oder der Bundesbeauftragte handelt bei der Erfüllung ihrer oder seiner Aufgaben und bei der Ausübung ihrer oder seiner Befugnisse völlig unabhängig. ²Sie oder er unterliegt weder direkter noch indirekter Beeinflussung von außen und ersucht weder um Weisung noch nimmt sie oder er Weisungen entgegen.

(2) Die oder der Bundesbeauftragte unterliegt der Rechnungsprüfung durch den Bundesrechnungshof, soweit hierdurch ihre oder seine Unabhängigkeit nicht beeinträchtigt wird.

§ 11 Ernennung und Amtszeit. (1) ¹Der Deutsche Bundestag wählt ohne Aussprache auf Vorschlag der Bundesregierung die Bundesbeauftragte oder den Bundesbeauftragten mit mehr als der Hälfte der gesetzlichen Zahl seiner Mitglieder. ²Die oder der Gewählte ist von der Bundespräsidentin oder dem Bundespräsidenten zu ernennen. ³Die oder der Bundesbeauftragte muss bei ihrer oder seiner Wahl das 35. Lebensjahr vollendet haben. ⁴Sie oder er muss über die für die Erfüllung ihrer oder seiner Aufgaben und Ausübung ihrer oder seiner Befugnisse erforderliche Qualifikation, Erfahrung und Sachkunde insbesondere im Bereich des Schutzes personenbezogener Daten verfügen. ⁵Insbesondere muss die oder der Bundesbeauftragte über durch einschlägige Berufserfahrung erworbene Kenntnisse des Datenschutzrechts verfügen und die Befähigung zum Richteramt oder höheren Verwaltungsdienst haben.

(2) ¹Die oder der Bundesbeauftragte leistet vor der Bundespräsidentin oder dem Bundespräsidenten folgenden Eid: „Ich schwöre, dass ich meine Kraft dem Wohle des deutschen Volkes widmen, seinen Nutzen mehren, Schaden von ihm wenden, das Grundgesetz und die Gesetze des Bundes wahren und verteidigen, meine Pflichten gewissenhaft erfüllen und Gerechtigkeit gegen jedermann üben werde. ²So wahr mir Gott helfe." Der Eid kann auch ohne religiöse Beteuerung geleistet werden.

(3) ¹Die Amtszeit der oder des Bundesbeauftragten beträgt fünf Jahre. ²Einmalige Wiederwahl ist zulässig.

§ 12 Amtsverhältnis. (1) Die oder der Bundesbeauftragte steht nach Maßgabe dieses Gesetzes zum Bund in einem öffentlich-rechtlichen Amtsverhältnis.

(2) [1]Das Amtsverhältnis beginnt mit der Aushändigung der Ernennungsurkunde. [2]Es endet mit dem Ablauf der Amtszeit oder mit dem Rücktritt. [3]Die Bundespräsidentin oder der Bundespräsident enthebt auf Vorschlag der Präsidentin oder des Präsidenten des Bundestages die Bundesbeauftragte ihres oder den Bundesbeauftragten seines Amtes, wenn die oder der Bundesbeauftragte eine schwere Verfehlung begangen hat oder die Voraussetzungen für die Wahrnehmung ihrer oder seiner Aufgaben nicht mehr erfüllt. [4]Im Fall der Beendigung des Amtsverhältnisses oder der Amtsenthebung erhält die oder der Bundesbeauftragte eine von der Bundespräsidentin oder dem Bundespräsidenten vollzogene Urkunde. [5]Eine Amtsenthebung wird mit der Aushändigung der Urkunde wirksam. [6]Endet das Amtsverhältnis mit Ablauf der Amtszeit, ist die oder der Bundesbeauftragte verpflichtet, auf Ersuchen der Präsidentin oder des Präsidenten des Bundestages die Geschäfte bis zur Ernennung einer Nachfolgerin oder eines Nachfolgers für die Dauer von höchstens sechs Monaten weiterzuführen.

(3) [1]Die Leitende Beamtin oder der Leitende Beamte nimmt die Rechte der oder des Bundesbeauftragten wahr, wenn die oder der Bundesbeauftragte an der Ausübung ihres oder seines Amtes verhindert ist oder wenn ihr oder sein Amtsverhältnis endet und sie oder er nicht zur Weiterführung der Geschäfte verpflichtet ist. [2]§ 10 Absatz 1 ist entsprechend anzuwenden.

(4) [1]Die oder der Bundesbeauftragte erhält vom Beginn des Kalendermonats an, in dem das Amtsverhältnis beginnt, bis zum Schluss des Kalendermonats, in dem das Amtsverhältnis endet, im Falle des Absatzes 2 Satz 6 bis zum Ende des Monats, in dem die Geschäftsführung endet, Amtsbezüge in Höhe der Besoldungsgruppe B 11 sowie den Familienzuschlag entsprechend Anlage V des Bundesbesoldungsgesetzes. [2]Das Bundesreisekostengesetz und das Bundesumzugskostengesetz sind entsprechend anzuwenden. [3]Im Übrigen sind § 12 Absatz 6 sowie die §§ 13 bis 20 und 21a Absatz 5 des Bundesministergesetzes mit der Maßgaben anzuwenden, dass an die Stelle der vierjährigen Amtszeit in § 15 Absatz 1 des Bundesministergesetzes eine Amtszeit von fünf Jahren tritt. [4]Abweichend von Satz 3 in Verbindung mit den §§ 15 bis 17 und 21a Absatz 5 des Bundesministergesetzes berechnet sich das Ruhegehalt der oder des Bundesbeauftragten unter Hinzurechnung der Amtszeit als ruhegehaltsfähige Dienstzeit in entsprechender Anwendung des Beamtenversorgungsgesetzes, wenn dies günstiger ist und die oder der Bundesbeauftragte sich unmittelbar vor ihrer oder seiner Wahl zur oder zum Bundesbeauftragten als Beamtin oder Beamter oder als Richterin oder Richter mindestens in dem letzten gewöhnlich vor Erreichen der Besoldungsgruppe B 11 zu durchlaufenden Amt befunden hat.

§ 13 Rechte und Pflichten. (1) [1]Die oder der Bundesbeauftragte sieht von allen mit den Aufgaben ihres oder seines Amtes nicht zu vereinbarenden

Handlungen ab und übt während ihrer oder seiner Amtszeit keine andere mit ihrem oder seinem Amt nicht zu vereinbarende entgeltliche oder unentgeltliche Tätigkeit aus. ²Insbesondere darf die oder der Bundesbeauftragte neben ihrem oder seinem Amt kein anderes besoldetes Amt, kein Gewerbe und keinen Beruf ausüben und weder der Leitung oder dem Aufsichtsrat oder Verwaltungsrat eines auf Erwerb gerichteten Unternehmens noch einer Regierung oder einer gesetzgebenden Körperschaft des Bundes oder eines Landes angehören. ³Sie oder er darf nicht gegen Entgelt außergerichtliche Gutachten abgeben.

(2) ¹Die oder der Bundesbeauftragte hat der Präsidentin oder dem Präsidenten des Bundestages Mitteilung über Geschenke zu machen, die sie oder er in Bezug auf das Amt erhält. ²Die Präsidentin oder der Präsident des Bundestages entscheidet über die Verwendung der Geschenke. ³Sie oder er kann Verfahrensvorschriften erlassen.

(3) ¹Die oder der Bundesbeauftragte ist berechtigt, über Personen, die ihr oder ihm in ihrer oder seiner Eigenschaft als Bundesbeauftragte oder Bundesbeauftragter Tatsachen anvertraut haben, sowie über diese Tatsachen selbst das Zeugnis zu verweigern. ²Dies gilt auch für die Mitarbeiterinnen und Mitarbeiter der oder des Bundesbeauftragten mit der Maßgabe, dass über die Ausübung dieses Rechts, die oder der Bundesbeauftragte entscheidet. ³Soweit das Zeugnisverweigerungsrecht der oder des Bundesbeauftragten reicht, darf die Vorlegung oder Auslieferung von Akten oder anderen Dokumenten von ihr oder ihm nicht gefordert werden.

(4) ¹Die oder der Bundesbeauftragte ist, auch nach Beendigung ihres oder seines Amtsverhältnisses, verpflichtet, über die ihr oder ihm amtlich bekanntgewordenen Angelegenheiten Verschwiegenheit zu bewahren. ²Dies gilt nicht für Mitteilungen im dienstlichen Verkehr oder über Tatsachen, die offenkundig sind oder ihrer Bedeutung nach keiner Geheimhaltung bedürfen. ³Die oder der Bundesbeauftragte entscheidet nach pflichtgemäßem Ermessen, ob und inwieweit sie oder er über solche Angelegenheiten vor Gericht oder außergerichtlich aussagt oder Erklärungen abgibt; wenn sie oder er nicht mehr im Amt ist, ist die Genehmigung der oder des amtierenden Bundesbeauftragten erforderlich. ⁴Unberührt bleibt die gesetzlich begründete Pflicht, Straftaten anzuzeigen und bei einer Gefährdung der freiheitlichen demokratischen Grundordnung für deren Erhaltung einzutreten. ⁵Für die Bundesbeauftragte oder den Bundesbeauftragten und ihre oder seine Mitarbeiterinnen und Mitarbeiter gelten die §§ 93, 97, 105 Absatz 1, § 111 Absatz 5 in Verbindung mit § 105 Absatz 1 sowie § 116 Absatz 1 der Abgabenordnung nicht. ⁶Satz 5 findet keine Anwendung, soweit die Finanzbehörden die Kenntnis für die Durchführung eines Verfahrens wegen einer Steuerstraftat sowie eines damit zusammenhängenden Steuerverfahrens benötigen, an deren Verfolgung ein zwingendes öffentliches Interesse besteht, oder soweit es sich um vorsätzlich falsche Angaben der oder des Auskunftspflichtigen oder der für sie oder ihn tätigen Personen handelt. ⁷Stellt die oder der Bundesbeauftragte einen Datenschutzverstoß fest, ist sie

oder er befugt, diesen anzuzeigen und die betroffene Person hierüber zu informieren.

(5) ¹Die oder der Bundesbeauftragte darf als Zeugin oder Zeuge aussagen, es sei denn, die Aussage würde
1. dem Wohl des Bundes oder eines Landes Nachteile bereiten, insbesondere Nachteile für die Sicherheit der Bundesrepublik Deutschland oder ihre Beziehungen zu anderen Staaten, oder
2. Grundrechte verletzen.

²Betrifft die Aussage laufende oder abgeschlossene Vorgänge, die dem Kernbereich exekutiver Eigenverantwortung der Bundesregierung zuzurechnen sind oder sein könnten, darf die oder der Bundesbeauftragte nur im Benehmen mit der Bundesregierung aussagen. ³§ 28 des Bundesverfassungsgerichtsgesetzes bleibt unberührt.

(6) Die Absätze 3 und 4 Satz 5 bis 7 gelten entsprechend für die öffentlichen Stellen, die für die Kontrolle der Einhaltung der Vorschriften über den Datenschutz in den Ländern zuständig sind.

§ 14 Aufgaben. (1) ¹Die oder der Bundesbeauftragte hat neben den in der Verordnung (EU) 2016/679 genannten Aufgaben die Aufgaben,
1. die Anwendung dieses Gesetzes und sonstiger Vorschriften über den Datenschutz, einschließlich der zur Umsetzung der Richtlinie (EU) 2016/680 erlassenen Rechtsvorschriften, zu überwachen und durchzusetzen,
2. die Öffentlichkeit für die Risiken, Vorschriften, Garantien und Rechte im Zusammenhang mit der Verarbeitung personenbezogener Daten zu sensibilisieren und sie darüber aufzuklären, wobei spezifische Maßnahmen für Kinder besondere Beachtung finden,
3. den Deutschen Bundestag und den Bundesrat, die Bundesregierung und andere Einrichtungen und Gremien über legislative und administrative Maßnahmen zum Schutz der Rechte und Freiheiten natürlicher Personen in Bezug auf die Verarbeitung personenbezogener Daten zu beraten,
4. die Verantwortlichen und die Auftragsverarbeiter für die ihnen aus diesem Gesetz und sonstigen Vorschriften über den Datenschutz, einschließlich den zur Umsetzung der Richtlinie (EU) 2016/680 erlassenen Rechtsvorschriften entstehenden Pflichten zu sensibilisieren,
5. auf Anfrage jeder betroffenen Person Informationen über die Ausübung ihrer Rechte aufgrund dieses Gesetzes und sonstiger Vorschriften über den Datenschutz, einschließlich der zur Umsetzung der Richtlinie (EU) 2016/680 erlassenen Rechtsvorschriften zur Verfügung zu stellen und gegebenenfalls zu diesem Zweck mit den Aufsichtsbehörden in anderen Mitgliedstaaten zusammen zu arbeiten,
6. sich mit Beschwerden einer betroffenen Person oder Beschwerden einer Stelle, einer Organisation oder eines Verbandes gemäß Artikel 55 der Richtlinie (EU) 2016/680 zu befassen, den Gegenstand der Beschwerde in angemessenem Umfang zu untersuchen und den Beschwerdeführer innerhalb einer angemessenen Frist über den Fortgang und das Ergebnis der

Untersuchung zu unterrichten, insbesondere, wenn eine weitere Untersuchung oder Koordinierung mit einer anderen Aufsichtsbehörde notwendig ist,
7. mit anderen Aufsichtsbehörden zusammenzuarbeiten, auch durch Informationsaustausch, und ihnen Amtshilfe zu leisten, um die einheitliche Anwendung und Durchsetzung dieses Gesetzes und sonstiger Vorschriften über den Datenschutz, einschließlich der zur Umsetzung der Richtlinie (EU) 2016/680 erlassenen Rechtsvorschriften, zu gewährleisten,
8. Untersuchungen über die Anwendung dieses Gesetzes und sonstiger Vorschriften über den Datenschutz, einschließlich der zur Umsetzung der Richtlinie (EU) 2016/680 erlassenen Rechtsvorschriften, durchzuführen, auch auf der Grundlage von Informationen einer anderen Aufsichtsbehörde oder einer anderen Behörde,
9. maßgebliche Entwicklungen zu verfolgen, soweit sie sich auf den Schutz personenbezogener Daten auswirken, insbesondere die Entwicklung der Informations- und Kommunikationstechnologie und der Geschäftspraktiken,
10. Beratung in Bezug auf die in § 69 genannten Verarbeitungsvorgänge zu leisten und
11. Beiträge zur Tätigkeit des Europäischen Datenschutzausschusses zu leisten.
²Im Anwendungsbereich der Richtlinie (EU) 2016/680 nimmt die oder der Bundesbeauftragte zudem die Aufgabe nach § 60 wahr.

(2) ¹Zur Erfüllung der in Absatz 1 Satz 1 Nummer 3 genannten Aufgabe kann die oder der Bundesbeauftragte zu allen Fragen, die im Zusammenhang mit dem Schutz personenbezogener Daten stehen, von sich aus oder auf Anfrage Stellungnahmen an den Deutschen Bundestag oder einen seiner Ausschüsse, den Bundesrat, die Bundesregierung, sonstige Einrichtungen und Stellen sowie an die Öffentlichkeit richten. ²Auf Ersuchen des Deutschen Bundestages, eines seiner Ausschüsse oder der Bundesregierung geht die oder der Bundesbeauftragte ferner Hinweisen auf Angelegenheiten und Vorgänge des Datenschutzes bei den öffentlichen Stellen des Bundes nach.

(3) Die oder der Bundesbeauftragte erleichtert das Einreichen der in Absatz 1 Satz 1 Nummer 6 genannten Beschwerden durch Maßnahmen wie etwa die Bereitstellung eines Beschwerdeformulars, das auch elektronisch ausgefüllt werden kann, ohne dass andere Kommunikationsmittel ausgeschlossen werden.

(4) ¹Die Erfüllung der Aufgaben der oder des Bundesbeauftragten ist für die betroffene Person unentgeltlich. ²Bei offenkundig unbegründeten oder, insbesondere im Fall von häufiger Wiederholung, excessiven Anfragen kann die oder der Bundesbeauftragte eine angemessene Gebühr auf der Grundlage der Verwaltungskosten verlangen oder sich weigern, aufgrund der Anfrage tätig zu werden. ³In diesem Fall trägt die oder der Bundesbeauftragte die Beweislast für den offenkundig unbegründeten oder excessiven Charakter der Anfrage.

§ 15 Tätigkeitsbericht. ¹Die oder der Bundesbeauftragte erstellt einen Jahresbericht über ihre oder seine Tätigkeit, der eine Liste der Arten der gemeldeten Verstöße und der Arten der getroffenen Maßnahmen, einschließlich der verhängten Sanktionen und der Maßnahmen nach Artikel 58 Absatz 2 der Verordnung (EU) 2016/679, enthalten kann. ²Die oder der Bundesbeauftragte übermittelt den Bericht dem Deutschen Bundestag, dem Bundesrat und der Bundesregierung und macht ihn der Öffentlichkeit, der Europäischen Kommission und dem Europäischen Datenschutzausschuss zugänglich.

§ 16 Befugnisse. (1) ¹Die oder der Bundesbeauftragte nimmt im Anwendungsbereich der Verordnung (EU) 2016/679 die Befugnisse gemäß Artikel 58 der Verordnung (EU) 2016/679 wahr. ²Kommt die oder der Bundesbeauftragte zu dem Ergebnis, dass Verstöße gegen die Vorschriften über den Datenschutz oder sonstige Mängel bei der Verarbeitung personenbezogener Daten vorliegen, teilt sie oder er dies der zuständigen Rechts- oder Fachaufsichtsbehörde mit und gibt dieser vor der Ausübung der Befugnisse des Artikels 58 Absatz 2 Buchstabe b bis g, i und j der Verordnung (EU) 2016/679 gegenüber dem Verantwortlichen Gelegenheit zur Stellungnahme innerhalb einer angemessenen Frist. ³Von der Einräumung der Gelegenheit zur Stellungnahme kann abgesehen werden, wenn eine sofortige Entscheidung wegen Gefahr im Verzug oder im öffentlichen Interesse notwendig erscheint oder ihr ein zwingendes öffentliches Interesse entgegensteht. ⁴Die Stellungnahme soll auch eine Darstellung der Maßnahmen enthalten, die aufgrund der Mitteilung der oder des Bundesbeauftragten getroffen worden sind.

(2) ¹Stellt die oder der Bundesbeauftragte bei Datenverarbeitungen durch öffentliche Stellen des Bundes zu Zwecken außerhalb des Anwendungsbereichs der Verordnung (EU) 2016/679 Verstöße gegen die Vorschriften dieses Gesetzes oder gegen andere Vorschriften über den Datenschutz oder sonstige Mängel bei der Verarbeitung oder Nutzung personenbezogener Daten fest, so beanstandet sie oder er dies gegenüber der zuständigen obersten Bundesbehörde und fordert diese zur Stellungnahme innerhalb einer von ihr oder ihm zu bestimmenden Frist auf. ²Die oder der Bundesbeauftragte kann von einer Beanstandung absehen oder auf eine Stellungnahme verzichten, insbesondere wenn es sich um unerhebliche oder inzwischen beseitigte Mängel handelt. ³Die Stellungnahme soll auch eine Darstellung der Maßnahmen enthalten, die aufgrund der Beanstandung der oder des Bundesbeauftragten getroffen worden sind. ⁴Die oder der Bundesbeauftragte kann den Verantwortlichen auch davor warnen, dass beabsichtigte Verarbeitungsvorgänge voraussichtlich gegen in diesem Gesetz enthaltene und andere auf die jeweilige Datenverarbeitung anzuwendende Vorschriften über den Datenschutz verstoßen.

(3) ¹Die Befugnisse der oder des Bundesbeauftragten erstrecken sich auch auf
1. von ihrer oder seiner Aufsicht unterliegenden Stellen erlangte personenbezogene Daten über den Inhalt und die näheren Umstände des Brief-, Post- und Fernmeldeverkehrs und

7b BDSG Bundesdatenschutzgesetz

2. personenbezogene Daten, die einem besonderen Amtsgeheimnis, insbesondere dem Steuergeheimnis nach § 30 der Abgabenordnung, unterliegen.
²Das Grundrecht des Brief-, Post- und Fernmeldegeheimnisses des Artikels 10 des Grundgesetzes wird insoweit eingeschränkt.

(4) ¹Die öffentlichen Stellen des Bundes sind verpflichtet, der oder dem Bundesbeauftragten und ihren oder seinen Beauftragten

1. jederzeit Zugang zu den Grundstücken und Diensträumen, einschließlich aller Datenverarbeitungsanlagen und -geräte, sowie zu allen personenbezogenen Daten und Informationen, die zur Erfüllung ihrer oder seiner Aufgaben notwendig sind, zu gewähren und
2. alle Informationen, die für die Erfüllung ihrer oder seiner Aufgaben erforderlich sind, bereitzustellen.

²*Für nichtöffentliche Stellen besteht die Verpflichtung des Satzes 1 Nummer 1 nur während der üblichen Betriebs- und Geschäftszeiten.*

(5) ¹Die oder der Bundesbeauftragte wirkt auf die Zusammenarbeit mit den öffentlichen Stellen, die für die Kontrolle der Einhaltung der Vorschriften über den Datenschutz in den Ländern zuständig sind, sowie mit den Aufsichtsbehörden nach § 40 hin. ²§ 40 Absatz 3 Satz 1 zweiter Halbsatz gilt entsprechend.

Kapitel 5

Vertretung im Europäischen Datenschutzausschuss, zentrale Anlaufstelle, Zusammenarbeit der Aufsichtsbehörden des Bundes und der Länder in Angelegenheiten der Europäischen Union

§ 17 Vertretung im Europäischen Datenschutzausschuss, zentrale Anlaufstelle. (1) ¹Gemeinsamer Vertreter im Europäischen Datenschutzausschuss und zentrale Anlaufstelle ist die oder der Bundesbeauftragte (gemeinsamer Vertreter). ²Als Stellvertreterin oder Stellvertreter des gemeinsamen Vertreters wählt der Bundesrat eine Leiterin oder einen Leiter der Aufsichtsbehörde eines Landes (Stellvertreter). ³Die Wahl erfolgt für fünf Jahre. ⁴Mit dem Ausscheiden aus dem Amt als Leiterin oder Leiter der Aufsichtsbehörde eines Landes endet zugleich die Funktion als Stellvertreter. ⁵Wiederwahl ist zulässig.

(2) Der gemeinsame Vertreter überträgt in Angelegenheiten, die die Wahrnehmung einer Aufgabe betreffen, für welche die Länder alleine das Recht zur Gesetzgebung haben, oder welche die Einrichtung oder das Verfahren von Landesbehörden betreffen, dem Stellvertreter auf dessen Verlangen die Verhandlungsführung und das Stimmrecht im Europäischen Datenschutzausschuss.

§ 18 Verfahren der Zusammenarbeit der Aufsichtsbehörden des Bundes und der Länder. (1) ¹Die oder der Bundesbeauftragte und die Aufsichtsbe-

Bundesdatenschutzgesetz **BDSG 7b**

hörden der Länder (Aufsichtsbehörden des Bundes und der Länder) arbeiten in Angelegenheiten der Europäischen Union mit dem Ziel einer einheitlichen Anwendung der Verordnung (EU) 2016/679 und der Richtlinie (EU) 2016/680 zusammen. ²Vor der Übermittlung eines gemeinsamen Standpunktes an die Aufsichtsbehörden der anderen Mitgliedstaaten, die Europäische Kommission oder den Europäischen Datenschutzausschuss geben sich die Aufsichtsbehörden des Bundes und der Länder frühzeitig Gelegenheit zur Stellungnahme. ³Zu diesem Zweck tauschen sie untereinander alle zweckdienlichen Informationen aus. ⁴Die Aufsichtsbehörden des Bundes und der Länder beteiligen die nach Artikel 85 und 91 der Verordnung (EU) 2016/679 eingerichteten spezifischen Aufsichtsbehörden, sofern diese von der Angelegenheit betroffen sind.

(2) ¹Soweit die Aufsichtsbehörden des Bundes und der Länder kein Einvernehmen über den gemeinsamen Standpunkt erzielen, legen die federführende Behörde oder in Ermangelung einer solchen der gemeinsame Vertreter und sein Stellvertreter einen Vorschlag für einen gemeinsamen Standpunkt vor. ²Einigen sich der gemeinsame Vertreter und sein Stellvertreter nicht auf einen Vorschlag für einen gemeinsamen Standpunkt, legt in Angelegenheiten, die die Wahrnehmung von Aufgaben betreffen, für welche die Länder alleine das Recht der Gesetzgebung haben, oder welche die Einrichtung oder das Verfahren von Landesbehörden betreffen, der Stellvertreter den Vorschlag für einen gemeinsamen Standpunkt fest. ³In den übrigen Fällen fehlenden Einvernehmens nach Satz 2 legt der gemeinsame Vertreter den Standpunkt fest. ⁴Der nach den Sätzen 1 bis 3 vorgeschlagene Standpunkt ist den Verhandlungen zu Grunde zu legen, wenn nicht die Aufsichtsbehörden von Bund und Ländern einen anderen Standpunkt mit einfacher Mehrheit beschließen. ⁵Der Bund und jedes Land haben jeweils eine Stimme. ⁶Enthaltungen werden nicht gezählt.

(3) ¹Der gemeinsame Vertreter und dessen Stellvertreter sind an den gemeinsamen Standpunkt nach den Absätzen 1 und 2 gebunden und legen unter Beachtung dieses Standpunktes einvernehmlich die jeweilige Verhandlungsführung fest. ²Sollte ein Einvernehmen nicht erreicht werden, entscheidet in den in § 18 Absatz 2 Satz 2 genannten Angelegenheiten der Stellvertreter über die weitere Verhandlungsführung. ³In den übrigen Fällen gibt die Stimme des gemeinsamen Vertreters den Ausschlag.

§ 19 Zuständigkeiten. (1) ¹Federführende Aufsichtsbehörde eines Landes im Verfahren der Zusammenarbeit und Kohärenz nach Kapitel VII der Verordnung (EU) 2016/679 ist die Aufsichtsbehörde des Landes, in dem der Verantwortliche oder der Auftragsverarbeiter seine Hauptniederlassung im Sinne des Artikel 4 Nummer 16 der Verordnung (EU) 2016/679 oder seine einzige Niederlassung in der Europäischen Union im Sinne des Artikel 56 Absatz 1 der Verordnung (EU) 2016/679 hat. ²Im Zuständigkeitsbereich der oder des Bundesbeauftragten gilt Artikel 56 Absatz 1 in Verbindung mit Artikel 4 Nummer 16 der Verordnung (EU) 2016/679 entsprechend. ³Besteht über die Federführung kein Einvernehmen, findet für die Festlegung der federführenden Aufsichtsbehörde das Verfahren des § 18 Ansatz 2 entsprechende Anwendung.

(2) ¹Die Aufsichtsbehörde, bei der eine betroffene Person Beschwerde eingereicht hat, gibt die Beschwerde an die federführende Aufsichtsbehörde nach Absatz 1, in Ermangelung einer solchen an die Aufsichtsbehörde eines Landes ab, in dem der Verantwortliche oder der Auftragsverarbeiter eine Niederlassung hat. ²Wird eine Beschwerde bei einer sachlich unzuständigen Aufsichtsbehörde eingereicht, gibt diese, sofern eine Abgabe nach Satz 1 nicht in Betracht kommt, die Beschwerde an die Aufsichtsbehörde am Wohnsitz des Beschwerdeführers ab. ³Die empfangende Aufsichtsbehörde gilt als die Aufsichtsbehörde nach Maßgabe des Kapitels VII der Verordnung (EU) 2016/679, bei der die Beschwerde eingereicht worden ist, und kommt den Verpflichtungen aus Artikel 60 Absatz 7 bis 9 und 65 Absatz 6 der Verordnung (EU) 2016/679 nach. ⁴Im Zuständigkeitsbereich der oder des Bundesbeauftragten über die Aufsichtsbehörde, bei der eine Beschwerde eingereicht wurde, diese, sofern eine Abgabe nach Absatz 1 nicht in Betracht kommt, an den Bundesbeauftragten oder die Bundesbeauftragte.

Kapitel 6

Rechtsbehelfe

§ 20 Gerichtlicher Rechtsschutz. (1) ¹Für Streitigkeiten zwischen einer natürlichen oder einer juristischen Person und einer Aufsichtsbehörde des Bundes oder eines Landes über Rechte gemäß Artikel 78 Absatz 1 und 2 der Verordnung (EU) 2016/679 sowie § 61 ist der Verwaltungsrechtsweg gegeben. ²Satz 1 gilt nicht für Bußgeldverfahren.

(2) Die Verwaltungsgerichtsordnung ist nach Maßgabe der Absätze 3 bis 7 anzuwenden.

(3) Für Verfahren nach Absatz 1 Satz 1 ist das Verwaltungsgericht örtlich zuständig, in dessen Bezirk die Aufsichtsbehörde ihren Sitz hat.

(4) In Verfahren nach Absatz 1 Satz 1 ist die Aufsichtsbehörde beteiligungsfähig.

(5) ¹Beteiligte eines Verfahrens nach Absatz 1 Satz 1 sind
1. die natürliche oder juristische Person als Klägerin oder Antragstellerin und
2. die Aufsichtsbehörde als Beklagte oder Antragsgegnerin.
²§ 63 Nummer 3 und 4 der Verwaltungsgerichtsordnung bleibt unberührt.

(6) Ein Vorverfahren findet nicht statt.

(7) Die Aufsichtsbehörde darf gegenüber einer Behörde oder deren Rechtsträger nicht die sofortige Vollziehung gemäß § 80 Absatz 2 Satz 1 Nummer 4 der Verwaltungsgerichtsordnung anordnen.

§ 21 Antrag der Aufsichtsbehörde auf gerichtliche Entscheidung bei angenommener Rechtswidrigkeit eines Beschlusses der Europäischen Kommission. (1) Hält eine Aufsichtsbehörde einen Angemessenheitsbeschluss der Europäischen Kommission, einen Beschluss über die Anerkennung von Standardschutzklauseln oder über die Allgemeingültigkeit von genehmigten Verhaltensregeln, auf dessen Gültigkeit es für eine Entscheidung der Aufsichtsbehörde ankommt, für rechtswidrig, so hat die Aufsichtsbehörde ihr Verfahren auszusetzen und einen Antrag auf gerichtliche Entscheidung zu stellen.

(2) ¹Für Verfahren nach Absatz 1 ist der Verwaltungsrechtsweg gegeben. ²Die Verwaltungsgerichtsordnung ist nach Maßgabe der Absätze 3 bis 6 anzuwenden.

(3) Über einen Antrag der Aufsichtsbehörde nach Absatz 1 entscheidet im ersten und letzten Rechtszug das Bundesverwaltungsgericht.

(4) ¹In Verfahren nach Absatz 1 ist die Aufsichtsbehörde beteiligungsfähig. ²An einem Verfahren nach Absatz 1 ist die Aufsichtsbehörde als Antragstellerin beteiligt; § 63 Nummer 3 und 4 der Verwaltungsgerichtsordnung bleibt unberührt. ³Das Bundesverwaltungsgericht kann der Europäischen Kommission Gelegenheit zur Äußerung binnen einer zu bestimmenden Frist geben.

(5) Ist ein Verfahren zur Überprüfung der Gültigkeit eines Beschlusses der Europäischen Kommission nach Absatz 1 bei dem Gerichtshof der Europäischen Union anhängig, so kann das Bundesverwaltungsgericht anordnen, dass die Verhandlung bis zur Erledigung des Verfahrens vor dem Gerichtshof der Europäischen Union auszusetzen sei.

(6) ¹In Verfahren nach Absatz 1 ist § 47 Absatz 5 Satz 1 und Absatz 6 der Verwaltungsgerichtsordnung entsprechend anzuwenden. ²Kommt das Bundesverwaltungsgericht zu der Überzeugung, dass der Beschluss der Europäischen Kommission nach Absatz 1 gültig ist, so stellt es dies in seiner Entscheidung fest. ³Andernfalls legt es die Frage nach der Gültigkeit des Beschlusses gemäß Artikel 267 des Vertrags über die Arbeitsweise der Europäischen Union dem Gerichtshof der Europäischen Union zur Entscheidung vor.

7b BDSG Bundesdatenschutzgesetz

Teil 2

Durchführungsbestimmungen für Verarbeitungen zu Zwecken gemäß Art. 2 der Verordnung (EU) 2016/679

Kapitel 1

Rechtsgrundlagen der Verarbeitung personenbezogener Daten

Abschnitt 1

Verarbeitung besonderer Kategorien personenbezogener Daten und Verarbeitung zu anderen Zwecken

§ 22 Verarbeitung besonderer Kategorien personenbezogener Daten.
(1) Abweichend von Artikel 9 Absatz 1 der Verordnung (EU) 2016/679 ist die Verarbeitung besonderer Kategorien personenbezogener Daten im Sinne des Artikels 9 Absatz 1 der Verordnung (EU) 2016/679 zulässig
1. durch öffentliche und nichtöffentliche Stellen, wenn sie
    a) erforderlich ist, um die aus dem Recht der sozialen Sicherheit und des Sozialschutzes erwachsenden Rechte auszuüben und den diesbezüglichen Pflichten nachzukommen,
    b) zum Zweck der Gesundheitsvorsorge, für die Beurteilung der Arbeitsfähigkeit des Beschäftigten, für die medizinische Diagnostik, die Versorgung oder Behandlung im Gesundheits- oder Sozialbereich oder für die Verwaltung von Systemen und Diensten im Gesundheits- und Sozialbereich oder aufgrund eines Vertrags der betroffenen Person mit einem Angehörigen eines Gesundheitsberufs erforderlich ist und diese Daten von ärztlichem Personal oder durch sonstige Personen, die einer entsprechenden Geheimhaltungspflicht unterliegen, oder unter deren Verantwortung verarbeitet werden,
    c) aus Gründen des öffentlichen Interesses im Bereich der öffentlichen Gesundheit, wie des Schutzes vor schwerwiegenden grenzüberschreitenden Gesundheitsgefahren oder zur Gewährleistung hoher Qualitäts- und Sicherheitsstandards bei der Gesundheitsversorgung und bei Arzneimitteln und Medizinprodukten erforderlich ist; ergänzend zu den in Absatz 2 genannten Maßnahmen sind insbesondere die berufsrechtlichen und strafrechtlichen Vorgaben zur Wahrung des Berufsgeheimnisses einzuhalten, oder
    d) aus Gründen eines erheblichen öffentlichen Interesses zwingend erforderlich ist,
2. durch öffentliche Stellen, wenn sie
    a) zur Abwehr einer erheblichen Gefahr für die öffentliche Sicherheit erforderlich ist,

Bundesdatenschutzgesetz **BDSG 7b**

b) zur Abwehr erheblicher Nachteile für das Gemeinwohl oder zur Wahrung erheblicher Belange des Gemeinwohls zwingend erforderlich ist oder

c) aus zwingenden Gründen der Verteidigung oder der Erfüllung über- oder zwischenstaatlicher Verpflichtungen einer öffentlichen Stelle des Bundes auf dem Gebiet der Krisenbewältigung oder Konfliktverhinderung oder für humanitäre Maßnahmen erforderlich ist
und soweit die Interessen des Verantwortlichen an der Datenverarbeitung in den Fällen der Nummer 1 Buchstabe d und der Nummer 2 die Interessen der betroffenen Person überwiegen.

(2) ¹In den Fällen des Absatzes 1 sind angemessene und spezifische Maßnahmen zur Wahrung der Interessen der betroffenen Person vorzusehen. ²Unter Berücksichtigung des Stands der Technik, der Implementierungskosten und der Art, des Umfangs, der Umstände und der Zwecke der Verarbeitung sowie der unterschiedlichen Eintrittswahrscheinlichkeit und Schwere der mit der Verarbeitung verbundenen Risiken für die Rechte und Freiheiten natürlicher Personen können dazu insbesondere gehören:

1. technisch organisatorische Maßnahmen, um sicherzustellen, dass die Verarbeitung gemäß der Verordnung (EU) 2016/679 erfolgt,
2. Maßnahmen, die gewährleisten, dass nachträglich überprüft und festgestellt werden kann, ob und von wem personenbezogene Daten eingegeben, verändert oder entfernt worden sind,
3. Sensibilisierung der an Verarbeitungsvorgängen Beteiligten,
4. Benennung einer oder eines Datenschutzbeauftragten,
5. Beschränkung des Zugangs zu den personenbezogenen Daten innerhalb der verantwortlichen Stelle und von Auftragsverarbeitern,
6. Pseudonymisierung personenbezogener Daten,
7. Verschlüsselung personenbezogener Daten,
8. Sicherstellung der Fähigkeit, Vertraulichkeit, Integrität, Verfügbarkeit und Belastbarkeit der Systeme und Dienste im Zusammenhang mit der Verarbeitung personenbezogener Daten, einschließlich der Fähigkeit, die Verfügbarkeit und den Zugang bei einem physischen oder technischen Zwischenfall rasch wiederherzustellen,
9. zur Gewährleitung der Sicherheit der Verarbeitung die Einrichtung eines Verfahrens zur regelmäßigen Überprüfung, Bewertung und Evaluierung der Wirksamkeit der technischen und organisatorischen Maßnahmen oder
10. spezifische Verfahrensregelungen, die im Fall einer Übermittlung oder Verarbeitung für andere Zwecke die Einhaltung der Vorgaben dieses Gesetzes sowie der Verordnung (EU) 2016/679 sicherstellen.

§ 23 Verarbeitung zu anderen Zwecken durch öffentliche Stellen.
(1) Die Verarbeitung personenbezogener Daten zu einem anderen Zweck als zu demjenigen, zu dem die Daten erhoben wurden, durch öffentliche Stellen im Rahmen ihrer Aufgabenerfüllung ist zulässig, wenn

7b BDSG

1. offensichtlich ist, dass sie im Interesse der betroffenen Person liegt und kein Grund zu der Annahme besteht, dass sie in Kenntnis des anderen Zwecks ihre Einwilligung verweigern würde,
2. Angaben der betroffenen Person überprüft werden müssen, weil tatsächliche Anhaltspunkte für deren Unrichtigkeit bestehen,
3. sie zur Abwehr erheblicher Nachteile für das Gemeinwohl oder einer Gefahr für die öffentliche Sicherheit, die Verteidigung oder die nationale Sicherheit, zur Wahrung erheblicher Belange des Gemeinwohls oder zur Sicherung des Steuer- und Zollaufkommens erforderlich ist,
4. sie zur Verfolgung von Straftaten oder Ordnungswidrigkeiten, zur Vollstreckung oder zum Vollzug von Strafen oder Maßnahmen im Sinne des § 11 Absatz 1 Nummer 8 des Strafgesetzbuchs oder von Erziehungsmaßregeln oder Zuchtmitteln im Sinne des Jugendgerichtsgesetzes oder zur Vollstreckung von Geldbußen erforderlich ist,
5. sie zur Abwehr einer schwerwiegenden Beeinträchtigung der Rechte einer anderen Person erforderlich ist oder
6. sie der Wahrnehmung von Aufsichts- und Kontrollbefugnissen, der Rechnungsprüfung oder der Durchführung von Organisationsuntersuchungen des Verantwortlichen dient; dies gilt auch für die Verarbeitung zu Ausbildungs- und Prüfungszwecken durch den Verantwortlichen, soweit schutzwürdige Interessen der betroffenen Person dem nicht entgegenstehen.

(2) Die Verarbeitung besonderer Kategorien personenbezogener Daten im Sinne des Artikels 9 Absatz 1 der Verordnung (EU) 2016/679 zu einem anderen Zweck als zu demjenigen, zu dem die Daten erhoben wurden, ist zulässig, wenn die Voraussetzungen des Absatzes 1 und ein Ausnahmetatbestand nach Artikel 9 Absatz 2 der Verordnung (EU) 2016/679 oder nach § 22 vorliegen.

§ 24 Verarbeitung zu anderen Zwecken durch nichtöffentliche Stellen.
(1) Die Verarbeitung personenbezogener Daten zu einem anderen Zweck als zu demjenigen, zu dem die Daten erhoben wurden, durch nichtöffentliche Stellen ist zulässig, wenn
1. sie zur Abwehr von Gefahren für die staatliche oder öffentliche Sicherheit oder zur Verfolgung von Straftaten erforderlich ist oder
2. sie zur Geltendmachung, Ausübung oder Verteidigung zivilrechtlicher Ansprüche erforderlich ist,

sofern nicht die Interessen der betroffenen Person an dem Ausschluss der Verarbeitung überwiegen.

(2) Die Verarbeitung besonderer Kategorien personenbezogener Daten im Sinne des Artikels 9 Absatz 1 der Verordnung (EU) 2016/679 zu einem anderen Zweck als zu demjenigen, zu dem die Daten erhoben wurden, ist zulässig, wenn die Voraussetzungen des Absatzes 1 und ein Ausnahmetatbestand nach Artikel 9 Absatz 2 der Verordnung (EU) 2016/679 oder nach § 22 vorliegen.

§ 25 Datenübermittlungen durch öffentliche Stellen. (1) [1]Die Übermittlung personenbezogener Daten durch öffentliche Stellen an öffentliche Stellen

Bundesdatenschutzgesetz **BDSG 7b**

ist zulässig, wenn sie zur Erfüllung der in der Zuständigkeit der übermittelnden Stelle oder des Dritten, an den die Daten übermittelt werden, liegenden Aufgaben erforderlich ist und die Voraussetzungen vorliegen, die eine Verarbeitung nach § 23 zulassen würden. ²Der Dritte, an den die Daten übermittelt werden, darf diese nur für den Zweck verarbeiten, zu dessen Erfüllung sie ihm übermittelt werden. ³Eine Verarbeitung für andere Zwecke ist unter den Voraussetzungen des § 23 zulässig.

(2) ¹Die Übermittlung personenbezogener Daten durch öffentliche Stellen an nichtöffentliche Stellen ist zulässig, wenn
1. sie zur Erfüllung der in der Zuständigkeit der übermittelnden Stelle liegenden Aufgaben erforderlich ist und die Voraussetzungen vorliegen, die eine Verarbeitung nach § 23 zulassen würden,
2. der Dritte, an den die Daten übermittelt werden, ein berechtigtes Interesse an der Kenntnis der zu übermittelnden Daten glaubhaft darlegt und die betroffene Person kein schutzwürdiges Interesse an dem Ausschluss der Übermittlung hat, oder
3. es zur Geltendmachung, Ausübung oder Verteidigung rechtlicher Ansprüche erforderlich ist

und der Dritte sich gegenüber der übermittelnden öffentlichen Stelle verpflichtet hat, die Daten nur für den Zweck zu verarbeiten, zu dessen Erfüllung sie ihm übermittelt werden. ²Eine Verarbeitung für andere Zwecke ist zulässig, wenn eine Übermittlung nach Satz 1 zulässig wäre und die übermittelnde Stelle zugestimmt hat.

(3) Die Übermittlung besonderer Kategorien personenbezogener Daten im Sinne des Artikels 9 Absatz 1 der Verordnung (EU) 2016/679 ist zulässig, wenn die Voraussetzungen des Absatzes 1 oder 2 und ein Ausnahmetatbestand nach Artikel 9 Absatz 2 der Verordnung (EU) 2016/679 oder nach § 22 vorliegen.

Abschnitt 2

Besondere Verarbeitungssituationen

§ 26 Datenverarbeitung für Zwecke des Beschäftigungsverhältnisses. (1) ¹Personenbezogene Daten von Beschäftigten dürfen für Zwecke des Beschäftigungsverhältnisses verarbeitet werden, wenn dies für die Entscheidung über die Begründung eines Beschäftigungsverhältnisses oder nach Begründung des Beschäftigungsverhältnisses für dessen Durchführung oder Beendigung oder zur Ausübung oder Erfüllung der sich aus einem Gesetz oder einem Tarifvertrag, einer Betriebs- oder Dienstvereinbarung (Kollektivvereinbarung) ergebenden Rechte und Pflichten der Interessenvertretung der Beschäftigten erforderlich ist. ²Zur Aufdeckung von Straftaten dürfen personenbezogene Daten von Beschäftigten nur dann verarbeitet werden, wenn zu dokumentierende tatsächliche Anhaltspunkte den Verdacht begründen, dass die betroffene Person im Beschäftigungsverhältnis eine Straftat begangen hat, die

Verarbeitung zur Aufdeckung erforderlich ist und das schutzwürdige Interesse der oder des Beschäftigten an dem Ausschluss der Verarbeitung nicht überwiegt, insbesondere Art und Ausmaß im Hinblick auf den Anlass nicht unverhältnismäßig sind.

(2) [1]Erfolgt die Verarbeitung personenbezogener Daten von Beschäftigten auf der Grundlage einer Einwilligung, so sind für die Beurteilung der Freiwilligkeit der Einwilligung insbesondere die im Beschäftigungsverhältnis bestehende Abhängigkeit der beschäftigten Person sowie die Umstände, unter denen die Einwilligung erteilt worden ist, zu berücksichtigen. [2]Freiwilligkeit kann insbesondere vorliegen, wenn für die beschäftigte Person ein rechtlicher oder wirtschaftlicher Vorteil erreicht wird oder Arbeitgeber und beschäftigte Person gleichgelagerte Interessen verfolgen. [3]Die Einwilligung hat schriftlich zu erfolgen, soweit nicht wegen besonderer Umstände eine andere Form angemessen ist. [4]Der Arbeitgeber hat die beschäftigte Person über den Zweck der Datenverarbeitung und über ihr Widerrufsrecht nach Artikel 7 Absatz 3 der Verordnung (EU) 2016/679 in Textform aufzuklären.

(3) [1]Abweichend von Artikel 9 Absatz 1 der Verordnung (EU) 2016/679 ist die Verarbeitung besonderer Kategorien personenbezogener Daten im Sinne des Artikels 9 Absatz 1 der Verordnung (EU) 2016/679 für Zwecke des Beschäftigungsverhältnisses zulässig, wenn sie zur Ausübung von Rechten oder zur Erfüllung rechtlicher Pflichten aus dem Arbeitsrecht, dem Recht der sozialen Sicherheit und des Sozialschutzes erforderlich ist und kein Grund zu der Annahme besteht, dass das schutzwürdige Interesse der betroffenen Person an dem Ausschluss der Verarbeitung überwiegt. [2]Absatz 2 gilt auch für die Einwilligung in die Verarbeitung besonderer Kategorien personenbezogener Daten; die Einwilligung muss sich dabei ausdrücklich auf diese Daten beziehen. [3]§ 22 Absatz 2 gilt entsprechend.

(4) [1]Die Verarbeitung personenbezogener Daten, einschließlich besonderer Kategorien personenbezogener Daten von Beschäftigten für Zwecke des Beschäftigungsverhältnisses, ist auf der Grundlage von Kollektivvereinbarungen zulässig. [2]Dabei haben die Verhandlungspartner Artikel 88 Absatz 2 der Verordnung (EU) 2016/679 zu beachten.

(5) Der Verantwortliche muss geeignete Maßnahmen ergreifen, um sicherzustellen, dass insbesondere die in Artikel 5 der Verordnung (EU) 2016/679 dargelegten Grundsätze für die Verarbeitung personenbezogener Daten eingehalten werden.

(6) Die Beteiligungsrechte der Interessenvertretungen der Beschäftigten bleiben unberührt.

(7) Die Absätze 1 bis 6 sind auch anzuwenden, wenn personenbezogene Daten, einschließlich besonderer Kategorien personenbezogener Daten, von Beschäftigten verarbeitet werden, ohne dass sie in einem Dateisystem gespeichert sind oder gespeichert werden sollen.

(8) [1]Beschäftigte im Sinne dieses Gesetzes sind:

Bundesdatenschutzgesetz **BDSG 7b**

1. Arbeitnehmerinnen und Arbeitnehmer, einschließlich der Leiharbeitnehmerinnen und Leiharbeitnehmer im Verhältnis zum Entleiher,
2. zu ihrer Berufsbildung Beschäftigte,
3. Teilnehmerinnen und Teilnehmer an Leistungen zur Teilhabe am Arbeitsleben sowie an Abklärungen der beruflichen Eignung oder Arbeitserprobung (Rehabilitandinnen und Rehabilitanden),
4. in anerkannten Werkstätten für behinderte Menschen Beschäftigte,
5. Freiwillige, die einen Dienst nach dem Jugendfreiwilligendienstegesetz oder dem Bundesfreiwilligendienstgesetz leisten,
6. Personen, die wegen ihrer wirtschaftlichen Unselbständigkeit als arbeitnehmerähnliche Personen anzusehen sind; zu diesen gehören auch die in Heimarbeit Beschäftigten und die ihnen Gleichgestellten,
7. Beamtinnen und Beamte des Bundes, Richterinnen und Richter des Bundes, Soldatinnen und Soldaten sowie Zivildienstleistende.

²Bewerberinnen und Bewerber für ein Beschäftigungsverhältnis sowie Personen, deren Beschäftigungsverhältnis beendet ist, gelten als Beschäftigte.

§ 27 Datenverarbeitung zu wissenschaftlichen oder historischen Forschungszwecken und zu statistischen Zwecken. (1) ¹Abweichend von Artikel 9 Absatz 1 der Verordnung (EU) 2016/679 ist die Verarbeitung besonderer Kategorien personenbezogener Daten im Sinne des Artikels 9 Absatz 1 der Verordnung (EU) 2016/679 auch ohne Einwilligung für wissenschaftliche oder historische Forschungszwecke oder für statistische Zwecke zulässig, wenn die Verarbeitung zu diesen Zwecken erforderlich ist und die Interessen des Verantwortlichen an der Verarbeitung die Interessen der betroffenen Person an einem Ausschluss der Verarbeitung erheblich überwiegen. ²Der Verantwortliche sieht angemessene und spezifische Maßnahmen zur Wahrung der Interessen der betroffenen Person gemäß § 22 Absatz 2 Satz 2 vor.

(2) ¹Die in den Artikeln 15, 16, 18 und 21 der Verordnung (EU) 2016/679 vorgesehenen Rechte der betroffenen Person sind insoweit beschränkt, als diese Rechte voraussichtlich die Verwirklichung der Forschungs- oder Statistikzwecke unmöglich machen oder ernsthaft beeinträchtigen und die Beschränkung für die Erfüllung der Forschungs- oder Statistikzwecke notwendig ist. ²Das Recht auf Auskunft gemäß Artikel 15 der Verordnung (EU) 2016/679 besteht darüber hinaus nicht, wenn die Daten für Zwecke der wissenschaftlichen Forschung erforderlich sind und die Auskunftserteilung einen unverhältnismäßigen Aufwand erfordern würde.

(3) ¹Ergänzend zu den in § 22 Absatz 2 genannten Maßnahmen sind zu wissenschaftlichen oder historischen Forschungszwecken oder zu statistischen Zwecken verarbeitete besondere Kategorien personenbezogener Daten im Sinne des Artikels 9 Absatz 1 der Verordnung (EU) 2016/679 zu anonymisieren, sobald dies nach dem Forschungs- oder Statistikzweck möglich ist, es sei denn, berechtigte Interessen der betroffenen Person stehen dem entgegen. ²Bis dahin sind die Merkmale gesondert zu speichern, mit denen Einzelangaben über persönliche oder sachliche Verhältnisse einer bestimmten oder bestimm-

baren Person zugeordnet werden können. ³Sie dürfen mit den Einzelangaben nur zusammengeführt werden, soweit der Forschungs- oder Statistikzweck dies erfordert.

(4) Der Verantwortliche darf personenbezogene Daten nur veröffentlichen, wenn die betroffene Person eingewilligt hat oder dies für die Darstellung von Forschungsergebnissen über Ereignisse der Zeitgeschichte unerlässlich ist.

§ 28 Datenverarbeitung zu im öffentlichen Interesse liegenden Archivzwecken. (1) ¹Abweichend von Artikel 9 Absatz 1 der Verordnung (EU) 2016/679 ist die Verarbeitung besonderer Kategorien personenbezogener Daten im Sinne des Artikels 9 Absatz 1 der Verordnung (EU) 2016/679 zulässig, wenn sie für im öffentlichen Interesse liegende Archivzwecke erforderlich ist. ²Der Verantwortliche sieht angemessene und spezifische Maßnahmen zur Wahrung der Interessen der betroffenen Person gemäß § 22 Absatz 2 Satz 2 vor.

(2) Das Recht auf Auskunft der betroffenen Person gemäß Artikel 15 der Verordnung (EU) 2016/679 besteht nicht, wenn das Archivgut nicht durch den Namen der Person erschlossen ist oder keine Angaben gemacht werden, die das Auffinden des betreffenden Archivguts mit vertretbarem Verwaltungsaufwand ermöglichen.

(3) ¹Das Recht auf Berichtigung der betroffenen Person gemäß Artikel 16 der Verordnung (EU) 2016/679 besteht nicht, wenn die personenbezogenen Daten zu Archivzwecken im öffentlichen Interesse verarbeitet werden. ²Bestreitet die betroffene Person die Richtigkeit der personenbezogenen Daten, ist ihr die Möglichkeit einer Gegendarstellung einzuräumen. ³Das zuständige Archiv ist verpflichtet, die Gegendarstellung den Unterlagen hinzuzufügen.

(4) Die in Artikel 18 Absatz 1 Buchstabe a, b und d, den Artikeln 20 und 21 der Verordnung (EU) 2016/679 vorgesehenen Rechte bestehen nicht, soweit diese Rechte voraussichtlich die Verwirklichung der im öffentlichen Interesse liegenden Archivzwecke unmöglich machen oder ernsthaft beeinträchtigen und die Ausnahmen für die Erfüllung dieser Zwecke erforderlich sind.

§ 29 Rechte der betroffenen Person und aufsichtsbehördliche Befugnisse im Fall von Geheimhaltungspflichten. (1) ¹Die Pflicht zur Information der betroffenen Person gemäß Artikel 14 Absatz 1 bis 4 der Verordnung (EU) 2016/679 besteht ergänzend zu den in Artikel 14 Absatz 5 der Verordnung (EU) 2016/679 genannten Ausnahmen nicht, soweit durch ihre Erfüllung Informationen offenbart würden, die ihrem Wesen nach, insbesondere wegen der überwiegenden berechtigten Interessen eines Dritten, geheim gehalten werden müssen. ²Das Recht auf Auskunft der betroffenen Person gemäß Artikel 15 der Verordnung (EU) 2016/679 besteht nicht, soweit durch die Auskunft Informationen offenbart würden, die nach einer Rechtsvorschrift oder ihrem Wesen nach, insbesondere wegen der überwiegenden berechtigten Interessen eines Dritten, geheim gehalten werden müssen. ³Die Pflicht zur Benachrichtigung

Bundesdatenschutzgesetz **BDSG 7b**

gemäß Artikel 34 der Verordnung (EU) 2016/679 besteht ergänzend zu der in Artikel 34 Absatz 3 der Verordnung (EU) 2016/679 genannten Ausnahme nicht, soweit durch die Benachrichtigung Informationen offenbart würden, die nach einer Rechtsvorschrift oder ihrem Wesen nach, insbesondere wegen der überwiegenden berechtigten Interessen eines Dritten, geheim gehalten werden müssen. [4]Abweichend von der Ausnahme nach Satz 3 ist die betroffene Person nach Artikel 34 der Verordnung (EU) 2016/679 zu benachrichtigen, wenn die Interessen der betroffenen Person, insbesondere unter Berücksichtigung drohender Schäden, gegenüber dem Geheimhaltungsinteresse überwiegen.

(2) Werden Daten Dritter im Zuge der Aufnahme oder im Rahmen eines Mandatsverhältnisses an einen Berufsgeheimnisträger übermittelt, so besteht die Pflicht der übermittelnden Stelle zur Information der betroffenen Person gemäß Artikel 13 Absatz 3 der Verordnung (EU) 2016/679 nicht, sofern nicht das Interesse der betroffenen Person an der Informationserteilung überwiegt.

(3) [1]Gegenüber den in § 203 Absatz 1, 2a und 3 des Strafgesetzbuches genannten Personen oder deren Auftragsverarbeitern bestehen die Untersuchungsbefugnisse der Aufsichtsbehörden gemäß Artikel 58 Absatz 1 Buchstabe e und f der Verordnung (EU) 2016/679 nicht, soweit die Inanspruchnahme der Befugnisse zu einem Verstoß gegen die Geheimhaltungspflichten dieser Personen führen würde. [2]Erlangt eine Aufsichtsbehörde im Rahmen einer Untersuchung Kenntnis von Daten, die einer Geheimhaltungspflicht im Sinne des Satzes 1 unterliegen, gilt die Geheimhaltungspflicht auch für die Aufsichtsbehörde.

§ 30 Verbraucherkredite. (1) Eine Stelle, die geschäftsmäßig personenbezogene Daten, die zur Bewertung der Kreditwürdigkeit von Verbrauchern genutzt werden dürfen, zum Zweck der Übermittlung erhebt, speichert oder verändert, hat Auskunftsverlangen von Darlehensgebern aus anderen Mitgliedstaaten der Europäischen Union genauso zu behandeln wie Auskunftsverlangen inländischer Darlehensgeber.

(2) [1]Wer den Abschluss eines Verbraucherdarlehensvertrags oder eines Vertrags über eine entgeltliche Finanzierungshilfe mit einem Verbraucher infolge einer Auskunft einer Stelle im Sinne des Absatzes 1 ablehnt, hat den Verbraucher unverzüglich hierüber sowie über die erhaltene Auskunft zu unterrichten. [2]Die Unterrichtung unterbleibt, soweit hierdurch die öffentliche Sicherheit oder Ordnung gefährdet würde. [3]§ 37 bleibt unberührt.

§ 31 Schutz des Wirtschaftsverkehrs bei Scoring und Bonitätsauskünften. (1) Die Verwendung eines Wahrscheinlichkeitswerts über ein bestimmtes zukünftiges Verhalten einer natürlichen Person zum Zweck der Entscheidung über die Begründung, Durchführung oder Beendigung eines Vertragsverhältnisses mit dieser Person (Scoring) ist nur zulässig, wenn
1. die Vorschriften des Datenschutzrechts eingehalten wurden,
2. die zur Berechnung des Wahrscheinlichkeitswerts genutzten Daten unter Zugrundelegung eines wissenschaftlich anerkannten mathematisch-statisti-

schen Verfahrens nachweisbar für die Berechnung der Wahrscheinlichkeit des bestimmten Verhaltens erheblich sind,
3. für die Berechnung des Wahrscheinlichkeitswerts nicht ausschließlich Anschriftendaten genutzt wurden und
4. im Fall der Nutzung von Anschriftendaten die betroffene Person vor Berechnung des Wahrscheinlichkeitswerts über die vorgesehene Nutzung dieser Daten unterrichtet worden ist; die Unterrichtung ist zu dokumentieren.

(2) ¹Die Verwendung eines von Auskunfteien ermittelten Wahrscheinlichkeitswerts über die Zahlungsfähig- und Zahlungswilligkeit einer natürlichen Person ist im Fall der Einbeziehung von Informationen über Forderungen nur zulässig, soweit die Voraussetzungen nach Absatz 1 vorliegen und nur solche Forderungen über eine geschuldete Leistung, die trotz Fälligkeit nicht erbracht worden ist, berücksichtigt werden,
1. die durch ein rechtskräftiges oder für vorläufig vollstreckbar erklärtes Urteil festgestellt worden sind oder für die ein Schuldtitel nach § 794 der Zivilprozessordnung vorliegt,
2. die nach § 178 der Insolvenzordnung festgestellt und nicht vom Schuldner im Prüfungstermin bestritten worden sind,
3. die der Schuldner ausdrücklich anerkannt hat,
4. bei denen
   a) der Schuldner nach Eintritt der Fälligkeit der Forderung mindestens zweimal schriftlich gemahnt worden ist,
   b) die erste Mahnung mindestens vier Wochen zurückliegt,
   c) der Schuldner zuvor, jedoch frühestens bei der ersten Mahnung, über eine mögliche Berücksichtigung durch eine Auskunftei unterrichtet worden ist und
   d) der Schuldner die Forderung nicht bestritten hat oder
5. deren zugrunde liegendes Vertragsverhältnis aufgrund von Zahlungsrückständen fristlos gekündigt werden kann und bei denen der Schuldner zuvor über eine mögliche Berücksichtigung durch eine Auskunftei unterrichtet worden ist.

²Die Zulässigkeit der Verarbeitung, einschließlich der Ermittlung von Wahrscheinlichkeitswerten, von anderen bonitätsrelevanten Daten nach allgemeinem Datenschutzrecht bleibt unberührt.

Kapitel 2

Rechte der betroffenen Person

§ 32 Informationspflicht bei Erhebung von personenbezogenen Daten bei der betroffenen Person. (1) Die Pflicht zur Information der betroffenen Person gemäß Artikel 13 Absatz 3 der Verordnung (EU) 2016/679 besteht ergänzend zu der in Artikel 13 Absatz 4 der Verordnung (EU) 2016/679 genannten Ausnahme dann nicht, wenn die Erteilung der Information über die beabsichtigte Weiterverarbeitung

Bundesdatenschutzgesetz **BDSG 7b**

1. eine Weiterverarbeitung analog gespeicherter Daten betrifft, bei der sich der Verantwortliche durch die Weiterverarbeitung unmittelbar an die betroffene Person wendet, der Zweck mit dem ursprünglichen Erhebungszweck gemäß der Verordnung (EU) 2016/679 vereinbar ist, die Kommunikation mit der betroffenen Person nicht in digitaler Form erfolgt und das Interesse der betroffenen Person an der Informationserteilung nach den Umständen des Einzelfalls, insbesondere mit Blick auf den Zusammenhang, in dem die Daten erhoben wurden, als gering anzusehen ist,
2. im Fall einer öffentlichen Stelle die ordnungsgemäße Erfüllung der in der Zuständigkeit des Verantwortlichen liegenden Aufgaben im Sinne des Artikels 23 Absatz 1 Buchstabe a bis e der Verordnung (EU) 2016/679 gefährden würde und die Interessen des Verantwortlichen an der Nichterteilung der Information die Interessen der betroffenen Person überwiegen,
3. die öffentliche Sicherheit oder Ordnung gefährden oder sonst dem Wohl des Bundes oder eines Landes Nachteile bereiten würde und die Interessen des Verantwortlichen an der Nichterteilung der Information die Interessen der betroffenen Person überwiegen,
4. die Geltendmachung, Ausübung oder Verteidigung rechtlicher Ansprüche beeinträchtigen würde und die Interessen des Verantwortlichen an der Nichterteilung der Information die Interessen der betroffenen Person überwiegen oder
5. eine vertrauliche Übermittlung von Daten an öffentliche Stellen gefährden würde.

(2) [1]Unterbleibt eine Information der betroffenen Person nach Maßgabe des Absatzes 1, ergreift der Verantwortliche geeignete Maßnahmen zum Schutz der berechtigten Interessen der betroffenen Person, einschließlich der Bereitstellung der in Artikel 13 Absatz 1 und 2 der Verordnung (EU) 2016/679 genannten Informationen für die Öffentlichkeit in präziser, transparenter, verständlicher und leicht zugänglicher Form in einer klaren und einfachen Sprache. [2]Der Verantwortliche hält schriftlich fest, aus welchen Gründen er von einer Information abgesehen hat. [3]Die Sätze 1 und 2 finden in den Fällen des Absatzes 1 Nummern 4 und 5 keine Anwendung.

(3) Unterbleibt die Benachrichtigung in den Fällen des Absatzes 1 wegen eines vorübergehenden Hinderungsgrundes, kommt der Verantwortliche der Informationspflicht unter Berücksichtigung der spezifischen Umstände der Verarbeitung innerhalb einer angemessenen Frist nach Fortfall des Hinderungsgrundes, spätestens jedoch innerhalb von zwei Wochen, nach.

§ 33 Informationspflicht, wenn die personenbezogenen Daten nicht bei der betroffenen Person erhoben wurden. (1) Die Pflicht zur Information der betroffenen Person gemäß Artikel 14 Absatz 1, 2 und 4 der Verordnung (EU) 2016/679 besteht ergänzend zu den in Artikel 14 Absatz 5 der Verordnung (EU) 2016/679 und der in § 29 Absatz 1 Satz 1 genannten Ausnahme nicht, wenn die Erteilung der Information
1. im Fall einer öffentlichen Stelle

7b BDSG Bundesdatenschutzgesetz

a) die ordnungsgemäße Erfüllung der in der Zuständigkeit des Verantwortlichen liegenden Aufgaben im Sinne des Artikel 23 Absatz 1 Buchstabe a bis e der Verordnung (EU) 2016/679 gefährden würde oder
b) die öffentliche Sicherheit oder Ordnung gefährden oder sonst dem Wohle des Bundes oder eines Landes Nachteile bereiten würde

und deswegen das Interesse der betroffenen Person an der Informationserteilung zurücktreten muss,
2. im Fall einer nichtöffentlichen Stelle
   a) die Geltendmachung, Ausübung oder Verteidigung zivilrechtlicher Ansprüche beeinträchtigen würde oder die Verarbeitung Daten aus zivilrechtlichen Verträgen beinhaltet und der Verhütung von Schäden durch Straftaten dient, sofern nicht das berechtigte Interesse der betroffenen Person an der Informationserteilung überwiegt, oder
   b) die zuständige öffentliche Stelle gegenüber dem Verantwortlichen festgestellt hat, dass das Bekanntwerden der Daten die öffentliche Sicherheit oder Ordnung gefährden oder sonst dem Wohle des Bundes oder eines Landes Nachteile bereiten würde; im Fall der Datenverarbeitung für Zwecke der Strafverfolgung bedarf es keiner Feststellung nach dem ersten Halbsatz.

(2) ¹Unterbleibt eine Information der betroffenen Person nach Maßgabe des Absatzes 1, ergreift der Verantwortliche geeignete Maßnahmen zum Schutz der berechtigten Interessen der betroffenen Person, einschließlich der Bereitstellung der in Artikel 14 Absatz 1 und 2 der Verordnung (EU) 2016/679 genannten Informationen für die Öffentlichkeit in präziser, transparenter, verständlicher und leicht zugänglicher Form in einer klaren und einfachen Sprache. ²Der Verantwortliche hält schriftlich fest, aus welchen Gründen er von einer Information abgesehen hat.

(3) Bezieht sich die Informationserteilung auf die Übermittlung personenbezogener Daten durch öffentliche Stellen an Verfassungsschutzbehörden, den Bundesnachrichtendienst, den Militärischen Abschirmdienst und, soweit die Sicherheit des Bundes berührt wird, andere Behörden des Bundesministeriums der Verteidigung, ist sie nur mit Zustimmung dieser Stellen zulässig.

§ 34 Auskunftsrecht der betroffenen Person. (1) Das Recht auf Auskunft der betroffenen Person gemäß Artikel 15 der Verordnung (EU) 2016/679 besteht ergänzend zu den in § 27 Absatz 2, § 28 Absatz 2 und § 29 Absatz 1 Satz 2 genannten Ausnahmen nicht, wenn
1. die betroffene Person nach § 33 Absatz 1 Nummer 1, Nummer 2 Buchstabe b oder Absatz 3 nicht zu informieren ist, oder
2. die Daten
   a) nur deshalb gespeichert sind, weil sie aufgrund gesetzlicher oder satzungsmäßiger Aufbewahrungsvorschriften nicht gelöscht werden dürfen, oder
   b) ausschließlich Zwecken der Datensicherung oder der Datenschutzkontrolle dienen

Bundesdatenschutzgesetz **BDSG 7b**

und die Auskunftserteilung einen unverhältnismäßigen Aufwand erfordern würde sowie eine Verarbeitung zu anderen Zwecken durch geeignete technische und organisatorische Maßnahmen ausgeschlossen ist.

(2) ¹Die Gründe der Auskunftsverweigerung sind zu dokumentieren. ²Die Ablehnung der Auskunftserteilung ist gegenüber der betroffenen Person zu begründen, soweit nicht durch die Mitteilung der tatsächlichen und rechtlichen Gründe, auf die die Entscheidung gestützt wird, der mit der Auskunftsverweigerung verfolgte Zweck gefährdet würde. ³Die zum Zweck der Auskunftserteilung an die betroffene Person und zu deren Vorbereitung gespeicherten Daten dürfen nur für diesen Zweck sowie für Zwecke der Datenschutzkontrolle verarbeitet werden; für andere Zwecke ist die Verarbeitung nach Maßgabe des Artikels 18 der Verordnung (EU) 2016/679 einzuschränken.

(3) ¹Wird der betroffenen Person durch eine öffentliche Stelle des Bundes keine Auskunft erteilt, so ist sie auf ihr Verlangen der oder dem Bundesbeauftragten zu erteilen, soweit nicht die jeweils zuständige oberste Bundesbehörde im Einzelfall feststellt, dass dadurch die Sicherheit des Bundes oder eines Landes gefährdet würde. ²Die Mitteilung der oder des Bundesbeauftragten an die betroffene Person über das Ergebnis der datenschutzrechtlichen Prüfung darf keine Rückschlüsse auf den Erkenntnisstand des Verantwortlichen zulassen, sofern dieser nicht einer weitergehenden Auskunft zustimmt.

(4) Das Recht der betroffenen Person auf Auskunft über personenbezogene Daten, die durch eine öffentliche Stelle weder automatisiert verarbeitet noch nicht automatisiert verarbeitet und in einem Dateisystem gespeichert werden, besteht nur, soweit die betroffene Person Angaben macht, die das Auffinden der Daten ermöglichen, und der für die Erteilung der Auskunft erforderliche Aufwand nicht außer Verhältnis zu dem von der betroffenen Person geltend gemachten Informationsinteresse steht.

§ 35 Recht auf Löschung. (1) ¹Ist eine Löschung im Falle nicht automatisierter Datenverarbeitung wegen der besonderen Art der Speicherung nicht oder nur mit unverhältnismäßig hohem Aufwand möglich und ist das Interesse der betroffenen Person an der Löschung als gering anzusehen, besteht das Recht der betroffenen Person auf und die Pflicht des Verantwortlichen zur Löschung personenbezogener Daten gemäß Artikel 17 Absatz 1 der Verordnung (EU) 2016/679 ergänzend zu den in Artikel 17 Absatz 3 der Verordnung (EU) 2016/679 genannten Ausnahmen nicht. ²In diesem Fall tritt an die Stelle einer Löschung die Einschränkung der Verarbeitung gemäß Artikel 18 der Verordnung (EU) 2016/679. ³Die Sätze 1 und 2 finden keine Anwendung, wenn die personenbezogenen Daten unrechtmäßig verarbeitet wurden.

(2) ¹Ergänzend zu Artikel 18 Absatz 1 Buchstabe b und c der Verordnung (EU) 2016/679 gilt Absatz 1 Satz 1 und 2 entsprechend im Fall des Artikels 17 Absatz 1 Buchstabe a und d der Verordnung (EU) 2016/679, solange und soweit der Verantwortliche Grund zu der Annahme hat, dass durch eine Löschung schutzwürdige Interessen der betroffenen Person beeinträchtigt würden. ²Der Verantwortliche unterrichtet die betroffene Person über die Ein-

schränkung der Verarbeitung, sofern sich die Unterrichtung nicht als unmöglich erweist oder einen unverhältnismäßigen Aufwand erfordern würde.

(3) Ergänzend zu Artikel 17 Absatz 3 Buchstabe b der Verordnung (EU) 2016/679 gilt Absatz 1 entsprechend im Fall des Artikels 17 Absatz 1 Buchstabe a der Verordnung (EU) 2016/679, wenn einer Löschung satzungsmäßige oder vertragliche Aufbewahrungsfristen entgegenstehen.

§ 36 Widerspruchsrecht. Das Recht auf Widerspruch gemäß Artikel 21 Absatz 1 der Verordnung (EU) 2016/679 gegenüber einer öffentlichen Stelle besteht nicht, soweit an der Verarbeitung ein zwingendes öffentliches Interesse besteht, das die Interessen der betroffenen Person überwiegt, oder eine Rechtsvorschrift zur Verarbeitung verpflichtet.

§ 37 Automatisierte Entscheidungen im Einzelfall einschließlich Profiling. (1) Das Recht gemäß Artikel 22 Absatz 1 der Verordnung (EU) 2016/679, keiner ausschließlich auf einer automatisierten Verarbeitung beruhenden Entscheidung unterworfen zu werden, besteht über die in Artikel 22 Absatz 2 Buchstabe a und c der Verordnung (EU) 2016/679 genannten Ausnahmen hinaus nicht, wenn die Entscheidung im Rahmen der Leistungserbringung nach einem Versicherungsvertrag ergeht und
1. dem Begehren der betroffenen Person stattgegeben wurde oder
2. die Entscheidung auf der Anwendung verbindlicher Entgeltregelungen für Heilbehandlungen beruht und der Verantwortliche für den Fall, dass dem Antrag nicht vollumfänglich stattgegeben wird, angemessene Maßnahmen zur Wahrung der berechtigten Interessen der betroffenen Person trifft, wozu mindestens das Recht auf Erwirkung des Eingreifens einer Person seitens des Verantwortlichen, auf Darlegung des eigenen Standpunkts und auf Anfechtung der Entscheidung zählt; der Verantwortliche informiert die betroffene Person über diese Rechte spätestens zum Zeitpunkt der Mitteilung, aus der sich ergibt, dass dem Antrag der betroffenen Person nicht vollumfänglich stattgegeben wird.

(2) [1]Entscheidungen nach Absatz 1 dürfen auf der Verarbeitung von Gesundheitsdaten im Sinne des Artikels 4 Nummer 15 der Verordnung (EU) 2016/679 beruhen. [2]Der Verantwortliche sieht angemessene und spezifische Maßnahmen zur Wahrung der Interessen der betroffenen Person gemäß § 22 Absatz 2 Satz 2 vor.

Kapitel 3

Pflichten der Verantwortlichen und Auftragsverarbeiter

§ 38 Datenschutzbeauftragte nichtöffentlicher Stellen. (1) [1]Ergänzend zu Artikel 37 Absatz 1 Buchstabe b und c der Verordnung (EU) 2016/679 benennen der Verantwortliche und der Auftragsverarbeiter eine Datenschutzbeauftragte oder einen Datenschutzbeauftragten, soweit sie in der Regel mindestens

20 Personen ständig mit der automatisierten Verarbeitung personenbezogener Daten beschäftigen. [2]Nehmen der Verantwortliche oder der Auftragsverarbeiter Verarbeitungen vor, die einer Datenschutz-Folgenabschätzung nach Artikel 35 der Verordnung (EU) 2016/679 unterliegen, oder verarbeiten sie personenbezogene Daten geschäftsmäßig zum Zweck der Übermittlung, der anonymisierten Übermittlung oder für Zwecke der Markt- oder Meinungsforschung, haben sie unabhängig von der Anzahl der mit der Verarbeitung beschäftigten Personen eine Datenschutzbeauftragte oder einen Datenschutzbeauftragten zu benennen.

(2) § 6 Absatz 4, 5 Satz 2 und Absatz 6 finden Anwendung, § 6 Absatz 4 jedoch nur, wenn die Benennung einer oder eines Datenschutzbeauftragten verpflichtend ist.

§ 39 Akkreditierung. [1]Die Erteilung der Befugnis, als Zertifizierungsstelle gemäß Artikel 43 Absatz 1 Satz 1 der Verordnung (EU) 2016/679 tätig zu werden, erfolgt durch die für die datenschutzrechtliche Aufsicht über die Zertifizierungsstelle zuständige Aufsichtsbehörde des Bundes oder der Länder auf der Grundlage einer Akkreditierung durch die Deutsche Akkreditierungsstelle. [2]§ 2 Absatz 3 Satz 2, § 4 Absatz 3 und § 10 Absatz 1 Satz 1 Nummer 3 des Akkreditierungsstellengesetzes finden mit der Maßgabe Anwendung, dass der Datenschutz als ein dem Anwendungsbereich des § 1 Absatz 2 Satz 2 unterfallender Bereich gilt.

Kapitel 4

Aufsichtsbehörde für die Datenverarbeitung durch nichtöffentliche Stellen

§ 40 Aufsichtsbehörden der Länder. (1) Die nach Landesrecht zuständigen Behörden überwachen im Anwendungsbereich der Verordnung (EU) 2016/679 bei den nichtöffentlichen Stellen die Anwendung der Vorschriften über den Datenschutz.

(2) [1]Hat der Verantwortliche oder Auftragsverarbeiter mehrere inländische Niederlassungen, findet für die Bestimmung der zuständigen Aufsichtsbehörde Artikel 4 Nummer 16 der Verordnung (EU) 2016/679 entsprechende Anwendung. [2]Wenn sich mehrere Behörden für zuständig oder für unzuständig halten oder wenn die Zuständigkeit aus anderen Gründen zweifelhaft ist, treffen die Aufsichtsbehörden die Entscheidung gemeinsam nach Maßgabe des § 18 Absatz 2. [3]§ 3 Absatz 3 und 4 des Verwaltungsverfahrensgesetzes findet entsprechende Anwendung.

(3) [1]Die Aufsichtsbehörde darf die von ihr gespeicherten Daten nur für Zwecke der Aufsicht verarbeiten; hierbei darf sie Daten an andere Aufsichtsbehörden übermitteln. [2]Eine Verarbeitung zu einem anderen Zweck ist über Artikel 6 Absatz 4 der Verordnung (EU) 2016/679 hinaus zulässig, wenn

1. offensichtlich ist, dass sie im Interesse der betroffenen Person liegt und kein Grund zu der Annahme besteht, dass sie in Kenntnis des anderen Zwecks ihre Einwilligung verweigern würde,
2. sie zur Abwehr erheblicher Nachteile für das Gemeinwohl oder einer Gefahr für die öffentliche Sicherheit oder zur Wahrung erheblicher Belange des Gemeinwohls erforderlich ist oder
3. sie zur Verfolgung von Straftaten oder Ordnungswidrigkeiten, zur Vollstreckung oder zum Vollzug von Strafen oder Maßnahmen im Sinne des § 11 Absatz 1 Nummer 8 des Strafgesetzbuchs oder von Erziehungsmaßregeln oder Zuchtmitteln im Sinne des Jugendgerichtsgesetzes oder zur Vollstreckung von Geldbußen erforderlich ist.

[3]Stellt die Aufsichtsbehörde einen Verstoß gegen die Vorschriften über den Datenschutz fest, so ist sie befugt, die betroffenen Personen hierüber zu unterrichten, den Verstoß anderen für die Verfolgung oder Ahndung zuständigen Stellen anzuzeigen sowie bei schwerwiegenden Verstößen die Gewerbeaufsichtsbehörde zur Durchführung gewerberechtlicher Maßnahmen zu unterrichten. [4]§ 13 Absatz 4 Satz 4 bis 7 gilt entsprechend.

(4) [1]Die der Aufsicht unterliegenden Stellen sowie die mit deren Leitung beauftragten Personen haben einer Aufsichtsbehörde auf Verlangen die für die Erfüllung ihrer Aufgaben erforderlichen Auskünfte zu erteilen. [2]Der Auskunftspflichtige kann die Auskunft auf solche Fragen verweigern, deren Beantwortung ihn selbst oder einen der in § 383 Absatz 1 Nummer 1 bis 3 der Zivilprozessordnung bezeichneten Angehörigen der Gefahr strafgerichtlicher Verfolgung oder eines Verfahrens nach dem Gesetz über Ordnungswidrigkeiten aussetzen würde. [3]Der Auskunftspflichtige ist darauf hinzuweisen.

(5) [1]Die von einer Aufsichtsbehörde mit der Überwachung der Einhaltung der Vorschriften über den Datenschutz beauftragten Personen sind befugt, zur Erfüllung ihrer Aufgaben Grundstücke und Geschäftsräume der Stelle zu betreten und Zugang zu allen Datenverarbeitungsanlagen und -geräten zu erhalten. [2]Die Stelle ist insoweit zur Duldung verpflichtet. [3]§ 16 Absatz 4 gilt entsprechend.

(6) [1]Die Aufsichtsbehörden beraten und unterstützen die Datenschutzbeauftragten mit Rücksicht auf deren typische Bedürfnisse. [2]Sie können die Abberufung der oder des Datenschutzbeauftragten verlangen, wenn sie oder er die zur Erfüllung ihrer oder seiner Aufgaben erforderliche Fachkunde nicht besitzt oder im Fall des Artikels 38 Absatz 6 der Verordnung (EU) 2016/679 ein schwerwiegender Interessenkonflikt vorliegt.

(7) Die Anwendung der Gewerbeordnung bleibt unberührt.

Kapitel 5

Sanktionen

§ 41 Anwendung der Vorschriften über das Bußgeld- und Strafverfahren. (1) [1]Für Verstöße nach Artikel 83 Absatz 4 bis 6 der Verordnung (EU)

Bundesdatenschutzgesetz **BDSG 7b**

2016/679 gelten, soweit dieses Gesetz nichts anderes bestimmt, die Vorschriften des Gesetzes über Ordnungswidrigkeiten sinngemäß. ²Die §§ 17, 35 und 36 des Gesetzes über Ordnungswidrigkeiten finden keine Anwendung. ³§ 68 des Gesetzes über Ordnungswidrigkeiten findet mit der Maßgabe Anwendung, dass das Landgericht entscheidet, wenn die festgesetzte Geldbuße den Betrag von einhunderttausend Euro übersteigt.

(2) ¹Für Verfahren wegen eines Verstoßes nach Artikel 83 Absatz 4 bis 6 der Verordnung (EU) 2016/679 gelten, soweit dieses Gesetz nichts anderes bestimmt, die Vorschriften des Gesetzes über Ordnungswidrigkeiten und der allgemeinen Gesetze über das Strafverfahren, namentlich der Strafprozessordnung und des Gerichtsverfassungsgesetzes, entsprechend. ²Die §§ 56 bis 58, 87, 88, 99 und 100 des Gesetzes über Ordnungswidrigkeiten finden keine Anwendung. ³§ 69 Absatz 4 Satz 2 des Gesetzes über Ordnungswidrigkeiten findet mit der Maßgabe Anwendung, dass die Staatsanwaltschaft das Verfahren nur mit Zustimmung der Aufsichtsbehörde, die den Bußgeldbescheid erlassen hat, einstellen kann.

§ 42 Strafvorschriften. (1) Mit Freiheitsstrafe bis zu drei Jahren oder mit Geldstrafe wird bestraft, wer wissentlich nicht allgemein zugängliche personenbezogene Daten einer großen Zahl von Personen ohne hierzu berechtigt zu sein,
1. einem Dritten übermittelt oder
2. auf andere Art und Weise zugänglich macht
   und hierbei gewerbsmäßig handelt.

(2) Mit Freiheitsstrafe bis zu zwei Jahren oder mit Geldstrafe wird bestraft, wer personenbezogene Daten, die nicht allgemein zugänglich sind,
1. ohne hierzu berechtigt zu sein, verarbeitet oder
2. durch unrichtige Angaben erschleicht
   und hierbei gegen Entgelt oder in der Absicht handelt, sich oder einen anderen zu bereichern oder einen anderen zu schädigen.

(3) ¹Die Tat wird nur auf Antrag verfolgt. ²Antragsberechtigt sind die betroffene Person, der Verantwortliche, die oder der Bundesbeauftragte und die Aufsichtsbehörde.

(4) Eine Meldung nach Artikel 33 der Verordnung (EU) 2016/679 oder eine Benachrichtigung nach Artikel 34 Absatz 1 der Verordnung (EU) 2016/679 darf in einem Strafverfahren gegen den Meldepflichtigen oder Benachrichtigenden oder seine in § 52 Absatz 1 der Strafprozessordnung bezeichneten Angehörigen nur mit Zustimmung des Meldepflichtigen oder Benachrichtigenden verwendet werden.

§ 43 Bußgeldvorschriften. (1) Ordnungswidrig handelt, wer vorsätzlich oder fahrlässig
1. entgegen § 30 Absatz 1 ein Auskunftsverlangen nicht richtig behandelt oder

2. entgegen § 30 Absatz 2 Satz 1 einen Verbraucher nicht, nicht richtig, nicht vollständig oder nicht rechtzeitig unterrichtet.

(2) Die Ordnungswidrigkeit kann mit einer Geldbuße bis zu fünfzigtausend Euro geahndet werden.

(3) Gegen Behörden und sonstige öffentliche Stellen im Sinne des § 2 Absatz 1 werden keine Geldbußen verhängt.

(4) Eine Meldung nach Artikel 33 der Verordnung (EU) 2016/679 oder eine Benachrichtigung nach Artikel 34 Absatz 1 der Verordnung (EU) 2016/679 darf in einem Verfahren nach dem Gesetz über Ordnungswidrigkeiten gegen den Meldepflichtigen oder Benachrichtigenden oder seine in § 52 Absatz 1 der Strafprozessordnung bezeichneten Angehörigen nur mit Zustimmung des Meldepflichtigen oder Benachrichtigenden verwendet werden.

Kapitel 6

Rechtsbehelfe

§ 44 Klagen gegen den Verantwortlichen oder Auftragsverarbeiter. (1) [1]Klagen der betroffenen Person gegen einen Verantwortlichen oder einen Auftragsverarbeiter wegen eines Verstoßes gegen datenschutzrechtliche Bestimmungen im Anwendungsbereich der Verordnung (EU) 2016/679 oder der darin enthaltenen Rechte der betroffenen Person können bei dem Gericht des Ortes erhoben werden, an dem sich eine Niederlassung des Verantwortlichen oder Auftragsverarbeiters befindet. [2]Klagen nach Satz 1 können auch bei dem Gericht des Ortes erhoben werden, an dem die betroffene Person ihren gewöhnlichen Aufenthaltsort hat.

(2) Absatz 1 gilt nicht für Klagen gegen Behörden, die in Ausübung ihrer hoheitlichen Befugnisse tätig geworden sind.

(3) [1]Hat der Verantwortliche oder Auftragsverarbeiter einen Vertreter nach Artikel 27 Absatz 1 der Verordnung (EU) 2016/679 benannt, gilt dieser auch als bevollmächtigt, Zustellungen in zivilgerichtlichen Verfahren nach Absatz 1 entgegenzunehmen. [2]§ 184 der Zivilprozessordnung bleibt unberührt.

Bundesdatenschutzgesetz **BDSG 7b**

Teil 3

Bestimmungen für Verarbeitungen zu Zwecken gemäß Art. 1 Absatz 1 der Richtlinie (EU) 2016/680

Kapitel 1

Anwendungsbereich, Begriffsbestimmungen und allgemeine Grundsätze für die Verarbeitung personenbezogener Daten

§ 45 Anwendungsbereich. ¹Die Vorschriften dieses Teils gelten für die Verarbeitung personenbezogener Daten durch die für die Verhütung, Ermittlung, Aufdeckung, Verfolgung oder Ahndung von Straftaten oder Ordnungswidrigkeiten zuständigen öffentlichen Stellen, soweit sie Daten zum Zweck der Erfüllung dieser Aufgaben verarbeiten. ²Die öffentlichen Stellen gelten dabei als Verantwortliche. ³Die Verhütung von Straftaten im Sinne des Satzes 1 umfasst den Schutz vor und die Abwehr von Gefahren für die öffentliche Sicherheit. ⁴Die Sätze 1 und 2 finden zudem Anwendung auf diejenigen öffentlichen Stellen, die für die Vollstreckung von Strafen, von Maßnahmen im Sinne des § 11 Absatz 1 Nummer 8 des Strafgesetzbuchs, von Erziehungsmaßregeln oder Zuchtmitteln im Sinne des Jugendgerichtsgesetzes und von Geldbußen zuständig sind. ⁵Soweit dieser Teil Vorschriften für Auftragsverarbeiter enthält, gilt er auch für diese.

§ 46 Begriffsbestimmungen. Es bezeichnen die Begriffe:
1. „personenbezogene Daten" alle Informationen, die sich auf eine identifizierte oder identifizierbare natürliche Person (betroffene Person) beziehen; als identifizierbar wird eine natürliche Person angesehen, die direkt oder indirekt, insbesondere mittels Zuordnung zu einer Kennung wie einem Namen, zu einer Kennnummer, zu Standortdaten, zu einer Online-Kennung oder zu einem oder mehreren besonderen Merkmalen, die Ausdruck der physischen, physiologischen, genetischen, psychischen, wirtschaftlichen, kulturellen oder sozialen Identität dieser Person sind, identifiziert werden kann;
2. „Verarbeitung" jeden mit oder ohne Hilfe automatisierter Verfahren ausgeführten Vorgang oder jede solche Vorgangsreihe im Zusammenhang mit personenbezogenen Daten wie das Erheben, das Erfassen, die Organisation, das Ordnen, die Speicherung, die Anpassung, die Veränderung, das Auslesen, das Abfragen, die Verwendung, die Offenlegung durch Übermittlung, Verbreitung oder eine andere Form der Bereitstellung, den Abgleich, die Verknüpfung, die Einschränkung, das Löschen oder die Vernichtung;
3. „Einschränkung der Verarbeitung" die Markierung gespeicherter personenbezogener Daten mit dem Ziel, ihre künftige Verarbeitung einzuschränken;
4. „Profiling" jede Art der automatisierten Verarbeitung personenbezogener Daten, bei der diese Daten verwendet werden, um bestimmte persönliche Aspekte, die sich auf eine natürliche Person beziehen, zu bewerten, insbe-

sondere um Aspekte der Arbeitsleistung, der wirtschaftlichen Lage, der Gesundheit, der persönlichen Vorlieben, der Interessen, der Zuverlässigkeit, des Verhaltens, der Aufenthaltsorte oder der Ortswechsel dieser natürlichen Person zu analysieren oder vorherzusagen;
5. „Pseudonymisierung" die Verarbeitung personenbezogener Daten in einer Weise, in der die Daten ohne Hinzuziehung zusätzlicher Informationen nicht mehr einer spezifischen betroffenen Person zugeordnet werden können, sofern diese zusätzlichen Informationen gesondert aufbewahrt werden und technischen und organisatorischen Maßnahmen unterliegen, die gewährleisten, dass die Daten keiner betroffenen Person zugewiesen werden können;
6. „Dateisystem" jede strukturierte Sammlung personenbezogener Daten, die nach bestimmten Kriterien zugänglich sind, unabhängig davon, ob diese Sammlung zentral, dezentral oder nach funktionalen oder geografischen Gesichtspunkten geordnet geführt wird;
7. „Verantwortlicher" die natürliche oder juristische Person, Behörde, Einrichtung oder andere Stelle, die allein oder gemeinsam mit anderen über die Zwecke und Mittel der Verarbeitung von personenbezogenen Daten entscheidet;
8. „Auftragsverarbeiter" eine natürliche oder juristische Person, Behörde, Einrichtung oder andere Stelle, die personenbezogene Daten im Auftrag des Verantwortlichen verarbeitet;
9. „Empfänger" eine natürliche oder juristische Person, Behörde, Einrichtung oder andere Stelle, der personenbezogene Daten offengelegt werden, unabhängig davon, ob es sich bei ihr um einen Dritten handelt oder nicht; Behörden, die im Rahmen eines bestimmten Untersuchungsauftrags nach dem Unionsrecht oder anderen Rechtsvorschriften personenbezogene Daten erhalten, gelten jedoch nicht als Empfänger; die Verarbeitung dieser Daten durch die genannten Behörden erfolgt im Einklang mit den geltenden Datenschutzvorschriften gemäß den Zwecken der Verarbeitung;
10. „Verletzung des Schutzes personenbezogener Daten" eine Verletzung der Sicherheit, die zur unbeabsichtigten oder unrechtmäßigen Vernichtung, zum Verlust, zur Veränderung oder zur unbefugten Offenlegung von oder zum unbefugten Zugang zu personenbezogenen Daten geführt hat, die verarbeitet wurden;
11. „genetische Daten" personenbezogene Daten zu den ererbten oder erworbenen genetischen Eigenschaften einer natürlichen Person, die eindeutige Informationen über die Physiologie oder die Gesundheit dieser Person liefern, insbesondere solche, die aus der Analyse einer biologischen Probe der Person gewonnen wurden;
12. „biometrische Daten" mit speziellen technischen Verfahren gewonnene personenbezogene Daten zu den physischen, physiologischen oder verhaltenstypischen Merkmalen einer natürlichen Person, die die eindeutige Identifizierung dieser natürlichen Person ermöglichen oder bestätigen, insbesondere Gesichtsbilder oder daktyloskopische Daten;

Bundesdatenschutzgesetz **BDSG 7b**

13. „Gesundheitsdaten" personenbezogene Daten, die sich auf die körperliche oder geistige Gesundheit einer natürlichen Person, einschließlich der Erbringung von Gesundheitsdienstleistungen, beziehen und aus denen Informationen über deren Gesundheitszustand hervorgehen;
14. „besondere Kategorien personenbezogener Daten"
    a) Daten, aus denen die rassische oder ethnische Herkunft, politische Meinungen, religiöse oder weltanschauliche Überzeugungen oder die Gewerkschaftszugehörigkeit hervorgehen,
    b) genetische Daten,
    c) biometrische Daten zur eindeutigen Identifizierung einer natürlichen Person,
    d) Gesundheitsdaten und
    e) Daten zum Sexualleben oder zur sexuellen Orientierung;
15. „Aufsichtsbehörde" eine von einem Mitgliedstaat gemäß Artikel 41 der Richtlinie (EU) 2016/680 eingerichtete unabhängige staatliche Stelle;
16. „internationale Organisation" eine völkerrechtliche Organisation und ihre nachgeordneten Stellen sowie jede sonstige Einrichtung, die durch eine von zwei oder mehr Staaten geschlossene Übereinkunft oder auf der Grundlage einer solchen Übereinkunft geschaffen wurde;
17. „Einwilligung" jede freiwillig für den bestimmten Fall, in informierter Weise und unmissverständlich abgegebene Willensbekundung in Form einer Erklärung oder einer sonstigen eindeutigen bestätigenden Handlung, mit der die betroffene Person zu verstehen gibt, dass sie mit der Verarbeitung der sie betreffenden personenbezogenen Daten einverstanden ist.

§ 47 Allgemeine Grundsätze für die Verarbeitung personenbezogener Daten. Personenbezogene Daten müssen
1. auf rechtmäßige Weise und nach Treu und Glauben verarbeitet werden,
2. für festgelegte, eindeutige und rechtmäßige Zwecke erhoben und nicht in einer mit diesen Zwecken nicht zu vereinbarenden Weise verarbeitet werden,
3. dem Verarbeitungszweck entsprechen, für das Erreichen des Verarbeitungszwecks erforderlich sein und ihre Verarbeitung nicht außer Verhältnis zu diesem Zweck stehen,
4. sachlich richtig und erforderlichenfalls auf dem neuesten Stand sein; dabei sind alle angemessenen Maßnahmen zu treffen, damit personenbezogene Daten, die im Hinblick auf die Zwecke ihrer Verarbeitung unrichtig sind, unverzüglich gelöscht oder berichtigt werden,
5. nicht länger als es für die Zwecke, für die sie verarbeitet werden, erforderlich ist, in einer Form gespeichert werden, die die Identifizierung der betroffenen Personen ermöglicht, und
6. in einer Weise verarbeitet werden, die eine angemessene Sicherheit der personenbezogenen Daten gewährleistet; hierzu gehört auch ein durch geeignete technische und organisatorische Maßnahmen zu gewährleistender

Schutz vor unbefugter oder unrechtmäßiger Verarbeitung, unbeabsichtigtem Verlust, unbeabsichtigter Zerstörung oder unbeabsichtigter Schädigung.

Kapitel 2
Rechtsgrundlagen der Verarbeitung personenbezogener Daten

§ 48 Verarbeitung besonderer Kategorien personenbezogener Daten.
(1) Die Verarbeitung besonderer Kategorien personenbezogener Daten ist nur zulässig, wenn sie zur Aufgabenerfüllung unbedingt erforderlich ist.

(2) [1]Werden besondere Kategorien personenbezogener Daten verarbeitet, sind geeignete Garantien für die Rechtsgüter der betroffenen Personen vorzusehen. [2]Geeignete Garantien können insbesondere sein
1. spezifische Anforderungen an die Datensicherheit oder die Datenschutzkontrolle,
2. die Festlegung von besonderen Aussonderungsprüffristen,
3. die Sensibilisierung der an Verarbeitungsvorgängen Beteiligten,
4. die Beschränkung des Zugangs zu den personenbezogenen Daten innerhalb der verantwortlichen Stelle,
5. die von anderen Daten getrennte Verarbeitung,
6. die Pseudonymisierung personenbezogener Daten,
7. die Verschlüsselung personenbezogener Daten oder
8. spezifische Verfahrensregelungen, die im Fall einer Übermittlung oder Verarbeitung für andere Zwecke die Rechtmäßigkeit der Verarbeitung sicherstellen.

§ 49 Verarbeitung zu anderen Zwecken. [1]Eine Verarbeitung personenbezogener Daten zu einem anderen Zweck als zu demjenigen, zu dem sie erhoben wurden, ist zulässig, wenn es sich bei dem anderen Zweck um einen der in § 45 genannten Zwecke handelt, der Verantwortliche befugt ist, Daten zu diesem Zweck zu verarbeiten, und die Verarbeitung zu diesem Zweck erforderlich und verhältnismäßig ist. [2]Die Verarbeitung personenbezogener Daten zu einem anderen, in § 45 nicht genannten Zweck ist zulässig, wenn sie in einer Rechtsvorschrift vorgesehen ist.

§ 50 Verarbeitung zu archivarischen, wissenschaftlichen und statistischen Zwecken. [1]Personenbezogene Daten dürfen im Rahmen der in § 45 genannten Zwecke in archivarischer, wissenschaftlicher oder statistischer Form verarbeitet werden, wenn hieran ein öffentliches Interesse besteht und geeignete Garantien für die Rechtsgüter der betroffenen Personen vorgesehen werden. [2]Solche Garantien können in einer so zeitnah wie möglich erfolgenden Anonymisierung der personenbezogenen Daten, in Vorkehrungen gegen ihre unbe-

Bundesdatenschutzgesetz **BDSG 7b**

fugte Kenntnisnahme durch Dritte oder in ihrer räumlich und organisatorisch von den sonstigen Fachaufgaben getrennten Verarbeitung bestehen.

§ 51 Einwilligung. (1) Soweit die Verarbeitung personenbezogener Daten nach einer Rechtsvorschrift auf der Grundlage einer Einwilligung erfolgen kann, muss der Verantwortliche die Einwilligung der betroffenen Person nachweisen können.

(2) Erfolgt die Einwilligung der betroffenen Person durch eine schriftliche Erklärung, die noch andere Sachverhalte betrifft, muss das Ersuchen um Einwilligung in verständlicher und leicht zugänglicher Form in einer klaren und einfachen Sprache so erfolgen, dass es von den anderen Sachverhalten klar zu unterscheiden ist.

(3) [1]Die betroffene Person hat das Recht, ihre Einwilligung jederzeit zu widerrufen. [2]Durch den Widerruf der Einwilligung wird die Rechtmäßigkeit der aufgrund der Einwilligung bis zum Widerruf erfolgten Verarbeitung nicht berührt. [3]Die betroffene Person ist vor Abgabe der Einwilligung hiervon in Kenntnis zu setzen.

(4) [1]Die Einwilligung ist nur wirksam, wenn sie auf der freien Entscheidung der betroffenen Person beruht. [2]Bei der Beurteilung, ob die Einwilligung freiwillig erteilt wurde, müssen die Umstände der Erteilung berücksichtigt werden. [3]Die betroffene Person ist auf den vorgesehenen Zweck der Verarbeitung hinzuweisen. [4]Ist dies nach den Umständen des Einzelfalles erforderlich oder verlangt die betroffene Person dies, ist sie auch über die Folgen der Verweigerung der Einwilligung zu belehren.

(5) Soweit besondere Kategorien personenbezogener Daten verarbeitet werden, muss sich die Einwilligung ausdrücklich auf diese Daten beziehen.

§ 52 Verarbeitung auf Weisung des Verantwortlichen. Jede einem Verantwortlichen oder einem Auftragsverarbeiter unterstellte Person, die Zugang zu personenbezogenen Daten hat, darf diese Daten ausschließlich auf Weisung des Verantwortlichen verarbeiten, es sei denn, dass sie nach einer Rechtsvorschrift zur Verarbeitung verpflichtet ist.

§ 53 Datengeheimnis. [1]Mit Datenverarbeitung befasste Personen dürfen personenbezogene Daten nicht unbefugt verarbeiten (Datengeheimnis). [2]Sie sind bei der Aufnahme ihrer Tätigkeit auf das Datengeheimnis zu verpflichten. [3]Das Datengeheimnis besteht auch nach der Beendigung ihrer Tätigkeit fort.

§ 54 Automatisierte Einzelentscheidung. (1) Eine ausschließlich auf einer automatischen Verarbeitung beruhende Entscheidung, die mit einer nachteiligen Rechtsfolge für die betroffene Person verbunden ist oder sie erheblich beeinträchtigt, ist nur zulässig, wenn sie in einer Rechtsvorschrift vorgesehen ist.

(2) Entscheidungen nach Absatz 1 dürfen nicht auf besonderen Kategorien personenbezogener Daten beruhen, sofern nicht geeignete Maßnahmen zum

Schutz der Rechtsgüter sowie der berechtigten Interessen der betroffenen Personen getroffen wurden.

(3) Profiling, das zur Folge hat, dass betroffene Personen auf der Grundlage von besonderen Kategorien personenbezogener Daten diskriminiert werden, ist verboten.

Kapitel 3

Rechte der betroffenen Person

§ 55 Allgemeine Informationen zu Datenverarbeitungen. Der Verantwortliche hat in allgemeiner Form und für jedermann zugänglich Informationen zur Verfügung zu stellen über
1. die Zwecke der von ihm vorgenommenen Verarbeitungen,
2. die im Hinblick auf die Verarbeitung ihrer personenbezogenen Daten bestehenden Rechte der betroffenen Personen auf Auskunft, Berichtigung, Löschung und Einschränkung der Verarbeitung,
3. den Namen und die Kontaktdaten des Verantwortlichen und der oder des Datenschutzbeauftragten,
4. das Recht, die Bundesbeauftragte oder den Bundesbeauftragten anzurufen, und
5. die Erreichbarkeit der oder des Bundesbeauftragten.

§ 56 Benachrichtigung betroffener Personen. (1) Ist die Benachrichtigung betroffener Personen über die Verarbeitung sie betreffender personenbezogener Daten in speziellen Rechtsvorschriften, insbesondere bei verdeckten Maßnahmen, vorgesehen oder angeordnet, so hat diese Benachrichtigung zumindest die folgenden Angaben zu enthalten:
1. die in § 55 genannten Angaben,
2. die Rechtsgrundlage der Verarbeitung,
3. die für die Daten geltende Speicherdauer oder, falls dies nicht möglich ist, die Kriterien für die Festlegung dieser Dauer,
4. gegebenenfalls die Kategorien von Empfängern der personenbezogenen Daten sowie
5. erforderlichenfalls weitere Informationen, insbesondere, wenn die personenbezogenen Daten ohne Wissen der betroffenen Person erhoben wurden.

(2) In den Fällen des Absatzes 1 kann der Verantwortliche die Benachrichtigung insoweit und solange aufschieben, einschränken oder unterlassen, wie andernfalls
1. die Erfüllung der in § 45 genannten Aufgaben,
2. die öffentliche Sicherheit oder
3. Rechtsgüter Dritter
gefährdet würden, wenn das Interesse an der Vermeidung dieser Gefahren das Informationsinteresse der betroffenen Person überwiegt.

Bundesdatenschutzgesetz **BDSG 7b**

(3) Bezieht sich die Benachrichtigung auf die Übermittlung personenbezogener Daten an Verfassungsschutzbehörden, den Bundesnachrichtendienst, den Militärischen Abschirmdienst und, soweit die Sicherheit des Bundes berührt wird, andere Behörden des Bundesministeriums der Verteidigung, ist sie nur mit Zustimmung dieser Stellen zulässig.

(4) Im Fall der Einschränkung nach Absatz 2 gilt § 57 Absatz 7 entsprechend.

§ 57 Auskunftsrecht. (1) ¹Der Verantwortliche hat betroffen Personen auf Antrag Auskunft darüber zu erteilen, ob er sie betreffende Daten verarbeitet. ²Betroffene Personen haben darüber hinaus das Recht, Informationen zu erhalten über
1. die personenbezogenen Daten, die Gegenstand der Verarbeitung sind, und die Kategorie, zu der sie gehören,
2. die verfügbaren Informationen über die Herkunft der Daten,
3. die Zwecke der Verarbeitung und deren Rechtsgrundlage,
4. die Empfänger oder die Kategorien von Empfängern, gegenüber denen die Daten offengelegt worden sind, insbesondere bei Empfängern in Drittstaaten oder bei internationalen Organisationen,
5. die für die Daten geltende Speicherdauer oder, falls dies nicht möglich ist, die Kriterien für die Festlegung dieser Dauer,
6. das Bestehen eines Rechts auf Berichtigung, Löschung oder Einschränkung der Verarbeitung der Daten durch den Verantwortlichen,
7. das Recht nach § 60, die Bundesbeauftragte oder den Bundesbeauftragten anzurufen, sowie
8. Angaben zur Erreichbarkeit der oder des Bundesbeauftragten.

(2) Absatz 1 gilt nicht für personenbezogene Daten, die nur deshalb verarbeitet werden, weil sie aufgrund gesetzlicher Aufbewahrungsvorschriften nicht gelöscht werden dürfen oder die ausschließlich Zwecken der Datensicherung oder der Datenschutzkontrolle dienen, wenn die Auskunftserteilung einen unverhältnismäßigen Aufwand erfordern würde und eine Verarbeitung zu anderen Zwecken durch geeignete technische und organisatorische Maßnahmen ausgeschlossen ist.

(3) Von der Auskunftserteilung ist abzusehen, wenn die betroffene Person keine Angaben macht, die das Auffinden der Daten ermöglichen, und deshalb der für die Erteilung der Auskunft erforderliche Aufwand außer Verhältnis zu dem von der betroffenen Person geltend gemachten Informationsinteresse steht.

(4) Der Verantwortliche kann unter den Voraussetzungen des § 56 Absatz 2 von der Auskunft nach Absatz 1 Satz 1 absehen oder die Auskunftserteilung nach Absatz 1 Satz 2 teilweise oder vollständig einschränken.

(5) Bezieht sich die Auskunftserteilung auf die Übermittlung personenbezogener Daten an Verfassungsschutzbehörden, den Bundesnachrichtendienst, den Militärischen Abschirmdienst und, soweit die Sicherheit des Bundes be-

rührt wird, andere Behörden des Bundesministeriums der Verteidigung, ist sie nur mit Zustimmung dieser Stellen zulässig.

(6) [1]Der Verantwortliche hat die betroffene Person über das Absehen von oder die Einschränkung einer Auskunft unverzüglich schriftlich zu unterrichten. [2]Dies gilt nicht, wenn bereits die Erteilung dieser Informationen eine Gefährdung im Sinne des § 56 Absatz 2 mit sich bringen würde. [3]Die Unterrichtung nach Satz 1 ist zu begründen, es sei denn, dass die Mitteilung der Gründe den mit dem Absehen von oder der Einschränkung der Auskunft verfolgten Zweck gefährden würde.

(7) [1]Wird die betroffene Person nach Absatz 6 über das Absehen von oder die Einschränkung der Auskunft unterrichtet, kann sie ihr Auskunftsrecht auch über die Bundesbeauftragte oder den Bundesbeauftragten ausüben. [2]Der Verantwortliche hat die betroffene Person über diese Möglichkeit sowie darüber zu unterrichten, dass sie gemäß § 60 die Bundesbeauftragte oder den Bundesbeauftragten anrufen oder gerichtlichen Rechtsschutz suchen kann. [3]Macht die betroffene Person von ihrem Recht nach Satz 1 Gebrauch, ist die Auskunft auf ihr Verlangen der oder dem Bundesbeauftragten zu erteilen, soweit nicht die zuständige oberste Bundesbehörde im Einzelfall feststellt, dass dadurch die Sicherheit des Bundes oder eines Landes gefährdet würde. [4]Die oder der Bundesbeauftragte hat die betroffene Person zumindest darüber zu unterrichten, dass alle erforderlichen Prüfungen erfolgt sind oder eine Überprüfung durch sie stattgefunden hat. [5]Diese Mitteilung kann die Information enthalten, ob datenschutzrechtliche Verstöße festgestellt wurden. [6]Die Mitteilung der oder des Bundesbeauftragten an die betroffene Person darf keine Rückschlüsse auf den Erkenntnisstand des Verantwortlichen zulassen, sofern dieser keiner weitergehenden Auskunft zustimmt. [7]Der Verantwortliche darf die Zustimmung nur insoweit und solange verweigern, wie er nach Absatz 4 von einer Auskunft absehen oder sie einschränken könnte. [8]Die oder der Bundesbeauftragte hat zudem die betroffene Person über ihr Recht auf gerichtlichen Rechtsschutz zu unterrichten.

(8) Der Verantwortliche hat die sachlichen oder rechtlichen Gründe für die Entscheidung zu dokumentieren.

§ 58 Rechte auf Berichtigung und Löschung sowie Einschränkung der Verarbeitung. (1) [1]Die betroffene Person hat das Recht, von dem Verantwortlichen unverzüglich die Berichtigung sie betreffender unrichtiger Daten zu verlangen. [2]Insbesondere im Fall von Aussagen oder Beurteilungen betrifft die Frage der Richtigkeit nicht den Inhalt der Aussage oder Beurteilung. [3]Wenn die Richtigkeit oder Unrichtigkeit der Daten nicht festgestellt werden kann, tritt an die Stelle der Berichtigung eine Einschränkung der Verarbeitung. [4]In diesem Fall hat der Verantwortliche die betroffene Person zu unterrichten, bevor er die Einschränkung wieder aufhebt. [5]Die betroffene Person kann zudem die Vervollständigung unvollständiger personenbezogener Daten verlangen, wenn dies unter Berücksichtigung der Verarbeitungszwecke angemessen ist.

Bundesdatenschutzgesetz **BDSG 7b**

(2) Die betroffene Person hat das Recht, von dem Verantwortlichen unverzüglich die Löschung sie betreffender Daten zu verlangen, wenn deren Verarbeitung unzulässig ist, deren Kenntnis für die Aufgabenerfüllung nicht mehr erforderlich ist oder diese zur Erfüllung einer rechtlichen Verpflichtung gelöscht werden müssen.

(3) ¹Anstatt die personenbezogenen Daten zu löschen, kann der Verantwortliche deren Verarbeitung einschränken, wenn
1. Grund zu der Annahme besteht, dass eine Löschung schutzwürdige Interessen einer betroffenen Person beeinträchtigen würde,
2. die Daten zu Beweiszwecken in Verfahren, die Zwecken des § 45 dienen, weiter aufbewahrt werden müssen oder
3. eine Löschung wegen der besonderen Art der Speicherung nicht oder nur mit unverhältnismäßigem Aufwand möglich ist.

²In ihrer Verarbeitung nach Satz 1 eingeschränkte Daten dürfen nur zu dem Zweck verarbeitet werden, der ihrer Löschung entgegenstand.

(4) Bei automatisierten Dateisystemen ist technisch sicherzustellen, dass eine Einschränkung der Verarbeitung eindeutig erkennbar ist und eine Verarbeitung für andere Zwecke nicht ohne weitere Prüfung möglich ist.

(5) ¹Hat der Verantwortliche eine Berichtigung vorgenommen, hat er einer Stelle, die ihm die personenbezogenen Daten zuvor übermittelt hat, die Berichtigung mitzuteilen. ²In Fällen der Berichtigung, Löschung oder Einschränkung der Verarbeitung nach den Absätzen 1 bis 3 hat der Verantwortliche Empfängern, denen die Daten übermittelt wurden, diese Maßnahmen mitzuteilen. ³Der Empfänger hat die Daten zu berichtigen, zu löschen oder ihre Verarbeitung einzuschränken.

(6) ¹Der Verantwortliche hat die betroffene Person über ein Absehen von der Berichtigung oder Löschung personenbezogener Daten oder über die an deren Stelle tretende Einschränkung der Verarbeitung schriftlich zu unterrichten. ²Dies gilt nicht, wenn bereits die Erteilung dieser Informationen eine Gefährdung im Sinne des § 56 Absatz 2 mit sich bringen würde. ³Die Unterrichtung nach Satz 1 ist zu begründen, es sei denn, dass die Mitteilung der Gründe den mit dem Absehen von der Unterrichtung verfolgten Zweck gefährden würde.

(7) § 57 Absatz 7 und 8 findet entsprechende Anwendung.

§ 59 Verfahren für die Ausübung der Rechte der betroffenen Person. (1) ¹Der Verantwortliche hat mit betroffenen Personen unter Verwendung einer klaren und einfachen Sprache in präziser, verständlicher und leicht zugänglicher Form zu kommunizieren. ²Unbeschadet besonderer Formvorschriften soll er bei der Beantwortung von Anträgen grundsätzlich die für den Antrag gewählte Form verwenden.

(2) Bei Anträgen hat der Verantwortliche die betroffene Person unbeschadet des § 57 Absatz 6 und des § 58 Absatz 6 unverzüglich schriftlich darüber in Kenntnis zu setzen, wie verfahren wurde.

(3) ¹Die Erteilung von Informationen nach § 55, die Benachrichtigungen nach den §§ 56 und 66 und die Bearbeitung von Anträgen nach den §§ 57 und 58 erfolgen unentgeltlich. ²Bei offenkundig unbegründeten oder exzessiven Anträgen nach den §§ 57 und 58 kann der Verantwortliche entweder eine angemessene Gebühr auf der Grundlage der Verwaltungskosten verlangen oder sich weigern, aufgrund des Antrags tätig zu werden. ³In diesem Fall muss der Verantwortliche den offenkundig unbegründeten oder exzessiven Charakter des Antrags belegen können.

(4) Hat der Verantwortliche begründete Zweifel an der Identität einer betroffenen Person, die einen Antrag nach den §§ 57 oder 58 gestellt hat, kann er von ihr zusätzliche Informationen anfordern, die zur Bestätigung ihrer Identität erforderlich sind.

§ 60 Anrufung der oder des Bundesbeauftragten. (1) ¹Jede betroffene Person kann sich unbeschadet anderweitiger Rechtsbehelfe mit einer Beschwerde an die Bundesbeauftragte oder den Bundesbeauftragten wenden, wenn sie der Auffassung ist, bei der Verarbeitung ihrer personenbezogenen Daten durch öffentliche Stellen zu den in § 45 genannten Zwecken in ihren Rechten verletzt worden zu sein. ²Dies gilt nicht für die Verarbeitung von personenbezogenen Daten durch Gerichte, soweit diese die Daten im Rahmen ihrer justiziellen Tätigkeit verarbeitet haben. ³Die oder der Bundesbeauftragte hat die betroffene Person über den Stand und das Ergebnis der Beschwerde zu unterrichten und sie hierbei auf die Möglichkeit gerichtlichen Rechtsschutzes nach § 61 hinzuweisen.

(2) ¹Die oder der Bundesbeauftragte hat eine bei ihr oder ihm eingelegte Beschwerde über eine Verarbeitung, die in die Zuständigkeit einer Aufsichtsbehörde in einem anderen Mitgliedstaat der Europäischen Union fällt, unverzüglich an die zuständige Aufsichtsbehörde des anderen Staates weiterzuleiten. ² Sie oder er hat in diesem Fall die betroffene Person über die Weiterleitung zu unterrichten und ihr auf deren Ersuchen weitere Unterstützung zu leisten.

§ 61 Rechtsschutz gegen Entscheidungen der oder des Bundesbeauftragten oder bei deren oder dessen Untätigkeit. (1) Jede natürliche oder juristische Person kann unbeschadet anderer Rechtsbehelfe gerichtlich gegen eine verbindliche Entscheidung der oder des Bundesbeauftragten vorgehen.

(2) Absatz 1 gilt entsprechend zugunsten betroffener Personen, wenn sich die oder der Bundesbeauftragte mit einer Beschwerde nach § 60 nicht befasst oder die betroffene Person nicht innerhalb von drei Monaten nach Einlegung der Beschwerde über den Stand oder das Ergebnis der Beschwerde in Kenntnis gesetzt hat.

Bundesdatenschutzgesetz **BDSG 7b**

Kapitel 4
Pflichten der Verantwortlichen und Auftragsverarbeiter

§ 62 Auftragsverarbeitung. (1) ¹Werden personenbezogene Daten im Auftrag eines Verantwortlichen durch andere Personen oder Stellen verarbeitet, hat der Verantwortliche für die Einhaltung der Vorschriften dieses Gesetzes und anderer Vorschriften über den Datenschutz zu sorgen. ²Die Rechte der betroffenen Personen auf Auskunft, Berichtigung, Löschung, Einschränkung der Verarbeitung und Schadensersatz sind in diesem Fall gegenüber dem Verantwortlichen geltend zu machen.

(2) Ein Verantwortlicher darf nur solche Auftragsverarbeiter mit der Verarbeitung personenbezogener Daten beauftragen, die mit geeigneten technischen und organisatorischen Maßnahmen sicherstellen, dass die Verarbeitung im Einklang mit den gesetzlichen Anforderungen erfolgt und der Schutz der Rechte der betroffenen Personen gewährleistet wird.

(3) ¹Auftragsverarbeiter dürfen ohne vorherige schriftliche Genehmigung des Verantwortlichen keine weiteren Auftragsverarbeiter hinzuziehen. ²Hat der Verantwortliche dem Auftragsverarbeiter eine allgemeine Genehmigung zur Hinzuziehung weiterer Auftragsverarbeiter erteilt, hat der Auftragsverarbeiter den Verantwortlichen über jede beabsichtigte Hinzuziehung oder Ersetzung zu informieren. ³Der Verantwortliche kann in diesem Fall die Hinzuziehung oder Ersetzung untersagen.

(4) ¹Zieht ein Auftragsverarbeiter einen weiteren Auftragsverarbeiter hinzu, so hat er diesem dieselben Verpflichtungen aus seinem Vertrag mit dem Verantwortlichen nach Absatz 5 aufzuerlegen, die auch für ihn gelten, soweit diese Pflichten für den weiteren Auftragsverarbeiter nicht schon aufgrund anderer Vorschriften verbindlich sind. ²Erfüllt ein weiterer Auftragsverarbeiter diese Verpflichtungen nicht, so haftet der ihn beauftragende Auftragsverarbeiter gegenüber dem Verantwortlichen für die Einhaltung der Pflichten des weiteren Auftragsverarbeiters.

(5) ¹Die Verarbeitung durch einen Auftragsverarbeiter hat auf der Grundlage eines Vertrags oder eines anderen Rechtsinstruments zu erfolgen, der oder das den Auftragsverarbeiter an den Verantwortlichen bindet und der oder das den Gegenstand, die Dauer, die Art und den Zweck der Verarbeitung, die Art der personenbezogenen Daten, die Kategorien betroffener Personen und die Rechte und Pflichten des Verantwortlichen festlegt. ²Der Vertrag oder das andere Rechtsinstrument haben insbesondere vorzusehen, dass der Auftragsverarbeiter
1. nur auf dokumentierte Weisung des Verantwortlichen handelt; ist der Auftragsverarbeiter der Auffassung, dass eine Weisung rechtswidrig ist, hat er den Verantwortlichen unverzüglich zu informieren;
2. gewährleistet, dass die zur Verarbeitung der personenbezogenen Daten befugten Personen zur Vertraulichkeit verpflichtet werden, soweit sie keiner angemessenen gesetzlichen Verschwiegenheitspflicht unterliegen;

3. den Verantwortlichen mit geeigneten Mitteln dabei unterstützt, die Einhaltung der Bestimmungen über die Rechte der betroffenen Person zu gewährleisten;
4. alle personenbezogenen Daten nach Abschluss der Erbringung der Verarbeitungsleistungen nach Wahl des Verantwortlichen zurückgibt oder löscht und bestehende Kopien vernichtet, wenn nicht nach einer Rechtsvorschrift eine Verpflichtung zur Speicherung der Daten besteht;
5. dem Verantwortlichen alle erforderlichen Informationen, insbesondere die gemäß § 76 erstellten Protokolle, zum Nachweis der Einhaltung seiner Pflichten zur Verfügung stellt;
6. Überprüfungen, die von dem Verantwortlichen oder einem von diesem beauftragten Prüfer durchgeführt werden, ermöglicht und dazu beiträgt;
7. die in den Absätzen 3 und 4 aufgeführten Bedingungen für die Inanspruchnahme der Dienste eines weiteren Auftragsverarbeiters einhält;
8. alle gemäß § 64 erforderlichen Maßnahmen ergreift und
9. unter Berücksichtigung der Art der Verarbeitung und der ihm zur Verfügung stehenden Informationen den Verantwortlichen bei der Einhaltung der in den §§ 64 bis 67 und § 69 genannten Pflichten unterstützt.

(6) Der Vertrag im Sinne des Absatzes 5 ist schriftlich oder elektronisch abzufassen.

(7) Ein Auftragsverarbeiter, der die Zwecke und Mittel der Verarbeitung unter Verstoß gegen diese Vorschrift bestimmt, gilt in Bezug auf diese Verarbeitung als Verantwortlicher.

§ 63 Gemeinsam Verantwortliche. [1]Legen zwei oder mehr Verantwortliche gemeinsam die Zwecke und die Mittel der Verarbeitung fest, gelten sie als gemeinsam Verantwortliche. [2]Gemeinsam Verantwortliche haben ihre jeweiligen Aufgaben und datenschutzrechtlichen Verantwortlichkeiten in transparenter Form in einer Vereinbarung festzulegen, soweit diese nicht bereits in Rechtsvorschriften festgelegt sind. [3]Aus der Vereinbarung muss insbesondere hervorgehen, wer welchen Informationspflichten nachzukommen hat und gegenüber wem betroffene Personen ihre Rechte wahrnehmen können. [4]Eine entsprechende Vereinbarung hindert die betroffene Person nicht, ihre Rechte gegenüber jedem der gemeinsam Verantwortlichen geltend zu machen.

§ 64 Anforderungen an die Sicherheit der Datenverarbeitung. (1) [1]Der Verantwortliche und der Auftragsverarbeiter haben unter Berücksichtigung des Stands der Technik, der Implementierungskosten, der Art, des Umfangs, der Umstände und der Zwecke der Verarbeitung sowie der Eintrittswahrscheinlichkeit und der Schwere der mit der Verarbeitung verbundenen Gefahren für die Rechtsgüter der betroffenen Personen die erforderlichen technischen und organisatorischen Maßnahmen zu treffen, um bei der Verarbeitung personenbezogener Daten ein dem Risiko angemessenes Schutzniveau zu gewährleisten, insbesondere im Hinblick auf die Verarbeitung besonderer Kategorien personenbezogener Daten. [2]Der Verantwortliche hat hierbei die einschlägigen

Bundesdatenschutzgesetz **BDSG 7b**

Technischen Richtlinien und Empfehlungen des Bundesamtes für Sicherheit in der Informationstechnik zu berücksichtigen.

(2) ¹Die in Absatz 1 genannten Maßnahmen können unter anderem die Pseudonymisierung und Verschlüsselung personenbezogener Daten umfassen, soweit solche Mittel in Anbetracht der Verarbeitungszwecke möglich sind. ²Die Maßnahmen nach Absatz 1 sollen dazu führen, dass
1. die Vertraulichkeit, Integrität, Verfügbarkeit und Belastbarkeit der Systeme und Dienste im Zusammenhang mit der Verarbeitung auf Dauer sichergestellt werden und
2. die Verfügbarkeit der personenbezogenen Daten und der Zugang zu ihnen bei einem physischen oder technischen Zwischenfall rasch wiederhergestellt werden können.

(3) ¹Im Fall einer automatisierten Verarbeitung haben der Verantwortliche und der Auftragsverarbeiter nach einer Risikobewertung Maßnahmen zu ergreifen, die Folgendes bezwecken:
1. Verwehrung des Zugangs zu Verarbeitungsanlagen, mit denen die Verarbeitung durchgeführt wird, für Unbefugte (Zugangskontrolle),
2. Verhinderung des unbefugten Lesens, Kopierens, Veränderns oder Löschens von Datenträgern (Datenträgerkontrolle),
3. Verhinderung der unbefugten Eingabe von personenbezogenen Daten sowie der unbefugten Kenntnisnahme, Veränderung und Löschung von gespeicherten personenbezogenen Daten (Speicherkontrolle),
4. Verhinderung der Nutzung automatisierter Verarbeitungssysteme mit Hilfe von Einrichtungen zur Datenübertragung durch Unbefugte (Benutzerkontrolle),
5. Gewährleistung, dass die zur Benutzung eines automatisierten Verarbeitungssystems Berechtigten ausschließlich zu den von ihrer Zugangsberechtigung umfassten personenbezogenen Daten Zugang haben (Zugriffskontrolle),
6. Gewährleistung, dass überprüft und festgestellt werden kann, an welche Stellen personenbezogene Daten mit Hilfe von Einrichtungen zur Datenübertragung übermittelt oder zur Verfügung gestellt wurden oder werden können (Übertragungskontrolle),
7. Gewährleistung, dass nachträglich überprüft und festgestellt werden kann, welche personenbezogenen Daten zu welcher Zeit und von wem in automatisierte Verarbeitungssysteme eingegeben oder verändert worden sind (Eingabekontrolle),
8. Gewährleistung, dass bei der Übermittlung personenbezogener Daten sowie beim Transport von Datenträgern die Vertraulichkeit und Integrität der Daten geschützt werden (Transportkontrolle),
9. Gewährleistung, dass eingesetzte Systeme im Störungsfall wiederhergestellt werden können (Wiederherstellbarkeit),
10. Gewährleistung, dass alle Funktionen des Systems zur Verfügung stehen und auftretende Fehlfunktionen gemeldet werden (Zuverlässigkeit),

7b BDSG — Bundesdatenschutzgesetz

11. Gewährleistung, dass gespeicherte personenbezogene Daten nicht durch Fehlfunktionen des Systems beschädigt werden können (Datenintegrität),
12. Gewährleistung, dass personenbezogene Daten, die im Auftrag verarbeitet werden, nur entsprechend den Weisungen des Auftraggebers verarbeitet werden können (Auftragskontrolle),
13. Gewährleistung, dass personenbezogene Daten gegen Zerstörung oder Verlust geschützt sind (Verfügbarkeitskontrolle),
14. Gewährleistung, dass zu unterschiedlichen Zwecken erhobene personenbezogene Daten getrennt verarbeitet werden können (Trennbarkeit).

[2]Ein Zweck nach Satz 1 Nummer 2 bis 5 kann insbesondere durch die Verwendung von dem Stand der Technik entsprechenden Verschlüsselungsverfahren erreicht werden.

§ 65 Meldung von Verletzungen des Schutzes personenbezogener Daten an die oder den Bundesbeauftragten. (1) [1]Der Verantwortliche hat eine Verletzung des Schutzes personenbezogener Daten unverzüglich und möglichst innerhalb von 72 Stunden, nachdem sie ihm bekannt geworden ist, der oder dem Bundesbeauftragten zu melden, es sei denn, dass die Verletzung voraussichtlich keine Gefahr für die Rechtsgüter natürlicher Personen mit sich gebracht hat. [2]Erfolgt die Meldung an die Bundesbeauftragte oder den Bundesbeauftragten nicht innerhalb von 72 Stunden, so ist die Verzögerung zu begründen.

(2) Ein Auftragsverarbeiter hat eine Verletzung des Schutzes personenbezogener Daten unverzüglich dem Verantwortlichen zu melden.

(3) Die Meldung nach Absatz 1 hat zumindest folgende Informationen zu enthalten:
1. eine Beschreibung der Art der Verletzung des Schutzes personenbezogener Daten, die, soweit möglich, Angaben zu den Kategorien und der ungefähren Anzahl der betroffenen Personen, zu den betroffenen Kategorien personenbezogener Daten und zu der ungefähren Anzahl der betroffenen personenbezogenen Datensätze zu enthalten hat,
2. den Namen und die Kontaktdaten der oder des Datenschutzbeauftragten oder einer sonstigen Person oder Stelle, die weitere Informationen erteilen kann,
3. eine Beschreibung der wahrscheinlichen Folgen der Verletzung und
4. eine Beschreibung der von dem Verantwortlichen ergriffenen oder vorgeschlagenen Maßnahmen zur Behandlung der Verletzung und der getroffenen Maßnahmen zur Abmilderung ihrer möglichen nachteiligen Auswirkungen.

(4) Wenn die Informationen nach Absatz 3 nicht zusammen mit der Meldung übermittelt werden können, hat der Verantwortliche sie unverzüglich nachzureichen, sobald sie ihm vorliegen.

(5) [1]Der Verantwortliche hat Verletzungen des Schutzes personenbezogener Daten zu dokumentieren. [2]Die Dokumentation hat alle mit den Vorfällen zusammenhängenden Tatsachen, deren Auswirkungen und die ergriffenen Abhilfemaßnahmen zu umfassen.

(6) Soweit von einer Verletzung des Schutzes personenbezogener Daten personenbezogene Daten betroffen sind, die von einem oder an einen Verantwortlichen in einem anderen Mitgliedstaat der Europäischen Union übermittelt wurden, sind die in Absatz 3 genannten Informationen dem dortigen Verantwortlichen unverzüglich zu übermitteln.

(7) § 42 Absatz 4 findet entsprechende Anwendung.

(8) Weitere Pflichten des Verantwortlichen zu Benachrichtigungen über Verletzungen des Schutzes personenbezogener Daten bleiben unberührt.

§ 66 Benachrichtigung betroffener Personen bei Verletzungen des Schutzes personenbezogener Daten. (1) Hat eine Verletzung des Schutzes personenbezogener Daten voraussichtlich eine erhebliche Gefahr für Rechtsgüter betroffener Personen zur Folge, so hat der Verantwortliche die betroffenen Personen unverzüglich über den Vorfall zu benachrichtigen.

(2) Die Benachrichtigung nach Absatz 1 hat in klarer und einfacher Sprache die Art der Verletzung des Schutzes personenbezogener Daten zu beschreiben und zumindest die in § 65 Absatz 3 Nummer 2 bis 4 genannten Informationen und Maßnahmen zu enthalten.

(3) Von der Benachrichtigung nach Absatz 1 kann abgesehen werden, wenn
1. der Verantwortliche geeignete technische und organisatorische Sicherheitsvorkehrungen getroffen hat und diese Vorkehrungen auf die von der Verletzung des Schutzes personenbezogener Daten betroffenen Daten angewandt wurden; dies gilt insbesondere für Vorkehrungen wie Verschlüsselungen, durch die die Daten für unbefugte Personen unzugänglich gemacht wurden;
2. der Verantwortliche durch im Anschluss an die Verletzung getroffene Maßnahmen sichergestellt hat, dass aller Wahrscheinlichkeit nach keine erhebliche Gefahr im Sinne des Absatzes 1 mehr besteht, oder
3. dies mit einem unverhältnismäßigen Aufwand verbunden wäre; in diesem Fall hat stattdessen eine öffentliche Bekanntmachung oder eine ähnliche Maßnahme zu erfolgen, durch die die betroffenen Personen vergleichbar wirksam informiert werden.

(4) [1]Wenn der Verantwortliche die betroffenen Personen über eine Verletzung des Schutzes personenbezogener Daten nicht benachrichtigt hat, kann die oder der Bundesbeauftragte förmlich feststellen, dass ihrer oder seiner Auffassung nach die in Absatz 3 genannten Voraussetzungen nicht erfüllt sind. [2]Hierbei hat sie oder er die Wahrscheinlichkeit zu berücksichtigen, dass die Verletzung eine erhebliche Gefahr im Sinne des Absatzes 1 zur Folge hat.

(5) Die Benachrichtigung der betroffenen Personen nach Absatz 1 kann unter den in § 56 Absatz 2 genannten Voraussetzungen aufgeschoben, eingeschränkt oder unterlassen werden, soweit nicht die Interessen der betroffenen Person aufgrund der von der Verletzung ausgehenden erheblichen Gefahr im Sinne des Absatzes 1 überwiegen.

(6) § 42 Absatz 4 findet entsprechende Anwendung.

§ 67 Durchführung einer Datenschutz-Folgenabschätzung. (1) Hat eine Form der Verarbeitung, insbesondere bei Verwendung neuer Technologien, aufgrund der Art, des Umfangs, der Umstände und der Zwecke der Verarbeitung voraussichtlich eine erhebliche Gefahr für die Rechtsgüter betroffener Personen zur Folge, so hat der Verantwortliche vorab eine Abschätzung der Folgen der vorgesehenen Verarbeitungsvorgänge für die betroffenen Personen durchzuführen.

(2) Für die Untersuchung mehrerer ähnlicher Verarbeitungsvorgänge mit ähnlich hohem Gefahrenpotential kann eine gemeinsame Datenschutz-Folgenabschätzung vorgenommen werden.

(3) Der Verantwortliche hat die Datenschutzbeauftragte oder den Datenschutzbeauftragten an der Durchführung der Folgenabschätzung zu beteiligen.

(4) Die Folgenabschätzung hat den Rechten der von der Verarbeitung betroffenen Personen Rechnung zu tragen und zumindest Folgendes zu enthalten:
1. eine systematische Beschreibung der geplanten Verarbeitungsvorgänge und der Zwecke der Verarbeitung,
2. eine Bewertung der Notwendigkeit und Verhältnismäßigkeit der Verarbeitungsvorgänge in Bezug auf deren Zweck,
3. eine Bewertung der Gefahren für die Rechtsgüter der betroffenen Personen und
4. die Maßnahmen, mit denen bestehenden Gefahren abgeholfen werden soll, einschließlich der Garantien, der Sicherheitsvorkehrungen und der Verfahren, durch die der Schutz personenbezogener Daten sichergestellt und die Einhaltung der gesetzlichen Vorgaben nachgewiesen werden sollen.

(5) Soweit erforderlich, hat der Verantwortliche eine Überprüfung durchzuführen, ob die Verarbeitung den Maßgaben folgt, die sich aus der Folgenabschätzung ergeben haben.

§ 68 Zusammenarbeit mit der oder dem Bundesbeauftragten. Der Verantwortliche hat mit der oder dem Bundesbeauftragten bei der Erfüllung ihrer oder seiner Aufgaben zusammenzuarbeiten.

§ 69 Anhörung der oder des Bundesbeauftragten. (1) [1]Der Verantwortliche hat vor der Inbetriebnahme von neu anzulegenden Dateisystemen die Bundesbeauftragte oder den Bundesbeauftragten anzuhören, wenn
1. aus einer Datenschutz-Folgenabschätzung nach § 67 hervorgeht, dass die Verarbeitung eine erhebliche Gefahr für die Rechtsgüter der betroffenen Personen zur Folge hätte, wenn der Verantwortliche keine Abhilfemaßnahmen treffen würde, oder
2. die Form der Verarbeitung, insbesondere bei der Verwendung neuer Technologien, Mechanismen oder Verfahren, eine erhebliche Gefahr für die Rechtsgüter der betroffenen Personen zur Folge hat.

[2]Die oder der Bundesbeauftragte kann eine Liste der Verarbeitungsvorgänge erstellen, die der Pflicht zur Anhörung nach Satz 1 unterliegen.

Bundesdatenschutzgesetz **BDSG 7b**

(2) ¹Der oder dem Bundesbeauftragten sind im Fall des Absatzes 1 vorzulegen:
1. die nach § 67 durchgeführte Datenschutz-Folgenabschätzung,
2. gegebenenfalls Angaben zu den jeweiligen Zuständigkeiten des Verantwortlichen, der gemeinsam Verantwortlichen und der an der Verarbeitung beteiligten Auftragsverarbeiter,
3. Angaben zu den Zwecken und Mitteln der beabsichtigten Verarbeitung,
4. Angaben zu den zum Schutz der Rechtsgüter der betroffenen Personen vorgesehenen Maßnahmen und Garantien und
5. Name und Kontaktdaten der oder des Datenschutzbeauftragten.

²Auf Anforderung sind ihr oder ihm zudem alle sonstigen Informationen zu übermitteln, die sie oder er benötigt, um die Rechtmäßigkeit der Verarbeitung sowie insbesondere die in Bezug auf den Schutz der personenbezogenen Daten der betroffenen Personen bestehenden Gefahren und die diesbezüglichen Garantien bewerten zu können.

(3) ¹Falls die oder der Bundesbeauftragte der Auffassung ist, dass die geplante Verarbeitung gegen gesetzliche Vorgaben verstoßen würde, insbesondere weil der Verantwortliche das Risiko nicht ausreichend ermittelt oder keine ausreichenden Abhilfemaßnahmen getroffen hat, kann sie oder er dem Verantwortlichen und gegebenenfalls dem Auftragsverarbeiter innerhalb eines Zeitraums von sechs Wochen nach Einleitung der Anhörung schriftliche Empfehlungen unterbreiten, welche Maßnahmen noch ergriffen werden sollten. ²Die oder der Bundesbeauftragte kann diese Frist um einen Monat verlängern, wenn die geplante Verarbeitung besonders komplex ist. ³Sie oder er hat in diesem Fall innerhalb eines Monats nach Einleitung der Anhörung den Verantwortlichen und gegebenenfalls den Auftragsverarbeiter über die Fristverlängerung zu informieren.

(4) ¹Hat die beabsichtigte Verarbeitung erhebliche Bedeutung für die Aufgabenerfüllung des Verantwortlichen und ist sie daher besonders dringlich, kann er mit der Verarbeitung nach Beginn der Anhörung, aber vor Ablauf der in Absatz 3 Satz 1 genannten Frist beginnen. ²In diesem Fall sind die Empfehlungen der oder des Bundesbeauftragten im Nachhinein zu berücksichtigen und sind die Art und Weise der Verarbeitung daraufhin gegebenenfalls anzupassen.

§ 70 Verzeichnis von Verarbeitungstätigkeiten. (1) ¹Der Verantwortliche hat ein Verzeichnis aller Kategorien von Verarbeitungstätigkeiten zu führen, die in seine Zuständigkeit fallen. ²Dieses Verzeichnis hat die folgenden Angaben zu enthalten:
1. den Namen und die Kontaktdaten des Verantwortlichen und gegebenenfalls des gemeinsam mit ihm Verantwortlichen sowie den Namen und die Kontaktdaten der oder des Datenschutzbeauftragten,
2. die Zwecke der Verarbeitung,
3. die Kategorien von Empfängern, gegenüber denen die personenbezogenen Daten offengelegt worden sind oder noch offengelegt werden sollen,

7b BDSG Bundesdatenschutzgesetz

4. eine Beschreibung der Kategorien betroffener Personen und der Kategorien personenbezogener Daten,
5. gegebenenfalls die Verwendung von Profiling,
6. gegebenenfalls die Kategorien von Übermittlungen personenbezogener Daten an Stellen in einem Drittstaat oder an eine internationale Organisation,
7. Angaben über die Rechtsgrundlage der Verarbeitung,
8. die vorgesehenen Fristen für die Löschung oder die Überprüfung der Erforderlichkeit der Speicherung der verschiedenen Kategorien personenbezogener Daten und
9. eine allgemeine Beschreibung der technischen und organisatorischen Maßnahmen gemäß § 64.

(2) Der Auftragsverarbeiter hat ein Verzeichnis aller Kategorien von Verarbeitungen zu führen, die er im Auftrag eines Verantwortlichen durchführt, das Folgendes zu enthalten hat:
1. den Namen und die Kontaktdaten des Auftragsverarbeiters, jedes Verantwortlichen, in dessen Auftrag der Auftragsverarbeiter tätig ist, sowie gegebenenfalls der oder des Datenschutzbeauftragten,
2. gegebenenfalls Übermittlungen von personenbezogenen Daten an Stellen in einem Drittstaat oder an eine internationale Organisation unter Angabe des Staates oder der Organisation und
3. eine allgemeine Beschreibung der technischen und organisatorischen Maßnahmen gemäß § 64.

(3) Die in den Absätzen 1 und 2 genannten Verzeichnisse sind schriftlich oder elektronisch zu führen.

(4) Verantwortliche und Auftragsverarbeiter haben auf Anforderung ihre Verzeichnisse der oder dem Bundesbeauftragten zur Verfügung zu stellen.

§ 71 Datenschutz durch Technikgestaltung und datenschutzfreundliche Voreinstellungen.
(1) [1]Der Verantwortliche hat sowohl zum Zeitpunkt der Festlegung der Mittel für die Verarbeitung als auch zum Zeitpunkt der Verarbeitung selbst angemessene Vorkehrungen zu treffen, die geeignet sind, die Datenschutzgrundsätze wie etwa die Datensparsamkeit wirksam umzusetzen, und die sicherstellen, dass die gesetzlichen Anforderungen eingehalten und die Rechte der betroffenen Personen geschützt werden. [2]Er hat hierbei den Stand der Technik, die Implementierungskosten und die Art, den Umfang, die Umstände und die Zwecke der Verarbeitung sowie die unterschiedliche Eintrittswahrscheinlichkeit und Schwere der mit der Verarbeitung verbundenen Gefahren für die Rechtsgüter der betroffenen Personen zu berücksichtigen. [3]Insbesondere sind die Verarbeitung personenbezogener Daten und die Auswahl und Gestaltung von Datenverarbeitungssystemen an dem Ziel auszurichten, so wenig personenbezogene Daten wie möglich zu verarbeiten. [4]Personenbezogene Daten sind zum frühestmöglichen Zeitpunkt zu anonymisieren oder zu pseudonymisieren, soweit dies nach dem Verarbeitungszweck möglich ist.

(2) ¹Der Verantwortliche hat geeignete technische und organisatorische Maßnahmen zu treffen, die sicherstellen, dass durch Voreinstellungen grundsätzlich nur solche personenbezogenen Daten verarbeitet werden können, deren Verarbeitung für den jeweiligen bestimmten Verarbeitungszweck erforderlich ist. ²Dies betrifft die Menge der erhobenen Daten, den Umfang ihrer Verarbeitung, ihre Speicherfrist und ihre Zugänglichkeit. ³Die Maßnahmen müssen insbesondere gewährleisten, dass die Daten durch Voreinstellungen nicht automatisiert einer unbestimmten Anzahl von Personen zugänglich gemacht werden können.

§ 72 Unterscheidung zwischen verschiedenen Kategorien betroffener Personen. ¹Der Verantwortliche hat bei der Verarbeitung personenbezogener Daten so weit wie möglich zwischen den verschiedenen Kategorien betroffener Personen zu unterscheiden. ²Dies betrifft insbesondere folgende Kategorien:
1. Personen, gegen die ein begründeter Verdacht besteht, dass sie eine Straftat begangen haben,
2. Personen, gegen die ein begründeter Verdacht besteht, dass sie in naher Zukunft eine Straftat begehen werden,
3. verurteilte Straftäter,
4. Opfer einer Straftat oder Personen, bei denen bestimmte Tatsachen darauf hindeuten, dass sie Opfer einer Straftat sein könnten, und
5. andere Personen wie insbesondere Zeugen, Hinweisgeber oder Personen, die mit den in den Nummern 1 bis 4 genannten Personen in Kontakt oder Verbindung stehen.

§ 73 Unterscheidung zwischen Tatsachen und persönlichen Einschätzungen. ¹Der Verantwortliche hat bei der Verarbeitung so weit wie möglich danach zu unterscheiden, ob personenbezogene Daten auf Tatsachen oder auf persönlichen Einschätzungen beruhen. ²Zu diesem Zweck soll er, soweit dies im Rahmen der jeweiligen Verarbeitung möglich und angemessen ist, Beurteilungen, die auf persönlichen Einschätzungen beruhen, als solche kenntlich machen. ³Es muss außerdem feststellbar sein, welche Stelle die Unterlagen führt, die der auf einer persönlichen Einschätzung beruhenden Beurteilung zugrunde liegen.

§ 74 Verfahren bei Übermittlungen. (1) ¹Der Verantwortliche hat angemessene Maßnahmen zu ergreifen, um zu gewährleisten, dass personenbezogene Daten, die unrichtig oder nicht mehr aktuell sind, nicht übermittelt oder sonst zur Verfügung gestellt werden. ²Zu diesem Zweck hat er, soweit dies mit angemessenem Aufwand möglich ist, die Qualität der Daten vor ihrer Übermittlung oder Bereitstellung zu überprüfen. ³Bei jeder Übermittlung personenbezogener Daten hat er zudem, soweit dies möglich und angemessen ist, Informationen beizufügen, die es dem Empfänger gestatten, die Richtigkeit, die Vollständigkeit und die Zuverlässigkeit der Daten sowie deren Aktualität zu beurteilen.

(2) ¹Gelten für die Verarbeitung von personenbezogenen Daten besondere Bedingungen, so hat bei Datenübermittlungen die übermittelnde Stelle den Empfänger auf diese Bedingungen und die Pflicht zu ihrer Beachtung hinzuweisen. ²Die Hinweispflicht kann dadurch erfüllt werden, dass die Daten entsprechend markiert werden.

(3) Die übermittelnde Stelle darf auf Empfänger in anderen Mitgliedstaaten der Europäischen Union und auf Einrichtungen und sonstige Stellen, die nach den Kapiteln 4 und 5 des Titels V des Dritten Teils des Vertrags über die Arbeitsweise der Europäischen Union errichtet wurden, keine Bedingungen anwenden, die nicht auch für entsprechende innerstaatliche Datenübermittlungen gelten.

§ 75 Berichtigung und Löschung personenbezogener Daten sowie Einschränkung der Verarbeitung. (1) Der Verantwortliche hat personenbezogene Daten zu berichtigen, wenn sie unrichtig sind.

(2) Der Verantwortliche hat personenbezogene Daten unverzüglich zu löschen, wenn ihre Verarbeitung unzulässig ist, sie zur Erfüllung einer rechtlichen Verpflichtung gelöscht werden müssen oder ihre Kenntnis für seine Aufgabenerfüllung nicht mehr erforderlich ist.

(3) ¹§ 58 Absatz 3 bis 5 ist entsprechend anzuwenden. ²Sind unrichtige personenbezogene Daten oder personenbezogene Daten unrechtmäßig übermittelt worden, ist auch dies dem Empfänger mitzuteilen.

(4) Unbeschadet in Rechtsvorschriften festgesetzter Höchstspeicher- oder Löschfristen hat der Verantwortliche für die Löschung von personenbezogenen Daten oder eine regelmäßige Überprüfung der Notwendigkeit ihrer Speicherung angemessene Fristen vorzusehen und durch verfahrensrechtliche Vorkehrungen sicherzustellen, dass diese Fristen eingehalten werden.

§ 76 Protokollierung. (1) In automatisierten Verarbeitungssystemen haben Verantwortliche und Auftragsverarbeiter mindestens die folgenden Verarbeitungsvorgänge zu protokollieren:
1. Erhebung,
2. Veränderung,
3. Abfrage,
4. Offenlegung einschließlich Übermittlung,
5. Kombination und
6. Löschung.

(2) Die Protokolle über Abfragen und Offenlegungen müssen es ermöglichen, die Begründung, das Datum und die Uhrzeit dieser Vorgänge und so weit wie möglich die Identität der Person, die die personenbezogenen Daten abgefragt oder offengelegt hat, und die Identität des Empfängers der Daten festzustellen.

(3) Die Protokolle dürfen ausschließlich für die Überprüfung der Rechtmäßigkeit der Datenverarbeitung durch die Datenschutzbeauftragte oder den Da-

tenschutzbeauftragten, die Bundesbeauftragte oder den Bundesbeauftragten und die betroffene Person sowie für die Eigenüberwachung, für die Gewährleistung der Integrität und Sicherheit der personenbezogenen Daten und für Strafverfahren verwendet werden.

(4) Die Protokolldaten sind am Ende des auf deren Generierung folgenden Jahres zu löschen.

(5) Der Verantwortliche und der Auftragsverarbeiter haben die Protokolle der oder dem Bundesbeauftragten auf Anforderung zur Verfügung zu stellen.

§ 77 Vertrauliche Meldung von Verstößen. Der Verantwortliche hat zu ermöglichen, dass ihm vertrauliche Meldungen über in seinem Verantwortungsbereich erfolgende Verstöße gegen Datenschutzvorschriften zugeleitet werden können.

Kapitel 5

Datenübermittlungen an Drittstaaten und an internationale Organisationen

§ 78 Allgemeine Voraussetzungen. (1) Die Übermittlung personenbezogener Daten an Stellen in Drittstaaten oder an internationale Organisationen ist bei Vorliegen der übrigen für Datenübermittlungen geltenden Voraussetzungen zulässig, wenn
1. die Stelle oder internationale Organisation für die in § 45 genannten Zwecke zuständig ist und
2. die Europäische Kommission gemäß Artikel 36 Absatz 3 der Richtlinie (EU) 2016/680 einen Angemessenheitsbeschluss gefasst hat.

(2) ^{1}Die Übermittlung personenbezogener Daten hat trotz des Vorliegens eines Angemessenheitsbeschlusses im Sinne des Absatzes 1 Nummer 2 und des zu berücksichtigenden öffentlichen Interesses an der Datenübermittlung zu unterbleiben, wenn im Einzelfall ein datenschutzrechtlich angemessener und die elementaren Menschenrechte wahrender Umgang mit den Daten beim Empfänger nicht hinreichend gesichert ist oder sonst überwiegende schutzwürdige Interessen einer betroffenen Person entgegenstehen. ^{2}Bei seiner Beurteilung hat der Verantwortliche maßgeblich zu berücksichtigen, ob der Empfänger im Einzelfall einen angemessenen Schutz der übermittelten Daten garantiert.

(3) ^{1}Wenn personenbezogene Daten, die aus einem anderen Mitgliedstaat der Europäischen Union übermittelt oder zur Verfügung gestellt wurden, nach Absatz 1 übermittelt werden sollen, muss diese Übermittlung zuvor von der zuständigen Stelle des anderen Mitgliedstaats genehmigt werden. ^{2}Übermittlungen ohne vorherige Genehmigung sind nur dann zulässig, wenn die Übermittlung erforderlich ist, um eine unmittelbare und ernsthafte Gefahr für die öffentliche Sicherheit eines Staates oder für die wesentlichen Interessen eines

Mitgliedstaats abzuwehren, und die vorherige Genehmigung nicht rechtzeitig eingeholt werden kann. ³Im Fall des Satzes 2 ist die Stelle des anderen Mitgliedstaats, die für die Erteilung der Genehmigung zuständig gewesen wäre, unverzüglich über die Übermittlung zu unterrichten.

(4) ¹Der Verantwortliche, der Daten nach Absatz 1 übermittelt, hat durch geeignete Maßnahmen sicherzustellen, dass der Empfänger die übermittelten Daten nur dann an andere Drittstaaten oder andere internationale Organisationen weiterübermittelt, wenn der Verantwortliche diese Übermittlung zuvor genehmigt hat. ²Bei der Entscheidung über die Erteilung der Genehmigung hat der Verantwortliche alle maßgeblichen Faktoren zu berücksichtigen, insbesondere die Schwere der Straftat, den Zweck der ursprünglichen Übermittlung und das in dem Drittstaat oder der internationalen Organisation, an das oder an die die Daten weiterübermittelt werden sollen, bestehende Schutzniveau für personenbezogene Daten. ³Eine Genehmigung darf nur dann erfolgen, wenn auch eine direkte Übermittlung an den anderen Drittstaat oder die andere internationale Organisation zulässig wäre. ⁴Die Zuständigkeit für die Erteilung der Genehmigung kann auch abweichend geregelt werden.

§ 79 Datenübermittlung bei geeigneten Garantien. (1) Liegt entgegen § 78 Absatz 1 Nummer 2 kein Beschluss nach Artikel 36 Absatz 3 der Richtlinie (EU) 2016/680 vor, ist eine Übermittlung bei Vorliegen der übrigen Voraussetzungen des § 78 auch dann zulässig, wenn
1. in einem rechtsverbindlichen Instrument geeignete Garantien für den Schutz personenbezogener Daten vorgesehen sind oder
2. der Verantwortliche nach Beurteilung aller Umstände, die bei der Übermittlung eine Rolle spielen, zu der Auffassung gelangt ist, dass geeignete Garantien für den Schutz personenbezogener Daten bestehen.

(2) ¹Der Verantwortliche hat Übermittlungen nach Absatz 1 Nummer 2 zu dokumentieren. ²Die Dokumentation hat den Zeitpunkt der Übermittlung, die Identität des Empfängers, den Grund der Übermittlung und die übermittelten personenbezogenen Daten zu enthalten. ³Sie ist der oder dem Bundesbeauftragten auf Anforderung zur Verfügung zu stellen.

(3) ¹Der Verantwortliche hat die Bundesbeauftragte oder den Bundesbeauftragten zumindest jährlich über Übermittlungen zu unterrichten, die aufgrund einer Beurteilung nach Absatz 1 Nummer 2 erfolgt sind. ²In der Unterrichtung kann er die Empfänger und die Übermittlungszwecke angemessen kategorisieren.

§ 80 Datenübermittlung ohne geeignete Garantien. (1) Liegt entgegen § 78 Absatz 1 Nummer 2 kein Beschluss nach Artikel 36 Absatz 3 der Richtlinie (EU) 2016/680 vor und liegen auch keine geeigneten Garantien im Sinne des § 79 Absatz 1 vor, ist eine Übermittlung bei Vorliegen der übrigen Voraussetzungen des § 78 auch dann zulässig, wenn die Übermittlung erforderlich ist
1. zum Schutz lebenswichtiger Interessen einer natürlichen Person,
2. zur Wahrung berechtigter Interessen der betroffenen Person,

Bundesdatenschutzgesetz **BDSG 7b**

3. zur Abwehr einer gegenwärtigen und erheblichen Gefahr für die öffentliche Sicherheit eines Staates,
4. im Einzelfall für die in § 45 genannten Zwecke oder
5. im Einzelfall zur Geltendmachung, Ausübung oder Verteidigung von Rechtsansprüchen im Zusammenhang mit den in § 45 genannten Zwecken.

(2) Der Verantwortliche hat von einer Übermittlung nach Absatz 1 abzusehen, wenn die Grundrechte der betroffenen Person das öffentliche Interesse an der Übermittlung überwiegen.

(3) Für Übermittlungen nach Absatz 1 gilt § 79 Absatz 2 entsprechend.

§ 81 Sonstige Datenübermittlung an Empfänger in Drittstaaten. (1) Verantwortliche können bei Vorliegen der übrigen für die Datenübermittlung in Drittstaaten geltenden Voraussetzungen im besonderen Einzelfall personenbezogene Daten unmittelbar an nicht in § 78 Absatz 1 Nummer 1 genannte Stellen in Drittstaaten übermitteln, wenn die Übermittlung für die Erfüllung ihrer Aufgaben unbedingt erforderlich ist und
1. im konkreten Fall keine Grundrechte der betroffenen Person das öffentliche Interesse an einer Übermittlung überwiegen,
2. die Übermittlung an die in § 78 Absatz 1 Nummer 1 genannten Stellen wirkungslos oder ungeeignet wäre, insbesondere weil sie nicht rechtzeitig durchgeführt werden kann, und
3. der Verantwortliche dem Empfänger die Zwecke der Verarbeitung mitteilt und ihn darauf hinweist, dass die übermittelten Daten nur in dem Umfang verarbeitet werden dürfen, in dem ihre Verarbeitung für diese Zwecke erforderlich ist.

(2) Im Fall des Absatzes 1 hat der Verantwortliche die in § 78 Absatz 1 Nummer 1 genannten Stellen unverzüglich über die Übermittlung zu unterrichten, sofern dies nicht wirkungslos oder ungeeignet ist.

(3) Für Übermittlungen nach Absatz 1 gilt § 79 Absatz 2 und 3 entsprechend.

(4) Bei Übermittlungen nach Absatz 1 hat der Verantwortliche den Empfänger zu verpflichten, die übermittelten personenbezogenen Daten ohne seine Zustimmung nur für den Zweck zu verarbeiten, für den sie übermittelt worden sind.

(5) Abkommen im Bereich der justiziellen Zusammenarbeit in Strafsachen und der polizeilichen Zusammenarbeit bleiben unberührt.

Kapitel 6

Zusammenarbeit der Aufsichtsbehörden

§ 82 Gegenseitige Amtshilfe. (1) ¹Die oder der Bundesbeauftragte hat den Datenschutzaufsichtsbehörden in anderen Mitgliedstaaten der Europäischen

Union Informationen zu übermitteln und Amtshilfe zu leisten, soweit dies für eine einheitliche Umsetzung und Anwendung der Richtlinie (EU) 2016/680 erforderlich ist. ²Die Amtshilfe betrifft insbesondere Auskunftsersuchen und aufsichtsbezogene Maßnahmen, beispielsweise Ersuchen um Konsultation oder um Vornahme von Nachprüfungen und Untersuchungen.

(2) Die oder der Bundesbeauftragte hat alle geeigneten Maßnahmen zu ergreifen, um Amtshilfeersuchen unverzüglich und spätestens innerhalb eines Monats nach deren Eingang nachzukommen.

(3) Die oder der Bundesbeauftragte darf Amtshilfeersuchen nur ablehnen, wenn
1. sie oder er für den Gegenstand des Ersuchens oder für die Maßnahmen, die sie oder er durchführen soll, nicht zuständig ist oder
2. ein Eingehen auf das Ersuchen gegen Rechtsvorschriften verstoßen würde.

(4) ¹Die oder der Bundesbeauftragte hat die ersuchende Aufsichtsbehörde des anderen Staates über die Ergebnisse oder gegebenenfalls über den Fortgang der Maßnahmen zu informieren, die getroffen wurden, um dem Amtshilfeersuchen nachzukommen. ²Sie oder er hat im Fall des Absatzes 3 die Gründe für die Ablehnung des Ersuchens zu erläutern.

(5) Die oder der Bundesbeauftragte hat die Informationen, um die sie oder er von der Aufsichtsbehörde des anderen Staates ersucht wurde, in der Regel elektronisch und in einem standardisierten Format zu übermitteln.

(6) Die oder der Bundesbeauftragte hat Amtshilfeersuchen kostenfrei zu erledigen, soweit sie oder er nicht im Einzelfall mit der Aufsichtsbehörde des anderen Staates die Erstattung entstandener Ausgaben vereinbart hat.

(7) ¹Ein Amtshilfeersuchen der oder des Bundesbeauftragten hat alle erforderlichen Informationen zu enthalten; hierzu gehören insbesondere der Zweck und die Begründung des Ersuchens. ²Die auf das Ersuchen übermittelten Informationen dürfen ausschließlich zu dem Zweck verwendet werden, zu dem sie angefordert wurden.

Kapitel 7

Haftung und Sanktionen

§ 83 Schadensersatz und Entschädigung. (1) ¹Hat ein Verantwortlicher einer betroffenen Person durch eine Verarbeitung personenbezogener Daten, die nach diesem Gesetz oder nach anderen auf ihre Verarbeitung anwendbaren Vorschriften rechtswidrig war, einen Schaden zugefügt, ist er oder sein Rechtsträger der betroffenen Person zum Schadensersatz verpflichtet. ²Die Ersatzpflicht entfällt, soweit bei einer nicht automatisierten Verarbeitung der Schaden nicht auf ein Verschulden des Verantwortlichen zurückzuführen ist.

(2) Wegen eines Schadens, der nicht Vermögensschaden ist, kann die betroffene Person eine angemessene Entschädigung in Geld verlangen.

Bundesdatenschutzgesetz **BDSG 7b**

(3) Lässt sich bei einer automatisierten Verarbeitung personenbezogener Daten nicht ermitteln, welche von mehreren beteiligten Verantwortlichen den Schaden verursacht hat, so haftet jeder Verantwortliche beziehungsweise sein Rechtsträger.

(4) Hat bei der Entstehung des Schadens ein Verschulden der betroffenen Person mitgewirkt, ist § 254 des Bürgerlichen Gesetzbuchs entsprechend anzuwenden.

(5) Auf die Verjährung finden die für unerlaubte Handlungen geltenden Verjährungsvorschriften des Bürgerlichen Gesetzbuchs entsprechende Anwendung.

§ 84 Strafvorschriften. Für Verarbeitungen personenbezogener Daten durch öffentliche Stellen im Rahmen von Tätigkeiten nach § 45 Satz 1, 3 oder 4 findet § 42 entsprechende Anwendung.

Teil 4

Besondere Bestimmungen für Verarbeitungen im Rahmen von nicht in die Anwendungsbereiche der Verordnung (EU) 2016/679 und der Richtlinie (EU) 2016/680 fallenden Tätigkeiten

§ 85 Verarbeitung personenbezogener Daten im Rahmen von nicht in die Anwendungsbereiche der Verordnung (EU) 2016/679 und der Richtlinie (EU) 2016/680 fallenden Tätigkeiten. (1) [1]Die Übermittlung personenbezogener Daten an einen Drittstaat oder an über- oder zwischenstaatliche Stellen oder internationale Organisationen im Rahmen von nicht in die Anwendungsbereiche der Verordnung (EU) 2016/679 und der Richtlinie (EU) 2016/680 fallenden Tätigkeiten ist über die bereits gemäß der Verordnung (EU) 2016/679 zulässigen Fälle hinaus auch dann zulässig, wenn sie zur Erfüllung eigener Aufgaben aus zwingenden Gründen der Verteidigung oder zur Erfüllung über- oder zwischenstaatlicher Verpflichtungen einer öffentlichen Stelle des Bundes auf dem Gebiet der Krisenbewältigung oder Konfliktverhinderung oder für humanitäre Maßnahmen erforderlich ist. [2]Der Empfänger ist darauf hinzuweisen, dass die übermittelten Daten nur zu dem Zweck verwendet werden dürfen, zu dem sie übermittelt wurden.

(2) Für Verarbeitungen im Rahmen von nicht in die Anwendungsbereiche der Verordnung (EU) 2016/679 und der Richtlinie (EU) 2016/680 fallenden Tätigkeiten durch Dienststellen im Geschäftsbereich des Bundesministeriums der Verteidigung gilt § 16 Absatz 4 nicht, soweit das Bundesministerium der Verteidigung im Einzelfall feststellt, dass die Erfüllung der dort genannten Pflichten die Sicherheit des Bundes gefährden würde.

(3) [1]Für Verarbeitungen im Rahmen von nicht in die Anwendungsbereiche der Verordnung (EU) 2016/679 und der Richtlinie (EU) 2016/680 fallenden

Tätigkeiten durch öffentliche Stellen des Bundes besteht keine Informationspflicht gemäß Artikel 13 Absatz 1 und 2 der Verordnung (EU) 2016/679, wenn
1. es sich um Fälle des § 32 Absatz 1 Nummer 1 bis 3 handelt oder
2. durch ihre Erfüllung Informationen offenbart würden, die nach einer Rechtsvorschrift oder ihrem Wesen nach, insbesondere wegen der überwiegenden berechtigten Interessen eines Dritten, geheim gehalten werden müssen, und deswegen das Interesse der betroffenen Person an der Erteilung der Information zurücktreten muss.

²Ist die betroffene Person in den Fällen des Satzes 1 nicht zu informieren, besteht auch kein Recht auf Auskunft. ³§ 32 Absatz 2 und § 33 Absatz 2 finden keine Anwendung.

§ 86 Verarbeitung personenbezogener Daten für Zwecke staatlicher Auszeichnungen und Ehrungen. (1) ¹Zur Vorbereitung und Durchführung staatlicher Verfahren bei Auszeichnungen und Ehrungen dürfen sowohl die zuständigen als auch andere öffentliche und nichtöffentliche Stellen die dazu erforderlichen personenbezogenen Daten, einschließlich besonderer Kategorien personenbezogener Daten im Sinne des Artikels 9 Absatz 1 der Verordnung (EU) 2016/679, auch ohne Kenntnis der betroffenen Person verarbeiten. ²Für nichtöffentliche Stellen gilt insoweit § 1 Absatz 8 entsprechend. ³Eine Verarbeitung der personenbezogenen Daten nach Satz 1 für andere Zwecke ist nur mit Einwilligung der betroffenen Person zulässig.

(2) Soweit eine Verarbeitung ausschließlich für die in Absatz 1 Satz 1 genannten Zwecke erfolgt, sind die Artikel 13 bis 16, 19 und 21 der Verordnung (EU) 2016/679 nicht anzuwenden.

(3) Bei der Verarbeitung besonderer Kategorien personenbezogener Daten im Sinne des Artikels 9 Absatz 1 der Verordnung (EU) 2016/679 sieht der Verantwortliche angemessene und spezifische Maßnahmen zur Wahrung der Rechte der betroffenen Person gemäß § 22 Absatz 2 vor.

EU-UrhRL 7c

Richtlinie (EU) 2019/790 des Europäischen Parlaments und des Rates

vom 17. April 2019 über das Urheberrecht
und die verwandten Schutzrechte im digitalen Binnenmarkt
und zur Änderung der Richtlinien 96/9/EG und 2001/29/EG[1]

TITEL I

Allgemeine Bestimmungen

Artikel 1. Gegenstand und Anwendungsbereich. (1) ¹Mit dieser Richtlinie werden Vorschriften mit dem Ziel der weiteren Harmonisierung des Unionsrechts auf dem Gebiet des Urheberrechts und der verwandten Schutzrechte im Rahmen des Binnenmarkts unter besonderer Berücksichtigung der digitalen und grenzüberschreitenden Nutzung geschützter Inhalte festgelegt. ²Außerdem enthält sie Vorschriften zu Ausnahmen und Beschränkungen des Urheberrechts und verwandter Schutzrechte und zur Erleichterung der Lizenzvergabe sowie Vorschriften, mit denen das Ziel verfolgt wird, das ordnungsgemäße Funktionieren des Marktes für die Verwertung von Werken und sonstigen Schutzgegenständen sicherzustellen.

(2) Mit Ausnahme der in Artikel 24 genannten Fälle lässt diese Richtlinie die bereits bestehenden Vorschriften, die in den einschlägigen geltenden Richtlinien, insbesondere in den Richtlinien 96/9/EG, 2000/31/EG, 2001/29/EG, 2006/115/EG, 2009/24/EG, 2012/28/EU und 2014/26/EU, festgelegt sind, unberührt und beeinträchtigt sie in keiner Weise.

Artikel 2. Begriffsbestimmungen. ¹Für die Zwecke dieser Richtlinie gelten folgende Begriffsbestimmungen:
1. „Forschungsorganisation" bezeichnet eine Hochschule einschließlich ihrer Bibliotheken, ein Forschungsinstitut oder eine sonstige Einrichtung, deren vorrangiges Ziel die wissenschaftliche Forschung oder die Lehrtätigkeit – auch in Verbindung mit wissenschaftlicher Forschung – ist, die
   a) in ihrer Tätigkeit nicht gewinnorientiert ist oder alle Gewinne in ihre wissenschaftliche Forschung reinvestiert, oder
   b) im Rahmen eines von einem Mitgliedstaat anerkannten Auftrags im öffentlichen Interesse tätig ist,
   wobei kein Unternehmen, das einen bestimmenden Einfluss auf diese Organisation hat, bevorzugten Zugang zu den Ergebnissen der wissenschaftlichen Forschung erhält.

---

1 Fundstelle: ABl. 2019 L 130/92. Vom Abdruck der Erwägungsgründe sowie der Unterschriftsformel wird aus Gründen der besseren Lesbarkeit und Textübersicht angesehen. Der Volltext kann auf den entsprechenden Seiten von EUR-Lex abgerufen werden.

2. „Text und Data Mining" bezeichnet eine Technik für die automatisierte Analyse von Texten und Daten in digitaler Form, mit deren Hilfe Informationen unter anderem – aber nicht ausschließlich – über Muster, Trends und Korrelationen gewonnen werden können.
3. „Einrichtung des Kulturerbes" bezeichnet eine öffentlich zugängliche Bibliothek oder Museum, Archiv oder eine im Bereich des Film- oder Tonerbes tätige Einrichtung.
4. „Presseveröffentlichung" bezeichnet eine Sammlung, die hauptsächlich aus literarischen Werken journalistischer Art besteht, aber auch sonstige Werke oder sonstige Schutzgegenstände enthalten kann, und die
   a) in einer unter einem einheitlichen Titel periodisch erscheinenden oder regelmäßig aktualisierten Veröffentlichung, etwa Zeitungen oder Magazinen von allgemeinem oder besonderem Interesse, eine Einzelausgabe darstellt;
   b) dem Zweck dient, die Öffentlichkeit über Nachrichten oder andere Themen zu informieren und
   c) unabhängig vom Medium auf Initiative eines Diensteanbieters unter seiner redaktionellen Verantwortung und Aufsicht veröffentlicht wird.
   Periodika, die für wissenschaftliche oder akademische Zwecke verlegt werden, etwa Wissenschaftsjournale, sind keine Presseveröffentlichungen im Sinne dieser Richtlinie.
5. „Dienst der Informationsgesellschaft" bezeichnet eine Dienstleistung im Sinne des Artikels 1 Absatz 1 Buchstabe b der Richtlinie (EU) 2015/1535.
6. „Diensteanbieter für das Teilen von Online-Inhalten" bezeichnet den Anbieter eines Dienstes der Informationsgesellschaft, bei dem der Hauptzweck bzw. einer der Hauptzwecke darin besteht, eine große Menge an von seinen Nutzern hochgeladenen, urheberrechtlich geschützten Werken oder sonstigen Schutzgegenständen zu speichern und der Öffentlichkeit Zugang hierzu zu verschaffen, wobei dieser Anbieter diese Inhalte organisiert und zum Zwecke der Gewinnerzielung bewirbt.

[2]Anbieter von Diensten, etwa nicht gewinnorientierte Online-Enzyklopädien, nicht gewinnorientierte bildungsbezogene und wissenschaftliche Repositorien, Entwicklungs- und Weitergabeplattformen für quelloffene Software, Anbieter elektronischer Kommunikationsdienste im Sinne der Richtlinie (EU) 2018/1972, Online-Marktplätze, zwischen Unternehmen erbrachte Cloud-Dienste sowie Cloud-Dienste, die ihren Nutzern das Hochladen von Inhalten für den Eigengebrauch ermöglichen, sind keine Diensteanbieter für das Teilen von Online-Inhalten im Sinne dieser Richtlinie.

TITEL II

Maßnahmen zur Anpassung von Ausnahmen und Beschränkungen an das digitale und grenzüberschreitende Umfeld

Artikel 3. Text und Data Mining zum Zwecke der wissenschaftlichen Forschung. (1) Die Mitgliedstaaten sehen eine Ausnahme von den in Artikel 5 Buchstabe a und Artikel 7 Absatz 1 der Richtlinie 96/9/EG, Artikel 2 der Richtlinie 2001/29/EG, und Artikel 15 Absatz 1 der vorliegenden Richtlinie festgelegten Rechten für Vervielfältigungen und Entnahmen vor, die durch Forschungsorganisationen und Einrichtungen des Kulturerbes von Werken oder sonstigen Schutzgegenständen, zu denen sie rechtmäßig Zugang haben, zum Zwecke der wissenschaftlichen Forschung für die Text und Data Mining vorgenommen werden.

(2) Vervielfältigungen und Entnahmen von Werken oder sonstigen Schutzgegenständen, die gemäß Absatz 1 angefertigt wurden, sind mit angemessenen Sicherheitsvorkehrungen zu speichern und dürfen zum Zwecke der wissenschaftlichen Forschung, auch zur Überprüfung wissenschaftlicher Erkenntnisse, aufbewahrt werden.

(3) [1]Die Rechteinhaber müssen Maßnahmen durchführen können, um die Sicherheit und Integrität der Netze und Datenbanken zu wahren, in denen die Werke oder sonstigen Schutzgegenstände gespeichert sind. [2]Diese Maßnahmen dürfen über das für die Verwirklichung dieses Ziels Notwendige nicht hinausgehen.

(4) Die Mitgliedstaaten wirken darauf hin, dass Rechteinhaber, Forschungsorganisationen und Einrichtungen des Kulturerbes einvernehmlich bewährte Vorgehensweisen bei der die Umsetzung der in Absatz 2 genannten Verpflichtung bzw. die Durchführung der in Absatz 3 genannten Maßnahmen definieren.

Artikel 4. Ausnahmen und Beschränkungen für das Text und Data Mining. (1) Für zum Zwecke des Text und Data Mining vorgenommene Vervielfältigungen und Entnahmen von rechtmäßig zugänglichen Werken und sonstigen Schutzgegenständen sehen die Mitgliedstaaten eine Ausnahme oder Beschränkung von den Rechten vor, die in Artikel 5 Buchstabe a und Artikel 7 Absatz 1 der Richtlinie 96/9/EG, Artikel 2 der Richtlinie 2001/29/EG, Artikel 4 Absatz 1 Buchstaben a und b der Richtlinie 2009/24/EG und Artikel 15 Absatz 1 der vorliegenden Richtlinie niedergelegt sind.

(2) Vervielfältigungen und Entnahmen nach Absatz 1 dürfen so lange aufbewahrt werden, wie es für die Zwecke des Text und Data Mining notwendig ist.

(3) Die Ausnahmen und Beschränkungen nach Absatz 1 finden Anwendung, sofern die jeweiligen Rechteinhaber die in Absatz 1 genannten Werke und sonstigen Schutzgegenstände nicht ausdrücklich in angemessener Weise,

etwa mit maschinenlesbaren Mitteln im Fall von online veröffentlichten Inhalten, mit einem Nutzungsvorbehalt versehen haben.

(4) Dieser Artikel lässt die Anwendung von Artikel 3 unberührt.

Artikel 5. Nutzung von Werken und sonstigen Schutzgegenständen für digitale und grenzüberschreitende Unterrichts- und Lehrtätigkeiten. (1) Die Mitgliedstaaten sehen eine Ausnahme oder Beschränkung für die in Artikel 5 Buchstabe a, b, d und e und Artikel 7 Absatz 1 der Richtlinie 96/9/EG, Artikel 2 und 3 der Richtlinie 2001/29/EG, Artikel 4 Absatz 1 der Richtlinie 2009/24/EG und Artikel 15 Absatz 1 der vorliegenden Richtlinie festgelegten Rechte vor, damit Werke und sonstige Schutzgegenstände für den alleinigen Zweck der Veranschaulichung des Unterrichts digital und in dem Maße genutzt werden dürfen, soweit das zur Verfolgung nicht-kommerzieller Zwecke gerechtfertigt ist, sofern diese Nutzung

a) unter der Verantwortung einer Bildungseinrichtung in ihren Räumlichkeiten oder an anderen Orten oder in einer gesicherten elektronischen Umgebung stattfindet, zu denen bzw. zu der nur die Schüler, die Studierenden und das Lehrpersonal der Bildungseinrichtung Zugang haben, und

b) mit Quellenangaben erfolgt, indem unter anderem der Name des Urhebers angegeben wird, außer in Fällen, in denen sich das als unmöglich erweist.

(2) [1]Unbeschadet des Artikels 7 Absatz 1 können die Mitgliedstaaten festlegen, dass die Ausnahme oder Beschränkung nach Absatz 1 insoweit nicht oder nicht für bestimmte Nutzungen oder nicht für bestimmte Arten von Werken oder sonstigen Schutzgegenständen – etwa vor allem für den Bildungsmarkt vorgesehenes Material oder Notenblätter – gilt, als auf dem Markt geeignete und den Bedürfnissen und Besonderheiten von Bildungseinrichtungen entsprechende Lizenzen, die die in Absatz 1 des vorliegenden Artikels genannten Handlungen erlauben, leicht verfügbar sind.
[2]Mitgliedstaaten, die sich entscheiden, von Unterabsatz 1 des vorliegenden Absatzes Gebrauch zu machen, ergreifen die notwendigen Maßnahmen, damit die Lizenzen, die die in Absatz 1 des vorliegenden Artikels genannten Handlungen erlauben, in angemessener Weise für die Bildungseinrichtungen verfügbar und auffindbar sind.

(3) Die Nutzung von Werken und sonstigen Schutzgegenständen über gesicherte elektronische Umgebungen für den alleinigen Zweck der Veranschaulichung des Unterrichts gemäß nationalem Recht, das auf der Grundlage dieses Artikels erlassen wurde, gilt allein als in dem Mitgliedstaat erfolgt, in dem die Bildungseinrichtung ihren Sitz hat.

(4) Werden Werke oder sonstige Schutzgegenstände nach Absatz 1 genutzt, so können die Mitgliedstaaten hierfür einen gerechten Ausgleich für die jeweiligen Rechteinhaber vorsehen.

Artikel 6. Erhaltung des Kulturerbes. Die Mitgliedstaaten sehen eine Ausnahme für die in Artikel 5 Buchstabe a und Artikel 7 Absatz 1 der Richtlinie 96/9/EG, Artikel 2 der Richtlinie 2001/29/EG, Artikel 4 Absatz 1 Buchstabe a der Richtlinie 2009/24/EG und Artikel 15 Absatz 1 der vorliegenden Richtlinie festgelegten Rechte vor, um es Einrichtungen des Kulturerbes zu gestatten, Werke und sonstige Schutzgegenstände, die sich dauerhaft in ihren Sammlungen befinden, unabhängig vom Format oder Medium für die Zwecke der Erhaltung dieser Werke oder sonstigen Schutzgegenstände in dem für diese Erhaltung notwendigen Umfang zu vervielfältigen.

Artikel 7. Gemeinsame Bestimmungen. (1) Vertragsbestimmungen, die den in den Artikeln 3, 5 und 6 festgelegten Ausnahmen zuwiderlaufen, sind nicht durchsetzbar.

(2) [1]Artikel 5 Absatz 5 der Richtlinie 2001/29/EG findet auf die unter diesem Titel genannten Ausnahmen und Beschränkungen Anwendung. [2]Artikel 6 Absatz 4 Unterabsatz 1, 3 und 5 der Richtlinie 2001/29/EG finden auf die Artikel 3 bis 6 der vorliegenden Richtlinie Anwendung.

TITEL III

Maßnahmen zur Verbesserung der Lizenzierungspraxis und zur Gewährleistung eines breiteren Zugangs zu Inhalten

Kapitel 1

Vergriffene Werke und sonstige Schutzgegenstände

Artikel 8. Nutzung von vergriffenen Werken und sonstigen Schutzgegenständen durch Einrichtungen des Kulturerbes. (1) Die Mitgliedstaaten legen fest, dass eine Verwertungsgesellschaft entsprechend den ihr von den Rechteinhabern erteilten Mandaten mit einer Einrichtung des Kulturerbes eine nicht ausschließliche Lizenzvereinbarung für nicht- kommerzielle Zwecke abschließen darf, die sich auf die Vervielfältigung, die Verbreitung, die öffentliche Wiedergabe oder die öffentliche Zugänglichmachung vergriffener Werke oder sonstiger Schutzgegenstände erstreckt, die sich dauerhaft in der Sammlung dieser Einrichtung befinden, unabhängig davon, ob alle Rechteinhaber, die unter die Lizenzvereinbarung fallen, der Verwertungsgesellschaft ein Mandat erteilt haben, sofern

a) die Verwertungsgesellschaft aufgrund ihrer Mandate ausreichend repräsentativ für die Rechteinhaber der einschlägigen Art von Werken oder sonstigen Schutzgegenständen sowie für die Rechte ist, die Gegenstand der Lizenz sind und

b) die Gleichbehandlung aller Rechteinhaber in Bezug auf die Lizenzbedingungen gewährleistet wird.

(2) Die Mitgliedstaaten sehen eine Ausnahme oder Beschränkung für die in Artikel 5 Buchstabe a, b, d und e und Artikel 7 Absatz 1 der Richtlinie 96/9/

EG, den Artikeln 2 und 3 der Richtlinie 2001/29/EG, Artikel 4 Absatz 1 der Richtlinie 2009/24/EG und Artikel 15 Absatz 1 der vorliegenden Richtlinie festgelegten Rechte zu dem Zweck vor, Einrichtungen des Kulturerbes zu gestatten, vergriffene Werke oder sonstige Schutzgegenstände, die sich dauerhaft in ihren Sammlungen befinden, für nicht-kommerzielle Zwecke zugänglich zu machen, sofern

a) der Name des Urhebers oder eines anderen identifizierbaren Rechteinhabers angegeben wird, außer in Fällen, in denen sich das als unmöglich erweist; und

b) die Werke oder sonstigen Schutzgegenstände auf nicht-kommerziellen Internetseiten zugänglich gemacht werden.

(3) Die Mitgliedstaaten sehen vor, dass die in Absatz 2 vorgesehene Ausnahme oder Beschränkung nur für Arten von Werken oder sonstigen Schutzgegenständen gilt, für die keine Verwertungsgesellschaft vorhanden ist, die die Bedingungen nach Absatz 1 Buchstabe a erfüllt.

(4) Die Mitgliedstaaten sehen vor, dass alle Rechteinhaber ihre Werke oder sonstigen Schutzgegenstände auch nach dem Abschluss einer Lizenzvereinbarung oder nach dem Beginn der jeweiligen Nutzung entweder generell oder in bestimmten Fällen jederzeit einfach und wirksam von dem Lizenzvergabeverfahren nach Absatz 1 oder von der Anwendung der in Absatz 2 vorgesehenen Ausnahme oder Beschränkung ausschließen können.

(5) Ein Werk oder sonstiger Schutzgegenstand gilt als vergriffen, wenn nach Treu und Glauben davon ausgegangen werden kann, dass das gesamte Werk oder der gesamte sonstige Schutzgegenstand auf den üblichen Vertriebswegen für die Öffentlichkeit nicht erhältlich ist, nachdem ein vertretbarer Aufwand betrieben wurde, um festzustellen, ob es bzw. er für die Öffentlichkeit erhältlich ist.

[1]Die Mitgliedstaaten können besondere Anforderungen wie einen Stichtag vorsehen, um zu bestimmen, ob für ein Werk oder einen sonstigen Schutzgegenstand eine Lizenz nach Absatz 1 erteilt oder ob es bzw. er im Rahmen einer in Absatz 2 vorgesehenen Ausnahme oder Beschränkung verwendet werden kann. [2]Diese Anforderungen dürfen weder über das Notwendige und Vertretbare hinausgehen noch die Möglichkeit ausschließen, eine Reihe von Werken oder sonstigen Schutzgegenständen insgesamt als vergriffen einzustufen, wenn nach billigem Ermessen davon auszugehen ist, dass all diese Werke oder sonstigen Schutzgegenstände vergriffen sind.

(6) Die Mitgliedstaaten sehen vor, dass die in Absatz 1 genannten Lizenzen bei einer Verwertungsgesellschaft anzufordern sind, die in dem Mitgliedstaat repräsentativ ist, in dem die Einrichtung des Kulturerbes ihren Sitz hat.

(7) [1]Dieser Artikel gilt nicht für Reihen vergriffener Werke oder sonstiger Schutzgegenstände, wenn nach Prüfung mit vertretbarem Aufwand gemäß Absatz 5 nachweislich festgestellt wurde, dass derartige Reihen überwiegend aus Folgendem bestehen:

a) aus Werken oder sonstigen Schutzgegenständen, mit Ausnahme von Kinofilmen oder sonstigen audiovisuellen Werken, die zuerst in einem Drittland veröffentlicht wurden oder, sofern sie nicht veröffentlicht wurden, zuerst in einem Drittland gesendet wurden;
b) aus Kinofilmen oder sonstigen audiovisuellen Werken, deren Produzenten ihren Hauptsitz oder ihren gewöhnlichen Wohnsitz in einem Drittland haben; oder
c) aus Werken oder sonstigen Schutzgegenständen von Drittstaatsangehörigen, sofern sich gemäß den Buchstaben a und b und nach vertretbarem Aufwand kein Mitgliedstaat oder Drittland bestimmen lässt;

[2]Abweichend von Unterabsatz 1 gilt dieser Artikel, wenn die Verwertungsgesellschaft im Sinne von Absatz 1 Buchstabe a ausreichend repräsentativ für Rechteinhaber des jeweiligen Drittlandes ist.

Artikel 9. Grenzüberschreitende Nutzung. (1) Die Mitgliedstaaten stellen sicher, dass nach Artikel 8 erteilte Lizenzen die Nutzung von vergriffenen Werken oder sonstigen Schutzgegenständen durch Einrichtungen des Kulturerbes in jedem Mitgliedstaat erlauben dürfen.

(2) Die Nutzung von Werken und sonstigen Schutzgegenständen im Rahmen einer in Artikel 8 Absatz 2 vorgesehenen Ausnahme oder Beschränkung gilt allein als in dem Mitgliedstaat erfolgt, in dem die Einrichtung des Kulturerbes ihren Sitz hat.

Artikel 10. Informationsmaßnahmen. (1) [1]Die Mitgliedstaaten stellen sicher, dass Informationen von Einrichtungen des Kulturerbes, Verwertungsgesellschaften oder einschlägigen öffentlichen Stellen zum Zwecke der Identifizierung vergriffener Werke oder sonstiger Schutzgegenstände, für die eine Lizenz nach Artikel 8 Absatz 1 erteilt wurde oder die im Rahmen einer in Artikel 8 Absatz 2 vorgesehenen Ausnahme oder Beschränkung genutzt werden, sowie Informationen über die den Rechteinhabern nach Artikel 8 Absatz 4 zur Verfügung stehenden Möglichkeiten und – sobald vorhanden und sofern relevant – Informationen über die Parteien der Lizenz, die abgedeckten Gebiete und die Nutzungen dauerhaft, einfach und tatsächlich über ein öffentliches zentrales Online-Portal zugänglich gemacht werden, und zwar mindestens sechs Monate, bevor die Werke oder sonstigen Schutzgegenstände gemäß der Lizenz oder im Rahmen der Ausnahme oder Beschränkung verbreitet, öffentlich wiedergegeben oder der Öffentlichkeit zugänglich gemacht werden.

[2]Das Portal wird vom Amt der Europäischen Union für geistiges Eigentum entsprechend der Verordnung (EU) Nr. 386/2012 eingerichtet und verwaltet.

(2) [1]Sofern es der allgemeine Informationsbedarf der Rechteinhaber erfordert, sehen die Mitgliedstaaten vor, dass zusätzliche angemessene Informationsmaßnahmen ergriffen werden, und zwar im Hinblick auf die Fähigkeit von Verwertungsgesellschaften, Lizenzen für Werke und sonstige Schutzgegenstände nach Artikel 8 zu erteilen, auf erteilte Lizenzen, auf die Nutzungen im Rahmen einer in Artikel 8 Absatz 2 vorgesehenen Ausnahme oder Beschrän-

kung und auf die den Rechteinhabern zur Verfügung stehenden Möglichkeiten nach Artikel 8 Absatz 4. ²Die angemessenen Informationsmaßnahmen gemäß Unterabsatz 1 des vorliegenden Absatzes werden in dem Mitgliedstaat ergriffen, in dem um die Lizenz nach Artikel 8 Absatz 1 ersucht wird, oder – bei Nutzungen im Rahmen einer in Artikel 8 Absatz 2 vorgesehenen Ausnahme oder Beschränkung – in dem Mitgliedstaat, in dem die Einrichtung des Kulturerbes ihren Sitz hat. ³Gibt es Anzeichen, etwa den Ursprung der Werke oder sonstigen Schutzgegenstände, die darauf hindeuten, dass die Rechteinhaber in anderen Mitgliedstaaten oder Drittländern effizienter informiert werden könnten, so erstrecken sich die Informationsmaßnahmen auch auf diese Mitgliedstaaten und Drittländer.

Artikel 11. Dialog der Interessenträger. Die Mitgliedstaaten konsultieren die Rechteinhaber, Verwertungsgesellschaften und Einrichtungen des Kulturerbes in den einzelnen Branchen, bevor sie besondere Anforderungen nach Artikel 8 Absatz 5 festlegen, und fördern den regelmäßigen Dialog zwischen den Interessenvertretungen der Nutzer und Rechteinhaber einschließlich der Verwertungsgesellschaften sowie anderen einschlägigen Organisationen der Interessenträger, um für die einzelnen Branchen die Bedeutung und den Nutzwert des Lizenzvergabeverfahrens nach Artikel 8 Absatz 1 zu fördern und sicherzustellen, dass die in diesem Kapitel genannten Schutzbestimmungen für die Rechteinhaber wirksam sind.

Kapitel 2

Maßnahmen zur Erleichterung der kollektiven Lizenzvergabe

Artikel 12. Kollektive Lizenzvergabe mit erweiterter Wirkung. (1) Die Mitgliedstaaten können vorsehen, dass – sofern es die Nutzung in ihrem Hoheitsgebiet betrifft und vorbehaltlich der in diesem Artikel genannten Schutzbestimmungen – für den Fall, dass eine Verwertungsgesellschaft, die den nationalen Vorschriften zur Umsetzung der Richtlinie 2014/26/EU unterliegt, gemäß ihren von den Rechteinhabern erteilten Mandaten eine Lizenzvereinbarung über die Nutzung von Werken oder sonstigen Schutzgegenständen abschließt:

a) die Geltung einer solchen Vereinbarung auch auf die Rechte von Rechteinhabern ausgeweitet werden kann, die dieser Verwertungsgesellschaft weder auf der Grundlage einer Abtretungs-, Lizenz- noch einer sonstigen vertraglichen Vereinbarung zur Wahrnehmung eingeräumt wurden; oder
b) im Hinblick auf eine solche Lizenzvereinbarung die Verwertungsgesellschaft eine gesetzliche Berechtigung hat oder die Vermutung gilt, dass sie Rechteinhaber vertritt, die der Verwertungsgesellschaft kein entsprechendes Mandat erteilt haben.

(2) Die Mitgliedstaaten stellen sicher, dass das in Absatz 1 genannte Lizenzvergabeverfahren nur in genau bestimmten Bereichen der Nutzung Anwendung findet, in denen die Einholung der Erlaubnis der Rechteinhaber in jedem Einzelfall normalerweise beschwerlich und in einem Maße praxisfern ist, dass die erforderliche Erteilung der Lizenz aufgrund der Art der Nutzung oder des Typs der jeweiligen Werke oder sonstigen Schutzgegenstände unwahrscheinlich wird, und sie stellen sicher, dass mit diesem Lizenzvergabeverfahren die berechtigten Interessen der Rechteinhaber geschützt werden.

(3) Für die Zwecke von Absatz 1 sehen die Mitgliedstaaten die folgenden Schutzbestimmungen vor:
a) die Verwertungsgesellschaft ist aufgrund ihrer Mandate ausreichend repräsentativ für die Rechteinhaber der einschlägigen Art von Werken oder sonstigen Schutzgegenständen sowie für die Rechte, die Gegenstand der Lizenz für den jeweiligen Mitgliedstaat sind;
b) die Gleichbehandlung aller Rechteinhaber, auch in Bezug auf die Lizenzbedingungen, wird gewährleistet;
c) Rechteinhaber, die der Verwertungsgesellschaft, die die Lizenz gewährt, kein Mandat erteilt haben, können jederzeit einfach und wirksam ihre Werke und sonstigen Schutzgegenstände von dem gemäß diesem Artikel eingeführten Lizenzvergabeverfahren ausschließen; und
d) es werden eine angemessene Zeitspanne vor Beginn der lizenzierten Nutzung der Werke oder sonstigen Schutzgegenstände angemessene Informationsmaßnahmen ergriffen, um Rechteinhaber darüber zu informieren, dass die Verwertungsgesellschaft in der Lage ist, Lizenzen für Werke und sonstige Schutzgegenstände zu erteilen, dass die Lizenzvergabe gemäß diesem Artikel erfolgt und dass den Rechteinhabern die Möglichkeiten nach Buchstabe c zur Verfügung stehen. Informationsmaßnahmen sind wirksam, ohne dass jeder Rechteinhaber einzeln informiert werden muss.

(4) [1]Dieser Artikel lässt die Anwendung von Verfahren für die kollektive Lizenzvergabe mit erweiterter Wirkung gemäß anderen Bestimmungen des Unionsrechts einschließlich Bestimmungen über die Zulässigkeit von Ausnahmen oder Beschränkungen unberührt.
[2]Dieser Artikel findet keine Anwendung auf die zwingende kollektive Rechtewahrnehmung.
[3]Artikel 7 der Richtlinie 2014/26/EU findet auf die in dem vorliegenden Artikel vorgesehenen Lizenzvergabeverfahren Anwendung.

(5) [1]Sieht ein Mitgliedstaat in seinem nationalen Recht ein Lizenzvergabeverfahren gemäß dem vorliegenden Artikel vor, so informiert dieser Mitgliedstaat die Kommission über den Geltungsbereich der entsprechenden nationalen Rechtsvorschriften, über die Zwecke und die Arten der möglicherweise nach dieser Vorschriften eingeführten Lizenzen sowie über die Kontaktangaben für Organisationen, die Lizenzen nach diesem Lizenzvergabeverfahren erteilen, und über welche Mittel und Wege Informationen über die Lizenzvergabe und die den Rechteinhabern gemäß Absatz 3 Buchstabe c zur Verfügung stehenden

Möglichkeiten bezogen werden können. ²Diese Informationen werden von der Kommission veröffentlicht.

(6) ¹Auf der Grundlage der nach Absatz 5 des vorliegenden Artikels eingegangenen Informationen und der Konsultationen in dem gemäß Artikel 12 Absatz 3 der Richtlinie 2001/29/EG eingerichteten Kontaktausschuss übermittelt die Kommission dem Europäischen Parlament und dem Rat bis zum 10. April 2021 einen Bericht über die Nutzung der in Absatz 1 des vorliegenden Artikels genannten Lizenzvergabeverfahren in der Union, ihre Auswirkungen auf die Lizenzvergabe und die Rechteinhaber, einschließlich der Rechteinhaber, die keine Mitglieder der Gesellschaft, die die Lizenzen vergibt, sind oder Staatsangehörige eines anderen Mitgliedstaats sind bzw. in einem anderen Mitgliedstaat wohnhaft sind, über ihre Wirksamkeit für die Vereinfachung der Verbreitung kultureller Inhalte und über ihre Auswirkungen auf den Binnenmarkt einschließlich der grenzüberschreitenden Erbringung von Dienstleistungen und des Wettbewerbs. ²Diesem Bericht wird erforderlichenfalls ein Gesetzgebungsvorschlag beigefügt, auch über die grenzüberschreitenden Auswirkungen derartiger nationaler Verfahren.

Kapitel 3

Zugänglichkeit und Verfügbarkeit audiovisueller Werke über Videoabrufdienste

Artikel 13. Verhandlungsmechanismus. ¹Die Mitgliedstaaten gewährleisten, dass Parteien, die mit Schwierigkeiten im Zusammenhang mit der Lizenzierung von Rechten konfrontiert sind, wenn sie den Abschluss einer Vereinbarung für die Zwecke der Zugänglichmachung audiovisueller Werke über Videoabrufdienste beabsichtigen, sich an eine unparteiische Instanz oder Mediatoren wenden können. ²Die von einem Mitgliedstaat zum Zwecke dieses Artikels eingerichtete oder benannte unparteiische Instanz leistet und die Mediatoren leisten den Parteien Unterstützung bei ihren Verhandlungen und hilft bzw. helfen ihnen bei der Erzielung von Vereinbarungen, was bei Bedarf auch die Übermittlung von Vorschlägen an die Parteien einschließt.

²Die Mitgliedstaaten teilen der Kommission spätestens bis zum 7. Juni 2021 den Namen der in Absatz 1 genannten Instanz bzw. die Namen der in Absatz 1 genannten Mediatoren mit. ²In den Fällen, in denen die Mitgliedstaaten beschlossen haben, sich auf Mediationsverfahren zu stützen, muss die Mitteilung an die Kommission mindestens die Quelle enthalten, wo einschlägige Informationen über die mit dieser Aufgabe betrauten Mediatoren zu finden sind.

Kapitel 4

Gemeinfreie Werke der bildenden Kunst

Artikel 14. Gemeinfreie Werke der bildenden Kunst. Die Mitgliedstaaten sehen vor, dass nach Ablauf der Dauer des Schutzes eines Werkes der bildenden Kunst Material, das im Zuge einer Handlung der Vervielfältigung dieses Werkes entstanden ist, weder urheberrechtlich noch durch verwandte Schutzrechte geschützt ist, es sei denn, dieses Material stellt eine eigene geistige Schöpfung dar.

TITEL IV

Maßnahmen zur Schaffung eines funktionsfähigen Marktes für den Urheberrechtsschutz

Kapitel 1

Rechte an Veröffentlichungen

Artikel 15. Schutz von Presseveröffentlichungen im Hinblick auf die Online-Nutzung. (1) ¹Die Mitgliedstaaten legen Bestimmungen fest, mit denen Presseverlage mit Sitz in einem Mitgliedstaat die in Artikel 2 und Artikel 3 Absatz 2 der Richtlinie 2001/29/EG genannten Rechte für die Online-Nutzung ihrer Presseveröffentlichungen durch Anbieter von Diensten der Informationsgesellschaft erhalten.
²Die in Unterabsatz 1 vorgesehenen Rechte gelten nicht für die private oder nicht-kommerzielle Nutzung von Presseveröffentlichungen durch einzelne Nutzer.
³Der nach Unterabsatz 1 gewährte Schutz gilt nicht für das Setzen von Hyperlinks.
⁴Die in Unterabsatz 1 vorgesehenen Rechte gelten nicht für die Nutzung einzelner Wörter oder sehr kurzer Auszüge aus einer Presseveröffentlichung.

(2) ¹Die in Absatz 1 vorgesehenen Rechte lassen die im Unionsrecht festgelegten Rechte von Urhebern und sonstigen Rechteinhabern an den in einer Presseveröffentlichung enthaltenen Werken und sonstigen Schutzgegenständen unberührt und beeinträchtigen diese Rechte in keiner Weise. ²Die in Absatz 1 vorgesehenen Rechte dürfen nicht zum Nachteil dieser Urheber und sonstigen Rechteinhaber geltend gemacht werden und dürfen diesen insbesondere nicht das Recht nehmen, ihre Werke und sonstigen Schutzgegenstände unabhängig von der Presseveröffentlichung zu verwerten, in der sie enthalten sind.
³Ist ein Werk oder ein sonstiger Schutzgegenstand auf der Grundlage einer nicht ausschließlichen Lizenz in einer Presseveröffentlichung enthalten, so dürfen die in Absatz 1 vorgesehenen Rechte nicht zu dem Zweck geltend ge-

macht werden, die Nutzung durch andere berechtigte Nutzer zu untersagen. ²Die in Absatz 1 vorgesehenen Rechte dürfen nicht zu dem Zweck geltend gemacht werden, die Nutzung von Werken oder sonstigen Schutzgegenständen, deren Schutzdauer abgelaufen ist, zu untersagen.

(3) Die Artikel 5 bis 8 der Richtlinie 2001/29/EG, die Richtlinie 2012/28/EU und die Richtlinie (EU) 2017/1564 des Europäischen Parlaments und des Rates[1] finden sinngemäß auf die in Absatz 1 des vorliegenden Artikels vorgesehenen Rechte Anwendung.

(4) ¹Die in Absatz 1 vorgesehenen Rechte erlöschen zwei Jahre nach der Veröffentlichung der Presseveröffentlichung. ²Die Berechnung dieser Zeitspanne erfolgt ab dem 1. Januar des auf den Tag der Veröffentlichung der Presseveröffentlichung folgenden Jahres.

³Absatz 1 findet keine Anwendung auf Presseveröffentlichungen, deren erstmalige Veröffentlichung vor dem 6. Juni 2019 erfolgt.

(5) Die Mitgliedstaaten sehen vor, dass Urheber der in einer Presseveröffentlichung enthaltenen Werke einen angemessenen Anteil der Einnahmen erhalten, die die Presseverlage aus der Nutzung ihrer Presseveröffentlichungen durch Anbieter von Diensten der Informationsgesellschaft erhalten.

Artikel 16. Ansprüche auf einen gerechten Ausgleich. ¹Die Mitgliedstaaten können festlegen, dass für den Fall, dass ein Urheber einem Verleger ein Recht übertragen oder ihm eine Lizenz erteilt hat, diese Übertragung oder Lizenzierung eine hinreichende Rechtsgrundlage für den Anspruch des Verlegers auf einen Anteil am Ausgleich für die jeweilige Nutzung des Werkes im Rahmen einer Ausnahme oder Beschränkung für das übertragene oder lizenzierte Recht darstellt.

²Satz 1 lässt die in den Mitgliedstaaten derzeit und künftig geltenden Regelungen über das öffentliche Verleihrecht unberührt.

Kapitel 2

Bestimmte Nutzungen geschützter Inhalte durch Online-Dienste

Artikel 17. Nutzung geschützter Inhalte durch Diensteanbieter für das Teilen von Online-Inhalten. (1) ¹Die Mitgliedstaaten sehen vor, dass ein Diensteanbieter für das Teilen von Online-Inhalten eine Handlung der öffentli-

---

1 Richtlinie (EU) 2017/1564 des Europäischen Parlaments und des Rates vom 13. September 2017 über bestimmte zulässige Formen der Nutzung bestimmter urheberrechtlich oder durch verwandte Schutzrechte geschützter Werke und sonstiger Schutzgegenstände zugunsten blinder, sehbehinderter oder anderweitig lesebehinderter Personen und zur Änderung der Richtlinie 2001/29/EG zur Harmonisierung bestimmter Aspekte des Urheberrechts und der verwandten Schutzrechte in der Informationsgesellschaft (ABl. L 242 vom 20.9.2017, S. 6).

chen Wiedergabe oder eine Handlung der öffentlichen Zugänglichmachung für die Zwecke dieser Richtlinie vornimmt, wenn er der Öffentlichkeit Zugang zu von seinen Nutzern hochgeladenen urheberrechtlich geschützten Werken oder sonstigen Schutzgegenständen verschafft.
[2]Ein Diensteanbieter für das Teilen von Online-Inhalten muss deshalb die Erlaubnis von den in Artikel 3 Absatz 1 und 2 der Richtlinie 2001/29/EG genannten Rechteinhabern einholen, etwa durch den Abschluss einer Lizenzvereinbarung, damit er Werke oder sonstige Schutzgegenstände öffentlich wiedergeben oder öffentlich zugänglich machen darf.

(2) Die Mitgliedstaaten sehen vor, dass eine von einem Diensteanbieter für das Teilen von Online-Inhalten – zum Beispiel durch Abschluss einer Lizenzvereinbarung – eingeholte Erlaubnis auch für Handlungen gilt, die von Nutzern von Diensten ausgeführt werden und die in den Geltungsbereich des Artikels 3 der Richtlinie 2001/29/EG fallen, sofern diese Nutzer nicht auf der Grundlage einer gewerblichen Tätigkeit handeln oder mit ihrer Tätigkeit keine erheblichen Einnahmen erzielen.

(3) Nimmt ein Diensteanbieter für das Teilen von Online-Inhalten eine Handlung der öffentlichen Wiedergabe oder der öffentlichen Zugänglichmachung unter den in diesem Artikel festgelegten Bedingungen vor, so findet die Beschränkung der Verantwortlichkeit nach Artikel 14 Absatz 1 der Richtlinie 2000/31/EG auf die in diesem Artikel beschriebenen Situationen keine Anwendung.

(4) Wird die Erlaubnis nicht erteilt, so ist der Diensteanbieter für das Teilen von Online-Inhalten für nicht erlaubte Handlungen der öffentlichen Wiedergabe, einschließlich der öffentlichen Zugänglichmachung, urheberrechtlich geschützter Werke oder sonstiger Schutzgegenstände verantwortlich, es sei denn, der Anbieter dieser Dienste erbringt den Nachweis, dass er
a) alle Anstrengungen unternommen hat, um die Erlaubnis einzuholen; und
b) nach Maßgabe hoher branchenüblicher Standards für die berufliche Sorgfalt alle Anstrengungen unternommen hat, um sicherzustellen, dass bestimmte Werke und sonstige Schutzgegenstände, zu denen die Rechteinhaber den Anbietern dieser Dienste einschlägige und notwendige Informationen bereitgestellt haben, nicht verfügbar sind; und in jedem Fall
c) nach Erhalt eines hinreichend begründeten Hinweises von den Rechteinhabern unverzüglich gehandelt hat, um den Zugang zu den entsprechenden Werken oder sonstigen Schutzgegenständen zu sperren bzw. die entsprechenden Werke oder sonstigen Schutzgegenstände von seinen Internetseiten zu entfernen, und alle Anstrengungen unternommen hat, um gemäß Buchstabe b das künftige Hochladen dieser Werke oder sonstigen Schutzgegenstände zu verhindern.

(5) Bei der Feststellung, ob der Diensteanbieter den in Absatz 4 festgelegten Verpflichtungen nachgekommen ist, wird im Lichte des Grundsatzes der Verhältnismäßigkeit unter anderem Folgendes berücksichtigt:

a) die Art, das Publikum und der Umfang der Dienste sowie die Art der von den Nutzern des Dienstes hochgeladenen Werke oder sonstigen Schutzgegenstände; und

b) die Verfügbarkeit geeigneter und wirksamer Mittel und die Kosten, die den Anbietern dieser Dienste hierfür entstehen.

(6) ¹Die Mitgliedstaaten sehen vor, dass die Geltung der in Absatz 4 festgelegten Verantwortung für neue Diensteanbieter für das Teilen von Online-Inhalten, deren Dienste der Öffentlichkeit in der Union seit weniger als drei Jahren zur Verfügung stehen und deren Jahresumsatz, berechnet nach der Empfehlung der Kommission 2003/361/EG², 10 Mio. EUR nicht übersteigt, darauf beschränkt ist, Absatz 4 Buchstabe a einzuhalten und nach Erhalt eines hinreichend begründeten Hinweises von den Rechteinhabern unverzüglich zu handeln, um den Zugang zu den entsprechenden Werken und sonstigen Schutzgegenständen zu sperren bzw. die entsprechenden Werke und sonstigen Schutzgegenstände von ihren Internetseiten zu entfernen.

²Übersteigt – berechnet auf der Grundlage des vorausgegangenen Kalenderjahrs – die durchschnittliche monatliche Anzahl unterschiedlicher Besucher der Internetseiten derartiger Diensteanbieter 5 Mio., so müssen die Anbieter derartiger Dienste außerdem den Nachweis erbringen, dass sie alle Anstrengungen unternommen haben, um das künftige Hochladen der gemeldeten Werke und sonstigen Schutzgegenstände, zu denen die Rechteinhaber einschlägige und notwendige Informationen bereitgestellt haben, zu verhindern.

(7) ¹Die Zusammenarbeit zwischen den Diensteanbietern für das Teilen von Online-Inhalten und den Rechteinhabern darf nicht bewirken, dass von Nutzern hochgeladene Werke oder sonstige Schutzgegenstände, bei denen kein Verstoß gegen das Urheberrecht oder verwandte Schutzrechte vorliegt, nicht verfügbar sind, und zwar auch dann, wenn die Nutzung eines Werkes oder sonstigen Schutzgegenstandes im Rahmen einer Ausnahme oder Beschränkung erlaubt ist.

²Die Mitgliedstaaten stellen sicher, dass sich alle Nutzer, die nutzergenerierte Inhalte auf Diensten für das Teilen von Online-Inhalten hochladen oder auf Diensten für das Teilen von Online-Inhalten zugänglich machen, in jedem Mitgliedstaat auf jede der folgenden Ausnahmen oder Beschränkungen stützen können:

a) Zitate, Kritik und Rezensionen;

b) Nutzung zum Zwecke von Karikaturen, Parodien oder Pastiches.

(8) ¹Die Anwendung dieses Artikels darf nicht zu einer Pflicht zur allgemeinen Überwachung führen.

²Die Mitgliedstaaten sehen vor, dass Diensteanbieter für das Teilen von Online-Inhalten den Rechteinhabern auf deren Ersuchen angemessene Informati-

---

2 Empfehlung der Kommission vom 6. Mai 2003 betreffend die Definition der Kleinstunternehmen sowie der kleinen und mittleren Unternehmen (ABl. L 124 vom 20.5.2003, S. 36).

onen über die Funktionsweise ihrer Verfahren im Hinblick auf die Zusammenarbeit nach Absatz 4 und – im Fall von Lizenzvereinbarungen zwischen den Anbietern dieser Dienste und den Rechteinhabern – Informationen über die Nutzung der unter diese Vereinbarungen fallenden Inhalte bereitstellen.

(9) [1]Die Mitgliedstaaten sehen vor, dass Diensteanbieter für das Teilen von Online-Inhalten den Nutzern ihrer Dienste im Fall von Streitigkeiten über die Sperrung des Zugangs zu den von diesen hochgeladenen Werken oder sonstigen Schutzgegenständen bzw. über die Entfernung der von diesen hochgeladenen Werke oder sonstigen Schutzgegenstände wirksame und zügige Beschwerde- und Rechtsbehelfsverfahren zur Verfügung stellen. [2]Verlangen Rechteinhaber die Sperrung des Zugangs zu ihren Werken oder sonstigen Schutzgegenständen oder die Entfernung dieser Werke oder sonstigen Schutzgegenstände, so begründen sie ihr Ersuchen in angemessener Weise. [3]Im Rahmen des in Unterabsatz 1 vorgesehenen Verfahrens eingereichte Beschwerden sind unverzüglich zu bearbeiten, und Entscheidungen über die Sperrung des Zugangs zu hochgeladenen Inhalten bzw. über die Entfernung hochgeladener Inhalte sind einer von Menschen durchgeführten Überprüfung zu unterziehen. [4]Die Mitgliedstaaten gewährleisten zudem, dass zur Beilegung von Streitigkeiten außergerichtliche Rechtsbehelfsverfahren zur Verfügung stehen. [5]Unbeschadet der Rechte der Nutzer auf wirksame gerichtlichen Rechtsbehelf müssen derartige Verfahren die unparteiische Beilegung von Streitigkeiten ermöglichen und dürfen den Nutzern den Rechtsschutz nach nationalem Recht nicht vorenthalten. [6]Insbesondere müssen die Mitgliedstaaten gewährleisten, dass die Nutzer Zugang zu einem Gericht oder einem anderen einschlägigen Organ der Rechtspflege haben, um die Inanspruchnahme einer Ausnahme oder Beschränkung für das Urheberrecht und verwandte Schutzrechte geltend machen zu können.
[7]Diese Richtlinie beeinträchtigt in keiner Weise die berechtigte Nutzung, etwa die Nutzung im Rahmen der im Unionsrecht festgelegten Ausnahmen oder Beschränkungen, und darf weder zur Identifizierung einzelner Nutzer führen noch als Rechtsgrundlage für die Verarbeitung personenbezogener Daten dienen, außer dies erfolgt im Einklang mit der Richtlinie 2002/58/EG und der Verordnung (EU) 2016/679.
[8]Die Diensteanbieter für das Teilen von Online-Inhalten informieren ihre Nutzer in ihren Geschäftsbedingungen, dass sie Werke und sonstige Schutzgegenstände im Rahmen der im Unionsrecht festgelegten Ausnahmen und Beschränkungen für das Urheberrecht und verwandte Schutzrechte nutzen können.

(10) [1]Ab dem 6. Juni 2019 veranstaltet die Kommission in Zusammenarbeit mit den Mitgliedstaaten Dialoge zwischen den Interessenträgern, in deren Rahmen bewährte Verfahren für die Zusammenarbeit zwischen den Diensteanbietern für das Teilen von Online-Inhalten und Rechteinhabern erörtert werden. [2]Die Kommission gibt in Absprache mit den Diensteanbietern für das Teilen von Online-Inhalten, Rechteinhabern, Nutzerorganisationen und anderen ein-

schlägigen Interessenträgern und unter Berücksichtigung der Ergebnisse der Dialoge zwischen den Interessenträgern Leitlinien zur Anwendung dieses Artikels heraus, insbesondere im Hinblick auf die Zusammenarbeit nach Absatz 4. ³Bei der Erörterung bewährter Verfahren wird unter anderem die notwendige Ausgewogenheit zwischen den Grundrechten und die Inanspruchnahme von Ausnahmen und Beschränkungen besonders berücksichtigt. ⁴Für die Zwecke des Dialogs zwischen den Interessenträgern haben die Nutzerorganisationen Zugang zu angemessenen, von den Diensteanbietern für das Teilen von Online-Inhalten bereitgestellten Informationen über die Funktionsweise ihrer Verfahren im Hinblick auf Absatz 4.

Kapitel 3

Faire Vergütung in Verwertungsverträgen mit Urhebern und ausübenden Künstlern

Artikel 18. Grundsatz der angemessenen und verhältnismäßigen Vergütung. (1) Die Mitgliedstaaten stellen sicher, dass Urheber und ausübende Künstler, die eine Lizenz- oder Übertragungsvereinbarung für ihre ausschließlichen Rechte an der Verwertung ihrer Werke oder sonstigen Schutzgegenstände abschließen, das Recht auf eine angemessene und verhältnismäßige Vergütung haben.

(2) Bei der Umsetzung des in Absatz 1 festgelegten Grundsatzes in nationales Recht steht es den Mitgliedstaaten frei, auf verschiedene Mechanismen zurückzugreifen und sie tragen dem Grundsatz der Vertragsfreiheit und dem fairen Ausgleich der Rechte und Interessen Rechnung.

Artikel 19. Transparenzpflicht. (1) Die Mitgliedstaaten stellen sicher, dass die Urheber und ausübenden Künstler regelmäßig – mindestens einmal jährlich – und unter Berücksichtigung der branchenspezifischen Besonderheiten aktuelle, einschlägige und umfassende Informationen über die Verwertung ihrer Werke und Darbietungen, vor allem über die Art der Verwertung, sämtliche erzielten Einnahmen von und die fälligen Forderungen gegenüber denjenigen, denen sie Lizenzrechte erteilt oder an die sie Rechte übertragen haben, sowie von deren Rechtsnachfolgern erhalten.

(2) ¹Die Mitgliedstaaten stellen sicher, dass in den Fällen, in denen für die in Absatz 1 genannten Rechte später Unterlizenzen erteilt wurden, die Urheber und ausübenden Künstler oder ihre Vertreter auf Verlangen von den Unterlizenznehmern zusätzliche Informationen erhalten, falls die erste Vertragspartei nicht über alle Informationen verfügt, die für die Zwecke von Absatz 1 notwendig wären.

²Werden diese zusätzlichen Informationen angefordert, so stellt der erste Vertragspartner der Urheber und ausübenden Künstler Informationen über die Identität der Unterlizenznehmer bereit.

³Die Mitgliedstaaten können vorsehen, dass sämtliche an Unterlizenznehmer gerichteten Verlangen gemäß Unterabsatz 1 direkt oder indirekt über den Vertragspartner des Urhebers oder ausübenden Künstlers gestellt werden.

(3) ¹Die in Absatz 1 genannte Pflicht muss verhältnismäßig und im Hinblick auf die Sicherstellung eines hohen Maßes an Transparenz in jeder Branche effektiv sein. ²Die Mitgliedstaaten können vorsehen, dass in hinreichend begründeten Fällen, in denen der Verwaltungsaufwand aufgrund der in Absatz 1 genannten Pflicht im Verhältnis zu den durch die Verwertung des Werks oder der Darbietung erzielten Einnahmen unverhältnismäßig hoch wäre, die Pflicht auf die Arten und den Umfang der Informationen beschränkt ist, deren Bereitstellung in derartigen Fällen nach billigem Ermessen erwartet werden kann.

(4) Die Mitgliedstaaten können festlegen, dass die in Absatz 1 des vorliegenden Artikels genannte Pflicht keine Anwendung findet, wenn der Beitrag des Urhebers oder ausübenden Künstlers vor dem Hintergrund des Gesamtwerks oder der Gesamtdarbietung nicht erheblich ist, es sei denn, der Urheber oder ausübende Künstler legt dar, dass er die Informationen zur Ausübung seiner Rechte nach Artikel 20 Absatz 1 benötigt und zu diesem Zweck anfordert.

(5) Die Mitgliedstaaten können vorsehen, dass bei Vereinbarungen, die Gegenstand von Kollektivvereinbarungen sind oder auf Kollektivvereinbarungen beruhen, die Transparenzvorschriften der einschlägigen Kollektivvereinbarung gelten, sofern diese Vorschriften die in den Absätzen 1 bis 4 vorgesehenen Kriterien erfüllen.

(6) Ist Artikel 18 der Richtlinie 2014/26/EU anwendbar, so findet die in Absatz 1 des vorliegenden Artikels genannte Pflicht keine Anwendung auf Vereinbarungen, die von Organisationen im Sinne von Artikel 3 Buchstabe a und b jener Richtlinie oder sonstigen Einrichtungen, die den nationalen Vorschriften zur Umsetzung jener Richtlinie unterliegen, geschlossen wurden.

Artikel 20. Vertragsanpassungsmechanismus. (1) Bestehen keine anwendbaren Kollektivvereinbarungen, die einen Mechanismus vorsehen, der dem in diesem Artikel festgelegten vergleichbar ist, so gewährleisten die Mitgliedstaaten, dass Urheber und ausübende Künstler oder ihre Vertreter das Recht haben, eine zusätzliche, angemessene und faire Vergütung von der Partei, mit der sie einen Vertrag über die Verwertung ihrer Rechte geschlossen haben, oder von den Rechtsnachfolgern einer solchen Partei zu verlangen, wenn sich die ursprünglich vereinbarte Vergütung im Vergleich zu sämtlichen späteren einschlägigen Einnahmen aus der Verwertung der Werke oder Darbietungen als unverhältnismäßig niedrig erweist.

(2) Absatz 1 des vorliegenden Artikels findet keine Anwendung auf Vereinbarungen, die von Organisationen im Sinne von Artikel 3 Buchstabe a und b der Richtlinie 2014/26/EU oder sonstigen Einrichtungen, die bereits den nationalen Vorschriften zur Umsetzung jener Richtlinie unterliegen, geschlossen wurden.

Artikel 21. Alternative Streitbeilegungsverfahren. ¹Die Mitgliedstaaten tragen dafür Sorge, dass Streitigkeiten über die Transparenzpflicht nach Artikel 19 und den Vertragsanpassungsmechanismus nach Artikel 20 zum Gegenstand eines freiwilligen, alternativen Streitbeilegungsverfahrens gemacht werden können. ²Die Mitgliedstaaten stellen sicher, dass Vertretungsorganisationen von Urhebern und ausübenden Künstlern derartige Verfahren auf besonderen Antrag eines oder mehrerer Urheber oder ausübender Künstler einleiten können.

Artikel 22. Widerrufsrecht. (1) Hat ein Urheber oder ein ausübender Künstler eine ausschließliche Lizenz für seine Rechte an einem Werk oder sonstigen Schutzgegenstand erteilt oder eine ausschließliche Übertragung seiner Rechte daran vorgenommen, so gewährleisten die Mitgliedstaaten, dass der Urheber oder ausübende Künstler diese Lizenz oder Übertragung ganz oder teilweise widerrufen kann, wenn dieses Werk oder dieser sonstige Schutzgegenstand nicht verwertet wird.

(2) ¹Für das in Absatz 1 vorgesehene Widerrufsverfahren können im nationalen Recht besondere Bestimmungen vorgesehen werden, mit denen Folgendem Rechnung getragen wird:
a) den Besonderheiten der unterschiedlichen Branchen und den unterschiedlichen Arten von Werken und Darbietungen sowie
b) der jeweiligen Bedeutung der einzelnen Beiträge und den berechtigten Interessen aller Urheber und ausübenden Künstler, die von der Anwendung des Widerrufsverfahrens durch einen einzelnen Urheber oder ausübenden Künstler betroffen sind, sofern an einem Werk oder sonstigen Schutzgegenstand mehr als ein Urheber oder ausübender Künstler beteiligt ist.

²Die Mitgliedstaaten können Werke oder sonstige Schutzgegenstände von der Anwendung des Widerrufsverfahrens ausnehmen, wenn diese Werke oder sonstige Schutzgegenstände in der Regel Beiträge mehrerer Urheber oder ausübender Künstler enthalten.

³Die Mitgliedstaaten können vorsehen, dass die Anwendung des Widerrufsverfahrens nur innerhalb eines bestimmten Zeitraums zulässig ist, sofern das eine derartige Beschränkung aufgrund der Besonderheiten der Branche oder der Art des Werkes oder sonstigen Schutzgegenstands hinreichend gerechtfertigt ist.

⁴Die Mitgliedstaaten können vorsehen, dass Urheber oder ausübende Künstler die Ausschließlichkeit eines Vertrags kündigen können, anstatt die Lizensierung oder die Übertragung der Rechte zu widerrufen.

(3) ¹Die Mitgliedstaaten sehen vor, dass der in Absatz 1 vorgesehene Widerruf nur nach Ablauf eines angemessenen Zeitraums nach Abschluss der Lizenz- oder Übertragung der Rechte erfolgen darf. ²Der Urheber oder ausübende Künstler benachrichtigt die Person, der die Lizenz die Rechte erteilt wurde bzw. der die Rechte übertragen wurden, und setzt ihr eine angemessene Frist, bis zu deren Ablauf die Verwertung der lizenzierten oder übertragenen Rechte erfolgen muss. ³Nach Ablauf dieser Frist kann der Urheber oder aus-

Urheberrechtsrichtlinie

übende Künstler die Ausschließlichkeit des Vertrags kündigen, anstatt die Lizenz für die Rechte bzw. die Übertragung der Rechte zu widerrufen.

(4) Absatz 1 findet keine Anwendung, wenn die nicht erfolgte Nutzung vorwiegend auf Umstände zurückzuführen ist, deren Behebung nach billigem Ermessen von dem Urheber oder ausübenden Künstler erwartet werden kann.

(5) Die Mitgliedstaaten können vorsehen, dass Vertragsbestimmungen, die vom Widerrufsverfahren des Absatzes 1 abweichen, nur durchsetzbar sind, wenn sie auf einer Kollektivvereinbarung beruhen.

Artikel 23. Gemeinsame Bestimmungen. (1) Die Mitgliedstaaten gewährleisten, dass Vertragsbestimmungen, durch die die Einhaltung der Artikel 19, 20 und 21 verhindert wird, gegenüber den Urhebern und ausübenden Künstlern nicht durchsetzbar sind.

(2) Die Mitgliedstaaten sehen vor, dass die Artikel 18 bis 22 der vorliegenden Richtlinie keine Anwendung auf Urheber eines Computerprogramms im Sinne von Artikel 2 der Richtlinie 2009/24/EG finden.

TITEL V

Schlussbestimmungen

Artikel 24. Änderungen der Richtlinien 96/9/EG und 2001/29/EG.
(1) Die Richtlinie 96/9/EG wird wie folgt geändert:
a) Artikel 6 Absatz 2 Buchstabe b erhält folgende Fassung:
„b) für die Benutzung ausschließlich zur Veranschaulichung des Unterrichts oder zu Zwecken der wissenschaftlichen Forschung – stets mit Quellenangabe –, sofern das zur Verfolgung nichtkommerzieller Zwecke gerechtfertigt ist und unbeschadet der in der Richtlinie (EU) 2019/790 des Europäischen Parlaments und des Rates (*) festgelegten Ausnahmen und Beschränkungen;
b) Artikel 9 Buchstabe b erhält folgende Fassung:
„b) für eine Entnahme zur Veranschaulichung des Unterrichts oder zu Zwecken der wissenschaftlichen Forschung, sofern er die Quelle angibt und soweit das durch den nichtkommerziellen Zweck gerechtfertigt ist und unbeschadet der in der Richtlinie (EU) 2019/790 festgelegten Ausnahmen und Beschränkungen;"
(2) Die Richtlinie 2001/29/EG wird wie folgt geändert:
a) Artikel 5 Absatz 2 Buchstabe c erhält folgende Fassung:
„c) in Bezug auf bestimmte Vervielfältigungshandlungen von öffentlich zugänglichen Bibliotheken, Bildungseinrichtungen oder Museen oder von

---

(*) Richtlinie (EU) 2019/790 des Europäischen Parlaments und des Rates vom 17. April 2019 über das Urheberrecht und die verwandten Schutzrechte im digitalen Binnenmarkt und zur Änderung der Richtlinien 96/9/EG und 2001/29/EG (ABl. L 130 vom 17.5.2019, S. 92).

Archiven, die keinen unmittelbaren oder mittelbaren wirtschaftlichen oder kommerziellen Zweck verfolgen, und unbeschadet der in der Richtlinie (EU) 2019/790 des Europäischen Parlaments und des Rates festgelegten Ausnahmen und Beschränkungen;
b) Artikel 5 Absatz 3 Buchstabe a erhält folgende Fassung:
„a) für die Nutzung ausschließlich zur Veranschaulichung des Unterrichts oder für Zwecke der wissenschaftlichen Forschung, sofern – außer in Fällen, in denen sich das als unmöglich erweist – die Quelle, einschließlich des Namens des Urhebers, wann immer das möglich ist, angegeben wird und soweit das zur Verfolgung nicht kommerzieller Zwecke gerechtfertigt ist, und unbeschadet der in der Richtlinie (EU) 2019/790 festgelegten Ausnahmen und Beschränkungen;"
c) In Artikel 12 Absatz 4 werden folgende Buchstaben angefügt:
„e) Prüfung der Auswirkungen der Umsetzung der Richtlinie (EU) 2019/790 auf den Binnenmarkt und Benennung etwaiger Schwierigkeiten bei der Umsetzung;
f) Erleichterung des Informationsaustauschs über einschlägige Entwicklungen in der Gesetzgebung und Rechtsprechung sowie über die praktische Anwendung der von den Mitgliedstaaten zur Umsetzung der Richtlinie (EU) 2019/790 ergriffenen Maßnahmen;
g) Behandlung von sonstigen Fragen aus der Anwendung der Richtlinie (EU) 2019/790."

Artikel 25. Verhältnis zu Ausnahmen und Beschränkungen gemäß anderen Richtlinien. Die Mitgliedstaaten können für Arten oder Bereiche der Nutzung, für die die Ausnahmen oder Beschränkungen der vorliegenden Richtlinie gelten, umfassendere Bestimmungen erlassen oder aufrechterhalten, die mit den in den Richtlinien 96/9/EG und 2001/29/EG vorgesehenen Ausnahmen und Beschränkungen vereinbar sind.

Artikel 26. Zeitliche Anwendung. (1) Diese Richtlinie findet auf alle Werke und sonstigen Schutzgegenstände Anwendung, die ab dem 7. Juni 2021 oder danach durch das Recht der Mitgliedstaaten auf dem Gebiet des Urheberrechts geschützt sind.

(2) Diese Richtlinie berührt nicht Handlungen und Rechte, die vor dem 7. Juni 2021 abgeschlossen bzw. erworben wurden.

Artikel 27. Übergangsbestimmung. Vereinbarungen über die Lizenzvergabe oder die Übertragung von Rechten von Urhebern und ausübenden Künstlern unterliegen ab dem 7. Juni 2022 der Transparenzpflicht nach Artikel 19.

Artikel 28. Schutz personenbezogener Daten. Die Verarbeitung personenbezogener Daten im Zusammenhang mit dieser Richtlinie muss nach Maßgabe der Richtlinie 2002/58/EG und der Verordnung (EU) 2016/679 erfolgen.

Artikel 29. Umsetzung. (1) ¹Die Mitgliedstaaten setzen die Rechts- und Verwaltungsvorschriften in Kraft, die erforderlich sind, um dieser Richtlinie bis zum 7. Juni 2021 nachzukommen. ²Sie setzen die Kommission unverzüglich davon in Kenntnis.
³Bei Erlass dieser Vorschriften nehmen die Mitgliedstaaten in den Vorschriften selbst oder durch einen Hinweis bei der amtlichen Veröffentlichung auf die vorliegende Richtlinie Bezug. ⁴Die Mitgliedstaaten regeln die Einzelheiten dieser Bezugnahme.

(2) Die Mitgliedstaaten teilen der Kommission den Wortlaut der wichtigsten nationalen Rechtsvorschriften mit, die sie auf dem unter diese Richtlinie fallenden Gebiet erlassen.

Artikel 30. Überprüfung. (1) ¹Frühestens am 7. Juni 2026 führt die Kommission eine Bewertung dieser Richtlinie durch und legt dem Europäischen Parlament, dem Rat und dem Europäischen Wirtschafts- und Sozialausschuss die wichtigsten Ergebnisse der Bewertung dieser Richtlinie vor.
²Die Kommission bewertet bis zum 7. Juni 2024 die Auswirkungen der besonderen Verantwortlichkeit nach Artikel 17, die nach Maßgabe von Artikel 17 Absatz 6 für Diensteanbieter für das Teilen von Online-Inhalten gilt, deren Jahresumsatz 10 Mio. EUR nicht übersteigt und deren Dienste der Öffentlichkeit in der Union seit weniger als drei Jahren zur Verfügung stehen, und ergreift anhand der Ergebnisse ihrer Bewertung erforderlichenfalls entsprechende Maßnahmen.

(2) Die Mitgliedstaaten übermitteln der Kommission alle Angaben, die für die Ausarbeitung des in Absatz 1 genannten Berichts erforderlich sind.

Artikel 31. Inkrafttreten. Diese Richtlinie tritt am zwanzigsten Tag nach ihrer Veröffentlichung im *Amtsblatt der Europäischen Union* in Kraft.

Artikel 32. Adressaten. Diese Richtlinie ist an die Mitgliedstaaten gerichtet.

UrhG 8

Gesetz über Urheberrecht und verwandte Schutzrechte

vom 9. September 1965 (BGBl. I S. 1273),
zuletzt geändert durch Gesetze vom 23. Juni 2021 (BGBl. I S. 1858)

INHALTSÜBERSICHT

Teil 1
Urheberrecht

Abschnitt 1
Allgemeines

§ 1 Allgemeines

Abschnitt 2
Das Werk

§ 2 Geschützte Werke
§ 3 Bearbeitungen
§ 4 Sammelwerke und Datenbankwerke
§ 5 Amtliche Werke
§ 6 Veröffentlichte und erschienene Werke

Abschnitt 3
Der Urheber

§ 7 Urheber
§ 8 Miturheber
§ 9 Urheber verbundener Werke
§ 10 Vermutung der Urheber- oder Rechtsinhaberschaft

Abschnitt 4
Inhalt des Urheberrechts

Unterabschnitt 1
Allgemeines

§ 11 Allgemeines

Unterabschnitt 2
Urheberpersönlichkeitsrecht

§ 12 Veröffentlichungsrecht
§ 13 Anerkennung der Urheberschaft
§ 14 Entstellung des Werkes

Unterabschnitt 3
Verwertungsrechte

§ 15 Allgemeines
§ 16 Vervielfältigungsrecht
§ 17 Verbreitungsrecht
§ 18 Ausstellungsrecht
§ 19 Vortrags-, Aufführungs- und Vorführungsrecht
§ 19a Recht der öffentlichen Zugänglichmachung
§ 20 Senderecht
§ 20a Europäische Satellitensendung
§ 20b Weitersendung
§ 20c Europäischer ergänzender Online-Dienst
§ 20d Direkteinspeisung
§ 21 Recht der Wiedergabe durch Bild- oder Tonträger
§ 22 Recht der Wiedergabe von Funksendungen und von öffentlicher Zugänglichmachung
§ 23 Bearbeitungen und Umgestaltungen
§ 24 *weggefallen*

Unterabschnitt 4
Sonstige Rechte des Urhebers

§ 25 Zugang zu Werkstücken
§ 26 Folgerecht
§ 27 Vergütung für Vermietung und Verleihen

Abschnitt 5
Rechtsverkehr im Urheberrecht

Unterabschnitt 1
Rechtsnachfolge in das Urheberrecht

§ 28 Vererbung des Urheberrechts
§ 29 Rechtsgeschäfte über das Urheberrecht
§ 30 Rechtsnachfolger des Urhebers

Unterabschnitt 2
Nutzungsrechte

§ 31	Einräumung von Nutzungsrechten
§ 31a	Verträge über unbekannte Nutzungsarten
§ 32	Angemessene Vergütung
§ 32a	Weitere Beteiligung des Urhebers
§ 32b	Zwingende Anwendung
§ 32c	Vergütung für später bekannte Nutzungsarten
§ 32d	Auskunft und Rechenschaft des Vertragspartners
§ 32e	Auskunft und Rechenschaft Dritter in der Lizenzkette
§ 32f	Mediation und außergerichtliche Konfliktbeilegung
§ 32g	Vertretung durch Vereinigungen
§ 33	Weiterwirkung von Nutzungsrechten
§ 34	Übertragung von Nutzungsrechten
§ 35	Einräumung weiterer Nutzungsrechte
§ 35a	Mediation und außergerichtliche Konfliktbeilegung bei Videoabrufdiensten
§ 36	Gemeinsame Vergütungsregeln
§ 36a	Schlichtungsstelle
§ 36b	Unterlassungsanspruch bei Verstoß gegen gemeinsame Vergütungsregeln
§ 36c	Individualvertragliche Folgen des Verstoßes gegen gemeinsame Vergütungsregeln
§ 36d	Unterlassungsanspruch bei Nichterteilung von Auskünften
§ 37	Verträge über die Einräumung von Nutzungsrechten
§ 38	Beiträge zu Sammlungen
§ 39	Änderungen des Werkes
§ 40	Verträge über künftige Werke
§ 40a	Recht zur anderweitigen Verwertung nach zehn Jahren bei pauschaler Vergütung
§ 41	Rückrufsrecht wegen Nichtausübung
§ 42	Rückrufsrecht wegen gewandelter Überzeugung
§ 42a	Zwangslizenz zur Herstellung von Tonträgern
§ 43	Urheber in Arbeits- oder Dienstverhältnissen
§ 44	Veräußerung des Originals des Werkes

Abschnitt 6
Schranken des Urheberrechts durch gesetzlich erlaubte Nutzungen

Unterabschnitt 1
Gesetzlich erlaubte Nutzungen

§ 44a	Vorübergehende Vervielfältigungshandlungen
§ 44b	Text und Data Mining
§ 45	Rechtspflege und öffentliche Sicherheit
§ 45a	Menschen mit Behinderungen
§ 45b	Menschen mit einer Seh- oder Lesebehinderung
§ 45c	Befugte Stellen; Vergütung; Verordnungsermächtigung
§ 45d	Gesetzlich erlaubte Nutzung und vertragliche Nutzungsbefugnis
§ 46	Sammlungen für den religiösen Gebrauch
§ 47	Schulfunksendungen
§ 48	Öffentliche Reden
§ 49	Zeitungsartikel und Rundfunkkommentare
§ 50	Berichterstattung über Tagesereignisse
§ 51	Zitate
§ 51a	Karikatur, Parodie und Pastiche
§ 52	Öffentliche Wiedergabe
§ 52a	*weggefallen*
§ 52b	*weggefallen*
§ 53	Vervielfältigungen zum privaten und sonstigen eigenen Gebrauch
§ 53a	*weggefallen*

Unterabschnitt 2
Vergütung für die nach den §§ 53, 60a bis 60f erlaubten Vervielfältigungen

§ 54	Vergütungspflicht
§ 54a	Vergütungshöhe
§ 54b	Vergütungspflicht des Händlers oder Importeurs
§ 54c	Vergütungspflicht des Betreibers von Ablichtungsgeräten
§ 54d	Hinweispflicht
§ 54e	Meldepflicht
§ 54f	Auskunftspflicht
§ 54g	Kontrollbesuch
§ 54h	Verwertungsgesellschaften; Handhabung der Mitteilungen

Urheberrechtsgesetz UrhG 8

Unterabschnitt 3
Weitere gesetzlich erlaubte Nutzungen

§ 55 Vervielfältigung durch Sendeunternehmen
§ 55a Benutzung eines Datenbankwerkes
§ 56 Vervielfältigung und öffentliche Wiedergabe in Geschäftsbetrieben
§ 57 Unwesentliches Beiwerk
§ 58 Werbung für die Ausstellung und den öffentlichen Verkauf von Werken
§ 59 Werke an öffentlichen Plätzen
§ 60 Bildnisse

Unterabschnitt 4
Gesetzlich erlaubte Nutzungen für Unterricht, Wissenschaft und Institutionen

§ 60a Unterricht und Lehre
§ 60b Unterrichts- und Lehrmedien
§ 60c Wissenschaftliche Forschung
§ 60d Text und Data Mining für Zwecke der wissenschaftlichen Forschung
§ 60e Bibliotheken
§ 60f Archive, Museen und Bildungseinrichtungen
§ 60g Gesetzlich erlaubte Nutzung und vertragliche Nutzungsbefugnis
§ 60h Angemessene Vergütung der gesetzlich erlaubten Nutzungen

Unterabschnitt 5
Besondere gesetzlich erlaubte Nutzungen verwaister Werke

§ 61 Verwaiste Werke
§ 61a Sorgfältige Suche und Dokumentationspflichten
§ 61b Beendigung der Nutzung und Vergütungspflicht der nutzenden Institution
§ 61c Nutzung verwaister Werke durch öffentlich-rechtliche Rundfunkanstalten

Unterabschnitt 5 a
Besondere gesetzlich erlaubte Nutzungen nicht verfügbarer Werke

§ 61d Nicht verfügbare Werke
§ 61e Verordnungsermächtigung
§ 61f Information über nicht verfügbare Werke
§ 61g Gesetzlich erlaubte Nutzung und vertragliche Nutzungsbefugnis

Unterabschnitt 6
Gemeinsame Vorschriften für gesetzlich erlaubte Nutzungen

§ 62 Änderungsverbot
§ 63 Quellenangabe
§ 63a Gesetzliche Vergütungsansprüche

Abschnitt 7
Dauer des Urheberrechts

§ 64 Allgemeines
§ 65 Miturheber, Filmwerke, Musikkomposition mit Text
§ 66 Anonyme und pseudonyme Werke
§ 67 Lieferungswerke
§ 68 Vervielfältigungen gemeinfreier visueller Werke
§ 69 Berechnung der Fristen

Abschnitt 8
Besondere Bestimmungen für Computerprogramme

§ 69a Gegenstand des Schutzes
§ 69b Urheber in Arbeits- und Dienstverhältnissen
§ 69c Zustimmungsbedürftige Handlungen
§ 69d Ausnahmen von den zustimmungsbedürftigen Handlungen
§ 69e Dekompilierung
§ 69f Rechtsverletzungen; ergänzende Schutzbestimmungen
§ 69g Anwendung sonstiger Rechtsvorschriften; Vertragsrecht

Teil 2
Verwandte Schutzrechte

Abschnitt 1
Schutz bestimmter Ausgaben

§ 70 Wissenschaftliche Ausgaben
§ 71 Nachgelassene Werke

Abschnitt 2
Schutz der Lichtbilder

§ 72 Lichtbilder

Abschnitt 3
Schutz des ausübenden Künstlers

- § 73 Ausübender Künstler
- § 74 Anerkennung als ausübender Künstler
- § 75 Beeinträchtigungen der Darbietung
- § 76 Dauer der Persönlichkeitsrechte
- § 77 Aufnahme, Vervielfältigung und Verbreitung
- § 78 Öffentliche Wiedergabe
- § 79 Nutzungsrechte
- § 79a Vergütungsanspruch des ausübenden Künstlers
- § 79b Vergütung des ausübenden Künstlers für später bekannte Nutzungsarten
- § 80 Gemeinsame Darbietung mehrerer ausübender Künstler
- § 81 Schutz des Veranstalters
- § 82 Dauer der Verwertungsrechte
- § 83 Schranken der Verwertungsrechte
- § 84 *weggefallen*

Abschnitt 4
Schutz des Herstellers von Tonträgern

- § 85 Verwertungsrechte
- § 86 Anspruch auf Beteiligung

Abschnitt 5
Schutz des Sendeunternehmens

- § 87 Sendeunternehmen

Abschnitt 6
Schutz des Datenbankherstellers

- § 87a Begriffsbestimmungen
- § 87b Rechte des Datenbankherstellers
- § 87c Schranken des Rechts des Datenbankherstellers
- § 87d Dauer der Rechte
- § 87e Verträge über die Benutzung einer Datenbank

Abschnitt 7
Schutz des Presseverlegers

- § 87f Begriffsbestimmungen
- § 87g Rechte des Presseverlegers
- § 87h Ausübung der Rechte des Presseverlegers
- § 87i Vermutung der Rechtsinhaberschaft; gesetzlich erlaubte Nutzungen
- § 87j Dauer der Rechte des Presseverlegers
- § 87k Beteiligungsanspruch

Teil 3
Besondere Bestimmungen für Filme

Abschnitt 1
Filmwerke

- § 88 Recht zur Verfilmung
- § 89 Rechte am Filmwerk
- § 90 Einschränkung der Rechte
- § 91 *weggefallen*
- § 92 Ausübende Künstler
- § 93 Schutz gegen Entstellung; Namensnennung
- § 94 Schutz des Filmherstellers

Abschnitt 2
Laufbilder

- § 95 Laufbilder

Teil 4
Gemeinsame Bestimmungen für Urheberrecht und verwandte Schutzrechte

Abschnitt 1
Ergänzende Schutzbestimmungen

- § 95a Schutz technischer Maßnahmen
- § 95b Durchsetzung von Schrankenbestimmungen
- § 95c Schutz der zur Rechtewahrnehmung erforderlichen Informationen
- § 95d Kennzeichnungspflichten
- § 96 Verwertungsverbot

Abschnitt 2
Rechtsverletzungen

Unterabschnitt 1
Bürgerlich-rechtliche Vorschriften; Rechtsweg

- § 97 Anspruch auf Unterlassung und Schadensersatz

§ 97a	Abmahnung
§ 98	Anspruch auf Vernichtung, Rückruf und Überlassung
§ 99	Haftung des Inhabers eines Unternehmens
§ 100	Entschädigung
§ 101	Anspruch auf Auskunft
§ 101a	Anspruch auf Vorlage und Besichtigung
§ 101b	Sicherung von Schadensersatzansprüchen
§ 102	Verjährung
§ 102a	Ansprüche aus anderen gesetzlichen Vorschriften
§ 103	Bekanntmachung des Urteils
§ 104	Rechtsweg
§ 104a	Gerichtsstand
§ 105	Gerichte für Urheberrechtsstreitsachen

Unterabschnitt 2
Straf- und Bußgeldvorschriften

§ 106	Unerlaubte Verwertung urheberrechtlich geschützter Werke
§ 107	Unzulässiges Anbringen der Urheberbezeichnung
§ 108	Unerlaubte Eingriffe in verwandte Schutzrechte
§ 108a	Gewerbsmäßige unerlaubte Verwertung
§ 108b	Unerlaubte Eingriffe in technische Schutzmaßnahmen und zur Rechtewahrnehmung erforderliche Informationen
§ 109	Strafantrag
§ 110	Einziehung
§ 111	Bekanntgabe der Verurteilung
§ 111a	Bußgeldvorschriften

Unterabschnitt 3
Vorschriften über Maßnahmen der Zollbehörde

§ 111b	Verfahren nach deutschem Recht
§ 111c	Verfahren nach der Verordnung (EU) Nr. 608/2013

Abschnitt 3
Zwangsvollstreckung

Unterabschnitt 1
Allgemeines

§ 112	Allgemeines

Unterabschnitt 2
Zwangsvollstreckung wegen Geldforderungen gegen den Urheber

§ 113	Urheberrecht
§ 114	Originale von Werken

Unterabschnitt 3
Zwangsvollstreckung wegen Geldforderungen gegen den Rechtsnachfolger des Urhebers

§ 115	Urheberrecht
§ 116	Originale von Werken
§ 117	Testamentsvollstrecker

Unterabschnitt 4
Zwangsvollstreckung wegen Geldforderungen gegen den Verfasser wissenschaftlicher Ausgaben und gegen den Lichtbildner

§ 118	Entsprechende Anwendung

Unterabschnitt 5
Zwangsvollstreckung wegen Geldforderungen in bestimmte Vorrichtungen

§ 119	Zwangsvollstreckung in bestimmte Vorrichtungen

Teil 5
Anwendungsbereich, Übergangs- und Schlussbestimmungen

Abschnitt 1
Anwendungsbereich des Gesetzes

Unterabschnitt 1
Urheberrecht

§ 120	Deutsche Staatsangehörige und Staatsangehörige anderer EU-Staaten und EWR-Staaten
§ 121	Ausländische Staatsangehörige
§ 122	Staatenlose
§ 123	Ausländische Flüchtlinge

Unterabschnitt 2
Verwandte Schutzrechte

§ 124	Wissenschaftliche Ausgaben und Lichtbilder

§ 125	Schutz des ausübenden Künstlers	§ 137i	Übergangsregelung zum Gesetz zur Modernisierung des Schuldrechts
§ 126	Schutz des Herstellers von Tonträgern		
§ 127	Schutz des Sendeunternehmens	§ 137j	Übergangsregelung aus Anlass der Umsetzung der Richtlinie 2001/29/EG
§ 127a	Schutz des Datenbankherstellers		
§ 127b	Schutz des Presseverlegers		
§ 128	Schutz des Filmherstellers	§ 137k	*weggefallen*
		§ 137l	Übergangsregelung für neue Nutzungsarten

Abschnitt 2

Übergangsbestimmungen

- § 129 Werke
- § 130 Übersetzungen
- § 131 Vertonte Sprachwerke
- § 132 Verträge
- § 133 Übergangsregelung bei der Umsetzung vertragsrechtlicher Bestimmungen der Richtlinie (EU) 2019/790
- § 134 Urheber
- § 135 Inhaber verwandter Schutzrechte
- § 135a Berechnung der Schutzfrist
- § 136 Vervielfältigung und Verbreitung
- § 137 Übertragung von Rechten
- § 137a Lichtbildwerke
- § 137b Bestimmte Ausgaben
- § 137c Ausübende Künstler
- § 137d Computerprogramme
- § 137e Übergangsregelung bei Umsetzung der Richtlinie 92/100/EWG
- § 137f Übergangsregelung bei Umsetzung der Richtlinie 93/98/EWG
- § 137g Übergangsregelung bei Umsetzung der Richtlinie 96/9/EG
- § 137h Übergangsregelung bei Umsetzung der Richtlinie 93/83/EWG
- § 137m Übergangsregelung aus Anlass der Umsetzung der Richtlinie 2011/77/EU
- § 137n Übergangsregelung aus Anlass der Umsetzung der Richtlinie 2012/28/EU
- § 137o Übergangsregelung zum Urheberrechts-Wissensgesellschafts-Gesetz
- § 137p Übergangsregelung aus Anlass der Umsetzung der Richtlinie (EU) 2019/789
- § 137q Übergangsregelung zur Verlegerbeteiligung
- § 137r Übergangsregelung zum Schutz des Presseverlegers

Abschnitt 3

Schlussbestimmungen

- § 138 Register anonymer und pseudonymer Werke
- § 138a Datenschutz
- § 143 Inkrafttreten

Anlage (zu § 61a)

Quellen einer sorgfältigen Suche

Teil 1

Urheberrecht

Abschnitt 1

Allgemeines

§ 1 Allgemeines. Die Urheber von Werken der Literatur, Wissenschaft und Kunst genießen für ihre Werke Schutz nach Maßgabe dieses Gesetzes.

Abschnitt 2
Das Werk

§ 2 Geschützte Werke. (1) Zu den geschützten Werken der Literatur, Wissenschaft und Kunst gehören insbesondere:
1. Sprachwerke, wie Schriftwerke, Reden und Computerprogramme;
2. Werke der Musik;
3. pantomimische Werke einschließlich der Werke der Tanzkunst;
4. Werke der bildenden Künste einschließlich der Werke der Baukunst und der angewandten Kunst und Entwürfe solcher Werke;
5. Lichtbildwerke einschließlich der Werke, die ähnlich wie Lichtbildwerke geschaffen werden;
6. Filmwerke einschließlich der Werke, die ähnlich wie Filmwerke geschaffen werden;
7. Darstellungen wissenschaftlicher oder technischer Art, wie Zeichnungen, Pläne, Karten, Skizzen, Tabellen und plastische Darstellungen.

(2) Werke im Sinne dieses Gesetzes sind nur persönliche geistige Schöpfungen.

§ 3 Bearbeitungen. [1]Übersetzungen und andere Bearbeitungen eines Werkes, die persönliche geistige Schöpfungen des Bearbeiters sind, werden unbeschadet des Urheberrechts am bearbeiteten Werk wie selbständige Werke geschützt. [2]Die nur unwesentliche Bearbeitung eines nicht geschützten Werkes der Musik wird nicht als selbständiges Werk geschützt.

§ 4 Sammelwerke und Datenbankwerke. (1) Sammlungen von Werken, Daten oder anderen unabhängigen Elementen, die aufgrund der Auswahl oder Anordnung der Elemente eine persönliche geistige Schöpfung sind (Sammelwerke), werden, unbeschadet eines an den einzelnen Elementen gegebenenfalls bestehenden Urheberrechts oder verwandten Schutzrechts, wie selbständige Werke geschützt.

(2) [1]Datenbankwerk im Sinne dieses Gesetzes ist ein Sammelwerk, dessen Elemente systematisch oder methodisch angeordnet und einzeln mit Hilfe elektronischer Mittel oder auf andere Weise zugänglich sind. [2]Ein zur Schaffung des Datenbankwerkes oder zur Ermöglichung des Zugangs zu dessen Elementen verwendetes Computerprogramm (§ 69a) ist nicht Bestandteil des Datenbankwerkes.

§ 5 Amtliche Werke. (1) Gesetze, Verordnungen, amtliche Erlasse und Bekanntmachungen sowie Entscheidungen und amtlich verfaßte Leitsätze zu Entscheidungen genießen keinen urheberrechtlichen Schutz.

(2) Das gleiche gilt für andere amtliche Werke, die im amtlichen Interesse zur allgemeinen Kenntnisnahme veröffentlicht worden sind, mit der Einschränkung, daß die Bestimmungen über Änderungsverbot und Quellenangabe in § 62 Abs. 1 bis 3 und § 63 Abs. 1 und 2 entsprechend anzuwenden sind.

(3) ¹Das Urheberrecht an privaten Normwerken wird durch die Absätze 1 und 2 nicht berührt, wenn Gesetze, Verordnungen, Erlasse oder amtliche Bekanntmachungen auf sie verweisen, ohne ihren Wortlaut wiederzugeben. ²In diesem Fall ist der Urheber verpflichtet, jedem Verleger zu angemessenen Bedingungen ein Recht zur Vervielfältigung und Verbreitung einzuräumen. ³Ist ein Dritter Inhaber des ausschließlichen Rechts zur Vervielfältigung und Verbreitung, so ist dieser zur Einräumung des Nutzungsrechts nach Satz 2 verpflichtet.

§ 6 Veröffentlichte und erschienene Werke. (1) Ein Werk ist veröffentlicht, wenn es mit Zustimmung des Berechtigten der Öffentlichkeit zugänglich gemacht worden ist.

(2) ¹Ein Werk ist erschienen, wenn mit Zustimmung des Berechtigten Vervielfältigungsstücke des Werkes nach ihrer Herstellung in genügender Anzahl der Öffentlichkeit angeboten oder in Verkehr gebracht worden sind. ²Ein Werk der bildenden Künste gilt auch dann als erschienen, wenn das Original oder ein Vervielfältigungsstück des Werkes mit Zustimmung des Berechtigten bleibend der Öffentlichkeit zugänglich ist.

Abschnitt 3

Der Urheber

§ 7 Urheber. Urheber ist der Schöpfer des Werkes.

§ 8 Miturheber. (1) Haben mehrere ein Werk gemeinsam geschaffen, ohne daß sich ihre Anteile gesondert verwerten lassen, so sind sie Miturheber des Werkes.

(2) ¹Das Recht zur Veröffentlichung und zur Verwertung des Werkes steht den Miturhebern zur gesamten Hand zu; Änderungen des Werkes sind nur mit Einwilligung der Miturheber zulässig. ²Ein Miturheber darf jedoch seine Einwilligung zur Veröffentlichung, Verwertung oder Änderung nicht wider Treu und Glauben verweigern. ³Jeder Miturheber ist berechtigt, Ansprüche aus Verletzungen des gemeinsamen Urheberrechts geltend zu machen; er kann jedoch nur Leistung an alle Miturheber verlangen.

(3) Die Erträgnisse aus der Nutzung des Werkes gebühren den Miturhebern nach dem Umfang ihrer Mitwirkung an der Schöpfung des Werkes, wenn nichts anderes zwischen den Miturhebern vereinbart ist.

(4) ¹Ein Miturheber kann auf seinen Anteil an den Verwertungsrechten (§ 15) verzichten. ²Der Verzicht ist den anderen Miturhebern gegenüber zu erklären. ³Mit der Erklärung wächst der Anteil den anderen Miturhebern zu.

§ 9 Urheber verbundener Werke. Haben mehrere Urheber ihre Werke zu gemeinsamer Verwertung miteinander verbunden, so kann jeder vom anderen die Einwilligung zur Veröffentlichung, Verwertung und Änderung der verbundenen Werke verlangen, wenn die Einwilligung dem anderen nach Treu und Glauben zuzumuten ist.

§ 10 Vermutung der Urheber- oder Rechtsinhaberschaft. (1) Wer auf den Vervielfältigungsstücken eines erschienenen Werkes oder auf dem Original eines Werkes der bildenden Künste in der üblichen Weise als Urheber bezeichnet ist, wird bis zum Beweis des Gegenteils als Urheber des Werkes angesehen; dies gilt auch für eine Bezeichnung, die als Deckname oder Künstlerzeichen des Urhebers bekannt ist.

(2) [1]Ist der Urheber nicht nach Absatz 1 bezeichnet, so wird vermutet, daß derjenige ermächtigt ist, die Rechte des Urhebers geltend zu machen, der auf den Vervielfältigungsstücken des Werkes als Herausgeber bezeichnet ist. [2]Ist kein Herausgeber angegeben, so wird vermutet, daß der Verleger ermächtigt ist.

(3) [1]Für die Inhaber ausschließlicher Nutzungsrechte gilt die Vermutung des Absatzes 1 entsprechend, soweit es sich um Verfahren des einstweiligen Rechtsschutzes handelt oder Unterlassungsansprüche geltend gemacht werden. [2]Die Vermutung gilt nicht im Verhältnis zum Urheber oder zum ursprünglichen Inhaber des verwandten Schutzrechts.

Abschnitt 4

Inhalt des Urheberrechts

Unterabschnitt 1

Allgemeines

§ 11 Allgemeines. [1]Das Urheberrecht schützt den Urheber in seinen geistigen und persönlichen Beziehungen zum Werk und in der Nutzung des Werkes. [2]Es dient zugleich der Sicherung einer angemessenen Vergütung für die Nutzung des Werkes.

Unterabschnitt 2

Urheberpersönlichkeitsrecht

§ 12 Veröffentlichungsrecht. (1) Der Urheber hat das Recht zu bestimmen, ob und wie sein Werk zu veröffentlichen ist.

(2) Dem Urheber ist es vorbehalten, den Inhalt seines Werkes öffentlich mitzuteilen oder zu beschreiben, solange weder das Werk noch der wesentliche Inhalt oder eine Beschreibung des Werkes mit seiner Zustimmung veröffentlicht ist.

§ 13 Anerkennung der Urheberschaft. ¹Der Urheber hat das Recht auf Anerkennung seiner Urheberschaft am Werk. ²Er kann bestimmen, ob das Werk mit einer Urheberbezeichnung zu versehen und welche Bezeichnung zu verwenden ist.

§ 14 Entstellung des Werkes. Der Urheber hat das Recht, eine Entstellung oder eine andere Beeinträchtigung seines Werkes zu verbieten, die geeignet ist, seine berechtigten geistigen oder persönlichen Interessen am Werk zu gefährden.

Unterabschnitt 3

Verwertungsrechte

§ 15 Allgemeines. (1) Der Urheber hat das ausschließliche Recht, sein Werk in körperlicher Form zu verwerten; das Recht umfaßt insbesondere
1. das Vervielfältigungsrecht (§ 16),
2. das Verbreitungsrecht (§ 17),
3. das Ausstellungsrecht (§ 18).

(2) ¹Der Urheber hat ferner das ausschließliche Recht, sein Werk in unkörperlicher Form öffentlich wiederzugeben (Recht der öffentlichen Wiedergabe). ²Das Recht der öffentlichen Wiedergabe umfasst insbesondere
1. das Vortrags-, Aufführungs- und Vorführungsrecht (§ 19),
2. das Recht der öffentlichen Zugänglichmachung (§ 19a),
3. das Senderecht (§ 20),
4. das Recht der Wiedergabe durch Bild- oder Tonträger (§ 21),
5. das Recht der Wiedergabe von Funksendungen und von öffentlicher Zugänglichmachung (§ 22).

(3) ¹Die Wiedergabe ist öffentlich, wenn sie für eine Mehrzahl von Mitgliedern der Öffentlichkeit bestimmt ist. ²Zur Öffentlichkeit gehört jeder, der nicht mit demjenigen, der das Werk verwertet, oder mit den anderen Personen, denen das Werk in unkörperlicher Form wahrnehmbar oder zugänglich gemacht wird, durch persönliche Beziehungen verbunden ist.

§ 16 Vervielfältigungsrecht. (1) Das Vervielfältigungsrecht ist das Recht, Vervielfältigungsstücke des Werkes herzustellen, gleichviel ob vorübergehend oder dauerhaft, in welchem Verfahren und in welcher Zahl.

(2) Eine Vervielfältigung ist auch die Übertragung des Werkes auf Vorrichtungen zur wiederholbaren Wiedergabe von Bild- oder Tonfolgen (Bild- oder Tonträger), gleichviel, ob es sich um die Aufnahme einer Wiedergabe des Werkes auf einen Bild- oder Tonträger oder um die Übertragung des Werkes von einem Bild- oder Tonträger auf einen anderen handelt.

§ 17 Verbreitungsrecht [Abs. 2: „Erschöpfungsgrundsatz"]. (1) Das Verbreitungsrecht ist das Recht, das Original oder Vervielfältigungsstücke des Werkes der Öffentlichkeit anzubieten oder in Verkehr zu bringen.

(2) Sind das Original oder Vervielfältigungsstücke des Werkes mit Zustimmung des zur Verbreitung Berechtigten im Gebiet der Europäischen Union oder eines anderen Vertragsstaates des Abkommens über den Europäischen Wirtschaftsraum im Wege der Veräußerung in Verkehr gebracht worden, so ist ihre Weiterverbreitung mit Ausnahme der Vermietung zulässig.

(3) ¹Vermietung im Sinne der Vorschriften dieses Gesetzes ist die zeitlich begrenzte, unmittelbar oder mittelbar Erwerbszwecken dienende Gebrauchsüberlassung. ²Als Vermietung gilt jedoch nicht die Überlassung von Originalen oder Vervielfältigungsstücken
1. von Bauwerken und Werken der angewandten Kunst oder
2. im Rahmen eines Arbeits- oder Dienstverhältnisses zu dem ausschließlichen Zweck, bei der Erfüllung von Verpflichtungen aus dem Arbeits- oder Dienstverhältnis benutzt zu werden.

§ 18 Ausstellungsrecht. Das Ausstellungsrecht ist das Recht, das Original oder Vervielfältigungsstücke eines unveröffentlichten Werkes der bildenden Künste oder eines unveröffentlichten Lichtbildwerkes öffentlich zur Schau zu stellen.

§ 19 Vortrags-, Aufführungs- und Vorführungsrecht. (1) Das Vortragsrecht ist das Recht, ein Sprachwerk durch persönliche Darbietung öffentlich zu Gehör zu bringen.

(2) Das Aufführungsrecht ist das Recht, ein Werk der Musik durch persönliche Darbietung öffentlich zu Gehör zu bringen oder ein Werk öffentlich bühnenmäßig darzustellen.

(3) Das Vortrags- und das Aufführungsrecht umfassen das Recht, Vorträge und Aufführungen außerhalb des Raumes, in dem die persönliche Darbietung stattfindet, durch Bildschirm, Lautsprecher oder ähnliche technische Einrichtungen öffentlich wahrnehmbar zu machen.

(4) ¹Das Vorführungsrecht ist das Recht, ein Werk der bildenden Künste, ein Lichtbildwerk, ein Filmwerk oder Darstellungen wissenschaftlicher oder technischer Art durch technische Einrichtungen öffentlich wahrnehmbar zu machen. ²Das Vorführungsrecht umfaßt nicht das Recht, die Funksendung oder öffentliche Zugänglichmachung solcher Werke öffentlich wahrnehmbar zu machen (§ 22).

§ 19a Recht der öffentlichen Zugänglichmachung [„Recht auf Upload ins Internet"]. Das Recht der öffentlichen Zugänglichmachung ist das Recht, das Werk drahtgebunden oder drahtlos der Öffentlichkeit in einer Weise zugänglich zu machen, dass es Mitgliedern der Öffentlichkeit von Orten und zu Zeiten ihrer Wahl zugänglich ist.

§ 20 Senderecht. Das Senderecht ist das Recht, das Werk durch Funk, wie Ton- und Fernsehrundfunk, Satellitenrundfunk, Kabelfunk oder ähnliche technische Mittel, der Öffentlichkeit zugänglich zu machen.

§ 20a Europäische Satellitensendung. (1) Wird eine Satellitensendung innerhalb des Gebietes eines Mitgliedstaates der Europäischen Union oder Vertragsstaates des Abkommens über den Europäischen Wirtschaftsraum ausgeführt, so gilt sie ausschließlich als in diesem Mitgliedstaat oder Vertragsstaat erfolgt.

(2) ¹Wird eine Satellitensendung im Gebiet eines Staates ausgeführt, der weder Mitgliedstaat der Europäischen Union noch Vertragsstaat des Abkommens über den Europäischen Wirtschaftsraum ist und in dem für das Recht der Satellitensendung das in Kapitel II der Richtlinie 93/83/EWG des Rates vom 27. September 1993 zur Koordinierung bestimmter urheber- und leistungsschutzrechtlicher Vorschriften betreffend Satellitenrundfunk und Kabelweiterverbreitung (ABl. EG Nr. L 248 S. 15) vorgesehene Schutzniveau nicht gewährleistet ist, so gilt sie als in dem Mitgliedstaat oder Vertragsstaat erfolgt,
1. in dem die Erdfunkstation liegt, von der aus die programmtragenden Signale zum Satelliten geleitet werden, oder
2. in dem das Sendeunternehmen seine Niederlassung hat, wenn die Voraussetzung nach Nummer 1 nicht gegeben ist.

²Das Senderecht ist im Fall der Nummer 1 gegenüber dem Betreiber der Erdfunkstation, im Fall der Nummer 2 gegenüber dem Sendeunternehmen geltend zu machen.

(3) Satellitensendung im Sinne von Absatz 1 und 2 ist die unter der Kontrolle und Verantwortung des Sendeunternehmens stattfindende Eingabe der für den öffentlichen Empfang bestimmten programmtragenden Signale in eine ununterbrochene Übertragungskette, die zum Satelliten und zurück zur Erde führt.

§ 20b Weitersendung. (1) ¹Das Recht, ein gesendetes Werk im Rahmen eines zeitgleich, unverändert und vollständig weiterübertragenen Programms weiterzusenden (Weitersendung), kann nur durch eine Verwertungsgesellschaft¹ geltend gemacht werden. ²Dies gilt nicht für
1. Rechte an einem Werk, das ausschließlich im Internet gesendet wird,
2. Rechte, die ein Sendeunternehmen in Bezug auf seine Sendungen geltend macht.

---

1 Zur Verwertung vgl. das Gesetz über die Wahrnehmung von Urheberrechten und verwandten Schutzrechten durch Verwertungsgesellschaften (**Verwertungsgesellschaftengesetz – VGG; Nr. 9**) vom 24. Mai 2016 (BGBl. I S. 1190), durch das die Richtlinie 2014/26/EU des Europäischen Parlaments und des Rates vom 26. Februar 2014 über die kollektive Wahrnehmung von Urheber- und verwandten Schutzrechten und die Vergabe von Mehrgebietslizenzen für Rechte an Musikwerken für die Online-Nutzung im Binnenmarkt (ABl. L 84 vom 20.3.2014, S. 72) umgesetzt worden ist. Die **wichtigsten Verwertungsgesellschaften** sind: **GEMA** (Nutzungsrechte für Musikschaffende), **VG Wort** (Verteilung der angemessenen Vergütung aus Pauschalen für Vervielfältigungsgeräte/Bild- und Tonträger sowie das Verleihen von Medien für Sprachwerke aller Art), **VG Bild-Kunst** (Übernahme Erst- und Zweitverwertungsrechte für bildende Künstler). Zusammenstellung der derzeit 13 Verwertungsgesellschaften unter: www.dpma.de (unter der Rubrik „Über uns/weitere Aufgaben/Verwertungsgesellschaften/Urheberrecht").

(1a) Bei der Weitersendung über einen Internetzugangsdienst ist Absatz 1 nur anzuwenden, wenn der Betreiber des Weitersendedienstes ausschließlich berechtigten Nutzern in einer gesicherten Umgebung Zugang zum Programm bietet.

(1b) Internetzugangsdienst im Sinne von Absatz 1a ist ein Dienst gemäß Artikel 2 Absatz 2 Nummer 2 der Verordnung (EU) 2015/2120 des Europäischen Parlaments und des Rates vom 25. November 2015 über Maßnahmen zum Zugang zum offenen Internet und zur Änderung der Richtlinie 2002/22/EG über den Universaldienst und Nutzerrechte bei elektronischen Kommunikationsnetzen und -diensten sowie der Verordnung (EU) Nr. 531/2012 über das Roaming in öffentlichen Mobilfunknetzen in der Union (ABl. L 310 vom 26.11.2015, S. 1), die zuletzt durch die Richtlinie (EU) 2018/1972 (ABl. L 321 vom 17.12.2018, S. 36; L 334 vom 27.12.2019, S. 164) geändert worden ist.

(2) [1]Hat der Urheber das Recht der Weitersendung einem Sendeunternehmen oder einem Tonträger- oder Filmhersteller eingeräumt, so hat der Weitersendedienst gleichwohl dem Urheber eine angemessene Vergütung für die Weitersendung zu zahlen. [2]Auf den Vergütungsanspruch kann nicht verzichtet werden. [3]Er kann im Voraus nur an eine Verwertungsgesellschaft abgetreten und nur durch eine solche geltend gemacht werden. [4]Diese Regelung steht Tarifverträgen, Betriebsvereinbarungen und gemeinsamen Vergütungsregeln von Sendeunternehmen nicht entgegen, soweit dadurch dem Urheber eine angemessene Vergütung für jede Weitersendung eingeräumt wird.

§ 20c Europäischer ergänzender Online-Dienst. (1) Ein ergänzender Online-Dienst eines Sendeunternehmens ist
1. die Sendung von Programmen im Internet zeitgleich mit ihrer Sendung in anderer Weise,
2. die öffentliche Zugänglichmachung bereits gesendeter Programme im Internet, die für einen begrenzten Zeitraum nach der Sendung abgerufen werden können, auch mit ergänzenden Materialien zum Programm.

(2) [1]Die Vervielfältigung und die öffentliche Wiedergabe von Werken zur Ausführung eines ergänzenden Online-Dienstes eines Sendeunternehmens in einem Mitgliedstaat der Europäischen Union oder einem Vertragsstaat des Abkommens über den Europäischen Wirtschaftsraum gelten ausschließlich als in dem Mitgliedstaat oder Vertragsstaat erfolgt, in dem das Sendeunternehmen seine Hauptniederlassung hat. [2]Der Rechtsinhaber und das Sendeunternehmen können den Umfang von Nutzungsrechten für ergänzende Online-Dienste des Sendeunternehmens beschränken.

(3) Absatz 2 gilt bei Fernsehprogrammen nur für Eigenproduktionen des Sendeunternehmens, die vollständig von ihm finanziert wurden, sowie für Nachrichtensendungen und die Berichterstattung über Tagesereignisse, nicht aber für die Übertragung von Sportveranstaltungen.

§ 20d Direkteinspeisung. (1) Überträgt ein Sendeunternehmen die programmtragenden Signale an einen Signalverteiler, ohne sie gleichzeitig selbst öffentlich wiederzugeben (Direkteinspeisung), und gibt der Signalverteiler diese programmtragenden Signale öffentlich wieder, so gelten das Sendeunternehmen und der Signalverteiler als Beteiligte einer einzigen öffentlichen Wiedergabe.

(2) § 20b gilt entsprechend.

§ 21 Recht der Wiedergabe durch Bild- oder Tonträger. [1]Das Recht der Wiedergabe durch Bild- oder Tonträger ist das Recht, Aufführungen des Werkes mittels Bild- oder Tonträger öffentlich wahrnehmbar zu machen. [2]§ 19 Abs. 3 gilt entsprechend.

§ 22 Recht der Wiedergabe von Funksendungen und von öffentlicher Zugänglichmachung. [1]Das Recht der Wiedergabe von Funksendungen und der Wiedergabe von öffentlicher Zugänglichmachung ist das Recht, Funksendungen und auf öffentlicher Zugänglichmachung beruhende Wiedergaben des Werkes durch Bildschirm, Lautsprecher oder ähnliche technische Einrichtungen öffentlich wahrnehmbar zu machen. [2]§ 19 Abs. 3 gilt entsprechend.

§ 23 Bearbeitungen und Umgestaltungen. (1) [1]Bearbeitungen oder andere Umgestaltungen eines Werkes, insbesondere auch einer Melodie, dürfen nur mit Zustimmung des Urhebers veröffentlicht oder verwertet werden. [2]Wahrt das neu geschaffene Werk einen hinreichenden Abstand zum benutzten Werk, so liegt keine Bearbeitung oder Umgestaltung im Sinne des Satzes 1 vor.

(2) Handelt es sich um
1. die Verfilmung eines Werkes,
2. die Ausführung von Plänen und Entwürfen eines Werkes der bildenden Künste,
3. den Nachbau eines Werkes der Baukunst oder
4. die Bearbeitung oder Umgestaltung eines Datenbankwerkes,

so bedarf bereits das Herstellen der Bearbeitung oder Umgestaltung der Zustimmung des Urhebers.

(3) Auf ausschließlich technisch bedingte Änderungen eines Werkes bei Nutzungen nach § 44b Absatz 2, § 60d Absatz 1, § 60e Absatz 1 sowie § 60f Absatz 2 sind die Absätze 1 und 2 nicht anzuwenden.

§ 24 *(weggefallen)*

Unterabschnitt 4

Sonstige Rechte des Urhebers

§ 25 Zugang zu Werkstücken. (1) Der Urheber kann vom Besitzer des Originals oder eines Vervielfältigungsstückes seines Werkes verlangen, daß er ihm das Original oder das Vervielfältigungsstück zugänglich macht, soweit dies zur Herstellung von Vervielfältigungsstücken oder Bearbeitungen des Werkes erforderlich ist und nicht berechtigte Interessen des Besitzers entgegenstehen.

(2) Der Besitzer ist nicht verpflichtet, das Original oder das Vervielfältigungsstück dem Urheber herauszugeben.

§ 26 Folgerecht. (1) ¹Wird das Original eines Werkes der bildenden Künste oder eines Lichtbildwerkes weiterveräußert und ist hieran ein Kunsthändler oder Versteigerer als Erwerber, Veräußerer oder Vermittler beteiligt, so hat der Veräußerer dem Urheber einen Anteil des Veräußerungserlöses zu entrichten. ²Als Veräußerungserlös im Sinne des Satzes 1 gilt der Verkaufspreis ohne Steuern. ³Ist der Veräußerer eine Privatperson, so haftet der als Erwerber oder Vermittler beteiligte Kunsthändler oder Versteigerer neben ihm als Gesamtschuldner; im Verhältnis zueinander ist der Veräußerer allein verpflichtet. ⁴Die Verpflichtung nach Satz 1 entfällt, wenn der Veräußerungserlös weniger als 400 Euro beträgt.

(2) ¹Die Höhe des Anteils des Veräußerungserlöses beträgt:
1. 4 Prozent für den Teil des Veräußerungserlöses bis zu 50 000 Euro,
2. 3 Prozent für den Teil des Veräußerungserlöses von 50 000,01 bis 200 000 Euro,
3. 1 Prozent für den Teil des Veräußerungserlöses von 200 000,01 bis 350 000 Euro,
4. 0,5 Prozent für den Teil des Veräußerungserlöses von 350 000,01 bis 500 000 Euro,
5. 0,25 Prozent für den Teil des Veräußerungserlöses über 500 000 Euro.

²Der Gesamtbetrag der Folgerechtsvergütung aus einer Weiterveräußerung beträgt höchstens 12 500 Euro.

(3) ¹Das Folgerecht ist unveräußerlich. ²Der Urheber kann auf seinen Anteil im Voraus nicht verzichten.

(4) Der Urheber kann von einem Kunsthändler oder Versteigerer Auskunft darüber verlangen, welche Originale von Werken des Urhebers innerhalb der letzten drei Jahre vor dem Auskunftsersuchen unter Beteiligung des Kunsthändlers oder Versteigerers weiterveräußert wurden.

(5) ¹Der Urheber kann, soweit dies zur Durchsetzung seines Anspruchs gegen den Veräußerer erforderlich ist, von dem Kunsthändler oder Versteigerer Auskunft über den Namen und die Anschrift des Veräußerers sowie über die Höhe des Veräußerungserlöses verlangen. ²Der Kunsthändler oder Versteigerer darf die Auskunft über Namen und Anschrift des Veräußerers verweigern, wenn er dem Urheber den Anteil entrichtet.

(6) Die Ansprüche nach den Absätzen 4 und 5 können nur durch eine Verwertungsgesellschaft geltend gemacht werden.

(7) ¹Bestehen begründete Zweifel an der Richtigkeit oder Vollständigkeit einer Auskunft nach Absatz 4 oder 5, so kann die Verwertungsgesellschaft ver-

langen, dass nach Wahl des Auskunftspflichtigen ihr oder einem von ihm zu bestimmenden Wirtschaftsprüfer oder vereidigten Buchprüfer Einsicht in die Geschäftsbücher oder sonstige Urkunden so weit gewährt wird, wie dies zur Feststellung der Richtigkeit oder Vollständigkeit der Auskunft erforderlich ist. ²Erweist sich die Auskunft als unrichtig oder unvollständig, so hat der Auskunftspflichtige die Kosten der Prüfung zu erstatten.

(8) Die vorstehenden Bestimmungen sind auf Werke der Baukunst und der angewandten Kunst nicht anzuwenden.

§ 27 Vergütung für Vermietung und Verleihen. (1) ¹Hat der Urheber das Vermietrecht (§ 17) an einem Bild- oder Tonträger dem Tonträger- oder Filmhersteller eingeräumt, so hat der Vermieter gleichwohl dem Urheber eine angemessene Vergütung für die Vermietung zu zahlen. ²Auf den Vergütungsanspruch kann nicht verzichtet werden. ³Er kann im voraus nur an eine Verwertungsgesellschaft abgetreten werden.

(2) ¹Für das Verleihen von Originalen oder Vervielfältigungsstücken eines Werkes, deren Weiterverbreitung nach § 17 Abs. 2 zulässig ist, ist dem Urheber eine angemessene Vergütung zu zahlen, wenn die Originale oder Vervielfältigungsstücke durch eine der Öffentlichkeit zugängliche Einrichtung (Bücherei, Sammlung von Bild- oder Tonträgern oder anderer Originale oder Vervielfältigungsstücke) verliehen werden. ²Verleihen im Sinne von Satz 1 ist die zeitlich begrenzte, weder unmittelbar noch mittelbar Erwerbszwecken dienende Gebrauchsüberlassung; § 17 Abs. 3 Satz 2 findet entsprechende Anwendung.

(3) Die Vergütungsansprüche nach den Absätzen 1 und 2 können nur durch eine Verwertungsgesellschaft geltend gemacht werden.

Abschnitt 5

Rechtsverkehr im Urheberrecht

Unterabschnitt 1

Rechtsnachfolge in das Urheberrecht

§ 28 Vererbung des Urheberrechts. (1) Das Urheberrecht ist vererblich.

(2) ¹Der Urheber kann durch letztwillige Verfügung die Ausübung des Urheberrechts einem Testamentsvollstrecker übertragen. ²§ 2210 des Bürgerlichen Gesetzbuchs ist nicht anzuwenden.

§ 29 Rechtsgeschäfte über das Urheberrecht. (1) Das Urheberrecht ist nicht übertragbar, es sei denn, es wird in Erfüllung einer Verfügung von Todes wegen oder an Miterben im Wege der Erbauseinandersetzung übertragen.

(2) Zulässig sind die Einräumung von Nutzungsrechten (§ 31), schuldrechtliche Einwilligungen und Vereinbarungen zu Verwertungsrechten sowie die in § 39 geregelten Rechtsgeschäfte über Urheberpersönlichkeitsrechte.

§ 30 Rechtsnachfolger des Urhebers. Der Rechtsnachfolger des Urhebers hat die dem Urheber nach diesem Gesetz zustehenden Rechte, soweit nichts anderes bestimmt ist.

Unterabschnitt 2

Nutzungsrechte

§ 31 Einräumung von Nutzungsrechten. (1) ¹Der Urheber kann einem anderen das Recht einräumen, das Werk auf einzelne oder alle Nutzungsarten zu nutzen (Nutzungsrecht). ²Das Nutzungsrecht kann als einfaches oder ausschließliches Recht sowie räumlich, zeitlich oder inhaltlich beschränkt eingeräumt werden.

(2) Das einfache Nutzungsrecht berechtigt den Inhaber, das Werk auf die erlaubte Art zu nutzen, ohne dass eine Nutzung durch andere ausgeschlossen ist.

(3) ¹Das ausschließliche Nutzungsrecht berechtigt den Inhaber, das Werk unter Ausschluss aller anderen Personen auf die ihm erlaubte Art zu nutzen und Nutzungsrechte einzuräumen. ²Es kann bestimmt werden, dass die Nutzung durch den Urheber vorbehalten bleibt. ³§ 35 bleibt unberührt.

(4) *weggefallen*

(5) ¹Sind bei der Einräumung eines Nutzungsrechts die Nutzungsarten nicht ausdrücklich einzeln bezeichnet, so bestimmt sich nach dem von beiden Partnern zugrunde gelegten Vertragszweck, auf welche Nutzungsarten es sich erstreckt. ²Entsprechendes gilt für die Frage, ob ein Nutzungsrecht eingeräumt wird, ob es sich um ein einfaches oder ausschließliches Nutzungsrecht handelt, wie weit Nutzungsrecht und Verbotsrecht reichen und welchen Einschränkungen das Nutzungsrecht unterliegt.

§ 31a Verträge über unbekannte Nutzungsarten. (1) ¹Ein Vertrag, durch den der Urheber Rechte für unbekannte Nutzungsarten einräumt oder sich dazu verpflichtet, bedarf der Schriftform. ²Der Schriftform bedarf es nicht, wenn der Urheber unentgeltlich ein einfaches Nutzungsrecht für jedermann einräumt. ³Der Urheber kann diese Rechtseinräumung oder die Verpflichtung hierzu widerrufen. ⁴Das Widerrufsrecht erlischt nach Ablauf von drei Monaten, nachdem der andere die Mitteilung über die beabsichtigte Aufnahme der neuen Art der Werknutzung an den Urheber unter der ihm zuletzt bekannten Anschrift abgesendet hat.

(2) ¹Das Widerrufsrecht entfällt, wenn sich die Parteien nach Bekanntwerden der neuen Nutzungsart auf eine Vergütung nach § 32c Abs. 1 geeinigt haben. ²Das Widerrufsrecht entfällt auch, wenn die Parteien die Vergütung

nach einer gemeinsamen Vergütungsregel vereinbart haben. ³Es erlischt mit dem Tod des Urhebers.

(3) Sind mehrere Werke oder Werkbeiträge zu einer Gesamtheit zusammengefasst, die sich in der neuen Nutzungsart in angemessener Weise nur unter Verwendung sämtlicher Werke oder Werkbeiträge verwerten lässt, so kann der Urheber das Widerrufsrecht nicht wider Treu und Glauben ausüben.

(4) Auf die Rechte nach den Absätzen 1 bis 3 kann im Voraus nicht verzichtet werden.

§ 32 Angemessene Vergütung. (1) ¹Der Urheber hat für die Einräumung von Nutzungsrechten und die Erlaubnis zur Werknutzung Anspruch auf die vertraglich vereinbarte Vergütung. ²Ist die Höhe der Vergütung nicht bestimmt, gilt die angemessene Vergütung als vereinbart. ³Soweit die vereinbarte Vergütung nicht angemessen ist, kann der Urheber von seinem Vertragspartner die Einwilligung in die Änderung des Vertrages verlangen, durch die dem Urheber die angemessene Vergütung gewährt wird.

(2) ¹Eine nach einer gemeinsamen Vergütungsregel (§ 36) ermittelte Vergütung ist angemessen. ²Im Übrigen ist die Vergütung angemessen, wenn sie im Zeitpunkt des Vertragsschlusses dem entspricht, was im Geschäftsverkehr nach Art und Umfang der eingeräumten Nutzungsmöglichkeit, insbesondere nach Dauer, Häufigkeit, Ausmaß und Zeitpunkt der Nutzung, unter Berücksichtigung aller Umstände üblicher- und redlicherweise zu leisten ist. ³Eine pauschale Vergütung muss eine angemessene Beteiligung des Urhebers am voraussichtlichen Gesamtertrag der Nutzung gewährleisten und durch die Besonderheiten der Branche gerechtfertigt sein.

(2a) Eine gemeinsame Vergütungsregel kann zur Ermittlung der angemessenen Vergütung auch bei Verträgen herangezogen werden, die vor ihrem zeitlichen Anwendungsbereich abgeschlossen wurden.

(3) ¹Auf eine Vereinbarung, die zum Nachteil des Urhebers von den Absätzen 1 bis 2a abweicht, kann der Vertragspartner sich nicht berufen. ²Die in Satz 1 bezeichneten Vorschriften finden auch Anwendung, wenn sie durch anderweitige Gestaltungen umgangen werden. ³Der Urheber kann aber unentgeltlich ein einfaches Nutzungsrecht für jedermann einräumen.

(4) Der Urheber hat keinen Anspruch nach Absatz 1 Satz 3, soweit die Vergütung für die Nutzung seiner Werke tarifvertraglich bestimmt ist.

§ 32a Weitere Beteiligung des Urhebers. (1) ¹Hat der Urheber einem anderen ein Nutzungsrecht zu Bedingungen eingeräumt, die dazu führen, dass die vereinbarte Gegenleistung sich unter Berücksichtigung der gesamten Beziehungen des Urhebers zu dem anderen als unverhältnismäßig niedrig im Vergleich zu den Erträgen und Vorteilen aus der Nutzung des Werkes erweist, so ist der andere auf Verlangen des Urhebers verpflichtet, in eine Änderung des Vertrages einzuwilligen, durch die dem Urheber eine den Umständen nach

Urheberrechtsgesetz **UrhG 8**

weitere angemessene Beteiligung gewährt wird. ²Ob die Vertragspartner die Höhe der erzielten Erträge oder Vorteile vorhergesehen haben oder hätten vorhersehen können, ist unerheblich.

(2) ¹Hat der andere das Nutzungsrecht übertragen oder weitere Nutzungsrechte eingeräumt und ergibt sich die unverhältnismäßig niedrige Vergütung des Urhebers aus den Erträgnissen oder Vorteilen eines Dritten, so haftet dieser dem Urheber unmittelbar nach Maßgabe des Absatzes 1 unter Berücksichtigung der vertraglichen Beziehungen in der Lizenzkette. ²Die Haftung des anderen entfällt.

(3) ¹Auf die Ansprüche nach den Absätzen 1 und 2 kann im Voraus nicht verzichtet werden. ²Die Anwartschaft hierauf unterliegt nicht der Zwangsvollstreckung; eine Verfügung über die Anwartschaft ist unwirksam. ³Der Urheber kann aber unentgeltlich ein einfaches Nutzungsrecht für jedermann einräumen.

(4) ¹Der Urheber hat keinen Anspruch nach Absatz 1, soweit die Vergütung nach einer gemeinsamen Vergütungsregel (§ 36) oder tarifvertraglich bestimmt worden ist und ausdrücklich eine weitere angemessene Beteiligung für den Fall des Absatzes 1 vorsieht. ²§ 32 Absatz 2a ist entsprechend anzuwenden.

§ 32b Zwingende Anwendung. Die §§ 32, 32a, 32d bis 32f und 38 Absatz 4 finden zwingend Anwendung,
1. wenn auf den Nutzungsvertrag mangels einer Rechtswahl deutsches Recht anzuwenden wäre oder
2. soweit Gegenstand des Vertrages maßgebliche Nutzungshandlungen im räumlichen Geltungsbereich dieses Gesetzes sind.

§ 32c Vergütung für später bekannte Nutzungsarten. (1) ¹Der Urheber hat Anspruch auf eine gesonderte angemessene Vergütung, wenn der Vertragspartner eine neue Art der Werknutzung nach § 31a aufnimmt, die im Zeitpunkt des Vertragsschlusses vereinbart, aber noch unbekannt war. ²§ 32 Abs. 2 und 4 gilt entsprechend. ³Der Vertragspartner hat den Urheber über die Aufnahme der neuen Art der Werknutzung unverzüglich zu unterrichten.

(2) ¹Hat der Vertragspartner das Nutzungsrecht einem Dritten übertragen, haftet der Dritte mit der Aufnahme der neuen Art der Werknutzung für die Vergütung nach Absatz 1. ²Die Haftung des Vertragspartners entfällt.

(3) ¹Auf die Rechte nach den Absätzen 1 und 2 kann im Voraus nicht verzichtet werden. ²Der Urheber kann aber unentgeltlich ein einfaches Nutzungsrecht für jedermann einräumen.

§ 32d Auskunft und Rechenschaft des Vertragspartners. (1) ¹Bei entgeltlicher Einräumung eines Nutzungsrechts erteilt der Vertragspartner dem Urheber mindestens einmal jährlich Auskunft über den Umfang der Werknutzung und die hieraus gezogenen Erträge und Vorteile. ²Die Auskunft erfolgt auf der Grundlage der Informationen, die im Rahmen eines ordnungsgemäßen Geschäftsbetriebes üblicherweise vorhanden sind. ³Die Auskunft ist erstmals ein Jahr nach Beginn der Werknutzung und nur für die Zeit der Werknutzung zu erteilen.

(1a) Nur auf Verlangen des Urhebers hat der Vertragspartner Auskunft über Namen und Anschriften seiner Unterlizenznehmer zu erteilen sowie Rechenschaft über die Auskunft nach Absatz 1 abzulegen.

(2) Die Absätze 1 und 1a sind nicht anzuwenden, soweit
1. der Urheber einen lediglich nachrangigen Beitrag zu einem Werk, einem Produkt oder einer Dienstleistung erbracht hat, es sei denn, der Urheber legt aufgrund nachprüfbarer Tatsachen klare Anhaltspunkte dafür dar, dass er die Auskunft für eine Vertragsanpassung (§ 32a Absatz 1 und 2) benötigt; nachrangig ist ein Beitrag insbesondere dann, wenn er den Gesamteindruck eines Werkes oder die Beschaffenheit eines Produktes oder einer Dienstleistung wenig prägt, etwa weil er nicht zum typischen Inhalt eines Werkes, eines Produktes oder einer Dienstleistung gehört, oder
2. die Inanspruchnahme des Vertragspartners aus anderen Gründen unverhältnismäßig ist, insbesondere wenn der Aufwand für die Auskunft außer Verhältnis zu den Einnahmen aus der Werknutzung stünde.

(3) ¹Von den Absätzen 1 bis 2 kann nur durch eine Vereinbarung abgewichen werden, die auf einer gemeinsamen Vergütungsregel (§ 36) oder einem Tarifvertrag beruht. ²Im Fall des Satzes 1 wird vermutet, dass die kollektiven Vereinbarungen dem Urheber zumindest ein vergleichbares Maß an Transparenz wie die gesetzlichen Bestimmungen gewährleisten.

§ 32e Auskunft und Rechenschaft Dritter in der Lizenzkette. (1) ¹Hat der Vertragspartner des Urhebers das Nutzungsrecht übertragen oder weitere Nutzungsrechte eingeräumt, so kann der Urheber Auskunft und Rechenschaft im Umfang des § 32d Absatz 1 bis 2 auch von denjenigen Dritten verlangen,
1. die die Nutzungsvorgänge in der Lizenzkette wirtschaftlich wesentlich bestimmen oder
2. aus deren Erträgnissen oder Vorteilen sich die unverhältnismäßig niedrige Vergütung des Urhebers gemäß § 32a Absatz 2 ergibt.

²Ansprüche nach Satz 1 kann der Urheber nur geltend machen, soweit sein Vertragspartner seiner Auskunftspflicht nach § 32d nicht innerhalb von drei Monaten ab Fälligkeit nachgekommen ist oder die Auskunft nicht hinreichend über die Werknutzung Dritter und die hieraus gezogenen Erträge und Vorteile informiert.

(2) Für die Geltendmachung der Ansprüche nach Absatz 1 genügt es, dass aufgrund nachprüfbarer Tatsachen klare Anhaltspunkte für deren Voraussetzungen vorliegen.

(3) § 32d Absatz 3 ist anzuwenden.

§ 32f Mediation und außergerichtliche Konfliktbeilegung. (1) Urheber und Werknutzer können insbesondere bei Streitigkeiten über Rechte und Ansprüche nach den §§ 32 bis 32e eine Mediation oder ein anderes freiwilliges Verfahren der außergerichtlichen Konfliktbeilegung einleiten.

(2) Auf eine Vereinbarung, die zum Nachteil des Urhebers von Absatz 1 abweicht, können sich der Vertragspartner des Urhebers oder andere Werknutzer nicht berufen.

§ 32g Vertretung durch Vereinigungen. Urheber können sich bei Streitigkeiten über Rechte und Ansprüche nach den §§ 32 bis 32f nach Maßgabe des Rechtsdienstleistungsgesetzes und der Prozessordnungen durch Vereinigungen von Urhebern vertreten lassen.

§ 33 Weiterwirkung von Nutzungsrechten. [1]Ausschließliche und einfache Nutzungsrechte bleiben gegenüber später eingeräumten Nutzungsrechten wirksam. [2]Gleiches gilt, wenn der Inhaber des Rechts, der das Nutzungsrecht eingeräumt hat, wechselt oder wenn er auf sein Recht verzichtet.

§ 34 Übertragung von Nutzungsrechten. (1) [1]Ein Nutzungsrecht kann nur mit Zustimmung des Urhebers übertragen werden. [2]Der Urheber darf die Zustimmung nicht wider Treu und Glauben verweigern.

(2) Werden mit dem Nutzungsrecht an einem Sammelwerk (§ 4) Nutzungsrechte an den in das Sammelwerk aufgenommenen einzelnen Werken übertragen, so genügt die Zustimmung des Urhebers des Sammelwerkes.

(3) [1]Ein Nutzungsrecht kann ohne Zustimmung des Urhebers übertragen werden, wenn die Übertragung im Rahmen der Gesamtveräußerung eines Unternehmens oder der Veräußerung von Teilen eines Unternehmens geschieht. [2]Der Urheber kann das Nutzungsrecht zurückrufen, wenn ihm die Ausübung des Nutzungsrechts durch den Erwerber nach Treu und Glauben nicht zuzumuten ist. [3]Satz 2 findet auch dann Anwendung, wenn sich die Beteiligungsverhältnisse am Unternehmen des Inhabers des Nutzungsrechts wesentlich ändern.

(4) Der Erwerber des Nutzungsrechts haftet gesamtschuldnerisch für die Erfüllung der sich aus dem Vertrag mit dem Urheber ergebenden Verpflichtungen des Veräußerers, wenn der Urheber der Übertragung des Nutzungsrechts nicht im Einzelfall ausdrücklich zugestimmt hat.

(5) [1]Der Urheber kann auf das Rückrufsrecht und die Haftung des Erwerbers im Voraus nicht verzichten. [2]Im Übrigen können der Inhaber des Nutzungsrechts und der Urheber Abweichendes vereinbaren.

§ 35 Einräumung weiterer Nutzungsrechte. (1) [1]Der Inhaber eines ausschließlichen Nutzungsrechts kann weitere Nutzungsrechte nur mit Zustimmung des Urhebers einräumen. [2]Der Zustimmung bedarf es nicht, wenn das ausschließliche Nutzungsrecht nur zur Wahrnehmung der Belange des Urhebers eingeräumt ist.

(2) Die Bestimmungen in § 34 Abs. 1 Satz 2, Abs. 2 und Absatz 5 Satz 2 sind entsprechend anzuwenden.

§ 35a Mediation und außergerichtliche Konfliktbeilegung bei Videoabrufdiensten. Rechtsinhaber und Werknutzer können insbesondere bei Vertragsverhandlungen über die Einräumung von Nutzungsrechten für die öffentliche Zugänglichmachung audiovisueller Werke über Videoabrufdienste eine Mediation oder ein anderes freiwilliges Verfahren der außergerichtlichen Konfliktbeilegung einleiten.

§ 36 Gemeinsame Vergütungsregeln. (1) ¹Zur Bestimmung der Angemessenheit von Vergütungen nach den §§ 32, 32a und 32c, zur Regelung der Auskünfte nach den §§ 32d und 32e sowie zur Bestimmung der angemessenen Beteiligung nach § 87k Absatz 1 stellen Vereinigungen von Urhebern mit Vereinigungen von Werknutzern oder einzelnen Werknutzern gemeinsame Vergütungsregeln auf. ²Die gemeinsamen Vergütungsregeln sollen die Umstände des jeweiligen Regelungsbereichs berücksichtigen, insbesondere die Struktur und Größe der Verwerter. ³In Tarifverträgen enthaltene Regelungen gehen gemeinsamen Vergütungsregeln vor.

(2) ¹Vereinigungen nach Absatz 1 müssen repräsentativ, unabhängig und zur Aufstellung gemeinsamer Vergütungsregeln ermächtigt sein. ²Eine Vereinigung, die einen wesentlichen Teil der jeweiligen Urheber oder Werknutzer vertritt, gilt als ermächtigt im Sinne des Satzes 1, es sei denn, die Mitglieder der Vereinigung fassen einen entgegenstehenden Beschluss.

(3) ¹Ein Verfahren zur Aufstellung gemeinsamer Vergütungsregeln vor der Schlichtungsstelle (§ 36a) findet statt, wenn die Parteien dies vereinbaren. ²Das Verfahren findet auf schriftliches Verlangen einer Partei statt, wenn
1. die andere Partei nicht binnen drei Monaten, nachdem eine Partei schriftlich die Aufnahme von Verhandlungen verlangt hat, Verhandlungen über gemeinsame Vergütungsregeln beginnt,
2. Verhandlungen über gemeinsame Vergütungsregeln ein Jahr, nachdem schriftlich ihre Aufnahme verlangt worden ist, ohne Ergebnis bleiben oder
3. eine Partei die Verhandlungen endgültig für gescheitert erklärt hat.

(4) ¹Die Schlichtungsstelle hat allen Parteien, die sich am Verfahren beteiligt haben oder nach § 36a Absatz 4a zur Beteiligung aufgefordert worden sind, einen begründeten Einigungsvorschlag zu machen, der den Inhalt der gemeinsamen Vergütungsregeln enthält. ²Er gilt als angenommen, wenn innerhalb von sechs Wochen nach Empfang des Vorschlages keine der in Satz 1 genannten Parteien widerspricht.

§ 36a Schlichtungsstelle. (1) Zur Aufstellung gemeinsamer Vergütungsregeln bilden Vereinigungen von Urhebern mit Vereinigungen von Werknutzern oder einzelnen Werknutzern eine Schlichtungsstelle, wenn die Parteien dies vereinbaren oder eine Partei die Durchführung des Schlichtungsverfahrens verlangt.

(2) Die Schlichtungsstelle besteht aus einer gleichen Anzahl von Beisitzern, die jeweils von einer Partei bestellt werden, und einem unparteiischen Vorsitzenden, auf dessen Person sich beide Parteien einigen sollen.

(3) ¹Wenn sich die Parteien nicht einigen, entscheidet das nach § 1062 der Zivilprozessordnung zuständige Oberlandesgericht auf Antrag einer Partei über
1. die Person des Vorsitzenden,
2. die Anzahl der Beisitzer,
3. die Voraussetzungen des Schlichtungsverfahrens in Bezug auf
    a) die Fähigkeit der Werknutzer sowie Vereinigungen von Werknutzern und Urhebern, Partei des Schlichtungsverfahrens zu sein (§ 36 Absatz 1 Satz 1 und Absatz 2),
    b) ein Verfahren vor der Schlichtungsstelle, das auf Verlangen nur einer Partei stattfindet (§ 36 Absatz 3 Satz 2).

²Solange der Ort des Schlichtungsverfahrens noch nicht bestimmt ist, ist für die Entscheidung das Oberlandesgericht zuständig, in dessen Bezirk der Antragsgegner seinen Sitz oder seinen gewöhnlichen Aufenthalt hat. ³Für das Verfahren vor dem Oberlandesgericht gelten die §§ 1063 und 1065 der Zivilprozessordnung entsprechend.

(4) ¹Das Verlangen auf Durchführung des Schlichtungsverfahrens gemäß § 36 Abs. 3 Satz 2 muss einen Vorschlag über die Aufstellung gemeinsamer Vergütungsregeln enthalten. ²Die Schlichtungsstelle stellt den Schriftsatz, mit dem die Durchführung des Verfahrens verlangt wird, der anderen Partei mit der Aufforderung zu, sich innerhalb eines Monats schriftlich zur Sache zu äußern.

(4a) ¹Jede Partei kann binnen drei Monaten nach Kenntnis vom Schlichtungsverfahren verlangen, dass die Schlichtungsstelle andere Vereinigungen von Urhebern zur Beteiligung auffordert, wenn der Vorschlag nach Absatz 4 Satz 1 Werke oder verbundene Werke betrifft, die üblicherweise nur unter Mitwirkung von weiteren Urhebern geschaffen werden können, die von den benannten Vereinigungen vertreten werden. ²Absatz 4 Satz 2 ist entsprechend anzuwenden. ³Beteiligt sich die Vereinigung von Urhebern, so benennt sie und die Partei der Werknutzer je weitere Beisitzer.

(5) ¹Die Schlichtungsstelle fasst ihren Beschluss nach mündlicher Beratung mit Stimmenmehrheit. ²Die Beschlussfassung erfolgt zunächst unter den Beisitzern; kommt eine Stimmenmehrheit nicht zustande, so nimmt der Vorsitzende nach weiterer Beratung an der erneuten Beschlussfassung teil. ³Benennt eine Partei keine Mitglieder oder bleiben die von einer Partei genannten Mitglieder trotz rechtzeitiger Einladung der Sitzung fern, so entscheiden der Vorsitzende und die erschienenen Mitglieder nach Maßgabe der Sätze 1 und 2 allein. ⁴Der Beschluss der Schlichtungsstelle ist schriftlich niederzulegen, vom Vorsitzenden zu unterschreiben und beiden Parteien zuzuleiten.

(6) ¹Die Parteien tragen ihre eigenen Kosten sowie die Kosten der von ihnen bestellten Beisitzer. ²Die sonstigen Kosten tragen die Parteien der Urheber, die sich am Verfahren beteiligen, und die Partei der Werknutzer jeweils zur Hälfte. ³Sie haben als Gesamtschuldner auf Anforderung des Vorsitzenden zu dessen Händen einen für die Tätigkeit der Schlichtungsstelle erforderlichen Vorschuss zu leisten.

(7) ¹Die Parteien können durch Vereinbarung die Einzelheiten des Verfahrens vor der Schlichtungsstelle regeln. ²Die Schlichtungsstelle informiert nach Absatz 4a beteiligte Vereinigungen von Urhebern über den Gang des Verfahrens.

(8) Das Bundesministerium der Justiz und für Verbraucherschutz wird ermächtigt, durch Rechtsverordnung ohne Zustimmung des Bundesrates die weiteren Einzelheiten des Verfahrens vor der Schlichtungsstelle zu regeln sowie weitere Vorschriften über die Kosten des Verfahrens und die Entschädigung der Mitglieder der Schlichtungsstelle zu erlassen.

§ 36b Unterlassungsanspruch bei Verstoß gegen gemeinsame Vergütungsregeln. (1) ¹Wer in einem Vertrag mit einem Urheber eine Bestimmung verwendet, die zum Nachteil des Urhebers von gemeinsamen Vergütungsregeln abweicht, kann auf Unterlassung in Anspruch genommen werden, wenn und soweit er
1. als Werknutzer die gemeinsamen Vergütungsregeln selbst aufgestellt hat oder
2. Mitglied einer Vereinigung von Werknutzern ist, die die gemeinsamen Vergütungsregeln aufgestellt hat.

²Der Anspruch auf Unterlassung steht denjenigen Vereinigungen von Urhebern oder Werknutzern und denjenigen einzelnen Werknutzern zu, die die gemeinsamen Vergütungsregeln aufgestellt haben.

(2) ¹Auf das Verfahren sind § 8c Absatz 1, 2 Nummer 1 und Absatz 3 und § 12 Absatz 1, 3 und 4 sowie § 13 Absatz 1 des Gesetzes gegen den unlauteren Wettbewerb entsprechend anzuwenden; soweit die Abmahnung berechtigt ist, kann der Abmahnende vom Abgemahnten Ersatz der erforderlichen Aufwendungen verlangen. ²Für die Bekanntmachung des Urteils gilt § 103.

§ 36c Individualvertragliche Folgen des Verstoßes gegen gemeinsame Vergütungsregeln. ¹Der Vertragspartner, der an der Aufstellung von gemeinsamen Vergütungsregeln gemäß § 36b Absatz 1 Satz 1 Nummer 1 oder 2 beteiligt war, kann sich nicht auf eine Bestimmung berufen, die zum Nachteil des Urhebers von den gemeinsamen Vergütungsregeln abweicht. ²Der Urheber kann von seinem Vertragspartner die Einwilligung in die Änderung des Vertrages verlangen, mit der die Abweichung beseitigt wird.

§ 36d Unterlassungsanspruch bei Nichterteilung von Auskünften. (1) ¹Wer als Werknutzer Urhebern in mehreren gleich oder ähnlich gelagerten Fällen Auskünfte nach § 32d oder § 32e nicht erteilt, kann auf Unterlassung in Anspruch genommen werden. ²Der Anspruch nach Satz 1 steht nur Vereinigungen von Urhebern zu, die im Hinblick auf die jeweilige Gruppe von Urhebern die Anforderungen des § 36 Absatz 2 erfüllen.

(2) Für die Geltendmachung des Anspruchs nach Absatz 1 genügt es, dass aufgrund nachprüfbarer Tatsachen klare Anhaltspunkte für seine Voraussetzungen vorliegen.

(3) Der Anspruch nach Absatz 1 ist ausgeschlossen, wenn die Pflicht zur Auskunftserteilung nach § 32d oder § 32e in einer Vereinbarung geregelt ist, die auf einer gemeinsamen Vergütungsregel (§ 36) oder einem Tarifvertrag beruht.

(4) § 36b Absatz 2 ist anzuwenden.

§ 37 Verträge über die Einräumung von Nutzungsrechten. (1) Räumt der Urheber einem anderen ein Nutzungsrecht am Werk ein, so verbleibt ihm im Zweifel das Recht der Einwilligung zur Veröffentlichung oder Verwertung einer Bearbeitung des Werkes.

(2) Räumt der Urheber einem anderen ein Nutzungsrecht zur Vervielfältigung des Werkes ein, so verbleibt ihm im Zweifel das Recht, das Werk auf Bild- oder Tonträger zu übertragen.

(3) Räumt der Urheber einem anderen ein Nutzungsrecht zu einer öffentlichen Wiedergabe des Werkes ein, so ist dieser im Zweifel nicht berechtigt, die Wiedergabe außerhalb der Veranstaltung, für die sie bestimmt ist, durch Bildschirm, Lautsprecher oder ähnliche technische Einrichtungen öffentlich wahrnehmbar zu machen.

§ 38 Beiträge zu Sammlungen. (1) [1]Gestattet der Urheber die Aufnahme des Werkes in eine periodisch erscheinende Sammlung, so erwirbt der Verleger oder Herausgeber im Zweifel ein ausschließliches Nutzungsrecht zur Vervielfältigung, Verbreitung und öffentlichen Zugänglichmachung. [2]Jedoch darf der Urheber das Werk nach Ablauf eines Jahres seit Erscheinen anderweit vervielfältigen, verbreiten und öffentlich zugänglich machen, wenn nichts anderes vereinbart ist.

(2) Absatz 1 Satz 2 gilt auch für einen Beitrag zu einer nicht periodisch erscheinenden Sammlung, für dessen Überlassung dem Urheber kein Anspruch auf Vergütung zusteht.

(3) [1]Wird der Beitrag einer Zeitung überlassen, so erwirbt der Verleger oder Herausgeber ein einfaches Nutzungsrecht, wenn nichts anderes vereinbart ist. [2]Räumt der Urheber ein ausschließliches Nutzungsrecht ein, so ist er sogleich nach Erscheinen des Beitrags berechtigt, ihn anderweit zu vervielfältigen und zu verbreiten, wenn nichts anderes vereinbart ist.

(4) [1]Der Urheber eines wissenschaftlichen Beitrags, der im Rahmen einer mindestens zur Hälfte mit öffentlichen Mitteln geförderten Forschungstätigkeit entstanden und in einer periodisch mindestens zweimal jährlich erscheinenden Sammlung erschienen ist, hat auch dann, wenn er dem Verleger oder Herausgeber ein ausschließliches Nutzungsrecht eingeräumt hat, das Recht, den Beitrag nach Ablauf von zwölf Monaten seit der Erstveröffentlichung in der akzeptierten Manuskriptversion öffentlich zugänglich zu machen, soweit dies keinem gewerblichen Zweck dient. [2]Die Quelle der Erstveröffentlichung ist anzugeben. [3]Eine zum Nachteil des Urhebers abweichende Vereinbarung ist unwirksam.

§ 39 Änderungen des Werkes. (1) Der Inhaber eines Nutzungsrechts darf das Werk, dessen Titel oder Urheberbezeichnung (§ 10 Abs. 1) nicht ändern, wenn nichts anderes vereinbart ist.

(2) Änderungen des Werkes und seines Titels, zu denen der Urheber seine Einwilligung nach Treu und Glauben nicht versagen kann, sind zulässig.

§ 40 Verträge über künftige Werke. (1) [1]Ein Vertrag, durch den sich der Urheber zur Einräumung von Nutzungsrechten an künftigen Werken verpflichtet, die überhaupt nicht näher oder nur der Gattung nach bestimmt sind, bedarf der schriftlichen Form. [2]Er kann von beiden Vertragsteilen nach Ablauf von fünf Jahren seit dem Abschluß des Vertrages gekündigt werden. [3]Die Kündigungsfrist beträgt sechs Monate, wenn keine kürzere Frist vereinbart ist.

(2) [1]Auf das Kündigungsrecht kann im voraus nicht verzichtet werden. [2]Andere vertragliche oder gesetzliche Kündigungsrechte bleiben unberührt.

(3) Wenn in Erfüllung des Vertrages Nutzungsrechte an künftigen Werken eingeräumt worden sind, wird mit Beendigung des Vertrages die Verfügung hinsichtlich der Werke unwirksam, die zu diesem Zeitpunkt noch nicht abgeliefert sind.

§ 40a Recht zur anderweitigen Verwertung nach zehn Jahren bei pauschaler Vergütung. (1) [1]Hat der Urheber ein ausschließliches Nutzungsrecht gegen eine pauschale Vergütung eingeräumt, ist er gleichwohl berechtigt, das Werk nach Ablauf von zehn Jahren anderweitig zu verwerten. [2]Für die verbleibende Dauer der Einräumung besteht das Nutzungsrecht des ersten Inhabers als einfaches Nutzungsrecht fort. [3]Die Frist nach Satz 1 beginnt mit der Einräumung des Nutzungsrechts oder, wenn das Werk später abgeliefert wird, mit der Ablieferung. [4]§ 38 Absatz 4 Satz 2 ist entsprechend anzuwenden.

(2) Frühestens fünf Jahre nach dem in Absatz 1 Satz 3 genannten Zeitpunkt können die Vertragspartner die Ausschließlichkeit auf die gesamte Dauer der Nutzungsrechtseinräumung erstrecken.

(3) Abweichend von Absatz 1 kann der Urheber bei Vertragsschluss ein zeitlich unbeschränktes ausschließliches Nutzungsrecht einräumen, wenn
1. er einen lediglich nachrangigen Beitrag zu einem Werk, einem Produkt oder einer Dienstleistung erbringt; nachrangig ist ein Beitrag insbesondere dann, wenn er den Gesamteindruck eines Werkes oder die Beschaffenheit eines Produktes oder einer Dienstleistung wenig prägt, etwa weil er nicht zum typischen Inhalt eines Werkes, eines Produktes oder einer Dienstleistung gehört,
2. es sich um ein Werk der Baukunst oder den Entwurf eines solchen Werkes handelt,
3. das Werk mit Zustimmung des Urhebers für eine Marke oder ein sonstiges Kennzeichen, ein Design oder ein Gemeinschaftsgeschmacksmuster bestimmt ist oder
4. das Werk nicht veröffentlicht werden soll.

(4) Von den Absätzen 1 bis 3 kann zum Nachteil des Urhebers nur durch eine Vereinbarung abgewichen werden, die auf einer gemeinsamen Vergütungsregel (§ 36) oder einem Tarifvertrag beruht.

§ 41 Rückrufsrecht wegen Nichtausübung. (1) ¹Übt der Inhaber eines ausschließlichen Nutzungsrechts dieses Recht nicht oder nur unzureichend aus, so kann der Urheber entweder nur die Ausschließlichkeit des Nutzungsrechts oder das Nutzungsrecht insgesamt zurückrufen. ²Dies gilt nicht, wenn die Nichtausübung oder die unzureichende Ausübung des Nutzungsrechts überwiegend auf Umständen beruht, deren Behebung dem Urheber zuzumuten ist.

(2) ¹Das Rückrufsrecht kann nicht vor Ablauf von zwei Jahren seit Einräumung oder Übertragung des Nutzungsrechts oder, wenn das Werk später abgeliefert wird, seit der Ablieferung geltend gemacht werden. ²Bei einem Beitrag zu einer Zeitung beträgt die Frist drei Monate, bei einem Beitrag zu einer Zeitschrift, die monatlich oder in kürzeren Abständen erscheint, sechs Monate und bei einem Beitrag zu anderen Zeitschriften ein Jahr.

(3) ¹Der Rückruf kann erst erklärt werden, nachdem der Urheber dem Inhaber des Nutzungsrechts unter Ankündigung des Rückrufs eine angemessene Nachfrist zur zureichenden Ausübung des Nutzungsrechts bestimmt hat. ²Der Bestimmung der Nachfrist bedarf es nicht, wenn die Ausübung des Nutzungsrechts seinem Inhaber unmöglich ist oder von ihm verweigert wird oder wenn durch die Gewährung einer Nachfrist überwiegende Interessen des Urhebers gefährdet würden.

(4) Von den Absätzen 1 bis 3 kann zum Nachteil des Urhebers nur durch eine Vereinbarung abgewichen werden, die auf einer gemeinsamen Vergütungsregel (§ 36) oder einem Tarifvertrag beruht.

(5) Mit Wirksamwerden des Rückrufs nach Absatz 1 wandelt sich das ausschließliche Nutzungsrecht in ein einfaches Nutzungsrecht um oder erlischt insgesamt.

(6) Der Urheber hat den Betroffenen zu entschädigen, wenn und soweit es der Billigkeit entspricht.

(7) Rechte und Ansprüche der Beteiligten nach anderen gesetzlichen Vorschriften bleiben unberührt.

§ 42 Rückrufsrecht wegen gewandelter Überzeugung. (1) ¹Der Urheber kann ein Nutzungsrecht gegenüber dem Inhaber zurückrufen, wenn das Werk seiner Überzeugung nicht mehr entspricht und ihm deshalb die Verwertung des Werkes nicht mehr zugemutet werden kann. ²Der Rechtsnachfolger des Urhebers (§ 30) kann den Rückruf nur erklären, wenn er nachweist, daß der Urheber vor seinem Tode zum Rückruf berechtigt gewesen wäre und an der Erklärung des Rückrufs gehindert war oder diese letztwillig verfügt hat.

(2) ¹Auf das Rückrufsrecht kann im voraus nicht verzichtet werden. ²Seine Ausübung kann nicht ausgeschlossen werden.

(3) ¹Der Urheber hat den Inhaber des Nutzungsrechts angemessen zu entschädigen. ²Die Entschädigung muß mindestens die Aufwendungen decken, die der Inhaber des Nutzungsrechts bis zur Erklärung des Rückrufs gemacht hat; jedoch bleiben hierbei Aufwendungen, die auf bereits gezogene Nutzungen entfallen, außer Betracht. ³Der Rückruf wird erst wirksam, wenn der Urheber die Aufwendungen ersetzt oder Sicherheit dafür geleistet hat. ⁴Der Inhaber des Nutzungsrechts hat dem Urheber binnen einer Frist von drei Monaten nach Erklärung des Rückrufs die Aufwendungen mitzuteilen; kommt er dieser Pflicht nicht nach, so wird der Rückruf bereits mit Ablauf dieser Frist wirksam.

(4) Will der Urheber nach Rückruf das Werk wieder verwerten, so ist er verpflichtet, dem früheren Inhaber des Nutzungsrechts ein entsprechendes Nutzungsrecht zu angemessenen Bedingungen anzubieten.

(5) Die Bestimmungen in § 41 Abs. 5 und 7 sind entsprechend anzuwenden.

§ 42a Zwangslizenz zur Herstellung von Tonträgern. (1) ¹Ist einem Hersteller von Tonträgern ein Nutzungsrecht an einem Werk der Musik eingeräumt worden mit dem Inhalt, das Werk zu gewerblichen Zwecken auf Tonträger zu übertragen und diese zu vervielfältigen und zu verbreiten, so ist der Urheber verpflichtet, jedem anderen Hersteller von Tonträgern, der im Geltungsbereich dieses Gesetzes seine Hauptniederlassung oder seinen Wohnsitz hat, nach Erscheinen des Werkes gleichfalls ein Nutzungsrecht mit diesem Inhalt zu angemessenen Bedingungen einzuräumen; dies gilt nicht, wenn das bezeichnete Nutzungsrecht erlaubterweise von einer Verwertungsgesellschaft wahrgenommen wird oder wenn das Werk der Überzeugung des Urhebers nicht mehr entspricht, ihm deshalb die Verwertung des Werkes nicht mehr zugemutet werden kann und er ein etwa bestehendes Nutzungsrecht aus diesem Grunde zurückgerufen hat. ²§ 63 ist entsprechend anzuwenden. ³Der Urheber ist nicht verpflichtet, die Benutzung des Werkes zur Herstellung eines Filmes zu gestatten.

(2) Gegenüber einem Hersteller von Tonträgern, der weder seine Hauptniederlassung noch seinen Wohnsitz im Geltungsbereich dieses Gesetzes hat, besteht die Verpflichtung nach Absatz 1, soweit in dem Staat, in dem er seine Hauptniederlassung oder seinen Wohnsitz hat, den Herstellern von Tonträgern, die ihre Hauptniederlassung oder ihren Wohnsitz im Geltungsbereich dieses Gesetzes haben, nach einer Bekanntmachung des Bundesministeriums der Justiz und für Verbraucherschutz im Bundesgesetzblatt ein entsprechendes Recht gewährt wird.

(3) Das nach den vorstehenden Bestimmungen einzuräumende Nutzungsrecht wirkt nur im Geltungsbereich dieses Gesetzes und für die Ausfuhr nach Staaten, in denen das Werk keinen Schutz gegen die Übertragung auf Tonträger genießt.

(4) Hat der Urheber einem anderen das ausschließliche Nutzungsrecht eingeräumt mit dem Inhalt, das Werk zu gewerblichen Zwecken auf Tonträger zu

übertragen und diese zu vervielfältigen und zu verbreiten, so gelten die vorstehenden Bestimmungen mit der Maßgabe, dass der Inhaber des ausschließlichen Nutzungsrechts zur Einräumung des in Absatz 1 bezeichneten Nutzungsrechts verpflichtet ist.

(5) Auf ein Sprachwerk, das als Text mit einem Werk der Musik verbunden ist, sind die vorstehenden Bestimmungen entsprechend anzuwenden, wenn einem Hersteller von Tonträgern ein Nutzungsrecht eingeräumt worden ist mit dem Inhalt, das Sprachwerk in Verbindung mit dem Werk der Musik auf Tonträger zu übertragen und diese zu vervielfältigen und zu verbreiten.

(6) [1]Für Klagen, durch die ein Anspruch auf Einräumung des Nutzungsrechts geltend gemacht wird, sind, sofern der Urheber oder im Fall des Absatzes 4 der Inhaber des ausschließlichen Nutzungsrechts im Geltungsbereich dieses Gesetzes keinen allgemeinen Gerichtsstand hat, die Gerichte zuständig, in deren Bezirk das Patentamt seinen Sitz hat. [2]Einstweilige Verfügungen können erlassen werden, auch wenn die in den §§ 935 und 940 der Zivilprozessordnung bezeichneten Voraussetzungen nicht zutreffen.

(7) Die vorstehenden Bestimmungen sind nicht anzuwenden, wenn das in Absatz 1 bezeichnete Nutzungsrecht lediglich zur Herstellung eines Filmes eingeräumt worden ist.

§ 43 Urheber in Arbeits- oder Dienstverhältnissen. Die Vorschriften dieses Unterabschnitts sind auch anzuwenden, wenn der Urheber das Werk in Erfüllung seiner Verpflichtungen aus einem Arbeits- oder Dienstverhältnis geschaffen hat, soweit sich aus dem Inhalt oder dem Wesen des Arbeits- oder Dienstverhältnisses nichts anderes ergibt.

§ 44 Veräußerung des Originals des Werkes. (1) Veräußert der Urheber das Original des Werkes, so räumt er damit im Zweifel dem Erwerber ein Nutzungsrecht nicht ein.

(2) Der Eigentümer des Originals eines Werkes der bildenden Künste oder eines Lichtbildwerkes ist berechtigt, das Werk öffentlich auszustellen, auch wenn es noch nicht veröffentlicht ist, es sei denn, daß der Urheber dies bei der Veräußerung des Originals ausdrücklich ausgeschlossen hat.

Abschnitt 6

Schranken des Urheberrechts durch gesetzlich erlaubte Nutzungen

Unterabschnitt 1

Gesetzlich erlaubte Nutzungen

§ 44a Vorübergehende Vervielfältigungshandlungen. Zulässig sind vorübergehende Vervielfältigungshandlungen, die flüchtig oder begleitend sind und

einen integralen und wesentlichen Teil eines technischen Verfahrens darstellen und deren alleiniger Zweck es ist,
1. eine Übertragung in einem Netz zwischen Dritten durch einen Vermittler oder
2. eine rechtmäßige Nutzung

eines Werkes oder sonstigen Schutzgegenstands zu ermöglichen, und die keine eigenständige wirtschaftliche Bedeutung haben.

§ 44b Text und Data Mining. (1) Text und Data Mining ist die automatisierte Analyse von einzelnen oder mehreren digitalen oder digitalisierten Werken, um daraus Informationen insbesondere über Muster, Trends und Korrelationen zu gewinnen.

(2) [1]Zulässig sind Vervielfältigungen von rechtmäßig zugänglichen Werken für das Text und Data Mining. [2]Die Vervielfältigungen sind zu löschen, wenn sie für das Text und Data Mining nicht mehr erforderlich sind.

(3) [1]Nutzungen nach Absatz 2 Satz 1 sind nur zulässig, wenn der Rechtsinhaber sich diese nicht vorbehalten hat. [2]Ein Nutzungsvorbehalt bei online zugänglichen Werken ist nur dann wirksam, wenn er in maschinenlesbarer Form erfolgt.

§ 45 Rechtspflege und öffentliche Sicherheit. (1) Zulässig ist, einzelne Vervielfältigungsstücke von Werken zur Verwendung in Verfahren vor einem Gericht, einem Schiedsgericht oder einer Behörde herzustellen oder herstellen zu lassen.

(2) Gerichte und Behörden dürfen für Zwecke der Rechtspflege und der öffentlichen Sicherheit Bildnisse vervielfältigen oder vervielfältigen lassen.

(3) Unter den gleichen Voraussetzungen wie die Vervielfältigung ist auch die Verbreitung, öffentliche Ausstellung und öffentliche Wiedergabe der Werke zulässig.

§ 45a Menschen mit Behinderungen. (1) Zulässig ist die nicht Erwerbszwecken dienende Vervielfältigung eines Werkes für und deren Verbreitung ausschließlich an Menschen, soweit diesen der Zugang zu dem Werk in einer bereits verfügbaren Art der sinnlichen Wahrnehmung auf Grund einer Behinderung nicht möglich oder erheblich erschwert ist, soweit es zur Ermöglichung des Zugangs erforderlich ist.

(2) [1]Für die Vervielfältigung und Verbreitung ist dem Urheber eine angemessene Vergütung zu zahlen; ausgenommen ist die Herstellung lediglich einzelner Vervielfältigungsstücke. [2]Der Anspruch kann nur durch eine Verwertungsgesellschaft geltend gemacht werden.

(3) Für die Nutzung von Sprachwerken und grafischen Aufzeichnungen von Werken der Musik zugunsten von Menschen mit einer Seh- oder Lesebehinderung sind die Absätze 1 und 2 nicht anzuwenden, sondern ausschließlich die §§ 45b bis 45d.

§ 45b Menschen mit einer Seh- oder Lesebehinderung. (1) [1]Menschen mit einer Seh- oder Lesebehinderung dürfen veröffentlichte Sprachwerke, die als Text oder im Audioformat vorliegen, sowie grafische Aufzeichnungen von Werken der Musik zum eigenen Gebrauch vervielfältigen oder vervielfältigen lassen, um sie in ein barrierefreies Format umzuwandeln. [2]Diese Befugnis umfasst auch Illustrationen jeder Art, die in Sprach- oder Musikwerken enthalten sind. [3]Vervielfältigungsstücke dürfen nur von Werken erstellt werden, zu denen der Mensch mit einer Seh- oder Lesebehinderung rechtmäßigen Zugang hat.

(2) Menschen mit einer Seh- oder Lesebehinderung im Sinne dieses Gesetzes sind Personen, die aufgrund einer körperlichen, seelischen oder geistigen Beeinträchtigung oder aufgrund einer Sinnesbeeinträchtigung auch unter Einsatz einer optischen Sehhilfe nicht in der Lage sind, Sprachwerke genauso leicht zu lesen, wie dies Personen ohne eine solche Beeinträchtigung möglich ist.

§ 45c Befugte Stellen; Vergütung; Verordnungsermächtigung. (1) [1]Befugte Stellen dürfen veröffentlichte Sprachwerke, die als Text oder im Audioformat vorliegen, sowie grafische Aufzeichnungen von Werken der Musik vervielfältigen, um sie ausschließlich für Menschen mit einer Seh- oder Lesebehinderung in ein barrierefreies Format umzuwandeln. [2]§ 45b Absatz 1 Satz 2 und 3 gilt entsprechend.

(2) Befugte Stellen dürfen nach Absatz 1 hergestellte Vervielfältigungsstücke an Menschen mit einer Seh- oder Lesebehinderung oder andere befugte Stellen verleihen, verbreiten sowie für die öffentliche Zugänglichmachung oder die sonstige öffentliche Wiedergabe benutzen.

(3) Befugte Stellen sind Einrichtungen, die in gemeinnütziger Weise Bildungsangebote oder barrierefreien Lese- und Informationszugang für Menschen mit einer Seh- oder Lesebehinderung zur Verfügung stellen.

(4) [1]Für Nutzungen nach den Absätzen 1 und 2 hat der Urheber Anspruch auf Zahlung einer angemessenen Vergütung. [2]Der Anspruch kann nur durch eine Verwertungsgesellschaft geltend gemacht werden.

(5) Das Bundesministerium der Justiz und für Verbraucherschutz wird ermächtigt, durch Rechtsverordnung ohne Zustimmung des Bundesrates in Bezug auf befugte Stellen Folgendes zu regeln:
1. deren Pflichten im Zusammenhang mit den Nutzungen nach den Absätzen 1 und 2,
2. deren Pflicht zur Anzeige als befugte Stelle beim Deutschen Patent- und Markenamt,
3. die Aufsicht des Deutschen Patent- und Markenamts über die Einhaltung der Pflichten nach Nummer 1 nach Maßgabe des § 85 Absatz 1 und 3 sowie des § 89 des Verwertungsgesellschaftengesetzes.

§ 45d Gesetzlich erlaubte Nutzung und vertragliche Nutzungsbefugnis.
Auf Vereinbarungen, die nach den §§ 45b und 45c erlaubte Nutzungen zum Nachteil der Nutzungsberechtigten beschränken oder untersagen, kann sich der Rechtsinhaber nicht berufen.

§ 46 Sammlungen für den religiösen Gebrauch. (1) ¹Nach der Veröffentlichung zulässig ist die Vervielfältigung, Verbreitung und öffentliche Zugänglichmachung von Teilen eines Werkes, von Sprachwerken oder von Werken der Musik von geringem Umfang, von einzelnen Werken der bildenden Künste oder einzelnen Lichtbildwerken als Element einer Sammlung, die Werke einer größeren Anzahl von Urhebern vereinigt und die nach ihrer Beschaffenheit nur für den Gebrauch während religiöser Feierlichkeiten bestimmt ist. ²In den Vervielfältigungsstücken oder bei der öffentlichen Zugänglichmachung ist deutlich anzugeben, wozu die Sammlung bestimmt ist.

(2) *weggefallen*

(3) ¹Mit der Vervielfältigung oder der öffentlichen Zugänglichmachung darf erst begonnen werden, wenn die Absicht, von der Berechtigung nach Absatz 1 Gebrauch zu machen, dem Urheber oder, wenn sein Wohnort oder Aufenthaltsort unbekannt ist, dem Inhaber des ausschließlichen Nutzungsrechts durch eingeschriebenen Brief mitgeteilt worden ist und seit Absendung des Briefes zwei Wochen verstrichen sind. ²Ist auch der Wohnort oder Aufenthaltsort des Inhabers des ausschließlichen Nutzungsrechts unbekannt, so kann die Mitteilung durch Veröffentlichung im Bundesanzeiger bewirkt werden.

(4) Für die nach dieser Vorschrift zulässige Verwertung ist dem Urheber eine angemessene Vergütung zu zahlen.

(5) ¹Der Urheber kann die nach dieser Vorschrift zulässige Verwertung verbieten, wenn das Werk seiner Überzeugung nicht mehr entspricht, ihm deshalb die Verwertung des Werkes nicht mehr zugemutet werden kann und er ein etwa bestehendes Nutzungsrecht aus diesem Grunde zurückgerufen hat (§ 42). ²Die Bestimmungen in § 136 Abs. 1 und 2 sind entsprechend anzuwenden.

§ 47 Schulfunksendungen. (1) ¹Schulen sowie Einrichtungen der Lehrerbildung und der Lehrerfortbildung dürfen einzelne Vervielfältigungsstücke von Werken, die innerhalb einer Schulfunksendung gesendet werden, durch Übertragung der Werke auf Bild- oder Tonträger herstellen. ²Das gleiche gilt für Heime der Jugendhilfe und die staatlichen Landesbildstellen oder vergleichbare Einrichtungen in öffentlicher Trägerschaft.

(2) ¹Die Bild- oder Tonträger dürfen nur für den Unterricht verwendet werden. ²Sie sind spätestens am Ende des auf die Übertragung der Schulfunksendung folgenden Schuljahres zu löschen, es sei denn, daß dem Urheber eine angemessene Vergütung gezahlt wird.

§ 48 Öffentliche Reden. (1) Zulässig ist
1. die Vervielfältigung und Verbreitung von Reden über Tagesfragen in Zeitungen, Zeitschriften sowie in anderen Druckschriften oder sonstigen Da-

tenträgern, die im Wesentlichen den Tagesinteressen Rechnung tragen, wenn die Reden bei öffentlichen Versammlungen gehalten oder durch öffentliche Wiedergabe im Sinne von § 19a oder § 20 veröffentlicht worden sind, sowie die öffentliche Wiedergabe solcher Reden,
2. die Vervielfältigung, Verbreitung und öffentliche Wiedergabe von Reden, die bei öffentlichen Verhandlungen vor staatlichen, kommunalen oder kirchlichen Organen gehalten worden sind.

(2) Unzulässig ist jedoch die Vervielfältigung und Verbreitung der in Absatz 1 Nr. 2 bezeichneten Reden in Form einer Sammlung, die überwiegend Reden desselben Urhebers enthält.

§ 49 Zeitungsartikel und Rundfunkkommentare. (1) ¹Zulässig ist die Vervielfältigung und Verbreitung einzelner Rundfunkkommentare und einzelner Artikel sowie mit ihnen im Zusammenhang veröffentlichter Abbildungen aus Zeitungen und anderen lediglich Tagesinteressen dienenden Informationsblättern in anderen Zeitungen und Informationsblättern dieser Art sowie die öffentliche Wiedergabe solcher Kommentare, Artikel und Abbildungen, wenn sie politische, wirtschaftliche oder religiöse Tagesfragen betreffen und nicht mit einem Vorbehalt der Rechte versehen sind. ²Für die Vervielfältigung, Verbreitung und öffentliche Wiedergabe ist dem Urheber eine angemessene Vergütung zu zahlen, es sei denn, daß es sich um eine Vervielfältigung, Verbreitung oder öffentliche Wiedergabe kurzer Auszüge aus mehreren Kommentaren oder Artikeln in Form einer Übersicht handelt. ³Der Anspruch kann nur durch eine Verwertungsgesellschaft geltend gemacht werden.

(2) Unbeschränkt zulässig ist die Vervielfältigung, Verbreitung und öffentliche Wiedergabe von vermischten Nachrichten tatsächlichen Inhalts und von Tagesneuigkeiten, die durch Presse oder Funk veröffentlicht worden sind; ein durch andere gesetzliche Vorschriften gewährter Schutz bleibt unberührt.

§ 50 Berichterstattung über Tagesereignisse. Zur Berichterstattung über Tagesereignisse durch Funk oder durch ähnliche technische Mittel, in Zeitungen, Zeitschriften und in anderen Druckschriften oder sonstigen Datenträgern, die im Wesentlichen Tagesinteressen Rechnung tragen, sowie im Film, ist die Vervielfältigung, Verbreitung und öffentliche Wiedergabe von Werken, die im Verlauf dieser Ereignisse wahrnehmbar werden, in einem durch den Zweck gebotenen Umfang zulässig.

§ 51 Zitate. ¹Zulässig ist die Vervielfältigung, Verbreitung und öffentliche Wiedergabe eines veröffentlichten Werkes zum Zweck des Zitats, sofern die Nutzung in ihrem Umfang durch den besonderen Zweck gerechtfertigt ist. ²Zulässig ist dies insbesondere, wenn
1. einzelne Werke nach der Veröffentlichung in ein selbständiges wissenschaftliches Werk zur Erläuterung des Inhalts aufgenommen werden,
2. Stellen eines Werkes nach der Veröffentlichung in einem selbständigen Sprachwerk angeführt werden,

3. einzelne Stellen eines erschienenen Werkes der Musik in einem selbständigen Werk der Musik angeführt werden.

³Von der Zitierbefugnis gemäß den Sätzen 1 und 2 umfasst ist die Nutzung einer Abbildung oder sonstigen Vervielfältigung des zitierten Werkes, auch wenn diese selbst durch ein Urheberrecht oder ein verwandtes Schutzrecht geschützt ist.

§ 51a Karikatur, Parodie und Pastiche. ¹Zulässig ist die Vervielfältigung, die Verbreitung und die öffentliche Wiedergabe eines veröffentlichten Werkes zum Zweck der Karikatur, der Parodie und des Pastiches. ²Die Befugnis nach Satz 1 umfasst die Nutzung einer Abbildung oder sonstigen Vervielfältigung des genutzten Werkes, auch wenn diese selbst durch ein Urheberrecht oder ein verwandtes Schutzrecht geschützt ist.

§ 52 Öffentliche Wiedergabe. (1) ¹Zulässig ist die öffentliche Wiedergabe eines veröffentlichten Werkes, wenn die Wiedergabe keinem Erwerbszweck des Veranstalters dient, die Teilnehmer ohne Entgelt zugelassen werden und im Falle des Vortrages oder der Aufführung des Werkes keiner der ausübenden Künstler (§ 73) eine besondere Vergütung erhält. ²Für die Wiedergabe ist eine angemessene Vergütung zu zahlen. ³Die Vergütungspflicht entfällt für Veranstaltungen der Jugendhilfe, der Sozialhilfe, der Alten- und Wohlfahrtspflege sowie der Gefangenenbetreuung, sofern sie nach ihrer sozialen oder erzieherischen Zweckbestimmung nur einem bestimmt abgegrenzten Kreis von Personen zugänglich sind. ⁴Dies gilt nicht, wenn die Veranstaltung dem Erwerbszweck eines Dritten dient; in diesem Fall hat der Dritte die Vergütung zu zahlen.

(2) ¹Zulässig ist die öffentliche Wiedergabe eines erschienenen Werkes auch bei einem Gottesdienst oder einer kirchlichen Feier der Kirchen oder Religionsgemeinschaften. ²Jedoch hat der Veranstalter dem Urheber eine angemessene Vergütung zu zahlen.

(3) Öffentliche bühnenmäßige Darstellungen, öffentliche Zugänglichmachungen und Funksendungen eines Werkes sowie öffentliche Vorführungen eines Filmwerkes sind stets nur mit Einwilligung des Berechtigten zulässig.

§ 52a *(weggefallen)*

§ 52b *(weggefallen)*

§ 53 Vervielfältigungen zum privaten und sonstigen eigenen Gebrauch. (1) ¹Zulässig sind einzelne Vervielfältigungen eines Werkes durch eine natürliche Person zum privaten Gebrauch auf beliebigen Trägern, sofern sie weder unmittelbar noch mittelbar Erwerbszwecken dienen, soweit nicht zur Vervielfältigung eine offensichtlich rechtswidrig hergestellte oder öffentlich zugänglich gemachte Vorlage verwendet wird. ²Der zur Vervielfältigung Befugte darf die Vervielfältigungsstücke auch durch einen anderen herstellen lassen, sofern dies unentgeltlich geschieht oder es sich um Vervielfältigungen auf Papier oder einem ähnlichen Träger mittels beliebiger photomechanischer Verfahren oder anderer Verfahren mit ähnlicher Wirkung handelt.

(2) ¹Zulässig ist, einzelne Vervielfältigungsstücke eines Werkes herzustellen oder herstellen zu lassen
1. *weggefallen*
2. zur Aufnahme in ein eigenes Archiv, wenn und soweit die Vervielfältigung zu diesem Zweck geboten ist und als Vorlage für die Vervielfältigung ein eigenes Werkstück benutzt wird,
3. zur eigenen Unterrichtung über Tagesfragen, wenn es sich um ein durch Funk gesendetes Werk handelt,
4. zum sonstigen eigenen Gebrauch,
   a) wenn es sich um kleine Teile eines erschienenen Werkes oder um einzelne Beiträge handelt, die in Zeitungen oder Zeitschriften erschienen sind,
   b) wenn es sich um ein seit mindestens zwei Jahren vergriffenes Werk handelt.

²Dies gilt nur, wenn zusätzlich
1. die Vervielfältigung auf Papier oder einem ähnlichen Träger mittels beliebiger photomechanischer Verfahren oder anderer Verfahren mit ähnlicher Wirkung vorgenommen wird oder
2. eine ausschließlich analoge Nutzung stattfindet.

(3) *weggefallen*

(4) Die Vervielfältigung
a) graphischer Aufzeichnungen von Werken der Musik,
b) eines Buches oder einer Zeitschrift, wenn es sich um eine im wesentlichen vollständige Vervielfältigung handelt,

ist, soweit sie nicht durch Abschreiben vorgenommen wird, stets nur mit Einwilligung des Berechtigten zulässig oder unter den Voraussetzungen des Absatzes 2 Satz 1 Nr. 2 oder zum eigenen Gebrauch, wenn es sich um ein seit mindestens zwei Jahren vergriffenes Werk handelt.

(5) Die Absätze 1 und 2 Satz 1 Nr. 2 bis 4 finden keine Anwendung auf Datenbankwerke, deren Elemente einzeln mit Hilfe elektronischer Mittel zugänglich sind.

(6) ¹Die Vervielfältigungsstücke dürfen weder verbreitet noch zu öffentlichen Wiedergaben benutzt werden. ²Zulässig ist jedoch, rechtmäßig hergestellte Vervielfältigungsstücke von Zeitungen und vergriffenen Werken sowie solche Werkstücke zu verleihen, bei denen kleine beschädigte oder abhanden gekommene Teile durch Vervielfältigungsstücke ersetzt worden sind.

(7) Die Aufnahme öffentlicher Vorträge, Aufführungen oder Vorführungen eines Werkes auf Bild- oder Tonträger, die Ausführung von Plänen und Entwürfen zu Werken der bildenden Künste und der Nachbau eines Werkes der Baukunst sind stets nur mit Einwilligung des Berechtigten zulässig.

§ 53a *(weggefallen)*

Unterabschnitt 2
Vergütung der nach den §§ 53, 60a bis 60f erlaubten Vervielfältigungen

§ 54 Vergütungspflicht. (1) Lässt die Art des Werkes eine nach § 53 Absatz 1 oder 2 oder den §§ 60a bis 60f erlaubte Vervielfältigung erwarten, so hat der Urheber des Werkes gegen den Hersteller von Geräten und von Speichermedien, deren Typ allein oder in Verbindung mit anderen Geräten, Speichermedien oder Zubehör zur Vornahme solcher Vervielfältigungen benutzt wird, Anspruch auf Zahlung einer angemessenen Vergütung.

(2) Der Anspruch nach Absatz 1 entfällt, soweit nach den Umständen erwartet werden kann, dass die Geräte oder Speichermedien im Geltungsbereich dieses Gesetzes nicht zu Vervielfältigungen benutzt werden.

§ 54a Vergütungshöhe. (1) [1]Maßgebend für die Vergütungshöhe ist, in welchem Maß die Geräte und Speichermedien als Typen tatsächlich für Vervielfältigungen nach § 53 Absatz 1 oder 2 oder den §§ 60a bis 60f genutzt werden. [2]Dabei ist zu berücksichtigen, inwieweit technische Schutzmaßnahmen nach § 95a auf die betreffenden Werke angewendet werden.

(2) Die Vergütung für Geräte ist so zu gestalten, dass sie auch mit Blick auf die Vergütungspflicht für in diesen Geräten enthaltene Speichermedien oder andere, mit diesen funktionell zusammenwirkende Geräte oder Speichermedien insgesamt angemessen ist.

(3) Bei der Bestimmung der Vergütungshöhe sind die nutzungsrelevanten Eigenschaften der Geräte und Speichermedien, insbesondere die Leistungsfähigkeit von Geräten sowie die Speicherkapazität und Mehrfachbeschreibbarkeit von Speichermedien, zu berücksichtigen.

(4) Die Vergütung darf Hersteller von Geräten und Speichermedien nicht unzumutbar beeinträchtigen; sie muss in einem wirtschaftlich angemessenen Verhältnis zum Preisniveau des Geräts oder des Speichermediums stehen.

§ 54b Vergütungspflicht des Händlers oder Importeurs. (1) Neben dem Hersteller haftet als Gesamtschuldner, wer die Geräte oder Speichermedien in den Geltungsbereich dieses Gesetzes gewerblich einführt oder wiedereinführt oder wer mit ihnen handelt.

(2) [1]Einführer ist, wer die Geräte oder Speichermedien in den Geltungsbereich dieses Gesetzes verbringt oder verbringen lässt. [2]Liegt der Einfuhr ein Vertrag mit einem Gebietsfremden zugrunde, so ist Einführer nur der im Geltungsbereich dieses Gesetzes ansässige Vertragspartner, soweit er gewerblich tätig wird. [3]Wer lediglich als Spediteur oder Frachtführer oder in einer ähnli-

Urheberrechtsgesetz **UrhG 8**

chen Stellung bei dem Verbringen der Waren tätig wird, ist nicht Einführer. [4]Wer die Gegenstände aus Drittländern in eine Freizone oder in ein Freilager nach Artikel 166 der Verordnung (EWG) Nr. 2913/92 des Rates vom 12. Oktober 1992 zur Festlegung des Zollkodex der Gemeinschaften (ABl. EG Nr. L 302 S. 1) verbringt oder verbringen lässt, ist als Einführer nur anzusehen, wenn die Gegenstände in diesem Bereich gebraucht oder wenn sie in den zollrechtlich freien Verkehr übergeführt werden.

(3) Die Vergütungspflicht des Händlers entfällt,
1. soweit ein zur Zahlung der Vergütung Verpflichteter, von dem der Händler die Geräte oder die Speichermedien bezieht, an einen Gesamtvertrag über die Vergütung gebunden ist oder
2. wenn der Händler Art und Stückzahl der bezogenen Geräte und Speichermedien und seine Bezugsquelle der nach § 54h Abs. 3 bezeichneten Empfangsstelle jeweils zum 10. Januar und 10. Juli für das vorangegangene Kalenderhalbjahr schriftlich mitteilt.

§ 54c Vergütungspflicht des Betreibers von Ablichtungsgeräten
(1) Werden Geräte der in § 54 Abs. 1 genannten Art, die im Weg der Ablichtung oder in einem Verfahren vergleichbarer Wirkung vervielfältigen, in Schulen, Hochschulen sowie Einrichtungen der Berufsbildung oder der sonstigen Aus- und Weiterbildung, Forschungseinrichtungen, öffentlichen Bibliotheken, in nicht kommerziellen Archiven oder Einrichtungen im Bereich des Film- oder Tonerbes oder in nicht kommerziellen öffentlich zugänglichen Museen oder in Einrichtungen betrieben, die Geräte für die entgeltliche Herstellung von Ablichtungen bereithalten, so hat der Urheber auch gegen den Betreiber des Geräts einen Anspruch auf Zahlung einer angemessenen Vergütung.

(2) Die Höhe der von dem Betreiber insgesamt geschuldeten Vergütung bemisst sich nach der Art und dem Umfang der Nutzung des Geräts, die nach den Umständen, insbesondere nach dem Standort und der üblichen Verwendung, wahrscheinlich ist.

§ 54d Hinweispflicht. Soweit nach § 14 Abs. 2 Satz 1 Nr. 2 Satz 2 des Umsatzsteuergesetzes eine Verpflichtung zur Erteilung einer Rechnung besteht, ist in Rechnungen über die Veräußerung oder ein sonstiges Inverkehrbringen der in § 54 Abs. 1 genannten Geräte oder Speichermedien auf die auf das Gerät oder Speichermedium entfallende Urhebervergütung hinzuweisen.

§ 54e Meldepflicht. (1) Wer Geräte oder Speichermedien in den Geltungsbereich dieses Gesetzes gewerblich einführt oder wiedereinführt, ist dem Urheber gegenüber verpflichtet, Art und Stückzahl der eingeführten Gegenstände der nach § 54h Abs. 3 bezeichneten Empfangsstelle monatlich bis zum zehnten Tag nach Ablauf jedes Kalendermonats schriftlich mitzuteilen.

(2) Kommt der Meldepflichtige seiner Meldepflicht nicht, nur unvollständig oder sonst unrichtig nach, kann der doppelte Vergütungssatz verlangt werden.

§ 54f Auskunftspflicht. (1) ¹Der Urheber kann von dem nach § 54 oder § 54b zur Zahlung der Vergütung Verpflichteten Auskunft über Art und Stückzahl der im Geltungsbereich dieses Gesetzes veräußerten oder in Verkehr gebrachten Geräte und Speichermedien verlangen. ²Die Auskunftspflicht des Händlers erstreckt sich auch auf die Benennung der Bezugsquellen; sie besteht auch im Fall des § 54b Abs. 3 Nr. 1. ³§ 26 Abs. 7 gilt entsprechend.

(2) Der Urheber kann von dem Betreiber eines Geräts in einer Einrichtung im Sinne des § 54c Abs. 1 die für die Bemessung der Vergütung erforderliche Auskunft verlangen.

(3) Kommt der zur Zahlung der Vergütung Verpflichtete seiner Auskunftspflicht nicht, nur unvollständig oder sonst unrichtig nach, so kann der doppelte Vergütungssatz verlangt werden.

§ 54g Kontrollbesuch. ¹Soweit dies für die Bemessung der vom Betreiber nach § 54c geschuldeten Vergütung erforderlich ist, kann der Urheber verlangen, dass ihm das Betreten der Betriebs- und Geschäftsräume des Betreibers, der Geräte für die entgeltliche Herstellung von Ablichtungen bereithält, während der üblichen Betriebs- oder Geschäftszeit gestattet wird. ²Der Kontrollbesuch muss so ausgeübt werden, dass vermeidbare Betriebsstörungen unterbleiben.

§ 54h Verwertungsgesellschaften; Handhabung der Mitteilungen.
(1) Die Ansprüche nach den §§ 54 bis 54c, 54e Abs. 2, §§ 54f und 54g können nur durch eine Verwertungsgesellschaft geltend gemacht werden.

(2) ¹Jedem Berechtigten steht ein angemessener Anteil an den nach den §§ 54 bis 54c gezahlten Vergütungen zu. ²Soweit Werke mit technischen Maßnahmen gemäß § 95a geschützt sind, werden sie bei der Verteilung der Einnahmen nicht berücksichtigt.

(3) ¹Für Mitteilungen nach § 54b Abs. 3 und § 54e haben die Verwertungsgesellschaften dem Deutschen Patent- und Markenamt eine gemeinsame Empfangsstelle zu bezeichnen. ²Das Deutsche Patent- und Markenamt gibt diese im Bundesanzeiger bekannt.

(4) ¹Das Deutsche Patent- und Markenamt kann Muster für die Mitteilungen nach § 54b Abs. 3 Nr. 2 und § 54e im Bundesanzeiger bekannt machen. ²Werden Muster bekannt gemacht, sind diese zu verwenden.

(5) Die Verwertungsgesellschaften und die Empfangsstelle dürfen die gemäß § 54b Abs. 3 Nr. 2, den §§ 54e und 54f erhaltenen Angaben nur zur Geltendmachung der Ansprüche nach Absatz 1 verwenden.

Unterabschnitt 3

Weitere gesetzlich erlaubte Nutzungen

§ 55 Vervielfältigung durch Sendeunternehmen. (1) ¹Ein Sendeunternehmen, das zur Funksendung eines Werkes berechtigt ist, darf das Werk mit eigenen Mitteln auf Bild- oder Tonträger übertragen, um diese zur Funksendung über jeden seiner Sender oder Richtstrahler je einmal zu benutzen. ²Die Bild- oder Tonträger sind spätestens einen Monat nach der ersten Funksendung des Werkes zu löschen.

(2) ¹Bild- oder Tonträger, die außergewöhnlichen dokumentarischen Wert haben, brauchen nicht gelöscht zu werden, wenn sie in ein amtliches Archiv aufgenommen werden. ²Von der Aufnahme in das Archiv ist der Urheber unverzüglich zu benachrichtigen.

§ 55a Benutzung eines Datenbankwerkes. ¹Zulässig ist die Bearbeitung sowie die Vervielfältigung eines Datenbankwerkes durch den Eigentümer eines mit Zustimmung des Urhebers durch Veräußerung in Verkehr gebrachten Vervielfältigungsstücks des Datenbankwerkes, den in sonstiger Weise zu dessen Gebrauch Berechtigten oder denjenigen, dem ein Datenbankwerk aufgrund eines mit dem Urheber oder eines mit dessen Zustimmung mit einem Dritten geschlossenen Vertrags zugänglich gemacht wird, wenn und soweit die Bearbeitung oder Vervielfältigung für den Zugang zu den Elementen des Datenbankwerkes und für dessen übliche Benutzung erforderlich ist. ²Wird aufgrund eines Vertrags nach Satz 1 nur ein Teil des Datenbankwerkes zugänglich gemacht, so ist nur die Bearbeitung sowie die Vervielfältigung dieses Teils zulässig. ³Entgegenstehende vertragliche Vereinbarungen sind nichtig.

§ 56 Vervielfältigung und öffentliche Wiedergabe in Geschäftsbetrieben. (1) In Geschäftsbetrieben, in denen Geräte zur Herstellung oder zur Wiedergabe von Bild- oder Tonträgern, zum Empfang von Funksendungen oder zur elektronischen Datenverarbeitung vertrieben oder instand gesetzt werden, ist die Übertragung von Werken auf Bild-, Ton- oder Datenträger, die öffentliche Wahrnehmbarmachung von Werken mittels Bild-, Ton- oder Datenträger sowie die öffentliche Wahrnehmbarmachung von Funksendungen und öffentliche Zugänglichmachungen von Werken zulässig, soweit dies notwendig ist, um diese Geräte Kunden vorzuführen oder instand zu setzen.

(2) Nach Absatz 1 hergestellte Bild-, Ton- oder Datenträger sind unverzüglich zu löschen.

§ 57 Unwesentliches Beiwerk. Zulässig ist die Vervielfältigung, Verbreitung und öffentliche Wiedergabe von Werken, wenn sie als unwesentliches Beiwerk neben dem eigentlichen Gegenstand der Vervielfältigung, Verbreitung oder öffentlichen Wiedergabe anzusehen sind.

§ 58 Werbung für die Ausstellung und den öffentlichen Verkauf von Werken. Zulässig sind die Vervielfältigung, Verbreitung und öffentliche Zugänglichmachung von öffentlich ausgestellten oder zur öffentlichen Ausstellung oder zum öffentlichen Verkauf bestimmten Werken gemäß § 2 Absatz 1 Nummer 4 bis 6 durch den Veranstalter zur Werbung, soweit dies zur Förderung der Veranstaltung erforderlich ist.

§ 59 Werke an öffentlichen Plätzen [„Panoramafreiheit"]. (1) [1]Zulässig ist, Werke, die sich bleibend an öffentlichen Wegen, Straßen oder Plätzen befinden, mit Mitteln der Malerei oder Graphik, durch Lichtbild oder durch Film zu vervielfältigen, zu verbreiten und öffentlich wiederzugeben. [2]Bei Bauwerken erstrecken sich diese Befugnisse nur auf die äußere Ansicht.

(2) Die Vervielfältigungen dürfen nicht an einem Bauwerk vorgenommen werden.

§ 60 Bildnisse. (1) [1]Zulässig ist die Vervielfältigung sowie die unentgeltliche und nicht zu gewerblichen Zwecken vorgenommene Verbreitung eines Bildnisses durch den Besteller des Bildnisses oder seinen Rechtsnachfolger oder bei einem auf Bestellung geschaffenen Bildnis durch den Abgebildeten oder nach dessen Tod durch seine Angehörigen oder durch einen im Auftrag einer dieser Personen handelnden Dritten. [2]Handelt es sich bei dem Bildnis um ein Werk der bildenden Künste, so ist die Verwertung nur durch Lichtbild zulässig.

(2) Angehörige im Sinne von Absatz 1 Satz 1 sind der Ehegatte oder der Lebenspartner und die Kinder oder, wenn weder ein Ehegatte oder Lebenspartner noch Kinder vorhanden sind, die Eltern.

Unterabschnitt 4

Gesetzlich erlaubte Nutzungen für Unterricht, Wissenschaft und Institutionen

§ 60a Unterricht und Lehre. (1) Zur Veranschaulichung des Unterrichts und der Lehre an Bildungseinrichtungen dürfen zu nicht kommerziellen Zwecken bis zu 15 Prozent eines veröffentlichten Werkes vervielfältigt, verbreitet, öffentlich zugänglich gemacht und in sonstiger Weise öffentlich wiedergegeben werden
1. für Lehrende und Teilnehmer der jeweiligen Veranstaltung,
2. für Lehrende und Prüfer an derselben Bildungseinrichtung sowie
3. für Dritte, soweit dies der Präsentation des Unterrichts, von Unterrichts- oder Lernergebnissen an der Bildungseinrichtung dient.

(2) Abbildungen, einzelne Beiträge aus derselben Fachzeitschrift oder wissenschaftlichen Zeitschrift, sonstige Werke geringen Umfangs und vergriffene Werke dürfen abweichend von Absatz 1 vollständig genutzt werden.

(3) ¹Nicht nach den Absätzen 1 und 2 erlaubt sind folgende Nutzungen:
1. Vervielfältigung durch Aufnahme auf Bild- oder Tonträger und öffentliche Wiedergabe eines Werkes, während es öffentlich vorgetragen, aufgeführt oder vorgeführt wird,
2. Vervielfältigung, Verbreitung und öffentliche Wiedergabe eines Werkes, das ausschließlich für den Unterricht an Schulen geeignet, bestimmt und entsprechend gekennzeichnet ist, an Schulen sowie
3. Vervielfältigung von grafischen Aufzeichnungen von Werken der Musik, soweit sie nicht für die öffentliche Zugänglichmachung nach den Absätzen 1 oder 2 erforderlich ist.

²Satz 1 ist nur anzuwenden, wenn Lizenzen für diese Nutzungen leicht verfügbar und auffindbar sind, den Bedürfnissen und Besonderheiten von Bildungseinrichtungen entsprechen und Nutzungen nach Satz 1 Nummer 1 bis 3 erlauben.

(3a) Werden Werke in gesicherten elektronischen Umgebungen für die in Absatz 1 Nummer 1 und 2 sowie Absatz 2 genannten Zwecke in Mitgliedstaaten der Europäischen Union und Vertragsstaaten des Abkommens über den Europäischen Wirtschaftsraum genutzt, so gilt diese Nutzung nur als in dem Mitgliedstaat oder Vertragsstaat erfolgt, in dem die Bildungseinrichtung ihren Sitz hat.

(4) Bildungseinrichtungen sind frühkindliche Bildungseinrichtungen, Schulen, Hochschulen sowie Einrichtungen der Berufsbildung oder der sonstigen Aus- und Weiterbildung.

§ 60b Unterrichts- und Lehrmedien. (1) Hersteller von Unterrichts- und Lehrmedien dürfen für solche Sammlungen bis zu 10 Prozent eines veröffentlichten Werkes vervielfältigen, verbreiten und öffentlich zugänglich machen.

(2) § 60a Absatz 2 und 3 Satz 1 ist entsprechend anzuwenden.

(3) Unterrichts- und Lehrmedien im Sinne dieses Gesetzes sind Sammlungen, die Werke einer größeren Anzahl von Urhebern vereinigen und ausschließlich zur Veranschaulichung des Unterrichts und der Lehre an Bildungseinrichtungen (§ 60a) zu nicht kommerziellen Zwecken geeignet, bestimmt und entsprechend gekennzeichnet sind.

§ 60c Wissenschaftliche Forschung. (1) Zum Zweck der nicht kommerziellen wissenschaftlichen Forschung dürfen bis zu 15 Prozent eines Werkes vervielfältigt, verbreitet und öffentlich zugänglich gemacht werden
1. für einen bestimmt abgegrenzten Kreis von Personen für deren eigene wissenschaftliche Forschung sowie
2. für einzelne Dritte, soweit dies der Überprüfung der Qualität wissenschaftlicher Forschung dient.

(2) Für die eigene wissenschaftliche Forschung dürfen bis zu 75 Prozent eines Werkes vervielfältigt werden.

(3) Abbildungen, einzelne Beiträge aus derselben Fachzeitschrift oder wissenschaftlichen Zeitschrift, sonstige Werke geringen Umfangs und vergriffene Werke dürfen abweichend von den Absätzen 1 und 2 vollständig genutzt werden.

(4) Nicht nach den Absätzen 1 bis 3 erlaubt ist es, während öffentlicher Vorträge, Aufführungen oder Vorführungen eines Werkes diese auf Bild- oder Tonträger aufzunehmen und später öffentlich zugänglich zu machen.

§ 60d Text und Data Mining für Zwecke der wissenschaftlichen Forschung. (1) Vervielfältigungen für Text und Data Mining (§ 44b Absatz 1 und 2 Satz 1) sind für Zwecke der wissenschaftlichen Forschung nach Maßgabe der nachfolgenden Bestimmungen zulässig.

(2) [1]Zu Vervielfältigungen berechtigt sind Forschungsorganisationen. [2]Forschungsorganisationen sind Hochschulen, Forschungsinstitute oder sonstige Einrichtungen, die wissenschaftliche Forschung betreiben, sofern sie
1. nicht kommerzielle Zwecke verfolgen,
2. sämtliche Gewinne in die wissenschaftliche Forschung reinvestieren oder
3. im Rahmen eines staatlich anerkannten Auftrags im öffentlichen Interesse tätig sind.

[3]Nicht nach Satz 1 berechtigt sind Forschungsorganisationen, die mit einem privaten Unternehmen zusammenarbeiten, das einen bestimmenden Einfluss auf die Forschungsorganisation und einen bevorzugten Zugang zu den Ergebnissen der wissenschaftlichen Forschung hat.

(3) Zu Vervielfältigungen berechtigt sind ferner
1. Bibliotheken und Museen, sofern sie öffentlich zugänglich sind, sowie Archive und Einrichtungen im Bereich des Film- oder Tonerbes (Kulturerbe-Einrichtungen),
2. einzelne Forscher, sofern sie nicht kommerzielle Zwecke verfolgen.

(4) [1]Berechtigte nach den Absätzen 2 und 3, die nicht kommerzielle Zwecke verfolgen, dürfen Vervielfältigungen nach Absatz 1 folgenden Personen öffentlich zugänglich machen:
1. einem bestimmt abgegrenzten Kreis von Personen für deren gemeinsame wissenschaftliche Forschung sowie
2. einzelnen Dritten zur Überprüfung der Qualität wissenschaftlicher Forschung.

[2]Sobald die gemeinsame wissenschaftliche Forschung oder die Überprüfung der Qualität wissenschaftlicher Forschung abgeschlossen ist, ist die öffentliche Zugänglichmachung zu beenden.

(5) Berechtigte nach den Absätzen 2 und 3 Nummer 1 dürfen Vervielfältigungen nach Absatz 1 mit angemessenen Sicherheitsvorkehrungen gegen unbefugte Benutzung aufbewahren, solange sie für Zwecke der wissenschaftlichen Forschung oder zur Überprüfung wissenschaftlicher Erkenntnisse erforderlich sind.

(6) Rechtsinhaber sind befugt, erforderliche Maßnahmen zu ergreifen, um zu verhindern, dass die Sicherheit und Integrität ihrer Netze und Datenbanken durch Vervielfältigungen nach Absatz 1 gefährdet werden.

§ 60e Bibliotheken. (1) Öffentlich zugängliche Bibliotheken, die keine unmittelbaren oder mittelbaren kommerziellen Zwecke verfolgen (Bibliotheken), dürfen ein Werk aus ihrem Bestand oder ihrer Ausstellung für Zwecke der Zugänglichmachung, Indexierung, Katalogisierung, Erhaltung und Restaurierung vervielfältigen oder vervielfältigen lassen, auch mehrfach und mit technisch bedingten Änderungen.

(2) ¹Verbreiten dürfen Bibliotheken Vervielfältigungen eines Werkes aus ihrem Bestand an andere Bibliotheken oder an in § 60f genannte Institutionen für Zwecke der Restaurierung. ²Verleihen dürfen sie restaurierte Werke sowie Vervielfältigungsstücke von Zeitungen, vergriffenen oder zerstörten Werken aus ihrem Bestand.

(3) Verbreiten dürfen Bibliotheken Vervielfältigungen eines in § 2 Absatz 1 Nummer 4 bis 7 genannten Werkes, sofern dies in Zusammenhang mit dessen öffentlicher Ausstellung oder zur Dokumentation des Bestandes der Bibliothek erfolgt.

(4) ¹Zugänglich machen dürfen Bibliotheken an Terminals in ihren Räumen ein Werk aus ihrem Bestand ihren Nutzern für deren Forschung oder private Studien. ²Sie dürfen den Nutzern je Sitzung Vervielfältigungen an den Terminals von bis zu 10 Prozent eines Werkes sowie von einzelnen Abbildungen, Beiträgen aus derselben Fachzeitschrift oder wissenschaftlichen Zeitschrift, sonstigen Werken geringen Umfangs und vergriffenen Werken zu nicht kommerziellen Zwecken ermöglichen.

(5) Auf Einzelbestellung an Nutzer zu nicht kommerziellen Zwecken übermitteln dürfen Bibliotheken Vervielfältigungen von bis zu 10 Prozent eines erschienenen Werkes sowie einzelne Beiträge, die in Fachzeitschriften oder wissenschaftlichen Zeitschriften erschienen sind.

(6) Für öffentlich zugängliche Bibliotheken, die kommerzielle Zwecke verfolgen, ist Absatz 1 für Vervielfältigungen zum Zweck der Erhaltung eines Werkes entsprechend anzuwenden.

§ 60f Archive, Museen und Bildungseinrichtungen. (1) Für Archive, Einrichtungen im Bereich des Film- oder Tonerbes sowie öffentlich zugängliche Museen und Bildungseinrichtungen (§ 60a Absatz 4), die keine unmittelbaren oder mittelbaren kommerziellen Zwecke verfolgen, gilt § 60e mit Ausnahme der Absätze 5 und 6 entsprechend.

(2) ¹Archive, die auch im öffentlichen Interesse tätig sind, dürfen ein Werk vervielfältigen oder vervielfältigen lassen, um es als Archivgut in ihre Bestände aufzunehmen. ²Die abgebende Stelle hat unverzüglich die bei ihr vorhandenen Vervielfältigungen zu löschen.

(3) Für Archive, Einrichtungen im Bereich des Film- oder Tonerbes sowie öffentlich zugängliche Museen, die kommerzielle Zwecke verfolgen, ist § 60e Absatz 1 für Vervielfältigungen zum Zweck der Erhaltung eines Werkes entsprechend anzuwenden.

§ 60g Gesetzlich erlaubte Nutzung und vertragliche Nutzungsbefugnis. (1) Auf Vereinbarungen, die erlaubte Nutzungen nach den §§ 60a bis 60f zum Nachteil der Nutzungsberechtigten beschränken oder untersagen, kann sich der Rechtsinhaber nicht berufen.

(2) Vereinbarungen, die ausschließlich die Zugänglichmachung an Terminals nach § 60e Absatz 4 und § 60f Absatz 1 oder den Versand von Vervielfältigungen auf Einzelbestellung nach § 60e Absatz 5 zum Gegenstand haben, gehen abweichend von Absatz 1 der gesetzlichen Erlaubnis vor.

§ 60h Angemessene Vergütung der gesetzlich erlaubten Nutzungen.
(1) ^{1}Für Nutzungen nach Maßgabe dieses Unterabschnitts hat der Urheber Anspruch auf Zahlung einer angemessenen Vergütung. ^{2}Vervielfältigungen sind nach den §§ 54 bis 54c zu vergüten.

(2) Folgende Nutzungen sind abweichend von Absatz 1 vergütungsfrei:
1. die öffentliche Wiedergabe für Angehörige von Bildungseinrichtungen und deren Familien nach § 60a Absatz 1 Nummer 1 und 3 sowie Absatz 2 mit Ausnahme der öffentlichen Zugänglichmachung,
2. Vervielfältigungen zum Zweck der Erhaltung gemäß § 60e Absatz 1 und 6 sowie § 60f Absatz 1 und 3 sowie zum Zweck der Indexierung, Katalogisierung und Restaurierung nach § 60e Absatz 1 und § 60f Absatz 1,
3. Vervielfältigungen im Rahmen des Text und Data Mining für Zwecke der wissenschaftlichen Forschung nach § 60d Absatz 1.

(3) ^{1}Eine pauschale Vergütung oder eine repräsentative Stichprobe der Nutzung für die nutzungsabhängige Berechnung der angemessenen Vergütung genügt. ^{2}Dies gilt nicht bei Nutzungen nach den §§ 60b und 60e Absatz 5.

(4) Der Anspruch auf angemessene Vergütung kann nur durch eine Verwertungsgesellschaft geltend gemacht werden.

(5) ^{1}Ist der Nutzer im Rahmen einer Einrichtung tätig, so ist nur sie die Vergütungsschuldnerin. ^{2}Für Vervielfältigungen, die gemäß Absatz 1 Satz 2 nach den §§ 54 bis 54c abgegolten werden, sind nur diese Regelungen anzuwenden.

Unterabschnitt 5

Besondere gesetzlich erlaubte Nutzungen verwaister Werke

§ 61 Verwaiste Werke. (1) Zulässig sind die Vervielfältigung und die öffentliche Zugänglichmachung verwaister Werke nach Maßgabe der Absätze 3 bis 5.

Urheberrechtsgesetz UrhG 8

(2) Verwaiste Werke im Sinne dieses Gesetzes sind
1. Werke und sonstige Schutzgegenstände in Büchern, Fachzeitschriften, Zeitungen, Zeitschriften oder anderen Schriften,
2. Filmwerke sowie Bildträger und Bild- und Tonträger, auf denen Filmwerke aufgenommen sind, und
3. Tonträger

aus Sammlungen (Bestandsinhalte) von öffentlich zugänglichen Bibliotheken, Bildungseinrichtungen, Museen, Archiven sowie von Einrichtungen im Bereich des Film- oder Tonerbes, wenn diese Bestandsinhalte bereits veröffentlicht worden sind, deren Rechtsinhaber auch durch eine sorgfältige Suche nicht festgestellt oder ausfindig gemacht werden konnte.

(3) Gibt es mehrere Rechtsinhaber eines Bestandsinhalts, kann dieser auch dann vervielfältigt und öffentlich zugänglich gemacht werden, wenn selbst nach sorgfältiger Suche nicht alle Rechtsinhaber festgestellt oder ausfindig gemacht werden konnten, aber von den bekannten Rechtsinhabern die Erlaubnis zur Nutzung eingeholt worden ist.

(4) Bestandsinhalte, die nicht erschienen sind oder nicht gesendet wurden, dürfen durch die jeweilige in Absatz 2 genannte Institution genutzt werden, wenn die Bestandsinhalte von ihr bereits mit Erlaubnis des Rechtsinhabers der Öffentlichkeit zugänglich gemacht wurden und sofern nach Treu und Glauben anzunehmen ist, dass der Rechtsinhaber in die Nutzung nach Absatz 1 einwilligen würde.

(5) [1]Die Vervielfältigung und die öffentliche Zugänglichmachung durch die in Absatz 2 genannten Institutionen sind nur zulässig, wenn die Institutionen zur Erfüllung ihrer im Gemeinwohl liegenden Aufgaben handeln, insbesondere wenn sie Bestandsinhalte bewahren und restaurieren und den Zugang zu ihren Sammlungen eröffnen, sofern dies kulturellen und bildungspolitischen Zwecken dient. [2]Die Institutionen dürfen für den Zugang zu den genutzten verwaisten Werken ein Entgelt verlangen, das die Kosten der Digitalisierung und der öffentlichen Zugänglichmachung deckt.

§ 61a Sorgfältige Suche und Dokumentationspflichten. (1) [1]Die sorgfältige Suche nach dem Rechtsinhaber gemäß § 61 Absatz 2 ist für jeden Bestandsinhalt und für in diesem enthaltene sonstige Schutzgegenstände durchzuführen; dabei sind mindestens die in der Anlage bestimmten Quellen zu konsultieren. [2]Die sorgfältige Suche ist in dem Mitgliedstaat der Europäischen Union durchzuführen, in dem das Werk zuerst veröffentlicht wurde. [3]Wenn es Hinweise darauf gibt, dass relevante Informationen zu Rechtsinhabern in anderen Staaten gefunden werden können, sind auch verfügbare Informationsquellen in diesen anderen Staaten zu konsultieren. [4]Die nutzende Institution darf mit der Durchführung der sorgfältigen Suche auch einen Dritten beauftragen.

(2) Bei Filmwerken sowie bei Bildträgern und Bild- und Tonträgern, auf denen Filmwerke aufgenommen sind, ist die sorgfältige Suche in dem Mit-

gliedstaat der Europäischen Union durchzuführen, in dem der Hersteller seine Hauptniederlassung oder seinen gewöhnlichen Aufenthalt hat.

(3) Für die in § 61 Absatz 4 genannten Bestandsinhalte ist eine sorgfältige Suche in dem Mitgliedstaat der Europäischen Union durchzuführen, in dem die Institution ihren Sitz hat, die den Bestandsinhalt mit Erlaubnis des Rechtsinhabers der Öffentlichkeit zugänglich gemacht hat.

(4) [1]Die nutzende Institution dokumentiert ihre sorgfältige Suche und leitet die folgenden Informationen dem Deutschen Patent- und Markenamt zu:
1. die genaue Bezeichnung des Bestandsinhalts, der nach den Ergebnissen der sorgfältigen Suche verwaist ist,
2. die Art der Nutzung des verwaisten Werkes durch die Institution,
3. jede Änderung des Status eines genutzten verwaisten Werkes gemäß § 61b,
4. die Kontaktdaten der Institution wie Name, Anschrift sowie gegebenenfalls Telefonnummer, Faxnummer und E-Mail-Adresse.

[2]Diese Informationen werden von dem Deutschen Patent- und Markenamt unverzüglich an das Harmonisierungsamt für den Binnenmarkt (Marken, Muster, Modelle) weitergeleitet.

(5) Einer sorgfältigen Suche bedarf es nicht für Bestandsinhalte, die bereits in der Datenbank des Harmonisierungsamtes für den Binnenmarkt (Marken, Muster, Modelle) als verwaist erfasst sind.

§ 61b Beendigung der Nutzung und Vergütungspflicht der nutzenden Institution. [1]Wird ein Rechtsinhaber eines Bestandsinhalts nachträglich festgestellt oder ausfindig gemacht, hat die nutzende Institution die Nutzungshandlungen unverzüglich zu unterlassen, sobald sie hiervon Kenntnis erlangt. [2]Der Rechtsinhaber hat gegen die nutzende Institution Anspruch auf Zahlung einer angemessenen Vergütung für die erfolgte Nutzung.

§ 61c Nutzung verwaister Werke durch öffentlich-rechtliche Rundfunkanstalten. [1]Zulässig sind die Vervielfältigung und die öffentliche Zugänglichmachung von
1. Filmwerken sowie Bildträgern und Bild- und Tonträgern, auf denen Filmwerke aufgenommen sind, und
2. Tonträgern,

die vor dem 1. Januar 2003 von öffentlich-rechtlichen Rundfunkanstalten hergestellt wurden und sich in deren Sammlung befinden, unter den Voraussetzungen des § 61 Absatz 2 bis 5 auch durch öffentlich-rechtliche Rundfunkanstalten. [2]Die §§ 61a und 61b gelten entsprechend.

Unterabschnitt 5a

Besondere gesetzlich erlaubte Nutzungen nicht verfügbarer Werke

§ 61d Nicht verfügbare Werke. (1) [1]Kulturerbe-Einrichtungen (§ 60d) dürfen nicht verfügbare Werke (§ 52b des Verwertungsgesellschaftengesetzes) aus ihrem Bestand vervielfältigen oder vervielfältigen lassen sowie der Öffentlichkeit zugänglich machen. [2]Dies gilt nur, wenn keine Verwertungsgesellschaft besteht, die diese Rechte für die jeweiligen Arten von Werken wahrnimmt und insoweit repräsentativ (§ 51b des Verwertungsgesellschaftengesetzes) ist. [3]Nutzungen nach Satz 1 sind nur zu nicht kommerziellen Zwecken zulässig. [4]Die öffentliche Zugänglichmachung ist nur auf nicht kommerziellen Internetseiten erlaubt.

(2) Der Rechtsinhaber kann der Nutzung nach Absatz 1 jederzeit gegenüber dem Amt der Europäischen Union für geistiges Eigentum widersprechen.

(3) [1]Die Kulturerbe-Einrichtung informiert während der gesamten Nutzungsdauer im Online-Portal des Amtes der Europäischen Union für geistiges Eigentum über die betreffenden Werke, deren Nutzung und das Recht zum Widerspruch. [2]Die öffentliche Zugänglichmachung darf erst erfolgen, wenn der Rechtsinhaber der Nutzung innerhalb von sechs Monaten seit Beginn der Bekanntgabe der Informationen nach Satz 1 nicht widersprochen hat.

(4) [1]Die Nutzung nach Absatz 1 in Mitgliedstaaten der Europäischen Union und Vertragsstaaten des Abkommens über den Europäischen Wirtschaftsraum gilt als nur in dem Mitgliedstaat oder Vertragsstaat erfolgt, in dem die Kulturerbe-Einrichtung ihren Sitz hat. [2]Absatz 1 ist nicht auf Werkreihen anzuwenden, die überwiegend Werke aus Drittstaaten (§ 52c des Verwertungsgesellschaftengesetzes) enthalten.

§ 61e Verordnungsermächtigung. Das Bundesministerium der Justiz und für Verbraucherschutz wird ermächtigt, durch Rechtsverordnung ohne Zustimmung des Bundesrates zu folgenden Regelungen nähere Bestimmungen zu treffen:
1. Ausübung und Rechtsfolgen des Widerspruchs des Rechtsinhabers (§ 61d Absatz 2),
2. Informationspflichten (§ 61d Absatz 3).

§ 61f Information über nicht verfügbare Werke. Verwertungsgesellschaften, Kulturerbe-Einrichtungen und das Amt der Europäischen Union für geistiges Eigentum dürfen Werke vervielfältigen und der Öffentlichkeit zugänglich machen, soweit dies erforderlich ist, um im Online-Portal des Amtes darüber zu informieren, dass die Verwertungsgesellschaft Rechte an diesem Werk gemäß § 52 des Verwertungsgesellschaftengesetzes einräumt oder eine Kulturerbe-Einrichtung dieses Werk gemäß § 61d nutzt.

§ 61g Gesetzlich erlaubte Nutzung und vertragliche Nutzungsbefugnis.
Auf Vereinbarungen, die erlaubte Nutzungen nach den §§ 61d und 61f zum Nachteil der Nutzungsberechtigten beschränken oder untersagen, kann sich der Rechtsinhaber nicht berufen.

Unterabschnitt 6

Gemeinsame Vorschriften für gesetzlich erlaubte Nutzungen

§ 62 Änderungsverbot. (1) ¹Soweit nach den Bestimmungen dieses Abschnitts die Benutzung eines Werkes zulässig ist, dürfen Änderungen an dem Werk nicht vorgenommen werden. ²§ 39 gilt entsprechend.

(2) Soweit der Benutzungszweck es erfordert, sind Übersetzungen und solche Änderungen des Werkes zulässig, die nur Auszüge oder Übertragungen in eine andere Tonart oder Stimmlage darstellen.

(3) Bei Werken der bildenden Künste und Lichtbildwerken sind Übertragungen des Werkes in eine andere Größe und solche Änderungen zulässig, die das für die Vervielfältigung angewendete Verfahren mit sich bringt.

(4) Bei Nutzungen nach den §§ 45a bis 45c sind solche Änderungen zulässig, die für die Herstellung eines barrierefreien Formats erforderlich sind.

(4a) Soweit es der Benutzungszweck nach § 51a erfordert, sind Änderungen des Werkes zulässig.

(5) ¹Bei Sammlungen für den religiösen Gebrauch (§ 46), bei Nutzungen für Unterricht und Lehre (§ 60a) und bei Unterrichts- und Lehrmedien (§ 60b) sind auch solche Änderungen von Sprachwerken zulässig, die für den religiösen Gebrauch und für die Veranschaulichung des Unterrichts und der Lehre erforderlich sind. ²Diese Änderungen bedürfen jedoch der Einwilligung des Urhebers, nach seinem Tode der Einwilligung seines Rechtsnachfolgers (§ 30), wenn dieser Angehöriger (§ 60 Abs. 2) des Urhebers ist oder das Urheberrecht auf Grund letztwilliger Verfügung des Urhebers erworben hat. ³Die Einwilligung gilt als erteilt, wenn der Urheber oder der Rechtsnachfolger nicht innerhalb eines Monats, nachdem ihm die beabsichtigte Änderung mitgeteilt worden ist, widerspricht und er bei der Mitteilung der Änderung auf diese Rechtsfolge hingewiesen worden ist. ⁴Bei Nutzungen für Unterricht und Lehre (§ 60a) sowie für Unterrichts- und Lehrmedien (§ 60b) bedarf es keiner Einwilligung, wenn die Änderungen deutlich sichtbar kenntlich gemacht werden.

§ 63 Quellenangabe. (1) ¹Wenn ein Werk oder ein Teil eines Werkes in den Fällen des § 45 Abs. 1, der §§ 45a bis 48, 50, 51, 58, 59 sowie der §§ 60a bis 60c, 61, 61c, 61d und 61f vervielfältigt oder verbreitet wird, ist stets die Quelle deutlich anzugeben. ²Bei der Vervielfältigung oder Verbreitung ganzer Sprachwerke oder ganzer Werke der Musik ist neben dem Urheber auch der Verlag anzugeben, in dem das Werk erschienen ist, und außerdem kenntlich zu machen, ob an dem Werk Kürzungen oder andere Änderungen vorgenommen worden sind. ³Die Verpflichtung zur Quellenangabe entfällt, wenn die Quelle weder auf dem benutzten Werkstück oder bei der benutzten Werkwiedergabe genannt noch dem zur Vervielfältigung oder Verbreitung Befugten anderweit bekannt ist oder im Fall des § 60a oder des § 60b Prüfungszwecke einen Verzicht auf die Quellenangabe erfordern.

(2) ¹Soweit nach den Bestimmungen dieses Abschnitts die öffentliche Wiedergabe eines Werkes zulässig ist, ist die Quelle deutlich anzugeben, wenn und soweit die Verkehrssitte es erfordert. ²In den Fällen der öffentlichen Wiedergabe nach den §§ 46, 48, 51, 60a bis 60 d, 61, 61c, 61d und 61f sowie bei digitalen sonstigen Nutzungen gemäß § 60a ist die Quelle einschließlich des Namens des Urhebers stets anzugeben, es sei denn, dass dies nicht möglich ist.

(3) ¹Wird ein Artikel aus einer Zeitung oder einem anderen Informationsblatt nach § 49 Abs. 1 in einer anderen Zeitung oder in einem anderen Informationsblatt abgedruckt oder durch Funk gesendet, so ist stets außer dem Urheber, der in der benutzten Quelle bezeichnet ist, auch die Zeitung oder das Informationsblatt anzugeben, woraus der Artikel entnommen ist; ist dort eine andere Zeitung oder ein anderes Informationsblatt als Quelle angeführt, so ist diese Zeitung oder dieses Informationsblatt anzugeben. ²Wird ein Rundfunkkommentar nach § 49 Abs. 1 in einer Zeitung oder einem anderen Informationsblatt abgedruckt oder durch Funk gesendet, so ist stets außer dem Urheber auch das Sendeunternehmen anzugeben, das den Kommentar gesendet hat.

§ 63a Gesetzliche Vergütungsansprüche. (1) ¹Auf gesetzliche Vergütungsansprüche nach diesem Abschnitt kann der Urheber im Voraus nicht verzichten. ²Sie können im Voraus nur an eine Verwertungsgesellschaft abgetreten werden.

(2) ¹Hat der Urheber einem Verleger ein Recht an seinem Werk eingeräumt, so ist der Verleger in Bezug auf dieses Recht angemessen an den gesetzlichen Vergütungsansprüchen nach diesem Abschnitt zu beteiligen. ²In diesem Fall können gesetzliche Vergütungsansprüche nur durch eine gemeinsame Verwertungsgesellschaft von Urhebern und Verlegern geltend gemacht werden.

(3) Absatz 2 ist auf den Vergütungsanspruch nach § 27 Absatz 2 entsprechend anzuwenden.

Abschnitt 7

Dauer des Urheberrechts

§ 64 Allgemeines. Das Urheberrecht erlischt siebzig Jahre nach dem Tode des Urhebers.²

---

2 Damit wird das Werk „gemeinfrei",

§ 65 Miturheber, Filmwerke, Musikkomposition mit Text. (1) Steht das Urheberrecht mehreren Miturhebern (§ 8) zu, so erlischt es siebzig Jahre nach dem Tode des längstlebenden Miturhebers.

(2) Bei Filmwerken und Werken, die ähnlich wie Filmwerke hergestellt werden, erlischt das Urheberrecht siebzig Jahre nach dem Tod des Längstlebenden der folgenden Personen: Hauptregisseur, Urheber des Drehbuchs, Urheber der Dialoge, Komponist der für das betreffende Filmwerk komponierten Musik.

(3) [1]Die Schutzdauer einer Musikkomposition mit Text erlischt 70 Jahre nach dem Tod des Längstlebenden der folgenden Personen: Verfasser des Textes, Komponist der Musikkomposition, sofern beide Beiträge eigens für die betreffende Musikkomposition mit Text geschaffen wurden. [2]Dies gilt unabhängig davon, ob diese Personen als Miturheber ausgewiesen sind.

§ 66 Anonyme und pseudonyme Werke. (1) [1]Bei anonymen und pseudonymen Werken erlischt das Urheberrecht siebzig Jahre nach der Veröffentlichung. [2]Es erlischt jedoch bereits siebzig Jahre nach der Schaffung des Werkes, wenn das Werk innerhalb dieser Frist nicht veröffentlicht worden ist.

(2) [1]Offenbart der Urheber seine Identität innerhalb der in Absatz 1 Satz 1 bezeichneten Frist oder läßt das vom Urheber angenommene Pseudonym keinen Zweifel an seiner Identität zu, so berechnet sich die Dauer des Urheberrechts nach den §§ 64 und 65. [2]Dasselbe gilt, wenn innerhalb der in Absatz 1 Satz 1 bezeichneten Frist der wahre Name des Urhebers zur Eintragung in das Register anonymer und pseudonymer Werke (§ 138) angemeldet wird.

(3) Zu den Handlungen nach Absatz 2 sind der Urheber, nach seinem Tode sein Rechtsnachfolger (§ 30) oder der Testamentsvollstrecker (§ 28 Abs. 2) berechtigt.

§ 67 Lieferungswerke. Bei Werken, die in inhaltlich nicht abgeschlossenen Teilen (Lieferungen) veröffentlicht werden, berechnet sich im Falle des § 66 Abs. 1 Satz 1 die Schutzfrist einer jeden Lieferung gesondert ab dem Zeitpunkt ihrer Veröffentlichung.

§ 68 Vervielfältigungen gemeinfreier visueller Werke. Vervielfältigungen gemeinfreier visueller Werke werden nicht durch verwandte Schutzrechte nach den Teilen 2 und 3 geschützt.

§ 69 Berechnung der Fristen. Die Fristen dieses Abschnitts beginnen mit dem Ablauf des Kalenderjahres, in dem das für den Beginn der Frist maßgebende Ereignis eingetreten ist.

Abschnitt 8

Besondere Bestimmungen für Computerprogramme

§ 69a Gegenstand des Schutzes. (1) Computerprogramme im Sinne dieses Gesetzes sind Programme in jeder Gestalt, einschließlich des Entwurfsmaterials.

(2) ¹Der gewährte Schutz gilt für alle Ausdrucksformen eines Computerprogramms. ²Ideen und Grundsätze, die einem Element eines Computerprogramms zugrunde liegen, einschließlich der den Schnittstellen zugrundeliegenden Ideen und Grundsätze, sind nicht geschützt.

(3) ¹Computerprogramme werden geschützt, wenn sie individuelle Werke in dem Sinne darstellen, daß sie das Ergebnis der eigenen geistigen Schöpfung ihres Urhebers sind. ²Zur Bestimmung ihrer Schutzfähigkeit sind keine anderen Kriterien, insbesondere nicht qualitative oder ästhetische, anzuwenden.

(4) Auf Computerprogramme finden die für Sprachwerke geltenden Bestimmungen Anwendung, soweit in diesem Abschnitt nichts anderes bestimmt ist.

(5) Die §§ 32 bis 32g, 36 bis 36d, 40a und 41 sind auf Computerprogramme nicht anzuwenden.

§ 69b Urheber in Arbeits- und Dienstverhältnissen. (1) Wird ein Computerprogramm von einem Arbeitnehmer in Wahrnehmung seiner Aufgaben oder nach den Anweisungen seines Arbeitgebers geschaffen, so ist ausschließlich der Arbeitgeber zur Ausübung aller vermögensrechtlichen Befugnisse an dem Computerprogramm berechtigt, sofern nichts anderes vereinbart ist.

(2) Absatz 1 ist auf Dienstverhältnisse entsprechend anzuwenden.

§ 69c Zustimmungsbedürftige Handlungen. Der Rechtsinhaber hat das ausschließliche Recht, folgende Handlungen vorzunehmen oder zu gestatten:
1. die dauerhafte oder vorübergehende Vervielfältigung, ganz oder teilweise, eines Computerprogramms mit jedem Mittel und in jeder Form. Soweit das Laden, Anzeigen, Ablaufen, Übertragen oder Speichern des Computerprogramms eine Vervielfältigung erfordert, bedürfen diese Handlungen der Zustimmung des Rechtsinhabers;
2. die Übersetzung, die Bearbeitung, das Arrangement und andere Umarbeitungen eines Computerprogramms sowie die Vervielfältigung der erzielten Ergebnisse. Die Rechte derjenigen, die das Programm bearbeiten, bleiben unberührt;
3. jede Form der Verbreitung des Originals eines Computerprogramms oder von Vervielfältigungsstücken, einschließlich der Vermietung. Wird ein Vervielfältigungsstück eines Computerprogramms mit Zustimmung des Rechtsinhabers im Gebiet der Europäischen Union oder eines anderen Vertragsstaates des Abkommens über den Europäischen Wirtschaftsraum im Wege der Veräußerung in Verkehr gebracht, so erschöpft sich das Verbrei-

tungsrecht in bezug auf dieses Vervielfältigungsstück mit Ausnahme des Vermietrechts;
4. die drahtgebundene oder drahtlose öffentliche Wiedergabe eines Computerprogramms einschließlich der öffentlichen Zugänglichmachung in der Weise, dass es Mitgliedern der Öffentlichkeit von Orten und zu Zeiten ihrer Wahl zugänglich ist.

§ 69d Ausnahmen von den zustimmungsbedürftigen Handlungen.
(1) Soweit keine besonderen vertraglichen Bestimmungen vorliegen, bedürfen die in § 69c Nr. 1 und 2 genannten Handlungen nicht der Zustimmung des Rechtsinhabers, wenn sie für eine bestimmungsgemäße Benutzung des Computerprogramms einschließlich der Fehlerberichtigung durch jeden zur Verwendung eines Vervielfältigungsstücks des Programms Berechtigten notwendig sind.

(2) [1]Die Erstellung einer Sicherungskopie durch eine Person, die zur Benutzung des Programms berechtigt ist, darf nicht vertraglich untersagt werden, wenn sie für die Sicherung künftiger Benutzung erforderlich ist. [2]Für Vervielfältigungen zum Zweck der Erhaltung sind § 60e Absatz 1 und 6 sowie § 60f Absatz 1 und 3 anzuwenden.

(3) Der zur Verwendung eines Vervielfältigungsstücks eines Programms Berechtigte kann ohne Zustimmung des Rechtsinhabers das Funktionieren dieses Programms beobachten, untersuchen oder testen, um die einem Programmelement zugrundeliegenden Ideen und Grundsätze zu ermitteln, wenn dies durch Handlungen zum Laden, Anzeigen, Ablaufen, Übertragen oder Speichern des Programms geschieht, zu denen er berechtigt ist.

(4) Computerprogramme dürfen für das Text und Data Mining nach § 44b auch gemäß § 69c Nummer 2 genutzt werden.

(5) § 60a ist auf Computerprogramme mit folgenden Maßgaben anzuwenden:
1. Nutzungen sind digital unter Verantwortung einer Bildungseinrichtung in ihren Räumlichkeiten, an anderen Orten oder in einer gesicherten elektronischen Umgebung zulässig.
2. Die Computerprogramme dürfen auch gemäß § 69c Nummer 2 genutzt werden.
3. Die Computerprogramme dürfen vollständig genutzt werden.
4. Die Nutzung muss zum Zweck der Veranschaulichung von Unterricht und Lehre gerechtfertigt sein.

(6) § 60d ist auf Computerprogramme nicht anzuwenden.

(7) Die §§ 61d bis 61f sind auf Computerprogramme mit der Maßgabe anzuwenden, dass die Computerprogramme auch gemäß § 69c Nummer 2 genutzt werden dürfen.

§ 69e Dekompilierung. (1) Die Zustimmung des Rechtsinhabers ist nicht erforderlich, wenn die Vervielfältigung des Codes oder die Übersetzung der

Codeform im Sinne des § 69c Nr. 1 und 2 unerläßlich ist, um die erforderlichen Informationen zur Herstellung der Interoperabilität eines unabhängig geschaffenen Computerprogramms mit anderen Programmen zu erhalten, sofern folgende Bedingungen erfüllt sind:
1. Die Handlungen werden von dem Lizenznehmer oder von einer anderen zur Verwendung eines Vervielfältigungsstücks des Programms berechtigten Person oder in deren Namen von einer hierzu ermächtigten Person vorgenommen;
2. die für die Herstellung der Interoperabilität notwendigen Informationen sind für die in Nummer 1 genannten Personen noch nicht ohne weiteres zugänglich gemacht;
3. die Handlungen beschränken sich auf die Teile des ursprünglichen Programms, die zur Herstellung der Interoperabilität notwendig sind.

(2) Bei Handlungen nach Absatz 1 gewonnene Informationen dürfen nicht
1. zu anderen Zwecken als zur Herstellung der Interoperabilität des unabhängig geschaffenen Programms verwendet werden,
2. an Dritte weitergegeben werden, es sei denn, daß dies für die Interoperabilität des unabhängig geschaffenen Programms notwendig ist,
3. für die Entwicklung, Herstellung oder Vermarktung eines Programms mit im wesentlichen ähnlicher Ausdrucksform oder für irgendwelche anderen das Urheberrecht verletzenden Handlungen verwendet werden.

(3) Die Absätze 1 und 2 sind so auszulegen, daß ihre Anwendung weder die normale Auswertung des Werkes beeinträchtigt noch die berechtigten Interessen des Rechtsinhabers unzumutbar verletzt.

§ 69f Rechtsverletzungen; ergänzende Schutzbestimmungen. (1) [1]Der Rechtsinhaber kann von dem Eigentümer oder Besitzer verlangen, daß alle rechtswidrig hergestellten, verbreiteten oder zur rechtswidrigen Verbreitung bestimmten Vervielfältigungsstücke vernichtet werden. [2]§ 98 Abs. 3 und 4 ist entsprechend anzuwenden.

(2) [1]Absatz 1 ist entsprechend auf Mittel anzuwenden, die allein dazu bestimmt sind, die unerlaubte Beseitigung oder Umgehung technischer Programmschutzmechanismen zu erleichtern. [2]Satz 1 gilt nicht für Mittel, die Kulturerbe-Einrichtungen einsetzen, um von der gesetzlichen Nutzungserlaubnis des § 61d, auch in Verbindung mit § 69d Absatz 7, Gebrauch zu machen.

(3) Auf technische Programmschutzmechanismen ist in den Fällen des § 44b, auch in Verbindung mit § 69d Absatz 4, des § 60a, auch in Verbindung mit § 69d Absatz 5, des § 60e Absatz 1 oder 6 sowie des § 60f Absatz 1 oder 3 nur § 95b entsprechend anzuwenden.

§ 69g Anwendung sonstiger Rechtsvorschriften; Vertragsrecht. (1) Die Bestimmungen dieses Abschnitts lassen die Anwendung sonstiger Rechtsvorschriften auf Computerprogramme, insbesondere über den Schutz von Erfindungen, Topographien von Halbleitererzeugnissen, Marken und den Schutz gegen unlauteren Wettbewerb einschließlich des Schutzes von Geschäfts- und Betriebsgeheimnissen, sowie schuldrechtliche Vereinbarungen unberührt.

(2) Vertragliche Bestimmungen, die in Widerspruch zu § 69d Absatz 2, 3, 5 oder 7 oder zu § 69e stehen, sind nichtig.

Teil 2

Verwandte Schutzrechte

Abschnitt 1

Schutz bestimmter Ausgaben

§ 70 Wissenschaftliche Ausgaben. (1) Ausgaben urheberrechtlich nicht geschützter Werke oder Texte werden in entsprechender Anwendung der Vorschriften des Teils 1 geschützt, wenn sie das Ergebnis wissenschaftlich sichtender Tätigkeit darstellen und sich wesentlich von den bisher bekannten Ausgaben der Werke oder Texte unterscheiden.

(2) Das Recht steht dem Verfasser der Ausgabe zu.

(3) [1]Das Recht erlischt fünfundzwanzig Jahre nach dem Erscheinen der Ausgabe, jedoch bereits fünfundzwanzig Jahre nach der Herstellung, wenn die Ausgabe innerhalb dieser Frist nicht erschienen ist. [2]Die Frist ist nach § 69 zu berechnen.

§ 71 Nachgelassene Werke. (1) [1]Wer ein nicht erschienenes Werk nach Erlöschen des Urheberrechts erlaubterweise erstmals erscheinen läßt oder erstmals öffentlich wiedergibt, hat das ausschließliche Recht, das Werk zu verwerten. [2]Das gleiche gilt für nicht erschienene Werke, die im Geltungsbereich dieses Gesetzes niemals geschützt waren, deren Urheber aber schon länger als siebzig Jahre tot ist. [3]Die §§ 5 und 10 Abs. 1 sowie die §§ 15 bis 23, 26, 27, 44a bis 63 und 88 sind sinngemäß anzuwenden.

(2) Das Recht ist übertragbar.

(3) [1]Das Recht erlischt fünfundzwanzig Jahre nach dem Erscheinen des Werkes oder, wenn seine erste öffentliche Wiedergabe früher erfolgt ist, nach dieser. [2]Die Frist ist nach § 69 zu berechnen.

Abschnitt 2

Schutz der Lichtbilder

§ 72 Lichtbilder. (1) Lichtbilder und Erzeugnisse, die ähnlich wie Lichtbilder hergestellt werden, werden in entsprechender Anwendung der für Lichtbildwerke geltenden Vorschriften des Teils 1 geschützt.

(2) Das Recht nach Absatz 1 steht dem Lichtbildner zu.

(3) ¹Das Recht nach Absatz 1 erlischt fünfzig Jahre nach dem Erscheinen des Lichtbildes oder, wenn seine erste erlaubte öffentliche Wiedergabe früher erfolgt ist, nach dieser, jedoch bereits fünfzig Jahre nach der Herstellung, wenn das Lichtbild innerhalb dieser Frist nicht erschienen oder erlaubterweise öffentlich wiedergegeben worden ist. ²Die Frist ist nach § 69 zu berechnen.

Abschnitt 3

Schutz des ausübenden Künstlers

§ 73 Ausübender Künstler. Ausübender Künstler im Sinne dieses Gesetzes ist, wer ein Werk oder eine Ausdrucksform der Volkskunst aufführt, singt, spielt oder auf eine andere Weise darbietet oder an einer solchen Darbietung künstlerisch mitwirkt.

§ 74 Anerkennung als ausübender Künstler. (1) ¹Der ausübende Künstler hat das Recht, in Bezug auf seine Darbietung als solcher anerkannt zu werden. ²Er kann dabei bestimmen, ob und mit welchem Namen er genannt wird.

(2) ¹Haben mehrere ausübende Künstler gemeinsam eine Darbietung erbracht und erfordert die Nennung jedes einzelnen von ihnen einen unverhältnismäßigen Aufwand, so können sie nur verlangen, als Künstlergruppe genannt zu werden. ²Hat die Künstlergruppe einen gewählten Vertreter (Vorstand), so ist dieser gegenüber Dritten allein zur Vertretung befugt. ³Hat eine Gruppe keinen Vorstand, so kann das Recht nur durch den Leiter der Gruppe, mangels eines solchen nur durch einen von der Gruppe zu wählenden Vertreter geltend gemacht werden. ⁴Das Recht eines beteiligten ausübenden Künstlers auf persönliche Nennung bleibt bei einem besonderen Interesse unberührt.

(3) § 10 Abs. 1 gilt entsprechend.

§ 75 Beeinträchtigungen der Darbietung. ¹Der ausübende Künstler hat das Recht, eine Entstellung oder eine andere Beeinträchtigung seiner Darbietung zu verbieten, die geeignet ist, sein Ansehen oder seinen Ruf als ausübender Künstler zu gefährden. ²Haben mehrere ausübende Künstler gemeinsam eine Darbietung erbracht, so haben sie bei der Ausübung des Rechts aufeinander angemessene Rücksicht zu nehmen.

§ 76 Dauer der Persönlichkeitsrechte. ¹Die in den §§ 74 und 75 bezeichneten Rechte erlöschen mit dem Tode des ausübenden Künstlers, jedoch erst 50 Jahre nach der Darbietung, wenn der ausübende Künstler vor Ablauf dieser Frist verstorben ist, sowie nicht vor Ablauf der für die Verwertungsrechte nach § 82 geltenden Frist. ²Die Frist ist nach § 69 zu berechnen. ³Haben mehrere ausübende Künstler gemeinsam eine Darbietung erbracht, so ist der Tod des letzten der beteiligten ausübenden Künstler maßgeblich. ⁴Nach dem Tod des ausübenden Künstlers stehen die Rechte seinen Angehörigen (§ 60 Abs. 2) zu.

8 UrhG — Urheberrechtsgesetz

§ 77 Aufnahme, Vervielfältigung und Verbreitung. (1) Der ausübende Künstler hat das ausschließliche Recht, seine Darbietung auf Bild- oder Tonträger aufzunehmen.

(2) ¹Der ausübende Künstler hat das ausschließliche Recht, den Bild- oder Tonträger, auf den seine Darbietung aufgenommen worden ist, zu vervielfältigen und zu verbreiten. ²§ 27 ist entsprechend anzuwenden.

§ 78 Öffentliche Wiedergabe. (1) Der ausübende Künstler hat das ausschließliche Recht, seine Darbietung
1. öffentlich zugänglich zu machen (§ 19a),
2. zu senden, es sei denn, dass die Darbietung erlaubterweise auf Bild- oder Tonträger aufgenommen worden ist, die erschienen oder erlaubterweise öffentlich zugänglich gemacht worden sind,
3. außerhalb des Raumes, in dem sie stattfindet, durch Bildschirm, Lautsprecher oder ähnliche technische Einrichtungen öffentlich wahrnehmbar zu machen.

(2) Dem ausübenden Künstler ist eine angemessene Vergütung zu zahlen, wenn
1. die Darbietung nach Absatz 1 Nr. 2 erlaubterweise gesendet,
2. die Darbietung mittels Bild- oder Tonträger öffentlich wahrnehmbar gemacht oder
3. die Sendung oder die auf öffentlicher Zugänglichmachung beruhende Wiedergabe der Darbietung öffentlich wahrnehmbar gemacht wird.

(3) ¹Auf Vergütungsansprüche nach Absatz 2 kann der ausübende Künstler im Voraus nicht verzichten. ²Sie können im Voraus nur an eine Verwertungsgesellschaft abgetreten werden.

(4) § 20b gilt entsprechend.

§ 79 Nutzungsrechte. (1) ¹Der ausübende Künstler kann seine Rechte und Ansprüche aus den §§ 77 und 78 übertragen. ²§ 78 Abs. 3 und 4 bleibt unberührt.

(2) Der ausübende Künstler kann einem anderen das Recht einräumen, die Darbietung auf einzelne oder alle der ihm vorbehaltenen Nutzungsarten zu nutzen.

(2a) Auf Übertragungen nach Absatz 1 und Rechtseinräumungen nach Absatz 2 sind die §§ 31, 32 bis 32b, 32d bis 40, 41, 42 und 43 entsprechend anzuwenden.

(3) ¹Unterlässt es der Tonträgerhersteller, Kopien des Tonträgers in ausreichender Menge zum Verkauf anzubieten oder den Tonträger öffentlich zugänglich zu machen, so kann der ausübende Künstler den Vertrag, mit dem er dem Tonträgerhersteller seine Rechte an der Aufzeichnung der Darbietung eingeräumt oder übertragen hat (Übertragungsvertrag), kündigen. ²Die Kündigung ist zulässig

1. nach Ablauf von 50 Jahren nach dem Erscheinen eines Tonträgers oder 50 Jahre nach der ersten erlaubten Benutzung des Tonträgers zur öffentlichen Wiedergabe, wenn der Tonträger nicht erschienen ist, und
2. wenn der Tonträgerhersteller innerhalb eines Jahres nach Mitteilung des ausübenden Künstlers, den Übertragungsvertrag kündigen zu wollen, nicht beide in Satz 1 genannten Nutzungshandlungen ausführt.

³Ist der Übertragungsvertrag gekündigt, so erlöschen die Rechte des Tonträgerherstellers am Tonträger. ⁴Auf das Kündigungsrecht kann der ausübende Künstler nicht verzichten.

§ 79a Vergütungsanspruch des ausübenden Künstlers. (1) ¹Hat der ausübende Künstler einem Tonträgerhersteller gegen Zahlung einer einmaligen Vergütung Rechte an seiner Darbietung eingeräumt oder übertragen, so hat der Tonträgerhersteller dem ausübenden Künstler eine zusätzliche Vergütung in Höhe von 20 Prozent der Einnahmen zu zahlen, die der Tonträgerhersteller aus der Vervielfältigung, dem Vertrieb und der Zugänglichmachung des Tonträgers erzielt, der die Darbietung enthält. ²Enthält ein Tonträger die Aufzeichnung der Darbietungen von mehreren ausübenden Künstlern, so beläuft sich die Höhe der Vergütung ebenfalls auf insgesamt 20 Prozent der Einnahmen. ³Als Einnahmen sind die vom Tonträgerhersteller erzielten Einnahmen vor Abzug der Ausgaben anzusehen.

(2) Der Vergütungsanspruch besteht für jedes vollständige Jahr unmittelbar im Anschluss an das 50. Jahr nach Erscheinen des die Darbietung enthaltenen Tonträgers oder mangels Erscheinen an das 50. Jahr nach dessen erster erlaubter Benutzung zur öffentlichen Wiedergabe.

(3) ¹Auf den Vergütungsanspruch nach Absatz 1 kann der ausübende Künstler nicht verzichten. ²Der Vergütungsanspruch kann nur durch eine Verwertungsgesellschaft geltend gemacht werden. ³Er kann im Voraus nur an eine Verwertungsgesellschaft abgetreten werden.

(4) Der Tonträgerhersteller ist verpflichtet, dem ausübenden Künstler auf Verlangen Auskunft über die erzielten Einnahmen und sonstige, zur Bezifferung des Vergütungsanspruchs nach Absatz 1 erforderliche Informationen zu erteilen.

(5) Hat der ausübende Künstler einem Tonträgerhersteller gegen Zahlung einer wiederkehrenden Vergütung Rechte an seiner Darbietung eingeräumt oder übertragen, so darf der Tonträgerhersteller nach Ablauf folgender Fristen weder Vorschüsse noch vertraglich festgelegte Abzüge von der Vergütung abziehen:
1. 50 Jahre nach dem Erscheinen des Tonträgers, der die Darbietung enthält, oder
2. 50 Jahre nach der ersten erlaubten Benutzung des die Darbietung enthaltenden Tonträgers zur öffentlichen Wiedergabe, wenn der Tonträger nicht erschienen ist.

§ 79b Vergütung des ausübenden Künstlers für später bekannte Nutzungsarten. (1) Der ausübende Künstler hat Anspruch auf eine gesonderte angemessene Vergütung, wenn der Vertragspartner eine neue Art der Nutzung seiner Darbietung aufnimmt, die im Zeitpunkt des Vertragsschlusses vereinbart, aber noch unbekannt war.

(2) ¹Hat der Vertragspartner des ausübenden Künstlers das Nutzungsrecht einem Dritten übertragen, haftet der Dritte mit der Aufnahme der neuen Art der Nutzung für die Vergütung. ²Die Haftung des Vertragspartners entfällt.

(3) Auf die Rechte nach den Absätzen 1 und 2 kann im Voraus nicht verzichtet werden.

§ 80 Gemeinsame Darbietung mehrerer ausübender Künstler. (1) ¹Erbringen mehrere ausübende Künstler gemeinsam eine Darbietung, ohne dass sich ihre Anteile gesondert verwerten lassen, so steht ihnen das Recht zur Verwertung zur gesamten Hand zu. ²Keiner der beteiligten ausübenden Künstler darf seine Einwilligung zur Verwertung wider Treu und Glauben verweigern. ³§ 8 Abs. 2 Satz 3, Abs. 3 und 4 ist entsprechend anzuwenden.

(2) Für die Geltendmachung der sich aus den §§ 77, 78 und 79 Absatz 3 ergebenden Rechte und Ansprüche gilt § 74 Abs. 2 Satz 2 und 3 entsprechend.

§ 81 Schutz des Veranstalters. ¹Wird die Darbietung des ausübenden Künstlers von einem Unternehmen veranstaltet, so stehen die Rechte nach § 77 Abs. 1 und 2 Satz 1 sowie § 78 Abs. 1 neben dem ausübenden Künstler auch dem Inhaber des Unternehmens zu. ²§ 10 Abs. 1, § 31 sowie die §§ 33 und 38 gelten entsprechend.

§ 82 Dauer der Verwertungsrechte. (1) ¹Ist die Darbietung des ausübenden Künstlers auf einem Tonträger aufgezeichnet worden, so erlöschen die in den §§ 77 und 78 bezeichneten Rechte des ausübenden Künstlers 70 Jahre nach dem Erscheinen des Tonträgers, oder wenn dessen erste erlaubte Benutzung zur öffentlichen Wiedergabe früher erfolgt ist, 70 Jahre nach dieser. ²Ist die Darbietung des ausübenden Künstlers nicht auf einem Tonträger aufgezeichnet worden, so erlöschen die in den §§ 77 und 78 bezeichneten Rechte des ausübenden Künstlers 50 Jahre nach dem Erscheinen der Aufzeichnung, oder wenn deren erste erlaubte Benutzung zur öffentlichen Wiedergabe früher erfolgt ist, 50 Jahre nach dieser. ³Die Rechte des ausübenden Künstlers erlöschen jedoch bereits 50 Jahre nach der Darbietung, wenn eine Aufzeichnung innerhalb dieser Frist nicht erschienen oder nicht erlaubterweise zur öffentlichen Wiedergabe benutzt worden ist.

(2) ¹Die in § 81 bezeichneten Rechte des Veranstalters erlöschen 25 Jahre nach Erscheinen einer Aufzeichnung der Darbietung eines ausübenden Künstlers, oder wenn deren erste erlaubte Benutzung zur öffentlichen Wiedergabe früher erfolgt ist, 25 Jahre nach dieser. ²Die Rechte erlöschen bereits 25 Jahre nach der Darbietung, wenn eine Aufzeichnung innerhalb dieser Frist nicht er-

schienen oder nicht erlaubterweise zur öffentlichen Wiedergabe benutzt worden ist.

(3) Die Fristen sind nach § 69 zu berechnen.

§ 83 Schranken der Verwertungsrechte. Auf die dem ausübenden Künstler nach den §§ 77 und 78 sowie die dem Veranstalter nach § 81 zustehenden Rechte sind die Vorschriften des Abschnitts 6 des Teils 1 entsprechend anzuwenden.

§ 84 *(weggefallen)*

Abschnitt 4

Schutz des Herstellers von Tonträgern

§ 85 Verwertungsrechte. (1) [1]Der Hersteller eines Tonträgers hat das ausschließliche Recht, den Tonträger zu vervielfältigen, zu verbreiten und öffentlich zugänglich zu machen. [2]Ist der Tonträger in einem Unternehmen hergestellt worden, so gilt der Inhaber des Unternehmens als Hersteller. [3]Das Recht entsteht nicht durch Vervielfältigung eines Tonträgers.

(2) [1]Das Recht ist übertragbar. [2]Der Tonträgerhersteller kann einem anderen das Recht einräumen, den Tonträger auf einzelne oder alle der ihm vorbehaltenen Nutzungsarten zu nutzen. [3]§ 31 und die §§ 33 und 38 gelten entsprechend.

(3) [1]Das Recht erlischt 70 Jahre nach dem Erscheinen des Tonträgers. [2]Ist der Tonträger innerhalb von 50 Jahren nach der Herstellung nicht erschienen, aber erlaubterweise zur öffentlichen Wiedergabe benutzt worden, so erlischt das Recht 70 Jahre nach dieser. [3]Ist der Tonträger innerhalb dieser Frist nicht erschienen oder erlaubterweise zur öffentlichen Wiedergabe benutzt worden, so erlischt das Recht 50 Jahre nach der Herstellung des Tonträgers. [4]Die Frist ist nach § 69 zu berechnen.

(4) § 10 Absatz 1 und die §§ 23 und 27 Absatz 2 und 3 sowie die Vorschriften des Teils 1 Abschnitt 6 gelten entsprechend.

§ 86 Anspruch auf Beteiligung. Wird ein erschienener oder erlaubterweise öffentlich zugänglich gemachter Tonträger, auf den die Darbietung eines ausübenden Künstlers aufgenommen ist, zur öffentlichen Wiedergabe der Darbietung benutzt, so hat der Hersteller des Tonträgers gegen den ausübenden Künstler einen Anspruch auf angemessene Beteiligung an der Vergütung, die dieser nach § 78 Abs. 2 erhält.

Abschnitt 5

Schutz des Sendeunternehmens

§ 87 Sendeunternehmen. (1) Das Sendeunternehmen hat das ausschließliche Recht,
1. seine Funksendung weiterzusenden und öffentlich zugänglich zu machen,
2. seine Funksendung auf Bild- oder Tonträger aufzunehmen, Lichtbilder von seiner Funksendung herzustellen sowie die Bild- oder Tonträger oder Lichtbilder zu vervielfältigen und zu verbreiten, ausgenommen das Vermietrecht,
3. an Stellen, die der Öffentlichkeit nur gegen Zahlung eines Eintrittsgeldes zugänglich sind, seine Funksendung öffentlich wahrnehmbar zu machen.

(2) [1]Das Recht ist übertragbar. [2]Das Sendeunternehmen kann einem anderen das Recht einräumen, die Funksendung auf einzelne oder alle der ihm vorbehaltenen Nutzungsarten zu nutzen. [3]§ 31 und die §§ 33 und 38 gelten entsprechend.

(3) [1]Das Recht erlischt 50 Jahre nach der ersten Funksendung. [2]Die Frist ist nach § 69 zu berechnen.

(4) § 10 Abs. 1 sowie die Vorschriften des Teils 1 Abschnitt 6 mit Ausnahme des § 47 Abs. 2 Satz 2 und des § 54 Abs. 1 gelten entsprechend.

(5) [1]Sendeunternehmen und Weitersendedienste sind gegenseitig verpflichtet, einen Vertrag über die Weitersendung im Sinne des § 20b Absatz 1 Satz 1 durch Kabelsysteme oder Mikrowellensysteme zu angemessenen Bedingungen abzuschließen, sofern nicht ein die Ablehnung des Vertragsabschlusses sachlich rechtfertigender Grund besteht; die Verpflichtung des Sendeunternehmens gilt auch für die ihm in Bezug auf die eigene Sendung eingeräumten oder übertragenen Senderechte. [2]Auf Verlangen des Weitersendedienstes oder des Sendeunternehmens ist der Vertrag gemeinsam mit den in Bezug auf die Weitersendung durch Kabelsysteme oder Mikrowellensysteme anspruchsberechtigten Verwertungsgesellschaften zu schließen, sofern nicht ein die Ablehnung eines gemeinsamen Vertragsschlusses sachlich rechtfertigender Grund besteht. [3]Sofern Sendeunternehmen und Weitersendedienste Verhandlungen über andere Formen der Weitersendung aufnehmen, führen sie diese nach Treu und Glauben.

(6) Absatz 5 gilt für die Direkteinspeisung nach § 20d Absatz 1 entsprechend.

Abschnitt 6

Schutz des Datenbankherstellers

§ 87a Begriffsbestimmungen. (1) [1]Datenbank im Sinne dieses Gesetzes ist eine Sammlung von Werken, Daten oder anderen unabhängigen Elementen, die systematisch oder methodisch angeordnet und einzeln mit Hilfe elektronischer Mittel oder auf andere Weise zugänglich sind und deren Beschaffung, Überprüfung oder Darstellung eine nach Art oder Umfang wesentliche Investition erfordert. ²Eine in ihrem Inhalt nach Art oder Umfang wesentlich geänderte Datenbank gilt als neue Datenbank, sofern die Änderung eine nach Art oder Umfang wesentliche Investition erfordert.

(2) Datenbankhersteller im Sinne dieses Gesetzes ist derjenige, der die Investition im Sinne des Absatzes 1 vorgenommen hat.

§ 87b Rechte des Datenbankherstellers. (1) ¹Der Datenbankhersteller hat das ausschließliche Recht, die Datenbank insgesamt oder einen nach Art oder Umfang wesentlichen Teil der Datenbank zu vervielfältigen, zu verbreiten und öffentlich wiederzugeben. ²Der Vervielfältigung, Verbreitung oder öffentlichen Wiedergabe eines nach Art oder Umfang wesentlichen Teils der Datenbank steht die wiederholte und systematische Vervielfältigung, Verbreitung oder öffentliche Wiedergabe von nach Art und Umfang unwesentlichen Teilen der Datenbank gleich, sofern diese Handlungen einer normalen Auswertung der Datenbank zuwiderlaufen oder die berechtigten Interessen des Datenbankherstellers unzumutbar beeinträchtigen.

(2) § 10 Abs. 1, § 17 Abs. 2 und § 27 Abs. 2 und 3 gelten entsprechend.

§ 87c Schranken des Rechts des Datenbankherstellers. (1) Die Vervielfältigung eines nach Art oder Umfang wesentlichen Teils einer Datenbank ist zulässig
1. zum privaten Gebrauch; dies gilt nicht für eine Datenbank, deren Elemente einzeln mit Hilfe elektronischer Mittel zugänglich sind,
2. zu Zwecken der wissenschaftlichen Forschung gemäß § 60c,
3. zu Zwecken der Veranschaulichung des Unterrichts und der Lehre gemäß den §§ 60a und 60b,
4. zu Zwecken des Text und Data Mining gemäß § 44b,
5. zu Zwecken des Text und Data Mining für Zwecke der wissenschaftlichen Forschung gemäß § 60d,
6. zu Zwecken der Erhaltung einer Datenbank gemäß § 60e Absatz 1 und 6 und § 60f Absatz 1 und 3.

(2) Die Vervielfältigung, Verbreitung und öffentliche Wiedergabe eines nach Art oder Umfang wesentlichen Teils einer Datenbank ist zulässig zur Verwendung in Verfahren vor einem Gericht, einem Schiedsgericht oder einer Behörde sowie für Zwecke der öffentlichen Sicherheit.

(3) Die §§ 45b bis 45d sowie 61d bis 61g gelten entsprechend.

(4) Die digitale Verbreitung und digitale öffentliche Wiedergabe eines nach Art oder Umfang wesentlichen Teils einer Datenbank ist zulässig für Zwecke der Veranschaulichung des Unterrichts und der Lehre gemäß § 60a.

(5) Für die Quellenangabe ist § 63 entsprechend anzuwenden.

(6) In den Fällen des Absatzes 1 Nummer 2, 3, 5 und 6 sowie des Absatzes 4 ist § 60g Absatz 1 entsprechend anzuwenden.

§ 87d Dauer der Rechte. ¹Die Rechte des Datenbankherstellers erlöschen fünfzehn Jahre nach der Veröffentlichung der Datenbank, jedoch bereits fünfzehn Jahre nach der Herstellung, wenn die Datenbank innerhalb dieser Frist nicht veröffentlicht worden ist. ²Die Frist ist nach § 69 zu berechnen.

§ 87e Verträge über die Benutzung einer Datenbank. Eine vertragliche Vereinbarung, durch die sich der Eigentümer eines mit Zustimmung des Datenbankherstellers durch Veräußerung in Verkehr gebrachten Vervielfältigungsstücks der Datenbank, der in sonstiger Weise zu dessen Gebrauch Berechtigte oder derjenige, dem eine Datenbank aufgrund eines mit dem Datenbankhersteller oder eines mit dessen Zustimmung mit einem Dritten geschlossenen Vertrags zugänglich gemacht wird, gegenüber dem Datenbankhersteller verpflichtet, die Vervielfältigung, Verbreitung oder öffentliche Wiedergabe von nach Art und Umfang unwesentlichen Teilen der Datenbank zu unterlassen, ist insoweit unwirksam, als diese Handlungen weder einer normalen Auswertung der Datenbank zuwiderlaufen noch die berechtigten Interessen des Datenbankherstellers unzumutbar beeinträchtigen.

Abschnitt 7

Schutz des Presseverlegers

§ 87f Begriffsbestimmungen. (1) ¹Presseveröffentlichung ist eine hauptsächlich aus Schriftwerken journalistischer Art bestehende Sammlung, die auch sonstige Werke oder nach diesem Gesetz geschützte Schutzgegenstände enthalten kann, und die
1. eine Einzelausgabe in einer unter einem einheitlichen Titel periodisch erscheinenden oder regelmäßig aktualisierten Veröffentlichung, etwa Zeitungen oder Magazinen von allgemeinem oder besonderem Interesse, darstellt,
2. dem Zweck dient, die Öffentlichkeit über Nachrichten oder andere Themen zu informieren, und
3. unabhängig vom Medium auf Initiative eines Presseverlegers nach Absatz 2 unter seiner redaktionellen Verantwortung und Aufsicht veröffentlicht wird.

²Periodika, die für wissenschaftliche oder akademische Zwecke verlegt werden, sind keine Presseveröffentlichungen.

(2) ¹Presseverleger ist, wer eine Presseveröffentlichung herstellt. ²Ist die Presseveröffentlichung in einem Unternehmen hergestellt worden, so gilt der Inhaber des Unternehmens als Hersteller.

(3) Dienste der Informationsgesellschaft im Sinne dieses Abschnitts sind Dienste im Sinne des Artikels 1 Absatz 1 Buchstabe b der Richtlinie (EU)

Urheberrechtsgesetz **UrhG 8**

2015/1535 des Europäischen Parlaments und des Rates vom 9. September 2015 über ein Informationsverfahren auf dem Gebiet der technischen Vorschriften und der Vorschriften für die Dienste der Informationsgesellschaft (ABl. L 241 vom 17.9.2015, S. 1).

§ 87g Rechte des Presseverlegers. (1) Ein Presseverleger hat das ausschließliche Recht, seine Presseveröffentlichung im Ganzen oder in Teilen für die Online-Nutzung durch Anbieter von Diensten der Informationsgesellschaft öffentlich zugänglich zu machen und zu vervielfältigen.

(2) Die Rechte des Presseverlegers umfassen nicht
1. die Nutzung der in einer Presseveröffentlichung enthaltenen Tatsachen,
2. die private oder nicht kommerzielle Nutzung einer Presseveröffentlichung durch einzelne Nutzer,
3. das Setzen von Hyperlinks auf eine Presseveröffentlichung und
4. die Nutzung einzelner Wörter oder sehr kurzer Auszüge aus einer Presseveröffentlichung.

(3) [1]Die Rechte des Presseverlegers sind übertragbar. [2]Die §§ 31 und 33 gelten entsprechend.

§ 87h Ausübung der Rechte des Presseverlegers. (1) Die Rechte des Presseverlegers dürfen nicht zum Nachteil des Urhebers oder des Leistungsschutzberechtigten geltend gemacht werden, dessen Werk oder dessen anderer nach diesem Gesetz geschützter Schutzgegenstand in der Presseveröffentlichung enthalten ist.

(2) Die Rechte des Presseverlegers dürfen nicht zu dem Zweck geltend gemacht werden,
1. Dritten die berechtigte Nutzung solcher Werke oder solcher anderen nach diesem Gesetz geschützten Schutzgegenstände zu untersagen, die auf Grundlage eines einfachen Nutzungsrechts in die Presseveröffentlichung aufgenommen wurden, oder
2. Dritten die Nutzung von nach diesem Gesetz nicht mehr geschützten Werken oder anderen Schutzgegenständen zu untersagen, die in die Presseveröffentlichung aufgenommen wurden.

§ 87i Vermutung der Rechtsinhaberschaft; gesetzlich erlaubte Nutzungen. § 10 Absatz 1 sowie die Vorschriften des Teils 1 Abschnitt 6 gelten entsprechend.

§ 87j Dauer der Rechte des Presseverlegers. [1]Die Rechte des Presseverlegers erlöschen zwei Jahre nach der erstmaligen Veröffentlichung der Presseveröffentlichung. [2]Die Frist ist nach § 69 zu berechnen.

§ 87k Beteiligungsanspruch. (1) [1]Der Urheber sowie der Inhaber von Rechten an anderen nach diesem Gesetz geschützten Schutzgegenständen sind an den Einnahmen des Presseverlegers aus der Nutzung seiner Rechte nach

§ 87g Absatz 1 angemessen, mindestens zu einem Drittel, zu beteiligen. ²Von Satz 1 kann zum Nachteil des Urhebers sowie des Inhabers von Rechten an anderen nach diesem Gesetz geschützten Schutzgegenständen nur durch eine Vereinbarung abgewichen werden, die auf einer gemeinsamen Vergütungsregel (§ 36) oder einem Tarifvertrag beruht.

(2) Der Anspruch nach Absatz 1 kann nur durch eine Verwertungsgesellschaft geltend gemacht werden.

Teil 3
Besondere Bestimmungen für Filme

Abschnitt 1
Filmwerke

§ 88 Recht zur Verfilmung. (1) ¹Gestattet der Urheber einem anderen, sein Werk zu verfilmen, so liegt darin im Zweifel die Einräumung des ausschließlichen Rechts, das Werk unverändert oder unter Bearbeitung oder Umgestaltung zur Herstellung eines Filmwerkes zu benutzen und das Filmwerk sowie Übersetzungen und andere filmische Bearbeitungen auf alle Nutzungsarten zu nutzen. ²§ 31a Abs. 1 Satz 3 und 4 und Abs. 2 bis 4 findet keine Anwendung.

(2) ¹Die in Absatz 1 bezeichneten Befugnisse berechtigen im Zweifel nicht zu einer Wiederverfilmung des Werkes. ²Der Urheber ist berechtigt, sein Werk nach Ablauf von zehn Jahren nach Vertragsabschluß anderweit filmisch zu verwerten. ³Von Satz 2 kann zum Nachteil des Urhebers nur durch eine Vereinbarung abgewichen werden, die auf einer gemeinsamen Vergütungsregel (§ 36) oder einem Tarifvertrag beruht.

(3) *weggefallen*

§ 89 Rechte am Filmwerk. (1) ¹Wer sich zur Mitwirkung bei der Herstellung eines Filmes verpflichtet, räumt damit für den Fall, daß er ein Urheberrecht am Filmwerk erwirbt, dem Filmhersteller im Zweifel das ausschließliche Recht ein, das Filmwerk sowie Übersetzungen und andere filmische Bearbeitungen oder Umgestaltungen des Filmwerkes auf alle Nutzungsarten zu nutzen. ²§ 31a Abs. 1 Satz 3 und 4 und Abs. 2 bis 4 findet keine Anwendung.

(2) Hat der Urheber des Filmwerkes das in Absatz 1 bezeichnete Nutzungsrecht im voraus einem Dritten eingeräumt, so behält er gleichwohl stets die Befugnis, dieses Recht beschränkt oder unbeschränkt dem Filmhersteller einzuräumen.

(3) Die Urheberrechte an den zur Herstellung des Filmwerkes benutzten Werken, wie Roman, Drehbuch, Filmmusik, bleiben unberührt.

(4) Für die Rechte zur filmischen Verwertung der bei der Herstellung eines Filmwerkes entstehenden Lichtbilder und Lichtbildwerke gelten die Absätze 1 und 2 entsprechend.

§ 90 Einschränkung der Rechte. (1) ¹Für die in § 88 Absatz 1 und § 89 Absatz 1 bezeichneten Rechte gelten nicht die Bestimmungen
1. über die Übertragung von Nutzungsrechten,
2. über die Einräumung weiterer Nutzungsrechte (§ 34) und
3. über die Rückrufsrechte (§§ 41 und 42).

²Satz 1 findet bis zum Beginn der Dreharbeiten für das Recht zur Verfilmung keine Anwendung. ³Ein Ausschluss der Ausübung des Rückrufsrechts wegen Nichtausübung (§ 41) bis zum Beginn der Dreharbeiten kann mit dem Urheber im Voraus für eine Dauer von bis zu fünf Jahren vereinbart werden.

(2) Für die in § 88 und § 89 Absatz 1 bezeichneten Rechte gilt nicht die Bestimmung über das Recht zur anderweitigen Verwertung nach zehn Jahren bei pauschaler Vergütung (§ 40a).

§ 91 *(weggefallen)*

§ 92 Ausübende Künstler. (1) Schließt ein ausübender Künstler mit dem Filmhersteller einen Vertrag über seine Mitwirkung bei der Herstellung eines Filmwerks, so liegt darin im Zweifel hinsichtlich der Verwertung des Filmwerks die Einräumung des Rechts, die Darbietung auf eine der dem ausübenden Künstler nach § 77 Abs. 1 und 2 Satz 1 und § 78 Abs. 1 Nr. 1 und 2 vorbehaltenen Nutzungsarten zu nutzen.

(2) Hat der ausübende Künstler im Voraus ein in Absatz 1 genanntes Recht übertragen oder einem Dritten hieran ein Nutzungsrecht eingeräumt, so behält er gleichwohl die Befugnis, dem Filmhersteller dieses Recht hinsichtlich der Verwertung des Filmwerkes zu übertragen oder einzuräumen.

(3) § 90 gilt entsprechend.

§ 93 Schutz gegen Entstellung; Namensnennung. (1) ¹Die Urheber des Filmwerkes und der zu seiner Herstellung benutzten Werke sowie die Inhaber verwandter Schutzrechte, die bei der Herstellung des Filmwerkes mitwirken oder deren Leistungen zur Herstellung des Filmwerkes benutzt werden, können nach den §§ 14 und 75 hinsichtlich der Herstellung und Verwertung des Filmwerkes nur gröbliche Entstellungen oder andere gröbliche Beeinträchtigungen ihrer Werke oder Leistungen verbieten. ²Sie haben hierbei aufeinander und auf den Filmhersteller angemessene Rücksicht zu nehmen.

(2) Die Nennung jedes einzelnen an einem Film mitwirkenden ausübenden Künstlers ist nicht erforderlich, wenn sie einen unverhältnismäßigen Aufwand bedeutet.

§ 94 Schutz des Filmherstellers. (1) ¹Der Filmhersteller hat das ausschließliche Recht, den Bildträger oder Bild- und Tonträger, auf den das Film-

8 UrhG Urheberrechtsgesetz

werk aufgenommen ist, zu vervielfältigen, zu verbreiten und zur öffentlichen Vorführung, Funksendung oder öffentlichen Zugänglichmachung zu benutzen. ²Der Filmhersteller hat ferner das Recht, jede Entstellung oder Kürzung des Bildträgers oder Bild- und Tonträgers zu verbieten, die geeignet ist, seine berechtigten Interessen an diesem zu gefährden.

(2) ¹Das Recht ist übertragbar. ²Der Filmhersteller kann einem anderen das Recht einräumen, den Bildträger oder Bild- und Tonträger auf einzelne oder alle der ihm vorbehaltenen Nutzungsarten zu nutzen. ³§ 31 und die §§ 33 und 38 gelten entsprechend.

(3) Das Recht erlischt fünfzig Jahre nach dem Erscheinen des Bildträgers oder Bild- und Tonträgers oder, wenn seine erste erlaubte Benutzung zur öffentlichen Wiedergabe früher erfolgt ist, nach dieser, jedoch bereits fünfzig Jahre nach der Herstellung, wenn der Bildträger oder Bild- und Tonträger innerhalb dieser Frist nicht erschienen oder erlaubterweise zur öffentlichen Wiedergabe benutzt worden ist.

(4) § 10 Abs. 1 und die §§ 20b und 27 Abs. 2 und 3 sowie die Vorschriften des Abschnitts 6 des Teils 1 sind entsprechend anzuwenden.

Abschnitt 2

Laufbilder

§ 95 Laufbilder. Die §§ 88, 89 Abs. 4, 90, 93 und 94 sind auf Bildfolgen und Bild- und Tonfolgen, die nicht als Filmwerke geschützt sind, entsprechend anzuwenden.

Teil 4

Gemeinsame Bestimmungen für Urheberrecht und verwandte Schutzrechte

Abschnitt 1

Ergänzende Schutzbestimmungen

§ 95a Schutz technischer Maßnahmen. (1) Wirksame technische Maßnahmen zum Schutz eines nach diesem Gesetz geschützten Werkes oder eines anderen nach diesem Gesetz geschützten Schutzgegenstandes dürfen ohne Zustimmung des Rechtsinhabers nicht umgangen werden, soweit dem Handelnden bekannt ist oder den Umständen nach bekannt sein muss, dass die Umgehung erfolgt, um den Zugang zu einem solchen Werk oder Schutzgegenstand oder deren Nutzung zu ermöglichen.

(2) ¹Technische Maßnahmen im Sinne dieses Gesetzes sind Technologien, Vorrichtungen und Bestandteile, die im normalen Betrieb dazu bestimmt sind,

geschützte Werke oder andere nach diesem Gesetz geschützte Schutzgegenstände betreffende Handlungen, die vom Rechtsinhaber nicht genehmigt sind, zu verhindern oder einzuschränken. ²Technische Maßnahmen sind wirksam, soweit durch sie die Nutzung eines geschützten Werkes oder eines anderen nach diesem Gesetz geschützten Schutzgegenstandes von dem Rechtsinhaber durch eine Zugangskontrolle, einen Schutzmechanismus wie Verschlüsselung, Verzerrung oder sonstige Umwandlung oder einen Mechanismus zur Kontrolle der Vervielfältigung, die die Erreichung des Schutzziels sicherstellen, unter Kontrolle gehalten wird.

(3) Verboten sind die Herstellung, die Einfuhr, die Verbreitung, der Verkauf, die Vermietung, die Werbung im Hinblick auf Verkauf oder Vermietung und der gewerblichen Zwecken dienende Besitz von Vorrichtungen, Erzeugnissen oder Bestandteilen sowie die Erbringung von Dienstleistungen, die
1. Gegenstand einer Verkaufsförderung, Werbung oder Vermarktung mit dem Ziel der Umgehung wirksamer technischer Maßnahmen sind oder
2. abgesehen von der Umgehung wirksamer technischer Maßnahmen nur einen begrenzten wirtschaftlichen Zweck oder Nutzen haben oder
3. hauptsächlich entworfen, hergestellt, angepasst oder erbracht werden, um die Umgehung wirksamer technischer Maßnahmen zu ermöglichen oder zu erleichtern.

(4) Von den Verboten der Absätze 1 und 3 unberührt bleiben Aufgaben und Befugnisse öffentlicher Stellen zum Zwecke des Schutzes der öffentlichen Sicherheit oder der Strafrechtspflege sowie die Befugnisse von Kulturerbe-Einrichtungen gemäß § 61d.

§ 95b Durchsetzung von Schrankenbestimmungen. (1) ¹Soweit ein Rechtsinhaber technische Maßnahmen nach Maßgabe dieses Gesetzes anwendet, ist er verpflichtet, den durch eine der nachfolgend genannten Bestimmungen Begünstigten, soweit sie rechtmäßig Zugang zu dem Werk oder Schutzgegenstand haben, die notwendigen Mittel zur Verfügung zu stellen, um von diesen Bestimmungen in dem erforderlichen Maße Gebrauch machen zu können:
1. § 44b (Text und Data Mining),
1a. § 45 (Rechtspflege und öffentliche Sicherheit),
2. § 45a (Menschen mit Behinderungen),
3. § 45b (Menschen mit einer Seh- oder Lesebehinderung),
4. § 45c (Befugte Stellen; Vergütung; Verordnungsermächtigung),
5. § 47 (Schulfunksendungen),
6. § 53 (Vervielfältigungen zum privaten und sonstigen eigenen Gebrauch)
   a) Absatz 1, soweit es sich um Vervielfältigungen auf Papier oder einen ähnlichen Träger mittels beliebiger photomechanischer Verfahren oder anderer Verfahren mit ähnlicher Wirkung handelt,
   b) *weggefallen*
   c) Absatz 2 Satz 1 Nr. 2 in Verbindung mit Satz 2 Nr. 1,
   d) Absatz 2 Satz 1 Nr. 3 und 4 jeweils in Verbindung mit Satz 2 Nr. 1,
   e) *weggefallen*

7. § 55 (Vervielfältigung durch Sendeunternehmen),
8. § 60a (Unterricht und Lehre),
9. § 60b (Unterrichts- und Lehrmedien),
10. § 60c (Wissenschaftliche Forschung),
11. § 60d (Text und Data Mining für Zwecke der wissenschaftlichen Forschung),
12. § 60e (Bibliotheken)
    a) Absatz 1,
    b) Absatz 2,
    c) Absatz 3,
    d) Absatz 5,
13. § 60f (Archive, Museen und Bildungseinrichtungen).

²Vereinbarungen zum Ausschluss der Verpflichtungen nach Satz 1 sind unwirksam.

(2) ¹Wer gegen das Gebot nach Absatz 1 verstößt, kann von dem Begünstigten einer der genannten Bestimmungen darauf in Anspruch genommen werden, die zur Verwirklichung der jeweiligen Befugnis benötigten Mittel zur Verfügung zu stellen. ²Entspricht das angebotene Mittel einer Vereinbarung zwischen Vereinigungen der Rechtsinhaber und der durch die Schrankenregelung Begünstigten, so wird vermutet, dass das Mittel ausreicht.

(3) Werden Werke und sonstige Schutzgegenstände auf Grund einer vertraglichen Vereinbarung nach § 19a öffentlich zugänglich gemacht, so gelten die Absätze 1 und 2 nur für gesetzlich erlaubte Nutzungen gemäß den nachfolgend genannten Vorschriften:
1. § 44b (Text und Data Mining),
2. § 45b (Menschen mit einer Seh- oder Lesebehinderung),
3. § 45c (Befugte Stellen; Vergütung; Verordnungsermächtigung),
4. § 60a (Unterricht und Lehre), soweit digitale Nutzungen unter Verantwortung einer Bildungseinrichtung in ihren Räumlichkeiten oder an anderen Orten oder in einer gesicherten elektronischen Umgebung erlaubt sind,
5. § 60d (Text und Data Mining für Zwecke der wissenschaftlichen Forschung), soweit Forschungsorganisationen sowie Kulturerbe-Einrichtungen Vervielfältigungen anfertigen dürfen,
6. § 60e (Bibliotheken), soweit Vervielfältigungen zum Zweck der Erhaltung erlaubt sind, sowie
7. § 60f (Archive, Museen und Bildungseinrichtungen), soweit Vervielfältigungen zum Zweck der Erhaltung erlaubt sind.

(4) Zur Erfüllung der Verpflichtungen aus Absatz 1 angewandte technische Maßnahmen, einschließlich der zur Umsetzung freiwilliger Vereinbarungen angewandten Maßnahmen, genießen Rechtsschutz nach § 95a.

§ 95c Schutz der zur Rechtewahrnehmung erforderlichen Informationen. (1) Von Rechtsinhabern stammende Informationen für die Rechtewahrnehmung dürfen nicht entfernt oder verändert werden, wenn irgendeine der betreffenden Informationen an einem Vervielfältigungsstück eines Werkes oder eines sonstigen Schutzgegenstandes angebracht ist oder im Zusammenhang mit der öffentlichen Wiedergabe eines solchen Werkes oder Schutzgegenstandes erscheint und wenn die Entfernung oder Veränderung wissentlich unbefugt erfolgt und dem Handelnden bekannt ist oder den Umständen nach bekannt sein muss, dass er dadurch die Verletzung von Urheberrechten oder verwandter Schutzrechte veranlasst, ermöglicht, erleichtert oder verschleiert.

(2) Informationen für die Rechtewahrnehmung im Sinne dieses Gesetzes sind elektronische Informationen, die Werke oder andere Schutzgegenstände, den Urheber oder jeden anderen Rechtsinhaber identifizieren, Informationen über die Modalitäten und Bedingungen für die Nutzung der Werke oder Schutzgegenstände sowie die Zahlen und Codes, durch die derartige Informationen ausgedrückt werden.

(3) Werke oder sonstige Schutzgegenstände, bei denen Informationen für die Rechtewahrnehmung unbefugt entfernt oder geändert wurden, dürfen nicht wissentlich unbefugt verbreitet, zur Verbreitung eingeführt, gesendet, öffentlich wiedergegeben oder öffentlich zugänglich gemacht werden, wenn dem Handelnden bekannt ist oder den Umständen nach bekannt sein muss, dass er dadurch die Verletzung von Urheberrechten oder verwandter Schutzrechte veranlasst, ermöglicht, erleichtert oder verschleiert.

§ 95d Kennzeichnungspflichten. (1) Werke und andere Schutzgegenstände, die mit technischen Maßnahmen geschützt werden, sind deutlich sichtbar mit Angaben über die Eigenschaften der technischen Maßnahmen zu kennzeichnen.

(2) Wer Werke und andere Schutzgegenstände mit technischen Maßnahmen schützt, hat diese zur Ermöglichung der Geltendmachung von Ansprüchen nach § 95b Abs. 2 mit seinem Namen oder seiner Firma und der zustellungsfähigen Anschrift zu kennzeichnen.

§ 96 Verwertungsverbot. (1) Rechtswidrig hergestellte Vervielfältigungsstücke dürfen weder verbreitet noch zu öffentlichen Wiedergaben benutzt werden.

(2) Rechtswidrig veranstaltete Funksendungen dürfen nicht auf Bild- oder Tonträger aufgenommen oder öffentlich wiedergegeben werden.

8 UrhG

Abschnitt 2

Rechtsverletzungen

Unterabschnitt 1

Bürgerlich-rechtliche Vorschriften; Rechtsweg

§ 97 Anspruch auf Unterlassung und Schadensersatz. (1) [1]Wer das Urheberrecht oder ein anderes nach diesem Gesetz geschütztes Recht widerrechtlich verletzt, kann von dem Verletzten auf Beseitigung der Beeinträchtigung, bei Wiederholungsgefahr auf Unterlassung in Anspruch genommen werden. [2]Der Anspruch auf Unterlassung besteht auch dann, wenn eine Zuwiderhandlung erstmalig droht.

(2) [1]Wer die Handlung vorsätzlich oder fahrlässig vornimmt, ist dem Verletzten zum Ersatz des daraus entstehenden Schadens verpflichtet. [2]Bei der Bemessung des Schadensersatzes kann auch der Gewinn, den der Verletzer durch die Verletzung des Rechts erzielt hat, berücksichtigt werden. [3]Der Schadensersatzanspruch kann auch auf der Grundlage des Betrages berechnet werden, den der Verletzer als angemessene Vergütung hätte entrichten müssen, wenn er die Erlaubnis zur Nutzung des verletzten Rechts eingeholt hätte. [4]Urheber, Verfasser wissenschaftlicher Ausgaben (§ 70), Lichtbildner (§ 72) und ausübende Künstler (§ 73) können auch wegen des Schadens, der nicht Vermögensschaden ist, eine Entschädigung in Geld verlangen, wenn und soweit dies der Billigkeit entspricht.

§ 97a Abmahnung. (1) Der Verletzte soll den Verletzer vor Einleitung eines gerichtlichen Verfahrens auf Unterlassung abmahnen und ihm Gelegenheit geben, den Streit durch Abgabe einer mit einer angemessenen Vertragsstrafe bewehrten Unterlassungsverpflichtung beizulegen.

(2) [1]Die Abmahnung hat in klarer und verständlicher Weise
1. Name oder Firma des Verletzten anzugeben, wenn der Verletzte nicht selbst, sondern ein Vertreter abmahnt,
2. die Rechtsverletzung genau zu bezeichnen,
3. geltend gemachte Zahlungsansprüche als Schadensersatz- und Aufwendungsersatzansprüche aufzuschlüsseln und
4. wenn darin eine Aufforderung zur Abgabe einer Unterlassungsverpflichtung enthalten ist, anzugeben, ob die vorgeschlagene Unterlassungsverpflichtung erheblich über die abgemahnte Rechtsverletzung hinausgeht.

[2]Eine Abmahnung, die nicht Satz 1 entspricht, ist unwirksam.

(3) [1]Soweit die Abmahnung berechtigt ist und Absatz 2 Satz 1 Nummer 1 bis 4 entspricht, kann der Ersatz der erforderlichen Aufwendungen verlangt werden. [2]Für die Inanspruchnahme anwaltlicher Dienstleistungen beschränkt sich der Ersatz der erforderlichen Aufwendungen hinsichtlich der gesetzlichen

Gebühren auf Gebühren nach einem Gegenstandswert für den Unterlassungs- und Beseitigungsanspruch von 1 000 Euro, wenn der Abgemahnte
1. eine natürliche Person ist, die nach diesem Gesetz geschützte Werke oder andere nach diesem Gesetz geschützte Schutzgegenstände nicht für ihre gewerbliche oder selbständige berufliche Tätigkeit verwendet, und
2. nicht bereits wegen eines Anspruchs des Abmahnenden durch Vertrag, auf Grund einer rechtskräftigen gerichtlichen Entscheidung oder einer einstweiligen Verfügung zur Unterlassung verpflichtet ist.
³Der in Satz 2 genannte Wert ist auch maßgeblich, wenn ein Unterlassungs- und ein Beseitigungsanspruch nebeneinander geltend gemacht werden. ⁴Satz 2 gilt nicht, wenn der genannte Wert nach den besonderen Umständen des Einzelfalles unbillig ist.

(4) ¹Soweit die Abmahnung unberechtigt oder unwirksam ist, kann der Abgemahnte Ersatz der für seine Rechtsverteidigung erforderlichen Aufwendungen verlangen, es sei denn, es war für den Abmahnenden zum Zeitpunkt der Abmahnung nicht erkennbar, dass die Abmahnung unberechtigt war. ²Weitergehende Ersatzansprüche bleiben unberührt.

§ 98 Anspruch auf Vernichtung, Rückruf und Überlassung. (1) ¹Wer das Urheberrecht oder ein anderes nach diesem Gesetz geschütztes Recht widerrechtlich verletzt, kann von dem Verletzten auf Vernichtung der im Besitz oder Eigentum des Verletzers befindlichen rechtswidrig hergestellten, verbreiteten oder zur rechtswidrigen Verbreitung bestimmten Vervielfältigungsstücke in Anspruch genommen werden. ²Satz 1 ist entsprechend auf die im Eigentum des Verletzers stehenden Vorrichtungen anzuwenden, die vorwiegend zur Herstellung dieser Vervielfältigungsstücke gedient haben.

(2) Wer das Urheberrecht oder ein anderes nach diesem Gesetz geschütztes Recht widerrechtlich verletzt, kann von dem Verletzten auf Rückruf von rechtswidrig hergestellten, verbreiteten oder zur rechtswidrigen Verbreitung bestimmten Vervielfältigungsstücken oder auf deren endgültiges Entfernen aus den Vertriebswegen in Anspruch genommen werden.

(3) Statt der in Absatz 1 vorgesehenen Maßnahmen kann der Verletzte verlangen, dass ihm die Vervielfältigungsstücke, die im Eigentum des Verletzers stehen, gegen eine angemessene Vergütung, welche die Herstellungskosten nicht übersteigen darf, überlassen werden.

(4) ¹Die Ansprüche nach den Absätzen 1 bis 3 sind ausgeschlossen, wenn die Maßnahme im Einzelfall unverhältnismäßig ist. ²Bei der Prüfung der Verhältnismäßigkeit sind auch die berechtigten Interessen Dritter zu berücksichtigen.

(5) Bauwerke sowie ausscheidbare Teile von Vervielfältigungsstücken und Vorrichtungen, deren Herstellung und Verbreitung nicht rechtswidrig ist, unterliegen nicht den in den Absätzen 1 bis 3 vorgesehenen Maßnahmen.

§ 99 Haftung des Inhabers eines Unternehmens. Ist in einem Unternehmen von einem Arbeitnehmer oder Beauftragten ein nach diesem Gesetz geschütztes Recht widerrechtlich verletzt worden, hat der Verletzte die Ansprüche aus § 97 Abs. 1 und § 98 auch gegen den Inhaber des Unternehmens.

§ 100 Entschädigung. ¹Handelt der Verletzer weder vorsätzlich noch fahrlässig, kann er zur Abwendung der Ansprüche nach den §§ 97 und 98 den Verletzten in Geld entschädigen, wenn ihm durch die Erfüllung der Ansprüche ein unverhältnismäßig großer Schaden entstehen würde und dem Verletzten die Abfindung in Geld zuzumuten ist. ²Als Entschädigung ist der Betrag zu zahlen, der im Fall einer vertraglichen Einräumung des Rechts als Vergütung angemessen wäre. ³Mit der Zahlung der Entschädigung gilt die Einwilligung des Verletzten zur Verwertung im üblichen Umfang als erteilt.

§ 101 Anspruch auf Auskunft. (1) ¹Wer in gewerblichem Ausmaß das Urheberrecht oder ein anderes nach diesem Gesetz geschütztes Recht widerrechtlich verletzt, kann von dem Verletzten auf unverzügliche Auskunft über die Herkunft und den Vertriebsweg der rechtsverletzenden Vervielfältigungsstücke oder sonstigen Erzeugnisse in Anspruch genommen werden. ²Das gewerbliche Ausmaß kann sich sowohl aus der Anzahl der Rechtsverletzungen als auch aus der Schwere der Rechtsverletzung ergeben.

(2) ¹In Fällen offensichtlicher Rechtsverletzung oder in Fällen, in denen der Verletzte gegen den Verletzer Klage erhoben hat, besteht der Anspruch unbeschadet von Absatz 1 auch gegen eine Person, die in gewerblichem Ausmaß
1. rechtsverletzende Vervielfältigungsstücke in ihrem Besitz hatte,
2. rechtsverletzende Dienstleistungen in Anspruch nahm,
3. für rechtsverletzende Tätigkeiten genutzte Dienstleistungen erbrachte oder
4. nach den Angaben einer in Nummer 1, 2 oder Nummer 3 genannten Person an der Herstellung, Erzeugung oder am Vertrieb solcher Vervielfältigungsstücke, sonstigen Erzeugnisse oder Dienstleistungen beteiligt war,

es sei denn, die Person wäre nach den §§ 383 bis 385 der Zivilprozessordnung im Prozess gegen den Verletzer zur Zeugnisverweigerung berechtigt. ²Im Fall der gerichtlichen Geltendmachung des Anspruchs nach Satz 1 kann das Gericht den gegen den Verletzer anhängigen Rechtsstreit auf Antrag bis zur Erledigung des wegen des Auskunftsanspruchs geführten Rechtsstreits aussetzen. ³Der zur Auskunft Verpflichtete kann von dem Verletzten den Ersatz der für die Auskunftserteilung erforderlichen Aufwendungen verlangen.

(3) Der zur Auskunft Verpflichtete hat Angaben zu machen über
1. Namen und Anschrift der Hersteller, Lieferanten und anderer Vorbesitzer der Vervielfältigungsstücke oder sonstigen Erzeugnisse, der Nutzer der Dienstleistungen sowie der gewerblichen Abnehmer und Verkaufsstellen, für die sie bestimmt waren, und
2. die Menge der hergestellten, ausgelieferten, erhaltenen oder bestellten Vervielfältigungsstücke oder sonstigen Erzeugnisse sowie über die Preise, die

für die betreffenden Vervielfältigungsstücke oder sonstigen Erzeugnisse bezahlt wurden.

(4) Die Ansprüche nach den Absätzen 1 und 2 sind ausgeschlossen, wenn die Inanspruchnahme im Einzelfall unverhältnismäßig ist.

(5) Erteilt der zur Auskunft Verpflichtete die Auskunft vorsätzlich oder grob fahrlässig falsch oder unvollständig, so ist er dem Verletzten zum Ersatz des daraus entstehenden Schadens verpflichtet.

(6) Wer eine wahre Auskunft erteilt hat, ohne dazu nach Absatz 1 oder Absatz 2 verpflichtet gewesen zu sein, haftet Dritten gegenüber nur, wenn er wusste, dass er zur Auskunftserteilung nicht verpflichtet war.

(7) In Fällen offensichtlicher Rechtsverletzung kann die Verpflichtung zur Erteilung der Auskunft im Wege der einstweiligen Verfügung nach den §§ 935 bis 945 der Zivilprozessordnung angeordnet werden.

(8) Die Erkenntnisse dürfen in einem Strafverfahren oder in einem Verfahren nach dem Gesetz über Ordnungswidrigkeiten wegen einer vor der Erteilung der Auskunft begangenen Tat gegen den Verpflichteten oder gegen einen in § 52 Abs. 1 der Strafprozessordnung bezeichneten Angehörigen nur mit Zustimmung des Verpflichteten verwertet werden.

(9) [1]Kann die Auskunft nur unter Verwendung von Verkehrsdaten (§ 3 Nummer 70 des Telekommunikationsgesetzes) erteilt werden, ist für ihre Erteilung eine vorherige richterliche Anordnung über die Zulässigkeit der Verwendung der Verkehrsdaten erforderlich, die von dem Verletzten zu beantragen ist. [2]Für den Erlass dieser Anordnung ist das Landgericht, in dessen Bezirk der zur Auskunft Verpflichtete seinen Wohnsitz, seinen Sitz oder eine Niederlassung hat, ohne Rücksicht auf den Streitwert ausschließlich zuständig. [3]Die Entscheidung trifft die Zivilkammer. [4]Für das Verfahren gelten die Vorschriften des Gesetzes über das Verfahren in Familiensachen und in den Angelegenheiten der freiwilligen Gerichtsbarkeit entsprechend. [5]Die Kosten der richterlichen Anordnung trägt der Verletzte. [6]Gegen die Entscheidung des Landgerichts ist die Beschwerde statthaft. [7]Die Beschwerde ist binnen einer Frist von zwei Wochen einzulegen. [8]Die Vorschriften zum Schutz personenbezogener Daten bleiben im Übrigen unberührt.

(10) Durch Absatz 2 in Verbindung mit Absatz 9 wird das Grundrecht des Fernmeldegeheimnisses (Artikel 10 des Grundgesetzes) eingeschränkt.

§ 101a Anspruch auf Vorlage und Besichtigung. (1) [1]Wer mit hinreichender Wahrscheinlichkeit das Urheberrecht oder ein anderes nach diesem Gesetz geschütztes Recht widerrechtlich verletzt, kann von dem Verletzten auf Vorlage einer Urkunde oder Besichtigung einer Sache in Anspruch genommen werden, die sich in seiner Verfügungsgewalt befindet, wenn dies zur Begründung von dessen Ansprüchen erforderlich ist. [2]Besteht die hinreichende Wahrscheinlichkeit einer in gewerblichem Ausmaß begangenen Rechtsverletzung, erstreckt sich der Anspruch auch auf die Vorlage von Bank-, Finanz- oder Handelsunterlagen. ³Soweit der vermeintliche Verletzer geltend macht, dass es sich um vertrauliche Informationen handelt, trifft das Gericht die erforderlichen Maßnahmen, um den im Einzelfall gebotenen Schutz zu gewährleisten.

(2) Der Anspruch nach Absatz 1 ist ausgeschlossen, wenn die Inanspruchnahme im Einzelfall unverhältnismäßig ist.

(3) ¹Die Verpflichtung zur Vorlage einer Urkunde oder zur Duldung der Besichtigung einer Sache kann im Wege der einstweiligen Verfügung nach den §§ 935 bis 945 der Zivilprozessordnung angeordnet werden. ²Das Gericht trifft die erforderlichen Maßnahmen, um den Schutz vertraulicher Informationen zu gewährleisten. ³Dies gilt insbesondere in den Fällen, in denen die einstweilige Verfügung ohne vorherige Anhörung des Gegners erlassen wird.

(4) § 811 des Bürgerlichen Gesetzbuchs sowie § 101 Abs. 8 gelten entsprechend.

(5) Wenn keine Verletzung vorlag oder drohte, kann der vermeintliche Verletzer von demjenigen, der die Vorlage oder Besichtigung nach Absatz 1 begehrt hat, den Ersatz des ihm durch das Begehren entstandenen Schadens verlangen.

§ 101b Sicherung von Schadensersatzansprüchen. (1) ¹Der Verletzte kann den Verletzer bei einer in gewerblichem Ausmaß begangenen Rechtsverletzung in den Fällen des § 97 Abs. 2 auch auf Vorlage von Bank-, Finanz- oder Handelsunterlagen oder einen geeigneten Zugang zu den entsprechenden Unterlagen in Anspruch nehmen, die sich in der Verfügungsgewalt des Verletzers befinden und die für die Durchsetzung des Schadensersatzanspruchs erforderlich sind, wenn ohne die Vorlage die Erfüllung des Schadensersatzanspruchs fraglich ist. ²Soweit der Verletzer geltend macht, dass es sich um vertrauliche Informationen handelt, trifft das Gericht die erforderlichen Maßnahmen, um den im Einzelfall gebotenen Schutz zu gewährleisten.

(2) Der Anspruch nach Absatz 1 ist ausgeschlossen, wenn die Inanspruchnahme im Einzelfall unverhältnismäßig ist.

(3) ¹Die Verpflichtung zur Vorlage der in Absatz 1 bezeichneten Urkunden kann im Wege der einstweiligen Verfügung nach den §§ 935 bis 945 der Zivilprozessordnung angeordnet werden, wenn der Schadensersatzanspruch offensichtlich besteht. ²Das Gericht trifft die erforderlichen Maßnahmen, um den Schutz vertraulicher Informationen zu gewährleisten. ³Dies gilt insbesondere in den Fällen, in denen die einstweilige Verfügung ohne vorherige Anhörung des Gegners erlassen wird.

(4) § 811 des Bürgerlichen Gesetzbuchs sowie § 101 Abs. 8 gelten entsprechend.

§ 102 Verjährung. ¹Auf die Verjährung der Ansprüche wegen Verletzung des Urheberrechts oder eines anderen nach diesem Gesetz geschützten Rechts finden die Vorschriften des Abschnitts 5 des Buches 1 des Bürgerlichen Ge-

Urheberrechtsgesetz UrhG 8

setzbuchs entsprechende Anwendung. ²Hat der Verpflichtete durch die Verletzung auf Kosten des Berechtigten etwas erlangt, findet § 852 des Bürgerlichen Gesetzbuchs entsprechende Anwendung.

§ 102a Ansprüche aus anderen gesetzlichen Vorschriften. Ansprüche aus anderen gesetzlichen Vorschriften bleiben unberührt.

§ 103 Bekanntmachung des Urteils. ¹Ist eine Klage auf Grund dieses Gesetzes erhoben worden, so kann der obsiegenden Partei im Urteil die Befugnis zugesprochen werden, das Urteil auf Kosten der unterliegenden Partei öffentlich bekannt zu machen, wenn sie ein berechtigtes Interesse darlegt. ²Art und Umfang der Bekanntmachung werden im Urteil bestimmt. ³Die Befugnis erlischt, wenn von ihr nicht innerhalb von drei Monaten nach Eintritt der Rechtskraft des Urteils Gebrauch gemacht wird. ⁴Das Urteil darf erst nach Rechtskraft bekannt gemacht werden, wenn nicht das Gericht etwas anderes bestimmt.

§ 104 Rechtsweg. ¹Für alle Rechtsstreitigkeiten, durch die ein Anspruch aus einem der in diesem Gesetz geregelten Rechtsverhältnisse geltend gemacht wird, (Urheberrechtsstreitsachen) ist der ordentliche Rechtsweg gegeben. ²Für Urheberrechtsstreitsachen aus Arbeits- oder Dienstverhältnissen, die ausschließlich Ansprüche auf Leistung einer vereinbarten Vergütung zum Gegenstand haben, bleiben der Rechtsweg zu den Gerichten für Arbeitssachen und der Verwaltungsrechtsweg unberührt.

§ 104a Gerichtsstand. (1) ¹Für Klagen wegen Urheberrechtsstreitsachen gegen eine natürliche Person, die nach diesem Gesetz geschützte Werke oder andere nach diesem Gesetz geschützte Schutzgegenstände nicht für ihre gewerbliche oder selbständige berufliche Tätigkeit verwendet, ist das Gericht ausschließlich zuständig, in dessen Bezirk diese Person zur Zeit der Klageerhebung ihren Wohnsitz, in Ermangelung eines solchen ihren gewöhnlichen Aufenthalt hat. ²Wenn die beklagte Person im Inland weder einen Wohnsitz noch ihren gewöhnlichen Aufenthalt hat, ist das Gericht zuständig, in dessen Bezirk die Handlung begangen ist.

(2) § 105 bleibt unberührt.

§ 105 Gerichte für Urheberrechtsstreitsachen. (1) Die Landesregierungen werden ermächtigt, durch Rechtsverordnung Urheberrechtsstreitsachen, für die das Landgericht in erster Instanz oder in der Berufungsinstanz zuständig ist, für die Bezirke mehrerer Landgerichte einem von ihnen zuzuweisen, wenn dies der Rechtspflege dienlich ist.

(2) Die Landesregierungen werden ferner ermächtigt, durch Rechtsverordnung die zur Zuständigkeit der Amtsgerichte gehörenden Urheberrechtsstreitsachen für die Bezirke mehrerer Amtsgerichte einem von ihnen zuzuweisen, wenn dies der Rechtspflege dienlich ist.

8 UrhG Urheberrechtsgesetz

(3) Die Landesregierungen können die Ermächtigungen nach den Absätzen 1 und 2 auf die Landesjustizverwaltungen übertragen.

Unterabschnitt 2

Straf- und Bußgeldvorschriften

§ 106 Unerlaubte Verwertung urheberrechtlich geschützter Werke.
(1) Wer in anderen als den gesetzlich zugelassenen Fällen ohne Einwilligung des Berechtigten ein Werk oder eine Bearbeitung oder Umgestaltung eines Werkes vervielfältigt, verbreitet oder öffentlich wiedergibt, wird mit Freiheitsstrafe bis zu drei Jahren oder mit Geldstrafe bestraft.

(2) Der Versuch ist strafbar.

§ 107 Unzulässiges Anbringen der Urheberbezeichnung. (1) Wer
1. auf dem Original eines Werkes der bildenden Künste die Urheberbezeichnung (§ 10 Abs. 1) ohne Einwilligung des Urhebers anbringt oder ein derart bezeichnetes Original verbreitet,
2. auf einem Vervielfältigungsstück, einer Bearbeitung oder Umgestaltung eines Werkes der bildenden Künste die Urheberbezeichnung (§ 10 Abs. 1) auf eine Art anbringt, die dem Vervielfältigungsstück, der Bearbeitung oder Umgestaltung den Anschein eines Originals gibt, oder ein derart bezeichnetes Vervielfältigungsstück, eine solche Bearbeitung oder Umgestaltung verbreitet,

wird mit Freiheitsstrafe bis zu drei Jahren oder mit Geldstrafe bestraft, wenn die Tat nicht in anderen Vorschriften mit schwererer Strafe bedroht ist.

(2) Der Versuch ist strafbar.

§ 108 Unerlaubte Eingriffe in verwandte Schutzrechte. (1) Wer in anderen als den gesetzlich zugelassenen Fällen ohne Einwilligung des Berechtigten
1. eine wissenschaftliche Ausgabe (§ 70) oder eine Bearbeitung oder Umgestaltung einer solchen Ausgabe vervielfältigt, verbreitet oder öffentlich wiedergibt,
2. ein nachgelassenes Werk oder eine Bearbeitung oder Umgestaltung eines solchen Werkes entgegen § 71 verwertet,
3. ein Lichtbild (§ 72) oder eine Bearbeitung oder Umgestaltung eines Lichtbildes vervielfältigt, verbreitet oder öffentlich wiedergibt,
4. die Darbietung eines ausübenden Künstlers entgegen den § 77 Abs. 1 oder Abs. 2 Satz 1, § 78 Abs. 1 verwertet,
5. einen Tonträger entgegen § 85 verwertet,
6. eine Funksendung entgegen § 87 verwertet,
7. einen Bildträger oder Bild- und Tonträger entgegen §§ 94 oder 95 in Verbindung mit § 94 verwertet,
8. eine Datenbank entgegen § 87b Abs. 1 verwertet,

wird mit Freiheitsstrafe bis zu drei Jahren oder mit Geldstrafe bestraft.

Urheberrechtsgesetz **UrhG 8**

(2) Der Versuch ist strafbar.

§ 108a Gewerbsmäßige unerlaubte Verwertung. (1) Handelt der Täter in den Fällen der §§ 106 bis 108 gewerbsmäßig, so ist die Strafe Freiheitsstrafe bis zu fünf Jahren oder Geldstrafe.

(2) Der Versuch ist strafbar.

§ 108b Unerlaubte Eingriffe in technische Schutzmaßnahmen und zur Rechtewahrnehmung erforderliche Informationen. (1) Wer
1. in der Absicht, sich oder einem Dritten den Zugang zu einem nach diesem Gesetz geschützten Werk oder einem anderen nach diesem Gesetz geschützten Schutzgegenstand oder deren Nutzung zu ermöglichen, eine wirksame technische Maßnahme ohne Zustimmung des Rechtsinhabers umgeht oder
2. wissentlich unbefugt
    a) eine von Rechtsinhabern stammende Information für die Rechtewahrnehmung entfernt oder verändert, wenn irgendeine der betreffenden Informationen an einem Vervielfältigungsstück eines Werkes oder eines sonstigen Schutzgegenstandes angebracht ist oder im Zusammenhang mit der öffentlichen Wiedergabe eines solchen Werkes oder Schutzgegenstandes erscheint, oder
    b) ein Werk oder einen sonstigen Schutzgegenstand, bei dem eine Information für die Rechtewahrnehmung unbefugt entfernt oder geändert wurde, verbreitet, zur Verbreitung einführt, sendet, öffentlich wiedergibt oder öffentlich zugänglich macht

und dadurch wenigstens leichtfertig die Verletzung von Urheberrechten oder verwandten Schutzrechten veranlasst, ermöglicht, erleichtert oder verschleiert,

wird, wenn die Tat nicht ausschließlich zum eigenen privaten Gebrauch des Täters oder mit dem Täter persönlich verbundener Personen erfolgt oder sich auf einen derartigen Gebrauch bezieht, mit Freiheitsstrafe bis zu einem Jahr oder mit Geldstrafe bestraft.

(2) Ebenso wird bestraft, wer entgegen § 95a Abs. 3 eine Vorrichtung, ein Erzeugnis oder einen Bestandteil zu gewerblichen Zwecken herstellt, einführt, verbreitet, verkauft oder vermietet.

(3) Handelt der Täter in den Fällen des Absatzes 1 gewerbsmäßig, so ist die Strafe Freiheitsstrafe bis zu drei Jahren oder Geldstrafe.

§ 109 Strafantrag. In den Fällen der §§ 106 bis 108 und des § 108b wird die Tat nur auf Antrag verfolgt, es sei denn, daß die Strafverfolgungsbehörde wegen des besonderen öffentlichen Interesses an der Strafverfolgung ein Einschreiten von Amts wegen für geboten hält.

§ 110 Einziehung. ¹Gegenstände, auf die sich eine Straftat nach den §§ 106, 107 Abs. 1 Nr. 2, §§ 108 bis 108b bezieht, können eingezogen werden. ²§ 74a des Strafgesetzbuches ist anzuwenden. ³Soweit den in § 98 bezeichneten Ansprüchen im Verfahren nach den Vorschriften der Strafprozeßordnung über die Entschädigung des Verletzten (§§ 403 bis 406c) stattgegeben wird, sind die Vorschriften über die Einziehung nicht anzuwenden.

§ 111 Bekanntgabe der Verurteilung. ¹Wird in den Fällen der §§ 106 bis 108b auf Strafe erkannt, so ist, wenn der Verletzte es beantragt und ein berechtigtes Interesse daran dartut, anzuordnen, daß die Verurteilung auf Verlangen öffentlich bekanntgemacht wird. ²Die Art der Bekanntmachung ist im Urteil zu bestimmen.

§ 111a Bußgeldvorschriften. (1) Ordnungswidrig handelt, wer
1. entgegen § 95a Abs. 3
   a) eine Vorrichtung, ein Erzeugnis oder einen Bestandteil verkauft, vermietet oder über den Kreis der mit dem Täter persönlich verbundenen Personen hinaus verbreitet oder
   b) zu gewerblichen Zwecken eine Vorrichtung, ein Erzeugnis oder einen Bestandteil besitzt, für deren Verkauf oder Vermietung wirbt oder eine Dienstleistung erbringt,
2. entgegen § 95b Abs. 1 Satz 1 ein notwendiges Mittel nicht zur Verfügung stellt oder
3. entgegen § 95d Absatz 2 Werke oder andere Schutzgegenstände nicht oder nicht vollständig kennzeichnet.

(2) Die Ordnungswidrigkeit kann in den Fällen des Absatzes 1 Nr. 1 und 2 mit einer Geldbuße bis zu fünfzigtausend Euro und in den übrigen Fällen mit einer Geldbuße bis zu zehntausend Euro geahndet werden.

Unterabschnitt 3

Vorschriften über Maßnahmen der Zollbehörde

§ 111b Verfahren nach deutschem Recht. (1) ¹Verletzt die Herstellung oder Verbreitung von Vervielfältigungsstücken das Urheberrecht oder ein anderes nach diesem Gesetz geschütztes Recht, so unterliegen die Vervielfältigungsstücke, soweit nicht die Verordnung (EU) Nr. 608/2013 des Europäischen Parlaments und des Rates vom 12. Juni 2013 zur Durchsetzung der Rechte geistigen Eigentums durch die Zollbehörden und zur Aufhebung der Verordnung (EG) Nr. 1383/2003 des Rates (ABl. L 181 vom 29.6.2013, S. 15), in ihrer jeweils geltenden Fassung anzuwenden ist, auf Antrag und gegen Sicherheitsleistung des Rechtsinhabers bei ihrer Einfuhr oder Ausfuhr der Beschlagnahme durch die Zollbehörde, sofern die Rechtsverletzung offensichtlich ist. ²Dies gilt für den Verkehr mit anderen Mitgliedstaaten der Europäischen Union sowie mit den anderen Vertragsstaaten des Abkommens über den Europäischen Wirtschaftsraum nur, soweit Kontrollen durch die Zollbehörden stattfinden.

Urheberrechtsgesetz **UrhG 8**

(2) ¹Ordnet die Zollbehörde die Beschlagnahme an, so unterrichtet sie unverzüglich den Verfügungsberechtigten sowie den Antragsteller. ²Dem Antragsteller sind Herkunft, Menge und Lagerort der Vervielfältigungsstücke sowie Name und Anschrift des Verfügungsberechtigten mitzuteilen; das Brief- und Postgeheimnis (Artikel 10 des Grundgesetzes) wird insoweit eingeschränkt. ³Dem Antragsteller wird Gelegenheit gegeben, die Vervielfältigungsstücke zu besichtigen, soweit hierdurch nicht in Geschäfts- oder Betriebsgeheimnisse eingegriffen wird.

(3) Wird der Beschlagnahme nicht spätestens nach Ablauf von zwei Wochen nach Zustellung der Mitteilung nach Absatz 2 Satz 1 widersprochen, so ordnet die Zollbehörde die Einziehung der beschlagnahmten Vervielfältigungsstücke an.

(4) ¹Widerspricht der Verfügungsberechtigte der Beschlagnahme, so unterrichtet die Zollbehörde hiervon unverzüglich den Antragsteller. ²Dieser hat gegenüber der Zollbehörde unverzüglich zu erklären, ob er den Antrag nach Absatz 1 in bezug auf die beschlagnahmten Vervielfältigungsstücke aufrechterhält.
1. Nimmt der Antragsteller den Antrag zurück, hebt die Zollbehörde die Beschlagnahme unverzüglich auf.
2. Hält der Antragsteller den Antrag aufrecht und legt er eine vollziehbare gerichtliche Entscheidung vor, die die Verwahrung der beschlagnahmten Vervielfältigungsstücke oder eine Verfügungsbeschränkung anordnet, trifft die Zollbehörde die erforderlichen Maßnahmen.

³Liegen die Fälle der Nummern 1 oder 2 nicht vor, hebt die Zollbehörde die Beschlagnahme nach Ablauf von zwei Wochen nach Zustellung der Mitteilung an den Antragsteller nach Satz 1 auf; weist der Antragsteller nach, daß die gerichtliche Entscheidung nach Nummer 2 beantragt, ihm aber noch nicht zugegangen ist, wird die Beschlagnahme für längstens zwei weitere Wochen aufrechterhalten.

(5) Erweist sich die Beschlagnahme als von Anfang an ungerechtfertigt und hat der Antragsteller den Antrag nach Absatz 1 in bezug auf die beschlagnahmten Vervielfältigungsstücke aufrechterhalten oder sich nicht unverzüglich erklärt (Absatz 4 Satz 2), so ist er verpflichtet, den dem Verfügungsberechtigten durch die Beschlagnahme entstandenen Schaden zu ersetzen.

(6) ¹Der Antrag nach Absatz 1 ist bei der Generalzolldirektion zu stellen und hat Wirkung für ein Jahr, sofern keine kürzere Geltungsdauer beantragt wird; er kann wiederholt werden. ²Für die mit dem Antrag verbundenen Amtshandlungen werden vom Antragsteller Kosten nach Maßgabe des § 178 der Abgabenordnung erhoben.

(7) ¹Die Beschlagnahme und die Einziehung können mit den Rechtsmitteln angefochten werden, die im Bußgeldverfahren nach dem Gesetz über Ordnungswidrigkeiten gegen die Beschlagnahme und Einziehung zulässig sind. ²Im Rechtsmittelverfahren ist der Antragsteller zu hören. ³Gegen die Entschei-

dung des Amtsgerichts ist die sofortige Beschwerde zulässig; über sie entscheidet das Oberlandesgericht.

(8) *weggefallen*

§ 111c Verfahren nach der Verordnung (EU) Nr. 608/2013. Für das Verfahren nach der Verordnung (EU) Nr. 608/2013 gilt § 111b Absatz 5 und 6 entsprechend, soweit die Verordnung keine Bestimmungen enthält, die dem entgegenstehen.

Abschnitt 3
Zwangsvollstreckung

Unterabschnitt 1
Allgemeines

§ 112 Allgemeines. Die Zulässigkeit der Zwangsvollstreckung in ein nach diesem Gesetz geschütztes Recht richtet sich nach den allgemeinen Vorschriften, soweit sich aus den §§ 113 bis 119 nichts anderes ergibt.

Unterabschnitt 2
Zwangsvollstreckung wegen Geldforderungen gegen den Urheber

§ 113 Urheberrecht. ¹Gegen den Urheber ist die Zwangsvollstreckung wegen Geldforderungen in das Urheberrecht nur mit seiner Einwilligung und nur insoweit zulässig, als er Nutzungsrechte einräumen kann (§ 31). ²Die Einwilligung kann nicht durch den gesetzlichen Vertreter erteilt werden.

§ 114 Originale von Werken. (1) ¹Gegen den Urheber ist die Zwangsvollstreckung wegen Geldforderungen in die ihm gehörenden Originale seiner Werke nur mit seiner Einwilligung zulässig. ²Die Einwilligung kann nicht durch den gesetzlichen Vertreter erteilt werden.

(2) ¹Der Einwilligung bedarf es nicht,
1. soweit die Zwangsvollstreckung in das Original des Werkes zur Durchführung der Zwangsvollstreckung in ein Nutzungsrecht am Werk notwendig ist,
2. zur Zwangsvollstreckung in das Original eines Werkes der Baukunst,
3. zur Zwangsvollstreckung in das Original eines anderen Werkes der bildenden Künste, wenn das Werk veröffentlicht ist.

²In den Fällen der Nummern 2 und 3 darf das Original des Werkes ohne Zustimmung des Urhebers verbreitet werden.

Unterabschnitt 3

Zwangsvollstreckung wegen Geldforderungen gegen den Rechtsnachfolger des Urhebers

§ 115 Urheberrecht. ¹Gegen den Rechtsnachfolger des Urhebers (§ 30) ist die Zwangsvollstreckung wegen Geldforderungen in das Urheberrecht nur mit seiner Einwilligung und nur insoweit zulässig, als er Nutzungsrechte einräumen kann (§ 31). ²Der Einwilligung bedarf es nicht, wenn das Werk erschienen ist.

§ 116 Originale von Werken. (1) Gegen den Rechtsnachfolger des Urhebers (§ 30) ist die Zwangsvollstreckung wegen Geldforderungen in die ihm gehörenden Originale von Werken des Urhebers nur mit seiner Einwilligung zulässig.

(2) ¹Der Einwilligung bedarf es nicht
1. in den Fällen des § 114 Abs. 2 Satz 1,
2. zur Zwangsvollstreckung in das Original eines Werkes, wenn das Werk erschienen ist.

²§ 114 Abs. 2 Satz 2 gilt entsprechend.

§ 117 Testamentsvollstrecker. Ist nach § 28 Abs. 2 angeordnet, daß das Urheberrecht durch einen Testamentsvollstrecker ausgeübt wird, so ist die nach den §§ 115 und 116 erforderliche Einwilligung durch den Testamentsvollstrecker zu erteilen.

Unterabschnitt 4

Zwangsvollstreckung wegen Geldforderungen gegen den Verfasser wissenschaftlicher Ausgaben und gegen den Lichtbildner

§ 118 Entsprechende Anwendung. Die §§ 113 bis 117 sind sinngemäß anzuwenden
1. auf die Zwangsvollstreckung wegen Geldforderungen gegen den Verfasser wissenschaftlicher Ausgaben (§ 70) und seinen Rechtsnachfolger,
2. auf die Zwangsvollstreckung wegen Geldforderungen gegen den Lichtbildner (§ 72) und seinen Rechtsnachfolger.

Unterabschnitt 5
Zwangsvollstreckung wegen Geldforderungen in bestimmte Vorrichtungen

§ 119 Zwangsvollstreckung in bestimmte Vorrichtungen. (1) Vorrichtungen, die ausschließlich zur Vervielfältigung oder Funksendung eines Werkes bestimmt sind, wie Formen, Platten, Steine, Druckstöcke, Matrizen und Negative, unterliegen der Zwangsvollstreckung wegen Geldforderungen nur, soweit der Gläubiger zur Nutzung des Werkes mittels dieser Vorrichtungen berechtigt ist.

(2) Das gleiche gilt für Vorrichtungen, die ausschließlich zur Vorführung eines Filmwerkes bestimmt sind, wie Filmstreifen und dergleichen.

(3) Die Absätze 1 und 2 sind auf die nach den §§ 70 und 71 geschützten Ausgaben, die nach § 72 geschützten Lichtbilder, die nach § 77 Abs. 2 Satz 1, §§ 85, 87, 94 und 95 geschützten Bild- und Tonträger und die nach § 87b Abs. 1 geschützten Datenbanken entsprechend anzuwenden.

Teil 5
Anwendungsbereich, Übergangs- und Schlussbestimmungen

Abschnitt 1
Anwendungsbereich des Gesetzes

Unterabschnitt 1
Urheberrecht

§ 120 Deutsche Staatsangehörige und Staatsangehörige anderer EU-Staaten und EWR-Staaten. (1) ¹Deutsche Staatsangehörige genießen den urheberrechtlichen Schutz für alle ihre Werke, gleichviel, ob und wo die Werke erschienen sind. ²Ist ein Werk von Miturhebern (§ 8) geschaffen, so genügt es, wenn ein Miturheber deutscher Staatsangehöriger ist.

(2) Deutschen Staatsangehörigen stehen gleich:
1. Deutsche im Sinne des Artikels 116 Abs. 1 des Grundgesetzes, die nicht die deutsche Staatsangehörigkeit besitzen, und
2. Staatsangehörige eines anderen Mitgliedstaates der Europäischen Union oder eines anderen Vertragsstaates des Abkommens über den Europäischen Wirtschaftsraum.

§ 121 Ausländische Staatsangehörige. (1) ¹Ausländische Staatsangehörige genießen den urheberrechtlichen Schutz für ihre im Geltungsbereich dieses

Gesetzes erschienenen Werke, es sei denn, daß das Werk oder eine Übersetzung des Werkes früher als dreißig Tage vor dem Erscheinen im Geltungsbereich dieses Gesetzes außerhalb dieses Gebietes erschienen ist. ²Mit der gleichen Einschränkung genießen ausländische Staatsangehörige den Schutz auch für solche Werke, die im Geltungsbereich dieses Gesetzes nur in Übersetzung erschienen sind.

(2) Den im Geltungsbereich dieses Gesetzes erschienenen Werken im Sinne des Absatzes 1 werden die Werke der bildenden Künste gleichgestellt, die mit einem Grundstück im Geltungsbereich dieses Gesetzes fest verbunden sind.

(3) Der Schutz nach Absatz 1 kann durch Rechtsverordnung des Bundesministers der Justiz und für Verbraucherschutz für ausländische Staatsangehörige beschränkt werden, die keinem Mitgliedstaat der Berner Übereinkunft zum Schutze von Werken der Literatur und der Kunst angehören und zur Zeit des Erscheinens des Werkes weder im Geltungsbereich dieses Gesetzes noch in einem anderen Mitgliedstaat ihren Wohnsitz haben, wenn der Staat, dem sie angehören, deutschen Staatsangehörigen für ihre Werke keinen genügenden Schutz gewährt.

(4) ¹Im übrigen genießen ausländische Staatsangehörige den urheberrechtlichen Schutz nach Inhalt der Staatsverträge. ²Bestehen keine Staatsverträge, so besteht für solche Werke urheberrechtlicher Schutz, soweit in dem Staat, dem der Urheber angehört, nach einer Bekanntmachung des Bundesministers der Justiz und für Verbraucherschutz im Bundesgesetzblatt deutsche Staatsangehörige für ihre Werke einen entsprechenden Schutz genießen.

(5) Das Folgerecht (§ 26) steht ausländischen Staatsangehörigen nur zu, wenn der Staat, dem sie angehören, nach einer Bekanntmachung des Bundesministers der Justiz und für Verbraucherschutz im Bundesgesetzblatt deutschen Staatsangehörigen ein entsprechendes Recht gewährt.

(6) Den Schutz nach den §§ 12 bis 14 genießen ausländische Staatsangehörige für alle ihre Werke, auch wenn die Voraussetzungen der Absätze 1 bis 5 nicht vorliegen.

§ 122 Staatenlose. (1) Staatenlose mit gewöhnlichem Aufenthalt im Geltungsbereich dieses Gesetzes genießen für ihre Werke den gleichen urheberrechtlichen Schutz wie deutsche Staatsangehörige.

(2) Staatenlose ohne gewöhnlichen Aufenthalt im Geltungsbereich dieses Gesetzes genießen für ihre Werke den gleichen urheberrechtlichen Schutz wie die Angehörigen des ausländischen Staates, in dem sie ihren gewöhnlichen Aufenthalt haben.

§ 123 Ausländische Flüchtlinge. ¹Für Ausländer, die Flüchtlinge im Sinne von Staatsverträgen oder anderen Rechtsvorschriften sind, gelten die Bestimmungen des § 122 entsprechend. ²Hierdurch wird ein Schutz nach § 121 nicht ausgeschlossen.

Unterabschnitt 2

Verwandte Schutzrechte

§ 124 Wissenschaftliche Ausgaben und Lichtbilder. Für den Schutz wissenschaftlicher Ausgaben (§ 70) und den Schutz von Lichtbildern (§ 72) sind die §§ 120 bis 123 sinngemäß anzuwenden.

§ 125 Schutz des ausübenden Künstlers. (1) [1]Den nach den §§ 73 bis 83 gewährten Schutz genießen deutsche Staatsangehörige für alle ihre Darbietungen, gleichviel, wo diese stattfinden. [2]§ 120 Abs. 2 ist anzuwenden.

(2) Ausländische Staatsangehörige genießen den Schutz für alle ihre Darbietungen, die im Geltungsbereich dieses Gesetzes stattfinden, soweit nicht in den Absätzen 3 und 4 etwas anderes bestimmt ist.

(3) Werden Darbietungen ausländischer Staatsangehöriger erlaubterweise auf Bild- oder Tonträger aufgenommen und sind diese erschienen, so genießen die ausländischen Staatsangehörigen hinsichtlich dieser Bild- oder Tonträger den Schutz nach § 77 Abs. 2 Satz 1, § 78 Abs. 1 Nr. 1 und Abs. 2, wenn die Bild- oder Tonträger im Geltungsbereich dieses Gesetzes erschienen sind, es sei denn, daß die Bild- oder Tonträger früher als dreißig Tage vor dem Erscheinen im Geltungsbereich dieses Gesetzes außerhalb dieses Gebietes erschienen sind.

(4) Werden Darbietungen ausländischer Staatsangehöriger erlaubterweise durch Funk gesendet, so genießen die ausländischen Staatsangehörigen den Schutz gegen Aufnahme der Funksendung auf Bild- oder Tonträger (§ 77 Abs. 1) und Weitersendung der Funksendung (§ 78 Abs. 1 Nr. 2) sowie den Schutz nach § 78 Abs. 2, wenn die Funksendung im Geltungsbereich dieses Gesetzes ausgestrahlt worden ist.

(5) [1]Im übrigen genießen ausländische Staatsangehörige den Schutz nach Inhalt der Staatsverträge. [2]§ 121 Abs. 4 Satz 2 sowie die §§ 122 und 123 gelten entsprechend.

(6) [1]Den Schutz nach den §§ 74 und 75, § 77 Abs. 1 sowie § 78 Abs. 1 Nr. 3 genießen ausländische Staatsangehörige für alle ihre Darbietungen, auch wenn die Voraussetzungen der Absätze 2 bis 5 nicht vorliegen. [2]Das gleiche gilt für den Schutz nach § 78 Abs. 1 Nr. 2, soweit es sich um die unmittelbare Sendung der Darbietung handelt.

(7) Wird Schutz nach den Absätzen 2 bis 4 oder 6 gewährt, so erlischt er spätestens mit dem Ablauf der Schutzdauer in dem Staat, dessen Staatsangehöriger der ausübende Künstler ist, ohne die Schutzfrist nach § 82 zu überschreiten.

§ 126 Schutz des Herstellers von Tonträgern. (1) [1]Den nach den §§ 85 und 86 gewährten Schutz genießen deutsche Staatsangehörige oder Unternehmen mit Sitz im Geltungsbereich dieses Gesetzes für alle ihre Tonträger, gleichviel, ob und wo diese erschienen sind. ²§ 120 Abs. 2 ist anzuwenden. ³Unternehmen mit Sitz in einem anderen Mitgliedstaat der Europäischen Union oder in einem anderen Vertragsstaat des Abkommens über den Europäischen Wirtschaftsraum stehen Unternehmen mit Sitz im Geltungsbereich dieses Gesetzes gleich.

(2) ¹Ausländische Staatsangehörige oder Unternehmen ohne Sitz im Geltungsbereich dieses Gesetzes genießen den Schutz für ihre im Geltungsbereich dieses Gesetzes erschienenen Tonträger, es sei denn, daß der Tonträger früher als dreißig Tage vor dem Erscheinen im Geltungsbereich dieses Gesetzes außerhalb dieses Gebietes erschienen ist. ²Der Schutz erlischt jedoch spätestens mit dem Ablauf der Schutzdauer in dem Staat, dessen Staatsangehörigkeit der Hersteller des Tonträgers besitzt oder in welchem das Unternehmen seinen Sitz hat, ohne die Schutzfrist nach § 85 Abs. 3 zu überschreiten.

(3) ¹Im übrigen genießen ausländische Staatsangehörige oder Unternehmen ohne Sitz im Geltungsbereich dieses Gesetzes den Schutz nach Inhalt der Staatsverträge. ²§ 121 Abs. 4 Satz 2 sowie die §§ 122 und 123 gelten entsprechend.

§ 127 Schutz des Sendeunternehmens. (1) ¹Den nach § 87 gewährten Schutz genießen Sendeunternehmen mit Sitz im Geltungsbereich dieses Gesetzes für alle Funksendungen, gleichviel, wo sie diese ausstrahlen. ²§ 126 Abs. 1 Satz 3 ist anzuwenden.

(2) ¹Sendeunternehmen ohne Sitz im Geltungsbereich dieses Gesetzes genießen den Schutz für alle Funksendungen, die sie im Geltungsbereich dieses Gesetzes ausstrahlen. ²Der Schutz erlischt spätestens mit dem Ablauf der Schutzdauer in dem Staat, in dem das Sendeunternehmen seinen Sitz hat, ohne die Schutzfrist nach § 87 Abs. 3 zu überschreiten.

(3) ¹Im übrigen genießen Sendeunternehmen ohne Sitz im Geltungsbereich dieses Gesetzes den Schutz nach Inhalt der Staatsverträge. ²§ 121 Abs. 4 Satz 2 gilt entsprechend.

§ 127a Schutz des Datenbankherstellers. (1) ¹Den nach § 87b gewährten Schutz genießen deutsche Staatsangehörige sowie juristische Personen mit Sitz im Geltungsbereich dieses Gesetzes. ²§ 120 Abs. 2 ist anzuwenden.

(2) Die nach deutschem Recht oder dem Recht eines der in § 120 Abs. 2 Nr. 2 bezeichneten Staaten gegründeten juristischen Personen ohne Sitz im Geltungsbereich dieses Gesetzes genießen den nach § 87b gewährten Schutz, wenn

1. ihre Hauptverwaltung oder Hauptniederlassung sich im Gebiet eines der in § 120 Abs. 2 Nr. 2 bezeichneten Staaten befindet oder
2. ihr satzungsmäßiger Sitz sich im Gebiet eines dieser Staaten befindet und ihre Tätigkeit eine tatsächliche Verbindung zur deutschen Wirtschaft oder zur Wirtschaft eines dieser Staaten aufweist.

8 UrhG

(3) Im übrigen genießen ausländische Staatsangehörige sowie juristische Personen den Schutz nach dem Inhalt von Staatsverträgen sowie von Vereinbarungen, die die Europäische Gemeinschaft mit dritten Staaten schließt; diese Vereinbarungen werden vom Bundesministerium der Justiz und für Verbraucherschutz im Bundesgesetzblatt bekanntgemacht.

§ 127b Schutz des Presseverlegers. (1) [1]Den nach § 87g gewährten Schutz genießen deutsche Staatsangehörige oder Unternehmen mit Sitz im Geltungsbereich dieses Gesetzes. [2]§ 120 Absatz 2 und § 126 Absatz 1 Satz 3 sind anzuwenden.

(2) Unternehmen ohne Sitz im Geltungsbereich dieses Gesetzes genießen den nach § 87g gewährten Schutz, wenn ihre Hauptverwaltung oder ihre Hauptniederlassung sich im Geltungsbereich dieses Gesetzes oder im Gebiet eines anderen Mitgliedstaates der Europäischen Union oder eines anderen Vertragsstaates des Abkommens über den Europäischen Wirtschaftsraum befindet.

§ 128 Schutz des Filmherstellers. (1) [1]Den nach den §§ 94 und 95 gewährten Schutz genießen deutsche Staatsangehörige oder Unternehmen mit Sitz im Geltungsbereich dieses Gesetzes für alle ihre Bildträger oder Bild- und Tonträger, gleichviel, ob und wo diese erschienen sind. [2]§ 120 Abs. 2 und § 126 Abs. 1 Satz 3 sind anzuwenden.

(2) Für ausländische Staatsangehörige oder Unternehmen ohne Sitz im Geltungsbereich dieses Gesetzes gelten die Bestimmungen in § 126 Abs. 2 und 3 entsprechend.

Abschnitt 2

Übergangsbestimmungen

§ 129 Werke. (1) [1]Die Vorschriften dieses Gesetzes sind auch auf die vor seinem Inkrafttreten geschaffenen Werke anzuwenden, es sei denn, daß sie zu diesem Zeitpunkt urheberrechtlich nicht geschützt sind oder daß in diesem Gesetz sonst etwas anderes bestimmt ist. [2]Dies gilt für verwandte Schutzrechte entsprechend.

(2) Die Dauer des Urheberrechts an einem Werk, das nach Ablauf von fünfzig Jahren nach dem Tode des Urhebers, aber vor dem Inkrafttreten dieses Gesetzes veröffentlicht worden ist, richtet sich nach den bisherigen Vorschriften.

§ 130 Übersetzungen. Unberührt bleiben die Rechte des Urhebers einer Übersetzung, die vor dem 1. Januar 1902 erlaubterweise ohne Zustimmung des Urhebers des übersetzten Werkes erschienen ist.

§ 131 Vertonte Sprachwerke. Vertonte Sprachwerke, die nach § 20 des Gesetzes betreffend das Urheberrecht an Werken der Literatur und der Tonkunst vom 19. Juni 1901 (Reichsgesetzbl. S. 227) in der Fassung des Gesetzes zur Ausführung der revidierten Berner Übereinkunft zum Schutze von Werken der Literatur und Kunst vom 22. Mai 1910 (Reichsgesetzbl. S. 793) ohne Zustimmung ihres Urhebers vervielfältigt, verbreitet und öffentlich wiedergegeben werden durften, dürfen auch weiterhin in gleichem Umfang vervielfältigt, verbreitet und öffentlich wiedergegeben werden, wenn die Vertonung des Werkes vor dem Inkrafttreten dieses Gesetzes erschienen ist.

§ 132 Verträge. (1) ¹Die Vorschriften dieses Gesetzes sind mit Ausnahme der §§ 42 und 43 auf Verträge, die vor dem 1. Januar 1966 abgeschlossen worden sind, nicht anzuwenden. ²§ 43 gilt für ausübende Künstler entsprechend. ³Die §§ 40 und 41 gelten für solche Verträge mit der Maßgabe, daß die in § 40 Abs. 1 Satz 2 und § 41 Abs. 2 genannten Fristen frühestens mit dem 1. Januar 1966 beginnen.

(2) Vor dem 1. Januar 1966 getroffene Verfügungen bleiben wirksam.

(3) ¹Auf Verträge oder sonstige Sachverhalte, die vor dem 1. Juli 2002 geschlossen worden oder entstanden sind, sind die Vorschriften dieses Gesetzes vorbehaltlich der Sätze 2 und 3 sowie des § 133 Absatz 2 bis 4 in der am 28. März 2002 geltenden Fassung weiter anzuwenden. ²§ 32a findet auf Sachverhalte Anwendung, die nach dem 28. März 2002 entstanden sind. ³Auf Verträge, die seit dem 1. Juni 2001 und bis zum 30. Juni 2002 geschlossen worden sind, findet auch § 32 Anwendung, sofern von dem eingeräumten Recht oder der Erlaubnis nach dem 30. Juni 2002 Gebrauch gemacht wird.

(3a) Auf Verträge oder sonstige Sachverhalte, die ab dem 1. Juli 2002 und vor dem 1. März 2017 geschlossen worden sind oder entstanden sind, sind die Vorschriften dieses Gesetzes vorbehaltlich des § 133 Absatz 2 bis 4 in der bis einschließlich 28. Februar 2017 geltenden Fassung weiter anzuwenden.

(4) Die Absätze 3 und 3a gelten für ausübende Künstler entsprechend.

§ 133 Übergangsregelung bei der Umsetzung vertragsrechtlicher Bestimmungen der Richtlinie (EU) 2019/790. (1) Auf Verträge oder sonstige Sachverhalte, die ab dem 1. März 2017 und vor dem 7. Juni 2021 geschlossen worden sind oder entstanden sind, sind vorbehaltlich der Absätze 2 bis 4 die Vorschriften des Teils 1 Abschnitt 5 Unterabschnitt 2 in der am 1. März 2017 geltenden Fassung weiter anzuwenden.

(2) Die Vorschriften über die weitere Beteiligung des Urhebers (§ 32a) und über das Rückrufsrecht wegen Nichtausübung (§ 41) sind in der am 7. Juni 2021 geltenden Fassung ab diesem Zeitpunkt auch auf zuvor geschlossene Verträge anzuwenden.

(3) ¹Die Vorschriften über die Auskunft und Rechenschaft des Vertragspartners (§ 32d) und über die Auskunft und Rechenschaft Dritter in der Lizenzkette (§ 32e) sind in der am 7. Juni 2021 geltenden Fassung ab dem 7. Juni 2022 auch auf vor dem 7. Juni 2021 geschlossene Verträge anzuwenden. ²Abweichend von Satz 1 ist bei Verträgen, die vor dem 1. Januar 2008 geschlossen

worden sind, Auskunft über die Nutzung von Filmwerken oder Laufbildern und die filmische Verwertung der zu ihrer Herstellung benutzten Werke nur auf Verlangen des Urhebers zu erteilen.

(4) Die Absätze 1 bis 3 gelten für ausübende Künstler entsprechend.

§ 134 Urheber. [1]Wer zur Zeit des Inkrafttretens dieses Gesetzes nach den bisherigen Vorschriften, nicht aber nach diesem Gesetz als Urheber eines Werkes anzusehen ist, gilt, abgesehen von den Fällen des § 135, weiterhin als Urheber. [2]Ist nach den bisherigen Vorschriften eine juristische Person als Urheber eines Werkes anzusehen, so sind für die Berechnung der Dauer des Urheberrechts die bisherigen Vorschriften anzuwenden.

§ 135 Inhaber verwandter Schutzrechte[3]. Wer zur Zeit des Inkrafttretens dieses Gesetzes nach den bisherigen Vorschriften als Urheber eines Lichtbildes oder der Übertragung eines Werkes auf Vorrichtungen zur mechanischen Wiedergabe für das Gehör anzusehen ist, ist Inhaber der entsprechenden verwandten Schutzrechte, die dieses Gesetz ihm gewährt.

§ 135a Berechnung der Schutzfrist. [1]Wird durch die Anwendung dieses Gesetzes auf ein vor seinem Inkrafttreten entstandenes Recht die Dauer des Schutzes verkürzt und liegt das für den Beginn der Schutzfrist nach diesem Gesetz maßgebende Ereignis vor dem Inkrafttreten dieses Gesetzes, so wird die Frist erst vom Inkrafttreten dieses Gesetzes an berechnet. [2]Der Schutz erlischt jedoch spätestens mit Ablauf der Schutzdauer nach den bisherigen Vorschriften.

§ 136 Vervielfältigung und Verbreitung. (1) War eine Vervielfältigung, die nach diesem Gesetz unzulässig ist, bisher erlaubt, so darf die vor Inkrafttreten dieses Gesetzes begonnene Herstellung von Vervielfältigungsstücken vollendet werden.

(2) Die nach Absatz 1 oder bereits vor dem Inkrafttreten dieses Gesetzes hergestellten Vervielfältigungsstücke dürfen verbreitet werden.

(3) Ist für eine Vervielfältigung, die nach den bisherigen Vorschriften frei zulässig war, nach diesem Gesetz eine angemessene Vergütung an den Berechtigten zu zahlen, so dürfen die in Absatz 2 bezeichneten Vervielfältigungsstücke ohne Zahlung einer Vergütung verbreitet werden.

§ 137 Übertragung von Rechten. (1) [1]Soweit das Urheberrecht vor Inkrafttreten dieses Gesetzes auf einen anderen übertragen worden ist, stehen dem Erwerber die entsprechenden Nutzungsrechte (§ 31) zu. [2]Jedoch erstreckt sich die Übertragung im Zweifel nicht auf Befugnisse, die erst durch dieses Gesetz begründet werden.

---

3 Mit Art. 14 Abs. 1 Satz 1 GG nach Maßgabe des Entscheidungssatzes BVerfG v. 8. Juli 1971 – 1 BvR 766/66 – unvereinbar (BGBl. I S. 1943).

(2) ¹Ist vor dem Inkrafttreten dieses Gesetzes das Urheberrecht ganz oder teilweise einem anderen übertragen worden, so erstreckt sich die Übertragung im Zweifel auch auf den Zeitraum, um den die Dauer des Urheberrechts nach den §§ 64 bis 66 verlängert worden ist. ²Entsprechendes gilt, wenn vor dem Inkrafttreten dieses Gesetzes einem anderen die Ausübung einer dem Urheber vorbehaltenen Befugnis erlaubt worden ist.

(3) In den Fällen des Absatzes 2 hat der Erwerber oder Erlaubnisnehmer dem Veräußerer oder Erlaubnisgeber eine angemessene Vergütung zu zahlen, sofern anzunehmen ist, daß dieser für die Übertragung oder die Erlaubnis eine höhere Gegenleistung erzielt haben würde, wenn damals bereits die verlängerte Schutzdauer bestimmt gewesen wäre.

(4) ¹Der Anspruch auf die Vergütung entfällt, wenn alsbald nach seiner Geltendmachung der Erwerber dem Veräußerer das Recht für die Zeit nach Ablauf der bisher bestimmten Schutzdauer zur Verfügung stellt oder der Erlaubnisnehmer für diese Zeit auf die Erlaubnis verzichtet. ²Hat der Erwerber das Urheberrecht vor dem Inkrafttreten dieses Gesetzes weiterveräußert, so ist die Vergütung insoweit nicht zu zahlen, als sie den Erwerber mit Rücksicht auf die Umstände der Weiterveräußerung unbillig belasten würde.

(5) Absatz 1 gilt für verwandte Schutzrechte entsprechend.

§ 137a Lichtbildwerke. (1) Die Vorschriften dieses Gesetzes über die Dauer des Urheberrechts sind auch auf Lichtbildwerke anzuwenden, deren Schutzfrist am 1. Juli 1985 nach dem bis dahin geltenden Recht noch nicht abgelaufen ist.

(2) Ist vorher einem anderen ein Nutzungsrecht an einem Lichtbildwerk eingeräumt oder übertragen worden, so erstreckt sich die Einräumung oder Übertragung im Zweifel nicht auf den Zeitraum, um den die Dauer des Urheberrechts an Lichtbildwerken verlängert worden ist.

§ 137b Bestimmte Ausgaben. (1) Die Vorschriften dieses Gesetzes über die Dauer des Schutzes nach den §§ 70 und 71 sind auch auf wissenschaftliche Ausgaben und Ausgaben nachgelassener Werke anzuwenden, deren Schutzfrist am 1. Juli 1990 nach dem bis dahin geltenden Recht noch nicht abgelaufen ist.

(2) Ist vor dem 1. Juli 1990 einem anderen ein Nutzungsrecht an einer wissenschaftlichen Ausgabe oder einer Ausgabe nachgelassener Werke eingeräumt oder übertragen worden, so erstreckt sich die Einräumung oder Übertragung im Zweifel auch auf den Zeitraum, um den die Dauer des verwandten Schutzrechtes verlängert worden ist.

(3) Die Bestimmungen in § 137 Abs. 3 und 4 gelten entsprechend.

§ 137c Ausübende Künstler. (1) ¹Die Vorschriften dieses Gesetzes über die Dauer des Schutzes nach § 82 sind auch auf Darbietungen anzuwenden, die vor dem 1. Juli 1990 auf Bild- oder Tonträger aufgenommen worden sind, wenn am 1. Januar 1991 seit dem Erscheinen des Bild- oder Tonträgers 50 Jahre noch nicht abgelaufen sind. ²Ist der Bild- oder Tonträger innerhalb dieser Frist nicht erschienen, so ist die Frist von der Darbietung an zu berechnen. ³Der Schutz nach diesem Gesetz dauert in keinem Fall länger als 50 Jahre nach dem Erscheinen des Bild- oder Tonträgers oder, falls der Bild- oder Tonträger nicht erschienen ist, 50 Jahre nach der Darbietung.

(2) Ist vor dem 1. Juli 1990 einem anderen ein Nutzungsrecht an der Darbietung eingeräumt oder übertragen worden, so erstreckt sich die Einräumung oder Übertragung im Zweifel auch auf den Zeitraum, um den die Dauer des Schutzes verlängert worden ist.

(3) Die Bestimmungen in § 137 Abs. 3 und 4 gelten entsprechend.

§ 137 d Computerprogramme. (1) ¹Die Vorschriften des Abschnitts 8 des Teils 1 sind auch auf Computerprogramme anzuwenden, die vor dem 24. Juni 1993 geschaffen worden sind. ²Jedoch erstreckt sich das ausschließliche Vermietrecht (§ 69c Nr. 3) nicht auf Vervielfältigungsstücke eines Programms, die ein Dritter vor dem 1. Januar 1993 zum Zweck der Vermietung erworben hat.

(2) § 69g Abs. 2 ist auch auf Verträge anzuwenden, die vor dem 24. Juni 1993 abgeschlossen worden sind.

(3) § 69a Absatz 5 ist in der am 7. Juni 2021 geltenden Fassung nur auf Verträge und Sachverhalte anzuwenden, die von diesem Tag an geschlossen werden oder entstehen.

§ 137e Übergangsregelung bei Umsetzung der Richtlinie 92/100/ EWG. (1) Die am 30. Juni 1995 in Kraft tretenden Vorschriften dieses Gesetzes finden auch auf vorher geschaffene Werke, Darbietungen, Tonträger, Funksendungen und Filme Anwendung, es sei denn, daß diese zu diesem Zeitpunkt nicht mehr geschützt sind.

(2) ¹Ist ein Original oder Vervielfältigungsstück eines Werkes oder ein Bild- oder Tonträger vor dem 30. Juni 1995 erworben oder zum Zweck der Vermietung einem Dritten überlassen worden, so gilt für die Vermietung nach diesem Zeitpunkt die Zustimmung der Inhaber des Vermietrechts (§§ 17, 77 Abs. 2 Satz 1, §§ 85 und 94) als erteilt. ²Diesen Rechtsinhabern hat der Vermieter jeweils eine angemessene Vergütung zu zahlen; § 27 Abs. 1 Satz 2 und 3 hinsichtlich der Ansprüche der Urheber und ausübenden Künstler und § 27 Abs. 3 finden entsprechende Anwendung. ³§ 137d bleibt unberührt.

(3) Wurde ein Bild- oder Tonträger, der vor dem 30. Juni 1995 erworben oder zum Zweck der Vermietung einem Dritten überlassen worden ist, zwischen dem 1. Juli 1994 und dem 30. Juni 1995 vermietet, besteht für diese Vermietung ein Vergütungsanspruch in entsprechender Anwendung des Absatzes 2 Satz 2.

(4) ¹Hat ein Urheber vor dem 30. Juni 1995 ein ausschließliches Verbreitungsrecht eingeräumt, so gilt die Einräumung auch für das Vermietrecht. ²Hat

ein ausübender Künstler vor diesem Zeitpunkt bei der Herstellung eines Filmwerkes mitgewirkt oder in die Benutzung seiner Darbietung zur Herstellung eines Filmwerkes eingewilligt, so gelten seine ausschließlichen Rechte als auf den Filmhersteller übertragen. ³Hat er vor diesem Zeitpunkt in die Aufnahme seiner Darbietung auf Tonträger und in die Vervielfältigung eingewilligt, so gilt die Einwilligung auch als Übertragung des Verbreitungsrechts, einschließlich der Vermietung.

§ 137 f Übergangsregelung bei Umsetzung der Richtlinie 93/98/EWG. (1) ¹Würde durch die Anwendung dieses Gesetzes in der ab dem 1. Juli 1995 geltenden Fassung die Dauer eines vorher entstandenen Rechts verkürzt, so erlischt der Schutz mit dem Ablauf der Schutzdauer nach den bis zum 30. Juni 1995 geltenden Vorschriften. ²Im übrigen sind die Vorschriften dieses Gesetzes über die Schutzdauer in der ab dem 1. Juli 1995 geltenden Fassung auch auf Werke und verwandte Schutzrechte anzuwenden, deren Schutz am 1. Juli 1995 noch nicht erloschen ist.

(2) ¹Die Vorschriften dieses Gesetzes in der ab dem 1. Juli 1995 geltenden Fassung sind auch auf Werke anzuwenden, deren Schutz nach diesem Gesetz vor dem 1. Juli 1995 abgelaufen ist, nach dem Gesetz eines anderen Mitgliedstaates der Europäischen Union oder eines Vertragsstaates des Abkommens über den Europäischen Wirtschaftsraum zu diesem Zeitpunkt aber noch besteht. ²Satz 1 gilt entsprechend für die verwandten Schutzrechte des Herausgebers nachgelassener Werke (§ 71), der ausübenden Künstler (§ 73), der Hersteller von Tonträgern (§ 85), der Sendeunternehmen (§ 87) und der Filmhersteller (§§ 94 und 95).

(3) ¹Lebt nach Absatz 2 der Schutz eines Werkes im Geltungsbereich dieses Gesetzes wieder auf, so stehen die wiederauflebenden Rechte dem Urheber zu. ²Eine vor dem 1. Juli 1995 begonnene Nutzungshandlung darf jedoch in dem vorgesehenen Rahmen fortgesetzt werden. ³Für die Nutzung ab dem 1. Juli 1995 ist eine angemessene Vergütung zu zahlen. ⁴Die Sätze 1 bis 3 gelten für verwandte Schutzrechte entsprechend.

(4) ¹Ist vor dem 1. Juli 1995 einem anderen ein Nutzungsrecht an einer nach diesem Gesetz noch geschützten Leistung eingeräumt oder übertragen worden, so erstreckt sich die Einräumung oder Übertragung im Zweifel auch auf den Zeitraum, um den die Schutzdauer verlängert worden ist. ²Im Fall des Satzes 1 ist eine angemessene Vergütung zu zahlen.

§ 137g Übergangsregelung bei Umsetzung der Richtlinie 96/9/EG.
(1) § 23 Absatz 2, § 53 Abs. 5, die §§ 55a und 63 Abs. 1 Satz 2 sind auch auf Datenbankwerke anzuwenden, die vor dem 1. Januar 1998 geschaffen wurden.

(2) ¹Die Vorschriften des Abschnitts 6 des Teils 2 sind auch auf Datenbanken anzuwenden, die zwischen dem 1. Januar 1983 und dem 31. Dezember 1997 hergestellt worden sind. ²Die Schutzfrist beginnt in diesen Fällen am 1. Januar 1998.

(3) Die §§ 55a und 87e sind nicht auf Verträge anzuwenden, die vor dem 1. Januar 1998 abgeschlossen worden sind.

§ 137h Übergangsregelung bei Umsetzung der Richtlinie 93/83/EWG.
(1) Die Vorschrift des § 20a ist auf Verträge, die vor dem 1. Juni 1998 geschlossen worden sind, erst ab dem 1. Januar 2000 anzuwenden, sofern diese nach diesem Zeitpunkt ablaufen.

(2) Sieht ein Vertrag über die gemeinsame Herstellung eines Bild- oder Tonträgers, der vor dem 1. Juni 1998 zwischen mehreren Herstellern, von denen mindestens einer einem Mitgliedstaat der Europäischen Union oder Vertragsstaat des Europäischen Wirtschaftsraumes angehört, geschlossen worden ist, eine räumliche Aufteilung des Rechts der Sendung unter den Herstellern vor, ohne nach der Satellitensendung und anderen Arten der Sendung zu unterscheiden, und würde die Satellitensendung der gemeinsam hergestellten Produktion durch einen Hersteller die Auswertung der räumlich oder sprachlich beschränkten ausschließlichen Rechte eines anderen Herstellers beeinträchtigen, so ist die Satellitensendung nur zulässig, wenn ihr der Inhaber dieser ausschließlichen Rechte zugestimmt hat.

(3) Die Vorschrift des § 20b Abs. 2 ist nur anzuwenden, sofern der Vertrag über die Einräumung des Kabelweitersenderechts nach dem 1. Juni 1998 geschlossen wurde.

§ 137i Übergangsregelung zum Gesetz zur Modernisierung des Schuldrechts. Artikel 229 § 6 des Einführungsgesetzes zum Bürgerlichen Gesetzbuche findet mit der Maßgabe entsprechende Anwendung, dass § 26 Abs. 7, § 36 Abs. 2 und § 102 in der bis zum 1. Januar 2002 geltenden Fassung den Vorschriften des Bürgerlichen Gesetzbuchs über die Verjährung in der bis zum 1. Januar 2002 geltenden Fassung gleichgestellt sind.

§ 137j Übergangsregelung aus Anlass der Umsetzung der Richtlinie 2001/29/EG. (1) § 95d Abs. 1 ist auf alle ab dem 1. Dezember 2003 neu in den Verkehr gebrachten Werke und anderen Schutzgegenstände anzuwenden.

(2) Die Vorschrift dieses Gesetzes über die Schutzdauer für Hersteller von Tonträgern in der ab dem 13. September 2003 geltenden Fassung ist auch auf verwandte Schutzrechte anzuwenden, deren Schutz am 22. Dezember 2002 noch nicht erloschen ist.

(3) Lebt nach Absatz 2 der Schutz eines Tonträgers wieder auf, so stehen die wiederauflebenden Rechte dem Hersteller des Tonträgers zu.

(4) [1]Ist vor dem 13. September 2003 einem anderen ein Nutzungsrecht an einem nach diesem Gesetz noch geschützten Tonträger eingeräumt oder übertragen worden, so erstreckt sich, im Fall einer Verlängerung der Schutzdauer nach § 85 Abs. 3, die Einräumung oder Übertragung im Zweifel auch auf diesen Zeitraum. [2]Im Fall des Satzes 1 ist eine angemessene Vergütung zu zahlen.

Urheberrechtsgesetz **UrhG 8**

§ 137k *(weggefallen)*

§ 137l Übergangsregelung für neue Nutzungsarten. (1) ¹Hat der Urheber zwischen dem 1. Januar 1966 und dem 1. Januar 2008 einem anderen alle wesentlichen Nutzungsrechte ausschließlich sowie räumlich und zeitlich unbegrenzt eingeräumt, gelten die zum Zeitpunkt des Vertragsschlusses unbekannten Nutzungsrechte als dem anderen ebenfalls eingeräumt, sofern der Urheber nicht dem anderen gegenüber der Nutzung widerspricht. ²Der Widerspruch kann für Nutzungsarten, die am 1. Januar 2008 bereits bekannt sind, nur innerhalb eines Jahres erfolgen. ³Im Übrigen erlischt das Widerspruchsrecht nach Ablauf von drei Monaten, nachdem der andere die Mitteilung über die beabsichtigte Aufnahme der neuen Art der Werknutzung an den Urheber unter der ihm zuletzt bekannten Anschrift abgesendet hat. ⁴Die Sätze 1 bis 3 gelten nicht für zwischenzeitlich bekannt gewordene Nutzungsrechte, die der Urheber bereits einem Dritten eingeräumt hat.

(2) ¹Hat der andere sämtliche ihm ursprünglich eingeräumten Nutzungsrechte einem Dritten übertragen, so gilt Absatz 1 für den Dritten entsprechend. ²Erklärt der Urheber den Widerspruch gegenüber seinem ursprünglichen Vertragspartner, hat ihm dieser unverzüglich alle erforderlichen Auskünfte über den Dritten zu erteilen.

(3) Das Widerspruchsrecht nach den Absätzen 1 und 2 entfällt, wenn die Parteien über eine zwischenzeitlich bekannt gewordene Nutzungsart eine ausdrückliche Vereinbarung geschlossen haben.

(4) Sind mehrere Werke oder Werkbeiträge zu einer Gesamtheit zusammengefasst, die sich in der neuen Nutzungsart in angemessener Weise nur unter Verwendung sämtlicher Werke oder Werkbeiträge verwerten lässt, so kann der Urheber das Widerspruchsrecht nicht wider Treu und Glauben ausüben.

(5) ¹Der Urheber hat Anspruch auf eine gesonderte angemessene Vergütung, wenn der andere eine neue Art der Werknutzung nach Absatz 1 aufnimmt, die im Zeitpunkt des Vertragsschlusses noch unbekannt war. ²§ 32 Abs. 2 und 4 gilt entsprechend. ³Der Anspruch kann nur durch eine Verwertungsgesellschaft geltend gemacht werden. ⁴Hat der Vertragspartner das Nutzungsrecht einem Dritten übertragen, haftet der Dritte mit der Aufnahme der neuen Art der Werknutzung für die Vergütung. ⁵Die Haftung des anderen entfällt.

§ 137 m Übergangsregelung aus Anlass der Umsetzung der Richtlinie 2011/77/EU. (1) Die Vorschriften über die Schutzdauer nach den §§ 82 und 85 Absatz 3 sowie über die Rechte und Ansprüche des ausübenden Künstlers nach § 79 Absatz 3 sowie § 79a gelten für Aufzeichnungen von Darbietungen und für Tonträger, deren Schutzdauer für den ausübenden Künstler und den Tonträgerhersteller am 1. November 2013 nach den Vorschriften dieses Gesetzes in der bis 6. Juli 2013 geltenden Fassung noch nicht erloschen war, und für Aufzeichnungen von Darbietungen und für Tonträger, die nach dem 1. November 2013 entstehen.

(2) [1]§ 65 Absatz 3 gilt für Musikkompositionen mit Text, von denen die Musikkomposition oder der Text in mindestens einem Mitgliedstaat der Europäischen Union am 1. November 2013 geschützt sind, und für Musikkompositionen mit Text, die nach diesem Datum entstehen. [2]Lebt nach Satz 1 der Schutz der Musikkomposition oder des Textes wieder auf, so stehen die wiederauflebenden Rechte dem Urheber zu. [3]Eine vor dem 1. November 2013 begonnene Nutzungshandlung darf jedoch in dem vorgesehenen Rahmen fortgesetzt werden. [4]Für die Nutzung ab dem 1. November 2013 ist eine angemessene Vergütung zu zahlen.

(3) Ist vor dem 1. November 2013 ein Übertragungsvertrag zwischen einem ausübenden Künstler und einem Tonträgerhersteller abgeschlossen worden, so erstreckt sich im Fall der Verlängerung der Schutzdauer die Übertragung auch auf diesen Zeitraum, wenn keine eindeutigen vertraglichen Hinweise auf das Gegenteil vorliegen.

§ 137 n Übergangsregelung aus Anlass der Umsetzung der Richtlinie 2012/28/EU. § 61 Absatz 4 ist nur anzuwenden auf Bestandsinhalte, die der nutzenden Institution vor dem 29. Oktober 2014 überlassen wurden.

§ 137o Übergangsregelung zum Urheberrechts-Wissensgesellschafts-Gesetz. § 60g gilt nicht für Verträge, die vor dem 1. März 2018 geschlossen wurden.

§ 137p Übergangsregelung aus Anlass der Umsetzung der Richtlinie (EU) 2019/789. (1) § 20b ist auf Verträge über Weitersendungen, die nicht durch Kabelsysteme oder Mikrowellensysteme erfolgen, nur anzuwenden, sofern der Vertrag ab dem 7. Juni 2021 geschlossen wurde.

(2) § 20c ist auf Verträge über ergänzende Online-Dienste, die vor dem 7. Juni 2021 geschlossen wurden, ab dem 7. Juni 2023 anzuwenden.

(3) § 20d ist auf Verträge über die Direkteinspeisung, die vor dem 7. Juni 2021 geschlossen wurden, ab dem 7. Juni 2025 anzuwenden.

§ 137q Übergangsregelung zur Verlegerbeteiligung. § 63a Absatz 2 und 3 gilt für Einnahmen, die Verwertungsgesellschaften ab dem 7. Juni 2021 erhalten.

§ 137r Übergangsregelung zum Schutz des Presseverlegers. Die Vorschriften dieses Gesetzes über den Schutz des Presseverlegers (§§ 87f bis 87k und § 127b) finden keine Anwendung auf Presseveröffentlichungen, deren erstmalige Veröffentlichung vor dem 6. Juni 2019 erfolgte.

Abschnitt 3

Schlussbestimmungen

§ 138 Register anonymer und pseudonymer Werke. (1) ¹Das Register anonymer und pseudonymer Werke für die in § 66 Abs. 2 Satz 2 vorgesehenen Eintragungen wird beim Patentamt geführt. ²Das Patentamt bewirkt die Eintragungen, ohne die Berechtigung des Antragstellers oder die Richtigkeit der zur Eintragung angemeldeten Tatsachen zu prüfen.

(2) ¹Wird die Eintragung abgelehnt, so kann der Antragsteller gerichtliche Entscheidung beantragen. ²Über den Antrag entscheidet das für den Sitz des Patentamts zuständige Oberlandesgericht durch einen mit Gründen versehenen Beschluß. ³Der Antrag ist schriftlich bei dem Oberlandesgericht einzureichen. ⁴Die Entscheidung des Oberlandesgerichts ist endgültig. ⁵Im übrigen gelten für das gerichtliche Verfahren die Vorschriften des Gesetzes über das Verfahren in Familiensachen und in den Angelegenheiten der freiwilligen Gerichtsbarkeit entsprechend.

(3) ¹Die Eintragungen werden im Bundesanzeiger öffentlich bekanntgemacht. ²Die Kosten für die Bekanntmachung hat der Antragsteller im voraus zu entrichten.

(4) ¹Die Einsicht in das Register ist jedem gestattet. ²Auf Antrag werden Auszüge aus dem Register erteilt.

(5) Der Bundesminister der Justiz und für Verbraucherschutz wird ermächtigt, durch Rechtsverordnung
1. Bestimmungen über die Form des Antrags und die Führung des Registers zu erlassen,
2. zur Deckung der Verwaltungskosten die Erhebung von Kosten (Gebühren und Auslagen) für die Eintragung, für die Ausfertigung eines Eintragungsscheins und für die Erteilung sonstiger Auszüge und deren Beglaubigung anzuordnen sowie Bestimmungen über den Kostenschuldner, die Fälligkeit von Kosten, die Kostenvorschußpflicht, Kostenbefreiungen, die Verjährung, das Kostenfestsetzungsverfahren und die Rechtsbehelfe gegen die Kostenfestsetzung zu treffen.

(6) Eintragungen, die nach § 56 des Gesetzes betreffend das Urheberrecht an Werken der Literatur und der Tonkunst vom 19. Juni 1901 beim Stadtrat in Leipzig vorgenommen worden sind, bleiben wirksam.

§ 138a Datenschutz. ¹Soweit personenbezogene Daten im Register anonymer und pseudonymer Werke enthalten sind, bestehen nicht
1. das Recht auf Auskunft gemäß Artikel 15 Absatz 1 Buchstabe c der Verordnung (EU) 2016/679 des Europäischen Parlaments und des Rates vom 27. April 2016 zum Schutz natürlicher Personen bei der Verarbeitung personenbezogener Daten, zum freien Datenverkehr und zur Aufhebung der Richtlinie 95/46/EG (Datenschutz-Grundverordnung) (ABl. L 119 vom 4.5.2016, S. 1; L 314 vom 22.11.2016, S. 72),

2. die Mitteilungspflicht gemäß Artikel 19 Satz 2 der Verordnung (EU) 2016/679 und
3. das Recht auf Widerspruch gemäß Artikel 21 Absatz 1 der Verordnung (EU) 2016/679.

²Das Recht auf Erhalt einer Kopie nach Artikel 15 Absatz 3 der Verordnung (EU) 2016/679 wird dadurch erfüllt, dass die betroffene Person Einsicht in das Register anonymer und pseudonymer Werke des Deutschen Patent- und Markenamtes nehmen kann.

§ 143 Inkrafttreten. (1) Die §§ 64 bis 67, 69, 105 Abs. 1 bis 3 und § 138 Abs. 5 treten am Tage nach der Verkündung dieses Gesetzes in Kraft.

(2) Im übrigen tritt dieses Gesetz am 1. Januar 1966 in Kraft.

Anlage (zu § 61a)
Quellen einer sorgfältigen Suche

1. Für veröffentlichte Bücher:
    a) der Katalog der Deutschen Nationalbibliothek sowie die von Bibliotheken und anderen Institutionen geführten Bibliothekskataloge und Schlagwortlisten;
    b) Informationen der Verleger- und Autorenverbände, insbesondere das Verzeichnis lieferbarer Bücher (VLB);
    c) bestehende Datenbanken und Verzeichnisse, WATCH (Writers, Artists and their Copyright Holders) und die ISBN (International Standard Book Number);
    d) die Datenbanken der entsprechenden Verwertungsgesellschaften, insbesondere der mit der Wahrnehmung von Vervielfältigungsrechten betrauten Verwertungsgesellschaften wie die Datenbank der VG Wort;
    e) Quellen, die mehrere Datenbanken und Verzeichnisse zusammenfassen, einschließlich der Gemeinsamen Normdatei (GND), VIAF (Virtual International Authority Files) und ARROW (Accessible Registries of Rights Information and Orphan Works);
2. für Zeitungen, Zeitschriften, Fachzeitschriften und Periodika:
    a) das deutsche ISSN (International Standard Serial Number) – Zentrum für regelmäßige Veröffentlichungen;
    b) Indexe und Kataloge von Bibliotheksbeständen und -sammlungen, insbesondere der Katalog der Deutschen Nationalbibliothek sowie die Zeitschriftendatenbank (ZDB);
    c) Depots amtlich hinterlegter Pflichtexemplare;
    d) Verlegerverbände und Autoren- und Journalistenverbände, insbesondere das Verzeichnis lieferbarer Zeitschriften (VLZ), das Verzeichnis lieferbarer Bücher (VLB), Banger Online, STAMM und pressekatalog.de;
    e) die Datenbanken der entsprechenden Verwertungsgesellschaften, einschließlich der mit der Wahrnehmung von Vervielfältigungsrechten be-

trauten Verwertungsgesellschaften, insbesondere die Datenbank der VG Wort;
3. für visuelle Werke, einschließlich Werken der bildenden Künste, Fotografien, Illustrationen, Design- und Architekturwerken, sowie für deren Entwürfe und für sonstige derartige Werke, die in Büchern, Zeitschriften, Zeitungen und Magazinen oder anderen Werken enthalten sind:
   a) die in den Ziffern 1 und 2 genannten Quellen;
   b) die Datenbanken der entsprechenden Verwertungsgesellschaften, insbesondere der Verwertungsgesellschaften für bildende Künste, einschließlich der mit der Wahrnehmung von Vervielfältigungsrechten betrauten Verwertungsgesellschaften wie die Datenbank der VG BildKunst;
   c) die Datenbanken von Bildagenturen;
4. für Filmwerke sowie für Bildträger und Bild- und Tonträger, auf denen Filmwerke aufgenommen sind, und für Tonträger:
   a) die Depots amtlich hinterlegter Pflichtexemplare, insbesondere der Katalog der Deutschen Nationalbibliothek;
   b) Informationen der Produzentenverbände;
   c) die Informationen der Filmförderungseinrichtungen des Bundes und der Länder;
   d) die Datenbanken von im Bereich des Film- oder Tonerbes tätigen Einrichtungen und nationalen Bibliotheken, insbesondere des Kinematheksverbunds, des Bundesarchivs, der Stiftung Deutsche Kinemathek, des Deutschen Filminstituts (Datenbank und Katalog www.filmportal.de), der DEFA- und Friedrich-Wilhelm-Murnau-Stiftung, sowie die Kataloge der Staatsbibliotheken zu Berlin und München;
   e) Datenbanken mit einschlägigen Standards und Kennungen wie ISAN (International Standard Audiovisual Number) für audiovisuelles Material, ISWC (International Standard Music Work Code) für Musikwerke und ISRC (International Standard Recording Code) für Tonträger;
   f) die Datenbanken der entsprechenden Verwertungsgesellschaften, insbesondere für Autoren, ausübende Künstler sowie Hersteller von Tonträgern und Filmwerken;
   g) die Aufführung der Mitwirkenden und andere Informationen auf der Verpackung des Werks oder in seinem Vor- oder Abspann;
   h) die Datenbanken anderer maßgeblicher Verbände, die eine bestimmte Kategorie von Rechtsinhabern vertreten, wie die Verbände der Regisseure, Drehbuchautoren, Filmkomponisten, Komponisten, Theaterverlage, Theater- und Opernvereinigungen;
5. für Bestandsinhalte, die nicht erschienen sind oder nicht gesendet wurden:
   a) aktuelle und ursprüngliche Eigentümer des Werkstücks;
   b) nationale Nachlassverzeichnisse (Zentrale Datenbank Nachlässe und Kalliope);
   c) Findbücher der nationalen Archive;
   d) Bestandsverzeichnisse von Museen;
   e) Auskunftsdateien und Telefonbücher.

UrhDaG 8a

Gesetz über die urheberrechtliche Verantwortlichkeit von Diensteanbietern für das Teilen von Online-Inhalten (Urheberrechts-Diensteanbieter-Gesetz – UrhDaG)

vom 31. Mai 2021 (BGBl. I S. 1215)

INHALTSÜBERSICHT

Teil 1

Allgemeine Vorschriften

§ 1 Öffentliche Wiedergabe; Verantwortlichkeit des Diensteanbieters
§ 2 Diensteanbieter
§ 3 Nicht erfasste Dienste

Teil 2

Erlaubte Nutzungen

§ 4 Pflicht zum Erwerb vertraglicher Nutzungsrechte; Direktvergütungsanspruch des Urhebers
§ 5 Gesetzlich erlaubte Nutzungen; Vergütung des Urhebers
§ 6 Erstreckung von Erlaubnissen

Teil 3

Unerlaubte Nutzungen

§ 7 Qualifizierte Blockierung
§ 8 Einfache Blockierung

Teil 4

Mutmaßlich erlaubte Nutzungen

§ 9 Öffentliche Wiedergabe mutmaßlich erlaubter Nutzungen
§ 10 Geringfügige Nutzungen

§ 11 Kennzeichnung als erlaubte Nutzung
§ 12 Vergütung durch Diensteanbieter; Verantwortlichkeit

Teil 5

Rechtsbehelfe

§ 13 Rechtsbehelfe; Schutz vor Entstellung; Zugang zu den Gerichten
§ 14 Internes Beschwerdeverfahren
§ 15 Externe Beschwerdestelle
§ 16 Außergerichtliche Streitbeilegung durch private Schlichtungsstellen
§ 17 Außergerichtliche Streitbeilegung durch die behördliche Schlichtungsstelle

Teil 6

Schlussbestimmungen

§ 18 Maßnahmen gegen Missbrauch
§ 19 Auskunftsrechte
§ 20 Inländischer Zustellungsbevollmächtigter
§ 21 Anwendung auf verwandte Schutzrechte
§ 22 Zwingendes Recht

Teil 1

Allgemeine Vorschriften

§ 1 Öffentliche Wiedergabe; Verantwortlichkeit des Diensteanbieters. (1) Ein Diensteanbieter (§ 2) gibt Werke öffentlich wieder, wenn er der Öffentlichkeit Zugang zu urheberrechtlich geschützten Werken verschafft, die von Nutzern des Dienstes hochgeladen worden sind.

8a UrhDaG — Urheberrechts-Diensteanbieter-Gesetz

(2) [1]Erfüllt der Diensteanbieter seine Pflichten nach § 4 und den §§ 7 bis 11 nach Maßgabe hoher branchenüblicher Standards unter Beachtung des Grundsatzes der Verhältnismäßigkeit, so ist er für die öffentliche Wiedergabe urheberrechtlich nicht verantwortlich. [2]Hierbei sind insbesondere zu berücksichtigen
1. die Art, das Publikum und der Umfang des Dienstes,
2. die Art der von den Nutzern des Dienstes hochgeladenen Werke,
3. die Verfügbarkeit geeigneter Mittel zur Erfüllung der Pflichten sowie
4. die Kosten, die dem Diensteanbieter für Mittel nach Nummer 3 entstehen.

(3) Auf § 10 Satz 1 des Telemediengesetzes kann sich der Diensteanbieter nicht berufen.

(4) Ein Diensteanbieter, dessen Hauptzweck es ist, sich an Urheberrechtsverletzungen zu beteiligen oder sie zu erleichtern, kann sich auf Absatz 2 nicht berufen.

§ 2 Diensteanbieter. (1) Diensteanbieter im Sinne dieses Gesetzes sind Anbieter von Diensten im Sinne des Artikels 1 Absatz 1 Buchstabe b der Richtlinie (EU) 2015/1535 des Europäischen Parlaments und des Rates vom 9. September 2015 über ein Informationsverfahren auf dem Gebiet der technischen Vorschriften und der Vorschriften für die Dienste der Informationsgesellschaft (ABl. L 241 vom 17.9.2015, S. 1), die
1. es als Hauptzweck ausschließlich oder zumindest auch verfolgen, eine große Menge an von Dritten hochgeladenen urheberrechtlich geschützten Inhalten zu speichern und öffentlich zugänglich zu machen,
2. die Inhalte im Sinne der Nummer 1 organisieren,
3. die Inhalte im Sinne der Nummer 1 zum Zweck der Gewinnerzielung bewerben und
4. mit Online-Inhaltediensten um dieselben Zielgruppen konkurrieren.

(2) Startup-Diensteanbieter sind Diensteanbieter mit einem jährlichen Umsatz innerhalb der Europäischen Union von bis zu 10 Millionen Euro, deren Dienste der Öffentlichkeit in der Europäischen Union seit weniger als drei Jahren zur Verfügung stehen.

(3) Kleine Diensteanbieter sind Diensteanbieter mit einem jährlichen Umsatz innerhalb der Europäischen Union von bis zu 1 Million Euro.

(4) [1]Für die Berechnung des Umsatzes von Startup-Diensteanbietern und kleinen Diensteanbietern ist die Empfehlung der Kommission vom 6. Mai 2003 betreffend die Definition der Kleinstunternehmen sowie der kleinen und mittleren Unternehmen anzuwenden (ABl. L 124 vom 20.5.2003, S. 36). [2]Maßgeblich ist jeweils der Umsatz des vorangegangenen Kalenderjahres.

§ 3 Nicht erfasste Dienste. Dieses Gesetz gilt insbesondere nicht für
1. nicht gewinnorientierte Online-Enzyklopädien,
2. nicht gewinnorientierte bildungsbezogene oder wissenschaftliche Repositorien,

3. Entwicklungs- und Weitergabe-Plattformen für quelloffene Software,
4. Anbieter elektronischer Kommunikationsdienste im Sinne des Artikels 2 Nummer 4 der Richtlinie (EU) 2018/1972 des Europäischen Parlaments und des Rates vom 11. Dezember 2018 über den europäischen Kodex für die elektronische Kommunikation (ABl. L 321 vom 17.12.2018, S. 36; L 334 vom 27.12.2019, S. 164),
5. Online-Marktplätze,
6. Cloud-Dienste, die zwischen Unternehmen erbracht werden, und
7. Cloud-Dienste, die ihren Nutzern das Hochladen von Inhalten für den Eigengebrauch ermöglichen.

Teil 2

Erlaubte Nutzungen

§ 4 Pflicht zum Erwerb vertraglicher Nutzungsrechte; Direktvergütungsanspruch des Urhebers. (1) ¹Ein Diensteanbieter ist verpflichtet, bestmögliche Anstrengungen zu unternehmen, um die vertraglichen Nutzungsrechte für die öffentliche Wiedergabe urheberrechtlich geschützter Werke zu erwerben. ²Der Diensteanbieter erfüllt diese Pflicht, sofern er Nutzungsrechte erwirbt, die
1. ihm angeboten werden,
2. über repräsentative Rechtsinhaber verfügbar sind, die der Diensteanbieter kennt, oder
3. über im Inland ansässige Verwertungsgesellschaften oder abhängige Verwertungseinrichtungen erworben werden können.

(2) Nutzungsrechte nach Absatz 1 Satz 2 müssen
1. für Inhalte gelten, die der Diensteanbieter ihrer Art nach offensichtlich in mehr als geringfügigen Mengen öffentlich wiedergibt,
2. in Bezug auf Werke und Rechtsinhaber ein erhebliches Repertoire umfassen,
3. den räumlichen Geltungsbereich dieses Gesetzes abdecken und
4. die Nutzung zu angemessenen Bedingungen ermöglichen.

(3) ¹Hat der Urheber das Recht der öffentlichen Wiedergabe eines Werkes einem Dritten eingeräumt, so hat der Diensteanbieter für vertragliche Nutzungen gleichwohl dem Urheber eine angemessene Vergütung für die öffentliche Wiedergabe des Werkes zu zahlen. ²Satz 1 ist nicht anzuwenden, wenn der Dritte eine Verwertungsgesellschaft ist oder der Urheber den Dritten als Digitalvertrieb einschaltet.

(4) ¹Der Urheber kann auf den Direktvergütungsanspruch nach Absatz 3 nicht verzichten und diesen im Voraus nur an eine Verwertungsgesellschaft abtreten. ²Er kann nur durch eine Verwertungsgesellschaft geltend gemacht werden.

8a UrhDaG — Urheberrechts-Diensteanbieter-Gesetz

§ 5 Gesetzlich erlaubte Nutzungen; Vergütung des Urhebers. (1) Zulässig ist die öffentliche Wiedergabe von urheberrechtlich geschützten Werken und Teilen von Werken durch den Nutzer eines Diensteanbieters zu folgenden Zwecken:
1. für Zitate nach § 51 des Urheberrechtsgesetzes,
2. für Karikaturen, Parodien und Pastiches nach § 51a des Urheberrechtsgesetzes und
3. für von den Nummern 1 und 2 nicht erfasste gesetzlich erlaubte Fälle der öffentlichen Wiedergabe nach Teil 1 Abschnitt 6 des Urheberrechtsgesetzes.

(2) [1]Für die öffentliche Wiedergabe nach Absatz 1 Nummer 2 hat der Diensteanbieter dem Urheber eine angemessene Vergütung zu zahlen. [2]Der Vergütungsanspruch ist nicht verzichtbar und im Voraus nur an eine Verwertungsgesellschaft abtretbar. [3]Er kann nur durch eine Verwertungsgesellschaft geltend gemacht werden. [4]§ 63a Absatz 2 des Urheberrechtsgesetzes und § 27a des Verwertungsgesellschaftengesetzes sind anzuwenden.

(3) Der Diensteanbieter hat den Nutzer auf die gesetzlichen Erlaubnisse nach Absatz 1 in seinen Allgemeinen Geschäftsbedingungen hinzuweisen.

§ 6 Erstreckung von Erlaubnissen. (1) Ist dem Diensteanbieter die öffentliche Wiedergabe eines Werkes erlaubt, so wirkt diese Erlaubnis auch zugunsten des Nutzers, sofern dieser nicht kommerziell handelt oder keine erheblichen Einnahmen erzielt.

(2) Verfügt der Nutzer über eine Erlaubnis, ein Werk über einen Diensteanbieter öffentlich wiederzugeben, so wirkt diese Erlaubnis auch zugunsten des Diensteanbieters.

Teil 3

Unerlaubte Nutzungen

§ 7 Qualifizierte Blockierung. (1) Der Diensteanbieter ist nach Maßgabe von § 1 Absatz 2 verpflichtet, durch Sperrung oder Entfernung (Blockierung) bestmöglich sicherzustellen, dass ein Werk nicht öffentlich wiedergegeben wird und hierfür auch künftig nicht verfügbar ist, sobald der Rechtsinhaber dies verlangt und die hierfür erforderlichen Informationen zur Verfügung stellt.

(2) [1]Maßnahmen nach Absatz 1 dürfen nicht dazu führen, dass von Nutzern hochgeladene Inhalte, deren Nutzung gesetzlich erlaubt ist oder bei denen kein Verstoß gegen das Urheberrecht vorliegt, nicht verfügbar sind. [2]Beim Einsatz automatisierter Verfahren sind die §§ 9 bis 11 anzuwenden. [3]Satz 2 ist nicht anzuwenden auf Nutzungen von Filmwerken oder Laufbildern bis zum Abschluss ihrer erstmaligen öffentlichen Wiedergabe, insbesondere während der zeitgleichen Übertragung von Sportveranstaltungen, soweit der Rechtsinhaber

dies vom Diensteanbieter verlangt und die hierfür erforderlichen Angaben macht.

(3) Der Diensteanbieter informiert den Nutzer sofort über die Blockierung des von ihm hochgeladenen Inhalts und weist ihn auf das Recht hin, nach § 14 Beschwerde einzulegen.

(4) Startup-Diensteanbieter (§ 2 Absatz 2) sind nicht nach Absatz 1 verpflichtet, solange die durchschnittliche monatliche Anzahl unterschiedlicher Besucher der Internetseiten des Dienstes 5 Millionen nicht übersteigt.

(5) Es wird widerleglich vermutet, dass kleine Diensteanbieter (§ 2 Absatz 3) im Hinblick auf den Grundsatz der Verhältnismäßigkeit nicht nach Absatz 1 verpflichtet sind.

§ 8 Einfache Blockierung. (1) Der Diensteanbieter ist nach Maßgabe von § 1 Absatz 2 verpflichtet, die öffentliche Wiedergabe eines Werkes durch Blockierung zu beenden, sobald der Rechtsinhaber dies verlangt und einen hinreichend begründeten Hinweis auf die unerlaubte öffentliche Wiedergabe des Werkes gibt.

(2) § 7 Absatz 2 Satz 1 und Absatz 3 ist entsprechend anzuwenden.

(3) Zur Blockierung künftiger unerlaubter Nutzungen des Werkes ist der Diensteanbieter nach Maßgabe von § 7 erst verpflichtet, nachdem der Rechtsinhaber die hierfür erforderlichen Informationen zur Verfügung stellt.

Teil 4

Mutmaßlich erlaubte Nutzungen

§ 9 Öffentliche Wiedergabe mutmaßlich erlaubter Nutzungen. (1) Um unverhältnismäßige Blockierungen beim Einsatz automatisierter Verfahren zu vermeiden, sind mutmaßlich erlaubte Nutzungen bis zum Abschluss eines Beschwerdeverfahrens (§ 14) öffentlich wiederzugeben.

(2) ¹Für nutzergenerierte Inhalte, die
1. weniger als die Hälfte eines Werkes eines Dritten oder mehrerer Werke Dritter enthalten,
2. die Werkteile nach Nummer 1 mit anderem Inhalt kombinieren und
3. Werke Dritter nur geringfügig nutzen (§ 10) oder als gesetzlich erlaubt gekennzeichnet sind (§ 11),

wird widerleglich vermutet, dass ihre Nutzung nach § 5 gesetzlich erlaubt ist (mutmaßlich erlaubte Nutzungen). ²Abbildungen dürfen nach Maßgabe von §§ 10 und 11 vollständig verwendet werden.

(3) Der Diensteanbieter informiert den Rechtsinhaber sofort über die öffentliche Wiedergabe und weist ihn auf das Recht hin, nach § 14 Beschwerde einzulegen, um die Vermutung nach Absatz 2 überprüfen zu lassen.

§ 10 Geringfügige Nutzungen. Die folgenden Nutzungen von Werken Dritter gelten als geringfügig im Sinne des § 9 Absatz 2 Satz 1 Nummer 3, sofern sie nicht zu kommerziellen Zwecken oder nur zur Erzielung unerheblicher Einnahmen dienen:
1. Nutzungen bis zu 15 Sekunden je eines Filmwerkes oder Laufbildes,
2. Nutzungen bis zu 15 Sekunden je einer Tonspur,
3. Nutzungen bis zu 160 Zeichen je eines Textes und
4. Nutzungen bis zu 125 Kilobyte je eines Lichtbildwerkes, Lichtbildes oder einer Grafik.

§ 11 Kennzeichnung als erlaubte Nutzung. (1) Soll ein nutzergenerierter Inhalt beim Hochladen automatisiert blockiert werden und handelt es sich nicht um eine geringfügige Nutzung nach § 10, so ist der Diensteanbieter verpflichtet,
1. den Nutzer über das Blockierverlangen des Rechtsinhabers zu informieren,
2. den Nutzer zugleich mit der Information nach Nummer 1 auf die Erforderlichkeit einer gesetzlichen Erlaubnis nach § 5 für eine öffentliche Wiedergabe hinzuweisen und
3. es dem Nutzer zu ermöglichen, die Nutzung als nach § 5 gesetzlich erlaubt zu kennzeichnen.

(2) Soll ein nutzergenerierter Inhalt erst nach dem Hochladen automatisiert blockiert werden, so findet Absatz 1 mit der Maßgabe Anwendung, dass der Inhalt auch ohne Vorliegen einer Kennzeichnung nach Absatz 1 Nummer 3 für 48 Stunden als mutmaßlich erlaubt gilt.

§ 12 Vergütung durch Diensteanbieter; Verantwortlichkeit. (1) [1]Für die öffentliche Wiedergabe mutmaßlich erlaubter Nutzungen nach den §§ 9 bis 11 hat der Diensteanbieter dem Urheber eine angemessene Vergütung zu zahlen. [2]§ 5 Absatz 2 Satz 2 bis 4 ist entsprechend anzuwenden.

(2) [1]Für die öffentliche Wiedergabe mutmaßlich erlaubter Nutzungen nach den §§ 9 bis 11 ist der Diensteanbieter bis zum Abschluss eines Beschwerdeverfahrens, längstens aber bis zum Ablauf der Frist zur Entscheidung über die Beschwerde (§ 14 Absatz 3 Nummer 3) urheberrechtlich nicht verantwortlich. [2]Nach der Entscheidung über die Beschwerde haftet der Diensteanbieter nur dann urheberrechtlich auf Schadensersatz, wenn er bei der Durchführung des Beschwerdeverfahrens schuldhaft gegen die Pflichten nach § 14 verstoßen hat; Ansprüche auf Unterlassung und Beseitigung bleiben unberührt.

(3) Im Falle einer geringfügigen Nutzung (§ 10) ist der Nutzer für die öffentliche Wiedergabe mutmaßlich erlaubter Nutzungen bis zum Abschluss eines Beschwerdeverfahrens nach § 14 urheberrechtlich nicht verantwortlich.

Teil 5

Rechtsbehelfe

§ 13 Rechtsbehelfe; Schutz vor Entstellung; Zugang zu den Gerichten. (1) Für Nutzer und Rechtsinhaber ist die Teilnahme an Beschwerdeverfahren nach den §§ 14 und 15 freiwillig.

(2) Für Nutzer, Rechtsinhaber und Diensteanbieter ist die Teilnahme an außergerichtlichen Streitbeilegungen nach den §§ 16 und 17 freiwillig.

(3) [1]Der Schutz des Urhebers vor Entstellung seines Werkes nach § 14 des Urheberrechtsgesetzes bleibt unberührt. [2]Der Urheber kann hierzu auch im Anwendungsbereich der §§ 9 bis 11 die einfache Blockierung nach § 8 verlangen.

(4) Das Recht, die Gerichte anzurufen, bleibt unberührt.

§ 14 Internes Beschwerdeverfahren. (1) Der Diensteanbieter muss den Nutzern und den Rechtsinhabern ein wirksames, kostenfreies und zügiges Beschwerdeverfahren über die Blockierung und über die öffentliche Wiedergabe von geschützten Werken zur Verfügung stellen.

(2) Beschwerden sind zu begründen.

(3) Der Diensteanbieter ist verpflichtet, unverzüglich
1. die Beschwerde allen Beteiligten mitzuteilen,
2. allen Beteiligten Gelegenheit zur Stellungnahme zu geben und
3. über die Beschwerde zu entscheiden; spätestens innerhalb einer Woche nach deren Einlegung.

(4) Erklärt ein vertrauenswürdiger Rechtsinhaber nach Prüfung durch eine natürliche Person, dass die Vermutung nach § 9 Absatz 2 zu widerlegen ist und die fortdauernde öffentliche Wiedergabe die wirtschaftliche Verwertung des Werkes erheblich beeinträchtigt, so ist der Diensteanbieter in Abweichung von § 9 Absatz 1 zur sofortigen Blockierung bis zum Abschluss des Beschwerdeverfahrens verpflichtet.

(5) Entscheidungen über Beschwerden müssen von natürlichen Personen getroffen werden, die unparteiisch sind.

§ 15 Externe Beschwerdestelle. (1) Der Diensteanbieter kann sich zur Erfüllung seiner Pflichten nach § 14 einer anerkannten externen Beschwerdestelle bedienen.

(2) [1]Die Entscheidung über die Anerkennung einer externen Beschwerdestelle trifft das Bundesamt für Justiz im Einvernehmen mit dem Deutschen Patent- und Markenamt. [2]Für die Voraussetzungen sowie für das Verfahren der Anerkennung gelten im Übrigen die Vorschriften des Netzwerkdurchsetzungsgesetzes über die Anerkennung einer Einrichtung der Regulierten Selbstregulierung entsprechend.

§ 16 Außergerichtliche Streitbeilegung durch private Schlichtungsstellen. (1) Zur außergerichtlichen Beilegung von Streitigkeiten über die Blockierung und öffentliche Wiedergabe eines geschützten Werkes durch einen Diensteanbieter sowie über Auskunftsrechte (§ 19) können Rechtsinhaber und Nutzer eine privatrechtlich organisierte Schlichtungsstelle anrufen.

(2) Die Vorschriften des Netzwerkdurchsetzungsgesetzes über privatrechtlich organisierte Schlichtungsstellen sind mit der Maßgabe anzuwenden, dass das Bundesamt für Justiz als zuständige Behörde die Entscheidung über die Anerkennung einer privatrechtlich organisierten Schlichtungsstelle im Einvernehmen mit dem Deutschen Patent- und Markenamt trifft.

§ 17 Außergerichtliche Streitbeilegung durch die behördliche Schlichtungsstelle. (1) Das Bundesamt für Justiz richtet im Einvernehmen mit dem Deutschen Patent- und Markenamt eine behördliche Schlichtungsstelle ein.

(2) [1]Die behördliche Schlichtungsstelle ist nur zuständig, wenn eine privatrechtlich organisierte Schlichtungsstelle nach § 16 nicht zur Verfügung steht. [2]§ 16 Absatz 1 ist entsprechend anzuwenden.

(3) Die Vorschriften des Netzwerkdurchsetzungsgesetzes über die behördliche Schlichtungsstelle sind entsprechend anzuwenden.

Teil 6

Schlussbestimmungen

§ 18 Maßnahmen gegen Missbrauch. (1) Verlangt ein vermeintlicher Rechtsinhaber von dem Diensteanbieter wiederholt die Blockierung eines fremden Werkes als eigenes Werk oder eines gemeinfreien Werkes, so hat der Diensteanbieter den vermeintlichen Rechtsinhaber für einen angemessenen Zeitraum von den Verfahren nach den §§ 7 und 8 auszuschließen.

(2) Verlangt ein vermeintlicher Rechtsinhaber vorsätzlich oder fahrlässig von dem Diensteanbieter die Blockierung eines fremden Werkes als eigenes Werk oder eines gemeinfreien Werkes, so ist er dem Diensteanbieter und dem betroffenen Nutzer zum Ersatz des daraus entstehenden Schadens verpflichtet.

(3) Verlangt ein Rechtsinhaber wiederholt fälschlicherweise
1. die sofortige Blockierung mutmaßlich erlaubter Nutzungen während des Beschwerdeverfahrens nach § 14 Absatz 4 oder
2. die einfache Blockierung nach § 8 wegen einer Entstellung seines Werkes
  (§ 14 des Urheberrechtsgesetzes),

so ist er für einen angemessenen Zeitraum von dem jeweiligen Verfahren auszuschließen.

(4) Der Diensteanbieter hat nach einem missbräuchlichen Blockierverlangen im Hinblick auf gemeinfreie Werke oder solche, deren unentgeltliche Nutzung durch jedermann erlaubt ist, nach Maßgabe von § 1 Absatz 2 bestmöglich sicherzustellen, dass diese Werke nicht erneut blockiert werden.

(5) Kennzeichnet ein Nutzer eine Nutzung wiederholt fälschlicherweise als erlaubt, so hat der Diensteanbieter den Nutzer für einen angemessenen Zeitraum von der Möglichkeit zur Kennzeichnung erlaubter Nutzungen auszuschließen.

(6) Blockiert der Diensteanbieter wiederholt fälschlicherweise erlaubte Nutzungen, so kann er von einem eingetragenen Verein, dessen Zweck auf die nicht gewerbsmäßige und nicht nur vorübergehende Förderung der Interessen von Nutzern gerichtet ist, auf Unterlassung in Anspruch genommen werden.

§ 19 Auskunftsrechte. (1) Der Rechtsinhaber kann von dem Diensteanbieter Auskunft über die nach § 4 vertraglich erlaubte Nutzung seines Repertoires verlangen.

(2) Der Rechtsinhaber kann von dem Diensteanbieter angemessene Auskunft über die Funktionsweise der Verfahren zur Blockierung unerlaubter Nutzungen seines Repertoires nach den §§ 7 und 8 verlangen.

(3) ¹Der Diensteanbieter gewährt Berechtigten nach § 60d Absatz 2 des Urheberrechtsgesetzes zum Zweck der wissenschaftlichen Forschung Zugang zu Daten über den Einsatz von Verfahren zur automatisierten und nicht automatisierten Erkennung und Blockierung von Inhalten, soweit überwiegende schutzwürdige Interessen des Diensteanbieters nicht entgegenstehen. ²Der Diensteanbieter hat Anspruch auf Erstattung der hierdurch entstehenden Kosten in angemessener Höhe.

§ 20 Inländischer Zustellungsbevollmächtigter. Für die Verpflichtung des Diensteanbieters zur Bestellung eines inländischen Zustellungsbevollmächtigten für das gerichtliche Verfahren gilt § 5 Absatz 1 des Netzwerkdurchsetzungsgesetzes entsprechend.

§ 21 Anwendung auf verwandte Schutzrechte. (1) Dieses Gesetz ist auf verwandte Schutzrechte im Sinne des Urheberrechtsgesetzes und ihre Inhaber entsprechend anzuwenden.

(2) Der Direktvergütungsanspruch nach § 4 steht nur dem Lichtbildner und dem ausübenden Künstler zu.

§ 22 Zwingendes Recht. Von den Vorschriften dieses Gesetzes kann durch Vertrag nicht abgewichen werden.

VGG 9

Gesetz über die Wahrnehmung von Urheberrechten und verwandten Schutzrechten durch Verwertungsgesellschaften (Verwertungsgesellschaftengesetz – VGG)

vom 24. Mai 2016 (BGBl. I S. 1190)
zuletzt geändert durch Gesetz vom 31. Mai 2021 (BGBl. I S. 1204)

INHALTSÜBERSICHT

Teil 1
Gegenstand des Gesetzes; Begriffsbestimmungen

§ 1 Anwendungsbereich
§ 2 Verwertungsgesellschaft
§ 3 Abhängige Verwertungseinrichtung
§ 4 Unabhängige Verwertungseinrichtung
§ 5 Rechtsinhaber
§ 6 Berechtigter
§ 7 Mitglieder
§ 7a Außenstehender
§ 8 Nutzer

Teil 2
Rechte und Pflichten der Verwertungsgesellschaft

Abschnitt 1
Innenverhältnis

Unterabschnitt 1
Rechtsinhaber, Berechtigte und Mitglieder

§ 9 Wahrnehmungszwang
§ 10 Zustimmung zur Rechtswahrnehmung
§ 11 Nutzungen für nicht kommerzielle Zwecke
§ 12 Beendigung der Rechtswahrnehmung; Entzug von Rechten
§ 13 Bedingungen für die Mitgliedschaft
§ 14 Elektronische Kommunikation
§ 15 Mitglieder- und Berechtigtenverzeichnis

§ 16 Grundsatz der Mitwirkung
§ 17 Allgemeine Befugnisse der Mitgliederhauptversammlung
§ 18 Befugnisse der Mitgliederhauptversammlung in Bezug auf die Organe
§ 19 Durchführung der Mitgliederhauptversammlung; Vertretung
§ 20 Mitwirkung der Berechtigten, die nicht Mitglied sind

Unterabschnitt 2
Geschäftsführung und Aufsicht

§ 21 Geschäftsführung
§ 22 Aufsichtsgremium

Unterabschnitt 3
Einnahmen aus den Rechten

§ 23 Einziehung, Verwaltung und Verteilung der Einnahmen aus den Rechten
§ 24 Getrennte Konten
§ 25 Anlage der Einnahmen aus den Rechten
§ 26 Verwendung der Einnahmen aus den Rechten
§ 27 Verteilungsplan
§ 27a Einnahmen aus gesetzlichen Vergütungsansprüchen des Urhebers
§ 27b Mindestbeteiligung des Urhebers
§ 28 Verteilungsfrist
§ 29 Feststellung der Berechtigten
§ 30 Nicht verteilbare Einnahmen aus den Rechten
§ 31 Abzüge von den Einnahmen aus den Rechten
§ 32 Kulturelle Förderung; Vorsorge- und Unterstützungseinrichtungen

[491]

Unterabschnitt 4
Beschwerdeverfahren

§ 33 Beschwerdeverfahren

Abschnitt 2
Außenverhältnis

Unterabschnitt 1
Verträge und Tarife

§ 34 Abschlusszwang
§ 35 Gesamtverträge
§ 36 Verhandlungen
§ 37 Hinterlegung; Zahlung unter Vorbehalt
§ 38 Tarifaufstellung
§ 39 Tarifgestaltung
§ 40 Gestaltung der Tarife für Geräte und Speichermedien

Unterabschnitt 2
Mitteilungspflichten

§ 41 Auskunftspflicht der Nutzer
§ 42 Meldepflicht der Nutzer
§ 43 Elektronische Kommunikation

Abschnitt 3
Besondere Vorschriften für die Wahrnehmung von Rechten auf Grundlage von Repräsentationsvereinbarungen

§ 44 Repräsentationsvereinbarung; Diskriminierungsverbot
§ 45 Abzüge
§ 46 Verteilung
§ 47 Informationspflichten

Abschnitt 4
Vermutungen; Außenseiter bei Kabelweitersendung

§ 48 Vermutung bei Auskunftsansprüchen
§ 49 Vermutung bei gesetzlichen Vergütungsansprüchen
§ 50 Außenstehende bei Weitersendung und Direkteinspeisung

Abschnitt 5
Kollektive Lizenzen mit erweiterter Wirkung

§ 51 Kollektive Lizenzen mit erweiterter Wirkung
§ 51a Wirksamkeit der Rechtseinräumung und dauerhafte Information
§ 51b Repräsentativität der Verwertungsgesellschaft
§ 52 Kollektive Lizenzen mit erweiterter Wirkung für nicht verfügbare Werke
§ 52a Wirksamkeit der Rechtseinräumung und dauerhafte Information bei nicht verfügbaren Werken
§ 52b Nicht verfügbare Werke
§ 52c Repräsentativität der Verwertungsgesellschaft bei Werkreihen aus Drittstaaten
§ 52d Verordnungsermächtigung
§ 52e Anwendung auf verwandte Schutzrechte

Abschnitt 6
Informationspflichten; Rechnungslegung und Transparenzbericht

Unterabschnitt 1
Informationspflichten

§ 53 Information der Rechtsinhaber vor Zustimmung zur Wahrnehmung
§ 54 Informationen für Berechtigte
§ 55 Informationen zu Werken und sonstigen Schutzgegenständen
§ 56 Informationen für die Allgemeinheit

Unterabschnitt 2
Rechnungslegung und Transparenzbericht

§ 57 Jahresabschluss und Lagebericht
§ 58 Jährlicher Transparenzbericht

Teil 3
Besondere Vorschriften für die gebietsübergreifende Vergabe von Online-Rechten an Musikwerken

§ 59 Anwendungsbereich
§ 60 Nicht anwendbare Vorschriften

Verwertungsgesellschaftengesetz

§ 61 Besondere Anforderungen an Verwertungsgesellschaften
§ 62 Informationen zu Musikwerken und Online-Rechten
§ 63 Berichtigung der Informationen
§ 64 Elektronische Übermittlung von Informationen
§ 65 Überwachung von Nutzungen
§ 66 Elektronische Nutzungsmeldung
§ 67 Abrechnung gegenüber Anbietern von Online-Diensten
§ 68 Verteilung der Einnahmen aus den Rechten; Informationen
§ 69 Repräsentationszwang
§ 70 Informationen der beauftragenden Verwertungsgesellschaft
§ 71 Informationen der Mitglieder und Berechtigten bei Repräsentation
§ 72 Zugang zur gebietsübergreifenden Vergabe von Online-Rechten an Musikwerken
§ 73 Wahrnehmung bei Repräsentation
§ 74 Ausnahme für Hörfunk- und Fernsehprogramme

Teil 4
Aufsicht

§ 75 Aufsichtsbehörde
§ 76 Inhalt der Aufsicht
§ 77 Erlaubnis
§ 78 Antrag auf Erlaubnis
§ 79 Versagung der Erlaubnis
§ 80 Widerruf der Erlaubnis
§ 81 Zusammenarbeit bei Erlaubnis und Widerruf der Erlaubnis
§ 82 Anzeige
§ 83 Bekanntmachung
§ 84 Wahrnehmungstätigkeit ohne Erlaubnis oder Anzeige
§ 85 Befugnisse der Aufsichtsbehörde
§ 86 Befugnisse der Aufsichtsbehörde bei Verwertungsgesellschaften mit Sitz in einem anderen Mitgliedstaat der Europäischen Union oder anderen Vertragsstaat des Abkommens über den Europäischen Wirtschaftsraum
§ 87 Informationsaustausch mit Aufsichtsbehörden anderer Mitgliedstaaten der Europäischen Union oder anderer Vertragsstaaten des Abkommens über den Europäischen Wirtschaftsraum

§ 88 Unterrichtungspflicht der Verwertungsgesellschaft
§ 89 Anzuwendendes Verfahrensrecht
§ 90 Aufsicht über abhängige Verwertungseinrichtungen
§ 91 Aufsicht über unabhängige Verwertungseinrichtungen

Teil 5
Schiedsstelle und gerichtliche Geltendmachung

Abschnitt 1
Schiedsstelle

Unterabschnitt 1
Allgemeine Verfahrensvorschriften

§ 92 Zuständigkeit für Streitfälle nach dem Urheberrechtsgesetz und für Gesamtverträge
§ 93 Zuständigkeit für empirische Untersuchungen
§ 94 Zuständigkeit für Streitfälle über die gebietsübergreifende Vergabe von Online-Rechten an Musikwerken
§ 95 Allgemeine Verfahrensregeln
§ 96 Berechnung von Fristen
§ 97 Verfahrenseinleitender Antrag
§ 98 Zurücknahme des Antrags
§ 99 Schriftliches Verfahren und mündliche Verhandlung
§ 100 Verfahren bei mündlicher Verhandlung
§ 101 Nichterscheinen in der mündlichen Verhandlung
§ 102 Gütliche Streitbeilegung; Vergleich
§ 103 Aussetzung des Verfahrens
§ 104 Aufklärung des Sachverhalts
§ 105 Einigungsvorschlag der Schiedsstelle; Widerspruch

Unterabschnitt 2
Besondere Verfahrensvorschriften

§ 106 Einstweilige Regelungen
§ 107 Sicherheitsleistung
§ 108 Schadensersatz
§ 109 Beschränkung des Einigungsvorschlags; Absehen vom Einigungsvorschlag

- § 110 Streitfälle über Gesamtverträge
- § 111 Streitfälle über Rechte der Kabelweitersendung
- § 112 Empirische Untersuchung zu Geräten und Speichermedien
- § 113 Durchführung der empirischen Untersuchung
- § 114 Ergebnis der empirischen Untersuchung
- § 115 Verwertung von Untersuchungsergebnissen
- § 116 Beteiligung von Verbraucherverbänden

Unterabschnitt 3
Kosten sowie Entschädigung und Vergütung Dritter

- § 117 Kosten des Verfahrens
- § 118 Fälligkeit und Vorschuss
- § 119 Entsprechende Anwendung des Gerichtskostengesetzes
- § 120 Entscheidung über Einwendungen
- § 121 Entscheidung über die Kostenpflicht
- § 122 Festsetzung der Kosten
- § 123 Entschädigung von Zeugen und Vergütung der Sachverständigen

Unterabschnitt 4
Organisation und Beschlussfassung der Schiedsstelle

- § 124 Aufbau und Besetzung der Schiedsstelle
- § 125 Aufsicht
- § 126 Beschlussfassung der Schiedsstelle
- § 127 Ausschließung und Ablehnung von Mitgliedern der Schiedsstelle

Abschnitt 2
Gerichtliche Geltendmachung

- § 128 Gerichtliche Geltendmachung
- § 129 Zuständigkeit des Oberlandesgerichts
- § 130 Entscheidung über Gesamtverträge
- § 131 Ausschließlicher Gerichtsstand

Teil 6
Übergangs- und Schlussvorschriften

- § 132 Übergangsvorschrift für Erlaubnisse
- § 133 Anzeigefrist
- § 134 Übergangsvorschrift zur Anpassung des Statuts an die Vorgaben dieses Gesetzes
- § 135 Informationspflichten der Verwertungsgesellschaft bei Inkrafttreten dieses Gesetzes
- § 136 Übergangsvorschrift für Erklärungen der Geschäftsführung und des Aufsichtsgremiums
- § 137 Übergangsvorschrift für Rechnungslegung und Transparenzbericht
- § 138 Übergangsvorschrift für Verfahren der Aufsichtsbehörde
- § 139 Übergangsvorschrift für Verfahren vor der Schiedsstelle und für die gerichtliche Geltendmachung
- § 140 Übergangsvorschrift zur Regelung der Verlegerbeteiligung ab dem 7. Juni 2021
- § 141 Übergangsvorschrift für vergriffene Werke; Verordnungsermächtigung

Anlage
Inhalt des jährlichen Transparenzberichts

Teil 1

Gegenstand des Gesetzes; Begriffsbestimmungen

§ 1 Anwendungsbereich. Dieses Gesetz regelt die Wahrnehmung von Urheberrechten und verwandten Schutzrechten durch Verwertungsgesellschaften, abhängige und unabhängige Verwertungseinrichtungen.

§ 2 Verwertungsgesellschaft. (1) Eine Verwertungsgesellschaft ist eine Organisation, die gesetzlich oder auf Grundlage einer vertraglichen Vereinbarung berechtigt ist und deren ausschließlicher oder hauptsächlicher Zweck es ist, für Rechnung mehrerer Rechtsinhaber Urheberrechte oder verwandte Schutzrechte zu deren kollektiven Nutzen wahrzunehmen, gleichviel, ob in eigenem oder in fremdem Namen.

(2) Um eine Verwertungsgesellschaft zu sein, muss die Organisation darüber hinaus mindestens eine der folgenden Bedingungen erfüllen:
1. ihre Anteile werden von ihren Mitgliedern (§ 7) gehalten oder sie wird von ihren Mitgliedern beherrscht;
2. sie ist nicht auf Gewinnerzielung ausgerichtet.

§ 3 Abhängige Verwertungseinrichtung. (1) Eine abhängige Verwertungseinrichtung ist eine Organisation, deren Anteile zumindest indirekt oder teilweise von mindestens einer Verwertungsgesellschaft gehalten werden oder die zumindest indirekt oder teilweise von mindestens einer Verwertungsgesellschaft beherrscht wird.

(2) [1]Soweit die abhängige Verwertungseinrichtung Tätigkeiten einer Verwertungsgesellschaft ausübt, sind die für diese Tätigkeiten geltenden Bestimmungen dieses Gesetzes entsprechend anzuwenden. [2]Die Vorschriften über die Geschäftsführung in § 21 Absatz 1 und 2 gelten entsprechend, und zwar unabhängig davon, welche Tätigkeiten einer Verwertungsgesellschaft die abhängige Verwertungseinrichtung ausübt. [3]Für die Aufsicht ist § 90 maßgeblich.

§ 4 Unabhängige Verwertungseinrichtung. (1) Eine unabhängige Verwertungseinrichtung ist eine Organisation, die über die Voraussetzungen einer Verwertungsgesellschaft gemäß § 2 Absatz 1 hinaus auch noch die folgenden Merkmale aufweist:
1. ihre Anteile werden weder direkt noch indirekt, weder vollständig noch teilweise von ihren Berechtigten (§ 6) gehalten oder die Verwertungseinrichtung wird weder direkt noch indirekt, weder vollständig noch teilweise von ihren Berechtigten beherrscht und
2. die Verwertungseinrichtung ist auf Gewinnerzielung ausgerichtet.

(2) [1]Für die unabhängige Verwertungseinrichtung gelten die §§ 36, 54, 55 und 56 Absatz 1 Nummer 1 bis 4 und 7 bis 9 entsprechend. [2]Für die Aufsicht ist § 91 maßgeblich.

§ 5 Rechtsinhaber. (1) Rechtsinhaber im Sinne dieses Gesetzes ist jede natürliche oder juristische Person, die Inhaber eines Urheberrechts oder verwandten Schutzrechts ist oder die gesetzlich oder aufgrund eines Rechteverwertungsvertrags Anspruch auf einen Anteil an den Einnahmen aus diesen Rechten hat.

(2) Verwertungsgesellschaften sind keine Rechtsinhaber im Sinne dieses Gesetzes.

§ 6 Berechtigter. Berechtigter im Sinne dieses Gesetzes ist jeder Rechtsinhaber, der auf gesetzlicher oder vertraglicher Grundlage in einem unmittelbaren Wahrnehmungsverhältnis zu einer der in § 1 genannten Organisationen steht.

§ 7 Mitglieder. Mitglieder im Sinne dieses Gesetzes sind von der Verwertungsgesellschaft als Mitglied aufgenommene
1. Berechtigte und
2. Einrichtungen, die Rechtsinhaber vertreten.

§ 7a Außenstehender. Außenstehender im Sinne dieses Gesetzes ist ein Rechtsinhaber, der im Hinblick auf die betreffende Nutzung nicht in einem vertraglichen Wahrnehmungsverhältnis zu einer Verwertungsgesellschaft steht.

§ 8 Nutzer. Nutzer im Sinne dieses Gesetzes ist jede natürliche oder juristische Person, die eine Handlung vornimmt, die der Erlaubnis des Rechtsinhabers bedarf, oder die zur Zahlung einer Vergütung an den Rechtsinhaber verpflichtet ist.

Teil 2

Rechte und Pflichten der Verwertungsgesellschaft

Abschnitt 1

Innenverhältnis

Unterabschnitt 1

Rechtsinhaber, Berechtigte und Mitglieder

§ 9 Wahrnehmungszwang. ¹Die Verwertungsgesellschaft ist verpflichtet, auf Verlangen des Rechtsinhabers Rechte seiner Wahl an Arten von Werken und sonstigen Schutzgegenständen seiner Wahl in Gebieten seiner Wahl wahrzunehmen, wenn
1. die Rechte, die Werke und sonstigen Schutzgegenstände sowie die Gebiete zum Tätigkeitsbereich der Verwertungsgesellschaft gehören und
2. der Wahrnehmung keine objektiven Gründe entgegenstehen.

²Die Bedingungen, zu denen die Verwertungsgesellschaft die Rechte des Berechtigten wahrnimmt (Wahrnehmungsbedingungen), müssen angemessen sein.

§ 10 Zustimmung zur Rechtswahrnehmung. ¹Nimmt eine Verwertungsgesellschaft auf Grundlage einer vertraglichen Vereinbarung mit dem Rechtsinhaber Urheberrechte oder verwandte Schutzrechte wahr, holt sie dessen Zustimmung zur Wahrnehmung für jedes einzelne Recht ein und dokumentiert diese. ²Die Vereinbarung bedarf, auch soweit Rechte an künftigen Werken eingeräumt werden, der Textform.

§ 11 Nutzungen für nicht kommerzielle Zwecke. Die Verwertungsgesellschaft legt Bedingungen fest, zu denen der Berechtigte jedermann das Recht einräumen kann, seine Werke oder sonstigen Schutzgegenstände für nicht kommerzielle Zwecke zu nutzen, auch wenn er die entsprechenden Rechte daran der Verwertungsgesellschaft zur Wahrnehmung eingeräumt oder übertragen hat.

§ 12 Beendigung der Rechtswahrnehmung; Entzug von Rechten. (1) Die Verwertungsgesellschaft regelt in den Wahrnehmungsbedingungen, dass der Berechtigte unter Einhaltung einer angemessenen Frist von höchstens sechs Monaten das Wahrnehmungsverhältnis insgesamt beenden oder der Verwertungsgesellschaft Rechte seiner Wahl an Arten von Werken und sonstigen Schutzgegenständen seiner Wahl entziehen kann, und zwar jeweils für Gebiete seiner Wahl.

(2) Die Wahrnehmungsbedingungen können bestimmen, dass die Beendigung des Wahrnehmungsverhältnisses oder der Rechteentzug erst zum Ende des Geschäftsjahres wirksam werden.

(3) Die Verwertungsgesellschaft hat die Einnahmen aus den Rechten auch dann weiterhin nach den allgemeinen Vorschriften einzuziehen, zu verwalten und zu verteilen, wenn dem Berechtigten Einnahmen aus den Rechten zustehen
1. für Nutzungen aus einem Zeitraum, bevor das Wahrnehmungsverhältnis wirksam beendet oder der Rechteentzug wirksam war, oder
2. aus einem Nutzungsrecht, das die Verwertungsgesellschaft vergeben hat, bevor das Wahrnehmungsverhältnis wirksam beendet oder der Rechteentzug wirksam war.

§ 13 Bedingungen für die Mitgliedschaft. (1) ¹Die Verwertungsgesellschaft regelt in der Satzung, im Gesellschaftsvertrag oder in sonstigen Gründungsbestimmungen (Statut), dass Berechtigte und Einrichtungen, die Rechtsinhaber vertreten, als Mitglieder aufzunehmen sind, wenn sie die Bedingungen für die Mitgliedschaft erfüllen. ²Die Bedingungen müssen objektiv, transparent und nichtdiskriminierend sein und sind im Statut zu regeln.

(2) Lehnt eine Verwertungsgesellschaft einen Antrag auf Aufnahme als Mitglied ab, so sind dem Antragsteller die Gründe verständlich zu erläutern.

§ 14 Elektronische Kommunikation. Die Verwertungsgesellschaft eröffnet allen Mitgliedern und Berechtigten einen Zugang für die elektronische Kommunikation.

§ 15 Mitglieder- und Berechtigtenverzeichnis. Die Verwertungsgesellschaft führt ein aktuelles Mitglieder- und Berechtigtenverzeichnis.

§ 16 Grundsatz der Mitwirkung. [1]Die Verwertungsgesellschaft sieht in dem Statut angemessene und wirksame Verfahren der Mitwirkung von Mitgliedern und von Berechtigten an den Entscheidungen der Verwertungsgesellschaft vor. [2]Die verschiedenen Kategorien von Mitgliedern und Berechtigten, wie beispielsweise Urheber von Werken der Musik, Tonträgerhersteller oder ausübende Künstler, müssen dabei fair und ausgewogen vertreten sein.

§ 17 Allgemeine Befugnisse der Mitgliederhauptversammlung. (1) [1]Die Mitgliederhauptversammlung ist das Organ, in dem die Mitglieder mitwirken und ihr Stimmrecht ausüben. [2]Die Verwertungsgesellschaft regelt in dem Statut, dass die Mitgliederhauptversammlung mindestens beschließt über:
1. das Statut der Verwertungsgesellschaft (§ 13);
2. den jährlichen Transparenzbericht (§ 58);
3. die Bestellung und Abberufung des Abschlussprüfers oder die Mitgliedschaft in einem genossenschaftlichen Prüfungsverband;
4. Zusammenschlüsse und Bündnisse unter Beteiligung der Verwertungsgesellschaft, die Gründung von Tochtergesellschaften, die Übernahme anderer Organisationen und den Erwerb von Anteilen oder Rechten an anderen Organisationen durch die Verwertungsgesellschaft;
5. die Grundsätze des Risikomanagements;
6. den Verteilungsplan (§ 27);
7. die Verwendung der nicht verteilbaren Einnahmen aus den Rechten (§ 30);
8. die allgemeine Anlagepolitik in Bezug auf die Einnahmen aus den Rechten (§ 25);
9. die allgemeinen Grundsätze für die Abzüge von den Einnahmen aus den Rechten (§ 31 Absatz 1), einschließlich der allgemeinen Grundsätze für Abzüge zur Deckung der Verwaltungskosten (§ 31 Absatz 2) und gegebenenfalls der Abzüge für die Förderung kulturell bedeutender Werke und Leistungen und für die Einrichtung und den Betrieb von Vorsorge- und Unterstützungseinrichtungen (§ 32);
10. den Erwerb, den Verkauf und die Beleihung unbeweglicher Sachen;
11. die Aufnahme und die Vergabe von Darlehen sowie die Stellung von Darlehenssicherheiten;
12. den Abschluss, den Inhalt und die Beendigung von Repräsentationsvereinbarungen (§ 44);
13. die Wahrnehmungsbedingungen (§ 9 Satz 2);
14. die Tarife (§§ 38 bis 40);
15. die zum Tätigkeitsbereich gehörenden Rechte;

16. die Bedingungen, zu denen der Berechtigte jedermann das Recht einräumen kann, seine Werke oder sonstige Schutzgegenstände für nicht kommerzielle Zwecke zu nutzen (§ 11).

(2) Die Mitgliederhauptversammlung kann beschließen, dass die Befugnisse nach Absatz 1 Satz 2 Nummer 3 bis 5 und 10 bis 14 dem Aufsichtsgremium nach § 22 übertragen werden.

§ 18 Befugnisse der Mitgliederhauptversammlung in Bezug auf die Organe. (1) Die Verwertungsgesellschaft regelt in dem Statut, dass die Mitgliederhauptversammlung beschließt über die Ernennung und Entlassung sowie über die Vergütung und sonstigen Leistungen
1. der Personen, die kraft Gesetzes oder nach dem Statut zur Vertretung der Verwertungsgesellschaft berechtigt sind,
2. der Mitglieder des Aufsichtsrats,
3. der Mitglieder des Verwaltungsrats,
4. der Mitglieder des Aufsichtsgremiums (§ 22), sofern dessen Befugnisse nicht von dem Aufsichts- oder Verwaltungsrat wahrgenommen werden.

(2) Die Mitgliederhauptversammlung kann beschließen, dass die Befugnisse nach Absatz 1 hinsichtlich der Personen, die kraft Gesetzes oder nach dem Statut zur Vertretung berechtigt sind, dem Aufsichtsrat oder dem Aufsichtsgremium nach § 22 übertragen werden.

§ 19 Durchführung der Mitgliederhauptversammlung; Vertretung.
(1) Die Mitgliederhauptversammlung ist mindestens einmal jährlich einzuberufen.

(2) Alle Mitglieder der Verwertungsgesellschaft sind sowohl zur Teilnahme an der Mitgliederhauptversammlung als auch zur Abstimmung berechtigt.

(3) [1]Die Verwertungsgesellschaft regelt in dem Statut die Voraussetzungen, unter denen die Mitglieder an der Mitgliederhauptversammlung auch ohne Anwesenheit vor Ort und ohne einen Vertreter teilnehmen können und ihr Stimmrecht im Wege elektronischer Kommunikation ausüben können. [2]Die Verwertungsgesellschaft kann die elektronische Ausübung weiterer Mitgliedschaftsrechte zulassen.

(4) [1]Jedes Mitglied muss nach Gesetz oder nach dem Statut berechtigt sein, seine Rechte in der Mitgliederhauptversammlung auch durch einen Vertreter ausüben zu lassen, sofern die Vertretung nicht zu einem Interessenkonflikt führt. [2]Ein Interessenkonflikt liegt insbesondere darin, dass derselbe Vertreter Mitglieder verschiedener im Statut festgelegter Kategorien vertritt. [3]Die Verwertungsgesellschaft kann in dem Statut die Anzahl der durch denselben Vertreter vertretenen Mitglieder beschränken, wobei diese Anzahl zehn nicht unterschreiten darf. [4]Eine Vollmacht zur Vertretung eines Mitglieds in einer Mitgliederhauptversammlung ist nur wirksam, wenn sie auf die Vertretung des Mitglieds in dieser Mitgliederhauptversammlung beschränkt ist. [5]Der Vertreter ist verpflichtet, entsprechend den Anweisungen des Mitglieds abzustimmen, das ihn bestellt hat.

§ 20 Mitwirkung der Berechtigten, die nicht Mitglied sind. (1) Die Berechtigten, die nicht Mitglied sind, wählen mindestens alle vier Jahre aus ihrer Mitte Delegierte.

(2) In dem Statut der Verwertungsgesellschaft ist mindestens zu regeln:
1. die Anzahl und Zusammensetzung der Delegierten;
2. das Verfahren zur Wahl der Delegierten;
3. dass die Delegierten zur Teilnahme an der Mitgliederhauptversammlung berechtigt sind;
4. dass die Delegierten stimmberechtigt mindestens an Entscheidungen über die in § 17 Absatz 1 Satz 2 Nummer 6 bis 9 und 12 bis 16, Absatz 2 sowie die in § 18 genannten Angelegenheiten, mit Ausnahme der Entscheidungen über die Ernennung und Entlassung der in § 18 Absatz 1 genannten Personen, mitwirken können und
5. dass die Delegierten an Entscheidungen der Mitgliederhauptversammlung, an denen sie nicht stimmberechtigt mitwirken, jedenfalls beratend mitwirken können.

(3) Für die Mitwirkung der Delegierten an der Mitgliederhauptversammlung gilt § 19 Absatz 3 entsprechend.

Unterabschnitt 2

Geschäftsführung und Aufsicht

§ 21 Geschäftsführung. (1) Die Verwertungsgesellschaft trifft Vorkehrungen dafür, dass die Personen, die kraft Gesetzes oder nach dem Statut zur Vertretung der Verwertungsgesellschaft berechtigt sind, ihre Aufgaben solide, umsichtig und angemessen erfüllen.

(2) [1]Damit Interessenkonflikte von Personen, die kraft Gesetzes oder nach dem Statut zur Vertretung der Verwertungsgesellschaft berechtigt sind, erkannt und vermieden werden, legt die Verwertungsgesellschaft Verfahren fest und wendet diese an, um Nachteile für Mitglieder und Berechtigte zu verhindern. [2]Dabei legt die Verwertungsgesellschaft auch fest, dass unvermeidbare Interessenkonflikte offenzulegen, zu überwachen und baldmöglichst zu beenden sind.

(3) Die Personen, die kraft Gesetzes oder nach dem Statut zur Vertretung der Verwertungsgesellschaft berechtigt sind, geben gegenüber der Mitgliederhauptversammlung mindestens einmal jährlich eine persönliche Erklärung mit folgendem Inhalt ab:
1. ihre Beteiligungen an der Verwertungsgesellschaft,
2. die Höhe ihrer Vergütung und sonstigen Leistungen, die von der Verwertungsgesellschaft im abgelaufenen Geschäftsjahr bezogen wurden,
3. die Höhe der Beträge, die sie in der Eigenschaft als Berechtigter (§ 6) von der Verwertungsgesellschaft im abgelaufenen Geschäftsjahr erhalten haben, und

4. Art und Umfang eines tatsächlichen oder möglichen Konflikts zwischen ihren persönlichen Interessen und den Interessen der Verwertungsgesellschaft oder zwischen ihren Pflichten gegenüber der Verwertungsgesellschaft und ihren Pflichten gegenüber einer anderen natürlichen oder juristischen Person.

(4) Für die Zwecke der persönlichen Erklärung über die Höhe der in Absatz 3 Nummer 3 genannten Beträge kann die Verwertungsgesellschaft angemessene Stufen festlegen.

§ 22 Aufsichtsgremium. (1) Die Verwertungsgesellschaft verfügt über ein Gremium, das mit der kontinuierlichen Überwachung derjenigen Personen betraut ist, die kraft Gesetzes oder nach dem Statut zur Vertretung der Verwertungsgesellschaft berechtigt sind (Aufsichtsgremium).

(2) In dem Aufsichtsgremium müssen die verschiedenen Kategorien von Mitgliedern fair und ausgewogen vertreten sein.

(3) Das Aufsichtsgremium hat mindestens folgende Befugnisse und Aufgaben:
1. die Befugnisse, die ihm von der Mitgliederhauptversammlung übertragen werden;
2. die Tätigkeit und die Aufgabenerfüllung derjenigen Personen zu überwachen, die kraft Gesetzes oder nach dem Statut zur Vertretung der Verwertungsgesellschaft berechtigt sind;
3. die Tätigkeit und die Aufgabenerfüllung derjenigen Personen zu überwachen, die kraft Gesetzes oder nach dem Statut zur Vertretung einer von der Verwertungsgesellschaft abhängigen Verwertungseinrichtung berechtigt sind, soweit die abhängige Verwertungseinrichtung Tätigkeiten einer Verwertungsgesellschaft ausübt.

(4) Das Aufsichtsgremium tritt regelmäßig zusammen und berichtet der Mitgliederhauptversammlung mindestens einmal im Jahr über seine Tätigkeit.

(5) ¹Die Mitglieder des Aufsichtsgremiums geben mindestens einmal jährlich gegenüber der Mitgliederhauptversammlung eine Erklärung nach § 21 Absatz 3 ab. ²§ 21 Absatz 4 gilt entsprechend.

Unterabschnitt 3

Einnahmen aus den Rechten

§ 23 Einziehung, Verwaltung und Verteilung der Einnahmen aus den Rechten. ¹Die Verwertungsgesellschaft hat die Einnahmen aus den Rechten, einschließlich der Einnahmen aus den Rechten, die sie auf Grundlage einer Repräsentationsvereinbarung (§ 44) wahrnimmt, nach Maßgabe dieses Unterabschnitts mit der gebotenen Sorgfalt einzuziehen, zu verwalten und zu verteilen, soweit dieses Gesetz nichts anderes bestimmt. ²Zu den Einnahmen aus den

Rechten im Sinne dieses Gesetzes zählen auch die Erträge aus der Anlage dieser Einnahmen.

§ 24 Getrennte Konten. Die Verwertungsgesellschaft weist in der Buchführung getrennt aus:
1. die Einnahmen aus den Rechten,
2. ihr eigenes Vermögen, die Erträge aus dem eigenen Vermögen sowie die Einnahmen zur Deckung der Verwaltungskosten und aus sonstiger Tätigkeit.

§ 25 Anlage der Einnahmen aus den Rechten. (1) ¹Legt die Verwertungsgesellschaft Einnahmen aus den Rechten an, so erfolgt dies im ausschließlichen und besten Interesse der Berechtigten. ²Die Verwertungsgesellschaft stellt für die Zwecke der Anlage der Einnahmen aus den Rechten eine Richtlinie auf (Anlagerichtlinie) und beachtet diese bei der Anlage.

(2) Die Anlagerichtlinie muss
1. der allgemeinen Anlagepolitik (§ 17 Absatz 1 Satz 2 Nummer 8) und den Grundsätzen des Risikomanagements (§ 17 Absatz 1 Satz 2 Nummer 5) entsprechen;
2. gewährleisten, dass die Anlage in den in § 1807 Absatz 1 des Bürgerlichen Gesetzbuchs genannten Anlageformen oder in anderen Anlageformen unter Beachtung der Grundsätze einer wirtschaftlichen Vermögensverwaltung gemäß § 1811 Satz 2 des Bürgerlichen Gesetzbuchs erfolgt;

   (*Ab 1.1.2023 gilt die folgende Fassung:*)
   gewährleisten, dass die Anlage der Rechtsverordnung nach § 240a Absatz 1 Nummer 2 des Bürgerlichen Gesetzbuchs entsprechend oder in anderen Anlageformen unter Beachtung der Grundsätze einer wirtschaftlichen Vermögensverwaltung gemäß § 1798 Absatz 1 Satz 1 des Bürgerlichen Gesetzbuchs erfolgt;
3. gewährleisten, dass die Anlagen in angemessener Weise so gestreut werden, dass eine zu große Abhängigkeit von einem bestimmten Vermögenswert und eine Risikokonzentration im Portfolio insgesamt vermieden werden.

(3) Die Verwertungsgesellschaft lässt die Vereinbarkeit der Anlagerichtlinie und jeder Änderung der Anlagerichtlinie mit den Vorgaben nach Absatz 2 durch einen Wirtschaftsprüfer oder eine Wirtschaftsprüfungsgesellschaft unverzüglich prüfen und bestätigen.

§ 26 Verwendung der Einnahmen aus den Rechten. Die Verwertungsgesellschaft darf die Einnahmen aus den Rechten nur zu folgenden Zwecken verwenden:
1. zur Verteilung an die Berechtigten (§ 27) und an andere Verwertungsgesellschaften im Rahmen von Repräsentationsvereinbarungen (§ 46);
2. gemäß einem nach § 17 Absatz 1 Satz 2 Nummer 7 gefassten Beschluss, soweit die Einnahmen aus den Rechten nicht verteilbar sind;

3. gemäß einem nach § 17 Absatz 1 Satz 2 Nummer 9 gefassten Beschluss über Abzüge zur Deckung der Verwaltungskosten;
4. gemäß einem nach § 17 Absatz 1 Satz 2 Nummer 9 gefassten Beschluss über Abzüge zur Förderung kulturell bedeutender Werke und Leistungen und für die Einrichtung und den Betrieb von Vorsorge- und Unterstützungseinrichtungen (§ 32).

§ 27 Verteilungsplan. (1) Die Verwertungsgesellschaft stellt feste Regeln auf, die ein willkürliches Vorgehen bei der Verteilung der Einnahmen aus den Rechten ausschließen (Verteilungsplan).

(2) Nimmt die Verwertungsgesellschaft Rechte für mehrere Rechtsinhaber gemeinsam wahr, kann sie im Verteilungsplan regeln, dass die Einnahmen aus der Wahrnehmung dieser Rechte unabhängig davon, wer die Rechte eingebracht hat, nach festen Anteilen verteilt werden.

§ 27a Einnahmen aus gesetzlichen Vergütungsansprüchen des Urhebers. (1) Nach der Veröffentlichung eines verlegten Werks oder mit der Anmeldung des Werks bei der Verwertungsgesellschaft kann der Urheber gegenüber der Verwertungsgesellschaft zustimmen, dass der Verleger an den Einnahmen aus den in § 63a Satz 1 des Urheberrechtsgesetzes genannten gesetzlichen Vergütungsansprüchen beteiligt wird.

(2) Die Verwertungsgesellschaft legt die Höhe des Verlegeranteils nach Absatz 1 fest.

(3) Die Absätze 1 und 2 sind auf Einnahmen aus dem Vergütungsanspruch nach § 27 Absatz 2 des Urheberrechtsgesetzes entsprechend anzuwenden.

§ 27b Mindestbeteiligung des Urhebers. Ist der Verleger nach § 63a Absatz 2 und 3 des Urheberrechtsgesetzes oder nach § 27a an der angemessenen Vergütung zu beteiligen, so stehen dem Urheber mindestens zwei Drittel der Einnahmen zu, sofern die Verwertungsgesellschaft keine andere Verteilung festlegt.

§ 28 Verteilungsfrist. (1) Die Verwertungsgesellschaft bestimmt im Verteilungsplan oder in den Wahrnehmungsbedingungen Fristen, binnen derer die Einnahmen aus den Rechten verteilt werden.

(2) Die Verwertungsgesellschaft bestimmt die Fristen so, dass die Einnahmen aus den Rechten spätestens neun Monate nach Ablauf des Geschäftsjahres, in dem sie eingezogen wurden, verteilt werden.

(3) Die Verwertungsgesellschaft kann vorsehen, dass eine Frist nicht abläuft, solange die Verwertungsgesellschaft aus sachlichen Gründen an der Durchführung der Verteilung gehindert ist.

(4) Einnahmen aus den Rechten, die nicht innerhalb der Fristen ausgeschüttet werden, weil der Berechtigte nicht festgestellt oder ausfindig gemacht werden kann, weist die Verwertungsgesellschaft in der Buchführung getrennt aus.

§ 29 Feststellung der Berechtigten. (1) Können Einnahmen aus den Rechten nicht innerhalb der Verteilungsfrist (§ 28) verteilt werden, weil ein Berechtigter nicht festgestellt oder ausfindig gemacht werden kann, trifft die Verwertungsgesellschaft angemessene Maßnahmen, um den Berechtigten festzustellen oder ausfindig zu machen.

(2) Insbesondere stellt die Verwertungsgesellschaft ihren Mitgliedern, ihren Berechtigten und allen Verwertungsgesellschaften, für die sie im Rahmen einer Repräsentationsvereinbarung Rechte wahrnimmt, spätestens drei Monate nach Ablauf der Verteilungsfrist (§ 28), soweit verfügbar, folgende Angaben über die Werke und sonstigen Schutzgegenstände, deren Berechtigte nicht festgestellt oder ausfindig gemacht werden konnten, zur Verfügung:
1. den Titel des Werks oder sonstigen Schutzgegenstands,
2. den Namen des Berechtigten, der nicht festgestellt oder ausfindig gemacht werden kann,
3. den Namen des betreffenden Verlegers oder Herstellers und
4. alle sonstigen erforderlichen Informationen, die zur Feststellung des Berechtigten beitragen könnten.

(3) Die Verwertungsgesellschaft veröffentlicht die Angaben nach Absatz 2 spätestens ein Jahr nach Ablauf der Dreimonatsfrist, wenn der Berechtigte nicht inzwischen festgestellt oder ausfindig gemacht werden konnte.

§ 30 Nicht verteilbare Einnahmen aus den Rechten. (1) Einnahmen aus den Rechten gelten als nicht verteilbar, wenn der Berechtigte nicht innerhalb von drei Jahren nach Ablauf des Geschäftsjahres, in dem die Einnahmen aus den Rechten eingezogen wurden, festgestellt oder ausfindig gemacht werden konnte und die Verwertungsgesellschaft die erforderlichen Maßnahmen nach § 29 ergriffen hat.

(2) Die Verwertungsgesellschaft stellt allgemeine Regeln über die Verwendung der nicht verteilbaren Einnahmen aus den Rechten auf.

(3) Die Ansprüche des Berechtigten aus dem Wahrnehmungsverhältnis bleiben unberührt.

§ 31 Abzüge von den Einnahmen aus den Rechten. (1) Abzüge von den Einnahmen aus den Rechten müssen im Verhältnis zu den Leistungen der Verwertungsgesellschaft an die Berechtigten angemessen sein und anhand von objektiven Kriterien festgelegt werden.

(2) Soweit die Verwertungsgesellschaft zur Deckung der Kosten, die ihr für die Wahrnehmung von Urheberrechten und verwandten Schutzrechten entstehen (Verwaltungskosten), Abzüge von den Einnahmen aus den Rechten vornimmt, dürfen die Abzüge die gerechtfertigten und belegten Verwaltungskosten nicht übersteigen.

§ 32 Kulturelle Förderung; Vorsorge- und Unterstützungseinrichtungen.
(1) Die Verwertungsgesellschaft soll kulturell bedeutende Werke und Leistungen fördern.

(2) Die Verwertungsgesellschaft soll Vorsorge- und Unterstützungseinrichtungen für ihre Berechtigten einrichten.

(3) Werden kulturelle Förderungen und Vorsorge- und Unterstützungseinrichtungen durch Abzüge von den Einnahmen aus den Rechten finanziert, so hat die Verwertungsgesellschaft die kulturellen Förderungen und die Leistungen der Vorsorge- und Unterstützungseinrichtungen nach festen Regeln, die auf fairen Kriterien beruhen, zu erbringen.

Unterabschnitt 4

Beschwerdeverfahren

§ 33 Beschwerdeverfahren. (1) Die Verwertungsgesellschaft regelt wirksame und zügige Beschwerdeverfahren.

(2) Als Gegenstand einer Beschwerde sind dabei insbesondere zu benennen:
1. die Aufnahme und die Beendigung der Rechtewahrnehmung oder der Entzug von Rechten,
2. die Bedingungen für die Mitgliedschaft und die Wahrnehmungsbedingungen,
3. die Einziehung, Verwaltung und Verteilung der Einnahmen aus den Rechten,
4. die Abzüge von den Einnahmen aus den Rechten.

(3) [1]Die Verwertungsgesellschaft entscheidet über Beschwerden in Textform. [2]Soweit die Verwertungsgesellschaft der Beschwerde nicht abhilft, hat sie dies zu begründen.

Abschnitt 2

Außenverhältnis

Unterabschnitt 1

Verträge und Tarife

§ 34 Abschlusszwang. (1) [1]Die Verwertungsgesellschaft ist verpflichtet, aufgrund der von ihr wahrgenommenen Rechte jedermann auf Verlangen zu angemessenen Bedingungen Nutzungsrechte einzuräumen. [2]Die Bedingungen müssen insbesondere objektiv und nichtdiskriminierend sein und eine angemessene Vergütung vorsehen.

(2) [1]Die Verwertungsgesellschaft verstößt nicht bereits deshalb gegen ihre Verpflichtung zur Nichtdiskriminierung, weil sie die zwischen ihr und dem Anbieter eines neuartigen Online-Dienstes vereinbarten Bedingungen nicht auch einem anderen Anbieter eines gleichartigen neuartigen Online-Dienstes gewährt. [2]Neuartig ist ein Online-Dienst, der seit weniger als drei Jahren der

Öffentlichkeit in der Europäischen Union oder einem anderen Vertragsstaat des Abkommens über den Europäischen Wirtschaftsraum zur Verfügung steht.

§ 35 Gesamtverträge. Die Verwertungsgesellschaft ist verpflichtet, über die von ihr wahrgenommenen Rechte mit Nutzervereinigungen einen Gesamtvertrag zu angemessenen Bedingungen abzuschließen, es sei denn, der Verwertungsgesellschaft ist der Abschluss des Gesamtvertrags nicht zuzumuten, insbesondere weil die Nutzervereinigung eine zu geringe Mitgliederzahl hat.

§ 36 Verhandlungen. (1) ^{1}Verwertungsgesellschaft und Nutzer oder Nutzervereinigung verhandeln nach Treu und Glauben über die von der Verwertungsgesellschaft wahrgenommenen Rechte. ^{2}Die Beteiligten stellen sich gegenseitig alle für die Verhandlungen notwendigen Informationen zur Verfügung.

(2) ^{1}Die Verwertungsgesellschaft antwortet unverzüglich auf Anfragen des Nutzers oder der Nutzervereinigung und teilt mit, welche Angaben sie für ein Vertragsangebot benötigt. ^{2}Sie unterbreitet dem Nutzer unverzüglich nach Eingang aller erforderlichen Informationen ein Angebot über die Einräumung der von ihr wahrgenommenen Rechte oder gibt eine begründete Erklärung ab, warum sie kein solches Angebot unterbreitet.

§ 37 Hinterlegung; Zahlung unter Vorbehalt. Kommt eine Einigung über die Höhe der Vergütung für die Einräumung von Nutzungsrechten nicht zustande, so gelten die Nutzungsrechte als eingeräumt, wenn die Vergütung
1. in Höhe des vom Nutzer anerkannten Betrages an die Verwertungsgesellschaft gezahlt worden ist und
2. in Höhe der darüber hinausgehenden Forderung der Verwertungsgesellschaft unter Vorbehalt an die Verwertungsgesellschaft gezahlt oder zu ihren Gunsten hinterlegt worden ist.

§ 38 Tarifaufstellung. ^{1}Die Verwertungsgesellschaft stellt Tarife auf über die Vergütung, die sie aufgrund der von ihr wahrgenommenen Rechte fordert. ^{2}Soweit Gesamtverträge abgeschlossen sind, gelten die dort vereinbarten Vergütungssätze als Tarife.

§ 39 Tarifgestaltung. (1) ^{1}Berechnungsgrundlage für die Tarife sollen in der Regel die geldwerten Vorteile sein, die durch die Verwertung erzielt werden. ^{2}Die Tarife können sich auch auf andere Berechnungsgrundlagen stützen, wenn diese ausreichende, mit einem wirtschaftlich vertretbaren Aufwand zu erfassende Anhaltspunkte für die durch die Verwertung erzielten Vorteile ergeben.

(2) Bei der Tarifgestaltung ist auf den Anteil der Werknutzung am Gesamtumfang des Verwertungsvorgangs und auf den wirtschaftlichen Wert der von der Verwertungsgesellschaft erbrachten Leistungen angemessen Rücksicht zu nehmen.

(3) Die Verwertungsgesellschaft soll bei der Tarifgestaltung und bei der Einziehung der tariflichen Vergütung auf religiöse, kulturelle und soziale Belange der Nutzer, einschließlich der Belange der Jugendhilfe, angemessen Rücksicht nehmen.

(4) Die Verwertungsgesellschaft informiert die betroffenen Nutzer über die Kriterien, die der Tarifaufstellung zugrunde liegen.

§ 40 Gestaltung der Tarife für Geräte und Speichermedien. (1) ^{1}Die Höhe der Vergütung für Geräte und Speichermedien bestimmt sich nach § 54a des Urheberrechtsgesetzes. ^{2}Die Verwertungsgesellschaften stellen hierfür Tarife auf Grundlage einer empirischen Untersuchung aus einem Verfahren gemäß § 93 auf. ^{3}§ 38 Satz 2 bleibt unberührt.

(2) Die Pflicht zur Tarifaufstellung entfällt, wenn zu erwarten ist, dass der dafür erforderliche wirtschaftliche Aufwand außer Verhältnis zu den zu erwartenden Einnahmen stehen würde.

Unterabschnitt 2

Mitteilungspflichten

§ 41 Auskunftspflicht der Nutzer. (1) ^{1}Die Verwertungsgesellschaft kann von dem Nutzer Auskunft über die Nutzung derjenigen Werke und sonstiger Schutzgegenstände verlangen, an denen sie dem Nutzer die Nutzungsrechte eingeräumt hat oder für deren Nutzung sie nach dem Urheberrechts-Diensteanbieter-Gesetz Vergütungsansprüche geltend macht, soweit die Auskunft für die Einziehung der Einnahmen aus den Rechten oder für deren Verteilung erforderlich ist . ^{2}Dies gilt nicht, soweit dem Nutzer die Erteilung der Auskunft nur mit unangemessen hohem Aufwand möglich ist.

(2) Die Verwertungsgesellschaft vereinbart mit dem Nutzer in den Nutzungsverträgen angemessene Regelungen über die Erteilung der Auskunft.

(3) Hinsichtlich des Formats von Meldungen sollen die Verwertungsgesellschaft und der Nutzer branchenübliche Standards berücksichtigen.

§ 42 Meldepflicht der Nutzer. (1) Veranstalter von öffentlichen Wiedergaben urheberrechtlich geschützter Werke haben vor der Veranstaltung die Einwilligung der Verwertungsgesellschaft einzuholen, welche die Nutzungsrechte an diesen Werken wahrnimmt.

(2) ^{1}Nach der Veranstaltung hat der Veranstalter der Verwertungsgesellschaft eine Aufstellung über die bei der Veranstaltung genutzten Werke zu übersenden. ^{2}Dies gilt nicht für
1. die Wiedergabe eines Werkes mittels Tonträger,
2. die Wiedergabe von Funksendungen eines Werkes sowie
3. Veranstaltungen, auf denen in der Regel nicht geschützte oder nur unwesentlich bearbeitete nicht geschützte Werke der Musik aufgeführt werden.

(3) Soweit für die Verteilung von Einnahmen aus der Wahrnehmung von Rechten zur Wiedergabe von Funksendungen Auskünfte der Sendeunternehmen erforderlich sind, die die Funksendungen veranstaltet haben, erteilen diese Sendeunternehmen der Verwertungsgesellschaft die Auskünfte gegen Erstattung der Unkosten.

§ 43 Elektronische Kommunikation. Die Verwertungsgesellschaft eröffnet allen Nutzern einen Zugang für die elektronische Kommunikation, einschließlich zur Meldung über die Nutzung der Rechte.

Abschnitt 3

Besondere Vorschriften für die Wahrnehmung von Rechten auf Grundlage von Repräsentationsvereinbarungen

§ 44 Repräsentationsvereinbarung; Diskriminierungsverbot. Beauftragt eine Verwertungsgesellschaft eine andere Verwertungsgesellschaft, die von ihr wahrgenommenen Rechte wahrzunehmen (Repräsentationsvereinbarung), so darf die beauftragte Verwertungsgesellschaft die Rechtsinhaber, deren Rechte sie auf Grundlage der Repräsentationsvereinbarung wahrnimmt, nicht diskriminieren.

§ 45 Abzüge. Die beauftragte Verwertungsgesellschaft darf von den Einnahmen aus den Rechten, die sie auf Grundlage einer Repräsentationsvereinbarung wahrnimmt, andere Abzüge als zur Deckung der Verwaltungskosten nur vornehmen, soweit die beauftragende Verwertungsgesellschaft ausdrücklich zugestimmt hat.

§ 46 Verteilung. (1) ¹Für die Verteilung der Einnahmen aus den Rechten, die die beauftragte Verwertungsgesellschaft auf Grundlage einer Repräsentationsvereinbarung wahrnimmt, ist der Verteilungsplan der beauftragten Verwertungsgesellschaft maßgeblich, soweit die Verwertungsgesellschaften in der Repräsentationsvereinbarung keine abweichenden Vereinbarungen treffen. ²Abweichende Vereinbarungen in der Repräsentationsvereinbarung müssen ein willkürliches Vorgehen bei der Verteilung ausschließen.

(2) Von den Vorschriften über die Verteilungsfrist (§ 28) kann in der Repräsentationsvereinbarung nicht zum Nachteil der beauftragenden Verwertungsgesellschaft abgewichen werden.

(3) Bezieht sich die Repräsentationsvereinbarung auf Rechte und Werke oder sonstige Schutzgegenstände, die zum Tätigkeitsbereich beider Verwertungsgesellschaften zählen, so hat die beauftragende Verwertungsgesellschaft die Verteilungsfrist (§ 28) so zu bestimmen, dass die Einnahmen aus den Rechten spätestens sechs Monate nach Erhalt an die von ihr vertretenen Berechtigten verteilt werden.

§ 47 Informationspflichten. Die beauftragte Verwertungsgesellschaft informiert spätestens zwölf Monate nach Ablauf eines jeden Geschäftsjahres die Verwertungsgesellschaften, für die sie in diesem Geschäftsjahr auf Grundlage einer Repräsentationsvereinbarung Rechte wahrgenommen hat, elektronisch mindestens über:
1. die in diesem Geschäftsjahr der beauftragenden Verwertungsgesellschaft zugewiesenen Einnahmen aus denjenigen Rechten, die von der Repräsentationsvereinbarung umfasst sind, aufgeschlüsselt nach Kategorie der Rechte und Art der Nutzung;
2. die in diesem Geschäftsjahr an die beauftragende Verwertungsgesellschaft ausgeschütteten Einnahmen aus denjenigen Rechten, die von der Repräsentationsvereinbarung umfasst sind, aufgeschlüsselt nach Kategorie der Rechte und Art der Nutzung;
3. sämtliche der beauftragenden Verwertungsgesellschaft zugewiesenen, aber noch nicht ausgeschütteten Einnahmen aus den Rechten;
4. die in diesem Geschäftsjahr zur Deckung der Verwaltungskosten vorgenommenen Abzüge von den Einnahmen aus den Rechten;
5. die in diesem Geschäftsjahr für andere Zwecke als zur Deckung der Verwaltungskosten vorgenommenen Abzüge aus den Einnahmen von den Rechten;
6. Informationen zu den mit Nutzern abgeschlossenen Verträgen sowie zu Vertragsanfragen von Nutzern, die abgelehnt wurden, soweit sich die Verträge und Vertragsanfragen auf Werke und andere Schutzgegenstände beziehen, die von der Repräsentationsvereinbarung umfasst sind, und
7. die Beschlüsse der Mitgliederhauptversammlung, sofern die Beschlüsse für die Wahrnehmung der unter die Repräsentationsvereinbarung fallenden Rechte maßgeblich sind.

Abschnitt 4

Vermutungen; Außenseiter bei Kabelweitersendung

§ 48 Vermutung bei Auskunftsansprüchen. Macht die Verwertungsgesellschaft einen Auskunftsanspruch geltend, der nur durch eine Verwertungsgesellschaft geltend gemacht werden kann, so wird vermutet, dass sie die Rechte aller Rechtsinhaber wahrnimmt.

§ 49 Vermutung bei gesetzlichen Vergütungsansprüchen. (1) Macht die Verwertungsgesellschaft einen Vergütungsanspruch nach § 27, § 54 Absatz 1, § 54c Absatz 1, § 77 Absatz 2, § 85 Absatz 4, § 94 Absatz 4 oder § 137l Absatz 5 des Urheberrechtsgesetzes geltend, so wird vermutet, dass sie die Rechte aller Rechtsinhaber wahrnimmt.

(2) Ist mehr als eine Verwertungsgesellschaft zur Geltendmachung des Anspruchs berechtigt, so gilt die Vermutung nur, wenn der Anspruch von allen berechtigten Verwertungsgesellschaften gemeinsam geltend gemacht wird.

(3) Soweit die Verwertungsgesellschaft Zahlungen auch für die Rechtsinhaber erhält, deren Rechte sie nicht wahrnimmt, hat sie den Nutzer von den Vergütungsansprüchen dieser Rechtsinhaber freizustellen.

§ 50 Außenseiter bei Kabelweitersendung. (1) [1]Hat ein Rechtsinhaber die Wahrnehmung seines Rechts der Weitersendung im Sinne des § 20b Absatz 1 Satz 1 des Urheberrechtsgesetzes oder der Direkteinspeisung im Sinne des § 20d Absatz 1 des Urheberrechtsgesetzes keiner Verwertungsgesellschaft übertragen, so gilt die Verwertungsgesellschaft, die Rechte dieser Art wahrnimmt und der eine Erlaubnis (§ 77) erteilt wurde, als berechtigt, seine Rechte wahrzunehmen. [2]Kommen dafür mehrere Verwertungsgesellschaften in Betracht, so gelten sie gemeinsam als berechtigt; wählt der Rechtsinhaber eine von ihnen aus, so gilt nur diese als berechtigt. [3]Die Sätze 1 und 2 gelten nicht für Rechte, die das Sendeunternehmen innehat, dessen Sendung weitergesendet wird.

(2) [1]Hat die Verwertungsgesellschaft, die nach Absatz 1 als berechtigt gilt, eine Vereinbarung über die Weitersendung oder Direkteinspeisung getroffen, so hat der Rechtsinhaber im Verhältnis zu dieser Verwertungsgesellschaft die gleichen Rechte und Pflichten, wie wenn er ihr seine Rechte zur Wahrnehmung übertragen hätte. [2]Seine Ansprüche verjähren in drei Jahren von dem Zeitpunkt an, in dem die Verwertungsgesellschaft nach dem Verteilungsplan oder den Wahrnehmungsbedingungen die Abrechnung der Weitersendung oder Direkteinspeisung vorzunehmen hat; die Verwertungsgesellschaft kann ihm eine Verkürzung durch Meldefristen oder auf ähnliche Weise nicht entgegenhalten.

Abschnitt 5

Kollektive Lizenzen mit erweiterter Wirkung

§ 51 Kollektive Lizenzen mit erweiterter Wirkung. (1) Schließt eine Verwertungsgesellschaft einen Vertrag über die Nutzung ihres Repertoires, so kann sie nach Maßgabe dieses Abschnitts entsprechende Nutzungsrechte auch am Werk eines Außenstehenden (§ 7a) einräumen.

(2) Der Außenstehende kann der Rechtseinräumung nach Absatz 1 jederzeit gegenüber der Verwertungsgesellschaft widersprechen.

(3) In Bezug auf die Rechtseinräumung hat der Außenstehende im Verhältnis zur Verwertungsgesellschaft die gleichen Rechte und Pflichten wie bei einer Wahrnehmung auf vertraglicher Grundlage.

§ 51a Wirksamkeit der Rechtseinräumung und dauerhafte Information. (1) Die Einräumung von Rechten am Werk eines Außenstehenden ist unter folgenden Voraussetzungen wirksam:
1. die Verwertungsgesellschaft ist repräsentativ (§ 51b),
2. die Einholung der Nutzungserlaubnis von allen betroffenen Außenstehenden durch den Nutzer oder die Verwertungsgesellschaft ist unzumutbar,

Verwertungsgesellschaftengesetz **VGG 9**

3. die Rechtseinräumung beschränkt sich auf Nutzungen im Inland,
4. die Verwertungsgesellschaft informiert während einer angemessen Frist von mindestens drei Monaten vor der Rechtseinräumung auf ihrer Internetseite
   a) darüber, dass sie in der Lage ist, kollektive Lizenzen mit erweiterter Wirkung zu erteilen,
   b) über die Wirkungen kollektiver Lizenzen mit erweiterter Wirkung für Außenstehende,
   c) über die Nutzungsarten, Werkarten und Gruppen von Rechtsinhabern, die in die kollektiven Lizenzen mit erweiterter Wirkung einbezogen werden sollen,
   d) über das Recht der Außenstehenden zum Widerspruch,
5. der Außenstehende hat innerhalb der in Nummer 4 bestimmten Frist der Rechtseinräumung nicht widersprochen.

(2) Die Verwertungsgesellschaft stellt die Informationen gemäß Absatz 1 Nummer 4 dauerhaft auf ihrer Internetseite zur Verfügung.

§ 51b Repräsentativität der Verwertungsgesellschaft. (1) Eine Verwertungsgesellschaft ist repräsentativ, wenn sie für eine ausreichend große Zahl von Rechtsinhabern Rechte, die Gegenstand der kollektiven Lizenz sein sollen, auf vertraglicher Grundlage wahrnimmt.

(2) Nimmt nur eine Verwertungsgesellschaft, der eine Erlaubnis (§ 77) erteilt wurde, Rechte nach Absatz 1 wahr, so wird widerleglich vermutet, dass sie repräsentativ ist.

§ 52 Kollektive Lizenzen mit erweiterter Wirkung für nicht verfügbare Werke. (1) Schließt eine Verwertungsgesellschaft einen Vertrag über Nutzungen von Werken ihres Repertoires, die nicht verfügbar sind (§ 52b), mit einer inländischen Kulturerbe-Einrichtung (§ 60d des Urheberrechtsgesetzes), so hat sie entsprechende Nutzungsrechte nach Maßgabe der nachfolgenden Bestimmungen auch am Werk eines Außenstehenden (§ 7a) einzuräumen.

(2) Der Außenstehende kann der Rechtseinräumung jederzeit gegenüber dem Amt der Europäischen Union für geistiges Eigentum widersprechen.

(3) In Bezug auf die Rechtseinräumung hat der Außenstehende im Verhältnis zur Verwertungsgesellschaft die gleichen Rechte und Pflichten wie bei einer Wahrnehmung auf vertraglicher Grundlage.

§ 52a Wirksamkeit der Rechtseinräumung und dauerhafte Information bei nicht verfügbaren Werken. (1) ¹Die Einräumung von Rechten am Werk eines Außenstehenden nach § 52 ist unter folgenden Voraussetzungen wirksam:
1. die Verwertungsgesellschaft ist repräsentativ (§ 51b),
2. die Rechtseinräumung beschränkt sich auf die Vervielfältigung, Verbreitung, öffentliche Zugänglichmachung und sonstige öffentliche Wiedergabe zu nicht kommerziellen Zwecken,

3. das betreffende Werk befindet sich im Bestand der Kulturerbe-Einrichtung,
4. die Verwertungsgesellschaft informiert sechs Monate vor Beginn der Rechtseinräumung im Online-Portal des Amtes der Europäischen Union für geistiges Eigentum über
   a) das betreffende Werk,
   b) die Vertragsparteien, die betroffenen Nutzungsrechte, deren Geltungsbereich,
   c) das Recht des Außenstehenden zum Widerspruch,
5. der Außenstehende hat innerhalb der in Nummer 4 bestimmten Frist der Rechtseinräumung nicht widersprochen.

²Die Einräumung des Rechts der Vervielfältigung ist abweichend von Satz 1 Nummer 5 bereits mit Beginn der Bekanntgabe der Informationen im Online-Portal des Amtes der Europäischen Union für geistiges Eigentum zulässig.

(2) Die Verwertungsgesellschaft belässt die Informationen gemäß Absatz 1 Satz 1 Nummer 4 dauerhaft im Online-Portal des Amtes der Europäischen Union für geistiges Eigentum.

§ 52b Nicht verfügbare Werke. (1) Nicht verfügbar ist ein Werk, das der Allgemeinheit auf keinem üblichen Vertriebsweg in einer vollständigen Fassung angeboten wird.

(2) Es wird unwiderleglich vermutet, dass ein Werk nicht verfügbar ist, wenn die Kulturerbe-Einrichtung zeitnah vor der Information gemäß § 52a Absatz 1 Satz 1 Nummer 4 mit einem vertretbaren Aufwand, aber ohne Erfolg versucht hat, Angebote nach Maßgabe des Absatzes 1 zu ermitteln.

(3) Werke, die in Büchern, Fachzeitschriften, Zeitungen, Zeitschriften oder in anderen verlegten Schriften veröffentlicht wurden, sind über die Anforderungen von Absatz 1 hinaus nur dann nicht verfügbar, wenn sie außerdem mindestens 30 Jahre vor Beginn der Bekanntgabe der Informationen gemäß § 52a Absatz 1 Satz 1 Nummer 4 letztmalig veröffentlicht wurden.

§ 52c Repräsentativität der Verwertungsgesellschaft bei Werkreihen aus Drittstaaten. Soll die beabsichtigte Nutzung Werkreihen umfassen, die überwiegend Werke aus Staaten enthalten, die weder Mitgliedstaaten der Europäischen Union noch Vertragsstaaten des Abkommens über den Europäischen Wirtschaftsraum sind (Drittstaaten), so ist die Rechtseinräumung nach § 52 nur wirksam, wenn die Verwertungsgesellschaft repräsentativ auch für Rechtsinhaber des jeweiligen Drittstaates ist.

§ 52d Verordnungsermächtigung. Das Bundesministerium der Justiz und für Verbraucherschutz wird ermächtigt, durch Rechtsverordnung ohne Zustimmung des Bundesrates Folgendes näher zu regeln:
1. Ausübung und Rechtsfolgen des Widerspruchs des Außenstehenden (§ 51 Absatz 2 und § 52 Absatz 2),
2. Unzumutbarkeit des Rechteerwerbs (§ 51a Absatz 1 Nummer 2),

3. Informationspflichten (§ 51a Absatz 1 Nummer 4 und § 52a Absatz 1 Satz 1 Nummer 4),
4. Angemessenheit der Frist (§ 51a Absatz 1 Nummer 4),
5. Repräsentativität von Verwertungsgesellschaften, einschließlich Vermutungswirkung und gemeinsamem Handeln mehrerer Verwertungsgesellschaften (§ 51b),
6. weitere Anforderungen zur Verfügbarkeit von Werken, einschließlich des zur Ermittlung der Verfügbarkeit erforderlichen vertretbaren Aufwands und der Wahrung der Urheberpersönlichkeitsrechte insbesondere bei nicht veröffentlichten Werken (§ 52b),
7. Nutzung von Werkreihen aus Drittstaaten (§ 52c).

§ 52e Anwendung auf verwandte Schutzrechte. Die Bestimmungen dieses Abschnitts sind auch auf verwandte Schutzrechte im Sinne des Urheberrechtsgesetzes und ihre Inhaber anzuwenden.

Abschnitt 6

Informationspflichten; Rechnungslegung und Transparenzbericht

Unterabschnitt 1

Informationspflichten

§ 53 Information der Rechtsinhaber vor Zustimmung zur Wahrnehmung. (1) Bevor die Verwertungsgesellschaft die Zustimmung des Rechtsinhabers zur Wahrnehmung seiner Rechte einholt, informiert sie den Rechtsinhaber über:
1. die ihm nach den §§ 9 bis 12 zustehenden Rechte einschließlich der in § 11 genannten Bedingungen sowie
2. die Abzüge von den Einnahmen aus den Rechten, einschließlich der Abzüge zur Deckung der Verwaltungskosten.

(2) Die Verwertungsgesellschaft führt die Rechte nach den §§ 9 bis 12 in dem Statut oder in den Wahrnehmungsbedingungen auf.

§ 54 Informationen für Berechtigte. Die Verwertungsgesellschaft informiert spätestens zwölf Monate nach Ablauf eines jeden Geschäftsjahres alle Berechtigten, an die sie in diesem Geschäftsjahr Einnahmen aus den Rechten verteilt hat, mindestens über:
1. alle Kontaktdaten, die von der Verwertungsgesellschaft mit Zustimmung des Berechtigten dazu verwendet werden können, den Berechtigten festzustellen und ausfindig zu machen,
2. die in diesem Geschäftsjahr dem Berechtigten zugewiesenen Einnahmen aus den Rechten,

3. die in diesem Geschäftsjahr an den Berechtigten ausgeschütteten Einnahmen aus den Rechten nach Kategorien der wahrgenommenen Rechte und Art der Nutzungen,
4. den Zeitraum, in dem die Nutzungen, für die Einnahmen aus den Rechten an den Berechtigten verteilt wurden, stattgefunden haben, sofern nicht sachliche Gründe im Zusammenhang mit Meldungen von Nutzern die Verwertungsgesellschaft daran hindern, diese Angaben zur Verfügung zu stellen,
5. die in diesem Geschäftsjahr zur Deckung der Verwaltungskosten vorgenommenen Abzüge von den Einnahmen aus den Rechten,
6. die in diesem Geschäftsjahr für andere Zwecke als zur Deckung der Verwaltungskosten vorgenommenen Abzüge von den Einnahmen aus den Rechten, einschließlich gegebenenfalls vorgenommener Abzüge zur Förderung kulturell bedeutender Werke und Leistungen, und für die Einrichtung und den Betrieb von Vorsorge- und Unterstützungseinrichtungen und
7. sämtliche dem Berechtigten zugewiesenen, aber noch nicht ausgeschütteten Einnahmen aus den Rechten.

§ 55 Informationen zu Werken und sonstigen Schutzgegenständen.
(1) Die Verwertungsgesellschaft informiert die Rechtsinhaber, die Verwertungsgesellschaften, für die sie auf der Grundlage einer Repräsentationsvereinbarung Rechte wahrnimmt, und die Nutzer jeweils auf hinreichend begründete Anfrage unverzüglich und elektronisch mindestens über:
1. die Werke oder sonstigen Schutzgegenstände sowie die Rechte, die sie unmittelbar oder auf Grundlage von Repräsentationsvereinbarungen wahrnimmt, und die jeweils umfassten Gebiete oder
2. die Arten von Werken oder sonstigen Schutzgegenständen sowie die Rechte, die sie unmittelbar oder auf Grundlage einer Repräsentationsvereinbarung wahrnimmt, und die jeweils umfassten Gebiete, wenn aufgrund des Tätigkeitsbereichs der Verwertungsgesellschaft Werke und sonstige Schutzgegenstände nicht bestimmt werden können.

(2) Die Verwertungsgesellschaft darf, soweit dies erforderlich ist, angemessene Maßnahmen ergreifen, um die Richtigkeit und Integrität der Informationen zu schützen, um ihre Weiterverwendung zu kontrollieren und um wirtschaftlich sensible Informationen zu schützen.

(3) Die Verwertungsgesellschaft kann die Erteilung der Informationen von der Erstattung der damit verbundenen Kosten abhängig machen, soweit dies angemessen ist.

§ 56 Informationen für die Allgemeinheit. (1) Die Verwertungsgesellschaft veröffentlicht mindestens die folgenden Informationen auf ihrer Internetseite:
1. das Statut,
2. die Wahrnehmungsbedingungen, einschließlich der Bedingungen für die Beendigung des Wahrnehmungsverhältnisses und den Entzug von Rechten,

3. die Standardnutzungsverträge,
4. die Tarife und die Standardvergütungssätze, jeweils einschließlich Ermäßigungen,
5. die von ihr geschlossenen Gesamtverträge,
6. eine Liste der Personen, die kraft Gesetzes oder nach dem Statut zur Vertretung der Verwertungsgesellschaft berechtigt sind,
7. den Verteilungsplan,
8. die allgemeinen Grundsätze für die zur Deckung der Verwaltungskosten vorgenommenen Abzüge von den Einnahmen aus den Rechten,
9. die allgemeinen Grundsätze für die für andere Zwecke als zur Deckung der Verwaltungskosten vorgenommenen Abzüge von den Einnahmen aus den Rechten, einschließlich gegebenenfalls vorgenommener Abzüge zur Förderung kulturell bedeutender Werke und Leistungen, und für die Einrichtung und den Betrieb von Vorsorge- und Unterstützungseinrichtungen,
10. die allgemeinen Grundsätze für die Verwendung der nicht verteilbaren Einnahmen aus den Rechten,
11. eine Aufstellung der von ihr geschlossenen Repräsentationsvereinbarungen und die Namen der Verwertungsgesellschaften, mit denen die Verträge geschlossen wurden,
12. die Regelungen zum Beschwerdeverfahren nach § 33 sowie die Angabe, in welchen Streitfällen die Schiedsstelle nach den §§ 92 bis 94 angerufen werden kann,
13. die Regelungen gemäß § 63 zur Berichtigung der Daten, auf die in § 61 Absatz 2 Bezug genommen wird, und zur Berichtigung der Informationen nach § 62 Absatz 1.

(2) Die Verwertungsgesellschaft hält die Informationen auf dem aktuellen Stand.

Unterabschnitt 2

Rechnungslegung und Transparenzbericht

§ 57 Jahresabschluss und Lagebericht. (1) ¹Die Verwertungsgesellschaft hat, auch wenn sie nicht in der Rechtsform einer Kapitalgesellschaft betrieben wird, einen aus Bilanz, Gewinn- und Verlustrechnung, Kapitalflussrechnung und Anhang bestehenden Jahresabschluss und einen Lagebericht nach den für große Kapitalgesellschaften geltenden Bestimmungen des Handelsgesetzbuchs aufzustellen, prüfen zu lassen und offenzulegen. ²Die Offenlegung ist spätestens zum Ablauf von acht Monaten nach dem Schluss des Geschäftsjahres zu bewirken. ³Der Bestätigungsvermerk ist mit seinem vollen Wortlaut wiederzugeben.

(2) ¹Die Prüfung des Jahresabschlusses umfasst auch die Prüfung, ob die Pflichten nach den §§ 24 und 28 Absatz 4 erfüllt und die Wertansätze und

die Zuordnung der Konten unter Beachtung des Grundsatzes der Stetigkeit sachgerecht und nachvollziehbar erfolgt sind, sowie die Prüfung, ob bei der Anlage der Einnahmen aus den Rechten die Anlagerichtlinie beachtet worden ist (§ 25 Absatz 1 Satz 2). ²Das Ergebnis ist in den Prüfungsbericht aufzunehmen.

(3) Weiter gehende gesetzliche Vorschriften über die Rechnungslegung und Prüfung bleiben unberührt.

§ 58 Jährlicher Transparenzbericht. (1) Die Verwertungsgesellschaft erstellt spätestens acht Monate nach dem Schluss des Geschäftsjahres einen Transparenzbericht (jährlicher Transparenzbericht) für dieses Geschäftsjahr.

(2) Der jährliche Transparenzbericht muss mindestens die in der Anlage aufgeführten Angaben enthalten.

(3) ¹Die Finanzinformationen nach Nummer 1 Buchstabe g der Anlage sowie der Inhalt des gesonderten Berichts nach Nummer 1 Buchstabe h der Anlage sind einer prüferischen Durchsicht durch einen Abschlussprüfer zu unterziehen. ²Die Vorschriften über die Bestellung des Abschlussprüfers sind auf die prüferische Durchsicht entsprechend anzuwenden. ³Der Abschlussprüfer fasst das Ergebnis der prüferischen Durchsicht in einer Bescheinigung zum jährlichen Transparenzbericht zusammen.

(4) ¹Die Verwertungsgesellschaft veröffentlicht innerhalb der Frist nach Absatz 1 den jährlichen Transparenzbericht einschließlich des Bestätigungsvermerks über den Jahresabschluss und der Bescheinigung zum jährlichen Transparenzbericht nach Absatz 3 oder etwaiger Beanstandungen, jeweils im vollen Wortlaut, auf ihrer Internetseite. ²Der jährliche Transparenzbericht muss dort mindestens fünf Jahre lang öffentlich zugänglich bleiben.

Teil 3

Besondere Vorschriften für die gebietsübergreifende Vergabe von Online-Rechten an Musikwerken

§ 59 Anwendungsbereich. (1) Die besonderen Vorschriften dieses Teils gelten für die gebietsübergreifende Vergabe von Online-Rechten an Musikwerken durch Verwertungsgesellschaften.

(2) Online-Rechte im Sinne dieses Gesetzes sind die Rechte, die für die Bereitstellung eines Online-Dienstes erforderlich sind und die dem Urheber nach den Artikeln 2 und 3 der Richtlinie 2001/29/EG des Europäischen Parlaments und des Rates vom 22. Mai 2001 zur Harmonisierung bestimmter Aspekte des Urheberrechts und der verwandten Schutzrechte in der Informationsgesellschaft (ABl. L 167 vom 22.6.2001, S. 10) zustehen.

(3) Gebietsübergreifend im Sinne dieses Gesetzes ist eine Vergabe, wenn sie das Gebiet von mehr als einem Mitgliedstaat der Europäischen Union oder an-

deren Vertragsstaat des Abkommens über den Europäischen Wirtschaftsraum umfasst.

§ 60 Nicht anwendbare Vorschriften. (1) Im Verhältnis zum Rechtsinhaber ist § 9 Satz 2 nicht anzuwenden.

(2) ¹Im Verhältnis zum Nutzer sind § 34 Absatz 1 Satz 1 sowie die §§ 35, 37 und 38 nicht anzuwenden. ²Für die Vergütung, die die Verwertungsgesellschaft aufgrund der von ihr wahrgenommenen Rechte fordert, gilt § 39 entsprechend.

§ 61 Besondere Anforderungen an Verwertungsgesellschaften. (1) Die Verwertungsgesellschaft muss über ausreichende Kapazitäten verfügen, um die Daten, die für die Verwaltung von gebietsübergreifend vergebenen Online-Rechten an Musikwerken erforderlich sind, effizient und transparent elektronisch verarbeiten zu können.

(2) Die Verwertungsgesellschaft muss insbesondere
1. jedes Musikwerk, an dem sie Online-Rechte wahrnimmt, korrekt bestimmen können;
2. für jedes Musikwerk und jeden Teil eines Musikwerks, an dem sie Online-Rechte wahrnimmt, die Online-Rechte, und zwar vollständig oder teilweise und in Bezug auf jedes umfasste Gebiet, sowie den zugehörigen Rechtsinhaber bestimmen können;
3. eindeutige Kennungen verwenden, um Rechtsinhaber und Musikwerke zu bestimmen, unter möglichst weitgehender Berücksichtigung der freiwilligen branchenüblichen Standards und Praktiken, die auf internationaler Ebene entwickelt wurden;
4. geeignete Mittel verwenden, um Unstimmigkeiten in den Daten anderer Verwertungsgesellschaften, die gebietsübergreifend Online-Rechte an Musikwerken vergeben, unverzüglich und wirksam erkennen und klären zu können.

§ 62 Informationen zu Musikwerken und Online-Rechten. (1) Die Verwertungsgesellschaft informiert auf hinreichend begründete Anfrage Anbieter von Online-Diensten, Berechtigte, Rechtsinhaber, deren Rechte sie auf Grundlage einer Repräsentationsvereinbarung wahrnimmt, und andere Verwertungsgesellschaften elektronisch über:
1. die Musikwerke, an denen sie aktuell Online-Rechte wahrnimmt,
2. die aktuell vollständig oder teilweise von ihr wahrgenommenen Online-Rechte und
3. die aktuell von der Wahrnehmung umfassten Gebiete.

(2) Die Verwertungsgesellschaft darf, soweit dies erforderlich ist, angemessene Maßnahmen ergreifen, um die Richtigkeit und Integrität der Daten zu schützen, um ihre Weiterverwendung zu kontrollieren und um wirtschaftlich sensible Informationen zu schützen.

§ 63 Berichtigung der Informationen. (1) Die Verwertungsgesellschaft verfügt über Regelungen, wonach Anbieter von Online-Diensten, Rechtsinhaber und andere Verwertungsgesellschaften die Berichtigung der Daten, auf die in § 61 Absatz 2 Bezug genommen wird, und die Berichtigung der Informationen nach § 62 Absatz 1 beantragen können.

(2) Ist ein Antrag begründet, berichtigt die Verwertungsgesellschaft die Daten oder die Informationen unverzüglich.

§ 64 Elektronische Übermittlung von Informationen. (1) [1]Die Verwertungsgesellschaft ermöglicht jedem Berechtigten, elektronisch Informationen zu seinen Musikwerken und zu Online-Rechten an diesen Werken sowie zu den Gebieten zu übermitteln, für die er die Verwertungsgesellschaft mit der Wahrnehmung beauftragt hat. [2]Dabei berücksichtigen die Verwertungsgesellschaft und die Berechtigten so weit wie möglich die freiwilligen branchenüblichen Standards und Praktiken für den Datenaustausch, die auf internationaler Ebene entwickelt wurden.

(2) Im Rahmen von Repräsentationsvereinbarungen gilt Absatz 1 auch für die Berechtigten der beauftragenden Verwertungsgesellschaft, soweit die Verwertungsgesellschaften keine abweichende Vereinbarung treffen.

§ 65 Überwachung von Nutzungen. Die Verwertungsgesellschaft überwacht die Nutzung von Musikwerken durch den Anbieter eines Online-Dienstes, soweit sie an diesen Online-Rechte für die Musikwerke gebietsübergreifend vergeben hat.

§ 66 Elektronische Nutzungsmeldung. (1) [1]Die Verwertungsgesellschaft ermöglicht dem Anbieter eines Online-Dienstes, elektronisch die Nutzung von Musikwerken zu melden. [2]Sie bietet dabei mindestens eine Meldemethode an, die freiwilligen branchenüblichen und auf internationaler Ebene entwickelten Standards und Praktiken für den elektronischen Datenaustausch entspricht.

(2) Die Verwertungsgesellschaft kann eine Meldung ablehnen, wenn sie nicht einer nach Absatz 1 Satz 2 angebotenen Meldemethode entspricht.

§ 67 Abrechnung gegenüber Anbietern von Online-Diensten. (1) Die Verwertungsgesellschaft rechnet gegenüber dem Anbieter eines Online-Dienstes nach dessen Meldung der tatsächlichen Nutzung der Musikwerke unverzüglich ab, es sei denn, dies ist aus Gründen, die dem Anbieter des Online-Dienstes zuzurechnen sind, nicht möglich.

(2) [1]Die Verwertungsgesellschaft rechnet elektronisch ab. [2]Sie bietet dabei mindestens ein Abrechnungsformat an, das freiwilligen branchenüblichen und auf internationaler Ebene entwickelten Standards und Praktiken entspricht.

(3) Der Anbieter eines Online-Dienstes kann die Annahme einer Abrechnung aufgrund ihres Formats nicht ablehnen, wenn die Abrechnung einem nach Absatz 2 Satz 2 angebotenen Abrechnungsformat entspricht.

(4) Bei der Abrechnung sind auf Grundlage der Daten nach § 61 Absatz 2 die Werke und Online-Rechte sowie deren tatsächliche Nutzung anzugeben, soweit dies auf der Grundlage der Meldung möglich ist.

(5) Die Verwertungsgesellschaft sieht geeignete Regelungen vor, nach denen der Anbieter eines Online-Dienstes die Abrechnung beanstanden kann.

§ 68 Verteilung der Einnahmen aus den Rechten; Informationen.
(1) Die Verwertungsgesellschaft verteilt die Einnahmen aus der gebietsübergreifenden Vergabe von Online-Rechten an Musikwerken nach deren Einziehung unverzüglich nach Maßgabe des Verteilungsplans an die Berechtigten, es sei denn, dies ist aus Gründen, die dem Anbieter eines Online-Dienstes zuzurechnen sind, nicht möglich.

(2) Bei jeder Ausschüttung informiert die Verwertungsgesellschaft den Berechtigten mindestens über:
1. den Zeitraum der Nutzungen, für die dem Berechtigten eine Vergütung zusteht, sowie die Gebiete, in denen seine Musikwerke genutzt wurden;
2. die eingezogenen Beträge, die Abzüge sowie die von der Verwertungsgesellschaft verteilten Beträge für jedes Online-Recht an einem Musikwerk, mit dessen Wahrnehmung der Berechtigte die Verwertungsgesellschaft beauftragt hat;
3. die für den Berechtigten eingezogenen Beträge, die Abzüge sowie die von der Verwertungsgesellschaft verteilten Beträge, aufgeschlüsselt nach den einzelnen Anbietern eines Online-Dienstes.

(3) ¹Im Rahmen von Repräsentationsvereinbarungen gelten die Absätze 1 und 2 für die Verteilung an die beauftragende Verwertungsgesellschaft entsprechend. ²Die beauftragende Verwertungsgesellschaft ist für die Verteilung der Beträge und die Weiterleitung der Informationen an ihre Berechtigten verantwortlich, soweit die Verwertungsgesellschaften keine abweichende Vereinbarung treffen.

§ 69 Repräsentationszwang. (1) ¹Eine Verwertungsgesellschaft, die bereits gebietsübergreifend Online-Rechte an Musikwerken für mindestens eine andere Verwertungsgesellschaft vergibt oder anbietet, ist verpflichtet, auf Verlangen einer Verwertungsgesellschaft, die selbst keine gebietsübergreifenden Online-Rechte an ihren Musikwerken vergibt oder anbietet, eine Repräsentationsvereinbarung abzuschließen. ²Die Verpflichtung besteht nur hinsichtlich der Kategorie von Online-Rechten an Musikwerken, die die Verwertungsgesellschaft bereits gebietsübergreifend vergibt.

(2) Die Verwertungsgesellschaft antwortet auf ein Verlangen nach Absatz 1 schriftlich und unverzüglich und teilt dabei die zentralen Bedingungen mit, zu denen sie gebietsübergreifend Online-Rechte an Musikwerken vergibt oder anbietet.

(3) Repräsentationsvereinbarungen, in denen eine Verwertungsgesellschaft mit der exklusiven gebietsübergreifenden Vergabe von Online-Rechten an Musikwerken beauftragt wird, sind unzulässig.

§ 70 Informationen der beauftragenden Verwertungsgesellschaft.
(1) Die beauftragende Verwertungsgesellschaft stellt der beauftragten Verwertungsgesellschaft diejenigen Informationen über ihre Musikwerke zur Verfügung, die für die gebietsübergreifende Vergabe von Online-Rechten erforderlich sind.

(2) Sind die Informationen nach Absatz 1 unzureichend oder stellt die beauftragende Verwertungsgesellschaft die Informationen in einer Weise zur Verfügung, dass die beauftragte Verwertungsgesellschaft die Anforderungen dieses Teils nicht erfüllen kann, so ist die beauftragte Verwertungsgesellschaft berechtigt,
1. der beauftragenden Verwertungsgesellschaft die Kosten in Rechnung zu stellen, die für die Erfüllung der Anforderungen vernünftigerweise entstanden sind, oder
2. diejenigen Werke von der Wahrnehmung auszuschließen, zu denen nur unzureichende oder nicht verwendbare Informationen vorliegen.

§ 71 Informationen der Mitglieder und Berechtigten bei Repräsentation. Die beauftragte Verwertungsgesellschaft informiert ihre Mitglieder und ihre Berechtigten über die zentralen Bedingungen der von ihr abgeschlossenen Repräsentationsvereinbarungen.

§ 72 Zugang zur gebietsübergreifenden Vergabe von Online-Rechten an Musikwerken. ¹Eine Verwertungsgesellschaft, die bis zum 10. April 2017 Online-Rechte an Musikwerken gebietsübergreifend weder vergibt noch anbietet und auch keine Repräsentationsvereinbarung nach § 69 abgeschlossen hat, ermöglicht es dem Berechtigten, seine Online-Rechte gebietsübergreifend anderweitig zu vergeben. ²Die Verwertungsgesellschaft ist dabei verpflichtet, auf Verlangen des Berechtigten Online-Rechte an Musikwerken weiterhin zur Vergabe in einzelnen Gebieten wahrzunehmen.

§ 73 Wahrnehmung bei Repräsentation. (1) Die beauftragte Verwertungsgesellschaft nimmt die Online-Rechte an den Musikwerken der beauftragenden Verwertungsgesellschaft zu denselben Bedingungen wahr, wie die Online-Rechte ihrer Berechtigten.

(2) Die beauftragte Verwertungsgesellschaft nimmt die Musikwerke der beauftragenden Verwertungsgesellschaft in alle Angebote auf, die sie an den Anbieter eines Online-Dienstes richtet.

(3) Verwaltungskosten dürfen die Kosten nicht übersteigen, die der beauftragten Verwertungsgesellschaft vernünftigerweise entstanden sind.

§ 74 Ausnahme für Hörfunk- und Fernsehprogramme. Dieser Teil findet keine Anwendung, soweit die Verwertungsgesellschaft auf der Grundlage einer freiwilligen Bündelung der notwendigen Online-Rechte und unter Beachtung der Wettbewerbsregeln gemäß den Artikeln 101 und 102 des Vertrages über die Arbeitsweise der Europäischen Union gebietsübergreifend Online-Rechte an Musikwerken an Sendeunternehmen vergibt, die diese benötigen, um ihre Hörfunk- oder Fernsehprogramme zeitgleich mit der Sendung oder danach sowie sonstige Online-Inhalte, einschließlich Vorschauen, die ergänzend zur ersten Sendung von dem oder für das Sendeunternehmen produziert wurden, öffentlich wiederzugeben oder zugänglich zu machen.

Teil 4

Aufsicht

§ 75 Aufsichtsbehörde. (1) Aufsichtsbehörde ist das Deutsche Patent- und Markenamt.

(2) Die Aufsichtsbehörde nimmt ihre Aufgaben und Befugnisse nur im öffentlichen Interesse wahr.

§ 76 Inhalt der Aufsicht. (1) Die Aufsichtsbehörde achtet darauf, dass die Verwertungsgesellschaft den ihr nach diesem Gesetz obliegenden Verpflichtungen ordnungsgemäß nachkommt.

(2) Hat die Verwertungsgesellschaft ihren Sitz in einem anderen Mitgliedstaat der Europäischen Union oder anderen Vertragsstaat des Abkommens über den Europäischen Wirtschaftsraum und ist sie im Inland tätig, so achtet die Aufsichtsbehörde darauf, dass die Verwertungsgesellschaft die Vorschriften dieses anderen Mitgliedstaates oder Vertragsstaates zur Umsetzung der Richtlinie 2014/26/EU des Europäischen Parlaments und des Rates vom 26. Februar 2014 über die kollektive Wahrnehmung von Urheber- und verwandten Schutzrechten und die Vergabe von Mehrgebietslizenzen für Rechte an Musikwerken für die Online-Nutzung im Binnenmarkt (ABl. L 84 vom 20.3.2014, S. 72) ordnungsgemäß einhält.

(3) [1]Soweit eine Aufsicht über die Verwertungsgesellschaft aufgrund anderer gesetzlicher Vorschriften ausgeübt wird, ist sie im Benehmen mit der Aufsichtsbehörde nach § 75 Absatz 1 auszuüben. [2]Die Unabhängigkeit der für den Datenschutz zuständigen Aufsichtsbehörden bleibt unberührt.

§ 77 Erlaubnis. (1) Eine Verwertungsgesellschaft bedarf der Erlaubnis, wenn sie Urheberrechte oder verwandte Schutzrechte wahrnimmt, die sich aus dem Urheberrechtsgesetz ergeben.

(2) Eine Verwertungsgesellschaft mit Sitz in einem anderen Mitgliedstaat der Europäischen Union oder anderen Vertragsstaat des Abkommens über den Europäischen Wirtschaftsraum bedarf abweichend von Absatz 1 einer Erlaubnis nur für die Wahrnehmung
1. der in § 49 Absatz 1 genannten Vergütungsansprüche,
2. des in § 50 genannten Rechts oder
3. der in den §§ 51 und 52 genannten Rechte von Außenstehenden.

§ 78 Antrag auf Erlaubnis. ¹Die Erlaubnis wird auf schriftlichen Antrag der Verwertungsgesellschaft von der Aufsichtsbehörde erteilt. ²Dem Antrag sind beizufügen:
1. das Statut der Verwertungsgesellschaft,
2. Namen und Anschrift der nach Gesetz oder Statut zur Vertretung der Verwertungsgesellschaft berechtigten Personen,
3. eine Erklärung über die Zahl der Berechtigten sowie über Zahl und wirtschaftliche Bedeutung der der Verwertungsgesellschaft zur Wahrnehmung anvertrauten Rechte und
4. ein tragfähiger Geschäftsplan für die ersten drei vollen Geschäftsjahre nach Aufnahme des Geschäftsbetriebs, aus dem insbesondere die erwarteten Einnahmen und Ausgaben sowie der organisatorische Aufbau der Verwertungsgesellschaft hervorgehen.

§ 79 Versagung der Erlaubnis. (1) Die Erlaubnis nach § 77 Absatz 1 darf nur versagt werden, wenn
1. das Statut der Verwertungsgesellschaft nicht den Vorschriften dieses Gesetzes entspricht,
2. Tatsachen die Annahme rechtfertigen, dass eine nach Gesetz oder Statut zur Vertretung der Verwertungsgesellschaft berechtigte Person die für die Ausübung ihrer Tätigkeit erforderliche Zuverlässigkeit nicht besitzt, oder
3. die wirtschaftliche Grundlage der Verwertungsgesellschaft eine wirksame Wahrnehmung der Rechte nicht erwarten lässt.

(2) Für die Erlaubnis nach § 77 Absatz 2 gilt Absatz 1 entsprechend; die Versagungsgründe nach Absatz 1 Nummer 1 und 2 sind nicht anzuwenden.

§ 80 Widerruf der Erlaubnis. (1) Die Aufsichtsbehörde kann die Erlaubnis nach § 77 Absatz 1 widerrufen, wenn
1. einer der Versagungsgründe des § 79 Absatz 1 bei Erteilung der Erlaubnis der Aufsichtsbehörde nicht bekannt war oder nachträglich eingetreten ist und dem Mangel nicht innerhalb einer von der Aufsichtsbehörde zu setzenden Frist abgeholfen wird oder
2. die Verwertungsgesellschaft einer der ihr nach diesem Gesetz obliegenden Verpflichtungen trotz Abmahnung durch die Aufsichtsbehörde wiederholt zuwiderhandelt.

(2) Die Erlaubnis nach § 77 Absatz 2 kann die Aufsichtsbehörde nicht nach Absatz 1 Nummer 2 widerrufen.

§ 81 Zusammenarbeit bei Erlaubnis und Widerruf der Erlaubnis. ¹Über Anträge auf Erteilung der Erlaubnis und über den Widerruf der Erlaubnis entscheidet die Aufsichtsbehörde im Einvernehmen mit dem Bundeskartellamt. ²Gelingt es nicht, Einvernehmen herzustellen, so legt die Aufsichtsbehörde die Sache dem Bundesministerium der Justiz und für Verbraucherschutz vor; dessen Weisungen, die im Benehmen mit dem Bundesministerium für Wirtschaft und Energie erteilt werden, ersetzen das Einvernehmen.

§ 82 Anzeige. Bedarf die Verwertungsgesellschaft keiner Erlaubnis nach § 77, so zeigt sie der Aufsichtsbehörde die Aufnahme einer Wahrnehmungstätigkeit unverzüglich schriftlich an, wenn sie
1. ihren Sitz in einem anderen Mitgliedstaat der Europäischen Union oder anderen Vertragsstaat des Abkommens über den Europäischen Wirtschaftsraum hat und Urheberrechte oder verwandte Schutzrechte wahrnimmt, die sich aus dem Urheberrechtsgesetz ergeben, oder
2. ihren Sitz im Inland hat und in einem anderen Mitgliedstaat der Europäischen Union oder anderen Vertragsstaat des Abkommens über den Europäischen Wirtschaftsraum tätig ist.

§ 83 Bekanntmachung. Die Erteilung der Erlaubnis und ein unanfechtbar gewordener Widerruf der Erlaubnis sowie Anzeigen nach § 82 sind im Bundesanzeiger bekanntzumachen.

§ 84 Wahrnehmungstätigkeit ohne Erlaubnis oder Anzeige. [1]Wird eine Verwertungsgesellschaft ohne die erforderliche Erlaubnis oder Anzeige tätig, so kann sie die von ihr wahrgenommenen Urheberrechte und verwandten Schutzrechte, die sich aus dem Urheberrechtsgesetz ergeben, nicht geltend machen. [2]Das Strafantragsrecht (§ 109 des Urheberrechtsgesetzes) steht ihr nicht zu.

§ 85 Befugnisse der Aufsichtsbehörde. (1) Die Aufsichtsbehörde kann alle erforderlichen Maßnahmen ergreifen, um sicherzustellen, dass die Verwertungsgesellschaft die ihr nach diesem Gesetz obliegenden Verpflichtungen ordnungsgemäß erfüllt.

(2) Die Aufsichtsbehörde kann einer Verwertungsgesellschaft die Fortsetzung des Geschäftsbetriebs untersagen, wenn die Verwertungsgesellschaft
1. ohne Erlaubnis tätig wird oder
2. einer der ihr nach diesem Gesetz obliegenden Verpflichtungen trotz Abmahnung durch die Aufsichtsbehörde wiederholt zuwiderhandelt.

(3) Die Aufsichtsbehörde kann von der Verwertungsgesellschaft jederzeit Auskunft über alle die Geschäftsführung betreffenden Angelegenheiten sowie die Vorlage der Geschäftsbücher und anderer geschäftlicher Unterlagen verlangen.

(4) [1]Die Aufsichtsbehörde ist berechtigt, durch Beauftragte an der Mitgliederhauptversammlung sowie den Sitzungen des Aufsichtsrats, des Verwaltungsrats, des Aufsichtsgremiums, der Vertretung der Delegierten (§ 20) sowie aller Ausschüsse dieser Gremien teilzunehmen. [2]Die Verwertungsgesellschaft hat die Aufsichtsbehörde rechtzeitig über Termine nach Satz 1 zu informieren.

(5) [1]Rechtfertigen Tatsachen die Annahme, dass ein nach Gesetz oder Statut zur Vertretung der Verwertungsgesellschaft Berechtigter die für die Ausübung seiner Tätigkeit erforderliche Zuverlässigkeit nicht besitzt, so setzt die Auf-

sichtsbehörde der Verwertungsgesellschaft eine Frist zu seiner Abberufung. ²Die Aufsichtsbehörde kann ihm bis zum Ablauf dieser Frist die weitere Ausübung seiner Tätigkeit untersagen, wenn dies zur Abwendung schwerer Nachteile erforderlich ist.

(6) Liegen Anhaltspunkte dafür vor, dass eine Organisation einer Erlaubnis nach § 77 bedarf, so kann die Aufsichtsbehörde von ihr die zur Prüfung der Erlaubnispflichtigkeit erforderlichen Auskünfte und Unterlagen verlangen.

§ 86 Befugnisse der Aufsichtsbehörde bei Verwertungsgesellschaften mit Sitz in einem anderen Mitgliedstaat der Europäischen Union oder anderen Vertragsstaat des Abkommens über den Europäischen Wirtschaftsraum. (1) ¹Verstößt eine Verwertungsgesellschaft, die ihren Sitz in einem anderen Mitgliedstaat der Europäischen Union oder anderen Vertragsstaat des Abkommens über den Europäischen Wirtschaftsraum hat, bei ihrer Tätigkeit im Inland gegen eine in Umsetzung der Richtlinie 2014/26/EU erlassene Vorschrift dieses anderen Mitgliedstaates oder anderen Vertragsstaates, kann die Aufsichtsbehörde alle einschlägigen Informationen an die Aufsichtsbehörde dieses Mitgliedstaates oder Vertragsstaates übermitteln. ²Sie kann die Aufsichtsbehörde dieses Mitgliedstaates oder Vertragsstaates ersuchen, im Rahmen ihrer Befugnisse Maßnahmen zu ergreifen.

(2) Die Aufsichtsbehörde kann sich in den Fällen des Absatzes 1 auch an die gemäß Artikel 41 der Richtlinie 2014/26/EU eingerichtete Sachverständigengruppe wenden.

§ 87 Informationsaustausch mit Aufsichtsbehörden anderer Mitgliedstaaten der Europäischen Union oder anderer Vertragsstaaten des Abkommens über den Europäischen Wirtschaftsraum. (1) Die Aufsichtsbehörde beantwortet ein begründetes Auskunftsersuchen der Aufsichtsbehörde eines anderen Mitgliedstaates der Europäischen Union oder anderen Vertragsstaates des Abkommens über den Europäischen Wirtschaftsraum, das im Zusammenhang mit einer in Umsetzung der Richtlinie 2014/26/EU erlassenen Vorschrift dieses Gesetzes steht, unverzüglich.

(2) Die Aufsichtsbehörde reagiert auf ein Ersuchen der Aufsichtsbehörde eines anderen Mitgliedstaates der Europäischen Union oder anderen Vertragsstaates des Abkommens über den Europäischen Wirtschaftsraum, Maßnahmen gegen eine im Inland ansässige Verwertungsgesellschaft wegen ihrer Tätigkeit in diesem Mitgliedstaat oder Vertragsstaat zu ergreifen, binnen drei Monaten mit einer begründeten Antwort.

§ 88 Unterrichtungspflicht der Verwertungsgesellschaft. (1) Die Verwertungsgesellschaft, die Urheberrechte oder verwandte Schutzrechte wahrnimmt, die sich aus dem Urheberrechtsgesetz ergeben, zeigt der Aufsichtsbehörde unverzüglich jeden Wechsel der nach Gesetz oder Statut zu ihrer Vertretung berechtigten Personen an.

(2) Die Verwertungsgesellschaft, die Urheberrechte oder verwandte Schutzrechte wahrnimmt, die sich aus dem Urheberrechtsgesetz ergeben, übermittelt der Aufsichtsbehörde unverzüglich abschriftlich
1. das Statut und dessen Änderung,
2. die Tarife, die Standardvergütungssätze und die Standardnutzungsverträge sowie deren Änderung,
3. die Gesamtverträge und deren Änderung,
4. die Repräsentationsvereinbarungen und deren Änderung,
5. die Beschlüsse der Mitgliederhauptversammlung, des Aufsichtsrats, des Verwaltungsrats, des Aufsichtsgremiums sowie des Gremiums, in dem die Berechtigten, die nicht Mitglied sind, gemäß § 20 Absatz 2 Nummer 4 stimmberechtigt mitwirken, und aller Ausschüsse dieser Gremien,
6. die Anlagerichtlinie und deren Änderung sowie die Bestätigung des Wirtschaftsprüfers oder der Wirtschaftsprüfervereinigung gemäß § 25 Absatz 3,
7. den Jahresabschluss, den Lagebericht, den Prüfungsbericht und den jährlichen Transparenzbericht sowie
8. die Entscheidungen in gerichtlichen oder behördlichen Verfahren, in denen die Verwertungsgesellschaft Partei ist, soweit die Aufsichtsbehörde dies verlangt.

(3) Die Absätze 1 und 2 gelten nicht für eine Verwertungsgesellschaft mit Sitz in einem anderen Mitgliedstaat der Europäischen Union oder anderen Vertragsstaat des Abkommens über den Europäischen Wirtschaftsraum.

§ 89 Anzuwendendes Verfahrensrecht. (1) Für die Verwaltungstätigkeit der Aufsichtsbehörde gilt, soweit in diesem Gesetz nichts anderes bestimmt ist, das Verwaltungsverfahrensgesetz.

(2) Jedermann kann die Aufsichtsbehörde darüber informieren, dass die Verwertungsgesellschaft seiner Ansicht nach gegen eine ihr nach diesem Gesetz obliegende Verpflichtung verstößt.

(3) Auf die Vollstreckung von Verwaltungsakten, die aufgrund dieses Gesetzes erlassen werden, findet das Verwaltungs-Vollstreckungsgesetz mit der Maßgabe Anwendung, dass die Höhe des Zwangsgeldes bis zu einhunderttausend Euro betragen kann.

(4) Soweit ein berechtigtes Interesse besteht, kann die Aufsichtsbehörde einen Verstoß gegen dieses Gesetz auch feststellen, nachdem dieser beendet ist.

(5) ^{1}Die Aufsichtsbehörde kann Entscheidungen über Maßnahmen nach diesem Gesetz einschließlich Entscheidungen, denen gemäß im Einzelfall kein Anlass für Maßnahmen besteht, auf ihrer Internetseite veröffentlichen. ^{2}Dies gilt auch für die Begründung dieser Maßnahmen und Entscheidungen.

§ 90 Aufsicht über abhängige Verwertungseinrichtungen. (1) ^{1}Eine abhängige Verwertungseinrichtung (§ 3) bedarf der Erlaubnis nur, wenn sie die in § 77 Absatz 2 genannten Rechte wahrnimmt. ^{2}Das gilt nicht, wenn alle Verwertungsgesellschaften, die Anteile an dieser Einrichtung halten oder sie beherrschen, über eine Erlaubnis verfügen.

(2) Die abhängige Verwertungseinrichtung hat der Aufsichtsbehörde die Aufnahme einer Wahrnehmungstätigkeit unverzüglich schriftlich anzuzeigen, wenn sie keiner Erlaubnis bedarf und
1. Urheberrechte oder verwandte Schutzrechte wahrnimmt, die sich aus dem Urheberrechtsgesetz ergeben, oder
2. ihren Sitz im Inland hat und in einem anderen Mitgliedstaat der Europäischen Union oder anderen Vertragsstaat des Abkommens über den Europäischen Wirtschaftsraum tätig ist.

(3) Im Übrigen gelten für die abhängige Verwertungseinrichtung die Vorschriften dieses Teils entsprechend.

§ 91 Aufsicht über unabhängige Verwertungseinrichtungen. (1) Für unabhängige Verwertungseinrichtungen (§ 4) gelten die §§ 75, 76, 85 Absatz 1 bis 3 sowie die §§ 86 und 87 entsprechend.

(2) [1]Die unabhängige Verwertungseinrichtung, die ihren Sitz im Inland hat oder die solche Urheberrechte oder verwandten Schutzrechte wahrnimmt, die sich aus dem Urheberrechtsgesetz ergeben, zeigt der Aufsichtsbehörde die Aufnahme der Wahrnehmungstätigkeit unverzüglich schriftlich an. [2]§ 84 gilt entsprechend.

Teil 5
Schiedsstelle und gerichtliche Geltendmachung

Abschnitt 1
Schiedsstelle

Unterabschnitt 1
Allgemeine Verfahrensvorschriften

§ 92 Zuständigkeit für Streitfälle nach dem Urheberrechtsgesetz und für Gesamtverträge. (1) Die Schiedsstelle (§ 124) kann von jedem Beteiligten bei einem Streitfall angerufen werden, an dem eine Verwertungsgesellschaft beteiligt ist und der eine der folgenden Angelegenheiten betrifft:
1. die Nutzung von Werken oder Leistungen, die nach dem Urheberrechtsgesetz geschützt sind,
2. die Vergütungspflicht für Geräte und Speichermedien nach § 54 des Urheberrechtsgesetzes oder die Betreibervergütung nach § 54c des Urheberrechtsgesetzes,
3. den Abschluss oder die Änderung eines Gesamtvertrags.

(2) Die Schiedsstelle kann von jedem Beteiligten auch bei einem Streitfall angerufen werden, an dem ein Sendeunternehmen und ein Weitersendedienst beteiligt sind, wenn der Streit die Verpflichtung zum Abschluss eines Vertrages über die Weitersendung betrifft (§ 87 Absatz 5 des Urheberrechtsgesetzes).

§ 93 Zuständigkeit für empirische Untersuchungen. Verwertungsgesellschaften können die Schiedsstelle anrufen, um eine selbstständige empirische Untersuchung zur Ermittlung der nach § 54a Absatz 1 des Urheberrechtsgesetzes maßgeblichen Nutzung durchführen zu lassen.

§ 94 Zuständigkeit für Streitfälle über die gebietsübergreifende Vergabe von Online-Rechten an Musikwerken. Die Schiedsstelle kann von jedem Beteiligten angerufen werden in Streitfällen zwischen einer im Inland ansässigen Verwertungsgesellschaft, die gebietsübergreifend Online-Rechte an Musikwerken vergibt, und Anbietern von Online-Diensten, Rechtsinhabern oder anderen Verwertungsgesellschaften, soweit Rechte und Pflichten der Beteiligten nach Teil 3 oder nach § 34 Absatz 1 Satz 2, Absatz 2, § 36, § 39 oder § 43 betroffen sind.

§ 95 Allgemeine Verfahrensregeln. (1) ¹Soweit dieses Gesetz keine abweichenden Regelungen enthält, bestimmt die Schiedsstelle das Verfahren nach billigem Ermessen. ²Sie wirkt jederzeit auf eine sachgerechte Beschleunigung des Verfahrens hin.

(2) ¹Die Beteiligten sind gleichzubehandeln. ²Jedem Beteiligten ist rechtliches Gehör zu gewähren.

§ 96 Berechnung von Fristen. Auf die Berechnung der Fristen dieses Abschnitts ist § 222 Absatz 1 und 2 der Zivilprozessordnung entsprechend anzuwenden.

§ 97 Verfahrenseinleitender Antrag. (1) ¹Die Schiedsstelle wird durch schriftlichen Antrag angerufen. ²Er muss zumindest den Namen und die Anschrift des Antragsgegners sowie eine Darstellung des Sachverhalts enthalten. ³Er soll in zwei Exemplaren eingereicht werden.

(2) Die Schiedsstelle stellt dem Antragsgegner den Antrag mit der Aufforderung zu, sich innerhalb eines Monats schriftlich zu äußern.

§ 98 Zurücknahme des Antrags. (1) Der Antragsteller kann den Antrag zurücknehmen, ohne Einwilligung des Antragsgegners in Verfahren mit mündlicher Verhandlung jedoch nur bis zu deren Beginn.

(2) Wird der Antrag zurückgenommen, so trägt der Antragsteller die Kosten des Verfahrens und die notwendigen Auslagen des Antragsgegners.

§ 99 Schriftliches Verfahren und mündliche Verhandlung. (1) Das Verfahren wird vorbehaltlich des Absatzes 2 schriftlich durchgeführt.

(2) Die Schiedsstelle beraumt eine mündliche Verhandlung an, wenn einer der Beteiligten dies beantragt und die anderen Beteiligten zustimmen, oder wenn sie dies zur Aufklärung des Sachverhalts oder zur gütlichen Beilegung des Streitfalls für zweckmäßig hält.

§ 100 Verfahren bei mündlicher Verhandlung. (1) [1]Zu der mündlichen Verhandlung sind die Beteiligten zu laden. [2]Die Ladungsfrist beträgt mindestens zwei Wochen.

(2) [1]Die mündliche Verhandlung vor der Schiedsstelle ist nicht öffentlich. [2]Beauftragte des Bundesministeriums der Justiz und für Verbraucherschutz, der Aufsichtsbehörde und des Bundeskartellamts sind zur Teilnahme befugt.

(3) Die Schiedsstelle kann Bevollmächtigten oder Beiständen, die nicht Rechtsanwälte sind, den weiteren Vortrag untersagen, wenn sie nicht in der Lage sind, das Sach- und Streitverhältnis sachgerecht darzustellen.

(4) Über die Verhandlung ist eine Niederschrift zu fertigen, die vom Vorsitzenden und vom Schriftführer zu unterzeichnen ist.

§ 101 Nichterscheinen in der mündlichen Verhandlung. (1) [1]Erscheint der Antragsteller nicht zur mündlichen Verhandlung, so gilt der Antrag als zurückgenommen. [2]War der Antragsteller ohne sein Verschulden verhindert, zur mündlichen Verhandlung zu erscheinen, so ist ihm auf Antrag Wiedereinsetzung in den vorigen Stand zu gewähren. [3]Über den Antrag entscheidet die Schiedsstelle, ihre Entscheidung ist unanfechtbar. [4]Im Übrigen sind die Vorschriften der Zivilprozessordnung über die Wiedereinsetzung in den vorigen Stand entsprechend anzuwenden.

(2) Erscheint der Antragsgegner nicht zur mündlichen Verhandlung, so kann die Schiedsstelle einen Einigungsvorschlag nach Lage der Akten unterbreiten.

(3) Unentschuldigt nicht erschienene Beteiligte tragen die durch ihr Nichterscheinen verursachten Kosten.

(4) Die Beteiligten sind in der Ladung zur mündlichen Verhandlung auf die Folgen ihres Nichterscheinens hinzuweisen.

§ 102 Gütliche Streitbeilegung; Vergleich. (1) Die Schiedsstelle wirkt auf eine gütliche Beilegung des Streitfalls hin.

(2) [1]Kommt ein Vergleich zustande, so muss er in einem besonderen Schriftstück niedergelegt und unter Angabe des Tages seines Zustandekommens von dem Vorsitzenden und den Beteiligten unterschrieben werden. [2]Aus einem vor der Schiedsstelle geschlossenen Vergleich findet die Zwangsvollstreckung statt; § 797a der Zivilprozessordnung gilt entsprechend.

(3) [1]Der Vorsitzende kann die Beteiligten mit ihrem Einverständnis zu einem Vergleichsversuch ohne Zuziehung der Beisitzer laden. [2]Er ist dazu verpflichtet, wenn beide Beteiligte dies beantragen.

§ 103 Aussetzung des Verfahrens. (1) Die Schiedsstelle kann ein Verfahren aussetzen, wenn zu erwarten ist, dass ein anderes bei ihr anhängiges Verfahren von Bedeutung für den Ausgang des Verfahrens sein wird.

(2) Während der Aussetzung ist die Frist zur Unterbreitung eines Einigungsvorschlags nach § 105 Absatz 1 gehemmt.

§ 104 Aufklärung des Sachverhalts. (1) [1]Die Schiedsstelle kann erforderliche Beweise in geeigneter Form erheben. [2]Sie ist an Beweisanträge nicht gebunden.

(2) Sie kann die Ladung von Zeugen und den Beweis durch Sachverständige von der Zahlung eines hinreichenden Vorschusses zur Deckung der Auslagen abhängig machen.

(3) Den Beteiligten ist Gelegenheit zu geben, sich zu den Ermittlungs- und Beweisergebnissen zu äußern.

(4) Die §§ 1050 und 1062 Absatz 4 der Zivilprozessordnung sind entsprechend anzuwenden.

§ 105 Einigungsvorschlag der Schiedsstelle; Widerspruch. (1) [1]Die Schiedsstelle unterbreitet den Beteiligten innerhalb eines Jahres nach Zustellung des Antrags einen Einigungsvorschlag. [2]Die Frist kann mit Zustimmung aller Beteiligten um jeweils ein halbes Jahr verlängert werden.

(2) [1]Der Einigungsvorschlag ist zu begründen und von sämtlichen für den Streitfall zuständigen Mitgliedern der Schiedsstelle zu unterschreiben. [2]In dem Einigungsvorschlag ist auf die Möglichkeit des Widerspruchs und auf die Folgen bei Versäumung der Widerspruchsfrist hinzuweisen. [3]Der Einigungsvorschlag ist den Beteiligten zuzustellen. [4]Zugleich ist der Aufsichtsbehörde eine Abschrift des Einigungsvorschlags zu übermitteln.

(3) [1]Der Einigungsvorschlag gilt als angenommen und eine dem Inhalt des Vorschlags entsprechende Vereinbarung als zustande gekommen, wenn nicht innerhalb eines Monats nach Zustellung des Vorschlags ein schriftlicher Widerspruch bei der Schiedsstelle eingeht. [2]Betrifft der Streitfall die Einräumung oder Übertragung von Nutzungsrechten der Weitersendung, so beträgt die Frist drei Monate.

(4) [1]War einer der Beteiligten ohne sein Verschulden gehindert, den Widerspruch rechtzeitig einzulegen, so ist ihm auf Antrag Wiedereinsetzung in den vorigen Stand zu gewähren. [2]Über den Wiedereinsetzungsantrag entscheidet die Schiedsstelle. [3]Gegen die ablehnende Entscheidung der Schiedsstelle ist die sofortige Beschwerde an das für den Sitz des Antragstellers zuständige Landgericht möglich. [4]Die Vorschriften der Zivilprozessordnung über die Wiedereinsetzung in den vorigen Stand und die sofortige Beschwerde sind entsprechend anzuwenden.

(5) [1]Aus dem angenommenen Einigungsvorschlag findet die Zwangsvollstreckung statt. [2]§ 797a der Zivilprozessordnung gilt entsprechend.

Unterabschnitt 2

Besondere Verfahrensvorschriften

§ 106 Einstweilige Regelungen. ¹Auf Antrag eines Beteiligten kann die Schiedsstelle eine einstweilige Regelung vorschlagen. ²§ 105 Absatz 2 und 3 Satz 1 ist anzuwenden. ³Die einstweilige Regelung gilt, wenn nichts anderes vereinbart wird, bis zum Abschluss des Verfahrens vor der Schiedsstelle.

§ 107 Sicherheitsleistung. (1) ¹In Verfahren nach § 92 Absatz 1 Nummer 2 über die Vergütungspflicht für Geräte und Speichermedien kann die Schiedsstelle auf Antrag der Verwertungsgesellschaft anordnen, dass der beteiligte Hersteller, Importeur oder Händler für die Erfüllung des Anspruchs aus § 54 Absatz 1 des Urheberrechtsgesetzes Sicherheit zu leisten hat. ²Von der Anordnung nach Satz 1 hat sie abzusehen, wenn angemessene Teilleistungen erbracht sind.

(2) Der Antrag muss die Höhe der begehrten Sicherheit enthalten.

(3) ¹Über Art und Höhe der Sicherheitsleistung entscheidet die Schiedsstelle nach billigem Ermessen. ²Bei der Höhe der Sicherheit kann sie nicht über den Antrag hinausgehen.

(4) ¹Das zuständige Oberlandesgericht (§ 129 Absatz 1) kann auf Antrag der Verwertungsgesellschaft durch Beschluss die Vollziehung einer Anordnung nach Absatz 1 zulassen, sofern nicht schon eine entsprechende Maßnahme des einstweiligen Rechtsschutzes bei einem Gericht beantragt worden ist. ²Das zuständige Oberlandesgericht kann die Anordnung abweichend fassen, wenn dies zur Vollziehung notwendig ist.

(5) Auf Antrag kann das zuständige Oberlandesgericht den Beschluss nach Absatz 4 aufheben oder ändern.

§ 108 Schadensersatz. Erweist sich die Anordnung einer Sicherheitsleistung nach § 107 Absatz 1 als von Anfang an ungerechtfertigt, so ist die Verwertungsgesellschaft, welche die Vollziehung der Anordnung erwirkt hat, verpflichtet, dem Antragsgegner den Schaden zu ersetzen, der ihm aus der Vollziehung entsteht.

§ 109 Beschränkung des Einigungsvorschlags; Absehen vom Einigungsvorschlag. (1) Sind bei Streitfällen nach § 92 Absatz 1 Nummer 1 und 2 die Anwendbarkeit oder die Angemessenheit eines Tarifs bestritten und ist der Sachverhalt auch im Übrigen streitig, so kann sich die Schiedsstelle in ihrem Einigungsvorschlag auf eine Stellungnahme zur Anwendbarkeit oder Angemessenheit des Tarifs beschränken.

(2) Sind bei Streitfällen nach § 92 Absatz 1 Nummer 1 und 2 die Anwendbarkeit und die Angemessenheit eines Tarifs nicht bestritten, so kann die Schiedsstelle von einem Einigungsvorschlag absehen.

§ 110 Streitfälle über Gesamtverträge. (1) ¹Bei Streitfällen nach § 92 Absatz 1 Nummer 3 enthält der Einigungsvorschlag den Inhalt des Gesamtvertrags. ²Die Schiedsstelle kann einen Gesamtvertrag nur mit Wirkung vom 1. Januar des Jahres vorschlagen, in dem der Antrag bei der Schiedsstelle gestellt wird.

(2) ¹Die Schiedsstelle unterrichtet das Bundeskartellamt über das Verfahren. ²§ 90 Absatz 1 Satz 4 und Absatz 2 des Gesetzes gegen Wettbewerbsbeschränkungen ist entsprechend anzuwenden.

§ 111 Streitfälle über Rechte der Kabelweitersendung. Bei Streitfällen nach § 92 Absatz 2 gilt § 110 entsprechend.

§ 112 Empirische Untersuchung zu Geräten und Speichermedien. (1) In Verfahren nach § 93 muss der Antrag, mit dem die Schiedsstelle angerufen wird, eine Auflistung der Verbände der betroffenen Hersteller, Importeure und Händler enthalten, soweit diese dem Antragsteller bekannt sind.

(2) ¹Die Schiedsstelle stellt den Antrag den darin benannten Verbänden mit der Aufforderung zu, binnen eines Monats schriftlich zu erklären, ob sie sich an dem Verfahren beteiligen wollen. ²Gleichzeitig veröffentlicht die Schiedsstelle den Antrag in geeigneter Form, verbunden mit dem Hinweis, dass sich betroffene Verbände von Herstellern, Importeuren und Händlern, denen der Antrag nicht zugestellt worden ist, binnen eines Monats ab Veröffentlichung des Antrags durch schriftliche Erklärung gegenüber der Schiedsstelle an dem Verfahren beteiligen können.

§ 113 Durchführung der empirischen Untersuchung. ¹Für die Durchführung der empirischen Untersuchung gemäß § 93 gilt § 104 mit der Maßgabe, dass die Schiedsstelle die Durchführung der empirischen Untersuchung nicht ablehnen kann. ²Die Schiedsstelle kann den Auftrag zur Durchführung dieser Untersuchung erst erteilen, wenn die Verwertungsgesellschaft einen Vorschuss gezahlt hat. ³Sie soll darauf hinwirken, dass das Ergebnis der empirischen Untersuchung spätestens ein Jahr nach Eingang des Antrags nach § 112 Absatz 1 vorliegt.

§ 114 Ergebnis der empirischen Untersuchung. (1) ¹Die Schiedsstelle stellt fest, dass das Ergebnis der empirischen Untersuchung den Anforderungen entspricht, die im Hinblick auf die Aufstellung eines Tarifes gemäß § 40 zu stellen sind. ²Andernfalls veranlasst sie seine Ergänzung oder Änderung.

(2) ¹Sie stellt das den Anforderungen entsprechende Ergebnis den Beteiligten zu und veröffentlicht es in geeigneter Form. ²§ 105 ist nicht anzuwenden.

§ 115 Verwertung von Untersuchungsergebnissen. In Verfahren nach § 92 Absatz 1 Nummer 2 und 3 kann zur Sachverhaltsaufklärung (§ 104) das Ergebnis einer empirischen Untersuchung herangezogen werden, das aus einem Verfahren nach § 93 stammt.

§ 116 Beteiligung von Verbraucherverbänden. ¹In Verfahren nach § 92 Absatz 1 Nummer 2 und 3 und § 93 gibt die Schiedsstelle den bundesweiten Dachorganisationen der mit öffentlichen Mitteln geförderten Verbraucherverbände Gelegenheit zur schriftlichen Stellungnahme. ²Im Fall einer Stellungnahme ist § 114 Absatz 2 Satz 1 entsprechend anwendbar.

Unterabschnitt 3

Kosten sowie Entschädigung und Vergütung Dritter

§ 117 Kosten des Verfahrens. (1) Für das Verfahren vor der Schiedsstelle erhebt die Aufsichtsbehörde Gebühren und Auslagen (Kosten).

(2) ¹Die Gebühren richten sich nach dem Streitwert. ²Ihre Höhe bestimmt sich nach § 34 des Gerichtskostengesetzes. ³Der Streitwert wird von der Schiedsstelle festgesetzt. ⁴Er bemisst sich nach den Vorschriften, die für das Verfahren nach der Zivilprozessordnung vor den ordentlichen Gerichten gelten.

(3) ¹Für Verfahren nach § 92 Absatz 1 Nummer 2, 3 und Absatz 2 sowie nach § 94 wird eine Gebühr mit einem Gebührensatz von 3,0 erhoben. ²Wird das Verfahren anders als durch einen Einigungsvorschlag der Schiedsstelle beendet, ermäßigt sich die Gebühr auf einen Gebührensatz von 1,0. ³Dasselbe gilt, wenn die Beteiligten den Einigungsvorschlag der Schiedsstelle annehmen.

(4) Für Verfahren nach § 92 Absatz 1 Nummer 1 und § 93 wird eine Gebühr mit einem Gebührensatz von 1,0 erhoben.

(5) Auslagen werden in entsprechender Anwendung der Nummern 9000 bis 9009 und 9013 des Kostenverzeichnisses zum Gerichtskostengesetz erhoben.

§ 118 Fälligkeit und Vorschuss. (1) Die Gebühr wird mit der Beendigung des Verfahrens, Auslagen werden sofort nach ihrer Entstehung fällig.

(2) Die Zustellung des verfahrenseinleitenden Antrags soll von der Zahlung eines Vorschusses durch den Antragsteller in Höhe eines Drittels der Gebühr abhängig gemacht werden.

§ 119 Entsprechende Anwendung des Gerichtskostengesetzes. § 2 Absatz 1, 3 und 5 des Gerichtskostengesetzes, soweit diese Vorschriften für Verfahren vor den ordentlichen Gerichten anzuwenden sind, die §§ 5, 17 Absatz 1 bis 3, die §§ 20, 21, 22 Absatz 1, § 28 Absatz 1 und 2, die §§ 29, 31 Absatz 1 und 2 und § 32 des Gerichtskostengesetzes über die Kostenfreiheit, die Verjährung und die Verzinsung der Kosten, die Abhängigmachung der Tätigkeit der Schiedsstelle von der Zahlung eines Auslagenvorschusses, die Nachforderung und die Nichterhebung der Kosten sowie den Kostenschuldner sind entsprechend anzuwenden.

§ 120 Entscheidung über Einwendungen. ¹Über Einwendungen gegen Verwaltungsakte beim Vollzug der Kostenvorschriften entscheidet das Amtsgericht, in dessen Bezirk die Aufsichtsbehörde ihren Sitz hat. ²Die Einwendungen sind bei der Schiedsstelle oder der Aufsichtsbehörde zu erheben. ³§ 19 Absatz 5 und § 66 Absatz 5 Satz 1, 5 und Absatz 8 des Gerichtskostengesetzes sind entsprechend anzuwenden; über die Beschwerde entscheidet das im Rechtszug nächsthöhere Gericht. ⁴Die Erhebung von Einwendungen und die Beschwerde haben keine aufschiebende Wirkung.

§ 121 Entscheidung über die Kostenpflicht. (1) ¹Die Schiedsstelle entscheidet über die Verteilung der Kosten des Verfahrens nach billigem Ermessen, soweit nichts anderes bestimmt ist. ²Die Schiedsstelle kann anordnen, dass die einem Beteiligten erwachsenen notwendigen Auslagen ganz oder teilweise von einem gegnerischen Beteiligten zu erstatten sind, wenn dies der Billigkeit entspricht.

(2) ¹Die Entscheidung über die Kosten kann durch Antrag auf gerichtliche Entscheidung angefochten werden, auch wenn der Einigungsvorschlag der Schiedsstelle angenommen wird. ²Über den Antrag entscheidet das Amtsgericht, in dessen Bezirk die Schiedsstelle ihren Sitz hat.

§ 122 Festsetzung der Kosten. (1) ¹Die Kosten des Verfahrens (§ 117) und die einem Beteiligten zu erstattenden notwendigen Auslagen (§ 121 Absatz 1 Satz 2) werden von der Aufsichtsbehörde festgesetzt. ²Die Festsetzung ist dem Kostenschuldner und, wenn nach § 121 Absatz 1 Satz 2 zu erstattende notwendige Auslagen festgesetzt worden sind, auch dem Erstattungsberechtigten zuzustellen.

(2) ¹Jeder Beteiligte kann innerhalb einer Frist von zwei Wochen nach der Zustellung die gerichtliche Festsetzung der Kosten und der zu erstattenden notwendigen Auslagen beantragen. ²Zuständig ist das Amtsgericht, in dessen Bezirk die Aufsichtsbehörde ihren Sitz hat. ³Der Antrag ist bei der Aufsichtsbehörde einzureichen. ⁴Die Aufsichtsbehörde kann dem Antrag abhelfen.

(3) Aus dem Kostenfestsetzungsbeschluss findet die Zwangsvollstreckung in entsprechender Anwendung der Zivilprozessordnung statt.

§ 123 Entschädigung von Zeugen und Vergütung der Sachverständigen. (1) Zeugen erhalten eine Entschädigung und Sachverständige eine Vergütung nach Maßgabe der §§ 3, 5 bis 10, 12 und 19 bis 22 des Justizvergütungs- und -entschädigungsgesetzes; die §§ 2 und 13 Absatz 1 und 2 Satz 1 bis 3 des Justizvergütungs- und -entschädigungsgesetzes sind entsprechend anzuwenden.

(2) Die Aufsichtsbehörde setzt die Entschädigung fest.

(3) ¹Zeugen und Sachverständige können die gerichtliche Festsetzung beantragen. ²Über den Antrag entscheidet das Amtsgericht, in dessen Bezirk die Schiedsstelle ihren Sitz hat. ³Der Antrag ist bei der Aufsichtsbehörde einzu-

reichen oder zu Protokoll der Geschäftsstelle des Amtsgerichts zu erklären. ⁴Die Aufsichtsbehörde kann dem Antrag abhelfen. ⁵Kosten werden nicht erstattet.

Unterabschnitt 4

Organisation und Beschlussfassung der Schiedsstelle

§ 124 Aufbau und Besetzung der Schiedsstelle. (1) ¹Die Schiedsstelle wird bei der Aufsichtsbehörde (§ 75) gebildet. ²Sie besteht aus dem Vorsitzenden oder seinem Vertreter und zwei Beisitzern.

(2) ¹Die Mitglieder der Schiedsstelle müssen die Befähigung zum Richteramt nach dem Deutschen Richtergesetz besitzen. ²Sie werden vom Bundesministerium der Justiz und für Verbraucherschutz für einen bestimmten Zeitraum, der mindestens ein Jahr beträgt, berufen; Wiederberufung ist zulässig.

(3) ¹Bei der Schiedsstelle können mehrere Kammern gebildet werden. ²Die Besetzung der Kammern bestimmt sich nach Absatz 1 Satz 2 und Absatz 2.

(4) Die Geschäftsverteilung zwischen den Kammern wird durch den Präsidenten oder die Präsidentin des Deutschen Patent- und Markenamtes geregelt.

§ 125 Aufsicht. (1) Die Mitglieder der Schiedsstelle sind nicht an Weisungen gebunden.

(2) Die Dienstaufsicht über die Schiedsstelle führt der Präsident oder die Präsidentin des Deutschen Patent- und Markenamtes.

§ 126 Beschlussfassung der Schiedsstelle. ¹Die Schiedsstelle fasst ihre Beschlüsse mit Stimmenmehrheit. ²§ 196 Absatz 2 des Gerichtsverfassungsgesetzes ist anzuwenden.

§ 127 Ausschließung und Ablehnung von Mitgliedern der Schiedsstelle. ¹Über die Ausschließung und Ablehnung von Mitgliedern der Schiedsstelle entscheidet das Amtsgericht, in dessen Bezirk die Schiedsstelle ihren Sitz hat. ²Das Ablehnungsgesuch ist bei der Schiedsstelle anzubringen. ³Im Übrigen gelten die §§ 41 bis 48 der Zivilprozessordnung entsprechend.

Abschnitt 2

Gerichtliche Geltendmachung

§ 128 Gerichtliche Geltendmachung. (1) ¹Bei Streitfällen nach § 92 Absatz 1 und 2 ist die Erhebung der Klage erst zulässig, wenn ein Verfahren vor der Schiedsstelle vorausgegangen ist oder nicht innerhalb der Frist gemäß § 105 Absatz 1 abgeschlossen wurde. ²Auf die Frist ist § 103 Absatz 2 anzuwenden.

(2) ¹Bei Streitfällen nach § 92 Absatz 1 Nummer 1 und 2 ist Absatz 1 nur anzuwenden, wenn die Anwendbarkeit oder die Angemessenheit des Tarifs bestritten ist. ²Stellt sich erst nach Eintritt der Rechtshängigkeit heraus, dass die Anwendbarkeit oder die Angemessenheit des Tarifs bestritten ist, setzt das Gericht den Rechtsstreit durch Beschluss aus, um den Parteien die Anrufung der Schiedsstelle zu ermöglichen. ³Weist die Partei, die die Anwendbarkeit oder die Angemessenheit des Tarifs bestreitet, nicht innerhalb von zwei Monaten ab Verkündung oder Zustellung des Beschlusses über die Aussetzung nach, dass ein Antrag bei der Schiedsstelle gestellt ist, so wird der Rechtsstreit fortgesetzt; in diesem Fall gelten die Anwendbarkeit und die Angemessenheit des streitigen Tarifs als zugestanden.

(3) ¹Absatz 1 ist nicht anzuwenden auf Anträge auf Anordnung eines Arrests oder einer einstweiligen Verfügung. ²Nach Erlass eines Arrests oder einer einstweiligen Verfügung ist die Klage ohne die Beschränkung des Absatzes 1 zulässig, wenn der Partei nach den §§ 926 und 936 der Zivilprozessordnung eine Frist zur Erhebung der Klage bestimmt worden ist.

§ 129 Zuständigkeit des Oberlandesgerichts. (1) In Streitfällen nach § 92 Absatz 1 Nummer 2 und 3 sowie Absatz 2, nach § 94 sowie über Ansprüche nach § 108 entscheidet ausschließlich das für den Sitz der Schiedsstelle zuständige Oberlandesgericht im ersten Rechtszug.

(2) ¹Für das Verfahren gilt der Erste Abschnitt des Zweiten Buchs der Zivilprozessordnung entsprechend. ²§ 411a der Zivilprozessordnung ist mit der Maßgabe anwendbar, dass die schriftliche Begutachtung auch durch das Ergebnis einer empirischen Untersuchung aus einem Verfahren nach § 93 ersetzt werden kann.

(3) Gegen die von dem Oberlandesgericht erlassenen Endurteile findet die Revision nach Maßgabe der Zivilprozessordnung statt.

(4) ¹In den Fällen des § 107 Absatz 4 und 5 entscheidet das für den Sitz der Schiedsstelle zuständige Oberlandesgericht durch unanfechtbaren Beschluss. ²Vor der Entscheidung ist der Gegner zu hören.

§ 130 Entscheidung über Gesamtverträge. ¹Das Oberlandesgericht setzt den Inhalt der Gesamtverträge, insbesondere Art und Höhe der Vergütung, nach billigem Ermessen fest. ²Die Festsetzung ersetzt die entsprechende Vereinbarung der Beteiligten. ³Die Festsetzung eines Vertrags ist nur mit Wirkung vom 1. Januar des Jahres an möglich, in dem der Antrag bei der Schiedsstelle gestellt wird.

§ 131 Ausschließlicher Gerichtsstand. (1) ¹Für Rechtsstreitigkeiten über Ansprüche einer Verwertungsgesellschaft wegen Verletzung eines von ihr wahrgenommenen Nutzungsrechts oder Einwilligungsrechts ist das Gericht ausschließlich zuständig, in dessen Bezirk die Verletzungshandlung begangen worden ist oder der Verletzer seinen allgemeinen Gerichtsstand hat. ²§ 105 des Urheberrechtsgesetzes bleibt unberührt.

9 VGG

Verwertungsgesellschaftengesetz

(2) Sind nach Absatz 1 Satz 1 für mehrere Rechtsstreitigkeiten gegen denselben Verletzer verschiedene Gerichte zuständig, so kann die Verwertungsgesellschaft alle Ansprüche bei einem dieser Gerichte geltend machen.

Teil 6
Übergangs- und Schlussvorschriften

§ 132 Übergangsvorschrift für Erlaubnisse. (1) Verwertungsgesellschaften, denen bei Inkrafttreten dieses Gesetzes bereits eine Erlaubnis nach dem ersten Abschnitt des Urheberrechtswahrnehmungsgesetzes in der bis zum 31. Mai 2016 geltenden Fassung erteilt ist, gilt die Erlaubnis nach § 77 als erteilt.

(2) Organisationen, die bei Inkrafttreten dieses Gesetzes bereits Urheberrechte und verwandte Schutzrechte wahrnehmen und die nach § 77 erstmalig einer Erlaubnis bedürfen, sind berechtigt, ihre Wahrnehmungstätigkeit ohne die erforderliche Erlaubnis bis zur Rechtskraft der Entscheidung über den Antrag auf Erteilung der Erlaubnis fortzusetzen, wenn sie
1. der Aufsichtsbehörde die Wahrnehmungstätigkeit unverzüglich schriftlich anzeigen und
2. bis spätestens 31. Dezember 2016 einen Antrag auf Erteilung der Erlaubnis (§ 78) stellen.

§ 133 Anzeigefrist. Ist eine Organisation gemäß den §§ 82, 90 oder 91 verpflichtet, die Aufnahme einer Wahrnehmungstätigkeit anzuzeigen, so zeigt sie dies der Aufsichtsbehörde spätestens am 1. Dezember 2016 an.

§ 134 Übergangsvorschrift zur Anpassung des Statuts an die Vorgaben dieses Gesetzes. Die Verwertungsgesellschaft passt das Statut, die Wahrnehmungsbedingungen und den Verteilungsplan unverzüglich, spätestens am 31. Dezember 2016, an die Vorgaben dieses Gesetzes an.

§ 135 Informationspflichten der Verwertungsgesellschaft bei Inkrafttreten dieses Gesetzes. (1) Die Verwertungsgesellschaft informiert ihre Berechtigten spätestens am 1. Dezember 2016 über die Rechte, die ihnen nach den §§ 9 bis 12 zustehen, einschließlich der in § 11 genannten Bedingungen.

(2) Die §§ 47 und 54 sind erstmals auf Geschäftsjahre anzuwenden, die nach dem 31. Dezember 2015 beginnen.

§ 136 Übergangsvorschrift für Erklärungen der Geschäftsführung und des Aufsichtsgremiums. Erklärungen nach den §§ 21 und 22 sind erstmals für Geschäftsjahre abzugeben, die nach dem 31. Dezember 2015 beginnen.

§ 137 Übergangsvorschrift für Rechnungslegung und Transparenzbericht. (1) Die §§ 57 und 58 über die Rechnungslegung und den jährlichen

Transparenzbericht sind erstmals auf Geschäftsjahre anzuwenden, die nach dem 31. Dezember 2015 beginnen.

(2) Für die Rechnungslegung und Prüfung für Geschäftsjahre, die vor dem 1. Januar 2016 enden, ist § 9 des Urheberrechtswahrnehmungsgesetzes in der bis zum 31. Mai 2016 geltenden Fassung weiterhin anzuwenden.

§ 138 Übergangsvorschrift für Verfahren der Aufsichtsbehörde. Verfahren der Aufsichtsbehörde, die bei Inkrafttreten dieses Gesetzes nicht abgeschlossen sind, sind nach den Bestimmungen dieses Gesetzes weiterzuführen.

§ 139 Übergangsvorschrift für Verfahren vor der Schiedsstelle und für die gerichtliche Geltendmachung. (1) Die §§ 92 bis 127 sind auf Verfahren, die am 1. Juni 2016 bei der Schiedsstelle anhängig sind, nicht anzuwenden; für diese Verfahren sind die §§ 14 bis 15 des Urheberrechtswahrnehmungsgesetzes und die Urheberrechtsschiedsstellenverordnung, jeweils in der bis zum 31. Mai 2016 geltenden Fassung, weiter anzuwenden.

(2) ¹Abweichend von § 40 Absatz 1 Satz 2 können die Verwertungsgesellschaften Tarife auch auf Grundlage einer empirischen Untersuchung aufstellen, die bereits vor dem 1. Juni 2016 in einem Verfahren vor der Schiedsstelle durchgeführt worden ist, sofern das Untersuchungsergebnis den Anforderungen des § 114 Absatz 1 Satz 1 entspricht. ²Gleiches gilt für empirische Untersuchungen, die in einem Verfahren durchgeführt werden, das gemäß Absatz 1 noch auf Grundlage des bisherigen Rechts durchgeführt wird.

(3) Die §§ 128 bis 131 sind auf Verfahren, die am 1. Juni 2016 bei einem Gericht anhängig sind, nicht anzuwenden; für diese Verfahren sind die §§ 16, 17 und 27 Absatz 3 des Urheberrechtswahrnehmungsgesetzes in der bis zum 31. Mai 2016 geltenden Fassung weiter anzuwenden.

§ 140 Übergangsvorschrift zur Regelung der Verlegerbeteiligung ab dem 7. Juni 2021. § 27b gilt nur für Einnahmen, die Verwertungsgesellschaften ab dem 7. Juni 2021 erhalten.

§ 141 Übergangsvorschrift für vergriffene Werke; Verordnungsermächtigung. (1) Die §§ 51 bis 52a in der bis einschließlich 6. Juni 2021 geltenden Fassung sind nach Maßgabe der Absätze 2 bis 4 bis einschließlich 31. Dezember 2025 weiter anzuwenden.

(2) Ab dem 7. Juni 2021 sind Anträge auf Eintragung von Werken in das Register vergriffener Werke beim Deutschen Patent- und Markenamt unzulässig.

(3) Nutzungsrechte, die nach den §§ 51 bis 52a in der bis einschließlich 6. Juni 2021 geltenden Fassung eingeräumt worden sind, enden spätestens mit Ablauf des 31. Dezember 2025.

(4) ¹Sind Nutzungen, die nach den §§ 51 bis 52a in der bis einschließlich 6. Juni 2021 geltenden Fassung erlaubt worden sind, auch nach Maßgabe der

§§ 52 bis 52e erlaubt worden oder nach den §§ 61d und 61e des Urheberrechtsgesetzes gesetzlich erlaubt, so ist dies dem Deutschen Patent- und Markenamt mitzuteilen und im Register zu vermerken. ²Zuständig für die Mitteilung ist die Verwertungsgesellschaft (§ 52a Absatz 1 Satz 1 Nummer 4) oder die Kulturerbe-Einrichtung (§ 61d Absatz 3 des Urheberrechtsgesetzes).

(5) Das Bundesministerium der Justiz und für Verbraucherschutz wird ermächtigt, durch Rechtsverordnung ohne Zustimmung des Bundesrates die Übermittlung von Einträgen aus dem Register vergriffener Werke beim Deutschen Patent- und Markenamt an das Online-Portal des Amtes der Europäischen Union für geistiges Eigentum näher zu regeln.

(6) Das Register ist mit Ablauf des 31. Dezember 2025 zu schließen und die Bekanntmachung auf der Internetseite zu beenden.

Anlage (zu § 58 Absatz 2)

Inhalt des jährlichen Transparenzberichts

1. Der jährliche Transparenzbericht gemäß § 58 Absatz 1 muss enthalten:
   a) den Jahresabschluss einschließlich der Kapitalflussrechnung;
   b) einen Bericht über die Tätigkeiten im abgelaufenen Geschäftsjahr;
   c) Angaben zu abgelehnten Anfragen von Nutzern betreffend die Einräumung von Nutzungsrechten;
   d) eine Beschreibung von Rechtsform und Organisationsstruktur;
   e) Angaben zu den von der Verwertungsgesellschaft abhängigen Verwertungseinrichtungen, einschließlich der diese Einrichtungen betreffenden Informationen nach Nummer 1 Buchstabe b bis d;
   f) Angaben zum Gesamtbetrag der im Vorjahr an die in § 18 Absatz 1 genannten Personen gezahlten Vergütungen und sonstigen Leistungen;
   g) die Finanzinformationen nach Nummer 2, jeweils aufgeschlüsselt nach Verwertungsgesellschaft und von der Verwertungsgesellschaft abhängigen Verwertungseinrichtungen (§ 3);
   h) einen gesonderten Bericht nach Nummer 3, jeweils aufgeschlüsselt nach Verwertungsgesellschaft und von der Verwertungsgesellschaft abhängige Verwertungseinrichtungen (§ 3).
2. Finanzinformationen im Sinne der Nummer 1 Buchstabe g sind:
   a) Informationen über die Einnahmen aus den Rechten nach Kategorien der wahrgenommenen Rechte und Art der Nutzung (beispielsweise Hörfunk und Fernsehen, Online-Nutzung, Aufführung) und die Verwendung dieser Einnahmen, d.h. ob diese an die Berechtigten oder andere Verwertungsgesellschaften verteilt oder anderweitig verwendet wurden;
   b) umfassende Informationen zu den Kosten der Rechtewahrnehmung und zu den Kosten für sonstige Leistungen, die die Verwertungsgesellschaft für die Berechtigten und Mitglieder erbringt, insbesondere:

aa) sämtliche Betriebs- und Finanzkosten, aufgeschlüsselt nach Kategorien der wahrgenommenen Rechte und, wenn sich die Kosten nicht direkt einer oder mehreren Kategorien von Rechten zuordnen lassen, eine Erläuterung, wie diese Kosten auf die Rechtekategorien umgelegt wurden;

bb) Betriebs- und Finanzkosten im Zusammenhang mit der Rechtewahrnehmung, einschließlich der von den Einnahmen aus den Rechten abgezogenen Verwaltungskosten, aufgeschlüsselt nach Kategorien der wahrgenommenen Rechte und, wenn sich die Kosten nicht direkt einer oder mehreren Kategorien von Rechten zuordnen lassen, eine Erläuterung, wie diese Kosten auf die Rechtekategorien umgelegt wurden;

cc) Betriebs- und Finanzkosten, die nicht im Zusammenhang mit der Rechtewahrnehmung stehen, einschließlich solcher für soziale und kulturelle Leistungen;

dd) Mittel zur Deckung der Kosten, insbesondere Angaben dazu, inwieweit Kosten aus den Einnahmen aus den Rechten, aus dem eigenen Vermögen oder aus sonstigen Mitteln gedeckt wurden;

ee) Abzüge von den Einnahmen aus den Rechten, aufgeschlüsselt nach Kategorien der wahrgenommenen Rechte und Art der Nutzung, sowie den Zweck der Abzüge, beispielsweise Kosten für die Rechtewahrnehmung oder für soziale und kulturelle Leistungen;

ff) prozentualer Anteil sämtlicher Kosten für die Rechtewahrnehmung und für sonstige an Berechtigte und Mitglieder erbrachte Leistungen im Verhältnis zu den Einnahmen aus den Rechten im jeweiligen Geschäftsjahr, aufgeschlüsselt nach Kategorien der wahrgenommenen Rechte und, wenn sich die Kosten nicht direkt einer oder mehreren Kategorien von Rechten zuordnen lassen, eine Erläuterung, wie diese Kosten auf die Rechtekategorien umgelegt wurden;

c) umfassende Informationen zu den Beträgen, die den Berechtigten zustehen, insbesondere:

aa) Gesamtsumme der den Berechtigten zugewiesenen Beträge, aufgeschlüsselt nach Kategorien der wahrgenommenen Rechte und Art der Nutzung;

bb) Gesamtsumme der an die Berechtigten ausgeschütteten Beträge, aufgeschlüsselt nach Kategorien der wahrgenommenen Rechte und Art der Nutzung;

cc) Ausschüttungstermine, aufgeschlüsselt nach Kategorien der wahrgenommenen Rechte und Art der Nutzung;

dd) Gesamtsumme der Beträge, die noch nicht den Berechtigten zugewiesen wurden, aufgeschlüsselt nach Kategorien der wahrgenommenen Rechte und Art der Nutzung, unter Angabe des Geschäftsjahres, in dem die Beträge eingenommen wurden;

ee) Gesamtsumme der den Berechtigten zugewiesenen, aber noch nicht an sie ausgeschütteten Beträge, aufgeschlüsselt nach Kategorien der wahrgenommenen Rechte und Art der Nutzung, unter Angabe des Geschäftsjahres, in dem die Beträge eingenommen wurden;

ff) Gründe für Zahlungsverzögerungen, wenn die Verwertungsgesellschaft die Verteilung nicht innerhalb der Verteilungsfrist (§ 28) durchgeführt hat;

gg) Gesamtsumme der nicht verteilbaren Beträge mit einer Erläuterung zu ihrer Verwendung;

d) Informationen zu Beziehungen zu anderen Verwertungsgesellschaften, insbesondere:

aa) jeweils von anderen Verwertungsgesellschaften erhaltene oder an diese gezahlte Beträge, aufgeschlüsselt nach Kategorien der wahrgenommenen Rechte und Art der Nutzung;

bb) Verwaltungskosten und sonstige Abzüge von den jeweils anderen Verwertungsgesellschaften zustehenden Einnahmen aus den Rechten, aufgeschlüsselt nach Kategorien der wahrgenommenen Rechte und Art der Nutzung;

cc) Verwaltungskosten und sonstige Abzüge von den jeweils von anderen Verwertungsgesellschaften empfangenen Beträgen, aufgeschlüsselt nach Kategorien der wahrgenommenen Rechte;

dd) Beträge, die die Verwertungsgesellschaft unmittelbar an die von der jeweils anderen Verwertungsgesellschaft vertretenen Rechtsinhaber verteilt hat, aufgeschlüsselt nach Kategorien der wahrgenommenen Rechte.

3. Der gesonderte Bericht gemäß Nummer 1 Buchstabe h muss folgende Informationen enthalten:

a) die im Geschäftsjahr von den Einnahmen aus den Rechten für soziale und kulturelle Leistungen abgezogenen Beträge, aufgeschlüsselt nach Verwendungszweck, und für jeden einzelnen Verwendungszweck aufgeschlüsselt nach Kategorien der wahrgenommenen Rechte und Art der Nutzung;

b) eine Erläuterung, wie diese Beträge verwendet wurden, aufgeschlüsselt nach dem Verwendungszweck, einschließlich

aa) der Beträge, die zur Deckung der Kosten verwendet werden, die im Zusammenhang mit der Verwaltung sozialer und kultureller Leistungen entstehen, und

bb) der tatsächlich für soziale oder kulturelle Leistungen verwendeten Beträge.

KunstUrhG 10

Gesetz betreffend das Urheberrecht an Werken der bildenden Künste und der Photographie

vom 9. Januar 1907 (RGBl. S. 7),
zuletzt geändert durch Gesetz vom 16. Februar 2001 (BGBl. I S. 266)[1]

– Auszug –

§ 22 [Recht am eigenen Bilde]. ¹Bildnisse dürfen nur mit Einwilligung des Abgebildeten verbreitet oder öffentlich zur Schau gestellt werden. ²Die Einwilligung gilt im Zweifel als erteilt, wenn der Abgebildete dafür, dass er sich abbilden ließ, eine Entlohnung erhielt. ³Nach dem Tode des Abgebildeten bedarf es bis zum Ablaufe von 10 Jahren der Einwilligung der Angehörigen des Abgebildeten. ⁴Angehörige im Sinne dieses Gesetzes sind der überlebende Ehegatte oder Lebenspartner und die Kinder des Abgebildeten, und wenn weder ein Ehegatte oder Lebenspartner noch Kinder vorhanden sind, die Eltern des Abgebildeten.

§ 23 [Ausnahmen zu § 22]. (1) Ohne die nach § 22 erforderliche Einwilligung dürfen verbreitet und zur Schau gestellt werden:
1. Bildnisse aus dem Bereich der Zeitgeschichte;
2. Bilder, auf denen die Personen nur als Beiwerk neben einer Landschaft oder sonstigen Örtlichkeit erscheinen;
3. Bilder von Versammlungen, Aufzügen und ähnlichen Vorgängen, an denen die dargestellten Personen teilgenommen haben;
4. Bildnisse, die nicht auf Bestellung angefertigt sind, sofern die Verbreitung oder Schaustellung einem höheren Interesse der Kunst dient.

(2) Die Befugnis erstreckt sich jedoch nicht auf eine Verbreitung und Schaustellung, durch die ein berechtigtes Interesse des Abgebildeten oder, falls dieser verstorben ist, seiner Angehörigen verletzt wird.

§ 24 [Ausnahmen im öffentlichen Interesse]. Für Zwecke der Rechtspflege und der öffentlichen Sicherheit dürfen von den Behörden Bildnisse ohne Einwilligung des Berechtigten sowie des Abgebildeten oder seiner Angehörigen vervielfältigt, verbreitet und öffentlich zur Schau gestellt werden.

§ 33 [Strafvorschrift]. (1) Mit Freiheitsstrafe bis zu einem Jahr oder mit Geldstrafe wird bestraft, wer entgegen den §§ 22, 23 ein Bildnis verbreitet oder öffentlich zur Schau stellt.

(2) Die Tat wird nur auf Antrag verfolgt.

---

1 In diesem Zusammenhang können folgende Normen zu beachten sein: §§ 823 ff. BGB i.V.m. § 1004 BGB analog; §§ 812 ff. BGB (→ Nr. **5, 33**); §§ 185 ff. StGB (→ Nr. **14**); Art. 5 GG (→ Nr. **1**).

10 KunstUrhG — Urheberrecht an Werken der Künste

§ 37 [Vernichtung][2]. (1) ¹Die widerrechtlich hergestellten, verbreiteten oder vorgeführten Exemplare und die zur widerrechtlichen Vervielfältigung oder Vorführung ausschließlich bestimmten Vorrichtungen, wie Formen, Platten, Steine, unterliegen der Vernichtung. ²Das gleiche gilt von den widerrechtlich verbreiteten oder öffentlich zur Schau gestellten Bildnissen und den zu deren Vervielfältigung ausschließlich bestimmten Vorrichtungen. ³Ist nur ein Teil des Werkes widerrechtlich hergestellt, verbreitet oder vorgeführt, so ist auf Vernichtung dieses Teiles und der entsprechenden Vorrichtungen zu erkennen.

(2) Gegenstand der Vernichtung sind alle Exemplare und Vorrichtungen, welche sich im Eigentume der an *der Herstellung*, der Verbreitung, *der Vorführung* oder der Schaustellung Beteiligten sowie der Erben dieser Personen befinden.

(3) ¹Auf die Vernichtung ist auch dann zu erkennen, wenn *die Herstellung*, die Verbreitung, *die Vorführung* oder die Schaustellung weder vorsätzlich noch fahrlässig erfolgt. ²*Das gleiche gilt, wenn die Herstellung noch nicht vollendet ist.*

(4) ¹Die Vernichtung hat zu erfolgen, nachdem dem Eigentümer gegenüber rechtskräftig darauf erkannt ist. ²Soweit die Exemplare oder die Vorrichtungen in anderer Weise als durch Vernichtung unschädlich gemacht werden können, hat dies zu geschehen, falls der Eigentümer die Kosten übernimmt.

§ 48 [Verjährung]. (1) Der Anspruch auf Schadensersatz und die Strafverfolgung wegen widerrechtlicher Verbreitung oder Vorführung eines Werkes sowie die Strafverfolgung wegen widerrechtlicher Verbreitung oder Schaustellung eines Bildnisses verjähren in drei Jahren.

(2) Die Verjährung beginnt mit dem Tage, an welchem die widerrechtliche Handlung zuletzt stattgefunden hat.

---

[2] Anm. der Hrsg.: Nach den amtlichen Informationen zum Stand des KunstUrhG wurde dasselbe in wesentlichen Teilen aufgehoben durch § 141 Nr. 5 Gesetz vom 9. September 1965 (BGBl. I 1273) mit Wirkung vom 1. Januar 1966, soweit es **nicht den Schutz von Bildnissen** betrifft. Die in diesem Paragrafen kursiv gestellten Textteile wurden aufgehoben.

MarkenG 11

Gesetz über den Schutz von Marken und sonstigen Kennzeichen

vom 25. Oktober 1994
(BGBl. I S. 3082, ber. BGBl. I 1995 S. 156; 1996 I S. 682),
zuletzt geändert durch Gesetz vom 1. August 2021 (BGBl. I S. 3490)

– Auszug –

§ 1 Geschützte Marken und sonstige Kennzeichen. Nach diesem Gesetz werden geschützt:
1. Marken,
2. geschäftliche Bezeichnungen,
3. geografische Herkunftsangaben.

§ 2 Anwendung anderer Vorschriften. Der Schutz von Marken, geschäftlichen Bezeichnungen und geografischen Herkunftsangaben nach diesem Gesetz schließt die Anwendung anderer Vorschriften zum Schutz dieser Kennzeichen nicht aus.

§ 3 Als Marke schutzfähige Zeichen. (1) Als Marke können alle Zeichen, insbesondere Wörter einschließlich Personennamen, Abbildungen, Buchstaben, Zahlen, Klänge, dreidimensionale Gestaltungen einschließlich der Form einer Ware oder ihrer Verpackung sowie sonstige Aufmachungen einschließlich Farben und Farbzusammenstellungen geschützt werden, die geeignet sind, Waren oder Dienstleistungen eines Unternehmens von denjenigen anderer Unternehmen zu unterscheiden.

(2) Dem Markenschutz nicht zugänglich sind Zeichen, die ausschließlich aus Formen oder anderen charakteristischen Merkmalen bestehen,
1. die durch die Art der Ware selbst bedingt sind,
2. die zur Erreichung einer technischen Wirkung erforderlich sind oder
3. die der Ware einen wesentlichen Wert verleihen.

§ 4 Entstehung des Markenschutzes. Der Markenschutz entsteht
1. durch die Eintragung eines Zeichens als Marke in das vom Deutschen Patent- und Markenamt geführte Register,
2. durch die Benutzung eines Zeichens im geschäftlichen Verkehr, soweit das Zeichen innerhalb beteiligter Verkehrskreise als Marke Verkehrsgeltung erworben hat, oder
3. durch die im Sinne des Artikels 6bis der Pariser Verbandsübereinkunft zum Schutz des gewerblichen Eigentums (Pariser Verbandsübereinkunft) notorische Bekanntheit einer Marke.

§ 5 Geschäftliche Bezeichnungen. (1) Als geschäftliche Bezeichnungen werden Unternehmenskennzeichen und Werktitel geschützt.

11 MarkenG

(2) ¹Unternehmenskennzeichen sind Zeichen, die im geschäftlichen Verkehr als Name, als Firma oder als besondere Bezeichnung eines Geschäftsbetriebs oder eines Unternehmens benutzt werden. ²Der besonderen Bezeichnung eines Geschäftsbetriebs stehen solche Geschäftsabzeichen und sonstige zur Unterscheidung des Geschäftsbetriebs von anderen Geschäftsbetrieben bestimmte Zeichen gleich, die innerhalb beteiligter Verkehrskreise als Kennzeichen des Geschäftsbetriebs gelten.

(3) Werktitel sind die Namen oder besonderen Bezeichnungen von Druckschriften, Filmwerken, Tonwerken, Bühnenwerken oder sonstigen vergleichbaren Werken.

§ 8 Absolute Schutzhindernisse. (1) Von der Eintragung sind als Marke schutzfähige Zeichen im Sinne des § 3 ausgeschlossen, die nicht geeignet sind, in dem Register so dargestellt zu werden, dass die zuständigen Behörden und das Publikum den Gegenstand des Schutzes klar und eindeutig bestimmen können.

(2) Von der Eintragung ausgeschlossen sind Marken,
1. denen für die Waren oder Dienstleistungen jegliche Unterscheidungskraft fehlt,
2. die ausschließlich aus Zeichen oder Angaben bestehen, die im Verkehr zur Bezeichnung der Art, der Beschaffenheit, der Menge, der Bestimmung, des Wertes, der geographischen Herkunft, der Zeit der Herstellung der Waren oder der Erbringung der Dienstleistungen oder zur Bezeichnung sonstiger Merkmale der Waren oder Dienstleistungen dienen können,
3. die ausschließlich aus Zeichen oder Angaben bestehen, die im allgemeinen Sprachgebrauch oder in den redlichen und ständigen Verkehrsgepflogenheiten zur Bezeichnung der Waren oder Dienstleistungen üblich geworden sind,
4. die geeignet sind, das Publikum insbesondere über die Art, die Beschaffenheit oder die geographische Herkunft der Waren oder Dienstleistungen zu täuschen,
5. die gegen die öffentliche Ordnung oder die gegen die guten Sitten verstoßen,
6. die Staatswappen, Staatsflaggen oder andere staatliche Hoheitszeichen oder Wappen eines inländischen Ortes oder eines inländischen Gemeinde- oder weiteren Kommunalverbandes enthalten,
7. die amtliche Prüf- oder Gewährzeichen enthalten,
8. die Wappen, Flaggen oder andere Kennzeichen, Siegel oder Bezeichnungen internationaler zwischenstaatlicher Organisationen enthalten,
9. die nach deutschem Recht, nach Rechtsvorschriften der Europäischen Union oder nach internationalen Übereinkünften, denen die Europäische Union oder die Bundesrepublik Deutschland angehört, und die Ursprungsbezeichnungen und geografische Angaben schützen, von der Eintragung ausgeschlossen sind,

10. die nach Rechtsvorschriften der Europäischen Union oder von internationalen Übereinkünften, denen die Europäische Union angehört, und die dem Schutz von traditionellen Bezeichnungen für Weine dienen, von der Eintragung ausgeschlossen sind,
11. die nach Rechtsvorschriften der Europäischen Union oder nach internationalen Übereinkünften, denen die Europäische Union angehört, und die dem Schutz von traditionellen Spezialitäten dienen, von der Eintragung ausgeschlossen sind,
12. die aus einer im Einklang mit deutschem Recht, mit den Rechtsvorschriften der Europäischen Union oder mit internationalen Übereinkünften, denen die Europäische Union oder die Bundesrepublik Deutschland angehört, zu Sortenschutzrechten eingetragenen früheren Sortenbezeichnung bestehen oder diese in ihren wesentlichen Elementen wiedergeben und die sich auf Pflanzensorten derselben Art oder eng verwandter Arten beziehen,
13. deren Benutzung ersichtlich nach sonstigen Vorschriften im öffentlichen Interesse untersagt werden kann, oder
14. die bösgläubig angemeldet worden sind.

(3) Absatz 2 Nr. 1, 2 und 3 findet keine Anwendung, wenn die Marke sich vor dem Zeitpunkt der Entscheidung über die Eintragung infolge ihrer Benutzung für die Waren oder Dienstleistungen, für die sie angemeldet worden ist, in den beteiligten Verkehrskreisen durchgesetzt hat.

(4) [1]Absatz 2 Nr. 6, 7 und 8 ist auch anzuwenden, wenn die Marke die Nachahmung eines dort aufgeführten Zeichens enthält. [2]Absatz 2 Nr. 6, 7 und 8 ist nicht anzuwenden, wenn der Anmelder befugt ist, in der Marke eines der dort aufgeführten Zeichen zu führen, selbst wenn es mit einem anderen der dort aufgeführten Zeichen verwechselt werden kann. [3]Absatz 2 Nr. 7 ist ferner nicht anzuwenden, wenn die Waren oder Dienstleistungen, für die die Marke angemeldet worden ist, mit denen, für die das Prüf- oder Gewährzeichen eingeführt ist, weder identisch noch diesen ähnlich sind. [4]Absatz 2 Nr. 8 ist ferner nicht anzuwenden, wenn die angemeldete Marke nicht geeignet ist, beim Publikum den unzutreffenden Eindruck einer Verbindung mit der internationalen zwischenstaatlichen Organisation hervorzurufen.

§ 14 Ausschließliches Recht des Inhabers einer Marke; Unterlassungsanspruch; Schadensersatzanspruch.
(1) Der Erwerb des Markenschutzes nach § 4 gewährt dem Inhaber der Marke ein ausschließliches Recht.

(2) [1]Dritten ist es untersagt, ohne Zustimmung des Inhabers der Marke im geschäftlichen Verkehr in Bezug auf Waren oder Dienstleistungen
1. ein mit der Marke identisches Zeichen für Waren oder Dienstleistungen zu benutzen, die mit denjenigen identisch sind, für die sie Schutz genießt,
2. ein Zeichen zu benutzen, wenn das Zeichen mit einer Marke identisch oder ihr ähnlich ist und für Waren oder Dienstleistungen benutzt wird, die mit denjenigen identisch oder ihnen ähnlich sind, die von der Marke erfasst

11 MarkenG

werden, und für das Publikum die Gefahr einer Verwechslung besteht, die die Gefahr einschließt, dass das Zeichen mit der Marke gedanklich in Verbindung gebracht wird, oder

3. ein mit der Marke identisches Zeichen oder ein ähnliches Zeichen für Waren oder Dienstleistungen zu benutzen, wenn es sich bei der Marke um eine im Inland bekannte Marke handelt und die Benutzung des Zeichens die Unterscheidungskraft oder die Wertschätzung der bekannten Marke ohne rechtfertigenden Grund in unlauterer Weise ausnutzt oder beeinträchtigt.

²Waren und Dienstleistungen werden nicht schon deswegen als ähnlich angesehen, weil sie in derselben Klasse gemäß dem in der Nizza-Klassifikation festgelegten Klassifikationssystem erscheinen. ³Waren und Dienstleistungen werden nicht schon deswegen als unähnlich angesehen, weil sie in verschiedenen Klassen der Nizza-Klassifikation erscheinen.

(3) Sind die Voraussetzungen des Absatzes 2 erfüllt, so ist es insbesondere untersagt,

1. das Zeichen auf Waren oder ihrer Aufmachung oder Verpackung anzubringen,
2. unter dem Zeichen Waren anzubieten, in den Verkehr zu bringen oder zu den genannten Zwecken zu besitzen,
3. unter dem Zeichen Dienstleistungen anzubieten oder zu erbringen,
4. unter dem Zeichen Waren einzuführen oder auszuführen,
5. das Zeichen als Handelsnamen oder geschäftliche Bezeichnung oder als Teil eines Handelsnamens oder einer geschäftlichen Bezeichnung zu benutzen,
6. das Zeichen in Geschäftspapieren oder in der Werbung zu benutzen,
7. das Zeichen in der vergleichenden Werbung in einer der Richtlinie 2006/114/EG des Europäischen Parlaments und des Rates vom 12. Dezember 2006 über irreführende und vergleichende Werbung (ABl. L 376 vom 27.12.2006, S. 21) zuwiderlaufenden Weise zu benutzen.

(4) Dritten ist es ferner untersagt, ohne Zustimmung des Inhabers der Marke im geschäftlichen Verkehr

1. ein mit der Marke identisches Zeichen oder ein ähnliches Zeichen auf Aufmachungen oder Verpackungen oder auf Kennzeichnungsmitteln wie Etiketten, Anhängern, Aufnähern oder dergleichen anzubringen,
2. Aufmachungen, Verpackungen oder Kennzeichnungsmittel, die mit einem mit der Marke identischen Zeichen oder einem ähnlichen Zeichen versehen sind, anzubieten, in den Verkehr zu bringen oder zu den genannten Zwecken zu besitzen oder
3. Aufmachungen, Verpackungen oder Kennzeichnungsmittel, die mit einem mit der Marke identischen Zeichen oder einem ähnlichen Zeichen versehen sind, einzuführen oder auszuführen,

wenn die Gefahr besteht, daß die Aufmachungen oder Verpackungen zur Aufmachung oder Verpackung oder die Kennzeichnungsmittel zur Kennzeichnung von Waren oder Dienstleistungen benutzt werden, hinsichtlich deren Dritten die Benutzung des Zeichens nach den Absätzen 2 und 3 untersagt wäre.

(5) ¹Wer ein Zeichen entgegen den Absätzen 2 bis 4 benutzt, kann von dem Inhaber der Marke bei Wiederholungsgefahr auf Unterlassung in Anspruch genommen werden. ²Der Anspruch besteht auch dann, wenn eine Zuwiderhandlung erstmalig droht.

(6) ¹Wer die Verletzungshandlung vorsätzlich oder fahrlässig begeht, ist dem Inhaber der Marke zum Ersatz des durch die Verletzungshandlung entstandenen Schadens verpflichtet. ²Bei der Bemessung des Schadensersatzes kann auch der Gewinn, den der Verletzer durch die Verletzung des Rechts erzielt hat, berücksichtigt werden. ³Der Schadensersatzanspruch kann auch auf der Grundlage des Betrages berechnet werden, den der Verletzer als angemessene Vergütung hätte entrichten müssen, wenn er die Erlaubnis zur Nutzung der Marke eingeholt hätte.

(7) Wird die Verletzungshandlung in einem geschäftlichen Betrieb von einem Angestellten oder Beauftragten begangen, so kann der Unterlassungsanspruch und, soweit der Angestellte oder Beauftragte vorsätzlich oder fahrlässig gehandelt hat, der Schadensersatzanspruch auch gegen den Inhaber des Betriebs geltend gemacht werden.

§ 15 Ausschließliches Recht des Inhabers einer geschäftlichen Bezeichnung; Unterlassungsanspruch; Schadensersatzanspruch. (1) Der Erwerb des Schutzes einer geschäftlichen Bezeichnung gewährt ihrem Inhaber ein ausschließliches Recht.

(2) Dritten ist es untersagt, die geschäftliche Bezeichnung oder ein ähnliches Zeichen im geschäftlichen Verkehr unbefugt in einer Weise zu benutzen, die geeignet ist, Verwechslungen mit der geschützten Bezeichnung hervorzurufen.

(3) Handelt es sich bei der geschäftlichen Bezeichnung um eine im Inland bekannte geschäftliche Bezeichnung, so ist es Dritten ferner untersagt, die geschäftliche Bezeichnung oder ein ähnliches Zeichen im geschäftlichen Verkehr zu benutzen, auch wenn keine Gefahr von Verwechslungen im Sinne des Absatzes 2 besteht, soweit die Benutzung des Zeichens die Unterscheidungskraft oder die Wertschätzung der geschäftlichen Bezeichnung ohne rechtfertigenden Grund in unlauterer Weise ausnutzt oder beeinträchtigt.

(4) ¹Wer eine geschäftliche Bezeichnung oder ein ähnliches Zeichen entgegen Absatz 2 oder Absatz 3 benutzt, kann von dem Inhaber der geschäftlichen Bezeichnung bei Wiederholungsgefahr auf Unterlassung in Anspruch genommen werden. ²Der Anspruch besteht auch dann, wenn eine Zuwiderhandlung droht.

(5) ¹Wer die Verletzungshandlung vorsätzlich oder fahrlässig begeht, ist dem Inhaber der geschäftlichen Bezeichnung zum Ersatz des daraus entstandenen Schadens verpflichtet. ²§ 14 Abs. 6 Satz 2 und 3 gilt entsprechend.

(6) § 14 Abs. 7 ist entsprechend anzuwenden.

11 MarkenG

§ 16 Wiedergabe einer eingetragenen Marke in Nachschlagewerken. (1) Erweckt die Wiedergabe einer eingetragenen Marke in einem Wörterbuch, einem Lexikon oder einem ähnlichen Nachschlagewerk den Eindruck, daß es sich bei der Marke um eine Gattungsbezeichnung für die Waren oder Dienstleistungen handelt, für die die Marke eingetragen ist, kann der Inha-ber der Marke vom Verleger des Werkes verlangen, daß der Wiedergabe der Marke ein Hinweis beigefügt wird, daß es sich um eine eingetragene Marke handelt.

(2) Ist das Werk bereits erschienen, so beschränkt sich der Anspruch darauf, daß der Hinweis nach Absatz 1 bei einer neuen Auflage des Werkes aufgenommen wird.

(3) Die Absätze 1 und 2 sind entsprechend anzuwenden, wenn das Nachschlagewerk in der Form einer elektronischen Datenbank vertrieben wird oder wenn zu einer elektronischen Datenbank, die ein Nachschlagewerk enthält, Zugang gewährt wird.

§ 17 Ansprüche gegen Agenten oder Vertreter. (1) Ist eine Marke entgegen § 11 für den Agenten oder Vertreter des Inhabers der Marke ohne dessen Zustimmung angemeldet oder eingetragen worden, so ist der Inhaber der Marke berechtigt, von dem Agenten oder Vertreter die Übertragung des durch die Anmeldung oder Eintragung der Marke begründeten Rechts zu verlangen.

(2) [1]Ist eine Marke entgegen § 11 für einen Agenten oder Vertreter des Inhabers der Marke eingetragen worden, so kann der Inhaber die Benutzung der Marke im Sinne des § 14 durch den Agenten oder Vertreter untersagen, wenn er der Benutzung nicht zugestimmt hat. [2]Handelt der Agent oder Vertreter vorsätzlich oder fahrlässig, so ist er dem Inhaber der Marke zum Ersatz des durch die Verletzungshandlung entstandenen Schadens verpflichtet. [3]§ 14 Abs. 7 ist entsprechend anzuwenden.

(3) Die Absätze 1 und 2 finden keine Anwendung, wenn Rechtfertigungsgründe für die Handlungsweise des Agenten oder des Vertreters vorliegen.

§ 18 Vernichtungs- und Rückrufansprüche. (1) [1]Der Inhaber einer Marke oder einer geschäftlichen Bezeichnung kann den Verletzer in den Fällen der §§ 14, 15 und 17 auf Vernichtung der im Besitz oder Eigentum des Verletzers befindlichen widerrechtlich gekennzeichneten Waren in Anspruch nehmen. [2]Satz 1 ist entsprechend auf die im Eigentum des Verletzers stehenden Materialien und Geräte anzuwenden, die vorwiegend zur widerrechtlichen Kennzeichnung der Waren gedient haben.

(2) Der Inhaber einer Marke oder einer geschäftlichen Bezeichnung kann den Verletzer in den Fällen der §§ 14, 15 und 17 auf Rückruf von widerrechtlich gekennzeichneten Waren oder auf deren endgültiges Entfernen aus den Vertriebswegen in Anspruch nehmen.

(3) [1]Die Ansprüche nach den Absätzen 1 und 2 sind ausgeschlossen, wenn die Inanspruchnahme im Einzelfall unverhältnismäßig ist. [2]Bei der Prüfung der

Verhältnismäßigkeit sind auch die berechtigten Interessen Dritter zu berücksichtigen.

§ 19 Auskunftsanspruch. (1) Der Inhaber einer Marke oder einer geschäftlichen Bezeichnung kann den Verletzer in den Fällen der §§ 14, 15 und 17 auf unverzügliche Auskunft über die Herkunft und den Vertriebsweg von widerrechtlich gekennzeichneten Waren oder Dienstleistungen in Anspruch nehmen.

(2) ¹In Fällen offensichtlicher Rechtsverletzung oder in Fällen, in denen der Inhaber einer Marke oder einer geschäftlichen Bezeichnung gegen den Verletzer Klage erhoben hat, besteht der Anspruch unbeschadet von Absatz 1 auch gegen eine Person, die in gewerblichem Ausmaß
1. rechtsverletzende Ware in ihrem Besitz hatte,
2. rechtsverletzende Dienstleistungen in Anspruch nahm,
3. für rechtsverletzende Tätigkeiten genutzte Dienstleistungen erbrachte oder
4. nach den Angaben einer in Nummer 1, 2 oder Nummer 3 genannten Person an der Herstellung, Erzeugung oder am Vertrieb solcher Waren oder an der Erbringung solcher Dienstleistungen beteiligt war,

es sei denn, die Person wäre nach den §§ 383 bis 385 der Zivilprozessordnung im Prozess gegen den Verletzer zur Zeugnisverweigerung berechtigt. ²Im Fall der gerichtlichen Geltendmachung des Anspruchs nach Satz 1 kann das Gericht den gegen den Verletzer anhängigen Rechtsstreit auf Antrag bis zur Erledigung des wegen des Auskunftsanspruchs geführten Rechtsstreits aussetzen. ³Der zur Auskunft Verpflichtete kann von dem Verletzten den Ersatz der für die Auskunftserteilung erforderlichen Aufwendungen verlangen.

(3) Der zur Auskunft Verpflichtete hat Angaben zu machen über
1. Namen und Anschrift der Hersteller, Lieferanten und anderer Vorbesitzer der Waren oder Dienstleistungen sowie der gewerblichen Abnehmer und Verkaufsstellen, für die sie bestimmt waren, und
2. die Menge der hergestellten, ausgelieferten, erhaltenen oder bestellten Waren sowie über die Preise, die für die betreffenden Waren oder Dienstleistungen bezahlt wurden.

(4) Die Ansprüche nach den Absätzen 1 und 2 sind ausgeschlossen, wenn die Inanspruchnahme im Einzelfall unverhältnismäßig ist.

(5) Erteilt der zur Auskunft Verpflichtete die Auskunft vorsätzlich oder grob fahrlässig falsch oder unvollständig, ist er dem Inhaber einer Marke oder einer geschäftlichen Bezeichnung zum Ersatz des daraus entstehenden Schadens verpflichtet.

(6) Wer eine wahre Auskunft erteilt hat, ohne dazu nach Absatz 1 oder Absatz 2 verpflichtet gewesen zu sein, haftet Dritten gegenüber nur, wenn er wusste, dass er zur Auskunftserteilung nicht verpflichtet war.

(7) In Fällen offensichtlicher Rechtsverletzung kann die Verpflichtung zur Erteilung der Auskunft im Wege der einstweiligen Verfügung nach den §§ 935 bis 945 der Zivilprozessordnung angeordnet werden.

(8) Die Erkenntnisse dürfen in einem Strafverfahren oder in einem Verfahren nach dem Gesetz über Ordnungswidrigkeiten wegen einer vor der Erteilung der Auskunft begangenen Tat gegen den Verpflichteten oder gegen einen in § 52 Abs. 1 der Strafprozessordnung bezeichneten Angehörigen nur mit Zustimmung des Verpflichteten verwertet werden.

(9) ¹Kann die Auskunft nur unter Verwendung von Verkehrsdaten (§ 3 Nummer 70 des Telekommunikationsgesetzes) erteilt werden, ist für ihre Erteilung eine vorherige richterliche Anordnung über die Zulässigkeit der Verwendung der Verkehrsdaten erforderlich, die von dem Verletzten zu beantragen ist ²Für den Erlass dieser Anordnung ist das Landgericht, in dessen Bezirk der zur Auskunft Verpflichtete seinen Wohnsitz, seinen Sitz oder eine Niederlassung hat, ohne Rücksicht auf den Streitwert ausschließlich zuständig. ³Die Entscheidung trifft die Zivilkammer. ⁴Für das Verfahren gelten die Vorschriften des Gesetzes über die Angelegenheiten der freiwilligen Gerichtsbarkeit mit Ausnahme des § 28 Abs. 2 und 3 entsprechend. ⁵Die Kosten der richterlichen Anordnung trägt der Verletzte. ⁶Gegen die Entscheidung des Landgerichts ist die sofortige Beschwerde zum Oberlandesgericht statthaft. ⁷Sie kann nur darauf gestützt werden, dass die Entscheidung auf einer Verletzung des Rechts beruht. ⁸Die Entscheidung des Oberlandesgerichts ist unanfechtbar. ⁹Die Vorschriften zum Schutz personenbezogener Daten bleiben im Übrigen unberührt.

(10) Durch Absatz 2 in Verbindung mit Absatz 9 wird das Grundrecht des Fernmeldegeheimnisses (Artikel 10 des Grundgesetzes) eingeschränkt.

§ 19a Vorlage- und Besichtigungsansprüche. (1) ¹Bei hinreichender Wahrscheinlichkeit einer Rechtsverletzung nach den §§ 14, 15 und 17 kann der Inhaber einer Marke oder einer geschäftlichen Bezeichnung den vermeintlichen Verletzer auf Vorlage einer Urkunde oder Besichtigung einer Sache in Anspruch nehmen, die sich in dessen Verfügungsgewalt befindet, wenn dies zur Begründung seiner Ansprüche erforderlich ist. ²Besteht die hinreichende Wahrscheinlichkeit einer in gewerblichem Ausmaß begangenen Rechtsverletzung, erstreckt sich der Anspruch auch auf die Vorlage von Bank-, Finanz- oder Handelsunterlagen. ³Soweit der vermeintliche Verletzer geltend macht, dass es sich um vertrauliche Informationen handelt, trifft das Gericht die erforderlichen Maßnahmen, um den im Einzelfall gebotenen Schutz zu gewährleisten.

(2) Der Anspruch nach Absatz 1 ist ausgeschlossen, wenn die Inanspruchnahme im Einzelfall unverhältnismäßig ist.

(3) ¹Die Verpflichtung zur Vorlage einer Urkunde oder zur Duldung der Besichtigung einer Sache kann im Wege der einstweiligen Verfügung nach den §§ 935 bis 945 der Zivilprozessordnung angeordnet werden. ²Das Gericht trifft die erforderlichen Maßnahmen, um den Schutz vertraulicher Informationen zu gewährleisten. ³Dies gilt insbesondere in den Fällen, in denen die einstweilige Verfügung ohne vorherige Anhörung des Gegners erlassen wird.

(4) § 811 des Bürgerlichen Gesetzbuchs sowie § 19 Abs. 8 gelten entsprechend.

(5) Wenn keine Verletzung vorlag oder drohte, kann der vermeintliche Verletzer von demjenigen, der die Vorlage oder Besichtigung nach Absatz 1 begehrt hat, den Ersatz des ihm durch das Begehren entstandenen Schadens verlangen.

§ 19b Sicherung von Schadensersatzansprüchen. (1) [1]Der Inhaber einer Marke oder einer geschäftlichen Bezeichnung kann den Verletzer bei einer in gewerblichem Ausmaß begangenen Rechtsverletzung in den Fällen des § 14 Abs. 6, § 15 Abs. 5 sowie § 17 Abs. 2 Satz 2 auch auf Vorlage von Bank-, Finanz- oder Handelsunterlagen oder einen geeigneten Zugang zu den entsprechenden Unterlagen in Anspruch nehmen, die sich in der Verfügungsgewalt des Verletzers befinden und die für die Durchsetzung des Schadensersatzanspruchs erforderlich sind, wenn ohne die Vorlage die Erfüllung des Schadensersatzanspruchs fraglich ist. [2]Soweit der Verletzer geltend macht, dass es sich um vertrauliche Informationen handelt, trifft das Gericht die erforderlichen Maßnahmen, um den im Einzelfall gebotenen Schutz zu gewährleisten.

(2) Der Anspruch nach Absatz 1 ist ausgeschlossen, wenn die Inanspruchnahme im Einzelfall unverhältnismäßig ist.

(3) [1]Die Verpflichtung zur Vorlage der in Absatz 1 bezeichneten Urkunden kann im Wege der einstweiligen Verfügung nach den §§ 935 bis 945 der Zivilprozessordnung angeordnet werden, wenn der Schadensersatzanspruch offensichtlich besteht. [2]Das Gericht trifft die erforderlichen Maßnahmen, um den Schutz vertraulicher Informationen zu gewährleisten. [3]Dies gilt insbesondere in den Fällen, in denen die einstweilige Verfügung ohne vorherige Anhörung des Gegners erlassen wird.

(4) § 811 des Bürgerlichen Gesetzbuchs sowie § 19 Abs. 8 gelten entsprechend.

§ 19c Urteilsbekanntmachung. [1]Ist eine Klage auf Grund dieses Gesetzes erhoben worden, kann der obsiegenden Partei im Urteil die Befugnis zugesprochen werden, das Urteil auf Kosten der unterliegenden Partei öffentlich bekannt zu machen, wenn sie ein berechtigtes Interesse darlegt. [2]Art und Umfang der Bekanntmachung werden im Urteil bestimmt. [3]Die Befugnis erlischt, wenn von ihr nicht innerhalb von drei Monaten nach Eintritt der Rechtskraft des Urteils Gebrauch gemacht wird. [4]Der Ausspruch nach Satz 1 ist nicht vorläufig vollstreckbar.

§ 19d Ansprüche aus anderen gesetzlichen Vorschriften. Ansprüche aus anderen gesetzlichen Vorschriften bleiben unberührt.

UWG 12

Gesetz gegen den unlauteren Wettbewerb (UWG)

vom 3. März 2010 (BGBl. I S. 254)
zuletzt geändert durch Gesetz vom 10. August 2021 (BGBl. I S. 3504)

INHALTSÜBERSICHT

Kapitel 1
Allgemeine Bestimmungen

- § 1 Zweck des Gesetzes
- § 2 Begriffsbestimmungen
- § 3 Verbot unlauterer geschäftlicher Handlungen
- § 3a Rechtsbruch
- § 4 Mitbewerberschutz
- § 4a Aggressive geschäftliche Handlungen
- § 5 Irreführende geschäftliche Handlungen
- § 5a Irreführung durch Unterlassen
- § 5b Wesentliche Informationen
- § 5c Verbotene Verletzung von Verbraucherinteressen durch unlautere geschäftliche Handlungen
- § 6 Vergleichende Werbung
- § 7 Unzumutbare Belästigungen
- § 7a Einwilligung in Telefonwerbung

Kapitel 2
Rechtsfolgen

- § 8 Beseitigung und Unterlassung
- § 8a Anspruchsberechtigte bei einem Verstoß gegen die Verordnung (EU) 2019/1150
- § 8b Liste der qualifizierten Wirtschaftsverbände
- § 9 Schadensersatz
- § 10 Gewinnabschöpfung
- § 11 Verjährung

Kapitel 3
Verfahrensvorschriften

- § 12 Einstweiliger Rechtsschutz; Veröffentlichungsbefugnis; Streitwertminderung
- § 13 Abmahnung; Unterlassungsverpflichtung; Haftung
- § 13a Vertragsstrafe
- § 14 Sachliche und Örtliche Zuständigkeit; Verordnungsermächtigung
- § 15 Einigungsstellen
- § 15a Überleitungsvorschrift zum Gesetz zur Stärkung des fairen Wettbewerbs

Kapitel 4
Straf- und Bußgeldvorschriften

- § 16 Strafbare Werbung
- § 19 Bußgeldvorschriften bei einem weitverbreiteten Verstoß und einem weitverbreiteten Verstoß mit Unions-Dimension
- § 20 Bußgeldvorschriften

Anhang

12 UWG — Gesetz gegen den unlauteren Wettbewerb

Kapitel 1

Allgemeine Bestimmungen

§ 1 Zweck des Gesetzes [*Text ab 28.5.2022 gültig*]. (1) [1]Dieses Gesetz dient dem Schutz der Mitbewerber, der Verbraucher sowie der sonstigen Marktteilnehmer vor unlauteren geschäftlichen Handlungen. [2]Es schützt zugleich das Interesse der Allgemeinheit an einem unverfälschten Wettbewerb.

(2) Vorschriften zur Regelung besonderer Aspekte unlauterer geschäftlicher Handlungen gehen bei der Beurteilung, ob eine unlautere geschäftliche Handlung vorliegt, den Regelungen dieses Gesetzes vor.

§ 2 Begriffsbestimmungen [*Text ab 28.5.2022 gültig*]. (1) Im Sinne dieses Gesetzes ist

1. „geschäftliche Entscheidung" jede Entscheidung eines Verbrauchers oder sonstigen Marktteilnehmers darüber, ob, wie und unter welchen Bedingungen er ein Geschäft abschließen, eine Zahlung leisten, eine Ware oder Dienstleistung behalten oder abgeben oder ein vertragliches Recht im Zusammenhang mit einer Ware oder Dienstleistung ausüben will, unabhängig davon, ob der Verbraucher oder sonstige Marktteilnehmer sich entschließt, tätig zu werden;
2. „geschäftliche Handlung" jedes Verhalten einer Person zugunsten des eigenen oder eines fremden Unternehmens vor, bei oder nach einem Geschäftsabschluss, das mit der Förderung des Absatzes oder des Bezugs von Waren oder Dienstleistungen oder mit dem Abschluss oder der Durchführung eines Vertrags über Waren oder Dienstleistungen unmittelbar und objektiv zusammenhängt; als Waren gelten auch Grundstücke und digitale Inhalte, Dienstleistungen sind auch digitale Dienstleistungen, als Dienstleistungen gelten auch Rechte und Verpflichtungen;
3. „Marktteilnehmer" neben Mitbewerber und Verbraucher auch jede weitere Person, die als Anbieter oder Nachfrager von Waren oder Dienstleistungen tätig ist;
4. „Mitbewerber" jeder Unternehmer, der mit einem oder mehreren Unternehmern als Anbieter oder Nachfrager von Waren oder Dienstleistungen in einem konkreten Wettbewerbsverhältnis steht;
5. „Nachricht" jede Information, die zwischen einer endlichen Zahl von Beteiligten über einen öffentlich zugänglichen elektronischen Kommunikationsdienst ausgetauscht oder weitergeleitet wird; nicht umfasst sind Informationen, die als Teil eines Rundfunkdienstes über ein elektronisches Kommunikationsnetz an die Öffentlichkeit weitergeleitet werden, soweit diese Informationen nicht mit dem identifizierbaren Teilnehmer oder Nutzer, der sie erhält, in Verbindung gebracht werden können;
6. „Online-Marktplatz" ein Dienst, der es Verbrauchern ermöglicht, durch die Verwendung von Software, die von einem Unternehmer oder in dessen Namen betrieben wird, einschließlich einer Website, eines Teils einer Website oder einer Anwendung, Fernabsatzverträge (§ 312c des Bürgerli-

chen Gesetzbuchs) mit anderen Unternehmern oder Verbrauchern abzuschließen;
7. „Ranking" die von einem Unternehmer veranlasste relative Hervorhebung von Waren oder Dienstleistungen, unabhängig von den hierfür verwendeten technischen Mitteln;
8. „Unternehmer" jede natürliche oder juristische Person, die geschäftliche Handlungen im Rahmen ihrer gewerblichen, handwerklichen oder beruflichen Tätigkeit vornimmt, und jede Person, die im Namen oder Auftrag einer solchen Person handelt;
9. „unternehmerische Sorgfalt" der Standard an Fachkenntnissen und Sorgfalt, von dem billigerweise angenommen werden kann, dass ein Unternehmer ihn in seinem Tätigkeitsbereich gegenüber Verbrauchern nach Treu und Glauben unter Berücksichtigung der anständigen Marktgepflogenheiten einhält;
10. „Verhaltenskodex" jede Vereinbarung oder Vorschrift über das Verhalten von Unternehmern, zu welchem diese sich in Bezug auf Wirtschaftszweige oder einzelne geschäftliche Handlungen verpflichtet haben, ohne dass sich solche Verpflichtungen aus Gesetzes- oder Verwaltungsvorschriften ergeben;
11. „wesentliche Beeinflussung des wirtschaftlichen Verhaltens des Verbrauchers" die Vornahme einer geschäftlichen Handlung, um die Fähigkeit des Verbrauchers, eine informierte Entscheidung zu treffen, spürbar zu beeinträchtigen und damit den Verbraucher zu einer geschäftlichen Entscheidung zu veranlassen, die er andernfalls nicht getroffen hätte.

(2) Für den Verbraucherbegriff ist § 13 des Bürgerlichen Gesetzbuchs entsprechend anwendbar.

§ 3 Verbot unlauterer geschäftlicher Handlungen. (1) Unlautere geschäftliche Handlungen sind unzulässig.

(2) Geschäftliche Handlungen, die sich an Verbraucher richten oder diese erreichen, sind unlauter, wenn sie nicht der unternehmerischen Sorgfalt entsprechen und dazu geeignet sind, das wirtschaftliche Verhalten des Verbrauchers wesentlich zu beeinflussen.

(3) Die im Anhang dieses Gesetzes aufgeführten geschäftlichen Handlungen gegenüber Verbrauchern sind stets unzulässig.

(4) ^{1}Bei der Beurteilung von geschäftlichen Handlungen gegenüber Verbrauchern ist auf den durchschnittlichen Verbraucher oder, wenn sich die geschäftliche Handlung an eine bestimmte Gruppe von Verbrauchern wendet, auf ein durchschnittliches Mitglied dieser Gruppe abzustellen. ^{2}Geschäftliche Handlungen, die für den Unternehmer vorhersehbar das wirtschaftliche Verhalten nur einer eindeutig identifizierbaren Gruppe von Verbrauchern wesentlich beeinflussen, die auf Grund von geistigen oder körperlichen Beeinträchtigungen, Alter oder Leichtgläubigkeit im Hinblick auf diese geschäftlichen Handlungen oder die diesen zugrunde liegenden Waren oder Dienstleistungen

besonders schutzbedürftig sind, sind aus der Sicht eines durchschnittlichen Mitglieds dieser Gruppe zu beurteilen.

§ 3a Rechtsbruch. Unlauter handelt, wer einer gesetzlichen Vorschrift zuwiderhandelt, die auch dazu bestimmt ist, im Interesse der Marktteilnehmer das Marktverhalten zu regeln, und der Verstoß geeignet ist, die Interessen von Verbrauchern, sonstigen Marktteilnehmern oder Mitbewerbern spürbar zu beeinträchtigen.

§ 4 Mitbewerberschutz. Unlauter handelt, wer
1. die Kennzeichen, Waren, Dienstleistungen, Tätigkeiten oder persönlichen oder geschäftlichen Verhältnisse eines Mitbewerbers herabsetzt oder verunglimpft;
2. über die Waren, Dienstleistungen oder das Unternehmen eines Mitbewerbers oder über den Unternehmer oder ein Mitglied der Unternehmensleitung Tatsachen behauptet oder verbreitet, die geeignet sind, den Betrieb des Unternehmens oder den Kredit des Unternehmers zu schädigen, sofern die Tatsachen nicht erweislich wahr sind; handelt es sich um vertrauliche Mitteilungen und hat der Mitteilende oder der Empfänger der Mitteilung an ihr ein berechtigtes Interesse, so ist die Handlung nur dann unlauter, wenn die Tatsachen der Wahrheit zuwider behauptet oder verbreitet wurden;
3. Waren oder Dienstleistungen anbietet, die eine Nachahmung der Waren oder Dienstleistungen eines Mitbewerbers sind, wenn er
   a) eine vermeidbare Täuschung der Abnehmer über die betriebliche Herkunft herbeiführt,
   b) die Wertschätzung der nachgeahmten Ware oder Dienstleistung unangemessen ausnutzt oder beeinträchtigt oder
   c) die für die Nachahmung erforderlichen Kenntnisse oder Unterlagen unredlich erlangt hat;
4. Mitbewerber gezielt behindert.

§ 4a Aggressive geschäftliche Handlungen. (1) ¹Unlauter handelt, wer eine aggressive geschäftliche Handlung vornimmt, die geeignet ist, den Verbraucher oder sonstigen Marktteilnehmer zu einer geschäftlichen Entscheidung zu veranlassen, die dieser andernfalls nicht getroffen hätte. ²Eine geschäftliche Handlung ist aggressiv, wenn sie im konkreten Fall unter Berücksichtigung aller Umstände geeignet ist, die Entscheidungsfreiheit des Verbrauchers oder sonstigen Marktteilnehmers erheblich zu beeinträchtigen durch
1. Belästigung,
2. Nötigung einschließlich der Anwendung körperlicher Gewalt oder
3. unzulässige Beeinflussung.

³Eine unzulässige Beeinflussung liegt vor, wenn der Unternehmer eine Machtposition gegenüber dem Verbraucher oder sonstigen Marktteilnehmer zur Ausübung von Druck, auch ohne Anwendung oder Androhung von körperlicher Gewalt, in einer Weise ausnutzt, die die Fähigkeit des Verbrauchers oder sons-

Gesetz gegen den unlauteren Wettbewerb **UWG 12**

tigen Marktteilnehmers zu einer informierten Entscheidung wesentlich einschränkt.

(2) ¹Bei der Feststellung, ob eine geschäftliche Handlung aggressiv im Sinne des Absatzes 1 Satz 2 ist, ist abzustellen auf
1. Zeitpunkt, Ort, Art oder Dauer der Handlung;
2. die Verwendung drohender oder beleidigender Formulierungen oder Verhaltensweisen;
3. die bewusste Ausnutzung von konkreten Unglückssituationen oder Umständen von solcher Schwere, dass sie das Urteilsvermögen des Verbrauchers oder sonstigen Marktteilnehmers beeinträchtigen, um dessen Entscheidung zu beeinflussen;
4. belastende oder unverhältnismäßige Hindernisse nichtvertraglicher Art, mit denen der Unternehmer den Verbraucher oder sonstigen Marktteilnehmer an der Ausübung seiner vertraglichen Rechte zu hindern versucht, wozu auch das Recht gehört, den Vertrag zu kündigen oder zu einer anderen Ware oder Dienstleistung oder einem anderen Unternehmer zu wechseln;
5. Drohungen mit rechtlich unzulässigen Handlungen.

²Zu den Umständen, die nach Nummer 3 zu berücksichtigen sind, zählen insbesondere geistige und körperliche Beeinträchtigungen, das Alter, die geschäftliche Unerfahrenheit, die Leichtgläubigkeit, die Angst und die Zwangslage von Verbrauchern.

§ 5 Irreführende geschäftliche Handlungen. [*Text ab 28.5.2022 gültig*]

(1) Unlauter handelt, wer eine irreführende geschäftliche Handlung vornimmt, die geeignet ist, den Verbraucher oder sonstigen Marktteilnehmer zu einer geschäftlichen Entscheidung zu veranlassen, die er andernfalls nicht getroffen hätte.

(2) Eine geschäftliche Handlung ist irreführend, wenn sie unwahre Angaben enthält oder sonstige zur Täuschung geeignete Angaben über folgende Umstände enthält:
1. die wesentlichen Merkmale der Ware oder Dienstleistung wie Verfügbarkeit, Art, Ausführung, Vorteile, Risiken, Zusammensetzung, Zubehör, Verfahren oder Zeitpunkt der Herstellung, Lieferung oder Erbringung, Zwecktauglichkeit, Verwendungsmöglichkeit, Menge, Beschaffenheit, Kundendienst und Beschwerdeverfahren, geographische oder betriebliche Herkunft, von der Verwendung zu erwartende Ergebnisse oder die Ergebnisse oder wesentlichen Bestandteile von Tests der Waren oder Dienstleistungen;
2. den Anlass des Verkaufs wie das Vorhandensein eines besonderen Preisvorteils, den Preis oder die Art und Weise, in der er berechnet wird, oder die Bedingungen, unter denen die Ware geliefert oder die Dienstleistung erbracht wird;
3. die Person, Eigenschaften oder Rechte des Unternehmers wie Identität, Vermögen einschließlich der Rechte des geistigen Eigentums, den Umfang von Verpflichtungen, Befähigung, Status, Zulassung, Mitgliedschaften oder

Beziehungen, Auszeichnungen oder Ehrungen, Beweggründe für die geschäftliche Handlung oder die Art des Vertriebs;
4. Aussagen oder Symbole, die im Zusammenhang mit direktem oder indirektem Sponsoring stehen oder sich auf eine Zulassung des Unternehmers oder der Waren oder Dienstleistungen beziehen;
5. die Notwendigkeit einer Leistung, eines Ersatzteils, eines Austauschs oder einer Reparatur;
6. die Einhaltung eines Verhaltenskodexes, auf den sich der Unternehmer verbindlich verpflichtet hat, wenn er auf diese Bindung hinweist, oder
7. Rechte des Verbrauchers, insbesondere solche auf Grund von Garantieversprechen oder Gewährleistungsrechte bei Leistungsstörungen.

(3) Eine geschäftliche Handlung ist auch irreführend, wenn
1. sie im Zusammenhang mit der Vermarktung von Waren oder Dienstleistungen einschließlich vergleichender Werbung eine Verwechslungsgefahr mit einer anderen Ware oder Dienstleistung oder mit der Marke oder einem anderen Kennzeichen eines Mitbewerbers hervorruft oder
2. mit ihr eine Ware in einem Mitgliedstaat der Europäischen Union als identisch mit einer in anderen Mitgliedstaaten der Europäischen Union auf dem Markt bereitgestellten Ware vermarktet wird, obwohl sich diese Waren in ihrer Zusammensetzung oder in ihren Merkmalen wesentlich voneinander unterscheiden, sofern dies nicht durch legitime und objektive Faktoren gerechtfertigt ist.

(4) Angaben im Sinne von Absatz 1 Satz 2 sind auch Angaben im Rahmen vergleichender Werbung sowie bildliche Darstellungen und sonstige Veranstaltungen, die darauf zielen und geeignet sind, solche Angaben zu ersetzen.

(5) ^{1}Es wird vermutet, dass es irreführend ist, mit der Herabsetzung eines Preises zu werben, sofern der Preis nur für eine unangemessen kurze Zeit gefordert worden ist. ^{2}Ist streitig, ob und in welchem Zeitraum der Preis gefordert worden ist, so trifft die Beweislast denjenigen, der mit der Preisherabsetzung geworben hat.

§ 5a Irreführung durch Unterlassen. [*Text gültig ab 28.5.2022*] (1) Unlauter handelt auch, wer einen Verbraucher oder sonstigen Marktteilnehmer irreführt, indem er ihm eine wesentliche Information vorenthält,
1. die der Verbraucher oder der sonstige Marktteilnehmer nach den jeweiligen Umständen benötigt, um eine informierte geschäftliche Entscheidung zu treffen, und
2. deren Vorenthalten dazu geeignet ist, den Verbraucher oder den sonstigen Marktteilnehmer zu einer geschäftlichen Entscheidung zu veranlassen, die er andernfalls nicht getroffen hätte.

(2) Als Vorenthalten gilt auch
1. das Verheimlichen wesentlicher Informationen,
2. die Bereitstellung wesentlicher Informationen in unklarer, unverständlicher oder zweideutiger Weise sowie
3. die nicht rechtzeitige Bereitstellung wesentlicher Informationen.

Gesetz gegen den unlauteren Wettbewerb **UWG 12**

(3) Bei der Beurteilung, ob wesentliche Informationen vorenthalten wurden, sind zu berücksichtigen:
1. räumliche oder zeitliche Beschränkungen durch das für die geschäftliche Handlung gewählte Kommunikationsmittel sowie
2. alle Maßnahmen des Unternehmers, um dem Verbraucher oder sonstigen Marktteilnehmer die Informationen auf andere Weise als durch das für die geschäftliche Handlung gewählte Kommunikationsmittel zur Verfügung zu stellen.

(4) ¹Unlauter handelt auch, wer den kommerziellen Zweck einer geschäftlichen Handlung nicht kenntlich macht, sofern sich dieser nicht unmittelbar aus den Umständen ergibt, und das Nichtkenntlichmachen geeignet ist, den Verbraucher oder sonstigen Marktteilnehmer zu einer geschäftlichen Entscheidung zu veranlassen, die er andernfalls nicht getroffen hätte. ²Ein kommerzieller Zweck liegt bei einer Handlung zugunsten eines fremden Unternehmens nicht vor, wenn der Handelnde kein Entgelt oder keine ähnliche Gegenleistung für die Handlung von dem fremden Unternehmen erhält oder sich versprechen lässt. ³Der Erhalt oder das Versprechen einer Gegenleistung wird vermutet, es sei denn der Handelnde macht glaubhaft, dass er eine solche nicht erhalten hat.

§ 5b Wesentliche Informationen. [*Text gültig ab 28.5.2022*] (1) Werden Waren oder Dienstleistungen unter Hinweis auf deren Merkmale und Preis in einer dem verwendeten Kommunikationsmittel angemessenen Weise so angeboten, dass ein durchschnittlicher Verbraucher das Geschäft abschließen kann, so gelten die folgenden Informationen als wesentlich im Sinne des § 5a Absatz 1, sofern sie sich nicht unmittelbar aus den Umständen ergeben:
1. alle wesentlichen Merkmale der Ware oder Dienstleistung in dem der Ware oder Dienstleistung und dem verwendeten Kommunikationsmittel angemessenen Umfang,
2. die Identität und Anschrift des Unternehmers, gegebenenfalls die Identität und Anschrift desjenigen Unternehmers, für den er handelt,
3. der Gesamtpreis oder in Fällen, in denen ein solcher Preis auf Grund der Beschaffenheit der Ware oder Dienstleistung nicht im Voraus berechnet werden kann, die Art der Preisberechnung sowie gegebenenfalls alle zusätzlichen Fracht-, Liefer- und Zustellkosten oder in Fällen, in denen diese Kosten nicht im Voraus berechnet werden können, die Tatsache, dass solche zusätzlichen Kosten anfallen können,
4. Zahlungs-, Liefer- und Leistungsbedingungen, soweit diese von den Erfordernissen unternehmerischer Sorgfalt abweichen,
5. das Bestehen des Rechts auf Rücktritt oder Widerruf und
6. bei Waren oder Dienstleistungen, die über einen Online-Marktplatz angeboten werden, die Information, ob es sich bei dem Anbieter der Waren oder Dienstleistungen nach dessen eigener Erklärung gegenüber dem Betreiber des Online-Marktplatzes um einen Unternehmer handelt.

(2) ¹Bietet ein Unternehmer Verbrauchern die Möglichkeit, nach Waren oder Dienstleistungen zu suchen, die von verschiedenen Unternehmern oder von

Verbrauchern angeboten werden, so gelten unabhängig davon, wo das Rechtsgeschäft abgeschlossen werden kann, folgende allgemeine Informationen als wesentlich:
1. die Hauptparameter zur Festlegung des Rankings der dem Verbraucher als Ergebnis seiner Suchanfrage präsentierten Waren oder Dienstleistungen sowie
2. die relative Gewichtung der Hauptparameter zur Festlegung des Rankings im Vergleich zu anderen Parametern.

²Die Informationen nach Satz 1 müssen von der Anzeige der Suchergebnisse aus unmittelbar und leicht zugänglich sein. ³Die Sätze 1 und 2 gelten nicht für Betreiber von Online-Suchmaschinen im Sinne des Artikels 2 Nummer 6 der Verordnung (EU) 2019/1150 des Europäischen Parlaments und des Rates vom 20. Juni 2019 zur Förderung von Fairness und Transparenz für gewerbliche Nutzer von Online-Vermittlungsdiensten (ABl. L 186 vom 11.7.2019, S. 57).

(3) Macht ein Unternehmer Bewertungen zugänglich, die Verbraucher im Hinblick auf Waren oder Dienstleistungen vorgenommen haben, so gelten als wesentlich Informationen darüber, ob und wie der Unternehmer sicherstellt, dass die veröffentlichten Bewertungen von solchen Verbrauchern stammen, die die Waren oder Dienstleistungen tatsächlich genutzt oder erworben haben.

(4) Als wesentlich im Sinne des § 5a Absatz 1 gelten auch solche Informationen, die dem Verbraucher auf Grund unionsrechtlicher Verordnungen oder nach Rechtsvorschriften zur Umsetzung unionsrechtlicher Richtlinien für kommerzielle Kommunikation einschließlich Werbung und Marketing nicht vorenthalten werden dürfen.

§ 5c Verbotene Verletzung von Verbraucherinteressen durch unlautere geschäftliche Handlungen. [*Text gültig ab 28.5.2022*] (1) Die Verletzung von Verbraucherinteressen durch unlautere geschäftliche Handlungen ist verboten, wenn es sich um einen weitverbreiteten Verstoß gemäß Artikel 3 Nummer 3 der Verordnung (EU) 2017/2394 des Europäischen Parlaments und des Rates vom 12. Dezember 2017 über die Zusammenarbeit zwischen den für die Durchsetzung der Verbraucherschutzgesetze zuständigen nationalen Behörden und zur Aufhebung der Verordnung (EG) Nr. 2006/2004 (ABl. L 345 vom 27.12.2017, S. 1), die zuletzt durch die Richtlinie (EU) 2019/771 (ABl. L 136 vom 22.5.2019, S. 28; L 305 vom 26.11.2019, S. 66) geändert worden ist, oder einen weitverbreiteten Verstoß mit Unions-Dimension gemäß Artikel 3 Nummer 4 der Verordnung (EU) 2017/2394 handelt.

(2) Eine Verletzung von Verbraucherinteressen durch unlautere geschäftliche Handlungen im Sinne des Absatzes 1 liegt vor, wenn
1. eine unlautere geschäftliche Handlung nach § 3 Absatz 3 in Verbindung mit den Nummern 1 bis 31 des Anhangs vorgenommen wird,
2. eine aggressive geschäftliche Handlung nach § 4a Absatz 1 Satz 1 vorgenommen wird,

Gesetz gegen den unlauteren Wettbewerb **UWG 12**

3. eine irreführende geschäftliche Handlung nach § 5 Absatz 1 oder § 5a Absatz 1 vorgenommen wird oder
4. eine unlautere geschäftliche Handlung nach § 3 Absatz 1 fortgesetzt vorgenommen wird, die durch eine vollziehbare Anordnung der zuständigen Behörde im Sinne des Artikels 3 Nummer 6 der Verordnung (EU) 2017/2394 oder durch eine vollstreckbare Entscheidung eines Gerichts untersagt worden ist, sofern die Handlung nicht bereits von den Nummern 1 bis 3 erfasst ist.

(3) Eine Verletzung von Verbraucherinteressen durch unlautere geschäftliche Handlungen im Sinne des Absatzes 1 liegt auch vor, wenn
1. eine geschäftliche Handlung die tatsächlichen Voraussetzungen eines der in Absatz 2 geregelten Fälle erfüllt und
2. auf die geschäftliche Handlung das nationale Recht eines anderen Mitgliedstaates der Europäischen Union anwendbar ist, welches eine Vorschrift enthält, die der jeweiligen in Absatz 2 genannten Vorschrift entspricht.

§ 6 Vergleichende Werbung. (1) Vergleichende Werbung ist jede Werbung, die unmittelbar oder mittelbar einen Mitbewerber oder die von einem Mitbewerber angebotenen Waren oder Dienstleistungen erkennbar macht.

(2) Unlauter handelt, wer vergleichend wirbt, wenn der Vergleich
1. sich nicht auf Waren oder Dienstleistungen für den gleichen Bedarf oder dieselbe Zweckbestimmung bezieht,
2. nicht objektiv auf eine oder mehrere wesentliche, relevante, nachprüfbare und typische Eigenschaften oder den Preis dieser Waren oder Dienstleistungen bezogen ist,
3. im geschäftlichen Verkehr zu einer Gefahr von Verwechslungen zwischen dem Werbenden und einem Mitbewerber oder zwischen den von diesen angebotenen Waren oder Dienstleistungen oder den von ihnen verwendeten Kennzeichen führt,
4. den Ruf des von einem Mitbewerber verwendeten Kennzeichens in unlauterer Weise ausnutzt oder beeinträchtigt,
5. die Waren, Dienstleistungen, Tätigkeiten oder persönlichen oder geschäftlichen Verhältnisse eines Mitbewerbers herabsetzt oder verunglimpft oder
6. eine Ware oder Dienstleistung als Imitation oder Nachahmung einer unter einem geschützten Kennzeichen vertriebenen Ware oder Dienstleistung darstellt.

§ 7 Unzumutbare Belästigungen. [*Text ab 28.5.2022 gültig*]26 (1) ¹Eine geschäftliche Handlung, durch die ein Marktteilnehmer in unzumutbarer Weise belästigt wird, ist unzulässig. ²Dies gilt insbesondere für Werbung, obwohl erkennbar ist, dass der angesprochene Marktteilnehmer diese Werbung nicht wünscht.

(2) Eine unzumutbare Belästigung ist stets anzunehmen
1. bei Werbung mit einem Telefonanruf gegenüber einem Verbraucher ohne dessen vorherige ausdrückliche Einwilligung oder gegenüber einem sonstigen Marktteilnehmer ohne dessen zumindest mutmaßliche Einwilligung,

12 UWG Gesetz gegen den unlauteren Wettbewerb

2. bei Werbung unter Verwendung einer automatischen Anrufmaschine, eines Faxgerätes oder elektronischer Post, ohne dass eine vorherige ausdrückliche Einwilligung des Adressaten vorliegt, oder
3. bei Werbung mit einer Nachricht,
   a) bei der die Identität des Absenders, in dessen Auftrag die Nachricht übermittelt wird, verschleiert oder verheimlicht wird oder
   b) bei der gegen § 6 Absatz 1 des Telemediengesetzes verstoßen wird oder in der der Empfänger aufgefordert wird, eine Website aufzurufen, die gegen diese Vorschrift verstößt, oder
   c) bei der keine gültige Adresse vorhanden ist, an die der Empfänger eine Aufforderung zur Einstellung solcher Nachrichten richten kann, ohne dass hierfür andere als die Übermittlungskosten nach den Basistarifen entstehen.

(3) Abweichend von Absatz 2 Nummer 2 ist eine unzumutbare Belästigung bei einer Werbung unter Verwendung elektronischer Post nicht anzunehmen, wenn
1. ein Unternehmer im Zusammenhang mit dem Verkauf einer Ware oder Dienstleistung von dem Kunden dessen elektronische Postadresse erhalten hat,
2. der Unternehmer die Adresse zur Direktwerbung für eigene ähnliche Waren oder Dienstleistungen verwendet,
3. der Kunde der Verwendung nicht widersprochen hat und
4. der Kunde bei Erhebung der Adresse und bei jeder Verwendung klar und deutlich darauf hingewiesen wird, dass er der Verwendung jederzeit widersprechen kann, ohne dass hierfür andere als die Übermittlungskosten nach den Basistarifen entstehen.

§ 7a Einwilligung in Telefonwerbung. (1) Wer mit einem Telefonanruf gegenüber einem Verbraucher wirbt, hat dessen vorherige ausdrückliche Einwilligung in die Telefonwerbung zum Zeitpunkt der Erteilung in angemessener Form zu dokumentieren und gemäß Absatz 2 Satz 1 aufzubewahren.

(2) [1]Die werbenden Unternehmen müssen den Nachweis nach Absatz 1 ab Erteilung der Einwilligung sowie nach jeder Verwendung der Einwilligung fünf Jahre aufbewahren. [2]Die werbenden Unternehmen haben der nach § 20 Absatz 3 zuständigen Verwaltungsbehörde den Nachweis nach Absatz 1 auf Verlangen unverzüglich vorzulegen.

Kapitel 2

Rechtsfolgen

§ 8 Beseitigung und Unterlassung. (1) [1]Wer eine nach § 3 oder § 7 unzulässige geschäftliche Handlung vornimmt, kann auf Beseitigung und bei Wiederholungsgefahr auf Unterlassung in Anspruch genommen werden. [2]Der Anspruch auf Unterlassung besteht bereits dann, wenn eine derartige Zuwiderhandlung gegen § 3 oder § 7 droht.

(2) Werden die Zuwiderhandlungen in einem Unternehmen von einem Mitarbeiter oder Beauftragten begangen, so sind der Unterlassungsanspruch und der Beseitigungsanspruch auch gegen den Inhaber des Unternehmens begründet.

(3) Die Ansprüche aus Absatz 1 stehen zu:
1. jedem Mitbewerber, der Waren oder Dienstleistungen in nicht unerheblichem Maße und nicht nur gelegentlich vertreibt oder nachfragt,
2. denjenigen rechtsfähigen Verbänden zur Förderung gewerblicher oder selbstständiger beruflicher Interessen, die in der Liste der qualifizierten Wirtschaftsverbände nach § 8b eingetragen sind, soweit ihnen eine erhebliche Zahl von Unternehmern angehört, die Waren oder Dienstleistungen gleicher oder verwandter Art auf demselben Markt vertreiben, und die Zuwiderhandlung die Interessen ihrer Mitglieder berührt,
3. den qualifizierten Einrichtungen, die in der Liste der qualifizierten Einrichtungen nach § 4 des Unterlassungsklagengesetzes eingetragen sind, oder den qualifizierten Einrichtungen aus anderen Mitgliedstaaten der Europäischen Union, die in dem Verzeichnis der Europäischen Kommission nach Artikel 4 Absatz 3 der Richtlinie 2009/22/EG des Europäischen Parlaments und des Rates vom 23. April 2009 über Unterlassungsklagen zum Schutz der Verbraucherinteressen (ABl. L 110 vom 1.5.2009, S. 30), die zuletzt durch die Verordnung (EU) 2018/302 (ABl. L ^{60}I vom 2.3.2018, S. 1) geändert worden ist, eingetragen sind,
4. den Industrie- und Handelskammern, den nach der Handwerksordnung errichteten Organisationen und anderen berufsständischen Körperschaften des öffentlichen Rechts im Rahmen der Erfüllung ihrer Aufgaben sowie den Gewerkschaften im Rahmen der Erfüllung ihrer Aufgaben bei der Vertretung selbstständiger beruflicher Interessen.

(4) Stellen nach Absatz 3 Nummer 2 und 3 können die Ansprüche nicht geltend machen, solange ihre Eintragung ruht.

(5) ^{1}§ 13 des Unterlassungsklagengesetzes ist entsprechend anzuwenden; in § 13 Absatz 1 und 3 Satz 2 des Unterlassungsklagengesetzes treten an die Stelle der dort aufgeführten Ansprüche nach dem Unterlassungsklagengesetz die Ansprüche nach dieser Vorschrift. ^{2}Im Übrigen findet das Unterlassungsklagengesetz keine Anwendung, es sei denn, es liegt ein Fall des § 4e des Unterlassungsklagengesetzes vor.

§ 8a Anspruchsberechtigte bei einem Verstoß gegen die Verordnung (EU) 2019/1150. Anspruchsberechtigt nach § 8 Absatz 1 sind bei einem Verstoß gegen die Verordnung (EU) 2019/1150 des Europäischen Parlaments und des Rates vom 20. Juni 2019 zur Förderung von Fairness und Transparenz für gewerbliche Nutzer von Online-Vermittlungsdiensten (ABl. L 186 vom 11.7.2019, S. 57) abweichend von § 8 Absatz 3 die Verbände, Organisationen und öffentlichen Stellen, die die Voraussetzungen des Artikels 14 Absatz 3 und 4 der Verordnung (EU) 2019/1150 erfüllen.

§ 8b Liste der qualifizierten Wirtschaftsverbände. (1) Das Bundesamt für Justiz führt eine Liste der qualifizierten Wirtschaftsverbände und veröffentlicht sie in der jeweils aktuellen Fassung auf seiner Internetseite.

(2) Ein rechtsfähiger Verband, zu dessen satzungsmäßigen Aufgaben es gehört, gewerbliche oder selbstständige berufliche Interessen zu verfolgen und zu fördern sowie zu Fragen des lauteren Wettbewerbs zu beraten und zu informieren, wird auf seinen Antrag in die Liste eingetragen, wenn
1. er mindestens 75 Unternehmer als Mitglieder hat,
2. er zum Zeitpunkt der Antragstellung seit mindestens einem Jahr seine satzungsmäßigen Aufgaben wahrgenommen hat,
3. auf Grund seiner bisherigen Tätigkeit sowie seiner personellen, sachlichen und finanziellen Ausstattung gesichert erscheint, dass er
   a) seine satzungsmäßigen Aufgaben auch künftig dauerhaft wirksam und sachgerecht erfüllen wird und
   b) seine Ansprüche nicht vorwiegend geltend machen wird, um für sich Einnahmen aus Abmahnungen oder Vertragsstrafen zu erzielen,
4. seinen Mitgliedern keine Zuwendungen aus dem Verbandsvermögen gewährt werden und Personen, die für den Verband tätig sind, nicht durch unangemessen hohe Vergütungen oder andere Zuwendungen begünstigt werden.

(3) § 4 Absatz 3 und 4 sowie die §§ 4a bis 4d des Unterlassungsklagegesetzes sind entsprechend anzuwenden.

§ 8c Verbot der missbräuchlichen Geltendmachung von Ansprüchen; Haftung. (1) Die Geltendmachung der Ansprüche aus § 8 Absatz 1 ist unzulässig, wenn sie unter Berücksichtigung der gesamten Umstände missbräuchlich ist.

(2) Eine missbräuchliche Geltendmachung ist im Zweifel anzunehmen, wenn
1. die Geltendmachung der Ansprüche vorwiegend dazu dient, gegen den Zuwiderhandelnden einen Anspruch auf Ersatz von Aufwendungen oder von Kosten der Rechtsverfolgung oder die Zahlung einer Vertragsstrafe entstehen zu lassen,
2. ein Mitbewerber eine erhebliche Anzahl von Verstößen gegen die gleiche Rechtsvorschrift durch Abmahnungen geltend macht, wenn die Anzahl der geltend gemachten Verstöße außer Verhältnis zum Umfang der eigenen Geschäftstätigkeit steht oder wenn anzunehmen ist, dass der Mitbewerber das wirtschaftliche Risiko seines außergerichtlichen oder gerichtlichen Vorgehens nicht selbst trägt,
3. ein Mitbewerber den Gegenstandswert für eine Abmahnung unangemessen hoch ansetzt,

Gesetz gegen den unlauteren Wettbewerb UWG 12

4. offensichtlich überhöhte Vertragsstrafen vereinbart oder gefordert werden,
5. eine vorgeschlagene Unterlassungsverpflichtung offensichtlich über die abgemahnte Rechtsverletzung hinausgeht,
6. mehrere Zuwiderhandlungen, die zusammen hätten abgemahnt werden können, einzeln abgemahnt werden oder
7. wegen einer Zuwiderhandlung, für die mehrere Zuwiderhandelnde verantwortlich sind, die Ansprüche gegen die Zuwiderhandelnden ohne sachlichen Grund nicht zusammen geltend gemacht werden.

(3) ¹Im Fall der missbräuchlichen Geltendmachung von Ansprüchen kann der Anspruchsgegner vom Anspruchsteller Ersatz der für seine Rechtsverteidigung erforderlichen Aufwendungen fordern. ²Weitergehende Ersatzansprüche bleiben unberührt.

§ 9 Schadensersatz. [*Text gültig ab 28.5.2022*] (1) Wer vorsätzlich oder fahrlässig eine nach § 3 oder § 7 unzulässige geschäftliche Handlung vornimmt, ist den Mitbewerbern zum Ersatz des daraus entstehenden Schadens verpflichtet.

(2) ¹Wer vorsätzlich oder fahrlässig eine nach § 3 unzulässige geschäftliche Handlung vornimmt und hierdurch Verbraucher zu einer geschäftlichen Entscheidung veranlasst, die sie andernfalls nicht getroffen hätten, ist ihnen zum Ersatz des daraus entstehenden Schadens verpflichtet. ²Dies gilt nicht für unlautere geschäftliche Handlungen nach den §§ 3a, 4 und 6 sowie nach Nummer 32 des Anhangs.

(3) Gegen verantwortliche Personen von periodischen Druckschriften kann der Anspruch auf Schadensersatz nach den Absätzen 1 und 2 nur bei einer vorsätzlichen Zuwiderhandlung geltend gemacht werden.

§ 10 Gewinnabschöpfung. (1) Wer vorsätzlich eine nach § 3 oder § 7 unzulässige geschäftliche Handlung vornimmt und hierdurch zu Lasten einer Vielzahl von Abnehmern einen Gewinn erzielt, kann von den gemäß § 8 Absatz 3 Nummer 2 bis 4 zur Geltendmachung eines Unterlassungsanspruchs Berechtigten auf Herausgabe dieses Gewinns an den Bundeshaushalt in Anspruch genommen werden.

(2) ¹Auf den Gewinn sind die Leistungen anzurechnen, die der Schuldner auf Grund der Zuwiderhandlung an Dritte oder an den Staat erbracht hat. ²Soweit der Schuldner solche Leistungen erst nach Erfüllung des Anspruchs nach Absatz 1 erbracht hat, erstattet die zuständige Stelle des Bundes dem Schuldner den abgeführten Gewinn in Höhe der nachgewiesenen Zahlungen zurück.

(3) Beanspruchen mehrere Gläubiger den Gewinn, so gelten die §§ 428 bis 430 des Bürgerlichen Gesetzbuchs entsprechend.

(4) ¹Die Gläubiger haben der zuständigen Stelle des Bundes über die Geltendmachung von Ansprüchen nach Absatz 1 Auskunft zu erteilen. ²Sie können von der zuständigen Stelle des Bundes Erstattung der für die Geltendmachung des Anspruchs erforderlichen Aufwendungen verlangen, soweit sie vom

12 UWG Gesetz gegen den unlauteren Wettbewerb

Schuldner keinen Ausgleich erlangen können. ³Der Erstattungsanspruch ist auf die Höhe des an den Bundeshaushalt abgeführten Gewinns beschränkt.

(5) Zuständige Stelle im Sinn der Absätze 2 und 4 ist das Bundesamt für Justiz.

§ 11 Verjährung. [*Text gültig ab 28.5.2022*] (1) Die Ansprüche aus §§ 8, 9 und 13 Absatz 3 verjähren in sechs Monaten und der Anspruch aus § 9 Absatz 2 Satz 1 verjährt in einem Jahr

(2) Die Verjährungsfrist beginnt, wenn
1. der Anspruch entstanden ist und
2. der Gläubiger von den den Anspruch begründenden Umständen und der Person des Schuldners Kenntnis erlangt oder ohne grobe Fahrlässigkeit erlangen müsste.

(3) Schadensersatzansprüche verjähren ohne Rücksicht auf die Kenntnis oder grob fahrlässige Unkenntnis in zehn Jahren von ihrer Entstehung, spätestens in 30 Jahren von der den Schaden auslösenden Handlung an.

(4) Andere Ansprüche verjähren ohne Rücksicht auf die Kenntnis oder grob fahrlässige Unkenntnis in drei Jahren von der Entstehung an.

Kapitel 3

Verfahrensvorschriften

§ 12 Einstweiliger Rechtsschutz; Veröffentlichungsbefugnis; Streitwertminderung. (1) Zur Sicherung der in diesem Gesetz bezeichneten Ansprüche auf Unterlassung können einstweilige Verfügungen auch ohne die Darlegung und Glaubhaftmachung der in den §§ 935 und 940 der Zivilprozessordnung bezeichneten Voraussetzungen erlassen werden.

(2) ¹Ist auf Grund dieses Gesetzes Klage auf Unterlassung erhoben worden, so kann das Gericht der obsiegenden Partei die Befugnis zusprechen, das Urteil auf Kosten der unterliegenden Partei öffentlich bekannt zu machen, wenn sie ein berechtigtes Interesse dartut. ²Art und Umfang der Bekanntmachung werden im Urteil bestimmt. ³Die Befugnis erlischt, wenn von ihr nicht innerhalb von drei Monaten nach Eintritt der Rechtskraft Gebrauch gemacht worden ist. ⁴Der Ausspruch nach Satz 1 ist nicht vorläufig vollstreckbar.

(3) ¹Macht eine Partei in Rechtsstreitigkeiten, in denen durch Klage ein Anspruch aus einem der in diesem Gesetz geregelten Rechtsverhältnisse geltend gemacht wird, glaubhaft, dass die Belastung mit den Prozesskosten nach dem vollen Streitwert ihre wirtschaftliche Lage erheblich gefährden würde, so kann das Gericht auf ihren Antrag anordnen, dass die Verpflichtung dieser Partei zur Zahlung von Gerichtskosten sich nach einem ihrer Wirtschaftslage angepassten Teil des Streitwerts bemisst. ²Die Anordnung hat zur Folge, dass

Gesetz gegen den unlauteren Wettbewerb **UWG 12**

1. die begünstigte Partei die Gebühren ihres Rechtsanwalts ebenfalls nur nach diesem Teil des Streitwerts zu entrichten hat,
2. die begünstigte Partei, soweit ihr Kosten des Rechtsstreits auferlegt werden oder soweit sie diese übernimmt, die von dem Gegner entrichteten Gerichtsgebühren und die Gebühren seines Rechtsanwalts nur nach dem Teil des Streitwerts zu erstatten hat und
3. der Rechtsanwalt der begünstigten Partei, soweit die außergerichtlichen Kosten dem Gegner auferlegt oder von ihm übernommen werden, seine Gebühren von dem Gegner nach dem für diesen geltenden Streitwert beitreiben kann.

(4) ¹Der Antrag nach Absatz 3 kann vor der Geschäftsstelle des Gerichts zur Niederschrift erklärt werden. ²Er ist vor der Verhandlung zur Hauptsache anzubringen. ³Danach ist er nur zulässig, wenn der angenommene oder festgesetzte Streitwert später durch das Gericht heraufgesetzt wird. ⁴Vor der Entscheidung über den Antrag ist der Gegner zu hören.

§ 13 Abmahnung; Unterlassungsverpflichtung; Haftung. (1) Die zur Geltendmachung eines Unterlassungsanspruchs Berechtigten sollen den Schuldner vor der Einleitung eines gerichtlichen Verfahrens abmahnen und ihm Gelegenheit geben, den Streit durch Abgabe einer mit einer angemessenen Vertragsstrafe bewehrten Unterlassungsverpflichtung beizulegen.

(2) In der Abmahnung muss klar und verständlich angegeben werden:
1. Name oder Firma des Abmahnenden sowie im Fall einer Vertretung zusätzlich Name oder Firma des Vertreters,
2. die Voraussetzungen der Anspruchsberechtigung nach § 8 Absatz 3,
3. ob und in welcher Höhe ein Aufwendungsersatzanspruch geltend gemacht wird und wie sich dieser berechnet,
4. die Rechtsverletzung unter Angabe der tatsächlichen Umstände,
5. in den Fällen des Absatzes 4, dass der Anspruch auf Aufwendungsersatz ausgeschlossen ist.

(3) Soweit die Abmahnung berechtigt ist und den Anforderungen des Absatzes 2 entspricht, kann der Abmahnende vom Abgemahnten Ersatz der erforderlichen Aufwendungen verlangen.

(4) Der Anspruch auf Ersatz der erforderlichen Aufwendungen nach Absatz 3 ist für Anspruchsberechtigte nach § 8 Absatz 3 Nummer 1 ausgeschlossen bei
1. im elektronischen Geschäftsverkehr oder in Telemedien begangenen Verstößen gegen gesetzliche Informations- und Kennzeichnungspflichten oder
2. sonstigen Verstößen gegen die Verordnung (EU) 2016/679 des Europäischen Parlaments und des Rates vom 27. April 2016 zum Schutz natürlicher Personen bei der Verarbeitung personenbezogener Daten, zum freien Datenverkehr und zur Aufhebung der Richtlinie 95/46/EG (Datenschutz-Grundverordnung) (ABl. L 119 vom 4.5.2016, S. 1; L 314 vom 22.11.2016, S. 72; L 127 vom 23.5.2018, S. 2) und das Bundesdatenschutzgesetz durch

Unternehmen sowie gewerblich tätige Vereine, sofern sie in der Regel weniger als 250 Mitarbeiter beschäftigen.

(5) ¹Soweit die Abmahnung unberechtigt ist oder nicht den Anforderungen des Absatzes 2 entspricht oder soweit entgegen Absatz 4 ein Anspruch auf Aufwendungsersatz geltend gemacht wird, hat der Abgemahnte gegen den Abmahnenden einen Anspruch auf Ersatz der für seine Rechtsverteidigung erforderlichen Aufwendungen. ²Der Anspruch nach Satz 1 ist beschränkt auf die Höhe des Aufwendungsersatzanspruchs, die der Abmahnende geltend macht. ³Bei einer unberechtigten Abmahnung ist der Anspruch nach Satz 1 ausgeschlossen, wenn die fehlende Berechtigung der Abmahnung für den Abmahnenden zum Zeitpunkt der Abmahnung nicht erkennbar war. ⁴Weitergehende Ersatzansprüche bleiben unberührt.

§ 13a Vertragsstrafe. (1) Bei der Festlegung einer angemessenen Vertragsstrafe nach § 13 Absatz 1 sind folgende Umstände zu berücksichtigen:
1. Art, Ausmaß und Folgen der Zuwiderhandlung,
2. Schuldhaftigkeit der Zuwiderhandlung und bei schuldhafter Zuwiderhandlung die Schwere des Verschuldens,
3. Größe, Marktstärke und Wettbewerbsfähigkeit des Abgemahnten sowie
4. wirtschaftliches Interesse des Abgemahnten an erfolgten und zukünftigen Verstößen.

(2) Die Vereinbarung einer Vertragsstrafe nach Absatz 1 ist für Anspruchsberechtigte nach § 8 Absatz 3 Nummer 1 bei einer erstmaligen Abmahnung bei Verstößen nach § 13 Absatz 4 ausgeschlossen, wenn der Abgemahnte in der Regel weniger als 100 Mitarbeiter beschäftigt.

(3) Vertragsstrafen dürfen eine Höhe von 1 000 Euro nicht überschreiten, wenn die Zuwiderhandlung angesichts ihrer Art, ihres Ausmaßes und ihrer Folgen die Interessen von Verbrauchern, Mitbewerbern und sonstigen Marktteilnehmern in nur unerheblichem Maße beeinträchtigt und wenn der Abgemahnte in der Regel weniger als 100 Mitarbeiter beschäftigt.

(4) Verspricht der Abgemahnte auf Verlangen des Abmahnenden eine unangemessen hohe Vertragsstrafe, schuldet er lediglich eine Vertragsstrafe in angemessener Höhe.

(5) ¹Ist lediglich eine Vertragsstrafe vereinbart, deren Höhe noch nicht beziffert wurde, kann der Abgemahnte bei Uneinigkeit über die Höhe auch ohne Zustimmung des Abmahnenden eine Einigungsstelle nach § 15 anrufen. ²Das Gleiche gilt, wenn der Abgemahnte nach Absatz 4 nur eine Vertragsstrafe in angemessener Höhe schuldet. ³Ist ein Verfahren vor der Einigungsstelle anhängig, so ist eine erst nach Anrufung der Einigungsstelle erhobene Klage nicht zulässig.

§ 14 Sachliche und örtliche Zuständigkeit; Verordnungsermächtigung. *[Text ab 28.5.2022 gültig]* (1) Für alle bürgerlichen Rechtsstreitigkeiten, mit denen ein Anspruch auf Grund dieses Gesetzes geltend gemacht wird, sind die Landgerichte ausschließlich zuständig.

Gesetz gegen den unlauteren Wettbewerb **UWG 12**

(2) ¹Für alle bürgerlichen Rechtsstreitigkeiten, mit denen ein Anspruch auf Grund dieses Gesetzes geltend gemacht wird, ist das Gericht zuständig, in dessen Bezirk der Beklagte seinen allgemeinen Gerichtsstand hat. ²Für alle bürgerlichen Rechtsstreitigkeiten, mit denen ein Anspruch auf Grund dieses Gesetzes geltend gemacht wird, ist außerdem das Gericht zuständig, in dessen Bezirk die Zuwiderhandlung begangen wurde. ³Satz 2 gilt nicht für
1. Rechtsstreitigkeiten wegen Zuwiderhandlungen im elektronischen Geschäftsverkehr oder in Telemedien oder
2. Rechtsstreitigkeiten, die von den nach § 8 Absatz 3 Nummer 2 bis 4 zur Geltendmachung eines Unterlassungsanspruchs Berechtigten geltend gemacht werden,

es sei denn, der Beklagte hat im Inland keinen allgemeinen Gerichtsstand.

(3) ¹Die Landesregierungen werden ermächtigt, durch Rechtsverordnung für die Bezirke mehrerer Landgerichte eines von ihnen als Gericht für Wettbewerbsstreitsachen zu bestimmen, wenn dies der Rechtspflege in Wettbewerbsstreitsachen dienlich ist. ²Die Landesregierungen können die Ermächtigung durch Rechtsverordnung auf die Landesjustizverwaltungen übertragen. ³Die Länder können außerdem durch Vereinbarung die den Gerichten eines Landes obliegenden Klagen nach Absatz 1 insgesamt oder teilweise dem zuständigen Gericht eines anderen Landes übertragen.

(4) Abweichend von den Absätzen 1 bis 3 richtet sich die Zuständigkeit für bürgerliche Rechtsstreitigkeiten, mit denen ein Anspruch nach § 9 Absatz 2 Satz 1 geltend gemacht wird, nach den allgemeinen Vorschriften.

§ 15 Einigungsstellen. (1) Die Landesregierungen errichten bei Industrie- und Handelskammern Einigungsstellen zur Beilegung von bürgerlichen Rechtsstreitigkeiten, in denen ein Anspruch auf Grund dieses Gesetzes geltend gemacht wird (Einigungsstellen).

(2) ¹Die Einigungsstellen sind mit einer vorsitzenden Person, die die Befähigung zum Richteramt nach dem Deutschen Richtergesetz hat, und beisitzenden Personen zu besetzen. ²Als beisitzende Personen werden im Falle einer Anrufung durch eine nach § 8 Absatz 3 Nummer 3 zur Geltendmachung eines Unterlassungsanspruchs berechtigte qualifizierte Einrichtung Unternehmer und Verbraucher in gleicher Anzahl tätig, sonst mindestens zwei sachverständige Unternehmer. ³Die vorsitzende Person soll auf dem Gebiet des Wettbewerbsrechts erfahren sein. ⁴Die beisitzenden Personen werden von der vorsitzenden Person für den jeweiligen Streitfall aus einer für das Kalenderjahr aufzustellenden Liste berufen. ⁵Die Berufung soll im Einvernehmen mit den Parteien erfolgen. ⁶Für die Ausschließung und Ablehnung von Mitgliedern der Einigungsstelle sind die § 41 bis 43 und § 44 Absatz 2 bis 4 der Zivilprozessordnung entsprechend anzuwenden. ⁷Über das Ablehnungsgesuch entscheidet das für den Sitz der Einigungsstelle zuständige Landgericht (Kammer für Handelssachen oder, falls es an einer solchen fehlt, Zivilkammer).

(3) ¹Die Einigungsstellen können bei bürgerlichen Rechtsstreitigkeiten, in denen ein Anspruch auf Grund dieses Gesetzes geltend gemacht wird, angeru-

12 UWG Gesetz gegen den unlauteren Wettbewerb

fen werden, wenn der Gegner zustimmt. ²Soweit die geschäftlichen Handlungen Verbraucher betreffen, können die Einigungsstellen von jeder Partei zu einer Aussprache mit dem Gegner über den Streitfall angerufen werden; einer Zustimmung des Gegners bedarf es nicht.

(4) Für die Zuständigkeit der Einigungsstellen ist § 14 entsprechend anzuwenden.

(5) ¹Die der Einigungsstelle vorsitzende Person kann das persönliche Erscheinen der Parteien anordnen. ²Gegen eine unentschuldigt ausbleibende Partei kann die Einigungsstelle ein Ordnungsgeld festsetzen. ³Gegen die Anordnung des persönlichen Erscheinens und gegen die Festsetzung des Ordnungsgeldes findet die sofortige Beschwerde nach den Vorschriften der Zivilprozessordnung an das für den Sitz der Einigungsstelle zuständige Landgericht (Kammer für Handelssachen oder, falls es an einer solchen fehlt, Zivilkammer) statt.

(6) ¹Die Einigungsstelle hat einen gütlichen Ausgleich anzustreben. ²Sie kann den Parteien einen schriftlichen, mit Gründen versehenen Einigungsvorschlag machen. ³Der Einigungsvorschlag und seine Begründung dürfen nur mit Zustimmung der Parteien veröffentlicht werden.

(7) ¹Kommt ein Vergleich zustande, so muss er in einem besonderen Schriftstück niedergelegt und unter Angabe des Tages seines Zustandekommens von den Mitgliedern der Einigungsstelle, welche in der Verhandlung mitgewirkt haben, sowie von den Parteien unterschrieben werden. ²Aus einem vor der Einigungsstelle geschlossenen Vergleich findet die Zwangsvollstreckung statt; § 797a der Zivilprozessordnung ist entsprechend anzuwenden.

(8) Die Einigungsstelle kann, wenn sie den geltend gemachten Anspruch von vornherein für unbegründet oder sich selbst für unzuständig erachtet, die Einleitung von Einigungsverhandlungen ablehnen.

(9) ¹Durch die Anrufung der Einigungsstelle wird die Verjährung in gleicher Weise wie durch Klageerhebung gehemmt. ²Kommt ein Vergleich nicht zustande, so ist der Zeitpunkt, zu dem das Verfahren beendet ist, von der Einigungsstelle festzustellen. ³Die vorsitzende Person hat dies den Parteien mitzuteilen.

(10) ¹Ist ein Rechtsstreit der in Absatz 3 Satz 2 bezeichneten Art ohne vorherige Anrufung der Einigungsstelle anhängig gemacht worden, so kann das Gericht auf Antrag den Parteien unter Anberaumung eines neuen Termins aufgeben, vor diesem Termin die Einigungsstelle zur Herbeiführung eines gütlichen Ausgleichs anzurufen. ²In dem Verfahren über den Antrag auf Erlass einer einstweiligen Verfügung ist diese Anordnung nur zulässig, wenn der Gegner zustimmt. ³Absatz 8 ist nicht anzuwenden. ⁴Ist ein Verfahren vor der Einigungsstelle anhängig, so ist eine erst nach Anrufung der Einigungsstelle erhobene Klage des Antragsgegners auf Feststellung, dass der geltend gemachte Anspruch nicht bestehe, nicht zulässig.

(11) ¹Die Landesregierungen werden ermächtigt, durch Rechtsverordnung die zur Durchführung der vorstehenden Bestimmungen und zur Regelung des Verfahrens vor den Einigungsstellen erforderlichen Vorschriften zu erlassen,

Gesetz gegen den unlauteren Wettbewerb **UWG 12**

insbesondere über die Aufsicht über die Einigungsstellen, über ihre Besetzung unter angemessener Beteiligung der nicht den Industrie- und Handelskammern angehörenden *Unternehmern[2]* (§ 2 Abs. 2 bis 6 des Gesetzes zur vorläufigen Regelung des Rechts der Industrie- und Handelskammern in der im Bundesgesetzblatt Teil III, Gliederungsnummer 701–1, veröffentlichten bereinigten Fassung), und über die Vollstreckung von Ordnungsgeldern, sowie Bestimmungen über die Erhebung von Auslagen durch die Einigungsstelle zu treffen. ²Bei der Besetzung der Einigungsstellen sind die Vorschläge der für ein Bundesland errichteten, mit öffentlichen Mitteln geförderten Verbraucherzentralen zur Bestimmung der in Absatz 2 Satz 2 genannten Verbraucher zu berücksichtigen.

(12) Abweichend von Absatz 2 Satz 1 kann in den Ländern Brandenburg, Mecklenburg-Vorpommern, Sachsen, Sachsen-Anhalt und Thüringen die Einigungsstelle auch mit einem Rechtskundigen als Vorsitzendem besetzt werden, der die Befähigung zum Berufsrichter nach dem Recht der Deutschen Demokratischen Republik erworben hat.

§ 15a Überleitungsvorschrift zum Gesetz zur Stärkung des fairen Wettbewerbs. (1) § 8 Absatz 3 Nummer 2 ist nicht anzuwenden auf Verfahren, die am 1. September 2021 bereits rechtshängig sind.

(2) Die §§ 13 und 13a Absatz 2 und 3 sind nicht anzuwenden auf Abmahnungen, die vor dem 2. Dezember 2020 bereits zugegangen sind.

Kapitel 4

Straf- und Bußgeldvorschriften

§ 16 Strafbare Werbung. (1) Wer in der Absicht, den Anschein eines besonders günstigen Angebots hervorzurufen, in öffentlichen Bekanntmachungen oder in Mitteilungen, die für einen größeren Kreis von Personen bestimmt sind, durch unwahre Angaben irreführend wirbt, wird mit Freiheitsstrafe bis zu zwei Jahren oder mit Geldstrafe bestraft.

(2) Wer es im geschäftlichen Verkehr unternimmt, Verbraucher zur Abnahme von Waren, Dienstleistungen oder Rechten durch das Versprechen zu veranlassen, sie würden entweder vom Veranstalter selbst oder von einem Dritten besondere Vorteile erlangen, wenn sie andere zum Abschluss gleichartiger Geschäfte veranlassen, die ihrerseits nach der Art dieser Werbung derartige Vorteile für eine entsprechende Werbung weiterer Abnehmer erlangen sollen, wird mit Freiheitsstrafe bis zu zwei Jahren oder mit Geldstrafe bestraft.

§ 19 Bußgeldvorschriften bei einem weitverbreiteten Verstoß und einem weitverbreiteten Verstoß mit Unions-Dimension. [*Text gültig ab 28.5.2022*]
(1) Ordnungswidrig handelt, wer vorsätzlich oder fahrlässig entgegen § 5c Absatz 1 Verbraucherinteressen verletzt.

(2) ¹Die Ordnungswidrigkeit kann mit einer Geldbuße bis zu fünfzigtausend Euro geahndet werden. ²Gegenüber einem Unternehmer, der in den von dem

Verstoß betroffenen Mitgliedstaaten der Europäischen Union in dem der Behördenentscheidung vorausgegangenen Geschäftsjahr mehr als eine Million zweihundertfünfzigtausend Euro Jahresumsatz erzielt hat, kann eine höhere Geldbuße verhängt werden; diese darf 4 Prozent des Jahresumsatzes nicht übersteigen. ³Die Höhe des Jahresumsatzes kann geschätzt werden. ⁴Liegen keine Anhaltspunkte für eine Schätzung des Jahresumsatzes vor, so beträgt das Höchstmaß der Geldbuße zwei Millionen Euro. ⁵Abweichend von den Sätzen 2 bis 4 gilt gegenüber einem Täter oder einem Beteiligten, der im Sinne des § 9 des Gesetzes über Ordnungswidrigkeiten für einen Unternehmer handelt, und gegenüber einem Beteiligten im Sinne des § 14 Absatz 1 Satz 2 des Gesetzes über Ordnungswidrigkeiten, der kein Unternehmer ist, der Bußgeldrahmen des Satzes 1. ⁶Das für die Ordnungswidrigkeit angedrohte Höchstmaß der Geldbuße im Sinne des § 30 Absatz 2 Satz 2 des Gesetzes über Ordnungswidrigkeiten ist das nach den Sätzen 1 bis 4 anwendbare Höchstmaß.

(3) Die Ordnungswidrigkeit kann nur im Rahmen einer koordinierten Durchsetzungsmaßnahme nach Artikel 21 der Verordnung (EU) 2017/2394 geahndet werden.

(4) Verwaltungsbehörden im Sinne des § 36 Absatz 1 Nummer 1 des Gesetzes über Ordnungswidrigkeiten sind
1. das Bundesamt für Justiz,
2. die Bundesanstalt für Finanzdienstleistungsaufsicht bei einer Zuwiderhandlung, die sich auf die Tätigkeit eines Unternehmens im Sinne des § 2 Nummer 2 des EU-Verbraucherschutzdurchführungsgesetzes bezieht, und
3. die nach Landesrecht zuständige Behörde bei einer Zuwiderhandlung, die sich auf die Tätigkeit eines Unternehmens im Sinne des § 2 Nummer 4 des EU-Verbraucherschutzdurchführungsgesetzes bezieht.

§ 20 Bußgeldvorschriften. [*Text gültig ab 28.5.2022*] (1) Ordnungswidrig handelt, wer vorsätzlich oder fahrlässig
1. entgegen § 7 Absatz 1 Satz 1 in Verbindung mit Absatz 2 Nummer 1 oder 2 mit einem Telefonanruf oder unter Verwendung einer automatischen Anrufmaschine gegenüber einem Verbraucher ohne dessen vorherige ausdrückliche Einwilligung wirbt,
2. entgegen § 7a Absatz 1 eine dort genannte Einwilligung nicht, nicht richtig, nicht vollständig oder nicht rechtzeitig dokumentiert oder nicht oder nicht mindestens fünf Jahre aufbewahrt,
3. entgegen § 8b Absatz 3 in Verbindung mit § 4b Absatz 1 des Unterlassungsklagengesetzes, auch in Verbindung mit einer Rechtsverordnung nach § 4d Nummer 2 des Unterlassungsklagengesetzes, einen dort genannten Bericht nicht, nicht richtig, nicht vollständig oder nicht rechtzeitig erstattet oder
4. einer Rechtsverordnung nach § 8b Absatz 3 in Verbindung mit § 4d Nummer 1 des Unterlassungsklagengesetzes oder einer vollziehbaren Anordnung auf Grund einer solchen Rechtsverordnung zuwiderhandelt, soweit die Rechtsverordnung für einen bestimmten Tatbestand auf diese Bußgeldvorschrift verweist.

Gesetz gegen den unlauteren Wettbewerb **UWG 12**

(2) Die Ordnungswidrigkeit kann in den Fällen des Absatzes 1 Nummer 1 mit einer Geldbuße bis zu dreihunderttausend Euro, in den Fällen des Absatzes 1 Nummer 2 mit einer Geldbuße bis zu fünfzigtausend Euro und in den übrigen Fällen mit einer Geldbuße bis zu hunderttausend Euro geahndet werden.

(3) Verwaltungsbehörde im Sinne des § 36 Absatz 1 Nummer 1 des Gesetzes über Ordnungswidrigkeiten ist in den Fällen des Absatzes 1 Nummer 1 und 2 die Bundesnetzagentur für Elektrizität, Gas, Telekommunikation, Post und Eisenbahnen, in den übrigen Fällen das Bundesamt für Justiz.

Anhang

zu § 3 Abs. 3 [*Text gültig ab 28.5.2022*]

Folgende geschäftliche Handlungen sind gegenüber Verbrauchern stets unzulässig:

Irreführende geschäftliche Handlungen

1. unwahre Angabe über die Unterzeichnung eines Verhaltenskodexes die unwahre Angabe eines Unternehmers, zu den Unterzeichnern eines Verhaltenskodexes zu gehören;
2. unerlaubte Verwendung von Gütezeichen und Ähnlichem die Verwendung von Gütezeichen, Qualitätskennzeichen oder Ähnlichem ohne die erforderliche Genehmigung;
3. unwahre Angabe über die Billigung eines Verhaltenskodexes die unwahre Angabe, ein Verhaltenskodex sei von einer öffentlichen oder anderen Stelle gebilligt;
4. unwahre Angabe über Anerkennungen durch Dritte die unwahre Angabe,
   a) ein Unternehmer, eine von ihm vorgenommene geschäftliche Handlung oder eine Ware oder Dienstleistung sei von einer öffentlichen oder privaten Stelle bestätigt, gebilligt oder genehmigt worden, oder
   b) den Bedingungen für die Bestätigung, Billigung oder Genehmigung werde entsprochen;
5. Lockangebote ohne Hinweis auf Unangemessenheit der Bevorratungsmenge
   Waren- oder Dienstleistungsangebote im Sinne des § 5b Absatz 1 zu einem bestimmten Preis, wenn der Unternehmer nicht darüber aufklärt, dass er hinreichende Gründe für die Annahme hat, er werde nicht in der Lage sein, diese oder gleichartige Waren oder Dienstleistungen für einen angemessenen Zeitraum in angemessener Menge zum genannten Preis bereitzustellen oder bereitstellen zu lassen; ist die Bevorratung kürzer als zwei Tage, obliegt es dem Unternehmer, die Angemessenheit nachzuweisen;
6. Lockangebote zum Absatz anderer Waren oder Dienstleistungen
   Waren- oder Dienstleistungsangebote im Sinne des § 5b Absatz 1 zu einem bestimmten Preis, wenn der Unternehmer sodann in der Absicht, stattdessen eine andere Ware oder Dienstleistung abzusetzen,

a) eine fehlerhafte Ausführung der Ware oder Dienstleistung vorführt,
b) sich weigert zu zeigen, was er beworben hat, oder
c) sich weigert, Bestellungen dafür anzunehmen oder die beworbene Leistung innerhalb einer vertretbaren Zeit zu erbringen;

7. unwahre Angabe über zeitliche Begrenzung des Angebots
die unwahre Angabe, bestimmte Waren oder Dienstleistungen seien allgemein oder zu bestimmten Bedingungen nur für einen sehr begrenzten Zeitraum verfügbar, um den Verbraucher zu einer sofortigen geschäftlichen Entscheidung zu veranlassen, ohne dass dieser Zeit und Gelegenheit hat, sich auf Grund von Informationen zu entscheiden;

8. Sprachenwechsel für Kundendienstleistungen bei einer in einer Fremdsprache geführten Vertragsverhandlung
Kundendienstleistungen in einer anderen Sprache als derjenigen, in der die Verhandlungen vor dem Abschluss des Geschäfts geführt worden sind, wenn die ursprünglich verwendete Sprache nicht Amtssprache desjenigen Mitgliedstaats der Europäischen Union ist, in dem der Unternehmer niedergelassen ist; dies gilt nicht, soweit Verbraucher vor dem Abschluss des Geschäfts darüber aufgeklärt werden, dass diese Leistungen in einer anderen als der ursprünglich verwendeten Sprache erbracht werden;

9. unwahre Angabe über die Verkehrsfähigkeit
die unwahre Angabe oder das Erwecken des unzutreffenden Eindrucks, eine Ware oder Dienstleistung sei verkehrsfähig;

10. Darstellung gesetzlicher Verpflichtungen als Besonderheit eines Angebots
die unwahre Angabe oder das Erwecken des unzutreffenden Eindrucks, gesetzlich bestehende Rechte stellten eine Besonderheit des Angebots dar;

11. als Information getarnte Werbung
der vom Unternehmer finanzierte Einsatz redaktioneller Inhalte zu Zwecken der Verkaufsförderung, ohne dass sich dieser Zusammenhang aus dem Inhalt oder aus der Art der optischen oder akustischen Darstellung eindeutig ergibt;

11a. verdeckte Werbung in Suchergebnissen
die Anzeige von Suchergebnissen aufgrund der Online-Suchanfrage eines Verbrauchers, ohne dass etwaige bezahlte Werbung oder spezielle Zahlungen, die dazu dienen, ein höheres Ranking der jeweiligen Waren oder Dienstleistungen im Rahmen der Suchergebnisse zu erreichen, eindeutig offengelegt werden;

12. unwahre Angabe über Gefahren für die persönliche Sicherheit
unwahre Angaben über Art und Ausmaß einer Gefahr für die persönliche Sicherheit des Verbrauchers oder seiner Familie für den Fall, dass er die angebotene Ware nicht erwirbt oder die angebotene Dienstleistung nicht in Anspruch nimmt;

13. Täuschung über betriebliche Herkunft
Werbung für eine Ware oder Dienstleistung, die der Ware oder Dienstleistung eines bestimmten Herstellers ähnlich ist, wenn in der Absicht gewor-

ben wird, über die betriebliche Herkunft der beworbenen Ware oder Dienstleistung zu täuschen;
14. Schneeball- oder Pyramidensystem
die Einführung, der Betrieb oder die Förderung eines Systems zur Verkaufsförderung, bei dem vom Verbraucher ein finanzieller Beitrag für die Möglichkeit verlangt wird, eine Vergütung allein oder zumindest hauptsächlich durch die Einführung weiterer Teilnehmer in das System zu erlangen;
15. unwahre Angabe über Geschäftsaufgabe
die unwahre Angabe, der Unternehmer werde demnächst sein Geschäft aufgeben oder seine Geschäftsräume verlegen;
16. Angaben über die Erhöhung der Gewinnchancen bei Glücksspielen
die Angabe, durch eine bestimmte Ware oder Dienstleistung ließen sich die Gewinnchancen bei einem Glücksspiel erhöhen;
17. unwahre Angaben über die Heilung von Krankheiten
die unwahre Angabe, eine Ware oder Dienstleistung könne Krankheiten, Funktionsstörungen oder Missbildungen heilen;
18. unwahre Angabe über Marktbedingungen oder Bezugsquellen
eine unwahre Angabe über die Marktbedingungen oder Bezugsquellen, um den Verbraucher dazu zu bewegen, eine Ware oder Dienstleistung zu weniger günstigen Bedingungen als den allgemeinen Marktbedingungen abzunehmen oder in Anspruch zu nehmen;
19. Nichtgewährung ausgelobter Preise
das Angebot eines Wettbewerbs oder Preisausschreibens, wenn weder die in Aussicht gestellten Preise noch ein angemessenes Äquivalent vergeben werden;
20. unwahre Bewerbung als kostenlos
das Angebot einer Ware oder Dienstleistung als „gratis", „umsonst", „kostenfrei" oder dergleichen, wenn für die Ware oder Dienstleistung gleichwohl Kosten zu tragen sind; dies gilt nicht für Kosten, die im Zusammenhang mit dem Eingehen auf das Waren- oder Dienstleistungsangebot oder für die Abholung oder Lieferung der Ware oder die Inanspruchnahme der Dienstleistung unvermeidbar sind;
21. Irreführung über das Vorliegen einer Bestellung
die Übermittlung von Werbematerial unter Beifügung einer Zahlungsaufforderung, wenn damit der unzutreffende Eindruck vermittelt wird, die beworbene Ware oder Dienstleistung sei bereits bestellt;
22. Irreführung über Unternehmereigenschaft
die unwahre Angabe oder das Erwecken des unzutreffenden Eindrucks, der Unternehmer sei Verbraucher oder nicht für Zwecke seines Geschäfts, Handels, Gewerbes oder Berufs tätig;
23. Irreführung über Kundendienst in anderen Mitgliedstaaten der Europäischen Union
die unwahre Angabe oder das Erwecken des unzutreffenden Eindrucks, es sei im Zusammenhang mit Waren oder Dienstleistungen in einem anderen

12 UWG Gesetz gegen den unlauteren Wettbewerb

Mitgliedstaat der Europäischen Union als dem des Warenverkaufs oder der Dienstleistung ein Kundendienst verfügbar;

23a. Wiederverkauf von Eintrittskarten für Veranstaltungen
der Wiederverkauf von Eintrittskarten für Veranstaltungen an Verbraucher, wenn der Unternehmer diese Eintrittskarten unter Verwendung solcher automatisierter Verfahren erworben hat, die dazu dienen, Beschränkungen zu umgehen in Bezug auf die Zahl der von einer Person zu erwerbenden Eintrittskarten oder in Bezug auf andere für den Verkauf der Eintrittskarten geltende Regeln;

23b. Irreführung über die Echtheit von Verbraucherbewertungen
die Behauptung, dass Bewertungen einer Ware oder Dienstleistung von solchen Verbrauchern stammen, die diese Ware oder Dienstleistung tatsächlich erworben oder genutzt haben, ohne dass angemessene und verhältnismäßige Maßnahmen zur Überprüfung ergriffen wurden, ob die Bewertungen tatsächlich von solchen Verbrauchern stammen;

23c. gefälschte Verbraucherbewertungen
die Übermittlung oder Beauftragung gefälschter Bewertungen oder Empfehlungen von Verbrauchern sowie die falsche Darstellung von Bewertungen oder Empfehlungen von Verbrauchern in sozialen Medien zu Zwecken der Verkaufsförderung;

Aggressive geschäftliche Handlungen

24. räumliches Festhalten des Verbrauchers
das Erwecken des Eindrucks, der Verbraucher könne bestimmte Räumlichkeiten nicht ohne vorherigen Vertragsabschluss verlassen;

25. Nichtverlassen der Wohnung des Verbrauchers trotz Aufforderung
bei persönlichem Aufsuchen des Verbrauchers in dessen Wohnung die Nichtbeachtung seiner Aufforderung, die Wohnung zu verlassen oder nicht zu ihr zurückzukehren, es sei denn, das Aufsuchen ist zur rechtmäßigen Durchsetzung einer vertraglichen Verpflichtung gerechtfertigt;

26. unzulässiges hartnäckiges Ansprechen über Fernabsatzmittel
hartnäckiges und unerwünschtes Ansprechen des Verbrauchers mittels Telefonanrufen, unter Verwendung eines Faxgerätes, elektronischer Post oder sonstiger für den Fernabsatz geeigneter Mittel der kommerziellen Kommunikation, es sei denn, dieses Verhalten ist zur rechtmäßigen Durchsetzung einer vertraglichen Verpflichtung gerechtfertigt;

27. Verhinderung der Durchsetzung vertraglicher Rechte im Versicherungsverhältnis
Maßnahmen, durch die der Verbraucher von der Durchsetzung seiner vertraglichen Rechte aus einem Versicherungsverhältnis dadurch abgehalten werden soll, dass
 a) von ihm bei der Geltendmachung eines Anspruchs die Vorlage von Unterlagen verlangt wird, die zum Nachweis dieses Anspruchs nicht erforderlich sind, oder
 b) Schreiben zur Geltendmachung eines Anspruchs systematisch nicht beantwortet werden;

28. Kaufaufforderung an Kinder
die in eine Werbung einbezogene unmittelbare Aufforderung an Kinder, selbst die beworbene Ware zu erwerben oder die beworbene Dienstleistung in Anspruch zu nehmen oder ihre Eltern oder andere Erwachsene dazu zu veranlassen;
29. Aufforderung zur Bezahlung nicht bestellter Waren oder Dienstleistungen
die Aufforderung zur Bezahlung nicht bestellter, aber gelieferter Waren oder erbrachter Dienstleistungen oder eine Aufforderung zur Rücksendung oder Aufbewahrung nicht bestellter Waren;
30. Angaben über die Gefährdung des Arbeitsplatzes oder des Lebensunterhalts
die ausdrückliche Angabe, dass der Arbeitsplatz oder der Lebensunterhalt des Unternehmers gefährdet sei, wenn der Verbraucher die Ware oder Dienstleistung nicht abnehme;
31. Irreführung über Preis oder Gewinn
die unwahre Angabe oder das Erwecken des unzutreffenden Eindrucks, der Verbraucher habe bereits einen Preis gewonnen oder werde ihn gewinnen oder werde durch eine bestimmte Handlung einen Preis gewinnen oder einen sonstigen Vorteil erlangen, wenn
a) es einen solchen Preis oder Vorteil tatsächlich nicht gibt oder
b) die Möglichkeit, einen solchen Preis oder Vorteil zu erlangen, von der Zahlung eines Geldbetrags oder der Übernahme von Kosten abhängig gemacht wird.
32. Aufforderung zur Zahlung bei unerbetenen Besuchen in der Wohnung eines Verbrauchers am Tag des Vertragsschlusses
bei einem im Rahmen eines unerbetenen Besuchs in der Wohnung eines Verbrauchers geschlossenen Vertrag die an den Verbraucher gerichtete Aufforderung zur Bezahlung der Ware oder Dienstleistung vor Ablauf des Tages des Vertragsschlusses; dies gilt nicht, wenn der Verbraucher einen Betrag unter 50 Euro schuldet.

In Zusammenhang mit dem UWG sind die folgenden Werbeverbote aus dem Gesetz über Tabakerzeugnisse und verwandte Erzeugnisse (TabakerzG) bedeutsam[3]

§ 19 Verbot der Hörfunkwerbung, der Werbung in Druckerzeugnissen und in Diensten der Informationsgesellschaft, Verbot des Sponsorings. (1) Es ist verboten, für Tabakerzeugnisse, elektronische Zigaretten oder Nachfüllbehälter im Hörfunk zu werben.

---

3 Das Tabakerzeugnisgesetz vom 4. April 2016 (BGBl. I S. 569) tritt an die Stelle des vorläufigen Tabakgesetzes (in der Fassung der Bekanntmachung vom 9. September 1997, BGBl. I, S. 2296; zuletzt geändert durch Gesetz vom 19. November 2020, BGBl. I, S. 2456), welches seit 2005 Werbeverbote im Bereich von Tabakerzeugnissen, die vorher in einem konsolidierten Lebensmittel-, Bedarfsgegenstände- und Futtermittelgesetzbuch (LFGB) enthalten waren, integrierte.

12 UWG — Gesetz gegen den unlauteren Wettbewerb

(2) ¹Es ist verboten, für Tabakerzeugnisse, elektronische Zigaretten oder Nachfüllbehälter in der Presse oder in einer anderen gedruckten Veröffentlichung zu werben. ²Abweichend von Satz 1 darf in einer gedruckten Veröffentlichung geworben werden,
1. die ausschließlich für im Handel mit Tabakerzeugnissen oder elektronischen Zigaretten oder Nachfüllbehältern tätige Personen bestimmt ist,
2. die in einem Staat, der kein Mitgliedstaat der Europäischen Union ist, gedruckt und herausgegeben wird, sofern diese Veröffentlichung nicht hauptsächlich für den Markt in der Europäischen Union bestimmt ist.

(3) Absatz 2 gilt für die Werbung in Diensten der Informationsgesellschaft entsprechend.

(4) Es ist verboten, Hörfunkprogramme zur Förderung des Verkaufs von Tabakerzeugnissen, elektronischen Zigaretten oder Nachfüllbehältern zu sponsern.

(5) Es ist verboten, eine Veranstaltung oder Aktivität mit dem Ziel oder der direkten oder indirekten Wirkung zu sponsern, den Verkauf von Tabakerzeugnissen, elektronischen Zigaretten oder Nachfüllbehältern zu fördern, wenn
1. an der Veranstaltung oder Aktivität mehrere Mitgliedstaaten der Europäischen Union beteiligt sind,
2. die Veranstaltung oder Aktivität in mehreren Mitgliedstaaten der Europäischen Union stattfindet oder
3. die Veranstaltung oder Aktivität eine sonstige grenzüberschreitende Wirkung hat.

§ 20 Verbot der audiovisuellen kommerziellen Kommunikation. Es ist verboten, audiovisuelle kommerzielle Kommunikation im Sinne des Artikels 1 Absatz 1 Buchstabe h der Richtlinie 2010/13/EU des Europäischen Parlaments und des Rates vom 10. März 2010 zur Koordinierung bestimmter Rechts- und Verwaltungsvorschriften der Mitgliedstaaten über die Bereitstellung audiovisueller Mediendienste (Richtlinie über audiovisuelle Mediendienste) (ABl. L 95 vom 15.4.2010, S. 1), die durch die Richtlinie (EU) 2018/1808 (ABl. L 303 vom 28.11.2018, S. 69) geändert worden ist, für Tabakerzeugnisse, elektronische Zigaretten oder Nachfüllbehälter oder zugunsten von Unternehmen, deren Haupttätigkeit die Herstellung oder der Verkauf dieser Erzeugnisse ist, zu betreiben.

GWB 13

Gesetz gegen Wettbewerbsbeschränkungen

in der Fassung der Bekanntmachung vom 26. Juni 2013
(BGBl. I S. 1750, 3245),
zuletzt geändert durch Gesetz vom 27. Juli 2021 (BGBl. I S. 3274)

– Auszug –

§ 1 Verbot wettbewerbsbeschränkender Vereinbarungen. Vereinbarungen zwischen Unternehmen, Beschlüsse von Unternehmensvereinigungen und aufeinander abgestimmte Verhaltensweisen, die eine Verhinderung, Einschränkung oder Verfälschung des Wettbewerbs bezwecken oder bewirken, sind verboten.

§ 2 Freigestellte Vereinbarungen. (1) Vom Verbot des § 1 freigestellt sind Vereinbarungen zwischen Unternehmen, Beschlüsse von Unternehmensvereinigungen oder aufeinander abgestimmte Verhaltensweisen, die unter angemessener Beteiligung der Verbraucher an dem entstehenden Gewinn zur Verbesserung der Warenerzeugung oder -verteilung oder zur Förderung des technischen oder wirtschaftlichen Fortschritts beitragen, ohne dass den beteiligten Unternehmen
1. Beschränkungen auferlegt werden, die für die Verwirklichung dieser Ziele nicht unerlässlich sind, oder
2. Möglichkeiten eröffnet werden, für einen wesentlichen Teil der betreffenden Waren den Wettbewerb auszuschalten.

(2) [1]Bei der Anwendung von Absatz 1 gelten die Verordnungen des Rates oder der Kommission der Europäischen Gemeinschaft über die Anwendung von Artikel 81 Abs. 3 des Vertrages zur Gründung der Europäischen Gemeinschaft auf bestimmte Gruppen von Vereinbarungen, Beschlüsse von Unternehmensvereinigungen und aufeinander abgestimmte Verhaltensweisen (Gruppenfreistellungsverordnungen) entsprechend. [2]Dies gilt auch, soweit die dort genannten Vereinbarungen, Beschlüsse und Verhaltensweisen nicht geeignet sind, den Handel zwischen den Mitgliedstaaten der Europäischen Gemeinschaft zu beeinträchtigen.

§ 3 Mittelstandskartelle. (1) Vereinbarungen zwischen miteinander im Wettbewerb stehenden Unternehmen und Beschlüsse von Unternehmensvereinigungen, die die Rationalisierung wirtschaftlicher Vorgänge durch zwischenbetriebliche Zusammenarbeit zum Gegenstand haben, erfüllen die Voraussetzungen des § 2 Absatz 1, wenn
1. dadurch der Wettbewerb auf dem Markt nicht wesentlich beeinträchtigt wird und
2. die Vereinbarung oder der Beschluss dazu dient, die Wettbewerbsfähigkeit kleiner oder mittlerer Unternehmen zu verbessern.

§ 19 Verbotenes Verhalten von marktbeherrschenden Unternehmen.

(1) Der Missbrauch einer marktbeherrschenden Stellung durch ein oder mehrere Unternehmen ist verboten.

(2) Ein Missbrauch liegt insbesondere vor, wenn ein marktbeherrschendes Unternehmen als Anbieter oder Nachfrager einer bestimmten Art von Waren oder gewerblichen Leistungen
1. ein anderes Unternehmen unmittelbar oder mittelbar unbillig behindert oder ohne sachlich gerechtfertigten Grund unmittelbar oder mittelbar anders behandelt als gleichartige Unternehmen;
2. Entgelte oder sonstige Geschäftsbedingungen fordert, die von denjenigen abweichen, die sich bei wirksamem Wettbewerb mit hoher Wahrscheinlichkeit ergeben würden; hierbei sind insbesondere die Verhaltensweisen von Unternehmen auf vergleichbaren Märkten mit wirksamem Wettbewerb zu berücksichtigen;
3. ungünstigere Entgelte oder sonstige Geschäftsbedingungen fordert, als sie das marktbeherrschende Unternehmen selbst auf vergleichbaren Märkten von gleichartigen Abnehmern fordert, es sei denn, dass der Unterschied sachlich gerechtfertigt ist;
4. sich weigert, ein anderes Unternehmen gegen angemessenes Entgelt mit einer solchen Ware oder gewerblichen Leistung zu beliefern, insbesondere ihm Zugang zu Daten, zu Netzen oder anderen Infrastruktureinrichtungen zu gewähren, und die Belieferung oder die Gewährung des Zugangs objektiv notwendig ist, um auf einem vor- oder nachgelagerten Markt tätig zu sein und die Weigerung den wirksamen Wettbewerb auf diesem Markt auszuschalten droht, es sei denn, die Weigerung ist sachlich gerechtfertigt;
5. andere Unternehmen dazu auffordert, ihm ohne sachlich gerechtfertigten Grund Vorteile zu gewähren; hierbei ist insbesondere zu berücksichtigen, ob die Aufforderung für das andere Unternehmen nachvollziehbar begründet ist und ob der geforderte Vorteil in einem angemessenen Verhältnis zum Grund der Forderung steht.

(3) ¹Absatz 1 in Verbindung mit Absatz 2 Nummer 1 und Nummer 5 gilt auch für Vereinigungen von miteinander im Wettbewerb stehenden Unternehmen im Sinne der §§ 2, 3 und 28 Absatz 1, § 30 Absatz 2a, 2b und § 31 Absatz 1 Nummer 1, 2 und 4. ²Absatz 1 in Verbindung mit Absatz 2 Nummer 1 gilt auch für Unternehmen, die Preise nach § 28 Absatz 2 oder § 30 Absatz 1 Satz 1 oder § 31 Absatz 1 Nummer 3 binden.

§ 20 Verbotenes Verhalten von Unternehmen mit relativer oder überlegener Marktmacht.

(1) ¹§ 19 Absatz 1 in Verbindung mit Absatz 2 Nummer 1 gilt auch für Unternehmen und Vereinigungen von Unternehmen, soweit von ihnen andere Unternehmen als Anbieter oder Nachfrager einer bestimmten Art von Waren oder gewerblichen Leistungen in der Weise abhängig sind, dass ausreichende und zumutbare Möglichkeiten, auf dritte Unternehmen auszuweichen, nicht bestehen und ein deutliches Ungleichgewicht zur Gegenmacht der anderen Unternehmen besteht (relative Marktmacht). ²§ 19 Absatz 1 in

Verbindung mit Absatz 2 Nummer 1 gilt ferner auch für Unternehmen, die als Vermittler auf mehrseitigen Märkten tätig sind, soweit andere Unternehmen mit Blick auf den Zugang zu Beschaffungs- und Absatzmärkten von ihrer Vermittlungsleistung in der Weise abhängig sind, dass ausreichende und zumutbare Ausweichmöglichkeiten nicht bestehen. ³Es wird vermutet, dass ein Anbieter einer bestimmten Art von Waren oder gewerblichen Leistungen von einem Nachfrager abhängig im Sinne des Satzes 1 ist, wenn dieser Nachfrager bei ihm zusätzlich zu den verkehrsüblichen Preisnachlässen oder sonstigen Leistungsentgelten regelmäßig besondere Vergünstigungen erlangt, die gleichartigen Nachfragern nicht gewährt werden.

(1a) ¹Eine Abhängigkeit nach Absatz 1 kann sich auch daraus ergeben, dass ein Unternehmen für die eigene Tätigkeit auf den Zugang zu Daten angewiesen ist, die von einem anderen Unternehmen kontrolliert werden. ²Die Verweigerung des Zugangs zu solchen Daten gegen angemessenes Entgelt kann eine unbillige Behinderung nach Absatz 1 in Verbindung mit § 19 Absatz 1, Absatz 2 Nummer 1 darstellen. ³Dies gilt auch dann, wenn ein Geschäftsverkehr für diese Daten bislang nicht eröffnet ist.

(2) § 19 Absatz 1 in Verbindung mit Absatz 2 Nummer 5 gilt auch für Unternehmen und Vereinigungen von Unternehmen im Verhältnis zu den von ihnen abhängigen Unternehmen.

(3) ¹Unternehmen mit gegenüber kleinen und mittleren Wettbewerbern überlegener Marktmacht dürfen ihre Marktmacht nicht dazu ausnutzen, solche Wettbewerber unmittelbar oder mittelbar unbillig zu behindern. ²Eine unbillige Behinderung im Sinne des Satzes 1 liegt insbesondere vor, wenn ein Unternehmen
1. Lebensmittel im Sinne des Artikels 2 der Verordnung (EG) Nr. 178/2002 des Europäischen Parlaments und des Rates zur Festlegung der allgemeinen Grundsätze und Anforderungen des Lebensmittelrechts, zur Errichtung der Europäischen Behörde für Lebensmittelsicherheit und zur Festlegung von Verfahren zur Lebensmittelsicherheit (ABl. L 31 vom 1.2.2002, S. 1), die zuletzt durch die Verordnung (EU) 2019/1381 (ABl. L 231 vom 6.9.2019, S. 1) geändert worden ist, unter Einstandspreis oder
2. andere Waren oder gewerbliche Leistungen nicht nur gelegentlich unter Einstandspreis oder
3. von kleinen oder mittleren Unternehmen, mit denen es auf dem nachgelagerten Markt beim Vertrieb von Waren oder gewerblichen Leistungen im Wettbewerb steht, für deren Lieferung einen höheren Preis fordert, als es selbst auf diesem Markt anbietet, es sei denn, dies ist jeweils sachlich gerechtfertigt. ³Einstandspreis im Sinne des Satzes 2 ist der zwischen dem Unternehmen mit überlegener Marktmacht und seinem Lieferanten vereinbarte Preis für die Beschaffung der Ware oder Leistung, auf den allgemein gewährte und im Zeitpunkt des Angebots bereits mit hinreichender Sicherheit feststehende Bezugsvergünstigungen anteilig angerechnet werden, soweit nicht für bestimmte Waren oder Leistungen ausdrücklich etwas ande-

res vereinbart ist. ⁴Das Anbieten von Lebensmitteln unter Einstandspreis ist sachlich gerechtfertigt, wenn es geeignet ist, den Verderb oder die drohende Unverkäuflichkeit der Waren beim Händler durch rechtzeitigen Verkauf zu verhindern sowie in vergleichbar schwerwiegenden Fällen. ⁵Werden Lebensmittel an gemeinnützige Einrichtungen zur Verwendung im Rahmen ihrer Aufgaben abgegeben, liegt keine unbillige Behinderung vor.

(3a) Eine unbillige Behinderung im Sinne des Absatzes 3 Satz 1 liegt auch vor, wenn ein Unternehmen mit überlegener Marktmacht auf einem Markt im Sinne des § 18 Absatz 3a die eigenständige Erzielung von Netzwerkeffekten durch Wettbewerber behindert und hierdurch die ernstliche Gefahr begründet, dass der Leistungswettbewerb in nicht unerheblichem Maße eingeschränkt wird.

(4) Ergibt sich auf Grund bestimmter Tatsachen nach allgemeiner Erfahrung der Anschein, dass ein Unternehmen seine Marktmacht im Sinne des Absatzes 3 ausgenutzt hat, so obliegt es diesem Unternehmen, den Anschein zu widerlegen und solche anspruchsbegründenden Umstände aus seinem Geschäftsbereich aufzuklären, deren Aufklärung dem betroffenen Wettbewerber oder einem Verband nach § 33 Absatz 4 nicht möglich, dem in Anspruch genommenen Unternehmen aber leicht möglich und zumutbar ist.

(5) Wirtschafts- und Berufsvereinigungen sowie Gütezeichengemeinschaften dürfen die Aufnahme eines Unternehmens nicht ablehnen, wenn die Ablehnung eine sachlich nicht gerechtfertigte ungleiche Behandlung darstellen und zu einer unbilligen Benachteiligung des Unternehmens im Wettbewerb führen würde.

§ 21 Boykottverbot, Verbot sonstigen wettbewerbsbeschränkenden Verhaltens. (1) Unternehmen und Vereinigungen von Unternehmen dürfen nicht ein anderes Unternehmen oder Vereinigungen von Unternehmen in der Absicht, bestimmte Unternehmen unbillig zu beeinträchtigen, zu Liefersperren oder Bezugssperren auffordern.

(2) Unternehmen und Vereinigungen von Unternehmen dürfen anderen Unternehmen keine Nachteile androhen oder zufügen und keine Vorteile versprechen oder gewähren, um sie zu einem Verhalten zu veranlassen, das nach folgenden Vorschriften nicht zum Gegenstand einer vertraglichen Bindung gemacht werden darf:
1. nach diesem Gesetz,
2. nach Artikel 101 oder 102 des Vertrages über die Arbeitsweise der Europäischen Union oder
3. nach einer Verfügung der Europäischen Kommission oder der Kartellbehörde, die auf Grund dieses Gesetzes oder auf Grund der Artikel 101 oder 102 des Vertrages über die Arbeitsweise der Europäischen Union ergangen ist.

(3) Unternehmen und Vereinigungen von Unternehmen dürfen andere Unternehmen nicht zwingen,

Wettbewerbsbeschränkungsgesetz **GWB 13**

1. einer Vereinbarung oder einem Beschluss im Sinne der §§ 2, 3, 28 Absatz 1 oder § 30 Absatz 2a oder Absatz 2b beizutreten oder
2. sich mit anderen Unternehmen im Sinne des § 37 zusammenzuschließen oder
3. in der Absicht, den Wettbewerb zu beschränken, sich im Markt gleichförmig zu verhalten.

(4) Es ist verboten, einem anderen wirtschaftlichen Nachteil zuzufügen, weil dieser ein Einschreiten der Kartellbehörde beantragt oder angeregt hat.

§ 22 Verhältnis dieses Gesetzes zu den Artikeln 81 und 82 des Vertrages zur Gründung der Europäischen Gemeinschaft. (1) [1]Auf Vereinbarungen zwischen Unternehmen, Beschlüsse von Unternehmensvereinigungen und aufeinander abgestimmte Verhaltensweisen im Sinne des Artikels 81 Abs. 1 des Vertrages zur Gründung der Europäischen Gemeinschaft, die den Handel zwischen den Mitgliedstaaten der Europäischen Gemeinschaft im Sinne dieser Bestimmung beeinträchtigen können, können auch die Vorschriften dieses Gesetzes angewandt werden. [2]Ist dies der Fall, ist daneben gemäß Artikel 3 Abs. 1 Satz 1 der Verordnung (EG) Nr. 1/2003 des Rates vom 16. Dezember 2002 zur Durchführung der in den Artikeln 81 und 82 des Vertrages niedergelegten Wettbewerbsregeln (ABl. EG 2003 Nr. L 1 S. 1) auch Artikel 81 des Vertrages zur Gründung der Europäischen Gemeinschaft anzuwenden.

(2) [1]Die Anwendung der Vorschriften dieses Gesetzes darf gemäß Artikel 3 Abs. 2 Satz 1 der Verordnung (EG) Nr. 1/2003 nicht zum Verbot von Vereinbarungen zwischen Unternehmen, Beschlüssen von Unternehmensvereinigungen und aufeinander abgestimmten Verhaltensweisen führen, welche den Handel zwischen den Mitgliedstaaten der Europäischen Gemeinschaft zu beeinträchtigen geeignet sind, aber den Wettbewerb im Sinne des Artikels 81 Abs. 1 des Vertrages zur Gründung der Europäischen Gemeinschaft nicht beschränken oder die Bedingungen des Artikels 81 Abs. 3 des Vertrages zur Gründung der Europäischen Gemeinschaft erfüllen oder durch eine Verordnung zur Anwendung des Artikels 81 Abs. 3 des Vertrages zur Gründung der Europäischen Gemeinschaft erfasst sind. [2]Die Vorschriften des Kapitels 2 bleiben unberührt. [3]In anderen Fällen richtet sich der Vorrang von Artikel 81 des Vertrages zur Gründung der Europäischen Gemeinschaft nach dem insoweit maßgeblichen europäischen Gemeinschaftsrecht.

(3) [1]Auf Handlungen, die einen nach Artikel 82 des Vertrages zur Gründung der Europäischen Gemeinschaft verbotenen Missbrauch darstellen, können auch die Vorschriften dieses Gesetzes angewandt werden. [2]Ist dies der Fall, ist daneben gemäß Artikel 3 Abs. 1 Satz 2 der Verordnung (EG) Nr. 1/2003 auch Artikel 82 des Vertrages zur Gründung der Europäischen Gemeinschaft anzuwenden. [3]Die Anwendung weitergehender Vorschriften dieses Gesetzes bleibt unberührt.

(4) [1]Die Absätze 1 bis 3 gelten unbeschadet des europäischen Gemeinschaftsrechts nicht, soweit die Vorschriften über die Zusammenschlusskon-

trolle angewandt werden. ²Vorschriften, die überwiegend ein von den Artikeln 81 und 82 des Vertrages zur Gründung der Europäischen Gemeinschaft abweichendes Ziel verfolgen, bleiben von den Vorschriften dieses Abschnitts unberührt.

§ 30 Presse. (1) ¹§ 1 gilt nicht für vertikale Preisbindungen, durch die ein Unternehmen, das Zeitungen oder Zeitschriften herstellt, die Abnehmer dieser Erzeugnisse rechtlich oder wirtschaftlich bindet, bei der Weiterveräußerung bestimmte Preise zu vereinbaren oder ihren Abnehmern die gleiche Bindung bis zur Weiterveräußerung an den letzten Verbraucher aufzuerlegen. ²Zu Zeitungen und Zeitschriften zählen auch Produkte, die Zeitungen oder Zeitschriften reproduzieren oder substituieren und bei Würdigung der Gesamtumstände als überwiegend verlagstypisch anzusehen sind, sowie kombinierte Produkte, bei denen eine Zeitung oder eine Zeitschrift im Vordergrund steht.

(2) ¹Vereinbarungen der in Absatz 1 bezeichneten Art sind, soweit sie Preise und Preisbestandteile betreffen, schriftlich abzufassen. ²Es genügt, wenn die Beteiligten Urkunden unterzeichnen, die auf eine Preisliste oder auf Preismitteilungen Bezug nehmen. ³§ 126 Absatz 2 des Bürgerlichen Gesetzbuchs findet keine Anwendung.

(2a) ¹§ 1 gilt nicht für Branchenvereinbarungen zwischen Vereinigungen von Unternehmen, die nach Absatz 1 Preise für Zeitungen oder Zeitschriften binden (Presseverlage), einerseits und Vereinigungen von deren Abnehmern, die im Preis gebundene Zeitungen und Zeitschriften mit Remissionsrecht beziehen und mit Remissionsrecht an Letztveräußerer verkaufen (Presse-Grossisten), andererseits für die von diesen Vereinigungen jeweils vertretenen Unternehmen, soweit in diesen Branchenvereinbarungen der flächendeckende und diskriminierungsfreie Vertrieb von Zeitungs- und Zeitschriftensortimenten durch die Presse-Grossisten, insbesondere dessen Voraussetzungen und dessen Vergütungen sowie die dadurch abgegoltenen Leistungen geregelt sind. ²Insoweit sind die in Satz 1 genannten Vereinigungen und die von ihnen jeweils vertretenen Presseverlage und Presse-Grossisten zur Sicherstellung eines flächendeckenden und diskriminierungsfreien Vertriebs von Zeitungen und Zeitschriften im stationären Einzelhandel im Sinne von Artikel 106 Absatz 2 des Vertrages über die Arbeitsweise der Europäischen Union mit Dienstleistungen von allgemeinem wirtschaftlichem Interesse betraut. ³Die §§ 19 und 20 bleiben unberührt.

(2b) ¹§ 1 gilt nicht für Vereinbarungen zwischen Zeitungs- oder Zeitschriftenverlagen über eine verlagswirtschaftliche Zusammenarbeit, soweit die Vereinbarung den Beteiligten ermöglicht, ihre wirtschaftliche Basis für den intermedialen Wettbewerb zu stärken. ²Satz 1 gilt nicht für eine Zusammenarbeit im redaktionellen Bereich. ³Die Unternehmen haben auf Antrag einen Anspruch auf eine Entscheidung der Kartellbehörde nach § 32c, wenn
1. bei einer Vereinbarung nach Satz 1 die Voraussetzungen für ein Verbot nach Artikel 101 Absatz 1 des Vertrages über die Arbeitsweise der Euro-

päischen Union nach den der Kartellbehörde vorliegenden Erkenntnissen nicht gegeben sind und
2. die Antragsteller ein erhebliches rechtliches und wirtschaftliches Interesse an dieser Entscheidung haben.
⁴Die §§ 19 und 20 bleiben unberührt.

(3) ¹Das Bundeskartellamt kann von Amts wegen oder auf Antrag eines gebundenen Abnehmers die Preisbindung für unwirksam erklären und die Anwendung einer neuen gleichartigen Preisbindung verbieten, wenn
1. die Preisbindung missbräuchlich gehandhabt wird oder
2. die Preisbindung oder ihre Verbindung mit anderen Wettbewerbsbeschränkungen geeignet ist, die gebundenen Waren zu verteuern oder ein Sinken ihrer Preise zu verhindern oder ihre Erzeugung oder ihren Absatz zu beschränken.

²Soweit eine Branchenvereinbarung nach Absatz 2a oder eine Vereinbarung nach Absatz 2b einen Missbrauch der Freistellung darstellt, kann das Bundeskartellamt diese ganz oder teilweise für unwirksam erklären.

(4) Das Bundesministerium für Wirtschaft und Energie berichtet den gesetzgebenden Körperschaften nach Ablauf von fünf Jahren nach Inkrafttreten der Regelung in den Absätzen 2b und 3 Satz 2 über die Erfahrungen mit der Vorschrift.

§ 32 Abstellung und nachträgliche Feststellung von Zuwiderhandlungen. (1) Die Kartellbehörde kann Unternehmen oder Vereinigungen von Unternehmen verpflichten, eine Zuwiderhandlung gegen eine Vorschrift dieses Teils oder gegen Artikel 101 oder 102 des Vertrages über die Arbeitsweise der Europäischen Union abzustellen.

(2) ¹Sie kann ihnen hierzu alle erforderlichen Abhilfemaßnahmen verhaltensorientierter oder struktureller Art vorschreiben, die gegenüber der festgestellten Zuwiderhandlung verhältnismäßig und für eine wirksame Abstellung der Zuwiderhandlung erforderlich sind. ²Abhilfemaßnahmen struktureller Art können nur in Ermangelung einer verhaltensorientierten Abhilfemaßnahme von gleicher Wirksamkeit festgelegt werden, oder wenn letztere im Vergleich zu Abhilfemaßnahmen struktureller Art mit einer größeren Belastung für die beteiligten Unternehmen verbunden wäre.

(2a) ¹In der Abstellungsverfügung kann die Kartellbehörde eine Rückerstattung der aus dem kartellrechtswidrigen Verhalten erwirtschafteten Vorteile anordnen. ²Die in den erwirtschafteten Vorteilen enthaltenen Zinsvorteile können geschätzt werden. ³Nach Ablauf der in der Abstellungsverfügung bestimmten Frist für die Rückerstattung sind die bis zu diesem Zeitpunkt erwirtschafteten Vorteile entsprechend § 288 Absatz 1 Satz 2 und § 289 Satz 1 des Bürgerlichen Gesetzbuchs zu verzinsen.

(3) Soweit ein berechtigtes Interesse besteht, kann die Kartellbehörde auch eine Zuwiderhandlung feststellen, nachdem diese beendet ist.

13 GWB

Wettbewerbsbeschränkungsgesetz

§ 33 Beseitigungs- und Unterlassungsanspruch. (1) Wer gegen eine Vorschrift dieses Teils oder gegen Artikel 101 oder 102 des Vertrages über die Arbeitsweise der Europäischen Union verstößt (Rechtsverletzer) oder wer gegen eine Verfügung der Kartellbehörde verstößt, ist gegenüber dem Betroffenen zur Beseitigung der Beeinträchtigung und bei Wiederholungsgefahr zur Unterlassung verpflichtet.

(2) Der Unterlassungsanspruch besteht bereits dann, wenn eine Zuwiderhandlung droht.

(3) Betroffen ist, wer als Mitbewerber oder sonstiger Marktbeteiligter durch den Verstoß beeinträchtigt ist.

(4) Die Ansprüche aus Absatz 1 können auch geltend gemacht werden von
1. rechtsfähigen Verbänden zur Förderung gewerblicher oder selbstständiger beruflicher Interessen, wenn
a) ihnen eine erhebliche Anzahl betroffener Unternehmen im Sinne des Absatzes 3 angehört und
b) sie insbesondere nach ihrer personellen, sachlichen und finanziellen Ausstattung imstande sind, ihre satzungsmäßigen Aufgaben der Verfolgung gewerblicher oder selbstständiger beruflicher Interessen tatsächlich wahrzunehmen;
2. Einrichtungen, die nachweisen, dass sie eingetragen sind in
a) die Liste qualifizierter Einrichtungen nach § 4 des Unterlassungsklagengesetzes oder
b) das Verzeichnis der Europäischen Kommission nach Artikel 4 Absatz 3 der Richtlinie 2009/22/EG des Europäischen Parlaments und des Rates vom 23. April 2009 über Unterlassungsklagen zum Schutz der Verbraucherinteressen (ABl. L 110 vom 1.5.2009, S. 30) in der jeweils geltenden Fassung.

§ 35 Geltungsbereich der Zusammenschlusskontrolle. (1) Die Vorschriften über die Zusammenschlusskontrolle finden Anwendung, wenn im letzten Geschäftsjahr vor dem Zusammenschluss
1. die beteiligten Unternehmen insgesamt weltweit Umsatzerlöse von mehr als 500 Millionen Euro und
2. im Inland mindestens ein beteiligtes Unternehmen Umsatzerlöse von mehr als 50 Millionen Euro und ein anderes beteiligtes Unternehmen Umsatzerlöse von mehr als 17,5 Millionen Euro
erzielt haben.

(1a) Die Vorschriften über die Zusammenschlusskontrolle finden auch Anwendung, wenn
1. die Voraussetzungen des Absatzes 1 Nummer 1 erfüllt sind,
2. im Inland im letzten Geschäftsjahr vor dem Zusammenschluss
a) ein beteiligtes Unternehmen Umsatzerlöse von mehr als 50 Millionen Euro erzielt hat und

Wettbewerbsbeschränkungsgesetz **GWB 13**

b) weder das zu erwerbende Unternehmen noch ein anderes beteiligtes Unternehmen Umsatzerlöse von jeweils mehr als 17,5 Millionen Euro erzielt haben,
3. der Wert der Gegenleistung für den Zusammenschluss mehr als 400 Millionen Euro beträgt und
4. das zu erwerbende Unternehmen nach Nummer 2 in erheblichem Umfang im Inland tätig ist.

(2) ¹Absatz 1 gilt nicht für Zusammenschlüsse durch die Zusammenlegung öffentlicher Einrichtungen und Betriebe, die mit einer kommunalen Gebietsreform einhergehen. ²Die Absätze 1 und 1a gelten nicht, wenn alle am Zusammenschluss beteiligten Unternehmen
1. Mitglied einer kreditwirtschaftlichen Verbundgruppe im Sinne des § 8b Absatz 4 Satz 8 des Körperschaftsteuergesetzes sind,
2. im Wesentlichen für die Unternehmen der kreditwirtschaftlichen Verbundgruppe, deren Mitglied sie sind, Dienstleistungen erbringen und
3. bei der Tätigkeit nach Nummer 2 keine eigenen vertraglichen Endkundenbeziehungen unterhalten.

³Satz 2 gilt nicht für Zusammenschlüsse von Zentralbanken und Girozentralen im Sinne des § 21 Absatz 2 Nummer 2 des Kreditwesengesetzes.

(3) Die Vorschriften dieses Gesetzes finden keine Anwendung, soweit die Europäische Kommission nach der Verordnung (EG) Nr. 139/2004 des Rates vom 20. Januar 2004 über die Kontrolle von Unternehmenszusammenschlüssen in ihrer jeweils geltenden Fassung ausschließlich zuständig ist.

§ 36 Grundsätze für die Beurteilung von Zusammenschlüssen. (1) ¹Ein Zusammenschluss, durch den wirksamer Wettbewerb erheblich behindert würde, insbesondere von dem zu erwarten ist, dass er eine marktbeherrschende Stellung begründet oder verstärkt, ist vom Bundeskartellamt zu untersagen. ²Dies gilt nicht, wenn
1. die beteiligten Unternehmen nachweisen, dass durch den Zusammenschluss auch Verbesserungen der Wettbewerbsbedingungen eintreten und diese Verbesserungen die Behinderung des Wettbewerbs überwiegen, oder
2. die Untersagungsvoraussetzungen ausschließlich auf Märkten vorliegen, auf denen seit mindestens fünf Jahren Waren oder gewerbliche Leistungen angeboten werden und auf denen im letzten Kalenderjahr im Inland insgesamt weniger als 20 Millionen Euro umgesetzt wurden, es sei denn, es handelt sich um Märkte im Sinne des § 18 Absatz 2a oder einen Fall des § 35 Absatz 1a, oder
3. die marktbeherrschende Stellung eines Zeitungs- oder Zeitschriftenverlags verstärkt wird, der einen kleinen oder mittleren Zeitungs- oder Zeitschriftenverlag übernimmt, falls nachgewiesen wird, dass der übernommene Verlag in den letzten drei Jahren jeweils in der Gewinn- und Verlustrechnung nach § 275 des Handelsgesetzbuchs einen erheblichen Jahresfehlbetrag auszuweisen hatte und er ohne den Zusammenschluss in seiner Existenz gefährdet wäre. Ferner muss nachgewiesen werden, dass vor dem Zusam-

menschluss kein anderer Erwerber gefunden wurde, der eine wettbewerbskonformere Lösung sichergestellt hätte.

(2) ¹Ist ein beteiligtes Unternehmen ein abhängiges oder herrschendes Unternehmen im Sinne des § 17 des Aktiengesetzes oder ein Konzernunternehmen im Sinne des § 18 des Aktiengesetzes, sind die so verbundenen Unternehmen als einheitliches Unternehmen anzusehen. ²Wirken mehrere Unternehmen derart zusammen, dass sie gemeinsam einen beherrschenden Einfluss auf ein anderes Unternehmen ausüben können, gilt jedes von ihnen als herrschendes.

(3) Steht einer Person oder Personenvereinigung, die nicht Unternehmen ist, die Mehrheitsbeteiligung an einem Unternehmen zu, gilt sie als Unternehmen.

§ 37 Zusammenschluss. (1) Ein Zusammenschluss liegt in folgenden Fällen vor:
1. Erwerb des Vermögens eines anderen Unternehmens ganz oder zu einem wesentlichen Teil; das gilt auch, wenn ein im Inland tätiges Unternehmen, dessen Vermögen erworben wird, noch keine Umsatzerlöse erzielt hat;
2. Erwerb der unmittelbaren oder mittelbaren Kontrolle durch ein oder mehrere Unternehmen über die Gesamtheit oder Teile eines oder mehrerer anderer Unternehmen. Die Kontrolle wird durch Rechte, Verträge oder andere Mittel begründet, die einzeln oder zusammen unter Berücksichtigung aller tatsächlichen und rechtlichen Umstände die Möglichkeit gewähren, einen bestimmenden Einfluss auf die Tätigkeit eines Unternehmens auszuüben, insbesondere durch
    a) Eigentums- oder Nutzungsrechte an einer Gesamtheit oder an Teilen des Vermögens des Unternehmens,
    b) Rechte oder Verträge, die einen bestimmenden Einfluss auf die Zusammensetzung, die Beratungen oder Beschlüsse der Organe des Unternehmens gewähren;

    das gilt auch, wenn ein im Inland tätiges Unternehmen noch keine Umsatzerlöse erzielt hat;
3. Erwerb von Anteilen an einem anderen Unternehmen, wenn die Anteile allein oder zusammen mit sonstigen, dem Unternehmen bereits gehörenden Anteilen
    a) 50 vom Hundert oder
    b) 25 vom Hundert

    des Kapitals oder der Stimmrechte des anderen Unternehmens erreichen. Zu den Anteilen, die dem Unternehmen gehören, rechnen auch die Anteile, die einem anderen für Rechnung dieses Unternehmens gehören und, wenn der Inhaber des Unternehmens ein Einzelkaufmann ist, auch die Anteile, die sonstiges Vermögen des Inhabers sind. Erwerben mehrere Unternehmen gleichzeitig oder nacheinander Anteile im vorbezeichneten Umfang an einem anderen Unternehmen, gilt dies hinsichtlich der Märkte, auf denen das andere Unternehmen tätig ist, auch als Zusammenschluss der sich beteiligenden Unternehmen untereinander;

4. jede sonstige Verbindung von Unternehmen, aufgrund deren ein oder mehrere Unternehmen unmittelbar oder mittelbar einen wettbewerblich erheblichen Einfluss auf ein anderes Unternehmen ausüben können.

(2) Ein Zusammenschluss liegt auch dann vor, wenn die beteiligten Unternehmen bereits vorher zusammengeschlossen waren, es sei denn, der Zusammenschluss führt nicht zu einer wesentlichen Verstärkung der bestehenden Unternehmensverbindung.

(3) [1]Erwerben Kreditinstitute, Finanzinstitute oder Versicherungsunternehmen Anteile an einem anderen Unternehmen zum Zwecke der Veräußerung, gilt dies nicht als Zusammenschluss, solange sie das Stimmrecht aus den Anteilen nicht ausüben und sofern die Veräußerung innerhalb eines Jahres erfolgt. [2]Diese Frist kann vom Bundeskartellamt auf Antrag verlängert werden, wenn glaubhaft gemacht wird, dass die Veräußerung innerhalb der Frist unzumutbar war.

§ 38 Berechnung der Umsatzerlöse, der Marktanteile und des Wertes der Gegenleistung. (1) [1]Für die Ermittlung der Umsatzerlöse gilt § 277 Absatz 1 des Handelsgesetzbuchs. [2]Verwendet ein Unternehmen für seine regelmäßige Rechnungslegung ausschließlich einen anderen international anerkannten Rechnungslegungsstandard, so ist für die Ermittlung der Umsatzerlöse dieser Standard maßgeblich. [3]Umsatzerlöse aus Lieferungen und Leistungen zwischen verbundenen Unternehmen (Innenumsatzerlöse) sowie Verbrauchsteuern bleiben außer Betracht.

(2) Für den Handel mit Waren sind nur drei Viertel der Umsatzerlöse in Ansatz zu bringen.

(3) Für den Verlag, die Herstellung und den Vertrieb von Zeitungen, Zeitschriften und deren Bestandteilen ist das Vierfache der Umsatzerlöse und für die Herstellung, den Vertrieb und die Veranstaltung von Rundfunkprogrammen und den Absatz von Rundfunkwerbezeiten ist das Achtfache der Umsatzerlöse in Ansatz zu bringen.

(4) [1]An die Stelle der Umsatzerlöse tritt bei Kreditinstituten, Finanzinstituten, Bausparkassen sowie bei externen Kapitalverwaltungsgesellschaften im Sinne des § 17 Absatz 2 Nummer 1 des Kapitalanlagegesetzbuchs der Gesamtbetrag der in § 34 Absatz 2 Satz 1 Nummer 1 Buchstabe a bis e der Kreditinstituts-Rechnungslegungsverordnung in der jeweils geltenden Fassung genannten Erträge abzüglich der Umsatzsteuer und sonstiger direkt auf diese Erträge erhobener Steuern. [2]Bei Versicherungsunternehmen sind die Prämieneinnahmen des letzten abgeschlossenen Geschäftsjahres maßgebend. [3]Prämieneinnahmen sind die Einnahmen aus dem Erst- und Rückversicherungsgeschäft einschließlich der in Rückdeckung gegebenen Anteile.

(4a) Die Gegenleistung nach § 35 Absatz 1a umfasst
1. alle Vermögensgegenstände und sonstigen geldwerten Leistungen, die der Veräußerer vom Erwerber im Zusammenhang mit dem Zusammenschluss nach § 37 Absatz 1 erhält, (Kaufpreis) und

2. den Wert etwaiger vom Erwerber übernommener Verbindlichkeiten.

(5) ¹Wird ein Zusammenschluss durch den Erwerb von Teilen eines oder mehrerer Unternehmen bewirkt, so ist unabhängig davon, ob diese Teile eigene Rechtspersönlichkeit besitzen, auf Seiten des Veräußerers nur der Umsatz oder der Marktanteil zu berücksichtigen, der auf die veräußerten Teile entfällt. ²Dies gilt nicht, sofern beim Veräußerer die Kontrolle im Sinne des § 37 Absatz 1 Nummer 2 oder 25 Prozent oder mehr der Anteile verbleiben. ³Zwei oder mehr Erwerbsvorgänge im Sinne von Satz 1, die innerhalb von zwei Jahren zwischen denselben Personen oder Unternehmen getätigt werden, werden als ein einziger Zusammenschluss behandelt, wenn dadurch die Umsatzschwellen des § 35 Absatz 1 erreicht oder die Voraussetzungen des § 35 Absatz 1a erfüllt werden; als Zeitpunkt des Zusammenschlusses gilt der letzte Erwerbsvorgang.

§ 81 Bußgeldvorschriften. (1) Ordnungswidrig handelt, wer gegen den Vertrag über die Arbeitsweise der Europäischen Union in der Fassung der Bekanntmachung vom 9. Mai 2008 (ABl. C 115 vom 9.5.2008, S. 47) verstößt, indem er vorsätzlich oder fahrlässig
1. entgegen Artikel 101 Absatz 1 eine Vereinbarung trifft, einen Beschluss fasst oder Verhaltensweisen aufeinander abstimmt oder
2. entgegen Artikel 102 Satz 1 eine beherrschende Stellung missbräuchlich ausnutzt.

(2) Ordnungswidrig handelt, wer vorsätzlich oder fahrlässig
1. einer Vorschrift der §§ 1, 19, 20 Absatz 1 bis 3 Satz 1, Absatz 3a oder Absatz 5, des § 21 Absatz 3 oder 4, des § 29 Satz 1 oder des § 41 Absatz 1 Satz 1 über das Verbot einer dort genannten Vereinbarung, eines dort genannten Beschlusses, einer aufeinander abgestimmten Verhaltensweise, des Missbrauchs einer marktbeherrschenden Stellung, des Missbrauchs einer Marktstellung oder einer überlegenen Marktmacht, einer unbilligen Behinderung oder unterschiedlichen Behandlung, der Ablehnung der Aufnahme eines Unternehmens, der Ausübung eines Zwangs, der Zufügung eines wirtschaftlichen Nachteils oder des Vollzugs eines Zusammenschlusses zuwiderhandelt,
2. einer vollziehbaren Anordnung nach
   a) § 19a Absatz 2, § 30 Absatz 3, § 31b Absatz 3 Nummer 1 und 3, § 32 Absatz 1, § 32a Absatz 1, § 32b Absatz 1 Satz 1 oder § 41 Absatz 4 Nummer 2, auch in Verbindung mit § 40 Absatz 3a Satz 2, auch in Verbindung mit § 41 Absatz 2 Satz 3 oder § 42 Absatz 2 Satz 2, oder § 60 oder
   b) § 39 Absatz 5 oder
   c) § 47d Absatz 1 Satz 2 in Verbindung mit einer Rechtsverordnung nach § 47f Nummer 1 oder
   d) § 47d Absatz 1 Satz 5 erster Halbsatz in Verbindung mit einer Rechtsverordnung nach § 47f Nummer 2 zuwiderhandelt,
3. entgegen § 39 Absatz 1 einen Zusammenschluss nicht richtig oder nicht vollständig anmeldet,

Wettbewerbsbeschränkungsgesetz **GWB 13**

4. entgegen § 39 Absatz 6 eine Anzeige nicht, nicht richtig, nicht vollständig oder nicht rechtzeitig erstattet,
5. einer vollziehbaren Auflage nach § 40 Absatz 3 Satz 1 oder § 42 Absatz 2 Satz 1 zuwiderhandelt,
5a. einer Rechtsverordnung nach § 47f Nummer 3 Buchstabe a, b oder c oder einer vollziehbaren Anordnung aufgrund einer solchen Rechtsverordnung zuwiderhandelt, soweit die Rechtsverordnung für einen bestimmten Tatbestand auf diese Bußgeldvorschrift verweist,
5b. entgegen § 47k Absatz 2 Satz 1, auch in Verbindung mit Satz 2, jeweils in Verbindung mit einer Rechtsverordnung nach § 47k Absatz 8 Satz 1 Nummer 1 oder Nummer 2, eine dort genannte Änderung nicht, nicht richtig, nicht vollständig oder nicht rechtzeitig übermittelt,
6. entgegen § 59 Absatz 2 oder Absatz 4, auch in Verbindung mit § 47d Absatz 1 Satz 1, § 47k Absatz 7 oder § 82b Absatz 1, ein Auskunftsverlangen nicht, nicht richtig, nicht vollständig oder nicht rechtzeitig beantwortet oder Unterlagen nicht, nicht vollständig oder nicht rechtzeitig herausgibt,
7. entgegen § 59 Absatz 1 Satz 6, auch in Verbindung mit § 82b Absatz 1, nicht zu einer Befragung erscheint,
8. entgegen § 59a Absatz 2, auch in Verbindung mit § 47d Absatz 1 Satz 1 und § 47k Absatz 7, geschäftliche Unterlagen nicht, nicht vollständig oder nicht rechtzeitig zur Einsichtnahme und Prüfung vorlegt oder die Prüfung von geschäftlichen Unterlagen sowie das Betreten von Geschäftsräumen und -grundstücken nicht duldet,
9. entgegen § 59b Absatz 5 Satz 2, auch in Verbindung mit § 82b Absatz 1, eine Durchsuchung von Geschäftsräumen oder geschäftlich genutzten Grundstücken oder Sachen nicht duldet,
10. ein Siegel bricht, das von den Bediensteten der Kartellbehörde oder von einer von diesen Bediensteten ermächtigten oder benannten Person gemäß § 59b Absatz 3 Satz 1 Nummer 2, auch in Verbindung mit § 82b Absatz 1, angebracht worden ist, oder
11. ein Verlangen nach § 59b Absatz 3 Satz 1 Nummer 3, auch in Verbindung mit § 82b Absatz 1, nicht, nicht richtig, nicht vollständig oder nicht rechtzeitig beantwortet.

(3) Ordnungswidrig handelt, wer
1. entgegen § 21 Absatz 1 zu einer Liefersperre oder Bezugssperre auffordert,
2. entgegen § 21 Absatz 2 einen Nachteil androht oder zufügt oder einen Vorteil verspricht oder gewährt oder
3. entgegen § 24 Absatz 4 Satz 3 oder § 39 Absatz 3 Satz 5 eine Angabe macht oder benutzt.

StGB 14

Strafgesetzbuch

in der Fassung der Bekanntmachung vom 13. November 1998
(BGBl. I S. 3322),
zuletzt geändert durch Gesetz vom 22. November 2021 (BGBl. I S. 4906)

– Auszug –

§ 11 Personen- und Sachbegriffe. (1) Im Sinne dieses Gesetzes ist
1. Angehöriger:
   wer zu den folgenden Personen gehört:
   a) Verwandte und Verschwägerte gerader Linie, der Ehegatte, der Lebenspartner, der Verlobte, Geschwister, Ehegatten oder Lebenspartner der Geschwister, Geschwister der Ehegatten oder Lebenspartner, und zwar auch dann, wenn die Ehe oder die Lebenspartnerschaft, welche die Beziehung begründet hat, nicht mehr besteht oder wenn die Verwandtschaft oder Schwägerschaft erloschen ist,
   b) Pflegeeltern und Pflegekinder;
2. Amtsträger:
   wer nach deutschem Recht
   a) Beamter oder Richter ist,
   b) in einem sonstigen öffentlich-rechtlichen Amtsverhältnis steht oder
   c) sonst dazu bestellt ist, bei einer Behörde oder bei einer sonstigen Stelle oder in deren Auftrag Aufgaben der öffentlichen Verwaltung unbeschadet der zur Aufgabenerfüllung gewählten Organisationsform wahrzunehmen;
2a. Europäischer Amtsträger:
   wer
   a) Mitglied der Europäischen Kommission, der Europäischen Zentralbank, des Rechnungshofs oder eines Gerichts der Europäischen Union ist,
   b) Beamter oder sonstiger Bediensteter der Europäischen Union oder einer auf der Grundlage des Rechts der Europäischen Union geschaffenen Einrichtung ist oder
   c) mit der Wahrnehmung von Aufgaben der Europäischen Union oder von Aufgaben einer auf der Grundlage des Rechts der Europäischen Union geschaffenen Einrichtung beauftragt ist;
3. Richter:
   wer nach deutschem Recht Berufsrichter oder ehrenamtlicher Richter ist;
4. für den öffentlichen Dienst besonders Verpflichteter:
   wer, ohne Amtsträger zu sein,
   a) bei einer Behörde oder bei einer sonstigen Stelle, die Aufgaben der öffentlichen Verwaltung wahrnimmt, oder
   b) bei einem Verband oder sonstigen Zusammenschluss, Betrieb oder Unternehmen, die für eine Behörde oder für eine sonstige Stelle Aufgaben der öffentlichen Verwaltung ausführen, beschäftigt oder für sie tätig und

auf die gewissenhafte Erfüllung seiner Obliegenheiten aufgrund eines Gesetzes förmlich verpflichtet ist;
5. rechtswidrige Tat:
nur eine solche, die den Tatbestand eines Strafgesetzes verwirklicht;
6. Unternehmen einer Tat:
deren Versuch und deren Vollendung;
7. Behörde:
auch ein Gericht;
8. Maßnahmen:
jede Maßregel der Besserung und Sicherung, die Einziehung und die Unbrauchbarmachung;
9. Entgelt:
jede in einem Vermögensvorteil bestehende Gegenleistung.

(2) Vorsätzlich im Sinne dieses Gesetzes ist eine Tat auch dann, wenn sie einen gesetzlichen Tatbestand verwirklicht, der hinsichtlich der Handlung Vorsatz voraussetzt, hinsichtlich einer dadurch verursachten besonderen Folge jedoch Fahrlässigkeit ausreichen lässt.

(3) Den Schriften stehen Ton- und Bildträger, Datenspeicher, Abbildungen und andere Darstellungen in denjenigen Vorschriften gleich, die auf diesen Absatz verweisen.[1]

§ 36 Parlamentarische Äußerungen. [1]Mitglieder des Bundestages, der Bundesversammlung oder eines Gesetzgebungsorgans eines Landes dürfen zu keiner Zeit wegen ihrer Abstimmung oder wegen einer Äußerung, die sie in der Körperschaft oder in einem ihrer Ausschüsse getan haben, außerhalb der Körperschaft zur Verantwortung gezogen werden. [2]Dies gilt nicht für verleumderische Beleidigungen.

§ 37 Parlamentarische Berichte. Wahrheitsgetreue Berichte über die öffentlichen Sitzungen der in § 36 bezeichneten Körperschaften oder ihrer Ausschüsse bleiben von jeder Verantwortlichkeit frei.

§ 74 Einziehung von Tatprodukten, Tatmitteln und Tatobjekten bei Tätern und Teilnehmern. (1) Gegenstände, die durch eine vorsätzliche Tat hervorgebracht (Tatprodukte) oder zu ihrer Begehung oder Vorbereitung gebraucht worden oder bestimmt gewesen sind (Tatmittel), können eingezogen werden.

(2) Gegenstände, auf die sich eine Straftat bezieht (Tatobjekte), unterliegen der Einziehung nach der Maßgabe besonderer Vorschriften.

(3) [1]Die Einziehung ist nur zulässig, wenn die Gegenstände zur Zeit der Entscheidung dem Täter oder Teilnehmer gehören oder zustehen. [2]Das gilt auch

---

1 Eine Ergänzung in zivilrechtlicher Sicht bietet das Gesetz zur Sicherung der zivilrechtlichen Ansprüche der Opfer von Straftaten – **Opferanspruchssicherungsgesetz** (OASG vom 8. Mai 1998, BGBl. I, S. 905).

Strafgesetzbuch

für die Einziehung, die durch eine besondere Vorschrift über Absatz 1 hinaus vorgeschrieben oder zugelassen ist.

§ 74a Einziehung von Tatprodukten, Tatmitteln und Tatobjekten bei anderen. Verweist ein Gesetz auf diese Vorschrift, können Gegenstände abweichend von § 74 Absatz 3 auch dann eingezogen werden, wenn derjenige, dem sie zur Zeit der Entscheidung gehören oder zustehen,
1. mindestens leichtfertig dazu beigetragen hat, dass sie als Tatmittel verwendet worden oder Tatobjekt gewesen sind, oder
2. sie in Kenntnis der Umstände, welche die Einziehung zugelassen hätten, in verwerflicher Weise erworben hat.

§ 74b Sicherungseinziehung. (1) Gefährden Gegenstände nach ihrer Art und nach den Umständen die Allgemeinheit oder besteht die Gefahr, dass sie der Begehung rechtswidriger Taten dienen werden, können sie auch dann eingezogen werden, wenn
1. der Täter oder Teilnehmer ohne Schuld gehandelt hat oder
2. die Gegenstände einem anderen als dem Täter oder Teilnehmer gehören oder zustehen.

(2) ¹In den Fällen des Absatzes 1 Nummer 2 wird der andere aus der Staatskasse unter Berücksichtigung des Verkehrswertes des eingezogenen Gegenstandes angemessen in Geld entschädigt. ²Das Gleiche gilt, wenn der eingezogene Gegenstand mit dem Recht eines anderen belastet ist, das durch die Entscheidung erloschen oder beeinträchtigt ist.

(3) ¹Eine Entschädigung wird nicht gewährt, wenn
1. der nach Absatz 2 Entschädigungsberechtigte
   a) mindestens leichtfertig dazu beigetragen hat, dass der Gegenstand als Tatmittel verwendet worden oder Tatobjekt gewesen ist, oder
   b) den Gegenstand oder das Recht an dem Gegenstand in Kenntnis der Umstände, welche die Einziehung zulassen, in verwerflicher Weise erworben hat oder
2. es nach den Umständen, welche die Einziehung begründet haben, auf Grund von Rechtsvorschriften außerhalb des Strafrechts zulässig wäre, dem Entschädigungsberechtigten den Gegenstand oder das Recht an dem Gegenstand ohne Entschädigung dauerhaft zu entziehen.
²Abweichend von Satz 1 kann eine Entschädigung jedoch gewährt werden, wenn es eine unbillige Härte wäre, sie zu versagen.

§ 74c Einziehung des Wertes von Tatprodukten, Tatmitteln und Tatobjekten bei Tätern und Teilnehmern. (1) Ist die Einziehung eines bestimmten Gegenstandes nicht möglich, weil der Täter oder Teilnehmer diesen veräußert, verbraucht oder die Einziehung auf andere Weise vereitelt hat, so kann das Gericht gegen ihn die Einziehung eines Geldbetrages anordnen, der dem Wert des Gegenstandes entspricht.

(2) ¹Eine solche Anordnung kann das Gericht auch neben oder statt der Einziehung eines Gegenstandes treffen, wenn ihn der Täter oder Teilnehmer vor der Entscheidung über die Einziehung mit dem Recht eines Dritten belastet hat, dessen Erlöschen nicht oder ohne Entschädigung nicht angeordnet werden kann (§ 74b Absatz 2 und 3 und § 75 Absatz 2). ²Trifft das Gericht die Anordnung neben der Einziehung, bemisst sich die Höhe des Wertersatzes nach dem Wert der Belastung des Gegenstandes.

(3) Der Wert des Gegenstandes und der Belastung kann geschätzt werden.

§ 74d Einziehung von Verkörperungen eines Inhalts und Unbrauchbarmachung. (1) ¹Verkörperungen eines Inhalts (§ 11 Absatz 3), dessen vorsätzliche Verbreitung den Tatbestand eines Strafgesetzes verwirklichen würde, werden eingezogen, wenn der Inhalt durch eine rechtswidrige Tat verbreitet oder zur Verbreitung bestimmt worden ist. ²Zugleich wird angeordnet, dass die zur Herstellung der Verkörperungen gebrauchten oder bestimmten Vorrichtungen, die Vorlage für die Vervielfältigung waren oder sein sollten, unbrauchbar gemacht werden.

(2) Die Einziehung erstreckt sich nur auf die Verkörperungen, die sich im Besitz der bei der Verbreitung oder deren Vorbereitung mitwirkenden Personen befinden oder öffentlich ausgelegt oder beim Verbreiten durch Versenden noch nicht dem Empfänger ausgehändigt worden sind.

(3) 1Absatz 1 gilt entsprechend für Verkörperungen eines Inhalts (§ 11 Absatz 3), dessen vorsätzliche Verbreitung nur bei Hinzutreten weiterer Tatumstände den Tatbestand eines Strafgesetzes verwirklichen würde. 2Die Einziehung und Unbrauchbarmachung werden jedoch nur angeordnet, soweit
1. die Verkörperungen und die in Absatz 1 Satz 2 bezeichneten Vorrichtungen sich im Besitz des Täters, des Teilnehmers oder eines anderen befinden, für den der Täter oder Teilnehmer gehandelt hat, oder von diesen Personen zur Verbreitung bestimmt sind und
2. die Maßnahmen erforderlich sind, um ein gesetzwidriges Verbreiten durch die in Nummer 1 bezeichneten Personen zu verhindern.

(4) Dem Verbreiten im Sinne der Absätze 1 bis 3 steht es gleich, wenn ein Inhalt (§ 11 Absatz 3) der Öffentlichkeit zugänglich gemacht wird.

(5) ¹Stand das Eigentum an der Sache zur Zeit der Rechtskraft der Entscheidung über die Einziehung oder Unbrauchbarmachung einem anderen als dem Täter oder Teilnehmer zu oder war der Gegenstand mit dem Recht eines Dritten belastet, das durch die Entscheidung erloschen oder beeinträchtigt ist, wird dieser aus der Staatskasse unter Berücksichtigung des Verkehrswertes angemessen in Geld entschädigt. ² § 74b Absatz 3 gilt entsprechend.

§ 74e Sondervorschrift für Organe und Vertreter. ¹Hat jemand
1. als vertretungsberechtigtes Organ einer juristischen Person oder als Mitglied eines solchen Organs,

2. als Vorstand eines nicht rechtsfähigen Vereins oder als Mitglied eines solchen Vorstandes,
3. als vertretungsberechtigter Gesellschafter einer rechtsfähigen Personengesellschaft,
4. als Generalbevollmächtigter oder in leitender Stellung als Prokurist oder Handlungsbevollmächtigter einer juristischen Person oder einer in Nummer 2 oder 3 genannten Personenvereinigung oder
5. als sonstige Person, die für die Leitung des Betriebs oder Unternehmens einer juristischen Person oder einer in Nummer 2 oder 3 genannten Personenvereinigung verantwortlich handelt, wozu auch die Überwachung der Geschäftsführung oder die sonstige Ausübung von Kontrollbefugnissen in leitender Stellung gehört,

eine Handlung vorgenommen, die ihm gegenüber unter den übrigen Voraussetzungen der §§ 74 bis 74c die Einziehung eines Gegenstandes oder des Wertersatzes zulassen oder den Ausschluss der Entschädigung begründen würde, wird seine Handlung bei Anwendung dieser Vorschriften dem Vertretenen zugerechnet. ²§ 14 Absatz 3 gilt entsprechend.

§ 77 Antragsberechtigte. (1) Ist die Tat nur auf Antrag verfolgbar, so kann, soweit das Gesetz nichts anderes bestimmt, der Verletzte den Antrag stellen.

(2) ¹Stirbt der Verletzte, so geht sein Antragsrecht in den Fällen, die das Gesetz bestimmt, auf den Ehegatten, den Lebenspartner und die Kinder über. ²Hat der Verletzte weder einen Ehegatten, oder einen Lebenspartner noch Kinder hinterlassen oder sind sie vor Ablauf der Antragsfrist gestorben, so geht das Antragsrecht auf die Eltern und, wenn auch sie vor Ablauf der Antragsfrist gestorben sind, auf die Geschwister und die Enkel über. ³Ist ein Angehöriger an der Tat beteiligt oder ist seine Verwandtschaft erloschen, so scheidet er bei dem Übergang des Antragsrechts aus. ⁴Das Antragsrecht geht nicht über, wenn die Verfolgung dem erklärten Willen des Verletzten widerspricht.

(3) Ist der Antragsberechtigte geschäftsunfähig oder beschränkt geschäftsfähig, so können die gesetzlichen Vertreter in den persönlichen Angelegenheiten und derjenige, dem die Sorge für die Person des Antragsberechtigten zusteht, den Antrag stellen.

(4) Sind mehrere antragsberechtigt, so kann jeder den Antrag selbstständig stellen.

§ 77a Antrag des Dienstvorgesetzten. (1) Ist die Tat von einem Amtsträger, einem für den öffentlichen Dienst besonders Verpflichteten oder einem Soldaten der Bundeswehr oder gegen ihn begangen und auf Antrag des Dienstvorgesetzten verfolgbar, so ist derjenige Dienstvorgesetzte antragsberechtigt, dem der Betreffende zur Zeit der Tat unterstellt war.

(2) ¹Bei Berufsrichtern ist anstelle des Dienstvorgesetzten antragsberechtigt, wer die Dienstaufsicht über den Richter führt. ²Bei Soldaten ist Dienstvorgesetzter der Disziplinarvorgesetzte.

(3) ¹Bei einem Amtsträger oder einem für den öffentlichen Dienst besonders Verpflichteten, der keinen Dienstvorgesetzten hat oder gehabt hat, kann die Dienststelle, für die er tätig war, den Antrag stellen. ²Leitet der Amtsträger oder der Verpflichtete selbst diese Dienststelle, so ist die staatliche Aufsichtsbehörde antragsberechtigt.

(4) Bei Mitgliedern der Bundesregierung ist die Bundesregierung, bei Mitgliedern einer Landesregierung die Landesregierung antragsberechtigt.

§ 77b Antragsfrist. (1) ¹Eine Tat, die nur auf Antrag verfolgbar ist, wird nicht verfolgt, wenn der Antragsberechtigte es unterlässt, den Antrag bis zum Ablauf einer Frist von drei Monaten zu stellen. ²Fällt das Ende der Frist auf einen Sonntag, einen allgemeinen Feiertag oder einen Sonnabend, so endet die Frist mit Ablauf des nächsten Werktags.

(2) ¹Die Frist beginnt mit Ablauf des Tages, an dem der Berechtigte von der Tat und der Person des Täters Kenntnis erlangt. ²Für den Antrag des gesetzlichen Vertreters und des Sorgeberechtigten kommt es auf dessen Kenntnis an.

(3) Sind mehrere antragsberechtigt oder mehrere an der Tat beteiligt, so läuft die Frist für und gegen jeden gesondert.

(4) Ist durch Tod des Verletzten das Antragsrecht auf Angehörige übergegangen, so endet die Frist frühestens drei Monate und spätestens sechs Monate nach dem Tod des Verletzten.

(5) Der Lauf der Frist ruht, wenn ein Antrag auf Durchführung eines Sühneversuchs gemäß § 380 der Strafprozessordnung bei der Vergleichsbehörde eingeht, bis zur Ausstellung der Bescheinigung nach § 380 Abs. 1 Satz 3 der Strafprozessordnung.

§ 77c Wechselseitig begangene Taten. ¹Hat bei wechselseitig begangenen Taten, die miteinander zusammenhängen und nur auf Antrag verfolgbar sind, ein Berechtigter die Strafverfolgung des anderen beantragt, so erlischt das Antragsrecht des anderen, wenn er es nicht bis zur Beendigung des letzten Wortes im ersten Rechtszug ausübt. ²Er kann den Antrag auch dann noch stellen, wenn für ihn die Antragfrist schon verstrichen ist.

§ 77d Zurücknahme des Antrages. (1) ¹Der Antrag kann zurückgenommen werden. ²Die Zurücknahme kann bis zum rechtskräftigen Abschluss des Strafverfahrens erklärt werden. ³Ein zurückgenommener Antrag kann nicht nochmals gestellt werden.

(2) ¹Stirbt der Verletzte oder der im Falle seines Todes Berechtigte, nachdem er den Antrag gestellt hat, so können der Ehegatte, der Lebenspartner, die Kinder, die Eltern, die Geschwister und die Enkel des Verletzten in der Rangfolge des § 77 Abs. 2 den Antrag zurücknehmen. ²Mehrere Angehörige des gleichen Ranges können das Recht nur gemeinsam ausüben. ³Wer an der Tat beteiligt ist, kann den Antrag nicht zurücknehmen.

§ 77e Ermächtigung und Strafverlangen. Ist eine Tat nur mit Ermächtigung oder auf Strafverlangen verfolgbar, so gelten die §§ 77 und 77d entsprechend.

§ 86 Verbreiten von Propagandamitteln verfassungswidriger und terroristischer Organisationen. (1) Wer Propagandamittel
1. einer vom Bundesverfassungsgericht für verfassungswidrig erklärten Partei oder einer Partei oder Vereinigung, von der unanfechtbar festgestellt ist, daß sie Ersatzorganisation einer solchen Partei ist,
2. einer Vereinigung, die unanfechtbar verboten ist, weil sie sich gegen die verfassungsmäßige Ordnung oder gegen den Gedanken der Völkerverständigung richtet, oder von der unanfechtbar festgestellt ist, daß sie Ersatzorganisation einer solchen verbotenen Vereinigung ist,
3. einer Regierung, Vereinigung oder Einrichtung außerhalb des räumlichen Geltungsbereichs dieses Gesetzes, die für die Zwecke einer der in den Nummern 1 und 2 bezeichneten Parteien oder Vereinigungen tätig ist, oder
4. die nach ihrem Inhalt dazu bestimmt sind, Bestrebungen einer ehemaligen nationalsozialistischen Organisation fortzusetzen,

im Inland verbreitet oder der Öffentlichkeit zugänglich macht oder zur Verbreitung im Inland oder Ausland herstellt, vorrätig hält, einführt oder ausführt, wird mit Freiheitsstrafe bis zu drei Jahren oder mit Geldstrafe bestraft.

(2) Ebenso wird bestraft, wer Propagandamittel einer Organisation, die im Anhang der Durchführungsverordnung (EU) 2021/138 des Rates vom 5. Februar 2021 zur Durchführung des Artikels 2 Absatz 3 der Verordnung (EG) Nr. 2580/2001 über spezifische, gegen bestimmte Personen und Organisationen gerichtete restriktive Maßnahmen zur Bekämpfung des Terrorismus und zur Aufhebung der Durchführungsverordnung (EU) 2020/1128 (ABl. L 43 vom 8.2.2021, S. 1) als juristische Person, Vereinigung oder Körperschaft aufgeführt ist, im Inland verbreitet oder der Öffentlichkeit zugänglich macht oder zur Verbreitung im Inland oder Ausland herstellt, vorrätig hält, einführt oder ausführt.

(3) ¹Propagandamittel im Sinne des Absatzes 1 ist nur ein solcher Inhalt (§ 11 Absatz 3), der gegen die freiheitliche demokratische Grundordnung oder den Gedanken der Völkerverständigung gerichtet ist. ²Propagandamittel im Sinne des Absatzes 2 ist nur ein solcher Inhalt (§ 11 Absatz 3), der gegen den Bestand oder die Sicherheit eines Staates oder einer internationalen Organisation oder gegen die Verfassungsgrundsätze der Bundesrepublik Deutschland gerichtet ist.

(4) Die Absätze 1 und 2 gelten nicht, wenn die Handlung der staatsbürgerlichen Aufklärung, der Abwehr verfassungswidriger Bestrebungen, der Kunst oder der Wissenschaft, der Forschung oder der Lehre, der Berichterstattung über Vorgänge des Zeitgeschehens oder der Geschichte oder ähnlichen Zwecken dient.

(5) Ist die Schuld gering, so kann das Gericht von einer Bestrafung nach dieser Vorschrift absehen.

§ 86a Verwenden von Kennzeichen verfassungswidriger und terroristischer Organisationen. (1) Mit Freiheitsstrafe bis zu drei Jahren oder mit Geldstrafe wird bestraft, wer
1. im Inland Kennzeichen einer der in § 86 Abs. 1 Nr. 1, 2 und 4 oder Absatz 2 bezeichneten Parteien oder Vereinigungen verbreitet oder öffentlich, in einer Versammlung oder in einem von ihm verbreiteten Inhalt (§ 11 Absatz 3) verwendet oder
2. einen Inhalt (§ 11 Absatz 3), der ein derartiges Kennzeichen darstellt oder enthält, zur Verbreitung oder Verwendung im Inland oder Ausland in der in Nummer 1 bezeichneten Art und Weise herstellt, vorrätig hält, einführt oder ausführt.

(2) ^{1}Kennzeichen im Sinne des Absatzes 1 sind namentlich Fahnen, Abzeichen, Uniformstücke, Parolen und Grußformen. ^{2}Den in Satz 1 genannten Kennzeichen stehen solche gleich, die ihnen zum Verwechseln ähnlich sind.

(3) § 86 Abs. 4 und 5 gilt entsprechend.

§ 90 Verunglimpfung des Bundespräsidenten. (1) Wer öffentlich, in einer Versammlung oder durch Verbreiten eines Inhalts (§ 11 Absatz 3) den Bundespräsidenten verunglimpft, wird mit Freiheitsstrafe von drei Monaten bis zu fünf Jahren bestraft.

(2) In minder schweren Fällen kann das Gericht die Strafe nach seinem Ermessen mildern (§ 49 Abs. 2), wenn nicht die Voraussetzungen des § 188 erfüllt sind.

(3) Die Strafe ist Freiheitsstrafe von sechs Monaten bis zu fünf Jahren, wenn die Tat eine Verleumdung (§ 187) ist oder wenn der Täter sich durch die Tat absichtlich für Bestrebungen gegen den Bestand der Bundesrepublik Deutschland oder gegen Verfassungsgrundsätze einsetzt.

(4) Die Tat wird nur mit Ermächtigung des Bundespräsidenten verfolgt.

§ 90a Verunglimpfung des Staates und seiner Symbole. (1) Wer öffentlich, in einer Versammlung oder durch Verbreiten eines Inhalts (§ 11 Absatz 3)
1. die Bundesrepublik Deutschland oder eines ihrer Länder oder ihre verfassungsmäßige Ordnung beschimpft oder böswillig verächtlich macht oder
2. die Farben, die Flagge, das Wappen oder die Hymne der Bundesrepublik Deutschland oder eines ihrer Länder verunglimpft,

wird mit Freiheitsstrafe bis zu drei Jahren oder mit Geldstrafe bestraft.

(2) ^{1}Ebenso wird bestraft, wer eine öffentlich gezeigte Flagge der Bundesrepublik Deutschland oder eines ihrer Länder oder ein von einer Behörde öffentlich angebrachtes Hoheitszeichen der Bundesrepublik Deutschland oder eines ihrer Länder entfernt, zerstört, beschädigt, unbrauchbar oder unkenntlich macht oder beschimpfenden Unfug daran verübt. ^{2}Der Versuch ist strafbar.

Strafgesetzbuch **StGB 14**

(3) Die Strafe ist Freiheitsstrafe bis zu fünf Jahren oder Geldstrafe, wenn der Täter sich durch die Tat absichtlich für Bestrebungen gegen den Bestand der Bundesrepublik Deutschland oder gegen Verfassungsgrundsätze einsetzt.

§ 90b Verfassungsfeindliche Verunglimpfung von Verfassungsorganen.
(1) Wer öffentlich, in einer Versammlung oder durch Verbreiten eines Inhalts (§ 11 Absatz 3) ein Gesetzgebungsorgan, die Regierung oder das Verfassungsgericht des Bundes oder eines Landes oder eines ihrer Mitglieder in dieser Eigenschaft in einer das Ansehen des Staates gefährdenden Weise verunglimpft und sich dadurch absichtlich für Bestrebungen gegen den Bestand der Bundesrepublik Deutschland oder gegen Verfassungsgrundsätze einsetzt, wird mit Freiheitsstrafe von drei Monaten bis zu fünf Jahren bestraft.

(2) Die Tat wird nur mit Ermächtigung des betroffenen Verfassungsorgans oder Mitglieds verfolgt.

§ 90c Verunglimpfung von Symbolen der Europäischen Union. (1) Wer öffentlich, in einer Versammlung oder durch Verbreiten eines Inhalts (§ 11 Absatz 3) die Flagge oder die Hymne der Europäischen Union verunglimpft, wird mit Freiheitsstrafe bis zu drei Jahren oder mit Geldstrafe bestraft.

(2) [1]Ebenso wird bestraft, wer eine öffentlich gezeigte Flagge der Europäischen Union entfernt, zerstört, beschädigt, unbrauchbar oder unkenntlich macht oder beschimpfenden Unfug daran verübt. [2]Der Versuch ist strafbar.

§ 91 Anleitung zur Begehung einer schweren staatsgefährdenden Gewalttat. (1) Mit Freiheitsstrafe bis zu drei Jahren oder mit Geldstrafe wird bestraft, wer
1. einen Inhalt (§ 11 Absatz 3), der geeignet ist, als Anleitung zu einer schweren staatsgefährdenden Gewalttat (§ 89a Abs. 1) zu dienen, anpreist oder einer anderen Person zugänglich macht, wenn die Umstände seiner Verbreitung geeignet sind, die Bereitschaft anderer zu fördern oder zu wecken, eine schwere staatsgefährdende Gewalttat zu begehen,
2. sich einen Inhalt der in Nummer 1 bezeichneten Art verschafft, um eine schwere staatsgefährdende Gewalttat zu begehen.

(2) Absatz 1 Nr. 1 ist nicht anzuwenden, wenn
1. die Handlung der staatsbürgerlichen Aufklärung, der Abwehr verfassungswidriger Bestrebungen, der Kunst und Wissenschaft, der Forschung oder der Lehre, der Berichterstattung über Vorgänge des Zeitgeschehens oder der Geschichte oder ähnlichen Zwecken dient oder
2. die Handlung ausschließlich der Erfüllung rechtmäßiger beruflicher oder dienstlicher Pflichten dient.

(3) Ist die Schuld gering, so kann das Gericht von einer Bestrafung nach dieser Vorschrift absehen.

§ 93 Begriff des Staatsgeheimnisses. (1) Staatsgeheimnisse sind Tatsachen, Gegenstände oder Erkenntnisse, die nur einem begrenzten Personenkreis zugänglich sind und vor einer fremden Macht geheimgehalten werden müssen, um die Gefahr eines schweren Nachteils für die äußere Sicherheit der Bundesrepublik Deutschland abzuwenden.

(2) Tatsachen, die gegen die freiheitliche demokratische Grundordnung oder unter Geheimhaltung gegenüber den Vertragspartnern der Bundesrepublik Deutschland gegen zwischenstaatlich vereinbarte Rüstungsbeschränkungen verstoßen, sind keine Staatsgeheimnisse.

§ 94 Landesverrat. (1) Wer ein Staatsgeheimnis
1. einer fremden Macht oder einem ihrer Mittelsmänner mitteilt oder
2. sonst an einen Unbefugten gelangen lässt oder öffentlich bekannt macht, um die Bundesrepublik Deutschland zu benachteiligen oder eine fremde Macht zu begünstigen, und dadurch die Gefahr eines schweren Nachteils für die äußere Sicherheit der Bundesrepublik Deutschland herbeiführt, wird mit Freiheitsstrafe nicht unter einem Jahr bestraft.

(2) ¹In besonders schweren Fällen ist die Strafe lebenslange Freiheitsstrafe oder Freiheitsstrafe nicht unter fünf Jahren. ²Ein besonders schwerer Fall liegt in der Regel vor, wenn der Täter
1. eine verantwortliche Stellung mißbraucht, die ihn zur Wahrung von Staatsgeheimnissen besonders verpflichtet, oder
2. durch die Tat die Gefahr eines besonders schweren Nachteils für die äußere Sicherheit der Bundesrepublik Deutschland herbeiführt.

§ 95 Offenbaren von Staatsgeheimnissen [Publizistischer Landesverrat].
(1) Wer ein Staatsgeheimnis, das von einer amtlichen Stelle oder auf deren Veranlassung geheim gehalten wird, an einen Unbefugten gelangen lässt oder öffentlich bekannt macht und dadurch die Gefahr eines schweren Nachteils für die äußere Sicherheit der Bundesrepublik Deutschland herbeiführt, wird mit Freiheitsstrafe von sechs Monaten bis zu fünf Jahren bestraft, wenn die Tat nicht in § 94 mit Strafe bedroht ist.

(2) Der Versuch ist strafbar.

(3) ¹In besonders schweren Fällen ist die Strafe Freiheitsstrafe von einem Jahr bis zu zehn Jahren. ²§ 94 Abs. 2 Satz 2 ist anzuwenden.

§ 97 Preisgabe von Staatsgeheimnissen. (1) Wer ein Staatsgeheimnis, das von einer amtlichen Stelle oder auf deren Veranlassung geheim gehalten wird, an einen Unbefugten gelangen läßt oder öffentlich bekanntmacht und dadurch fahrlässig die Gefahr eines schweren Nachteils für die äußere Sicherheit der Bundesrepublik Deutschland verursacht, wird mit Freiheitsstrafe bis zu fünf Jahren oder mit Geldstrafe bestraft.

(2) Wer ein Staatsgeheimnis, das von einer amtlichen Stelle oder auf deren Veranlassung geheim gehalten wird und das ihm kraft seines Amtes, seiner Dienststellung oder eines von einer amtlichen Stelle erteilten Auftrags zugänglich war, leichtfertig an einen Unbefugten gelangen läßt und dadurch fahrlässig

Strafgesetzbuch **StGB 14**

die Gefahr eines schweren Nachteils für die äußere Sicherheit der Bundesrepublik Deutschland verursacht, wird mit Freiheitsstrafe bis zu drei Jahren oder mit Geldstrafe bestraft.

(3) Die Tat wird nur mit Ermächtigung der Bundesregierung verfolgt.

§ 97a Verrat illegaler Geheimnisse. ¹Wer ein Geheimnis, das wegen eines der in § 93 Abs. 2 bezeichneten Verstöße kein Staatsgeheimnis ist, einer fremden Macht oder einem ihrer Mittelsmänner mitteilt und dadurch die Gefahr eines schweren Nachteils für die äußere Sicherheit der Bundesrepublik Deutschland herbeiführt, wird wie ein Landesverräter (§ 94) bestraft. ²§ 96 Abs. 1 in Verbindung mit § 94 Abs. 1 Nr. 1 ist auf Geheimnisse der in Satz 1 bezeichneten Art entsprechend anzuwenden.

§ 97b Verrat in irriger Annahme eines illegalen Geheimnisses. (1) ¹Handelt der Täter in den Fällen der §§ 94 bis 97 in der irrigen Annahme, das Staatsgeheimnis sei ein Geheimnis der in § 97a bezeichneten Art, so wird er, wenn
1. dieser Irrtum ihm vorzuwerfen ist,
2. er nicht in der Absicht handelt, dem vermeintlichen Verstoß entgegenzuwirken, oder
3. die Tat nach den Umständen kein angemessenes Mittel zu diesem Zweck ist, nach den bezeichneten Vorschriften bestraft.

²Die Tat ist in der Regel kein angemessenes Mittel, wenn der Täter nicht zuvor ein Mitglied des Bundestages um Abhilfe angerufen hat.

(2) ¹War dem Täter als Amtsträger oder als Soldat der Bundeswehr das Staatsgeheimnis dienstlich anvertraut oder zugänglich, so wird er auch dann bestraft, wenn nicht zuvor der Amtsträger einen Dienstvorgesetzten, der Soldat einen Disziplinarvorgesetzten um Abhilfe angerufen hat. ²Dies gilt für die für den öffentlichen Dienst besonders Verpflichteten und für Personen, die im Sinne des § 353b Abs. 2 verpflichtet worden sind, sinngemäß.

§ 123 Hausfriedensbruch. (1) Wer in die Wohnung, in die Geschäftsräume oder in das befriedete Besitztum eines anderen oder in abgeschlossene Räume, welche zum öffentlichen Dienst oder Verkehr bestimmt sind, widerrechtlich eindringt, oder wer, wenn er ohne Befugnis darin verweilt, auf die Aufforderung des Berechtigten sich nicht entfernt, wird mit Freiheitsstrafe bis zu einem Jahr oder mit Geldstrafe bestraft.

(2) Die Tat wird nur auf Antrag verfolgt.

§ 130 Volksverhetzung. (1) Wer in einer Weise, die geeignet ist, den öffentlichen Frieden zu stören,
1. gegen eine nationale, rassische, religiöse oder durch ihre ethnische Herkunft bestimmte Gruppe, gegen Teile der Bevölkerung oder gegen einen Einzelnen wegen seiner Zugehörigkeit zu einer vorbezeichneten Gruppe

oder zu einem Teil der Bevölkerung zum Hass aufstachelt, zu Gewalt- oder Willkürmaßnahmen auffordert oder

1. die Menschenwürde anderer dadurch angreift, dass er eine vorbezeichnete Gruppe, Teile der Bevölkerung oder einen Einzelnen wegen seiner Zugehörigkeit zu einer vorbezeichneten Gruppe oder zu einem Teil der Bevölkerung beschimpft, böswillig verächtlich macht oder verleumdet, wird mit Freiheitsstrafe von drei Monaten bis zu fünf Jahren bestraft.

(2) Mit Freiheitsstrafe bis zu drei Jahren oder mit Geldstrafe wird bestraft, wer

1. einen Inhalt (§ 11 Absatz 3) verbreitet oder der Öffentlichkeit zugänglich macht oder einer Person unter achtzehn Jahren einen Inhalt (§ 11 Absatz 3) anbietet, überlässt oder zugänglich macht, der
   a. zum Hass gegen eine in Absatz 1 Nummer 1 bezeichnete Gruppe, gegen Teile der Bevölkerung oder gegen einen Einzelnen wegen seiner Zugehörigkeit zu einer in Absatz 1 Nummer 1 bezeichneten Gruppe oder zu einem Teil der Bevölkerung aufstachelt,
   b. zu Gewalt- oder Willkürmaßnahmen gegen in Buchstabe a genannte Personen oder Personenmehrheiten auffordert oder
   c. die Menschenwürde von in Buchstabe a genannten Personen oder Personenmehrheiten dadurch angreift, dass diese beschimpft, böswillig verächtlich gemacht oder verleumdet werden oder
2. einen in Nummer 1 Buchstabe a bis c bezeichneten Inhalt (§ 11 Absatz 3) herstellt, bezieht, liefert, vorrätig hält, anbietet, bewirbt oder es unternimmt, diesen ein- oder auszuführen, um ihn im Sinne der Nummer 1 zu verwenden oder einer anderen Person eine solche Verwendung zu ermöglichen.

(3) Mit Freiheitsstrafe bis zu fünf Jahren oder mit Geldstrafe wird bestraft, wer eine unter der Herrschaft des Nationalsozialismus begangene Handlung der in § 6 Abs. 1 des Völkerstrafgesetzbuches bezeichneten Art in einer Weise, die geeignet ist, den öffentlichen Frieden zu stören, öffentlich oder in einer Versammlung billigt, leugnet oder verharmlost.

(4) Mit Freiheitsstrafe bis zu drei Jahren oder mit Geldstrafe wird bestraft, wer öffentlich oder in einer Versammlung den öffentlichen Frieden in einer die Würde der Opfer verletzenden Weise dadurch stört, dass er die nationalsozialistische Gewalt- und Willkürherrschaft billigt, verherrlicht oder rechtfertigt.

(5) Absatz 2 gilt auch für einen in den Absätzen 3 oder 4 bezeichneten Inhalt (§ 11 Absatz 3).

(6) In den Fällen des Absatzes 2 Nummer 1, auch in Verbindung mit Absatz 5, ist der Versuch strafbar.

(7) In den Fällen des Absatzes 2, auch in Verbindung mit den Absätzen 5 und 6, sowie in den Fällen der Absätze 3 und 4 gilt § 86 Absatz 4 entsprechend.

§ 130a Anleitung zu Straftaten. (1) Wer einen Inhalt (§ 11 Absatz 3), der geeignet ist, als Anleitung zu einer in § 126 Abs. 1 genannten rechtswidrigen

Strafgesetzbuch

Tat zu dienen, und dazu bestimmt ist, die Bereitschaft anderer zu fördern oder zu wecken, eine solche Tat zu begehen, verbreitet oder der Öffentlichkeit zugänglich macht, wird mit Freiheitsstrafe bis zu drei Jahren oder mit Geldstrafe bestraft.

(2) Ebenso wird bestraft, wer
1. einen Inhalt (§ 11 Absatz 3), der geeignet ist, als Anleitung zu einer in § 126 Abs. 1 genannten rechtswidrigen Tat zu dienen, verbreitet oder der Öffentlichkeit zugänglich macht oder
2. öffentlich oder in einer Versammlung zu einer in § 126 Abs. 1 genannten rechtswidrigen Tat eine Anleitung gibt,

um die Bereitschaft anderer zu fördern oder zu wecken, eine solche Tat zu begehen.

(3) § 86 Absatz 4 gilt entsprechend

§ 131 Gewaltdarstellung. (1) ¹Mit Freiheitsstrafe bis zu einem Jahr oder mit Geldstrafe wird bestraft, wer
1. eine Schrift (§ 11 Absatz 3), die grausame oder sonst unmenschliche Gewalttätigkeiten gegen Menschen oder menschenähnliche Wesen in einer Art schildert, die eine Verherrlichung oder Verharmlosung solcher Gewalttätigkeiten ausdrückt oder die das Grausame oder Unmenschliche des Vorgangs in einer die Menschenwürde verletzenden Weise darstellt,
   a) verbreitet oder der Öffentlichkeit zugänglich macht,
   b) einer Person unter achtzehn Jahren anbietet, überlässt oder zugänglich macht oder
2. einen in Nummer 1 bezeichneten Inhalt mittels Rundfunk oder Telemedien
   a) einer Person unter achtzehn Jahren oder
   b) der Öffentlichkeit zugänglich macht oder
3. eine Schrift (§ 11 Absatz 3) des in Nummer 1 bezeichneten Inhalts herstellt, bezieht, liefert, vorrätig hält, anbietet, bewirbt oder es unternimmt, diese Schrift ein- oder auszuführen, um sie oder aus ihr gewonnene Stücke im Sinne der Nummer 1 Buchstabe a oder b oder der Nummer 2 zu verwenden oder einer anderen Person eine solche Verwendung zu ermöglichen.

²In den Fällen des Satzes 1 Nummer 1 und 2 ist der Versuch strafbar.

(2) Absatz 1 nicht, wenn die Handlung der Berichterstattung über Vorgänge des Zeitgeschehens oder der Geschichte dient.

(3) Absatz 1 Satz 1 Nummer 1 Buchstabe b, Nummer 2 Buchstabe a ist nicht anzuwenden, wenn der zur Sorge für die Person Berechtigte handelt; dies gilt nicht, wenn der Sorgeberechtigte durch das Anbieten, Überlassen oder Zugänglichmachen seine Erziehungspflicht gröblich verletzt.

§ 145 Mißbrauch von Notrufen und Beeinträchtigung von Unfallverhütungs- und Nothilfemitteln. (1) Wer absichtlich oder wissentlich
1. Notrufe oder Notzeichen mißbraucht oder

14 StGB Strafgesetzbuch

2. vortäuscht, daß wegen eines Unglücksfalles oder wegen gemeiner Gefahr oder Not die Hilfe anderer erforderlich sei,

wird mit Freiheitsstrafe bis zu einem Jahr oder mit Geldstrafe bestraft.

(2) Wer absichtlich oder wissentlich
1. die zur Verhütung von Unglücksfällen oder gemeiner Gefahr dienenden Warn- oder Verbotszeichen beseitigt, unkenntlich macht oder in ihrem Sinn entstellt oder
2. die zur Verhütung von Unglücksfällen oder gemeiner Gefahr dienenden Schutzvorrichtungen oder die zur Hilfeleistung bei Unglücksfällen oder gemeiner Gefahr bestimmten Rettungsgeräte oder anderen Sachen beseitigt, verändert oder unbrauchbar macht,

wird mit Freiheitsstrafe bis zu zwei Jahren oder mit Geldstrafe bestraft, wenn die Tat nicht in § 303 oder § 304 mit Strafe bedroht ist.

§ 161 Fahrlässiger Falscheid; fahrlässige falsche Versicherung an Eides Statt. (1) Wenn eine der in den §§ 154 bis 156 bezeichneten Handlungen aus Fahrlässigkeit begangen worden ist, so tritt Freiheitsstrafe bis zu einem Jahr oder Geldstrafe ein.

(2) ¹Straflosigkeit tritt ein, wenn der Täter die falsche Angabe rechtzeitig berichtigt. ²Die Vorschriften des § 158 Abs. 2 und 3 gelten entsprechend.

§ 166 Beschimpfung von Bekenntnissen, Religionsgesellschaften und Weltanschauungsvereinigungen. (1) Wer öffentlich oder durch Verbreiten eines Inhalts (§ 11 Absatz 3) den Inhalt des religiösen oder weltanschaulichen Bekenntnisses anderer in einer Weise beschimpft, die geeignet ist, den öffentlichen Frieden zu stören, wird mit Freiheitsstrafe bis zu drei Jahren oder mit Geldstrafe bestraft.

(2) Ebenso wird bestraft, wer öffentlich oder durch Verbreiten eines Inhalts (§ 11 Absatz 3) eine im Inland bestehende Kirche oder andere Religionsgesellschaft oder Weltanschauungsvereinigung, ihre Einrichtungen oder Gebräuche in einer Weise beschimpft, die geeignet ist, den öffentlichen Frieden zu stören.

§ 184 Verbreitung pornographischer Inhalte. (1) Wer einen pornographischen Inhalt (§ 11 Absatz 3)
1. einer Person unter achtzehn Jahren anbietet, überläßt oder zugänglich macht,
2. an einem Ort, der Personen unter achtzehn Jahren zugänglich ist oder von ihnen eingesehen werden kann, zugänglich macht,
3. im Einzelhandel außerhalb von Geschäftsräumen, in Kiosken oder anderen Verkaufsstellen, die der Kunde nicht zu betreten pflegt, im Versandhandel oder in gewerblichen Leihbüchereien oder Lesezirkeln einem anderen anbietet oder überläßt,
3a. im Wege gewerblicher Vermietung oder vergleichbarer gewerblicher Gewährung des Gebrauchs, ausgenommen in Ladengeschäften, die Personen unter achtzehn Jahren nicht zugänglich sind und von ihnen nicht eingesehen werden können, einem anderen anbietet oder überläßt,

Strafgesetzbuch

4. im Wege des Versandhandels einzuführen unternimmt,
5. öffentlich an einem Ort, der Personen unter achtzehn Jahren zugänglich ist oder von ihnen eingesehen werden kann, oder durch Verbreiten von Schriften außerhalb des Geschäftsverkehrs mit dem einschlägigen Handel anbietet oder bewirbt,
6. an einen anderen gelangen läßt, ohne von diesem hierzu aufgefordert zu sein,
7. in einer öffentlichen Filmvorführung gegen ein Entgelt zeigt, das ganz oder überwiegend für diese Vorführung verlangt wird,
8. herstellt, bezieht, liefert, vorrätig hält oder einzuführen unternimmt, um diesen im Sinne der Nummern 1 bis 7 zu verwenden oder einer anderen Person eine solche Verwendung zu ermöglichen, oder
9. auszuführen unternimmt, um diesen im Ausland unter Verstoß gegen die dort geltenden Strafvorschriften zu verbreiten oder der Öffentlichkeit zugänglich zu machen oder eine solche Verwendung zu ermöglichen,

wird mit Freiheitsstrafe bis zu einem Jahr oder mit Geldstrafe bestraft.

(2) 1Absatz 1 Nummer 1 und 2 ist nicht anzuwenden, wenn der zur Sorge für die Person Berechtigte handelt; dies gilt nicht, wenn der Sorgeberechtigte durch das Anbieten, Überlassen oder Zugänglichmachen seine Erziehungspflicht gröblich verletzt. 2Absatz 1 Nr. 3a gilt nicht, wenn die Handlung im Geschäftsverkehr mit gewerblichen Entleihern erfolgt.

§ 184a Verbreitung gewalt- oder tierpornographischer Inhalte. 1Mit Freiheitsstrafe bis zu drei Jahren oder mit Geldstrafe wird bestraft, wer einen pornographischen Inhalt (§ 11 Absatz 3), der Gewalttätigkeiten oder sexuelle Handlungen von Menschen mit Tieren zum Gegenstand hat,
1. verbreitet oder der Öffentlichkeit zugänglich macht oder
2. herstellt, bezieht, liefert, vorrätig hält, anbietet, bewirbt oder es unternimmt, diesen ein- oder auszuführen um ihn im Sinne der Nummer 1 zu verwenden oder einer anderen Person eine solche Verwendung zu ermöglichen.

2In den Fällen des Satzes 1 Nummer 1 ist der Versuch strafbar.

§ 184b Verbreitung, Erwerb und Besitz kinderpornographischer Inhalte.
(1) 1Mit Freiheitsstrafe von einem Jahr bis zu zehn Jahren wird bestraft, wer
1. einen kinderpornographischen Inhalt verbreitet oder der Öffentlichkeit zugänglich macht; kinderpornographisch ist ein pornographischer Inhalt (§ 11 Absatz 3), wenn er zum Gegenstand hat:
   a. sexuelle Handlungen von, an oder vor einer Person unter vierzehn Jahren (Kind),
   b. die Wiedergabe eines ganz oder teilweise unbekleideten Kindes in aufreizend geschlechtsbetonter Körperhaltung oder
   c. die sexuell aufreizende Wiedergabe der unbekleideten Genitalien oder des unbekleideten Gesäßes eines Kindes,
2. es unternimmt, einer anderen Person einen kinderpornographischen Inhalt, der ein tatsächliches oder wirklichkeitsnahes Geschehen wiedergibt, zugänglich zu machen oder den Besitz daran zu verschaffen,

3. einen kinderpornographischen Inhalt, der ein tatsächliches Geschehen wiedergibt, herstellt oder einen kinderpornographischen Inhalt herstellt, bezieht, liefert, vorrätig hält, anbietet, bewirbt oder es unternimmt, diesen ein- oder auszuführen, um ihn im Sinne der Nummer 1 oder der Nummer 2 zu verwenden oder einer anderen Person eine solche Verwendung zu ermöglichen, soweit die Tat nicht nach Nummer 3 mit Strafe bedroht ist.

[2]Gibt der kinderpornographische Inhalt in den Fällen von Absatz 1 Satz 1 Nummer 1 und 4 kein tatsächliches oder wirklichkeitsnahes Geschehen wieder, so ist auf Freiheitsstrafe von drei Monaten bis zu fünf Jahren zu erkennen.

(2) Handelt der Täter in den Fällen des Absatzes 1 Satz 1 gewerbsmäßig oder als Mitglied einer Bande, die sich zur fortgesetzten Begehung solcher Taten verbunden hat, und gibt der Inhalt in den Fällen des Absatzes 1 Satz 1 Nummer 1, 2 und 4 ein tatsächliches oder wirklichkeitsnahes Geschehen wieder, so ist auf Freiheitsstrafe nicht unter zwei Jahren zu erkennen.

(3) Wer es unternimmt, einen kinderpornographischen Inhalt, der ein tatsächliches oder wirklichkeitsnahes Geschehen wiedergibt, abzurufen oder sich den Besitz an einem solchen Inhalt zu verschaffen oder wer einen solchen Inhalt besitzt, wird mit Freiheitsstrafe von einem Jahr bis zu fünf Jahren bestraft.

(4) Der Versuch ist in den Fällen des Absatzes 1 Satz 2 in Verbindung mit Satz 1 Nummer 1 strafbar.

(5) Absatz 1 Satz 1 Nummer 2 und Absatz 3 gelten nicht für Handlungen, die ausschließlich der rechtmäßigen Erfüllung von Folgendem dienen:
1. staatlichen Aufgaben,
2. Aufgaben, die sich aus Vereinbarungen mit einer zuständigen staatlichen Stelle ergeben, oder
3. dienstlichen oder beruflichen Pflichten.

(6) Absatz 1 Satz 1 Nummer 1, 2 und 4 und Satz 2 gilt nicht für dienstliche Handlungen im Rahmen von strafrechtlichen Ermittlungsverfahren, wenn
1. die Handlung sich auf einen kinderpornographischen Inhalt bezieht, der kein tatsächliches Geschehen wiedergibt und auch nicht unter Verwendung einer Bildaufnahme eines Kindes oder Jugendlichen hergestellt worden ist, und
2. die Aufklärung des Sachverhalts auf andere Weise aussichtslos oder wesentlich erschwert wäre.

(7) [1]Gegenstände, auf die sich eine Straftat nach Absatz 1 Satz 1 Nummer 2 oder 3 oder Absatz 3 bezieht, werden eingezogen. [2] § 74a ist anzuwenden.

§ 184c Verbreitung, Erwerb und Besitz jugendpornographischer Inhalte.
(1) Mit Freiheitsstrafe bis zu drei Jahren oder mit Geldstrafe wird bestraft, wer
1. einen jugendpornographischen Inhalt verbreitet oder der Öffentlichkeit zugänglich macht; jugendpornographisch ist ein pornographischer Inhalt (§ 11 Absatz 3), wenn er zum Gegenstand hat:
   a. sexuelle Handlungen von, an oder vor einer vierzehn, aber noch nicht achtzehn Jahre alten Person,

Strafgesetzbuch

b. die Wiedergabe einer ganz oder teilweise unbekleideten vierzehn, aber noch nicht achtzehn Jahre alten Person in aufreizend geschlechtsbetonter Körperhaltung oder
c. die sexuell aufreizende Wiedergabe der unbekleideten Genitalien oder des unbekleideten Gesäßes einer vierzehn, aber noch nicht achtzehn Jahre alten Person,
2. es unternimmt, einer anderen Person einen jugendpornographischen Inhalt, der ein tatsächliches oder wirklichkeitsnahes Geschehen wiedergibt, zugänglich zu machen oder den Besitz daran zu verschaffen,
3. einen jugendpornographischen Inhalt, der ein tatsächliches Geschehen wiedergibt, herstellt oder
4. einen jugendpornographischen Inhalt herstellt, bezieht, liefert, vorrätig hält, anbietet, bewirbt oder es unternimmt, diesen ein- oder auszuführen, um ihn im Sinne der Nummer 1 oder 2 zu verwenden oder einer anderen Person eine solche Verwendung zu ermöglichen, soweit die Tat nicht nach Nummer 3 mit Strafe bedroht ist.

(2) Handelt der Täter in den Fällen des Absatzes 1 gewerbsmäßig oder als Mitglied einer Bande, die sich zur fortgesetzten Begehung solcher Taten verbunden hat, und gibt der Inhalt in den Fällen des Absatzes 1 Nummer 1, 2 und 4 ein tatsächliches oder wirklichkeitsnahes Geschehen wieder, so ist auf Freiheitsstrafe von drei Monaten bis zu fünf Jahren zu erkennen.

(3) Wer es unternimmt, einen jugendpornographischen Inhalt, der ein tatsächliches Geschehen wiedergibt, abzurufen oder sich den Besitz an einem solchen Inhalt zu verschaffen, oder wer einen solchen Inhalt besitzt, wird mit Freiheitsstrafe bis zu zwei Jahren oder mit Geldstrafe bestraft.

(4) Absatz 1 Nummer 3, auch in Verbindung mit Absatz 5, und Absatz 3 sind nicht anzuwenden auf Handlungen von Personen in Bezug auf einen solchen jugendpornographischen Inhalt, den sie ausschließlich zum persönlichen Gebrauch mit Einwilligung der dargestellten Personen hergestellt haben.

(5) Der Versuch ist strafbar; dies gilt nicht für Taten nach Absatz 1 Nummer 2 und 4 sowie Absatz 3.

(6) § 184b Absatz 5 bis 7 gilt entsprechend.

§ 184e Veranstaltung und Besuch kinder- und jugendpornographischer Darbietungen. (1) [1]Nach § 184b Absatz 1 wird auch bestraft, wer eine kinderpornographische Darbietung veranstaltet. [2]Nach § 184c Absatz 1 wird auch bestraft, wer eine jugendpornographische Darbietung veranstaltet.

(2) [1]Nach § 184b Absatz 3 wird auch bestraft, wer eine kinderpornographische Darbietung besucht. [2]Nach § 184c Absatz 3 wird auch bestraft, wer eine jugendpornographische Darbietung besucht. [3]§ 184b Absatz 5 Nummer 1 und 3 gilt entsprechend.

§ 185 Beleidigung. Die Beleidigung wird mit Freiheitsstrafe bis zu einem Jahr oder mit Geldstrafe und, wenn die Beleidigung öffentlich, in einer Versammlung, durch Verbreiten eines Inhalts (§ 11 Absatz 3) oder mittels einer Tätlichkeit begangen wird, mit Freiheitsstrafe bis zu zwei Jahren oder mit Geldstrafe bestraft.

§ 186 Üble Nachrede. Wer in Beziehung auf einen anderen eine Tatsache behauptet oder verbreitet, welche denselben verächtlich zu machen oder in der öffentlichen Meinung herabzuwürdigen geeignet ist, wird, wenn nicht diese Tatsache erweislich wahr ist, mit Freiheitsstrafe bis zu einem Jahr oder mit Geldstrafe und, wenn die Tat öffentlich, in einer Versammlung oder durch Verbreiten eines Inhalts (§ 11 Absatz 3) begangen ist, mit Freiheitsstrafe bis zu zwei Jahren oder mit Geldstrafe bestraft.

§ 187 Verleumdung. Wer wider besseres Wissen in Beziehung auf einen anderen eine unwahre Tatsache behauptet oder verbreitet, welche denselben verächtlich zu machen oder in der öffentlichen Meinung herabzuwürdigen oder dessen Kredit zu gefährden geeignet ist, wird mit Freiheitsstrafe bis zu zwei Jahren oder mit Geldstrafe und, wenn die Tat öffentlich, in einer Versammlung oder durch Verbreiten eines Inhalts (§ 11 Absatz 3) begangen ist, mit Freiheitsstrafe bis zu fünf Jahren oder mit Geldstrafe bestraft.

§ 188 Gegen Personen des politischen Lebens gerichtete Beleidigung, üble Nachrede und Verleumdung. (1) [1]Wird gegen eine im politischen Leben des Volkes stehende Person öffentlich, in einer Versammlung oder durch Verbreiten eines Inhalts (§ 11 Absatz 3) eine Beleidigung (§ 185) aus Beweggründen begangen, die mit der Stellung des Beleidigten im öffentlichen Leben zusammenhängen, und ist die Tat geeignet, sein öffentliches Wirken erheblich zu erschweren, so ist die Strafe Freiheitsstrafe bis zu drei Jahren oder Geldstrafe. [2]Das politische Leben des Volkes reicht bis hin zur kommunalen Ebene.

(2) Unter den gleichen Voraussetzungen wird eine üble Nachrede (§ 186) mit Freiheitsstrafe von drei Monaten bis zu fünf Jahren und eine Verleumdung (§ 187) mit Freiheitsstrafe von sechs Monaten bis zu fünf Jahren bestraft.

§ 189 Verunglimpfung des Andenkens Verstorbener. Wer das Andenken eines Verstorbenen verunglimpft, wird mit Freiheitsstrafe bis zu zwei Jahren oder mit Geldstrafe bestraft.

§ 190 Wahrheitsbeweis durch Strafurteil. [1]Ist die behauptete oder verbreitete Tatsache eine Straftat, so ist der Beweis der Wahrheit als erbracht anzusehen, wenn der Beleidigte wegen dieser Tat rechtskräftig verurteilt worden ist. [2]Der Beweis der Wahrheit ist dagegen ausgeschlossen, wenn der Beleidigte vor der Behauptung oder Verbreitung rechtskräftig freigesprochen worden ist.

§ 192 Beleidigung trotz Wahrheitsbeweises. Der Beweis der Wahrheit der behaupteten oder verbreiteten Tatsache schließt die Bestrafung nach § 185 nicht aus, wenn das Vorhandensein einer Beleidigung aus der Form der Behauptung oder Verbreitung oder aus den Umständen, unter welchen sie geschah, hervorgeht.

§ 193 Wahrnehmung berechtigter Interessen. Tadelnde Urteile über wissenschaftliche, künstlerische oder gewerbliche Leistungen, desgleichen Äußerungen, welche zur Ausführung oder Verteidigung von Rechten oder zur Wahrnehmung berechtigter Interessen gemacht werden, sowie Vorhaltungen und Rügen der Vorgesetzten gegen ihre Untergebenen, dienstliche Anzeigen oder Urteile von Seiten eines Beamten und ähnliche Fälle sind nur insofern strafbar, als das Vorhandensein einer Beleidigung aus der Form der Äußerung oder aus den Umständen, unter welchen sie geschah, hervorgeht.

§ 194 Strafantrag. (1) ¹Die Beleidigung wird nur auf Antrag verfolgt. ²Ist die Tat in einer Versammlung oder dadurch begangen, dass ein Inhalt (§ 11 Absatz 3) verbreitet oder der Öffentlichkeit zugänglich gemacht worden ist, so ist ein Antrag nicht erforderlich, wenn der Verletzte als Angehöriger einer Gruppe unter der nationalsozialistischen oder einer anderen Gewalt- und Willkürherrschaft verfolgt wurde, diese Gruppe Teil der Bevölkerung ist und die Beleidigung mit dieser Verfolgung zusammenhängt. ³In den Fällen der §§ 188 und 192a wird die Tat auch dann verfolgt, wenn die Strafverfolgungsbehörde wegen des besonderen öffentlichen Interesses an der Strafverfolgung ein Einschreiten von Amts wegen für geboten hält. ⁴Die Taten nach den Sätzen 2 und 3 können jedoch nicht von Amts wegen verfolgt werden, wenn der Verletzte widerspricht. ⁵Der Widerspruch kann nicht zurückgenommen werden. ⁶Stirbt der Verletzte, so gehen das Antragsrecht und das Widerspruchsrecht auf die in § 77 Abs. 2 bezeichneten Angehörigen über.

(2) ¹Ist das Andenken eines Verstorbenen verunglimpft, so steht das Antragsrecht den in § 77 Abs. 2 bezeichneten Angehörigen zu. ²Ist die Tat in einer Versammlung oder dadurch begangen, dass ein Inhalt (§ 11 Absatz 3) verbreitet oder der Öffentlichkeit zugänglich gemacht worden ist, so ist ein Antrag nicht erforderlich, wenn der Verstorbene sein Leben als Opfer der nationalsozialistischen oder einer anderen Gewalt- und Willkürherrschaft verloren hat und die Verunglimpfung damit zusammenhängt. ³Die Tat kann jedoch nicht von Amts wegen verfolgt werden, wenn ein Antragsberechtigter der Verfolgung widerspricht. ⁴Der Widerspruch kann nicht zurückgenommen werden.

(3) ¹Ist die Beleidigung gegen einen Amtsträger, einen für den öffentlichen Dienst besonders Verpflichteten oder einen Soldaten der Bundeswehr während der Ausübung seines Dienstes oder in Beziehung auf seinen Dienst begangen, so wird sie auch auf Antrag des Dienstvorgesetzten verfolgt. ²Richtet sich die Tat gegen eine Behörde oder eine sonstige Stelle, die Aufgaben der öffentlichen Verwaltung wahrnimmt, so wird sie auf Antrag des Behördenleiters oder des Leiters der aufsichtführenden Behörde verfolgt. ³Dasselbe gilt für Träger von Ämtern und für Behörden der Kirchen und anderen Religionsgesellschaften des öffentlichen Rechts.

(4) Richtet sich die Tat gegen ein Gesetzgebungsorgan des Bundes oder eines Landes oder eine andere politische Körperschaft im räumlichen Geltungsbe-

reich dieses Gesetzes, so wird sie nur mit Ermächtigung der betroffenen Körperschaft verfolgt.

§ 201 Verletzung der Vertraulichkeit des Wortes. (1) Mit Freiheitsstrafe bis zu drei Jahren oder mit Geldstrafe wird bestraft, wer unbefugt
1. das nichtöffentlich gesprochene Wort eines anderen auf einen Tonträger aufnimmt oder
2. eine so hergestellte Aufnahme gebraucht oder einem Dritten zugänglich macht.

(2) ¹Ebenso wird bestraft, wer unbefugt
1. das nicht zu seiner Kenntnis bestimmte nichtöffentlich gesprochene Wort eines anderen mit einem Abhörgerät abhört oder
2. das nach Absatz 1 Nr. 1 aufgenommene oder nach Absatz 2 Nr. 1 abgehörte nichtöffentlich gesprochene Wort eines anderen im Wortlaut oder seinem wesentlichen Inhalt nach öffentlich mitteilt.

²Die Tat nach Satz 1 Nr. 2 ist nur strafbar, wenn die öffentliche Mitteilung geeignet ist, berechtigte Interessen eines anderen zu beeinträchtigen. ³Sie ist nicht rechtswidrig, wenn die öffentliche Mitteilung zur Wahrnehmung überragender öffentlicher Interessen gemacht wird.

(3) Mit Freiheitsstrafe bis zu fünf Jahren oder mit Geldstrafe wird bestraft, wer als Amtsträger oder als für den öffentlichen Dienst besonders Verpflichteter die Vertraulichkeit des Wortes verletzt (Absätze 1 und 2).

(4) Der Versuch ist strafbar.

(5) ¹Die Tonträger und Abhörgeräte, die der Täter oder Teilnehmer verwendet hat, können eingezogen werden. ²§ 74a ist anzuwenden.

§ 201a Verletzung des höchstpersönlichen Lebensbereichs und von Persönlichkeitsrechten durch Bildaufnahmen [„Spannerschutz"]. (1) Mit Freiheitsstrafe bis zu zwei Jahren oder mit Geldstrafe wird bestraft, wer
1. von einer anderen Person, die sich in einer Wohnung oder einem gegen Einblick besonders geschützten Raum befindet, unbefugt eine Bildaufnahme herstellt oder überträgt und dadurch den höchstpersönlichen Lebensbereich der abgebildeten Person verletzt,
2. eine Bildaufnahme, die die Hilflosigkeit einer anderen Person zur Schau stellt, unbefugt herstellt oder überträgt und dadurch den höchstpersönlichen Lebensbereich der abgebildeten Person verletzt,
3. eine Bildaufnahme, die in grob anstößiger Weise eine verstorbene Person zur Schau stellt, unbefugt herstellt oder überträgt,
4. eine durch eine Tat nach den Nummern 1 bis 3 hergestellte Bildaufnahme gebraucht oder einer dritten Person zugänglich macht oder
5. eine befugt hergestellte Bildaufnahme der in den Nummern 1 bis 3 bezeichneten Art wissentlich unbefugt einer dritten Person zugänglich macht und in den Fällen der Nummern 1 und 2 dadurch den höchstpersönlichen Lebensbereich der abgebildeten Person verletzt.

Strafgesetzbuch **StGB 14**

(2) ¹Ebenso wird bestraft, wer unbefugt von einer anderen Person eine Bildaufnahme, die geeignet ist, dem Ansehen der abgebildeten Person erheblich zu schaden, einer dritten Person zugänglich macht. ²Dies gilt unter den gleichen Voraussetzungen auch für eine Bildaufnahme von einer verstorbenen Person.

(3) Mit Freiheitsstrafe bis zu zwei Jahren oder mit Geldstrafe wird bestraft, wer eine Bildaufnahme, die die Nacktheit einer anderen Person unter achtzehn Jahren zum Gegenstand hat,
1. herstellt oder anbietet, um sie einer dritten Person gegen Entgelt zu verschaffen, oder
2. sich oder einer dritten Person gegen Entgelt verschafft.

(4) Absatz 1 Nummer 2 und 3, auch in Verbindung mit Absatz 1 Nummer 4 oder 5, Absatz 2 und 3 gelten nicht für Handlungen, die in Wahrnehmung überwiegender berechtigter Interessen erfolgen, namentlich der Kunst oder der Wissenschaft, der Forschung oder der Lehre, der Berichterstattung über Vorgänge des Zeitgeschehens oder der Geschichte oder ähnlichen Zwecken dienen.

(5) ¹Die Bildträger sowie Bildaufnahmegeräte oder andere technische Mittel, die der Täter oder Teilnehmer verwendet hat, können eingezogen werden. ²§ 74a ist anzuwenden.

§ 202a Ausspähen von Daten [„Hacking"]. (1) Wer unbefugt sich oder einem anderen Zugang zu Daten, die nicht für ihn bestimmt und die gegen unberechtigten Zugang besonders gesichert sind, unter Überwindung der Zugangssicherung verschafft, wird mit Freiheitsstrafe bis zu drei Jahren oder mit Geldstrafe bestraft.

(2) Daten im Sinne des Absatzes 1 sind nur solche, die elektronisch, magnetisch oder sonst nicht unmittelbar wahrnehmbar gespeichert sind oder übermittelt werden.

§ 202b Abfangen von Daten. Wer unbefugt sich oder einem anderen unter Anwendung von technischen Mitteln nicht für ihn bestimmte Daten (§ 202a Abs. 2) aus einer nichtöffentlichen Datenübermittlung oder aus der elektromagnetischen Abstrahlung einer Datenverarbeitungsanlage verschafft, wird mit Freiheitsstrafe bis zu zwei Jahren oder mit Geldstrafe bestraft, wenn die Tat nicht in anderen Vorschriften mit schwererer Strafe bedroht ist.

§ 202c Vorbereiten des Ausspähens und Abfangens von Daten. (1) Wer eine Straftat nach § 202a oder § 202b vorbereitet, indem er
1. Passwörter oder sonstige Sicherungscodes, die den Zugang zu Daten (§ 202a Abs. 2) ermöglichen, oder
2. Computerprogramme, deren Zweck die Begehung einer solchen Tat ist,
herstellt, sich oder einem anderen verschafft, verkauft, einem anderen überlässt, verbreitet oder sonst zugänglich macht, wird mit Freiheitsstrafe bis zu zwei Jahren oder mit Geldstrafe bestraft.

(2) § 149 Abs. 2 und 3 gilt entsprechend.

§ 202d Datenhehlerei. (1) Wer Daten (§ 202a Absatz 2), die nicht allgemein zugänglich sind und die ein anderer durch eine rechtswidrige Tat erlangt hat, sich oder einem anderen verschafft, einem anderen überlässt, verbreitet oder sonst zugänglich macht, um sich oder einen Dritten zu bereichern oder einen anderen zu schädigen, wird mit Freiheitsstrafe bis zu drei Jahren oder mit Geldstrafe bestraft.

(2) Die Strafe darf nicht schwerer sein als die für die Vortat angedrohte Strafe.

(3) ¹Absatz 1 gilt nicht für Handlungen, die ausschließlich der Erfüllung rechtmäßiger dienstlicher oder beruflicher Pflichten dienen. ²Dazu gehören insbesondere
1. solche Handlungen von Amtsträgern oder deren Beauftragten, mit denen Daten ausschließlich der Verwertung in einem Besteuerungsverfahren, einem Strafverfahren oder einem Ordnungswidrigkeitenverfahren zugeführt werden sollen, sowie
2. solche beruflichen Handlungen der in § 53 Absatz 1 Satz 1 Nummer 5 der Strafprozessordnung genannten Personen, mit denen Daten entgegengenommen, ausgewertet oder veröffentlicht werden.

§ 203 Verletzung von Privatgeheimnissen. (1) Wer unbefugt ein fremdes Geheimnis, namentlich ein zum persönlichen Lebensbereich gehörendes Geheimnis oder ein Betriebs- oder Geschäftsgeheimnis, offenbart, das ihm als
1. Arzt, Zahnarzt, Tierarzt, Apotheker oder Angehörigen eines anderen Heilberufs, der für die Berufsausübung oder die Führung der Berufsbezeichnung eine staatlich geregelte Ausbildung erfordert,
2. Berufspsychologen mit staatlich anerkannter wissenschaftlicher Abschlußprüfung,
3. Rechtsanwalt, Kammerrechtsbeistand, Patentanwalt, Notar, Verteidiger in einem gesetzlich geordneten Verfahren, Wirtschaftsprüfer, vereidigtem Buchprüfer, Steuerberater, Steuerbevollmächtigten oder Organ oder Mitglied eines Organs einer Rechtsanwalts-, Patentanwalts-, Wirtschaftsprüfungs-, Buchprüfungs- oder Steuerberatungsgesellschaft,
4. Ehe-, Familien-, Erziehungs- oder Jugendberater sowie Berater für Suchtfragen in einer Beratungsstelle, die von einer Behörde oder Körperschaft, Anstalt oder Stiftung des öffentlichen Rechts anerkannt ist,
5. Mitglied oder Beauftragten einer anerkannten Beratungsstelle nach den §§ 3 und 8 des Schwangerschaftskonfliktgesetzes,
6. staatlich anerkanntem Sozialarbeiter oder staatlich anerkanntem Sozialpädagogen oder
7. Angehörigen eines Unternehmens der privaten Kranken-, Unfall- oder Lebensversicherung oder einer privatärztlichen, steuerberaterlichen oder anwaltlichen Verrechnungsstelleanvertraut worden oder sonst bekanntgeworden ist, wird mit Freiheitsstrafe bis zu einem Jahr oder mit Geldstrafe bestraft.

Strafgesetzbuch **StGB 14**

(2) ¹Ebenso wird bestraft, wer unbefugt ein fremdes Geheimnis, namentlich ein zum persönlichen Lebensbereich gehörendes Geheimnis oder ein Betriebs- oder Geschäftsgeheimnis, offenbart, das ihm als
1. Amtsträger oder Europäischer Amtsträger,
2. für den öffentlichen Dienst besonders Verpflichteten,
3. Person, die Aufgaben oder Befugnisse nach dem Personalvertretungsrecht wahrnimmt,
4. Mitglied eines für ein Gesetzgebungsorgan des Bundes oder eines Landes tätigen Untersuchungsausschusses, sonstigen Ausschusses oder Rates, das nicht selbst Mitglied des Gesetzgebungsorgans ist, oder als Hilfskraft eines solchen Ausschusses oder Rates,
5. öffentlich bestelltem Sachverständigen, der auf die gewissenhafte Erfüllung seiner Obliegenheiten auf Grund eines Gesetzes förmlich verpflichtet worden ist, oder
6. Person, die auf die gewissenhafte Erfüllung ihrer Geheimhaltungspflicht bei der Durchführung wissenschaftlicher Forschungsvorhaben auf Grund eines Gesetzes förmlich verpflichtet worden ist, anvertraut worden oder sonst bekanntgeworden ist. ²Einem Geheimnis im Sinne des Satzes 1 stehen Einzelangaben über persönliche oder sachliche Verhältnisse eines anderen gleich, die für Aufgaben der öffentlichen Verwaltung erfaßt worden sind; Satz 1 ist jedoch nicht anzuwenden, soweit solche Einzelangaben anderen Behörden oder sonstigen Stellen für Aufgaben der öffentlichen Verwaltung bekanntgegeben werden und das Gesetz dies nicht untersagt.

(3) ¹Kein Offenbaren im Sinne dieser Vorschrift liegt vor, wenn die in den Absätzen 1 und 2 genannten Personen Geheimnisse den bei ihnen berufsmäßig tätigen Gehilfen oder den bei ihnen zur Vorbereitung auf den Beruf tätigen Personen zugänglich machen. ²Die in den Absätzen 1 und 2 Genannten dürfen fremde Geheimnisse gegenüber sonstigen Personen offenbaren, die an ihrer beruflichen oder dienstlichen Tätigkeit mitwirken, soweit dies für die Inanspruchnahme der Tätigkeit der sonstigen mitwirkenden Personen erforderlich ist; das Gleiche gilt für sonstige mitwirkende Personen, wenn diese sich weiterer Personen bedienen, die an der beruflichen oder dienstlichen Tätigkeit der in den Absätzen 1 und 2 Genannten mitwirken.

(4) ¹Mit Freiheitsstrafe bis zu einem Jahr oder mit Geldstrafe wird bestraft, wer unbefugt ein fremdes Geheimnis offenbart, das ihm bei der Ausübung oder bei Gelegenheit seiner Tätigkeit als mitwirkende Person oder als bei den in den Absätzen 1 und 2 genannten Personen tätiger Datenschutzbeauftragter bekannt geworden ist. ²Ebenso wird bestraft, wer
1. als in den Absätzen 1 und 2 genannte Person nicht dafür Sorge getragen hat, dass eine sonstige mitwirkende Person, die unbefugt ein fremdes, ihr bei der Ausübung oder bei Gelegenheit ihrer Tätigkeit bekannt gewordenes Geheimnis offenbart, zur Geheimhaltung verpflichtet wurde; dies gilt nicht für sonstige mitwirkende Personen, die selbst eine in den Absätzen 1 oder 2 genannte Person sind,

14 StGB Strafgesetzbuch

2. als im Absatz 3 genannte mitwirkende Person sich einer weiteren mitwirkenden Person, die unbefugt ein fremdes, ihr bei der Ausübung oder bei Gelegenheit ihrer Tätigkeit bekannt gewordenes Geheimnis offenbart, bedient und nicht dafür Sorge getragen hat, dass diese zur Geheimhaltung verpflichtet wurde; dies gilt nicht für sonstige mitwirkende Personen, die selbst eine in den Absätzen 1 oder 2 genannte Person sind, oder
3. nach dem Tod der nach Satz 1 oder nach den Absätzen 1 oder 2 verpflichteten Person ein fremdes Geheimnis unbefugt offenbart, das er von dem Verstorbenen erfahren oder aus dessen Nachlass erlangt hat.

(5) Die Absätze 1 bis 4 sind auch anzuwenden, wenn der Täter das fremde Geheimnis nach dem Tod des Betroffenen unbefugt offenbart.

(6) Handelt der Täter gegen Entgelt oder in der Absicht, sich oder einen anderen zu bereichern oder einen anderen zu schädigen, so ist die Strafe Freiheitsstrafe bis zu zwei Jahren oder Geldstrafe.

§ 205 Strafantrag. (1) 1In den Fällen des § 201 Abs. 1 und 2 und der §§ 202, 203 und 204 wird die Tat nur auf Antrag verfolgt. 2Dies gilt auch in den Fällen der §§ 201a, 202a, 202b und 202d, es sei denn, dass die Strafverfolgungsbehörde wegen des besonderen öffentlichen Interesses an der Strafverfolgung ein Einschreiten von Amts wegen für geboten hält.

(2) ¹Stirbt der Verletzte, so geht das Antragsrecht nach § 77 Abs. 2 auf die Angehörigen über; dies gilt nicht in den Fällen der §§ 202a, 202b und 202d. 2Gehört das Geheimnis nicht zum persönlichen Lebensbereich des Verletzten, so geht das Antragsrecht bei Straftaten nach den §§ 203 und 204 auf die Erben über. 3Offenbart oder verwertet der Täter in den Fällen der §§ 203 und 204 das Geheimnis nach dem Tod des Betroffenen, so gelten die Sätze 1 und 2 sinngemäß. 4In den Fällen des § 201a Absatz 1 Nummer 3 und Absatz 2 Satz 2 steht das Antragsrecht den in § 77 Absatz 2 bezeichneten Angehörigen zu.

§ 206 Verletzung des Post- oder Fernmeldegeheimnisses. (1) Wer unbefugt einer anderen Person eine Mitteilung über Tatsachen macht, die dem Post- oder Fernmeldegeheimnis unterliegen und die ihm als Inhaber oder Beschäftigtem eines Unternehmens bekanntgeworden sind, das geschäftsmäßig Post- oder Telekommunikationsdienste erbringt, wird mit Freiheitsstrafe bis zu fünf Jahren oder mit Geldstrafe bestraft.

(2) Ebenso wird bestraft, wer als Inhaber oder Beschäftigter eines in Absatz 1 bezeichneten Unternehmens unbefugt
1. eine Sendung, die einem solchen Unternehmen zur Übermittlung anvertraut worden und verschlossen ist, öffnet oder sich von ihrem Inhalt ohne Öffnung des Verschlusses unter Anwendung technischer Mittel Kenntnis verschafft,
2. eine einem solchen Unternehmen zur Übermittlung anvertraute Sendung unterdrückt oder

3. eine der in Absatz 1 oder in Nummer 1 oder 2 bezeichneten Handlungen gestattet oder fördert.

(3) Die Absätze 1 und 2 gelten auch für Personen, die
1. Aufgaben der Aufsicht über ein in Absatz 1 bezeichnetes Unternehmen wahrnehmen,
2. von einem solchen Unternehmen oder mit dessen Ermächtigung mit dem Erbringen von Post- oder Telekommunikationsdiensten betraut sind oder
3. mit der Herstellung einer dem Betrieb eines solchen Unternehmens dienenden Anlage oder mit Arbeiten daran betraut sind.

(4) Wer unbefugt einer anderen Person eine Mitteilung über Tatsachen macht, die ihm als außerhalb des Post- oder Telekommunikationsbereichs tätigem Amtsträger aufgrund eines befugten oder unbefugten Eingriffs in das Post- oder Fernmeldegeheimnis bekannt geworden sind, wird mit Freiheitsstrafe bis zu zwei Jahren oder mit Geldstrafe bestraft.

(5) [1]Dem Postgeheimnis unterliegen die näheren Umstände des Postverkehrs bestimmter Personen sowie der Inhalt von Postsendungen. [2]Dem Fernmeldegeheimnis unterliegen der Inhalt der Telekommunikation und ihre näheren Umstände, insbesondere die Tatsache, ob jemand an einem Telekommunikationsvorgang beteiligt ist oder war. [3]Das Fernmeldegeheimnis erstreckt sich auch auf die näheren Umstände erfolgloser Verbindungsversuche.

§ 219a Werbung für den Abbruch der Schwangerschaft. (1) Wer öffentlich, in einer Versammlung oder durch Verbreiten eines Inhalts (§ 11 Absatz 3) seines Vermögensvorteils wegen oder in grob anstößiger Weise
1. eigene oder fremde Dienste zur Vornahme oder Förderung eines Schwangerschaftsabbruchs oder
2. Mittel, Gegenstände oder Verfahren, die zum Abbruch der Schwangerschaft geeignet sind, unter Hinweis auf diese Eignung

anbietet, ankündigt, anpreist oder Erklärungen solchen Inhalts bekanntgibt, wird mit Freiheitsstrafe bis zu zwei Jahren oder mit Geldstrafe bestraft.

(2) Absatz 1 Nr. 1 gilt nicht, wenn Ärzte oder auf Grund Gesetzes anerkannte Beratungsstellen darüber unterrichtet werden, welche Ärzte, Krankenhäuser oder Einrichtungen bereit sind, einen Schwangerschaftsabbruch unter den Voraussetzungen des § 218a Abs. 1 bis 3 vorzunehmen.

(3) Absatz 1 Nr. 2 gilt nicht, wenn die Tat gegenüber Ärzten oder Personen, die zum Handel mit den in Absatz 1 Nr. 2 erwähnten Mitteln oder Gegenständen befugt sind, oder durch eine Veröffentlichung in ärztlichen oder pharmazeutischen Fachblättern begangen wird.

(4) Absatz 1 gilt nicht, wenn Ärzte, Krankenhäuser oder Einrichtungen
1. auf die Tatsache hinweisen, dass sie Schwangerschaftsabbrüche unter den Voraussetzungen des § 218a Absatz 1 bis 3 vornehmen, oder
2. auf Informationen einer insoweit zuständigen Bundes- oder Landesbehörde, einer Beratungsstelle nach dem Schwangerschaftskonfliktgesetz oder einer Ärztekammer über einen Schwangerschaftsabbruch hinweisen.

§ 238 Nachstellung. (1) Mit Freiheitsstrafe bis zu drei Jahren oder mit Geldstrafe wird bestraft, wer einer anderen Person in einer Weise unbefugt nachstellt, die geeignet ist, deren Lebensgestaltung nicht unerheblich zu beeinträchtigen, indem er wiederholt
1. die räumliche Nähe dieser Person aufsucht,
2. unter Verwendung von Telekommunikationsmitteln oder sonstigen Mitteln der Kommunikation oder über Dritte Kontakt zu dieser Person herzustellen versucht,
3. unter missbräuchlicher Verwendung von personenbezogenen Daten dieser Person
   a. Bestellungen von Waren oder Dienstleistungen für sie aufgibt oder
   b. Dritte veranlasst, Kontakt mit ihr aufzunehmen,
4. diese Person mit der Verletzung von Leben, körperlicher Unversehrtheit, Gesundheit oder Freiheit ihrer selbst, eines ihrer Angehörigen oder einer anderen ihr nahestehenden Person bedroht,
5. zulasten dieser Person, eines ihrer Angehörigen oder einer anderen ihr nahestehenden Person eine Tat nach § 202a, § 202b oder § 202c begeht,
6. eine Abbildung dieser Person, eines ihrer Angehörigen oder einer anderen ihr nahestehenden Person verbreitet oder der Öffentlichkeit zugänglich macht,
7. einen Inhalt (§ 11 Absatz 3), der geeignet ist, diese Person verächtlich zu machen oder in der öffentlichen Meinung herabzuwürdigen, unter Vortäuschung der Urheberschaft der Person verbreitet oder der Öffentlichkeit zugänglich macht oder
8. eine mit den Nummern 1 bis 7 vergleichbare Handlung vornimmt.

(2) [1]In besonders schweren Fällen des Absatzes 1 Nummer 1 bis 7 wird die Nachstellung mit Freiheitsstrafe von drei Monaten bis zu fünf Jahren bestraft. [2]Ein besonders schwerer Fall liegt in der Regel vor, wenn der Täter
1. durch die Tat eine Gesundheitsschädigung des Opfers, eines Angehörigen des Opfers oder einer anderen dem Opfer nahestehenden Person verursacht,
2. das Opfer, einen Angehörigen des Opfers oder eine andere dem Opfer nahestehende Person durch die Tat in die Gefahr des Todes oder einer schweren Gesundheitsschädigung bringt,
3. dem Opfer durch eine Vielzahl von Tathandlungen über einen Zeitraum von mindestens sechs Monaten nachstellt,
4. bei einer Tathandlung nach Absatz 1 Nummer 5 ein Computerprogramm einsetzt, dessen Zweck das digitale Ausspähen anderer Personen ist,
5. eine durch eine Tathandlung nach Absatz 1 Nummer 5 erlangte Abbildung bei einer Tathandlung nach Absatz 1 Nummer 6 verwendet,
6. einen durch eine Tathandlung nach Absatz 1 Nummer 5 erlangten Inhalt (§ 11 Absatz 3) bei einer Tathandlung nach Absatz 1 Nummer 7 verwendet oder
7. über einundzwanzig Jahre ist und das Opfer unter sechzehn Jahre ist.

Strafgesetzbuch **StGB 14**

(3) Verursacht der Täter durch die Tat den Tod des Opfers, eines Angehörigen des Opfers oder einer anderen dem Opfer nahestehenden Person, so ist die Strafe Freiheitsstrafe von einem Jahr bis zu zehn Jahren.

§ 241 Bedrohung. (1) Wer einen Menschen mit der Begehung einer gegen ihn oder eine ihm nahestehende Person gerichteten rechtswidrigen Tat gegen die sexuelle Selbstbestimmung, die körperliche Unversehrtheit, die persönliche Freiheit oder gegen eine Sache von bedeutendem Wert bedroht, wird mit Freiheitsstrafe bis zu einem Jahr oder mit Geldstrafe bestraft.

(2) Wer einen Menschen mit der Begehung eines gegen ihn oder eine ihm nahestehende Person gerichteten Verbrechens bedroht, wird mit Freiheitsstrafe bis zu zwei Jahren oder mit Geldstrafe bestraft.

(3) Ebenso wird bestraft, wer wider besseres Wissen einem Menschen vortäuscht, daß die Verwirklichung eines gegen ihn oder eine ihm nahestehende Person gerichteten Verbrechens bevorstehe.

(4) Wird die Tat öffentlich, in einer Versammlung oder durch Verbreiten eines Inhalts (§ 11 Absatz 3) begangen, ist in den Fällen des Absatzes 1 auf Freiheitsstrafe bis zu zwei Jahren oder auf Geldstrafe und in den Fällen der Absätze 2 und 3 auf Freiheitsstrafe bis zu drei Jahren oder auf Geldstrafe zu erkennen.

(5) Die für die angedrohte Tat geltenden Vorschriften über den Strafantrag sind entsprechend anzuwenden.

§ 263 Betrug. (1) Wer in der Absicht, sich oder einem Dritten einen rechtswidrigen Vermögensvorteil zu verschaffen, das Vermögen eines anderen dadurch beschädigt, daß er durch Vorspiegelung falscher oder durch Entstellung oder Unterdrückung wahrer Tatsachen einen Irrtum erregt oder unterhält, wird mit Freiheitsstrafe bis zu fünf Jahren oder mit Geldstrafe bestraft.

(2) Der Versuch ist strafbar.

(3) [1]In besonders schweren Fällen ist die Strafe Freiheitsstrafe von sechs Monaten bis zu zehn Jahren. [2]Ein besonders schwerer Fall liegt in der Regel vor, wenn der Täter
1. gewerbsmäßig oder als Mitglied einer Bande handelt, die sich zur fortgesetzten Begehung von Urkundenfälschung oder Betrug verbunden hat,
2. einen Vermögensverlust großen Ausmaßes herbeiführt oder in der Absicht handelt, durch die fortgesetzte Begehung von Betrug eine große Zahl von Menschen in die Gefahr des Verlustes von Vermögenswerten zu bringen,
3. eine andere Person in wirtschaftliche Not bringt,
4. seine Befugnisse oder seine Stellung als Amtsträger oder Europäischer Amtsträger mißbraucht oder
5. einen Versicherungsfall vortäuscht, nachdem er oder ein anderer zu diesem Zweck eine Sache von bedeutendem Wert in Brand gesetzt oder durch eine Brandlegung ganz oder teilweise zerstört oder ein Schiff zum Sinken oder Stranden gebracht hat.

(4) § 243 Abs. 2 sowie die §§ 247 und 248a gelten entsprechend.

(5) Mit Freiheitsstrafe von einem Jahr bis zu zehn Jahren, in minder schweren Fällen mit Freiheitsstrafe von sechs Monaten bis zu fünf Jahren wird bestraft, wer den Betrug als Mitglied einer Bande, die sich zur fortgesetzten Begehung von Straftaten nach den §§ 263 bis 264 oder 267 bis 269 verbunden hat, gewerbsmäßig begeht.

(6) Das Gericht kann Führungsaufsicht anordnen (§ 68 Abs. 1).

§ 263a Computerbetrug. (1) Wer in der Absicht, sich oder einem Dritten einen rechtswidrigen Vermögensvorteil zu verschaffen, das Vermögen eines anderen dadurch beschädigt, daß er das Ergebnis eines Datenverarbeitungsvorgangs durch unrichtige Gestaltung des Programms, durch Verwendung unrichtiger oder unvollständiger Daten, durch unbefugte Verwendung von Daten oder sonst durch unbefugte Einwirkung auf den Ablauf beeinflußt, wird mit Freiheitsstrafe bis zu fünf Jahren oder mit Geldstrafe bestraft.

(2) § 263 Abs. 2 bis 6 gilt entsprechend.

(3) Wer eine Straftat nach Absatz 1 vorbereitet, indem er

1. Computerprogramme, deren Zweck die Begehung einer solchen Tat ist, herstellt, sich oder einem anderen verschafft, feilhält, verwahrt oder einem anderen überlässt oder
2. Passwörter oder sonstige Sicherungscodes, die zur Begehung einer solchen Tat geeignet sind, herstellt, sich oder einem anderen verschafft, feilhält, verwahrt oder einem anderen überlässt, wird mit Freiheitsstrafe bis zu drei Jahren oder mit Geldstrafe bestraft.

(4) In den Fällen des Absatzes 3 gilt § 149 Abs. 2 und 3 entsprechend.

§ 267 Urkundenfälschung. (1) Wer zur Täuschung im Rechtsverkehr eine unechte Urkunde herstellt, eine echte Urkunde verfälscht oder eine unechte oder verfälschte Urkunde gebraucht, wird mit Freiheitsstrafe bis zu fünf Jahren oder mit Geldstrafe bestraft.

(2) Der Versuch ist strafbar.

(3) [1]In besonders schweren Fällen ist die Strafe Freiheitsstrafe von sechs Monaten bis zu zehn Jahren. [2]Ein besonders schwerer Fall liegt in der Regel vor, wenn der Täter

1. gewerbsmäßig oder als Mitglied einer Bande handelt, die sich zur fortgesetzten Begehung von Betrug oder Urkundenfälschung verbunden hat,
2. ein Vermögensverlust großen Ausmaßes herbeiführt,
3. durch eine große Zahl von unechten oder verfälschten Urkunden die Sicherheit des Rechtsverkehrs erheblich gefährdet oder
4. seine Befugnisse oder seine Stellung als Amtsträger oder Europäischer Amtsträger mißbraucht.

(4) Mit Freiheitsstrafe von einem Jahr bis zu zehn Jahren, in minder schweren Fällen mit Freiheitsstrafe von sechs Monaten bis zu fünf Jahren wird bestraft,

wer die Urkundenfälschung als Mitglied einer Bande, die sich zur fortgesetzten Begehung von Straftaten nach den §§ 263 bis 264 oder 267 bis 269 verbunden hat, gewerbsmäßig begeht.

§ 269 Fälschung beweiserheblicher Daten. (1) Wer zur Täuschung im Rechtsverkehr beweiserhebliche Daten so speichert oder verändert, dass bei ihrer Wahrnehmung eine unechte oder verfälschte Urkunde vorliegen würde, oder derart gespeicherte oder veränderte Daten gebraucht, wird mit Freiheitsstrafe bis zu fünf Jahren oder mit Geldstrafe bestraft.

(2) Der Versuch ist strafbar.

(3) § 267 Abs. 3 und 4 gilt entsprechend.

§ 270 Täuschung im Rechtsverkehr bei Datenverarbeitung. Der Täuschung im Rechtsverkehr steht die fälschliche Beeinflussung einer Datenverarbeitung im Rechtsverkehr gleich.

§ 284 Unerlaubte Veranstaltung eines Glücksspiels[2]**.** (1) Wer ohne behördliche Erlaubnis öffentlich ein Glücksspiel veranstaltet oder hält oder die Einrichtungen hierzu bereitstellt, wird mit Freiheitsstrafe bis zu zwei Jahren oder mit Geldstrafe bestraft.

(2) Als öffentlich veranstaltet gelten auch Glücksspiele in Vereinen oder geschlossenen Gesellschaften, in denen Glücksspiele gewohnheitsmäßig veranstaltet werden.

(3) Wer in den Fällen des Absatzes 1
1. gewerbsmäßig oder
2. als Mitglied einer Bande handelt, die sich zur fortgesetzten Begehung solcher Taten verbunden hat,
wird mit Freiheitsstrafe von drei Monaten bis zu fünf Jahren bestraft.

(4) Wer für ein öffentliches Glücksspiel (Absätze 1 und 2) wirbt, wird mit Freiheitsstrafe bis zu einem Jahr oder mit Geldstrafe bestraft.

§ 303a Datenveränderung. (1) Wer rechtswidrig Daten (§ 202a Abs. 2) löscht, unterdrückt, unbrauchbar macht oder verändert, wird mit Freiheitsstrafe bis zu zwei Jahren oder mit Geldstrafe bestraft.

(2) Der Versuch ist strafbar.

(3) Für die Vorbereitung einer Straftat nach Absatz 1 gilt § 202c entsprechend.

§ 303b Computersabotage. (1) Wer eine Datenverarbeitung, die für einen anderen von wesentlicher Bedeutung ist, dadurch erheblich stört, dass er

---

[2] Siehe auch Staatsvertrag zum Glücksspielwesen in Deutschland (Glücksspielstaatsvertrag – GlüStV) vom 15. Dezember 2011 (GVBl. 2012 S. 318, 319/BayRS 02-30-I), der durch Vertrag vom 18. April 2019 (GVBl. I 2019 S. 538, 2020 S. 10) zuletzt geändert worden ist.

1. eine Tat nach § 303a Abs. 1 begeht,
2. Daten (§ 202a Abs. 2) in der Absicht, einem anderen Nachteil zuzufügen, eingibt oder übermittelt oder
3. eine Datenverarbeitungsanlage oder einen Datenträger zerstört, beschädigt, unbrauchbar macht, beseitigt oder verändert,

wird mit Freiheitsstrafe bis zu drei Jahren oder mit Geldstrafe bestraft.

(2) Handelt es sich um eine Datenverarbeitung, die für einen fremden Betrieb, ein fremdes Unternehmen oder eine Behörde von wesentlicher Bedeutung ist, ist die Strafe Freiheitsstrafe bis zu fünf Jahren oder Geldstrafe.

(3) Der Versuch ist strafbar.

(4) [1]In besonders schweren Fällen des Absatzes 2 ist die Strafe Freiheitsstrafe von sechs Monaten bis zu zehn Jahren. [2]Ein besonders schwerer Fall liegt in der Regel vor, wenn der Täter
1. einen Vermögensverlust großen Ausmaßes herbeiführt,
2. gewerbsmäßig oder als Mitglied einer Bande handelt, die sich zur fortgesetzten Begehung von Computersabotage verbunden hat,
3. durch die Tat die Versorgung der Bevölkerung mit lebenswichtigen Gütern oder Dienstleistungen oder die Sicherheit der Bundesrepublik Deutschland beeinträchtigt.

(5) Für die Vorbereitung einer Straftat nach Absatz 1 gilt § 202c entsprechend.

§ 353b Verletzung des Dienstgeheimnisses und einer besonderen Geheimhaltungspflicht [„Amtsverschwiegenheit"]. (1) [1]Wer ein Geheimnis, das ihm als
1. Amtsträger,
2. für den öffentlichen Dienst besonders Verpflichteten,
3. Person, die Aufgaben oder Befugnisse nach dem Personalvertretungsrecht wahrnimmt oder
4. Europäische Amtsträger

anvertraut worden oder sonst bekanntgeworden ist, unbefugt offenbart und dadurch wichtige öffentliche Interessen gefährdet, wird mit Freiheitsstrafe bis zu fünf Jahren oder mit Geldstrafe bestraft. [2]Hat der Täter durch die Tat fahrlässig wichtige öffentliche Interessen gefährdet, so wird er mit Freiheitsstrafe bis zu einem Jahr oder mit Geldstrafe bestraft.

(2) Wer, abgesehen von den Fällen des Absatzes 1, unbefugt einen Gegenstand oder eine Nachricht, zu deren Geheimhaltung er
1. auf Grund des Beschlusses eines Gesetzgebungsorgans des Bundes oder eines Landes oder eines seiner Ausschüsse verpflichtet ist oder
2. von einer anderen amtlichen Stelle unter Hinweis auf die Strafbarkeit der Verletzung der Geheimhaltungspflicht förmlich verpflichtet worden ist,

an einen anderen gelangen läßt oder öffentlich bekanntmacht und dadurch wichtige öffentliche Interessen gefährdet, wird mit Freiheitsstrafe bis zu drei Jahren oder mit Geldstrafe bestraft.

Strafgesetzbuch **StGB 14**

(3) Der Versuch ist strafbar.

(3a) Beihilfehandlungen einer in § 53 Absatz 1 Satz 1 Nummer 5 der Strafprozessordnung genannten Person sind nicht rechtswidrig, wenn sie sich auf die Entgegennahme, Auswertung oder Veröffentlichung des Geheimnisses oder des Gegenstandes oder der Nachricht, zu deren Geheimhaltung eine besondere Verpflichtung besteht, beschränken.

(4) ¹Die Tat wird nur mit Ermächtigung verfolgt. ²Die Ermächtigung wird erteilt
1. von dem Präsidenten des Gesetzgebungsorgans
   a) in den Fällen des Absatzes 1, wenn dem Täter das Geheimnis während seiner Tätigkeit bei einem oder für ein Gesetzgebungsorgan des Bundes oder eines Landes bekanntgeworden ist,
   b) in den Fällen des Absatzes 2 Nr. 1;
2. von der obersten Bundesbehörde
   a) in den Fällen des Absatzes 1, wenn dem Täter das Geheimnis während seiner Tätigkeit sonst bei einer oder für eine Behörde oder bei einer anderen amtlichen Stelle des Bundes oder für eine solche Stelle bekanntgeworden ist,
   b) in den Fällen des Absatzes 2 Nr. 2, wenn der Täter von einer amtlichen Stelle des Bundes verpflichtet worden ist;
3. von der Bundesregierung in den Fällen des Absatzes 1 Satz 1 Nummer 4, wenn dem Täter das Geheimnis während seiner Tätigkeit bei einer Dienststelle der Europäischen Union bekannt geworden ist;
4. von der obersten Landesbehörde in allen übrigen Fällen der Absätze 1 und 2 Nr. 2.

²In den Fällen des Satzes 2 Nummer 3 wird die Tat nur verfolgt, wenn zudem ein Strafverlangen der Dienststelle vorliegt.

§ 353d Verbotene Mitteilungen über Gerichtsverhandlungen. Mit Freiheitsstrafe bis zu einem Jahr oder mit Geldstrafe wird bestraft, wer
1. entgegen einem gesetzlichen Verbot über eine Gerichtsverhandlung, bei der die Öffentlichkeit ausgeschlossen war, oder über den Inhalt eines die Sache betreffenden amtlichen Dokument öffentlich eine Mitteilung macht,
2. entgegen einer vom Gericht aufgrund eines Gesetzes auferlegten Schweigepflicht Tatsachen unbefugt offenbart, die durch eine nichtöffentliche Gerichtsverhandlung oder durch ein die Sache betreffendes amtliches Dokument zu seiner Kenntnis gelangt sind, oder
3. die Anklageschrift oder andere amtliche Dokumente eines Strafverfahrens, eines Bußgeldverfahrens oder eines Disziplinarverfahrens, ganz oder in wesentlichen Teilen, im Wortlaut öffentlich mitteilt, bevor sie in öffentlicher Verhandlung erörtert worden sind oder das Verfahren abgeschlossen ist.

Hinweis: In Zusammenhang mit Nr. 14 StGB wird auf die bisher in § 20a des **Gesetzes über den Wertpapierhandel** (WpHG in der Fassung der Bekanntmachung vom 9. September 1998, BGBl. I S. 2708, zuletzt geändert durch Gesetz vom 12. August 2020 (BGBl. I S. 1874) enthaltenen Regelungen zur Kursmanipulation („Scalping") verwiesen. § 20a WpHG wurde aufgehoben und die Vorschriften zur Kursmanipulation ergeben sich nunmehr aus den Art. 12, 15 EU-Marktmissbrauchsverordnung (EU-Verordnung Nr. 596/2014 = MAR); zuletzt geändert durch Art. 1 VO (EU) 2019/2115, S. 320 ff.).[3]

Artikel 12 MAR. Marktmanipulation. (1) Für die Zwecke dieser Verordnung umfasst der Begriff „Marktmanipulation" folgende Handlungen:
a) Abschluss eines Geschäfts, Erteilung eines Handelsauftrags sowie jede andere Handlung, die
　i) falsche oder irreführende Signale hinsichtlich des Angebots, der Nachfrage oder des Preises eines Finanzinstruments, eines damit verbundenen Waren-Spot- Kontrakts oder eines auf Emissionszertifikaten beruhenden Auktionsobjekts gibt oder bei der dies wahrscheinlich ist, oder
　ii) ein anormales oder künstliches Kursniveau eines oder mehrerer Finanzinstrumente, eines damit verbundenen Waren-Spot-Kontrakts oder eines auf Emissionszertifikaten beruhenden Auktionsobjekts sichert oder bei der dies wahrscheinlich ist; es sei denn, die Person, die ein Geschäft abschließt, einen Handelsauftrag erteilt oder eine andere Handlung vornimmt, nach, dass das Geschäft, der Auftrag oder die Handlung legitime Gründe hat und im Einklang mit der zulässigen Marktpraxis gemäß Artikel 13 steht.
b) Abschluss eines Geschäfts, Erteilung eines Handelsauftrags und jegliche sonstige Tätigkeit oder Handlung an Finanzmärkten, die unter Vorspiegelung falscher Tatsachen oder unter Verwendung sonstiger Kunstgriffe oder Formen der Täuschung den Kurs eines oder mehrerer Finanzinstrumente, eines damit verbundenen Waren-Spot-Kontrakts oder eines auf Emissionszertifikaten beruhenden Auktionsobjekts beeinflusst oder hierzu geeignet ist;
c) Verbreitung von Informationen über die Medien einschließlich des Internets oder auf anderem Wege, die falsche oder irreführende Signale hinsichtlich des Angebots oder des Kurses eines Finanzinstruments, eines damit verbundenen Waren-Spot-Kontrakts oder eines auf Emissionszertifikaten beruhenden Auktionsobjekts oder die Nachfrage danach geben oder bei denen dies wahrscheinlich ist oder ein anormales oder künstliches Kursniveau eines oder mehrerer Finanzinstrumente, eines damit verbundenen Waren-Spot-Kontrakts oder eines auf Emissionszertifikaten beruhenden Auktionsobjekts herbeiführen oder bei denen dies wahrscheinlich ist, einschließlich der Verbreitung von Gerüchten, wenn die Person, die diese Informationen verbreitet hat, wusste oder hätte wissen müssen, dass sie falsch oder irreführend waren;
d) Übermittlung falscher oder irreführender Angaben oder Bereitstellung falscher oder irreführender Ausgangsdaten bezüglich eines Referenzwerts,

---

3　Die Verordnung kann auf den Seiten der EU gefunden werden (EUR-Lex).

Strafgesetzbuch **StGB 14**

wenn die Person, die die Informationen übermittelt oder die Ausgangsdaten bereitgestellt hat, wusste oder hätte wissen müssen, dass sie falsch oder irreführend waren, oder sonstige Handlungen, durch die die Berechnung eines Referenzwerts manipuliert wird.

(2) Als Marktmanipulation gelten unter anderem die folgenden Handlungen:
a) Sicherung einer marktbeherrschenden Stellung in Bezug auf das Angebot eines Finanzinstruments, damit verbundener Waren-Spot-Kontrakte oder eines auf Emissionszertifikaten beruhenden Auktionsobjekts oder die Nachfrage danach durch eine Person oder mehrere in Absprache handelnde Personen mit der tatsächlichen oder wahrscheinlichen Folge einer unmittelbaren oder mittelbaren Festsetzung des Kaufs- oder Verkaufspreises oder anderen unlauteren Handelsbedingungen führt oder hierzu geeignet ist;
b) Kauf oder Verkauf von Finanzinstrumenten bei Handelsbeginn oder bei Handelsschluss an einem Handelsplatz mit der tatsächlichen oder wahrscheinlichen Folge, dass Anleger, die aufgrund der angezeigten Kurse, einschließlich der Eröffnungs- und Schlusskurse, tätig werden, irregeführt werden;
c) die Erteilung von Kauf- oder Verkaufsaufträgen an einen Handelsplatz, einschließlich deren Stornierung oder Änderung, mittels aller zur Verfügung stehenden Handelsmethoden, auch in elektronischer Form, beispielsweise durch algorithmische und Hochfrequenzhandelsstrategien, die eine der in Absatz 1 Buchstabe a oder b genannten Auswirkungen hat, indem sie
   i) das Funktionieren des Handelssystems des Handelsplatzes tatsächlich oder wahrscheinlich stört oder verzögert,
   ii) Dritten die Ermittlung echter Kauf- oder Verkaufsaufträge im Handelssystem des Handelsplatzes tatsächlich oder wahrscheinlich erschwert, auch durch das Einstellen von Kauf- oder Verkaufsaufträgen, die zur Überfrachtung oder Beeinträchtigung des Orderbuchs führen, oder
   iii) tatsächlich oder wahrscheinlich ein falsches oder irreführendes Signal hinsichtlich des Angebots eines Finanzinstruments oder der Nachfrage danach oder seines Preises setzt, insbesondere durch das Einstellen von Kauf- oder Verkaufsaufträgen zur Auslösung oder Verstärkung eines Trends;
d) Ausnutzung eines gelegentlichen oder regelmäßigen Zugangs zu den traditionellen oder elektronischen Medien durch Abgabe einer Stellungnahme zu einem Finanzinstrument, einem damit verbundenen Waren-Spot-Kontrakt oder einem auf Emissionszertifikaten beruhenden Auktionsobjekt (oder indirekt zu dessen Emittenten), wobei zuvor Positionen bei diesem Finanzinstrument, einem damit verbundenen Waren-Spot-Kontrakt oder einem auf Emissionszertifikaten beruhenden Auktionsobjekt eingegangen wurden und anschließend Nutzen aus den Auswirkungen der Stellungnahme auf den Kurs dieses Finanzinstruments, eines damit verbundenen Waren-Spot-Kontrakts oder eines auf Emissionszertifikaten beruhenden Auktionsobjekts gezogen wird, ohne dass der Öffentlichkeit gleichzeitig dieser Interessenkonflikt ordnungsgemäß und wirksam mitgeteilt wird;

[625]

e) Kauf oder Verkauf von Emissionszertifikaten oder deren Derivaten auf dem Sekundärmarkt vor der Versteigerung gemäß der Verordnung (EU) Nr. 1031/2010 mit der Folge, dass der Auktionsclearingpreis für die Auktionsobjekte auf anormaler oder künstlicher Höhe festgesetzt wird oder dass Bieter, die auf den Versteigerungen bieten, irregeführt werden.

(3) Für die Anwendung von Absatz 1 Buchstaben a und b und unbeschadet der in Absatz 2 aufgeführten Formen von Handlungen enthält Anhang I eine nicht erschöpfende Aufzählung von Indikatoren in Bezug auf die Vorspiegelung falscher Tatsachen oder sonstige Kunstgriffe oder Formen der Täuschung und eine nicht erschöpfende Aufzählung von Indikatoren in Bezug auf falsche oder irreführende Signale und die Sicherung der Herbeiführung bestimmter Kurse.

(4) Handelt es sich bei der in diesem Artikel genannten Person um eine juristische Person, so gilt dieser Artikel nach Maßgabe des nationalen Rechts auch für die natürlichen Personen, die an dem Beschluss, Tätigkeiten für Rechnung der betreffenden juristischen Person auszuführen, beteiligt sind.

(5) Der Kommission wird die Befugnis übertragen, gemäß Artikel 35 zur Präzisierung der in Anhang I festgelegten Indikatoren delegierte Rechtsakte zu erlassen, um deren Elemente zu klären und den technischen Entwicklungen auf den Finanzmärkten Rechnung zu tragen.

Artikel 15 MAR. Verbot der Marktmanipulation. Marktmanipulation und der Versuch hierzu sind verboten.

# Strafprozessordnung

in der Bekanntmachung vom 7. April 1987 (BGBl. I S. 1074, 1319), zuletzt geändert durch Gesetz vom 21. Dezember 2021 (BGBl. I S. 3252)[1]

– Auszug –

§ 7 Gerichtsstand des Tatortes. (1) Der Gerichtsstand ist bei dem Gericht begründet, in dessen Bezirk die Straftat begangen ist.

(2) [1]Wird die Straftat durch den Inhalt einer im Geltungsbereich dieses Bundesgesetzes erschienenen Druckschrift verwirklicht, so ist als das nach Absatz 1 zuständige Gericht nur das Gericht anzusehen, in dessen Bezirk die Druckschrift erschienen ist. [2]Jedoch ist in den Fällen der Beleidigung, sofern die Verfolgung im Wege der Privatklage stattfindet, auch das Gericht, in dessen Bezirk die Druckschrift verbreitet worden ist, zuständig, wenn in diesem Bezirk die beleidigte Person ihren Wohnsitz oder gewöhnlichen Aufenthalt hat.

§ 53 Zeugnisverweigerungsrecht der Berufsgeheimnisträger. (1) [1]Zur Verweigerung des Zeugnisses sind ferner berechtigt
1. Geistliche über das, was ihnen in ihrer Eigenschaft als Seelsorger anvertraut worden oder bekannt geworden ist;
2. Verteidiger des Beschuldigten über das, was ihnen in dieser Eigenschaft anvertraut worden oder bekannt geworden ist;
3. Rechtsanwälte und Kammerrechtsbeistände, Patentanwälte, Notare, Wirtschaftsprüfer, vereidigte Buchprüfer, Steuerberater und Steuerbevollmächtigte, Ärzte, Zahnärzte, Psychotherapeuten, Psychologische Psychotherapeuten, Kinder- und Jugendlichenpsychotherapeuten, Apotheker und Hebammen über das, was ihnen in dieser Eigenschaft anvertraut worden oder bekanntgeworden ist; für Syndikusrechtsanwälte (§ 46 Absatz 2 der Bundesrechtsanwaltsordnung) und Syndikuspatentanwälte (§ 41a Absatz 2 der Patentanwaltsordnung) gilt dies vorbehaltlich des § 53a nicht hinsichtlich dessen, was ihnen in dieser Eigenschaft anvertraut worden oder bekanntgeworden ist;
3a. Mitglieder oder Beauftragte einer anerkannten Beratungsstelle nach den §§ 3 und 8 des Schwangerschaftskonfliktgesetzes über das, was ihnen in dieser Eigenschaft anvertraut worden oder bekannt geworden ist;

---

1 Diese Neufassung beruht auf dem Urteil des Bundesverfassungsgerichts zur Verfassungswidrigkeit der Vorratsdatenspeicherung von Telekommunikationsverkehrsdaten vom 2. Oktober 2010 (1 BVR 256/08, 1 BVR 263/08, 1 BVR 586/08, vgl. NJW 2010, S. 833 ff.). Demnach verstößt § 100g StPO in der Fassung von Art. 1 Nr. 11 des Gesetzes zur Neuregelung der Telekommunikationsüberwachung und anderer verdeckter Ermittlungsmaßnahmen sowie zur Umsetzung der Richtlinie 2006/24/EG vom 21. Dezember 2007, soweit danach Verkehrsdaten nach § 113a TKG erhoben werden dürfen, gegen Art. 10 GG und ist insoweit nichtig.

3b. Berater für Fragen der Betäubungsmittelabhängigkeit in einer Beratungsstelle, die eine Behörde oder eine Körperschaft, Anstalt oder Stiftung des öffentlichen Rechts anerkannt oder bei sich eingerichtet hat, über das, was ihnen in dieser Eigenschaft anvertraut worden oder bekannt geworden ist;
4. Mitglieder des Deutschen Bundestages, der Bundesversammlung, des Europäischen Parlaments aus der Bundesrepublik Deutschland oder eines Landtages über Personen, die ihnen in ihrer Eigenschaft als Mitglieder dieser Organe oder denen sie in dieser Eigenschaft Tatsachen anvertraut haben, sowie über diese Tatsachen selbst;
5. Personen, die bei der Vorbereitung, Herstellung oder Verbreitung von Druckwerken, Rundfunksendungen, Filmberichten oder der Unterrichtung oder Meinungsbildung dienenden Informations- und Kommunikationsdiensten berufsmäßig mitwirken oder mitgewirkt haben.

²Die in Satz 1 Nr. 5 genannten Personen dürfen das Zeugnis verweigern über die Person des Verfassers oder Einsenders von Beiträgen und Unterlagen oder des sonstigen Informanten sowie über die ihnen im Hinblick auf ihre Tätigkeit gemachten Mitteilungen, über deren Inhalt sowie über den Inhalt selbst erarbeiteter Materialien und den Gegenstand berufsbezogener Wahrnehmungen. ³Dies gilt nur, soweit es sich um Beiträge, Unterlagen, Mitteilungen und Materialien für den redaktionellen Teil oder redaktionell aufbereitete Informations- und Kommunikationsdienste handelt.

(2) ¹Die in Absatz 1 Satz 1 Nr. 2 bis 3b Genannten dürfen das Zeugnis nicht verweigern, wenn sie von der Verpflichtung zur Verschwiegenheit entbunden sind. ²Die Berechtigung zur Zeugnisverweigerung der in Absatz 1 Satz 1 Nr. 5 Genannten über den Inhalt selbst erarbeiteter Materialien und den Gegenstand entsprechender Wahrnehmungen entfällt, wenn die Aussage zur Aufklärung eines Verbrechens beitragen soll oder wenn Gegenstand der Untersuchung
1. eine Straftat des Friedensverrats und der Gefährdung des demokratischen Rechtsstaats oder des Landesverrats und der Gefährdung der äußeren Sicherheit (§§ 80a, 85, 87, 88, 95, auch in Verbindung mit § 97b, §§ 97a, 98 bis 100a des Strafgesetzbuches),
2. eine Straftat gegen die sexuelle Selbstbestimmung nach den §§ 174 bis 174c, 176a, 176b, 177 Absatz 2 Nummer 1 des Strafgesetzbuches oder
3. eine Geldwäsche nach § 261 des Strafgesetzbuches, deren Vortat mit einer im Mindestmaß erhöhten Freiheitsstrafe bedroht ist,

ist und die Erforschung des Sachverhalts oder die Ermittlung des Aufenthaltsortes des Beschuldigten auf andere Weise aussichtslos oder wesentlich erschwert wäre. ³Der Zeuge kann jedoch auch in diesen Fällen die Aussage verweigern, soweit sie zur Offenbarung der Person des Verfassers oder Einsenders von Beiträgen und Unterlagen oder des sonstigen Informanten oder der ihm im Hinblick auf seine Tätigkeit nach Absatz 1 Satz 1 Nr. 5 gemachten Mitteilungen oder deren Inhalts führen würde.

Strafprozessordnung **StPO 15**

§ 53a Zeugnisverweigerungsrecht der mitwirkenden Personen. (1) ¹Den Berufsgeheimnisträgern nach § 53 Absatz 1 Satz 1 Nummer 1 bis 4 stehen die Personen gleich, die im Rahmen
1. eines Vertragsverhältnisses,
2. einer berufsvorbereitenden Tätigkeit oder
3. einer sonstigen Hilfstätigkeit

an deren beruflicher Tätigkeit mitwirken. ²Über die Ausübung des Rechts dieser Personen, das Zeugnis zu verweigern, entscheiden die Berufsgeheimnisträger, es sei denn, dass diese Entscheidung in absehbarer Zeit nicht herbeigeführt werden kann.

(2) Die Entbindung von der Verpflichtung zur Verschwiegenheit (§ 53 Absatz 2 Satz 1) gilt auch für die nach Absatz 1 mitwirkenden Personen.

§ 94 Sicherstellung und Beschlagnahme von Gegenständen zu Beweiszwecken. (1) Gegenstände, die als Beweismittel für die Untersuchung von Bedeutung sein können, sind in Verwahrung zu nehmen oder in anderer Weise sicherzustellen.

(2) Befinden sich die Gegenstände in dem Gewahrsam einer Person und werden sie nicht freiwillig herausgegeben, so bedarf es der Beschlagnahme.

(3) Die Absätze 1 und 2 gelten auch für Führerscheine, die der Einziehung unterliegen.

(4) Die Herausgabe beweglicher Sachen richtet sich nach den §§ 111n und 111o.

§ 95 Herausgabepflicht. (1) Wer einen Gegenstand der vorbezeichneten Art in seinem Gewahrsam hat, ist verpflichtet, ihn auf Erfordern vorzulegen und auszuliefern.

(2) ¹Im Falle der Weigerung können gegen ihn die in § 70 bestimmten Ordnungs- und Zwangsmittel festgesetzt werden. ²Das gilt nicht bei Personen, die zur Verweigerung des Zeugnisses berechtigt sind.

§ 97 Beschlagnahmeverbot. (1) Der Beschlagnahme unterliegen nicht
1. schriftliche Mitteilungen zwischen dem Beschuldigten und den Personen, die nach § 52 oder § 53 Abs. 1 Satz 1 Nr. 1 bis 3b das Zeugnis verweigern dürfen;
2. Aufzeichnungen, welche die in § 53 Abs. 1 Satz 1 Nr. 1 bis 3b Genannten über die ihnen vom Beschuldigten anvertrauten Mitteilungen oder über andere Umstände gemacht haben, auf die sich das Zeugnisverweigerungsrecht erstreckt;
3. andere Gegenstände einschließlich der ärztlichen Untersuchungsbefunde, auf die sich das Zeugnisverweigerungsrecht der in § 53 Abs. 1 Satz 1 Nr. 1 bis 3b Genannten erstreckt.

(2) ¹Diese Beschränkungen gelten nur, wenn die Gegenstände im Gewahrsam der zur Verweigerung des Zeugnisses Berechtigten sind, es sei denn, es

handelt sich um eine elektronische Gesundheitskarte im Sinne des § 291a des Fünften Buches Sozialgesetzbuch. ²Die Beschränkungen der Beschlagnahme gelten nicht, wenn bestimmte Tatsachen den Verdacht begründen, dass die zeugnisverweigerungsberechtigte Person an der Tat oder an einer Datenhehlerei, Begünstigung, Strafvereitelung oder Hehlerei beteiligt ist, oder wenn es sich um Gegenstände handelt, die durch eine Straftat hervorgebracht oder zur Begehung einer Straftat gebraucht oder bestimmt sind oder die aus einer Straftat herrühren.

(3) Die Absätze 1 und 2 sind entsprechend anzuwenden, soweit die Personen, die nach § 53a Absatz 1 Satz 1 an der beruflichen Tätigkeit der in § 53 Absatz 1 Satz 1 Nummer 1 bis 3b genannten Personen mitwirken, das Zeugnis verweigern dürfen.

(4) ¹Soweit das Zeugnisverweigerungsrecht der in § 53 Abs. 1 Satz 1 Nr. 4 genannten Personen reicht, ist die Beschlagnahme von Gegenständen unzulässig. ²Dieser Beschlagnahmeschutz erstreckt sich auch auf Gegenstände, die von den in § 53 Abs. 1 Satz 1 Nr. 4 genannten Personen den an ihrer Berufstätigkeit nach § 53a Absatz 1 Satz 1 mitwirkenden Personen anvertraut sind. ³Satz 1 gilt entsprechend, soweit die Personen, die nach § 53a Absatz 1 Satz 1 an der beruflichen Tätigkeit der in § 53 Absatz 1 Satz 1 Nummer 4 genannten Personen mitwirken, das Zeugnis verweigern dürften.

(5) ¹ Soweit das Zeugnisverweigerungsrecht der in § 53 Abs. 1 Satz 1 Nr. 5 genannten Personen reicht, ist die Beschlagnahme von Verkörperungen eines Inhalts (§ 11 Absatz 3 des Strafgesetzbuches), die sich im Gewahrsam dieser Personen oder der Redaktion, des Verlages, der Druckerei oder der Rundfunkanstalt befinden, unzulässig. ²Absatz 2 Satz 2 und § 160a Abs. 4 Satz 2 gelten entsprechend, die Beteiligungsregelung in Absatz 2 Satz 2 jedoch nur dann, wenn die bestimmten Tatsachen einen dringenden Verdacht der Beteiligung begründen; die Beschlagnahme ist jedoch auch in diesen Fällen nur zulässig, wenn sie unter Berücksichtigung der Grundrechte aus Artikel 5 Abs. 1 Satz 2 des Grundgesetzes nicht außer Verhältnis zur Bedeutung der Sache steht und die Erforschung des Sachverhaltes oder die Ermittlung des Aufenthaltsortes des Täters auf andere Weise aussichtslos oder wesentlich erschwert wäre.

§ 98 Verfahren bei Beschlagnahme. (1) ¹Beschlagnahmen dürfen nur durch das Gericht, bei Gefahr im Verzug auch durch die Staatsanwaltschaft und ihre Ermittlungspersonen (§ 152 des Gerichtsverfassungsgesetzes) angeordnet werden. ²Die Beschlagnahme nach § 97 Abs. 5 Satz 2 in den Räumen einer Redaktion, eines Verlages, einer Druckerei oder einer Rundfunkanstalt darf nur durch das Gericht angeordnet werden.

(2) ¹Der Beamte, der einen Gegenstand ohne gerichtliche Anordnung beschlagnahmt hat, soll binnen drei Tagen die gerichtliche Bestätigung beantragen, wenn bei der Beschlagnahme weder der davon Betroffene noch ein erwachsener Angehöriger anwesend war oder wenn der Betroffene und im Falle seiner Abwesenheit ein erwachsener Angehöriger des Betroffenen gegen die

Beschlagnahme ausdrücklichen Widerspruch erhoben hat. ²Der Betroffene kann jederzeit die gerichtliche Entscheidung beantragen. ³Solange die öffentliche Klage noch nicht erhoben ist, entscheidet das nach § 162 Abs. 1 zuständige Gericht. ⁴Ist die öffentliche Klage erhoben, entscheidet das damit befasste Gericht. ⁵Der Betroffene kann den Antrag auch bei dem Amtsgericht einreichen, in dessen Bezirk die Beschlagnahme stattgefunden hat; dieses leitet den Antrag dem zuständigen Gericht zu. ⁶Der Betroffene ist über seine Rechte zu belehren.

(3) Ist nach erhobener öffentlicher Klage die Beschlagnahme durch die Staatsanwaltschaft oder eine ihrer Ermittlungspersonen erfolgt, so ist binnen drei Tagen dem Gericht von der Beschlagnahme Anzeige zu machen; die beschlagnahmten Gegenstände sind ihm zur Verfügung zu stellen.

(4) ¹Wird eine Beschlagnahme in einem Dienstgebäude oder einer nicht allgemein zugänglichen Einrichtung oder Anlage der Bundeswehr erforderlich, so wird die vorgesetzte Dienststelle der Bundeswehr um ihre Durchführung ersucht. ²Die ersuchende Stelle ist zur Mitwirkung berechtigt. ³Des Ersuchens bedarf es nicht, wenn die Beschlagnahme in Räumen vorzunehmen ist, die ausschließlich von anderen Personen als Soldaten bewohnt werden.

§ 99 Postbeschlagnahme und Auskunftsverlangen. ¹Zulässig ist die Beschlagnahme der an den Beschuldigten gerichteten Postsendungen und Telegramme, die sich im Gewahrsam von Personen oder Unternehmen befinden, die geschäftsmäßig Post- oder Telekommunikationsdienste erbringen oder daran mitwirken. ²Ebenso ist eine Beschlagnahme von Postsendungen und Telegrammen zulässig, bei denen aus vorliegenden Tatsachen zu schließen ist, dass sie von dem Beschuldigten herrühren oder für ihn bestimmt sind und dass ihr Inhalt für die Untersuchung Bedeutung hat.

(2) ¹Unter den Voraussetzungen des Absatzes 1 ist es auch zulässig, von Personen oder Unternehmen, die geschäftsmäßig Postdienste erbringen oder daran mitwirken, Auskunft über Postsendungen zu verlangen, die an den Beschuldigten gerichtet sind, von ihm herrühren oder für ihn bestimmt sind. ²Die Auskunft umfasst ausschließlich die aufgrund von Rechtsvorschriften außerhalb des Strafrechts erhobenen Daten, sofern sie Folgendes betreffen:
1. Namen und Anschriften von Absendern, Empfängern und, soweit abweichend, von denjenigen Personen, welche die jeweilige Postsendung eingeliefert oder entgegengenommen haben,
2. Art des in Anspruch genommenen Postdienstes,
3. Maße und Gewicht der jeweiligen Postsendung,
4. die vom Postdienstleister zugeteilte Sendungsnummer der jeweiligen Postsendung sowie, sofern der Empfänger eine Abholstation mit Selbstbedienungs-Schließfächern nutzt, dessen persönliche Postnummer,
5. Zeit- und Ortsangaben zum jeweiligen Postsendungsverlauf sowie
6. Bildaufnahmen von der Postsendung, die zu Zwecken der Erbringung der Postdienstleistung erstellt wurden.

³Auskunft über den Inhalt der Postsendung darf darüber hinaus nur verlangt werden, wenn die in Satz 1 bezeichneten Personen oder Unternehmen davon auf rechtmäßige Weise Kenntnis erlangt haben. ⁴Auskunft nach den Sätzen 2 und 3 müssen sie auch über solche Postsendungen erteilen, die sich noch nicht oder nicht mehr in ihrem Gewahrsam befinden.

§ 100a Telekommunikationsüberwachung. (1) ¹Auch ohne Wissen der Betroffenen darf die Telekommunikation überwacht und aufgezeichnet werden, wenn
1. bestimmte Tatsachen den Verdacht begründen, dass jemand als Täter oder Teilnehmer eine in Absatz 2 bezeichnete schwere Straftat begangen, in Fällen, in denen der Versuch strafbar ist, zu begehen versucht, oder durch eine Straftat vorbereitet hat,
2. die Tat auch im Einzelfall schwer wiegt und
3. die Erforschung des Sachverhalts oder die Ermittlung des Aufenthaltsortes des Beschuldigten auf andere Weise wesentlich erschwert oder aussichtslos wäre.

²Die Überwachung und Aufzeichnung der Telekommunikation darf auch in der Weise erfolgen, dass mit technischen Mitteln in von dem Betroffenen genutzte informationstechnische Systeme eingegriffen wird, wenn dies notwendig ist, um die Überwachung und Aufzeichnung insbesondere in unverschlüsselter Form zu ermöglichen. ³Auf dem informationstechnischen System des Betroffenen gespeicherte Inhalte und Umstände der Kommunikation dürfen überwacht und aufgezeichnet werden, wenn sie auch während des laufenden Übertragungsvorgangs im öffentlichen Telekommunikationsnetz in verschlüsselter Form hätten überwacht und aufgezeichnet werden können.

(2) Schwere Straftaten im Sinne des Absatzes 1 Nr. 1 sind:
1. aus dem Strafgesetzbuch:
    a) Straftaten des Friedensverrats, des Hochverrats und der Gefährdung des demokratischen Rechtsstaates sowie des Landesverrats und der Gefährdung der äußeren Sicherheit nach den §§ 80a bis 82, 84 bis 86, 87 bis 89a, 89c Absatz 1 bis 4, 94 bis 100a,
    b) Bestechlichkeit und Bestechung von Mandatsträgern nach § 108e,
    c) Straftaten gegen die Landesverteidigung nach den §§ 109d bis 109h,
    d) Straftaten gegen die öffentliche Ordnung nach § 127 Absatz 3 und 4 sowie den §§ 129 bis 130,
    e) Geld- und Wertzeichenfälschung nach den §§ 146 und 151, jeweils auch in Verbindung mit § 152, sowie nach § 152a Abs. 3 und § 152b Abs. 1 bis 4,
    f) Straftaten gegen die sexuelle Selbstbestimmung in den Fällen der §§ 176, 176c, 176d und, unter den in § 177 Absatz 6 Satz 2 Nummer 2 genannten Voraussetzungen, des § 177,
    g) Verbreitung, Erwerb und Besitz kinder- und jugendpornographischer Inhalte nach § 184b, § 184c Absatz 2,
    h) Mord und Totschlag nach den §§ 211 und 212,

Strafprozessordnung **StPO 15**

    i) Straftaten gegen die persönliche Freiheit nach den §§ 232, 232a Absatz 1 bis 5, den §§ 232b, 233 Absatz 2, den §§ 233a, 234, 234a, 239a und 239b,
    j) Bandendiebstahl nach § 244 Abs. 1 Nr. 2, Wohnungseinbruchdiebstahl nach § 244 Absatz 4 und schwerer Bandendiebstahl nach § 244a,
    k) Straftaten des Raubes und der Erpressung nach den §§ 249 bis 255,
    l) gewerbsmäßige Hehlerei, Bandenhehlerei und gewerbsmäßige Bandenhehlerei nach den §§ 260 und 260a,
    m) Geldwäsche nach § 261, wenn die Vortat eine der in den Nummern 1 bis 11 genannten schweren Straftaten ist,
    n) Betrug und Computerbetrug unter den in § 263 Abs. 3 Satz 2 genannten Voraussetzungen und im Falle des § 263 Abs. 5, jeweils auch in Verbindung mit § 263a Abs. 2,
    o) Subventionsbetrug unter den in § 264 Abs. 2 Satz 2 genannten Voraussetzungen und im Falle des § 264 Abs. 3 in Verbindung mit § 263 Abs. 5,
    p) Sportwettbetrug und Manipulation von berufssportlichen Wettbewerben unter den in § 265e Satz 2 genannten Voraussetzungen,
    q) Vorenthaltung und Veruntreuen von Arbeitsentgelt unter den in § 266a Absatz 4 Satz 2 Nummer 4 genannten Voraussetzungen,
    r) Straftaten der Urkundenfälschung unter den in § 267 Abs. 3 Satz 2 genannten Voraussetzungen und im Fall des § 267 Abs. 4, jeweils auch in Verbindung mit § 268 Abs. 5 oder § 269 Abs. 3, sowie nach § 275 Abs. 2 und § 276 Abs. 2,
    s) Bankrott unter den in § 283a Satz 2 genannten Voraussetzungen,
    t) Straftaten gegen den Wettbewerb nach § 298 und, unter den in § 300 Satz 2 genannten Voraussetzungen, nach § 299,
    u) gemeingefährliche Straftaten in den Fällen der §§ 306 bis 306c, 307 Abs. 1 bis 3, des § 308 Abs. 1 bis 3, des § 309 Abs. 1 bis 4, des § 310 Abs. 1, der §§ 313, 314, 315 Abs. 3, des § 315b Abs. 3 sowie der §§ 316a und 316c,
    v) Bestechlichkeit und Bestechung nach den §§ 332 und 334,
 2. aus der Abgabenordnung:
    a) Steuerhinterziehung unter den in § 370 Abs. 3 Satz 2 Nr. 5 genannten Voraussetzungen,
    b) gewerbsmäßiger, gewaltsamer und bandenmäßiger Schmuggel nach § 373,
    c) Steuerhehlerei im Falle des § 374 Abs. 2,
 3. aus dem Anti-Doping-Gesetz:
    Straftaten nach § 4 Absatz 4 Nummer 2 Buchstabe b,
 4. aus dem Asylgesetz:
    a) Verleitung zur missbräuchlichen Asylantragstellung nach § 84 Abs. 3,
    b) gewerbs- und bandenmäßige Verleitung zur missbräuchlichen Asylantragstellung nach § 84a,
 5. aus dem Aufenthaltsgesetz:

a) Einschleusen von Ausländern nach § 96 Abs. 2,
b) Einschleusen mit Todesfolge und gewerbs- und bandenmäßiges Einschleusen nach § 97,
6. aus dem Außenwirtschaftsgesetz:
vorsätzliche Straftaten nach den §§ 17 und 18 des Außenwirtschaftsgesetzes,
7. aus dem Betäubungsmittelgesetz:
   a) Straftaten nach einer in § 29 Abs. 3 Satz 2 Nr. 1 in Bezug genommenen Vorschrift unter den dort genannten Voraussetzungen,
   b) Straftaten nach den §§ 29a, 30 Abs. 1 Nr. 1, 2 und 4 sowie den §§ 30a und 30b,
8. aus dem Grundstoffüberwachungsgesetz:
Straftaten nach § 19 Abs. 1 unter den in § 19 Abs. 3 Satz 2 genannten Voraussetzungen,
9. aus dem Gesetz über die Kontrolle von Kriegswaffen:
   a) Straftaten nach § 19 Abs. 1 bis 3 und § 20 Abs. 1 und 2 sowie § 20a Abs. 1 bis 3, jeweils auch in Verbindung mit § 21,
   b) Straftaten nach § 22a Abs. 1 bis 3,
9a. aus dem Neue-psychoaktive-Stoffe-Gesetz:
Straftaten nach § 4 Absatz 3 Nummer 1 Buchstabe a,
10. aus dem Völkerstrafgesetzbuch:
    a) Völkermord nach § 6,
    b) Verbrechen gegen die Menschlichkeit nach § 7,
    c) Kriegsverbrechen nach den §§ 8 bis 12,
    d) Verbrechen der Aggression nach § 13,
11. aus dem Waffengesetz:
    a) Straftaten nach § 51 Abs. 1 bis 3,
    b) Straftaten nach § 52 Abs. 1 Nr. 1 und 2 Buchstabe c und d sowie Abs. 5 und 6.

(3) Die Anordnung darf sich nur gegen den Beschuldigten oder gegen Personen richten, von denen auf Grund bestimmter Tatsachen anzunehmen ist, dass sie für den Beschuldigten bestimmte oder von ihm herrührende Mitteilungen entgegennehmen oder weitergeben oder dass der Beschuldigte ihren Anschluss oder ihr informationstechnisches System benutzt.

(4) [1]Auf Grund der Anordnung einer Überwachung und Aufzeichnung der Telekommunikation hat jeder, der Telekommunikationsdienste erbringt oder daran mitwirkt, dem Gericht, der Staatsanwaltschaft und ihren im Polizeidienst tätigen Ermittlungspersonen (§ 152 des Gerichtsverfassungsgesetzes) diese Maßnahmen zu ermöglichen und die erforderlichen Auskünfte unverzüglich zu erteilen. [2]Ob und in welchem Umfang hierfür Vorkehrungen zu treffen sind, bestimmt sich nach dem Telekommunikationsgesetz und der Telekommunikations-Überwachungsverordnung. [3]§ 95 Absatz 2 gilt entsprechend.

(5) [1]Bei Maßnahmen nach Absatz 1 Satz 2 und 3 ist technisch sicherzustellen, dass

Strafprozessordnung **StPO 15**

1. ausschließlich überwacht und aufgezeichnet werden können:
   a) die laufende Telekommunikation (Absatz 1 Satz 2), oder
   b) Inhalte und Umstände der Kommunikation, die ab dem Zeitpunkt der Anordnung nach § 100e Absatz 1 auch während des laufenden Übertragungsvorgangs im öffentlichen Telekommunikationsnetz hätten überwacht und aufgezeichnet werden können (Absatz 1 Satz 3),
2. an dem informationstechnischen System nur Veränderungen vorgenommen werden, die für die Datenerhebung unerlässlich sind, und
3. die vorgenommenen Veränderungen bei Beendigung der Maßnahme, soweit technisch möglich, automatisiert rückgängig gemacht werden.

²Das eingesetzte Mittel ist nach dem Stand der Technik gegen unbefugte Nutzung zu schützen. ³Kopierte Daten sind nach dem Stand der Technik gegen Veränderung, unbefugte Löschung und unbefugte Kenntnisnahme zu schützen.

(6) Bei jedem Einsatz des technischen Mittels sind zu protokollieren
1. die Bezeichnung des technischen Mittels und der Zeitpunkt seines Einsatzes,
2. die Angaben zur Identifizierung des informationstechnischen Systems und die daran vorgenommenen nicht nur flüchtigen Veränderungen,
3. die Angaben, die die Feststellung der erhobenen Daten ermöglichen, und
4. die Organisationseinheit, die die Maßnahme durchführt.

§ 100b Online-Durchsuchung. (1) Auch ohne Wissen des Betroffenen darf mit technischen Mitteln in ein von dem Betroffenen genutztes informationstechnisches System eingegriffen und dürfen Daten daraus erhoben werden (Online-Durchsuchung), wenn
1. bestimmte Tatsachen den Verdacht begründen, dass jemand als Täter oder Teilnehmer eine in Absatz 2 bezeichnete besonders schwere Straftat begangen oder in Fällen, in denen der Versuch strafbar ist, zu begehen versucht hat,
2. die Tat auch im Einzelfall besonders schwer wiegt und
3. die Erforschung des Sachverhalts oder die Ermittlung des Aufenthaltsortes des Beschuldigten auf andere Weise wesentlich erschwert oder aussichtslos wäre.

(2) Besonders schwere Straftaten im Sinne des Absatzes 1 Nummer 1 sind:
1. aus dem Strafgesetzbuch:
   a) Straftaten des Hochverrats und der Gefährdung des demokratischen Rechtsstaates sowie des Landesverrats und der Gefährdung der äußeren Sicherheit nach den §§ 81, 82, 89a, 89c Absatz 1 bis 4, nach den §§ 94, 95 Absatz 3 und § 96 Absatz 1, jeweils auch in Verbindung mit § 97b, sowie nach den §§ 97a, 98 Absatz 1 Satz 2, § 99 Absatz 2 und den §§ 100, 100a Absatz 4,
   b) Betreiben krimineller Handelsplattformen im Internet in den Fällen des § 127 Absatz 3 und 4, sofern der Zweck der Handelsplattform im Internet darauf ausgerichtet ist, in den Buchstaben a und c bis o sowie in den

Nummern 2 bis 10 genannte besonders schwere Straftaten zu ermöglichen oder zu fördern,
- c) Bildung krimineller Vereinigungen nach § 129 Absatz 1 in Verbindung mit Absatz 5 Satz 3 und Bildung terroristischer Vereinigungen nach § 129a Absatz 1, 2, 4, 5 Satz 1 erste Alternative, jeweils auch in Verbindung mit § 129b Absatz 1,
- d) Geld- und Wertzeichenfälschung nach den §§ 146 und 151, jeweils auch in Verbindung mit § 152, sowie nach § 152a Absatz 3 und § 152b Absatz 1 bis 4,
- e) Straftaten gegen die sexuelle Selbstbestimmung in den Fällen des § 176 Absatz 1 und der §§ 176c, 176d und, unter den in § 177 Absatz 6 Satz 2 Nummer 2 genannten Voraussetzungen, des § 177,
- f) Verbreitung, Erwerb und Besitz kinderpornografischer Inhalte in den Fällen des § 184b Absatz 1 Satz 1 und Absatz 2,
- g) Mord und Totschlag nach den §§ 211, 212,
- h) Straftaten gegen die persönliche Freiheit in den Fällen des § 232 Absatz 2 und 3, des § 232a Absatz 1, 3, 4 und 5 zweiter Halbsatz, des § 232b Absatz 1 und 3 sowie Absatz 4, dieser in Verbindung mit § 232a Absatz 4 und 5 zweiter Halbsatz, des § 233 Absatz 2, des § 233a Absatz 1, 3 und 4 zweiter Halbsatz, der §§ 234 und 234a Absatz 1 und 2 sowie der §§ 239a und 239b,
- i) Bandendiebstahl nach § 244 Absatz 1 Nummer 2 und schwerer Bandendiebstahl nach § 244a,
- j) schwerer Raub und Raub mit Todesfolge nach § 250 Absatz 1 oder Absatz 2, § 251,
- k) räuberische Erpressung nach § 255 und besonders schwerer Fall einer Erpressung nach § 253 unter den in § 253 Absatz 4 Satz 2 genannten Voraussetzungen,
- l) gewerbsmäßige Hehlerei, Bandenhehlerei und gewerbsmäßige Bandenhehlerei nach den §§ 260, 260a,
- m) besonders schwerer Fall der Geldwäsche nach § 261 unter den in § 261 Absatz 5 Satz 2 genannten Voraussetzungen, wenn die Vortat eine der in den Nummern 1 bis 7 genannten besonders schweren Straftaten ist,
- n) Computerbetrug in den Fällen des § 263a Absatz 2 in Verbindung mit § 263 Absatz 5,
- o) besonders schwerer Fall der Bestechlichkeit und Bestechung nach § 335 Absatz 1 unter den in § 335 Absatz 2 Nummer 1 bis 3 genannten Voraussetzungen,
2. aus dem Asylgesetz:
- a) Verleitung zur missbräuchlichen Asylantragstellung nach § 84 Absatz 3,
- b) gewerbs- und bandenmäßige Verleitung zur missbräuchlichen Asylantragstellung nach § 84a Absatz 1,
3. aus dem Aufenthaltsgesetz:
- a) Einschleusen von Ausländern nach § 96 Absatz 2,

Strafprozessordnung **StPO 15**

    b) Einschleusen mit Todesfolge oder gewerbs- und bandenmäßiges Einschleusen nach § 97,
4. aus dem Betäubungsmittelgesetz:
    a) besonders schwerer Fall einer Straftat nach § 29 Absatz 1 Satz 1 Nummer 1, 5, 6, 10, 11 oder 13, Absatz 3 unter der in § 29 Absatz 3 Satz 2 Nummer 1 genannten Voraussetzung,
    b) eine Straftat nach den §§ 29a, 30 Absatz 1 Nummer 1, 2, 4, § 30a,
5. aus dem Gesetz über die Kontrolle von Kriegswaffen:
    a) eine Straftat nach § 19 Absatz 2 oder § 20 Absatz 1, jeweils auch in Verbindung mit § 21,
    b) besonders schwerer Fall einer Straftat nach § 22a Absatz 1 in Verbindung mit Absatz 2,
6. aus dem Völkerstrafgesetzbuch:
    a) Völkermord nach § 6,
    b) Verbrechen gegen die Menschlichkeit nach § 7,
    c) Kriegsverbrechen nach den §§ 8 bis 12,
    d) Verbrechen der Aggression nach § 13,
7. aus dem Waffengesetz:
    a) besonders schwerer Fall einer Straftat nach § 51 Absatz 1 in Verbindung mit Absatz 2,
    b) besonders schwerer Fall einer Straftat nach § 52 Absatz 1 Nummer 1 in Verbindung mit Absatz 5.

(3) ¹Die Maßnahme darf sich nur gegen den Beschuldigten richten. ²Ein Eingriff in informationstechnische Systeme anderer Personen ist nur zulässig, wenn auf Grund bestimmter Tatsachen anzunehmen ist, dass
1. der in der Anordnung nach § 100e Absatz 3 bezeichnete Beschuldigte informationstechnische Systeme der anderen Person benutzt, und
2. die Durchführung des Eingriffs in informationstechnische Systeme des Beschuldigten allein nicht zur Erforschung des Sachverhalts oder zur Ermittlung des Aufenthaltsortes eines Mitbeschuldigten führen wird.

³Die Maßnahme darf auch durchgeführt werden, wenn andere Personen unvermeidbar betroffen werden.

(4) § 100a Absatz 5 und 6 gilt mit Ausnahme von Absatz 5 Satz 1 Nummer 1 entsprechend.

§ 100c Akustische Wohnraumüberwachung. (1) Auch ohne Wissen der Betroffenen darf das in einer Wohnung nichtöffentlich gesprochene Wort mit technischen Mitteln abgehört und aufgezeichnet werden, wenn
1. bestimmte Tatsachen den Verdacht begründen, dass jemand als Täter oder Teilnehmer eine in § 100b Absatz 2 bezeichnete besonders schwere Straftat begangen oder in Fällen, in denen der Versuch strafbar ist, zu begehen versucht hat,
2. die Tat auch im Einzelfall besonders schwer wiegt,
3. auf Grund tatsächlicher Anhaltspunkte anzunehmen ist, dass durch die Überwachung Äußerungen des Beschuldigten erfasst werden, die für die

Erforschung des Sachverhalts oder die Ermittlung des Aufenthaltsortes eines Mitbeschuldigten von Bedeutung sind, und
4. die Erforschung des Sachverhalts oder die Ermittlung des Aufenthaltsortes eines Mitbeschuldigten auf andere Weise unverhältnismäßig erschwert oder aussichtslos wäre.

(2) ¹Die Maßnahme darf sich nur gegen den Beschuldigten richten und nur in Wohnungen des Beschuldigten durchgeführt werden. ²In Wohnungen anderer Personen ist die Maßnahme nur zulässig, wenn auf Grund bestimmter Tatsachen anzunehmen ist, dass
1. der in der Anordnung nach § 100e Absatz 3 bezeichnete Beschuldigte sich dort aufhält und
2. die Maßnahme in Wohnungen des Beschuldigten allein nicht zur Erforschung des Sachverhalts oder zur Ermittlung des Aufenthaltsortes eines Mitbeschuldigten führen wird.

³Die Maßnahme darf auch durchgeführt werden, wenn andere Personen unvermeidbar betroffen werden.

§ 100g Erhebung von Verkehrsdaten.[2] (1) ¹Begründen bestimmte Tatsachen den Verdacht, dass jemand als Täter oder Teilnehmer
1. eine Straftat von auch im Einzelfall erheblicher Bedeutung, insbesondere eine in § 100a Absatz 2 bezeichnete Straftat, begangen hat, in Fällen, in denen der Versuch strafbar ist, zu begehen versucht hat oder durch eine Straftat vorbereitet hat oder
2. eine Straftat mittels Telekommunikation begangen hat,

so dürfen Verkehrsdaten (§§ 9 und 12 des Telekommunikation-Telemedien-Datenschutz-Gesetzes und § 2a Absatz 1 des Gesetzes über die Errichtung einer Bundesanstalt für den Digitalfunk der Behörden und Organisationen mit Sicherheitsaufgaben) erhoben werden, soweit dies für die Erforschung des Sachverhalts erforderlich ist und die Erhebung der Daten in einem angemessenen Verhältnis zur Bedeutung der Sache steht. ²Im Fall des Satzes 1 Nummer 2 ist die Maßnahme nur zulässig, wenn die Erforschung des Sachverhalts auf andere Weise aussichtslos wäre. ³Die Erhebung gespeicherter (retrograder) Standortdaten ist nach diesem Absatz nur unter den Voraussetzungen des Absatzes 2 zulässig. ⁴Im Übrigen ist die Erhebung von Standortdaten nur für künftig anfallende Verkehrsdaten oder in Echtzeit und nur im Fall des Satzes 1 Nummer 1 zulässig, soweit sie für die Erforschung des Sachverhalts oder die Ermittlung des Aufenthaltsortes des Beschuldigten erforderlich ist.

(2) ¹Begründen bestimmte Tatsachen den Verdacht, dass jemand als Täter oder Teilnehmer eine der in Satz 2 bezeichneten besonders schweren Straftaten begangen hat oder in Fällen, in denen der Versuch strafbar ist, eine solche Straftat zu begehen versucht hat, und wiegt die Tat auch im Einzelfall besonders schwer, dürfen die nach § 176 des Telekommunikationsgesetzes gespei-

---

2 § 100g wurde durch die Entscheidung des Bundesverfassungsgerichts zur Vorratsdatenspeicherung (siehe Fußnote 1) für verfassungswidrig und nichtig erklärt.

Strafprozessordnung **StPO 15**

cherten Verkehrsdaten erhoben werden, soweit die Erforschung des Sachverhalts oder die Ermittlung des Aufenthaltsortes des Beschuldigten auf andere Weise wesentlich erschwert oder aussichtslos wäre und die Erhebung der Daten in einem angemessenen Verhältnis zur Bedeutung der Sache steht. ²Besonders schwere Straftaten im Sinne des Satzes 1 sind:
1. aus dem Strafgesetzbuch:
   a) Straftaten des Hochverrats und der Gefährdung des demokratischen Rechtsstaates sowie des Landesverrats und der Gefährdung der äußeren Sicherheit nach den §§ 81, 82, 89a, nach den §§ 94, 95 Absatz 3 und § 96 Absatz 1, jeweils auch in Verbindung mit § 97b, sowie nach den §§ 97a, 98 Absatz 1 Satz 2, § 99 Absatz 2 und den §§ 100, 100a Absatz 4,
   b) besonders schwerer Fall des Landfriedensbruchs nach § 125a sowie Betreiben krimineller Handelsplattformen im Internet in den Fällen des § 127 Absatz 3 und 4,
   c) Bildung krimineller Vereinigungen nach § 129 Absatz 1 in Verbindung mit Absatz 5 Satz 3 sowie Bildung terroristischer Vereinigungen nach § 129a Absatz 1, 2, 4, 5 Satz 1 erste Alternative, jeweils auch in Verbindung mit § 129b Absatz 1,
   d) Straftaten gegen die sexuelle Selbstbestimmung in den Fällen der §§ 176, 176c, 176d und, unter den in § 177 Absatz 6 Satz 2 Nummer 2 genannten Voraussetzungen, des § 177,
   e) Verbreitung, Erwerb und Besitz kinder- und jugendpornographischer Inhalte in den Fällen des § 184b Absatz 1 Satz 1, Absatz 2 und 3 sowie des § 184c Absatz 2,
   f) Mord und Totschlag nach den §§ 211 und 212,
   g) Straftaten gegen die persönliche Freiheit in den Fällen der §§ 234, 234a Absatz 1, 2, §§ 239a, 239b und Zwangsprostitution und Zwangsarbeit nach § 232a Absatz 3, 4 oder 5 zweiter Halbsatz, § 232b Absatz 3 oder 4 in Verbindung mit § 232a Absatz 4 oder 5 zweiter Halbsatz und Ausbeutung unter Ausnutzung einer Freiheitsberaubung nach § 233a Absatz 3 oder 4 zweiter Halbsatz,
   h) Einbruchdiebstahl in eine dauerhaft genutzte Privatwohnung nach § 244 Absatz 4, schwerer Bandendiebstahl nach § 244a Absatz 1, schwerer Raub nach § 250 Absatz 1 oder Absatz 2, Raub mit Todesfolge nach § 251, räuberische Erpressung nach § 255 und besonders schwerer Fall einer Erpressung nach § 253 unter den in § 253 Absatz 4 Satz 2 genannten Voraussetzungen, gewerbsmäßige Bandenhehlerei nach § 260a Absatz 1, besonders schwerer Fall der Geldwäsche nach § 261 unter den in § 261 Absatz 5 Satz 2 genannten Voraussetzungen, wenn die Vortat eine der in den Nummern 1 bis 8 genannten besonders schweren Straftaten ist,
   i) gemeingefährliche Straftaten in den Fällen der §§ 306 bis 306c, 307 Absatz 1 bis 3, des § 308 Absatz 1 bis 3, des § 309 Absatz 1 bis 4, des § 310 Absatz 1, der §§ 313, 314, 315 Absatz 3, des § 315b Absatz 3 sowie der §§ 316a und 316c,

2. aus dem Aufenthaltsgesetz:
   a) Einschleusen von Ausländern nach § 96 Absatz 2,
   b) Einschleusen mit Todesfolge oder gewerbs- und bandenmäßiges Einschleusen nach § 97,
3. aus dem Außenwirtschaftsgesetz:
   Straftaten nach § 17 Absatz 1 bis 3 und § 18 Absatz 7 und 8,
4. aus dem Betäubungsmittelgesetz:
   a) besonders schwerer Fall einer Straftat nach § 29 Absatz 1 Satz 1 Nummer 1, 5, 6, 10, 11 oder 13, Absatz 3 unter der in § 29 Absatz 3 Satz 2 Nummer 1 genannten Voraussetzung,
   b) eine Straftat nach den §§ 29a, 30 Absatz 1 Nummer 1, 2, 4, § 30a,
5. aus dem Grundstoffüberwachungsgesetz:
   eine Straftat nach § 19 Absatz 1 unter den in § 19 Absatz 3 Satz 2 genannten Voraussetzungen,
6. aus dem Gesetz über die Kontrolle von Kriegswaffen:
   a) eine Straftat nach § 19 Absatz 2 oder § 20 Absatz 1, jeweils auch in Verbindung mit § 21,
   b) besonders schwerer Fall einer Straftat nach § 22a Absatz 1 in Verbindung mit Absatz 2,
7. aus dem Völkerstrafgesetzbuch:
   a) Völkermord nach § 6,
   b) Verbrechen gegen die Menschlichkeit nach § 7,
   c) Kriegsverbrechen nach den §§ 8 bis 12,
   d) Verbrechen der Aggression nach § 13,
8. aus dem Waffengesetz:
   a) besonders schwerer Fall einer Straftat nach § 51 Absatz 1 in Verbindung mit Absatz 2,
   b) besonders schwerer Fall einer Straftat nach § 52 Absatz 1 Nummer 1 in Verbindung mit Absatz 5.

(3) ¹Die Erhebung aller in einer Funkzelle angefallenen Verkehrsdaten (Funkzellenabfrage) ist nur zulässig,
1. wenn die Voraussetzungen des Absatzes 1 Satz 1 Nummer 1 erfüllt sind,
2. soweit die Erhebung der Daten in einem angemessenen Verhältnis zur Bedeutung der Sache steht und
3. soweit die Erforschung des Sachverhalts oder die Ermittlung des Aufenthaltsortes des Beschuldigten auf andere Weise aussichtslos oder wesentlich erschwert wäre.

²Auf nach § 176 des Telekommunikationsgesetzes gespeicherte Verkehrsdaten darf für eine Funkzellenabfrage nur unter den Voraussetzungen des Absatzes 2 zurückgegriffen werden.

(4) ¹Die Erhebung von Verkehrsdaten nach Absatz 2, auch in Verbindung mit Absatz 3 Satz 2, die sich gegen eine der in § 53 Absatz 1 Satz 1 Nummer 1 bis 5 genannten Personen richtet und die voraussichtlich Erkenntnisse erbringen würde, über die diese das Zeugnis verweigern dürfte, ist unzulässig. ²Den-

noch erlangte Erkenntnisse dürfen nicht verwendet werden. ³Aufzeichnungen hierüber sind unverzüglich zu löschen. ⁴Die Tatsache ihrer Erlangung und der Löschung der Aufzeichnungen ist aktenkundig zu machen. ⁵Die Sätze 2 bis 4 gelten entsprechend, wenn durch eine Ermittlungsmaßnahme, die sich nicht gegen eine in § 53 Absatz 1 Satz 1 Nummer 1 bis 5 genannte Person richtet, von dieser Person Erkenntnisse erlangt werden, über die sie das Zeugnis verweigern dürfte. ⁶ § 160a Absatz 3 und 4 gilt entsprechend.

(5) Erfolgt die Erhebung von Verkehrsdaten nicht beim Erbringer von Telekommunikationsdiensten, bestimmt sie sich nach Abschluss des Kommunikationsvorgangs nach den allgemeinen Vorschriften.

§ 100h Weitere Maßnahmen außerhalb von Wohnraum. (1) ¹Auch ohne Wissen der Betroffenen dürfen außerhalb von Wohnungen
1. Bildaufnahmen hergestellt werden,
2. sonstige besondere für Observationszwecke bestimmte technische Mittel verwendet werden,

wenn die Erforschung des Sachverhalts oder die Ermittlung des Aufenthaltsortes eines Beschuldigten auf andere Weise weniger erfolgversprechend oder erschwert wäre. ²Eine Maßnahme nach Satz 1 Nr. 2 ist nur zulässig, wenn Gegenstand der Untersuchung eine Straftat von erheblicher Bedeutung ist.

(2) Die Maßnahmen dürfen sich nur gegen einen Beschuldigten richten. Gegen andere Personen sind
1. Maßnahmen nach Absatz 1 Nr. 1 nur zulässig, wenn die Erforschung des Sachverhalts oder die Ermittlung des Aufenthaltsortes eines Beschuldigten auf andere Weise erheblich weniger erfolgversprechend oder wesentlich erschwert wäre,
2. Maßnahmen nach Absatz 1 Nr. 2 nur zulässig, wenn auf Grund bestimmter Tatsachen anzunehmen ist, dass sie mit einem Beschuldigten in Verbindung stehen oder eine solche Verbindung hergestellt wird, die Maßnahme zur Erforschung des Sachverhalts oder zur Ermittlung des Aufenthaltsortes eines Beschuldigten führen wird und dies auf andere Weise aussichtslos oder wesentlich erschwert wäre.

(3) Die Maßnahmen dürfen auch durchgeführt werden, wenn Dritte unvermeidbar mitbetroffen werden.

(4) § 100d Absatz 1 und 2 gilt entsprechend.

§ 100i Technische Ermittlungsmaßnahmen bei Mobilfunkendgeräten.

(1) Begründen bestimmte Tatsachen den Verdacht, dass jemand als Täter oder Teilnehmer eine Straftat von auch im Einzelfall erheblicher Bedeutung, insbesondere eine in § 100a Abs. 2 bezeichnete Straftat, begangen hat, in Fällen, in denen der Versuch strafbar ist, zu begehen versucht hat oder durch eine Straftat vorbereitet hat, so dürfen durch technische Mittel
1. die Gerätenummer eines Mobilfunkendgerätes und die Kartennummer der darin verwendeten Karte sowie
2. der Standort eines Mobilfunkendgerätes

ermittelt werden, soweit dies für die Erforschung des Sachverhalts oder die Ermittlung des Aufenthaltsortes des Beschuldigten erforderlich ist.

(2) ¹Personenbezogene Daten Dritter dürfen anlässlich solcher Maßnahmen nur erhoben werden, wenn dies aus technischen Gründen zur Erreichung des Zwecks nach Absatz 1 unvermeidbar ist. ²Über den Datenabgleich zur Ermittlung der gesuchten Geräte- und Kartennummer hinaus dürfen sie nicht verwendet werden und sind nach Beendigung der Maßnahme unverzüglich zu löschen.

(3) ¹§ 100a Abs. 3 und § 100e Absatz 1 Satz 1 bis 3, Absatz 3 Satz 1 und Absatz 5 Satz 1 gelten entsprechend. ²Die Anordnung ist auf höchstens sechs Monate zu befristen. ³Eine Verlängerung um jeweils nicht mehr als sechs weitere Monate ist zulässig, soweit die in Absatz 1 bezeichneten Voraussetzungen fortbestehen.

§ 100j Bestandsdatenauskunft. (1) ¹Soweit dies für die Erforschung des Sachverhalts oder die Ermittlung des Aufenthaltsortes eines Beschuldigten erforderlich ist, darf Auskunft verlangt werden
1. über Bestandsdaten gemäß § 3 Nummer 6 des Telekommunikationsgesetzes und über die nach § 172 des Telekommunikationsgesetzes erhobenen Daten (§ 174 Absatz 1 Satz 1 des Telekommunikationsgesetzes) von demjenigen, der geschäftsmäßig Telekommunikationsdienste erbringt oder daran mitwirkt, und
2. über Bestandsdaten gemäß § 2 Absatz 2 Nummer 2 des Telekommunikation-Telemedien-Datenschutz-Gesetzes (§ 22 Absatz 1 Satz 1 des Telekommunikation-Telemedien-Datenschutz-Gesetzes) von demjenigen, der geschäftsmäßig eigene oder fremde Telemedien zur Nutzung bereithält oder den Zugang zur Nutzung vermittelt.

²Bezieht sich das Auskunftsverlangen nach Satz 1 Nummer 1 auf Daten, mittels derer der Zugriff auf Endgeräte oder auf Speichereinrichtungen, die in diesen Endgeräten oder hiervon räumlich getrennt eingesetzt werden, geschützt wird (§ 174 Absatz 1 Satz 2 des Telekommunikationsgesetzes), darf die Auskunft nur verlangt werden, wenn die gesetzlichen Voraussetzungen für die Nutzung der Daten vorliegen. ³Bezieht sich das Auskunftsverlangen nach Satz 1 Nummer 2 auf als Bestandsdaten erhobene Passwörter oder andere Daten, mittels derer der Zugriff auf Endgeräte oder auf Speichereinrichtungen, die in diesen Endgeräten oder hiervon räumlich getrennt eingesetzt werden, geschützt wird (§ 23 des Telekommunikation-Telemedien-Datenschutz-Gesetzes), darf die Auskunft nur verlangt werden, wenn die gesetzlichen Voraussetzungen für ihre Nutzung zur Verfolgung einer besonders schweren Straftat nach § 100b Absatz 2 Nummer 1 Buchstabe a, c, e, f, g, h oder m, Nummer 3 Buchstabe b erste Alternative oder Nummer 5, 6, 9 oder 10 vorliegen.

(2) ¹Die Auskunft nach Absatz 1 darf auch anhand einer zu einem bestimmten Zeitpunkt zugewiesenen Internetprotokoll-Adresse verlangt werden (§ 174 Absatz 1 Satz 3, § 177 Absatz 1 Nummer 3 des Telekommunikationsgesetzes

und § 22 Absatz 1 Satz 3 und 4 des Telekommunikation-Telemedien-Datenschutz-Gesetzes). ²Das Vorliegen der Voraussetzungen für ein Auskunftsverlangen nach Satz 1 ist aktenkundig zu machen.

(3) ¹Auskunftsverlangen nach Absatz 1 Satz 2 und 3 dürfen nur auf Antrag der Staatsanwaltschaft durch das Gericht angeordnet werden. ²Im Fall von Auskunftsverlangen nach Absatz 1 Satz 2 kann die Anordnung bei Gefahr im Verzug auch durch die Staatsanwaltschaft oder ihre Ermittlungspersonen (§ 152 des Gerichtsverfassungsgesetzes) getroffen werden. ³In diesem Fall ist die gerichtliche Entscheidung unverzüglich nachzuholen. ⁴Die Sätze 1 bis 3 finden bei Auskunftsverlangen nach Absatz 1 Satz 2 keine Anwendung, wenn die betroffene Person vom Auskunftsverlangen bereits Kenntnis hat oder haben muss oder wenn die Nutzung der Daten bereits durch eine gerichtliche Entscheidung gestattet wird. ⁵Das Vorliegen der Voraussetzungen nach Satz 4 ist aktenkundig zu machen.

(4) ¹Die betroffene Person ist in den Fällen des Absatzes 1 Satz 2 und 3 und des Absatzes 2 über die Beauskunftung zu benachrichtigen. ²Die Benachrichtigung erfolgt, soweit und sobald hierdurch der Zweck der Auskunft nicht vereitelt wird. ³Sie unterbleibt, wenn ihr überwiegende schutzwürdige Belange Dritter oder der betroffenen Person selbst entgegenstehen. ⁴Wird die Benachrichtigung nach Satz 2 zurückgestellt oder nach Satz 3 von ihr abgesehen, sind die Gründe aktenkundig zu machen.

(5) ¹Auf Grund eines Auskunftsverlangens nach Absatz 1 oder 2 hat derjenige, der geschäftsmäßig Telekommunikationsdienste oder Telemediendienste erbringt oder daran mitwirkt, die zur Auskunftserteilung erforderlichen Daten unverzüglich zu übermitteln. ² § 95 Absatz 2 gilt entsprechend.

§ 101a Gerichtliche Entscheidung; Datenkennzeichnung und -auswertung; Benachrichtigungspflichten bei Verkehrs- und Nutzungsdaten.

(1) ¹Bei Erhebungen von Verkehrsdaten nach § 100g gelten § 100a Absatz 3 und 4 und § 100e entsprechend mit der Maßgabe, dass
1. in der Entscheidungsformel nach § 100e Absatz 3 Satz 2 auch die zu übermittelnden Daten und der Zeitraum, für den sie übermittelt werden sollen, eindeutig anzugeben sind,
2. der nach § 100a Absatz 4 Satz 1 zur Auskunft Verpflichtete auch mitzuteilen hat, welche der von ihm übermittelten Daten nach § 176 des Telekommunikationsgesetzes gespeichert wurden.

²In den Fällen des § 100g Absatz 2, auch in Verbindung mit § 100g Absatz 3 Satz 2, findet abweichend von Satz 1 § 100e Absatz 1 Satz 2 keine Anwendung. ³Bei Funkzellenabfragen nach § 100g Absatz 3 genügt abweichend von § 100e Absatz 3 Satz 2 Nummer 5 eine räumlich und zeitlich eng begrenzte und hinreichend bestimmte Bezeichnung der Telekommunikation.

(1a) Bei der Erhebung und Beauskunftung von Nutzungsdaten eines Telemediendienstes nach § 100k gilt § 100a Absatz 3 und 4, bei der Erhebung von Nutzungsdaten nach § 100k Absatz 1 und 2 zudem § 100e Absatz 1 und 3 bis

5 entsprechend mit der Maßgabe, dass in der Entscheidungsformel nach § 100e Absatz 3 Satz 2 an die Stelle der Rufnummer (§ 100e Absatz 3 Satz 2 Nummer 5), soweit möglich eine eindeutige Kennung des Nutzerkontos des Betroffenen, ansonsten eine möglichst genaue Bezeichnung des Telemediendienstes tritt, auf den sich das Auskunftsverlangen bezieht.

(2) Wird eine Maßnahme nach § 100g oder § 100k Absatz 1 oder Absatz 2 angeordnet oder verlängert, sind in der Begründung einzelfallbezogen insbesondere die wesentlichen Erwägungen zur Erforderlichkeit und Angemessenheit der Maßnahme, auch hinsichtlich des Umfangs der zu erhebenden Daten und des Zeitraums, für den sie erhoben werden sollen, darzulegen.

(3) [1]Personenbezogene Daten, die durch Maßnahmen nach § 100g oder § 100k Absatz 1 oder Absatz 2 erhoben wurden, sind entsprechend zu kennzeichnen und unverzüglich auszuwerten. [2]Bei der Kennzeichnung ist erkennbar zu machen, ob es sich um Daten handelt, die nach § 176 des Telekommunikationsgesetzes gespeichert waren. [3]Nach einer Übermittlung an eine andere Stelle ist die Kennzeichnung durch diese aufrechtzuerhalten. [4]Für die Löschung personenbezogener Daten gilt § 101 Absatz 8 entsprechend.

(4) [1]Verwertbare personenbezogene Daten, die durch Maßnahmen nach § 100g Absatz 2, auch in Verbindung mit § 100g Absatz 1 Satz 3 oder Absatz 3 Satz 2, erhoben wurden, dürfen ohne Einwilligung der Beteiligten der betroffenen Telekommunikation nur für folgende andere Zwecke und nur nach folgenden Maßgaben verwendet werden:
1. in anderen Strafverfahren zur Aufklärung einer Straftat, auf Grund derer eine Maßnahme nach § 100g Absatz 2, auch in Verbindung mit § 100g Absatz 1 Satz 3 oder Absatz 3 Satz 2, angeordnet werden könnte, oder zur Ermittlung des Aufenthalts der einer solchen Straftat beschuldigten Person,
2. Übermittlung zu Zwecken der Abwehr von konkreten Gefahren für Leib, Leben oder Freiheit einer Person oder für den Bestand des Bundes oder eines Landes (§ 177 Absatz 1 Nummer 2 des Telekommunikationsgesetzes).

[2]Die Stelle, die die Daten weiterleitet, macht die Weiterleitung und deren Zweck aktenkundig. [3]Sind die Daten nach Satz 1 Nummer 2 nicht mehr zur Abwehr der Gefahr oder nicht mehr für eine vorgerichtliche oder gerichtliche Überprüfung der zur Gefahrenabwehr getroffenen Maßnahmen erforderlich, so sind Aufzeichnungen über diese Daten von der für die Gefahrenabwehr zuständigen Stelle unverzüglich zu löschen. [4]Die Löschung ist aktenkundig zu machen. [5]Soweit die Löschung lediglich für eine etwaige vorgerichtliche oder gerichtliche Überprüfung zurückgestellt ist, dürfen die Daten nur für diesen Zweck verwendet werden; für eine Verwendung zu anderen Zwecken sind sie zu sperren.

(5) Sind verwertbare personenbezogene Daten, die nach § 176 des Telekommunikationsgesetzes gespeichert waren, durch eine entsprechende polizeirechtliche Maßnahme erlangt worden, dürfen sie in einem Strafverfahren ohne Einwilligung der Beteiligten der betroffenen Telekommunikation nur zur Auf-

Strafprozessordnung **StPO 15**

klärung einer Straftat, auf Grund derer eine Maßnahme nach § 100g Absatz 2, auch in Verbindung mit Absatz 3 Satz 2, angeordnet werden könnte, oder zur Ermittlung des Aufenthalts der einer solchen Straftat beschuldigten Person verwendet werden.

(6) [1]Die Beteiligten der betroffenen Telekommunikation und die betroffenen Nutzer des Telemediendienstes sind von der Erhebung der Verkehrsdaten nach § 100g oder der Nutzungsdaten nach § 100k Absatz 1 und 2 zu benachrichtigen. [2] § 101 Absatz 4 Satz 2 bis 5 und Absatz 5 bis 7 gilt entsprechend mit der Maßgabe, dass
1. das Unterbleiben der Benachrichtigung nach § 101 Absatz 4 Satz 3 der Anordnung des zuständigen Gerichts bedarf;
2. abweichend von § 101 Absatz 6 Satz 1 die Zurückstellung der Benachrichtigung nach § 101 Absatz 5 Satz 1 stets der Anordnung des zuständigen Gerichts bedarf und eine erstmalige Zurückstellung auf höchstens zwölf Monate zu befristen ist.

(7) [1]Die betroffene Person ist in den Fällen des § 100k Absatz 3 über die Beauskunftung zu benachrichtigen. [2]Die Benachrichtigung erfolgt, soweit und sobald hierdurch der Zweck der Beauskunftung nicht vereitelt wird. [3]Sie unterbleibt, wenn ihr überwiegende schutzwürdige Belange Dritter oder der betroffenen Person selbst entgegenstehen. [4]Wird die Benachrichtigung nach Satz 2 zurückgestellt oder nach Satz 3 von ihr abgesehen, sind die Gründe aktenkundig zu machen.

§ 101b Statistische Erfassung der Erhebung von Verkehrsdaten.

(1) [1]Die Länder und der Generalbundesanwalt berichten dem Bundesamt für Justiz kalenderjährlich jeweils bis zum 30. Juni des dem Berichtsjahr folgenden Jahres über in ihrem Zuständigkeitsbereich angeordnete Maßnahmen nach den §§ 100a, 100b, 100c, 100g und 100k Absatz 1 und 2. [2]Das Bundesamt für Justiz erstellt eine Übersicht zu den im Berichtsjahr bundesweit angeordneten Maßnahmen und veröffentlicht diese im Internet. [3]Über die im jeweils vorangegangenen Kalenderjahr nach § 100c angeordneten Maßnahmen berichtet die Bundesregierung dem Deutschen Bundestag vor der Veröffentlichung im Internet.

(2) In den Übersichten über Maßnahmen nach § 100a sind anzugeben:
1. die Anzahl der Verfahren, in denen Maßnahmen nach § 100a Absatz 1 angeordnet worden sind;
2. die Anzahl der Überwachungsanordnungen nach § 100a Absatz 1, unterschieden nach Erst- und Verlängerungsanordnungen;
3. die jeweils zugrunde liegende Anlassstraftat nach der Unterteilung in § 100a Absatz 2;
4. die Anzahl der Verfahren, in denen ein Eingriff in ein von dem Betroffenen genutztes informationstechnisches System nach § 100a Absatz 1 Satz 2 und 3
a) im richterlichen Beschluss angeordnet wurde und
b) tatsächlich durchgeführt wurde.

15 StPO Strafprozessordnung

(3) In den Übersichten über Maßnahmen nach § 100b sind anzugeben:
1. die Anzahl der Verfahren, in denen Maßnahmen nach § 100b Absatz 1 angeordnet worden sind;
2. die Anzahl der Überwachungsanordnungen nach § 100b Absatz 1, unterschieden nach Erst- und Verlängerungsanordnungen;
3. die jeweils zugrunde liegende Anlassstraftat nach Maßgabe der Unterteilung in § 100b Absatz 2;
4. die Anzahl der Verfahren, in denen ein Eingriff in ein vom Betroffenen genutztes informationstechnisches System tatsächlich durchgeführt wurde.

(4) In den Berichten über Maßnahmen nach § 100c sind anzugeben:
1. die Anzahl der Verfahren, in denen Maßnahmen nach § 100c Absatz 1 angeordnet worden sind;
2. die jeweils zugrunde liegende Anlassstraftat nach Maßgabe der Unterteilung in § 100b Absatz 2;
3. ob das Verfahren einen Bezug zur Verfolgung organisierter Kriminalität aufweist;
4. die Anzahl der überwachten Objekte je Verfahren nach Privatwohnungen und sonstigen Wohnungen sowie nach Wohnungen des Beschuldigten und Wohnungen dritter Personen;
5. die Anzahl der überwachten Personen je Verfahren nach Beschuldigten und nichtbeschuldigten Personen;
6. die Dauer der einzelnen Überwachung nach Dauer der Anordnung, Dauer der Verlängerung und Abhördauer;
7. wie häufig eine Maßnahme nach § 100d Absatz 4, § 100e Absatz 5 unterbrochen oder abgebrochen worden ist;
8. ob eine Benachrichtigung der Betroffenen (§ 101 Absatz 4 bis 6) erfolgt ist oder aus welchen Gründen von einer Benachrichtigung abgesehen worden ist;
9. ob die Überwachung Ergebnisse erbracht hat, die für das Verfahren relevant sind oder voraussichtlich relevant sein werden;
10. ob die Überwachung Ergebnisse erbracht hat, die für andere Strafverfahren relevant sind oder voraussichtlich relevant sein werden;
11. wenn die Überwachung keine relevanten Ergebnisse erbracht hat: die Gründe hierfür, differenziert nach technischen Gründen und sonstigen Gründen;
12. die Kosten der Maßnahme, differenziert nach Kosten für Übersetzungsdienste und sonstigen Kosten.

(5) In den Übersichten über Maßnahmen nach § 100g sind anzugeben:
1. unterschieden nach Maßnahmen nach § 100g Absatz 1, 2 und 3
   a) die Anzahl der Verfahren, in denen diese Maßnahmen durchgeführt wurden;
   b) die Anzahl der Erstanordnungen, mit denen diese Maßnahmen angeordnet wurden;
   c) die Anzahl der Verlängerungsanordnungen, mit denen diese Maßnahmen angeordnet wurden;

2. untergliedert nach der Anzahl der zurückliegenden Wochen, für die die Erhebung von Verkehrsdaten angeordnet wurde, jeweils bemessen ab dem Zeitpunkt der Anordnung
   a) die Anzahl der Anordnungen nach § 100g Absatz 1;
   b) die Anzahl der Anordnungen nach § 100g Absatz 2;
   c) die Anzahl der Anordnungen nach § 100g Absatz 3;
   d) die Anzahl der Anordnungen, die teilweise ergebnislos geblieben sind, weil die abgefragten Daten teilweise nicht verfügbar waren;
   e) die Anzahl der Anordnungen, die ergebnislos geblieben sind, weil keine Daten verfügbar waren.

(6) In den Übersichten über Maßnahmen nach § 100k sind jeweils unterschieden nach Maßnahmen nach den Absätzen 1 und 2 anzugeben:
1. die Anzahl der Verfahren, in denen Maßnahmen angeordnet worden sind;
2. die Anzahl der Anordnungen, unterschieden nach Erst- und Verlängerungsanordnungen;
3. untergliedert nach der Anzahl der zurückliegenden Wochen, für die die Erhebung von Nutzungsdaten angeordnet wurde, jeweils bemessen ab dem Zeitpunkt der Anordnung
   a) die Anzahl der Anordnungen, die teilweise ergebnislos geblieben sind, weil die abgefragten Daten teilweise nicht verfügbar waren;
   b) die Anzahl der Anordnungen, die ergebnislos geblieben sind, weil keine Daten verfügbar waren.

§ 102 Durchsuchung bei Beschuldigten. Bei dem, welcher als Täter oder Teilnehmer einer Straftat oder der Datenhehlerei, Begünstigung, Strafvereitelung oder Hehlerei verdächtig ist, kann eine Durchsuchung der Wohnung und anderer Räume sowie seiner Person und der ihm gehörenden Sachen sowohl zum Zweck seiner Ergreifung als auch dann vorgenommen werden, wenn zu vermuten ist, dass die Durchsuchung zur Auffindung von Beweismitteln führen werde.

§ 110d Besonderes Verfahren bei Einsätzen zur Ermittlung von Straftaten nach den §§ 176e und 184b des Strafgesetzbuches. [1]Einsätze, bei denen entsprechend § 176e Absatz 5 oder § 184b Absatz 6 des Strafgesetzbuches Handlungen im Sinne des § 176e Absatz 1 oder § 184 Absatz 1 Nummer 1, 2 und 4[2] des Strafgesetzbuches vorgenommen werden, bedürfen der Zustimmung des Gerichts. [2]In dem Antrag ist darzulegen, dass die handelnden Polizeibeamten auf den Einsatz umfassend vorbereitet wurden. [3]Bei Gefahr im Verzug genügt die Zustimmung der Staatsanwaltschaft. [4]Die Maßnahme ist zu beenden, wenn nicht das Gericht binnen drei Werktagen zustimmt. [5]Die Zustimmung ist schriftlich zu erteilen und zu befristen. [6]Eine Verlängerung ist zulässig, solange die Voraussetzungen für den Einsatz fortbestehen.

§ 111m Verwaltung beschlagnahmter oder gepfändeter Gegenstände.
(1) [1]Die Verwaltung von Gegenständen, die nach § 111c beschlagnahmt oder auf Grund eines Vermögensarrestes nach § 111f gepfändet worden sind, obliegt der Staatsanwaltschaft. [2]Sie kann ihre Ermittlungspersonen (§ 152 des

Gerichtsverfassungsgesetzes) oder den Gerichtsvollzieher mit der Verwaltung beauftragen. ³In geeigneten Fällen kann auch eine andere Person mit der Verwaltung beauftragt werden.

(2) Gegen Maßnahmen, die im Rahmen der Verwaltung nach Absatz 1 getroffen werden, kann der Betroffene die Entscheidung des nach § 162 zuständigen Gerichts beantragen.

§ 111n Herausgabe beweglicher Sachen. (1) Wird eine bewegliche Sache, die nach § 94 beschlagnahmt oder auf andere Weise sichergestellt oder nach § 111c Absatz 1 beschlagnahmt worden ist, für Zwecke des Strafverfahrens nicht mehr benötigt, so wird sie an den letzten Gewahrsamsinhaber herausgegeben.

(2) Abweichend von Absatz 1 wird die Sache an den Verletzten herausgegeben, dem sie durch die Straftat entzogen worden ist, wenn dieser bekannt ist.

(3) ¹Steht der Herausgabe an den letzten Gewahrsamsinhaber oder den Verletzten der Anspruch eines Dritten entgegen, wird die Sache an den Dritten herausgegeben, wenn dieser bekannt ist.
²Die Herausgabe erfolgt nur, wenn ihre Voraussetzungen offenkundig sind.

§ 111q Beschlagnahme von Verkörperungen eines Inhalts und Vorrichtungen. (1) Die Beschlagnahme einer Verkörperung eines Inhalts (§ 11 Absatz 3 des Strafgesetzbuches) oder einer Vorrichtung im Sinne des § 74d des Strafgesetzbuches darf nach § 111b Absatz 1 nicht angeordnet werden, wenn ihre nachteiligen Folgen, insbesondere die Gefährdung des öffentlichen Interesses an unverzögerter Verbreitung, offenbar außer Verhältnis zu der Bedeutung der Sache stehen.

(2) ¹Ausscheidbare Teile der Verkörperung, die nichts Strafbares enthalten, sind von der Beschlagnahme auszuschließen. ²Die Beschlagnahme kann in der Anordnung weiter beschränkt werden.

(3) Die Beschlagnahme kann dadurch abgewendet werden, dass der Betroffene den Teil eines Inhalts, der zur Beschlagnahme Anlass gibt, von der Vervielfältigung oder der Verbreitung ausschließt.

(4) ¹Die Beschlagnahme einer periodisch erscheinenden Verkörperung eines Inhalts (§ 11 Absatz 3 des Strafgesetzbuches) oder einer zu deren Herstellung gebrauchten oder bestimmten Vorrichtung im Sinne des § 74d des Strafgesetzbuches ordnet das Gericht an. ²Die Beschlagnahme einer Verkörperung eines anderen Inhalts (§ 11 Absatz 3 des Strafgesetzbuches) oder einer zu deren Herstellung gebrauchten oder bestimmten Vorrichtung im Sinne des § 74d des Strafgesetzbuches kann bei Gefahr in Verzug auch die Staatsanwaltschaft anordnen. ³Die Anordnung der Staatsanwaltschaft tritt außer Kraft, wenn sie nicht binnen drei Tagen von dem Gericht bestätigt wird. ⁴In der Anordnung der Beschlagnahme ist der genaue Inhalt, der zur Beschlagnahme Anlass gibt, zu bezeichnen.

(5) ¹Eine Beschlagnahme nach Absatz 4 ist aufzuheben, wenn nicht binnen zwei Monaten die öffentliche Klage erhoben oder die selbständige Einziehung

beantragt ist. ²Reicht die in Satz 1 bezeichnete Frist wegen des besonderen Umfanges der Ermittlungen nicht aus, kann das Gericht auf Antrag der Staatsanwaltschaft die Frist um weitere zwei Monate verlängern. ³Der Antrag kann einmal wiederholt werden. ⁴Vor Erhebung der öffentlichen Klage oder vor Beantragung der selbständigen Einziehung ist die Beschlagnahme aufzuheben, wenn die Staatsanwaltschaft dies beantragt.

§ 131a Ausschreibung zur Aufenthaltsermittlung. (1) Die Ausschreibung zur Aufenthaltsermittlung eines Beschuldigten oder eines Zeugen darf angeordnet werden, wenn sein Aufenthalt nicht bekannt ist.

(2) Absatz 1 gilt auch für Ausschreibungen des Beschuldigten, soweit sie zur Sicherstellung eines Führerscheins, zur erkennungsdienstlichen Behandlung, zur Anfertigung einer DNA-Analyse oder zur Feststellung seiner Identität erforderlich sind.

(3) Auf Grund einer Ausschreibung zur Aufenthaltsermittlung eines Beschuldigten oder Zeugen darf bei einer Straftat von erheblicher Bedeutung auch eine Öffentlichkeitsfahndung angeordnet werden, wenn der Beschuldigte der Begehung der Straftat dringend verdächtig ist und die Aufenthaltsermittlung auf andere Weise erheblich weniger Erfolg versprechend oder wesentlich erschwert wäre.

(4) ¹§ 131 Abs. 4 gilt entsprechend. ²Bei der Aufenthaltsermittlung eines Zeugen ist erkennbar zu machen, dass die gesuchte Person nicht Beschuldigter ist. ³Die Öffentlichkeitsfahndung nach einem Zeugen unterbleibt, wenn überwiegende schutzwürdige Interessen des Zeugen entgegenstehen. ⁴Abbildungen des Zeugen dürfen nur erfolgen, soweit die Aufenthaltsermittlung auf andere Weise aussichtslos oder wesentlich erschwert wäre.

(5) Ausschreibungen nach den Absätzen 1 und 2 dürfen in allen Fahndungshilfsmitteln der Strafverfolgungsbehörden vorgenommen werden.

§ 131b Veröffentlichung von Abbildungen des Beschuldigten oder Zeugen.
(1) Die Veröffentlichung von Abbildungen eines Beschuldigten, der einer Straftat von erheblicher Bedeutung verdächtig ist, ist auch zulässig, wenn die Aufklärung einer Straftat, insbesondere die Feststellung der Identität eines unbekannten Täters auf andere Weise erheblich weniger Erfolg versprechend oder wesentlich erschwert wäre.

(2) ¹Die Veröffentlichung von Abbildungen eines Zeugen und Hinweise auf das der Veröffentlichung zugrunde liegende Strafverfahren sind auch zulässig, wenn die Aufklärung einer Straftat von erheblicher Bedeutung, insbesondere die Feststellung der Identität des Zeugen, auf andere Weise aussichtslos oder wesentlich erschwert wäre. ²Die Veröffentlichung muss erkennbar machen, dass die abgebildete Person nicht Beschuldigter ist.

(3) § 131 Abs. 4 Satz 1 erster Halbsatz und Satz 2 gilt entsprechend.

§ 131c Anordnung und Bestätigung von Fahndungsmaßnahmen.
(1) ¹Fahndungen nach § 131a Abs. 3 und § 131b dürfen nur durch den Richter, bei Gefahr im Verzug auch durch die Staatsanwaltschaft und ihre Ermitt-

lungspersonen (§ 152 des Gerichtsverfassungsgesetzes) angeordnet werden. ²Fahndungen nach § 131a Abs. 1 und 2 bedürfen der Anordnung durch die Staatsanwaltschaft; bei Gefahr im Verzug dürfen sie auch durch ihre Ermittlungspersonen (§ 152 des Gerichtsverfassungsgesetzes) angeordnet werden.

(2) ¹In Fällen andauernder Veröffentlichung in elektronischen Medien sowie bei wiederholter Veröffentlichung im Fernsehen oder in periodischen Druckwerken tritt die Anordnung der Staatsanwaltschaft und ihrer Ermittlungspersonen (§ 152 des Gerichtsverfassungsgesetzes) nach Absatz 1 Satz 1 außer Kraft, wenn sie nicht binnen einer Woche von dem Richter bestätigt wird. ²Im Übrigen treten Fahndungsanordnungen der Ermittlungspersonen der Staatsanwaltschaft (§ 152 des Gerichtsverfassungsgesetzes) außer Kraft, wenn sie nicht binnen einer Woche von der Staatsanwaltschaft bestätigt werden.

§ 160a Maßnahmen bei zeugnisverweigerungsberechtigten Berufsgeheimnisträgern. (1) ¹Eine Ermittlungsmaßnahme, die sich gegen eine in § 53 Absatz 1 Satz 1 Nummer 1, 2 oder Nummer 4 genannte Person, einen Rechtsanwalt oder einen Kammerrechtsbeistand richtet und voraussichtlich Erkenntnisse erbringen würde, über die diese das Zeugnis verweigern dürfte, ist unzulässig. ²Dennoch erlangte Erkenntnisse dürfen nicht verwendet werden. ³Aufzeichnungen hierüber sind unverzüglich zu löschen. ⁴Die Tatsache ihrer Erlangung und der Löschung der Aufzeichnungen ist aktenkundig zu machen. ⁵Die Sätze 2 bis 4 gelten entsprechend, wenn durch eine Ermittlungsmaßnahme, die sich nicht gegen eine in Satz 1 in Bezug genommene Person richtet, von dieser Person Erkenntnisse erlangt werden, über die sie das Zeugnis verweigern dürfte.

(2) ¹Soweit durch eine Ermittlungsmaßnahme eine in § 53 Abs. 1 Satz 1 Nr. 3 bis 3b oder Nr. 5 genannte Person betroffen wäre und dadurch voraussichtlich Erkenntnisse erlangt würden, über die diese Person das Zeugnis verweigern dürfte, ist dies im Rahmen der Prüfung der Verhältnismäßigkeit besonders zu berücksichtigen; betrifft das Verfahren keine Straftat von erheblicher Bedeutung, ist in der Regel nicht von einem Überwiegen des Strafverfolgungsinteresses auszugehen. ²Soweit geboten, ist die Maßnahme zu unterlassen oder, soweit dies nach der Art der Maßnahme möglich ist, zu beschränken. ³Für die Verwertung von Erkenntnissen zu Beweiszwecken gilt Satz 1 entsprechend. ⁴Die Sätze 1 bis 3 gelten nicht für Rechtsanwälte und Kammerrechtsbeistände.

(3) Die Absätze 1 und 2 sind entsprechend anzuwenden, soweit die in § 53a Genannten das Zeugnis verweigern dürften.

(4) ¹Die Absätze 1 bis 3 sind nicht anzuwenden, wenn bestimmte Tatsachen den Verdacht begründen, dass die zeugnisverweigerungsberechtigte Person an der Tat oder an einer Datenhehlerei, Begünstigung, Strafvereitelung oder Hehlerei beteiligt ist. ²Ist die Tat nur auf Antrag oder nur mit Ermächtigung verfolgbar, ist Satz 1 in den Fällen des § 53 Abs. 1 Satz 1 Nr. 5 anzuwenden, sobald und soweit der Strafantrag gestellt oder die Ermächtigung erteilt ist.

(5) Die §§ 97, 100d Absatz 5 und § 100g Absatz 4 bleiben unberührt.

Gerichtsverfassungsgesetz

in der Fassung der Bekanntmachung vom 9. Mai 1975 (BGBl. I S. 1077), zuletzt geändert durch Gesetz vom 7. Juli 2021 (BGBl. I S. 2363 ff.)

– Auszug –

§ 23 [Zuständigkeit in Zivilsachen]. Die Zuständigkeit der Amtsgerichte umfaßt in bürgerlichen Rechtsstreitigkeiten, soweit sie nicht ohne Rücksicht auf den Wert des Streitgegenstandes den Landgerichten zugewiesen sind:
1. Streitigkeiten über Ansprüche, deren Gegenstand an Geld oder Geldeswert die Summe von fünftausend Euro nicht übersteigt;
2. ohne Rücksicht auf den Wert des Streitgegenstandes:
a) Streitigkeiten über Ansprüche aus einem Mietverhältnis über Wohnraum oder über den Bestand eines solchen Mietverhältnisses; diese Zuständigkeit ist ausschließlich; Streitigkeiten zwischen Reisenden und Wirten, Fuhrleuten, Schiffern oder Auswanderungsexpedienten in den Einschiffungshäfen, die über Wirtszechen,
b) Fuhrlohn, Überfahrtsgelder, Beförderung der Reisenden und ihrer Habe und über Verlust und Beschädigung der letzteren, sowie Streitigkeiten zwischen Reisenden und Handwerkern, die aus Anlaß der Reise entstanden sind;
c) Streitigkeiten nach § 43 Nr. 1 bis 4 und 6 des Wohnungseigentumsgesetzes; diese Zuständigkeit ist ausschließlich;
d) Streitigkeiten wegen Wildschadens;
e) (weggefallen)
f) (weggefallen)
g) Ansprüche aus einem mit der Überlassung eines Grundstücks in Verbindung stehenden Leibgedings-, Leibzuchts-, Altenteils- oder Auszugsvertrag.

§ 24 [Zuständigkeit in Strafsachen]. (1) ¹In Strafsachen sind die Amtsgerichte zuständig, wenn nicht
1. die Zuständigkeit des Landgerichts nach § 74 Abs. 2 oder § 74a oder des Oberlandesgerichts nach § 120 begründet ist,
2. im Einzelfall eine höhere Strafe als vier Jahre Freiheitsstrafe oder die Unterbringung des Beschuldigten in einem psychiatrischen Krankenhaus, allein oder neben einer Strafe, oder in der Sicherungsverwahrung (§§ 66 bis 66b des Strafgesetzbuches) zu erwarten ist oder
3. die Staatsanwaltschaft wegen der besonderen Schutzbedürftigkeit von Verletzten der Straftat, die als Zeugen in Betracht kommen, des besonderen Umfangs oder der besonderen Bedeutung des Falles Anklage beim Landgericht erhebt.

²Eine besondere Schutzbedürftigkeit nach Satz 1 Nummer 3 liegt insbesondere vor, wenn zu erwarten ist, dass die Vernehmung für den Verletzten mit einer

15a GVG Gerichtsverfassungsgesetz

besonderen Belastung verbunden sein wird, und deshalb mehrfache Vernehmungen vermieden werden sollten.

(2) Das Amtsgericht darf nicht auf eine höhere Strafe als vier Jahre Freiheitsstrafe und nicht auf die Unterbringung in einem psychiatrischen Krankenhaus, allein oder neben einer Strafe, oder in der Sicherungsverwahrung erkennen.

§ 25 [Strafrichter bei Vergehen]. Der Richter beim Amtsgericht entscheidet als Strafrichter bei Vergehen,
1. wenn sie im Wege der Privatklage verfolgt werden oder
2. wenn eine höhere Strafe als Freiheitsstrafe von zwei Jahren nicht zu erwarten ist.

§ 71 [Zuständigkeit in Zivilsachen in 1. Instanz]. (1) Vor die Zivilkammern, einschließlich der Kammern für Handelssachen, gehören alle bürgerlichen Rechtsstreitigkeiten, die nicht den Amtsgerichten zugewiesen sind.

(2) Die Landgerichte sind ohne Rücksicht auf den Wert des Streitgegenstandes ausschließlich zuständig
1. für die Ansprüche, die auf Grund der Beamtengesetze gegen den Fiskus erhoben werden;
2. für die Ansprüche gegen Richter und Beamte wegen Überschreitung ihrer amtlichen Befugnisse oder wegen pflichtwidriger Unterlassung von Amtshandlungen;
3. für Ansprüche, die auf eine falsche, irreführende oder unterlassene öffentliche Kapitalmarktinformation, auf die Verwendung einer falschen oder irreführenden öffentlichen Kapitalmarktinformation oder auf die Unterlassung der gebotenen Aufklärung darüber, dass eine öffentliche Kapitalmarktinformation falsch oder irreführend ist, gestützt werden;
4. für Verfahren nach
   a) [aufgehoben],
   b) den §§ 98, 99, 132, 142, 145, 258, 260, 293c und 315 des Aktiengesetzes,
   c) § 26 des SE-Ausführungsgesetzes,
   d) § 10 des Umwandlungsgesetzes,
   e) dem Spruchverfahrensgesetz,
   f) den §§ 39a und 39b des Wertpapiererwerbs- und Übernahmegesetzes.

(3) Der Landesgesetzgebung bleibt überlassen, Ansprüche gegen den Staat oder eine Körperschaft des öffentlichen Rechts wegen Verfügungen der Verwaltungsbehörden sowie Ansprüche wegen öffentlicher Abgaben ohne Rücksicht auf den Wert des Streitgegenstandes den Landgerichten ausschließlich zuzuweisen.

(4) [1]Die Landesregierungen werden ermächtigt, durch Rechtsverordnung die Entscheidungen in Verfahren nach Absatz 2 Nr. 4 Buchstabe a bis e einem Landgericht für die Bezirke mehrerer Landgerichte zu übertragen, wenn dies

Gerichtsverfassungsgesetz **GVG 15a**

der Sicherung einer einheitlichen Rechtsprechung dient. ²Sie können die Ermächtigung auf die Landesjustizverwaltungen übertragen.

§ 169 [Grundsatz der Öffentlichkeit]. (1) ¹Die Verhandlung vor dem erkennenden Gericht einschließlich der Verkündung der Urteile und Beschlüsse ist öffentlich. ²Ton- und Fernseh-Rundfunkaufnahmen sowie Ton- und Filmaufnahmen zum Zwecke der öffentlichen Vorführung oder Veröffentlichung ihres Inhalts sind unzulässig. ³Die Tonübertragung in einen Arbeitsraum für Personen, die für Presse, Hörfunk, Fernsehen oder für andere Medien berichten, kann von dem Gericht zugelassen werden. ⁴Die Tonübertragung kann zur Wahrung schutzwürdiger Interessen der Beteiligten oder Dritter oder zur Wahrung eines ordnungsgemäßen Ablaufs des Verfahrens teilweise untersagt werden. ⁵Im Übrigen gilt für den in den Arbeitsraum übertragenen Ton Satz 2 entsprechend.

(2) ¹Tonaufnahmen der Verhandlung einschließlich der Verkündung der Urteile und Beschlüsse können zu wissenschaftlichen und historischen Zwecken von dem Gericht zugelassen werden, wenn es sich um ein Verfahren von herausragender zeitgeschichtlicher Bedeutung für die Bundesrepublik Deutschland handelt. ²Zur Wahrung schutzwürdiger Interessen der Beteiligten oder Dritter oder zur Wahrung eines ordnungsgemäßen Ablaufs des Verfahrens können die Aufnahmen teilweise untersagt werden. ³Die Aufnahmen sind nicht zu den Akten zu nehmen und dürfen weder herausgegeben noch für Zwecke des aufgenommenen oder eines anderen Verfahrens genutzt oder verwertet werden. ⁴Sie sind vom Gericht nach Abschluss des Verfahrens demjenigen zuständigen Bundes- oder Landesarchiv zur Übernahme anzubieten, das nach dem Bundesarchivgesetz oder einem Landesarchivgesetz festzustellen hat, ob den Aufnahmen ein bleibender Wert zukommt. ⁵Nimmt das Bundesarchiv oder das jeweilige Landesarchiv die Aufnahmen nicht an, sind die Aufnahmen durch das Gericht zu löschen.

(3) ¹Abweichend von Absatz 1 Satz 2 kann das Gericht für die Verkündung von Entscheidungen des Bundesgerichtshofs in besonderen Fällen Ton- und Fernseh-Rundfunkaufnahmen sowie Ton- und Filmaufnahmen zum Zwecke der öffentlichen Vorführung oder der Veröffentlichung ihres Inhalts zulassen. ²Zur Wahrung schutzwürdiger Interessen der Beteiligten oder Dritter sowie eines ordnungsgemäßen Ablaufs des Verfahrens können die Aufnahmen oder deren Übertragung teilweise untersagt oder von der Einhaltung von Auflagen abhängig gemacht werden.

(4) Die Beschlüsse des Gerichts nach den Absätzen 1 bis 3 sind unanfechtbar.

§ 170 [Nicht öffentliche Verhandlung in Familiensachen sowie in Angelegenheiten der freiwilligen Gerichtsbarkeit]. (1) ¹Verhandlungen, Erörterungen und Anhörungen in Familiensachen sowie in Angelegenheiten der freiwilligen Gerichtsbarkeit sind nicht öffentlich. ²Das Gericht kann die Öffentlichkeit zulassen, jedoch nicht gegen den Willen eines Beteiligten. ³In Betreuungs- und Unterbringungssachen ist auf Verlangen des Betroffenen einer Person seines Vertrauens die Anwesenheit zu gestatten.

(2) Das Rechtsbeschwerdegericht kann die Öffentlichkeit zulassen, soweit nicht das Interesse eines Beteiligten an der nicht öffentlichen Erörterung überwiegt.

§ 171a [Ausschluss der Öffentlichkeit in Unterbringungssachen]. Die Öffentlichkeit kann für die Hauptverhandlung oder für einen Teil davon ausgeschlossen werden, wenn das Verfahren die Unterbringung des Beschuldigten in einem psychiatrischen Krankenhaus oder einer Entziehungsanstalt, allein oder neben einer Strafe, zum Gegenstand hat.

§ 171b [Ausschluss der Öffentlichkeit zum Schutz der Privatsphäre].
(1) ¹Die Öffentlichkeit kann ausgeschlossen werden, soweit Umstände aus dem persönlichen Lebensbereich eines Prozessbeteiligten, eines Zeugen oder eines durch eine rechtswidrige Tat (§ 11 Absatz 1 Nummer 5 des Strafgesetzbuchs) Verletzten zur Sprache kommen, deren öffentliche Erörterung schutzwürdige Interessen verletzen würde. ²Das gilt nicht, soweit das Interesse an der öffentlichen Erörterung dieser Umstände überwiegt. ³Die besonderen Belastungen, die für Kinder und Jugendliche mit einer öffentlichen Hauptver-handlung verbunden sein können, sind dabei zu berücksichtigen. ⁴Entsprechen-des gilt bei volljährigen Personen, die als Kinder oder Jugendliche durch die Straftat verletzt worden sind.

(2) ¹Die Öffentlichkeit soll ausgeschlossen werden, soweit in Verfahren wegen Straftaten gegen die sexuelle Selbstbestimmung (§§ 174 bis 184j des Strafgesetzbuchs) oder gegen das Leben (§§ 211 bis 222 des Strafgesetzbuchs), wegen Misshandlung von Schutzbefohlenen (§ 225 des Strafgesetzbuchs) oder wegen Straftaten gegen die persönliche Freiheit nach den §§ 232 bis 233a des Strafgesetzbuchs ein Zeuge unter 18 Jahren vernommen wird. ²Absatz 1 Satz 2 gilt entsprechend.

(3) ¹Die Öffentlichkeit ist auszuschließen, wenn die Voraussetzungen der Absätze 1 oder 2 vorliegen und der Ausschluss von der Person, deren Lebensbereich betroffen ist, beantragt wird. ²Für die Schlussanträge in Verfahren wegen der in Absatz 2 genannten Straftaten ist die Öffentlichkeit auszuschließen, ohne dass es eines hierauf gerichteten Antrags bedarf, wenn die Verhandlung unter den Voraussetzungen der Absätze 1 oder 2 oder des § 172 Nummer 4 ganz oder zum Teil unter Ausschluss der Öffentlichkeit stattgefunden hat.

(4) Abweichend von den Absätzen 1 und 2 darf die Öffentlichkeit nicht ausgeschlossen werden, soweit die Personen, deren Lebensbereiche betroffen sind, dem Ausschluss der Öffentlichkeit widersprechen.

(5) Die Entscheidungen nach den Absätzen 1 bis 4 sind unanfechtbar.

Gerichtsverfassungsgesetz **GVG 15a**

§ 172 [Gründe für Ausschluss der Öffentlichkeit]. Das Gericht kann für die Verhandlung oder für einen Teil davon die Öffentlichkeit ausschließen, wenn
1. eine Gefährdung der Staatssicherheit, der öffentlichen Ordnung oder der Sittlichkeit zu besorgen ist,
1a. eine Gefährdung des Lebens, des Leibes oder der Freiheit eines Zeugen oder einer anderen Person zu besorgen ist,
2. ein wichtiges Geschäfts-, Betriebs-, Erfindungs- oder Steuergeheimnis zur Sprache kommt, durch dessen öffentliche Erörterung überwiegende schutzwürdige Interessen verletzt würden,
3. ein privates Geheimnis erörtert wird, dessen unbefugte Offenbarung durch den Zeugen oder Sachverständigen (*ab 1.8.2022: ohne diesen Zusatz*) mit Strafe bedroht ist,
4. eine Person unter 18 Jahren vernommen wird.

§ 173 [Öffentliche Urteilsverkündung]. (1) Die Verkündung des Urteils sowie der Endentscheidung in Ehesachen und Familienstreitsachen erfolgt in jedem Falle öffentlich.

(2) Durch einen besonderen Beschluß des Gerichts kann unter den Voraussetzungen der §§ 171b und 172 auch für die Verkündung der Entscheidungsgründe oder eines Teiles davon die Öffentlichkeit ausgeschlossen werden.

§ 174 [Verhandlung über Ausschluss der Öffentlichkeit; Schweigepflicht]. (1) [1]Über die Ausschließung der Öffentlichkeit ist in nicht öffentlicher Sitzung zu verhandeln, wenn ein Beteiligter es beantragt oder das Gericht es für angemessen erachtet. [2]Der Beschluß, der die Öffentlichkeit ausschließt, muß öffentlich verkündet werden; er kann in nicht öffentlicher Sitzung verkündet werden, wenn zu befürchten ist, daß seine öffentliche Verkündung eine erhebliche Störung der Ordnung in der Sitzung zur Folge haben würde. [3]Bei der Verkündung ist in den Fällen der §§ 171b, 172 und 173 anzugeben, aus welchem Grund die Öffentlichkeit ausgeschlossen worden ist.

(2) Soweit die Öffentlichkeit wegen Gefährdung der Staatssicherheit ausgeschlossen wird, dürfen Presse, Rundfunk und Fernsehen keine Berichte über die Verhandlung und den Inhalt eines die Sache betreffenden amtlichen Schriftstücks veröffentlichen.

(3) [1]Ist die Öffentlichkeit wegen Gefährdung der Staatssicherheit oder aus den in §§ 171b und 172 Nr. 2 und 3 bezeichneten Gründen ausgeschlossen, so kann das Gericht den anwesenden Personen die Geheimhaltung von Tatsachen, die durch die Verhandlung oder durch ein die Sache betreffendes amtliches Schriftstück zu ihrer Kenntnis gelangen, zur Pflicht machen. [2]Der Beschluß ist in das Sitzungsprotokoll aufzunehmen. [3]Er ist anfechtbar. [4]Die Beschwerde hat keine aufschiebende Wirkung.

§ 176 [Aufrechterhaltung der Ordnung]. (1) Die Aufrechterhaltung der Ordnung in der Sitzung obliegt dem Vorsitzenden.

15a GVG Gerichtsverfassungsgesetz

(2) [1]An der Verhandlung beteiligte Personen dürfen ihr Gesicht während der Sitzung weder ganz noch teilweise verhüllen. [2]Der Vorsitzende kann Ausnahmen gestatten, wenn und soweit die Kenntlichmachung des Gesichts weder zur Identitätsfeststellung noch zur Beweiswürdigung notwendig ist.

§ 177 [Maßnahmen zur Aufrechterhaltung der Ordnung]. [1]Parteien, Beschuldigte, Zeugen, Sachverständige oder bei der Verhandlung nicht beteiligte Personen, die den zur Aufrechterhaltung der Ordnung getroffenen Anordnungen nicht Folge leisten, können aus dem Sitzungszimmer entfernt sowie zur Ordnungshaft abgeführt und während einer zu bestimmenden Zeit, die vierundzwanzig Stunden nicht übersteigen darf, festgehalten werden. [2]Über Maßnahmen nach Satz 1 entscheidet gegenüber Personen, die bei der Verhandlung nicht beteiligt sind, der Vorsitzende, in den übrigen Fällen das Gericht.

ZPO 15b

Zivilprozessordnung

in der Fassung der Bekanntmachung vom 05. Dezember 2005
(BGBl. I S. 3202, ber. 2006 I S. 431, 2007 I S. 1781),
zuletzt geändert durch Art. 3 Gesetz vom 5. Oktober 2021 (BGBl. I 4607)

– Auszug –

§ 12 Allgemeiner Gerichtsstand; Begriff. Das Gericht, bei dem eine Person ihren allgemeinen Gerichtsstand hat, ist für alle gegen sie zu erhebenden Klagen zuständig, sofern nicht für eine Klage ein ausschließlicher Gerichtsstand begründet ist.

§ 13 Allgemeiner Gerichtsstand des Wohnsitzes. Der allgemeine Gerichtsstand einer Person wird durch den Wohnsitz bestimmt.

§ 32 Besonderer Gerichtsstand der unerlaubten Handlung. Für Klagen aus unerlaubten Handlungen ist das Gericht zuständig, in dessen Bezirk die Handlung begangen ist.

§ 128a Verhandlung im Wege der Bild- und Tonübertragung. (1) ^{1}Das Gericht kann den Parteien, ihren Bevollmächtigten und Beiständen auf Antrag oder von Amts wegen gestatten, sich während einer mündlichen Verhandlung an einem anderen Ort aufzuhalten und dort Verfahrenshandlungen vorzunehmen. ^{2}Die Verhandlung wird zeitgleich in Bild und Ton an diesen Ort und in das Sitzungszimmer übertragen.

(2) ^{1}Das Gericht kann auf Antrag gestatten, dass sich ein Zeuge, ein Sachverständiger oder eine Partei während einer Vernehmung an einem anderen Ort aufhält. ^{2}Die Vernehmung wird zeitgleich in Bild und Ton an diesen Ort und in das Sitzungszimmer übertragen. ^{3}Ist Parteien, Bevollmächtigten und Beiständen nach Absatz 1 Satz 1 gestattet worden, sich an einem anderen Ort aufzuhalten, so wird die Vernehmung auch an diesen Ort übertragen.

(3) ^{1}Die Übertragung wird nicht aufgezeichnet. ^{2}Entscheidungen nach Absatz 1 Satz 1 und Absatz 2 Satz 1 sind unanfechtbar.

(1) ^{1}Im Ein-verständnis mit den Parteien kann das Gericht den Parteien sowie ihren Bevollmächtigten und Beiständen auf Antrag gestatten, sich während einer Verhandlung an einem anderen Ort aufzuhalten und dort Verfahrenshandlungen vorzunehmen. ^{2}Die Verhandlung wird zeitgleich in Bild und Ton an den Ort, an dem sich die Parteien, Bevollmächtigten und Beistände aufhalten, und in das Sitzungszimmer übertragen.

(2) ^{1}Im Einverständnis mit den Parteien kann das Gericht gestatten, dass sich ein Zeuge, ein Sachverständiger oder eine Partei während der Vernehmung an einem anderen Ort aufhält. ^{2}Die Vernehmung wird zeitgleich in Bild und Ton an den Ort, an dem sich ein Zeuge oder ein Sachverständiger während der Vernehmung aufhalten, und in das Sitzungszimmer übertragen. ^{3}Ist Par-

teien, Bevollmächtigten und Beiständen nach Absatz 1 gestattet worden, sich an einem anderen Ort aufzuhalten, so wird die Vernehmung zeitgleich in Bild und Ton auch an diesen Ort übertragen.

(3) [1]Die Übertragung wird nicht aufgezeichnet. [2]Entscheidungen nach den Absätzen 1 und 2 sind nicht anfechtbar.

§ 130a Elektronisches Dokument; Verordnungsermächtigung. (1) Vorbereitende Schriftsätze und deren Anlagen, schriftlich einzureichende Anträge und Erklärungen der Parteien sowie schriftlich einzureichende Auskünfte, Aussagen, Gutachten, Übersetzungen und Erklärungen Dritter können nach Maßgabe der folgenden Absätze als elektronische Dokumente bei Gericht eingereicht werden.

(2) [1]Das elektronische Dokument muss für die Bearbeitung durch das Gericht geeignet sein. [2]Die Bundesregierung bestimmt durch Rechtsverordnung mit Zustimmung des Bundesrates technische Rahmenbedingungen für die Übermittlung und die Eignung zur Bearbeitung durch das Gericht.

(3) [1]Das elektronische Dokument muss mit einer qualifizierten elektronischen Signatur der verantwortenden Person versehen sein oder von der verantwortenden Person signiert und auf einem sicheren Übermittlungsweg eingereicht werden. [2]Satz 1 gilt nicht für Anlagen, die vorbereitenden Schriftsätzen beigefügt sind.

(4) [1]Sichere Übermittlungswege sind
1. der Postfach- und Versanddienst eines De-Mail-Kontos, wenn der Absender bei Versand der Nachricht sicher im Sinne des § 4 Absatz 1 Satz 2 des De-Mail-Gesetzes angemeldet ist und er sich die sichere Anmeldung gemäß § 5 Absatz 5 des De-Mail-Gesetzes bestätigen lässt,
2. der Übermittlungsweg zwischen dem besonderen elektronischen Anwaltspostfach nach § 31a der Bundesrechtsanwaltsordnung oder einem entsprechenden, auf gesetzlicher Grundlage errichteten elektronischen Postfach und der elektronischen Poststelle des Gerichts,
3. der Übermittlungsweg zwischen einem nach Durchführung eines Identifizierungsverfahrens eingerichteten Postfach einer Behörde oder einer juristischen Person des öffentlichen Rechts und der elektronischen Poststelle des Gerichts,
4. der Übermittlungsweg zwischen einem nach Durchführung eines Identifizierungsverfahrens eingerichteten elektronischen Postfach einer natürlichen oder juristischen Person oder einer sonstigen Vereinigung und der elektronischen Poststelle des Gerichts,
5. der Übermittlungsweg zwischen einem nach Durchführung eines Identifizierungsverfahrens genutzten Postfach- und Versanddienst eines Nutzerkontos im Sinne des § 2 Absatz 5 des Onlinezugangsgesetzes und der elektronischen Poststelle des Gerichts,
6. sonstige bundeseinheitliche Übermittlungswege, die durch Rechtsverordnung der Bundesregierung mit Zustimmung des Bundesrates festgelegt

werden, bei denen die Authentizität und Integrität der Daten sowie die Barrierefreiheit gewährleistet sind.
²Das Nähere zu den Übermittlungswegen gemäß Satz 1 Nummer 3 bis 5 regelt die Rechtsverordnung nach Absatz 2 Satz 2.

(5) ¹Ein elektronisches Dokument ist eingegangen, sobald es auf der für den Empfang bestimmten Einrichtung des Gerichts gespeichert ist. ²Dem Absender ist eine automatisierte Bestätigung über den Zeitpunkt des Eingangs zu erteilen.

(6) ¹Ist ein elektronisches Dokument für das Gericht zur Bearbeitung nicht geeignet, ist dies dem Absender unter Hinweis auf die Unwirksamkeit des Eingangs unverzüglich mitzuteilen. ²Das Dokument gilt als zum Zeitpunkt der früheren Einreichung eingegangen, sofern der Absender es unverzüglich in einer für das Gericht zur Bearbeitung geeigneten Form nachreicht und glaubhaft macht, dass es mit dem zuerst eingereichten Dokument inhaltlich übereinstimmt.

(Ab dem 1.8.2022 ist diese Gesetzesfassung anzuwenden:)

§ 130a Elektronisches Dokument; Verordnungsermächtigung. (1) Vorbereitende Schriftsätze und deren Anlagen, schriftlich einzureichende Anträge und Erklärungen der Parteien sowie schriftlich einzureichende Auskünfte, Aussagen, Gutachten, Übersetzungen und Erklärungen Dritter können nach Maßgabe der folgenden Absätze als elektronische Dokumente bei Gericht eingereicht werden.

(2) ¹Das elektronische Dokument muss für die Bearbeitung durch das Gericht geeignet sein. ²Die Bundesregierung bestimmt durch Rechtsverordnung mit Zustimmung des Bundesrates technische Rahmenbedingungen für die Übermittlung und die Eignung zur Bearbeitung durch das Gericht.

(3) ¹Das elektronische Dokument muss mit einer qualifizierten elektronischen Signatur der verantwortenden Person versehen sein oder von der verantwortenden Person signiert und auf einem sicheren Übermittlungsweg eingereicht werden. ²Satz 1 gilt nicht für Anlagen, die vorbereitenden Schriftsätzen beigefügt sind.

(4) ¹Sichere Übermittlungswege sind
1. der Postfach- und Versanddienst eines De-Mail-Kontos, wenn der Absender bei Versand der Nachricht sicher im Sinne des § 4 Absatz 1 Satz 2 des De-Mail-Gesetzes angemeldet ist und er sich die sichere Anmeldung gemäß § 5 Absatz 5 des De-Mail-Gesetzes bestätigen lässt,
2. der Übermittlungsweg zwischen den besonderen elektronischen Anwaltspostfächern nach den §§ 31a und 31b der Bundesrechtsanwaltsordnung oder einem entsprechenden, auf gesetzlicher Grundlage errichteten elektronischen Postfach und der elektronischen Poststelle des Gerichts,
3. der Übermittlungsweg zwischen einem nach Durchführung eines Identifizierungsverfahrens eingerichteten Postfach einer Behörde oder einer juristischen Person des öffentlichen Rechts und der elektronischen Poststelle des Gerichts,

4. der Übermittlungsweg zwischen einem nach Durchführung eines Identifizierungsverfahrens eingerichteten elektronischen Postfach einer natürlichen oder juristischen Person oder einer sonstigen Vereinigung und der elektronischen Poststelle des Gerichts,
5. der Übermittlungsweg zwischen einem nach Durchführung eines Identifizierungsverfahrens genutzten Postfach- und Versanddienst eines Nutzerkontos im Sinne des § 2 Absatz 5 des Onlinezugangsgesetzes und der elektronischen Poststelle des Gerichts,
6. sonstige bundeseinheitliche Übermittlungswege, die durch Rechtsverordnung der Bundesregierung mit Zustimmung des Bundesrates festgelegt werden, bei denen die Authentizität und Integrität der Daten sowie die Barrierefreiheit gewährleistet sind.

[2]Das Nähere zu den Übermittlungswegen gemäß Satz 1 Nummer 3 bis 5 regelt die Rechtsverordnung nach Absatz 2 Satz 2.

(5) [1]Ein elektronisches Dokument ist eingegangen, sobald es auf der für den Empfang bestimmten Einrichtung des Gerichts gespeichert ist. [2]Dem Absender ist eine automatisierte Bestätigung über den Zeitpunkt des Eingangs zu erteilen.

(6) [1]Ist ein elektronisches Dokument für das Gericht zur Bearbeitung nicht geeignet, ist dies dem Absender unter Hinweis auf die Unwirksamkeit des Eingangs unverzüglich mitzuteilen. [2]Das Dokument gilt als zum Zeitpunkt der früheren Einreichung eingegangen, sofern der Absender es unverzüglich in einer für das Gericht zur Bearbeitung geeigneten Form nachreicht und glaubhaft macht, dass es mit dem zuerst eingereichten Dokument inhaltlich übereinstimmt.

§ 130b Gerichtliches elektronisches Dokument. [1]Soweit dieses Gesetz dem Richter, dem Rechtspfleger, dem Urkundsbeamten der Geschäftsstelle oder dem Gerichtsvollzieher die handschriftliche Unterzeichnung vorschreibt, genügt dieser Form die Aufzeichnung als elektronisches Dokument, wenn die verantwortenden Personen am Ende des Dokuments ihren Namen hinzufügen und das Dokument mit einer qualifizierten elektronischen Signatur versehen. [2]Der in Satz 1 genannten Form genügt auch ein elektronisches Dokument, in welches das handschriftlich unterzeichnete Schriftstück gemäß § 298a Absatz 2 übertragen worden ist.

§ 130c Formulare; Verordnungsermächtigung. [1]Das Bundesministerium der Justiz und für Verbraucherschutz kann durch Rechtsverordnung mit Zustimmung des Bundesrates elektronische Formulare einführen. [2]Die Rechtsverordnung kann bestimmen, dass die in den Formularen enthaltenen Angaben ganz oder teilweise in strukturierter maschinenlesbarer Form zu übermitteln sind. [3]Die Formulare sind auf einer in der Rechtsverordnung zu bestimmenden Kommunikationsplattform im Internet zur Nutzung bereitzustellen. [4]Die Rechtsverordnung kann bestimmen, dass eine Identifikation des Formularver-

Zivilprozessordnung **ZPO 15b**

wenders abweichend von § 130a Absatz 3 auch durch Nutzung des elektronischen Identitätsnachweises nach § 18 des Personalausweisgesetzes, § 12 des eID-Karte-Gesetzes oder § 78 Absatz 5 des Aufenthaltsgesetzes erfolgen kann.

§ 173 Zustellung von elektronischen Dokumenten. (1) Ein elektronisches Dokument kann elektronisch nur auf einem sicheren Übermittlungsweg zugestellt werden.

(2) [1]Einen sicheren Übermittlungsweg für die elektronische Zustellung eines elektronischen Dokuments haben zu eröffnen:
1. Rechtsanwälte, Notare, Gerichtsvollzieher sowie
2. Behörden, Körperschaften oder Anstalten des öffentlichen Rechts.
[2]Steuerberater und sonstige in professioneller Eigenschaft am Prozess beteiligte Personen, Vereinigungen und Organisationen, bei denen von einer erhöhten Zuverlässigkeit ausgegangen werden kann, sollen einen sicheren Übermittlungsweg für die elektronische Zustellung eröffnen.

(3) [1]Die elektronische Zustellung an die in Absatz 2 Genannten wird durch ein elektronisches Empfangsbekenntnis nachgewiesen, das an das Gericht zu übermitteln ist. [2]Für die Übermittlung ist der vom Gericht mit der Zustellung zur Verfügung gestellte strukturierte Datensatz zu verwenden. [3]Stellt das Gericht keinen strukturierten Datensatz zur Verfügung, so ist dem Gericht das elektronische Empfangsbekenntnis als elektronisches Dokument (§ 130a) zu übermitteln.

(4) [1]An andere als die in Absatz 2 Genannten kann ein elektronisches Dokument elektronisch nur zugestellt werden, wenn sie der Zustellung elektronischer Dokumente für das jeweilige Verfahren zugestimmt haben. [2]Die Zustimmung gilt mit der Einreichung eines elektronischen Dokuments im jeweiligen Verfahren auf einem sicheren Übermittlungsweg als erteilt. [3]Andere als natürliche Personen können die Zustimmung auch allgemein erteilen. [4]Ein elektronisches Dokument gilt am dritten Tag nach dem auf der automatisierten Eingangsbestätigung ausgewiesenen Tag des Eingangs in dem vom Empfänger eröffneten elektronischen Postfach als zugestellt. [5]Satz 4 gilt nicht, wenn der Empfänger nachweist, dass das Dokument nicht oder zu einem späteren Zeitpunkt zugegangen ist.

(Ab 1.1.2023 – 31.12.2023 ist die folgende Fassung anzuwenden:)

§ 173 Zustellung von elektronischen Dokumenten. (1) Ein elektronisches Dokument kann elektronisch nur auf einem sicheren Übermittlungsweg zugestellt werden.

(2) [1]Einen sicheren Übermittlungsweg für die elektronische Zustellung eines elektronischen Dokuments haben zu eröffnen:
1. Rechtsanwälte, Notare, Gerichtsvollzieher, Steuerberater sowie
2. Behörden, Körperschaften oder Anstalten des öffentlichen Rechts.
[2]sonstige in professioneller Eigenschaft am Prozess beteiligte Personen, Vereinigungen und Organisationen, bei denen von einer erhöhten Zuverlässigkeit

15b ZPO Zivilprozessordnung

ausgegangen werden kann, sollen einen sicheren Übermittlungsweg für die elektronische Zustellung eröffnen.

(3) [1]Die elektronische Zustellung an die in Absatz 2 Genannten wird durch ein elektronisches Empfangsbekenntnis nachgewiesen, das an das Gericht zu übermitteln ist. [2]Für die Übermittlung ist der vom Gericht mit der Zustellung zur Verfügung gestellte strukturierte Datensatz zu verwenden. [3]Stellt das Gericht keinen strukturierten Datensatz zur Verfügung, so ist dem Gericht das elektronische Empfangsbekenntnis als elektronisches Dokument (§ 130a) zu übermitteln.

(4) [1]An andere als die in Absatz 2 Genannten kann ein elektronisches Dokument elektronisch nur zugestellt werden, wenn sie der Zustellung elektronischer Dokumente für das jeweilige Verfahren zugestimmt haben. [2]Die Zustimmung gilt mit der Einreichung eines elektronischen Dokuments im jeweiligen Verfahren auf einem sicheren Übermittlungsweg als erteilt. [3]Andere als natürliche Personen können die Zustimmung auch allgemein erteilen. [4]Ein elektronisches Dokument gilt am dritten Tag nach dem auf der automatisierten Eingangsbestätigung ausgewiesenen Tag des Eingangs in dem vom Empfänger eröffneten elektronischen Postfach als zugestellt. [5]Satz 4 gilt nicht, wenn der Empfänger nachweist, dass das Dokument nicht oder zu einem späteren Zeitpunkt zugegangen ist.

§ 174 Zustellung gegen Empfangsbekenntnis. [1]Ein Schriftstück kann dem Adressaten oder seinem rechtsgeschäftlich bestellten Vertreter durch Aushändigung an der Amtsstelle zugestellt werden. [2]Zum Nachweis der Zustellung ist auf dem Schriftstück und in den Akten zu vermerken, dass es zum Zwecke der Zustellung ausgehändigt wurde und wann das geschehen ist; bei Aushändigung an den Vertreter ist dies mit dem Zusatz zu vermerken, an wen das Schriftstück ausgehändigt wurde und dass die Vollmacht nach § 171 Satz 2 vorgelegt wurde. [3]Der Vermerk ist von dem Bediensteten zu unterschreiben, der die Aushändigung vorgenommen hat.

§ 175 Zustellung von Schriftstücken gegen Empfangsbekenntnis.

(1) Ein Schriftstück kann den in § 173 Absatz 2 Genannten gegen Empfangsbekenntnis zugestellt werden.

(2) [1]Eine Zustellung gegen Empfangsbekenntnis kann auch durch Telekopie erfolgen. [2]Die Übermittlung soll mit dem Hinweis „Zustellung gegen Empfangsbekenntnis" eingeleitet werden und die absendende Stelle, den Namen und die Anschrift des Zustellungsadressaten sowie den Namen des Justizbediensteten erkennen lassen, der das Dokument zur Übermittlung aufgegeben hat.

(3) Die Zustellung nach den Absätzen 1 und 2 wird durch das mit Datum und Unterschrift des Adressaten versehene Empfangsbekenntnis nachgewiesen.

(4) Das Empfangsbekenntnis muss schriftlich, durch Telekopie oder als elektronisches Dokument (§ 130a) an das Gericht gesandt werden.

Zivilprozessordnung **ZPO 15b**

§ 193 Zustellung von Schriftstücken. (1) ¹Soll ein Dokument als Schriftstück zugestellt werden, so übermittelt die Partei dem Gerichtsvollzieher das zuzustellende Dokument
1. in Papierform zusammen mit den erforderlichen Abschriften oder
2. als elektronisches Dokument auf einem sicheren Übermittlungsweg.
²Im Falle des Satzes 1 Nummer 1 beglaubigt der Gerichtsvollzieher die Abschriften; er kann fehlende Abschriften selbst herstellen. ³Im Falle des Satzes 1 Nummer 2 fertigt der Gerichtsvollzieher die erforderlichen Abschriften als Ausdrucke selbst und beglaubigt diese.

(2) ¹Der Gerichtsvollzieher beurkundet im Falle des Absatzes 1 Satz 1 Nummer 1 auf der Urschrift des zuzustellenden Schriftstücks oder auf dem mit der Urschrift zu verbindenden hierfür vorgesehenen Formular die Ausführung der Zustellung nach § 182 Abs. 2 und vermerkt die Person, in deren Auftrag er zugestellt hat. ²Im Falle des Absatzes 1 Satz 1 Nummer 2 gilt Satz 1 mit der Maßgabe, dass der Gerichtsvollzieher die Beurkundung auf einem Ausdruck des zuzustellenden elektronischen Dokuments oder auf dem mit dem Ausdruck zu verbindenden hierfür vorgesehenen Formular vornimmt. ³Bei Zustellung durch Aufgabe zur Post ist das Datum und die Anschrift, unter der die Aufgabe erfolgte, zu vermerken.

(3) Der Gerichtsvollzieher vermerkt auf dem zu übergebenden Schriftstück den Tag der Zustellung, sofern er nicht eine beglaubigte Abschrift der Zustellungsurkunde übergibt.

(4) Die Zustellungsurkunde ist der Partei zu übermitteln, für die zugestellt wurde.

§ 193a Zustellung von elektronischen Dokumenten. (1) ¹Soll ein Dokument als elektronisches Dokument zugestellt werden, so übermittelt die Partei dem Gerichtsvollzieher das zuzustellende Dokument
1. elektronisch auf einem sicheren Übermittlungsweg oder
2. als Schriftstück.
²Im Falle des Satzes 1 Nummer 2 überträgt der Gerichtsvollzieher das Schriftstück in ein elektronisches Dokument.

(2) ¹Als Nachweis der Zustellung dient die automatisierte Eingangsbestätigung. ²Der Zeitpunkt der Zustellung ist der in der automatisierten Eingangsbestätigung ausgewiesene Zeitpunkt des Eingangs in dem vom Empfänger eröffneten elektronischen Postfach. ³Im Falle des Absatzes 1 Satz 1 Nummer 1 ist die automatisierte Eingangsbestätigung mit dem zuzustellenden elektronischen Dokument zu verbinden und der Partei zu übermitteln, für die zugestellt wurde. ⁴Im Falle des Absatzes 1 Satz 1 Nummer 2 fertigt der Gerichtsvollzieher einen Ausdruck der automatisierten Eingangsbestätigung, verbindet den Ausdruck mit dem zuzustellenden Schriftstück und übermittelt dieses der Partei, für die zugestellt wurde.

§ 194 Zustellungsauftrag. (1) ¹Beauftragt der Gerichtsvollzieher die Post mit der Ausführung der Zustellung, vermerkt er auf dem zuzustellenden

Schriftstück, im Auftrag welcher Person er es der Post übergibt. ²Auf der Urschrift des zuzustellenden Schriftstücks oder auf einem mit ihr zu verbindenden Übergabebogen bezeugt er, dass die mit der Anschrift des Zustellungsadressaten, der Bezeichnung des absendenden Gerichtsvolliziehers und einem Aktenzeichen versehene Sendung der Post übergeben wurde.

(2) Die Post leitet die Zustellungsurkunde unverzüglich an den Gerichtsvollzieher zurück.

§ 195 Zustellung von Anwalt zu Anwalt. (1) ¹Sind die Parteien durch Anwälte vertreten, so kann ein Dokument auch dadurch zugestellt werden, dass der zustellende Anwalt das Dokument dem anderen Anwalt übermittelt (Zustellung von Anwalt zu Anwalt). ²Auch Schriftsätze, die nach den Vorschriften dieses Gesetzes von Amts wegen zugestellt werden, können stattdessen von Anwalt zu Anwalt zugestellt werden, wenn nicht gleichzeitig dem Gegner eine gerichtliche Anordnung mitzuteilen ist. ³In dem Schriftsatz soll die Erklärung enthalten sein, dass von Anwalt zu Anwalt zugestellt werde. ⁴Die Zustellung ist dem Gericht, sofern dies für die zu treffende Entscheidung erforderlich ist, nachzuweisen. ⁵Für die Zustellung von Anwalt zu Anwalt gelten § 173 Absatz 1 und § 175 Absatz 2 Satz 1 entsprechend.

(2) ¹Zum Nachweis der Zustellung eines Schriftstücks genügt das mit Datum und Unterschrift versehene Empfangsbekenntnis desjenigen Anwalts, dem zugestellt worden ist. ²§ 175 Absatz 4 gilt entsprechend. ³Die Zustellung eines elektronischen Dokuments ist durch ein elektronisches Empfangsbekenntnis in Form eines strukturierten Datensatzes nachzuweisen. ⁴Der Anwalt, der zustellt, hat dem anderen Anwalt auf Verlangen eine Bescheinigung über die Zustellung zu erteilen.

§ 294 Glaubhaftmachung. (1) Wer eine tatsächliche Behauptung glaubhaft zu machen hat, kann sich aller Beweismittel bedienen, auch zur Versicherung an Eides statt zugelassen werden.

(2) Eine Beweisaufnahme, die nicht sofort erfolgen kann, ist unstatthaft.

§ 298 Aktenausdruck. (1) Von einem elektronischen Dokument (§§ 130a, 130b) kann ein Ausdruck für die Akten gefertigt werden.

(2) Der Ausdruck muss den Vermerk enthalten,
1. welches Ergebnis die Integritätsprüfung des Dokumentes ausweist,
2. wen die Signaturprüfung als Inhaber der Signatur ausweist,
3. welchen Zeitpunkt die Signaturprüfung für die Anbringung der Signatur ausweist.

(3) Das elektronische Dokument ist mindestens bis zum rechtskräftigen Abschluss des Verfahrens zu speichern.

§ 298a Elektronische Akte; Verordnungsermächtigung. (1) ¹Die Prozessakten können elektronisch geführt werden. ²Die Bundesregierung und die Landesregierungen bestimmen für ihren Bereich durch Rechtsverordnung den

Zivilprozessordnung **ZPO 15b**

Zeitpunkt, von dem an elektronische Akten geführt werden sowie die hierfür geltenden organisatorisch-technischen Rahmenbedingungen für die Bildung, Führung und Aufbewahrung der elektronischen Akten. ³Die Landesregierungen können die Ermächtigung durch Rechtsverordnung auf die Landesjustizverwaltungen übertragen. ⁴Die Zulassung der elektronischen Akte kann auf einzelne Gerichte oder Verfahren beschränkt werden; wird von dieser Möglichkeit Gebrauch gemacht, kann in der Rechtsverordnung bestimmt werden, dass durch Verwaltungsvorschrift, die öffentlich bekanntzumachen ist, geregelt wird, in welchen Verfahren die Akten elektronisch zu führen sind.

(2) ¹In Papierform eingereichte Schriftstücke und sonstige Unterlagen sollen zur Ersetzung der Urschrift in ein elektronisches Dokument übertragen werden. ²Die Unterlagen sind, sofern sie in Papierform weiter benötigt werden, mindestens bis zum rechtskräftigen Abschluss des Verfahrens aufzubewahren.

(3) Das elektronische Dokument muss den Vermerk enthalten, wann und durch wen die Unterlagen in ein elektronisches Dokument übertragen worden sind.

§ 317 Urteilszustellung und -ausfertigung. (1) ¹Die Urteile werden den Parteien, verkündete Versäumnisurteile nur der unterliegenden Partei in Abschrift zugestellt. ²Eine Zustellung nach § 310 Abs. 3 genügt. ³Auf übereinstimmenden Antrag der Parteien kann der Vorsitzende die Zustellung verkündeter Urteile bis zum Ablauf von fünf Monaten nach der Verkündung hinausschieben.

(2) ¹Ausfertigungen werden nur auf Antrag und nur in Papierform erteilt. ²Solange das Urteil nicht verkündet und nicht unterschrieben ist, dürfen von ihm Ausfertigungen, Auszüge und Abschriften nicht erteilt werden. ⁴Die von einer Partei beantragte Ausfertigung eines Urteils erfolgt ohne Tatbestand und Entscheidungsgründe; dies gilt nicht, wenn die Partei eine vollständige Ausfertigung beantragt.

(3) Ausfertigungen, Auszüge und Abschriften eines als elektronisches Dokument (§ 130b) vorliegenden Urteils können von einem Urteilsausdruck erteilt werden.

(4) Die Ausfertigung und Auszüge der Urteile sind von dem Urkundsbeamten der Geschäftsstelle zu unterschreiben und mit dem Gerichtssiegel zu versehen.

(5) ¹Ist das Urteil nach § 313b Abs. 2 in abgekürzter Form hergestellt, so erfolgt die Ausfertigung in gleicher Weise unter Benutzung einer beglaubigten Abschrift der Klageschrift oder in der Weise, dass das Urteil durch Aufnahme der in § 313 Abs. 1 Nr. 1 bis 4 bezeichneten Angaben vervollständigt wird. ²Die Abschrift der Klageschrift kann durch den Urkundsbeamten der Geschäftsstelle oder durch den Rechtsanwalt des Klägers beglaubigt werden.

§ 371a Beweiskraft elektronischer Dokumente. (1) ¹Auf private elektronische Dokumente, die mit einer qualifizierten elektronischen Signatur verse-

15b ZPO

hen sind, finden die Vorschriften über die Beweiskraft privater Urkunden entsprechende Anwendung. ²Der Anschein der Echtheit einer in elektronischer Form vorliegenden Erklärung, der sich auf Grund der Prüfung der qualifizierten elektronischen Signatur nach Artikel 32 der Verordnung (EU) Nr. 910/2014 des Europäischen Parlaments und des Rates vom 23. Juli 2014 über elektronische Identifizierung und Vertrauensdienste für elektronische Transaktionen im Binnenmarkt und zur Aufhebung der Richtlinie 1999/93/EG (ABl. L 257 vom 28.8.2014, S. 73) ergibt, kann nur durch Tatsachen erschüttert werden, die ernstliche Zweifel daran begründen, dass die Erklärung von der verantwortenden Person abgegeben worden ist.

(2) ¹Auf elektronische Dokumente, die von einer öffentlichen Behörde innerhalb der Grenzen ihrer Amtsbefugnisse oder von einer mit öffentlichem Glauben versehenen Person innerhalb des ihr zugewiesenen Geschäftskreises in der vorgeschriebenen Form erstellt worden sind (öffentliche elektronische Dokumente), finden die Vorschriften über die Beweiskraft öffentlicher Urkunden entsprechende Anwendung. ²Ist das Dokument mit einer qualifizierten elektronischen Signatur versehen, gilt § 437 entsprechend.

§ 371b Beweiskraft gescannter öffentlicher Urkunden. ¹Wird eine öffentliche Urkunde nach dem Stand der Technik von einer öffentlichen Behörde oder von einer mit öffentlichem Glauben versehenen Person in ein elektronisches Dokument übertragen und liegt die Bestätigung vor, dass das elektronische Dokument mit der Urschrift bildlich und inhaltlich übereinstimmt, finden auf das elektronische Dokument die Vorschriften über die Beweiskraft öffentlicher Urkunden entsprechende Anwendung. ²Sind das Dokument und die Bestätigung mit einer qualifizierten elektronischen Signatur versehen, gilt § 437 entsprechend.

§ 702 Form von Anträgen und Erklärungen. (1) ¹Im Mahnverfahren können die Anträge und Erklärungen vor dem Urkundsbeamten der Geschäftsstelle abgegeben werden. ²Soweit Formulare eingeführt sind, werden diese ausgefüllt; der Urkundsbeamte vermerkt unter Angabe des Gerichts und des Datums, dass er den Antrag oder die Erklärung aufgenommen hat. ³Auch soweit Formulare nicht eingeführt sind, ist für den Antrag auf Erlass eines Mahnbescheids oder eines Vollstreckungsbescheids bei dem für das Mahnverfahren zuständigen Gericht die Aufnahme eines Protokolls nicht erforderlich.

(2) ¹Anträge und Erklärungen können in einer nur maschinell lesbaren Form übermittelt werden, wenn diese dem Gericht für seine maschinelle Bearbeitung geeignet erscheint. ²Werden Anträge und Erklärungen, für die maschinell bearbeitbare Formulare nach § 703c Absatz 1 Satz 2 Nummer 1 eingeführt sind, von einem Rechtsanwalt, einer registrierten Person nach § 10 Absatz 1 Satz 1 Nummer 1 des Rechtsdienstleistungsgesetzes, einer Behörde oder einer juristischen Person des öffentlichen Rechts einschließlich der von ihr zur Erfüllung ihrer öffentlichen Aufgaben gebildeten Zusammenschlüsse übermittelt, ist nur diese Form der Übermittlung zulässig. ³Anträge und Erklärungen können unter

Zivilprozessordnung **ZPO 15b**

Nutzung des elektronischen Identitätsnachweises nach § 18 des Personalausweisgesetzes, § 12 des eID-Karte-Gesetzes oder § 78 Absatz 5 des Aufenthaltsgesetzes gestellt werden. ⁴Der handschriftlichen Unterzeichnung bedarf es nicht, wenn in anderer Weise gewährleistet ist, dass die Anträge oder Erklärungen nicht ohne den Willen des Antragstellers oder Erklärenden übermittelt werden.

(3) Der Antrag auf Erlass eines Mahnbescheids oder eines Vollstreckungsbescheids wird dem Antragsgegner nicht mitgeteilt.

§ 753 Vollstreckung durch Gerichtsvollzieher; Verordnungsermächtigung. (1) Die Zwangsvollstreckung wird, soweit sie nicht den Gerichten zugewiesen ist, durch Gerichtsvollzieher durchgeführt, die sie im Auftrag des Gläubigers zu bewirken haben.

(2) ¹Der Gläubiger kann wegen Erteilung des Auftrags zur Zwangsvollstreckung die Mitwirkung der Geschäftsstelle in Anspruch nehmen. ²Der von der Geschäftsstelle beauftragte Gerichtsvollzieher gilt als von dem Gläubiger beauftragt.

(3) ¹Das Bundesministerium der Justiz und für Verbraucherschutz wird ermächtigt, durch Rechtsverordnung mit Zustimmung des Bundesrates verbindliche Formulare für den Auftrag einzuführen. ²Für elektronisch eingereichte Aufträge können besondere Formulare vorgesehen werden.

(4) ¹Schriftlich einzureichende Anträge und Erklärungen der Parteien sowie schriftlich einzureichende Auskünfte, Aussagen, Gutachten, Übersetzungen und Erklärungen Dritter können als elektronisches Dokument beim Gerichtsvollzieher eingereicht werden. ²Für das elektronische Dokument gelten § 130a, auf dieser Grundlage erlassene Rechtsverordnungen sowie § 298 entsprechend. ³Die Bundesregierung kann in der Rechtsverordnung nach § 130a Absatz 2 Satz 2 besondere technische Rahmenbedingungen für die Übermittlung und Bearbeitung elektronischer Dokumente in Zwangsvollstreckungsverfahren durch Gerichtsvollzieher bestimmen.

(5) § 130d gilt entsprechend.

§ 920 Arrestgesuch. (1) Das Gesuch soll die Bezeichnung des Anspruchs unter Angabe des Geldbetrages oder des Geldwertes sowie die Bezeichnung des Arrestgrundes enthalten.

(2) Der Anspruch und der Arrestgrund sind glaubhaft zu machen.

(3) Das Gesuch kann vor der Geschäftsstelle zu Protokoll erklärt werden.

§ 922 Arresturteil und Arrestbeschluss. (1) ¹Die Entscheidung über das Gesuch ergeht im Falle einer mündlichen Verhandlung durch Endurteil, andernfalls durch Beschluss. ²Die Entscheidung, durch die der Arrest angeordnet wird, ist zu begründen, wenn sie im Ausland geltend gemacht werden soll.

(2) Den Beschluss, durch den ein Arrest angeordnet wird, hat die Partei, die den Arrest erwirkt hat, zustellen zu lassen.

15b ZPO Zivilprozessordnung

(3) Der Beschluss, durch den das Arrestgesuch zurückgewiesen oder vorherige Sicherheitsleistung für erforderlich erklärt wird, ist dem Gegner nicht mitzuteilen.

§ 924 Widerspruch. (1) Gegen den Beschluss, durch den ein Arrest angeordnet wird, findet Widerspruch statt.

(2) ¹Die widersprechende Partei hat in dem Widerspruch die Gründe darzulegen, die sie für die Aufhebung des Arrestes geltend machen will. ²Das Gericht hat Termin zur mündlichen Verhandlung von Amts wegen zu bestimmen. ³Ist das Arrestgericht ein Amtsgericht, so ist der Widerspruch unter Angabe der Gründe, die für die Aufhebung des Arrestes geltend gemacht werden sollen, schriftlich oder zum Protokoll der Geschäftsstelle zu erheben.

(3) ¹Durch Erhebung des Widerspruchs wird die Vollziehung des Arrestes nicht gehemmt. ²Das Gericht kann aber eine einstweilige Anordnung nach § 707 treffen; § 707 Abs. 1 Satz 2 ist nicht anzuwenden.

§ 925 Entscheidung nach Widerspruch. (1) Wird Widerspruch erhoben, so ist über die Rechtmäßigkeit des Arrestes durch Endurteil zu entscheiden.

(2) Das Gericht kann den Arrest ganz oder teilweise bestätigen, abändern oder aufheben, auch die Bestätigung, Abänderung oder Aufhebung von einer Sicherheitsleistung abhängig machen.

§ 935 Einstweilige Verfügung bezüglich Streitgegenstand. Einstweilige Verfügungen in Bezug auf den Streitgegenstand sind zulässig, wenn zu besorgen ist, dass durch eine Veränderung des bestehenden Zustandes die Verwirklichung des Rechts einer Partei vereitelt oder wesentlich erschwert werden könnte.

§ 936 Anwendung der Arrestvorschriften. Auf die Anordnung einstweiliger Verfügungen und das weitere Verfahren sind die Vorschriften über die Anordnung von Arresten und über das Arrestverfahren entsprechend anzuwenden, soweit nicht die nachfolgenden Paragraphen abweichende Vorschriften enthalten.

§ 937 Zuständiges Gericht. Für den Erlass einstweiliger Verfügungen ist das Gericht der Hauptsache zuständig.

(2) Die Entscheidung kann in dringenden Fällen sowie dann, wenn der Antrag auf Erlass einer einstweiligen Verfügung zurückzuweisen ist, ohne mündliche Verhandlung ergehen.

§ 938 Inhalt der einstweiligen Verfügung. (1) Das Gericht bestimmt nach freien Ermessen, welche Anordnungen zur Erreichung des Zweckes erforderlich sind.

(2) Die einstweilige Verfügung kann auch in einer Sequestration sowie darin bestehen, dass dem Gegner eine Handlung geboten oder verboten, insbeson-

dere die Veräußerung, Belastung oder Verpfändung eines Grundstücks oder eines eingetragenen Schiffes oder Schiffsbauwerks untersagt wird.

§ 939 Aufhebung gegen Sicherheitsleistung. Nur unter besonderen Umständen kann die Aufhebung einer einstweiligen Verfügung gegen Sicherheitsleistung gestattet werden.

§ 940 Einstweilige Verfügung zur Regelung eines einstweiligen Zustandes. Einstweilige Verfügungen sind auch zum Zwecke der Regelung eines einstweiligen Zustandes in Bezug auf ein streitiges Rechtsverhältnis zulässig, sofern diese Regelung, insbesondere bei dauernden Rechtsverhältnissen zur Abwendung wesentlicher Nachteile oder zur Verhinderung drohender Gewalt oder aus anderen Gründen nötig erscheint.

§ 943 Gericht der Hauptsache. (1) Als Gericht der Hauptsache im Sinne der Vorschriften dieses Abschnitts ist das Gericht des ersten Rechtszuges und, wenn die Hauptsache in der Berufungsinstanz anhängig ist, das Berufungsgericht anzusehen.

(2) Das Gericht der Hauptsache ist für die nach § 109 zu treffenden Anordnungen ausschließlich zuständig, wenn die Hauptsache anhängig ist oder anhängig gewesen ist.

§ 944 Entscheidung des Vorsitzenden bei Dringlichkeit. In dringenden Fällen kann der Vorsitzende über die in diesem Abschnitt erwähnten Gesuche, sofern deren Erledigung eine mündliche Verhandlung nicht erfordert, anstatt des Gerichts entscheiden.

§ 945 Schadensersatzpflicht. Erweist sich die Anordnung eines Arrestes oder einer einstweiligen Verfügung als von Anfang an ungerechtfertigt oder wird die angeordnete Maßregel auf Grund des § 926 Abs. 2 oder des § 942 Abs. 3 aufgehoben, so ist die Partei, welche die Anordnung erwirkt hat, verpflichtet, dem Gegner den Schaden zu ersetzen, der ihm aus der Vollziehung der angeordneten Maßregel oder dadurch entsteht, dass er Sicherheit leistet, um die Vollziehung abzuwenden oder die Aufhebung der Maßregel zu erwirken.

JMSTV 16

Staatsvertrag über den Schutz der Menschenwürde und den Jugendschutz in Rundfunk und Telemedien

vom 10. bis 27. September 2002,
zuletzt geändert durch Artikel 5 des Neunzehnten Staatsvertrages
zur Änderung rundfunkrechtlicher Staatsverträge (GVBl. 2016 BY, S. 52)
in der Fassung des Staatsvertrages zur Modernisierung
der Medienordnung (MStV) vom 14.4.2020[1]

INHALTSÜBERSICHT

I. Abschnitt
Allgemeine Vorschriften

§ 1   Zweck des Staatsvertrages

§ 2   Geltungsbereich
§ 3   Begriffsbestimmungen
§ 4   Unzulässige Angebote
§ 5   Entwicklungsbeeinträchtigende Angebote
§ 5a Video-Sharing-Dienste (Neu MStV)
§ 5b Meldung von Nutzerbeschwerden (Neu MStV)
§ 5c Ankündigung und Kennzeichnungspflicht (Neu MStV)
§ 6   Jugendschutz in der Werbung und im Teleshopping
§ 7   Jugendschutzbeauftragte

II. Abschnitt
Vorschriften für Rundfunk

§ 8   Festlegung der Sendezeit
§ 9   Ausnahmeregelungen
§ 10 Programmankündigungen und Kenntlichmachung

III. Abschnitt
Vorschriften für Telemedien

§ 11 Jugendschutzprogramme

§ 12 Kennzeichnungspflicht

IV. Abschnitt
Verfahren für Anbieter mit Ausnahmen des öffentlich-rechtlichen Rundfunks

§ 13 Anwendungsbereich
§ 14 Kommission für Jugendmedienschutz
§ 15 Mitwirkung der Gremien der Landesmedienanstalten
§ 16 Zuständigkeit der KJM
§ 17 Verfahren der KJM
§ 18 „jugendschutz.net"
§ 19 Einrichtungen der Freiwilligen Selbstkontrolle
§ 19a Zuständigkeit und Verfahren der Einrichtungen der Freiwilligen Selbstkontrolle
§ 19b Aufsicht über Einrichtungen der Freiwilligen Selbstkontrolle

V. Abschnitt
Vollzug für Anbieter mit Ausnahmen des öffentlich-rechtlichen Rundfunks

§ 20 Aufsicht
§ 21 Auskunftsansprüche
§ 22 Revision zum Bundesverwaltungsgericht

---

1   Der aktuelle Jugendmedienschutz-Staatsvertrag erfährt eine Novellierung durch Art. 3 des Staatsvertrags zur Modernisierung der Medienordnung (MStV). Der MStV hat den Rundfunkstaatsvertrag ersetzt (vgl. im Einzelnen Art. 2 des o.g. Staatsvertrags zur Modernisierung der Medienordnung in Deutschland). Er wurde von allen Bundesländern unterzeichnet und ratifiziert und ist seit dem 7.11.2020 in Kraft.

[671]

VI. Abschnitt	VII. Abschnitt
Ahnung von Verstößen der Anbieter mit Ausnahme des öffentlich-rechtlichen Rundfunks	**Schlussbestimmungen**

§ 23 Strafbestimmung	§ 25 Übergangsbestimmungen
§ 24 Ordnungswidrigkeiten	§ 26 Geltungsdauer, Kündigung
	§ 27 Notifizierung
	§ 28 (gestrichen)

I. Abschnitt
Allgemeine Vorschriften

§ 1 Zweck des Staatsvertrages. Zweck des Staatsvertrages ist der einheitliche Schutz der Kinder und Jugendlichen vor Angeboten in elektronischen Informations- und Kommunikationsmedien, die deren Entwicklung oder Erziehung beeinträchtigen oder gefährden, sowie der Schutz vor solchen Angeboten in elektronischen Informations- und Kommunikationsmedien, die die Menschenwürde oder sonstige durch das Strafgesetzbuch geschützte Rechtsgüter verletzen.

§ 2 Geltungsbereich. (1) ^{1}Dieser Staatsvertrag gilt für Rundfunk und Telemedien im Sinne des Medienstaatsvertrages. ^{2}Die Vorschriften dieses Staatsvertrages gelten auch für Anbieter, die ihren Sitz nach den Vorschriften des Telemediengesetzes sowie des Medienstaatsvertrages nicht in Deutschland haben, soweit die Angebote zur Nutzung in Deutschland bestimmt sind und unter Beachtung der Vorgaben der Artikel 3 und 4 der Richtlinie 2010/13/EU des Europäischen Parlaments und des Rates vom 10. März 2010 zur Koordinierung bestimmter Rechts- und Verwaltungsvorschriften der Mitgliedstaaten über die Bereitstellung audiovisueller Mediendienste (Richtlinie über audiovisuelle Mediendienste) (ABl. L 95 vom 15.4.2010, S. 1), die durch die Richtlinie 2018/1808/EU (ABl. L 303 vom 28.11.2018, S. 69) geändert wurde, sowie des Artikels 3 der Richtlinie 2000/31/EG des Europäischen Parlaments und des Rates vom 8. Juni 2000 über bestimmte rechtliche Aspekte der Dienste der Informationsgesellschaft, insbesondere des elektronischen Geschäftsverkehrs, im Binnenmarkt (Richtlinie über den elektronischen Geschäftsverkehr) (ABl. L 178 vom 17.7.2000, S. 1). ^{3}Von der Bestimmung zur Nutzung in Deutschland ist auszugehen, wenn sich die Angebote in der Gesamtschau, insbesondere durch die verwendete Sprache, die angebotenen Inhalte oder Marketingaktivitäten, an Nutzer in Deutschland richten oder in Deutschland einen nicht unwesentlichen Teil ihrer Refinanzierung erzielen.

(2) Das Telemediengesetz und die für Telemedien anwendbaren Bestimmungen des Rundfunkstaatsvertrages bleiben unberührt.

§ 3 Begriffsbestimmungen. Im Sinne dieses Staatsvertrages ist
1. Angebot eine Sendung oder der Inhalt von Telemedien,
2. Anbieter Rundfunkveranstalter oder Anbieter von Telemedien

Jugendmedienschutz-Staatsvertrag

3. Kind, wer noch nicht 14 Jahre alt ist,
4. Jugendlicher, wer 14 Jahre, aber noch nicht 18 Jahre alt ist.

§ 4 Unzulässige Angebote. (1) ¹Unbeschadet strafrechtlicher Verantwortlichkeit sind Angebote unzulässig, wenn sie
1. Propagandamittel im Sinne des § 86 des Strafgesetzbuches darstellen, deren Inhalt gegen die freiheitliche demokratische Grundordnung oder den Gedanken der Völkerverständigung gerichtet ist,
2. Kennzeichen verfassungswidriger Organisationen im Sinne des § 86a des Strafgesetzbuches verwenden,
3. zum Hass gegen Teile der Bevölkerung oder gegen eine nationale, rassische, religiöse oder durch ihr Volkstum bestimmte Gruppe aufstacheln, zu Gewalt- oder Willkürmaßnahmen gegen sie auffordern oder die Menschenwürde anderer dadurch angreifen, dass Teile der Bevölkerung oder eine vorbezeichnete Gruppe beschimpft, böswillig verächtlich gemacht oder verleumdet werden,
4. eine unter der Herrschaft des Nationalsozialismus begangene Handlung der in § 6 Abs. 1 und § 7 Abs. 1 des Völkerstrafgesetzbuches bezeichneten Art in einer Weise, die geeignet ist, den öffentlichen Frieden zu stören, leugnen oder verharmlosen, oder den öffentlichen Frieden in einer die Würde der Opfer verletzenden Weise dadurch stören, dass die nationalsozialistische Gewalt- und Willkürherrschaft gebilligt, verherrlicht oder gerechtfertigt wird.
5. grausame oder sonst unmenschliche Gewalttätigkeiten gegen Menschen in einer Art schildern, die eine Verherrlichung oder Verharmlosung solcher Gewalttätigkeiten ausdrückt oder die das Grausame oder Unmenschliche des Vorgangs in einer die Menschenwürde verletzenden Weise darstellt; dies gilt auch bei virtuellen Darstellungen,
6. als Anleitung zu einer in § 126 Abs. 1 des Strafgesetzbuches genannten rechtswidrigen Tat dienen,
7. den Krieg verherrlichen,
8. gegen die Menschenwürde verstoßen, insbesondere durch die Darstellung von Menschen, die sterben oder schweren körperlichen oder seelischen Leiden ausgesetzt sind oder waren, wobei ein tatsächliches Geschehen wiedergegeben wird, ohne dass ein berechtigtes Interesse gerade für diese Form der Darstellung oder Berichterstattung vorliegt; eine Einwilligung ist unbeachtlich,
9. Kinder oder Jugendliche in unnatürlich geschlechtsbetonter Körperhaltung darstellen; dies gilt auch bei virtuellen Darstellungen,
10. kinderpornografisch im Sinne des § 184b Abs. 1 des Strafgesetzbuches oder jugendpornografisch im Sinne des § 184c Abs. 1 des Strafgesetzbuches sind oder pornografisch sind und Gewalttätigkeiten oder sexuelle Handlungen von Menschen mit Tieren zum Gegenstand haben; dies gilt auch bei virtuellen Darstellungen,

16 JMSTV Jugendmedienschutz-Staatsvertrag

11. in den Teilen B und D der Liste nach § 18 des Jugendschutzgesetzes aufgenommen sind oder mit einem in dieser Liste aufgenommen Werk ganz oder im Wesentlichen inhaltsgleich sind.

²In den Fällen der Nummern 1 bis 4 und 6 gilt § 86 Abs. 3 des Strafgesetzbuches, im Falle der Nummer 5 § 131 Abs. 2 des Strafgesetzbuches entsprechend.

(2) ¹Unbeschadet strafrechtlicher Verantwortlichkeit sind Angebote ferner unzulässig, wenn sie
1. in sonstiger Weise pornografisch sind,
2. in den Teilen A und C der Liste nach § 18 des Jugendschutzgesetzes aufgenommen sind oder mit einem in dieser Liste aufgenommenen Werk ganz oder im Wesentlichen inhaltsgleich sind, oder
3. offensichtlich geeignet sind, die Entwicklung von Kindern und Jugendlichen oder ihre Erziehung zu einer eigenverantwortlichen und gemeinschaftsfähigen Persönlichkeit unter Berücksichtigung der besonderen Wirkungsform des Verbreitungsmediums schwer zu gefährden.

²In Telemedien sind Angebote abweichend von Satz 1 zulässig, wenn von Seiten des Anbieters sichergestellt ist, dass sie nur Erwachsenen zugänglich gemacht werden (geschlossene Benutzergruppe).

(3) Nach Aufnahme eines Angebotes in die Liste nach § 18 des Jugendschutzgesetzes wirken die Verbote nach Absatz 1 und 2 auch nach wesentlichen inhaltlichen Veränderungen bis zu einer Entscheidung durch die Bundesprüfstelle für jugendgefährdende Medien.

§ 5 Entwicklungsbeeinträchtigende Angebote. (1) ¹Sofern Anbieter Angebote, die geeignet sind, die Entwicklung von Kindern oder Jugendlichen zu einer eigenverantwortlichen und gemeinschaftsfähigen Persönlichkeit zu beeinträchtigen, verbreiten oder zugänglich machen, haben sie dafür Sorge zu tragen, dass Kinder oder Jugendliche der betroffenen Altersstufen sie üblicherweise nicht wahrnehmen.

²Die Altersstufen sind:
1. ab 6 Jahren
2. ab 12 Jahren
3. ab 16 Jahren
4. ab 18 Jahren.

(2) ¹Bei Angeboten wird die Eignung zur Beeinträchtigung der Entwicklung im Sinne von Absatz 1 vermutet, wenn sie nach dem Jugendschutzgesetz für Kinder oder Jugendliche der jeweiligen Altersstufe nicht freigegeben sind. ²Satz 1 gilt entsprechend für Angebote, die mit dem bewerteten Angebot im Wesentlichen inhaltsgleich sind. ³Die Kommission für Jugendmedienschutz (KJM) bestätigt auf Antrag die Altersbewertungen, die durch eine anerkannte Einrichtung der Freiwilligen Selbstkontrolle vorgenommen wurden. ⁴Für die Prüfung durch die KJM gilt § 20 Abs. 3 Satz 1 und Abs. 5 Satz 2 entsprechend. ⁵Von der KJM bestätigte Altersbewertungen von anerkannten Einrich-

tungen der Freiwilligen Selbstkontrolle sind von den obersten Landesjugendbehörden für die Freigabe und Kennzeichnung inhaltsgleicher oder im Wesentlichen inhaltsgleicher Angebote nach dem Jugendschutzgesetz zu übernehmen.

(3) [1]Der Anbieter kann seiner Pflicht aus Absatz 1 dadurch entsprechen, dass er
1. durch technische oder sonstige Mittel die Wahrnehmung des Angebots durch Kinder oder Jugendliche der betroffenen Altersstufe unmöglich macht oder wesentlich erschwert, oder das Angebot mit einer Alterskennzeichnung versieht, die von geeigneten Jugendschutzprogrammen nach § 11 Abs. 1 und 2 ausgelesen werden kann oder
2. die Zeit, in der die Angebote verbreitet oder zugänglich gemacht werden, so wählt, dass Kinder oder Jugendliche der betroffenen Altersstufe üblicherweise die Angebote nicht wahrnehmen.

[2]Nicht entwicklungsbeeinträchtigende Angebote können als „ohne Altersbeschränkung" gekennzeichnet und ohne Einschränkungen verbreitet werden.

(4) [1]Ist eine entwicklungsbeeinträchtigende Wirkung im Sinne von Absatz 1 auf Kinder oder Jugendliche anzunehmen, erfüllt der Anbieter seine Verpflichtung nach Absatz 1, wenn das Angebot nur zwischen 23 Uhr und 6 Uhr verbreitet oder zugänglich gemacht wird. [2]Gleiches gilt, wenn eine entwicklungsbeeinträchtigende Wirkung auf Kinder oder Jugendliche unter 16 Jahren anzunehmen ist, wenn das Angebot nur zwischen 22 Uhr und 6 Uhr verbreitet oder zugänglich gemacht wird. [3]Ist eine entwicklungsbeeinträchtigende Wirkung im Sinne von Absatz 1 auf Kinder unter zwölf Jahren anzunehmen, ist bei der Wahl der Sendezeit dem Wohl jüngerer Kinder Rechnung zu tragen.

(5) Ist eine entwicklungsbeeinträchtigende Wirkung im Sinne von Absatz 1 nur auf Kinder unter 14 Jahren anzunehmen, erfüllt der Anbieter von Telemedien seine Verpflichtung nach Absatz 1, wenn das Angebot getrennt von für Kinder bestimmten Angeboten verbreitet wird oder abrufbar ist.

(6) Absatz 1 gilt nicht für Nachrichtensendungen, Sendungen zum politischen Zeitgeschehen im Rundfunk und vergleichbare Angebote bei Telemedien, es sei denn, es besteht kein berechtigtes Interesse an dieser Form der Darstellung oder Berichterstattung.

(7) Bei Angeboten, die Inhalte periodischer Druckerzeugnisse in Text und Bild wiedergeben, gelten die Beschränkungen des Absatzes 1 Satz 1 erst dann, wenn die KJM gegenüber dem Anbieter festgestellt hat, dass das Angebot entwicklungsbeeinträchtigend ist.

Einfügung §§ 5a – 5c durch Neu MStV:

§ 5a Video-Sharing-Dienste. (1) Unbeschadet der Verpflichtungen nach den §§ 4 und 5 treffen Anbieter von Video-Sharing-Diensten angemessene Maßnahmen, um Kinder und Jugendliche vor entwicklungsbeeinträchtigenden Angeboten zu schützen.

(2) ¹Als Maßnahmen im Sinne des Absatzes 1 kommen insbesondere in Betracht:
1. die Einrichtung und der Betrieb von Systemen zur Altersverifikation,
2. die Einrichtung und der Betrieb von Systemen, durch die Eltern den Zugang zu entwicklungsbeeinträchtigenden Angeboten kontrollieren können.

²Anbieter von Video-Sharing-Diensten richten Systeme ein, mit denen Nutzer die von ihnen hochgeladenen Angebote bewerten können und die von den Systemen nach Satz 1 ausgelesen werden können.

§ 5b Meldung von Nutzerbeschwerden. Rechtswidrig im Sinne des § 10a des Telemediengesetzes sind solche Inhalte, die
1. nach § 4 unzulässig sind oder
2. entwicklungsbeeinträchtigende Angebote nach § 5 Abs. 1, 2 und 6 darstellen und die der Anbieter des Video-Sharing-Dienstes der Allgemeinheit bereitstellt, ohne seiner Verpflichtung aus § 5 Abs. 1, 3 bis 5 nachzukommen.

§ 5c Ankündigungen und Kennzeichnungspflicht. (1) Werden Sendungen außerhalb der für sie geltenden Sendezeitbeschränkung angekündigt, dürfen die Inhalte der Ankündigung nicht entwicklungsbeeinträchtigend sein.

(2) Sendungen, für die eine entwicklungsbeeinträchtigende Wirkung auf Kinder oder Jugendliche unter 16 Jahren anzunehmen ist, müssen durch akustische Zeichen angekündigt oder in geeigneter Weise durch optische Mittel als ungeeignet für die entsprechende Altersstufe kenntlich gemacht werden; § 12 bleibt unberührt.

§ 6 Jugendschutz in der Werbung und im Teleshopping. (1) ¹Werbung für indizierte Angebote ist nur unter den Bedingungen zulässig, die auch für die Verbreitung des Angebotes selbst gelten. ²Gleiches gilt für Werbung für Angebote nach § 4 Abs. 1. ³Die Liste der jugendgefährdenden Medien (§ 18 des Jugendschutzgesetzes) darf nicht zum Zwecke der Werbung verbreitet oder zugänglich gemacht werden. ⁴Bei Werbung darf nicht darauf hingewiesen werden, dass ein Verfahren zur Aufnahme eines Angebotes oder eines inhaltsgleichen Trägermediums in die Liste nach § 18 des Jugendschutzgesetzes anhängig ist oder gewesen ist.

(2) Werbung darf Kinder und Jugendliche weder körperlich noch seelisch beeinträchtigen, darüber hinaus darf sie nicht
1. direkte Aufrufe zum Kaufen oder Mieten von Waren oder Dienstleistungen an Kinder oder Jugendliche enthalten, die deren Unerfahrenheit und Leichtgläubigkeit ausnutzen,
2. Kinder oder Jugendliche unmittelbar auffordern, ihre Eltern oder Dritte zum Kauf der beworbenen Waren oder Dienstleistungen zu bewegen,
3. das besondere Vertrauen ausnutzen, das Kinder oder Jugendliche zu Eltern, Lehrern und anderen Personen haben, oder
4. Kinder oder Jugendliche ohne berechtigten Grund in gefährlichen Situationen zeigen.

(3) Werbung, deren Inhalt geeignet ist, die Entwicklung von Kindern oder Jugendlichen zu einer eigenverantwortlichen und gemeinschaftsfähigen Persönlichkeit zu beeinträchtigen, muss getrennt von Angeboten erfolgen, die sich an Kinder oder Jugendliche richten.

(4) Werbung, die sich auch an Kinder oder Jugendliche richtet oder bei der Kinder oder Jugendliche als Darsteller eingesetzt werden, darf nicht den Interessen von Kindern oder Jugendlichen schaden oder deren Unerfahrenheit ausnutzen.

(5) Werbung für alkoholische Getränke darf sich weder an Kinder oder Jugendliche richten noch durch die Art der Darstellung Kinder und Jugendliche besonders ansprechen oder diese beim Alkoholgenuss darstellen.

(6) Teleshopping darf darüber hinaus Kinder oder Jugendliche nicht dazu anhalten, Kauf- oder Miet- bzw. Pachtverträge für Waren oder Dienstleistungen zu schließen.

(7) Die Anbieter treffen geeignete Maßnahmen, um die Einwirkung von im Umfeld von Kindersendungen verbreiteter Werbung für Lebensmittel, die Nährstoffe und Substanzen mit ernährungsbezogener oder physiologischer Wirkung enthalten, insbesondere Fett, Transfettsäuren, Salz, Natrium, Zucker, deren übermäßige Aufnahme im Rahmen der Gesamternährung nicht empfohlen wird, auf Kinder wirkungsvoll zu verringern.

§ 7 Jugendschutzbeauftragte. (1) [1]Wer länderübergreifendes zulassungspflichtiges Fernsehen veranstaltet, hat einen Jugendschutzbeauftragten zu bestellen. [2]Gleiches gilt für geschäftsmäßige Anbieter von allgemein zugänglichen Telemedien, die entwicklungsbeeinträchtigende oder jugendgefährdende Inhalte enthalten, sowie für Anbieter von Suchmaschinen. [2]Gleiches gilt für geschäftsmäßige Anbieter von zulassungsfreien Fernsehangeboten nach § 54 des Medienstaatsvertrages oder allgemein zugänglichen Telemedien, wenn die Angebote entwicklungsbeeinträchtigende oder jugendgefährdende Inhalte enthalten, sowie für Anbieter von Suchmaschinen.[3]Der Anbieter hat wesentliche Informationen über den Jugendschutzbeauftragten leicht erkennbar, unmittelbar erreichbar und ständig verfügbar zu halten. [4]Sie müssen insbesondere Namen und Daten enthalten, die eine schnelle elektronische Kontaktaufnahme ermöglichen.

(2) Anbieter von Telemedien mit weniger als 50 Mitarbeitern oder nachweislich weniger als zehn Millionen Zugriffen im Monatsdurchschnitt eines Jahres sowie Veranstalter, die nicht bundesweit verbreitetes Fernsehen veranstalten, können auf die Bestellung verzichten, wenn sie sich einer Einrichtung der Freiwilligen Selbstkontrolle anschließen und diese zur Wahrnehmung der Aufgaben des Jugendschutzbeauftragten verpflichten sowie entsprechend Absatz 3 beteiligen und informieren.

(3) [1]Der Jugendschutzbeauftragte ist Ansprechpartner für die Nutzer und berät den Anbieter in Fragen des Jugendschutzes. [2]Er ist vom Anbieter bei Fragen der Herstellung, des Erwerbs, der Planung und der Gestaltung von Ange-

boten und bei allen Entscheidungen zur Wahrung des Jugendschutzes angemessen und rechtzeitig zu beteiligen und über das jeweilige Angebot vollständig zu informieren. [3]Er kann dem Anbieter eine Beschränkung oder Änderung von Angeboten vorschlagen.

(4) [1]Der Jugendschutzbeauftragte muss die zur Erfüllung seiner Aufgaben erforderliche Fachkunde besitzen. [2]Er ist in seiner Tätigkeit weisungsfrei. [3]Er darf wegen der Erfüllung seiner Aufgaben nicht benachteiligt werden. [4]Ihm sind die zur Erfüllung seiner Aufgaben notwendigen Sachmittel zur Verfügung zu stellen. [5]Er ist unter Fortzahlung seiner Bezüge soweit für seine Aufgaben erforderlich von der Arbeitsleistung freizustellen.

(5) Die Jugendschutzbeauftragten der Anbieter sollen in einen regelmäßigen Erfahrungsaustausch eintreten.

II. Abschnitt

Vorschriften für Rundfunk

§ 8 Festlegung der Sendezeit. (1) Die in der Arbeitsgemeinschaft der öffentlich-rechtlichen Rundfunkanstalten der Bundesrepublik Deutschland (ARD) zusammengeschlossenen Landesrundfunkanstalten, das Zweite Deutsche Fernsehen (ZDF), die KJM oder von dieser hierfür anerkannte Einrichtungen der Freiwilligen Selbstkontrolle können jeweils in Richtlinien oder für den Einzelfall für Filme, auf die das Jugendschutzgesetz keine Anwendung findet, zeitliche Beschränkungen vorsehen, um den Besonderheiten der Ausstrahlung von Filmen im Fernsehen, vor allem bei Fernsehserien, gerecht zu werden.

(2) Für sonstige Sendeformate können die in Absatz 1 genannten Stellen im Einzelfall zeitliche Beschränkungen vorsehen, wenn deren Ausgestaltung nach Thema, Themenbehandlung, Gestaltung oder Präsentation in einer Gesamtbewertung geeignet ist, Kinder oder Jugendliche in ihrer Entwicklung und Erziehung zu beeinträchtigen.

(3) Hat eine anerkannte Einrichtung der Freiwilligen Selbstkontrolle eine Richtlinie nach Absatz 1 in den rechtlichen Grenzen des Beurteilungsspielraums erlassen, ist diese vorrangig anzuwenden.

§ 9 Ausnahmeregelungen. (1) [1]Auf Antrag des Intendanten kann das jeweils zuständige Organ der in der ARD zusammengeschlossenen Landesrundfunkanstalten, des Deutschlandradios und des ZDF sowie auf Antrag eines privaten Rundfunkveranstalters die KJM oder eine von dieser hierfür anerkannte Einrichtung der Freiwilligen Selbstkontrolle jeweils in Richtlinien oder für den Einzelfall von der Vermutung nach § 5 Abs. 2 Satz 1 und 2 abweichen. [2]Dies gilt vor allem für Angebote, deren Bewertung länger als 10 Jahre zurückliegt. [3]Die obersten Landesjugendbehörden sind von der abweichenden Bewertung zu unterrichten. [4]§ 8 Abs. 1 gilt entsprechend.

Jugendmedienschutz-Staatsvertrag **JMSTV 16**

(2) ¹Die Landesmedienanstalten können für digital verbreitete Programme des privaten Fernsehens durch übereinstimmende Satzungen festlegen, unter welchen Voraussetzungen ein Rundfunkveranstalter seine Verpflichtung nach § 5 erfüllt. ²Der Rundfunkveranstalter hat sicherzustellen, dass die Freischaltung durch den Nutzer nur für die Dauer der jeweiligen Sendung oder des jeweiligen Films möglich ist. ³Die Landesmedienanstalten bestimmen in den Satzungen nach Satz 1 insbesondere, welche Anforderungen an die Verschlüsselung und Vorsperrung von Sendungen zur Gewährleistung eines effektiven Jugendschutzes zu stellen sind.

III. Abschnitt

Vorschriften für Telemedien

§ 11 Jugendschutzprogramme. (1) ¹Jugendschutzprogramme sind Softwareprogramme, die Alterskennzeichnungen nach § 5 Abs. 3 Satz 1 Nr. 1 auslesen und Angebote erkennen, die geeignet sind, die Entwicklung von Kindern und Jugendlichen zu beeinträchtigen. ²Sie müssen zur Beurteilung ihrer Eignung einer anerkannten Einrichtung der freiwilligen Selbstkontrolle vorgelegt werden. ³Sie sind geeignet, wenn sie einen nach Altersstufendifferenzierten Zugang zu Telemedien ermöglichen und eine dem Stand der Technik entsprechende Erkennungsleistung aufweisen. ⁴Zudem müssen sie benutzerfreundlich ausgestaltet und nutzerautonom verwendbar sein.

(2) Zur Beurteilung der Eignung können auch solche Programme vorgelegt werden, die lediglich auf einzelne Altersstufen ausgelegt sind oder den Zugang zu Telemedien innerhalb geschlossener Systeme ermöglichen.

(3) Die KJM legt die Kriterien für die Eignungsanforderungen nach den Absätzen 1 und 2 im Benehmen mit den anerkannten Einrichtungen der Freiwilligen Selbstkontrolle fest.

(4) ¹Hat eine anerkannte Einrichtung der Freiwilligen Selbstkontrolle ein Jugendschutzprogramm als nach Absatz 1 oder 2 geeignet beurteilt, hat sie die Beurteilung mindestens alle drei Jahre zu überprüfen. ²Sie hat auf die Behebung von Fehlfunktionen hinzuwirken. ³Die Beurteilungen nach den Absätzen 1 und 2 und die Ergebnisse ihrer Überprüfung nach Satz 1 sind unverzüglich in geeigneter Form zu veröffentlichen.

(5) Wer gewerbsmäßig oder in großem Umfang Telemedien verbreitet oder zugänglich macht, soll auch die für Kinder oder Jugendliche unbedenklichen Angebote für ein geeignetes Jugendschutzprogramm nach den Absätzen 1 und 2 programmieren, soweit dies zumutbar und ohne unverhältnismäßige Kosten möglich ist.

(6) ¹Die anerkannten Einrichtungen der Freiwilligen Selbstkontrolle können im Benehmen mit der KJM zur Förderung des technischen Jugendschutzes Modellversuche durchfuhren und Verfahren vereinbaren. ²Gleiches gilt für Al-

tersklassifizierungssysteme, die von anerkannten Einrichtungen der Freiwilligen Selbstkontrolle zur Verfügung gestellt werden.

§ 12 Kennzeichnungspflicht. ¹Anbieter von Telemedien, die ganz oder im Wesentlichen inhaltsgleich mit Filmen oder Spielen auf Bildträgern im Sinne des Jugendschutzgesetzes sind, müssen auf eine Kennzeichnung nach dem Jugendschutzgesetz in ihrem Angebot deutlich hinweisen. ²Für Fassungen von Filmen und Spielen in Telemedien, die wie solche auf Trägermedien vorlagefähig sind, kann das Kennzeichnungsverfahren nach dem Jugendschutzgesetz durchgeführt werden.

IV. Abschnitt

Verfahren für Anbieter mit Ausnahmen des öffentlich-rechtlichen Rundfunks

§ 13 Anwendungsbereich. Die §§ 14 bis 21 sowie § 24 Abs. 4 Satz 6 gelten nur für länderübergreifende Angebote.

§ 14 Kommission für Jugendmedienschutz. (1) ¹Die zuständige Landesmedienanstalt überprüft die Einhaltung der für die Anbieter geltenden Bestimmungen nach diesem Staatsvertrag und der Bestimmungen der §§ 10a und 10b des Telemediengesetzes. ²Sie trifft entsprechend den Bestimmungen dieses Staatsvertrages die jeweiligen Entscheidungen.

(2) ¹Zur Erfüllung der Aufgaben nach Absatz 1 wird die Kommission für Jugendmedienschutz (KJM) gebildet. ²Diese dient der jeweils zuständigen Landesmedienanstalt als Organ bei der Erfüllung ihrer Aufgaben nach Absatz 1. ³Auf Antrag der zuständigen Landesmedienanstalt kann die KJM auch mit nichtländerübergreifenden Angeboten gutachtlich befasst werden. ⁴Absatz 5 bleibt unberührt.

(3) ¹Die KJM besteht aus 12 Sachverständigen. ²Hiervon werden entsandt
1. sechs Mitglieder aus dem Kreis der Direktoren der Landesmedienanstalten, die von den Landesmedienanstalten im Einvernehmen benannt werden,
2. vier Mitglieder von den für den Jugendschutz zuständigen obersten Landesbehörden,
3. zwei Mitglieder von der für den Jugendschutz zuständigen obersten Bundesbehörde. Für jedes Mitglied ist entsprechend Satz 2 ein Vertreter für den Fall seiner Verhinderung zu bestimmen. Die Amtsdauer der Mitglieder oder stellvertretenden Mitglieder beträgt fünf Jahre. Wiederberufung ist zulässig. Mindestens vier Mitglieder und stellvertretende Mitglieder sollen die Befähigung zum Richteramt haben. Den Vorsitz führt ein Direktor einer Landesmedienanstalt.

(4) Der KJM können nicht angehören Mitglieder und Bedienstete der Institutionen der Europäischen Union, der Verfassungsorgane des Bundes und der

Jugendmedienschutz-Staatsvertrag **JMSTV 16**

Länder, Gremienmitglieder und Bedienstete von Landesrundfunkanstalten der ARD, des ZDF, des Deutschlandradios, des Europäischen Fernsehkulturkanals „ARTE" und der privaten Rundfunkveranstalter oder Anbieter von Telemedien sowie Bedienstete von an ihnen unmittelbar oder mittelbar im Sinne von § 62 des Medienstaatsvertrages beteiligten Unternehmen.

(5) [1]Es können Prüfausschüsse gebildet werden. [2]Jedem Prüfausschuss muss mindestens jeweils ein in Absatz 3 Satz 2 Nr. 1 bis 3 aufgeführtes Mitglied der KJM oder im Falle seiner Verhinderung dessen Vertreter angehören. [3]Die Prüfausschüsse entscheiden jeweils bei Einstimmigkeit anstelle der KJM. [4]Zu Beginn der Amtsperiode der KJM wird die Verteilung der Prüfverfahren von der KJM festgelegt. [5]Das Nähere ist in der Geschäftsordnung der KJM festzulegen.

(6) [1]Die Entscheidung über die Bestätigung der Altersbewertungen nach § 5 Abs. 2 Satz 3 ist innerhalb von 14 Tagen zu treffen und dem Antragsteller mitzuteilen. [2]Für das Bestätigungsverfahren kann ein Einzelprüfer bestellt werden.

(7) [1]Die Mitglieder der KJM sind bei der Erfüllung ihrer Aufgaben nach diesem Staatsvertrag an Weisungen nicht gebunden. [2]Die Regelung zur Vertraulichkeit nach § 58 des Medienstaatsvertrages gilt auch im Verhältnis der Mitglieder der KJM zu anderen Organen der Landesmedienanstalten.

(8) [1]Die Mitglieder der KJM haben Anspruch auf Ersatz ihrer notwendigen Aufwendungen und Auslagen. [2]Näheres regeln die Landesmedienanstalten durch übereinstimmende Satzungen.

§ 15 Mitwirkung der Gremien der Landesmedienanstalten. (1) [1]Die KJM unterrichtet die Vorsitzenden der Gremien der Landesmedienanstalten fortlaufend über ihre Tätigkeit. [2]Sie bezieht die Gremienvorsitzenden in grundsätzlichen Angelegenheiten, insbesondere bei der Erstellung von Satzungs- und Richtlinienentwürfen, ein.

(2) [1]Die nach Landesrecht zuständigen Organe der Landesmedienanstalten erlassen übereinstimmende Satzungen und Richtlinien zur Durchführung dieses Staatsvertrages. [2]Sie stellen hierbei das Benehmen mit den nach § 19 anerkannten Einrichtungen der Freiwilligen Selbstkontrolle, den in der ARD zusammengeschlossenen Landesrundfunkanstalten und dem ZDF her und führen mit diesen und der KJM einen gemeinsamen Erfahrungsaustausch in der Anwendung des Jugendmedienschutzes durch.

§ 16 Zuständigkeit der KJM. [1]Die KJM ist zuständig für die abschließende Beurteilung von Angeboten nach diesem Staatsvertrag. [2]Sie ist unbeschadet der Befugnisse von anerkannten Einrichtungen der Freiwilligen Selbstkontrolle nach diesem Staatsvertrag im Rahmen des Satzes 1 insbesondere zuständig für
1. die Überwachung der Bestimmungen dieses Staatsvertrages,
2. die Anerkennung von Einrichtungen der Freiwilligen Selbstkontrolle und die Rücknahme oder den Widerruf der Anerkennung,

16 JMSTV Jugendmedienschutz-Staatsvertrag

3. die Festlegung der Sendezeit nach § 8,
4. die Festlegung von Ausnahmen nach § 9,
5. die Prüfung und Genehmigung einer Verschlüsselungs- und Vorsperrungstechnik,
6. die Anerkennung von Jugendschutzprogrammen und für die Rücknahme oder den Widerruf der Anerkennung,
7. die Stellungnahme zu Indizierungsanträgen bei der Bundesprüfstelle für jugendgefährdende Medien und für Anträge bei der Bundesprüfstelle auf Indizierung und
8. die Entscheidung über Ordnungswidrigkeiten nach diesem Staatsvertrag.

²Sie ist unbeschadet der Befugnisse von anerkannten Einrichtungen der Freiwilligen Selbstkontrolle nach diesem Staatsvertrag im Rahmen des Satzes 1 insbesondere zuständig für
1. die Überwachung der Bestimmungen dieses Staatsvertrages,
2. die Anerkennung von Einrichtungen der Freiwilligen Selbstkontrolle und die Rücknahme oder den Widerruf der Anerkennung,
3. die Bestätigung der Altersbewertungen nach § 5 Abs. 2 Satz 3,
4. die Festlegung der Sendezeit nach § 8,
5. die Festlegung der Ausnahmen nach § 9,
6. die Prüfung und Genehmigung einer Verschlüsselungs- und Vorsperrtechnik,
7. die Aufsicht über Entscheidungen der Einrichtungen der Freiwilligen Selbstkontrolle nach § 19b Abs. 1 und 2,
8. die Stellungnahme zu Indizierungsanträgen bei der Bundesprüfstelle für jugendgefährdende Medien und für Anträge bei der Bundesprüfstelle auf Indizierung und
9. die Entscheidung über Ordnungswidrigkeiten nach diesem Staatsvertrag.

§ 17 Verfahren der KJM. (1) ¹Die KJM wird von Amts wegen tätig; leitet ihr eine Landesmedienanstalt oder eine oberste Landesjugendbehörde einen Prüffall zu, hat sie ein Prüfverfahren einzuleiten. ²Sie fasst ihre Beschlüsse mit der Mehrheit ihrer gesetzlichen Mitglieder, bei Stimmengleichheit entscheidet die Stimme des Vorsitzenden. ³Die Beschlüsse sind zu begründen. ⁴In der Begründung sind die wesentlichen tatsächlichen und rechtlichen Gründe mitzuteilen. ⁵Die Beschlüsse der KJM sind gegenüber den anderen Organen der zuständigen Landesmedienanstalt bindend. ⁶Sie sind deren Entscheidungen zu Grunde zu legen.

(2) Die KJM soll mit der Bundesprüfstelle für jugendgefährdende Medien und den obersten Landesjugendbehörden zusammenarbeiten und einen regelmäßigen Informationsaustausch pflegen.

(3) Die KJM erstattet den Gremien der Landesmedienanstalten, den für den Jugendschutz zuständigen obersten Landesjugendbehörden und der für den Jugendschutz zuständigen obersten Bundesbehörde erstmalig zwei Jahre nach ihrer Konstituierung und danach alle zwei Jahre einen Bericht über die Durchführung der Bestimmungen dieses Staatsvertrages.

Jugendmedienschutz-Staatsvertrag **JMSTV 16**

§ 18 "jugendschutz.net". (1) [1]Die durch die obersten Landesjugendbehörden eingerichtete gemeinsame Stelle Jugendschutz aller Länder („jugendschutz.net") ist organisatorisch an die KJM angebunden. [2]Die Stelle „jugendschutz.net" wird von den Landesmedienanstalten und den Ländern gemeinsam finanziert. [3]Die näheren Einzelheiten der Finanzierung dieser Stelle durch die Länder legen die für den Jugendschutz zuständigen Minister der Länder in einem Statut durch Beschluss fest. [4]Das Statut regelt auch die fachliche und haushaltsmäßige Unabhängigkeit der Stelle.

(2) "jugendschutz.net" unterstützt die KJM und die obersten Landesjugendbehörden bei deren Aufgaben.

(3) [1]"jugendschutz.net" überprüft die Angebote der Telemedien. [2]Daneben nimmt „jugendschutz.net" auch Aufgaben der Beratung und Schulung bei Telemedien wahr.

(4) [1]Bei möglichen Verstößen gegen Bestimmungen dieses Staatsvertrages weist „jugendschutz.net" den Anbieter hierauf hin und informiert die KJM. [2]Bei möglichen Verstößen von Mitgliedern einer anerkannten Einrichtung der Freiwilligen Selbstkontrolle ergeht der Hinweis zunächst an diese Einrichtung. [3]Die anerkannten Einrichtungen der Freiwilligen Selbstkontrolle haben innerhalb einer Woche ein Verfahren einzuleiten und dies „jugendschutz.net" mitzuteilen. [4]Bei Untätigkeit der anerkannten Einrichtungen der Freiwilligen Selbstkontrolle informiert „jugendschutz.net" die KJM.

§ 19 Einrichtungen der Freiwilligen Selbstkontrolle. (1) Einrichtungen Freiwilliger Selbstkontrolle können für Rundfunk und Telemedien gebildet werden.

(2) Eine Einrichtung ist als Einrichtung der Freiwilligen Selbstkontrolle im Sinne dieses Staatsvertrages anzuerkennen, wenn
1. die Unabhängigkeit und Sachkunde ihrer benannten Prüfer gewährleistet ist und dabei auch Vertreter aus gesellschaftlichen Gruppen berücksichtigt sind, die sich in besonderer Weise mit Fragen des Jugendschutzes befassen,
2. eine sachgerechte Ausstattung durch eine Vielzahl von Anbietern sichergestellt ist,
3. Vorgaben für die Entscheidungen der Prüfer bestehen, die in der Spruchpraxis einen wirksamen Kinder- und Jugendschutz zu gewährleisten geeignet sind,
4. eine Verfahrensordnung besteht, die den Umfang der Überprüfung, bei Veranstaltern auch die Vorlagepflicht, sowie mögliche Sanktionen regelt und eine Möglichkeit der Überprüfung der Entscheidungen auch auf Antrag von landesrechtlich bestimmten Trägern der Jugendhilfe vorsieht,
5. gewährleistet ist, dass die betroffenen Anbieter vor einer Entscheidung gehört werden, die Entscheidung schriftlich begründet und den Beteiligten mitgeteilt wird und
6. eine Beschwerdestelle eingerichtet ist.

16 JMSTV — Jugendmedienschutz-Staatsvertrag

(3) ¹Die zuständige Landesmedienanstalt trifft die Entscheidung durch die KJM. ²Zuständig ist die Landesmedienanstalt des Landes, in dem die Einrichtung der Freiwilligen Selbstkontrolle ihren Sitz hat. ³Ergibt sich danach keine Zuständigkeit, so ist diejenige Landesmedienanstalt zuständig, bei der der Antrag auf Anerkennung gestellt wurde. ⁴Die Einrichtung legt der KJM die für die Prüfung der Anerkennungsvoraussetzungen erforderlichen Unterlagen vor.

(4) ¹Die KJM kann die Anerkennung ganz oder teilweise widerrufen oder mit Nebenbestimmungen versehen, wenn Voraussetzungen für die Anerkennung nachträglich entfallen sind oder die Spruchpraxis der Einrichtung nicht mit den Bestimmungen dieses Staatsvertrages übereinstimmt. ²Eine Entschädigung für Vermögensnachteile durch den Widerruf der Anerkennung wird nicht gewährt.

(5) Die anerkannten Einrichtungen der Freiwilligen Selbstkontrolle sollen sich über die Anwendung dieses Staatsvertrages abstimmen.

§ 19a Zuständigkeit und Verfahren der Einrichtungen der Freiwilligen Selbstkontrolle. (1) ¹Anerkannte Einrichtungen der Freiwilligen Selbstkontrolle überprüfen im Rahmen ihres satzungsgemäßen Aufgabenbereichs die Einhaltung der Bestimmungen dieses Staatsvertrages sowie der hierzu erlassenen Satzungen und Richtlinien bei den angeschlossenen Anbietern. ²Sie sind verpflichtet, gemäß ihrer Verfahrensordnung nach § 19 Abs. 2 Nr. 4 Beschwerden über die ihr angeschlossenen Anbieter unverzüglich nachzugehen.

(2) ¹Die anerkannten Einrichtungen der Freiwilligen Selbstkontrolle beurteilen die Eignung der Jugendschutzprogramme nach § 11 Abs. 1 und 2 und überprüfen ihre Eignung nach § 11 Abs. 4. ²Zuständig ist die anerkannte Einrichtung der Freiwilligen Selbstkontrolle, bei der das Jugendschutzprogramm zur Beurteilung eingereicht wurde. ³Die anerkannte Einrichtung der Freiwilligen Selbstkontrolle teilt der KJM die Entscheidung und ihre Begründung schriftlich mit.

§ 19b Aufsicht über Einrichtungen der Freiwilligen Selbstkontrolle. (1) ¹Die zuständige Landesmedienanstalt kann durch die KJM Entscheidungen einer anerkannten Einrichtung der Freiwilligen Selbstkontrolle, die die Grenzen des Beurteilungsspielraums überschreiten, beanstanden und ihre Aufhebung verlangen. ²Kommt eine anerkannte Einrichtung der Freiwilligen Selbstkontrolle ihren Aufgaben und Pflichten nach diesem Staatsvertrag nicht nach, kann die zuständige Landesmedienanstalt durch die KJM verlangen, dass sie diese erfüllen. ³Eine Entschädigung für hierdurch entstehende Vermögensnachteile wird nicht gewährt.

(2) ¹Hat eine anerkannte Einrichtung der Freiwilligen Selbstkontrolle ein Jugendschutzprogramm nach § 11 Abs. 1 und 2 als geeignet beurteilt und dabei die rechtlichen Grenzen des Beurteilungsspielraums überschritten, kann die zuständige Landesmedienanstalt durch die KJM innerhalb von drei Monaten nach Entscheidung der anerkannten Einrichtung der Freiwilligen Selbstkon-

trolle diese Beurteilung für unwirksam erklären oder dem Anbieter des Jugendschutzprogramms gegenüber Auflagen erteilen. ²Absatz 1 Satz 3 gilt entsprechend.

(3) Zuständig ist die Landesmedienanstalt des Landes, in dem die anerkannte Einrichtung der Freiwilligen Selbstkontrolle ihren Sitz hat.

V. Abschnitt

Vollzug für Anbieter mit Ausnahmen des öffentlich-rechtlichen Rundfunks

§ 20 Aufsicht. (1) Stellt die zuständige Landesmedienanstalt fest, dass ein Anbieter gegen die Bestimmungen dieses Staatsvertrages verstoßen hat, trifft sie die erforderlichen Maßnahmen gegenüber dem Anbieter.

(2) Für Veranstalter von Rundfunk trifft die zuständige Landesmedienanstalt durch die KJM entsprechend den landesrechtlichen Regelungen die jeweilige Entscheidung.

(3) ¹Tritt die KJM an einen Rundfunkveranstalter mit dem Vorwurf heran, er habe gegen Bestimmungen dieses Staatsvertrages verstoßen, und weist der Veranstalter nach, dass die Sendung vor ihrer Ausstrahlung einer anerkannten Einrichtung der Freiwilligen Selbstkontrolle im Sinne dieses Staatsvertrages vorgelegen hat und deren Vorgaben beachtet wurden, so sind Maßnahmen durch die KJM nur dann zulässig, wenn die Entscheidung oder die Unterlassung einer Entscheidung der anerkannten Einrichtung der Freiwilligen Selbstkontrolle die rechtlichen Grenzen des Beurteilungsspielraums überschritten hat. ²Die KJM teilt der anerkannten Einrichtung der Freiwilligen Selbstkontrolle ihre Entscheidung nebst Begründung mit. ³Wird einem Anbieter einer nichtvorlagefähigen Sendung ein Verstoß gegen den Jugendschutz vorgeworfen, ist vor Maßnahmen durch die KJM die anerkannte Einrichtung der Freiwilligen Selbstkontrolle, der der Rundfunkveranstalter angeschlossen ist, zu befassen; Satz 1 gilt entsprechend. Für Entscheidungen nach den §§ 8 und 9 gilt Satz 1 entsprechend. Dieser Absatz gilt nicht bei Verstößen gegen § 4 Abs. 1.

(4) Für Anbieter von Telemedien trifft die zuständige Landesmedienanstalt durch die KJM entsprechend § 109 des Medienstaatsvertrages die jeweilige Entscheidung.

(5) ¹Gehört ein Anbieter von Telemedien einer anerkannten Einrichtung der Freiwilligen Selbstkontrolle im Sinne dieses Staatsvertrages an oder unterwirft er sich ihren Statuten, so ist bei behaupteten Verstößen gegen den Jugendschutz, mit Ausnahme von Verstößen gegen § 4 Abs. 1, durch die KJM zunächst diese Einrichtung mit den behaupteten Verstößen zu befassen. ²Maßnahmen nach Absatz 1 gegen den Anbieter durch die KJM sind nur dann zulässig, wenn die Entscheidung oder die Unterlassung einer Entscheidung der an-

erkannten Einrichtung der Freiwilligen Selbstkontrolle die rechtlichen Grenzen des Beurteilungsspielraums überschreitet. ³Bei Verstößen gegen § 4 haben Widerspruch und Anfechtungsklage des Anbieters von Telemedien keine aufschiebende Wirkung.

(6) ¹Zuständig ist die Landesmedienanstalt des Landes, in dem der betroffene Anbieter seinen Sitz, Wohnsitz oder in Ermangelung dessen seinen ständigen Aufenthalt hat; § 119 des Medienstaatsvertrages gilt entsprechend. ²Sind nach Satz 1 mehrere Landesmedienanstalten zuständig oder hat der Anbieter seinen Sitz im Ausland, entscheidet die Landesmedienanstalt, die zuerst mit der Sache befasst worden ist.

(7) Treten die KJM, eine Landesmedienanstalt oder „jugendschutz.net" an einen Anbieter mit dem Vorwurf heran, er habe gegen Bestimmungen dieses Staatsvertrages verstoßen, so weisen sie ihn auf die Möglichkeit einer Mitgliedschaft in einer anerkannten Einrichtung der Freiwilligen Selbstkontrolle und die damit verbundenen Rechtsfolgen hin.

§ 21 Auskunftsansprüche. (1) Ein Anbieter von Telemedien ist verpflichtet, der KJM Auskunft über die Angebote und über die zur Wahrung des Jugendschutzes getroffenen Maßnahmen zu geben und ihr auf Anforderung den unentgeltlichen Zugang zu den Angeboten zu Kontrollzwecken zu ermöglichen.

(2) ¹Anbieter, die ihren Sitz nach den Vorschriften des Telemediengesetzes sowie des Medienstaatsvertrages nicht in Deutschland haben, haben im Inland einen Zustellungsbevollmächtigten zu benennen und in ihrem Angebot in leicht erkennbarer und unmittelbar erreichbarer Weise auf ihn aufmerksam zu machen. ²An diese Person können Zustellungen in Verfahren nach § 24 oder in Gerichtsverfahren vor deutschen Gerichten wegen der Verbreitung rechtswidriger Inhalte bewirkt werden. ³Das gilt auch für die Zustellung von Schriftstücken, die solche Verfahren einleiten oder vorbereiten.

(3) ¹Der Abruf oder die Nutzung von Angeboten im Rahmen der Aufsicht, der Ahndung von Verstößen oder der Kontrolle ist unentgeltlich. ²Anbieter haben dies sicherzustellen. ³Der Anbieter darf seine Angebote nicht gegen den Abruf oder die Kenntnisnahme durch die zuständige Stelle sperren oder den Abruf oder die Kenntnisnahme erschweren.

§ 22 Revision zum Bundesverwaltungsgericht. In einem gerichtlichen Verfahren kann die Revision zum Bundesverwaltungsgericht auch darauf gestützt werden, dass das angefochtene Urteil auf der Verletzung der Bestimmungen dieses Staatsvertrages beruhe.

VI. Abschnitt

Ahndung von Verstößen der Anbieter mit Ausnahme des öffentlich-rechtlichen Rundfunks

§ 23 Strafbestimmung. [1]Mit Freiheitsstrafe bis zu einem Jahr oder mit Geldstrafe wird bestraft, wer entgegen § 4 Abs. 2 Satz 1 Nr. 3 und Satz 2 Angebote verbreitet oder zugänglich macht, die offensichtlich geeignet sind, die Entwicklung von Kindern oder Jugendlichen oder ihre Erziehung zu einer eigenverantwortlichen und gemeinschaftsfähigen Persönlichkeit unter Berücksichtigung der besonderen Wirkungsform des Verbreitungsmediums schwer zu gefährden. [2]Handelt der Täter fahrlässig, so ist die Freiheitsstrafe bis zu 6 Monate oder die Geldstrafe bis zu 180 Tagessätze.

§ 24 Ordnungswidrigkeiten. (1) Ordnungswidrig handelt, wer als Anbieter vorsätzlich oder fahrlässig

1. Angebote verbreitet oder zugänglich macht, die
    a) entgegen § 4 Abs. 1 Satz 1 Nr. 1 Propagandamittel im Sinne des Strafgesetzbuches darstellen,
    b) entgegen § 4 Abs. 1 Satz 1 Nr. 2 Kennzeichen verfassungswidriger Organisationen verwenden,
    c) entgegen § 4 Abs. 1 Satz 1 Nr. 3 zum Hass gegen Teile der Bevölkerung oder gegen eine nationale, rassische, religiöse oder durch Volkstum bestimmte Gruppe aufstacheln, zu Gewalt- oder Willkürmaßnahmen gegen sie auffordern oder die Menschenwürde anderer dadurch angreifen, dass Teile der Bevölkerung oder eine vorbezeichnete Gruppe beschimpft, böswillig verächtlich gemacht oder verleumdet werden,
    d) entgegen § 4 Abs. 1 Satz 1 Nr. 4 1. Alternative eine unter der Herrschaft des Nationalsozialismus begangene Handlung der in § 6 Abs. 1 des Völkerstrafgesetzbuches bezeichneten Art in einer Weise, die geeignet ist, den öffentlichen Frieden zu stören, leugnen oder verharmlosen,
    e) entgegen § 4 Abs. 1 Satz 1 Nr. 4 2. Alternative den öffentlichen Frieden in einer die Würde der Opfer verletzenden Weise dadurch stören, dass die nationalsozialistische Gewalt- und Willkürherrschaft gebilligt, verherrlicht oder gerechtfertigt wird,
    f) entgegen § 4 Abs. 1 Satz 1 Nr. 5 grausame oder sonst unmenschliche Gewalttätigkeiten gegen Menschen in einer Art schildern, die eine Verherrlichung oder Verharmlosung solcher Gewalttätigkeiten ausdrückt oder die das Grausame oder Unmenschliche des Vorgangs in einer die Menschenwürde verletzenden Weise darstellt; dies gilt auch bei virtuellen Darstellungen,
    g) entgegen § 4 Abs. 1 Satz 1 Nr. 6 als Anleitung zu einer in § 126 Abs. 1 des Strafgesetzbuches genannten rechtswidrigen Tat dienen,
    h) entgegen § 4 Abs. 1 Satz 1 Nr. 7 den Krieg verherrlichen,

16 JMSTV

     i) entgegen § 4 Abs. 1 Satz 1 Nr. 8 gegen die Menschenwürde verstoßen, insbesondere durch die Darstellung von Menschen, die sterben oder schweren körperlichen oder seelischen Leiden ausgesetzt sind oder waren, wobei ein tatsächliches Geschehen wiedergegeben wird, ohne dass ein berechtigtes Interesse gerade für diese Form der Darstellung oder Berichterstattung vorliegt,
     j) entgegen § 4 Abs. 1 Satz 1 Nr. 9 Kinder oder Jugendliche in unnatürlich geschlechtsbetonter Körperhaltung darstellen; dies gilt auch bei virtuellen Darstellungen,
     k) entgegen § 4 Abs. 1 Satz 1 Nr. 10 kinderpornografisch im Sinne des § 184b Abs. 1 des Strafgesetzbuches oder jugendpornografisch im Sinne des § 184c Abs. 1 des Strafgesetzbuches oder pornografisch sind und Gewalttätigkeiten, den sexuellen Missbrauch von Kindern oder Jugendlichen oder sexuelle Handlungen von Menschen mit Tieren zum Gegenstand haben; dies gilt auch bei virtuellen Darstellungen, oder
     l) entgegen § 4 Abs. 1 Satz 1 Nr. 11 in den Teilen B und D der Liste nach § 18 des Jugendschutzgesetzes aufgenommen sind oder mit einem in dieser Liste aufgenommenen Werk ganz oder im Wesentlichen inhaltsgleich sind,
2. entgegen § 4 Abs. 2 Satz 1 Nr. 1 und Satz 2 Angebote verbreitet oder zugänglich macht, die in sonstiger Weise pornografisch sind,
3. entgegen § 4 Abs. 2 Satz 1 Nr. 2 und Satz 2 Angebote verbreitet oder zugänglich macht, die in den Teilen A und C der Liste nach § 18 des Jugendschutzgesetzes aufgenommen sind oder mit einem in dieser Liste aufgenommenen Werk ganz oder im Wesentlichen inhaltsgleich sind,
4. entgegen § 5 Abs. 1 Angebote verbreitet oder zugänglich macht, die geeignet sind, die Entwicklung von Kindern oder Jugendlichen zu einer eigenverantwortlichen und gemeinschaftsfähigen Persönlichkeit zu beeinträchtigen, ohne dafür Sorge zu tragen, dass Kinder oder Jugendliche der betroffenen Altersstufen sie üblicherweise nicht wahrnehmen, es sei denn, er kennzeichnet fahrlässig entgegen § 5 Abs. 3 Satz 1 Nr. 1 sein Angebot mit einer zu niedrigen Altersstufe,
4a. entgegen § 5a keine angemessenen Maßnahmen ergreift, um Kinder und Jugendliche vor entwicklungsbeeinträchtigenden Angeboten zu schützen,
4b. entgegen § 5c Abs. 1 Ankündigungen von Sendungen mit Bewegtbildern außerhalb der geeigneten Sendezeit und unverschlüsselt verbreitet,
4c. entgegen § 5c Abs. 2 Sendungen verbreitet, ohne ihre Ausstrahlung durch akustische Zeichen oder durch optische Mittel kenntlich zu machen,
5. entgegen § 6 Abs. 1 Satz 1 und Abs. 6 Werbung oder Teleshopping für indizierte Angebote verbreitet oder zugänglich macht,
6. entgegen § 6 Abs. 1 Satz 2 und Abs. 6 die Liste der jugendgefährdenden Medien verbreitet oder zugänglich macht,
7. entgegen § 6 Abs. 1 Satz 3 und Abs. 6 einen dort genannten Hinweis gibt,
8. entgegen § 7 keinen Jugendschutzbeauftragten bestellt,

Jugendmedienschutz-Staatsvertrag **JMSTV 16**

9. Sendeformate entgegen Sendezeitbeschränkungen nach § 8 Abs. 2 verbreitet,
10. Sendungen, deren Eignung zur Beeinträchtigung der Entwicklung nach § 5 Abs. 2 vermutet wird, verbreitet, ohne dass die KJM oder eine von dieser hierfür anerkannte Einrichtung der Freiwilligen Selbstkontrolle von der Vermutung gemäß § 9 Abs. 1 Satz 1 abgewichen ist,
11. Angebote ohne den nach § 12erforderlichen Hinweis verbreitet,
12. entgegen einer vollziehbaren Anordnung durch die zuständige Aufsichtsbehörde nach § 20 Abs. 1 nicht tätig wird,
13. entgegen § 21 Abs. 1 seiner Auskunftspflicht nicht nachkommt,
13a. entgegen § 21 Abs. 2 keinen Zustellungsbevollmächtigten benennt oder
14. entgegen § 21 Abs. 3 Satz 3 Angebote gegen den Abruf durch die zuständige Aufsichtsbehörde sperrt.

(2) Ordnungswidrig handelt ferner, wer vorsätzlich
1. entgegen § 11 Abs. 5 Telemedien als für Kinder oder Jugendliche der betreffenden Altersstufe geeignet falsch kennzeichnet oder
2. im Rahmen eines Verfahrens zur Anerkennung einer Einrichtung der Freiwilligen Selbstkontrolle nach § 19 Abs. 3 falsche Angaben macht.

(3) Die Ordnungswidrigkeit kann mit einer Geldbuße bis zu 500 000 Euro geahndet werden.

(4) ^{1}Zuständige Verwaltungsbehörde im Sinne des § 36 Abs. 1 Nr. 1 des Gesetzes über Ordnungswidrigkeiten ist die zuständige Landesmedienanstalt. ^{2}Zuständig ist in den Fällen des Absatzes 1 und des Absatzes 2 Nr. 1 die Landesmedienanstalt des Landes, in dem die Zulassung des Rundfunkveranstalters erteilt wurde oder der Anbieter von Telemedien seinen Sitz, Wohnsitz oder in Ermangelung dessen seinen ständigen Aufenthalt hat. ^{3}Ergibt sich danach keine Zuständigkeit, so ist diejenige Landesmedienanstalt zuständig, in deren Bezirk der Anlass für die Amtshandlung hervortritt. ^{4}Zuständig ist im Falle des Absatzes 2 Nr. 2 die Landesmedienanstalt des Landes, in dem die Einrichtung der Freiwilligen Selbstkontrolle ihren Sitz hat. ^{5}Ergibt sich danach keine Zuständigkeit, so ist diejenige Landesmedienanstalt zuständig, bei der der Antrag auf Anerkennung gestellt wurde. ^{6}Die zuständige Landesmedienanstalt trifft die Entscheidungen durch die KJM.

(5) ^{1}Über die Einleitung eines Verfahrens hat die zuständige Landesmedienanstalt die übrigen Landesmedienanstalten unverzüglich zu unterrichten. ^{2}Soweit ein Verfahren nach dieser Bestimmung in mehreren Ländern eingeleitet wurde, stimmen sich die beteiligten Behörden über die Frage ab, welche Behörde das Verfahren fortführt.

(6) ^{1}Die zuständige Landesmedienanstalt kann bestimmen, dass Beanstandungen nach einem Rechtsverstoß gegen Regelungen dieses Staatsvertrages sowie rechtskräftige Entscheidungen in einem Ordnungswidrigkeitsverfahren nach Absatz 1 oder 2 von dem betroffenen Anbieter in seinem Angebot verbreitet oder in diesem zugänglich gemacht werden. ^{2}Inhalt und Zeitpunkt der

Bekanntgabe sind durch die zuständige Landesmedienanstalt nach pflichtgemäßem Ermessen festzulegen.

(7) Die Verfolgung der in Absatz 1 und 2 genannten Ordnungswidrigkeiten verjährt in sechs Monaten.

VII. Abschnitt
Schlussbestimmungen

§ 25 Übergangsbestimmung. Anerkannte Jugendschutzprogramme nach § 11 Abs. 2 des Jugendmedienschutz-Staatsvertrages vom 10. bis 27. September 2002, in der Fassung des Dreizehnten Staatsvertrages zur Änderung rundfunkrechtlicher Staatsverträge, bleiben vom Inkrafttreten dieses Staatsvertrages bis zum Ablauf des 30. September 2018 unberührt.)

§ 26 Geltungsdauer, Kündigung. [1]Dieser Staatsvertrag gilt für unbestimmte Zeit. [2]Er kann von jedem der vertragschließenden Länder zum Schluss des Kalenderjahres mit einer Frist von einem Jahr gekündigt werden. [3]Wird der Staatsvertrag zu diesem Zeitpunkt nicht gekündigt, kann die Kündigung mit gleicher Frist jeweils zu einem zwei Jahre späteren Zeitpunkt erfolgen. [4]Die Kündigung ist gegenüber dem Vorsitzenden der Ministerpräsidentenkonferenz schriftlich zu erklären. [5]Die Kündigung eines Landes lässt das Vertragsverhältnis unter den übrigen Ländern unberührt, jedoch kann jedes der übrigen Länder das Vertragsverhältnis binnen einer Frist von drei Monaten nach Eingang der Kündigungserklärung zum gleichen Zeitpunkt kündigen.

§ 27 Notifizierung. Änderungen dieses Staatsvertrages unterliegen der Notifizierungspflicht gemäß der Richtlinie 2015/1535 des Europäischen Parlaments und des Rates vom 9. September 2015 über ein Informationsverfahren auf dem Gebiet der technischen Vorschriften und der Vorschriften für die Dienste der Informationsgesellschaft.

Jugendschutzgesetz (JuSchG)

vom 23. Juli 2002 (BGBl. I S. 2730),
zuletzt geändert durch Gesetz vom 9. April 2021 (BGBl. I S. 742)

– Auszug –

INHALTSVERZEICHNIS[1]

Abschnitt 1. Allgemeines
Abschnitt 3. Jugendschutz im Bereich der Medien
Abschnitt 4. Bundeszentrale für Kinder- und Jugendmedienschutz
Abschnitt 5. Verordnungsermächtigung
Abschnitt 6. Ahndung von Verstößen
Abschnitt 7. Schlussvorschriften

Abschnitt 1

Allgemeines

§ 1 Begriffsbestimmungen. (1) Im Sinne dieses Gesetzes
1. sind Kinder Personen, die noch nicht 14 Jahre alt sind,
2. sind Jugendliche Personen, die 14, aber noch nicht 18 Jahre alt sind,
3. ist personensorgeberechtigte Person, wem allein oder gemeinsam mit einer anderen Person nach den Vorschriften des Bürgerlichen Gesetzbuchs die Personensorge zusteht,
4. ist erziehungsbeauftragte Person, jede Person über 18 Jahren, soweit sie auf Dauer oder zeitweise aufgrund einer Vereinbarung mit der personensorgeberechtigten Person Erziehungsaufgaben wahrnimmt oder soweit sie ein Kind oder eine jugendliche Person im Rahmen der Ausbildung oder der Jugendhilfe betreut.

(1a) Medien im Sinne dieses Gesetzes sind Trägermedien und Telemedien.

(2) [1]Trägermedien im Sinne dieses Gesetzes sind Medien mit Texten, Bildern oder Tönen auf gegenständlichen Trägern, die zur Weitergabe geeignet, zur unmittelbaren Wahrnehmung bestimmt oder in einem Vorführ- oder Spielgerät eingebaut sind. [2]Dem gegenständlichen Verbreiten, Überlassen, Anbieten oder Zugänglichmachen von Trägermedien steht das elektronische Verbreiten, Überlassen, Anbieten oder Zugänglichmachen gleich, soweit es sich nicht um Rundfunk im Sinne des § 2 des Rundfunkstaatsvertrages handelt.

(3) [1]Telemedien im Sinne dieses Gesetzes sind Medien, die nach dem Telemediengesetz übermittelt oder zugänglich gemacht werden. [2]Als Übermitteln

---

1 Das Inhaltsverzeichnis bezieht sich auf den vorliegenden Auszug aus dem Jugendschutzgesetz und die abgedruckten Teile/Paragrafen.

oder Zugänglichmachen im Sinne von Satz 1 gilt das Bereithalten eigener oder fremder Inhalte.

(4) Versandhandel im Sinne dieses Gesetzes ist jedes entgeltliche Geschäft, das im Wege der Bestellung und Übersendung einer Ware durch Postversand oder elektronischen Versand ohne persönlichen Kontakt zwischen Lieferant und Besteller oder ohne dass durch technische oder sonstige Vorkehrungen sichergestellt ist, dass kein Versand an Kinder und Jugendliche erfolgt, vollzogen wird.

(5) Die Vorschriften der §§ 2 bis 14 dieses Gesetzes gelten nicht für verheiratete Jugendliche.

(6) Diensteanbieter im Sinne dieses Gesetzes sind Diensteanbieter nach dem Telemediengesetz vom 26. Februar 2007 (BGBl. I S. 179) in der jeweils geltenden Fassung.

§ 2 Prüfungs- und Nachweispflicht. (1) [1]Soweit es nach diesem Gesetz auf die Begleitung durch eine erziehungsbeauftragte Person ankommt, haben die in § 1 Abs. 1 Nr. 4 genannten Personen ihre Berechtigung auf Verlangen darzulegen. [2]Veranstalter und Gewerbetreibende haben in Zweifelsfällen die Berechtigung zu überprüfen.

(2) [1]Personen, bei denen nach diesem Gesetz Altersgrenzen zu beachten sind, haben ihr Lebensalter auf Verlangen in geeigneter Weise nachzuweisen. [2]Veranstalter und Gewerbetreibende haben in Zweifelsfällen das Lebensalter zu überprüfen.

§ 3 Bekanntmachung der Vorschriften. (1) Veranstalter und Gewerbetreibende haben die nach den §§ 4 bis 13 für ihre Betriebseinrichtungen und Veranstaltungen geltenden Vorschriften sowie bei öffentlichen Filmveranstaltungen die Alterseinstufung von Filmen oder die Anbieterkennzeichnung nach § 14 Abs. 7 durch deutlich sichtbaren und gut lesbaren Aushang bekannt zu machen.

(2) [1]Zur Bekanntmachung der Alterseinstufung von Filmen und von Spielprogrammen dürfen Veranstalter und Gewerbetreibende nur die in § 14 Abs. 2 genannten Kennzeichnungen verwenden. [2]Wer einen Film für öffentliche Filmveranstaltungen weitergibt, ist verpflichtet, den Veranstalter bei der Weitergabe auf die Alterseinstufung oder die Anbieterkennzeichnung nach § 14 Abs. 7 hinzuweisen. [3]Für Filme und Spielprogramme, die nach § 14 Abs. 2 von der obersten Landesbehörde oder einer Organisation der freiwilligen Selbstkontrolle im Rahmen des Verfahrens nach § 14 Abs. 6 gekennzeichnet sind, darf bei der Ankündigung oder Werbung weder auf jugendbeeinträchtigende Inhalte hingewiesen werden noch darf die Ankündigung oder Werbung in jugendbeeinträchtigender Weise erfolgen.

Jugendschutzgesetz

Abschnitt 3
Jugendschutz im Bereich der Medien

§ 10a Schutzziele des Kinder- und Jugendmedienschutzes. Zum Schutz im Bereich der Medien gehören
1. der Schutz vor Medien, die geeignet sind, die Entwicklung von Kindern oder Jugendlichen oder ihre Erziehung zu einer eigenverantwortlichen und gemeinschaftsfähigen Persönlichkeit zu beeinträchtigen (entwicklungsbeeinträchtigende Medien),
2. der Schutz vor Medien, die geeignet sind, die Entwicklung von Kindern oder Jugendlichen oder ihre Erziehung zu einer eigenverantwortlichen und gemeinschaftsfähigen Persönlichkeit zu gefährden (jugendgefährdende Medien),
3. der Schutz der persönlichen Integrität von Kindern und Jugendlichen bei der Mediennutzung und
4. die Förderung von Orientierung für Kinder, Jugendliche, personensorgeberechtigte Personen sowie pädagogische Fachkräfte bei der Mediennutzung und Medienerziehung; die Vorschriften des Achten Buches Sozialgesetzbuch bleiben unberührt.

§ 10b Entwicklungsbeeinträchtigende Medien. (1) Zu den entwicklungsbeeinträchtigenden Medien nach § 10a Nummer 1 zählen insbesondere übermäßig ängstigende, Gewalt befürwortende oder das sozialethische Wertebild beeinträchtigende Medien.

(2) Bei der Beurteilung der Entwicklungsbeeinträchtigung können auch außerhalb der medieninhaltlichen Wirkung liegende Umstände der jeweiligen Nutzung des Mediums berücksichtigt werden, wenn diese auf Dauer angelegter Bestandteil des Mediums sind und eine abweichende Gesamtbeurteilung über eine Kennzeichnung nach § 14 Absatz 2a hinaus rechtfertigen.

(3) ¹Insbesondere sind nach konkreter Gefahrenprognose als erheblich einzustufende Risiken für die persönliche Integrität von Kindern und Jugendlichen, die im Rahmen der Nutzung des Mediums auftreten können, unter Einbeziehung etwaiger Vorsorgemaßnahmen im Sinne des § 24a Absatz 1 und 2 angemessen zu berücksichtigen. ²Hierzu zählen insbesondere Risiken durch Kommunikations- und Kontaktfunktionen, durch Kauffunktionen, durch glücksspielähnliche Mechanismen, durch Mechanismen zur Förderung eines exzessiven Mediennutzungsverhaltens, durch die Weitergabe von Bestands- und Nutzungsdaten ohne Einwilligung an Dritte sowie durch nicht altersgerechte Kaufappelle insbesondere durch werbende Verweise auf andere Medien.

§ 11 Filmveranstaltungen. (1) Die Anwesenheit bei öffentlichen Filmveranstaltungen darf Kindern und Jugendlichen nur gestattet werden, wenn die Filme von der obersten Landesbehörde oder einer Organisation der freiwilligen Selbstkontrolle im Rahmen des Verfahrens nach § 14 Abs. 6 zur Vorführung vor ihnen freigegeben worden sind oder wenn es sich um Informations-, Instruktions- und Lehrfilme handelt, die vom Anbieter mit „Infoprogramm" oder „Lehrprogramm" gekennzeichnet sind.

(2) Abweichend von Absatz 1 darf die Anwesenheit bei öffentlichen Filmveranstaltungen mit Filmen, die für Kinder und Jugendliche ab zwölf Jahren freigegeben und gekennzeichnet sind, auch Kindern ab sechs Jahren gestattet werden, wenn sie von einer personensorgeberechtigten oder erziehungsbeauftragten Person begleitet sind.

(3) Unbeschadet der Voraussetzungen des Absatzes 1 darf die Anwesenheit bei öffentlichen Filmveranstaltungen nur mit Begleitung einer personensorgeberechtigten oder erziehungsbeauftragten Person gestattet werden
1. Kindern unter sechs Jahren,
2. Kindern ab sechs Jahren, wenn die Vorführung nach 20 Uhr beendet ist,
3. Jugendlichen unter 16 Jahren, wenn die Vorführung nach 22 Uhr beendet ist,
4. Jugendlichen ab 16 Jahren, wenn die Vorführung nach 24 Uhr beendet ist.

(4) [1]Die Absätze 1 bis 3 gelten für die öffentliche Vorführung von Filmen unabhängig von der Art der Aufzeichnung und Wiedergabe. [2]Sie gelten auch für Werbevorspanne und Beiprogramme. [3]Sie gelten nicht für Filme, die zu nichtgewerblichen Zwecken hergestellt werden, solange die Filme nicht gewerblich genutzt werden.

(5) Werbefilme oder Werbeprogramme, die für alkoholische Getränke werben, dürfen unbeschadet der Voraussetzungen der Absätze 1 bis 4 nur nach 18 Uhr vorgeführt werden.

(6) Werbefilme oder Werbeprogramme, die für Tabakerzeugnisse, elektronische Zigaretten oder Nachfüllbehälter im Sinne des § 1 Absatz 1 Nummer 1 des Tabakerzeugnisgesetzes werben, dürfen nur im Zusammenhang mit Filmen vorgeführt werden, die
1. von der obersten Landesbehörde oder einer Organisation der freiwilligen Selbstkontrolle im Rahmen des Verfahrens nach § 14 Absatz 6 mit „Keine Jugendfreigabe" nach § 14 Absatz 2 gekennzeichnet sind oder
2. nicht nach den Vorschriften dieses Gesetzes gekennzeichnet sind.

§ 12 Bildträger mit Filmen oder Spielen. (1) Zur Weitergabe geeignete, für die Wiedergabe auf oder das Spiel an Bildschirmgeräten mit Filmen oder Spielen programmierte Datenträger (Bildträger) dürfen einem Kind oder einer jugendlichen Person in der Öffentlichkeit nur zugänglich gemacht werden, wenn die Programme von der obersten Landesbehörde oder einer Organisation der freiwilligen Selbstkontrolle im Rahmen des Verfahrens nach § 14 Abs. 6 für ihre Altersstufe freigegeben und gekennzeichnet worden sind oder wenn es sich um Informations-, Instruktions- und Lehrprogramme handelt, die vom Anbieter mit „Infoprogramm" oder „Lehrprogramm" gekennzeichnet sind.

(2) ¹Auf die Kennzeichnungen nach Absatz 1 ist auf dem Bildträger und der Hülle mit einem deutlich sichtbaren Zeichen hinzuweisen. ²Das Zeichen ist auf der Frontseite der Hülle links unten auf einer Fläche von mindestens 1 200 Quadratmillimetern und dem Bildträger auf einer Fläche von mindestens 250 Quadratmillimetern anzubringen. ³Die oberste Landesbehörde kann
1. Näheres über Inhalt, Größe, Form, Farbe und Anbringung der Zeichen anordnen und
2. Ausnahmen für die Anbringung auf dem Bildträger oder der Hülle genehmigen.

⁴Anbieter von Telemedien, die Filme und Spielprogramme verbreiten, müssen auf eine vorhandene Kennzeichnung in ihrem Angebot deutlich hinweisen.

(3) Bildträger, die nicht oder mit „Keine Jugendfreigabe" nach § 14 Abs. 2 von der obersten Landesbehörde oder einer Organisation der freiwilligen Selbstkontrolle im Rahmen des Verfahrens nach § 14 Abs. 6 oder nach § 14 Abs. 7 vom Anbieter gekennzeichnet sind, dürfen
1. einem Kind oder einer jugendlichen Person nicht angeboten, überlassen oder sonst zugänglich gemacht werden,
2. nicht im Einzelhandel außerhalb von Geschäftsräumen, in Kiosken oder anderen Verkaufsstellen, die Kunden nicht zu betreten pflegen, oder im Versandhandel angeboten oder überlassen werden.

(4) Automaten zur Abgabe bespielter Bildträger dürfen
1. auf Kindern oder Jugendlichen zugänglichen öffentlichen Verkehrsflächen,
2. außerhalb von gewerblich oder in sonstiger Weise beruflich oder geschäftlich genutzten Räumen oder
3. in deren unbeaufsichtigten Zugängen, Vorräumen oder Fluren
nur aufgestellt werden, wenn ausschließlich nach § 14 Abs. 2 Nr. 1 bis 4 gekennzeichnete Bildträger angeboten werden und durch technische Vorkehrungen gesichert ist, dass sie von Kindern und Jugendlichen, für deren Altersgruppe ihre Programme nicht nach § 14 Abs. 2 Nr. 1 bis 4 freigegeben sind, nicht bedient werden können.

(5) ¹Bildträger, die Auszüge von Filmen und Spielprogrammen enthalten, dürfen abweichend von den Absätzen 1 und 3 im Verbund mit periodischen Druckschriften nur vertrieben werden, wenn sie mit einem Hinweis des Anbieters versehen sind, der deutlich macht, dass eine Organisation der freiwilligen Selbstkontrolle festgestellt hat, dass diese Auszüge keine Jugendbeeinträchtigungen enthalten. ²Der Hinweis ist sowohl auf der periodischen Druckschrift als auch auf dem Bildträger vor dem Vertrieb mit einem deutlich sichtbaren Zeichen anzubringen. ³Absatz 2 Satz 1 bis 3 gilt entsprechend. ⁴Die Berechtigung nach Satz 1 kann die oberste Landesbehörde für einzelne Anbieter ausschließen.

§ 13 Bildschirmspielgeräte. (1) Das Spielen an elektronischen Bildschirmspielgeräten ohne Gewinnmöglichkeit, die öffentlich aufgestellt sind, darf Kindern und Jugendlichen ohne Begleitung einer personensorgeberechtigten oder erziehungsbeauftragten Person nur gestattet werden, wenn die Programme von der obersten Landesbehörde oder einer Organisation der freiwilligen Selbstkontrolle im Rahmen des Verfahrens nach § 14 Abs. 6 für ihre Altersstufe freigegeben und gekennzeichnet worden sind oder wenn es sich um Informations-, Instruktions- oder Lehrprogramme handelt, die vom Anbieter mit „Infoprogramm" oder „Lehrprogramm" gekennzeichnet sind.

(2) Elektronische Bildschirmspielgeräte dürfen
1. auf Kindern oder Jugendlichen zugänglichen öffentlichen Verkehrsflächen,
2. außerhalb von gewerblich oder in sonstiger Weise beruflich oder geschäftlich genutzten Räumen oder
3. in deren unbeaufsichtigten Zugängen, Vorräumen oder Fluren
nur aufgestellt werden, wenn ihre Programme für Kinder ab sechs Jahren freigegeben und gekennzeichnet oder nach § 14 Abs. 7 mit „Infoprogramm" oder „Lehrprogramm" gekennzeichnet sind.

(3) Auf das Anbringen der Kennzeichnungen auf Bildschirmspielgeräten findet § 12 Abs. 2 Satz 1 bis 3 entsprechende Anwendung.

§ 14 Kennzeichnung von Filmen und Spielprogrammen. (1) Filme und Spielprogramme dürfen nicht für Kinder und Jugendliche freigegeben werden, wenn sie für Kinder und Jugendliche in der jeweiligen Altersstufe entwicklungsbeeinträchtigend sind.

(2) Die oberste Landesbehörde oder eine Organisation der freiwilligen Selbstkontrolle im Rahmen des Verfahrens nach Absatz 6 kennzeichnet die Filme und Spielprogramme mit
1. „Freigegeben ohne Altersbeschränkung",
2. „Freigegeben ab sechs Jahren",
3. „Freigegeben ab zwölf Jahren",
4. „Freigegeben ab sechzehn Jahren",
5. „Keine Jugendfreigabe".

(2a) [1]Die oberste Landesbehörde oder eine Organisation der freiwilligen Selbstkontrolle soll im Rahmen des Verfahrens nach Absatz 6 über die Altersstufen des Absatzes 2 hinaus Filme und Spielprogramme mit Symbolen und weiteren Mitteln kennzeichnen, mit denen die wesentlichen Gründe für die Altersfreigabe des Mediums und dessen potenzielle Beeinträchtigung der persönlichen Integrität angegeben werden. [2]Die oberste Landesbehörde kann Näheres über die Ausgestaltung und Anbringung der Symbole und weiteren Mittel anordnen.

(3) [1]Hat ein Film oder ein Spielprogramm nach Einschätzung der obersten Landesbehörde oder einer Organisation der freiwilligen Selbstkontrolle im Rahmen des Verfahrens nach Absatz 6 einen der in § 15 Abs. 2 Nr. 1 bis 5 bezeichneten Inhalte oder ist es in die Liste nach § 18 aufgenommen, wird es nicht gekennzeichnet. [2]Die oberste Landesbehörde hat Tatsachen, die auf einen Verstoß gegen § 15 Abs. 1 schließen lassen, der zuständigen Strafverfolgungsbehörde mitzuteilen.

(4) ¹Ist ein Film oder ein Spielprogramm mit einem in die Liste nach § 18 aufgenommenen Medium ganz oder im Wesentlichen inhaltsgleich, ist die Kennzeichnung ausgeschlossen. ²Über das Vorliegen einer Inhaltsgleichheit entscheidet die Prüfstelle für jugendgefährdende Medien. ³Satz 1 gilt entsprechend, wenn die Voraussetzungen für eine Aufnahme in die Liste vorliegen. ⁴In Zweifelsfällen führt die oberste Landesbehörde oder eine Organisation der freiwilligen Selbstkontrolle im Rahmen des Verfahrens nach Absatz 6 eine Entscheidung der Prüfstelle für jugendgefährdende Medien herbei.

(4a) Absatz 4 gilt nicht für Freigabeentscheidungen nach § 11 Absatz 1.

(5) ¹Die Kennzeichnungen von Filmen gelten auch für die Vorführung in öffentlichen Filmveranstaltungen von inhaltsgleichen Filmen, wenn und soweit die obersten Landesbehörden nicht in der Vereinbarung zum Verfahren nach Absatz 6 etwas Anderes bestimmen. ²Die Kennzeichnung von Filmen für öffentliche Filmveranstaltungen können auf inhaltsgleiche Filme für Bildträger, Bildschirmspielgeräte und Telemedien übertragen werden; Absatz 4 gilt entsprechend.

(6) ¹Die obersten Landesbehörden können ein gemeinsames Verfahren für die Freigabe und Kennzeichnung der Filme sowie Spielprogramme auf der Grundlage der Ergebnisse der Prüfung durch von Verbänden der Wirtschaft getragene oder unterstützte Organisationen freiwilliger Selbstkontrolle vereinbaren. ²Im Rahmen dieser Vereinbarung kann bestimmt werden, dass die Freigaben und Kennzeichnungen durch eine Organisation der freiwilligen Selbstkontrolle Freigaben und Kennzeichnungen der obersten Landesbehörden aller Länder sind, soweit nicht eine oberste Landesbehörde für ihren Bereich eine abweichende Entscheidung trifft. ³Nach den Bestimmungen des Jugendmedienschutz-Staatsvertrages anerkannte Einrichtungen der freiwilligen Selbstkontrolle können nach den Sätzen 1 und 2 eine Vereinbarung mit den obersten Landesbehörden schließen.

(6a) ¹Das gemeinsame Verfahren nach Absatz 6 soll vorsehen, dass von der zentralen Aufsichtsstelle der Länder für den Jugendmedienschutz bestätigte Altersbewertungen nach dem Jugendmedienschutz-Staatsvertrag oder Altersbewertungen der Veranstalter des öffentlich-rechtlichen Rundfunks als Freigaben im Sinne des Absatzes 6 Satz 2 wirken, sofern dies mit der Spruchpraxis der obersten Landesbehörden nicht unvereinbar ist. ²Die Absätze 3 und 4 bleiben unberührt.

(7) ¹Filme und Spielprogramme zu Informations-, Instruktions- oder Lehrzwecken dürfen vom Anbieter mit „Infoprogramm" oder „Lehrprogramm" nur gekennzeichnet werden, wenn sie offensichtlich nicht die Entwicklung oder Erziehung von Kindern und Jugendlichen beeinträchtigen. ²Die Absätze 1 bis 5 finden keine Anwendung. ³Die oberste Landesbehörde kann das Recht zur Anbieterkennzeichnung für einzelne Anbieter oder für besondere Filme und Spielprogramme ausschließen und durch den Anbieter vorgenommene Kennzeichnungen aufheben.

(8) Enthalten Filme, Bildträger oder Bildschirmspielgeräte neben den zu kennzeichnenden Filmen oder Spielprogrammen Titel, Zusätze oder weitere Darstellungen in Texten, Bildern oder Tönen, bei denen in Betracht kommt, dass sie die Entwicklung oder Erziehung von Kindern oder Jugendlichen beeinträchtigen, so sind diese bei der Entscheidung über die Kennzeichnung mit zu berücksichtigen.

(9) Die Absätze 1 bis 6 und 8 gelten für die Kennzeichnung von zur Verbreitung in Telemedien bestimmten und kennzeichnungsfähigen Filmen und Spielprogrammen entsprechend.

(10) Die oberste Landesbehörde kann Näheres über die Ausgestaltung und Anbringung der Kennzeichnung nach § 14a Absatz 1 mit den Einrichtungen der freiwilligen Selbstkontrolle vereinbaren.

§ 14a Kennzeichnung bei Film- und Spielplattformen. (1) [1]Film- und Spielplattformen sind Diensteanbieter, die Filme oder Spielprogramme in einem Gesamtangebot zusammenfassen und mit Gewinnerzielungsabsicht als eigene Inhalte zum individuellen Abruf zu einem von den Nutzerinnen und Nutzern gewählten Zeitpunkt bereithalten. [2]Film- und Spielplattformen nach Satz 1 dürfen einen Film oder ein Spielprogramm nur bereithalten, wenn sie gemäß den Altersstufen des § 14 Absatz 2 mit einer entsprechenden deutlich wahrnehmbaren Kennzeichnung versehen sind,
1. im Rahmen des Verfahrens des § 14 Absatz 6 oder
2. durch eine nach § 19 des Jugendmedienschutz-Staatsvertrages anerkannte Einrichtung der freiwilligen Selbstkontrolle oder durch einen von einer Einrichtung der freiwilligen Selbstkontrolle zertifizierten Jugendschutzbeauftragten nach § 7 des Jugendmedienschutz-Staatsvertrages oder,
3. wenn keine Kennzeichnung im Sinne der Nummer 1 oder 2 gegeben ist, durch ein von den obersten Landesbehörden anerkanntes automatisiertes Bewertungssystem einer im Rahmen einer Vereinbarung nach § 14 Absatz 6 tätigen Einrichtung der freiwilligen Selbstkontrolle vorgenommen wurde. [3]Die §§ 10b und 14 Absatz 2a gelten entsprechend.

(2) [1]Der Diensteanbieter ist von der Pflicht nach Absatz 1 Satz 2 befreit, wenn die Film- oder Spielplattform im Inland nachweislich weniger als eine Million Nutzerinnen und Nutzer hat. [2]Die Pflicht besteht zudem bei Filmen und Spielprogrammen nicht, bei denen sichergestellt ist, dass sie ausschließlich Erwachsenen zugänglich gemacht werden.

(3) [1]Die Vorschrift findet auch auf Diensteanbieter Anwendung, deren Sitzland nicht Deutschland ist. [2]Die §§ 2a und 3 des Telemediengesetzes bleiben unberührt.

§ 15 Jugendgefährdende Medien. (1) Medien, deren Aufnahme in die Liste jugendgefährdender Medien nach § 24 Abs. 3 Satz 1 bekannt gemacht ist, dürfen als Trägermedien nicht

Jugendschutzgesetz **JuSchG 17**

1. einem Kind oder einer jugendlichen Person angeboten, überlassen oder sonst zugänglich gemacht werden,
2. an einem Ort, der Kindern oder Jugendlichen zugänglich ist oder von ihnen eingesehen werden kann, ausgestellt, angeschlagen, vorgeführt oder sonst zugänglich gemacht werden,
3. im Einzelhandel außerhalb von Geschäftsräumen, in Kiosken oder anderen Verkaufsstellen, die Kunden nicht zu betreten pflegen, im Versandhandel oder in gewerblichen Leihbüchereien oder Lesezirkeln einer anderen Person angeboten oder überlassen werden,
4. im Wege gewerblicher Vermietung oder vergleichbarer gewerblicher Gewährung des Gebrauchs, ausgenommen in Ladengeschäften, die Kindern und Jugendlichen nicht zugänglich sind und von ihnen nicht eingesehen werden können, einer anderen Person angeboten oder überlassen werden,
5. im Wege des Versandhandels eingeführt werden.
6. öffentlich an einem Ort, der Kindern oder Jugendlichen zugänglich ist oder von ihnen eingesehen werden kann, oder durch Verbreiten von Träger- oder Telemedien außerhalb des Geschäftsverkehrs mit dem einschlägigen Handel angeboten, angekündigt oder angepriesen werden,
7. hergestellt, bezogen, geliefert, vorrätig gehalten oder eingeführt werden, um sie oder aus ihnen gewonnene Stücke im Sinne der Nummern 1 bis 6 zu verwenden oder einer anderen Person eine solche Verwendung zu ermöglichen.

(1a) Medien, deren Aufnahme in die Liste jugendgefährdender Medien nach § 24 Absatz 3 Satz 1 bekannt gemacht ist, dürfen als Telemedien nicht an einem Ort, der Kindern oder Jugendlichen zugänglich ist oder von ihnen eingesehen werden kann, vorgeführt werden.

(2) Den Beschränkungen des Absatzes 1 unterliegen, ohne dass es einer Aufnahme in die Liste und einer Bekanntmachung bedarf, schwer jugendgefährdende Trägermedien, die
1. einen der § 86, § 130, § 130a, § 131, § 184, § 184a, § 184b oder § 184c des Strafgesetzbuches bezeichneten Inhalte haben,
2. den Krieg verherrlichen,
3. Menschen, die sterben oder schweren körperlichen oder seelischen Leiden ausgesetzt sind oder waren, in einer die Menschenwürde verletzenden Weise darstellen und ein tatsächliches Geschehen wiedergeben, ohne dass ein überwiegendes berechtigtes Interesse gerade an dieser Form der Berichterstattung vorliegt,
3a. besonders realistische, grausame und reißerische Darstellungen selbstzweckhafter Gewalt beinhalten, die das Geschehen beherrschen,
4. Kinder oder Jugendliche in unnatürlicher, geschlechtsbetonter Körperhaltung darstellen oder
5. offensichtlich geeignet sind, die Entwicklung von Kindern oder Jugendlichen oder ihre Erziehung zu einer eigenverantwortlichen und gemeinschaftsfähigen Persönlichkeit schwer zu gefährden.

(3) Den Beschränkungen des Absatzes 1 unterliegen auch, ohne dass es einer Aufnahme in die Liste und einer Bekanntmachung bedarf, Trägermedien, die mit einem Medium, dessen Aufnahme in die Liste bekannt gemacht ist, ganz oder im Wesentlichen inhaltsgleich sind.

(4) Die Liste der jugendgefährdenden Medien darf nicht zum Zweck der geschäftlichen Werbung abgedruckt oder veröffentlicht werden.

(5) Bei geschäftlicher Werbung für Trägermedien darf nicht darauf hingewiesen werden, dass ein Verfahren zur Aufnahme des Mediums oder eines inhaltsgleichen Mediums in die Liste anhängig ist oder gewesen ist.

(6) Soweit die Lieferung erfolgen darf, haben Gewerbetreibende vor Abgabe an den Handel die Händler auf die Vertriebsbeschränkungen des Absatzes 1 Nr. 1 bis 6 hinzuweisen.

§ 16 Landesrecht. [1]Die Länder können im Bereich der Telemedien über dieses Gesetz hinausgehende Regelungen zum Jugendschutz treffen. [2]Die an die Inhalte von Telemedien zu richtenden besonderen Anforderungen ergeben sich aus dem Jugendmedienschutz-Staatsvertrag.

Abschnitt 4

Bundeszentrale für Kinder- und Jugendmedienschutz

§ 17 Zuständige Bundesbehörde und Leitung. (1) Zuständig für die Durchführung der Aufgaben, die nach diesem Gesetz in bundeseigener Verwaltung ausgeführt werden, ist die Bundesprüfstelle für jugendgefährdende Medien als selbstständige Bundesoberbehörde; sie erhält die Bezeichnung „Bundeszentrale für Kinder- und Jugendmedienschutz" (Bundeszentrale) und untersteht dem Bundesministerium für Familie, Senioren, Frauen und Jugend.

(2) Die Bundeszentrale wird von einer Direktorin oder einem Direktor geleitet (Behördenleitung).

§ 17a Aufgaben. (1) Die Bundeszentrale unterhält eine Prüfstelle für jugendgefährdende Medien, die über die Aufnahme von Medien in die Liste jugendgefährdender Medien nach § 18 und über Streichungen aus dieser Liste entscheidet.

(2) [1]Die Bundeszentrale fördert durch geeignete Maßnahmen die Weiterentwicklung des Kinder- und Jugendmedienschutzes. [2]Hierzu gehören insbesondere
1. die Förderung einer gemeinsamen Verantwortungsübernahme von Staat, Wirtschaft und Zivilgesellschaft zur Koordinierung einer Gesamtstrategie zur Verwirklichung der Schutzziele des § 10a,
2. die Nutzbarmachung und Weiterentwicklung der aus der Gesamtheit der Spruchpraxis der Prüfstelle abzuleitenden Erkenntnisse hinsichtlich durch Medien verursachter sozialethischer Desorientierung von Kindern und Ju-

Jugendschutzgesetz **JuSchG 17**

gendlichen, insbesondere durch Orientierungshilfen für Kinder und Jugendliche, personensorgeberechtigte Personen, Fachkräfte und durch Förderung öffentlicher Diskurse sowie
3. ein regelmäßiger Informationsaustausch mit den im Bereich des Kinder- und Jugendmedienschutzes tätigen Institutionen hinsichtlich der jeweiligen Spruchpraxis.

(3) Die Bundeszentrale überprüft die von Diensteanbietern nach § 24a vorzuhaltenden Vorsorgemaßnahmen.

(4) Die Bundeszentrale kann zur Erfüllung ihrer Aufgabe aus Absatz 2 Maßnahmen, die von überregionaler Bedeutung sind, fördern oder selbst durchführen.

§ 17b Beirat. [1]Die Bundeszentrale richtet einen Beirat ein, der sie bei der Erfüllung der Aufgaben nach § 17a Absatz 2 Satz 1 berät. [2]Dem Beirat gehören bis zu zwölf Personen an, die sich in besonderer Weise für die Verwirklichung der Rechte und den Schutz von Kindern und Jugendlichen einsetzen. [3]Vertretungen der Interessen von Kindern und Jugendlichen stehen drei Plätze zu. [4]Hiervon sind zwei Sitze mit Personen zu besetzen, die zum Zeitpunkt ihrer Berufung höchstens 17 Jahre alt sind und von auf Bundesebene tätigen Vertretungen der Interessen von Kindern und Jugendlichen vorgeschlagen wurden. [5]Die Berufung von Beiratsmitgliedern erfolgt durch die Bundeszentrale für eine Dauer von jeweils drei Jahren. [6]Das Nähere regelt eine Geschäftsordnung.

§ 18 Liste jugendgefährdender Medien. (1) [1]Medien, die geeignet sind, die Entwicklung von Kindern oder Jugendlichen oder ihre Erziehung zu einer eigenverantwortlichen und gemeinschaftsfähigen Persönlichkeit zu gefährden, sind von der Bundeszentrale nach Entscheidung der Prüfstelle für jugendgefährdende Medien in eine Liste (Liste jugendgefährdender Medien) aufzunehmen. [2]Dazu zählen vor allem unsittliche, verrohend wirkende, zu Gewalttätigkeit, Verbrechen oder Rassenhass anreizende Medien sowie Medien, in denen
1. Gewalthandlungen wie Mord- und Metzelszenen selbstzweckhaft und detailliert dargestellt werden oder
2. Selbstjustiz als einzig bewährtes Mittel zur Durchsetzung der vermeintlichen Gerechtigkeit nahe gelegt wird.

(2) *[aufgehoben]*

(3) Ein Medium darf nicht in die Liste aufgenommen werden
1. allein wegen seines politischen, sozialen, religiösen oder weltanschaulichen Inhalts,
2. wenn es der Kunst oder der Wissenschaft, der Forschung oder der Lehre dient,
3. wenn es im öffentlichen Interesse liegt, es sei denn, dass die Art der Darstellung zu beanstanden ist.

(4) In Fällen von geringer Bedeutung kann davon abgesehen werden, ein Medium in die Liste aufzunehmen.

(5) ¹Medien sind in die Liste aufzunehmen, wenn ein Gericht in einer rechtskräftigen Entscheidung festgestellt hat, dass das Medium einen der in § 86, § 130, § 130a, § 131, § 184, § 184a, § 184b oder § 184c des Strafgesetzbuches bezeichneten Inhalte hat. ²§ 21 Absatz 5 Nummer 2 bleibt unberührt.

(5a) Erlangt die Prüfstelle für jugendgefährdende Medien davon Kenntnis, dass eine den Listeneintrag auslösende Entscheidung nach Absatz 5 Satz 1 aufgehoben wurde, hat sie unverzüglich von Amts wegen zu prüfen, ob die Voraussetzungen für den Verbleib des Mediums in der Liste weiterhin vorliegen.

(6) ¹Die Prüfstelle für jugendgefährdende Medien schätzt in ihren Entscheidungen ein, ob ein Medium einen der in den §§ 86, 130, 130a, 131, 184, 184a, 184b oder 184c des Strafgesetzbuches genannten Inhalte hat. ²Im Bejahungsfall hat sie ihre auch insoweit begründete Entscheidung der zuständigen Strafverfolgungsbehörde zuzuleiten.

(7) ¹Medien sind aus der Liste zu streichen, wenn die Voraussetzungen für eine Aufnahme nicht mehr vorliegen. ²Nach Ablauf von 25 Jahren verliert eine Aufnahme in die Liste ihre Wirkung.

(8) ¹Auf Filme und Spielprogramme, die nach § 14 Abs. 2 Nr. 1 bis 5, auch in Verbindung mit § 14 Absatz 9 gekennzeichnet sind, findet Absatz 1 keine Anwendung. ²Absatz 1 ist außerdem nicht anzuwenden, wenn die zentrale Aufsichtsstelle der Länder für den Jugendmedienschutz über das Telemedium zuvor eine Entscheidung dahin gehend getroffen hat, dass die Voraussetzungen für die Aufnahme in die Liste jugendgefährdender Medien nach Absatz 1 nicht vorliegen. ³Hat eine anerkannte Einrichtung der Selbstkontrolle das Telemedium zuvor bewertet, so findet Absatz 1 nur dann Anwendung, wenn die zentrale Aufsichtsstelle der Länder für den Jugendmedienschutz die Voraussetzungen für die Aufnahme in die Liste jugendgefährdender Medien nach Absatz 1 für gegeben hält oder eine Entscheidung der zentralen Aufsichtsstelle der Länder für den Jugendmedienschutz nicht vorliegt.

§ 19 Personelle Besetzung der Prüfstelle für jugendgefährdende Medien.

(1) ¹Die Prüfstelle für jugendgefährdende Medien besteht aus
1. der oder dem Vorsitzenden,
2. je einer oder einem von jeder Landesregierung zu ernennenden Beisitzerin oder Beisitzer und
3. weiteren von dem Bundesministerium für Familie, Senioren, Frauen und Jugend zu ernennenden Beisitzerinnen oder Beisitzern.

²Die oder der Vorsitzende wird vom Bundesministerium für Familie, Senioren, Frauen und Jugend ernannt. ³Die Behördenleitung schlägt hierfür eine bei der Bundeszentrale beschäftigte Person vor, die die Befähigung zum Richteramt nach dem Deutschen Richtergesetz besitzt. ⁴Die Behördenleitung kann den Vorsitz auch selbst ausüben. ⁵Für die Vorsitzende oder den Vorsitzenden und die Beisitzerinnen oder Beisitzer ist mindestens je eine Stellvertreterin oder ein Stellvertreter zu ernennen. ⁶Die jeweilige Landesregierung kann ihr Ernen-

Jugendschutzgesetz **JuSchG 17**

nungsrecht nach Satz 1 Nummer 2 auf eine oberste Landesbehörde übertragen.

(2) ¹Die von dem Bundesministerium für Familie, Senioren, Frauen und Jugend zu ernennenden Beisitzerinnen und Beisitzer sind den Kreisen
1. der Kunst,
2. der Literatur,
3. des Buchhandels und der Verlegerschaft,
4. der Anbieter von Bildträgern und von Telemedien,
5. der Träger der freien Jugendhilfe,
6. der Träger der öffentlichen Jugendhilfe,
7. der Lehrerschaft und
8. der Kirchen, der jüdischen Kultusgemeinden und anderer Religionsgemeinschaften, die Körperschaften des öffentlichen Rechts sind,

auf Vorschlag der genannten Gruppen zu entnehmen. ²Dem Buchhandel und der Verlegerschaft sowie dem Anbieter von Bildträgern und von Telemedien stehen diejenigen Kreise gleich, die eine vergleichbare Tätigkeit bei der Auswertung und beim Vertrieb der Medien unabhängig von der Art der Aufzeichnung und der Wiedergabe ausüben.

(3) ¹Die oder der Vorsitzende und die Beisitzerinnen oder Beisitzer werden auf die Dauer von drei Jahren bestimmt. ²Sie können von der Stelle, die sie bestimmt hat, vorzeitig abberufen werden, wenn sie der Verpflichtung zur Mitarbeit in der Bundesprüfstelle für jugendgefährdende Medien nicht nachkommen.

(4) Die Mitglieder der Prüfstelle für jugendgefährdende Medien sind bei ihren Entscheidungen an Weisungen nicht gebunden.

(5) ¹Die Prüfstelle für jugendgefährdende Medien entscheidet in der Besetzung von zwölf Mitgliedern, die aus der oder dem Vorsitzenden, drei Beisitzerinnen oder Beisitzern der Länder und je einer Beisitzerin oder einem Beisitzer aus den in Absatz 2 genannten Gruppen bestehen. ²Erscheinen zur Sitzung einberufene Beisitzerinnen oder Beisitzer oder ihre Stellvertreterinnen oder Stellvertreter nicht, so ist die Prüfstelle für jugendgefährdende Medien auch in einer Besetzung von mindestens neun Mitgliedern beschlussfähig, von denen mindestens zwei den in Absatz 2 Nr. 1 bis 4 genannten Gruppen angehören müssen.

(6) ¹Zur Anordnung der Aufnahme in die Liste bedarf es einer Mehrheit von zwei Dritteln der an der Entscheidung mitwirkenden Mitglieder der Prüfstelle für jugendgefährdende Medien. ²In der Besetzung des Absatzes 5 Satz 2 ist für die Listenaufnahme eine Mindestzahl von sieben Stimmen erforderlich.

§ 20 Vorschlagsberechtigte Verbände. (1) ¹Das Vorschlagsrecht nach § 19 Abs. 2 wird innerhalb der nachfolgenden Kreise durch folgende Organisationen für je eine Beisitzerin oder einen Beisitzer und eine Stellvertreterin oder einen Stellvertreter ausgeübt:

17 JuSchG Jugendschutzgesetz

1. für die Kreise der Kunst durch
   Deutscher Kulturrat,
   Bund Deutscher Kunsterzieher e.V.,
   Künstlergilde e.V.,
   Bund Deutscher Grafik-Designer,
2. für die Kreise der Literatur durch
   Verband deutscher Schriftsteller,
   Freier Deutscher Autorenverband,
   Deutscher Autorenverband e.V.,
   PEN-Zentrum,
3. für die Kreise des Buchhandels und der Verlegerschaft durch
   Börsenverein des Deutschen Buchhandels e.V.,
   Verband Deutscher Bahnhofsbuchhändler,
   Bundesverband Deutscher Buch-, Zeitungs- und Zeitschriftengrossisten e.V.,
   Bundesverband Deutscher Zeitungsverleger e.V.,
   Verband Deutscher Zeitschriftenverleger e.V.,
   Börsenverein des Deutschen Buchhandels e.V. – Verlegerausschuss,
   Arbeitsgemeinschaft der Zeitschriftenverlage (AGZV) im Börsenverein des Deutschen Buchhandels,
4. für die Kreise der Anbieter von Bildträgern und von Telemedien durch
   Bundesverband Video,
   Verband der Unterhaltungssoftware Deutschland e.V.,
   Spitzenorganisation der Filmwirtschaft e.V.,
   Bundesverband Informationswirtschaft, Telekommunikation und neue Medien e.V.,
   Deutscher Multimedia Verband e.V.,
   Electronic Commerce Organisation e.V.,
   Verband der Deutschen Automatenindustrie e.V.,
   IVD Interessengemeinschaft der Videothekare Deutschlands e.V.,
5. für die Kreise der Träger der freien Jugendhilfe durch
   Bundesarbeitsgemeinschaft der Freien Wohlfahrtspflege,
   Deutscher Bundesjugendring,
   Deutsche Sportjugend,
   Bundesarbeitsgemeinschaft Kinder- und Jugendschutz (BAJ) e.V.,
6. für die Kreise der Träger der öffentlichen Jugendhilfe durch
   Deutscher Landkreistag,
   Deutscher Städtetag,
   Deutscher Städte- und Gemeindebund,
7. für die Kreise der Lehrerschaft durch
   Gewerkschaft Erziehung u. Wissenschaft im Deutschen Gewerkschaftsbund,
   Deutscher Lehrerverband,
   Verband Bildung und Erziehung,
   Verein Katholischer deutscher Lehrerinnen und

8. für die Kreise der in § 19 Abs. 2 Nr. 8 genannten Körperschaften des öffentlichen Rechts durch
Bevollmächtigter des Rates der EKD am Sitz der Bundesrepublik Deutschland,
Kommissariat der deutschen Bischöfe – Katholisches Büro in Berlin,
Zentralrat der Juden in Deutschland.

²Für jede Organisation, die ihr Vorschlagsrecht ausübt, ist eine Beisitzerin oder ein Beisitzer und eine stellvertretende Beisitzerin oder ein stellvertretender Beisitzer zu ernennen. ³Reicht eine der in Satz 1 genannten Organisationen mehrere Vorschläge ein, wählt das Bundesministerium für Familie, Senioren, Frauen und Jugend eine Beisitzerin oder einen Beisitzer aus.

(2) ¹Für die in § 19 Abs. 2 genannten Gruppen können Beisitzerinnen oder Beisitzer und stellvertretende Beisitzerinnen und Beisitzer auch durch namentlich nicht bestimmte Organisationen vorgeschlagen werden. ²Das Bundesministerium für Familie, Senioren, Frauen und Jugend fordert im Januar jedes Jahres im Bundesanzeiger dazu auf, innerhalb von sechs Wochen derartige Vorschläge einzureichen. ³Aus den fristgerecht eingegangenen Vorschlägen hat es je Gruppe je eine zusätzliche Beisitzerin oder einen zusätzlichen Beisitzer und eine stellvertretende Beisitzerin oder einen stellvertretenden Beisitzer zu ernennen. ⁴Vorschläge von Organisationen, die kein eigenes verbandliches Gewicht besitzen oder eine dauerhafte Tätigkeit nicht erwarten lassen, sind nicht zu berücksichtigen. ⁵Zwischen den Vorschlägen mehrerer Interessenten entscheidet das Los, sofern diese sich nicht auf einen Vorschlag einigen; Absatz 1 Satz 3 gilt entsprechend. ⁶Sofern es unter Berücksichtigung der Geschäftsbelastung der Bundesprüfstelle für jugendgefährdende Medien erforderlich erscheint und sofern die Vorschläge der innerhalb einer Gruppe namentlich bestimmten Organisationen zahlenmäßig nicht ausreichen, kann das Bundesministerium für Familie, Senioren, Frauen und Jugend auch mehrere Beisitzerinnen oder Beisitzer und stellvertretende Beisitzerinnen oder Beisitzer ernennen; Satz 5 gilt entsprechend.

§ 21 Verfahren der Prüfstelle für jugendgefährdende Medien. (1) Die Prüfstelle für jugendgefährdende Medien wird in der Regel auf Antrag tätig.

(2) Antragsberechtigt sind das Bundesministerium für Familie, Senioren, Frauen und Jugend, die obersten Landesjugendbehörden, die zentrale Aufsichtsstelle der Länder für den Jugendmedienschutz, die Landesjugendämter, die Jugendämter, die anerkannten Einrichtungen der freiwilligen Selbstkontrolle, die aus Mitteln des Bundes, der Länder oder der Landesmedienanstalten geförderten Internet-Beschwerdestellen sowie für den Antrag auf Streichung aus der Liste und für den Antrag auf Feststellung, dass ein Medium nicht mit einem bereits in die Liste aufgenommenen Medium ganz oder im Wesentlichen inhaltsgleich ist, auch die in Absatz 7 genannten Personen.

(3) Kommt eine Listenaufnahme oder eine Streichung aus der Liste offensichtlich nicht in Betracht, so kann die oder der Vorsitzende das Verfahren einstellen.

17 JuSchG — Jugendschutzgesetz

(4) Die Prüfstelle für jugendgefährdende Medien wird von Amts wegen tätig, wenn eine in Absatz 2 nicht genannte Behörde oder ein anerkannter Träger der freien Jugendhilfe dies anregt und die oder der Vorsitzende der Prüfstelle für jugendgefährdende Medien die Durchführung des Verfahrens im Interesse des Jugendschutzes für geboten hält.

(4a) Anträge und Anregungen, die sich auf Medien beziehen, die bei Kindern und Jugendlichen besonders verbreitet sind oder durch die die Belange des Jugendschutzes in besonderem Maße betroffen scheinen, können vorrangig behandelt werden.

(5) Die Prüfstelle für jugendgefährdende Medien wird auf Veranlassung der oder des Vorsitzenden von Amts wegen tätig,
1. wenn zweifelhaft ist, ob ein Medium mit einem bereits in die Liste aufgenommenen Medium ganz oder im Wesentlichen inhaltsgleich ist,
2. wenn bekannt wird, dass die Voraussetzungen für die Aufnahme eines Mediums in die Liste nach § 18 Abs. 7 Satz 1 nicht mehr vorliegen, oder
3. wenn die Aufnahme in die Liste nach § 18 Abs. 7 Satz 2 wirkungslos wird und weiterhin die Voraussetzungen für die Aufnahme in die Liste vorliegen.

(6) ¹Vor der Entscheidung über die Aufnahme eines Telemediums in die Liste hat die Prüfstelle für jugendgefährdende Medien der zentralen Aufsichtsstelle der Länder für den Jugendmedienschutz Gelegenheit zu geben, zu dem Telemedium unverzüglich Stellung zu nehmen. ²Stellungnahmen und Anträge der zentralen Stelle der Länder für den Jugendmedienschutz hat die Prüfstelle für jugendgefährdende Medien bei ihren Entscheidungen maßgeblich zu berücksichtigen. ³Soweit der Prüfstelle für jugendgefährdende Medien eine Stellungnahme der zentralen Aufsichtsstelle der Länder für den Jugendmedienschutz innerhalb von fünf Werktagen nach Aufforderung nicht vorliegt, kann sie ohne diese Stellungnahme entscheiden.

(7) Der Urheberin oder dem Urheber, der Inhaberin oder dem Inhaber der Nutzungsrechte sowie bei Telemedien dem Anbieter ist Gelegenheit zur Stellungnahme zu geben, soweit der Prüfstelle für jugendgefährdende Medien die Anschriften bekannt sind oder die Prüfstelle für jugendgefährdende Medien die Anschriften durch Angaben im Zusammenhang mit dem Medium unter zumutbarem Aufwand aus öffentlich zugänglichen Quellen ermitteln kann.

(8) ¹Die Entscheidungen sind
1. bei Trägermedien der Urheberin oder dem Urheber sowie der Inhaberin oder dem Inhaber der Nutzungsrechte,
2. bei Telemedien der Urheberin oder dem Urheber sowie dem Anbieter und
3. der antragstellenden Behörde
zuzustellen. ²Sie hat die sich aus der Entscheidung ergebenden Verbreitungs- und Werbebeschränkungen im Einzelnen aufzuführen. ³Die Begründung ist beizufügen oder innerhalb einer Woche durch Zustellung nachzureichen. ⁴Dem Bundesministerium für Familie, Senioren, Frauen und Ju-

gend, den obersten Landesjugendbehörden, der zentralen Aufsichtsstelle der Länder für den Jugendmedienschutz und der das Verfahren anregenden Behörde oder Einrichtung oder dem das Verfahren nach Absatz 4 anregenden Träger ist die Entscheidung zu übermitteln.

(9) Die Prüfstelle für jugendgefährdende Medien soll mit der zentralen Aufsichtsstelle der Länder für den Jugendmedienschutz zusammenarbeiten und einen regelmäßigen Informationsaustausch pflegen.

§ 22 Aufnahme periodisch erscheinender Medien in die Liste jugendgefährdender Medien. [1]Periodisch erscheinende Medien können auf die Dauer von drei bis zwölf Monaten in die Liste jugendgefährdender Medien aufgenommen werden, wenn innerhalb von zwölf Monaten mehr als zwei ihrer Folgen in die Liste aufgenommen worden sind. [2]Dies gilt nicht für Tageszeitungen und politische Zeitschriften sowie für deren digitale Ausgaben.

§ 23 Vereinfachtes Verfahren. (1) [1]In einem vereinfachten Verfahren kann die Prüfstelle für jugendgefährdende Medien über die Aufnahme von Medien in die Liste jugendgefährdender Medien entscheiden, wenn
1. das Medium offensichtlich geeignet ist, die Entwicklung von Kindern oder Jugendlichen oder ihre Erziehung zu einer eigenverantwortlichen und gemeinschaftsfähigen Persönlichkeit zu gefährden oder
2. bei einem Telemedium auf Antrag oder nach einer Stellungnahme der zentralen Aufsichtsstelle der Länder für den Jugendmedienschutz entschieden wird.

[2]Im vereinfachten Verfahren treffen die oder der Vorsitzende und zwei weitere Mitglieder der Prüfstelle für jugendgefährdende Medien, von denen ein Mitglied einer der in § 19 Absatz 2 Nummer 1 bis 4 genannten Gruppen angehören muss, die Entscheidung. [3]Die Entscheidung kann im vereinfachten Verfahren nur einstimmig getroffen werden. [4]Kommt eine einstimmige Entscheidung nicht zustande, entscheidet die Prüfstelle für jugendgefährdende Medien in voller Besetzung (§ 19 Absatz 5).

(2) Eine Aufnahme in die Liste nach § 22 ist im vereinfachten Verfahren nicht möglich.

(3) Gegen die Entscheidung können die Betroffenen (§ 21 Abs. 7) innerhalb eines Monats nach Zustellung Antrag auf Entscheidung durch die Prüfstelle für jugendgefährdende Medien in voller Besetzung stellen.

(4) Nach Ablauf von zehn Jahren seit Aufnahme eines Mediums in die Liste kann die Prüfstelle für jugendgefährdende Medien die Streichung aus der Liste unter der Voraussetzung des § 21 Abs. 5 Nr. 2 im vereinfachten Verfahren beschließen.

(5) [1]Wenn die Gefahr besteht, dass ein Medium kurzfristig in großem Umfange vertrieben, verbreitet oder zugänglich gemacht wird und die endgültige Listenaufnahme offensichtlich zu erwarten ist, kann die Aufnahme in die Liste

im vereinfachten Verfahren vorläufig angeordnet werden. ²Absatz 2 gilt entsprechend.

(6) ¹Die vorläufige Anordnung ist mit der abschließenden Entscheidung der Prüfstelle für jugendgefährdende Medien, jedoch spätestens nach Ablauf eines Monats, aus der Liste zu streichen. ²Die Frist des Satzes 1 kann vor ihrem Ablauf um höchstens einen Monat verlängert werden. ³Absatz 1 gilt entsprechend. ⁴Soweit die vorläufige Anordnung im Bundesanzeiger bekannt zu machen ist, gilt dies auch für die Verlängerung.

§ 24 Führung der Liste jugendgefährdender Medien. (1) Die Bundeszentrale führt die Liste jugendgefährdender Medien nach § 17a Absatz 1.

(2) ¹Entscheidungen über die Aufnahme in die Liste oder über Streichungen aus der Liste sind unverzüglich auszuführen. ²Die Liste ist unverzüglich zu korrigieren, wenn Entscheidungen der Prüfstelle für jugendgefährdende Medien aufgehoben werden oder außer Kraft treten.

(2a) ¹Die Liste jugendgefährdender Medien ist als öffentliche Liste zu führen. ²Würde die Bekanntmachung eines Mediums in der öffentlichen Liste jedoch der Wahrung des Kinder- und Jugendschutzes schaden, so ist dieses Medium in einem nichtöffentlichen Teil der Liste zu führen. ³Ein solcher Schaden ist insbesondere dann anzunehmen, wenn eine Bezeichnung des Mediums in der öffentlichen Liste nur in der Weise erfolgen kann, dass durch die Bezeichnung für Kinder und Jugendliche zugleich der unmittelbare Zugang möglich wird.

(3) Wird ein Medium in den öffentlichen Teil der Liste aufgenommen oder aus ihm gestrichen, so ist dies unter Hinweis auf die zugrunde liegende Entscheidung im Bundesanzeiger bekannt zu machen.

(4) ¹Die Bundeszentrale kann die Liste der zentralen Aufsichtsstelle der Länder für den Jugendmedienschutz, den im Bereich der Telemedien anerkannten Einrichtungen der Selbstkontrolle und den aus Mitteln des Bundes, der Länder oder der Landesmedienanstalten geförderten Internet-Beschwerdestellen in geeigneter Form mitteilen, damit der Listeninhalt zum Abgleich von Angeboten in Telemedien mit in die Liste aufgenommenen Medien genutzt werden kann, um Kindern und Jugendlichen möglichst ungefährdeten Zugang zu Angeboten zu ermöglichen und die Bearbeitung von Hinweisen auf jugendgefährdende Inhalte zu vereinfachen. ²Die Mitteilung umfasst einen Hinweis auf Einschätzungen nach § 18 Absatz 6.

(5) ¹In Bezug auf die vor Ablauf des 30. April 2021 in die Liste jugendgefährdender Medien aufgenommenen Träger- und Telemedien gelten § 18 Absatz 2 und § 24 Absatz 2 in der bis zu diesem Tag geltenden Fassung fort. ²Die Trägermedien, deren Aufnahme in die Liste jugendgefährdender Medien bis zum 30. April 2021 bekannt gemacht worden ist, können unter Benennung der Listenteile A oder B in eine gemeinsame Listenstruktur mit der ab diesem Tag zu führenden Liste überführt werden.

Jugendschutzgesetz **JuSchG 17**

§ 24a Vorsorgemaßnahmen. (1) ¹Diensteanbieter, die fremde Informationen für Nutzerinnen und Nutzer mit Gewinnerzielungsabsicht speichern oder bereitstellen, haben unbeschadet des § 7 Absatz 2 und des § 10 des Telemediengesetzes durch angemessene und wirksame strukturelle Vorsorgemaßnahmen dafür Sorge zu tragen, dass die Schutzziele des § 10a Nummer 1 bis 3 gewahrt werden. ²Die Pflicht nach Satz 1 besteht nicht für Diensteanbieter, deren Angebote sich nicht an Kinder und Jugendliche richten und von diesen üblicherweise nicht genutzt werden sowie für journalistisch-redaktionell gestaltete Angebote, die vom Diensteanbieter selbst verantwortet werden.

(2) Als Vorsorgemaßnahmen kommen insbesondere in Betracht:
1. die Bereitstellung eines Melde- und Abhilfeverfahrens, mit dem Nutzerinnen und Nutzer Beschwerden über
   a) unzulässige Angebote nach § 4 des Jugendmedienschutz-Staatsvertrages oder
   b) entwicklungsbeeinträchtigende Angebote nach § 5 Absatz 1 und 2 des Jugendmedienschutz-Staatsvertrages, die der Diensteanbieter der Allgemeinheit bereitstellt, ohne seiner Verpflichtung aus § 5 Absatz 1 des Jugendmedienschutz-Staatsvertrages durch Maßnahmen nach § 5 Absatz 3 bis 5 des Jugendmedienschutz-Staatsvertrages nachzukommen
   übermitteln können;
2. die Bereitstellung eines Melde- und Abhilfeverfahrens mit einer für Kinder und Jugendliche geeigneten Benutzerführung, im Rahmen dessen insbesondere minderjährige Nutzer und Nutzerinnen Beeinträchtigungen ihrer persönlichen Integrität durch nutzergenerierte Informationen dem Diensteanbieter melden können;
3. die Bereitstellung eines Einstufungssystems für nutzergenerierte audiovisuelle Inhalte, mit dem Nutzerinnen und Nutzer im Zusammenhang mit der Generierung standardmäßig insbesondere dazu aufgefordert werden, die Eignung eines Inhalts entsprechend der Altersstufe „ab 18 Jahren" als nur für Erwachsene zu bewerten;
4. die Bereitstellung technischer Mittel zur Altersverifikation für nutzergenerierte audiovisuelle Inhalte, die die Nutzerin oder der Nutzer im Zusammenhang mit der Generierung entsprechend der Altersstufe „ab 18 Jahren" als nur für Erwachsene geeignet bewertet hat;
5. der leicht auffindbare Hinweis auf anbieterunabhängige Beratungsangebote, Hilfe- und Meldemöglichkeiten;
6. die Bereitstellung technischer Mittel zur Steuerung und Begleitung der Nutzung der Angebote durch personensorgeberechtigte Personen;
7. die Einrichtung von Voreinstellungen, die Nutzungsrisiken für Kinder und Jugendliche unter Berücksichtigung ihres Alters begrenzen, indem insbesondere ohne ausdrückliche anderslautende Einwilligung
   a) Nutzerprofile weder durch Suchdienste aufgefunden werden können noch für nicht angemeldete Personen einsehbar sind,
   b) Standort- und Kontaktdaten und die Kommunikation mit anderen Nutzerinnen und Nutzern nicht veröffentlicht werden,

c) die Kommunikation mit anderen Nutzerinnen und Nutzern auf einen von den Nutzerinnen und Nutzern vorab selbst gewählten Kreis eingeschränkt ist und
d) die Nutzung anonym oder unter Pseudonym erfolgt;
8. die Verwendung von Bestimmungen in den Allgemeinen Geschäftsbedingungen, die die für die Nutzung wesentlichen Bestimmungen der Allgemeinen Geschäftsbedingungen in kindgerechter Weise darstellen.

(3) Der Diensteanbieter ist von der Pflicht nach Absatz 1 befreit, wenn das Angebot im Inland nachweislich weniger als eine Million Nutzerinnen und Nutzer hat.

(4) [1]Die Vorschrift findet auch auf Diensteanbieter Anwendung, deren Sitzland nicht Deutschland ist. [2]Die Bestimmungen des Netzwerkdurchsetzungsgesetzes vom 1. September 2017 (BGBl. I S. 3352) in der jeweils geltenden Fassung gehen vor. [3]Weitergehende Anforderungen dieses Gesetzes zur Wahrung der Schutzziele des § 10a Nummer 1 bis 3 bleiben unberührt. [4]Die §§ 2a und 3 des Telemediengesetzes sowie die Bestimmungen der Verordnung (EU) 2016/679 des Europäischen Parlaments und des Rates vom 27. April 2016 zum Schutz natürlicher Personen bei der Verarbeitung personenbezogener Daten, zum freien Datenverkehr und zur Aufhebung der Richtlinie 95/46/EG (Datenschutz-Grundverordnung) (ABl. L 119 vom 4.5.2016, S. 1; L 314 vom 22.11.2016, S. 72; L 127 vom 23.5.2018, S. 2) bleiben unberührt.

§ 24b Überprüfung der Vorsorgemaßnahmen. (1) [1]Die Bundeszentrale überprüft die Umsetzung, die konkrete Ausgestaltung und die Angemessenheit der von Diensteanbietern nach § 24a Absatz 1 zu treffenden Vorsorgemaßnahmen. [2]Das gemeinsame Kompetenzzentrum von Bund und Ländern für den Jugendmedienschutz im Internet „jugendschutz.net" nimmt erste Einschätzungen der von den Diensteanbietern getroffenen Vorsorgemaßnahmen vor. [3]„jugendschutz.net" unterrichtet die Bundeszentrale über seine ersten Einschätzungen nach Satz 2. [4]Im Rahmen der Prüfung nach Satz 1 berücksichtigt die Bundeszentrale die Stellungnahme der zentralen Aufsichtsstelle der Länder für den Jugendmedienschutz.

(2) Der Diensteanbieter kann die Pflicht nach § 24a Absatz 1 erfüllen, indem er in einer Leitlinie Maßnahmen festlegt und umsetzt, welche die Vorsorgemaßnahmen nach § 24a Absatz 1 für seinen Bereich konkretisieren und die Leitlinie
1. mit einer nach den Bestimmungen des Jugendmedienschutz-Staatsvertrages anerkannten Einrichtung der freiwilligen Selbstkontrolle, bei der der Diensteanbieter Mitglied ist, vereinbart wurde,
2. der Bundeszentrale zur Beurteilung der Angemessenheit gemäß § 24a Absatz 1 vorgelegt wurde und
3. nach Bestätigung der Angemessenheit durch die Bundeszentrale veröffentlicht wurde (§ 24c Absatz 2).

Jugendschutzgesetz

(3) Stellt die Bundeszentrale fest, dass ein Diensteanbieter keine oder nur unzureichende Vorsorgemaßnahmen nach § 24a Absatz 1 getroffen hat, gibt sie ihm Gelegenheit, Stellung zu nehmen und berät ihn über die erforderlichen Vorsorgemaßnahmen. Trifft der Diensteanbieter auch nach Abschluss der Beratung die erforderlichen Vorsorgemaßnahmen nicht, fordert die Bundeszentrale den Diensteanbieter unter angemessener Fristsetzung zur Abhilfe auf.

(4) Kommt der Diensteanbieter der Aufforderung nach Absatz 3 Satz 2 innerhalb der gesetzten Frist nicht oder nur unzureichend nach, kann die Bundeszentrale die erforderlichen Vorsorgemaßnahmen nach § 24a Absatz 1 unter erneuter angemessener Fristsetzung selbst anordnen. Vor der Anordnung gibt die Bundeszentrale der zentralen Aufsichtsstelle der Länder für den Jugendmedienschutz Gelegenheit zur Stellungnahme.

(5) Hat eine nach den Bestimmungen des Jugendmedienschutz-Staatsvertrages anerkannte Einrichtung der freiwilligen Selbstkontrolle eine Pflicht des Diensteanbieters gemäß § 24a Absatz 1 ausgeschlossen, ist der Prüfumfang der Bundeszentrale auf die Überschreitung der Grenzen des Beurteilungsspielraums durch die Einrichtung der freiwilligen Selbstkontrolle beschränkt.

§ 24c Leitlinie der freiwilligen Selbstkontrolle. (1) Bei der Erarbeitung einer Leitlinie nach § 24b Absatz 2 sind die Sichtweise von Kindern und Jugendlichen und deren Belange in geeigneter Weise angemessen zu berücksichtigen.

(2) [1]Die vereinbarte Leitlinie ist in deutscher Sprache im Bundesanzeiger, auf der Homepage des Diensteanbieters und der Homepage der Einrichtung der freiwilligen Selbstkontrolle spätestens einen Monat nach Ende des Quartals, in dem die Vereinbarung durch die Bundeszentrale als angemessen beurteilt wurde, zu veröffentlichen. [2]Die auf der Homepage veröffentlichte Leitlinie muss leicht erkennbar, unmittelbar erreichbar und ständig verfügbar sein.

§ 24d Inländischer Empfangsbevollmächtigter. [1]Diensteanbieter im Sinne des § 24a Absatz 1 Satz 1 in Verbindung mit Absatz 4 Satz 1 haben sicherzustellen, dass ein Empfangsbevollmächtigter im Inland benannt ist und auf ihn in ihrem Angebot in leicht erkennbarer und unmittelbar erreichbarer Weise aufmerksam gemacht wird. [2]An diesen Empfangsbevollmächtigten können unter Beachtung des § 24a Absatz 4 Bekanntgaben oder Zustellungen in Verfahren nach § 24b Absatz 3 und 4 bewirkt werden. [3]Das gilt auch für die Bekanntgabe oder die Zustellung von Schriftstücken, die solche Verfahren einleiten oder vorbereiten.

§ 25 Rechtsweg. (1) Für Klagen gegen eine Entscheidung der Prüfstelle für jugendgefährdende Medien, ein Medium in die Liste jugendgefährdender Medien aufzunehmen oder einen Antrag auf Streichung aus der Liste abzulehnen, ist der Verwaltungsrechtsweg gegeben.

17 JuSchG — Jugendschutzgesetz

(2) Gegen eine Entscheidung der Prüfstelle für jugendgefährdende Medien, ein Medium nicht in die Liste jugendgefährdender Medien aufzunehmen, sowie gegen eine Einstellung des Verfahrens kann die antragstellende Behörde im Verwaltungsrechtsweg Klage erheben.

(3) Die Klage ist gegen den Bund, vertreten durch die Bundeszentrale für Kinder- und Jugendmedienschutz, zu richten.

(4) ¹Die Klage hat keine aufschiebende Wirkung. ²Vor Erhebung der Klage bedarf es keiner Nachprüfung in einem Vorverfahren, bei einer Entscheidung im vereinfachten Verfahren nach § 23 ist jedoch zunächst eine Entscheidung der Prüfstelle für jugendgefährdende Medien in der Besetzung nach § 19 Abs. 5 herbeizuführen.

Abschnitt 5

Verordnungsermächtigung

§ 26 Verordnungsermächtigung. Die Bundesregierung wird ermächtigt, durch Rechtsverordnung mit Zustimmung des Bundesrates Näheres über den Sitz und das Verfahren der Prüfstelle für jugendgefährdende Medien und die Führung der Liste jugendgefährdender Medien zu regeln.

Abschnitt 6

Ahndung von Verstößen

§ 27 Strafvorschriften. (1) Mit Freiheitsstrafe bis zu einem Jahr oder mit Geldstrafe wird bestraft, wer
1. entgegen § 15 Abs. 1 Nr. 1 bis 5 oder 6, jeweils auch in Verbindung mit Abs. 2, oder entgegen § 15 Absatz 1a ein dort genanntes Medium anbietet, überlässt, zugänglich macht, ausstellt, anschlägt, vorführt, einführt, ankündigt oder anpreist,
2. entgegen § 15 Abs. 1 Nr. 7, auch in Verbindung mit Abs. 2, ein Trägermedium herstellt, bezieht, liefert, vorrätig hält oder einführt,
3. entgegen § 15 Abs. 4 die Liste der jugendgefährdenden Medien abdruckt oder veröffentlicht,
4. entgegen § 15 Abs. 5 bei geschäftlicher Werbung einen dort genannten Hinweis gibt oder
5. einer vollziehbaren Entscheidung nach § 21 Abs. 8 Satz 1 Nr. 1 zuwiderhandelt.

(2) Ebenso wird bestraft, wer als Veranstalter oder Gewerbetreibender
1. eine in § 28 Abs. 1 Nr. 4 bis 18 oder 19 bezeichnete vorsätzliche Handlung begeht und dadurch wenigstens leichtfertig ein Kind oder eine jugendliche Person in der körperlichen, geistigen oder sittlichen Entwicklung schwer gefährdet oder

Jugendschutzgesetz **JuSchG 17**

2. eine in § 28 Abs. 1 Nr. 4 bis 18 oder 19 bezeichnete vorsätzliche Handlung aus Gewinnsucht begeht oder beharrlich wiederholt.

(3) Wird die Tat in den Fällen
1. des Absatzes 1 Nr. 1 oder
2. des Absatzes 1 Nr. 3, 4 oder 5

fahrlässig begangen, so ist die Strafe Freiheitsstrafe bis zu sechs Monaten oder Geldstrafe bis zu hundertachtzig Tagessätzen.

(4) ¹Absatz 1 Nummer 1 und 2 und Absatz 3 Nummer 1 sind nicht anzuwenden, wenn eine personensorgeberechtigte Person oder eine Person, die im Einverständnis mit einer personensorgeberechtigten Person handelt, das Medium einem Kind oder einer jugendlichen Person anbietet, überlässt, zugänglich macht oder vorführt. ²Dies gilt nicht, wenn die personensorgeberechtigte Person durch das Erteilen des Einverständnisses, das Anbieten, Überlassen, Zugänglichmachen oder Vorführen ihre Erziehungspflicht gröblich verletzt.

§ 28 Bußgeldvorschriften. (1) Ordnungswidrig handelt, wer als Veranstalter oder Gewerbetreibender vorsätzlich oder fahrlässig
1. entgegen § 3 Abs. 1 die für seine Betriebseinrichtung oder Veranstaltung geltenden Vorschriften nicht, nicht richtig oder nicht in der vorgeschriebenen Weise bekannt macht,
2. entgegen § 3 Abs. 2 Satz 1 eine Kennzeichnung verwendet,
3. entgegen § 3 Abs. 2 Satz 2 einen Hinweis nicht, nicht richtig oder nicht rechtzeitig gibt,
4. entgegen § 3 Abs. 2 Satz 3 einen Hinweis gibt, einen Film oder ein Spielprogramm ankündigt oder für einen Film oder ein Spielprogramm wirbt,
5. entgegen § 4 Abs. 1 oder 3 einem Kind oder einer jugendlichen Person den Aufenthalt in einer Gaststätte gestattet,
6. entgegen § 5 Abs. 1 einem Kind oder einer jugendlichen Person die Anwesenheit bei einer öffentlichen Tanzveranstaltung gestattet,
7. entgegen § 6 Abs. 1 einem Kind oder einer jugendlichen Person die Anwesenheit in einer öffentlichen Spielhalle oder einem dort genannten Raum gestattet,
8. entgegen § 6 Abs. 2 einem Kind oder einer jugendlichen Person die Teilnahme an einem Spiel mit Gewinnmöglichkeit gestattet,
9. einer vollziehbaren Anordnung nach § 7 Satz 1 zuwiderhandelt,
10. entgegen § 9 Abs. 1 ein alkoholisches Getränk an ein Kind oder eine jugendliche Person abgibt oder ihm oder ihr den Verzehr gestattet,
11. entgegen § 9 Abs. 3 Satz 1 ein alkoholisches Getränk in einem Automaten anbietet,
11a. entgegen § 9 Abs. 4 alkoholhaltige Süßgetränke in den Verkehr bringt,
12. entgegen § 10 Absatz 1, auch in Verbindung mit Absatz 4, ein dort genanntes Produkt an ein Kind oder eine jugendliche Person abgibt oder einem Kind oder einer jugendlichen Person das Rauchen oder den Konsum gestattet,

13. entgegen § 10 Absatz 2 Satz 1 oder Absatz 3, jeweils auch in Verbindung mit Absatz 4, ein dort genanntes Produkt anbietet oder abgibt,
14. entgegen § 11 Abs. 1 oder 3, jeweils auch in Verbindung mit Abs. 4 Satz 2, einem Kind oder einer jugendlichen Person die Anwesenheit bei einer öffentlichen Filmveranstaltung, einem Werbevorspann oder einem Beiprogramm gestattet,
14a. entgegen § 11 Absatz 5 oder 6 einen Werbefilm oder ein Werbeprogramm vorführt,
15. entgegen § 12 Abs. 1 einem Kind oder einer jugendlichen Person einen Bildträger zugänglich macht,
16. entgegen § 12 Abs. 3 Nr. 2 einen Bildträger anbietet oder überlässt,
17. entgegen § 12 Abs. 4 oder § 13 Abs. 2 einen Automaten oder ein Bildschirmspielgerät aufstellt,
18. entgegen § 12 Abs. 5 Satz 1 einen Bildträger vertreibt,
19. entgegen § 13 Abs. 1 einem Kind oder einer jugendlichen Person das Spielen an Bildschirmspielgeräten gestattet oder
20. entgegen § 15 Abs. 6 einen Hinweis nicht, nicht richtig oder nicht rechtzeitig gibt.

(2) Ordnungswidrig handelt, wer als Anbieter vorsätzlich oder fahrlässig
1. entgegen § 12 Abs. 2 Satz 1 und 2, auch in Verbindung mit Abs. 5 Satz 3 oder § 13 Abs. 3, einen Hinweis nicht, nicht richtig oder nicht in der vorgeschriebenen Weise gibt,
2. einer vollziehbaren Anordnung nach § 12 Abs. 2 Satz 3 Nr. 1, auch in Verbindung mit Abs. 5 Satz 3 oder § 13 Abs. 3, oder nach § 14 Abs. 7 Satz 3 zuwiderhandelt,
3. entgegen § 12 Abs. 5 Satz 2 einen Hinweis nicht, nicht richtig, nicht in der vorgeschriebenen Weise oder nicht rechtzeitig anbringt oder
4. entgegen § 14 Abs. 7 Satz 1 einen Film oder ein Spielprogramm mit „Infoprogramm" oder „Lehrprogramm" kennzeichnet.

(3) Ordnungswidrig handelt, wer vorsätzlich oder fahrlässig
1. entgegen § 12 Abs. 2 Satz 4 einen Hinweis nicht, nicht richtig oder nicht in der vorgeschriebenen Weise gibt,
2. entgegen § 14a Absatz 1 Satz 2 einen Film oder ein Spielprogramm bereithält,
3. entgegen § 24 Abs. 5 Satz 2 eine Mitteilung verwendet,
4. einer vollziehbaren Anordnung nach § 24b Absatz 4 Satz 1 zuwiderhandelt oder
5. entgegen § 24d Satz 1 nicht sicherstellt, dass ein Empfangsbevollmächtigter im Inland benannt ist.

(4) [1]Ordnungswidrig handelt, wer als Person über 18 Jahren ein Verhalten eines Kindes oder einer jugendlichen Person herbeiführt oder fördert, das durch ein in Absatz 1 Nr. 5 bis 8, 10, 12, 14 bis 16 oder 19 oder in § 27 Abs. 1 Nr. 1 oder 2 bezeichnetes oder in § 12 Abs. 3 Nr. 1 enthaltenes Verbot oder durch eine vollziehbare Anordnung nach § 7 Satz 1 verhindert werden soll.

Jugendschutzgesetz **JuSchG 17**

²Hinsichtlich des Verbots in § 12 Abs. 3 Nr. 1 gilt dies nicht für die personensorgeberechtigte Person und für eine Person, die im Einverständnis mit der personensorgeberechtigten Person handelt.

(5) ¹Die Ordnungswidrigkeit kann in den Fällen des Absatzes 3 Nummer 4 mit einer Geldbuße bis zu fünf Millionen Euro und in den übrigen Fällen mit einer Geldbuße bis zu fünfzigtausend Euro geahndet werden. ²§ 30 Absatz 2 Satz 3 des Gesetzes über Ordnungswidrigkeiten ist für die Fälle des Absatzes 3 Nummer 4 anzuwenden.

(6) In den Fällen des Absatzes 3 Nummer 2, 4 und 5 kann die Ordnungswidrigkeit auch dann geahndet werden, wenn sie nicht im Geltungsbereich dieses Gesetzes begangen wird.

(7) Verwaltungsbehörde im Sinne des § 36 Absatz 1 Nummer 1 des Gesetzes über Ordnungswidrigkeiten ist in den Fällen des Absatzes 3 Nummer 2, 4 und 5 die Bundeszentrale für Kinder- und Jugendmedienschutz.

Abschnitt 7

Schlussvorschriften

§ 29 Übergangsvorschriften. Auf die nach bisherigem Recht mit „Nicht freigegeben unter achtzehn Jahren" gekennzeichneten Filmprogramme für Bildträger findet § 18 Abs. 8 Satz 1 mit der Maßgabe Anwendung, dass an die Stelle der Angabe „§ 14 Abs. 2 Nr. 1 bis 5,, die Angabe „§ 14 Abs. 2 Nr. 1 bis 4,, tritt.

§ 29a Weitere Übergangsregelung. Beisitzerinnen und Beisitzer der Bundesprüfstelle für jugendgefährdende Medien und ihre Vertreterinnen und Vertreter, die sich am 1. Mai 2021 im Amt befinden, können unabhängig von ihrer bisherigen Mitgliedschaft in der Bundesprüfstelle noch höchstens zweimal als Beisitzerin oder Beisitzer oder als Vertreterin oder Vertreter berufen werden.

§ 29b Bericht und Evaluierung. ¹Dieses Gesetz wird drei Jahre nach Inkrafttreten evaluiert, um zu untersuchen, inwiefern die in § 10a niedergelegten Schutzziele erreicht wurden. ²Die Bundesregierung unterrichtet den Deutschen Bundestag über das Ergebnis der Evaluation. ³In der Folge wird alle zwei Jahre dem Beirat Bericht erstattet über die weitere Entwicklung bei dem Erreichen der Schutzziele des § 10a. ⁴Alle vier Jahre ist dieser Bericht von der Bundesregierung dem Deutschen Bundestag vorzulegen.

§ 30 Inkrafttreten, Außerkrafttreten. (1) ¹Dieses Gesetz tritt an dem Tag in Kraft, an dem der Staatsvertrag der Länder über den Schutz der Menschenwürde und den Jugendschutz in Rundfunk und Telemedien in Kraft[1] tritt. ²Gleichzeitig treten das Gesetz zum Schutze der Jugend in der Öffentlichkeit vom 25. Februar 1985 (BGBl. I S. 425), zuletzt geändert durch Artikel 8a des

17 JuSchG

Gesetzes vom 15. Dezember 2001 (BGBl. I S. 3762) und das Gesetz über die Verbreitung jugendgefährdender Schriften und Medieninhalte in der Fassung der Bekanntmachung vom 12. Juli 1985 (BGBl. I S. 1502), zuletzt geändert durch Artikel 8b des Gesetzes vom 15. Dezember 2001 (BGBl. I S. 3762) außer Kraft. ³Das Bundesministerium für Familie, Senioren, Frauen und Jugend gibt das Datum des Inkrafttretens dieses Gesetzes im Bundesgesetzblatt bekannt[2].

(2) Abweichend von Absatz 1 Satz 1 treten § 10 Abs. 2 und § 28 Abs. 1 Nr. 13 am 1. Januar 2007 in Kraft.

IFG 18

Gesetz zur Regelung des Zugangs zu Informationen des Bundes

vom 5. September 2005 (BGBl. I S. 2722),
zuletzt geändert durch Gesetz vom 19. Juni 2020 (BGBl. I S. 1328)

§ 1 Grundsatz. (1) ¹Jeder hat nach Maßgabe dieses Gesetzes gegenüber den Behörden des Bundes einen Anspruch auf Zugang zu amtlichen Informationen. ²Für sonstige Bundesorgane und -einrichtungen gilt dieses Gesetz, soweit sie öffentlich-rechtliche Verwaltungsaufgaben wahrnehmen. ³Einer Behörde im Sinne dieser Vorschrift steht eine natürliche Person oder juristische Person des Privatrechts gleich, soweit eine Behörde sich dieser Person zur Erfüllung ihrer öffentlich-rechtlichen Aufgaben bedient.

(2) ¹Die Behörde kann Auskunft erteilen, Akteneinsicht gewähren oder Informationen in sonstiger Weise zur Verfügung stellen. ²Begehrt der Antragsteller eine bestimmte Art des Informationszugangs, so darf dieser nur aus wichtigem Grund auf andere Art gewährt werden. ³Als wichtiger Grund gilt insbesondere ein deutlich höherer Verwaltungsaufwand.

(3) Regelungen in anderen Rechtsvorschriften über den Zugang zu amtlichen Informationen gehen mit Ausnahme des § 29 des Verwaltungsverfahrensgesetzes und des § 25 des Zehnten Buches des Sozialgesetzbuchs vor.

§ 2 Begriffsbestimmungen. Im Sinne dieses Gesetzes ist:
1. amtliche Information jede amtlichen Zwecken dienende Aufzeichnung, unabhängig von der Art ihrer Speicherung. Entwürfe und Notizen, die nicht Bestandteil eines Vorgangs werden sollen, gehören nicht dazu;
2. Dritter jeder, über den personenbezogene Daten oder sonstige Informationen vorliegen.

§ 3 Schutz von besonderen öffentlichen Belangen. Der Anspruch auf Informationszugang besteht nicht,
1. wenn das Bekanntwerden der Information nachteilige Auswirkungen haben kann auf
   a) internationale Beziehungen,
   b) militärische und sonstige sicherheitsempfindliche Belange der Bundeswehr,
   c) Belange der inneren oder äußeren Sicherheit,
   d) Kontroll- oder Aufsichtsaufgaben der Finanz-, Wettbewerbs- und Regulierungsbehörden,
   e) Angelegenheiten der externen Finanzkontrolle,
   f) Maßnahmen zum Schutz vor unerlaubtem Außenwirtschaftsverkehr,
   g) die Durchführung eines laufenden Gerichtsverfahrens, den Anspruch einer Person auf ein faires Verfahren oder die Durchführung strafrechtlicher, ordnungswidrigkeitsrechtlicher oder disziplinarischer Ermittlungen,

2. wenn das Bekanntwerden der Information die öffentliche Sicherheit gefährden kann,
3. wenn und solange
   a) die notwendige Vertraulichkeit internationaler Verhandlungen oder
   b) die Beratungen von Behörden beeinträchtigt werden,
4. wenn die Information einer durch Rechtsvorschrift oder durch die Allgemeine Verwaltungsvorschrift zum materiellen und organisatorischen Schutz von Verschlusssachen geregelten Geheimhaltungs- oder Vertraulichkeitspflicht oder einem Berufs- oder besonderen Amtsgeheimnis unterliegt,
5. hinsichtlich vorübergehend beigezogener Information einer anderen öffentlichen Stelle, die nicht Bestandteil der eigenen Vorgänge werden soll,
6. wenn das Bekanntwerden der Information geeignet wäre, fiskalische Interessen des Bundes im Wirtschaftsverkehr oder wirtschaftliche Interessen der Sozialversicherungen zu beeinträchtigen,
7. bei vertraulich erhobener oder übermittelter Information, soweit das Interesse des Dritten an einer vertraulichen Behandlung im Zeitpunkt des Antrags auf Informationszugang noch fortbesteht,
8. gegenüber den Nachrichtendiensten sowie den Behörden und sonstigen öffentlichen Stellen des Bundes, soweit sie Aufgaben im Sinne des § 10 Nr. 3 des Sicherheitsüberprüfungsgesetzes wahrnehmen.

§ 4 Schutz des behördlichen Entscheidungsprozesses. (1) [1]Der Antrag auf Informationszugang soll abgelehnt werden für Entwürfe zu Entscheidungen sowie Arbeiten und Beschlüsse zu ihrer unmittelbaren Vorbereitung, soweit und solange durch die vorzeitige Bekanntgabe der Informationen der Erfolg der Entscheidung oder bevorstehender behördlicher Maßnahmen vereitelt würde. [2]Nicht der unmittelbaren Entscheidungsvorbereitung nach Satz 1 dienen regelmäßig Ergebnisse der Beweiserhebung und Gutachten oder Stellungnahmen Dritter.

(2) Der Antragsteller soll über den Abschluss des jeweiligen Verfahrens informiert werden.

§ 5 Schutz personenbezogener Daten. (1) [1]Zugang zu personenbezogenen Daten darf nur gewährt werden, soweit das Informationsinteresse des Antragstellers das schutzwürdige Interesse des Dritten am Ausschluss des Informationszugangs überwiegt oder der Dritte eingewilligt hat. [2]Besondere Kategorien personenbezogener Daten im Sinne des Artikels 9 Absatz 1 der Verordnung (EU) 2016/679 des Europäischen Parlaments und des Rates vom 27. April 2016 zum Schutz natürlicher Personen bei der Verarbeitung personenbezogener Daten, zum freien Datenverkehr und zur Aufhebung der Richtlinie 95/46/EG (Datenschutz-Grundverordnung) (ABl. L 119 vom 4.5.2016, S. 1; L 314 vom 22.11.2016, S. 72; L 127 vom 23.5.2018, S. 2) in der jeweils geltenden Fassung) dürfen nur übermittelt werden, wenn der Dritte ausdrücklich eingewilligt hat.

Informationsfreiheitsgesetz **IFG 18**

(2) Das Informationsinteresse des Antragstellers überwiegt nicht bei Informationen aus Unterlagen, soweit sie mit dem Dienst- oder Amtsverhältnis oder Mandat des Dritten in Zusammenhang stehen und bei Informationen, die einem Berufs- oder besonderen Amtsgeheimnis unterliegen.

(3) Das Informationsinteresse des Antragstellers überwiegt das schutzwürdige Interesse des Dritten am Ausschluss des Informationszugangs in der Regel dann, wenn sich die Angabe auf Name, Titel, akademischen Grad, Berufs- und Funktionsbezeichnung, Büroanschrift und -telekommunikationsnummer beschränkt und der Dritte als Gutachter, Sachverständiger oder in vergleichbarer Weise eine Stellungnahme in einem Verfahren abgegeben hat.

(4) Name, Titel, akademischer Grad, Berufs- und Funktionsbezeichnung, Büroanschrift und -telekommunikationsnummer von Bearbeitern sind vom Informationszugang nicht ausgeschlossen, soweit sie Ausdruck und Folge der amtlichen Tätigkeit sind und kein Ausnahmetatbestand erfüllt ist.

§ 6 Schutz des geistigen Eigentums und von Betriebs- oder Geschäftsgeheimnissen. [1]Der Anspruch auf Informationszugang besteht nicht, soweit der Schutz geistigen Eigentums entgegensteht. [2]Zugang zu Betriebs- oder Geschäftsgeheimnissen darf nur gewährt werden, soweit der Betroffene eingewilligt hat.

§ 7 Antrag und Verfahren. (1) [1]Über den Antrag auf Informationszugang entscheidet die Behörde, die zur Verfügung über die begehrten Informationen berechtigt ist. [2]Im Falle des § 1 Abs. 1 Satz 3 ist der Antrag an die Behörde zu richten, die sich der natürlichen oder juristischen Person des Privatrechts zur Erfüllung ihrer öffentlich-rechtlichen Aufgaben bedient. [3]Betrifft der Antrag Daten Dritter im Sinne von § 5 Abs. 1 und 2 oder § 6, muss er begründet werden. [4]Bei gleichförmigen Anträgen von mehr als 50 Personen gelten die §§ 17 bis 19 des Verwaltungsverfahrensgesetzes entsprechend.

(2) [1]Besteht ein Anspruch auf Informationszugang zum Teil, ist dem Antrag in dem Umfang statt zu geben, in dem der Informationszugang ohne Preisgabe der geheimhaltungsbedürftigen Informationen oder ohne unverhältnismäßigen Verwaltungsaufwand möglich ist. [2]Entsprechendes gilt, wenn sich der Antragsteller in den Fällen, in denen Belange Dritter berührt sind, mit einer Unkenntlichmachung der diesbezüglichen Informationen einverstanden erklärt.

(3) [1]Auskünfte können mündlich, schriftlich oder elektronisch erteilt werden. [2]Die Behörde ist nicht verpflichtet, die inhaltliche Richtigkeit der Information zu prüfen.

(4) [1]Im Fall der Einsichtnahme in amtliche Informationen kann sich der Antragsteller Notizen machen oder Ablichtungen und Ausdrucke fertigen lassen. [2]§ 6 Satz 1 bleibt unberührt.

(5) [1]Die Information ist dem Antragsteller unter Berücksichtigung seiner Belange unverzüglich zugänglich zu machen. [2]Der Informationszugang soll innerhalb eines Monats erfolgen. [3]§ 8 bleibt unberührt.

§ 8 Verfahren bei Beteiligung Dritter. (1) Die Behörde gibt einem Dritten, dessen Belange durch den Antrag auf Informationszugang berührt sind, schriftlich Gelegenheit zur Stellungnahme innerhalb eines Monats, sofern Anhaltspunkte dafür vorliegen, dass er ein schutzwürdiges Interesse am Ausschluss des Informationszugangs haben kann.

(2) [1]Die Entscheidung nach § 7 Abs. 1 Satz 1 ergeht schriftlich und ist auch dem Dritten bekannt zu geben. [2]Der Informationszugang darf erst erfolgen, wenn die Entscheidung dem Dritten gegenüber bestandskräftig ist oder die sofortige Vollziehung angeordnet worden ist und seit der Bekanntgabe der Anordnung an den Dritten zwei Wochen verstrichen sind. [3]§ 9 Abs. 4 gilt entsprechend.

§ 9 Ablehnung des Antrags; Rechtsweg. (1) Die Bekanntgabe einer Entscheidung, mit der der Antrag ganz oder teilweise abgelehnt wird, hat innerhalb der Frist nach § 7 Abs. 5 Satz 2 zu erfolgen.

(2) Soweit die Behörde den Antrag ganz oder teilweise ablehnt, hat sie mitzuteilen, ob und wann der Informationszugang ganz oder teilweise zu einem späteren Zeitpunkt voraussichtlich möglich ist.

(3) Der Antrag kann abgelehnt werden, wenn der Antragsteller bereits über die begehrten Informationen verfügt oder sich diese in zumutbarer Weise aus allgemein zugänglichen Quellen beschaffen kann.

(4) [1]Gegen die ablehnende Entscheidung sind Widerspruch und Verpflichtungsklage zulässig. [2]Ein Widerspruchsverfahren nach den Vorschriften des Achten Abschnitts der Verwaltungsgerichtsordnung ist auch dann durchzuführen, wenn die Entscheidung von einer obersten Bundesbehörde getroffen wurde.

§ 10 Gebühren und Auslagen. (1) [1]Für individuell zurechenbare öffentliche Leistungen nach diesem Gesetz werden Gebühren und Auslagen erhoben. [2]Dies gilt nicht für die Erteilung einfacher Auskünfte.

(2) Die Gebühren sind auch unter Berücksichtigung des Verwaltungsaufwandes so zu bemessen, dass der Informationszugang nach § 1 wirksam in Anspruch genommen werden kann.

(3) [1]Das Bundesministerium des Innern, für Bau und Heimat wird ermächtigt, für individuell zurechenbare öffentliche Leistungen nach diesem Gesetz die Gebührentatbestände und Gebührensätze durch Rechtsverordnung ohne Zustimmung des Bundesrates zu bestimmen. [2]§ 10 des Bundesgebührengesetzes findet keine Anwendung.

§ 11 Veröffentlichungspflichten. (1) Die Behörden sollen Verzeichnisse führen, aus denen sich die vorhandenen Informationssammlungen und -zwecke erkennen lassen.

(2) Organisations- und Aktenpläne ohne Angabe personenbezogener Daten sind nach Maßgabe dieses Gesetzes allgemein zugänglich zu machen.

Informationsfreiheitsgesetz **IFG 18**

(3) Die Behörden sollen die in Absatz 1 und 2 genannten Pläne und Verzeichnisse sowie weitere geeignete Informationen in elektronischer Form allgemein zugänglich machen.

§ 12 Bundesbeauftragter für die Informationsfreiheit. (1) Jeder kann den Bundesbeauftragten für die Informationsfreiheit anrufen, wenn er sein Recht auf Informationszugang nach diesem Gesetz als verletzt ansieht.

(2) Die Aufgabe des Bundesbeauftragten für die Informationsfreiheit wird von dem Bundesbeauftragten für den Datenschutz wahrgenommen.

(3) Die Bestimmungen des Bundesdatenschutzgesetzes in der am 24. Mai 2018 geltenden Fassung über die Kontrollaufgaben des Bundesbeauftragten für den Datenschutz (§ 24 Abs. 1 und 3 bis 5), über Beanstandungen (§ 25 Abs. 1 Satz 1 Nr. 1 und 4, Satz 2 und Abs. 2 und 3) sowie über weitere Aufgaben gemäß § 26 Abs. 1 bis 3 gelten entsprechend.

§ 13 Änderung anderer Vorschriften. (1) Das Bundesdatenschutzgesetz in der Fassung der Bekanntmachung vom 14. Januar 2003 (BGBl. I S. 66) wird wie folgt geändert: In den Angaben der Inhaltsübersicht zur Überschrift des Dritten Unterabschnitts im Zweiten Abschnitt und zu den §§ 21 bis 26 sowie in § 4c Abs. 2 Satz 2, § 4d Abs. 1, 6 Satz 3, § 6 Abs. 2 Satz 4, § 10 Abs. 3 Satz 1, § 19 Abs. 5 Satz 2, Abs. 6 Satz 1, in der Überschrift des Dritten Unterabschnitts im Zweiten Abschnitt, in den §§ 21 bis 26, in § 42 Abs. 1 Satz 1 zweiter Halbsatz, Abs. 4 Satz 3 sowie § 44 Abs. 2 Satz 2 werden jeweils die Wörter „für den Datenschutz" durch die Wörter „für den Datenschutz und die Informationsfreiheit" ersetzt.

(2) Dem § 5 Abs. 4 des Bundesarchivgesetzes in der Fassung der Bekanntmachung vom 6. Januar 1988 (BGBl. I S. 62), das zuletzt durch Art. 1 des Gesetzes vom 5. Juni 2002 (BGBl. I S. 1782) geändert worden ist, wird folgender Satz angefügt: „Gleiches gilt für Archivgut, soweit es vor der Übergabe an das Bundesarchiv oder die Archive der gesetzgebenden Körperschaften bereits einem Informationszugang nach dem Informationsfreiheitsgesetz offen gestanden hat."

§ 14 Bericht und Evaluierung. [1]Die Bundesregierung unterrichtet den Deutschen Bundestag nach zwei Jahren über die Anwendung dieses Gesetzes. [2]Der Deutsche Bundestag wird das Gesetz auf wissenschaftlicher Grundlage evaluieren.

§ 15 In-Kraft-Treten. Dieses Gesetz tritt am 1. Januar 2006 in Kraft.

18 IFG

Anhang

Übersicht über die dem Informationsfreiheitsgesetz entsprechenden Gesetze einzelner Bundesländer

I. Baden-Württemberg
Gesetz zur Regelung des Zugangs zu Informationen in Baden-Württemberg (Landesinformationsfreiheitsgesetz – LIFG) vom 12. Juni 2018 (GBl. S. 173)

II. Berlin
Gesetz zur Förderung der Informationsfreiheit im Land Berlin vom 15. Oktober 1999 (Berliner Informationsfreiheitsgesetz – IFG; GVBl. 1999, Nr. 45, S. 561; zuletzt geändert durch Gesetz vom 12. Februar 2020, GVBl. 807).

III. Brandenburg
Akteneinsichts- und Informationszugangsgesetz für das Land Brandenburg vom 10. März 1998 (AIG) (GVBl. I S. 46; zuletzt geändert durch Gesetz vom 8. Mai 2018, GVBl. I/Nr. 7).

IV. Bremen
Gesetz über die Freiheit des Zugangs zu Information für das Land Bremen vom 16. Mai 2006 (Bremer Informationsfreiheitsgesetz – BremIFG; GBl. Bremen 2006, Nr. 32, S. 263), zuletzt geändert durch Gesetz vom 5. März 2019 BremGBl. S. 55).

V. Hamburg
Hamburgisches Transparenzgesetz vom 19. Juni 2012 (HmbGVBl. 2012, S. 271), zuletzt geändert durch Gesetz vom 19. Dezember 2019 (HmbGVBl. 2018, S. 56).
(Nach § 18 Abs. 3 S. 2 HmbTG tritt gleichzeitig das Hamburgische Informationsfreiheitsgesetz vom 17. Februar 2009 (HmbGVBl. S. 29) in der geltenden Fassung außer Kraft)

VI. Mecklenburg-Vorpommern
Gesetz zur Regelung des Zugangs zu Information für das Land Mecklenburg-Vorpommern vom 10. Juli 2006 (Informationsfreiheitsgesetz – IFG MV; GVOBl. M-V 2006, S. 556; zuletzt geändert durch Gesetz vom 22. Mai 2018, GVOBl. M-V., S. 193).

VII. Nordrhein-Westfalen
Gesetz zur Freiheit des Zugangs zu Informationen für das Land Nordrhein-Westfalen vom 27. November 2001 (Informationsfreiheitsgesetz NRW – IFG NRW; GV. NRW, S. 806; zuletzt geändert durch Gesetz vom 17. Mai 2018, GV. NRW, S. 244, ber. 404).

VIII. Rheinland-Pfalz
Landestransparenzgesetz (LTranspG) vom 27. September 2015 (GBl. I, S. 383), zuletzt geändert durch Gesetz vom 23. September 2020 (GBl. I, S 461).

Das Landestransparenzgesetz tritt an die Stelle des bisherigen Landesgesetzes über die Freiheit des Zugangs zu Informationen im Sinne eines erweiterten Zugangsverständnisses zu öffentlichen Informationen im Hinblick auf open data und open government.

IX. Saarland
Saarländisches Informationsfreiheitsgesetz (SFIG, Gesetz Nr. 1596; Amtsbl. I 2006, S. 1624 ff.; zuletzt geändert durch Gesetz vom 22. August 2018, Amtsbl. I, S. 674).

X. Sachsen-Anhalt
Informationszugangsgesetz Sachsen-Anhalt vom 19. Juni 2008 (IZG LSA, GVBl. LSA, S. 242–245), zuletzt geändert durch Gesetz vom 18. Februar 2020, GVBl. LSA, S. 25).

XI. Schleswig-Holstein
Gesetz über die Freiheit des Zugangs zu Informationen für das Land Schleswig-Holstein vom 9. Februar 2000 (Informationsfreiheitsgesetz für das Land Schleswig-Holstein; GVOBl. Schl.-H. 4/2000, S. 166; zuletzt geändert durch Gesetz vom 18. Dezember 2020, GVOBl. Schl.-H. 2015, S. 25).

XII. Thüringen
Thüringer Transparenzgesetz (ThürTG) vom 10. Oktober 2019 (GVBl. 2019, S. 373).

Das Landestransparenzgesetz tritt an die Stelle des bisherigen Thüringer Informationsfreiheitsgesetzes, das mit Wirkung zum 31.12.2019 aufgehoben wurde.

VIG 18a

Gesetz zur Verbesserung der gesundheitsbezogenen Verbraucherinformation (Verbraucherinformationsgesetz – VIG)

in der Fassung der Bekanntmachung vom 17. Oktober 2012
(BGBl. I S. 2166, ber. S. 2725),
geändert durch Gesetz vom 27. Juli 2021 (BGBl. I S. 3146)

§ 1 Anwendungsbereich. Durch dieses Gesetz erhalten Verbraucherinnen und Verbraucher freien Zugang zu den bei informationspflichtigen Stellen vorliegenden Informationen über
1. Erzeugnisse im Sinne des Lebensmittel- und Futtermittelgesetzbuches (Erzeugnisse) sowie
2. Verbraucherprodukte, die dem § 2 Nummer 25 des Produktsicherheitsgesetzes unterfallen (Verbraucherprodukte),

damit der Markt transparenter gestaltet und hierdurch der Schutz der Verbraucherinnen und Verbraucher vor gesundheitsschädlichen oder sonst unsicheren Erzeugnissen und Verbraucherprodukten sowie vor Täuschung beim Verkehr mit Erzeugnissen und Verbraucherprodukten verbessert wird.

§ 2 Anspruch auf Zugang zu Informationen. (1) ^{1}Jeder hat nach Maßgabe dieses Gesetzes Anspruch auf freien Zugang zu allen Daten über
1. von den nach Bundes- oder Landesrecht zuständigen Stellen festgestellte nicht zulässige Abweichungen von Anforderungen
   a) des Lebensmittel- und Futtermittelgesetzbuches und des Produktsicherheitsgesetzes,
   b) der aufgrund dieser Gesetze erlassenen Rechtsverordnungen,
   c) unmittelbar geltender Rechtsakte der Europäischen Gemeinschaft oder der Europäischen Union im Anwendungsbereich der genannten Gesetze sowie Maßnahmen und Entscheidungen, die im Zusammenhang mit den in den Buchstaben a bis c genannten Abweichungen getroffen worden sind,
2. von einem Erzeugnis oder einem Verbraucherprodukt ausgehende Gefahren oder Risiken für Gesundheit und Sicherheit von Verbraucherinnen und Verbrauchern,
3. die Zusammensetzung von Erzeugnissen und Verbraucherprodukten, ihre Beschaffenheit, die physikalischen, chemischen und biologischen Eigenschaften einschließlich ihres Zusammenwirkens und ihrer Einwirkung auf den Körper, auch unter Berücksichtigung der bestimmungsgemäßen Verwendung oder vorhersehbaren Fehlanwendung,
4. die Kennzeichnung, die Herkunft, die Verwendung, das Herstellen und das Behandeln von Erzeugnissen und Verbraucherprodukten,
5. zugelassene Abweichungen von den in Nummer 1 genannten Rechtsvorschriften über die in den Nummern 3 und 4 genannten Merkmale oder Tätigkeiten,

6. die Ausgangsstoffe und die bei der Gewinnung der Ausgangsstoffe angewendeten Verfahren,
7. Überwachungsmaßnahmen oder andere behördliche Tätigkeiten oder Maßnahmen zum Schutz von Verbraucherinnen und Verbrauchern, einschließlich der Auswertung dieser Tätigkeiten und Maßnahmen, sowie Statistiken über Verstöße gegen in § 39 Absatz 1 Satz 1 des Lebensmittel- und Futtermittelgesetzbuches und § 8 des Marktüberwachungsgesetzes genannte Rechtsvorschriften, soweit sich die Verstöße auf Erzeugnisse oder Verbraucherprodukte beziehen,,

(Informationen), die bei einer Stelle im Sinne des Absatzes 2 unabhängig von der Art ihrer Speicherung vorhanden sind. ²Der Anspruch nach Satz 1 besteht insoweit, als kein Ausschluss- oder Beschränkungsgrund nach § 3 vorliegt.

(2) ¹Stelle im Sinne des Absatzes 1 Satz 1 ist
1. jede Behörde im Sinne des § 1 Absatz 4 des Verwaltungsverfahrensgesetzes, die aufgrund
   a) anderer bundesrechtlicher oder
   b) landesrechtlicher
   Vorschriften öffentlich-rechtliche Aufgaben oder Tätigkeiten wahrnimmt, die der Erfüllung der in § 1 des Lebensmittel- und Futtermittelgesetzbuches oder bei Verbraucherprodukten der Gewährleistung von Sicherheit und Gesundheit nach den Vorschriften des Produktsicherheitsgesetzes sowie der aufgrund des Produktsicherheitsgesetzes erlassenen Rechtsverordnungen dienen,
2. jede natürliche oder juristische Person des Privatrechts, die aufgrund
   a) anderer bundesrechtlicher oder
   b) landesrechtlicher
   Vorschriften öffentlich-rechtliche Aufgaben oder Tätigkeiten wahrnimmt, die der Erfüllung der in § 1 des Lebensmittel- und Futtermittelgesetzbuches oder bei Verbraucherprodukten der Gewährleistung von Sicherheit und Gesundheit nach den Vorschriften des Produktsicherheitsgesetzes sowie der aufgrund des Produktsicherheitsgesetzes erlassenen Rechtsverordnungen dienen und der Aufsicht einer Behörde unterstellt ist.

²Satz 1 gilt im Fall einer Gemeinde oder eines Gemeindeverbandes nur, wenn der Gemeinde oder dem Gemeindeverband die Aufgaben nach diesem Gesetz durch Landesrecht übertragen worden sind.

(3) Zu den Stellen im Sinne des Absatzes 2 Satz 1 gehören nicht die obersten Bundes- und Landesbehörden, soweit sie im Rahmen der Gesetzgebung oder beim Erlass von Rechtsverordnungen tätig werden, unabhängige Organe der Finanzkontrolle sowie Gerichte, Justizvollzugsbehörden, Strafverfolgungs- und Disziplinarbehörden und diesen vorgesetzte Dienststellen.

(4) Die Vorschriften dieses Gesetzes gelten nicht, soweit in anderen Rechtsvorschriften entsprechende oder weitergehende Vorschriften vorgesehen sind.

§ 3 Ausschluss- und Beschränkungsgründe. ¹Der Anspruch nach § 2 besteht wegen

1. entgegenstehender öffentlicher Belange nicht,
   a) soweit das Bekanntwerden der Informationen
      aa) nachteilige Auswirkungen haben kann auf internationale Beziehungen oder militärische und sonstige sicherheitsempfindliche Belange der Bundeswehr oder
      bb) die Vertraulichkeit der Beratung von Behörden berührt oder eine erhebliche Gefahr für die öffentliche Sicherheit verursachen kann;
   b) während der Dauer eines Verwaltungsverfahrens, eines Gerichtsverfahrens, eines strafrechtlichen Ermittlungsverfahrens, eines Disziplinarverfahrens, eines Gnadenverfahrens oder eines ordnungswidrigkeitsrechtlichen Verfahrens hinsichtlich der Informationen, die Gegenstand des Verfahrens sind, es sei denn, es handelt sich um Informationen nach § 2 Absatz 1 Satz 1 Nummer 1 oder 2 oder das öffentliche Interesse an der Bekanntgabe überwiegt;
   c) soweit das Bekanntwerden der Information geeignet ist, fiskalische Interessen der um Auskunft ersuchten Stelle im Wirtschaftsverkehr zu beeinträchtigen, oder Dienstgeheimnisse verletzt werden könnten;
   d) soweit Informationen betroffen sind, die im Rahmen einer Dienstleistung entstanden sind, die die Stelle aufgrund einer privatrechtlichen Vereinbarung außerhalb des ihr gesetzlich zugewiesenen Aufgabenbereichs des Verbraucherschutzes erbracht hat;
   e) in der Regel bei Informationen nach § 2 Absatz 1 Satz 1 Nummer 1, die vor mehr als fünf Jahren seit der Antragstellung entstanden sind;
2. entgegenstehender privater Belange nicht, soweit
   a) Zugang zu personenbezogenen Daten beantragt wird,
   b) der Schutz des geistigen Eigentums, insbesondere Urheberrechte, dem Informationsanspruch entgegensteht,
   c) durch die begehrten Informationen Betriebs- oder Geschäftsgeheimnisse, insbesondere Rezepturen, Konstruktions- oder Produktionsunterlagen, Informationen über Fertigungsverfahren, Forschungs- und Entwicklungsvorhaben sowie sonstiges geheimnisgeschütztes technisches oder kaufmännisches Wissen, offenbart würden oder
   d) Zugang zu Informationen beantragt wird, die einer Stelle aufgrund einer durch Rechtsvorschrift angeordneten Pflicht zur Meldung oder Unterrichtung mitgeteilt worden sind; dies gilt auch, wenn das meldende oder unterrichtende Unternehmen irrig angenommen hat, zur Meldung oder Unterrichtung verpflichtet zu sein.

²Satz 1 Nummer 2 Buchstabe a bis c gilt nicht, wenn die Betroffenen dem Informationszugang zugestimmt haben oder das öffentliche Interesse an der Bekanntgabe überwiegt. ³Im Falle des Satzes 1 Nummer 1 Buchstabe b zweiter Halbsatz dürfen Informationen nach § 2 Absatz 1 Satz 1 Nummer 1 während eines laufenden strafrechtlichen Ermittlungsverfahrens oder eines Verfahrens vor einem Strafgericht nur

1. soweit und solange hierdurch der mit dem Verfahren verfolgte Untersuchungszweck nicht gefährdet wird und

2. im Benehmen mit der zuständigen Staatsanwaltschaft oder dem zuständigen Gericht

herausgegeben werden. [4]Im Fall des Satzes 1 Nummer 2 Buchstabe a gilt § 5 Absatz 1 Satz 2 und Absatz 3 und 4 des Informationsfreiheitsgesetzes entsprechend. [5]Der Zugang zu folgenden Informationen kann nicht unter Berufung auf das Betriebs- und Geschäftsgeheimnis abgelehnt werden:
1. Informationen nach § 2 Absatz 1 Satz 1 Nummer 1 und 2,
2. Informationen nach § 2 Absatz 1 Satz 1 Nummer 3 und 4, soweit im Einzelfall hinreichende Anhaltspunkte dafür vorliegen, dass von dem jeweiligen Erzeugnis oder Verbraucherprodukt eine Gefährdung oder ein Risiko für Sicherheit und Gesundheit ausgeht und aufgrund unzureichender wissenschaftlicher Erkenntnis oder aus sonstigen Gründen die Ungewissheit nicht innerhalb der gebotenen Zeit behoben werden kann, und
3. Informationen nach § 2 Absatz 1 Satz 1 Nummer 3 bis 6, soweit sie im Rahmen der amtlichen Überwachungstätigkeit nach den in § 2 Absatz 1 Satz 1 Nummer 1 genannten Vorschriften gewonnen wurden und die Einhaltung der Grenzwerte, Höchstgehalte oder Höchstmengen betreffen, die in den in § 2 Absatz 1 Satz 1 Nummer 1 genannten Vorschriften enthalten sind.

[6]Gleiches gilt für den Namen des Händlers, der das Erzeugnis oder Verbraucherprodukt an Verbraucher abgibt, sowie für die Handelsbezeichnung, eine aussagekräftige Beschreibung und bildliche Darstellung des Erzeugnisses oder Verbraucherproduktes und in den Fällen des § 2 Absatz 1 Satz 1 Nummer 1 zusätzlich für den Namen und die Anschrift des Herstellers, Bevollmächtigten, Einführers, Händlers sowie jedes Gliedes der Liefer- und Vertriebskette; Satz 1 Nummer 2 Buchstabe a ist nicht anzuwenden.

§ 4 Antrag. (1) [1]Die Information wird auf Antrag erteilt. [2]Der Antrag muss hinreichend bestimmt sein und insbesondere erkennen lassen, auf welche Informationen er gerichtet ist. [3]Ferner soll der Antrag den Namen und die Anschrift des Antragstellers enthalten. [4]Zuständig ist
1. soweit Zugang zu Informationen bei einer Stelle des Bundes beantragt wird, diese Stelle,
2. im Übrigen die nach Landesrecht zuständige Stelle.

[5]Abweichend von Satz 4 Nummer 1 ist im Fall einer natürlichen oder juristischen Person des Privatrechts für die Bescheidung des Antrags die Aufsicht führende Behörde zuständig.

(2) [1]Informationspflichtig ist jeweils die nach Maßgabe des Absatzes 1 Satz 4 auch in Verbindung mit Satz 5 zuständige Stelle. [2]Diese ist nicht dazu verpflichtet, Informationen, die bei ihr nicht vorhanden sind oder aufgrund von Rechtsvorschriften nicht verfügbar gehalten werden müssen, zu beschaffen.

(3) Der Antrag soll abgelehnt werden,
1. soweit er sich auf Entwürfe zu Entscheidungen sowie Arbeiten und Beschlüsse zu ihrer unmittelbaren Vorbereitung bezieht, es sei denn, es handelt sich um die Ergebnisse einer Beweiserhebung, ein Gutachten oder eine Stellungnahme von Dritten,

Verbraucherinformationsgesetz **VIG 18a**

2. bei vertraulich übermittelten oder erhobenen Informationen oder
3. wenn durch das vorzeitige Bekanntwerden der Erfolg bevorstehender behördlicher Maßnahmen gefährdet würde,
4. soweit durch die Bearbeitung des Antrags die ordnungsgemäße Erfüllung der Aufgaben der Behörde beeinträchtigt würde,
5. bei wissenschaftlichen Forschungsvorhaben einschließlich der im Rahmen eines Forschungsvorhabens erhobenen und noch nicht abschließend ausgewerteten Daten, bis diese Vorhaben wissenschaftlich publiziert werden.

(4) [1]Ein missbräuchlich gestellter Antrag ist abzulehnen. [2]Dies ist insbesondere der Fall, wenn der Antragsteller über die begehrten Informationen bereits verfügt.

(5) [1]Wenn der Antragsteller sich die begehrten Informationen in zumutbarer Weise aus allgemein zugänglichen Quellen beschaffen kann, kann der Antrag abgelehnt und der Antragsteller auf diese Quellen hingewiesen werden. [2]Die Voraussetzungen nach Satz 1 sind insbesondere dann erfüllt, wenn die Stelle den Informationszugang bereits nach § 6 Absatz 1 Satz 3 gewährt. [3]Satz 1 gilt entsprechend, soweit sich in den Fällen des § 2 Absatz 1 Satz 1 Nummer 2 bis 6 eine der in § 3 Satz 6 genannten Personen im Rahmen einer nach den Vorschriften der Verwaltungsverfahrensgesetzes oder den entsprechenden Vorschriften der Verwaltungsverfahrensgesetze der Länder durchgeführten Anhörung verpflichtet, die begehrte Information selbst zu erteilen, es sei denn, der Antragsteller hat nach § 6 Absatz 1 Satz 2 ausdrücklich um eine behördliche Auskunftserteilung gebeten oder es bestehen Anhaltspunkte dafür, dass die Information durch die Person nicht, nicht rechtzeitig oder nicht vollständig erfolgen wird.

§ 5 Entscheidung über den Antrag. (1) [1]Das Verfahren einschließlich der Beteiligung Dritter, deren rechtliche Interessen durch den Ausgang des Verfahrens berührt werden können, richtet sich nach dem Verwaltungsverfahrensgesetz oder den Verwaltungsverfahrensgesetzen der Länder. [2]Für die Anhörung gelten § 28 des Verwaltungsverfahrensgesetzes oder die entsprechenden Vorschriften der Verwaltungsverfahrensgesetze der Länder mit der Maßgabe, dass von einer Anhörung auch abgesehen werden kann
1. bei der Weitergabe von Informationen im Sinne des § 2 Absatz 1 Satz 1 Nummer 1,
2. in Fällen, in denen dem oder der Dritten die Erhebung der Information durch die Stelle bekannt ist und er oder sie in der Vergangenheit bereits Gelegenheit hatte, zur Weitergabe derselben Information Stellung zu nehmen, insbesondere wenn bei gleichartigen Anträgen auf Informationszugang eine Anhörung zu derselben Information bereits durchgeführt worden ist.

[3]Bei gleichförmigen Anträgen von mehr als 20 Personen gelten die §§ 17 und 19 des Verwaltungsverfahrensgesetzes entsprechend.

(2) [1]Der Antrag ist in der Regel innerhalb von einem Monat zu bescheiden. [2]Im Fall einer Beteiligung Dritter verlängert sich die Frist auf zwei Monate;

18a VIG Verbraucherinformationsgesetz

der Antragsteller ist hierüber zu unterrichten. [3]Die Entscheidung über den Antrag ist auch der oder dem Dritten bekannt zu geben. [4]Auf Nachfrage des Dritten legt die Stelle diesem Namen und Anschrift des Antragstellers offen.

(3) [1]Wird dem Antrag stattgegeben, sind Ort, Zeit und Art des Informationszugangs mitzuteilen. [2]Wird der Antrag vollständig oder teilweise abgelehnt, ist mitzuteilen, ob und gegebenenfalls wann die Informationen ganz oder teilweise zu einem späteren Zeitpunkt zugänglich sind.

(4) [1]Widerspruch und Anfechtungsklage haben in den in § 2 Absatz 1 Satz 1 Nummer 1 genannten Fällen keine aufschiebende Wirkung. [2]Auch wenn von der Anhörung Dritter nach Absatz 1 abgesehen wird, darf der Informationszugang erst erfolgen, wenn die Entscheidung dem oder der Dritten bekannt gegeben worden ist und diesem ein ausreichender Zeitraum zur Einlegung von Rechtsbehelfen eingeräumt worden ist. [3]Der Zeitraum nach Satz 2 soll 14 Tage nicht überschreiten.

(5) [1]Ein Vorverfahren findet abweichend von § 68 der Verwaltungsgerichtsordnung auch dann statt, wenn die Entscheidung von einer obersten Bundesbehörde erlassen worden ist. [2]Widerspruchsbehörde ist die oberste Bundesbehörde.

§ 6 Informationsgewährung. (1) [1]Die informationspflichtige Stelle kann den Informationszugang durch Auskunftserteilung, Gewährung von Akteneinsicht oder in sonstiger Weise eröffnen. [2]Wird eine bestimmte Art des Informationszugangs begehrt, so darf dieser nur aus wichtigem Grund auf andere Art gewährt werden. [3]Die informationspflichtige Stelle kann Informationen, zu denen Zugang zu gewähren ist, auch unabhängig von einem Antrag nach § 4 Absatz 1 über das Internet oder in sonstiger öffentlich zugänglicher Weise zugänglich machen; § 5 Absatz 1 gilt entsprechend. [4]Die Informationen sollen für die Verbraucherinnen und Verbraucher verständlich dargestellt werden.

(2) Soweit der informationspflichtigen Stelle keine Erkenntnisse über im Antrag nach § 4 Absatz 1 begehrte Informationen vorliegen, leitet sie den Antrag, soweit ihr dies bekannt und möglich ist, von Amts wegen an die Stelle weiter, der die Informationen vorliegen, und unterrichtet den Antragsteller über die Weiterleitung.

(3) [1]Die informationspflichtige Stelle ist nicht verpflichtet, die inhaltliche Richtigkeit der Informationen zu überprüfen, soweit es sich nicht um personenbezogene Daten handelt. [2]Der informationspflichtigen Stelle bekannte Hinweise auf Zweifel an der Richtigkeit sind mitzuteilen.

(4) [1]Stellen sich die von der informationspflichtigen Stelle zugänglich gemachten Informationen im Nachhinein als falsch oder die zugrunde liegenden Umstände als unrichtig wiedergegeben heraus, so ist dies unverzüglich richtig zu stellen, sofern der oder die Dritte dies beantragt oder dies zur Wahrung erheblicher Belange des Gemeinwohls erforderlich ist. [2]Die Richtigstellung soll in derselben Weise erfolgen, in der die Information zugänglich gemacht wurde.

§ 7 Gebühren und Auslagen. (1) ¹Für individuell zurechenbare öffentliche Leistungen der Behörden nach diesem Gesetz werden vorbehaltlich des Satzes 2 kostendeckende Gebühren und Auslagen erhoben. ²Der Zugang zu Informationen nach § 2 Absatz 1 Satz 1 Nummer 1 ist bis zu einem Verwaltungsaufwand von 1 000 Euro gebühren- und auslagenfrei, der Zugang zu sonstigen Informationen bis zu einem Verwaltungsaufwand von 250 Euro. ³Sofern der Antrag nicht gebühren- und auslagenfrei bearbeitet wird, ist der Antragsteller über die voraussichtliche Höhe der Gebühren und Auslagen vorab zu informieren. ⁴Er ist auf die Möglichkeit hinzuweisen, seinen Antrag zurücknehmen oder einschränken zu können.

(2) ¹Die Bundesregierung wird ermächtigt, durch Rechtsverordnung ohne Zustimmung des Bundesrates die gebührenpflichtigen Tatbestände und die Gebührenhöhe zu bestimmen, soweit dieses Gesetz durch Stellen des Bundes ausgeführt wird. ²§ 15 Abs. 2 des Verwaltungskostengesetzes vom 23. Juni 1970 (BGBl. I S. 821) in der am 14. August 2013 geltenden Fassung findet keine Anwendung.

UIG 18b

Umweltinformationsgesetz (UIG)[1]

in der Fassung der Bekanntmachung vom 25. Februar 2021 (BGBl. I S. 306)

INHALTSÜBERSICHT

Abschnitt 1
Allgemeine Vorschriften

§ 1 Zweck des Gesetzes; Anwendungsbereich
§ 2 Begriffsbestimmungen

Abschnitt 2
Informationszugang auf Antrag

§ 3 Anspruch auf Zugang zu Umweltinformationen
§ 4 Antrag und Verfahren
§ 5 Ablehnung des Antrags
§ 6 Rechtsschutz
§ 7 Unterstützung des Zugangs zu Umweltinformationen

Abschnitt 3
Ablehnungsgründe

§ 8 Schutz öffentlicher Belange
§ 9 Schutz sonstiger Belange

Abschnitt 4
Verbreitung von Umweltinformationen

§ 10 Unterrichtung der Öffentlichkeit
§ 11 Umweltzustandsbericht

Abschnitt 5
Schlussvorschriften

§ 12 Gebühren und Auslagen
§ 13 Überwachung
§ 14 Ordnungswidrigkeiten

Abschnitt 1
Allgemeine Vorschriften

§ 1 Zweck des Gesetzes; Anwendungsbereich. (1) Zweck dieses Gesetzes ist es, den rechtlichen Rahmen für den freien Zugang zu Umweltinformationen bei informationspflichtigen Stellen sowie für die Verbreitung dieser Umweltinformationen zu schaffen.

(2) Dieses Gesetz gilt für informationspflichtige Stellen des Bundes und der bundesunmittelbaren juristischen Personen des öffentlichen Rechts.

§ 2 Begriffsbestimmungen. (1) Informationspflichtige Stellen sind
1. die Regierung und andere Stellen der öffentlichen Verwaltung. Gremien, die diese Stellen beraten, gelten als Teil der Stelle, die deren Mitglieder beruft. Zu den informationspflichtigen Stellen gehören nicht
    a) die obersten Bundesbehörden, soweit und solange sie im Rahmen der Gesetzgebung tätig werden, und

---

[1] Dieses Gesetz dient der Umsetzung der Richtlinie 2003/4/EG des Europäischen Parlaments und des Rates vom 28. Januar 2003 über den Zugang der Öffentlichkeit zu Umweltinformationen und zur Aufhebung der Richtlinie 90/313/EWG des Rates (ABl. L 41 vom 14. Februar 2003, S. 26).

b) Gerichte des Bundes, soweit sie nicht Aufgaben der öffentlichen Verwaltung wahrnehmen;
2. natürliche oder juristische Personen des Privatrechts, soweit sie öffentliche Aufgaben wahrnehmen oder öffentliche Dienstleistungen erbringen, die im Zusammenhang mit der Umwelt stehen, insbesondere solche der umweltbezogenen Daseinsvorsorge, und dabei der Kontrolle des Bundes oder einer unter der Aufsicht des Bundes stehenden juristischen Person des öffentlichen Rechts unterliegen.

(2) Kontrolle im Sinne des Absatzes 1 Nummer 2 liegt vor, wenn
1. die Person des Privatrechts bei der Wahrnehmung der öffentlichen Aufgabe oder bei der Erbringung der öffentlichen Dienstleistung gegenüber Dritten besonderen Pflichten unterliegt oder über besondere Rechte verfügt, insbesondere ein Kontrahierungszwang oder ein Anschluss- und Benutzungszwang besteht, oder
2. eine oder mehrere der in Absatz 1 Nummer 2 genannten juristischen Personen des öffentlichen Rechts allein oder zusammen, unmittelbar oder mittelbar
    a) die Mehrheit des gezeichneten Kapitals des Unternehmens besitzen,
    b) über die Mehrheit der mit den Anteilen des Unternehmens verbundenen Stimmrechte verfügen oder
    c) mehr als die Hälfte der Mitglieder des Verwaltungs-, Leitungs- oder Aufsichtsorgans des Unternehmens bestellen können, oder
3. mehrere juristische Personen des öffentlichen Rechts zusammen unmittelbar oder mittelbar über eine Mehrheit im Sinne der Nummer 2 Buchstabe a bis c verfügen und der überwiegende Anteil an dieser Mehrheit den in Absatz 1 Nummer 2 genannten juristischen Personen des öffentlichen Rechts zuzuordnen ist.

(3) Umweltinformationen sind unabhängig von der Art ihrer Speicherung alle Daten über
1. den Zustand von Umweltbestandteilen wie Luft und Atmosphäre, Wasser, Boden, Landschaft und natürliche Lebensräume einschließlich Feuchtgebiete, Küsten- und Meeresgebiete, die Artenvielfalt und ihre Bestandteile, einschließlich gentechnisch veränderter Organismen, sowie die Wechselwirkungen zwischen diesen Bestandteilen;
2. Faktoren wie Stoffe, Energie, Lärm und Strahlung, Abfälle aller Art sowie Emissionen, Ableitungen und sonstige Freisetzungen von Stoffen in die Umwelt, die sich auf die Umweltbestandteile im Sinne der Nummer 1 auswirken oder wahrscheinlich auswirken;
3. Maßnahmen oder Tätigkeiten, die
    a) sich auf die Umweltbestandteile im Sinne der Nummer 1 oder auf Faktoren im Sinne der Nummer 2 auswirken oder wahrscheinlich auswirken oder
    b) den Schutz von Umweltbestandteilen im Sinne der Nummer 1 bezwecken; zu den Maßnahmen gehören auch politische Konzepte, Rechts-

Umweltinformationsgesetz **UIG 18b**

und Verwaltungsvorschriften, Abkommen, Umweltvereinbarungen, Pläne und Programme;
4. Berichte über die Umsetzung des Umweltrechts;
5. Kosten-Nutzen-Analysen oder sonstige wirtschaftliche Analysen und Annahmen, die zur Vorbereitung oder Durchführung von Maßnahmen oder Tätigkeiten im Sinne der Nummer 3 verwendet werden, und
6. den Zustand der menschlichen Gesundheit und Sicherheit, die Lebensbedingungen des Menschen sowie Kulturstätten und Bauwerke, soweit sie jeweils vom Zustand der Umweltbestandteile im Sinne der Nummer 1 oder von Faktoren, Maßnahmen oder Tätigkeiten im Sinne der Nummern 2 und 3 betroffen sind oder sein können; hierzu gehört auch die Kontamination der Lebensmittelkette.

(4) ¹Eine informationspflichtige Stelle verfügt über Umweltinformationen, wenn diese bei ihr vorhanden sind oder für sie bereitgehalten werden. ²Ein Bereithalten liegt vor, wenn eine natürliche oder juristische Person, die selbst nicht informationspflichtige Stelle ist, Umweltinformationen für eine informationspflichtige Stelle im Sinne des Absatzes 1 aufbewahrt, auf die diese Stelle einen Übermittlungsanspruch hat.

Abschnitt 2

Informationszugang auf Antrag

§ 3 Anspruch auf Zugang zu Umweltinformationen. (1) ¹Jede Person hat nach Maßgabe dieses Gesetzes Anspruch auf freien Zugang zu Umweltinformationen, über die eine informationspflichtige Stelle im Sinne des § 2 Absatz 1 verfügt, ohne ein rechtliches Interesse darlegen zu müssen. ²Daneben bleiben andere Ansprüche auf Zugang zu Informationen unberührt.

(2) ¹Der Zugang kann durch Auskunftserteilung, Gewährung von Akteneinsicht oder in sonstiger Weise eröffnet werden. ²Wird eine bestimmte Art des Informationszugangs beantragt, so darf dieser nur aus gewichtigen Gründen auf andere Art eröffnet werden. ³Als gewichtiger Grund gilt insbesondere ein deutlich höherer Verwaltungsaufwand. ⁴Soweit Umweltinformationen der antragstellenden Person bereits auf andere, leicht zugängliche Art, insbesondere durch Verbreitung nach § 10, zur Verfügung stehen, kann die informationspflichtige Stelle die Person auf diese Art des Informationszugangs verweisen.

(3) ¹Soweit ein Anspruch nach Absatz 1 besteht, sind die Umweltinformationen der antragstellenden Person unter Berücksichtigung etwaiger von ihr angegebener Zeitpunkte, spätestens jedoch mit Ablauf der Frist nach Satz 2 Nummer 1 oder Nummer 2 zugänglich zu machen. ²Die Frist beginnt mit Eingang des Antrags bei der informationspflichtigen Stelle, die über die Informationen verfügt, und endet
1. mit Ablauf eines Monats oder

2. soweit Umweltinformationen derart umfangreich und komplex sind, dass die in Nummer 1 genannte Frist nicht eingehalten werden kann, mit Ablauf von zwei Monaten.

§ 4 Antrag und Verfahren. (1) Umweltinformationen werden von einer informationspflichtigen Stelle auf Antrag zugänglich gemacht.

(2) [1]Der Antrag muss erkennen lassen, zu welchen Umweltinformationen der Zugang gewünscht wird. [2]Ist der Antrag zu unbestimmt, so ist der antragstellenden Person dies innerhalb eines Monats mitzuteilen und Gelegenheit zur Präzisierung des Antrags zu geben. [3]Kommt die antragstellende Person der Aufforderung zur Präzisierung nach, beginnt der Lauf der Frist zur Beantwortung von Anträgen erneut. [4]Die Informationssuchenden sind bei der Stellung und Präzisierung von Anträgen zu unterstützen.

(3) [1]Wird der Antrag bei einer informationspflichtigen Stelle gestellt, die nicht über die Umweltinformationen verfügt, leitet sie den Antrag an die über die begehrten Informationen verfügende Stelle weiter, wenn ihr diese bekannt ist, und unterrichtet die antragstellende Person hierüber. [2]Anstelle der Weiterleitung des Antrags kann sie die antragstellende Person auch auf andere ihr bekannte informationspflichtige Stellen hinweisen, die über die Informationen verfügen.

(4) Wird eine andere als die beantragte Art des Informationszugangs im Sinne von § 3 Absatz 2 eröffnet, ist dies innerhalb der Frist nach § 3 Absatz 3 Satz 2 Nummer 1 unter Angabe der Gründe mitzuteilen.

(5) Über die Geltung der längeren Frist nach § 3 Absatz 3 Satz 2 Nummer 2 ist die antragstellende Person spätestens mit Ablauf der Frist nach § 3 Absatz 3 Satz 2 Nummer 1 unter Angabe der Gründe zu unterrichten.

§ 5 Ablehnung des Antrags. (1) [1]Wird der Antrag ganz oder teilweise nach den §§ 8 und 9 abgelehnt, ist die antragstellende Person innerhalb der Fristen nach § 3 Absatz 3 Satz 2 hierüber zu unterrichten. [2]Eine Ablehnung liegt auch dann vor, wenn nach § 3 Absatz 2 der Informationszugang auf andere Art gewährt oder die antragstellende Person auf eine andere Art des Informationszugangs verwiesen wird. [3]Der antragstellenden Person sind die Gründe für die Ablehnung mitzuteilen; in den Fällen des § 8 Absatz 2 Nummer 4 ist darüber hinaus die Stelle, die das Material vorbereitet, sowie der voraussichtliche Zeitpunkt der Fertigstellung mitzuteilen. [4]§ 39 Absatz 2 des Verwaltungsverfahrensgesetzes findet keine Anwendung.

(2) [1]Wenn der Antrag schriftlich gestellt wurde oder die antragstellende Person dies begehrt, erfolgt die Ablehnung in schriftlicher Form. [2]Sie ist auf Verlangen der antragstellenden Person in elektronischer Form mitzuteilen, wenn der Zugang hierfür eröffnet ist.

(3) Liegt ein Ablehnungsgrund nach § 8 oder § 9 vor, sind die hiervon nicht betroffenen Informationen zugänglich zu machen, soweit es möglich ist, die betroffenen Informationen auszusondern.

Umweltinformationsgesetz **UIG 18b**

(4) Die antragstellende Person ist im Falle der vollständigen oder teilweisen Ablehnung eines Antrags auch über die Rechtsschutzmöglichkeiten gegen die Entscheidung sowie darüber zu belehren, bei welcher Stelle und innerhalb welcher Frist um Rechtsschutz nachgesucht werden kann.

§ 6 Rechtsschutz. (1) Für Streitigkeiten nach diesem Gesetz ist der Verwaltungsrechtsweg gegeben.

(2) Gegen die Entscheidung durch eine Stelle der öffentlichen Verwaltung im Sinne des § 2 Absatz 1 Nummer 1 ist ein Widerspruchsverfahren nach den §§ 68 bis 73 der Verwaltungsgerichtsordnung auch dann durchzuführen, wenn die Entscheidung von einer obersten Bundesbehörde getroffen worden ist.

(3) [1]Ist die antragstellende Person der Auffassung, dass eine informationspflichtige Stelle im Sinne des § 2 Absatz 1 Nummer 2 den Antrag nicht vollständig erfüllt hat, kann sie die Entscheidung der informationspflichtigen Stelle nach Absatz 4 überprüfen lassen. [2]Die Überprüfung ist nicht Voraussetzung für die Erhebung der Klage nach Absatz 1. [3]Eine Klage gegen die zuständige Stelle nach § 13 Absatz 1 ist ausgeschlossen.

(4) [1]Der Anspruch auf nochmalige Prüfung ist gegenüber der informationspflichtigen Stelle im Sinne des § 2 Absatz 1 Nummer 2 innerhalb eines Monats, nachdem diese Stelle mitgeteilt hat, dass der Anspruch nicht oder nicht vollständig erfüllt werden kann, schriftlich geltend zu machen. [2]Die informationspflichtige Stelle hat der antragstellenden Person das Ergebnis ihrer nochmaligen Prüfung innerhalb eines Monats zu übermitteln.

(5) Durch Landesgesetz kann für Streitigkeiten um Ansprüche gegen private informationspflichtige Stellen auf Grund von landesrechtlichen Vorschriften über den Zugang zu Umweltinformationen der Verwaltungsrechtsweg vorgesehen werden.

§ 7 Unterstützung des Zugangs zu Umweltinformationen. (1) [1]Die informationspflichtigen Stellen ergreifen Maßnahmen, um den Zugang zu den bei ihnen verfügbaren Umweltinformationen zu erleichtern. [2]Zu diesem Zweck wirken sie darauf hin, dass Umweltinformationen, über die sie verfügen, zunehmend in elektronischen Datenbanken oder in sonstigen Formaten gespeichert werden, die über Mittel der elektronischen Kommunikation abrufbar sind.

(2) Die informationspflichtigen Stellen treffen praktische Vorkehrungen zur Erleichterung des Informationszugangs, beispielsweise durch
1. die Benennung von Auskunftspersonen oder Informationsstellen,
2. die Veröffentlichung von Verzeichnissen über verfügbare Umweltinformationen,
3. die Einrichtung öffentlich zugänglicher Informationsnetze und Datenbanken oder
4. die Veröffentlichung von Informationen über behördliche Zuständigkeiten.

(3) Soweit möglich, gewährleisten die informationspflichtigen Stellen, dass alle Umweltinformationen, die von ihnen oder für sie zusammengestellt werden, auf dem gegenwärtigen Stand, exakt und vergleichbar sind.

§ 7a Bundesbeauftragte für die Informationsfreiheit. § 12 des Informationsfreiheitsgesetzes findet auf Anträge auf Zugang zu Umweltinformationen nach § 3 entsprechende Anwendung.

Abschnitt 3

Ablehnungsgründe

§ 8 Schutz öffentlicher Belange. (1) ¹Soweit das Bekanntgeben der Informationen nachteilige Auswirkungen hätte auf
1. die internationalen Beziehungen, die Verteidigung oder bedeutsame Schutzgüter der öffentlichen Sicherheit,
2. die Vertraulichkeit der Beratungen von informationspflichtigen Stellen im Sinne des § 2 Absatz 1,
3. die Durchführung eines laufenden Gerichtsverfahrens, den Anspruch einer Person auf ein faires Verfahren oder die Durchführung strafrechtlicher, ordnungswidrigkeitenrechtlicher oder disziplinarrechtlicher Ermittlungen oder
4. den Zustand der Umwelt und ihrer Bestandteile im Sinne des § 2 Absatz 3 Nummer 1 oder Schutzgüter im Sinne des § 2 Absatz 3 Nummer 6,

ist der Antrag abzulehnen, es sei denn, das öffentliche Interesse an der Bekanntgabe überwiegt. ²Der Zugang zu Umweltinformationen über Emissionen kann nicht unter Berufung auf die in den Nummern 2 und 4 genannten Gründe abgelehnt werden.

(2) Soweit ein Antrag
1. offensichtlich missbräuchlich gestellt wurde,
2. sich auf interne Mitteilungen der informationspflichtigen Stellen im Sinne des § 2 Absatz 1 bezieht,
3. bei einer Stelle, die nicht über die Umweltinformationen verfügt, gestellt wird, sofern er nicht nach § 4 Absatz 3 weitergeleitet werden kann,
4. sich auf die Zugänglichmachung von Material, das gerade vervollständigt wird, noch nicht abgeschlossener Schriftstücke oder noch nicht aufbereiteter Daten bezieht oder
5. zu unbestimmt ist und auf Aufforderung der informationspflichtigen Stelle nach § 4 Absatz 2 nicht innerhalb einer angemessenen Frist präzisiert wird,

ist er abzulehnen, es sei denn, das öffentliche Interesse an der Bekanntgabe überwiegt.

§ 9 Schutz sonstiger Belange. (1) ¹Soweit
1. durch das Bekanntgeben der Informationen personenbezogene Daten offenbart und dadurch Interessen der Betroffenen erheblich beeinträchtigt würden,

Umweltinformationsgesetz **UIG 18b**

2. Rechte am geistigen Eigentum, insbesondere Urheberrechte, durch das Zugänglichmachen von Umweltinformationen verletzt würden oder
3. durch das Bekanntgeben Betriebs- oder Geschäftsgeheimnisse zugänglich gemacht würden oder die Informationen dem Steuergeheimnis oder dem Statistikgeheimnis unterliegen,

ist der Antrag abzulehnen, es sei denn, die Betroffenen haben zugestimmt oder das öffentliche Interesse an der Bekanntgabe überwiegt. ²Der Zugang zu Umweltinformationen über Emissionen kann nicht unter Berufung auf die in den Nummern 1 und 3 genannten Gründe abgelehnt werden. ³Vor der Entscheidung über die Offenbarung der durch Satz 1 Nummer 1 bis 3 geschützten Informationen sind die Betroffenen anzuhören. ⁴Die informationspflichtige Stelle hat in der Regel von einer Betroffenheit im Sinne des Satzes 1 Nummer 3 auszugehen, soweit übermittelte Informationen als Betriebs- und Geschäftsgeheimnisse gekennzeichnet sind. ⁵Soweit die informationspflichtige Stelle dies verlangt, haben mögliche Betroffene im Einzelnen darzulegen, dass ein Betriebs- oder Geschäftsgeheimnis vorliegt.

(2) ¹Umweltinformationen, die private Dritte einer informationspflichtigen Stelle übermittelt haben, ohne rechtlich dazu verpflichtet zu sein oder rechtlich verpflichtet werden zu können, und deren Offenbarung nachteilige Auswirkungen auf die Interessen der Dritten hätte, dürfen ohne deren Einwilligung anderen nicht zugänglich gemacht werden, es sei denn, das öffentliche Interesse an der Bekanntgabe überwiegt. ²Der Zugang zu Umweltinformationen über Emissionen kann nicht unter Berufung auf die in Satz 1 genannten Gründe abgelehnt werden.

Abschnitt 4
Verbreitung von Umweltinformationen

§ 10 Unterrichtung der Öffentlichkeit. (1) ¹Die informationspflichtigen Stellen unterrichten die Öffentlichkeit in angemessenem Umfang aktiv und systematisch über die Umwelt. ²In diesem Rahmen verbreiten sie Umweltinformationen, die für ihre Aufgaben von Bedeutung sind und über die sie verfügen.

(2) ¹Zu den zu verbreitenden Umweltinformationen gehören zumindest:
1. der Wortlaut von völkerrechtlichen Verträgen, das von den Organen der Europäischen Gemeinschaften erlassene Gemeinschaftsrecht sowie Rechtsvorschriften von Bund, Ländern oder Kommunen über die Umwelt oder mit Bezug zur Umwelt;
2. politische Konzepte sowie Pläne und Programme mit Bezug zur Umwelt;
3. Berichte über den Stand der Umsetzung von Rechtsvorschriften sowie Konzepten, Plänen und Programmen nach den Nummern 1 und 2, sofern solche Berichte von den jeweiligen informationspflichtigen Stellen in elektronischer Form ausgearbeitet worden sind oder bereitgehalten werden;

4. Daten oder Zusammenfassungen von Daten aus der Überwachung von Tätigkeiten, die sich auf die Umwelt auswirken oder wahrscheinlich auswirken;
5. Zulassungsentscheidungen, die erhebliche Auswirkungen auf die Umwelt haben, und Umweltvereinbarungen sowie
6. zusammenfassende Darstellung und Bewertung der Umweltauswirkungen nach den §§ 24 und 25 des Gesetzes über die Umweltverträglichkeitsprüfung in der Fassung der Bekanntmachung vom 24. Februar 2010 (BGBl. I S. 94) in der jeweils geltenden Fassung und Risikobewertungen im Hinblick auf Umweltbestandteile nach § 2 Absatz 3 Nummer 1.

²In Fällen des Satzes 1 Nummer 5 und 6 genügt zur Verbreitung die Angabe, wo solche Informationen zugänglich sind oder gefunden werden können. ³Die veröffentlichten Umweltinformationen werden in angemessenen Abständen aktualisiert.

(3) ¹Die Verbreitung von Umweltinformationen soll in für die Öffentlichkeit verständlicher Darstellung und leicht zugänglichen Formaten erfolgen. ²Hierzu sollen, soweit vorhanden, elektronische Kommunikationsmittel verwendet werden. ³Zur Verbreitung von Umweltinformationen nach Absatz 2 Satz 1 Nummer 5 und 6 auch in Verbindung mit Satz 2 kann das zentrale Internetportal des Bundes nach § 20 Absatz 1 Satz 1 des Gesetzes über die Umweltverträglichkeitsprüfung genutzt werden. ⁴Satz 2 gilt nicht für Umweltinformationen, die vor Inkrafttreten dieses Gesetzes angefallen sind, es sei denn, sie liegen bereits in elektronischer Form vor.

(4) Die Anforderungen an die Unterrichtung der Öffentlichkeit nach den Absätzen 1 und 2 können auch dadurch erfüllt werden, dass Verknüpfungen zu Internet-Seiten eingerichtet werden, auf denen die zu verbreitenden Umweltinformationen zu finden sind.

(5) ¹Im Falle einer unmittelbaren Bedrohung der menschlichen Gesundheit oder der Umwelt haben die informationspflichtigen Stellen sämtliche Informationen, über die sie verfügen und die es der eventuell betroffenen Öffentlichkeit ermöglichen könnten, Maßnahmen zur Abwendung oder Begrenzung von Schäden infolge dieser Bedrohung zu ergreifen, unmittelbar und unverzüglich zu verbreiten; dies gilt unabhängig davon, ob diese Folge menschlicher Tätigkeit oder einer natürlichen Ursache ist. ²Verfügen mehrere informationspflichtige Stellen über solche Informationen, sollen sie sich bei deren Verbreitung abstimmen.

(6) § 7 Absatz 1 und 3 sowie die §§ 8 und 9 finden entsprechende Anwendung.

(7) Die Wahrnehmung der Aufgaben des § 10 kann auf bestimmte Stellen der öffentlichen Verwaltung oder private Stellen übertragen werden.

(8) Die Bundesregierung wird ermächtigt, durch Rechtsverordnung ohne Zustimmung des Bundesrates zu regeln:
1. die Art und Weise der Verbreitung von Umweltinformationen nach Absatz 2 Satz 1 Nummer 5 und 6 auch in Verbindung mit Satz 2 über das zen-

trale Internetportal des Bundes nach § 20 Absatz 1 Satz 1 des Gesetzes über die Umweltverträglichkeitsprüfung oder über andere elektronische Kommunikationswege sowie
2. die Einzelheiten der Aktualisierung von veröffentlichten Umweltinformationen gemäß Absatz 2 Satz 3, einschließlich des nachträglichen Wegfalls der Unterrichtungspflicht nach Absatz 1.

§ 11 Umweltzustandsbericht. [1]Die Bundesregierung veröffentlicht regelmäßig im Abstand von nicht mehr als vier Jahren einen Bericht über den Zustand der Umwelt im Bundesgebiet. [2]Hierbei berücksichtigt sie § 10 Absatz 1, 3 und 6. [3]Der Bericht enthält Informationen über die Umweltqualität und vorhandene Umweltbelastungen. [4]Der erste Bericht nach Inkrafttreten dieses Gesetzes ist spätestens am 31. Dezember 2006 zu veröffentlichen.

Abschnitt 5

Schlussvorschriften

§ 12 Gebühren und Auslagen. (1) [1]Für die Übermittlung von Informationen auf Grund dieses Gesetzes werden Gebühren und Auslagen erhoben. [2]Dies gilt nicht für die Erteilung mündlicher und einfacher schriftlicher Auskünfte, die Einsichtnahme in Umweltinformationen vor Ort, Maßnahmen und Vorkehrungen nach § 7 Absatz 1 und 2 sowie die Unterrichtung der Öffentlichkeit nach den §§ 10 und 11.

(2) Die Gebühren sind auch unter Berücksichtigung des Verwaltungsaufwandes so zu bemessen, dass der Informationsanspruch nach § 3 Absatz 1 wirksam in Anspruch genommen werden kann.

(3) [1]Die Bundesregierung wird ermächtigt, für individuell zurechenbare öffentliche Leistungen von informationspflichtigen Stellen die Höhe der Gebühren und Auslagen durch Rechtsverordnung, die nicht der Zustimmung des Bundesrates bedarf, zu bestimmen. [2]§ 9 Absatz 1 und 2 sowie die §§ 10 und 12 des Bundesgebührengesetzes finden keine Anwendung.

(4) [1]Private informationspflichtige Stellen im Sinne des § 2 Absatz 1 Nummer 2 können für die Übermittlung von Informationen nach diesem Gesetz von der antragstellenden Person Gebühren- und Auslagenerstattung entsprechend den Grundsätzen nach den Absätzen 1 und 2 verlangen. [2]Die Höhe der erstattungsfähigen Gebühren und Auslagen bemisst sich nach den in der Rechtsverordnung nach Absatz 3 festgelegten Sätzen für individuell zurechenbare öffentliche Leistungen von informationspflichtigen Stellen des Bundes und der bundesunmittelbaren juristischen Personen des öffentlichen Rechts.

§ 13 Überwachung. (1) Die zuständigen Stellen der öffentlichen Verwaltung, die die Kontrolle im Sinne des § 2 Absatz 2 für den Bund oder eine unter der Aufsicht des Bundes stehende juristische Person des öffentlichen Rechts ausüben, überwachen die Einhaltung dieses Gesetzes durch private informationspflichtige Stellen im Sinne des § 2 Absatz 1 Nummer 2.

(2) Die informationspflichtigen Stellen nach § 2 Absatz 1 Nummer 2 haben den zuständigen Stellen auf Verlangen alle Informationen herauszugeben, die die Stellen zur Wahrnehmung ihrer Aufgaben nach Absatz 1 benötigen.

(3) Die nach Absatz 1 zuständigen Stellen können gegenüber den informationspflichtigen Stellen nach § 2 Absatz 1 Nummer 2 die zur Einhaltung und Durchführung dieses Gesetzes erforderlichen Maßnahmen ergreifen oder Anordnungen treffen.

(4) Die Bundesregierung wird ermächtigt, durch Rechtsverordnung, die nicht der Zustimmung des Bundesrates bedarf, die Aufgaben nach den Absätzen 1 bis 3 abweichend von Absatz 1 auf andere Stellen der öffentlichen Verwaltung zu übertragen.

§ 14 Ordnungswidrigkeiten. (1) Ordnungswidrig handelt, wer vorsätzlich oder fahrlässig einer vollziehbaren Anordnung nach § 13 Absatz 3 zuwiderhandelt.

(2) Die Ordnungswidrigkeit nach Absatz 1 kann mit einer Geldbuße bis zu zehntausend Euro geahndet werden.

Gesetz für die Nutzung von Daten des öffentlichen Sektors (DNG)

vom 16. Juli 2021 (BGBl. I S. 2941, 2942, ber. S. 4114)[1]

§ 1 Grundsatz der offenen Daten. (1) Daten, die in den Anwendungsbereich dieses Gesetzes fallen, sollen, soweit möglich, nach dem Grundsatz „konzeptionell und standardmäßig offen" erstellt werden.

(2) Eine Bereitstellungspflicht oder ein Anspruch auf Zugang zu Daten wird mit diesem Gesetz nicht begründet.

§ 2 Anwendungsbereich. (1) Dieses Gesetz gilt für Daten von Datenbereitstellern nach Absatz 2, die
1. aufgrund eines gesetzlichen Anspruchs auf Zugang bereitgestellt werden,
2. aufgrund einer gesetzlichen Bereitstellungspflicht bereitgestellt werden oder
3. auf sonstige Weise öffentlich oder zur ausschließlichen Nutzung bereitgestellt werden.

(2) Datenbereitsteller im Sinne dieses Gesetzes sind:
1. öffentliche Stellen;
2. Unternehmen der Daseinsvorsorge, die den Vorschriften über die Vergabe von öffentlichen Aufträgen und Konzessionen unterfallen oder öffentliche Personenverkehrsdienste betreiben;
3. in Bezug auf Forschungsdaten, die öffentlich finanziert und bereits über ein institutionelles oder thematisches Repositorium öffentlich bereitgestellt wurden:
    a) Hochschulen, Forschungseinrichtungen und Forschungsfördereinrichtungen,
    b) Forschende, wenn die Forschungsdaten nicht bereits durch andere durch dieses Gesetz verpflichtete Datenbereitsteller bereitgestellt wurden;
dies gilt nicht, soweit berechtigte Geschäftsinteressen, Wissenstransfertätigkeiten oder bestehende Rechte Dritter an geistigem Eigentum entgegenstehen.

(3) Dieses Gesetz gilt nicht für
1. Daten,
    a) die nicht oder nur eingeschränkt zugänglich sind, wobei eine Einschränkung auch vorliegt, wenn der Zugang nur bei Nachweis eines rechtlichen oder berechtigten Interesses besteht; nicht oder nur eingeschränkt zugänglich sind Daten insbesondere,
        aa) soweit der Schutz personenbezogener Daten entgegensteht,
        bb) soweit der Schutz von Geschäftsgeheimnissen entgegensteht,

---

1 Das Datennutzungsgesetz (DNG) ersetzt das bisherige unter dieser Nummer enthaltene Gesetz über die Weiterverwendung von Informationen öffentlicher Stellen.

cc) soweit der Schutz der nationalen Sicherheit, der Verteidigung oder der öffentlichen Sicherheit entgegensteht,
dd) soweit die Eigenschaft als vertrauliche Informationen über den Schutz kritischer Infrastrukturen entgegensteht oder
ee) soweit die statistische Geheimhaltung entgegensteht,
b) die geistiges Eigentum Dritter betreffen,
c) die nach den Vorschriften des Bundes oder der Länder über den Zugang der Öffentlichkeit zu Umweltinformationen zugänglich sind und uneingeschränkt, kostenlos, maschinenlesbar und über eine Anwendungsprogrammierschnittstelle nutzbar sind oder
d) deren Bereitstellung nicht unter den durch Rechtsvorschrift festgelegten öffentlichen Auftrag der öffentlichen Stelle fällt;
2. Daten von Unternehmen der Daseinsvorsorge, die außerhalb der Tätigkeit nach § 3 Nummer 2 erstellt wurden;
3. Logos, Wappen und Insignien;
4. Daten von öffentlich-rechtlichen Rundfunkanstalten oder deren Beauftragten, die der Wahrnehmung eines öffentlichen Programm- oder Sendeauftrags dienen;
5. Daten von kulturellen Einrichtungen, außer Bibliotheken, Museen und Archiven; Absatz 2 Nummer 3 findet auf Bibliotheken, Museen und Archive keine Anwendung;
6. Daten von Bildungseinrichtungen der Sekundarstufe und darunter; bei allen sonstigen Bildungseinrichtungen gilt dieses Gesetz nicht für Daten, die keine Forschungsdaten sind.

(4) Die Bestimmungen zum Schutz personenbezogener Daten und weitergehende Anforderungen an die Bereitstellung und Nutzung der Daten von Datenbereitstellern aus anderen Rechtsvorschriften bleiben unberührt.

(5) Öffentliche Stellen berufen sich im Anwendungsbereich dieses Gesetzes nicht auf Rechte des Datenbankherstellers nach § 87b des Urheberrechtsgesetzes.

§ 3 Begriffsbestimmungen. Im Sinne dieses Gesetzes
1. sind öffentliche Stellen
   a) Gebietskörperschaften, einschließlich ihrer Sondervermögen,
   b) andere juristische Personen des öffentlichen und des privaten Rechts, die zu dem besonderen Zweck gegründet wurden, im Allgemeininteresse liegende Aufgaben nichtgewerblicher Art zu erfüllen, wenn
      aa) sie überwiegend von Stellen nach Buchstabe a oder Buchstabe c einzeln oder gemeinsam durch Beteiligung oder auf sonstige Weise finanziert werden,
      bb) ihre Leitung der Aufsicht durch Stellen nach Buchstabe a oder Buchstabe c unterliegt oder
      cc) mehr als die Hälfte der Mitglieder eines ihrer zur Geschäftsführung oder zur Aufsicht berufenen Organe durch Stellen nach Buchstabe a oder Buchstabe c bestimmt worden sind;

dasselbe gilt, wenn diese juristische Person einer anderen juristischen Person des öffentlichen oder privaten Rechts einzeln oder gemeinsam mit anderen die überwiegende Finanzierung gewährt, über deren Leitung die Aufsicht ausübt oder die Mehrheit der Mitglieder eines zur Geschäftsführung oder Aufsicht berufenen Organs bestimmt hat,
   c) Verbände, deren Mitglieder unter Buchstabe a oder Buchstabe b fallen,
2. ist Unternehmen der Daseinsvorsorge ein Unternehmen im Sinne des § 100 Absatz 1 Nummer 2 des Gesetzes gegen Wettbewerbsbeschränkungen, das eine Tätigkeit im Sinne des § 102 des Gesetzes gegen Wettbewerbsbeschränkungen ausübt oder öffentliche Personenverkehrsdienste betreibt,
3. sind Daten vorhandene Aufzeichnungen, unabhängig von der Art ihrer Speicherung,
4. ist Nutzung jede Verwendung von Daten für kommerzielle oder nichtkommerzielle Zwecke, die über die Erfüllung einer öffentlichen Aufgabe oder die Erbringung von Dienstleistungen von allgemeinem Interesse hinausgeht oder die neben der Erfüllung öffentlicher Aufgaben auch zu eigenen kommerziellen Zwecken erfolgt,
5. liegt ein maschinenlesbares Format vor, wenn die Daten durch Software automatisiert ausgelesen und verarbeitet werden können,
6. ist offenes Format ein Dateiformat, das nichtproprietär und plattformunabhängig ist und der Öffentlichkeit ohne Einschränkungen, die der Nutzung von Daten hinderlich wären, zugänglich gemacht wird,
7. ist förmlicher offener Standard ein in Textform niedergelegter Standard, in dem die Anforderungen für die Sicherstellung der Interoperabilität der Software niedergelegt sind,
8. sind dynamische Daten Aufzeichnungen in digitaler Form, die häufig oder in Echtzeit aktualisiert werden, insbesondere aufgrund ihrer Volatilität oder ihres raschen Veraltens,
9. sind hochwertige Datensätze die gemäß den Artikeln 13 und 14 der Richtlinie (EU) 2019/1024 des Europäischen Parlaments und des Rates vom 20. Juni 2019 über offene Daten und die Weiterverwendung von Informationen des öffentlichen Sektors (ABl. L 172 vom 26.6.2019, S. 56) und gemäß den aufgrund dieser Artikel zu erlassenden Durchführungsrechtsakten ausgewiesenen Datensätze,
10. sind Forschungsdaten Aufzeichnungen in digitaler Form, bei denen es sich nicht um wissenschaftliche Veröffentlichungen handelt und die im Laufe von wissenschaftlichen Forschungstätigkeiten erfasst oder erzeugt und als Nachweise im Rahmen des Forschungsprozesses verwendet werden oder die in der Forschungsgemeinschaft allgemein für die Validierung von Forschungsfeststellungen und -ergebnissen als notwendig erachtet werden,
11. ist angemessene Gewinnspanne ein Prozentsatz der Gesamtkosten, der über den zur Deckung der einschlägigen Kosten erforderlichen Betrag hi-

nausgeht, aber höchstens 5 Prozentpunkte über dem von der Europäischen Zentralbank festgesetzten Zinssatz für Hauptrefinanzierungsgeschäfte liegt,

12. ist Anonymisierung der Prozess, in dessen Verlauf personenbezogene Daten in Daten umgewandelt werden, die sich nicht auf eine identifizierte oder identifizierbare natürliche Person beziehen, oder derart in Daten umgewandelt werden, dass die betroffene Person nicht oder nicht mehr identifiziert werden kann.

§ 4 Grundsatz der uneingeschränkten Datennutzung; Zulässigkeit von Lizenzen. (1) Daten dürfen für jeden kommerziellen oder nichtkommerziellen Zweck genutzt werden.

(2) Für Daten, an denen Bibliotheken, einschließlich Hochschulbibliotheken, Museen und Archive, Urheber- oder verwandte Schutzrechte oder gewerbliche Schutzrechte zustehen, und für Daten von Unternehmen der Daseinsvorsorge gilt Absatz 1 nur, soweit die Einrichtung oder das Unternehmen der Daseinsvorsorge die Nutzung zugelassen hat.

(3) [1]Nutzungsbedingungen (Lizenzen) sind zulässig, soweit sie objektiv, verhältnismäßig, nichtdiskriminierend und durch ein im Allgemeininteresse liegendes Ziel gerechtfertigt sind. [2]Die Lizenz darf nicht zu einer Wettbewerbsverzerrung führen und die Möglichkeiten der Nutzung nicht unnötig einschränken. [3]Öffentliche Stellen sollen nach Möglichkeit offene Lizenzen verwenden.

§ 5 Nichtdiskriminierung. (1) Die Bedingungen für die Datennutzung müssen nichtdiskriminierend sein.

(2) Werden Daten von einer öffentlichen Stelle als Ausgangsmaterial für die eigene Geschäftstätigkeit genutzt, die nicht unter den öffentlichen Auftrag der öffentlichen Stelle fällt, so gelten für die Bereitstellung der Daten für die Geschäftstätigkeit dieselben Entgelte und sonstigen Bedingungen wie für andere Nutzer.

§ 6 Ausschließlichkeitsvereinbarungen. (1) Vereinbarungen öffentlicher Stellen oder Unternehmen der Daseinsvorsorge, die ausschließliche Rechte an der Nutzung von Daten gewähren (Ausschließlichkeitsvereinbarungen), sind unzulässig.

(2) [1]Dies gilt nicht, wenn zur Bereitstellung eines Dienstes im öffentlichen Interesse ein ausschließliches Recht über die Nutzung der Daten erforderlich ist. [2]Der Datenbereitsteller überprüft die Ausschließlichkeitsvereinbarung regelmäßig, mindestens jedoch alle drei Jahre. [3]Der Datenbereitsteller macht nach dem 15. Juli 2019 getroffene Ausschließlichkeitsvereinbarungen spätestens zwei Monate vor ihrem Inkrafttreten im Internet öffentlich zugänglich. [4]Die endgültige Ausschließlichkeitsvereinbarung muss klar und eindeutig sein und im Internet öffentlich zugänglich gemacht werden. [5]Dieser Absatz gilt nicht für die Digitalisierung von Kulturbeständen.

(3) ¹Bezieht sich ein ausschließliches Recht auf die Digitalisierung von Kulturbeständen, darf es für höchstens zehn Jahre gewährt werden. ²Die Ausschließlichkeitsvereinbarungen müssen klar und eindeutig sein und im Internet öffentlich zugänglich gemacht werden. ³Der öffentlichen Stelle ist im Rahmen der Ausschließlichkeitsvereinbarung eine Kopie der digitalisierten Kulturbestände unentgeltlich zur Verfügung zu stellen. ⁴Die öffentliche Stelle ermöglicht die Nutzung dieser Kopie am Ende des Ausschließlichkeitszeitraums.

(4) ¹Der Datenbereitsteller macht Vereinbarungen über rechtliche oder praktische Vorkehrungen, die nicht ausdrücklich ausschließliche Rechte gewähren, die aber darauf abzielen oder die geeignet sind, die Nutzung von Daten durch andere Einrichtungen als die an der Vereinbarung beteiligten Dritten zu beschränken, spätestens zwei Monate vor ihrem Inkrafttreten im Internet öffentlich zugänglich. ²Die Auswirkungen solcher rechtlichen oder praktischen Vorkehrungen auf die Verfügbarkeit und Nutzbarkeit von Daten werden regelmäßig, mindestens alle drei Jahre, überprüft. ³Die endgültige Vereinbarung muss klar und eindeutig sein und im Internet öffentlich zugänglich gemacht werden.

(5) ¹Am 17. Juli 2013 bestehende Ausschließlichkeitsvereinbarungen, die nicht unter die Ausnahmen der Absätze 2 und 3 fallen, enden bei Ablauf der Ausschließlichkeitsvereinbarung, spätestens jedoch am 31. Dezember 2027. ²Am 16. Juli 2019 bestehende Ausschließlichkeitsvereinbarungen, die von Unternehmen der Daseinsvorsorge getroffen wurden und die nicht unter die Ausnahmen der Absätze 2 und 3 fallen, enden bei Ablauf der Ausschließlichkeitsvereinbarung, spätestens jedoch am 31. Dezember 2033.

§ 7 Verfügbare Formate, Metadaten. (1) Der Datenbereitsteller muss die Nutzung der Daten in allen angefragten und bei ihm vorhandenen Formaten und Sprachen ermöglichen.

(2) ¹Soweit möglich und sinnvoll, sind Daten elektronisch und in nach den anerkannten Regeln der Technik offenen, maschinenlesbaren, zugänglichen, auffindbaren und interoperablen Formaten zusammen mit den zugehörigen Metadaten bereitzustellen. ²Sowohl die Formate als auch die Metadaten entsprechen, soweit möglich, förmlichen offenen Standards.

(3) ¹Die Absätze 1 und 2 verpflichten öffentliche Stellen und öffentliche Unternehmen nicht, Daten und Metadaten neu zu erstellen oder anzupassen oder Teile von Datensätzen zur Verfügung zu stellen, wenn dies mit unverhältnismäßigem Aufwand verbunden wäre, der über eine einfache Bearbeitung hinausgeht. ²Öffentliche Stellen und Unternehmen der Daseinsvorsorge sind außerdem nicht verpflichtet, die Erstellung und Speicherung bestimmter Arten von Daten im Hinblick auf deren Nutzung durch eine Organisation des privaten oder öffentlichen Sektors fortzusetzen.

(4) Die Metadaten zu maschinenlesbaren Daten sind, soweit möglich und sinnvoll, über das nationale Metadatenportal GovData zur Verfügung zu stellen.

§ 8 Dynamische Daten. (1) Der Datenbereitsteller muss die Nutzung von dynamischen Daten unmittelbar nach der Erfassung in Echtzeit mithilfe geeigneter Anwendungsprogrammierschnittstellen und, falls technisch erforderlich, als Massen-Download ermöglichen.

(2) [1]Soweit die Anforderungen nach Absatz 1 die finanzielle und technische Leistungsfähigkeit der öffentlichen Stelle oder des Unternehmens der Daseinsvorsorge übersteigen und somit zu einem unverhältnismäßigen Aufwand führen, ist die Nutzung dynamischer Daten vorübergehend mit den zur Verfügung stehenden technischen Mitteln zu ermöglichen. [2]Die Ausschöpfung des wirtschaftlichen und sozialen Potenzials der dynamischen Daten soll dadurch nicht übermäßig beeinträchtigt werden.

§ 9 Hochwertige Datensätze. Öffentliche Stellen und Unternehmen der Daseinsvorsorge müssen die Nutzung hochwertiger Datensätze in maschinenlesbarem Format über geeignete Anwendungsprogrammierschnittstellen und, falls technisch erforderlich, als Massen-Download ermöglichen.

§ 10 Grundsatz der Unentgeltlichkeit. (1) [1]Die Nutzung von Daten ist unentgeltlich. [2]Es ist jedoch zulässig, die Erstattung von verursachten Grenzkosten für die folgenden Tätigkeiten und Maßnahmen zu verlangen:
1. die Reproduktion, Bereitstellung und Verbreitung von Daten,
2. die Anonymisierung personenbezogener Daten und
3. Maßnahmen zum Schutz vertraulicher Geschäftsinformationen.

(2) Abweichend von Absatz 1 Satz 1 dürfen für die Nutzung von Daten Entgelte verlangen:
1. öffentliche Stellen, die ausreichende Einnahmen erzielen müssen, um einen wesentlichen Teil ihrer Kosten im Zusammenhang mit der Erfüllung ihrer öffentlichen Aufträge zu decken;
2. Bibliotheken, einschließlich Hochschulbibliotheken, Museen und Archive;
3. Unternehmen der Daseinsvorsorge.

(3) Absatz 1 Satz 2 und Absatz 2 Nummer 1 und 3 gelten nicht für hochwertige Datensätze sowie Forschungsdaten.

(4) [1]Wenn öffentliche Stellen, die ausreichende Einnahmen erzielen müssen, um einen wesentlichen Teil ihrer Kosten im Zusammenhang mit der Erfüllung ihres öffentlichen Auftrags zu decken, von der Anwendung des Absatzes 1 Satz 1 ausgenommen werden wollen, melden sie die Berufung auf die Ausnahme der Bundesnetzagentur. [2]Die Bundesnetzagentur führt eine Liste der öffentlichen Stellen, die von der Ausnahme Gebrauch machen, und macht die Liste auf ihrer Internetseite zugänglich.

(5) Für öffentliche Stellen, die Einnahmen erzielen müssen, um einen wesentlichen Teil ihrer Kosten bei der Erfüllung ihres öffentlichen Auftrags zu decken, und bei denen sich die unentgeltliche Nutzung hochwertiger Datensätze wesentlich auf ihren Haushalt auswirkt, gilt die Unentgeltlichkeit der Nutzung hochwertiger Datensätze spätestens zwölf Monate nach dem 23. Juli 2021.

§ 11 **Bemessung der Entgelthöhe.** (1) In den in § 10 Absatz 2 Nummer 1 und 3 genannten Fällen berechnen die öffentlichen Stellen und Unternehmen der Daseinsvorsorge die Entgelte nach von ihnen festzulegenden objektiven, transparenten und nachprüfbaren Kriterien.

(2) ¹Die Entgelte aus der Bereitstellung von Daten und der Gestattung ihrer Nutzung in dem entsprechenden Abrechnungszeitraum dürfen die Kosten ihrer Erfassung, Erstellung, Reproduktion, Verbreitung und Speicherung zuzüglich einer angemessenen Gewinnspanne sowie die Kosten für die Anonymisierung personenbezogener Daten und für Maßnahmen zum Schutz vertraulicher Geschäftsinformationen nicht übersteigen. ²Im Fall des § 10 Absatz 2 Nummer 2 dürfen zudem die Kosten für Bewahrung und Rechteklärung zur Berechnungsgrundlage hinzugefügt werden.

(3) Die Entgelte werden nach Maßgabe der geltenden Buchführungsgrundsätze berechnet.

§ 12 **Transparenz von Entgelten.** (1) Wurden für die Nutzung von Daten Entgelte festgelegt, die für die Allgemeinheit gelten (Standardentgelte), sind die Bedingungen und die tatsächliche Höhe der Standardentgelte einschließlich ihrer Berechnungsgrundlage im Internet öffentlich zugänglich zu machen.

(2) ¹Wurden für die Nutzung keine Standardentgelte festgelegt, sind die Faktoren, die bei der Berechnung der Entgelte berücksichtigt werden, anzugeben. ²Auf Anfrage wird auch die Berechnungsweise dieser Entgelte in Bezug auf einen spezifischen Antrag auf Nutzung angegeben.

§ 13 **Rechtsweg.** Für Streitigkeiten nach diesem Gesetz ist der Verwaltungsrechtsweg gegeben.

II. Presse

Pressegesetz (Mustergesetz)

Die divergierenden Pressegesetze der Länder sollen im Folgenden anhand eines Mustergesetzes dargestellt werden. Dieses fasst die grundlegenden Normen aller Gesetze im Sinne eines Kernbestandes des Presserechts zusammen.

Die vom Mustertext abweichenden Normen werden nach Bundesländern geordnet im Anschluss an den Gesamttext mit Bezug zu den jeweiligen Paragrafen des Mustergesetzes aufgeführt. Dieser Synopse sind die Fundstellen für Landespressegesetze vorangestellt, auf deren Grundlage das Pressegesetz (Mustergesetz) entworfen wurde.

Die in manchen Pressegesetzen enthaltenen Regelungen über die Beschlagnahme[1] von Druckwerken, über das Zeugnisverweigerungsrecht sowie über die strafrechtliche Verantwortlichkeit werden, da hier in jedem Fall das StGB, die StPO sowie die verfassungsrechtlichen Vorgaben vorgehen, nicht erwähnt.[2]

Hinweis: Dieser Teil II. „Presse" (→ Nr. 19) der Vorschriftensammlung enthält eine erläuternde Zusammenstellung zum Pflichtexemplarrecht (**IV. Anhang: Zusammenstellung zum Pflichtexemplarrecht**)

I. Gesetzestext

§ 1 Freiheit der Presse. (1) ¹Die Presse ist frei. ²Sie dient der freiheitlichen demokratischen Grundordnung.

(2) Die Freiheit der Presse unterliegt nur den Beschränkungen, die durch das Grundgesetz unmittelbar und in seinem Rahmen durch dieses Gesetz zugelassen sind.

(3) Sondermaßnahmen jeder Art, die die Pressefreiheit beeinträchtigen, sind verboten.

---

1 **Bestimmungen über die Beschlagnahme** von Druckwerken sind in folgenden Normen der Pressegesetze enthalten: §§ 13–19 BW; Art. 16 f. BY; §§ 12–17 BE; §§ 13–19 HB; §§ 12–18 MV; § 15 RP u. § 13 SH (Verbreitungsverbot für beschlagnahmte Druckwerke). Im Übrigen gelten die §§ 94 ff. StPO. Siehe zu den für das Presserecht maßgeblichen Vorschriften auch die §§ 111m f. unter → **Nr. 15**.
2 Der **sog. Pressekodex** stellt im Sinne einer Selbstverpflichtung über die Landespressegesetze hinausgehende, rechtlich allerdings nicht verbindliche publizistische Grundsätze sowie die journalistische Berufsethik betreffende Regeln auf: www.presserat.de.

(4) Berufsorganisationen der Presse mit Zwangsmitgliedschaft und eine mit hoheitlicher Gewalt ausgestattete Standesgerichtsbarkeit der Presse sind unzulässig.

§ 2 Zulassungsfreiheit. Die Pressetätigkeit einschließlich der Errichtung eines Verlagsunternehmens oder eines sonstigen Betriebes des Pressegewerbes darf von keiner Zulassung abhängig gemacht werden.

§ 3 Öffentliche Aufgabe der Presse. Die Presse erfüllt eine öffentliche Aufgabe, indem sie insbesondere in Angelegenheiten von öffentlichem Interesse Nachrichten beschafft und verbreitet, Stellung nimmt, Kritik übt oder auf andere Weise an der Meinungsbildung mitwirkt.

§ 4 Informationsanspruch der Presse. (1) Die Behörden sind verpflichtet, den Vertretern der Presse die der Erfüllung ihrer öffentlichen Aufgabe dienenden Auskünfte zu erteilen.

(2) Auskünfte können verweigert werden, soweit
1. hierdurch die sachgemäße Durchführung eines schwebenden Verfahrens vereitelt, erschwert, verzögert oder gefährdet werden könnte oder
2. Vorschriften über die Geheimhaltung entgegenstehen oder
3. ein überwiegendes öffentliches oder schutzwürdiges privates Interesse verletzt würde.

(3) Anordnungen, die einer Behörde Auskünfte an die Presse allgemein verbieten, sind unzulässig.

(4) Der Verleger einer Zeitung oder Zeitschrift kann von den Behörden verlangen, dass ihm deren amtliche Bekanntmachungen nicht später als seinen Mitbewerbern zur Verwendung zugeleitet werden.

§ 5 Sorgfaltspflicht der Presse. [1]Die Presse hat alle Nachrichten vor ihrer Verbreitung mit der nach den Umständen gebotenen Sorgfalt auf Wahrheit, Inhalt und Herkunft zu prüfen. [2]Die Verpflichtung, Druckwerke von strafbarem Inhalt frei zu halten, bleibt unberührt.

§ 6 Begriffsbestimmungen. (1) Druckwerke im Sinne dieses Gesetzes sind alle mittels der Buchdruckerpresse oder eines sonstigen zur Massenherstellung geeigneten Vervielfältigungsverfahrens hergestellten und zur Verbreitung bestimmten Schriften, besprochenen Tonträger, bildlichen Darstellungen mit und ohne Schrift, Bildträger und Musikalien mit Text oder Erläuterungen.

(2) [1]Zu den Druckwerken gehören auch die vervielfältigten Mitteilungen, mit denen Nachrichtenagenturen, Pressekorrespondenzen, Materndienste und ähnliche Unternehmungen, die die Presse mit Beiträgen in Wort, Bild oder in ähnlicher Weise versorgen. [2]Als Druckwerke gelten ferner die von einem presseredaktionellen Hilfsunternehmen gelieferten Mitteilungen ohne Rücksicht auf die technische Form, in der sie geliefert werden.

Pressegesetz (Mustergesetz) **PresseG 19**

(3) Den Bestimmungen dieses Gesetzes über Druckwerke unterliegen nicht
1. amtliche Druckwerke, soweit sie ausschließlich amtliche Mitteilungen enthalten,
2. die nur Zwecken des Gewerbes und Verkehrs, des häuslichen und geselligen Lebens dienenden Druckwerke, wie Formulare, Preislisten, Werbedrucksachen, Familienanzeigen, Geschäfts-, Jahres- und Verwaltungsberichte und dergleichen, sowie Stimmzettel für Wahlen.

(4) Periodische Druckwerke sind Zeitungen, Zeitschriften und andere in ständiger, wenn auch unregelmäßiger Folge und im Abstand von nicht mehr als sechs Monaten erscheinende Druckwerke.

§ 7 Impressum. (1) Auf jedem im Geltungsbereich dieses Gesetzes erscheinenden Druckwerk müssen Name oder Firma und Anschrift des Druckers und des Verlegers, beim Selbstverlag des Verfassers oder des Herausgebers, genannt sein.

(2) [1]Auf den periodischen Druckwerken sind ferner Name und Anschrift des verantwortlichen Redakteurs anzugeben. [2]Sind mehrere Redakteure verantwortlich, so muss das Impressum die in Satz 1 geforderten Angaben für jeden von ihnen enthalten. [3]Hierbei ist kenntlich zu machen, für welchen Teil oder sachlichen Bereich des Druckwerks jeder Einzelne verantwortlich ist. [4]Für den Anzeigenteil ist ein Verantwortlicher zu benennen; für diesen gelten die Vorschriften über den verantwortlichen Redakteur entsprechend.

(3) [1]Zeitungen und Anschlusszeitungen, die regelmäßig ganze Seiten des redaktionellen Teils fertig übernehmen, haben im Impressum auch den für den übernommenen Teil verantwortlichen Redakteur und den Verleger zu benennen. [2]Kopfzeitungen müssen im Impressum auch den Titel der Hauptzeitung angeben.

§ 8 Persönliche Anforderungen an den verantwortlichen Redakteur.
(1) Als verantwortlicher Redakteur darf nicht tätig sein und beschäftigt werden, wer
1. seinen ständigen Aufenthalt außerhalb des Geltungsbereiches des Grundgesetzes hat,
2. infolge Richterspruchs die Fähigkeit, öffentliche Ämter zu bekleiden, Rechte aus öffentlichen Wahlen zu erlangen oder in öffentlichen Angelegenheiten zu wählen oder zu stimmen, nicht besitzt,
3. das 21. Lebensjahr nicht vollendet hat,
4. nicht geschäftsfähig ist,
5. nicht unbeschränkt strafgerichtlich verfolgt werden kann.

(2) Die Vorschriften des Absatzes 1 Nr. 3 und 4 gelten nicht für Druckwerke, die von Jugendlichen für Jugendliche herausgegeben werden.

(3) Von der Voraussetzung des Absatzes 1 Nr. 1 kann das Wissenschaftsministerium im Einvernehmen mit dem Justizministerium in besonderen Fällen auf Antrag Befreiung erteilen.

19 PresseG

§ 9 Kennzeichnung entgeltlicher Veröffentlichungen. Hat der Verleger eines periodischen Druckwerks oder der Verantwortliche (§ 8 Abs. 2 Satz 4) für eine Veröffentlichung ein Entgelt erhalten, gefordert oder sich versprechen lassen, so muss diese Veröffentlichung, soweit sie nicht schon durch Anordnung und Gestaltung allgemein als Anzeige zu erkennen ist, deutlich mit dem Wort „Anzeige" bezeichnet werden.

§ 10 Gegendarstellungsanspruch. (1) [1]Der verantwortliche Redakteur und der Verleger eines periodischen Druckwerks sind verpflichtet, eine Gegendarstellung der Person oder Stelle zum Abdruck zu bringen, die durch eine in dem Druckwerk aufgestellte Tatsachenbehauptung betroffen ist. [2]Die Verpflichtung erstreckt sich auf alle Nebenausgaben des Druckwerks, in denen die Tatsachenbehauptung erschienen ist.

(2) [1]Die Pflicht zum Abdruck einer Gegendarstellung besteht nicht, wenn
1. die betroffene Person oder Stelle kein berechtigtes Interesse an der Veröffentlichung hat oder
2. die Gegendarstellung ihrem Umfang nach nicht angemessen ist oder
3. es sich um eine Anzeige handelt, die ausschließlich dem geschäftlichen Verkehr dient.

[2]Überschreitet die Gegendarstellung nicht den Umfang des beanstandeten Textes, so gilt sie als angemessen. [3]Die Gegendarstellung muss sich auf tatsächliche Angaben beschränken und darf keinen strafbaren Inhalt haben. [4]Sie bedarf der Schriftform und muss von dem Betroffenen oder seinem gesetzlichen Vertreter unterzeichnet sein. [5]Der Betroffene oder sein Vertreter kann den Abdruck nur verlangen, wenn die Gegendarstellung dem verantwortlichen Redakteur oder dem Verleger unverzüglich, spätestens innerhalb von drei Monaten nach der Veröffentlichung, zugeht.

(3) [1]Die Gegendarstellung muss in der nach Empfang der Einsendung nächstfolgenden, für den Druck nicht abgeschlossenen Nummer in dem gleichen Teil des Druckwerks mit gleicher Schrift wie der beanstandete Text ohne Einschaltungen und Weglassungen abgedruckt werden; sie darf nicht in der Form eines Leserbriefs erscheinen. [2]Der Abdruck ist kostenfrei. [3]Wer sich zu der Gegendarstellung in derselben Nummer äußert, muss sich auf tatsächliche Angaben beschränken.

(4) [1]Für die Durchsetzung des Gegendarstellungsanspruchs ist der ordentliche Rechtsweg gegeben. [2]Auf Antrag des Betroffenen kann das Gericht anordnen, dass der verantwortliche Redakteur und der Verleger in der Form des Absatzes 3 eine Gegendarstellung veröffentlichen. [3]Auf dieses Verfahren sind die Vorschriften der Zivilprozessordnung über das Verfahren auf Erlass einer einstweiligen Verfügung entsprechend anzuwenden. [4]Eine Gefährdung des Anspruchs braucht nicht glaubhaft gemacht zu werden. [5]Ein Hauptverfahren findet nicht statt.

(5) Die Absätze 1 bis 4 gelten nicht für wahrheitsgetreue Berichte über öffentliche Sitzungen von übernationalen parlamentarischen Organen, von ge-

setzgebenden oder beschließenden Organe des Bundes, der Länder, der Gemeinden und sonstigen kommunalen Körperschaften sowie der Gerichte.

§ 11 Offenlegungspflicht. (1) ¹Der Verleger eines periodischen Druckwerks muss in regelmäßigen Zeitabschnitten im Druckwerk die Inhaber- und Beteiligungsverhältnisse seines Verlags und seine Rechtsbeziehungen zu mit ihm verbundenen Presse- und Rundfunkunternehmen (§ 15 Aktiengesetz) offen legen. ²Dies gilt insbesondere für die Überlassung der damit verbundenen Rechte. ³Die Bekanntgabe erfolgt
1. bei täglich oder wöchentlich erscheinenden Druckwerken in dem Impressum der ersten Ausgabe jedes Kalenderhalbjahres,
2. bei anderen periodischen Druckwerken in dem Impressum der ersten Ausgabe jedes Kalenderjahres.

⁴Änderungen der Inhaber- und Beteiligungsverhältnisse sind unverzüglich bekannt zu machen.

(2) Bei der Offenlegung sind mindestens anzugeben:
1. Namen und Anschriften sowie Art und Höhe der Beteiligung der Inhaber, der persönlich haftenden Gesellschafter, der geschäftsführenden Gesellschafter, der Kommanditisten sowie der Anteilseigner mit einer Kapitalbeteiligung von mehr als zwanzig vom Hundert, der stillen Gesellschafter, sofern ihnen der Gesellschaftsvertrag Geschäftsführungsbefugnisse oder erweiterte Kontrollrechte einräumt; bei Genossenschaften: der Mitglieder des Vorstandes und des Vorsitzenden des Aufsichtsrats;
2. die Namen der weiteren Zeitungen, Zeitschriften und Rundfunkunternehmen, die der Verlag, seine Inhaber oder die nach Nummer 1 an ihm Beteiligten herausgeben beziehungsweise an denen sie beteiligt sind.

§ 12 Pflichtexemplar.[3] (1) ¹Von jedem Druckwerk, das im Geltungsbereich dieses Gesetzes verlegt wird, hat der Verleger mit Beginn der Verbreitung des Druckwerks ein Stück (Pflichtexemplar) der zentralen Landesbibliothek[4] anzubieten und ihr auf Verlangen unentgeltlich und auf eigene Kosten abzugeben. ²Auf Antrag erstattet die Bibliothek dem Verleger die Herstellungskosten des abgegebenen Druckwerks, wenn ihm die unentgeltliche Abgabe wegen des großen finanziellen Aufwands und der kleinen Auflage nicht zugemutet werden kann.

(2) Absatz 1 gilt entsprechend für den Drucker, wenn das Druckwerk keinen Verleger hat oder außerhalb des Geltungsbereichs dieses Gesetzes verlegt wird.

(3) ¹Das zuständige Landesministerium Minister für Wissenschaft, Forschung und Kultur wird ermächtigt, das Nähere zur Ausführung der Absätze 1

---

3 Zum Pflichtexemplarrecht enthält dieser Teil II. Presse als Anhang eine erläuternde Zusammenstellung.
4 Die zuständigen Landesbibliotheken variieren zwischen Zentral- und Landesbibliotheken und zentral zuständigen Staats- und Universitätsbibliotheken.

und 2 durch Rechtsverordnung zu regeln. ²Er kann für bestimmte Arten von Druckwerken Ausnahmen zulassen.

§ 13 Datenverarbeitung zu journalistischen und literarischen Zwecken.[5]
(1) ¹Soweit Unternehmen der Presse und deren Hilfsunternehmen personenbezogene Daten zu journalistischen oder literarischen Zwecken verarbeiten, ist es den hiermit befassten Personen untersagt, diese personenbezogenen Daten zu anderen Zwecken zu verarbeiten (Datengeheimnis). ²Bei der Aufnahme ihrer Tätigkeit sind diese Personen auf das Datengeheimnis zu verpflichten. Das Datengeheimnis besteht auch nach Beendigung der Tätigkeit fort.

(2) Im Übrigen finden für die Datenverarbeitung zu journalistischen oder literarischen Zwecken durch Unternehmen der Presse und deren Hilfsunternehmen von den Kapiteln II bis VII und IX der Datenschutz-Grundverordnung nur Artikel 5 Absatz 1 Buchstabe f in Verbindung mit Absatz 2, Artikel 24 und 32 sowie von den Vorschriften des Bundesdatenschutzgesetzes (BDSG) in den jeweils geltenden Fassungen nur § 83 in ihrer jeweils geltenden Fassung Anwendung. Artikel 82 der Verordnung (EU) 2016/679 gilt mit der Maßgabe, dass nur für unzureichende Maßnahmen nach Artikel 5 Absatz 1 Buchstabe f in Verbindung mit Absatz 2, Artikel 24 und 32, § 83 BDSG mit der Maßgabe, dass nur für eine Verletzung des Datengeheimnisses nach Absatz 1 gehaftet wird.

(3) Führt die journalistische oder literarische Verarbeitung personenbezogener Daten zur Verbreitung von Gegendarstellungen der betroffenen Person oder zu Verpflichtungserklärungen, Beschlüssen oder Urteilen über die Unterlassung der Verbreitung oder über den Widerruf des Inhalts der Daten, so sind diese Gegendarstellungen, Verpflichtungserklärungen und Widerrufe zu den gespeicherten Daten zu nehmen und dort für dieselbe Zeitdauer aufzubewahren wie die Daten selbst sowie bei einer Übermittlung der Daten gemeinsam mit diesen zu übermitteln.

§ 14 Strafbare Verletzung der Presseordnung. Mit Freiheitsstrafe bis zu einem Jahr oder mit Geldstrafe wird bestraft, wer
1. als Verleger eine Person zum verantwortlichen Redakteur bestellt, die nicht den Anforderungen des § 8 entspricht,
2. als verantwortlicher Redakteur zeichnet, obwohl er die Voraussetzungen des § 8 nicht erfüllt,
3. wer bei einem Druckwerk strafbaren Inhalts den Vorschriften über das Impressum (§ 7) zuwiderhandelt.

§ 15 Ordnungswidrigkeiten. (1) Ordnungswidrig handelt, wer vorsätzlich oder fahrlässig

---

5 Das Muster-Pressegesetz orientiert sich an den jeweiligen Neufassungen der Landespressegesetze im Bereich Datenschutz. Die jeweiligen Novellierungen der Landespressegesetze nehmen auf die aktuellen Fassungen der **Datenschutz-Grundverordnung** → Nr. 7 und des **Bundesdatenschutzgesetzes** unter → Nr. 7a Bezug.

Pressegesetz (Mustergesetz) **PresseG 19**

1. als verantwortlicher Redakteur oder Verleger – beim Selbstverlag als Verfasser oder Herausgeber – den Vorschriften über das Impressum nach § 7 zuwiderhandelt oder als Unternehmer Druckwerke verbreitet, in denen die nach § 7 vorgeschriebenen Angaben (Impressum) ganz oder teilweise fehlen,
2. als Verleger oder als Verantwortlicher (§ 7 Abs. 2 Satz 4) eine Veröffentlichung gegen Entgelt nicht als Anzeige kenntlich macht oder kenntlich machen lässt (§ 9),
3. gegen die Verpflichtung aus § 10 Abs. 3 Satz 3 verstößt.

(2) Ordnungswidrig handelt auch, wer fahrlässig eine der in § 14 bezeichneten Handlungen begeht.

(3) Die Ordnungswidrigkeit kann mit einer Geldbuße bis zu 5000 Euro geahndet werden.

(4) Die zur Verfolgung der Ordnungswidrigkeiten zuständige Verwaltungsbehörde wird durch Landesrecht bestimmt.

II. Fundstellen

Gesetz über die Presse vom 14. Januar 1964 GBl. S. 11), zuletzt geändert durch Gesetz vom 24. April 2018 (GBl. S. 131) → BW

Bayerisches Pressegesetz (BayPrG) in der Fassung der Bekanntmachung vom 19. April (GVBl 2000, S. 340), zuletzt geändert am 26. März 2019 (GVBl. 2014, S. 98) → BY

Berliner Pressegesetz vom 15. Juni 1965 (GVBl. Berlin, S. 744), zuletzt geändert durch Gesetz vom 27. September 2021 (GVBl. S. 1117) → BE

Pressegesetz des Landes Brandenburg (Brandenburgisches Landespressegesetz – BbgPG) vom 13. Mai 1993 (GVBl. I/93, S. 162), zuletzt geändert durch Gesetz vom 8. Mai 2018 (GVBl. I Nr. 8) → BB

Gesetz über die Presse (Pressegesetz Bremen) vom 16. März 1965 (GBl. 1965, S. 63), zuletzt geändert durch Gesetz vom 20. Oktober 2020 (BremGBl. S. 1172) → HB

Hessisches Gesetz über Freiheit und Recht der Presse- hessisches Pressegesetz vom 23. Juni 1949 (GBL., S. 75), zuletzt geändert durch Gesetz vom 3. Mai 2018 (GVBl. S. 82) → HE

Hamburgisches Pressegesetz vom 29. Januar 1965 (HmbGVBl. 1965, S. 15), zuletzt geändert durch Gesetz vom 18. Mai 2018 (HmbGVBl., S. 184) → HH

Landespressegesetz für das Land Mecklenburg-Vorpommern (LPrG M-V) vom 6. Juni 1993 (GVBl. 1993, S. 541), zuletzt geändert durch Gesetz vom 22. Mai 2018 (GVBl. S. 184) → MV

Niedersächsisches Pressegesetz vom 22. März 1965 (GVBl., S. 9), zuletzt geändert durch Gesetz vom 16. Mai 2018 (GVBl., S. 193 ff.) → ND

Pressegesetz für das Land Nordrhein-Westfalen (Landespressegesetz NW) vom 24. Mai 1966 (GV. NW. 1966, S. 340), zuletzt geändert durch Gesetz vom 4. Mai 2021 → NW

Landesmediengesetz (LMG) Rheinland-Pfalz vom 4. Februar 2005 (GVBl. S. 23), zuletzt neugefasst durch Gesetz vom 19. Dezember 2018 (GVBl. Nr. 18 vom 27.12.2018, S. 431) → RP

Saarländisches Mediengesetz (SMG) vom 27. Februar 2002 (Amtsbl., S. 498 ff., S. 754), zuletzt geändert durch Gesetz vom 16. November 2020 (Amtsbl. I S. 1028) → SL

Sächsisches Gesetz über die Presse (SächsPresseG) vom 3. April 1991 (GVBl., S. 125), zuletzt geändert durch Gesetz vom 11. Mail 2019 (GVBl. 2009, S. 358) → SN

Pressegesetz für das Land Sachsen-Anhalt (Landespressegesetz) vom 14. August 1991 (GVBl. LSA, S. 261), zuletzt geändert durch Gesetz vom 29. März 2018 (GVBL. LSA S. 22) → ST

Gesetz über die Presse (Landespressegesetz Schleswig-Holstein) in der Fassung vom 19. Juni 1964 (GVOBl. SH, S. 71), zuletzt geändert durch Gesetz vom 11. Juni 2018 (GVOBl. SH, S. 141) → SH

Thüringer Pressegesetz (TPG) vom 31. Juli 1991, zuletzt geändert durch Gesetz vom 6. Juni 2018 (GVBl. 2018, S. 229) → TH

III. Synopse der Vorschriften aus den Landespressegesetze

Zu § 1 Mustergesetz (Freiheit der Presse)

Wortgleich: § 1 MV, § 1 NW, § 1 SH; mit zusätzlichem Abs. 5: Gesetzen, die für jedermann gelten, ist auch die Presse unterworfen § 1 BW, § 1 HH.

Abweichender Wortlaut:

Art. 1 BY. (1) Das Recht der freien Meinungsäußerung und die Pressefreiheit werden durch die Art. 110, 111 und 112 der Verfassung gewährleistet.

(2) Sondermaßnahmen jeder Art, die die Pressefreiheit beeinträchtigen, sind unstatthaft.

(3) Berufsorganisationen der Presse mit Zwangsmitgliedschaft und staatlichen Machtbefugnissen sowie eine Standesgerichtsbarkeit der Presse sind nicht zulässig.

§ 1 BE. (Abs. 1, 3, 4 wie oben, ohne 5). (2) Die Freiheit der Presse unterliegt nur den Beschränkungen die durch das Grundgesetz unmittelbar und in diesem Rahmen durch die geltenden Gesetze zugelassen sind.

§ 1 BB. (in Abs. 2 obige Abs. 2, 3; in Abs. 3 obiger Abs. 4). (1) Eine freie, nicht von der öffentlichen Gewalt gelenkte, keiner Zensur unterworfene Presse ist ein Wesenselement des freiheitlichen und demokratischen Staates.

§ 1 HB. (ohne Abs. 5, Rest wie oben außer Abs. 2). (2) Die Freiheit der Presse unterliegt nur den Beschränkungen, die durch das Grundgesetz unmittelbar und in seinem Rahmen durch die Landesverfassung der Freien Hansestadt Bremen und durch dieses Gesetz zugelassen sind.

§ 1 HE. (1) [1]Die Presse ist frei. [2]Sie ist befugt, sich Nachrichten aus dem In- und Ausland zu beschaffen und sie zu veröffentlichen, Druckwerke herzustellen und zu verbreiten. [3]Eine Zensur findet nicht statt.

(2) Jedermann steht es frei, durch die Presse jede Ansicht zu äußern, zu verbreiten oder zu verteidigen.

(3) Niemand darf es verwehrt werden, sich durch die Presse des In- und Auslandes über alle Nachrichten und Meinungen zu unterrichten.

(4) Die Freiheit der Presse schließt jegliche Sonderbesteuerung der Presse oder einzelner Presseerzeugnisse aus.

§ 2 HE. (1) Diese Freiheit der Presse unterliegt nur den Beschränkungen, die durch die Verfassung unmittelbar und in ihrem Rahmen durch dieses Gesetz zugelassen sind.

(2) ¹Gesetzen, die für jedermann gelten, ist auch die Presse unterworfen. ²Sondergesetze gegen die Presse sind unzulässig.

(3) ¹Die Pressetätigkeit darf von keinerlei Zulassung abhängig gemacht werden. ²Eine berufsständische Gerichtsbarkeit ist unzulässig.

§ 1 ND. (1) ¹Die Presse ist frei. ²Sie ist berufen, der freiheitlichen demokratischen Grundordnung zu dienen.

(2) Die Freiheit der Presse unterliegt nur den Beschränkungen, die durch das Grundgesetz zugelassen sind.

(3) wie Abs. 4 oben

§ 4 RP. (1) ¹Die Medien sind frei. ²Sie dienen der freiheitlichen demokratischen Grundordnung.

(2) Die Tätigkeit der Medien, einschließlich der Errichtung eines Medienunternehmens, ist vorbehaltlich der nachfolgenden Bestimmungen und im Rahmen der Gesetze zulassungs- und anmeldefrei.

(3) ¹Die Medienfreiheit unterliegt nur den Beschränkungen, die durch das Grundgesetz für die Bundesrepublik Deutschland unmittelbar und im Rahmen der Verfassung für Rheinland-Pfalz und durch dieses Gesetz zugelassen sind. ²Sondermaßnahmen jeder Art, die die Medienfreiheit beeinträchtigen, sind unzulässig.

§ 3 SL. (1) ¹Die Medien sind frei. ²Sie dienen der freiheitlich-demokratischen Grundordnung.

(2) Die Tätigkeit der Medien, einschließlich der Errichtung eines Medienunternehmens, ist vorbehaltlich der nachfolgenden Bestimmungen und im Rahmen der Gesetze zulassungs- und anmeldefrei.

(3) ¹Die Freiheit der Medien unterliegt nur den Beschränkungen, die durch das Grundgesetz unmittelbar und in seinem Rahmen durch dieses Gesetz zugelassen sind. ²Sondermaßnahmen jeder Art, die die Freiheit der Medien beeinträchtigen, sind verboten.

(4) Berufsorganisationen der Medien mit Zwangsmitgliedschaft und eine mit hoheitlicher Gewalt ausgestattete Standesgerichtsbarkeit der Medien sind verboten.

§ 1 SN. (1) ¹Die Presse ist frei. ²Sie unterliegt nur den durch das Grundgesetz zugelassenen Beschränkungen. ³Gesetze, die für jedermann gelten, ist auch die Presse unterworfen.

(2) ¹Eine Zensur findet nicht statt. ²Sondermaßnahmen jeder Art, die die Pressefreiheit beeinträchtigen, sind unzulässig. ³Die §§ 29 und 31 Absatz 1 Nummer 1 des Sächsischen Polizeivollzugsdienstgesetzes vom 11. Mai 2019 (SächsGVBl. S. 358), in der jeweils geltenden Fassung, sowie die §§ 23 und 25 Absatz 1 Nummer 1 des Sächsischen Polizeibehördengesetzes vom 11. Mai 2019 (SächsGVBl. S. 389), in der jeweils geltenden Fassung, finden keine Anwendung.

19 PresseG

Pressegesetz (Mustergesetz)

(3) Berufsorganisationen der Presse mit Zwangsmitgliedschaft und eine mit hoheitlicher Gewalt ausgestattete Standesgerichtsbarkeit der Presse sind unzulässig.

§ 1 ST. (1) ¹Die Presse ist frei. ²Sie ist der freiheitlich-demokratischen Grundordnung verpflichtet.

(2) Die Freiheit der Presse unterliegt nur den Beschränkungen, die durch das Grundgesetz zugelassen sind.

(3) wie oben Abs. 4

§ 1 TH. (1a) ¹Die Presse ist frei. ²Sie ist der freiheitlichen und demokratischen Grundordnung verpflichtet.

(2) ¹Die Freiheit der Presse unterliegt nur den Beschränkungen, die durch das Grundgesetz zugelassen sind. ²Sondermaßnahmen wie Zensur oder das vertragswidrige Verweigern von Druck und Vertrieb eines Presseerzeugnisses sind verboten.

(3) wie oben Abs. 4.

Zu § 2 Mustergesetz (Zulassung)

Nahezu wortgleich: Jeweils § 2 BW, BE, (Abs. 1) BB, HB, HH, MV, ND, NW, SN, ST, SH, TH; § 4 Abs. 2 RP.

Abweichender Wortlaut:

Art. 2 BY. (1) Die Errichtung eines Verlagsunternehmens oder eines sonstigen Betriebes des Pressegewerbes bedarf keiner gewerberechtlichen Zulassung.

(2) Die für alle Gewerbebetriebe geltenden Vorschriften bleiben unberührt.

§ 2 HE. (3) ¹Die Pressetätigkeit darf von keinerlei Zulassung abhängig gemacht werden. ²Eine berufsständische Gerichtsbarkeit ist unzulässig.

§ 3 SL. (2) Die Tätigkeit der Medien, einschließlich der Errichtung eines Medienunternehmens, ist vorbehaltlich der nachfolgenden Bestimmungen und im Rahmen der Gesetze zulassungs- und anmeldefrei.

Zu § 3 Mustergesetz (Aufgabe der Presse)

Nahezu wortgleich (in einem § 3): BW, HH, MV jeweils mit Zusatz „oder der Bildung dient"; ND, NW; ohne letzten HS SH u. ST; TH.

Nicht enthalten: HE.

Abweichender Wortlaut:

Art. 3 BY. (1) Die Presse dient dem demokratischen Gedanken.

(2) Sie hat in Erfüllung dieser Aufgabe die Pflicht zu wahrheitsgemäßer Berichterstattung und das Recht, ungehindert Nachrichten und Informationen einzuholen, zu berichten und Kritik zu üben.

(3) Im Rahmen dieser Rechte und Pflichten nimmt sie in Angelegenheiten des öffentlichen Lebens berechtigte Interessen im Sinn des § 193 des Strafgesetzbuchs wahr.

Pressegesetz (Mustergesetz) **PresseG 19**

§ 3 BE. (1) Die Presse erfüllt eine öffentliche Aufgabe.

(3) Die Presse nimmt berechtigte Interessen im Sinne des § 193 StGB wahr, wenn sie in Angelegenheiten von öffentlichem Interesse Nachrichten beschafft und verbreitet, Stellung nimmt, Kritik übt oder in anderer Weise an der Meinungsbildung mitwirkt.

§ 3 BB. [1]Die Presse erfüllt eine öffentliche Aufgabe insbesondere dadurch, dass sie Nachrichten beschafft und verbreitet, Stellung nimmt, Kritik übt oder auf andere Weise an der freien individuellen und öffentlichen Meinungsbildung mitwirkt. [2]Sie nimmt insoweit grundsätzlich berechtigte Interessen im Sinne von § 193 StGB wahr.

§ 3 HB. Die Presse erfüllt eine öffentliche Aufgabe.

§ 5 RP. Die Medien nehmen eine öffentliche Aufgabe wahr.

§ 4 SL. Öffentliche Aufgabe der Medien. Die Medien nehmen bei der umfassenden Teilnahme an der Meinungsbildung eine öffentliche Aufgabe wahr.

§ 3 SN. (wie oben in Abs. 2 mit folgendem Zusatz). (1) Die Presse dient dem demokratischen Gedanken im Sinn des Grundgesetzes.

(3) Die Presse ist gehalten, die Erfüllung ihrer öffentlichen Aufgabe nach den Absätzen 1 und 2 nicht durch Belastungen aus der Vergangenheit zu gefährden.

§ 4 ST. (1) [1]Die Behörden sind verpflichtet, den Vertretern der Presse die der Erfüllung ihrer Aufgabe dienenden Auskünfte zu erteilen. [2]Das Recht auf Auskunft kann gegenüber dem Behördenleiter oder dem von ihm Beauftragten geltend gemacht werden.

(2) Auskünfte können verweigert werden, soweit
1. durch sie die sachgemäße Durchführung eines schwebenden Verfahrens vereitelt, erschwert, verzögert oder gefährdet werden könnte oder
2. ihnen Vorschriften über die Geheimhaltung entgegenstehen oder
3. sie ein überwiegendes öffentliches oder ein schutzwürdiges privates Interesse verletzen würden oder
4. ihr Umfang das zumutbare Maß überschreitet.

(3) Der Verleger einer Zeitung oder Zeitschrift kann von den Behörden verlangen, dass ihm deren amtliche Bekanntmachungen nicht später als seinen Mitbewerbern zur Verwendung zugeleitet werden.

Zu § 4 Mustergesetz (Informationsanspruch)

Nahezu wortgleich (in einem § 4): BW, ND, SH (jeweils in Abs. 2 Nr. 4: ihr Umfang das zumutbare Maß überschreitet; SH mit geschlechtsneutraler Formulierung).

Abweichender Wortlaut

Art. 4 BY. (1) [1]Die Presse hat gegenüber Behörden ein Recht auf Auskunft. [2]Sie kann es nur durch Redakteure oder andere von ihnen genügend ausgewiesene Mitarbeiter von Zeitungen oder Zeitschriften ausüben.

(2) [1]Das Recht auf Auskunft kann nur gegenüber dem Behördenleiter und den von ihm Beauftragten geltend gemacht werden. [2]Die Auskunft darf nur verweigert werden, soweit aufgrund beamtenrechtlicher oder sonstiger gesetzlicher Vorschriften eine Verschwiegenheitspflicht besteht.

19 PresseG Pressegesetz (Mustergesetz)

§ 4 BE. (Abs. 3 und 4 wie oben). (1) Die Behörden sind verpflichtet, den Vertretern der Presse, die sich als solche ausweisen, zur Erfüllung ihrer Öffentlichen Aufgabe Auskünfte zu erteilen.

(2) Auskünfte können nur verweigert werden, soweit
1. Vorschriften über die Geheimhaltung entgegenstehen oder
2. Maßnahmen ihrem Wesen nach dauernd oder zeitweise geheimgehalten werden müssen, weil ihre Bekanntgabe oder ihre vorzeitige Bekanntgabe die öffentlichen Interessen schädigen oder gefährden würde oder
3. hierdurch die sachgerechte Durchführung eines schwebenden Verfahrens vereitelt, erschwert, verzögert oder gefährdet werden könnte oder
4. ein schutzwürdiges privates Interesse verletzt würde.

(5) Die Vorschriften des Berliner Informationsfreiheitsgesetzes vom 15. Oktober 1999 (GVBl. S. 561) bleiben unberührt.

§ 5 BB. (Abs. 1, 2 und 4 wie oben). Abs. 2 Nr. 4: ihr Umfang das zumutbare Maß überschreitet.

(3) Allgemeine Anordnungen, die einer Behörde Auskünfte an die Presse überhaupt, an diejenige einer bestimmten Richtung oder an ein bestimmtes periodisches Druckwerk verbieten, sind unzulässig.

§ 4 HB. (wie oben, Abs. 1 modifiziert): (1) Die Behörden des Landes und der Gemeinden sowie die der Aufsicht des Landes unterliegenden Körperschaften des öffentlichen Rechts sind verpflichtet, den Vertretern der Presse in Angelegenheiten von öffentlichem Interesse Auskünfte zu erteilen, die dazu dienen, Nachrichten zu beschaffen und zu verbreiten, Stellung zu nehmen, Kritik zu üben oder in anderer Weise an der Meinungsbildung mitzuwirken.

§ 4 HH (Abs. 1: ... Vertretern der Presse und des Rundfunks ..., Abs. 3 f. wie oben).

(2) Auskünfte können verweigert werden, soweit
1. hierdurch die sachgemäße Durchführung eines schwebenden Gerichtsverfahrens, Bußgeldverfahrens oder Disziplinarverfahrens beeinträchtigt oder gefährdet werden könnte oder
2. Vorschriften über die Geheimhaltung oder die Amtsverschwiegenheit entgegenstehen oder
3. sonst ein überwiegendes öffentliches oder schutzwürdiges privates Interesse verletzt würde.

§ 3 HE. (1) [1]Die Behörden sind verpflichtet, der Presse die gewünschten Auskünfte zu erteilen. [2]Sie können eine Auskunft nur verweigern,
1. soweit durch sie die sachgemäße Durchführung eines straf- oder dienststrafgerichtlichen Verfahrens vereitelt, erschwert, verzögert oder gefährdet werden könnte,

2. soweit Auskünfte über persönliche Angelegenheiten Einzelner verlangt werden, an deren öffentlicher Bekanntgabe kein berechtigtes Interesse besteht, und
3. soweit Maßnahmen, die im öffentlichen Interesse liegen, durch ihre vorzeitige öffentliche Erörterung vereitelt, erschwert, verzögert oder gefährdet werden könnten.

(2) Anordnungen, die einer Behörde Auskünfte an die Tagespresse überhaupt, an diejenige einer bestimmten Richtung oder an ein bestimmtes periodisches Druckwerk allgemein verbieten, sind unzulässig.

(3) Der Verleger einer Zeitung oder Zeitschrift kann von den Behörden verlangen, dass ihm deren amtliche Bekanntmachungen gegen Vergütung der Übermittlungskosten nicht später als seinen Mitbewerbern zur Verwendung zugeleitet werden.

§ 4 MV. (1) Die Presse hat gegenüber Behörden ein Recht auf Auskunft.

(2) Die Behörden sind verpflichtet, den Vertretern der Presse die der Erfüllung ihrer öffentlichen Aufgabe dienen den Auskünfte zu erteilen.

(3) Auskünfte können verweigert werden, soweit
1. hierdurch die sachgemäße Durchführung von schwebenden Verfahren oder Verwaltungsvorgängen zu Lasten Dritter vereitelt, erschwert, verzögert oder gefährdet werden könnte,
2. ein überwiegendes öffentliches oder schutzwürdiges privates Interesse verletzt würde,
3. Vorschriften über die Geheimhaltung oder den Datenschutz entgegenstehen,
4. ihr Umfang das zumutbare Maß überschreitet.

(4) Anordnungen, die einer Behörde Auskünfte an die Presse überhaupt, an diejenige einer bestimmten Richtung oder an ein bestimmtes periodisches Druckwerk allgemein verbieten, sind unzulässig.

(5) Der Verleger einer Zeitung oder Zeitschrift kann von den Behörden verlangen, dass ihm deren amtliche Bekanntmachungen nicht später als seinen Mitbewerbern zur Verwendung zugeleitet werden.

§ 4 NW. (Abs. 1, 2 z.T. und 4 wie oben). (2) Ein Anspruch auf Auskunft besteht nicht, soweit ... (Rest wie oben)

...
4. ihr Umfang das zumutbare Maß überschreitet.

(3) Anordnungen, die einer Behörde Auskünfte an die Presse überhaupt, an diejenige einer bestimmten Richtung oder an ein bestimmtes periodisches Druckwerk verbieten, sind unzulässig.

§ 6 RP. Abs. 1, 2 sinngemäß wie oben. (3) Allgemeine Anordnungen, die einer Behörde Auskünfte an Medien verbieten, sind unzulässig.

19 PresseG — Pressegesetz (Mustergesetz)

(4) Bei der Erteilung von Auskünften an Medien ist der Grundsatz der Gleichbehandlung zu beachten.

§ 5 SL. (Abs. 2 wie oben mit Nr. 4 ihr Umfang das zumutbare Maß überschreitet.). (1) ¹Die Behörden sind verpflichtet, Vertreterinnen und Vertretern der Medien die der Erfüllung ihrer öffentlichen Aufgabe dienenden Auskünfte zu erteilen. ²Das gilt auch für juristische Personen des privaten Rechts, an denen die öffentliche Hand mehrheitlich beteiligt ist.

(3) Allgemeine Anordnungen, die einer Behörde Auskünfte an Medien überhaupt, an diejenigen einer bestimmten Richtung oder an bestimmte Medien verbieten, sind unzulässig.

(4) Bei der Erteilung von Auskünften an Medien, insbesondere der Übermittlung von amtlichen Bekanntmachungen, ist der Grundsatz der Gleichbehandlung zu beachten.

§ 4 SN. (Abs. 3 wie oben). (1) ¹Alle Behörden sind verpflichtet, den Vertretern der Presse und des Rundfunks, die sich als solche ausweisen, die der Erfüllung ihrer öffentlichen Aufgabe dienenden Auskünfte zu erteilen, sofern nicht dieses Gesetz oder allgemeine Rechtsvorschriften dem entgegenstehen. ²Das Recht auf Auskunft kann nur gegenüber dem Behördenleiter oder dem von ihm Beauftragten geltend gemacht werden.

(2) Die Auskunft darf verweigert werden, wenn und soweit
1. Vorschriften über die Geheimhaltung und über den Persönlichkeitsschutz entgegenstehen,
2. durch sie die sachgemäße Durchführung eines schwebenden Verfahrens vereitelt, erschwert, verzögert oder gefährdet werden könnte,
3. durch sie ein überwiegendes öffentliches oder ein schutzwürdiges privates Interesse verletzt würde oder
4. ihr Umfang das zumutbare Maß überschreitet.

(4) Der Verleger einer Zeitung oder Zeitschrift kann von den Behörden verlangen, dass ihm deren amtliche Verlautbarungen gleichzeitig mit seinen Mitbewerbern zugänglich gemacht werden.

(5) Die Rundfunkanstalten sind nicht nach den Absätzen 1 bis 4 auskunftspflichtig.

§ 4 ST. (Abs. 4 wie oben). (1) Die Behörden sowie die der Aufsicht des Landes unterliegenden Körperschaften des öffentlichen Rechts sind verpflichtet, den Vertretern der Presse, die der Erfüllung ihrer öffentlichen Aufgabe dienenden Auskünfte zu erteilen.

(2) ¹Auskünfte können verweigert werden, soweit:
1. dadurch die sachgemäße Durchführung eines straf-, berufs- oder ehrengerichtlichen Verfahrens oder eines Disziplinarverfahrens vereitelt, erschwert, verzögert oder gefährdet werden könnte;

2. Auskünfte, die über persönliche Angelegenheiten Einzelner verlangt werden, an deren Bekanntgabe kein berechtigtes Interesse der Öffentlichkeit besteht;
3. Maßnahmen, die im öffentlichen Interesse liegen, durch ihre vorzeitige öffentliche Erörterung vereitelt, verzögert oder gefährdet werden könnten.

²Auskünfte sind zu verweigern, soweit die Vorschriften über die Geheimhaltung und den Datenschutz entgegenstehen.

(3) ¹Allgemeine Anordnungen, die einer Behörde Auskünfte an die Presse überhaupt, an diejenige einer bestimmten Richtung oder an ein bestimmtes periodisches Druckwerk verbieten, sind unzulässig. ²Dasselbe gilt für die Anordnungen, die einer Behörde verbieten, ihre Akten der Presse zugänglich zu machen.

§ 4 TH. (1) Die Behörden sowie die der Aufsicht des Landes unterliegenden Körperschaften des öffentlichen Rechts sind verpflichtet, den Vertretern der Presse die der Erfüllung ihrer öffentlichen Aufgaben dienenden Auskünfte zu erteilen.

(2) ¹Auskünfte können verweigert werden, soweit:
1. dadurch die sachgemäße Durchführung eines straf-, Berufs- oder ehrengerichtlichen Verfahrens oder eines Disziplinarverfahrens vereitelt, erschwert, verzögert oder gefährdet werden könnte;
2. Auskünfte, die über persönliche Angelegenheiten Einzelner verlangt werden, an deren Bekanntgabe kein berechtigtes Interesse der Öffentlichkeit besteht;
3. Maßnahmen, die im öffentlichen Interesse liegen, durch ihre vorzeitige öffentliche Erörterung vereitelt, erschwert, verzögert oder gefährdet werden könnten.

²Die Auskünfte sind zu verweigern, soweit Vorschriften über die Geheimhaltung und den Datenschutz entgegenstehen.

(3) ¹Allgemeine Anordnungen, die einer Behörde Auskünfte an die Presse überhaupt, an diejenige einer bestimmten Richtung oder an ein bestimmtes periodisches Druckwerk verbieten, sind unzulässig. ²Dasselbe gilt für allgemeine Anordnungen, die einer Behörde verbieten, ihre Akten der Presse zugänglich zu machen.

(4) Der Verleger einer Zeitung oder Zeitschrift kann von den Behörden verlangen, dass ihm deren amtliche Bekanntmachungen nicht später als seinen Mitbewerbern zur Verwendung zugeleitet werden.

Zu § 5 Mustergesetz (Sorgfaltspflicht)

Nahezu wortgleich: § 5 ST; § 6 BW, § 6 HB, § 5 ST (jeweils mit Zusatz ... *oder Druckwerke strafbaren Inhalts nicht zu verbreiten*); § 6 HH, § 6 ND, § 6 NW, § 6 SH, § 5 SN, § 5 TH.

19 PresseG
Pressegesetz (Mustergesetz)

Nicht enthalten: BY, BE, HE.

Abweichender Wortlaut:

§ 6 BB. ¹Der Inhalt eines Presseerzeugnisses ist von den dafür Verantwortlichen vor der Verbreitung mit der nach den Umständen gebotenen Sorgfalt auf Herkunft und Wahrheitsgehalt sowie den Schutz überwiegender öffentlicher oder privater Interessen hin zu überprüfen. ²Die Presse ist verpflichtet, Druckwerke von strafbarem Inhalt frei zu halten.

§ 5 MV. (Wortgleich mit zusätzlichem S. 3): ... Darüber hinaus trägt die Presse im Rahmen ihrer Berichterstattung besondere Verantwortung für die Privatsphäre der Betroffenen.

§ 7 RP. (1) ¹Medieninhalte dürfen nicht gegen die verfassungsmäßige Ordnung verstoßen. ²Die Vorschriften der allgemeinen Gesetze und die gesetzlichen Bestimmungen zum Schutz der Jugend und des Rechts der persönlichen Ehre sind einzuhalten.

(2) ¹Die Medien haben den anerkannten journalistischen Grundsätzen, auch beim Einsatz virtueller Elemente, zu entsprechen. ²Nachrichten sind vor ihrer Verbreitung mit der nach den Umständen gebotenen Sorgfalt auf Herkunft und Wahrheit zu prüfen.

§ 6 SL. (1) ¹Medieninhalte dürfen nicht gegen die verfassungsmäßige Ordnung verstoßen. ²Die Vorschriften der allgemeinen Gesetze und die gesetzlichen Bestimmungen zum Schutz der Jugend und des Rechts der persönlichen Ehre sind einzuhalten.

(2) ¹Die Medien haben den anerkannten journalistischen Grundsätzen, auch beim Einsatz virtueller Elemente, zu entsprechen. ²Nachrichten über das aktuelle Tagesgeschehen sind vor ihrer Verbreitung mit der nach den Umständen gebotenen Sorgfalt auf Inhalt, Herkunft und Wahrheit zu prüfen.

§ 5 TH. ¹Die Presse hat alle Nachrichten vor ihrer Verbreitung mit der äußersten, nach den Umständen gebotenen Sorgfalt auf Inhalt, Herkunft und sachliche Richtigkeit zu prüfen. ²Sie ist verpflichtet, Druckwerke von strafbarem Inhalt frei zu halten.

Zu § 6 Mustergesetz (Begriffsbestimmungen)

Nahezu wortgleich: § 7 BW, § 7 HB, § 7 NW, § 6 SH; § 7 BB, § 6 TH (ohne kursiv gedruckten Teil in Abs. 1); § 7 HH (mit Zusatz a.E. Abs. 2, sowie Wochenschauen); § 6 MV (in Abs. 1 ohne Begriff Bildträger und in Abs. 2 ohne Begriff Materndienste); § 2 SL Abs. 1–3.

Nicht enthalten: SN.

Abweichender Wortlaut:

Art. 6 BY. (1) Druckwerke im Sinn dieses Gesetzes sind alle mittels der Buchdruckerpresse oder eines sonstigen Vervielfältigungsverfahrens hergestellten und zur Verbreitung in der Öffentlichkeit bestimmten Schriften, bildlichen Darstellungen mit und ohne Schrift und Musikalien mit Text oder Erläuterungen.

(2) Periodische Druckwerke sind Druckwerke, die in Zwischenräumen von höchstens sechs Monaten erscheinen.

(3) ¹Zeitungen und Zeitschriften im Sinn dieses Gesetzes sind periodische Druckwerke, deren Auflage 500 Stück übersteigt. ²Periodische Druckwerke, deren Auflage 500

Stück nicht übersteigt, gelten als Zeitungen und Zeitschriften nur dann, wenn ihr Bezug nicht an einen bestimmten Personenkreis gebunden ist.

§ 4 HE. (1) Druckwerke im Sinne dieses Gesetzes sind alle Druckerzeugnisse sowie alle anderen zur Verbreitung bestimmten Vervielfältigungen von Schriften, besprochenen Tonträgern und bildlichen Darstellungen mit oder ohne Schrift und von Musikalien mit oder ohne Text oder Erläuterungen.

(2) Ausgenommen sind:
1. amtliche Druckwerke, soweit sie ausschließlich amtliche Mitteilungen enthalten,
2. die nur den Zwecken des Gewerbes und Verkehrs, des häuslichen und gesellgen Lebens dienenden Druckwerke wie Formulare, Preislisten, Werbedrucksachen, Familienanzeigen, Geschäfts-, Jahres- und Verwaltungsberichte und dergleichen, sowie Stimmzettel für Wahlen.

(3) Periodische Druckwerke sind Zeitungen und Zeitschriften, die in Zwischenräumen von höchstens sechs Monaten in ständiger, wenn auch unregelmäßiger Folge erscheinen.

§ 5 HE. (1) Sofern für einen Verlag periodischer Druckwerke die Form der Aktiengesellschaft oder der Kommanditgesellschaft auf Aktien gewählt wird, müssen die Aktien auf den Namen lauten.

(2) Der Verleger eines periodischen Druckwerks muss in regelmäßigen Zeitabschnitten im Impressum des Druckwerks offen legen, wer an der Finanzierung des Unternehmens wirtschaftlich beteiligt ist, und zwar bei Tageszeitungen in der ersten Nummer jedes Kalendervierteljahres, bei anderen periodischen Druckschriften in der ersten Nummer jedes Kalenderjahres.

(3) [1]Gehören einer politischen Partei im Sinne des § 2 des Parteiengesetzes unmittelbar oder mittelbar mindestens 5 v.H. der Anteile an dem Unternehmen oder stehen ihr unmittelbar oder mittelbar mindestens 5 v.H. der Stimmrechte zu, so hat sie dies dem Unternehmen unverzüglich schriftlich unter Angabe von Art und Umfang der Beteiligung mitzuteilen. [2]Als Anteile, die der politischen Partei gehören, gelten auch Anteile, die einem Unternehmen, an dem die politische Partei unmittelbar oder mittelbar zu mindestens 15 v.H. beteiligt ist oder einem anderen für Rechnung der politischen Partei oder einem anderen für Rechnung eines Unternehmens, an dem die politische Partei unmittelbar oder mittelbar zu mindestens 15 v.H. beteiligt ist, gehören. [3]Als Stimmrechte, die der politischen Partei zustehen, gelten auch Stimmrechte aus Anteilen nach Satz 2 sowie solche Stimmrechte Dritter, auf deren Ausübung die politische Partei kraft einer Vereinbarung oder aufgrund einer sonstigen Abstimmung Einfluss nehmen kann. [4]Der Verleger des periodischen Druckwerks hat zu den in Abs. 2 genannten Erscheinungszeitpunkten die Angaben nach Satz 1 im Impressum des Druckwerks offen zu legen.

§ 7 ND. (Rest wie oben)

Abs. 1 (ohne Begriff Bildträger)

Abs. 3 Nr. 2 (abweichend)

Nr. 2 die nur Zwecken des Gewerbes und Verkehrs, des häuslichen und gesellgen Lebens dienenden Druckwerke – Formulare, Preislisten, Werbedrucksachen, Familienanzeigen, Geschäfts-, Jahres- und Verwaltungsberichte und dergleichen – sowie Stimmzettel für Wahlen und Abstimmungen sowie Unterschriftenbögen für Volksinitiativen, Volksbegehren und Bürgerbegehren.

19 PresseG

Pressegesetz (Mustergesetz)

§ 3 RP. (1) Im Sinne dieses Gesetzes sind Medien Presse, Rundfunk und Telemedien.

(2) Im Sinne dieses Gesetzes sind
1. Druckwerke
   a) alle mittels eines zur Massenherstellung geeigneten Vervielfältigungsverfahrens hergestellten und zur Verbreitung bestimmten Texte, auch Texte in verfilmter oder elektronisch aufgezeichneter Form, besprochene Tonträger, Notendrucke und andere grafische Musikaufzeichnungen, Landkarten, Ortspläne und Atlanten sowie bildliche Darstellungen, wenn sie mit einem erläuternden Text verbunden sind,
   b) vervielfältigte Mitteilungen, mit denen Nachrichtenagenturen, Pressekorrespondenzen, Materndienste und ähnliche Unternehmungen die Presse mit Beiträgen in Wort, Bild oder ähnlicher Weise versorgen,
   c) von presseredaktionellen Hilfsunternehmen gelieferte Mitteilungen ohne Rücksicht auf die technische Form, in der sie geliefert sind,
2. periodische Druckwerke
   Zeitungen, Zeitschriften und andere in ständiger, wenn auch unregelmäßiger Folge und im Abstand von nicht mehr als sechs Monaten erscheinende Druckwerke, [...]

§ 6 ST. (nur Abs. 1 abweichend): Druckwerke im Sinne des Gesetzes sind alle mittels eines zur Massenherstellung geeigneten Vervielfältigungsverfahrens hergestellten und zur Verbreitung bestimmten Schriften, Tonträger, bildliche Darstellungen, Musikalien und sonstigen Datenträger mit Informationen.

Zu § 7 Mustergesetz (Impressum)

Nahezu wortgleich: § 8 BW, § 8 BB (ohne Kursivdruck); § 8 HB; § 7 Abs. 1 f. HE; § 8 HH (ohne Abs. 3 S. 2 und Abs. 3 S. 2 a.E.: und den Verleger des anderen Druckwerkes zu benennen), § 8 ND (wie oben, in Abs. 3 a.E. haben im Impressum auch Name und Anschrift des für den übernommenen Teils verantwortlichen Redakteurs anzugeben.), § 8 Abs. 1 SL (wie oben und alle männlichen Bezeichnungen auch in weiblicher Form; Inhalt von Abs. 3 S. 2 nicht enthalten).

Abweichender Wortlaut:

Art. 7 BY. (1) [1]Auf jedem in Bayern erscheinenden Druckwerk muss der Drucker und Verleger, beim Selbstverlag der Verfasser oder Herausgeber genannt sein. [2]Anzugeben sind Name oder Firma und Anschrift.

(2) Ausgenommen sind Druckwerke, die ausschließlich Zwecken des Gewerbes oder Verkehrs oder des häuslichen oder geselligen Lebens dienen, wie Formblätter, Preislisten, Gebrauchsanweisungen, Fahrkarten, Familienanzeigen und dergleichen.

(3) Ausgenommen sind weiter Stimmzettel für Wahlen, sofern sie lediglich Zweck, Zeit und Ort der Wahl und die Namen der Parteien und Wahlbewerber enthalten.

Art. 8 BY. (1) [1]Zeitungen und Zeitschriften müssen auf jeder Nummer außerdem den Namen und die Anschrift des oder der verantwortlichen Redakteure enthalten. [2]Das gilt nicht für Amtsblätter öffentlicher Behörden.

(2) [1]Sind mehrere verantwortliche Redakteure bestellt, so muss ersichtlich sein, für welches Sachgebiet ein jeder verantwortlich ist. [2]Auch für den Anzeigenteil muss eine verantwortliche Person benannt werden.

(3) [1]Die Inhaber- und Beteiligungsverhältnisse eines Verlags, der eine Zeitung oder eine Zeitschrift herausgibt, sind wie folgt bekannt zu geben:

Pressegesetz (Mustergesetz) **PresseG 19**

1. bei Herausgabe einer Zeitung oder einer wöchentlich erscheinenden Zeitschrift in dem Impressum der ersten Ausgabe jedes Kalenderhalbjahres,
2. bei Herausgabe einer anderen Zeitschrift in dem Impressum der ersten Ausgabe jedes Kalenderjahres.

[2]Außerdem sind Änderungen der Inhaber- und Beteiligungsverhältnisse unverzüglich im Impressum zu veröffentlichen.

[3]Die Bekanntgabe der Inhaber- und Beteiligungsverhältnisse hat mindestens Vornamen, Namen, Beruf und Wohnort zu enthalten

1. des Einzelkaufmanns,
2. aller persönlich haftenden Gesellschafter,
3. von Aktionären, die mehr als 25 % des Kapitals halten,
4. von Gesellschaftern einer Gesellschaft mit beschränkter Haftung mit einer Stammeinlage von mehr als 5 % des Stammkapitals,
5. der Mitglieder
   a) des Aufsichtsrats einer Aktiengesellschaft unter Nennung des vorsitzenden Mitglieds und
   b) des Vorstands einer Genossenschaft.

[4]Die Bezeichnung des Berufs muss bei Bestehen eines Dienstverhältnisses den Dienstgeber erkennen lassen; bei Personen, die Inhaber oder Mitinhaber anderer wirtschaftlicher Unternehmen sind, müssen diese Unternehmen mit den Angaben über den Beruf genannt werden.

[5]Werden Beteiligungen von politischen Parteien oder Wählergruppen gehalten, ist darauf unter bruchteilsmäßiger Angabe der Höhe der Beteiligung hinzuweisen.

[6]Ist an einer Verlagsgesellschaft eine andere Gesellschaft zu mehr als einem Viertel beteiligt, so sind über diese Gesellschaft die gleichen Angaben zu machen wie sie in den Sätzen 3 und 4 für den Verlag selbst vorgeschrieben sind.

[7]Außerdem sind alle stillen Beteiligungen aufzuführen unter genauer Bezeichnung der stillen Gesellschafter sowie alle Treuhandverhältnisse unter genauer Bezeichnung von Treuhänder und Treugeber.

(4) Zeitungen und Anschlusszeitungen, die regelmäßig wesentliche Teile fertig übernehmen, haben im Impressum auch den für den übernommenen Teil verantwortlichen Redakteur und den Verleger des anderen Druckwerks zu benennen.

§ 7 BE. (Abs. 2 wie oben). (1) Auf jedem im Geltungsbereich dieses Gesetzes erscheinenden Druckwerk müssen Name oder Firma und Wohnort oder Geschäftssitz des Druckers und des Verlegers, beim Selbstverlag des Verfassers oder des Herausgebers, genannt sein.

(3) Zeitungen und Anschlusszeitungen, die regelmäßig Sachgebiete oder ganze Seiten des redaktionellen Teils fertig übernehmen, haben im Impressum auch den für den übernommenen Teil verantwortlichen Redakteur und den Verleger zu benennen.

§ 6 HE. [1]Auf jedem im Geltungsbereich dieses Gesetzes erscheinenden Druckwerk sind Name und Anschrift des Druckers und, wenn das Druckwerk zur Verbreitung bestimmt ist, des Verlegers oder – beim Selbstvertrieb – des Verfassers oder Herausgebers zu nennen. [2]Der Drucker kann statt mit seinem Namen auch mit seiner handelsgerichtlich eingetragenen Firma genannt werden. [3]Wird der Verleger unter einer handelsgerichtlich eingetragenen Firma tätig, so sind Namen und Wohnsitz der Vertretungsberechtigten zu nennen.

[769]

19 PresseG   Pressegesetz (Mustergesetz)

§ 7 HE. (1) [1]Auf jedem Stück eines im Geltungsbereich dieses Gesetzes erscheinenden periodischen Druckwerks sind Name und Anschrift des verantwortlichen Redakteurs zu nennen. [2]Sind mehrere Redakteure verantwortlich, so ist kenntlich zu machen, auf welchen Teil des Druckwerks sich die Verantwortlichkeit jedes Einzelnen bezieht. [3]Für den Anzeigenteil ist ein Verantwortlicher zu benennen; für diesen gelten die Vorschriften über den verantwortlichen Redakteur entsprechend.

(2) Zeitungen und Anschlusszeitungen, die regelmäßig ganze Seiten oder Sachgebiete des redaktionellen Teils fertig übernehmen, haben auch den für den übernommenen Teil verantwortlichen Redakteur und Verleger zu benennen.

(3) Als verantwortlicher Redakteur kann nur tätig sein und beschäftigt werden, wer
1. seinen ständigen Aufenthalt innerhalb eines Mitgliedstaates der Europäischen Union hat,
2. die Fähigkeit zur Bekleidung öffentlicher Ämter besitzt,
3. das 21. Lebensjahr vollendet hat,
4. unbeschränkt geschäftsfähig ist,
5. wegen durch die Presse begangener strafbarer Handlungen unbeschränkt gerichtlich verfolgt werden kann.

(4) Die Vorschriften des Abs. 3 Nr. 3 und 4 gelten nicht für Druckwerke, die von Jugendlichen für Jugendliche herausgegeben werden.

§ 7 MV. Abs. 1 (wie oben mit Modifikation: Auf jedem im Lande Mecklenburg-Vorpommern erscheinenden Druckwerk)

(3) [1]Zeitungen und Anschlusszeitungen, die regelmäßig ganze Seiten des redaktionellen Teils fertig übernehmen, haben im Impressum auch den für den übernommenen Teil verantwortlichen Redakteur und den Verleger des anderen Druckwerkes zu benennen. [2]Neben- und Unterausgaben einer Hauptzeitung, insbesondere Kopfzeitungen, Bezirks- oder Lokalausgaben, müssen im Impressum auch den Verleger und Titel der Hauptzeitung angeben.

(4) [1]Der Verleger eines periodischen Druckwerkes muss in regelmäßigen Zeitabschnitten im Druckwerk offen legen, wer an der Finanzierung des Unternehmens beteiligt ist, und zwar bei Tageszeitungen in der ersten Nummer jedes Kalendervierteljahres, bei anderen periodischen Druckschriften in der ersten Nummer jedes Kalenderjahres. [2]Hierfür ist die Wiedergabe der im Handelsregister eingetragenen Beteiligungsverhältnisse ausreichend.

§ 8 NW. (wie oben). Abs. 3 S. 2 wie folgt: Neben- oder Unterausgaben einer Hauptzeitung, insbesondere Kopfzeitungen, Bezirks- oder Lokalausgaben, müssen im Impressum auch den Verleger der Hauptzeitung angeben.

§ 8 RP. (Abs. 1 und 2 wie oben). (3) Zeitungen und Anschlusszeitungen, die den überwiegenden Teil fertig übernehmen, haben im Impressum auch die für den übernommenen Teil redaktionell verantwortliche Person und diejenige Person, die den übernommenen Teil ursprünglich verlegt, zu benennen.

(4) [1]Wer ein periodisches Druckwerk verlegt, muss in der ersten Nummer eines jeden Kalenderjahres im Druckwerk offen legen, wer an der Finanzierung des Unternehmens wirtschaftlich beteiligt ist; bei Tageszeitungen ist bei Veränderungen der wirtschaftlichen Beteiligung dies zusätzlich in der nachfolgenden ersten Nummer jedes Kalendervierteljahres offen zu legen. [2]Wirtschaftlich beteiligt im Sinne des Satzes 1 ist, wer mit mehr als

Pressegesetz (Mustergesetz) **PresseG 19**

5 v.H. am Kapital beteiligt ist oder über mehr als 5 v.H. der Stimmrechte verfügt. ³Für die nach Satz 1 offen zu legenden Angaben ist die Wiedergabe der aus dem Handelsregister und aus den zum Handelsregister eingereichten Schriftstücken zu entnehmenden Beteiligungsverhältnisse ausreichend.

(5) ¹Für die Aufnahme des Impressums sind diejenigen Personen verantwortlich, die das Werk gedruckt oder verlegt haben. ²Für die Richtigkeit des Impressums sind die redaktionell verantwortlichen Personen, beim Selbstverlag die Personen, die das Werk verfasst haben oder herausgeben, verantwortlich.

§ 6 SN. (1) ¹Auf allen mittels eines zu Massenherstellung geeigneten Vervielfältigungsverfahren hergestellten und zur Verbreitung bestimmten Schriften, besprochenen Tonträgern, bildlichen Darstellungen mit oder ohne Schrift und Musikalien mit Text oder Erläuterungen (Druckwerke), die im Geltungsbereich dieses Gesetzes erscheinen, müssen deutlich sichtbar Name oder Firma und Anschrift des Druckers und des Verlegers genannt sein. ²Beim Selbstverlag treten an die Stelle der Angaben über den Verleger Name oder Firma und Anschrift des Herausgebers oder des Verfassers.

(2) ¹Für Zeitungen, Zeitschriften und andere Druckwerke, die in ständiger, wenn auch unregelmäßiger Folge und im Abstand von nicht mehr als sechs Monaten erscheinen (periodische Druckwerke), ist mindestens ein verantwortlicher Redakteur zu bestellen. ²Sein Name und seine Anschrift sind auf dem Druckwerk anzugeben. ³Sind mehrere verantwortliche Redakteure bestellt, so gilt Satz 2 für jeden von ihnen. ⁴Dabei ist auch anzugeben, für welchen räumlichen oder sachlichen Bereich ein jeder verantwortlich ist. ⁵Für den Anzeigenteil ist ebenfalls ein Verantwortlicher zu bestellen; die Bestimmungen über den verantwortlichen Redakteur gelten für ihn entsprechend.

(3) Zeitungen und Anschlusszeitungen, die regelmäßig ganze Seiten des redaktionellen Teils fertig übernehmen, haben dies im Impressum unter zusätzlicher Angabe von Name oder Firma und Anschrift des für den übernommenen Teil verantwortlichen Verlegers und Redakteurs kenntlich zu machen.

(4) Für die Aufnahme des Impressums ist der Verleger, beim Selbstverlag der Herausgeber oder Verfasser verantwortlich.

§ 7 ST. (Abs. 2 wie oben statt „Anschrift" Geschäftsanschrift). (1) Auf jedem im Geltungsbereich dieses Gesetzes erscheinenden Druckwerk müssen Name oder Firma und Geschäftsanschrift des Druckers und des Verlegers genannt sein, beim Selbstverlag Name und Geschäftsanschrift des Verfassers oder des Herausgebers.

(3) Zeitungen und Anschlusszeitungen, die regelmäßig ganze Seiten des redaktionellen Teils fertig übernehmen, haben im Impressum auch Name und Anschrift des für den übernommenen Teil verantwortlichen Redakteurs anzugeben.

§ 8 SH. (Abs. 1 und 2 wie oben mit geschlechtsneutraler Formulierung). (3) Zeitungen und Anschlusszeitungen, die regelmäßig wesentliche Teile fertig übernehmen, haben im Impressum auch den für den übernommenen Teil die verantwortliche Redakteurin oder den verantwortlichen Redakteur und die Verlegerin oder den Verleger des anderen Druckwerkes zu benennen.

(4) ¹Die Verlegerin oder der Verleger eines periodischen Druckwerkes muss in regelmäßigen Zeitabschnitten im Druckwerk offen legen, wer an der Finanzierung des Unternehmens wirtschaftlich beteiligt ist, und zwar bei Tageszeitungen in der ersten Nummer jedes Kalendervierteljahres, bei anderen periodischen Druckschriften in der ersten Num-

mer jedes Kalenderjahres. ²Hierfür ist die Wiedergabe der im Handelsregister eingetragenen Beteiligungsverhältnisse ausreichend.

§ 7 TH. (Abs. 2 wie oben). (1) Auf jedem im Geltungsbereich dieses Gesetzes erscheinenden Druckwerk müssen Name oder Firma und Anschrift der Druckerei und des Verlegers genannt sein, beim Selbstverlag Name und Anschrift des Verfassers oder des Herausgebers sowie die Eigentumsverhältnisse des Verlags.

(3) Zeitungen und Anschlusszeitungen, die regelmäßig ganze Seiten des redaktionellen Teils fertig übernehmen, haben im Impressum auch Name und Anschrift des für den übernommenen Teil verantwortlichen Redakteurs und des Verlegers anzugeben.

(4) Für die Aufnahme des Impressums sind die Druckerei und der Verleger, für die Richtigkeit des Impressums ist der verantwortliche Redakteur – beim Selbstverlag der Verfasser oder Herausgeber – verantwortlich.

Zu § 8 Mustergesetz (verantwortlicher Redakteur)

Wortgleich: BW (mit Ausnahme von § 9 Abs. 1 Nr. 1: seinen ständigen Aufenthalt außerhalb eines Mitgliedstaats der Europäischen Union oder eines anderen Vertragsstaates des Abkommens über den Europäischen Wirtschaftsraum hat ...)

Abweichender Wortlaut:

(1) Als verantwortliche Redakteure können diejenigen nicht tätig sein und beschäftigt werden, die
1. ihren ständigen Aufenthalt außerhalb der Mitgliedstaaten der Europäischen Union und der Vertragsstaaten des Abkommens über den Europäischen Wirtschaftsraum haben,
2. infolge Richterspruchs die Fähigkeit, öffentliche Ämter zu bekleiden, Rechte aus öffentlichen Wahlen zu erlangen oder in öffentlichen Angelegenheiten zu wählen oder zu stimmen, nicht besitzen,
3. nicht unbeschränkt geschäftsfähig sind,
4. nicht unbeschränkt strafgerichtlich verfolgt werden können.

(2) Die Vorschrift des Absatzes 1 Nummer 3 gilt nicht für Druckwerke, die von Jugendlichen für Jugendliche herausgegeben werden.

(3) ¹Die Vorschriften des Absatzes 1 Nummer 1 und 4 gelten nicht für periodisch erscheinende Zeitschriften, die Zwecken der Wissenschaft oder der Kunst dienen. ²Für diese Zeitschriften muss eine verantwortliche Person im Geltungsbereich des Grundgesetzes benannt werden; diese braucht nicht die verantwortliche Person für den redaktionellen Teil zu sein. ³Auf diese Verantwortlichen finden im Übrigen die Vorschriften dieses Gesetzes über die verantwortlichen Redakteure Anwendung.

(4) Die Vorschrift des Absatzes 1 Nr. 2 gilt nicht für Druckwerke, die in Justizvollzugsanstalten im Rahmen der Gefangenenmitverantwortung für Gefangene herausgegeben werden.

Art. 5 BY. (1) Bei jeder Zeitung muß mindestens ein verantwortlicher Redakteur bestellt werden.

(2) Als verantwortlicher Redakteur darf nicht tätig sein und beschäftigt werden, wer
1. seinen gewöhnlichen Aufenthalt nicht in einem Mitgliedstaat der Europäischen Union oder in einem anderen Vertragsstaat des Abkommens über den Europäischen Wirtschaftsraum hat,

Pressegesetz (Mustergesetz) **PresseG 19**

2. infolge Richterspruchs die Fähigkeit zur Bekleidung öffentlicher Ämter, die Fähigkeit, Rechte aus öffentlichen Wahlen zu erlangen, oder das Recht, in öffentlichen Angelegenheiten zu wählen oder zu stimmen, nicht besitzt,
3. nicht unbeschränkt geschäftsfähig ist.

(3) Wer nur mit besonderer Zustimmung oder Genehmigung strafrechtlich verfolgt werden kann, darf nicht verantwortlicher Redakteur für den politischen Teil einer Zeitung oder Zeitschrift sein.

(4) Absatz 2 Nr. 3 gilt nicht für Druckwerke, die von Jugendlichen für Jugendliche herausgegeben werden.

§ 10 BB. (1) Als verantwortliche Redakteurin oder verantwortlicher Redakteur darf nicht tätig sein und beschäftigt werden, wer
1. seinen ständigen Aufenthalt nicht in einem Mitgliedstaat der Europäischen Union, einem Vertragsstaat des Abkommens des Europäischen Wirtschaftsraumes oder der Schweiz hat,
2. infolge Richterspruchs die Fähigkeit, öffentliche Ämter zu bekleiden, nicht besitzt,
3. nicht oder nur beschränkt geschäftsfähig ist,
4. nicht unbeschränkt strafgerichtlich verfolgt werden kann,
5. aufgrund einer psychischen Krankheit oder einer geistigen oder seelischen Behinderung ihre oder seine Angelegenheiten ganz oder teilweise nicht besorgen kann und für die oder den deshalb das Betreuungsgericht gemäß § 1896 BGB eine Betreuerin oder einen Betreuer bestellt hat.

(2) [1]Die Vorschrift des Absatzes 1 Nr. 2 gilt nicht für Druckwerke, die in Justizvollzugsanstalten im Rahmen der Gefangenenmitverantwortung für Gefangene herausgegeben werden. [2]Die Vorschriften des Absatzes 1 Nr. 3 und 4 gelten nicht für Druckwerke, die von Jugendlichen für Jugendliche herausgegeben werden.

(3) [1]Von der Voraussetzung des Absatzes 1 Nr. 1 kann das für Inneres zuständige Mitglied der Landesregierung auf Antrag Befreiung erteilen, wenn ein Bestehen auf der Einhaltung dieser Anforderungen im Einzelfall eine besondere Härte bedeuten würde. [2]Die Befreiung kann widerrufen werden.

§ 9 HB. (Abs. 2 sinngemäß) Abs. 1 wie oben mit Modifikation:
3. Grundrechte verwirkt hat,
5. nicht oder nur beschränkt geschäftsfähig ist,
Abs. 3: Von der Voraussetzung des Absatzes 1 Nr. 1 kann der Senator für Inneres im Einvernehmen mit dem Senator für Rechtspflege und Strafvollzug in besonderen Fällen auf Antrag Befreiung erteilen.

§ 9 HH. Abs. 2 und 3 (Befreiung auf Antrag durch zuständige Behörde) wie oben

Abs. 1: Als verantwortlicher Redakteur kann nicht tätig sein und beschäftigt werden, wer
1. seinen ständigen Aufenthalt nicht innerhalb eines Mitgliedstaates der Europäischen Union oder eines anderen Vertragsstaates des Abkommens über den Europäischen Wirtschaftsraum hat,
2. infolge Richterspruchs die Fähigkeit zur Bekleidung öffentlicher Ämter, die Fähigkeit, Rechte aus öffentlichen Wahlen zu erlangen, oder das Recht, in öffentlichen Angelegenheiten zu wählen oder zu stimmen, nicht besitzt,
3. das 18. Lebensjahr nicht vollendet hat,
4. Nicht unbeschränkt geschäftsfähig ist.

19 PresseG — Pressegesetz (Mustergesetz)

§ 7 HE. (3) Als verantwortlicher Redakteur kann nur tätig sein und beschäftigt werden, wer
1. seinen ständigen Aufenthalt innerhalb eines Mitgliedstaates der Europäischen Union oder eines anderen Vertragsstaates des Abkommens über den Europäischen Wirtschaftsraum hat,
2. die Fähigkeit zur Bekleidung öffentlicher Ämter besitzt,
3. das 21. Lebensjahr vollendet hat,
4. unbeschränkt geschäftsfähig ist,
5. wegen durch die Presse begangener strafbarer Handlungen unbeschränkt gerichtlich verfolgt werden kann.

(4) Die Vorschriften des Abs. 3 Nr. 3 und 4 gelten nicht für Druckwerke, die von Jugendlichen für Jugendliche herausgegeben werden.

§ 8 MV. (1) Als verantwortlicher Redakteur kann nur tätig sein und beschäftigt werden, wer
1. innerhalb eines Mitgliedstaates der Europäischen Union seinen ständigen Aufenthalt hat,
2. die bürgerlichen Ehrenrechte besitzt und die Fähigkeit, ein öffentliches Amt zu bekleiden, nicht durch richterliche Entscheidung verloren hat,
3. unbeschränkt geschäftsfähig ist,
4. unbeschränkt strafrechtlich verfolgt werden kann.

(2) Die Vorschrift des Absatzes 1 Nr. 3 gilt nicht für Druckwerke, die von Jugendlichen für Jugendliche herausgegeben werden.

§ 9 ND. (1) Als verantwortlicher Redakteur darf nicht tätig sein und nicht beschäftigt werden, wer
1. seinen ständigen Aufenthalt außerhalb des Geltungsbereiches des Grundgesetzes hat,
2. infolge Richterspruchs die Fähigkeit, ein öffentliches Amt zu bekleiden oder Rechte aus öffentlichen Wahlen zu erlangen, oder das Recht, in öffentlichen Angelegenheiten zu wählen oder zu stimmen, nicht besitzt,
3. das 21. Lebensjahr nicht vollendet hat,
4. nicht unbeschränkt geschäftsfähig ist,
5. wegen einer Straftat, die er durch die Presse begangen hat, nicht unbeschränkt gerichtlich verfolgt werden kann.

(2) Die Vorschriften des Absatzes 1 Nrn. 3 und 4 gelten nicht für Druckwerke, die von Jugendlichen für Jugendliche herausgegeben werden.

(3) [1]Von der Voraussetzung des Absatzes 1 Nr. 1 kann der Minister des Innern in besonderen Fällen auf Antrag Befreiung erteilen. [2]Die Befreiung kann widerrufen werden.

§ 9 NW. (Abs. 2 entsprechend wie oben). (1) Als verantwortlicher Redakteur kann nicht tätig sein und beschäftigt werden, wer
1. seinen ständigen Aufenthalt außerhalb eines Mitgliedstaats der Europäischen Union oder eines anderen Vertragsstaates des Abkommens über den Europäischen Wirtschaftsraum hat,
2. infolge Richterspruchs die Fähigkeit zur Bekleidung öffentlicher Ämter nicht besitzt,
4. nicht geschäftsfähig ist oder aufgrund einer psychischen Krankheit oder einer geistigen oder seelischen Behinderung unter Betreuung steht,
5. nicht unbeschränkt strafrechtlich verfolgt werden kann.

Pressegesetz (Mustergesetz) **PresseG 19**

(3) ¹Von der Voraussetzung des Absatzes 1 Nr. 1 kann der Innenminister in besonderen Fällen auf Antrag Befreiung erteilen. ²Die Befreiung kann widerrufen werden.

§ 10 RP. (1) Als für den Inhalt eines Rundfunkprogramms verantwortliche Person, als redaktionell verantwortliche Person eines periodischen Druckwerks oder als verantwortliche Person bei entsprechenden Angeboten von Telemedien kann nur diejenige Person benannt werden oder tätig sein, die
1. unbeschränkt geschäftsfähig ist,
2. die Fähigkeit, öffentliche Ämter zu bekleiden, nicht durch Richterspruch verloren hat,
3. das Grundrecht der freien Meinungsäußerung nicht nach Artikel 18 des Grundgesetzes verwirkt hat,
4. ihren Wohnsitz in der Bundesrepublik Deutschland, einem sonstigen Mitgliedstaat der Europäischen Union oder einem anderen Vertragsstaat des Abkommens über den Europäischen Wirtschaftsraum hat und gerichtlich verfolgt werden kann,
5. alle ihre Angelegenheiten ohne rechtliche Betreuung im Sinne der §§ 1896 bis 1908i des Bürgerlichen Gesetzbuches besorgen kann und besorgt.

(2) Absatz 1 Nr. 1 gilt nicht für Jugendliche, die Druckwerke für Jugendliche herausgeben oder Rundfunksendungen oder Telemedien verantworten, die für Jugendliche bestimmt sind.

§ 9 SL. (Abs. 2 entsprechend wie oben, ohne Abs. 3). (1) Als ... verantwortliche Redakteurin oder verantwortlicher Redakteur eines periodischen Druckwerks ... kann nur benannt werden oder tätig sein, wer ihren oder seinen ständigen Aufenthalt in einem der Mitgliedstaaten der Europäischen Union hat, nicht infolge Richterspruchs die Fähigkeit zur Bekleidung öffentlicher Ämter verloren hat, voll geschäftsfähig ist und unbeschränkt strafrechtlich verfolgt werden kann.

§ 7 SN. (1) Als verantwortlicher Redakteur darf nicht tätig sein oder beschäftigt werden, wer
1. seinen ständigen Aufenthalt nicht innerhalb eines Mitgliedstaates der Europäischen Union oder eines anderen Vertragsstaates des Abkommens über den Europäischen Wirtschaftsraum vom 3. Januar 1994 (ABl. EG Nr. L 001 S. 3) in der jeweils geltenden Fassung hat,
2. infolge Richterspruchs die Fähigkeit, ein öffentliches Amt zu bekleiden oder Rechte aus öffentlichen Wahlen zu erlangen oder das Recht in öffentlichen Angelegenheiten zu wählen oder zu stimmen, nicht besitzt,
3. das 21. Lebensjahr nicht vollendet hat,
4. nicht unbeschränkt geschäftsfähig ist oder
5. wegen einer Straftat, die er durch die Presse begangen hat, nicht unbeschränkt gerichtlich verfolgt werden kann.

(2) Für die Herausgabe von Zeitschriften für Jugendliche und Heranwachsende gelten die Voraussetzung des Absatzes 1 Nr. 3 und 4 nicht.

§ 8 ST. (1) Als verantwortlicher Redakteur darf nicht tätig sein und beschäftigt werden, wer
1. seinen ständigen Aufenthalt außerhalb des Geltungsbereiches des Grundgesetzes hat,
2. infolge Richterspruchs die Fähigkeit, ein öffentliches Amt zu bekleiden oder Rechte aus öffentlichen Wahlen zu erlangen, oder das Recht, in öffentlichen Angelegenheiten zu wählen oder zu stimmen, nicht besitzt,

3. nicht volljährig ist,
4. wegen einer Straftat, die er durch die Presse begangen hat, nicht unbeschränkt gerichtlich verfolgt werden kann,
5. zur Besorgung aller seiner Angelegenheiten eines Betreuers bedarf, und dieser nicht nur durch einstweilige Anordnung bestellt ist; dies gilt auch, wenn der Aufgabenkreis des Betreuers die in § 1896 Abs. 4 und 5 des Bürgerlichen Gesetzbuches bezeichneten Angelegenheiten nicht erfasst.

(2) Die Vorschriften des Absatzes 1 Nr. 3 gelten nicht für Druckwerke, die von Jugendlichen für Jugendliche herausgegeben werden.

(3) Von der Voraussetzung des Absatzes 1 Nr. 1 kann der Minister des Innern in besonderen Fällen auf Antrag Befreiung erteilen. Die Befreiung kann widerrufen werden.

§ 9 SH. (Abs. 2 entsprechend wie oben). (1) Als verantwortliche Redakteurin oder verantwortlicher Redakteur kann tätig sein und beschäftigt werden, wer
1. seinen gewöhnlichen Aufenthalt innerhalb der Mitgliedstaaten der Europäischen Union oder der Vertragsstaaten des Abkommens über den Europäischen Wirtschaftsraum hat,
2. die Fähigkeit, öffentliche Ämter zu bekleiden, Rechte aus öffentlichen Wahlen zu erlangen oder in öffentlichen Angelegenheiten zu wählen oder zu stimmen, besitzt,
3. unbeschränkt geschäftsfähig ist,
4. unbeschränkt wegen einer Straftat, die sie oder er durch die Presse begangen hat, strafgerichtlich verfolgt werden kann.

(2) Die Vorschrift des Absatzes 1 Nummer 3 gilt nicht für Druckwerke, die von Jugendlichen für Jugendliche herausgegeben werden.

§ 9 TH. Abs. 1 (Rest wie oben)
3. nicht unbeschränkt geschäftsfähig ist;
4. wegen einer Straftat, die er durch die Presse begangen hat, nicht unbeschränkt gerichtlich verfolgt werden kann.

(2) Die Vorschrift des Absatzes 1 Nr. 3 gilt nicht für Druckwerke, die von Jugendlichen für Jugendliche herausgegeben werden.

(3) [1]Von der Voraussetzung des Absatzes 1 Nr. 1 kann das Landesverwaltungsamt in besonderen Fällen auf Antrag Befreiung erteilen. [2]Die Befreiung kann widerrufen werden.

Zu § 9 Mustergesetz (Kennzeichnungspflicht)

Nahezu wortgleich: § 10 BW, § 8 BE, § 8 HB, § 10 ND, § 10 NW, § 13 RP, § 13 SL (zusätzlich mit weiblicher Bezeichnung u. Verbot der Produkt- und Themenplatzierung), § 9 ST, 10 TH; § 11 BB (mit Zusatz ein Entgelt *oder einen anderen geldwerten Vorteil*); § 10 HH, § 9 MV, § 10 SH (jeweils ohne „oder der Verantwortliche nach § 8 Abs. 2 Satz 4").

Abweichender Wortlaut:

Art. 9 BY. Bei Zeitungen und Zeitschriften müssen Teile, insbesondere Anzeigen- und Reklametexte, deren Abdruck gegen Entgelt erfolgt, kenntlich gemacht werden.

§ 8 HE. Hat der Verleger eines periodischen Druckwerks für eine Veröffentlichung ein Entgelt gefordert, sich versprechen lassen oder erhalten, so hat er diese Veröffentlichung innerhalb des Druckwerks in der üblichen Weise als Anzeige kenntlich zu machen.

Pressegesetz (Mustergesetz) **PresseG 19**

§ 9 SN. Hat der Verleger oder der Verantwortliche im Sinn des § 6 Abs. 2 Satz 5 eines periodischen Druckwerks aus Anlass oder im Zusammenhang mit einer Veröffentlichung zum Zweck der Werbung oder Mitteilung ein Entgelt erhalten, gefordert oder sich versprechen lassen, so hat er diese Veröffentlichung, sofern sie nicht schon durch Abordnung und Gestaltung eindeutig als Anzeige zu erkennen ist, mit dem Wort „Anzeige" zu bezeichnen.

Zu § 10 Mustergesetz (Gegendarstellungsanspruch)

Nahezu wortgleich: Allgemein alle ohne Zusatz übernationale parlamentarische Organe (teilweise Organe der Europäischen Union) und sonstigen kommunalen Körperschaften.

§ 11 BW; § 12 BB (in Abs. 2: Ist der Gegendarstellungsanspruch vergeblich geltend gemacht worden, so ist für seine Durchsetzung der ordentliche Rechtsweg gegeben ...); § 11 HH und § 11 MV (jeweils Abs. 2 ohne Nr. 1, 3); § 11 ND (ohne Abs. 2 Nr. 1 sowie Abs. 5); § 11 NW.

Abweichender Wortlaut:

Art. 10 BY. (1) [1]Der verantwortliche Redakteur und der Verleger einer Zeitung oder Zeitschrift sind verpflichtet, zu Tatsachen, die darin mitgeteilt wurden, auf Verlangen einer unmittelbar betroffenen Person oder Behörde deren Gegendarstellung abzudrucken. [2]Sie muss die beanstandeten Stellen bezeichnen, sich auf tatsächliche Angaben beschränken und vom Einsender unterzeichnet sein. [3]Ergeben sich begründete Zweifel an der Echtheit der Unterschrift einer Gegendarstellung, so kann die Beglaubigung der Unterschrift verlangt werden.

(2) [1]Der Abdruck muss unverzüglich, und zwar in demselben Teil des Druckwerks und mit derselben Schrift wie der Abdruck des beanstandeten Textes ohne Einschaltungen und Weglassungen erfolgen. [2]Der Abdruck darf nur mit der Begründung verweigert werden, dass die Gegendarstellung einen strafbaren Inhalt habe. [3]Die Gegendarstellung soll den Umfang des beanstandeten Textes nicht wesentlich überschreiten. [4]Die Aufnahme erfolgt insoweit kostenfrei.

(3) Der Anspruch auf Aufnahme der Gegendarstellung kann auch im Zivilrechtsweg verfolgt werden.

§ 10 BE. Absätze 1–3 wie oben

Abs. 4: Für die Durchsetzung des *vergeblich geltendgemachten* ...
Abs. 5: ... gesetzgebenden oder beschließenden Organe des Bundes, der Länder, der Gemeinden (Gemeindeverbände), der Bezirke sowie der Gerichte.

(6) [1]Auf den Rundfunk (Hörfunk und Fernsehen) finden die Absätze 1 bis 5 entsprechende Anwendung. [2]Der Gegendarstellungsanspruch richtet sich gegen die Rundfunkanstalt, die für die redaktionelle Gestaltung der Sendung verantwortlich ist. [3]Die Gegendarstellung muss unverzüglich für den gleichen Bereich sowie zu einer gleichwertigen Sendezeit wie die beanstandete Sendung verbreitet werden.

§ 11 HB. Abs. 2 S. 4 nur: Sie bedarf der Schriftform

(3) [1]Die Gegendarstellung muss in der nach Empfang der Einsendung nächstfolgenden, für den Druck nicht abgeschlossenen Nummer, in dem gleichen Teil des Druckwerks und mit gleichwertiger Plazierung, gleicher Schriftgröße und Auszeichnung wie der beanstandete Text ohne Einschaltungen und Weglassungen abgedruckt werden. [2]Die Ge-

[777]

gendarstellung darf nicht in Form eines Leserbriefes erscheinen. ³Der Abdruck ist kostenfrei, es sei denn, dass es sich um eine Gegendarstellung zu einer im Anzeigenteil verbreiteten Tatsachenbehauptung handelt. ⁴Wer sich zu der Gegendarstellung in derselben Nummer äußert, muss sich auf tatsächliche Angaben beschränken. ⁵Druckt ein Unternehmen der in § 7 Abs. 2 genannten Art, eine Zeitung oder Zeitschrift, eine Gegendarstellung ab, so ist die Gegendarstellung gleichfalls unverzüglich zu veröffentlichen, wer die behaupteten Tatsachen übernommen hat.

Abs. 5: ... gesetzgebenden oder beschließenden Organe des Bundes, der Länder, der Gemeinden (Gemeindeverbände) sowie der Gerichte.

§ 10 HE. (Abs. 1 und 5 entsprechend wie oben: ohne „EU-Ebene"). (2) ¹Die Pflicht zum Abdruck einer Gegendarstellung besteht nur, wenn und soweit die betroffene Person oder Stelle ein berechtigtes Interesse an der Veröffentlichung hat und wenn die Gegendarstellung ihrem Umfang nach angemessen ist. ²Der Abdruck der Gegendarstellung muss von dem Betroffenen oder seinem Vertreter ohne schuldhaftes Zögern verlangt werden. ³Die Gegendarstellung bedarf der Schriftform und muss von dem Betroffenen unterzeichnet sein. ⁴Sie muss sich auf tatsächliche Angaben beschränken und darf keinen strafbaren Inhalt haben.

(3) ¹Der Abdruck muss in der nach Empfang der Einsendung nächstfolgenden, für den Druck nicht abgeschlossenen Nummer, in dem gleichen Teil des Druckwerks und mit gleicher Schrift wie der beanstandete Text ohne Einschaltungen und Weglassungen erfolgen. ²Wer sich zu der Gegendarstellung in derselben Nummer äußert, muss sich auf tatsächliche Angaben beschränken. ³Der Abdruck ist kostenfrei, soweit nicht der Umfang des beanstandeten Textes überschritten wird; im letzteren Fall sind die üblichen Einrückungsgebühren zu entrichten.

(4) ¹Auf Erfüllung kann geklagt werden. ²Das Gericht kann im Wege der einstweiligen Verfügung, auch wenn die Gefahr der Wiederholung nicht begründet ist, anordnen, dass der verantwortliche Redakteur und der Verleger in der Form des Abs. 3 eine bestimmte Gegendarstellung veröffentlichen.

§ 11 RP. (1) ¹Die redaktionell verantwortliche Person und die Person, die ein periodisches Druckwerk verlegt, sowie Rundfunkveranstalter sind verpflichtet, unverzüglich eine Gegendarstellung der Person oder Stelle, die durch eine in dem Druckwerk oder der Rundfunksendung aufgestellte Tatsachenbehauptung betroffen ist, ohne Kosten für die Betroffenen zum Abdruck zu bringen, zu verbreiten oder in das Angebot ohne Abrufentgelt aufzunehmen. ²Für die Wiedergabe einer Gegendarstellung zu einer im Anzeigen- oder Werbeteil verbreiteten Tatsachenbehauptung sind die üblichen Entgelte zu entrichten.

(2) ¹Die Gegendarstellung hat ohne Einschaltungen und Weglassungen in gleicher Aufmachung wie die Tatsachenbehauptung zu erfolgen. ²Bei Druckwerken muss sie in der nach Empfang der Einsendung nächstfolgenden für den Druck nicht abgeschlossenen Nummer in dem gleichen Teil des Druckwerks und mit gleicher Schrift wie der beanstandete Text abgedruckt werden; sie darf nicht in der Form eines Leserbriefs erscheinen. ³Eine Erwiderung muss sich auf tatsächliche Angaben beschränken; dies gilt bei periodischen Druckwerken nur, sofern die Erwiderung in derselben Folge oder Nummer erfolgt. ⁴Verbreitet ein Unternehmen der in § 3 Abs. 2 Nr. 1 Buchst. b oder c genannten Art eine Gegendarstellung, so ist die Gegendarstellung gleichfalls unverzüglich so weit zu veröffentlichen, wie die behauptete Tatsache übernommen wurde. ⁵Im Rundfunk muss die Gegendarstellung unverzüglich innerhalb des gleichen Programms und der gleichen Pro-

grammsparte wie die beanstandete Tatsachenbehauptung sowie zur gleichen Tageszeit oder, wenn dies nicht möglich ist, zu einer Sendezeit verbreitet werden, die der Zeit der beanstandeten Sendung gleichwertig ist.

(3) Eine Verpflichtung zur Aufnahme der Gegendarstellung gemäß Absatz 1 besteht nicht, wenn
1. die betroffene Person oder Stelle kein berechtigtes Interesse an der Gegendarstellung hat,
2. der Umfang der Gegendarstellung unangemessen über den der beanstandeten Tatsachenbehauptung hinausgeht,
3. die Gegendarstellung sich nicht auf tatsächliche Angaben beschränkt oder einen strafbaren Inhalt hat,
4. die Gegendarstellung nicht unverzüglich, spätestens innerhalb von drei Monaten nach der Aufstellung der Tatsachenbehauptung, der nach Absatz 1 Satz 1 verpflichteten Person schriftlich und von der betroffenen Person oder ihrer gesetzlichen Vertreterin oder ihrem gesetzlichen Vertreter unterzeichnet zugeht oder
5. es sich um eine Anzeige in einem periodischen Druckwerk handelt, die ausschließlich dem geschäftlichen Verkehr dient.

(4) [1]Für die Durchsetzung des vergeblich geltend gemachten Gegendarstellungsanspruchs ist der ordentliche Rechtsweg gegeben. [2]Auf dieses Verfahren sind die Vorschriften der Zivilprozessordnung über das Verfahren auf Erlass einer einstweiligen Verfügung entsprechend anzuwenden. [3]Eine Gefährdung des Anspruchs braucht nicht glaubhaft gemacht zu werden. [4]Ein Verfahren zur Hauptsache findet nicht statt.

(5) Eine Verpflichtung zur Gegendarstellung besteht nicht für wahrheitsgetreue Berichte über öffentliche Sitzungen der übernationalen parlamentarischen Organe, der gesetzgebenden oder beschließenden Organe des Bundes, der Länder und der kommunalen Gebietskörperschaften sowie der Gerichte.

§ 10 SL. (Abs. 5 wie oben). (1) Die verantwortliche Redakteurin oder der verantwortliche Redakteur und die Verlegerin oder der Verleger eines periodischen Druckwerks ... sind verpflichtet, unverzüglich eine Gegendarstellung der Person oder Stelle, die durch eine in dem Druckwerk, der Rundfunksendung oder dem Angebot aufgestellte Tatsachenbehauptung betroffen ist, ohne Kosten für die oder den Betroffenen zum Abdruck zu bringen, zu verbreiten (oder in ihr oder sein Angebot ohne Abrufentgelt aufzunehmen.)

(2) [1]Die Gegendarstellung ist ohne Einschaltungen und Weglassungen in gleicher Aufmachung wie die Tatsachenbehauptung anzubieten; sie darf nicht in der Form eines Leserbriefs erscheinen. [2]Eine Erwiderung auf die Gegendarstellung darf keinen strafbaren Inhalt haben. [3]Sie muss sich auf tatsächliche Angaben beschränken. [4]Satz 3 gilt bei periodischen Druckwerken nur, sofern die Erwiderung in derselben Nummer erfolgt.

(3) Eine Verpflichtung zur Aufnahme der Gegendarstellung gemäß Absatz 1 besteht nicht, wenn
1. die oder der Betroffene kein berechtigtes Interesse an der Gegendarstellung hat,
2. der Umfang der Gegendarstellung unangemessen über den der beanstandeten Tatsachenbehauptung hinausgeht,
3. die Gegendarstellung sich nicht auf tatsächliche Angaben beschränkt oder einen strafbaren Inhalt hat,
4. die Gegendarstellung nicht unverzüglich, bei periodischen Druckwerken spätestens innerhalb von drei Monaten nach der Aufstellung der Tatsachenbehauptung der oder dem in Anspruch Genommenen schriftlich und von der oder dem Betroffenen oder

19 PresseG Pressegesetz (Mustergesetz)

ihrer oder seiner gesetzlichen Vertreterin oder ihrem oder seinem gesetzlichen Vertreter unterzeichnet, zugeht, oder Vertreter unterzeichnet, zugeht, oder
5. es sich um eine Anzeige in einem periodischen Druckwerk handelt, die ausschließlich dem geschäftlichen Verkehr dient.

(4) [1]Für die Durchsetzung des vergeblich geltend gemachten Gegendarstellungsanspruchs ist der ordentliche Rechtsweg gegeben. [2]Auf dieses Verfahren sind die Vorschriften der Zivilprozessordnung über das Verfahren auf Erlass einer einstweiligen Verfügung entsprechend anzuwenden. [3]Eine Gefährdung des Anspruchs braucht nicht glaubhaft gemacht zu werden. [4]Ein Verfahren zur Hauptsache findet nicht statt.

§ 10 SN. (1) Die verantwortliche Redakteurin oder der verantwortliche Redakteur und die Verlegerin oder der Verleger eines periodischen Druckwerks, die Rundfunkveranstalterin oder der Rundfunkveranstalter und die Anbieterin oder der Anbieter von Angeboten nach § 55 Abs. 2 des Rundfunkstaatsvertrages sind verpflichtet, unverzüglich eine Gegendarstellung der Person oder Stelle, die durch eine in dem Druckwerk, der Rundfunksendung oder dem Angebot aufgestellte Tatsachenbehauptung betroffen ist, ohne Kosten für die oder den Betroffenen zum Abdruck zu bringen, zu verbreiten oder in ihr oder sein Angebot ohne Abrufentgelt aufzunehmen.

(2) [1]Die Gegendarstellung ist ohne Einschaltungen und Weglassungen in gleicher Aufmachung wie die Tatsachenbehauptung anzubieten; sie darf nicht in der Form eines Leserbriefs erscheinen. [2]Eine Erwiderung auf die Gegendarstellung darf keinen strafbaren Inhalt haben. [3]Sie muss sich auf tatsächliche Angaben beschränken. [4]Satz 3 gilt bei periodischen Druckwerken nur, sofern die Erwiderung in derselben Nummer erfolgt.

(3) Eine Verpflichtung zur Aufnahme der Gegendarstellung gemäß Absatz 1 besteht nicht, wenn
1. die oder der Betroffene kein berechtigtes Interesse an der Gegendarstellung hat,
2. der Umfang der Gegendarstellung unangemessen über den der beanstandeten Tatsachenbehauptung hinausgeht,
3. die Gegendarstellung sich nicht auf tatsächliche Angaben beschränkt oder einen strafbaren Inhalt hat,
4. die Gegendarstellung nicht unverzüglich, bei periodischen Druckwerken spätestens innerhalb von drei Monaten nach der Aufstellung der Tatsachenbehauptung, bei Angeboten nach § 55 Abs. 2 des Rundfunkstaatsvertrages spätestens sechs Wochen nach dem letzten Tage des Angebots des beanstandeten Textes, jedenfalls jedoch drei Monate nach der erstmaligen Einstellung des Angebots, beim Rundfunk spätestens innerhalb von sechs Wochen nach der Aufstellung der Tatsachenbehauptung der oder dem in Anspruch Genommenen schriftlich und von der oder dem Betroffenen oder ihrer oder seiner gesetzlichen Vertreterin oder ihrem oder seinem gesetzlichen Vertreter unterzeichnet, zugeht, oder
5. es sich um eine Anzeige in einem periodischen Druckwerk handelt, die ausschließlich dem geschäftlichen Verkehr dient.

(4) [1]Für die Durchsetzung des vergeblich geltend gemachten Gegendarstellungsanspruchs ist der ordentliche Rechtsweg gegeben. [2]Auf dieses Verfahren sind die Vorschriften der Zivilprozessordnung über das Verfahren auf Erlass einer einstweiligen Verfügung entsprechend anzuwenden. [3]Eine Gefährdung des Anspruchs braucht nicht glaubhaft gemacht werden. [4]Ein Verfahren zur Hauptsache findet nicht statt.

§ 10 ST. (Abs. 1 S. 1 und Abs. 5 wie oben). (2) [1]Die Pflicht zum Abdruck einer Gegendarstellung besteht nicht, wenn

Pressegesetz (Mustergesetz) **PresseG 19**

1. die Gegendarstellung ihrem Umfang nach nicht angemessen ist oder
2. es sich um eine Anzeige handelt, die ausschließlich dem geschäftlichen Verkehr dient.

²Überschreitet die Gegendarstellung nicht den Umfang des beanstandeten Textes, so gilt sie als angemessen. ³Die Gegendarstellung muss sich auf tatsächliche Angaben beschränken und darf keinen strafbaren Inhalt haben. ⁴Sie bedarf der Schriftform. ⁵Der Betroffene kann den Abdruck nur verlangen, wenn die Gegendarstellung unverzüglich, spätestens drei Monate nach der Veröffentlichung, dem verantwortlichen Redakteur oder dem Verleger zugeht.

(3) ¹Die Gegendarstellung muss in der dem Zugang der folgenden Einsendung, für den Druck nicht abgeschlossenen Nummer, in dem gleichen Teil des Druckwerks und mit gleicher Schrift wie der beanstandete Text ohne Einschaltungen und Weglassungen abgedruckt werden; sie darf nicht gegen den Willen des Betroffenen in der Form eines Leserbriefes erscheinen. ²Der Abdruck ist kostenfrei, es sei denn, dass der beanstandete Text als Anzeige abgedruckt worden ist. ³Wer sich zu der Gegendarstellung in derselben Nummer äußert, muss sich auf tatsächliche Angaben beschränken.

(4) ¹Ist der Gegendarstellungsanspruch vergeblich geltend gemacht worden, so ist für seine Durchsetzung der ordentliche Rechtsweg gegeben. ²Auf Antrag des Betroffenen kann das Gericht anordnen, dass der verantwortliche Redakteur und der Verleger in der Form des Absatzes 3 eine Gegendarstellung veröffentlichen. ³Auf dieses Verfahren sind die Vorschriften der Zivilprozessordnung über das Verfahren auf Erlass einer einstweiligen Verfügung entsprechend anzuwenden. ⁴Eine Gefährdung des Anspruchs braucht nicht glaubhaft gemacht zu werden. ⁵§ 926 der Zivilprozessordnung ist nicht anzuwenden.

§ 11 SH. (Abs. 1, 2, 5 wie oben):

Abs. 2 ohne Nr. 2

Abs. 3 ... Der Abdruck ist kostenfrei, es sei denn, der beanstandete Text ist als Anzeige abgedruckt worden.

(4) ¹Wird der frist- und formgerechte Abdruck der Gegendarstellung verweigert, so entscheiden auf Antrag des Betroffenen die ordentlichen Gerichte. ²Die Vorschriften der Zivilprozessordnung über das Verfahren auf Erlass einer einstweiligen Verfügung gelten entsprechend mit der Maßgabe, dass in diesem Verfahren über den Gegendarstellungsanspruch endgültig entschieden wird. ³Eine Gefährdung des Anspruchs braucht nicht glaubhaft gemacht zu werden. ⁴Ist der Anspruch auf Abdruck der beantragten Gegendarstellung begründet, so ordnet das Gericht an, dass der verantwortliche Redakteur und der Verleger diese in der in Abs. 3 genannten Form und Frist veröffentlichen.

§ 11 TH. Abs. 1, 2 wie oben

(3) ¹...; sie darf nicht gegen den Willen des Betroffenen in der Form eines Leserbriefs erscheinen. ²Der Abdruck einer Gegendarstellung ist kostenfrei

(4) Zusätzlicher Satz: § 926 der Zivilprozessordnung ist nicht anzuwenden.

(5) ... der gesetzgebenden oder beschließenden Organe der Europäischen Gemeinschaft, ..., der Vertretungen der Gebietskörperschaften ...

Zu § 11 Mustergesetz (Offenlegungspflicht)

Nahezu wortgleich: § 9 BB.

19 PresseG Pressegesetz (Mustergesetz)

Abweichender Wortlaut:

Art. 8 BY. (3) ¹Die Inhaber- und Beteiligungsverhältnisse eines Verlags, der eine Zeitung oder eine Zeitschrift herausgibt, sind wie folgt bekannt zu geben:
1. bei Herausgabe einer Zeitung oder einer wöchentlich erscheinenden Zeitschrift in dem Impressum der ersten Ausgabe jedes Kalenderhalbjahres,
2. bei Herausgabe einer anderen Zeitschrift in dem Impressum der ersten Ausgabe jedes Kalenderjahres.

²Außerdem sind Änderungen der Inhaber- und Beteiligungsverhältnisse unverzüglich im Impressum zu veröffentlichen.

(4) Zeitungen und Anschlusszeitungen, die regelmäßig wesentliche Teile fertig übernehmen, haben im Impressum auch den für den übernommenen Teil verantwortlichen Redakteur und den Verleger des anderen Druckwerks zu benennen.

§ 7a BE. (1) ¹Die Verleger eines periodischen Druckwerks müssen in regelmäßigen Zeitabständen im Druckwerk die Inhaber- und Beteiligungsverhältnisse ihres Verlags und ihre Rechtsbeziehungen zu mit ihnen verbundenen Presse- und Rundfunkunternehmen (§ 15 des Aktiengesetzes) offen legen. ²Die Bekanntgabe erfolgt
1. bei täglich oder wöchentlich erscheinenden Druckwerken in dem Impressum der ersten Ausgabe jedes Kalenderhalbjahres,
2. bei anderen periodischen Druckwerken in dem Impressum der ersten Ausgabe jedes Kalenderjahres.

³Änderungen der Inhaber- und Beteiligungsverhältnisse sind unverzüglich bekannt zu machen.

(2) Bei der Offenlegung sind mindestens anzugeben:
1. bei Einzelkaufleuten: Vorname, Name, Beruf und Wohnort der Inhaber;
2. bei offenen Handelsgesellschaften: Vorname, Name, Beruf und Wohnort jedes Gesellschafters;
3. bei Kommanditgesellschaften: Vorname, Name, Beruf und Wohnort der persönlich haftenden Gesellschafter und der Kommanditisten;
4. bei Aktiengesellschaften: Vorname, Name und Wohnort derjenigen Aktionäre, die mehr als 25 vom Hundert des Aktienkapitals besitzen, sowie der Mitglieder der Aufsichtsräte unter Benennung ihrer Vorsitzenden;
5. bei Kommanditgesellschaften auf Aktien: Vorname, Name, Beruf und Wohnort der persönlich haftenden Gesellschafter, der Aktionäre, die mehr als 25 vom Hundert des Aktienkapitals besitzen, sowie der Mitglieder der Aufsichtsräte unter Benennung ihrer Vorsitzenden;
6. bei Gesellschaften mit beschränkter Haftung: Vorname, Name, Beruf und Wohnort aller Gesellschafter mit einer Stammeinlage von mehr als 5 vom Hundert des Stammkapitals unter bruchteilsmäßiger Angabe der geleisteten Stammeinlage;
7. bei Genossenschaften: Vorname, Name, Beruf und Wohnort der Mitglieder der Vorstände und der Aufsichtsräte unter Benennung ihrer Vorsitzenden.

(3) ¹Außerdem sind alle stillen Beteiligungen und Anteilstreuhandschaften aufzuführen unter genauer Bezeichnung der stillen Gesellschafter und Treugeber. ²Ferner haben die Gesellschafter auch gegenüber der Gesellschaft Anteilstreuhandschaften mit Dritten offen zu legen unter genauer Bezeichnung der Treugeber.

(4) Ist an einer Verlagsgesellschaft eine andere Gesellschaft zu mehr als einem Viertel beteiligt, so sind über diese Gesellschaft die gleichen Angaben zu machen wie sie in Absatz 2 für die Verleger vorgeschrieben sind.

(5) Die Bezeichnung des Berufs muss bei Bestehen eines Dienstverhältnisses die jeweiligen Dienstgeber erkennen lassen; bei Personen, die Inhaber oder Mitinhaber anderer wirtschaftlicher Unternehmungen sind, müssen die Unternehmungen mit den Angaben über den Beruf genannt werden.

§ 5 HE. (1) Sofern für einen Verlag periodischer Druckwerke die Form der Aktiengesellschaft oder der Kommanditgesellschaft auf Aktien gewählt wird, müssen die Aktien auf den Namen lauten.

(2) Der Verleger eines periodischen Druckwerks muss in regelmäßigen Zeitabschnitten im Impressum des Druckwerks offenlegen, wer an der Finanzierung des Unternehmens wirtschaftlich beteiligt ist, und zwar bei Tageszeitungen in der ersten Nummer jedes Kalenderviertelsjahres, bei anderen periodischen Druckschriften in der ersten Nummer jedes Kalenderjahres.

(3) ^{1}Gehören einer politischen Partei im Sinne des § 2 des Parteiengesetzes unmittelbar oder mittelbar mindestens 5 v.H. der Anteile an dem Unternehmen oder stehen ihr unmittelbar oder mittelbar mindestens 5 v.H. der Stimmrechte zu, so hat sie dies dem Unternehmen unverzüglich schriftlich unter Angabe von Art und Umfang der Beteiligung mitzuteilen. ^{2}Als Anteile, die der politischen Partei gehören, gelten auch Anteile, die einem Unternehmen, an dem die politische Partei unmittelbar oder mittelbar zu mindestens 15 v.H. beteiligt ist oder einem anderen für Rechnung der politischen Partei oder einem anderen für Rechnung eines Unternehmens, an dem die politische Partei unmittelbar oder mittelbar zu mindestens 15 v.H. beteiligt ist, gehören. ^{3}Als Stimmrechte, die der politischen Partei zustehen, gelten auch Stimmrechte aus Anteilen sowie solche Stimmrechte Dritter, auf deren Ausübung die politische Partei kraft einer Vereinbarung oder aufgrund einer sonstigen Abstimmung Einfluss nehmen kann. ^{4}Der Verleger des periodischen Druckwerks hat zu den in Abs. 2 genannten Erscheinungszeitpunkten die Angaben nach Satz 1 im Impressum des Druckwerks offen zu legen.

§ 7 MV. (4) ^{1}Der Verleger eines periodischen Druckwerkes muss in regelmäßigen Zeitabschnitten im Druckwerk offenlegen, wer an der Finanzierung des Unternehmens beteiligt ist, und zwar bei Tageszeitungen in der ersten Nummer jedes Kalenderviertelsjahres, bei anderen periodischen Druckschriften in der ersten Nummer jedes Kalenderjahres. ^{2}Hierfür ist die Wiedergabe der im Handelsregister eingetragenen Beteiligungsverhältnisse ausreichend.

§ 9 RP. Abs. 4. ^{1}Wer ein periodisches Druckwerk verlegt, muss in der ersten Nummer eines jeden Kalenderjahres im Druckwerk offen legen, wer an der Finanzierung des Unternehmens wirtschaftlich beteiligt ist; bei Tageszeitungen ist bei Veränderungen der wirtschaftlichen Beteiligung dies zusätzlich in der nachfolgenden ersten Nummer jedes Kalenderviertelsjahres offen zu legen. ^{2}Wirtschaftlich beteiligt im Sinne des Satzes 1 ist, wer mit mehr als 5 v.H. am Kapital beteiligt ist oder über mehr als 5 v.H. der Stimmrechte verfügt. ^{3}Für die nach Satz 1 offen zu legenden Angaben ist die Wiedergabe der aus dem Handelsregister und aus den zum Handelsregister eingereichten Schriftstücken zu entnehmenden Beteiligungsverhältnisse ausreichend.

§ 8 SN. ^{1}Der Verleger eines periodischen Druckwerks hat die Inhaber- und Beteiligungsverhältnisse sowie seine Rechtsbeziehungen zu mit ihm verbundenen Unternehmen im Impressum der ersten Ausgabe jedes Kalenderjahres, im Fall von Tageszeitungen im Impressum der ersten Ausgabe jedes Kalenderhalbjahres bekanntzugeben. ^{2}Änderungen sind unverzüglich im Impressum anzuzeigen.

19 PresseG Pressegesetz (Mustergesetz)

§ 8 TH. (1) ¹Der Verleger eines periodischen Druckwerks muss in regelmäßigen Zeitabschnitten im Druckwerk seine Eigentumsverhältnisse und seine Rechtsbeziehungen zu mit ihm verbundenen Unternehmen (§ 15 Aktiengesetz) sowie seine Beteiligung an Unternehmen, die dabei Herstellung, Vertrieb und Anzeigenakquisition übernehmen, offenlegen. ²Dies gilt insbesondere für die Überlassung der damit verbundenen Rechte. ³Dies ist bei Tageszeitungen in der ersten Nummer jedes Kalendervierteljahres, bei anderen periodischen Druckschriften in der ersten Nummer jedes Kalenderjahres zu veröffentlichen. ⁴Änderungen sind unverzüglich bekanntzumachen.

(2) Bei der Offenlegung sind mindestens anzugeben:
1. der Inhaber, alle persönlich haftenden Gesellschafter, alle geschäftsführenden Gesellschafter;
2. die weiteren Zeitungen und Zeitschriften, die der Verlag oder seine Inhaber oder seine Beteiligten herausgeben;
3. bei Genossenschaften: die Mitglieder des Vorstandes und der Vorsitzende des Aufsichtsrats.

Nicht enthalten: BW; HB; HH; ND; NW; SL; SN; SH; ST.

Zu § 12 Mustergesetz[6] (Pflichtexemplar)

Nahezu wortgleich:

§ 13 BB: Der Minister für Wissenschaft, Forschung und Kultur wird ermächtigt ...

(3) Für digitale Ausgaben von Werken, die Druckwerken gemäß § 7 gleichstehen und die im Geltungsbereich dieses Gesetzes verlegt oder gedruckt werden, gilt Absatz 1 mit der Maßgabe entsprechend, dass zur Ablieferung verpflichtet ist, wer den entsprechenden Datensatz wie eine Verlegerin oder ein Verleger verbreitet oder berechtigt ist, die digitale Ausgabe öffentlich zugänglich zu machen.

Abweichender Wortlaut:

§ 12 HB. (1) ¹Verleger haben von jedem Medienwerk, das im Geltungsbereich dieses Gesetzes verlegt wird, unabhängig von dessen Herstellungsart oder Wiedergabeform, der Staats- und Universitätsbibliothek Bremen ein Exemplar (Pflichtexemplar) anzubieten und auf Verlangen abzuliefern. ²Die Staats- und Universitätsbibliothek Bremen sammelt und erschließt die Medienwerke, sichert sie auf Dauer in geeigneter Form und hält sie für die Allgemeinheit nutzbar bereit.

(2) Absatz 1 gilt entsprechend für den Hersteller, wenn das Medienwerk keinen Verleger hat oder außerhalb des Geltungsbereichs dieses Gesetzes verlegt wird.

(3) Verleger und Hersteller periodischer Medienwerke genügen ihrer Pflicht nach den Absätzen 1 und 2, wenn sie das von ihnen verlegte oder gedruckte periodische Medienwerk beim erstmaligen Erscheinen und am Beginn jedes Kalenderjahres zum laufenden Bezug anbieten.

(4) Die Senatorin für Wissenschaft und Häfen wird ermächtigt, im Einvernehmen mit dem Senator für Inneres durch Rechtsverordnung Bestimmungen über die Ausgestaltung der Pflichten für die Verleger und Hersteller zu erlassen.

---

6 Zu dem Pflichtexemplarrecht enthält dieser Teil II. Presse als Anhang eine erläuternde Zusammenstellung.

Pressegesetz (Mustergesetz) **PresseG 19**

(5) ¹Mit der Abgabe der elektronischen Form räumt der Verleger der Staats- und Universitätsbibliothek Bremen das Recht ein, die Daten zu speichern, zu vervielfältigen und verändern, soweit dies zur dauerhaften Archivierung notwendig ist. ²Ebenso wird das Recht zur öffentlichen Zugänglichkeit in den Räumen der Bibliothek unter Beachtung der Bestimmungen des Urheberrechts eingeräumt, sofern der Herausgeber dies nicht ausdrücklich einschränkt oder untersagt. ³Ein Anspruch auf Vergütung oder Entschädigung der abliefernden Stelle entsteht nur, wenn das Medienwerk für die Öffentlichkeit nutzbar ist.

§ 9 HE. (1) ¹Von jedem Druckwerk nach § 4, das im Geltungsbereich dieses Gesetzes verlegt wird, hat der Verleger mit Beginn der Verbreitung des Druckwerks ein Stück (Pflichtexemplar) unentgeltlich und auf eigene Kosten an die nach dem Verlagsort zuständige wissenschaftliche Bibliothek im Lande Hessen abzugeben. ²Auf Verlangen erstattet die Bibliothek dem Verleger die Herstellungskosten des abgegebenen Druckwerks, wenn ihm die unentgeltliche Abgabe wegen des großen finanziellen Aufwands und der kleinen Auflage nicht zugemutet werden kann. ³Der zu begründende Erstattungsantrag ist, ungeachtet der Erfüllung der Abgabepflicht, innerhalb einer Ausschlussfrist von zwei Wochen nach Beginn der Verbreitung des Druckwerks bei der Bibliothek einzureichen.

(2) ¹Der Minister für Wissenschaft und Kunst bestimmt durch Rechtsverordnung das Nähere, insbesondere die zuständige wissenschaftliche Bibliothek. ²Er kann für bestimmte Arten von Druckwerken Ausnahmen zulassen.

§ 11 MV. (1) ¹Von jedem Druckwerk, das in Mecklenburg-Vorpommern verlegt wird oder das als Verlagsort einen Ort innerhalb Mecklenburg-Vorpommerns neben einem anderen Ort nennt, hat der Verleger ein Stück binnen eines Monats nach dem Erscheinen kostenfrei an die von der Kultusministerin zu benennenden Stellen abzuliefern (Pflichtexemplare). ²Satz 1 gilt entsprechend für den Drucker oder sonstigen Hersteller, wenn das Druckwerk keinen Verleger hat.

(2) Die von der Kultusministerin zu benennenden Stellen können auf die Ablieferung solcher Druckwerke verzichten, an deren Sammlung, Inventarisierung und bibliographischer Aufzeichnung kein öffentliches Interesse besteht.

(3) ¹Ist die Auflage eines Druckwerkes nicht höher als 500 Stück und beträgt der Ladenpreis eines Stücks der Auflage mindestens 200 Deutsche Mark, so ist dem Ablieferungspflichtigen abweichend von Absatz 1 die Hälfte des Ladenpreises zu erstatten. ²Bei Druckwerken, die aus zwei oder mehreren einzeln verkäuflichen Teilen bestehen, ist eine Vergütung für jeden dieser Teile zu leisten, dessen Ladenpreis den angegebenen Betrag übersteigt. ³Hat das Druckwerk keinen Ladenpreis, so ist das übliche Entgelt für ein Druckwerk dieser Art maßgebend.

(4) ¹Der Anspruch auf Erstattung besteht nur, wenn er spätestens einen Monat nach Ablieferung der Pflichtexemplare schriftlich beiden jeweils von der Kultusministerin zu benennenden Stellen geltend gemacht wird. ²Er verjährt in zwei Jahren, beginnend mit dem Schluss des Jahres, in dem das Pflichtexemplar abgeliefert worden ist.

(5) Ein Anspruch auf Erstattung besteht nicht, wenn der Ablieferungspflichtige zur Herstellung des Druckwerkes einen Zuschuss aus öffentlichen Mitteln erhalten hat.

(6) Die zur Ausführung der Absätze 1, 2 und 4 erforderlichen Rechts- und Verwaltungsvorschriften erlässt die Kultusministerin.

§ 12 ND. (1) ¹Von jedem Druckwerk, das im Geltungsbereich dieses Gesetzes verlegt wird oder das als Verlagsort einen Ort innerhalb des Geltungsbereiches neben einem an-

19 PresseG

Pressegesetz (Mustergesetz)

deren Ort nennt, hat der Verleger ein Stück binnen eines Monats nach seinem Erscheinen kostenfrei an die Niedersächsische Landesbibliothek in Hannover abzuliefern (Pflichtexemplar). [2]Satz 1 gilt entsprechend für den Drucker oder sonstigen Hersteller, wenn das Druckwerk keinen Verleger hat.

(2) Die Niedersächsische Landesbibliothek kann auf die Ablieferung solcher Druckwerke verzichten, an deren Sammlung, Inventarisierung und bibliographischer Aufzeichnung kein öffentliches Interesse besteht.

(3) [1]Ist die Auflage eines Druckwerkes nicht höher als 500 Stück und beträgt der Ladenpreis eines Stücks der Auflage mindestens 100 Euro, so ist dem Ablieferungspflichtigen abweichend von Absatz 1 die Hälfte des Ladenpreises zu erstatten. [2]Bei Druckwerken, die aus zwei oder mehreren einzeln verkäuflichen Teilen bestehen, ist eine Vergütung für jeden dieser Teile zu leisten, dessen Ladenpreis den angegebenen Betrag übersteigt. [3]Hat das Druckwerk keinen Ladenpreis, so ist das übliche Entgelt für ein Druckwerk dieser Art maßgebend.

(4) [1]Der Anspruch auf Erstattung besteht nur, wenn er spätestens einen Monat nach Ablieferung des Pflichtexemplars schriftlich bei der Niedersächsischen Landesbibliothek geltend gemacht wird. [2]Er verjährt in zwei Jahren, beginnend mit dem Schlusse des Jahres, in dem das Pflichtexemplar abgeliefert worden ist.

(5) Ein Anspruch auf Erstattung besteht nicht, wenn der Ablieferungspflichtige zur Herstellung des Druckwerkes einen Zuschuss aus öffentlichen Mitteln erhalten hat.

§ 14 RP. (1) [1]Von jedem Druckwerk, das in Rheinland-Pfalz verlegt wird, ist ohne Rücksicht auf die Art des Textträgers und das Vervielfältigungsverfahren von der Person, die das Druckwerk verlegt, unaufgefordert unmittelbar nach Beginn der Verbreitung unentgeltlich und auf eigene Kosten ein Stück (Pflichtexemplar) in marktüblicher Form an die von dem für das wissenschaftliche Bibliothekswesen zuständigen Ministerium bezeichnete Stelle abzuliefern. [2]Satz 1 gilt nicht für
1. Druckwerke, die in einer geringeren Auflage als zehn Exemplare erscheinen, sofern es sich nicht um Druckwerke handelt, die einzeln auf Anforderung verlegt werden,
2. Dissertationen und andere Hochschulprüfungsarbeiten, sofern sie nicht im Buchhandel erscheinen,
3. Referenten- und Schulungsmaterialien mit Manuskriptcharakter.

(2) Die Person, die ein Druckwerk durch Selbst-, Kommissions- oder Lizenzverlag verlegt, ist nach Absatz 1 ablieferungspflichtig, sofern sie im Druckwerk genannt ist.

(3) [1]Absatz 1 gilt entsprechend für diejenige Person, die ein Druckwerk druckt oder in sonstiger Weise herstellt, wenn das Druckwerk von keiner Person verlegt wird. [2]Bei Tonträgern gilt als verlegende Person auch die Person, die den Tonträger herstellt.

(4) [1]Die Ablieferungspflicht umfasst sämtliche erkennbar zum Hauptwerk gehörende Beilagen, auch wenn diese für sich allein nicht der Ablieferungspflicht unterliegen, sowie zu Zeitschriften, Lieferungswerken, Loseblattsammlungen und ähnlichen Veröffentlichungen gehörige Materialien, die der Vervollständigung des Hauptwerks dienen. [2]Bei einem periodischen Druckwerk wird der Ablieferungspflicht genügt, wenn es beim erstmaligen Erscheinen und am Beginn jeden Kalenderjahres der zuständigen Stelle zum laufenden Bezug angeboten wird.

(5) [1]Für das Pflichtexemplar gewährt die zuständige Stelle der oder dem Ablieferungspflichtigen auf Antrag einen Zuschuss zu dessen Herstellungskosten, wenn die entschädigungslose Abgabe eine unzumutbare Belastung darstellen würde. [2]Der begründete Antrag ist bei der Ablieferung zu stellen.

Pressegesetz (Mustergesetz) **PresseG 19**

(6) Das für das wissenschaftliche Bibliothekswesen zuständige Ministerium wird ermächtigt, in Bezug auf die Absätze 1 bis 5 im Einvernehmen mit dem für die Angelegenheiten der Medien zuständigen Ministerium das Nähere zur Zuständigkeit der Bibliotheken, zur Durchführung des Verfahrens, zur Ablieferungspflicht und zu Ausnahmen von der Ablieferungspflicht sowie zu Ordnungswidrigkeiten durch Rechtsverordnung zu regeln und die erforderlichen Verwaltungsvorschriften hierzu zu erlassen.

§ 14 SL. (1) Von jedem Druckwerk, das im Saarland verlegt wird, hat die Verlegerin oder der Verleger den vom Ministerium für Bildung, Kultur und Wissenschaft bezeichneten Stellen ein Stück anzubieten und auf Verlangen gegen angemessene Entschädigung abzuliefern (Pflichtexemplar).

(2) Absatz 1 gilt entsprechend für die Druckerin oder den Drucker, wenn das Druckwerk keine Verlegerin oder keinen Verleger hat oder außerhalb des Saarlandes verlegt wird.

(3) Verlegerinnen oder Verleger und Druckerinnen oder Drucker periodischer Druckwerke genügen ihrer Verpflichtung nach den Absätzen 1 und 2, wenn sie das von ihnen verlegte oder gedruckte periodische Druckwerk beim erstmaligen Erscheinen zum laufenden Bezug anbieten.

(4) Die zur Ausführung der Absätze 1 und 2 erforderlichen Rechts- und Verwaltungsvorschriften erlässt das Ministerium für Bildung, Kultur und Wissenschaft im Einvernehmen mit dem Ministerpräsidenten.

§ 11 SN. (1) ¹Von jedem Druckwerk, das im Geltungsbereich dieses Gesetzes verlegt wird, hat der Verleger binnen eines Monats nach dem Erscheinen ein Stück unentgeltlich und frei von Versendungskosten an die Sächsische Landesbibliothek – Staats- und Universitätsbibliothek Dresden abzuliefern (Pflichtexemplar). ²Satz 1 gilt entsprechend für den Drucker im Geltungsbereich dieses Gesetzes, wenn das Druckwerk keinen Verleger hat oder außerhalb des Geltungsbereiches dieses Gesetzes verlegt wird.

(2) ¹Auf Antrag erstattet die Sächsische Landesbibliothek – Staats- und Universitätsbibliothek Dresden dem Ablieferungspflichtigen einen Betrag bis zur Hälfte des Ladenpreises, wenn für ihn die unentgeltliche Abgabe, insbesondere wegen der hohen Herstellungskosten und der geringen Auflage, im Einzelfall unzumutbar ist. ²Der zu begründende Antrag ist binnen einer Ausschlussfrist von vier Wochen nach Ablieferung des Pflichtexemplars bei der Sächsischen Landesbibliothek – Staats- und Universitätsbibliothek Dresden einzureichen. ³Die Verjährung des Erstattungsanspruchs beginnt mit dem Ende des Jahres, in dem das Pflichtexemplar abgeliefert worden ist.

(3) Weitergehende Bestimmungen über die Ablieferungspflicht von Druckwerken bleiben unberührt.

(4) Das Staatsministerium für Wissenschaft und Kunst wird ermächtigt, durch Rechtsverordnung Bestimmungen über die Beschaffenheit der Pflichtexemplare sowie über Ausnahmen von der Ablieferungspflicht zu erlassen.

§ 12 SH. (1) Von jedem Druckwerk, das im Geltungsbereich dieses Gesetzes verlegt wird, hat der Verleger
1. der Universitätsbibliothek in Kiel,
2. der Schleswig-Holsteinischen Landesbibliothek in Kiel,
3. der Stadtbibliothek in Lübeck
   je ein Stück anzubieten und auf Verlangen abzuliefern (Pflichtexemplare).

19 PresseG
Pressegesetz (Mustergesetz)

(2) Abs. 1 gilt entsprechend für den Drucker, wenn das Druckwerk keinen Verleger hat oder außerhalb des Geltungsbereichs dieses Gesetzes verlegt wird.

(3) Verleger und Drucker periodischer Druckwerke genügen ihrer Verpflichtung nach Abs. 1 und 2, wenn sie das von ihnen verlegte oder gedruckte periodische Druckwerk beim erstmaligen Erscheinen und am Beginn jedes Kalenderjahres zum laufenden Bezug anbieten.

§ 11 ST. (1) [1]Von jedem Druckwerk (§ 6), das im Geltungsbereich dieses Gesetzes verlegt wird oder das als Verlagsort einen Ort innerhalb des Geltungsbereiches neben einem anderen Ort nennt, hat der Verleger ein Stück binnen eines Monats nach dem Erscheinen kostenfrei an die Universitäts- und Landesbibliothek Sachsen-Anhalt in Halle abzuliefern (Pflichtexemplar). [2]Satz 1 gilt entsprechend für den Drucker oder sonstige Hersteller, wenn das Druckwerk keinen Verleger hat.

(2) Das für Bibliotheken zuständige Ministerium wird ermächtigt, durch Verordnung Bestimmungen zu treffen über
1. das Verfahren der Ablieferung,
2. die Ablieferungen in Fällen, in denen ein Druckwerk in verschiedenen Ausgaben hergestellt wird,
3. Einschränkungen der Ablieferungsfrist für solche Druckwerke, an deren Sammlung ein wissenschaftliches oder öffentliches Interesse nicht besteht.

(3) [1]Ist die Auflage eines Druckwerkes nicht höher als 500 Stück und beträgt der Ladenpreis eines Stücks der Auflage mindestens 100 Euro, so ist dem Ablieferungspflichtigen abweichend von Absatz 1 die Hälfte des Ladenpreises zu erstatten. [2]Bei Druckwerken, die aus zwei oder mehreren einzeln verkäuflichen Teilen bestehen, ist eine Vergütung für jeden dieser Teile zu leisten, deren Ladenpreis den angegebenen Betrag übersteigt. [3]Hat das Druckwerk keinen Ladenpreis, so ist das übliche Entgelt für ein Druckwerk dieser Art maßgebend.

(4) [1]Der Anspruch auf Erstattung besteht nur, wenn er spätestens einen Monat nach Ablieferung des Pflichtexemplars schriftlich bei der Universitäts- und Landesbibliothek Sachsen-Anhalt geltend gemacht wird. [2]Er verjährt in drei Jahren, beginnend mit dem Schluss des Jahres, in dem das Pflichtexemplar abgeliefert worden ist.

(5) Ein Anspruch auf Erstattung besteht nicht, wenn der Ablieferungspflichtige zur Herstellung des Druckwerkes einen Zuschuss aus öffentlichen Mitteln erhalten hat.

(6) [1]Für digitale Publikationen gilt Absatz 1 mit der Maßgabe entsprechend, dass zur Ablieferung verpflichtet ist, wer den betreffenden Datenträger wie ein Verleger oder gleichgestellter Drucker oder sonstiger Hersteller im Sinne von Absatz 1 verbreitet oder berechtigt ist, die betreffende digitale Publikation öffentlich zugänglich zu machen und den Sitz, eine Betriebsstätte oder den Hauptwohnsitz in Sachsen-Anhalt hat. [2]Die Ablieferung erfolgt nach Maßgabe der Verordnung nach Absatz 2. [3]Die Universitäts- und Landesbibliothek Sachsen-Anhalt legt in Abstimmung mit der Deutschen Nationalbibliothek die bei der Ablieferung zu beachtenden technischen Standards fest.

(7) Artikel 229 § 6 des Einführungsgesetzes zum Bürgerlichen Gesetzbuche ist mit der Maßgabe entsprechend anzuwenden, dass an die Stelle des 1. Januar 2002 der 1. Juni 2010 und an die Stelle des 31. Dezember 2001 der 31. Mai 2010 tritt.

§ 12 TH. (1) [1]Von jedem Druckwerk, das im Geltungsbereich dieses Gesetzes verlegt wird, hat der Verleger mit Beginn der Verbreitung des Druckwerks ein Stück (Pflichtexemplar) unentgeltlich und auf eigene Kosten an die Thüringer Universitäts- und Landesbibliothek Jena abzugeben. ²Auf Verlangen erstattet die Bibliothek dem Verleger die Herstellungskosten des abgegebenen Druckwerks, wenn ihm die unentgeltliche Abgabe wegen des großen finanziellen Aufwands und der kleinen Auflage nicht zugemutet werden kann. ³Der zu begründende Erstattungsantrag ist, ungeachtet der Erfüllung der Abgabepflicht, innerhalb einer Ausschlussfrist von zwei Wochen nach Beginn der Verbreitung des Druckwerks bei der Bibliothek einzureichen.

(2) Das für das Hochschulwesen zuständige Ministerium kann für bestimmte Arten von Druckwerken Ausnahmen zulassen.

(3) ¹Für digitale Publikationen gilt Absatz 1 entsprechend. ²Digitale Publikationen sind Darstellungen in Schrift, Bild und Ton, die auf Datenträgern oder in unkörperlicher Form in öffentlichen Netzen verbreitet werden. ³Zur Ablieferung verpflichtet ist, wer den Datenträger wie ein Verleger verbreitet oder berechtigt ist, die unkörperliche digitale Publikation öffentlich zugänglich zu machen und den Sitz, eine Betriebsstätte oder den Hauptwohnsitz in Thüringen hat. ⁴Die Ablieferung erfolgt nach Maßgabe einer von dem für das Hochschulwesen zuständigen Ministerium zu erlassenden Rechtsverordnung. ⁵Die Landesbibliothek legt in Abstimmung mit der Deutschen Nationalbibliothek die bei der Ablieferung zu beachtenden technischen Standards fest.

Nicht enthalten: BW; BY; BE; HH; NW.

Zu § 13 Mustergesetz[7] (Bundesdatenschutzgesetz)

Nahezu wortgleich: § 12 BW (Muster), jeweils ähnlich wie Abs. 2 Muster- PresseG: § 5 HB, § 10 HE, § 19 ND, § 12 NW, § 18a MV, § 11a SN, § 10a ST, § 11a TH; in Aufbau und Struktur vergleichbar § 12 LMG RP, § 11 SLMG SL.

Abweichender Wortlaut:

§ 22a BE (2) ¹Wird jemand durch eine Berichterstattung in Folge der Verarbeitung seiner personenbezogenen Daten in Ausübung des Rechts auf freie Meinungsäußerung und Informationsfreiheit zu journalistischen Zwecken in seinem Persönlichkeitsrecht beeinträchtigt, kann die betroffene Person Auskunft über die zugrunde liegenden, zu ihrer Person gespeicherten Daten verlangen. ² Die Auskunft kann nach Abwägung der schutzwürdigen Interessen der Beteiligten verweigert werden, soweit
1. aus den Daten auf Personen, die bei der Vorbereitung, Herstellung oder Verbreitung mitgewirkt haben, geschlossen werden kann, oder
2. aus den Daten auf die Person des Einsenders oder des Gewährsträgers von Beiträgen, Unterlagen und Mitteilungen für den redaktionellen Teil geschlossen werden kann oder
3. durch die Mitteilung der recherchierten oder sonst erlangten Daten die journalistische Aufgabe durch Ausforschung des Informationsbestandes beeinträchtigt würde.

³Die betroffene Person kann die unverzügliche Berichtigung unrichtiger personenbezogener Daten im Datensatz oder die Hinzufügung einer eigenen Darstellung von angemessenem Umfang verlangen. ⁴Die weitere Speicherung der personenbezogenen Daten ist rechtmäßig, wenn dies für die Ausübung des Rechts auf freie Meinungsäußerung und Information oder zur Wahrnehmung berechtigter Interessen erforderlich ist. ⁵Die Sätze 1 bis 4 gelten nicht für Unternehmen oder Hilfsunternehmen der Presse, soweit sie der frei-

---

7 Die wichtigsten Vorschriften des **Bundesdatenschutzgesetzes** sind unter → Nr. 7a zusammengefasst.

19 PresseG

Pressegesetz (Mustergesetz)

willigen Selbstregulierung durch den Pressekodex, den Grundsätzen zum Redaktionsdatenschutz sowie der Beschwerdeordnung des Deutschen Presserats unterliegen.

Art. 11 BY. (1) [1]Soweit Unternehmen der Presse personenbezogene Daten zu journalistischen Zwecken verarbeiten, ist es den hiermit befassten Personen untersagt, diese Daten zu anderen Zwecken zu verarbeiten (Datengeheimnis). [2]Diese Personen sind bei Aufnahme ihrer Tätigkeit auf das Datengeheimnis zu verpflichten. [3]Das Datengeheimnis besteht nach Beendigung ihrer Tätigkeit fort.

(2) Die Prüfung von Beschwerden nach Art. 77 der Verordnung (EU) 2016/679 (Datenschutz-Grundverordnung) obliegt den Einrichtungen der freiwilligen Selbstkontrolle.

§ 16a PR. (1) [1]Soweit Unternehmen der Presse und deren Hilfs- oder Beteiligungsunternehmen personenbezogene Daten zu journalistischen oder literarischen Zwecken verarbeiten, ist es den hiermit befassten Personen untersagt, diese personenbezogenen Daten zu anderen Zwecken zu verarbeiten (Datengeheimnis). [2]Bei der Aufnahme ihrer Tätigkeit sind diese Personen auf das Datengeheimnis zu verpflichten. Das Datengeheimnis besteht auch bei Beendigung der Tätigkeit fort.

(2) Im Übrigen findet § 29 des Brandenburgischen Datenschutzgesetzes Anwendung.

§ 11a HH. Soweit Unternehmen der Presse sowie Hilfs- und Beteiligungsunternehmen der Presse personenbezogene Daten zu journalistischen oder literarischen Zwecken verarbeiten, gilt § 37 Absätze 1 bis 3 des Medienstaatsvertrages HSH vom 13. Juni 2006 (HmbGVBl. 2007 S. 48), zuletzt geändert am 7. Dezember und 13. Dezember 2017 (HmbGVBl. 2018 S. 142), in der jeweils geltenden Fassung.

§ 13 RP. (1) [1]Soweit Unternehmen der Presse oder zu diesen gehörende Hilfs- und Beteiligungsunternehmen personenbezogene Daten zu journalistischen oder literarischen Zwecken verarbeiten, ist es den hiermit befassten Personen untersagt, diese personenbezogenen Daten zu anderen Zwecken zu verarbeiten (Datengeheimnis). [2]Diese Personen sind bei der Aufnahme ihrer Tätigkeit auf das Datengeheimnis zu verpflichten. [3]Das Datengeheimnis besteht auch nach Beendigung ihrer Tätigkeit fort. Im Übrigen finden für die Datenverarbeitung zu journalistischen Zwecken von der Verordnung (EU) 2016/679 des Europäischen Parlaments und des Rates vom 27. April 2016 zum Schutz natürlicher Personen bei der Verarbeitung personenbezogener Daten, zum freien Datenverkehr und zur Aufhebung der Richtlinie 95/46/EG (Datenschutz-Grundverordnung) (ABl. EU Nr. L 119 vom 4. Mai 2016, S. 1; Nr. L 314 vom 22. November 2016, S. 72) außer den Kapiteln I, VIII, X und XI nur die Artikel 5 Abs. 1 Buchst. f in Verbindung mit Abs. 2, Artikel 24 und Artikel 32 Anwendung. Artikel 82 und 83 der Verordnung (EU) 2016/679 gelten mit der Maßgabe, dass nur für eine Verletzung des Datengeheimnisses gemäß der Sätze 1 bis 3 sowie für unzureichende Maßnahmen nach Artikel 5 Abs. 1 Buchst. f, Artikel 24 und 32 der Verordnung (EU) 2016/679 gehaftet wird. [4]Kapitel VIII der Verordnung (EU) 2016/679 findet keine Anwendung soweit die in Satz 1 genannten Stellen der Selbstregulierung durch den Pressekodex und der Beschwerdeordnung des Deutschen Presserates unterliegen. [5]Den betroffenen Personen stehen nur die in den Absätzen 2 und 3 genannten Rechte zu.

(2) Führt die Verarbeitung personenbezogener Daten zu journalistischen oder literarischen Zwecken durch die in Absatz 1 Satz 1 genannten Stellen zur Verbreitung von Gegendarstellungen oder zu Verpflichtungserklärungen, Beschlüssen oder Urteilen über die Unterlassung der Verbreitung oder über den Widerruf des Inhalts der Daten, so sind diese

Gegendarstellungen, Verpflichtungserklärungen und Widerrufe zu den gespeicherten Daten zu nehmen und dort für dieselbe Zeitdauer aufzubewahren wie die Daten selbst sowie bei einer Übermittlung der Daten gemeinsam mit diesen zu übermitteln.

(3) ¹Wird jemand durch eine Berichterstattung der in Absatz 1 Satz 1 genannten Stellen in seinem Persönlichkeitsrecht beeinträchtigt, kann die betroffene Person Auskunft über die zugrunde liegenden, zu ihrer Person gespeicherten Daten verlangen. ²Die Auskunft kann nach Abwägung der schutzwürdigen Interessen der Beteiligten verweigert werden, soweit
1. aus den Daten auf Personen, die bei der Vorbereitung, Herstellung oder Verbreitung mitgewirkt haben, geschlossen werden kann, oder
2. aus den Daten auf die Person des Einsenders oder des Gewährsträgers von Beiträgen, Unterlagen und Mitteilungen für den redaktionellen Teil geschlossen werden kann oder
3. durch die Mitteilung der recherchierten oder sonst erlangten Daten die journalistische Aufgabe durch Ausforschung des Informationsbestandes beeinträchtigt würde.

⁴Die betroffene Person kann die unverzügliche Berichtigung unrichtiger personenbezogener Daten im Datensatz oder die Hinzufügung einer eigenen Darstellung von angemessenem Umfang verlangen. ⁵Die weitere Speicherung der personenbezogenen Daten ist rechtmäßig, wenn dies für die Ausübung des Rechts auf freie Meinungsäußerung und Information oder zur Wahrnehmung berechtigter Interessen erforderlich ist. ⁶Die Sätze 1 bis 4 gelten nicht für die in Absatz 1 Satz 1 genannten Stellen, soweit diese der Selbstregulierung durch den Pressekodex und der Beschwerdeordnung des Deutschen Presserates unterliegen.

(4) ¹Die Aufsicht richtet sich nach den Bestimmungen des Landesdatenschutzgesetzes. ²Eine Aufsicht erfolgt nicht für die in Absatz 1 Satz 1 genannten Stellen, soweit diese der Selbstregulierung durch den Pressekodex und der Beschwerdeordnung des Deutschen Presserates unterliegen.

Zu § 14 Mustergesetz (Strafbarkeit)

Nahezu wortgleich: § 20 HH, § 20 MV, § 21 ND, § 22 NW.

Abweichender Wortlaut:

§ 19 BE. Strafrechtliche Verantwortung. (1) Die Verantwortlichkeit für Straftaten, die mittels eines Druckwerks begangen werden, bestimmt sich nach den allgemeinen Gesetzen.

(2) ¹Ist mittels eines Druckwerks eine rechtswidrige Tat begangen worden, die den Tatbestand eines Strafgesetzes verwirklicht, so werden, soweit sie nicht wegen dieser Handlung schon nach Absatz 1 als Täter oder Teilnehmer strafbar sind,
1. bei periodischen Druckwerken die verantwortlichen Redakteure, wenn sie ihre Verpflichtung verletzt haben, Druckwerke von strafbarem Inhalt freizuhalten,
2. bei sonstigen Druckwerken die Verleger, wenn sie ihre Aufsichtspflicht verletzt haben und die rechtswidrige Tat hierauf beruht,

mit Freiheitsstrafe bis zu einem Jahr oder mit Geldstrafe bestraft. ²Wird die rechtswidrige Tat nur auf Antrag oder mit Ermächtigung verfolgt, so ist eine Strafverfolgung nach den Nummern 1 und 2 nur auf Antrag oder mit Ermächtigung zulässig.

§ 20 BE. Strafbare Verletzung der Presseordnung. Mit Freiheitsstrafe bis zu sechs Monaten oder mit Geldstrafe bis zu einhundertachtzig Tagessätzen werden diejenigen bestraft, die

19 PresseG

Pressegesetz (Mustergesetz)

1. als Verleger Personen zu verantwortlichen Redakteuren oder Verantwortlichen (§ 7 Absatz 2 und § 8 Absatz 3) bestellen, die nicht den Anforderungen des § 8 entsprechen,
2. als verantwortliche Redakteure zeichnen, obwohl sie die Voraussetzungen des § 8 nicht erfüllen,
3. als verantwortliche Redakteure oder Verleger – beim Selbstverlag als Verfasser oder Herausgeber – bei einem Druckwerk strafbaren Inhalts den Vorschriften über das Impressum (§ 7) zuwiderhandeln,
4. entgegen dem Verbot des § 14 ein beschlagnahmtes Druckwerk verbreiten oder wieder abdrucken.

§ 21 BW.; ähnlich § 21 HB, § 21 SH.
...
3. als verantwortlicher Redakteur oder Verleger – beim Selbstverlag als Verfasser oder Herausgeber – bei einem Druckwerk strafbaren Inhalts den Vorschriften über das Impressum (§ 8) zuwiderhandelt,
4. entgegen dem Verbot des § 15 ein beschlagnahmtes Druckwerk verbreitet oder wieder abdruckt.

Art. 12 BY. Strafrechtliche Verantwortlichkeit (1) Die Verantwortlichkeit für strafbare Handlungen, die mittels eines Druckwerks begangen werden, bestimmt sich nach den allgemeinen Strafgesetzen.

(2) [1]Wer als verantwortlicher Redakteur, Verleger, Drucker oder Verbreiter am Erscheinen eines Druckwerks strafbaren Inhalts mitgewirkt hat, wird, wenn er nicht schon nach Absatz 1 als Täter oder Teilnehmer zu bestrafen ist, wegen fahrlässiger Veröffentlichung mit Freiheitsstrafe bis zu einem Jahr oder mit Geldstrafe bestraft, sofern er nicht die pflichtgemäße Sorgfalt angewandt hat. [2]Die Bestrafung des Vormanns schließt die des Nachmanns aus.

Art 14 BY. Strafvorschriften Mit Freiheitsstrafe bis zu einem Jahr oder mit Geldstrafe wird bestraft,
1. wer als Verleger eine Person zum verantwortlichen Redakteur bestellt, die nicht den Bestimmungen des Art. 5 Abs. 2 entspricht;
2. wer als verantwortlicher Redakteur zeichnet, obwohl ihm das nach Art. 5 Abs. 2 und 3 untersagt ist;
3. wer ein beschlagnahmtes Druckwerk in Kenntnis der Beschlagnahme verbreitet;
4. wer in Kenntnis des strafbaren Inhalts einer Druckschrift den Vorschriften der Art. 7 und 8 zuwiderhandelt;
5. wer über die Inhaber- und Beteiligungsverhältnisse (Art. 8 Abs. 3) wissentlich falsche Angaben macht.

§ 12 HE. (1) [1]Von dem verantwortlichen Redakteur eines periodischen Druckwerks wird vermutet, dass er die Veröffentlichung eines Druckwerks, dessen Inhalt eine mit Strafe bedrohte Handlung begründet, als eigene Äußerung gewollt hat. [2]Die Vermutung ist widerlegbar.

(2) Haben der Verleger oder der Drucker das Druckwerk gegen den schriftlichen Widerspruch des verantwortlichen Redakteurs veröffentlicht, so gilt ihnen gegenüber die gleiche Vermutung.

§ 14 HE. (1) Mit Freiheitsstrafe bis zu zwei Jahren oder mit Geldstrafe wird bestraft, wer bei Offenlegung nach § 5 Abs. 2 über die Inhaberverhältnisse wissentlich falsche Angaben macht.

Pressegesetz (Mustergesetz) **PresseG 19**

(2) ¹Mit Freiheitsstrafe bis zu sechs Monaten oder Geldstrafe bis zu einhundertachtzig Tagessätzen wird bestraft, wer als verantwortlicher Redakteur oder Verleger – beim Selbstvertrieb als Verfasser oder Herausgeber – bei einem Druckwerk strafbaren Inhalts den Vorschriften über das Impressum (§ 6 und § 7 Abs. 1) zuwiderhandelt. ²Auf die gleiche Strafe ist zu erkennen, wenn die Zuwiderhandlung durch falsche Angaben in Kenntnis ihrer Unrichtigkeit begangen oder geduldet worden ist.

§ 35 RP. (1) Mit Freiheitsstrafe bis zu einem Jahr oder mit Geldstrafe wird bestraft, wer
1. als Person, die Druckwerke verlegt, privaten Rundfunk veranstaltet oder entsprechende Mediendienste anbietet oder die die Geschäfte eines Rundfunkveranstalters oder eines Anbieters entsprechender Mediendienste führt, eine Person, die nicht den Anforderungen des § 10 entspricht, als verantwortliche Person im Sinne des § 10 benennt,
2. als verantwortliche Person im Sinne des § 10 zeichnet, obwohl sie die Voraussetzungen des § 10 nicht erfüllt,
3. als Person, die das Druckwerk verlegt, beim Selbstverlag das Werk verfasst oder herausgegeben hat, oder als redaktionell verantwortliche Person in Kenntnis eines strafbaren Inhalts des Druckwerks den Vorschriften über das Impressum nach § 9 Abs. 1 bis 5 zuwiderhandelt, oder
4. entgegen dem Verbot des § 15 ein beschlagnahmtes Druckwerk in Kenntnis seiner Beschlagnahme verbreitet oder wieder abdruckt.

(2) Unberührt bleiben die nach § 1 Abs. 2 Satz 1 geltenden Strafbestimmungen.

§ 63 SL. (1) Ist durch ein Druckwerk der Tatbestand eines Strafgesetzes verwirklicht worden, so wird, soweit nicht wegen dieser Handlung schon nach § 12 Abs. 2 als Täterin oder Täter oder Teilnehmerin oder Teilnehmer strafbar ist, mit Freiheitsstrafe bis zu einem Jahr oder mit Geldstrafe bestraft
1. bei periodischen Druckwerken die verantwortliche Redakteurin oder der verantwortliche Redakteur, wenn sie oder er vorsätzlich oder fahrlässig ihre oder seine Verpflichtung verletzt hat, Druckwerke von strafbarem Inhalt freizuhalten,
2. bei sonstigen Druckwerken die Verlegerin oder der Verleger, wenn sie oder er vorsätzlich oder fahrlässig ihre oder seine Aufsichtspflicht verletzt hat und die Verwirklichung des Tatbestandes einer mit Strafe bedrohten Handlung hierauf beruht.

(2) Mit Freiheitsstrafe bis zu einem Jahr oder mit Geldstrafe wird bestraft, wer
1. als Verlegerin oder Verleger eine Person zur verantwortlichen Redakteurin oder zum verantwortlichen Redakteur bestellt, die nicht den Anforderungen des § 9 Abs. 1 entspricht,
2. als verantwortliche Redakteurin oder verantwortlicher Redakteur zeichnet, obwohl sie oder er die Voraussetzungen des § 9 Abs. 1 nicht erfüllt,
3. als verantwortliche Redakteurin oder verantwortlicher Redakteur oder Verlegerin oder Verleger – beim Selbstverlag als Verfasserin oder Verfasser oder Herausgeberin oder Herausgeber – bei einem Druckwerk strafbaren Inhalts den Vorschriften über das Impressum (§ 8 Abs. 1) zuwiderhandelt.

(3) Absatz 1 Nr. 1 und Absatz 2 gelten für den Rundfunk entsprechend.

§ 12 ST. Ist durch ein Druckwerk eine rechtswidrige Tat begangen worden, die den Tatbestand eines Strafgesetzes verwirklicht, und hat
1. bei periodischen Druckwerken der verantwortliche Redakteur oder
2. bei sonstigen Druckwerken der Verleger

vorsätzlich oder fahrlässig seine Verpflichtung verletzt, Druckwerke von strafbarem Inhalt freizuhalten, so wird er mit Freiheitsstrafe bis zu einem Jahr oder mit Geldstrafe bestraft, soweit er nicht wegen der Tat schon nach den allgemeinen Strafgesetzen als Täter oder Teilnehmer strafbar ist.

§ 13 ST. Mit Freiheitsstrafe bis zu einem Jahr oder mit Geldstrafe wird bestraft, wer
1. als Verleger eine Person zum verantwortlichen Redakteur bestellt, die nicht den Anforderungen des § 8 entspricht,
2. als verantwortlicher Redakteur zeichnet, obwohl er die Voraussetzungen des § 8 nicht erfüllt,
3. als verantwortlicher Redakteur oder Verleger – beim Selbstverlag als Verfasser oder Herausgeber – bei einem Druckwerk strafbaren Inhalts den Vorschriften über das Impressum (§ 7) zuwiderhandelt.

Nicht enthalten: BB, SL, SN, TH.

Zu § 15 Mustergesetz[8] (Ordnungswidrigkeiten)

Abweichender Wortlaut:

§ 22 BW. Abs. 4: Verwaltungsbehörde im Sinne des § 36 Abs. 1 Nr. 1 des Gesetzes über Ordnungswidrigkeiten ist das Regierungspräsidium Karlsruhe.

Art. 12 BY. (1) Mit Geldbuße kann belegt werden, soweit die Tat nicht nach anderen Vorschriften mit Strafe bedroht ist:
1. wer den in den Art. 7, 8 und 9 enthaltenen Vorschriften zuwiderhandelt;
2. wer als Unternehmer Druckwerke vertreibt, in denen die in Art. 7 vorgeschriebenen Angaben fehlen;
3. wer als verantwortlicher Redakteur oder Verleger einer Zeitung oder Zeitschrift den Abdruck einer Gegendarstellung (Art. 10) verweigert. Die Verfolgung tritt nur auf Antrag der betroffenen Person oder Behörde ein. Die Zurücknahme des Antrags ist zulässig. Bei der Ahndung ist der Abdruck der Gegendarstellung anzuordnen, wenn dies von dem Antragsberechtigten verlangt wird;
4. wer wider besseres Wissen den Abdruck einer in wesentlichen Punkten unwahren Darstellung oder Gegendarstellung erwirkt. Die Verfolgung tritt nur auf Antrag des Betroffenen, des Redakteurs oder des Verlegers ein. Die Zurücknahme des Antrags ist zulässig;
5. wer einer gerichtlichen Anordnung zum Abdruck der Gegendarstellung nicht unverzüglich nachkommt.

(2) [1]In den Fällen des Absatzes 1 Nrn. 1 und 2 kann auf Einziehung der Druckwerke und des zu ihrer Herstellung verwendeten Materials erkannt werden. [2]§ 23 des Gesetzes über Ordnungswidrigkeiten ist anzuwenden.

§ 21 BE. Abs. 4: Verwaltungsbehörde im Sinne des § 36 Abs. 1 Nr. 1 des Gesetzes über Ordnungswidrigkeiten ist die Polizei Berlin.

§ 15 BB. Ordnungswidrigkeiten. (1) Ordnungswidrig handelt, wer vorsätzlich oder fahrlässig

---

8 Eine Umrechnung der in manchen Landespressegesetzen in DM angegebenen Geldbußen müsste angepasst werden.

1. als Verleger eine Person zum verantwortlichen Redakteur bestellt, die nicht den Anforderungen des § 10 entspricht,
2. als verantwortlicher Redakteur zeichnet, obwohl er die Voraussetzungen des § 10 nicht erfüllt,
3. als verantwortlicher Redakteur oder Verleger – beim Selbstverlag als Verfasser oder Herausgeber – den Vorschriften über das Impressum (§ 8) oder über die Offenlegung der Beteiligungsverhältnisse (§ 9) zuwiderhandelt oder als Unternehmer Druckwerke verbreitet, in denen diese Angaben ganz oder teilweise fehlen,
4. als Verleger oder Verantwortlicher (§ 8 Abs. 2 Satz 4) eine Veröffentlichung gegen Entgelt nicht als Anzeige kenntlich macht oder kenntlich machen lässt (§ 11),
5. gegen die Verpflichtung aus § 12 Abs. 3 Satz 3 verstößt,
6. der Anbietungs- und/oder Ablieferungspflicht nach § 13 nicht rechtzeitig nachkommt.

(2) Die Ordnungswidrigkeit kann mit einer Geldbuße bis zu fünfzigtausend Deutsche Mark geahndet werden.

(3) Verwaltungsbehörde im Sinne des § 36 Abs. 1 Nr. 1 des Gesetzes über Ordnungswidrigkeiten sind die Landräte und die Oberbürgermeister der kreisfreien Städte als Kreisordnungsbehörden.

§ 22 HB. (ohne Abs. 1 Nr. 3). Abs. 4: Sachlich zuständige Verwaltungsbehörde für die Verfolgung und Ahndung der Ordnungswidrigkeit ist die Ortspolizeibehörde.

§ 21 HH. (wie oben, ohne Abs. 1 Nr. 3). (3) Die Ordnungswidrigkeit kann, wenn sie vorsätzlich begangen worden ist, mit einer Geldbuße bis zu 5000 Euro, wenn sie fahrlässig begangen worden ist, mit einer Geldbuße bis zu 2500 Euro geahndet werden.

§ 15 HE. (1) Ordnungswidrig handelt, wer vorsätzlich oder fahrlässig ...
der Offenlegungspflicht des § 5 Abs. 2 zuwiderhandelt;
1. als verantwortlicher Redakteur oder Verleger – beim Selbstvertrieb als Verfasser oder Herausgeber – den Vorschriften über das Impressum (§ 6 und § 7 Abs. 1) zuwiderhandelt;
2. als Verleger entgegen § 8 eine Veröffentlichung gegen Entgelt nicht als Anzeige kenntlich macht oder kenntlich machen lässt;
3. jemanden zum verantwortlichen Redakteur oder Verantwortlichen für den Anzeigenteil bestellt, der nicht den Anforderungen des § 7 Abs. 3 entspricht;
4. als verantwortlicher Redakteur oder Verantwortlicher für den Anzeigenteil zeichnet, obwohl er die Voraussetzungen des § 7 Abs. 3 nicht erfüllt;
5. der Abgabepflicht nach § 9 Abs. 1 Satz 1 nicht rechtzeitig nachkommt.

(2) Ordnungswidrig handelt auch, wer eine der in § 14 bezeichneten Taten fahrlässig begeht.

(3) [1]Ordnungswidrigkeiten nach Abs. 1 Nr. 1 können mit einer Geldbuße bis zu fünfzigtausend Euro geahndet werden. [2]Ordnungswidrigkeiten nach Abs. 1 Nr. 2 bis 6 und Abs. 2 können mit einer Geldbuße bis zu fünftausend Euro geahndet werden.

(4) [1]Bei Ordnungswidrigkeiten nach Abs. 1 Nr. 1 und 3 kann auf Einziehung der Druckwerke und des zu ihrer Herstellung verwendeten Materials erkannt werden. [2]§ 23 des Gesetzes über Ordnungswidrigkeiten ist anzuwenden.

(5) Die Verfolgung der in Abs. 1 Nr. 2 bis 6 und Abs. 2 aufgeführten Ordnungswidrigkeiten verjährt in drei Monaten.

19 PresseG   Pressegesetz (Mustergesetz)

(6) Verwaltungsbehörde im Sinne des § 36 Abs. 1 Nr. 1 des Gesetzes über Ordnungswidrigkeiten ist der Regierungspräsident.

§ 21 MV. (1) Ordnungswidrig handelt, wer vorsätzlich oder fahrlässig
1. als verantwortlicher Redakteur oder Verleger – beim Selbstverlag als Verfasser oder Herausgeber – den Vorschriften über das Impressum (§ 7) zuwiderhandelt oder als Unternehmer Druckwerke verbreitet, in denen das Impressum ganz oder teilweise fehlt,
2. als Verleger oder als Verantwortlicher für den Anzeigenteil eine Veröffentlichung gegen Entgelt nicht als Anzeige kenntlich macht oder kenntlich machen lässt (§ 9),
3. gegen die Verpflichtung aus § 10 Abs. 3 Satz 3 verstößt,
4. gegen die Verpflichtungen aus § 11 Abs. 1 oder die aufgrund des § 11 Abs. 6 erlassenen Rechtsvorschriften, sofern auf § 21 dieses Gesetzes verwiesen ist, verstößt.

(3) Die Ordnungswidrigkeit kann mit einer Geldbuße bis zu 50 000 Euro geahndet werden.

(4) ¹Verwaltungsbehörde im Sinne des § 36 Abs. 1 Nr. 1 des Gesetzes über Ordnungswidrigkeiten ist in den Kreisen der Landrat, in den kreisfreien Städten der Oberbürgermeister als Ordnungsbehörde. ²Sie entscheiden auch über die Abänderung und Aufhebung eines rechtskräftigen, gerichtlich nicht nachgeprüften Bußgeldbescheides (§ 66 Abs. 2 dieses Gesetzes).

(5) ¹Den Verwaltungsbehörden werden die Aufgaben zur Erfüllung nach Weisung übertragen. ²Die Fachaufsicht wird vom Innenminister ausgeübt.

§ 22 ND. Wie oben mit Spezifizierung in Abs. 4

§ 23 NW. Abs. 4: Verwaltungsbehörde im Sinne des § 36 Abs. 1 Nr. 1 des Gesetzes über Ordnungswidrigkeiten ist die Kreisordnungsbehörde.

§ 36 RP. (3) Ordnungswidrig handelt, wer
1. vorsätzlich oder fahrlässig als Person, die das Druckwerk verlegt oder druckt – beim Selbstverlag das Werk verfasst hat oder herausgibt –, oder als redaktionell verantwortliche Person den Vorschriften über das Impressum nach § 9 Abs. 1 bis 5 zuwiderhandelt,
2. vorsätzlich oder fahrlässig als Unternehmerin oder Unternehmer Druckwerke verbreitet, in denen das Impressum ganz oder teilweise fehlt,
3. vorsätzlich oder fahrlässig als Person, die ein periodisches Druckwerk verlegt oder für den Anzeigenteil verantwortlich ist, entgegen § 13 eine Veröffentlichung gegen Entgelt nicht als Anzeige kenntlich macht oder kenntlich machen lässt,
4. vorsätzlich einer Rechtsverordnung nach § 14 Abs. 6 zuwiderhandelt, soweit die Rechtsverordnung für einen bestimmten Tatbestand auf diese Bußgeldvorschrift verweist, oder
5. fahrlässig einen der in § 35 Abs. 1 genannten Tatbestände verwirklicht.

(4) Die Ordnungswidrigkeit kann mit einer Geldbuße bis zu fünfhunderttausend Euro, in den Fällen des Absatzes 3 bis zu fünftausend Euro, geahndet werden.

(5) In den Fällen der Absätze 1 und 2 finden die Bestimmungen des Rundfunkstaatsvertrages über das Verfahren bei Ordnungswidrigkeiten Anwendung.

(6) ¹Verwaltungsbehörde im Sinne des § 36 Abs. 1 Nr. 1 des Gesetzes über Ordnungswidrigkeiten ist in den Fällen der Absätze 1, 2 und 8 die LMK, in Fällen des Absatzes 3

Pressegesetz (Mustergesetz) **PresseG 19**

die Aufsichts- und Dienstleistungsdirektion. ²Der LMK stehen die von ihr für Ordnungswidrigkeiten verhängten Bußgelder zur Förderung der privaten Medien und für Projekte zur Förderung der Medienkompetenz in Rheinland-Pfalz zu. ³Über die Einleitung eines Verfahrens bei länderübergreifenden Angeboten hat die LMK die Landesmedienanstalten der übrigen Länder unverzüglich zu unterrichten.

(7) ¹Die LMK kann bei bundesweit verbreiteten Angeboten bestimmen, dass Beanstandungen nach einem Rechtsverstoß gegen Bestimmungen dieses Gesetzes sowie rechtskräftige Entscheidungen im Ordnungswidrigkeitsverfahren nach den Absätzen 1, 2 und 8 von dem betroffenen Anbieter in seinem Angebot verbreitet werden. ²Inhalt und Zeitpunkt der Bekanntgabe sind durch die LMK nach pflichtgemäßem Ermessen festzulegen. ³§ 27 Abs. 3 bleibt unberührt.

(8) Unberührt bleiben die nach § 1 Abs. 2 Satz 1 geltenden Ordnungswidrigkeiten.

§ 64 SL. (1) Ordnungswidrig handelt, wer vorsätzlich oder fahrlässig ...
4. gegen die Verpflichtung aus § 14 Abs. 1 bis 3 oder die auf Grund des § 14 Abs. 4 erlassenen Rechtsvorschriften (Ablieferungspflicht), sofern auf § 64 dieses Gesetzes verwiesen ist, verstößt.

(4) ¹Verwaltungsbehörde im Sinne des § 36 Abs. 1 Nr. 1 des Gesetzes über Ordnungswidrigkeiten sind die Landkreise, der Stadtverband Saarbrücken, die Landeshauptstadt Saarbrücken und die kreisfreien Städte. ²Die Fachaufsicht wird vom Ministerpräsidenten ausgeübt.

§ 13 SN. (1) Ordnungswidrig handelt, wer vorsätzlich oder fahrlässig
1. als Verleger eine Person zum verantwortlichen Redakteur bestellt, die nicht den Anforderungen des § 7 entspricht,
2. als verantwortlicher Redakteur zeichnet, obwohl er den Anforderungen des § 7 nicht entspricht,
3. als Verleger oder verantwortlicher Redakteur, beim Selbstverlag als Herausgeber oder Verfasser, den Vorschriften über das Impressum (§ 6) zuwiderhandelt oder als Unternehmer Druckwerke verbreitet, in denen die nach § 6 vorgeschriebenen Angaben ganz oder teilweise fehlen,
4. gegen die Offenlegungspflicht (§ 8) verstößt,
5. als Verleger oder als Verantwortlicher im Sinn des § 6 Abs. 2 Satz 5 eine Veröffentlichung gegen Entgelt nicht als Anzeige kenntlich macht oder kenntlich machen lässt (§ 9) oder
6. gegen die Verpflichtung aus § 10 Abs. 4 Satz 3 verstößt.

§ 9 des Gesetzes über Ordnungswidrigkeiten (OWiG) in der Fassung der Bekanntmachung vom 19. Februar 1987 (BGBl. I S. 602), geändert durch das Gesetz vom 17. Mai 1988 (BGBl. I S. 606) sowie durch das Erste Gesetz zur Änderung des Jugendgerichtsgesetzes (1. JGGÄndG) vom 30. August 1990 (BGBl. I S. 1853) bleibt unberührt.

(2) Die Ordnungswidrigkeit kann mit einer Geldbuße bis zu DM 100 000,- geahndet werden.

(3) Verwaltungsbehörden im Sinne des § 36 Abs. 1 Nr. 1 OWiG sind die Landkreise und die Kreisfreien Städte.

§ 14 ST. Abs. 1 Nr. 1–3 wie oben
Nr. 4 gegen § 11 Abs. 1 verstößt.
Abs. 4: Verwaltungsbehörde im Sinne des § 36 Abs. 1 Nr. 1 des Gesetzes über Ordnungswidrigkeiten ist die Bezirksregierung.

19 PresseG

Pressegesetz (Mustergesetz)

§ 22 SH. (1) Ordnungswidrig handelt, wer vorsätzlich oder fahrlässig ...
Nr. 1 und 2 wie oben
3. gegen die Verpflichtung aus § 12 (Anbietungsverpflichtung) verstößt

(4) Zuständige Verwaltungsbehörden nach § 36 Abs. 1 Nr. 1 des Gesetzes über Ordnungswidrigkeiten sind die Landräte und die Bürgermeister der kreisfreien Städte.

§ 13 TH. (1) Ordnungswidrig handelt, wer vorsätzlich oder fahrlässig:
1. als Verleger eine Person zum verantwortlichen Redakteur bestellt, die nicht den Anforderungen des § 9 entspricht;
2. als verantwortlicher Redakteur zeichnet, obwohl er die Voraussetzungen des § 9 nicht erfüllt;
3. als verantwortlicher Redakteur oder Verleger – beim Selbstverlag als Verfasser oder Herausgeber – den Vorschriften über das Impressum (§ 7) zuwiderhandelt oder als Unternehmer Druckwerke verbreitet, in denen das Impressum ganz oder teilweise fehlt;
4. als Verleger oder Verantwortlicher (§ 7 Abs. 2 Satz 4) eine Veröffentlichung gegen Entgelt nicht als Anzeige kenntlich macht oder kenntlich machen lässt (§ 10);
5. gegen die Verpflichtung aus § 11 Abs. 3 Satz 3 verstößt;
6. gegen die Offenlegungspflicht (§ 8) verstößt.

(2) Die Ordnungswidrigkeit kann mit einer Geldbuße bis fünfzigtausend Euro geahndet werden.

(3) Verwaltungsbehörde im Sinne des § 36 Abs. 1 Nr. 1 des Gesetzes über Ordnungswidrigkeiten ist das Landesverwaltungsamt.

IV. Anhang: Zusammenstellung zum Pflichtexemplarrecht

1. Im Allgemeinen

Das Pflichtexemplarrecht ist zum Teil in den Landespressegesetzen enthalten. Dies gilt für die Länder Brandenburg, Bremen, Hessen, Mecklenburg-Vorpommern, Niedersachsen, Rheinland-Pfalz, Saarland, Sachsen, Sachsen-Anhalt, Schleswig-Holstein und Thüringen. Hierzu wird auf **§ 12 des Pressegesetzes (Mustergesetz)** sowie auf **die Synopse der Vorschriften aus den Landespressegesetzen** verwiesen.

Dieses in den Landespressegesetzen und eigenen Pflichtexemplargesetzen ausgeformte Pflichtexemplarrecht wird durch weitere spezielle Richtlinien und Verordnungen im Einzelnen näher erläutert.[9]

2. Im Einzelnen:

a) Für die Regelung des **Pflichtexemplarrechts auf Bundesebene** sowie für besondere Aufgaben der Deutschen Nationalbibliothek ist das Gesetz über die Deutsche Nationalbibliothek (DNBG) unter IV. Buch **Nr. 27a** zu beachten. In **Nr. 27c** ist eine Mustergesetz für das Bibliothekswesen auf der Basis des Thüringer Bibliotheksgesetzes vom 16. Juli 2008 (ThürBibRG) enthalten. Die **Verordnung über die Pflichtablieferung von Druckwerken an die Deutsche Bibliothek (Pflichtstückverordnung – PflAV)** vom 17. Okto-

---

9 Eine umfassende Darstellung der Bestimmungen des für die Bibliothekspraxis und das Verlagswesen wichtigen Pflichtexemplarrechts bieten *Lansky/Kesper, Bibliotheksrechtliche Vorschriften*, Loseblattsammlung neuester Stand, Nr. 500–596.

Pressegesetz (Mustergesetz) **PresseG 19**

ber 2008 (BGBl. I S. 2013) zuletzt geändert durch VO vom 29. April 2014 (BGBl. I, S. 450), ist in Ergänzung zum Gesetz über die Deutsche Nationalbibliothek (DNBG) unter IV. Buch **Nr. 27b** enthalten.

b) Das Pflichtexemplarrecht ist auf der Ebene der Bundesländer sehr vielfältig geregelt und z.T. als Annex zu den Presse- und Landesmediengesetzen oder in spezifischen Pflichtablieferungsverordnungen normiert. Folgende Pflichtexemplargesetze der Länder Baden-Württemberg, Bayern, Berlin, Hessen, Hamburg und Nordrhein-Westfalen existieren:

aa) Baden-Württemberg:

Gesetz über die Ablieferung von Pflichtexemplaren an die Badische Landesbibliothek in Karlsruhe und die Württembergische Landesbibliothek in Stuttgart
vom 3. März 1976 (GBl. BW S. 216), zuletzt geändert durch Gesetz vom 12. Februar 2007 (GBl. BW S. 107).

bb) Bayern:

Gesetz über die Ablieferung von Pflichtstücken (Pflichtstückegesetz – PflStG)
vom 22. Juli 2014 (GVBl. 2014, S. 282), zuletzt geändert durch Gesetz vom 26. März 2019 (GBl. 2018, S. 98).

cc) Berlin:

Gesetz über die Ablieferung von Pflichtexemplaren (Pflichtexemplargesetz-PflExG)
vom 29. November 1994 (GVBl. Berlin S. 488) in der Neufassung durch Bekanntmachung vom 29. Juli 2005 (GVBl. Berlin S. 414), zuletzt geändert durch Gesetz vom 15. Juni 2021 (GVBl. Berlin S. 674).

Verordnung über die Ablieferung amtlicher Veröffentlichungen an Bibliotheken vom 16. März 2007 (GVBl. S. 141).

dd) Brandenburg

Verordnung des Ministers für Wissenschaft, Forschung und Kultur zur Durchführung des Brandenburgischen Landespressegesetzes über die Anbietung und die Ablieferung von Pflichtexemplaren an die Stadt- und Landesbibliothek Potsdam (Pflichtexemplarverordnung – PflEV) vom 29. September 1994 (GVBl. II S. 912).

ee) Hamburg:

Gesetz über die Ablieferung von Pflichtexemplaren (Pflichtexemplargesetz – PEG)
vom 14. September 1988 (HmbGVBl. 1988, S. 180); zuletzt geändert durch Gesetz vom 8. September 2009 (HmbGVGl. 2009, S. 330).

ff) Hessen:

Hessische Verordnung über die Ablieferung von Medienwerken vom 14. August 2017 (GVBl. I S. 279).

gg) Nordrhein-Westfalen:

Gesetz über die Ablieferung von Pflichtexemplaren (Pflichtexemplargesetz)
vom 29. Januar 2013 (GV.NRW, S. 31).

III. Rundfunk

Richtlinie 2010/13/EU des Europäischen Parlaments und des Rates vom 10. März 2010 zur Koordinierung bestimmter Rechts- und Verwaltungsvorschriften der Mitgliedstaaten über die Bereitstellung audiovisueller Mediendienste (Richtlinie über audiovisuelle Mediendienste)[1]

in der Fassung der Änderungsrichtlinie 2018/1808
des Europäischen Parlaments und des Rates vom November 2018[2]

Kapitel I

Begriffsbestimmungen

Artikel 1. (1) Für die Zwecke dieser Richtlinie bezeichnet der Ausdruck
a) „audiovisueller Mediendienst"
 i) eine Dienstleistung im Sinne der Artikel 56 und 57 des Vertrags über die Arbeitsweise der Europäischen Union, bei der der Hauptzweck der Dienstleistung oder ein trennbarer Teil der Dienstleistung darin besteht, unter der redaktionellen Verantwortung eines Mediendiensteanbieters der Allgemeinheit Sendungen zur Information, Unterhaltung oder Bildung über elektronische Kommunikationsnetze im Sinne des Artikels 2 Buchstabe a der Richtlinie 2002/21/EG bereitzustellen; bei diesen audiovisuellen Mediendiensten handelt es sich entweder um Fernsehprogramme gemäß der Definition unter Buchstabe e des vorliegenden Absatzes oder um audiovisuelle Mediendienste auf Abruf gemäß der Definition unter Buchstabe g des vorliegenden Absatzes;

---

1 Fundstelle: ABl. 2010 L 95/S. 1–24; berichtigt L 263/15. Vom Abdruck der Unterschriftsformel und des Unterzeichnungsdatums sowie der Erwägungsgründe wurde abgesehen. Die Richtlinie über audiovisuelle Mediendienste tritt an die Stelle der „Fernsehrichtlinie" 89/552/EWG. Im Jahr 2010 wurde die Richtlinie über audiovisuelle Mediendienste erneut kodifiziert und berichtigt.
2 Fundstelle und voller Name der Änderungsrichtlinie: Richtlinie (EU) 2018/1808 des Europäischen Parlaments und des Rates vom 14. November 2018 zur Änderung der Richtlinie 2010/13/EU zur Koordinierung bestimmter Rechts- und Verwaltungsvorschriften der Mitgliedstaaten über die Bereitstellung audiovisueller Mediendienste (Richtlinie über audiovisuelle Mediendienste) im Hinblick auf sich verändernde Marktgegebenheiten (ABl. 2018 L 303/69).

ii) die audiovisuelle kommerzielle Kommunikation;
  (aa) „Video-Sharing-Plattform-Dienst" eine Dienstleistung im Sinne der Artikel 56 und 57 des Vertrags über die Arbeitsweise der Europäischen Union, bei der der Hauptzweck der Dienstleistung oder eines trennbaren Teils der Dienstleistung oder eine wesentliche Funktion der Dienstleistung darin besteht, Sendungen oder nutzergenerierte Videos, für die der Video-Sharing-Plattform-Anbieter keine redaktionelle Verantwortung trägt, der Allgemeinheit über elektronische Kommunikationsnetze im Sinne des Artikels 2 Buchstabe a der Richtlinie 2002/21/EG zur Information, Unterhaltung oder Bildung bereitzustellen, und deren Organisation vom Video-Sharing-Plattform-Anbieter bestimmt wird, auch mit automatischen Mitteln oder Algorithmen, insbesondere durch Anzeigen, Tagging und Festlegung der Abfolge.
b) „Sendung" eine Abfolge von bewegten Bildern mit oder ohne Ton, die unabhängig von ihrer Länge Einzelbestandteil eines von einem Mediendiensteanbieter erstellten Sendeplans oder Katalogs ist, einschließlich Spielfilme, Videoclips, Sportberichte, Sitcoms, Dokumentationen, Kindersendungen und Originalproduktionen;
  (ba) „nutzergeneriertes Video" eine Abfolge von bewegten Bildern mit oder ohne Ton, die unabhängig von ihrer Länge einen Einzelbestandteil darstellt und von einem Nutzer erstellt und von diesem oder einem anderen Nutzer auf eine Video-Sharing-Plattform hochgeladen wird;
  (bb) „redaktionelle Entscheidung" eine Entscheidung, die regelmäßig im Zuge der Ausübung redaktioneller Verantwortung getroffen wird und in Zusammenhang mit dem Tagesgeschäft des audiovisuellen Mediendienstes steht;
c) „redaktionelle Verantwortung" die Ausübung einer wirksamen Kontrolle sowohl hinsichtlich der Zusammenstellung der Sendungen als auch hinsichtlich ihrer Bereitstellung entweder anhand eines chronologischen Sendeplans im Falle von Fernsehsendungen oder mittels eines Katalogs im Falle von audiovisuellen Mediendiensten auf Abruf. Die redaktionelle Verantwortung begründet nicht zwangsläufig eine rechtliche Haftung nach innerstaatlichem Recht für die bereitgestellten Inhalte oder Dienste;
d) „Mediendiensteanbieter" die natürliche oder juristische Person, die die redaktionelle Verantwortung für die Auswahl der audiovisuellen Inhalte des audiovisuellen Mediendienstes trägt und bestimmt, wie diese gestaltet werden;
  (da) „Video-Sharing-Plattform-Anbieter" die natürliche oder juristische Person, die einen Video-Sharing-Plattform-Dienst betreibt;
e) „Fernsehprogramm" (d.h. ein linearer audiovisueller Mediendienst) einen audiovisuellen Mediendienst, der von einem Mediendiensteanbieter für den zeitgleichen Empfang von Sendungen auf der Grundlage eines Sendeplans bereitgestellt wird;
f) „Fernsehveranstalter" einen Mediendiensteanbieter, der Fernsehprogramme bereitstellt;

g) „audiovisueller Mediendienst auf Abruf" (d.h. ein nichtlinearer audiovisueller Mediendienst) einen audiovisuellen Mediendienst, der von einem Mediendiensteanbieter für den Empfang zu dem vom Nutzer gewählten Zeitpunkt und auf dessen individuellen Abruf hin aus einem vom Mediendiensteanbieter festgelegten Programmkatalog bereitgestellt wird;
h) „audiovisuelle kommerzielle Kommunikation" Bilder mit oder ohne Ton, die der unmittelbaren oder mittelbaren Förderung des Absatzes von Waren und Dienstleistungen oder des Erscheinungsbilds natürlicher oder juristischer Personen, die einer wirtschaftlichen Tätigkeit nachgehen, dienen; diese Bilder sind einer Sendung oder einem nutzergenerierten Video gegen Entgelt oder eine ähnliche Gegenleistung oder als Eigenwerbung beigefügt oder darin enthalten. Zur audiovisuellen kommerziellen Kommunikation zählen unter anderem Fernsehwerbung, Sponsoring, Teleshopping und Produktplatzierung;
i) „Fernsehwerbung" jede Äußerung bei der Ausübung eines Handels, Gewerbes, Handwerks oder freien Berufs, die im Fernsehen von einem öffentlich-rechtlichen oder privaten Veranstalter oder einer natürlichen Person entweder gegen Entgelt oder eine ähnliche Gegenleistung oder als Eigenwerbung gesendet wird mit dem Ziel, den Absatz von Waren oder die Erbringung von Dienstleistungen, einschließlich unbeweglicher Sachen, Rechte und Verpflichtungen, gegen Entgelt zu fördern;
j) „Schleichwerbung in der audiovisuellen kommerziellen Kommunikation" die Erwähnung oder Darstellung von Waren, Dienstleistungen, dem Namen, der Marke oder den Tätigkeiten eines Herstellers von Waren oder eines Erbringers von Dienstleistungen in Sendungen, wenn sie vom Mediendiensteanbieter absichtlich zu Werbezwecken vorgesehen ist und die Allgemeinheit über ihren eigentlichen Zweck irreführen kann. Eine Erwähnung oder Darstellung gilt insbesondere dann als beabsichtigt, wenn sie gegen Entgelt oder eine ähnliche Gegenleistung erfolgt;
k) „Sponsoring" jeden Beitrag von nicht im Bereich der Bereitstellung von audiovisuellen Mediendiensten oder Video-Sharing-Plattform-Diensten oder in der Produktion von audiovisuellen Werken tätigen öffentlichen oder privaten Unternehmen oder natürlichen Personen zur Finanzierung von audiovisuellen Mediendiensten, Video-Sharing-Plattform-Diensten, nutzergenerierten Videos oder Sendungen mit dem Ziel, ihren Namen, ihre Marke, ihr Image, ihre Tätigkeiten oder ihre Leistungen zu bewerben;
l) „Teleshopping" Sendungen direkter Angebote an die Öffentlichkeit für den Absatz von Waren oder die Erbringung von Dienstleistungen, einschließlich unbeweglicher Sachen, Rechte und Verpflichtungen, gegen Entgelt;
m) „Produktplatzierung" jede Form audiovisueller kommerzieller Kommunikation, die darin besteht, gegen Entgelt oder eine ähnliche Gegenleistung ein Produkt, eine Dienstleistung oder die entsprechende Marke einzubeziehen bzw. darauf Bezug zu nehmen, sodass diese innerhalb einer Sendung oder eines nutzergenerierten Videos erscheinen;
n) „europäische Werke"

i) Werke aus den Mitgliedstaaten,
ii) Werke aus europäischen Drittländern, die Vertragsparteien des Europäischen Übereinkommens über grenzüberschreitendes Fernsehen des Europarates sind, sofern diese Werke die Voraussetzungen nach Absatz 3 erfüllen,
iii) Werke, die im Rahmen der zwischen der Union und Drittländern im audiovisuellen Bereich geschlossenen Abkommen in Koproduktion hergestellt werden und die den in den einzelnen Abkommen jeweils festgelegten Voraussetzungen entsprechen.

(2) Die Anwendung des Absatzes 1 Buchstabe n Ziffern ii und iii setzt voraus, dass in dem betreffenden Drittland keine diskriminierenden Maßnahmen gegen Werke aus den Mitgliedstaaten bestehen.

(3) Werke im Sinne von Absatz 1 Buchstabe n Ziffern i und ii sind Werke, die im Wesentlichen in Zusammenarbeit mit in einem oder mehreren der in den genannten Bestimmungen genannten Staaten ansässigen Autoren und Arbeitnehmern geschaffen wurden und eine der drei folgenden Voraussetzungen erfüllen:
i) sie sind von einem oder mehreren in einem bzw. mehreren dieser Staaten ansässigen Hersteller(n) geschaffen worden;
ii) ihre Herstellung wird von einem oder mehreren in einem bzw. mehreren dieser Staaten ansässigen Hersteller(n) überwacht und tatsächlich kontrolliert;
iii) der Beitrag von Koproduzenten aus diesen Staaten zu den Gesamtproduktionskosten beträgt mehr als die Hälfte, und die Koproduktion wird nicht von einem bzw. mehreren außerhalb dieser Staaten niedergelassenen Hersteller(n) kontrolliert.

(4) Werke, die keine europäischen Werke im Sinne des Absatzes 1 Buchstabe n sind, jedoch im Rahmen von bilateralen Koproduktionsabkommen zwischen Mitgliedstaaten und Drittländern hergestellt werden, werden als europäische Werke betrachtet, sofern die Koproduzenten aus der Union einen mehrheitlichen Anteil der Gesamtproduktionskosten tragen und die Herstellung nicht von einem oder mehreren außerhalb des Hoheitsgebiets der Mitgliedstaaten niedergelassenen Hersteller(n) kontrolliert wird.

Kapitel II

Allgemeine Bestimmungen über audiovisuelle Mediendienste

Artikel 2. (1) Jeder Mitgliedstaat sorgt dafür, dass alle audiovisuellen Mediendienste, die von seiner Rechtshoheit unterworfenen Mediendiensteanbietern übertragen werden, den Vorschriften des Rechtssystems entsprechen, die auf für die Allgemeinheit bestimmte audiovisuelle Mediendienste in diesem Mitgliedstaat anwendbar sind.

(2) Für die Zwecke dieser Richtlinie unterliegen diejenigen Mediendiensteanbieter der Rechtshoheit eines Mitgliedstaats,
a) die gemäß Absatz 3 in diesem Mitgliedstaat niedergelassen sind oder
b) auf die Absatz 4 anwendbar ist.

(3) Für die Zwecke dieser Richtlinie gilt ein Mediendiensteanbieter in folgenden Fällen als in einem Mitgliedstaat niedergelassen:
a) der Mediendiensteanbieter hat seine Hauptverwaltung in diesem Mitgliedstaat, und die redaktionellen Entscheidungen über den audiovisuellen Mediendienst werden in diesem Mitgliedstaat getroffen;
b) hat ein Mediendiensteanbieter seine Hauptverwaltung in einem Mitgliedstaat, die redaktionellen Entscheidungen über den audiovisuellen Mediendienst jedoch in einem anderen Mitgliedstaat getroffen werden, gilt der Mediendienstanbieter als in dem Mitgliedstaat niedergelassen, in dem ein erheblicher Teil des mit der Durchführung der programmbezogenen Tätigkeiten des audiovisuellen Mediendienstes betrauten Personals tätig ist. Ist ein wesentlicher Teil des Personals des audiovisuellen Mediendienstes, das mit der Ausübung der sendungsbezogenen Tätigkeiten betraut ist, in jedem dieser Mitgliedstaaten tätig, so gilt der Mediendiensteanbieter als in dem Mitgliedstaat niedergelassen, in dem er seine Hauptverwaltung hat. Ist ein wesentlicher Teil des Personals des audiovisuellen Mediendienstes, das mit der Ausübung der sendungsbezogenen Tätigkeiten betraut ist, in keinem dieser Mitgliedstaaten tätig, so gilt der Mediendiensteanbieter als in dem Mitgliedstaat niedergelassen, in dem er zuerst mit seiner Tätigkeit nach Maßgabe des Rechts dieses Mitgliedstaats begonnen hat, sofern eine dauerhafte und tatsächliche Verbindung mit der Wirtschaft dieses Mitgliedstaats besteht;
c) wenn ein Mediendiensteanbieter seine Hauptverwaltung in einem Mitgliedstaat hat, die Entscheidungen über den audiovisuellen Mediendienst jedoch in einem Drittland getroffen werden, oder wenn der umgekehrte Fall vorliegt, gilt er als in dem betreffenden Mitgliedstaat niedergelassen, wenn ein wesentlicher Teil des mit der Bereitstellung des audiovisuellen Mediendienstes betrauten Personals in diesem Mitgliedstaat tätig ist.

(4) Mediendiensteanbieter, auf die Absatz 3 nicht anwendbar ist, gelten in folgenden Fällen als Anbieter, die der Rechtshoheit eines Mitgliedstaats unterliegen:
a) sie nutzen eine in diesem Mitgliedstaat gelegene Satelliten-Bodenstation für die Aufwärtsstrecke;
b) sie nutzen zwar keine in diesem Mitgliedstaat gelegene Satelliten-Bodenstation für die Aufwärtsstrecke, aber eine diesem Mitgliedstaat gehörende Übertragungskapazität eines Satelliten.

(5) Kann die Frage, welcher Mitgliedstaat die Rechtshoheit ausübt, nicht nach den Absätzen 3 und 4 entschieden werden, so liegt die Zuständigkeit bei dem Mitgliedstaat, in dem der Mediendiensteanbieter gemäß den Artikel 49 bis 55 des Vertrags über die Arbeitsweise der Europäischen Union niedergelassen ist.

(5a) Die Mitgliedstaaten stellen sicher, dass Mediendiensteanbieter die zuständigen nationalen Regulierungsbehörden oder – stellen über alle Änderungen unterrichten, die die Feststellung der Rechtshoheit gemäß den Absätzen 2, 3 und 4 berühren könnten.

(5b) [1]Die Mitgliedstaaten erstellen eine Liste der ihrer Rechtshoheit unterworfenen Mediendiensteanbieter, halten sie auf dem neuesten Stand und geben an, auf welchen der in den Absätzen 2 bis 5 genannten Kriterien ihre Rechtshoheit beruht. [2]Die Mitgliedstaaten übermitteln diese Liste sowie alle Aktualisierungen dieser Liste der Kommission. [3]Die Kommission stellt sicher, dass solche Listen in einer zentralen Datenbank bereitgestellt werden. [4]Im Falle von Unstimmigkeiten zwischen den Listen wendet sich die Kommission an die betreffenden Mitgliedstaaten, um eine Lösung zu finden. [5]Die Kommission stellt sicher, dass die nationalen Regulierungsbehörden oder -stellen auf diese Datenbank zugreifen können. [6]Die Kommission macht die Informationen in der Datenbank öffentlich zugänglich.

(5c) [1]Können sich die betreffenden Mitgliedstaaten bei der Anwendung der Artikel 3 oder 4 nicht darüber einigen, welcher Mitgliedstaat die Rechtshoheit ausübt, bringen sie diese Angelegenheit ohne unangemessene Verzögerung der Kommission zur Kenntnis. [2]Die Kommission kann die Gruppe europäischer Regulierungsstellen für audiovisuelle Mediendienste (ERGA) auffordern, gemäß Artikel 30b Absatz 3 Buchstabe d zu der Angelegenheit Stellung zu nehmen. [3]ERGA nimmt innerhalb von 15 Arbeitstagen nach der Anfrage der Kommission zu der Angelegenheit Stellung. [4]Die Kommission hält den gemäß Artikel 29 errichteten Kontaktausschuss ordnungsgemäß informiert. [5]Trifft die Kommission eine Entscheidung gemäß Artikel 3 Absatz 2, Artikel 3 Absatz 3 oder Artikel 4 Absatz 5, so entscheidet sie auch darüber, welcher Mitgliedstaat die Rechtshoheit ausübt.

(6) Diese Richtlinie gilt nicht für audiovisuelle Mediendienste, die ausschließlich zum Empfang in Drittländern bestimmt sind und die nicht unmittelbar oder mittelbar von der Allgemeinheit mit handelsüblichen Verbraucherendgeräten in einem oder mehreren Mitgliedstaaten empfangen werden.

Artikel 3. (1) Die Mitgliedstaaten gewährleisten den freien Empfang und behindern nicht die Weiterverbreitung von audiovisuellen Mediendiensten aus anderen Mitgliedstaaten in ihrem Hoheitsgebiet aus Gründen, die Bereiche betreffen, die durch diese Richtlinie koordiniert sind.

(2) [1]Ein Mitgliedstaat kann vorübergehend von Absatz 1 dieses Artikels abweichen, wenn ein audiovisueller Mediendienst, der von einem Mediendiensteanbieter erbracht wird, der der Rechtshoheit eines anderen Mitgliedstaats unterworfen ist, in offensichtlicher, ernster und schwerwiegender Weise gegen Artikel 6 Absatz 1 Buchstabe a oder Artikel 6a Absatz 1 verstößt oder eine Beeinträchtigung oder eine ernsthafte und schwerwiegende Gefahr der Beeinträchtigung für die öffentliche Gesundheit darstellt.

²Die Abweichung gemäß Unterabsatz 1 ist an die folgenden Bedingungen gebunden:
a) Der Mediendiensteanbieter hat während der vorangegangenen 12 Monate bereits mindestens zweimal eine oder mehrere der Handlungen gemäß Unterabsatz 1 begangen;
b) der betreffende Mitgliedstaat hat dem Mediendiensteanbieter, dem Mitgliedstaat, dessen Rechtshoheit dieser Anbieter unterworfen ist, und der Kommission schriftlich die behaupteten Verstöße sowie die verhältnismäßigen Maßnahmen mitgeteilt, die er bei einem erneuten Auftreten eines derartigen Verstoßes zu ergreifen beabsichtigt;
c) der betreffende Mitgliedstaat hat die Verteidigungsrechte des Mediendiensteanbieters gewahrt und diesem Anbieter insbesondere Gelegenheit gegeben, sich zu den behaupteten Verstößen zu äußern; und
d) Konsultationen mit dem Mitgliedstaat, dessen Rechtshoheit der Mediendiensteanbieter unterworfen ist, und der Kommission haben innerhalb eines Monats nach Eingang der in Buchstabe b genannten Mitteilung bei der Kommission zu keiner gütlichen Einigung geführt.

³Innerhalb von drei Monaten, nachdem die Kommission die Mitteilung der von dem betreffenden Mitgliedstaat getroffenen Maßnahmen erhalten hat, und nachdem sie die ERGA aufgefordert hat, gemäß Artikel 30b Absatz 3 Buchstabe d eine Stellungnahme abzugeben, trifft die Kommission eine Entscheidung über die Vereinbarkeit dieser Maßnahmen mit dem Unionsrecht. ⁴Die Kommission hält den Kontaktausschuss ordnungsgemäß informiert. Entscheidet die Kommission, dass diese Maßnahmen nicht mit Unionsrecht vereinbar sind, fordert sie den betreffenden Mitgliedstaat auf, die beanstandeten Maßnahmen unverzüglich zu beenden.

(3) ¹Verstößt ein audiovisueller Mediendienst, der von einem Mediendiensteanbieter erbracht wird, der der Rechtshoheit eines anderen Mitgliedstaats unterworfen ist, in offensichtlicher, ernster und schwerwiegender Weise gegen Artikel 6 Absatz 1 Buchstabe b oder stellt er eine Beeinträchtigung oder eine ernsthafte und schwerwiegende Gefahr der Beeinträchtigung für die öffentliche Sicherheit sowie für die Wahrung nationaler Sicherheits- und Verteidigungsinteressen dar, kann ein Mitgliedstaat vorübergehend von Absatz 1 dieses Artikels abweichen.

²Eine Abweichung gemäß Unterabsatz 1 ist an die folgenden Bedingungen gebunden:
a) Eine Handlung gemäß Unterabsatz 1 wurde während der vorangegangenen 12 Monate bereits mindestens einmal begangen; und
b) der betreffende Mitgliedstaat hat dem Mediendiensteanbieter, dem Mitgliedstaat, dessen Rechtshoheit dieser Anbieter unterworfen ist, und der Kommission schriftlich den behaupteten Verstoß sowie die verhältnismäßigen Maßnahmen mitgeteilt, die er bei einem erneuten Auftreten eines derartigen Verstoßes zu ergreifen beabsichtigt.

³Der betreffende Mitgliedstaat wahrt die Verteidigungsrechte des betreffenden Mediendiensteanbieters und gibt diesem Anbieter insbesondere Gelegenheit, sich zu den behaupteten Verstößen zu äußern. ⁴Innerhalb von drei Monaten, nachdem die Kommission die Mitteilung der von dem betreffenden Mitgliedstaat getroffenen Maßnahmen erhalten hat, und nachdem sie ERGA aufgefordert hat, gemäß Artikel 30b Absatz 3 Buchstabe d eine Stellungnahme abzugeben, trifft die Kommission eine Entscheidung über die Vereinbarkeit dieser Maßnahmen mit dem Unionsrecht. Die Kommission hält den Kontaktausschuss ordnungsgemäß informiert. Entscheidet die Kommission, dass die Maßnahmen nicht mit Unionsrecht vereinbar sind, fordert sie den betreffenden Mitgliedstaat auf, die beanstandeten Maßnahmen unverzüglich zu beenden.

(4) Die Absätze 2 und 3 lassen die Anwendung entsprechender Verfahren, rechtlicher Abhilfemaßnahmen oder Sanktionen bezüglich der betreffenden Verstöße in dem Mitgliedstaat, dessen Rechtshoheit der Mediendiensteanbieter unterworfen ist, unberührt.

(5) ¹Die Mitgliedstaaten können in dringenden Fällen spätestens einen Monat nach dem behaupteten Verstoß von den in Absatz 3 Buchstaben a und b festgelegten Bedingungen abweichen. ²In diesem Fall werden die getroffenen Maßnahmen schnellstmöglich und unter Angabe der Gründe, aus denen der Mitgliedstaat der Auffassung ist, dass es sich um einen dringenden Fall handelt, der Kommission und dem Mitgliedstaat, dessen Rechtshoheit der Mediendiensteanbieter unterworfen ist, mitgeteilt. ³Die Kommission prüft schnellstmöglich, ob die mitgeteilten Maßnahmen mit dem Unionsrecht vereinbar sind. Gelangt sie zu dem Schluss, dass die Maßnahmen nicht mit dem Unionsrecht vereinbar sind, so fordert sie den betreffenden Mitgliedstaat auf, diese Maßnahmen unverzüglich zu beenden.

(6) ¹Fehlen der Kommission die zur Entscheidung gemäß Absatz 2 oder 3 notwendigen Informationen, fordert sie bei dem betreffenden Mitgliedstaat innerhalb eines Monats nach Eingang der Mitteilung alle für die Entscheidung notwendigen Informationen an. ²Die Frist für die Entscheidung durch die Kommission wird so lange ausgesetzt, bis dieser Mitgliedstaat die benötigten Informationen beigebracht hat. ³Die Fristaussetzung überschreitet in keinem Fall die Dauer von einem Monat.

(7) Die Mitgliedstaaten und die Kommission tauschen im Rahmen des Kontaktausschusses und ERGA in Bezug auf das in diesem Artikel festgelegte Verfahren regelmäßig Erfahrungen und bewährte Verfahren aus.

Artikel 4. (1) Die Mitgliedstaaten können Mediendiensteanbieter, die ihrer Rechtshoheit unterworfen sind, verpflichten, ausführlicheren oder strengeren Bestimmungen in den von dieser Richtlinie koordinierten Bereichen nachzukommen, sofern diese Bestimmungen mit dem Unionsrecht im Einklang stehen.

(2) ¹Wenn ein Mitgliedstaat
a) sein Recht nach Absatz 1 in Anspruch genommen hat, um im öffentlichen Interesseliegende ausführlichere oder strengere Bestimmungen zu erlassen, und

Audiovisuelle Mediendienste **AVMD 20**

b) zu dem Schluss gelangt, dass ein der Rechtshoheit eines anderen Mitgliedstaats unterworfener Mediendiensteanbieter einen audiovisuellen Mediendienst erbringt, der ganz oder vorwiegend auf sein Hoheitsgebiet ausgerichtet ist, kann er den Mitgliedstaat, der die Rechtshoheit innehat, ersuchen, sich aller in Bezug auf diesen Absatz festgestellten Schwierigkeiten anzunehmen. Beide Mitgliedstaaten arbeiten ernsthaft und zügig zusammen, um zu einer beiderseits zufriedenstellenden Lösung zu gelangen.

[2]Bei Eingang eines begründeten Ersuchens gemäß Unterabsatz 1 fordert der Mitgliedstaat, der die Rechtshoheit innehat, den Mediendiensteanbieter zur Einhaltung der betreffenden im öffentlichen Interesse liegenden Bestimmungen auf. [3]Der Mitgliedstaat, der die Rechtshoheit innehat, unterrichtet den ersuchenden Mitgliedstaat regelmäßig darüber, welche Schritte unternommen wurden, um sich der festgestellten Schwierigkeiten anzunehmen.

[3]Der Mitgliedstaat, der die Rechtshoheit innehat, unterrichtet den ersuchenden Mitgliedstaat und die Kommission binnen zwei Monaten ab Eingang des Ersuchens darüber, welche Ergebnisse erzielt wurden, und erläutert, falls keine Lösung gefunden werden konnte, die Gründe dafür.

[4]Jeder der beiden Mitgliedstaaten kann den Kontaktausschuss jederzeit um Prüfung des Falles ersuchen.

(3) [1]Der betreffende Mitgliedstaat kann gegen den betreffenden Mediendiensteanbieter angemessene Maßnahmen ergreifen, wenn er

a) zu dem Schluss gelangt, dass die durch Anwendung des Absatzes 2 erzielten Ergebnisse nicht zufrieden stellend sind und
b) Belege dafür vorgelegt hat, dass der betreffende Mediendiensteanbieter sich in dem Mitgliedstaat, dessen Rechtshoheit er unterworfen ist, niedergelassen hat, um die in den von dieser Richtlinie koordinierten Bereichen geltenden strengeren Bestimmungen zu umgehen, denen er im Falle der Niederlassung im betreffenden Mitgliedstaat unterliegen würde; anhand der Belege muss eine solche Umgehung nach vernünftigem Ermessen feststellbar sein, wobei ein Nachweis der Absicht des Mediendiensteanbieters, diese strengeren Bestimmungen zu umgehen, nicht erforderlich ist.

[2]Diese Maßnahmen müssen objektiv notwendig sein, auf nichtdiskriminierende Weise angewandt werden sowie bezüglich der damit verfolgten Ziele verhältnismäßig sein

(4) Ein Mitgliedstaat darf Maßnahmen gemäß Absatz 3 nur ergreifen, wenn die folgenden Voraussetzungen erfüllt sind:

a) Er hat der Kommission und dem Mitgliedstaat, in dem der Mediendiensteanbieter niedergelassen ist, seine Absicht mitgeteilt, derartige Maßnahmen zu ergreifen, und die Gründe dargelegt, auf die sich seine Beurteilung stützt;
b) er hat die Verteidigungsrechte des betreffenden Mediendiensteanbieters gewahrt und diesem Mediendiensteanbieter insbesondere Gelegenheit gegeben, sich zu der behaupteten Umgehung und zu den vom mitteilenden Mitgliedstaat beabsichtigten Maßnahmen zu äußern; und

c) die Kommission hat, nachdem sie bei der ERGA eine Stellungnahme gemäß Artikel 30b Absatz 3 Buchstabe d angefordert hat, entschieden, dass die Maßnahmen mit dem Unionsrecht vereinbar sind und dass insbesondere die Beurteilungen des Mitgliedstaats, der die Maßnahmen nach den Absätzen 2 und 3 dieses Artikels trifft, zutreffend begründet sind; die Kommission hält den Kontaktausschuss ordnungsgemäß informiert.

(5) ¹Innerhalb von drei Monaten, nachdem die Kommission die in Absatz 4 Buchstabe a genannte Mitteilung erhalten hat, trifft die Kommission die Entscheidung über die Vereinbarkeit dieser Maßnahmen mit dem Unionsrecht. ²Entscheidet die Kommission, dass die Maßnahmen nicht mit Unionsrecht vereinbar sind, so fordert sie den betreffenden Mitgliedstaat auf, die beabsichtigten Maßnahmen nicht zu ergreifen. ³Fehlen der Kommission die zu der Entscheidung gemäß Unterabsatz 1 notwendigen Informationen, fordert sie bei dem betreffenden Mitgliedstaat innerhalb eines Monats nach Eingang der Mitteilung alle für die Entscheidung notwendigen Informationen an. ⁴Die Frist für die Beschlussfassung durch die Kommission wird so lange ausgesetzt, bis dieser Mitgliedstaat die notwendigen Informationen beigebracht hat. Die Fristaussetzung überschreitet in keinem Fall die Dauer von einem Monat.

(6) Die Mitgliedstaaten sorgen mit angemessenen Mitteln im Rahmen ihres nationalen Rechts dafür, dass die ihrer Rechtshoheit unterworfenen Mediendiensteanbieter diese Richtlinie tatsächlich einhalten.

(7) ¹Die Richtlinie 2000/31/EG findet Anwendung, soweit in der vorliegenden Richtlinie nichts anderes vorgesehen ist. ²Im Falle einer Kollision zwischen der Richtlinie 2000/31/EG und der vorliegenden Richtlinie sind die Bestimmungen der vorliegenden Richtlinie maßgeblich, sofern in der vorliegenden Richtlinie nichts anderes vorgesehen ist.

Artikel 4a. (1) Die Mitgliedstaaten unterstützen die Nutzung der Koregulierung und die Förderung der Selbstregulierung mithilfe von Verhaltenskodizes, die auf nationaler Ebene in den von dieser Richtlinie koordinierten Bereichen angenommen werden, soweit das nach ihrem jeweiligen Rechtssystem zulässig ist. Diese Kodizes müssen
a) derart gestaltet sein, dass sie von den Hauptbeteiligten in den betreffenden Mitgliedstaaten allgemein anerkannt werden,
b) ihre Ziele klar und unmissverständlich darlegen,
c) eine regelmäßige, transparente und unabhängige Überwachung und Bewertung ihrer Zielerfüllung vorsehen und
d) eine wirksame Durchsetzung einschließlich wirksamer und verhältnismäßiger Sanktionen vorsehen.

(2) ¹Die Mitgliedstaaten und die Kommission können die Selbstregulierung durch Verhaltenskodizes der Union fördern, die von Mediendiensteanbietern, Video-Sharing-Plattform-Anbietern oder Organisationen, die solche Anbieter vertreten, erforderlichenfalls in Zusammenarbeit mit anderen Sektoren wie In-

dustrie-, Handels-, Berufs- und Verbraucherverbänden oder -organisationen aufgestellt werden. ²Solche Kodizes müssen derart gestaltet sein, dass sie von den Hauptbeteiligten auf Unionsebene allgemein anerkannt werden und mit Absatz 1 Buchstaben b bis d in Einklang stehen. ³Die nationalen Verhaltenskodizes bleiben von den Verhaltenskodizes der Union unberührt. ⁴In Zusammenarbeit mit den Mitgliedstaaten erleichtert die Kommission im Einklang mit den Grundsätzen der Subsidiarität und der Verhältnismäßigkeit gegebenenfalls die Erstellung von Verhaltenskodizes der Union. ⁵Die Unterzeichner der Verhaltenskodizes der Union übermitteln die Entwürfe dieser Kodizes sowie Änderungen daran der Kommission. ⁶Die Kommission konsultiert den Kontaktausschuss zu den Entwürfen dieser Kodizes oder Änderungen daran.
⁷Die Kommission macht die Verhaltenskodizes der Union öffentlich zugänglich und kann für sie in angemessener Weise Öffentlichkeitsarbeit betreiben.

(3) Es steht den Mitgliedstaaten weiterhin frei, ihrer Rechtshoheit unterworfene Mediendiensteanbieter zu verpflichten, ausführlicheren oder strengeren Bestimmungen nachzukommen, die mit dieser Richtlinie und dem Unionsrecht in Einklang stehen, einschließlich wenn ihre unabhängigen nationalen Regulierungsbehörden oder -stellen zu dem Schluss gelangen, dass sich ein Verhaltenskodex oder Teile desselben als nicht wirksam genug erwiesen haben. Die Mitgliedsstaaten melden solche Vorschriften ohne unangemessene Verzögerung der Kommission.

Kapitel III

Bestimmungen für alle audiovisuellen Mediendienste

Artikel 5. Jeder Mitgliedstaat stellt sicher, dass ein seiner Rechtshoheit unterworfener Mediendiensteanbieter den Empfängern eines Dienstes mindestens die nachstehend aufgeführten Informationen leicht, unmittelbar und ständig zugänglich macht:
a) seinen Namen;
b) die geografische Anschrift, unter der er niedergelassen ist;
c) Angaben, die es ermöglichen, schnell Kontakt mit ihm aufzunehmen und unmittelbar und wirksam mit ihm zu kommunizieren, einschließlich seiner E-Mail-Adresse oder seiner Website;
d) den Mitgliedstaat, dessen Rechtshoheit er unterworfen ist, und die zuständigen Regulierungsbehörden oder -stellen oder Aufsichtsstellen.

(2) ¹Die Mitgliedstaaten können Gesetzgebungsmaßnahmen erlassen, nach denen ihrer Rechtshoheit unterliegende Mediendiensteanbieter zusätzlich zu den in Absatz 1 genannten Angaben auch Informationen über ihre Eigentümerstruktur einschließlich der wirtschaftlichen Eigentümer zugänglich machen müssen. ²Bei solchen Maßnahmen müssen die betreffenden Grundrechte, wie etwa das Privat- und Familienleben der wirtschaftlichen Eigentümer, gewahrt

werden. Solche Maßnahmen müssen notwendig und verhältnismäßig sein und einem Ziel von allgemeinem Interesse dienen.

Artikel 6. (1) Unbeschadet der Verpflichtung der Mitgliedstaaten, die Menschenwürde zu achten und zu schützen, sorgen die Mitgliedstaaten mit angemessenen Mitteln dafür, dass die audiovisuellen Mediendienste, die von den ihrer Rechtshoheit unterworfenen Mediendiensteanbietern bereitgestellt werden,
a) keine Aufstachelung zu Gewalt oder Hass gegen eine Gruppe von Personen oder gegen ein Mitglied einer Gruppe aus einem der in Artikel 21 der Charta genannten Gründe enthalten;
b) keine öffentliche Aufforderung zur Begehung einer terroristischen Straftat gemäß Artikel 5 der Richtlinie (EU) 2017/541 enthalten.

(2) Die für die Zwecke dieses Artikels ergriffenen Maßnahmen müssen notwendig und verhältnismäßig sein und im Einklang mit den in der Charta niedergelegten Rechten und Grundsätzen stehen.

Artikel 6a. (1) [1]Die Mitgliedstaaten ergreifen angemessene Maßnahmen, um zu gewährleisten, dass audiovisuelle Mediendienste, die von ihrer Rechtshoheit unterworfenen Mediendiensteanbietern bereitgestellt werden und die körperliche, geistige oder sittliche Entwicklung von Minderjährigen beeinträchtigen können, nur so bereitgestellt werden, dass sichergestellt ist, dass sie von Minderjährigen üblicherweise nicht gehört oder gesehen werden können. [2]Zu solchen Maßnahmen zählen beispielsweise die Wahl der Sendezeit, Mittel zur Altersverifikation oder andere technische Maßnahmen. [3]Sie müssen in einem angemessenen Verhältnis zu der potenziellen Schädigung durch die Sendung stehen.
[4]Die schädlichsten Inhalte wie grundlose Gewalttätigkeiten und Pornografie müssen den strengsten Maßnahmen unterliegen.

(2) Personenbezogene Daten von Minderjährigen, die von Mediendienstanbietern nach Absatz 1 erhoben oder anderweitig gewonnen werde, dürfen nicht für kommerzielle Zwecke wie etwa Direktwerbung, Profiling und auf das Nutzungsverhalten abgestimmte Werbung verwendet werden.

(3) [1]Die Mitgliedstaaten stellen sicher, dass Mediendiensteanbieter den Zuschauern ausreichende Informationen über Inhalte geben, die die körperliche, geistige oder sittliche Entwicklung von Minderjährigen beeinträchtigen können. Hierzu nutzen die Mediendiensteanbieter ein System, mit dem die potenzielle Schädlichkeit des Inhalts eines audiovisuellen Mediendienstes beschrieben wird.
[2]Zur Umsetzung dieses Absatzes unterstützen die Mitgliedstaaten die Nutzung der Koregulierung gemäß Artikel 4a Absatz 1.

(4) Die Kommission ermutigt die Mediendiensteanbieter, bewährte Verfahren bezüglich auf Koregulierung beruhender Verhaltenskodizes auszutauschen. Die Mitgliedstaaten und die Kommission können für die Zwecke dieses Arti-

kels die Selbstregulierung mithilfe von Verhaltenskodizes der Union gemäß Artikel 4a Absatz 2 fördern.

Artikel 7. (1) Die Mitgliedstaaten sorgen ohne unangemessene Verzögerung dafür, dass der Zugang zu Diensten, die von ihrer Rechtshoheit unterworfenen Mediendiensteanbietern bereitgestellt werden, für Menschen mit Behinderungen durch geeignete Maßnahmen stetig und schrittweise verbessert wird.

(2) [1]Die Mitgliedstaaten stellen sicher, dass Mediendiensteanbieter den nationalen Regulierungsbehörden oder -stellen regelmäßig über die Umsetzung der in Absatz 1 genannten Maßnahmen Bericht erstatten. [2]Bis zum 19. Dezember 2022 und anschließend alle drei Jahre berichten die Mitgliedstaaten der Kommission über die Durchführung des Absatzes 1.

(3) [1]Die Mitgliedstaaten ermutigen die Mediendiensteanbieter, Aktionspläne für Barrierefreiheit zu erarbeiten, die auf eine stetige und schrittweise Verbesserung des Zugangs zu ihren Diensten für Menschen mit Behinderungen ausgerichtet sind. [2]Jeder derartige Aktionsplan wird den nationalen Regulierungsbehörden oder -stellen übermittelt.

(4) Jeder Mitgliedstaat legt eine einzige, auch für Menschen mit Behinderungen leicht zugängliche und öffentlich verfügbare Online-Anlaufstelle fest, über die Informationen bereitgestellt und Beschwerden entgegengenommen werden, die die in diesem Artikel genannten Fragen der Barrierefreiheit betreffen.

(5) Die Mitgliedstaaten stellen sicher, dass Notfallinformationen, einschließlich öffentlicher Mitteilungen und Bekanntmachungen im Fall von Naturkatastrophen, die der Öffentlichkeit mittels audiovisueller Mediendienste zugänglich gemacht werden, so bereitgestellt werden, dass sie für Menschen mit Behinderungen zugänglich sind.

Artikel 7a. Die Mitgliedstaaten können Maßnahmen ergreifen, um eine angemessene Herausstellung audiovisueller Mediendienste von allgemeinem Interesse sicherzustellen.

Artikel 7b. [1]Die Mitgliedstaaten ergreifen angemessene und verhältnismäßige Maßnahmen, um sicherzustellen, dass von Mediendiensteanbietern bereitgestellte audiovisuelle Mediendienste nicht ohne die ausdrückliche Zustimmung dieser Anbieter zu kommerziellen Zwecken überblendet oder verändert werden.

[2]Für die Zwecke dieses Artikels bestimmen die Mitgliedstaaten die genauen rechtlichen Bedingungen einschließlich Ausnahmen insbesondere zur Wahrung der berechtigten Interessen der Nutzer, wobei sie die berechtigten Interessen der Mediendiensteanbieter berücksichtigen, die die audiovisuellen Mediendienste ursprünglich bereitgestellt haben.

Artikel 8. Die Mitgliedstaaten sorgen dafür, dass die ihrer Rechtshoheit unterworfenen Mediendiensteanbieter Kinospielfilme nicht zu anderen als den mit den Rechteinhabern vereinbarten Zeiten übertragen.

Artikel 9. (1) Die Mitgliedstaaten sorgen dafür, dass die audiovisuelle kommerzielle Kommunikation, die von den ihrer Rechtshoheit unterworfenen Mediendiensteanbietern bereitgestellt wird, folgenden Anforderungen genügt:
a) audiovisuelle kommerzielle Kommunikation muss leicht als solche zu erkennen sein. Schleichwerbung in der audiovisuellen kommerziellen Kommunikation ist verboten;
b) in der audiovisuellen kommerziellen Kommunikation dürfen keine Techniken der unterschwelligen Beeinflussung eingesetzt werden;
c) audiovisuelle kommerzielle Kommunikation darf nicht
   i) die Menschenwürde verletzen;
   ii) Diskriminierungen aufgrund von Geschlecht, Rasse oder ethnischer Herkunft, Staatsangehörigkeit, Religion oder Glauben, Behinderung, Alter oder sexueller Ausrichtung beinhalten oder fördern;
   iii) Verhaltensweisen fördern, die die Gesundheit oder Sicherheit gefährden;
   iv) Verhaltensweisen fördern, die den Schutz der Umwelt in hohem Maße gefährden;
d) jede Form der audiovisuellen kommerziellen Kommunikation für Zigaretten und andere Tabakerzeugnissen sowie elektronische Zigaretten und Nachfüllbehälter ist untersagt;
e) audiovisuelle kommerzielle Kommunikation für alkoholische Getränke darf nicht speziell an Minderjährige gerichtet sein und darf nicht den übermäßigen Genuss solcher Getränke fördern;
f) audiovisuelle kommerzielle Kommunikation für Arzneimittel und medizinische Behandlungen, die in dem Mitgliedstaat, dessen Rechtshoheit der Mediendiensteanbieter unterworfen ist, nur auf ärztliche Verordnung erhältlich sind, ist untersagt;
g) audiovisuelle kommerzielle Kommunikation darf nicht zur körperlichen, geistigen oder sittlichen Beeinträchtigung Minderjähriger führen, daher darf sie keine direkten Aufrufe zum Kauf oder zur Miete von Waren oder Dienstleistungen an Minderjährige richten, die deren Unerfahrenheit und Leichtgläubigkeit ausnutzen, Minderjährige nicht unmittelbar dazu anregen, ihre Eltern oder Dritte zum Kauf der beworbenen Waren oder Dienstleistungen zu bewegen, nicht das besondere Vertrauen Minderjähriger zu Eltern, Lehrern und anderen Personen ausnutzen, oder Minderjährige nicht ohne berechtigten Grund in gefährlichen Situationen zeigen.

(2) Audiovisuelle kommerzielle Kommunikation für alkoholische Getränke in audiovisuellen Mediendiensten auf Abruf – mit Ausnahme von Sponsoring und Produktplatzierung – muss die in Artikel 22 genannten Kriterien erfüllen.

(3) [1]Die Mitgliedstaaten unterstützen die Nutzung der Koregulierung und die Förderung der Selbstregulierung mithilfe von Verhaltenskodizes gemäß Artikel 4a Absatz 1, in Bezug auf unangebrachte audiovisuelle kommerzielle Kommunikation für alkoholische Getränke.

²Diese Kodizes zielen darauf ab, die Einwirkung audiovisueller kommerzieller Kommunikation für alkoholische Getränke auf Minderjährige wirkungsvoll zu verringern

(4) ¹Die Mitgliedstaaten unterstützen die Nutzung der Koregulierung und die Förderung der Selbstregulierung mithilfe von Verhaltenskodizes gemäß Artikel 4a Absatz 1, in Bezug auf unangebrachte audiovisuelle kommerzielle Kommunikation, die Kindersendungen begleitet oder darin enthalten ist und Lebensmittel und Getränke betrifft, die Nährstoffe oder Substanzen mit ernährungsbezogener oder physiologischer Wirkung enthalten, insbesondere Fett, Transfettsäuren, Salz oder Natrium, sowie Zucker, deren übermäßige Aufnahme im Rahmen der Gesamternährung nicht empfohlen wird.
²Diese Kodizes zielen darauf ab, die Einwirkung audiovisueller kommerzieller Kommunikation für solche Lebensmittel und Getränke auf Kinder wirkungsvoll zu verringern. Sie sehen vor, dass die positiven Ernährungseigenschaften solcher Lebensmittel und Getränke durch diese audiovisuelle kommerzielle Kommunikation nicht hervorgehoben werden.

(5) Die Mitgliedstaaten und die Kommission können die Selbstregulierung für die Zwecke dieses Artikels mithilfe von Verhaltenskodizes der Union gemäß Artikel 4a Absatz 2 fördern.

Artikel 10. (1) Gesponserte audiovisuelle Mediendienste oder Sendungen müssen folgenden Anforderungen genügen:
a) ihr Inhalt und – bei Fernsehsendungen – ihr Programmplatz dürfen keinesfalls so beeinflusst werden, dass die redaktionelle Verantwortung und Unabhängigkeit des Mediendiensteanbieters beeinträchtigt wird;
b) sie dürfen nicht unmittelbar zu Kauf, Miete oder Pacht von Waren oder Dienstleistungen anregen, insbesondere nicht durch spezielle verkaufsfördernde Hinweise auf diese Waren oder Dienstleistungen;
c) die Zuschauer müssen eindeutig auf das Bestehen einer Sponsoring-Vereinbarung hingewiesen werden. Gesponserte Sendungen sind – beispielsweise durch den Namen, das Firmenemblem und/oder ein anderes Symbol des Sponsors, etwa einen Hinweis auf seine Produkte oder Dienstleistungen oder ein entsprechendes unterscheidungskräftiges Zeichen – in angemessener Weise zum Beginn, während und/oder zum Ende der Sendung eindeutig zu kennzeichnen.

(2) Audiovisuelle Mediendienste oder Sendungen dürfen nicht von Unternehmen gesponsert werden, deren Haupttätigkeit die Herstellung oder der Verkauf von Zigaretten und anderen Tabakerzeugnissen sowie von elektronischen Zigaretten und Nachfüllbehältern ist.

(3) Beim Sponsoring von audiovisuellen Mediendiensten oder Sendungen durch Unternehmen, deren Tätigkeit die Herstellung oder den Verkauf von Arzneimitteln und medizinischen Behandlungen umfasst, darf für den Namen oder das Erscheinungsbild des Unternehmens geworben werden, nicht jedoch für bestimmte Arzneimittel oder medizinische Behandlungen, die in dem Mit-

gliedstaat, dessen Rechtshoheit der Mediendiensteanbieter unterworfen ist, nur auf ärztliche Verordnung erhältlich sind.

(4) [1]Nachrichtensendungen und Sendungen zur politischen Information dürfen nicht gesponsert werden. [2]Die Mitgliedstaaten können das Sponsoring von Kindersendungen untersagen. [3]Die Mitgliedstaaten können sich dafür entscheiden, das Zeigen von Sponsorenlogos in Kindersendungen, Dokumentationen und Sendungen religiösen Inhalts zu untersagen.

Artikel 11. (1) Dieser Artikel gilt nur für Sendungen, die nach dem 19. Dezember 2009 produziert werden.

(2) Produktplatzierung ist in allen audiovisuellen Mediendiensten gestattet, außer in Nachrichtensendungen und Sendungen zur politischen Information, Verbrauchersendungen, Sendungen religiösen Inhalts und Kindersendungen.

(3) [1]Sendungen, die Produktplatzierung enthalten, müssen folgende Anforderungen erfüllen:
a) Ihr Inhalt und ihre Platzierung im Sendeplan, bei Fernsehsendungen, oder in einem Katalog, im Fall von audiovisuellen Mediendiensten auf Abruf, dürfen keinesfalls so beeinflusst werden, dass die Verantwortung und redaktionelle Unabhängigkeit des Mediendiensteanbieters beeinträchtigt wird;
b) sie dürfen nicht unmittelbar zu Kauf, Miete oder Pacht von Waren oder Dienstleistungen anregen, insbesondere nicht durch spezielle verkaufsfördernde Hinweise auf diese Waren oder Dienstleistungen;
c) sie dürfen das betreffende Produkt nicht zu stark herausstellen;
d) die Zuschauer müssen zu Sendungsbeginn und -ende sowie bei Fortsetzung einer Sendung nach einer Werbeunterbrechung durch eine angemessene Kennzeichnung eindeutig auf das Bestehen einer Produktplatzierung hingewiesen werden, damit jede Irreführung des Zuschauers verhindert wird.
[2]Die Mitgliedstaaten können von den Anforderungen des Buchstabens d absehen; dies gilt nicht für Sendungen, die von einem Mediendiensteanbieter oder von einem mit diesem Mediendiensteanbieter verbundenen Unternehmen produziert oder in Auftrag gegeben wurden.

(4) Sendungen dürfen unter keinen Umständen die folgenden Produktplatzierungen enthalten:
a) Produktplatzierung zugunsten von Zigaretten und anderen Tabakerzeugnissen sowie von elektronischen Zigaretten und Nachfüllbehältern oder zugunsten von Unternehmen, deren Haupttätigkeit die Herstellung oder der Verkauf dieser Erzeugnisse ist;
b) Produktplatzierung zugunsten bestimmter Arzneimittel oder medizinischer Behandlungen, die in dem Mitgliedstaat, dessen Rechtshoheit der Mediendiensteanbieter unterworfen ist, nur auf ärztliche Verordnung erhältlich sind.

Artikel 12. Die Mitgliedstaaten ergreifen angemessene Maßnahmen, um zu gewährleisten, dass audiovisuelle Mediendienste auf Abruf, die von ihrer

Audiovisuelle Mediendienste　　　　　　　　　　　**AVMD 20**

Rechtshoheit unterworfenen Mediendiensteanbietern bereitgestellt werden und die die körperliche, geistige oder sittliche Entwicklung von Minderjährigen ernsthaft beeinträchtigen könnten, nur so bereitgestellt werden, dass sichergestellt ist, dass sie von Minderjährigen üblicherweise nicht gehört oder gesehen werden können.

Artikel 13. (1) Die Mitgliedstaaten sorgen dafür, dass die ihrer Rechtshoheit unterworfenen Mediendiensteanbieter audiovisueller Mediendienste auf Abruf sicherstellen, dass ihre Kataloge einen Mindestanteil europäischer Werke von 30 % enthalten und solche Werke herausgestellt werden.

(2) Verpflichten die Mitgliedstaaten die ihrer Rechtshoheit unterworfenen Mediendiensteanbieter dazu, finanziell zur Produktion europäischer Werke beizutragen, auch durch Direktinvestitionen in Inhalte und durch Beiträge zu nationalen Fonds, können sie auch Mediendiensteanbieter, die auf Zuschauer in ihrem Gebiet abzielen, aber in einem anderen Mitgliedstaat niedergelassen sind, zur Leistung solcher Beiträge verpflichten, die verhältnismäßig und diskriminierungsfrei sein müssen.

(3) ¹Im Falle von Absatz 2 beruht der finanzielle Beitrag nur auf den Einnahmen, die in den betreffenden Zielmitgliedstaaten erzielt werden. ²Erlegt der Mitgliedstaat, in dem der Anbieter niedergelassen ist, einen solchen finanziellen Beitrag auf, berücksichtigt er etwaige von Zielmitgliedstaaten auferlegte finanzielle Verpflichtungen. Jeder finanzielle Beitrag muss mit dem Unionsrecht und insbesondere mit den Vorschriften für staatliche Beihilfen vereinbar sein.

(4) Die Mitgliedstaaten berichten der Kommission bis zum 19. Dezember 2021 und anschließend alle zwei Jahre über die Durchführung der Absätze 1 und 2.

(5) Auf der Grundlage der von den Mitgliedstaaten übermittelten Informationen und einer unabhängigen Studie erstattet die Kommission dem Europäischen Parlament und dem Rat über die Anwendung der Absätze 1 und 2 Bericht und trägt dabei der Marktlage und den technischen Entwicklungen sowie dem Ziel der kulturellen Vielfalt Rechnung.

(6) ¹Die gemäß Absatz 1 auferlegte Verpflichtung und die Anforderung gemäß Absatz 2 an Mediendiensteanbieter, die auf Zuschauer im Gebiet eines anderen Mitgliedstaats abzielen, gelten nicht für Mediendiensteanbieter mit geringen Umsätzen oder geringen Zuschauerzahlen. ²Die Mitgliedstaaten können von diesen Verpflichtungen oder Anforderungen auch dann absehen, wenn diese wegen der Art oder des Themas der audiovisuellen Mediendienste undurchführbar oder ungerechtfertigt wären.

(7) Die Kommission gibt nach Konsultation des Kontaktausschusses Leitlinien für die Berechnung des Anteils europäischer Werke gemäß Absatz 1 und für die Definition einer geringen Zuschauerzahl und eines geringen Umsatzes gemäß Absatz 6 heraus.

20 AVMD

Audiovisuelle Mediendienste

Kapitel V
Bestimmungen über ausschließliche Rechte an und Kurzberichterstattung in Fernsehsendungen

Artikel 14. (1) [1]Jeder Mitgliedstaat kann im Einklang mit dem Unionsrecht Maßnahmen ergreifen, mit denen sichergestellt werden soll, dass die seiner Rechtshoheit unterworfenen Fernsehveranstalter nicht Ereignisse, denen der betreffende Mitgliedstaat eine erhebliche gesellschaftliche Bedeutung beimisst, auf Ausschließlichkeitsbasis in der Weise übertragen, dass einem bedeutenden Teil der Öffentlichkeit in dem Mitgliedstaat die Möglichkeit vorenthalten wird, das Ereignis im Wege direkter oder zeitversetzter Berichterstattung in einer frei zugänglichen Fernsehsendung zu verfolgen. [2]Falls ein Mitgliedstaat entsprechende Maßnahmen ergreift, so erstellt er dabei eine Liste der nationalen und nichtnationalen Ereignisse, denen er eine erhebliche gesellschaftliche Bedeutung beimisst. [3]Er trägt dafür auf eindeutige und transparente Weise rechtzeitig Sorge. [4]Dabei legt der betreffende Mitgliedstaat auch fest, ob diese Ereignisse im Wege direkter Gesamt- oder Teilberichterstattung oder, sofern im öffentlichen Interesse aus objektiven Gründen erforderlich oder angemessen, im Wege zeitversetzter Gesamt- oder Teilberichterstattung verfügbar sein sollen.

(2) [1]Die Mitgliedstaaten teilen der Kommission unverzüglich alle Maßnahmen mit, die sie gemäß Absatz 1 getroffen haben oder in Zukunft treffen werden. [2]Die Kommission prüft binnen drei Monaten nach der Mitteilung, ob die Maßnahmen mit dem Unionsrecht vereinbar sind, und teilt sie den anderen Mitgliedstaaten mit. [3]Sie holt die Stellungnahme des mit Artikel 29 eingesetzten Kontaktausschusses ein. [4]Sie veröffentlicht die getroffenen Maßnahmen unverzüglich im Amtsblatt der Europäischen Union; mindestens einmal jährlich veröffentlicht sie eine konsolidierte Liste der von den Mitgliedstaaten getroffenen Maßnahmen.

(3) Die Mitgliedstaaten stellen im Rahmen des innerstaatlichen Rechts durch geeignete Maßnahmen sicher, dass die ihrer Rechtshoheit unterworfenen Fernsehveranstalter die von ihnen nach dem 18. Dezember 2007 erworbenen ausschließlichen Rechte nicht in der Weise ausüben, dass einem bedeutenden Teil der Öffentlichkeit in einem anderen Mitgliedstaat die Möglichkeit vorenthalten wird, die von diesem anderen Mitgliedstaat gemäß den Absätzen 1 und 2 bezeichneten Ereignisse als direkte Gesamt- oder Teilberichterstattung oder, sofern im öffentlichen Interesse aus objektiven Gründen erforderlich oder angemessen, als zeitversetzte Gesamt- oder Teilberichterstattung in einer frei zugänglichen Fernsehsendung zu verfolgen, wie dies von dem anderen Mitgliedstaat gemäß Absatz 1 festgelegt worden ist.

Artikel 15. (1) Die Mitgliedstaaten sorgen dafür, dass jeder Fernsehveranstalter, der in der Union niedergelassen ist, zum Zwecke der Kurzberichterstattung einen fairen, angemessenen und diskriminierungsfreien Zugang zu Ereignissen hat, die von großem öffentlichen Interesse sind und die von einem der Rechtshoheit der Mitgliedstaaten unterworfenen Fernsehveranstalter exklusiv übertragen werden.

(2) Wenn ein anderer Fernsehveranstalter, der in demselben Mitgliedstaat niedergelassen ist wie der um Zugang ersuchende Fernsehveranstalter, ausschließliche Rechte für das Ereignis von großem Interesse für die Öffentlichkeit erworben hat, muss der Zugang bei diesem Fernsehveranstalter beantragt werden.

(3) Die Mitgliedstaaten sorgen dafür, dass dieser Zugang garantiert ist, indem sie es den Fernsehveranstaltern erlauben, frei kurze Ausschnitte aus dem Sendesignal des übertragenden Fernsehveranstalters auszuwählen, wobei die Fernsehveranstalter dabei aber zumindest ihre Quelle angeben müssen, sofern dies nicht aus praktischen Gründen unmöglich ist.

(4) Als Alternative zu Absatz 3 kann ein Mitgliedstaat ein gleichwertiges System einrichten, das den Zugang mit anderen Mitteln unter fairen, angemessenen und diskriminierungsfreien Bedingungen ermöglicht.

(5) Kurze Ausschnitte werden ausschließlich für allgemeine Nachrichtensendungen verwendet und dürfen in audiovisuellen Mediendiensten auf Abruf nur verwendet werden, wenn die gleiche Sendung von demselben Mediendiensteanbieter zeitversetzt angeboten wird.

(6) [1]Unbeschadet der Absätze 1 bis 5 sorgen die Mitgliedstaaten nach Maßgabe ihres Rechtssystems und im Einklang mit ihren Gepflogenheiten dafür, dass die Modalitäten und Bedingungen für die Bereitstellung solcher kurzen Ausschnitte näher festgelegt werden, insbesondere hinsichtlich etwaiger Kostenerstattungsregelungen, der Höchstlänge der kurzen Ausschnitte und der Fristen für ihre Übertragung. [2]Wird eine Kostenerstattung vorgesehen, so darf sie die unmittelbar mit der Gewährung des Zugangs verbundenen zusätzlichen Kosten nicht übersteigen.

Kapitel V

Förderung der Verbreitung und Herstellung von Fernsehprogrammen

Artikel 16. (1) [1]Die Mitgliedstaaten tragen im Rahmen des praktisch Durchführbaren und mit angemessenen Mitteln dafür Sorge, dass die Fernsehveranstalter den Hauptanteil ihrer Sendezeit, die nicht auf Nachrichten, Sportberichten, Spielshows, Werbeleistungen, Videotextleistungen und Teleshopping entfallen, der Sendung von europäischen Werken vorbehalten. [2]Dieser Anteil soll unter Berücksichtigung der Verantwortung der Rundfunkveranstalter gegenüber ihrem Publikum in den Bereichen Information, Bildung, Kultur und Unterhaltung schrittweise anhand geeigneter Kriterien erreicht werden.

(2) [1]Kann der Anteil gemäß Absatz 1 nicht erreicht werden, so darf dieser nicht niedriger als der Anteil sein, der 1988 in dem betreffenden Mitgliedstaat im Durchschnitt festgestellt wurde. [2]Im Falle Griechenlands und Portugals wird das Jahr 1988 jedoch durch das Jahr 1990 ersetzt.

(3) [1]Die Mitgliedstaaten übermitteln der Kommission alle zwei Jahre ab 3. Oktober 1991 einen Bericht über die Durchführung des vorliegenden Artikels und des Artikels 17. [2]Dieser Bericht enthält insbesondere eine statistische Übersicht, aus der hervorgeht, inwieweit jedes der Rechtshoheit des betreffenden Mitgliedstaats unterworfene Fernsehprogramm den im vorliegenden Artikel und in Artikel 17 genannten Anteil erreicht hat, aus welchen Gründen dieser Anteil in jedem einzelnen Fall nicht erzielt werden konnte und welche Maßnahmen zur Erreichung dieses Anteils getroffen oder vorgesehen sind. [3]Die Kommission bringt diese Berichte – gegebenenfalls zusammen mit einer Stellungnahme – den übrigen Mitgliedstaaten und dem Europäischen Parlament zur Kenntnis. [4]Sie trägt dafür Sorge, dass der vorliegende Artikel und Artikel 17 gemäß den Bestimmungen des Vertrags über die Arbeitsweise der Europäischen Union durchgeführt werden. [5]In ihrer Stellungnahme kann die Kommission insbesondere den gegenüber den Vorjahren erzielten Fortschritten, dem Anteil von Erstausstrahlungen bei der Programmgestaltung, den besonderen Gegebenheiten bei den neuen Fernsehveranstaltern sowie der besonderen Lage der Länder mit niedriger audiovisueller Produktionskapazität oder begrenztem Sprachraum Rechnung tragen.

Artikel 17. [1]Die Mitgliedstaaten tragen im Rahmen des praktisch Durchführbaren und mit angemessenen Mitteln dafür Sorge, dass Fernsehveranstalter mindestens 10% ihrer Sendezeit, die nicht auf Nachrichten, Sportberichten, Spielshows oder Werbeleistungen, Videotextleistungen und Teleshopping entfallen, oder alternativ nach Wahl des Mitgliedstaats mindestens 10% ihrer Haushaltsmittel für die Programmgestaltung der Sendung europäischer Werke von Herstellern vorbehalten, die von den Fernsehveranstaltern unabhängig sind. [2]Dieser Anteil ist unter Berücksichtigung der Verantwortung der Fernsehveranstalter gegenüber ihrem Publikum in den Bereichen Information, Bildung, Kultur und Unterhaltung schrittweise anhand geeigneter Kriterien zu erreichen. [3]Dazu muss ein angemessener Anteil neueren Werken vorbehalten bleiben, d.h. Werken, die innerhalb eines Zeitraums von fünf Jahren nach ihrer Herstellung ausgestrahlt werden.

Artikel 18. Dieses Kapitel gilt nicht für Fernsehsendungen, die sich an ein lokales Publikum richten und die nicht an ein nationales Fernsehnetz angeschlossen sind.

Kapitel VI

Fernsehwerbung und Teleshopping

Artikel 19. (1) [1]Fernsehwerbung und Teleshopping müssen als solche leicht erkennbar und vom redaktionellen Inhalt unterscheidbar sein. [2]Unbeschadet des Einsatzes neuer Werbetechniken müssen Fernsehwerbung und Teleshopping durch optische und/oder akustische und/oder räumliche Mittel eindeutig von anderen Sendungsteilen abgesetzt sein.

(2) Einzeln gesendete Fernsehwerbe- und Teleshoppingspots sind im Rahmen von Sportveranstaltungen zulässig. Einzeln gesendete Fernsehwerbe- und Teleshoppingspots müssen, außer bei der Übertragung von Sportveranstaltungen, die Ausnahme bilden.

Artikel 20. (1) Die Mitgliedstaaten sorgen dafür, dass durch in laufende Sendungen eingefügte Fernsehwerbung oder Teleshopping-Spots der Zusammenhang der Sendungen unter Berücksichtigung der natürlichen Sendungsunterbrechungen sowie der Dauer und Art der betreffenden Sendung nicht beeinträchtigt wird und die Rechte von Rechteinhabern nicht verletzt werden.

(2) [1]Die Übertragung von Fernsehfilmen (mit Ausnahme von Serien, Reihen und Dokumentationen), Kinospielfilmen und Nachrichtensendungen darf für jeden programmierten Zeitraum von mindestens 30 Minuten einmal für Fernsehwerbung oder Teleshopping unterbrochen werden. [2]Die Übertragung von Kindersendungen darf für jeden programmierten Zeitraum von mindestens 30 Minuten einmal für Fernsehwerbung unterbrochen werden, sofern die Gesamtdauer der Sendung nach dem Sendeplan mehr als 30 Minuten beträgt. [3]Die Übertragung von Teleshopping ist während Kindersendungen untersagt. [4]Die Übertragung von Gottesdiensten darf nicht durch Fernsehwerbung oder Teleshopping unterbrochen werden.

Artikel 21. Teleshopping für Arzneimittel, die einer Genehmigung für das Inverkehrbringen im Sinne der Richtlinie 2001/83/EG unterliegen, sowie Teleshopping für ärztliche Behandlungen ist untersagt.

Artikel 22. Fernsehwerbung und Teleshopping für alkoholische Getränke müssen folgenden Kriterien entsprechen:
a) sie dürfen nicht speziell an Minderjährige gerichtet sein und insbesondere nicht Minderjährige beim Alkoholgenuss darstellen;
b) es darf keinerlei Verbindung zwischen einer Verbesserung der physischen Leistung und Alkoholgenuss oder dem Führen von Kraftfahrzeugen und Alkoholgenuss hergestellt werden;
c) es darf nicht der Eindruck erweckt werden, Alkoholgenuss fördere sozialen oder sexuellen Erfolg;
d) sie dürfen nicht eine therapeutische, stimulierende, beruhigende oder konfliktlösende Wirkung von Alkohol suggerieren;

e) Unmäßigkeit im Genuss alkoholischer Getränke darf nicht gefördert oder Enthaltsamkeit oder Mäßigung nicht negativ dargestellt werden;
f) die Höhe des Alkoholgehalts von Getränken darf nicht als positive Eigenschaft hervorgehoben werden.

Artikel 23. (1) [1]Der Sendezeitanteil von Fernsehwerbespots und Teleshoppingspots darf im Zeitraum von 6.00 Uhr bis 18.00 Uhr 20% dieses Zeitraums nicht überschreiten. [2]Der Sendezeitanteil von Fernsehwerbespots und Teleshoppingspots darf im Zeitraum von 18.00 Uhr bis 24.00 Uhr 20% dieses Zeitraums nicht überschreiten.

(2) Absatz 1 gilt nicht für
a) Hinweise des Fernsehveranstalters auf seine eigenen Sendungen und auf Begleitmaterialien, die direkt von diesen Sendungen abgeleitet sind, oder auf Sendungen und audiovisuelle Mediendienste anderer Teile derselben Sendergruppe;
b) Sponsorenhinweise;
c) Produktplazierungen
d) neutrale Einzelbilder zwischen redaktionellen Inhalten und Fernsehwerbe- oder Teleshoppingspots sowie zwischen einzelnen Spots.

Artikel 24. Teleshopping-Fenster müssen optisch und akustisch klar als solche gekennzeichnet sein und eine Mindestdauer von 15 Minuten ohne Unterbrechung haben.

Artikel 25. [1]Die Bestimmungen dieser Richtlinie gelten entsprechend für reine Werbe- und Teleshopping-Fernsehkanäle sowie für Fernsehkanäle, die ausschließlich der Eigenwerbung dienen.
[2]Kapitel IV sowie die Artikel 20 und 23 gelten jedoch nicht für solche Kanäle.

Artikel 26. Unbeschadet des Artikels 4 können die Mitgliedstaaten für Fernsehprogramme, die ausschließlich für ihr eigenes Hoheitsgebiet bestimmt sind und weder unmittelbar noch mittelbar in einem oder mehreren anderen Mitgliedstaaten öffentlich empfangen werden können, unter Einhaltung des Unionsrechts andere als die in Artikel 20 Absatz 2 und in Artikel 23 festgelegten Bedingungen vorsehen.

Kapitel VIII

(gestrichen)

Artikel 27. (1) Die Mitgliedstaaten ergreifen angemessene Maßnahmen, um zu gewährleisten, dass Sendungen von Fernsehveranstaltern, die ihrer Rechtshoheit unterworfen sind, keinerlei Programme enthalten, die die körperliche, geistige und sittliche Entwicklung von Minderjährigen ernsthaft beeinträchtigen können, insbesondere solche, die Pornographie oder grundlose Gewalttätigkeiten zeigen.

Audiovisuelle Mediendienste **AVMD 20**

(2) Die Maßnahmen gemäß Absatz 1 gelten auch für andere Programme, die die körperliche, geistige und sittliche Entwicklung von Minderjährigen beeinträchtigen können, es sei denn, es wird durch die Wahl der Sendezeit oder durch sonstige technische Maßnahmen dafür gesorgt, dass diese Sendungen von Minderjährigen im Sendebereich üblicherweise nicht gesehen oder gehört werden.

(3) Werden derartige Programme in unverschlüsselter Form gesendet, so sorgen die Mitgliedstaaten dafür, dass ihre Ausstrahlung durch akustische Zeichen angekündigt oder durch optische Mittel während der gesamten Sendung kenntlich gemacht wird.

Kapitel IX

Recht auf Gegendarstellung bei Fernsehprogrammen

Artikel 28. (1) [1]Unbeschadet der übrigen von den Mitgliedstaaten erlassenen zivil-, verwaltungs- oder strafrechtlichen Bestimmungen muss jede natürliche oder juristische Person, deren berechtigte Interessen – insbesondere Ehre und Ansehen – aufgrund der Behauptung falscher Tatsachen in einem Fernsehprogramm beeinträchtigt worden sind, unabhängig von ihrer Nationalität ein Recht auf Gegendarstellung oder gleichwertige Maßnahmen beanspruchen können. [2]Die Mitgliedstaaten sorgen dafür, dass die tatsächliche Ausübung des Rechts auf Gegendarstellung oder gleichwertige Maßnahmen nicht durch Auferlegung unbilliger Bestimmungen oder Bedingungen behindert wird. [3]Die Gegendarstellung muss innerhalb einer angemessenen Frist nach Eingang des begründeten Antrags zu einer Zeit und in einer Weise gesendet werden, die der Sendung, auf die sich der Antrag bezieht, angemessen sind.

(2) Das Recht auf Gegendarstellung oder gleichwertige Maßnahmen gelten in Bezug auf alle Fernsehveranstalter, die der Rechtshoheit eines Mitgliedstaats unterworfen sind.

(3) [1]Die Mitgliedstaaten treffen die erforderlichen Maßnahmen zur Ausgestaltung dieses Rechts oder dieser Maßnahmen und legen das Verfahren zu deren Wahrnehmung fest. [2]Sie sorgen insbesondere dafür, dass die Frist für die Wahrnehmung des Rechts auf Gegendarstellung oder gleichwertiger Maßnahmen ausreicht und dass die Vorschriften so festgelegt werden, dass dieses Recht oder diese Maßnahmen von den natürlichen oder juristischen Personen, deren Wohnsitz oder Niederlassung sich in einem anderen Mitgliedstaat befindet, in angemessener Weise wahrgenommen werden können.

(4) Der Antrag auf Gegendarstellung oder gleichwertige Maßnahmen kann abgelehnt werden, wenn die in Absatz 1 genannten Voraussetzungen für eine solche Gegendarstellung nicht vorliegen, die Gegendarstellung eine strafbare Handlung beinhaltet, ihre Sendung den Fernsehveranstalter zivilrechtlich haftbar machen würde oder wenn sie gegen die guten Sitten verstößt.

(5) Bei Streitigkeiten über die Wahrnehmung des Rechts auf Gegendarstellung oder gleichwertiger Maßnahmen ist eine gerichtliche Nachprüfung zu ermöglichen.

Kapitel IXa

Bestimmungen für Videoplattformdienste

Artikel 28a. (1) Für die Zwecke dieser Richtlinie unterliegt ein Video-Sharing-Plattform-Anbieter, der im Sinne des Artikels 3 Absatz 1 der Richtlinie 2000/31/EG im Hoheitsgebiet eines Mitgliedstaats niedergelassen ist, der Rechtshoheit dieses Mitgliedstaats.

(2) Ein Video-Sharing-Plattform-Anbieter, der nicht gemäß Absatz 1 im Hoheitsgebiet eines Mitgliedstaats niedergelassen ist, gilt für die Zwecke dieser Richtlinie als im Hoheitsgebiet eines Mitgliedstaats niedergelassen, wenn dieser Video-Sharing-Plattform-Anbieter
a) ein Mutterunternehmen oder ein Tochterunternehmen hat, das im Hoheitsgebiet dieses Mitgliedstaats niedergelassen ist, oder
b) Teil einer Gruppe ist und ein anderes Unternehmen dieser Gruppe im Hoheitsgebiet dieses Mitgliedstaats niedergelassen ist.

Für die Zwecke dieses Artikels bezeichnet der Ausdruck
a) ‚Mutterunternehmen' ein Unternehmen, das ein oder mehrere Tochterunternehmen kontrolliert;
b) ‚Tochterunternehmen' ein von einem Mutterunternehmen kontrolliertes Unternehmen, einschließlich jedes mittelbar kontrollierten Tochterunternehmens eines Mutterunternehmens;
c) ‚Gruppe' ein Mutterunternehmen, alle seine Tochterunternehmen und alle anderen mit ihnen wirtschaftlich und rechtlich verbundenen Unternehmen.

(3) Sind das Mutterunternehmen, das Tochterunternehmen oder die anderen Unternehmen der Gruppe jeweils in verschiedenen Mitgliedstaaten niedergelassen, so gilt der Video-Sharing-Plattform-Anbieter für die Zwecke der Anwendung des Absatzes 2 als in dem Mitgliedstaat niedergelassen, in dem sein Mutterunternehmen niedergelassen ist, oder – mangels einer solchen Niederlassung – als in dem Mitgliedstaat niedergelassen, in dem sein Tochterunternehmen niedergelassen ist, oder – mangels einer solchen Niederlassung – als in dem Mitgliedstaat niedergelassen, in dem das andere Unternehmen der Gruppe niedergelassen ist.

(4) [1]Gibt es mehrere Tochterunternehmen und ist jedes dieser Tochterunternehmen in einem anderen Mitgliedstaat niedergelassen, so gilt der Video-Sharing-Plattform-Anbieter für die Zwecke der Anwendung des Absatzes 3 als in dem Mitgliedstaat niedergelassen, in dem eines der Tochterunternehmen zuerst seine Tätigkeit aufgenommen hat, sofern eine dauerhafte und tatsächliche Verbindung mit der Wirtschaft dieses Mitgliedstaats besteht.

Audiovisuelle Mediendienste **AVMD 20**

²Gibt es mehrere andere Unternehmen, die Teil der Gruppe sind und von denen jedes in einem anderen Mitgliedstaat niedergelassen ist, so gilt der Video-Sharing-Plattform-Anbieter als in dem Mitgliedstaat niedergelassen, in dem eines dieser Unternehmen zuerst seine Tätigkeit aufgenommen hat, sofern eine dauerhafte und tatsächliche Verbindung mit der Wirtschaft dieses Mitgliedstaats besteht.

(5) Für die Zwecke dieser Richtlinie gelten Artikel 3 und die Artikel 12 bis 15 der Richtlinie 2000/31/EG für Video-Sharing-Plattform-Anbieter, die gemäß Absatz 2 dieses Artikels als im Hoheitsgebiet eines Mitgliedstaats niedergelassen gelten.

(6) ¹Die Mitgliedstaaten erstellen eine Liste der in ihrem Hoheitsgebiet niedergelassenen oder als niedergelassen geltenden Video-Sharing-Plattform-Anbieter, halten sie auf dem neuesten Stand und geben an, auf welchen der in den Absätzen 1 bis 4 genannten Kriterien ihre Rechtshoheit beruht. ²Die Mitgliedstaaten übermitteln diese Liste sowie alle Aktualisierungen dieser Liste der Kommission.
³Die Kommission stellt sicher, dass solche Listen in einer zentralen Datenbank bereitgestellt werden. ⁴Im Fall von Unstimmigkeiten zwischen den Listen wendet sich die Kommission an die betreffenden Mitgliedstaaten, um eine Lösung zu finden. ⁵Die Kommission stellt sicher, dass die nationalen Regulierungsbehörden oder -stellen auf diese Datenbank zugreifen können. ⁶Die Kommission macht die Informationen in der Datenbank öffentlich zugänglich.

(7) ¹Können sich die betreffenden Mitgliedstaaten bei der Anwendung dieses Artikels nicht darüber einigen, welcher Mitgliedstaat die Rechtshoheit ausübt, bringen sie diese Angelegenheit ohne unangemessene Verzögerung der Kommission zur Kenntnis. ²Die Kommission kann die ERGA auffordern, gemäß Artikel 30b Absatz 3 Buchstabe d zu der Angelegenheit Stellung zu nehmen. ³ERGA nimmt innerhalb von 15 Arbeitstagen nach der Anfrage der Kommission zu der Angelegenheit Stellung. Die Kommission hält den Kontaktausschuss ordnungsgemäß informiert.

Artikel 28b. (1) Unbeschadet der Artikel 12 bis 15 der Richtlinie 2000/31/EG sorgen die Mitgliedstaaten dafür, dass ihrer Rechtshoheit unterliegende Video-Sharing-Plattform-Anbieter angemessene Maßnahmen treffen, um
a) Minderjährige gemäß Artikel 6a Absatz 1 vor Sendungen, nutzergenerierten Videos und audiovisueller kommerzieller Kommunikation zu schützen, die ihre körperliche, geistige oder sittliche Entwicklung beeinträchtigen können;
b) die Allgemeinheit vor Sendungen, nutzergenerierten Videos und audiovisueller kommerzieller Kommunikation zu schützen, in denen zu Gewalt oder Hass gegen eine Gruppe von Personen oder gegen ein Mitglied einer Gruppe aus einem der in Artikel 21 der Charta genannten Gründen aufgestachelt wird;
c) die Allgemeinheit vor Sendungen, nutzergenerierten Videos und audiovisueller kommerzieller Kommunikation mit Inhalten zu schützen, deren Ver-

breitung gemäß Unionsrecht eine Straftat darstellt, nämlich die öffentliche Aufforderung zur Begehung einer terroristischen Straftat im Sinne des Artikels 5 der Richtlinie (EU) 2017/541, Straftaten im Zusammenhang mit Kinderpornografie im Sinne des Artikels 5 Absatz 4 der Richtlinie 2011/93/EU des Europäischen Parlaments und des Rates[1] und rassistische und fremdenfeindliche Straftaten im Sinne des Artikels 1 des Rahmenbeschlusses 2008/913/JI.

(2) [1]Die Mitgliedstaaten stellen sicher, dass die ihrer Rechtshoheit unterworfenen Video-Sharing-Plattform-Anbieter die Anforderungen des Artikels 9 Absatz 1 in Bezug auf audiovisuelle kommerzielle Kommunikation, die von diesen Video-Sharing-Plattform-Anbietern vermarktet, verkauft oder zusammengestellt wird, erfüllen.
[2]Die Mitgliedstaaten stellen sicher, dass die ihrer Rechtshoheit unterworfenen Video-Sharing-Plattform-Anbieter angemessene Maßnahmen ergreifen, um die Anforderungen nach Artikel 9 Absatz 1 in Bezug auf audiovisuelle kommerzielle Kommunikation, die nicht von diesen Video-Sharing-Plattform-Anbietern vermarktet, verkauft oder zusammengestellt wird, zu erfüllen, wobei der Tatsache, dass die Video-Sharing-Plattform-Anbieter nur eine begrenzte Kontrolle über eine solche audiovisuelle kommerzielle Kommunikation ausüben, Rechnung zu tragen ist.
[3]Die Mitgliedstaaten stellen sicher, dass Video-Sharing-Plattform-Anbieter ihre Nutzer eindeutig auf Sendungen und nutzergenerierte Videos hinweisen, die audiovisuelle kommerzielle Kommunikation enthalten, vorausgesetzt, dass eine solche Kommunikation gemäß Absatz 3 Unterabsatz 3 Buchstabe c erklärt wurde oder der Anbieter Kenntnis davon hat.
[4]Die Mitgliedstaaten unterstützen die Nutzung der Koregulierung und die Förderung der Selbstregulierung mithilfe von Verhaltenskodizes gemäß Artikel 4a Absatz 1, um die Einwirkung audiovisueller kommerzieller Kommunikation für Lebensmittel und Getränke, die Nährstoffe und Substanzen mit ernährungsbezogener oder physiologischer Wirkung enthalten – insbesondere Fett, Transfettsäuren, Salz oder Natrium, sowie Zucker –, deren übermäßige Aufnahme im Rahmen der Gesamternährung nicht empfohlen wird, auf Kinder wirkungsvoll zu verringern. Diese Kodizes sehen möglichst vor, dass die positiven Ernährungseigenschaften solcher Lebensmittel und Getränke durch diese audiovisuelle kommerzielle Kommunikation nicht hervorgehoben werden.

(3) [1]Für die Zwecke der Absätze 1 und 2 werden die angemessenen Maßnahmen in Anbetracht der Art der fraglichen Inhalte, des Schadens, den sie anrichten können, der Merkmale der zu schützenden Personenkategorie sowie der betroffenen Rechte und berechtigten Interessen, einschließlich derer der

---

1 Richtlinie 2011/93/EU des Europäischen Parlaments und des Rates vom 13. Dezember 2011 zur Bekämpfung des sexuellen Missbrauchs und der sexuellen Ausbeutung von Kindern sowie der Kinderpornografie sowie zur Ersetzung des Rahmenbeschlusses 2004/68/JI des Rates (ABl. L 335 vom 17.12.2011, S. 1)

Video-Sharing-Plattform-Anbieter und der Nutzer, die die Inhalte erstellt oder hochgeladen haben, sowie des öffentlichen Interesses bestimmt.
²Die Mitgliedstaaten stellen sicher, dass alle ihrer Rechtshoheit unterworfenen Video-Sharing-Plattform-Anbieter solche Maßnahmen anwenden. ³Diese Maßnahmen müssen durchführbar und verhältnismäßig sein und der Größe des Video-Sharing-Plattform-Dienstes und der Art des angebotenen Dienstes Rechnung tragen. ⁴Solche Maßnahmen dürfen weder zu Ex-ante-Kontrollmaßnahmen noch zur Filterung von Inhalten beim Hochladen, die nicht mit Artikel 15 der Richtlinie 2000/31/EG im Einklang stehen, führen. ⁵Zum Schutz Minderjähriger gemäß Absatz 1 Buchstabe a dieses Artikels unterliegen die schädlichsten Inhalte den strengsten Maßnahmen der Zugangskontrolle.
⁶Solche Maßnahmen beinhalten, soweit zweckmäßig:
a) die Aufnahme der Anforderungen gemäß Absatz 1 in die Allgemeinen Geschäftsbedingungen der Video-Sharing-Plattform-Dienste und die Anwendung dieser Anforderungen;
b) die Aufnahme der Anforderungen des Artikels 9 Absatz 1 für audiovisuelle kommerzielle Kommunikation, die nicht von den Video-Sharing-Plattform-Anbietern vermarktet, verkauft oder zusammengestellt wird, in die Allgemeinen Geschäftsbedingungen der Video-Sharing-Plattform-Dienste und die Anwendung dieser Anforderungen;
c) die Bereitstellung einer Funktion für Nutzer, die nutzergenerierte Videos hochladen, mit der sie erklären können, ob diese Videos audiovisuelle kommerzielle Kommunikation enthalten, soweit sie davon Kenntnis haben oder eine solche Kenntnis nach vernünftigem Ermessen erwartet werden kann;
d) die Einrichtung und den Betrieb von transparenten und nutzerfreundlichen Mechanismen, mit denen Video-Sharing-Plattform-Nutzer dem betreffenden Video-Sharing-Plattform-Anbieter die in Absatz 1 genannten Inhalte, die auf seiner Plattform bereitgestellt werden, melden oder anzeigen können;
e) die Einrichtung und den Betrieb von Systemen, mit denen Video-Sharing-Plattform-Anbieter den Video-Sharing-Plattform-Nutzern erklären, wie den Meldungen oder Anzeigen gemäß Buchstabe d Folge geleistet wurde;
f) die Einrichtung und den Betrieb von Systemen zur Altersverifikation für Video-Sharing-Plattform-Nutzer in Bezug auf Inhalte, die die körperliche, geistige oder sittliche Entwicklung von Minderjährigen beeinträchtigen können;
g) die Einrichtung und den Betrieb von leicht zu handhabenden Systemen, mit denen Video-Sharing-Plattform-Nutzer die in Absatz 1 genannten Inhalte bewerten können;
h) die Bereitstellung von Systemen zur Kontrolle durch Eltern, die der Kontrolle der Endnutzer unterliegen, in Bezug auf Inhalte, die die körperliche, geistige oder sittliche Entwicklung von Minderjährigen beeinträchtigen können;
i) die Einrichtung und den Betrieb von transparenten, leicht zu handhabenden und wirksamen Verfahren für den Umgang mit und die Beilegung von Beschwerden des Nutzers gegenüber dem Video-Sharing-Plattform-Anbieter in Bezug auf die Umsetzung der in den Buchstaben d bis h genannten Maßnahmen;

j) das Angebot wirksamer Maßnahmen und Instrumente für Medienkompetenz und die Sensibilisierung der Nutzer für diese Maßnahmen und Instrumente. [7]Personenbezogene Daten von Minderjährigen, die von Video-Sharing-Plattform-Anbietern gemäß Unterabsatz 3 Buchstaben f und h erhoben oder anderweitig gewonnen werden, dürfen nicht für kommerzielle Zwecke wie etwa Direktwerbung, Profiling und auf das Nutzungsverhalten abgestimmte Werbung verwendet werden.

(4) Zur Umsetzung der in den Absätzen 1 und 3 dieses Artikels genannten Maßnahmen unterstützen die Mitgliedstaaten die Nutzung der Koregulierung gemäß Artikel 4a Absatz 1.

(5) [1]Die Mitgliedstaaten schaffen die erforderlichen Mechanismen zur Beurteilung der Angemessenheit der in Absatz 3 genannten Maßnahmen der Video-Sharing-Plattform-Anbieter. [2]Die Mitgliedstaaten betrauen die nationalen Regulierungsbehörden oder -stellen mit der Beurteilung dieser Maßnahmen.

(6) [1]Die Mitgliedstaaten können Video-Sharing-Plattform-Anbietern Maßnahmen auferlegen, die ausführlicher oder strenger sind als die in Absatz 3 dieses Artikels genannten Maßnahmen. [2]Erlassen sie solche Maßnahmen, halten die Mitgliedstaaten die im geltenden Unionsrecht festgelegten Anforderungen ein, darunter die Vorgaben der Artikel 12 bis 15 der Richtlinie 2000/31/EG oder des Artikels 25 der Richtlinie 2011/93/EU.

(7) [1]Die Mitgliedstaaten sorgen dafür, dass zur Beilegung von Streitigkeiten zwischen Nutzern und Video-Sharing-Plattform-Anbietern bezüglich der Anwendung der Absätze 1 und 3 außergerichtliche Rechtsbehelfsverfahren zur Verfügung stehen. [2]Diese Verfahren ermöglichen eine unparteiische Streitbeilegung und entziehen dem Nutzer nicht seinen Rechtsschutz nach nationalem Recht.

(8) Die Mitgliedstaaten sorgen dafür, dass Nutzer ihre Rechte gegenüber Video-Sharing-Plattform-Anbietern gemäß Absatz 1 und 3 vor Gericht geltend machen können.

(9) Die Kommission ermutigt die Video-Sharing-Plattform-Anbieter, bewährte Verfahren bezüglich auf Koregulierung beruhender Verhaltenskodizes gemäß Absatz 4 auszutauschen.

(10) Die Mitgliedstaaten und die Kommission können die Selbstregulierung mithilfe von Verhaltenskodizes der Union gemäß Artikel 4a Absatz 2 fördern.

Kapitel X

Kontaktausschuss

Artikel 29. (1) [1]Es wird ein Kontaktausschuss bei der Kommission eingesetzt. [2]Dieser Ausschuss setzt sich aus Vertretern der zuständigen Behörden der Mitgliedstaaten zusammen. [3]Den Vorsitz führt ein Vertreter der Kommission; der Ausschuss tagt auf Initiative des Vorsitzenden oder auf Antrag der Delegation eines Mitgliedstaats.

(2) Der Kontaktausschuss hat folgende Aufgaben:
a) er erleichtert die tatsächliche Umsetzung dieser Richtlinie durch regelmäßige Konsultationen über praktische Probleme im Zusammenhang mit der Anwendung der Richtlinie, insbesondere von deren Artikel 2, sowie über alle anderen Fragen, die einen Gedankenaustausch zweckdienlich erscheinen lassen;
b) er gibt von sich aus oder auf Antrag der Kommission Stellungnahmen zur Anwendung dieser Richtlinie durch die Mitgliedstaaten ab;
c) er ist das Forum für einen Gedankenaustausch über die Themen, die in den von den Mitgliedstaaten gemäß Artikel 16 Absatz 3 vorzulegenden Berichten behandelt werden sollen und über die Methodologie dieser Berichte;
d) er erörtert das Ergebnis der regelmäßigen Konsultationen, die zwischen der Kommission und Vertretern der Fernsehveranstalter, der Produzenten, der Verbraucher, der Hersteller, der Diensteanbieter, der Gewerkschaften und der Kunstschaffenden stattfinden;
e) er erleichtert den Informationsaustausch zwischen den Mitgliedstaaten und der Kommission über die Lage und die Entwicklung bei den Ordnungstätigkeiten in Bezug auf die audiovisuellen Mediendienste, wobei die Politik der Union im audiovisuellen Bereich sowie relevante Entwicklungen im technischen Bereich berücksichtigt werden;
f) er prüft die Entwicklungen auf dem betreffenden Sektor, die einen Gedankenaustausch zweckdienlich erscheinen lassen.

Kapitel XI

Regulierungsbehörden und – stellen der Mitgliedstaaten

Artikel 30. (1) [1]Jeder Mitgliedstaat benennt eine oder mehrere nationale Regulierungsbehörde oder -stelle. [2]Die Mitgliedstaaten sorgen dafür, dass diese rechtlich von Regierungsstellen getrennt und funktionell unabhängig von ihren jeweiligen Regierungen und anderen öffentlichen oder privaten Einrichtungen sind. [3]Die Möglichkeit der Mitgliedstaaten, Regulierungsbehörden einzurichten, die die Aufsicht über verschiedene Sektoren führen, bleibt hiervon unberührt.

(2) [1]Die Mitgliedstaaten sorgen dafür, dass die nationalen Regulierungsbehörden oder -stellen ihre Befugnisse unparteiisch und transparent und im Einklang mit den Zielen dieser Richtlinie – insbesondere Medienpluralismus, kulturelle und sprachliche Vielfalt, Verbraucherschutz, Barrierefreiheit, Diskriminierungsfreiheit, das reibungslose Funktionieren des Binnenmarktes und Förderung eines fairen Wettbewerbs – ausüben.
[2]Die nationalen Regulierungsbehörden oder -stellen holen im Zusammenhang mit der Erfüllung der ihnen nach nationalem Recht zur Umsetzung des Unionsrechts übertragenen Aufgaben weder Weisungen einer anderen Stelle ein noch nehmen sie solche entgegen. Dies steht einer Aufsicht im Einklang mit dem nationalen Verfassungsrecht nicht entgegen.

20 AVMD

Audiovisuelle Mediendienste

(3) Die Mitgliedstaaten stellen sicher, dass die Zuständigkeiten und Befugnisse der nationalen Regulierungsbehörden oder -stellen sowie die Art und Weise, wie diese zur Rechenschaft gezogen werden, eindeutig gesetzlich geregelt sind.

(4) [1]Die Mitgliedstaaten sorgen dafür, dass die nationalen Regulierungsbehörden oder -stellen angemessene finanzielle und personelle Mittel und Durchsetzungsbefugnisse haben, um ihre Aufgaben wirksam wahrzunehmen und zur Arbeit der ERGA beizutragen. [2]Die Mitgliedstaaten stellen sicher, dass die nationalen Regulierungsbehörden oder -stellen über eigene jährliche Haushaltspläne verfügen, die veröffentlicht werden.

(5) [1]Die Mitgliedstaaten regeln in ihrem nationalen Recht die Bedingungen und Verfahren für die Ernennung und die Entlassung sowie die Dauer der Mandate der Leiter nationaler Regulierungsbehörden und -stellen oder der Mitglieder des Kollegiums, das diese Funktion ausübt. Die Verfahren müssen transparent und diskriminierungsfrei sein, und das erforderliche Maß an Unabhängigkeit muss sichergestellt sein. [2]Der Leiter einer nationalen Regulierungsbehörde oder -stelle oder die Mitglieder des Kollegiums, das diese Funktion innerhalb einer nationalen Regulierungsbehörde oder -stelle ausübt, dürfen entlassen werden, wenn sie die zuvor auf nationaler Ebene festgelegten Voraussetzungen für die Wahrnehmung ihrer Aufgaben nicht mehr erfüllen. Eine Entlassungsentscheidung muss ausreichend begründet, vorab mitgeteilt und der Öffentlichkeit zugänglich gemacht werden.

(6) [1]Die Mitgliedstaaten sorgen dafür, dass es auf nationaler Ebene wirksame Beschwerdeverfahren gibt. Die Beschwerdestelle, bei der es sich um ein Gericht handeln kann, muss von den an der Beschwerde beteiligten Parteien unabhängig sein.
[2]Bis zum Abschluss des Beschwerdeverfahrens bleibt die Entscheidung der nationalen Regulierungsbehörde oder -stelle wirksam, sofern nicht nach Maßgabe des nationalen Rechts einstweilige Maßnahmen erlassen werden.

Artikel 30a. (1) Die Mitgliedstaaten stellen sicher, dass nationale Regulierungsbehörden oder -stellen angemessene Maßnahmen ergreifen, um einander und der Kommission die Informationen zu übermitteln, die für die Anwendung dieser Richtlinie und insbesondere der Artikel 2, 3 und 4 notwendig sind.

(2) Werden nationale Regulierungsbehörden oder -stellen im Zuge des Informationsaustauschs nach Absatz 1 von einer ihrer Rechtshoheit unterworfenen Mediendiensteanbieter darüber unterrichtet, dass er einen Dienst erbringen wird, der ganz oder vorwiegend auf Zuschauer eines anderen Mitgliedstaats ausgerichtet ist, so unterrichtet die nationale Regulierungsbehörde oder -stelle in dem die Rechtshoheit innehabenden Mitgliedstaat die nationale Regulierungsbehörde oder -stelle des Zielmitgliedstaats.

(3) [1]Richtet die Regulierungsbehörde oder -stelle eines Mitgliedstaats, auf dessen Hoheitsgebiet ein der Rechtshoheit eines anderen Mitgliedstaats unterworfener Mediendiensteanbieter abzielt, ein Ersuchen betreffend die Tätigkei-

Audiovisuelle Mediendienste **AVMD 20**

ten dieses Anbieters an die Regulierungsbehörde oder -stelle des Mitgliedstaats, der die Rechtshoheit über diesen Anbieter ausübt, so unternimmt die letztgenannte Regulierungsbehörde oder -stelle alles in ihrer Macht Stehende, um dem Ersuchen innerhalb von zwei Monaten – unbeschadet strengerer Fristen, die nach dieser Richtlinie anwendbar sind – nachzukommen. ²Die Regulierungsbehörde oder -stelle des Zielmitgliedstaats stellt der Regulierungsbehörde oder -stelle des die Rechtshoheit innehabenden Mitgliedstaats auf Ersuchen alle Informationen zur Verfügung, die sie dabei unterstützen können, dem Ersuchen nachzukommen.

Artikel 30b. (1) Die Gruppe europäischer Regulierungsstellen für audiovisuelle Mediendienste (ERGA) wird hiermit eingesetzt.

(2) ¹Sie setzt sich zusammen aus Vertretern nationaler Regulierungsbehörden oder -stellen für den Bereich der audiovisuellen Mediendienste mit Hauptzuständigkeit für die Aufsicht über audiovisuelle Mediendienste oder – wenn es keine nationale Regulierungsbehörde oder -stelle gibt – aus anderen Vertretern, die im Wege der dafür vorgesehenen Verfahren ausgewählt werden. ²Ein Vertreter der Kommission nimmt an den Sitzungen der ERGA teil.

(3) Die ERGA hat folgende Aufgaben:
a) Bereitstellung von technischem Sachverstand für die Kommission in Bezug auf
   – ihre Aufgabe, eine kohärente Umsetzung dieser Richtlinie in allen Mitgliedstaaten sicherzustellen, sowie
   – Angelegenheiten, die audiovisuelle Mediendienste betreffen und in ihre Zuständigkeit fallen;
b) den Austausch von Erfahrungen und bewährten Verfahren in Bezug auf die Anwendung des Rechtsrahmens für audiovisuelle Mediendienste, einschließlich Barrierefreiheit und Medienkompetenz;
c) Zusammenarbeit und Versorgung ihrer Mitglieder mit den erforderlichen Informationen für die Anwendung dieser Richtlinie, insbesondere bezüglich der Artikel 3, 4 und 7;
d) auf Anfrage der Kommission – Abgabe von Stellungnahmen zu den technischen und faktischen Aspekten der Fragen gemäß Artikel 2 Absatz 5c, Artikel 3 Absätze 2 und 3, Artikel 4 Absatz 4 Buchstabe c und Artikel 28a Absatz 7.

(4) Die ERGA gibt sich eine Geschäftsordnung.

Kapitel X

Schlussbestimmungen

Artikel 31. In Bereichen, die nicht durch diese Richtlinie koordiniert werden, bleiben die Rechte und Verpflichtungen der Mitgliedstaaten, die sich aus den in den Bereichen Telekommunikation und Fernsehen bestehenden Übereinkommen ergeben, von dieser Richtlinie unberührt.

Artikel 32. Die Mitgliedstaaten teilen der Kommission den Wortlaut der wichtigsten innerstaatlichen Rechtsvorschriften mit, die sie auf dem unter diese Richtlinie fallenden Gebiet erlassen.

Artikel 33. [1]Die Kommission überwacht die Anwendung dieser Richtlinie durch die Mitgliedstaaten.

[2]Spätestens am 19. Dezember 2022 und danach alle drei Jahre übermittelt die Kommission dem Europäischen Parlament, dem Rat und dem Europäischen Wirtschafts- und Sozialausschuss einen Bericht über die Anwendung dieser Richtlinie.

[3]Spätestens am 19. Dezember 2026 übermittelt die Kommission dem Europäischen Parlament und dem Rat eine Ex-post-Bewertung, gegebenenfalls mit Vorschlägen für die Überarbeitung der Richtlinie, um die Wirkung dieser Richtlinie und ihren Mehrwert zu ermitteln.

[4]Die Kommission hält den Kontaktausschuss und die ERGA ordnungsgemäß über die Arbeiten und Tätigkeiten des jeweils anderen informiert.

[5]Die Kommission sorgt dafür, dass Informationen, die sie von den Mitgliedstaaten in Bezug auf eine von diesen erlassene Maßnahme in den von dieser Richtlinie koordinierten Bereichen erhält, dem Kontaktausschuss und der ERGA übermittelt werden.

Artikel 33a. (1) Die Mitgliedstaaten fördern die Entwicklung von Medienkompetenz und ergreifen entsprechende Maßnahmen.

(2) Bis zum 19. Dezember 2022 und anschließend alle drei Jahre berichten die Mitgliedstaaten der Kommission über die Durchführung des Absatzes 1.

(3) Die Kommission gibt nach Konsultation des Kontaktausschusses Leitlinien zum Umfang solcher Berichte heraus.

Artikel 34. [1]Die Richtlinie 89/552/EWG, in der Fassung der in Anhang I Teil A aufgeführten Richtlinien, wird unbeschadet der Verpflichtungen der Mitgliedstaaten hinsichtlich der in Anhang I Teil B genannten Fristen für die Umsetzung der dort genannten Richtlinien in innerstaatliches Recht aufgehoben.

[2]Verweisungen auf die aufgehobene Richtlinie gelten als Verweisungen auf die vorliegende Richtlinie und sind nach Maßgabe der Entsprechungstabelle in Anhang II zu lesen.

Artikel 35. Diese Richtlinie tritt am zwanzigsten Tag nach ihrer Veröffentlichung im Amtsblatt der Europäischen Union in Kraft.

Artikel 36. Diese Richtlinie ist an die Mitgliedstaaten gerichtet.

EU-Protokoll Rundfunk 20a

EU-Protokoll über den öffentlich-rechtlichen Rundfunk in den Mitgliedstaaten

vom 2. Oktober 1997 (ABl. 1997/C 340/109 ff.)
zuletzt geändert in konsolidierter Fassung durch den Vertrag
über die Arbeitsweise der Europäischen Union (ABl. 2012/C 326/1 ff,)

DIE HOHEN VERTRAGSPARTEIEN –

IN DER ERWÄGUNG, daß der öffentlich-rechtliche Rundfunk in den Mitgliedstaaten unmittelbar mit den demokratischen, sozialen und kulturellen Bedürfnissen jeder Gesellschaft sowie mit dem Erfordernis verknüpft ist, den Pluralismus in den Medien zu wahren –

SIND über folgende auslegende Bestimmung ÜBEREINGEKOMMEN, die dem Vertrag über die Europäische Union und dem Vertrag über die Arbeitsweise der Europäischen Union beigefügt ist:

Die Bestimmungen der Verträge berühren nicht die Befugnis der Mitgliedstaaten, den öffentlich-rechtlichen Rundfunk zu finanzieren, sofern die Finanzierung der Rundfunkanstalten dem öffentlich-rechtlichen Auftrag, wie er von den Mitgliedstaaten den Anstalten übertragen, festgelegt und ausgestaltet wird, dient und die Handels- und Wettbewerbsbedingungen in der Union nicht in einem Ausmaß beeinträchtigt, das dem gemeinsamen Interesse zuwiderläuft, wobei den Erfordernissen der Erfüllung des öffentlich-rechtlichen Auftrags Rechnung zu tragen ist.

MStV 21

Vorbemerkung zum Medienstaatsvertrag

Im Anschluss an den Text des Medienstaatsvertrages sind ein Anhang I (Zulassung privater Hör- und Rundfunkveranstalter) sowie ein Anhang II zu den Organen des öffentlich-rechtlichen Rundfunks angefügt. Grundlage für die ausgewählten Bestimmungen in den Anhängen sind jeweils exemplarische Regelungen aus den Landesmedien- bzw. Landesrundfunkgesetzen.[1]

Der frühere Rundfunkstaatsvertrag in der Fassung des 22. Rundfunkänderungsstaatsvertrages hat eine Novellierung durch den Staatsvertrag zur Modernisierung der Medienordnung (MStV) in Art. 3 erfahren. Der MStV ersetzt den Rundfunkstaatsvertrag (vgl. im Einzelnen Art. 2 des o.g. Staatsvertrags zur Modernisierung der Medienordnung in Deutschland). Er ist von allen 16 Bundesländern ratifiziert worden und zum 7.11.2020 in Kraft getreten. Der Medienstaatsvertrag hat das Rundfunkrecht in verschiedener Hinsicht umgestaltet und Regelungen für digitale Angebote wie Medienplattformen, Benutzeroberflächen, Medienintermediäre und Social Bots eingeführt. Der frühere Rundfunkstaatsvertrag und die Rundfunkänderungsstaatsverträge können auf den Seiten der Staatskanzlei Rheinland-Pfalz unter der Rubrik „Staatskanzlei RLP/Medienpolitik" abgerufen werden.

---

1 Wichtige Regelungen des Rundfunkrechts gehen auf die Richtlinie 89/552/EWG des Rates zur Koordinierung bestimmter Rechts- und Verwaltungsvorschriften der Mitgliedstaaten über die Fernsehtätigkeit zurück, **Fernsehrichtlinie** (Abl. 1989/L 298 in konsolidierter Fassung → Nr. 20). Daneben ist das **Europäische Übereinkommen über das grenzüberschreitende Fernsehen** (BGBl. II 1994 S. 639–657). Die Landesmedien- bzw. Landesrundfunkgesetze sind auf der Homepage der **14 Landesmedienanstalten (die medienanstalten)** unter der Rubrik „Rechtsgrundlagen" zusammengestellt (vgl. www.die-medienanstalten.de). Ebenso werden die Gesetze z.T. auf den Seiten der einzelnen Landesmedienanstalten (die über die Homepage www.die-medienanstalten.de zu finden sind) bereitgehalten.

Medienstaatsvertrag (MStV)

in der Fassung des Staatsvertrages zur Modernisierung der Medienordnung (MStV) vom 14. April 2020 (GVBl. S. 450, 451, BayRS 02–33-S)

INHALTSÜBERSICHT

Präambel

Erster Abschnitt
Anwendungsbereich, Begriffsbestimmungen

§ 1 Anwendungsbereich
§ 2 Begriffsbestimmungen

Zweiter Abschnitt
Allgemeine Bestimmungen

1. Unterabschnitt
Rundfunk

§ 3 Allgemeine Grundsätze
§ 4 Informationspflichten, Verbraucherschutz
§ 5 Auskunftsrechte
§ 6 Sorgfaltspflichten
§ 7 Barrierefreiheit
§ 8 Werbegrundsätze, Kennzeichnungspflichten
§ 9 Einfügung von Rundfunkwerbung und Teleshopping
§ 10 Sponsoring
§ 11 Gewinnspiele
§ 12 Datenverarbeitung zu journalistischen Zwecken, Medienprivileg
§ 13 Übertragung von Großereignissen
§ 14 Kurzberichterstattung
§ 15 Europäische Produktionen, Eigen-, Auftrags- und Gemeinschaftsproduktionen
§ 16 Auskunftspflicht und zuständige Behörden nach dem Europäischen Übereinkommen über das grenzüberschreitende Fernsehen

2. Unterabschnitt
Telemedien

§ 17 Allgemeine Grundsätze, Zulassungs- und Anmeldefreiheit
§ 18 Informationspflichten und Auskunftsrechte
§ 19 Sorgfaltspflichten
§ 20 Gegendarstellung
§ 21 Barrierefreiheit
§ 22 Werbung, Sponsoring, Gewinnspiele
§ 23 Datenverarbeitung zu journalistischen Zwecken, Medienprivileg
§ 24 Telemediengesetz, Öffentliche Stellen
§ 25 Notifizierung

Dritter Abschnitt
Besondere Bestimmungen für den öffentlich-rechtlichen Rundfunk

§ 26 Auftrag
§ 27 Angebote
§ 28 Fernsehprogramme
§ 29 Hörfunkprogramme
§ 30 Telemedienangebote
§ 31 Satzungen, Richtlinien, Berichtspflichten
§ 32 Telemedienkonzepte
§ 33 Jugendangebot
§ 34 Funktionsgerechte Finanzausstattung, Grundsatz des Finanzausgleichs
§ 35 Finanzierung
§ 36 Finanzbedarf des öffentlich-rechtlichen Rundfunks
§ 37 Berichterstattung der Rechnungshöfe
§ 38 Zulässige Produktplatzierung
§ 39 Dauer der Rundfunkwerbung, Sponsoring
§ 40 Kommerzielle Tätigkeiten
§ 41 Beteiligung an Unternehmen
§ 42 Kontrolle der Beteiligung an Unternehmen
§ 43 Kontrolle der kommerziellen Tätigkeiten
§ 44 Haftung für kommerziell tätige Beteiligungsunternehmen

Medienstaatsvertrag

§ 45 Richtlinien
§ 46 Änderung der Werbung
§ 47 Ausschluss von Teleshopping
§ 48 Versorgungsauftrag
§ 49 Veröffentlichung von Beanstandungen

Vierter Abschnitt
Besondere Bestimmungen für den privaten Rundfunk

1. Unterabschnitt
Anwendungsbereich, Programmgrundsätze

§ 50 Anwendungsbereich
§ 51 Programmgrundsätze

2. Unterabschnitt
Zulassung

§ 52 Grundsatz
§ 53 Erteilung einer Zulassung für Veranstalter von bundesweit ausgerichtetem Rundfunk
§ 54 Zulassungsfreie Rundfunkprogramme
§ 55 Grundsätze für das Zulassungsverfahren
§ 56 Auskunftsrechte und Ermittlungsbefugnisse
§ 57 Publizitätspflicht und sonstige Vorlagepflichten
§ 58 Vertraulichkeit

3. Unterabschnitt
Sicherung der Meinungsvielfalt

§ 59 Meinungsvielfalt, regionale Fenster
§ 60 Sicherung der Meinungsvielfalt im Fernsehen
§ 61 Bestimmung der Zuschaueranteile
§ 62 Zurechnung von Programmen
§ 63 Veränderung von Beteiligungsverhältnissen
§ 64 Vielfaltssichernde Maßnahmen
§ 65 Sendezeit für unabhängige Dritte
§ 66 Programmbeirat
§ 67 Richtlinien
§ 68 Sendezeit für Dritte

4. Unterabschnitt
Finanzierung, Werbung

§ 69 Finanzierung
§ 70 Dauer der Fernsehwerbung
§ 71 Teleshopping-Fenster und Eigenwerbekanäle
§ 72 Satzungen und Richtlinien
§ 73 Ausnahmen für regionale und lokale Fernsehprogramme

Fünfter Abschnitt
Besondere Bestimmungen für einzelne Telemedien

1. Unterabschnitt
Rundfunkähnliche Telemedien

§ 74 Werbung, Gewinnspiele
§ 75 Kurzberichterstattung
§ 76 Barrierefreiheit
§ 77 Europäische Produktionen

2. Unterabschnitt
Medienplattformen und Benutzeroberflächen

§ 78 Anwendungsbereich
§ 79 Allgemeine Bestimmungen
§ 80 Signalintegrität, Überlagerungen und Skalierungen
§ 81 Belegung von Medienplattformen
§ 82 Zugang zu Medienplattformen
§ 83 Zugangsbedingungen zu Medienplattformen
§ 84 Auffindbarkeit in Benutzeroberflächen
§ 85 Transparenz
§ 86 Vorlage von Unterlagen, Zusammenarbeit mit der Regulierungsbehörde für Relekommunikation
§ 87 Bestätigung der Unbedenklichkeit
§ 88 Satzungen, Richtlinien
§ 89 Überprüfungsklausel
§ 90 Bestehende Zulassungen, Zuordnungen, Zuweisungen, Anzeige von bestehenden Medienplattformen oder Benutzeroberflächen

21 MStV — Medienstaatsvertrag

	3. Unterabschnitt **Medienintermediäre**
§ 91	Anwendungsbereich
§ 92	Inländischer Zustellungsbevollmächtigter
§ 93	Transparenz
§ 94	Diskriminierungsfreiheit
§ 95	Vorlage von Unterlagen
§ 96	Satzungen und Richtlinien

4. Unterabschnitt
Video-Sharing-Dienste

§ 97	Anwendungsbereich
§ 98	Werbung
§ 99	Schlichtungsstelle

Sechster Abschnitt
Übertragungskapazitäten, Weiterverbreitung

§ 100	Grundsatz
§ 101	Zuordnung von drahtlosen Übertragungskapazitäten
§ 102	Zuweisung von drahtlosen Übertragungskapazitäten an private Anbieter durch die zuständige Landesmedienanstalt
§ 103	Weiterverbreitung

Siebter Abschnitt
Medienaufsicht

§ 104	Organisation
§ 105	Aufgaben
§ 106	Zuständige Landesmedienanstalt
§ 107	Verfahren bei Zulassung, Zuweisung und Anzeige
§ 108	Rücknahme, Widerruf von Zulassungen und Zuweisungen
§ 109	Maßnahmen bei Rechtsverstößen
§ 110	Vorverfahren
§ 111	Zusammenarbeit mit anderen Behörden
§ 112	Finanzierung besonderer Aufgaben
§ 113	Datenschutzaufsicht bei Telemedien

Achter Abschnitt
Revision, Ordnungswidrigkeiten

§ 114	Revision zum Bundesverwaltungsgericht
§ 115	Ordnungswidrigkeiten

Neunter Abschnitt
Übergangs- und Schlussvorschriften

§ 116	Kündigung
§ 117	Übergangsbestimmung für Produktplatzierungen
§ 118	Übergangsbestimmung für Telemedienkonzepte
§ 119	Übergangsbestimmung für Zulassungen und Anzeigen
§ 120	Übergangsbestimmung zur Bestimmung der Zuschaueranteile
§ 121	Übergangsbestimmung für Benutzeroberflächen
§ 122	Regelung für Bayern

Präambel

Dieser Staatsvertrag der Länder enthält grundlegende Regelungen für die Veranstaltung und das Angebot, die Verbreitung und die Zugänglichmachung von Rundfunk und Telemedien in Deutschland. Er trägt der europäischen und technischen Entwicklung der Medien Rechnung.

Öffentlich-rechtlicher Rundfunk und privater Rundfunk sind der freien individuellen und öffentlichen Meinungsbildung sowie der Meinungsvielfalt verpflichtet. Beide Säulen des dualen Rundfunksystems müssen in der Lage sein, den Anforderungen des nationalen und des internationalen Wettbewerbs zu entsprechen.

Für den öffentlich-rechtlichen Rundfunk sind Bestand und Entwicklung zu gewährleisten. Dazu gehört seine Teilhabe an allen neuen technischen Möglichkeiten in der Herstellung und zur Verbreitung sowie die Möglichkeit der Veranstaltung neuer Angebotsformen und Nutzung neuer Verbreitungswege. Seine finanziellen Grundlagen einschließlich des dazugehörigen Finanzausgleichs sind zu erhalten und zu sichern.

Den privaten Veranstaltern werden Ausbau und Fortentwicklung eines privaten Rundfunksystems, vor allem in technischer und programmlicher Hinsicht, ermöglicht. Dazu sollen ihnen ausreichende Sendekapazitäten zur Verfügung gestellt und angemessene Einnahmequellen erschlossen werden.

Die Vermehrung der Medienangebote (Rundfunk und Telemedien) in Europa durch die Möglichkeiten der fortschreitenden Digitalisierung stärkt die Informationsvielfalt und das kulturelle Angebot auch im deutschsprachigen Raum. Gleichzeitig bedarf es auch und gerade in einer zunehmend durch das Internet geprägten Medienwelt staatsvertraglicher Leitplanken, die journalistische Standards sichern und kommunikative Chancengleichheit fördern. Für die Angebote des dualen Rundfunksystems sowie der Presse bedarf es hierbei auch Regeln, die den Zugang zu Verbreitungswegen und eine diskriminierungsfreie Auffindbarkeit sicherstellen.

Dieser Staatsvertrag dient, neben weiteren Regelungen und Förderungsvorhaben in Deutschland, der nachhaltigen Unterstützung neuer europäischer Film- und Fernsehproduktionen.

Den Landesmedienanstalten obliegt es, unter dem Gesichtspunkt der Gleichbehandlung privater Veranstalter und Anbieter und der besseren Durchsetzbarkeit von Entscheidungen verstärkt zusammenzuarbeiten.

I. Abschnitt
Anwendungsbereich, Begriffsbestimmungen

§ 1 Anwendungsbereich. (1) Dieser Staatsvertrag gilt für die Veranstaltung und das Angebot, die Verbreitung und die Zugänglichmachung von Rundfunk und Telemedien in Deutschland.

(2) Soweit dieser Staatsvertrag keine anderweitigen Regelungen für die Veranstaltung und Verbreitung von Rundfunk enthält oder solche Regelungen zulässt, sind die für die jeweilige Rundfunkanstalt oder den jeweiligen privaten Veranstalter geltenden landesrechtlichen Vorschriften anzuwenden.

(3) [1]Für Fernsehveranstalter gelten dieser Staatsvertrag und die landesrechtlichen Vorschriften, wenn sie in Deutschland niedergelassen sind. [2]Ein Fernsehveranstalter gilt als in Deutschland niedergelassen, wenn
1. die Hauptverwaltung in Deutschland liegt und die redaktionellen Entscheidungen über das Programm dort getroffen werden,

2. die Hauptverwaltung in Deutschland liegt und die redaktionellen Entscheidungen über das Programm in einem anderen Mitgliedstaat der Europäischen Union getroffen werden, jedoch
   a) ein wesentlicher Teil des mit der Durchführung programmbezogener Tätigkeiten betrauten Personals in Deutschland tätig ist oder
   b) ein wesentlicher Teil des mit der Ausübung sendungsbezogener Tätigkeiten betrauten Personals sowohl in Deutschland als auch dem anderen Mitgliedstaat der Europäischen Union tätig ist oder
   c) ein wesentlicher Teil des mit sendungsbezogenen Tätigkeiten betrauten Personals weder in Deutschland noch dem anderen Mitgliedstaat der Europäischen Union tätig ist, aber der Fernsehveranstalter in Deutschland zuerst seine Tätigkeit begonnen hat und eine dauerhafte und tatsächliche Verbindung mit der Wirtschaft Deutschlands fortbesteht, oder
3. die Hauptverwaltung in Deutschland liegt und die redaktionellen Entscheidungen über das Programm in einem Drittstaat getroffen werden oder umgekehrt und vorausgesetzt, ein wesentlicher Teil des mit der Durchführung programmbezogener Tätigkeiten betrauten Personals ist in Deutschland tätig.

(4) Für Fernsehveranstalter, sofern sie nicht bereits aufgrund der Niederlassung der Rechtshoheit Deutschlands oder eines anderen Mitgliedstaats der Europäischen Union unterliegen, gelten dieser Staatsvertrag und die landesrechtlichen Vorschriften auch, wenn sie
1. eine in Deutschland gelegene Satelliten-Bodenstation für die Aufwärtsstrecke nutzen oder
2. zwar keine in einem Mitgliedstaat der Europäischen Union gelegene Satelliten-Bodenstation für die Aufwärtsstrecke nutzen, aber eine Deutschland zugewiesene Übertragungskapazität eines Satelliten nutzen. Liegt keines dieser beiden Kriterien vor, gelten dieser Staatsvertrag und die landesrechtlichen Vorschriften auch für Fernsehveranstalter, wenn sie in Deutschland gemäß den Artikeln 49 bis 55 des Vertrags über die Arbeitsweise der Europäischen Union (ABl. C 202 vom 7. Juni 2016, S. 47), niedergelassen sind.

(5) Dieser Staatsvertrag und die landesrechtlichen Vorschriften gelten nicht für Programme von Fernsehveranstaltern, die
1. ausschließlich zum Empfang in Drittländern bestimmt sind und
2. nicht unmittelbar oder mittelbar von der Allgemeinheit mit handelsüblichen Verbraucherendgeräten in einem Staat innerhalb des Geltungsbereichs der Richtlinie 2010/13/EU des Europäischen Parlaments und des Rates vom 10. März 2010 zur Koordinierung bestimmter Rechts- und Verwaltungsvorschriften der Mitgliedstaaten über die Bereitstellung audiovisueller Mediendienste (Richtlinie über audiovisuelle Mediendienste) (ABl. L 95 vom 15. 42010, S. 1), die durch die Richtlinie (EU) 2018/1808 (ABl. L 303 vom 28.11.2018, S. 69) geändert worden ist, empfangen werden.

(6) Die Bestimmungen des II. und IV. Abschnitts gelten für Teleshoppingkanäle nur, sofern dies ausdrücklich bestimmt ist.

Medienstaatsvertrag **MStV 21**

(7) Für Anbieter von Telemedien gilt dieser Staatsvertrag, wenn sie nach den Vorschriften des Telemediengesetzes in Deutschland niedergelassen sind.

(8) [1]Abweichend von Absatz 7 gilt dieser Staatsvertrag für Medienintermediäre, Medienplattformen und Benutzeroberflächen, soweit sie zur Nutzung in Deutschland bestimmt sind. [2]Medienintermediäre, Medienplattformen oder Benutzeroberflächen sind dann als zur Nutzung in Deutschland bestimmt anzusehen, wenn sie sich in der Gesamtschau, insbesondere durch die verwendete Sprache, die angebotenen Inhalte oder Marketingaktivitäten, an Nutzer in Deutschland richten oder in Deutschland einen nicht unwesentlichen Teil ihrer Refinanzierung erzielen. [3]Für die Zwecke der §§ 97 bis 99 gilt dieser Staatsvertrag für Video-Sharing-Dienste im Anwendungsbereich der Richtlinie 2010/13/EU, wenn sie nach den Vorschriften des Telemediengesetzes in Deutschland niedergelassen sind; im Übrigen gilt Satz 1.

(9) [1]Fernsehveranstalter sind verpflichtet, die nach Landesrecht zuständige Stelle über alle Änderungen zu informieren, die die Feststellung der Rechtshoheit nach den Absätzen 3 und 4 berühren könnten. [2]Die Landesmedienanstalten erstellen eine Liste der der Rechtshoheit Deutschlands unterworfenen privaten Fernsehveranstalter, halten die Liste auf dem neuesten Stand und geben an, auf welchen der in den Absätzen 3 und 4 genannten Kriterien die Rechtshoheit beruht. [3]Die Liste und alle Aktualisierungen dieser Liste werden der Europäischen Kommission mitsamt der Liste der öffentlich-rechtlichen Fernsehveranstalter übermittelt.

§ 2 Begriffsbestimmungen. (1) [1]Rundfunk ist ein linearer Informations- und Kommunikationsdienst; er ist die für die Allgemeinheit und zum zeitgleichen Empfang bestimmte Veranstaltung und Verbreitung von journalistisch-redaktionell gestalteten Angeboten in Bewegtbild oder Ton entlang eines Sendeplans mittels Telekommunikation. [2]Der Begriff schließt Angebote ein, die verschlüsselt verbreitet werden oder gegen besonderes Entgelt empfangbar sind. [3]Telemedien sind alle elektronischen Informations- und Kommunikationsdienste, soweit sie nicht Telekommunikationsdienste nach § 3 Nr. 24 des Telekommunikationsgesetzes sind, die ganz in der Übertragung von Signalen über Telekommunikationsnetze bestehen, oder telekommunikationsgestützte Dienste nach § 3 Nr. 25 des Telekommunikationsgesetzes oder Rundfunk nach Satz 1 und 2 sind.

(2) Im Sinne dieses Staatsvertrages ist
1. Rundfunkprogramm eine nach einem Sendeplan zeitlich geordnete Folge von Inhalten,
2. Sendeplan die auf Dauer angelegte, vom Veranstalter bestimmte und vom Nutzer nicht veränderbare Festlegung der inhaltlichen und zeitlichen Abfolge von Sendungen,
3. Sendung ein unabhängig von seiner Länge inhaltlich zusammenhängender, geschlossener, zeitlich begrenzter Einzelbestandteil eines Sendeplans oder Katalogs,

[841]

4. Vollprogramm ein Rundfunkprogramm mit vielfältigen Inhalten, in welchem Information, Bildung, Beratung und Unterhaltung einen wesentlichen Teil des Gesamtprogramms bilden,
5. Spartenprogramm ein Rundfunkprogramm mit im wesentlichen gleichartigen Inhalten,
6. Regionalfensterprogramm ein zeitlich und räumlich begrenztes Rundfunkprogramm mit im wesentlichen regionalen Inhalten im Rahmen eines Hauptprogramms,
7. Werbung jede Äußerung, die der unmittelbaren oder mittelbaren Förderung des Absatzes von Waren und Dienstleistungen, einschließlich unbeweglicher Sachen, Rechte und Verpflichtungen, oder des Erscheinungsbilds natürlicher oder juristischer Personen, die einer wirtschaftlichen Tätigkeit nachgehen, dient und gegen Entgelt oder eine ähnliche Gegenleistung oder als Eigenwerbung im Rundfunk oder in einem Telemedium aufgenommen ist. Werbung ist insbesondere Rundfunkwerbung, Sponsoring, Teleshopping und Produktplatzierung; § 8 Abs. 9 und § 22 Abs. 1 Satz 3 bleiben unberührt,
8. Rundfunkwerbung jede Äußerung bei der Ausübung eines Handels, Gewerbes, Handwerks oder freien Berufs, die im Rundfunk von einem öffentlich-rechtlichen oder einem privaten Veranstalter oder einer natürlichen Person entweder gegen Entgelt oder eine ähnliche Gegenleistung oder als Eigenwerbung gesendet wird, mit dem Ziel, den Absatz von Waren oder die Erbringung von Dienstleistungen, einschließlich unbeweglicher Sachen, Rechte und Verpflichtungen, gegen Entgelt zu fördern,
9. Schleichwerbung die Erwähnung oder Darstellung von Waren, Dienstleistungen, Namen, Marken oder Tätigkeiten eines Herstellers von Waren oder eines Erbringers von Dienstleistungen in Sendungen, wenn sie vom Veranstalter absichtlich zu Werbezwecken vorgesehen ist und mangels Kennzeichnung die Allgemeinheit hinsichtlich des eigentlichen Zweckes dieser Erwähnung oder Darstellung irreführen kann. Eine Erwähnung oder Darstellung gilt insbesondere dann als zu Werbezwecken beabsichtigt, wenn sie gegen Entgelt oder eine ähnliche Gegenleistung erfolgt,
10. Sponsoring jeder Beitrag einer natürlichen oder juristischen Person oder einer Personenvereinigung, die an Rundfunktätigkeiten, der Bereitstellung von rundfunkähnlichen Telemedien oder Video-Sharing-Diensten oder an der Produktion audiovisueller Werke nicht beteiligt ist, zur direkten oder indirekten Finanzierung von Rundfunkprogrammen, rundfunkähnlichen Telemedien, Video-Sharing-Diensten, nutzergenerierten Videos oder einer Sendung, um den Namen, die Marke, das Erscheinungsbild der Person oder Personenvereinigung, ihre Tätigkeit oder ihre Leistungen zu fördern,
11. Teleshopping die Sendung direkter Angebote an die Öffentlichkeit für den Absatz von Waren oder die Erbringung von Dienstleistungen, einschließlich unbeweglicher Sachen, Rechte und Verpflichtungen, gegen Entgelt in Form von Teleshoppingkanälen, -fenstern und -spots,

12. Produktplatzierung jede Form der Werbung, die darin besteht, gegen Entgelt oder eine ähnliche Gegenleistung ein Produkt, eine Dienstleistung oder die entsprechende Marke einzubeziehen oder darauf Bezug zu nehmen, sodass diese innerhalb einer Sendung oder eines nutzergenerierten Videos erscheinen. Die kostenlose Bereitstellung von Waren oder Dienstleistungen ist Produktplatzierung, sofern die betreffende Ware oder Dienstleistung von bedeutendem Wert ist,
13. rundfunkähnliches Telemedium ein Telemedium mit Inhalten, die nach Form und Gestaltung hörfunk- oder fernsehähnlich sind und die aus einem von einem Anbieter festgelegten Katalog zum individuellen Abruf zu einem vom Nutzer gewählten Zeitpunkt bereitgestellt werden (Audio- und audiovisuelle Mediendienste auf Abruf); Inhalte sind insbesondere Hörspiele, Spielfilme, Serien, Reportagen, Dokumentationen, Unterhaltungs-, Informations- oder Kindersendungen,
14. Medienplattform jedes Telemedium, soweit es Rundfunk, rundfunkähnliche Telemedien oder Telemedien nach § 19 Abs. 1 zu einem vom Anbieter bestimmten Gesamtangebot zusammenfasst. Die Zusammenfassung von Rundfunk, rundfunkähnlichen Telemedien oder Telemedien nach § 19 Abs. 1 ist auch die Zusammenfassung von softwarebasierten Anwendungen, welche im Wesentlichen der unmittelbaren Ansteuerung von Rundfunk, rundfunkähnlichen Telemedien, Telemedien nach § 19 Abs. 1 oder Telemedien im Sinne des Satz 1 dienen. Keine Medienplattformen in diesem Sinne sind
    a) Angebote, die analog über eine Kabelanlage verbreitet werden,
    b) das Gesamtangebot von Rundfunk, rundfunkähnlichen Telemedien oder Telemedien nach § 19 Abs. 1, welches ausschließlich in der inhaltlichen Verantwortung einer oder mehrerer öffentlich-rechtlicher Rundfunkanstalten oder eines privaten Anbieters von Rundfunk, rundfunkähnlichen Telemedien oder Telemedien nach § 19 Abs. 1 oder von Unternehmen, deren Programme ihm nach § 62 zuzurechnen sind, stehen; Inhalte aus nach § 59 Abs. 4 aufgenommenen Fensterprogrammen oder Drittsendezeiten im Sinne des § 65 sind unschädlich,
15. Benutzeroberfläche die textlich, bildlich oder akustisch vermittelte Übersicht über Angebote oder Inhalte einzelner oder mehrerer Medienplattformen, die der Orientierung dient und unmittelbar die Auswahl von Angeboten, Inhalten oder softwarebasierten Anwendungen, welche im Wesentlichen der unmittelbaren Ansteuerung von Rundfunk, rundfunkähnlichen Telemedien oder Telemedien nach § 19 Abs. 1 dienen, ermöglicht. Benutzeroberflächen sind insbesondere
    a) Angebots- oder Programmübersichten einer Medienplattform,
    b) Angebots- oder Programmübersichten, die nicht zugleich Teil einer Medienplattform sind,
    c) visuelle oder akustische Präsentationen auch gerätegebundener Medienplattformen, sofern sie die Funktion nach Satz 1 erfüllen,

16. Medienintermediär jedes Telemedium, das auch journalistisch-redaktionelle Angebote Dritter aggregiert, selektiert und allgemein zugänglich präsentiert, ohne diese zu einem Gesamtangebot zusammenzufassen,
17. Rundfunkveranstalter, wer ein Rundfunkprogramm unter eigener inhaltlicher Verantwortung anbietet,
18. Anbieter rundfunkähnlicher Telemedien, wer über die Auswahl der Inhalte entscheidet und die inhaltliche Verantwortung trägt,
19. Anbieter einer Medienplattform, wer die Verantwortung für die Auswahl der Angebote einer Medienplattform trägt,
20. Anbieter einer Benutzeroberfläche, wer über die Gestaltung der Übersicht abschließend entscheidet,
21. Anbieter eines Medienintermediärs, wer die Verantwortung für die Aggregation, Selektion und allgemein zugängliche Präsentation von Inhalten trägt,
22. Video-Sharing-Dienst ein Telemedium, bei dem der Hauptzweck des Dienstes oder eines trennbaren Teils des Dienstes oder eine wesentliche Funktion des Dienstes darin besteht, Sendungen mit bewegten Bildern oder nutzergenerierte Videos, für die der Diensteanbieter keine redaktionelle Verantwortung trägt, der Allgemeinheit bereitzustellen, wobei der Diensteanbieter die Organisation der Sendungen oder der nutzergenerierten Videos, auch mit automatischen Mitteln oder Algorithmen, bestimmt,
23. Video-Sharing-Diensteanbieter, wer einen Video-Sharing-Dienst betreibt,
24. nutzergeneriertes Video eine von einem Nutzer erstellte Abfolge von bewegten Bildern mit oder ohne Ton, die unabhängig von ihrer Länge einen Einzelbestandteil darstellt und die von diesem oder einem anderen Nutzer auf einen Video-Sharing-Dienst hochgeladen wird,
25. unter Information insbesondere Folgendes zu verstehen: Nachrichten und Zeitgeschehen, politische Information, Wirtschaft, Auslandsberichte, Religiöses, Sport, Regionales, Gesellschaftliches, Service und Zeitgeschichtliches,
26. unter Bildung insbesondere Folgendes zu verstehen: Wissenschaft und Technik, Alltag und Ratgeber, Theologie und Ethik, Tiere und Natur, Gesellschaft, Kinder und Jugend, Erziehung, Geschichte und andere Länder,
27. unter Kultur insbesondere Folgendes zu verstehen: Bühnenstücke, Musik, Fernsehspiele, Fernsehfilme und Hörspiele, bildende Kunst, Architektur, Philosophie und Religion, Literatur und Kino,
28. unter Unterhaltung insbesondere Folgendes zu verstehen: Kabarett und Comedy, Filme, Serien, Shows, Talk-Shows, Spiele, Musik,
29. unter öffentlich-rechtlichen Telemedienangeboten zu verstehen: von den in der Arbeitsgemeinschaft der öffentlich-rechtlichen Rundfunkanstalten der Bundesrepublik Deutschland (ARD) zusammengeschlossenen Landesrundfunkanstalten, dem Zweiten Deutschen Fernsehen (ZDF) und dem Deutschlandradio jeweils nach Maßgabe eines nach § 32 Abs. 4 durchgeführten Verfahrens angebotene Telemedien, die journalistisch-redaktionell veranlasst und journalistisch-redaktionell gestaltet sind, Bild,

Ton, Bewegtbild, Text und internetspezifische Gestaltungsmittel enthalten können und diese miteinander verbinden.

(3) Kein Rundfunk sind Angebote, die aus Sendungen bestehen, die jeweils gegen Einzelentgelt freigeschaltet werden.

II. Abschnitt

Allgemeine Bestimmungen

1. Unterabschnitt

Rundfunk

§ 3 Allgemeine Grundsätze. [1]Die in der ARD zusammengeschlossenen Landesrundfunkanstalten, das ZDF, das Deutschlandradio und alle Veranstalter bundesweit ausgerichteter privater Rundfunkprogramme haben in ihren Angeboten die Würde des Menschen zu achten und zu schützen; die sittlichen und religiösen Überzeugungen der Bevölkerung sind zu achten. [2]Die Angebote sollen dazu beitragen, die Achtung vor Leben, Freiheit und körperlicher Unversehrtheit, vor Glauben und Meinungen anderer zu stärken. [3]Weitergehende landesrechtliche Anforderungen an die Gestaltung der Angebote sowie § 51 bleiben unberührt.

§ 4 Informationspflichten, Verbraucherschutz. (1) Rundfunkveranstalter haben folgende Informationen im Rahmen ihres Gesamtangebots leicht, unmittelbar und ständig zugänglich zu machen:
1. Name und geografische Anschrift,
2. Angaben, die eine schnelle und unmittelbare Kontaktaufnahme und eine effiziente Kommunikation ermöglichen, einschließlich ihrer E-Mail-Adresse oder ihrer Webseite,
3. die zuständige Aufsicht und
4. den Mitgliedstaat, deren Rechtshoheit sie unterworfen sind.

(2) [1]Mit Ausnahme seiner §§ 2, 9 und 12 gelten die Regelungen des EG-Verbraucherschutzdurchsetzungsgesetzes hinsichtlich der Bestimmungen dieses Staatsvertrages zur Umsetzung der Artikel 9, 10, 11 und Artikel 19 bis 26 der Richtlinie 2010/13/EU des Europäischen Parlaments und des Rates vom 10. März 2010 zur Koordinierung bestimmter Rechts- und Verwaltungsvorschriften der Mitgliedstaaten über die Bereitstellung audiovisueller Mediendienste (Richtlinie über audiovisuelle Mediendienste) (ABl. L 95 vom 15.4.2010, S. 1), bei innergemeinschaftlichen Verstößen entsprechend. [2]Satz 1 gilt auch für Teleshoppingkanäle.

§ 5 Auskunftsrechte. (1) [1]Rundfunkveranstalter haben gegenüber Behörden ein Recht auf Auskunft. [2]Auskünfte können verweigert werden, soweit

1. durch die Auskunftserteilung die sachgemäße Durchführung eines schwebenden Verfahrens vereitelt, erschwert, verzögert oder gefährdet werden könnte oder
2. Vorschriften über die Geheimhaltung entgegenstehen oder
3. ein überwiegendes öffentliches oder schutzwürdiges privates Interesse verletzt würde oder
4. ihr Umfang das zumutbare Maß überschreitet.

(2) Allgemeine Anordnungen, die einer Behörde Auskünfte an Rundfunkveranstalter verbieten, sind unzulässig.

(3) Rundfunkveranstalter können von Behörden verlangen, dass sie bei der Weitergabe von amtlichen Bekanntmachungen im Verhältnis zu anderen Bewerbern gleichbehandelt werden.

§ 6 Sorgfaltspflichten. (1) [1]Berichterstattung und Informationssendungen haben den anerkannten journalistischen Grundsätzen, auch beim Einsatz virtueller Elemente, zu entsprechen. [2]Sie müssen unabhängig und sachlich sein. [3]Nachrichten sind vor ihrer Verbreitung mit der nach den Umständen gebotenen Sorgfalt auf Wahrheit und Herkunft zu prüfen. [4]Kommentare sind von der Berichterstattung deutlich zu trennen und unter Nennung des Verfassers als solche zu kennzeichnen.

(2) Bei der Wiedergabe von Meinungsumfragen, die von Rundfunkveranstaltern durchgeführt werden, ist ausdrücklich anzugeben, ob sie repräsentativ sind.

§ 7 Barrierefreiheit. (1) Die Veranstalter nach § 3 Satz 1 sollen über ihr bereits bestehendes Engagement hinaus im Rahmen der technischen und ihrer finanziellen Möglichkeiten barrierefreie Angebote aufnehmen und den Umfang solcher Angebote stetig und schrittweise ausweiten.

(2) [1]Die Veranstalter bundesweit ausgerichteter privater Fernsehprogramme erstatten der jeweils zuständigen Landesmedienanstalt, die in der ARD zusammengeschlossenen Landesrundfunkanstalten, das ZDF sowie das Deutschlandradio ihren jeweiligen Aufsichtsgremien mindestens alle drei Jahre Bericht über die getroffenen Maßnahmen nach Absatz 1. [2]Die Berichte werden anschließend der Europäischen Kommission übermittelt.

§ 8 Werbegrundsätze, Kennzeichnungspflichten. (1) Werbung darf nicht
1. die Menschenwürde verletzen,
2. Diskriminierungen aufgrund von Geschlecht, Rasse oder ethnischer Herkunft, Staatsangehörigkeit, Religion oder Glauben, Behinderung, Alter oder sexueller Orientierung beinhalten oder fördern,
3. irreführen oder den Interessen der Verbraucher schaden oder
4. Verhaltensweisen fördern, die die Gesundheit oder Sicherheit sowie in hohem Maße den Schutz der Umwelt gefährden.

(2) [1]Rundfunkwerbung ist Teil des Programms. [2]Rundfunkwerbung oder Werbetreibende dürfen das übrige Programm inhaltlich und redaktionell nicht

beeinflussen. ³Die Sätze 1 und 2 gelten für Teleshopping-Spots, Teleshopping-Fenster und deren Anbieter entsprechend.

(3) ¹Werbung muss als solche leicht erkennbar und vom redaktionellen Inhalt unterscheidbar sein. ²In der Werbung dürfen keine Techniken der unterschwelligen Beeinflussung eingesetzt werden. ³Auch bei Einsatz neuer Werbetechniken müssen Rundfunkwerbung und Teleshopping dem Medium angemessen durch optische oder akustische Mittel oder räumlich eindeutig von anderen Sendungsteilen abgesetzt sein.

(4) ¹Eine Teilbelegung des ausgestrahlten Bildes mit Rundfunkwerbung ist zulässig, wenn die Rundfunkwerbung vom übrigen Programm eindeutig optisch getrennt und als solche gekennzeichnet ist. ²Diese Rundfunkwerbung wird auf die Dauer der Spotwerbung nach den §§ 39 und 70 angerechnet. ³§ 9 Abs. 1 gilt entsprechend.

(5) ¹Dauerwerbesendungen sind zulässig, wenn der Werbecharakter erkennbar im Vordergrund steht und die Werbung einen wesentlichen Bestandteil der Sendung darstellt. ²Sie müssen zu Beginn als Dauerwerbesendung angekündigt und während ihres gesamten Verlaufs als solche gekennzeichnet werden.

(6) ¹Die Einfügung virtueller Werbung in Sendungen ist zulässig, wenn
1. am Anfang und am Ende der betreffenden Sendung darauf hingewiesen wird und
2. durch sie eine am Ort der Übertragung ohnehin bestehende Werbung ersetzt wird.

²Andere Rechte bleiben unberührt.

(7) ¹Schleichwerbung und Themenplatzierung sowie entsprechende Praktiken sind unzulässig. ²Produktplatzierung ist gestattet, außer in Nachrichtensendungen und Sendungen zur politischen Information, Verbrauchersendungen, Regionalfensterprogrammen nach § 59 Abs. 4, Fensterprogrammen nach § 65, Sendungen religiösen Inhalts und Kindersendungen. ³Sendungen, die Produktplatzierung enthalten, müssen folgende Voraussetzungen erfüllen:
1. die redaktionelle Verantwortung und Unabhängigkeit hinsichtlich Inhalt und Platzierung im Sendeplan müssen unbeeinträchtigt bleiben,
2. die Produktplatzierung darf nicht unmittelbar zu Kauf, Miete oder Pacht von Waren oder Dienstleistungen anregen, insbesondere nicht durch spezielle verkaufsfördernde Hinweise auf diese Waren oder Dienstleistungen, und
3. das Produkt darf nicht zu stark herausgestellt werden; dies gilt auch für kostenlos zur Verfügung gestellte geringwertige Güter.

⁴Auf eine Produktplatzierung ist eindeutig hinzuweisen. ⁵Sie ist zu Beginn und zum Ende einer Sendung sowie bei deren Fortsetzung nach einer Werbeunterbrechung oder im Hörfunk durch einen gleichwertigen Hinweis angemessen zu kennzeichnen. ⁶Die Kennzeichnungspflicht entfällt für Sendungen, die nicht vom Veranstalter selbst oder von einem mit dem Veranstalter verbundenen Unternehmen produziert oder in Auftrag gegeben worden sind, wenn nicht

mit zumutbarem Aufwand ermittelbar ist, ob Produktplatzierung enthalten ist; hierauf ist hinzuweisen. ⁷Die in der ARD zusammengeschlossenen Landesrundfunkanstalten, das ZDF und die Landesmedienanstalten legen eine einheitliche Kennzeichnung fest.

(8) In der Fernsehwerbung und beim Teleshopping im Fernsehen dürfen keine Personen auftreten, die regelmäßig Nachrichtensendungen oder Sendungen zum politischen Zeitgeschehen vorstellen.

(9) ¹Werbung politischer, weltanschaulicher oder religiöser Art ist unzulässig. ²Unentgeltliche Beiträge im Dienst der Öffentlichkeit einschließlich von Spendenaufrufen zu Wohlfahrtszwecken gelten nicht als Werbung im Sinne von Satz 1. ³§ 68 bleibt unberührt.

(10) Werbung für alkoholische Getränke darf den übermäßigen Genuss solcher Getränke nicht fördern.

(11) ¹Die nichtbundesweite Verbreitung von Rundfunkwerbung oder anderen Inhalten in einem bundesweit ausgerichteten oder zur bundesweiten Verbreitung beauftragten oder zugelassenen Programm ist nur zulässig, wenn und soweit das Recht des Landes, in dem die nichtbundesweite Verbreitung erfolgt, dies gestattet. ²Die nichtbundesweit verbreitete Rundfunkwerbung oder andere Inhalte privater Veranstalter bedürfen einer gesonderten landesrechtlichen Zulassung; diese kann von gesetzlich zu bestimmenden inhaltlichen Voraussetzungen abhängig gemacht werden.

(12) Die Absätze 1 bis 11 gelten auch für Teleshoppingkanäle.

§ 9 Einfügung von Rundfunkwerbung und Teleshopping. (1) Übertragun-gen von Gottesdiensten sowie Sendungen für Kinder dürfen nicht durch Rundfunkwerbung oder Teleshopping unterbrochen werden.

(2) ¹Einzeln gesendete Werbe- und Teleshopping-Spots im Fernsehen müssen die Ausnahme bleiben; dies gilt nicht bei der Übertragung von Sportveranstaltungen. ²Die Einfügung von Werbe- oder Teleshopping-Spots im Fernsehen darf den Zusammenhang von Sendungen unter Berücksichtigung der natürlichen Sendeunterbrechungen sowie der Dauer und der Art der Sendung nicht beeinträchtigen noch die Rechte von Rechteinhabern verletzen.

(3) Filme mit Ausnahme von Serien, Reihen und Dokumentarfilmen sowie Kinofilme und Nachrichtensendungen dürfen für jeden programmierten Zeitraum von mindestens 30 Minuten einmal für Fernsehwerbung oder Teleshopping unterbrochen werden.

(4) ¹Richten sich Rundfunkwerbung oder Teleshopping in einem Fernsehprogramm eigens und häufig an Zuschauer eines anderen Staates, der das Europäische Übereinkommen über das grenzüberschreitende Fernsehen ratifiziert hat und nicht Mitglied der Europäischen Union ist, dürfen die für die Fernsehwerbung oder das Teleshopping dort geltenden Vorschriften nicht umgangen werden. ²Satz 1 gilt nicht, wenn die Vorschriften dieses Staatsvertrages über die Rundfunkwerbung oder das Teleshopping strenger sind als jene Vorschrif-

ten, die in dem betreffenden Staat gelten, ferner nicht, wenn mit dem betroffenen Staat Übereinkünfte auf diesem Gebiet geschlossen wurden.

§ 10 Sponsoring. (1) [1]Auf das Bestehen einer Sponsoring-Vereinbarung muss eindeutig hingewiesen werden; bei Sendungen, die ganz oder teilweise gesponsert werden, muss zu Beginn oder am Ende auf die Finanzierung durch den Sponsor in vertretbarer Kürze und in angemessener Weise deutlich hingewiesen werden; der Hinweis ist in diesem Rahmen auch durch Bewegtbild möglich. [2]Neben oder anstelle des Namens des Sponsors kann auch dessen Firmenemblem oder eine Marke, ein anderes Symbol des Sponsors, ein Hinweis auf seine Produkte oder Dienstleistungen oder ein entsprechendes unterscheidungskräftiges Zeichen eingeblendet werden.

(2) Der Inhalt eines gesponserten Rundfunkprogramms oder einer gesponserten Sendung und der Programmplatz einer Sendung dürfen vom Sponsor nicht in der Weise beeinflusst werden, dass die redaktionelle Verantwortung und Unabhängigkeit des Rundfunkveranstalters beeinträchtigt werden.

(3) Gesponserte Sendungen dürfen nicht zum Verkauf, zum Kauf oder zur Miete oder Pacht von Erzeugnissen oder Dienstleistungen des Sponsors oder eines Dritten, vor allem durch entsprechende besondere Hinweise, anregen.

(4) [1]Nachrichtensendungen und Sendungen zur politischen Information dürfen nicht gesponsert werden. [2]In Kindersendungen und Sendungen religiösen Inhalts ist das Zeigen von Sponsorenlogos untersagt.

(5) Die Absätze 1 bis 4 gelten auch für Teleshoppingkanäle.

(6) § 8 Abs. 3 Satz 3 und Abs. 8 bis 10 gilt entsprechend.

§ 11 Gewinnspiele. (1) [1]Gewinnspielsendungen und Gewinnspiele sind zulässig. [2]Sie unterliegen dem Gebot der Transparenz und des Teilnehmerschutzes. [3]Sie dürfen nicht irreführen und den Interessen der Teilnehmer nicht schaden. [4]Insbesondere ist im Programm über die Kosten der Teilnahme, die Teilnahmeberechtigung, die Spielgestaltung sowie über die Auflösung der gestellten Aufgabe zu informieren. [5]Die Belange des Jugendschutzes sind zu wahren. [6]Für die Teilnahme darf nur ein Entgelt bis zu 0,50 Euro verlangt werden; § 35 Satz 3 bleibt unberührt.

(2) Der Veranstalter hat der für die Aufsicht zuständigen Stelle auf Verlangen alle Unterlagen vorzulegen und Auskünfte zu erteilen, die zur Überprüfung der ordnungsgemäßen Durchführung der Gewinnspielsendungen und Gewinnspiele erforderlich sind.

(3) Die Absätze 1 und 2 gelten auch für Teleshoppingkanäle.

§ 12 Datenverarbeitung zu journalistischen Zwecken, Medienprivileg.
(1) [1]Soweit die in der ARD zusammengeschlossenen Landesrundfunkanstalten, das ZDF, das Deutschlandradio oder private Rundfunkveranstalter personenbezogene Daten zu journalistischen Zwecken verarbeiten, ist es den hier-

mit befassten Personen untersagt, diese personenbezogenen Daten zu anderen Zwecken zu verarbeiten (Datengeheimnis). ²Diese Personen sind bei der Aufnahme ihrer Tätigkeit auf das Datengeheimnis zu verpflichten. ³Das Datengeheimnis besteht auch nach Beendigung ihrer Tätigkeit fort. ⁴Im Übrigen finden für die Datenverarbeitung zu journalistischen Zwecken von der Verordnung (EU) 2016/679 des Europäischen Parlaments und des Rates vom 27. April 2016 zum Schutz natürlicher Personen bei der Verarbeitung personenbezogener Daten, zum freien Datenverkehr und zur Aufhebung der Richtlinie 95/46/EG (Datenschutz-Grundverordnung) (ABl. L 119 vom 4.5.2016, S. 1; L 314 vom 22.11.2016, S. 72; L 127 vom 23.5.2018, S. 2) außer den Kapiteln I, VIII, X und XI nur die Artikel 5 Abs. 1 Buchst. f in Verbindung mit Abs. 2, Artikel 24 und Artikel 32 Anwendung. ⁵Artikel 82 und 83 der Verordnung (EU) 2016/679 gelten mit der Maßgabe, dass nur für eine Verletzung des Datengeheimnisses gemäß den Sätzen 1 bis 3 sowie für unzureichende Maßnahmen nach Artikel 5 Abs. 1 Buchst. f, Artikel 24 und 32 der Verordnung (EU) 2016/679 gehaftet wird. ⁶Die Sätze 1 bis 5 gelten entsprechend für die zu den in Satz 1 genannten Stellen gehörenden Hilfs- und Beteiligungsunternehmen. ⁷Die in der ARD zusammengeschlossenen Landesrundfunkanstalten, das ZDF, das Deutschlandradio und andere Rundfunkveranstalter sowie ihre Verbände und Vereinigungen können sich Verhaltenskodizes geben, die in einem transparenten Verfahren erlassen und veröffentlicht werden. ⁸Den betroffenen Personen stehen nur die in den Absätzen 2 und 3 genannten Rechte zu.

(2) Führt die journalistische Verarbeitung personenbezogener Daten zur Verbreitung von Gegendarstellungen der betroffenen Person oder zu Verpflichtungserklärungen, Beschlüssen oder Urteilen über die Unterlassung der Verbreitung oder über den Widerruf des Inhalts der Daten, so sind diese Gegendarstellungen, Verpflichtungserklärungen und Widerrufe zu den gespeicherten Daten zu nehmen und dort für dieselbe Zeitdauer aufzubewahren wie die Daten selbst sowie bei einer Übermittlung der Daten gemeinsam mit diesen zu übermitteln.

(3) ¹Wird jemand durch eine Berichterstattung in seinem Persönlichkeitsrecht beeinträchtigt, kann die betroffene Person Auskunft über die der Berichterstattung zugrunde liegenden, zu ihrer Person gespeicherten Daten verlangen. ²Die Auskunft kann nach Abwägung der schutzwürdigen Interessen der Beteiligten verweigert werden, soweit
1. aus den Daten auf Personen, die bei der Vorbereitung, Herstellung oder Verbreitung von Rundfunksendungen mitwirken oder mitgewirkt haben, geschlossen werden kann,
2. aus den Daten auf die Person des Einsenders oder des Gewährsträgers von Beiträgen, Unterlagen und Mitteilungen für den redaktionellen Teil geschlossen werden kann oder
3. durch die Mitteilung der recherchierten oder sonst erlangten Daten die journalistische Aufgabe durch Ausforschung des Informationsbestandes beeinträchtigt würde.

Medienstaatsvertrag MStV 21

³Die betroffene Person kann die unverzügliche Berichtigung unrichtiger personenbezogener Daten im Datensatz oder die Hinzufügung einer eigenen Darstellung von angemessenem Umfang verlangen. ⁴Die weitere Speicherung der personenbezogenen Daten ist rechtmäßig, wenn dies für die Ausübung des Rechts auf freie Meinungsäußerung und Information oder zur Wahrnehmung berechtigter Interessen erforderlich ist.

(4) ¹Für die in der ARD zusammengeschlossenen Landesrundfunkanstalten, das ZDF, das Deutschlandradio und private Rundfunkveranstalter sowie zu diesen gehörende Beteiligungs- und Hilfsunternehmen wird die Aufsicht über die Einhaltung der geltenden datenschutzrechtlichen Bestimmungen durch Landesrecht bestimmt. ²Regelungen dieses Staatsvertrages bleiben unberührt.

(5) Die Absätze 1 bis 4 gelten auch für Teleshoppingkanäle.

§ 13 Übertragung von Großereignissen. (1) ¹Die Ausstrahlung im Fernsehen von Ereignissen von erheblicher gesellschaftlicher Bedeutung (Großereignisse) in Deutschland verschlüsselt und gegen besonderes Entgelt ist nur zulässig, wenn der Fernsehveranstalter selbst oder ein Dritter zu angemessenen Bedingungen ermöglicht, dass das Ereignis zumindest in einem frei empfangbaren und allgemein zugänglichen Fernsehprogramm in Deutschland zeitgleich oder, sofern wegen parallel laufender Einzelereignisse nicht möglich, geringfügig zeitversetzt ausgestrahlt werden kann. ²Besteht keine Einigkeit über die Angemessenheit der Bedingungen, sollen die Parteien rechtzeitig vor dem Ereignis ein schiedsrichterliches Verfahren nach den §§ 1025 ff. der Zivilprozessordnung vereinbaren; kommt die Vereinbarung eines schiedsrichterlichen Verfahrens aus Gründen, die der Fernsehveranstalter oder der Dritte zu vertreten haben, nicht zustande, gilt die Übertragung nach Satz 1 als nicht zu angemessenen Bedingungen ermöglicht. ³Als allgemein zugängliches Fernsehprogramm gilt nur ein Programm, das in mehr als zwei Drittel der Haushalte tatsächlich empfangbar ist.

(2) ¹Großereignisse im Sinne dieser Bestimmung sind:
1. Olympische Sommer- und Winterspiele,
2. bei Fußball-Europa- und -Weltmeisterschaften alle Spiele mit deutscher Beteiligung sowie unabhängig von einer deutschen Beteiligung das Eröffnungsspiel, die Halbfinalspiele und das Endspiel,
3. die Halbfinalspiele und das Endspiel um den Vereinspokal des Deutschen Fußball-Bundes,
4. Heim- und Auswärtsspiele der deutschen Fußballnationalmannschaft,
5. Endspiele der europäischen Vereinsmeisterschaften im Fußball (Champions League, Europa League) bei deutscher Beteiligung.

²Bei Großereignissen, die aus mehreren Einzelereignissen bestehen, gilt jedes Einzelereignis als Großereignis. ³Die Aufnahme oder Herausnahme von Ereignissen in diese Bestimmung ist nur durch Staatsvertrag aller Länder zulässig.

(3) Teilt ein Mitgliedstaat der Europäischen Union seine Bestimmungen über die Ausstrahlung von Großereignissen nach Artikel 14 Abs. 2 der Richtli-

nie 2010/13/EU der Europäischen Kommission mit und erhebt die Kommission nicht binnen drei Monaten seit der Mitteilung Einwände und werden die Bestimmungen des betreffenden Mitgliedstaates im Amtsblatt der Europäischen Union veröffentlicht, ist die Ausstrahlung von Großereignissen verschlüsselt und gegen Entgelt für diesen Mitgliedstaat nur zulässig, wenn der Fernsehveranstalter nach den im Amtsblatt veröffentlichten Bestimmungen des betreffenden Mitgliedstaates eine Übertragung in einem frei zugänglichen Programm ermöglicht.

(4) [1]Sind Bestimmungen eines Staates, der das Europäische Übereinkommen über das grenzüberschreitende Fernsehen in der Fassung des Änderungsprotokolls vom 9. September 1998 ratifiziert hat, nach dem Verfahren nach Artikel 9a Abs. 3 des Übereinkommens veröffentlicht, gilt diese Regelung für Veranstalter in Deutschland nach Maßgabe des Satzes 4, es sei denn, die Regierungschefinnen und Regierungschefs der Länder versagen der Regelung innerhalb einer Frist von sechs Monaten durch einstimmigen Beschluss die Anerkennung. [2]Die Anerkennung kann nur versagt werden, wenn die Bestimmungen des betreffenden Staates gegen das Grundgesetz oder die Europäische Konvention zum Schutze der Menschenrechte und Grundfreiheiten verstoßen. [3]Die für Veranstalter in Deutschland nach dem vorbezeichneten Verfahren geltenden Bestimmungen sind in den amtlichen Veröffentlichungsblättern der Länder bekannt zu machen. [4]Mit dem Tag der letzten Bekanntmachung in den Veröffentlichungsblättern der Länder ist die Ausstrahlung von Großereignissen verschlüsselt und gegen Entgelt für diesen betreffenden Staat nur zulässig, wenn der Fernsehveranstalter nach den veröffentlichten Bestimmungen des betreffenden Staates eine Übertragung dort in einem frei zugänglichen Programm ermöglicht.

(5) [1]Verstößt ein Veranstalter gegen die Bestimmungen der Absätze 3 und 4, kann die Zulassung widerrufen werden. [2]Statt des Widerrufs kann die Zulassung mit Nebenbestimmungen versehen werden, soweit dies ausreicht, den Verstoß zu beseitigen.

§ 14 Kurzberichterstattung. (1) [1]Das Recht auf unentgeltliche Kurzberichterstattung über Veranstaltungen und Ereignisse, die öffentlich zugänglich und von allgemeinem Informationsinteresse sind, steht jedem in Europa zugelassenen Fernsehveranstalter zu eigenen Sendezwecken zu. [2]Dieses Recht schließt die Befugnis zum Zugang, zur kurzzeitigen Direktübertragung, zur Aufzeichnung, zu deren Auswertung zu einem einzigen Beitrag und zur Weitergabe unter den Voraussetzungen der Absätze 2 bis 12 ein.

(2) Anderweitige gesetzliche Bestimmungen, insbesondere solche des Urheberrechts und des Persönlichkeitsschutzes, bleiben unberührt.

(3) Auf die Kirchen und auf andere Religionsgemeinschaften sowie deren Einrichtungen mit entsprechender Aufgabenstellung findet Absatz 1 keine Anwendung.

(4) [1]Die unentgeltliche Kurzberichterstattung ist auf eine dem Anlass entsprechende nachrichtenmäßige Kurzberichterstattung beschränkt. [2]Die zuläs-

Medienstaatsvertrag MStV 21

sige Dauer bemisst sich nach der Länge der Zeit, die notwendig ist, um den nachrichtenmäßigen Informationsgehalt der Veranstaltung oder des Ereignisses zu vermitteln. ³Bei kurzfristig und regelmäßig wiederkehrenden Veranstaltungen vergleichbarer Art beträgt die Obergrenze der Dauer in der Regel eineinhalb Minuten. ⁴Werden Kurzberichte über Veranstaltungen vergleichbarer Art zusammengefasst, muss auch in dieser Zusammenfassung der nachrichtenmäßige Charakter gewahrt bleiben.

(5) ¹Das Recht auf Kurzberichterstattung muss so ausgeübt werden, dass vermeidbare Störungen der Veranstaltung oder des Ereignisses unterbleiben. ²Der Veranstalter kann die Übertragung oder die Aufzeichnung einschränken oder ausschließen, wenn anzunehmen ist, dass sonst die Durchführung der Veranstaltung infrage gestellt oder das sittliche Empfinden der Veranstaltungsteilnehmer gröblich verletzt würde. ³Das Recht auf Kurzberichterstattung ist ausgeschlossen, wenn Gründe der öffentlichen Sicherheit und Ordnung entgegenstehen und diese das öffentliche Interesse an der Information überwiegen. ⁴Unberührt bleibt im Übrigen das Recht des Veranstalters, die Übertragung oder die Aufzeichnung der Veranstaltung insgesamt auszuschließen.

(6) Für die Ausübung des Rechts auf Kurzberichterstattung kann der Veranstalter das allgemein vorgesehene Eintrittsgeld verlangen; im Übrigen ist ihm Ersatz seiner notwendigen Aufwendungen zu leisten, die durch die Ausübung des Rechts entstehen.

(7) ¹Für die Ausübung des Rechts auf Kurzberichterstattung über berufsmäßig durchgeführte Veranstaltungen kann der Veranstalter ein dem Charakter der Kurzberichterstattung entsprechendes billiges Entgelt verlangen. ²Wird über die Höhe des Entgelts keine Einigkeit erzielt, soll ein schiedsrichterliches Verfahren nach den §§ 1025 ff. der Zivilprozessordnung vereinbart werden. ³Das Fehlen einer Vereinbarung über die Höhe des Entgelts oder über die Durchführung eines schiedsrichterlichen Verfahrens steht der Ausübung des Rechts auf Kurzberichterstattung nicht entgegen; dasselbe gilt für einen bereits anhängigen Rechtsstreit über die Höhe des Entgelts.

(8) ¹Die Ausübung des Rechts auf Kurzberichterstattung setzt eine Anmeldung des Fernsehveranstalters bis spätestens zehn Tage vor Beginn der Veranstaltung beim Veranstalter voraus. ²Dieser hat spätestens fünf Tage vor dem Beginn der Veranstaltung den anmeldenden Fernsehveranstaltern mitzuteilen, ob genügend räumliche und technische Möglichkeiten für eine Übertragung oder Aufzeichnung bestehen. ³Bei kurzfristigen Veranstaltungen und bei Ereignissen haben die Anmeldungen zum frühestmöglichen Zeitpunkt zu erfolgen.

(9) ¹Reichen die räumlichen und technischen Gegebenheiten für eine Berücksichtigung aller Anmeldungen nicht aus, haben zunächst die Fernsehveranstalter Vorrang, die vertragliche Vereinbarungen mit dem Veranstalter oder dem Träger des Ereignisses geschlossen haben. ²Darüber hinaus steht dem Veranstalter oder dem Träger des Ereignisses ein Auswahlrecht zu. ³Dabei sind

zunächst solche Fernsehveranstalter zu berücksichtigen, die eine umfassende Versorgung des Landes sicherstellen, in dem die Veranstaltung oder das Ereignis stattfindet.

(10) Fernsehveranstalter, die die Kurzberichterstattung wahrnehmen, sind verpflichtet, das Signal und die Aufzeichnung unmittelbar denjenigen Fernsehveranstaltern gegen Ersatz der angemessenen Aufwendungen zur Verfügung zu stellen, die nicht zugelassen werden konnten.

(11) Trifft der Veranstalter oder der Träger eines Ereignisses eine vertragliche Vereinbarung mit einem Fernsehveranstalter über eine Berichterstattung, hat er dafür Sorge zu tragen, dass mindestens ein anderer Fernsehveranstalter eine Kurzberichterstattung wahrnehmen kann.

(12) [1]Die für die Kurzberichterstattung nicht verwerteten Teile sind spätestens drei Monate nach Beendigung der Veranstaltung oder des Ereignisses zu vernichten; die Vernichtung ist dem betreffenden Veranstalter oder Träger des Ereignisses schriftlich mitzuteilen. [2]Die Frist wird durch die Ausübung berechtigter Interessen Dritter unterbrochen.

§ 15 Europäische Produktionen, Eigen-, Auftrags- und Gemeinschaftsproduktionen. (1) Die Fernsehveranstalter tragen zur Sicherung von deutschen und europäischen Film- und Fernsehproduktionen als Kulturgut sowie als Teil des audiovisuellen Erbes bei.

(2) Zur Darstellung der Vielfalt im deutschsprachigen und europäischen Raum und zur Förderung von europäischen Film- und Fernsehproduktionen sollen die Fernsehveranstalter den Hauptteil ihrer insgesamt für Spielfilme, Fernsehspiele, Serien, Dokumentarsendungen und vergleichbare Produktionen vorgesehenen Sendezeit europäischen Werken entsprechend dem europäischen Recht vorbehalten.

(3) [1]Fernsehvollprogramme sollen einen wesentlichen Anteil an Eigenproduktionen sowie Auftrags- und Gemeinschaftsproduktionen aus dem deutschsprachigen und europäischen Raum enthalten. [2]Das gleiche gilt für Fernsehspartenprogramme, soweit dies nach ihren inhaltlichen Schwerpunkten möglich ist.

(4) [1]Im Rahmen seines Programmauftrages und unter Berücksichtigung der Grundsätze von Wirtschaftlichkeit und Sparsamkeit ist der öffentlich-rechtliche Rundfunk zur qualitativen und quantitativen Sicherung seiner Programmbeschaffung berechtigt, sich an Filmförderungen zu beteiligen, ohne dass unmittelbar eine Gegenleistung erfolgen muss. [2]Weitere landesrechtliche Regelungen bleiben unberührt.

§ 16 Auskunftspflicht und zuständige Behörden nach dem Europäischen Übereinkommen über das grenzüberschreitende Fernsehen. (1) [1]Die Rundfunkanstalten des Landesrechts sind verpflichtet, der nach Landesrecht zuständigen Behörde gemäß Artikel 6 Abs. 2 des Europäischen Übereinkommens über das grenzüberschreitende Fernsehen die dort aufgeführten Informationen auf Verlangen zur Verfügung zu stellen. ²Gleiches gilt für private Fernsehveranstalter, die auf Verlangen die Informationen der Landesmedienanstalt des Landes zur Verfügung zu stellen haben, in dem die Zulassung erteilt wurde oder in dem der Fernsehveranstalter im Sinne des § 54 seinen Sitz, Wohnsitz oder in Ermangelung dessen seinen ständigen Aufenthalt hat. ³Diese leitet die Informationen an ihre rechtsaufsichtsführende Behörde weiter.

(2) ¹Die Regierungschefinnen und Regierungschefs der Länder bestimmen durch Beschluss eine oder mehrere der in Absatz 1 genannten Behörden, welche die Aufgaben nach Artikel 19 Abs. 2 und 3 des Europäischen Übereinkommens über das grenzüberschreitende Fernsehen wahrnehmen. ²Diesen Behörden sind zur Durchführung ihrer Aufgaben alle erforderlichen Informationen durch die zuständigen Behörden der einzelnen Länder zu übermitteln.

(3) ¹Die Absätze 1 und 2 gelten entsprechend, soweit rechtsverbindliche Berichtspflichten der Länder zum Rundfunk gegenüber zwischenstaatlichen Einrichtungen oder internationalen Organisationen bestehen. ²Satz 1 gilt auch für Teleshoppingkanäle.

2. Unterabschnitt
Telemedien

§ 17 Allgemeine Grundsätze, Zulassungs- und Anmeldefreiheit. ¹Telemedien sind im Rahmen der Gesetze zulassungs- und anmeldefrei. ²Für die Angebote gilt die verfassungsmäßige Ordnung. ³Die Vorschriften der allgemeinen Gesetze und die gesetzlichen Bestimmungen zum Schutz der persönlichen Ehre sind einzuhalten.

§ 18 Informationspflichten und Auskunftsrechte. (1) Anbieter von Telemedien, die nicht ausschließlich persönlichen oder familiären Zwecken dienen, haben folgende Informationen leicht erkennbar, unmittelbar erreichbar und ständig verfügbar zu halten:
1. Name und Anschrift sowie
2. bei juristischen Personen auch Name und Anschrift des Vertretungsberechtigten.

(2) ¹Anbieter von Telemedien mit journalistisch-redaktionell gestalteten Angeboten, in denen insbesondere vollständig oder teilweise Inhalte periodischer Druckerzeugnisse in Text oder Bild wiedergegeben werden, haben zusätzlich zu den Angaben nach den §§ 5 und 6 des Telemediengesetzes einen Verantwortlichen mit Angabe des Namens und der Anschrift zu benennen. ²Werden mehrere Verantwortliche benannt, ist kenntlich zu machen, für welchen Teil des Dienstes der jeweils Benannte verantwortlich ist. ³Als Verantwortlicher darf nur benannt werden, wer

1. seinen ständigen Aufenthalt im Inland hat,
2. die Fähigkeit, öffentliche Ämter zu bekleiden, nicht durch Richterspruch verloren hat,
3. unbeschränkt geschäftsfähig ist und
4. unbeschränkt strafrechtlich verfolgt werden kann.

[4]Satz 3 Nr. 3 und 4 gilt nicht für Jugendliche, die Telemedien verantworten, die für Jugendliche bestimmt sind.

(3) [1]Anbieter von Telemedien in sozialen Netzwerken sind verpflichtet, bei mittels eines Computerprogramms automatisiert erstellten Inhalten oder Mitteilungen den Umstand der Automatisierung kenntlich zu machen, sofern das hierfür verwandte Nutzerkonto seinem äußeren Erscheinungsbild nach für die Nutzung durch natürliche Personen bereitgestellt wurde. [2]Dem Inhalt oder der Mitteilung ist der Hinweis gut lesbar bei- oder voranzustellen, dass dieser oder diese unter Einsatz eines das Nutzerkonto steuernden Computerprogrammes automatisiert erstellt und versandt wurde. [3]Ein Erstellen im Sinne dieser Vorschrift liegt nicht nur vor, wenn Inhalte und Mitteilungen unmittelbar vor dem Versenden automatisiert generiert werden, sondern auch, wenn bei dem Versand automatisiert auf einen vorgefertigten Inhalt oder eine vorprogrammierte Mitteilung zurückgegriffen wird.

(4) Für Anbieter von Telemedien nach Absatz 2 Satz 1 gilt § 5 entsprechend.

§ 19 Sorgfaltspflichten. (1) [1]Telemedien mit journalistisch-redaktionell gestalteten Angeboten, in denen insbesondere vollständig oder teilweise Inhalte periodischer Druckerzeugnisse in Text oder Bild wiedergegeben werden, haben den anerkannten journalistischen Grundsätzen zu entsprechen. [2]Gleiches gilt für andere geschäftsmäßig angebotene, journalistisch-redaktionell gestaltete Telemedien, in denen regelmäßig Nachrichten oder politische Informationen enthalten sind und die nicht unter Satz 1 fallen. [3]Nachrichten sind vom Anbieter vor ihrer Verbreitung mit der nach den Umständen gebotenen Sorgfalt auf Inhalt, Herkunft und Wahrheit zu prüfen.

(2) Bei der Wiedergabe von Meinungsumfragen, die von Anbietern von Telemedien durchgeführt werden, ist ausdrücklich anzugeben, ob sie repräsentativ sind.

(3) [1]Anbieter nach Absatz 1 Satz 2, die nicht der Selbstregulierung durch den Pressekodex und der Beschwerdeordnung des Deutschen Presserates unterliegen, können sich einer nach den Absätzen 4 bis 8 anerkannten Einrichtung der Freiwilligen Selbstkontrolle anschließen. [2]Anerkannte Einrichtungen der Freiwilligen Selbstkontrolle überprüfen die Einhaltung der Pflichten nach den Absätzen 1 und 2 bei den ihnen angeschlossenen Anbietern. [3]Sie sind verpflichtet, gemäß ihrer Verfahrensordnung nach Absatz 4 Nr. 4 Beschwerden über die ihnen angeschlossenen Anbieter unverzüglich nachzugehen.

(4) Eine Einrichtung ist als Einrichtung der Freiwilligen Selbstkontrolle im Sinne des Absatzes 3 anzuerkennen, wenn

Medienstaatsvertrag **MStV 21**

1. die Unabhängigkeit und Sachkunde ihrer benannten Prüfer gewährleistet ist und dabei auch Vertreter aus gesellschaftlichen Gruppen berücksichtigt sind, die sich in besonderer Weise mit Fragen des Journalismus befassen,
2. eine sachgerechte Ausstattung sichergestellt ist,
3. Vorgaben für die Entscheidungen der Prüfer bestehen, die in der Spruchpraxis die Einhaltung der Vorgaben der Absätze 1 und 2 zu gewährleisten geeignet sind,
4. eine Verfahrensordnung besteht, die den Umfang und Ablauf der Prüfung sowie mögliche Sanktionen regelt und die Möglichkeit der Überprüfung von Entscheidungen vorsieht,
5. gewährleistet ist, dass die betroffenen Anbieter vor einer Entscheidung gehört werden, die Entscheidung schriftlich begründet und den Beteiligten mitgeteilt wird,
6. eine Beschwerdestelle eingerichtet ist und
7. die Einrichtung für den Beitritt weiterer Anbieter offensteht.

(5) Die Entscheidung über die Anerkennung trifft die zuständige Landesmedienanstalt.

(6) [1]Die Anerkennung kann ganz oder teilweise widerrufen oder mit Nebenbestimmungen versehen werden, wenn die Voraussetzungen für die Anerkennung nachträglich entfallen sind oder die Spruchpraxis der Einrichtung nicht mit den Bestimmungen dieses Staatsvertrages übereinstimmt. [2]Eine Entschädigung für Vermögensnachteile durch den Widerruf der Anerkennung wird nicht gewährt.

(7) Die anerkannten Einrichtungen der Freiwilligen Selbstkontrolle sollen sich über die Anwendung der Absätze 1 und 2 abstimmen.

(8) [1]Die zuständige Landesmedienanstalt kann Entscheidungen einer anerkannten Einrichtung der Freiwilligen Selbstkontrolle, die die Grenzen des Beurteilungsspielraums überschreiten, beanstanden und ihre Aufhebung verlangen. [2]Kommt eine anerkannte Einrichtung der Freiwilligen Selbstkontrolle ihren Aufgaben und Pflichten nicht nach, kann die zuständige Landesmedienanstalt verlangen, dass sie diese erfüllt. [3]Eine Entschädigung für hierdurch entstehende Vermögensnachteile wird nicht gewährt.

§ 20 Gegendarstellung. (1) [1]Anbieter von Telemedien mit journalistisch-redaktionell gestalteten Angeboten, in denen insbesondere vollständig oder teilweise Inhalte periodischer Druckerzeugnisse in Text oder Bild wiedergegeben werden, sind verpflichtet, unverzüglich eine Gegendarstellung der Person oder Stelle, die durch eine in ihrem Angebot aufgestellte Tatsachenbehauptung betroffen ist, ohne Kosten für den Betroffenen in ihr Angebot ohne zusätzliches Abrufentgelt aufzunehmen. [2]Die Gegendarstellung ist ohne Einschaltungen und Weglassungen in gleicher Aufmachung wie die Tatsachenbehauptung anzubieten. [3]Die Gegendarstellung ist so lange wie die Tatsachenbehauptung in unmittelbarer Verknüpfung mit ihr anzubieten. [4]Wird die Tatsachenbehauptung nicht mehr angeboten oder endet das Angebot vor Aufnahme der Gegendarstellung, ist die Gegendarstellung an vergleichbarer Stelle so lange anzubieten, wie die ursprünglich angebotene Tatsachenbehauptung. [5]Eine Erwiderung auf die Gegendarstellung muss sich auf tatsächliche Angaben beschränken und darf nicht unmittelbar mit der Gegendarstellung verknüpft werden.

(2) Eine Verpflichtung zur Aufnahme der Gegendarstellung gemäß Absatz 1 besteht nicht, wenn
1. der Betroffene kein berechtigtes Interesse an der Gegendarstellung hat,
2. der Umfang der Gegendarstellung unangemessen über den der beanstandeten Tatsachenbehauptung hinausgeht,
3. die Gegendarstellung sich nicht auf tatsächliche Angaben beschränkt oder einen strafbaren Inhalt hat oder
4. die Gegendarstellung nicht unverzüglich, spätestens sechs Wochen nach dem letzten Tage des Angebots des beanstandeten Textes, jedenfalls jedoch drei Monate nach der erstmaligen Einstellung des Angebots, dem in Anspruch genommenen Anbieter schriftlich und von dem Betroffenen oder seinem gesetzlichen Vertreter unterzeichnet zugeht.

(3) [1]Für die Durchsetzung des vergeblich geltend gemachten Gegendarstellungsanspruchs ist der ordentliche Rechtsweg gegeben. [2]Auf dieses Verfahren sind die Vorschriften der Zivilprozessordnung über das Verfahren auf Erlass einer einstweiligen Verfügung entsprechend anzuwenden. [3]Eine Gefährdung des Anspruchs braucht nicht glaubhaft gemacht zu werden. [4]Ein Verfahren zur Hauptsache findet nicht statt.

(4) Eine Verpflichtung zur Gegendarstellung besteht nicht für wahrheitsgetreue Berichte über öffentliche Sitzungen der übernationalen parlamentarischen Organe, der gesetzgebenden Organe des Bundes und der Länder sowie derjenigen Organe und Stellen, bei denen das jeweilige Landespressegesetz eine presserechtliche Gegendarstellung ausschließt.

§ 21 Barrierefreiheit. Anbieter von Telemedien sollen im Rahmen der technischen und ihrer finanziellen Möglichkeiten den barrierefreien Zugang zu Fernsehprogrammen und fernsehähnlichen Telemedien unterstützen.

§ 22 Werbung, Sponsoring, Gewinnspiele. (1) [1]Werbung muss als solche klar erkennbar und vom übrigen Inhalt der Angebote eindeutig getrennt sein. [2]In der Werbung dürfen keine unterschwelligen Techniken eingesetzt werden. [3]Bei Werbung politischer, weltanschaulicher oder religiöser Art muss auf den Werbetreibenden oder Auftraggeber in angemessener Weise deutlich hingewiesen werden; § 10 Abs. 1 Satz 2 gilt entsprechend.

(2) Für Sponsoring bei Fernsehtext gilt § 10 entsprechend.

(3) Für Gewinnspiele in Telemedien nach § 19 Abs. 1 gilt § 11 entsprechend.

§ 23 Datenverarbeitung zu journalistischen Zwecken, Medienprivileg. (1) [1]Soweit die in der ARD zusammengeschlossenen Landesrundfunkanstalten, das ZDF, das Deutschlandradio, private Rundfunkveranstalter oder

Medienstaatsvertrag **MStV 21**

Unternehmen und Hilfsunternehmen der Presse als Anbieter von Telemedien personenbezogene Daten zu journalistischen Zwecken verarbeiten, ist es den hiermit befassten Personen untersagt, diese personenbezogenen Daten zu anderen Zwecken zu verarbeiten (Datengeheimnis). ²Diese Personen sind bei der Aufnahme ihrer Tätigkeit auf das Datengeheimnis zu verpflichten. ³Das Datengeheimnis besteht auch nach Beendigung ihrer Tätigkeit fort. ⁴Im Übrigen finden für die Datenverarbeitung zu journalistischen Zwecken außer den Kapiteln I, VIII, X und XI der Verordnung (EU) 2016/679 nur die Artikel 5 Abs. 1 Buchst. f in Verbindung mit Abs. 2, Artikel 24 und Artikel 32 der Verordnung (EU) 2016/679 Anwendung. ⁵Artikel 82 und 83 der Verordnung (EU) 2016/679 gelten mit der Maßgabe, dass nur für eine Verletzung des Datengeheimnisses gemäß den Sätzen 1 bis 3 sowie für unzureichende Maßnahmen nach Artikel 5 Abs. 1 Buchst. f, Artikel 24 und 32 der Verordnung (EU) 2016/679 gehaftet wird. ⁶Kapitel VIII der Verordnung (EU) 2016/679 findet keine Anwendung, soweit Unternehmen, Hilfs- und Beteiligungsunternehmen der Presse der Selbstregulierung durch den Pressekodex und der Beschwerdeordnung des Deutschen Presserates unterliegen. ⁷Die Sätze 1 bis 6 gelten entsprechend für die zu den in Satz 1 genannten Stellen gehörenden Hilfs- und Beteiligungsunternehmen. ⁸Den betroffenen Personen stehen nur die in den Absätzen 2 und 3 genannten Rechte zu.

(2) ¹Werden personenbezogene Daten von einem Anbieter von Telemedien zu journalistischen Zwecken gespeichert, verändert, übermittelt, gesperrt oder gelöscht und wird die betroffene Person dadurch in ihrem Persönlichkeitsrecht beeinträchtigt, kann sie Auskunft über die zugrunde liegenden, zu ihrer Person gespeicherten Daten verlangen. ²Die Auskunft kann nach Abwägung der schutzwürdigen Interessen der Beteiligten verweigert werden, soweit
1. aus den Daten auf Personen, die bei der Vorbereitung, Herstellung oder Verbreitung mitgewirkt haben, geschlossen werden kann,
2. aus den Daten auf die Person des Einsenders oder des Gewährsträgers von Beiträgen, Unterlagen und Mitteilungen für den redaktionellen Teil geschlossen werden kann oder
3. durch die Mitteilung der recherchierten oder sonst erlangten Daten die journalistische Aufgabe des Anbieters durch Ausforschung des Informationsbestandes beeinträchtigt würde.

³Die betroffene Person kann die unverzügliche Berichtigung unrichtiger personenbezogener Daten im Datensatz oder die Hinzufügung einer eigenen Darstellung von angemessenem Umfang verlangen. ⁴Die weitere Speicherung der personenbezogenen Daten ist rechtmäßig, wenn dies für die Ausübung des Rechts auf freie Meinungsäußerung und Information oder zur Wahrnehmung berechtigter Interessen erforderlich ist. ⁵Die Sätze 1 bis 3 gelten nicht für Angebote von Unternehmen, Hilfs- und Beteiligungsunternehmen der Presse, soweit diese der Selbstregulierung durch den Pressekodex und der Beschwerdeordnung des Deutschen Presserates unterliegen.

(3) Führt die journalistische Verarbeitung personenbezogener Daten zur Verbreitung von Gegendarstellungen der betroffenen Person oder zu Verpflich-

tungserklärungen, Beschlüssen oder Urteilen über die Unterlassung der Verbreitung oder über den Widerruf des Inhalts der Daten, sind diese Gegendarstellungen, Verpflichtungserklärungen und Widerrufe zu den gespeicherten Daten zu nehmen und dort für dieselbe Zeitdauer aufzubewahren wie die Daten selbst sowie bei einer Übermittlung der Daten gemeinsam mit diesen zu übermitteln.

§ 24 Telemediengesetz, Öffentliche Stellen. (1) [1]Für Telemedien, die den Bestimmungen dieses Staatsvertrages oder den Bestimmungen der übrigen medienrechtlichen Staatsverträge der Länder unterfallen, gelten im Übrigen die Bestimmungen des Telemediengesetzes in seiner jeweils geltenden Fassung. [2]Absatz 2 bleibt unberührt.

(2) Für die öffentlichen Stellen der Länder gelten neben den vorstehenden Bestimmungen die Bestimmungen des Telemediengesetzes in seiner jeweils geltenden Fassung entsprechend.

(3) Die Aufsicht über die Einhaltung der Bestimmungen des Telemediengesetzes richtet sich nach Landesrecht.

§ 25 Notifizierung. Änderungen dieses Unterabschnitts sowie des V. Abschnitts unterliegen der Notifizierungspflicht gemäß der Richtlinie (EU) 2015/1535 des Europäischen Parlaments und des Rates vom 9. September 2015 über ein Informationsverfahren auf dem Gebiet der technischen Vorschriften und der Vorschriften für die Dienste der Informationsgesellschaft (ABl. L 241 vom 17.9.2015, S. 1).

III. Abschnitt

Besondere Bestimmungen für den öffentlich-rechtlichen Rundfunk

§ 26 Auftrag. (1) [1]Auftrag der öffentlich-rechtlichen Rundfunkanstalten ist, durch die Herstellung und Verbreitung ihrer Angebote als Medium und Faktor des Prozesses freier individueller und öffentlicher Meinungsbildung zu wirken und dadurch die demokratischen, sozialen und kulturellen Bedürfnisse der Gesellschaft zu erfüllen. [2]Die öffentlich-rechtlichen Rundfunkanstalten haben in ihren Angeboten einen umfassenden Überblick über das internationale, europäische, nationale und regionale Geschehen in allen wesentlichen Lebensbereichen zu geben. [3]Sie sollen hierdurch die internationale Verständigung, die europäische Integration und den gesellschaftlichen Zusammenhalt in Bund und Ländern fördern. [4]Ihre Angebote haben der Bildung, Information, Beratung und Unterhaltung zu dienen. [5]Sie haben Beiträge insbesondere zur Kultur anzubieten. [6]Auch Unterhaltung soll einem öffentlich-rechtlichen Angebotsprofil entsprechen.

(2) Die öffentlich-rechtlichen Rundfunkanstalten haben bei der Erfüllung ihres Auftrags die Grundsätze der Objektivität und Unparteilichkeit der Be-

Medienstaatsvertrag **MStV 21**

richterstattung, die Meinungsvielfalt sowie die Ausgewogenheit ihrer Angebote zu berücksichtigen.

(3) Die öffentlich-rechtlichen Rundfunkanstalten arbeiten zur Erfüllung ihres Auftrages zusammen; die Zusammenarbeit regeln sie in öffentlich-rechtlichen Verträgen.

(4) ¹Die öffentlich-rechtlichen Rundfunkanstalten sind mit der Erbringung von Dienstleistungen von allgemeinem wirtschaftlichem Interesse im Sinne des Artikels 106 Abs. 2 des Vertrages über die Arbeitsweise der Europäischen Union auch betraut, soweit sie zur Erfüllung ihres Auftrags gemäß Absatz 1 bei der Herstellung und Verbreitung von Angeboten im Sinne des § 27 zusammenarbeiten. ²Die Betrauung gilt insbesondere für die Bereiche Produktion, Produktionsstandards, Programmrechteerwerb, Programmaustausch, Verbreitung und Weiterverbreitung von Angeboten, Beschaffungswesen, Sendernetzbetrieb, informationstechnische und sonstige Infrastrukturen, Vereinheitlichung von Geschäftsprozessen, Beitragsservice und allgemeine Verwaltung. ³Von der Betrauung nicht umfasst sind kommerzielle Tätigkeiten nach § 40 Abs. 1 Satz 2.

§ 27 Angebote. (1) ¹Angebote des öffentlich-rechtlichen Rundfunks sind Rundfunkprogramme (Hörfunk- und Fernsehprogramme) und Telemedienangebote nach Maßgabe dieses Staatsvertrages und der jeweiligen landesrechtlichen Regelungen. ²Der öffentlich-rechtliche Rundfunk kann programmbegleitend Druckwerke mit programmbezogenem Inhalt anbieten.

(2) Rundfunkprogramme, die über unterschiedliche Übertragungswege zeitgleich verbreitet werden, gelten zahlenmäßig als ein Angebot.

§ 28 Fernsehprogramme. (1) Die in der ARD zusammengeschlossenen Landesrundfunkanstalten veranstalten gemeinsam folgende Fernsehprogramme:
1. das Vollprogramm „Erstes Deutsches Fernsehen (Das Erste)",
2. zwei Programme als Zusatzangebote nach Maßgabe der als Anlage beigefügten Konzepte, und zwar die Programme
   a) „tagesschau24" und
   b) „EinsFestival".

(2) Folgende Fernsehprogramme von einzelnen oder mehreren in der ARD zusammengeschlossenen Landesrundfunkanstalten werden nach Maßgabe ihres jeweiligen Landesrechts veranstaltet:
1. die Dritten Fernsehprogramme einschließlich regionaler Auseinanderschaltungen, und zwar jeweils
   a) des Bayerischen Rundfunks (BR),
   b) des Hessischen Rundfunks (HR),
   c) des Mitteldeutschen Rundfunks (MDR),
   d) des Norddeutschen Rundfunks (NDR),
   e) von Radio Bremen (RB),

[861]

f) vom Rundfunk Berlin-Brandenburg (RBB),
g) des Südwestrundfunks (SWR),
h) des Saarländischen Rundfunks (SR) und
i) des Westdeutschen Rundfunks (WDR),
2. das Spartenprogramm „ARD-alpha" mit dem Schwerpunkt Bildung vom BR.

(3) Das ZDF veranstaltet folgende Fernsehprogramme:
1. das Vollprogramm „Zweites Deutsches Fernsehen (ZDF)",
2. zwei Programme als Zusatzangebote nach Maßgabe der als Anlage beigefügten Konzepte, und zwar die Programme
   a) „ZDFinfo" und
   b) „ZDFneo".

(4) Die in der ARD zusammengeschlossenen Landesrundfunkanstalten und das ZDF veranstalten gemeinsam folgende Fernsehprogramme:
1. das Vollprogramm „3sat" mit kulturellem Schwerpunkt unter Beteiligung öffentlich-rechtlicher europäischer Veranstalter,
2. das Vollprogramm „arte – Der Europäische Kulturkanal" unter Beteiligung öffentlich-rechtlicher europäischer Veranstalter,
3. das Spartenprogramm „PHOENIX – Der Ereignis- und Dokumentationskanal" und
4. das Spartenprogramm „KI.KA – Der Kinderkanal".

(5) Die analoge Verbreitung eines bislang ausschließlich digital verbreiteten Programms ist unzulässig.

§ 29 Hörfunkprogramme. (1) [1]Die in der ARD zusammengeschlossenen Landesrundfunkanstalten veranstalten Hörfunkprogramme einzeln oder zu mehreren für ihr jeweiliges Versorgungsgebiet auf Grundlage des jeweiligen Landesrechts; bundesweit ausgerichtete Hörfunkprogramme finden nicht statt. [2]Ausschließlich im Internet verbreitete Hörfunkprogramme sind nur nach Maßgabe eines nach § 32 durchgeführten Verfahrens zulässig.

(2) [1]Die Gesamtzahl der terrestrisch verbreiteten Hörfunkprogramme der in der ARD zusammengeschlossenen Landesrundfunkanstalten darf die Zahl der zum 1. April 2004 terrestrisch verbreiteten Hörfunkprogramme nicht übersteigen. [2]Das Landesrecht kann vorsehen, dass die jeweilige Landesrundfunkanstalt zusätzlich so viele digitale terrestrische Hörfunkprogramme veranstaltet, wie sie Länder versorgt. [3]Das jeweilige Landesrecht kann vorsehen, dass terrestrisch verbreitete Hörfunkprogramme gegen andere terrestrisch verbreitete Hörfunkprogramme, auch gegen ein Kooperationsprogramm, ausgetauscht werden, wenn dadurch insgesamt keine Mehrkosten entstehen und sich die Gesamtzahl der Programme nicht erhöht. [4]Kooperationsprogramme werden jeweils als ein Programm der beteiligten Anstalten gerechnet. [5]Regionale Auseinanderschaltungen von Programmen bleiben unberührt. [6]Der Austausch eines in digitaler Technik verbreiteten Programms gegen ein in analoger Technik verbreitetes Programm ist nicht zulässig.

Medienstaatsvertrag **MStV 21**

(3) Das Deutschlandradio veranstaltet folgende Hörfunkprogramme mit den Schwerpunkten in den Bereichen Information, Bildung und Kultur:
1. das Programm „Deutschlandfunk",
2. das Programm „Deutschlandfunk Kultur",
3. das in digitaler Technik verbreitete Programm „Deutschlandfunk Nova" nach Maßgabe des als Anlage beigefügten Konzepts, insbesondere unter Rückgriff auf die Möglichkeiten nach § 5 Abs. 2 des Deutschlandradio-Staatsvertrages; die in der ARD zusammengeschlossenen Landesrundfunkanstalten kooperieren hierzu mit dem Deutschlandradio,
4. ausschließlich im Internet verbreitete Hörfunkprogramme mit Inhalten aus den in den Nummern 1 bis 3 aufgeführten Programmen nach Maßgabe eines nach § 32 durchgeführten Verfahrens.

(4) Die in der ARD zusammengeschlossenen Landesrundfunkanstalten und das Deutschlandradio veröffentlichen in den amtlichen Verkündungsblättern der Länder jährlich zum 1. Januar eine Auflistung der von allen Anstalten insgesamt veranstalteten Hörfunkprogramme.

§ 30 Telemedienangebote. (1) Die in der ARD zusammengeschlossenen Landesrundfunkanstalten, das ZDF und das Deutschlandradio bieten Telemedienangebote nach Maßgabe des § 2 Abs. 2 Nr. 29 an.

(2) ¹Der Auftrag nach Absatz 1 umfasst insbesondere
1. Sendungen ihrer Programme auf Abruf vor und nach deren Ausstrahlung sowie eigenständige audiovisuelle Inhalte,
2. Sendungen ihrer Programme auf Abruf von europäischen Werken angekaufter Spielfilme und angekaufter Folgen von Fernsehserien, die keine Auftragsproduktionen sind, bis zu dreißig Tage nach deren Ausstrahlung, wobei die Abrufmöglichkeit grundsätzlich auf Deutschland zu beschränken ist,
3. Sendungen ihrer Programme auf Abruf von Großereignissen gemäß § 13 Abs. 2 sowie von Spielen der 1. und 2. Fußball-Bundesliga bis zu sieben Tage danach,
4. zeit- und kulturgeschichtliche Archive mit informierenden, bildenden und kulturellen Telemedien.
²Im Übrigen bleiben Angebote nach Maßgabe der §§ 40 bis 44 unberührt.

(3) ¹Durch die zeitgemäße Gestaltung der Telemedienangebote soll allen Bevölkerungsgruppen die Teilhabe an der Informationsgesellschaft ermöglicht, Orientierungshilfe geboten, Möglichkeiten der interaktiven Kommunikation angeboten sowie die technische und inhaltliche Medienkompetenz aller Generationen und von Minderheiten gefördert werden. ²Diese Gestaltung der Telemedienangebote soll die Belange von Menschen mit Behinderungen besonders berücksichtigen, insbesondere in Form von Audiodeskription, Bereitstellung von Manuskripten oder Telemedien in leichter Sprache.

(4) ¹Die in der ARD zusammengeschlossenen Landesrundfunkanstalten, das ZDF und das Deutschlandradio bieten ihre Angebote in möglichst barrierefrei

zugänglichen elektronischen Portalen an und fassen ihre Programme unter elektronischen Programmführern zusammen. ²Soweit dies zur Erreichung der Zielgruppe aus journalistisch-redaktionellen Gründen geboten ist, können sie Telemedien auch außerhalb des dafür jeweils eingerichteten eigenen Portals anbieten. ³Die in der ARD zusammengeschlossenen Landesrundfunkanstalten, das ZDF und das Deutschlandradio sollen ihre Telemedien, die aus journalistisch-redaktionellen Gründen dafür geeignet sind, miteinander vernetzen, insbesondere durch Verlinkung. ⁴Sie sollen auch auf Inhalte verlinken, die Einrichtungen der Wissenschaft und Kultur anbieten und die aus journalistisch-redaktionellen Gründen für die Telemedienangebote geeignet sind.

(5) ¹Nicht zulässig sind in Telemedienangeboten:
1. Werbung mit Ausnahme von Produktplatzierung,
2. das Angebot auf Abruf von angekauften Spielfilmen und angekauften Folgen von Fernsehserien, die keine Auftragsproduktionen sind mit Ausnahme der in Absatz 2 Satz 1 Nr. 2 genannten europäischen Werke,
3. eine flächendeckende lokale Berichterstattung,
4. die in der Anlage zu diesem Staatsvertrag aufgeführten Angebotsformen.

²Für Produktplatzierung nach Satz 1 Nr. 1 gelten § 8 Abs. 7 und § 38 entsprechend.

(6) ¹Werden Telemedien von den in der ARD zusammengeschlossenen Landesrundfunkanstalten, dem ZDF oder dem Deutschlandradio außerhalb des von ihnen jeweils eingerichteten eigenen Portals verbreitet, sollen sie für die Einhaltung des Absatzes 5 Satz 1 Nr. 1 Sorge tragen. ²Durch die Nutzung dieses Verbreitungswegs dürfen sie keine Einnahmen durch Werbung und Sponsoring erzielen.

(7) ¹Die Telemedienangebote dürfen nicht presseähnlich sein. ²Sie sind im Schwerpunkt mittels Bewegtbild oder Ton zu gestalten, wobei Text nicht im Vordergrund stehen darf. ³Angebotsübersichten, Schlagzeilen, Sendungstranskripte, Informationen über die jeweilige Rundfunkanstalt und Maßnahmen zum Zweck der Barrierefreiheit bleiben unberührt. ⁴Unberührt bleiben ferner Telemedien, die der Aufbereitung von Inhalten aus einer konkreten Sendung einschließlich Hintergrundinformationen dienen, soweit auf für die jeweilige Sendung genutzte Materialien und Quellen zurückgegriffen wird und diese Angebote thematisch und inhaltlich die Sendung unterstützen, begleiten und aktualisieren, wobei der zeitliche und inhaltliche Bezug zu einer bestimmten Sendung im jeweiligen Telemedienangebot ausgewiesen werden muss. ⁵Auch bei Telemedien nach Satz 4 soll nach Möglichkeit eine Einbindung von Bewegtbild oder Ton erfolgen. ⁶Zur Anwendung der Sätze 1 bis 5 soll von den öffentlich-rechtlichen Rundfunkanstalten und den Spitzenverbänden der Presse eine Schlichtungsstelle eingerichtet werden.

§ 31 Satzungen, Richtlinien, Berichtspflichten. (1) ¹Die in der ARD zusammengeschlossenen Landesrundfunkanstalten, das ZDF und das Deutschlandradio erlassen jeweils Satzungen oder Richtlinien zur näheren Durchfüh-

Medienstaatsvertrag

rung ihres jeweiligen Auftrags sowie für das Verfahren zur Erstellung von Konzepten für Telemedienangebote und das Verfahren für neue Telemedienangebote oder wesentliche Änderungen. ²Die Satzungen oder Richtlinien enthalten auch Regelungen zur Sicherstellung der Unabhängigkeit der Gremienentscheidungen. ³Die Satzungen oder Richtlinien sind im Internetauftritt der in der ARD zusammengeschlossenen Landesrundfunkanstalten, des ZDF oder des Deutschlandradios zu veröffentlichen.

(2) Die in der ARD zusammengeschlossenen Landesrundfunkanstalten, das ZDF und das Deutschlandradio veröffentlichen alle zwei Jahre einen Bericht über die Erfüllung ihres jeweiligen Auftrages, über die Qualität und Quantität der bestehenden Angebote sowie die Schwerpunkte der jeweils geplanten Angebote.

(3) ¹In den Geschäftsberichten der in der ARD zusammengeschlossenen Landesrundfunkanstalten, des ZDF und des Deutschlandradios ist auch der Umfang der Produktionen mit von diesen gesellschaftsrechtlich abhängigen und unabhängigen Produktionsunternehmen darzustellen. ²Dabei ist auch darzustellen, in welcher Weise der Protokollerklärung aller Länder zu § 11d Abs. 2 des Rundfunkstaatsvertrages im Rahmen des 22. Rundfunkänderungsstaatsvertrages Rechnung getragen wird.

§ 32 Telemedienkonzepte. (1) ¹Die in der ARD zusammengeschlossenen Landesrundfunkanstalten, das ZDF und das Deutschlandradio konkretisieren die inhaltliche Ausrichtung ihrer geplanten Telemedienangebote nach § 30 jeweils in Telemedienkonzepten, die Zielgruppe, Inhalt, Ausrichtung, Verweildauer, die Verwendung internetspezifischer Gestaltungsmittel sowie die Maßnahmen zur Einhaltung des § 30 Abs. 7 Satz 1 näher beschreiben. ²Es sind angebotsabhängige differenzierte Befristungen für die Verweildauern vorzunehmen mit Ausnahme der Archive nach § 30 Abs. 2 Satz 1 Nr. 4, die unbefristet zulässig sind. ³Sollen Telemedien auch außerhalb des eingerichteten eigenen Portals angeboten werden, ist dies zu begründen. ⁴Die insoweit vorgesehenen Maßnahmen zur Berücksichtigung des Jugendmedienschutzes, des Datenschutzes sowie des § 30 Abs. 6 Satz 1 sind zu beschreiben.

(2) Die Beschreibung aller Telemedienangebote muss einer Nachprüfung des Finanzbedarfs durch die Kommission zur Überprüfung und Ermittlung des Finanzbedarfs der Rundfunkanstalten (KEF) ermöglichen.

(3) ¹Die in der ARD zusammengeschlossenen Landesrundfunkanstalten, das ZDF und das Deutschlandradio legen in den Satzungen oder Richtlinien übereinstimmende Kriterien fest, in welchen Fällen ein neues oder die wesentliche Änderung eines Telemedienangebots vorliegt, das nach dem nachstehenden Verfahren der Absätze 4 bis 7 zu prüfen ist. ²Eine wesentliche Änderung liegt insbesondere vor, wenn die inhaltliche Gesamtausrichtung des Telemedienangebots oder die angestrebte Zielgruppe verändert wird. ³Das Verfahren der Absätze 4 bis 7 bezieht sich bei wesentlichen Änderungen allein auf die Abweichungen von den bisher veröffentlichten Telemedienkonzepten.

(4) ¹Ist ein neues Telemedienangebot nach Absatz 1 oder die wesentliche Änderung eines bestehenden Telemedienangebots nach Absatz 3 geplant, hat die Rundfunkanstalt gegenüber ihrem zuständigen Gremium darzulegen, dass das geplante, neue Telemedienangebot oder die wesentliche Änderung vom Auftrag umfasst ist. ²Es sind Aussagen darüber zu treffen,
1. inwieweit das neue Telemedienangebot oder die wesentliche Änderung den demokratischen, sozialen und kulturellen Bedürfnissen der Gesellschaft entspricht,
2. in welchem Umfang durch das neue Telemedienangebot oder die wesentliche Änderung in qualitativer Hinsicht zum publizistischen Wettbewerb beigetragen wird und
3. welcher finanzielle Aufwand für das neue Telemedienangebot oder die wesentliche Änderung erforderlich ist.

³Dabei sind Quantität und Qualität der vorhandenen frei zugänglichen Telemedienangebote, die Auswirkungen auf alle relevanten Märkte des geplanten, neuen Telemedienangebots oder der wesentlichen Änderung sowie jeweils deren meinungsbildende Funktion angesichts bereits vorhandener vergleichbarer frei zugänglicher Telemedienangebote, auch des öffentlich-rechtlichen Rundfunks, zu berücksichtigen.

(5) ¹Zu den Anforderungen des Absatzes 4 ist vor Aufnahme eines neuen Telemedienangebots oder einer wesentlichen Änderung durch das zuständige Gremium Dritten in geeigneter Weise, insbesondere im Internet, Gelegenheit zur Stellungnahme zu geben. ²Die Gelegenheit zur Stellungnahme besteht innerhalb einer Frist von mindestens sechs Wochen nach Veröffentlichung des Vorhabens. ³Das zuständige Gremium der Rundfunkanstalt hat die eingegangenen Stellungnahmen zu prüfen. ⁴Das zuständige Gremium kann zur Entscheidungsbildung gutachterliche Beratung durch unabhängige Sachverständige auf Kosten der jeweiligen Rundfunkanstalt in Auftrag geben; zu den Auswirkungen auf alle relevanten Märkte ist gutachterliche Beratung hinzuzuziehen. ⁵Der Name des Gutachters ist bekanntzugeben. ⁶Der Gutachter kann weitere Auskünfte und Stellungnahmen einholen; ihm können Stellungnahmen unmittelbar übersandt werden.

(6) ¹Die Entscheidung, ob die Aufnahme eines neuen Telemedienangebots oder einer wesentlichen Änderung den Voraussetzungen des Absatzes 4 entspricht, bedarf der Mehrheit von zwei Dritteln der anwesenden Mitglieder, mindestens der Mehrheit der gesetzlichen Mitglieder des zuständigen Gremiums. ²Die Entscheidung ist zu begründen. ³In den Entscheidungsgründen muss unter Berücksichtigung der eingegangenen Stellungnahmen und eingeholten Gutachten dargelegt werden, ob das neue Telemedienangebot oder die wesentliche Änderung vom Auftrag umfasst ist. ⁴Die jeweilige Rundfunkanstalt hat das Ergebnis ihrer Prüfung einschließlich der eingeholten Gutachten unter Wahrung von Geschäftsgeheimnissen in gleicher Weise wie die Veröffentlichung des Vorhabens bekannt zu machen.

Medienstaatsvertrag MStV 21

(7) ¹Der für die Rechtsaufsicht zuständigen Behörde sind vor der Veröffentlichung alle für eine rechtsaufsichtliche Prüfung notwendigen Auskünfte zu erteilen und Unterlagen zu übermitteln. ²Nach Abschluss des Verfahrens nach den Absätzen 5 und 6 und nach Prüfung durch die für die Rechtsaufsicht zuständige Behörde ist die Beschreibung des neuen Telemedienangebots oder der wesentlichen Änderung im Internetauftritt der in der ARD zusammengeschlossenen Landesrundfunkanstalten, des ZDF oder des Deutschlandradios zu veröffentlichen. ³In den amtlichen Verkündungsblättern der betroffenen Länder ist zugleich auf die Veröffentlichung im Internetauftritt der jeweiligen Rundfunkanstalt hinzuweisen.

§ 33 Jugendangebot. (1) ¹Die in der ARD zusammengeschlossenen Landesrundfunkanstalten und das ZDF bieten gemeinsam ein Jugendangebot an, das Rundfunk und Telemedien umfasst. ²Das Jugendangebot soll inhaltlich die Lebenswirklichkeit und die Interessen junger Menschen als Zielgruppe in den Mittelpunkt stellen und dadurch einen besonderen Beitrag zur Erfüllung des öffentlich-rechtlichen Auftrags nach § 26 leisten. ³Zu diesem Zweck sollen die in der ARD zusammengeschlossenen Landesrundfunkanstalten und das ZDF insbesondere eigenständige audiovisuelle Inhalte für das Jugendangebot herstellen oder herstellen lassen und Nutzungsrechte an Inhalten für das Jugendangebot erwerben. ⁴Das Jugendangebot soll journalistisch-redaktionell veranlasste und journalistisch-redaktionell gestaltete interaktive Angebotsformen aufweisen und Inhalte anbieten, die die Nutzer selbst zur Verfügung stellen.

(2) ¹Zur Erfüllung der demokratischen, sozialen und kulturellen Bedürfnisse der Zielgruppe ist das Jugendangebot inhaltlich und technisch dynamisch und entwicklungsoffen zu gestalten und zu verbreiten. ²Dazu soll auch durch eine zielgruppengerechte interaktive Kommunikation mit den Nutzern sowie durch verstetigte Möglichkeiten ihrer Partizipation beigetragen werden.

(3) ¹Andere Angebote der in der ARD zusammengeschlossenen Landesrundfunkanstalten und des ZDF nach Maßgabe dieses Staatsvertrages sollen mit dem Jugendangebot inhaltlich und technisch vernetzt werden. ²Wird ein eigenständiger Inhalt des Jugendangebots auch in einem anderen Angebot der in der ARD zusammengeschlossenen Landesrundfunkanstalten oder des ZDF genutzt, sind die für das andere Angebot geltenden Maßgaben dieses Staatsvertrages einschließlich eines eventuellen Telemedienkonzepts zu beachten.

(4) ¹Die Verweildauer der Inhalte des Jugendangebots ist von den in der ARD zusammengeschlossenen Landesrundfunkanstalten und dem ZDF so zu bemessen, dass sie die Lebenswirklichkeit und die Interessen junger Menschen abbilden und die demokratischen, sozialen und kulturellen Bedürfnisse der jeweils zur Zielgruppe gehörenden Generationen erfüllen. ²Die Grundsätze der Bemessung der Verweildauer sind von den in der ARD zusammengeschlossenen Landesrundfunkanstalten und dem ZDF regelmäßig zu prüfen. ³Die Verweildauer von angekauften Spielfilmen und angekauften Folgen von Fernsehserien, die keine Auftragsproduktionen sind, ist zeitlich angemessen zu begrenzen.

(5) ¹Werbung mit Ausnahme von Produktplatzierung nach Maßgabe von § 8 Abs. 7 und § 38, flächendeckende lokale Berichterstattung, nicht auf das Jugendangebot bezogene presseähnliche Angebote, ein eigenständiges Hörfunkprogramm und die für das Jugendangebot in der Anlage zu diesem Staatsvertrag genannten Angebotsformen sind im Jugendangebot nicht zulässig. ²Ist zur Erreichung der Zielgruppe aus journalistisch-redaktionellen Gründen die Verbreitung des Jugendangebots außerhalb des von den in der ARD zusammengeschlossenen Landesrundfunkanstalten und dem ZDF für das Jugendangebot eingerichteten eigenen Portals geboten, sollen die in der ARD zusammengeschlossenen Landesrundfunkanstalten und das ZDF für die Einhaltung der Bedingungen des Satzes 1 Sorge tragen. ³Sie haben für diesen Verbreitungsweg übereinstimmende Richtlinien, insbesondere zur Konkretisierung des Jugendmedienschutzes und des Datenschutzes, zu erlassen. ⁴Das Jugendangebot darf nicht über Rundfunkfrequenzen (Kabel, Satellit, Terrestrik) verbreitet werden.

(6) Die in der ARD zusammengeschlossenen Landesrundfunkanstalten und das ZDF haben gemeinsam in Bezug auf das Jugendangebot in dem nach § 31 Abs. 2 zu veröffentlichenden Bericht insbesondere darzustellen:
1. den besonderen Beitrag des Jugendangebots zur Erfüllung des öffentlich-rechtlichen Auftrags,
2. das Erreichen der Zielgruppe, die zielgruppengerechte Kommunikation sowie die verstetigten Möglichkeiten der Partizipation der Zielgruppe,
3. das Ergebnis der Prüfung der Verweildauer nach Absatz 4,
4. die Nutzung des Verbreitungswegs außerhalb des für das Jugendangebot eingerichteten eigenen Portals nach Absatz 5 Satz 2 und 3,
5. den jeweiligen Anteil der in Deutschland und in Europa für das Jugendangebot hergestellten Inhalte und
6. den jeweiligen Anteil an Eigenproduktionen, Auftragsproduktionen und erworbenen Nutzungsrechten für angekaufte Spielfilme und angekaufte Folgen von Fernsehserien für das Jugendangebot.

§ 34 Funktionsgerechte Finanzausstattung, Grundsatz des Finanzausgleichs. (1) Die Finanzausstattung hat den öffentlich-rechtlichen Rundfunk in die Lage zu versetzen, seine verfassungsmäßigen und gesetzlichen Aufgaben zu erfüllen; sie hat insbesondere den Bestand und die Entwicklung des öffentlich-rechtlichen Rundfunks zu gewährleisten.

(2) ¹Der Finanzausgleich unter den Landesrundfunkanstalten ist Bestandteil des Finanzierungssystems der ARD; er stellt insbesondere eine funktionsgerechte Aufgabenerfüllung der Anstalten Saarländischer Rundfunk und Radio Bremen sicher. ²Der Umfang der Finanzausgleichsmasse und ihre Anpassung an den Rundfunkbeitrag bestimmen sich nach dem Rundfunkfinanzierungsstaatsvertrag.

§ 35 Finanzierung. ¹Der öffentlich-rechtliche Rundfunk finanziert sich durch Rundfunkbeiträge, Einnahmen aus Rundfunkwerbung und sonstige Einnahmen; vorrangige Finanzierungsquelle ist der Rundfunkbeitrag. ²Programme und Angebote im Rahmen seines Auftrags gegen besonderes Entgelt sind unzulässig; ausgenommen hiervon sind Begleitmaterialien. ³Einnahmen aus dem Angebot von Telefonmehrwertdiensten dürfen nicht erzielt werden.

§ 36 Finanzbedarf des öffentlich-rechtlichen Rundfunks. (1) Der Finanzbedarf des öffentlich-rechtlichen Rundfunks wird regelmäßig entsprechend den Grundsätzen von Wirtschaftlichkeit und Sparsamkeit, einschließlich der damit verbundenen Rationalisierungspotentiale, auf der Grundlage von Bedarfsanmeldungen der in der ARD zusammengeschlossenen Landesrundfunkanstalten, des ZDF und der Körperschaft des öffentlichen Rechts „Deutschlandradio" durch die unabhängige KEF geprüft und ermittelt.

(2) Bei der Überprüfung und Ermittlung des Finanzbedarfs sind insbesondere zugrunde zu legen
1. die wettbewerbsfähige Fortführung der bestehenden Rundfunkprogramme sowie die durch Staatsvertrag aller Länder zugelassenen Fernsehprogramme (bestandsbezogener Bedarf),
2. nach Landesrecht zulässige neue Rundfunkprogramme, die Teilhabe an den neuen rundfunktechnischen Möglichkeiten in der Herstellung und zur Verbreitung von Rundfunkprogrammen sowie die Möglichkeit der Veranstaltung neuer Formen von Rundfunk (Entwicklungsbedarf),
3. die allgemeine Kostenentwicklung und die besondere Kostenentwicklung im Medienbereich,
4. die Entwicklung der Beitragserträge, der Werbeerträge und der sonstigen Erträge,
5. die Anlage, Verzinsung und zweckbestimmte Verwendung der Überschüsse, die dadurch entstehen, dass die jährlichen Gesamterträge der in der ARD zusammengeschlossenen Landesrundfunkanstalten, des ZDF oder des Deutschlandradios die Gesamtaufwendungen für die Erfüllung ihres Auftrags übersteigen.

(3) Bei der Überprüfung und Ermittlung des Finanzbedarfs soll ein hoher Grad der Objektivierbarkeit erreicht werden.

(4) Die Beitragsfestsetzung erfolgt durch Staatsvertrag.

§ 37 Berichterstattung der Rechnungshöfe. ¹Der für die Durchführung der Prüfung zuständige Rechnungshof teilt das Ergebnis der Prüfung einer Landesrundfunkanstalt, des ZDF oder des Deutschlandradios einschließlich deren Beteiligungsunternehmen dem jeweils zuständigen Intendanten, den jeweils zuständigen Aufsichtsgremien der Rundfunkanstalt und der Geschäftsführung des geprüften Beteiligungsunternehmens sowie der KEF mit. ²Er gibt dem Intendanten der jeweiligen Rundfunkanstalt und der Geschäftsführung des Beteiligungsunternehmens Gelegenheit zur Stellungnahme zu dem Ergebnis der Prüfung und berücksichtigt die Stellungnahmen. ³Den auf dieser Grundlage erstellten abschließenden Bericht über das Ergebnis der Prüfung teilt der zuständige Rechnungshof den Landtagen und den Landesregierungen der die Rundfunkanstalt tragenden Länder sowie der KEF mit und veröffentlicht ihn anschließend. [4]Dabei hat der Rechnungshof darauf zu achten, dass die Wettbewerbsfähigkeit des geprüften Beteiligungsunternehmens nicht beeinträchtigt wird und insbesondere Betriebs- und Geschäftsgeheimnisse gewahrt werden.

§ 38 Zulässige Produktplatzierung. [1]Über die Anforderungen nach § 8 Abs. 7 Satz 2 hinaus ist Produktplatzierung in Kinofilmen, Filmen und Serien, Sportsendungen und Sendungen der leichten Unterhaltung nur dann zulässig,
1. wenn diese nicht vom Veranstalter selbst oder von einem mit dem Veranstalter verbundenen Unternehmen produziert oder in Auftrag gegeben wurden oder
2. wenn kein Entgelt geleistet wird, sondern lediglich bestimmte Waren oder Dienstleistungen, wie Produktionshilfen und Preise, im Hinblick auf ihre Einbeziehung in eine Sendung kostenlos bereitgestellt werden.

[2]Keine Sendungen der leichten Unterhaltung sind insbesondere Sendungen, die neben unterhaltenden Elementen im Wesentlichen informierenden Charakter haben, und Ratgebersendungen mit Unterhaltungselementen.

§ 39 Dauer der Rundfunkwerbung, Sponsoring. (1) [1]Die Gesamtdauer der Rundfunkwerbung beträgt im Ersten Fernsehprogramm der ARD und im Programm „Zweites Deutsches Fernsehen" jeweils höchstens 20 Minuten werktäglich im Jahresdurchschnitt. [2]Nicht angerechnet werden auf die zulässigen Werbezeiten Sendezeiten mit Produktplatzierungen und Sponsorhinweise. [3]Nicht vollständig genutzte Werbezeit darf höchstens bis zu fünf Minuten werktäglich nachgeholt werden. [4]Nach 20.00 Uhr sowie an Sonntagen und im ganzen Bundesgebiet anerkannten Feiertagen dürfen Werbesendungen nicht ausgestrahlt werden. [5]§ 46 bleibt unberührt.

(2) In weiteren Fernsehprogrammen von ARD und ZDF sowie in den Dritten Fernsehprogrammen findet Rundfunkwerbung nicht statt.

(3) Im Fernsehen darf die Dauer der Spotwerbung innerhalb eines Zeitraums von einer Stunde 20 vom Hundert nicht überschreiten.

(4) Hinweise der Rundfunkanstalten auf Sendungen, Rundfunkprogramme oder rundfunkähnliche Telemedien des öffentlich-rechtlichen Rundfunks und auf Begleitmaterialien, die direkt von diesen Programmen und Sendungen abgeleitet sind, unentgeltliche Beiträge im Dienst der Öffentlichkeit einschließlich von Spendenaufrufen zu Wohlfahrtszwecken, gesetzliche Pflichthinweise und neutrale Einzelbilder zwischen redaktionellen Inhalten und Fernsehwerbe- oder Teleshoppingspots sowie zwischen einzelnen Spots gelten nicht als Werbung.

(5) Die Länder sind berechtigt, den Landesrundfunkanstalten bis zu 90 Minuten werktäglich im Jahresdurchschnitt Werbung im Hörfunk einzuräumen; ein am 1. Januar 1987 in den Ländern abweichender zeitlicher Umfang der Rundfunkwerbung und ihre tageszeitliche Begrenzung kann beibehalten werden.

Medienstaatsvertrag **MStV 21**

(6) Sponsoring findet nach 20.00 Uhr sowie an Sonntagen und im ganzen Bundesgebiet anerkannten Feiertagen im Fernsehen nicht statt; dies gilt nicht für das Sponsoring der Übertragung von Großereignissen nach § 13 Abs. 2.

§ 40 Kommerzielle Tätigkeiten. (1) ¹Die in der ARD zusammengeschlossenen Landesrundfunkanstalten, das ZDF und das Deutschlandradio sind berechtigt, kommerzielle Tätigkeiten auszuüben. ²Kommerzielle Tätigkeiten sind Betätigungen, bei denen Leistungen auch für Dritte im Wettbewerb angeboten werden, insbesondere Werbung und Sponsoring, Verwertungsaktivitäten, Merchandising, Produktion für Dritte und die Vermietung von Senderstandorten an Dritte. ³Diese Tätigkeiten dürfen nur unter Marktbedingungen erbracht werden. ⁴Die kommerziellen Tätigkeiten sind durch rechtlich selbständige Tochtergesellschaften zu erbringen. ⁵Bei geringer Marktrelevanz kann eine kommerzielle Tätigkeit durch die Rundfunkanstalt selbst erbracht werden; in diesem Fall ist eine getrennte Buchführung vorzusehen. ⁶Die in der ARD zusammengeschlossenen Landesrundfunkanstalten, das ZDF und das Deutschlandradio haben sich bei den Beziehungen zu ihren kommerziell tätigen Tochterunternehmen marktkonform zu verhalten und die entsprechenden Bedingungen, wie bei einer kommerziellen Tätigkeit, auch ihnen gegenüber einzuhalten.

(2) ¹Die Tätigkeitsbereiche sind von den zuständigen Gremien der Rundfunkanstalten vor Aufnahme der Tätigkeit zu genehmigen. ²Die Prüfung umfasst folgende Punkte:
1. die Beschreibung der Tätigkeit nach Art und Umfang, die die Einhaltung der marktkonformen Bedingungen begründet (Marktkonformität) einschließlich eines Fremdvergleichs,
2. den Vergleich mit Angeboten privater Konkurrenten,
3. Vorgaben für eine getrennte Buchführung und
4. Vorgaben für eine effiziente Kontrolle.

§ 41 Beteiligung an Unternehmen. (1) ¹An einem Unternehmen, das einen gewerblichen oder sonstigen wirtschaftlichen Zweck zum Gegenstand hat, dürfen sich die in der ARD zusammengeschlossenen Landesrundfunkanstalten, das ZDF und das Deutschlandradio unmittelbar oder mittelbar beteiligen, wenn
1. dies im sachlichen Zusammenhang mit ihren gesetzlichen Aufgaben steht,
2. das Unternehmen die Rechtsform einer juristischen Person besitzt und
3. die Satzung oder der Gesellschaftsvertrag des Unternehmens einen Aufsichtsrat oder ein entsprechendes Organ vorsieht.

²Die Voraussetzungen nach Satz 1 müssen nicht erfüllt sein, wenn die Beteiligung nur vorübergehend eingegangen wird und unmittelbaren Programmzwecken dient.

(2) ¹Bei Beteiligungsunternehmen haben sich die Rundfunkanstalten in geeigneter Weise den nötigen Einfluss auf die Geschäftsleitung des Unternehmens, insbesondere eine angemessene Vertretung im Aufsichtsgremium, zu si-

chern. ²Eine Prüfung der Betätigung der Anstalten bei dem Unternehmen unter Beachtung kaufmännischer Grundsätze durch einen Wirtschaftsprüfer ist auszubedingen.

(3) Die Absätze 1 und 2 gelten entsprechend für juristische Personen des Privatrechts, die von den Rundfunkanstalten gegründet werden und deren Geschäftsanteile sich ausschließlich in ihrer Hand befinden.

(4) Die Absätze 1 und 2 gelten entsprechend für Beteiligungen der Rundfunkanstalten an gemeinnützigen Rundfunkunternehmen und Pensionskassen.

§ 42 Kontrolle der Beteiligung an Unternehmen. (1) ¹Die in der ARD zusammengeschlossenen Landesrundfunkanstalten, das ZDF und das Deutschlandradio haben ein effektives Controlling über ihre Beteiligungen nach § 41 einzurichten. ²Der Intendant hat das jeweils zuständige Aufsichtsgremium der Rundfunkanstalt regelmäßig über die wesentlichen Vorgänge in den Beteiligungsunternehmen, insbesondere über deren finanzielle Entwicklung, zu unterrichten.

(2) ¹Der Intendant hat dem jeweils zuständigen Aufsichtsgremium jährlich einen Beteiligungsbericht vorzulegen. ²Dieser Bericht schließt folgende Bereiche ein:
1. die Darstellung sämtlicher unmittelbarer und mittelbarer Beteiligungen und ihrer wirtschaftlichen Bedeutung für die Rundfunkanstalt,
2. die gesonderte Darstellung der Beteiligungen mit kommerziellen Tätigkeiten und den Nachweis der Erfüllung der staatsvertraglichen Vorgaben für kommerzielle Tätigkeiten und
3. die Darstellung der Kontrolle der Beteiligungen einschließlich von Vorgängen mit besonderer Bedeutung.

³Der Bericht ist den jeweils zuständigen Rechnungshöfen und der rechtsaufsichtsführenden Landesregierung zu übermitteln.

(3) ¹Die für die in der ARD zusammengeschlossenen Landesrundfunkanstalten, das ZDF und das Deutschlandradio zuständigen Rechnungshöfe prüfen die Wirtschaftsführung bei solchen Unternehmen des Privatrechts, an denen die Anstalten unmittelbar, mittelbar, auch zusammen mit anderen Anstalten oder Körperschaften des öffentlichen Rechts, mit Mehrheit beteiligt sind und deren Gesellschaftsvertrag oder Satzung diese Prüfungen durch die Rechnungshöfe vorsieht. ²Die Anstalten sind verpflichtet, für die Aufnahme der erforderlichen Regelungen in den Gesellschaftsvertrag oder die Satzung des Unternehmens zu sorgen.

(4) Sind mehrere Rechnungshöfe für die Prüfung zuständig, können sie die Prüfung einem dieser Rechnungshöfe übertragen.

§ 43 Kontrolle der kommerziellen Tätigkeiten. (1) ¹Bei Mehrheitsbeteiligungen im Sinne von § 42 Abs. 3 der in der ARD zusammengeschlossenen Landesrundfunkanstalten, des ZDF und des Deutschlandradios oder bei Gesellschaften, bei denen ein Prüfungsrecht der zuständigen Rechnungshöfe besteht, sind die Rundfunkanstalten zusätzlich zu den allgemein bestehenden Prüfungsrechten der Rechnungshöfe verpflichtet darauf hinzuwirken, dass die Beteiligungsunternehmen den jährlichen Abschlussprüfer nur im Einvernehmen mit den zuständigen Rechnungshöfen bestellen. [2]Die Rundfunkanstalten haben dafür Sorge zu tragen, dass das Beteiligungsunternehmen vom Abschlussprüfer im Rahmen der Prüfung des Jahresabschlusses auch die Marktkonformität seiner kommerziellen Tätigkeiten auf der Grundlage zusätzlicher von den jeweils zuständigen Rechnungshöfen festzulegender Fragestellungen prüfen lässt und den Abschlussprüfer ermächtigt, das Ergebnis der Prüfung zusammen mit dem Abschlussbericht den zuständigen Rechnungshöfen mitzuteilen. [3]Diese Fragestellungen werden von dem für die Prüfung zuständigen Rechnungshof festgelegt und umfassen insbesondere den Nachweis der Einhaltung der staatsvertraglichen Vorgaben für kommerzielle Aktivitäten. [4]Die Rundfunkanstalten sind verpflichtet, für die Aufnahme der erforderlichen Regelungen in den Gesellschaftsvertrag oder die Satzung des Beteiligungsunternehmens zu sorgen. [5]Die Wirtschaftsprüfer testieren den Jahresabschluss der Beteiligungsunternehmen und berichten den zuständigen Rechnungshöfen auch hinsichtlich der in Satz 2 und 3 genannten Fragestellungen. [6]Sie teilen das Ergebnis und den Abschlussbericht den zuständigen Rechnungshöfen mit. [7]Die zuständigen Rechnungshöfe werten die Prüfung aus und können in jedem Einzelfall selbst Prüfmaßnahmen bei den betreffenden Beteiligungsunternehmen ergreifen. [8]Die durch die ergänzenden Prüfungen zusätzlich entstehenden Kosten tragen die jeweiligen Beteiligungsunternehmen.

(2) [1]Bei kommerziellen Tätigkeiten mit geringer Marktrelevanz nach § 40 Abs. 1 Satz 5 sind die Rundfunkanstalten auf Anforderung des zuständigen Rechnungshofes verpflichtet, für ein dem Absatz 1 Satz 2, 3 und 5 bis 8 entsprechendes Verfahren Sorge zu tragen. [2]Werden Verstöße gegen die Bestimmungen zur Marktkonformität bei Prüfungen von Beteiligungsunternehmen oder der Rundfunkanstalten selbst festgestellt, findet auf die Mitteilung des Ergebnisses § 37 Anwendung.

§ 44 Haftung für kommerziell tätige Beteiligungsunternehmen. Für kommerziell tätige Beteiligungsunternehmen dürfen die in der ARD zusammengeschlossenen Landesrundfunkanstalten, das ZDF und das Deutschlandradio keine Haftung übernehmen.

§ 45 Richtlinien. [1]Die in der ARD zusammengeschlossenen Landesrundfunkanstalten und das ZDF erlassen Richtlinien zur Durchführung der §§ 8 bis 11, 38 und 39. [2]In der Richtlinie zu § 11 sind insbesondere die Bedingungen zur Teilnahme Minderjähriger näher zu bestimmen. [3]Die in der ARD zusammengeschlossenen Landesrundfunkanstalten und das ZDF stellen hierzu das Benehmen mit den Landesmedienanstalten her und führen einen gemeinsamen Erfahrungsaustausch in der Anwendung dieser Richtlinien durch. [4]In der Richtlinie zu § 8 Abs. 7 und § 38 ist näher zu bestimmen, unter welchen Voraussetzungen, in welchen Formaten und in welchem Umfang unentgeltliche

21 MStV

Produktplatzierung stattfinden kann, wie die Unabhängigkeit der Produzenten und Redaktionen gesichert und eine ungebührliche Herausstellung des Produkts vermieden wird. [5]Die Sätze 1 bis 4 gelten für die Richtlinien des Deutschlandradios zur Durchführung der §§ 8, 11 und 38 entsprechend.

§ 46 Änderung der Werbung. Die Länder können Änderungen der Gesamtdauer der Werbung, der tageszeitlichen Begrenzung der Werbung und ihrer Beschränkung auf Werktage im öffentlich-rechtlichen Rundfunk vereinbaren.

§ 47 Ausschluss von Teleshopping. Teleshopping findet mit Ausnahme von Teleshopping-Spots im öffentlich-rechtlichen Rundfunk nicht statt.

§ 48 Versorgungsauftrag. [1]Die in der ARD zusammengeschlossenen Landesrundfunkanstalten, das ZDF und das Deutschlandradio können ihrem gesetzlichen Auftrag durch Nutzung geeigneter Übertragungswege nachkommen. [2]Bei der Auswahl des Übertragungswegs sind die Grundsätze der Wirtschaftlichkeit und Sparsamkeit zu beachten. [3]Die analoge Verbreitung bisher ausschließlich digital verbreiteter Programme ist unzulässig.

§ 49 Veröffentlichung von Beanstandungen. Die zuständigen Aufsichtsgremien der in der ARD zusammengeschlossenen Landesrundfunkanstalten, des ZDF und des Deutschlandradios können vom Intendanten verlangen, dass er bei Rechtsverstößen Beanstandungen der Gremien im Programm veröffentlicht.

IV. Abschnitt
Besondere Bestimmungen für den privaten Rundfunk

1. Unterabschnitt
Anwendungsbereich, Programmgrundsätze

§ 50 Anwendungsbereich. [1]Die §§ 51, 53 bis 68 gelten nur für bundesweit ausgerichtete Angebote. [2]Die §§ 52 bis 55 Abs. 1 und § 58 gelten auch für Teleshoppingkanäle. [3]Eine abweichende Regelung durch Landesrecht ist nicht zulässig. [4]Die Entscheidungen der Kommission zur Ermittlung der Konzentration im Medienbereich (KEK, § 104 Abs. 2 Satz 1 Nr. 3) sind den Zuweisungen von Übertragungskapazitäten nach diesem Staatsvertrag und durch die zuständige Landesmedienanstalt auch bei der Entscheidung über die Zuweisung von Übertragungskapazitäten nach Landesrecht zugrunde zu legen.

§ 51 Programmgrundsätze. (1) [1]Für die Rundfunkprogramme gilt die verfassungsmäßige Ordnung. [2]Die Rundfunkprogramme haben die Würde des Menschen sowie die sittlichen, religiösen und weltanschaulichen Überzeugungen anderer zu achten. [3]Sie sollen die Zusammengehörigkeit im vereinten

Deutschland sowie die internationale Verständigung fördern und auf ein diskriminierungsfreies Miteinander hinwirken. [4]Die Vorschriften der allgemeinen Gesetze und die gesetzlichen Bestimmungen zum Schutz der persönlichen Ehre sind einzuhalten.

(2) Die Rundfunkvollprogramme sollen zur Darstellung der Vielfalt im deutschsprachigen und europäischen Raum mit einem angemessenen Anteil an Information, Kultur und Bildung beitragen; die Möglichkeit, Spartenprogramme anzubieten, bleibt hiervon unberührt.

2. Unterabschnitt

Zulassung

§ 52 Grundsatz. (1) [1]Private Veranstalter bedürfen zur Veranstaltung von Rundfunkprogrammen einer Zulassung. [2]§ 54 bleibt unberührt. [3]Die Zulassung eines Veranstalters nicht bundesweit ausgerichteten Rundfunks richtet sich nach Landesrecht. [4]Für die Zulassung eines Veranstalters bundesweit ausgerichteten Rundfunks gelten die Vorschriften dieses Unterabschnitts; im Übrigen gilt Landesrecht.

(2) [1]Die Zulassung eines Fernsehveranstalters kann versagt oder widerrufen werden, wenn
1. sich das Programm des Veranstalters ganz oder in wesentlichen Teilen an die Bevölkerung eines anderen Staates richtet, der das Europäische Übereinkommen über das grenzüberschreitende Fernsehen ratifiziert hat und
2. der Veranstalter sich zu dem Zweck in Deutschland niedergelassen hat, die Bestimmungen des anderen Staates zu umgehen und
3. die Bestimmungen des anderen Staates, die der Veranstalter zu umgehen bezweckt, Gegenstand des Europäischen Übereinkommens über das grenzüberschreitende Fernsehen sind.

[2]Statt der Versagung oder des Widerrufs der Zulassung kann diese auch mit Nebenbestimmungen versehen werden, soweit dies ausreicht, die Umgehung nach Satz 1 auszuschließen.

§ 53 Erteilung einer Zulassung für Veranstalter von bundesweit ausgerichtetem Rundfunk. (1) Eine Zulassung darf nur an eine natürliche oder juristische Person erteilt werden, die
1. unbeschränkt geschäftsfähig ist,
2. die Fähigkeit, öffentliche Ämter zu bekleiden, nicht durch Richterspruch verloren hat,
3. das Grundrecht der freien Meinungsäußerung nicht nach Artikel 18 des Grundgesetzes verwirkt hat,
4. als Vereinigung nicht verboten ist,
5. ihren Wohnsitz oder Sitz in Deutschland, einem sonstigen Mitgliedstaat der Europäischen Union oder einem anderen Vertragsstaat des Abkommens über den Europäischen Wirtschaftsraum hat und gerichtlich verfolgt werden kann und

6. die Gewähr dafür bietet, dass sie unter Beachtung der gesetzlichen Vorschriften und der auf dieser Grundlage erlassenen Verwaltungsakte Rundfunk veranstaltet.

(2) ¹Die Voraussetzungen nach Absatz 1 Nr. 1 bis 3 und Nr. 6 müssen bei juristischen Personen von den gesetzlichen oder satzungsmäßigen Vertretern erfüllt sein. ²Einem Veranstalter in der Rechtsform einer Aktiengesellschaft darf nur dann eine Zulassung erteilt werden, wenn in der Satzung der Aktiengesellschaft bestimmt ist, dass die Aktien nur als Namensaktien oder als Namensaktien und stimmrechtslose Vorzugsaktien ausgegeben werden dürfen.

(3) ¹Eine Zulassung darf nicht erteilt werden an juristische Personen des öffentlichen Rechts mit Ausnahme von Kirchen und Hochschulen, an deren gesetzliche Vertreter und leitende Bedienstete sowie an politische Parteien und Wählervereinigungen. ²Gleiches gilt für Unternehmen, die im Verhältnis eines verbundenen Unternehmens im Sinne des § 15 des Aktiengesetzes zu den in Satz 1 Genannten stehen. ³Die Sätze 1 und 2 gelten für ausländische öffentliche oder staatliche Stellen entsprechend.

§ 54 Zulassungsfreie Rundfunkprogramme. (1) ¹Keiner Zulassung bedürfen Rundfunkprogramme,
1. die nur geringe Bedeutung für die individuelle und öffentliche Meinungsbildung entfalten, oder
2. die im Durchschnitt von sechs Monaten weniger als 20 000 gleichzeitige Nutzer erreichen oder in ihrer prognostizierten Entwicklung erreichen werden.

²Die zuständige Landesmedienanstalt bestätigt die Zulassungsfreiheit auf Antrag durch Unbedenklichkeitsbescheinigung.

(2) Die Landesmedienanstalten regeln das Nähere zur Konkretisierung der Zulassungsfreiheit nach Absatz 1 durch Satzung.

(3) Vor dem Inkrafttreten dieses Staatsvertrages angezeigte, ausschließlich im Internet verbreitete Hörfunkprogramme gelten als zugelassene Programme nach § 52.

(4) ¹Auf zulassungsfreie Rundfunkprogramme finden die Vorschriften der §§ 15, 57 und 68 keine Anwendung. ²§ 53 findet mit Ausnahme seines Absatzes 1 Nr. 1 entsprechende Anwendung. ³Die zuständige Landesmedienanstalt kann von Veranstaltern von Rundfunkprogrammen im Sinne des Absatzes 1 die in den §§ 55 und 56 genannten Informationen und Unterlagen verlangen.

§ 55 Grundsätze für das Zulassungsverfahren. (1) In dem Zulassungsantrag sind Name und Anschrift des Antragstellers, Programminhalt, Programmkategorie (Voll- oder Spartenprogramm), Programmdauer, Übertragungstechnik und geplantes Verbreitungsgebiet anzugeben.

(2) Sofern erforderlich, hat die zuständige Landesmedienanstalt Auskunft und die Vorlage weiterer Unterlagen zu verlangen, die sich insbesondere erstrecken auf

Medienstaatsvertrag **MStV 21**

1. eine Darstellung der unmittelbaren und mittelbaren Beteiligungen im Sinne des § 62 an dem Antragsteller sowie der Kapital- und Stimmrechtsverhältnisse bei dem Antragsteller und den mit ihm im Sinne des Aktiengesetzes verbundenen Unternehmen,
2. die Angabe über Angehörige im Sinne des § 15 der Abgabenordnung unter den Beteiligten nach Nummer 1, gleiches gilt für Vertreter der Person oder Personengesellschaft oder des Mitglieds eines Organs einer juristischen Person,
3. den Gesellschaftsvertrag und die satzungsrechtlichen Bestimmungen des Antragstellers,
4. Vereinbarungen, die zwischen an dem Antragsteller unmittelbar oder mittelbar im Sinne des § 62 Beteiligten bestehen und sich auf die gemeinsame Veranstaltung von Rundfunk sowie auf Treuhandverhältnisse und nach den §§ 60 und 62 erhebliche Beziehungen beziehen,
5. eine schriftliche Erklärung des Antragstellers, dass die nach den Nummern 1 bis 4 vorgelegten Unterlagen und Angaben vollständig sind.

(3) ¹Ist für die Prüfung im Rahmen des Zulassungsverfahrens ein Sachverhalt bedeutsam, der sich auf Vorgänge außerhalb des Geltungsbereichs dieses Staatsvertrages bezieht, hat der Antragsteller diesen Sachverhalt aufzuklären und die erforderlichen Beweismittel zu beschaffen. ²Er hat dabei alle für ihn bestehenden rechtlichen und tatsächlichen Möglichkeiten auszuschöpfen. ³Der Antragsteller kann sich nicht darauf berufen, dass er Sachverhalte nicht aufklären oder Beweismittel nicht beschaffen kann, wenn er sich nach Lage des Falles bei der Gestaltung seiner Verhältnisse die Möglichkeit dazu hätte beschaffen oder einräumen lassen können.

(4) Die Verpflichtungen nach den Absätzen 1 bis 3 gelten für natürliche und juristische Personen oder Personengesellschaften, die an dem Antragsteller unmittelbar oder mittelbar im Sinne von § 62 beteiligt sind oder zu ihm im Verhältnis eines verbundenen Unternehmens stehen oder sonstige Einflüsse im Sinne der §§ 60 und 62 auf ihn ausüben können, entsprechend.

(5) Kommt ein Auskunfts- oder Vorlagepflichtiger seinen Mitwirkungspflichten nach den Absätzen 1 bis 4 innerhalb einer von der zuständigen Landesmedienanstalt bestimmten Frist nicht nach, kann der Zulassungsantrag abgelehnt werden.

(6) ¹Die im Rahmen des Zulassungsverfahrens Auskunfts- und Vorlagepflichtigen sind verpflichtet, jede Änderung der maßgeblichen Umstände nach Antragstellung oder nach Erteilung der Zulassung unverzüglich der zuständigen Landesmedienanstalt mitzuteilen. ²Die Absätze 1 bis 5 finden entsprechende Anwendung. ³§ 63 bleibt unberührt.

(7) Unbeschadet anderweitiger Anzeigepflichten sind der Veranstalter und die an ihm unmittelbar oder mittelbar im Sinne von § 62 Beteiligten jeweils nach Ablauf eines Kalenderjahres verpflichtet, unverzüglich der zuständigen Landesmedienanstalt gegenüber eine Erklärung darüber abzugeben, ob und in-

wieweit innerhalb des abgelaufenen Kalenderjahres bei den nach § 62 maßgeblichen Beteiligungs- und Zurechnungstatbeständen eine Veränderung eingetreten ist.

§ 56 Auskunftsrechte und Ermittlungsbefugnisse. (1) [1]Die zuständige Landesmedienanstalt kann alle Ermittlungen durchführen und alle Beweise erheben, die zur Erfüllung ihrer sich aus den §§ 60 bis 67 und 120 ergebenden Aufgaben erforderlich sind. [2]Sie bedient sich der Beweismittel, die sie nach pflichtgemäßem Ermessen zur Ermittlung des Sachverhalts für erforderlich hält. [3]Sie kann insbesondere
1. Auskünfte einholen,
2. Beteiligte im Sinne des § 13 des Verwaltungsverfahrensgesetzes anhören, Zeugen und Sachverständige vernehmen oder die schriftliche Äußerung von Beteiligten, Sachverständigen und Zeugen einholen,
3. Urkunden und Akten beiziehen,
4. den Augenschein einnehmen.

[4]Andere Personen als die Beteiligten sollen erst dann zur Auskunft herangezogen werden, wenn die Sachverhaltsaufklärung durch die Beteiligten nicht zum Ziel führt oder keinen Erfolg verspricht.

(2) [1]Für Zeugen und Sachverständige besteht eine Pflicht zur Aussage oder zur Erstattung von Gutachten. [2]Die Vorschriften der Zivilprozessordnung über die Pflicht, als Zeuge auszusagen oder als Sachverständiger ein Gutachten zu erstatten, über die Ablehnung von Sachverständigen sowie über die Vernehmung von Angehörigen des öffentlichen Dienstes als Zeugen oder Sachverständige gelten entsprechend. [3]Die Entschädigung der Zeugen und Sachverständigen erfolgt in entsprechender Anwendung des Justizvergütungs- und -entschädigungsgesetzes.

(3) [1]Zur Glaubhaftmachung der Vollständigkeit und Richtigkeit der Angaben darf die zuständige Landesmedienanstalt die Vorlage einer eidesstattlichen Versicherung von denjenigen verlangen, die nach § 55 Abs. 1 und 4 auskunfts- und vorlagepflichtig sind. [2]Eine Versicherung an Eides statt soll nur gefordert werden, wenn andere Mittel zur Erforschung der Wahrheit nicht vorhanden sind, zu keinem Ergebnis geführt haben oder einen unverhältnismäßigen Aufwand erfordern.

(4) [1]Die von der zuständigen Landesmedienanstalt mit der Durchführung der sich aus den §§ 60 bis 67 und § 120 ergebenden Aufgaben betrauten Personen dürfen während der üblichen Geschäfts- und Arbeitszeiten die Geschäftsräume und -grundstücke der in § 55 Abs. 1, 3 und 4 genannten Personen und Personengesellschaften betreten und die in Absatz 5 genannten Unterlagen einsehen und prüfen. [2]Das Grundrecht des Artikels 13 des Grundgesetzes wird insoweit eingeschränkt.

(5) [1]Die in § 55 Abs. 1, 3 und 4 genannten Personen oder Personengesellschaften haben auf Verlangen Aufzeichnungen, Bücher, Geschäftspapiere und andere Urkunden, die für die Anwendung der §§ 60 bis 67 und § 120 erheblich

sein können, vorzulegen, Auskünfte zu erteilen und die sonst zur Durchführung der Maßnahmen nach Absatz 4 erforderlichen Hilfsdienste zu leisten. ²Vorkehrungen, die die Maßnahmen hindern oder erschweren, sind unzulässig.

(6) Der zur Erteilung einer Auskunft Verpflichtete kann die Auskunft auf solche Fragen verweigern, deren Beantwortung ihn selbst oder einen der in § 383 Abs. 1 Nr. 1 bis 3 der Zivilprozessordnung bezeichneten Angehörigen der Gefahr strafrechtlicher Verfolgung oder eines Verfahrens nach dem Gesetz über Ordnungswidrigkeiten aussetzen würde.

(7) ¹Durchsuchungen dürfen nur aufgrund einer Anordnung des Amtsrichters, in dessen Bezirk die Durchsuchung erfolgen soll, vorgenommen werden. ²Bei Gefahr im Verzug können die in Absatz 4 bezeichneten betrauten Personen während der Geschäftszeit die erforderlichen Durchsuchungen ohne richterliche Anordnung vornehmen. ³An Ort und Stelle ist eine Niederschrift über Grund, Zeit und Ort der Durchsuchung und ihr wesentliches Ergebnis aufzunehmen, aus der sich, falls keine richterliche Anordnung ergangen ist, auch die Tatsachen ergeben, die zur Annahme einer Gefahr im Verzug geführt haben.

(8) ¹Der Inhaber der tatsächlichen Gewalt über die zu durchsuchenden Räume darf der Durchsuchung beiwohnen. ²Ist er abwesend, soll sein Vertreter oder ein anderer Zeuge hinzugezogen werden. ³Dem Inhaber der tatsächlichen Gewalt über die durchsuchten Räume oder seinem Vertreter ist auf Verlangen eine Durchschrift der in Absatz 7 Satz 3 genannten Niederschrift zu erteilen.

§ 57 Publizitätspflicht und sonstige Vorlagepflichten. (1) ¹Jeder Veranstalter hat unabhängig von seiner Rechtsform jährlich nach Maßgabe der Vorschriften des Handelsgesetzbuches, die für große Kapitalgesellschaften gelten, einen Jahresabschluss samt Anhang und einen Lagebericht spätestens bis zum Ende des neunten auf das Ende des Geschäftsjahres folgenden Monats zu erstellen und bekannt zu machen. ²Satz 1 findet auf an dem Veranstalter unmittelbar Beteiligte, denen das Programm des Veranstalters nach § 62 Abs. 1 Satz 1, und mittelbar Beteiligte, denen das Programm nach § 62 Abs. 1 Satz 2 zuzurechnen ist, entsprechende Anwendung.

(2) Innerhalb derselben Frist hat der Veranstalter eine Aufstellung der Programmbezugsquellen für den Berichtszeitraum der zuständigen Landesmedienanstalt vorzulegen.

§ 58 Vertraulichkeit. Jenseits des Anwendungsbereichs der Verordnung (EU) 2016/679 dürfen Angaben über persönliche und sachliche Verhältnisse einer natürlichen oder juristischen Person oder einer Personengesellschaft sowie Betriebs- oder Geschäftsgeheimnisse, die den Landesmedienanstalten, ihren Organen, ihren Bediensteten oder von ihnen beauftragten Dritten im Rahmen der Durchführung ihrer Aufgaben anvertraut oder sonst bekannt geworden sind, nicht unbefugt offenbart werden.

3. Unterabschnitt
Sicherung der Meinungsvielfalt

§ 59 Meinungsvielfalt, regionale Fenster. (1) ¹Im privaten Rundfunk ist inhaltlich die Vielfalt der Meinungen im Wesentlichen zum Ausdruck zu bringen. ²Die bedeutsamen politischen, weltanschaulichen und gesellschaftlichen Kräfte und Gruppen müssen in den Vollprogrammen angemessen zu Wort kommen; Auffassungen von Minderheiten sind zu berücksichtigen. ³Die Möglichkeit, Spartenprogramme anzubieten, bleibt hiervon unberührt.

(2) Ein einzelnes Programm darf die Bildung der öffentlichen Meinung nicht in hohem Maße ungleichgewichtig beeinflussen.

(3) ¹Im Rahmen des Zulassungsverfahrens soll die Landesmedienanstalt darauf hinwirken, dass an dem Veranstalter auch Interessenten mit kulturellen Programmbeiträgen beteiligt werden. ²Ein Rechtsanspruch auf Beteiligung besteht nicht.

(4) ¹In den beiden bundesweit verbreiteten reichweitenstärksten Fernsehvollprogrammen sind mindestens im zeitlichen und regional differenzierten Umfang der Programmaktivitäten zum 1. Juli 2002 nach Maßgabe des jeweiligen Landesrechts Fensterprogramme zur aktuellen und authentischen Darstellung der Ereignisse des politischen, wirtschaftlichen, sozialen und kulturellen Lebens in dem jeweiligen Land aufzunehmen. ²Der Hauptprogrammveranstalter hat organisatorisch sicherzustellen, dass die redaktionelle Unabhängigkeit des Fensterprogrammveranstalters gewährleistet ist. ³Dem Fensterprogrammveranstalter ist eine gesonderte Zulassung zu erteilen. ⁴Fensterprogrammveranstalter und Hauptprogrammveranstalter sollen zueinander nicht im Verhältnis eines verbundenen Unternehmens nach § 62 stehen, es sei denn, zum 31. Dezember 2009 bestehende landesrechtliche Regelungen stellen die Unabhängigkeit in anderer Weise sicher. ⁵Zum 31. Dezember 2009 bestehende Zulassungen bleiben unberührt. ⁶Eine Verlängerung ist zulässig. ⁷Mit der Organisation der Fensterprogramme ist zugleich deren Finanzierung durch den Hauptprogrammveranstalter sicherzustellen. ⁸Die Landesmedienanstalten stimmen die Organisation der Fensterprogramme in zeitlicher und technischer Hinsicht unter Berücksichtigung der Interessen der betroffenen Veranstalter ab.

§ 60 Sicherung der Meinungsvielfalt im Fernsehen. (1) Ein Unternehmen (natürliche oder juristische Person oder Personenvereinigung) darf in Deutschland selbst oder durch ihm zurechenbare Unternehmen bundesweit im Fernsehen eine unbegrenzte Anzahl von Programmen veranstalten, es sei denn, es erlangt dadurch vorherrschende Meinungsmacht nach Maßgabe der nachfolgenden Bestimmungen.

(2) ¹Erreichen die einem Unternehmen zurechenbaren Programme im Durchschnitt eines Jahres einen Zuschaueranteil von 30 vom Hundert, so wird vermutet, dass vorherrschende Meinungsmacht gegeben ist. ²Gleiches gilt bei Erreichen eines Zuschaueranteils von 25 vom Hundert, sofern das Unterneh-

men auf einem medienrelevanten verwandten Markt eine marktbeherrschende Stellung hat oder eine Gesamtbeurteilung seiner Aktivitäten im Fernsehen und auf medienrelevanten verwandten Märkten ergibt, dass der dadurch erzielte Meinungseinfluss dem eines Unternehmens mit einem Zuschaueranteil von 30 vom Hundert im Fernsehen entspricht. ³Bei der Berechnung des nach Satz 2 maßgeblichen Zuschaueranteils kommen vom tatsächlichen Zuschaueranteil zwei Prozentpunkte in Abzug, wenn in dem dem Unternehmen zurechenbaren Vollprogramm mit dem höchsten Zuschaueranteil Fensterprogramme gemäß § 59 Abs. 4 aufgenommen sind; bei gleichzeitiger Aufnahme von Sendezeit für Dritte nach Maßgabe des Absatzes 5 kommen vom tatsächlichen Zuschaueranteil weitere drei Prozentpunkte in Abzug.

(3) Hat ein Unternehmen mit den ihm zurechenbaren Programmen vorherrschende Meinungsmacht erlangt, darf für weitere diesem Unternehmen zurechenbare Programme keine Zulassung erteilt oder der Erwerb weiterer zurechenbarer Beteiligungen an Veranstaltern nicht als unbedenklich bestätigt werden.

(4) ¹Hat ein Unternehmen mit den ihm zurechenbaren Programmen vorherrschende Meinungsmacht erlangt, schlägt die zuständige Landesmedienanstalt durch die KEK dem Unternehmen folgende Maßnahmen vor:
1. das Unternehmen kann ihm zurechenbare Beteiligungen an Veranstaltern aufgeben, bis der zurechenbare Zuschaueranteil des Unternehmens hierdurch unter die Grenze nach Absatz 2 Satz 1 fällt, oder
2. es kann im Falle des Absatzes 2 Satz 2 seine Marktstellung auf medienrelevanten verwandten Märkten vermindern oder ihm zurechenbare Beteiligungen an Veranstaltern aufgeben, bis keine vorherrschende Meinungsmacht nach Absatz 2 Satz 2 mehr gegeben ist, oder
3. es kann bei ihm zurechenbaren Veranstaltern vielfaltssichernde Maßnahmen im Sinne der §§ 64 bis 66 ergreifen.

²Die KEK erörtert mit dem Unternehmen die in Betracht kommenden Maßnahmen mit dem Ziel, eine einvernehmliche Regelung herbeizuführen. ³Kommt keine Einigung zustande oder werden die einvernehmlich zwischen dem Unternehmen und der KEK vereinbarten Maßnahmen nicht in angemessener Frist durchgeführt, sind von der zuständigen Landesmedienanstalt nach Feststellung durch die KEK die Zulassungen von so vielen dem Unternehmen zurechenbaren Programmen zu widerrufen, bis keine vorherrschende Meinungsmacht durch das Unternehmen mehr gegeben ist. ⁴Die Auswahl trifft die KEK unter Berücksichtigung der Besonderheiten des Einzelfalles. ⁵Eine Entschädigung für Vermögensnachteile durch den Widerruf der Zulassung wird nicht gewährt.

(5) ¹Erreicht ein Veranstalter mit einem Vollprogramm oder einem Spartenprogramm mit Schwerpunkt Information im Durchschnitt eines Jahres einen Zuschaueranteil von 10 vom Hundert, hat er binnen sechs Monaten nach Feststellung und Mitteilung durch die zuständige Landesmedienanstalt Sendezeit für unabhängige Dritte nach Maßgabe von § 65 einzuräumen. ²Erreicht ein

Unternehmen mit ihm zurechenbaren Programmen im Durchschnitt eines Jahres einen Zuschaueranteil von 20 vom Hundert, ohne dass eines der Vollprogramme oder Spartenprogramme mit Schwerpunkt Information einen Zuschaueranteil von zehn vom Hundert erreicht, trifft die Verpflichtung nach Satz 1 den Veranstalter des dem Unternehmen zurechenbaren Programms mit dem höchsten Zuschaueranteil. [3]Trifft der Veranstalter die danach erforderlichen Maßnahmen nicht, ist von der zuständigen Landesmedienanstalt nach Feststellung durch die KEK die Zulassung zu widerrufen. [4]Absatz 4 Satz 5 gilt entsprechend.

(6) [1]Die Landesmedienanstalten veröffentlichen gemeinsam alle drei Jahre oder auf Anforderung der Länder einen Bericht der KEK über die Entwicklung der Konzentration und über Maßnahmen zur Sicherung der Meinungsvielfalt im privaten Rundfunk unter Berücksichtigung von
1. Verflechtungen zwischen Fernsehen und medienrelevanten verwandten Märkten,
2. horizontalen Verflechtungen zwischen Rundfunkveranstaltern in verschiedenen Verbreitungsgebieten und
3. internationalen Verflechtungen im Medienbereich.

[2]Der Bericht soll auch zur Anwendung der §§ 60 bis 66 und zu erforderlichen Änderungen dieser Bestimmungen Stellung nehmen.

(7) [1]Die Landesmedienanstalten veröffentlichen jährlich eine von der KEK zu erstellende Programmliste. [2]In die Programmliste sind alle Programme, ihre Veranstalter und deren Beteiligte aufzunehmen.

§ 61 Bestimmung der Zuschaueranteile. (1) [1]Die Landesmedienanstalten ermitteln durch die KEK den Zuschaueranteil der jeweiligen Programme unter Einbeziehung aller deutschsprachigen Programme des öffentlich-rechtlichen Rundfunks und des bundesweit empfangbaren privaten Rundfunks. [2]Für Entscheidungen maßgeblich ist der bei Einleitung des Verfahrens im Durchschnitt der letzten zwölf Monate erreichte Zuschaueranteil der einzubeziehenden Programme.

(2) [1]Die Landesmedienanstalten beauftragen nach Maßgabe einer Entscheidung der KEK ein Unternehmen zur Ermittlung der Zuschaueranteile; die Vergabe des Auftrags erfolgt nach den Grundsätzen von Wirtschaftlichkeit und Sparsamkeit. [2]Die Ermittlung muss aufgrund repräsentativer Erhebungen bei Zuschauern ab Vollendung des dritten Lebensjahres nach allgemein anerkannten wissenschaftlichen Methoden durchgeführt werden. [3]Die Landesmedienanstalten sollen mit dem Unternehmen vereinbaren, dass die anlässlich der Ermittlung der Zuschaueranteile nach Absatz 1 Satz 1 erhobenen Daten vertraglich auch von Dritten genutzt werden können. [4]In diesem Fall sind die auf die Landesmedienanstalten entfallenden Kosten entsprechend zu mindern.

(3) [1]Die Veranstalter sind bei der Ermittlung der Zuschaueranteile zur Mitwirkung verpflichtet. [2]Kommt ein Veranstalter seiner Mitwirkungspflicht nicht nach, kann die Zulassung widerrufen werden.

Medienstaatsvertrag MStV 21

§ 62 Zurechnung von Programmen. (1) [1]Einem Unternehmen sind sämtliche Programme zuzurechnen, die es selbst veranstaltet oder die von einem anderen Unternehmen veranstaltet werden, an dem es unmittelbar mit 25 vom Hundert oder mehr an dem Kapital oder an den Stimmrechten beteiligt ist. [2]Ihm sind ferner alle Programme von Unternehmen zuzurechnen, an denen es mittelbar beteiligt ist, sofern diese Unternehmen zu ihm im Verhältnis eines verbundenen Unternehmens im Sinne von § 15 des Aktiengesetzes stehen und diese Unternehmen am Kapital oder an den Stimmrechten eines Veranstalters mit 25 vom Hundert oder mehr beteiligt sind. [3]Die im Sinne der Sätze 1 und 2 verbundenen Unternehmen sind als einheitliche Unternehmen anzusehen, und deren Anteile am Kapital oder an den Stimmrechten sind zusammenzufassen. [4]Wirken mehrere Unternehmen aufgrund einer Vereinbarung oder in sonstiger Weise derart zusammen, dass sie gemeinsam einen beherrschenden Einfluss auf ein beteiligtes Unternehmen ausüben können, so gilt jedes von ihnen als herrschendes Unternehmen.

(2) [1]Einer Beteiligung nach Absatz 1 steht gleich, wenn ein Unternehmen allein oder gemeinsam mit anderen auf einen Veranstalter einen vergleichbaren Einfluss ausüben kann. [2]Als vergleichbarer Einfluss gilt auch, wenn ein Unternehmen oder ein ihm bereits aus anderen Gründen nach Absatz 1 oder Absatz 2 Satz 1 zurechenbares Unternehmen
1. regelmäßig einen wesentlichen Teil der Sendezeit eines Veranstalters mit von ihm zugelieferten Programmteilen gestaltet oder
2. aufgrund vertraglicher Vereinbarungen, satzungsrechtlicher Bestimmungen oder in sonstiger Weise eine Stellung innehat, die wesentliche Entscheidungen eines Veranstalters über die Programmgestaltung, den Programmeinkauf oder die Programmproduktion von seiner Zustimmung abhängig macht.

(3) Bei der Zurechnung nach den Absätzen 1 und 2 sind auch Unternehmen einzubeziehen, die ihren Sitz außerhalb des Geltungsbereichs dieses Staatsvertrages haben.

(4) [1]Bei der Prüfung und Bewertung vergleichbarer Einflüsse auf einen Veranstalter sind auch bestehende Angehörigenverhältnisse einzubeziehen. [2]Hierbei finden die Grundsätze des Wirtschafts- und Steuerrechts Anwendung.

§ 63 Veränderung von Beteiligungsverhältnissen. [1]Jede geplante Veränderung von Beteiligungsverhältnissen oder sonstigen Einflüssen ist bei der zuständigen Landesmedienanstalt vor ihrem Vollzug schriftlich anzumelden. [2]Anmeldepflichtig sind der Veranstalter und die an dem Veranstalter unmittelbar oder mittelbar im Sinne von § 62 Beteiligten. [3]Die Veränderungen dürfen nur dann von der zuständigen Landesmedienanstalt als unbedenklich bestätigt werden, wenn unter den veränderten Voraussetzungen eine Zulassung erteilt werden könnte. [4]Wird eine geplante Veränderung vollzogen, die nicht nach Satz 3 als unbedenklich bestätigt werden kann, ist die Zulassung zu widerrufen. [5]Für den Widerruf gilt § 108 Abs. 2 und 3. [6]Für geringfügige Veränderungen von Beteiligungsverhältnissen oder sonstigen Einflüssen kann die KEK durch Richtlinien Ausnahmen für die Anmeldepflicht vorsehen.

§ 64 Vielfaltssichernde Maßnahmen. Stellen die vorgenannten Vorschriften auf vielfaltssichernde Maßnahmen bei einem Veranstalter oder Unternehmen ab, gelten als solche Maßnahmen:
1. die Einräumung von Sendezeit für unabhängige Dritte (§ 65),
2. die Einrichtung eines Programmbeirats (§ 66).

§ 65 Sendezeit für unabhängige Dritte. (1) [1]Ein Fensterprogramm, das aufgrund der Verpflichtung zur Einräumung von Sendezeit nach den vorstehenden Bestimmungen ausgestrahlt wird, muss unter Wahrung der Programmautonomie des Hauptveranstalters einen zusätzlichen Beitrag zur Vielfalt in dessen Programm, insbesondere in den Bereichen Kultur, Bildung und Information, leisten. [2]Die Gestaltung des Fensterprogramms hat in redaktioneller Unabhängigkeit vom Hauptprogramm zu erfolgen.

(2) [1]Die Dauer des Fensterprogramms muss wöchentlich mindestens 260 Minuten, davon mindestens 75 Minuten in der Sendezeit von 19.00 Uhr bis 23.30 Uhr betragen. [2]Auf die wöchentliche Sendezeit werden Regionalfensterprogramme bis höchstens 150 Minuten pro Woche mit höchstens 80 Minuten pro Woche auf die Drittsendezeit außerhalb der in Satz 1 genannten Sendezeit angerechnet; bei einer geringeren wöchentlichen Sendezeit für das Regionalfenster vermindert sich die anrechenbare Sendezeit von 80 Minuten entsprechend. [3]Die Anrechnung ist nur zulässig, wenn die Regionalfensterprogramme in redaktioneller Unabhängigkeit veranstaltet werden und insgesamt bundesweit mindestens 50 vom Hundert der Fernsehhaushalte erreichen. [4]Eine Unterschreitung dieser Reichweite ist im Zuge der Digitalisierung der Übertragungswege zulässig.

(3) [1]Der Fensterprogrammanbieter nach Absatz 1 darf nicht in einem rechtlichen Abhängigkeitsverhältnis zum Hauptprogrammveranstalter stehen. [2]Rechtliche Abhängigkeit im Sinne von Satz 1 liegt vor, wenn das Hauptprogramm und das Fensterprogramm nach § 62 demselben Unternehmen zugerechnet werden können.

(4) [1]Ist ein Hauptprogrammveranstalter zur Einräumung von Sendezeit für unabhängige Dritte verpflichtet, schreibt die zuständige Landesmedienanstalt nach Erörterung mit dem Hauptprogrammveranstalter das Fensterprogramm zur Erteilung einer Zulassung aus. [2]Die zuständige Landesmedienanstalt überprüft die eingehenden Anträge auf ihre Vereinbarkeit mit den Bestimmungen dieses Staatsvertrages sowie der sonstigen landesrechtlichen Bestimmungen und teilt dem Hauptprogrammveranstalter die zulassungsfähigen Anträge mit. [3]Sie erörtert mit dem Hauptprogrammveranstalter die Anträge mit dem Ziel, eine einvernehmliche Auswahl zu treffen. [4]Kommt eine Einigung nicht zustande und liegen der zuständigen Landesmedienanstalt mehr als drei zulassungsfähige Anträge vor, unterbreitet der Hauptprogrammveranstalter der zu-

Medienstaatsvertrag **MStV 21**

ständigen Landesmedienanstalt einen Dreiervorschlag. [5]Die zuständige Landesmedienanstalt kann unter Vielfaltsgesichtspunkten bis zu zwei weitere Vorschläge hinzufügen, die sie erneut mit dem Hauptprogrammveranstalter mit dem Ziel, eine einvernehmliche Auswahl zu treffen, erörtert. [6]Kommt eine Einigung nicht zustande, wählt sie aus den Vorschlägen denjenigen Bewerber aus, dessen Programm den größtmöglichen Beitrag zur Vielfalt im Programm des Hauptprogrammveranstalters erwarten lässt und erteilt ihm die Zulassung. [7]Bei drei oder weniger Anträgen trifft die zuständige Landesmedienanstalt die Entscheidung unmittelbar.

(5) [1]Ist ein Bewerber für das Fensterprogramm nach Absatz 4 ausgewählt, schließen der Hauptprogrammveranstalter und der Bewerber eine Vereinbarung über die Ausstrahlung des Fensterprogramms im Rahmen des Hauptprogramms. [2]In diese Vereinbarung ist insbesondere die Verpflichtung des Hauptprogrammveranstalters aufzunehmen, dem Fensterprogrammveranstalter eine ausreichende Finanzierung seines Programms zu ermöglichen. [3]Die Vereinbarung muss ferner vorsehen, dass eine Kündigung während der Dauer der Zulassung nach Absatz 6 nur wegen schwerwiegender Vertragsverletzungen oder aus einem wichtigen Grund mit einer Frist von sechs Monaten zulässig ist.

(6) [1]Auf der Grundlage einer Vereinbarung zu angemessenen Bedingungen nach Absatz 5 ist dem Fensterprogrammveranstalter durch die zuständige Landesmedienanstalt die Zulassung zur Veranstaltung des Fensterprogramms zu erteilen. [2]In die Zulassung des Haupt- und des Fensterprogrammveranstalters sind die wesentlichen Verpflichtungen aus der Vereinbarung nach Absatz 5 als Bestandteil der Zulassungen aufzunehmen. [3]Eine Entschädigung für Vermögensnachteile durch den teilweisen Widerruf der Zulassung des Hauptprogrammveranstalters wird nicht gewährt. [4]Die Zulassung für den Fensterprogrammveranstalter ist auf die Dauer von fünf Jahren zu erteilen; sie erlischt, wenn die Zulassung des Hauptprogrammveranstalters endet, nicht verlängert oder nicht neu erteilt wird.

§ 66 Programmbeirat. (1) [1]Der Programmbeirat hat die Programmverantwortlichen, die Geschäftsführung des Programmveranstalters und die Gesellschafter bei der Gestaltung des Programms zu beraten. [2]Der Programmbeirat soll durch Vorschläge und Anregungen zur Sicherung der Meinungsvielfalt und Pluralität des Programms (§ 59) beitragen. [3]Mit der Einrichtung eines Programmbeirats durch den Veranstalter ist dessen wirksamer Einfluss auf das Fernsehprogramm durch Vertrag oder Satzung zu gewährleisten.

(2) [1]Die Mitglieder des Programmbeirats werden vom Veranstalter berufen. [2]Sie müssen aufgrund ihrer Zugehörigkeit zu gesellschaftlichen Gruppen in ihrer Gesamtheit die Gewähr dafür bieten, dass die wesentlichen Meinungen in der Gesellschaft vertreten sind.

(3) [1]Der Programmbeirat ist über alle Fragen, die das veranstaltete Programm betreffen, durch die Geschäftsführung zu unterrichten. [2]Er ist bei wesentlichen Änderungen der Programmstruktur, der Programminhalte, des Pro-

grammschemas sowie bei programmbezogenen Anhörungen durch die zuständige Landesmedienanstalt und bei Programmbeschwerden zu hören.

(4) [1]Der Programmbeirat kann zur Erfüllung seiner Aufgaben Auskünfte von der Geschäftsführung verlangen und hinsichtlich des Programms oder einzelner Beiträge Beanstandungen gegenüber der Geschäftsführung aussprechen. [2]Zu Anfragen und Beanstandungen hat die Geschäftsführung innerhalb angemessener Frist Stellung zu nehmen. [3]Trägt sie den Anfragen und Beanstandungen zum Programm nach Auffassung des Programmbeirats nicht ausreichend Rechnung, kann er in dieser Angelegenheit einen Beschluss des Kontrollorgans über die Geschäftsführung, sofern ein solches nicht vorhanden ist der Gesellschafterversammlung, verlangen. [4]Eine Ablehnung der Vorlage des Programmbeirats durch die Gesellschafterversammlung oder durch das Kontrollorgan über die Geschäftsführung bedarf einer Mehrheit von 75 vom Hundert der abgegebenen Stimmen.

(5) [1]Bei Änderungen der Programmstruktur, der Programminhalte oder des Programmschemas oder bei der Entscheidung über Programmbeschwerden ist vor der Entscheidung der Geschäftsführung die Zustimmung des Programmbeirats einzuholen. [2]Wird diese verweigert oder kommt eine Stellungnahme binnen angemessener Frist nicht zustande, kann die Geschäftsführung die betreffende Maßnahme nur mit Zustimmung des Kontrollorgans über die Geschäftsführung, sofern ein solches nicht vorhanden ist, der Gesellschafterversammlung, für die eine Mehrheit von 75 vom Hundert der abgegebenen Stimmen erforderlich ist, treffen. [3]Der Veranstalter hat das Ergebnis der Befassung des Programmbeirats oder der Entscheidung nach Satz 2 der zuständigen Landesmedienanstalt mitzuteilen.

(6) Handelt es sich bei dem Veranstalter, bei dem ein Programmbeirat eingerichtet werden soll, um ein einzelkaufmännisch betriebenes Unternehmen, gelten die Absätze 4 und 5 mit der Maßgabe, dass der Programmbeirat statt der Gesellschafterversammlung oder des Kontrollorgans über die Geschäftsführung die zuständige Landesmedienanstalt anrufen kann, die über die Maßnahme entscheidet.

§ 67 Richtlinien. [1]Die Landesmedienanstalten erlassen gemeinsame Richtlinien zur näheren Ausgestaltung der §§ 59, 65 und 66. [2]In den Richtlinien zu § 66 sind insbesondere Vorgaben über Berufung und Zusammensetzung des Programmbeirats zu machen.

§ 68 Sendezeit für Dritte. (1) Den Evangelischen Kirchen, der Katholischen Kirche und den Jüdischen Gemeinden sind auf Wunsch angemessene Sendezeiten zur Übertragung religiöser Sendungen einzuräumen; die Veranstalter können die Erstattung ihrer Selbstkosten verlangen.

(2) [1]Parteien ist während ihrer Beteiligung an den Wahlen zum Deutschen Bundestag gegen Erstattung der Selbstkosten angemessene Sendezeit einzuräumen, wenn mindestens eine Landesliste für sie zugelassen wurde. [2]Ferner

Medienstaatsvertrag **MStV 21**

haben Parteien und sonstige politische Vereinigungen während ihrer Beteiligung an den Wahlen der Abgeordneten aus der Bundesrepublik Deutschland für das Europäische Parlament gegen Erstattung der Selbstkosten Anspruch auf angemessene Sendezeit, wenn mindestens ein Wahlvorschlag für sie zugelassen wurde.

4. Unterabschnitt

Finanzierung, Werbung

§ 69 Finanzierung. [1]Private Veranstalter können ihre Rundfunkprogramme durch Einnahmen aus Werbung, durch sonstige Einnahmen, insbesondere durch Entgelte der Teilnehmer (Abonnements oder Einzelentgelte), sowie aus eigenen Mitteln finanzieren. [2]Eine Finanzierung privater Veranstalter aus dem Rundfunkbeitrag ist unzulässig. [3]§ 112 bleibt unberührt.

§ 70 Dauer der Fernsehwerbung. (1) [1]Der Anteil an Sendezeit für Fernsehwerbespots und Teleshopping-Spots darf in den Zeiträumen von 6.00 Uhr bis 18.00 Uhr, von 18.00 Uhr bis 23.00 Uhr sowie von 23.00 Uhr bis 24.00 Uhr jeweils 20 vom Hundert dieses Zeitraums nicht überschreiten. [2]Satz 1 gilt nicht für Produktplatzierungen und Sponsorhinweise.

(2) Hinweise des Rundfunkveranstalters auf eigene Sendungen und auf Begleitmaterialien, die direkt von diesen Sendungen abgeleitet sind, oder auf Sendungen, Rundfunkprogramme oder rundfunkähnliche Telemedien anderer Teile derselben Sendergruppe, unentgeltliche Beiträge im Dienst der Öffentlichkeit einschließlich von Spendenaufrufen zu Wohlfahrtszwecken, gesetzliche Pflichthinweise und neutrale Einzelbilder zwischen redaktionellen Inhalten und Fernsehwerbe- oder Teleshoppingspots sowie zwischen einzelnen Spots gelten nicht als Werbung.

(3) Die Absätze 1 und 2 sowie § 9 gelten nicht für reine Werbekanäle.

§ 71 Teleshopping-Fenster und Eigenwerbekanäle. (1) [1]Teleshopping-Fenster, die in einem Programm gesendet werden, das nicht ausschließlich für Teleshopping bestimmt ist, müssen eine Mindestdauer von 15 Minuten ohne Unterbrechung haben. [2]Sie müssen optisch und akustisch klar als Teleshopping-Fenster gekennzeichnet sein.

(2) [1]Für Eigenwerbekanäle gelten die §§ 8 und 10 entsprechend. [2]Die §§ 9 und 70 gelten nicht für Eigenwerbekanäle.

§ 72 Satzungen und Richtlinien. [1]Die Landesmedienanstalten erlassen gemeinsame Satzungen oder Richtlinien zur Durchführung der §§ 8 bis 11, 70 und 71; in der Satzung oder Richtlinie zu § 11 sind insbesondere die Ahndung von Verstößen und die Bedingungen zur Teilnahme Minderjähriger näher zu bestimmen. [2]Die Landesmedienanstalten stellen hierbei das Benehmen mit den in der ARD zusammengeschlossenen Landesrundfunkanstalten und dem ZDF her und führen einen gemeinsamen Erfahrungsaustausch in der Anwendung dieser Richtlinien durch.

§ 73 Ausnahmen für regionale und lokale Fernsehprogramme. Für regionale und lokale Fernsehprogramme können von § 8 Absatz 4 Satz 2, § 9 Absatz 3 und § 70 Absatz 1 nach Landesrecht abweichende Regelungen getroffen werden.

V. Abschnitt

Besondere Bestimmungen für einzelne Telemedien

1. Unterabschnitt

Rundfunkähnliche Telemedien

§ 74 Werbung, Gewinnspiele. ¹Für rundfunkähnliche Telemedien gelten die §§ 8, 10, 11 und 72 entsprechend. ²Für Angebote nach § 2 Abs. 3 und sonstige linear verbreitete fernsehähnliche Telemedien gelten die §§ 3 bis 16 und § 72 entsprechend.

§ 75 Kurzberichterstattung. Für fernsehähnliche Telemedien gilt § 14 entsprechend, wenn die gleiche Sendung von demselben Fernsehveranstalter zeitversetzt angeboten wird.

§ 76 Barrierefreiheit. Für fernsehähnliche Telemedien gilt § 7 entsprechend.

§ 77 Europäische Produktionen. ¹Zur Darstellung der Vielfalt im deutschsprachigen und europäischen Raum und zur Förderung von europäischen Film- und Fernsehproduktionen stellen Anbieter fernsehähnlicher Telemedien sicher, dass der Anteil europäischer Werke in ihren Katalogen mindestens 30 vom Hundert entspricht. ²Satz 1 gilt nicht für Anbieter fernsehähnlicher Telemedien mit geringen Umsätzen oder geringen Zuschauerzahlen oder wenn dies wegen der Art oder des Themas des fernsehähnlichen Telemediums undurchführbar oder ungerechtfertigt ist. ³Werke nach Satz 1 sind in den Katalogen herauszustellen. ⁴Die Landesmedienanstalten regeln die Einzelheiten zur Durchführung der Sätze 1 bis 3 durch eine gemeinsame Satzung.

2. Unterabschnitt

Medienplattformen und Benutzeroberflächen

§ 78 Anwendungsbereich. ¹Die nachstehenden Regelungen gelten für alle Medienplattformen und Benutzeroberflächen. ²Mit Ausnahme der §§ 79, 80, 86 Abs. 1 und § 109 gelten sie nicht für

Medienstaatsvertrag **MStV 21**

1. infrastrukturgebundene Medienplattformen mit in der Regel weniger als 10 000 angeschlossenen Wohneinheiten und deren Benutzeroberflächen oder
2. nicht infrastrukturgebundene Medienplattformen und Benutzeroberflächen, die keine Benutzeroberflächen von Medienplattformen nach Nummer 1 sind, mit in der Regel weniger als 20 000 tatsächlichen täglichen Nutzern im Monatsdurchschnitt.

[3]Die Landesmedienanstalten legen in den Satzungen und Richtlinien nach § 88 unter Berücksichtigung der regionalen und lokalen Verhältnisse Kriterien für die Ermittlung der Schwellenwerte fest.

§ 79 Allgemeine Bestimmungen. (1) [1]Eine infrastrukturgebundene Medienplattform darf nur betreiben, wer den Anforderungen des § 53 Abs. 1 und 2 Satz 1 genügt. [2]Im Übrigen hat ein Anbieter einer Medienplattform oder ein Anbieter einer Benutzeroberfläche oder ein von diesem jeweils benannter Bevollmächtigter die Anforderungen des § 53 Abs. 1 und 2 Satz 1 zu erfüllen.

(2) [1]Anbieter, die eine Medienplattform oder Benutzeroberfläche anbieten wollen, müssen dies mindestens einen Monat vor Inbetriebnahme der zuständigen Landesmedienanstalt anzeigen. [2]Die Anzeige hat zu enthalten:
1. Angaben nach Absatz 1,
2. Angaben zur technischen und voraussichtlichen Nutzungsreichweite.

[3]Bei wesentlichen Änderungen gelten die Sätze 1 und 2 entsprechend.

(3) [1]Für die Angebote in Medienplattformen und Benutzeroberflächen gilt die verfassungsmäßige Ordnung. [2]Die Vorschriften der allgemeinen Gesetze und die gesetzlichen Bestimmungen zum Schutz der persönlichen Ehre sind einzuhalten.

(4) [1]Anbieter von Medienplattformen und Benutzeroberflächen sind für eigene Angebote verantwortlich. [2]Bei Verfügungen der Aufsichtsbehörden gegen Angebote oder Inhalte Dritter, die über die Medienplattform verbreitet werden oder in Benutzeroberflächen enthalten sind, sind diese zur Umsetzung dieser Verfügung verpflichtet. [3]Sind Maßnahmen gegenüber dem Verantwortlichen von Angeboten oder Inhalten nach Satz 2 nicht durchführbar oder nicht Erfolg versprechend, können Maßnahmen zur Verhinderung des Zugangs von Angeboten oder Inhalten auch gegen den Anbieter der Medienplattform oder Benutzeroberfläche gerichtet werden, sofern eine Verhinderung technisch möglich und zumutbar ist.

§ 80 Signalintegrität, Überlagerungen und Skalierungen. (1) Ohne Einwilligung des jeweiligen Rundfunkveranstalters oder Anbieters rundfunkähnlicher Telemedien dürfen dessen Rundfunkprogramme, einschließlich des HbbTV-Signals, rundfunkähnliche Telemedien oder Teile davon
1. inhaltlich und technisch nicht verändert,
2. im Zuge ihrer Abbildung oder akustischen Wiedergabe nicht vollständig oder teilweise mit Werbung, Inhalten aus Rundfunkprogrammen oder rund-

funkähnlichen Telemedien, einschließlich Empfehlungen oder Hinweisen hierauf, überlagert oder ihre Abbildung zu diesem Zweck skaliert oder

3. nicht in Angebotspakete aufgenommen oder in anderer Weise entgeltlich oder unentgeltlich vermarktet oder öffentlich zugänglich gemacht werden.

(2) [1]Abweichend von Absatz 1 Nr. 1 sind technische Veränderungen, die ausschließlich einer effizienten Kapazitätsnutzung dienen und die Einhaltung des vereinbarten oder, im Fall, dass keine Vereinbarung getroffen wurde, marktüblichen Qualitätsstandards nicht beeinträchtigen, zulässig. [2]Abweichend von Absatz 1 Nr. 2 sind Überlagerungen oder Skalierungen zulässig zum Zweck der Inanspruchnahme von Diensten der Individualkommunikation oder wenn sie durch den Nutzer im Einzelfall veranlasst sind. [3]Satz 2 gilt nicht für Überlagerung oder Skalierungen zum Zweck der Werbung, es sei denn, es handelt sich um Empfehlungen oder Hinweise auf Inhalte von Rundfunkprogrammen oder rundfunkähnliche Telemedien.

(3) Bei einer Überlagerung oder Skalierung zum Zweck der Werbung finden außer in den Fällen des Absatzes 2 Satz 2 die für das überlagerte oder skalierte Angebot geltenden Beschränkungen entsprechende Anwendung.

§ 81 Belegung von Medienplattformen. (1) Für infrastrukturgebundene Medienplattformen gelten die nachfolgenden Bestimmungen.

(2) [1]Der Anbieter einer Medienplattform
1. hat sicherzustellen, dass innerhalb einer technischen Kapazität im Umfang von höchstens einem Drittel der für die digitale Verbreitung von Fernsehprogrammen zur Verfügung stehenden Gesamtkapazität
    a) die erforderlichen Kapazitäten für die bundesweiten gesetzlich bestimmten beitragsfinanzierten Programme sowie für die Dritten Programme des öffentlich-rechtlichen Rundfunks einschließlich programmbegleitender Dienste zur Verfügung stehen; für die im Rahmen der Dritten Programme verbreiteten Landesfenster gilt dies nur innerhalb der Länder, für die sie gesetzlich bestimmt sind,
    b) die Kapazitäten für die privaten Fernsehprogramme, die Regionalfenster gemäß § 59 enthalten, einschließlich programmbegleitender Dienste, zur Verfügung stehen; die Fernsehprogramme sind einschließlich der für die jeweilige Region gesetzlich bestimmten Regionalfenster zu verbreiten,
    c) die Kapazitäten für die im jeweiligen Land zugelassenen regionalen und lokalen Fernsehprogramme sowie die Offenen Kanäle zur Verfügung stehen; dies gilt nur innerhalb des Gebiets, für das sie jeweils bestimmt sind; die landesrechtlichen Sondervorschriften für Offene Kanäle und vergleichbare Angebote bleiben unberührt,
    d) die technischen Kapazitäten nach den Buchstaben a bis c im Verhältnis zu anderen digitalen Kapazitäten technisch gleichwertig sind,
2. trifft selbst innerhalb einer weiteren technischen Kapazität im Umfang der Kapazität nach Nummer 1 die Entscheidung über die Belegung mit in digi-

taler Technik verbreiteten Fernsehprogrammen einschließlich programmbegleitender Dienste, soweit er darin unter Einbeziehung der Interessen der angeschlossenen Teilnehmer eine Vielzahl von Programmveranstaltern sowie ein vielfältiges Programmangebot an Vollprogrammen, nicht entgeltfinanzierten Programmen, Spartenprogrammen mit Schwerpunkt Nachrichten, sonstigen Spartenprogrammen und Fremdsprachenprogrammen einbezieht sowie Teleshoppingkanäle angemessen berücksichtigt,
3. trifft innerhalb der darüber hinausgehenden technischen Kapazitäten die Entscheidung über die Belegung nach Maßgabe des § 82 Abs. 2 und der allgemeinen Gesetze.

²Reicht die Kapazität zur Belegung nach Satz 1 Nr. 1 nicht aus, sind die Grundsätze des Satzes 1 entsprechend der zur Verfügung stehenden Gesamtkapazität anzuwenden; dabei haben die für das jeweilige Verbreitungsgebiet gesetzlich bestimmten beitragsfinanzierten Programme und programmbegleitende Dienste des öffentlich-rechtlichen Rundfunks Vorrang unbeschadet der angemessenen Berücksichtigung der Angebote nach Satz 1 Nr. 1 Buchst. b und c.

(3) ¹Der Anbieter einer Medienplattform
1. hat sicherzustellen, dass innerhalb einer technischen Kapazität im Umfang von höchstens einem Drittel der für die digitale Verbreitung von Hörfunk zur Verfügung stehenden Gesamtkapazität
   a) die erforderlichen Kapazitäten für die in dem jeweiligen Verbreitungsgebiet gesetzlich bestimmten beitragsfinanzierten Programme und programmbegleitenden Dienste des öffentlich-rechtlichen Rundfunks zur Verfügung stehen,
   b) die Kapazitäten für die im jeweiligen Land zugelassenen Hörfunkprogramme sowie die Offenen Kanäle zur Verfügung stehen; die landesrechtlichen Sondervorschriften für Offene Kanäle und vergleichbare Angebote bleiben unberührt,
2. trifft selbst innerhalb einer weiteren technischen Übertragungskapazität im Umfang der Kapazität nach Nummer 1 die Entscheidung über die Belegung mit in digitaler Technik verbreiteten Hörfunkprogrammen und programmbegleitenden Diensten, soweit er darin unter Einbeziehung der Interessen der angeschlossenen Teilnehmer ein vielfältiges Angebot und insbesondere eine Vielfalt der für das jeweilige Verbreitungsgebiet bestimmten Angebote angemessen berücksichtigt,
3. trifft innerhalb der darüber hinausgehenden technischen Kapazitäten die Entscheidung über die Belegung nach Maßgabe des § 82 Abs. 2 und der allgemeinen Gesetze.

²Absatz 2 Satz 2 gilt entsprechend.

(4) Der Anbieter einer Medienplattform ist von den Anforderungen nach den Absätzen 2 und 3 befreit, soweit
1. der Anbieter der zuständigen Landesmedienanstalt nachweist, dass er selbst oder ein Dritter den Empfang der entsprechenden Angebote auf einem

gleichartigen Übertragungsweg und demselben Endgerät unmittelbar und ohne zusätzlichen Aufwand ermöglicht, oder
2. das Gebot der Meinungsvielfalt und Angebotsvielfalt bereits im Rahmen der Zuordnungs- oder Zuweisungsentscheidung nach den §§ 101 oder 102 berücksichtigt wurde.

(5) [1]Programme, die dem Anbieter einer Medienplattform gemäß § 62 zugerechnet werden können oder von ihm exklusiv vermarktet werden, bleiben bei der Erfüllung der Anforderungen nach Absatz 2 Satz 1 Nr. 1 und 2 und Absatz 3 Satz 1 Nr. 1 und 2 außer Betracht. [2]Der Anbieter einer Medienplattform hat die Belegung von Rundfunkprogrammen der zuständigen Landesmedienanstalt auf deren Verlangen unverzüglich mitzuteilen. [3]Werden die Voraussetzungen der Absätze 2 bis 4 nicht erfüllt, erfolgt die Auswahl der zu verbreitenden Rundfunkprogramme nach Maßgabe dieses Staatsvertrages und des Landesrechts durch die zuständige Landesmedienanstalt. [4]Zuvor ist dem Anbieter einer Medienplattform eine angemessene Frist zur Erfüllung der gesetzlichen Voraussetzungen zu setzen.

(6) Für regionale und lokale Medienplattformen, die Hörfunk- und Fernsehprogramme ausschließlich terrestrisch verbreiten, kann das Landesrecht abweichende Regelungen vorsehen.

§ 82 Zugang zu Medienplattformen. (1) Anbieter von Medienplattformen haben zu gewährleisten, dass die eingesetzte Technik ein vielfältiges Angebot ermöglicht.

(2) Zur Sicherung der Meinungsvielfalt und Angebotsvielfalt dürfen Rundfunk, rundfunkähnliche Telemedien und Telemedien nach § 19 Abs. 1 beim Zugang zu Medienplattformen nicht unmittelbar oder mittelbar unbillig behindert und gegenüber gleichartigen Angeboten nicht ohne sachlich gerechtfertigten Grund unterschiedlich behandelt werden; dies gilt insbesondere in Bezug auf
1. Zugangsberechtigungssysteme,
2. Schnittstellen für Anwendungsprogramme,
3. sonstige technische Vorgaben zu den Nummern 1 und 2 auch gegenüber Herstellern digitaler Rundfunkempfangsgeräte,
4. die Ausgestaltung von Zugangsbedingungen, insbesondere Entgelte und Tarife.

(3) [1]Die Verwendung eines Zugangsberechtigungssystems oder einer Schnittstelle für Anwendungsprogramme und die Entgelte hierfür sind der zuständigen Landesmedienanstalt unverzüglich anzuzeigen. [2]Satz 1 gilt für Änderungen entsprechend. [3]Der zuständigen Landesmedienanstalt sind auf Verlangen die erforderlichen Auskünfte zu erteilen.

§ 83 Zugangsbedingungen zu Medienplattformen. (1) Die Zugangsbedingungen, insbesondere Entgelte und Tarife, sind gegenüber der zuständigen Landesmedienanstalt offenzulegen.

Medienstaatsvertrag **MStV 21**

(2) ¹Entgelte und Tarife sind im Rahmen des Telekommunikationsgesetzes so zu gestalten, dass auch regionale und lokale Angebote zu angemessenen Bedingungen verbreitet werden können. ²Die landesrechtlichen Sondervorschriften für Offene Kanäle und vergleichbare Angebote bleiben unberührt.

(3) ¹Können sich die betroffenen Anbieter nicht über die Aufnahme eines Angebots in eine Medienplattform oder die Bedingungen der Aufnahme einigen, kann jeder der Beteiligten die zuständige Landesmedienanstalt anrufen. ²Die zuständige Landesmedienanstalt wirkt unter den Beteiligten auf eine sachgerechte Lösung hin.

§ 84 Auffindbarkeit in Benutzeroberflächen. (1) Die nachstehenden Regelungen gelten, soweit Benutzeroberflächen Rundfunk, rundfunkähnliche Telemedien und Telemedien nach § 19 Abs. 1, Teile davon oder softwarebasierte Anwendungen, die im Wesentlichen der unmittelbaren Ansteuerung von Rundfunk, rundfunkähnlichen Telemedien und Telemedien nach § 19 Abs. 1 dienen, hierzu abbilden oder akustisch vermitteln.

(2) ¹Gleichartige Angebote oder Inhalte dürfen bei der Auffindbarkeit, insbesondere der Sortierung, Anordnung oder Präsentation in Benutzeroberflächen, nicht ohne sachlich gerechtfertigten Grund unterschiedlich behandelt werden; die Auffindbarkeit darf nicht unbillig behindert werden. ²Zulässige Kriterien für eine Sortierung oder Anordnung sind insbesondere Alphabet, Genres oder Nutzungsreichweite. ³Alle Angebote müssen mittels einer Suchfunktion diskriminierungsfrei auffindbar sein.

(3) ¹Der in einer Benutzeroberfläche vermittelte Rundfunk hat in seiner Gesamtheit auf der ersten Auswahlebene unmittelbar erreichbar und leicht auffindbar zu sein. ²Innerhalb des Rundfunks haben die gesetzlich bestimmten beitragsfinanzierten Programme, die Rundfunkprogramme, die Fensterprogramme (§ 59 Abs. 4) aufzunehmen haben, sowie die privaten Programme, die in besonderem Maß einen Beitrag zur Meinungs- und Angebotsvielfalt im Bundesgebiet leisten, leicht auffindbar zu sein. ³Werden Rundfunkprogramme abgebildet oder akustisch vermittelt, die Fensterprogramme (§ 59 Abs. 4) aufzunehmen haben, sind in dem Gebiet, für das die Fensterprogramme zugelassen oder gesetzlich bestimmt sind, die Hauptprogramme mit Fensterprogramm gegenüber dem ohne Fensterprogramm ausgestrahlten Hauptprogramm und gegenüber den Fensterprogrammen, die für andere Gebiete zugelassen oder gesetzlich bestimmt sind, vorrangig darzustellen.

(4) Die in einer Benutzeroberfläche vermittelten gemeinsamen Telemedienangebote der in der ARD zusammengeschlossenen Landesrundfunkanstalten, die Telemedienangebote des ZDF sowie des Deutschlandradios oder vergleichbare rundfunkähnliche Telemedienangebote oder Angebote nach § 2 Abs. 2 Nr. 14 Buchst. b privater Anbieter, die in besonderem Maß einen Beitrag zur Meinungs- und Angebotsvielfalt im Bundesgebiet leisten, oder softwarebasierte Anwendungen, die ihrer unmittelbaren Ansteuerung dienen, haben im Rahmen der Präsentation rundfunkähnlicher Telemedien oder der softwareba-

sierten Anwendungen, die ihrer unmittelbaren Ansteuerung dienen, leicht auffindbar zu sein.

(5) ¹Die privaten Angebote im Sinne des Absatzes 3 Satz 2 und des Absatzes 4 werden durch die Landesmedienanstalten für die Dauer von jeweils drei Jahren bestimmt und in einer Liste im Onlineauftritt der Landesmedienanstalten veröffentlicht. ²In die Entscheidung sind folgende Kriterien einzubeziehen:
1. der zeitliche Anteil an nachrichtlicher Berichterstattung über politisches und zeitgeschichtliches Geschehen,
2. der zeitliche Anteil an regionalen und lokalen Informationen,
3. das Verhältnis zwischen eigen- und fremdproduzierten Programminhalten,
4. der Anteil an barrierefreien Angeboten,
5. das Verhältnis zwischen ausgebildeten und auszubildenden Mitarbeitern, die an der Programmerstellung beteiligt sind,
6. die Quote europäischer Werke und
7. der Anteil an Angeboten für junge Zielgruppen.

³Die Landesmedienanstalten bestimmen unverzüglich Beginn und Ende einer Ausschlussfrist, innerhalb derer Anbieter schriftliche Anträge auf Aufnahme in die Liste stellen können. ⁴Beginn und Ende der Antragsfrist, das Verfahren und die wesentlichen Anforderungen an die Antragsstellung sind von den Landesmedienanstalten im Rahmen der Ausschreibung festzulegen; die Ausschreibung ist in geeigneter Weise zu veröffentlichen.

(6) Die Sortierung oder Anordnung von Angeboten oder Inhalten muss auf einfache Weise und dauerhaft durch den Nutzer individualisiert werden können.

(7) Absatz 2 Satz 3 sowie die Absätze 3, 4 und 6 gelten für Benutzeroberflächen nicht, soweit der Anbieter nachweist, dass eine auch nachträgliche Umsetzung technisch nicht oder nur mit unverhältnismäßigem Aufwand möglich ist.

(8) Die Einzelheiten der Absätze 2 bis 7 regeln die Landesmedienanstalten durch gemeinsame Satzungen und Richtlinien.

§ 85 Transparenz. ¹Die einer Medienplattform oder Benutzeroberfläche zugrunde liegenden Grundsätze für die Auswahl von Rundfunk, rundfunkähnlichen Telemedien und Telemedien nach § 19 Abs. 1 und für ihre Organisation sind vom Anbieter transparent zu machen. ²Dies umfasst die Kriterien, nach denen Inhalte sortiert, angeordnet und präsentiert werden, wie die Sortierung oder Anordnung von Inhalten durch den Nutzer individualisiert werden kann und nach welchen grundlegenden Kriterien Empfehlungen erfolgen und unter welchen Bedingungen Rundfunk oder rundfunkähnliche Telemedien nach § 80 nicht in ihrer ursprünglichen Form dargestellt werden. ³Informationen hierzu sind den Nutzern in leicht wahrnehmbarer, unmittelbar erreichbarer und ständig verfügbarer Weise zur Verfügung zu stellen.

§ 86 Vorlage von Unterlagen, Zusammenarbeit mit der Regulierungsbehörde für Telekommunikation. (1) ¹Anbieter von Medienplattformen und

Medienstaatsvertrag

Benutzeroberflächen sind verpflichtet, die erforderlichen Informationen und Unterlagen der zuständigen Landesmedienanstalt auf Verlangen unverzüglich vorzulegen. [2]Die §§ 55, 56 und 58 gelten entsprechend.

(2) Ob ein Verstoß gegen § 82 Abs. 2 Nr. 1, 2 oder 4 oder § 83 Abs. 2 vorliegt, entscheidet bei Anbietern von Medienplattformen, die zugleich Anbieter der Telekommunikationsdienstleistung sind, die zuständige Landesmedienanstalt im Benehmen mit der Regulierungsbehörde für Telekommunikation.

(3) Anbieter von Medienplattformen oder Benutzeroberflächen haben auf Nachfrage gegenüber Anbietern von Rundfunk, rundfunkähnlichen Telemedien und Telemedien nach § 19 Abs. 1 die tatsächliche Sortierung, Anordnung und Abbildung von Angeboten und Inhalten, die Verwendung ihrer Metadaten sowie im Rahmen eines berechtigten Interesses Zugangsbedingungen nach § 83 Abs. 1 mitzuteilen.

§ 87 Bestätigung der Unbedenklichkeit. [1]Im Hinblick auf die Anforderungen der §§ 81 bis 85 sind Anbieter von Medienplattformen oder Benutzeroberflächen berechtigt, bei der zuständigen Landesmedienanstalt einen Antrag auf Unbedenklichkeit zu stellen. [2]Die Bestätigung der Unbedenklichkeit kann mit Nebenbestimmungen versehen werden.

§ 88 Satzungen, Richtlinien. [1]Die Landesmedienanstalten regeln durch gemeinsame Satzungen und Richtlinien Einzelheiten zur Konkretisierung der sie betreffenden Bestimmungen dieses Unterabschnitts. [2]Dabei ist die Bedeutung für die öffentliche Meinungsbildung für den Empfängerkreis in Bezug auf den jeweiligen Übertragungsweg, die jeweilige Medienplattform oder die jeweilige Benutzeroberfläche zu berücksichtigen.

§ 89 Überprüfungsklausel. Die Bestimmungen dieses Unterabschnitts sowie die ergänzenden landesrechtlichen Regelungen werden regelmäßig alle fünf Jahre, erstmals zum 1. Oktober 2025, entsprechend Artikel 114 Abs. 2 der Richtlinie (EU) 2018/1972 des Europäischen Parlaments und des Rates vom 11. Dezember 2018 über den europäischen Kodex für die elektronische Kommunikation (ABl. L 321 vom 17.12.2018, S. 36) überprüft.

§ 90 Bestehende Zulassungen, Zuordnungen, Zuweisungen, Anzeige von bestehenden Medienplattformen oder Benutzeroberflächen. (1) [1]Bestehende Zulassungen, Zuordnungen und Zuweisungen für bundesweite Anbieter gelten bis zu deren Ablauf fort. [2]Bestehende Zulassungen und Zuweisungen für Fensterprogrammveranstalter sollen bis zum 31. Dezember 2009 unbeschadet von Vorgaben des § 59 Abs. 4 Satz 4 verlängert werden.

(2) Anbieter von Medienplattformen und Benutzeroberflächen, die bei Inkrafttreten dieses Staatsvertrages bereits in Betrieb aber nicht angezeigt sind, müssen die Anzeige nach § 79 Abs. 2 spätestens sechs Monate nach Inkrafttreten dieses Staatsvertrages vornehmen.

3. Unterabschnitt
Medienintermediäre

§ 91 Anwendungsbereich. (1) Die nachstehenden Regelungen gelten auch dann, wenn die intermediäre Funktion in die Angebote Dritter eingebunden wird (integrierter Medienintermediär).

(2) Mit Ausnahme des § 95 gelten sie nicht für Medienintermediäre, die
1. im Durchschnitt von sechs Monaten in Deutschland weniger als eine Million Nutzer pro Monat erreichen oder in ihrer prognostizierten Entwicklung erreichen werden,
2. auf die Aggregation, Selektion und Präsentation von Inhalten mit Bezug zu Waren oder Dienstleistungen spezialisiert sind oder
3. ausschließlich privaten oder familiären Zwecken dienen.

§ 92 Inländischer Zustellungsbevollmächtigter. [1]Anbieter von Medienintermediären haben im Inland einen Zustellungsbevollmächtigten zu benennen und in ihrem Angebot in leicht erkennbarer und unmittelbar erreichbarer Weise auf ihn aufmerksam zu machen. [2]An diese Person können Zustellungen in Verfahren nach § 115 bewirkt werden. [3]Das gilt auch für die Zustellung von Schriftstücken, die solche Verfahren einleiten oder vorbereiten.

§ 93 Transparenz. (1) Anbieter von Medienintermediären haben zur Sicherung der Meinungsvielfalt nachfolgende Informationen leicht wahrnehmbar, unmittelbar erreichbar und ständig verfügbar zu halten:
1. die Kriterien, die über den Zugang eines Inhalts zu einem Medienintermediär und über den Verbleib entscheiden,
2. die zentralen Kriterien einer Aggregation, Selektion und Präsentation von Inhalten und ihre Gewichtung einschließlich Informationen über die Funktionsweise der eingesetzten Algorithmen in verständlicher Sprache.

(2) [1]Anbieter von Medienintermediären, die eine thematische Spezialisierung aufweisen, sind dazu verpfichtet, diese Spezialisierung durch die Gestaltung ihres Angebots wahrnehmbar zu machen. [2]§ 91 Abs. 2 Nr. 2 bleibt unberührt.

(3) Änderungen der in Absatz 1 genannten Kriterien sowie der Ausrichtung nach Absatz 2 sind unverzüglich in derselben Weise wahrnehmbar zu machen.

(4) Anbieter von Medienintermediären, die soziale Netzwerke anbieten, haben dafür Sorge zu tragen, dass Telemedien im Sinne von § 18 Abs. 3 gekennzeichnet werden.

§ 94 Diskriminierungsfreiheit. (1) Zur Sicherung der Meinungsvielfalt dürfen Medienintermediäre journalistisch-redaktionell gestaltete Angebote, auf deren Wahrnehmbarkeit sie besonders hohen Einfluss haben, nicht diskriminieren.

(2) Eine Diskriminierung im Sinne des Absatzes 1 liegt vor, wenn ohne sachlich gerechtfertigten Grund von den nach § 93 Abs. 1 bis 3 zu veröffentli-

chenden Kriterien zugunsten oder zulasten eines bestimmten Angebots systematisch abgewichen wird oder diese Kriterien Angebote unmittelbar oder mittelbar unbillig systematisch behindern.

(3) ¹Ein Verstoß kann nur von dem betroffenen Anbieter journalistisch-redaktioneller Inhalte bei der zuständigen Landesmedienanstalt geltend gemacht werden. ²In offensichtlichen Fällen kann der Verstoß von der zuständigen Landesmedienanstalt auch von Amts wegen verfolgt werden.

§ 95 Vorlage von Unterlagen. ¹Anbieter von Medienintermediären sind verpflichtet, die erforderlichen Unterlagen der zuständigen Landesmedienanstalt auf Verlangen vorzulegen. ²Die §§ 56 und 58 gelten entsprechend.

§ 96 Satzungen und Richtlinien. ¹Die Landesmedienanstalten regeln durch gemeinsame Satzungen und Richtlinien Einzelheiten zur Konkretisierung der sie betreffenden Bestimmungen dieses Unterabschnitts. ²Dabei ist die Orientierungsfunktion der Medienintermediäre für die jeweiligen Nutzerkreise zu berücksichtigen.

4. Unterabschnitt

Video-Sharing-Dienste

§ 97 Anwendungsbereich. ¹Dieser Unterabschnitt gilt für Video-Sharing-Dienste im Sinne von § 2 Abs. 2 Nr. 22. ²Weitere Anforderungen nach dem V. Abschnitt bleiben unberührt.

§ 98 Werbung. (1) Für Werbung in Video-Sharing-Diensten gelten § 8 Abs. 1, Abs. 3 Satz 1 und 2, Abs. 7 und 10 dieses Staatsvertrages sowie § 6 Abs. 2 und 7 des Jugendmedienschutz-Staatsvertrages.

(2) Der Anbieter eines Video-Sharing-Dienstes hat sicherzustellen, dass Werbung, die von ihm vermarktet, verkauft oder zusammengestellt wird, den Vorgaben des Absatzes 1 entspricht.

(3) Der Anbieter eines Video-Sharing-Dienstes hat nachfolgende Maßnahmen zu ergreifen, um sicherzustellen, dass Werbung die nicht von ihm selbst vermarktet, verkauft oder zusammengestellt wird, die Vorgaben des Absatzes 1 erfüllt:
1. Aufnahme und Umsetzung von Bestimmungen in seinen Allgemeinen Geschäftsbedingungen, die zur Einhaltung der Vorgaben des Absatzes 1 verpflichten,
2. Bereitstellung einer Funktion zur Kennzeichnung von Werbung nach § 6 Abs. 3 des Telemediengesetzes.

§ 99 Schlichtungsstelle. (1) Die Landesmedienanstalten richten eine gemeinsame Stelle ein für die Schlichtung von Streitigkeiten zwischen den Beschwerdeführern oder von der Beschwerde betroffenen Nutzern und Anbietern von Video-Sharing-Diensten über Maßnahmen, die Anbieter von Video-Sharing-Diensten im Verfahren nach den §§ 10a und b des Telemediengesetzes getroffen oder unterlassen haben.

(2) Die Landesmedienanstalten regeln die weiteren Einzelheiten über die Organisation, das Schlichtungsverfahren und die Kostentragung in einer im Internet zu veröffentlichenden gemeinsamen Satzung.

VI. Abschnitt
Übertragungskapazitäten, Weiterverbreitung

§ 100 Grundsatz. Die Entscheidung über die Zuordnung, Zuweisung und Nutzung der Übertragungskapazitäten, die zur Verbreitung von Rundfunk und rundfunkähnlichen Telemedien dienen, erfolgt nach Maßgabe dieses Staatsvertrages und des jeweiligen Landesrechts.

§ 101 Zuordnung von drahtlosen Übertragungskapazitäten. (1) [1]Über die Anmeldung bei der für Telekommunikation zuständigen Regulierungsbehörde für bundesweite Versorgungsbedarfe an nicht leitungsgebundenen (drahtlosen) Übertragungskapazitäten entscheiden die Länder einstimmig. [2]Für länderübergreifende Bedarfsanmeldungen gilt Satz 1 hinsichtlich der betroffenen Länder entsprechend.

(2) Über die Zuordnung von Übertragungskapazitäten für bundesweite Versorgungsbedarfe an die in der ARD zusammengeschlossenen Landesrundfunkanstalten, das ZDF, das Deutschlandradio oder die Landesmedienanstalten entscheiden die Regierungschefinnen und Regierungschefs der Länder durch einstimmigen Beschluss.

(3) [1]Für die Zuordnung gelten insbesondere die folgenden Grundsätze:
1. zur Verfügung stehende freie Übertragungskapazitäten sind den in der ARD zusammengeschlossenen Landesrundfunkanstalten, dem ZDF oder dem Deutschlandradio und den Landesmedienanstalten bekannt zu machen;
2. reichen die Übertragungskapazitäten für den geltend gemachten Bedarf aus, sind diese entsprechend zuzuordnen;
3. reichen die Übertragungskapazitäten für den geltend gemachten Bedarf nicht aus, wirken die Regierungschefinnen und Regierungschefs der Länder auf eine Verständigung zwischen den Beteiligten hin; Beteiligte sind für private Anbieter die Landesmedienanstalten;
4. kommt eine Verständigung zwischen den Beteiligten nicht zu Stande, entscheiden die Regierungschefinnen und Regierungschefs der Länder, welche Zuordnung unter Berücksichtigung der Besonderheiten der Übertragungskapazität sowie unter Berücksichtigung des Gesamtangebots die größtmögliche Vielfalt des Angebotes sichert; dabei sind insbesondere folgende Kriterien zu berücksichtigen:

a) Sicherung der Grundversorgung mit Rundfunk und Teilhabe des öffentlich-rechtlichen Rundfunks an neuen Techniken und Programmformen,
b) Belange des privaten Rundfunks und der Anbieter von Telemedien.
²Die Zuordnung der Übertragungskapazität erfolgt für die Dauer von längstens 20 Jahren.

(4) Der oder die Vorsitzende der Konferenz der Regierungschefinnen und Regierungschefs der Länder ordnet die Übertragungskapazität gemäß der Entscheidung der Regierungschefinnen und Regierungschefs der Länder nach Absatz 2 zu.

(5) ¹Wird eine zugeordnete Übertragungskapazität nach Ablauf von 18 Monaten nach Zugang der Zuordnungsentscheidung nicht für die Realisierung des Versorgungsbedarfs genutzt, kann die Zuordnungsentscheidung durch Beschluss der Regierungschefinnen und Regierungschefs der Länder widerrufen werden; eine Entschädigung wird nicht gewährt. ²Auf Antrag des Zuordnungsempfängers kann die Frist durch Entscheidung der Regierungschefinnen und Regierungschefs der Länder verlängert werden.

(6) Die Regierungschefinnen und Regierungschefs der Länder vereinbaren zur Durchführung der Absätze 2 bis 5 Verfahrensregelungen.

§ 102 Zuweisung von drahtlosen Übertragungskapazitäten an private Anbieter durch die zuständige Landesmedienanstalt. (1) Übertragungskapa-zitäten für drahtlose bundesweite Versorgungsbedarfe privater Anbieter können Rundfunkveranstaltern, Anbietern von Telemedien oder Anbietern von Medienplattformen durch die zuständige Landesmedienanstalt zugewiesen werden.

(2) ¹Werden den Landesmedienanstalten Übertragungskapazitäten zugeordnet, bestimmen sie unverzüglich Beginn und Ende einer Ausschlussfrist, innerhalb der schriftliche Anträge auf Zuweisung von Übertragungskapazitäten gestellt werden können. ²Beginn und Ende der Antragsfrist, das Verfahren und die wesentlichen Anforderungen an die Antragstellung, insbesondere wie den Anforderungen dieses Staatsvertrages zur Sicherung der Meinungsvielfalt und Angebotsvielfalt genügt werden kann, sind von den Landesmedienanstalten zu bestimmen und in geeigneter Weise zu veröffentlichen (Ausschreibung).

(3) ¹Kann nicht allen Anträgen auf Zuweisung von Übertragungskapazitäten entsprochen werden, wirkt die zuständige Landesmedienanstalt auf eine Verständigung zwischen den Antragstellern hin. ²Kommt eine Verständigung zustande, legt sie diese ihrer Entscheidung über die Aufteilung der Übertragungskapazitäten zu Grunde, wenn nach den vorgelegten Unterlagen erwartet werden kann, dass in der Gesamtheit der Angebote die Vielfalt der Meinungen und Angebotsvielfalt zum Ausdruck kommt.

(4) ¹Lässt sich innerhalb der von der zuständigen Landesmedienanstalt zu bestimmenden angemessenen Frist keine Einigung erzielen oder entspricht die vorgesehene Aufteilung voraussichtlich nicht dem Gebot der Meinungsvielfalt

21 MStV Medienstaatsvertrag

und Angebotsvielfalt, weist die zuständige Landesmedienanstalt dem Antragsteller die Übertragungskapazität zu, der am ehesten erwarten lässt, dass sein Angebot
1. die Meinungsvielfalt und Angebotsvielfalt fördert,
2. auch das öffentliche Geschehen, die politischen Ereignisse sowie das kulturelle Leben darstellt und
3. bedeutsame politische, weltanschauliche und gesellschaftliche Gruppen zu Wort kommen lässt.

[2]In die Auswahlentscheidung ist ferner einzubeziehen, ob das Angebot wirtschaftlich tragfähig erscheint sowie Nutzerinteressen und -akzeptanz hinreichend berücksichtigt. [3]Für den Fall, dass die Übertragungskapazität einem Anbieter einer Medienplattform zugewiesen werden soll, ist des Weiteren zu berücksichtigen, inwieweit sichergestellt ist, dass das Angebot den Vorgaben der §§ 82 und 83 genügt.

(5) [1]Die Zuweisung von Übertragungskapazitäten erfolgt für die Dauer von zehn Jahren. [2]Eine einmalige Verlängerung um zehn Jahre ist zulässig. [3]Die Zuweisung ist sofort vollziehbar. [4]Wird eine zugewiesene Übertragungskapazität nach Ablauf von zwölf Monaten nach Zugang der Zuweisungsentscheidung nicht genutzt, kann die zuständige Landesmedienanstalt die Zuweisungsentscheidung nach § 108 Abs. 2 Nr. 2 Buchst. b widerrufen. [5]Auf Antrag des Zuweisungsempfängers kann die Frist verlängert werden.

§ 103 Weiterverbreitung. (1) [1]Die Weiterverbreitung von bundesweit empfangbaren Angeboten, die in rechtlich zulässiger Weise in einem anderen Mitgliedstaat der Europäischen Union in Übereinstimmung mit Artikel 2 der Richtlinie 2010/13/EU oder in einem Staat, der das Europäische Übereinkommen über das grenzüberschreitende Fernsehen ratifiziert hat, und nicht Mitglied der Europäischen Union ist, in Übereinstimmung mit den Bestimmungen des Europäischen Übereinkommens über das grenzüberschreitende Fernsehen veranstaltet werden, ist zulässig. [2]Die Weiterverbreitung der in Satz 1 genannten Angebote aus einem anderen Mitgliedstaat der Europäischen Union kann nur in Übereinstimmung mit Artikel 3 der Richtlinie 2010/13/EU, die Weiterverbreitung der in Satz 1 genannten Angebote aus einem Staat, der das Europäische Übereinkommen über das grenzüberschreitende Fernsehen ratifiziert hat, und nicht Mitglied der Europäischen Union ist, nur in Übereinstimmung mit den Bestimmungen des Europäischen Übereinkommens über das grenzüberschreitende Fernsehen ausgesetzt werden.

(2) [1]Veranstalter anderer als der in Absatz 1 genannten Fernsehprogramme haben die Weiterverbreitung mindestens einen Monat vor Beginn bei der Landesmedienanstalt anzuzeigen, in deren Geltungsbereich die Programme verbreitet werden sollen. [2]Die Anzeige kann auch der Anbieter einer Medienplattform vornehmen. [3]Die Anzeige muss die Nennung eines Programmverantwortlichen, eine Beschreibung des Programms und die Vorlage einer Zulassung oder eines vergleichbaren Dokuments beinhalten. [4]Die Weiterverbreitung ist dem Anbieter einer Medienplattform zu untersagen, wenn das Rundfunk-

programm nicht den Anforderungen des § 3 oder des Jugendmedienschutz-Staatsvertrages entspricht oder wenn der Veranstalter nach dem geltenden Recht des Ursprungslandes zur Veranstaltung von Rundfunk nicht befugt ist oder wenn das Programm nicht inhaltlich unverändert verbreitet wird.

(3) ¹Landesrechtliche Regelungen zur analogen Kanalbelegung für Rundfunk sind zulässig, soweit sie zur Erreichung klar umrissener Ziele von allgemeinem Interesse erforderlich sind. ²Sie können insbesondere zur Sicherung einer pluralistischen, am Angebot der Meinungsvielfalt und Angebotsvielfalt orientierten Medienordnung getroffen werden. ³Einzelheiten, insbesondere die Rangfolge bei der Belegung der Kabelkanäle, regelt das Landesrecht.

(4) Ferner können angemessene Maßnahmen in Übereinstimmung mit Artikel 4 Abs. 3 der Richtlinie 2010/13/EU unter Wahrung der sonstigen Regelungen ihres Artikels 4 gegen den Mediendiensteanbieter ergriffen werden, der Rechtshoheit eines anderen Mitgliedstaats unterworfen ist und einen audiovisuellen Mediendienst erbringt, der ganz oder vorwiegend auf Deutschland ausgerichtet ist, soweit die Bundesrepublik Deutschland im öffentlichen Interesse liegende ausführlichere oder strengere Bestimmungen nach Artikel 4 Absatz 1 der Richtlinie 2010/13/EU erlassen hat.

VII. Abschnitt

Medienaufsicht

§ 104 Organisation. (1) ¹Soweit nichts anderes bestimmt ist, überprüft die zuständige Landesmedienanstalt die Einhaltung der Bestimmungen nach diesem Staatsvertrag. ²Sie trifft entsprechend den Bestimmungen dieses Staatsvertrages die jeweiligen Entscheidungen. ³Satz 1 und 2 gelten nicht für Angebote der in der ARD zusammengeschlossenen Landesrundfunkanstalten, des ZDF und des Deutschlandradios.

(2) ¹Zur Erfüllung der Aufgaben nach § 105 und nach den Bestimmungen des Jugendmedienschutz-Staatsvertrages bestehen:
1. die Kommission für Zulassung und Aufsicht (ZAK),
2. die Gremienvorsitzendenkonferenz (GVK),
3. die Kommission zur Ermittlung der Konzentration im Medienbereich (KEK) und
4. die Kommission für Jugendmedienschutz (KJM).

²Diese dienen der jeweils zuständigen Landesmedienanstalt als Organe bei der Erfüllung ihrer Aufgaben nach § 105.

(3) ¹Die Landesmedienanstalten entsenden jeweils den nach Landesrecht bestimmten gesetzlichen Vertreter in die ZAK; eine Vertretung im Fall der Verhinderung ist durch den ständigen Vertreter zulässig. ²Die Tätigkeit der Mitglieder der ZAK ist unentgeltlich.

(4) ¹Die GVK setzt sich zusammen aus dem jeweiligen Vorsitzenden des plural besetzten Beschlussgremiums der Landesmedienanstalten; eine Vertre-

tung im Fall der Verhinderung durch den stellvertretenden Vorsitzenden ist zulässig. ²Die Tätigkeit der Mitglieder der GVK ist unentgeltlich.

(5) ¹Die KEK besteht aus
1. sechs Sachverständigen des Rundfunk- und des Wirtschaftsrechts, von denen drei die Befähigung zum Richteramt haben müssen, und
2. sechs nach Landesrecht bestimmten gesetzlichen Vertretern der Landesmedienanstalten.

²Die Mitglieder nach Satz 1 Nr. 1 der KEK und zwei Ersatzmitglieder für den Fall der Verhinderung eines dieser Mitglieder werden von den Regierungschefinnen und Regierungschefs der Länder für die Dauer von fünf Jahren einvernehmlich berufen. ³Von der Mitgliedschaft nach Satz 2 ausgeschlossen sind Mitglieder und Bedienstete der Institutionen der Europäischen Union, der Verfassungsorgane des Bundes und der Länder, Gremienmitglieder und Bedienstete von Landesrundfunkanstalten der ARD, des ZDF, des Deutschlandradios, des Europäischen Fernsehkulturkanals „arte", der Landesmedienanstalten, der privaten Rundfunkveranstalter und Anbieter einer Medienplattform sowie Bedienstete von an ihnen unmittelbar oder mittelbar im Sinne von § 62 beteiligten Unternehmen. ⁴Scheidet ein Mitglied nach Satz 2 aus, berufen die Regierungschefinnen und Regierungschefs der Länder einvernehmlich ein Ersatzmitglied oder einen anderen Sachverständigen für den Rest der Amtsdauer als Mitglied; Entsprechendes gilt, wenn ein Ersatzmitglied ausscheidet. ⁵Die Mitglieder nach Satz 2 erhalten für ihre Tätigkeit eine angemessene Vergütung und Ersatz ihrer notwendigen Auslagen. ⁶Das Vorsitzland der Rundfunkkommission schließt die Verträge mit diesen Mitgliedern. ⁷Der Vorsitzende der KEK und sein Stellvertreter sind aus der Gruppe der Mitglieder nach Satz 1 Nr. 1 zu wählen. ⁸Die sechs Vertreter der Landesmedienanstalten und zwei Ersatzmitglieder für den Fall der Verhinderung eines dieser Vertreter werden durch die Landesmedienanstalten für die Amtszeit der KEK gewählt.

(6) Ein Vertreter der Landesmedienanstalten darf nicht zugleich der KEK und der KJM angehören; Ersatzmitgliedschaft oder stellvertretende Mitgliedschaft sind zulässig.

(7) Die Landesmedienanstalten bilden für die Organe nach Absatz 2 Satz 1 eine gemeinsame Geschäftsstelle.

(8) ¹Die Mitglieder der ZAK, der GVK und der KEK sind bei der Erfüllung ihrer Aufgaben nach diesem Staatsvertrag an Weisungen nicht gebunden. ²§ 58 gilt für die Mitglieder der ZAK und GVK entsprechend. ³Die Verschwiegenheitspflicht nach § 58 gilt auch im Verhältnis der Mitglieder der Organe nach Absatz 2 Satz 1 zu anderen Organen der Landesmedienanstalten.

(9) ¹Die Organe nach Absatz 2 Satz 1 fassen ihre Beschlüsse mit der Mehrheit ihrer gesetzlichen Mitglieder. ²Bei Beschlüssen der KEK entscheidet im Fall der Stimmengleichheit die Stimme des Vorsitzenden, bei seiner Verhinderung die Stimme des stellvertretenden Vorsitzenden. ³Die Beschlüsse sind zu begründen. ⁴In der Begründung sind die wesentlichen tatsächlichen und recht-

lichen Gründe mitzuteilen. ⁵Die Beschlüsse sind gegenüber den anderen Organen der zuständigen Landesmedienanstalt bindend. ⁶Die zuständige Landesmedienanstalt hat die Beschlüsse im Rahmen der von den Organen nach Absatz 2 Satz 1 gesetzten Fristen zu vollziehen.

(10) ¹Die Landesmedienanstalten stellen den Organen nach Absatz 2 Satz 1 die notwendigen personellen und sachlichen Mittel zur Verfügung. ²Die Organe erstellen jeweils einen Wirtschaftsplan nach den Grundsätzen der Wirtschaftlichkeit und Sparsamkeit. ³Die Kosten für die Organe nach Absatz 2 Satz 1 werden aus dem Anteil der Landesmedienanstalten nach § 10 des Rundfunkfinanzierungsstaatsvertrages gedeckt. ⁴Näheres regeln die Landesmedienanstalten durch übereinstimmende Satzungen.

(11) ¹Von den Verfahrensbeteiligten sind durch die zuständigen Landesmedienanstalten Kosten in angemessenem Umfang zu erheben. ²Näheres regeln die Landesmedienanstalten durch übereinstimmende Satzungen.

(12) Den Organen nach Absatz 2 Satz 1 stehen die Verfahrensrechte nach den §§ 55 und 56 zu.

§ 105 Aufgaben. (1) ¹Die ZAK ist für folgende Aufgaben zuständig:
1. Aufsichtsmaßnahmen gegenüber privaten bundesweiten Veranstaltern, soweit nicht die KEK nach Absatz 3 zuständig ist,
2. Aufsichtsmaßnahmen gegenüber privaten bundesweiten Anbietern nach den §§ 18 bis 22 sowie nach den §§ 74 bis 77,
3. Anerkennung von Einrichtungen der Freiwilligen Selbstkontrolle nach § 19 Abs. 4 sowie Rücknahme oder Widerruf der Anerkennung nach § 19 Abs. 6,
4. Aufsicht über Entscheidungen der Einrichtungen der Freiwilligen Selbstkontrolle nach § 19 Abs. 8,
5. Zulassung, Rücknahme oder Widerruf der Zulassung bundesweiter Veranstalter nach §§ 53, 108 Abs. 1 Nr. 1 und Abs. 2 Nr. 1,
6. Entscheidungen über ein Zulassungserfordernis im Falle des § 54 Abs. 1,
7. Feststellung des Vorliegens der Voraussetzungen für Regionalfensterprogramme nach § 59 Abs. 4 Satz 1 und für Sendezeit für Dritte nach § 65 Abs. 2 Satz 4,
8. Anzeige des Betriebs einer Medienplattform oder Benutzeroberfläche nach § 79 Abs. 2,
9. Aufsicht über Medienplattformen und Benutzeroberflächen nach den §§ 79 bis 87 sowie § 103 Abs. 1 und 2, soweit nicht die GVK nach Absatz 2 zuständig ist,
10. Aufsicht über Medienintermediäre nach den §§ 92 bis 94,
11. Aufsicht über Video-Sharing-Dienste nach § 98,
12. Wahrnehmung der Aufgaben nach § 101 Abs. 3 Satz 1 Nr. 1 und 3,
13. Zuweisung von Übertragungskapazitäten für bundesweite Versorgungsbedarfe und deren Rücknahme oder Widerruf nach §§ 102 und 108 Abs. 1 Nr. 2 und Abs. 2 Nr. 2, soweit die GVK nicht nach Absatz 2 zuständig ist,
14. Befassung mit Mitteilungen nach § 109 Abs. 5.

²Die ZAK kann Prüfausschüsse für die Aufgaben nach Satz 1 Nr. 1 und 2 einrichten. ³Die Prüfausschüsse entscheiden jeweils bei Einstimmigkeit anstelle der ZAK. ⁴Zu Beginn der Amtsperiode der ZAK wird die Verteilung der Verfahren von der ZAK festgelegt. ⁵Das Nähere ist in der Geschäftsordnung der ZAK festzulegen.

(2) ¹Die GVK ist zuständig für Auswahlentscheidungen bei den Zuweisungen von Übertragungskapazitäten nach § 102 Abs. 4 und für die Entscheidung über die Belegung von Plattformen nach § 81 Abs. 5 Satz 3. ²Die ZAK unterrichtet die GVK fortlaufend über ihre Tätigkeit. ³Sie bezieht die GVK in grundsätzlichen Angelegenheiten, insbesondere bei der Erstellung von Satzungen und Richtlinienentwürfen, ein.

(3) ¹Die KEK ist zuständig für die abschließende Beurteilung von Fragestellungen der Sicherung von Meinungsvielfalt im Zusammenhang mit der bundesweiten Veranstaltung von Fernsehprogrammen. ²Sie ist im Rahmen des Satzes 1 insbesondere zuständig für die Prüfung solcher Fragen bei der Entscheidung über eine Zulassung oder Änderung einer Zulassung, bei der Bestätigung von Veränderungen von Beteiligungsverhältnissen als unbedenklich und bei Maßnahmen nach § 60 Abs. 4. ³Für Fälle, die für die Sicherung von Meinungsvielfalt nur geringe Bedeutung entfalten können, legt die KEK fest, unter welchen Voraussetzungen auf eine Vorlage nach § 107 Abs. 1 verzichtet werden kann. ⁴Auf Anforderung einer Landesmedienanstalt ist sie zur Prüfung von Einzelfällen verpflichtet. ⁵Die KEK ermittelt die den Unternehmen jeweils zurechenbaren Zuschaueranteile.

(4) ¹Die Auswahl und Zulassung von Regionalfensterprogrammveranstaltern nach § 59 Abs. 4 und Fensterprogrammveranstaltern nach § 65 Abs. 4 sowie die Aufsicht über diese Programme obliegen dem für die Zulassung nicht bundesweiter Angebote zuständigen Organ der zuständigen Landesmedienanstalt. ²Bei Auswahl und Zulassung der Veranstalter nach Satz 1 ist zuvor das Benehmen mit der KEK herzustellen.

§ 106 Zuständige Landesmedienanstalt. (1) ¹Soweit nachfolgend nichts anderes bestimmt ist, ist für bundesweit ausgerichtete Angebote die Landesmedienanstalt des Landes zuständig, in dem der betroffene Veranstalter, Anbieter, Bevollmächtigte nach § 79 Abs. 1 Satz 2 oder Verantwortliche nach § 18 Abs. 2 seinen Sitz, Wohnsitz oder in Ermangelung dessen seinen ständigen Aufenthalt hat. ²Sind nach Satz 1 mehrere Landesmedienanstalten zuständig oder hat der Veranstalter oder Anbieter seinen Sitz im Ausland, entscheidet die Landesmedienanstalt, die zuerst mit der Sache befasst worden ist.

(2) ¹Zuständig in den Fällen des § 105 Abs. 1 Satz 1 Nr. 1, 7, 9 und 14 sowie in den Fällen der Rücknahme oder des Widerrufs der Zulassung oder der Zuweisung ist die Landesmedienanstalt, die dem Veranstalter die Zulassung erteilt, die Zuweisung vorgenommen oder die Anzeige entgegengenommen hat; im Übrigen gilt Absatz 1. ²Zuständig im Fall des § 105 Abs. 1 Satz 1 Nr. 10 ist die Landesmedienanstalt des Landes, in dem der Zustellungsbevollmächtigte

Medienstaatsvertrag

nach § 92 seinen Sitz hat. ³Solange kein Zustellungsbevollmächtigter benannt worden ist, gilt Absatz 1. ⁴Die zuständige Landesmedienanstalt legt die Sache unverzüglich zur Prüfung und Entscheidung der ZAK vor. ⁵Zuständig ist in den Fällen des § 105 Abs. 1 Satz 1 Nr. 3 und 4 die Landesmedienanstalt des Landes, in dem die Einrichtung der Freiwilligen Selbstkontrolle ihren Sitz hat. ⁶Ergibt sich danach keine Zuständigkeit, ist diejenige Landesmedienanstalt zuständig, bei der der Antrag auf Anerkennung gestellt wurde.

(3) Im Übrigen richtet sich die Zuständigkeit nach Landesrecht.

§ 107 Verfahren bei Zulassung, Zuweisung und Anzeige. (1) Geht ein Antrag oder eine Anzeige nach § 105 Abs. 1 Satz 1 Nr. 5, 6, 8 oder 13 bei der zuständigen Landesmedienanstalt ein, legt der nach Landesrecht bestimmte gesetzliche Vertreter unverzüglich den Antrag oder die Anzeige sowie die vorhandenen Unterlagen der ZAK und in den Fällen des § 105 Abs. 1 Satz 1 Nr. 5 zusätzlich der KEK vor.

(2) Kann nicht allen Anträgen nach § 105 Abs. 1 Satz 1 Nr. 13 entsprochen werden, entscheidet die GVK.

(3) Absatz 1 gilt entsprechend für die Beurteilung von Fragestellungen der Sicherung von Meinungsvielfalt durch die KEK im Rahmen ihrer Zuständigkeit in anderen Fällen als dem der Zulassung eines bundesweiten privaten Veranstalters.

§ 108 Rücknahme, Widerruf von Zulassungen und Zuweisungen.
(1) Die Zulassung nach § 53 oder die Zuweisung nach § 102 werden jeweils zurückgenommen, wenn
1. bei der Zulassung eine Zulassungsvoraussetzung gemäß § 53 Abs. 1 oder 2 nicht gegeben war oder eine Zulassungsbeschränkung gemäß § 53 Abs. 3 nicht berücksichtigt wurde oder
2. bei der Zuweisung die Vorgaben gemäß § 102 Abs. 4 nicht berücksichtigt wurden und innerhalb eines von der zuständigen Landesmedienanstalt bestimmten Zeitraums keine Abhilfe erfolgt.

(2) Zulassung und Zuweisung werden jeweils widerrufen, wenn
1. im Fall der Zulassung
   a) nachträglich eine Zulassungsvoraussetzung gemäß § 53 Abs. 1 oder 2 entfällt oder eine Zulassungsbeschränkung gemäß § 53 Abs. 3 eintritt und innerhalb des von der zuständigen Landesmedienanstalt bestimmten angemessenen Zeitraums keine Abhilfe erfolgt oder
   b) der Rundfunkveranstalter gegen seine Verpflichtungen aufgrund dieses Staatsvertrages oder des Jugendmedienschutz-Staatsvertrages wiederholt schwerwiegend verstoßen und die Anweisungen der zuständigen Landesmedienanstalt innerhalb des von ihr bestimmten Zeitraums nicht befolgt hat;
2. im Fall der Zuweisung
   a) nachträglich wesentliche Veränderungen des Angebots eingetreten und vom Anbieter zu vertreten sind, nach denen das Angebot den Anforde-

rungen des § 102 Abs. 4 nicht mehr genügt und innerhalb des von der zuständigen Landesmedienanstalt bestimmten Zeitraums keine Abhilfe erfolgt oder

b) das Angebot aus Gründen, die vom Anbieter zu vertreten sind, innerhalb des dafür vorgesehenen Zeitraums nicht oder nicht mit der festgesetzten Dauer begonnen oder fortgesetzt wird.

(3) ¹Der Anbieter wird für einen Vermögensnachteil, der durch die Rücknahme oder den Widerruf nach den Absätzen 1 oder 2 eintritt, nicht entschädigt. ²Im Übrigen gilt für die Rücknahme und den Widerruf das Verwaltungsverfahrensgesetz des Sitzlandes der jeweils zuständigen Landesmedienanstalt.

§ 109 Maßnahmen bei Rechtsverstößen. (1) ¹Stellt die zuständige Landesmedienanstalt einen Verstoß gegen die Bestimmungen dieses Staatsvertrages mit Ausnahme von § 17, § 18 Abs. 2 und 4, § 20 und § 23 Abs. 2 fest, trifft sie die erforderlichen Maßnahmen. ²Maßnahmen sind insbesondere Beanstandung, Untersagung, Sperrung, Rücknahme und Widerruf. ³Die Bestimmungen des Jugendmedienschutz-Staatsvertrages bleiben unberührt. ⁴Satz 1 gilt nicht für Verstöße gegen § 19 Abs. 1 und 2 von Anbietern,
1. im Sinne des § 19 Abs. 1 Satz 1,
2. die der Selbstregulierung durch den Pressekodex und der Beschwerdeordnung des deutschen Presserates unterliegen oder
3. die einer anerkannten Einrichtung der Freiwilligen Selbstkontrolle im Sinne des § 19 Abs. 3 angeschlossen sind.

(2) ¹Eine Untersagung darf nicht erfolgen, wenn die Maßnahme außer Verhältnis zur Bedeutung des Angebots für den Anbieter und die Allgemeinheit steht. ²Eine Untersagung darf nur erfolgen, wenn ihr Zweck nicht in anderer Weise erreicht werden kann. ³Die Untersagung ist, soweit ihr Zweck dadurch erreicht werden kann, auf bestimmte Arten und Teile von Angeboten oder zeitlich zu beschränken. ⁴Bei journalistisch-redaktionell gestalteten Angeboten, in denen ausschließlich vollständig oder teilweise Inhalte periodischer Druckerzeugnisse in Text oder Bild wiedergegeben werden, ist eine Sperrung nur unter den Voraussetzungen des § 97 Abs. 5 Satz 2 und des § 98 der Strafprozessordnung zulässig. ⁵Die Befugnisse der Aufsichtsbehörden zur Durchsetzung der Vorschriften der allgemeinen Gesetze und der gesetzlichen Bestimmungen zum Schutz der persönlichen Ehre bleiben unberührt.

(3) ¹Erweisen sich Maßnahmen gegenüber dem Veranstalter oder Anbieter als nicht durchführbar oder nicht Erfolg versprechend, können Maßnahmen zur Sperrung von Angeboten nach Absatz 1 auch gegen Dritte unter Beachtung der Vorgaben des Telemediengesetzes gerichtet werden, sofern eine Sperrung technisch möglich und zumutbar ist. ²§ 7 Abs. 2 des Telemediengesetzes bleibt unberührt.

(4) ¹Der Abruf von Angeboten im Rahmen der Aufsicht ist unentgeltlich. ²Diensteanbieter haben dies sicherzustellen. ³Der Anbieter darf seine Angebote nicht gegen den Abruf durch die zuständige Aufsichtsbehörde sperren.

(5) ¹Jede Landesmedienanstalt kann der zuständigen Landesmedienanstalt mitteilen, dass ein bundesweit ausgerichtetes Angebot gegen die Bestimmungen dieses Staatsvertrages verstößt. ²Geht eine Mitteilung nach Satz 1 bei der zuständigen Landesmedienanstalt ein, legt der nach Landesrecht bestimmte gesetzliche Vertreter unverzüglich die Mitteilung sowie die vorhandenen Unterlagen dem nach den §§ 104 und 105 zuständigen Organ vor.

§ 110 Vorverfahren. Bei Rechtsmitteln gegen Entscheidungen nach § 104 Abs. 2 und § 105 findet ein Vorverfahren nach § 68 Abs. 1 der Verwaltungsgerichtsordnung nicht statt.

§ 111 Zusammenarbeit mit anderen Behörden. (1) ¹Die Landesmedienanstalten arbeiten im Rahmen der Erfüllung ihrer Aufgaben mit der Regulierungsbehörde für Telekommunikation und mit dem Bundeskartellamt zusammen. ²Die Landesmedienanstalten haben auf Anfrage der Regulierungsbehörde für Telekommunikation oder des Bundeskartellamtes Erkenntnisse zu übermitteln, die für die Erfüllung von deren Aufgaben erforderlich sind.

(2) Absatz 1 gilt für die Zusammenarbeit der Landesmedienanstalten mit den Landeskartellbehörden und den Glücksspielaufsichtsbehörden entsprechend.

§ 112 Finanzierung besonderer Aufgaben. (1) ¹Der in § 10 des Rundfunkfinanzierungsstaatsvertrages bestimmte Anteil kann für die Finanzierung folgender Aufgaben verwendet werden:
1. Zulassungs- und Aufsichtsfunktionen der Landesmedienanstalten einschließlich hierfür notwendiger planerischer, insbesondere technischer Vorarbeiten,
2. die Förderung offener Kanäle.

²Mittel aus dem Anteil nach Satz 1 können aufgrund besonderer Ermächtigung durch den Landesgesetzgeber auch für die Finanzierung folgender Aufgaben verwendet werden:
1. Förderung von landesrechtlich gebotener technischer Infrastruktur zur Versorgung des Landes und zur Förderung von Projekten für neuartige Rundfunkübertragungstechniken und
2. Formen der nichtkommerziellen Veranstaltung von lokalem und regionalem Rundfunk und Projekte zur Förderung der Medienkompetenz.

(2) Das Recht des Landesgesetzgebers, der Landesmedienanstalt nur einen Teil des Anteils nach Absatz 1 zuzuweisen, bleibt unberührt.

(3) ¹Soweit der Anteil nach Absatz 1 nicht in Anspruch genommen wird, steht er den jeweiligen Landesrundfunkanstalten zu. ²Eine landesgesetzliche Zweckbestimmung ist zulässig.

§ 113 Datenschutzaufsicht bei Telemedien. ¹Die nach den allgemeinen Datenschutzgesetzen des Bundes und der Länder zuständigen Aufsichtsbehörden überwachen für ihren Bereich die Einhaltung der allgemeinen Datenschutzbestimmungen und des § 23. ²Die für den Datenschutz im journalistischen Bereich beim öffentlich-rechtlichen Rundfunk und bei den privaten Rundfunkveranstaltern zuständigen Stellen überwachen für ihren Bereich auch die Einhaltung der Datenschutzbestimmungen für journalistisch-redaktionell gestaltete Angebote bei Telemedien. ³Eine Aufsicht erfolgt, soweit Unternehmen, Hilfs- und Beteiligungsunternehmen der Presse nicht der Selbstregulierung durch den Pressekodex und der Beschwerdeordnung des Deutschen Presserates unterliegen.

VIII. Abschnitt

Revision, Ordnungswidrigkeiten

§ 114 Revision zum Bundesverwaltungsgericht. In einem gerichtlichen Verfahren kann die Revision zum Bundesverwaltungsgericht auch darauf gestützt werden, dass das angefochtene Urteil auf der Verletzung der Bestimmungen dieses Staatsvertrages beruhe.

§ 115 Ordnungswidrigkeiten. (1) ¹Ordnungswidrig handelt, wer als Veranstalter von bundesweit ausgerichtetem privaten Rundfunk vorsätzlich oder fahrlässig
1. entgegen § 1 Abs. 9 die nach Landesrecht zuständige Stelle nicht über alle Änderungen informiert, die die Feststellung der Rechtshoheit nach § 1 Abs. 3 und 4 berühren könnten,
2. entgegen § 4 Abs. 1 die dort genannten Informationen im Rahmen des Gesamtangebots nicht leicht, unmittelbar und ständig zugänglich macht,
3. entgegen § 8 Abs. 3 Satz 2 in der Werbung Techniken zur unterschwelligen Beeinflussung einsetzt,
4. entgegen § 8 Abs. 3 Satz 3 Rundfunkwerbung oder Teleshopping nicht dem Medium angemessen durch optische oder akustische Mittel oder räumlich eindeutig von anderen Sendungsteilen absetzt,
5. entgegen § 8 Abs. 4 Satz 1 eine Teilbelegung des ausgestrahlten Bildes mit Rundfunkwerbung vornimmt, ohne die Werbung vom übrigen Programm eindeutig optisch zu trennen und als solche zu kennzeichnen,
6. entgegen § 8 Abs. 5 Satz 2 eine Dauerwerbesendung nicht zu Beginn als Dauerwerbesendung ankündigt oder während ihres gesamten Verlaufs als solche kennzeichnet,
7. entgegen § 8 Abs. 6 Satz 1 virtuelle Werbung in Sendungen einfügt,
8. entgegen § 8 Abs. 7 Satz 1 Schleichwerbung, Themenplatzierung oder entsprechende Praktiken betreibt,
9. entgegen § 8 Abs. 7 Satz 2 Produktplatzierung in Nachrichtensendungen, Sendungen zur politischen Information, Verbrauchersendungen, Regionalfensterprogrammen nach § 59 Abs. 4, Fensterprogrammen nach § 65, Sendungen religiösen Inhalts oder Kindersendungen betreibt,
10. entgegen § 8 Abs. 7 Satz 4 oder 5 auf eine Produktplatzierung nicht eindeutig hinweist oder sie nicht zu Beginn und zum Ende einer Sendung

Medienstaatsvertrag **MStV 21**

oder bei deren Fortsetzung nach einer Werbeunterbrechung oder im Hörfunk durch einen gleichwertigen Hinweis angemessen kennzeichnet,
11. entgegen § 8 Abs. 9 Werbung politischer, weltanschaulicher oder religiöser Art verbreitet,
12. entgegen § 9 Abs. 1 Übertragungen von Gottesdiensten oder Sendungen für Kinder durch Rundfunkwerbung oder Teleshopping unterbricht,
13. entgegen den in § 9 Abs. 3 genannten Voraussetzungen Filme mit Ausnahme von Serien, Reihen und Dokumentarfilmen sowie Kinofilme und Nachrichtensendungen durch Fernsehwerbung oder Teleshopping unterbricht,
14. entgegen § 10 Abs. 1 Satz 1 nicht eindeutig auf das Bestehen einer Sponsoring-Vereinbarung hinweist oder nicht eindeutig zu Beginn oder am Ende der gesponserten Sendung auf den Sponsor hinweist,
15. entgegen § 10 Abs. 3 und 4 unzulässig gesponserte Sendungen verbreitet,
16. entgegen § 13 Abs. 1 oder 3 Großereignisse verschlüsselt und gegen besonderes Entgelt ausstrahlt,
17. entgegen § 16 Abs. 1 Satz 2 der Informationspflicht nicht nachkommt,
18. entgegen § 52 Abs. 1 Satz 1 ohne Zulassung ein Rundfunkprogramm veranstaltet,
19. entgegen § 52 Abs. 1 Satz 1 in Verbindung mit § 53 ein zulassungspflichtiges, aber nicht zulassungsfähiges Rundfunkprogramm veranstaltet,
20. entgegen § 54 Abs. 4 Satz 2 in Verbindung mit § 53 ein Rundfunkprogramm veranstaltet,
21. entgegen § 57 Abs. 2 in Verbindung mit Abs. 1 nicht fristgemäß die Aufstellung der Programmbezugsquellen für den Berichtszeitraum der zuständigen Landesmedienanstalt vorlegt,
22. entgegen § 70 Abs. 1 Satz 1 die zulässige Dauer der Werbung überschreitet,
23. entgegen § 71 Abs. 1 Satz 1 Teleshopping-Fenster verbreitet, die keine Mindestdauer von 15 Minuten ohne Unterbrechung haben oder entgegen § 71 Abs. 1 Satz 2 Teleshopping-Fenster verbreitet, die nicht optisch und akustisch klar als solche gekennzeichnet sind oder
24. entgegen § 120 Absatz 1 Satz 2 die bei ihm vorhandenen Daten über Zuschaueranteile auf Anforderung der KEK nicht zur Verfügung stellt.

[2]Ordnungswidrig handelt auch, wer
1. entgegen § 18 Abs. 1 bei Telemedien den Namen oder die Anschrift oder bei juristischen Personen den Namen oder die Anschrift des Vertretungsberechtigten nicht oder nicht richtig verfügbar hält,
2. entgegen § 18 Abs. 3 bei Telemedien die erforderliche Kenntlichmachung nicht vornimmt,
3. entgegen § 22 Abs. 1 Satz 1 Werbung nicht als solche klar erkennbar macht oder nicht eindeutig vom übrigen Inhalt der Angebote trennt,
4. entgegen § 22 Abs. 1 Satz 2 in der Werbung unterschwellige Techniken einsetzt,

5. entgegen § 22 Abs. 1 Satz 3 bei Werbung politischer, weltanschaulicher oder religiöser Art auf den Werbetreibenden oder Auftraggeber nicht in angemessener Weise deutlich hinweist,
6. entgegen § 55 Abs. 6 eine Änderung der maßgeblichen Umstände nach Antragstellung oder nach Erteilung der Zulassung nicht unverzüglich der zuständigen Landesmedienanstalt mitteilt,
7. entgegen § 55 Abs. 7 nicht unverzüglich nach Ablauf eines Kalenderjahres der zuständigen Landesmedienanstalt gegenüber eine Erklärung darüber abgibt, ob und inwieweit innerhalb des abgelaufenen Kalenderjahres bei den nach § 62 maßgeblichen Beteiligungs- und Zurechnungstatbeständen eine Veränderung eingetreten ist,
8. entgegen § 57 Abs. 1 seinen Jahresabschluss samt Anhang und Lagebericht nicht fristgemäß erstellt oder bekannt macht,
9. entgegen § 63 Satz 1 es unterlässt, eine geplante Veränderung von Beteiligungsverhältnissen oder sonstigen Einflüssen bei der zuständigen Landesmedienanstalt vor ihrem Vollzug schriftlich anzumelden,
10. einer Satzung nach § 72 Satz 1 in Verbindung mit § 11 zuwiderhandelt, soweit die Satzung für einen bestimmten Tatbestand auf diese Bußgeldvorschrift verweist,
11. entgegen § 74 Satz 1 oder 2 in Verbindung mit § 8 Abs. 3 Satz 2 in der Werbung Techniken zur unterschwelligen Beeinflussung einsetzt,
12. entgegen § 74 Satz 1 oder 2 in Verbindung mit § 8 Abs. 3 Satz 3 Rundfunkwerbung entsprechende Werbung oder Teleshopping nicht dem Medium angemessen durch optische oder akustische Mittel oder räumlich eindeutig von anderen Angebotsteilen absetzt,
13. entgegen § 74 in Verbindung mit § 8 Abs. 4 das verbreitete Bewegtbildangebot durch die Einblendung von Rundfunkwerbung entsprechender Werbung ergänzt, ohne die Werbung eindeutig optisch zu trennen und als solche zu kennzeichnen,
14. entgegen § 74 Satz 1 oder 2 in Verbindung mit § 8 Abs. 5 Satz 2 ein Bewegtbildangebot nicht zu Beginn als Dauerwerbesendung ankündigt oder während ihres gesamten Verlaufs als solche kennzeichnet,
15. entgegen § 74 Satz 1 oder 2 in Verbindung mit § 8 Abs. 6 Satz 1 virtuelle Werbung in seine Angebote einfügt,
16. entgegen § 74 Satz 1 oder 2 in Verbindung mit § 8 Abs. 7 Satz 1 Schleichwerbung, Themenplatzierung oder entsprechende Praktiken betreibt,
17. entgegen § 74 Satz 1 oder 2 in Verbindung mit § 8 Abs. 7 Satz 2 Produktplatzierung in Nachrichtensendungen, Sendungen zur politischen Information, Verbrauchersendungen, Regionalfensterprogrammen nach § 59 Abs. 4, Fensterprogrammen nach § 65, Sendungen religiösen Inhalts oder Kindersendungen betreibt,
18. entgegen § 74 Satz 1 oder 2 in Verbindung mit § 8 Abs. 7 Satz 4 oder 5 auf eine Produktplatzierung nicht eindeutig hinweist oder sie nicht zu Beginn und zum Ende einer Sendung oder bei deren Fortsetzung nach einer

Medienstaatsvertrag **MStV 21**

Werbeunterbrechung oder im Hörfunk durch einen gleichwertigen Hinweis angemessen kennzeichnet,
19. entgegen § 74 Satz 1 oder 2 in Verbindung mit § 8 Abs. 9 Werbung politischer, weltanschaulicher oder religiöser Art verbreitet,
20. entgegen § 74 Satz 1 oder 2 in Verbindung mit § 9 Abs. 1 das Bewegtbildangebot eines Gottesdienstes oder ein Bewegtbildangebot für Kinder durch Rundfunkwerbung entsprechende Werbung oder durch Teleshopping unterbricht,
21. entgegen den in § 74 Satz 1 oder 2 in Verbindung mit § 9 Abs. 3 genannten Voraussetzungen Filme mit Ausnahme von Serien, Reihen und Dokumentarfilmen sowie Kinofilme und Nachrichtensendungen durch Fernsehwerbung entsprechende Werbung oder durch Teleshopping unterbricht,
22. entgegen § 74 Satz 1 oder 2 in Verbindung mit § 10 Abs. 1 Satz 1 bei einem gesponserten Bewegtbildangebot nicht eindeutig auf das Bestehen einer Sponsoring-Vereinbarung hinweist oder nicht eindeutig zu Beginn oder am Ende der gesponserten Sendung auf den Sponsor hinweist,
23. entgegen § 74 Satz 1 oder 2 in Verbindung mit § 10 Abs. 3 und 4 unzulässig gesponserte Bewegtbildangebote verbreitet,
24. entgegen § 79 Abs. 2 Satz 1 oder 2 den Betrieb einer Medienplattform oder Benutzeroberfläche nicht, nicht rechtzeitig oder nicht vollständig anzeigt oder entgegen § 79 Abs. 2 Satz 3 in Verbindung mit Satz 1 oder 2 eine wesentliche Änderung nicht, nicht rechtzeitig oder nicht vollständig anzeigt,
25. entgegen § 80 Abs. 1 in Verbindung mit Abs. 2 Rundfunkprogramme, einschließlich des HbbTV-Signals, rundfunkähnliche Telemedien oder Teile davon inhaltlich oder technisch verändert, im Zuge ihrer Abbildung oder akustischen Wiedergabe vollständig oder teilweise mit Werbung, Inhalten aus Rundfunkprogrammen oder rundfunkähnlichen Telemedien, einschließlich Empfehlungen oder Hinweisen hierauf, überlagert oder ihre Abbildung zu diesem Zweck skaliert oder einzelne Rundfunkprogramme oder Inhalte in Angebotspakete aufnimmt oder in anderer Weise entgeltlich oder unentgeltlich vermarktet oder öffentlich zugänglich macht,
26. entgegen § 81 Abs. 2 bis 4 die erforderlichen Übertragungskapazitäten für die zu verbreitenden Programme nicht oder in nicht ausreichendem Umfang oder nicht zu den vorgesehenen Bedingungen zur Verfügung stellt oder entgegen § 81 Abs. 5 Satz 2 auf Verlangen der zuständigen Landesmedienanstalt die Belegung nicht, nicht rechtzeitig oder nicht vollständig anzeigt,
27. entgegen § 82 Abs. 2 Rundfunk, rundfunkähnliche Telemedien und Telemedien nach § 19 Abs. 1 beim Zugang zu Medienplattformen unmittelbar oder mittelbar unbillig behindert oder gegenüber gleichartigen Angeboten ohne sachlich gerechtfertigten Grund unterschiedlich behandelt,
28. entgegen § 82 Abs. 3 Satz 1 oder 2 die Verwendung oder Änderung eines Zugangsberechtigungssystems oder einer Schnittstelle für Anwendungsprogramme und die Entgelte hierfür der zuständigen Landesmedienan-

stalt nicht unverzüglich anzeigt oder entgegen § 82 Abs. 3 Satz 3 der zuständigen Landesmedienanstalt auf Verlangen die erforderlichen Auskünfte nicht erteilt,
29. entgegen § 83 Abs. 1 Zugangsbedingungen nicht oder nicht vollständig gegenüber der zuständigen Landesmedienanstalt offenlegt,
30. entgegen § 83 Abs. 2 Entgelte oder Tarife nicht so gestaltet, dass auch regionale und lokale Angebote zu angemessenen Bedingungen verbreitet werden können,
31. entgegen § 84 Abs. 2 Satz 1 und 2 gleichartige Angebote oder Inhalte bei der Auffindbarkeit, insbesondere der Sortierung, Anordnung oder Präsentation in Benutzeroberflächen, ohne sachlich gerechtfertigten Grund unterschiedlich behandelt oder ihre Auffindbarkeit unbillig behindert oder entgegen § 84 Abs. 2 Satz 3 nicht alle Angebote mittels einer Suchfunktion diskriminierungsfrei auffindbar macht, soweit der Nachweis nach § 84 Abs. 7 nicht erbracht ist,
32. entgegen § 84 Abs. 3 Satz 1 den in einer Benutzeroberfläche vermittelten Rundfunk nicht in seiner Gesamtheit auf der ersten Auswahlebene unmittelbar erreichbar und leicht auffindbar macht, soweit der Nachweis nach § 84 Abs. 7 nicht erbracht ist,
33. entgegen § 84 Abs. 3 Satz 2 die gesetzlich bestimmten beitragsfinanzierten Programme, die Rundfunkprogramme, die Fensterprogramme (§ 59 Abs. 4) aufzunehmen haben sowie die privaten Programme, die in besonderem Maß einen Beitrag zur Meinungs- und Angebotsvielfalt im Bundesgebiet leisten, nicht leicht auffindbar macht, soweit der Nachweis nach § 84 Abs. 7 nicht erbracht ist,
34. entgegen § 84 Abs. 3 Satz 3 Hauptprogramme mit Fensterprogramm nicht gegenüber den ohne Fensterprogramm ausgestrahlten Hauptprogramm und gegenüber den Fensterprogrammen, die für andere Gebiete zugelassen oder gesetzlich bestimmt sind, vorrangig darstellt, soweit der Nachweis nach § 84 Abs. 7 nicht erbracht ist,
35. entgegen § 84 Abs. 4 in einer Benutzeroberfläche vermittelte gemeinsame Telemedienangebote der in der ARD zusammengeschlossenen Landesrundfunkanstalten, Telemedienangebote des ZDF sowie des Deutschlandradios oder vergleichbare rundfunkähnliche Telemedienangebote oder Angebote nach § 2 Abs. 2 Nr. 14 Buchst. b privater Anbieter, die in besonderem Maß einen Beitrag zur Meinungs- und Angebotsvielfalt im Bundesgebiet leisten, oder softwarebasierte Anwendungen, die ihrer unmittelbaren Ansteuerung dienen, im Rahmen der Präsentation rundfunkähnlicher Telemedien oder der softwarebasierten Anwendungen, die ihrer mittelbaren Ansteuerung dienen, nicht leicht auffindbar macht, soweit der Nachweis nach § 84 Abs. 7 nicht erbracht ist,
36. entgegen § 84 Abs. 6 nicht dafür Sorge trägt, dass die Sortierung oder Anordnung von Angeboten oder Inhalten auf einfache Weise und dauerhaft durch den Nutzer individualisiert werden kann, soweit der Nachweis nach § 84 Abs. 7 nicht erbracht ist,

Medienstaatsvertrag MStV 21

37. entgegen § 85 Satz 1 die einer Medienplattform oder Benutzeroberfläche zugrunde liegenden Grundsätze für die Auswahl von Rundfunk, rundfunkähnlichen Telemedien und Telemedien nach § 19 Abs. 1 und für ihre Organisation nicht transparent macht oder entgegen § 85 Satz 3 Informationen hierzu den Nutzern nicht in leicht wahrnehmbarer, unmittelbar erreichbarer und ständig verfügbarer Weise zur Verfügung stellt,
38. entgegen § 86 Abs. 1 Satz 1 der zuständigen Landesmedienanstalt auf Verlangen die erforderlichen Unterlagen nicht unverzüglich vorlegt,
39. entgegen § 86 Abs. 3 auf Nachfrage gegenüber Anbietern von Rundfunk, rundfunkähnlichen Telemedien oder Telemedien nach § 19 Abs. 1 die tatsächliche Sortierung, Anordnung und Abbildung von Angeboten und Inhalten, die Verwendung ihrer Metadaten sowie im Rahmen eines berechtigten Interesses Zugangsbedingungen nach § 83 Abs. 1 nicht mitteilt,
40. entgegen § 90 Abs. 2 nicht spätestens sechs Monate nach Inkrafttreten dieses Staatsvertrags die Anzeige nach § 79 Abs. 2 vornimmt, soweit die Medienplattform oder Benutzeroberfläche bei Inkrafttreten dieses Staatsvertrages bereits in Betrieb aber nicht angezeigt ist,
41. entgegen § 92 Satz 1 als Anbieter eines Medienintermediärs keinen Zustellungsbevollmächtigten im Inland benennt,
42. entgegen § 93 Abs. 1 als Anbieter eines Medienintermediärs die erforderlichen Informationen nicht oder nicht in der vorgeschriebenen Weise verfügbar hält,
43. entgegen § 93 Abs. 2 als Anbieter eines Medienintermediärs, der eine thematische Spezialisierung aufweist, diese Spezialisierung durch die Gestaltung seines Angebots nicht wahrnehmbar macht,
44. entgegen § 93 Abs. 3 als Anbieter eines Medienintermediärs Änderungen nicht unverzüglich in derselben Weise wahrnehmbar macht,
45. entgegen § 93 Abs. 4 als Anbieter eines Medienintermediärs, der soziale Netzwerke anbietet, nicht dafür Sorge trägt, dass Telemedien im Sinne von § 18 Abs. 3 gekennzeichnet werden,
46. entgegen § 94 Abs. 1 als Anbieter eines Medienintermediärs journalistisch-redaktionell gestaltete Angebote, auf deren Wahrnehmbarkeit er besonders hohen Einfluss hat, diskriminiert,
47. entgegen § 95 als Anbieter eines Medienintermediärs die erforderlichen Unterlagen der zuständigen Landesmedienanstalt auf Verlangen nicht vorlegt,
48. entgegen § 103 Abs. 2 Satz 1 oder 3 die Weiterverbreitung von Fernsehprogrammen nicht, nicht rechtzeitig oder nicht vollständig bei der Landesmedienanstalt, in deren Geltungsbereich die Programme verbreitet werden sollen, anzeigt soweit die Anzeige nicht nach § 103 Abs. 2 Satz 2 durch den Anbieter einer Medienplattform vorgenommen wird,
49. entgegen einer vollziehbaren Anordnung durch die zuständige Aufsichtsbehörde nach § 109 Abs. 1 Satz 2, auch in Verbindung mit Abs. 4 Satz 1 ein Angebot nicht sperrt oder

50. entgegen § 109 Abs. 4 Satz 3 Angebote gegen den Abruf durch die zuständige Aufsichtsbehörde sperrt.
³Weitere landesrechtliche Bestimmungen über Ordnungswidrigkeiten bleiben unberührt.

(2) Die Ordnungswidrigkeit kann mit einer Geldbuße von bis zu 500 000 Euro, im Falle des Absatzes 1 Satz 2 Nr. 1 mit einer Geldbuße bis zu 50 000 Euro und im Falle des Absatzes 1 Satz 2 Nr. 49 und 50 mit einer Geldbuße bis zu 250 000 Euro geahndet werden.

(3) ¹Zuständige Verwaltungsbehörde im Sinne des § 36 Abs. 1 Nr. 1 des Gesetzes über Ordnungswidrigkeiten ist die nach § 106 zuständige Landesmedienanstalt. ²Über die Einleitung eines Verfahrens hat die zuständige Verwaltungsbehörde die übrigen Landesmedienanstalten unverzüglich zu unterrichten. ³Soweit ein Verfahren nach dieser Vorschrift in mehreren Ländern eingeleitet wurde, stimmen sich die beteiligten Behörden über die Frage ab, welche Behörde das Verfahren fortführt.

(4) ¹Die Landesmedienanstalt, die einem Veranstalter eines bundesweit ausgerichteten Rundfunkprogramms die Zulassung erteilt hat, kann bestimmen, dass Beanstandungen nach einem Rechtsverstoß gegen Regelungen dieses Staatsvertrages sowie rechtskräftige Entscheidungen in einem Verfahren wegen Ordnungswidrigkeiten nach Absatz 1 von dem betroffenen Veranstalter in seinem Rundfunkprogramm verbreitet werden. ²Inhalt und Zeitpunkt der Bekanntgabe sind durch diese Landesmedienanstalt nach pflichtgemäßem Ermessen festzulegen. ³Absatz 3 Satz 2 und 3 gilt entsprechend.

(5) Die Verfolgung der in Absatz 1 genannten Ordnungswidrigkeiten verjährt in sechs Monaten.

IX. Abschnitt
Übergangs- und Schlussvorschriften

§ 116 Kündigung. (1) ¹Dieser Staatsvertrag gilt für unbestimmte Zeit. ²Der Staatsvertrag kann von jedem der vertragschließenden Länder zum Schluss des Kalenderjahres mit einer Frist von einem Jahr gekündigt werden. ³Die Kündigung kann erstmals zum 31. Dezember 2022 erfolgen. ⁴Wird der Staatsvertrag zu diesem Termin nicht gekündigt, kann die Kündigung mit gleicher Frist jeweils zu einem zwei Jahre späteren Termin erfolgen. ⁵Die Kündigung ist gegenüber der oder dem Vorsitzenden der Konferenz der Regierungschefinnen und Regierungschefs der Länder schriftlich zu erklären. ⁶Kündigt ein Land diesen Staatsvertrag, kann es zugleich den Rundfunkbeitragsstaatsvertrag und den Rundfunkfinanzierungsstaatsvertrag zum gleichen Zeitpunkt kündigen; jedes andere Land kann daraufhin innerhalb von sechs Monaten nach Eingang der Kündigungserklärung dementsprechend ebenfalls zum gleichen Zeitpunkt kündigen. ⁷Zwischen den übrigen Ländern bleiben diese Staatsverträge in Kraft.

Medienstaatsvertrag MStV 21

(2) ¹Im Falle der Kündigung verbleibt es bei der vorgenommenen Zuordnung der Satellitenkanäle, solange für diese Kanäle noch Berechtigungen bestehen. ²Die §§ 27 bis 30 bleiben im Falle der Kündigung einzelner Länder unberührt.

(3) ¹§ 13 Abs. 1 und 2 kann von jedem der vertragschließenden Länder auch gesondert zum Schluss des Kalenderjahres mit einer Frist von einem Jahr gekündigt werden. ²Die Kündigung kann erstmals zum 31. Dezember 2022 erfolgen. ³Wird § 13 Abs. 1 und 2 zu diesem Zeitpunkt nicht gekündigt, kann die Kündigung mit gleicher Frist jeweils zu einem zwei Jahre späteren Zeitpunkt erfolgen. ⁴Die Kündigung ist gegenüber der oder dem Vorsitzenden der Konferenz der Regierungschefinnen und Regierungschefs der Länder schriftlich zu erklären. ⁵Kündigt ein Land, kann jedes Land innerhalb von drei Monaten nach Eingang der Kündigungserklärung § 13 Abs. 1 und 2 zum gleichen Zeitpunkt kündigen. ⁶Die Kündigung eines Landes lässt die gekündigten Bestimmungen dieses Staatsvertrages im Verhältnis der übrigen Länder zueinander unberührt.

(4) ¹§ 34 Abs. 2 kann von jedem der vertragsschließenden Länder auch gesondert zum Schluss des Kalenderjahres mit einer Frist von einem Jahr gekündigt werden. ²Die Kündigung kann erstmals zum 31. Dezember 2022 erfolgen. ³Wird § 34 Abs. 2 zu diesem Zeitpunkt nicht gekündigt, kann die Kündigung mit gleicher Frist jeweils zu einem zwei Jahre späteren Zeitpunkt erfolgen. ⁴Die Kündigung ist gegenüber der oder dem Vorsitzenden der Konferenz der Regierungschefinnen und Regierungschefs der Länder schriftlich zu erklären. ⁵Kündigt ein Land, kann jedes Land innerhalb von drei Monaten nach Eingang der Kündigungserklärung den Rundfunkstaatsvertrag, den ARD-Staatsvertrag, den ZDF-Staatsvertrag, den Staatsvertrag über die Körperschaft des öffentlichen Rechts „Deutschlandradio", den Rundfunkfinanzierungsstaatsvertrag und den Rundfunkbeitragsstaatsvertrag zum gleichen Zeitpunkt kündigen. ⁶Die Kündigung eines Landes lässt die gekündigten Bestimmungen dieses Staatsvertrages und die in Satz 5 aufgeführten Staatsverträge im Verhältnis der übrigen Länder zueinander unberührt.

(5) ¹§ 39 Abs. 1, 2 und 5 kann von jedem der vertragsschließenden Länder auch gesondert zum Schluss des Kalenderjahres, das auf die Ermittlung des Finanzbedarfs des öffentlich-rechtlichen Rundfunks gemäß § 36 folgt, mit einer Frist von sechs Monaten gekündigt werden, wenn der Rundfunkfinanzierungsstaatsvertrag nicht nach der Ermittlung des Finanzbedarfs gemäß § 36 aufgrund einer Rundfunkbeitragserhöhung geändert wird. ²Die Kündigung kann erstmals zum 31. Dezember 2022 erfolgen. ³Wird § 39 Abs. 1, 2 und 5 zu einem dieser Termine nicht gekündigt, kann die Kündigung mit gleicher Frist jeweils zu einem zwei Jahre späteren Termin erfolgen. ⁴Die Kündigung ist gegenüber der oder dem Vorsitzenden der Konferenz der Regierungschefinnen und Regierungschefs der Länder schriftlich zu erklären. ⁵Kündigt ein Land, kann jedes Land innerhalb von drei Monaten nach Eingang der Kündigungserklärung den Rundfunkbeitragsstaatsvertrag und den Rundfunkfinanzierungs-

staatsvertrag zum gleichen Zeitpunkt kündigen. ⁶In diesem Fall kann jedes Land außerdem innerhalb weiterer drei Monate nach Eingang der Kündigungserklärung nach Satz 5 die §§ 36 und 46 hinsichtlich einzelner oder sämtlicher Bestimmungen zum gleichen Zeitpunkt kündigen. ⁷Zwischen den übrigen Ländern bleiben die gekündigten Bestimmungen dieses Staatsvertrages und die in Satz 5 aufgeführten Staatsverträge in Kraft.

§ 117 Übergangsbestimmung für Produktplatzierungen. § 8 Abs. 7 und § 38 gelten nicht für Sendungen, die vor dem 19. Dezember 2009 produziert wurden.

§ 118 Übergangsbestimmung für Telemedienkonzepte. Die zum 1. Mai 2019 nach § 32 Abs. 7 veröffentlichten Telemedienkonzepte bleiben unberührt.

§ 119 Übergangsbestimmung für Zulassungen und Anzeigen. (1) ¹Bei Zulassungen, die vor Inkrafttreten dieses Staatsvertrages erteilt wurden, und Zulassungsverlängerungen bleibt die zulassungserteilende Landesmedienanstalt zuständig. ²Gleiches gilt für Medienplattformen und Benutzeroberflächen, die vor Inkrafttreten dieses Staatsvertrages angezeigt wurden.

(2) Absatz 1 gilt nur für bundesweit ausgerichtete Angebote.

§ 120 Übergangsbestimmung zur Bestimmung der Zuschaueranteile.
(1) ¹Bis zur ersten Bestimmung der Zuschaueranteile nach § 61 sind für die Beurteilung von Fragestellungen der Sicherung der Meinungsvielfalt in Zusammenhang mit der bundesweiten Veranstaltung von Fernsehprogrammen die vorhandenen Daten über Zuschaueranteile zugrunde zu legen. ²Die Veranstalter sind verpflichtet, bei ihnen vorhandene Daten über Zuschaueranteile auf Anforderung der KEK zur Verfügung zu stellen. ³Die Landesmedienanstalten haben durch Anwendung verwaltungsverfahrensrechtlicher Regelungen unter Beachtung der Interessen der Beteiligten sicherzustellen, dass Maßnahmen nach diesem Staatsvertrag, die aufgrund von Daten nach Satz 1 ergehen, unverzüglich an die sich aufgrund der ersten Bestimmung der Zuschaueranteile nach § 61 ergebende Sach- und Rechtslage angepasst werden können.

(2) Absatz 1 gilt nur für bundesweit ausgerichtete Angebote.

§ 121 Übergangsbestimmung für Benutzeroberflächen. § 84 Abs. 3 bis 6 gilt ab dem 1. September 2021.

§ 122 Regelung für Bayern. ¹Der Freistaat Bayern ist berechtigt, eine Verwendung des Anteils am Rundfunkbeitrag nach § 112 zur Finanzierung der landesgesetzlich bestimmten Aufgaben der Bayerischen Landeszentrale für Neue Medien im Rahmen der öffentlich-rechtlichen Trägerschaft vorzusehen. ²Im Übrigen finden die für private Veranstalter geltenden Bestimmungen dieses Staatsvertrages auf Anbieter nach bayerischem Recht entsprechende An-

Medienstaatsvertrag **MStV 21**

wendung. [3]Abweichende Regelungen zu § 8 Absatz 9 Satz 1 1. Variante zur Umsetzung von Vorgaben der Landesverfassung sind zulässig.

Anlage
(zu § 30 Abs. 5 Satz 1 Nr. 4 des Medienstaatsvertrages)[1]

Negativliste öffentlich-rechtlicher Telemedien
1. Anzeigenrubriken, Anzeigen oder Kleinanzeigen,
2. Branchenregister und -verzeichnisse,
3. Preisvergleichsrubriken sowie Berechnungsprogramme (z.B. Preisrechner, Versicherungsrechner),
4. Rubriken für die Bewertung von Dienstleistungen, Einrichtungen und Produkten,
5. Partner-, Kontakt-, Stellen-, Tauschbörsen,
6. Ratgeberrubriken ohne Bezug zu Sendungen,
7. Business-Networks,
8. Telekommunikationsdienstleistungen im Sinne von § 3 Nr. 24 des Telekommunikationsgesetzes,
9. Wetten im Sinne von § 762 des Bürgerlichen Gesetzbuches,
10. Softwareangebote, soweit nicht zur Wahrnehmung des eigenen Angebots erforderlich,
11. Routenplaner,
12. Verlinkungen ohne redaktionelle Prüfung und Verlinkungen, die unmittelbar zu Kaufaufforderungen führen mit der Ausnahme von Verlinkungen auf eigene audiovisuelle Inhalte kommerzieller Tochtergesellschaften,
13. Musikdownload von kommerziellen Fremdproduktionen; dies gilt nicht soweit es sich um ein zeitlich befristetes aktionsbezogenes Angebot zum Download von Musiktiteln handelt,
14. Spieleangebote ohne Bezug zu einer Sendung,
15. Fotodownload ohne Bezug zu einer Sendung,
16. Veranstaltungskalender (auf eine Sendung bezogene Hinweise auf Veranstaltungen sind zulässig),
17. Foren, Chats ohne Bezug zu Sendungen und redaktionelle Begleitung; Foren, Chats unter Programm- oder Sendermarken sind zulässig. Foren und Chats dürfen nicht inhaltlich auf Angebote ausgerichtet sein, die nach den Nummern 1 bis 16 unzulässig sind.

---

1 Von den weiteren Anlagen zum Programmkonzept Digitale Fernsehprogramme der ARD sowie zu den Konzepten für die Zusatzangebote des ZDF und zum Programmkonzept DRadio Wissen wird aus Platzgründen abgesehen. Diese Anlagen finden sich im Volltext des bisherigen Rundfunkstaatsvertrages in der Fassung des 22. Rundfunkänderungsstaatsvertrag (siehe Fundstellen für Volltext in der Vorbemerkung zu Nr. 21).

Anlage
(zu § 33 Abs. 5 Satz 1 des Medienstaatsvertrages)

Negativliste Jugendangebot
1. Anzeigenrubriken, Anzeigen oder Kleinanzeigen,
2. Branchenregister und -verzeichnisse,
3. Preisvergleichsrubriken sowie Berechnungsprogramme (zum Beispiel Preisrechner, Versicherungsrechner),
4. Rubriken für die Bewertung von Dienstleistungen, Einrichtungen und Produkten,
5. Partner-, Kontakt-, Stellen-, Tauschbörsen,
6. Ratgeberrubriken ohne journalistisch-redaktionellen Bezug zum Jugendangebot,
7. Business-Networks,
8. Telekommunikationsdienste im Sinne von § 3 Nr. 24 des Telekommunikationsgesetzes,
9. Wetten im Sinne von § 762 des Bürgerlichen Gesetzbuches,
10. Softwareangebote, soweit nicht zur Wahrnehmung des eigenen Angebots erforderlich,
11. Routenplaner,
12. Verlinkungen ohne redaktionelle Prüfung und Verlinkungen, die unmittelbar zu Kaufaufforderungen führen,
13. Musikdownload von kommerziellen Fremdproduktionen, soweit es sich um ein zeitlich unbefristetes nicht-aktionsbezogenes Angebot zum Download von Musiktiteln handelt,
14. Spieleangebote ohne journalistisch-redaktionellen Bezug zum Jugendangebot,
15. Fotodownload ohne journalistisch-redaktionellen Bezug zum Jugendangebot,
16. Veranstaltungskalender ohne journalistisch-redaktionellen Bezug zum Jugendangebot,
17. Foren und Chats ohne redaktionelle Begleitung. Im Übrigen dürfen Foren und Chats nicht inhaltlich auf Angebote ausgerichtet sein, die nach den Nummern 1 bis 16 unzulässig sind.

Medienstaatsvertrag

Anhang I zum Medienstaatsvertrag
(Zulassung privater Hör- und Rundfunkveranstalter)

Als Muster dienen hier die §§ 12–15
des Landesmediengesetzes für Baden-Württemberg
vom 19. Juli 1999 (GBl. BW, S. 273, ber. S. 387;
zuletzt geändert durch Gesetz vom 26. Mai 2020, GBl. BW, S. 206)

§ 12 Zulassungserfordernis. (1) [1]Private Veranstalter von Hörfunk- oder Fernsehprogrammen bedürfen einer Zulassung. [2]Die Zulassung wird erteilt, wenn die Voraussetzungen nach diesem Gesetz erfüllt sind. [3]Die Zulassung darf mit einer Nebenbestimmung nur versehen werden, wenn sie sicherstellen soll, dass die gesetzlichen Voraussetzungen der Zulassung erfüllt werden. [4]Eine Zulassung wird nicht erteilt, wenn der Antragsteller gemäß Artikel 2 der Richtlinie 89/552/EWG des Rates zur Koordinierung bestimmter Rechts- und Verwaltungsvorschriften der Mitgliedstaaten über die Ausübung der Fernsehtätigkeit vom 3. Oktober 1989 (ABl. EG Nr. L 298 S. 23), geändert durch die Richtlinie 97/36/EG des Europäischen Parlaments und des Rates vom 30. Juni 1997 (ABl. EG Nr. L 202 S. 60), der Rechtshoheit eines anderen Mitgliedstaates der Europäischen Union oder eines Vertragsstaates des Abkommens über den europäischen Wirtschaftsraum unterliegt.

(2) [1]Die Zulassung wird ausgesprochen für die Programmart (Hörfunk oder Fernsehen) und die Programmkategorie (Vollprogramm oder Spartenprogramm). [2]Sie soll für zehn Jahre erteilt werden, auf Antrag ausnahmsweise auch für eine kürzere Zeitdauer. [3]Die Zulassung erlischt, wenn der Veranstalter nicht binnen drei Jahren nach Erteilung von ihr Gebrauch macht. [4]§ 18 Absatz 1 Satz 3 gilt entsprechend.

(3) Unberührt bleiben
1. telekommunikationsrechtliche Erfordernisse,
2. das Erfordernis einer Zuteilung von Übertragungskapazitäten,
3. das Erfordernis einer Einigung mit dem Betreiber einer Anlage nach § 19 Satz 1 über deren Nutzung,
4. die sonstigen Vorschriften des Rundfunkstaatsvertrages über die Zulassung und das Zulassungsverfahren in ihrer jeweils geltenden Fassung.

(4) [1]Die Zulassung ist nicht übertragbar. [2]Eine Übertragung der Zulassung ist anzunehmen, wenn innerhalb eines Zeitraums von drei Jahren seit der Zulassung mehr als 50 vom Hundert der Kapital- oder Stimmrechtsanteile an andere Gesellschafter oder Dritte übertragen werden und dies nach den gesamten Umständen, insbesondere bei einer wesentlichen Änderung des Programmkonzeptes oder einer Änderung des Programmnamens, einem Wechsel des Veranstalters gleichkommt. [3]Dies gilt nicht für Übertragungen, die durch Umwandlungen nach dem Umwandlungsgesetz vorgenommen werden.

(5) [1]Geplante Veränderungen der Beteiligungsverhältnisse oder sonstiger Einflüsse sind der Landesanstalt von den Veranstaltern vor ihrem Vollzug

schriftlich anzuzeigen. ²Die Landesanstalt bestätigt die Unbedenklichkeit der Veränderungen, wenn sie weder einer Übertragung der Zulassung gleichkommen noch eine Voraussetzung für die vorrangige Berücksichtigung des Veranstalters bei der Auswahl nach §§ 21 und 22 weggefallen ist und dem Veranstalter im Übrigen auch unter den veränderten Voraussetzungen eine Zulassung erteilt werden könnte.

(6) Keiner Zulassung bedarf die Veranstaltung und Verbreitung von Sendungen ausschließlich in Kabelanlagen, an die weniger als 250 Teilnehmer angeschlossen sind, oder in Einrichtungen, insbesondere Beherbergungsbetrieben, Krankenhäusern, Heimen oder Anstalten, wenn die Sendungen in einem funktionellen Zusammenhang mit den dort zu erfüllenden Aufgaben stehen und sich deren Verbreitung auf ein Gebäude oder einen zusammengehörigen Gebäudekomplex beschränkt oder wenn unselbstständige Wohneinheiten mit den Sendungen versorgt werden sollen.

§ 13 Persönliche Zulassungsvoraussetzungen. (1) Die Zulassung kann erteilt werden
1. juristischen Personen des Privatrechts,
2. Personengesellschaften und nicht rechtsfähigen Personenvereinigungen des Privatrechts, die auf Dauer angelegt sind,
3. natürlichen Personen,
4. Kirchen und anderen öffentlich-rechtlichen Religionsgemeinschaften im Sinne von Artikel 140 des Grundgesetzes,
5. Hochschulen in Baden-Württemberg, sofern die Veranstaltung ihren gesetzlichen Aufgaben entspricht.

(2) ¹Die Zulassung setzt voraus, dass der Antragsteller
1. unbeschränkt geschäftsfähig ist,
2. die Fähigkeit, öffentliche Ämter zu bekleiden, nicht durch Richterspruch verloren hat,
3. das Grundrecht der freien Meinungsäußerung nicht nach Artikel 18 des Grundgesetzes verwirkt hat,
4. als Vereinigung nicht verboten ist,
5. seinen Wohnsitz oder Sitz in der Bundesrepublik Deutschland oder einem Mitgliedstaat der Europäischen Union oder einem anderen Vertragsstaat des Abkommens über den Europäischen Wirtschaftsraum hat und gerichtlich verfolgt werden kann,
6. die Gewähr dafür bietet, dass er das Programm entsprechend der Zulassung und unter Beachtung der gesetzlichen Vorschriften veranstalten und verbreiten wird.

²Die Voraussetzungen nach Satz 1 Nr. 1 bis 3 und 6 müssen bei juristischen Personen oder nicht rechtsfähigen Personenvereinigungen von den gesetzlichen oder satzungsmäßigen Vertretern erfüllt sein. ³Eine Aktiengesellschaft kann nur dann als Rundfunkveranstalter zugelassen werden, wenn in der Satzung bestimmt ist, dass die Aktien nur als Namensaktien oder als Namensaktien und stimmrechtslose Vorzugsaktien ausgegeben werden dürfen.

Medienstaatsvertrag **MStV 21**

(3) Die Zulassung darf nicht erteilt werden an
1. Gebietskörperschaften, deren allgemeinem Weisungsrecht unterliegende juristische Personen des öffentlichen Rechts sowie Personen, die für sie kraft eines Amts- oder Dienstverhältnisses in leitender Stellung tätig sind,
2. Unternehmen oder Vereinigungen, an denen Gebietskörperschaften zu mehr als 10 vom Hundert beteiligt sind, sowie Personen, die für diese Unternehmen oder Vereinigungen kraft eines Arbeitsoder Dienstverhältnisses in leitender Stellung tätig oder Mitglied eines ihrer Organe sind,
3. Mitglieder gesetzgebender Körperschaften sowie Mitglieder der Bundes- oder Landesregierung,
4. öffentlich-rechtliche Rundfunkanstalten sowie Personen, die in einem Arbeits- oder Dienstverhältnis zu einer öffentlich-rechtlichen Rundfunkanstalt stehen oder Mitglied eines ihrer Organe sind,
5. Unternehmen oder Vereinigungen, an denen öffentlich-rechtliche Rundfunkanstalten zu mehr als 33 vom Hundert beteiligt sind oder auf deren Willensbildung sie auf andere rechtliche Weise überwiegend Einfluss nehmen können.

(4) [1]Die Zulassung darf nicht erteilt werden an politische Parteien und Wählervereinigungen sowie Unternehmen und Vereinigungen, an denen politische Parteien oder Wählervereinigungen mittelbar oder unmittelbar beteiligt sind und dadurch bestimmenden Einfluss auf die Programmgestaltung oder die Programminhalte nehmen können. [2]Ein bestimmender Einfluss im Sinne von Satz 1 ist insbesondere dann gegeben, wenn
1. das Unternehmen oder die Vereinigung im Verhältnis eines verbundenen Unternehmens im Sinne von § 15 des Aktiengesetzes zu einer politischen Partei oder Wählervereinigung steht oder
2. politische Parteien oder Wählervereinigungen innerhalb des Unternehmens oder der Vereinigung auf Grund vertraglicher Vereinbarungen, satzungsrechtlicher Bestimmungen oder in sonstiger Weise eine Stellung innehaben, die Entscheidungen über die Programmgestaltung und die Programminhalte von ihrer Zustimmung abhängig macht.

[3]Bei mittelbaren oder unmittelbaren Beteiligungen einer politischen Partei oder Wählervereinigung an einem Unternehmen oder einer Vereinigung von insgesamt nicht mehr als 2,5 Prozent wird vermutet, dass ein bestimmender Einfluss im Sinne von Satz 1 nicht vorliegt. [4]Die Sätze 1 bis 3 gelten entsprechend für Treuhandverhältnisse. [5]Die besonderen Bestimmungen über Wahlwerbung bleiben hiervon unberührt.

(5) [1]Der Antragsteller hat seine Eigentums- und Treuhandverhältnisse sowie alle Rechtsbeziehungen zu Gebietskörperschaften, Rundfunkveranstaltern und Unternehmen auf medienrelevanten Märkten offen zu legen, die für Absatz 3 und für § 25 von Bedeutung sein können. [2]Jede geplante Veränderung von Beteiligungsverhältnissen oder sonstigen Einflüssen ist bei der Landesanstalt vor ihrem Vollzug schriftlich anzuzeigen.

(6) Die Bestimmungen des Absatzes 3 Nr. 1, 2 und 3 sowie des Absatzes 4 gelten entsprechend für ausländische öffentliche oder staatliche Stellen.

§ 14 Sachliche Zulassungsvoraussetzungen. Für die Zulassung muss unter Vorlage eines Programmschemas, das auch über Art und Umfang der vorgesehenen Übernahme von Programmteilen öffentlich-rechtlicher Rundfunkanstalten, privater Rundfunkveranstalter und Dritter sowie über Art und Umfang der vorgesehenen redaktionell selbst gestalteten Beiträge, einschließlich derjenigen zum Geschehen in dem geplanten Verbreitungsgebiet, Aufschluss gibt, und unter Vorlage eines Finanzplans glaubhaft gemacht werden, dass
1. finanziell und organisatorisch die Voraussetzungen für eine regelmäßige Veranstaltung und Verbreitung eines Programms der beantragten Programmart und Programmkategorie erfüllt sind,
2. das Programm, sofern es sich nicht nur um ein Spartenprogramm handelt,
    a) den in § 10 bestimmten Anteil redaktionell selbst gestalteter Sendungen und solcher Sendungen enthalten wird, die sich auf das geplante Verbreitungsgebiet beziehen, soweit dies nach der Art des Programms erwartet werden kann, und
    b) zu einem angemessenen Anteil im Geltungsbereich des Grundgesetzes oder in einem Mitgliedstaat der Europäischen Union oder einem anderen Vertragsstaat des Übereinkommens über den Europäischen Wirtschaftsraum hergestellt wird; § 15 Abs. 2 und § 16 Abs. 1 und 2 des Filmförderungsgesetzes in der Fassung vom 6. August 1998 (BGBl. I S. 2054) gelten entsprechend.

§ 15 Unveränderte Weiterverbreitung anderer Rundfunkprogramme.
[1]Die zeitgleiche und unveränderte Weiterverbreitung von Rundfunkprogrammen, die in anderen Ländern der Bundesrepublik veranstaltet werden, sowie von Fernsehprogrammen, die in Europa in rechtlich zulässigerweise und entsprechend den Bestimmungen des Europäischen Übereinkommens über das grenzüberschreitende Fernsehen veranstaltet werden, ist im Rahmen der vorhandenen technischen Möglichkeiten und nach Maßgabe der §§ 20 bis 22 zulässig. [2]Die Weiterverbreitung von Fernsehprogrammen kann unter Beachtung europäischer rundfunkrechtlicher Regelungen ausgesetzt werden.

Anhang II
Organe des öffentlich-rechtlichen-Rundfunks

Auszug
aus dem Gesetz über die Errichtung und die Aufgaben einer
Anstalt des öffentlichen Rechts „Der Bayerische Rundfunk" (BayRG)
in der Fassung der Bekanntmachung vom 22. Oktober 2003 (GVBl. S. 792),
zuletzt geändert durch Verordnung vom 26. März 2019,
(GVBl. S. 98)

Art. 5 Organe. Die Organe des Bayerischen Rundfunks sind:
1. der Rundfunkrat,
2. der Verwaltungsrat,
3. der Intendant.

Art. 6 Kontrollrecht und Zusammensetzung des Rundfunkrats. (1) ^{1}Der Rundfunkrat vertritt die Interessen der Allgemeinheit auf dem Gebiet des Rundfunks. ^{2}Er wacht darüber, dass der Bayerische Rundfunk seine Aufgaben gemäß dem Gesetz erfüllt und übt das hierzu nötige Kontrollrecht aus. ^{3}Seine Mitglieder sind verpflichtet, sich in ihrer Tätigkeit für die Gesamtinteressen des Rundfunks und der Rundfunkteilnehmer einzusetzen. ^{4}Sie sind an Aufträge nicht gebunden.

(2) ^{1}An der Kontrolle des Rundfunks sind die in Betracht kommenden bedeutsamen politischen, weltanschaulichen und gesellschaftlichen Gruppen nach Maßgabe dieses Gesetzes angemessen zu beteiligen. ^{2}Die weltanschaulichen und gesellschaftlichen Gruppen wählen oder berufen ihre Vertreter selbst. ^{3}Die Staatsregierung kann durch Rechtsverordnung das Auswahl- und Entsendungsverfahren in den Fällen regeln, in denen die Entsendung eines Mitglieds des Rundfunkrats mehreren Organisationen oder Stellen obliegt.

(3) ^{1}Der Rundfunkrat setzt sich zusammen aus:
1. zwölf Vertretern des Landtags, die dieser entsprechend dem Stärkeverhältnis der in ihm vertretenen Parteien und sonstigen organisierten Wählergruppen nach dem Verfahren Sainte-Laguë/Schepers bestimmt; jede Partei und sonstige organisierte Wählergruppe stellt mindestens einen Vertreter;
2. einem Vertreter der Staatsregierung;
3. je zwei Vertretern der katholischen und evangelischen Kirche, wobei jeweils die kirchlichen Frauenorganisationen zu berücksichtigen sind, sowie einem Vertreter der Israelitischen Kultusgemeinden;
4. je zwei Vertretern der Gewerkschaften und des Bayerischen Bauernverbands sowie je einem Vertreter der Industrie- und Handelskammern und der Handwerkskammern;
5. je einem Vertreter des Bayerischen Städtetags, des Bayerischen Landkreistags und des Bayerischen Gemeindetags;

6. einem Vertreter des Bundes der Vertriebenen Landesverband Bayern;
7. einem Verbandsvertreter aus dem Bereich Freizeit, Tourismus, Gastronomie und Hotel;
8. einem Vertreter des Bayerischen Jugendrings;
9. zwei Vertretern des Bayerischen Landessportverbands;
10. je einem Vertreter der Schriftsteller-, der Komponisten- und der Musikorganisationen;
11. einem Vertreter der Intendanzen der Bayerischen Staatstheater und einem Vertreter der Leiter der Bayerischen Schauspielbühnen;
12. je einem Vertreter des Bayerischen Journalistenverbands und des Bayerischen Zeitungsverlegerverbands;
13. einem Vertreter der bayerischen Hochschulen;
14. je einem Vertreter der Lehrerverbände, der Elternvereinigungen und der Organisationen der Erwachsenenbildung;
15. einem Vertreter des Bayerischen Heimattags;
16. einem Vertreter der Familienverbände;
17. einem Vertreter der Vereinigung der Bayerischen Wirtschaft;
18. einem Vertreter des Bundes Naturschutz in Bayern;
19. einem Vertreter des Verbands der freien Berufe;
20. einem Vertreter der Landesarbeitsgemeinschaft Selbsthilfe von Menschen mit Behinderung und chronischer Erkrankung und ihrer Angehörigen in Bayern;
21. einem Vertreter der Arbeitsgemeinschaft der Ausländer-, Migranten- und Integrationsbeiräte Bayerns.

²Sofern eine Organisation oder Stelle mehrere Vertreter entsendet, sollen zu gleichen Teilen Frauen und Männer entsandt werden. ³Im Übrigen soll, sofern ein neuer Vertreter entsandt wird, einem männlichen Vertreter eine Frau und einem weiblichen Vertreter ein Mann nachfolgen. ⁴Ist dies auf Grund der Zusammensetzung der entsendungsberechtigten Organisation oder Stelle nicht möglich oder aus sonstigen Gründen nicht sachdienlich, ist gegenüber dem Vorsitzenden des Rundfunkrats bei der Benennung des Mitglieds eine schriftliche Begründung abzugeben. ⁵Die Begründung ist dem Rundfunkrat bekannt zu geben und auf der Internetseite des Bayerischen Rundfunks zu veröffentlichen, solange eine Abweichung von der Gleichstellungsregel gegeben ist.

(4) ¹Die Mitglieder des Rundfunkrats werden jeweils für fünf Jahre entsandt. ²Ihre Amtszeit beginnt am 1. Mai. ³Die entsendende Organisation oder Stelle kann das von ihr benannte Mitglied bei seinem Ausscheiden aus dieser Organisation oder Stelle abberufen. ⁴Scheidet ein Mitglied während der Amtszeit aus, so wird der Nachfolger für den Rest der Amtszeit entsandt.

(5) ¹Die Amtszeit der vom Landtag entsandten Mitglieder beginnt mit dem Zeitpunkt der Entsendung; sie endet mit der Entsendung der neuen Vertreter zu Beginn der nächsten Legislaturperiode. ²Der Landtag kann ein von ihm entsandtes Mitglied des Rundfunkrats auf Vorschlag der Vertreter der Partei im Landtag, welche das Mitglied nominiert hat, abberufen, wenn das Mitglied nicht mehr dieser Partei angehört und einen neuen Vertreter entsenden.

Medienstaatsvertrag **MStV 21**

(6) Die Staatsregierung überprüft die Regelungen zur Zusammensetzung des Rundfunkrats und berichtet dem Landtag über das Ergebnis jeweils nach zehn Jahren, erstmals zum Ende des Jahres 2024.

Art. 7 Arbeitsweise und Aufgaben des Rundfunkrates. (1) ¹Der Rundfunkrat wählt aus seiner Mitte einen Vorsitzenden und dessen Stellvertreter und gibt sich eine Geschäftsordnung. ²Er beschließt mit Zustimmung des Verwaltungsrats und im Benehmen mit dem Intendanten über die Satzung.

(2) Der Vorsitzende des Rundfunkrats beruft die ordentlichen und außerordentlichen Sitzungen ein.

(3) Zu den Aufgaben des Rundfunkrats gehören insbesondere:
1. die Wahl von Mitgliedern und deren Stellvertreter für überregional errichtete Beratungs- und Kontrollorgane;
2. die Beratung des Intendanten in allen Rundfunkfragen, insbesondere bei der Gestaltung des Programms;
3. die Überwachung der Einhaltung der Grundsätze sowie der von ihm aufgestellten Richtlinien gemäß Art. 4;
4. die Beschlussfassung über die Verwendung der aus dem Betrieb des Bayerischen Rundfunks sich ergebenden Überschüsse (Art. 14).

(4) ¹Der Rundfunkrat soll mindestens alle drei Monate zu einer ordentlichen Sitzung zusammentreten. ²Auf Antrag wenigstens eines Drittels der Mitglieder, der die zur Beratung vorgeschlagenen Punkte der Tagesordnung enthält, muss der Rundfunkrat zu einer außerordentlichen Sitzung einberufen werden. ³Der Intendant ist berechtigt und auf Verlangen wenigstens eines Drittels der Mitglieder des Rundfunkrats verpflichtet, an den Sitzungen teilzunehmen.

(5) ¹Die Sitzungen des Rundfunkrats sind öffentlich. ²Personalangelegenheiten, die aus Gründen des Persönlichkeitsschutzes vertraulich sind, und Angelegenheiten, in denen die Offenlegung von Betriebs- und Geschäftsgeheimnissen Dritter unvermeidlich ist, werden unter Ausschluss der Öffentlichkeit behandelt. ³Im Übrigen kann der Rundfunkrat im Einzelfall mit der Mehrheit der Stimmen der Anwesenden den Ausschluss der Öffentlichkeit beschließen.

(6) Der Rundfunkrat ist beschlussfähig, wenn die Mehrheit seiner Mitglieder anwesend ist.

(7) Stellt der Rundfunkrat in einer bereits verbreiteten Rundfunksendung einen Verstoß gegen die Grundsätze des Art. 4 fest, soll ein Beitrag verbreitet werden, der geeignet ist, den Verstoß auszugleichen.

(8) ¹Zur Erfüllung seiner Aufgaben kann der Rundfunkrat vom Intendanten und vom Verwaltungsrat die erforderlichen Auskünfte verlangen und Einsicht in die Unterlagen der Anstalt nehmen. ²Hiermit kann er auch einzelne seiner Mitglieder beauftragen oder im Einzelfall beschließen, auch Sachverständige und Gutachten zu beauftragen.

Art. 8 Ausschüsse des Rundfunkrates. (1) ¹Sitzungen des Rundfunkrats, insbesondere Beschlüsse, können durch Ausschüsse vorbereitet werden. ²Die

Ausschüsse sowie die Zusammensetzung des Ältestenrats des Rundfunkrats sind in der Geschäftsordnung des Rundfunkrats festzulegen. ³Die Sitzungen der Ausschüsse finden grundsätzlich nichtöffentlich statt.

(2) Der Anteil der vom Landtag, von der Staatsregierung und von den kommunalen Spitzenverbänden entsandten Vertreter darf in den Ausschüssen und im Ältestenrat jeweils insgesamt ein Drittel der Mitglieder nicht übersteigen.

Art. 9 Zusammensetzung des Verwaltungsrates. (1) ¹Der Verwaltungsrat besteht aus
1. dem Präsidenten des Landtags,
2. dem Präsidenten des Verwaltungsgerichtshofs und
3. fünf weiteren Mitgliedern, die vom Rundfunkrat gewählt werden.

²Maßgeblich für die Auswahl der Mitglieder nach Satz 1 Nr. 3 soll die Sachkunde sein. ³Von ihnen soll jeweils mindestens eines verfügen über
1. ein Wirtschaftsprüferexamen,
2. einen Abschluss oder über Kenntnisse und berufliche Erfahrungen auf dem Gebiet der Medienwirtschaft,
3. die Befähigung zum Richteramt.

⁴Die Geschlechter sollen ausgewogen vertreten sein. ⁵Wählbar sind auch Mitglieder des Rundfunkrats.

(2) ¹Vorsitzender des Verwaltungsrats ist der Präsident des Bayerischen Landtags. ²Der stellvertretende Vorsitzende wird in geheimer Wahl von den Mitgliedern des Verwaltungsrats aus ihrer Mitte gewählt. ³Der Verwaltungsrat gibt sich eine Geschäftsordnung.

(3) ¹Die Amtszeit der Mitglieder nach Abs. 1 Satz 1 Nr. 3 beträgt fünf Jahre. ²Im Übrigen endet das Amt der Verwaltungsratsmitglieder durch Tod, Niederlegung des Amts, Verlust der Geschäftsfähigkeit, Beendigung der Ämter nach Abs. 1 Satz 1 Nr. 1 und 2 und Abberufung eines gewählten Mitglieds durch den Rundfunkrat aus wichtigem Grund. ³Über die Abberufung eines gewählten Mitglieds entscheidet der Rundfunkrat mit einer Mehrheit von mindestens zwei Dritteln seiner gesetzlichen Mitgliederzahl.

Art. 10 Aufgaben des Verwaltungsrates. (1) ¹Die Mitglieder des Verwaltungsrates haben die wirtschaftliche und technische Entwicklung des Rundfunks zu fördern. ²Sie dürfen dabei keine Sonderinteressen vertreten.

(2) Dem Verwaltungsrat obliegt es:
1. den Dienstvertrag mit dem Intendanten abzuschließen;
2. den Bayerischen Rundfunk bei Rechtsgeschäften und Rechtsstreitigkeiten zwischen dem Bayerischen Rundfunk und dem Intendanten zu vertreten;
3. die Geschäftsführung des Intendanten zu überwachen;
4. den vom Intendanten aufgestellten Haushaltsplan und Jahresabschluss zu überprüfen;
5. jährlich die genehmigte Abrechnung sowie den vom Intendanten erstellten Betriebsbericht zu veröffentlichen;

6. die Zustimmung zum Abschluss, zur Abänderung oder zur Aufhebung von Dienstverträgen zu erteilen, soweit nicht der Intendant selbst zuständig ist. Das Nähere bestimmt die Satzung.

Art. 11 Arbeitsweise des Verwaltungsrates. (1) ¹Der Verwaltungsrat wird durch seinen Vorsitzenden einberufen und ist beschlussfähig, wenn mindestens vier seiner Mitglieder anwesend sind. ²Die Beschlüsse werden mit einfacher Mehrheit gefasst. ³Die Sitzungen des Verwaltungsrats finden grundsätzlich nichtöffentlich statt.

(2) Der Verwaltungsrat bestellt für seinen Aufgabenbereich einen Geschäftsführer.

(3) ¹Der Verwaltungsrat kann durch eine Regelung in seiner Geschäftsordnung Ausschüsse bilden und diesen auch beschließende Funktionen übertragen. ²Art. 8 Abs. 1 Satz 1 und 3 und Abs. 2 gilt entsprechend.

Art. 12 Intendant. (1) ¹Der Intendant wird vom Rundfunkrat auf fünf Jahre gewählt. ²Die Wahl erfolgt mit einfacher Mehrheit der abgegebenen Stimmen. ³Wiederwahl ist zulässig.

(2) ¹Der Intendant führt die Geschäfte des Bayerischen Rundfunks. ²Er trägt die Verantwortung für den gesamten Betrieb und die Programmgestaltung. ³Zum Abschluss eines Rechtsgeschäfts, durch das eine Verbindlichkeit im Wert von 3 000 000 € oder mehr begründet wird, bedarf er der Zustimmung
1. des Ältestenrats im Zusammenhang mit der Herstellung oder dem Erwerb von Programmteilen,
2. des Verwaltungsrats im Übrigen.

(3) ¹Der Intendant vertritt den Bayerischen Rundfunk gerichtlich und außergerichtlich. ²Das Nähere bestimmt die Satzung.

(4) ¹Der Intendant beruft mit Zustimmung des Rundfunkrats
1. die Programmdirektoren, einen Verwaltungsdirektor, einen technischen und einen juristischen Direktor – Justiziar – sowie aus ihrer Mitte seinen Stellvertreter,
2. die leitenden Angestellten – Hauptabteilungsleiter – und
3. den Jugendschutzbeauftragten.

²Die Berufung erfolgt längstens auf fünf Jahre und kann wiederholt werden.

(5) Der Bayerische Rundfunk veröffentlicht sämtliche erbrachten und zugesagten geldwerten Leistungen an den Intendanten und die in Abs. 4 Satz 1 genannten zustimmungspflichtigen Mitarbeiter sowie die Tarifstrukturen und außertariflichen Vereinbarungen, die vom Verwaltungsrat beschlossen wurden.

(6) ¹Die Abberufung erfolgt in Fällen grober Pflichtverletzung oder aus sonstigen wichtigen Gründen. ²Als grobe Pflichtverletzung gilt insbesondere der Missbrauch des Rundfunks zur Verletzung der verfassungsmäßig festgelegten Grundrechte und der demokratischen Freiheiten. ³Zur Abberufung ist eine Zwei-Drittel-Mehrheit der gesetzlichen Mitglieder des Rundfunkrats erforderlich.

(7) ¹Der Intendant kann gegen seine Abberufung das Schiedsgericht anrufen. ²Seine Tätigkeit ruht bis zum Erlass eines Schiedsspruchs. ³Das Schiedsgericht setzt sich aus fünf Schiedsrichtern zusammen, von denen drei, darunter der Vorsitzende, die Befähigung zum Richteramt haben müssen. ⁴Der Vorsitzende wird vom Präsidenten des Oberlandesgerichts München ernannt, je ein weiterer richterlicher Beisitzer von den Präsidenten der Oberlandesgerichte Nürnberg und Bamberg. ⁵Je ein Schiedsrichter wird von den streitenden Teilen ernannt.

Art. 13 Haushaltsplanung und Rechnungslegung. (1) ¹Der Intendant muss alle Einnahmen und Ausgaben des Bayerischen Rundfunks für das kommende Haushaltsjahr veranschlagen und in den Haushaltsplan einstellen. ²Der Haushaltsplan bedarf nach Überprüfung durch den Verwaltungsrat der Genehmigung des Rundfunkrats. ³Der Rundfunkrat nimmt den Prüfungsbericht des Obersten Rechnungshofs entgegen.

(2) ¹Nach Ablauf des Haushaltsjahres legt der Intendant über die Einnahmen und Ausgaben Rechnung. ²Der Jahresabschluss wird vom Verwaltungsrat überprüft. ³Der Rundfunkrat stellt den Jahresabschluss fest und beschließt über die Entlastung des Intendanten. ⁴Die Rechnungsprüfung erfolgt durch den Obersten Rechnungshof.

(3) ¹Der Oberste Rechnungshof prüft entsprechend Art. 111 Abs. 1 der Bayerischen Haushaltsordnung die Haushalts- und Wirtschaftsführung bei solchen Unternehmen des privaten Rechts, an denen der Bayerische Rundfunk unmittelbar, mittelbar oder zusammen mit anderen Anstalten oder Körperschaften des öffentlichen Rechts mit der Mehrheit beteiligt ist und deren Gesellschaftsvertrag oder Satzung diese Prüfungen durch den Obersten Rechnungshof vorsieht. ²Der Bayerische Rundfunk ist verpflichtet, für die Aufnahme der erforderlichen Regelungen in den Gesellschaftsvertrag oder die Satzung der Unternehmen zu sorgen.

(4) ¹Der Oberste Rechnungshof unterrichtet die Rechtsaufsichtsbehörde und den Bayerischen Landtag über die wesentlichen Ergebnisse seiner Prüfung und die finanzielle Entwicklung des Bayerischen Rundfunks. ²Bei der Unterrichtung über die Ergebnisse von Prüfungen nach Abs. 3 achtet der Oberste Rechnungshof darauf, dass die Wettbewerbsfähigkeit der geprüften Unternehmen nicht beeinträchtigt wird und insbesondere Betriebs- oder Geschäftsgeheimnisse gewahrt werden.

Medienstaatsvertrag **MStV 21**

Ähnliche Bestimmungen zu den Organen enthalten:[2]

§§ **13–30** des Staatsvertrages über den Südwestrundfunk vom 31. Mai 1997 (GVBl. für das Land Rheinland-Pfalz 1997, S. 260; zuletzt geändert durch Gesetz vom 15. Juni 2015, GVBl. für das Land Rheinland-Pfalz, S. 108) BW, RP

§§ **12–23** des Staatsvertrages über die Errichtung einer gemeinsamen Rundfunkanstalt der Länder Berlin und Brandenburg vom 25. Juni 2002 (GVBl. Bbg I, S. 138; zuletzt geändert durch Art. 1 Erster RBB-ÄnderungsStV vom 30. August 2013, GVBl. S. 635) BE, BB

§§ **7–18a** Radio Bremen Gesetz – (RBG) – in der Fassung der Bekanntmachung vom 12. Januar 2021 (Brem. GBl. S. 90)

§§ **16–30** Staatsvertrag über den Norddeutschen Rundfunk (NDR) vom vom 4./9. März 2021 (Nds. GVBl. 2021, 487) HH, MV, ND, SH

§§ **13–26** Gesetz über den Westdeutschen Rundfunk Köln (WDR-Gesetz) vom 23. März 1985 in der Fassung vom 2. Februar 2016, zuletzt geändert durch Gesetz vom 14. September 2021 (GV. NRW 2021, S. 1072) NRW

§§ **4–16** des Gesetzes über den Hessischen Rundfunk vom 2. Oktober 1948 in der Fassung des Gesetzes vom 23. Oktober 2016 (GVBl. I Hessen 2010, S. 178), zuletzt geändert durch Gesetz vom 30. September 2020 (GVBl. Hessen, S. 606)

§§ **18–31** des Staatsvertrages über den Mitteldeutschen Rundfunk (MDR) vom 12. Januar 2021 (SächsGVBl. 2021, S. 397) (SN, ST, TH

§§ **27 ff.** des Saarländischen Mediengesetzes vom 27. Februar 2002, zuletzt geändert durch Gesetz vom 1. Dezember 2015 (Amtsbl. I, S. 913)

Organe von ARD und ZDF (vgl. Nr. 23, 24 im Anschluss)

§§ **5–7** des ARD-Staatsvertrages vom 31. August 1991 (Programmdirektor für die Gestaltung des gemeinsamen Programms der in der ARD zusammengeschlossenen Landesrundfunkanstalten; Programmbeirat)

§§ **19–28** des ZDF-Staatsvertrages vom 31. August 1991

---

2 Die Staatsverträge bzw. Gesetze finden sich über Juris **oder über die** Internetseiten **der einzelnen Sender.**

Rundfunkbeitragsstaatsvertrag

Gem. Artikel 1 f. des 15. Rundfunkänderungsstaatsvertrages
zuletzt geändert durch Art. 2
des Dreiundzwanzigsten Rundfunkänderungsstaatsvertrages
vom 15. Dezember 2020[1]
in der Fassung des Staatsvertrages zur Modernisierung
der Medienordnung (MStV) vom 14. April 2020[2]

INHALTSVERZEICHNIS

§ 1	Zweck des Rundfunkbeitrags	§ 6	Betriebsstätte, Beschäftigte
§ 2	Rundfunkbeitrag im privaten Bereich	§ 7	Beginn und Ende der Beitragspflicht, Zahlungsweise, Verjährung
§ 3	Wohnung		
§ 4	Befreiungen von der Beitragspflicht, Ermäßigung	§ 8	Anzeigepflicht
		§ 9	Auskunftsrecht, Satzungsermächtigung
§ 4a	Befreiung von der Beitragspflicht für Nebenwohnungen		
		§ 10	Beitragsgläubiger, Schickschuld, Erstattung, Vollstreckung
§ 5	Rundfunkbeitrag im nicht privaten Bereich		

---

1 Der 23. RÄndStV setzt die Entscheidung des Bundesverfassungsgerichtes vom 18. Juli 2018 – 1 BvR 1675/16, 1 BvR 745/17, 1 BvR 836/17, 1 BvR 981/17 –, BGBl. I. S. 1349: BGBl. 2018, 1349) um.
Anbei die Entscheidungsformel dieser Entscheidung mit Gesetzeskraft:
1. Die Zustimmungsgesetze und Zustimmungsbeschlüsse der Länder zu Artikel 1 des Fünfzehnten Staatsvertrags zur Änderung rundfunkrechtlicher Staatsverträge vom 15. Dezember 2010 sind, soweit sie § 2 Absatz 1 des Rundfunkbeitragsstaatsvertrags (abgedruckt in der Anlage zu Artikel 1 des Gesetzes zum Fünfzehnten Rundfunkänderungsstaatsvertrag und zur Änderung medienrechtlicher Vorschriften vom 18. Oktober 2011 [Gesetzblatt für Baden-Württemberg Seiten 477, 478]) in Landesrecht überführen, mit Artikel 3 Absatz 1 des Grundgesetzes insoweit unvereinbar, als Inhaber mehrerer Wohnungen über den Beitrag für eine Wohnung hinaus zur Leistung von Rundfunkbeiträgen herangezogen werden.
2. Das bisherige Recht ist bis zu einer Neuregelung mit der Maßgabe weiter anwendbar, dass ab dem Tag der Verkündung dieses Urteils bis zum Inkrafttreten einer Neuregelung diejenigen Personen, die nachweislich als Inhaber einer Wohnung ihrer Rundfunkbeitragspflicht nach § 2 Absatz 1 und 3 des Rundfunkbeitragsstaatsvertrags nachkommen, auf Antrag von einer Beitragspflicht für weitere Wohnungen zu befreien sind. Ist über Rechtsbehelfe noch nicht abschließend entschieden, kann ein solcher Antrag rückwirkend für den Zeitraum gestellt werden, der Gegenstand des jeweils angegriffenen Festsetzungsbescheids ist.
3. Die Gesetzgeber sind verpflichtet, spätestens bis zum 30. Juni 2020 eine Neuregelung zu treffen.
Der Text des 23. RÄndStV kann auf der folgenden Seite eingesehen werden: https://www.rlp.de/fr/landesregierung/staatskanzlei/medienpolitik/.
2 Der aktuelle Rundfunkbeitragsstaatsvertrag erfährt eine Novellierung durch den Staatsvertrag zur Modernisierung der Medienordnung (MStV) durch Art. 8 MStV. Der MStV ersetzt den Rundfunkstaatsvertrag. Er wurde mittlerweile von allen 16 Bundesländern unterzeichnet und ist zum 7.11.2020 in Kraft getreten.

22 RBeitrStV

Rundfunkbeitragsstaatsvertrag

§ 10a Vollständig automatisierter Erlass von Bescheiden
§ 11 Verarbeitung personenbezogener Daten
§ 12 Ordnungswidrigkeiten
§ 13 Revision zum Bundesverwaltungsgericht
§ 14 Übergangsbestimmungen
§ 15 Vertragsdauer, Kündigung

§ 1 Zweck des Rundfunkbeitrags. Der Rundfunkbeitrag dient der funktionsgerechten Finanzausstattung des öffentlich-rechtlichen Rundfunks im Sinne von § 34 Abs. 1 des Medienstaatsvertrages sowie der Finanzierung der Aufgaben nach § 112 des Medienstaatsvertrages.

§ 2 Rundfunkbeitrag im privaten Bereich. (1) Im privaten Bereich ist für jede Wohnung von deren Inhaber (Beitragsschuldner) ein Rundfunkbeitrag zu entrichten.

(2) ^{1}Inhaber einer Wohnung ist jede volljährige Person, die die Wohnung selbst bewohnt. ^{2}Als Inhaber wird jede Person vermutet, die
1. dort nach dem Melderecht gemeldet ist oder
2. im Mietvertrag für die Wohnung als Mieter genannt ist.

(3) ^{1}Mehrere Beitragsschuldner haften als Gesamtschuldner entsprechend § 44 der Abgabenordnung. ^{2}Die Landesrundfunkanstalt kann von einem anderen als dem bisher in Anspruch genommenen Beitragsschuldner für eine Wohnung für zurückliegende Zeiträume keinen oder nur einen ermäßigten Beitrag erheben, wenn dieser das Vorliegen der Voraussetzungen für eine Befreiung oder Ermäßigung gemäß § 4 Absatz 7 Satz 2 im Zeitpunkt der Inanspruchnahme nachweist.

(4) Ein Rundfunkbeitrag ist nicht zu entrichten von Beitragsschuldnern, die aufgrund Artikel 2 des Gesetzes vom 6. August 1964 zu dem Wiener Übereinkommen vom 18. April 1961 über diplomatische Beziehungen (BGBl. 1964 II S. 957) oder entsprechender Rechtsvorschriften Vorrechte genießen.

§ 3 Wohnung. (1) Wohnung im Sinne dieses Staatsvertrages ist unabhängig von der Zahl der darin enthaltenen Räume jede ortsfeste, baulich abgeschlossene Raumeinheit, die
1. zum Wohnen oder Schlafen geeignet ist oder genutzt wird und
2. durch einen eigenen Eingang unmittelbar von einem Treppenhaus, einem Vorraum oder von außen, nicht ausschließlich über eine andere Wohnung, betreten werden kann. Nicht ortsfeste Raumeinheiten gelten als Wohnung, wenn sie Wohnungen im Sinne des Melderechts sind.

(2) Nicht als Wohnung gelten Raumeinheiten in folgenden Betriebsstätten:
1. Raumeinheiten in Gemeinschaftsunterkünften, insbesondere Kasernen, Unterkünfte für Asylbewerber, Internate,
2. Raumeinheiten, die der nicht dauerhaften heim- oder anstaltsmäßigen Unterbringung dienen, insbesondere in Behinderten- und Pflegeheimen,

3. Raumeinheiten mit vollstationärer Pflege in Alten- und Pflegewohnheimen, die durch Versorgungsvertrag nach § 72 des Elften Buches des Sozialgesetzbuches zur vollstationären Pflege zugelassen sind,
4. Raumeinheiten in Wohneinrichtungen, die Leistungen im Sinne des § 75 Abs. 3 Satz 1 des Zwölften Buches des Sozialgesetzbuches für Menschen mit Behinderungen erbringen und hierzu mit dem Träger der Sozialhilfe eine Vereinbarung geschlossen haben,
5. Patientenzimmer in Krankenhäusern und Hospizen,
6. Haftraume in Justizvollzugsanstalten und
7. Raumeinheiten, die der vorübergehenden Unterbringung in Beherbergungsstätten dienen, insbesondere Hotel- und Gästezimmer, Ferienwohnungen, Unterkünfte in Seminar- und Schulungszentren.

§ 4 Befreiungen von der Beitragspflicht, Ermäßigung (1) Von der Beitragspflicht nach § 2 Absatz 1 werden auf Antrag folgende natürliche Personen befreit:
1. Empfänger von Hilfe zum Lebensunterhalt nach dem Dritten Kapitel des Zwölften Buches des Sozialgesetzbuches (Sozialhilfe) oder nach den §§ 27a oder 27d des Bundesversorgungsgesetzes,
2. Empfänger von Grundsicherung im Alter und bei Erwerbsminderung (Viertes Kapitel des Zwölften Buches des Sozialgesetzbuches),
3. Empfänger von Sozialgeld oder Arbeitslosengeld II einschließlich von Leistungen nach § 22 des Zweiten Buches des Sozialgesetzbuches,
4. Empfänger von Leistungen nach dem Asylbewerberleistungsgesetz,
5. nicht bei den Eltern wohnende Empfänger von
   a) Ausbildungsförderung nach dem Bundesausbildungsförderungsgesetz,
   b) Berufsausbildungsbeihilfe nach den §§ 114, 115 Nr. 2 des Dritten Buches des Sozialgesetzbuches oder nach dem Dritten Kapitel, Dritter Abschnitt, Dritter Unterabschnitt des Dritten Buches des Sozialgesetzbuches oder
   c) Ausbildungsgeld nach den §§ 122 ff. des Dritten Buches des Sozialgesetzbuches,
6. Sonderfürsorgeberechtigte im Sinne des § 27e des Bundesversorgungsgesetzes,
7. Empfänger von Hilfe zur Pflege nach dem Siebten Kapitel des Zwölften Buches des Sozialgesetzbuches oder von Hilfe zur Pflege als Leistung der Kriegsopferfürsorge nach dem Bundesversorgungsgesetz oder von Pflegegeld nach landesgesetzlichen Vorschriften,
8. Empfänger von Pflegezulagen nach § 267 Absatz 1 des Lastenausgleichsgesetzes oder Personen, denen wegen Pflegebedürftigkeit nach § 267 Absatz 2 Satz 1 Nr. 2 Buchstabe c des Lastenausgleichsgesetzes ein Freibetrag zuerkannt wird,
9. Volljährige, die im Rahmen einer Leistungsgewährung nach dem Achten Buch des Sozialgesetzbuches in einer stationären Einrichtung nach § 45 des Achten Buches des Sozialgesetzbuches leben, und

10. taubblinde Menschen und Empfänger von Blindenhilfe nach § 72 des Zwölften Buches des Sozialgesetzbuches oder nach § 27d des Bundesversorgungsgesetzes.

(2) [1]Der Rundfunkbeitrag nach § 2 Absatz 1 wird auf Antrag für folgende natürliche Personen auf ein Drittel ermäßigt:
1. blinde oder nicht nur vorübergehend wesentlich sehbehinderte Menschen mit einem Grad der Behinderung von wenigstens 60 allein wegen der Sehbehinderung,
2. hörgeschädigte Menschen, die gehörlos sind oder denen eine ausreichende Verständigung über das Gehör auch mit Hörhilfen nicht möglich ist, und
3. behinderte Menschen, deren Grad der Behinderung nicht nur vorübergehend wenigstens 80 beträgt und die wegen ihres Leidens an öffentlichen Veranstaltungen ständig nicht teilnehmen können.

[2]Absatz 1 bleibt unberührt.

(3) Die dem Antragsteller gewährte Befreiung oder Ermäßigung erstreckt sich innerhalb der Wohnung
1. auf dessen Ehegatten,
2. auf den eingetragenen Lebenspartner,
3. auf Kinder des Antragstellers und der unter den Nummern 1 und 2 genannten Personen bis zur Vollendung des 25. Lebensjahres und
4. auf die Wohnungsinhaber, deren Einkommen und Vermögen bei der Gewährung einer Sozialleistung nach Absatz 1 berücksichtigt worden sind.

(4) [1]Die Dauer der Befreiung oder Ermäßigung richtet sich nach dem Gültigkeitszeitraum des Nachweises nach Absatz 7 Satz 2. [2]Sie beginnt mit dem Ersten des Monats, in dem der Gültigkeitszeitraum beginnt, frühestens jedoch drei Jahre vor dem Ersten des Monats, in dem die Befreiung oder Ermäßigung beantragt wird. [3]War der Antragsteller aus demselben Befreiungsgrund nach Absatz 1 über einen zusammenhängenden Zeitraum von mindestens zwei Jahren von der Beitragspflicht befreit, so wird bei einem unmittelbar anschließenden, auf denselben Befreiungsgrund gestützten Folgeantrag vermutet, dass die Befreiungsvoraussetzungen über die Gültigkeitsdauer des diesem Antrag zugrunde liegenden Nachweises nach Absatz 7 Satz 2 hinaus für ein weiteres Jahr vorliegen. [4]Ist der Nachweis nach Absatz 7 Satz 2 unbefristet, so kann die Befreiung auf drei Jahre befristet werden, wenn eine Änderung der Umstände möglich ist, die dem Tatbestand zugrunde liegen.

(5) [1]Wird der Bescheid nach Absatz 7 Satz 2 unwirksam, zurückgenommen oder widerrufen, so endet die Befreiung oder Ermäßigung zum selben Zeitpunkt. [2]Die Befreiung endet auch dann, wenn die nach Absatz 4 Satz 3 vermuteten Befreiungsvoraussetzungen nicht oder nicht mehr vorliegen oder wenn die Voraussetzungen für die Befreiung nach Absatz 6 Satz 2 entfallen. [3]Derartige Umstände sind vom Beitragsschuldner unverzüglich der zuständigen Landesrundfunkanstalt mitzuteilen.

(6) [1]Unbeschadet der Beitragsbefreiung nach Absatz 1 hat die Landesrundfunkanstalt in besonderen Härtefällen auf gesonderten Antrag von der Bei-

tragspflicht zu befreien. ²Ein Härtefall liegt insbesondere vor, wenn eine Sozialleistung nach Absatz 1 Nr. 1 bis 10 in einem durch die zuständige Behörde erlassenen Bescheid mit der Begründung versagt wurde, dass die Einkünfte die jeweilige Bedarfsgrenze um weniger als die Höhe des Rundfunkbeitrags überschreiten. ³In den Fällen von Satz 1 gilt Absatz 4 entsprechend. ⁴In den Fällen von Satz 2 beginnt die Befreiung mit dem Ersten des Monats, in dem der ablehnende Bescheid ergangen ist, frühestens jedoch drei Jahre vor dem Ersten des Monats, in dem die Befreiung beantragt wird; die Befreiung wird für die Dauer eines Jahres gewährt.

(7) ¹Der Antrag auf Befreiung oder Ermäßigung ist vom Beitragsschuldner schriftlich bei der zuständigen Landesrundfunkanstalt zu stellen. ²Die Voraussetzungen für die Befreiung oder Ermäßigung sind durch die entsprechende Bestätigung der Behörde oder des Leistungsträgers in Kopie oder durch den entsprechenden Bescheid in Kopie nachzuweisen; auf Verlangen ist die Bestätigung der Behörde oder des Leistungsträgers im Original oder der Bescheid im Original oder in beglaubigter Kopie vorzulegen. ³Im Falle des Absatzes 1 Nr. 10 1. Alternative genügt eine ärztliche Bescheinigung. ⁴Dabei sind auch die Namen der weiteren volljährigen Bewohner der Wohnung mitzuteilen.

§ 4a Befreiung von der Beitragspflicht für Nebenwohnungen. (1) ¹Für ihre Nebenwohnungen wird eine natürliche Person von der Beitragspflicht nach § 2 Abs. 1 auf Antrag befreit, wenn sie selbst, ihr Ehegatte oder ihr eingetragener Lebenspartner den Rundfunkbeitrag für die Hauptwohnung an die zuständige Landesrundfunkanstalt entrichtet. ²Gleiches gilt, wenn sie selbst, ihr Ehegatte oder ihr eingetragener Lebenspartner den Rundfunkbeitrag zwar nicht für die Hauptwohnung, jedoch für eine ihrer Nebenwohnungen entrichtet.

(2) ¹Die Befreiung erfolgt unbefristet. Sie beginnt mit dem Ersten des Monats, in dem die Voraussetzungen nach Absatz 1 vorliegen, wenn der Antrag innerhalb von drei Monaten nach Vorliegen der Voraussetzungen nach Absatz 1 gestellt wird. ²Wird der Antrag erst zu einem späteren Zeitpunkt gestellt, so beginnt die Befreiung mit dem Ersten des Monats, in dem die Antragstellung erfolgt.

(3) ¹Die Befreiung endet mit Ablauf des Monats, in dem die Voraussetzungen nach Absatz 1 nicht mehr vorliegen. ²Derartige Umstände sind vom Beitragsschuldner unverzüglich der zuständigen Landesrundfunkanstalt mitzuteilen.

(4) ¹Der Antrag auf Befreiung ist vom Beitragsschuldner schriftlich bei der zuständigen Landesrundfunkanstalt zu stellen. ²Die Voraussetzungen des Absatzes 1 sind nachzuweisen durch
1. die Bezeichnung der Haupt- und Nebenwohnungen, mit denen der Antragsteller bei der in § 10 Abs. 7 Satz 1 bestimmten Stelle angemeldet ist oder sich während des Antragsverfahrens anmeldet, und
2. die Vorlage eines melderechtlichen Nachweises oder Zweitwohnungssteuerbescheids, soweit sich aus diesem alle erforderlichen Angaben ergeben, und

3. auf Verlangen die Vorlage eines geeigneten behördlichen Nachweises, aus dem der Status der Ehe oder eingetragenen Lebenspartnerschaft hervorgeht.
[3]§ 4 Abs. 7 Satz 2 und 4 gelten entsprechend.

§ 5 Rundfunkbeitrag im nicht privaten Bereich. (1) [1]Im nicht privaten Bereich ist für jede Betriebsstätte von deren Inhaber (Beitragsschuldner) ein Rundfunkbeitrag nach Maßgabe der folgenden Staffelung zu entrichten. [2]Die Höhe des zu leistenden Rundfunkbeitrags bemisst sich nach der Zahl der neben dem Inhaber Beschäftigten und beträgt für eine Betriebsstätte
1. mit keinem oder bis acht Beschäftigten ein Drittel des Rundfunkbeitrags,
2. mit neun bis 19 Beschäftigten einen Rundfunkbeitrag,
3. mit 20 bis 49 Beschäftigten zwei Rundfunkbeiträge,
4. mit 50 bis 249 Beschäftigten fünf Rundfunkbeiträge,
5. mit 250 bis 499 Beschäftigten zehn Rundfunkbeiträge,
6. mit 500 bis 999 Beschäftigten 20 Rundfunkbeiträge,
7. mit 1.000 bis 4.999 Beschäftigten 40 Rundfunkbeiträge,
8. mit 5.000 bis 9.999 Beschäftigten 80 Rundfunkbeiträge,
9. mit 10.000 bis 19.999 Beschäftigten 120 Rundfunkbeiträge und
10. mit 20.000 oder mehr Beschäftigten 180 Rundfunkbeiträge.

(2) [1]Unbeschadet der Beitragspflicht für Betriebsstätten nach Absatz 1 ist jeweils ein Drittel des Rundfunkbeitrags zu entrichten vom
1. Inhaber einer Betriebsstätte für jedes darin befindliche Hotel- und Gästezimmer und für jede Ferienwohnung zur vorübergehenden entgeltlichen Beherbergung Dritter ab der zweiten Raumeinheit und
2. Inhaber eines Kraftfahrzeugs (Beitragsschuldner) für jedes zugelassene Kraftfahrzeug, das zu gewerblichen Zwecken oder einer anderen selbständigen Erwerbstätigkeit oder zu gemeinnützigen oder öffentlichen Zwecken des Inhabers genutzt wird; auf den Umfang der Nutzung zu diesen Zwecken kommt es nicht an; Kraftfahrzeuge sind Personenkraftwagen, Lastkraftwagen und Omnibusse; ausgenommen sind Omnibusse, die für den öffentlichen Personennahverkehr nach § 2 des Gesetzes zur Regionalisierung des öffentlichen Personennahverkehrs eingesetzt werden.

[2]Ein Rundfunkbeitrag nach Satz 1 Nr. 2 ist nicht zu entrichten für jeweils ein Kraftfahrzeug für jede beitragspflichtige Betriebsstätte des Inhabers.

(3) [1]Für jede Betriebsstätte folgender Einrichtungen gilt Absatz 1 mit der Maßgabe, dass höchstens ein Drittel des Rundfunkbeitrags zu entrichten ist:
1. gemeinnützige Einrichtungen für behinderte Menschen, insbesondere Heime, Ausbildungsstätten oder Werkstätten für behinderte Menschen,
2. gemeinnützige Einrichtungen der Jugendhilfe im Sinne des Kinder- und Jugendhilfegesetzes (Achtes Buch des Sozialgesetzbuches),
3. gemeinnützige Einrichtungen für Suchtkranke, der Altenhilfe, für Nichtsesshafte und Durchwandererheime,
4. eingetragene gemeinnützige Vereine und Stiftungen,

5. öffentliche allgemeinbildende oder berufsbildende Schulen, staatlich genehmigte oder anerkannte Ersatzschulen oder Ergänzungsschulen, soweit sie auf gemeinnütziger Grundlage arbeiten, sowie Hochschulen nach dem Hochschulrahmengesetz und
6. Feuerwehr, Polizei, Bundeswehr, Zivil- und Katastrophenschutz.

[2]Abgegolten ist damit auch die Beitragspflicht für auf die Einrichtung oder deren Rechtsträger zugelassene Kraftfahrzeuge, wenn sie ausschließlich für Zwecke der Einrichtung genutzt werden. [3]Die Gemeinnützigkeit im Sinne der Abgabenordnung ist der zuständigen Landesrundfunkanstalt auf Verlangen nachzuweisen.

(4) [1]Auf Antrag ist ein Rundfunkbeitrag nach Absatz 1 und 2 insoweit nicht zu entrichten, als der Inhaber glaubhaft macht und auf Verlangen nachweist, dass die Betriebsstätte mindestens drei zusammenhängende volle Kalendermonate vorübergehend stillgelegt ist. [2]Das Nähere regelt die Satzung nach § 9 Absatz 2.

(5) Ein Rundfunkbeitrag nach Absatz 1 ist nicht zu entrichten für Betriebsstätten
1. die gottesdienstlichen Zwecken gewidmet sind,
2. in denen kein Arbeitsplatz eingerichtet ist oder
3. die sich innerhalb einer beitragspflichtigen Wohnung befinden, für die bereits ein Rundfunkbeitrag entrichtet wird.

(6) Ein Rundfunkbeitrag nach Absatz 1 und 2 ist nicht zu entrichten von
1. den öffentlich-rechtlichen Rundfunkanstalten, den Landesmedienanstalten oder den nach Landesrecht zugelassenen privaten Rundfunkveranstaltern oder -anbietern oder
2. diplomatischen Vertretungen (Botschaft, Konsulat) eines ausländischen Staates.

§ 6 Betriebsstätte, Beschäftigte. (1) [1]Betriebsstätte ist jede zu einem eigenständigen, nicht ausschließlich privaten Zweck bestimmte oder genutzte ortsfeste Raumeinheit oder Fläche innerhalb einer Raumeinheit. [2]Dabei gelten mehrere Raumeinheiten auf einem Grundstück oder auf zusammenhängenden Grundstücken, die demselben Inhaber zuzurechnen sind, als eine Betriebsstätte. [3]Auf den Umfang der Nutzung zu den jeweiligen nicht-privaten Zwecken sowie auf eine Gewinnerzielungsabsicht oder eine steuerliche Veranlagung des Beitragsschuldners kommt es nicht an.

(2) [1]Inhaber der Betriebsstätte ist die natürliche oder juristische Person, die die Betriebsstätte im eigenen Namen nutzt oder in deren Namen die Betriebsstätte genutzt wird. [2]Als Inhaber wird vermutet, wer für diese Betriebsstätte in einem Register, insbesondere Handels-, Gewerbe-, Vereins- oder Partnerschaftsregister eingetragen ist. [3]Inhaber eines Kraftfahrzeugs ist derjenige, auf den das Kraftfahrzeug zugelassen ist.

(3) Als Betriebsstätte gilt auch jedes zu gewerblichen Zwecken genutzte Motorschiff.

(4) [1]Beschäftigte sind alle im Jahresdurchschnitt sozialversicherungspflichtig Beschäftigten sowie Bediensteten in einem öffentlich-rechtlichen Dienstverhältnis mit Ausnahme der Auszubildenden. [2]Die Berechnung der Beschäftigtenanzahl erfolgt ohne Differenzierung zwischen Voll- und Teilzeitbeschäftigten, es sei denn, der Betriebsstätteninhaber teilt gegenüber der zuständigen Landesrundfunkanstalt schriftlich mit, eine Berechnung unter Berücksichtigung der vorhandenen Teilzeitbeschäftigten zu wählen. [3]In diesem Fall werden Teilzeitbeschäftigte mit einer regelmäßigen wöchentlichen Arbeitszeit von nicht mehr als 20 Stunden mit 0,5, von nicht mehr als 30 Stunden mit 0,75 und von mehr als 30 Stunden mit 1,0 veranschlagt. [4]Ergibt sich im Jahresdurchschnitt eine Beschäftigtenzahl mit Dezimalstellen, so ist abzurunden. [5]Die Mitteilung der gewählten Berechnungsmethode hat bei der Anzeige nach § 8 Abs. 1 Satz 1, im Übrigen zusammen mit der Mitteilung der Beschäftigtenanzahl nach § 8 Abs. 1 Satz 2 zu erfolgen. [6]Die Berechnungsmethode kann nur einmal jährlich innerhalb der Frist und mit der Wirkung des § 8 Abs. 1 Satz 2 geändert werden. [7]Eine Kombination der Berechnungsmethoden innerhalb des jeweils vorangegangenen Kalenderjahres nach § 8 Abs. 1 Satz 2 ist unzulässig.

§ 7 Beginn und Ende der Beitragspflicht, Zahlungsweise, Verjährung.

(1) [1]Die Pflicht zur Entrichtung des Rundfunkbeitrags beginnt mit dem Ersten des Monats, in dem der Beitragsschuldner erstmals die Wohnung, die Betriebsstätte oder das Kraftfahrzeug innehat. [2]Das Innehaben eines Kraftfahrzeugs beginnt mit dem Ersten des Monats, in dem es auf den Beitragsschuldner zugelassen wird.

(2) [1]Die Beitragspflicht endet mit dem Ablauf des Monats, in dem das Innehaben einer Wohnung oder einer Betriebsstätte durch den Beitragsschuldner endet, jedoch nicht vor dem Ablauf des Monats, in dem dies der zuständigen Landesrundfunkanstalt an- gezeigt worden ist. [2]Das Innehaben eines Kraftfahrzeuges endet mit dem Ablauf des Monats, in dem die Zulassung auf den Beitragsschuldner endet und dies der zuständigen Landesrundfunkanstalt angezeigt worden ist.

(3) [1]Der Rundfunkbeitrag ist monatlich geschuldet. [2]Er ist in der Mitte eines Dreimonatszeitraums für jeweils drei Monate zu leisten.

(4) Die Verjährung der Beitragsforderung richtet sich nach den Vorschriften des Bürgerlichen Gesetzbuches über die regelmäßige Verjährung.

§ 8 Anzeigepflicht.

(1) [1]Das Innehaben einer Wohnung, einer Betriebsstätte oder die Zulassung eines beitragspflichtigen Kraftfahrzeugs ist unverzüglich schriftlich der zuständigen Landesrundfunkanstalt anzuzeigen (Anmeldung); entsprechendes gilt für jede Änderung der Daten nach Absatz 4. [2]Eine Änderung der Anzahl der im Jahresdurchschnitt des vorangegangenen Kalenderjahres sozialversicherungspflichtig Beschäftigten nach Absatz 4 Nr. 7 ist jeweils bis zum 31. März eines Jahres anzuzeigen; diese Änderung wirkt ab dem 1. April des jeweiligen Jahres.

(2) Das Ende des Innehabens einer Wohnung, einer Betriebsstätte oder der Zulassung eines beitragspflichtigen Kraftfahrzeugs ist der zuständigen Landesrundfunkanstalt unverzüglich schriftlich anzuzeigen (Abmeldung).

(3) Die Anzeige eines Beitragsschuldners für eine Wohnung, Betriebsstätte oder ein Kraftfahrzeug wirkt auch für weitere anzeigepflichtige Beitragsschuldner, sofern sich für die Wohnung, Betriebsstätte oder das Kraftfahrzeug keine Änderung der Beitragspflicht ergibt.

(4) Bei der Anmeldung hat der Beitragsschuldner der zuständigen Landesrundfunkanstalt folgende Daten mitzuteilen und auf Verlangen nachzuweisen:
1. Vor- und Familienname sowie früherer Name, unter dem eine Anmeldung bestand,
2. Geburtsdatum,
3. Vor- und Familienname oder Firma und Anschrift des Beitragsschuldners und seines gesetzlichen Vertreters,
4. gegenwärtige Anschrift jeder Wohnung und jeder Betriebsstätte sowie im Falle der Befreiung nach § 4a die Angabe, bei welcher Wohnung es sich um die Haupt- und Nebenwohnung handelt,
5. letzte der Landesrundfunkanstalt gemeldete Anschrift des Beitragsschuldners,
6. vollständige Bezeichnung des Inhabers einer Betriebsstätte,
7. Anzahl der Beschäftigten der Betriebsstätte,
8. Beitragsnummer,
9. Datum des Beginns des Innehabens der Wohnung und der Betriebsstätte,
10. Datum der Zulassung und Kennzeichen des Kraftfahrzeugs nach § 5 Abs. 2 Satz 2,
11. Zugehörigkeit zu den Branchen nach § 5 Abs. 2 und 4 und
12. Anzahl der Hotel- und Gästezimmer und der Ferienwohnungen nach § 5 Abs. 2.

(5) Bei der Abmeldung sind zusätzlich folgende Daten mitzuteilen und auf Verlangen nachzuweisen:
1. Datum des Endes des Innehabens der Wohnung oder der Betriebsstätte,
2. Datum der Abmeldung des beitragspflichtigen Kraftfahrzeugs und 3. der die Abmeldung begründende Lebenssachverhalt und die Beitragsnummer des für die neue Wohnung in Anspruch genommenen Beitragsschuldners.

§ 9 Auskunftsrecht, Satzungsermächtigung. (1) [1]Die zuständige Landesrundfunkanstalt kann von jedem Beitragsschuldner oder von Personen oder Rechtsträgern, bei denen tatsächliche Anhaltspunkte vorliegen, dass sie Beitragsschuldner sind und dies nicht oder nicht umfassend angezeigt haben, Auskunft über diejenigen Tatsachen verlangen, die Grund, Höhe und Zeitraum ihrer Beitragspflicht betreffen. [2]Kann die zuständige Landesrundfunkanstalt den Inhaber einer Betriebsstätte nicht feststellen, ist der Eigentümer oder der vergleichbar dinglich Berechtigte des Grundstücks, auf dem sich die Betriebsstätte befindet, verpflichtet, der Landesrundfunkanstalt Auskunft über den tatsächlichen Inhaber der Betriebsstätte zu erteilen. ³Die Landesrundfunkanstalt kann mit ihrem Auskunftsverlangen neben den in § 8 Abs. 4 und 5 genannten Daten im Einzelfall weitere Daten erheben, soweit dies nach Satz 1 erforderlich ist; § 11 Abs. 7 gilt entsprechend. ⁴Die Landesrundfunkanstalt kann für die Tatsachen nach Satz 1 und die Daten nach Satz 3 Nachweise fordern. ⁵Der Anspruch auf Auskunft und Nachweise kann im Verwaltungszwangsverfahren durchgesetzt werden.

(2) Die zuständige Landesrundfunkanstalt wird ermächtigt, Einzelheiten des Verfahrens
1. der Anzeigepflicht,
2. zur Leistung des Rundfunkbeitrags, zur Befreiung von der Rundfunkbeitragspflicht oder zu deren Ermäßigung,
3. der Erfüllung von Auskunfts- und Nachweispflichten,
4. der Kontrolle der Beitragspflicht,
5. der Erhebung von Zinsen, Kosten und Säumniszuschlägen und
6. in den übrigen in diesem Staatsvertrag genannten Fällen

durch Satzung zu regeln. Die Satzung bedarf der Genehmigung der für die Rechtsaufsicht zuständigen Behörde und ist in den amtlichen Verkündungsblättern der die Rundfunkanstalt tragenden Länder zu veröffentlichen. Die Satzungen der Landesrundfunkanstalten sollen übereinstimmen.

§ 10 Beitragsgläubiger, Schickschuld, Erstattung, Vollstreckung. (1) Das Aufkommen aus dem Rundfunkbeitrag steht der Landesrundfunkanstalt und in dem im Rundfunkfinanzierungsstaatsvertrag bestimmten Umfang dem Zweiten Deutschen Fernsehen (ZDF), dem Deutschlandradio sowie der Landesmedienanstalt zu, in deren Bereich sich die Wohnung oder die Betriebsstätte des Beitragsschuldners befindet oder das Kraftfahrzeug zugelassen ist.

(2) ¹Der Rundfunkbeitrag ist an die zuständige Landesrundfunkanstalt als Schickschuld zu entrichten. ²Die Landesrundfunkanstalt führt die Anteile, die dem ZDF, dem Deutschlandradio und der Landesmedienanstalt zustehen, an diese ab.

(3) ¹Soweit ein Rundfunkbeitrag ohne rechtlichen Grund entrichtet wurde, kann derjenige, auf dessen Rechnung die Zahlung bewirkt worden ist, von der durch die Zahlung bereicherten Landesrundfunkanstalt die Erstattung des entrichteten Betrages fordern. ²Er trägt insoweit die Darlegungs- und Beweislast. ³Der Erstattungsanspruch verjährt nach den Vorschriften des Bürgerlichen Gesetzbuches über die regelmäßige Verjährung.

(4) Das ZDF, das Deutschlandradio und die Landesmedienanstalten tragen die auf sie entfallenden Anteile der Kosten des Beitragseinzugs und der nach Absatz 3 erstatteten Beträge.

(5) ¹Rückständige Rundfunkbeiträge werden durch die zuständige Landesrundfunkanstalt festgesetzt. ²Festsetzungsbescheide können stattdessen auch von der Landesrundfunkanstalt im eigenen Namen erlassen werden, in deren Anstaltsbereich sich zur Zeit des Erlasses des Bescheides die Wohnung, die

Betriebsstätte oder der Sitz (§ 17 der Zivilprozessordnung) des Beitragsschuldners befindet.

(6) ¹Festsetzungsbescheide werden im Verwaltungszwangsverfahren vollstreckt. ²Ersuchen um Vollstreckungshilfe gegen Beitragsschuldner, deren Wohnsitz oder Sitz in anderen Ländern liegt, können von der nach Absatz 5 zuständigen Landesrundfunkanstalt oder von der Landesrundfunkanstalt, in deren Bereich sich die Wohnung, die Betriebsstätte oder der Sitz des Beitragsschuldners befindet, unmittelbar an die dort zuständige Vollstreckungsbehörde gerichtet werden.

(7) ¹Jede Landesrundfunkanstalt nimmt die ihr nach diesem Staatsvertrag zugewiesenen Aufgaben und die damit verbundenen Rechte und Pflichten ganz oder teilweise durch die im Rahmen einer nichtrechtsfähigen öffentlich-rechtlichen Verwaltungsgemeinschaft betriebenen Stelle der öffentlich-rechtlichen Landesrundfunkanstalten selbst wahr. ²Die Landesrundfunkanstalt ist ermächtigt, einzelne Tätigkeiten bei der Durchführung des Beitragseinzugs und der Ermittlung von Beitragsschuldnern ganz oder teilweise auf Dritte zu übertragen und das Nähere durch die Satzung nach § 9 Abs. 2 zu regeln.

§ 10a Vollständig automatisierter Erlass von Bescheiden. Die zuständige Landesrundfunkanstalt kann rundfunkbeitragsrechtliche Bescheide vollständig automatisiert erlassen, sofern weder ein Ermessen noch ein Beurteilungsspielraum besteht."

§ 11 Verbreitung personenbezogener Daten. (1) Beauftragt die Landesrundfunkanstalt Dritte mit Tätigkeiten bei der Durchführung des Beitragseinzugs oder der Ermittlung von Beitragsschuldnern, die der Anzeigepflicht nach § 8 Abs. 1 nicht oder nicht vollständig nachgekommen sind, so gelten für die Verarbeitung der dafür erforderlichen Daten die zur Auftragsverarbeitung geltenden Vorschriften der Verordnung (EU) 2016/679 des Europäischen Parlaments und des Rates vom 27. April 2016 zum Schutz natürlicher Personen bei der Verarbeitung personenbezogener Daten, zum freien Datenverkehr und zur Aufhebung der Richtlinie 95/46/EG (Datenschutz-Grundverordnung) (ABl. L 119 vom 4. Mai 2016, S. 1; L 314 vom 22. November 2016, S. 72).

(2) ¹Beauftragen die Landesrundfunkanstalten eine andere Stelle mit Tätigkeiten bei der Durchführung des Beitragseinzugs und der Ermittlung von Beitragsschuldnern, ist dort unbeschadet der Zuständigkeit des nach Landesrecht für die Landesrundfunkanstalt zuständigen Datenschutzbeauftragten ein behördlicher Datenschutzbeauftragter zu bestellen. ²Er arbeitet zur Gewährleistung des Datenschutzes mit dem nach Landesrecht für die Rundfunkanstalt zuständigen Datenschutzbeauftragten zusammen und unterrichtet diesen über Verstöße gegen Datenschutzvorschriften sowie die dagegen getroffenen Maßnahmen. ³Im Übrigen gelten die für den behördlichen Datenschutzbeauftragten anwendbaren Bestimmungen der Verordnung (EU) 2016/679 entsprechend.

(3) ¹Die zuständige Landesrundfunkanstalt übermittelt von ihr gespeicherte personenbezogene Daten der Beitragsschuldner an andere Landesrundfunkanstalten auch im Rahmen eines automatisierten Abrufverfahrens, soweit dies zur rechtmäßigen Erfüllung der Aufgaben der übermittelnden oder der empfangenden Landesrundfunkanstalt beim Beitragseinzug erforderlich ist. ²Es ist aufzuzeichnen, an welche Stellen, wann und aus welchem Grund welche personenbezogenen Daten übermittelt worden sind.

(4) ¹Die zuständige Landesrundfunkanstalt verarbeitet für Zwecke der Beitragserhebung sowie zur Feststellung, ob eine Beitragspflicht nach diesem Staatsvertrag besteht, personenbezogene Daten bei öffentlichen und nichtöffentlichen Stellen ohne Kenntnis der betroffenen Person. ²Öffentliche Stellen im Sinne von Satz 1 sind solche, die zur Übermittlung der Daten einzelner Inhaber von Wohnungen oder Betriebsstätten befugt sind. ³Dies sind insbesondere Meldebehörden, Handelsregister, Gewerberegister und Grundbuchämter. ⁴Nichtöffentliche Stellen im Sinne von Satz 1 sind Unternehmen des Adresshandels und der Adressverifizierung. Voraussetzung für die Erhebung der Daten nach Satz 1 ist, dass
1. eine vorherige Datenerhebung unmittelbar bei der betroffenen Person erfolglos war oder nicht möglich ist,
2. die Datenbestände dazu geeignet sind, Rückschlüsse auf die Beitragspflicht zuzulassen, insbesondere durch Abgleich mit dem Bestand der bei den Landesrundfunkanstalten gemeldeten Beitragsschuldner, und
3. sich die Daten auf Angaben beschränken, die der Anzeigepflicht nach § 8 unterliegen und kein erkennbarer Grund zu der Annahme besteht, dass die betroffene Person ein schutzwürdiges Interesse an dem Ausschluss der Verarbeitung hat.

⁵Die Verarbeitung bei den Meldebehörden beschränkt sich auf die in § 11 Absatz 4 Satz 1 Nummern 1 bis 8 genannten Daten. Daten, die Rückschlüsse auf tatsächliche oder persönliche Verhältnisse liefern könnten, dürfen nicht an die übermittelnde Stelle rückübermittelt werden. ⁶Das Verfahren der regelmäßigen Datenübermittlung durch die Meldebehörden nach dem Bundesmeldegesetz oder den Meldedatenübermittlungsverordnungen der Länder bleibt unberührt. ⁷Die Daten betroffener Personen, für die eine Auskunftssperre gemäß § 51 des Bundesmeldegesetzes gespeichert ist, dürfen nicht übermittelt werden.

(5) ¹Zur Sicherstellung der Aktualität des Datenbestandes übermittelt jede Meldebehörde alle vier Jahre beginnend ab dem Jahr 2022 für einen bundesweit einheitlichen Stichtag automatisiert gegen Kostenerstattung in standardisierter Form die nachfolgenden Daten aller volljährigen Personen an die jeweils zuständige Landesrundfunkanstalt:
1. Familienname,
2. Vornamen unter Bezeichnung des Rufnamens,
3. frühere Namen,
4. Doktorgrad,
5. Familienstand,

6. Tag der Geburt,
7. gegenwärtige und letzte Anschrift von Haupt- und Nebenwohnungen, einschließlich aller vorhandenen Angaben zur Lage der Wohnung, und
8. Tag des Einzugs in die Wohnung.
²Hat die zuständige Landesrundfunkanstalt nach dem Abgleich für eine Wohnung einen Beitragsschuldner festgestellt, hat sie die Daten der übrigen dort wohnenden Personen unverzüglich zu löschen, sobald das Beitragskonto ausgeglichen ist. ³Im Übrigen darf sie die Daten zur Feststellung eines Beitragsschuldners für eine Wohnung nutzen, für die bislang kein Beitragsschuldner festgestellt wurde; Satz 2 gilt entsprechend. ⁴Die zuständige Landesrundfunkanstalt darf die Daten auch zur Aktualisierung oder Ergänzung von bereits vorhandenen Teilnehmerdaten nutzen. ⁵Zur Wahrung der Verhältnismäßigkeit zwischen Beitragsgerechtigkeit und dem Schutz persönlicher Daten erfolgt der Meldedatenabgleich nach Satz 1 nicht, wenn die Kommission zur Ermittlung des Finanzbedarfs der Rundfunkanstalten (KEF) in ihrem Bericht nach § 3 Abs. 8 des Rundfunkfinanzierungsstaatsvertrages feststellt, dass der Datenbestand hinreichend aktuell ist. ⁶Diese Beurteilung nimmt die KEF unter Berücksichtigung der Entwicklung des Beitragsaufkommens und sonstiger Faktoren vor.

(6) Im nicht privaten Bereich verarbeitet die zuständige Landesrundfunkanstalt Telefonnummern und E-Mail-Adressen bei den in Absatz 4 Satz 1 genannten Stellen und aus öffentlich zugänglichen Quellen ohne Kenntnis der betroffenen Person, um Grund und Höhe der Beitragspflicht festzustellen.

(7) ¹Die Landesrundfunkanstalt darf die in den Absätzen 4, 5 und in § 4 Abs. 7, § 4a Abs. 4, § 8 Abs. 4 und 5 und § 9 Abs. 1 genannten Daten und sonstige freiwillig übermittelte Daten nur für die Erfüllung der ihr nach diesem Staatsvertrag obliegenden Aufgaben verarbeiten. ²Die erhobenen Daten sind unverzüglich zu löschen, wenn feststeht, dass sie nicht mehr zur Erfüllung einer rechtlichen Verpflichtung erforderlich sind oder eine Beitragspflicht dem Grunde nach nicht besteht. ³Nicht überprüfte Daten sind spätestens nach zwölf Monaten zu löschen. ⁴Jeder Beitragsschuldner erhält eine Anmeldebestätigung mit den für die Beitragserhebung erforderlichen Daten. ⁵Eine über Satz 4 hinausgehende Information findet nicht statt über Daten, die unmittelbar beim Beitragsschuldner oder mit dessen Einverständnis erhoben oder übermittelt wurden. ⁶Dies gilt auch für Daten, die aufgrund einer gesetzlichen Grundlage erhoben oder übermittelt worden sind. ⁷Informationen zu den in den Artikeln 13 und 14 der Verordnung (EU) 2016/679 des Europäischen Parlaments und des Rates vom 27. April 2016 zum Schutz natürlicher Personen bei der Verarbeitung personenbezogener Daten, zum freien Datenverkehr und zur Aufhebung der Richtlinie 95/46/EG (Datenschutz-Grundverordnung) genannten Angaben werden den Beitragsschuldnern durch die nach § 10 Abs. 7 eingerichtete Stelle in allgemeiner Form zugänglich gemacht; im Übrigen gilt Artikel 14 Abs. 5 der Verordnung (EU) 2016/679.

(8) ¹Jede natürliche Person hat das Recht, bei der für sie zuständigen Landesrundfunkanstalt oder der nach § 10 Abs. 7 eingerichteten Stelle Auskunft zu verlangen über
1. die in § 8 Abs. 4 genannten, sie betreffenden personenbezogenen Daten,
2. das Bestehen, den Grund und die Dauer einer sie betreffenden Befreiung oder Ermäßigung im Sinne der §§ 4 und 4a,
3. sie betreffende Bankverbindungsdaten und
4. die Stelle, die die jeweiligen Daten übermittelt hat.

²Daten, die nur deshalb gespeichert sind, weil sie aufgrund gesetzlicher oder satzungsmäßiger Aufbewahrungsvorschriften nicht gelöscht werden dürfen oder ausschließlich Zwecken der Datensicherung oder der Datenschutzkontrolle dienen, sind vom datenschutzrechtlichen Auskunftsanspruch nicht umfasst.

(9) Die Landesrundfunkanstalten stellen durch geeignete technische und organisatorische Maßnahmen sicher, dass eine Verarbeitung der Daten ausschließlich zur Erfüllung der ihnen nach diesem Staatsvertrag obliegenden Aufgaben erfolgt.

§ 12 Ordnungswidrigkeiten. (1) Ordnungswidrig handelt, wer vorsätzlich oder fahrlässig
1. den Beginn der Beitragspflicht entgegen § 8 Abs. 1 und 3 nicht innerhalb eines Monats anzeigt,
2. der Anzeigepflicht nach § 14 Abs. 2 nicht nachgekommen ist oder
3. den fälligen Rundfunkbeitrag länger als sechs Monate ganz oder teilweise nicht leistet.

(2) Die Ordnungswidrigkeit kann mit einer Geldbuße geahndet werden.

(3) Die Ordnungswidrigkeit wird nur auf Antrag der Landesrundfunkanstalt verfolgt; sie ist vom Ausgang des Verfahrens zu benachrichtigen.

(4) Daten über Ordnungswidrigkeiten sind von der Landesrundfunkanstalt zwölf Monate nach Abschluss des jeweiligen Verfahrens zu löschen.

§ 13 Revision zum Bundesverwaltungsgericht. In einem gerichtlichen Verfahren kann die Revision zum Bundesverwaltungsgericht auch darauf gestützt werden, dass das angefochtene Urteil auf der Verletzung der Bestimmungen dieses Staatsvertrages beruht.

§ 14 Übergangsbestimmungen. (1) Jeder nach den Bestimmungen des Rundfunkgebührenstaatsvertrages als privater Rundfunkteilnehmer gemeldeten natürlichen Person obliegt es, ab dem 1. Januar 2012 der zuständigen Landesrundfunkanstalt schriftlich alle Tatsachen anzuzeigen, die Grund und Höhe der Beitragspflicht nach diesem Staatsvertrag ab dem 1. Januar 2013 betreffen, soweit die Tatsachen zur Begründung oder zum Wegfall der Beitragspflicht oder zu einer Erhöhung oder Verringerung der Beitragsschuld führen.

(2) Jede nach den Bestimmungen des Rundfunkgebührenstaatsvertrags als nicht- privater Rundfunkteilnehmer gemeldete natürliche oder juristische Person ist ab dem 1. Januar 2012 auf Verlangen der zuständigen Landesrundfunkanstalt verpflichtet, ihr schriftlich alle Tatsachen anzuzeigen, die Grund und Höhe der Beitragspflicht nach diesem Staatsvertrag ab dem 1. Januar 2013 betreffen.

(3) [1]Soweit der Beitragsschuldner den Anforderungen von Absatz 1 oder 2 nicht nachgekommen ist, wird vermutet, dass jede nach den Bestimmungen des bis zum 31. Dezember 2012 geltenden Rundfunkgebührenstaatsvertrags als
1. privater Rundfunkteilnehmer gemeldete Person nach Maßgabe von § 2 dieses Staatsvertrages oder
2. nicht-privater Rundfunkteilnehmer gemeldete natürliche oder juristische Person nach Maßgabe von § 6 dieses Staatsvertrages, unter der bei der zuständigen Landesrundfunkanstalt geführten Anschrift ab Inkrafttreten dieses Staatsvertrages Beitragsschuldner nach den Bestimmungen dieses Staatsvertrages ist.

[2]Eine Abmeldung mit Wirkung für die Zukunft bleibt hiervon unberührt.

(4) Soweit der Beitragsschuldner den Anforderungen von Absatz 1 oder 2 nicht nachgekommen ist, wird vermutet, dass sich die Höhe des ab 1. Januar 2013 zu entrichtenden Rundfunkbeitrags nach der Höhe der bis zum 31. Dezember 2012 zu entrichtenden Rundfunkgebühr bemisst; mindestens ist ein Beitrag in Höhe eines Rundfunkbeitrages zu entrichten.

(5) [1]Die Vermutung nach Absatz 3 oder 4 kann widerlegt werden. [2]Auf Verlangen der Landesrundfunkanstalt sind die behaupteten Tatsachen nachzuweisen. [3]Eine Erstattung bereits geleisteter Rundfunkbeiträge kann vom Beitragsschuldner nur bis zum 31. Dezember 2014 verlangt werden. [4]Die Landesrundfunkanstalt kann Nachforderungen nicht geltend machen.

(6) [1]Die bei der zuständigen Landesrundfunkanstalt für den Rundfunkgebühreneinzug gespeicherten Daten dürfen von den Landesrundfunkanstalten in dem nach diesem Staatsvertrag erforderlichen und zulässigen Umfang verarbeitet und genutzt werden. [2]Die erteilten Lastschrift- oder Einzugsermächtigungen sowie Mandate bleiben für den Einzug der Rundfunkbeiträge bestehen.

(7) [1]Bestandskräftige Rundfunkgebührenbefreiungsbescheide nach § 6 Abs. 1 Satz 1 Nr. 7 und 8 des Rundfunkgebührenstaatsvertrages gelten ab dem 1. Januar 2013 mit der Maßgabe fort, dass nur noch eine Ermäßigung auf ein Drittel des Rundfunkbeitrags gewährt wird. [2]Alle anderen bestandskräftigen Rundfunkgebührenbefreiungsbescheide nach § 6 des Rundfunkgebührenstaatsvertrages gelten bis zum Ablauf ihrer Gültigkeit fort.

(8) [1]Eine Befreiung von der Rundfunkgebührenpflicht nach § 5 Abs. 7 des Rundfunkgebührenstaatsvertrages endet zum 31. Dezember 2012. [2]Soweit Einrichtungen nach § 5 Abs. 4 bei Inkrafttreten dieses Staatsvertrages nach

§ 15 Abs. 2 Satz 1 von der Rundfunkgebührenpflicht nach § 5 Abs. 7 des Rundfunkgebührenstaatsvertrages befreit waren, gilt für deren Betriebsstätten der Nachweis nach § 5 Abs. 4 Satz 3 als erbracht.

(9) Die Landesrundfunkanstalten dürfen keine Adressdaten privater Personen ankaufen.

(10) Die Vorschriften des Rundfunkgebührenstaatsvertrages bleiben auf Sachverhalte anwendbar, nach denen bis zum 31. Dezember 2012 noch keine Rundfunkgebühren entrichtet oder erstattet wurden.

§ 15 Vertragsdauer, Kündigung. [1]Dieser Staatsvertrag gilt für unbestimmte Zeit. [2]Er kann von jedem der vertragsschließenden Länder zum Schluss des Kalenderjahres mit einer Frist von einem Jahr gekündigt werden. [3]Die Kündigung kann erstmals zum 31. Dezember 2020 erfolgen. [4]Wird der Staatsvertrag zu diesem Zeitpunkt nicht gekündigt, kann die Kündigung mit gleicher Frist jeweils zu einem zwei Jahre späteren Zeitpunkt erfolgen. [5]Die Kündigung ist gegenüber dem Vorsitzenden der Ministerpräsidentenkonferenz schriftlich zu erklären. [6]Die Kündigung eines Landes lässt das Vertragsverhältnis der übrigen Länder zueinander unberührt, jedoch kann jedes der übrigen Länder den Vertrag binnen einer Frist von drei Monaten nach Eingang der Kündigungserklärung zum gleichen Zeitpunkt kündigen.

RFinStV 23

Rundfunkfinanzierungsstaatsvertrag

in der Fassung der Bekanntmachung vom 28. Juli 2009,
zuletzt geändert durch Art. 3 des 20. Staatsvertrages zur Änderung
rundfunkrechtlicher Verträge (GVBl. Bayern 2017 S. 86)
in der Fassung des Staatsvertrages zur Modernisierung
der Medienordnung (MStV) vom14. April 2020

INHALTSVERZEICHNIS

I. Abschnitt
Verfahren zum Rundfunkbeitrag

- § 1 Bedarfsanmeldung
- § 2 Einsetzung der KEF
- § 3 Aufgaben und Befugnisse der KEF
- § 4 Zusammensetzung der KEF
- § 5 Verfahren bei der KEF
- § 5a Information der Landesparlamente
- § 6 Finanzierung und Organisation der KEF
- § 7 Verfahren bei den Ländern

II. Abschnitt
Höhe des Rundfunkbeitrags

- § 8 Höhe des Rundfunkbeitrags
- § 9 Aufteilung der Mittel

III. Abschnitt
Anteil der Landesmedienanstalten

- § 10 Höhe des Anteils
- § 11 Zuweisung des Anteils

IV. Abschnitt
Finanzausgleich

- § 12 Ermächtigung und Verpflichtung zum Finanzausgleich
- § 13 Aufbringung der Finanzausgleichsmasse
- § 14 Umfang der Finanzausgleichsmasse
- § 15 Vereinbarung der Rundfunkanstalten
- § 16 Beschluss der Landesregierungen

V. Abschnitt
Übergangs- und Schlussvorschriften

- § 17 Vertragsdauer, Kündigung

I. Abschnitt
Verfahren zum Rundfunkbeitrag

§ 1 Bedarfsanmeldung. (1) Die in der Arbeitsgemeinschaft der öffentlich-rechtlichen Rundfunkanstalten der Bundesrepublik Deutschland (ARD) zusammengeschlossenen Rundfunkanstalten des Landesrechts auf der Grundlage von Einzelanmeldungen ihrer Mitglieder, die Anstalt des öffentlichen Rechts „Zweites Deutsches Fernsehen" (ZDF) und die Körperschaft des öffentlichen

23 RFinStV — Rundfunkfinanzierungsstaatsvertrag

Rechts „Deutschlandradio" melden im Abstand von zwei Jahren ihren Finanzbedarf zur Erfüllung des öffentlichen Auftrags der unabhängigen Kommission zur Überprüfung und Ermittlung des Finanzbedarfs der Rundfunkanstalten (KEF).

(2) [1]Die Rundfunkanstalten haben die für die Beitragsfestsetzung erforderlichen und zur Bewertung geeigneten, vergleichbaren Zahlenwerke und Erläuterungen über ihren mittelfristigen Finanzbedarf in der von der KEF vorgegebenen Form vorzulegen. [2]Diese Unterlagen sind, aufgeteilt nach dem Hörfunk- und Fernsehbereich, insbesondere nach Bestand, Entwicklung sowie Darlegung von Wirtschaftlichkeits- und Sparsamkeitsmaßnahmen aufzubereiten und umfassen auch die wirtschaftlichen Auswirkungen eingegangener Selbstverpflichtungen. [3]Die Bedarfsanmeldungen von ARD und ZDF stellen den Finanzbedarf für den deutschen Anteil an der Finanzierung des Europäischen Fernsehkulturkanals „ARTE" gesondert dar. [4]Erträge und Aufwendungen sind jeweils nach Ertrags- und Kostenarten gesondert auszuweisen. [5]Die KEF kann weitere Anforderungen an die vorzulegenden Unterlagen stellen, insbesondere im Hinblick auf die Vergleichbarkeit der Zahlenwerke und die Strukturierung von Kostenarten sowie hinsichtlich der Zuordnung der Kosten zu bestimmten Ausgabenfeldern (insbesondere Programmen, Online-Angeboten und Marketing). [6]Entsprechen die Unterlagen nicht den in den Sätzen 1 bis 5 genannten Voraussetzungen, kann sie die KEF zurückweisen. [7]Angeforderte Unterlagen zur fachlichen Überprüfung der Bedarfsanmeldungen sowie für erforderlich gehaltene ergänzende Auskünfte, Erläuterungen und Zahlenangaben sind der KEF fristgerecht vorzulegen.

(3) [1]Kredite sollen nur zum Erwerb, zur Erweiterung und zur Verbesserung der Betriebsanlagen aufgenommen werden. [2]Die Aufnahme muss betriebswirtschaftlich begründet sein. [3]Ihre Verzinsung und Tilgung aus Mitteln der Betriebseinnahmen, insbesondere des Rundfunkbeitrags, muss auf Dauer gewährleistet sein.

(4) Übersteigen die Gesamterträge der in der ARD zusammengeschlossenen Landesrundfunkanstalten, des ZDF oder des Deutschlandradios die Gesamtaufwendungen für die Erfüllung ihres Auftrages, sind diese Beträge verzinslich anzulegen und bei zehn vom Hundert der jährlichen Beitragseinnahmen übersteigende Beträge als Rücklage zu bilden.

§ 2 Einsetzung der KEF. [1]Zur Überprüfung und Ermittlung des Finanzbedarfs wird eine unabhängige Kommission (KEF) eingesetzt. [2]Die Mitglieder sind in ihrer Aufgabenerfüllung an Aufträge oder Weisungen nicht gebunden.

§ 3 Aufgaben und Befugnisse der KEF. (1) [1]Die KEF hat die Aufgabe, unter Beachtung der Programmautonomie der Rundfunkanstalten den von den Rundfunkanstalten angemeldeten Finanzbedarf fachlich zu überprüfen und zu ermitteln. [2]Dies bezieht sich darauf, ob sich die Programmentscheidungen im Rahmen des rechtlich umgrenzten Rundfunkauftrages halten und ob der aus ihnen abgeleitete Finanzbedarf zutreffend und im Einklang mit den Grundsätzen von Wirtschaftlichkeit und Sparsamkeit sowie unter Berücksichtigung der gesamtwirtschaftlichen Entwicklung und der Entwicklung der Haushalte der öffentlichen Hand ermittelt worden ist.

(2) [1]Bei der Prüfung und Ermittlung des Finanzbedarfs berücksichtigt die KEF sämtliche Erträge der Rundfunkanstalten. [2]Die Gesamterträge der Rundfunkanstalten aus Beiträgen und weiteren direkten oder indirekten Einnahmen sollen die zur Erfüllung des öffentlichen Auftrags notwendigen Ausgaben und Aufwendungen decken. [3]Überschüsse am Ende der Beitragsperiode werden vom Finanzbedarf für die folgende Beitragsperiode abgezogen. [4]Die Übertragung von Defiziten ist nicht zulässig.

(3) [1]Die Prüfung, ob der Finanzbedarf im Einklang mit den Grundsätzen von Wirtschaftlichkeit und Sparsamkeit ermittelt worden ist, umfasst auch, in welchem Umfang Rationalisierungs- einschließlich Kooperationsmöglichkeiten genutzt werden, ob bei Beteiligungen ein marktangemessener Rückfluss der Investitionen stattfindet und inwieweit die Rundfunkanstalten zunächst nicht verwendete Mittel für im Voraus festgelegte Zwecke verwendet haben. [2]Sie erstreckt sich auch auf entgegen dem Grundsatz wirtschaftlichen Handelns nicht erzielte Einnahmen. [3]Soweit die in der ARD zusammengeschlossenen Landesrundfunkanstalten, das ZDF oder das Deutschlandradio finanzwirksame Selbstverpflichtungen erklärt haben, sind diese Bestandteil des Ermittlungsverfahrens und zu beachten. [4]Bedarfsanmeldungen, die sich auf technische oder programmliche Innovationen im Sinne von § 36 des Medienstaatsvertrages beziehen, dürfen von der KEF nur anerkannt werden, wenn sie Beschlüssen der zuständigen Gremien der Rundfunkanstalten, soweit das jeweils geltende Landesrecht solche Beschlussfassungen vorsieht, entsprechen.

(4) [1]Im Rahmen ihrer Aufgabe ist die KEF berechtigt, von den Rundfunkanstalten Auskünfte über deren Unternehmen, Beteiligungen und Gemeinschaftseinrichtungen einzuholen. [2]Erfolgt die Vorlage von Unterlagen nach Satz 1 oder nach § 1 nicht, ist die KEF berechtigt, notwendige Zahlenangaben durch näher zu begründende Schätzwerte zu ersetzen.

(5) [1]Die Prüfung und Ermittlung des Finanzbedarfs soll von der KEF grundsätzlich auf der Basis von Ist-Zahlen vorgenommen werden. [2]Soweit der Ermittlung des Finanzbedarfs Planzahlen oder Schätzwerte zugrunde liegen, werden diese nachträglich zur Vermeidung einer Überfinanzierung mit den Ist-Zahlen abgeglichen.

(6) Die Rundfunkanstalten wirken an der Fortentwicklung von Methoden und Verfahren zur Überprüfung und Ermittlung des Finanzbedarfs mit.

(7) [1]Die KEF kann zur Unterstützung ihrer Aufgaben ergänzend zu Einzelfragen Aufträge für gutachterliche Stellungnahmen an Dritte vergeben. [2]Für diese gutachterlichen Stellungnahmen stellen die Rundfunkanstalten dem beauftragten Dritten die Informationen über die bedeutsamen Sachverhalte zur Verfügung.

(8) ¹Die KEF erstattet den Landesregierungen mindestens alle zwei Jahre einen Bericht. ²Sie leitet den Bericht den Rundfunkanstalten zur Unterrichtung zu und veröffentlicht diesen. ³Die Landesregierungen leiten diesen Bericht den Landesparlamenten zur Unterrichtung zu. ⁴In diesem Bericht legt die KEF unter Beachtung von Absatz 1 und § 35 des Medienstaatsvertrages die Finanzlage der Rundfunkanstalten dar und nimmt insbesondere zu der Frage Stellung, ob und in welcher Höhe und zu welchem Zeitpunkt eine Änderung des Rundfunkbeitrags notwendig ist, die betragsmäßig beziffert wird oder bei unterschiedlichen Entwicklungsmöglichkeiten aus einer Spanne bestehen kann. ⁵Sie weist zugleich auf die Notwendigkeit und Möglichkeit für eine Änderung des Finanzausgleichs der Rundfunkanstalten hin. ⁶Weiterhin beziffert sie prozentual und betragsmäßig die Aufteilung der Beiträge im Verhältnis von ARD und ZDF und den Betrag des Deutschlandradios.

(9) ¹Die Vorschriften der Absätze 1 bis 3 und 8 gelten nicht für Sonderberichte, die die KEF auf Anforderung der Länder zu einzelnen Teilfragen erstellt. ²Die Beteiligungsrechte der Rundfunkanstalten bleiben unberührt.

(10) Abweichende Meinungen von Mitgliedern der KEF werden auf deren Verlangen in den Bericht aufgenommen.

§ 4 Zusammensetzung der KEF. (1) ¹Die KEF besteht aus 16 unabhängigen Sachverständigen. ²Sie wählt aus ihrer Mitte einen Vorsitzenden und einen oder zwei Stellvertreter.

(2) Die KEF beschließt ihre Berichte nach § 3 mit einer Mehrheit von mindestens zehn Stimmen ihrer gesetzlichen Mitglieder.

(3) ¹Von der Mitgliedschaft ausgeschlossen sind Mitglieder und Bedienstete der Institutionen der Europäischen Union oder der Verfassungsorgane des Bundes und der Länder, Gremienmitglieder und Bedienstete von Landesrundfunkanstalten der ARD, des ZDF, des Deutschlandradios, des Europäischen Fernsehkulturkanals „ARTE", der Landesmedienanstalten und der privaten Rundfunkveranstalter sowie Bedienstete von an ihnen unmittelbar oder mittelbar im Sinne von § 62 des Medienstaatsvertrages beteiligten Unternehmen. ²Gleiches gilt für Personen, bei denen aufgrund ihrer ständigen oder regelmäßigen Tätigkeit für die in Satz 1 genannten Institutionen die Gefahr einer Interessenkollision besteht.

(4) ¹Jedes Land benennt ein Mitglied. ²Die Sachverständigen sollen aus folgenden Bereichen berufen werden:
1. Drei Sachverständige aus den Bereichen Wirtschaftsprüfung und Unternehmensberatung,
2. zwei Sachverständige aus dem Bereich der Betriebswirtschaft; sie sollen fachkundig in Personalfragen oder für Investitionen und Rationalisierung sein,
3. zwei Sachverständige, die über besondere Erfahrungen auf dem Gebiet des Rundfunkrechts verfügen und die die Befähigung zum Richteramt haben,

4. drei Sachverständige aus den Bereichen der Medienwirtschaft und Medienwissenschaft,
5. ein Sachverständiger aus dem Bereich der Rundfunktechnik,
6. fünf Sachverständige aus den Landesrechnungshöfen.

(5) [1]Die Mitglieder der KEF werden von den Ministerpräsidenten jeweils für die Dauer von fünf Jahren berufen; Wiederberufung ist zulässig. [2]Die Berufung kann aus wichtigem Grund seitens der Länder widerrufen werden. [3]Scheidet ein Mitglied aus, so ist nach den für die Berufung des ausgeschiedenen Mitglieds geltenden Vorschriften ein Nachfolger für den Rest der Amtszeit zu berufen.

(6) Die Mitglieder der KEF und die zur Erfüllung ihrer Aufgaben herangezogenen Dritten sind auch nach Beendigung ihrer Tätigkeit zur Verschwiegenheit über alle ihnen im Rahmen der Tätigkeit bekannt gewordenen Tatsachen verpflichtet, es sei denn, diese sind offenkundig oder bedürfen ihrer Bedeutung nach keiner Geheimhaltung.

§ 5 Verfahren bei der KEF. (1) [1]Die Rundfunkanstalten sind bei der Überprüfung und Ermittlung des Finanzbedarfs durch die KEF angemessen zu beteiligen. [2]Vertreter der Rundfunkanstalten sind nach Bedarf zu den Beratungen der KEF hinzuzuziehen.

(2) [1]Vor der abschließenden Meinungsbildung in der KEF ist den Rundfunkanstalten Gelegenheit zu einer Stellungnahme und Erörterung zu geben. [2]Zu diesem Zweck wird der ARD, dem ZDF und dem Deutschlandradio der Berichtsentwurf durch die KEF übersandt. [3]Gleiches gilt für die Rundfunkkommission der Länder. [4]Die Stellungnahmen der Rundfunkanstalten sind von der KEF in den endgültigen Bericht einzubeziehen.

§ 5a Information der Landesparlamente. (1) Die in der ARD zusammengeschlossenen Landesrundfunkanstalten, das ZDF und das Deutschlandradio erstatten jeweils zeitnah nach Vorliegen des Berichts der KEF nach § 3 Abs. 8 allen Landesparlamenten einen schriftlichen Bericht zur Information über ihre wirtschaftliche und finanzielle Lage.

(2) [1]Der Bericht der in der ARD zusammengeschlossenen Landesrundfunkanstalten erfasst die Gemeinschaftsprogramme nach § 1 des ARD-Staatsvertrages und nach § 28 des Medienstaatsvertrages sowie gemeinsame Aktivitäten. [2]Landesrechtliche Berichtspflichten der Landesrundfunkanstalten gegenüber dem jeweiligen Landesparlament bleiben unberührt.

(3) [1]Die Berichte über die wirtschaftliche und finanzielle Lage nach den Absätzen 1 und 2 Satz 1 enthalten insbesondere auch eine Darstellung der Geschäftsfelder von Tochter- und Beteiligungsgesellschaften, einschließlich von Eckdaten dieser Gesellschaften, sofern sie publizitätspflichtig sind, sowie der strukturellen Veränderungen und Entwicklungsperspektiven von ARD, ZDF und Deutschlandradio. [2]Die Berichterstattung erstreckt sich jeweils auf einen Zeitraum von vier Jahren.

(4) Vertreter der in der ARD zusammengeschlossenen Landesrundfunkanstalten, des ZDF und des Deutschlandradios stehen jeweils dem Landesparlament für Anhörungen zu den Berichten nach Absatz 1 zur Verfügung.

§ 6 Finanzierung und Organisation der KEF. (1) [1]Die Kosten der KEF und ihrer Geschäftsstelle werden vorab aus dem Rundfunkbeitrag gedeckt. [2]Das Deutschlandradio trägt die Kosten entsprechend seinem Anteil am Aufkommen des Rundfunkbeitrags, die übrigen Kosten tragen die in der ARD zusammengeschlossenen Landesrundfunkanstalten und das ZDF jeweils zur Hälfte.

(2) [1]Die KEF erstellt einen Wirtschaftsplan. [2]Er bedarf der Genehmigung des Sitzlandes der Einrichtung, an die die KEF-Geschäftsstelle organisatorisch angebunden ist. [3]Die Genehmigung erfolgt nach Abstimmung mit den Staats- und Senatskanzleien der übrigen Länder. [4]Sie ist zu erteilen, wenn die Grundsätze einer geordneten und sparsamen Haushaltswirtschaft gewahrt sind.

(3) [1]Die Einrichtung, an die die KEF-Geschäftsstelle organisatorisch angebunden ist, kann die ihr zustehenden Mittel vierteljährlich, jeweils in der Mitte des Kalendervierteljahres, abrufen. [2]Erster Abruftermin ist der 15. Februar 1997.

(4) [1]Die näheren Einzelheiten der Finanzierung und der organisatorischen Anbindung der KEF legen die Ministerpräsidenten in einem Statut durch Beschluss fest. [2]Das Statut regelt auch die fachliche und haushaltsmäßige Unabhängigkeit der Geschäftsstelle.

§ 7 Verfahren bei den Ländern. (1) Die Rundfunkkommission der Länder erhält von den Rundfunkanstalten zeitgleich die der KEF zugeleiteten Bedarfsanmeldungen und diese erläuternd sowie ergänzende weitere Unterlagen der Rundfunkanstalten.

(2) [1]Der Beitragsvorschlag der KEF ist Grundlage für eine Entscheidung der Landesregierungen und der Landesparlamente. [2]Davon beabsichtigte Abweichungen soll die Rundfunkkommission der Länder mit den Rundfunkanstalten unter Einbeziehung der KEF erörtern. [3]Die Abweichungen sind zu begründen.

II. Abschnitt

Höhe des Rundfunkbeitrags

§ 8 Höhe des Rundfunkbeitrags. Die Höhe des Rundfunkbeitrags wird auf monatlich 17,50 Euro festgesetzt.

§ 9 Aufteilung der Mittel. (1) Von dem Aufkommen aus dem Rundfunkbeitrag erhalten die in der ARD zusammengeschlossenen Landesrundfunkanstalten einen Anteil von 71,7068 vom Hundert, das ZDF einen Anteil von 25,3792 vom Hundert und die Körperschaft des öffentlichen Rechts „Deutschlandradio" einen Anteil von 2,9140 vom Hundert.

Rundfunkfinanzierungsstaatsvertrag **RFinStV 23**

(2) ¹Soweit die in der ARD zusammengeschlossenen Landesrundfunkanstalten oder das ZDF sich nicht an der nationalen Stelle des Europäischen Fernsehkulturkanals „ARTE" beteiligen, stehen der nationalen Stelle von ARTE für die Finanzierung dieses Programmvorhabens die auf diese Anstalten entfallenden Anteile an der Finanzierung unmittelbar aus dem Rundfunkbeitragsaufkommen zu. ²Der Anteil dieser Anstalten bemisst sich nach dem für sie in Ziffer 6.2 des Gesellschaftsvertrages der nationalen Stelle von ARTE in der Fassung vom 1. Dezember 1994 vorgesehenen Pflichtanteil für die Programmzulieferung. ³Dabei ist ein Finanzierungsbetrag von insgesamt 180,84 Mio. Euro jährlich zugrunde zu legen. ⁴Die Mittel können in zwölf gleichen Teilbeträgen vierteljährlich, jeweils in der Mitte des Kalendervierteljahres abgerufen oder Teilbeträge auf einen der späteren Abruftermine übertragen werden.

III. Abschnitt

Anteil der Landesmedienanstalten

§ 10 Höhe des Anteils. (1) ¹Die Höhe des Anteils der Landesmedienanstalten beträgt 1,8989 vom Hundert des Rundfunkbeitragsaufkommens. ²Aus dem jährlichen Gesamtbetrag des Anteils aller Landesmedienanstalten erhält jede Landesmedienanstalt vorab einen Sockelbetrag von 511 290,– Euro. ³Der verbleibende Betrag steht den einzelnen Landesmedienanstalten im Verhältnis des Aufkommens aus dem Rundfunkbeitrag in ihren Ländern zu.

(2) ¹Wird aus zwei oder mehreren Landesmedienanstalten eine gemeinsame Landesmedienanstalt gebildet, so steht dieser für einen Zeitraum von drei Kalenderjahren ein Sockelbetrag in der Höhe der Summe der bisher den einzelnen Landesmedienanstalten zugewiesenen Sockelbeträge zu. ²Für Landesmedienanstalten, die bis zum 29. Februar 2012 fusionieren, gilt unbeschadet des Satzes 1, dass im vierten Jahr nach der Zusammenlegung der zweite und jeder weitere Sockelbetrag ebenfalls 100 vom Hundert betragen. ³Der zweite und jeder weitere Sockelbetrag betragen im fünften Jahr 75 vom Hundert, im sechsten Jahr 50 vom Hundert und im siebten Jahr 25 vom Hundert des ursprünglichen zweiten oder weiteren Sockelbetrages und entfallen mit Beginn des achten Jahres.

§ 11 Zuweisung des Anteils. ¹Die Landesmedienanstalten erhalten nach Anforderung von ihrer zuständigen Landesrundfunkanstalt jeweils zur Mitte eines Kalendervierteljahres angemessene Abschlagszahlungen. ²Die Schlusszahlung für ein Kalenderjahr ist spätestens sechs Monate nach Ablauf des Kalenderjahres zu leisten.

IV. Abschnitt

Finanzausgleich

§ 12 Ermächtigung und Verpflichtung zum Finanzausgleich. [1]Die in der ARD zusammengeschlossenen Landesrundfunkanstalten werden ermächtigt und verpflichtet, einen angemessenen Finanzausgleich durchzuführen. [2]Der Finanzausgleich muss gewährleisten, dass
1. die übergeordneten Aufgaben des öffentlich-rechtlichen Rundfunks und solche Aufgaben einzelner Rundfunkanstalten, die wegen ihrer Bedeutung für den gesamten Rundfunk als Gemeinschaftsaufgaben wahrgenommen werden müssen, erfüllt werden können,
2. jede Rundfunkanstalt in der Lage ist, ein ausreichendes Programm zu gestalten und zu senden.

§ 13 Aufbringung der Finanzausgleichsmasse. Die Finanzausgleichsmasse wird von den in der ARD zusammengeschlossenen Landesrundfunkanstalten nach Maßgabe ihrer Finanzkraft gemäß der nach § 15 zwischen diesen Rundfunkanstalten abzuschießenden Vereinbarung aufgebracht.

§ 14 Umfang der Finanzausgleichsmasse. [1]Die Finanzausgleichsmasse beträgt 1,6 vom Hundert des ARD-Nettobeitragsaufkommens. [2]Die Finanzausgleichsmasse wird im Verhältnis 50,92 vom Hundert zu 49,08 vom Hundert auf den Saarländischen Rundfunk und Radio Bremen aufgeteilt.

§ 15 Vereinbarung der Rundfunkanstalten. Im Rahmen der vorstehenden Grundsätze wird der Finanzausgleich von den in § 13 genannten Rundfunkanstalten im Einzelnen vereinbart. Rundfunkanstalten, die nicht in die Finanzausgleichsmasse gemäß § 14 Abs. 1 einzahlen, sind dabei lediglich an der Aufbringung der Finanzierungsbeträge für die Gemeinschaftsaufgaben zu beteiligen; diese Beteiligungen sind bei der Vereinbarung der Zuwendungsbeträge zu berücksichtigen.

§ 16 Beschluss der Landesregierungen. (1) [1]Kommt bis zum Beginn eines Rechnungsjahres eine Vereinbarung nicht zustande, so werden Ausgleichsmasse, Ausgleichspflicht und Ausgleichsberechtigung durch Beschluss der Landesregierungen mit einer Mehrheit von zwei Dritteln festgelegt. [2]Für den Beschluss hat jede Landesregierung so viele Stimmen, wie das Land Stimmen im Bundesrat hat (Artikel 51 Abs. 2 Grundgesetz).

(2) Bis zum Zustandekommen des Beschlusses richten sich Ausgleichsmasse, Ausgleichspflicht und Ausgleichsberechtigung nach der Vereinbarung oder dem Beschluss des Vorjahres.

V. Abschnitt
Übergangs- und Schlussvorschriften

§ 17 Vertragsdauer, Kündigung. ¹Dieser Staatsvertrag gilt für unbestimmte Zeit. ²Er kann von jedem der vertragsschließenden Länder zum Schluss des Kalenderjahres mit einer Frist von einem Jahr gekündigt werden. ³Die Kündigung kann erstmals zum 31. Dezember 2012 erfolgen. ⁴Das Vertragsverhältnis nach dem IV. Abschnitt kann erstmals zum 31. Dezember 2012 mit einer halbjährlichen Frist zum Jahresende gesondert gekündigt werden. ⁵Wird der Staatsvertrag oder das Vertragsverhältnis nach dem IV. Abschnitt zu diesen Zeitpunkten nicht gekündigt, kann die Kündigung mit gleicher Frist jeweils zu einem zwei Jahre späteren Zeitpunkt erfolgen. ⁶Die Kündigung ist gegenüber dem Vorsitzenden der Ministerpräsidentenkonferenz schriftlich zu erklären. ⁷Die Kündigung eines Landes lässt das Vertragsverhältnis der übrigen Länder zueinander unberührt, jedoch kann jedes der übrigen Länder den Vertrag binnen einer Frist von drei Monaten nach Eingang der Kündigungserklärung zum gleichen Zeitpunkt kündigen.

# ARD-StV 24

ARD-Staatsvertrag

vom 18. Dezember 1991 (GBl. BW S. 745)
in der Fassung des Zwölften Staatsvertrages zur Änderung
rundfunkrechtlicher Staatsverträge vom 22. Oktober 2008
(GVBl. Bayern 2009 S. 193, 253; 2012 S. 61)
in der Fassung des Staatsvertrages zur Modernisierung
der Medienordnung (MStV) vom 14. April 2020

INHALTSÜBERSICHT

§ 1	Fernsehprogramme	§ 5	Programmdirektor
§ 2	Vereinbarung	§ 6	Aufgaben des Programmdirektors
§ 3	Abstimmung mit dem Zweiten Deutschen Fernsehen	§ 7	Programmbeirat
		§ 8	Kündigung

§ 1 Fernsehprogramme. (1) Die in der Arbeitsgemeinschaft der öffentlich-rechtlichen Rundfunkanstalten der Bundesrepublik Deutschland (ARD) zusammengeschlossenen Landesrundfunkanstalten veranstalten gemeinsam Fernsehprogramme nach Maßgabe dieses Staatsvertrages und des Medienstaatsvertrages.

(2) Die in der ARD zusammengeschlossenen Landesrundfunkanstalten veranstalten gemeinsam das Fernsehvollprogramm „Das Erste".

(3) Das Recht jeder Rundfunkanstalt, daneben Fernsehprogramme auch zusammen mit einzelnen anderen Rundfunkanstalten zu gestalten und auszustrahlen, bleibt unberührt.

§ 2 Vereinbarung. Die in der ARD zusammengeschlossenen Landesrundfunkanstalten vereinbaren die tägliche Dauer des gemeinsamen Programms sowie Art und Umfang ihrer Beteiligung.

§ 3 Abstimmung mit dem Zweiten Deutschen Fernsehen. Vor Veränderungen des Programmschemas im Ersten Fernsehprogramm sollen die für das Erste Fernsehprogramm in der ARD Verantwortlichen auf ein Einvernehmen mit dem Intendanten des Zweiten Deutschen Fernsehens hinwirken; dabei ist auf die Nachrichtensendungen besondere Rücksicht zu nehmen.

§ 5 Programmdirektor. [1]Für die Gestaltung des gemeinsamen Programms berufen die in der ARD zusammengeschlossenen Landesrundfunkanstalten einen Programmdirektor auf die Dauer von mindestens zwei Jahren. [2]Der Beschluss bedarf einer Mehrheit von zwei Dritteln der in der ARD zusammengeschlossenen Landesrundfunkanstalten.

§ 6 Aufgaben des Programmdirektors. [1]Der Programmdirektor erarbeitet das Programm in regelmäßigen Konferenzen mit den Intendanten der in der

ARD zusammengeschlossenen Landesrundfunkanstalten oder ihren Beauftragten. ²Soweit eine Einigung nicht zu Stande kommt, kann der Programmdirektor den Landesrundfunkanstalten im Rahmen der Vereinbarung nach § 2 Auflagen machen. ³Kommt eine Landesrundfunkanstalt den Auflagen nicht nach, so hat sie die Kosten einer angemessenen Ersatzleistung zu tragen.

§ 7 Programmbeirat. Nach näherer Vereinbarung der in der ARD zusammengeschlossenen Landesrundfunkanstalten kann ein Programmbeirat gebildet werden, der den Programmdirektor berät.

§ 8 Gegendarstellung. (1) ¹Soweit Gegendarstellungsansprüche zu Sendungen in Fernseh-Gemeinschaftsprogrammen, die allein von den in der ARD zusammengeschlossenen Landesrundfunkanstalten gestaltet werden, geltend gemacht werden, ist die Sendung ausschließlich von derjenigen Landesrundfunkanstalt zu verantworten, die die Sendung in das Gemeinschaftsprogramm eingebracht hat. ²Maßgeblich ist das für diese Landesrundfunkanstalt geltende Gegendarstellungsrecht.

(2) Eine gegen eine einbringende Landesrundfunkanstalt erwirkte Gegendarstellung ist von allen beteiligten Landesrundfunkanstalten in dem jeweiligen Fernseh-Gemeinschaftsprogramm zu verbreiten.

(3) ¹Wer eine Gegendarstellung gegen eine Sendung eines Fernseh-Gemeinschaftsprogramms der in der ARD zusammengeschlossenen Landesrundfunkanstalten geltend machen will, kann von jeder Landesrundfunkanstalt Auskunft verlangen, welche Landesrundfunkanstalt die Sendung in das Fernseh-Gemeinschaftsprogramm eingebracht hat. ²Die Auskunft ist unverzüglich zu erteilen.

§ 9 Kündigung. ¹Dieser Staatsvertrag gilt für unbestimmte Zeit. ²Er kann von jedem der vertragsschließenden Länder zum Schluss des Kalenderjahres mit einer Frist von einem Jahr gekündigt werden. ³Die Kündigung kann erstmals zum 31. Dezember 2008 erfolgen. ⁴Wird der Staatsvertrag zu diesem Zeitpunkt nicht gekündigt, kann die Kündigung mit gleicher Frist jeweils zu einem zwei Jahre späteren Zeitpunkt erfolgen. ⁵Die Kündigung ist gegenüber dem Vorsitzenden der Ministerpräsidentenkonferenz schriftlich zu erklären. ⁶Die Kündigung eines Landes lässt das Vertragsverhältnis der übrigen Länder zueinander unberührt, jedoch kann jedes der übrigen Länder den Vertrag binnen einer Frist von drei Monaten nach Eingang der Kündigungserklärung zum gleichen Zeitpunkt kündigen.

ZDF-StV 25

ZDF-Staatsvertrag

vom 18. Dezember 1991 (GBl. BW S. 745), zuletzt geändert
durch Art. 3 des Einundzwanzigsten Rundfunkänderungsstaatsvertrages
in der Fassung des Staatsvertrages zur Modernisierung
der Medienordnung vom 14. April 2020

§ 1 Trägerschaft, Name, Sitz. (1) ¹Die Länder sind Träger der gemeinnützigen Anstalt des öffentlichen Rechts mit dem Namen „Zweites Deutsches Fernsehen (ZDF)". ²Das ZDF veranstaltet Fernsehen nach Maßgabe dieses Staatsvertrages und des Medienstaatsvertrages.

(2) ¹Bestand und Entwicklung des ZDF werden gewährleistet. ²Dazu gehört seine Teilhabe an den neuen technischen Möglichkeiten in der Herstellung und zur Verbreitung sowie die Möglichkeit der Veranstaltung neuer Formen von Fernsehen. ³Die finanziellen Grundlagen des ZDF sind zu sichern.

(3) Das ZDF hat das Recht der Selbstverwaltung im Rahmen der nachfolgenden Bestimmungen.

(4) ¹Das ZDF hat seinen Sitz in Mainz. ²Es unterhält in jedem Land ein Landesstudio.

§ 2 Angebote des „Zweiten Deutschen Fernsehens (ZDF)". (1) Das ZDF veranstaltet Fernsehprogramme und bietet Telemedien nach Maßgabe dieses Staatsvertrages und des Medienstaatsvertrages an.

(2) Vor Veränderung des Programmschemas im Fernsehvollprogramm „Zweites Deutsches Fernsehen (ZDF)" soll der Intendant auf ein Einvernehmen mit den für das Erste Fernsehprogramm der Arbeitsgemeinschaft der öffentlich-rechtlichen Rundfunkanstalten der Bundesrepublik Deutschland (ARD) Verantwortlichen hinwirken; dabei ist auf die Nachrichtensendungen besondere Rücksicht zu nehmen.

§ 3 Programmerstellung, Verwertung. (1) ¹Das ZDF kann in Erfüllung seiner Aufgaben zum Erwerb, zur Herstellung und zur wirtschaftlichen Verwertung von Fernsehproduktionen und der damit zusammenhängenden Rechte mit Dritten zusammenarbeiten. ²Es kann sich zu diesem Zweck an Unternehmen beteiligen. ³Es darf jedoch Fernsehproduktionen nicht in erster Linie zum Zwecke der wirtschaftlichen Verwertung erwerben, herstellen oder herstellen lassen. ⁴Die Produktionen sollen möglichst angemessen auf Produktionsstandorte in den Ländern verteilt werden.

§ 5 Gestaltung der Angebote. (1) ¹In den Angeboten des ZDF soll ein objektiver Überblick über das Weltgeschehen, insbesondere ein umfassendes Bild der deutschen Wirklichkeit vermittelt werden. ²Die Angebote sollen eine freie individuelle und öffentliche Meinungsbildung fördern.

25 ZDF-StV

(2) ¹Das ZDF hat in seinen Angeboten die Würde des Menschen zu achten und zu schützen. ²Es soll dazu beitragen, die Achtung vor Leben, Freiheit und körperlicher Unversehrtheit, vor Glauben und Meinung anderer zu stärken. ³Die sittlichen und religiösen Überzeugungen der Bevölkerung sind zu achten.

(3) ¹Das Geschehen in den einzelnen Ländern und die kulturelle Vielfalt Deutschlands sind angemessen in den Angeboten des ZDF darzustellen. ²Die Angebote sollen dabei auch die Zusammengehörigkeit im vereinten Deutschland fördern sowie der gesamtgesellschaftlichen Integration in Frieden und Freiheit und der Verständigung unter den Völkern dienen und auf ein diskriminierungsfreies Miteinander hinwirken.

§ 6 Berichterstattung. Die Bestimmungen des Medienstaatsvertrages zu Berichterstattung, Informationssendungen und Meinungsumfragen finden Anwendung.

§ 7 Kurzberichterstattung. Die Bestimmungen des Medienstaatsvertrages zur Kurzberichterstattung im Fernsehen finden Anwendung.

§ 8 Unzulässige Angebote, Jugendschutz. Die für das ZDF geltenden Bestimmungen des Jugendmedienschutz-Staatsvertrages finden Anwendung.

§ 9 Gegendarstellung. (1) Das ZDF ist verpflichtet, die Gegendarstellung der Person oder Stelle zu verbreiten, die durch eine im Angebot des ZDF verbreitete Tatsachenbehauptung betroffen ist.

(2) Die Pflicht zur Verbreitung der Gegendarstellung besteht nicht, wenn
1. der Betroffene kein berechtigtes Interesse an der Verbreitung hat oder
2. die Gegendarstellung ihrem Umfang nach nicht angemessen ist, insbesondere den Umfang des beanstandeten Teils der Sendung wesentlich überschreitet.

(3) ¹Die Gegendarstellung muss sich auf tatsächliche Angaben beschränken und darf keinen strafbaren Inhalt haben. ²Sie bedarf der Schriftform und muss von dem Betroffenen oder seinem gesetzlichen Vertreter unterzeichnet sein. ³Der Betroffene oder sein Vertreter kann die Verbreitung nur verlangen, wenn die Gegendarstellung unverzüglich, spätestens innerhalb von zwei Monaten, dem ZDF zugeht. ⁴Die Gegendarstellung muss das beanstandete Angebot und die Tatsachenbehauptung bezeichnen.

(4) ¹Die Gegendarstellung muss unverzüglich innerhalb des gleichen Angebotes verbreitet werden, in welchem die beanstandete Tatsachenbehauptung erfolgt ist. ²Die Verbreitung erfolgt ohne Einschaltungen und Weglassungen. ³Eine Erwiderung auf die verbreitete Gegendarstellung muss sich auf tatsächliche Angaben beschränken. ⁴Im Fernsehen muss die Gegendarstellung innerhalb des gleichen Programms und der gleichen Programmsparte wie die beanstandete Tatsachenbehauptung sowie zur gleichen Tageszeit oder, wenn dies

ZDF-Staatsvertrag

nicht möglich ist, zu einer Sendezeit verbreitet werden, die der Zeit der beanstandeten Sendung gleichwertig ist.

(5) [1]Die Verbreitung der Gegendarstellung erfolgt unentgeltlich. [2]Dies gilt nicht, wenn sich die Gegendarstellung gegen eine Tatsachenbehauptung richtet, die in einer Werbesendung verbreitet worden ist.

(6) [1]Für die Durchsetzung des Anspruchs ist der ordentliche Rechtsweg gegeben. [2]Auf Antrag des Betroffenen kann das Gericht anordnen, dass das ZDF in der Form des Absatzes 4 eine Gegendarstellung verbreitet. [3]Auf das Verfahren sind die Vorschriften der Zivilprozessordnung über das Verfahren auf Erlass einer einstweiligen Verfügung entsprechend anzuwenden. [4]Eine Gefährdung des Anspruchs braucht nicht glaubhaft gemacht zu werden. [5]Ein Verfahren zur Hauptsache findet nicht statt.

(7) [1]Die Absätze 1 bis 6 gelten nicht für wahrheitsgetreue Berichte über öffentliche Sitzungen des Europäischen Parlaments, der gesetzgebenden Organe des Bundes, der Länder und der Vertretungen der Gemeinden und Gemeindeverbände, der Gerichte sowie für Sendungen nach den §§ 10 und 11 dieses Staatsvertrages. [2]Zu einer Gegendarstellung kann eine Gegendarstellung nicht verlangt werden.

§ 10 Verlautbarungsrecht. Der Bundesregierung und den Landesregierungen ist in Katastrophenfällen oder bei anderen vergleichbaren erheblichen Gefahren für die öffentliche Sicherheit oder Ordnung unverzüglich angemessene Sendezeit im Fernsehvollprogramm „Zweites Deutsches Fernsehen (ZDF)" für amtliche Verlautbarungen unentgeltlich einzuräumen.

§ 11 Anspruch auf Sendezeit. (1) [1]Parteien ist während ihrer Beteiligung an den Wahlen zum Deutschen Bundestag angemessene Sendezeit im Fernsehvollprogramm „Zweites Deutsches Fernsehen (ZDF)" einzuräumen, wenn mindestens eine Landesliste für sie zugelassen wurde. [2]Ferner haben Parteien und sonstige politische Vereinigungen während ihrer Beteiligung an den Wahlen der Abgeordneten aus der Bundesrepublik Deutschland für das Europäische Parlament Anspruch auf angemessene Sendezeit im Fernsehvollprogramm „Zweites Deutsches Fernsehen (ZDF)", wenn mindestens ein Wahlvorschlag für sie zugelassen wurde.

(2) Der Intendant lehnt die Ausstrahlung ab, wenn es sich inhaltlich nicht um Wahlwerbung handelt oder der Inhalt offenkundig und schwerwiegend gegen die allgemeinen Gesetze verstößt.

(3) [1]Den Evangelischen Kirchen, der Katholischen Kirche und den Jüdischen Gemeinden sind auf Wunsch angemessene Sendezeiten im Fernsehvollprogramm „Zweites Deutsches Fernsehen (ZDF)" für die Übertragung gottesdienstlicher Handlungen und Feierlichkeiten sowie sonstiger religiöser Sendungen, auch solcher über Fragen ihrer öffentlichen Verantwortung, zu gewähren. [2]Andere über das gesamte Bundesgebiet verbreitete Religionsgemeinschaften des öffentlichen Rechts können angemessen berücksichtigt werden.

25 ZDF-StV

(4) Wenn Vertretern der politischen Parteien, der Kirchen, der verschiedenen religiösen und weltanschaulichen Richtungen und den Vertretern der Organisationen der Arbeitgeber und Arbeitnehmer Gelegenheit zur Aussprache gegeben wird, so ist ihnen die Möglichkeit der Rede und Gegenrede unter jeweils gleichen Bedingungen zu gewähren.

§ 12 Verantwortung. (1) [1]Wer die Sendung eines Beitrages veranlasst oder zugelassen hat oder Angebote in Telemedien zur Nutzung bereitstellt, trägt für den jeweiligen Inhalt und die jeweilige Gestaltung nach Maßgabe der Vorschriften des Grundgesetzes, der allgemeinen Gesetze und der besonderen Vorschriften dieses Staatsvertrages die Verantwortung. [2]Verantwortlich ist auch, wer es unterlassen hat, in seinem Aufgabenkreis pflichtgemäß tätig zu werden.

(2) Für Inhalt und Gestaltung der Sendungen nach §§ 10 und 11 dieses Staatsvertrags ist derjenige verantwortlich, dem die Sendezeit zugebilligt worden ist.

(3) Die Verantwortlichkeit anderer Personen, insbesondere des Verfassers, Herstellers oder Gestalters eines Beitrages oder Angebotsteiles, bleibt unberührt.

§ 13 Auskunftspflicht. Die Anstalt hat auf Verlangen Namen und Dienstanschrift des Intendanten oder der sonstigen für Angebote Verantwortlichen mitzuteilen.

§ 14 Beweissicherung. (1) [1]Von allen Fernsehsendungen, die das ZDF verbreitet, sind vollständige Ton- und Bildaufzeichnungen herzustellen und aufzubewahren. [2]Bei der Sendung einer Aufzeichnung oder eines Films kann abweichend von Satz 1 die Aufzeichnung oder der Film aufbewahrt werden. [3]Die Aufbewahrungsfrist beträgt drei Monate. [4]Wird innerhalb dieser Frist eine Sendung beanstandet, so ist die Aufzeichnung oder der Film aufzubewahren, bis die Beanstandung durch rechtskräftige gerichtliche Entscheidung, durch gerichtlichen Vergleich oder auf andere Weise erledigt ist.

(2) Soweit das ZDF Telemedien anbietet, stellt es in geeigneter Weise sicher, dass berechtigten Interessen Dritter auf Beweissicherung angemessen Rechnung getragen wird.

(3) [1]Wer glaubhaft macht, in seinen Rechten betroffen zu sein, kann von dem ZDF Einsicht in die Aufzeichnungen nach den Absätzen 1 und 2 verlangen und hiervon auf eigene Kosten vom ZDF Mehrfertigungen herstellen lassen. [2]Die Glaubhaftmachung in Textform ist ausreichend.

§ 15 Eingaben, Beschwerden. (1) Jedermann hat das Recht, sich mit Eingaben und Anregungen zu den Angeboten an das ZDF zu wenden.

(2) [1]Das ZDF stellt sicher, dass Programmbeschwerden, in denen die Verletzung von Programmgrundsätzen behauptet wird, innerhalb angemessener Frist schriftlich beschieden werden. [2]Wird die Programmbeschwerde in Textform

eingelegt, so genügt auch für deren Bescheidung Textform. ³Das Nähere regelt die Satzung.

§ 16 Ernennung des Rundfunkdatenschutzbeauftragten und des Datenschutzbeauftragten. (1) ¹Das ZDF ernennt einen Rundfunkdatenschutzbeauftragten, der zuständige Aufsichtsbehörde im Sinne des Artikels 51 der Verordnung (EU) 2016/679 des Europäischen Parlaments und des Rates vom 27. April 2016 zum Schutz natürlicher Personen bei der Verarbeitung personenbezogener Daten, zum freien Datenverkehr und zur Aufhebung der Richtlinie 95/46/EG (Datenschutz-Grundverordnung) (ABl. L 119 vom 4. Mai 2016, S. 1; L 314 vom 22. November 2016, S. 72) ist. ²Die Ernennung erfolgt durch den Fernsehrat mit Zustimmung des Verwaltungsrates für die Dauer von vier Jahren. ³Eine dreimalige Wiederernennung ist zulässig. ⁴Der Rundfunkdatenschutzbeauftragte muss über die für die Erfüllung seiner Aufgaben und Ausübung seiner Befugnisse erforderliche Qualifikation, nachgewiesen durch ein abgeschlossenes Hochschulstudium, sowie über Erfahrung und Sachkunde insbesondere im Bereich des Schutzes personenbezogener Daten verfügen. ⁵Das Amt des Rundfunkdatenschutzbeauftragten kann nicht neben anderen Aufgaben innerhalb des ZDF und seiner Beteiligungs- und Hilfsunternehmen wahrgenommen werden. ⁶Sonstige Aufgaben müssen mit dem Amt des Rundfunkdatenschutzbeauftragten zu vereinbaren sein und dürfen seine Unabhängigkeit nicht gefährden.

(2) ¹Das Amt endet mit Ablauf der Amtszeit, mit Rücktritt vom Amt oder mit Erreichen des gesetzlichen Renteneintrittsalters. ²Tarifvertragliche Regelungen bleiben unberührt. ³Der Rundfunkdatenschutzbeauftragte kann seines Amtes nur enthoben werden, wenn er eine schwere Verfehlung begangen hat oder die Voraussetzungen für die Wahrnehmung seiner Aufgaben nicht mehr erfüllt. ⁴Dies geschieht durch Beschluss des Fernsehrates auf Vorschlag des Verwaltungsrates. ⁵Der Rundfunkdatenschutzbeauftragte ist vor der Entscheidung zu hören.

(3) Das Nähere, insbesondere die Grundsätze der Vergütung, beschließt der Fernsehrat mit Zustimmung des Verwaltungsrates in einer Satzung.

(4) Der Datenschutzbeauftragte gemäß Artikel 37 der Verordnung (EU) 2016/679 wird vom Intendanten mit Zustimmung des Verwaltungsrates benannt.

§ 17 Unabhängigkeit des Rundfunkdatenschutzbeauftragten. (1) ¹Der Rundfunkdatenschutzbeauftragte ist in Ausübung seines Amtes unabhängig und nur dem Gesetz unterworfen. ²Er unterliegt keiner Rechts- oder Fachaufsicht. ³Der Dienstaufsicht des Verwaltungsrates untersteht er nur insoweit, als seine Unabhängigkeit bei der Ausübung seines Amtes dadurch nicht beeinträchtigt wird.

(2) ¹Die Dienststelle des Rundfunkdatenschutzbeauftragten wird bei der Geschäftsstelle von Fernsehrat und Verwaltungsrat eingerichtet. ²Dem Rundfunk-

datenschutzbeauftragten ist die für die Erfüllung seiner Aufgaben und Befugnisse notwendige Personal-, Finanz- und Sachausstattung zur Verfügung zu stellen. ³Die erforderlichen Mittel sind jährlich, öffentlich und gesondert im Haushaltsplan des ZDF auszuweisen und dem Rundfunkdatenschutzbeauftragten im Haushaltsvollzug zuzuweisen. ⁴Einer Finanzkontrolle durch den Verwaltungsrat unterliegt der Rundfunkdatenschutzbeauftragte nur insoweit, als seine Unabhängigkeit bei der Ausübung seines Amtes dadurch nicht beeinträchtigt wird.

(3) ¹Der Rundfunkdatenschutzbeauftragte ist in der Wahl seiner Mitarbeiter frei. ²Sie unterstehen allein seiner Leitung.

§ 18 Aufgaben und Befugnisse des Rundfunkdatenschutzbeauftragten.

(1) ¹Der Rundfunkdatenschutzbeauftragte überwacht die Einhaltung der Datenschutzvorschriften dieses Staatsvertrages, des Medienstaatsvertrages, der Verordnung (EU) 2016/679 und anderer Vorschriften über den Datenschutz bei der gesamten Tätigkeit des ZDF und seiner Beteiligungsunternehmen im Sinne des § 42 Abs. 3 Satz 1 des Medienstaatsvertrages. ²Er hat die Aufgaben und Befugnisse entsprechend den Artikeln 57 und 58 Abs. 1 bis 5 der Verordnung (EU) 2016/679. ³Bei der Zusammenarbeit mit anderen Aufsichtsbehörden hat er, soweit die Datenverarbeitung zu journalistischen Zwecken betroffen ist, den Informantenschutz zu wahren. ⁴Er kann gegenüber dem ZDF keine Geldbußen verhängen.

(2) ¹Stellt der Rundfunkdatenschutzbeauftragte Verstöße gegen Vorschriften über den Datenschutz oder sonstige Mängel bei der Verarbeitung personenbezogener Daten fest, so beanstandet er dies gegenüber dem Intendanten und fordert ihn zur Stellungnahme innerhalb einer angemessenen Frist auf. Gleichzeitig unterrichtet er den Verwaltungsrat. ²Von einer Beanstandung und Unterrichtung kann abgesehen werden, wenn es sich um unerhebliche Mängel handelt oder wenn ihre unverzügliche Behebung sichergestellt ist.

(3) ¹Die vom Intendanten nach Absatz 2 Satz 1 abzugebende Stellungnahme soll auch eine Darstellung der Maßnahmen enthalten, die aufgrund der Beanstandung des Rundfunkdatenschutzbeauftragten getroffen worden sind. ²Der Intendant leitet dem Verwaltungsrat gleichzeitig eine Abschrift der Stellungnahme gegenüber dem Rundfunkdatenschutzbeauftragten zu.

(4) ¹Der Rundfunkdatenschutzbeauftragte erstattet jährlich auch den Organen des ZDF den schriftlichen Bericht im Sinne des Artikels 59 der Verordnung (EU) 2016/679 über seine Tätigkeit. ²Der Bericht wird veröffentlicht, wobei eine Veröffentlichung im Online-Angebot des ZDF ausreichend ist.

(5) Jedermann hat das Recht, sich unmittelbar an den Rundfunkdatenschutzbeauftragten zu wenden, wenn er der Ansicht ist, bei der Verarbeitung seiner personenbezogenen Daten durch das ZDF oder seiner Beteiligungsunternehmen im Sinne des § 42 Abs. 3 Satz 1 des Medienstaatsvertrages in seinen schutzwürdigen Belangen verletzt zu sein.

(6) Der Rundfunkdatenschutzbeauftragte ist sowohl während als auch nach Beendigung seiner Tätigkeit verpflichtet, über die ihm während seiner Dienstzeit bekannt gewordenen Angelegenheiten und vertraulichen Informationen Verschwiegenheit zu bewahren.

§ 19 Organe. Die Organe[1] des ZDF sind
1. der Fernsehrat,
2. der Verwaltungsrat,
3. der Intendant.

§ 19a Allgemeine Bestimmungen. (1) ¹Die Mitglieder des Fernsehrates und des Verwaltungsrates sind Sachwalter der Interessen der Allgemeinheit. ²Sie sind an Weisungen nicht gebunden. ³Sie dürfen keine wirtschaftlichen oder sonstigen Interessen haben, die geeignet sind, die Erfüllung ihrer Aufgaben als Mitglieder des Fernsehrates oder des Verwaltungsrates zu gefährden (Interessenkollision).

(2) ¹Eine gleichzeitige Mitgliedschaft im Fernsehrat und im Verwaltungsrat ist ausgeschlossen. ²Ein Mitglied kann dem Fernsehrat und dem Verwaltungsrat zusammen insgesamt in höchstens drei Amtsperioden angehören.

(3) ¹Dem Fernsehrat und dem Verwaltungsrat dürfen nicht angehören
1. Mitglieder des Europäischen Parlamentes, des Deutschen Bundestages oder eines Landesparlamentes,
2. Mitglieder der Europäischen Kommission, der Bundesregierung oder der Regierung eines deutschen Landes,
3. hauptamtliche kommunale Wahlbeamte,
4. Beamte, die jederzeit in den einstweiligen Ruhestand versetzt werden können,
5. Vertreter der kommunalen Spitzenverbände auf Leitungsebene,
6. Mitglieder im Vorstand einer Partei nach § 2 Abs. 1 Satz 1 des Parteiengesetzes auf Bundes- oder Landesebene; die alleinige Mitgliedschaft in einem Parteischiedsgericht gemäß § 14 des Parteiengesetzes steht einer Mitgliedschaft im Fernsehrat und Verwaltungsrat nicht entgegen.

²Ausgenommen von Satz 1 sind die Mitglieder des Fernsehrates nach § 21 Abs. 1 Satz 1 Buchst. a), b) und c) sowie die Mitglieder des Verwaltungsrates nach § 24 Abs. 1 Buchst. a).

(4) Dem Fernsehrat und dem Verwaltungsrat dürfen ferner nicht angehören
1. Angestellte oder arbeitnehmerähnliche Personen des ZDF,
2. Personen, die in einem Arbeits- oder Dienstverhältnis zu einem Unternehmen nach § 3 Satz 2 oder zu einem mit diesem verbundenen Unternehmen (§ 15 des Aktiengesetzes) stehen,

---

1 An die Zusammensetzung des Fernseh- und Verwaltungsrates stellt das Bundesverfassungsgericht (BVerfG, Urt. v. 25.3.2014 – 1 BvF 1/11, 1 BvF 4/11, JZ 2014, 560) bezüglich der Vielfaltsicherung enge Voraussetzungen (maximal ein Drittel staatliche oder staatsnahe Vertreter in den Gremien), die eine rechtliche Prüfung der genannten Normen über die Zusammensetzung mit sich gebracht haben. Diese Anforderungen wurden in der Neufassung umgesetzt.

3. Personen, die den Aufsichtsorganen oder Gremien eines anderen öffentlich-rechtlichen Rundfunkveranstalters angehören oder in einem Arbeits- oder Dienstverhältnis oder in einem arbeitnehmerähnlichen Verhältnis zu diesem oder zu einem mit diesem verbundenen Unternehmen (§ 15 des Aktiengesetzes) stehen,
4. Personen, die privaten Rundfunk veranstalten oder den Aufsichtsorganen oder Gremien eines privaten Rundfunkveranstalters oder einem mit diesem verbundenen Unternehmen (§ 15 des Aktiengesetzes) angehören oder in einem Arbeits- oder Dienstverhältnis zu diesen stehen,
5. Personen, die den Aufsichtsorganen oder Gremien einer Landesmedienanstalt angehören oder Organen, derer sich eine Landesmedienanstalt zur Erfüllung ihrer Aufgaben bedient, oder die zu diesen Organen oder einer Landesmedienanstalt in einem Arbeits- oder Dienstverhältnis stehen.

(5) [1]Der in Absatz 3 Satz 1 und Absatz 4 genannte Personenkreis kann frühestens 18 Monate nach dem Ausscheiden aus der dort genannten Funktion als Mitglied in den Fernsehrat oder Verwaltungsrat entsandt oder gewählt werden. [2]Für den in Absatz 3 Satz 1 genannten Personenkreis gilt Absatz 3 Satz 2 entsprechend.

(6) [1]Die Mitglieder des Fernsehrates und des Verwaltungsrates haben Anspruch auf eine Aufwandsentschädigung, Sitzungsgelder und Ersatz von Reisekosten mit Ausnahme des Tagegeldes. [2]Das Nähere regelt die Satzung. [3]Aufwandsentschädigungen und Sitzungsgelder sind der Höhe nach zu veröffentlichen.

§ 20 Aufgaben des Fernsehrates. (1) [1]Der Fernsehrat hat die Aufgabe, für die Sendungen des ZDF Richtlinien aufzustellen und den Intendanten in Programmfragen zu beraten. [2]Er überwacht die Einhaltung der Richtlinien und der in §§ 5, 6, 8 bis 11 und 15 dieses Staatsvertrages aufgestellten Grundsätze.

(2) [1]Der Fernsehrat beschließt über den vom Verwaltungsrat vorzulegenden Entwurf der Satzung; das Gleiche gilt für Satzungsänderungen. [2]Sofern der Fernsehrat Satzungsänderungen beabsichtigt, ist der Verwaltungsrat vorher zu hören.

(3) [1]Der Fernsehrat genehmigt den Haushaltsplan. [2]Das Gleiche gilt für den Jahresabschluss und die Entlastung des Intendanten auf Vorschlag des Verwaltungsrates. [3]Die Beteiligung an Programmvorhaben nach § 28 des Medienstaatsvertrages bedarf der Zustimmung des Fernsehrates.

§ 21 Zusammensetzung des Fernsehrates. (1) [1]Der Fernsehrat besteht aus sechzig Mitgliedern, nämlich
a) je einem Vertreter der vertragsschließenden Länder, der von der zuständigen Landesregierung entsandt wird,
b) zwei Vertretern des Bundes, die von der Bundesregierung entsandt werden,
c) einem Vertreter des Deutschen Landkreistages und im Wechsel nach jeder Amtsperiode einem Vertreter des Deutschen Städtetages oder des Deutschen Städte- und Gemeindebundes,

ZDF-Staatsvertrag **ZDFStV 25**

d) zwei Vertretern der Evangelischen Kirche in Deutschland,
e) zwei Vertretern der Katholischen Kirche in Deutschland,
f) einem Vertreter des Zentralrates der Juden in Deutschland,
g) je einem Vertreter des Deutschen Gewerkschaftsbundes, von ver.di – Vereinte Dienstleistungsgewerkschaft – und des dbb Beamtenbundes und Tarifunion,
h) je einem Vertreter der Bundesvereinigung der Deutschen Arbeitgeberverbände, des Deutschen Industrie- und Handelskammertages e.V., des Zentralausschusses der Deutschen Landwirtschaft und des Zentralverbandes des Deutschen Handwerks e.V.,
i) einem Vertreter des Bundesverbandes Deutscher Zeitungsverleger e.V.,
j) einem Vertreter des Deutschen Journalisten-Verbandes e.V.,
k) vier Vertretern der Freien Wohlfahrtsverbände, und zwar je einem der Diakonie Deutschland, Evangelischer Bundesverband des Evangelischen Werkes für Diakonie und Entwicklung e.V., des Deutschen Caritasverbandes e.V., des Deutschen Roten Kreuzes e.V. und des Hauptausschusses der Deutschen Arbeiterwohlfahrt e.V.,
l) einem Vertreter des Deutschen Olympischen Sportbundes,
m) einem Vertreter der Europaunion Deutschland e.V.,
n) je einem Vertreter des Bundes für Umwelt und Naturschutz Deutschland e.V. und des Naturschutzbundes Deutschland e.V.,
o) einem Vertreter des Bundes der Vertriebenen – Vereinigte Landsmannschaften und Landesverbände e.V.,
p) einem Vertreter der Vereinigung der Opfer des Stalinismus e.V.,
q) 16 Vertretern aus folgenden den Ländern zugeordneten Bereichen:
  aa) einem Vertreter aus dem Bereich „Verbraucherschutz" aus dem Land Baden-Württemberg,
  bb) einem Vertreter aus dem Bereich „Digitales" aus dem Freistaat Bayern,
  cc) einem Vertreter aus dem Bereich „Internet" aus dem Land Berlin,
  dd) einem Vertreter aus dem Bereich „Senioren, Familie, Frauen und Jugend" aus dem Land Brandenburg,
  ee) einem Vertreter aus dem Bereich „Wissenschaft und Forschung" aus der Freien Hansestadt Bremen,
  ff) einem Vertreter aus dem Bereich „Musik" aus der Freien und Hansestadt Hamburg,
  gg) einem Vertreter aus dem Bereich „Migranten" aus dem Land Hessen,
  hh) einem Vertreter aus dem Bereich „Bürgerschaftliches Engagement" aus dem Land Mecklenburg-Vorpommern,
  ii) einem Vertreter aus dem Bereich „Muslime" aus dem Land Niedersachsen,
  jj) einem Vertreter aus dem Bereich „Medienwirtschaft und Film" aus dem Land Nordrhein-Westfalen,
  kk) einem Vertreter aus dem Bereich „Inklusive Gesellschaft" aus dem Land Rheinland-Pfalz,

ll) einem Vertreter aus dem Bereich „Kunst und Kultur" aus dem Saarland,

mm) einem Vertreter aus dem Bereich „Ehrenamtlicher Zivil- und Katastrophenschutz" aus dem Freistaat Sachsen,

nn) einem Vertreter aus dem Bereich „Heimat und Brauchtum" aus dem Land Sachsen-Anhalt,

oo) einem Vertreter aus dem Bereich „Regional- und Minderheitensprachen" aus dem Land Schleswig-Holstein und

pp) einem Vertreter aus dem Bereich „LSBTTIQ (Lesbische, Schwule, Bisexuelle, Transsexuelle, Transgender, Intersexuelle und Queere Menschen)" aus dem Freistaat Thüringen.

²Die näheren Einzelheiten zur Entsendung der Vertreter nach Satz 1 Buchst. q) werden durch Landesgesetz geregelt.

(2) Bis zu drei Mitglieder des Personalrates nehmen an den Sitzungen des Fernsehrates teil und können zu Fragen, die nicht den Programmbereich betreffen, gehört werden.

(3) ¹Die Verbände und Organisationen nach Absatz 1 Satz 1 Buchst. c) bis p) entsenden die Vertreter. ²Die Vertreter nach Absatz 1 Satz 1 Buchst. q) werden von den aufgrund von Landesgesetz zu bestimmenden Verbänden und Organisationen entsandt. ³Solange und soweit von dem Entsendungsrecht kein Gebrauch gemacht wird, verringert sich die Zahl der Mitglieder entsprechend.

(4) ¹Bei der Entsendung der Mitglieder sind Frauen und Männer angemessen zu berücksichtigen. ²Sofern ein neues Mitglied entsandt wird, muss einem männlichen Mitglied eine Frau und einem weiblichen Mitglied ein Mann nachfolgen. ³Sofern eine Organisation oder ein Verband zwei Vertreter entsendet, sind je eine Frau und ein Mann zu entsenden.

(5) ¹Der amtierende Vorsitzende des Fernsehrates stellt zu Beginn der Amtsperiode die nach diesem Staatsvertrag ordnungsgemäße Entsendung fest und gibt die Feststellungen dem Fernsehrat bekannt. ²Die entsendenden Stellen haben alle Angaben zu machen, die zur Nachprüfung der Voraussetzungen von Absatz 4, 6 und § 19a Abs. 3 bis 5 erforderlich sind. ³Weitere Einzelheiten des Verfahrens über die Entsendung und Abberufung regelt die Satzung. ⁴Die Satzung bedarf insofern der Genehmigung durch die rechtsaufsichtsführende Landesregierung.

(6) ¹Die Amtszeit der Mitglieder des Fernsehrates beträgt vier Jahre. ²Scheidet ein Mitglied aus, so ist nach den für die Entsendung des ausgeschiedenen Mitglieds geltenden Vorschriften ein Nachfolger für den Rest der Amtszeit zu berufen. ³Die Mitgliedschaft im Fernsehrat erlischt durch

1. Niederlegung des Amtes,
2. Verlust der Fähigkeit, Rechte aus öffentlichen Wahlen zu erlangen oder öffentliche Ämter zu bekleiden,
3. Eintritt der Geschäftsunfähigkeit oder der Voraussetzungen der rechtlichen Betreuung nach § 1896 des Bürgerlichen Gesetzbuchs,

4. Eintritt des Todes,
5. Eintritt eines der in § 19a Abs. 3 und 4 genannten Ausschlussgründe,
6. Eintritt einer Interessenkollision nach § 19a Abs. 1 Satz 3 oder
7. Abberufung aus wichtigem Grund durch die entsendungsberechtigte Stelle; ein wichtiger Grund liegt insbesondere vor, wenn ein Mitglied aus der entsendungsberechtigten Stelle ausgeschieden ist.

[4]Das Vorliegen der Erlöschensgründe nach Satz 3 Nr. 1 bis 5 gibt der Vorsitzende des Fernsehrates dem Fernsehrat bekannt. [5]Über das Erlöschen der Mitgliedschaft in den Fällen von Satz 3 Nr. 6 und 7 entscheidet der Fernsehrat. [6]Bis zur Entscheidung nach Satz 5 behält das betroffene Mitglied seine Rechte und Pflichten, es sei denn, der Fernsehrat beschließt mit einer Mehrheit von sieben Zwölfteln seiner gesetzlichen Mitglieder, dass der Betroffene bis zur Entscheidung nicht an den Arbeiten des Fernsehrates teilnehmen kann. [7]Von der Beratung und Beschlussfassung im Verfahren nach Satz 5 ist das betroffene Mitglied ausgeschlossen.

(7) Die Regelungen zur Zusammensetzung des Fernsehrates gemäß Absatz 1 sollen jeweils nach Ablauf von zwei Amtsperioden durch die Länder überprüft werden.

§ 22 Verfahren des Fernsehrates. (1) [1]Der Fernsehrat ist beschlussfähig, wenn mindestens die Hälfte seiner Mitglieder anwesend ist. [2]Er fasst seine Beschlüsse mit einfacher Mehrheit der abgegebenen Stimmen, soweit nicht dieser Staatsvertrag anderes bestimmt.

(2) [1]Der Fernsehrat wählt aus seiner Mitte den Vorsitzenden und dessen Stellvertreter in geheimer Wahl. [2]Er gibt sich eine Geschäftsordnung, in der auch die Bildung von Ausschüssen vorgesehen werden kann. [3]Der Anteil der Mitglieder nach § 21 Abs. 1 Satz 1 Buchst. a) bis c) darf in den Ausschüssen des Fernsehrates ein Drittel der Mitglieder nicht übersteigen. [4]Entsprechendes gilt bei der Wahl der Vorsitzenden und Stellvertreter des Fernsehrates und seiner Ausschüsse.

(3) [1]Der Fernsehrat tritt mindestens alle drei Monate zu einer ordentlichen Sitzung zusammen. [2]Auf Antrag von einem Fünftel seiner Mitglieder oder des Intendanten muss er zu einer außerordentlichen Sitzung zusammentreten. [3]Die Einladungen ergehen durch den Vorsitzenden.

(4) [1]Der Intendant nimmt an den Sitzungen des Fernsehrates teil. [2]Ihm soll von dem Termin einer Sitzung rechtzeitig Kenntnis gegeben werden. [3]Er ist auf seinen Wunsch zu hören.

(5) [1]Die Sitzungen des Fernsehrates sind öffentlich. [2]In begründeten Ausnahmefällen kann der Fernsehrat den Ausschluss der Öffentlichkeit beschließen. [3]Personalangelegenheiten, die aus Gründen des Persönlichkeitsschutzes vertraulich sind, und Angelegenheiten, in welchen die Offenlegung von Betriebs- und Geschäftsgeheimnissen Dritter unvermeidlich ist, sind stets unter Ausschluss der Öffentlichkeit zu behandeln. [4]Die Sitzungen der nach Absatz 2 Satz 2 gebildeten Ausschüsse finden grundsätzlich nichtöffentlich statt.

(6) ¹Die Zusammensetzung des Fernsehrates sowie seiner Ausschüsse nach Absatz 2 Satz 2 sind zu veröffentlichen. ²Die Tagesordnungen der Sitzungen des Fernsehrates und seiner Ausschüsse sind spätestens eine Woche vor den Sitzungen, die Anwesenheitslisten im Anschluss an die Sitzungen zu veröffentlichen. ³Im Anschluss an die Sitzungen des Fernsehrates sind Zusammenfassungen der wesentlichen Ergebnisse der Sitzungen des Fernsehrates sowie seiner vorberatenden Ausschüsse zu veröffentlichen. ⁴Die Veröffentlichung hat unter Wahrung von Betriebs- und Geschäftsgeheimnissen sowie personenbezogener Daten der Beschäftigten des ZDF zu erfolgen. ⁵Berechtigte Interessen Dritter an einer Geheimhaltung sind zu wahren. ⁶Eine Veröffentlichung in elektronischer Form im Internetauftritt des ZDF ist ausreichend. ⁷Das Nähere regelt die Satzung.

§ 23 Aufgaben des Verwaltungsrates. (1) ¹Der Verwaltungsrat beschließt über den Dienstvertrag mit dem Intendanten. ²Der Vorsitzende des Verwaltungsrates vertritt das ZDF beim Abschluss des Dienstvertrages und zum Abschluss sonstiger Rechtsgeschäfte mit dem Intendanten sowie bei Rechtsstreitigkeiten zwischen dem ZDF und dem Intendanten.

(2) Der Verwaltungsrat überwacht die Tätigkeit des Intendanten.

(3) ¹Der Verwaltungsrat legt dem Fernsehrat den Entwurf der Satzung des ZDF vor. ²Er hat das Recht, Änderungen der Satzung vorzuschlagen.

(4) ¹Der Verwaltungsrat beschließt über den vom Intendanten entworfenen Haushaltsplan, der dem Fernsehrat gemäß § 20 zur Genehmigung zuzuleiten ist. ²Das Gleiche gilt für den Jahresabschluss.

§ 24 Zusammensetzung des Verwaltungsrates. (1) Der Verwaltungsrat besteht aus zwölf Mitgliedern, nämlich
a) vier Vertretern der Länder, die von den Ministerpräsidenten gemeinsam berufen werden; die Ministerpräsidenten werden sich bemühen, die Berufungen einmütig vorzunehmen;
b) acht weiteren Mitgliedern, die vom Fernsehrat mit einer Mehrheit von drei Fünfteln seiner gesetzlichen Mitglieder gewählt werden; nicht wählbar sind die Mitglieder des Fernsehrates nach § 21 Abs. 1 Satz 1 Buchst. a) bis c);

(2) Bis zu drei Mitglieder des Personalrates nehmen an den Sitzungen des Verwaltungsrates teil und können zu Personalangelegenheiten gehört werden.

(3) ¹Die Amtszeit der Mitglieder beträgt fünf Jahre. ²§ 21 Absatz 6 Satz 2 bis 7 gilt entsprechend.

(4) § 21 Abs. 3 Satz 3 gilt entsprechend.

(5) Von den nach Absatz 1 berufenen und gewählten Mitgliedern sollen auf Frauen und Männer jeweils fünfzig vom Hundert entfallen.

§ 25 Verfahren des Verwaltungsrates. (1) ¹Der Verwaltungsrat wählt in geheimer Wahl aus seiner Mitte den Vorsitzenden und dessen Stellvertreter mit der Mehrheit der Stimmen der gesetzlichen Mitglieder. ²Er gibt sich eine Geschäftsordnung, in der auch die Bildung von Ausschüssen vorgesehen werden kann ³Der Anteil der Mitglieder nach § 24 Abs. 1 Buchst. a) darf in den Ausschüssen des Verwaltungsrates ein Drittel der Mitglieder nicht übersteigen. ⁴Entsprechendes gilt bei der Wahl der Vorsitzenden und Stellvertreter des Verwaltungsrates und seiner Ausschüsse.

(2) ¹Der Verwaltungsrat ist beschlussfähig, wenn mehr als die Hälfte seiner gesetzlichen Mitglieder anwesend ist. ²Er fasst seine Beschlüsse mit einfacher Mehrheit der abgegebenen Stimmen. ³Beschlüsse gemäß §§ 23 Abs. 1 Satz 1, Abs. 4, 26 Abs. 3 und § 27 Abs. 2 bedürfen der Mehrheit von sieben Zwölfteln der Stimmen der gesetzlichen Mitglieder.

(3) ¹Der Vorsitzende beruft den Verwaltungsrat ein. ²Auf Antrag von drei Mitgliedern muss er ihn einberufen.

(4) ¹Die Mitglieder des Verwaltungsrates können an den Sitzungen des Fernsehrates teilnehmen. ²Sie haben das Recht, sich zu den Punkten der Tagesordnung zu äußern.

(5) Die Sitzungen des Verwaltungsrates und seiner Ausschüsse finden grundsätzlich nichtöffentlich statt.

(6) ¹§ 22 Abs. 6 gilt entsprechend. ²Im Falle einer Zustimmung des Verwaltungsrates zum Abschluss von Anstellungsverträgen mit außertariflichen Angestellten nach § 28 Nr. 6 enthält die Veröffentlichung der Zusammenfassung der wesentlichen Ergebnisse der Sitzungen des Verwaltungsrates auch die Darstellung der jährlichen Vergütungen sowie etwaiger vertraglich vereinbarter Zusatzleistungen unter Namensnennung. ³Entsprechendes gilt für Verträge mit freien Mitarbeitern, die der Zustimmung des Verwaltungsrates bedürfen.

§ 26 Wahl und Amtszeit des Intendanten. (1) ¹Der Intendant wird vom Fernsehrat auf die Dauer von fünf Jahren in geheimer Wahl gewählt. ²Für die Wahl sind mindestens drei Fünftel der Stimmen der gesetzlichen Mitglieder erforderlich. ³Wiederwahl ist zulässig.

(2) Aufgaben des Intendanten darf nur wahrnehmen, wer a) seinen ständigen Wohnsitz oder gewöhnlichen Aufenthalt in der Bundesrepublik Deutschland hat, b) unbeschränkt geschäftsfähig ist, c) unbeschränkt strafrechtlich verfolgt werden kann, d) die Fähigkeit besitzt, öffentliche Ämter zu bekleiden und die Rechte aus öffentlichen Wahlen zu erlangen sowie e) Grundrechte nicht verwirkt hat.

(3) ¹Der Verwaltungsrat kann den Intendanten mit Zustimmung des Fernsehrates entlassen; der Beschluss des Fernsehrates bedarf der Mehrheit von drei Fünfteln der Stimmen der gesetzlichen Mitglieder. ²Der Intendant ist vor der Beschlussfassung zu hören. ³Mit der Entlassung scheidet der Intendant aus seiner Stellung aus; die Bezüge sind ihm für die Dauer der Wahlzeit weiter zu gewähren.

§ 27 Der Intendant. (1) ¹Der Intendant vertritt das ZDF gerichtlich und außergerichtlich. ²Er ist für die gesamten Geschäfte des ZDF einschließlich der Gestaltung der Programme verantwortlich.

(2) Der Intendant beruft im Einvernehmen mit dem Verwaltungsrat
a) den Programmdirektor,
b) den Chefredakteur,
c) den Verwaltungsdirektor
und aus deren Mitte einen Vertreter für den Fall seiner Abwesenheit.

§ 28 Zustimmungspflichtige Rechtsgeschäfte des Intendanten. Der Intendant bedarf der Zustimmung des Verwaltungsrates zu folgenden Rechtsgeschäften:
1. Erwerb, Veräußerung und Belastung von Grundstücken,
2. Erwerb und Veräußerung von Unternehmungen und Beteiligungen an ihnen,
3. Aufnahme von Anleihen und Inanspruchnahme von Krediten,
4. Übernahme einer fremden Verbindlichkeit, einer Bürgschaft oder einer Garantie,
5. Abschluss von Tarifverträgen,
6. Abschluss von Anstellungsverträgen mit außertariflichen Angestellten nach näherer Bestimmung der Satzung mit Ausnahme der Bestimmung derjenigen außertariflichen Angestellten, die ausschließlich mit künstlerischen Aufgaben betraut sind,
7. Übernahme einer sonstigen Verpflichtung im Wert von mehr als 250 000 Euro außer bei Verträgen über Herstellung oder Lieferung von Programmteilen.

§ 29 Finanzierung. Das ZDF deckt seine Ausgaben durch Erträge aus dem Rundfunkbeitrag nach Maßgabe des Rundfunkfinanzierungsstaatsvertrages, durch Erträge aus der Werbung und sonstige Erträge.

§ 30 Haushaltswirtschaft. (1) Das ZDF ist in seiner Haushaltswirtschaft selbstständig, soweit dieser Staatsvertrag nichts anderes bestimmt oder zulässt.

(2) ¹Die Haushaltswirtschaft richtet sich nach der Finanzordnung, die der Verwaltungsrat erlässt. ²Der Haushalt ist nach den Grundsätzen der Sparsamkeit und der Wirtschaftlichkeit aufzustellen.

(3) ¹Die Haushalts- und Wirtschaftsführung unterliegt der Prüfung durch den Rechnungshof des Sitzlandes. ²Er prüft die Wirtschaftsführung bei solchen Unternehmen des privaten Rechts, an denen das ZDF unmittelbar, mittelbar oder zusammen mit anderen Rundfunkanstalten oder -körperschaften des öffentlichen Rechts mit Mehrheit beteiligt ist und deren Gesellschaftsvertrag oder Satzung diese Prüfungen durch den Rechnungshof des Sitzlandes vorsieht. ³Das ZDF ist verpflichtet, für die Aufnahme der erforderlichen Regelungen in den Gesellschaftsvertrag oder die Satzung der Unternehmen zu sorgen.

§ 30a Jahresabschluss und Lagebericht. (1) ¹Der Intendant hat nach Abschluss des Geschäftsjahres den Jahresabschluss, den Lagebericht, den Konzernabschluss und den Konzernlagebericht zu erstellen. ²Der Konzernlagebericht hat einen umfassenden Einblick in die Vermögens- und Ertragsverhältnisse des ZDF einschließlich seiner Beziehungen zu Unternehmen, an denen es unmittelbar oder mittelbar beteiligt ist, zu vermitteln.

(2) ¹Der Jahresabschluss und der Konzernabschluss sind nach den Vorschriften des Handelsgesetzbuches für große Kapitalgesellschaften aufzustellen und vor der Feststellung zu prüfen. ²Der Abschlussprüfer ist auch mit den Feststellungen und Berichten nach § 53 des Haushaltsgrundsätzegesetzes zu beauftragen.

(3) Jahresabschluss, Lagebericht, Konzernabschluss, Konzernlagebericht und Prüfungsbericht werden vom Intendanten den Regierungen und dem Rechnungshof des Sitzlandes des ZDF übermittelt.

(4) Nach Genehmigung des Jahresabschlusses veröffentlicht der Intendant eine Gesamtübersicht über den Jahresabschluss und eine Zusammenfassung der wesentlichen Teile des Konzernlageberichts.

(5) ¹Das ZDF veröffentlicht die für die Tätigkeit im Geschäftsjahr gewährten Bezüge des Intendanten und der Direktoren unter Namensnennung im Geschäftsbericht. ²Satz 1 gilt insbesondere auch für:
1. Leistungen, die den genannten Personen für den Fall einer vorzeitigen Beendigung ihrer Tätigkeit zugesagt worden sind,
2. Leistungen, die den genannten Personen für den Fall der regulären Beendigung ihrer Tätigkeit zugesagt worden sind, mit ihrem Barwert sowie den vom ZDF während des Geschäftsjahres hierfür aufgewandten oder zurückgestellten Betrag,
3. während des Geschäftsjahres vereinbarte Änderungen dieser Zusagen,
4. Leistungen, die einer der betroffenen Personen, die ihre Tätigkeit im Laufe des Geschäftsjahres beendet hat, in diesem Zusammenhang zugesagt und im Laufe des Geschäftsjahres gewährt worden sind,
5. Leistungen, die den genannten Personen für Tätigkeiten bei Tochter- und Beteiligungsgesellschaften des ZDF gewährt worden sind, und
6. Leistungen, die den genannten Personen für entgeltliche Nebentätigkeiten gewährt worden sind; dies gilt nicht, wenn die Höhe der jeweils vereinbarten Einkünfte den Betrag von 1.000 Euro monatlich nicht übersteigt.

(6) Die Tarifstrukturen und eine strukturierte Darstellung der außer- und übertariflichen Vereinbarungen sind zu veröffentlichen.

§ 31 Rechtsaufsicht. (1) ¹Die Landesregierungen wachen über die ordnungsgemäße Durchführung der Bestimmungen des Staatsvertrages, des Medienstaatsvertrages und über die Beachtung der allgemeinen Rechtsvorschriften. ²Sie üben diese Befugnis durch eine Landesregierung in zweijährigem Wechsel aus; der Wechsel richtet sich nach der alphabetischen Reihenfolge der

Länder. ³Die rechtsaufsichtsführende Landesregierung ist jeweils zugleich zuständige Behörde nach § 16 Abs. 1 Satz 1 des Medienstaatsvertrages.

(2) ¹Rechtsaufsichtliche Maßnahmen sind erst zulässig, wenn die zuständigen Organe des ZDF die ihnen obliegenden Pflichten in angemessener Frist nicht oder nicht hinreichend erfüllen. ²Die rechtsaufsichtsführende Landesregierung ist berechtigt, dem ZDF im Einzelfall eine angemessene Frist zur Wahrnehmung seiner Pflichten zu setzen.

§ 32 Unzulässigkeit eines Insolvenzverfahrens. Ein Insolvenzverfahren über das Vermögen des ZDF ist unzulässig.

§ 33 Kündigung. (1) ¹Dieser Staatsvertrag gilt für unbestimmte Zeit. ²Er kann von jedem der vertragsschließenden Länder zum Schluss des Kalenderjahres mit einer Frist von einem Jahr gekündigt werden. ³Die Kündigung kann erstmals zum 31. Dezember 2017 erfolgen. ⁴Wird der Staatsvertrag zu diesem Zeitpunkt nicht gekündigt, kann die Kündigung mit gleicher Frist jeweils zu einem zwei Jahre späteren Zeitpunkt erfolgen. ⁵Die Kündigung ist gegenüber dem Vorsitzenden der Ministerpräsidentenkonferenz schriftlich zu erklären. ⁶Die Kündigung eines Landes lässt das Vertragsverhältnis der übrigen Länder zueinander unberührt, jedoch kann jedes der übrigen Länder den Vertrag binnen einer Frist von drei Monaten nach Eingang der Kündigungserklärung zum gleichen Zeitpunkt kündigen.

(2) ¹Wird der Medienstaatsvertrag nach seinem § 116 Abs. 1 gekündigt, gelten die auf das ZDF anwendbaren Vorschriften des Medienstaatsvertrages für das ZDF fort, mit Ausnahme des § 39 Abs. 1 und 2. ²Im Falle einer Kündigung einzelner Vorschriften des Medienstaatsvertrags nach seinem § 116 Abs. 5 finden die gekündigten Vorschriften auf das ZDF keine Anwendung.

§ 34 Übergangsbestimmungen. (1) Die Zusammensetzung sowie die Rechte und Pflichten der Mitglieder des Fernsehrates, des Verwaltungsrates und ihrer Ausschüsse bleiben vom Inkrafttreten des 17. Rundfunkänderungsstaatsvertrages bis zum Ablauf der am 1. Januar 2016 laufenden Amtsperioden von Fernsehrat, Verwaltungsrat und ihren Ausschüssen unberührt.

(2) Die am 1. Januar 2016 laufenden Amtsperioden des Fernsehrates und des Verwaltungsrates gelten als erste im Sinne von § 19a Abs. 2 Satz 2.

(3) Der Vertreter nach § 21 Abs. 1 Satz 1 Buchst. c) 2. Halbsatz wird in der ersten Amtsperiode nach Inkrafttreten des 17. Rundfunkänderungsstaatsvertrages vom Deutschen Städtetag entsandt.

IV. Buch

VerlG 26

Gesetz über das Verlagsrecht (Verlagsgesetz)

vom 19. Juni 1901 (RGBl. S. 217; BGBl. III/FNA 441–1),
zuletzt geändert durch Gesetz vom 22. März 2002 (BGBl. I 2002, S. 1155)

§ 1 [Verlagsvertrag]. ¹Durch den Verlagsvertrag über ein Werk der Literatur oder der Tonkunst wird der Verfasser verpflichtet, dem Verleger das Werk zur Vervielfältigung und Verbreitung für eigene Rechnung zu überlassen. ²Der Verleger ist verpflichtet, das Werk zu vervielfältigen und zu verbreiten.

§ 2 [Vervielfältigungsrechte]. (1) Der Verfasser hat sich während der Dauer des Vertragsverhältnisses jeder Vervielfältigung und Verbreitung des Werkes zu enthalten, die einem Dritten während der Dauer des Urheberrechts untersagt ist.

(2) Dem Verfasser verbleibt jedoch die Befugnis zur Vervielfältigung und Verbreitung:
1. für die Übersetzung in eine andere Sprache oder in eine andere Mundart;
2. für die Wiedergabe einer Erzählung in dramatischer Form oder eines Bühnenwerkes in der Form einer Erzählung;
3. für die Bearbeitung eines Werkes der Tonkunst, soweit sie nicht bloß ein Auszug oder eine Übertragung in eine andere Tonart oder Stimmlage ist;
4. für die Benutzung des Werkes zum Zwecke der mechanischen Wiedergabe für das Gehör;
5. für die Benutzung eines Schriftwerkes oder einer Abbildung zu einer bildlichen Darstellung, welche das Originalwerk seinem Inhalt nach im Wege der Kinematographie oder eines ihr ähnlichen Verfahrens wiedergibt.

(3) Auch ist der Verfasser zur Vervielfältigung und Verbreitung in einer Gesamtausgabe befugt, wenn seit dem Ablaufe des Kalenderjahrs, in welchem das Werk erschienen ist, zwanzig Jahre verstrichen sind.

§ 4 [Sonderausgaben]. ¹Der Verleger ist nicht berechtigt, ein Einzelwerk für eine Gesamtausgabe oder ein Sammelwerk sowie Teile einer Gesamtausgabe oder eines Sammelwerkes für eine Sonderausgabe zu verwerten. ²Soweit jedoch eine solche Verwertung auch während der Dauer des Urheberrechts einem jeden freisteht, bleibt sie dem Verleger gleichfalls gestattet.

§ 5 [Auflage]. (1) ¹Der Verleger ist nur zu einer Auflage berechtigt. ²Ist ihm das Recht zur Veranstaltung mehrerer Auflagen eingeräumt, so gelten im Zweifel für jede neue Auflage die gleichen Abreden wie für die vorhergehende.

(2) ¹Ist die Zahl der Abzüge nicht bestimmt, so ist der Verleger berechtigt, tausend Abzüge herzustellen. ²Hat der Verleger durch eine vor dem Beginne

der Vervielfältigung dem Verfasser gegenüber abgegebene Erklärung die Zahl der Abzüge niedriger bestimmt, so ist er nur berechtigt, die Auflage in der angegebenen Höhe herzustellen.

§ 6 [Zuschuss- und Freiexemplare]. (1) ¹Die üblichen Zuschussexemplare werden in die Zahl der zulässigen Abzüge nicht eingerechnet. ²Das Gleiche gilt von Freiexemplaren, soweit ihre Zahl den zwanzigsten Teil der zulässigen Abzüge nicht übersteigt.

(2) Zuschussexemplare, die nicht zum Ersatz oder zur Ergänzung beschädigter Abzüge verwendet worden sind, dürfen von dem Verleger nicht verbreitet werden.

§ 7 [Verlust von Abzügen]. Gehen Abzüge unter, die der Verleger auf Lager hat, so darf er sie durch andere ersetzen; er hat vorher dem Verfasser Anzeige zu machen.

§ 8 [Verlagsrecht]. In dem Umfang, in welchem der Verfasser nach den §§ 2 bis 7 verpflichtet ist, sich der Vervielfältigung und Verbreitung zu enthalten und sie dem Verleger zu gestatten, hat er, soweit nicht aus dem Vertrage sich ein anderes ergibt, dem Verleger das ausschließliche Recht zur Vervielfältigung und Verbreitung (Verlagsrecht) zu verschaffen.

§ 9 [Dauer und Schutz des Verlagsrechts]. (1) Das Verlagsrecht entsteht mit der Ablieferung des Werkes an den Verleger und erlischt mit der Beendigung des Vertragsverhältnisses.

(2) Soweit der Schutz des Verlagsrechts es erfordert, kann der Verleger gegen den Verfasser sowie gegen Dritte die Befugnisse ausüben, die zum Schutze des Urheberrechts durch das Gesetz vorgesehen sind.

§ 10 [Ablieferung des Werkes]. Der Verfasser ist verpflichtet, dem Verleger das Werk in einem für die Vervielfältigung geeigneten Zustand abzuliefern.

§ 11 [Frist für Ablieferung]. (1) Ist der Verlagsvertrag über ein bereits vollendetes Werk geschlossen, so ist das Werk sofort abzuliefern.

(2) ¹Soll das Werk erst nach dem Abschlusse des Verlagsvertrags hergestellt werden, so richtet sich die Frist der Ablieferung nach dem Zwecke, welchem das Werk dienen soll. ²Soweit sich hieraus nichts ergibt, richtet sich die Frist nach dem Zeitraum, innerhalb dessen der Verfasser das Werk bei einer seinen Verhältnissen entsprechenden Arbeitsleistung herstellen kann; eine anderweitige Tätigkeit des Verfassers bleibt bei der Bemessung der Frist nur dann außer Betracht, wenn der Verleger die Tätigkeit bei dem Abschlusse des Vertrags weder kannte noch kennen musste.

§ 12 [Änderungsrecht des Verfassers]. (1) ¹Bis zur Beendigung der Vervielfältigung darf der Verfasser Änderungen an dem Werke vornehmen. ²Vor der Veranstaltung einer neuen Auflage hat der Verleger dem Verfasser zur Vornahme von Änderungen Gelegenheit zu geben. ³Änderungen sind nur insoweit zulässig, als nicht durch sie ein berechtigtes Interesse des Verlegers verletzt wird.

(2) Der Verfasser darf die Änderungen durch einen Dritten vornehmen lassen.

(3) Nimmt der Verfasser nach dem Beginne der Vervielfältigung Änderungen vor, welche das übliche Maß übersteigen, so ist er verpflichtet, die hieraus entstehenden Kosten zu ersetzen; die Ersatzpflicht liegt ihm nicht ob, wenn Umstände, die inzwischen eingetreten sind, die Änderung rechtfertigen.

§ 14 [Vervielfältigung und Verbreitung]. [1]Der Verleger ist verpflichtet, das Werk in der zweckentsprechenden und üblichen Weise zu vervielfältigen und zu verbreiten. [2]Die Form und Ausstattung der Abzüge wird unter Beobachtung der im Verlagshandel herrschenden Übung sowie mit Rücksicht auf Zweck und Inhalt des Werkes von dem Verleger bestimmt.

§ 15 [Beginn der Vervielfältigung]. [1]Der Verleger hat mit der Vervielfältigung zu beginnen, sobald ihm das vollständige Werk zugegangen ist. [2]Erscheint das Werk in Abteilungen, so ist mit der Vervielfältigung zu beginnen, sobald der Verfasser eine Abteilung abgeliefert hat, die nach ordnungsmäßiger Folge zur Herausgabe bestimmt ist.

§ 16 [Zahl der Abzüge]. [1]Der Verleger ist verpflichtet, diejenige Zahl von Abzügen herzustellen, welche er nach dem Vertrag oder gemäß dem § 5 herzustellen berechtigt ist. [2]Er hat rechtzeitig dafür zu sorgen, dass der Bestand nicht vergriffen wird.

§ 17 [Neuauflage]. [1]Ein Verleger, der das Recht hat, eine neue Auflage zu veranstalten, ist nicht verpflichtet, von diesem Rechte Gebrauch zu machen. [2]Zur Ausübung des Rechtes kann ihm der Verfasser eine angemessene Frist bestimmen. [3]Nach dem Ablaufe der Frist ist der Verfasser berechtigt, von dem Vertrage zurückzutreten, wenn nicht die Veranstaltung rechtzeitig erfolgt ist. [4]Der Bestimmung einer Frist bedarf es nicht, wenn die Veranstaltung von dem Verleger verweigert wird.

§ 18 [Kündigungsrecht des Verlegers]. (1) Fällt der Zweck, welchem das Werk dienen sollte, nach dem Abschlusse des Vertrags weg, so kann der Verleger das Vertragsverhältnis kündigen; der Anspruch des Verfassers auf die Vergütung bleibt unberührt.

(2) Das Gleiche gilt, wenn Gegenstand des Verlagsvertrags ein Beitrag zu einem Sammelwerk ist und die Vervielfältigung des Sammelwerkes unterbleibt.

§ 19 [Beiträge zu Sammelwerken]. Werden von einem Sammelwerke neue Abzüge hergestellt, so ist der Verleger im Einverständnisse mit dem Herausgeber berechtigt, einzelne Beiträge wegzulassen.

§ 20 [Korrektur]. (1) [1]Der Verleger hat für die Korrektur zu sorgen. [2]Einen Abzug hat er rechtzeitig dem Verfasser zur Durchsicht vorzulegen.

(2) Der Abzug gilt als genehmigt, wenn der Verfasser ihn nicht binnen einer angemessenen Frist dem Verleger gegenüber beanstandet.

§ 21 [Ladenpreis]. [1]Die Bestimmung des Ladenpreises, zu welchem das Werk verbreitet wird, steht für jede Auflage dem Verleger zu. [2]Er darf den Ladenpreis ermäßigen, soweit nicht berechtigte Interessen des Verfassers verletzt werden. [3]Zur Erhöhung dieses Preises bedarf es stets der Zustimmung des Verfassers.

§ 22 [Honorar]. (1) [1]Der Verleger ist verpflichtet, dem Verfasser die vereinbarte Vergütung zu zahlen. [2]Eine Vergütung gilt als stillschweigend vereinbart, wenn die Überlassung des Werkes den Umständen nach nur gegen eine Vergütung zu erwarten ist.

(2) Ist die Höhe der Vergütung nicht bestimmt, so ist eine angemessene Vergütung in Geld als vereinbart anzusehen.

§ 23 [Fälligkeit des Honorars]. [1]Die Vergütung ist bei der Ablieferung des Werkes zu entrichten. [2]Ist die Höhe der Vergütung unbestimmt oder hängt sie von dem Umfange der Vervielfältigung, insbesondere von der Zahl der Druckbogen, ab, so wird die Vergütung fällig, sobald das Werk vervielfältigt ist.

§ 24 [Absatzhonorar]. Bestimmt sich die Vergütung nach dem Absatze, so hat der Verleger jährlich dem Verfasser für das vorangegangene Geschäftsjahr Rechnung zu legen und ihm, soweit es für die Prüfung erforderlich ist, die Einsicht seiner Geschäftsbücher zu gestatten.

§ 25 [Freiexemplare]. (1) [1]Der Verleger eines Werkes der Literatur ist verpflichtet, dem Verfasser auf je hundert Abzüge ein Freiexemplar, jedoch im Ganzen nicht weniger als fünf und nicht mehr als fünfzehn zu liefern. [2]Auch hat er dem Verfasser auf dessen Verlangen ein Exemplar in Aushängebogen zu überlassen.

(2) Der Verleger eines Werkes der Tonkunst ist verpflichtet, dem Verfasser die übliche Zahl von Freiexemplaren zu liefern.

(3) Von Beiträgen, die in Sammelwerken erscheinen, dürfen Sonderabzüge als Freiexemplare geliefert werden.

§ 26 [Überlassung von Abzügen zum Vorzugspreis]. Der Verleger hat die zu seiner Verfügung stehenden Abzüge des Werkes zu dem niedrigsten Preise, für welchen er das Werk im Betriebe seines Verlagsgeschäfts abgibt, dem Verfasser, soweit dieser es verlangt, zu überlassen.

§ 27 [Rückgabe des Manuskripts]. Der Verleger ist verpflichtet, das Werk, nachdem es vervielfältigt worden ist, zurückzugeben, sofern der Verfasser sich vor dem Beginne der Vervielfältigung die Rückgabe vorbehalten hat.

§ 29 [Beendigung des Vertragsverhältnisses]. (1) Ist der Verlagsvertrag auf eine bestimmte Zahl von Auflagen oder von Abzügen beschränkt, so endigt das Vertragsverhältnis, wenn die Auflagen oder Abzüge vergriffen sind.

(2) Der Verleger ist verpflichtet, dem Verfasser auf Verlangen Auskunft darüber zu erteilen, ob die einzelne Auflage oder die bestimmte Zahl von Abzügen vergriffen ist.

(3) Wird der Verlagsvertrag für eine bestimmte Zeit geschlossen, so ist nach dem Ablaufe der Zeit der Verleger nicht mehr zur Verbreitung der noch vorhandenen Abzüge berechtigt.

§ 30 [Rücktrittsrecht des Verlegers wegen nicht rechtzeitiger Ablieferung des Werkes]. (1) ¹Wird das Werk ganz oder zum Teil nicht rechtzeitig abgeliefert, so kann der Verleger, statt den Anspruch auf Erfüllung geltend zu machen, dem Verfasser eine angemessene Frist zur Ablieferung mit der Erklärung bestimmen, dass er die Annahme der Leistung nach dem Ablaufe der Frist ablehne. ²Zeigt sich schon vor dem Zeitpunkt, in welchem das Werk nach dem Vertrag abzuliefern ist, dass das Werk nicht rechtzeitig abgeliefert werden wird, so kann der Verleger die Frist sofort bestimmen; die Frist muss so bemessen werden, dass sie nicht vor dem bezeichneten Zeitpunkt abläuft. ³Nach dem Ablaufe der Frist ist der Verleger berechtigt, von dem Vertrage zurückzutreten, wenn nicht das Werk rechtzeitig abgeliefert worden ist; der Anspruch auf Ablieferung des Werkes ist ausgeschlossen.

(2) Der Bestimmung einer Frist bedarf es nicht, wenn die rechtzeitige Herstellung des Werkes unmöglich ist oder von dem Verfasser verweigert wird oder wenn der sofortige Rücktritt von dem Vertrage durch ein besonderes Interesse des Verlegers gerechtfertigt wird.

(3) Der Rücktritt ist ausgeschlossen, wenn die nicht rechtzeitige Ablieferung des Werkes für den Verleger nur einen unerheblichen Nachteil mit sich bringt.

(4) Durch diese Vorschriften werden die im Falle des Verzugs des Verfassers dem Verleger zustehenden Rechte nicht berührt.

§ 31 [Rücktrittsrecht wegen nicht vertragsmäßiger Beschaffenheit des Werkes]. (1) Die Vorschriften des § 30 finden entsprechende Anwendung, wenn das Werk nicht von vertragsmäßiger Beschaffenheit ist.

(2) Beruht der Mangel auf einem Umstande, den der Verfasser zu vertreten hat, so kann der Verleger statt des in § 30 vorgesehenen Rücktrittsrechts den Anspruch auf Schadensersatz wegen Nichterfüllung geltend machen.

§ 32 [Rücktrittsrecht des Verfassers]. Wird das Werk nicht vertragsmäßig vervielfältigt oder verbreitet, so finden zugunsten des Verfassers die Vorschriften des § 30 entsprechende Anwendung.

§ 33 [Zufälliger Untergang des Werkes]. (1) ¹Geht das Werk nach der Ablieferung an den Verleger durch Zufall unter, so behält der Verfasser den Anspruch auf die Vergütung. ²Im Übrigen werden beide Teile von der Verpflichtung zur Leistung frei.

(2) ¹Auf Verlangen des Verlegers hat jedoch der Verfasser gegen eine angemessene Vergütung ein anderes im Wesentlichen übereinstimmendes Werk zu liefern, sofern dies auf Grund vorhandener Vorarbeiten oder sonstiger Unterlagen mit geringer Mühe geschehen kann; erbietet sich der Verfasser, ein solches Werk innerhalb einer angemessenen Frist kostenfrei zu liefern, so ist der Verleger verpflichtet, das Werk an Stelle des untergegangenen zu vervielfältigen und zu verbreiten. ²Jeder Teil kann diese Rechte auch geltend machen, wenn das Werk nach der Ablieferung infolge eines Umstandes untergegangen ist, den der andere Teil zu vertreten hat.

(3) Der Ablieferung steht es gleich, wenn der Verleger in Verzug der Annahme kommt.

§ 34 [Vorzeitiger Tod des Verfassers]. (1) Stirbt der Verfasser vor der Vollendung des Werkes, so ist, wenn ein Teil des Werkes dem Verleger bereits abgeliefert worden war, der Verleger berechtigt, in Ansehung des gelieferten Teiles den Vertrag durch eine dem Erben des Verfassers gegenüber abzugebende Erklärung aufrechtzuerhalten.

(2) ¹Der Erbe kann dem Verleger zur Ausübung des in Absatz 1 bezeichneten Rechtes eine angemessene Frist bestimmen. ²Das Recht erlischt, wenn sich der Verleger nicht vor dem Ablaufe der Frist für die Aufrechterhaltung des Vertrags erklärt.

(3) Diese Vorschriften finden entsprechende Anwendung, wenn die Vollendung des Werkes infolge eines sonstigen nicht von dem Verfasser zu vertretenden Umstandes unmöglich wird.

§ 35 [Rücktrittsrecht des Verfassers wegen veränderter Umstände].
(1) ¹Bis zum Beginne der Vervielfältigung ist der Verfasser berechtigt, von dem Verlagsvertrage zurückzutreten, wenn sich Umstände ergeben, die bei dem Abschlusse des Vertrags nicht vorauszusehen waren und den Verfasser bei Kenntnis der Sachlage und verständiger Würdigung des Falles von der Herausgabe des Werkes zurückgehalten haben würden. ²Ist der Verleger befugt, eine neue Auflage zu veranstalten, so findet für die Auflage diese Vorschrift entsprechende Anwendung.

(2) ¹Erklärt der Verfasser auf Grund der Vorschrift des Absatzes 1 den Rücktritt, so ist er dem Verleger zum Ersatze der von diesem gemachten Aufwendungen verpflichtet. ²Gibt er innerhalb eines Jahres seit dem Rücktritte das Werk anderweit heraus, so ist er zum Schadensersatze wegen Nichterfüllung verpflichtet; diese Ersatzpflicht tritt nicht ein, wenn der Verfasser dem Verleger den Antrag, den Vertrag nachträglich zur Ausführung zu bringen, gemacht und der Verleger den Antrag nicht angenommen hat.

§ 36 [Insolvenzverfahren des Verlegers]. (1) Wird über das Vermögen des Verlegers das Insolvenzverfahren eröffnet, so finden die Vorschriften des § 103 der Insolvenzordnung auch dann Anwendung, wenn das Werk bereits vor der Eröffnung des Verfahrens abgeliefert worden war.

Verlagsgesetz **VerlG 26**

(2) ¹Besteht der Insolvenzverwalter auf der Erfüllung des Vertrags, so tritt, wenn er die Rechte des Verlegers auf einen anderen überträgt, dieser an Stelle der Insolvenzmasse in die sich aus dem Vertragsverhältnis ergebenden Verpflichtungen ein. ²Die Insolvenzmasse haftet jedoch, wenn der Erwerber die Verpflichtungen nicht erfüllt, für den von dem Erwerber zu ersetzenden Schaden wie ein Bürge, der auf die Einrede der Vorausklage verzichtet hat. ³Wird das Insolvenzverfahren aufgehoben, so sind die aus dieser Haftung sich ergebenden Ansprüche des Verfassers gegen die Masse sicherzustellen.

(3) War zur Zeit der Eröffnung des Verfahrens mit der Vervielfältigung noch nicht begonnen, so kann der Verfasser von dem Vertrage zurücktreten.

§ 37 [Auf Rücktrittsrecht anzuwendende Vorschriften]. Auf das in den §§ 17, 30, 35, 36 bestimmte Rücktrittsrecht finden die für das Rücktrittsrecht geltenden Vorschriften der §§ 346 bis 351 des Bürgerlichen Gesetzbuchs entsprechende Anwendung.

§ 38 [Teilweise Aufrechterhaltung des Vertrages]. (1) ¹Wird der Rücktritt von dem Verlagsvertrag erklärt, nachdem das Werk ganz oder zum Teil abgeliefert worden ist, so hängt es von den Umständen ab, ob der Vertrag teilweise aufrechterhalten bleibt. ²Es begründet keinen Unterschied, ob der Rücktritt auf Grund des Gesetzes oder eines Vorbehalts im Vertrag erfolgt.

(2) Im Zweifel bleibt der Vertrag insoweit aufrechterhalten, als er sich auf die nicht mehr zur Verfügung des Verlegers stehenden Abzüge, auf frühere Abteilungen des Werkes oder auf ältere Auflagen erstreckt.

(3) Soweit der Vertrag aufrechterhalten bleibt, kann der Verfasser einen entsprechenden Teil der Vergütung verlangen.

(4) Diese Vorschriften finden auch Anwendung, wenn der Vertrag in anderer Weise rückgängig wird.

§ 39 [Gemeinfreie Werke]. (1) Soll Gegenstand des Vertrags ein Werk sein, an dem ein Urheberrecht nicht besteht, so ist der Verfasser zur Verschaffung des Verlagsrechts nicht verpflichtet.

(2) Verschweigt der Verfasser arglistig, dass das Werk bereits anderweit in Verlag gegeben oder veröffentlicht worden ist, so finden die Vorschriften des bürgerlichen Rechtes, welche für die dem Verkäufer wegen eines Mangels im Rechte obliegende Gewährleistungspflicht gelten, entsprechende Anwendung.

(3) ¹Der Verfasser hat sich der Vervielfältigung und Verbreitung des Werkes gemäß den Vorschriften des § 2 in gleicher Weise zu enthalten, wie wenn an dem Werke ein Urheberrecht bestände. ²Diese Beschränkung fällt weg, wenn seit der Veröffentlichung des Werkes durch den Verleger sechs Monate abgelaufen sind.

§ 40 [Befugnisse des Verlegers bei gemeinfreien Werken]. ¹Im Falle des § 39 verbleibt dem Verleger die Befugnis, das von ihm veröffentlichte Werk gleich jedem Dritten von neuem unverändert oder mit Änderungen zu vervielfältigen. ²Diese Vorschrift findet keine Anwendung, wenn nach dem Vertrage die Herstellung neuer Auflagen oder weiterer Abzüge von der Zahlung einer besonderen Vergütung abhängig ist.

§ 41 [Beiträge zu periodischen Sammelwerken]. Werden für eine Zeitung, eine Zeitschrift oder ein sonstiges periodisches Sammelwerk Beiträge zur Veröffentlichung angenommen, so finden die Vorschriften dieses Gesetzes Anwendung, soweit sich nicht aus den §§ 42 bis 46 ein anderes ergibt.

§ 43 [Abzüge bei Sammelwerken]. ¹Der Verleger ist in der Zahl der von dem Sammelwerke herzustellenden Abzüge, die den Beitrag enthalten, nicht beschränkt. ²Die Vorschrift des § 20 Abs. 1 Satz 2 findet keine Anwendung.

§ 44 [Änderungen bei Sammelwerken]. Soll der Beitrag ohne den Namen des Verfassers erscheinen, so ist der Verleger befugt, an der Fassung solche Änderungen vorzunehmen, welche bei Sammelwerken derselben Art üblich sind.

§ 45 [Kündigungsrecht des Verfassers bei Sammelwerken]. (1) ¹Wird der Beitrag nicht innerhalb eines Jahres nach der Ablieferung an den Verleger veröffentlicht, so kann der Verfasser das Vertragsverhältnis kündigen. ²Der Anspruch auf die Vergütung bleibt unberührt.

(2) Ein Anspruch auf Vervielfältigung und Verbreitung des Beitrags oder auf Schadensersatz wegen Nichterfüllung steht dem Verfasser nur zu, wenn ihm der Zeitpunkt, in welchem der Beitrag erscheinen soll, von dem Verleger bezeichnet worden ist.

§ 46 [Keine Freiexemplare bei Zeitungen]. (1) Erscheint der Beitrag in einer Zeitung, so kann der Verfasser Freiexemplare nicht verlangen.

(2) Der Verleger ist nicht verpflichtet, dem Verfasser Abzüge zum Buchhändlerpreise zu überlassen.

§ 47 [Bestellvertrag]. (1) Übernimmt jemand die Herstellung eines Werkes nach einem Plane, in welchem ihm der Besteller den Inhalt des Werkes sowie die Art und Weise der Behandlung genau vorschreibt, so ist der Besteller im Zweifel zur Vervielfältigung und Verbreitung nicht verpflichtet.

(2) Das Gleiche gilt, wenn sich die Tätigkeit auf die Mitarbeit an enzyklopädischen Unternehmungen oder auf Hilfs- oder Nebenarbeiten für das Werk eines anderen oder für ein Sammelwerk beschränkt.

§ 48 [Verlaggeber]. Die Vorschriften dieses Gesetzes finden auch dann Anwendung, wenn derjenige, welcher mit dem Verleger den Vertrag abschließt, nicht der Verfasser ist.

BuchPrG 27
Gesetz über die Preisbindung für Bücher

vom 2. September 2002 (BGBl. I S. 3448)[1],
zuletzt geändert durch Gesetz vom 26. November 2020 (BGBl. I S. 2568)

§ 1 Zweck des Gesetzes. [1]Das Gesetz dient dem Schutz des Kulturgutes Buch. [2]Die Festsetzung verbindlicher Preise beim Verkauf an Letztabnehmer sichert den Erhalt eines breiten Buchangebots. [3]Das Gesetz gewährleistet zugleich, dass dieses Angebot für eine breite Öffentlichkeit zugänglich ist, indem es die Existenz einer großen Zahl von Verkaufsstellen fördert.

§ 2 Anwendungsbereich. (1) Bücher im Sinne dieses Gesetzes sind auch
1. Musiknoten,
2. kartographische Produkte,
3. Produkte, die Bücher, Musiknoten oder kartographische Produkte reproduzieren wie zum Beispiel zum dauerhaften Zugriff angebotene elektronische Bücher, und bei Würdigung der Gesamtumstände als überwiegend verlags- oder buchhandelstypisch anzusehen sind sowie
4. kombinierte Objekte, bei denen eines der genannten Erzeugnisse die Hauptsache bildet.

(2) Fremdsprachige Bücher fallen nur dann unter dieses Gesetz, wenn sie überwiegend für den Absatz in Deutschland bestimmt sind.

(3) Letztabnehmer im Sinne dieses Gesetzes ist, wer Bücher zu anderen Zwecken als dem Weiterverkauf erwirbt.

§ 3 Preisbindung. [1]Wer gewerbs- oder geschäftsmäßig Bücher an Letztabnehmer in Deutschland verkauft, muss den nach § 5 festgesetzten Preis einhalten. [2]Dies gilt nicht für den Verkauf gebrauchter Bücher.

§ 4 Grenzüberschreitende Verkäufe. *(weggefallen)*

§ 5 Preisfestsetzung. (1) [1]Wer Bücher für den Verkauf an Letztabnehmer in Deutschland verlegt oder importiert, ist verpflichtet, einen Preis einschließlich Umsatzsteuer (Endpreis) für die Ausgabe eines Buches für den Verkauf an Letztabnehmer in Deutschland festzusetzen und in geeigneter Weise zu veröffentlichen.) [2]Entsprechendes gilt für Änderungen des Endpreises.

(2) [1]Wer Bücher importiert, darf zur Festsetzung des Endpreises den vom Verleger des Verlagsstaates für Deutschland empfohlenen Letztabnehmerpreis einschließlich der in Deutschland jeweils geltenden Mehrwertsteuer nicht unterschreiten. [2]Hat der Verleger keinen Preis für Deutschland empfohlen, so darf der Importeur zur Festsetzung des Endpreises den für den Verlagsstaat festgesetzten oder empfohlenen Nettopreis des Verlegers für Endabnehmer zuzüglich der in Deutschland jeweils geltenden Mehrwertsteuer nicht unterschreiten.

---

1 Das Buchpreisbindungsgesetz trat nach Art. 3 des Gesetzes zur Regelung der Preisbindung bei Verlagserzeugnissen am 1. Oktober 2002 in Kraft.

(3) Wer als Importeur Bücher in einem Vertragsstaat des Abkommens über den Europäischen Wirtschaftsraum zu einem von den üblichen Einkaufspreisen im Einkaufsstaat abweichenden niedrigeren Einkaufspreis kauft, kann den gemäß Absatz 2 festzulegenden Endpreis in dem Verhältnis herabsetzen, wie es dem Verhältnis des erzielten Handelsvorteils zu den üblichen Einkaufspreisen im Einkaufsstaat entspricht; dabei gelten branchentypische Mengennachlässe und entsprechende Verkaufskonditionen als Bestandteile der üblichen Einkaufspreise.

(4) Verleger oder Importeure können folgende Endpreise festsetzen:
1. Serienpreise,
2. Mengenpreise,
3. Subskriptionspreise,
4. Sonderpreise für Institutionen, die bei der Herausgabe einzelner bestimmter Verlagswerke vertraglich in einer für das Zustandekommen des Werkes ausschlaggebenden Weise mitgewirkt haben,
5. Sonderpreise für Abonnenten einer Zeitschrift beim Bezug eines Buches, das die Redaktion dieser Zeitschrift verfasst oder herausgegeben hat, und
6. Teilzahlungszuschläge.

(5) Die Festsetzung unterschiedlicher Endpreise für einen bestimmten Titel durch einen Verleger oder Importeur oder deren Lizenznehmer ist zulässig, wenn dies sachlich gerechtfertigt ist.

§ 6 Vertrieb. (1) [1]Verlage müssen bei der Festsetzung ihrer Verkaufspreise und sonstigen Verkaufskonditionen gegenüber Händlern den von kleineren Buchhandlungen erbrachten Beitrag zur flächendeckenden Versorgung mit Büchern sowie ihren buchhändlerischen Service angemessen berücksichtigen. [2]Sie dürfen ihre Rabatte nicht allein an dem mit einem Händler erzielten Umsatz ausrichten.

(2) Verlage dürfen branchenfremde Händler nicht zu niedrigeren Preisen oder günstigeren Konditionen beliefern als den Buchhandel.

(3) Verlage dürfen für Zwischenbuchhändler keine höheren Preise oder schlechteren Konditionen festsetzen als für Letztverkäufer, die sie direkt beliefern.

§ 7 Ausnahmen. (1) § 3 gilt nicht beim Verkauf von Büchern
1. an Verleger oder Importeure von Büchern, Buchhändler oder deren Angestellte und feste Mitarbeiter für deren Eigenbedarf,
2. an Autoren selbstständiger Publikationen eines Verlages für deren Eigenbedarf,
3. an Lehrer zum Zwecke der Prüfung einer Verwendung im Unterricht,
4. die auf Grund einer Beschädigung oder eines sonstigen Fehlers als Mängelexemplare gekennzeichnet sind,
5. im Rahmen eines auf einen Zeitraum von 30 Tagen begrenzten Räumungsverkaufs anlässlich der endgültigen Schließung einer Buchhandlung, sofern

die Bücher aus den gewöhnlichen Beständen des schließenden Unternehmens stammen und den Lieferanten zuvor mit angemessener Frist zur Rücknahme angeboten wurden.

(2) Beim Verkauf von Büchern können wissenschaftlichen Bibliotheken, die jedem auf ihrem Gebiet wissenschaftlich Arbeitenden zugänglich sind, bis zu 5 Prozent, jedermann zugänglichen kommunalen Büchereien, Landesbüchereien und Schülerbüchereien sowie konfessionellen Büchereien und Truppenbüchereien der Bundeswehr und des Bundesgrenzschutzes bis zu 10 Prozent Nachlass gewährt werden.

(3) [1]Sammelbestellungen von Büchern für den Schulunterricht, die zu Eigentum der öffentlichen Hand, eines Beliehenen oder allgemein bildender Privatschulen, die den Status staatlicher Ersatzschulen besitzen, angeschafft werden, gewähren die Verkäufer folgende Nachlässe:
1. bei einem Auftrag im Gesamtwert bis zu 25 000 Euro für Titel mit
   mehr als 10 Stück 8 Prozent Nachlass,
   mehr als 25 Stück 10 Prozent Nachlass,
   mehr als 100 Stück 12 Prozent Nachlass,
   mehr als 500 Stück 13 Prozent Nachlass,
2. bei einem Auftrag im Gesamtwert von mehr als
   25 000 Euro 13 Prozent Nachlass,
   38 000 Euro 14 Prozent Nachlass,
   50 000 Euro 15 Prozent Nachlass.

[2]Soweit Schulbücher von den Schulen im Rahmen eigener Budgets angeschafft werden, ist stattdessen ein genereller Nachlass von 12 Prozent für alle Sammelbestellungen zu gewähren.

(4) Der Letztverkäufer verletzt seine Pflicht nach § 3 nicht, wenn er anlässlich des Verkaufs eines Buches
1. Waren von geringem Wert oder Waren, die im Hinblick auf den Wert des gekauften Buches wirtschaftlich nicht ins Gewicht fallen, abgibt,
2. geringwertige Kosten der Letztabnehmer für den Besuch der Verkaufsstelle übernimmt,
3. Versand- oder besondere Beschaffungskosten übernimmt oder
4. andere handelsübliche Nebenleistungen erbringt.

§ 8 Dauer der Preisbindung. (1) Verleger und Importeure sind berechtigt, durch Veröffentlichung in geeigneter Weise die Preisbindung für Buchausgaben aufzuheben, deren erstes Erscheinen länger als 18 Monate zurückliegt.

(2) Bei Büchern, die in einem Abstand von weniger als 18 Monaten wiederkehrend erscheinen oder deren Inhalt mit dem Erreichen eines bestimmten Datums oder Ereignisses erheblich an Wert verliert, ist eine Beendigung der Preisbindung durch den Verleger oder Importeur ohne Beachtung der Frist gemäß Absatz 1 nach Ablauf eines angemessenen Zeitraums seit Erscheinen möglich.

§ 9 Schadensersatz- und Unterlassungsansprüche. (1) [1]Wer den Vorschriften dieses Gesetzes zuwiderhandelt, kann auf Unterlassung in Anspruch genommen werden. [2]Wer vorsätzlich oder fahrlässig handelt, ist zum Ersatz des durch die Zuwiderhandlung entstandenen Schadens verpflichtet.

(2) [1]Der Anspruch auf Unterlassung kann nur geltend gemacht werden
1. von Gewerbebetreibern, die Bücher vertreiben,
2. von rechtsfähigen Verbänden zur Förderung gewerblicher oder selbstständiger beruflicher Interessen, die in der Liste der qualifizierten Wirtschaftsverbände nach § 8b des Gesetzes gegen den unlauteren Wettbewerb eingetragen sind,
3. von einem Rechtsanwalt, der von Verlegern, Importeuren oder Unternehmen, die Verkäufe an Letztabnehmer tätigen, gemeinsam als Treuhänder damit beauftragt worden ist, ihre Preisbindung zu betreuen (Preisbindungstreuhänder),
4. von qualifizierten Einrichtungen, die nachweisen, dass sie in die Liste qualifizierter Einrichtungen nach § 4 des Unterlassungsklagengesetzes oder in dem Verzeichnis der Kommission der Europäischen Gemeinschaften nach Art. 4 der Richtlinie 98/27/EG des Europäischen Parlaments und des Rates vom 19. Mai 1998 über Unterlassungsklagen zum Schutz der Verbraucherinteressen (ABl. EG Nr. L 166 S. 51) in der jeweils geltenden Fassung eingetragen sind.

[2]Die Einrichtungen nach Satz 1 Nr. 4 können den Anspruch auf Unterlassung nur geltend machen, soweit der Anspruch eine Handlung betrifft, durch die wesentliche Belange der Letztabnehmer berührt werden.

(3) Für das Verfahren gelten bei den Anspruchsberechtigten nach Absatz 2 Nr. 1 bis 3 die Vorschriften des Gesetzes gegen den unlauteren Wettbewerb und bei Einrichtungen nach Absatz 2 Nr. 4 die Vorschriften des Unterlassungsklagengesetzes.

§ 10 Bucheinsicht. (1) [1]Sofern der begründete Verdacht vorliegt, dass ein Unternehmen gegen § 3 verstoßen hat, kann ein Gewerbetreibender, der ebenfalls Bücher vertreibt, verlangen, dass dieses Unternehmen einem von Berufs wegen zur Verschwiegenheit verpflichteten Angehörigen der wirtschafts- oder steuerberatenden Berufe Einblick in seine Bücher und Geschäftsunterlagen gewährt. [2]Der Bericht des Buchprüfers darf sich ausschließlich auf die ihm bekannt gewordenen Verstöße gegen die Vorschriften dieses Gesetzes beziehen.

(2) Liegt eine Zuwiderhandlung vor, kann der Gewerbetreibende von dem zuwiderhandelnden Unternehmen die Erstattung der notwendigen Kosten der Buchprüfung verlangen.

DNBG 27a

Gesetz über die Deutsche Nationalbibliothek

vom 22. Juni 2006 (BGBl. I S. 1318),
zuletzt geändert durch Gesetz vom 1. September 2017 (BGBl. I S. 3346)

INHALTSÜBERSICHT

§ 1	Rechtsstellung, Sitz	§ 13	Haushalt, Rechnungsprüfung
§ 2	Aufgaben, Befugnisse	§ 14	Ablieferungspflicht
§ 3	Medienwerke	§ 15	Ablieferungspflichtige
§ 4	Satzung, Benutzung, Kostenpflicht	§ 16	Ablieferungsverfahren
§ 5	Organe	§ 16a	Urheberrechtlich erlaubte Nutzungen
§ 6	Verwaltungsrat		
§ 7	Generaldirektorin, Generaldirektor	§ 17	Auskunftspflicht
§ 8	Beiräte	§ 18	Zuschuss
§ 9	Rechtsaufsicht	§ 19	Bußgeldvorschriften
§ 10	Beamtinnen, Beamte	§ 20	Verordnungsermächtigung
§ 11	Arbeitnehmerinnen, Arbeitnehmer	§ 21	Landesrechtliche Regelungen
§ 12	Wohnungsfürsorge	§ 22	Inkrafttreten, Außerkrafttreten

§ 1 Rechtsstellung, Sitz. (1) Die Deutsche Nationalbibliothek (Bibliothek) ist die zentrale Archivbibliothek und das nationalbibliografische Zentrum der Bundesrepublik Deutschland.

(2) ¹Die Bibliothek ist eine rechtsfähige bundesunmittelbare Anstalt des öffentlichen Rechts mit der Deutschen Bücherei in Leipzig, der Deutschen Bibliothek in Frankfurt am Main und dem Deutschen Musikarchiv. ²Sie hat ihren Sitz in Frankfurt am Main.

§ 2 Aufgaben, Befugnisse. Die Bibliothek hat die Aufgabe,
1. a) die ab 1913 in Deutschland veröffentlichten Medienwerke und
   b) die ab 1913 im Ausland veröffentlichten deutschsprachigen Medienwerke, Übersetzungen deutschsprachiger Medienwerke in andere Sprachen und fremdsprachigen Medienwerke über Deutschland im Original zu sammeln, zu inventarisieren, zu erschließen und bibliografisch zu verzeichnen, auf Dauer zu sichern und für die Allgemeinheit nutzbar zu machen sowie zentrale bibliothekarische und nationalbibliografische Dienste zu leisten,
2. das Deutsche Exilarchiv 1933–1945, die Anne-Frank-Shoah-Bibliothek sowie das Deutsche Buch- und Schriftmuseum zu betreiben,
3. mit den Facheinrichtungen Deutschlands und des Auslands zusammenzuarbeiten sowie in nationalen und internationalen Fachorganisationen mitzuwirken.

§ 3 Medienwerke. (1) Medienwerke sind alle Darstellungen in Schrift, Bild und Ton, die in körperlicher Form verbreitet oder in unkörperlicher Form der Öffentlichkeit zugänglich gemacht werden.

27a DNBG Gesetz über die Deutsche Nationalbibliothek

(2) Medienwerke in körperlicher Form sind alle Darstellungen auf Papier, elektronischen Datenträgern und anderen Trägern.

(3) Medienwerke in unkörperlicher Form sind alle Darstellungen in öffentlichen Netzen.

(4) Filmwerke, bei denen nicht die Musik im Vordergrund steht, sowie ausschließlich im Rundfunk gesendete Werke unterliegen nicht den Bestimmungen dieses Gesetzes.

§ 4 Satzung, Benutzung, Kostenpflicht. (1) [1]Die Bibliothek gibt sich eine Satzung, die der Verwaltungsrat mit der Mehrheit von drei Vierteln seiner Mitglieder erlässt. [2]Sie bedarf der Genehmigung der für Kultur und Medien zuständigen obersten Bundesbehörde und ist im Bundesanzeiger zu veröffentlichen.

(2) Die Bestände der Bibliothek stehen der Allgemeinheit gemäß einer Benutzungsordnung zur Verfügung, die der Verwaltungsrat erlässt.

(3) [1]Die Benutzung der Bestände und die Inanspruchnahme der Dienstleistungen der Bibliothek sind grundsätzlich kostenpflichtig. [2]Das Nähere regelt eine Kostenordnung, die der Verwaltungsrat erlässt. [3]Sie bedarf der Genehmigung der für Kultur und Medien zuständigen obersten Bundesbehörde.

§ 5 Organe. Organe der Bibliothek sind
1. der Verwaltungsrat,
2. die Generaldirektorin oder der Generaldirektor,
3. die Beiräte.

§ 6 Verwaltungsrat. (1) [1]Der Verwaltungsrat hat 13 Mitglieder. [2]Diese werden nach Maßgabe der Nummern 1 bis 4 bestimmt.
1. Der Deutsche Bundestag entsendet zwei Personen;
2. die Bundesregierung entsendet drei Personen, davon mindestens zwei aus der für Kultur und Medien zuständigen obersten Bundesbehörde;
3. der Börsenverein des Deutschen Buchhandels entsendet drei Personen;
4. die Deutsche Forschungsgemeinschaft, der Deutsche Musikverlegerverband, der Bundesverband der Fonografischen Wirtschaft, die Stadt Frankfurt am Main sowie die Stadt Leipzig entsenden jeweils eine Person.

[2]Für jedes Mitglied soll eine Stellvertreterin oder ein Stellvertreter bestellt werden.

(2) Den Vorsitz führt ein von der Bundesregierung entsandtes und der für Kultur und Medien zuständigen obersten Bundesbehörde angehörendes Mitglied.

(3) [1]Der Verwaltungsrat ist beschlussfähig, wenn mehr als sieben Mitglieder anwesend sind. [2]Er entscheidet durch einfachen Mehrheitsbeschluss, soweit dieses Gesetz keine anderen Anforderungen stellt. [3]Bei Stimmengleichheit entscheidet die Stimme der oder des Vorsitzenden.

Gesetz über die Deutsche Nationalbibliothek **DNBG 27a**

(4) ¹Der Verwaltungsrat entscheidet in allen Angelegenheiten, die für die Bibliothek und ihre Entwicklung von grundsätzlicher oder erheblicher wirtschaftlicher Bedeutung sind. ²Er stellt insbesondere den Haushaltsplan fest, entlastet die Generaldirektorin oder den Generaldirektor nach Abschluss der Rechnungsprüfung und nimmt zu geplanten Rechtsverordnungen nach § 20 Stellung. ³Er überwacht die Erfüllung der Aufgaben der Bibliothek. ⁴Der Verwaltungsrat kann im Einzelfall Befugnisse in den in Satz 1 genannten Angelegenheiten der Generaldirektorin oder dem Generaldirektor der Bibliothek übertragen.

(5) Das Nähere regelt die Satzung.

(6) ¹Die oder der Vorsitzende des Verwaltungsrates ist oberste Dienstbehörde. ²Einzelne Befugnisse, die hieraus folgen, kann sie oder er der Generaldirektorin oder dem Generaldirektor der Bibliothek übertragen.

§ 7 Generaldirektorin, Generaldirektor. (1) ¹Die Generaldirektorin oder der Generaldirektor führt die Geschäfte der Bibliothek. ²Sie oder er entscheidet in allen Angelegenheiten der Bibliothek, soweit nicht der Verwaltungsrat oder als oberste Dienstbehörde dessen Vorsitzende oder Vorsitzender zuständig ist.

(2) ¹Die Generaldirektorin oder der Generaldirektor vertritt die Bibliothek gerichtlich und außergerichtlich. ²Sie oder er ist Vorgesetzte oder Vorgesetzter sowie Dienstvorgesetzte oder Dienstvorgesetzter der Bediensteten der Bibliothek.

§ 8 Beiräte. (1) ¹Der Beirat berät den Verwaltungsrat und die Generaldirektorin oder den Generaldirektor in allen die Bibliothek betreffenden Angelegenheiten. ²In den besonderen Angelegenheiten des Deutschen Musikarchivs werden sie von dem Beirat für das Deutsche Musikarchiv beraten.

(2) ¹Als Mitglieder des Beirates beruft der Verwaltungsrat bis zu zwölf Sachverständige; die Hälfte der Beiratsmitglieder wird auf Vorschlag des Börsenvereins des Deutschen Buchhandels berufen. ²Dem Beirat gehört auch die Vorsitzende oder der Vorsitzende des Beirates für das Deutsche Musikarchiv an.

(3) ¹Als Mitglieder des Beirates für das Deutsche Musikarchiv beruft der Verwaltungsrat bis zu zwölf Sachverständige; je ein Viertel der Beiratsmitglieder wird auf Vorschlag des Deutschen Musikverlegerverbandes und des Bundesverbandes der Fonografischen Wirtschaft berufen. ²Dem Beirat für das Deutsche Musikarchiv gehört auch die Vorsitzende oder der Vorsitzende des Beirates an.

(4) Das Nähere regelt die Satzung.

§ 9 Rechtsaufsicht. Die für Kultur und Medien zuständige oberste Bundesbehörde führt die Rechtsaufsicht über die Bibliothek.

§ 10 Beamtinnen, Beamte. (1) Die Bibliothek besitzt Dienstherrenfähigkeit im Sinne des § 2 des Bundesbeamtengesetzes.

27a DNBG Gesetz über die Deutsche Nationalbibliothek

(2) ¹Die Generaldirektorin oder der Generaldirektor sowie die ständige Vertreterin oder der ständige Vertreter in Leipzig und in Frankfurt am Main werden auf Vorschlag des Verwaltungsrates von der Bundespräsidentin oder dem Bundespräsidenten ernannt. ²Der Vorschlag bedarf einer Mehrheit von zwei Dritteln der Mitglieder des Verwaltungsrates.

(3) Die oder der Vorsitzende des Verwaltungsrates ernennt die übrigen Beamtinnen und Beamten, soweit nicht diese Befugnis durch die Satzung der Generaldirektorin oder dem Generaldirektor übertragen ist.

§ 11 Arbeitnehmerinnen, Arbeitnehmer. ¹Auf das Arbeitsverhältnis der Angestellten, Arbeiterinnen und Arbeiter sind die für Arbeitnehmerinnen und Arbeitnehmer des Bundes jeweils geltenden Tarifverträge und sonstigen Bestimmungen anzuwenden. ²Bei einem Insolvenzereignis leistet der Bund ihnen Zahlungen im gleichen Umfang wie Anspruch auf Insolvenzgeld bestünde.

§ 12 Wohnungsfürsorge. Die Vorschriften des Bundes über Bau-, Wohnungs- und Mietangelegenheiten gelten für die Bibliothek und ihre Bediensteten entsprechend.

§ 13 Haushalt, Rechnungsprüfung. (1) Für das Haushalts-, Kassen- und Rechnungswesen sowie für die Rechnungslegung und -prüfung der Bibliothek finden die für den Bund geltenden Bestimmungen Anwendung.

(2) ¹Zu Beschlüssen über die Feststellung des Haushaltsplanes und über die Entlastung der Generaldirektorin oder des Generaldirektors nach Abschluss der Rechnungsprüfung bedarf es einer Mehrheit von zwei Dritteln der Mitglieder des Verwaltungsrates. ²Entscheidungen über Haushaltsangelegenheiten bedürfen der Zustimmung der Vertreter der Bundesregierung, wobei in diesen Angelegenheiten deren Stimmen nur einheitlich abgegeben werden können.

(3) Der Haushaltsplan bedarf der Genehmigung der für Kultur und Medien zuständigen obersten Bundesbehörde.

(4) Die Haushaltsmittel werden vom Bund nach Maßgabe des Bundeshaushaltes zur Verfügung gestellt.

§ 14 Ablieferungspflicht. (1) ¹Die Ablieferungspflichtigen haben Medienwerke in körperlicher Form nach § 2 Nr. 1 Buchstabe a in zweifacher Ausfertigung gemäß § 16 Satz 1 abzuliefern. ²Musiknoten, die lediglich verliehen oder vermietet werden (Miet- oder Leihmateriale), haben die Ablieferungspflichtigen in einfacher Ausfertigung gemäß § 16 Satz 1 abzuliefern.

(2) Die Ablieferungspflichtigen haben Medienwerke nach § 2 Nr. 1 Buchstabe b in einfacher Ausfertigung gemäß § 16 Satz 1 abzuliefern, wenn eine Inhaberin oder ein Inhaber des ursprünglichen Verbreitungsrechts den Sitz, eine Betriebsstätte oder den Hauptwohnsitz in Deutschland hat.

(3) Die Ablieferungspflichtigen haben Medienwerke in unkörperlicher Form nach § 2 Nr. 1 Buchstabe a in einfacher Ausfertigung gemäß § 16 Satz 1 abzuliefern.

Gesetz über die Deutsche Nationalbibliothek **DNBG 27a**

(4) Wird die Ablieferungspflicht nicht binnen einer Woche seit Beginn der Verbreitung oder der öffentlichen Zugänglichmachung des Medienwerkes erfüllt, ist die Bibliothek nach Mahnung und fruchtlosem Ablauf von weiteren drei Wochen berechtigt, die Medienwerke auf Kosten der Ablieferungspflichtigen anderweitig zu beschaffen.

§ 15 Ablieferungspflichtige. Ablieferungspflichtig ist, wer berechtigt ist, das Medienwerk zu verbreiten oder öffentlich zugänglich zu machen und den Sitz, eine Betriebsstätte oder den Hauptwohnsitz in Deutschland hat.

§ 16 Ablieferungsverfahren. [1]Die Ablieferungspflichtigen haben die Medienwerke vollständig, in einwandfreiem, nicht befristet benutzbarem Zustand und zur dauerhaften Archivierung durch die Bibliothek geeignet unentgeltlich und auf eigene Kosten binnen einer Woche seit Beginn der Verbreitung oder der öffentlichen Zugänglichmachung an die Bibliothek oder der von dieser benannten Stelle abzuliefern. [2]Medienwerke in unkörperlicher Form können nach den Maßgaben der Bibliothek auch zur Abholung bereitgestellt werden.

§ 16a Urheberrechtlich erlaubte Nutzungen. (1) [1]Die Bibliothek darf Medienwerke in unkörperlicher Form für eigene und fremde Pflichtexemplarbestände vergütungsfrei vervielfältigen und übermitteln, auch automatisiert und systematisch. [2]Dies gilt nur, soweit die Medienwerke entweder ohne Beschränkungen, insbesondere für jedermann und unentgeltlich, öffentlich zugänglich oder zur Abholung durch die Bibliothek bereitgestellt sind. [3]Die nach den Sätzen 1 und 2 erstellten Vervielfältigungen dürfen anschließend wie andere Bestandswerke weitergenutzt werden.

(2) [1]Die Bibliothek darf im Auftrag eines Nutzers Werke oder andere nach dem Urheberrechtsgesetz geschützte Schutzgegenstände für die nicht kommerzielle wissenschaftliche Forschung zur Erleichterung von Zitaten vergütungsfrei vervielfältigen und unter einer dauerhaft gleichbleibenden Internetadresse öffentlich zugänglich machen. [2]Dies gilt nur, wenn die Werke und sonstigen Schutzgegenstände ohne Beschränkungen, insbesondere für jedermann und unentgeltlich, öffentlich zugänglich sind und zudem ihre dauerhafte Erreichbarkeit nicht durch die Bibliothek selbst oder durch Dritte gesichert ist, etwa dadurch, dass die Werke und sonstigen Schutzgegenstände über andere, entgeltliche oder unentgeltliche Dienste erreichbar sind.

§ 17 Auskunftspflicht. [1]Die Ablieferungspflichtigen haben der Bibliothek bei Ablieferung der Medienwerke unentgeltlich die zu ihrer Aufgabenerfüllung notwendigen Auskünfte auf Verlangen zu erteilen. [2]Kommen sie dieser Pflicht nicht nach, ist die Bibliothek nach Ablauf eines Monats seit Beginn der Verbreitung oder öffentlichen Zugänglichmachung berechtigt, die Informationen auf Kosten der Auskunftspflichtigen anderweitig zu beschaffen.

§ 18 Zuschuss. [1]Für Medienwerke in körperlicher Form gewährt die Bibliothek den Ablieferungspflichtigen auf Antrag einen Zuschuss zu den Herstel-

27a DNBG Gesetz über die Deutsche Nationalbibliothek

lungskosten der abzuliefernden Ausfertigungen, wenn die unentgeltliche Abgabe eine unzumutbare Belastung darstellt. ²Das Nähere regelt eine Rechtsverordnung.

§ 19 Bußgeldvorschriften. (1) Ordnungswidrig handelt, wer
1. entgegen § 14 Abs. 1, 2 oder 3 ein Medienwerk nicht, nicht richtig, nicht vollständig, nicht in der vorgeschriebenen Weise oder nicht rechtzeitig abliefert oder
2. entgegen § 17 Satz 1 eine Auskunft nicht, nicht richtig, nicht vollständig oder nicht rechtzeitig erteilt.

(2) Ordnungswidrig handelt, wer als gewerblich tätige Ablieferungspflichtige oder als gewerblich tätiger Ablieferungspflichtiger eine in Absatz 1 bezeichnete Handlung fahrlässig begeht.

(3) Die Ordnungswidrigkeit kann mit einer Geldbuße bis zu zehntausend Euro geahndet werden.

(4) Verwaltungsbehörde im Sinne des § 36 Abs. 1 Nr. 1 des Gesetzes über Ordnungswidrigkeiten ist die Bibliothek.

§ 20 Verordnungsermächtigung. Zur geordneten Durchführung der Pflichtablieferung und um einen nicht vertretbaren Aufwand der Bibliothek sowie um Unbilligkeiten zu vermeiden, wird das für Kultur und Medien zuständige Mitglied der Bundesregierung ermächtigt, durch Rechtsverordnung zu regeln:
1. die Einschränkung der Ablieferungs- oder der Sammelpflicht für bestimmte Gattungen von Medienwerken, wenn für deren Sammlung, Inventarisierung, Erschließung, Sicherung und Nutzbarmachung kein öffentliches Interesse besteht,
2. die Beschaffenheit der ablieferungspflichtigen Medienwerke und die Ablieferung in Fällen, in denen ein Medienwerk in verschiedenen Ausgaben oder Fassungen verbreitet oder öffentlich zugänglich gemacht wird,
3. das Verfahren der Ablieferung der Medienwerke sowie
4. die Voraussetzungen und das Verfahren bei der Gewährung von Zuschüssen.

§ 21 Landesrechtliche Regelungen. ¹Die landesrechtlichen Regelungen über die Ablieferung von Medienwerken bleiben unberührt. ²Für die nach Landesrecht bestimmten Einrichtungen für die Ablieferung von Medienwerken gilt § 16a entsprechend.

§ 22 Inkrafttreten, Außerkrafttreten. ¹Dieses Gesetz tritt am Tage nach der Verkündung in Kraft. ²Gleichzeitig tritt das Gesetz über die Deutsche Bibliothek vom 31. März 1969 (BGBl. I S. 265), zuletzt geändert durch Artikel 73 der Verordnung vom 29. Oktober 2001, außer Kraft.

PflAV 27b

Verordnung über die Pflichtablieferung von Medienwerken an die Deutsche Nationalbibliothek (Pflichtablieferungsverordnung – PflAV)

vom 17. Oktober 2008 (BGBl. I S. 2013),
zuletzt geändert durch VO vom 29. April 2014 (BGBl. S. 450)

§ 1 Einschränkung der Ablieferungspflicht. (1) ¹Zur Erfüllung der Aufgaben der Deutschen Nationalbibliothek (Bibliothek) sind Medienwerke von den Ablieferungspflichtigen nach den Maßgaben der §§ 14 bis 16 des Gesetzes über die Deutsche Nationalbibliothek an die Bibliothek abzuliefern, soweit sich aus dieser Verordnung nichts anderes ergibt. ²Unbeschadet der §§ 3, 4, 8 und 9 kann die Bibliothek auf die Ablieferung verzichten, wenn an der Sammlung kein öffentliches Interesse besteht.

(2) Ein Anspruch auf Aufnahme eines Medienwerkes in die Sammlung der Bibliothek besteht nicht.

§ 2 Beschaffenheit körperlicher Medienwerke und Umfang der Ablieferungspflicht. (1) Die Medienwerke sind in unbenutztem Zustand und in marktüblicher Ausführung abzuliefern.

(2) Sind mehrere Ausführungen marktüblich, sind die Medienwerke in der dauerhaftesten abzuliefern; dies gilt nicht für besonders aufwändige Ausfertigungen, wenn eine andere genügend dauerhaft ist.

(3) ¹Medienwerke auf elektronischen Datenträgern sind nach Maßgabe der Bibliothek in einer zur Anfertigung von Archivkopien geeigneten Form abzuliefern. ²Auf Verlangen der Bibliothek sind technische Schutzmaßnahmen und Zugangsbeschränkungen an der abzuliefernden Ausfertigung aufzuheben oder Mittel zu ihrer Aufhebung zugänglich zu machen.

(4) Die Ablieferungspflicht umfasst auch
1. Sammelordner und dergleichen,
2. Jahrgangstitelblätter, Inhaltsverzeichnisse und Register zu Medienwerken, die fortlaufend erscheinen,
3. alle Teile und Gegenstände, die erkennbar zu einem ablieferungspflichtigen Hauptwerk gehören, auch wenn sie für sich allein nicht der Ablieferungspflicht unterliegen. Dies gilt insbesondere für nicht marktübliche Hilfsmittel und Werkzeuge, die eine Benutzung des Medienwerkes oder die Herstellung einer archivfähigen Version erst ermöglichen und die bei den Ablieferungspflichtigen erschienen sind. Sie sind zusammen mit dem Hauptwerk abzuliefern.

§ 3 Einschränkung der Ablieferungspflicht für körperliche Medienwerke in verschiedenen Ausgaben. (1) Von inhaltlich oder bibliografisch unveränderten Neuauflagen einschließlich höherer Tausender sind keine Ausfertigungen abzuliefern, wenn Ausfertigungen der ursprünglichen Ausgabe abgeliefert worden sind.

(2) Erscheinen Medienwerke gleichzeitig oder nacheinander in mehreren Ausgaben auf verschiedenen Trägermaterialien oder in unterschiedlichen technischen Ausführungen, so kann die Bibliothek auf die Ablieferung einzelner Ausgaben verzichten.

§ 4 Einschränkung der Ablieferungspflicht für bestimmte Gattungen von körperlichen Medienwerken. Nicht abzuliefern sind

1. Medienwerke, die in einer geringeren Auflage als 25 Exemplare erscheinen; diese Einschränkung gilt nicht für Dissertationen und Habilitationsschriften sowie für Medienwerke, die einzeln auf Anforderung verbreitet werden,
2. Dissertationen, Habilitationsschriften und einzeln auf Anforderung hergestellte Medienwerke, die mit weniger als 25 Exemplaren in körperlicher Form verbreitet werden, wenn diese nach Maßgabe der Bibliothek in einer zur Archivierung und Bereitstellung geeigneten unkörperlichen Form abgeliefert wurden,
3. Medienwerke mit bis zu vier Druckseiten Umfang; diese Einschränkung gilt nicht für mehrere durch eine Kennzeichnung als zusammengehörig anzusehende Medienwerke, für kartografische Werke, Anschauungstafeln, Musikalien, Dissertationen und Habilitationsschriften,
4. Sonderdrucke und Vorabdrucke ohne eigene Paginierung und ohne eigenes Titelblatt,
5. Werke der bildenden Kunst und Originalkunst-Mappen ohne Titelblatt oder mit Titelblatt und mit bis zu vier Seiten Text,
6. Offenlegungs-, Auslege- und Patentschriften des Deutschen Patent- und Markenamtes und des Europäischen Patentamtes,
7. Vorab- und Demonstrationsversionen von Medienwerken auf elektronischen Datenträgern,
8. Medienwerke, die nur unter Personen oder Institutionen verteilt werden, für die sie gemäß Gesetz oder Satzung bestimmt sind,
9. Medienwerke, die Verschlusssachen sind,
10. Medienwerke mit ausschließlich amtlichem Inhalt, die von Kreisen, Gemeinden und Gemeindeverbänden veröffentlicht werden,
11. Filmwerke auf fotochemisch beschichteten Trägermaterialien, Tonbildschauen und Einzellichtbilder,
12. Medienwerke, die vorwiegend als Werkzeuge eingesetzt werden, wie Betriebssysteme und nicht sachbezogene Verarbeitungsprogramme,
13. Akzidenzen, die lediglich gewerblichen, geschäftlichen oder innerbetrieblichen Zwecken, der Verkehrsabwicklung oder dem privaten, häuslichen oder geselligen Leben dienen,
14. Spiele,

Pflichtablieferungverordnung **PflAV 27b**

15. Zeitungen, wenn diese nach Maßgabe der Bibliothek in einer zur Archivierung und Bereitstellung geeigneten unkörperlichen Form abgeliefert wurden.

§ 5 Ablieferungsverfahren für körperliche Medienwerke. (1) [1]Die Ablieferungspflichtigen haben die Medienwerke einschließlich der in § 2 Abs. 4 bezeichneten Teile und Gegenstände unaufgefordert an die Bibliothek abzuliefern. [2]Dies gilt auch für die einzelnen Hefte und Lieferungen von fortlaufend erscheinenden Medienwerken. [3]Unbeschadet des § 4 Nummer 15 sind Tageszeitungen nur auf Anforderung abzuliefern.

(2) Soweit die Benutzung und die dauerhafte Sicherung von Medienwerken auf elektronischen Datenträgern weitere Informationen erfordern, die nicht unmittelbar den Ausfertigungen selbst zu entnehmen sind, insbesondere Angaben über besondere technische Installationsanforderungen, sind diese Informationen von den Ablieferungspflichtigen in einem von der Bibliothek festzulegenden Verfahren zugänglich zu machen.

§ 6 Zuschuss für körperliche Medienwerke. (1) [1]Ein Zuschuss nach § 18 Satz 1 des Gesetzes über die Deutsche Nationalbibliothek wird gewährt, wenn die Gesamtauflage des Medienwerkes höchstens 300 Exemplare und die Herstellungskosten für die abzuliefernden Ausfertigungen mindestens je 80 Euro betragen. [2]Bei Musikalien gilt Satz 1 mit der Maßgabe, dass die Gesamtauflage des Medienwerkes höchstens 50 Exemplare beträgt. [3]Natürlichen Personen, die nicht gewerbsmäßig oder freiberuflich Medienwerke veröffentlichen, wird ein Zuschuss gewährt, wenn die Herstellungskosten für die abzuliefernden Ausfertigungen mindestens je 20 Euro betragen. [4]Satz 3 gilt auch für Körperschaften, die ausschließlich und unmittelbar gemeinnützige, mildtätige oder kirchliche Zwecke im Sinne des § 51 der Abgabenordnung verfolgen; die Gemeinnützigkeit oder Mildtätigkeit der verfolgten Zwecke muss durch Anerkennungsbescheid des Finanzamtes belegt werden.

(2) [1]Herstellungskosten sind die durch die Herstellung der abzuliefernden Ausfertigungen verursachten Einzelkosten. [2]Dies sind in der Regel die Kosten der Vervielfältigung einschließlich der Kosten für Trägermaterialien, Einband und Behältnisse. [3]Nicht zu den Herstellungskosten gehören die auf der Gesamtauflage ruhenden Kosten wie Satzkosten, Autorenhonorare, Lizenzkosten und Gemeinkosten sowie die Mehrwertsteuer bei Unternehmerinnen und Unternehmern, die zum Vorsteuerabzug berechtigt sind. [4]Bei mehrteiligen Werken, Lieferungswerken und Zeitschriften ist von den Herstellungskosten für den einzelnen Band, für das Teil, für die Lieferung oder für das Heft auszugehen. [5]Zur Herstellung der Auflage eingesetzte öffentliche Mittel sind anteilig von den Herstellungskosten abzusetzen.

(3) Für Dissertationen und Habilitationsschriften wird kein Zuschuss gewährt.

(4) Der Zuschuss wird in Höhe der Herstellungskosten der abzuliefernden Ausfertigungen, höchstens jedoch in Höhe des niedrigsten Abgabepreises der entsprechenden Anzahl von Exemplaren der Gesamtauflage gewährt.

(5) [1]Der Zuschussantrag ist innerhalb eines Monats nach Beginn der Verbreitung des Medienwerkes unter Verwendung des Formulars der Bibliothek bei der Bibliothek zu stellen. [2]Auf Verlangen der Bibliothek sind die Angaben im Antrag nachzuweisen. [3]Die Ablieferungspflicht bleibt unberührt.

§ 7 Beschaffenheit von Netzpublikationen und Umfang der Ablieferungspflicht. (1) [1]Unkörperliche Medienwerke (Netzpublikationen) sind in marktüblicher Ausführung und in mit marktüblichen Hilfsmitteln benutzbarem Zustand abzuliefern. [2]Eine Pflicht zur Ablieferung besteht nicht, wenn die Ablieferungspflichtigen im Rahmen des § 16 Satz 2 des Gesetzes über die Deutsche Nationalbibliothek mit der Bibliothek vereinbaren, die Netzpublikationen zur elektronischen Abholung bereitzustellen. [3]Für die Ablieferung von Netzpublikationen gilt § 2 Abs. 3 entsprechend; für die Bereitstellung zur elektronischen Abholung gilt § 2 Abs. 3 Satz 1 entsprechend.

(2) [1]Die Ablieferungspflicht umfasst auch alle Elemente, Software und Werkzeuge, die in physischer oder in elektronischer Form erkennbar zu den ablieferungspflichtigen Netzpublikationen gehören, auch wenn sie für sich allein nicht der Ablieferungspflicht unterliegen. [2]Dies gilt insbesondere für nicht marktübliche Hilfsmittel, die eine Bereitstellung und Benutzung der Netzpublikationen erst ermöglichen und bei den Ablieferungspflichtigen erschienen sind. [3]Sie sind zusammen mit den Netzpublikationen abzuliefern oder zur elektronischen Abholung bereitzustellen.

§ 8 Einschränkung der Ablieferungspflicht für Netzpublikationen in verschiedenen Ausgaben und aufgrund technischer Verfahren. (1) Die Bibliothek kann auf die Ablieferung oder elektronische Abholung einzelner Ausgaben von Netzpublikationen verzichten, wenn diese gleichzeitig oder nacheinander in unterschiedlichen technischen Ausführungen erscheinen.

(2) [1]Die Bibliothek kann auf die Ablieferung verzichten, wenn technische Verfahren die Sammlung und Archivierung nicht oder nur mit beträchtlichem Aufwand erlauben. [2]Sie kann nicht sammelpflichtige Netzpublikationen archivieren, wenn zur Sammlung eingesetzte automatisierte Verfahren eine Aussonderung solcher Netzpublikationen nicht oder nur mit beträchtlichem Aufwand erlauben.

(3) Umfang und Häufigkeit der Ablieferung von regelmäßig aktualisierten Netzpublikationen können durch die Bibliothek eingeschränkt werden.

§ 9 Weitere Einschränkungen der Ablieferungspflicht für Netzpublikationen. Nicht abzuliefern sind
1. Netzpublikationen, die den in § 4 Nr. 8, 10, 13 und 14 bezeichneten Medienwerken entsprechen, sowie lediglich privaten Zwecken dienende Websites,

2. zeitlich befristete unkörperliche Vorab- und Demonstrationsversionen zu körperlichen oder unkörperlichen Medienwerken, sofern sie nach Erscheinen der endgültigen Publikation wieder aus dem Netz genommen werden,
3. selbstständig veröffentlichte Betriebssysteme, nicht sachbezogene Anwenderprogramme, die nicht unter § 7 Abs. 2 fallen, sachbezogene Anwendungswerkzeuge zur Nutzung bestimmter Internetdienste, Arbeits- und Verfahrensbeschreibungen,
4. Bestandsverzeichnisse, soweit sie nicht von einem Dritten veröffentlicht werden,
5. Netzpublikationen, die aus Fernseh- und Hörfunkproduktionen abgeleitet werden, soweit sie nicht von einem Dritten veröffentlicht werden,
6. inhaltlich unveränderte Spiegelungen von Netzpublikationen, soweit die ursprüngliche Veröffentlichung abgeliefert wurde,
7. netzbasierte Kommunikations-, Diskussions- oder Informationsinstrumente ohne sachliche oder personenbezogene Zusammenhänge,
8. E-Mail-Newsletter ohne Webarchiv,
9. Netzpublikationen, die nur einer privaten Nutzergruppe zugänglich gemacht sind,
10. selbstständig veröffentlichte Primär-, Forschungs- und Rohdaten.

§ 10 Inkrafttreten, Außerkrafttreten. Diese Verordnung tritt am Tag nach der Verkündung in Kraft.

LBiblG 27c
Landesbibliotheksgesetz (Mustergesetz)[1]

§ 1 Informationsfreiheit. ¹Die geordneten und erschlossenen Sammlungen von Büchern und anderen Medienwerken in körperlicher und unkörperlicher Form (Bibliotheken) des Landes *XY* und der unter der Rechtsaufsicht des Landes stehenden juristischen Personen sind nach Maßgabe ihrer Benutzungsbestimmungen und mit Rücksicht auf ihren konkreten Zweck für jedermann zugänglich. ²Sie gewährleisten damit in besonderer Weise das Grundrecht, sich aus allgemein zugänglichen Quellen ungehindert unterrichten zu können. ³Das Gleiche gilt für die im Rahmen freiwilliger Aufgabenerfüllung im eigenen Wirkungskreis von den Gemeinden und Landkreisen unterhaltenen Bibliotheken.

§ 2 Bibliotheken. (1) ¹Als Zentrale Landesbibliothek fungiert (*Name der Bibliothek bzw. Zentrale Universitätsbibliothek eines Bundeslandes*). ²Als Zentrum für Angelegenheiten des wissenschaftlichen Bibliothekswesens nimmt sie in Absprache mit den betroffenen Einrichtungen planerische und koordinierende Aufgaben wahr.

(2) ¹Bibliotheken mit umfangreichen Beständen für wissenschaftliche Forschung und Lehre (wissenschaftliche Bibliotheken) bestehen an den Hochschulen und der Berufsakademie des Landes oder als eigenständige Forschungsbibliotheken. ²Sie stehen unbeschadet ihrer besonderen Aufgaben für Forschung und Lehre jedermann entsprechend § 1 für die private und berufliche wissenschaftliche Bildung zur Verfügung. ³Im Übrigen gelten die Regelungen des Hochschulgesetzes.

---

1 Das Muster eines Landesbibliotheksgesetzes basiert auf dem Thüringer Bibliotheksgesetz (ThürBibG) vom 16. Juli 2008 (GVBl. Thüringen 2008, S. 243 ff.),zuletzt geändert durch Gesetzespaket vom 1.5/24.5.2018 (GVBl. Thüringen 2018, S. 149, 209). Als erstes Landesbibliotheksgesetz fungiert das Thüringer Bibliotheksgesetz damit als Vorläufer und Modell. Weitere Gesetze wurden danach in **Sachsen-Anhalt** (**Bibliotheksgesetz für das Land Sachsen-Anhalt** vom 16. Juli 2010, GVBl. LSA, S. 434; zuletzt geändert durch Gesetz vom 3. Juli 2015, GVBl. LSA, S. 314) mit stärkerer Auffächerung der Bibliothekstypen sowie in **Hessen** (**Hessisches Bibliotheksgesetz** vom 20. September 2010, GVBl. I., S. 295; zuletzt geändert durch Gesetz vom 12. Dezember 2021, GVBl., S. 841) mit zusätzlicher Betonung der Digitalisierung erlassen. Hinzu kamen das **Gesetz für die Bibliotheken in Schleswig-Holstein** vom 3. August 2016 (GVOBl. Sch.-H. S. 791), zuletzt geändert durch Gesetz vom 13. Dezember 2019, GVOBl. Sch.-H. S. 612), und das **Landesbibliotheksgesetz für das Land Rheinland-Pfalz** vom 3. Dezember 2014 (GVBl. S. 245, zuletzt geändert durch Gesetz vom 19. Dezember 2018, GVBl. S. 448). Einen guten Überblick über den Stand der Entwicklung von Gesetzgebungsvorhaben und Initiativen zu Bibliotheksgesetzen in anderen Bundesländern enthält die Webseite des Deutschen Bibliotheksverbandes (www.bibliotheksverband.de) unter der Rubrik dbv/Themen/Bibliotheksgesetze. Der Deutsche Bibliotheksverband hat ebenfalls auf seinen Seiten ein eigenes Musterbibliotheksgesetz eingestellt.

27c LBiblG — Landesbibliotheksgesetz

(3) [1]Die von den Gemeinden und Landkreisen unterhaltenen allgemein zugänglichen Bibliotheken (öffentliche Bibliotheken) dienen der schulischen, beruflichen und allgemeinen Bildung und Information. [2]Die Landesfachstelle für öffentliche Bibliotheken berät und unterstützt die öffentlichen Bibliotheken und ihre Träger in allen Fragen bibliotheksfachlicher und bibliotheksplanerischer Art.

(4) Bibliotheken für den Dienstgebrauch der Verwaltung und der Gerichte (Behördenbibliotheken) sowie die Bibliothek des Landtags sind, sofern die gewünschten Bücher und Medienwerke in anderen Bibliotheken des Landes *XY* nicht zur Verfügung stehen und dienstliche Belange nicht beeinträchtigt werden, entsprechend § 1 für jedermann zugänglich.

(5) Die an den Schulen des Landes bestehenden Schulbibliotheken dienen in Zusammenarbeit mit öffentlichen und wissenschaftlichen Bibliotheken im besonderen Maße der Lese- und Lernförderung sowie der Vermittlung von Medienkompetenz.

(6) Öffentlich zugängliche Bibliotheken in privater oder kirchlicher Trägerschaft (nicht staatliche Bibliotheken) ergänzen und bereichern das bibliothekarische Angebot im Land *XY*.

§ 3 Bildung und Medienkompetenz. [1]Bibliotheken sind Bildungseinrichtungen und als solche Partner für lebenslanges Lernen. [2]Sie sind Orte der Wissenschaft, der Begegnung und der Kommunikation. [3]Sie fördern Wissen und gesellschaftliche Integration und stärken die Lese-, Informations- und Medienkompetenz ihrer Nutzer durch geeignete Maßnahmen sowie durch die Zusammenarbeit mit Schulen und anderen Bildungseinrichtungen.

§ 4 Kulturelles Erbe. (1) [1]Die wertvollen Altbestände und spezialisierten Sammlungen in den Bibliotheken sind Teil des kulturellen Erbes des Landes *XY* von europäischem Rang. [2]Dies gilt insbesondere für die folgenden Bibliotheken und Sondersammlungen unter Einschluss der zentralen Landesbibliothek: ... [2]Das kulturelle Erbe in den Bibliotheken ist durch sachgerechte Aufbewahrung und Erschließung sowie durch geeignete Maßnahmen der Konservierung, Restaurierung und Digitalisierung zu schützen, zu bewahren und für den öffentlichen Gebrauch zu erhalten.

(2) [1]Von einem Werk, das unter wesentlicher Verwendung von historischem Buchbestand, Handschriften oder Nachlässen entstanden ist, ist unaufgefordert nach der Veröffentlichung ein Beleg bei der Bibliothek, die den bearbeiteten Bestand besitzt, in der veröffentlichten Form unentgeltlich abzuliefern. [2]Ist die unentgeltliche Ablieferung, insbesondere wegen einer niedrigen Auflage oder hoher Herstellungskosten, nicht zumutbar, kann der Bibliothek entweder ein Exemplar des Werkes zur Herstellung einer Vervielfältigung für einen angemessenen Zeitraum überlassen werden oder eine Entschädigung bis zur Höhe des halben Ladenpreises beantragt werden. [3]Wenn ein Ladenpreis nicht besteht, kann eine Entschädigung bis zur Höhe der halben Herstellungskosten des Belegexemplares verlangt werden.

(3) Für die Verarbeitung von personenbezogenen Daten lebender Personen bei der Übernahme, Erschließung und Nutzbarmachung von Nachlässen durch Bibliotheken gelten die Vorschriften des Archivgesetzes des Landes XY entsprechend.

§ 5 Finanzierung. (1) [1]Die Bibliotheken werden von ihren Trägern finanziert. [2]Die Aufwendungen für den Unterhalt kommunaler Bibliotheken sind durch die Zuweisungen für freiwillige Leistungen im Rahmen des Kommunalen Finanzausgleichs abgegolten. [3]Im Rahmen der verfügbaren Haushaltsmittel fördert das Land die Landesfachstelle für öffentliche Bibliotheken sowie nach den vom zuständigen Ministerium erlassenen Richtlinien und unter Berücksichtigung einer Bibliotheksentwicklungsplanung vor allem innovative Projekte, besondere Dienstleistungen und Maßnahmen der Qualitätssicherung in den Bibliotheken.

(2) [1]Bibliotheken nach § 2 Abs. 1 bis 4 können sozial ausgewogene Benutzungsentgelte oder Gebühren erheben. [2]Die allgemeine Benutzung des Bestandes ohne Ausleihe ist frei. [3]Die Sätze 1 und 2 gelten auch für nicht staatliche Bibliotheken, sofern sie zur Sicherung der bibliothekarischen Grundversorgung aus öffentlichen Mitteln gefördert werden.

FFG 28

V. Film

Gesetz über Maßnahmen zur Förderung des deutschen Films (Filmförderungsgesetz – FFG)

vom 23. Dezember 2016 (BGBl. I S. 3413),
zuletzt geändert durch Gesetz vom 7. August 2021 (BGBl. I 3311)

INHALTSÜBERSICHT

Kapitel 1
Rechtsform und Aufgaben der Filmförderungsanstalt

- § 1 Filmförderungsanstalt
- § 2 Aufgaben der Filmförderungsanstalt
- § 3 Aufgabenerfüllung
- § 4 Dienstleistungen für andere Einrichtungen

Kapitel 2
Organe, Förderkommissionen

Abschnitt 1
Organe

- § 5 Organe der Filmförderungsanstalt

Abschnitt 2
Verwaltungsrat

- § 6 Zusammensetzung
- § 7 Berufung, Amtszeit
- § 8 Aufgaben, Satzung, Richtlinien
- § 9 Vorsitz, Beschlussfähigkeit, Einberufung, Rechte, Geschäftsordnung
- § 10 Ausschüsse
- § 11 Befangenheit

Abschnitt 3
Präsidium

- § 12 Vorsitz, Zusammensetzung, Amtszeit, Geschäftsordnung
- § 13 Aufgaben, Rechte
- § 14 Beschlussfähigkeit, Verfahren, Befangenheit

Abschnitt 4
Vorstand

- § 15 Bestellung, Amtsdauer, Geschäftsordnung
- § 16 Aufgaben, Rechte
- § 17 Förderentscheidungen
- § 18 Widersprüche gegen Entscheidungen des Vorstands
- § 19 Entscheidungen zu Sperrfristen

Abschnitt 5
Förderkommissionen

- § 20 Ständige Förderkommissionen
- § 21 Vorschläge für die Besetzung der Kommission für Produktions- und Drehbuchförderung und der Kommission für Verleih-, Vertriebs- und Videoförderung
- § 22 Bestellung der Mitglieder der Kommission für Produktions- und Drehbuchförderung und der Kommission für Verleih-, Vertriebs- und Videoförderung
- § 23 Bestellung der Mitglieder der Kommission für Kinoförderung
- § 24 Verbot der Personenidentität, Abberufung, Neubestellung
- § 25 Geschäftsordnung, Befangenheit

28 FFG Filmförderungsgesetz

§ 26	Kommission für Produktions- und Drehbuchförderung	§ 49	Archivierung
§ 27	Kommission für Verleih-, Vertriebs- und Videoförderung	§ 50	Ausschluss von Personen von der Förderung
§ 28	Verfahren zur Besetzung der Kommission für Produktions- und Drehbuchförderung und der Kommission für Verleih-, Vertriebs- und Videoförderung		

Abschnitt 3

Bescheinigung des Bundesamtes für Wirtschaft und Ausfuhrkontrolle

§ 29	Kommission für Kinoförderung	§ 51	Bescheinigung des Bundesamtes für Wirtschaft und Ausfuhrkontrolle
§ 30	Weitere Förderkommissionen		
§ 31	Widersprüche gegen Entscheidungen der Förderkommissionen	§ 52	Vorläufige Projektbescheinigung des Bundesamtes für Wirtschaft und Ausfuhrkontrolle

Kapitel 3

Satzung, Haushalt, Aufsicht

Abschnitt 4

Sperrfristen

§ 32	Satzung	§ 53	Regelmäßige Sperrfristen
§ 33	Wirtschaftsplan	§ 54	Ordentliche Verkürzung der Sperrfristen
§ 34	Haushalts- und Wirtschaftsführung	§ 55	Außerordentliche Verkürzung der Sperrfristen
§ 35	Rücklagen	§ 55a	Abweichende Regelungen über die Sperrfristen
§ 36	Stundung, Niederschlagung und Erlass von Ansprüchen	§ 55b	Ersetzung der regulären Erstaufführung und Fortsetzung der weiteren Kinoauswertung in Fällen höherer Gewalt
§ 37	Rechnungslegung und Prüfung der Jahresrechnung		
§ 38	Aufsicht	§ 56	Nichtanwendung der Sperrfristenregelungen

Kapitel 4

Förderung – Allgemeine Bestimmungen

		§ 57	Verletzung der Sperrfristen
		§ 58	Ermächtigung des Verwaltungsrats

Abschnitt 1

Zweckbindung der Fördermittel, Begriffsbestimmungen

Kapitel 5

Förderung der Filmproduktion

§ 39	Zweckbindung der Fördermittel		
§ 40	Begriffsbestimmungen		

Abschnitt 1

Projektfilmförderung

Abschnitt 2

Allgemeine Fördervoraussetzungen

		§ 59	Förderhilfen
§ 41	Filmbezogene allgemeine Fördervoraussetzungen	§ 59a	Ökologisch nachhaltige Herstellung von Filmen
§ 42	Internationale Koproduktionen	§ 60	Art und Höhe, Mindestförderquote
§ 43	Internationale Kofinanzierungen	§ 61	Auswahl von Vorhaben
§ 44	Förderfähigkeit von internationalen Koproduktionen und Kofinanzierungen	§ 62	Einbeziehung von Gemeinschaftsproduktionen
§ 45	Fördervoraussetzungen bei internationalen Kofinanzierungen	§ 63	Eigenanteil des Herstellers
		§ 64	Ausnahmen beim Eigenanteil
§ 46	Nicht förderfähige Filme	§ 65	Bürgschaften
§ 47	Barrierefreie Fassung	§ 66	Antrag
§ 48	Herstellung der Kopien	§ 67	Bewilligung

Filmförderungsgesetz **FFG 28**

§ 68 Förderzusage, Form
§ 69 Auszahlung
§ 70 Schlussprüfung
§ 71 Tilgung des Darlehens
§ 72 Sonstige Rückzahlungspflicht

Abschnitt 2
Referenzfilmförderung

Unterabschnitt 1
Referenzfilmförderung für programmfüllende Filme

§ 73 Förderhilfen, Referenzpunkte
§ 74 Zuschauererfolg
§ 75 Erfolge bei Festivals und Preise

Unterabschnitt 2
Referenzfilmförderung für Dokumentar-, Kinder-, Erstlingsfilme und Filme mit niedrigen Herstellungskosten

§ 76 Förderhilfen, Referenzpunkte
§ 77 Zuschauererfolg
§ 78 Erfolge bei Festivals und Preise

Unterabschnitt 3
Filme aus Mitgliedstaaten der Europäischen Union oder aus einem anderen Vertragsstaat des Abkommens über den Europäischen Wirtschaftsraum oder aus einem gleichgestellten Staat

§ 79 Einbeziehung von Filmen aus Mitgliedstaaten der Europäischen Union oder aus einem anderen Vertragsstaat des Abkommens über den Europäischen Wirtschaftsraum oder aus einem gleichgestellten Staat

Unterabschnitt 4
Verfahren, Art und Höhe der Förderung

§ 80 Verteilung der Referenzpunkte
§ 81 Art und Höhe
§ 82 Antrag
§ 83 Zuerkennung
§ 84 Verwendung

§ 85 Besondere Verwendungsmöglichkeiten
§ 86 Bürgschaften
§ 87 Begonnene Maßnahmen
§ 88 Auszahlung
§ 89 Schlussprüfung
§ 90 Rückzahlungspflicht

Kapitel 6
Referenzförderung für Kurzfilme und nicht programmfüllende Kinderfilme

§ 91 Referenzförderung
§ 92 Erfolge bei Festivals und Preise
§ 93 Förderart, Verteilung der Referenzpunkte
§ 94 Antrag
§ 95 Zuerkennung
§ 96 Verwendung
§ 97 Auszahlung
§ 98 Schlussprüfung
§ 99 Rückzahlung

Kapitel 7
Förderung von Drehbüchern und der Drehbuchfortentwicklung

Abschnitt 1
Drehbuch- und Treatmentförderung

§ 100 Förderhilfen
§ 101 Förderart, Auswahl von Vorhaben
§ 102 Antrag
§ 103 Verwendung
§ 104 Auszahlung
§ 105 Schlussprüfung
§ 106 Rückzahlung

Abschnitt 2
Förderung der Drehbuchfortentwicklung

§ 107 Förderhilfen
§ 108 Förderart, Auswahl von Vorhaben
§ 109 Antrag
§ 110 Sachverständige Begleitung
§ 111 Verwendung
§ 112 Auszahlung
§ 113 Schlussprüfung, Rückzahlung
§ 114 Ermächtigung des Verwaltungsrats

28 FFG

Filmförderungsgesetz

Kapitel 8
Förderung des Absatzes

Abschnitt 1
Projektförderung für Verleih- und Vertriebsunternehmen sowie Unternehmen der Videowirtschaft

- § 115 Förderhilfen
- § 116 Verwendung für den Verleih und Vertrieb
- § 117 Verwendung für den Videoabsatz
- § 118 Art und Höhe
- § 119 Auswahl von Vorhaben
- § 120 Einbeziehung von Gemeinschaftsproduktionen und ausländischen Filmen
- § 121 Antrag
- § 122 Bewilligung
- § 123 Auszahlung
- § 124 Schlussprüfung
- § 125 Tilgung des Darlehens
- § 126 Sonstige Rückzahlungspflicht

Abschnitt 2
Referenzförderung für Verleihunternehmen

- § 127 Förderhilfen, Referenzpunkte
- § 128 Art der Förderhilfe, Antrag
- § 129 Zuerkennung
- § 130 Verwendung
- § 131 Auszahlung
- § 132 Begonnene Maßnahmen
- § 133 Schlussprüfung, Rückzahlung

Kapitel 9
Kinoförderung

Abschnitt 1
Kinoprojektförderung

- § 134 Förderhilfen
- § 135 Art und Höhe
- § 136 Erlass von Restschulden
- § 137 Auswahl von Projekten

Abschnitt 2
Kinoreferenzförderung

- § 138 Förderhilfen
- § 139 Art und Höhe, Verteilung der Referenzpunkte

Abschnitt 3
Verfahren

- § 140 Antrag
- § 141 Zuerkennung der Kinoreferenzförderung
- § 142 Auszahlung
- § 143 Verwendung der Kinoreferenzförderung
- § 144 Schlussprüfung, Rückzahlung

Kapitel 10
Unterstützung der Digitalisierung des deutschen Filmerbes

- § 145 Vorgaben für Richtlinie

Kapitel 11
Finanzierung, Verwendung der Mittel

Abschnitt 1
Finanzierung

Unterabschnitt 1
Allgemeine Vorschriften

- § 146 Filmabgabe
- § 147 Verhältnis der Abgabevorschriften zueinander
- § 148 Erhebung der Filmabgabe
- § 149 Fälligkeit
- § 150 Begriffsbestimmung Kinofilm
- § 150a Begriffsbestimmungen Nettoumsatz und Nettowerbeumsatz

Unterabschnitt 2
Filmabgabe der Kinos und der Videowirtschaft

- § 151 Filmabgabe der Kinos
- § 152 Filmabgabe der Videoprogrammanbieter
- § 153 Filmabgabe der Anbieter von Videoabrufdiensten

Unterabschnitt 3
Filmabgabe der Fernsehveranstalter und Programmvermarkter

- § 154 Filmabgabe der öffentlich-rechtlichen Fernsehveranstalter
- § 155 Filmabgabe der Veranstalter frei empfangbarer Fernsehprogramme privaten Rechts

Filmförderungsgesetz **FFG 28**

§ 156 Filmabgabe der Veranstalter von Bezahlfernsehen
§ 156a Filmabgabe der Programmvermarkter
§ 157 Medialeistungen
§ 158 Zusätzliche Leistungen der Fernsehveranstalter und Programmvermarkter

Abschnitt 2
Verwendung der Einnahmen

§ 159 Aufteilung der Einnahmen auf die Förderbereiche
§ 160 Verwendung der Filmabgabe der Fernsehveranstalter und Programmvermarkter
§ 161 Ermächtigung des Verwaltungsrats
§ 161a Ausnahmsweise Umwidmung in Fällen höherer Gewalt
§ 162 Verwendung von Tilgungen
§ 163 Verwendung von Rücklagen, Überschüssen und nicht verbrauchten Haushaltsmitteln

Kapitel 12
Auskunftspflichten und Datenverwendung

§ 164 Auskünfte
§ 165 Zeitpunkt und Form der Meldepflicht
§ 166 Kontrolle der gemeldeten Daten
§ 167 Schätzung
§ 168 Übermittlung und Veröffentlichung von Daten
§ 169 Förderbericht

Kapitel 13
Übergangs- und Schlussvorschriften

§ 170 Übergangsregelungen
§ 171 Beendigung der Filmförderung
§ 172 Inkrafttreten, Außerkrafttreten

Kapitel 1

Rechtsform und Aufgaben der Filmförderungsanstalt

§ 1 Filmförderungsanstalt. (1) ¹Die Filmförderungsanstalt fördert als bundesweit tätige Filmförderungseinrichtung die Struktur der deutschen Filmwirtschaft und die kreativ-künstlerische Qualität des deutschen Films als Voraussetzung für seinen Erfolg im Inland und im Ausland. ²Sie ist eine bundesunmittelbare rechtsfähige Anstalt des öffentlichen Rechts.

(2) Die Filmförderungsanstalt hat ihren Sitz in Berlin.

§ 2 Aufgaben der Filmförderungsanstalt. ¹Die Filmförderungsanstalt hat die Aufgabe,
1. Maßnahmen zur Förderung des deutschen Films und zur Verbesserung der Struktur der deutschen Filmwirtschaft einschließlich der Kinos durchzuführen;
2. die gesamtwirtschaftlichen Belange der Filmwirtschaft in Deutschland unter Berücksichtigung ökologischer Belange zu unterstützen, insbesondere durch Maßnahmen zur Marktforschung, zur Bekämpfung der Verletzung von Urheber- und Leistungsschutzrechten und zur Filmbildung junger Menschen;
3. die Digitalisierung zum Zweck des Erhalts und der Zugänglichmachung des deutschen Filmerbes zu unterstützen;

4. die internationale Orientierung des deutschen Filmschaffens und die Grundlagen für die Verbreitung und marktgerechte Auswertung des deutschen Films im Inland und seine wirtschaftliche und kulturelle Ausstrahlung im Ausland zu verbessern;
5. deutsch-ausländische Gemeinschaftsproduktionen zu unterstützen;
6. die Zusammenarbeit zwischen der Filmwirtschaft und den Fernsehveranstaltern zur Stärkung des deutschen Kinofilms zu unterstützen;
7. die Bundesregierung in zentralen Fragen der Belange des deutschen Films zu beraten, insbesondere im Hinblick auf die Unterstützung der Filmwirtschaft und auf die Harmonisierung der Maßnahmen auf dem Gebiet des Filmwesens innerhalb der Europäischen Union;
8. auf eine Abstimmung und Koordinierung der Filmförderung des Bundes und der Länder hinzuwirken und
9. darauf hinzuwirken, dass in der Filmwirtschaft eingesetztes Personal zu sozialverträglichen und fairen Bedingungen beschäftigt wird.

[2]Die Filmförderungsanstalt wirkt bei der Wahrnehmung ihrer Aufgaben auf die Belange der Geschlechtergerechtigkeit, der Menschen mit Behinderung und auf Belange der Diversität hin.

§ 3 Aufgabenerfüllung. (1) Die Filmförderungsanstalt gewährt Förderhilfen nach Maßgabe der Kapitel 4 bis 9.

(2) Die Filmförderungsanstalt kann zudem für die Erfüllung ihrer allgemeinen Aufgaben nach § 2 sowie nach Maßgabe des Kapitels 10 insbesondere auch Förderhilfen gewähren, soweit diese nicht die Gewährung von Förderhilfen nach Maßgabe der Kapitel 4 bis 9 betreffen.

(3) [1]Die Filmförderungsanstalt darf sich zur Erfüllung ihrer Aufgaben an anderen Einrichtungen beteiligen, wenn die für Kultur und Medien zuständige oberste Bundesbehörde dem zustimmt. [2]Sie beteiligt sich insbesondere an der zentralen Dienstleistungsorganisation der deutschen Filmwirtschaft für die Außenvertretung des deutschen Films sowie an dem Netzwerk für Film- und Medienkompetenz.

(4) Die Filmförderungsanstalt darf zur Erfüllung ihrer Aufgaben zwei- und mehrseitige Kooperationsvereinbarungen mit den für die Filmförderung zuständigen Stellen anderer Staaten und mit den Filmfördereinrichtungen der Länder abschließen, um deutsch-ausländische Filmprojektentwicklungen zu unterstützen.

§ 4 Dienstleistungen für andere Einrichtungen. [1]Die Filmförderungsanstalt darf gegen Erstattung der Kosten Maßnahmen der Film- und Medienförderung für Behörden und öffentlich-rechtliche Einrichtungen, für andere Filmfördereinrichtungen sowie für sonstige branchennahe Einrichtungen durchführen. [2]Dies gilt auch für Maßnahmen auf dem Gebiet des Filmwesens, die sich aus der Mitgliedschaft der Bundesrepublik Deutschland in internationalen und supranationalen Organisationen ergeben.

Filmförderungsgesetz **FFG 28**

Kapitel 2
Organe, Förderkommissionen

Abschnitt 1
Organe

§ 5 Organe der Filmförderungsanstalt. Organe der Filmförderungsanstalt sind
1. der Verwaltungsrat,
2. das Präsidium und
3. der Vorstand.

Abschnitt 2
Verwaltungsrat

§ 6 Zusammensetzung. (1) ¹Der Verwaltungsrat besteht aus 36 Mitgliedern. ²Die Mitglieder werden wie folgt benannt:
1. drei Mitglieder durch den Deutschen Bundestag,
2. zwei Mitglieder durch den Bundesrat,
3. zwei Mitglieder durch die für Kultur und Medien zuständige oberste Bundesbehörde,
4. drei Mitglieder durch den HDF Kino e.V.,
5. je ein Mitglied durch
    a) die Arbeitsgemeinschaft Kino – Gilde Deutscher Filmkunsttheater e.V. und
    b) den Bundesverband kommunale Filmarbeit e.V.,
6. zwei Mitglieder durch den Verband der Filmverleiher e.V.,
7. zwei Mitglieder durch den Bundesverband audiovisuelle Medien e.V.,
8. zwei Mitglieder, gemeinsam durch den ANGA Der Breitbandverband e.V., den eco – Verband der Internetwirtschaft e.V. sowie den Bitkom – Bundesverband Informationswirtschaft, Telekommunikation und neue Medien e.V.,
9. je ein Mitglied durch
    a) die Arbeitsgemeinschaft der öffentlich-rechtlichen Rundfunkanstalten der Bundesrepublik Deutschland und
    b) die Anstalt des öffentlichen Rechts „Zweites Deutsches Fernsehen",
10. zwei Mitglieder durch den VAUNET – Verband Privater Medien e.V.,
11. drei Mitglieder durch die Allianz Deutscher Produzenten – Film & Fernsehen e.V.,
12. ein Mitglied durch den Verband Deutscher Filmproduzenten e.V.,
13. je ein Mitglied durch
    a) die Arbeitsgemeinschaft Dokumentarfilm e.V. und
    b) die AG Kurzfilm,

14. je ein Mitglied durch
    a) den Bundesverband Regie e.V. und
    b) den Verband Deutscher Drehbuchautoren e.V.,
15. ein Mitglied durch den Verband Technischer Betriebe für Film und Fernsehen e.V.,
16. ein Mitglied, gemeinsam durch die Vereinte Dienstleistungsgewerkschaft ver.di und den Deutschen Journalistenverband e.V.,
17. ein Mitglied durch die Deutsche Filmakademie e.V.,
18. ein Mitglied durch den Verband Deutscher Filmexporteure e.V.,
19. je ein Mitglied durch
    a) die evangelische Kirche und
    b) die katholische Kirche.

³Löst sich eine entsendende Organisation auf, geht das Recht der Benennung auf die rechtsnachfolgende Organisation über.

(2) ¹In den Fällen des Absatzes 1 Satz 2 Nummer 1 und 4 muss jeweils mindestens eine Frau und jeweils mindestens ein Mann benannt werden. ²In den Fällen des Absatzes 1 Satz 2 Nummer 3, 5 bis 10, 13, 14 und 19 muss jeweils eine Frau benannt werden. ³In den Fällen des Absatzes 1 Satz 2 Nummer 11 und 12 müssen insgesamt zwei Frauen benannt werden. ⁴In den Fällen des Absatzes 1 Satz 2 Nummer 15 bis 18 müssen insgesamt zwei Frauen benannt werden.

(3) Für jedes Mitglied wird ein stellvertretendes Mitglied benannt.

(4) ¹Die benennungsberechtigten Organisationen und Verfassungsorgane können bei Vorliegen eines wichtigen Grundes die Benennung widerrufen und eine andere Person benennen. ²Die Benennung eines von mehreren Organisationen gemeinsam benannten Mitglieds kann nur von den zuständigen Organisationen gemeinsam widerrufen werden. ³Scheidet ein Mitglied oder ein stellvertretendes Mitglied vorzeitig aus, so wird für den Rest der Amtszeit eine Nachfolge benannt.

§ 7 Berufung, Amtszeit. (1) Die für Kultur und Medien zuständige oberste Bundesbehörde beruft die Mitglieder des Verwaltungsrats und die stellvertretenden Mitglieder des Verwaltungsrats für zwei Jahre.

(2) Die Mitglieder und stellvertretenden Mitglieder des Verwaltungsrats sind an Aufträge und Weisungen nicht gebunden.

§ 8 Aufgaben, Satzung, Richtlinien. (1) Der Verwaltungsrat beschließt über alle grundsätzlichen Fragen, die zum Aufgabenbereich der Filmförderungsanstalt gehören, verabschiedet den Haushalt der Filmförderungsanstalt und beschließt Richtlinien nach diesem Gesetz sowie die Satzung der Filmförderungsanstalt nach Maßgabe des Absatzes 4.

(2) ¹Der Verwaltungsrat beschließt in den ersten sechs Monaten jedes Wirtschaftsjahres über die Entlastung des Vorstands und des Präsidiums. ²§ 109 Absatz 3 der Bundeshaushaltsordnung findet keine Anwendung. ³Die Mitglie-

Filmförderungsgesetz **FFG 28**

der des Präsidiums sind bei der Abstimmung über die Entlastung des Präsidiums nicht stimmberechtigt. ⁴Die Entlastung enthält keinen Verzicht auf Ersatzansprüche.

(3) ¹Der Verwaltungsrat kann, soweit dies nicht in diesem Gesetz geregelt ist, insbesondere die folgenden Anforderungen durch Richtlinien regeln:
1. an die Anträge nach diesem Gesetz und die ihnen beizufügenden Unterlagen,
2. an die Antragsfristen,
3. an die Auszahlung von Förderhilfen,
4. an Zeitpunkt, Art und Form der Verwendungsnachweise sowie
5. an die jeweils in der Förderung anerkennungsfähigen Kosten und die Tilgungsbestimmungen.

²Dabei ist sicherzustellen, dass den Grundsätzen sparsamer Wirtschaftsführung Rechnung getragen wird.

(4) ¹Der Verwaltungsrat beschließt Richtlinien nach diesem Gesetz und die Satzung der Filmförderungsanstalt gemäß § 32 mit einer Mehrheit von zwei Dritteln der Stimmen, mindestens aber der Mehrheit seiner Mitglieder. ²Abweichend von Satz 1 beschließt der Verwaltungsrat Richtlinien nach § 55a mit der Zustimmung der Mitglieder der Kinoverbände und insgesamt mit einer Mehrheit von drei Vierteln der Stimmen, mindestens aber der Mehrheit seiner Mitglieder. ³Die Richtlinien und die Satzung bedürfen der Genehmigung der für Kultur und Medien zuständigen obersten Bundesbehörde. ⁴Für Änderungen der Richtlinien und der Satzung gelten die Sätze 1 und 2 entsprechend.

(5) ¹Über Widersprüche gegen Entscheidungen des Verwaltungsrats entscheidet der Verwaltungsrat. ²Entscheidungen über Widersprüche, mit denen die angegriffene Entscheidung ganz oder teilweise geändert wird, ergehen mit derselben Mehrheit, mit der die angegriffene Entscheidung zu treffen ist. ³Wird diese Mehrheit nicht erreicht, ist der Widerspruch zurückzuweisen.

§ 9 Vorsitz, Beschlussfähigkeit, Einberufung, Rechte, Geschäftsordnung. (1) Der Verwaltungsrat wählt aus seiner Mitte eine Vorsitzende oder einen Vorsitzenden und eine stellvertretende Vorsitzende oder einen stellvertretenden Vorsitzenden.

(2) Der Verwaltungsrat ist beschlussfähig, wenn mindestens 19 Mitglieder anwesend sind.

(3) ¹Der Verwaltungsrat beschließt, soweit in diesem Gesetz nichts Abweichendes geregelt ist, mit einfacher Mehrheit. ²Bei Stimmengleichheit entscheidet die Stimme der oder des Vorsitzenden.

(4) Der Verwaltungsrat ist auf Verlangen von sieben seiner Mitglieder oder des Präsidiums unverzüglich einzuberufen.

(5) ¹Die Entscheidungen des Verwaltungsrats können auch in einer Videokonferenz oder in einem schriftlichen Umlaufverfahren getroffen werden. ²Entscheidungen im schriftlichen Umlaufverfahren können nicht getroffen

werden, wenn mindestens zwei Mitglieder des Verwaltungsrats fristgerecht der oder dem Vorsitzenden des Verwaltungsrats schriftlich oder elektronisch mitteilen, dass sie mit der Herbeiführung der Entscheidung im schriftlichen Umlaufverfahren nicht einverstanden sind. [3]Die Frist für die Mitteilung wird von der oder dem Vorsitzenden des Verwaltungsrats festgelegt.

(6) [1]Der Verwaltungsrat gibt sich eine Geschäftsordnung, in der auch die Arbeit der Ausschüsse gemäß § 10 geregelt wird. [2]Die Geschäftsordnung bedarf der Genehmigung der für Kultur und Medien zuständigen obersten Bundesbehörde.

§ 10 Ausschüsse. (1) [1]Der Verwaltungsrat kann Ausschüsse bilden, wenn dem eine Mehrheit von zwei Dritteln seiner Mitglieder zustimmt. [2]Jeder Ausschuss besteht aus fünf bis 15 Mitgliedern oder stellvertretenden Mitgliedern des Verwaltungsrats. [3]Für jedes Mitglied wird ein stellvertretendes Mitglied bestimmt. [4]§ 14 Absatz 4 gilt entsprechend.

(2) [1]Die Ausschüsse bereiten die Beschlüsse des Verwaltungsrats im jeweiligen Aufgabenbereich vor. [2]Sie berichten dem Verwaltungsrat regelmäßig.

§ 11 Befangenheit. (1) [1]Steht ein Mitglied des Verwaltungsrats zu einem Dritten in einem persönlichen Näheverhältnis oder in vertraglichen oder organschaftlichen Beziehungen, die geeignet sind, Misstrauen gegen eine unparteiische Amtsausübung zu rechtfertigen (Befangenheit), so darf dieses Mitglied nicht an Beschlüssen mitwirken, insbesondere nicht an Beschlüssen über die Gewährung von Förderhilfen, die den Dritten begünstigen können. [2]§ 20 des Verwaltungsverfahrensgesetzes bleibt unberührt.

(2) Beschlüsse, an denen Mitglieder entgegen Absatz 1 mitgewirkt haben, sind unwirksam, wenn nicht ausgeschlossen werden kann, dass die Stimme dieses Mitglieds den Ausschlag gegeben hat.

Abschnitt 3

Präsidium

§ 12 Vorsitz, Zusammensetzung, Amtszeit, Geschäftsordnung. (1) Das Präsidium besteht aus zehn Mitgliedern.

(2) [1]Den Vorsitz führt die oder der Vorsitzende des Verwaltungsrats. [2]Das Präsidium besteht weiter aus den folgenden Mitgliedern:
1. einem vom Deutschen Bundestag benannten Mitglied des Verwaltungsrats,
2. einem von der für Kultur und Medien zuständigen obersten Bundesbehörde benannten Mitglied des Verwaltungsrats,
3. je einem vom Verwaltungsrat mit der Mehrheit der Stimmen gewählten Mitglied oder stellvertretenden Mitglied des Verwaltungsrats, das benannt worden ist
   a) von den Verbänden der Filmhersteller,

Filmförderungsgesetz **FFG 28**

b) von den Verbänden der Filmverleiher,
c) von den Verbänden der Kinos,
d) von den Verbänden der Videowirtschaft,
e) von den Verbänden der privaten Fernsehveranstalter und
f) von den Verbänden der öffentlich-rechtlichen Fernsehveranstalter,
4. einem vom Verwaltungsrat mit der Mehrheit der Stimmen gewählten Mitglied aus dem Kreis der von der Arbeitsgemeinschaft Dokumentarfilm e.V., dem Bundesverband Regie e.V., der AG Kurzfilm e.V. und dem Verband Deutscher Drehbuchautoren e.V. für den Verwaltungsrat benannten Vertreterinnen und Vertreter auf gemeinsamen Vorschlag dieser Organisationen.

(3) ¹In den Fällen des Absatzes 2 Nummer 1 und 2 muss eine Frau benannt werden. ²In den Fällen des Absatzes 2 Nummer 3 und 4 sind die Mitglieder so zu wählen, dass eine geschlechtergerechte Besetzung des Präsidiums gewährleistet ist. ³Näheres zum Verfahren regelt die Satzung.

(4) Die Präsidiumsmitglieder werden jeweils für die Dauer ihrer Mitgliedschaft im Verwaltungsrat benannt oder gewählt.

(5) Das Präsidium wählt aus seiner Mitte eine stellvertretende Vorsitzende oder einen stellvertretenden Vorsitzenden.

(6) ¹Das Präsidium gibt sich eine Geschäftsordnung. ²Die Geschäftsordnung bedarf der Genehmigung durch die für Kultur und Medien zuständige oberste Bundesbehörde.

§ 13 Aufgaben, Rechte. (1) ¹Das Präsidium überwacht die Tätigkeit des Vorstands. ²Dies gilt auch für das Handeln des Vorstands bei den Einrichtungen nach § 3 Absatz 3 Satz 2.

(2) ¹Das Präsidium trifft Beschlüsse über die Dienstverträge mit der zum Vorstand bestellten Person und mit den zu seinen Stellvertretungen bestellten Personen. ²Die oder der Vorsitzende des Präsidiums vertritt die Filmförderungsanstalt beim Abschluss und bei der Beendigung der Dienstverträge, bei sonstigen Rechtsgeschäften mit dem Vorstand und bei Rechtsstreitigkeiten zwischen der Filmförderungsanstalt und dem Vorstand.

(3) Das Präsidium setzt die Frist für die Vorlage der Jahresrechnung.

(4) Das Präsidium entscheidet auf Vorschlag des Vorstands über Förderhilfen gemäß § 3 Absatz 2, soweit nicht der Vorstand hierfür zuständig ist.

(5) ¹Über Widersprüche gegen Entscheidungen des Präsidiums entscheidet das Präsidium. ²Für Entscheidungen über Widersprüche gilt § 8 Absatz 5 Satz 2 und 3 entsprechend.

§ 14 Beschlussfähigkeit, Verfahren, Befangenheit. (1) Das Präsidium ist beschlussfähig, wenn mindestens sechs Mitglieder anwesend sind.

(2) ¹Das Präsidium beschließt mit einfacher Mehrheit, mindestens aber mit vier Stimmen, soweit in diesem Gesetz nichts anderes bestimmt ist. ²Bei Stimmengleichheit entscheidet die Stimme der oder des Vorsitzenden.

28 FFG Filmförderungsgesetz

(3) ¹Ein Mitglied des Präsidiums, das verhindert ist, an einer Sitzung teilzunehmen, kann ein anderes Mitglied des Präsidiums schriftlich oder elektronisch zur Stimmabgabe bevollmächtigen. ²Jedes Mitglied kann nur ein abwesendes Mitglied vertreten.

(4) ¹Die Entscheidungen des Präsidiums können auch in einer Telefonkonferenz, in einer Videokonferenz oder in einem schriftlichen Umlaufverfahren getroffen werden. ²Entscheidungen im schriftlichen Umlaufverfahren können nicht getroffen werden, wenn mindestens ein Mitglied des Präsidiums fristgerecht der oder dem Vorsitzenden des Präsidiums schriftlich oder elektonisch mitteilt, dass es mit der Herbeiführung der Entscheidung im schriftlichen Umlaufverfahren nicht einverstanden ist. ³Die Frist wird von der oder dem Vorsitzenden des Präsidiums festgelegt.

(5) Die Vorschriften zur Befangenheit nach § 11 gelten für die Mitglieder des Präsidiums entsprechend.

Abschnitt 4

Vorstand

§ 15 Bestellung, Amtsdauer, Geschäftsordnung. (1) ¹Der Vorstand besteht aus einer Person. ²Er hat eine erste und eine zweite Stellvertretung. ³Der Vorstand oder eine seiner Stellvertretungen muss eine Frau sein.

(2) ¹Der Vorstand und seine Stellvertretungen werden auf Vorschlag des Präsidiums vom Verwaltungsrat für fünf Jahre bestellt. ²Wiederholte Bestellungen sind zulässig.

(3) ¹Der Vorstand und seine Stellvertretungen können vor Ablauf ihrer Amtszeit nur aus wichtigem Grund abberufen werden. ²Für die Abberufung ist ein Beschluss des Verwaltungsrats erforderlich, dem zwei Drittel seiner Mitglieder zugestimmt haben müssen. ³Die betroffene Person ist vor der Entscheidung des Verwaltungsrats anzuhören.

(4) ¹Der Vorstand, seine Stellvertretungen und die Beschäftigten der Filmförderungsanstalt dürfen in der Film- und Medienwirtschaft kein Handelsgewerbe betreiben und keine Geschäfte für eigene oder fremde Rechnung tätigen. ²Sie dürfen sich nicht als Gesellschafterin oder Gesellschafter an einer Handelsgesellschaft beteiligen, die auf dem Gebiet der Film- und Medienwirtschaft tätig ist.

(5) ¹Das Präsidium beschließt eine Geschäftsordnung für den Vorstand und seine Stellvertretungen. ²In der Geschäftsordnung kann vorgesehen werden, dass die Filmförderungsanstalt auch durch zwei vom Vorstand Bevollmächtigte gemeinsam vertreten werden kann. ³Die Geschäftsordnung bedarf der Genehmigung durch die für Kultur und Medien zuständige oberste Bundesbehörde.

Filmförderungsgesetz **FFG 28**

§ 16 Aufgaben, Rechte. (1) Der Vorstand führt die Geschäfte der Filmförderungsanstalt in eigener Verantwortung nach Maßgabe der Beschlüsse des Präsidiums und des Verwaltungsrats.

(2) ^{1}Der Vorstand vertritt die Filmförderungsanstalt gerichtlich und außergerichtlich. ^{2}Erklärungen sind für die Filmförderungsanstalt verbindlich, wenn sie vom Vorstand, von seinen Stellvertretungen gemeinschaftlich oder durch eine Stellvertretung mit einer vom Vorstand bevollmächtigten Vertretung abgegeben werden. ^{3}Der Vorstand darf Bevollmächtigte nur mit Zustimmung des Präsidiums bestellen.

(3) ^{1}Der Vorstand kann Entscheidungsbefugnisse für abgegrenzte Bereiche an die stellvertretenden Vorstände sowie abschließende Zeichnungsbefugnisse für abgegrenzte Bereiche an die stellvertretenden Vorstände oder weitere Mitarbeiter übertragen. ^{2}Das Nähere regelt die Geschäftsordnung.

(4) Der Vorstand ist mit der Zustimmung des Verwaltungsrats berechtigt, Kooperationsvereinbarungen im Sinne des § 3 Absatz 4 für die Filmförderungsanstalt zu schließen.

(5) ^{1}Der Vorstand und seine Stellvertretungen sind berechtigt, ohne Stimmrecht an den Sitzungen des Verwaltungsrats und seiner Ausschüsse sowie an den Sitzungen des Präsidiums teilzunehmen. ^{2}Sie müssen auf ihr Verlangen jederzeit angehört werden. ^{3}Die Sätze 1 und 2 gelten nicht, wenn persönliche Angelegenheiten des Vorstands oder von dessen jeweiliger Stellvertretung betroffen sind.

§ 17 Förderentscheidungen. (1) ^{1}Der Vorstand entscheidet, soweit in diesem Gesetz nichts Abweichendes geregelt ist, über Förderhilfen für die Erfüllung der allgemeinen Aufgaben der Filmförderungsanstalt gemäß § 3 Absatz 2 bis zu einem Betrag von 50 000 Euro. ^{2}Das Präsidium kann den Betrag durch einstimmigen Beschluss erhöhen.

(2) Der Vorstand entscheidet, soweit in diesem Gesetz nichts Abweichendes geregelt ist,
1. über das Vorliegen der allgemeinen Fördervoraussetzungen nach den §§ 41 bis 50,
2. soweit es sich nicht um bewertende Entscheidungen handelt, im Rahmen
    a) der Förderung nach Kooperationsvereinbarungen im Sinne des § 3 Absatz 4,
    b) der Projektfilmförderung nach den §§ 59 bis 72,
    c) der Drehbuch- und Treatmentförderung nach den §§ 100 bis 106,
    d) der Förderung der Drehbuchfortentwicklung nach den §§ 107 bis 114,
    e) der Projektförderung für Verleih- und Vertriebsunternehmen sowie Unternehmen der Videowirtschaft nach den §§ 115 bis 126 sowie
    f) der Kinoprojektförderung nach den §§ 134 bis 137 und den §§ 140 bis 144,
3. im Rahmen der Referenzfilmförderung nach den §§ 73 bis 90,

28 FFG Filmförderungsgesetz

4. im Rahmen der Referenzförderung für Kurzfilme und nicht programmfüllende Kinderfilme nach den §§ 91 bis 99,
5. im Rahmen der Referenzförderung für Verleihunternehmen nach den §§ 127 bis 133,
6. im Rahmen der Kinoreferenzförderung nach den §§ 138 bis 144,
7. im Rahmen der Förderung der Digitalisierung des deutschen Filmerbes gemäß § 145, soweit eine aufgrund des § 145 Absatz 1 Satz 1 erlassene Richtlinie des Verwaltungsrats nichts Abweichendes vorsieht, und
8. über Projektfördermaßnahmen bis zur Höhe von 25 000 Euro, soweit es sich nicht um Drehbücher oder Treatments nach den §§ 100 bis 106 oder um Vorhaben der Drehbuchfortentwicklung nach den §§ 107 bis 114 handelt.

(3) [1]Vor einer Entscheidung auf Zuerkennung von Förderhilfen nach § 73 oder § 76, jeweils in Verbindung mit § 83 Absatz 2, hat der Vorstand das Präsidium zu unterrichten. [2]Verlangen wenigstens vier Mitglieder des Präsidiums innerhalb von zwei Wochen nach Zugang der Mitteilung des Vorstands schriftlich oder elektronisch bei der oder dem Vorsitzenden des Verwaltungsrats die Entscheidung des Verwaltungsrats, entscheidet der Verwaltungsrat anstelle des Vorstands.

(4) [1]Bei bereits bewilligten Vorhaben kann der Vorstand im Einzelfall Ausnahmen von einzelnen allgemeinen Fördervoraussetzungen nach Kapitel 4 Abschnitt 2 und Ausnahmen von einzelnen in den Kapiteln 5 bis 10 geregelten Auszahlungsvoraussetzungen zulassen, wenn
1. es aufgrund höherer Gewalt der Förderempfängerin oder dem Förderempfänger nicht möglich oder nicht zumutbar ist, diese Voraussetzungen zu erfüllen, und
2. die Gesamtwürdigung des Vorhabens und die Gesamtumstände dies rechtfertigen.

[2]Die Entscheidung über die Zulassung von Ausnahmen bedarf der Zustimmung der für Kultur und Medien zuständigen obersten Bundesbehörde. [3]Bei nicht förderfähigen Filmen nach § 46 sind Ausnahmen nicht zulässig.

§ 18 Widersprüche gegen Entscheidungen des Vorstands. (1) Über Widersprüche gegen Entscheidungen des Vorstands im Rahmen der Referenzförderung nach den §§ 73 bis 99 und nach den §§ 127 bis 133 entscheidet der Verwaltungsrat mit einfacher Mehrheit, wenn die Entscheidungen auf den Regelungen zur Nichtförderbarkeit von Filmen nach § 46 beruhen.

(2) Über Widersprüche gegen Entscheidungen des Vorstands im Rahmen der Referenzförderung nach den §§ 73 bis 99, nach den §§ 127 bis 133 und nach den §§ 138 bis 144, die auf einer Einstufung als Kinderfilm beruhen, entscheidet die Kommission für Produktions- und Drehbuchförderung mit einfacher Mehrheit.

(3) Über Widersprüche gegen Förderentscheidungen des Vorstands gemäß § 17 Absatz 1 sowie gegen Entscheidungen des Vorstands zu Sperrfristen gemäß § 19 Absatz 1 Satz 1 entscheidet das Präsidium.

Filmförderungsgesetz **FFG 28**

(4) Über Widersprüche gegen sonstige Entscheidungen des Vorstands entscheidet der Vorstand.

§ 19 Entscheidungen zu Sperrfristen. (1) [1]Der Vorstand entscheidet über Anträge auf Verkürzung der Sperrfristen nach § 54 Absatz 1 oder § 55 Absatz 2 oder auf Nichtanwendung der Sperrfristen nach § 56 Absatz 1. [2]Der Vorstand hat bei grundsätzlichen Fragen zur Anwendung der Sperrfristenregelungen vor seiner Entscheidung das Präsidium zu befassen.

(2) [1]Das Präsidium entscheidet über Anträge auf außerordentliche Verkürzung der Sperrfristen nach § 55 Absatz 1 und 3, über Anträge nach § 55b und die Folgen einer Sperrfristverletzung nach § 57. [2]Dem Antrag auf außerordentliche Verkürzung der Sperrfrist nach § 55 Absatz 1 und 3 und dem Antrag nach § 55b kann nur mit Zustimmung der Vertreterin oder des Vertreters der Kinos stattgegeben werden. [3]Satz 2 gilt auch für Entscheidungen im Widerspruchsverfahren.

Abschnitt 5

Förderkommissionen

§ 20 Ständige Förderkommissionen. Folgende ständige Förderkommissionen werden eingerichtet:
1. die Kommission für Produktions- und Drehbuchförderung,
2. die Kommission für Verleih-, Vertriebs- und Videoförderung und
3. die Kommission für Kinoförderung.

§ 21 Vorschläge für die Besetzung der Kommission für Produktions- und Drehbuchförderung und der Kommission für Verleih-, Vertriebs- und Videoförderung. (1) [1]Die im Verwaltungsrat vertretenen Verfassungsorgane und Organisationen können für die Besetzung der Kommission für Produktions- und Drehbuchförderung je Verwaltungsratsmitglied jeweils bis zu zwei Personen und für die Besetzung der Kommission für Verleih-, Vertriebs- und Videoförderung je Verwaltungsratsmitglied jeweils eine Person vorschlagen. [2]Satz 1 gilt hinsichtlich der nach § 6 Absatz 1 Satz 2 Nummer 5, 9 und 17 gemeinsam benennungsberechtigten Organisationen mit der Maßgabe, dass diese jeweils nur gemeinsam Personen vorschlagen können. [3]Hinsichtlich des Verbands der Filmverleiher e.V. gilt Satz 1 mit der Maßgabe, dass dieser nur gemeinsam mit der Arbeitsgemeinschaft Verleih e.V. Personen vorschlagen kann.

(2) Schlägt ein Verfassungsorgan oder eine Organisation oder eine Gruppe von Organisationen im Sinne von Absatz 1 Satz 2 und 3 mehr als eine Person für die Besetzung der Förderkommissionen vor, muss mindestens eine Frau und mindestens ein Mann vorgeschlagen werden.

(3) [1]Die nach Absatz 1 vorgeschlagenen Personen müssen auf dem Gebiet des Filmwesens sachkundig sein sowie über maßgebliche und aktuelle Praxis-

erfahrung in der Film- und Kinowirtschaft verfügen. ²Mit Ausnahme der Betreiber von Kinos müssen sie jeweils die Mitwirkung an mindestens drei oder die Verwertung von mindestens zwölf verfilmten programmfüllenden Kinoprojekten nachweisen können. ³Näheres zur erforderlichen Expertise der vorgeschlagenen Personen regelt die Satzung.

§ 22 Bestellung der Mitglieder der Kommission für Produktions- und Drehbuchförderung und der Kommission für Verleih-, Vertriebs- und Videoförderung. (1) Aus den nach § 21 Absatz 1 vorgeschlagenen Personen wählt und bestellt der Verwaltungsrat mit relativer Mehrheit 42 Personen zu Mitgliedern der Kommission für Produktions- und Drehbuchförderung und 20 Personen zu Mitgliedern der Kommission für Verleih-, Vertriebs- und Videoförderung für den Zeitraum von drei Jahren (Amtszeit).

(2) ¹Im Fall der Kommission für Produktions- und Drehbuchförderung müssen 24 Personen aus dem Bereich der Filmverwertung, mindestens sechs Personen Herstellerin oder Hersteller und mindestens drei Personen entweder Drehbuchautorin oder Drehbuchautor oder hauptberufliche Dramaturgin oder hauptberuflicher Dramaturg sein. ²Von den Personen aus dem Bereich der Filmverwertung müssen jeweils sechs Personen aus den Bereichen der Kinowirtschaft, der Verleih- und Vertriebswirtschaft, der Videowirtschaft und der Fernsehwirtschaft sein. ³Mindestens eine oder einer der Herstellerinnen und Hersteller muss bei der Herstellung eines Kinderfilms mitgewirkt haben.

(3) ¹Im Fall der Kommission für Verleih-, Vertriebs- und Videoförderung müssen 16 Personen aus dem Bereich der Filmverwertung sowie Herstellerinnen oder Hersteller sein. ²Von den Personen aus dem Bereich der Filmverwertung müssen jeweils mindestens vier Personen aus den Bereichen der Verleih- und Vertriebswirtschaft und der Videowirtschaft sein.

(4) Die nach Absatz 1 gewählten Personen müssen jeweils zu gleichen Teilen Frauen und Männer sein.

(5) Näheres zum Verfahren regelt die Satzung.

§ 23 Bestellung der Mitglieder der Kommission für Kinoförderung. (1) ¹Die im Verwaltungsrat vertretenen Verbände der Kinowirtschaft schlagen insgesamt mindestens zehn Personen für die Besetzung der Kommission für Kinoförderung vor. ²Ein Verband muss jeweils genauso viele Frauen wie Männer vorschlagen. ³Ist die Anzahl der vorgeschlagenen Personen ungerade, darf das Ungleichgewicht zwischen Frauen und Männern jeweils nur eine Person betragen.

(2) ¹Die nach Absatz 1 vorgeschlagenen Personen müssen über maßgebliche und aktuelle Praxiserfahrung in der Kinowirtschaft mit kaufmännischer Verantwortung verfügen und auf dem Gebiet des Filmwesens sachkundig sein. ²Näheres zur erforderlichen Expertise der vorgeschlagenen Personen regelt die Satzung.

Filmförderungsgesetz **FFG 28**

(3) Aus den nach Absatz 1 vorgeschlagenen Personen wählt und bestellt der Verwaltungsrat mit relativer Mehrheit drei Personen zu ordentlichen Mitgliedern der Kommission für Kinoförderung und drei Personen zu deren Stellvertreterinnen oder Stellvertretern für den Zeitraum von drei Jahren (Amtszeit).

(4) Unter den nach Absatz 3 gewählten ordentlichen Mitgliedern und den stellvertretenden Mitgliedern müssen jeweils mindestens eine Frau und mindestens ein Mann sein.

§ 24 Verbot der Personenidentität, Abberufung, Neubestellung. (1) Ein und dieselbe Person darf nur in einer einzigen Förderkommission Mitglied sein.

(2) ¹Aus wichtigem Grund kann der Verwaltungsrat Mitglieder der Förderkommissionen mit einer Mehrheit von zwei Dritteln der Stimmen, aber mindestens der Mehrheit seiner Mitglieder, jederzeit abberufen. ²Satz 1 gilt auch für die stellvertretenden Mitglieder der Kommission für Kinoförderung.

(3) ¹Scheidet ein Mitglied der Kommission für Produktions- und Drehbuchförderung oder der Kommission für Verleih-, Vertriebs- und Videoförderung vorzeitig aus, so wählt und bestellt der Verwaltungsrat nach den Vorgaben des § 22 Absatz 2 und 3 für den Rest der Amtszeit eine Nachfolge aus dem nach § 21 vorgeschlagenen und verbliebenen Personenkreis. ²Der zur Wahl stehende Personenkreis kann in diesem Fall nach den Vorgaben in § 21 um weitere Personen ergänzt werden.

(4) ¹Scheidet ein Mitglied der Kommission für Kinoförderung vorzeitig aus, so wählt und bestellt der Verwaltungsrat nach den Vorgaben des § 23 Absatz 3 für den Rest der Amtszeit eine Nachfolge aus dem nach § 23 Absatz 1 vorgeschlagenen und verbliebenen Personenkreis. ²Bei Bedarf schlagen die im Verwaltungsrat vertretenen Verbände der Kinowirtschaft weitere Personen nach Maßgabe des § 23 Absatz 1 vor.

(5) ¹Die Mitglieder der Förderkommissionen können einmal wiederbestellt werden. ²Eine Person kann später erneut als Mitglied bestellt werden, wenn seit Beendigung ihrer Mitgliedschaft fünf Jahre vergangen sind. ³Die Sätze 1 und 2 gelten entsprechend für die stellvertretenden Mitglieder der Kommission für Kinoförderung.

§ 25 Geschäftsordnung, Befangenheit. (1) ¹Der Verwaltungsrat beschließt eine Geschäftsordnung, die für alle Förderkommissionen gilt. ²Die Geschäftsordnung bedarf der Genehmigung der für Kultur und Medien zuständigen obersten Bundesbehörde.

(2) § 11 gilt für die Mitglieder der Förderkommissionen entsprechend.

§ 26 Kommission für Produktions- und Drehbuchförderung. (1) Die Kommission für Produktions- und Drehbuchförderung entscheidet über Förderhilfen im Rahmen der Projektfilmförderung nach den §§ 59 bis 72, über Förderhilfen im Rahmen der Drehbuch- und Treatmentförderung nach den

§§ 100 bis 106 sowie über Förderhilfen im Rahmen der Förderung der Drehbuchfortentwicklung nach den §§ 107 bis 114, soweit dies nicht nach § 17 in die Zuständigkeit des Vorstands fällt.

(2) [1]Die Kommission für Produktions- und Drehbuchförderung tagt in unterschiedlicher Besetzung mit einer Zahl von jeweils sieben Mitgliedern. [2]Jedes vom Verwaltungsrat nach § 22 Absatz 2 bestellte Mitglied darf maximal an drei Sitzungen im Kalenderjahr teilnehmen. [3]Die Mitglieder sind an Weisungen nicht gebunden.

(3) [1]Die Kommission für Produktions- und Drehbuchförderung ist bei Anwesenheit von vier Mitgliedern beschlussfähig. [2]Sie fasst ihre Beschlüsse mit der Mehrheit der anwesenden Mitglieder. [3]Entscheidungen der Kommission für Produktions- und Drehbuchförderung können auch in einer Telefonkonferenz oder in einer Videokonferenz getroffen werden.

(4) Den Vorsitz führt der Vorstand oder eine seiner Stellvertretungen ohne Stimmrecht.

§ 27 Kommission für Verleih-, Vertriebs- und Videoförderung. (1) Die Kommission für Verleih-, Vertriebs- und Videoförderung entscheidet über Förderhilfen im Rahmen der Projektabsatzförderung nach den §§ 115 bis 126, soweit dies nicht nach § 17 in die Zuständigkeit des Vorstands fällt.

(2) [1]Die Kommission für Verleih-, Vertriebs- und Videoförderung tagt in unterschiedlicher Besetzung mit einer Zahl von jeweils fünf Mitgliedern. [2]Jedes vom Verwaltungsrat nach § 22 Absatz 3 bestellte Mitglied darf maximal an drei Sitzungen im Kalenderjahr teilnehmen. [3]Die Mitglieder sind an Weisungen nicht gebunden.

(3) [1]Die Kommission für Verleih-, Vertriebs- und Videoförderung ist bei Anwesenheit von drei Mitgliedern beschlussfähig. [2]Sie fasst ihre Beschlüsse mit der Mehrheit der anwesenden Mitglieder. [3]§ 26 Absatz 3 Satz 3 und Absatz 4 gilt entsprechend.

§ 28 Verfahren zur Besetzung der Kommission für Produktions- und Drehbuchförderung und der Kommission für Verleih-, Vertriebs- und Videoförderung. (1) [1]Der Vorstand bestimmt für jede Sitzung der Kommission für Produktions- und Drehbuchförderung je eine Vertreterin oder einen Vertreter aus den Bereichen der Kinowirtschaft, der Verleih- und Vertriebswirtschaft, der Videowirtschaft und der Fernsehwirtschaft sowie mindestens eine Herstellerin oder einen Hersteller und mindestens eine Drehbuchautorin oder einen Drehbuchautoren oder eine Dramaturgin oder einen Dramaturgen. [2]Hierbei bestimmt der Vorstand für jede Sitzung jeweils mindestens drei Frauen und mindestens drei Männer. [3]Er stellt auch sicher, dass ein in Finanzierungsfragen sachkundiges Mitglied an jeder Sitzung der Kommission teilnimmt.

(2) [1]Für jede Sitzung der Kommission für Verleih-, Vertriebs- und Videoförderung wählt der Vorstand je mindestens eine Vertreterin oder einen Vertreter

Filmförderungsgesetz **FFG 28**

aus den Bereichen der Verleih- und Vertriebswirtschaft und der Videowirtschaft sowie eine Herstellerin oder einen Hersteller aus. ²Hierbei bestimmt der Vorstand für jede Sitzung jeweils mindestens zwei Frauen und mindestens zwei Männer. ³Er stellt auch sicher, dass ein in Finanzierungsfragen sachkundiges Mitglied an jeder Sitzung der Kommission teilnimmt.

(3) ¹Die Besetzung der Kommissionen erfolgt in Abstimmung mit dem Präsidium. ²Näheres zum Verfahren regelt die Satzung.

§ 29 Kommission für Kinoförderung. (1) Die Kommission für Kinoförderung entscheidet über Förderhilfen im Rahmen der Kinoprojektförderung nach den §§ 134 bis 137 und 140 bis 144, soweit dies nicht nach § 17 in die Zuständigkeit des Vorstands fällt.

(2) ¹Die Kommission für Kinoförderung ist bei Anwesenheit von zwei Mitgliedern beschlussfähig. ²Sie fasst ihre Beschlüsse mit der Mehrheit der anwesenden Mitglieder. ³Die Mitglieder und stellvertretenden Mitglieder sind an Weisungen nicht gebunden. ⁴§ 26 Absatz 3 Satz 3 und Absatz 4 gilt entsprechend.

§ 30 Weitere Förderkommissionen. Das Präsidium kann im Einvernehmen mit der für Kultur und Medien zuständigen obersten Bundesbehörde für die Umsetzung von zwei- oder mehrseitigen zwischenstaatlichen Abkommen der Bundesrepublik Deutschland über die Gemeinschaftsproduktion von Filmen weitere Förderkommissionen einsetzen.

§ 31 Widersprüche gegen Entscheidungen der Förderkommissionen.
¹Über Widersprüche gegen Entscheidungen der Förderkommissionen entscheidet die jeweilige Förderkommission. ²§ 8 Absatz 5 Satz 2 und 3 gilt entsprechend.

Kapitel 3

Satzung, Haushalt, Aufsicht

§ 32 Satzung. (1) Die Satzung der Filmförderungsanstalt regelt, soweit dieses Gesetz keine Bestimmung trifft und die haushaltsrechtlichen Vorschriften des Bundes nicht entgegenstehen, das Nähere über
1. die Aufstellung und Ausführung des Wirtschaftsplans,
2. das Rechnungswesen,
3. die Rechnungslegung und
4. die Prüfung der Rechnung der Filmförderungsanstalt.

(2) ¹Die Satzung kann bestimmen, dass den Mitgliedern des Verwaltungsrats, den Mitgliedern des Präsidiums oder den jeweils an ihrer Stelle erschienenen stellvertretenden Mitgliedern Tagegelder, Übernachtungsgelder und Fahrtkostenerstattung sowie eine monatliche Aufwandsentschädigung gewährt werden. ²Die Satzung kann ferner bestimmen, dass

28 FFG

1. den Mitgliedern der Förderkommissionen und den stellvertretenden Mitgliedern der Kommission für Kinoförderung, die nicht Mitglieder des Verwaltungsrats sind, Tagegelder, Übernachtungsgelder und Fahrtkostenerstattung gewährt werden und
2. die Mitglieder der Förderkommissionen und die stellvertretenden Mitglieder der Kommission für Kinoförderung für die Prüfung von Anträgen eine Vergütung erhalten.

§ 33 Wirtschaftsplan. (1) [1]Der Verwaltungsrat stellt jährlich vor Beginn des Wirtschaftsjahres einen Wirtschaftsplan nach den Grundsätzen einer sparsamen Wirtschaftsführung fest. [2]Darin sind, getrennt nach Zweckbestimmung und Ansatz, alle voraussichtlichen Einnahmen und Ausgaben der Filmförderungsanstalt im kommenden Wirtschaftsjahr zu veranschlagen. [3]Der Wirtschaftsplan muss in Einnahmen und Ausgaben ausgeglichen sein. [4]Der Wirtschaftsplan bedarf der Genehmigung der für Kultur und Medien zuständigen obersten Bundesbehörde.

(2) Der Vorstand hat dem Verwaltungsrat den Entwurf des Wirtschaftsplanes rechtzeitig vor Beginn des Wirtschaftsjahres vorzulegen.

(3) [1]Bei Bedarf kann ein Nachtragshaushalt aufgestellt werden. [2]Absatz 1 gilt entsprechend.

(4) [1]Das Wirtschaftsjahr ist das Kalenderjahr. [2]Ist bis zum Schluss eines Wirtschaftsjahres der Wirtschaftsplan für das folgende Jahr noch nicht festgestellt, so bedürfen Ausgaben der Zustimmung des Verwaltungsrats.

§ 34 Haushalts- und Wirtschaftsführung. (1) Der Wirtschaftsplan ist sparsam und wirtschaftlich auszuführen.

(2) [1]Im Wirtschaftsplan nicht veranschlagte Ausgaben bedürfen der Zustimmung des Verwaltungsrats. [2]Die Zustimmung darf nur dann erteilt werden, wenn
1. die Filmförderungsanstalt zu den Ausgaben unmittelbar kraft Gesetzes verpflichtet ist oder die Ausgaben der Erfüllung der gesetzlichen Aufgaben der Filmförderungsanstalt dienen und
2. für die Ausgabe ein unvorhergesehenes und unabweisbares Bedürfnis vorliegt.

§ 35 Rücklagen. (1) [1]Zur Sicherung ihrer Haushaltswirtschaft und zur Erfüllung ihrer Aufgaben kann die Filmförderungsanstalt Rücklagen bilden. [2]Von den bei der Erstellung des Wirtschaftsplans zu erwartenden Einnahmen aus der Filmabgabe dürfen nicht mehr als 10 Prozent der Rücklage zugeführt werden. [3]Die Beschränkung nach Satz 2 gilt nicht für Rücklagen, die aufgrund von gegen die Abgabebescheide eingelegten Rechtsmitteln gebildet werden.

(2) Zuführungen und Entnahmen bei den Rücklagen sind im Wirtschaftsplan zu veranschlagen.

Filmförderungsgesetz **FFG 28**

(3) Über die Bildung sowie Auflösung und Verwendung von Rücklagen beschließt der Verwaltungsrat mit einer Mehrheit von zwei Dritteln der Stimmen, mindestens aber der Mehrheit seiner Mitglieder.

§ 36 Stundung, Niederschlagung und Erlass von Ansprüchen. (1) [1]Für die Stundung, die Niederschlagung und den Erlass von Ansprüchen der Filmförderungsanstalt gilt, soweit in diesem Gesetz nichts Abweichendes geregelt ist, § 59 Absatz 1 der Bundeshaushaltsordnung entsprechend. [2]§ 59 Absatz 2 der Bundeshaushaltsordnung findet keine Anwendung.

(2) [1]Die Niederschlagung und der Erlass von Ansprüchen bedürfen der Zustimmung des Verwaltungsrats. [2]Abweichend von Satz 1 kann der Vorstand die Zahlungsverpflichtung eines Schuldners bis zur Höhe von jährlich 250 Euro niederschlagen.

§ 37 Rechnungslegung und Prüfung der Jahresrechnung. (1) [1]Der Vorstand hat über alle Einnahmen und Ausgaben sowie über das Vermögen und die Schulden der Filmförderungsanstalt und deren Veränderungen im abgelaufenen Wirtschaftsjahr Rechnung zu legen. [2]Die Jahresrechnung ist der für Kultur und Medien zuständigen obersten Bundesbehörde vorzulegen.

(2) [1]Das Rechnungswesen der Filmförderungsanstalt hat den Grundsätzen ordnungsgemäßer Buchführung zu entsprechen. [2]Die Jahresrechnung umfasst eine Bilanz, eine Gewinn-und-Verlust-Rechnung, einen Anhang und einen Lagebericht und ist entsprechend den Regelungen des Handelsgesetzbuches für große Kapitalgesellschaften aufzustellen.

(3) [1]Die Jahresrechnung wird auf Kosten der Filmförderungsanstalt durch Wirtschaftsprüfer oder Wirtschaftsprüfungsgesellschaften geprüft. [2]Die Wirtschaftsprüfer oder Wirtschaftsprüfungsgesellschaften werden vom Verwaltungsrat auf Vorschlag des Vorstands bestellt.

(4) [1]Die Prüfung der Jahresrechnung ist nach den vom Institut der Wirtschaftsprüfer entwickelten Prüfungsstandards durchzuführen. [2]Der Prüfbericht ist dem Verwaltungsrat, der für Kultur und Medien zuständigen obersten Bundesbehörde und dem Bundesrechnungshof vorzulegen. [3]§ 109 Absatz 2 der Bundeshaushaltsordnung findet keine Anwendung.

§ 38 Aufsicht. (1) [1]Die Filmförderungsanstalt untersteht der Rechtsaufsicht der für Kultur und Medien zuständigen obersten Bundesbehörde. [2]Die Aufsichtsbehörde ist befugt, Anordnungen zu treffen, um den Geschäftsbetrieb der Filmförderungsanstalt mit dem geltenden Recht in Einklang zu halten.

(2) Die Filmförderungsanstalt ist verpflichtet, der Aufsichtsbehörde jederzeit Auskunft über ihre Tätigkeit zu erteilen.

(3) Kommt die Filmförderungsanstalt ihren Verpflichtungen nicht nach, so ist die Aufsichtsbehörde befugt, die Aufgaben durch einen besonderen Beauftragten durchführen zu lassen oder sie selbst durchzuführen.

Kapitel 4
Förderung – Allgemeine Bestimmungen

Abschnitt 1
Zweckbindung der Fördermittel, Begriffsbestimmungen

§ 39 Zweckbindung der Fördermittel. ¹Die Fördermittel sind ausschließlich für den bestimmten Förderzweck zu verwenden. ²Ansprüche auf Gewährung oder Auszahlung von Fördermitteln sind nur zur Zwischenfinanzierung der jeweils geförderten Maßnahme an Banken oder sonstige Kreditinstitute abtretbar oder verpfändbar.

§ 40 Begriffsbestimmungen. (1) ¹Ein Film ist programmfüllend, wenn er eine Vorführdauer von mindestens 79 Minuten, bei Kinderfilmen von mindestens 59 Minuten hat. ²Maßgeblich ist die Vorführdauer des Films einschließlich des Vor- und Abspanns.

(2) Ein Kinderfilm ist ein Film, der eine Freigabe und Kennzeichnung nach § 14 Absatz 2 Nummer 1 oder 2 des Jugendschutzgesetzes erhalten hat und sich insbesondere durch sein Thema, seine Handlung und seine Gestaltung an Kinder richtet und für Kinder geeignet ist.

(3) Ein Erstlingsfilm ist ein Film, bei dem die Regisseurin oder der Regisseur erstmals die alleinige Regieverantwortung für einen programmfüllenden Film trägt, der nicht im Rahmen einer Ausbildung hergestellt wird.

(4) ¹Ein Kurzfilm ist ein Film mit einer Vorführdauer von höchstens 30 Minuten. ²Maßgeblich ist die Vorführdauer des Films einschließlich des Vor- und Abspanns. ³Werbe- und Imagefilme sowie Musikvideos sind keine Kurzfilme im Sinne dieses Gesetzes.

(5) Ein Referenzfilm ist ein Film, für dessen Erfolg Referenzpunkte nach Maßgabe dieses Gesetzes vergeben werden.

(6) Hersteller im Sinne dieses Gesetzes ist, wer die Verantwortung für die Durchführung des Filmvorhabens trägt.

(7) Eine reguläre Erstaufführung im Sinne dieses Gesetzes ist gegeben, wenn ein Film erstmalig an mindestens sieben aufeinanderfolgenden Tagen in einem kinogeeigneten technischen Format in einem Kino mit regelmäßigem Spielbetrieb im Inland gegen ein marktübliches Entgelt vorgeführt wurde.

(8) Eine barrierefreie Fassung eines Films ist eine Endfassung des Films in jeweils einer Version mit deutschen Untertiteln für Menschen mit Hörbehinderungen und mit deutscher Audiodeskription für Menschen mit Sehbehinderungen in marktgerechter und kinogeeigneter Qualität.

(9) ¹Ein Videoabrufdienst ist ein elektronischer Informations- oder Kommunikationsdienst, bei dem einzelne Filme für den Empfang zu einem vom Nut-

Filmförderungsgesetz **FFG 28**

zer oder von der Nutzerin gewählten Zeitpunkt auf dessen oder deren individuellen Abruf hin bereitgestellt werden. ²Unerheblich ist, ob ein etwaiges Entgelt für die Nutzung des einzelnen Films oder die Nutzbarkeit des gesamten Dienstes zu zahlen ist.

(10) Bezahlfernsehen gegen individuelles Entgelt ist ein linearer Dienst, bei dem Filme innerhalb eines festgelegten Programmangebots gegen ein für den einzelnen Film zu entrichtendes Entgelt angeboten werden.

(11) Bezahlfernsehen gegen pauschales Entgelt ist ein linearer Dienst, bei dem Filme innerhalb eines festgelegten Programmangebots gegen ein unabhängig von der Nutzung des einzelnen Films zu zahlendes Entgelt angeboten werden.

(12) Ein gleichgestellter Staat im Sinne dieses Gesetzes ist ein Drittstaat, für den sich hinsichtlich der Filmförderung nach dem Recht der Europäischen Union eine Gleichstellung mit einem Mitgliedstaat ergibt.

Abschnitt 2

Allgemeine Fördervoraussetzungen

§ 41 Filmbezogene allgemeine Fördervoraussetzungen. (1) Förderhilfen werden nach Maßgabe dieses Gesetzes für die Herstellung, den Absatz, das Abspiel und die Digitalisierung von Filmen gewährt, wenn
1. der Hersteller seinen Wohnsitz oder Sitz im Inland hat oder, sofern der Hersteller seinen Wohnsitz oder Sitz in einem anderen Mitgliedstaat der Europäischen Union oder in einem anderen Vertragsstaat des Abkommens über den Europäischen Wirtschaftsraum oder in einem gleichgestellten Staat hat, eine Niederlassung im Inland zum Zeitpunkt der Auszahlung hat,
2. bei programmfüllenden Filmen jedenfalls eine Endfassung des Films, abgesehen von Dialogstellen, für die nach dem Drehbuch eine andere Sprache vorgesehen ist, in deutscher Sprache gedreht oder synchronisiert hergestellt ist und bei Kurzfilmen jedenfalls eine Endfassung des Films mit einer kinotauglichen, deutschen Untertitelung versehen ist,
3. für Studioaufnahmen Studios und für die Produktionstechnik sowie die Postproduktion technische Dienstleistungsfirmen benutzt worden sind, die ihren Sitz im Inland oder in einem anderen Mitgliedstaat der Europäischen Union oder in einem anderen Vertragsstaat des Abkommens über den Europäischen Wirtschaftsraum oder in einem gleichgestellten Staat haben,
4. die Regisseurin oder der Regisseur Deutsche oder Deutscher im Sinne des Artikels 116 des Grundgesetzes ist oder dem deutschen Kulturbereich angehört oder die Staatsangehörigkeit eines anderen Mitgliedstaates der Europäischen Union oder eines anderen Vertragsstaates des Abkommens über den Europäischen Wirtschaftsraum oder eines gleichgestellten Staates besitzt,
5. der Film kulturelle, historische oder gesellschaftliche Fragen zum Thema hat,

6. der Film in deutscher Sprache im Inland oder als deutscher Beitrag im Hauptwettbewerb oder in einer Nebenreihe auf einem Festival welturaufgeführt wird und
7. mindestens zwei der folgenden Voraussetzungen erfüllt sind:
   a) das Originaldrehbuch, auf dem der Film basiert, verwendet überwiegend deutsche Drehorte oder Drehorte in einem anderen Mitgliedstaat der Europäischen Union, in einem anderen Vertragsstaat des Abkommens über den Europäischen Wirtschaftsraum oder in einem gleichgestellten Staat;
   b) die Handlung oder die Stoffvorlage ist aus dem Inland, aus einem anderen Mitgliedstaat der Europäischen Union, aus einem anderen Vertragsstaat des Abkommens über den Europäischen Wirtschaftsraum oder aus einem gleichgestellten Staat;
   c) der Film verwendet deutsche Motive oder solche aus einem anderen Mitgliedstaat der Europäischen Union, aus einem anderen Vertragsstaat des Abkommens über den Europäischen Wirtschaftsraum oder aus einem gleichgestellten Staat;
   d) die Handlung oder die Stoffvorlage beruht auf einer literarischen Vorlage oder entstammt traditionellen Märchen oder Sagen;
   e) die Handlung oder die Stoffvorlage befasst sich mit Lebensformen von Minderheiten, wissenschaftlichen Themen oder natürlichen Phänomenen;
   f) die Handlung oder die Stoffvorlage setzt sich mit sozialen, politischen oder religiösen Fragen des gesellschaftlichen Zusammenlebens oder der Lebenswirklichkeit von Kindern auseinander;
   g) die Handlung oder die Stoffvorlage befasst sich mit Künstlerinnen oder Künstlern oder Kunstgattungen.

(2) [1]Sind aus thematischen Gründen Außenaufnahmen in einem anderen als den in Absatz 1 Nummer 3 genannten Ländern erforderlich, so dürfen höchstens 30 Prozent der Studioaufnahmen im Gebiet dieses Landes gedreht werden. [2]Wird der größere Teil eines Films an Originalschauplätzen in einem anderen Land gedreht, so können auch für mehr als 30 Prozent der Studioaufnahmen Studios dieses Landes benutzt werden, wenn und soweit der Vorstand dies aus Kostengründen für erforderlich hält. [3]Die Grundlage für die Bemessung des Anteils der Studioaufnahmen nach den Sätzen 1 und 2 ist die Drehzeit.

(3) [1]Die Bundesregierung wird ermächtigt, durch Rechtsverordnung zu bestimmen, dass Förderhilfen für die Filmproduktion unter der Auflage gewährt werden, dass bis zu 160 Prozent des im Rahmen dieses Gesetzes für die Filmproduktion gewährten Förderbetrags im Inland ausgegeben werden. [2]Hierbei darf die territoriale Bindung 80 Prozent des gesamten Produktionsbudgets nicht übersteigen.

(4) Ist die Regisseurin oder der Regisseur entgegen Absatz 1 Nummer 4 nicht Deutsche oder Deutscher oder kommt sie oder er nicht aus dem deutschen Kulturbereich oder aus einem anderen Mitgliedstaat der Europäischen

Filmförderungsgesetz **FFG 28**

Union oder aus einem anderen Vertragsstaat des Abkommens über den Europäischen Wirtschaftsraum oder aus einem gleichgestellten Staat, so können Förderhilfen gewährt werden, wenn, abgesehen von der Drehbuchautorin oder dem Drehbuchautor oder von bis zu zwei Personen in einer Hauptrolle, alle übrigen Filmschaffenden Deutsche sind oder dem deutschen Kulturbereich oder einem anderen Mitgliedstaat der Europäischen Union oder einem anderen Vertragsstaat des Abkommens über den Europäischen Wirtschaftsraum oder einem gleichgestellten Staat angehören.

(5) ¹Der Vorstand kann Ausnahmen von den Voraussetzungen des Absatzes 1 Nummer 1 und 6 sowie des Absatzes 2 zulassen, wenn die Gesamtwürdigung des Films dies rechtfertigt. ²Bei programmfüllenden Filmen kann er auch Ausnahmen von der Voraussetzung des Absatzes 1 Nummer 2 zulassen.

§ 42 Internationale Koproduktionen. (1) Förderhilfen werden nach Maßgabe dieses Gesetzes auch für die Herstellung, den Absatz, das Abspiel und die Digitalisierung von Filmen gewährt, die unter der Voraussetzung des § 41 Absatz 1 Nummer 1 und 2 gemeinsam mit mindestens einem Hersteller mit Sitz oder Wohnsitz außerhalb des Geltungsbereichs dieses Gesetzes hergestellt werden oder worden sind und
1. als Gemeinschaftsproduktion im Sinne des Europäischen Übereinkommens über die Gemeinschaftsproduktion von Kinofilmen in der jeweils geltenden im Bundesgesetzblatt verkündeten Fassung anerkannt sind,
2. den Vorschriften über die Gemeinschaftsproduktion von Filmen eines auf den jeweiligen Film anwendbaren, von der Bundesrepublik Deutschland abgeschlossenen zwei- oder mehrseitigen zwischenstaatlichen Abkommens entsprechen oder
3. wenn ein Abkommen im Sinne der Nummer 2 nicht vorliegt oder auf die Gemeinschaftsproduktion nicht anwendbar ist, eine im Verhältnis zu der ausländischen Beteiligung erhebliche finanzielle Beteiligung des Herstellers im Sinne des § 41 Absatz 1 Nummer 1 sowie eine dieser angemessene künstlerische und technische Beteiligung von jeweils 30 Prozent von Mitwirkenden aufweisen, die Deutsche im Sinne des Artikels 116 des Grundgesetzes sind oder dem deutschen Kulturbereich angehören oder Staatsangehörige eines anderen Mitgliedstaates der Europäischen Union oder eines anderen Vertragsstaates des Abkommens über den Europäischen Wirtschaftsraum oder eines gleichgestellten Staates sind, und ferner bei majoritären deutschen Beteiligungen der Film in deutscher Sprache im Inland oder auf einem Festival als deutscher Beitrag uraufgeführt wird.

(2) Bei der künstlerischen und technischen Beteiligung sollen mindestens folgende Personen Deutsche im Sinne des Artikels 116 des Grundgesetzes sein oder dem deutschen Kulturbereich angehören oder Staatsangehörige eines anderen Mitgliedstaates der Europäischen Union oder eines anderen Vertragsstaates des Abkommens über den Europäischen Wirtschaftsraum oder eines gleichgestellten Staates sein:

28 FFG

1. eine Person in einer Hauptrolle und eine Person in einer Nebenrolle oder, wenn dies nicht möglich ist, zwei Personen in wichtigen Rollen,
2. eine Regieassistenz oder eine andere künstlerische oder technische Stabskraft und
3. entweder eine Drehbuchautorin oder ein Drehbuchautor oder eine Dialogbearbeiterin oder ein Dialogbearbeiter.

(3) Förderhilfen für Filme nach Absatz 1 Nummer 2 und 3 werden nur gewährt, wenn die Voraussetzung des § 41 Absatz 1 Nummer 5 vorliegt und der Film
1. den Anforderungen des § 41 Absatz 1 Nummer 7 entspricht oder
2. mindestens zwei der folgenden Voraussetzungen erfüllt:
   a) die Handlung oder die Stoffvorlage vermittelt Eindrücke von anderen Kulturen;
   b) die Handlung oder die Stoffvorlage bezieht sich auf Künstler oder Künstlerinnen oder auf eine Kunstgattung;
   c) an dem Film wirkt ein zeitgenössischer Künstler oder eine zeitgenössische Künstlerin aus anderen Bereichen als dem der Filmkunst maßgeblich mit;
   d) die Handlung oder die Stoffvorlage bezieht sich auf eine Persönlichkeit der Zeit- oder Weltgeschichte oder eine fiktionale Figur der Kulturgeschichte;
   e) die Handlung oder die Stoffvorlage bezieht sich auf ein historisches Ereignis der Weltgeschichte oder ein vergleichbares fiktionales Ereignis;
   f) die Handlung oder die Stoffvorlage befasst sich mit Fragen religiöser oder philosophischer Weltanschauung;
   g) die Handlung oder die Stoffvorlage befasst sich mit wissenschaftlichen Themen oder natürlichen Phänomenen.

§ 43 Internationale Kofinanzierungen. Förderhilfen werden nach Maßgabe dieses Gesetzes auch für die Herstellung, den Absatz und das Abspiel von Filmen gewährt, die mit mindestens einem Hersteller mit Wohnsitz oder Sitz außerhalb des Geltungsbereichs dieses Gesetzes hergestellt werden oder worden sind und zu deren Herstellung der Hersteller im Sinne des § 41 Absatz 1 Nummer 1 nur einen finanziellen Beitrag geleistet hat, wenn
1. die Voraussetzungen des § 41 Absatz 1 Nummer 1 und 2, des § 42 Absatz 1 Nummer 1 oder Nummer 2 und 3, jeweils in Verbindung mit Absatz 3, erfüllt sind,
2. ein auf den jeweiligen Film anwendbares, von der Bundesrepublik Deutschland abgeschlossenes zwei- oder mehrseitiges zwischenstaatliches Abkommen eine solche Beteiligung vorsieht und
3. der Beitrag des Herstellers im Sinne des § 41 Absatz 1 Nummer 1 dem in dem Abkommen festgelegten Mindestanteil entspricht.

§ 44 Förderfähigkeit von internationalen Koproduktionen und Kofinanzierungen. (1) Für internationale Koproduktionen im Sinne des § 42 oder in-

ternationale Kofinanzierungen im Sinne des § 43 werden Förderhilfen nur gewährt, wenn der Hersteller im Sinne des § 41 Absatz 1 Nummer 1
1. bei einer internationalen Koproduktion mit einer Beteiligung eines Herstellers aus einem außereuropäischen Land innerhalb von fünf Jahren vor Antragstellung allein oder als Koproduzent mit Mehrheitsbeteiligung einen programmfüllenden Spielfilm im Inland, in einem anderen Mitgliedstaat der Europäischen Union, in einem anderen Vertragsstaat des Abkommens über den Europäischen Wirtschaftsraum oder in einem gleichgestellten Staat hergestellt hat,
2. zu den gesamten Herstellungskosten des Films die nachfolgenden Anteile beiträgt:
   a) in Fällen des § 42 Absatz 1 Nummer 1 und 2 und des § 43 mindestens 20 Prozent,
   b) in Fällen des § 42 Absatz 1 Nummer 3 mindestens 30 Prozent.

(2) Der Vorstand kann in Ausnahmefällen von der Voraussetzung des Absatzes 1 Nummer 1 absehen, wenn die fachliche Eignung der antragstellenden Person als Hersteller außer Zweifel steht und wenn die Gesamtwürdigung des Films die Ausnahme rechtfertigt.

(3) [1]Abweichend von Absatz 1 Nummer 2 Buchstabe a kann die Filmförderungsanstalt in Ausnahmefällen Förderhilfen für internationale Koproduktionen im Sinne des § 42 Absatz 1 Nummer 1 oder 2 oder internationale Kofinanzierungen im Sinne des § 43 gewähren, wenn
1. der Hersteller im Sinne des § 41 Absatz 1 Nummer 1 zu den gesamten Herstellungskosten des Films mindestens 10 Prozent beiträgt und
2. ein zwei- oder mehrseitiges Abkommen zwischen der Bundesrepublik Deutschland und einem anderen Mitgliedstaat der Europäischen Union, einem anderen Vertragsstaat des Abkommens über den Europäischen Wirtschaftsraum oder einem gleichgestellten Staat die Möglichkeit der Förderung von internationalen Koproduktionen oder internationalen Kofinanzierungen eröffnet und sicherstellt, dass die finanziellen, künstlerischen und technischen Beiträge in einem gegenseitigen und ausgewogenen Verhältnis zueinander stehen.

[2]Artikel 10 des Europäischen Übereinkommens über die Gemeinschaftsproduktion von Kinofilmen in der jeweils geltenden im Bundesgesetzblatt verkündeten Fassung gilt entsprechend. [3]Eine Referenzförderung nach den §§ 73 bis 90, 91 bis 99 und 127 bis 133 ist für Filme nach Satz 1 ausgeschlossen.

(4) Die Förderhilfen dürfen in keinem Fall den finanziellen Beitrag des Herstellers im Sinne des § 41 Absatz 1 Nummer 1 überschreiten.

§ 45 Fördervoraussetzungen bei internationalen Kofinanzierungen.

(1) Internationale Kofinanzierungen im Sinne des § 43 nehmen an der Förderung nach diesem Gesetz nur teil, wenn ein von der Bundesrepublik Deutschland abgeschlossenes zwei- oder mehrseitiges zwischenstaatliches Abkommen die Förderung internationaler Kofinanzierungen ausdrücklich vor-

sieht und soweit und solange die Gegenseitigkeit mit den Staaten, in denen die anderen Beteiligten ihren Wohnsitz oder Sitz haben, verbürgt ist.

(2) Eine Referenzförderung nach den §§ 73 bis 90, 91 bis 99 und 127 bis 133 ist ausgeschlossen, wenn es sich bei dem Referenzfilm oder bei dem neuen Film um eine internationale Kofinanzierung handelt.

(3) Soweit im Fall einer internationalen Kofinanzierung der finanzielle Beitrag des Herstellers im Sinne des § 41 Absatz 1 Nummer 1 25 Prozent der gesamten Herstellungskosten übersteigt, bleibt der übersteigende Teil bei der Bemessung der Förderung unberücksichtigt.

§ 46 Nicht förderfähige Filme. [1]Förderhilfen dürfen nicht gewährt werden, wenn der Referenzfilm, der neue Film oder das Filmvorhaben verfassungsfeindliche oder gesetzwidrige Inhalte enthalten. [2]Gleiches gilt für Referenzfilme, neue Filme oder Filmvorhaben, die unter Berücksichtigung des dramaturgischen Aufbaus, des Drehbuchs, der Gestaltung, der schauspielerischen Leistungen, der Animation, der Kameraführung oder des Schnitts nach dem Gesamteindruck von geringer Qualität sind. [3]Nicht zu fördern sind ferner Referenzfilme, neue Filme und Filmvorhaben, die einen pornographischen oder gewaltverherrlichenden Schwerpunkt haben oder offenkundig religiöse Gefühle tiefgreifend und unangemessen verletzen.

§ 47 Barrierefreie Fassung. (1) [1]Förderhilfen für die Herstellung und die Digitalisierung von Filmen dürfen nur gewährt werden, wenn bis zur Erstaufführung in einem Kino wenigstens eine Endfassung des Films als barrierefreie Fassung hergestellt wird. [2]Förderhilfen für Kinos und den Absatz von Filmen dürfen nur gewährt werden, wenn barrierefreie Fassungen in geeigneter Weise und in angemessenem Maße zugänglich gemacht werden.

(2) Der Vorstand kann Ausnahmen von den in Absatz 1 genannten Voraussetzungen zulassen, wenn die Gesamtwürdigung des Vorhabens dies rechtfertigt.

§ 48 Herstellung der Kopien. Förderhilfen dürfen nur gewährt werden, wenn die Kopien, die für die Auswertung im Inland oder in einem anderen Mitgliedstaat der Europäischen Union oder in einem anderen Vertragsstaat des Abkommens über den Europäischen Wirtschaftsraum oder in einem gleichgestellten Staat bestimmt sind, in einem dieser Staaten hergestellt werden, es sei denn, dass hierfür die technischen Voraussetzungen nicht gegeben sind.

§ 49 Archivierung. (1) [1]Der Hersteller oder Verleiher eines nach diesem Gesetz geförderten Films ist verpflichtet, der Bundesrepublik Deutschland eine technisch einwandfreie analoge oder unkomprimierte digitale Kopie des Films in einem archivfähigen Format unentgeltlich zu übereignen, sofern diese Verpflichtung nicht schon anderweitig begründet oder erfüllt ist. [2]Soweit der Hersteller oder Verleiher nach Maßgabe dieses Gesetzes zur Herstellung einer

Filmförderungsgesetz **FFG 28**

barrierefreien Fassung des Films verpflichtet ist, gilt Satz 1 auch für die barrierefreie Fassung. ³Näheres regeln Bestimmungen des Bundesarchivs.

(2) ¹Die Kopien werden vom Bundesarchiv für Zwecke der Filmförderung im Sinne dieses Gesetzes verwahrt. ²Sie können für die filmkundliche Auswertung zur Verfügung gestellt werden.

§ 50 Ausschluss von Personen von der Förderung. (1) ¹Folgende natürliche oder juristische Personen können für bis zu fünf Jahre nach Begehung des Verstoßes von der Förderung ausgeschlossen werden:
1. Personen, die bei einer Förderung nach diesem Gesetz die Grundsätze sparsamer Wirtschaftsführung verletzt haben,
2. Personen, die bei einer Förderung nach diesem Gesetz vorsätzlich oder grob fahrlässig unrichtige Angaben über wesentliche Förder- oder Auszahlungsvoraussetzungen gemacht haben, und
3. Personen, die bei der Erteilung von Auskünften nach § 164 vorsätzlich oder grob fahrlässig unrichtige Angaben über für die Höhe der Filmabgabe relevante Informationen gemacht haben.

²Gleiches gilt für eine juristische Person, die mit einer juristischen Person nach Satz 1 gesellschaftsrechtlich verbunden ist.

(2) Von der Förderung ausgeschlossen sind juristische Personen, die einer Rückforderungsanordnung aufgrund eines früheren Beschlusses der Europäischen Kommission zur Feststellung der Unzulässigkeit einer Beihilfe und ihrer Unvereinbarkeit mit dem Binnenmarkt nicht nachgekommen sind.

Abschnitt 3

Bescheinigung des Bundesamtes für Wirtschaft und Ausfuhrkontrolle

§ 51 Bescheinigung des Bundesamtes für Wirtschaft und Ausfuhrkontrolle. (1) ¹Auf Antrag des Herstellers im Sinne des § 41 Absatz 1 Nummer 1 stellt das Bundesamt für Wirtschaft und Ausfuhrkontrolle eine Bescheinigung darüber aus, dass ein Film den Vorschriften des § 41, der §§ 42 und 44 oder der §§ 43 bis 45 entspricht. ²Zur Prüfung der Voraussetzungen nach § 41 Absatz 1 Nummer 5 und 7 oder nach § 42 Absatz 3 in Verbindung mit § 41 Absatz 1 Nummer 5 und 7 hat die Filmförderungsanstalt für das Bundesamt für Wirtschaft und Ausfuhrkontrolle auf dessen Anforderung eine gutachterliche Stellungnahme zu erstellen. ³In dem Antrag ist nachzuweisen, dass der Film entsprechend § 41 Absatz 1 Nummer 6 in deutscher Sprache im Inland oder als deutscher Beitrag im Hauptwettbewerb oder in einer Nebenreihe auf einem Festival welturaufgeführt worden ist.

(2) Der Antrag ist rechtzeitig, bei internationalen Koproduktionen oder bei internationalen Kofinanzierungen spätestens zwei Monate vor Drehbeginn zu stellen.

28 FFG — Filmförderungsgesetz

(3) ¹Legt die antragstellende Person Widerspruch gegen den Bescheid ein, so hat das Bundesamt für Wirtschaft und Ausfuhrkontrolle vor Erlass des Widerspruchbescheids hierzu die Zustimmung des Vorstands einzuholen. ²Wird die Zustimmung verweigert, so ist die abschließende Entscheidung der für Kultur und Medien zuständigen obersten Bundesbehörde einzuholen.

(4) Die Bescheinigung enthält keine Aussage über die Förderfähigkeit des Films.

§ 52 Vorläufige Projektbescheinigung des Bundesamtes für Wirtschaft und Ausfuhrkontrolle. (1) Das Bundesamt für Wirtschaft und Ausfuhrkontrolle kann auf Antrag des Herstellers im Sinne des § 41 Absatz 1 Nummer 1 durch eine vorläufige Projektbescheinigung bestätigen, dass ein Film den Vorschriften des § 41, der §§ 42 und 44 oder der §§ 43 bis 45 voraussichtlich entsprechen wird, wenn die bei Antragstellung eingereichten Unterlagen dies erkennen lassen.

(2) Der Antrag ist rechtzeitig, bei internationalen Koproduktionen oder bei internationalen Kofinanzierungen spätestens zwei Monate vor Drehbeginn zu stellen.

(3) Die vorläufige Bescheinigung enthält keine Aussage über die Förderfähigkeit des Films.

Abschnitt 4

Sperrfristen

§ 53 Regelmäßige Sperrfristen. (1) ¹Wer Projektfilm-, Referenzfilm-, Kurzfilm- oder Absatzfördermittel nach diesem Gesetz in Anspruch nimmt, darf den mit diesen Mitteln hergestellten oder ausgewerteten Film oder Teile desselben zum Schutz der einzelnen Verwertungsstufen vor Ablauf der in Absatz 2 genannten Sperrfristen weder durch Bildträger im Inland oder in deutscher Sprachfassung im Ausland noch im Fernsehen oder in sonstiger Weise auswerten oder auswerten lassen. ²Satz 1 gilt nur für programmfüllende Filme.

(2) Die regelmäßigen Sperrfristen enden jeweils
1. für die Bildträgerauswertung und die Auswertung durch entgeltliche Videoabrufdienste und durch Bezahlfernsehen gegen individuelles Entgelt sechs Monate nach Beginn der regulären Erstaufführung;
2. für die Auswertung durch Bezahlfernsehen gegen pauschales Entgelt zwölf Monate nach Beginn der regulären Erstaufführung;
3. für die Auswertung durch frei empfangbares Fernsehen und durch unentgeltliche Videoabrufdienste 18 Monate nach Beginn der regulären Erstaufführung.

(3) Eine geringfügige ausschnittsweise Nutzung, insbesondere zu Werbezwecken, stellt keine Sperrfristverletzung dar.

Filmförderungsgesetz **FFG 28**

§ 54 Ordentliche Verkürzung der Sperrfristen. (1) Sofern filmwirtschaftliche Belange dem nicht entgegenstehen, können die regelmäßigen Sperrfristen auf Antrag nach folgenden Maßgaben verkürzt werden:
1. für die Bildträgerauswertung und für die Auswertung durch entgeltliche Videoabrufdienste und durch Bezahlfernsehen gegen individuelles Entgelt jeweils bis auf fünf Monate, in Ausnahmefällen bis auf vier Monate nach Beginn der regulären Erstaufführung;
2. für die Auswertung durch Bezahlfernsehen gegen pauschales Entgelt bis auf neun Monate, in Ausnahmefällen bis auf sechs Monate nach Beginn der regulären Erstaufführung;
3. für die Auswertung durch frei empfangbares Fernsehen und durch unentgeltliche Videoabrufdienste jeweils bis auf zwölf Monate, in Ausnahmefällen bis auf sechs Monate nach Beginn der regulären Erstaufführung.

(2) [1]Der Antrag auf Verkürzung der Sperrfrist kann erst nach Beginn der regulären Kinoauswertung gestellt werden. [2]Die Sperrfristen dürfen nicht mehr verkürzt werden, wenn bereits vor der Entscheidung über die Sperrfristverkürzung mit der Auswertung des Films in der beantragten Verwertungsstufe begonnen wurde.

(3) [1]Der Antrag auf Verkürzung der Sperrfrist für frei empfangbares Fernsehen kann bei Filmen mit einer überdurchschnittlichen Finanzierungsbeteiligung eines Fernsehveranstalters, deren Herstellungskosten das Zweifache des Durchschnitts der Herstellungskosten aller im Vorjahr nach § 59 geförderten Filmvorhaben übersteigen, abweichend von Absatz 2 bereits vor Drehbeginn gestellt werden. [2]Die Verkürzung der Sperrfrist vor Beginn der regulären Erstaufführung setzt voraus, dass die Kinoauswertung durch eine im Verhältnis zu den Herstellungskosten angemessene Kopienzahl sichergestellt ist und die Herstellung des Films im besonderen filmwirtschaftlichen Interesse liegt.

§ 55[1] Außerordentliche Verkürzung der Sperrfristen. (1) Für einzelne Projekte, für deren wirtschaftlichen Erfolg eine abweichende Verwertungsfolge erforderlich ist, können die regelmäßigen Sperrfristen auf Antrag in begründeten Ausnahmefällen über die in § 54 Absatz 1 genannten Fristen hinaus verkürzt werden oder entfallen, wenn
1. aufgrund der Konzeption dieser Projekte, insbesondere aufgrund ihres innovativen multimedialen Ansatzes, eine gleichzeitige Auswertung in mehreren oder allen in § 53 Absatz 2 genannten Verwertungsstufen erforderlich ist oder
2. hierdurch neue Geschäftsmodelle ermöglicht werden, bei denen die Kinowirtschaft an der Herstellung oder der Verwertung des Films auf einer der Kinoauswertung nachgelagerten Verwertungsstufe maßgeblich beteiligt ist.

(2) Für Filme, die unter Mitwirkung eines Fernsehveranstalters hergestellt worden sind, können auf Antrag des Herstellers im Sinne des § 41 Absatz 1 Nummer 1 in besonders begründeten Ausnahmefällen die regelmäßigen Sperrfristen nach § 53 Absatz 2 Nummer 1 bis 3 bis auf sechs Monate nach Abnahme durch den Fernsehveranstalter verkürzt werden.

28 FFG
Filmförderungsgesetz

(3) Für Dokumentarfilme, für deren wirtschaftlichen Erfolg eine abweichende Verwertungsfolge erforderlich ist, können auf Antrag des Herstellers im Sinne des § 41 Absatz 1 Nummer 1 in begründeten Ausnahmefällen die regelmäßigen Sperrfristen nach § 53 Absatz 2 Nummer 1 für die Bildträgerauswertung und die Auswertung durch entgeltliche Videoabrufdienste, bei denen ein Entgelt für die Nutzung des einzelnen Films zu zahlen ist, über die in § 54 Absatz 1 Nummer 1 genannten Fristen hinaus verkürzt werden oder entfallen.

(4) Die Filmförderungsanstalt legt spätestens zum 31. März 2022 einen Evaluierungsbericht vor, wie sich Verkürzungen nach Absatz 1 oder Absatz 3 auf den Zuschauererfolg dieser Filme im Kino ausgewirkt haben.

§ 55a Abweichende Regelungen über die Sperrfristen. (1) Von den Regelungen der §§ 53 bis 55 kann durch Richtlinie des Verwaltungsrats abgewichen werden.

(2) Für Entscheidungen über Sperrfristenverkürzungen gilt im Fall abweichender Regelungen nach Absatz 1 § 19 entsprechend.

§ 55b Ersetzung der regulären Erstaufführung und Fortsetzung der weiteren Kinoauswertung in Fällen höherer Gewalt. (1) In besonders begründeten Ausnahmefällen kann die reguläre Erstaufführung im Kino auf Antrag durch eine Online-Erstaufführung auf entgeltlichen Videoabrufdiensten ersetzt werden, wenn
1. aufgrund höherer Gewalt eine reguläre Erstaufführung des Films im Kino für eine nicht unerhebliche Dauer nicht bundesweit möglich ist und
2. die Kinowirtschaft an der Verwertung des Films bis zum Ablauf der regelmäßigen Sperrfrist nach § 53 Absatz 2 Nummer 1 maßgeblich beteiligt wird.

(2) Sofern eine reguläre Erstaufführung im Kino stattgefunden hat, die weitere Kinoauswertung aufgrund höherer Gewalt jedoch für eine nicht unerhebliche Dauer nicht bundesweit möglich ist, kann die Auswertung auf Antrag in besonders begründeten Ausnahmefällen auf entgeltlichen Videoabrufdiensten fortgesetzt werden, wenn die Kinowirtschaft an der Verwertung des Films bis zum Ablauf der regelmäßigen Sperrfrist nach § 53 Absatz 2 Nummer 1 maßgeblich beteiligt wird.

(3) [1]§ 54 Absatz 1 Nummer 1 bleibt unberührt. [2]Wird eine Verkürzung der Sperrfrist nach § 54 Absatz 1 Nummer 1 gewährt, ist die Kinowirtschaft bis zum Ablauf der ordentlich verkürzten Sperrfrist maßgeblich zu beteiligen.

§ 56 Nichtanwendung der Sperrfristenregelungen. (1) § 53 findet auf Antrag des Herstellers im Sinne des § 41 Absatz 1 Nummer 1 keine Anwendung, wenn
1. sich nach Fertigstellung des Films herausstellt, dass die Kinoauswertung keinen hinreichenden Erfolg verspricht, und

Filmförderungsgesetz **FFG 28**

2. der Hersteller im Sinne des § 41 Absatz 1 Nummer 1 gemeinsam mit dem Inhaber der Vorführungsrechte für das Inland gegenüber der Filmförderungsanstalt erklärt, dass keine Kinoauswertung des Films erfolgen soll.

(2) Der Antrag ist vor dem Beginn der Auswertung zu stellen.

(3) Der Antrag ist unzulässig, wenn der Hersteller im Sinne des § 41 Absatz 1 Nummer 1 als natürliche oder juristische Person oder eine mit dieser gesellschaftsrechtlich verbundene juristische Person innerhalb der letzten vier Jahre vor Antragstellung einen entsprechenden Antrag für einen anderen Film gestellt hat.

§ 57 Verletzung der Sperrfristen. (1) Werden die Sperrfristen verletzt, so hat die Filmförderungsanstalt den Förderbescheid ganz oder teilweise zu widerrufen.

(2) ^{1}Ein Film, bei dessen Auswertung die Sperrfristen verletzt wurden, ist von der Referenzfilmförderung nach den §§ 73 und 76 ausgeschlossen, wenn sich hieraus nicht aus den Gesamtumständen eine für den Hersteller unzumutbare Härte ergibt. ^{2}Wurden bereits Referenzmittel zuerkannt oder ausgezahlt, ist der entsprechende Förderbescheid zu widerrufen.

(3) Bereits ausgezahlte Fördermittel sind zurückzufordern.

§ 58 Ermächtigung des Verwaltungsrats. Der Verwaltungsrat kann Einzelheiten zu den Bestimmungen des § 54 Absatz 3, des § 55 Absatz 1 und 3, der §§ 56 und 57 durch Richtlinie bestimmen.

Kapitel 5
Förderung der Filmproduktion

Abschnitt 1
Projektfilmförderung

§ 59 Förderhilfen. (1) ^{1}Projektfilmförderung kann gewährt werden, wenn ein Filmvorhaben einen programmfüllenden Film erwarten lässt, der besonders geeignet erscheint, die Qualität und die Wirtschaftlichkeit des deutschen Films zu verbessern. ^{2}Es sollen Filmvorhaben aller Art gefördert werden, darunter in angemessenem Umfang auch Projekte von talentierten Nachwuchskräften, Kinderfilmprojekte, die auf Originalstoffen beruhen, und Projekte, die auch zur Ausstrahlung im Fernsehen geeignet sind.

(2) Bei Filmvorhaben, die einen nicht programmfüllenden Film mit einer Vorführzeit von mehr als 30 Minuten erwarten lassen, kann der Vorstand auf Antrag Ausnahmen von der Voraussetzung zulassen, dass der Film programmfüllend sein muss, wenn die Gesamtwürdigung des Films dies rechtfertigt.

§ 59a Ökologisch nachhaltige Herstellung von Filmen. (1) Förderhilfen gemäß § 59 werden nur gewährt, wenn bei der Herstellung des Films wirksame Maßnahmen zur Förderung der ökologischen Nachhaltigkeit getroffen werden.

(2) Die Einzelheiten hierzu regelt eine Richtlinie des Verwaltungsrats unter zwingender Berücksichtigung von § 2 Satz 1 Nummer 8.

§ 60 Art und Höhe, Mindestförderquote. (1) [1]Als Förderhilfen für die Herstellung eines Films werden bedingt rückzahlbare zinslose Darlehen bis zu 1 Million Euro gewährt. [2]Die Mindestförderhöhe beträgt grundsätzlich 200 000 Euro und bei Dokumentarfilmen 100 000 Euro. [3]Wenn die antragstellende Person eine geringere Fördersumme beantragt, können auch Darlehen in geringerer Höhe gewährt werden. [4]Auf Antrag kann die Kommission für Produktions- und Drehbuchförderung in besonders begründeten Fällen Ausnahmen von den Sätzen 1 und 2 zulassen.

(2) [1]Die Höhe der Förderhilfe soll in angemessenem Verhältnis zur Höhe der voraussichtlichen Herstellungskosten stehen und im Rahmen einer Gesamtwürdigung als gerechtfertigt erscheinen. [2]Über die Höhe der Förderhilfen ist für jeden Einzelfall zu entscheiden.

(3) [1]Der Verwaltungsrat legt durch Richtlinie fest, wie hoch die Förderhilfe im Verhältnis zur Höhe der voraussichtlichen Herstellungskosten pro Filmvorhaben mindestens sein muss (Mindestförderquote). [2]Bei der Festlegung der Mindestförderquote hat der Verwaltungsrat das Ziel einer Auswahl qualitativ besonders hochwertiger Projekte zu berücksichtigen. [3]§ 44 Absatz 4 bleibt unberührt.

(4) [1]Für dasselbe Filmvorhaben gewährte Förderhilfen für die Drehbuchfortentwicklung nach § 107 sind auf die Projektfilmförderung anzurechnen. [2]Dies gilt auch für den Fall, dass nach § 85 Absatz 1 Förderhilfen nach § 73 oder § 76 für die Vorbereitung desselben Filmvorhabens verwendet werden.

§ 61 Auswahl von Vorhaben. (1) Können nicht alle geeigneten Filmvorhaben angemessen gefördert werden, so wählt die Kommission für Produktions- und Drehbuchförderung die ihr am besten erscheinenden Vorhaben im Rahmen einer Gesamtwürdigung aus.

(2) [1]Bei der Entscheidung über die Auswahl der zu fördernden Vorhaben sollen insbesondere die Qualität des Drehbuchs, die zu erwartenden Besucherzahlen, die relative Wirtschaftlichkeit des Vorhabens sowie die Zugangsmöglichkeiten zu anderen Förderhilfen nach diesem Gesetz berücksichtigt werden. [2]Im Übrigen kann die Höhe der bei anderen nach diesem Gesetz geförderten Vorhaben geleisteten Tilgungen der antragstellenden Person berücksichtigt werden.

§ 62 Einbeziehung von Gemeinschaftsproduktionen. (1) Filmvorhaben, die als Gemeinschaftsproduktion mit Herstellern verwirklicht werden sollen,

Filmförderungsgesetz **FFG 28**

die ihren Wohnsitz oder Sitz in einem Staat haben, mit dem ein zwischenstaatliches Abkommen im Sinne des § 42 Absatz 1 Nummer 2 besteht oder die ihren Sitz in einem Staat haben, mit dessen für die Filmförderung zuständigen Stellen eine Kooperationsvereinbarung im Sinne des § 3 Absatz 4 besteht, können bei Verbürgung der Gegenseitigkeit im Rahmen der hierfür zur Verfügung stehenden Mittel gesondert eine Förderhilfe erhalten.

(2) Förderhilfen nach Absatz 1 können zusätzlich zu anderen Förderhilfen nach diesem Gesetz gewährt und auch für Maßnahmen der Projektentwicklung verwendet werden.

(3) Förderhilfen nach Absatz 1 können auch als Zuschuss gewährt werden.

§ 63 Eigenanteil des Herstellers. (1) [1]Projektfilmförderung nach § 59 wird nur gewährt, wenn der Hersteller an den im Kostenplan angegebenen und von der Filmförderungsanstalt anerkannten Kosten einen nach dem Produktionsumfang, der Kapitalausstattung und bisherigen Produktionstätigkeit des Herstellers angemessenen Eigenanteil trägt. [2]Der Eigenanteil muss mindestens 5 Prozent der von der Filmförderungsanstalt anerkannten Kosten betragen. [3]Bei internationalen Koproduktionen nach § 42 ist bei der Berechnung des Eigenanteils der Finanzierungsanteil des deutschen Herstellers zugrunde zu legen. [4]Satz 3 gilt entsprechend für Filme, die unter Mitwirkung eines öffentlich-rechtlichen Fernsehveranstalters hergestellt werden.

(2) Der Eigenanteil kann finanziert werden
1. durch Eigenmittel,
2. durch Fremdmittel, die dem Hersteller darlehensweise mit unbedingter Verpflichtung zur Rückzahlung überlassen worden sind, oder
3. durch Eigenleistungen des Herstellers.

(3) Soweit eine Richtlinie des Verwaltungsrats es bestimmt, kann der Eigenanteil zudem finanziert werden durch Gegenleistungen für Lizenzvoraberteilungen, die während der Herstellung des Films schriftlich zugesichert werden.

(4) [1]Eigenleistungen sind Leistungen, die der Hersteller als kreative Produzentin oder kreativer Produzent, als Herstellungsleitung, als Regisseurin oder Regisseur, als Person in einer Hauptrolle oder als Kamerafrau oder Kameramann zur Herstellung des Films erbringt. [2]Als Eigenleistung gelten auch Rechte des Herstellers an eigenen Werken wie Roman, Drehbuch oder Filmmusik, die er zur Herstellung des Films benutzt.

(5) Der Eigenanteil kann nicht finanziert werden
1. durch Förderhilfen nach diesem Gesetz,
2. durch Förderhilfen aufgrund anderer öffentlicher Förderprogramme sowie
3. durch sonstige Mittel, die von einer juristischen Person des öffentlichen Rechts oder einer juristischen Person des privaten Rechts, an der eine oder mehrere juristische Personen des öffentlichen Rechts direkt oder indirekt beteiligt sind, gewährt werden. Dies gilt nicht, wenn diese Mittel marktübliches Entgelt für eine vom Hersteller erbrachte Leistung sind oder als Fremdmittel im Sinne des Absatzes 2 gewährt werden.

§ 64 Ausnahmen beim Eigenanteil. (1) Der Vorstand kann auf Antrag des Herstellers im Sinne des § 41 Absatz 1 Nummer 1 für dessen zwei erste programmfüllende Filme Ausnahmen von § 63 Absatz 1 Satz 1 zulassen.

(2) Der Vorstand kann auf Antrag des Herstellers im Sinne des § 41 Absatz 1 Nummer 1 Ausnahmen von § 63 Absatz 1 Satz 1 zulassen, wenn die Höhe der Herstellungskosten das Zweifache des Durchschnitts der Herstellungskosten aller im Vorjahr nach § 59 geförderten Filmvorhaben übersteigt.

§ 65 Bürgschaften. (1) Auf Antrag des Herstellers im Sinne des § 41 Absatz 1 Nummer 1 kann der Vorstand Bürgschaften zur Besicherung der vertraglich vereinbarten Rückzahlungsverpflichtung des Herstellers wegen Nichtfertigstellung des Films gegenüber einem Fernsehveranstalter übernehmen.

(2) Die Bürgschaftsübernahme setzt voraus, dass eine Beteiligungsvereinbarung zwischen dem Hersteller und dem Fernsehveranstalter nachgewiesen wird.

(3) Eine Bürgschaft darf nicht übernommen werden, wenn Anhaltspunkte dafür vorliegen, dass ein überdurchschnittlich hohes Risiko für die Inanspruchnahme der Filmförderungsanstalt aus der Bürgschaft gegeben wäre.

(4) Die Rückstellungen für die Bürgschaften sind im Wirtschaftsplan der Filmförderungsanstalt einzuplanen.

(5) Die Einzelheiten der Rückerstattungspflicht des Herstellers an die Filmförderungsanstalt regelt der Verwaltungsrat durch Richtlinie.

§ 66 Antrag. (1) [1]Projektfilmförderung wird auf Antrag gewährt. [2]Antragsberechtigt ist der Hersteller im Sinne des § 41 Absatz 1 Nummer 1.

(2) Nicht antragsberechtigt ist ein Hersteller im Sinne des Absatzes 1,
1. wenn es sich bei ihm um eine Kapitalgesellschaft oder eine Personenhandelsgesellschaft, deren einzige persönlich haftende Gesellschafterin eine Kapitalgesellschaft ist, handelt und das eingezahlte Stammkapital weniger als 25 000 Euro beträgt oder
2. solange er bei einem anderen nach diesem Gesetz geförderten Filmvorhaben nicht die Auflage nach § 67 Absatz 10 erfüllt hat.

§ 67 Bewilligung. (1) [1]Der Bescheid über die Bewilligung der Förderhilfen nach § 59 ist mit Auflagen zu verbinden, um sicherzustellen, dass die in den folgenden Absätzen genannten Voraussetzungen erfüllt werden. [2]Die antragstellende Person kann die Erfüllung dieser Voraussetzungen bis zur Auszahlung der Förderhilfe nachholen.

(2) [1]Die von einzelstaatlichen, mit öffentlichen Mitteln finanzierten Einrichtungen gewährten Förderhilfen für die Herstellung des Films dürfen insgesamt 50 Prozent der Herstellungskosten des Films nicht übersteigen. [2]Bei Gemeinschaftsproduktionen dürfen sie 60 Prozent des Finanzierungsanteils des deutschen Herstellers (Förderintensität) nicht übersteigen. [3]Auf Antrag des Her-

Filmförderungsgesetz **FFG 28**

stellers kann der Vorstand bei Vereinbarkeit mit Regelungen der Europäischen Union abweichend von den Sätzen 1 und 2 bei schwierigen Filmen eine höhere Förderintensität zulassen.

(3) Der Film muss zu der Filmmiete vermietet werden, die bei Inkrafttreten dieses Gesetzes für deutsche Filme üblich ist.

(4) Die Vermietung des Films an ein Kino darf nicht abhängig gemacht werden von der Miete eines oder mehrerer ausländischer Filme oder Reprisen, die nicht aus einem Mitgliedstaat der Europäischen Union, aus einem anderen Vertragsstaat des Abkommens über den Europäischen Wirtschaftsraum oder aus einem gleichgestellten Staat stammen.

(5) Bei der Aufbringung der Herstellungskosten des Films muss das Risiko des erheblich mitfinanzierenden Verleihers angemessen vermindert werden.

(6) Der Hersteller muss bei der Durchführung des Filmvorhabens in angemessenem Umfang technische und kaufmännische Nachwuchskräfte beschäftigen.

(7) [1]Der Hersteller des Films muss nachweisen, dass in dem Auswertungsvertrag mit einem öffentlich-rechtlichen Fernsehveranstalter oder einem privaten Fernsehveranstalter ein Rückfall der Fernsehnutzungsrechte an ihn spätestens nach fünf Jahren vereinbart ist. [2]Im Einzelfall kann im Auswertungsvertrag für den Rückfall der Fernsehnutzungsrechte eine Frist von bis zu sieben Jahren vereinbart werden, insbesondere, wenn der Hersteller für den Film eine überdurchschnittlich hohe Finanzierungsbeteiligung des öffentlich-rechtlichen Fernsehveranstalters oder des privaten Fernsehveranstalters erhalten hat.

(8) [1]Der Hersteller muss für den Film nachweisen, dass die Fernsehnutzungsrechte für das deutschsprachige Lizenzgebiet, sofern sie einem Verleih oder Vertrieb eingeräumt wurden, spätestens nach fünf Jahren an den Hersteller zurückfallen. [2]Der Verwaltungsrat kann durch Richtlinie abweichende Bestimmungen von Satz 1 zulassen.

(9) Der Hersteller muss für den Film nachweisen, dass in dem Auswertungsvertrag mit einem Fernsehveranstalter nicht zu Ungunsten des Herstellers von den Bedingungen der Zusammenarbeit, die zwischen Herstellern und Fernsehveranstaltern vereinbart worden sind, abgewichen wird; dies gilt insbesondere für eine angemessene Aufteilung der Rechte.

(10) [1]Der Hersteller des Films muss entweder versichern, dass keine Auslandsrechteerteilung an dem Film stattfindet, oder nachweisen, dass er bei einer solchen Auslandsrechteerteilung einen Beitrag an die zentrale Dienstleistungsorganisation der deutschen Filmwirtschaft für die Außenvertretung des deutschen Films leistet. [2]Der Beitrag beträgt 1,5 Prozent der Nettoerlöse des Films, maximal jedoch 50 000 Euro pro Film.

(11) Der Hersteller des Films muss die Filmförderungsanstalt darüber informieren, ob auf das für die Produktionsdauer des Films beschäftigte Personal ein Branchentarifvertrag anwendbar ist oder auf anderem Weg die Einhaltung entsprechender sozialer Standards vereinbart wurde.

28 FFG Filmförderungsgesetz

(12) Der Hersteller muss den durch die Produktion des Films verursachten Ausstoß von Treibhausgasen mittels eines CO_2-Rechners nachweisen.

§ 68 Förderzusage, Form. (1) Der Vorstand kann auf Antrag aufgrund des Drehbuchs, der Stab- und Besetzungsliste sowie des Kosten- und Finanzierungsplans die Gewährung von Förderhilfen nach § 59 auch für solche Filmvorhaben zusagen, deren Finanzierung noch nicht gesichert ist (Förderzusage).

(2) [1]Die Förderzusage erlischt, wenn der Nachweis, dass die Finanzierung gesichert ist, nicht innerhalb von neun Monaten nach Erteilung der Förderzusage erbracht worden ist, oder die Voraussetzungen, unter denen die Förderzusage erteilt worden ist, nicht oder nicht mehr gegeben sind. [2]Der Vorstand kann auf Antrag des Herstellers im Sinne des § 41 Absatz 1 Nummer 1 die Frist zur Erbringung des Finanzierungsnachweises um jeweils sechs Monate verlängern.

(3) [1]Der Vorstand kann auf Antrag des Herstellers für ein Filmvorhaben, für das Projektfilmförderung beantragt wird, bereits zum Zeitpunkt der Entscheidung über die Projektfilmförderung eine Zusage über die Förderung des Absatzes nach § 115 bis zu 150 000 Euro geben, wenn für das Filmvorhaben zum Zeitpunkt der Antragstellung eine angemessene Beteiligung des Verleihers nachgewiesen wird. [2]Hierbei sind Kinderfilmprojekte, die auf Originalstoffen beruhen, vorrangig zu berücksichtigen.

(4) Die Förderzusage bedarf der Schriftform.

§ 69 Auszahlung. (1) [1]Die Auszahlung der Förderhilfen erfolgt in bis zu vier Raten. [2]Die Auszahlung der Schlussrate erfolgt nach Vorlage des Verwendungsnachweises und Prüfung der Schlusskosten. [3]Der Förderempfänger hat der Filmförderungsanstalt die Auslagen für die Schlusskostenprüfung zu erstatten.

(2) [1]Die Filmförderungsanstalt hat die Auszahlung der Förderhilfe zu versagen, wenn der Hersteller zum jeweiligen Auszahlungszeitpunkt nicht das Vorliegen sämtlicher Antrags- und Fördervoraussetzungen sowie die Erfüllung der Auflagen nach § 67 nachweist. [2]Die Auszahlung ist insbesondere zu versagen, wenn die ordnungsgemäße Finanzierung des Filmvorhabens nicht gewährleistet ist.

§ 70 Schlussprüfung. (1) Die Filmförderungsanstalt prüft, ob die gewährten Förderhilfen zweckentsprechend verwendet wurden, insbesondere, ob
1. der Film seinem Inhalt nach dem vorgelegten Drehbuch im Wesentlichen entspricht,
2. der Stab und die Besetzung des Films mit der vorgelegten Liste im Wesentlichen übereinstimmen,
3. der Film den Regelungen zur Nichtförderbarkeit von Filmen nach § 46 widerspricht,
4. der Film den jeweils geltenden Anforderungen der §§ 41 bis 48 entspricht.

Filmförderungsgesetz **FFG 28**

(2) ¹Der Hersteller eines Films, der nach diesem Gesetz gefördert worden ist, ist verpflichtet, innerhalb von zwei Jahren nach Auszahlung des Darlehens oder eines Teilbetrags davon der Filmförderungsanstalt elf Kopien des Films auf digitalen Bildträgern zur Prüfung vorzulegen. ²Die Filmförderungsanstalt kann die Frist um höchstens ein Jahr verlängern, wenn der Hersteller nachweist, dass er die Frist aus von ihm nicht zu vertretenden Gründen nicht einhalten kann. ³Die Filmförderungsanstalt kann ganz oder teilweise auf die Vorlage der Kopien verzichten und bestimmen, dass der Film auf anderem Wege zugänglich gemacht wird.

§ 71 Tilgung des Darlehens. (1) ¹Das Darlehen ist zu tilgen, sobald und soweit die Erlöse des Herstellers aus der Verwertung des Films mehr als 5 Prozent der im Kostenplan angegebenen und von der Filmförderungsanstalt anerkannten Kosten betragen. ²Der Vorstand kann bei einem Eigenanteil des Herstellers, der 5 Prozent übersteigt, günstigere Tilgungsbedingungen festlegen.

(2) ¹Für die Tilgung der Darlehen sind 50 Prozent der dem Hersteller nach Abzug der erlösabhängigen urheberrechtlichen Vergütungen aus der Verwertung des Films zufließenden Erlöse zu verwenden. ²Durch Vereinbarung zwischen der Filmförderungsanstalt, der für Kultur und Medien zuständigen obersten Bundesbehörde und den Filmfördereinrichtungen der Länder kann etwas anderes geregelt werden.

(3) ¹Wurde der Film von mehreren Fördereinrichtungen gefördert, erfolgt die Tilgung entsprechend den jeweiligen Förderanteilen. ²In diesem Fall kann die Filmförderungsanstalt die Anerkennung von Kosten an die Bedingungen der beteiligten Fördereinrichtungen anpassen.

(4) Zehn Jahre nach der Erstaufführung des Films erlischt die Verpflichtung zur Tilgung des Darlehens.

§ 72 Sonstige Rückzahlungspflicht. (1) Der Hersteller hat das Darlehen ferner zurückzuzahlen, wenn
1. der Film nicht den Anforderungen des § 70 Absatz 1 entspricht,
2. er seiner Verpflichtung nach § 70 Absatz 2 nicht nachgekommen ist,
3. er den Nachweis der zweckentsprechenden Verwendung der Förderhilfe nicht erbracht hat,
4. die Bewilligung oder Auszahlung aufgrund unrichtiger Angaben über wesentliche Voraussetzungen erfolgt ist,
5. die Auflagen nach § 67 Absatz 1 in Verbindung mit Absatz 2 bis 12 nicht erfüllt wurden oder
6. Auszahlungshindernisse nach § 69 Absatz 2 nachträglich eingetreten oder bekannt geworden sind.

(2) Wurde die nach § 67 Absatz 2 zulässige Förderintensität überschritten und der Film sowohl von der Filmförderungsanstalt als auch von anderen mit öffentlichen Mitteln finanzierten Fördereinrichtungen gefördert, erfolgt die Rückzahlung entsprechend dem Verhältnis der einzelnen Förderbeträge.

Abschnitt 2
Referenzfilmförderung

Unterabschnitt 1
Referenzfilmförderung für programmfüllende Filme

§ 73 Förderhilfen, Referenzpunkte. (1) ¹Referenzfilmförderung wird dem Hersteller eines programmfüllenden Films mit Herstellungskosten bis zu 8 Millionen Euro gewährt, wenn der Film mindestens 150 000 Referenzpunkte erreicht hat. ²Für Filme mit Herstellungskosten von mehr als 8 Millionen Euro und weniger als 20 Millionen Euro beträgt die maßgebliche Referenzpunktzahl 300 000, für Filme mit Herstellungskosten von mehr als 20 Millionen Euro 500 000. ³Hat der Referenzfilm das Prädikat „besonders wertvoll" der Deutschen Film- und Medienbewertung erreicht, reduziert sich die zu erreichende Referenzpunktzahl jeweils um 50 000 Referenzpunkte.

(2) Die Referenzpunkte werden aus dem Zuschauererfolg sowie dem Erfolg bei international bedeutsamen Festivals und Preisen ermittelt.

(3) Der Vorstand kann auf Antrag abweichend von Absatz 1 nicht programmfüllende Filme mit einer Vorführzeit von mehr als 30 Minuten im Rahmen der Referenzfilmförderung zulassen, wenn die Gesamtwürdigung des jeweiligen Films dies rechtfertigt.

§ 74 Zuschauererfolg. (1) ¹Die Referenzpunktzahl aus dem Zuschauererfolg entspricht bei programmfüllenden Filmen der Besucherzahl im Zeitraum eines Jahres nach der Erstaufführung in einem Kino im Inland gegen Entgelt. ²Es sind nur solche Besucherinnen und Besucher zu berücksichtigen, die den marktüblichen Eintrittspreis bezahlt haben. ³Besucherinnen und Besucher von Veranstaltungen, bei denen die Eintrittskarte für die Filmaufführung nur gemeinsam mit einer Eintrittskarte für eine andere Veranstaltung erworben werden kann, werden nur dann berücksichtigt, wenn die Filmaufführung den Schwerpunkt der Aufführung darstellt.

(2) Übersteigt der aus dem Verkauf von Eintrittskarten im Kino im Inland erreichte Nettoumsatz bei einem programmfüllenden Film die anerkannten Herstellungskosten, erhöhen sich die nach Maßgabe dieses Gesetzes erreichten Referenzpunkte um 25 Prozent.

§ 75 Erfolge bei Festivals und Preise. (1) Die Berücksichtigung des Erfolgs bei Festivals und Preisen setzt bei programmfüllenden Filmen voraus, dass der Film im Inland eine Besucherzahl von mindestens 50 000 erreicht hat.

(2) Preise und Erfolge bei Festivals werden wie folgt berücksichtigt:
1. Auszeichnung eines Films mit dem Deutschen Filmpreis, dem Academy Award („Oscar") oder dem Wettbewerbshauptpreis auf den internationalen Festivals in Berlin, Cannes oder Venedig mit jeweils 200 000 Referenzpunkten,

Filmförderungsgesetz **FFG 28**

2. Auszeichnung eines Films mit dem Europäischen Filmpreis, Wettbewerbshauptpreis auf sonstigen international bedeutsamen Festivals, Nominierung eines Films für den Deutschen Filmpreis oder den Academy Award („Oscar") sowie eine Teilnahme am Hauptwettbewerb der internationalen Festivals in Berlin, Cannes oder Venedig mit jeweils 100 000 Referenzpunkten,
3. Teilnahme am Hauptwettbewerb von sonstigen international bedeutsamen Festivals oder die Nominierung für den Europäischen Filmpreis mit jeweils 50 000 Referenzpunkten.

(3) ¹Bei der Berechnung der Referenzpunktzahl nach Absatz 2 werden die Nominierungen für den mit einem Preis auf demselben Festival ausgezeichneten Film nicht berücksichtigt. ²Die nach Absatz 2 Nummer 2 und 3 zu berücksichtigenden Festivalteilnahmen werden durch Richtlinie des Verwaltungsrats festgelegt. ³Bei der Festlegung ist neben der kulturellen Bedeutung des Festivals auch seiner Werbewirkung für den Zuschauererfolg im Inland und für den Auslandsabsatz angemessen Rechnung zu tragen.

(4) ¹Es werden nur Auszeichnungen oder Teilnahmen an Festivals und sonstige Preise berücksichtigt, die innerhalb eines Jahres vor der regulären Erstaufführung und innerhalb von zwei Jahren nach der regulären Erstaufführung des Films in einem Kino im Inland erreicht wurden. ²Hat der Film nach regulärer Erstaufführung in einem Kino im Inland an einem Festival teilgenommen oder einen Erfolg bei Festivals oder Preisen erhalten, so wird ergänzend zu § 74 Absatz 1 auch die Besucherzahl innerhalb von zwei Jahren ab Teilnahme oder Eintritt des Erfolgs berücksichtigt.

Unterabschnitt 2

Referenzfilmförderung für Dokumentar-, Kinder-, Erstlingsfilme und Filme mit niedrigen Herstellungskosten

§ 76 Förderhilfen, Referenzpunkte. (1) ¹Referenzfilmförderung wird dem Hersteller eines programmfüllenden Kinder- oder Erstlingsfilms sowie dem Hersteller eines programmfüllenden Films mit Herstellungskosten bis zu 1 Million Euro (Filme mit niedrigen Herstellungskosten) gewährt, wenn der Film nach Maßgabe des § 73 Absatz 2 mindestens 50 000 Referenzpunkte erreicht hat. ²Hat der Referenzfilm das Prädikat „besonders wertvoll" der Deutschen Film- und Medienbewertung erreicht, reduziert sich die zu erreichende Referenzpunktzahl auf 25 000 Referenzpunkte.

(2) Referenzfilmförderung wird dem Hersteller eines programmfüllenden Dokumentarfilms gewährt, wenn der Film mindestens 25 000 Referenzpunkte erreicht hat.

(3) Der Vorstand kann auf Antrag abweichend von den Absätzen 1 und 2 nicht programmfüllende Filme mit einer Vorführzeit von mehr als 30 Minuten

im Rahmen der Referenzfilmförderung zulassen, wenn die Gesamtwürdigung des jeweiligen Films dies rechtfertigt.

§ 77 Zuschauererfolg. (1) [1]Bei Erstlingsfilmen und Filmen mit niedrigen Herstellungskosten entspricht die Referenzpunktzahl aus dem Zuschauererfolg der Besucherzahl im Zeitraum eines Jahres nach der Erstaufführung in einem Kino im Inland gegen Entgelt. [2]Es sind nur solche Besucherinnen und Besucher zu berücksichtigen, die den marktüblichen Eintrittspreis bezahlt haben. [3]Besucherinnen und Besucher von Veranstaltungen, bei denen die Eintrittskarte für die Filmaufführung nur gemeinsam mit einer Eintrittskarte für eine andere Veranstaltung erworben werden kann, werden nur dann berücksichtigt, wenn die Filmaufführung den Schwerpunkt der Aufführung darstellt.

(2) [1]Bei Dokumentar- und Kinderfilmen entspricht die Referenzpunktzahl für den Zuschauererfolg im Inland der Besucherzahl im Zeitraum der ersten drei Jahre nach Erstaufführung in einem Kino im Inland. [2]Außer im Fall einer Festpreisvermietung für die Vorführung in nichtgewerblichen Abspielstätten sind nur solche Besucherinnen und Besucher zu berücksichtigen, die den marktüblichen Eintrittspreis bezahlt haben. [3]Im Fall einer Festpreisvermietung für die Vorführung in nichtgewerblichen Abspielstätten werden Besucherinnen und Besucher mit der Maßgabe berücksichtigt, dass die Besucherzahl zwei Dritteln der Bruttoverleiheinnahmen in Euro entspricht. [4]Besucherinnen und Besucher von Veranstaltungen, bei denen die Eintrittskarte für die Filmaufführung nur gemeinsam mit einer Eintrittskarte für eine andere Veranstaltung erworben werden kann, werden nur dann berücksichtigt, wenn die Filmaufführung den Schwerpunkt der Aufführung darstellt.

(3) Sofern ein Dokumentarfilm, ein Kinderfilm, ein Erstlingsfilm oder ein Film mit niedrigen Herstellungskosten die jeweilige nach § 76 für die Teilnahme an der Referenzfilmförderung maßgebliche Referenzpunktzahl überschreitet, aber insgesamt weniger als 150 000 Referenzpunkte erreicht, wird er mit 150 000 Referenzpunkten gewertet.

(4) Übersteigt der aus dem Verkauf von Eintrittskarten im Kino im Inland erreichte Nettoumsatz die anerkannten Herstellungskosten, erhöhen sich die nach Maßgabe dieses Gesetzes erreichten Referenzpunkte um 25 Prozent.

§ 78 Erfolge bei Festivals und Preise. (1) Die Berücksichtigung des Erfolgs bei Festivals und Preisen setzt voraus, dass der Dokumentar-, Kinder- oder Erstlingsfilm oder Film mit niedrigen Herstellungskosten im Inland eine Besucherzahl von mindestens 25 000 erreicht hat.

(2) [1]Der Verwaltungsrat kann durch Richtlinie bestimmen, welche weiteren Festivalteilnahmen auf international und überregional bedeutsamen Festivals ergänzend zu den nach § 75 Absatz 2 festgelegten Erfolgen zu berücksichtigen sind. [2]Dabei ist der Festivalpraxis bei Kinder- und Dokumentarfilmen ausreichend Rechnung zu tragen.

Filmförderungsgesetz **FFG 28**

Unterabschnitt 3

Filme aus Mitgliedstaaten der Europäischen Union oder aus einem anderen Vertragsstaat des Abkommens über den Europäischen Wirtschaftsraum oder aus einem gleichgestellten Staat

§ 79 Einbeziehung von Filmen aus Mitgliedstaaten der Europäischen Union oder aus einem anderen Vertragsstaat des Abkommens über den Europäischen Wirtschaftsraum oder aus einem gleichgestellten Staat.
¹Ist die Gegenseitigkeit verbürgt, so können in die Referenzfilmförderung nach § 73 Absatz 1 und § 76 Absatz 1 jährlich bis zu drei Filme aus anderen Mitgliedstaaten der Europäischen Union oder aus einem anderen Vertragsstaat des Abkommens über den Europäischen Wirtschaftsraum oder aus einem gleichgestellten Staat einbezogen werden. ²Dabei ist jeweils nur die im Inland erreichte Besucherzahl maßgebend. ³Die Erfolge bei Festivals und Preisen werden nicht berücksichtigt.

Unterabschnitt 4

Verfahren, Art und Höhe der Förderung

§ 80 Verteilung der Referenzpunkte. (1) Die für die Referenzfilmförderung zur Verfügung stehenden Mittel werden auf die berechtigten Hersteller nach dem Verhältnis verteilt, in dem die Referenzpunkte der einzelnen Filme zueinander stehen.

(2) Erreicht ein Film in einem Kalenderjahr weniger als 10 000 Referenzpunkte, werden diese nur dann berücksichtigt, wenn sie zusammen mit noch nicht berücksichtigten Referenzpunkten aus anderen Kalenderjahren mindestens 10 000 Referenzpunkte ergeben.

§ 81 Art und Höhe. ¹Referenzfilmförderung wird als Zuschuss gewährt. ²Die Höchstfördersumme beträgt 2 Millionen Euro.

§ 82 Antrag. (1) ¹Referenzfilmförderung wird auf Antrag gewährt. ²Antragsberechtigt ist der Hersteller im Sinne des § 41 Absatz 1 Nummer 1. ³§ 66 Absatz 2 gilt entsprechend.

(2) ¹Der Antrag ist spätestens drei Monate nach Verstreichen der Zeiträume nach § 74 Absatz 1 Satz 1, § 75 Absatz 4 und § 77 Absatz 2 Satz 1 zu stellen. ²Er wird bei der Zuerkennung nach § 83 nur dann im Kalenderjahr der Antragstellung berücksichtigt, wenn er bis zum 31. Januar des Jahres der Antragstellung gestellt wurde. ³Die Frist nach Satz 2 ist eine Ausschlussfrist.

(3) ¹Mit Antragstellung ist nachzuweisen, dass der Referenzfilm die jeweils geltenden Voraussetzungen der §§ 41 bis 48 erfüllt. ²Sofern Mittel zur Kapital-

aufstockung verwendet werden sollen, muss die antragstellende Person dem Antrag nachprüfbare Unterlagen über den wirtschaftlichen Zustand ihres Unternehmens beifügen.

§ 83 Zuerkennung. (1) ¹Die Förderhilfen werden in den ersten drei Monaten nach dem Schluss eines Kalenderjahres den Herstellern der Referenzfilme durch Bescheid zuerkannt, die im abgelaufenen Kalenderjahr die Voraussetzungen für die Zuerkennung nachgewiesen haben. ²Dem Grunde nach kann die Zuerkennung schon vorher erfolgen.

(2) Steht dem Grunde nach fest, dass ein Film eine hinreichende Referenzpunktzahl erreicht hat, kann der Vorstand nach Maßgabe der Haushaltslage der Filmförderungsanstalt bis zu 70 Prozent des Referenzwertes des Vorjahres vorab zuerkennen.

(3) ¹Für den Bescheid über die Zuerkennung der Förderhilfen gilt § 67 Absatz 1 in Verbindung mit Absatz 10 für den Referenzfilm entsprechend. ²Der Bescheid ist zudem mit Auflagen zu verbinden, um sicherzustellen, dass für den Fall, dass die Förderhilfe zur Herstellung eines neuen programmfüllenden Films verwendet wird, der neue Film den jeweils geltenden Voraussetzungen der §§ 41 bis 48 sowie den Voraussetzungen des § 67 Absatz 2 bis 12 entspricht. ³Die antragstellende Person kann die Erfüllung der Voraussetzungen nach § 67 Absatz 2 bis 12 bis zur Auszahlung der Förderhilfe nachholen.

§ 84 Verwendung. (1) ¹Der Hersteller hat die Förderhilfen spätestens bis zum Ablauf von drei Jahren nach Erlass des jeweiligen Zuerkennungsbescheids vorrangig für die Herstellung neuer programmfüllender Filme im Sinne der §§ 41 bis 48 zu verwenden. ²Die §§ 59a, 63 und 64 gelten entsprechend.

(2) Ist der Betrag für eine internationale Koproduktion zuerkannt worden, bei der die Beteiligung des Herstellers nach § 41 Absatz 1 Nummer 1 nach § 42 weniger als 50 Prozent betragen hat, so darf der Betrag nur für die Finanzierung eines Films verwendet werden, an dem die Beteiligung des Herstellers nach § 41 Absatz 1 Nummer 1 nach § 42 mindestens 50 Prozent beträgt oder größer ist als die Beteiligung jedes anderen Koproduzenten.

§ 85 Besondere Verwendungsmöglichkeiten. (1) Der Vorstand kann auf Antrag des Herstellers im Sinne des § 41 Absatz 1 Nummer 1 gestatten, dass die nach § 73 oder § 76 zuerkannten Förderhilfen bis zu 75 Prozent, in jedem Fall aber bis zu 100 000 Euro, für besonders aufwendige Maßnahmen der Stoffbeschaffung, der Drehbuchbeschaffung oder -entwicklung oder in sonstiger Weise für die Vorbereitung eines neuen programmfüllenden Films im Sinne der §§ 41 bis 48 verwendet werden.

(2) Der Vorstand kann auf Antrag des Herstellers im Sinne des § 41 Absatz 1 Nummer 1 auch gestatten, dass bis zu 75 Prozent der nach § 73 oder § 76 zuerkannten Förderhilfen, insgesamt jedoch für dasselbe Unternehmen in

Filmförderungsgesetz

einem Zeitraum von fünf Jahren nicht mehr als 500 000 Euro, im Interesse der Strukturverbesserung des Unternehmens des Herstellers für eine nicht nur kurzfristige Aufstockung des Eigenkapitals verwendet werden.

§ 86 Bürgschaften. § 65 gilt im Rahmen der Referenzfilmförderung entsprechend.

§ 87 Begonnene Maßnahmen. ¹Werden die Förderhilfen für die Herstellung neuer Filme nach § 84 verwendet, können sie auch für bereits begonnene Maßnahmen verwendet werden. ²Dies gilt nicht, wenn die Maßnahme vor dem Antrag auf Zuerkennung nach § 82 Absatz 2 begonnen wurde. ³Eine Verwendung der Förderhilfen für bereits abgeschlossene Maßnahmen ist nicht möglich.

§ 88 Auszahlung. (1) ¹Die Filmförderungsanstalt zahlt die Förderhilfen nach den §§ 73 und 76 bedarfsgerecht in bis zu drei Raten an die antragstellende Person aus, sobald nachgewiesen ist, dass die Förderhilfen eine den Bestimmungen dieses Gesetzes entsprechende Verwendung finden. ²Die Auszahlung der Schlussrate erfolgt nach Vorlage des Verwendungsnachweises und Prüfung der Schlusskosten. ³Der Förderempfänger hat der Filmförderungsanstalt die Auslagen für die Schlusskostenprüfung zu erstatten.

(2) ¹Die Filmförderungsanstalt hat die Auszahlung der Förderhilfen zu versagen, wenn die antragstellende Person zum jeweiligen Auszahlungszeitpunkt nicht das Vorliegen sämtlicher Antrags- und Fördervoraussetzungen sowie die Erfüllung der Auflagen nach § 83 Absatz 3 und, soweit dieser auf § 67 verweist, § 83 Absatz 3 in Verbindung mit § 67 nachweist. ²Die Auszahlung ist insbesondere zu versagen, wenn die ordnungsgemäße Finanzierung des Filmvorhabens nicht gewährleistet ist.

§ 89 Schlussprüfung. (1) Die Filmförderungsanstalt prüft, ob die Förderhilfen zweckgemäß verwendet wurden, bei der Herstellung eines neuen Films insbesondere, ob
1. der neue Film den Regelungen zur Nichtförderbarkeit von Filmen nach § 46 widerspricht und
2. der neue Film den jeweils geltenden Anforderungen der §§ 41 bis 48 entspricht.

(2) ¹Werden die Förderhilfen für die Herstellung neuer Filme nach § 84 verwendet, ist der Hersteller verpflichtet, innerhalb von zwei Jahren nach Auszahlung der Förderhilfen oder eines Teilbetrags davon der Filmförderungsanstalt eine Kopie des neuen Films auf digitalem Bildträger zur Prüfung vorzulegen. ²Die Filmförderungsanstalt kann die Frist um höchstens ein Jahr verlängern, wenn der Hersteller nachweist, dass er die Frist aus von ihm nicht zu vertretenden Gründen nicht einhalten kann. ³Die Filmförderungsanstalt kann ganz oder teilweise auf die Vorlage der Kopien verzichten und bestimmen, dass der Film auf anderem Wege zugänglich gemacht wird.

28 FFG
Filmförderungsgesetz

§ 90 Rückzahlungspflicht. ¹Der Hersteller ist zur Rückzahlung der nach § 73 oder § 76 zuerkannten Förderhilfen verpflichtet, wenn
1. diese zur Finanzierung eines Films verwendet worden sind, der § 84 Absatz 1 nicht entspricht,
2. er seiner Verpflichtung nach § 89 Absatz 2 nicht nachgekommen ist,
3. er den Nachweis der zweckentsprechenden Verwendung der Förderhilfe nicht erbracht hat,
4. die Zuerkennung oder Auszahlung aufgrund unrichtiger Angaben über wesentliche Voraussetzungen erfolgt ist,
5. die nach § 83 Absatz 3 und, soweit dieser auf § 67 verweist, § 83 Absatz 3 in Verbindung mit § 67 erteilten Auflagen nicht erfüllt worden sind oder
6. Auszahlungshindernisse nach § 88 Absatz 2 nachträglich eingetreten oder bekannt geworden sind.

²Wurde die nach § 83 Absatz 3 Satz 2 in Verbindung mit § 67 Absatz 2 zulässige Förderintensität überschritten und der Film sowohl von der Filmförderungsanstalt als auch von anderen mit öffentlichen Mitteln finanzierten Fördereinrichtungen gefördert, erfolgt die Rückzahlung entsprechend dem Verhältnis der einzelnen Förderbeträge.

Kapitel 6

Referenzförderung für Kurzfilme und nicht programmfüllende Kinderfilme

§ 91 Referenzförderung. (1) ¹Referenzförderung wird dem Hersteller eines Kurzfilms sowie eines nicht programmfüllenden Kinderfilms gewährt, wenn der Film nach Maßgabe des Absatzes 2 mindestens 15 Referenzpunkte erreicht. ²Bei Filmen mit mindestens 40 Referenzpunkten werden die Referenzpunkte mit dem Faktor 1,5 multipliziert.

(2) ¹Die Referenzpunkte werden aus dem Erfolg bei international und national bedeutsamen Festivals und Preisen ermittelt. ²Für die Auszeichnung mit dem Prädikat „besonders wertvoll" der Deutschen Film- und Medienbewertung erhält ein Film zehn Referenzpunkte.

§ 92 Erfolge bei Festivals und Preise. (1) Der Erfolg bei international und national bedeutsamen Festivals und Preisen wird wie folgt berücksichtigt:
1. Auszeichnung eines Films mit dem Deutschen Kurzfilmpreis, mit einem anderen national oder einem international bedeutsamen Preis oder im Wettbewerb bei einem national oder international bedeutsamen Festival mit jeweils zehn Referenzpunkten,
2. Nominierung beim Deutschen Kurzfilmpreis, bei einem anderen national oder einem international bedeutsamen Preis oder Wettbewerbsteilnahme bei einem national oder international bedeutsamen Festival sowie Auszeichnung mit dem Deutschen Wirtschaftsfilmpreis oder dem Kurzfilmpreis der Filmförderungsanstalt mit jeweils fünf Referenzpunkten.

Filmförderungsgesetz **FFG 28**

(2) ¹Bei der Berechnung der Referenzpunktzahl nach Absatz 1 werden nur solche Erfolge berücksichtigt, die innerhalb von zwei Jahren nach Fertigstellung des Films erreicht wurden. ²Wird ein Film auf einem Festival mit einem Preis ausgezeichnet, bleiben Teilnahme und Nominierung unberücksichtigt. ³Die nach Absatz 1 zu berücksichtigenden Preise und Festivals legt der Verwaltungsrat durch Richtlinie fest.

§ 93 Förderart, Verteilung der Referenzpunkte. (1) Referenzförderung für Kurzfilme und nicht programmfüllende Kinderfilme wird als Zuschuss gewährt.

(2) Die für die Förderung zur Verfügung stehenden Mittel werden auf die berechtigten Hersteller nach dem Verhältnis verteilt, in dem die Referenzpunkte der einzelnen Filme zueinander stehen.

§ 94 Antrag. (1) ¹Referenzförderung für Kurzfilme und nicht programmfüllende Kinderfilme wird auf Antrag gewährt. ²Antragsberechtigt ist der Hersteller im Sinne des § 41 Absatz 1 Nummer 1. ³Ist dieser eine juristische Person des öffentlichen Rechts oder eine juristische Person des privaten Rechts, an der eine oder mehrere juristische Personen des öffentlichen Rechts direkt oder indirekt beteiligt sind, so ist er nicht antragsberechtigt. ⁴§ 66 Absatz 2 gilt entsprechend.

(2) ¹Der Antrag des Herstellers auf Förderhilfen ist bis zum 31. Dezember des Kalenderjahres zu stellen, in dem die zweijährige Frist nach § 92 Absatz 2 Satz 1 abläuft. ²Anträge, die nach dem 31. Januar des der Auszeichnung folgenden Kalenderjahres gestellt werden, können erst in dem darauf folgenden Kalenderjahr berücksichtigt werden. ³Die Frist nach Satz 2 ist eine Ausschlussfrist.

(3) Die antragstellende Person hat nachzuweisen, dass der Referenzfilm die jeweils geltenden Voraussetzungen der §§ 41 bis 48 erfüllt.

§ 95 Zuerkennung. (1) Die Förderhilfen werden in den ersten drei Monaten nach dem Schluss eines Kalenderjahres den Herstellern der Referenzfilme durch Bescheid zuerkannt, die im abgelaufenen Kalenderjahr die Voraussetzungen für die Zuerkennung nachgewiesen haben.

(2) ¹Der Bescheid über die Zuerkennung der Förderhilfen ist mit Auflagen, deren Erfüllung bis zur Auszahlung nachgeholt werden kann, zu verbinden, um sicherzustellen, dass der neue Film den jeweils geltenden Voraussetzungen der §§ 41 bis 48 entspricht. ²Der Bescheid ist zudem für den Fall der Verwendung der Förderhilfen für einen programmfüllenden Film mit den in § 67 vorgesehenen Auflagen zu verbinden.

§ 96 Verwendung. (1) Der Hersteller hat die Förderhilfe bis spätestens zum Ablauf von zwei Jahren nach dem Erlass des Zuerkennungsbescheids in vollem Umfang zur Herstellung neuer Kurzfilme oder neuer programmfüllender Filme im Sinne der §§ 41 bis 48 zu verwenden.

28 FFG

Filmförderungsgesetz

(2) Der Vorstand kann auf Antrag gestatten, dass Förderhilfen für Maßnahmen der Stoffbeschaffung, der Drehbuchbeschaffung oder -entwicklung oder in sonstiger Weise für die Vorbereitung eines neuen Films im Sinne des Absatzes 1 verwendet werden.

(3) [1]Werden die Förderhilfen für die Herstellung neuer Filme nach § 84 verwendet, können sie auch für bereits begonnene Maßnahmen verwendet werden. [2]Dies gilt nicht, wenn die Maßnahme vor dem Antrag auf Zuerkennung nach § 82 Absatz 2 begonnen wurde. [3]Eine Verwendung der Förderhilfen für bereits abgeschlossene Maßnahmen ist nicht möglich.

§ 97 Auszahlung. (1) Für die Auszahlung der Förderhilfen gilt § 88 Absatz 1 entsprechend.

(2) [1]Die Filmförderungsanstalt hat die Auszahlung der Förderhilfen zu versagen, wenn die antragstellende Person zum jeweiligen Auszahlungszeitpunkt nicht das Vorliegen sämtlicher Antrags- und Fördervoraussetzungen sowie die Einhaltung der nach § 95 Absatz 2 erteilten Auflagen nachweist. [2]Die Auszahlung ist insbesondere zu versagen, wenn die ordnungsgemäße Finanzierung des Filmvorhabens nicht gewährleistet ist.

§ 98 Schlussprüfung. (1) Die Filmförderungsanstalt prüft, ob die Förderhilfen zweckgemäß verwendet wurden, bei der Herstellung eines neuen Films insbesondere, ob
1. der neue Film den Regelungen zur Nichtförderbarkeit von Filmen nach § 46 widerspricht und
2. der neue Film den jeweils geltenden Anforderungen der §§ 41 bis 48 entspricht.

(2) [1]Werden die Förderhilfen für die Herstellung neuer Filme nach § 96 verwendet, ist der Hersteller verpflichtet, innerhalb von zwei Jahren nach Auszahlung der Förderhilfen oder eines Teilbetrags davon der Filmförderungsanstalt eine Kopie des neuen Films auf digitalem Bildträger zur Prüfung vorzulegen. [2]Die Filmförderungsanstalt kann die Frist um höchstens ein Jahr verlängern, wenn der Hersteller nachweist, dass er die Frist aus von ihm nicht zu vertretenden Gründen nicht einhalten kann. [3]Die Filmförderungsanstalt kann ganz oder teilweise auf die Vorlage der Kopien verzichten und bestimmen, dass der Film auf anderem Wege zugänglich gemacht wird.

§ 99 Rückzahlung. Der Hersteller ist zur Rückzahlung der nach den § 91 zuerkannten Förderhilfen verpflichtet, wenn
1. diese zur Finanzierung eines Films verwendet worden sind, der § 96 Absatz 1 nicht entspricht,
2. er seiner Verpflichtung nach § 98 Absatz 2 nicht nachgekommen ist,
3. er den Nachweis der zweckentsprechenden Verwendung der Förderhilfe nicht erbracht hat,
4. die Zuerkennung oder Auszahlung aufgrund unrichtiger Angaben über wesentliche Voraussetzungen erfolgt ist,

Filmförderungsgesetz

5. die nach § 95 Absatz 2 erteilten Auflagen nicht erfüllt worden sind oder
6. Auszahlungshindernisse nach § 97 Absatz 2 nachträglich eingetreten oder bekannt geworden sind.

Kapitel 7
Förderung von Drehbüchern und der Drehbuchfortentwicklung

Abschnitt 1
Drehbuch- und Treatmentförderung

§ 100 Förderhilfen. (1) [1]Die Filmförderungsanstalt kann für die Herstellung von Drehbüchern für programmfüllende Filme Förderhilfen bis zu 25 000 Euro an die Drehbuchautorin oder den Drehbuchautor gewähren, wenn ein Film zu erwarten ist, der geeignet erscheint, die Qualität und Wirtschaftlichkeit des deutschen Films zu verbessern. [2]In besonderen Fällen können Förderhilfen bis zu 35 000 Euro gewährt werden.

(2) [1]Für die Herstellung eines Konzepts, das die Geschichte eines Films umfassend und dramaturgisch schlüssig beschreibt (Treatment), einer vergleichbaren Darstellung oder einer ersten Drehbuchfassung kann die Filmförderungsanstalt für einen programmfüllenden Film Förderhilfen bis zu 10 000 Euro gewähren, wenn ein Film zu erwarten ist, der geeignet erscheint, die Qualität und die Wirtschaftlichkeit des deutschen Films zu verbessern. [2]Eine zusätzliche Förderung nach Absatz 1 ist zulässig.

(3) [1]Drehbücher sowie Treatments, vergleichbare Darstellungen und erste Drehbuchfassungen müssen in deutscher Sprache verfasst werden. [2]Hiervon ausgenommen sind Dialogstellen, für die aus dramaturgischen Gründen eine andere Sprache vorgesehen ist. [3]Der Vorstand kann Ausnahmen von den Voraussetzungen in den Sätzen 1 und 2 zulassen, wenn die Gesamtwürdigung des jeweiligen Vorhabens einen hinreichenden besonderen Grund dafür erkennen lässt.

(4) [1]Die Förderhilfen werden nicht gewährt, wenn das Vorhaben in der betreffenden Entwicklungsstufe bereits von anderer Stelle gefördert wird. [2]Förderungen der Projektentwicklung oder Produktionsvorbereitung von anderer Stelle sind unbeachtlich, soweit sie nicht ausschließlich ein Vorhaben nach Absatz 1 oder 2 betreffen.

§ 101 Förderart, Auswahl von Vorhaben. (1) Die Förderhilfen werden als Zuschuss gewährt.

(2) Können nicht alle geeigneten Vorhaben angemessen gefördert werden, so wählt die Kommission für Produktions- und Drehbuchförderung die ihr am besten erscheinenden Projekte im Rahmen einer Gesamtwürdigung aus.

28 FFG

Filmförderungsgesetz

§ 102 Antrag. (1) Die Drehbuch- und Treatmentförderung wird auf Antrag gewährt.

(2) ¹Antragsberechtigt für eine Förderung sind Drehbuchautorinnen und Drehbuchautoren, wenn sie ihre Autorenschaft an mindestens zwei verfilmten Drehbüchern zu programmfüllenden Filmen nachweisen können, die in europäischen Kinos ausgewertet worden sind. ²Drehbuchautorinnen oder Drehbuchautoren, die nicht die Voraussetzungen von Satz 1 erfüllen, sind nur gemeinsam mit einem Hersteller im Sinne von § 41 Absatz 1 Satz 1 Nummer 1 antragsberechtigt, wenn der Hersteller mindestens einen programmfüllenden Film hergestellt hat und dieser Film in europäischen Kinos ausgewertet wurde.

§ 103 Verwendung. ¹Die Inanspruchnahme der Förderhilfe verpflichtet die antragstellende Person, das Drehbuch, das Treatment, die vergleichbare Darstellung oder die erste Drehbuchfassung im Fall der Verfilmung nur zur Herstellung eines programmfüllenden Films im Sinne der §§ 41 bis 48 zu verwerten. ²Das Recht der antragstellenden Person, das Drehbuch, das Treatment, die vergleichbare Darstellung oder die erste Drehbuchfassung zu anderen Zwecken als dem der Verfilmung zu verwerten, bleibt unberührt.

§ 104 Auszahlung. (1) Die Auszahlung der Förderhilfen erfolgt in bis zu vier Raten ab ihrer Zuerkennung entsprechend dem Fortschritt der jeweiligen Vorhabenentwicklung an die antragstellende Drehbuchautorin oder den antragstellenden Drehbuchautor.

(2) Die Filmförderungsanstalt hat die Auszahlung der Förderhilfen zu versagen, wenn die antragstellende Person zum jeweiligen Auszahlungszeitpunkt nicht das Vorliegen sämtlicher Antrags- und Fördervoraussetzungen nachweist.

§ 105 Schlussprüfung. (1) Die Filmförderungsanstalt prüft, ob die gewährten Förderhilfen zweckgemäß verwendet worden sind, insbesondere ob das Drehbuch, das Treatment, die vergleichbare Darstellung oder die erste Drehbuchfassung im Wesentlichen dem im Antrag beschriebenen Vorhaben entspricht.

(2) ¹Die antragstellende Person ist verpflichtet, das Treatment oder die vergleichbare Darstellung nach Ablauf von einem Jahr, das Drehbuch oder die Drehbuchfassung nach Ablauf von zwei Jahren nach Erlass des Bewilligungsbescheids zur Prüfung vorzulegen. ²Der Vorstand kann die Fristen nach Satz 1 auf Antrag verlängern.

§ 106 Rückzahlung. Die Förderhilfen nach § 100 sind zurückzuzahlen, wenn

1. das Drehbuch, das Treatment, die vergleichbare Darstellung oder die erste Drehbuchfassung von dem im Antrag beschriebenen Vorhaben wesentlich abweicht,

Filmförderungsgesetz **FFG 28**

2. die antragstellende Person der Verpflichtung nach § 105 Absatz 2 nicht nachgekommen ist,
3. die Bewilligung oder Auszahlung der Förderhilfe aufgrund unrichtiger Angaben über wesentliche Voraussetzungen erfolgt ist oder
4. das Drehbuch entgegen § 103 verwertet worden ist.

Abschnitt 2

Förderung der Drehbuchfortentwicklung

§ 107 Förderhilfen. (1) ¹Die Filmförderungsanstalt kann im Rahmen einer Spitzenförderung für die Fortentwicklung eines Drehbuchs für programmfüllende Filme bis zur Drehreife Förderhilfen bis zu 75 000 Euro gewähren, wenn ein Film zu erwarten ist, der besonders geeignet erscheint, die Qualität und Wirtschaftlichkeit des deutschen Films zu verbessern. ²Auf Antrag können weitere Förderhilfen bis zu einer Höhe von 25 000 Euro gewährt werden. ³Insgesamt kann pro Kalenderjahr die Fortentwicklung von bis zu zehn Drehbüchern gefördert werden.

(2) ¹Drehbücher müssen in deutscher Sprache verfasst werden. ²Hiervon ausgenommen sind Dialogstellen, für die aus dramaturgischen Gründen eine andere Sprache vorgesehen ist. ³Der Vorstand kann Ausnahmen von den Voraussetzungen in den Sätzen 1 und 2 zulassen, wenn die Gesamtwürdigung des jeweiligen Vorhabens einen hinreichenden besonderen Grund dafür erkennen lässt.

(3) Die Förderhilfen werden nicht gewährt, wenn die Fortentwicklung des Drehbuchs bereits von anderer Stelle gefördert wird.

§ 108 Förderart, Auswahl von Vorhaben. (1) Die Förderhilfen werden als Zuschuss gewährt.

(2) Können nicht alle geeigneten Vorhaben angemessen gefördert werden, so wählt die Kommission für Produktions- und Drehbuchförderung die ihr am besten erscheinenden Projekte im Rahmen einer Gesamtwürdigung aus.

§ 109 Antrag. (1) Die Drehbuchfortentwicklungsförderung wird auf Antrag gewährt.

(2) ¹Antragsberechtigt sind Hersteller im Sinne von § 41 Absatz 1 Satz 1 Nummer 1 gemeinsam mit einer Drehbuchautorin oder einem Drehbuchautoren. ²Der Hersteller muss nachweisen, dass er mindestens einen programmfüllenden Film hergestellt hat und dieser Film in europäischen Kinos ausgewertet worden ist. ³Für den Hersteller gilt § 66 Absatz 2 entsprechend. ⁴Die Drehbuchautorin oder der Drehbuchautor muss die eigene Autorenschaft an mindestens einem verfilmten Drehbuch zu einem programmfüllenden Film nachweisen, der in europäischen Kinos ausgewertet worden ist.

§ 110 Sachverständige Begleitung. Die Filmförderungsanstalt gewährleistet die sachverständige Begleitung der Fortentwicklung eines Drehbuchs durch mindestens ein Mitglied der Kommission für Produktions- und Drehbuchförderung.

§ 111 Verwendung. [1]Die Inanspruchnahme der Förderhilfe verpflichtet die antragstellenden Personen, das fortentwickelte Drehbuch im Fall der Verfilmung nur zur Herstellung eines programmfüllenden Films im Sinne der §§ 41 bis 48 zu verwerten. [2]Das Recht der antragstellenden Personen, das fortentwickelte Drehbuch zu anderen Zwecken als dem der Verfilmung zu verwerten, bleibt unberührt.

§ 112 Auszahlung. (1) [1]Die Auszahlung der Förderhilfen erfolgt in mehreren Raten ab ihrer Bewilligung nach den zwischen der Filmförderungsanstalt und den antragstellenden Personen im Rahmen eines Entwicklungskonzepts vereinbarten Auszahlungszeitpunkten. [2]Die Auszahlung erfolgt an den antragstellenden Hersteller im Sinne des § 109 Absatz 2 Satz 1.

(2) [1]Vor Auszahlung jeder Rate haben die antragstellenden Personen den jeweiligen Stand des Drehbuchs der Kommission für Produktions- und Drehbuchförderung vorzulegen. [2]Diese entscheidet über die Auszahlung der ausstehenden Raten und die Fortführung der Förderung. [3]Der Bewilligungsbescheid kann teilweise widerrufen werden, wenn nach Ansicht der Kommission für Produktions- und Drehbuchförderung auf Grundlage des Drehbuchs kein Film im Sinne des § 107 Absatz 1 Satz 1 zu erwarten ist.

(3) Die Auszahlung der Schlussrate erfolgt nach Vorlage des Verwendungsnachweises.

(4) Die Filmförderungsanstalt hat die Auszahlung der Förderhilfen zu versagen, wenn die antragstellenden Personen zum jeweiligen Auszahlungszeitpunkt nicht das Vorliegen sämtlicher Antrags- und Fördervoraussetzungen nachweisen.

§ 113 Schlussprüfung, Rückzahlung. (1) Die Filmförderungsanstalt prüft, ob die gewährten Förderhilfen zweckgemäß verwendet wurden, insbesondere, ob das Drehbuch im Wesentlichen mit dem vereinbarten Entwicklungskonzept übereinstimmt.

(2) [1]Die antragstellenden Personen sind verpflichtet, das fortentwickelte Drehbuch spätestens nach Ablauf von zwei Jahren nach Erlass des Bewilligungsbescheids zur Prüfung vorzulegen. [2]Der Vorstand kann die Frist auf Antrag verlängern.

(3) Die Förderhilfen nach § 107 sind zurückzuzahlen, wenn
1. die Voraussetzungen des Absatzes 1 nicht gegeben sind,
2. die antragstellenden Personen der Verpflichtung nach Absatz 2 nicht nachgekommen sind,

Filmförderungsgesetz **FFG 28**

3. die Bewilligung oder Auszahlung der Förderhilfe aufgrund unrichtiger Angaben über wesentliche Voraussetzungen erfolgt ist oder
4. das Drehbuch entgegen § 111 verwertet worden ist.

§ 114 Ermächtigung des Verwaltungsrats. Die Einzelheiten der Drehbuchfortentwicklungsförderung werden durch eine Richtlinie des Verwaltungsrats geregelt.

Kapitel 8
Förderung des Absatzes

Abschnitt 1
Projektförderung für Verleih- und Vertriebsunternehmen sowie Unternehmen der Videowirtschaft

§ 115 Förderhilfen. Die Filmförderungsanstalt kann Förderhilfen gewähren für
1. den Verleih im Inland (Verleih) oder den Vertrieb im Ausland (Vertrieb) von programmfüllenden Filmen im Sinne der §§ 41 bis 48,
2. den Absatz von mit Filmen im Sinne der §§ 41 bis 48 bespielten Bildträgern und
3. den Absatz von Filmen im Sinne der §§ 41 bis 48 mittels entgeltlicher Videoabrufdienste.

§ 116 Verwendung für den Verleih und Vertrieb. (1) Die Förderhilfen nach § 115 Nummer 1 für den Verleih und Vertrieb können verwendet werden
1. zur Deckung von Vorkosten,
2. zur Herstellung von barrierefreien Fassungen,
3. für außergewöhnliche oder beispielhafte Werbemaßnahmen,
4. für besonderen Aufwand beim Absatz von Kinderfilmen,
5. für Maßnahmen zur Erweiterung bestehender und Erschließung neuer Absatzmärkte für Filme und
6. für Maßnahmen der vertraglich vereinbarten Zusammenarbeit, die darauf gerichtet sind, den Absatz zu verbessern.

(2) Abweichend von § 115 Nummer 1 kann die Filmförderungsanstalt Förderhilfen nach Absatz 1 Nummer 1 und 2 in begrenztem Umfang auch für den Verleih und Vertrieb deutscher Filmklassiker gewähren.

(3) Abweichend von § 115 Nummer 1 kann die Filmförderungsanstalt Förderhilfen gemäß Absatz 1 Nummer 5 auch für den Verleih und Vertrieb von Kurzfilmen gewähren.

§ 117 Verwendung für den Videoabsatz. Die Förderhilfen nach § 115 Nummer 2 und 3 für den Videoabsatz können verwendet werden

1. zur Deckung von Herausbringungskosten, wobei diese bei den Förderhilfen für den Absatz von Filmen mittels entgeltlicher Videoabrufdienste nach § 115 Nummer 3 nur die konkreten Kosten für die Herausbringung einzelner Filme oder Filmpakete, nicht aber die Kosten für die technische Infrastruktur zur Bereitstellung der Filme zum Abruf umfassen,
2. zur Herstellung von Fremdsprachenfassungen und
3. für Maßnahmen nach § 116 Absatz 1 Nummer 2 bis 6, wobei für Maßnahmen nach § 116 Absatz 1 Nummer 5 und 6 im Rahmen der Videoabsatzförderung auch deutsche Filmklassiker und in begrenztem Umfang auch ausländische Filme berücksichtigt werden können, soweit dabei jeweils die Werbung mit aktuellen deutschen Filmen im Mittelpunkt der Maßnahmen steht.

§ 118 Art und Höhe. (1) ^{1}Die Förderhilfen werden als bedingt rückzahlbare, zinslose Darlehen mit einer Laufzeit von bis zu zehn Jahren gewährt. ^{2}Die Auswertung des Films kann als Gesamtmaßnahme mit Förderhilfen nach § 115 Nummer 1 bis 3 gefördert werden. ^{3}Dabei kann die antragstellende Person die nach § 116 Absatz 1 Nummer 1 oder § 117 Nummer 1 gewährten Förderhilfen wahlweise zur Deckung von Vorkosten nach § 116 Absatz 1 Nummer 1 oder zur Deckung von Herausbringungskosten nach § 117 Nummer 1 bis zur Höhe der jeweils geltenden Höchstbeträge nach Absatz 2 Satz 1 verwenden.

(2) ^{1}Die Höchstbeträge der Darlehen betragen 600 000 Euro bei der Verwendung der Förderhilfen nach § 116 Absatz 1 Nummer 1 und § 117 Nummer 1 und 2 sowie 150 000 Euro bei der Verwendung nach § 116 Absatz 1 Nummer 2 bis 4 und § 117 Nummer 3 in Verbindung mit § 116 Absatz 1 Nummer 2 bis 4. ^{2}Für Maßnahmen nach § 116 Absatz 1 Nummer 5 und 6 und § 117 Nummer 3 in Verbindung mit § 116 Nummer 5 und 6 betragen die Höchstbeträge der Darlehen 300 000 Euro. ^{3}Bei Förderhilfen für Gesamtmaßnahmen nach Absatz 1 Satz 2 betragen die Höchstbeträge der Darlehen 1 200 000 Euro. ^{4}Absatz 1 Satz 3 bleibt unberührt.

(3) ^{1}Die Kommission für Verleih-, Vertriebs- und Videoförderung kann für Maßnahmen nach § 116 Absatz 1 Nummer 5 und 6 auf Antrag statt eines Darlehens durch Beschluss mit einfacher Mehrheit einen Zuschuss von bis zu 100 000 Euro und durch einstimmigen Beschluss einen Zuschuss von bis zu 300 000 Euro zulassen. ^{2}Soweit gemäß § 121 Absatz 1 Nummer 2 Videotheken für Maßnahmen nach § 117 Nummer 3 in Verbindung mit § 116 Absatz 1 Nummer 6 förderberechtigt sind, gilt Satz 1 mit der Maßgabe, dass Zuschüsse stets nur in Höhe von bis zu 100 000 Euro gewährt werden können.

(4) Förderhilfen nach § 116 Absatz 3 in Verbindung mit § 116 Absatz 1 Nummer 5 werden abweichend von den Absätzen 1 und 2 als Zuschuss bis zu 100 000 Euro gewährt.

§ 119 Auswahl von Vorhaben. ^{1}Können nicht alle geeigneten Vorhaben angemessen gefördert werden, so wählt die Kommission für Verleih-, Vertriebs-

Filmförderungsgesetz **FFG 28**

und Videoförderung die ihr am besten erscheinenden Vorhaben im Rahmen einer Gesamtwürdigung aus. ²Bei der Entscheidung über die Auswahl der zu fördernden Vorhaben können insbesondere die Höhe der bei anderen nach diesem Gesetz geförderten Vorhaben geleisteten Tilgungen der antragstellenden Person sowie die relative Wirtschaftlichkeit des Vorhabens berücksichtigt werden.

§ 120 Einbeziehung von Gemeinschaftsproduktionen und ausländischen Filmen. Förderhilfen nach § 115 Nummer 1 können im Rahmen der hierfür zur Verfügung stehenden Mittel auch solche Filme erhalten, deren Herstellung nach § 62 Absatz 1 gefördert worden ist, sowie nach Maßgabe von zwischenstaatlichen Verleih-Abkommen auch andere Filme, die in einem anderen Mitgliedstaat der Europäischen Union oder in einem anderen Staat hergestellt worden sind, sofern die Gegenseitigkeit verbürgt ist.

§ 121 Antrag. (1) ¹Die Förderhilfen werden auf Antrag gewährt. ²Förderhilfen nach § 115 Nummer 1 bis 3 können für denselben Film gleichzeitig beantragt werden.

(2) Antragsberechtigt sind
1. für Förderhilfen nach § 115 Nummer 1 und § 116 Verleih- oder Vertriebsunternehmen sowie für Förderhilfen nach § 115 Nummer 1 und § 116 Absatz 1 Nummer 3 bis 6 und Absatz 2 zudem die zentrale Dienstleistungsorganisation der deutschen Filmwirtschaft zur Bewerbung des Films und der deutschen Kinos im Inland sowie andere branchennahe Einrichtungen mit Sitz oder Niederlassung im Inland zum Zeitpunkt der Auszahlung;
2. für Förderhilfen nach § 115 Nummer 2 und § 117 Videovertriebsunternehmen von mit Filmen im Sinne des § 152 Absatz 1 Satz 1 bespielten Bildträgern sowie für Förderhilfen nach § 115 Nummer 2 und § 117 Nummer 3 in Verbindung mit § 116 Absatz 1 Nummer 6 auch Betreiber von Videotheken in Deutschland sowie für Förderhilfen nach § 115 Nummer 2 und § 117 Nummer 3 in Verbindung mit § 116 Absatz 1 Nummer 3 bis 6 und Absatz 2 zudem branchennahe Einrichtungen mit Sitz oder Niederlassung im Inland zum Zeitpunkt der Auszahlung;
3. für Förderhilfen nach § 115 Nummer 3 und § 117 Videovertriebsunternehmen im Sinne der Nummer 2 sowie Anbieter von Videoabrufdiensten mit Sitz oder Niederlassung im Inland sowie für Förderhilfen nach § 115 Nummer 3 und § 117 Nummer 3 in Verbindung mit § 116 Absatz 1 Nummer 3 bis 6 und Absatz 2 zudem branchennahe Einrichtungen mit Sitz oder Niederlassung im Inland;
4. für Förderhilfen nach § 115 Nummer 3 und § 117 Videovertriebsunternehmen im Sinne der Nummer 2 sowie Anbieter von Videoabrufdiensten, die weder einen Sitz noch eine Niederlassung im Inland haben, sowie für Förderhilfen nach § 115 Nummer 3 und § 117 Nummer 3 in Verbindung mit § 116 Absatz 1 Nummer 3 bis 6 und Absatz 2 zudem branchennahe Einrichtungen ohne Sitz oder Niederlassung im Inland jeweils für Angebote, die der Abgabepflicht nach § 153 unterfallen.

(3) Nicht antragsberechtigt sind Unternehmen im Sinne des Absatzes 2 Nummer 2 und 3, wenn sie die gesetzliche Verpflichtung zur Zahlung einer Abgabe nach § 152 oder § 153 nicht erfüllt haben.

§ 122 Bewilligung. [1]Der Bescheid über die Bewilligung der Förderhilfen ist mit Auflagen zu versehen, deren Erfüllung bis zur Auszahlung nachgeholt werden kann, um sicherzustellen, dass
1. die von einzelstaatlichen, mit öffentlichen Mitteln finanzierten Einrichtungen für das jeweilige Vorhaben gewährten Förderhilfen insgesamt 70 Prozent der anerkennungsfähigen Kosten nicht übersteigen,
2. beim Verleih von Filmen im Sinne des § 115 Nummer 1 eine angemessene Anzahl von Filmkopien in Orten oder räumlich selbständigen Ortsteilen mit in der Regel bis zu 20 000 Einwohnern eingesetzt wird.

[2]Der Verwaltungsrat bestimmt durch Richtlinie, wann eine angemessene Anzahl von Filmkopien im Sinne von Satz 1 Nummer 2 vorliegt.

§ 123 Auszahlung. (1) Die Auszahlung der Förderhilfen erfolgt in bis zu zwei Raten an die antragstellende Person.

(2) [1]Die Filmförderungsanstalt hat die Auszahlung der Förderhilfen zu versagen, wenn die antragstellende Person zum jeweiligen Auszahlungszeitpunkt nicht das Vorliegen sämtlicher Antrags- und Fördervoraussetzungen sowie der Auflagen nach § 122 nachweist. [2]Die Auszahlung ist insbesondere zu versagen, wenn die ordnungsgemäße Finanzierung der Maßnahme nicht gesichert ist.

§ 124 Schlussprüfung. Die Filmförderungsanstalt prüft, ob die gewährten Förderhilfen zweckentsprechend verwendet worden sind, insbesondere, ob die im Wege des Verleihs, Vertriebs oder Videoabsatzes verwerteten Filme den Anforderungen der §§ 41 bis 48 entsprechen.

§ 125 Tilgung des Darlehens. (1) Die für den Verleih und Vertrieb gewährten Darlehen sind aus tatsächlich bei der antragstellenden Person eingehenden Erlösen aus der Verwertung des Films nach Deckung der von der antragstellenden Person in Form von Vorkosten oder Minimumgarantien aufgebrachten Eigenmittel sowie gegebenenfalls eines dem Hersteller eingeräumten Erlöskorridors zu Lasten des Produzentenanteils zu tilgen.

(2) Die für den Absatz von mit Filmen bespielten Bildträgern und den Absatz von Filmen mittels Videoabrufdiensten gewährten Darlehen sind aus den tatsächlich bei der antragstellenden Person eingehenden Erlösen aus der jeweils geförderten Verwertungsart nach Deckung der von der antragstellenden Person aufgebrachten Eigenmittel zu Lasten des Lizenzgeberanteils zu tilgen.

(3) [1]Für die Tilgung der Darlehen sind 50 Prozent der der antragstellenden Person zufließenden Erlöse zu verwenden. [2]Wurde das Vorhaben von mehreren Fördereinrichtungen gefördert, erfolgt die Tilgung entsprechend den jeweiligen Förderanteilen. [3]In diesem Fall kann die Filmförderungsanstalt die Aner-

Filmförderungsgesetz **FFG 28**

kennung von Kosten an die Bedingungen der beteiligten Fördereinrichtungen anpassen.

(4) Vorkosten und Minimumgarantien für die Herausbringung eines neuen Films sind nicht vorabzugsfähig, sofern sie durch Förderhilfen im Rahmen der Referenzförderung für Verleihunternehmen nach § 127 finanziert werden.

(5) Zehn Jahre nach der Erstaufführung des Films erlischt die Verpflichtung zur Tilgung des Darlehens.

§ 126 Sonstige Rückzahlungspflicht. (1) Die Förderhilfen sind zurückzuzahlen, wenn
1. die antragstellende Person den Nachweis der zweckentsprechenden Verwendung der Förderhilfe nicht erbracht hat,
2. die Zuerkennung oder Auszahlung der Förderhilfe aufgrund unrichtiger Angaben über wesentliche Voraussetzungen erfolgt ist,
3. die Auflagen nach § 122 nicht erfüllt wurden oder
4. Auszahlungshindernisse nach § 123 Absatz 2 nachträglich eingetreten oder bekannt geworden sind.

(2) Wurde die nach § 122 Satz 1 Nummer 1 zulässige Förderintensität überschritten und das Vorhaben sowohl von der Filmförderungsanstalt als auch von anderen mit öffentlichen Mitteln finanzierten Fördereinrichtungen gefördert, erfolgt die Rückzahlung entsprechend dem Verhältnis der einzelnen Förderbeträge.

Abschnitt 2

Referenzförderung für Verleihunternehmen

§ 127 Förderhilfen, Referenzpunkte. (1) Referenzförderung wird für den Verleih eines programmfüllenden Films im Sinne der §§ 41 bis 48 gewährt, wenn der Film innerhalb eines Zeitraumes von einem Jahr nach Erstaufführung in einem deutschen Kino 100 000 Referenzpunkte erreicht hat.

(2) ¹Die Referenzpunkte werden aus dem Zuschauererfolg sowie dem Erfolg bei international bedeutsamen Festivals und Preisen ermittelt. ²Bei der Berücksichtigung des Zuschauererfolgs gelten die §§ 74 und 77 und bei der Berücksichtigung des Erfolgs bei Festivals und von Preisen die §§ 75 und 78 entsprechend.

(3) Bei der Berechnung der Förderhilfe werden für den Zuschauererfolg höchstens 750 000 Besucherinnen und Besucher nach Maßgabe des § 74 Absatz 1 sowie höchstens 1 200 000 Referenzpunkte für Erfolge bei Festivals und Preisen berücksichtigt.

(4) Die für die Referenzförderung zur Verfügung stehenden Mittel werden auf die berechtigten Verleihunternehmen nach dem Verhältnis verteilt, in dem die Referenzpunkte der einzelnen Filme zueinander stehen.

28 FFG

Filmförderungsgesetz

§ 128 Art der Förderhilfe, Antrag. (1) ¹Die Förderhilfen werden auf Antrag als Zuschuss gewährt. ²Antragsberechtigt sind Verleihunternehmen.

(2) ¹Der Antrag ist spätestens drei Monate nach Verstreichen der Zeiträume nach § 74 Absatz 1 Satz 1, § 75 Absatz 4 und § 77 Absatz 2 Satz 1 zu stellen. ²Er wird bei der Zuerkennung nach § 129 nur dann im Kalenderjahr der Antragstellung berücksichtigt, wenn er bis zum 31. Januar des Jahres der Antragstellung gestellt wurde. ³Die Frist nach Satz 2 ist eine Ausschlussfrist.

§ 129 Zuerkennung. Für die Zuerkennung der Förderhilfen gelten § 83 Absatz 1 und 2 und § 122 entsprechend.

§ 130 Verwendung. (1) Die Förderhilfen sind vorrangig für den Verleih eines neuen Films im Sinne der §§ 41 bis 48 zu verwenden.

(2) Die Förderhilfen dürfen verwendet werden
1. zur Finanzierung von Garantiezahlungen für den Erwerb von Auswertungsrechten an nach diesem Gesetz geförderten Filmen,
2. zur Deckung von Vorkosten,
3. zur Herstellung von barrierefreien Fassungen oder Fremdsprachenfassungen von Filmen,
4. für außergewöhnliche oder beispielhafte filmwirtschaftliche Werbemaßnahmen,
5. für besonderen Aufwand beim Absatz von Kinderfilmen,
6. für Maßnahmen zur Erweiterung bestehender und Erschließung neuer Absatzmärkte für Filme oder
7. für Maßnahmen der vertraglich vereinbarten Zusammenarbeit, die darauf gerichtet sind, den Absatz zu verbessern.

(3) ¹Der Vorstand kann auf Antrag gestatten, dass bis zu 75 Prozent der Förderhilfen, in jedem Fall aber bis zu 100 000 Euro, im Interesse der Strukturverbesserung des Unternehmens für eine nicht nur kurzfristige Aufstockung des Eigenkapitals verwendet werden können. ²In einem Zeitraum von fünf Jahren darf ein Unternehmen jedoch insgesamt nicht mehr als 500 000 Euro für diesen Zweck erhalten.

§ 131 Auszahlung. (1) Die Filmförderungsanstalt zahlt die Förderhilfen bedarfsgerecht in bis zu zwei Raten aus, sobald nachgewiesen ist, dass diese eine den Bestimmungen dieses Gesetzes entsprechende Verwendung finden.

(2) ¹Die Auszahlung der Förderhilfen ist zu versagen, wenn die antragstellende Person zum jeweiligen Auszahlungszeitpunkt nicht das Vorliegen sämtlicher Antrags- und Fördervoraussetzungen sowie die Erfüllung der Auflage nach § 129 in Verbindung mit § 122 nachweist. ²Die Auszahlung ist insbesondere zu versagen, wenn die ordnungsgemäße Finanzierung der Maßnahme nicht gesichert ist.

§ 132 Begonnene Maßnahmen. ¹Werden die Förderhilfen für den Verleih eines neuen Films nach § 130 Absatz 1 und 2 verwendet, können sie auch für

Filmförderungsgesetz **FFG 28**

bereits begonnene Maßnahmen verwendet werden. ²Dies gilt nicht, wenn die Maßnahme vor dem Antrag auf Zuerkennung nach § 128 Absatz 2 begonnen wurde. ³Eine Verwendung der Förderhilfen für bereits abgeschlossene Maßnahmen ist nicht möglich.

§ 133 Schlussprüfung, Rückzahlung. (1) Die Filmförderungsanstalt prüft, ob die gewährten Förderhilfen zweckentsprechend verwendet worden sind, insbesondere, ob die im Wege des Verleihs, Vertriebs oder Videoabsatzes verwerteten Filme den Anforderungen der §§ 41 bis 48 entsprechen.

(2) ¹Die Förderhilfen sind zurückzuzahlen, wenn
1. die antragstellende Person den Nachweis der zweckentsprechenden Verwendung der Förderhilfe nicht erbracht hat,
2. die Zuerkennung oder Auszahlung der Förderhilfe aufgrund unrichtiger Angaben über wesentliche Voraussetzungen erfolgt ist,
3. die Auflagen nach § 122 nicht erfüllt wurden oder
4. Auszahlungshindernisse nach § 123 Absatz 2 nachträglich eingetreten oder bekannt geworden sind.

²Wurde die nach § 122 Satz 1 Nummer 1 zulässige Förderintensität überschritten und das Vorhaben sowohl von der Filmförderungsanstalt als auch von anderen mit öffentlichen Mitteln finanzierten Fördereinrichtungen gefördert, erfolgt die Rückzahlung entsprechend dem Verhältnis der einzelnen Förderbeträge.

Kapitel 9

Kinoförderung

Abschnitt 1

Kinoprojektförderung

§ 134 Förderhilfen. Die Filmförderungsanstalt kann Förderhilfen gewähren
1. zur Modernisierung und Verbesserung von Kinos sowie zur Neuerrichtung, wenn sie der Strukturverbesserung dient;
2. zur Verwirklichung beispielhafter und Erprobung neuartiger Maßnahmen im Bereich des Kinos;
3. für Maßnahmen der vertraglich vereinbarten Zusammenarbeit von Kinos;
4. für außergewöhnliche oder beispielhafte Werbe- oder Marketingmaßnahmen sowie für sonstige Maßnahmen, wenn sie im Rahmen einer Gesamtwürdigung geeignet erscheinen, die Wettbewerbsfähigkeit der Kinos insgesamt zu stärken und ihre flächendeckende Erhaltung zu sichern;
5. zur Beratung von Kinos;
6. zur Aufführung von Kurzfilmen als Vorfilm im Kino und von originären Kurzfilmprogrammen für Kinos;

7. für die medienpädagogische Begleitung von Kindern und Jugendlichen bei zur Aufführung für das Kino bestimmten Filmprogrammen im Kino.

§ 135 Art und Höhe. (1) ¹Die Filmförderungsanstalt kann für Maßnahmen nach § 134 Nummer 1 und 2 Förderhilfen zu mindestens 70 Prozent als unbedingt rückzahlbares zinsloses Darlehen mit einer Laufzeit von bis zu zehn Jahren und zu höchstens 30 Prozent als Zuschuss gewähren. ²Förderhilfen für Maßnahmen zur Modernisierung und Verbesserung von Kinos nach § 134 Nummer 1, die der Herstellung von Barrierefreiheit im Sinne des § 4 des Behindertengleichstellungsgesetzes dienen, werden abweichend von Satz 1 insgesamt als Zuschuss gewährt.

(2) ¹Die Förderhilfen nach Absatz 1 können bis zu 200 000 Euro und, sofern eine Gesamtwürdigung des Vorhabens und die Höhe der voraussichtlichen Kosten dies rechtfertigen, bis zu 350 000 Euro betragen. ²Förderhilfen nach Absatz 1 Satz 2 können über die in Satz 1 genannten Beträge hinausgehen.

(3) ¹Förderhilfen für Maßnahmen nach § 134 Nummer 3 bis 7 werden als Zuschuss gewährt. ²Die Zuschüsse für Maßnahmen nach § 134 Nummer 3 und 4 dürfen höchstens 200 000 Euro, nach § 134 Nummer 5 und 7 höchstens 5 000 Euro und nach § 134 Nummer 6 höchstens 2 000 Euro betragen.

§ 136 Erlass von Restschulden. (1) ¹Statt einer Förderhilfe nach § 134 Nummer 1 kann die Filmförderungsanstalt einem Kino für Maßnahmen zur Modernisierung und Verbesserung sowie zur Neuerrichtung auf Antrag einmalig bis zu 50 Prozent einer zum 1. Januar 2022 bei der Filmförderungsanstalt bestehenden Restschuld aus einem laufenden Darlehen für eine frühere Förderung erlassen, wenn der Kinobetreiber
1. bis zur Antragstellung das laufende Darlehen bisher regelmäßig getilgt hat,
2. bei Antragstellung bereits 50 Prozent der laufenden Darlehensforderung bei der Filmförderungsanstalt getilgt hat,
3. mit der Zahlung seiner Abgabe nach § 151 nicht im Rückstand ist und
4. spätestens zwölf Monate nach Zustellung des Vorbescheids nach Absatz 2 die geförderte Maßnahme nach § 134 Nummer 1 durchführt.

²Die Höhe des Forderungserlasses nach Satz 1 darf die anerkennungsfähigen Kosten der Maßnahme nach § 134 Nummer 1 nicht übersteigen.

(2) ¹Die Filmförderungsanstalt entscheidet durch Vorbescheid über den Forderungserlass nach Absatz 1 dem Grunde nach und kann dabei festlegen, dass der Kinobetreiber bis zum Nachweis der Maßnahme nach Absatz 1 Satz 1 Nummer 4 das laufende Darlehen mit reduzierter Rate tilgt. ²Der Vorbescheid nach Satz 1 wird unwirksam, wenn das Kino die Durchführung der Maßnahmen nach Absatz 1 Satz 1 Nummer 4 nicht spätestens zwölf Monate nach Zustellung des Vorbescheids nachweist.

§ 137 Auswahl von Projekten. ¹Können nicht alle geeigneten Vorhaben angemessen gefördert werden, so wählt die Kommission für Kinoförderung die ihr am besten erscheinenden Vorhaben aus. ²Der Verwaltungsrat legt durch

Filmförderungsgesetz **FFG 28**

Richtlinie fest, welche Kriterien bei der Auswahl der Vorhaben zu berücksichtigen sind.

Abschnitt 2

Kinoreferenzförderung

§ 138 Förderhilfen. [1]Die Filmförderungsanstalt gewährt Förderhilfen an Kinos, die mindestens 5 000 Referenzpunkte erreichen. [2]Die Referenzpunkte für die Förderung nach Satz 1 setzen sich folgendermaßen zusammen:
1. Einen Referenzpunkt pro Besucherin oder Besucher erhalten Kinos, die mit dem Kinoprogrammpreis der für Kultur und Medien zuständigen obersten Bundesbehörde ausgezeichnet wurden oder bei denen das entgeltliche Abspiel von Filmen nach § 41 oder den §§ 42, 44 und sonstigen Filmen aus Mitgliedstaaten der Europäischen Union oder aus einem anderen Vertragsstaat des Abkommens über den Europäischen Wirtschaftsraum oder aus einem gleichgestellten Staat den 1,5-fachen Wert des Zuschauermarktanteils für den deutschen Film und für Filme aus Mitgliedstaaten der Europäischen Union oder aus einem anderen Vertragsstaat des Abkommens über den Europäischen Wirtschaftsraum oder aus einem gleichgestellten Staat erreicht hat.
2. Zwei Referenzpunkte pro Besucherin oder Besucher erhalten Kinos, in denen das entgeltliche Abspiel von Filmen nach § 41 oder den §§ 42, 44 den 1,75-fachen Wert des Zuschauermarktanteils des deutschen Films im vergangenen Kalenderjahr erreicht hat.

§ 139 Art und Höhe, Verteilung der Referenzpunkte. (1) Die Förderhilfen werden als Zuschuss gewährt.

(2) Die für die Referenzkinoförderung zur Verfügung stehenden Mittel werden nach dem Verhältnis verteilt, in dem die Referenzpunkte der einzelnen Kinos zueinander stehen.

Abschnitt 3

Verfahren

§ 140 Antrag. (1) [1]Kinoförderung nach den §§ 134 und 138 wird auf Antrag gewährt. [2]Antragsberechtigt ist, wer in der Bundesrepublik Deutschland ein Kino betreibt.

(2) [1]Im Fall des § 134 Nummer 3 sind die beteiligten Kinobetreiber gemeinsam sowie branchennahe Einrichtungen mit Sitz oder Niederlassung im Inland antragsberechtigt. [2]Antragsberechtigt für Maßnahmen nach § 134 Nummer 4 sind außerdem die zentrale Dienstleistungsorganisation der deutschen Filmwirtschaft zur Bewerbung des Films und der deutschen Kinos im Inland sowie andere branchennahe Einrichtungen mit Sitz oder Niederlassung im Inland

zum Zeitpunkt der Auszahlung. ³Antragsberechtigt für Maßnahmen nach § 134 Nummer 7 sind außerdem branchennahe Einrichtungen mit Sitz oder Niederlassung im Inland zum Zeitpunkt der Auszahlung.

(3) Nicht antragsberechtigt sind Kinobetreiber, wenn sie die gesetzliche Verpflichtung zur Zahlung einer Abgabe nach § 151 nicht erfüllt haben.

(4) ¹Der Antrag auf Kinoreferenzförderung nach § 138 ist spätestens bis zum 15. März des Kalenderjahres zu stellen, das auf das Kalenderjahr folgt, auf welches sich der Förderantrag bezieht. ²Die Frist nach Satz 1 ist eine Ausschlussfrist.

§ 141 Zuerkennung der Kinoreferenzförderung. (1) ¹Die Förderhilfen werden in den ersten drei Monaten nach dem Schluss eines Kalenderjahres den antragstellenden Personen durch Bescheid zuerkannt, die im abgelaufenen Kalenderjahr die Voraussetzungen für die Zuerkennung nachgewiesen haben. ²Dem Grunde nach kann die Zuerkennung schon vorher erfolgen.

(2) Steht dem Grunde nach fest, dass ein Kino eine hinreichende Referenzpunktzahl erreicht hat, kann der Vorstand nach Maßgabe der Haushaltslage der Filmförderungsanstalt bis zu 70 Prozent des Referenzwertes des Vorjahres vorab zuerkennen.

§ 142 Auszahlung. (1) Die Auszahlung der Förderhilfen im Rahmen der Kinoprojektförderung erfolgt in bis zu vier Raten an die antragstellende Person.

(2) Die Auszahlung der Förderhilfen im Rahmen der Kinoreferenzförderung erfolgt bedarfsgerecht in bis zu zwei Raten, sobald nachgewiesen ist, dass diese eine den Bestimmungen dieses Gesetzes entsprechende Verwendung finden.

(3) ¹Die Filmförderungsanstalt hat die Auszahlung der Förderhilfen nach den §§ 134 und 138 zu versagen, wenn die antragstellende Person zum jeweils maßgeblichen Auszahlungszeitpunkt nicht das Vorliegen sämtlicher Antrags- und Fördervoraussetzungen nachweist. ²Die Auszahlung ist insbesondere zu versagen, wenn die ordnungsgemäße Finanzierung der Maßnahme nicht gesichert ist.

§ 143 Verwendung der Kinoreferenzförderung. (1) ¹Förderhilfen nach § 138 sollen vorrangig für neue Maßnahmen im Sinne des § 134 verwendet werden. ²Sie können auch für Werbemaßnahmen gewährt werden. ³Die Förderhilfen können jeweils für Maßnahmen verwendet werden, die nach Antragstellung begonnen wurden, auch wenn die betreffende Maßnahme zum Zeitpunkt der Zuerkennung bereits abgeschlossen ist.

(2) ¹In besonders begründeten Ausnahmefällen können auf Antrag des Kinobetreibers oder der Kinobetreiberin die nach § 138 zuerkannten Förderhilfen zur Aufrechterhaltung des Kinobetriebs sowie für weitere unternehmenserhaltende Maßnahmen verwendet werden, wenn der Kinobetrieb aufgrund höherer

Gewalt in eine wirtschaftliche Notlage geraten ist oder eine wirtschaftliche Notlage aufgrund höherer Gewalt unmittelbar droht. ²Der Verwaltungsrat legt insbesondere die Art der förderfähigen unternehmenserhaltenden Maßnahmen sowie die Anforderungen, die an den Nachweis der zweckgemäßen Verwendung zu stellen sind, durch Richtlinie fest.

§ 144 Schlussprüfung, Rückzahlung. (1) Die Filmförderungsanstalt prüft, ob die gemäß den §§ 134 und 138 gewährten Förderhilfen zweckentsprechend verwendet worden sind.

(2) Die Förderhilfen sind zurückzuzahlen, wenn
1. die antragstellende Person den Nachweis der zweckentsprechenden Verwendung der Förderhilfe nicht erbracht hat,
2. die Zuerkennung oder Auszahlung der Förderhilfe aufgrund unrichtiger Angaben über wesentliche Voraussetzungen erfolgt ist oder
3. Auszahlungshindernisse nach § 142 Absatz 3 nachträglich eingetreten oder bekannt geworden sind.

Kapitel 10

Unterstützung der Digitalisierung des deutschen Filmerbes

§ 145 Vorgaben für Richtlinie. (1) Einzelheiten zur Unterstützung der Digitalisierung des deutschen Filmerbes im Sinne des § 2 Satz 1 Nummer 3 kann der Verwaltungsrat durch Richtlinie regeln.

(2) ¹Förderhilfen dürfen nur gewährt werden für die Digitalisierung von Filmen im Sinne der §§ 41 bis 48, sofern es sich nicht um internationale Kofinanzierungen handelt, und nur zum Zweck der weiteren Auswertung dieser Filme. ²Hierbei können auch zur Aufführung im Kino geeignete Kurzfilme berücksichtigt werden.

(3) ¹Die Förderhilfen können nur auf Antrag gewährt werden. ²Antragsberechtigt ist die Inhaberin oder der Inhaber der für die beabsichtigte Auswertung erforderlichen Rechte an dem zu digitalisierenden Film für das Inland.

Kapitel 11
Finanzierung, Verwendung der Mittel

Abschnitt 1
Finanzierung

Unterabschnitt 1
Allgemeine Vorschriften

§ 146 Filmabgabe. (1) Die Filmförderungsanstalt finanziert sich im Wesentlichen durch die Erhebung einer nach Untergruppen von Abgabeschuldnern differenziert ausgestalteten Filmabgabe.

(2) [1]Die Filmförderungsanstalt kann darüber hinaus Zuwendungen von dritter Seite entgegennehmen, sofern der Zuwendungszweck mit der Erfüllung der Aufgaben nach § 3 Absatz 2 in Einklang steht. [2]Die Zuwendungen sind den Einnahmen der Filmförderungsanstalt zuzuführen und nach Maßgabe des § 159 zu verwenden, es sei denn, dass der Zuwendungsgeber etwas anderes bestimmt.

§ 147 Verhältnis der Abgabevorschriften zueinander. Erfüllt ein Abgabeschuldner mehrere Abgabetatbestände, so bestehen die Abgabepflichten nebeneinander.

§ 148 Erhebung der Filmabgabe. [1]Die Filmabgabe wird durch Bescheid erhoben. [2]Widerspruch und Anfechtungsklage gegen den Bescheid über die Erhebung der Filmabgabe haben keine aufschiebende Wirkung.

§ 149 Fälligkeit. (1) Die Filmabgabe der Kinos, der Videoprogrammanbieter und der Anbieter von Videoabrufdiensten nach den §§ 151 bis 153 ist monatlich jeweils bis zum Zehnten des folgenden Monats an die Filmförderungsanstalt zu zahlen.

(2) Die Filmabgabe der Fernsehveranstalter und Programmvermarkter nach den §§ 154 bis 156a ist halbjährlich jeweils zum 1. Januar und zum 1. Juli eines Jahres an die Filmförderungsanstalt zu zahlen.

§ 150 Begriffsbestimmung Kinofilm. Ein Kinofilm im Sinne der §§ 152 bis 156a ist ein Film, der in Deutschland oder in seinem Ursprungsland gegen Entgelt im Kino aufgeführt wurde.

§ 150a Begriffsbestimmungen Nettoumsatz und Nettowerbeumsatz. (1) Nettoumsatz im Sinne der §§ 151 bis 153 und 156 und 156a ist die Summe der jeweils abgaberelevanten Umsatzerlöse abzüglich etwaiger Erlösschmälerungen und abzüglich der Umsatzsteuer.

Filmförderungsgesetz **FFG 28**

(2) Nettowerbeumsatz im Sinne des § 155 ist die Summe der Werbeumsatzerlöse abzüglich etwaiger Erlösschmälerungen und abzüglich der Umsatzsteuer.

(3) Erlösschmälerungen nach den Absätzen 1 und 2 umfassen ausschließlich etwaige Rabatte, Skonti oder Boni.

Unterabschnitt 2
Filmabgabe der Kinos und der Videowirtschaft

§ 151 Filmabgabe der Kinos. (1) Wer entgeltliche Vorführungen von Filmen mit einer Laufzeit von mehr als 58 Minuten veranstaltet, hat für jede Spielstelle vom Nettoumsatz aus dem Verkauf von Eintrittskarten eine Filmabgabe zu entrichten, wenn dieser durch den Veranstalter erzielte Umsatz je Spielstelle im Jahr 100 000 Euro übersteigt.

(2) Die Filmabgabe beträgt
1. bei einem Jahresumsatz von bis zu 200 000 Euro 1,8 Prozent,
2. bei einem Jahresumsatz von bis zu 300 000 Euro 2,4 Prozent und
3. bei einem Jahresumsatz von über 300 000 Euro 3 Prozent.

(3) [1]Für die Bestimmung der Umsatzgrenzen ist der Umsatz des Vorjahres zugrunde zu legen. [2]Ist der Umsatz nur während eines Teils des Vorjahres erzielt worden, wird der Jahresumsatz errechnet, indem der durchschnittliche monatliche Umsatz des Vorjahres mit der Zahl zwölf multipliziert wird. [3]Liegen keine Vorjahresumsätze vor, können die Umsatzgrenzen nach Satz 2 anhand der Monatsumsätze im Abgabejahr errechnet werden.

(4) [1]Für die Berechnung der Filmmieten ist die Berechnungsgrundlage um die Filmabgabe zu vermindern. [2]Hierbei können die Vertragsparteien vereinbaren, dass bei der Berechnung der Filmabgabe an Stelle der konkreten Abgabesätze der einzelnen Leinwände der durchschnittliche Abgabesatz der Betriebsstätte zugrunde gelegt wird. [3]Falls der Veranstalter Mieter oder Pächter eines Kinos ist und die Höhe seines Umsatzes Grundlage für die Berechnung der Miete oder Pacht ist, gilt Satz 1 auch für die Berechnung der Miete oder Pacht. [4]Der Veranstalter hat gegenüber seinem Vertragspartner die Höhe der Filmabgabe nachzuweisen.

§ 152 Filmabgabe der Videoprogrammanbieter. (1) [1]Wer als Inhaber der Lizenzrechte Bildträger, die mit Filmen mit einer Laufzeit von mehr als 58 Minuten bespielt sind, in der Bundesrepublik Deutschland zur Vermietung oder zum Weiterverkauf in den Verkehr bringt oder unmittelbar an Letztverbraucher verkauft (Videoprogrammanbieter), hat vom Nettoumsatz mit abgabepflichtigen Bildträgern eine Filmabgabe zu entrichten. [2]Dies gilt nur für Videoprogrammanbieter, deren Nettoumsatz mit abgabepflichtigen Bildträgern 500 000 Euro im Jahr übersteigt und bei denen ein Anteil von mindestens 2 Prozent dieses Nettoumsatzes auf Kinofilme entfällt.

28 FFG

Filmförderungsgesetz

(2) Die Filmabgabe beträgt
1. bei einem Jahresumsatz von bis zu 20 Millionen Euro 1,8 Prozent und
2. bei einem Jahresumsatz von über 20 Millionen Euro 2,5 Prozent.

(3) ^{1}Für die Bestimmung der Umsatzgrenzen ist der Umsatz des Vorjahres zugrunde zu legen. ^{2}Ist der Umsatz nur während eines Teils des Vorjahres erzielt worden, wird der Jahresumsatz errechnet, indem der durchschnittliche monatliche Umsatz des Vorjahres mit der Zahl zwölf multipliziert wird. ^{3}Liegen keine Vorjahresumsätze vor, können die Umsatzgrenzen anhand der Monatsumsätze im Abgabejahr errechnet werden.

§ 153 Filmabgabe der Anbieter von Videoabrufdiensten. (1) Inhaber von Lizenzrechten mit Sitz oder Niederlassung im Inland, die zu gewerblichen Zwecken hergestellte Kinofilme mittels entgeltlicher oder werbefinanzierter Videoabrufdienste verwerten, haben vom in Deutschland erzielten Nettoumsatz mit der Verwertung von Kinofilmen eine Filmabgabe zu entrichten, wenn dieser 500 000 Euro im Jahr übersteigt.

(2) ^{1}Für Inhaber von Lizenzrechten ohne Sitz oder Niederlassung im Inland gilt Absatz 1 entsprechend für Angebote von deutschsprachigen Videoabrufdiensten in Bezug auf in Deutschland erzielte Umsätze. ^{2}Die Abgabepflicht nach Satz 1 besteht nicht, wenn die entsprechenden Umsätze am Ort des Unternehmenssitzes zu einem vergleichbaren finanziellen Beitrag zur Förderung von Kinofilmen durch eine Filmfördereinrichtung herangezogen werden.

(3) Die Filmabgabe beträgt
1. bei einem Jahresumsatz von bis zu 20 Millionen Euro 1,8 Prozent und
2. bei einem Jahresumsatz von über 20 Millionen Euro 2,5 Prozent.

(4) ^{1}Für die Bestimmung der Umsatzgrenzen ist der Umsatz des Vorjahres zugrunde zu legen. ^{2}Ist der Umsatz nur während eines Teils des Vorjahres erzielt worden, wird der Jahresumsatz errechnet, indem der durchschnittliche monatliche Umsatz des Vorjahres mit der Zahl zwölf multipliziert wird. ^{3}Liegen keine Vorjahresumsätze vor, können die Umsatzgrenzen anhand der Monatsumsätze im Abgabejahr errechnet werden.

(5) ^{1}Bei Videoabrufdiensten gegen ein pauschales Entgelt entspricht der abgabepflichtige Nettoumsatz dem Kinofilmanteil am Nettogesamtumsatz aus Abonnementverträgen mit Endverbraucherinnen und Endverbrauchern in Deutschland. ^{2}Der Kinofilmanteil entspricht hierbei dem Anteil der tatsächlichen Sehdauer von Kinofilmen an der tatsächlichen Sehdauer des Gesamtangebots in Deutschland.

Filmförderungsgesetz **FFG 28**

Unterabschnitt 3

Filmabgabe der Fernsehveranstalter und Programmvermarkter

§ 154 Filmabgabe der öffentlich-rechtlichen Fernsehveranstalter. (1) ¹Die öffentlich-rechtlichen Fernsehveranstalter haben eine Filmabgabe in Höhe von 3 Prozent ihrer Kosten für die Ausstrahlung von Kinofilmen des vorletzten Jahres zu zahlen. ²Zu den Kosten zählen die Lizenzkosten, anteilige Programmverbreitungs- und Verwaltungskosten sowie Koproduktionsbeiträge zu Kinofilmen.

(2) ¹Bemessungsgrundlage der Abgabe der in der Arbeitsgemeinschaft der öffentlich-rechtlichen Rundfunkanstalten der Bundesrepublik Deutschland zusammengeschlossenen Fernsehveranstalter sind die Kosten aller dieser Fernsehveranstalter für die Ausstrahlung von Kinofilmen insgesamt. ²Die Höhe der Abgaben der einzelnen in der Arbeitsgemeinschaft der öffentlich-rechtlichen Rundfunkanstalten der Bundesrepublik Deutschland zusammengeschlossenen Fernsehveranstalter bemisst sich nach der Zulieferverpflichtung der jeweiligen Fernsehveranstalter zum Ersten Fernsehprogramm.

§ 155 Filmabgabe der Veranstalter frei empfangbarer Fernsehprogramme privaten Rechts. (1) Die Veranstalter frei empfangbarer Fernsehprogramme privaten Rechts haben für Fernsehprogramme mit einem Kinofilmanteil von mindestens 2 Prozent eine Filmabgabe zu leisten, wenn ihr Nettowerbeumsatz 750 000 Euro übersteigt.

(2) ¹Die Filmabgabe bemisst sich nach den Nettowerbeumsätzen des vorletzten Jahres. ²Sie beträgt bei einem Anteil von Kinofilmen an der Gesamtsendezeit
1. von weniger als 10 Prozent 0,15 Prozent,
2. von mindestens 10, aber weniger als 18 Prozent 0,35 Prozent,
3. von mindestens 18, aber weniger als 26 Prozent 0,55 Prozent,
4. von mindestens 26, aber weniger als 34 Prozent 0,75 Prozent und
5. von mindestens 34 Prozent 0,95 Prozent.

(3) ¹Für die Bestimmung der Umsatzgrenzen ist der Umsatz des Vorjahres zugrunde zu legen. ²Ist der Umsatz nur während eines Teils des Vorjahres erzielt worden, wird der Jahresumsatz errechnet, indem der durchschnittliche monatliche Umsatz des Vorjahres mit der Zahl zwölf multipliziert wird. ³Liegen keine Vorjahresumsätze vor, können die Umsatzgrenzen anhand der Monatsumsätze im Abgabejahr errechnet werden.

§ 156 Filmabgabe der Veranstalter von Bezahlfernsehen. (1) Die Veranstalter von Bezahlfernsehen gegen pauschales Entgelt haben eine Filmabgabe in Höhe von 0,45 Prozent ihrer Nettoumsätze mit Abonnementverträgen mit Endverbraucherinnen und Endverbrauchern in Deutschland im vorletzten Jahr

28 FFG Filmförderungsgesetz

zu leisten, wenn diese Umsätze 750 000 Euro im Jahr übersteigen und soweit diese Umsätze nicht auf die Erbringung technischer Leistungen entfallen.

(2) Absatz 1 gilt entsprechend für Veranstalter von Bezahlfernsehen gegen individuelles Entgelt.

(3) [1]Bei der Berechnung der Abgabenhöhe sind nur solche Programmangebote einzubeziehen, die in Deutschland veranstaltet und verbreitet werden. [2]Nicht einzubeziehen sind Programmangebote, bei denen der Anteil von Kinofilmen an der Gesamtsendezeit weniger als 2 Prozent beträgt.

(4) [1]Für die Bestimmung der Umsatzgrenzen ist der Umsatz des Vorjahres zugrunde zu legen. [2]Ist der Umsatz nur während eines Teils des Vorjahres erzielt worden, wird der Jahresumsatz errechnet, indem der durchschnittliche monatliche Umsatz des Vorjahres mit der Zahl zwölf multipliziert wird. [3]Liegen keine Vorjahresumsätze vor, können die Umsatzgrenzen anhand der Monatsumsätze im Abgabejahr errechnet werden.

§ 156a Filmabgabe der Programmvermarkter. (1) Programmvermarkter, die Bündel von Programmangeboten bestehend aus Kinofilmen und anderen audiovisuellen Inhalten gegen pauschales Entgelt an Endverbraucherinnen und Endverbraucher vermarkten, haben eine Filmabgabe in Höhe von 0,25 Prozent ihrer auf diese Bündel entfallenden Nettoumsätze mit Abonnementverträgen mit Endverbraucherinnen und Endverbrauchern in Deutschland im vorletzten Jahr zu leisten, wenn die Nettoumsätze mit Abonnementverträgen mit Endverbraucherinnen und Endverbrauchern in Deutschland 750 000 Euro im Jahr übersteigen und soweit diese Umsätze nicht auf die Erbringung technischer Leistungen entfallen.

(2) Programmvermarkter, die Bündel von Programmangeboten mit einem Kinofilmanteil von mindestens 90 Prozent gegen pauschales Entgelt an Endverbraucherinnen und Endverbraucher vermarkten, haben eine Filmabgabe in Höhe von 2,5 Prozent ihrer auf diese Bündel entfallenden Nettoumsätze mit Abonnementverträgen mit Endverbraucherinnen und Endverbrauchern in Deutschland im vorletzten Jahr zu leisten, wenn die Nettoumsätze mit Abonnementverträgen mit Endverbraucherinnen und Endverbrauchern in Deutschland 750 000 Euro im Jahr übersteigen und soweit diese Umsätze nicht auf die Erbringung technischer Leistungen entfallen.

(3) [1]Bei der Berechnung der Abgabenhöhe nach den Absätzen 1 und 2 sind nur solche Programmangebote einzubeziehen, die in Deutschland veranstaltet und verbreitet werden. [2]Nicht einzubeziehen sind Programmangebote, bei denen der Anteil von Kinofilmen an der Gesamtsendezeit weniger als 2 Prozent beträgt.

(4) [1]Für die Bestimmung der Umsatzgrenzen ist der Umsatz des Vorjahres zugrunde zu legen. [2]Ist der Umsatz nur während eines Teils des Vorjahres erzielt worden, wird der Jahresumsatz errechnet, indem der durchschnittliche monatliche Umsatz des Vorjahres mit der Zahl zwölf multipliziert wird. [3]Lie-

Filmförderungsgesetz **FFG 28**

gen keine Vorjahresumsätze vor, können die Umsatzgrenzen anhand der Monatsumsätze im Abgabejahr errechnet werden.

§ 157 Medialeistungen. ¹Die Fernsehveranstalter können bis zu 40 Prozent ihrer Abgaben nach den §§ 154, 155 und 156 Absatz 1 und 2 in Form von Werbezeiten für Kinofilme (Medialeistungen) erbringen. ²Hierbei muss der Wert der Medialeistungen nach dem Bruttolistenpreis den Wert der ersetzten Barleistungen um die Hälfte überschreiten.

§ 158 Zusätzliche Leistungen der Fernsehveranstalter und Programmvermarkter. Über die sich aus den §§ 154 bis 156a ergebenden Beträge hinausgehende Zahlungen oder sonstige Leistungen der Fernsehveranstalter und Programmvermarkter werden in Verträgen mit der Filmförderungsanstalt vereinbart.

Abschnitt 2

Verwendung der Einnahmen

§ 159 Aufteilung der Einnahmen auf die Förderbereiche. (1) ¹Von den Einnahmen der Filmförderungsanstalt sind bis zu 10 Prozent für die Erfüllung der Aufgaben nach § 3 Absatz 2 zu verwenden. ²Über die konkrete Aufteilung der Mittel entscheidet das Präsidium auf Vorschlag des Vorstands.

(2) ¹Die Einnahmen der Filmförderungsanstalt sind vorbehaltlich des Absatzes 6 und des § 160 nach Abzug der Verwaltungskosten und der Aufwendungen nach Absatz 1 wie folgt zu verwenden:
1. 30 Prozent für die Projektfilmförderung (§ 59),
2. 28,5 Prozent für die Referenzfilmförderung (§§ 73 und 76),
3. 1,5 Prozent für die Referenzförderung für Kurzfilme und nicht programmfüllende Kinderfilme (§ 91),
4. 4 Prozent für die Förderung von Drehbüchern und der Drehbuchfortentwicklung (§§ 100 und 107),
5. 14 Prozent für die Projektförderung für Verleih- und Vertriebsunternehmen sowie Unternehmen der Videowirtschaft (§ 115),
6. 7 Prozent für die Referenzförderung für Verleihunternehmen (§ 127),
7. 10 Prozent für die Kinoprojektförderung (§ 134) und
8. 5 Prozent für die Kinoreferenzförderung (§ 138).

²Die prozentualen Anteile beziehen sich auf die Einnahmen der Filmförderungsanstalt einschließlich der Einnahmen aus der Filmabgabe der Fernsehveranstalter und Programmvermarkter.

(3) ¹Für die Förderung nach § 62 dürfen nicht mehr als 25 Prozent der Mittel nach Absatz 2 Satz 1 Nummer 1 verwendet werden. ²Nicht in Anspruch genommene Mittel sind den sonstigen Mitteln nach Absatz 2 Satz 1 Nummer 1 zuzuführen.

28 FFG Filmförderungsgesetz

(4) ¹Für die Förderung nach § 115 Nummer 1, § 116 Absatz 1 Nummer 5 und 6 sowie nach § 115 Nummer 2 und 3, § 117 Nummer 3 in Verbindung mit § 116 Absatz 1 Nummer 5 und 6 dürfen nicht mehr als 25 Prozent und für die Förderung nach § 120 nicht mehr als 10 Prozent der Mittel nach Absatz 2 Satz 1 Nummer 5 verwendet werden. ²Nicht in Anspruch genommene Mittel sind den sonstigen Mitteln nach Absatz 2 Satz 1 Nummer 5 zuzuführen.

(5) ¹Für die Förderung nach § 134 Nummer 6 dürfen nicht mehr als 12,5 Prozent der nach Absatz 2 Satz 1 Nummer 7 zur Verfügung stehenden Mittel verwendet werden. ²Nicht in Anspruch genommene Mittel sind den sonstigen Mitteln nach Absatz 2 Satz 1 Nummer 7 zuzuführen.

(6) Für die in Absatz 1, die in Absatz 2 Nummer 1 bis 4, die in Absatz 2 Nummer 5 und 6 sowie die in Absatz 2 Nummer 7 und 8 genannten Förderbereiche dürfen jeweils nicht mehr als 50 Millionen Euro im Kalenderjahr bewilligt werden.

§ 160 Verwendung der Filmabgabe der Fernsehveranstalter und Programmvermarkter. ¹Die Einnahmen der Filmförderungsanstalt aus der Filmabgabe der Fernsehveranstalter und Programmvermarkter nach den §§ 154 bis 156a und 158 sind nach anteiligem Abzug der Verwaltungskosten und der Aufwendungen nach § 159 Absatz 1 für die Projektfilmförderung zu verwenden. ²Für den Fall, dass diese Mittel die nach Maßgabe des § 159 Absatz 2 Nummer 1 für die Projektfilmförderung zur Verfügung stehenden Mittel übersteigen, sind diese Einnahmen abweichend von § 159 Absatz 2 Satz 1 dennoch in voller Höhe für die Projektfilmförderung zu verwenden. ³Der Anteil der für die anderen Förderarten zu verwendenden Einnahmen reduziert sich entsprechend.

§ 161 Ermächtigung des Verwaltungsrats. (1) Soweit dieses Gesetz keine Bestimmung trifft, obliegt die Entscheidung über die Verteilung der Mittel auf die einzelnen Förderarten dem Verwaltungsrat.

(2) ¹Im Rahmen der insgesamt zur Verfügung stehenden Mittel kann der Verwaltungsrat bei der Beschlussfassung über den Wirtschaftsplan die Prozentsätze des § 159 Absatz 2 um bis zu 25 Prozent über- oder unterschreiten (Abweichungsspielraum). ²Stehen der Filmförderungsanstalt für denselben Förderzweck Mittel aus dem Bundeshaushalt zur Verfügung, können die Prozentsätze des § 159 Absatz 2 um bis zu 20 Prozent unterschritten werden. ³Jede Abweichung ist im Rahmen des Abweichungsspielraums anderer Ansätze auszugleichen.

§ 161a Ausnahmsweise Umwidmung in Fällen höherer Gewalt. (1) ¹In besonderen Ausnahmesituationen kann der Verwaltungsrat unter Berücksichtigung der Gesamtumstände und der insgesamt zur Verfügung stehenden Mittel entscheiden, dass Mittel nach § 159 Absatz 2 auch für die Erfüllung der Aufgaben nach § 3 Absatz 2 in Verbindung mit § 2 Satz 1 Nummer 1 verwendet werden sollen, wenn dies zur Abwendung oder Minderung von Schäden für

Filmförderungsgesetz **FFG 28**

die Struktur der deutschen Filmwirtschaft, die aufgrund höherer Gewalt drohen oder bereits eingetreten sind, unbedingt geboten erscheint (Umwidmung). ²§ 160 bleibt unberührt.

(2) ¹Es können jeweils bis zu 25 Prozent der Ansätze nach § 159 Absatz 2 durch Beschluss des Verwaltungsrats umgewidmet werden. ²Über- und Unterschreitungen nach § 161 Absatz 2 sind bei der Bemessung zu berücksichtigen.

(3) Die Umwidmungen erfolgen aus den Ansätzen derjenigen Förderbereiche, für deren antragsberechtigte Personen die umgewidmeten Mittel verwendet werden sollen.

(4) Der Beschluss des Verwaltungsrats nach Absatz 1 ergeht mit einer Mehrheit von zwei Dritteln der Stimmen, mindestens aber der Mehrheit seiner Mitglieder.

§ 162 Verwendung von Tilgungen. ¹Die Einnahmen aus der Tilgung von Darlehen und aus sonstigen Rückzahlungen von Förderungen sind grundsätzlich dem gleichen Verwendungszweck zuzuführen. ²Über Ausnahmen von Satz 1 entscheidet der Verwaltungsrat im Rahmen des Abweichungsspielraums nach § 161 Absatz 2. ³Der Verwaltungsrat kann nach Satz 2 insbesondere entscheiden, dass ein Teil der Einnahmen aus der Tilgung von Darlehen nach § 71 den Mitteln für die Referenzfilmförderung zugeführt werden soll.

§ 163 Verwendung von Rücklagen, Überschüssen und nicht verbrauchten Haushaltsmitteln. (1) Alle nicht im Wirtschaftsplan vorgesehenen Einnahmen (Überschüsse), nicht verbrauchte Haushaltsmittel sowie aufgelöste Rücklagen sind entsprechend der prozentualen Aufteilung für die Verwendung der Einnahmen aus der Filmabgabe nach § 159 zu verwenden.

(2) ¹Nicht verbrauchte Haushaltsmittel kann der Verwaltungsrat für denselben Förderzweck auf das nächste Wirtschaftsjahr übertragen. ²Die Übertragung ist nur zulässig, soweit dadurch die nach § 159 Absatz 1 und 2 für den jeweiligen Förderzweck zur Verfügung stehenden Mittel um nicht mehr als 30 Prozent erhöht werden. ³Im Übrigen sind nicht verbrauchte Haushaltsmittel den Einnahmen der Filmförderungsanstalt zuzuführen und nach Maßgabe des § 159 zu verwenden.

(3) ¹Abweichend von Absatz 1 kann der Verwaltungsrat Überschüsse, nicht verbrauchte Haushaltsmittel und aufgelöste Rücklagen den Mitteln für einen anderen Förderzweck zuführen, wenn dies zur Erfüllung der Aufgaben der Filmförderungsanstalt geboten ist. ²Auf die in Satz 1 genannten Fälle findet die Beschränkung nach Absatz 2 Satz 2 keine Anwendung.

(4) Die Beschlüsse des Verwaltungsrats nach den Absätzen 2 und 3 ergehen mit einer Mehrheit von zwei Dritteln der Stimmen, mindestens aber der Mehrheit seiner Mitglieder.

Kapitel 12
Auskunftspflichten und Datenverwendung

§ 164 Auskünfte. (1) ¹Wer nach diesem Gesetz eine Filmabgabe zu leisten hat, muss der Filmförderungsanstalt die für die Durchführung dieses Gesetzes erforderlichen Auskünfte erteilen und entsprechende Unterlagen vorlegen. ²Dies gilt auch sowohl für Personen, die eine Filmabgabe nur deshalb nicht zu leisten haben, weil die in § 151 Absatz 1, § 152 Absatz 1 Satz 2, § 153, § 155 Absatz 1, § 156 Absatz 1 oder § 156a Absatz 1 und 2 genannten Umsatzgrenzen nicht erreicht werden oder weil der Kinofilmanteil unter den in § 152 Absatz 1 Satz 2, § 155 Absatz 1, § 156 Absatz 3 Satz 2 oder § 156a Absatz 3 Satz 2 genannten Umsatzgrenzen liegt, als auch für Personen, bei denen das Vorliegen der sonstigen Voraussetzungen für eine Abgabepflicht nur bei Erteilung entsprechender Auskünfte geprüft werden kann. ³Die Auskunftspflicht erstreckt sich auf

1. die Firmierung und Konzernzugehörigkeit sowie den Geschäfts- oder Wohnsitz des Abgabepflichtigen,
2. die Errichtung, die Verlegung und die Aufgabe des Geschäfts- oder Wohnsitzes,
3. Namen und Geschäfts- oder Wohnsitz der im Hinblick auf die Abgabeerhebung zu kontaktierenden Personen sowie Namen und Geschäfts- oder Wohnsitz der in § 166 Absatz 3 bezeichneten Personen,
4. das Geburtsdatum, wenn es sich bei dem Abgabepflichtigen um eine natürliche Person handelt,
5. den Umsatz der abgabepflichtigen Tätigkeiten, wobei die Umsätze hieraus gesondert von anderen Umsätzen und nach Auswertungsarten getrennt auszuweisen sind,
6. den Namen des betriebenen Kinos, die Bezeichnung der einzelnen Leinwände und die Zahl der Sitzplätze,
7. die Zahl der Besucher jedes einzelnen im Inland entgeltlich vorgeführten Films, die den marktüblichen Eintrittspreis gezahlt haben einschließlich der für die Bestimmung des marktüblichen Eintrittspreises notwendigen Angaben zum technischen Format der Vorführung oder zu Sonderveranstaltungen oder Rabattierungen,
8. die Zahl der Besucher jedes einzelnen im Inland entgeltlich vorgeführten Films, die keinen Eintrittspreis gezahlt haben,
9. die Anzahl der Kinovorführungen sowie den minimalen und den maximalen Eintrittspreis,
10. Daten zur Inhaberschaft der Lizenzrechte für Auswertungen über Bildträger oder Videoabrufdienste,
11. die Gesamtsendezeit und den für die Höhe der Abgabe maßgeblichen Kinofilmanteil,
12. die für die Höhe der Abgabe nach § 154 maßgeblichen Kosten für die Ausstrahlung von Kinofilmen und den Verteilungsschlüssel nach § 154 Absatz 2.

Filmförderungsgesetz **FFG 28**

(2) ¹Wer nach diesem Gesetz Förderhilfen beantragt oder erhalten hat, muss der Filmförderungsanstalt die für die Durchführung dieses Gesetzes erforderlichen Auskünfte erteilen und entsprechende Unterlagen vorlegen. ²Die Auskunftspflicht erstreckt sich auf
1. die bei einer Auslandsrechteerteilung an einem nach diesem Gesetz geförderten Film oder dem Referenzfilm erzielten Nettoerlöse sowie die an die zentrale Dienstleistungsorganisation der deutschen Filmwirtschaft für die Außenvertretung des deutschen Films gezahlten Beiträge und
2. die Kosten und Erlöse der nach diesem Gesetz geförderten Filme.

(3) ¹Wer eine Bescheinigung des Bundesamtes für Wirtschaft und Ausfuhrkontrolle beantragt, muss dem Bundesamt für Wirtschaft und Ausfuhrkontrolle die zur Prüfung der Voraussetzungen der §§ 41 bis 45 erforderlichen Auskünfte erteilen und entsprechende Unterlagen sowie den Nachweis nach § 51 Absatz 1 Satz 2 vorlegen. ²Das Bundesamt für Wirtschaft und Ausfuhrkontrolle ist berechtigt, der Filmförderungsanstalt und der für Kultur und Medien zuständigen obersten Bundesbehörde die entsprechenden Daten zu übermitteln.

§ 165 Zeitpunkt und Form der Meldepflicht. (1) ¹Die Auskünfte der Kinos und der Videowirtschaft nach § 164 Absatz 1 Nummer 5 bis 10 sind monatlich, jeweils bis zum Zehnten des darauf folgenden Monats, nach Auswertungsart getrennt kostenfrei zu erteilen. ²Die Auskünfte der Fernsehveranstalter und Programmvermarkter nach § 164 Absatz 1 Nummer 2, 11 und 12 sind jährlich bis zum 31. Juli des Folgejahres zu erteilen. ³Die Auskünfte über die Erlöse nach § 164 Absatz 2 Satz 2 Nummer 2 sind halbjährlich, jeweils für die erste Hälfte des Kalenderjahres bis zum Ablauf des Monats August desselben Kalenderjahres und für die zweite Hälfte des Kalenderjahres bis zum Ablauf des Monats Februar des folgenden Kalenderjahres, zu erteilen.

(2) ¹Die Auskünfte nach Absatz 1 sind schriftlich oder elektronisch zu erteilen. ²Die Auskünfte der Kinos, die über elektronische Kassensysteme verfügen, sind abweichend von Satz 1 elektronisch zu erteilen.

(3) Im Übrigen erfolgt die Auskunftserteilung aufgrund und nach Maßgabe der Anforderung der Filmförderungsanstalt oder des Bundesamtes für Wirtschaft und Ausfuhrkontrolle.

§ 166 Kontrolle der gemeldeten Daten. (1) ¹Die Filmförderungsanstalt ist berechtigt, die nach § 164 erteilten Auskünfte zu überprüfen. ²Sie darf Dritte, bei denen es sich auch um natürliche Personen oder juristische Personen privaten Rechts handeln kann, mit der Überprüfung beauftragen. ³Die Auskunftspflichtigen sind verpflichtet, der Filmförderungsanstalt Unterlagen zum Nachweis der Richtigkeit der Auskünfte nach § 164 zur Verfügung zu stellen.

(2) ¹Die von der Filmförderungsanstalt mit der Überwachung des Betriebs beauftragten Personen sind zur Überprüfung der nach § 164 gemachten Angaben befugt, während der Betriebs- oder Geschäftszeit Grundstücke, Betriebs-

28 FFG

anlagen und Geschäftsräume der zur Auskunft verpflichteten Person zu betreten, dort Besichtigungen und Prüfungen vorzunehmen und die geschäftlichen Unterlagen der zur Auskunft verpflichteten Person einzusehen. ²Das Grundrecht auf Unverletzlichkeit der Wohnung (Artikel 13 des Grundgesetzes) wird insoweit eingeschränkt.

(3) Bei juristischen Personen und Personenhandelsgesellschaften haben die nach Gesetz, Gesellschaftsvertrag oder Satzung zur Vertretung berechtigten Personen oder deren Beauftragte die Pflichten nach Absatz 1 Satz 2 zu erfüllen und Maßnahmen nach Absatz 1 zu dulden.

(4) Die zur Auskunft verpflichtete Person kann die Auskunft auf solche Fragen verweigern, deren Beantwortung sie selbst oder einen der in § 383 Absatz 1 Nummer 1 bis 3 der Zivilprozessordnung bezeichneten Angehörigen der Gefahr strafgerichtlicher Verfolgung oder eines Verfahrens nach dem Gesetz über Ordnungswidrigkeiten aussetzen würde.

§ 167 Schätzung. Weigert sich eine zur Auskunft verpflichtete Person, eine Auskunft nach § 164 bis zu dem in § 165 Absatz 1 bestimmten Zeitpunkt zu erteilen oder entsprechende Unterlagen vorzulegen, kann die Filmförderungsanstalt die für die Festsetzung der Filmabgabe erforderlichen Feststellungen auch im Wege der Schätzung treffen oder gewährte Förderhilfen zurückverlangen.

§ 168 Übermittlung und Veröffentlichung von Daten. (1) ¹Auf Anforderung hat die Filmförderungsanstalt der für Kultur und Medien zuständigen obersten Bundesbehörde Daten, die für die Förderung oder die Erhebung der Filmabgabe erforderlich sind, zu übermitteln. ²Daten im Sinne des Satzes 1 sind
1. die in § 164 aufgeführten Daten sowie
2. die nachfolgenden Daten:
    a) der Name der antragstellenden natürlichen oder juristischen Person, der Name der geförderten natürlichen oder juristischen Person oder der Name der zur Filmabgabe verpflichteten natürlichen oder juristischen Person,
    b) die Art der geförderten Maßnahme,
    c) das Datum des Förderbescheids,
    d) der Titel des geförderten Treatments, Drehbuchs oder Filmvorhabens,
    e) die Höhe der Herstellungskosten des geförderten Filmvorhabens oder die Höhe der Kosten der geförderten Maßnahme,
    f) die Höhe des nach diesem Gesetz gewährten Förderbetrages sowie der insgesamt für das jeweilige Vorhaben oder die jeweilige Maßnahme erhaltenen staatlichen Fördermittel,
    g) der prozentuale Anteil des insgesamt durch staatliche Beihilfen finanzierten Teils an den beihilfefähigen Gesamtkosten einer geförderten Maßnahme vor Abzug von Steuern und sonstigen Abgaben,
    h) die Höhe der vorrangig rückzahlbaren Finanzierungsbestandteile,

Filmförderungsgesetz **FFG 28**

i) die Höhe der Erlöse, die nach Maßgabe dieses Gesetzes zur Tilgung des Darlehens herangezogen werden und
j) die Höhe der seitens einer natürlichen oder juristischen Person zu leistenden Filmabgabe.

(2) ¹Die Filmförderungsanstalt veröffentlicht den Namen sowie die in Absatz 1 Satz 2 Nummer 2 Buchstabe b bis i aufgeführten Daten geförderter natürlicher oder juristischer Personen in ihrem Geschäfts- und Förderbericht sowie auf ihrer Internetseite. ²Darüber hinaus darf die Filmförderungsanstalt Angaben über die Besucherzahlen von Filmen im In- und Ausland projektbezogen oder kumuliert in ihrem Geschäfts- und Förderbericht sowie auf ihrer Internetseite veröffentlichen.

(3) Die Filmförderungsanstalt ist berechtigt, die nach § 164 Absatz 2 Satz 2 Nummer 1 erhobenen Daten an die zentrale Dienstleistungsorganisation der deutschen Filmwirtschaft für die Außenvertretung des deutschen Films zu übermitteln.

(4) Die Filmförderungsanstalt ist berechtigt, der Europäischen Kommission alle zur Prüfung der beihilferechtlichen Zulässigkeit der gewährten Förderhilfen notwendigen Daten zu übermitteln.

§ 169 Förderbericht. ¹Die Filmförderungsanstalt erstellt anhand der Angaben nach § 164 jährlich einen Förderbericht und leitet diesen der für Kultur und Medien zuständigen obersten Bundesbehörde zu und veröffentlicht diesen. ²Der Förderbericht enthält eine statistische Auswertung der Informationen zur Anwendbarkeit von Branchentarifverträgen oder vergleichbaren sozialen Standards nach § 67 Absatz 11.

Kapitel 13

Übergangs- und Schlussvorschriften

§ 170 Übergangsregelungen. (1) Ansprüche nach diesem Gesetz, die vor dem 1. Januar 2022 entstanden sind, werden nach den bis zum 31. Dezember 2021 geltenden Vorschriften abgewickelt.

(2) Soweit Verwaltungsverfahren bei Inkrafttreten dieses Gesetzes liefen, werden diese nach den bis zum 31. Dezember 2021 geltenden Vorschriften fortgesetzt.

(3) ¹Der am 31. Dezember 2021 im Amt befindliche Verwaltungsrat bleibt bis zum ersten Zusammentreten des nach den Vorschriften dieses Gesetzes nach dem 1. Januar 2022 berufenen Verwaltungsrats im Amt. ²Die am 31. Dezember 2021 im Amt befindliche Kommission für Produktions- und Drehbuchförderung, die Kommission für Verleih-, Vertriebs- und Videoförderung und die Kommission für Kinoförderung bleiben bis zum 31. Dezember 2023 im Amt.

28 FFG — Filmförderungsgesetz

(4) [1]Anträge auf Referenzfilmförderung können auch gestellt werden, wenn der Referenzfilm zwischen dem 1. Januar 2021 und dem 1. Januar 2022 erstaufgeführt wurde oder eine Kennzeichnung nach § 14 des Jugendschutzgesetzes erhalten hat. [2]Anträge auf Referenzförderung für Kurzfilme und nicht programmfüllende Kinderfilme können auch gestellt werden, wenn der Film zwischen dem 1. Januar 2020 und dem 1. Januar 2022 fertiggestellt wurde oder eine Kennzeichnung nach § 14 des Jugendschutzgesetzes erhalten hat.

(5) Wurden Förderhilfen bis zum 31. Dezember 2020 bewilligt, ist für die Frage, ob ein Staat als Mitgliedstaat der Europäischen Union gilt, auf den Bewilligungszeitpunkt abzustellen.

§ 171 Beendigung der Filmförderung. (1) [1]Die Erhebung der Filmabgabe endet am 31. Dezember 2023. [3]Die Filmförderungsanstalt soll der für Kultur und Medien zuständigen obersten Bundesbehörde spätestens zum 30. Juni 2022 einen Evaluierungsbericht zur Entwicklung des Abgabeaufkommens vor dem Hintergrund der wirtschaftlichen Situation des Filmmarktes in Deutschland vorlegen und den Bericht veröffentlichen.

(2) [1]Förderhilfen nach den §§ 73, 76, 91 und 127 werden nur gewährt, wenn der Referenzfilm bis zum 31. Dezember 2022 erstaufgeführt worden ist. [2]Förderhilfen nach den §§ 59, 100, 107, 115, 134 und 138 werden letztmalig für das Wirtschaftsjahr 2023 gewährt.

(3) [1]Anträge auf Förderhilfen nach den §§ 73, 76, 91, 127 und 138 müssen bis zum 31. März 2024 gestellt werden. [2]Für programmfüllende Dokumentar- und Kinderfilme müssen die Anträge bis zum 31. März 2026 gestellt werden. [3]Anträge auf Gewährung von Förderhilfen gemäß den §§ 59, 100, 107, 115 und 134 müssen bis zum 30. September 2023 gestellt werden.

(4) [1]Ist über den letzten Antrag auf Gewährung von Förderhilfen für programmfüllende Dokumentar- und Kinderfilme entschieden worden, so gehen das Vermögen und die Verbindlichkeiten der Filmförderungsanstalt auf die Bundesrepublik Deutschland über. [2]Der Zeitpunkt wird von der für Kultur und Medien zuständigen obersten Bundesbehörde im Bundesanzeiger bekannt gemacht. [3]Das Bundesamt für Wirtschaft und Ausfuhrkontrolle nimmt die verbleibenden Aufgaben der Filmförderungsanstalt wahr. [4]Das verbleibende Vermögen ist nach Maßgabe der von der für Kultur und Medien zuständigen obersten Bundesbehörde zu erlassenden Bestimmungen für die Förderung der Filmwirtschaft zu verwenden.

§ 172 Inkrafttreten, Außerkrafttreten. [1]Dieses Gesetz tritt am 1. Januar 2017 in Kraft. [2]Gleichzeitig tritt das Filmförderungsgesetz in der Fassung der Bekanntmachung vom 24. August 2004 (BGBl. I S. 2277), das zuletzt durch Artikel 1 des Gesetzes vom 7. August 2013 (BGBl. I S. 3082) geändert worden ist, außer Kraft.

TKG 29

VI. Multimediarecht

Vorbemerkung

Grundlage für telekommunikationsrechtliche Regelungen ist das TKG in der Fassung des Gesetzes vom 22. Juni 2004 (BGBl. I S. 1190). Eine aktuelle grundlegende Novellierung erfolgte im Jahr 2021 durch das Telekommunikationsmodernisierungsgesetz (TKMoG), das den Europäischen Kodex für die elektronische Kommunikation (EU- Richtlinie 2018/1972) umsetzt. Der aktuelle Gesetzesstand ist unter **Nr. 29** wiedergegeben.

Die Entwicklung der europäischen Rechtsvorgaben für die Telekommunikation/elektronische Kommunikation beruhte für Ursprungsfassungen des TKG auf der zentralen Richtlinie 2002/21/EG des Europäischen Parlaments und des Rates vom 7. März 2002 über einen gemeinsamen Rechtsrahmen für elektronische Kommunikationsnetze und -dienste (Rahmenrichtlinie, ABl. 2002 L 108/33) sowie auf der Genehmigungsrichtlinie, der Zugangsrichtlinie, der Universaldiensterichtlinie, der Datenschutzrichtlinie für elektronische Kommunikation sowie auf der Entscheidung über einen Rechtsrahmen für die Frequenzpolitik (Diese Rechtsvorschriften können über das Rechtsinformationssystem „EUR-Lex" abgerufen werden).

Bei der früheren Version aus dem Jahr 2011 war das Urteil des Bundesverfassungsgerichts zur Verfassungswidrigkeit der Vorratsdatenspeicherung von Telekommunikationsverkehrsdaten vom 2. Oktober 2010 (1 BVR 256/08, 1 BVR 263/08, 1 BVR 586/08, vgl. NJW 2010, S. 833 ff.) zu beachten. Demnach verstießen die „alten" §§ 113a und 113b TKG in der Fassung des Art. 2 Nr. 6 des Gesetzes zur Neuregelung der Telekommunikationsüberwachung und anderer verdeckter Ermittlungsmaßnahmen sowie zur Umsetzung der Richtlinie 2006/24/EG vom 21.12.2007 gegen Art. 10 Abs. 1 GG und sind nichtig. Mittlerweile hat Art. 2 des Gesetzes zur Einführung einer Speicherpflicht und einer Höchstspeicherpflicht für Verkehrsdaten den Regelungsbereich der Vorratsdatenspeicherung umfassend (u.a. nach der Novellierung von 2021 in den §§ 175, 176 TKG) normiert. Derzeit werden europäische Regelungen u.a. auch aus Deutschland aktuell nochmals überprüft und der für die Verfahren zuständige EuGH-Generalanwalt Manuel Campos Sánchez-Bordona hat in seinen Schlussanträgen (in den verbundenen Rechtssachen C-793/19 SpaceNet und C-794/19 Telekom Deutschland, in der Rechtssache C-140/20 Commissioner of the Garda Síochána u.a. sowie in den verbundenen Rechtssachen C-339/20 VD und C-397/20 SR) bereits betont, dass eine allgemeine und unterschiedslose Vorratsdatenspeicherung nicht mit dem Unionsrecht vereinbar ist. Es bleibt daher abzuwarten, inwieweit die genannten Normen tatsächlich weiterhin in vollem Umfang anwendbar sind oder nochmals angepasst werden müssen.

29 TKG   Multimediarecht

Für den Bereich der Nummerierung existiert eine Telekommunikations-Nummerierungsverordnung vom 5. Februar 2008 (BGBl. I S. 141; zuletzt geändert durch Gesetz vom 10. August 2021, BGBl. I3436). Ferner wurden durch die Gesetzesnovellierung 2021 die Kundenschutzvorschriften in Teil 3 Kundenschutz (§§ 51 ff. TKG) im Bereich Vertragsschluss und Informationen, Umzug und Anbieterwechsel sowie um Ansprüche bei zu langsamem Interent und Störungen ausgeweitet. Ebenso gilt die Verordnung über die technische und organisatorische Umsetzung von Maßnahmen zur Überwachung der Telekommunikation (Telekommunikations-Überwachungsverordnung = TKÜV) neugefasst durch die Bekanntmachung vom 11. Juli 2017 (BGBl. I S. 2316; zuletzt geändert durch Gesetz vom, BGBl. I S. 2316) weiter. Diese Dokumente sind auf den jeweiligen Seiten des Bundesministeriums der Justiz und für Verbraucherschutz abrufbar (dort unter der Rubrik Gesetze/Verordnungen auf den Seiten „gesetze-im-internet.de").

Telekommunikationsgesetz (TKG)

vom 23. Juni 2021 (BGBl. I S. 1858),
zuletzt geändert durch Gesetz vom 10. September 2021 (BGBl. I S. 4147)

INHALTSÜBERSICHT

Teil 1
Allgemeine Vorschriften

- § 1 Zweck des Gesetzes, Anwendungsbereich
- § 2 Ziele und Grundsätze der Regulierung
- § 3 Begriffsbestimmungen
- § 4 Internationale Berichtspflichten
- § 5 Meldepflicht
- § 6 Jahresfinanzbericht
- § 7 Strukturelle Separierung und getrennte Rechnungslegung
- § 8 Ordnungsgeldvorschriften
- § 9 Internationaler Status

Teil 2
Marktregulierung

Abschnitt 1
Verfahren der Marktregulierung

- § 10 Marktdefinition
- § 11 Marktanalyse
- § 12 Konsultations- und Konsolidierungsverfahren
- § 13 Regulierungsverfügung
- § 14 Verfahren der Regulierungsverfügung
- § 15 Überprüfung von Marktdefinition, Marktanalyse und Regulierungsverfügung
- § 16 Verfahren bei sonstigen marktrelevanten Maßnahmen
- § 17 Verwaltungsvorschriften zu Regulierungsgrundsätzen und Anträge auf Auskunft über den Regulierungsrahmen für Netze mit sehr hoher Kapazität
- § 18 Verpflichtungszusagen
- § 19 Marktprüfungsverfahren für Verpflichtungszusagen

Abschnitt 2
Zugangsregulierung

Unterabschnitt 1
Allgemeine Zugangsvorschriften

- § 20 Verhandlungen über Zugang und Zusammenschaltung
- § 21 Zugangsverpflichtung und Zusammenschaltung bei Kontrolle über Zugang zu Endnutzern
- § 22 Zugangsverpflichtung bei Hindernissen der Replizierbarkeit
- § 23 Zugangsvereinbarungen bei Kontrolle über Zugang zu Endnutzern oder bei Hindernissen der Replizierbarkeit

Unterabschnitt 2
Zugangsvorschriften für Unternehmen mit beträchtlicher Marktmacht

- § 24 Diskriminierungsverbot
- § 25 Transparenzverpflichtung
- § 26 Zugangsverpflichtungen
- § 27 Verpflichtungen zur einheitlichen Rechnungsstellung und Inkasso
- § 28 Zugangsvereinbarungen
- § 29 Standardangebot
- § 30 Getrennte Rechnungslegung

Unterabschnitt 3
Sonstige Zugangsvorschriften für Unternehmen mit beträchtlicher Marktmacht

- § 31 Verpflichtung zur funktionellen Trennung eines vertikal integrierten Unternehmens
- § 32 Freiwillige funktionelle Trennung durch ein vertikal integriertes Unternehmen
- § 33 Ausschließlich auf der Vorleistungsebene tätige Unternehmen
- § 34 Migration von herkömmlichen Infrastrukturen

Unterabschnitt 4
Allgemeine Vorschriften

- § 35 Anordnungen im Rahmen der Zugangsregulierung
- § 36 Veröffentlichung

Abschnitt 3
Entgeltregulierung

Unterabschnitt 1
Entgeltvorschriften für Zugangsleistungen

- § 37 Missbräuchliches Verhalten eines Unternehmens mit beträchtlicher Marktmacht bei der Forderung und Vereinbarung von Entgelten
- § 38 Entgeltregulierung
- § 39 Maßstäbe der Entgeltgenehmigung
- § 40 Verfahren der Entgeltgenehmigung
- § 41 Rechtsschutz bei Verfahren der Entgeltgenehmigung
- § 42 Kosten der effizienten Leistungsbereitstellung
- § 43 Kostenunterlagen
- § 44 Abweichung von genehmigten Entgelten
- § 45 Verfahren der Entgeltanzeige
- § 46 Nachträgliche Missbrauchsprüfung

Unterabschnitt 2
Allgemeine Vorschriften

- § 47 Anordnungen im Rahmen der Entgeltregulierung
- § 48 Veröffentlichung

Abschnitt 4
Regulierung von Endnutzerleistungen

- § 49 Regulierung von Endnutzerleistungen

Abschnitt 5
Besondere Missbrauchsaufsicht

- § 50 Missbräuchliches Verhalten eines Unternehmens mit beträchtlicher Marktmacht

Teil 3
Kundenschutz

- § 51 Nichtdiskriminierung, Berücksichtigung der Interessen von Endnutzern mit Behinderungen

§ 52 Transparenz, Veröffentlichung von Informationen und Dienstemerkmalen zur Kostenkontrolle; Rechtsverordnung
§ 53 Unabhängige Vergleichsinstrumente
§ 54 Vertragsschluss und Vertragszusammenfassung
§ 55 Informationsanforderungen für Verträge
§ 56 Vertragslaufzeit, Kündigung nach stillschweigender Vertragsverlängerung
§ 57 Vertragsänderung, Minderung und außerordentliche Kündigung
§ 58 Entstörung
§ 59 Anbieterwechsel und Rufnummernmitnahme
§ 60 Umzug
§ 61 Selektive Sperre zum Schutz vor Kosten, Sperre bei Zahlungsverzug
§ 62 Rechnungsinhalte, Teilzahlungen
§ 63 Verbindungspreisberechnung
§ 64 Vorausbezahlung
§ 65 Anspruch auf Einzelverbindungsnachweis
§ 66 Angebotspakete
§ 67 Beanstandungen
§ 68 Schlichtung
§ 69 Abwehr- und Schadensersatzansprüche
§ 70 Haftungsbegrenzung
§ 71 Abweichende Vereinbarungen und Geltungsbereich Kundenschutz
§ 72 Glasfaserbereitstellungsentgelt

Teil 4
Telekommunikationsendeinrichtungen und Rundfunkübertragung

§ 73 Anschluss von Telekommunikationsendeinrichtungen
§ 74 Schnittstellenbeschreibungen der Betreiber öffentlicher Telekommunikationsnetze
§ 75 Interoperabilität von Fernseh- und Radiogeräten
§ 76 Zugangsberechtigungssysteme
§ 77 Streitschlichtung

Teil 5
Informationen über Infrastruktur und Netzausbau

§ 78 Aufgaben der zentralen Informationsstelle des Bundes
§ 79 Informationen über Infrastruktur
§ 80 Informationen über Breitbandausbau
§ 81 Informationen über künftigen Netzausbau
§ 82 Informationen über Baustellen
§ 83 Informationen über Liegenschaften
§ 84 Gebiete mit Ausbaudefizit
§ 85 Veröffentlichung und Weitergabe von Informationen
§ 86 Verordnungsermächtigung

Teil 6
Frequenzordnung

§ 87 Ziele der Frequenzregulierung
§ 88 Aufgaben
§ 89 Verordnungsermächtigung
§ 90 Frequenzplan
§ 91 Frequenzzuteilung
§ 92 Befristung und Verlängerung der Frequenzzuteilung
§ 93 Gemeinsame Frequenzzuteilung
§ 94 Zeitliche Koordinierung der Frequenzzuteilungen
§ 95 Orbitpositionen und Frequenznutzungen durch Satelliten
§ 96 Frequenzzuteilung für Rundfunk, Luftfahrt, Seeschifffahrt, Binnenschifffahrt und sicherheitsrelevante Funkanwendungen
§ 97 Zuteilung zur gemeinsamen Frequenznutzung, Erprobung innovativer Technologien, kurzfristig auftretender Frequenzbedarf
§ 98 Zuteilung zur alternativen Frequenznutzung
§ 99 Bestandteile der Frequenzzuteilung
§ 100 Vergabeverfahren
§ 101 Flexibilisierung der Frequenznutzung
§ 102 Widerruf der Frequenzzuteilung, Verzicht
§ 103 Überwachung, Anordnung der Außerbetriebnahme, Monitoring der Mobilfunkversorgung

Telekommunikationsgesetz **TKG 29**

§ 104 Einschränkung der Frequenzzuteilung
§ 105 Förderung des Wettbewerbs
§ 106 Lokales Roaming, Zugang zu aktiven und passiven Netzinfrastrukturen
§ 107 Beteiligung in der Gruppe für Frequenzpolitik

Teil 7
Nummerierung

§ 108 Nummerierung
§ 109 Preisangabe
§ 110 Preisansage
§ 111 Preisanzeige
§ 112 Preishöchstgrenzen
§ 113 Verbindungstrennung
§ 114 Anwählprogramme (Dialer)
§ 115 Warteschleifen
§ 116 Wegfall des Entgeltanspruchs
§ 117 Auskunftsanspruch
§ 118 Datenbank für (0)900er-Rufnummern
§ 119 R-Gespräche
§ 120 Rufnummernübermittlung
§ 121 Internationaler entgeltfreier Telefondienst
§ 122 Umgehungsverbot
§ 123 Befugnisse der Bundesnetzagentur
§ 124 Mitteilung an Staatsanwaltschaft oder Verwaltungsbehörde

Teil 8
Wegerechte und Mitnutzung

Abschnitt 1
Wegerechte

§ 125 Berechtigung zur Nutzung öffentlicher Wege und ihre Übertragung
§ 126 Pflichten der Eigentümer und Betreiber öffentlicher Telekommunikationsnetze oder öffentlichen Zwecken dienender Telekommunikationslinien
§ 127 Verlegung und Änderung von Telekommunikationslinien
§ 128 Mitnutzung und Wegerecht
§ 129 Rücksichtnahme auf Wegeunterhaltung und Widmungszweck
§ 130 Gebotene Änderung
§ 131 Schonung der Baumpflanzungen

§ 132 Besondere Anlagen
§ 133 Spätere besondere Anlagen
§ 134 Beeinträchtigung von Grundstücken und Gebäuden
§ 135 Verjährung der Ansprüche

Abschnitt 2
Mitnutzung öffentlicher Versorgungsnetze

§ 136 Informationen über passive Netzinfrastrukturen
§ 137 Vor-Ort-Untersuchung passiver Netzinfrastrukturen
§ 138 Mitnutzung öffentlicher Versorgungsnetze
§ 139 Umfang des Mitnutzungsanspruchs bei Elektrizitätsversorgungsnetzen
§ 140 Einnahmen aus Mitnutzungen
§ 141 Ablehnung der Mitnutzung, Versagungsgründe
§ 142 Informationen über Bauarbeiten an öffentlichen Versorgungsnetzen
§ 143 Koordinierung von Bauarbeiten
§ 144 Allgemeine Informationen über Verfahrensbedingungen bei Bauarbeiten
§ 145 Netzinfrastruktur von Gebäuden
§ 146 Mitverlegung, Sicherstellung und Betrieb der Infrastruktur für Netze mit sehr hoher Kapazität
§ 147 Antragsform und Reihenfolge der Verfahren
§ 148 Vertraulichkeit der Verfahren, Informationsverarbeitung und Gewährung der Einsichtnahme
§ 149 Regulierungsziele, Entgeltmaßstäbe und Fristen der nationalen Streitbeilegung
§ 150 Genehmigungsfristen für Bauarbeiten
§ 151 Verordnungsermächtigungen

Abschnitt 3
Drahtlose Zugangspunkte mit geringer Reichweite, sonstige physische Infrastrukturen und offener Netzzugang

§ 152 Errichtung, Anbindung und Betrieb drahtloser Zugangspunkte mit geringer Reichweite

29 TKG Telekommunikationsgesetz

§ 153 Informationen über sonstige physische Infrastruktur für drahtlose Zugangspunkte mit geringer Reichweite
§ 154 Mitnutzung sonstiger physischer Infrastruktur für drahtlose Zugangspunkte mit geringer Reichweite
§ 155 Offener Netzzugang zu öffentlich geförderten Telekommunikationsnetzen und Telekommunikationslinien, Verbindlichkeit von Ausbauzusagen in der Förderung

Teil 9
Recht auf Versorgung mit Telekommunikationsdiensten

§ 156 Recht auf Versorgung mit Telekommunikationsdiensten
§ 157 Verfügbarkeit der Telekommunikationsdienste
§ 158 Erschwinglichkeit der Telekommunikationsdienste
§ 159 Beitrag von Unternehmen zur Versorgung mit Telekommunikationsdiensten
§ 160 Feststellung der Unterversorgung
§ 161 Verpflichtungen zur Versorgung mit Telekommunikationsdiensten
§ 162 Ausgleich für die Versorgung mit Telekommunikationsdiensten
§ 163 Umlageverfahren

Teil 10
Öffentliche Sicherheit und Notfallvorsorge

Abschnitt 1
Öffentliche Sicherheit

§ 164 Notruf
§ 164a Öffentliche Warnungen
§ 165 Technische und organisatorische Schutzmaßnahmen
§ 166 Sicherheitsbeauftragter und Sicherheitskonzept
§ 167 Katalog von Sicherheitsanforderungen
§ 168 Mitteilung eines Sicherheitsvorfalls
§ 169 Daten- und Informationssicherheit
§ 170 Umsetzung von Überwachungsmaßnahmen, Erteilung von Auskünften
§ 171 Mitwirkung bei technischen Ermittlungsmaßnahmen bei Mobilfunkendgeräten
§ 172 Daten für Auskunftsersuchen der Sicherheitsbehörden
§ 173 Automatisiertes Auskunftsverfahren
§ 174 Manuelles Auskunftsverfahren
§ 175 Verpflichtete; Entschädigung
§ 176 Pflichten zur Speicherung von Verkehrsdaten
§ 177 Verwendung der Daten
§ 178 Gewährleistung der Sicherheit der Daten
§ 179 Protokollierung
§ 180 Anforderungskatalog
§ 181 Sicherheitskonzept
§ 182 Auskunftsersuchen des Bundesnachrichtendienstes
§ 183 Kontrolle und Durchsetzung von Verpflichtungen

Abschnitt 2
Notfallvorsorge

§ 184 Anwendungsbereich
§ 185 Telekommunikationssicherstellungspflicht
§ 186 Telekommunikationsbevorrechtigung
§ 187 Umsetzung der Telekommunikationsbevorrechtigung
§ 188 Mitwirkungspflichten und Entschädigung
§ 189 Entgelte für die Telekommunikationsbevorrechtigung
§ 190 Kontrolle und Durchsetzung von Verpflichtungen

Teil 11
Bundesnetzagentur und andere zuständige Behörden

Abschnitt 1
Organisation

§ 191 Aufgaben und Befugnisse
§ 192 Medien der Veröffentlichung
§ 193 Veröffentlichung von Weisungen
§ 194 Aufgaben und Rechte des Beirates
§ 195 Tätigkeitsbericht, Sektorgutachten

Telekommunikationsgesetz TKG 29

§ 196 Jahresbericht
§ 197 Zusammenarbeit mit anderen Behörden auf nationaler Ebene
§ 198 Zusammenarbeit mit anderen Behörden auf der Ebene der Europäischen Union
§ 199 Bereitstellung von Informationen
§ 200 Mediation
§ 201 Wissenschaftliche Beratung

Abschnitt 2
Befugnisse

§ 202 Durchsetzung von Verpflichtungen
§ 203 Auskunftsverlangen und weitere Untersuchungsrechte; Übermittlungspflichten
§ 204 Auskunftserteilung
§ 205 Ermittlungen
§ 206 Beschlagnahme
§ 207 Vorläufige Anordnungen
§ 208 Vorteilsabschöpfung durch die Bundesnetzagentur

Abschnitt 3
Verfahren

Unterabschnitt 1
Verwaltungsverfahren der Bundesnetzagentur

§ 209 Entscheidungen der Bundesnetzagentur
§ 210 Bekanntgabe von Allgemeinverfügungen

Unterabschnitt 2
Beschlusskammern

§ 211 Beschlusskammerentscheidungen
§ 212 Sonstige Streitigkeiten zwischen Unternehmen
§ 213 Einleitung, Beteiligte
§ 214 Verfahren der nationalen Streitbeilegung
§ 215 Anhörung, mündliche Verhandlung
§ 216 Betriebs- oder Geschäftsgeheimnisse

Unterabschnitt 3
Gerichtsverfahren

§ 217 Rechtsbehelfe
§ 218 Vorlage- und Auskunftspflicht der Bundesnetzagentur
§ 219 Informationssystem zu eingelegten Rechtsbehelfen
§ 220 Beteiligung der Bundesnetzagentur bei bürgerlichen Rechtsstreitigkeiten

Unterabschnitt 4
Internationale Aufgaben

§ 221 Internationale Aufgaben
§ 222 Anerkannte Abrechnungsstelle für den Seefunkverkehr

Teil 12
Abgaben

§ 223 Gebühren und Auslagen; Verordnungsermächtigung
§ 224 Frequenznutzungsbeitrag
§ 225 Kosten von außergerichtlichen Streitbeilegungsverfahren
§ 226 Kosten des Vorverfahrens
§ 227 Mitteilung der Bundesnetzagentur

Teil 13
Bußgeldvorschriften

§ 228 Bußgeldvorschriften

Teil 14
Übergangs- und Schlussvorschriften

§ 229 Geltungsbereich
§ 230 Übergangsvorschriften.

[1085]

29 TKG

Teil 1

Allgemeine Vorschriften

§ 1 Zweck des Gesetzes, Anwendungsbereich. (1) Zweck dieses Gesetzes ist es, durch technologieneutrale Regulierung den Wettbewerb im Bereich der Telekommunikation und leistungsfähige Telekommunikationsinfrastrukturen zu fördern und flächendeckend angemessene und ausreichende Dienstleistungen zu gewährleisten.

(2) Diesem Gesetz unterliegen alle Unternehmen oder Personen, die im Geltungsbereich dieses Gesetzes Telekommunikationsnetze oder Telekommunikationsanlagen betreiben oder Telekommunikationsdienste erbringen sowie die weiteren, nach diesem Gesetz Berechtigten und Verpflichteten.

§ 2 Ziele und Grundsätze der Regulierung. (1) Die Regulierung der Telekommunikation ist eine hoheitliche Aufgabe des Bundes.

(2) Ziele der Regulierung sind
1. die Sicherstellung der Konnektivität sowie die Förderung des Zugangs zu und der Nutzung von Netzen mit sehr hoher Kapazität durch alle Bürger und Unternehmen,
2. die Sicherstellung eines chancengleichen Wettbewerbs und die Förderung nachhaltig wettbewerbsorientierter Märkte der Telekommunikation im Bereich der Telekommunikationsdienste und -netze – einschließlich eines effizienten infrastrukturbasierten Wettbewerbs – sowie der zugehörigen Einrichtungen und Dienste, auch in der Fläche,
3. die Wahrung der Nutzer-, insbesondere der Verbraucherinteressen auf dem Gebiet der Telekommunikation; die Bundesnetzagentur für Elektrizität, Gas, Telekommunikation, Post und Eisenbahn (Bundesnetzagentur) und andere nach diesem Gesetz zuständige Behörden fördern die Interessen der Nutzer, indem sie
   a) die Konnektivität, die breite Verfügbarkeit sowie den beschleunigten Ausbau von Netzen mit sehr hoher Kapazität wie auch von Telekommunikationsdiensten sicherstellen und deren Nutzung fördern,
   b) auf größtmögliche Vorteile der Nutzer in Bezug auf Auswahl, Preise und Qualität auf der Grundlage eines wirksamen Wettbewerbs hinwirken,
   c) die Interessen der öffentlichen Sicherheit wahren und die Sicherheit der Netze und Dienste gewährleisten,
   d) gleichwertige Lebensverhältnisse in städtischen und ländlichen Räumen sowie ein hohes gemeinsames Schutzniveau für die Endnutzer sicherstellen und die Bedürfnisse – wie beispielsweise erschwingliche Preise – bestimmter gesellschaftlicher Gruppen, insbesondere von Endnutzern mit Behinderungen, älteren Endnutzern und Endnutzern mit besonderen sozialen Bedürfnissen, sowie die Wahlmöglichkeiten und den gleichwertigen Zugang für Endnutzer mit Behinderungen berücksichtigen,

e) sicherstellen, dass im Bereich der Telekommunikation keine Wettbewerbsverzerrungen oder -beschränkungen bestehen,
4. die Förderung der Entwicklung des Binnenmarktes der Europäischen Union, indem die Bundesnetzagentur und andere nach diesem Gesetz zuständige Behörden verbleibende Hindernisse für Investitionen in Telekommunikationsnetze, Telekommunikationsdienste, zugehörige Einrichtungen und zugehörige Dienste sowie für deren Bereitstellung in der gesamten Europäischen Union abbauen helfen und die Schaffung konvergierender Bedingungen hierfür erleichtern, gemeinsame Regeln und vorhersehbare Regulierungskonzepte entwickeln und ferner offene Innovationen, den Aufbau und die Entwicklung transeuropäischer Netze, die Bereitstellung, Verfügbarkeit und Interoperabilität europaweiter Dienste und die durchgehende Konnektivität fördern,
5. die Sicherstellung einer effizienten und störungsfreien Nutzung von Frequenzen, auch unter Berücksichtigung der Belange des Rundfunks.

(3) Die Bundesnetzagentur und andere nach diesem Gesetz zuständige Behörden wenden bei der Verfolgung der in Absatz 2 festgelegten Ziele objektive, transparente, nichtdiskriminierende und verhältnismäßige Regulierungsgrundsätze an, indem sie unter anderem
1. die Vorhersehbarkeit der Regulierung dadurch fördern, dass sie über angemessene Überprüfungszeiträume und im Wege der Zusammenarbeit untereinander, mit dem GEREK, mit der Gruppe für Frequenzpolitik und mit der Kommission ein einheitliches Regulierungskonzept wahren,
2. gewährleisten, dass Betreiber von Telekommunikationsnetzen und Anbieter von Telekommunikationsdiensten unter vergleichbaren Umständen nicht diskriminiert werden,
3. das Unionsrecht in technologieneutraler Weise anwenden, soweit dies mit der Erfüllung der Ziele des Absatzes 2 vereinbar ist,
4. effiziente Investitionen und Innovationen im Bereich neuer und verbesserter Infrastrukturen auch dadurch fördern, dass sie dafür sorgen, dass bei jeglicher Zugangsverpflichtung dem Risiko der investierenden Unternehmen gebührend Rechnung getragen wird und dass sie verschiedene kommerzielle Vereinbarungen zur Diversifizierung des Investitionsrisikos zwischen Investoren untereinander sowie zwischen Investoren und Zugangsnachfragern zulassen, während sie gleichzeitig gewährleisten, dass der Wettbewerb auf dem Markt und der Grundsatz der Nichtdiskriminierung gewahrt werden,
5. die vielfältigen Bedingungen im Zusammenhang mit Infrastrukturen, Wettbewerb, Gegebenheiten der Endnutzer und insbesondere der Verbraucher, die in den verschiedenen geografischen Gebieten innerhalb der Bundesrepublik Deutschland vorhanden sind, gebührend berücksichtigen und
6. regulatorische Vorabverpflichtungen nur dann auferlegen, wenn es keinen wirksamen und nachhaltigen Wettbewerb im Interesse der Endnutzer gibt und gewährleisten, dass diese Verpflichtungen gelockert oder aufgehoben werden, sobald es einen solchen Wettbewerb gibt.

(4) ¹Die Vorschriften des Gesetzes gegen Wettbewerbsbeschränkungen bleiben, soweit nicht durch dieses Gesetz ausdrücklich abschließende Regelungen getroffen werden, anwendbar. ²Die Aufgaben und Zuständigkeiten der Kartellbehörden bleiben unberührt.

(5) Die hoheitlichen Rechte des Bundesministeriums der Verteidigung bleiben unberührt.

(6) Die Belange der Behörden und Organisationen mit Sicherheitsaufgaben des Bundes und der Länder sind zu berücksichtigen, ebenso nach Maßgabe dieses Gesetzes die Belange der Bundeswehr.

(7) ¹Die Belange des Rundfunks und vergleichbarer Telemedien sind unabhängig von der Art der Übertragung zu berücksichtigen. ²Die medienrechtlichen Bestimmungen der Länder bleiben unberührt.

§ 3 **Begriffsbestimmungen.** Im Sinne dieses Gesetzes ist oder sind
1. „Anbieter von Telekommunikationsdiensten" jeder, der Telekommunikationsdienste erbringt;
2. „Anruf" eine über einen öffentlich zugänglichen interpersonellen Telekommunikationsdienst aufgebaute Verbindung, die eine zweiseitige oder mehrseitige Sprachkommunikation ermöglicht;
3. „Anschlusskennung" eine Rufnummer oder andere eindeutige und einmalige Zeichenfolge, die einem bestimmten Anschlussinhaber dauerhaft zugewiesen ist und die Telekommunikation über den jeweiligen Anschluss eindeutig und gleichbleibend kennzeichnet;
4. „Anwendungs-Programmierschnittstelle" die Software-Schnittstelle zwischen Anwendungen, die von Sendeanstalten oder Diensteanbietern zur Verfügung gestellt werden, und den Anschlüssen in den erweiterten digitalen Fernsehempfangsgeräten für digitale Fernseh- und Hörfunkdienste;
5. „Auskunftsdienste" bundesweit jederzeit telefonisch erreichbare Dienste, insbesondere des Rufnummernbereichs 118, die ausschließlich der Weitergabe von Rufnummer, Name, Anschrift sowie zusätzlichen Angaben von Endnutzern dienen; die Weitervermittlung zu einem erfragten Endnutzer oder Dienst kann Bestandteil des Auskunftsdienstes sein;
6. „Bestandsdaten" Daten eines Endnutzers, die erforderlich sind für die Begründung, inhaltliche Ausgestaltung, Änderung oder Beendigung eines Vertragsverhältnisses über Telekommunikationsdienste;
7. „Betreiber" ein Unternehmen, das ein öffentliches Telekommunikationsnetz oder eine zugehörige Einrichtung bereitstellt oder zur Bereitstellung hiervon befugt ist;
8. „Betreiberauswahl" der Zugang eines Endnutzers zu den Diensten aller unmittelbar zusammengeschalteten Anbieter von öffentlich zugänglichen nummerngebundenen interpersonellen Telekommunikationsdiensten im Einzelwahlverfahren durch Wählen einer Kennzahl;
9. „Betreibervorauswahl" der Zugang eines Endnutzers zu den Diensten aller unmittelbar zusammengeschalteten Anbieter von öffentlich zugäng-

Telekommunikationsgesetz **TKG 29**

lichen nummerngebundenen interpersonellen Telekommunikationsdiensten durch festgelegte Vorauswahl, wobei der Endnutzer unterschiedliche Voreinstellungen für Orts- und Fernverbindungen vornehmen kann und bei jedem Anruf die festgelegte Vorauswahl durch Wählen einer Betreiberkennzahl übergehen kann;

10. „digitales Fernsehempfangsgerät" ein Fernsehgerät mit integriertem digitalem Decoder oder ein an ein Fernsehgerät anschließbarer digitaler Decoder zur Nutzung digital übertragener Fernsehsignale, die mit Zusatzsignalen einschließlich einer Zugangsberechtigung angereichert sein können;
11. „drahtlose Breitbandnetze und -dienste" breitbandfähige drahtlose Telekommunikationsnetze und -dienste;
12. „drahtloser Zugangspunkt mit geringer Reichweite" eine kleine Anlage mit geringer Leistung und geringer Reichweite für den drahtlosen Netzzugang, die lizenzierte oder lizenzfreie Funkfrequenzen oder eine Kombination davon nutzt und den Nutzern einen von der Netztopologie der Festnetze oder Mobilfunknetze unabhängigen drahtlosen Zugang zu Telekommunikationsnetzen ermöglicht, die als Teil eines Telekommunikationsnetzes genutzt werden und mit einer oder mehreren das Erscheinungsbild wenig beeinträchtigenden Antennen ausgestattet sein kann;
13. „Endnutzer" ein Nutzer, der weder öffentliche Telekommunikationsnetze betreibt noch öffentlich zugängliche Telekommunikationsdienste erbringt;
14. „Frequenzzuteilung" die behördliche oder durch Rechtsvorschriften erteilte Erlaubnis zur Nutzung bestimmter Frequenzen unter festgelegten Bedingungen;
15. „Frequenznutzung" jede gewollte Aussendung oder Abstrahlung elektromagnetischer Wellen zwischen 8,3 Kilohertz und 3 000 Gigahertz zur Nutzung durch Funkdienste und andere Anwendungen elektromagnetischer Wellen;
16. „Frequenzzuweisung" die Benennung eines bestimmten Frequenzbereichs für die Nutzung durch einen oder mehrere Funkdienste oder durch andere Anwendungen elektromagnetischer Wellen, falls erforderlich mit weiteren Festlegungen;
17. „funktechnische Störung" eine Störung, die für das Funktionieren eines Funknavigationsdienstes oder anderer sicherheitsbezogener Dienste eine Gefahr darstellt oder die einen Funkdienst, der im Einklang mit dem geltenden internationalen Recht, dem Recht der Europäischen Union oder Vorschriften dieses oder eines anderen Gesetzes betrieben wird, anderweitig schwerwiegend beeinträchtigt, behindert oder wiederholt unterbricht;
18. „gemeinsame Frequenznutzung" der Zugang von zwei oder mehr Nutzern zu denselben Frequenzbereichen im Rahmen einer bestimmten Regelung für die gemeinsame Nutzung, der auf der Grundlage einer Allgemeinzuteilung, Einzelzuteilung oder einer Kombination davon erlaubt wurde,

29 TKG Telekommunikationsgesetz

auch im Rahmen von Regulierungskonzepten wie dem zugeteilten gemeinsamen Zugang, der die gemeinsame Nutzung eines Frequenzbereichs erleichtern soll, einer verbindlichen Vereinbarung aller Beteiligten unterliegt und mit den in ihren Frequenznutzungsrechten festgelegten Bestimmungen über die gemeinsame Nutzung im Einklang steht, um allen Nutzern eine vorhersehbare und verlässliche Regelung für die gemeinsame Nutzung zu garantieren;

19. „Gerät" eine Funkanlage, eine Telekommunikationsendeinrichtung oder eine Kombination von beiden;
20. „GEREK" das Gremium Europäischer Regulierungsstellen für elektronische Kommunikation;
21. „Gruppe für Frequenzpolitik" die beratende Gruppe für frequenzpolitische Fragen gemäß Beschluss C/2019/4147 der Kommission vom 11. Juni 2019 über die Einrichtung der Gruppe für Frequenzpolitik und zur Aufhebung des Beschlusses 2002/622/EG (ABl. C 196 vom 12.6.2019, S. 16);
22. „harmonisierte Frequenzen" Frequenzen, für die harmonisierte Bedingungen in Bezug auf die Verfügbarkeit und die effiziente Nutzung durch technische Umsetzungsmaßnahmen gemäß Artikel 4 der Entscheidung Nr. 676/2002/EG des Europäischen Parlaments und des Rates vom 7. März 2002 über einen Rechtsrahmen für die Funkfrequenzpolitik in der Europäischen Gemeinschaft (Frequenzentscheidung) (ABl. L 108 vom 24.4.2002, S. 1) festgelegt worden sind;
23. „Internetzugangsdienst" ein Internetzugangsdienst im Sinne der Begriffsbestimmung des Artikels 2 Absatz 2 Nummer 2 der Verordnung (EU) 2015/2120 des Europäischen Parlaments und des Rates vom 25. November 2015 über Maßnahmen zum Zugang zum offenen Internet und zu Endkundenentgelten für regulierte intra-EU-Kommunikation sowie zur Änderung der Richtlinie 2002/22/EG und der Verordnung (EU) Nr. 531/2012 (ABl. L 310 vom 26.11.2015, S. 1), die zuletzt durch die Verordnung (EU) 2018/1971 (ABl. L 321 vom 17.12.2018, S. 1) geändert worden ist;
24. „interpersoneller Telekommunikationsdienst" ein gewöhnlich gegen Entgelt erbrachter Dienst, der einen direkten interpersonellen und interaktiven Informationsaustausch über Telekommunikationsnetze zwischen einer endlichen Zahl von Personen ermöglicht, wobei die Empfänger von den Personen bestimmt werden, die die Telekommunikation veranlassen oder daran beteiligt sind; dazu zählen keine Dienste, die eine interpersonelle und interaktive Telekommunikation lediglich als untrennbar mit einem anderen Dienst verbundene untergeordnete Nebenfunktion ermöglichen;
25. „Kennung" einem Nutzer, einem Anschluss oder einem Endgerät zu einem bestimmten Zeitpunkt zugewiesene eindeutige Zeichenfolge, die eine eindeutige Identifizierung des Nutzers, des Anschlusses oder des Endgerätes ermöglicht;

Telekommunikationsgesetz **TKG 29**

26. „Kurzwahl-Datendienste" Kurzwahldienste, die der Übermittlung von nichtsprachgestützten Inhalten mittels Telekommunikation dienen und die keine Telemedien sind;
27. „Kurzwahldienste" Dienste, die die Merkmale eines Premium-Dienstes haben, jedoch eine spezielle Nummernart mit kurzen Nummern nutzen;
28. „Kurzwahl-Sprachdienste" Kurzwahldienste, bei denen die Kommunikation sprachgestützt erfolgt;
29. „Massenverkehrsdienste" Dienste, insbesondere des Rufnummernbereichs (0)137, die charakterisiert sind durch ein hohes Verkehrsaufkommen in einem oder mehreren kurzen Zeitintervallen mit kurzer Belegungsdauer zu einem Ziel mit begrenzter Abfragekapazität;
30. „nachhaltig wettbewerbsorientierter Markt" ein Markt, auf dem der Wettbewerb so abgesichert ist, dass er ohne sektorspezifische Regulierung besteht;
31. „Nationale Teilnehmerrufnummern" Rufnummern, insbesondere des Rufnummernbereichs (0)32, die für Dienste verwendet werden, die den Zugang zu öffentlichen Telekommunikationsnetzen ermöglichen und nicht an einen bestimmten Standort gebunden sind;
32. „Netzabschlusspunkt" der physische Punkt, an dem einem Endnutzer der Zugang zu einem öffentlichen Telekommunikationsnetz bereitgestellt wird; in Netzen, in denen eine Vermittlung oder Leitwegebestimmung erfolgt, wird der Netzabschlusspunkt anhand einer bestimmten Netzadresse bezeichnet, die mit der Nummer oder dem Namen eines Endnutzers verknüpft sein kann;
33. „Netz mit sehr hoher Kapazität" ein Telekommunikationsnetz, das entweder komplett aus Glasfaserkomponenten zumindest bis zum Verteilerpunkt am Ort der Nutzung besteht oder das zu üblichen Spitzenlastzeiten eine vergleichbare Netzleistung in Bezug auf die verfügbare Downlink- und Uplink-Bandbreite, Ausfallsicherheit, fehlerbezogene Parameter, Latenz und Latenzschwankung bieten kann; die Netzleistung kann unabhängig davon als vergleichbar gelten, ob der Endnutzer Schwankungen feststellt, die auf die verschiedenen inhärenten Merkmale des Mediums zurückzuführen sind, über das das Telekommunikationsnetz letztlich mit dem Netzabschlusspunkt verbunden ist;
34. „Nummern" Zeichenfolgen, die in Telekommunikationsnetzen Zwecken der Adressierung dienen;
35. „Nummernart" die Gesamtheit aller Nummern eines Nummernraums für einen bestimmten Dienst oder eine bestimmte technische Adressierung;
36. „Nummernbereich" eine für eine Nummernart bereitgestellte Teilmenge des Nummernraums;
37. „nummerngebundener interpersoneller Telekommunikationsdienst" ein interpersoneller Telekommunikationsdienst, der entweder eine Verbindung zu öffentlich zugeteilten Nummerierungsressourcen, nämlich Nummern nationaler oder internationaler Nummernpläne, herstellt oder die Telekommunikation mit Nummern nationaler oder internationaler Nummernpläne ermöglicht;

38. „Nummernraum" die Gesamtheit aller Nummern, die für eine bestimmte Art der Adressierung verwendet werden;
39. „Nummernteilbereich" eine Teilmenge eines Nummernbereichs;
40. „nummernunabhängiger interpersoneller Telekommunikationsdienst" ein interpersoneller Telekommunikationsdienst, der weder eine Verbindung zu öffentlich zugeteilten Nummerierungsressourcen, nämlich Nummern nationaler oder internationaler Nummernpläne, herstellt noch die Telekommunikation mit Nummern nationaler oder internationaler Nummernpläne ermöglicht;
41. „Nutzer" jede natürliche oder juristische Person, die einen öffentlich zugänglichen Telekommunikationsdienst für private oder geschäftliche Zwecke in Anspruch nimmt oder beantragt;
42. „öffentliches Telekommunikationsnetz" ein Telekommunikationsnetz, das ganz oder überwiegend der Erbringung öffentlich zugänglicher Telekommunikationsdienste dient, die die Übertragung von Informationen zwischen Netzabschlusspunkten ermöglichen;
43. „öffentliche Versorgungsnetze" entstehende, betriebene oder stillgelegte physische Infrastrukturen für die öffentliche Bereitstellung von
   a) Erzeugungs-, Leitungs- oder Verteilungsdiensten für
      aa) Telekommunikation,
      bb) Gas,
      cc) Elektrizität, einschließlich der Elektrizität für die öffentliche Straßenbeleuchtung,
      dd) Fernwärme oder
      ee) Wasser, ausgenommen Trinkwasser im Sinne des § 3 Nummer 1 der Trinkwasserverordnung in der Fassung der Bekanntmachung vom 10. März 2016 (BGBl. I S. 459), die zuletzt durch Artikel 99 der Verordnung vom 19. Juni 2020 (BGBl. I S. 1328) geändert worden ist; zu den öffentlichen Versorgungsnetzen zählen auch physische Infrastrukturen zur Abwasserbehandlung und -entsorgung sowie die Kanalisationssysteme;
   b) Verkehrsdiensten, insbesondere Schienenwege, Straßen, Wasserstraßen, Brücken, Häfen und Flugplätze;
44. „öffentlich zugängliche Telekommunikationsdienste" einem unbestimmten Personenkreis zur Verfügung stehende Telekommunikationsdienste;
45. „passive Netzinfrastrukturen" Komponenten eines Netzes, die andere Netzkomponenten aufnehmen sollen, selbst jedoch nicht zu aktiven Netzkomponenten werden; hierzu zählen zum Beispiel Fernleitungen, Leer- und Leitungsrohre, Kabelkanäle, Kontrollkammern, Einstiegsschächte, Verteilerkästen, Gebäude und Gebäudeeingänge, Antennenanlagen und Trägerstrukturen wie Türme, Lichtzeichenanlagen (Verkehrsampeln) und öffentliche Straßenbeleuchtung, Masten und Pfähle; Kabel, einschließlich unbeschalteter Glasfaserkabel, sind keine passiven Netzinfrastrukturen;
46. „Persönliche Rufnummern" Rufnummern, insbesondere des Rufnummernbereichs (0)700, durch die ein Zugang zu und von allen Telekommu-

Telekommunikationsgesetz **TKG 29**

nikationsnetzen unter einer Rufnummer – unabhängig von Standort, Endgerät, Übertragungsart und Technologie – möglich ist;
47. „Premium-Dienste" Dienste, insbesondere des Rufnummernbereichs (0)900, bei denen über die Telekommunikationsdienstleistung hinaus eine weitere Dienstleistung erbracht wird, die gegenüber dem Anrufer gemeinsam mit der Telekommunikationsdienstleistung abgerechnet wird und die nicht einer anderen Nummernart zuzurechnen ist;
48. „Roaming" die Ermöglichung der Nutzung von Mobilfunknetzen anderer Betreiber außerhalb des Versorgungsbereichs des nachfragenden Mobilfunknetzbetreibers für dessen Endnutzer;
49. „Rufnummer" eine Nummer des Nummernraums für das öffentliche Telekommunikationsnetz oder eines Nummernraums für Kurzwahldienste;
50. „Rufnummernbereich" eine für eine Nummernart bereitgestellte Teilmenge des Nummernraums für das öffentliche Telekommunikationsnetz oder eines Nummernraums für Kurzwahldienste;
51. „Service-Dienste" Dienste, insbesondere des Rufnummernbereichs (0)180, die bundesweit zu einem einheitlichen Entgelt zu erreichen sind;
52. „Sicherheit von Netzen und Diensten" die Fähigkeit von Telekommunikationsnetzen und -diensten, auf einem bestimmten Vertrauensniveau alle Angriffe abzuwehren, die die Verfügbarkeit, Authentizität, Integrität oder Vertraulichkeit dieser Netze und Dienste, der gespeicherten, übermittelten oder verarbeiteten Daten oder der damit zusammenhängenden Dienste, die über diese Telekommunikationsnetze oder -dienste angeboten werden oder zugänglich sind, beeinträchtigen;
53. „Sicherheitsvorfall" ein Ereignis mit nachteiliger Wirkung auf die Sicherheit von Telekommunikationsnetzen oder -diensten;
54. „sonstige physische Infrastrukturen" entstehende, betriebene oder stillgelegte physische Infrastrukturen einschließlich Grundstücke und der darauf befindlichen Gebäude öffentlicher Stellen oder der Kontrolle dieser unterstehende sonstige physische Infrastrukturen, die in technischer Hinsicht für die Errichtung von drahtlosen Zugangspunkten mit geringer Reichweite geeignet oder zur Anbindung solcher Zugangspunkte erforderlich sind und bei denen das Recht zur Errichtung oder Stilllegung oder zum Betrieb von der öffentlichen Stelle abgeleitet oder verliehen wird; zu diesen Infrastrukturen gehören insbesondere Straßenmobilar, öffentliche Straßenbeleuchtung, Verkehrsschilder, Lichtzeichenanlagen, Reklametafeln und Litfaßsäulen, Bus- und Straßenbahnhaltestellen und U-Bahnhöfe;
55. „Sprachkommunikationsdienst" ein der Öffentlichkeit zur Verfügung gestellter Telekommunikationsdienst, der das Führen aus- und eingehender Inlands- oder Inlands- und Auslandsgespräche direkt oder indirekt über eine oder mehrere Nummern eines nationalen oder internationalen Nummernplans ermöglicht;
56. „Standortdaten" Daten, die in einem Telekommunikationsnetz oder von einem Telekommunikationsdienst verarbeitet werden und die den Stand-

29 TKG   Telekommunikationsgesetz

ort des Endgeräts eines Nutzers eines öffentlich zugänglichen Telekommunikationsdienstes angeben;
57. „Teilabschnitt" eine Teilkomponente des Teilnehmeranschlusses, die den Netzabschlusspunkt am Standort des Endnutzers mit einem Konzentrationspunkt oder einem festgelegten zwischengeschalteten Zugangspunkt des öffentlichen Festnetzes verbindet;
58. „Teilnehmeranschluss" der physische von Signalen benutzte Verbindungspfad, mit dem der Netzabschlusspunkt mit einem Verteilerknoten oder mit einer gleichwertigen Einrichtung in festen öffentlichen Telekommunikationsnetzen verbunden wird;
59. „Telekommunikation" der technische Vorgang des Aussendens, Übermittelns und Empfangens von Signalen mittels Telekommunikationsanlagen;
60. „Telekommunikationsanlagen" technische Einrichtungen, Systeme oder Server, die als Nachrichten identifizierbare elektromagnetische oder optische Signale oder Daten im Rahmen der Erbringung eines Telekommunikationsdienstes senden, übertragen, vermitteln, empfangen, steuern oder kontrollieren können;
61. „Telekommunikationsdienste" in der Regel gegen Entgelt über Telekommunikationsnetze erbrachte Dienste, die – mit der Ausnahme von Diensten, die Inhalte über Telekommunikationsnetze und -dienste anbieten oder eine redaktionelle Kontrolle über sie ausüben – folgende Dienste umfassen:
    a) Internetzugangsdienste,
    b) interpersonelle Telekommunikationsdienste und
    c) Dienste, die ganz oder überwiegend in der Übertragung von Signalen bestehen, wie Übertragungsdienste, die für Maschine-Maschine-Kommunikation und für den Rundfunk genutzt werden;
62. „Telekommunikationsendeinrichtung" eine direkt oder indirekt an die Schnittstelle eines öffentlichen Telekommunikationsnetzes angeschlossene Einrichtung zum Aussenden, Verarbeiten oder Empfangen von Nachrichten oder Daten; sowohl bei direkten als auch bei indirekten Anschlüssen kann die Verbindung über elektrisch leitenden Draht, über optische Faser oder elektromagnetisch hergestellt werden; bei einem indirekten Anschluss ist zwischen Telekommunikationsendeinrichtung und Schnittstelle des öffentlichen Telekommunikationsnetzes ein Gerät geschaltet;
63. „telekommunikationsgestützte Dienste" Dienste, die keinen räumlich und zeitlich trennbaren Leistungsfluss auslösen, sondern bei denen die Inhaltsleistung noch während der Telekommunikationsverbindung erbracht wird;
64. „Telekommunikationslinien" unter- oder oberirdisch geführte Telekommunikationskabelanlagen, einschließlich ihrer zugehörigen Schalt- und Verzweigungseinrichtungen, Masten und Unterstützungen, Kabelschächte und Kabelkanalrohre, sowie weitere technische Einrichtungen, die für das Erbringen von öffentlich zugänglichen Telekommunikationsdiensten erforderlich sind;

Telekommunikationsgesetz **TKG 29**

65. „Telekommunikationsnetz" die Gesamtheit von Übertragungssystemen, ungeachtet dessen, ob sie auf einer permanenten Infrastruktur oder zentralen Verwaltungskapazität basieren, und gegebenenfalls Vermittlungs- und Leitwegeinrichtungen sowie anderweitigen Ressourcen, einschließlich der nicht aktiven Netzbestandteile, die die Übertragung von Signalen über Kabel, Funk, optische und andere elektromagnetische Einrichtungen ermöglichen, einschließlich Satellitennetzen, festen, leitungs- und paketvermittelten Netzen, einschließlich des Internets, und mobilen Netzen, Stromleitungssystemen, soweit sie zur Signalübertragung genutzt werden, Netzen für Hör- und Fernsehfunk sowie Kabelfernsehnetzen, unabhängig von der Art der übertragenen Information;
66. „Überbau" die nachträgliche Dopplung von Telekommunikationsinfrastrukturen durch parallele Errichtung, soweit damit dasselbe Versorgungsgebiet erschlossen werden soll;
67. „Übertragungsweg" Telekommunikationsanlagen in Form von Kabel- oder Funkverbindungen mit ihren übertragungstechnischen Einrichtungen als Punkt-zu-Punkt- oder Punkt-zu-Mehrpunkt-Verbindungen mit einem bestimmten Informationsdurchsatzvermögen (Bandbreite oder Bitrate) einschließlich ihrer Abschlusseinrichtungen;
68. „umfangreiche Renovierungen" Tief- oder Hochbauarbeiten am Standort des Endnutzers, die strukturelle Veränderungen an den gesamten gebäudeinternen passiven Telekommunikationsnetzinfrastrukturen oder einem wesentlichen Teil davon umfassen;
69. „Unternehmen" das Unternehmen selbst oder mit ihm im Sinne des § 36 Absatz 2 des Gesetzes gegen Wettbewerbsbeschränkungen verbundene Unternehmen oder mit ihm im Sinne des § 37 Absatz 1 des Gesetzes gegen Wettbewerbsbeschränkungen zusammengeschlossene Unternehmen, unabhängig davon, ob das verbundene oder mit ihm zusammengeschlossene Unternehmen zum Zeitpunkt der Auferlegung von Verpflichtungen nach diesem Gesetz bereits gegründet war;
70. „Verkehrsdaten" Daten, deren Erhebung, Verarbeitung oder Nutzung bei der Erbringung eines Telekommunikationsdienstes erforderlich sind;
71. „Verletzung des Schutzes personenbezogener Daten" eine Verletzung der Datensicherheit, die zum Verlust, zur unrechtmäßigen Löschung, Veränderung, Speicherung, Weitergabe oder sonstigen unrechtmäßigen Verwendung personenbezogener Daten führt, sowie der unrechtmäßige Zugang zu diesen;
72. „vollständig entbündelter Zugang zum Teilnehmeranschluss" die Bereitstellung des Zugangs zum Teilnehmeranschluss oder zum Teilabschnitt in der Weise, dass die Nutzung der gesamten Kapazität der Telekommunikationsnetzinfrastruktur ermöglicht wird;
73. „Warteschleife" jede vom Nutzer eines Telekommunikationsdienstes eingesetzte Vorrichtung oder Geschäftspraxis, über die Anrufe entgegengenommen oder aufrechterhalten werden, ohne dass das Anliegen des Anrufers bearbeitet wird; dies umfasst die Zeitspanne ab Rufaufbau vom An-

schluss des Anrufers bis zu dem Zeitpunkt, an dem mit der Bearbeitung des Anliegens des Anrufers begonnen wird, gleichgültig, ob dies über einen automatisierten Dialog, ein Vorauswahlmenü oder durch eine persönliche Bearbeitung erfolgt; ein automatisierter Dialog oder ein Vorauswahlmenü beginnt, sobald automatisiert Informationen abgefragt werden, die für die Bearbeitung des Anliegens erforderlich sind; eine persönliche Bearbeitung des Anliegens beginnt, sobald eine natürliche Person den Anruf entgegennimmt und bearbeitet; hierzu zählt auch die Abfrage von Informationen, die für die Bearbeitung des Anliegens erforderlich sind; als Warteschleife ist ferner die Zeitspanne anzusehen, die anlässlich einer Weiterleitung zwischen Beendigung der vorhergehenden Bearbeitung des Anliegens und der weiteren Bearbeitung vergeht, ohne dass der Anruf technisch unterbrochen wird; keine Warteschleife sind automatische Bandansagen, wenn die Dienstleistung für den Anrufer vor Herstellung der Verbindung erkennbar ausschließlich in einer Bandansage besteht;

74. „Zugang" die Bereitstellung von Einrichtungen oder Diensten für ein anderes Unternehmen unter bestimmten Bedingungen zum Zweck der Erbringung von Telekommunikationsdiensten, auch bei deren Verwendung zur Erbringung von Diensten der Informationsgesellschaft oder Rundfunkinhaltediensten; dies umfasst unter anderem Folgendes:
    a) Zugang zu Netzkomponenten, einschließlich nicht aktiver Netzkomponenten, und zugehörigen Einrichtungen, wozu auch der feste oder nicht feste Anschluss von Geräten gehören kann; dies beinhaltet insbesondere den Zugang zum Teilnehmeranschluss sowie zu Einrichtungen und Diensten, die erforderlich sind, um Dienste über den Teilnehmeranschluss zu erbringen, einschließlich des Zugangs zur Anschaltung und Ermöglichung des Anbieterwechsels des Nutzers und zu hierfür notwendigen Informationen und Daten und zur Entstörung;
    b) Zugang zu physischen Infrastrukturen wie Gebäuden, Leitungsrohren und Masten;
    c) Zugang zu einschlägigen Softwaresystemen, einschließlich Systemen für die Betriebsunterstützung;
    d) Zugang zu informationstechnischen Systemen oder Datenbanken für Vorbestellung, Bereitstellung, Auftragserteilung, Anforderung von Wartungs- und Instandsetzungsarbeiten sowie Abrechnung;
    e) Zugang zur Nummernumsetzung oder zu Systemen, die eine gleichwertige Funktion bieten;
    f) Zugang zu Fest- und Mobilfunknetzen;
    g) Zugang zu Zugangsberechtigungssystemen für Digitalfernsehdienste und
    h) Zugang zu Diensten für virtuelle Telekommunikationsnetze;
75. „Zugangsberechtigungssysteme" technische Verfahren oder Vorrichtungen, welche die erlaubte Nutzung geschützter Rundfunkprogramme von einem Abonnement oder einer individuellen Erlaubnis abhängig machen;

Telekommunikationsgesetz **TKG 29**

76. „Zugangspunkt zu passiven gebäudeinternen Netzkomponenten" ein physischer Punkt innerhalb oder außerhalb des Gebäudes, der für Eigentümer und Betreiber öffentlicher Telekommunikationsnetze zugänglich ist und den Anschluss an die gebäudeinternen passiven Netzinfrastrukturen für Netze mit sehr hoher Kapazität ermöglicht;
77. „zugehörige Dienste" diejenigen mit einem Telekommunikationsnetz oder einem Telekommunikationsdienst verbundenen Dienste, welche die Bereitstellung, Eigenerbringung oder automatisierte Erbringung von Diensten über dieses Netz oder diesen Dienst ermöglichen, unterstützen oder dazu in der Lage sind; darunter fallen unter anderem Systeme zur Nummernumsetzung oder Systeme, die eine gleichwertige Funktion bieten, Zugangsberechtigungssysteme und elektronische Programmführer sowie andere Dienste wie Dienste im Zusammenhang mit Identität, Standort und Präsenz des Nutzers;
78. „zugehörige Einrichtungen" diejenigen mit einem Telekommunikationsnetz oder einem Telekommunikationsdienst verbundenen zugehörigen Dienste, physische Infrastrukturen oder sonstigen Einrichtungen oder Komponenten, welche die Bereitstellung von Diensten über dieses Netz oder diesen Dienst ermöglichen, unterstützen oder dazu in der Lage sind; darunter fallen unter anderem Gebäude, Gebäudezugänge, Verkabelungen in Gebäuden, Antennen, Türme und andere Trägerstrukturen, Leitungsrohre, Leerrohre, Masten, Einstiegsschächte und Verteilerkästen;
79. „Zusammenschaltung" ein Sonderfall des Zugangs, der zwischen Betreibern öffentlicher Telekommunikationsnetze hergestellt wird; dies mittels der physischen und logischen Verbindung öffentlicher Telekommunikationsnetze, die von demselben oder einem anderen Unternehmen genutzt werden, um Nutzern eines Unternehmens die Kommunikation mit Nutzern desselben oder eines anderen Unternehmens oder den Zugang zu den von einem anderen Unternehmen angebotenen Diensten zu ermöglichen, soweit solche Dienste von den beteiligten Parteien oder von anderen Parteien, die Zugang zum Netz haben, erbracht werden.

§ 4 Internationale Berichtspflichten. Die Betreiber öffentlicher Telekommunikationsnetze und die Anbieter öffentlich zugänglicher Telekommunikationsdienste müssen der Bundesnetzagentur und, soweit es für die Erfüllung ihrer Aufgaben erforderlich ist, anderen zuständigen Behörden auf Verlangen die Informationen zur Verfügung stellen, die diese benötigen, um Berichtspflichten gegenüber der Kommission und anderen internationalen Gremien erfüllen zu können.

§ 5 Meldepflicht. (1) [1]Wer gewerblich öffentliche Telekommunikationsnetze betreibt oder gewerblich öffentlich zugängliche Telekommunikationsdienste erbringt, bei denen es sich nicht um nummernunabhängige interpersonelle Telekommunikationsdienste handelt, muss die beabsichtigte Aufnahme, Änderung und Beendigung seiner Tätigkeit sowie Änderungen seines Namens

29 TKG Telekommunikationsgesetz

oder seiner Firma, seiner Rechtsform und seiner Adresse bei der Bundesnetzagentur unverzüglich melden. ²Die Meldung muss schriftlich oder elektronisch erfolgen.

(2) Die Meldung erfolgt nach einem von der Bundesnetzagentur vorgeschriebenen und veröffentlichten Formular.

(3) Auf Antrag bestätigt die Bundesnetzagentur innerhalb von einer Woche die Vollständigkeit der Meldung nach Absatz 2 und bescheinigt, dass dem Unternehmen die durch dieses Gesetz oder aufgrund dieses Gesetzes eingeräumten Rechte zustehen.

(4) Die Bundesnetzagentur veröffentlicht auf ihrer Internetseite regelmäßig ein Verzeichnis der gemeldeten Unternehmen einschließlich einer Kurzbeschreibung der gemeldeten Tätigkeit.

(5) Steht die Einstellung der Geschäftstätigkeit des Unternehmens eindeutig fest und ist die Beendigung der Tätigkeit der Bundesnetzagentur nicht innerhalb von sechs Monaten gemeldet worden, kann die Bundesnetzagentur die Beendigung der Tätigkeit von Amts wegen feststellen.

(6) Die Bundesnetzagentur übermittelt dem GEREK auf elektronischem Wege die nach Absatz 2 eingegangenen Formulardaten.

§ 6 Jahresfinanzbericht. (1) Unternehmen, die
1. öffentliche Telekommunikationsnetze betreiben oder öffentlich zugängliche Telekommunikationsdienste erbringen,
2. nicht nach handelsrechtlichen Vorschriften zur Offenlegung eines Jahresabschlusses verpflichtet sind und
3. in entsprechender Anwendung des § 267 Absatz 3 bis 5 des Handelsgesetzbuchs als groß anzusehen sind,

haben einen Jahresfinanzbericht zu erstellen und nach Maßgabe des Vierten Unterabschnitts des Zweiten Abschnitts des Dritten Buchs des Handelsgesetzbuchs offenzulegen; die §§ 326 und 327 des Handelsgesetzbuchs sind nicht entsprechend anzuwenden.

(2) Der Jahresfinanzbericht hat mindestens zu enthalten:
1. einen nach Maßgabe des Absatzes 3 aufgestellten und von einem Abschlussprüfer nach Maßgabe des Absatzes 4 geprüften Jahresabschluss,
2. einen nach Maßgabe des Absatzes 3 aufgestellten und von einem Abschlussprüfer nach Maßgabe des Absatzes 4 geprüften Lagebericht sowie
3. den Bestätigungsvermerk oder Versagungsvermerk des Abschlussprüfers.

(3) ¹Der Jahresabschluss und der Lagebericht eines Unternehmens nach Absatz 1 sind nach den für große Kapitalgesellschaften geltenden Vorschriften des Ersten Unterabschnitts des Zweiten Abschnitts des Dritten Buchs des Handelsgesetzbuchs aufzustellen; § 264 Absatz 3 und § 264b des Handelsgesetzbuchs sind insoweit nicht entsprechend anzuwenden. ²Handelt es sich bei dem Unternehmen nach Absatz 1 um eine Personenhandelsgesellschaft oder das Unternehmen eines Einzelkaufmanns, dürfen das sonstige Vermögen der Ge-

sellschafter oder des Einzelkaufmanns (Privatvermögen) nicht in die Bilanz und die auf das Privatvermögen entfallenden Aufwendungen und Erträge nicht in die Gewinn- und Verlustrechnung aufgenommen werden.

(4) ¹Der Jahresabschluss und der Lagebericht eines Unternehmens nach Absatz 1 sind durch einen Abschlussprüfer nach Maßgabe des Dritten Unterabschnitts des Zweiten Abschnitts des Dritten Buchs des Handelsgesetzbuchs zu prüfen. ²§ 324 des Handelsgesetzbuchs ist entsprechend anzuwenden.

§ 7 Strukturelle Separierung und getrennte Rechnungslegung. (1) Unternehmen, die öffentliche Telekommunikationsnetze betreiben oder öffentlich zugängliche Telekommunikationsdienste erbringen und innerhalb der Europäischen Union besondere oder ausschließliche Rechte für die Erbringung von Diensten in anderen Sektoren besitzen, sind verpflichtet,
1. die Tätigkeiten im Zusammenhang mit der Bereitstellung von öffentlichen Telekommunikationsnetzen und der Erbringung von öffentlich zugänglichen Telekommunikationsdiensten strukturell auszugliedern oder
2. über die Tätigkeiten im Zusammenhang mit der Bereitstellung von öffentlichen Telekommunikationsnetzen oder der Erbringung von öffentlich zugänglichen Telekommunikationsdiensten in dem Umfang getrennt Rechnung zu legen, der erforderlich wäre, wenn sie von rechtlich unabhängigen Unternehmen ausgeführt würden.

(2) ¹Im Falle des Absatzes 1 Nummer 2 hat das Unternehmen für die dort genannten Tätigkeiten eine Bilanz und Gewinn- und Verlustrechnung (Tätigkeitsabschluss) nach den für Kapitalgesellschaften geltenden Vorschriften des Ersten Unterabschnitts des Zweiten Abschnitts des Dritten Buchs des Handelsgesetzbuchs aufzustellen; § 264 Absatz 3 und § 264b des Handelsgesetzbuchs sind insoweit nicht entsprechend anzuwenden. ²In dem Tätigkeitsabschluss sind die Regeln, einschließlich der Berechnungsgrundlagen, anzugeben, nach denen die Vermögensgegenstände und Schulden sowie die Aufwendungen und Erträge den Tätigkeiten zugeordnet worden sind. ³Das Anlagevermögen ist detailliert aufzuschlüsseln. ⁴Die strukturbedingten Kosten sind anzugeben. ⁵Der Tätigkeitsabschluss ist durch einen Abschlussprüfer nach Maßgabe des Dritten Unterabschnitts des Zweiten Abschnitts des Dritten Buchs des Handelsgesetzbuchs zu prüfen. ⁶Das Unternehmen hat den Tätigkeitsabschluss samt Bestätigungsvermerk oder Vermerk über dessen Versagung nach Maßgabe des Vierten Unterabschnitts des Zweiten Abschnitts des Dritten Buchs des Handelsgesetzbuchs offenzulegen.

(3) Die Verpflichtungen nach den Absätzen 1 und 2 gelten nicht für Unternehmen, deren Umsatzerlöse aus der Bereitstellung von öffentlichen Telekommunikationsnetzen oder der Erbringung von öffentlich zugänglichen Telekommunikationsdiensten in der Europäischen Union in den letzten zwölf Monaten vor dem Abschlussstichtag weniger als 50 000 000 Euro betragen haben.

§ 8 Ordnungsgeldvorschriften. (1) ¹Die Ordnungsgeldvorschriften der §§ 335 bis 335b des Handelsgesetzbuchs sind auf die Verletzung der Pflichten

zur Offenlegung des Jahresfinanzberichts nach § 6 Absatz 1 oder des Tätigkeitsabschlusses nach § 7 Absatz 2 Satz 6 entsprechend anzuwenden. ²Das Ordnungsgeldverfahren kann durchgeführt werden
1. bei einer juristischen Person gegen die juristische Person oder die Mitglieder des vertretungsberechtigten Organs;
2. bei einer Personenhandelsgesellschaft im Sinne des § 264a Absatz 1 des Handelsgesetzbuchs gegen die Personenhandelsgesellschaft oder gegen die in § 335b Satz 2 des Handelsgesetzbuchs genannten Personen;
3. bei einer Personenhandelsgesellschaft, die nicht in Nummer 2 genannt ist, gegen die Personenhandelsgesellschaft oder den oder die vertretungsbefugten Gesellschafter;
4. bei einem Unternehmen, das in der Rechtsform des Einzelkaufmanns betrieben wird, gegen den Inhaber oder dessen gesetzlichen Vertreter.

³§ 329 des Handelsgesetzbuchs ist entsprechend anzuwenden.

(2) Die Bundesnetzagentur übermittelt dem Betreiber des Bundesanzeigers einmal pro Kalenderjahr Name und Anschrift der ihr bekannt werdenden Unternehmen, die
1. nach § 6 Absatz 1 zur Offenlegung eines Jahresfinanzberichts verpflichtet sind;
2. nach § 7 Absatz 2 Satz 6 zur Offenlegung eines Tätigkeitsabschlusses verpflichtet sind.

§ 9 Internationaler Status. (1) ¹Unternehmen, die internationale Telekommunikationsdienste erbringen oder die im Rahmen ihres Angebots Funkanlagen betreiben, die schädliche Störungen bei Funkdiensten anderer Länder verursachen können, sind anerkannte Betriebsunternehmen im Sinne der Konstitution und der Konvention der Internationalen Fernmeldeunion. ²Diese Unternehmen unterliegen den sich aus der Konstitution der Internationalen Fernmeldeunion ergebenden Verpflichtungen.

(2) Unternehmen, die internationale Telekommunikationsdienste erbringen, müssen nach den Regelungen der Konstitution der Internationalen Fernmeldeunion
1. allen Nachrichten, welche die Sicherheit des menschlichen Lebens auf See, zu Lande, in der Luft und im Weltraum betreffen, sowie den außerordentlichen dringenden Seuchennachrichten der Weltgesundheitsorganisation unbedingten Vorrang einräumen,
2. den Staatstelekommunikationsverbindungen im Rahmen des Möglichen Vorrang vor dem übrigen Telekommunikationsverkehr einräumen, wenn dies von der Person, die die Verbindung anmeldet, ausdrücklich verlangt wird.

Teil 2

Marktregulierung

Abschnitt 1

Verfahren der Marktregulierung

§ 10 Marktdefinition. (1) Die Bundesnetzagentur legt im Rahmen des ihr zustehenden Beurteilungsspielraums unter Berücksichtigung der Ziele und Grundsätze des § 2 und der Grundsätze des allgemeinen Wettbewerbsrechts die sachlich und räumlich relevanten Telekommunikationsmärkte fest, die für eine Regulierung nach diesem Abschnitt in Betracht kommen können.

(2) ¹Bei der Festlegung von Märkten nach Absatz 1 trägt die Bundesnetzagentur folgenden Veröffentlichungen der Kommission, in ihrer jeweils geltenden Fassung, weitestgehend Rechnung:
1. der Empfehlung (EU) 2020/2245 der Kommission vom 18. Dezember 2020 über relevante Produkt- und Dienstmärkte des elektronischen Kommunikationssektors, die gemäß der Richtlinie (EU) 2018/1972 des Europäischen Parlaments und des Rates über den europäischen Kodex für die elektronische Kommunikation für eine Vorabregulierung in Betracht kommen (ABl. L 439 vom 29.12.2020, S. 23) und
2. den Leitlinien zur Marktanalyse und zur Bewertung beträchtlicher Marktmacht nach Artikel 64 Absatz 2 der Richtlinie (EU) 2018/1972 des Europäischen Parlaments und des Rates vom 11. Dezember 2018 über den europäischen Kodex für die elektronische Kommunikation (Neufassung) (ABl. L 321 vom 17.12.2018, S. 36).

²Bei der Festlegung räumlich relevanter Märkte berücksichtigt die Bundesnetzagentur unter anderem die Intensität des Infrastrukturwettbewerbs in diesen Gebieten. ³Sie kann die nach den §§ 79 bis 83 erhobenen Informationen berücksichtigen.

(3) Im Falle der Feststellung einer länderübergreifenden Nachfrage durch das GEREK nach Artikel 66 Absatz 2 der Richtlinie (EU) 2018/1972 trägt die Bundesnetzagentur den Leitlinien zur gemeinsamen Vorgehensweise der Regulierungsbehörden zur Deckung einer ermittelten länderübergreifenden Nachfrage weitestgehend Rechnung.

§ 11 Marktanalyse. (1) ¹Bei den nach § 10 Absatz 1 festgelegten Märkten prüft die Bundesnetzagentur im Rahmen der Marktanalyse, ob diese nach Absatz 2 (Drei-Kriterien-Test) für eine Regulierung nach diesem Teil in Betracht kommen. ²Soweit dies der Fall ist, prüft sie, ob die Auferlegung von Verpflichtungen aufgrund der Feststellung, dass ein oder mehrere Unternehmen auf diesem Markt über beträchtliche Marktmacht nach Absatz 4 verfügt oder verfügen, gerechtfertigt sein kann.

29 TKG

(2) Für eine Regulierung im Sinne von Absatz 1 Satz 1 kommen solche nach § 10 Absatz 1 festgelegten Märkte in Betracht,
1. die durch beträchtliche und anhaltende strukturelle, rechtliche oder regulatorische Marktzutrittsschranken gekennzeichnet sind,
2. deren Strukturen angesichts des Infrastrukturwettbewerbs und des sonstigen Wettbewerbs innerhalb des relevanten Zeitraums nicht zu wirksamem Wettbewerb tendieren und
3. auf denen die Anwendung des allgemeinen Wettbewerbsrechts allein nicht ausreicht, um dem festgestellten Marktversagen angemessen entgegenzuwirken.

(3) Bei der Prüfung der Regulierungsbedürftigkeit eines Marktes nach Absatz 2 berücksichtigt die Bundesnetzagentur die Entwicklungen, die ohne eine Regulierung des betrachteten Marktes nach den Vorschriften dieses Abschnitts zu erwarten wären; sie berücksichtigt insbesondere
1. Marktentwicklungen, die die Wahrscheinlichkeit, dass der relevante Markt zu einem wirksamen Wettbewerb tendiert, beeinflussen,
2. alle relevanten Wettbewerbszwänge auf Vorleistungs- und Endkundenebene, unabhängig davon, ob davon ausgegangen wird, dass die Quelle solcher Wettbewerbszwänge von Telekommunikationsnetzen und -diensten oder anderen Arten von Diensten oder Anwendungen ausgeht, die aus Endnutzersicht vergleichbar sind, und unabhängig davon, ob solche Wettbewerbszwänge Teil des relevanten Marktes sind,
3. andere Arten der Regulierung oder von Maßnahmen, die auferlegt sind und sich auf den relevanten Markt oder zugehörige Endkundenmärkte im betreffenden Zeitraum auswirken, sowie
4. eine auf eine Marktanalyse gestützte Regulierung anderer relevanter Märkte.

(4) ¹Sofern ein Markt nach dem Drei-Kriterien-Test für eine Regulierung nach diesem Teil in Betracht kommt, prüft die Bundesnetzagentur, ob und welche Unternehmen auf diesem Markt über beträchtliche Marktmacht verfügen. ²Ein Unternehmen gilt als Unternehmen mit beträchtlicher Marktmacht, wenn es entweder allein oder gemeinsam mit anderen eine der Beherrschung gleichkommende Stellung einnimmt, das heißt, eine wirtschaftlich starke Stellung, die es ihm gestattet, sich in beträchtlichem Umfang unabhängig von Wettbewerbern, Kunden und Endnutzern zu verhalten.

(5) Verfügt ein Unternehmen auf einem relevanten Markt über beträchtliche Marktmacht, so kann es auf einem benachbarten, für eine Regulierung in Betracht kommenden Markt ebenfalls als Unternehmen mit beträchtlicher Marktmacht eingestuft werden, wenn die Verbindungen zwischen beiden Märkten es gestatten, Marktmacht von dem relevanten Markt auf den benachbarten Markt zu übertragen und damit die gesamte Marktmacht des Unternehmens zu verstärken.

(6) Im Falle länderübergreifender Märkte im Geltungsbereich der Richtlinie (EU) 2018/1972 untersucht die Bundesnetzagentur gemeinsam mit den natio-

Telekommunikationsgesetz **TKG 29**

nalen Regulierungsbehörden der anderen Mitgliedstaaten der Europäischen Union, welche diese Märkte umfassen, ob beträchtliche Marktmacht im Sinne von Absatz 4 vorliegt.

(7) Die Bundesnetzagentur trägt im Rahmen der Marktanalyse den in § 10 Absatz 2 Satz 1 genannten Veröffentlichungen der Kommission in ihrer jeweils geltenden Fassung weitestgehend Rechnung.

§ 12 Konsultations- und Konsolidierungsverfahren. (1) ¹Die Bundesnetzagentur gibt den interessierten Parteien Gelegenheit, innerhalb einer angemessenen Frist, die in der Regel einen Monat betragen soll, zu dem Entwurf der Ergebnisse der Marktdefinition nach § 10 und der Marktanalyse nach § 11 Stellung zu nehmen. ²Der Entwurf und die dazu eingegangenen Stellungnahmen werden von der Bundesnetzagentur unter Wahrung der Betriebs- und Geschäftsgeheimnisse der Beteiligten veröffentlicht. ³Die Bundesnetzagentur unterhält zu diesem Zweck eine einheitliche Informationsstelle, bei der eine Liste aller laufenden Konsultationen vorgehalten wird.

(2) ¹Sofern beabsichtigte Maßnahmen nach den §§ 10 und 11 Auswirkungen auf den Handel zwischen den Mitgliedstaaten der Europäischen Union hätten, übermittelt die Bundesnetzagentur den Entwurf der Maßnahmen nach Durchführung des Konsultationsverfahrens gleichzeitig der Kommission, dem GEREK und den nationalen Regulierungsbehörden der anderen Mitgliedstaaten der Europäischen Union, es sei denn, eine Empfehlung oder Leitlinie, die die Kommission nach Artikel 34 der Richtlinie (EU) 2018/1972 erlassen hat, sieht eine Ausnahme von der Übermittlungspflicht vor. ²§ 199 Absatz 3 und 4 gilt entsprechend. ³Vor Ablauf eines Monats nach Übermittlung an die Kommission hat die Bundesnetzagentur beabsichtigte Maßnahmen nach den §§ 10 und 11 nicht festzulegen.

(3) Die Bundesnetzagentur hat den Stellungnahmen der Kommission, des GEREK und der anderen nationalen Regulierungsbehörden, die innerhalb der in Absatz 2 Satz 3 genannten Monatsfrist abgegeben wurden, weitestgehend Rechnung zu tragen.

(4) Teilt die Kommission innerhalb der Monatsfrist nach Absatz 2 Satz 3 mit, dass

1. sie ernsthafte Zweifel an der Vereinbarkeit der beabsichtigten Maßnahmen nach den §§ 10 und 11 mit dem Recht der Europäischen Union und insbesondere mit den Zielen des Artikels 3 der Richtlinie (EU) 2018/1972 habe oder
2. diese Maßnahmen ein Hemmnis für den Binnenmarkt schaffen,

so legt die Bundesnetzagentur diese Maßnahmen nicht vor Ablauf von zwei weiteren Monaten nach der Mitteilung der Kommission fest, wenn sie Folgendes enthalten:

1. die Festlegung eines relevanten Marktes, der sich von jenen Märkten unterscheidet, die in der jeweils geltenden Fassung der Empfehlung (EU) 2020/2245 definiert sind, oder

29 TKG Telekommunikationsgesetz

2. die Festlegung, dass ein oder mehrere Unternehmen auf einem Markt über beträchtliche Marktmacht verfügt oder verfügen.

(5) ¹Fordert die Kommission die Bundesnetzagentur innerhalb des in Absatz 4 genannten Zweimonatszeitraums auf, den Entwurf der beabsichtigten Maßnahme nach §§ 10 und 11 zurückzuziehen, so ändert die Bundesnetzagentur diesen innerhalb von sechs Monaten ab dem Datum des Kommissionsbeschlusses oder teilt der Kommission innerhalb dieser sechs Monate mit, dass sie den Entwurf zurückzieht. ²Ändert die Bundesnetzagentur den Entwurf der beabsichtigten Maßnahme, so führt sie das Konsultationsverfahren nach Absatz 1 durch und legt der Kommission den geänderten Entwurf nach Absatz 2 vor. ³Die Bundesnetzagentur unterrichtet das Bundesministerium für Wirtschaft und Energie und das Bundesministerium für Verkehr und digitale Infrastruktur über den Beschluss der Kommission und über ihr weiteres Vorgehen nach Satz 1.

(6) ¹Die Bundesnetzagentur veröffentlicht unverzüglich nach Stellungnahme der Kommission die Ergebnisse der Marktdefinition nach § 10 und der Marktanalyse nach § 11 unter Wahrung der Betriebs- und Geschäftsgeheimnisse der Beteiligten und übermittelt diese der Kommission und dem GEREK. ²§ 199 Absatz 3 und 4 gilt entsprechend. ³Findet das Verfahren nach den Absätzen 2 bis 5 keine Anwendung, veröffentlicht die Bundesnetzagentur die Ergebnisse der Marktdefinition nach § 10 und der Marktanalyse nach § 11 in der Regel innerhalb eines Monats nach Ende der Stellungnahmefrist nach Absatz 1 Satz 1 unter Berücksichtigung der eingegangenen Stellungnahmen.

(7) ¹Die Bundesnetzagentur kann angemessene vorläufige Maßnahmen erlassen, wenn sie bei Vorliegen außergewöhnlicher Umstände der Ansicht ist, dass dringend und ohne Einhaltung des Verfahrens nach den Absätzen 1 bis 5 gehandelt werden muss, um den Wettbewerb zu gewährleisten und die Nutzerinteressen zu schützen. ²Sie teilt diese der Kommission, dem GEREK und den übrigen nationalen Regulierungsbehörden unverzüglich nach Erlass mit einer vollständigen Begründung mit. ³Für einen Beschluss der Bundesnetzagentur, diese Maßnahmen dauerhaft aufzuerlegen oder ihre Geltungsdauer zu verlängern, gelten die Absätze 1 bis 5.

(8) Die Bundesnetzagentur kann den Entwurf einer Marktdefinition und Marktanalyse nach den §§ 10 und 11 jederzeit zurückziehen.

§ 13 Regulierungsverfügung. (1) Die Bundesnetzagentur erlegt Unternehmen, die über beträchtliche Marktmacht verfügen, Verpflichtungen nach den §§ 24 bis 30, 38 oder 49 auf, ändert bestehende Verpflichtungen oder behält diese bei, wenn sie der Ansicht ist, dass das Marktergebnis für die Endnutzer ohne diese Verpflichtungen keinen wirksamen Wettbewerb darstellen würde.

(2) ¹Die Bundesnetzagentur kann auferlegte Verpflichtungen widerrufen. ²Der Widerruf ist den betroffenen Unternehmen mit angemessener Frist anzukündigen. ³Die Frist ist so zu bemessen, dass ein geordneter Übergang zur durch den Widerruf ausgelösten Situation ohne die betreffenden Verpflichtun-

Telekommunikationsgesetz **TKG 29**

gen für die Begünstigten der Verpflichtungen und die Endnutzer sichergestellt ist. [4]Bei der Festsetzung der Frist ist den Bedingungen und Fristen bestehender Zugangsvereinbarungen Rechnung zu tragen.

(3) Die Bundesnetzagentur stellt bei der Auferlegung, Änderung, Beibehaltung oder dem Widerruf von Verpflichtungen nach den Absätzen 1 und 2 (Regulierungsverfügung) sicher, dass die Verpflichtungen
1. der Art des auf dem relevanten Markt festgestellten Problems entsprechen, gegebenenfalls unter Berücksichtigung einer durch das GEREK nach Artikel 66 der Richtlinie (EU) 2018/1972 festgestellten länderübergreifenden Nachfrage,
2. angemessen sind, insbesondere unter Berücksichtigung der Kosten und des Nutzens der Verpflichtungen und
3. im Hinblick auf die Ziele des § 2 gerechtfertigt sind.

(4) [1]Die Bundesnetzagentur berücksichtigt in der Regulierungsverfügung für verbindlich erklärte Verpflichtungszusagen nach § 19. [2]Sie berücksichtigt hinsichtlich der Verhältnismäßigkeit der auferlegten Verpflichtung gemäß Absatz 3 mit Blick auf die Verpflichtungszusagen insbesondere
1. den Nachweis des fairen und angemessenen Charakters der Verpflichtungszusagen,
2. die Offenheit der Verpflichtungszusagen gegenüber allen Marktteilnehmern,
3. die rechtzeitige Verfügbarkeit des Zugangs unter fairen, angemessenen und nichtdiskriminierenden Bedingungen, einschließlich der Gleichwertigkeit des Zugangs nach § 24 Absatz 2, auch zu Netzen mit sehr hoher Kapazität, im Vorfeld der Einführung entsprechender Endnutzerdienste und
4. die allgemeine Angemessenheit der Verpflichtungszusagen, um einen effektiven und nachhaltigen Wettbewerb auf nachgelagerten Märkten zu ermöglichen und den kooperativen Aufbau und die Nutzung von Netzen mit sehr hoher Kapazität im Interesse der Endnutzer zu erleichtern.

[3]Betreffen für verbindlich erklärte Verpflichtungszusagen ein Ko-Investitionsangebot nach § 18 Absatz 1 Satz 1 Nummer 2 und nimmt mindestens ein Ko-Investor das Angebot an, sieht die Bundesnetzagentur für die von der Verpflichtungszusage umfassten Netzbestandteile von der Auferlegung von Verpflichtungen nach Absatz 1 ab und widerruft nach Absatz 2 insoweit bestehende Verpflichtungen. [4]Abweichend von Satz 3 kann die Bundesnetzagentur Verpflichtungen nach Absatz 1 auferlegen, ändern oder beibehalten, wenn sie feststellt, dass aufgrund der besonderen Merkmale des betrachteten Marktes das festgestellte Wettbewerbsproblem anderenfalls nicht zu beheben wäre.

(5) Im Falle des § 11 Absatz 5 können Verpflichtungen nach Absatz 1 auf dem benachbarten Markt nur getroffen werden, um die Übertragung der Marktmacht zu unterbinden.

(6) Im Falle des § 11 Absatz 6 legt die Bundesnetzagentur einvernehmlich mit den betroffenen nationalen Regulierungsbehörden fest, welche Verpflich-

tungen das oder die Unternehmen mit beträchtlicher Marktmacht zu erfüllen hat oder haben.

(7) Die Entscheidungen zur Auferlegung, Änderung und Beibehaltung der Verpflichtungen nach Absatz 1 oder zum Widerruf nach Absatz 2 ergehen mit den Maßnahmen nach den §§ 10 und 11 als einheitlicher Verwaltungsakt.

§ 14 Verfahren der Regulierungsverfügung. (1) Die Bundesnetzagentur legt in der Regel innerhalb von sechs Monaten nach Veröffentlichung der Ergebnisse von Marktdefinition und Marktanalyse einen Entwurf einer Regulierungsverfügung vor.

(2) Soweit die beabsichtigten Verpflichtungen der Regulierungsverfügung beträchtliche Auswirkungen auf den betreffenden Markt hätten, gelten das Konsultationsverfahren nach § 12 Absatz 1 und das Verfahren zum Erlass vorläufiger Maßnahmen nach § 12 Absatz 7 entsprechend.

(3) [1]Das Konsolidierungsverfahren nach § 12 Absatz 2, 3 und 6 gilt entsprechend, sofern die beabsichtigten Verpflichtungen der Regulierungsverfügung Auswirkungen auf den Handel zwischen den Mitgliedstaaten der Europäischen Union hätten und keine Ausnahme nach einer Empfehlung oder Leitlinien vorliegt, die die Kommission nach Artikel 34 der Richtlinie (EU) 2018/1972 erlässt. [2]Die Bundesnetzagentur legt der Kommission im Konsolidierungsverfahren zusammen mit dem Entwurf der Regulierungsverfügung den Beschluss vor, mit dem Verpflichtungszusagen für verbindlich erklärt wurden. [3]Beabsichtigt die Bundesnetzagentur, Verpflichtungen nach den §§ 31 und 32 aufzuerlegen, so leitet sie das Verfahren nach den Absätzen 1 und 2 erst ein, nachdem die Kommission den Erlass dieser Verpflichtungen auf einen entsprechenden Antrag hin im Verfahren nach Artikel 118 Absatz 3 der Richtlinie (EU) 2018/1972 gestattet hat. [4]Das Verfahren nach den Absätzen 1 und 2 kann die Bundesnetzagentur zusammen mit dem oder im Anschluss an das Verfahren nach § 12 durchführen.

(4) Teilt die Kommission innerhalb der Monatsfrist nach § 12 Absatz 2 Satz 3 der Bundesnetzagentur und dem GEREK durch Beschluss mit, warum sie der Auffassung ist, dass der Entwurf der Regulierungsverfügung, der nicht lediglich die Beibehaltung einer Verpflichtung beinhaltet, ein Hemmnis für den Binnenmarkt darstelle oder warum sie erhebliche Zweifel an dessen Vereinbarkeit mit dem Recht der Europäischen Union hat, so legt die Bundesnetzagentur beabsichtigte Verpflichtungen nicht vor Ablauf von drei weiteren Monaten fest.

(5) [1]Innerhalb der Dreimonatsfrist nach Absatz 4 arbeitet die Bundesnetzagentur eng mit der Kommission und dem GEREK zusammen, um die am besten geeignete und wirksamste Maßnahme im Hinblick auf die Ziele des § 2 zu ermitteln. [2]Dabei berücksichtigt sie die Ansichten der Marktteilnehmer und die Notwendigkeit, eine einheitliche Regulierungspraxis zu entwickeln.

(6) Gibt das GEREK innerhalb von sechs Wochen nach Beginn der Dreimonatsfrist nach Absatz 4 eine Stellungnahme zu der Mitteilung der Kommission

Telekommunikationsgesetz **TKG 29**

ab, in der es die ernsten Bedenken der Kommission teilt, so kann die Bundesnetzagentur den Entwurf der Regulierungsverfügung vor Ablauf der Dreimonatsfrist nach Absatz 4 unter Berücksichtigung der Mitteilung der Kommission und der Stellungnahme des GEREK ändern und dadurch den geänderten Maßnahmenentwurf zum Gegenstand der weiteren Prüfung durch die Kommission machen.

(7) ¹Nach Ablauf der Dreimonatsfrist nach Absatz 4 gibt die Bundesnetzagentur der Kommission die Gelegenheit, innerhalb eines weiteren Monats eine Empfehlung abzugeben. ²Fordert die Kommission die Bundesnetzagentur im Falle des Absatzes 6 innerhalb der Monatsfrist nach Satz 1 auf, eine beabsichtigte Verpflichtung nach § 13 Absatz 4 Satz 3 und 4 oder § 22 Absatz 1 zurückzuziehen, gilt das Verfahren nach § 12 Absatz 5 entsprechend.

(8) ¹Nach Ablauf der Monatsfrist nach Absatz 7 Satz 1 übermittelt die Bundesnetzagentur der Kommission und dem GEREK die Regulierungsverfügung oder sie teilt mit, dass sie den Entwurf der Regulierungsverfügung zurückgezogen hat. ²Folgt die Bundesnetzagentur der Empfehlung der Kommission nicht, so begründet sie dies. ³Ist nach Absatz 1 oder nach § 16 erneut ein Konsultationsverfahren nach § 12 Absatz 1 durchzuführen, so verlängert sich die Frist nach Satz 1 entsprechend.

(9) Die Bundesnetzagentur kann den Entwurf einer Regulierungsverfügung nach § 13 jederzeit zurückziehen.

§ 15 Überprüfung von Marktdefinition, Marktanalyse und Regulierungsverfügung. (1) ¹Werden der Bundesnetzagentur Tatsachen bekannt oder bekannt gemacht, prüft sie innerhalb von sechs Wochen, ob diese Tatsachen die Annahme rechtfertigen, dass die Ergebnisse von Marktdefinition und Marktanalyse nach den §§ 10 und 11 nicht mehr den tatsächlichen Marktgegebenheiten entsprechen und eine Überprüfung der Ergebnisse zu erfolgen hat. ²Die §§ 10 bis 14 finden im Falle der Überprüfung der Ergebnisse der §§ 10 und 11 entsprechende Anwendung.

(2) ¹Stellt die Bundesnetzagentur innerhalb der Sechswochenfrist nach Absatz 1 Satz 1 fest, dass
1. die Tatsachen nach Absatz 1 nicht bedeutend genug sind, um eine neue Marktdefinition und Marktanalyse notwendig zu machen und
2. die dem Unternehmen mit beträchtlicher Marktmacht auferlegten Verpflichtungen nicht mehr den in § 13 Absatz 1 genannten Bedingungen entsprechen,

kann sie bestehende Verpflichtungen im Verfahren nach § 14 ändern oder widerrufen oder neue Verpflichtungen auferlegen. ²Satz 1 findet insbesondere Anwendung, wenn das Unternehmen mit beträchtlicher Marktmacht für verbindlich erklärte Verpflichtungszusagen nach § 19 Absatz 1 vorgelegt hat oder wenn die Bundesnetzagentur nach § 19 Absatz 6 feststellt, dass das Unternehmen die für verbindlich erklärten Verpflichtungszusagen nicht eingehalten hat.

29 TKG   Telekommunikationsgesetz

(3) [1]Außer in den Fällen der Absätze 1 und 4 legt die Bundesnetzagentur spätestens alle fünf, jedoch nicht vor Ablauf von drei Jahren nach Veröffentlichung der Ergebnisse der Marktdefinition und Marktanalyse nach § 12 Absatz 6 einen neuen Entwurf der Ergebnisse der Marktdefinition und Marktanalyse vor. [2]Die Bundesnetzagentur kann diese Frist ausnahmsweise um ein Jahr verlängern. [3]Hierzu meldet sie der Kommission vier Monate vor Ende der Fünfjahresfrist einen mit Gründen versehenen Vorschlag zur Verlängerung. [4]Wenn die Kommission innerhalb eines Monats nach der Meldung des Verlängerungsvorschlags durch die Bundesnetzagentur keine Einwände erhoben hat, gilt die beantragte verlängerte Überprüfungsfrist.

(4) Hat sich die Empfehlung nach Artikel 64 Absatz 1 der Richtlinie (EU) 2018/1972 geändert, sind bei Märkten, zu denen die Kommission keine vorherige Vorlage nach § 12 Absatz 2 erhalten hat, die Entwürfe der Marktdefinition und Marktanalyse nach den §§ 10 und 11 und der Regulierungsverfügung nach § 13 innerhalb von drei Jahren nach Verabschiedung der Änderung der Empfehlung nach den Verfahren der §§ 12 und 14 vorzulegen.

(5) [1]Hat die Bundesnetzagentur die Marktdefinition und Marktanalyse nach den §§ 10 und 11 im Hinblick auf einen relevanten Markt, der in der jeweils geltenden Fassung der Empfehlung (EU) 2020/2245 festgelegt ist, nicht innerhalb der vorgeschriebenen Frist abgeschlossen oder zweifelt die Bundesnetzagentur an deren fristgemäßem Abschluss, so kann sie das GEREK um Unterstützung bei der Fertigstellung der Marktdefinition, der Marktanalyse und der Regulierungsverfügung ersuchen. [2]Im Falle eines solchen Ersuchens legt die Bundesnetzagentur der Kommission die Entwürfe der Marktdefinition, der Marktanalyse und der Regulierungsverfügung im Verfahren nach § 12 Absatz 2 innerhalb von sechs Monaten vor, nachdem das GEREK mit seiner Unterstützung begonnen hat.

§ 16 Verfahren bei sonstigen marktrelevanten Maßnahmen. [1]Außer in den Fällen der §§ 10, 11 und 13 hat die Bundesnetzagentur bei allen Maßnahmen, die beträchtliche Auswirkungen auf den betreffenden Markt haben, vor einer Entscheidung das Verfahren nach § 12 Absatz 1 durchzuführen, soweit nicht gesetzlich abweichend geregelt. [2]§ 12 Absatz 7 gilt entsprechend.

§ 17 Verwaltungsvorschriften zu Regulierungsgrundsätzen und Anträge auf Auskunft über den Regulierungsrahmen für Netze mit sehr hoher Kapazität. (1) Zur Verfolgung eines einheitlichen Regulierungskonzepts im Sinne von § 2 Absatz 3 Nummer 1 kann die Bundesnetzagentur Verwaltungsvorschriften zu ihren grundsätzlichen Herangehensweisen und Methoden erlassen für
1. die Marktdefinition nach § 10,
2. die Marktanalyse nach § 11 und
3. die Regulierungsverfügung nach § 13.

(2) [1]Zur Förderung effizienter Investitionen und Innovationen im Bereich neuer und verbesserter Infrastrukturen im Sinne des § 2 Absatz 3 Nummer 4

Telekommunikationsgesetz **TKG 29**

kann die Bundesnetzagentur im Hinblick auf eine Regulierungsverfügung nach § 13 oder eine Verpflichtung nach § 22 Absatz 1 Verwaltungsvorschriften zu den grundsätzlichen regulatorischen Anforderungen an die Berücksichtigung folgender Aspekte erlassen:
1. Investitionsrisiken bei Projekten zur Errichtung von Netzen mit sehr hoher Kapazität und
2. kommerzielle Vereinbarungen zur Aufteilung des Investitionsrisikos zwischen Investoren untereinander sowie zwischen Investoren und Zugangsnachfragern bei Projekten zur Errichtung von Netzen mit sehr hoher Kapazität.

²Dies umfasst insbesondere Anforderungen an die Methodik zur Bestimmung der Anforderungen an die Ausgestaltung der Zugangs- und Entgeltkonditionen. ³Sofern die Anforderungen von wesentlicher und allgemeiner Bedeutung für den Markt sind, soll die Bundesnetzagentur Verwaltungsvorschriften nach Satz 1 erlassen.

(3) Für den Erlass der Verwaltungsvorschriften nach den Absätzen 1 und 2 gilt das Konsultations- und Konsolidierungsverfahren nach § 12 entsprechend.

(4) Die Bundesnetzagentur erteilt einem Betreiber öffentlicher Telekommunikationsnetze, der einen Auf- und Ausbau von Netzen mit sehr hoher Kapazität plant oder vornimmt, auf dessen Antrag für eine konkret bezeichnete Region eine Auskunft über die zu erwartenden regulatorischen Rahmenbedingungen oder Maßnahmen nach diesem Teil.

(5) ¹Hat die Auskunft nach Absatz 4 Auswirkungen auf die Ergebnisse der Marktdefinition und der Marktanalyse nach den §§ 10 und 11, gilt das Konsultations- und Konsolidierungsverfahren nach § 12 entsprechend. ²Hat die Auskunft Auswirkungen auf Maßnahmen nach § 13, gilt das Konsultations- und Konsolidierungsverfahren nach § 14 entsprechend.

§ 18 Verpflichtungszusagen. (1) ¹Unternehmen mit beträchtlicher Marktmacht können der Bundesnetzagentur zu den für ihre Telekommunikationsnetze geltenden Zugangs- oder Ko-Investitionsbedingungen Verpflichtungszusagen vorlegen, damit die Bundesnetzagentur über eine Verbindlichkeitserklärung nach § 19 entscheiden kann; die Verpflichtungszusagen können sich insbesondere auf Folgendes beziehen:
1. kommerzielle Vereinbarungen, die in Bezug auf die Bewertung geeigneter und angemessener Verpflichtungen nach § 13 relevant sind;
2. Ko-Investitionsangebote betreffend die Errichtung von Netzen mit sehr hoher Kapazität, die bis zu den Gebäuden des Endnutzers oder der Basisstation aus Glasfaserkomponenten bestehen, oder
3. Zugang für Dritte nach § 32, sowohl während des Umsetzungszeitraums als auch nach vollständiger Umsetzung einer freiwilligen funktionellen Trennung durch ein vertikal integriertes Unternehmen.

²Das Unternehmen veröffentlicht die nach Satz 1 vorgelegten Verpflichtungszusagen zugleich auf seiner Internetseite.

29 TKG — Telekommunikationsgesetz

(2) ¹Verpflichtungszusagen müssen fair, angemessen, nichtdiskriminierend und für alle Marktteilnehmer offen sein. ²Die Bundesnetzagentur prüft die vorgelegten Verpflichtungszusagen im Marktprüfungsverfahren nach § 19, es sei denn, die vorgelegten Verpflichtungszusagen erfüllen eine oder mehrere relevante Bedingungen offenkundig nicht. ³Die Bundesnetzagentur berücksichtigt in ihrer Prüfung insbesondere, ob die vorgelegten Verpflichtungszusagen Bedingungen umfassen, die eine Gleichwertigkeit des Zugangs nach § 24 Absatz 2 gewährleisten.

(3) ¹Verpflichtungszusagen für Ko-Investitionsangebote nach Absatz 1 Satz 1 Nummer 2 müssen folgende Anforderungen erfüllen:
1. das Ko-Investitionsangebot steht Betreibern öffentlicher Telekommunikationsnetze oder Anbietern öffentlich zugänglicher Telekommunikationsdienste zu jedem Zeitpunkt während der Lebensdauer des Telekommunikationsnetzes offen;
2. die Konditionen des Ko-Investitionsangebots ermöglichen es anderen Ko-Investoren, die Betreiber öffentlicher Telekommunikationsnetze oder Anbieter öffentlich zugänglicher Telekommunikationsdienste sind, auf den nachgelagerten Märkten, in denen das Unternehmen mit beträchtlicher Marktmacht tätig ist, langfristig wirksam und nachhaltig im Wettbewerb zu bestehen; dies umfasst
   a) faire, angemessene und nichtdiskriminierende Bedingungen, die den Zugang zur Kapazität des Netzes in vollem, mindestens aber der Ko-Investition entsprechendem Umfang sichern;
   b) Flexibilität hinsichtlich Umfang und Zeitpunkt der Beteiligung der einzelnen Ko-Investoren, einschließlich der Möglichkeit, den Umfang der Beteiligung zukünftig auszuweiten und die im Rahmen der Ko-Investitionen übernommenen Rechte und Pflichten auf Dritte zu übertragen;
   c) die Gewährung gleicher wechselseitiger Rechte durch die Ko-Investoren nach Abschluss der Errichtung der von der Ko-Investition umfassten Infrastruktur, einschließlich der Gewährung gegenseitigen Zugangs;
3. das Ko-Investitionsangebot ist transparent und wird durch das marktmächtige Unternehmen rechtzeitig, spätestens aber sechs Monate vor Beginn der Errichtung des von der Ko-Investition umfassten Telekommunikationsnetzes öffentlich auf seinen Internetseiten verfügbar gemacht;
4. die Konditionen des Zugangs für nicht an der Ko-Investition beteiligte Unternehmen ermöglichen es Zugangsnachfragern auf den nachgelagerten Märkten, in denen das marktmächtige Unternehmen tätig ist, langfristig wirksam und nachhaltig im Wettbewerb zu bestehen; dies umfasst faire, angemessene und nichtdiskriminierende Bedingungen des Zugangs, die mindestens die Qualität, die Geschwindigkeit und die Endnutzerreichweite aufweisen wie vor Errichtung der von der Ko-Investition umfassten Infrastruktur sowie einen Anpassungsmechanismus, der solche Bedingungen mit Blick auf die Entwicklung der Endkundenmärkte auch langfristig absichert.

²Die Bundesnetzagentur trägt hierbei den Leitlinien, die das GEREK nach Artikel 76 Absatz 4 der Richtlinie (EU) 2018/1972 veröffentlicht, weitestgehend Rechnung.

(4) Verpflichtungszusagen nach Absatz 1 Satz 1 Nummer 3 müssen einen effektiven und nichtdiskriminierenden Zugang für Dritte sowohl während des Umsetzungszeitraums als auch nach vollständiger Umsetzung einer freiwilligen funktionellen Trennung durch ein vertikal integriertes Unternehmen gewährleisten.

§ 19 Marktprüfungsverfahren für Verpflichtungszusagen. (1) ¹Die Bundesnetzagentur erklärt Verpflichtungszusagen des Unternehmens mit beträchtlicher Marktmacht regelmäßig für den angebotenen Zeitraum ganz oder teilweise durch Beschluss für verbindlich, wenn sie die jeweils anzuwendenden Bedingungen des § 18 erfüllen. ²Verpflichtungszusagen nach § 18 Absatz 1 Satz 1 Nummer 2 sind abweichend von Satz 1 für mindestens sieben Jahre für verbindlich zu erklären.

(2) Die Bundesnetzagentur gibt den interessierten Parteien Gelegenheit, zu den nach § 18 Absatz 1 vorgelegten Verpflichtungszusagen in der Regel innerhalb eines Monats Stellung zu nehmen.

(3) ¹Die Bundesnetzagentur teilt dem Unternehmen mit beträchtlicher Marktmacht innerhalb von sechs Wochen nach Ablauf der Stellungnahmefrist nach Absatz 2 eine vorläufige Bewertung der vorgelegten Verpflichtungszusagen mit. ²Genügen diese den jeweils anzuwendenden Bedingungen des § 18 nicht, teilt die Bundesnetzagentur dies dem Unternehmen mit beträchtlicher Marktmacht mit.

(4) ¹Nach Mitteilung der vorläufigen Bewertung durch die Bundesnetzagentur kann das Unternehmen mit beträchtlicher Marktmacht die ursprünglich vorgelegten Verpflichtungszusagen innerhalb von sechs Wochen ändern, um der vorläufigen Bewertung der Bundesnetzagentur Rechnung zu tragen. ²Die Bundesnetzagentur prüft, ob die geänderten Verpflichtungszusagen die jeweils anzuwendenden Bedingungen des § 18 erfüllen und erklärt diese gegebenenfalls nach Absatz 2 für verbindlich. ³Im Falle wesentlicher Änderungen ist den interessierten Parteien im Rahmen der Prüfung nach Satz 2 erneut Gelegenheit zur Stellungnahme zu geben.

(5) Die Bundesnetzagentur prüft zwölf Monate vor Ablauf des Geltungszeitraums von für verbindlich erklärten Verpflichtungszusagen eine Verlängerung der Laufzeit.

(6) ¹Die Bundesnetzagentur überwacht und gewährleistet die Einhaltung der von ihr nach Absatz 1 für verbindlich erklärten Verpflichtungszusagen. ²Sie kann das marktmächtige Unternehmen zu diesem Zweck auffordern, jährliche Konformitätserklärungen abzugeben.

Abschnitt 2

Zugangsregulierung

Unterabschnitt 1

Allgemeine Zugangsvorschriften

§ 20 Verhandlungen über Zugang und Zusammenschaltung. (1) Betreiber öffentlicher Telekommunikationsnetze sind berechtigt und auf Verlangen anderer Unternehmen verpflichtet, mit diesen über ein Angebot auf Zugang und Zusammenschaltung zu verhandeln, um die Kommunikation der Nutzer, die Bereitstellung von Telekommunikationsdiensten sowie deren Interoperabilität im gesamten Gebiet der Europäischen Union zu gewährleisten.

(2) [1]Informationen, die bei oder nach Verhandlungen oder Vereinbarungen über Zugang und Zusammenschaltung nach Absatz 1 gewonnen werden, dürfen nur für die Zwecke verwendet werden, für die sie bereitgestellt werden. [2]Die Informationen dürfen nicht an Dritte weitergegeben werden, insbesondere nicht an andere Abteilungen, Tochtergesellschaften oder Geschäftspartner der an den Verhandlungen Beteiligten.

(3) Die Bundesnetzagentur kann auf Antrag Beteiligter nach Absatz 1 als neutraler Vermittler in den Verhandlungen eingesetzt werden, sofern die Wettbewerbslage dies erfordert.

§ 21 Zugangsverpflichtung und Zusammenschaltung bei Kontrolle über Zugang zu Endnutzern. (1) Die Bundesnetzagentur kann Unternehmen, die den Zugang zu Endnutzern kontrollieren,
1. verpflichten, ihre Telekommunikationsnetze mit denen anderer Unternehmen zusammenzuschalten, soweit dies erforderlich ist, um die durchgehende Konnektivität und die Bereitstellung von Diensten sowie deren Interoperabilität zu gewährleisten;
2. weitere Verpflichtungen auferlegen, soweit dies zur Gewährleistung der durchgehenden Konnektivität oder zur Gewährleistung der Interoperabilität erforderlich ist.

(2) Die Bundesnetzagentur kann Anbieter nummernunabhängiger interpersoneller Telekommunikationsdienste verpflichten, ihre Dienste interoperabel zu machen, wenn die folgenden Voraussetzungen erfüllt sind:
1. die nummernunabhängigen interpersonellen Telekommunikationsdienste weisen eine nennenswerte Abdeckung und Nutzerbasis auf;
2. die durchgehende Konnektivität zwischen Endnutzern ist wegen mangelnder Interoperabilität zwischen interpersonellen Telekommunikationsdiensten bedroht;
3. die Verpflichtungen sind zur Gewährleistung der durchgehenden Konnektivität zwischen Endnutzern erforderlich und
4. die Kommission hat Durchführungsmaßnahmen nach Artikel 61 Absatz 2 Unterabsatz 2 Buchstabe ii der Richtlinie (EU) 2018/1972 erlassen.

Telekommunikationsgesetz **TKG 29**

(3) Die Bundesnetzagentur kann Betreiber verpflichten, zu fairen, ausgewogenen und nichtdiskriminierenden Bedingungen Zugang zu Anwendungs-Programmierschnittstellen und elektronischen Programmführern zu gewähren, soweit dies zur Gewährleistung des Zugangs der Endnutzer zu digitalen Hörfunk- und Fernsehdiensten sowie damit verbundenen ergänzenden Diensten erforderlich ist.

(4) Die Maßnahmen der Bundesnetzagentur nach den Absätzen 1 bis 3 müssen fair, objektiv, transparent, verhältnismäßig und nichtdiskriminierend sein.

(5) ^{1}Für die nach den Absätzen 1 bis 3 auferlegten Maßnahmen gelten die Verfahren des § 14 entsprechend. ^{2}Die Bundesnetzagentur überprüft die erlassenen Maßnahmen innerhalb von fünf Jahren ab dem Zeitpunkt ihrer Auferlegung auf deren Wirksamkeit und darauf, ob deren Änderung oder Aufhebung angemessen wäre.

§ 22 Zugangsverpflichtung bei Hindernissen der Replizierbarkeit.
(1) ^{1}Die Bundesnetzagentur kann Unternehmen verpflichten, anderen Unternehmen Zugang zu ihrem Netz an einem Punkt jenseits des ersten Konzentrations- oder Verteilerpunkts, welcher möglichst endnutzernah liegt, zu gewähren, wenn
1. die Verpflichtung erforderlich ist, um beträchtliche und anhaltende wirtschaftliche oder physische Hindernisse für eine Replizierbarkeit von Netzelementen, die einer bestehenden oder sich abzeichnenden Marktsituation mit erheblichen Einschränkungen der Wettbewerbsergebnisse für die Endnutzer zugrunde liegen, zu beseitigen und
2. Verpflichtungen nach § 149 Absatz 6 betreffend den Zugang in Gebäuden oder bis zum ersten Konzentrations- oder Verteilerpunkt sowie Verpflichtungen nach § 13 Absatz 1 nicht ausreichen.

^{2}Die Bundesnetzagentur kann Unternehmen verpflichten, Zugang zu insbesondere aktiven oder virtuell entbündelten Produkten zu gewähren. ^{3}Die Bundesnetzagentur legt den Punkt für den Zugang mit der Maßgabe fest, dass dadurch einem effizienten Zugangsnachfrager die Abnahme einer wirtschaftlich tragfähigen Anzahl von Endnutzeranschlüssen ermöglicht wird.

(2) ^{1}Die Bundesnetzagentur erlegt einem Unternehmen in den folgenden Fällen keine Zugangsverpflichtungen nach Absatz 1 auf:
1. für ein Netz mit sehr hoher Kapazität, wenn das Unternehmen
   a) ein ausschließlich auf der Vorleistungsebene tätiges Unternehmen im Sinne von § 33 ist und
   b) tragfähige Zugangsalternativen zu fairen, nichtdiskriminierenden und angemessenen Bedingungen anbietet;
2. die wirtschaftliche oder finanzielle Tragfähigkeit des Aufbaus neuer Telekommunikationsnetze insbesondere im Rahmen kleiner lokaler Projekte würde durch die Zugangsverpflichtung gefährdet.

^{2}Abweichend von Satz 1 Nummer 1 kann die Bundesnetzagentur Verpflichtungen nach Absatz 1 auferlegen, wenn das Unternehmen den Aufbau des Telekommunikationsnetzes mit sehr hoher Kapazität mit öffentlichen Mitteln finanziert. ³Die Bundesnetzagentur kann für andere als die in Satz 1 Nummer 1 Buchstabe a genannten Unternehmen von Zugangsverpflichtungen absehen, wenn diese zu fairen, nichtdiskriminierenden und angemessenen Bedingungen Zugang zu einem Netz mit sehr hoher Kapazität gewähren.

(3) Die Maßnahmen nach Absatz 1 müssen fair, objektiv, transparent, verhältnismäßig und nichtdiskriminierend sein.

(4) ¹Für die nach den Absätzen 1 und 2 Satz 2 auferlegten Maßnahmen gelten die Verfahren des § 14 entsprechend. ²Für die Prüfung der Bundesnetzagentur nach Absatz 1 Satz 1 Nummer 1, ob beträchtliche und anhaltende wirtschaftliche oder physische Hindernisse für eine Replizierbarkeit von Netzelementen vorliegen, finden die Fristen des § 14 Absatz 1 entsprechende Anwendung. ³Die Bundesnetzagentur berücksichtigt bei der Auferlegung der Maßnahmen weitestgehend die Leitlinien des GEREK nach Artikel 61 Absatz 3 Unterabsatz 5 Buchstabe b der Richtlinie (EU) 2018/1972. ⁴Sie prüft die erlassenen Maßnahmen innerhalb von fünf Jahren nach ihrer Auferlegung auf deren Wirksamkeit und darauf, ob deren Änderung oder Aufhebung angemessen wäre.

§ 23 Zugangsvereinbarungen bei Kontrolle über Zugang zu Endnutzern oder bei Hindernissen der Replizierbarkeit. (1) Ein Unternehmen, dem eine Verpflichtung nach § 21 oder 22 auferlegt worden ist, hat anderen Unternehmen, die diese Zugangsleistung nachfragen, um Telekommunikationsdienste anbieten zu können, unverzüglich, spätestens aber drei Monate nach Auferlegung der Zugangsverpflichtung, einen entsprechenden Zugang anzubieten.

(2) Zugangsvereinbarungen nach Absatz 1 sind der Bundesnetzagentur vorzulegen.

Unterabschnitt 2

Zugangsvorschriften für Unternehmen mit beträchtlicher Marktmacht

§ 24 Diskriminierungsverbot. (1) Die Bundesnetzagentur kann Unternehmen mit beträchtlicher Marktmacht verpflichten, dass Zugangsvereinbarungen auf objektiven Maßstäben beruhen, nachvollziehbar sein, einen gleichwertigen Zugang gewährleisten und den Geboten der Chancengleichheit und Billigkeit genügen müssen.

(2) Die Bundesnetzagentur kann Unternehmen mit beträchtlicher Marktmacht verpflichten, allen Unternehmen, einschließlich sich selbst, Zugangsprodukte und -dienste mit den gleichen Fristen und zu gleichen Bedingungen, auch im Hinblick auf Entgelte und Dienstumfang, sowie mittels der gleichen

Telekommunikationsgesetz **TKG 29**

Systeme und Verfahren zur Verfügung zu stellen, um einen gleichwertigen Zugang im Sinne von Absatz 1 zu gewährleisten.

§ 25 Transparenzverpflichtung. (1) Die Bundesnetzagentur kann Unternehmen mit beträchtlicher Marktmacht verpflichten, alle für den Zugang benötigten Informationen zu veröffentlichen, insbesondere
1. zur Buchführung,
2. zu Entgelten,
3. zu technischen Spezifikationen,
4. zu Netzmerkmalen und
5. zu Bereitstellungs- und Nutzungsbedingungen, einschließlich aller Bedingungen, die den Zugang zu und die Nutzung von Diensten und Anwendungen ändern, insbesondere aufgrund der Migration von herkömmlichen Infrastrukturen.

(2) Die Bundesnetzagentur kann einem Unternehmen mit beträchtlicher Marktmacht vorschreiben, welche Informationen in welcher Form zur Verfügung zu stellen sind, soweit dies verhältnismäßig ist.

(3) [1]Die Bundesnetzagentur kann ein Unternehmen mit beträchtlicher Marktmacht verpflichten, Zugangsvereinbarungen ohne gesonderte Aufforderung in einer öffentlichen und einer vertraulichen Fassung vorzulegen. [2]Sofern Zugangsvereinbarungen nicht mehr bestehen, teilt das Unternehmen dies der Bundesnetzagentur mit. [3]Die Bundesnetzagentur veröffentlicht, wann und wo Nachfrager nach Zugangsleistungen die nach Satz 1 vorgelegte öffentliche Fassung einer Zugangsvereinbarung einsehen können.

§ 26 Zugangsverpflichtungen. (1) Die Bundesnetzagentur kann ein Unternehmen mit beträchtlicher Marktmacht verpflichten, anderen Unternehmen Zugang zu gewähren, wenn anderenfalls die Entwicklung eines nachhaltig wettbewerbsorientierten Endkundenmarktes behindert würde und die Interessen der Endnutzer beeinträchtigt würden.

(2) [1]Bei der Prüfung, ob und welche Zugangsverpflichtungen nach Absatz 1 gerechtfertigt sind und ob diese in einem angemessenen Verhältnis zu den Zielen nach § 2 stehen, prüft die Bundesnetzagentur, ob
1. bereits oder absehbar auferlegte Verpflichtungen nach diesem Teil oder bereits abgeschlossene oder angebotene kommerzielle Zugangsvereinbarungen im betreffenden oder in einem verbundenen Vorleistungsmarkt und
2. die bloße Auferlegung von Verpflichtungen nach Absatz 3 Nummer 10
zur Sicherstellung der in § 2 genannten Ziele ausreichen. [2]Dabei berücksichtigt die Bundesnetzagentur insbesondere:
1. die technische und wirtschaftliche Tragfähigkeit der Nutzung oder Installation konkurrierender Einrichtungen angesichts des Tempos der Marktentwicklung, wobei die Art und der Typ der Zusammenschaltung und des Zugangs berücksichtigt werden, einschließlich der Tragfähigkeit anderer vorgelagerter Zugangsprodukte;

29 TKG

2. die Möglichkeit der Gewährung des vorgeschlagenen Zugangs angesichts der verfügbaren Kapazität;
3. die Anfangsinvestitionen des Eigentümers der Einrichtung unter Berücksichtigung etwaiger getätigter öffentlicher Investitionen und der Investitionsrisiken, insbesondere solcher Risiken, die mit Investitionen in Netze mit sehr hoher Kapazität verbunden sind;
4. die Notwendigkeit zur langfristigen Sicherung des Wettbewerbs unter besonderer Berücksichtigung eines wirtschaftlich effizienten Infrastrukturwettbewerbs und innovativer Geschäftsmodelle;
5. gewerbliche Schutzrechte oder Rechte an geistigem Eigentum;
6. die Bereitstellung unionsweiter Dienste und
7. die zu erwartende technische Entwicklung von Netzgestaltung und Netzmanagement.

(3) Die Bundesnetzagentur kann Unternehmen, die über beträchtliche Marktmacht verfügen, unter Beachtung von Absatz 1 unter anderem folgende Verpflichtungen auferlegen:

1. Zugang zu bestimmten physischen Netzkomponenten und zugehörigen Einrichtungen einschließlich des physisch entbündelten Zugangs zum Teilnehmeranschluss zu gewähren;
2. bereits gewährten Zugang zu Einrichtungen nicht nachträglich zu verweigern;
3. Zugang zu bestimmten aktiven oder virtuellen Netzkomponenten und -diensten, einschließlich des virtuell entbündelten Breitbandzugangs, zu gewähren;
4. bestimmte notwendige Voraussetzungen für die Interoperabilität durchgehender Nutzerdienste oder für Roaming in Mobilfunknetzen zu schaffen;
5. Zugang zu Systemen für die Betriebsunterstützung oder ähnlichen Softwaresystemen, die zur Gewährleistung eines chancengleichen Wettbewerbs bei der Bereitstellung von Diensten notwendig sind, unter Sicherstellung der Effizienz bestehender Einrichtungen zu gewähren;
6. Zugang zu zugehörigen Diensten wie einem Identitäts-, Standort- und Präsenzdienst zu gewähren;
7. Zusammenschaltung von öffentlichen Telekommunikationsnetzen zu ermöglichen;
8. offenen Zugang zu technischen Schnittstellen, Protokollen oder anderen Schlüsseltechnologien, die für die Interoperabilität von Diensten oder für Dienste für virtuelle Telekommunikationsnetze unentbehrlich sind, zu gewähren;
9. Kollokation oder andere Formen der gemeinsamen Nutzung von zugehörigen Einrichtungen zu ermöglichen sowie den Nachfragern oder deren Beauftragten jederzeit Zutritt zu diesen Einrichtungen zu gewähren und
10. Zugang zu baulichen Anlagen, wozu unter anderem Gebäude oder Gebäudezugänge, Verkabelungen in Gebäuden, Antennen, Türme und andere Trägerstrukturen, Pfähle, Masten, Leitungsrohre, Leerrohre, Kontrollkammern, Einstiegsschächte und Verteilerkästen gehören, zu gewäh-

ren, auch dann, wenn diese nicht Teil des sachlich relevanten Marktes nach § 10 sind, sofern die Zugangsverpflichtung im Hinblick auf das in der Marktanalyse nach § 11 festgestellte Problem erforderlich und angemessen ist.

(4) [1]Weist ein Unternehmen nach, dass durch die Inanspruchnahme der Leistung die Aufrechterhaltung der Netzintegrität oder die Sicherheit des Netzbetriebs gefährdet würde, erlegt die Bundesnetzagentur die betreffende Zugangsverpflichtung nicht oder in anderer Form auf. [2]Die Aufrechterhaltung der Netzintegrität und die Sicherheit des Netzbetriebs sind nach objektiven Maßstäben zu beurteilen.

(5) [1]Wenn die Bundesnetzagentur einem Unternehmen eine Zugangsverpflichtung auferlegt, kann sie technische oder betriebliche Bedingungen festlegen, die vom Betreiber oder von den Nutzern dieses Zugangs erfüllt werden müssen, soweit dies erforderlich ist, um den normalen Betrieb des Telekommunikationsnetzes sicherzustellen. [2]Verpflichtungen, bestimmte technische Normen oder Spezifikationen zugrunde zu legen, müssen mit den nach Artikel 39 der Richtlinie (EU) 2018/1972 festgelegten Normen und Spezifikationen übereinstimmen.

(6) Im Rahmen der Erfüllung der Zugangsverpflichtungen sind Nutzungsmöglichkeiten von Zugangsleistungen sowie Kooperationsmöglichkeiten zwischen den zum Zugang berechtigten Unternehmen zuzulassen, es sei denn, ein Unternehmen weist im Einzelfall nach, dass eine Nutzungsmöglichkeit oder eine Kooperation aus technischen Gründen nicht oder nur eingeschränkt möglich ist.

§ 27 Verpflichtungen zur einheitlichen Rechnungsstellung und Inkasso. (1) Die Bundesnetzagentur kann ein Unternehmen mit beträchtlicher Marktmacht verpflichten, Dienstleistungen im Bereich der einheitlichen Rechnungsstellung sowie zur Entgegennahme oder zum ersten Einzug von Zahlungen nach Maßgabe der folgenden Absätze zu gewähren.

(2) [1]Soweit der Endnutzer mit anderen Anbietern öffentlich zugänglicher Telekommunikationsdienste nicht etwas anderes vereinbart, hat ihm der Rechnungsersteller eine Rechnung zu erstellen, die unabhängig von der Tarifgestaltung auch die Entgelte für Telekommunikationsdienstleistungen und telekommunikationsgestützte Dienste anderer Anbieter ausweist, die über den Netzzugang des Endnutzers in Anspruch genommen werden. [2]Die Zahlung an den Rechnungsersteller für diese Entgelte erfolgt einheitlich für die gesamte in Anspruch genommene Leistung wie für dessen Forderungen.

(3) Die folgenden Verpflichtungen können nicht auferlegt werden:
1. eine Verpflichtung zur Rechnungserstellung für
    a) zeitunabhängig tarifierte Leistungen im Sinne von Absatz 2 Satz 1 mit Entgelten über 10 Euro,
    b) zeitabhängig tarifierte telekommunikationsgestützte Dienste jeweils mit Entgelten über 2 Euro pro Minute und
    c) alle Dienste, für die ein Legitimationsverfahren erforderlich ist;

29 TKG Telekommunikationsgesetz

2. eine Verpflichtung zur Reklamationsbearbeitung der für Dritte abgerechneten Leistungen;
3. eine Verpflichtung zur Mahnung und
4. eine Verpflichtung zur Durchsetzung der Forderungen Dritter.

(4) Der Rechnungsersteller hat den Anbietern öffentlich zugänglicher Telekommunikationsdienste den Namen, die Anschrift und die Anschlusskennung des Schuldners zu übermitteln, soweit dies für die Zwecke der Reklamationsbearbeitung, der Mahnung sowie der Durchsetzung von Forderungen für Leistungen im Sinne von Absatz 2 Satz 1 erforderlich ist.

(5) [1]Anbieter öffentlich zugänglicher Telekommunikationsdienste haben dem Rechnungsersteller gegenüber sicherzustellen, dass ihm keine Datensätze für Leistungen zur Abrechnung übermittelt werden, die nicht den gesetzlichen Regelungen entsprechen. [2]Der Rechnungsersteller trägt weder die Verantwortung noch haftet er für die für Dritte abgerechneten Leistungen.

(6) Der Rechnungsersteller hat in seinen Mahnungen deutlich hervorgehoben anzugeben, dass der Kunde nicht nur den Mahnbetrag, sondern auch den gegebenenfalls höheren, ursprünglichen Rechnungsbetrag mit befreiender Wirkung an den Rechnungsersteller zahlen kann.

(7) Nach Absatz 1 auferlegte Verpflichtungen finden keine Anwendung, sofern der Rechnungsersteller eine Vereinbarung mit dem überwiegenden Teil des insoweit relevanten Marktes der von ihren Anschlusskunden auswählbaren Anbieter öffentlich zugänglicher Telekommunikationsdienste abgeschlossen hat und auch anderen Anbietern, die nicht an einer solchen Vereinbarung beteiligt sind, diskriminierungsfreien Zugang zu diesen Dienstleistungen nach den in der Vereinbarung niedergelegten Bedingungen gewährt.

§ 28 Zugangsvereinbarungen. (1) Ein Unternehmen mit beträchtlicher Marktmacht, dem eine Zugangsverpflichtung nach § 26 oder 27 auferlegt worden ist, hat gegenüber anderen Unternehmen, die diese Leistung nachfragen, um Telekommunikationsdienste erbringen zu können, unverzüglich, spätestens aber drei Monate nach Auferlegung der Zugangsverpflichtung, einen entsprechenden Zugang anzubieten.

(2) Zugangsvereinbarungen nach Absatz 1 sind der Bundesnetzagentur vorzulegen.

§ 29 Standardangebot. (1) Die Bundesnetzagentur kann ein Unternehmen mit beträchtlicher Marktmacht verpflichten, ein Standardangebot für die folgenden Zugangsleistungen zu veröffentlichen:
1. Zugangsleistungen, deren Gewährung dem Unternehmen nach § 26 auferlegt wurde und
2. Zugangsleistungen, für die eine allgemeine Nachfrage besteht.

(2) [1]Sofern die Bundesnetzagentur ein Unternehmen zur Veröffentlichung eines Standardangebots verpflichtet hat, hat das Unternehmen innerhalb von drei Monaten ab Inkrafttreten der Verpflichtung den Entwurf eines Standard-

Telekommunikationsgesetz **TKG 29**

angebots vorzulegen, der eine Produktbeschreibung und Bereitstellungs- und Nutzungsbedingungen, einschließlich der Entgelte, enthält. ²Satz 1 gilt nicht, wenn bereits ein Standardangebot festgelegt und dessen Mindestlaufzeit noch nicht abgelaufen ist. ³Die Bundesnetzagentur veröffentlicht den vorgelegten Entwurf auf ihrer Internetseite und gibt den Beteiligten nach der Veröffentlichung Gelegenheit zur Stellungnahme innerhalb einer angemessenen Frist.

(3) ¹Die Bundesnetzagentur prüft, ob der nach Absatz 2 vorgelegte Entwurf des Standardangebots den Kriterien der Chancengleichheit, Billigkeit und Rechtzeitigkeit entspricht und so umfassend ist, dass er von den einzelnen Nachfragern ohne weitere Verhandlungen angenommen werden kann. ²Sie trägt dabei den Leitlinien des GEREK über die Mindestkriterien für Standardangebote nach Artikel 69 Absatz 4 Satz 1 der Richtlinie (EU) 2018/1972 weitestmöglich Rechnung.

(4) ¹Genügt der nach Absatz 2 vorgelegte Entwurf des Standardangebots den Anforderungen des Absatzes 3, legt die Bundesnetzagentur das Standardangebot fest und versieht es mit einer Mindestlaufzeit. ²Anderenfalls fordert die Bundesnetzagentur das Unternehmen auf, innerhalb einer angemessenen Frist einen überarbeiteten Entwurf vorzulegen. ³Die Bundesnetzagentur kann diese Aufforderung verbinden mit Vorgaben für einzelne Bedingungen, einschließlich Vertragsstrafen.

(5) ¹Die Bundesnetzagentur veröffentlicht den nach Absatz 4 Satz 2 überarbeiteten Entwurf des Standardangebots auf ihrer Internetseite und gibt den Beteiligten nach Veröffentlichung Gelegenheit zur Stellungnahme innerhalb einer angemessenen Frist. ²Die Bundesnetzagentur prüft, ob der überarbeitete Entwurf den Anforderungen des Absatzes 3 entspricht. ³Die Bundesnetzagentur kann Änderungen am Standardangebot vornehmen und es mit einer Mindestlaufzeit versehen, soweit das Unternehmen Vorgaben für einzelne Bedingungen nicht oder nicht ausreichend umgesetzt hat.

(6) ¹Veröffentlicht das Unternehmen keinen Entwurf eines Standardangebots nach Absatz 1 Nummer 2, ermittelt die Bundesnetzagentur, für welche Zugangsleistungen eine allgemeine Nachfrage besteht und legt fest, welche der ermittelten Leistungen Bestandteil eines Standardangebots werden. ²Sie fordert das Unternehmen auf, einen den Vorgaben des Absatzes 2 entsprechenden Entwurf innerhalb von drei Monaten nach der Festlegung der Leistungsbestandteile vorzulegen.

(7) Das Unternehmen muss beabsichtigte Änderungen oder Pläne zur Einstellung des Standardangebots der Bundesnetzagentur zur Prüfung vorlegen.

(8) ¹Die Entscheidungen nach Absatz 4 Satz 2 und Absatz 5 Satz 3 können nur insgesamt angegriffen werden. ²Für die Regulierung der Entgelte gelten die Bestimmungen des Abschnitt 3.

(9) ¹Die Bundesnetzagentur kann das Unternehmen verpflichten, ein festgelegtes Standardangebot zu ändern, wenn es nicht mehr den Anforderungen des Absatzes 3 genügt. ²Hat die Bundesnetzagentur ein Unternehmen nach

Absatz 1 Nummer 2 zur Vorlage eines Standardangebots verpflichtet und hat sich die allgemeine Nachfrage wesentlich geändert, gilt Satz 1 entsprechend. [3]Für die Änderung des Standardangebots gelten die Absätze 2 bis 7 entsprechend.

(10) Das Unternehmen ist verpflichtet, das Standardangebot in seine Allgemeinen Geschäftsbedingungen aufzunehmen.

§ 30 Getrennte Rechnungslegung. (1) [1]Die Bundesnetzagentur kann einem Unternehmen mit beträchtlicher Marktmacht für bestimmte Tätigkeiten im Zusammenhang mit Zugangsleistungen eine getrennte Rechnungslegung vorschreiben. [2]Die Bundesnetzagentur kann insbesondere von einem vertikal integrierten Unternehmen mit beträchtlicher Marktmacht verlangen, seine Vorleistungspreise und seine internen Verrechnungspreise transparent zu gestalten. [3]Die Bundesnetzagentur kann dabei konkrete Vorgaben zu dem zu verwendenden Format sowie zu der zu verwendenden Rechnungsführungsmethode machen.

(2) [1]Die Bundesnetzagentur kann verlangen, dass ihr die Kostenrechnungs- und Buchungsunterlagen nach Absatz 1 einschließlich sämtlicher damit zusammenhängender Informationen und Dokumente auf Anforderung in vorgeschriebener Form vorgelegt werden. [2]Die Bundesnetzagentur kann diese Informationen in geeigneter Form veröffentlichen, soweit dies zur Erreichung der in § 2 genannten Ziele beiträgt. [3]Dabei sind die Bestimmungen zur Wahrung von Geschäfts- oder Betriebsgeheimnissen zu beachten.

Unterabschnitt 3

Sonstige Zugangsvorschriften für Unternehmen mit beträchtlicher Marktmacht

§ 31 Verpflichtung zur funktionellen Trennung eines vertikal integrierten Unternehmens. (1) [1]Gelangt die Bundesnetzagentur zu dem Schluss, dass die nach § 13 Absatz 1 auferlegten Verpflichtungen nicht zu einem wirksamen Wettbewerb geführt haben und wichtige und andauernde Wettbewerbsprobleme oder Marktversagen auf den Märkten für bestimmte Zugangsprodukte auf Vorleistungsebene bestehen, so kann sie als außerordentliche Maßnahme vertikal integrierte Unternehmen mit beträchtlicher Marktmacht verpflichten, ihre Tätigkeiten im Zusammenhang mit der Bereitstellung der betreffenden Zugangsprodukte auf Vorleistungsebene in Form einer funktionellen Trennung in einem unabhängig arbeitenden Geschäftsbereich unterzubringen. [2]Dieser Geschäftsbereich stellt Zugangsprodukte und -dienste allen Unternehmen, einschließlich der anderen Geschäftsbereiche des eigenen Mutterunternehmens, mit den gleichen Fristen und zu den gleichen Bedingungen, einschließlich der Entgelte und des Dienstumfangs, sowie mittels der gleichen Systeme und Verfahren zur Verfügung.

Telekommunikationsgesetz **TKG 29**

(2) Beabsichtigt die Bundesnetzagentur, eine Verpflichtung zur funktionellen Trennung aufzuerlegen, so übermittelt sie der Kommission einen entsprechenden Antrag, der Folgendes umfasst:
1. den Nachweis, dass die in Absatz 1 genannte Schlussfolgerung der Bundesnetzagentur begründet ist;
2. eine mit Gründen versehene Einschätzung, dass keine oder nur geringe Aussichten bestehen, dass es innerhalb eines angemessenen Zeitrahmens einen wirksamen und nachhaltigen Infrastrukturwettbewerb gibt;
3. eine Analyse der erwarteten Auswirkungen auf die Bundesnetzagentur, auf das Unternehmen, insbesondere auf das Personal des abgetrennten Geschäftsbereichs und auf den Telekommunikationssektor insgesamt, einschließlich der Investitionsanreize, insbesondere im Hinblick auf die notwendige Wahrung des sozialen und territorialen Zusammenhalts sowie auf sonstige interessierte Parteien, einschließlich der erwarteten Auswirkungen auf den Wettbewerb und möglicher Folgen für die Endnutzer;
4. eine Analyse der Gründe, die dafür sprechen, dass diese Verpflichtung das effizienteste Mittel zur Eindämmung des festgestellten Wettbewerbsproblems oder Marktversagens darstellt.

(3) Die Bundesnetzagentur legt der Kommission neben dem Antrag nach Absatz 2 einen Maßnahmenentwurf vor, der Folgendes umfasst:
1. die genaue Angabe von Art und Ausmaß der Trennung, insbesondere die Angabe des rechtlichen Status des getrennten Geschäftsbereichs;
2. die Angabe der Vermögenswerte des getrennten Geschäftsbereichs sowie der von diesem bereitzustellenden Produkte und Dienstleistungen;
3. die organisatorischen Modalitäten zur Gewährleistung der Unabhängigkeit des Personals des getrennten Geschäftsbereichs sowie die entsprechenden Anreize;
4. Vorschriften zur Gewährleistung der Einhaltung der Verpflichtungen;
5. Vorschriften zur Gewährleistung der Transparenz der betrieblichen Verfahren, insbesondere gegenüber den anderen interessierten Parteien;
6. ein Überwachungsprogramm, mit dem die Einhaltung der Verpflichtung sichergestellt wird und das unter anderem die Veröffentlichung eines jährlichen Berichts enthält.

(4) [1]Im Anschluss an die Entscheidung der Kommission über den Antrag nach Absatz 2 führt die Bundesnetzagentur entsprechend den Verfahren nach § 12 eine koordinierte Analyse der Märkte durch, bei denen eine Verbindung zum lokalen Anschlussnetz besteht. [2]Auf der Grundlage ihrer Analyse erlässt die Bundesnetzagentur im Verfahren nach § 14 eine Regulierungsverfügung.

(5) Einem marktmächtigen Unternehmen, dem die funktionelle Trennung auferlegt wurde, kann auf jedem Einzelmarkt, auf dem es als Unternehmen mit beträchtlicher Marktmacht nach § 11 eingestuft wurde, jede der Verpflichtungen nach § 13 Absatz 1 auferlegt werden.

§ 32 Freiwillige funktionelle Trennung durch ein vertikal integriertes Unternehmen. (1) ¹Ein vertikal integriertes Unternehmen mit beträchtlicher Marktmacht unterrichtet die Bundesnetzagentur mindestens drei Monate im Voraus von der Absicht, die Anlagen des lokalen Anschlussnetzes ganz oder zu einem großen Teil auf eine andere Gesellschaft mit einem anderen Eigentümer zu übertragen oder einen getrennten Geschäftsbereich einzurichten, um damit allen Anbietern auf der Endkundenebene, einschließlich der eigenen im Endkundenbereich tätigen Unternehmensbereiche, völlig gleichwertige Zugangsprodukte zu liefern. ²Das Unternehmen unterrichtet die Bundesnetzagentur auch über alle Änderungen dieser Absicht sowie über das Ergebnis des Prozesses der funktionellen Trennung.

(2) ¹Die Bundesnetzagentur prüft die möglichen Folgen der beabsichtigten Transaktion nach Absatz 1 und etwaiger Verpflichtungszusagen nach § 18 Absatz 1 Satz 1 Nummer 3. ²Sie führt hierzu entsprechend dem Verfahren des § 11 eine koordinierte Analyse der Märkte durch, bei denen eine Verbindung zum lokalen Anschlussnetz besteht. ³Sofern das Unternehmen Verpflichtungszusagen vorlegt, führt die Bundesnetzagentur das Marktprüfungsverfahren nach § 19 durch. ⁴Sie kann gegenüber dem Unternehmen, einschließlich dem rechtlich oder betrieblich getrennten Geschäftsbereich, sofern dieser über beträchtliche Marktmacht auf einem Markt verfügt, eine Regulierungsverfügung im Verfahren nach § 14 erlassen, sofern verbindlich erklärte Verpflichtungszusagen zur Erreichung der Ziele nach § 2 nicht ausreichen. ⁵§ 33 bleibt unberührt.

§ 33 Ausschließlich auf der Vorleistungsebene tätige Unternehmen. (1) Die Bundesnetzagentur kann einem Unternehmen mit beträchtlicher Marktmacht, das auf keinem Endkundenmarkt für öffentlich zugängliche Telekommunikationsdienste tätig ist, abweichend von § 13 Absatz 1 Verpflichtungen nach § 24, § 26 Absatz 3 Nummer 1 bis 9 oder nach Abschnitt 3 auferlegen, sofern folgende Voraussetzungen vorliegen:
1. laufende und geplante Tätigkeiten in allen Geschäftsbereichen des Unternehmens und aller Anteilseigner, die eine Kontrolle über das Unternehmen ausüben können, erfolgen ausschließlich in Vorleistungsmärkten für öffentlich zugängliche Telekommunikationsdienste;
2. es bestehen keine Exklusivvereinbarungen oder faktisch auf Exklusivvereinbarungen hinauslaufende Vereinbarungen des Unternehmens mit einem anderen Unternehmen, das in Endkundenmärkten für öffentlich zugängliche Telekommunikationsdienste tätig ist.

(2) ¹Die Bundesnetzagentur geht nach § 15 Absatz 1 vor, wenn ihr Tatsachen bekannt oder bekannt gemacht werden, aus denen sich ergibt, dass
1. die Voraussetzungen des Absatzes 1 nicht mehr erfüllt sind oder
2. die Bedingungen, die das Unternehmen gegenüber auf nachgelagerten Märkten tätigen Unternehmen anbietet, zu Wettbewerbsproblemen zum Nachteil der Endnutzer führen oder absehbar führen werden.

Telekommunikationsgesetz **TKG 29**

²Das Unternehmen unterrichtet die Bundesnetzagentur umgehend über Tatsachen im Sinne von Satz 1.

§ 34 Migration von herkömmlichen Infrastrukturen. (1) Beabsichtigt ein Unternehmen mit beträchtlicher Marktmacht, Teile seines Telekommunikationsnetzes außer Betrieb zu nehmen oder durch neue Infrastrukturen zu ersetzen und wird infolgedessen das Angebot eines nach § 26 auferlegten Zugangsproduktes unmöglich, muss es dies der Bundesnetzagentur rechtzeitig, mindestens jedoch ein Jahr vor Beginn der Außerbetriebnahme oder der Ersetzung anzeigen.

(2) Die Anzeige des Unternehmens nach Absatz 1 muss Folgendes enthalten:
1. einen Zeitplan zum Prozess der Außerbetriebnahme oder der Ersetzung,
2. die Bedingungen der Migration, einschließlich einer Beschreibung der während und nach Abschluss der Migration angebotenen alternativen Zugangsprodukte, und
3. den Antrag auf Änderung des Standardangebots, soweit das Unternehmen ein Standardangebot gemäß § 29 für das auferlegte Zugangsprodukt veröffentlicht hat.

(3) Die Bundesnetzagentur veröffentlicht die nach Absatz 2 vorgelegten Unterlagen auf ihrer Internetseite unter Wahrung der Betriebs- und Geschäftsgeheimnisse und gibt den interessierten Parteien Gelegenheit, innerhalb einer angemessenen Frist, die mindestens einen Monat betragen soll, hierzu Stellung zu nehmen.

(4) ¹Die Bundesnetzagentur prüft die nach Absatz 2 vorgelegten Unterlagen zum Prozess der Außerbetriebnahme oder der Ersetzung. ²Sie legt hierbei einen transparenten Zeitplan, einschließlich einer angemessenen Kündigungsfrist für die Zugangsvereinbarung, und transparente und angemessene Bedingungen fest. ³Die Festlegung umfasst auch die Verfügbarkeit alternativer Zugangsprodukte zu fairen, angemessenen und nichtdiskriminierenden Bedingungen, soweit dies für die Wahrung des Wettbewerbs und der Rechte der Endnutzer erforderlich ist. ⁴Die Bedingungen der alternativen Zugangsprodukte, einschließlich Qualität, Geschwindigkeit und Endnutzerreichweite, müssen jedenfalls vergleichbar zu den Bedingungen der zuvor verfügbaren Zugangsprodukte sein.

(5) ¹Die Bundesnetzagentur kann die Verpflichtungen, die dem Unternehmen auferlegt wurden, für solche Telekommunikationsnetze, die außer Betrieb genommen oder ersetzt werden, mit dem Wirksamwerden der Kündigung der Zugangsvereinbarung widerrufen, wenn die Bedingungen des Absatzes 4 Satz 2 und 3 eingehalten werden. ²Es gilt das Verfahren nach § 14. ³Die Änderung des Standardangebots erfolgt gleichzeitig mit der Änderung der Regulierungsverfügung.

(6) Die Regulierungsverfügung nach § 13 für die aufgerüstete oder neue Netzinfrastruktur bleibt unberührt.

(7) Beabsichtigt ein Unternehmen mit beträchtlicher Marktmacht, sein Netz oder Teile davon zu veräußern, finden die Absätze 1 bis 5 entsprechende Anwendung auf den Verkaufsprozess.

Unterabschnitt 4

Allgemeine Vorschriften

§ 35 Anordnungen im Rahmen der Zugangsregulierung. (1) ¹Kommt eine Zugangsvereinbarung nach § 23 oder 28 ganz oder teilweise nicht zustande und liegen die nach diesem Gesetz erforderlichen Voraussetzungen für eine Verpflichtung zur Zugangsgewährung vor, ordnet die Bundesnetzagentur den Zugang nach Anhörung der Beteiligten an. ²Die Anordnung ergeht innerhalb einer Frist von zehn Wochen ab schriftlicher oder elektronischer Anrufung durch einen an der zu schließenden Zugangsvereinbarung Beteiligten oder ab Einleitung eines Verfahrens von Amts wegen, sofern dies zur Erreichung der Ziele des § 2 erforderlich ist. ³In besonders zu begründenden Fällen kann die Bundesnetzagentur innerhalb der Frist nach Satz 2 das Verfahren auf bis zu vier Monate verlängern.

(2) Eine Anordnung nach Absatz 1 ist nur zulässig, soweit und solange die Beteiligten keine Zugangs- oder Zusammenschaltungsvereinbarung treffen.

(3) ¹Die Anrufung nach Absatz 1 Satz 2 muss begründet werden. ²Insbesondere muss dargelegt werden,
1. welchen genauen Inhalt die Anordnung der Bundesnetzagentur haben soll,
2. wann der Zugang nachgefragt worden ist und welche konkreten Leistungen dabei nachgefragt worden sind,
3. dass ernsthafte Verhandlungen stattgefunden haben oder Verhandlungen vom Anrufungsgegner verweigert worden sind,
4. bei welchen Punkten keine Einigung erzielt worden ist und
5. wie begehrte technische Maßnahmen technisch ausführbar sind.

³Die Anrufung kann bis zum Erlass der Anordnung widerrufen werden.

(4) ¹Gegenstand einer Anordnung nach Absatz 1 können alle Bedingungen einer Zugangsvereinbarung sowie die Entgelte sein. ²Die Bundesnetzagentur darf die Anordnung mit Bedingungen, einschließlich Vertragsstrafen, in Bezug auf Chancengleichheit, Billigkeit und Rechtzeitigkeit verknüpfen. ³Für die Regulierung der Entgelte gelten die Bestimmungen des Abschnitts 3.

(5) ¹Sind sowohl Bedingungen einer Zugangsvereinbarung streitig als auch die zu entrichtenden Entgelte für nachgefragte Leistungen, soll die Bundesnetzagentur hinsichtlich der Bedingungen und der Entgelte jeweils Teilentscheidungen treffen. ²Sofern die Bundesnetzagentur Teilentscheidungen trifft, gelten für diese jeweils die in Absatz 1 genannten Fristen. ³Die Anordnung der Bundesnetzagentur kann nur insgesamt angegriffen werden.

(6) Im Laufe des Verfahrens vorgelegte Unterlagen werden nur berücksichtigt, wenn dadurch die Einhaltung der in Absatz 1 Satz 2 bestimmten Frist nicht gefährdet wird.

(7) ¹Die betroffenen Unternehmen müssen eine Anordnung der Bundesnetzagentur nach Absatz 1 unverzüglich befolgen, es sei denn, die Bundesnetzagentur hat in der Anordnung eine Umsetzungsfrist bestimmt. ²Zur Durchsetzung der Anordnung kann die Bundesnetzagentur nach Maßgabe des Verwaltungsvollstreckungsgesetzes ein Zwangsgeld von bis zu einer Million Euro festsetzen.

§ 36 Veröffentlichung. Die Bundesnetzagentur veröffentlicht die nach diesem Abschnitt getroffenen Maßnahmen unter Wahrung von Betriebs- oder Geschäftsgeheimnissen der betroffenen Unternehmen.

Abschnitt 3

Entgeltregulierung

Unterabschnitt 1

Entgeltvorschriften für Zugangsleistungen

§ 37 Missbräuchliches Verhalten eines Unternehmens mit beträchtlicher Marktmacht bei der Forderung und Vereinbarung von Entgelten. (1) ¹Ein Unternehmen mit beträchtlicher Marktmacht darf diese Stellung bei der Forderung und Vereinbarung von Entgelten gegenüber Endnutzern oder gegenüber anderen Unternehmen nicht missbrauchen. ²Ein Missbrauch liegt insbesondere vor, wenn das Unternehmen Entgelte fordert, die
1. nur aufgrund seiner beträchtlichen Marktmacht auf dem jeweiligen Markt der Telekommunikation gegenüber Endnutzern oder gegenüber anderen Unternehmen durchsetzbar sind oder
2. die Wettbewerbsmöglichkeiten anderer Unternehmen auf einem Telekommunikationsmarkt auf erhebliche Weise beeinträchtigen.

³Eine Verhaltensweise nach Satz 2 Nummer 2 stellt keinen Missbrauch dar, wenn für sie eine sachliche Rechtfertigung nachgewiesen wird.

(2) Ein Missbrauch durch das Unternehmen mit beträchtlicher Marktmacht im Sinne von Absatz 1 Satz 2 Nummer 2 wird vermutet, wenn
1. das Entgelt der betreffenden Leistung die langfristigen zusätzlichen Kosten der Leistung, einschließlich einer angemessenen Verzinsung des eingesetzten Kapitals, nicht deckt,
2. das Unternehmen durch das Entgelt der betreffenden Leistung einzelnen Nachfragern, einschließlich sich selbst oder seinen Tochter- oder Partnerunternehmen, Vorteile gegenüber anderen Nachfragern gleichartiger oder ähnlicher Leistungen einräumt; die Differenzierung von Entgelten im Rahmen von kommerziellen Vereinbarungen zur Errichtung von Netzen mit

sehr hoher Kapazität stellt regelmäßig keine Verhaltensweise im Sinne dieser Nummer dar, wenn dies der Aufteilung des Investitionsrisikos zwischen Investoren sowie zwischen Investoren und Zugangsnachfragern dient und alle tatsächlichen und potenziellen Nachfrager bei Berücksichtigung des jeweils übernommenen Risikos gleich behandelt werden,

3. die Spanne zwischen dem Entgelt, welches das Unternehmen anderen Unternehmen für eine Zugangsleistung in Rechnung stellt, und dem entsprechenden Endnutzerentgelt nicht ausreicht, um einem effizienten Unternehmen die Erzielung einer angemessenen Verzinsung des eingesetzten Kapitals auf dem Endnutzermarkt zu ermöglichen (Preis-Kosten-Schere),
4. die Spanne zwischen den Entgelten, welche das Unternehmen für auf verschiedenen Wertschöpfungsstufen erbrachte Zugangsleistungen in Rechnung stellt, die Wertschöpfungsdifferenz nicht angemessen widerspiegelt (Kosten-Kosten-Schere) oder
5. das Unternehmen bei seinem Produktangebot eine sachlich ungerechtfertigte Bündelung vornimmt; bei der Frage, ob dies der Fall ist, hat die Bundesnetzagentur insbesondere zu prüfen, ob es anderen effizienten Unternehmen möglich ist, das Bündelprodukt zu vergleichbaren Konditionen anzubieten.

§ 38 Entgeltregulierung. (1) ¹Die Bundesnetzagentur kann Unternehmen mit beträchtlicher Marktmacht verpflichten, Entgelte für Zugangsleistungen zur Genehmigung im Verfahren nach § 40 vorzulegen oder im Verfahren nach § 45 zur Anzeige zu bringen, wenn anderenfalls die Entwicklung eines nachhaltig wettbewerbsorientierten Endnutzermarktes durch missbräuchliche entgeltbezogene Maßnahmen des Unternehmens behindert würde und die Interessen der Endnutzer beeinträchtigt würden. ²Die nachträgliche Missbrauchsprüfung der Entgelte nach § 46 bleibt unberührt.

(2) ¹Die Bundesnetzagentur prüft bei Netzen mit sehr hoher Kapazität insbesondere, ob sie von einer Verpflichtung des Unternehmens nach Absatz 1, die Entgelte zur Genehmigung im Verfahren nach § 40 vorzulegen oder im Verfahren nach § 45 zur Anzeige zu bringen, absieht, sofern für solche Netze
1. ein nachweisbarer Preisdruck auf die Endkundenpreise vorliegt und
2. ein effektiver und nichtdiskriminierender Zugang gesichert ist, der eine technische und wirtschaftliche Nachbildbarkeit der Endkundenprodukte des marktmächtigen Unternehmens durch effiziente Zugangsnachfrager gewährleistet.

²Die Bundesnetzagentur kann die Entgelte auf deren wirtschaftliche Nachbildbarkeit im Verfahren nach § 46 prüfen oder, wenn dies sachlich gerechtfertigt ist, nach § 40 oder § 45 vorgehen. ³Ein Vorgehen nach Satz 2 ist auch dann möglich, wenn aufgrund einer niedrigen Bevölkerungsdichte in einer konkreten Region die Anreize für den Ausbau von Netzen mit sehr hoher Kapazität gering sind und ein Zugang nach Satz 1 Nummer 2 gesichert ist.

(3) ¹Entgelte, die ein Unternehmen im Rahmen von Verpflichtungen nach § 21 oder § 22 verlangt, unterliegen einer nachträglichen Missbrauchsprüfung

Telekommunikationsgesetz **TKG 29**

nach § 46. ²Abweichend von Satz 1 kann die Bundesnetzagentur das Unternehmen verpflichten, die Entgelte zur Genehmigung im Verfahren nach § 40 vorzulegen oder im Verfahren nach § 45 zur Anzeige zu bringen, wenn dies erforderlich ist, um die Ziele nach § 2 zu erreichen.

(4) ¹Die Bundesnetzagentur kann einem Unternehmen mit beträchtlicher Marktmacht Verpflichtungen in Bezug auf Kostenrechnungsmethoden, einschließlich der Anwendung einer bestimmten Form der Kostenrechnung, auferlegen. ²In diesem Fall kann sie das Unternehmen mit beträchtlicher Marktmacht verpflichten, eine Beschreibung der den Auflagen entsprechenden Kostenrechnungsmethode zu veröffentlichen, in der die wichtigsten Kostenarten und die Regeln der Kostenzuweisung aufgeführt werden. ³Die Bundesnetzagentur oder eine von ihr beauftragte unabhängige Stelle prüft die Anwendung der nach diesem Absatz auferlegten Verpflichtungen und veröffentlicht das Prüfergebnis einmal jährlich. ⁴Das Unternehmen übermittelt die hierfür erforderlichen Daten an die Bundesnetzagentur regelmäßig elektronisch.

(5) Die Bundesnetzagentur berücksichtigt
1. bei der Prüfung, ob und welche Entgeltmaßnahmen gerechtfertigt sind und ob diese in einem angemessenen Verhältnis zu den Zielen nach § 2 stehen, insbesondere die Notwendigkeit der Förderung eines nachhaltig wettbewerbsorientierten Marktes und die langfristigen Endnutzerinteressen am Ausbau von neuen und verbesserten Telekommunikationsnetzen, insbesondere von Netzen mit sehr hoher Kapazität;
2. im Falle der Regulierung von Entgelten insbesondere, dass die Maßnahmen in ihrer Gesamtheit, einschließlich in zeitlicher und inhaltlicher Hinsicht, aufeinander abgestimmt sind (Konsistenzgebot) sowie die Anreize für den Ausbau neuer und verbesserter Telekommunikationsnetze, die wirtschaftliche Effizienz und einen nachhaltigen Wettbewerb fördern und dem langfristigen Endnutzerinteresse dienen; sie berücksichtigt hierfür die zugrunde liegenden Investitionen und ermöglicht eine angemessene Verzinsung des eingesetzten Kapitals, wobei sie etwaigen spezifischen Investitionsrisiken unter weitestgehender Beachtung vereinbarter kommerzieller Zugangsvereinbarungen Rechnung trägt;
3. im Falle der Regulierung von Entgelten betreffend den Zugang zu baulichen Anlagen nach § 26 Absatz 3 Nummer 10 insbesondere auch die Folgen einer Zugangsgewährung für den Geschäftsplan des Unternehmens mit beträchtlicher Marktmacht.

(6) ¹Betrifft eine Entgeltregulierung von Zugangsleistungen nach Absatz 1 Terminierungsleistungen von Unternehmen mit beträchtlicher Marktmacht, trägt die Bundesnetzagentur den Prinzipien, Kriterien und Parametern des Anhangs III der Richtlinie (EU) 2018/1972 weitestgehend Rechnung, sofern nicht durch delegierten Rechtsakt der Kommission nach Artikel 75 Absatz 1 der Richtlinie (EU) 2018/1972 unionsweite Entgelte für Terminierungsleistungen festgelegt sind. ²Legt die Kommission unionsweite Entgelte für Terminie-

rungsleistungen fest, stellt die Bundesnetzagentur deren Einhaltung sicher.
³§ 44 Absatz 1 und 2 gilt entsprechend.

§ 39 Maßstäbe der Entgeltgenehmigung (1) ¹Die Bundesnetzagentur genehmigt nach § 38 Absatz 1 Satz 1 oder Absatz 3 Satz 2 vorgelegte Entgelte
1. anhand der Maßstäbe des § 37,
2. auf der Grundlage der auf die einzelnen Dienste entfallenden Kosten der effizienten Leistungsbereitstellung nach § 42 oder
3. auf der Grundlage einer anderen Vorgehensweise; ein solches Vorgehen ist besonders zu begründen.

²Ungeachtet des geltenden Maßstabs der Entgeltgenehmigung dürfen genehmigte Entgelte nicht nach Maßgabe des § 37 missbräuchlich sein; für genehmigte Entgelte nach § 38 Absatz 3 Satz 2 gilt § 37 entsprechend.

(2) ¹Die Bundesnetzagentur bestimmt, welcher Maßstab der Entgeltgenehmigung nach Absatz 1 am besten geeignet ist, die Ziele nach § 2 zu erreichen. ²Im Fall von Absatz 1 Satz 1 Nummer 3 gilt bei der Anwendung kostenorientierter Vorgehensweisen § 42 Absatz 2 und 3 entsprechend. ³Die Bundesnetzagentur kann den Maßstab der Entgeltgenehmigung im Rahmen der Regulierungsverfügung nach § 13 bestimmen.

§ 40 Verfahren der Entgeltgenehmigung. (1) ¹Unterliegen Entgelte einer Genehmigungspflicht nach § 38, ist vor dem beabsichtigten Inkrafttreten bei der Bundesnetzagentur ein Antrag auf Genehmigung zu stellen. ²Der Antrag muss die Entgelte, die Kostenunterlagen nach § 43 und alle sonstigen für die Genehmigungserteilung erforderlichen Unterlagen enthalten. ³Bei befristet erteilten Genehmigungen hat die Vorlage des Entgeltantrags mindestens zehn Wochen vor Fristablauf zu erfolgen.

(2) ¹Die Bundesnetzagentur kann Unternehmen, deren Entgelte einer Genehmigungspflicht nach § 38 unterliegen, dazu auffordern, Entgeltgenehmigungsanträge zu stellen. ²Für den Antrag gilt Absatz 1 Satz 2. ³Wird der Aufforderung nicht innerhalb eines Monats nach deren Zugang Folge geleistet, leitet die Bundesnetzagentur ein Verfahren von Amts wegen ein.

(3) ¹Die Bundesnetzagentur prüft für jedes einzelne Entgelt die Einhaltung des nach § 39 Absatz 1 bestimmten Maßstabs der Entgeltgenehmigung. ²Hierfür kann sie zusätzlich zu den nach Absatz 1 oder 2 vorliegenden Unterlagen
1. Preise solcher Unternehmen als Vergleich heranziehen, die entsprechende Leistungen auf vergleichbaren, dem Wettbewerb geöffneten Märkten anbieten; dabei sind die Besonderheiten der Vergleichsmärkte zu berücksichtigen; oder
2. eine von der Kostenberechnung des Unternehmens unabhängige Kostenrechnung anstellen und hierfür Kostenmodelle heranziehen.

³Soweit die vorliegenden Unterlagen für eine Entscheidung nach Absatz 5 nicht ausreichen, kann diese auch auf einer Prüfung nach Satz 2 Nummer 1 oder 2 beruhen.

Telekommunikationsgesetz **TKG 29**

(4) ¹Soweit die Bundesnetzagentur im Rahmen der Prüfung nach Absatz 3 zu dem Ergebnis kommt, dass Entgelte den festgelegten Maßstäben der Entgeltgenehmigung entsprechen, erteilt sie ganz oder teilweise eine befristete Genehmigung. ²Die Genehmigung der Entgelte ist ganz oder teilweise zu versagen, soweit die Entgelte mit diesem Gesetz oder anderen Rechtsvorschriften nicht in Einklang stehen. ³Die Bundesnetzagentur kann eine Genehmigung der Entgelte auch versagen, wenn das Unternehmen die in § 43 genannten Kostenunterlagen nicht vollständig vorgelegt hat.

(5) ¹Die Bundesnetzagentur veröffentlicht in der Regel innerhalb von zehn Wochen nach Eingang eines Entgeltgenehmigungsantrags den Entwurf einer Entscheidung. ²Die Verfahren des § 14 gelten entsprechend. ³Hat die Bundesnetzagentur gemäß Absatz 2 Satz 3 ein Verfahren von Amts wegen eingeleitet, gilt die Zehnwochenfrist ab dem Zeitpunkt der Verfahrenseinleitung.

§ 41 Rechtsschutz bei Verfahren der Entgeltgenehmigung. (1) ¹Enthalten Entgeltgenehmigungen die vollständige oder teilweise Genehmigung eines vertraglich bereits vereinbarten Entgelts, so wirken sie zurück auf den Zeitpunkt der erstmaligen Leistungsbereitstellung durch das Unternehmen mit beträchtlicher Marktmacht. ²Das Gericht kann im Verfahren nach § 123 der Verwaltungsgerichtsordnung die vorläufige Zahlung eines beantragten höheren Entgelts anordnen, wenn überwiegend wahrscheinlich ist, dass der Anspruch auf die Genehmigung des höheren Entgelts besteht; der Darlegung eines Anordnungsgrundes bedarf es nicht. ³Verpflichtet das Gericht die Bundesnetzagentur zur Erteilung einer Genehmigung für ein höheres Entgelt, so entfaltet diese Genehmigung die Rückwirkung nach Satz 1 nur, wenn eine Anordnung nach Satz 2 ergangen ist. ⁴Der Antrag auf Erlass einer einstweiligen Anordnung nach § 123 Absatz 1 der Verwaltungsgerichtsordnung kann nur bis zum Ablauf von zwei Monaten nach Klageerhebung gestellt und begründet werden.

(2) ¹Werden Entgelte nach dem 31. Juli 2018 erstmalig genehmigt, findet Absatz 1 Satz 3 keine Anwendung, wenn der Vertragspartner gemäß Absatz 1 Satz 1 Zugangsleistungen nachfragt und dieses Unternehmen im letzten Geschäftsjahr vor der Klageerhebung, für das ein Jahresabschluss vorliegt, einen Jahresumsatz von mehr als 100 Millionen Euro erzielt hat. ²Umsätze verbundener Unternehmen im Sinne des § 3 Nummer 69 sind zu berücksichtigen, wenn die verbundenen Unternehmen ebenfalls Umsätze auf Telekommunikationsmärkten erzielen.

(3) ¹In dem Verfahren nach Absatz 1 in Verbindung mit § 123 der Verwaltungsgerichtsordnung kann das Gericht durch Beschluss anordnen, dass nur solche Personen beigeladen werden, die dies innerhalb einer bestimmten Frist beantragen. ²Der Beschluss ist unanfechtbar. ³Er ist im elektronischen Bundesanzeiger bekannt zu machen. ⁴Er muss außerdem auf der Internetseite der Bundesnetzagentur veröffentlicht werden. ⁵Die Bekanntmachung kann zusätzlich in einem von dem Gericht für Bekanntmachungen bestimmten Informations- und Kommunikationssystem erfolgen. ⁶Die Frist muss mindestens einen

Monat ab der Veröffentlichung im elektronischen Bundesanzeiger betragen. [7]In der Veröffentlichung auf der Internetseite der Bundesnetzagentur ist mitzuteilen, an welchem Tag die Frist abläuft. [8]Für die Wiedereinsetzung in den vorigen Stand bei Versäumung der Frist gilt § 60 der Verwaltungsgerichtsordnung entsprechend. [9]Das Gericht soll Personen, die von der Entscheidung erkennbar in besonderem Maße betroffen werden, auch ohne Antrag beiladen. [10]In den Fällen des Absatzes 2 Satz 1 finden die Sätze 1 bis 9 auf sämtliche Rechtsbehelfsverfahren des Unternehmens mit beträchtlicher Marktmacht Anwendung, die auf die Genehmigung eines beantragten höheren Entgelts gerichtet sind.

§ 42 Kosten der effizienten Leistungsbereitstellung. (1) Die Kosten der effizienten Leistungsbereitstellung umfassen die langfristigen zusätzlichen Kosten der Leistungsbereitstellung und einen angemessenen Zuschlag für leistungsmengenneutrale Gemeinkosten, einschließlich einer angemessenen Verzinsung des eingesetzten Kapitals, soweit diese Kosten jeweils für die Leistungsbereitstellung notwendig sind.

(2) [1]Aufwendungen, die nicht in den Kosten der effizienten Leistungsbereitstellung enthalten sind, werden zusätzlich zu Absatz 1 nur berücksichtigt, soweit und solange hierfür eine rechtliche Verpflichtung besteht oder das die Genehmigung beantragende Unternehmen eine sonstige sachliche Rechtfertigung nachweist. [2]Zu berücksichtigende Aufwendungen können auch Gebühren für Beschlusskammerverfahren sein.

(3) Bei der Festlegung der angemessenen Verzinsung des eingesetzten Kapitals berücksichtigt die Bundesnetzagentur insbesondere
1. die Kapitalstruktur des regulierten Unternehmens,
2. die Verhältnisse auf den nationalen und internationalen Kapitalmärkten und die Bewertung des regulierten Unternehmens auf diesen Märkten,
3. die Erfordernisse hinsichtlich der Rendite für das eingesetzte Kapital, wobei auch die leistungsspezifischen Risiken des eingesetzten Kapitals gewürdigt werden sollen; dies umfasst auch die Berücksichtigung etwaiger spezifischer Investitionsrisiken gemäß § 38 Absatz 5 Nummer 1,
4. die langfristige Stabilität der wirtschaftlichen Rahmenbedingungen, auch im Hinblick auf die Wettbewerbssituation auf den Telekommunikationsmärkten,
5. eine EU-weite Harmonisierung der Methoden bei der Bestimmung des Zinssatzes.

(4) Aufwendungen, die auf einem Wechsel in der Person des Unternehmens beruhen, können weder bei der Ermittlung der Kosten der effizienten Leistungsbereitstellung gemäß Absatz 1 noch als Aufwendungen gemäß Absatz 2 berücksichtigt werden.

§ 43 Kostenunterlagen. (1) Vorzulegende Kostenunterlagen in den Verfahren nach § 40 Absatz 1 und 2 sind insbesondere

Telekommunikationsgesetz **TKG 29**

1. aktuelle Kostennachweise, die, sofern nicht anders angeordnet, elektronisch zur Verfügung zu stellen sind,
2. eine detaillierte Leistungsbeschreibung, einschließlich Angaben zur Qualität der Leistung,
3. ein Entwurf der Allgemeinen Geschäftsbedingungen,
4. die Angabe, ob die Leistung Gegenstand einer Zugangsvereinbarung nach § 23 oder § 28, eines festgelegten Standardangebots nach § 29 oder einer Zugangsanordnung nach § 47 ist,
5. Angaben über
   a) den Umsatz,
   b) die Absatzmengen,
   c) die Höhe der einzelnen Kosten nach Absatz 2,
   d) die Höhe der Deckungsbeiträge sowie
   e) die Entwicklung der Nachfragerstrukturen bei der beantragten Dienstleistung für die zwei zurückliegenden Jahre sowie das Antragsjahr und die darauf folgenden zwei Jahre und
6. soweit für bestimmte Leistungen oder Leistungsbestandteile keine Pauschaltarife beantragt werden, eine Begründung dafür, weshalb eine solche Beantragung ausnahmsweise nicht möglich ist.

(2) ¹Die Kostennachweise nach Absatz 1 Nummer 1 umfassen die Kosten, die sich unmittelbar zuordnen lassen (Einzelkosten) und die Kosten, die sich nicht unmittelbar zuordnen lassen (Gemeinkosten). ²Insbesondere darzulegen sind
1. die der Kostenrechnung zugrunde liegenden Einsatzmengen, die dazu gehörenden Preise, jeweils einzeln und als Durchschnittswert, sowie die im Nachweiszeitraum erzielte und erwartete Kapazitätsauslastung und
2. die Ermittlungsmethode der Kosten und der Investitionswerte sowie die Angabe plausibler Mengenschlüssel für die Kostenzuordnung zu den einzelnen Diensten des Unternehmens.

(3) ¹Das beantragende Unternehmen hat regelmäßig einmal jährlich zum Abschluss eines jeden Geschäftsjahres die Gesamtkosten des Unternehmens sowie deren Aufteilung auf die Kostenstellen und auf die einzelnen Leistungen nach Einzel- und Gemeinkosten vorzulegen. ²Die Angaben für nicht regulierte Dienstleistungen können dabei zusammengefasst werden.

(4) Die Kostennachweise nach Absatz 1 Nummer 1 müssen im Hinblick auf ihre Transparenz und die Aufbereitung der Daten eine Prüfung durch die Bundesnetzagentur und eine Entscheidung innerhalb der Frist nach § 40 Absatz 5 ermöglichen.

(5) ¹Nicht mit dem Antrag vorgelegte Unterlagen werden nur berücksichtigt, wenn dadurch die Einhaltung der Zehnwochenregelfrist nach § 40 Absatz 5 nicht gefährdet wird. ²Sofern die Bundesnetzagentur während des Verfahrens zusätzliche Unterlagen und Auskünfte anfordert, müssen diese nur berücksichtigt werden, wenn das beantragende Unternehmen sie innerhalb einer von der Bundesnetzagentur gesetzten Frist vorlegt.

(6) Kostenrechnungsmethoden sind von dem beantragenden Unternehmen grundsätzlich antragsübergreifend einheitlich anzuwenden.

(7) Die Befugnisse nach § 47 bleiben unberührt.

§ 44 Abweichung von genehmigten Entgelten. (1) Unterliegen Entgelte eines Unternehmens mit beträchtlicher Marktmacht einer Genehmigungspflicht nach § 38, darf das Unternehmen keine anderen als die von der Bundesnetzagentur genehmigten Entgelte verlangen.

(2) Verträge über Leistungen, die andere als die für diese genehmigten Entgelte enthalten, werden mit der Maßgabe wirksam, dass das genehmigte Entgelt an die Stelle des vertraglich vereinbarten Entgelts tritt.

(3) [1]Eine vertragliche oder gesetzliche Verpflichtung zur Erbringung der Leistung bleibt unabhängig vom Vorliegen einer Entgeltgenehmigung bestehen. [2]Die Bundesnetzagentur kann die Werbung für ein Rechtsgeschäft sowie den Abschluss, die Vorbereitung und die Anbahnung eines Rechtsgeschäfts, das ein anderes als das genehmigte oder ein nicht genehmigtes, aber genehmigungsbedürftiges Entgelt enthält, untersagen.

§ 45 Verfahren der Entgeltanzeige. (1) Hat die Bundesnetzagentur das Unternehmen mit beträchtlicher Marktmacht nach § 38 verpflichtet, Entgelte zur Anzeige zu bringen, sind ihr diese zwei Monate vor dem geplanten Inkrafttreten anzuzeigen.

(2) [1]Die Bundesnetzagentur untersagt innerhalb von zwei Wochen ab Zugang der Anzeige die Einführung der nach Absatz 1 angezeigten Entgelte bis zum Abschluss ihrer Prüfung, sofern die geplante Entgeltmaßnahme offenkundig nicht mit § 37 vereinbar wäre; im Falle des § 38 Absatz 3 Satz 2 findet § 37 entsprechend Anwendung. [2]Für die weitere Prüfung geht die Bundesnetzagentur nach § 46 vor.

§ 46 Nachträgliche Missbrauchsprüfung. (1) [1]Werden der Bundesnetzagentur Tatsachen bekannt oder bekannt gemacht, die die Annahme rechtfertigen, dass Entgelte für Zugangsleistungen von Unternehmen mit beträchtlicher Marktmacht nicht den Anforderungen des § 37 genügen, leitet die Bundesnetzagentur unverzüglich eine Überprüfung der Entgelte ein; im Falle des § 38 Absatz 3 Satz 2 findet § 37 entsprechend Anwendung. [2]Die Bundesnetzagentur teilt die Einleitung der Überprüfung dem betroffenen Unternehmen schriftlich oder elektronisch mit.

(2) Die Bundesnetzagentur entscheidet innerhalb von zwei Monaten nach Einleitung der Überprüfung nach Absatz 1.

(3) Stellt die Bundesnetzagentur in der Entscheidung nach Absatz 2 fest, dass Entgelte für Zugangsleistungen nicht den Anforderungen des § 37 genügen, untersagt sie das nach diesem Gesetz verbotene Verhalten und erklärt die beanstandeten Entgelte ab dem Zeitpunkt der Feststellung für unwirksam.

Telekommunikationsgesetz **TKG 29**

(4) ¹Legt das betroffene Unternehmen innerhalb eines Monats ab dem Zeitpunkt der Feststellung nach Absatz 3 Vorschläge zur Änderung der Entgelte vor, prüft die Bundesnetzagentur binnen eines Monats ab der Vorlage der Vorschläge, ob diese die festgestellten Verstöße gegen die Anforderungen des § 37 abstellen. ²Mit der Feststellung, dass vorgelegte geänderte Entgelte den Anforderungen des § 37 genügen, werden diese Entgelte unverzüglich wirksam.

(5) ¹Erfolgt keine Vorlage nach Absatz 4 oder gelangt die Bundesnetzagentur nach Absatz 4 zu der Feststellung, dass die vorgelegten geänderten Entgelte ungenügend sind, ordnet die Bundesnetzagentur innerhalb von zwei Monaten ab Feststellung nach Absatz 4 Entgelte an, die den Anforderungen des § 37 genügen. ²Im Falle eines Missbrauchs im Sinne des § 37 Absatz 2 Nummer 5 ordnet sie zudem an, in welcher Weise das Unternehmen eine Entbündelung vorzunehmen hat.

(6) Erfolgt eine Anordnung nach Absatz 5, gilt § 44 entsprechend.

Unterabschnitt 2

Allgemeine Vorschriften

§ 47 Anordnungen im Rahmen der Entgeltregulierung. (1) ¹Die Bundesnetzagentur kann im Rahmen oder zur Vorbereitung von Verfahren der Entgeltregulierung nach diesem Abschnitt anordnen, dass das Unternehmen mit beträchtlicher Marktmacht

1. ihr detaillierte Angaben zum Leistungsangebot, zum aktuellen und erwarteten Umsatz für Dienstleistungen, zu den aktuellen und erwarteten Absatzmengen und Kosten, zu den voraussehbaren Auswirkungen auf die Endnutzer sowie auf die anderen Unternehmen und sonstige Unterlagen und Angaben zur Verfügung stellt, die sie zur sachgerechten Ausübung der Entgeltregulierung für erforderlich hält,
2. die Kostenrechnung in einer Form übermittelt, die es der Bundesnetzagentur ermöglicht, die für die Entgeltregulierung aufgrund dieses Gesetzes notwendigen Daten zu erlangen oder
3. Zugang unter bestimmten Tarifsystemen anbietet und bestimmte Kostendeckungsmechanismen anwendet.

²Soweit nicht anders angeordnet, hat das Unternehmen Angaben nach Satz 1 schriftlich oder elektronisch an die Bundesnetzagentur zu übermitteln. ³Trifft die Bundesnetzagentur eine Anordnung nach Satz 1 Nummer 3, hat das Unternehmen innerhalb von zwei Wochen einen entsprechenden Entgeltantrag vorzulegen. ⁴Die Bundesnetzagentur entscheidet nach Vorlage des Antrags oder nach Ablauf der in Satz 3 genannten Frist innerhalb von vier Wochen.

(2) Die Bundesnetzagentur kann zur Durchsetzung der Anordnungen nach Absatz 1 Satz 1 Nummer 1 und 2 nach Maßgabe des Verwaltungsvollstreckungsgesetzes ein Zwangsgeld von bis zu einer Million Euro festsetzen.

29 TKG Telekommunikationsgesetz

(3) Die Bundesnetzagentur kann auch von Unternehmen, die nicht über beträchtliche Marktmacht verfügen, Angaben nach Absatz 1 Satz 1 Nummer 1 und 2 verlangen sowie nach Absatz 2 vorgehen, wenn dies zur sachgerechten Ausübung der Entgeltregulierung erforderlich ist.

§ 48 Veröffentlichung. (1) Die Bundesnetzagentur veröffentlicht nach Unterabschnitt 1 auferlegte Entgeltmaßnahmen.

(2) Die Bundesnetzagentur kann gegenüber dem betroffenen Unternehmen anordnen, in welcher Form ein Entgelt oder eine Entgeltänderung einschließlich der Leistungsbeschreibung und sonstiger entgeltrelevanter Bestandteile zu veröffentlichen ist.

Abschnitt 4

Regulierung von Endnutzerleistungen

§ 49 Regulierung von Endnutzerleistungen. (1) Rechtfertigen Tatsachen die Annahme, dass die Verpflichtungen im Zugangsbereich nach Abschnitt 2 Unterabschnitt 2 sowie nach Abschnitt 3 nicht zur Erreichung der Ziele nach § 2 und der Entwicklung eines nachhaltig wettbewerbsorientierten nachgelagerten Endkundenmarktes führen würden, kann die Bundesnetzagentur Unternehmen auch Verpflichtungen in einem Endkundenmarkt, in dem das Unternehmen über beträchtliche Marktmacht verfügt, auferlegen.

(2) Die Bundesnetzagentur kann nach Absatz 1 auch Entgelte für Endnutzerleistungen der Entgeltregulierung unterwerfen; Abschnitt 3 gilt entsprechend.

Abschnitt 5

Besondere Missbrauchsaufsicht

§ 50 Missbräuchliches Verhalten eines Unternehmens mit beträchtlicher Marktmacht. (1) [1]Ein Unternehmen mit beträchtlicher Marktmacht darf diese Stellung gegenüber Endnutzern oder gegenüber anderen Unternehmen nicht missbrauchen. [2]Ein Missbrauch liegt insbesondere vor, wenn das Unternehmen
1. andere Unternehmen unmittelbar oder mittelbar unbillig behindert oder
2. die Wettbewerbsmöglichkeiten anderer Unternehmen auf einem Telekommunikationsmarkt auf erhebliche Weise beeinträchtigt.

[3]Eine Verhaltensweise nach Satz 2 Nummer 2 stellt keinen Missbrauch dar, wenn für sie eine sachliche Rechtfertigung nachgewiesen wird.

(2) Ein Missbrauch im Sinne des Absatzes 1 Satz 2 Nummer 2 wird vermutet, wenn

Telekommunikationsgesetz **TKG 29**

1. das Unternehmen einzelnen Nachfragern, einschließlich sich selbst oder seinen Tochter- oder Partnerunternehmen, Vorteile gegenüber anderen Nachfragern gleichartiger oder ähnlicher Leistungen einräumt oder
2. das Unternehmen seiner Verpflichtung aus § 28 Absatz 1 nicht nachkommt, indem es die Bearbeitung von Zugangsanträgen verzögert.

(3) ¹Werden der Bundesnetzagentur Tatsachen bekannt oder bekannt gemacht, die die Annahme rechtfertigen, dass ein Missbrauch nach Absatz 1 vorliegt, leitet die Bundesnetzagentur unverzüglich ein Verfahren zur Überprüfung ein und teilt dies dem betroffenen Unternehmen schriftlich oder elektronisch mit. ²Sie entscheidet regelmäßig innerhalb einer Frist von vier Monaten nach Einleitung des Verfahrens, ob ein Missbrauch einer marktbeherrschenden Stellung vorliegt.

(4) ¹Wenn die Bundesnetzagentur im Rahmen der Überprüfung nach Absatz 3 zu der Entscheidung gelangt, dass ein Missbrauch durch ein Unternehmen mit beträchtlicher Marktmacht vorliegt, ergreift sie Maßnahmen, um den Missbrauch zu beenden. ²Dazu kann sie dem Unternehmen ein Verhalten auferlegen oder untersagen. ³Sie kann Verträge ganz oder teilweise für unwirksam erklären.

Teil 3

Kundenschutz

§ 51 Nichtdiskriminierung, Berücksichtigung der Interessen von Endnutzern mit Behinderungen. (1) Betreiber öffentlicher Telekommunikationsnetze und Anbieter öffentlich zugänglicher Telekommunikationsdienste dürfen gegenüber Endnutzern keine unterschiedlichen Anforderungen oder allgemeinen Bedingungen für den Zugang zu den Netzen oder Diensten oder für deren Nutzung anwenden, die auf der Staatsangehörigkeit, auf dem Wohnsitz oder auf dem Ort der Niederlassung des Endnutzers beruhen, es sei denn, diese unterschiedliche Behandlung ist objektiv gerechtfertigt.

(2) ¹Die Interessen von Endnutzern mit Behinderungen sind von den Anbietern öffentlich zugänglicher Telekommunikationsdienste bei der Planung und Erbringung der Dienste zu berücksichtigen. ²Es ist ein Zugang zu ermöglichen, der dem Zugang gleichwertig ist, über den die Mehrheit der Endnutzer verfügt. ³Der Zugang zu den Telekommunikationsdiensten muss Endnutzern mit Behinderungen jederzeit zur Verfügung stehen. ⁴Gleiches gilt für die Auswahl an Unternehmen und Diensten.

(3) ¹Nach Anhörung der betroffenen Verbände und der Unternehmen stellt die Bundesnetzagentur den Bedarf nach Absatz 2 fest, der sich aus den Bedürfnissen von Endnutzern mit Behinderungen ergibt. ²Zur Sicherstellung des Dienstes sowie der Dienstemerkmale ist die Bundesnetzagentur befugt, den Unternehmen Verpflichtungen aufzuerlegen. ³Die Bundesnetzagentur kann

29 TKG

von solchen Verpflichtungen absehen, wenn eine Anhörung der betroffenen Kreise ergibt, dass diese Dienstemerkmale oder vergleichbare Dienste als weithin verfügbar erachtet werden.

(4) [1]Die Anbieter von Sprachkommunikationsdiensten stellen jederzeit verfügbare Vermittlungsdienste für gehörlose und hörgeschädigte Endnutzer zu einem erschwinglichen Preis unter Berücksichtigung ihrer besonderen Bedürfnisse bereit. [2]Die Bundesnetzagentur ermittelt den Bedarf für diese Vermittlungsdienste unter Beteiligung der betroffenen Verbände und der Unternehmen. [3]Soweit Unternehmen keinen bedarfsgerechten Vermittlungsdienst bereitstellen, beauftragt die Bundesnetzagentur einen Leistungserbringer mit der Bereitstellung eines Vermittlungsdienstes zu einem erschwinglichen Preis. [4]Dabei kann sie eine Grenze vorsehen, bis zu welcher die Nutzung des Vermittlungsdienstes für die Nutzer kostenfrei ist. [5]Die mit dieser Bereitstellung nicht durch die vom Nutzer zu zahlenden Entgelte gedeckten Kosten tragen die Unternehmen, die keinen bedarfsgerechten Vermittlungsdienst bereitstellen. [6]Der jeweils von einem Unternehmen zu tragende Anteil an diesen Kosten bemisst sich nach dem Verhältnis des Anteils der vom jeweiligen Unternehmen erbrachten abgehenden Verbindungen zum Gesamtvolumen der von allen zahlungspflichtigen Unternehmen erbrachten abgehenden Verbindungen und wird von der Bundesnetzagentur festgesetzt. [7]Die Zahlungspflicht entfällt für Unternehmen, die weniger als 0,5 Prozent des Gesamtvolumens der abgehenden Verbindungen erbracht haben; der auf diese Unternehmen entfallende Teil der Kosten wird von den übrigen Unternehmen nach Maßgabe des Satzes 6 getragen. [8]Die Bundesnetzagentur legt die Einzelheiten des Verfahrens der Entgeltermittlung und Kostentragung fest.

§ 52 Transparenz, Veröffentlichung von Informationen und Dienstemerkmalen zur Kostenkontrolle; Rechtsverordnung. (1) [1]Anbieter von Internetzugangsdiensten und öffentlich zugänglichen interpersonellen Telekommunikationsdiensten, die die Erbringung der Dienste von ihren Geschäftsbedingungen abhängig machen, sind verpflichtet, aktuelle Informationen zu veröffentlichen über

1. geltende Preise und Tarife,
2. die Vertragslaufzeit und die bei vorzeitiger Vertragskündigung anfallenden Entgelte sowie Rechte bezüglich der Kündigung von Angebotspaketen oder Teilen davon,
3. Standardbedingungen für den Zugang zu den von ihnen für Endnutzer und Verbraucher bereitgestellten Diensten und deren Nutzung,
4. die Dienstequalität einschließlich eines Angebots zur Überprüfbarkeit der Datenübertragungsrate,
5. Einzelheiten über speziell für Nutzer mit Behinderungen bestimmte Produkte und Dienste und
6. die tatsächliche, standortbezogene Mobilfunknetzabdeckung, einschließlich einer Kartendarstellung zur aktuellen Netzabdeckung.

[2]Artikel 4 Absatz 1 der Verordnung (EU) 2015/2120 bleibt hiervon unberührt.

Telekommunikationsgesetz **TKG 29**

(2) Im Rahmen des Absatzes 1 Satz 1 Nummer 3 sind Anbieter von Internetzugangsdiensten und öffentlich zugänglichen interpersonellen Telekommunikationsdiensten verpflichtet, Folgendes zu veröffentlichen:
1. Kontaktangaben des Unternehmens,
2. den Umfang der angebotenen Dienste und Hauptmerkmale jedes bereitgestellten Dienstes einschließlich etwaiger Mindestniveaus der Dienstequalität sowie etwaig auferlegter Nutzungsbeschränkungen für bereitgestellte Telekommunikationsendeinrichtungen,
3. Tarife der angebotenen Dienste mit Angaben zu dem in bestimmten Tarifen enthaltenen Kommunikationsvolumen und den geltenden Tarifen für zusätzliche Kommunikationseinheiten, Nummern oder Dienste, für die besondere Preisbedingungen gelten, Zugangsentgelte, Wartungsentgelte, Nutzungsentgelte jeder Art, besondere sowie zielgruppenspezifische Tarife und Zusatzentgelte sowie Kosten für Endgeräte,
4. ihre Allgemeinen Geschäftsbedingungen und die von ihnen angebotenen Vertragslaufzeiten, die Voraussetzungen für einen Anbieterwechsel nach § 59, Kündigungsbedingungen sowie Verfahren im Zusammenhang mit der Übertragung von Rufnummern oder anderen Kennungen,
5. allgemeine und anbieterbezogene Informationen über die Verfahren zur Streitbeilegung und
6. Informationen über grundlegende Rechte der Endnutzer von Internetzugangsdiensten oder öffentlich zugänglichen interpersonellen Telekommunikationsdiensten, insbesondere
    a) zu Einzelverbindungsnachweisen,
    b) zu beschränkten und für den Endnutzer kostenlosen Sperren abgehender Verbindungen oder von Kurzwahl-Datendiensten oder, soweit technisch möglich, anderen Arten ähnlicher Anwendungen,
    c) zur Nutzung öffentlicher Telekommunikationsnetze gegen Vorauszahlung,
    d) zur Verteilung der Kosten für einen Netzanschluss auf einen längeren Zeitraum,
    e) zu den Folgen von Zahlungsverzug für mögliche Sperren,
    f) zu den Dienstemerkmalen Tonwahl- und Mehrfrequenzwahlverfahren und Anzeige der Rufnummer des Anrufers und
    g) zur Tarifberatung.

(3) ¹Die Informationen sind klar, verständlich und leicht zugänglich in maschinenlesbarer Weise und in einem für Endnutzer mit Behinderungen barrierefreien Format bereitzustellen. ²Die Bundesnetzagentur stellt sicher, dass die Anbieter diese Informationen veröffentlichen und regelmäßig auf den neuesten Stand bringen.

(4) Das Bundesministerium für Wirtschaft und Energie wird ermächtigt, im Einvernehmen mit dem Bundesministerium des Innern, für Bau und Heimat, dem Bundesministerium der Justiz und für Verbraucherschutz sowie dem Bundesministerium für Verkehr und digitale Infrastruktur durch Rechtsverordnung

29 TKG Telekommunikationsgesetz

mit Zustimmung des Bundestages Rahmenvorschriften zur Förderung der Transparenz sowie zur Veröffentlichung von Informationen und zusätzlichen Dienstemerkmalen zur Kostenkontrolle auf dem Telekommunikationsmarkt zu erlassen.

(5) [1]In der Rechtsverordnung nach Absatz 4 können hinsichtlich Ort und Form der gemäß den Absätzen 2 und 3 zu veröffentlichenden Informationen konkretisierende Anforderungen festgelegt werden. [2]In der Rechtsverordnung nach Absatz 4 können Anbieter von Internetzugangsdiensten und öffentlich zugänglichen interpersonellen Telekommunikationsdiensten sowie Betreiber öffentlicher Telekommunikationsnetze verpflichtet werden, Einrichtungen anzubieten, um die Kosten von Sprachkommunikationsdiensten, von Internetzugangsdiensten oder von nummerngebundenen interpersonellen Telekommunikationsdiensten im Falle des Artikels 115 der Richtlinie (EU) 2018/1972 zu kontrollieren. [3]Die Einrichtung umfasst auch unentgeltliche Warnhinweise für die Verbraucher im Falle eines anormalen oder übermäßigen Verbrauchsverhaltens.

(6) [1]Das Bundesministerium für Wirtschaft und Energie kann im Einvernehmen mit dem Bundesministerium für Verkehr und digitale Infrastruktur die Ermächtigung nach Absatz 4 durch Rechtsverordnung auf die Bundesnetzagentur übertragen. [2]Eine Rechtsverordnung der Bundesnetzagentur bedarf des Einvernehmens mit dem Bundesministerium für Wirtschaft und Energie, dem Bundesministerium des Innern, für Bau und Heimat, dem Bundesministerium der Justiz und für Verbraucherschutz, dem Bundesministerium für Verkehr und digitale Infrastruktur und dem Bundestag.

(7) [1]Die Bundesnetzagentur kann selbst oder über Dritte jegliche Information veröffentlichen, die für Endnutzer Bedeutung haben kann. [2]Die Bundesnetzagentur kann zur Förderung der Transparenz sowie zur Bereitstellung von Informationen und zusätzlichen Dienstemerkmalen zur Kostenkontrolle nach Absatz 4 interaktive Führer oder ähnliche Techniken selbst oder über Dritte bereitstellen, wenn diese auf dem Markt nicht kostenlos oder zu einem angemessenen Preis zur Verfügung stehen. [3]Zur Bereitstellung nach Satz 3 ist die Nutzung der von Betreibern öffentlicher Telekommunikationsnetze und von Anbietern von Internetzugangsdiensten und öffentlich zugänglichen interpersonellen Telekommunikationsdiensten veröffentlichten Informationen für die Bundesnetzagentur oder für Dritte kostenlos.

§ 53 Unabhängige Vergleichsinstrumente. (1) Die Bundesnetzagentur stellt sicher, dass Verbraucher kostenlosen Zugang zu mindestens einem unabhängigen Vergleichsinstrument haben, mit dem diese verschiedene Internetzugangsdienste und öffentlich zugängliche nummerngebundene interpersonelle Telekommunikationsdienste vergleichen und beurteilen können in Bezug auf
1. die Preise und Tarife der für wiederkehrende oder verbrauchsbasierte direkte Geldzahlungen erbrachten Dienste und
2. die Dienstequalität, falls eine Mindestdienstequalität angeboten wird oder das Unternehmen verpflichtet ist, solche Informationen zu veröffentlichen.

Telekommunikationsgesetz **TKG 29**

(2) ¹Das Vergleichsinstrument nach Absatz 1 muss
1. unabhängig von den Anbietern der Dienste betrieben werden und damit sicherstellen, dass die Anbieter bei den Suchergebnissen gleichbehandelt werden;
2. die Inhaber und Betreiber des Vergleichsinstruments eindeutig offenlegen;
3. klare und objektive Kriterien enthalten, auf die sich der Vergleich stützt;
4. eine leicht verständliche und eindeutige Sprache verwenden;
5. korrekte und aktualisierte Informationen bereitstellen und den Zeitpunkt der letzten Aktualisierung angeben;
6. allen Anbietern von Internetzugangsdiensten und öffentlich zugänglichen interpersonellen Telekommunikationsdiensten offenstehen, eine breite Palette an Angeboten umfassen, die einen wesentlichen Teil des Marktes abdecken, sowie eine eindeutige diesbezügliche Erklärung ausgeben, bevor die Ergebnisse angezeigt werden, falls die angebotenen Informationen keine vollständige Marktübersicht darstellen;
7. ein wirksames Verfahren für die Meldung falscher Informationen vorsehen;
8. Preise, Tarife und Dienstequalität zwischen Angeboten vergleichbar machen, die Verbrauchern zur Verfügung stehen.

²Die Bundesnetzagentur kann sicherstellen, dass das Vergleichsinstrument nach Absatz 1 Nummer 1 auch öffentlich zugängliche nummernunabhängige interpersonelle Telekommunikationsdienste umfasst.

(3) ¹Vergleichsinstrumente, die den Anforderungen nach Absatz 2 entsprechen, werden auf Antrag des Anbieters des Vergleichsinstruments von der Bundesnetzagentur zertifiziert. ²Die Bundesnetzagentur kann einen Dritten mit der Zertifizierung beauftragen. ³Falls derartige Vergleichsinstrumente im Markt nicht angeboten werden, schreibt die Bundesnetzagentur die Leistung aus.

(4) ¹Dritte dürfen die Informationen, die von Anbietern von Internetzugangsdiensten oder öffentlich zugänglichen interpersonellen Telekommunikationsdiensten veröffentlicht werden, zur Bereitstellung unabhängiger Vergleichsinstrumente nutzen. ²Die Anbieter müssen eine kostenlose Nutzung in offenen Datenformaten ermöglichen.

§ 54 Vertragsschluss und Vertragszusammenfassung. (1) Bevor ein Verbraucher seine Vertragserklärung abgibt, hat der Anbieter anderer öffentlich zugänglicher Telekommunikationsdienste als für die Bereitstellung von Diensten der Maschine-Maschine-Kommunikation genutzte Übertragungsdienste dem Verbraucher die in Artikel 246 oder Artikel 246a § 1 des Einführungsgesetzes zum Bürgerlichen Gesetzbuche und die in § 55 aufgeführten Informationen zu erteilen, soweit diese einen von ihm zu erbringenden Dienst betreffen.

(2) ¹Die Informationen nach Absatz 1 sind dem Verbraucher in klarer und verständlicher Weise und auf einem dauerhaften Datenträger zur Verfügung zu stellen. ²Ist die Zurverfügungstellung auf einem dauerhaften Datenträger nicht möglich, sind sie in einem vom Anbieter bereitgestellten, leicht herunterladba-

29 TKG   Telekommunikationsgesetz

ren Dokument zu erteilen. [3]Die Informationen sind auf Anfrage in einem Format bereitzustellen, das für Endnutzer mit Behinderungen zugänglich ist. [4]Der Verbraucher ist durch den Anbieter ausdrücklich auf die Verfügbarkeit der bereitgestellten Informationen sowie darauf hinzuweisen, dass er über die Informationen zum Zweck der Dokumentation, der künftigen Bezugnahme und der unveränderten Wiedergabe nur verfügen kann, wenn er diese herunterlädt.

(3) [1]Bevor ein Verbraucher seine Vertragserklärung abgibt, stellt der Anbieter dem Verbraucher eine klare und leicht lesbare Vertragszusammenfassung unter Verwendung des Musters in der Durchführungsverordnung (EU) 2019/2243 der Kommission vom 17. Dezember 2019 zur Festlegung eines Musters für die Vertragszusammenfassung, das von den Anbietern öffentlich zugänglicher elektronischer Kommunikationsdienste gemäß der Richtlinie (EU) 2018/1972 des Europäischen Parlaments und des Rates zu verwenden ist (ABl. L 336 vom 30.12.2019, S. 274), kostenlos zur Verfügung. [2]Die Vertragszusammenfassung muss die Hauptelemente der Informationspflichten darlegen und umfasst mindestens folgende Informationen:

1. Name, Anschrift und Kontaktangaben des Anbieters sowie Kontaktangaben für Beschwerden, falls diese sich von ersteren unterscheiden,
2. die wesentlichen Merkmale der einzelnen zu erbringenden Dienste,
3. die jeweiligen Preise für die Aktivierung der Telekommunikationsdienste und alle wiederkehrenden oder verbrauchsabhängigen Entgelte, wenn die Dienste gegen direkte Geldzahlung erbracht werden,
4. die Laufzeit des Vertrages und die Bedingungen für seine Verlängerung und Kündigung,
5. die Nutzbarkeit der Produkte und Dienste für Endnutzer mit Behinderungen und
6. im Hinblick auf Internetzugangsdienste auch eine Zusammenfassung der gemäß Artikel 4 Absatz 1 Buchstabe d und e der Verordnung (EU) 2015/2120 erforderlichen Informationen.

[3]Ist es aus objektiven technischen Gründen nicht möglich, die Vertragszusammenfassung vor Abgabe der Vertragserklärung des Verbrauchers zur Verfügung zu stellen, so muss sie dem Verbraucher unverzüglich nach Vertragsschluss zur Verfügung gestellt werden. [4]Die Wirksamkeit des Vertrages hängt davon ab, dass der Verbraucher nach Erhalt der Vertragszusammenfassung den Vertrag in Textform genehmigt. [5]Genehmigt der Verbraucher den Vertrag nicht, so steht dem Anbieter, wenn er gegenüber dem Verbraucher in Erwartung der Genehmigung den Telekommunikationsdienst erbracht hat, kein Anspruch auf Wertersatz zu.

(4) Die in den Absätzen 1 und 3 genannten Informationen werden Inhalt des Vertrages, es sei denn, die Vertragsparteien haben ausdrücklich etwas anderes vereinbart.

§ 55 Informationsanforderungen für Verträge. (1) Bevor ein Verbraucher seine Vertragserklärung abgibt, hat der Anbieter anderer öffentlich zugänglicher Telekommunikationsdienste als für die Bereitstellung von Diensten

Telekommunikationsgesetz **TKG 29**

der Maschine-Maschine-Kommunikation genutzter Übermittlungsdienste dem Verbraucher folgende Informationen umfassend, klar und leicht zugänglich zur Verfügung zu stellen:
1. die gemäß Anhang VIII Teil A der Richtlinie (EU) 2018/1972 zu erteilenden Informationen und
2. Informationen über die Entschädigung der Endnutzer durch ihre Anbieter für den Fall, dass diese die Verpflichtungen zum Anbieterwechsel oder bei einer Rufnummernmitnahme nicht einhalten oder Kundendienst- und Installationstermine versäumen.

(2) Bevor ein Verbraucher seine Vertragserklärung abgibt, stellen Anbieter von Internetzugangsdiensten und öffentlich zugänglichen interpersonellen Telekommunikationsdiensten zusätzlich zu den Informationen nach Absatz 1 die Informationen nach Anhang VIII Teil B der Richtlinie (EU) 2018/1972 zur Verfügung.

(3) Betreiber öffentlicher Telekommunikationsnetze sind dazu verpflichtet, Anbietern öffentlich zugänglicher Telekommunikationsdienste die für die Erfüllung der Informationspflichten benötigten Informationen zur Verfügung zu stellen, wenn ausschließlich die Betreiber über diese Informationen verfügen.

(4) ^{1}Die Bundesnetzagentur kann nach Beteiligung der betroffenen Verbände und der Unternehmen festlegen, welche Mindestangaben nach den Absätzen 1 und 2 erforderlich sind. ^{2}Hierzu kann die Bundesnetzagentur die Anbieter öffentlich zugänglicher Telekommunikationsdienste, die nicht nur Übertragungsdienste für Dienste der Maschine-Maschine-Kommunikation bereitstellen, oder die Betreiber öffentlicher Telekommunikationsnetze verpflichten, Daten zum tatsächlichen Mindestniveau der Dienstequalität zu erheben, eigene Messungen durchzuführen oder Hilfsmittel zu entwickeln, die es dem Endnutzer ermöglichen, eigenständige Messungen durchzuführen. ^{3}Die Bundesnetzagentur veröffentlicht jährlich auf ihrer Internetseite einen Bericht über ihre Erhebungen und Erkenntnisse, in dem insbesondere dargestellt wird, inwiefern
1. die Anbieter von Internetzugangsdiensten die Informationen zur Verfügung stellen, die nach Absatz 2 und nach Artikel 4 Absatz 1 der Verordnung (EU) 2015/2120 erforderlich sind,
2. erhebliche, kontinuierliche oder regelmäßig wiederkehrende Abweichungen zwischen der nach Satz 2 gemessenen Dienstequalität und den nach Artikel 4 Absatz 1 Unterabsatz 1 Buchstabe d der Verordnung (EU) 2015/2120 im Vertrag enthaltenen Angaben festgestellt wurden und
3. Anforderungen und Maßnahmen nach Artikel 5 Absatz 1 Unterabsatz 1 Satz 2 der Verordnung (EU) 2015/2120 notwendig und wirksam sind.

§ 56 Vertragslaufzeit, Kündigung nach stillschweigender Vertragsverlängerung. (1) ^{1}Die anfängliche Laufzeit eines Vertrages zwischen einem Verbraucher und einem Anbieter öffentlich zugänglicher Telekommunikationsdienste, der nicht nur nummernunabhängige interpersonelle Telekommunikationsdienste oder Übertragungsdienste für die Bereitstellung von Diensten der

29 TKG

Maschine-Maschine-Kommunikation zum Gegenstand hat, darf 24 Monate nicht überschreiten. ²Anbieter sind vor Vertragsschluss verpflichtet, einem Verbraucher einen Vertrag mit einer anfänglichen Laufzeit von höchstens zwölf Monaten anzubieten.

(2) Absatz 1 ist nicht anzuwenden für Verträge, die nur die Herstellung einer physischen Verbindung zum Gegenstand haben, ohne dabei Endgeräte oder Dienste zu umfassen, auch wenn mit dem Verbraucher vereinbart wird, dass er die vereinbarte Vergütung über einen Zeitraum in Raten zahlen kann, der 24 Monate übersteigt.

(3) ¹Ist in einem Vertrag zwischen einem Endnutzer und einem Anbieter öffentlich zugänglicher Telekommunikationsdienste, der nicht nur nummernunabhängige interpersonelle Telekommunikationsdienste oder Übertragungsdienste für die Bereitstellung von Diensten der Maschine-Maschine-Kommunikation zum Gegenstand hat, vorgesehen, dass er sich nach Ablauf der anfänglichen Vertragslaufzeit stillschweigend verlängert, wenn der Endnutzer den Vertrag nicht rechtzeitig kündigt, kann der Endnutzer einen solchen Vertrag nach Ablauf der anfänglichen Vertragslaufzeit jederzeit unter Einhaltung einer Kündigungsfrist von einem Monat kündigen. ²Der Anbieter muss den Endnutzer rechtzeitig vor einer Verlängerung des Vertrages auf einem dauerhaften Datenträger hinweisen auf
1. die stillschweigende Verlängerung des Vertrages,
2. die Möglichkeit, die Verlängerung des Vertrages durch seine rechtzeitige Kündigung zu verhindern, und
3. das Recht, einen verlängerten Vertrag nach Satz 1 zu kündigen.

(4) ¹Durch eine Kündigung aufgrund des Absatzes 3 Satz 1 dürfen einem Endnutzer keine Kosten entstehen. ²Wenn ein Endnutzer berechtigt ist, einen Vertrag vor dem Ende der vereinbarten Laufzeit zu kündigen, darf von ihm über einen Wertersatz für einbehaltene Endgeräte hinaus keine Entschädigung verlangt werden. ³Der Wertersatz darf weder höher sein als der zum Zeitpunkt des Vertragsschlusses vereinbarte zeitanteilige Wert der Geräte noch als die Restentgelte, die noch für den Dienst angefallen wären, wenn dieser nicht vorzeitig gekündigt worden wäre. ⁴Spätestens mit Zahlung des Wertersatzes muss der Anbieter alle einschränkenden Bedingungen für die Nutzung dieser Endgeräte in anderen Telekommunikationsnetzen kostenlos aufheben.

(5) ¹Anbieter eines Internetzugangsdienstes stellen unentgeltlich sicher, dass Endnutzer während eines angemessenen Zeitraums nach Beendigung des Vertrages mit dem Anbieter des Internetzugangsdienstes weiterhin Zugang zu E-Mails haben, die unter der Mail-Domain des Anbieters bereitgestellt wurden, und dass Endnutzer diese E-Mails an eine vom Endnutzer festgelegte andere E-Mail-Adresse weiterleiten können. ²Die Bundesnetzagentur kann den angemessenen Zeitraum nach Satz 1 festlegen.

§ 57 Vertragsänderung, Minderung und außerordentliche Kündigung. (1) ¹Hat ein Anbieter öffentlich zugänglicher Telekommunikations-

Telekommunikationsgesetz **TKG 29**

dienste sich durch Allgemeine Geschäftsbedingungen vorbehalten, einen Vertrag einseitig zu ändern und ändert er die Vertragsbedingungen einseitig, kann der Endnutzer den Vertrag ohne Einhaltung einer Kündigungsfrist und ohne Kosten kündigen, es sei denn, die Änderungen sind
1. ausschließlich zum Vorteil des Endnutzers,
2. rein administrativer Art und haben keine negativen Auswirkungen auf den Endnutzer oder
3. unmittelbar durch Unionsrecht oder innerstaatlich geltendes Recht vorgeschrieben.

²Die Kündigung kann innerhalb von drei Monaten ab dem Zeitpunkt erklärt werden, in dem die Unterrichtung des Anbieters über die Vertragsänderung, die den Anforderungen des Absatzes 2 Satz 1 entspricht, dem Endnutzer zugeht. ³Der Vertrag kann durch die Kündigung frühestens zu dem Zeitpunkt beendet werden, zu dem die Vertragsänderung wirksam werden soll. ⁴Die Sätze 1 bis 3 sind nicht anzuwenden auf Verträge, die nur nummernunabhängige interpersonelle Telekommunikationsdienste zum Gegenstand haben.

(2) ¹Anbieter öffentlich zugänglicher Telekommunikationsdienste müssen Endnutzer mindestens einen Monat, höchstens zwei Monate, bevor eine Vertragsänderung nach Absatz 1 Satz 1 wirksam werden soll, klar und verständlich auf einem dauerhaften Datenträger über Folgendes unterrichten:
1. den Inhalt und den Zeitpunkt der Vertragsänderung und
2. ein bestehendes Kündigungsrecht des Endnutzers nach Absatz 1 Satz 1 bis 3.

²Die Bundesnetzagentur kann das Format für die Unterrichtung über Vertragsänderungen und zum Kündigungsrecht nach Absatz 1 Satz 1 bis 3 festlegen.

(3) ¹Anbieter beraten die Endnutzer hinsichtlich des für den jeweiligen Endnutzer besten Tarifs in Bezug auf ihre Dienste. ²Sie berücksichtigen hierbei insbesondere den Umfang der vom Endnutzer aktuell vertraglich vereinbarten Dienste, insbesondere in Bezug auf das enthaltene Datenvolumen. ³Anbieter erteilen Endnutzern Informationen über den hiernach ermittelten besten Tarif mindestens einmal pro Jahr.

(4) ¹Im Falle von
1. erheblichen, kontinuierlichen oder regelmäßig wiederkehrenden Abweichungen bei der Geschwindigkeit oder bei anderen Dienstequalitätsparametern zwischen der tatsächlichen Leistung der Internetzugangsdienste und der vom Anbieter der Internetzugangsdienste gemäß Artikel 4 Absatz 1 Buchstabe a bis d der Verordnung (EU) 2015/2120 angegebenen Leistung, die durch einen von der Bundesnetzagentur bereitgestellten oder von ihr oder einem von ihr beauftragten Dritten zertifizierten Überwachungsmechanismus ermittelt wurden, oder
2. anhaltenden oder häufig auftretenden erheblichen Abweichungen zwischen der tatsächlichen und der im Vertrag angegebenen Leistung eines Telekommunikationsdienstes mit Ausnahme eines Internetzugangsdienstes,

ist der Verbraucher unbeschadet sonstiger Rechtsbehelfe berechtigt, das vertraglich vereinbarte Entgelt zu mindern oder den Vertrag außerordentlich ohne

29 TKG

Einhaltung einer Kündigungsfrist zu kündigen. ²Bei der Minderung ist das vertraglich vereinbarte Entgelt in dem Verhältnis herabzusetzen, in welchem die tatsächliche Leistung von der vertraglich vereinbarten Leistung abweicht. ³Ist der Eintritt der Voraussetzungen von Satz 1 Nummer 1 oder 2 unstreitig oder vom Verbraucher nachgewiesen worden, besteht das Recht des Verbrauchers zur Minderung so lange fort, bis der Anbieter den Nachweis erbringt, dass er die vertraglich vereinbarte Leistung ordnungsgemäß erbringt. ⁴Im Falle des vollständigen Ausfalls eines Dienstes ist eine erhaltene Entschädigung nach § 58 Absatz 3 auf die Minderung anzurechnen. ⁵Für eine Kündigung nach Satz 1 ist § 314 Absatz 2 des Bürgerlichen Gesetzbuchs entsprechend anzuwenden. ⁶Für die Entschädigung des Anbieters im Falle einer Kündigung nach Satz 1 gilt § 56 Absatz 4 Satz 2 bis 4 entsprechend.

(5) Die Bundesnetzagentur kann die unbestimmten Begriffe der erheblichen, kontinuierlichen oder regelmäßig wiederkehrenden Abweichung bei der Geschwindigkeit nach Absatz 4 Satz 1 Nummer 1 sowie der anhaltenden oder häufig auftretenden erheblichen Abweichungen nach Absatz 4 Satz 1 Nummer 2 nach Anhörung der betroffenen Kreise durch Allgemeinverfügung konkretisieren.

§ 58 Entstörung. (1) ¹Der Verbraucher kann von einem Anbieter eines öffentlich zugänglichen Telekommunikationsdienstes verlangen, dass dieser eine Störung unverzüglich und unentgeltlich beseitigt, es sei denn, der Verbraucher hat die Störung selbst zu vertreten. ²Satz 1 gilt nicht für nummernunabhängige interpersonelle Telekommunikationsdienste oder die Bereitstellung von Übertragungsdiensten für Dienste der Maschine-Maschine-Kommunikation. ³Der Verbraucher hat bei der Entstörung eine Mitwirkungspflicht.

(2) ¹Der Anbieter hat den Eingang einer Störungsmeldung sowie die Vereinbarung von Kundendienst- und Installationsterminen jeweils unverzüglich gegenüber dem Verbraucher zu dokumentieren. ²Wenn der Anbieter die Störung nicht innerhalb eines Kalendertages nach Eingang der Störungsmeldung beseitigen kann, ist er verpflichtet, den Verbraucher spätestens innerhalb des Folgetages darüber zu informieren, welche Maßnahmen er eingeleitet hat und wann die Störung voraussichtlich behoben sein wird.

(3) ¹Wird die Störung nicht innerhalb von zwei Kalendertagen nach Eingang der Störungsmeldung beseitigt, kann der Verbraucher ab dem Folgetag für jeden Tag des vollständigen Ausfalls des Dienstes eine Entschädigung verlangen, es sei denn, der Verbraucher hat die Störung oder ihr Fortdauern zu vertreten, oder die vollständige Unterbrechung des Dienstes beruht auf gesetzlich festgelegten Maßnahmen nach diesem Gesetz, der Verordnung (EU) 2015/2120, sicherheitsbehördlichen Anordnungen oder höherer Gewalt. ²Die Höhe der Entschädigung beträgt am dritten und vierten Tag 5 Euro oder 10 Prozent und ab dem fünften Tag 10 Euro oder 20 Prozent der vertraglich vereinbarten Monatsentgelte bei Verträgen mit gleichbleibendem monatlichem Entgelt, je nachdem, welcher Betrag höher ist. ³Soweit der Verbraucher wegen der Stö-

Telekommunikationsgesetz **TKG 29**

rung eine Minderung nach § 57 Absatz 4 geltend macht, ist diese Minderung auf eine nach diesem Absatz zu zahlende Entschädigung anzurechnen. [4]Das Recht des Verbrauchers, einen über die Entschädigung nach diesem Absatz hinausgehenden Schadensersatz zu verlangen, bleibt unberührt. [5]Die Entschädigung ist auf einen solchen Schadensersatz anzurechnen; ein solcher Schadensersatz ist auf die Entschädigung anzurechnen.

(4) [1]Wird ein vereinbarter Kundendienst- oder Installationstermin vom Anbieter versäumt, kann der Verbraucher für jeden versäumten Termin eine Entschädigung in Höhe von 10 Euro oder 20 Prozent des vertraglich vereinbarten Monatsentgeltes bei Verträgen mit gleichbleibendem monatlichem Entgelt, je nachdem welcher Betrag höher ist, verlangen, es sei denn, der Verbraucher hat das Versäumnis des Termins zu vertreten. [2]Absatz 3 Satz 4 und 5 gilt entsprechend.

(5) [1]Die Bundesnetzagentur kann weitere Einzelheiten der Entstörung durch Festlegung regeln. [2]Dabei kann sie insbesondere auch weitere Fristen, Dokumentations- und Informationsanforderungen zum Beginn und Ablauf des Entstörungsverfahrens sowie Anforderungen an die Vereinbarung und Dokumentation von Kundendienst- und Installationsterminen festlegen.

§ 59 Anbieterwechsel und Rufnummernmitnahme. (1) [1]Anbieterwechsel und Rufnummernmitnahme erfolgen unter Leitung des aufnehmenden Anbieters. [2]Anbieter von Internetzugangsdiensten und öffentlich zugänglichen nummerngebundenen interpersonellen Telekommunikationsdiensten erteilen Endnutzern vor und während des Anbieterwechsels ausreichende Informationen. [3]Der aufnehmende und der abgebende Anbieter sowie die Betreiber öffentlicher Telekommunikationsnetze sind dabei zur Zusammenarbeit verpflichtet. [4]Sie sorgen dafür, dass es keine Unterbrechung des Dienstes gibt, sie verzögern oder missbrauchen den Wechsel oder die Rufnummernmitnahme nicht und führen diese nicht ohne vertragliche Vereinbarung des Endnutzers mit dem aufnehmenden Anbieter durch.

(2) [1]Die Anbieter müssen bei einem Anbieterwechsel sicherstellen, dass die Leistung des abgebenden Anbieters gegenüber dem Endnutzer nicht unterbrochen wird, bevor die vertraglichen und technischen Voraussetzungen für einen Anbieterwechsel vorliegen, es sei denn, der Endnutzer verlangt dies. [2]Der aufnehmende Anbieter stellt sicher, dass die Aktivierung des Telekommunikationsdienstes am mit dem Endnutzer ausdrücklich vereinbarten Tag unverzüglich erfolgt. [3]Bei einem Anbieterwechsel darf der Dienst des Endnutzers nicht länger als einen Arbeitstag unterbrochen werden. [4]Schlägt der Wechsel innerhalb dieser Frist fehl, gilt Satz 2 entsprechend.

(3) [1]Der abgebende Anbieter hat ab Vertragsende bis zum Ende der Leistungspflicht nach Absatz 2 Satz 2 gegenüber dem Endnutzer einen Anspruch auf Entgeltzahlung. [2]Die Höhe des Entgelts richtet sich nach den ursprünglich vereinbarten Vertragsbedingungen mit der Maßgabe, dass sich die vereinbarten Anschlussentgelte nach Vertragsende um 50 Prozent reduzieren, es sei denn,

29 TKG

der abgebende Anbieter weist nach, dass der Endnutzer die Verzögerung des Anbieterwechsels zu vertreten hat. ³Der abgebende Anbieter hat im Falle des Absatzes 2 Satz 1 gegenüber dem Endnutzer eine taggenaue Abrechnung vorzunehmen. ⁴Der Anspruch des aufnehmenden Anbieters auf Entgeltzahlung gegenüber dem Endnutzer entsteht nicht vor erfolgreichem Abschluss des Anbieterwechsels.

(4) ¹Wird der Dienst des Endnutzers bei einem Anbieterwechsel länger als einen Arbeitstag unterbrochen, kann der Endnutzer vom abgebenden Anbieter für jeden weiteren Arbeitstag der Unterbrechung eine Entschädigung in Höhe von 10 Euro oder 20 Prozent des vertraglich vereinbarten Monatsentgeltes bei Verträgen mit gleichbleibendem monatlichem Entgelt, je nachdem welcher Betrag höher ist, verlangen, es sei denn, der Endnutzer hat die Verzögerung zu vertreten. ²Wird ein vereinbarter Kundendienst- oder Installationstermin vom abgebenden oder aufnehmenden Anbieter versäumt, kann der Endnutzer von dem jeweiligen Anbieter für jeden versäumten Termin eine Entschädigung in Höhe von 10 Euro oder 20 Prozent des vertraglich vereinbarten Monatsentgeltes bei Verträgen mit gleichbleibendem monatlichem Entgelt, je nachdem welcher Betrag höher ist, verlangen, es sei denn, der Endnutzer hat das Versäumnis des Termins zu vertreten. ³Auf eine nach diesem Absatz geschuldete Entschädigung ist § 58 Absatz 3 Satz 4 und 5 entsprechend anwendbar.

(5) ¹Anbieter öffentlich zugänglicher nummerngebundener interpersoneller Telekommunikationsdienste müssen sicherstellen, dass Endnutzer auf Antrag die ihnen zugeteilte Rufnummer beibehalten können (Rufnummernmitnahme). ²Ist für die Rufnummernmitnahme eine Portierung notwendig, können Rufnummern unabhängig von dem Anbieter, der den Dienst erbringt, wie folgt portiert werden:
1. im Falle geografisch gebundener Rufnummern an einem bestimmten Standort und
2. im Falle nicht geografisch gebundener Rufnummern an jedem Standort.

³Die Sätze 1 und 2 gelten nur innerhalb der Nummernbereiche oder Nummernteilbereiche, die für einen bestimmten Dienst festgelegt wurden. ⁴Insbesondere ist die Portierung von Rufnummern für Sprachkommunikationsdienste an festen Standorten zu solchen ohne festen Standort und umgekehrt unzulässig.

(6) ¹Anbieter öffentlich zugänglicher nummerngebundener interpersoneller Telekommunikationsdienste stellen sicher, dass Endnutzer, die einen Vertrag kündigen, die Rufnummernmitnahme nach Absatz 5 bis zu einem Monat nach Vertragsende beantragen können. ²Die Mitnahme der Rufnummer und deren technische Aktivierung erfolgen an dem mit dem Endnutzer vereinbarten Tag, spätestens innerhalb des folgenden Arbeitstages. ³Erfolgen die Mitnahme der Rufnummer und deren technische Aktivierung nicht spätestens innerhalb des folgenden Arbeitstages, kann der Endnutzer von dem Anbieter, der die Verzögerung zu vertreten hat, eine Entschädigung in Höhe von 10 Euro für jeden Tag der Verzögerung verlangen; § 58 Absatz 3 Satz 4 und 5 ist entsprechend anwendbar. ⁴Für die Anbieter öffentlich zugänglicher Mobilfunkdienste gilt

Telekommunikationsgesetz **TKG 29**

Satz 1 mit der Maßgabe, dass der Endnutzer jederzeit die Mitnahme der ihm zugeteilten Rufnummer verlangen kann. ⁵Der bestehende Vertrag zwischen dem Endnutzer und dem Anbieter öffentlich zugänglicher Mobilfunkdienste bleibt davon unberührt. ⁶Auf Verlangen hat der abgebende Anbieter dem Endnutzer eine neue Rufnummer zuzuteilen.

(7) ¹Die Bundesnetzagentur stellt sicher, dass die Preise, die im Zusammenhang mit der Rufnummernportierung und dem Anbieterwechsel zwischen Anbietern berechnet werden, die einmalig entstehenden Kosten nicht überschreiten. ²Etwaige Entgelte unterliegen einer nachträglichen Regulierung. ³Für die Regulierung der Entgelte gilt § 46 entsprechend. ⁴Die Bundesnetzagentur stellt ferner sicher, dass Endnutzern für die Rufnummernmitnahme keine direkten Entgelte berechnet werden.

(8) ¹Die Bundesnetzagentur kann unter Berücksichtigung des Vertragsrechts, der technischen Machbarkeit und der Notwendigkeit, den Endnutzern die Kontinuität der Dienstleistung zu gewährleisten, weitere Einzelheiten für den Anbieterwechsel und die Rufnummernmitnahme festlegen. ²Dazu gehört auch, falls technisch machbar, eine Auflage, die Anlage des Anbieterprofils des aufnehmenden Anbieters auf der SIM-Karte über Luftschnittstellen durchzuführen, sofern der Endnutzer nichts anderes beantragt. ³Für Endnutzer, die keine Verbraucher sind und mit denen der Anbieter von öffentlich zugänglichen Telekommunikationsdiensten eine Individualvereinbarung getroffen hat, kann die Bundesnetzagentur von den Absätzen 1 und 2 abweichende Regelungen treffen.

§ 60 Umzug. (1) ¹Wenn ein Verbraucher seinen Wohnsitz wechselt und seine Verträge weiterführen möchte, ist der Anbieter von öffentlich zugänglichen Telekommunikationsdiensten verpflichtet, die vertraglich geschuldete Leistung an dem neuen Wohnsitz des Verbrauchers ohne Änderung der vereinbarten Vertragslaufzeit und der sonstigen Vertragsinhalte zu erbringen, soweit er diese dort anbietet. ²Der Anbieter kann ein angemessenes Entgelt für den durch den Umzug entstandenen Aufwand verlangen, das jedoch nicht höher sein darf als das für die Schaltung eines Neuanschlusses vorgesehene Entgelt.

(2) ¹Wird die vertraglich geschuldete Leistung am neuen Wohnsitz nicht angeboten, kann der Verbraucher den Vertrag unter Einhaltung einer Kündigungsfrist von einem Monat kündigen. ²Die Kündigung kann mit Wirkung zum Zeitpunkt des Auszugs oder mit Wirkung zu einem späteren Zeitpunkt erklärt werden.

(3) ¹Anbieter von öffentlich zugänglichen Telekommunikationsdiensten sowie Betreiber öffentlicher Telekommunikationsnetze arbeiten zusammen, um sicherzustellen, dass die Aktivierung des Telekommunikationsdienstes am neuen Wohnsitz zu dem mit dem Verbraucher ausdrücklich vereinbarten Tag erfolgt. ²§ 58 Absatz 3 und § 59 Absatz 4 gelten entsprechend.

(4) Die Bundesnetzagentur kann unter Berücksichtigung des Vertragsrechts, der technischen Machbarkeit und der Notwendigkeit, den Endnutzern die Kon-

tinuität der Dienstleistung zu gewährleisten, die Einzelheiten des Verfahrens für den Umzug festlegen.

§ 61 Selektive Sperre zum Schutz vor Kosten, Sperre bei Zahlungsverzug. (1) ¹Endnutzer können von dem Anbieter von Sprachkommunikationsdiensten, von dem Anbieter von Internetzugangsdiensten und von dem Anbieter des Anschlusses an das öffentliche Telekommunikationsnetz verlangen, dass die Nutzung ihres Netzzugangs für bestimmte Rufnummernbereiche im Sinne von § 3 Nummer 50 sowie für Kurzwahldienste unentgeltlich netzseitig gesperrt wird, soweit dies technisch möglich ist. ²Die Freischaltung der gesperrten Rufnummernbereiche und der Kurzwahldienste kann kostenpflichtig sein.

(2) Endnutzer können von dem Anbieter öffentlich zugänglicher Mobilfunkdienste und von dem Anbieter des Anschlusses an das öffentliche Mobilfunknetz verlangen, dass die Identifizierung ihres Mobilfunkanschlusses zur Inanspruchnahme und Abrechnung einer neben der Verbindung erbrachten Leistung unentgeltlich netzseitig gesperrt wird.

(3) ¹Anbieter von Sprachkommunikationsdiensten und Anbieter von Internetzugangsdiensten dürfen zu erbringende Leistungen für einen Verbraucher unbeschadet anderer gesetzlicher Vorschriften nur nach Maßgabe der nachfolgenden Absätze ganz oder teilweise mittels einer Sperre verweigern. ²§ 164 Absatz 1 bleibt unberührt.

(4) ¹Wegen Zahlungsverzugs des Verbrauchers darf der Anbieter eine Sperre durchführen, wenn der Verbraucher bei wiederholter Nichtzahlung und nach Abzug etwaiger Anzahlungen mit Zahlungsverpflichtungen von mindestens 100 Euro in Verzug ist. ²Der Anbieter muss die Sperre mindestens zwei Wochen zuvor schriftlich androhen und dabei auf die Möglichkeit des Verbrauchers, Rechtsschutz vor den Gerichten zu suchen, hinweisen. ³Bei der Berechnung der Höhe des Betrags nach Satz 1 bleiben nicht titulierte Forderungen, die der Verbraucher form- und fristgerecht und schlüssig begründet beanstandet hat, außer Betracht. ⁴Ebenso bleiben nicht titulierte bestrittene Forderungen Dritter außer Betracht. ⁵Dies gilt auch dann, wenn diese Forderungen abgetreten worden sind.

(5) Der Anbieter darf eine Sperre durchführen, wenn der begründete Verdacht besteht, dass der Anschluss des Endnutzers missbräuchlich benutzt oder von Dritten manipuliert wird.

(6) ¹Die Sperre ist auf die vom Zahlungsverzug oder Missbrauch betroffenen Leistungen zu beschränken. ²Im Falle strittiger hoher Rechnungen für Mehrwertdienste muss dem Verbraucher weiterhin Zugang zu einem Mindestangebot an Sprachkommunikations- und Breitbandinternetzugangsdiensten gewährt werden. ³Sofern der Zahlungsverzug einen Dienst betrifft, der Teil eines Angebotspakets ist, kann der Anbieter nur den betroffenen Bestandteil des Angebotspakets sperren. ⁴Eine auch ankommende Sprachkommunikation erfassende Vollsperrung darf frühestens eine Woche nach Sperrung abgehender Sprachkommunikation erfolgen.

Telekommunikationsgesetz **TKG 29**

(7) Die Sperre darf nur aufrechterhalten werden, solange der Grund für die Sperre fortbesteht.

§ 62 Rechnungsinhalte, Teilzahlungen. (1) Rechnungen an Endnutzer müssen Folgendes enthalten:
1. die konkrete Bezeichnung der in Rechnung gestellten Leistungen,
2. den Namen und die ladungsfähige Anschrift des rechnungsstellenden Anbieters,
3. bei einem rechnungsstellenden Anbieter mit Sitz im Ausland zusätzlich die ladungsfähige Anschrift eines allgemeinen Zustellungsbevollmächtigten im Inland, und
4. eine nationale Ortsnetzrufnummer oder eine kostenfreie Kundendiensttelefonnummer, E-Mail-Adresse und Internetseite des rechnungsstellenden Anbieters.

(2) [1]Sofern Fremdforderungen oder abgetretene Forderungen Dritter (Drittanbieter) mit ausgewiesen werden, müssen Rechnungen an Endnutzer zusätzlich folgende Angaben enthalten:
1. den Namen und die ladungsfähige Anschriften des Drittanbieters,
2. eine nationale Ortsnetzrufnummer oder eine kostenfreie Kundendiensttelefonnummer, des Drittanbieters,
3. den Hinweis auf eine Internetseite mit den folgenden leicht auffindbaren Informationen des Drittanbieters:
   a) E-Mailadresse,
   b) ladungsfähige Anschrift des Drittanbieters,
   c) bei einem Drittanbieter mit Sitz im Ausland zusätzlich die ladungsfähige Anschrift eines allgemeinen Zustellungsbevollmächtigten im Inland.

[2]§ 65 bleibt unberührt. [3]Zahlt der Endnutzer den Gesamtbetrag der Rechnung an den rechnungsstellenden Anbieter, so befreit ihn diese Zahlung von der Zahlungsverpflichtung auch gegenüber dem Drittanbieter.

(3) Hat der Endnutzer vor oder bei der Zahlung nichts anderes bestimmt, so sind Teilzahlungen an den rechnungsstellenden Anbieter auf die in der Rechnung ausgewiesenen Forderungen nach ihrem Anteil an der Gesamtforderung der Rechnung zu verrechnen.

(4) Das rechnungsstellende Unternehmen muss den Rechnungsempfänger in der Rechnung darauf hinweisen, dass dieser berechtigt ist, begründete Einwendungen gegen einzelne in der Rechnung gestellte Forderungen zu erheben.

(5) [1]Die Bundesnetzagentur legt nach Anhörung der betroffenen Unternehmen, Fachkreise und Verbraucherverbände Verfahren fest, die die Anbieter öffentlich zugänglicher Mobilfunkdienste und die Anbieter des Anschlusses an das öffentliche Mobilfunknetz anwenden müssen, um die Identifizierung eines Mobilfunkanschlusses zur Inanspruchnahme und Abrechnung einer neben der Verbindung erbrachten Leistung zu nutzen. [2]Diese Verfahren sollen den Endnutzer wirksam davor schützen, dass eine neben der Verbindung erbrachte

29 TKG Telekommunikationsgesetz

Leistung gegen seinen Willen in Anspruch genommen und abgerechnet wird. ³Die Bundesnetzagentur veröffentlicht die Verfahren und überprüft sie in regelmäßigen Abständen auf ihre Wirksamkeit.

§ 63 Verbindungspreisberechnung. (1) Bei der Abrechnung sind Anbieter öffentlich zugänglicher nummerngebundener interpersoneller Telekommunikationsdienste und Anbieter von Internetzugangsdiensten verpflichtet,

1. die Dauer und den Zeitpunkt zeitabhängig tarifierter Verbindungen von nummerngebundenen interpersonellen Telekommunikationsdiensten und Internetzugangsdiensten unter regelmäßiger Abgleichung mit einem amtlichen Zeitnormal zu ermitteln,
2. die für die Tarifierung relevanten Entfernungszonen zu ermitteln,
3. die übertragene Datenmenge bei volumenabhängig tarifierten Verbindungen von nummerngebundenen interpersonellen Telekommunikationsdiensten und Internetzugangsdiensten nach einem nach Absatz 3 vorgegebenen Verfahren zu ermitteln und
4. die Systeme, Verfahren und technischen Einrichtungen, mit denen auf der Grundlage der ermittelten Verbindungsdaten die Entgeltforderungen berechnet werden, einer regelmäßigen Kontrolle auf Abrechnungsgenauigkeit und Übereinstimmung mit den vertraglich vereinbarten Entgelten zu unterziehen.

(2) ¹Die Voraussetzungen nach Absatz 1 Nummer 1 bis 3 sowie die Abrechnungsgenauigkeit und Entgeltrichtigkeit der Datenverarbeitungseinrichtungen nach Absatz 1 Nummer 4 sind durch ein Qualitätssicherungssystem sicherzustellen oder einmal jährlich durch öffentlich bestellte und vereidigte Sachverständige oder vergleichbare Stellen überprüfen zu lassen. ²Zum Nachweis der Einhaltung dieser Bestimmung ist der Bundesnetzagentur die Prüfbescheinigung einer akkreditierten Zertifizierungsstelle für Qualitätssicherungssysteme oder das Prüfergebnis eines öffentlich bestellten und vereidigten Sachverständigen vorzulegen.

(3) Die Bundesnetzagentur legt im Benehmen mit dem Bundesamt für Sicherheit in der Informationstechnik Anforderungen an die Systeme und Verfahren zur Ermittlung des Entgelts volumenabhängig tarifierter Verbindungen nach Absatz 1 Nummer 2 bis 4 nach Anhörung der betroffenen Unternehmen, Fachkreise und Verbraucherverbände fest.

§ 64 Vorausbezahlung. (1) Verbraucher müssen die Möglichkeit haben, auf Vorauszahlungsbasis Zugang zum öffentlichen Telekommunikationsnetz zu erhalten und Sprachkommunikationsdienste, Internetzugangsdienste oder öffentlich zugängliche nummerngebundene interpersonelle Telekommunikationsdienste in Anspruch nehmen zu können.

(2) Für den Fall, dass eine Leistung nach Absatz 1 nicht angeboten wird, schreibt die Bundesnetzagentur die Leistung aus.

(3) Die Einzelheiten kann die Bundesnetzagentur festlegen.

(4) Bei vorausbezahlten Diensten erstattet der bisherige Anbieter dem Verbraucher auf Anfrage bei Beendigung des Vertrages das Restguthaben.

§ 65 Anspruch auf Einzelverbindungsnachweis. (1) [1]Der Endnutzer kann von dem Anbieter öffentlich zugänglicher nummerngebundener interpersoneller Telekommunikationsdienste und von dem Anbieter von Internetzugangsdiensten jederzeit mit Wirkung für die Zukunft eine nach Einzelverbindungen aufgeschlüsselte Rechnung (Einzelverbindungsnachweis) verlangen, die zumindest die Angaben enthält, die für eine Nachprüfung der Teilbeträge der Rechnung erforderlich sind. [2]Dies gilt nicht, soweit technische Hindernisse der Erteilung von Einzelverbindungsnachweisen entgegenstehen oder wegen der Art des Rechtsgeschäfts eine Rechnung grundsätzlich nicht erteilt wird. [3]Die Rechtsvorschriften zum Schutz personenbezogener Daten bleiben unberührt.

(2) [1]Die Einzelheiten darüber, welche Angaben in der Regel für einen Einzelverbindungsnachweis erforderlich und in welcher Form diese Angaben jeweils mindestens zu erteilen sind, kann die Bundesnetzagentur durch Verfügung festlegen. [2]Der Endnutzer kann einen auf diese Festlegungen beschränkten Einzelverbindungsnachweis verlangen, für den kein Entgelt erhoben werden darf.

§ 66 Angebotspakete. (1) Wenn ein Dienstpaket oder ein Dienst- und Endgerätepaket, das Verbrauchern angeboten wird, mindestens einen Internetzugangsdienst oder einen öffentlich zugänglichen nummerngebundenen interpersonellen Telekommunikationsdienst umfasst (Paketvertrag), gelten die §§ 52 und 54 Absatz 3, §§ 56, 57 und 59 Absatz 1 für alle Elemente des Pakets einschließlich derjenigen Bestandteile, die ansonsten nicht unter jene Bestimmungen fallen.

(2) Wenn ein Bestandteil des Pakets nach Absatz 1 bei Nichteinhaltung der Vertragsbestimmungen oder nicht erfolgter Bereitstellung vor dem Ende der vereinbarten Vertragslaufzeit kündbar ist, kann der Verbraucher anstelle der Kündigung des einzelnen Vertragsbestandteils den Vertrag im Hinblick auf alle Bestandteile des Pakets kündigen.

(3) [1]Durch eine etwaige Bestellung von zusätzlichen Diensten oder Endgeräten, die von demselben Anbieter von Internetzugangsdiensten oder öffentlich zugänglichen nummerngebundenen interpersonellen Telekommunikationsdiensten bereitgestellt oder vertrieben werden, darf die ursprüngliche Laufzeit des Vertrags, in dessen Leistungsumfang die betreffenden Dienste oder Endgeräte aufgenommen werden, nicht verlängert werden. [2]Dies gilt nicht, wenn der Verbraucher der Verlängerung bei der Bestellung der zusätzlichen Dienste oder Endgeräte ausdrücklich zustimmt.

§ 67 Beanstandungen. (1) [1]Anbieter öffentlich zugänglicher Telekommunikationsdienste, bei denen es sich weder um nummernunabhängige interpersonelle Telekommunikationsdienste noch um für die Bereitstellung von Diensten für die Maschine-Maschine-Kommunikation genutzte Übertragungsdienste

29 TKG Telekommunikationsgesetz

handelt, sind verpflichtet, Informationen zu den von ihnen bereitgestellten Beschwerdeverfahren in einem Format zu veröffentlichen, das für Endnutzer mit Behinderungen zugänglich ist. ²Die Anbieter müssen insbesondere informieren über die durchschnittliche Dauer der Bearbeitung von Beschwerden der Endnutzer sowie die durchschnittliche Dauer der Bearbeitung von Beschwerden zu den Themen Qualität der Dienstleistungen, Vertragsdurchführung und Abrechnung. ³Die Anbieter müssen klarstellen, wie die Endnutzer Zugang zu diesen Verfahren haben. ⁴Die Verfahren müssen den Interessen von Endnutzern mit Behinderungen Rechnung tragen, indem sie in einem barrierefreien Format erfolgen.

(2) ¹Endnutzer können eine erteilte Abrechnung nach Zugang oder eine Abbuchung vorausbezahlten Guthabens innerhalb einer Frist von acht Wochen beanstanden. ²Im Falle der Beanstandung hat der Anbieter dem Endnutzer das Verbindungsaufkommen als Entgeltnachweis nach den einzelnen Verbindungsdaten aufzuschlüsseln und eine technische Prüfung durchzuführen, es sei denn, die Beanstandung ist nachweislich nicht auf einen technischen Mangel zurückzuführen. ³Bei der Aufschlüsselung des Verbindungsaufkommens hat der Anbieter die datenschutzrechtlichen Belange etwaiger weiterer Nutzer des Anschlusses zu wahren.

(3) ¹Der Endnutzer kann innerhalb der Beanstandungsfrist verlangen, dass ihm der Entgeltnachweis und die Ergebnisse der technischen Prüfung vorgelegt werden. ²Erfolgt die Vorlage nicht binnen acht Wochen nach einer Beanstandung, erlöschen bis dahin entstandene Ansprüche aus Verzug. ³Die mit der Abrechnung geltend gemachte Forderung wird mit der verlangten Vorlage fällig. ⁴Die Bundesnetzagentur veröffentlicht, welche Verfahren zur Durchführung der technischen Prüfung geeignet sind.

(4) ¹Soweit aus technischen Gründen keine Verkehrsdaten gespeichert oder für den Fall, dass keine Beanstandungen erhoben wurden, gespeicherte Daten nach Verstreichen der in Absatz 2 Satz 1 geregelten oder mit dem Anbieter vereinbarten Frist oder aufgrund rechtlicher Verpflichtungen gelöscht worden sind, trifft den Anbieter weder eine Nachweispflicht für die erbrachten Verbindungsleistungen noch die Auskunftspflicht nach Absatz 2 für die Einzelverbindungen. ²Satz 1 gilt entsprechend, soweit der Endnutzer nach einem deutlich erkennbaren Hinweis auf die Folgen nach Satz 1 verlangt hat, dass Verkehrsdaten gelöscht oder nicht gespeichert werden.

(5) ¹Dem Anbieter öffentlich zugänglicher Telekommunikationsdienste obliegt der Nachweis, dass er den Telekommunikationsdienst oder den Zugang zum Telekommunikationsnetz bis zu dem Übergabepunkt, an dem dem Endnutzer der Netzzugang bereitgestellt wird, technisch fehlerfrei erbracht hat. ²Ergibt die technische Prüfung nach Absatz 2 Mängel, die sich auf die Berechnung des beanstandeten Entgelts zu Lasten des Endnutzers ausgewirkt haben können, oder wird die technische Prüfung später als zwei Monate nach der Beanstandung durch den Endnutzer abgeschlossen, wird widerlegich vermutet, dass das in Rechnung gestellte Verbindungsaufkommen des jewei-

Telekommunikationsgesetz **TKG 29**

ligen Anbieters öffentlich zugänglicher Telekommunikationsdienste unrichtig ermittelt ist.

(6) ¹Soweit der Endnutzer nachweist, dass ihm die Inanspruchnahme von Leistungen des Anbieters nicht zugerechnet werden kann, hat der Anbieter keinen Anspruch auf Entgelt gegen den Endnutzer. ²Der Anspruch entfällt auch, soweit Tatsachen die Annahme rechtfertigen, dass Dritte durch unbefugte Veränderungen an öffentlichen Telekommunikationsnetzen das in Rechnung gestellte Verbindungsentgelt beeinflusst haben.

§ 68 Schlichtung. (1) Ein Endnutzer kann bei der Schlichtungsstelle Telekommunikation der Bundesnetzagentur durch einen Antrag ein Schlichtungsverfahren einleiten, wenn es zwischen ihm und einem Betreiber öffentlicher Telekommunikationsnetze oder einem Anbieter öffentlich zugänglicher Telekommunikationsdienste zum Streit über einen Sachverhalt kommt, der mit den folgenden Regelungen zusammenhängt:
1. die §§ 51, 52, 54 bis 67 oder den aufgrund dieser Regelungen getroffenen Festlegungen sowie § 156 oder einer Rechtsverordnung nach § 52 Absatz 4,
2. der Verordnung (EU) Nr. 531/2012 des Europäischen Parlaments und des Rates vom 13. Juni 2012 über das Roaming in öffentlichen Mobilfunknetzen in der Union (Neufassung) (ABl. L 172 vom 30.6.2012, S. 10), die zuletzt durch die Verordnung (EU) 2017/920 (ABl. L 147 vom 9.6.2017, S. 1) geändert worden ist, oder
3. Artikel 4 Absatz 1, 2 und 4 und Artikel 5a der Verordnung (EU) 2015/2120.

(2) Das Schlichtungsverfahren endet, wenn
1. der Schlichtungsantrag zurückgenommen wird,
2. Endnutzer und Betreiber oder Anbieter sich geeinigt und dies der Bundesnetzagentur mitgeteilt haben,
3. Endnutzer und Betreiber oder Anbieter übereinstimmend erklären, dass sich der Streit erledigt hat,
4. die Schlichtungsstelle Telekommunikation der Bundesnetzagentur dem Endnutzer und dem Betreiber oder Anbieter mitteilt, dass eine Einigung im Schlichtungsverfahren nicht erreicht werden konnte, oder
5. die Schlichtungsstelle Telekommunikation der Bundesnetzagentur feststellt, dass Belange nach Absatz 1 nicht mehr berührt sind.

(3) ¹Die Bundesnetzagentur regelt die weiteren Einzelheiten über das Schlichtungsverfahren in einer Schlichtungsordnung, die sie veröffentlicht. ²Die Schlichtungsstelle Telekommunikation der Bundesnetzagentur muss die Anforderungen nach dem Verbraucherstreitbeilegungsgesetz vom 19. Februar 2016 (BGBl. I S. 254), das durch Artikel 2 Absatz 3 des Gesetzes vom 25. Juni 2020 (BGBl. I S. 1474) geändert worden ist, erfüllen. ³Das Bundesministerium für Wirtschaft und Energie übermittelt der Zentralen Anlaufstelle für Verbraucherschlichtung die Mitteilungen nach § 32 Absatz 3 und 4 des Verbraucherstreitbeilegungsgesetzes.

29 TKG

Telekommunikationsgesetz

§ 69 Abwehr- und Schadensersatzansprüche. (1) ¹Ein Anbieter von öffentlich zugänglichen Telekommunikationsdiensten, der gegen dieses Gesetz, eine aufgrund dieses Gesetzes erlassene Rechtsverordnung, eine aufgrund dieses Gesetzes in einer Zuteilung auferlegte Verpflichtung oder eine Verfügung der Bundesnetzagentur verstößt, ist dem Betroffenen zur Unterlassung verpflichtet. ²Der Unterlassungsanspruch besteht bereits dann, wenn eine Zuwiderhandlung droht. ³Betroffen ist, wer als Endnutzer oder Wettbewerber durch den Verstoß beeinträchtigt ist. ⁴Fällt dem Anbieter Vorsatz oder Fahrlässigkeit zur Last, ist er einem Endnutzer oder einem Wettbewerber auch zum Ersatz des Schadens verpflichtet, der ihm aus dem Verstoß entstanden ist. ⁵Geldschulden nach Satz 4 hat der Anbieter ab Eintritt des Schadens zu verzinsen. ⁶Die §§ 288 und 289 Satz 1 des Bürgerlichen Gesetzbuchs sind entsprechend anwendbar.

(2) Soweit ein Anbieter aufgrund einer Vorschrift dieses Teils dem Endnutzer eine Entschädigung zu leisten hat oder dem Endnutzer oder einem Wettbewerber nach den allgemeinen Vorschriften zum Schadensersatz verpflichtet ist, ist diese Entschädigung oder dieser Schadensersatz auf einen Schadensersatz nach Absatz 1 anzurechnen; ein Schadensersatz nach Absatz 1 ist auf die Entschädigung oder einen Schadensersatz nach den allgemeinen Vorschriften anzurechnen.

§ 70 Haftungsbegrenzung. ¹Soweit eine Verpflichtung des Anbieters von öffentlich zugänglichen Telekommunikationsdiensten zum Ersatz eines Vermögensschadens oder zur Zahlung einer Entschädigung gegenüber einem Endnutzer besteht, ist die Haftung auf 12 500 Euro je Endnutzer begrenzt. ²Besteht die Schadensersatz- oder Entschädigungspflicht des Anbieters wegen desselben Ereignisses gegenüber mehreren Endnutzern, ist die Haftung auf insgesamt 30 Millionen Euro begrenzt. ³Übersteigt die Schadensersatz- oder Entschädigungspflicht gegenüber mehreren Anspruchsberechtigten auf Grund desselben Ereignisses die Höchstgrenze nach Satz 2, wird der Schadensersatz oder die Entschädigung in dem Verhältnis gekürzt, in dem die Summe aller Schadensersatz- oder Entschädigungsansprüche zur Höchstgrenze steht. ⁴Die Haftungsbegrenzung nach den Sätzen 1 bis 3 gilt nicht, wenn die Schadensersatz- oder Entschädigungspflicht durch ein vorsätzliches oder grob fahrlässiges Verhalten des Anbieters herbeigeführt wurde, sowie für Ansprüche auf Ersatz des Schadens, der durch den Verzug der Zahlung von Schadensersatz oder einer Entschädigung entsteht. ⁵Abweichend von den Sätzen 1 bis 3 kann die Höhe der Haftung gegenüber Endnutzern, die keine Verbraucher sind, durch einzelvertragliche Vereinbarung geregelt werden.

§ 71 Abweichende Vereinbarungen und Geltungsbereich Kundenschutz. (1) Von den Vorschriften dieses Teils oder der aufgrund dieses Teils erlassenen Rechtsverordnungen darf, soweit nicht ein anderes bestimmt ist, nicht zum Nachteil des Endnutzers abgewichen werden.

(2) ¹Wer im Rahmen eines Miet- oder Pachtvertrages oder im Zusammenhang mit einem Miet- oder Pachtvertrag Telekommunikationsdienste zur Ver-

Telekommunikationsgesetz **TKG 29**

fügung stellt, vereinbart, anbietet oder dem Verbraucher im Rahmen des Miet- oder Pachtvertrages oder im Zusammenhang mit einem Miet- oder Pachtvertrag Kosten für solche Dienste in Rechnung stellt, hat sicherzustellen, dass die Vorschriften dieses Teils gegenüber dem Verbraucher eingehalten werden. [2]Diese Pflicht zur Sicherstellung gilt nur, wenn es sich weder um nummernunabhängige interpersonelle Telekommunikationsdienste noch um für die Bereitstellung von Diensten der Maschine-Maschine-Kommunikation genutzte Übertragungsdienste handelt. [3]Verbraucher können entsprechend § 56 Absatz 3 gegenüber ihrem Vermieter oder Verpächter die Beendigung der Inanspruchnahme von Telekommunikationsdiensten im Rahmen des Miet- oder Pachtverhältnisses erklären, wenn das Miet- oder Pachtverhältnis bereits 24 Monate oder länger besteht.

(3) § 52 Absatz 1 bis 3, § 54 Absatz 1 und 4, die §§ 55, 56 Absatz 1, die §§ 58, 60, 61, 66 und 71 Absatz 2 sind auch auf Kleinstunternehmen oder kleine Unternehmen sowie Organisationen ohne Gewinnerzielungsabsicht anzuwenden, es sei denn, diese haben ausdrücklich dem Verzicht der Anwendung dieser Bestimmungen zugestimmt.

(4) [1]Mit Ausnahme der §§ 51, 68, 69 und 70 finden die Regelungen dieses Teils keine Anwendung auf Kleinstunternehmen, wenn sie nur nummernunabhängige interpersonelle Telekommunikationsdienste erbringen. [2]Kleinstunternehmen nach Satz 1 müssen Endnutzer vor Vertragsschluss darüber informieren, dass die §§ 52 bis 67 auf den Vertrag nicht anzuwenden sind.

§ 72 Glasfaserbereitstellungsentgelt. (1) [1]Der Betreiber eines öffentlichen Telekommunikationsnetzes kann auf Grundlage einer vertraglichen Vereinbarung mit dem Eigentümer des Grundstücks von diesem ein Bereitstellungsentgelt nach Maßgabe der folgenden Absätze erheben, wenn der Betreiber
1. das Gebäude mit Gestattung des Eigentümers des Grundstücks erstmalig mit einer Netzinfrastruktur ausstattet, die vollständig aus Glasfaserkomponenten besteht,
2. die Netzinfrastruktur nach Nummer 1 an ein öffentliches Netz mit sehr hoher Kapazität anschließt, und
3. für den mit dem Eigentümer des Grundstücks vereinbarten Bereitstellungszeitraum die Betriebsbereitschaft der Netzinfrastruktur nach Nummer 1 und des Anschlusses an das öffentliche Netz mit sehr hoher Kapazität nach Nummer 2 gewährleistet.

[2]Dem Eigentümer eines Grundstücks steht der Inhaber eines grundstücksgleichen Rechts gleich.

(2) [1]Das Bereitstellungsentgelt darf im Erhebungszeitraum, der mit Errichtung der Netzinfrastruktur innerhalb des Gebäudes (Absatz 1 Nummer 1) beginnt, in wiederkehrenden Zeitabschnitten erhoben werden. [2]Das Bereitstellungsentgelt darf im Jahr höchstens 60 Euro und in der Summe (Gesamtkosten) höchstens 540 Euro je Wohneinheit betragen. [3]Es darf höchstens für die Dauer von bis zu fünf Jahren erhoben werden; ist dieser Zeitraum zur Refinan-

zierung der Gesamtkosten nicht ausreichend, kann er auf höchstens neun Jahre verlängert werden. [4]Überschreiten die Gesamtkosten 300 Euro (aufwändige Maßnahme), hat der Betreiber nach Absatz 1 die Gründe hierfür darzulegen.

(3) [1]Bei der Festsetzung des Bereitstellungsentgelts dürfen die auf die Jahre des Erhebungszeitraums gleichmäßig verteilten tatsächlichen Kosten zuzüglich einer angemessenen Verzinsung des eingesetzten Kapitals berücksichtigt werden, die für die Errichtung der Netzinfrastruktur innerhalb des Gebäudes (Absatz 1 Nummer 1) entstanden sind; dies sind die Kosten für die Errichtung der passiven Netzinfrastruktur und der Glasfaserkabel im Gebäude. [2]Kosten, die von einem Dritten übernommen oder die mit Zuschüssen aus öffentlichen Haushalten gedeckt werden, sind von den Kosten nach Satz 1 abzuziehen.

(4) In jeder Rechnung des Betreibers nach Absatz 1 an den Eigentümer des Grundstücks sind auszuweisen
1. die Höhe des Bereitstellungsentgelts für den Abrechnungszeitraum,
2. Beginn und Ende des Erhebungszeitraums,
3. die Gesamtkosten,
4. bei aufwändigen Maßnahmen gemäß Absatz 2 Satz 4 die Darlegung der Gründe sowie
5. bei Errichtung der Netzinfrastruktur innerhalb des Gebäudes (Absatz 1 Nummer 1) vor dem 1. Dezember 2021
   a) deren Errichtungsdatum,
   b) die Laufzeit des anlässlich der Errichtung abgeschlossenen Gestattungsvertrages oder
   c) der Zeitpunkt, ab dem das Bereitstellungsentgelt erstmals erhoben worden ist.

(5) Nach Ablauf des Bereitstellungszeitraums ist der Eigentümer des Grundstücks verpflichtet, die Betriebsbereitschaft der Netzinfrastruktur innerhalb des Gebäudes (Absatz 1 Nummer 1) zu gewährleisten.

(6) [1]Der Betreiber nach Absatz 1 hat Anbietern von öffentlich zugänglichen Telekommunikationsdiensten zum Zwecke der Versorgung von Endnutzern dauerhaft auf Antrag Zugang zur passiven Netzinfrastruktur sowie den Glasfaserkabeln am Hausübergabepunkt zu transparenten und diskriminierungsfreien Bedingungen und unentgeltlich zu gewähren. [2]Die Pflicht nach Satz 1 trifft nach Ende des Bereitstellungszeitraums den Eigentümer des Grundstücks.

(7) [1]Die vorgenannten Regelungen gelten für Glasfaserinfrastrukturen, ie spätestens am 31. Dezember 2027 errichtet worden sind. [2]Ein Bereitstellungsentgelt kann auch für Infrastrukturen erhoben werden, die im Zeitraum vom 1. Januar 2015 bis zum 1. Dezember 2021 errichtet wurden, wenn
1. die Voraussetzungen der vorigen Absätze eingehalten sind und
2. der Eigentümer des Grundstücks und der Betreiber nach Absatz 1 anlässlich der erstmaligen Errichtung der Netzinfrastruktur einen Gestattungsvertrag geschlossen haben, der nach der vertraglichen Vereinbarung frühestens am 1. Juli 2024 endet.

Telekommunikationsgesetz **TKG 29**

³In diesem Fall ist das Bereitstellungsentgelt in dem Verhältnis zu kürzen, das dem Verhältnis von verstrichener Zeit seit Errichtung der Infrastruktur zu der vereinbarten Laufzeit des Gestattungsvertrags nach Nummer 2 entspricht.

Teil 4

Telekommunikationsendeinrichtungen und Rundfunkübertragung

§ 73 Anschluss von Telekommunikationsendeinrichtungen. (1) ¹Der Zugang zu öffentlichen Telekommunikationsnetzen an festen Standorten ist an einer mit dem Endnutzer zu vereinbarenden, geeigneten Stelle zu installieren. ²Dieser Zugang ist ein passiver Netzabschlusspunkt; das öffentliche Telekommunikationsnetz endet am passiven Netzabschlusspunkt. ³Für Mobilfunknetze ist die Luftschnittstelle grundsätzlich der Netzabschlusspunkt.

(2) ¹Die Bundesnetzagentur kann durch Allgemeinverfügung Ausnahmen von Absatz 1 zulassen. ²Sie berücksichtigt dabei weitestmöglich die nach Artikel 61 Absatz 7 der Richtlinie (EU) 2018/1972 vom GEREK erstellten Leitlinien und wahrt die Endgerätewahlfreiheit nach Artikel 3 Absatz 1 der Verordnung (EU) 2015/2120. ³Die Bundesnetzagentur gibt den betroffenen Unternehmen, Fachkreisen und Verbraucherverbänden vor Erlass der Allgemeinverfügung Gelegenheit zur Stellungnahme.

(3) ¹Die Betreiber öffentlicher Telekommunikationsnetze und die Anbieter öffentlich zugänglicher Telekommunikationsdienste dürfen den Anschluss von Telekommunikationsendeinrichtungen an das öffentliche Telekommunikationsnetz nicht verweigern, wenn die Telekommunikationsendeinrichtungen die grundlegenden Anforderungen nach der Richtlinie 2014/30/EU des Europäischen Parlaments und des Rates vom 26. Februar 2014 zur Harmonisierung der Rechtsvorschriften der Mitgliedstaaten über die elektromagnetische Verträglichkeit (Neufassung) (ABl. L 96 vom 29.3.2014, S. 79) erfüllen. ²Sie können dem Endnutzer Telekommunikationsendeinrichtungen überlassen, dürfen aber deren Anschluss und Nutzung nicht zwingend vorschreiben. ³Notwendige Zugangsdaten und Informationen für den Anschluss von Telekommunikationsendeinrichtungen und die Nutzung der Telekommunikationsdienste haben sie dem Endnutzer in Textform unaufgefordert und kostenfrei bei Vertragsschluss zur Verfügung zu stellen.

(4) Wer Telekommunikationsendeinrichtungen an öffentlichen Telekommunikationsnetzen betreiben will, hat für deren fachgerechten Anschluss Sorge zu tragen.

(5) ¹Verursacht ein Gerät, dessen Konformität mit den Anforderungen des § 4 des Elektromagnetische-Verträglichkeit-Gesetzes vom 14. Dezember 2016 (BGBl. I S. 2879), das durch Artikel 3 Absatz 1 des Gesetzes vom 27. Juni 2017 (BGBl. I S. 1947) geändert worden ist, bescheinigt wurde, ernsthafte

29 TKG Telekommunikationsgesetz

Schäden an einem Telekommunikationsnetz, schädliche Störungen beim Netzbetrieb oder funktechnische Störungen, so kann die Bundesnetzagentur dem Betreiber öffentlicher Telekommunikationsnetze gestatten, für dieses Gerät den Anschluss zu verweigern, die Verbindung aufzuheben oder den Dienst einzustellen. [2]Die Bundesnetzagentur teilt dem Bundesministerium für Wirtschaft und Energie die von ihr getroffenen Maßnahmen mit.

(6) Der Betreiber öffentlicher Telekommunikationsnetze kann eine Telekommunikationsendeinrichtung im Notfall ohne vorherige Erlaubnis nur dann vom Telekommunikationsnetz abtrennen, wenn
1. der Schutz des Telekommunikationsnetzes die unverzügliche Abschaltung der Telekommunikationsendeinrichtung erfordert und
2. dem Benutzer unverzüglich und für ihn kostenfrei eine alternative Lösung angeboten werden kann.

(7) Der Betreiber öffentlicher Telekommunikationsnetze unterrichtet unverzüglich die Bundesnetzagentur über die Trennung einer Telekommunikationsendeinrichtung vom Telekommunikationsnetz.

(8) Die Bundesnetzagentur ergreift gegenüber Betreibern öffentlicher Telekommunikationsnetze die erforderlichen Maßnahmen, um den Anschluss der Telekommunikationsendeinrichtungen zu gewährleisten, wenn die Betreiber
1. eine Anschaltung von Telekommunikationsendeinrichtungen an ihre Telekommunikationsnetze verweigern oder
2. angeschaltete Telekommunikationsendeinrichtungen vom Telekommunikationsnetz genommen haben, ohne dass die Voraussetzungen des Absatzes 5 oder 6 vorgelegen haben.

§ 74 Schnittstellenbeschreibungen der Betreiber öffentlicher Telekommunikationsnetze. (1) [1]Betreiber öffentlicher Telekommunikationsnetze sind verpflichtet,
1. angemessene und genaue technische Beschreibungen ihrer Netzzugangsschnittstellen bereitzustellen und zu veröffentlichen sowie der Bundesnetzagentur unmittelbar mitzuteilen und
2. regelmäßig alle aktualisierten Beschreibungen dieser Netzzugangsschnittstellen zu veröffentlichen und der Bundesnetzagentur unmittelbar mitzuteilen.

[2]Die Verpflichtung nach Satz 1 Nummer 1 gilt auch für jede technische Änderung einer vorhandenen Schnittstelle.

(2) [1]Die Schnittstellenbeschreibungen müssen hinreichend detailliert sein, um den Entwurf von Telekommunikationsendeinrichtungen zu ermöglichen, die zur Nutzung aller über die entsprechende Schnittstelle erbrachten Dienste in der Lage sind. [2]Der Verwendungszweck der Schnittstellen muss angegeben werden. [3]Die Schnittstellenbeschreibungen müssen alle Informationen enthalten, damit die Hersteller die jeweiligen Prüfungen in Bezug auf die schnittstellenrelevanten grundlegenden Anforderungen, die für die jeweilige Telekommunikationsendeinrichtung gelten, nach eigener Wahl durchführen können.

Telekommunikationsgesetz **TKG 29**

(3) ¹Die Pflicht zur Veröffentlichung nach Absatz 1 ist erfüllt, wenn die Angaben im Amtsblatt der Bundesnetzagentur veröffentlicht werden. ²Erfolgt die Veröffentlichung an anderer Stelle, hat der Betreiber öffentlicher Telekommunikationsnetze die Fundstelle umgehend der Bundesnetzagentur mitzuteilen. ³In diesem Fall veröffentlicht die Bundesnetzagentur die Fundstelle in ihrem Amtsblatt oder auf ihrer Internetseite.

(4) ¹Ist die Veröffentlichung der gesamten Schnittstellenbeschreibungen aufgrund des Umfangs nicht zumutbar, so ist es ausreichend, eine Mitteilung zu veröffentlichen, die zumindest über Art und Verwendungszweck der Schnittstelle Auskunft gibt und einen Hinweis auf Bezugsmöglichkeiten der umfassenden Schnittstellenbeschreibung enthält. ²Der Betreiber öffentlicher Telekommunikationsnetze stellt sicher, dass die Schnittstellenbeschreibungen nach Anforderung unverzüglich an die Interessenten abgegeben werden und die Interessenten weder zeitlich noch inhaltlich noch hinsichtlich der Kosten für den Bezug der Schnittstellenbeschreibungen ungleich behandelt werden. ³Ein für den Bezug von Schnittstellenbeschreibungen erhobenes Entgelt darf nur in Höhe der hierdurch verursachten besonderen Kosten erhoben werden.

(5) Der Betreiber öffentlicher Telekommunikationsnetze darf Leistungen, die über die nach Absatz 1 veröffentlichten Schnittstellen bereitgestellt werden sollen, nur anbieten, wenn zuvor die Schnittstellenbeschreibung oder die Fundstelle der Schnittstellenbeschreibung im Amtsblatt der Bundesnetzagentur veröffentlicht worden ist.

§ 75 Interoperabilität von Fernseh- und Radiogeräten. (1) Jedes zum Verkauf, zur Miete oder anderweitig angebotene digitale Fernsehempfangsgerät muss, soweit es einen integrierten Bildschirm enthält, dessen sichtbare Diagonale 30 Zentimeter überschreitet, mit mindestens einer Schnittstellenbuchse ausgestattet sein, die von einer anerkannten europäischen Normenorganisation angenommen wurde oder einer gemeinsamen, branchenweiten, offenen Spezifikation entspricht und den Anschluss von Peripheriegeräten sowie die Möglichkeit einer Zugangsberechtigung erlaubt.

(2) Jedes zum Verkauf, zur Miete oder anderweitig angebotene digitale Fernsehempfangsgerät, das zum Empfang und zur Entschlüsselung von digitalen Fernsehsignalen in der Lage ist, muss über die Fähigkeit verfügen,
1. Signale zu entschlüsseln, die einem einheitlichen europäischen Verschlüsselungsalgorithmus entsprechen, wie er von einer anerkannten europäischen Normenorganisation verwaltet wird;
2. Signale anzuzeigen, die unverschlüsselt übertragen wurden, sofern bei Mietgeräten die mietvertraglichen Bestimmungen vom Mieter eingehalten werden.

(3) ¹Jedes Autoradio, das in ein neu in Verkehr gebrachtes, für die Personenbeförderung ausgelegtes und gebautes Kraftfahrzeug mit mindestens vier Rädern eingebaut wird, muss einen Empfänger nach dem jeweiligen Stand der Technik enthalten, der zumindest den Empfang und die Wiedergabe von Hör-

29 TKG Telekommunikationsgesetz

funkdiensten unmittelbar ermöglicht, die über digitalen terrestrischen Rundfunk ausgestrahlt werden. [2]Bei Empfängern, die den harmonisierten Normen oder Teilen davon entsprechen, deren Fundstellen im Amtsblatt der Europäischen Union veröffentlicht worden sind, wird die Konformität mit der Anforderung in Satz 1, die mit den betreffenden Normen oder Teilen davon übereinstimmt, angenommen.

(4) [1]Jedes für Verbraucher bestimmte, erstmalig zum Verkauf, zur Miete oder anderweitig auf dem Markt bereitgestellte, überwiegend für den Empfang von Ton-Rundfunk bestimmte Radiogerät, das den Programmnamen anzeigen kann und nicht Absatz 3 unterfällt, muss einen Empfänger enthalten, der zumindest den Empfang und die Wiedergabe digitaler Hörfunkdienste ermöglicht. [2]Davon ausgenommen sind
1. Bausätze für Funkanlagen,
2. Geräte, die Teil einer Funkanlage des Amateurfunkdienstes sind und
3. Geräte, bei denen der Hörfunkempfänger eine reine Nebenfunktion hat.

(5) [1]Anbieter digitaler Fernsehdienste haben digitale Fernsehempfangsgeräte, die sie ihren Endnutzern im Zusammenhang mit der Nutzung der digitalen Fernsehdienste zur Verfügung stellen, kostenfrei und einfach von ihren Endnutzern zurückzunehmen. [2]Dies gilt nicht, sofern das Gerät mit den Digitalfernsehdiensten des Anbieters, zu dem der Endnutzer gewechselt ist, vollständig interoperabel ist. [3]Die Übereinstimmung mit den Interoperabilitätsanforderungen wird vermutet bei digitalen Fernsehempfangsgeräten, die zum Zeitpunkt der Vertragsbeendigung den betreffenden harmonisierten Normen oder Teilen davon entsprechen, deren Fundstellen im Amtsblatt der Europäischen Union veröffentlicht worden sind. [4]Die Regelungen des Elektro- und Elektronikgerätegesetzes bleiben hiervon unberührt.

§ 76 Zugangsberechtigungssysteme. (1) [1]Entschließen sich Inhaber gewerblicher Schutzrechte an Zugangsberechtigungssystemen, Lizenzen an Hersteller digitaler Fernsehempfangsgeräte zu vergeben oder an Dritte, die ein berechtigtes Interesse nachweisen, so muss dies zu chancengleichen, angemessenen und nichtdiskriminierenden Bedingungen geschehen. [2]Es gelten die Kriterien der §§ 37 und 46. [3]Die Inhaber dürfen dabei technische und wirtschaftliche Faktoren in angemessener Weise berücksichtigen. [4]Die Lizenzvergabe darf jedoch nicht von Bedingungen abhängig gemacht werden, die Folgendes beeinträchtigen:
1. den Einbau einer gemeinsamen Schnittstelle zum Anschluss anderer Zugangsberechtigungssysteme oder
2. den Einbau spezifischer Komponenten eines anderen Zugangsberechtigungssystems aus Gründen der Transaktionssicherheit der zu schützenden Inhalte.

(2) Anbieter und Verwender von Zugangsberechtigungssystemen müssen
1. allen Rundfunkveranstaltern die Nutzung ihrer benötigten technischen Dienste zur Nutzung ihrer Systeme sowie die dafür erforderlichen Aus-

Telekommunikationsgesetz **TKG 29**

künfte zu chancengleichen, angemessenen und nichtdiskriminierenden Bedingungen ermöglichen,
2. soweit sie auch für das Abrechnungssystem mit den Endnutzern verantwortlich sind, vor Abschluss eines entgeltpflichtigen Vertrages mit einem Endnutzer diesem eine Entgeltliste aushändigen,
3. über ihre Tätigkeit als Anbieter dieser Systeme eine getrennte Rechnungsführung haben,
4. vor Aufnahme sowie einer Änderung ihres Angebots die Angaben zu den Nummern 1 bis 3 sowie die einzelnen angebotenen Dienstleistungen für Endnutzer und die dafür geforderten Entgelte der Bundesnetzagentur anzeigen.

(3) ¹Die Bundesnetzagentur unterrichtet die zuständige Stelle nach Landesrecht unverzüglich über die Anzeige nach Absatz 2 Nummer 4. ²Kommt die Bundesnetzagentur oder die zuständige Stelle nach Landesrecht jeweils für ihren Zuständigkeitsbereich aufgrund der Anzeige innerhalb einer Frist von zwei Monaten zu dem Ergebnis, dass das Angebot den Anforderungen nach Absatz 2 Nummer 1 bis 3 nicht entspricht, verlangt sie Änderungen des Angebots. ³Können die Vorgaben trotz Änderungen nicht erreicht werden oder werden die Änderungen trotz Aufforderung nicht erfüllt, untersagt sie das Angebot.

(4) ¹Verfügt oder verfügen ein oder mehrere Anbieter oder Verwender von Zugangsberechtigungssystemen nicht über beträchtliche Marktmacht, so kann die Bundesnetzagentur die Bedingungen nach den Absätzen 2 und 3 in Bezug auf die oder den Betroffenen ändern oder aufheben, wenn
1. die Aussichten für einen wirksamen Wettbewerb auf den Endnutzermärkten für die Übertragung von Rundfunksignalen sowie für Zugangsberechtigungssysteme und andere zugehörige Einrichtungen dadurch nicht negativ beeinflusst werden und
2. die zuständige Stelle nach Landesrecht festgestellt hat, dass die Kapazitätsfestlegungen und Übertragungspflichten nach Landesrecht dadurch nicht negativ beeinflusst werden.
²Für das Verfahren nach Satz 1 gelten die §§ 11 bis 16 entsprechend.

§ 77 Streitschlichtung. (1) ¹Die durch die §§ 75 und 76 Berechtigten oder Verpflichteten können zur Beilegung ungelöster Streitfragen in Bezug auf die Anwendung dieser Vorschriften die Schlichtungsstelle nach den folgenden Absätzen gemeinsam anrufen. ²Die Anrufung erfolgt schriftlich oder elektronisch. ³Die Bundesnetzagentur entscheidet innerhalb von zwei Monaten.

(2) ¹Die Schlichtungsstelle nach Absatz 1 wird bei der Bundesnetzagentur errichtet. ²Sie besteht aus einem vorsitzenden Mitglied und zwei beisitzenden Mitgliedern. ³Die Bundesnetzagentur regelt Errichtung und Besetzung der Schlichtungsstelle und erlässt eine Verfahrensordnung. ⁴Errichtung und Besetzung der Schlichtungsstelle sowie die Verfahrensordnung sind von der Bundesnetzagentur zu veröffentlichen.

29 TKG Telekommunikationsgesetz

(3) ¹Die Schlichtungsstelle nach Absatz 1 gibt der zuständigen Stelle nach Landesrecht im Rahmen dieses Verfahrens Gelegenheit zur Stellungnahme. ²Sofern die zuständige Stelle nach Landesrecht medienrechtliche Einwendungen erhebt, trifft sie innerhalb des vorgegebenen Zeitrahmens eine entsprechende Entscheidung. ³Die beiden Entscheidungen können in einem zusammengefassten Verfahren erfolgen.

Teil 5
Informationen über Infrastruktur und Netzausbau

§ 78 Aufgaben der zentralen Informationsstelle des Bundes. (1) Zur Herstellung und Aufrechterhaltung der Transparenz in Bezug auf den Ausbau öffentlicher Telekommunikationsnetze errichtet und führt die zentrale Informationsstelle des Bundes ein technisches Instrument in Gestalt eines Datenportals, das Informationen bereitstellt zu den Bereichen
1. Infrastruktur nach Maßgabe des § 79,
2. Breitbandausbau nach Maßgabe des § 80,
3. künftiger Netzausbau nach Maßgabe des § 81,
4. Baustellen nach Maßgabe des § 82 und
5. Liegenschaften nach Maßgabe des § 83.

(2) ¹Die Aufgaben der zentralen Informationsstelle des Bundes werden vom Bundesministerium für Verkehr und digitale Infrastruktur wahrgenommen. ²Das Bundesministerium für Verkehr und digitale Infrastruktur kann die Aufgaben der zentralen Informationsstelle des Bundes vollständig oder teilweise an Behörden in seinem Geschäftsbereich oder an seiner Fachaufsicht unterstehende Behörden übertragen oder Dritte mit der Aufgabenwahrnehmung beleihen, soweit dies rechtlich zulässig ist.

(3) Die Informationen können auch für allgemeine Planungs- und Förderzwecke sowie für weitere durch Gesetz bestimmte Zwecke genutzt werden.

(4) Bei geografischen Erhebungen, die für die in Absatz 1 genannten Aufgaben erforderlich sind, arbeitet die zentrale Informationsstelle des Bundes mit der Bundesnetzagentur zusammen, soweit die Bundesnetzagentur die jeweilige Aufgabe nicht selbst durchführt und dies für ihre Aufgaben von Belang sein kann.

§ 79 Informationen über Infrastruktur. (1) Informationen über Infrastruktur umfassen
1. eine gebietsbezogene, Planungszwecken dienende Übersicht über Einrichtungen, die zu Telekommunikationszwecken genutzt werden können, nach den Absätzen 2 bis 4,
2. detaillierte Informationen nach § 136 Absatz 3 für die Mitnutzung passiver Netzinfrastrukturen öffentlicher Versorgungsnetze gemäß den §§ 138 bis 141, soweit diese Informationen der zentralen Informationsstelle des Bun-

Telekommunikationsgesetz **TKG 29**

des gemäß § 136 Absatz 5 für diese Zwecke zur Verfügung gestellt wurden, und
3. detaillierte Informationen nach § 153 Absatz 3 für die Mitnutzung sonstiger physischer Infrastrukturen zur Errichtung oder Anbindung drahtloser Zugangspunkte mit geringer Reichweite gemäß § 152, soweit diese Informationen der zentralen Informationsstelle des Bundes gemäß § 153 Absatz 5 für diese Zwecke zur Verfügung gestellt wurden.

(2) [1]Die zentrale Informationsstelle des Bundes verlangt von Eigentümern oder Betreibern öffentlicher Versorgungsnetze, die über Einrichtungen verfügen, die zu Telekommunikationszwecken genutzt werden können, diejenigen Informationen, die für die Zwecke nach Absatz 1 Nummer 1 über Art, gegenwärtige Nutzung sowie tatsächliche Verfügbarkeit und geografische Lage des Standortes und der Leitungswege dieser Einrichtungen erforderlich sind. [2]Die zentrale Informationsstelle des Bundes verlangt von Eigentümern oder Betreibern sonstiger physischer Infrastrukturen, die für die Errichtung und Anbindung drahtloser Zugangspunkte mit geringer Reichweite geeignet sind, diejenigen Informationen, die für die Zwecke nach Absatz 1 Nummer 1 über Art, gegenwärtige Nutzung sowie tatsächliche Verfügbarkeit und geografische Lage des Standortes und der Leitungswege dieser sonstigen physischen Infrastrukturen erforderlich sind. [3]Zu den Einrichtungen gemäß Satz 1 zählen insbesondere alle passiven Netzinfrastrukturen und sonstige physische Infrastrukturen.

(3) [1]Die zentrale Informationsstelle des Bundes nimmt nach Absatz 2 erhaltene Informationen nicht in die Übersicht nach Absatz 1 Nummer 1 auf, soweit konkrete Anhaltspunkte dafür vorliegen, dass
1. eine Einsichtnahme nach Absatz 4 die Sicherheit und Integrität der Einrichtung oder der sonstigen physischen Infrastruktur oder die öffentliche Sicherheit oder die öffentliche Gesundheit gefährdet,
2. eine Einsichtnahme nach Absatz 4 die Vertraulichkeit gemäß § 148 verletzt,
3. Teile einer Infrastruktur betroffen sind, die durch Gesetz oder aufgrund eines Gesetzes als Kritische Infrastrukturen bestimmt worden und nachweislich besonders schutzbedürftig und für die Funktionsfähigkeit der Kritischen Infrastruktur maßgeblich sind, oder
4. Teile öffentlicher Versorgungsnetze oder sonstiger physischer Infrastrukturen betroffen sind, die durch den Bund zur Verwirklichung einer sicheren Behördenkommunikation genutzt werden.

[2]In diesen Fällen sind für die jeweiligen Gebiete, in denen sich die Einrichtungen oder sonstigen physischen Infrastrukturen befinden, Informationen im Sinne von § 136 Absatz 3 Nummer 3 und § 153 Absatz 3 Nummer 3 aufzunehmen.

(4) [1]Die zentrale Informationsstelle des Bundes gewährt den am Ausbau von öffentlichen Versorgungsnetzen Beteiligten nach Maßgabe der Einsichtnahmebedingungen nach Absatz 5 Einsicht in die Übersicht nach Absatz 1, soweit

29 TKG Telekommunikationsgesetz

mit dem Ausbauvorhaben Einrichtungen geschaffen werden sollen, die zu Telekommunikationszwecken genutzt werden können. ²Zu den am Ausbau von öffentlichen Versorgungsnetzen Beteiligten gehören insbesondere
1. Gebietskörperschaften,
2. Eigentümer und Betreiber öffentlicher Versorgungsnetze,
3. die Auftragnehmer von Gebietskörperschaften oder Eigentümern und Betreibern öffentlicher Versorgungsnetze.

³Das Bundesministerium für Verkehr und digitale Infrastruktur sowie Gebietskörperschaften haben für allgemeine Planungs- und Förderzwecke sowie zur Erfüllung von Aufgaben nach diesem Gesetz das Recht auf:
1. Einsichtnahme in die Übersicht nach Absatz 1 nach Maßgabe der Einsichtnahmebedingungen nach Absatz 5, und
2. Verwendung der eingesehenen Informationen zu den vorgenannten Zwecken.

(5) ¹Die zentrale Informationsstelle des Bundes regelt die Einzelheiten der Einsichtnahme in Einsichtnahmebedingungen. ²Diese haben insbesondere der Sensitivität der erfassten Daten und dem zu erwartenden Verwaltungsaufwand Rechnung zu tragen. ³Die Einsichtnahmeberechtigten haben die Vertraulichkeit nach § 148 zu wahren.

§ 80 Informationen über Breitbandausbau. (1) Informationen über den Breitbandausbau beruhen auf einer von der zentralen Informationsstelle des Bundes durchzuführenden geografischen Erhebung zur örtlichen Verfügbarkeit öffentlicher Telekommunikationsnetze, die sie in regelmäßigen Abständen, jedoch mindestens einmal im Jahr durchführt.

(2) ¹Die Informationen über den Breitbandausbau umfassen eine gebiets- und haushaltsbezogene Übersicht über die örtliche Verfügbarkeit von öffentlichen Telekommunikationsnetzen sowie Informationen über Gebiete, in denen der Ausbau öffentlicher Telekommunikationsnetze öffentlich gefördert wird, soweit diese Informationen der zentralen Informationsstelle des Bundes vorliegen. ²Die Übersicht muss hinreichende Details zu lokalen Gegebenheiten sowie ausreichende Informationen über die Dienstequalität und deren Parameter enthalten.

(3) Die zentrale Informationsstelle des Bundes muss sicherstellen, dass die Informationen über den Breitbandausbau unter Wahrung von Betriebs- und Geschäftsgeheimnissen vertraulich behandelt werden.

(4) ¹Die zentrale Informationsstelle des Bundes stellt Endnutzern ein Informationswerkzeug bereit, damit diese die Verfügbarkeit von Netzanbindungen in verschiedenen Gebieten mit einem Detailgrad ermitteln können, der geeignet ist, ihnen bei der Auswahl des Betreibers oder Diensteanbieters zu helfen. ²Satz 1 gilt nicht, wenn ein Informationswerkzeug, das die Anforderungen des Satzes 1 erfüllt, auf dem Markt zur Verfügung steht.

§ 81 Informationen über künftigen Netzausbau. (1) ¹Informationen über den künftigen Netzausbau für den Bereich Mobilfunk beruhen auf geografi-

Telekommunikationsgesetz **TKG 29**

schen Erhebungen, die die zentrale Informationsstelle des Bundes zum Zweck der Erstellung einer Übersicht über den künftigen Ausbau der für den Mobilfunk bestimmten öffentlichen Telekommunikationsnetze durchführt. ²Die Erhebungen nach Satz 1 umfassen solche Informationen, die erkennen lassen, an welchen Standorten ein Mobilfunknetzbetreiber innerhalb von 12 Monaten ab dem Beginn der jeweiligen Erhebung das von ihm betriebene Mobilfunknetz in den Gebieten auszubauen beabsichtigt, für die sich aus der Kartendarstellung nach § 52 Absatz 1 Satz 1 Nummer 6 ergibt, dass dort keine Netzabdeckung mit Mobilfunktechnologien der dritten, vierten oder fünften Generation besteht.

(2) Die zentrale Informationsstelle des Bundes führt die Erhebungen in regelmäßigen Abständen, jedoch mindestens in Abständen von sechs Monaten ab erstmaliger Erhebung durch.

(3) ¹Die nach Absatz 1 zu erhebenden Informationen umfassen:
1. geografische Standortkoordinaten oder, sofern noch keine Baugenehmigung für einen konkreten Standort beantragt wurde, hinreichend genaue Angaben zu Suchkreisen für die Standortplanung, und
2. Angaben zu der zu erwartenden Netzabdeckung.

²Das Bundesministerium für Verkehr und digitale Infrastruktur legt im Einvernehmen mit dem Bundesministerium für Wirtschaft und Energie Vorgaben zu den technischen Einzelheiten zu den in Absatz 1 Satz 2 und Satz 1 dieses Absatzes genannten Gegenständen in einer Technischen Richtlinie fest, die im Verkehrsblatt veröffentlicht wird.

(4) Die zentrale Informationsstelle des Bundes kann auf Anforderung des Bundesministeriums für Verkehr und digitale Infrastruktur auf Grundlage der geografischen Erhebung eine Übersicht für einen festgelegten Zeitraum hinsichtlich der künftigen örtlichen Verfügbarkeit sonstiger öffentlicher Telekommunikationsnetze erstellen, wenn die zentrale Informationsstelle des Bundes einen Bedarf für eine solche Erhebung feststellt und diesen Bedarf begründet.

(5) ¹Informationen über den künftigen Netzausbau im Sinne des Absatzes 1 umfassen alle relevanten Informationen zu geplanten Netzausbaumaßnahmen einschließlich der Netzausbaupläne aller Unternehmen und öffentlichen Stellen. ²Die erhobenen Informationen müssen den Anforderungen des § 80 Absatz 2 Satz 2 entsprechen und gemäß § 80 Absatz 3 behandelt werden. ³Für Informationen, die für die Übersicht über die künftige Verfügbarkeit sonstiger öffentlicher Telekommunikationsnetze im Sinne des Absatzes 4 erforderlich sind, gelten die Sätze 1 und 2 entsprechend.

(6) ¹Die zentrale Informationsstelle des Bundes kann Gebietskörperschaften für allgemeine Planungs- und Förderzwecke Einsicht in die Übersicht nach den Absätzen 1 und 4 gewähren. ²Näheres regelt die die zentrale Informationsstelle des Bundes in Einsichtnahmebedingungen, die sicherstellen, dass die Informationen unter Wahrung der öffentlichen Sicherheit und unter Wahrung von Betriebs- und Geschäftsgeheimnissen vertraulich behandelt werden.

§ 82 Informationen über Baustellen. Informationen über Baustellen sind Informationen nach § 142 Absatz 3 für die Koordinierung von Bauarbeiten an öffentlichen Versorgungsnetzen gemäß § 143, soweit sie der zentralen Informationsstelle des Bundes nach § 142 Absatz 5 und 6 für diese Zwecke zur Verfügung gestellt wurden.

§ 83 Informationen über Liegenschaften. (1) Informationen über Liegenschaften sind Informationen über solche für die Zwecke des Mobilfunknetzausbaus geeignete Liegenschaften, Grundstücke, Infrastrukturen und sonstige physische Infrastrukturen, deren Eigentümer der Bund, ein Land oder eine Kommune ist.

(2) [1]Die zentrale Informationsstelle des Bundes verlangt von den in Absatz 1 genannten Eigentümern diejenigen Informationen, die für die Bereitstellung der Informationen über Liegenschaften nach § 78 Absatz 1 Nummer 5 für das Datenportal nach § 78 Absatz 1 erforderlich sind. [2]§ 79 Absatz 3 gilt entsprechend.

(3) [1]Das von der zentralen Informationsstelle des Bundes gemäß § 78 Absatz 1 geführte Datenportal ermöglicht die Einsicht in die Informationen über Liegenschaften im Sinne des Absatzes 1 nach Maßgabe von Einsichtnahmebedingungen, die die zentrale Informationsstelle des Bundes vorhält. [2]Werden die Aufgaben der zentralen Informationsstelle des Bundes nicht unmittelbar durch das Bundesministerium für Verkehr und digitale Infrastruktur wahrgenommen, so bedürfen die Einsichtnahmebedingungen der Zustimmung des Bundesministeriums für Verkehr und digitale Infrastruktur.

§ 84 Gebiete mit Ausbaudefizit. (1) [1]Für allgemeine Planungs- und Förderzwecke kann die zentrale Informationsstelle des Bundes geographisch eindeutig abgegrenzte Gebiete ausweisen, für die aufgrund der gemäß den §§ 80 und 81 erfassten Informationen festgestellt wird, dass während des Zeitraums, den die Informationen über künftigen Netzausbau abdecken,
1. kein Unternehmen und keine öffentliche Stelle ein Netz mit sehr hoher Kapazität ausbaut oder auszubauen plant und
2. keine bedeutsame Modernisierung oder Erweiterung des Telekommunikationsnetzes mit dem Ziel höherer Download-Geschwindigkeiten geplant ist.

[2]Die zentrale Informationsstelle des Bundes veröffentlicht, welche Gebiete sie gemäß Satz 1 ausgewiesen hat.

(2) [1]Die zentrale Informationsstelle des Bundes kann Unternehmen und öffentliche Stellen ersuchen, ihre Absicht zu bekunden, während des betreffenden Zeitraums der Vorausschau Netze mit sehr hoher Kapazität innerhalb des gemäß Absatz 1 Satz 1 ausgewiesenen Gebietes auszubauen. [2]Bekundet ein Unternehmen oder eine öffentliche Stelle daraufhin die Absicht im Sinne des Satzes 1, kann die zentrale Informationsstelle des Bundes andere Unternehmen und öffentliche Stellen auffordern, deren etwaige Absicht zu bekunden,

Telekommunikationsgesetz **TKG 29**

1. in diesem Gebiet Netze mit sehr hoher Kapazität aufzubauen oder
2. eine bedeutsame Modernisierung oder Erweiterung ihres Telekommunikationsnetzes mit dem Ziel höherer Download-Geschwindigkeiten vorzunehmen.

[3]Die zentrale Informationsstelle des Bundes gibt an, welche Informationen in der Absichtsbekundung enthalten sein müssen, damit sie mindestens den Anforderungen des § 80 Absatz 2 Satz 2 entspricht. [4]Die zentrale Informationsstelle des Bundes teilt allen Unternehmen oder öffentlichen Stellen auf Anfrage mit, ob das ausgewiesene Gebiet nach den gemäß den §§ 80 und 81 erhobenen Informationen von einem Netz der nächsten Generation unter Nennung der Größenordnung der jeweiligen Download-Geschwindigkeiten versorgt wird oder wahrscheinlich versorgt werden wird, soweit diese Informationen der zentralen Informationsstelle des Bundes vorliegen.

(3) Maßnahmen nach Absatz 2 werden nach einem effizienten, objektiven, transparenten und diskriminierungsfreien Verfahren durchgeführt, von dem kein Unternehmen von vornherein ausgeschlossen ist.

§ 85 Veröffentlichung und Weitergabe von Informationen. (1) [1]Die zentrale Informationsstelle des Bundes veröffentlicht die Informationen aus der geographischen Erhebung gemäß § 80, sofern die Informationen auf dem Markt nicht verfügbar sind. [2]Sie hat hierbei Betriebs- und Geschäftsgeheimnisse zu wahren und das Informationsweiterverwendungsgesetz vom 13. Dezember 2006 (BGBl. I S. 2913), das durch Artikel 1 des Gesetzes vom 8. Juli 2015 (BGBl. I S. 1162) geändert worden ist, einzuhalten. [3]Einsichtnahmerechte nach diesem Gesetz bleiben unberührt.

(2) [1]Die zentrale Informationsstelle des Bundes gibt die Informationen nach den §§ 79 bis 83 auf Anfrage an andere für die Erfüllung von Aufgaben nach diesem Gesetz zuständige öffentliche Stellen weiter, sofern die anfragende Stelle den gleichen Grad der Vertraulichkeit und des Schutzes von Betriebs- und Geschäftsgeheimnissen gewährleistet wie die zentrale Informationsstelle des Bundes. [2]Die Parteien, die die Informationen bereitgestellt haben, sind über die Möglichkeit der Weitergabe der Informationen nach Satz 1 zu informieren. [3]Unter den Voraussetzungen der Sätze 1 und 2 werden die Informationen auf Anfrage dem GEREK und der Kommission zur Verfügung gestellt.

§ 86 Verordnungsermächtigung. Das Bundesministerium für Verkehr und digitale Infrastruktur wird ermächtigt, im Einvernehmen mit dem Bundesministerium für Wirtschaft und Energie durch Rechtsverordnung mit Zustimmung des Bundesrates zu bestimmen, in welcher Form, in welchem technischen Format und in welchem Detailgrad, beispielsweise hinsichtlich Lage und technischer Gegebenheiten, die Informationen im Sinne des § 78 Absatz 1 der zentralen Informationsstelle des Bundes bereitzustellen sind.

29 TKG Telekommunikationsgesetz

Teil 6

Frequenzordnung

§ 87 Ziele der Frequenzregulierung. (1) Ziele der Frequenzregulierung sind
1. die effiziente Verwaltung der Frequenzen für Telekommunikationsnetze und -dienste in der Bundesrepublik Deutschland im Einklang mit § 2 unter Berücksichtigung der Tatsache, dass die Frequenzen ein öffentliches Gut von hohem gesellschaftlichen, kulturellen, wirtschaftlichen, sicherheits- und verteidigungspolitischen Wert sind,
2. die Frequenzzuweisung, die Frequenznutzung und die Frequenzzuteilung gemäß objektiven, transparenten, wettbewerbsfördernden, nichtdiskriminierenden und angemessenen Kriterien,
3. die Beachtung der einschlägigen internationalen Übereinkünfte, einschließlich der Vollzugsordnung für den Funkdienst und
4. die Förderung der Harmonisierung der Frequenznutzung für Telekommunikationsnetze und -dienste in der Europäischen Union, um deren effizienten und störungsfreien Einsatz zu gewährleisten und um Vorteile für die Verbraucher, wie etwa Wettbewerb, größenbedingte Kostenvorteile und Interoperabilität der Dienste und Netze, zu erzielen.

(2) Die Bundesnetzagentur handelt bei der Verfolgung der in Absatz 1 genannten Ziele im Einklang mit § 198 und mit der Entscheidung Nr. 676/2002/EG, indem sie unter anderem
1. die Versorgung der Bundesrepublik Deutschland mit hochwertigen, leistungsfähigen, flächendeckenden und unterbrechungsfreien drahtlosen Sprach- und Datendiensten für alle Endnutzer und dabei insbesondere die breitbandige Versorgung und die nutzbare Dienstequalität in ländlichen Räumen vorantreibt und mindestens entlang von Bundesfernstraßen und auch im nachgeordneten Straßennetz sowie an allen Schienen- und Wasserwegen einen durchgehenden, unterbrechungsfreien Zugang für alle Endnutzer zu Sprach- und breitbandigen Datendiensten des öffentlichen Mobilfunks möglichst bis 2026 gewährleistet,
2. die rasche Entwicklung neuer drahtloser Kommunikationstechnologien und Anwendungen in der Europäischen Union erleichtert, gegebenenfalls auch durch ein sektorübergreifendes Konzept,
3. im Interesse langfristiger Investitionen für Vorhersehbarkeit und Einheitlichkeit bei der Erteilung, Verlängerung, Änderung und Beschränkung sowie dem Entzug von Frequenzzuteilungen sorgt,
4. zum Zweck der Vermeidung grenzüberschreitender oder nationaler funktechnischer Störungen geeignete Präventions- und Abhilfemaßnahmen ergreift,
5. die gemeinsame Nutzung von Frequenzen durch gleichartige oder unterschiedliche Frequenznutzungen im Einklang mit dem Wettbewerbsrecht fördert,

Telekommunikationsgesetz **TKG 29**

6. die am besten geeignete und mit dem geringstmöglichen Aufwand verbundene Art der Zuteilung gemäß § 91 anwendet, damit die Frequenzen so flexibel, gemeinsam und effizient wie möglich genutzt werden,
7. Regeln für die Erteilung, die Übertragung, die Verlängerung, die Änderung und den Entzug von Frequenznutzungsrechten anwendet, die klar und transparent festgelegt werden, um die Rechtssicherheit, Einheitlichkeit und Vorhersehbarkeit der Regulierung zu gewährleisten und
8. darauf hinarbeitet, dass Frequenzzuteilungen in der Europäischen Union im Hinblick auf den Schutz der Bevölkerung vor Gesundheitsschäden durch elektromagnetische Felder auf einheitliche und vorhersehbare Weise erfolgen, wobei sie der Empfehlung 1999/519/EG des Rates vom 12. Juli 1999 zur Begrenzung der Exposition der Bevölkerung gegenüber elektromagnetischen Feldern (0 Hz – 300 GHz) (ABl. L 199 vom 30.7.1999, S. 59) Rechnung trägt.

§ 88 Aufgaben. (1) Zur Sicherstellung einer effizienten und störungsfreien Nutzung von Frequenzen und unter Berücksichtigung der Regulierungsziele des § 2 sowie der Ziele der Frequenzregulierung gemäß § 87 werden durch die jeweils zuständigen Behörden
1. Frequenzbereiche in der Frequenzverordnung nach § 89 zugewiesen und im Frequenzplan in Frequenznutzungen aufgeteilt,
2. Frequenzen zugeteilt und
3. Frequenznutzungen überwacht.

(2) Die Bundesnetzagentur trifft Anordnungen bei Frequenznutzungen im Rahmen des Betriebs von Funkanlagen auf fremden Land-, Wasser- und Luftfahrzeugen, die sich im Geltungsbereich dieses Gesetzes aufhalten.

(3) Für Frequenznutzungen, die in den Aufgabenbereich des Bundesministeriums der Verteidigung fallen, stellt das Bundesministerium für Verkehr und digitale Infrastruktur das Einvernehmen mit dem Bundesministerium der Verteidigung her.

§ 89 Verordnungsermächtigung. (1) [1]Die Bundesregierung wird ermächtigt, die Frequenzzuweisungen für die Bundesrepublik Deutschland sowie darauf bezogene weitere Festlegungen in einer Frequenzverordnung festzulegen. [2]Hierbei sind die Belange der inneren und äußeren Sicherheit zu berücksichtigen. [3]Die Frequenzverordnung bedarf der Zustimmung des Bundesrates. [4]In die Vorbereitung sind die von Frequenzzuweisungen betroffenen Kreise einzubeziehen. [5]In die Frequenzverordnung können Regelungen, wie mit frei werdenden Frequenzen für den analogen Hörfunk auf Ultrakurzwelle zu verfahren ist, aufgenommen werden.

(2) [1]Bei der Frequenzzuweisung sind die einschlägigen internationalen Übereinkünfte, einschließlich der Vollzugsordnung für den Funkdienst, die europäische Harmonisierung und die technische Entwicklung zu berücksichtigen. [2]Sind im Rahmen der Frequenzzuweisung auch Bestimmungen über Fre-

quenznutzungen und darauf bezogene nähere Festlegungen betroffen, so sind Beschränkungen nur aus den in Artikel 45 Absatz 4 und 5 der Richtlinie (EU) 2018/1972 genannten Gründen zulässig.

(3) ¹Die Bundesregierung wird ermächtigt, Frequenzzuweisungen sowie weitere darauf bezogene Festlegungen, soweit sie zur Sicherstellung der Aufgabenwahrnehmung der Bundeswehr und der Behörden und Organisationen mit Sicherheitsaufgaben im Spannungs- und Verteidigungsfall erforderlich sind, in einer besonderen Frequenzverordnung, die nicht der Zustimmung des Bundesrates bedarf, festzulegen. ²Die Regelungen der besonderen Frequenzverordnung nach Satz 1 finden nur bei Feststellung des Spannungsfalls nach Artikel 80a des Grundgesetzes oder des Verteidigungsfalls nach Artikel 115a des Grundgesetzes Anwendung.

§ 90 Frequenzplan. (1) ¹Auf der Grundlage der Frequenzzuweisungen und Festlegungen in der Frequenzverordnung nach § 89 Absatz 1 teilt die Bundesnetzagentur die Frequenzbereiche in Frequenznutzungen sowie darauf bezogene Nutzungsbestimmungen auf (Frequenzplan). ²Dabei beteiligt sie die betroffenen Bundes- und Landesbehörden, die betroffenen Kreise und die Öffentlichkeit und berücksichtigt die Regulierungsziele des § 2 sowie die Ziele der Frequenzregulierung gemäß § 87. ³Die Bundesnetzagentur stellt das Einvernehmen mit den zuständigen obersten Landes- und Bundesbehörden her, soweit
1. die dem Bereich der öffentlichen Sicherheit zustehenden Kapazitäten oder
2. die dem Rundfunk auf der Grundlage der rundfunkrechtlichen Festlegungen zustehenden Kapazitäten für die Übertragung von Rundfunk im Zuständigkeitsbereich der Länder

betroffen sind. ⁴§ 88 Absatz 3 bleibt unberührt.

(2) ¹Stellt die Bundesnetzagentur nach Ablauf von drei Jahren nach der Festlegung einer Frequenznutzung fest, dass eine Frequenzzuteilung im Sinne der Festlegung des Frequenzplans nicht ergangen ist, so kann sie nach Anhörung der Betroffenen die entsprechende Festlegung nach Maßgabe der Festlegungen in der Frequenzverordnung nach § 89 Absatz 1 aufheben oder ändern. ²Absatz 1 Satz 3 findet keine Anwendung.

(3) ¹Die Frequenznutzung und die Nutzungsbestimmungen werden durch technische, betriebliche oder regulatorische Parameter beschrieben. ²Zu diesen Parametern können auch Angaben zu Nutzungsbeschränkungen und zu geplanten Nutzungen gehören.

(4) Der Frequenzplan sowie dessen Änderungen sind zu veröffentlichen.

(5) ¹Frequenzen für den drahtlosen Netzzugang zu Telekommunikationsdiensten sind so auszuweisen, dass alle hierfür vorgesehenen Technologien verwendet werden dürfen und alle Arten von Telekommunikationsdiensten zulässig sind. ²Absatz 6 bleibt unberührt.

(6) § 89 Absatz 2 gilt entsprechend.

Telekommunikationsgesetz **TKG 29**

§ 91 Frequenzzuteilung. (1) ¹Jede Frequenznutzung bedarf einer vorherigen Frequenzzuteilung, soweit in diesem Gesetz nichts anderes geregelt ist. ²Die Frequenzzuteilung erfolgt zweckgebunden nach Maßgabe des Frequenzplanes und nichtdiskriminierend auf der Grundlage nachvollziehbarer und objektiver Verfahren. ³Eine Frequenzzuteilung ist nicht erforderlich, wenn die Frequenznutzungsrechte aufgrund einer sonstigen gesetzlichen Regelung ausgeübt werden können. ⁴Sofern für Behörden zur Ausübung gesetzlicher Befugnisse die Nutzung bereits anderen zugeteilter Frequenzen erforderlich ist und durch diese Nutzung keine erheblichen Nutzungsbeeinträchtigungen zu erwarten sind, ist die Nutzung unter Einhaltung der von der Bundesnetzagentur im Benehmen mit den Bedarfsträgern und Rechteinhabern festgelegten Rahmenbedingungen gestattet, ohne dass dies einer Frequenzzuteilung bedarf.

(2) ¹Frequenzen werden in der Regel von Amts wegen als Allgemeinzuteilungen durch die Bundesnetzagentur für die Nutzung durch die Allgemeinheit oder einen nach allgemeinen Merkmalen bestimmten oder bestimmbaren Personenkreis zugeteilt. ²Die Allgemeinzuteilung ist zu veröffentlichen.

(3) ¹Soweit eine Allgemeinzuteilung nicht möglich ist, werden durch die Bundesnetzagentur Frequenzen für einzelne Frequenznutzungen natürlichen Personen, juristischen Personen oder Personenvereinigungen, soweit ihnen ein Recht zustehen kann, auf Antrag einzeln zugeteilt. ²Bei der Auswahl zwischen Allgemein- und Einzelzuteilung berücksichtigt die Bundesnetzagentur
1. die spezifischen Merkmale der betreffenden Funkfrequenzen,
2. die Notwendigkeit des Schutzes vor funktechnischen Störungen,
3. soweit erforderlich, die Schaffung verlässlicher Bedingungen für die gemeinsame Frequenznutzung,
4. die Notwendigkeit der Gewährleistung der technischen Qualität der Kommunikation und der Dienste,
5. im Einklang mit Unionsrecht stehende Ziele von allgemeinem Interesse sowie
6. die Notwendigkeit der Wahrung der effizienten Nutzung von Funkfrequenzen.

³Die Entscheidung über die Gewährung von Nutzungsrechten, die für das Angebot von Telekommunikationsdiensten bestimmt sind, ist zu veröffentlichen.

(4) ¹Der Antrag auf Einzelzuteilung nach Absatz 3 ist schriftlich oder elektronisch zu stellen. ²In dem Antrag ist das Gebiet zu bezeichnen, in dem die Frequenz genutzt werden soll. ³Die Erfüllung der subjektiven Voraussetzungen für die Frequenzzuteilung ist im Hinblick auf eine effiziente und störungsfreie Frequenznutzung und weitere Bedingungen nach Anhang I Teil D der Richtlinie (EU) 2018/1972 darzulegen. ⁴Die Bundesnetzagentur kann von dem Antragsteller die Vorlage eines Frequenznutzungskonzeptes verlangen, in dem dieser darlegt, wie er eine effiziente und störungsfreie Frequenznutzung gemäß Satz 3 sicherstellen wird. ⁵Die Bundesnetzagentur entscheidet über vollständige Anträge innerhalb von sechs Wochen. ⁶Von dieser Frist unberührt bleiben

29 TKG

Telekommunikationsgesetz

geltende internationale Vereinbarungen über die Nutzung von Frequenzen und Erdumlaufpositionen.

(5) ¹Frequenzen werden zugeteilt, wenn
1. sie für die vorgesehene Nutzung im Frequenzplan ausgewiesen sind,
2. sie verfügbar sind,
3. die Verträglichkeit mit anderen Frequenznutzungen gegeben ist und
4. eine effiziente und störungsfreie Frequenznutzung durch den Antragsteller sichergestellt ist.

²Eine Frequenzzuteilung kann ganz oder teilweise versagt werden, wenn die vom Antragsteller beabsichtigte Nutzung mit den Regulierungszielen nach den §§ 2 und 87 nicht vereinbar ist. ³Sind Belange der Länder bei der Übertragung von Rundfunk im Zuständigkeitsbereich der Länder betroffen, ist auf der Grundlage der rundfunkrechtlichen Festlegungen das Benehmen mit der zuständigen Landesbehörde herzustellen.

(6) Der Antragsteller hat keinen Anspruch auf eine bestimmte Einzelfrequenz.

(7) ¹Der Inhaber der Frequenzzuteilung hat der Bundesnetzagentur Beginn und Beendigung der Frequenznutzung unverzüglich anzuzeigen. ²Bei der Bundesnetzagentur anzuzeigen sind zudem Namensänderungen, Anschriftenänderungen, unmittelbare und mittelbare Änderungen in den Eigentumsverhältnissen, auch bei verbundenen Unternehmen, und identitätswahrende Umwandlungen.

(8) ¹Sollen Frequenznutzungsrechte durch Einzel- oder Gesamtrechtsnachfolge übergehen, hat der Inhaber der Frequenzzuteilung diese Änderung der Frequenzzuteilung unverzüglich bei der Bundesnetzagentur unter Vorlage entsprechender Nachweise schriftlich oder elektronisch zu beantragen. ²In diesen Fällen können Frequenzen bis zur Entscheidung über den Änderungsantrag weiter genutzt werden. ³Dem Änderungsantrag ist zu entsprechen, wenn
1. die Voraussetzungen für eine Frequenzzuteilung nach Absatz 5 vorliegen,
2. eine Wettbewerbsverzerrung auf dem sachlich und räumlich relevanten Markt nicht zu besorgen ist und
3. eine effiziente und störungsfreie Frequenznutzung gewährleistet ist.
⁴Werden Frequenzzuteilungen nicht mehr genutzt, hat der Inhaber der Frequenzzuteilung den Verzicht auf sie unverzüglich nach Maßgabe des § 102 Absatz 8 zu erklären. ⁵Wird eine juristische Person, der Frequenzen zugeteilt waren, aufgelöst, ohne dass es einen Rechtsnachfolger gibt, muss derjenige, der die Auflösung durchführt, die Frequenzen zurückgeben. ⁶Verstirbt eine natürliche Person, ohne dass ein Erbe die Frequenzen weiter nutzen will, müssen diese vom Erben oder vom Nachlassverwalter zurückgegeben werden.

(9) ¹Sind für Frequenzzuteilungen nicht in ausreichendem Umfang verfügbare Frequenzen vorhanden oder sind für bestimmte Frequenzen mehrere Anträge gestellt, kann die Bundesnetzagentur anordnen, dass der Zuteilung der Frequenzen ein Vergabeverfahren nach § 100 voranzugehen hat. ²Die Voraus-

setzungen einer Einzelzuteilung nach Absatz 5 bleiben hiervon unberührt. ³Vor der Entscheidung sind die betroffenen Kreise anzuhören. ⁴Die Entscheidung der Bundesnetzagentur ist zu veröffentlichen.

§ 92 Befristung und Verlängerung der Frequenzzuteilung. (1) ¹Frequenzen werden in der Regel befristet zugeteilt. ²Die Befristung muss für die betreffende Nutzung angemessen sein und die Amortisation der dafür notwendigen Investitionen angemessen berücksichtigen.

(2) ¹Eine befristete Zuteilung ist zu verlängern, wenn die Voraussetzungen für eine Frequenzzuteilung nach § 91 Absatz 5 vorliegen. ²Die Regelungen in Satz 3 und Absatz 3 bleiben hiervon unberührt. ³§ 91 Absatz 9 gilt entsprechend mit der Maßgabe, dass im Falle harmonisierter Frequenzen bei der Ausübung des Ermessens gemäß § 91 Absatz 9 Satz 1 insbesondere Folgendes zu berücksichtigen ist:
1. die Erfüllung der in den §§ 2 und 87 festgelegten Ziele sowie von Zielen des Gemeinwohls gemäß dem Recht der Europäischen Union oder dem nationalen Recht,
2. die Umsetzung einer technischen Umsetzungsmaßnahme nach Artikel 4 der Entscheidung Nr. 676/2002/EG,
3. die Sicherstellung der ordnungsgemäßen und fristgerechten Einhaltung der an das betreffende Frequenznutzungsrecht geknüpften Bedingungen,
4. die Notwendigkeit, im Einklang mit § 105 den Wettbewerb zu fördern und Wettbewerbsverzerrungen zu vermeiden,
5. die Notwendigkeit, die Nutzung der Frequenzen in Anbetracht der Entwicklung der Technik und der Märkte effizienter zu gestalten,
6. die Notwendigkeit, erhebliche Störungen der Dienste zu verhindern, und
7. die Nachfrage nach Frequenzen bei anderen Unternehmen als denen, die im betreffenden Frequenzbereich über Nutzungsrechte verfügen.

(3) ¹Harmonisierte Frequenzen für drahtlose Breitbanddienste werden für mindestens 15 Jahre zugeteilt. ²Abweichend von Satz 1 kann die Bundesnetzagentur eine kürzere Befristung festlegen für
1. begrenzte geografische Gebiete mit äußerst lückenhaftem oder gar keinem Zugang zu Hochgeschwindigkeitsnetzen,
2. bestimmte kurzfristige Projekte,
3. Nutzungen der Frequenzen, die unter Beachtung der Ziele des Artikels 45 Absatz 4 und 5 der Richtlinie (EU) 2018/1972 mit drahtlosen Breitbanddiensten koexistieren können,
4. die alternative Nutzung der Frequenz gemäß § 98 oder
5. die Anpassung der Geltungsdauer eines Frequenznutzungsrechts an die Geltungsdauer anderer Frequenznutzungsrechte.

³Die Zuteilung ist zu verlängern, wenn die nach § 99 Absatz 1 Satz 1 Nummer 2 in Verbindung mit Satz 6 festgelegten allgemeinen Kriterien erfüllt sind. ⁴Die Zuteilung ist angemessen zu verlängern, damit der Regelungsrahmen für Investitionen in Netzinfrastrukturen für die Nutzung solcher Frequenzen während eines Zeitraums von mindestens 20 Jahren für die Inhaber der Frequenz-

29 TKG

nutzungsrechte vorhersehbar ist. [5]Die Regelungen in Absatz 2 bleiben hiervon unberührt. [6]Die allgemeinen Kriterien der Verlängerung beziehen sich auf
1. die Gewährung einer effizienten und störungsfreien Nutzung der betreffenden Frequenzen,
2. das Erreichen der Ziele des § 87 Absatz 2 Nummer 1 und 2,
3. den Schutz des menschlichen Lebens,
4. die Gewährleistung der öffentlichen Sicherheit und Ordnung,
5. die Wahrung nationaler Sicherheits- und Verteidigungsinteressen und
6. die Sicherstellung eines chancengleichen Wettbewerbs.

(4) [1]Die Bundesnetzagentur entscheidet rechtzeitig vor Ablauf der Geltungsdauer über die Verlängerung. [2]Zu diesem Zweck prüft die Bundesnetzagentur von Amts wegen oder auf Antrag des Rechteinhabers die Notwendigkeit einer solchen Verlängerung. [3]Bei einer Befristung von Zuteilungen von harmonisierten Frequenzen entscheidet die Bundesnetzagentur auf Antrag des Rechteinhabers frühestens fünf Jahre vor dem Ablauf der Geltungsdauer der betreffenden Rechte über die Verlängerung. [4]Bei einer Befristung von Zuteilungen von harmonisierten Frequenzen für drahtlose Breitbandnetze und -dienste nimmt die Bundesnetzagentur spätestens zwei Jahre vor Ablauf der Geltungsdauer der betreffenden Rechte eine objektive und zukunftsgerichtete Bewertung der Einhaltung der gemäß § 99 Absatz 1 Satz 1 Nummer 2 in Verbindung mit Absatz 3 Satz 6 festgelegten Kriterien vor.

(5) [1]Bei der Verlängerung einer Frequenzzuteilung kann die Bundesnetzagentur zur Sicherstellung der Regulierungsziele nach den §§ 2 und 87 Art und Umfang der Frequenznutzung sowie Nebenbestimmungen nach § 99 beibehalten, aufheben, ändern oder neu festlegen. [2]Im Falle einer Verlängerung nach Absatz 3 sollen Art und Umfang der Frequenznutzung sowie Nebenbestimmungen beibehalten werden, es sei denn, ihre Beibehaltung ist nicht mehr erforderlich oder eine Änderung oder Neuauferlegung zur Sicherstellung der Regulierungsziele der §§ 2 und 87 geboten.

§ 93 Gemeinsame Frequenzzuteilungen. Die Bundesnetzagentur kann mit zuständigen Behörden anderer Mitgliedstaaten der Europäischen Union und mit der Gruppe für Frequenzpolitik zusammenarbeiten, um unter Berücksichtigung der von den Marktteilnehmern vorgebrachten Interessen gemeinsame Aspekte einer Frequenzzuteilung festzulegen und gegebenenfalls gemeinsam ein Vergabeverfahren gemäß § 100 durchzuführen.

§ 94 Zeitliche Koordinierung der Frequenzzuteilungen. (1) Die Bundesnetzagentur schafft die Voraussetzungen für die Zuteilung von harmonisierten Frequenzen unverzüglich, spätestens jedoch 30 Monate nach der Festlegung harmonisierter Bedingungen durch technische Umsetzungsmaßnahmen gemäß der Entscheidung Nr. 676/2002/EG, oder unverzüglich nach der Aufhebung einer Entscheidung, mit der die Bundesnetzagentur in Ausnahmefällen Frequenzen zur alternativen Nutzung gemäß § 98 zugeteilt hat.

Telekommunikationsgesetz **TKG 29**

(2) ¹Die Bundesnetzagentur kann die Frist gemäß Absatz 1 für einen bestimmten Frequenzbereich überschreiten,
1. wenn dies durch die Beschränkung der Nutzung des betreffenden Frequenzbereichs aufgrund der Ziele von allgemeinem Interesse gemäß Artikel 45 Absatz 5 Buchstabe a und d der Richtlinie (EU) 2018/1972 gerechtfertigt ist,
2. wenn offene Fragen der grenzüberschreitenden Koordinierung mit Staaten außerhalb der Europäischen Union bestehen, die zu funktechnischen Störungen führen, sofern die Europäische Union gemäß Artikel 28 Absatz 5 der Richtlinie (EU) 2018/1972 um Unterstützung ersucht worden ist,
3. zur Wahrung nationaler Sicherheits- und Verteidigungsinteressen oder
4. im Falle höherer Gewalt.

²Die Bundesnetzagentur überprüft die Überschreitung gemäß Satz 1 spätestens alle zwei Jahre.

(3) Die Bundesnetzagentur kann die Frist gemäß Absatz 1 für einen bestimmten Frequenzbereich, sofern erforderlich, um bis zu 30 Monate in den folgenden Fällen überschreiten:
1. bei offenen Fragen der grenzüberschreitenden Koordinierung zwischen Mitgliedstaaten der Europäischen Union, die zu funktechnischen Störungen führen, sofern rechtzeitig sämtliche erforderlichen Maßnahmen gemäß Artikel 28 Absatz 3 und 4 der Richtlinie (EU) 2018/1972 ergriffen werden oder
2. bei Auftreten technischer Schwierigkeiten bei der Umstellung eines aktuellen Nutzers auf einen anderen Frequenzbereich.

(4) Im Falle einer Fristüberschreitung nach Absatz 2 oder Absatz 3 unterrichtet die Bundesnetzagentur die anderen Mitgliedstaaten der Europäischen Union und die Kommission rechtzeitig; die Gründe für die Fristüberschreitung hat sie anzugeben.

§ 95 Orbitpositionen und Frequenznutzungen durch Satelliten. (1) Natürliche oder juristische Personen mit Wohnsitz beziehungsweise Sitz in der Bundesrepublik Deutschland, die Orbitpositionen und Frequenzen durch Satelliten nutzen, unterliegen den Verpflichtungen, die sich aus der Konstitution und Konvention der Internationalen Fernmeldeunion ergeben.

(2) ¹Jede Ausübung deutscher Orbit- und Frequenznutzungsrechte bedarf neben der Frequenzzuteilung nach § 91 Absatz 1 der Übertragung durch die Bundesnetzagentur. ²Die Bundesnetzagentur führt auf Antrag Anmeldung, Koordinierung und Notifizierung von Satellitensystemen bei der Internationalen Fernmeldeunion durch und überträgt dem Antragsteller die daraus hervorgegangenen Orbit- und Frequenznutzungsrechte. ³Voraussetzung für die Übertragung der Orbit- und Frequenznutzungsrechte ist, dass
1. Frequenzen und Orbitpositionen verfügbar sind,
2. die Verträglichkeit mit anderen Frequenznutzungen sowie anderen Anmeldungen von Satellitensystemen gegeben ist und
3. öffentliche Interessen nicht beeinträchtigt werden.

29 TKG Telekommunikationsgesetz

(3) Für vorhandene deutsche Planeinträge und sonstige ungenutzte Orbit- und Frequenznutzungsrechte bei der Internationalen Fernmeldeunion kann ein Vergabeverfahren aufgrund der von der Bundesnetzagentur festzulegenden Bedingungen durchgeführt werden.

(4) Die Übertragung kann widerrufen werden, wenn
1. die Orbit- und Frequenznutzungsrechte länger als ein Jahr nicht ausgeübt wurden oder
2. die Voraussetzungen des Absatzes 2 Satz 3 nicht mehr erfüllt sind.

§ 96 Frequenzzuteilung für Rundfunk, Luftfahrt, Seeschifffahrt, Binnenschifffahrt und sicherheitsrelevante Funkanwendungen. (1) [1]Für die Zuteilung von Frequenzen zur Übertragung von Rundfunk im Zuständigkeitsbereich der Länder ist neben den Voraussetzungen des § 91 auf der Grundlage der rundfunkrechtlichen Festlegungen das Benehmen mit der zuständigen Landesbehörde herzustellen. [2]Die jeweilige Landesbehörde teilt den Versorgungsbedarf für Rundfunk im Zuständigkeitsbereich der Länder der Bundesnetzagentur mit. [3]Die Bundesnetzagentur setzt diese Bedarfsmeldungen bei der Frequenzzuteilung nach § 91 um. [4]Näheres zum Verfahren legt die Bundesnetzagentur auf der Grundlage rundfunkrechtlicher Festlegungen der zuständigen Landesbehörden fest. [5]Die dem Rundfunkdienst im Frequenzplan zugewiesenen Frequenzen können für andere Zwecke als die Übertragung von Rundfunk im Zuständigkeitsbereich der Länder genutzt werden, wenn dem Rundfunk die auf der Grundlage der rundfunkrechtlichen Festlegungen zustehende Kapazität zur Verfügung steht. [6]Die Bundesnetzagentur stellt hierzu das Benehmen mit den zuständigen Landesbehörden her. [7]Hat die zuständige Landesbehörde die inhaltliche Belegung einer analogen oder digitalen Frequenznutzung zur Übertragung von Rundfunk im Zuständigkeitsbereich der Länder einem Inhalteanbieter zur alleinigen Nutzung zugewiesen, so kann dieser einen Vertrag mit einem Sendernetzbetreiber seiner Wahl abschließen, soweit dabei gewährleistet ist, dass den rundfunkrechtlichen Festlegungen entsprochen wurde. [8]Sofern der Sendernetzbetreiber die Zuteilungsvoraussetzungen erfüllt, teilt ihm die Bundesnetzagentur die Frequenz auf Antrag zu. [9]Die Frequenzzuteilung ist auf die Dauer der rundfunkrechtlichen Zuweisung der zuständigen Landesbehörde zu befristen und kann bei Fortdauern dieser Zuweisung verlängert werden. [10]Bei durch mehrere Inhalteanbieter belegten Multiplexen erfolgt die Sendernetzbetreiberauswahl durch die Bundesnetzagentur nur dann, wenn sich die nach Landesrecht bestimmten Inhalteanbieter vor dem Start des Multiplexes nicht auf einen Sendernetzbetreiber einigen können. [11]Die zuständige Landesbehörde teilt der Bundesnetzagentur das Ergebnis des Einigungsverfahrens mit. [12]Sofern sich die nach Landesrecht bestimmten Inhalteanbieter nicht auf einen Sendernetzbetreiber einigen konnten, bittet die nach Landesrecht zuständige Stelle um die Einleitung eines Verfahrens zur Auswahl eines Sendernetzbetreibers durch die Bundesnetzagentur.

Telekommunikationsgesetz **TKG 29**

(2) Frequenznutzungen des Bundesministeriums der Verteidigung bedürfen in den ausschließlich für militärische Nutzungen im Frequenzplan ausgewiesenen Frequenzbereichen keiner Frequenzzuteilung.

(3) ¹Als zugeteilt gelten Frequenzen, die für die Seefahrt und die Binnenschifffahrt sowie die Luftfahrt ausgewiesen sind und die auf fremden Wasser- oder Luftfahrzeugen, die sich im Geltungsbereich dieses Gesetzes aufhalten, zu den entsprechenden Zwecken genutzt werden. ²Dies gilt nur für Frequenzen, die aufgrund einer gültigen nationalen Erlaubnis des Landes, in dem das Fahrzeug registriert ist, genutzt werden.

(4) ¹Für Frequenzen, die für den Funk der Behörden und Organisationen mit Sicherheitsaufgaben (BOS-Funk) ausgewiesen sind, legt das Bundesministerium des Innern, für Bau und Heimat im Benehmen mit den zuständigen obersten Landesbehörden in einer Richtlinie fest:
1. die Zuständigkeiten der beteiligten Behörden,
2. das Verfahren zur Anerkennung als Berechtigter zur Teilnahme am BOS-Funk,
3. das Verfahren und die Zuständigkeiten bei der Bearbeitung von Anträgen auf Frequenzzuteilung innerhalb der Behörden und Organisationen mit Sicherheitsaufgaben,
4. die Grundsätze zur Frequenzplanung und die Verfahren zur Frequenzkoordinierung innerhalb der Behörden und Organisationen mit Sicherheitsaufgaben sowie
5. die Regelungen für den Funkbetrieb und für die Zusammenarbeit der Frequenznutzer im BOS-Funk.

²Die Richtlinie ist, insbesondere Satz 1 Nummer 4 und 5 betreffend, mit der Bundesnetzagentur abzustimmen. ³Das Bundesministerium des Innern, für Bau und Heimat bestätigt im Einzelfall nach Anhörung der jeweils sachlich zuständigen obersten Bundes- oder Landesbehörden die Zugehörigkeit eines Antragstellers zum Kreis der nach Satz 1 anerkannten Berechtigten.

(5) ¹Die Bundesnetzagentur teilt Frequenzen für die Nutzung des Flugfunkdienstes zu, wenn die nach dem Luftverkehrsrecht erforderlichen Entscheidungen des Bundesaufsichtsamtes für Flugsicherung vorliegen. ²Die nach § 91 festgelegte Zuständigkeit der Bundesnetzagentur und deren Eingriffsmöglichkeiten bleiben unberührt.

(6) Frequenzen für die Nutzung durch Küstenfunkstellen des Revier- und Hafenfunkdienstes werden nur dann zugeteilt, wenn die Zustimmung der Wasserstraßen- und Schifffahrtsverwaltung des Bundes vorliegt.

§ 97 Zuteilung zur gemeinsamen Frequenznutzung, Erprobung innovativer Technologien, kurzfristig auftretender Frequenzbedarf. (1) ¹Frequenzen, bei denen eine effiziente Nutzung durch einen Einzelnen allein nicht zu erwarten ist, können auch mehreren zur gemeinsamen Nutzung zugeteilt werden. ²Die Inhaber dieser Frequenznutzungsrechte haben Beeinträchtigun-

29 TKG   Telekommunikationsgesetz

gen hinzunehmen, die sich aus einer bestimmungsgemäßen gemeinsamen Nutzung der Frequenz ergeben.

(2) [1]In begründeten Einzelfällen, insbesondere zur Erprobung innovativer Technologien in der Telekommunikation oder bei kurzfristig auftretendem Frequenzbedarf, kann von den im Frequenzplan enthaltenen Festlegungen bei der Zuteilung von Frequenzen befristet abgewichen werden. [2]Voraussetzung hierfür ist, dass keine Frequenznutzung beeinträchtigt wird. [3]Sind Belange der Länder bei der Übertragung von Rundfunk im Zuständigkeitsbereich der Länder betroffen, ist auf der Grundlage der rundfunkrechtlichen Festlegungen das Benehmen mit der zuständigen Landesbehörde herzustellen.

§ 98 Zuteilung zur alternativen Frequenznutzung. (1) Besteht auf nationaler oder regionaler Ebene keine ausreichende Nachfrage nach der Nutzung eines Frequenzbereichs der harmonisierten Frequenzen, so kann die Bundesnetzagentur nach Maßgabe des Artikels 45 Absatz 4 und 5 der Richtlinie (EU) 2018/1972 einen solchen Frequenzbereich ganz oder teilweise zur alternativen Nutzung zuteilen, sofern
1. die mangelnde Nachfrage nach der Nutzung eines solchen Frequenzbereichs nach Anhörung der betroffenen Kreise, einschließlich einer vorausschauenden Beurteilung der Marktnachfrage, festgestellt wurde und
2. durch die alternative Nutzung die Verfügbarkeit oder die Nutzung eines solchen Frequenzbereichs in anderen Mitgliedstaaten der Europäischen Union nicht verhindert oder beeinträchtigt wird.

(2) [1]Die Bundesnetzagentur überprüft das Vorliegen der Voraussetzungen in regelmäßigen Abständen von Amts wegen oder auf Antrag eines an der harmonisierten Nutzung Interessierten. [2]Die Bundesnetzagentur setzt das Bundesministerium für Verkehr und digitale Infrastruktur, die Kommission und die anderen Mitgliedstaaten der Europäischen Union von der getroffenen Entscheidung einschließlich deren Gründe sowie über das Ergebnis der Überprüfung der Entscheidung in Kenntnis.

§ 99 Bestandteile der Frequenzzuteilung. (1) [1]Im Rahmen der Frequenzzuteilung sind insbesondere festzulegen:
1. die Art und der Umfang der Frequenznutzung, soweit dies zur Sicherung einer effizienten und störungsfreien Nutzung der Frequenzen erforderlich ist und
2. die allgemeinen Kriterien für die Verlängerung der Frequenzzuteilung gemäß § 92 Absatz 3 Satz 6.

[2]Bei der Festlegung von Art und Umfang der Frequenznutzung sind internationale Vereinbarungen zur Frequenzkoordinierung zu beachten.

(2) [1]Verknüpft die Bundesnetzagentur Frequenzzuteilungen gemäß Absatz 3 Satz 1 Nummer 1 mit Nebenbestimmungen, so kann sie, insbesondere um eine effektive und effiziente Frequenznutzung sicherzustellen oder die Versorgung zu verbessern, unter anderem folgende Möglichkeiten vorsehen:

Telekommunikationsgesetz **TKG 29**

1. zur gemeinsamen Nutzung von passiven oder aktiven Infrastrukturen für die Funkfrequenznutzung oder von Funkfrequenzen,
2. zu kommerziellen Roamingzugangsvereinbarungen und
3. zum gemeinsamen Ausbau von Infrastrukturen für die Bereitstellung von auf Funkfrequenzen gestützten Telekommunikationsnetzen oder -diensten.

²Die Bundesnetzagentur sorgt dafür, dass die mit Frequenznutzungsrechten verknüpften Bedingungen die gemeinsame Funkfrequenznutzung nicht behindern. ³Die Umsetzung der gemäß diesem Absatz auferlegten Bedingungen durch die Unternehmen bleibt weiterhin dem Gesetz gegen Wettbewerbsbeschränkungen unterworfen.

(3) ¹Zur Sicherung einer effizienten und störungsfreien Nutzung der Frequenzen, der weiteren in § 2 genannten Regulierungsziele sowie der in § 87 genannten Ziele der Frequenzregulierung
1. kann die Frequenzzuteilung mit Nebenbestimmungen versehen werden und
2. können die Frequenz, Nebenstimmungen zur Frequenzzuteilung sowie Art und Umfang der Frequenznutzung unter Wahrung des Grundsatzes der Verhältnismäßigkeit nachträglich geändert werden.

²Den interessierten Kreisen, einschließlich Nutzern und Verbrauchern, wird eine ausreichende Frist eingeräumt, um ihren Standpunkt zu den geplanten Änderungen nach Satz 1 Nummer 2 darzulegen. ³Die Frist nach Satz 2 beträgt grundsätzlich mindestens vier Wochen, es sei denn, die geplanten Änderungen sind geringfügig. ⁴Änderungen werden unter Angabe der Gründe veröffentlicht. ⁵Sind durch die Änderungen Belange der Länder bei der Übertragung von Rundfunk im Zuständigkeitsbereich der Länder betroffen, ist auf der Grundlage der rundfunkrechtlichen Festlegungen das Benehmen mit der zuständigen Landesbehörde herzustellen.

(4) ¹Die Frequenzzuteilung kann Hinweise darauf enthalten, welche Parameter die Bundesnetzagentur den Festlegungen zu Art und Umfang der Frequenznutzung bezüglich der Empfangsanlagen zugrunde gelegt hat. ²Bei Nichteinhaltung der mitgeteilten Parameter wird die Bundesnetzagentur keinerlei Maßnahmen ergreifen, um Nachteilen zu begegnen.

(5) Frequenzen, die der Übertragung von Rundfunk im Zuständigkeitsbereich der Länder dienen, werden im Benehmen mit der zuständigen Landesbehörde mit Auflagen zugeteilt, die sicherstellen, dass die rundfunkrechtlichen Belange der Länder berücksichtigt werden.

(6) Zugeteilte Frequenzen dürfen nur mit Funkanlagen genutzt werden, die dem Funkanlagengesetz entsprechen.

§ 100 Vergabeverfahren. (1) ¹Hat die Bundesnetzagentur nach § 91 Absatz 9 angeordnet, dass der Zuteilung von Frequenzen ein Vergabeverfahren voranzugehen hat, kann sie nach Anhörung der betroffenen Kreise das Versteigerungsverfahren nach Absatz 5 oder das Ausschreibungsverfahren nach Absatz 6 durchführen. ²Die Bundesnetzagentur legt bei der Entscheidung zur Wahl des Vergabeverfahrens gemäß Satz 1 die allgemeinen Ziele des Verfah-

rens fest. ³Die Ziele sind zusätzlich zur Förderung des Wettbewerbs und der Verbesserung der Versorgung, insbesondere in ländlichen Gebieten, auf einen oder mehrere der folgenden Aspekte beschränkt:
1. Gewährleistung der erforderlichen Dienstequalität,
2. Förderung der effizienten Nutzung von Frequenzen, unter anderem unter Berücksichtigung der für die Nutzungsrechte geltenden Bedingungen und der Höhe der Abgaben, oder
3. Förderung von Innovation und Geschäftsentwicklung.

(2) ¹Es ist dasjenige Vergabeverfahren durchzuführen, das am besten geeignet ist, die Regulierungsziele nach den §§ 2 und 87 zu erreichen. ²Für Frequenzen, die für die Übertragung von Rundfunk im Zuständigkeitsbereich der Länder vorgesehen sind, ist das Versteigerungsverfahren nach Absatz 5 nicht durchzuführen.

(3) ¹Die Bundesnetzagentur veröffentlicht die Entscheidung über die Wahl des Vergabeverfahrens sowie die Festlegungen und Regeln für die Durchführung der Verfahren unter Angabe der Gründe. ²Zudem veröffentlicht sie die dazugehörigen Frequenznutzungsbestimmungen. ³Sie legt die Ergebnisse einer mit der Entscheidung in Zusammenhang stehenden Beurteilung der Wettbewerbssituation sowie der technischen und wirtschaftlichen Gegebenheiten des Marktes dar.

(4) Die Bundesnetzagentur bestimmt vor Durchführung eines Vergabeverfahrens
1. die von einem Antragsteller zu erfüllenden subjektiven, fachlichen und sachlichen Mindestvoraussetzungen für die Zulassung zum Vergabeverfahren,
2. die Frequenznutzung, für die die zu vergebenden Frequenzen unter Beachtung des Frequenzplanes verwendet werden dürfen,
3. die für die Aufnahme des Telekommunikationsdienstes notwendige Grundausstattung an Frequenzen, sofern dies erforderlich ist, und
4. die Frequenznutzungsbestimmungen einschließlich des Versorgungsgrades bei der Frequenznutzung und seiner zeitlichen Umsetzung; bei der Festlegung des Versorgungsgrades und seiner zeitlichen Umsetzung berücksichtigt die Bundesnetzagentur neben den Regulierungszielen nach den §§ 2 und 87 auch Möglichkeiten für Inhaber von Frequenznutzungsrechten, in zumutbarer Weise öffentlich geförderte Infrastrukturen mitzunutzen oder aufzubauen.

(5) ¹Im Falle der Versteigerung legt die Bundesnetzagentur vor der Durchführung des Vergabeverfahrens die Regeln für die Durchführung des Versteigerungsverfahrens im Einzelnen fest. ²Die Regeln müssen objektiv, nachvollziehbar und nichtdiskriminierend sein und die Belange kleiner und mittlerer Unternehmen berücksichtigen. ³Die Bundesnetzagentur legt ein Mindestgebot für das Nutzungsrecht an den zu versteigernden Frequenzen sowie Zahlungsregelungen fest. ⁴Der Versteigerung geht ein Verfahren voraus, in dem die Zulassung zur Versteigerung schriftlich oder elektronisch zu beantragen ist. ⁵Die

Telekommunikationsgesetz **TKG 29**

Bundesnetzagentur entscheidet über die Zulassung durch schriftlichen oder elektronischen Bescheid. [6]Der Antrag auf Zulassung ist abzulehnen, wenn der Antragsteller nicht darlegt und nachweist, dass er die nach Absatz 4 festgelegten und die nach § 91 Absatz 5 bestehenden Voraussetzungen erfüllt.

(6) [1]Im Falle der Ausschreibung bestimmt die Bundesnetzagentur vor der Durchführung des Vergabeverfahrens die Kriterien, nach denen die Eignung der Bewerber bewertet wird. [2]Kriterien sind
1. die Zuverlässigkeit, Fachkunde und Leistungsfähigkeit der Bewerber,
2. die Eignung von vorzulegenden Planungen für die Nutzung der ausgeschriebenen Frequenzen,
3. die Förderung eines nachhaltig wettbewerbsorientierten Marktes und
4. der räumliche Versorgungsgrad.

[3]Bei ansonsten gleicher Eignung ist derjenige Bewerber auszuwählen, der einen höheren räumlichen Versorgungsgrad mit den entsprechenden Telekommunikationsdiensten gewährleistet. [4]Die Bundesnetzagentur legt den im Falle des Zuschlags für das Frequenznutzungsrecht zu zahlenden Zuschlagspreis sowie Zahlungsregelungen fest.

(7) [1]Die Zuteilung der Frequenzen erfolgt nach § 91, nachdem das Vergabeverfahren nach Absatz 3 Satz 1 durchgeführt worden ist. [2]Verpflichtungen, die Antragsteller im Laufe eines Versteigerungs- oder Ausschreibungsverfahrens eingegangen sind, werden Bestandteile der Frequenzzuteilung.

(8) [1]Bei einem Versteigerungsverfahren nach Absatz 5 oder einem Ausschreibungsverfahren nach Absatz 6 kann die in § 91 Absatz 4 genannte Höchstfrist von sechs Wochen so lange wie nötig, längstens jedoch um acht Monate, verlängert werden, um für alle Beteiligten ein chancengleiches, angemessenes, offenes und transparentes Verfahren sicherzustellen. [2]Diese Fristen lassen geltende internationale Vereinbarungen über die Nutzung von Frequenzen und die Satellitenkoordinierung unberührt.

§ 101 Flexibilisierung der Frequenznutzung. (1) [1]Die Bundesnetzagentur kann Frequenzbereiche bestimmen, in denen sie Frequenznutzungsrechte zum Handel, zur Vermietung oder zur kooperativen, gemeinsamen Nutzung (Frequenzpooling) freigibt, um flexible Frequenznutzungen zu ermöglichen. [2]Die betroffenen Kreise sind vor der Freigabeentscheidung anzuhören.

(2) [1]Sofern die Bundesnetzagentur eine Freigabeentscheidung nach Absatz 1 Satz 1 trifft, legt sie zeitgleich die Rahmenbedingungen und das Verfahren für den Handel, die Vermietung und das Frequenzpooling fest. [2]Die Rahmenbedingungen und das Verfahren haben insbesondere sicherzustellen, dass
1. die Effizienz der Frequenznutzung gesteigert oder gewahrt wird,
2. das ursprüngliche Vergabeverfahren einer Frequenzzuteilung nicht entgegensteht,
3. keine Verzerrung des Wettbewerbs zu besorgen ist,
4. die sonstigen rechtlichen Rahmenbedingungen, insbesondere die Nutzungsbestimmungen und internationale Vereinbarungen zur Frequenznutzung, eingehalten werden und

5. die Regulierungsziele nach den §§ 2 und 87 sichergestellt sind.
³Die Bundesnetzagentur veröffentlicht die Entscheidung über die Rahmenbedingungen und das Verfahren. ⁴Die Entscheidung erfolgt im Einvernehmen mit der nach Landesrecht zuständigen Stelle, soweit Frequenzen betroffen sind, die für Rundfunkdienste vorgesehen sind.

(3) Erlöse, die aus Maßnahmen nach Absatz 1 erzielt werden, stehen abzüglich der Verwaltungskosten demjenigen zu, der seine Frequenznutzungsrechte Dritten überträgt oder zur Nutzung oder Mitbenutzung überlässt.

(4) ¹Inhaber von Frequenznutzungsrechten informieren die Bundesnetzagentur über ihre Absicht, Frequenznutzungsrechte zu übertragen oder zu vermieten, sowie über die Übertragung oder Vermietung von Frequenznutzungsrechten. ²Die Bundesnetzagentur veröffentlicht diese Informationen.

§ 102 Widerruf der Frequenzzuteilung, Verzicht. (1) Eine Frequenzzuteilung kann neben den Fällen des § 49 Absatz 2 des Verwaltungsverfahrensgesetzes ganz oder teilweise widerrufen werden, wenn
1. nicht innerhalb eines Jahres nach der Zuteilung mit der Nutzung der Frequenz im Sinne des mit der Zuteilung verfolgten Zwecks begonnen wurde,
2. die Frequenz länger als ein Jahr nicht im Sinne des mit der Zuteilung verfolgten Zwecks genutzt worden ist,
3. eine der Voraussetzungen nach § 91 Absatz 5 oder § 96 Absatz 4 bis 6 nicht mehr gegeben ist,
4. einer Verpflichtung, die sich aus der Frequenzzuteilung ergibt, schwer oder wiederholt zuwidergehandelt oder trotz Aufforderung nicht nachgekommen wird,
5. nach der Frequenzzuteilung Wettbewerbsverzerrungen wahrscheinlich sind oder
6. durch eine Änderung der Eigentumsverhältnisse in der Person des Inhabers des Frequenznutzungsrechts eine Wettbewerbsverzerrung zu besorgen ist.

(2) Die Frist bis zum Wirksamwerden des Widerrufs muss angemessen sein.

(3) Sofern Frequenzen für die Übertragung von Rundfunk im Zuständigkeitsbereich der Länder betroffen sind, stellt die Bundesnetzagentur auf der Grundlage der rundfunkrechtlichen Festlegungen das Benehmen mit der zuständigen Landesbehörde her.

(4) ¹Die Frequenzzuteilung soll widerrufen werden, wenn bei einer Frequenz, die zur Übertragung von Rundfunk im Zuständigkeitsbereich der Länder zugeteilt ist, alle rundfunkrechtlichen Festlegungen der zuständigen Landesbehörde für Rundfunk, der auf dieser Frequenz übertragen wird, entfallen sind. ²Wenn bei einer Frequenz nach Satz 1 eine oder alle rundfunkrechtlichen Festlegungen nach Satz 1 entfallen sind und innerhalb von sechs Monaten keine neue rundfunkrechtliche Festlegung erteilt wird, kann die Bundesnetzagentur im Benehmen mit der zuständigen Landesbehörde dem bisherigen Inhaber diese Frequenz zuteilen. ³Die Zuteilung nach Satz 2 erfolgt mit eingeschränkter Verpflichtung oder ohne Verpflichtung zur Übertragung von Rund-

Telekommunikationsgesetz **TKG 29**

funk im Zuständigkeitsbereich der Länder nach Maßgabe des Frequenzplanes, auch wenn dies nicht dem vorherigen Vergabeverfahren entspricht.

(5) Bloße Änderungen der Frequenznutzung infolge der Anwendung der in § 89 Absatz 2 Satz 2 genannten Vorschriften rechtfertigen allein nicht den Widerruf einer Frequenzzuteilung.

(6) § 49 Absatz 6 des Verwaltungsverfahrensgesetzes ist auf den Widerruf nach den Absätzen 1 und 4 nicht anzuwenden.

(7) ¹Frequenzzuteilungen für die Übertragung von Rundfunk sollen widerrufen werden, wenn ein nach § 96 Absatz 1 Satz 7 vom Inhalteanbieter ausgewählter Sendernetzbetreiber auf Antrag die Zuteilung an ihn verlangen kann. ²Für die Widerrufsentscheidung gilt Absatz 3 entsprechend. ³Für das Wirksamwerden des Widerrufs ist eine angemessene Frist von mindestens drei Monaten vorzusehen.

(8) ¹Die Frequenzzuteilung erlischt durch Verzicht. ²Der Inhaber der Frequenzzuteilung hat den Verzicht gegenüber der Bundesnetzagentur schriftlich oder elektronisch unter genauer Bezeichnung der Frequenzzuteilung zu erklären.

§ 103 Überwachung, Anordnung der Außerbetriebnahme, Monitoring der Mobilfunkversorgung. (1) ¹Zur Sicherstellung der Frequenzordnung überwacht die Bundesnetzagentur die Frequenznutzung. ²Soweit es für die Überwachung, insbesondere zur Identifizierung eines Frequenznutzers, erforderlich und angemessen ist, sind die Bediensteten der Bundesnetzagentur befugt, sich Kenntnis von den näheren Umständen eines Telekommunikationsvorgangs zu verschaffen und in besonderen Fällen auch in Aussendungen hineinzuhören. ³Die durch Maßnahmen nach Satz 2 erlangten Informationen dürfen nur zur Sicherstellung der Frequenzordnung verwendet werden. ⁴Abweichend hiervon dürfen Informationen an die zuständigen Behörden übermittelt werden, soweit dies für die Verfolgung einer in § 100a der Strafprozessordnung genannten Straftat erforderlich ist. ⁵Das Grundrecht des Fernmeldegeheimnisses nach Artikel 10 des Grundgesetzes wird nach Maßgabe der Sätze 2 bis 4 eingeschränkt.

(2) ¹Zur Sicherstellung der Frequenzordnung kann die Bundesnetzagentur eine Einschränkung des Betriebes oder die Außerbetriebnahme von Geräten anordnen. ²Zur Durchsetzung dieser Anordnungen kann nach Maßgabe des Verwaltungsvollstreckungsgesetzes ein Zwangsgeld von bis zu 500 000 Euro festgesetzt werden.

(3) Die Bundesnetzagentur veröffentlicht auf ihrer Internetseite die von den Mobilfunknetzbetreibern übermittelten Informationen über die tatsächliche, standortbezogene Mobilfunknetzabdeckung.

(4) Zur Veröffentlichung nach Absatz 3 gehören anbieterbezogen insbesondere auch
1. die lokalen Schwerpunkte von Verbindungsabbrüchen bei der Sprachtelefonie und

2. der Grad der Versorgung
entlang von Bundesfernstraßen, des nachgeordneten Straßennetzes sowie der Schienen- und Wasserwege, um die Erreichung des Frequenzregulierungsziels nach § 87 Absatz 2 Nummer 1 sicherzustellen.

(5) ¹Die Bundesnetzagentur berichtet erstmals sechs Monate nach Inkrafttreten der Absätze 3 und 4 und im Anschluss jährlich dem Ausschuss für Verkehr und digitale Infrastruktur des Deutschen Bundestags über den Zustand der Mobilfunkversorgung insbesondere im Hinblick auf die Entwicklung bezüglich der in Absatz 4 genannten Aspekte. ²Gegenstand des Berichts soll zudem der anbieterbezogene Stand der Erfüllung von Nebenbestimmungen im Sinne des § 99 Absatz 3 sein, die mit der Zuteilung von Frequenzen für den Mobilfunk verbunden und zum Zeitpunkt der Berichterstattung nicht bereits vollständig erfüllt sind.

§ 104 Einschränkung der Frequenzzuteilung. Die Nutzung der zugeteilten Frequenzen kann vorübergehend eingeschränkt werden, wenn diese Frequenzen von den zuständigen Behörden zur Bewältigung ihrer Aufgaben im Spannungs- und im Verteidigungsfall, im Rahmen von Bündnisverpflichtungen, im Rahmen der Zusammenarbeit mit den Vereinten Nationen, im Rahmen internationaler Vereinbarungen zur Notfallbewältigung oder bei Naturkatastrophen, terroristischen Anschlägen oder sonstigen vergleichbaren Ereignissen und besonders schweren Unglücksfällen benötigt werden.

§ 105 Förderung des Wettbewerbs. (1) Bei der Zuteilung von Frequenzen für Telekommunikationsnetze und -dienste gemäß diesem Gesetz sowie der Änderung oder Verlängerung von Zuteilungen solcher Frequenzen fördert die Bundesnetzagentur einen wirksamen Wettbewerb und vermeidet Wettbewerbsverfälschungen im Binnenmarkt.

(2) ¹Zur Erreichung der in Absatz 1 genannten Ziele kann die Bundesnetzagentur geeignete Maßnahmen ergreifen. ²Diese umfassen unter anderem
1. die Begrenzung der Menge an Frequenzen, die einem Unternehmen zugeteilt werden, oder, wenn die Umstände dies rechtfertigen, die Verknüpfung der Frequenznutzungsrechte mit Bedingungen, beispielsweise mit der Gewährung des Vorleistungszugangs und mit nationalem oder regionalem Roaming in bestimmten Frequenzbereichen oder in Gruppen von Frequenzbereichen mit ähnlichen Merkmalen,
2. die Reservierung eines bestimmten Abschnitts eines Frequenzbereichs oder einer Gruppe von Frequenzbereichen für neue Marktteilnehmer, wenn dies angesichts der besonderen Lage auf dem nationalen Markt angemessen und gerechtfertigt ist,
3. die Verweigerung neuer Zuteilungen oder der Genehmigung neuer Frequenznutzungsarten in bestimmten Bereichen oder das Verknüpfen neuer Nutzungsrechte oder neuer Frequenznutzungsarten mit bestimmten Bedingungen, um Wettbewerbsverzerrungen durch Zuteilung, Übertragung oder Anhäufung von Nutzungsrechten zu verhindern,

Telekommunikationsgesetz **TKG 29**

4. die Aufnahme von Bedingungen für eine Untersagung der Übertragung von Zuteilungen oder die Auferlegung von Bedingungen für die Übertragung von Zuteilungen, die nicht unionsweit oder bundesweit der Fusionskontrolle unterliegen, wenn es wahrscheinlich ist, dass der Wettbewerb durch die Übertragung in beträchtlicher Weise beeinträchtigt würde, oder
5. die Änderung bestehender Rechte im Einklang mit diesem Gesetz, wenn dies erforderlich ist, um Wettbewerbsverzerrungen infolge der Übertragung oder Anhäufung von Zuteilungen nachträglich zu beseitigen.

[3]Bei ihren Entscheidungen stützt sich die Bundesnetzagentur unter Berücksichtigung der Marktbedingungen und der verfügbaren Vergleichsgrößen auf eine objektive, vorausschauende Beurteilung der Wettbewerbsverhältnisse, der Frage, ob solche Maßnahmen zur Erhaltung oder Erreichung eines wirksamen Wettbewerbs erforderlich sind, und der voraussichtlichen Auswirkungen solcher Maßnahmen auf bestehende oder künftige Investitionen der Marktteilnehmer insbesondere in den Netzausbau. [4]Bei der Beurteilung berücksichtigt die Bundesnetzagentur den in § 11 Absatz 3 beschriebenen Ansatz zur Durchführung von Marktanalysen. [5]Sie kann hierzu allgemeine Verwaltungsvorschriften erlassen.

(3) [1]Bevor die Bundesnetzagentur Maßnahmen nach Absatz 2 ergreift, gibt sie interessierten Kreisen Gelegenheit zur Stellungnahme zum Entwurf der Maßnahmen innerhalb einer angemessenen Frist. [2]Die Frist muss der Komplexität des Sachverhalts entsprechen und mindestens einen Monat betragen. [3]Bei außergewöhnlichen Umständen kann eine kürzere Frist gesetzt werden. [4]§ 99 Absatz 3 bleibt unberührt. [5]Die Ergebnisse der Anhörung sowie die Maßnahmen sind zu veröffentlichen. [6]Bei der Anwendung des Absatzes 2 handelt die Bundesnetzagentur im Übrigen nach dem in § 107 genannten Verfahren.

§ 106 Lokales Roaming, Zugang zu aktiven und passiven Netzinfrastrukturen. (1) Die Bundesnetzagentur kann den Betreiber eines öffentlichen Mobilfunknetzes dazu verpflichten, in einem räumlich umgrenzten Gebiet die Mitnutzung passiver Infrastrukturen oder, soweit dies nicht ausreicht, Roaming zu ermöglichen (lokales Roaming), wenn
1. unüberwindbare wirtschaftliche oder physische Hindernisse für den marktgesteuerten Netzausbau in diesem Gebiet bestehen, aufgrund derer Endnutzer nur äußerst lückenhaften Zugang zu öffentlichen Mobilfunknetzen und -diensten haben,
2. das lokale Roaming zum Angebot von über Mobilfunknetze erbrachten öffentlich zugänglichen Telekommunikationsdiensten auf lokaler Ebene unmittelbar erforderlich ist,
3. keinem anderen Mobilfunknetzbetreiber tragfähige und vergleichbare alternative Zugangswege zu den Endnutzern zu fairen und angemessenen Bedingungen in diesem Gebiet zur Verfügung gestellt werden,
4. die Möglichkeit einer solchen Verpflichtung ausdrücklich vorgesehen wurde
   a) im Falle eines Vergabeverfahrens in den Vergabebedingungen der Frequenzzuteilung,

29 TKG

b) im Übrigen rechtzeitig vor der Frequenzzuteilung,
5. von der Verpflichtung begünstigte Unternehmen einen angemessenen Beitrag zur Versorgung von bislang unterversorgten Gebieten leisten und
6. zwischen den Beteiligten innerhalb von drei Monaten keine Vereinbarung zum lokalen Roaming oder zur Mitnutzung passiver Infrastrukturen zustande gekommen ist; die Frist für Verhandlungen zwischen den Beteiligten kann um einen weiteren Monat verlängert werden, soweit alle Beteiligten dieses übereinstimmend bei der Bundesnetzagentur beantragen.

(2) Bei der Entscheidung über eine Verpflichtung nach Absatz 1 berücksichtigt die Bundesnetzagentur insbesondere:
1. die Gewährleistung eines durchgehenden, unterbrechungsfreien Zugangs für alle Endnutzer zu Sprach- und breitbandigen Datendiensten des öffentlichen Mobilfunks mindestens entlang von Bundesfernstraßen und auch im nachgeordneten Straßennetz sowie an allen Schienen- und Wasserwegen möglichst bis 2026 und in weiteren Gebieten mit äußerst lückenhaftem Zugang für Endnutzer,
2. die effiziente Nutzung von Frequenzen,
3. die Ermöglichung einer wesentlich größeren Auswahl und einer höheren Dienstequalität für die Endnutzer,
4. die technische Durchführbarkeit und die diesbezüglichen Bedingungen,
5. den Stand des Infrastruktur- und Dienstleistungswettbewerbs,
6. technische Innovationen und
7. die vorrangige Notwendigkeit, im Hinblick auf den Ausbau der Infrastruktur zunächst Anreize für das nach Absatz 1 verpflichtete Unternehmen zu schaffen.

(3) § 12 gilt entsprechend.

(4) [1]Unbeschadet der Verpflichtung nach Absatz 1 kann die Bundesnetzagentur Unternehmen, die öffentliche Mobilfunknetze in einem räumlich umgrenzten Gebiet bereitstellen, dazu verpflichten, Zugang zu aktiven Netzinfrastrukturen in diesem Gebiet zu gewähren. [2]Die Absätze 1 bis 3 gelten entsprechend.

(5) [1]Die Bundesnetzagentur entscheidet über die Bedingungen, zu denen ein nach Absatz 1 oder 4 verpflichtetes Unternehmen lokales Roaming oder den Zugang zu aktiven oder passiven Infrastrukturen gewähren muss, innerhalb von zwei Monaten nach der Entscheidung nach Absatz 1 oder 4, soweit die Beteiligten in diesem Zeitraum keine Einigung hierüber erzielt haben. [2]Die Frist kann um einen weiteren Monat verlängert werden. [3]Die Bedingungen müssen objektiv, transparent, verhältnismäßig und nichtdiskriminierend sein.

(6) Die Bundesnetzagentur kann den Begünstigten der Anordnung nach Absatz 1 oder Absatz 4 verpflichten, Frequenzen mit dem Verpflichteten der Anordnung nach Absatz 1 oder Absatz 4 in dem betreffenden Gebiet gemeinsam zu nutzen.

(7) [1]Die Bundesnetzagentur überprüft Verpflichtungen und Bedingungen nach den Absätzen 1 bis 6 innerhalb von fünf Jahren nach Erlass. [2]Sie prüft

hierbei insbesondere, ob deren Änderung oder Aufhebung angesichts der sich wandelnden Umstände angemessen wäre.

§ 107 Beteiligung in der Gruppe für Frequenzpolitik. (1) Sofern die Bundesnetzagentur beabsichtigt, ein Vergabeverfahren nach § 91 Absatz 9 in Verbindung mit § 100 in Bezug auf harmonisierte Frequenzen für drahtlose Breitbandnetze und -dienste oder Maßnahmen nach § 105 Absatz 2 durchzuführen, unterrichtet sie die Gruppe für Frequenzpolitik über entsprechende Entscheidungs- oder Maßnahmeentwürfe zeitgleich mit deren Veröffentlichung im Anhörungsverfahren.

(2) Die Bundesnetzagentur gibt bei der Unterrichtung nach Absatz 1 an, ob und gegebenenfalls wann sie die Gruppe für Frequenzpolitik zur Einberufung eines Peer-Review-Forums nach Artikel 35 der Richtlinie (EU) 2018/1972 auffordert.

(3) Sofern die Gruppe für Frequenzpolitik ein Peer-Review-Forum nach Artikel 35 Absatz 2 der Richtlinie (EU) 2018/1972 einberuft, erläutert die Bundesnetzagentur den Maßnahmeentwurf nach Artikel 35 Absatz 4 der Richtlinie (EU) 2018/1972.

Teil 7

Nummerierung

§ 108 Nummerierung. (1) [1]Die Bundesnetzagentur nimmt die Aufgaben der Nummerierung wahr. [2]Ihr obliegt insbesondere die Strukturierung und Ausgestaltung des Nummernraumes mit dem Ziel, den Anforderungen von Endnutzern, Betreibern von Telekommunikationsnetzen und Anbietern von Telekommunikationsdiensten zu genügen. [3]Die Bundesnetzagentur teilt ferner Nummern den Betreibern von Telekommunikationsnetzen, Anbietern von Telekommunikationsdiensten und Endnutzern zu. [4]Ausgenommen ist die Verwaltung von Domänennamen oberster und nachgeordneter Stufen. [5]Die Bundesnetzagentur veröffentlicht die Zuteilungsentscheidungen nach Satz 3 unter Wahrung des Schutzes personenbezogener Daten.

(2) Im Rahmen ihrer Tätigkeit nach Absatz 1 stellt die Bundesnetzagentur einen Bereich geografisch nicht gebundener Nummern zur Verfügung, die zur Bereitstellung anderer Telekommunikationsdienste als interpersoneller Telekommunikationsdienste auch im Ausland genutzt werden können.

(3) [1]Die Bundesnetzagentur kann zur Umsetzung internationaler Verpflichtungen oder Empfehlungen sowie zur Sicherstellung der ausreichenden Verfügbarkeit von Nummern Änderungen der Struktur und Ausgestaltung des Nummernraumes und des nationalen Nummernplanes vornehmen. [2]Dabei sind die Belange der Betroffenen, insbesondere die Umstellungskosten, die den Betreibern von Telekommunikationsnetzen, den Anbietern von Telekommunikationsdiensten und den Nutzern entstehen, angemessen zu berücksichtigen. [3]Be-

absichtigte Änderungen sind rechtzeitig vor ihrem Wirksamwerden bekannt zu geben. ⁴Die von diesen Änderungen betroffenen Betreiber von Telekommunikationsnetzen und Anbieter von Telekommunikationsdiensten sind verpflichtet, die zur Umsetzung erforderlichen Maßnahmen zu treffen.

(4) ¹Die Bundesnetzagentur kann zur Durchsetzung der Verpflichtungen nach Absatz 3 Anordnungen erlassen. ²Zur Durchsetzung der Anordnungen können nach Maßgabe des Verwaltungsvollstreckungsgesetzes Zwangsgelder bis zu 500 000 Euro festgesetzt werden.

(5) Die Bundesnetzagentur trifft, sofern der angerufene Endnutzer Anrufe aus bestimmten geografischen Gebieten nicht aus wirtschaftlichen Gründen eingeschränkt hat, die erforderlichen Maßnahmen, um sicherzustellen, dass
1. die Endnutzer in der Lage sind, Dienste unter Verwendung geografisch nicht gebundener Nummern in der Europäischen Union zu erreichen und zu nutzen und
2. die Endnutzer in der Lage sind, unabhängig von der vom Betreiber verwendeten Technologie und der von ihm genutzten Geräte alle in der Europäischen Union bestehenden Rufnummern, einschließlich der Nummern in den nationalen Nummernplänen der Mitgliedstaaten der Europäischen Union sowie universeller internationaler gebührenfreier Rufnummern, zu erreichen.

(6) ¹Die Bundesregierung wird ermächtigt, durch Rechtsverordnung die Maßstäbe und Leitlinien festzulegen für
1. die Strukturierung, Ausgestaltung und Verwaltung der Nummernräume sowie
2. den Erwerb, Umfang und Verlust von Nutzungsrechten an Nummern.
²Dies schließt auch die Umsetzung darauf bezogener internationaler Empfehlungen und Verpflichtungen in nationales Recht sowie die Festlegung von Regelungen zur Nutzung von Nummern gemäß Absatz 2 ein. ³Dabei sind insbesondere zu berücksichtigen:
1. die effiziente Nummernnutzung,
2. die Belange der Marktbeteiligten einschließlich der Planungssicherheit,
3. die wirtschaftlichen Auswirkungen auf die Marktteilnehmer,
4. die Anforderungen an die Nummernnutzung und die langfristige Bedarfsdeckung sowie
5. die Interessen der Endnutzer.
⁴In der Verordnung sind die Befugnisse der Bundesnetzagentur sowie die Rechte und Pflichten der Marktteilnehmer und der Endnutzer im Einzelnen festzulegen. ⁵Absatz 1 Satz 4 gilt entsprechend.

(7) ¹Ist im Vergabeverfahren für generische Domänen oberster Stufe für die Zuteilung oder Verwendung einer geografischen Bezeichnung, die mit dem Namen einer Gebietskörperschaft identisch ist, eine Einverständniserklärung oder Unbedenklichkeitsbescheinigung durch eine deutsche Regierungs- oder Verwaltungsstelle erforderlich, obliegt die Entscheidung über die Erteilung des Einverständnisses oder die Ausstellung einer Unbedenklichkeitsbescheinigung

Telekommunikationsgesetz **TKG 29**

der nach dem jeweiligen Landesrecht zuständigen Stelle. ²Weisen mehrere Gebietskörperschaften identische Namen auf, liegt die Entscheidungsbefugnis bei der Gebietskörperschaft, die nach der Verkehrsauffassung die größte Bedeutung hat.

§ 109 Preisangabe. (1) ¹Wer gegenüber Endnutzern
1. Premium-Dienste,
2. Auskunftsdienste,
3. Massenverkehrsdienste,
4. Service-Dienste,
5. Kurzwahldienste oder
6. Dienste über Nationale Teilnehmerrufnummern

anbietet oder dafür wirbt, hat dabei den für die Inspruchnahme des Dienstes zu zahlenden Höchstpreis nach § 112 Absatz 1 bis 5 oder 6 Satz 4 zeitabhängig je Minute oder zeitunabhängig je Inanspruchnahme einschließlich der Umsatzsteuer und sonstiger Preisbestandteile anzugeben. ²Bei nach § 123 Absatz 7 Satz 1 festgelegten Preisen ist dieser Preis anzugeben. ³Besteht einheitlich netzübergreifend bei sämtlichen Anbietern ein niedrigerer Preis als der Höchstpreis, darf auch dieser angegeben werden.

(2) ¹Der Preis ist gut lesbar, deutlich sichtbar und in unmittelbarem Zusammenhang mit der Rufnummer anzugeben. ²Die Preisangabe hat nach Möglichkeit barrierefrei zu erfolgen. ³Bei Anzeige der Rufnummer darf die Preisangabe nicht zeitlich kürzer als die Rufnummer angezeigt werden. ⁴Auf den Abschluss eines Dauerschuldverhältnisses ist hinzuweisen.

(3) Bei Telefax-Diensten ist zusätzlich die Anzahl der zu übermittelnden Seiten anzugeben.

§ 110 Preisansage. (1) ¹Wer den vom Endnutzer zu zahlenden Preis für die Inanspruchnahme von
1. sprachgestützten Premium-Diensten,
2. Kurzwahl-Sprachdiensten,
3. sprachgestützten Auskunftsdiensten und
4. sprachgestützter Betreiberauswahl

festlegt, hat vor Beginn der Entgeltpflichtigkeit dem Endnutzer den für die Inanspruchnahme dieses Dienstes zu zahlenden Preis zeitabhängig je Minute oder zeitunabhängig je Datenvolumen oder sonstiger Inanspruchnahme einschließlich der Umsatzsteuer und sonstiger Preisbestandteile anzusagen. ²Für sprachgestützte Betreiberauswahl ist der Preis dauerhaft in Euro oder in Cent anzusagen; ein Wechsel zwischen der Preisansage in Euro und in Cent ist unzulässig.

(2) ¹Die Preisansage nach Absatz 1 ist spätestens drei Sekunden vor Beginn der Entgeltpflichtigkeit unter Hinweis auf den Zeitpunkt des Beginns derselben abzuschließen. ²Ändert sich dieser Preis während der Inanspruchnahme des Dienstes, so ist vor Beginn des neuen Tarifabschnitts der nach der Änderung zu zahlende Preis entsprechend Absatz 1 und Satz 1 anzusagen mit der

29 TKG Telekommunikationsgesetz

Maßgabe, dass die Ansage auch während der Inanspruchnahme des Dienstes erfolgen kann. [3]Beim Einsatz von Warteschleifen nach § 115 Absatz 1 Nummer 5 stellt weder der Beginn noch das Ende der Warteschleife eine Änderung des Preises im Sinne von Satz 2 dar, wenn der vom Endnutzer im Sinne des Absatzes 1 Satz 1 zu zahlende Preis für den Tarifabschnitt nach der Warteschleife unverändert gegenüber dem Preis für den Tarifabschnitt vor der Warteschleife ist.

(3) [1]Bei Inanspruchnahme von sprachgestützten Massenverkehrsdiensten hat der Diensteanbieter dem Endnutzer den für die Inanspruchnahme dieses Dienstes zu zahlenden Preis nach Maßgabe der Absätze 1 und 2 anzusagen. [2]Abweichend von Satz 1 kann die Preisansage unmittelbar im Anschluss an die Inanspruchnahme des Dienstes erfolgen, wenn der Preis 1 Euro pro Minute oder Inanspruchnahme nicht übersteigt.

(4) [1]Im Falle der Weitervermittlung durch einen sprachgestützten Auskunftsdienst besteht die Preisansageverpflichtung nach Absatz 1 auch für das weiterzuvermittelnde Gespräch für den Auskunftsdiensteanbieter. [2]Die Ansage kann während der Inanspruchnahme des sprachgestützten Auskunftsdienstes erfolgen, ist jedoch vor der Weitervermittlung vorzunehmen; Absatz 2 Satz 2 und 3 gilt entsprechend. [3]Auf die aus der Weitervermittlung resultierende Entgeltpflichtigkeit etwaiger Warteschleifen und die Unbeachtlichkeit anderslautender Preisansagen im Rahmen der Warteschleifen ist hinzuweisen. [4]Bei der Weitervermittlung auf entgeltfreie Telefondienste ist auf die Unbeachtlichkeit etwaiger Hinweise auf die Kostenfreiheit hinzuweisen.

§ 111 Preisanzeige. (1) Für Kurzwahl-Datendienste hat derjenige, der den vom Endnutzer zu zahlenden Preis für die Inanspruchnahme dieses Dienstes festlegt,
1. vor Beginn der Entgeltpflichtigkeit den für die Inanspruchnahme dieses Dienstes zu zahlenden Preis einschließlich der Umsatzsteuer und sonstiger Preisbestandteile ab einem Preis von 1 Euro pro Inanspruchnahme deutlich sichtbar und gut lesbar anzuzeigen und
2. sich vom Endnutzer den Erhalt der Information bestätigen zu lassen.

(2) [1]Von den Verpflichtungen nach Absatz 1 kann abgewichen werden, wenn
1. der Dienst im öffentlichen Interesse erbracht wird oder
2. sich der Endnutzer vor Inanspruchnahme der Dienstleistung gegenüber dem Verpflichteten nach Absatz 1 durch ein geeignetes Verfahren legitimiert.

[2]Die Einzelheiten regelt und veröffentlicht die Bundesnetzagentur.

§ 112 Preishöchstgrenzen. (1) [1]Preise für zeitabhängig über Rufnummern für Premium-Dienste, Kurzwahldienste und Auskunftsdienste abgerechnete Verbindungen und Dienstleistungen dürfen nur erhoben werden, wenn sie insgesamt höchstens 3 Euro pro Minute betragen, soweit nach Absatz 6 keine ab-

Telekommunikationsgesetz **TKG 29**

weichenden Preise erhoben werden können. ²Dies gilt auch im Falle der Weitervermittlung durch einen Auskunftsdienst. ³Die Abrechnung darf höchstens im 60-Sekunden-Takt erfolgen. ⁴Satz 3 gilt entsprechend für die Betreiberauswahl.

(2) Preise für zeitunabhängig über Rufnummern für Premium-Dienste, Kurzwahldienste und Auskunftsdienste abgerechnete Verbindungen und Dienstleistungen dürfen nur erhoben werden, wenn sie höchstens 30 Euro pro Verbindung betragen, soweit nach Absatz 6 keine abweichenden Preise erhoben werden können.

(3) ¹Wird der Preis von über Rufnummern für Premium-Dienste, Kurzwahldienste und Auskunftsdienste abgerechnete Dienstleistungen aus zeitabhängigen und zeitunabhängigen Leistungsanteilen gebildet, so müssen diese Preisanteile entweder im Einzelverbindungsnachweis, soweit dieser erteilt wird, getrennt ausgewiesen werden oder Verfahren nach Absatz 6 Satz 2 zur Anwendung kommen. ²Der Preis nach Satz 1 darf höchstens 30 Euro je Verbindung betragen, soweit nach Absatz 6 keine abweichenden Preise erhoben werden können.

(4) ¹Preise für Anrufe bei Service-Diensten dürfen nur erhoben werden, wenn sie höchstens 0,14 Euro pro Minute oder 0,20 Euro pro Anruf betragen, soweit nach Absatz 6 keine abweichenden Preise erhoben werden können. ²Die Abrechnung darf höchstens im 60-Sekunden-Takt erfolgen.

(5) ¹Preise für Anrufe bei Nationalen Teilnehmerrufnummern und Persönlichen Rufnummern dürfen nur erhoben werden, wenn sie höchstens 0,09 Euro pro Minute betragen, soweit nach Absatz 6 keine abweichenden Preise erhoben werden können. ²Die Abrechnung darf höchstens im 60-Sekunden-Takt erfolgen.

(6) ¹Über die Preisgrenzen der Absätze 1 bis 3 hinausgehende Preise dürfen nur erhoben werden, wenn sich der Kunde vor Inspruchnahme der Dienstleistung gegenüber dem Anbieter durch ein geeignetes Verfahren legitimiert. ²Die Einzelheiten regelt die Bundesnetzagentur. ³Sie kann durch Allgemeinverfügung Einzelheiten zu zulässigen Verfahren in Bezug auf Tarifierungen nach Absätzen 1 bis 5 festlegen. ⁴Darüber hinaus kann die Bundesnetzagentur entsprechend dem Verfahren nach § 123 Absatz 7 von den Absätzen 1 bis 5 abweichende Preishöchstgrenzen festlegen, wenn die allgemeine Entwicklung der Preise oder des Marktes dies erforderlich macht.

§ 113 Verbindungstrennung. (1) ¹Der Anbieter öffentlich zugänglicher Telekommunikationsdienste, bei dem die Rufnummer für Premium-Dienste, Kurzwahl-Sprachdienste oder Auskunftsdienste eingerichtet ist, hat jede zeitabhängig abgerechnete Verbindung zu dieser Rufnummer nach 60 Minuten zu trennen. ²Dies gilt auch, wenn zu einer Rufnummer für Premium-Dienste oder für Kurzwahl-Sprachdienste weitervermittelt wurde.

(2) ¹Von der Verpflichtung nach Absatz 1 kann abgewichen werden, wenn sich der Endnutzer vor der Inanspruchnahme der Dienstleistung gegenüber

29 TKG Telekommunikationsgesetz

dem Anbieter durch ein geeignetes Verfahren legitimiert. ²Die Einzelheiten regelt die Bundesnetzagentur. ³Sie kann durch Allgemeinverfügung die Einzelheiten der zulässigen Verfahren zur Verbindungstrennung festlegen.

§ 114 Anwählprogramme (Dialer). (1) Anwählprogramme, die Verbindungen zu einer Nummer herstellen, bei denen neben der Telekommunikationsdienstleistung Inhalte abgerechnet werden (Dialer), sind unzulässig.

(2) ¹Für die Nutzung von Anwählprogrammen, die der Anrufende verwendet, um Verbindungen zu einer Nummer herzustellen, bei denen neben der Telekommunikationsdienstleistung keine Inhalte abgerechnet werden (Telefonie-Dialer), legt die Bundesnetzagentur Verfahren und Grenzwerte zum Schutz der Angerufenen vor unzumutbaren Belästigungen durch Anrufversuche fest. ²Die Festlegung erfolgt durch Allgemeinverfügung. ³Vor der Festlegung sind die betroffenen Unternehmen, Fachkreise und Verbraucherverbände anzuhören.

(3) ¹Die nach Absatz 2 festgelegten Verfahren und Grenzwerte sind spätestens ein Jahr nach ihrem Inkrafttreten einzuhalten, sofern in der Festlegung keine abweichende Umsetzungsfrist bestimmt ist. ²Ab diesem Zeitpunkt dürfen Telefonie-Dialer nur eingesetzt werden, wenn hierbei die von der Bundesnetzagentur festgelegten Verfahren und Grenzwerte eingehalten werden. ³Die Bundesnetzagentur überprüft die festgelegten Verfahren und Grenzwerte in regelmäßigen Abständen auf ihre Wirksamkeit.

§ 115 Warteschleifen. (1) Warteschleifen dürfen nur eingesetzt werden, wenn eine der folgenden Voraussetzungen erfüllt ist:
1. der Anruf erfolgt zu einer entgeltfreien Rufnummer,
2. der Anruf erfolgt zu einer ortsgebundenen Rufnummer oder zu einer Rufnummer, die die Bundesnetzagentur den ortsgebundenen Rufnummern nach Absatz 3 gleichgestellt hat,
3. der Anruf erfolgt zu einer Rufnummer für mobile Dienste (015, 016 oder 017),
4. für den Anruf gilt ein Festpreis pro Verbindung oder
5. der Anruf ist für die Dauer der Warteschleife für den Anrufer kostenfrei, soweit es sich nicht um Kosten handelt, die bei Anrufen aus dem Ausland für die Herstellung der Verbindung im Ausland entstehen.

(2) ¹Beim ersten Einsatz einer Warteschleife im Rahmen des Anrufs, die nicht unter Absatz 1 Nummer 1 bis 3 fällt, hat der Angerufene sicherzustellen, dass der Anrufende mit Beginn der Warteschleife über ihre voraussichtliche Dauer und, unbeschadet der §§ 109 bis 111, darüber informiert wird, ob für den Anruf ein Festpreis gilt oder ob der Anruf gemäß Absatz 1 Nummer 5 für die Dauer des Einsatzes dieser Warteschleife für den Anrufer kostenfrei ist. ²Die Ansage kann mit Beginn der Bearbeitung vorzeitig beendet werden.

(3) Die Bundesnetzagentur stellt auf Antrag eines Zuteilungsnehmers Rufnummern den ortsgebundenen Rufnummern nach Absatz 1 Nummer 2 in Bezug auf den Einsatz von Warteschleifen gleich, wenn

Telekommunikationsgesetz **TKG 29**

1. der Angerufene vom Anrufer weder unmittelbar noch mittelbar über den Anbieter von Telekommunikationsdiensten ein Entgelt für den Anruf zu dieser Nummer erhält und Anrufe zu dieser Nummer in der Regel von den am Markt verfügbaren Pauschaltarifen erfasst sind und
2. die Tarifierung dieser Rufnummer auch im Übrigen keine abweichende Behandlung gegenüber den ortsgebundenen Rufnummern rechtfertigt.

§ 116 Wegfall des Entgeltanspruchs. ¹Der Endnutzer ist zur Zahlung eines Entgelts nicht verpflichtet, wenn und soweit
1. entgegen § 110 Absatz 1, 2 und 3 Satz 1 nicht vor Beginn der Inanspruchnahme, entgegen § 110 Absatz 3 Satz 2 nicht unmittelbar im Anschluss an die Inanspruchnahme oder entgegen § 110 Absatz 4 nicht während der Inanspruchnahme des Dienstes über den erhobenen Preis informiert wurde,
2. entgegen § 111 nicht vor Beginn der Inanspruchnahme über den erhobenen Preis informiert wurde und keine Bestätigung des Endnutzers erfolgt,
3. entgegen § 112 die Preishöchstgrenzen nicht eingehalten wurden,
4. entgegen § 113 die zeitliche Obergrenze nicht eingehalten wurde,
5. Dialer entgegen § 114 Absatz 1 betrieben wurden,
6. der Angerufene entgegen § 115 Absatz 1 während des Anrufs eine oder mehrere Warteschleifen einsetzt oder die Angaben nach § 115 Absatz 2 nicht, nicht vollständig oder nicht rechtzeitig gemacht werden,
7. entgegen § 119 Absatz 1 Satz 2 R-Gesprächsdienste mit Zahlungen an den Anrufer angeboten werden,
8. nach Eintragung in die Sperr-Liste nach § 119 Absatz 2 ein R-Gespräch zum gesperrten Anschluss erfolgt oder
9. die Bundesnetzagentur ein Rechnungslegungs- und Inkassierungsverbot nach § 123 Absatz 5 Satz 1 erlassen hat.

²In diesen Fällen entfällt die Entgeltzahlungspflicht des Anrufers für den gesamten Anruf.

§ 117 Auskunftsanspruch. (1) ¹Jeder, der ein berechtigtes Interesse daran hat, kann schriftlich oder elektronisch von der Bundesnetzagentur Auskunft über den Namen und die ladungsfähige Anschrift desjenigen verlangen, der eine Nummer von der Bundesnetzagentur zugeteilt bekommen hat. ²Die Auskunft soll unverzüglich nach Eingang der Anfrage nach Satz 1 erteilt werden.

(2) ¹Jeder, der ein berechtigtes Interesse daran hat, kann von demjenigen, dem von der Bundesnetzagentur (0)137er-Rufnummern oder Rufnummern für Kurzwahldienste zugeteilt sind, unentgeltlich
1. Auskunft über den Namen und die ladungsfähige Anschrift desjenigen verlangen, der über eine dieser Rufnummern Dienstleistungen anbietet, oder
2. die Mitteilung verlangen, an wen die Rufnummer gemäß § 59 übertragen wurde.

²Bei Kurzwahlnummern, die nicht von der Bundesnetzagentur zugeteilt wurden, besteht der Anspruch gegenüber demjenigen, in dessen Netz die Kurzwahlnummer geschaltet ist. ³Bei gemäß § 59 übertragenen Rufnummern be-

steht der Anspruch auf Auskunft nach Satz 1 Nummer 1 gegenüber dem Anbieter, zu dem die Rufnummer übertragen wurde. [4]Die Auskünfte nach den Sätzen 1 bis 3 sollen innerhalb von zehn Werktagen nach Eingang der schriftlich oder elektronisch gestellten Anfrage erteilt werden. [5]Die Auskunftsverpflichteten haben die Angabe bei ihren Kunden zu erheben und aktuell zu halten.

§ 118 Datenbank für (0)900er-Rufnummern. (1) [1]Alle zugeteilten (0)900er-Rufnummern werden in einer Datenbank bei der Bundesnetzagentur erfasst. [2]Die Datenbank ist mit folgenden Angaben im Internet zu veröffentlichen:
1. dem Namen und der ladungsfähigen Anschrift des Diensteanbieters,
2. bei Diensteanbietern mit Sitz im Ausland zusätzlich mit der ladungsfähigen Anschrift eines allgemeinen Zustellungsbevollmächtigten im Inland.

(2) Jedermann kann schriftlich oder elektronisch von der Bundesnetzagentur Auskunft über die in der Datenbank gespeicherten Daten verlangen.

§ 119 R-Gespräche. (1) [1]Aufgrund von Verbindungen, bei denen dem Angerufenen das Verbindungsentgelt in Rechnung gestellt wird (R-Gespräche), dürfen keine Zahlungen an den Anrufer erfolgen. [2]Das Angebot von R-Gesprächsdiensten mit einer Zahlung an den Anrufer nach Satz 1 ist unzulässig.

(2) [1]Die Bundesnetzagentur führt eine Sperr-Liste mit Rufnummern, die von R-Gesprächsdiensten für eingehende R-Gespräche zu sperren sind. [2]Endnutzer können ihren Anbieter von Telekommunikationsdiensten beauftragen, die Aufnahme ihrer Nummern in die Sperr-Liste unentgeltlich zu veranlassen. [3]Eine Löschung von der Liste kann kostenpflichtig sein. [4]Der Anbieter übermittelt den Wunsch des Endnutzers sowie etwaig erforderliche Streichungen wegen Wegfalls der abgeleiteten Zuteilung an die Bundesnetzagentur. [5]Die Bundesnetzagentur stellt die Sperr-Liste Anbietern von R-Gesprächsdiensten zum Abruf bereit.

§ 120 Rufnummernübermittlung. (1) [1]Anbieter von öffentlich zugänglichen nummerngebundenen interpersonellen Telekommunikationsdiensten, die Endnutzern den Aufbau von abgehenden Verbindungen ermöglichen, müssen sicherstellen, dass beim Verbindungsaufbau als Rufnummer des Anrufers eine vollständige national signifikante Rufnummer des deutschen Nummernraums übermittelt und als solche gekennzeichnet wird. [2]Die Rufnummer muss dem Endnutzer für den Dienst zugeteilt sein, im Rahmen dessen die Verbindung aufgebaut wird. [3]Rufnummern für Auskunftsdienste, Massenverkehrsdienste oder Premium-Dienste, Nummern für Kurzwahldienste sowie die Notrufnummern 110 und 112 dürfen nicht als Rufnummer des Anrufers übermittelt werden. [4]Andere an der Verbindung beteiligte Anbieter dürfen übermittelte Rufnummern nicht verändern.

(2) [1]Endnutzer dürfen zusätzliche Rufnummern nur aufsetzen und in das öffentliche Telekommunikationsnetz übermitteln, wenn sie ein Nutzungsrecht an

Telekommunikationsgesetz **TKG 29**

der entsprechenden Rufnummer haben und es sich um eine Rufnummer des deutschen Nummernraums handelt. [2]Abweichend von Satz 1 darf im Falle einer Rufumleitung als zusätzliche Rufnummer die übermittelte und angezeigte Rufnummer des Anrufers aufgesetzt werden. [3]Rufnummern für Auskunftsdienste, Massenverkehrsdienste oder Premium-Dienste, Nummern für Kurzwahldienste sowie die Notrufnummern 110 und 112 dürfen von Endnutzern nicht als zusätzliche Rufnummer aufgesetzt und in das öffentliche Telekommunikationsnetz übermittelt werden. [4]Die Bundesnetzagentur kann nach Anhörung der betroffenen Fachkreise und Verbraucherverbände Voraussetzungen festlegen, unter denen das Aufsetzen einer ausländischen Rufnummer abweichend von Satz 1 zulässig ist.

(3) [1]Sämtliche an der Verbindung beteiligte Anbieter öffentlich zugänglicher Telekommunikationsdienste müssen sicherstellen, dass Rufnummern für Auskunftsdienste, Massenverkehrsdienste oder Premium-Dienste, Nummern für Kurzwahldienste sowie die Notrufnummern 110 und 112 nicht als Rufnummer des Anrufers übermittelt und angezeigt werden. [2]Sie haben Verbindungen, bei denen als Rufnummer des Anrufers Rufnummern nach Satz 1 übermittelt und angezeigt werden, abzubrechen.

(4) [1]Sämtliche an der Verbindung beteiligte Anbieter öffentlich zugänglicher Telekommunikationsdienste müssen sicherstellen, dass als Rufnummer des Anrufers nur dann eine national signifikante Rufnummer des deutschen Nummernraums angezeigt wird, wenn die Verbindung aus dem öffentlichen deutschen Telefonnetz übergeben wird. [2]Wird eine Verbindung, bei der eine national signifikante Rufnummer des deutschen Nummernraums angezeigt wird, aus dem ausländischen Telefonnetz übergeben, haben die Anbieter sicherzustellen, dass netzintern der Eintrittsweg der Verbindung in das deutsche Netz eindeutig gekennzeichnet wird; die Rufnummernanzeige ist zu unterdrücken. [3]Ausgenommen von Satz 1 ist das internationale Roaming im Mobilfunk. [4]Angerufene müssen die Möglichkeit haben, Anrufe mit unterdrückter Rufnummernanzeige auf einfache Weise und unentgeltlich abzuweisen.

(5) [1]Absatz 1 gilt entsprechend für Anbieter nummerngebundener interpersoneller Telekommunikationsdienste bei der Übertragung von Textnachrichten über das öffentliche Telekommunikationsnetz. [2]Abweichend von Satz 1 sind Nummern für Kurzwahldienste sowie alphanumerische Absenderkennungen zulässig, wenn der Absender für den Empfänger hierüber eindeutig identifizierbar ist und hierüber keine zweiseitige Kommunikation ermöglicht wird.

§ 121 Internationaler entgeltfreier Telefondienst. [1]Anrufe bei (00)800er-Rufnummern müssen für den Anrufer unentgeltlich sein. [2]Die Erhebung eines Entgelts für die Inanspruchnahme eines Endgerätes bleibt unbenommen.

§ 122 Umgehungsverbot. Die §§ 109 bis 121 sind auch dann anzuwenden, wenn versucht wird, sie durch anderweitige Gestaltungen zu umgehen.

29 TKG

Telekommunikationsgesetz

§ 123 Befugnisse der Bundesnetzagentur. (1) Die Bundesnetzagentur kann im Rahmen der Nummernverwaltung Anordnungen und andere geeignete Maßnahmen treffen, um die Einhaltung gesetzlicher Vorschriften, aufgrund dieses Gesetzes ergangener Verpflichtungen und der von ihr erteilten Bedingungen über die Zuteilung von Nummern sicherzustellen.

(2) [1]Die Bundesnetzagentur kann die Betreiber von öffentlichen Telekommunikationsnetzen und die Anbieter öffentlich zugänglicher Telekommunikationsdienste verpflichten, Auskünfte zu personenbezogenen Daten wie Name und ladungsfähige Anschrift von Nummerninhabern und Nummernnutzern zu erteilen, die für den Vollzug dieses Gesetzes, aufgrund dieses Gesetzes ergangener Verordnungen sowie der erteilten Bedingungen erforderlich sind, soweit die Daten den Unternehmen bekannt sind. [2]Die Bundesnetzagentur kann insbesondere Auskünfte zu personenbezogenen Daten verlangen, die erforderlich sind für die einzelfallbezogene Überprüfung von Verpflichtungen, wenn
1. der Bundesnetzagentur eine Beschwerde vorliegt,
2. die Bundesnetzagentur aus anderen Gründen eine Verletzung von Pflichten annimmt oder
3. die Bundesnetzagentur von sich aus Ermittlungen durchführt.

[3]Andere Regelungen bleiben von der Auskunftspflicht nach den Sätzen 1 und 2 unberührt.

(3) [1]Zur Verfolgung von Verstößen gegen § 120 kann die Bundesnetzagentur von Anbietern öffentlich zugänglicher Telekommunikationsdienste Auskunft über die Rufnummer, von der ein Anruf ausging, sowie über für die Verfolgung erforderliche personenbezogene Daten wie Name und ladungsfähige Anschrift des Nummerninhabers und des Nummernnutzers verlangen. [2]Zur Erfüllung dieser Auskunftspflicht dürfen Anbieter öffentlich zugänglicher Telekommunikationsdienste im dafür erforderlichen Umfang Verkehrsdaten verarbeiten.

(4) [1]Die Bundesnetzagentur kann bei Nichterfüllung von gesetzlichen oder behördlich auferlegten Verpflichtungen die rechtswidrig genutzte Nummer entziehen. [2]Sie soll ferner im Falle der gesicherten Kenntnis von der rechtswidrigen Nutzung einer Rufnummer gegenüber dem Netzbetreiber, in dessen Netz die Nummer geschaltet ist, die Abschaltung der Rufnummer anordnen.

(5) [1]Die Bundesnetzagentur kann den Rechnungsersteller bei gesicherter Kenntnis einer rechtswidrigen Nummernnutzung auffordern, keine Rechnungslegung und -inkassierung vorzunehmen. [2]Sie kann in diesem Zusammenhang
1. die Auszahlung und Verrechnung bereits inkassierter Entgelte untersagen und
2. die Erstattung bereits inkassierter Entgelte anordnen.

(6) [1]Teilt die Bundesnetzagentur Nummern nach § 108 Absatz 2 zu, knüpft sie die Nutzungsrechte an den Nummern an bestimmte Bedingungen, um im Falle einer Bereitstellung von Diensten im Ausland die Einhaltung der ein-

Telekommunikationsgesetz **TKG 29**

schlägigen ausländischen Verbraucherschutzvorschriften und des ausländischen Rechts zu gewährleisten. ²Weist die zuständige Behörde des Staates, in dem die Nummern zum Einsatz kommen, einen Verstoß gegen dessen einschlägige Verbraucherschutzvorschriften oder dessen nationales Recht im Rahmen der Nummernnutzung nach, ergreift die Bundesnetzagentur auf Antrag dieser Behörde Maßnahmen zur Durchsetzung dieser Bedingungen.

(7) ¹Soweit für Premium-Dienste, Auskunftsdienste, Massenverkehrsdienste oder Service-Dienste die Tarifhoheit bei dem Anbieter des Anrufers liegt und deshalb unterschiedliche Entgelte für Verbindungen gelten würden, legt die Bundesnetzagentur nach Anhörung der betroffenen Unternehmen, Fachkreise und Verbraucherverbände zum Zweck der Preisangabe und Preisansage nach den §§ 109 und 110 jeweils bezogen auf bestimmte Nummernbereiche oder Nummernteilbereiche den Preis netzübergreifend für sämtliche Anbieter fest. ²Soweit erforderlich, legt die Bundesnetzagentur dabei auch fest, durch wen die Preisansage nach § 110 Absatz 1 zu erfolgen hat. ³Teil 2 Abschnitt 2 bleibt unberührt.

(8) Zur Durchsetzung der Anordnungen nach den Absätzen 1 bis 6 kann nach Maßgabe des Verwaltungsvollstreckungsgesetzes ein Zwangsgeld von mindestens 1 000 Euro bis höchstens 1 000 000 Euro festgesetzt werden.

(9) Die Rechte der Länder sowie die Befugnisse anderer Behörden bleiben unberührt.

§ 124 Mitteilung an Staatsanwaltschaft oder Verwaltungsbehörde. Die Bundesnetzagentur teilt Tatsachen, die den Verdacht einer Straftat oder einer Ordnungswidrigkeit begründen, der Staatsanwaltschaft oder der Verwaltungsbehörde mit.

Teil 8
Wegerechte und Mitnutzung

Abschnitt 1
Wegerechte

§ 125 Berechtigung zur Nutzung öffentlicher Wege und ihre Übertragung. (1) ¹Der Bund ist befugt, Verkehrswege für die öffentlichen Zwecken dienenden Telekommunikationslinien unentgeltlich zu benutzen, soweit dadurch nicht der Widmungszweck der Verkehrswege dauernd beschränkt wird (Nutzungsberechtigung). ²Als Verkehrswege gelten öffentliche Wege, Plätze, Brücken und Tunnel sowie die öffentlichen Gewässer.

(2) ¹Der Bund überträgt die Nutzungsberechtigung nach Absatz 1 durch die Bundesnetzagentur auf Antrag an die Eigentümer oder Betreiber öffentlicher Telekommunikationsnetze oder öffentlichen Zwecken dienen der Telekommu-

nikationslinien. ²In dem Antrag nach Satz 1 ist das Gebiet zu bezeichnen, für das die Nutzungsberechtigung übertragen werden soll.

(3) ¹Die Bundesnetzagentur überträgt die Nutzungsberechtigung, wenn der Antragsteller nachweislich fachkundig, zuverlässig und leistungsfähig ist, Telekommunikationslinien zu errichten und die Nutzungsberechtigung mit den Regulierungszielen nach § 2 vereinbar ist. ²Die Bundesnetzagentur erteilt die Nutzungsberechtigung für die Dauer der öffentlichen Tätigkeit. ³Sie entscheidet über vollständige Anträge innerhalb von sechs Wochen.

(4) ¹Beginn und Beendigung der Nutzung sowie jeder sonstige Wegfall der Nutzungsberechtigung nach Absatz 2, Namensänderungen, Anschriftenänderungen und identitätswahrende Umwandlungen des Unternehmens sind der Bundesnetzagentur unverzüglich mitzuteilen. ²Die Bundesnetzagentur stellt diese Informationen den Wegebaulastträgern zur Verfügung. ³Für Schäden, die daraus entstehen, dass Änderungen nicht rechtzeitig mitgeteilt wurden, haftet der Nutzungsberechtigte.

§ 126 Pflichten der Eigentümer und Betreiber öffentlicher Telekommunikationsnetze oder öffentlichen Zwecken dienender Telekommunikationslinien. Telekommunikationslinien sind so zu errichten und zu unterhalten, dass sie den Anforderungen der öffentlichen Sicherheit und Ordnung sowie den anerkannten Regeln der Technik genügen.

§ 127 Verlegung und Änderung von Telekommunikationslinien. (1) Für die Verlegung oder die Änderung von Telekommunikationslinien ist die schriftliche oder elektronische Zustimmung des Trägers der Wegebaulast erforderlich.

(2) Ist der Wegebaulastträger selbst Betreiber einer Telekommunikationslinie oder mit einem Betreiber im Sinne des § 37 Absatz 1 oder 2 des Gesetzes gegen Wettbewerbsbeschränkungen zusammengeschlossen, so ist die Zustimmung nach Absatz 1 von einer Verwaltungseinheit zu erteilen, die unabhängig von der für den Betrieb der Telekommunikationslinie oder der für die Wahrnehmung der Gesellschaftsrechte zuständigen Verwaltungseinheit ist.

(3) ¹Die Zustimmung gilt nach Ablauf einer Frist von drei Monaten nach Eingang des vollständigen Antrags als erteilt. ²Diese Zustimmungsfrist beginnt nicht, wenn der Antrag unvollständig ist und der zuständige Wegebaulastträger dies innerhalb eines Monats nach Eingang des Antrags beim zuständigen Wegebaulastträger dem Antragsteller in Textform mitteilt. ³Im Fall der Ergänzung oder Änderung des Antrags beginnen die Fristen nach den Sätzen 1 und 2 neu zu laufen. ⁴Die Zustimmungsfrist kann um einen Monat verlängert werden, wenn dies wegen der Schwierigkeit der Angelegenheit gerechtfertigt ist. ⁵Die Fristverlängerung ist zu begründen und rechtzeitig mitzuteilen.

(4) ¹Wird eine nach Maßgabe etwaiger Verwaltungsvorschriften des jeweils zuständigen Wegebaulastträgers nur geringfügige bauliche Maßnahme diesem vollständig angezeigt, und fordert dieser nicht innerhalb eines Monats den An-

Telekommunikationsgesetz **TKG 29**

zeigenden auf, einen entsprechenden Antrag zu stellen, gilt die Zustimmung nach Absatz 1 als erteilt. ²Diese Zustimmungsfrist beginnt nicht, wenn die Anzeige unvollständig ist und der zuständige Wegebaulastträger dies innerhalb eines Monats nach Eingang der Anzeige beim zuständigen Wegebaulastträger dem Anzeigenden in Textform mitteilt. ³Im Fall der Ergänzung oder Änderung der Anzeige beginnen die Fristen nach den Sätzen 1 und 2 neu zu laufen.

(5) ¹Behördliche Entscheidungen nach Maßgabe des Naturschutzrechtes, des Wasserhaushaltrechtes, des Denkmalschutzes und der Straßenverkehrs-Ordnung, die im Zuge der Verlegung oder Änderung von Telekommunikationslinien notwendig sind, sind zeitgleich mit der Zustimmung nach Absatz 1 zu erteilen. ²Dies gilt nicht in Fällen, in denen der Bund für die Erteilung dieser Zustimmung zuständig ist. ³Sonstige Genehmigungserfordernisse bleiben unberührt. ⁴Die Länder sollen eine oder mehrere koordinierende Stellen bestimmen und für die zeitgleiche Erteilung der in Satz 1 genannten behördlichen Entscheidungen sorgen.

(6) ¹Bei der Verlegung oberirdischer Leitungen sind die Interessen der Wegebaulastträger, der Betreiber öffentlicher Telekommunikationsnetze und die städtebaulichen Belange abzuwägen. ²In die Abwägung muss zugunsten einer beantragten Verlegung oberirdischer Leitungen insbesondere einfließen, dass der Ausbau von Netzen mit sehr hoher Kapazität beschleunigt wird oder die Kosten der Verlegung hierdurch maßgeblich gesenkt werden. ³Soweit beantragt, sollen in der Regel oberirdische Leitungen verlegt werden, wenn vereinzelt stehende Gebäude oder Gebäudeansammlungen erschlossen werden sollen. ⁴Soweit die Verlegung im Rahmen einer Gesamtbaumaßnahme koordiniert werden kann, die in engem zeitlichem Zusammenhang nach der Antragstellung auf Zustimmung durchgeführt wird, soll die Verlegung in der Regel unterirdisch erfolgen.

(7) ¹Dem Träger der Straßenbaulast ist mitzuteilen, ob Glasfaserleitungen oder Leerrohrsysteme, die der Aufnahme von Glasfaserleitungen dienen, in geringerer als der nach den anerkannten Regeln der Technik vorgesehenen Verlegetiefe, wie zum Beispiel im Wege des Micro- oder Minitrenching, verlegt werden (mindertiefe Verlegung). ²Eine mindertiefe Verlegung darf erfolgen, wenn der Antragsteller die durch eine mögliche wesentliche Beeinträchtigung des Schutzniveaus entstehenden Kosten oder den etwaig höheren Erhaltungsaufwand übernimmt. ³Die Sätze 1 und 2 sind auf die Verlegung von Glasfaserleitungen oder Leerrohrsystemen in Bundesautobahnen und autobahnähnlich ausgebauten Bundesfernstraßen nicht anzuwenden.

(8) ¹Die Zustimmung kann mit Nebenbestimmungen versehen werden, die diskriminierungsfrei zu gestalten sind; die Nebenbestimmungen dürfen nur die Art und Weise der Errichtung der Telekommunikationslinie sowie die dabei zu beachtenden Regeln der Technik, die Sicherheit und Leichtigkeit des Verkehrs, die im Bereich des jeweiligen Wegebaulastträgers übliche Dokumentation der Lage der Telekommunikationslinie nach geographischen Koordinaten und die Verkehrssicherungspflichten regeln. ²Soweit keine anerkannten Regeln der

29 TKG Telekommunikationsgesetz

Technik für die mindertiefe Verlegung oder Errichtungs- und Anbindungskonzepte für drahtlose Zugangspunkte mit geringer Reichweite bestehen, und der Wegebaulastträger von den Angaben des Antragsstellers abweichende Vorgaben zur Art und Weise der Errichtung bei der mindertiefen Verlegung oder bei der Errichtung und Anbindung drahtloser Zugangspunkte mit geringer Reichweite macht, müssen diese aus Gründen der öffentlichen Sicherheit und Ordnung notwendig sein. ³Die Zustimmung kann außerdem von der Leistung einer angemessenen Sicherheit abhängig gemacht werden.

§ 128 Mitnutzung und Wegerecht. (1) ¹Eigentümer oder Betreiber öffentlicher Versorgungsnetze dürfen ihre passiven Netzinfrastrukturen Eigentümern oder Betreibern öffentlicher Telekommunikationsnetze für den Ausbau von Netzen mit sehr hoher Kapazität zur Mitnutzung anbieten. ²Eigentümer oder Betreiber öffentlicher Telekommunikationsnetze dürfen ihre passiven Netzinfrastrukturen Eigentümern oder Betreibern anderer öffentlicher Versorgungsnetze für deren Netzausbau zur Mitnutzung anbieten.

(2) ¹Soweit die Ausübung der Nutzungsberechtigung nach § 125 für die Verlegung weiterer Telekommunikationslinien nicht oder nur mit einem unverhältnismäßig hohen Aufwand möglich ist, können andere passive Netzinfrastrukturen öffentlicher Versorgungsnetzbetreiber unter den Voraussetzungen der §§ 138, 139 und 141 mitgenutzt werden. ²Dies gilt unabhängig davon, ob die Telekommunikationslinie zum Aufbau eines Netzes mit sehr hoher Kapazität genutzt werden kann.

(3) ¹Soweit die Nutzungsberechtigung nach § 125 für die Verlegung weiterer Telekommunikationslinien auf die Eisenbahninfrastruktur nicht anwendbar ist und es sich bei der Eisenbahninfrastruktur nicht um eine passive Netzinfrastruktur handelt, können Teile der Eisenbahninfrastruktur nach den §§ 138, 139 und 141 mitgenutzt werden. ²Die §§ 79, 82, 136 und 137 gelten entsprechend.

(4) ¹Beeinträchtigt die Ausübung der Nutzungsberechtigung nach § 125 für die Verlegung weiterer Telekommunikationslinien Belange des Umweltschutzes, der öffentlichen Gesundheit und Sicherheit oder der Städteplanung und Raumordnung, kann die Bundesnetzagentur nach Anhörung der beteiligten Kreise insoweit die Mitnutzung und gemeinsame Unterbringung (Kollokation) der zugehörigen Einrichtungen und der Telekommunikationslinien anordnen, als dies für die berührten Belange für notwendig erachtet wird. ²Die getroffenen Maßnahmen müssen objektiv, transparent, nichtdiskriminierend und verhältnismäßig sein. ³Die Bundesnetzagentur legt Regeln für die Umlegung der Kosten bei gemeinsamer Nutzung von Telekommunikationslinien und zugehörigen Einrichtungen fest.

§ 129 Rücksichtnahme auf Wegeunterhaltung und Widmungszweck.
(1) Bei der Benutzung der Verkehrswege ist eine Erschwerung ihrer Unterhaltung und eine vorübergehende Beschränkung ihres Widmungszwecks nach Möglichkeit zu vermeiden.

Telekommunikationsgesetz **TKG 29**

(2) Wird die Unterhaltung erschwert, so hat der Nutzungsberechtigte dem Unterhaltungspflichtigen die aus der Erschwerung erwachsenden Kosten zu ersetzen.

(3) ¹Nach Beendigung der Arbeiten an den Telekommunikationslinien hat der Nutzungsberechtigte den Verkehrsweg unverzüglich wieder instand zu setzen, sofern nicht der Unterhaltungspflichtige erklärt hat, die Instandsetzung selbst vornehmen zu wollen. ²Der Nutzungsberechtigte hat dem Unterhaltungspflichtigen die Auslagen für die von ihm vorgenommene Instandsetzung zu erstatten und den durch die Arbeiten an den Telekommunikationslinien entstandenen Schaden zu ersetzen.

(4) Der Unterhaltspflichtige kann die Erfüllung der Pflichten durch den Nutzungsberechtigten und seine Rechte durch schriftlichen Verwaltungsakt geltend machen.

§ 130 Gebotene Änderung. (1) Ergibt sich nach Errichtung einer Telekommunikationslinie, dass sie den Widmungszweck eines Verkehrsweges nicht nur vorübergehend beschränkt oder die Vornahme der zu seiner Unterhaltung erforderlichen Arbeiten verhindert oder der Ausführung einer von dem Unterhaltungspflichtigen beabsichtigten Änderung des Verkehrsweges entgegensteht, so ist die Telekommunikationslinie, soweit erforderlich, abzuändern oder zu beseitigen.

(2) Soweit ein Verkehrsweg eingezogen wird, erlischt die Befugnis des Nutzungsberechtigten zu seiner Benutzung.

(3) In all diesen Fällen hat der Nutzungsberechtigte die gebotenen Maßnahmen an der Telekommunikationslinie auf seine Kosten zu bewirken.

(4) Der Unterhaltspflichtige kann die Erfüllung der Pflichten durch den Nutzungsberechtigten und seine Rechte durch schriftlichen Verwaltungsakt geltend machen.

§ 131 Schonung der Baumpflanzungen. (1) ¹Die Baumpflanzungen auf und an den Verkehrswegen und Wirtschaftswegen im Sinne des § 134 Absatz 1 Satz 1 Nummer 3 sind nach Möglichkeit zu schonen, auf das Wachstum der Bäume ist Rücksicht zu nehmen. ²Ausästungen können nur insoweit verlangt werden, als sie zur Herstellung der Telekommunikationslinie oder zur Verhütung von Betriebsstörungen erforderlich sind; sie sind auf das unbedingt notwendige Maß zu beschränken.

(2) ¹Der Nutzungsberechtigte hat dem Besitzer der Baumpflanzungen eine angemessene Frist zu setzen, innerhalb welcher er die Ausästungen selbst vornehmen kann. ²Sind die Ausästungen innerhalb der Frist nicht oder nicht genügend vorgenommen, so bewirkt der Nutzungsberechtigte die Ausästungen. ³Dazu ist er auch berechtigt, wenn es sich um die dringliche Verhütung oder Beseitigung einer Störung handelt.

(3) Der Nutzungsberechtigte ersetzt den an den Baumpflanzungen verursachten Schaden und die Kosten der auf sein Verlangen vorgenommenen Ausästungen.

29 TKG — Telekommunikationsgesetz

§ 132 Besondere Anlagen. (1) ¹Die Telekommunikationslinien sind so auszuführen, dass sie vorhandene besondere Anlagen (der Wegeunterhaltung dienende Einrichtungen, Kanalisations-, Wasser-, Gasleitungen, Schienenbahnen, elektrische Anlagen und dergleichen) nicht störend beeinflussen. ²Die aus der Herstellung erforderlicher Schutzvorkehrungen erwachsenden Kosten hat der Nutzungsberechtigte zu tragen.

(2) Die Verlegung oder Veränderung vorhandener besonderer Anlagen kann nur gegen Entschädigung und nur dann verlangt werden, wenn die Benutzung des Verkehrsweges für die Telekommunikationslinie sonst unterbleiben müsste und die besondere Anlage anderweitig ihrem Zweck entsprechend untergebracht werden kann.

(3) Auch bei Vorliegen der Voraussetzungen der Absätze 1 und 2 hat die Benutzung des Verkehrsweges für die Telekommunikationslinie zu unterbleiben, wenn der aus der Verlegung oder Veränderung der besonderen Anlage entstehende Schaden gegenüber den Kosten, welche dem Nutzungsberechtigten aus der Benutzung eines anderen ihm zur Verfügung stehenden Verkehrsweges erwachsen, unverhältnismäßig groß ist.

(4) ¹Die Absätze 1 bis 3 finden auf in der Vorbereitung befindliche besondere Anlagen, deren Herstellung im öffentlichen Interesse liegt, entsprechende Anwendung. ²Eine Entschädigung aufgrund des Absatzes 2 wird nur bis zu dem Betrag der Aufwendungen gewährt, die durch die Vorbereitung entstanden sind. ³Als in der Vorbereitung begriffen gelten Anlagen, sobald sie aufgrund eines im Einzelnen ausgearbeiteten Planes die Genehmigung des Auftraggebers und, soweit erforderlich, die Genehmigung der zuständigen Behörden und des Eigentümers oder des sonstigen zur Nutzung Berechtigten des in Anspruch genommenen Weges erhalten haben.

§ 133 Spätere besondere Anlagen. (1) Spätere besondere Anlagen sind nach Möglichkeit so auszuführen, dass sie die vorhandenen Telekommunikationslinien nicht störend beeinflussen.

(2) ¹Der Inhaber oder Betreiber einer späteren besonderen Anlage kann vom Nutzungsberechtigten verlangen, dass eine Telekommunikationslinie auf dessen Kosten verlegt oder verändert wird, wenn
1. ohne die Verlegung oder Veränderung die Errichtung der späteren besonderen Anlage unterbleiben müsste oder wesentlich erschwert würde,
2. die Errichtung der späteren besonderen Anlage aus Gründen des öffentlichen Interesses, insbesondere aus volkswirtschaftlichen Gründen oder wegen Verkehrsrücksichten, von den Wegeunterhaltspflichtigen oder unter ihrer überwiegenden Beteiligung vollständig oder überwiegend ausgeführt werden soll und
3. die Kosten des Nutzungsberechtigten nicht unverhältnismäßig sind.

²Liegen nur die Voraussetzungen nach Satz 1 Nummer 1 und 2 vor, so kann eine Verlegung oder Veränderung auch dann verlangt werden, wenn der Inhaber oder Betreiber der späteren besonderen Anlage die Kosten teilweise erstat-

Telekommunikationsgesetz **TKG 29**

tet, so dass die vom Nutzungsberechtigten zu tragenden Kosten verhältnismäßig ausfallen.

(3) Muss wegen einer späteren besonderen Anlage die schon vorhandene Telekommunikationslinie mit Schutzvorkehrungen versehen werden, so sind die dadurch entstehenden Kosten von dem Nutzungsberechtigten zu tragen.

(4) Überlässt ein Wegeunterhaltspflichtiger seinen Anteil einem nicht unterhaltspflichtigen Dritten, so sind dem Nutzungsberechtigten die durch die Verlegung oder Veränderung oder durch die Herstellung der Schutzvorkehrungen erwachsenden Kosten, soweit sie auf dessen Anteil fallen, zu erstatten.

(5) Die Unternehmer anderer als der in Absatz 2 bezeichneten besonderen Anlagen haben die aus der Verlegung oder Veränderung der vorhandenen Telekommunikationslinien oder aus der Herstellung der erforderlichen Schutzvorkehrungen erwachsenden Kosten zu tragen.

(6) Auf spätere Änderungen vorhandener besonderer Anlagen finden die Absätze 1 bis 5 entsprechende Anwendung.

§ 134 Beeinträchtigung von Grundstücken und Gebäuden. (1) [1]Der Eigentümer eines Grundstücks, das kein Verkehrsweg im Sinne des § 125 Absatz 1 Satz 2 ist, kann die Errichtung, den Betrieb und die Erneuerung von Telekommunikationslinien auf seinem Grundstück sowie den Anschluss der auf dem Grundstück befindlichen Gebäude an Netze mit sehr hoher Kapazität insoweit nicht verbieten, als
1. auf dem Grundstück einschließlich der Gebäudeanschlüsse eine durch ein Recht gesicherte Leitung oder Anlage auch für die Errichtung, den Betrieb und die Erneuerung einer Telekommunikationslinie genutzt und hierdurch die Nutzbarkeit des Grundstücks nicht dauerhaft zusätzlich eingeschränkt wird,
2. das Grundstück einschließlich der Gebäude durch die Benutzung nicht unzumutbar beeinträchtigt wird,
3. das Grundstück im öffentlichen Eigentum steht, wie ein Verkehrsweg genutzt wird, ohne als solcher gewidmet zu sein (Wirtschaftsweg), und der Benutzung keine wichtigen Gründe der öffentlichen Sicherheit entgegenstehen oder
4. das Grundstück im Eigentum eines Schienenwegebetreibers steht und die Sicherheit des Eisenbahnbetriebs hierdurch nicht beeinträchtigt wird.

[2]Werden Gebäude, die sich nicht auf dem Grundstück des Eigentümers befinden, gleichwohl von dessen Grundstück oder Gebäude aus mitversorgt, so gilt Satz 1 entsprechend.

(2) Der Eigentümer eines Grundstücks nach Absatz 1 kann dessen Überfahren nicht verbieten, wenn die Überfahrt zur Errichtung, zum Betrieb und zur Erneuerung von Telekommunikationslinien auf einem anderen Grundstück notwendig ist.

(3) [1]Hat der Grundstückseigentümer eine Einwirkung nach Absatz 1 oder Absatz 2 zu dulden, so kann er von dem Betreiber der Telekommunikationsli-

29 TKG Telekommunikationsgesetz

nie oder dem Eigentümer des Leitungsnetzes einen angemessenen Ausgleich in Geld verlangen, wenn durch die Errichtung, die Erneuerung oder durch Wartungs-, Reparatur- oder vergleichbare, mit dem Betrieb der Telekommunikationslinie unmittelbar zusammenhängende Maßnahmen eine Benutzung seines Grundstücks oder dessen Ertrag über das zumutbare Maß hinaus beeinträchtigt wird. [2]Für eine erweiterte Nutzung zu Zwecken der Telekommunikation kann darüber hinaus ein einmaliger Ausgleich in Geld verlangt werden, sofern bisher keine Leitungswege vorhanden waren, die zu Zwecken der Telekommunikation genutzt werden konnten. [3]Der Anspruch nach Satz 2 besteht nicht, wenn die erweiterte Nutzung ausschließlich zum Anschluss von Gebäuden auf dem genutzten Grundstück erfolgt oder wenn das Grundstück im öffentlichen Eigentum steht. [4]Wird das Grundstück oder sein Zubehör durch die Ausübung der aus dieser Vorschrift folgenden Rechte beschädigt, hat der Betreiber oder der Eigentümer des Leitungsnetzes auf seine Kosten den Schaden zu beseitigen. [5]§ 840 Absatz 1 des Bürgerlichen Gesetzbuchs ist anzuwenden. [6]Der Betreiber der Telekommunikationslinie oder der Eigentümer des Leitungsnetzes hat den Eigentümer des Grundstücks auf die Pflicht zur Duldung vor Einwirkung nach Absatz 1 oder Absatz 2 hinzuweisen.

(4) Soweit die Durchführung von nach Absatz 1 zu duldenden Maßnahmen nicht oder nur mit einem unverhältnismäßig hohen Aufwand möglich ist, können bestehende passive Netzinfrastrukturen Dritter unter den Voraussetzungen der §§ 138, 139 und 141 mitgenutzt werden.

(5) [1]Beeinträchtigt die Ausübung der Nutzungsberechtigung nach § 125 für die Verlegung weiterer Telekommunikationslinien Belange des Umweltschutzes, der öffentlichen Gesundheit und Sicherheit oder der Städteplanung und Raumordnung, kann die Bundesnetzagentur nach Anhörung der beteiligten Kreise insoweit die Mitnutzung von Grundstücken anordnen, als dies für die berührten Belange für notwendig erachtet wird. [2]§ 128 Absatz 4 Satz 2 und 3 gilt entsprechend.

§ 135 Verjährung der Ansprüche. Die Verjährung der auf den §§ 128 bis 134 beruhenden Ansprüche richtet sich nach den Regelungen über die regelmäßige Verjährung nach dem Bürgerlichen Gesetzbuch.

Abschnitt 2

Mitnutzung öffentlicher Versorgungsnetze

§ 136 Informationen über passive Netzinfrastrukturen. (1) [1]Eigentümer oder Betreiber öffentlicher Telekommunikationsnetze können bei Eigentümern oder Betreibern öffentlicher Versorgungsnetze für Zwecke des Ausbaus von Netzen mit sehr hoher Kapazität die Erteilung von Informationen über die passive Netzinfrastruktur ihrer öffentlichen Versorgungsnetze beantragen. [2]Im Antrag ist das Gebiet anzugeben, das mit Netzen mit sehr hoher Kapazität erschlossen werden soll.

Telekommunikationsgesetz **TKG 29**

(2) ¹Eigentümer oder Betreiber öffentlicher Versorgungsnetze erteilen Antragstellern nach Absatz 1 innerhalb von zwei Monaten nach dem Tag des Antragseingangs die beantragten Informationen. ²Die Erteilung erfolgt unter verhältnismäßigen, diskriminierungsfreien und transparenten Bedingungen.

(3) Die Informationen über passive Netzinfrastrukturen öffentlicher Versorgungsnetze nach Absatz 2 müssen mindestens folgende Angaben enthalten:
1. die geografische Lage des Standortes und der Leitungswege der passiven Netzinfrastrukturen,
2. die Art und gegenwärtige Nutzung der passiven Netzinfrastrukturen und
3. die Kontaktdaten eines oder mehrerer Ansprechpartner beim Eigentümer oder Betreiber des öffentlichen Versorgungsnetzes.

(4) Der Antrag nach Absatz 1 kann ganz oder teilweise abgelehnt werden, soweit konkrete Anhaltspunkte dafür vorliegen, dass
1. eine Erteilung der Informationen die Sicherheit oder Integrität der Versorgungsnetze, die öffentliche Sicherheit oder die öffentliche Gesundheit gefährdet,
2. durch die Erteilung der Informationen die Vertraulichkeit gemäß § 148 verletzt wird,
3. von dem Antrag Teile einer Kritischen Infrastruktur, insbesondere deren Informationstechnik, betroffen sind, die nachweislich besonders schutzbedürftig und für die Funktionsfähigkeit der Kritischen Infrastruktur maßgeblich sind, und der Betreiber des öffentlichen Versorgungsnetzes bei Erteilung der Informationen unverhältnismäßige Maßnahmen ergreifen müsste, um die ihm durch Gesetz oder aufgrund eines Gesetzes auferlegten Schutzpflichten zu erfüllen, oder
4. ein Ablehnungsgrund für eine Mitnutzung nach § 141 Absatz 2 vorliegt.

(5) ¹Werden nach Absatz 1 beantragte Informationen bereits von der zentralen Informationsstelle des Bundes gemäß § 78 Absatz 1 Nummer 1 bereitgestellt, genügt anstelle einer Erteilung der Informationen durch den Eigentümer oder Betreiber des öffentlichen Versorgungsnetzes ein Hinweis an den Antragsteller, dass die Informationen nach Absatz 6 einsehbar sind. ²Der Eigentümer oder Betreiber des öffentlichen Versorgungsnetzes kann der zentralen Informationsstelle des Bundes die Informationen über die passiven Netzinfrastrukturen seines Versorgungsnetzes zur Bereitstellung gemäß § 78 Absatz 1 Nummer 1 im Rahmen der hierfür von der zentralen Informationsstelle des Bundes vorgegebenen Bedingungen zur Verfügung stellen.

(6) ¹Die zentrale Informationsstelle des Bundes macht die nach Absatz 5 Satz 2 erhaltenen Informationen unverzüglich zugänglich:
1. den Eigentümern oder Betreibern öffentlicher Telekommunikationsnetze,
2. dem Bundesministerium für Verkehr und digitale Infrastruktur sowie
3. den Gebietskörperschaften der Länder und der Kommunen.

²Die Zugänglichmachung erfolgt elektronisch unter verhältnismäßigen, diskriminierungsfreien und transparenten Bedingungen. ³Näheres regelt die zentrale Informationsstelle des Bundes in Einsichtnahmebedingungen, die insbeson-

dere der Sensitivität der erfassten Daten und dem zu erwartenden Verwaltungsaufwand Rechnung zu tragen haben.

(7) Die zentrale Informationsstelle des Bundes kann die nach Absatz 5 Satz 2 erhaltenen Informationen auch für die Bereitstellung einer gebietsbezogenen Übersicht gemäß § 79 Absatz 1 Nummer 1 verwenden.

§ 137 Vor-Ort-Untersuchung passiver Netzinfrastrukturen. (1) [1]Eigentümer oder Betreiber öffentlicher Telekommunikationsnetze können bei den Eigentümern oder Betreibern öffentlicher Versorgungsnetze eine Vor-Ort-Untersuchung der passiven Netzinfrastrukturen beantragen. [2]Aus dem Antrag muss hervorgehen, welche Netzkomponenten von dem Ausbau von Netzen mit sehr hoher Kapazität betroffen sind.

(2) [1]Eigentümer oder Betreiber öffentlicher Versorgungsnetze müssen zumutbaren Anträgen nach Absatz 1 innerhalb eines Monats ab dem Tag des Antragseingangs entsprechen. [2]Ein Antrag ist insbesondere dann zumutbar, wenn die Untersuchung für eine gemeinsame Nutzung passiver Netzinfrastrukturen oder die Koordinierung von Bauarbeiten erforderlich ist.

(3) Der Antrag nach Absatz 1 kann ganz oder teilweise abgelehnt werden, soweit konkrete Anhaltspunkte dafür vorliegen, dass
1. eine Vor-Ort-Untersuchung die Sicherheit oder Integrität der öffentlichen Versorgungsnetze oder die öffentliche Sicherheit oder die öffentliche Gesundheit gefährdet,
2. durch die Vor-Ort-Untersuchung die Vertraulichkeit gemäß § 148 verletzt wird,
3. von dem Antrag Teile einer Kritischen Infrastruktur, insbesondere deren Informationstechnik, betroffen sind, die nachweislich besonders schutzbedürftig und für die Funktionsfähigkeit der Kritischen Infrastruktur maßgeblich sind, und der Betreiber des öffentlichen Versorgungsnetzes zur Durchführung der Vor-Ort-Untersuchung unverhältnismäßige Maßnahmen ergreifen müsste, um die ihm durch Gesetz oder aufgrund eines Gesetzes auferlegten Schutzpflichten zu erfüllen, oder
4. ein Versagungsgrund für eine Mitnutzung nach § 141 Absatz 2 oder für eine Koordinierung von Bauarbeiten nach § 143 Absatz 4 vorliegt oder die Koordinierung von Bauarbeiten unzumutbar ist.

(4) [1]Die Gewährung hat unter verhältnismäßigen, diskriminierungsfreien und transparenten Bedingungen zu erfolgen. [2]Dabei sind die jeweiligen besonderen Sicherheitserfordernisse des öffentlichen Versorgungsnetzes zu beachten.

(5) [1]Die für die Vor-Ort-Untersuchung erforderlichen und angemessenen Kosten trägt der Antragsteller. [2]Dazu zählen insbesondere die Kosten der Vorbereitung, der Absicherung und der Durchführung der Vor-Ort-Untersuchung.

§ 138 Mitnutzung öffentlicher Versorgungsnetze. (1) [1]Eigentümer oder Betreiber öffentlicher Telekommunikationsnetze können bei den Eigentümern

oder Betreibern öffentlicher Versorgungsnetze die Mitnutzung der passiven Netzinfrastrukturen der öffentlichen Versorgungsnetze für den Einbau von Komponenten von Netzen mit sehr hoher Kapazität beantragen. ²Der Antrag muss folgende Angaben enthalten:
1. eine detaillierte Beschreibung des Projekts und der Komponenten des öffentlichen Versorgungsnetzes, für die die Mitnutzung beantragt wird,
2. einen genauen Zeitplan für die Umsetzung der beantragten Mitnutzung und
3. die Angabe des Gebiets, das mit Netzen mit sehr hoher Kapazität erschlossen werden soll.

(2) ¹Eigentümer oder Betreiber öffentlicher Versorgungsnetze müssen Antragstellern nach Absatz 1 innerhalb von zwei Monaten nach Antragseingang ein Angebot über die Mitnutzung ihrer passiven Netzinfrastrukturen für den Einbau von Komponenten von Netzen mit sehr hoher Kapazität unterbreiten. ²Das Angebot über die Mitnutzung hat insbesondere Folgendes zu enthalten:
1. faire und angemessene Bedingungen für die Mitnutzung, insbesondere in Bezug auf den Preis für die Bereitstellung und Nutzung des Versorgungsnetzes sowie in Bezug auf die zu leistenden Sicherheiten und Vertragsstrafen,
2. die operative und organisatorische Umsetzung der Mitnutzung; die Umsetzung umfasst die Art und Weise des Einbaus der Komponenten von Netzen mit sehr hoher Kapazität, die Dokumentationspflichten und den Zeitpunkt oder den Zeitraum der Bauarbeiten,
3. die Verantwortlichkeiten einschließlich der Möglichkeit, Dritte zu beauftragen.

³Das Angebot kann besondere Vereinbarungen zur Haftung beim Einbau der Netzkomponenten und zu Instandhaltungen, Änderungen, Erweiterungen, Verlegungen und Störungen enthalten.

(3) Die Mitnutzung ist so auszugestalten, dass sie den Anforderungen der öffentlichen Sicherheit und der öffentlichen Gesundheit sowie den anerkannten Regeln der Technik genügt.

(4) Eigentümer oder Betreiber öffentlicher Versorgungsnetze haben Verträge über Mitnutzungen innerhalb von zwei Monaten nach deren Abschluss der Bundesnetzagentur zur Kenntnis zu geben.

(5) Eigentümer oder Betreiber öffentlicher Versorgungsnetze können Standardangebote für Mitnutzungen über die zentrale Informationsstelle des Bundes veröffentlichen.

§ 139 Umfang des Mitnutzungsanspruchs bei Elektrizitätsversorgungsnetzen. (1) Die Mitnutzung eines Elektrizitätsversorgungsnetzes umfasst auch Dachständer, Giebelanschlüsse und die Hauseinführung.

(2) Soweit es für den Betrieb des öffentlichen Telekommunikationsnetzes notwendig ist, muss der Betreiber des Elektrizitätsversorgungsnetzes entgeltlich einen Anschluss zum Bezug des Betriebsstroms für die eingebauten Komponenten des Netzes mit sehr hoher Kapazität zur Verfügung stellen.

§ 140 Einnahmen aus Mitnutzungen. Eigentümer oder Betreiber öffentlicher Versorgungsnetze können Einnahmen aus Mitnutzungen, die über die Kosten im Sinne des § 149 Absatz 2 Satz 3 hinausgehen und sich für den Eigentümer oder Betreiber des öffentlichen Versorgungsnetzes durch die Ermöglichung der Mitnutzung seiner passiven Netzinfrastrukturen ergeben, von der Berechnungsgrundlage für Endnutzertarife ihrer Haupttätigkeit ausnehmen.

§ 141 Ablehnung der Mitnutzung, Versagungsgründe. (1) Gibt der Eigentümer oder Betreiber des öffentlichen Versorgungsnetzes kein Angebot über die Mitnutzung ab, so hat er innerhalb der in § 138 Absatz 2 Satz 1 genannten Frist dem Antragsteller nachzuweisen, dass einer Mitnutzung objektive, transparente und verhältnismäßige Gründe entgegenstehen.

(2) Der Antrag auf Mitnutzung darf nur abgelehnt werden, wenn einer der folgenden Gründe vorliegt:
1. die fehlende technische Eignung der passiven Netzinfrastrukturen für die beabsichtigte Unterbringung der Komponenten von Netzen mit sehr hoher Kapazität,
2. der zum Zeitpunkt des Antragseingangs fehlende oder der zukünftig fehlende Platz für die beabsichtigte Unterbringung der Komponenten von Netzen mit sehr hoher Kapazität im öffentlichen Versorgungsnetz; den zukünftig fehlenden Platz hat der Eigentümer oder Betreiber des öffentlichen Versorgungsnetzes anhand der Investitionsplanung für die nächsten fünf Jahre ab Antragstellung konkret darzulegen,
3. konkrete Anhaltspunkte dafür, dass die beantragte Mitnutzung die öffentliche Sicherheit oder die öffentliche Gesundheit gefährdet, wobei von konkreten Anhaltspunkten für die Gefährdung der öffentlichen Sicherheit auszugehen ist, soweit Teile öffentlicher Versorgungsnetze betroffen sind, die durch den Bund zur Verwirklichung einer sicheren Behördenkommunikation genutzt werden,
4. konkrete Anhaltspunkte dafür, dass die beantragte Mitnutzung die Integrität oder Sicherheit bereits bestehender öffentlicher Versorgungsnetze, insbesondere nationaler Kritischer Infrastrukturen, gefährdet; bei Kritischen Infrastrukturen liegen konkrete Anhaltspunkte für eine solche Gefährdung vor, soweit von dem Antrag Teile einer Kritischen Infrastruktur, insbesondere die Informationstechnik Kritischer Infrastrukturen, betroffen sind, die nachweislich besonders schutzbedürftig und für die Funktionsfähigkeit der Kritischen Infrastruktur maßgeblich sind, und der Betreiber die Mitnutzung im Rahmen der ihm durch Gesetz oder aufgrund eines Gesetzes auferlegten Schutzpflichten nicht durch verhältnismäßige Maßnahmen ermöglichen kann,
5. Anhaltspunkte für eine zu erwartende erhebliche Störung des Versorgungsdienstes durch die geplanten Telekommunikationsdienste,
6. die Verfügbarkeit tragfähiger Alternativen zur beantragten Mitnutzung passiver Netzinfrastrukturen, soweit der Eigentümer oder Betreiber des öffentlichen Versorgungsnetzes diese Alternativen anbietet, sie sich für die Be-

reitstellung von Netzen mit sehr hoher Kapazität eignen und die Mitnutzung zu fairen und angemessenen Bedingungen gewährt wird; als Alternativen können geeignete Vorleistungsprodukte für Telekommunikationsdienste, der Zugang zu bestehenden Telekommunikationsnetzen oder die Mitnutzung anderer als der beantragten passiven Netzinfrastrukturen angeboten werden,
7. der Überbau von bestehenden Glasfasernetzen, die einen diskriminierungsfreien, offenen Netzzugang zur Verfügung stellen.

§ 142 Informationen über Bauarbeiten an öffentlichen Versorgungsnetzen. (1) [1]Eigentümer oder Betreiber öffentlicher Telekommunikationsnetze können bei den Eigentümern oder Betreibern öffentlicher Versorgungsnetze die Erteilung von Informationen über geplante oder laufende Bauarbeiten an öffentlichen Versorgungsnetzen beantragen, um eine Koordinierung dieser Bauarbeiten mit Bauarbeiten zum Ausbau von Netzen mit sehr hoher Kapazität zu prüfen. [2]Der Antrag muss erkennen lassen, in welchem Gebiet der Einbau von Komponenten von Netzen mit sehr hoher Kapazität vorgesehen ist.

(2) [1]Eigentümer oder Betreiber öffentlicher Versorgungsnetze erteilen Antragstellern nach Absatz 1 innerhalb von zwei Wochen ab dem Tag des Antragseingangs die beantragten Informationen. [2]Die Erteilung erfolgt unter verhältnismäßigen, diskriminierungsfreien und transparenten Bedingungen.

(3) [1]Die Informationen müssen folgende Angaben zu laufenden und geplanten Bauarbeiten an passiven Netzinfrastrukturen öffentlicher Versorgungsnetze enthalten, für die bereits eine Genehmigung erteilt wurde oder ein Genehmigungsverfahren anhängig ist:
1. die geografische Lage des Standortes und die Art der Bauarbeiten,
2. die betroffenen Netzkomponenten,
3. den geschätzten Beginn und die geplante Dauer der Bauarbeiten und
4. Kontaktdaten eines oder mehrerer Ansprechpartner des Eigentümers oder Betreibers des öffentlichen Versorgungsnetzes.

[2]Ist innerhalb von sechs Monaten nach Eingang des Antrags auf Erteilung der Informationen ein Antrag auf Genehmigung der Bauarbeiten vorgesehen, so müssen auch zu diesen Bauarbeiten die Informationen nach den Absätzen 2 und 3 erteilt werden.

(4) Der Antrag nach Absatz 1 kann ganz oder teilweise abgelehnt werden, soweit konkrete Anhaltspunkte dafür vorliegen, dass
1. die Sicherheit oder Integrität der Versorgungsnetze oder die öffentliche Sicherheit oder die öffentliche Gesundheit durch Erteilung der Informationen gefährdet wird,
2. durch die Erteilung die Vertraulichkeit gemäß § 148 verletzt wird,
3. Bauarbeiten betroffen sind, deren anfänglich geplante Dauer acht Wochen nicht überschreitet,
4. von dem Antrag Teile einer Kritischen Infrastruktur, insbesondere deren Informationstechnik, betroffen sind, die nachweislich besonders schutzbedürftig und für die Funktionsfähigkeit der Kritischen Infrastruktur maßgeb-

lich sind, und der Betreiber des öffentlichen Versorgungsnetzes bei Erteilung der Informationen unverhältnismäßige Maßnahmen ergreifen müsste, um die ihm durch Gesetz oder aufgrund eines Gesetzes auferlegten Schutzpflichten zu erfüllen,
5. die Koordinierung von Bauarbeiten unzumutbar ist oder
6. ein Versagungsgrund für eine Koordinierung von Bauarbeiten nach § 143 Absatz 4 vorliegt.

(5) Anstelle einer Erteilung der Informationen genügt ein Verweis auf eine bereits erfolgte Veröffentlichung, wenn
1. der Bauherr die beantragten Informationen bereits selbst elektronisch öffentlich zugänglich gemacht hat oder
2. der Zugang zu diesen Informationen bereits über die zentrale Informationsstelle des Bundes nach § 78 Absatz 1 Nummer 4 gewährleistet ist.

(6) [1]Innerhalb der in Absatz 2 genannten Frist sind die Informationen auch der zentralen Informationsstelle des Bundes zu übermitteln. [2]Sie macht diese Informationen anderen Interessenten, die ein berechtigtes Interesse an der Einsichtnahme haben, in geeigneter Form zugänglich. [3]Näheres regeln die Einsichtnahmebedingungen der zentralen Informationsstelle des Bundes.

§ 143 Koordinierung von Bauarbeiten. (1) Eigentümer oder Betreiber öffentlicher Versorgungsnetze können mit Eigentümern oder Betreibern öffentlicher Telekommunikationsnetze im Hinblick auf den Ausbau der Komponenten von Netzen mit sehr hoher Kapazität Vereinbarungen über die Koordinierung von Bauarbeiten schließen.

(2) [1]Eigentümer oder Betreiber öffentlicher Telekommunikationsnetze können bei den Eigentümern oder Betreibern öffentlicher Versorgungsnetze die Koordinierung von Bauarbeiten beantragen. [2]Im Antrag sind Art und Umfang der zu koordinierenden Bauarbeiten und die zu errichtenden Komponenten von Netzen mit sehr hoher Kapazität zu benennen.

(3) [1]Eigentümer oder Betreiber öffentlicher Versorgungsnetze, die ganz oder überwiegend aus öffentlichen Mitteln finanzierte Bauarbeiten direkt oder indirekt ausführen, haben zumutbaren Anträgen nach Absatz 2 zu transparenten und diskriminierungsfreien Bedingungen stattzugeben. [2]Den Anträgen ist insbesondere zu entsprechen, sofern
1. dadurch keine zusätzlichen Kosten für die ursprünglich geplanten Bauarbeiten verursacht werden, wobei eine geringfügige zeitliche Verzögerung der Planung und geringfügige Mehraufwendungen für die Bearbeitung des Koordinierungsantrags nicht als zusätzliche Kosten der ursprünglich geplanten Bauarbeiten gelten,
2. die Kontrolle über die Koordinierung der Arbeiten nicht behindert wird,
3. der Koordinierungsantrag so früh wie möglich, spätestens aber einen Monat vor Einreichung des endgültigen Projektantrags bei der zuständigen Genehmigungsbehörde gestellt wird und Bauarbeiten betrifft, deren anfänglich geplante Dauer acht Wochen überschreitet und

Telekommunikationsgesetz **TKG 29**

4. der Hauptzweck der ganz oder überwiegend öffentlich finanzierten Bauarbeiten nicht beeinträchtigt wird. Der Hauptzweck wird insbesondere dann nicht beeinträchtigt, wenn hierbei ein geplantes oder im Bau befindliches Glasfasernetz, das einen offenen und diskriminierungsfreien Netzzugang gewährt, nur geringfügig überbaut würde.

(4) Der Antrag nach Absatz 2 ist ganz oder teilweise insbesondere abzulehnen, sofern
1. von dem Antrag Teile einer Kritischen Infrastruktur, insbesondere deren Informationstechnik, betroffen sind, die nachweislich besonders schutzbedürftig und für die Funktionsfähigkeit der Kritischen Infrastruktur maßgeblich sind,
2. der Betreiber des öffentlichen Versorgungsnetzes zur Koordinierung der Bauarbeiten unverhältnismäßige Maßnahmen ergreifen müsste, um die ihm durch Gesetz oder aufgrund eines Gesetzes auferlegten Schutzpflichten zu erfüllen, oder
3. durch die zu koordinierenden Bauarbeiten ein geplantes öffentlich gefördertes Glasfasernetz, das einen diskriminierungsfreien, offenen Netzzugang zur Verfügung stellt, überbaut würde.

(5) Eigentümer oder Betreiber öffentlicher Versorgungsnetze haben Koordinierungsvereinbarungen innerhalb von zwei Monaten nach deren Abschluss der Bundesnetzagentur zur Kenntnis zu geben.

(6) [1]Die Bundesnetzagentur veröffentlicht Grundsätze dafür, wie die Kosten, die mit der Koordinierung von Bauarbeiten verbunden sind, auf den Eigentümer oder Betreiber des öffentlichen Telekommunikationsnetzes umgelegt werden sollen. [2]Die Bundesnetzagentur ist im Rahmen der Streitbeilegung nach § 149 an die veröffentlichten Grundsätze gebunden.

§ 144 Allgemeine Informationen über Verfahrensbedingungen bei Bauarbeiten. [1]Die zentrale Informationsstelle des Bundes macht die relevanten Informationen zugänglich, welche die allgemeinen Bedingungen und Verfahren für die Erteilung von Genehmigungen für Bauarbeiten betreffen, die zum Zweck des Aufbaus der Komponenten von Netzen mit sehr hoher Kapazität notwendig sind. [2]Diese Informationen schließen Angaben über Ausnahmen von Genehmigungspflichten ein.

§ 145 Netzinfrastruktur von Gebäuden. (1) [1]Betreiber öffentlicher Telekommunikationsnetze dürfen ihr öffentliches Telekommunikationsnetz in den Räumen des Endnutzers abschließen. [2]Der Abschluss ist nur statthaft, wenn der Endnutzer zustimmt und Eingriffe in Eigentumsrechte Dritter so geringfügig wie möglich erfolgen. [3]Die Verlegung neuer Netzinfrastruktur ist nur statthaft, soweit keine Nutzung bestehender Netzinfrastruktur nach den Absätzen 2 und 3 möglich ist, mit der der Betreiber seinen Telekommunikationsdienst ohne spürbare Qualitätseinbußen bis zum Endnutzer bereitstellen kann. [4]Soweit dies zum Netzabschluss erforderlich ist, ist der Gebäudeeigentümer dazu

29 TKG

verpflichtet, dem Telekommunikationsnetzbetreiber auf Antrag den Anschluss aktiver Netzbestandteile an das Stromnetz zu ermöglichen. [5]Die durch den Anschluss aktiver Netzbestandteile an das Stromnetz entstehenden Kosten hat der Telekommunikationsnetzbetreiber zu tragen.

(2) [1]Eigentümer oder Betreiber öffentlicher Telekommunikationsnetze können, um ihr Netz in den Räumlichkeiten des Endnutzers abzuschließen, bei den Eigentümern oder Betreibern von gebäudeinternen Komponenten öffentlicher Telekommunikationsnetze oder den Eigentümern von Verkabelungen und zugehörigen Einrichtungen in Gebäuden am Standort des Endnutzers die Mitnutzung der gebäudeinternen Netzinfrastruktur beantragen. [2]Liegt der erste Konzentrations- oder Verteilerpunkt eines öffentlichen Telekommunikationsnetzes außerhalb des Gebäudes, so gilt Absatz 1 ab diesem Punkt entsprechend.

(3) Wer über Netzinfrastrukturen in Gebäuden oder bis zum ersten Konzentrations- oder Verteilerpunkt eines öffentlichen Telekommunikationsnetzes verfügt, hat allen zumutbaren Mitnutzungsanträgen nach Absatz 2 zu fairen und diskriminierungsfreien Bedingungen, einschließlich der Mitnutzungsentgelte, stattzugeben, wenn eine Dopplung der Netzinfrastrukturen technisch unmöglich oder wirtschaftlich ineffizient ist.

(4) Neu errichtete Gebäude, die über Anschlüsse für Endnutzer von Telekommunikationsdiensten verfügen sollen, sind gebäudeintern bis zu den Netzabschlusspunkten mit geeigneten passiven Netzinfrastrukturen für Netze mit sehr hoher Kapazität sowie einem Zugangspunkt zu diesen passiven gebäudeinternen Netzkomponenten auszustatten.

(5) Gebäude, die umfangreich renoviert werden und über Anschlüsse für Endnutzer von Telekommunikationsdiensten verfügen sollen, sind gebäudeintern bis zu den Netzabschlusspunkten mit passiven Netzinfrastrukturen für Netze mit sehr hoher Kapazität sowie einem Zugangspunkt zu diesen passiven gebäudeinternen Netzkomponenten auszustatten.

(6) Einfamilienhäuser, Baudenkmäler, Ferienhäuser, Militärgebäude und Gebäude, die für Zwecke der nationalen Sicherheit genutzt werden, fallen nicht unter die Absätze 4 und 5.

(7) [1]Die zuständigen Behörden haben darüber zu wachen, dass die nach den Absätzen 4 bis 6 festgesetzten Anforderungen erfüllt werden. [2]Soweit von der Verordnungsermächtigung des § 151 Absatz 4 Gebrauch gemacht wurde, berücksichtigen sie dabei die in der Rechtsverordnung festgesetzten Ausnahmen.

(8) Die Absätze 2 und 3 finden keine Anwendung, soweit zur mitzunutzenden gebäudeinternen Infrastruktur ein Zugang gemäß § 72 Absatz 6 gewährt wird.

§ 146 Mitverlegung, Sicherstellung und Betrieb der Infrastruktur für Netze mit sehr hoher Kapazität. (1) Eigentümer oder Betreiber öffentlicher Versorgungsnetze können im Rahmen von Bauarbeiten passive Netzinfrastrukturen für ein Netz mit sehr hoher Kapazität mitverlegen, um eine Mitnutzung

Telekommunikationsgesetz **TKG 29**

im Sinne dieses Abschnitts oder den Betrieb eines Netzes mit sehr hoher Kapazität zu ermöglichen.

(2) ¹Im Rahmen von ganz oder teilweise aus öffentlichen Mitteln finanzierten Bauarbeiten für die Bereitstellung von Verkehrsdiensten, deren anfänglich geplante Dauer acht Wochen überschreitet, ist sicherzustellen, dass geeignete passive Netzinfrastrukturen für ein Netz mit sehr hoher Kapazität bedarfsgerecht mitverlegt werden, um den Betrieb eines Netzes mit sehr hoher Kapazität durch Betreiber öffentlicher Telekommunikationsnetze zu ermöglichen. ²Im Rahmen der Erschließung von Neubaugebieten ist stets sicherzustellen, dass geeignete passive Netzinfrastrukturen für ein Netz mit sehr hoher Kapazität mitverlegt werden.

(3) ¹Betreiber öffentlicher Telekommunikationsnetze haben dem nach Absatz 2 Verpflichteten auf Anfrage innerhalb von zwei Monaten Auskunft über die wesentlichen Bedingungen eines Betriebs einer nach Absatz 2 zu verlegenden oder bereits verlegten Infrastruktur zu geben. ²Dazu gehören insbesondere die Modalitäten eines Anschlusses der Infrastruktur an das eigene öffentliche Telekommunikationsnetz einschließlich der relevanten Übergabepunkte.

§ 147 Antragsform und Reihenfolge der Verfahren. (1) Anträge der Eigentümer oder Betreiber öffentlicher Telekommunikationsnetze nach § 72 Absatz 6 sowie den §§ 79, 82, 136 bis 138, 142 und 143, 145, 153 und 154 können schriftlich oder elektronisch gestellt werden.

(2) ¹Über vollständige Anträge hat der Verpflichtete in der Reihenfolge zu entscheiden, in der die Anträge bei ihm eingehen. ²Ein vollständiger Antrag liegt vor, wenn der Antragsteller alle entscheidungsrelevanten Informationen dargelegt hat.

§ 148 Vertraulichkeit der Verfahren, Informationsverarbeitung und Gewährung der Einsichtnahme. (1) ¹Die Informationen, die im Rahmen der Verfahren dieses Abschnitts gewonnen werden, dürfen nur für die Zwecke verwendet werden, für die sie bereitgestellt werden. ²Die Informationen dürfen nicht an Dritte weitergegeben werden, insbesondere nicht an andere Abteilungen, Tochtergesellschaften oder Geschäftspartner der an den Verhandlungen Beteiligten. ³Die Verfahrensbeteiligten haben die aus den Verhandlungen oder Vereinbarungen gewonnenen Betriebs- und Geschäftsgeheimnisse zu wahren.

(2) ¹Das Bundesministerium für Verkehr und digitale Infrastruktur kann die Informationen, die es für die Aufgabenerfüllung nach § 78 Absatz 1 Nummer 1 und 5 erhalten hat, verarbeiten und auf Antrag den am Ausbau von öffentlichen Versorgungsnetzen Beteiligten Einsicht in die verarbeiteten Informationen gewähren. ²Für die Verwendung der nach Satz 1 gewonnenen Informationen gilt Absatz 1 entsprechend.

§ 149 Regulierungsziele, Entgeltmaßstäbe und Fristen der nationalen Streitbeilegung. (1) Die Bundesnetzagentur kann als nationale Streitbeile-

29 TKG

gungsstelle nach § 211 in Verbindung mit § 214 in den folgenden Fällen angerufen und eine verbindliche Entscheidung beantragt werden:

1. Der Eigentümer oder Betreiber eines öffentlichen Versorgungsnetzes oder sonstiger physischer Infrastruktur, die für die Errichtung oder Anbindung von drahtlosen Zugangspunkten mit geringer Reichweite geeignet ist, gibt innerhalb der in § 138 Absatz 2 und § 154 Absatz 2 genannten Frist kein Angebot zur Mitnutzung ab oder es kommt keine Einigung über die Bedingungen der Mitnutzung zustande,
2. Rechte, Pflichten oder Versagungsgründe, die in den §§ 136, 137, 142 und 153 festgelegt sind, sind streitig,
3. in den Fällen des § 143 Absatz 2 und 3 kommt innerhalb eines Monats ab dem Tag des Eingangs des Antrags bei dem Eigentümer oder Betreiber des öffentlichen Versorgungsnetzes keine Vereinbarung über die Koordinierung der Bauarbeiten zustande,
4. innerhalb von zwei Monaten ab Eingang des Antrags kommt keine Vereinbarung über die Mitnutzung nach § 145 Absatz 2 und 3 zustande,
5. innerhalb von zwei Monaten ab Eingang des Antrags beim Betreiber des öffentlichen Telekommunikationsnetzes kommt keine Vereinbarung über den Netzzugang nach § 155 Absatz 1 zustande oder
6. innerhalb von einem Monat ab Eingang des Antrags beim Betreiber einer nach § 72 Absatz 1 Nummer 1 und 2 errichteten Netzinfrastruktur kommt keine Vereinbarung über den Netzzugang nach § 72 Absatz 6 zustande.

(2) [1]In dem Verfahren nach Absatz 1 Nummer 1 entscheidet die Bundesnetzagentur über die Rechte, Pflichten oder Versagungsgründe aus den §§ 138, 139, 141 und 154. [2]Setzt sie ein Mitnutzungsentgelt fest, ist dieses fair und angemessen zu bestimmen. [3]Grundlage für die Höhe des Mitnutzungsentgelts sind die zusätzlichen Kosten, die sich für den Eigentümer oder Betreiber des öffentlichen Versorgungsnetzes oder der sonstigen physischen Infrastruktur durch die Ermöglichung der Mitnutzung seiner passiven Netzinfrastrukturen oder seiner sonstigen physischen Infrastruktur ergeben. [4]Darüber hinaus gewährt sie einen angemessenen Aufschlag als Anreiz für Eigentümer oder Betreiber öffentlicher Versorgungsnetze oder sonstiger physischer Infrastruktur zur Gewährung der Mitnutzung.

(3) [1]Betrifft die Streitigkeit nach Absatz 1 Nummer 1 die Mitnutzung eines öffentlichen Telekommunikationsnetzes, so berücksichtigt die Bundesnetzagentur neben Absatz 2 auch die in § 2 Absatz 2 genannten Regulierungsziele. [2]Dabei stellt die Bundesnetzagentur sicher, dass Eigentümer und Betreiber des mitzunutzenden öffentlichen Telekommunikationsnetzes die Möglichkeit haben, ihre Kosten zu decken; sie berücksichtigt hierfür über die zusätzlichen Kosten gemäß Absatz 2 hinaus auch die Folgen der beantragten Mitnutzung auf den Geschäftsplan einschließlich der Investitionen in das mitgenutzte öffentliche Telekommunikationsnetz und deren angemessene Verzinsung.

(4) In den Verfahren nach Absatz 1 Nummer 3 und 5 legt die Bundesnetzagentur in ihrer Entscheidung faire und diskriminierungsfreie Bedingungen ein-

Telekommunikationsgesetz **TKG 29**

schließlich der Entgelte der Koordinierungsvereinbarung oder des jeweils beantragten Netzzugangs fest.

(5) ¹In dem Verfahren nach Absatz 1 Nummer 4 richtet sich die Bestimmung der Höhe des Mitnutzungsentgelts für Eigentümer oder Betreiber von gebäudeinternen Komponenten öffentlicher Telekommunikationsnetze oder Eigentümer von Verkabelungen und zugehörigen Einrichtungen in Gebäuden nach den Maßstäben des Absatzes 2, ohne dass ein Aufschlag gewährt wird. ²Für ab dem Inkrafttreten dieses Gesetzes errichtete gebäudeinterne Komponenten eines Netzes mit sehr hoher Kapazität oder aufgerüstete gebäudeinterne Netzinfrastrukturen, die vollständig aus Glasfaserkomponenten bestehen, richtet sich für den die Mitnutzung beantragenden Eigentümer oder Betreiber eines öffentlichen Telekommunikationsnetzes die Bestimmung des Mitnutzungsentgelts nach den Maßstäben des Absatzes 3, soweit die mitzunutzende gebäudeinterne Netzinfrastruktur auf Kosten eines Eigentümers oder Betreibers eines öffentlichen Telekommunikationsnetzes, der kein mit dem am Gebäude Verfügungsberechtigten verbundenes Unternehmen im Sinne des § 3 Nummer 69 ist, errichtet wurde. ³Soweit der die Mitnutzung begehrende Telekommunikationsnetzbetreiber Investitionen zur Herstellung dieser Infrastruktur getätigt hat, kann er die Mitnutzung entgeltfrei beanspruchen, es sei denn, dass die Mitnutzung aufgrund besonderer technischer oder baulicher Gegebenheiten einen außergewöhnlichen Aufwand verursacht. ⁴Der Maßstab nach Satz 3 gilt nur für solche Investitionen, die erstmalig ab Inkrafttreten dieses Gesetzes getätigt werden.

(6) ¹Soweit eine Replizierung der Netzinfrastruktur technisch unmöglich oder wirtschaftlich ineffizient ist, kann die Bundesnetzagentur als nationale Streitbeilegungsstelle über die Entscheidung nach Absatz 5 über die Mitnutzung nach § 145 Absatz 2 und 3 hinaus Eigentümer oder Betreiber von gebäudeinternen Komponenten öffentlicher Telekommunikationsnetze oder Eigentümer von Verkabelungen und zugehörigen Einrichtungen in Gebäuden dazu verpflichten, anderen Unternehmen Zugang zur gebäudeinternen Netzinfrastruktur oder bis zum ersten Konzentrations- oder Verteilerpunkt des öffentlichen Telekommunikationsnetzes außerhalb des Gebäudes zu gewähren. ²Die auferlegten Maßnahmen können insbesondere konkrete Bestimmungen zur Zugangsgewährung, Transparenz und Diskriminierungsfreiheit sowie zu den Zugangsentgelten enthalten. ³Die Maßnahmen müssen objektiv, transparent, verhältnismäßig und diskriminierungsfrei sein. ⁴Das Konsultationsverfahren nach § 12 Absatz 1 und das Verfahren zum Erlass vorläufiger Maßnahmen nach § 12 Absatz 7 gelten entsprechend. ⁵Das Konsolidierungsverfahren nach § 12 Absatz 2, 3 und 6 gilt entsprechend, sofern die Maßnahmen Auswirkungen auf den Handel zwischen den Mitgliedstaaten der Europäischen Union haben und keine Ausnahme nach einer Empfehlung oder nach Leitlinien vorliegt, die die Kommission nach Artikel 34 der Richtlinie (EU) 2018/1972 erlässt. ⁶Die Bundesnetzagentur als nationale Streitbeilegungsstelle überprüft die beschlossenen Maßnahmen innerhalb von fünf Jahren auf deren Wirksamkeit.

[7]Für die Ergebnisse ihrer Prüfung gelten die Sätze 4 bis 6 entsprechend. [8]Die Bundesnetzagentur als nationale Streitbeilegungsstelle kann beabsichtigte Maßnahmen nach diesem Absatz jederzeit zurückziehen.

(7) Die Bundesnetzagentur entscheidet nach Eingang des vollständigen Antrags verbindlich in dem Verfahren nach
1. Absatz 1 Nummer 1 und 5 innerhalb von vier Monaten und
2. Absatz 1 Nummer 2 bis 4 und 6 innerhalb von zwei Monaten.

(8) [1]Die Bundesnetzagentur kann die ihr gesetzten Fristen für die Streitbeilegung bei außergewöhnlichen Umständen um höchstens zwei Monate verlängern. [2]Die Umstände sind besonders und hinreichend zu begründen.

(9) Anträge können schriftlich oder elektronisch gestellt werden.

§ 150 Genehmigungsfristen für Bauarbeiten. [1]Genehmigungen für Bauarbeiten, die zum Zweck des Aufbaus der Komponenten von Netzen mit sehr hoher Kapazität notwendig sind, sind innerhalb von drei Monaten nach Eingang eines vollständigen Antrags zu erteilen oder abzulehnen. [2]Die Frist kann um einen Monat verlängert werden, wenn dies wegen der Schwierigkeit der Angelegenheit gerechtfertigt ist. [3]Die Fristverlängerung ist zu begründen und rechtzeitig mitzuteilen.

§ 151 Verordnungsermächtigungen. (1) [1]Das Bundesministerium für Verkehr und digitale Infrastruktur wird ermächtigt, durch Rechtsverordnung ohne Zustimmung des Bundesrates im Benehmen mit dem Bundesministerium für Wirtschaft und Energie passive Netzinfrastrukturen zu benennen, die von den in den §§ 79, 82, 136 und 137 genannten Rechten und Pflichten ausgenommen sind. [2]Die Ausnahmen sind hinreichend zu begründen. [3]Sie dürfen nur darauf gestützt werden, dass der Schutz von Teilen Kritischer Infrastrukturen betroffen ist oder dass die passiven Netzinfrastrukturen für die Telekommunikation technisch ungeeignet sind. [4]Soweit die Ausnahmen auf den Schutz von Teilen Kritischer Infrastrukturen gestützt werden, bedarf die Rechtsverordnung des Einvernehmens mit dem Bundesministerium des Innern, für Bau und Heimat.

(2) [1]Das Bundesministerium für Verkehr und digitale Infrastruktur wird ermächtigt, durch Rechtsverordnung, die der Zustimmung des Bundesrates bedarf, über die in § 142 Absatz 4 vorgesehenen Ablehnungsgründe von den in § 142 festgelegten Rechten und Pflichten hinausgehende Ausnahmen vorzusehen und Kategorien von Bauarbeiten zu benennen, die der zentralen Informationsstelle des Bundes zu melden sind. [2]Solche Kategorien dürfen nur Bauarbeiten enthalten, deren anfänglich geplante Dauer acht Wochen überschreitet. [3]Die Rechtsverordnung ist hinreichend zu begründen und kann im Umfang oder Wert geringfügige Bauarbeiten oder Kritische Infrastrukturen ausnehmen. [4]Soweit die Ausnahmen auf den Schutz von Teilen Kritischer Infrastrukturen gestützt werden, bedarf die Rechtsverordnung des Einvernehmens mit dem Bundesministerium des Innern, für Bau und Heimat.

(3) ¹Das Bundesministerium für Verkehr und digitale Infrastruktur wird ermächtigt, durch Rechtsverordnung, die der Zustimmung des Bundesrates bedarf, Ausnahmen von den in § 143 festgelegten Rechten und Pflichten vorzusehen. ²Die Ausnahmen können auf dem geringen Umfang und Wert der Bauarbeiten oder auf dem Schutz von Teilen Kritischer Infrastrukturen beruhen. ³Soweit die Ausnahmen auf den Schutz von Teilen Kritischer Infrastrukturen gestützt werden, bedarf die Rechtsverordnung des Einvernehmens mit dem Bundesministerium des Innern, für Bau und Heimat.

(4) ¹Das Bundesministerium für Verkehr und digitale Infrastruktur wird ermächtigt, im Einvernehmen mit dem Bundesministerium für Umwelt, Naturschutz und nukleare Sicherheit durch Rechtsverordnung, die der Zustimmung des Bundesrates bedarf, Ausnahmen von § 145 Absatz 4 und 5 vorzusehen. ²Die Rechtsverordnung ist hinreichend zu begründen und kann bestimmte Gebäudekategorien und umfangreiche Renovierungen ausnehmen, falls die Erfüllung der Pflichten unverhältnismäßig wäre. ³Die Unverhältnismäßigkeit kann insbesondere auf den voraussichtlichen Kosten für einzelne Eigentümer oder auf der spezifischen Art des Gebäudes beruhen.

(5) Eigentümern und Betreibern öffentlicher Versorgungsnetze und interessierten Parteien ist die Gelegenheit zu geben, innerhalb eines Monats zum Entwurf einer aufgrund der Absätze 1 bis 4 erlassenen Rechtsverordnung Stellung zu nehmen.

(6) Die aufgrund der Absätze 1 bis 4 erlassenen Rechtsverordnungen sind der Kommission mitzuteilen.

Abschnitt 3

Drahtlose Zugangspunkte mit geringer Reichweite, sonstige physische Infrastrukturen und offener Netzzugang

§ 152 Errichtung, Anbindung und Betrieb drahtloser Zugangspunkte mit geringer Reichweite. (1) Die zuständigen Behörden beschränken die Errichtung drahtloser Zugangspunkte mit geringer Reichweite, die den Durchführungsmaßnahmen nach Artikel 57 Absatz 2 der Richtlinie (EU) 2018/1972 entsprechen, nicht in unangemessener Weise.

(2) ¹Die Errichtung und Anbindung von drahtlosen Zugangspunkten mit geringer Reichweite unterliegt keinen über die gemäß § 223 zulässigen hinausgehenden Gebühren und Auslagen. ²Hiervon unberührt bleiben erhobene Gebühren und Auslagen für Genehmigungen nach Absatz 1 Satz 3 und geschäftliche Vereinbarungen.

§ 153 Informationen über sonstige physische Infrastruktur für drahtlose Zugangspunkte mit geringer Reichweite. (1) ¹Eigentümer oder Betreiber öffentlicher Telekommunikationsnetze können bei Eigentümern oder Betrei-

29 TKG Telekommunikationsgesetz

bern sonstiger physischer Infrastrukturen für Zwecke der Errichtung oder Anbindung von drahtlosen Zugangspunkten mit geringer Reichweite die Erteilung von Informationen über die sonstigen physischen Infrastrukturen beantragen. ²Im Antrag ist das Gebiet anzugeben, das mit drahtlosen Zugangspunkten mit geringer Reichweite erschlossen werden soll.

(2) ¹Eigentümer oder Betreiber sonstiger physischer Infrastrukturen müssen Antragstellern nach Absatz 1 innerhalb von zwei Monaten nach dem Tag des Antragseingangs die beantragten Informationen erteilen. ²Die Erteilung erfolgt unter verhältnismäßigen, diskriminierungsfreien und transparenten Bedingungen.

(3) Die Informationen über sonstige physische Infrastrukturen nach Absatz 2 müssen mindestens folgende Angaben enthalten:
1. die geografische Lage des Standortes und etwaig entstehende oder bereits bestehende Telekommunikationslinien,
2. die Art und gegenwärtige Nutzung der sonstigen physischen Infrastrukturen und
3. die Kontaktdaten eines oder mehrerer Ansprechpartner beim Eigentümer oder Betreiber der sonstigen physischen Infrastruktur.

(4) Der Antrag nach Absatz 1 kann ganz oder teilweise abgelehnt werden, soweit konkrete Anhaltspunkte dafür vorliegen, dass
1. eine Erteilung der Informationen die Sicherheit oder Integrität der sonstigen physischen Infrastruktur, die öffentliche Sicherheit oder die öffentliche Gesundheit gefährdet,
2. durch die Erteilung der Informationen die Vertraulichkeit gemäß § 148 verletzt wird,
3. eine Erteilung der Informationen die Integrität oder Sicherheit bereits bestehender sonstiger physischer Infrastrukturen, insbesondere nationaler, nachweislich besonders schutzbedürftiger Kritischer Infrastrukturen, gefährdet und der Betreiber die Mitnutzung im Rahmen der ihm durch Gesetz oder aufgrund eines Gesetzes auferlegten Schutzpflichten nicht durch verhältnismäßige Maßnahmen ermöglichen kann,
4. ein Ablehnungsgrund für eine Mitnutzung nach § 154 Absatz 4 vorliegt.

(5) ¹Werden nach Absatz 1 beantragte Informationen bereits von der zentralen Informationsstelle des Bundes gemäß § 78 Absatz 1 Nummer 1 bereitgestellt, genügt anstelle einer Erteilung der Informationen durch den Eigentümer oder Betreiber der sonstigen physischen Infrastruktur ein Hinweis an den Antragsteller, dass die Informationen nach Absatz 6 einsehbar sind. ²Der Eigentümer oder Betreiber der sonstigen physischen Infrastruktur kann diese Informationen der zentralen Informationsstelle des Bundes zur Bereitstellung gemäß § 78 Absatz 1 Nummer 1 im Rahmen der von ihr vorgegebenen Bedingungen zur Verfügung stellen.

(6) ¹Die zentrale Informationsstelle des Bundes macht die nach Absatz 5 Satz 2 erhaltenen Informationen unverzüglich zugänglich:

Telekommunikationsgesetz **TKG 29**

1. den Eigentümern oder Betreibern öffentlicher Telekommunikationsnetze,
2. dem Bundesministerium für Verkehr und digitale Infrastruktur sowie
3. den Gebietskörperschaften der Länder und der Kommunen.

²Die Zugänglichmachung erfolgt elektronisch unter verhältnismäßigen, diskriminierungsfreien und transparenten Bedingungen. ³Näheres regelt die zentrale Informationsstelle des Bundes in Einsichtnahmebedingungen, die der vorherigen Zustimmung des Bundesministeriums für Verkehr und digitale Infrastruktur bedürfen. ⁴Die Einsichtnahmebedingungen haben insbesondere der Sensitivität der erfassten Daten und dem zu erwartenden Verwaltungsaufwand Rechnung zu tragen.

(7) Die zentrale Informationsstelle des Bundes kann die nach Absatz 5 Satz 2 erhaltenen Informationen auch für die Bereitstellung einer gebietsbezogenen Übersicht gemäß § 79 Absatz 1 Nummer 1 verwenden.

§ 154 Mitnutzung sonstiger physischer Infrastruktur für drahtlose Zugangspunkte mit geringer Reichweite. (1) ¹Eigentümer oder Betreiber öffentlicher Telekommunikationsnetze können bei Eigentümern oder Betreibern sonstiger physischer Infrastrukturen die Mitnutzung für die Errichtung oder Anbindung von drahtlosen Zugangspunkten mit geringer Reichweite beantragen. ²Der Antrag muss folgende Angaben enthalten:
1. eine detaillierte Beschreibung des Projekts und der Komponenten der sonstigen physischen Infrastruktur, für die die Mitnutzung beantragt wird,
2. einen genauen Zeitplan für die Umsetzung der beantragten Mitnutzung und
3. die Angabe des Gebiets, das mit drahtlosen Zugangspunkten mit geringer Reichweite erschlossen werden soll, sowie deren vorgesehene Sendeleistung.

(2) ¹Eigentümer oder Betreiber sonstiger physischer Infrastrukturen müssen Antragstellern nach Absatz 1 innerhalb von zwei Monaten nach Antragseingang ein Angebot über die Mitnutzung für die Errichtung oder Anbindung von drahtlosen Zugangspunkten mit geringer Reichweite unterbreiten. ²Das Angebot über die Mitnutzung hat insbesondere Folgendes zu enthalten:
1. faire und angemessene, transparente und diskriminierungsfreie Bedingungen für die Mitnutzung, insbesondere in Bezug auf den Preis,
2. die Art und Weise der Umsetzung sowie den Zeitpunkt der Bereitstellung und
3. die Verantwortlichkeiten einschließlich der Möglichkeit, Dritte zu beauftragen.

³Das Angebot kann besondere Vereinbarungen zur Haftung und zu Instandhaltungen, Änderungen, Erweiterungen, Verlegungen und Störungen enthalten.

(3) Die Mitnutzung ist so auszugestalten, dass sie den Anforderungen der öffentlichen Sicherheit und der öffentlichen Gesundheit sowie den anerkannten Regeln der Technik genügt.

(4) ¹Gibt der Eigentümer oder Betreiber der sonstigen physischen Infrastruktur kein Angebot über die Mitnutzung ab, so hat er innerhalb der in Ab-

satz 2 Satz 1 genannten Frist dem Antragsteller nachzuweisen, dass einer Mitnutzung objektive, transparente und verhältnismäßige Gründe entgegenstehen. ²Der Antrag auf Mitnutzung darf nur abgelehnt werden, wenn einer der folgenden Gründe vorliegt:
1. die fehlende technische oder bauliche Eignung der sonstigen physischen Infrastruktur für die beabsichtigte Errichtung oder Anbindung des drahtlosen Zugangspunkts mit geringer Reichweite,
2. der zum Zeitpunkt des Antragseingangs fehlende Platz für die beabsichtigte Errichtung oder Anbindung des drahtlosen Zugangspunkts mit geringer Reichweite,
3. konkrete Anhaltspunkte dafür, dass die beantragte Mitnutzung die öffentliche Sicherheit gefährdet, wobei von konkreten Anhaltspunkten auszugehen ist, soweit Teile einer sonstigen physischen Infrastruktur betroffen sind, die durch den Bund zur Verwirklichung einer sicheren Behördenkommunikation genutzt werden,
4. konkrete Anhaltspunkte dafür, dass die beantragte Mitnutzung die Integrität oder Sicherheit bereits bestehender sonstiger physischer Infrastrukturen, insbesondere nationaler, nachweislich besonders schutzbedürftiger Kritischer Infrastrukturen, gefährdet, und der Betreiber die Mitnutzung im Rahmen der ihm durch Gesetz oder aufgrund eines Gesetzes auferlegten Schutzpflichten nicht durch verhältnismäßige Maßnahmen ermöglichen kann,
5. die Verfügbarkeit tragfähiger Alternativen zur beantragten Mitnutzung sonstiger physischer Infrastrukturen, soweit der Eigentümer oder Betreiber der sonstigen physischen Infrastruktur diese Alternativen anbietet, sie sich für die Errichtung oder Anbindung drahtloser Zugangspunkte mit geringer Reichweite eignen und die Mitnutzung zu fairen und angemessenen Bedingungen gewährt wird.

(5) Eigentümer oder Betreiber sonstiger physischer Infrastrukturen haben Verträge über Mitnutzungen innerhalb von zwei Monaten nach deren Abschluss der Bundesnetzagentur zur Kenntnis zu geben.

§ 155 Offener Netzzugang zu öffentlich geförderten Telekommunikationsnetzen und Telekommunikationslinien, Verbindlichkeit von Ausbauzusagen in der Förderung. (1) Betreiber oder Eigentümer öffentlicher Telekommunikationsnetze müssen anderen Betreibern öffentlicher Telekommunikationsnetze auf Antrag einen diskriminierungsfreien, offenen Netzzugang zu öffentlich geförderten Telekommunikationslinien oder Telekommunikationsnetzen zu fairen und angemessenen Bedingungen gewähren.

(2) ¹Bei öffentlich geförderten Baumaßnahmen gilt die gesamte verlegte Infrastruktur als gefördert im Sinne des Absatzes 1. ²Dies gilt nicht für die im Rahmen der öffentlich geförderten Baumaßnahme zusätzlich eingebrachte Infrastruktur, die der Fördermittelempfänger oder ein Dritter auf jeweils eigene Kosten verlegt hat.

(3) Eigentümer oder Betreiber öffentlicher Telekommunikationsnetze haben Verträge über einen offenen Netzzugang im Sinne des Absatzes 1 innerhalb von zwei Monaten nach deren Abschluss der Bundesnetzagentur zur Kenntnis zu geben.

(4) ¹Die Bundesnetzagentur veröffentlicht im Einvernehmen mit dem Bundesministerium für Verkehr und digitale Infrastruktur und dem Bundesministerium für Wirtschaft und Energie Grundsätze zu Art, Umfang und Bedingungen des offenen Netzzugangs nach Absatz 1. ²Sie berücksichtigt dabei unionsrechtliche Vorschriften über staatliche Beihilfen im Zusammenhang mit dem schnellen Breitbandausbau in der jeweils gültigen Fassung.

(5) ¹Richtliniengeber für die öffentliche Förderung von Telekommunikationslinien oder Telekommunikationsnetzen können in der jeweiligen Förderrichtlinie vorsehen, dass Meldungen von Unternehmen in einem Verfahren zur Markterkundung nur berücksichtigt werden, soweit sich das Unternehmen gegenüber der Gebietskörperschaft oder dem Zuwendungsgeber, die oder der das Verfahren durchführt oder in Auftrag gegeben hat, vertraglich verpflichtet, den gemeldeten Ausbau durchzuführen. ²Das Markterkundungsverfahren wird von einer Gebietskörperschaft oder im Auftrag einer Gebietskörperschaft, einem Zuwendungsgeber oder im Auftrag eines Zuwendungsgebers mit dem Ziel durchgeführt, den Ausbau von Telekommunikationslinien oder Telekommunikationsnetzen in einem festgelegten Gebiet innerhalb eines bestimmten Zeitraums sicherzustellen.

Teil 9

Recht auf Versorgung mit Telekommunikationsdiensten

§ 156 Recht auf Versorgung mit Telekommunikationsdiensten. (1) ¹Endnutzer haben gegenüber Unternehmen, die durch die Bundesnetzagentur nach § 161 Absatz 1, 2 oder 3 verpflichtet worden sind (Diensteverpflichtete), einen Anspruch auf Versorgung mit den von der Verpflichtung umfassten Telekommunikationsdiensten nach § 157 Absatz 2, einschließlich des hierfür notwendigen Anschlusses an ein öffentliches Telekommunikationsnetz, an ihrer Hauptwohnung oder an ihrem Geschäftsort, soweit diese sich in dem von der Verpflichtung umfassten Gebiet befinden. ²Der Diensteverpflichtete hat die Versorgung innerhalb der von der Bundesnetzagentur festgelegten Frist des § 161 Absatz 2 Satz 4 nach Geltendmachung durch den Endnutzer sicherzustellen.

(2) Diensteverpflichtete haben die Leistungen so anzubieten und zu erbringen, dass Endnutzer nicht für Einrichtungen oder Telekommunikationsdienste zu zahlen haben, die nicht notwendig oder für die gewählten Telekommunikationsdienste nicht erforderlich sind.

(3) ¹Diensteverpflichtete haben der Bundesnetzagentur auf Anfrage angemessene und aktuelle Informationen über ihre Leistungen bei der Versorgung

mit Telekommunikationsdiensten nach § 157 Absatz 2 mitzuteilen. ²Dabei werden die Parameter, Definitionen und Messverfahren für die Dienstequalität zugrunde gelegt, die in Anhang X der Richtlinie (EU) 2018/1972 dargelegt sind.

(4) Auf Antrag eines Verbrauchers kann die Versorgung mit Telekommunikationsdiensten gemäß § 157 Absatz 2 auf Sprachkommunikationsdienste beschränkt werden.

§ 157 Verfügbarkeit der Telekommunikationsdienste. (1) ¹Die Bundesnetzagentur überwacht in regelmäßigen Abständen die Verfügbarkeit eines Mindestangebots gemäß Absatz 2. ²Sie berücksichtigt hierbei die Ergebnisse der Erhebungen der zentralen Informationsstelle des Bundes gemäß den §§ 80, 81 und 84. ³Die Bundesnetzagentur berichtet in dem Jahresbericht nach § 196 über die Ergebnisse der Überwachung nach Satz 1.

(2) Mindestens verfügbar sein müssen Sprachkommunikationsdienste sowie ein schneller Internetzugangsdienst für eine angemessene soziale und wirtschaftliche Teilhabe im Sinne des Absatzes 3, einschließlich des hierfür notwendigen Anschlusses an ein öffentliches Telekommunikationsnetz an einem festen Standort.

(3) ¹In einer Rechtsverordnung des Bundesministeriums für Verkehr und digitale Infrastruktur, die des Einvernehmens mit dem Ausschuss für Verkehr und digitale Infrastruktur des Deutschen Bundestages bedarf, wird mit Zustimmung des Bundesrates festgelegt, welche Anforderungen ein Internetzugangsdienst und ein Sprachkommunikationsdienst nach Absatz 2 erfüllen müssen. ²Bei der Festlegung der Anforderungen an den Internetzugangsdienst nach Satz 1 werden insbesondere die von mindestens 80 Prozent der Verbraucher im Bundesgebiet genutzte Mindestbandbreite, Uploadrate und Latenz sowie weitere nationale Gegebenheiten, wie die Auswirkungen der festgelegten Qualität auf Anreize zum privatwirtschaftlichen Breitbandausbau und zu Breitbandfördermaßnahmen, berücksichtigt. ³Der Internetzugangsdienst muss stets mindestens die in Anhang V der Richtlinie (EU) 2018/1972 in der jeweils gültigen Fassung aufgeführten Dienste, Teleheimarbeit einschließlich Verschlüsselungsverfahren im üblichen Umfang und eine für Verbraucher marktübliche Nutzung von Online-Inhaltediensten ermöglichen. ⁴Die nach Satz 1 festzulegende Uploadrate und Latenz können niedriger, als die von 80 Prozent der Verbraucher im Bundesgebiet genutzten Werte sein, wenn tatsächlich nachgewiesen ist, dass die in Satz 3 genannten Dienste auch bei geringeren Vorgaben beim Endnutzer funktionieren. ⁵In einer Rechtsverordnung nach Satz 1 können kürzere als die in § 160 und § 161 genannten Fristen festgelegt werden, wenn durch eine Digitalisierung der Verfahrensabläufe eine Beschleunigung erreicht werden konnte.

(4) ¹Die Rechtsverordnung nach Absatz 3 ist innerhalb von sechs Monaten nach Inkrafttreten dieser Regelung zu erlassen. ²Das Bundesministerium für Verkehr und digitale Infrastruktur hat die festgelegten Anforderungen jährlich

zu überprüfen. ³Über das Ergebnis unterrichtet es den Ausschuss für Verkehr und digitale Infrastruktur des Deutschen Bundestages.

(5) ¹Das Bundesministerium für Verkehr und digitale Infrastruktur kann die Ermächtigung nach Absatz 3 sowie die Pflichten nach Absatz 4 durch Rechtsverordnung auf die Bundesnetzagentur übertragen. ²Eine Rechtsverordnung der Bundesnetzagentur nach Satz 1 bedarf des Einvernehmens mit dem Bundesministerium für Verkehr und digitale Infrastruktur und mit dem Ausschuss für Verkehr und digitale Infrastruktur des Deutschen Bundestages und der Zustimmung des Bunderates[1]. ³Das Ergebnis des Prüfberichts der Bundesnetzagentur nach Absatz 4 bedarf des Einvernehmens mit dem Bundesministerium für Verkehr und digitale Infrastruktur und mit dem Ausschuss für Verkehr und digitale Infrastruktur des Deutschen Bundestages.

[1] Anmerk. d. Verlages: richtig wohl: „Bundesrates".

§ 158 Erschwinglichkeit der Telekommunikationsdienste. (1) ¹Telekommunikationsdienste nach § 157 Absatz 2, einschließlich des hierfür notwendigen Anschlusses an ein öffentliches Telekommunikationsnetz an einem festen Standort, müssen Verbrauchern zu einem erschwinglichen Preis angeboten werden. ²Die Bundesnetzagentur veröffentlicht nach Anhörung der betroffenen Kreise Grundsätze über die Ermittlung erschwinglicher Preise für Telekommunikationsdienste nach § 157 Absatz 2, einschließlich des hierfür notwendigen Anschlusses an ein öffentliches Telekommunikationsnetz an einem festen Standort, innerhalb von sechs Monaten nach Inkrafttreten dieser Regelung.

(2) Die Bundesnetzagentur überwacht die Entwicklung und Höhe der Preise für Telekommunikationsdienste nach § 157 Absatz 2, einschließlich des hierfür notwendigen Anschlusses an ein öffentliches Telekommunikationsnetz an einem festen Standort.

§ 159 Beitrag von Unternehmen zur Versorgung mit Telekommunikationsdiensten. ¹Jeder Anbieter, der auf dem sachlichen Markt der Versorgung mit Telekommunikationsdiensten nach § 157 Absatz 2 im Geltungsbereich dieses Gesetzes tätig ist, ist verpflichtet, dazu beizutragen, dass die Versorgung mit Telekommunikationsdiensten nach den §§ 157 und 158 erbracht werden kann. ²Die Verpflichtung nach Satz 1 ist nach Maßgabe der Bestimmungen dieses Abschnitts zu erfüllen.

§ 160 Feststellung der Unterversorgung. (1) ¹Stellt die Bundesnetzagentur im Rahmen ihrer Überwachung gemäß § 157 Absatz 1 und § 158 Absatz 2 fest, dass einer der nachfolgenden Umstände vorliegt, so veröffentlicht sie innerhalb von zwei Monaten nach erstmaliger Kenntniserlangung diese Feststellung:
1. eine Versorgung mit Telekommunikationsdiensten nach § 157 Absatz 2 wird weder aktuell noch in objektiv absehbarer Zeit angemessen, ausreichend oder nach § 158 Absatz 1 zu einem erschwinglichen Endnutzerpreis erbracht,

29 TKG

Telekommunikationsgesetz

2. es ist zu besorgen, dass eine Versorgung mit Telekommunikationsdiensten nach § 157 Absatz 2 zukünftig nicht mehr gewährleistet sein wird.
²Die Bundenetzagentur kann die ihr gesetzte Frist für die Veröffentlichung der Unterversorgungsfeststellung nach Satz 1 bei außergewöhnlichen Umständen um bis zu einen Monat überschreiten. ³Die Umstände sind hinreichend zu begründen.

(2) Stellt die Bundesnetzagentur im Rahmen ihrer Feststellung nach Absatz 1 in dem von der Feststellung umfassten Gebiet einen tatsächlichen Bedarf für eine Versorgung mit den nach § 157 Absatz 2 mindestens verfügbaren Telekommunikationsdiensten fest, kündigt sie mit der Veröffentlichung der Unterversorgungsfeststellung an, nach den Vorschriften des § 161 Absatz 2 vorzugehen, sofern kein Unternehmen innerhalb eines Monats nach Veröffentlichung der Unterversorgungsfeststellung schriftlich oder elektronisch gegenüber der Bundesnetzagentur zusagt, sich zur Versorgung mit Telekommunikationsdiensten nach § 157 Absatz 2 und § 158 Absatz 1 ohne Ausgleich nach § 162 zu verpflichten.

§ 161 Verpflichtungen zur Versorgung mit Telekommunikationsdiensten. (1) ¹Ist die nach § 160 Absatz 2 eingereichte Verpflichtungszusage nach Beurteilung durch die Bundesnetzagentur geeignet, die Versorgung mit Telekommunikationsdiensten nach § 157 Absatz 2 und § 158 Absatz 1 zu gewährleisten, kann die Bundesnetzagentur die Verpflichtungszusage durch Verfügung für bindend erklären. ²Die Verfügung hat zum Inhalt, dass die Bundesnetzagentur vorbehaltlich des Satzes 4 von ihren Befugnissen nach den folgenden Absätzen gegenüber den beteiligten Unternehmen keinen Gebrauch machen wird. ³Die Verfügung kann befristet werden. ⁴Die Bundesnetzagentur kann die Verfügung nach Satz 1 aufheben und das Verfahren wieder aufnehmen, wenn
1. sich die tatsächlichen Verhältnisse in einem für die Verfügung wesentlichen Punkt nachträglich geändert haben,
2. die beteiligten Unternehmen ihre Verpflichtungen nicht einhalten,
3. die Bundesnetzagentur die Anforderungen an die Telekommunikationsdienste nach § 157 Absatz 3 oder § 158 Absatz 1 ändert oder
4. die Verfügung auf unvollständigen, unrichtigen oder irreführenden Angaben der Parteien beruht.

(2) ¹Hat die Bundesnetzagentur das Vorliegen einer Unterversorgung und eines tatsächlichen Bedarfs gemäß § 160 festgestellt und keine geeignete Verpflichtungszusage nach Absatz 1 für bindend erklärt, verpflichtet die Bundesnetzagentur nach Anhörung der in Betracht kommenden Unternehmen eines oder mehrere dieser Unternehmen, Telekommunikationsdienste nach § 157 Absatz 2 und § 158 Absatz 1, einschließlich des hierfür notwendigen Anschlusses an ein öffentliches Telekommunikationsnetz zu erbringen. ²Die Verpflichtung eines oder mehrerer der in Betracht kommenden Unternehmen hat innerhalb von drei Monaten nach Ablauf der Monatsfrist zur Einreichung ausgleichsfreier Verpflichtungszusagen nach § 160 Absatz 2 zu erfolgen. ³Die

Frist nach Satz 2 kann um einen Monat überschritten werden, wenn dies wegen der Komplexität des Sachverhalts gerechtfertigt ist. ⁴Der Diensteverpflichtete hat spätestens mit Ablauf von drei Monaten ab dem Zeitpunkt der Verpflichtung mit dem Schaffen der Voraussetzungen für die Erbringung der von der Verpflichtung umfassten Telekommunikationsdienste nach § 157 Absatz 2 zu beginnen und diese Telekommunikationsdienste innerhalb einer von der Bundesnetzagentur gesetzten angemessenen Frist, die in der Regel drei Monate nicht überschreiten sollte, zu erbringen. ⁵Im Rahmen der Anhörung kann die Bundesnetzagentur die Unternehmen dazu verpflichten, ihr Informationen, die für die Entscheidung nach Satz 1 erforderlich sind, vorzulegen und glaubhaft zu machen. ⁶Für eine Verpflichtung nach Satz 1 kommen insbesondere solche Unternehmen in Betracht, die bereits geeignete Telekommunikationsnetze in der Nähe der betreffenden Anschlüsse betreiben und die Versorgung mit Telekommunikationsdiensten nach § 157 Absatz 2 auf kosteneffiziente Weise erbringen können. ⁷Die Bundesnetzagentur kann die Erbringung der Versorgung mit Telekommunikationsdiensten nach § 157 Absatz 2 für mehrere Gebiete anordnen. ⁸Das Verfahren zur Verpflichtung des geeigneten Unternehmens muss effizient, objektiv, transparent und nichtdiskriminierend sein.

(3) ¹Die Bundesnetzagentur kann ausnahmsweise ein oder mehrere in Betracht kommende Unternehmen dazu verpflichten, Endnutzer leitungsgebunden unter Mitnutzung bereits vorhandener Telekommunikationslinien anzuschließen und mit Diensten nach § 157 Absatz 2 zu versorgen, wenn dies zumutbar ist. ²Die Feststellung einer Unterversorgung nach § 160 Absatz 1 bleibt unberührt. ³Zumutbar ist der leitungsgebundene Anschluss in der Regel dann, wenn geeignete Leerrohrinfrastruktur am zu versorgenden Grundstück anliegt. ⁴Das Verfahren zur Verpflichtung eines oder mehrerer Unternehmen zum leitungsgebundenen Anschluss entspricht dem Verfahren des Absatzes 2. ⁵Die Bundesnetzagentur veröffentlicht ihre Entscheidung einschließlich deren Gründe.

(4) ¹Wesentliche Änderungen, die sich auf die Versorgung mit Telekommunikationsdiensten nach § 157 Absatz 2 und § 158 Absatz 1 auswirken können, haben Diensteverpflichtete der Bundesnetzagentur rechtzeitig im Voraus anzuzeigen. ²Anzuzeigen ist insbesondere die Veräußerung eines wesentlichen Teils oder der Gesamtheit der Anlagen des Ortsanschlussnetzes an eine andere juristische Person mit anderem Eigentümer.

§ 162 Ausgleich für die Versorgung mit Telekommunikationsdiensten. (1) Die Bundesnetzagentur gewährt dem Diensteverpflichteten nach § 161 Absatz 2 oder 3 nach Ablauf des Kalenderjahres, in welchem dem Diensteverpflichteten ein Defizit bei der Erbringung der Versorgung mit Telekommunikationsdiensten nach § 157 Absatz 2 und § 158 Absatz 1 entsteht, auf begründeten Antrag nach Maßgabe der folgenden Bestimmungen einen finanziellen Ausgleich, sofern die ermittelten Nettokosten eine unzumutbare Belastung darstellen.

(2) Die Bundesnetzagentur ermittelt die voraussichtliche Höhe der Nettokosten für die verpflichtende Erbringung der Telekommunikationsdienste nach § 157 Absatz 2 und § 158 Absatz 1 als Differenz zwischen den Nettokosten des Diensteverpflichteten für den Betrieb ohne Diensteverpflichtung und den Nettokosten für den Betrieb unter Einhaltung der Diensteverpflichtung gemäß Anhang VII der Richtlinie (EU) 2018/1972 in der jeweils gültigen Fassung.

(3) Die Bundesnetzagentur prüft die für die Berechnung der Nettokosten zugrunde liegende Kostenrechnung des Diensteverpflichteten und weitere der Berechnung der Nettokosten zugrunde liegende Informationen.

(4) [1]Die Bundesnetzagentur stellt fest, ob die ermittelten Nettokosten der Erbringung der Versorgung mit Telekommunikationsdiensten eine unzumutbare Belastung darstellen. [2]Ist dies der Fall, setzt die Bundesnetzagentur die Höhe des Ausgleichs fest. [3]Die Höhe des Ausgleichs ergibt sich aus dem von der Bundesnetzagentur errechneten Ausgleichsbetrag zuzüglich einer marktüblichen Verzinsung. [4]Die Verzinsung beginnt mit dem Tag, der dem Ablauf des in Absatz 1 genannten Kalenderjahres folgt.

(5) [1]Die Bundesnetzagentur veröffentlicht
1. die Grundsätze der Nettokostenberechnung nach Absatz 2, einschließlich der Einzelheiten der zu verwendenden Methode,
2. die Ergebnisse der Nettokostenberechnung nach Absatz 2 und
3. die Ergebnisse der Prüfung nach Absatz 3.

[2]Bei der Veröffentlichung der Ergebnisse nach Satz 1 Nummer 2 und 3 sind die Betriebs- und Geschäftsgeheimnisse der betroffenen Unternehmen zu wahren.

§ 163 Umlageverfahren. (1) Gewährt die Bundesnetzagentur einen Ausgleich nach § 162 für die Erbringung der Versorgung mit Telekommunikationsdiensten gemäß § 157 Absatz 2 und § 158 Absatz 1, trägt jedes Unternehmen, das nach § 159 verpflichtet ist, zu diesem Ausgleich durch eine Abgabe bei.

(2) [1]Die Höhe der Abgabe bemisst sich grundsätzlich nach dem Verhältnis des Jahresinlandsumsatzes des jeweiligen Unternehmens zu der Summe des Jahresinlandsumsatzes aller auf dem sachlich relevanten Markt Verpflichteten und hat eine eigene Erbringung der Versorgung mit Telekommunikationsdiensten nach § 161 Absatz 1 hinreichend zu berücksichtigen. [2]Dabei ist abzustellen auf den Inlandsumsatz des Kalenderjahres, für das ein Ausgleich nach § 162 gewährt wird. [3]Die Höhe der Abgabe wird für jedes Unternehmen gesondert berechnet und darf nicht gebündelt werden. [4]Kann von einem abgabepflichtigen Unternehmen die auf ihn entfallende Abgabe nicht erlangt werden, so ist der Ausfall von den übrigen Verpflichteten nach dem Verhältnis ihrer Anteile zueinander zu leisten.

(3) [1]Die Unternehmen teilen der Bundesnetzagentur ihre Umsätze auf dem sachlich relevanten Markt der Versorgung mit Telekommunikationsdiensten nach § 157 Absatz 2 jeweils auf Verlangen jährlich mit. [2]Unterbleibt die Mitteilung, kann die Bundesnetzagentur eine Schätzung vornehmen.

(4) Bei der Ermittlung der Umsätze gelten § 36 Absatz 2 und § 38 des Gesetzes gegen Wettbewerbsbeschränkungen entsprechend.

(5) Nach Ablauf des Kalenderjahres, für das ein Ausgleich nach § 162 Absatz 1 gewährt wird, setzt die Bundesnetzagentur den Abgabebetrag der abgabepflichtigen Unternehmen fest und teilt dies den betroffenen Unternehmen mit.

(6) ¹Die Bundesnetzagentur kann Anbieter, die nummernunabhängige interpersonelle Telekommunikationsdienste im Geltungsbereich dieses Gesetzes erbringen, dazu verpflichten, zu dem Ausgleich nach Absatz 1 beizutragen, wenn die Voraussetzungen nach § 21 Absatz 2 Nummer 1 vorliegen. ²Sie hat den Anteil der nach Satz 1 verpflichteten Unternehmen im Verhältnis zu den nach § 159 Verpflichteten zu berechnen. ³Die Absätze 2 bis 5 gelten entsprechend, wobei als Bemessungsgrundlage an die Stelle des Jahresinlandsumsatzes die Anzahl der monatlich aktiven Nutzer im Inland tritt.

(7) ¹Die zu einer Abgabe nach Absatz 1 oder Absatz 6 verpflichteten Unternehmen haben die von der Bundesnetzagentur festgesetzten, auf sie entfallenden Abgaben innerhalb eines Monats ab Zugang des Festsetzungsbescheides an die Bundesnetzagentur zu entrichten. ²Ist ein zur Abgabe verpflichtetes Unternehmen mit der Zahlung der Abgabe mehr als drei Monate im Rückstand, erlässt die Bundesnetzagentur einen Feststellungsbescheid über die rückständigen Beträge der Abgabe und betreibt die Einziehung.

(8) ¹Unternehmen sind von der Abgabeverpflichtung befreit, wenn ihr Jahresinlandsumsatz unterhalb einer von der Bundesnetzagentur festgesetzten Umsatzschwelle für Kleinstunternehmen sowie für kleine und mittlere Unternehmen liegt. ²Bei der Festsetzung berücksichtigt die Bundesnetzagentur unionsrechtliche Vorschriften, welche die Definition der Kleinstunternehmen sowie der kleinen und mittleren Unternehmen betreffen. ³Auf Antrag kann die Bundesnetzagentur weitere Unternehmen nach § 159 bei unbilliger Härte von der Abgabeverpflichtung befreien.

(9) ¹Die Bundesnetzagentur hat bei der Anwendung der Absätze 1 bis 8 die Grundsätze der Transparenz, der geringstmöglichen Marktverfälschung, der Nichtdiskriminierung und der Verhältnismäßigkeit entsprechend den im Anhang VII Teil B der Richtlinie (EU) 2018/1972 in der jeweils gültigen Fassung genannten Grundsätzen einzuhalten. ²Die Bundesnetzagentur veröffentlicht die Grundsätze für die Berechnung der Abgabe für den Ausgleich der Nettokosten. ³Die Bundesnetzagentur veröffentlicht ferner unter Wahrung der Betriebs- und Geschäftsgeheimnisse einen jährlichen Bericht, in dem die Einzelheiten der nach § 162 berechneten Nettokosten für die Versorgung mit Telekommunikationsdiensten nach § 157 Absatz 2 und § 158 Absatz 1 angegeben und die von allen beteiligten Unternehmen geleisteten Abgaben aufgeführt sind, einschließlich etwaiger Marktvorteile, die den Diensteverpflichteten infolge der Diensteverpflichtung entstanden sind.

29 TKG

Telekommunikationsgesetz

Teil 10
Öffentliche Sicherheit und Notfallvorsorge

Abschnitt 1
Öffentliche Sicherheit

§ 164 Notruf. (1) ¹Wer öffentlich zugängliche nummerngebundene interpersonelle Telekommunikationsdienste für das Führen von ausgehenden Gesprächen zu einer oder mehreren Nummern des nationalen oder internationalen Nummernplans erbringt, hat Vorkehrungen zu treffen, damit Endnutzern unentgeltliche Verbindungen möglich sind, die entweder durch die Wahl der europaeinheitlichen Notrufnummer 112 oder der zusätzlichen nationalen Notrufnummer 110 oder durch das Aussenden entsprechender Signalisierungen eingeleitet werden (Notrufverbindungen). ²Wer derartige öffentlich zugängliche nummerngebundene interpersonelle Telekommunikationsdienste erbringt, den Zugang zu solchen Diensten ermöglicht oder Telekommunikationsnetze betreibt, die für diese Dienste einschließlich der Durchleitung von Anrufen genutzt werden, hat sicherzustellen oder im notwendigen Umfang daran mitzuwirken, dass Notrufverbindungen jederzeit unverzüglich zu der örtlich zuständigen Notrufabfragestelle hergestellt werden. ³Die nach den Sätzen 1 und 2 Verpflichteten haben sicherzustellen, dass der Notrufabfragestelle auch Folgendes mit der Notrufverbindung übermittelt wird:
1. die Rufnummer des Anschlusses, von dem die Notrufverbindung ausgeht, und
2. die Daten, die zur Ermittlung des Standortes erforderlich sind, von dem die Notrufverbindung ausgeht.

⁴Notrufverbindungen sind vorrangig vor anderen Verbindungen herzustellen; sie stehen vorrangigen Verbindungen nach § 186 Absatz 2 Satz 1 gleich. ⁵Daten, die nach Maßgabe der Rechtsverordnung nach Absatz 5 zur Verfolgung von Missbrauch des Notrufs erforderlich sind, dürfen auch verzögert an die Notrufabfragestelle übermittelt werden. ⁶Die Übermittlung der Daten nach den Sätzen 3 und 5 erfolgt unentgeltlich. ⁷Die für Notrufverbindungen entstehenden Kosten trägt jeder Anbieter eines Telekommunikationsdienstes selbst; die Entgeltlichkeit von Vorleistungen bleibt unberührt.

(2) Im Hinblick auf Notrufverbindungen, die unter Verwendung eines Telefaxgerätes eingeleitet werden, gilt Absatz 1 entsprechend.

(3) ¹Zur Gewährleistung einer gleichwertigen Notrufkommunikation von Menschen mit Behinderungen ist sicherzustellen, dass bei Nutzung eines Vermittlungsdienstes nach § 51 Absatz 4 unentgeltliche Notrufverbindungen möglich sind. ²Soweit technisch möglich, gelten die Anforderungen des Absatzes 1 Satz 3 und 6 entsprechend.

(4) ¹Anbieter nummernunabhängiger interpersoneller Telekommunikationsdienste, die eine direkte Kommunikation zu der örtlich zuständigen Notrufab-

Telekommunikationsgesetz **TKG 29**

fragestelle ermöglichen, haben sicherzustellen, dass die zur Ermittlung des Standortes erforderlichen Daten übermittelt werden. ²Die für diese Notrufverbindungen entstehenden Kosten trägt jeder Anbieter eines Telekommunikationsdienstes selbst; die Entgeltlichkeit von Vorleistungen bleibt unberührt.

(5) ¹Das Bundesministerium für Wirtschaft und Energie wird ermächtigt, im Einvernehmen mit dem Bundesministerium des Innern, für Bau und Heimat, dem Bundesministerium für Verkehr und digitale Infrastruktur und dem Bundesministerium für Arbeit und Soziales durch Rechtsverordnung mit Zustimmung des Bundesrates Regelungen zu treffen
1. zu den Grundsätzen der Festlegung von Einzugsgebieten von Notrufabfragestellen und deren Unterteilungen durch die für den Notruf zuständigen Landes- und Kommunalbehörden sowie zu den Grundsätzen des Abstimmungsverfahrens zwischen diesen Behörden und den betroffenen Netzbetreibern, soweit diese Grundsätze für die Herstellung von Notrufverbindungen erforderlich sind,
2. zur Herstellung von Notrufverbindungen zur jeweils örtlich zuständigen Notrufabfragestelle oder Ersatznotrufabfragestelle,
3. zum Umfang der für Notrufverbindungen zu erbringenden Leistungsmerkmale, einschließlich
   a) der Übermittlung der Daten nach Absatz 1 Satz 3 und
   b) zulässiger Abweichungen hinsichtlich der nach Absatz 1 Satz 3 Nummer 1 zu übermittelnden Daten in unausweichlichen technisch bedingten Sonderfällen,
4. zur Bereitstellung und Übermittlung von Daten, die geeignet sind, der Notrufabfragestelle die Verfolgung von Missbrauch des Notrufs zu ermöglichen,
5. zum Herstellen von Notrufverbindungen mittels automatischer Verfahren,
6. zur Sicherstellung der Gleichwertigkeit der Notrufkommunikation für Menschen mit Behinderungen und
7. zu den Aufgaben der Bundesnetzagentur auf den in den Nummern 1 bis 6 aufgeführten Gebieten, insbesondere im Hinblick auf die Festlegung von Kriterien für die Genauigkeit und Zuverlässigkeit der Daten, die zur Ermittlung des Standortes erforderlich sind, von dem die Notrufverbindung ausgeht.

²Landesrechtliche Regelungen über Notrufabfragestellen, die nicht Verpflichtungen im Sinne der Absätze 1 bis 4 betreffen, bleiben von den Vorschriften dieses Absatzes unberührt.

(6) ¹Die technischen Einzelheiten zu den in Absatz 5 Satz 1 Nummer 1 bis 6 aufgeführten Regelungsgegenständen, insbesondere die Kriterien für die Genauigkeit und Zuverlässigkeit der Angaben zu dem Standort, von dem die Notrufverbindung ausgeht, legt die Bundesnetzagentur in einer Technischen Richtlinie fest; dabei berücksichtigt sie die Vorschriften der Rechtsverordnung nach Absatz 5. ²Die Bundesnetzagentur erstellt die Technische Richtlinie unter Beteiligung

29 TKG Telekommunikationsgesetz

1. der Verbände der durch die Absätze 1 bis 4 betroffenen Anbieter von Telekommunikationsdiensten und Betreiber von Telekommunikationsnetzen,
2. der vom Bundesministerium des Innern, für Bau und Heimat benannten Vertreter der Betreiber von Notrufabfragestellen und
3. der Hersteller der in den Telekommunikationsnetzen und Notrufabfragestellen eingesetzten technischen Einrichtungen.

³Bei den Festlegungen in der Technischen Richtlinie sind internationale Standards zu berücksichtigen; Abweichungen von den Standards sind zu begründen. ⁴Die Verpflichteten nach den Absätzen 1 bis 4 haben die Anforderungen der Technischen Richtlinie spätestens ein Jahr nach deren Bekanntmachung zu erfüllen, sofern in der Technischen Richtlinie für bestimmte Verpflichtungen kein längerer Übergangszeitraum festgelegt ist. ⁵Nach dieser Technischen Richtlinie gestaltete mängelfreie technische Einrichtungen müssen im Falle einer Änderung der Technischen Richtlinie spätestens drei Jahre nach deren Inkrafttreten die geänderten Anforderungen erfüllen.

§ 164a Öffentliche Warnungen. (1) Betreiber öffentlicher Mobilfunknetze haben
1. technische Einrichtungen für Warnungen vor drohenden oder sich ausbreitenden größeren Notfällen und Katastrophen vorzuhalten, die
    a) über das zentrale Warnsystem des Bundes von den Gefahrenabwehrbehörden sowie Behörden des Zivil- und Katastrophenschutzes ausgelöst und
    b) an empfangsbereite Mobilfunkendgeräte, die sich in dem von der auslösenden Behörde bestimmten geographischen Gebiet befinden, ausgesendet werden können und
2. durch organisatorische Vorkehrungen die Möglichkeit der jederzeitigen unverzüglichen Aussendung von Warnungen nach Nummer 1 sicherzustellen.

(2) Betreiber öffentlicher Mobilfunknetze haben Warnungen nach Absatz 1 an alle Mobilfunkendgeräte in dem von der auslösenden Behörde bestimmten geographischen Gebiet auszusenden.

(3) Anbieter öffentlich zugänglicher mobiler nummerngebundener interpersoneller Telekommunikationsdienste
1. wirken im notwendigen Umfang daran mit, dass Warnungen nach Absatz 1 jederzeit und unverzüglich zu den Endnutzern in dem bestimmten geographischen Gebiet ausgesendet werden können und
2. informieren ihre Endnutzer über die Voraussetzungen für den Empfang von Warnungen nach Absatz 1.

(4) Das Bundesministerium für Wirtschaft und Energie wird ermächtigt, im Einvernehmen mit dem Bundesministerium des Innern, für Bau und Heimat und dem Bundesministerium für Verkehr und digitale Infrastruktur durch Rechtsverordnung mit Zustimmung des Bundesrates Regelungen zu treffen
1. über die grundlegenden technischen Anforderungen für die Aussendung von Warnungen im öffentlichen Mobilfunknetz, einschließlich der zu beachtenden Sicherheitsanforderungen,

2. über die organisatorischen Rahmenbedingungen für die Aussendung von Warnungen, einschließlich Erreichbarkeits- und Reaktionszeiten,
3. zum Umfang der bei der Aussendung von Warnungen zu erbringenden Leistungsmerkmale, einschließlich der dabei verarbeiteten Daten,
4. zur Konkretisierung der Verpflichtungen für Anbieter nach Absatz 3 und
5. zu den Aufgaben der Bundesnetzagentur hinsichtlich der in den Nummern 1 bis 4 aufgeführten Gebiete.

(5) [1]Die technischen Einzelheiten zu den in Absatz 4 Nummer 1 bis 4 aufgeführten Regelungsgegenständen legt die Bundesnetzagentur in einer Technischen Richtlinie fest; dabei berücksichtigt sie die Vorschriften der Rechtsverordnung nach Absatz 4. [2]Die Bundesnetzagentur erstellt die Technische Richtlinie unter Beteiligung
1. der Verbände
    a) der durch die Absätze 1 und 2 verpflichteten Betreiber öffentlicher Mobilfunknetze,
    b) der durch Absatz 3 verpflichteten Anbieter öffentlich zugänglicher mobiler nummerngebundener interpersoneller Telekommunikationsdienste,
    c) der Hersteller der in den Mobilfunknetzen eingesetzten technischen Einrichtungen und
    d) der Hersteller der Mobilfunkendgeräte,
2. des Bundesamtes für Bevölkerungsschutz und Katastrophenhilfe,
3. der vom Bundesamt für Bevölkerungsschutz und Katastrophenhilfe benannten Vertreter der in Absatz 1 Nummer 1 Buchstabe a genannten Behörden und
4. des Bundesamtes für Sicherheit in der Informationstechnik hinsichtlich der technischen Anforderungen in Absatz 4 Nummer 1.

[3]Bei den Festlegungen in der Technischen Richtlinie sind internationale Standards zu berücksichtigen; Abweichungen von den Standards sind zu begründen. [4]Die nach den Absätzen 1 bis 3 Verpflichteten haben die Anforderungen der Technischen Richtlinie spätestens ein Jahr nach deren Bekanntmachung zu erfüllen, sofern in der Technischen Richtlinie für bestimmte Verpflichtungen kein anderer Übergangszeitraum festgelegt ist.

(6) [1]Notwendige Aufwendungen, die den Betreibern öffentlicher Mobilfunknetze durch die Umsetzung der Anforderungen aus Absatz 1 entstehen, sind auf Antrag zu ersetzen. [2]Für die Bemessung des Aufwendungsersatzes sind die tatsächlich entstandenen Kosten der Verpflichteten maßgebend. [3]Über die Anträge auf Aufwendungsersatz entscheidet die Bundesnetzagentur. [4]Die durch die Aussendung der Warnungen nach Absatz 2 entstehenden Kosten trägt jeder Betreiber selbst. [5]Die für das Versenden von Informationen anfallenden Kosten nach Absatz 3 trägt jeder Anbieter selbst.

§ 165 Technische und organisatorische Schutzmaßnahmen. (1) [1]Wer Telekommunikationsdienste erbringt oder daran mitwirkt, hat angemessene technische Vorkehrungen und sonstige Maßnahmen zu treffen

29 TKG Telekommunikationsgesetz

1. zum Schutz des Fernmeldegeheimnisses und
2. gegen die Verletzung des Schutzes personenbezogener Daten.

²Dabei ist der Stand der Technik zu berücksichtigen.

(2) ¹Wer ein öffentliches Telekommunikationsnetz betreibt oder öffentlich zugängliche Telekommunikationsdienste erbringt, hat bei den hierfür betriebenen Telekommunikations- und Datenverarbeitungssystemen angemessene technische und organisatorische Vorkehrungen und sonstige Maßnahmen zu treffen

1. zum Schutz gegen Störungen, die zu erheblichen Beeinträchtigungen von Telekommunikationsnetzen und -diensten führen, auch, sofern diese Störungen durch äußere Angriffe und Einwirkungen von Katastrophen bedingt sein können, und
2. zur Beherrschung der Risiken für die Sicherheit von Telekommunikationsnetzen und -diensten.

²Insbesondere sind Maßnahmen, einschließlich gegebenenfalls Maßnahmen in Form von Verschlüsselung, zu treffen, um Telekommunikations- und Datenverarbeitungssysteme gegen unerlaubte Zugriffe zu sichern und Auswirkungen von Sicherheitsverletzungen für Nutzer, andere Telekommunikationsnetze und Dienste so gering wie möglich zu halten. ³Bei diesen Maßnahmen ist der Stand der Technik zu berücksichtigen.

(3) ¹Als eine angemessene Maßnahme im Sinne des Absatzes 2 können Betreiber öffentlicher Telekommunikationsnetze und Anbieter öffentlich zugänglicher Telekommunikationsdienste Systeme zur Angriffserkennung im Sinne des § 2 Absatz 9b des BSI-Gesetzes einsetzen. ²Betreiber öffentlicher Telekommunikationsnetze und Anbieter öffentlich zugänglicher Telekommunikationsdienste mit erhöhtem Gefährdungspotenzial haben entsprechende Systeme zur Angriffserkennung einzusetzen. ³Die eingesetzten Systeme zur Angriffserkennung müssen in der Lage sein, durch kontinuierliche und automatische Erfassung und Auswertung Gefahren oder Bedrohungen zu erkennen. ⁴Sie sollen zudem in der Lage sein, erkannte Gefahren oder Bedrohungen abzuwenden und für eingetretene Störungen geeignete Beseitigungsmaßnahmen vorsehen. ⁵Weitere Einzelheiten kann die Bundesnetzagentur im Katalog von Sicherheitsanforderungen nach § 167 festlegen.

(4) Kritische Komponenten im Sinne von § 2 Absatz 13 des BSI-Gesetzes dürfen von einem Betreiber öffentlicher Telekommunikationsnetze mit erhöhtem Gefährdungspotenzial nur eingesetzt werden, wenn sie vor dem erstmaligen Einsatz von einer anerkannten Zertifizierungsstelle überprüft und zertifiziert wurden.

(5) Wer ein öffentliches Telekommunikationsnetz betreibt, hat Maßnahmen zu treffen, um den ordnungsgemäßen Betrieb seiner Netze zu gewährleisten und dadurch die fortlaufende Verfügbarkeit der über diese Netze erbrachten Dienste sicherzustellen.

(6) ¹Technische Vorkehrungen und sonstige Schutzmaßnahmen sind angemessen, wenn der dafür erforderliche technische und wirtschaftliche Aufwand

nicht außer Verhältnis zur Bedeutung der zu schützenden Telekommunikationsnetze oder -dienste steht. ²§ 62 Absatz 1 des Bundesdatenschutzgesetzes gilt entsprechend.

(7) Bei gemeinsamer Nutzung eines Standortes oder technischer Einrichtungen hat jeder Beteiligte die Verpflichtungen nach den Absätzen 1 bis 5 zu erfüllen, soweit bestimmte Verpflichtungen nicht einem bestimmten Beteiligten zugeordnet werden können.

(8) Im Falle des Eintritts eines Sicherheitsvorfalls oder der Feststellung einer erheblichen Gefahr kann die Bundesnetzagentur Maßnahmen zur Behebung des Sicherheitsvorfalls oder zur Abwendung der Gefahr und deren Umsetzungsfristen anordnen.

(9) ¹Die Bundesnetzagentur kann anordnen, dass sich die Betreiber öffentlicher Telekommunikationsnetze oder die Anbieter öffentlich zugänglicher Telekommunikationsdienste einer Überprüfung durch eine qualifizierte unabhängige Stelle oder eine zuständige nationale Behörde unterziehen, in der festgestellt wird, ob die Anforderungen nach den Absätzen 1 bis 7 erfüllt sind. ²Unbeschadet von Satz 1 haben sich Betreiber öffentlicher Telekommunikationsnetze mit erhöhtem Gefährdungspotenzial alle zwei Jahre einer Überprüfung durch eine qualifizierte unabhängige Stelle oder eine zuständige nationale Behörde zu unterziehen, in der festgestellt wird, ob die Anforderungen nach den Absätzen 1 bis 7 erfüllt sind. ³Die Bundesnetzagentur legt den Zeitpunkt der erstmaligen Überprüfung fest. ⁴Der nach den Sätzen 1 und 2 Verpflichtete hat eine Kopie des Überprüfungsberichts unverzüglich an die Bundesnetzagentur und an das Bundesamt für Sicherheit in der Informationstechnik, sofern dieses die Überprüfung nicht vorgenommen hat, zu übermitteln. ⁵Er trägt die Kosten dieser Überprüfung. ⁶Die Bewertung der Überprüfung sowie eine diesbezügliche Feststellung von Sicherheitsmängeln im Sicherheitskonzept nach § 166 erfolgt durch die Bundesnetzagentur im Einvernehmen mit dem Bundesamt für Sicherheit in der Informationstechnik.

(10) Über aufgedeckte Mängel bei der Erfüllung der Sicherheitsanforderungen in der Informationstechnik sowie die in diesem Zusammenhang von der Bundesnetzagentur geforderten Abhilfemaßnahmen unterrichtet die Bundesnetzagentur unverzüglich das Bundesamt für Sicherheit in der Informationstechnik.

(11) ¹Die Bundesnetzagentur kann zur Unterstützung ein Computer-Notfallteam gemäß Artikel 9 der Richtlinie (EU) 2016/1148 des Europäischen Parlaments und des Rates vom 6. Juli 2016 über Maßnahmen zur Gewährleistung eines hohen gemeinsamen Sicherheitsniveaus von Netz- und Informationssystemen in der Union (ABl. L 194 vom 19.7.2016, S. 1; L 33 vom 7.2.2018, S. 5) im Rahmen der zugewiesenen Aufgaben in Anspruch nehmen. ²Die Bundesnetzagentur kann ferner das Bundesamt für Sicherheit in der Informationstechnik, die zuständigen nationalen Strafverfolgungsbehörden und die Bundesbeauftragte oder den Bundesbeauftragten für den Datenschutz und die Informationsfreiheit konsultieren.

§ 166 Sicherheitsbeauftragter und Sicherheitskonzept. (1) Wer ein öffentliches Telekommunikationsnetz betreibt oder öffentlich zugängliche Telekommunikationsdienste erbringt, hat
1. einen Sicherheitsbeauftragten zu bestimmen,
2. einen in der Europäischen Union ansässigen Ansprechpartner zu benennen und
3. ein Sicherheitskonzept zu erstellen, aus dem hervorgeht,
   a) welches öffentliche Telekommunikationsnetz betrieben wird und welche öffentlich zugänglichen Telekommunikationsdienste erbracht werden,
   b) von welchen Gefährdungen auszugehen ist und
   c) welche technischen Vorkehrungen oder sonstigen Schutzmaßnahmen zur Erfüllung der durch die Vorgaben des Katalogs von Sicherheitsanforderungen nach § 167 konkretisierten Verpflichtungen aus § 165 Absatz 1 bis 7 getroffen oder geplant sind; sofern der Katalog lediglich Sicherheitsziele vorgibt, ist darzulegen, dass mit den ergriffenen Maßnahmen das jeweilige Sicherheitsziel vollumfänglich erreicht wird.

(2) ^{1}Wer ein öffentliches Telekommunikationsnetz betreibt, hat der Bundesnetzagentur das Sicherheitskonzept unverzüglich nach der Aufnahme des Netzbetriebs vorzulegen. ^{2}Wer öffentlich zugängliche Telekommunikationsdienste erbringt, kann von der Bundesnetzagentur verpflichtet werden, das Sicherheitskonzept vorzulegen.

(3) Mit dem Sicherheitskonzept ist eine Erklärung vorzulegen, dass die in dem Sicherheitskonzept aufgezeigten technischen Vorkehrungen und sonstigen Schutzmaßnahmen umgesetzt sind oder unverzüglich umgesetzt werden.

(4) ^{1}Stellt die Bundesnetzagentur im Sicherheitskonzept oder bei dessen Umsetzung Sicherheitsmängel fest, so kann sie die unverzügliche Beseitigung dieser Mängel verlangen. ^{2}Sofern sich die dem Sicherheitskonzept zugrunde liegenden Gegebenheiten ändern, hat der nach Absatz 2 Verpflichtete das Sicherheitskonzept unverzüglich nach der Änderung anzupassen und der Bundesnetzagentur unverzüglich nach erfolgter Anpassung unter Hinweis auf die Änderungen erneut vorzulegen.

(5) ^{1}Die Bundesnetzagentur überprüft regelmäßig die Umsetzung des Sicherheitskonzepts. ^{2}Die Überprüfung soll mindestens alle zwei Jahre erfolgen.

§ 167 Katalog von Sicherheitsanforderungen. (1) ^{1}Die Bundesnetzagentur legt im Einvernehmen mit dem Bundesamt für Sicherheit in der Informationstechnik und der oder dem Bundesbeauftragten für den Datenschutz und die Informationsfreiheit durch Allgemeinverfügung in einem Katalog von Sicherheitsanforderungen für das Betreiben von Telekommunikations- und Datenverarbeitungssystemen sowie für die Verarbeitung personenbezogener Daten fest:
1. Einzelheiten der nach § 165 Absatz 1 bis 7 zu treffenden technischen Vorkehrungen und sonstigen Maßnahmen unter Beachtung der verschiedenen Gefährdungspotenziale der öffentlichen Telekommunikationsnetze und öf-

Telekommunikationsgesetz **TKG 29**

fentlich zugänglichen Telekommunikationsdienste,
2. welche Funktionen kritische Funktionen im Sinne von § 2 Absatz 13 Satz 1 Nummer 3 Buchstabe b des BSI-Gesetzes sind, die von kritischen Komponenten im Sinne von § 2 Absatz 13 des BSI-Gesetzes realisiert werden, und
3. wer als Betreiber öffentlicher Telekommunikationsnetze und als Anbieter öffentlich zugänglicher Telekommunikationsdienste mit erhöhtem Gefährdungspotenzial einzustufen ist.

²Der Katalog von Sicherheitsanforderungen nach Satz 1 kann auch Anforderungen zur Offenlegung und Interoperabilität von Schnittstellen von Netzkomponenten einschließlich einzuhaltender technischer Standards enthalten. ³Die Bundesnetzagentur gibt den Herstellern, den Verbänden der Betreiber öffentlicher Telekommunikationsnetze und den Verbänden der Anbieter öffentlich zugänglicher Telekommunikationsdienste Gelegenheit zur Stellungnahme.

(2) Die Verpflichteten haben die Vorgaben des Katalogs spätestens ein Jahr nach dessen Inkrafttreten zu erfüllen, es sei denn, in dem Katalog ist eine davon abweichende Umsetzungsfrist festgelegt worden.

§ 168 Mitteilung eines Sicherheitsvorfalls. (1) ¹Wer ein öffentliches Telekommunikationsnetz betreibt oder öffentlich zugängliche Telekommunikationsdienste erbringt, hat der Bundesnetzagentur und dem Bundesamt für Sicherheit in der Informationstechnik einen Sicherheitsvorfall mit beträchtlichen Auswirkungen auf den Betrieb der Netze oder die Erbringung der Dienste unverzüglich mitzuteilen. ²§ 42 Absatz 4 und § 43 Absatz 4 des Bundesdatenschutzgesetzes gelten entsprechend.

(2) Das Ausmaß der Auswirkungen eines Sicherheitsvorfalls ist – sofern verfügbar – insbesondere anhand folgender Kriterien zu bewerten:
1. die Zahl der von dem Sicherheitsvorfall betroffenen Nutzer,
2. die Dauer des Sicherheitsvorfalls,
3. die geographische Ausdehnung des von dem Sicherheitsvorfall betroffenen Gebiets,
4. das Ausmaß der Beeinträchtigung des Telekommunikationsnetzes oder des Dienstes,
5. das Ausmaß der Auswirkungen auf wirtschaftliche und gesellschaftliche Tätigkeiten.

(3) Die Mitteilung nach Absatz 1 Satz 1 muss die folgenden Angaben enthalten:
1. Angaben zu dem Sicherheitsvorfall,
2. Angaben zu den Kriterien nach Absatz 2,
3. Angaben zu den betroffenen Systemen sowie
4. Angaben zu der vermuteten oder tatsächlichen Ursache.

(4) ¹Die Bundesnetzagentur legt Einzelheiten des Mitteilungsverfahrens fest. ²Die Bundesnetzagentur kann einen detaillierten Bericht über den Sicherheitsvorfall und die ergriffenen Abhilfemaßnahmen verlangen.

29 TKG Telekommunikationsgesetz

(5) ¹Erforderlichenfalls unterrichtet die Bundesnetzagentur die nationalen Regulierungsbehörden der anderen Mitgliedstaaten der Europäischen Union und die Agentur der Europäischen Union für Cybersicherheit über den Sicherheitsvorfall. ²Die Bundesnetzagentur kann die Öffentlichkeit unterrichten oder die nach Absatz 1 Satz 1 Verpflichteten zu dieser Unterrichtung verpflichten, wenn sie zu dem Schluss gelangt, dass die Bekanntgabe des Sicherheitsvorfalls im öffentlichen Interesse liegt.

(6) ¹Im Falle einer besonderen und erheblichen Gefahr eines Sicherheitsvorfalls informieren die nach Absatz 1 Satz 1 Verpflichteten die von dieser Gefahr potenziell betroffenen Nutzer über alle möglichen Schutz- oder Abhilfemaßnahmen, die von den Nutzern ergriffen werden können sowie gegebenenfalls auch über die Gefahr selbst. ²§ 8e des BSI-Gesetzes gilt entsprechend.

(7) Die Bundesnetzagentur legt der Kommission, der Agentur der Europäischen Union für Cybersicherheit und dem Bundesamt für Sicherheit in der Informationstechnik einmal pro Jahr einen zusammenfassenden Bericht über die eingegangenen Meldungen und die ergriffenen Abhilfemaßnahmen vor.

§ 169 Daten- und Informationssicherheit. (1) ¹Wer öffentlich zugängliche Telekommunikationsdienste erbringt, hat im Falle einer Verletzung des Schutzes personenbezogener Daten unverzüglich die Bundesnetzagentur und die Bundesbeauftragte oder den Bundesbeauftragten für den Datenschutz und die Informationsfreiheit von der Verletzung zu benachrichtigen. ²Ist anzunehmen, dass durch die Verletzung des Schutzes personenbezogener Daten Endnutzer oder andere Personen schwerwiegend in ihren Rechten oder schutzwürdigen Interessen beeinträchtigt werden, hat der Anbieter des Telekommunikationsdienstes zusätzlich die Betroffenen unverzüglich von dieser Verletzung zu benachrichtigen. ³In Fällen, in denen in dem Sicherheitskonzept nachgewiesen wurde, dass die von der Verletzung betroffenen personenbezogenen Daten durch geeignete technische Vorkehrungen gesichert, insbesondere unter Anwendung eines als sicher anerkannten Verschlüsselungsverfahrens gespeichert wurden, ist eine Benachrichtigung nicht erforderlich. ⁴Unabhängig von Satz 3 kann die Bundesnetzagentur den Anbieter des Telekommunikationsdienstes unter Berücksichtigung der wahrscheinlichen nachteiligen Auswirkungen der Verletzung des Schutzes personenbezogener Daten zu einer Benachrichtigung der Betroffenen verpflichten. ⁵Im Übrigen gelten § 42 Absatz 4 und § 43 Absatz 4 des Bundesdatenschutzgesetzes entsprechend.

(2) ¹Die Benachrichtigung nach Absatz 1 Satz 1 und 2 muss mindestens enthalten:
1. die Art der Verletzung des Schutzes personenbezogener Daten,
2. Angaben zu den Kontaktstellen, bei denen weitere Informationen erhältlich sind, und
3. Empfehlungen zu Maßnahmen, die mögliche nachteilige Auswirkungen der Verletzung des Schutzes personenbezogener Daten begrenzen.

²In der Benachrichtigung an die Bundesnetzagentur und die Bundesbeauftragte oder den Bundesbeauftragten für den Datenschutz und die Informationsfreiheit

hat der Anbieter des Telekommunikationsdienstes zusätzlich die Folgen der Verletzung des Schutzes personenbezogener Daten und die beabsichtigten oder ergriffenen Maßnahmen darzulegen.

(3) ¹Die Anbieter der Telekommunikationsdienste haben ein Verzeichnis der Verletzungen des Schutzes personenbezogener Daten zu führen, das Angaben zu Folgendem enthält:
1. den Umständen der Verletzungen,
2. den Auswirkungen der Verletzungen und
3. den ergriffenen Abhilfemaßnahmen.
²Diese Angaben müssen ausreichend sein, um der Bundesnetzagentur und der oder dem Bundesbeauftragten für den Datenschutz und die Informationsfreiheit die Prüfung zu ermöglichen, ob die Absätze 1 und 2 eingehalten wurden. ³Das Verzeichnis enthält nur die zu diesem Zweck erforderlichen Informationen und muss nicht Verletzungen berücksichtigen, die mehr als fünf Jahre zurückliegen.

(4) ¹Werden dem Anbieter des Telekommunikationsdienstes nach Absatz 1 Satz 1 Störungen bekannt, die von Datenverarbeitungssystemen der Nutzer ausgehen, so hat er die Nutzer, soweit ihm diese bereits bekannt sind, unverzüglich darüber zu benachrichtigen. ²Soweit technisch möglich und zumutbar, hat er die Nutzer auf angemessene, wirksame und zugängliche technische Mittel hinzuweisen, mit denen sie diese Störungen erkennen und beseitigen können. ³Der Anbieter des Telekommunikationsdienstes darf die Teile des Datenverkehrs von und zu einem Nutzer, von denen eine Störung ausgeht, umleiten, soweit dies erforderlich ist, um den Nutzer über die Störungen benachrichtigen zu können.

(5) ¹Wird der Anbieter des Telekommunikationsdienstes nach Absatz 1 Satz 1 vom Bundesamt für Sicherheit in der Informationstechnik über konkrete erhebliche Gefahren informiert, die von Datenverarbeitungssystemen der Nutzer ausgehen oder diese betreffen, so hat er die betroffenen Nutzer, soweit ihm diese bekannt sind, unverzüglich darüber zu benachrichtigen. ²Soweit technisch möglich und zumutbar, hat er die Nutzer auf angemessene, wirksame und zugängliche technische Mittel hinzuweisen, mit denen sie diese Gefahren erkennen und ihnen vorbeugen können. ³Werden dem Anbieter des Telekommunikationsdienstes nach Absatz 1 Satz 1 Gefahren bekannt, die von Datenverarbeitungssystemen der Nutzer ausgehen oder diese betreffen, so kann er die Nutzer, soweit ihm diese bekannt sind, darüber benachrichtigen. ⁴Soweit technisch möglich und zumutbar, kann er die Nutzer auf angemessene, wirksame und zugängliche technische Mittel hinweisen, mit denen sie diese Gefahren erkennen und ihnen vorbeugen können.

(6) Der Anbieter des Telekommunikationsdienstes darf im Falle einer Störung die Nutzung des Telekommunikationsdienstes bis zur Beendigung der Störung einschränken, umleiten oder unterbinden, soweit dies erforderlich ist, um die Beeinträchtigung der Telekommunikations- und Datenverarbeitungssysteme des Anbieters des Telekommunikationsdienstes, eines Nutzers im

Sinne des Absatzes 4 oder anderer Nutzer zu beseitigen oder zu verhindern und der Nutzer die Störung nicht unverzüglich selbst beseitigt oder zu erwarten ist, dass der Nutzer die Störung selbst nicht unverzüglich beseitigt.

(7) Der Anbieter des Telekommunikationsdienstes darf den Datenverkehr von und zu Störungsquellen einschränken, umleiten oder unterbinden, soweit dies zur Vermeidung von Störungen in den Telekommunikations- und Datenverarbeitungssystemen der Nutzer erforderlich ist.

(8) Vorbehaltlich technischer Durchführungsmaßnahmen der Kommission nach Artikel 4 Absatz 5 der Richtlinie 2002/58/EG des Europäischen Parlaments und des Rates vom 12. Juli 2002 über die Verarbeitung personenbezogener Daten und den Schutz der Privatsphäre in der elektronischen Kommunikation (Datenschutzrichtlinie für elektronische Kommunikation) (ABl. L 201 vom 31.7.2002, S. 37; L 241 vom 10.9.2013, S. 9; L 162 vom 23.6.2017, S. 56), die zuletzt durch die Richtlinie 2009/136/EG (ABl. L 337 vom 18.12.2009, S. 11) geändert worden ist, kann die Bundesnetzagentur Leitlinien vorgeben bezüglich des Formats, der Verfahrensweise und der Umstände, unter denen eine Benachrichtigung über eine Verletzung des Schutzes personenbezogener Daten erforderlich ist.

§ 170 Umsetzung von Überwachungsmaßnahmen, Erteilung von Auskünften. (1) Wer eine Telekommunikationsanlage betreibt, mit der öffentlich zugängliche Telekommunikationsdienste erbracht werden, hat
1. ab dem Zeitpunkt der Betriebsaufnahme auf eigene Kosten technische Einrichtungen zur Umsetzung gesetzlich vorgesehener Maßnahmen zur Überwachung der Telekommunikation vorzuhalten und organisatorische Vorkehrungen für deren unverzügliche Umsetzung zu treffen,
2. in Fällen, in denen die Überwachbarkeit nur durch das Zusammenwirken von zwei oder mehreren Telekommunikationsanlagen eines oder mehrerer Betreiber sichergestellt werden kann, ab dem Zeitpunkt der Betriebsaufnahme die dazu erforderlichen automatischen Steuerungsmöglichkeiten zur Erfassung und Ausleitung der zu überwachenden Telekommunikation in seiner Telekommunikationsanlage bereitzustellen sowie eine derartige Steuerung zu ermöglichen,
3. der Bundesnetzagentur unverzüglich nach der Betriebsaufnahme
   a) mitzuteilen, dass er die Vorkehrungen nach Nummer 1 getroffen hat, sowie
   b) einen Zustellungsbevollmächtigten im Inland zu benennen, bei dem die Zustellung für ihn bestimmter Anordnungen zur Überwachung der Telekommunikation sowie damit zusammenhängender Verfügungen und Schriftstücke bewirkt werden kann,
4. der Bundesnetzagentur den unentgeltlichen Nachweis zu erbringen, dass seine technischen Einrichtungen und organisatorischen Vorkehrungen nach Nummer 1 mit den Vorschriften der Rechtsverordnung nach Absatz 5 und der Technischen Richtlinie nach Absatz 6 übereinstimmen; dazu hat er unverzüglich, spätestens einen Monat nach Betriebsaufnahme,

Telekommunikationsgesetz **TKG 29**

   a) der Bundesnetzagentur die Unterlagen zu übersenden, die dort für die Vorbereitung der im Rahmen des Nachweises von der Bundesnetzagentur durchzuführenden Prüfungen erforderlich sind, und
   b) mit der Bundesnetzagentur einen Prüftermin für die Erbringung dieses Nachweises zu vereinbaren;

bei den für den Nachweis erforderlichen Prüfungen hat er die Bundesnetzagentur zu unterstützen,

5. der Bundesnetzagentur auf deren besondere Aufforderung insbesondere zur Beseitigung von Fehlfunktionen eine erneute unentgeltliche Prüfung seiner technischen und organisatorischen Vorkehrungen zu gestatten sowie
6. die Aufstellung und den Betrieb von technischen Mitteln der zur Überwachung der Telekommunikation berechtigten Stellen für die Durchführung von Maßnahmen nach den §§ 3, 5 und 8 des Artikel 10-Gesetzes oder nach den §§ 19, 24, 26, 32 und 33 des BND-Gesetzes in seinen Räumen zu dulden und Bediensteten der für diese Maßnahmen zuständigen Stelle sowie bei Maßnahmen nach den §§ 3, 5 und 8 des Artikel 10-Gesetzes den Mitgliedern und Mitarbeitern der G 10-Kommission (§ 1 Absatz 2 des Artikel 10-Gesetzes) Zugang zu diesen technischen Mitteln zur Erfüllung ihrer gesetzlichen Aufgaben zu gewähren.

(2) Wer öffentlich zugängliche Telekommunikationsdienste erbringt und sich hierfür eines Betreibers einer Telekommunikationsanlage bedient, hat
1. sich bei der Auswahl des Betreibers der dafür genutzten Telekommunikationsanlage zu vergewissern, dass dieser Anordnungen zur Überwachung der Telekommunikation unverzüglich nach Maßgabe des Absatzes 1 sowie der Rechtsverordnung nach Absatz 5 und der Technischen Richtlinie nach Absatz 6 umsetzen kann, und
2. der Bundesnetzagentur unverzüglich nach Aufnahme seines Dienstes mitzuteilen,
   a) welche Telekommunikationsdienste er erbringt,
   b) durch wen Überwachungsanordnungen, die seine Nutzer betreffen, umgesetzt werden und
   c) an welche im Inland gelegene Stelle die Zustellung von Anordnungen zur Überwachung der Telekommunikation sowie damit zusammenhängender Verfügungen und Schriftstücke bewirkt werden kann.

(3) ^{1}Änderungen der den Mitteilungen nach Absatz 1 Nummer 3 Buchstabe b und Absatz 2 Nummer 2 zugrunde liegenden Daten sind der Bundesnetzagentur unverzüglich mitzuteilen. ^{2}In Fällen, in denen noch keine Vorschriften nach Absatz 6 vorhanden sind, hat der Verpflichtete die technischen Einrichtungen nach Absatz 1 Nummer 1 und 2 in Absprache mit der Bundesnetzagentur zu gestalten, die entsprechende Festlegungen im Benehmen mit den berechtigten Stellen trifft.

(4) ^{1}Die Absätze 1 bis 3 gelten nicht, soweit die Rechtsverordnung nach Absatz 5 Ausnahmen für die Telekommunikationsanlage vorsieht. ^{2}§ 100a Absatz 4 Satz 1 der Strafprozessordnung, § 2 Absatz 1a Satz 1 Nummer 1 bis 3

des Artikel 10-Gesetzes, § 51 Absatz 6 Satz 1 des Bundeskriminalamtgesetzes, § 25 Absatz 1 Satz 1 des BND-Gesetzes sowie entsprechende landesgesetzliche Regelungen zur polizeilich-präventiven Telekommunikationsüberwachung bleiben unberührt.

(5) Die Bundesregierung wird ermächtigt, durch Rechtsverordnung mit Zustimmung des Bundesrates
1. Regelungen zu treffen
   a) über die grundlegenden technischen Anforderungen und die organisatorischen Eckpunkte für die Umsetzung von Überwachungsmaßnahmen und die Erteilung von Auskünften einschließlich der Umsetzung von Überwachungsmaßnahmen und der Erteilung von Auskünften durch einen von dem Verpflichteten beauftragten Erfüllungsgehilfen und der Speicherung von Anordnungsdaten sowie zu den Mitwirkungspflichten bei technischen Ermittlungsmaßnahmen bei Mobilfunkendgeräten nach § 171,
   b) über den Regelungsrahmen für die Technische Richtlinie nach Absatz 6,
   c) für den Nachweis nach Absatz 1 Nummer 4,
   d) für die erneute Prüfung nach Absatz 1 Nummer 5,
   e) für die nähere Ausgestaltung der Duldungsverpflichtung nach Absatz 1 Nummer 6 und
   f) für die nähere Ausgestaltung der Sicherstellungspflichten nach Absatz 11 sowie
2. zu bestimmen,
   a) in welchen Fällen und unter welchen Bedingungen vorübergehend auf die Einhaltung bestimmter technischer Vorgaben verzichtet werden kann,
   b) dass die Bundesnetzagentur aus technischen Gründen Ausnahmen von der Erfüllung einzelner technischer Anforderungen zulassen kann und
   c) bei welchen Telekommunikationsanlagen und damit erbrachten Telekommunikationsdiensten aus grundlegenden technischen Erwägungen oder aus Gründen der Verhältnismäßigkeit abweichend von Absatz 1 Nummer 1 keine technischen Einrichtungen vorgehalten und keine organisatorischen Vorkehrungen getroffen werden müssen.

(6) ¹Die Bundesnetzagentur legt technische Einzelheiten zur Umsetzung von Maßnahmen zur Überwachung der Telekommunikation, insbesondere technische Einzelheiten, die zur Sicherstellung einer vollständigen Erfassung der zu überwachenden Telekommunikation und zur Auskunftserteilung sowie zur Gestaltung des Übergabepunktes zu den berechtigten Stellen und zur Speicherung der Anordnungsdaten sowie zu den Mitwirkungspflichten bei technischen Ermittlungsmaßnahmen bei Mobilfunkendgeräten nach § 171 erforderlich sind, in einer im Benehmen mit den berechtigten Stellen und unter Beteiligung der Verbände und der Hersteller zu erstellenden Technischen Richtlinie fest. ²Dabei sind internationale technische Standards zu berücksichtigen; Abweichungen von den Standards sind zu begründen.

Telekommunikationsgesetz TKG 29

(7) ¹Wer technische Einrichtungen zur Umsetzung von Überwachungsmaßnahmen herstellt oder vertreibt, kann von der Bundesnetzagentur verlangen, dass sie diese Einrichtungen im Rahmen einer Typmusterprüfung im Zusammenwirken mit bestimmten Telekommunikationsanlagen daraufhin prüft, ob die rechtlichen und technischen Vorschriften der Rechtsverordnung nach Absatz 5 und der Technischen Richtlinie nach Absatz 6 erfüllt werden. ²Die Bundesnetzagentur kann nach pflichtgemäßem Ermessen vorübergehend Abweichungen von den technischen Vorgaben zulassen, sofern die Umsetzung von Überwachungsmaßnahmen grundsätzlich sichergestellt ist und sich ein nur unwesentlicher Anpassungsbedarf bei den Einrichtungen der berechtigten Stellen ergibt. ³Die Bundesnetzagentur hat dem Hersteller oder Vertreiber das Prüfergebnis schriftlich mitzuteilen. ⁴Die Prüfergebnisse werden von der Bundesnetzagentur bei dem Nachweis der Übereinstimmung der technischen Einrichtungen mit den anzuwendenden technischen Vorschriften beachtet, den der Verpflichtete nach Absatz 1 Nummer 4 zu erbringen hat. ⁵Die vom Bundesministerium für Wirtschaft und Energie vor Inkrafttreten dieser Vorschrift ausgesprochenen Zustimmungen zu den von Herstellern vorgestellten Rahmenkonzepten gelten als Mitteilungen im Sinne des Satzes 3.

(8) ¹Wer nach Absatz 1 oder 2 in Verbindung mit der Rechtsverordnung nach Absatz 5 und der Technischen Richtlinie nach Absatz 6 verpflichtet ist, Vorkehrungen zu treffen, hat die Anforderungen spätestens ein Jahr, nachdem sie für ihn Geltung erlangen, zu erfüllen, sofern dort nicht für bestimmte Verpflichtungen ein längerer Zeitraum festgelegt ist. ²Nach dieser Richtlinie gestaltete mängelfreie technische Einrichtungen für bereits vom Verpflichteten angebotene Telekommunikationsdienste müssen im Falle einer Änderung der Richtlinie spätestens drei Jahre nach deren Inkrafttreten die geänderten Anforderungen erfüllen. ³Stellt sich bei dem Nachweis nach Absatz 1 Nummer 4 oder einer erneuten Prüfung nach Absatz 1 Nummer 5 ein Mangel bei den von dem Verpflichteten getroffenen technischen oder organisatorischen Vorkehrungen heraus, hat er diesen Mangel nach Vorgaben der Bundesnetzagentur in angemessener Frist zu beseitigen; stellt sich im Betrieb, insbesondere anlässlich durchzuführender Überwachungsmaßnahmen, ein Mangel heraus, hat er diesen unverzüglich zu beseitigen. ⁴Sofern für die technische Einrichtung eine Typmusterprüfung nach Absatz 7 durchgeführt worden ist und dabei Fristen für die Beseitigung von Mängeln festgelegt worden sind, hat die Bundesnetzagentur diese Fristen bei ihren Vorgaben zur Mängelbeseitigung nach Satz 3 zu berücksichtigen.

(9) ¹Jeder Betreiber einer Telekommunikationsanlage, der anderen im Rahmen seines Angebots für die Öffentlichkeit Netzabschlusspunkte seiner Telekommunikationsanlage überlässt, ist verpflichtet, den gesetzlich zur Überwachung der Telekommunikation berechtigten Stellen auf deren Anforderung Netzabschlusspunkte für die Übertragung der im Rahmen einer Überwachungsmaßnahme anfallenden Informationen unverzüglich und vorrangig bereitzustellen. ²Die technische Ausgestaltung derartiger Netzabschlusspunkte

29 TKG   Telekommunikationsgesetz

kann in einer Rechtsverordnung nach Absatz 5 geregelt werden. [3]Für die Bereitstellung und Nutzung gelten mit Ausnahme besonderer Tarife oder Zuschläge für vorrangige oder vorzeitige Bereitstellung oder Entstörung die jeweils für die Allgemeinheit anzuwendenden Tarife. [4]Besondere vertraglich vereinbarte Rabatte bleiben von Satz 3 unberührt.

(10) [1]Telekommunikationsanlagen, die von den gesetzlich berechtigten Stellen betrieben werden und mittels derer in das Fernmeldegeheimnis oder in den Netzbetrieb eingegriffen werden soll, sind im Einvernehmen mit der Bundesnetzagentur technisch zu gestalten. [2]Die Bundesnetzagentur hat sich gegenüber der berechtigten Stelle zu der technischen Gestaltung innerhalb angemessener Frist zu äußern.

(11) Betreiber von öffentlichen Mobilfunknetzen, die Nutzer eines Betreibers von öffentlichen Mobilfunknetzen in der Europäischen Union nach Absprache anschließen und zu dessen Telekommunikationsanlage vermitteln, haben bei der durch sie bereitzustellenden Überwachungskopie sicherzustellen, dass eine durch den ausländischen Betreiber netzseitig aufgebrachte Verschlüsselung zu dessen Nutzern aufgehoben wird, soweit hierfür internationale technische Standards zur Verfügung stehen, die in der Technischen Richtlinie nach Absatz 6 beschrieben werden.

§ 171 Mitwirkung bei technischen Ermittlungsmaßnahmen bei Mobilfunkendgeräten. [1]Jeder Betreiber eines öffentlichen Mobilfunknetzes hat den berechtigten Stellen nach § 100i Absatz 1 der Strafprozessordnung, § 53 des Bundeskriminalamtsgesetzes, § 9 Absatz 4 des Bundesverfassungsschutzgesetzes, auch in Verbindung mit § 5 des MAD-Gesetzes und § 5 des BND-Gesetzes, oder nach Landesrecht nach Maßgabe der Rechtsverordnung nach § 170 Absatz 5 und der Technischen Richtlinie nach § 170 Absatz 6 ohne dass dies dem Endnutzer bekannt wird,

1. den Einsatz von technischen Mitteln der berechtigten Stellen in seinem Mobilfunknetz zu ermöglichen, die der Ermittlung folgender Informationen von Mobilfunkendgeräten dienen:
    a) des Standortes,
    b) der Gerätenummer,
    c) der Kennung zur Identifizierung des Anschlusses und
    d) der temporären oder dauerhaften Kennungen, die Mobilfunkendgeräten in seinem Mobilfunknetz zugewiesen sind,
    sowie
2. eine automatisierte Auskunft über die temporär und dauerhaft in seinem Mobilfunknetz zugewiesenen Kennungen unverzüglich zu erteilen.

[2]§ 170 Absatz 10 gilt entsprechend. [3]Verpflichtungen nach Maßgabe des § 170 bleiben unberührt. [4]Die Benachrichtigung des Endnutzers erfolgt ausschließlich durch die für die Maßnahme zuständige Behörde nach den jeweils geltenden Vorschriften.

Telekommunikationsgesetz **TKG 29**

§ 172 Daten für Auskunftsersuchen der Sicherheitsbehörden. (1) ¹Wer nummerngebundene interpersonelle Telekommunikationsdienste, Internetzugangsdienste oder Dienste, die ganz oder überwiegend in der Übertragung von Signalen bestehen, erbringt und dabei Rufnummern oder andere Anschlusskennungen vergibt oder Telekommunikationsanschlüsse für von anderen vergebene Rufnummern oder andere Anschlusskennungen bereitstellt, hat für die Auskunftsverfahren nach den §§ 173 und 174 vor der Freischaltung folgende Daten zu erheben und unverzüglich zu speichern, auch, soweit diese Daten für betriebliche Zwecke nicht erforderlich sind:
1. die Rufnummern,
2. andere von ihm vergebene Anschlusskennungen,
3. den Namen und die Anschrift des Anschlussinhabers,
4. bei natürlichen Personen deren Geburtsdatum,
5. bei Festnetzanschlüssen die Anschrift des Anschlusses,
6. in Fällen, in denen neben einem Mobilfunkanschluss auch ein Mobilfunkendgerät überlassen wird, die Gerätenummer dieses Gerätes sowie
7. das Datum der Vergabe der Rufnummer und, soweit abweichend, das Datum des Vertragsbeginns.

²Das Datum der Beendigung der Zuordnung der Rufnummer und, sofern davon abweichend, das Datum des Vertragsendes sind bei Bekanntwerden ebenfalls zu speichern. ³Die Sätze 1 und 2 gelten auch, sofern die Daten nicht in Endnutzerverzeichnisse eingetragen werden. ⁴Für das Auskunftsverfahren nach § 174 ist die Form der Datenspeicherung freigestellt.

(2) ¹Anbieter von im Voraus bezahlten Mobilfunkdiensten haben die Richtigkeit der nach Absatz 1 Satz 1 Nummer 3 und 4 erhobenen Daten, sofern die Daten in den vorgelegten Dokumenten oder eingesehenen Registern oder Verzeichnissen enthalten sind, vor der Freischaltung zu überprüfen durch
1. Vorlage eines Ausweises im Sinne des § 2 Absatz 1 des Personalausweisgesetzes,
2. Vorlage eines Passes im Sinne des § 1 Absatz 2 des Passgesetzes,
3. Vorlage eines sonstigen gültigen amtlichen Ausweises, der ein Lichtbild des Inhabers enthält und mit dem die Pass- und Ausweispflicht im Inland erfüllt wird, wozu insbesondere auch ein nach ausländerrechtlichen Bestimmungen anerkannter oder zugelassener Pass, Personalausweis oder Pass- oder Ausweisersatz zählt,
4. Vorlage eines Aufenthaltstitels,
5. Vorlage eines Ankunftsnachweises nach § 63a Absatz 1 des Asylgesetzes oder einer Bescheinigung über die Aufenthaltsgestattung nach § 63 Absatz 1 des Asylgesetzes,
6. Vorlage einer Bescheinigung über die Aussetzung der Abschiebung nach § 60a Absatz 4 des Aufenthaltsgesetzes oder
7. Vorlage eines Auszugs aus dem Handels- oder Genossenschaftsregister oder einem vergleichbaren amtlichen Register oder Verzeichnis, der Gründungsdokumente oder gleichwertiger beweiskräftiger Dokumente oder durch Einsichtnahme in diese Register oder Verzeichnisse und Abgleich

29 TKG

mit den darin enthaltenen Daten, sofern es sich bei dem Anschlussinhaber um eine juristische Person oder Personengesellschaft handelt. ²Dazu darf ihnen abweichend von § 20 Absatz 2 Satz 2 des Personalausweisgesetzes und § 18 Absatz 3 Satz 2 des Passgesetzes ein Vertriebspartner eine elektronische Kopie des Personalausweises oder Reisepasses übersenden. ³Die Überprüfung kann auch durch andere geeignete Verfahren erfolgen; die Bundesnetzagentur legt nach Anhörung der betroffenen Kreise fest, welche anderen Verfahren zur Überprüfung geeignet sind, wobei jeweils zum Zweck der Identifikation vor Freischaltung der vertraglich vereinbarten Mobilfunkdienstleistung ein Dokument im Sinne des Satzes 1 genutzt werden muss. ⁴Verpflichtete haben vor Nutzung anderer geeigneter Verfahren die Feststellung der Übereinstimmung eines Verfahrens mit der Festlegung der Bundesnetzagentur durch eine Konformitätsbewertungsstelle im Sinne der Begriffsbestimmung in Artikel 2 Nummer 13 der Verordnung (EG) Nr. 765/2008 des Europäischen Parlaments und des Rates vom 9. Juli 2008 über die Vorschriften für die Akkreditierung und Marktüberwachung im Zusammenhang mit der Vermarktung von Produkten und zur Aufhebung der Verordnung (EWG) Nr. 339/93 des Rates (ABl. L 218 vom 13.8.2008, S. 30) nachzuweisen, die gemäß jener Verordnung als zur Durchführung der Konformitätsbewertung von anderen geeigneten Verfahren nach Satz 3 akkreditiert worden ist. ⁵Die Feststellung darf bei Nutzung des Verfahrens nicht älter als 24 Monate sein. ⁶Bei der Überprüfung ist die Art des eingesetzten Verfahrens zu speichern; bei Überprüfung mittels eines Dokumentes im Sinne des Satzes 1 Nummer 1 bis 6 sind ferner Angaben zu Art, Nummer und ausstellender Stelle zu speichern. ⁷Für die Identifizierung anhand eines elektronischen Identitätsnachweises nach § 18 des Personalausweisgesetzes, nach § 12 des eID-Karte-Gesetzes oder nach § 78 Absatz 5 des Aufenthaltsgesetzes gilt § 8 Absatz 2 Satz 5 des Geldwäschegesetzes entsprechend.

(3) Die Verpflichtung zur unverzüglichen Speicherung nach Absatz 1 Satz 1 gilt hinsichtlich der Daten nach Absatz 1 Satz 1 Nummer 1, 3, 4 und 7 entsprechend für denjenigen, der nummernunabhängige interpersonelle Telekommunikationsdienste erbringt und dabei Daten nach Absatz 1 Satz 1 Nummer 1, 3, 4 und 7 erhebt, wobei an die Stelle der Daten nach Absatz 1 Satz 1 Nummer 1 die entsprechenden Kennungen des Dienstes und an die Stelle des Anschlussinhabers nach Absatz 1 Satz 1 Nummer 3 der Nutzer des Dienstes tritt.

(4) Wird dem Verpflichteten nach den Absätzen 1 bis 3 eine Änderung bekannt, hat er die Daten unverzüglich zu berichtigen.

(5) ¹Bedient sich ein Verpflichteter nach den Absätzen 1 bis 3 zur Erhebung der Daten nach Absatz 1 Satz 1 und 2 und Absatz 3 oder Überprüfung der Daten nach Absatz 2 eines Dritten, bleibt er für die Erfüllung der Pflichten nach den Absätzen 1 bis 3 verantwortlich. ²Es ist dem Dritten verboten, unrichtige Daten zu verwenden oder zu verarbeiten. ³Werden dem Dritten im Rahmen des üblichen Geschäftsablaufs Änderungen der Daten nach Absatz 1 Satz 1 und 2 und Absatz 3 bekannt, hat er diese dem Anbieter des Telekommunikationsdienstes unverzüglich zu übermitteln.

Telekommunikationsgesetz **TKG 29**

(6) Die Daten nach den Absätzen 1 bis 3 sind mit Ablauf des auf die Beendigung des Vertragsverhältnisses folgenden Kalenderjahres zu löschen.

(7) Eine Entschädigung für die Datenerhebung und -speicherung wird nicht gewährt.

§ 173 Automatisiertes Auskunftsverfahren. (1) [1]Wer nummerngebundene interpersonelle Telekommunikationsdienste oder Dienste, die ganz oder überwiegend in der Übertragung von Signalen bestehen, erbringt und dabei Rufnummern vergibt, hat die nach § 172 Absatz 1, 2 und 4 erhobenen Daten unverzüglich in Kundendateien zu speichern, in die auch Rufnummern und Rufnummernkontingente, die zur weiteren Vermarktung oder sonstigen Nutzung an andere Anbieter von Telekommunikationsdiensten vergeben werden, sowie bei portierten Rufnummern die aktuelle Portierungskennung aufzunehmen sind. [2]Der Verpflichtete kann auch eine andere Stelle nach Maßgabe des Artikels 28 der Verordnung (EU) 2016/679 des Europäischen Parlaments und des Rates vom 27. April 2016 zum Schutz natürlicher Personen bei der Verarbeitung personenbezogener Daten, zum freien Datenverkehr und zur Aufhebung der Richtlinie 95/46/EG (Datenschutz-Grundverordnung) (ABl. L 119 vom 4.5.2016, S. 1; L 314 vom 22.11.2016, S. 72; L 127 vom 23.5.2018, S. 2) beauftragen, die Kundendateien zu führen. [3]Für die Berichtigung und Löschung der in den Kundendateien gespeicherten Daten gilt § 172 Absatz 4 und 6 entsprechend. [4]In Fällen portierter Rufnummern sind die Rufnummer und die zugehörige Portierungskennung erst nach Ablauf des Jahres zu löschen, das dem Zeitpunkt folgt, zu dem die Rufnummer wieder an den Netzbetreiber zurückgegeben wurde, dem sie ursprünglich zugeteilt worden war.

(2) [1]Der Verpflichtete hat zu gewährleisten, dass
1. die Bundesnetzagentur jederzeit Daten aus den Kundendateien automatisiert im Inland abrufen kann,
2. der Abruf von Daten unter Verwendung unvollständiger Abfragedaten oder die Suche mittels einer Ähnlichenfunktion erfolgen kann.

[2]Der Verpflichtete und sein Beauftragter haben durch technische und organisatorische Maßnahmen sicherzustellen, dass ihnen die abgerufenen Daten nicht zur Kenntnis gelangen können.

(3) [1]Die Bundesnetzagentur darf Daten aus den Kundendateien nur abrufen, soweit die Kenntnis der Daten erforderlich ist
1. für die Verfolgung von Ordnungswidrigkeiten oder Verstößen nach diesem Gesetz oder nach dem Gesetz gegen den unlauteren Wettbewerb,
2. für die Erledigung von Auskunftsersuchen der in Absatz 4 genannten Stellen.

[2]Die ersuchende Stelle prüft unverzüglich, inwieweit sie die als Antwort übermittelten Daten benötigt; nicht benötigte Daten löscht sie unverzüglich; dies gilt auch für die Bundesnetzagentur für den Abruf von Daten nach Satz 1 Nummer 1.

(4) Auskünfte aus den Kundendateien nach Absatz 1 werden den folgenden Stellen nach Absatz 7 jederzeit erteilt, soweit die Auskünfte zur Erfüllung

29 TKG Telekommunikationsgesetz

ihrer gesetzlichen Aufgaben erforderlich sind und die Ersuchen an die Bundesnetzagentur im automatisierten Auskunftsverfahren vorgelegt werden:
1. den Gerichten und Strafverfolgungsbehörden,
2. den Polizeivollzugsbehörden des Bundes und der Länder für Zwecke der Gefahrenabwehr,
3. dem Zollkriminalamt und den Zollfahndungsämtern für Zwecke eines Strafverfahrens sowie dem Zollkriminalamt zur Vorbereitung und Durchführung von Maßnahmen nach § 72 des Zollfahndungsdienstgesetzes,
4. den Verfassungsschutzbehörden des Bundes und der Länder, dem Militärischen Abschirmdienst, dem Bundesnachrichtendienst,
5. den Notrufabfragestellen nach § 164 sowie der Abfragestelle für die Rufnummer 124 124,
6. der Bundesanstalt für Finanzdienstleistungsaufsicht,
7. den Behörden der Zollverwaltung für die in § 2 Absatz 1 des Schwarzarbeitsbekämpfungsgesetzes genannten Zwecke über zentrale Abfragestellen,
8. den nach Landesrecht für die Verfolgung und Ahndung von Ordnungswidrigkeiten zuständigen Behörden für die in § 2 Absatz 3 des Schwarzarbeitsbekämpfungsgesetzes genannten Zwecke über zentrale Abfragestellen sowie
9. den für die Verfolgung und Ahndung von Ordnungswidrigkeiten nach § 81 Absatz 1 bis 3 des Gesetzes gegen Wettbewerbsbeschränkungen zuständigen Kartellbehörden.

(5) ¹Das Bundesministerium für Wirtschaft und Energie wird ermächtigt, im Einvernehmen mit dem Bundeskanzleramt, dem Bundesministerium des Innern, für Bau und Heimat, dem Bundesministerium der Justiz und für Verbraucherschutz, dem Bundesministerium der Finanzen, dem Bundesministerium für Verkehr und digitale Infrastruktur sowie dem Bundesministerium der Verteidigung eine Rechtsverordnung mit Zustimmung des Bundesrates zu erlassen, in der Folgendes geregelt wird:
1. die wesentlichen Anforderungen an die technischen Verfahren
   a) zur Übermittlung der Ersuchen an die Bundesnetzagentur,
   b) zur Abfrage der Daten durch die Bundesnetzagentur bei den Verpflichteten und deren Antwort an die Bundesnetzagentur einschließlich der für die Abfrage zu verwendenden Datenarten und
   c) zur Übermittlung der Ergebnisse des Abrufs von der Bundesnetzagentur an die ersuchenden Stellen,
2. die zu beachtenden Sicherheitsanforderungen,
3. für Auskünfte und Abrufe mit unvollständigen Abfragedaten und für die Suche mittels einer Ähnlichenfunktion
   a) die Mindestanforderungen an den Umfang der einzugebenden Daten zur möglichst genauen Bestimmung der gesuchten Person,
   b) die Zeichen, die in Ersuchen verwendet werden dürfen,
   c) Anforderungen an den Einsatz sprachwissenschaftlicher Verfahren, die gewährleisten, dass unterschiedliche Schreibweisen eines Personen-, Straßen- oder Ortsnamens sowie Abweichungen, die sich aus der Ver-

tauschung, Auslassung oder Hinzufügung von Namensbestandteilen ergeben, in die Suche und das Suchergebnis einbezogen werden,
d) die zulässige Menge der an die Bundesnetzagentur zu übermittelnden Antwortdatensätze sowie
4. wer abweichend von Absatz 1 Satz 1 aus Gründen der Verhältnismäßigkeit keine Kundendateien für das automatisierte Auskunftsverfahren vorhalten muss; in diesen Fällen gilt § 172 Absatz 1 Satz 4 entsprechend.
²Im Übrigen können in der Rechtsverordnung auch Einschränkungen der Abfragemöglichkeit für die in Absatz 4 Nummer 5 bis 9 genannten Stellen auf den für diese Stellen erforderlichen Umfang geregelt werden.

(6) ¹Die technischen Einzelheiten des automatisierten Auskunftsverfahrens legt die Bundesnetzagentur unter Beteiligung der betroffenen Verbände und der berechtigten Stellen in einer Technischen Richtlinie fest, die bei Bedarf an den Stand der Technik anzupassen ist. ²Die Verpflichteten nach den Absätzen 1 und 2 und die berechtigten Stellen haben die Anforderungen der Technischen Richtlinie spätestens ein Jahr nach deren Inkrafttreten zu erfüllen, es sei denn, in der Technischen Richtlinie ist eine davon abweichende Umsetzungsfrist festgelegt worden. ³Nach dieser Richtlinie gestaltete mängelfreie technische Einrichtungen müssen im Falle einer Änderung der Technischen Richtlinie spätestens drei Jahre nach deren Inkrafttreten die geänderten Anforderungen erfüllen.

(7) ¹Auf Ersuchen der in Absatz 4 genannten Stellen hat die Bundesnetzagentur die entsprechenden Datensätze aus den Kundendateien nach Absatz 1 abzurufen und als Ergebnis an die ersuchende Stelle zu übermitteln. ²Sie prüft die Zulässigkeit der Übermittlung nur, soweit hierzu ein besonderer Anlass besteht. ³Die Verantwortung für die Zulässigkeit der Übermittlung tragen
1. in den Fällen des Absatzes 3 Satz 1 Nummer 1 die Bundesnetzagentur und
2. in den Fällen des Absatzes 3 Satz 1 Nummer 2 die in Absatz 4 genannten Stellen.

(8) ¹Die Bundesnetzagentur protokolliert für Zwecke der Datenschutzkontrolle durch die jeweils zuständige Stelle bei jedem Abruf
1. den Zeitpunkt,
2. die bei der Durchführung des Abrufs verwendeten Daten,
3. die abgerufenen Daten,
4. ein die abrufende Person eindeutig bezeichnendes Datum sowie
5. die ersuchende Stelle, deren Aktenzeichen und ein die ersuchende Person eindeutig bezeichnendes Datum.

²Eine Verwendung der Protokolldaten für andere Zwecke ist unzulässig. ³Die Protokolldaten sind nach einem Jahr zu löschen.

(9) ¹Der Verpflichtete nach den Absätzen 1 und 2 hat alle technischen Vorkehrungen in seinem Verantwortungsbereich auf seine Kosten zu treffen, die für die Erteilung der Auskünfte nach dieser Vorschrift erforderlich sind. ²Dazu gehören auch die Anschaffung der zur Sicherstellung der Vertraulichkeit und des Schutzes vor unberechtigten Zugriffen erforderlichen Geräte, die Einrich-

tung eines geeigneten Telekommunikationsanschlusses sowie die laufende Bereitstellung dieser Vorkehrungen nach Maßgaben der Rechtsverordnung nach Absatz 5 und der Technischen Richtlinie nach Absatz 6. [3]Eine Entschädigung für im automatisierten Auskunftsverfahren erteilte Auskünfte wird den Verpflichteten nicht gewährt.

§ 174 Manuelles Auskunftsverfahren. (1) [1]Wer Telekommunikationsdienste erbringt oder daran mitwirkt, darf von ihm erhobene Bestandsdaten sowie die nach § 172 erhobenen Daten nach Maßgabe dieser Vorschrift zur Erfüllung von Auskunftspflichten gegenüber den in Absatz 3 genannten Stellen verwenden. [2]Dies gilt auch für Daten, mittels derer der Zugriff auf Endgeräte oder auf Speichereinrichtungen, die in diesen Endgeräten oder hiervon räumlich getrennt eingesetzt werden, geschützt wird. [3]Die in eine Auskunft aufzunehmenden Daten dürfen auch anhand einer zu einem bestimmten Zeitpunkt zugewiesenen Internetprotokoll-Adresse bestimmt werden; hierfür dürfen Verkehrsdaten auch automatisiert ausgewertet werden. [4]Für die Auskunftserteilung nach Satz 3 sind sämtliche unternehmensinternen Datenquellen zu berücksichtigen. [5]Der Verpflichtete hat die in seinem Verantwortungsbereich für die Auskunftserteilung erforderlichen Vorkehrungen auf eigene Kosten zu treffen.

(2) [1]Die Auskunft darf nur erteilt werden nach Maßgabe der nachfolgenden Absätze und soweit die um die Auskunft ersuchende Stelle dies im Einzelfall unter Angabe einer gesetzlichen Bestimmung verlangt, die ihr eine Erhebung der in Absatz 1 in Bezug genommenen Daten erlaubt. [2]Das Auskunftsverlangen ist schriftlich oder elektronisch zu stellen. [3]Bei Gefahr im Verzug darf die Auskunft auch erteilt werden, wenn das Verlangen in anderer Form gestellt wird. [4]In diesem Falle ist das Verlangen unverzüglich nachträglich schriftlich oder elektronisch zu bestätigen. [5]Die Verantwortung für die Zulässigkeit der Auskunft tragen die um Auskunft ersuchenden Stellen.

(3) Die Auskunft nach Absatz 1 Satz 1 darf nur erteilt werden
1. an die für die Verfolgung von Straftaten und Ordnungswidrigkeiten zuständigen Behörden, soweit zureichende tatsächliche Anhaltspunkte für eine Straftat oder Ordnungswidrigkeit vorliegen und die in die Auskunft aufzunehmenden Daten erforderlich sind, um den Sachverhalt zu erforschen, den Aufenthaltsort eines Beschuldigten oder Betroffenen zu ermitteln oder eine Strafe zu vollstrecken,
2. an die für die Abwehr von Gefahren für die öffentliche Sicherheit oder Ordnung zuständigen Behörden, wenn die in die Auskunft aufzunehmenden Daten im Einzelfall erforderlich sind
    a) zur Abwehr einer Gefahr für die öffentliche Sicherheit oder
    b) zum Schutz von Leib, Leben, Freiheit der Person, sexueller Selbstbestimmung, dem Bestand und der Sicherheit des Bundes oder eines Landes, der freiheitlich demokratischen Grundordnung, Gütern der Allgemeinheit, deren Bedrohung die Grundlagen der Existenz der Menschen berührt sowie nicht unerheblichen Sachwerten, wenn Tatsachen den

Schluss auf ein wenigstens seiner Art nach konkretisiertes sowie zeitlich absehbares Geschehen zulassen, an dem bestimmte Personen beteiligt sein werden, oder

c) zum Schutz von Leib, Leben, Freiheit der Person, sexueller Selbstbestimmung, dem Bestand und der Sicherheit des Bundes oder eines Landes, der freiheitlich demokratischen Grundordnung sowie Gütern der Allgemeinheit, deren Bedrohung die Grundlagen der Existenz der Menschen berührt, wenn das individuelle Verhalten einer Person die konkrete Wahrscheinlichkeit begründet, dass sie in einem übersehbaren Zeitraum eine gegen ein solches Rechtsgut gerichtete Straftat begehen wird, oder

d) zur Verhütung einer Straftat von erheblicher Bedeutung, sofern Tatsachen die Annahme rechtfertigen, dass eine Person innerhalb eines übersehbaren Zeitraums auf eine ihrer Art nach konkretisierte Weise als Täter oder Teilnehmer an der Begehung einer Tat beteiligt ist, oder

e) zur Verhütung einer schweren Straftat nach § 100a Absatz 2 der Strafprozessordnung, sofern das individuelle Verhalten einer Person die konkrete Wahrscheinlichkeit begründet, dass die Person innerhalb eines übersehbaren Zeitraums die Tat begehen wird,

3. an das Bundeskriminalamt als Zentralstelle nach § 2 des Bundeskriminalamtgesetzes,

   a) sofern zureichende tatsächliche Anhaltspunkte für eine Straftat im Sinne des § 2 Absatz 1 des Bundeskriminalamtgesetzes vorliegen und die in die Auskunft aufzunehmenden Daten erforderlich sind,

      aa) um die zuständige Strafverfolgungsbehörde zu ermitteln, oder

      bb) um ein Auskunftsersuchen einer ausländischen Strafverfolgungsbehörde im Rahmen des internationalen polizeilichen Dienstverkehrs, das nach Maßgabe der Vorschriften über die internationale Rechtshilfe in Strafsachen bearbeitet wird, zu erledigen, oder

   b) sofern die in die Auskunft aufzunehmenden Daten im Rahmen der Strafvollstreckung erforderlich sind, um ein Auskunftsersuchen einer ausländischen Strafverfolgungsbehörde im Rahmen des polizeilichen Dienstverkehrs, das nach Maßgabe der Vorschriften über die internationale Rechtshilfe in Strafsachen bearbeitet wird, zu erledigen, oder

   c) sofern die Gefahr besteht, dass eine Person an der Begehung einer Straftat im Sinne des § 2 Absatz 1 des Bundeskriminalamtgesetzes beteiligt sein wird und die in die Auskunft aufzunehmenden Daten erforderlich sind,

      aa) um die für die Verhütung der Straftat zuständige Polizeibehörde zu ermitteln, oder

      bb) um ein Auskunftsersuchen einer ausländischen Polizeibehörde im Rahmen des polizeilichen Dienstverkehrs zur Verhütung der Straftat zu erledigen, oder

   d) sofern Tatsachen die Annahme rechtfertigen, dass eine Person innerhalb eines übersehbaren Zeitraums auf eine zumindest ihrer Art nach konkre-

tisierte Weise an einer Straftat von erheblicher Bedeutung beteiligt sein wird und die in die Auskunft aufzunehmenden Daten erforderlich sind,
- aa) um die für die Verhütung der Straftat zuständige Polizeibehörde zu ermitteln oder
- bb) um ein Auskunftsersuchen einer ausländischen Polizeibehörde im Rahmen des polizeilichen Dienstverkehrs zur Verhütung der Straftat zu erledigen oder
- e) sofern das individuelle Verhalten einer Person die konkrete Wahrscheinlichkeit begründet, dass sie innerhalb eines übersehbaren Zeitraums eine schwere Straftat nach § 100a Absatz 2 der Strafprozessordnung begehen wird und die in die Auskunft aufzunehmenden Daten erforderlich sind,
  - aa) um die für die Verhütung der Straftat zuständige Polizeibehörde zu ermitteln oder
  - bb) um ein Auskunftsersuchen einer ausländischen Polizeibehörde im Rahmen des polizeilichen Dienstverkehrs zur Verhütung der Straftat zu erledigen,
4. an das Zollkriminalamt als Zentralstelle nach § 3 des Zollfahndungsdienstgesetzes,
   - a) sofern zureichende tatsächliche Anhaltspunkte für eine Straftat vorliegen und die in die Auskunft aufzunehmenden Daten erforderlich sind, um
     - aa) die zuständige Strafverfolgungsbehörde zu ermitteln, oder
     - bb) ein Auskunftsersuchen einer ausländischen Strafverfolgungsbehörde im Rahmen des internationalen polizeilichen Dienstverkehrs, das nach Maßgabe der Vorschriften über die internationale Rechtshilfe in Strafsachen bearbeitet wird, auch im Rahmen der Strafvollstreckung, zu erledigen, oder
   - b) sofern dies im Einzelfall erforderlich ist
     - aa) zur Abwehr einer Gefahr für die öffentliche Sicherheit,
     - bb) zum Schutz von Leib, Leben, Freiheit der Person, sexueller Selbstbestimmung, dem Bestand und der Sicherheit des Bundes oder eines Landes, der freiheitlich demokratischen Grundordnung, Gütern der Allgemeinheit, deren Bedrohung die Grundlagen der Existenz der Menschen berührt, sowie nicht unerheblichen Sachwerten, wenn Tatsachen den Schluss auf ein wenigstens seiner Art nach konkretisiertes und zeitlich absehbares Geschehen zulassen, an dem bestimmte Personen beteiligt sein werden, oder
     - cc) zum Schutz von Leib, Leben, Freiheit der Person, sexueller Selbstbestimmung, dem Bestand und der Sicherheit des Bundes oder eines Landes, der freiheitlich demokratischen Grundordnung sowie Gütern der Allgemeinheit, deren Bedrohung die Grundlagen der Existenz der Menschen berührt, wenn das individuelle Verhalten einer Person die konkrete Wahrscheinlichkeit begründet, dass die Gefährdung eines solchen Rechtsgutes in einem übersehbaren Zeitraum eintreten wird, oder

dd) zur Erledigung eines Auskunftsersuchens einer ausländischen Polizeibehörde im Rahmen des polizeilichen Dienstverkehrs zur Verhütung einer Straftat oder

ee) zur Verhütung einer Straftat von erheblicher Bedeutung, sofern Tatsachen die Annahme rechtfertigen, dass eine Person innerhalb eines übersehbaren Zeitraums auf eine ihrer Art nach konkretisierte Weise als Täter oder Teilnehmer an der Begehung der Tat beteiligt ist, oder

ff) zur Verhütung einer schweren Straftat nach § 100a Absatz 2 der Strafprozessordnung, sofern das individuelle Verhalten einer Person die konkrete Wahrscheinlichkeit begründet, dass die Person innerhalb eines übersehbaren Zeitraums die Tat begehen wird,

5. an die Verfassungsschutzbehörden des Bundes und der Länder, soweit dies aufgrund tatsächlicher Anhaltspunkte im Einzelfall erforderlich ist zur Aufklärung bestimmter Bestrebungen oder Tätigkeiten nach

a) § 3 Absatz 1 des Bundesverfassungsschutzgesetzes oder

b) einem zum Verfassungsschutz (§ 1 Absatz 1 des Bundesverfassungsschutzgesetzes) landesgesetzlich begründeten Beobachtungsauftrag der Landesbehörde, insbesondere zum Schutz der verfassungsmäßigen Ordnung vor Bestrebungen und Tätigkeiten der organisierten Kriminalität,

6. an den Militärischen Abschirmdienst, soweit dies aufgrund tatsächlicher Anhaltspunkte im Einzelfall zur Aufklärung bestimmter Bestrebungen oder Tätigkeiten nach § 1 Absatz 1 des MAD-Gesetzes oder zur Sicherung der Einsatzbereitschaft der Truppe oder zum Schutz der Angehörigen, der Dienststellen oder Einrichtungen des Geschäftsbereichs des Bundesministeriums der Verteidigung nach § 14 Absatz 1 des MAD-Gesetzes erforderlich ist,

7. an den Bundesnachrichtendienst, soweit dies erforderlich ist

a) zur politischen Unterrichtung der Bundesregierung, wenn im Einzelfall tatsächliche Anhaltspunkte dafür vorliegen, dass durch die Auskunft Informationen über das Ausland gewonnen werden können, die von außen- und sicherheitspolitischer Bedeutung für die Bundesrepublik Deutschland sind und zu deren Aufklärung das Bundeskanzleramt den Bundesnachrichtendienst beauftragt hat, oder

b) zur Früherkennung von aus dem Ausland drohenden Gefahren von internationaler Bedeutung, wenn im Einzelfall tatsächliche Anhaltspunkte dafür vorliegen, dass durch die Auskunft Erkenntnisse gewonnen werden können mit Bezug zu den in § 4 Absatz 3 Nummer 1 des BND-Gesetzes genannten Gefahrenbereichen oder zum Schutz der in § 4 Absatz 3 Nummer 2 und 3 des BND-Gesetzes genannten Rechtsgüter,

8. an das Bundesamt für Sicherheit in der Informationstechnik zum Schutz der Versorgung der Bevölkerung in den Bereichen des § 2 Absatz 10 Satz 1 Nummer 1 des BSI-Gesetzes oder der öffentlichen Sicherheit, um damit eine Beeinträchtigung der Sicherheit oder Funktionsfähigkeit informationstechnischer Systeme einer Kritischen Infrastruktur oder eines Unterneh-

mens im besonderen öffentlichen Interesse abzuwenden, wenn Tatsachen den Schluss auf ein wenigstens seiner Art nach konkretisiertes und zeitlich absehbares Geschehen zulassen, das auf die informationstechnischen Systeme bestimmbarer Infrastrukturen oder Unternehmen abzielen wird, und die in die Auskunft aufzunehmenden Daten im Einzelfall erforderlich sind, um den Betreiber der betroffenen Kritischen Infrastruktur oder das betroffene Unternehmen im besonderen öffentlichen Interesse vor dieser Beeinträchtigung zu warnen, über diese zu informieren oder bei deren Beseitigung zu beraten oder zu unterstützen.

(4) [1]Die Auskunft nach Absatz 1 Satz 2 darf nur unter den Voraussetzungen des Absatzes 3 und nur dann erteilt werden, wenn die Auskunft verlangende Stelle auch zur Nutzung der zu beauskunftenden Daten im Einzelfall berechtigt ist. [2]Die Verantwortung für die Berechtigung zur Nutzung der zu beauskunftenden Daten tragen die um Auskunft ersuchenden Stellen.

(5) Die Auskunft nach Absatz 1 Satz 3 darf nur erteilt werden an
1. die für die Verfolgung von Straftaten zuständigen Behörden, soweit zureichende tatsächliche Anhaltspunkte für eine Straftat vorliegen und die in die Auskunft aufzunehmenden Daten erforderlich sind, um den Sachverhalt zu erforschen, den Aufenthaltsort eines Beschuldigten zu ermitteln oder eine Strafe zu vollstrecken,
2. die für die Abwehr von Gefahren für die öffentliche Sicherheit oder Ordnung zuständigen Behörden, wenn die in die Auskunft aufzunehmenden Daten im Einzelfall erforderlich sind
    a) zum Schutz von Leib, Leben, Freiheit der Person, sexueller Selbstbestimmung, dem Bestand und der Sicherheit des Bundes oder eines Landes, der freiheitlich demokratischen Grundordnung, Gütern der Allgemeinheit, deren Bedrohung die Grundlagen der Existenz der Menschen berührt, sowie nicht unerheblicher Sachwerte oder zur Verhütung einer Straftat oder
    b) zum Schutz von Leib, Leben, Freiheit der Person, sexueller Selbstbestimmung, dem Bestand und der Sicherheit des Bundes oder eines Landes, der freiheitlich demokratischen Grundordnung sowie Gütern der Allgemeinheit, deren Bedrohung die Grundlagen der Existenz der Menschen berührt, wenn Tatsachen den Schluss auf ein wenigstens seiner Art nach konkretisiertes sowie zeitlich absehbares Geschehen zulassen, an dem bestimmte Personen beteiligt sein werden, oder
    c) zum Schutz von Leib, Leben, Freiheit der Person, sexueller Selbstbestimmung, dem Bestand und der Sicherheit des Bundes oder eines Landes, der freiheitlich demokratischen Grundordnung sowie Gütern der Allgemeinheit, deren Bedrohung die Grundlagen der Existenz der Menschen berührt, wenn das individuelle Verhalten einer Person die konkrete Wahrscheinlichkeit begründet, dass sie in einem übersehbaren Zeitraum eine gegen ein solches Rechtsgut gerichtete Straftat begehen wird, oder

Telekommunikationsgesetz **TKG 29**

d) zur Verhütung einer schweren Straftat nach § 100a Absatz 2 der Strafprozessordnung, sofern Tatsachen die Annahme rechtfertigen, dass eine Person innerhalb eines übersehbaren Zeitraums auf eine ihrer Art nach konkretisierten Weise als Täter oder Teilnehmer an der Begehung einer Tat beteiligt ist, oder

e) zur Verhütung einer schweren Straftat nach § 100a Absatz 2 der Strafprozessordnung, sofern das individuelle Verhalten einer Person die konkrete Wahrscheinlichkeit begründet, dass die Person innerhalb eines übersehbaren Zeitraums die Tat begehen wird,

3. das Bundeskriminalamt als Zentralstelle nach § 2 des Bundeskriminalamtgesetzes, sofern

a) zureichende tatsächliche Anhaltspunkte für eine Straftat im Sinne des § 2 Absatz 1 des Bundeskriminalamtgesetzes vorliegen und die in die Auskunft aufzunehmenden Daten erforderlich sind, um

aa) die zuständige Strafverfolgungsbehörde zu ermitteln, oder

bb) ein Auskunftsersuchen einer ausländischen Strafverfolgungsbehörde im Rahmen des internationalen polizeilichen Dienstverkehrs, das nach Maßgabe der Vorschriften über die internationale Rechtshilfe in Strafsachen bearbeitet wird, zu erledigen, oder

b) die in die Auskunft aufzunehmenden Daten im Rahmen der Strafvollstreckung erforderlich sind, um ein Auskunftsersuchen einer ausländischen Strafverfolgungsbehörde im Rahmen des polizeilichen Dienstverkehrs, das nach Maßgabe der Vorschriften über die internationale Rechtshilfe in Strafsachen bearbeitet wird, zu erledigen,

c) die Gefahr besteht, dass eine Person an der Begehung einer Straftat im Sinne des § 2 Absatz 1 des Bundeskriminalamtgesetzes beteiligt sein wird und die in die Auskunft aufzunehmenden Daten erforderlich sind, um

aa) die für die Verhütung der Straftat zuständigen Polizeibehörde zu ermitteln, oder

bb) ein Auskunftsersuchen einer ausländischen Polizeibehörde im Rahmen des polizeilichen Dienstverkehrs zur Verhütung der Straftat zu erledigen, oder

d) Tatsachen die Annahme rechtfertigen, dass eine Person innerhalb eines übersehbaren Zeitraums auf eine zumindest ihrer Art nach konkretisierte Weise an einer schweren Straftat nach § 100a Absatz 2 der Strafprozessordnung beteiligt sein wird und die in die Auskunft aufzunehmenden Daten erforderlich sind, um

aa) die für die Verhütung der Straftat zuständige Polizeibehörde zu ermitteln, oder

bb) ein Auskunftsersuchen einer ausländischen Polizeibehörde im Rahmen des polizeilichen Dienstverkehrs zur Verhütung der Straftat zu erledigen, oder

e) das individuelle Verhalten einer Person die konkrete Wahrscheinlichkeit begründet, dass sie innerhalb eines übersehbaren Zeitraums eine

schwere Straftat nach § 100a Absatz 2 der Strafprozessordnung begehen wird, und die in die Auskunft aufzunehmenden Daten erforderlich sind, um
   aa) die für die Verhütung der Straftat zuständige Polizeibehörde zu ermitteln, oder
   bb) ein Auskunftsersuchen einer ausländischen Polizeibehörde im Rahmen des polizeilichen Dienstverkehrs zur Verhütung der Straftat zu erledigen,
4. das Zollkriminalamt als Zentralstelle nach § 3 des Zollfahndungsdienstgesetzes, sofern
   a) im Einzelfall zureichende tatsächliche Anhaltspunkte für eine Straftat vorliegen und die in die Auskunft aufzunehmenden Daten erforderlich sind, um
      aa) die zuständige Strafverfolgungsbehörde zu ermitteln, oder
      bb) ein Auskunftsersuchen einer ausländischen Strafverfolgungsbehörde im Rahmen des internationalen polizeilichen Dienstverkehrs, das nach Maßgabe der Vorschriften über die internationale Rechtshilfe in Strafsachen bearbeitet wird, auch im Rahmen der Strafvollstreckung, zu erledigen, oder
   b) dies im Einzelfall erforderlich ist
      aa) zum Schutz von Leib, Leben, Freiheit der Person, sexueller Selbstbestimmung, dem Bestand und der Sicherheit des Bundes oder eines Landes, der freiheitlich demokratischen Grundordnung, Gütern der Allgemeinheit, deren Bedrohung die Grundlagen der Existenz der Menschen berührt, sowie nicht unerheblicher Sachwerte oder zur Verhütung einer Straftat, oder
      bb) zum Schutz von Leib, Leben, Freiheit der Person, sexueller Selbstbestimmung, dem Bestand und der Sicherheit des Bundes oder eines Landes, der freiheitlich demokratischen Grundordnung sowie Gütern der Allgemeinheit, deren Bedrohung die Grundlagen der Existenz der Menschen berührt, wenn Tatsachen den Schluss auf ein wenigstens seiner Art nach konkretisiertes und zeitlich absehbares Geschehen zulassen, an dem bestimmte Personen beteiligt sein werden, oder
      cc) zum Schutz von Leib, Leben, Freiheit der Person, sexueller Selbstbestimmung, dem Bestand und der Sicherheit des Bundes oder eines Landes, der freiheitlich demokratischen Grundordnung sowie Gütern der Allgemeinheit, deren Bedrohung die Grundlagen der Existenz der Menschen berührt, wenn das individuelle Verhalten einer Person die konkrete Wahrscheinlichkeit begründet, dass die Gefährdung eines solchen Rechtsgutes in einem übersehbaren Zeitraum eintreten wird, oder
      dd) zur Erledigung eines Auskunftsersuchens einer ausländischen Polizeibehörde im Rahmen des polizeilichen Dienstverkehrs zur Verhütung einer schweren Straftat nach § 100a Absatz 2 der Strafprozessordnung, oder

ee) zur Verhütung einer schweren Straftat nach § 100a Absatz 2 der Strafprozessordnung, sofern Tatsachen die Annahme rechtfertigen, dass eine Person innerhalb eines übersehbaren Zeitraums auf eine ihrer Art nach konkretisierte Weise als Täter oder Teilnehmer an der Begehung der Tat beteiligt ist, oder
ff) zur Verhütung einer schweren Straftat nach § 100a Absatz 2 der Strafprozessordnung, sofern das individuelle Verhalten einer Person, die konkrete Wahrscheinlichkeit begründet, dass die Person innerhalb eines übersehbaren Zeitraums die Tat begehen wird,
5. die Verfassungsschutzbehörden des Bundes und der Länder, soweit dies aufgrund tatsächlicher Anhaltspunkte im Einzelfall erforderlich ist zur Aufklärung bestimmter Bestrebungen oder Tätigkeiten nach
a) § 3 Absatz 1 des Bundesverfassungsschutzgesetzes oder
b) einem zum Verfassungsschutz (§ 1 Absatz 1 des Bundesverfassungsschutzgesetzes) landesgesetzlich begründeten Beobachtungsauftrag der Landesbehörde, insbesondere zum Schutz der verfassungsmäßigen Ordnung vor Bestrebungen und Tätigkeiten der organisierten Kriminalität,
6. den Militärischen Abschirmdienst, soweit dies aufgrund tatsächlicher Anhaltspunkte im Einzelfall zur Aufklärung bestimmter Bestrebungen oder Tätigkeiten nach § 1 Absatz 1 des MAD-Gesetzes oder zur Sicherung der Einsatzbereitschaft der Truppe oder zum Schutz der Angehörigen, der Dienststellen und Einrichtungen des Geschäftsbereichs des Bundesministeriums der Verteidigung nach § 14 Absatz 1 des MAD-Gesetzes erforderlich ist,
7. den Bundesnachrichtendienst, soweit dies erforderlich ist
a) zur politischen Unterrichtung der Bundesregierung, wenn im Einzelfall tatsächliche Anhaltspunkte dafür vorliegen, dass durch die Auskunft Informationen über das Ausland gewonnen werden können, die von außen- und sicherheitspolitischer Bedeutung für die Bundesrepublik Deutschland sind und zu deren Aufklärung das Bundeskanzleramt den Bundesnachrichtendienst beauftragt hat, oder
b) zur Früherkennung von aus dem Ausland drohenden Gefahren von internationaler Bedeutung, wenn im Einzelfall tatsächliche Anhaltspunkte dafür vorliegen, dass durch die Auskunft Erkenntnisse gewonnen werden können mit Bezug zu den in § 4 Absatz 3 Nummer 1 des BND-Gesetzes genannten Gefahrenbereichen oder zum Schutz der in § 4 Absatz 3 Nummer 2 und 3 des BND-Gesetzes genannten Rechtsgüter,
8. an das Bundesamt für Sicherheit in der Informationstechnik zum Schutz der Versorgung der Bevölkerung in den Bereichen des § 2 Absatz 10 Satz 1 Nummer 1 des BSI-Gesetzes oder der öffentlichen Sicherheit, um damit eine Beeinträchtigung der Sicherheit oder Funktionsfähigkeit informationstechnischer Systeme einer Kritischen Infrastruktur oder eines Unternehmens im besonderen öffentlichen Interesse abzuwenden, wenn Tatsachen den Schluss auf ein wenigstens seiner Art nach konkretisiertes und zeitlich absehbares Geschehen zulassen, das auf die informationstechnischen Sys-

teme bestimmbarer Infrastrukturen oder Unternehmen abzielen wird, und die in die Auskunft aufzunehmenden Daten im Einzelfall erforderlich sind, um den Betreiber der betroffenen Kritischen Infrastruktur oder das betroffene Unternehmen im besonderen öffentlichen Interesse vor dieser Beeinträchtigung zu warnen, über diese zu informieren oder bei deren Beseitigung zu beraten oder zu unterstützen.

(6) [1]Derjenige, der geschäftsmäßig Telekommunikationsdienste erbringt oder daran mitwirkt, hat die zu beauskunftenden Daten unverzüglich und vollständig zu übermitteln. [2]Über das Auskunftsersuchen und die Auskunftserteilung haben die Verpflichteten gegenüber den Betroffenen sowie Dritten Stillschweigen zu wahren.

(7) [1]Wer öffentlich zugängliche Telekommunikationsdienste erbringt, hat für die Entgegennahme der Auskunftsverlangen sowie für die Erteilung der zugehörigen Auskünfte gesicherte elektronische Schnittstellen nach Maßgabe der Verordnung nach § 170 Absatz 5 und der Technischen Richtlinie nach § 170 Absatz 6 bereitzuhalten, durch die auch die gegen die Kenntnisnahme der Daten durch Unbefugte gesicherte Übertragung gewährleistet ist. [2]Dabei haben Verpflichtete mit 100 000 oder mehr Vertragspartnern die Schnittstelle sowie das E-Mail-basierte Übermittlungsverfahren nach der Technischen Richtlinie nach § 170 Absatz 6 bereitzuhalten. [3]Verpflichtete mit weniger als 100 000 Vertragspartnern müssen nur das E-Mail-basierte Übermittlungsverfahren bereithalten. [4]Darüber hinaus gelten für die Entgegennahme der Auskunftsverlangen sowie für die Übermittlung der zugehörigen Auskünfte § 31 Absatz 2 Satz 2 bis 4 und Absatz 6 und 7, § 34 Absatz 1 Satz 1 und 3 und Absatz 2 sowie § 35 der Verordnung nach § 170 Absatz 5 entsprechend. [5]Die Verpflichteten haben dafür Sorge zu tragen, dass jedes Auskunftsverlangen durch eine verantwortliche Fachkraft auf Einhaltung der in Absatz 2 genannten formalen Voraussetzungen geprüft und die weitere Bearbeitung des Verlangens erst nach einem positiven Prüfergebnis freigegeben wird. [6]Die Prüfung und Freigabe durch eine verantwortliche Fachkraft nach Satz 5 kann unterbleiben, sofern durch die technische Ausgestaltung der elektronischen Schnittstelle die Einhaltung der in Absatz 2 genannten formalen Voraussetzungen automatisch überprüft werden kann.

§ 175 Verpflichtete; Entschädigung[1]. (1) [1]Die Verpflichtungen zur Speicherung von Verkehrsdaten, zur Verwendung der Daten und zur Datensicherheit nach den §§ 176 bis 181 beziehen sich auf Anbieter öffentlich zugänglicher Telekommunikationsdienste für Endnutzer, bei denen es sich nicht um nummernunabhängige interpersonelle Telekommunikationsdienste handelt. [2]Ein Anbieter nach Satz 1, der nicht alle der nach Maßgabe der §§ 176 bis 181 zu speichernden Daten selbst erzeugt oder verarbeitet, hat

---

1 Die Vereinbarkeit der Vorratsdatenspeicherung mit EU-Recht wird derzeit geprüft und es kann hier noch zu Anpassungen dieser Normen kommen. Dies ist in der Vorbemerkung näher ausgeformt.

Telekommunikationsgesetz **TKG 29**

1. sicherzustellen, dass die nicht von ihm selbst bei der Erbringung seines Dienstes erzeugten oder verarbeiteten Daten gemäß § 176 Absatz 1 gespeichert werden, und
2. der Bundesnetzagentur auf deren Verlangen unverzüglich mitzuteilen, wer diese Daten speichert.

(2) ¹Für notwendige Aufwendungen, die den Verpflichteten durch die Umsetzung der Vorgaben aus den §§ 176, 178 bis 181 entstehen, ist eine angemessene Entschädigung zu zahlen, soweit dies zur Abwendung oder zum Ausgleich unbilliger Härten geboten erscheint. ²Für die Bemessung der Entschädigung sind die tatsächlich entstandenen Kosten maßgebend. ³Über Anträge auf Entschädigung entscheidet die Bundesnetzagentur.

§ 176 Pflichten zur Speicherung von Verkehrsdaten. (1) Die in § 175 Absatz 1 Genannten sind verpflichtet, Daten wie folgt im Inland zu speichern:
1. Daten nach den Absätzen 2 und 3 für zehn Wochen,
2. Standortdaten nach Absatz 4 für vier Wochen.

(2) ¹Die Anbieter von Sprachkommunikationsdiensten speichern
1. die Rufnummer oder eine andere Kennung des anrufenden und des angerufenen Anschlusses sowie bei Um- oder Weiterschaltungen jedes weiteren beteiligten Anschlusses,
2. Datum und Uhrzeit von Beginn und Ende der Verbindung unter Angabe der zugrunde liegenden Zeitzone,
3. Angaben zu dem genutzten Dienst, wenn im Rahmen des Sprachkommunikationsdienstes unterschiedliche Dienste genutzt werden können,
4. im Falle mobiler Sprachkommunikationsdienste ferner
   a) die internationale Kennung mobiler Endnutzer für den anrufenden und den angerufenen Anschluss,
   b) die internationale Kennung des anrufenden und des angerufenen Endgerätes,
   c) Datum und Uhrzeit der ersten Aktivierung des Dienstes unter Angabe der zugrunde liegenden Zeitzone, wenn Dienste im Voraus bezahlt wurden,
5. im Falle von Internet-Sprachkommunikationsdiensten auch die Internetprotokoll-Adressen des anrufenden und des angerufenen Anschlusses und zugewiesene Benutzerkennungen.

²Satz 1 gilt entsprechend
1. bei der Übermittlung einer Kurz-, Multimedia- oder ähnlichen Nachricht; hierbei treten an die Stelle der Angaben nach Satz 1 Nummer 2 die Zeitpunkte der Versendung und des Empfangs der Nachricht;
2. für unbeantwortete oder wegen eines Eingriffs des Netzwerkmanagements erfolglose Anrufe, soweit der Anbieter öffentlich zugänglicher Sprachkommunikationsdienste die in Satz 1 genannten Verkehrsdaten für die in § 9 des Telekommunikation-Telemedien-Datenschutz-Gesetzes genannten Zwecke speichert oder protokolliert.

(3) Die Anbieter öffentlich zugänglicher Internetzugangsdienste speichern
1. die dem Endnutzer für eine Internetnutzung zugewiesene Internetprotokoll-Adresse,
2. eine eindeutige Kennung des Anschlusses, über den die Internetnutzung erfolgt, sowie eine zugewiesene Benutzerkennung,
3. Datum und Uhrzeit von Beginn und Ende der Internetnutzung unter der zugewiesenen Internetprotokoll-Adresse unter Angabe der zugrunde liegenden Zeitzone.

(4) ¹Im Falle der Nutzung mobiler Sprachkommunikationsdienste sind die Bezeichnungen der Funkzellen zu speichern, die durch den anrufenden und den angerufenen Anschluss bei Beginn der Verbindung genutzt wurden. ²Bei öffentlich zugänglichen Internetzugangsdiensten ist im Falle der mobilen Nutzung die Bezeichnung der bei Beginn der Internetverbindung genutzten Funkzelle zu speichern. ³Zusätzlich sind die Daten vorzuhalten, aus denen sich die geografische Lage und die Hauptstrahlrichtungen der die jeweilige Funkzelle versorgenden Funkantennen ergeben.

(5) Der Inhalt der Kommunikation, Daten über aufgerufene Internetseiten und Daten von Diensten der elektronischen Post dürfen aufgrund dieser Vorschrift nicht gespeichert werden.

(6) ¹Daten, die den in § 11 Absatz 5 des Telekommunikation-Telemedien-Datenschutz-Gesetzes genannten Verbindungen zugrunde liegen, dürfen aufgrund dieser Vorschrift nicht gespeichert werden. ²Dies gilt entsprechend für Telefonverbindungen, die von den in § 11 Absatz 5 des Telekommunikation-Telemedien-Datenschutz-Gesetzes genannten Stellen ausgehen. ³§ 11 Absatz 6 des Telekommunikation-Telemedien-Datenschutz-Gesetzes gilt entsprechend.

(7) Die Speicherung der Daten hat so zu erfolgen, dass Auskunftsersuchen der berechtigten Stellen unverzüglich beantwortet werden können.

(8) Der nach § 175 Absatz 1 Verpflichtete hat die aufgrund des Absatzes 1 gespeicherten Daten unverzüglich, spätestens jedoch binnen einer Woche nach Ablauf der Speicherfristen nach Absatz 1, irreversibel zu löschen oder die irreversible Löschung sicherzustellen.

§ 177 Verwendung der Daten. (1) Die aufgrund des § 176 gespeicherten Daten dürfen
1. an eine Strafverfolgungsbehörde übermittelt werden, soweit diese die Übermittlung unter Berufung auf eine gesetzliche Bestimmung, die ihr eine Erhebung der in § 176 genannten Daten zur Verfolgung besonders schwerer Straftaten erlaubt, verlangt;
2. an eine Gefahrenabwehrbehörde der Länder übermittelt werden, soweit diese die Übermittlung unter Berufung auf eine gesetzliche Bestimmung, die ihr eine Erhebung der in § 176 genannten Daten zur Abwehr einer konkreten Gefahr für Leib, Leben oder Freiheit einer Person oder für den Bestand des Bundes oder eines Landes erlaubt, verlangt;

Telekommunikationsgesetz **TKG 29**

3. durch den Anbieter öffentlich zugänglicher Telekommunikationsdienste für eine Auskunft nach § 174 Absatz 1 Satz 3 verwendet werden.

(2) Für andere Zwecke als die in Absatz 1 genannten dürfen die aufgrund des § 176 gespeicherten Daten von den nach § 175 Absatz 1 Verpflichteten nicht verwendet werden.

(3) ¹Die Übermittlung der Daten erfolgt nach Maßgabe der Rechtsverordnung nach § 170 Absatz 5 und der Technischen Richtlinie nach § 170 Absatz 6. ²Die Daten sind so zu kennzeichnen, dass erkennbar ist, dass es sich um Daten handelt, die nach § 176 gespeichert waren. ³Nach Übermittlung an eine andere Stelle ist die Kennzeichnung durch diese aufrechtzuerhalten.

§ 178 Gewährleistung der Sicherheit der Daten. ¹Der nach § 175 Absatz 1 Verpflichtete hat sicherzustellen, dass die aufgrund der Speicherpflicht nach § 176 Absatz 1 gespeicherten Daten durch technische und organisatorische Maßnahmen nach dem Stand der Technik gegen unbefugte Kenntnisnahme und Verwendung geschützt werden. ²Die Maßnahmen umfassen insbesondere

1. den Einsatz eines besonders sicheren Verschlüsselungsverfahrens,
2. die Speicherung in gesonderten, von den für die üblichen betrieblichen Aufgaben getrennten Speichereinrichtungen,
3. die Speicherung mit einem hohen Schutz vor dem Zugriff aus dem Internet auf vom Internet entkoppelten Datenverarbeitungssystemen,
4. die Beschränkung des Zutritts zu den Datenverarbeitungsanlagen auf Personen, die durch den Verpflichteten besonders ermächtigt sind, und
5. die notwendige Mitwirkung von mindestens zwei Personen beim Zugriff auf die Daten, die dazu durch den Verpflichteten besonders ermächtigt worden sind.

§ 179 Protokollierung. (1) ¹Der nach § 175 Absatz 1 Verpflichtete hat sicherzustellen, dass für Zwecke der Datenschutzkontrolle jeder Zugriff, insbesondere das Lesen, Kopieren, Ändern, Löschen und Sperren der aufgrund der Speicherpflicht nach § 176 Absatz 1 gespeicherten Daten protokolliert wird. ²Zu protokollieren sind
1. der Zeitpunkt des Zugriffs,
2. die auf die Daten zugreifenden Personen,
3. Zweck und Art des Zugriffs.

(2) Für andere Zwecke als die der Datenschutzkontrolle dürfen die Protokolldaten nicht verwendet werden.

(3) Der nach § 175 Absatz 1 Verpflichtete hat sicherzustellen, dass die Protokolldaten nach einem Jahr gelöscht werden.

§ 180 Anforderungskatalog. (1) ¹Bei der Umsetzung der Verpflichtungen gemäß den §§ 176 bis 179 ist ein besonders hoher Standard der Datensicherheit und Datenqualität zu gewährleisten. ²Die Einhaltung dieses Standards wird vermutet, wenn alle Anforderungen des Katalogs der technischen Vorkehrungen und sonstigen Maßnahmen erfüllt werden, den die Bundesnetzagentur im Benehmen mit dem Bundesamt für Sicherheit in der Informationstechnik und der oder dem Bundesbeauftragten für den Datenschutz und die Informationsfreiheit erstellt.

(2) [1]Die Bundesnetzagentur überprüft fortlaufend die im Katalog nach Absatz 1 Satz 2 enthaltenen Anforderungen; hierbei berücksichtigt sie den Stand der Technik und der Fachdiskussion. [2]Stellt die Bundesnetzagentur Änderungsbedarf fest, ist der Katalog im Benehmen mit dem Bundesamt für Sicherheit in der Informationstechnik und der oder dem Bundesbeauftragten für den Datenschutz und die Informationsfreiheit unverzüglich anzupassen.

(3) [1]§ 167 Absatz 1 Satz 3 gilt entsprechend. [2]Der Anforderungskatalog wird von der Bundesnetzagentur veröffentlicht. [3]§ 165 Absatz 9 Satz 1 und 5 gilt mit der Maßgabe, dass an die Stelle der Anforderungen nach § 165 Absatz 1 bis 7 die Anforderungen nach Absatz 1 Satz 1, § 176 Absatz 7 und 8, § 178 und § 179 Absatz 1 und 3 treten.

§ 181 Sicherheitskonzept. [1]Der nach § 175 Absatz 1 Verpflichtete hat in das Sicherheitskonzept nach § 166 zusätzlich aufzunehmen,
1. welche Systeme zur Erfüllung der Verpflichtungen aus den §§ 176 bis 179 betrieben werden,
2. von welchen Gefährdungen für diese Systeme auszugehen ist und
3. welche technischen Vorkehrungen oder sonstigen Maßnahmen getroffen oder geplant sind, um diesen Gefährdungen entgegenzuwirken und die Verpflichtungen aus den §§ 176 bis 179 zu erfüllen.

[2]Der nach § 175 Absatz 1 Verpflichtete hat der Bundesnetzagentur das Sicherheitskonzept unverzüglich nach dem Beginn der Speicherung nach § 176 und unverzüglich bei jeder Änderung des Konzepts vorzulegen. [3]Bleibt das Sicherheitskonzept unverändert, hat der nach § 175 Absatz 1 Verpflichtete dies gegenüber der Bundesnetzagentur im Abstand von jeweils zwei Jahren schriftlich zu erklären.

§ 182 Auskunftsersuchen des Bundesnachrichtendienstes. (1) [1]Betreiber öffentlicher Telekommunikationsnetze haben dem Bundesministerium für Wirtschaft und Energie auf Anfrage entgeltfrei Auskünfte über die Strukturen der Telekommunikationsnetze sowie bevorstehende Änderungen zu erteilen. [2]Einzelne Telekommunikationsvorgänge und Bestandsdaten von Endnutzern dürfen nicht Gegenstand einer Auskunft nach dieser Vorschrift sein.

(2) [1]Anfragen nach Absatz 1 sind nur zulässig, wenn ein entsprechendes Ersuchen des Bundesnachrichtendienstes vorliegt und soweit die Auskunft zur Erfüllung der Aufgaben nach den §§ 5 und 8 des Artikel 10-Gesetzes oder den §§ 19, 24, 26, 32 und 33 des BND-Gesetzes erforderlich ist. [2]Die Verwendung einer nach dieser Vorschrift erlangten Auskunft zu anderen Zwecken ist ausgeschlossen.

Telekommunikationsgesetz **TKG 29**

§ 183 Kontrolle und Durchsetzung von Verpflichtungen. (1) ¹Die Bundesnetzagentur kann Anordnungen und andere Maßnahmen treffen, um die Einhaltung der Vorschriften des Abschnitts 1 sowie der aufgrund dieses Abschnitts ergangenen Rechtsverordnungen und Allgemeinverfügungen, insbesondere der jeweils anzuwendenden Technischen Richtlinien, sicherzustellen. ²Der nach den Vorschriften des Abschnitts 1 Verpflichtete muss auf Anforderung der Bundesnetzagentur die hierzu erforderlichen Auskünfte erteilen. ³Die Bundesnetzagentur ist zur Überprüfung der Einhaltung der Verpflichtungen befugt, die Geschäfts- und Betriebsräume während der üblichen Betriebs- oder Geschäftszeiten zu betreten und zu besichtigen. ⁴Die Befugnisse der Bundesnetzagentur nach Teil 11 Abschnitt 2 bleiben unberührt.

(2) ¹Die Bundesnetzagentur kann bei konkreten Anhaltspunkten für Verstöße gegen die Verpflichtungen aus § 172 den Inhalt von Kundendateien nach § 173 Absatz 1 Satz 1 überprüfen und dazu auch personenbezogene Daten verarbeiten. ²Die Speicherdauer der personenbezogenen Daten ist auf das erforderliche Maß zu beschränken.

(3) Bei wiederholten Verstößen gegen § 172 Absatz 1 bis 6, § 173 Absatz 1, 2, 6 Satz 2, Absatz 9 Satz 1 und 2 oder § 174 Absatz 1 Satz 5 und Absatz 6 kann die Tätigkeit des Verpflichteten durch Anordnung der Bundesnetzagentur dahingehend eingeschränkt werden, dass der Kundenstamm bis zur Erfüllung der sich aus diesen Vorschriften ergebenden Verpflichtungen nur durch Vertragsablauf oder Kündigung verändert werden darf.

(4) Über die Befugnis zu Anordnungen nach Absatz 3 hinaus kann die Bundesnetzagentur bei Nichterfüllung von Verpflichtungen dieses Abschnitts den Betrieb der betreffenden Telekommunikationsanlage oder das Erbringen des betreffenden Telekommunikationsdienstes ganz oder teilweise untersagen, wenn mildere Eingriffe zur Durchsetzung rechtmäßigen Verhaltens nicht ausreichen.

(5) Zur Durchsetzung von Maßnahmen nach den Absätzen 1 bis 4 kann nach Maßgabe des Verwaltungsvollstreckungsgesetzes ein Zwangsgeld bis zu einer Million Euro festgesetzt werden.

(6) Das Fernmeldegeheimnis des Artikels 10 des Grundgesetzes wird nach Maßgabe des Absatzes 1 eingeschränkt.

Abschnitt 2

Notfallvorsorge

§ 184 Anwendungsbereich. Die Vorschriften dieses Abschnitts sind anzuwenden zur Sicherung einer Mindestversorgung mit Telekommunikationsdiensten

1. bei unmittelbar bevorstehenden oder bereits eingetretenen erheblichen Störungen der Versorgung mit Telekommunikationsdiensten, insbesondere in-

folge von Naturkatastrophen, besonders schweren Unglücksfällen, Sabotagehandlungen, terroristischen Anschlägen, sonstigen vergleichbaren Ereignissen oder im Spannungs- oder Verteidigungsfall sowie
2. zur Erfüllung
   a) internationaler Vereinbarungen zur Notfallbewältigung,
   b) der Zusammenarbeit mit den Vereinten Nationen oder
   c) von Bündnisverpflichtungen.

§ 185 Telekommunikationssicherstellungspflicht. (1) [1]Anbieter öffentlich zugänglicher Telekommunikationsdienste mit mehr als 100 000 Vertragspartnern haben folgende von ihnen erbrachte Dienste aufrechtzuerhalten:
1. Sprachkommunikationsdienste,
2. Internetzugangsdienste,
3. Datenübertragungsdienste und
4. E-Mail-Dienste.

[2]Betreiber öffentlicher Telekommunikationsnetze haben den Betrieb ihres Netzes mindestens in dem Umfang aufrechtzuerhalten, der für die Erbringung der Dienste nach Satz 1 erforderlich ist. [3]Anbieter öffentlich zugänglicher Telekommunikationsdienste nach Satz 1 und Betreiber öffentlicher Telekommunikationsnetze, die Anschlüsse oder Übertragungswege bereitstellen, die für die Dienste nach Satz 1 erforderlich sind, haben diese Dienstleistungen aufrechtzuerhalten.

(2) [1]Unbeschadet der Regelungen der Verordnung (EU) 2015/2120 haben Betreiber öffentlicher Telekommunikationsnetze Verkehrsmanagementmaßnahmen zu ergreifen, soweit und solange es erforderlich ist, um eine drohende Netzüberlastung zu verhindern oder eine eingetretene Netzüberlastung zu beseitigen. [2]Dabei sind gleichwertige Verkehrsarten gleich zu behandeln.

(3) Betreiber öffentlicher Telekommunikationsnetze und Anbieter öffentlich zugänglicher Telekommunikationsdienste nach Absatz 1 haben Maßnahmen zu ergreifen, soweit und solange es erforderlich ist, um eine drohende Engpasssituation bei der Zusammenschaltung von Telekommunikationsnetzen und -diensten, an Übergabepunkten von Telekommunikationsnetzen und -diensten sowie an Systemkomponenten zur Steuerung und Verwaltung von Telekommunikationsdiensten zu verhindern oder eine eingetretene Engpasssituation zu beseitigen.

§ 186 Telekommunikationsbevorrechtigung. (1) Betreiber öffentlicher Telekommunikationsnetze und Anbieter öffentlich zugänglicher Telekommunikationsdienste nach § 185 Absatz 1 Satz 1, die Anschlüsse oder Übertragungswege bereitstellen, die für die nach § 185 Absatz 1 sicherzustellenden Dienste erforderlich sind, haben für Telekommunikationsbevorrechtigte unverzüglich und vorrangig
1. Anschlüsse und Übertragungswege bereitzustellen und zu entstören sowie
2. die Datenübertragungsraten bestehender Anschlüsse oder Übertragungswege auf Anfrage im erforderlichen Umfang zu erweitern.

Telekommunikationsgesetz **TKG 29**

(2) ¹Betreiber öffentlicher Mobilfunknetze haben für Telekommunikationsbevorrechtigte Verbindungen im Mobilfunk für interpersonelle Kommunikation vorrangig herzustellen. ²Für die Ausgestaltung dieser Verpflichtung kann die Bundesnetzagentur technische Festlegungen und zeitliche Vorgaben treffen. ³Die Bundesnetzagentur berücksichtigt bei den Festlegungen internationale technische Standards und beteiligt die betroffenen Verbände.

(3) ¹Telekommunikationsbevorrechtigte sind
1. Verfassungsorgane des Bundes und der Länder,
2. Behörden des Bundes, der Länder, der Gemeinden und Gemeindeverbände,
3. Gerichte des Bundes und der Länder,
4. Dienststellen der Bundeswehr und der stationierten Streitkräfte,
5. Katastrophenschutz- und Zivilschutzorganisationen sowie Hilfsorganisationen nach § 26 Absatz 1 Satz 2 des Zivilschutz- und Katastrophenhilfegesetzes,
6. Aufgabenträger im Gesundheitswesen,
7. Hilfs- und Rettungsdienste,
8. Rundfunkveranstalter,
9. Nutzer, denen von einer Behörde nach Nummer 2, die für den Bevölkerungsschutz (Zivil- oder Katastrophenschutz) oder die Verteidigung zuständig ist, eine Bescheinigung darüber ausgestellt wurde, dass sie lebens- oder verteidigungswichtige Aufgaben zu erfüllen haben und hierzu auf Telekommunikationsdienste nach Absatz 1 oder 2 angewiesen sind.

²Die Bescheinigung nach Satz 1 Nummer 9 verliert ihre Gültigkeit zehn Jahre nach Ausstellungsdatum, sofern auf der Bescheinigung nicht eine kürzere Geltungsdauer vermerkt ist.

§ 187 Umsetzung der Telekommunikationsbevorrechtigung. (1) ¹Telekommunikationsbevorrechtigte haben ihrem Anbieter rechtzeitig im Voraus mitzuteilen,
1. welche Anschlüsse und Übertragungswege vorrangig entstört werden sollen,
2. für welche Mobilfunkanschlüsse vorrangige Verbindungen in Anspruch genommen werden sollen.

²Dabei haben Telekommunikationsbevorrechtigte nach § 186 Absatz 3 Satz 1 Nummer 9 die ihnen ausgestellte Bescheinigung vorzulegen.

(2) ¹Für die Umsetzung der Telekommunikationsbevorrechtigung hat der nach § 186 Absatz 1 und 2 Verpflichtete unverzüglich nach Eingang der Mitteilung nach Absatz 1 Satz 1 Vorkehrungen zu treffen. ²Er hat diese Vorkehrungen nach Kündigung des Anschlusses oder nach Ablauf der in § 186 Absatz 3 Satz 2 genannten Frist wieder aufzuheben, sofern nicht vor Ablauf dieser Frist eine neue Bescheinigung nach § 186 Absatz 3 Satz 1 Nummer 9 vorgelegt wird. ³Die nach § 186 Absatz 1 und 2 Verpflichteten haben den betroffenen Nutzer über den Abschluss und die Aufhebung der getroffenen Vorkehrungen unverzüglich zu informieren.

29 TKG   Telekommunikationsgesetz

(3) ¹Für die Erfüllung der Verpflichtung nach § 186 Absatz 2 Satz 1 kann die Dauer oder die Datenübertragungsrate nicht vorrangiger Verbindungen im erforderlichen Umfang begrenzt werden. ²Satz 1 gilt nicht für Verbindungen zu den Notrufnummern 110 und 112; § 4 der Verordnung über Notrufverbindungen vom 6. März 2009 (BGBl. I S. 481), die zuletzt durch Artikel 1 des Gesetzes vom 26. November 2012 (BGBl. I S. 2347) geändert worden ist, in der jeweils geltenden Fassung bleibt unberührt.

§ 188 Mitwirkungspflichten und Entschädigung. (1) Die nach diesem Abschnitt Verpflichteten haben auf Anordnung des Bundesministeriums für Wirtschaft und Energie in den Fällen des § 184 sowie im Rahmen von Vorsorgeplanungen und Übungen in Arbeitsstäben im Inland mitzuwirken sowie das hierfür erforderliche Fachpersonal abzustellen.

(2) ¹Für Personal, das aufgrund einer Anordnung nach Absatz 1 abgestellt wurde, wird ab Beginn des Einsatzes je Person und angefangener Stunde eine Entschädigung gewährt. ²Diese entspricht der Nummer 11.3 der Anlage 1 zum Justizvergütungs- und -entschädigungsgesetz vom 5. Mai 2004 (BGBl. I S. 718, 776), das zuletzt durch Artikel 6 des Gesetzes vom 21. Dezember 2020 (BGBl. I S. 3229) geändert worden ist, in der jeweils geltenden Fassung. ³Die Entschädigung darf je Person und Tag den Betrag, der für einen achtstündigen Einsatz zu leisten ist, nicht überschreiten.

§ 189 Entgelte für die Telekommunikationsbevorrechtigung. ¹Telekommunikationsbevorrechtigte haben die folgenden Entgelte an ihren Anbieter zu entrichten:
1. für jeden Anschluss und Übertragungsweg, für den Vorkehrungen nach § 187 Absatz 1 Satz 1 Nummer 1 getroffen wurden, ein einmaliges Entgelt in Höhe von 100 Euro und
2. für jeden Anschluss, für den technische Vorkehrungen nach § 187 Absatz 1 Satz 1 Nummer 2 getroffen wurden, ein einmaliges Entgelt in Höhe von 50 Euro.

²Damit sind alle Entgeltansprüche abgegolten. ³Hat ein Verpflichteter die getroffenen Vorkehrungen pflichtgemäß aufgehoben und wird ihm danach eine neue Bescheinigung nach § 186 Absatz 3 Satz 1 Nummer 9 vorgelegt, gilt Satz 1 entsprechend. ⁴Die übrigen Entgelte für die Inanspruchnahme von Telekommunikationsdiensten bleiben unberührt.

§ 190 Kontrolle und Durchsetzung von Verpflichtungen. (1) ¹Die Bundesnetzagentur kann Anordnungen und andere Maßnahmen treffen, um die Einhaltung der Vorschriften dieses Abschnitts sicherzustellen. ²Der Verpflichtete hat auf Anforderung der Bundesnetzagentur die hierzu erforderlichen Auskünfte zu erteilen. ³§ 55 der Strafprozessordnung gilt entsprechend. ⁴Die Bundesnetzagentur ist zur Überprüfung der Einhaltung der Verpflichtungen befugt, die Geschäfts- und Betriebsräume während der üblichen Betriebs- oder Geschäftszeiten zu betreten und zu besichtigen. ⁵Der Verpflichtete hat die Über-

Telekommunikationsgesetz **TKG 29**

prüfung zu dulden. ⁶Die Befugnisse der Bundesnetzagentur nach Teil 11 Abschnitt 2 bleiben unberührt.

(2) Zur Durchsetzung von Maßnahmen nach Absatz 1 kann nach Maßgabe des Verwaltungsvollstreckungsgesetzes ein Zwangsgeld bis zu einer Million Euro festgesetzt werden.

Teil 11

Bundesnetzagentur und andere zuständige Behörden

Abschnitt 1

Organisation

§ 191 Aufgaben und Befugnisse. Die Bundesnetzagentur nimmt die ihr nach diesem Gesetz und nach Artikel 5 der Verordnung (EU) 2015/2120 sowie nach Artikel 7 Absatz 1 und Artikel 8 der Verordnung (EU) 2018/302 des Europäischen Parlaments und des Rates vom 28. Februar 2018 über Maßnahmen gegen ungerechtfertigtes Geoblocking und andere Formen der Diskriminierung aufgrund der Staatsangehörigkeit, des Wohnsitzes oder des Ortes der Niederlassung des Kunden innerhalb des Binnenmarkts und zur Änderung der Verordnungen (EG) Nr. 2006/2004 und (EU) 2017/2394 sowie der Richtlinie 2009/22/EG (ABl. L 60 vom 2.3.2018, S. 1) zugewiesenen Aufgaben und Befugnisse wahr.

§ 192 Medien der Veröffentlichung. Veröffentlichungen und Bekanntmachungen, zu denen die Bundesnetzagentur durch dieses Gesetz verpflichtet ist, erfolgen im Amtsblatt der Bundesnetzagentur und auf ihrer Internetseite, soweit nichts Abweichendes bestimmt ist.

§ 193 Veröffentlichung von Weisungen. ¹Weisungen, die das Bundesministerium für Wirtschaft und Energie oder das Bundesministerium für Verkehr und digitale Infrastruktur erteilen, sind im Bundesanzeiger zu veröffentlichen. ²Dies gilt nicht für Aufgaben, die von diesen Bundesministerien aufgrund dieses Gesetzes oder anderer Gesetze in eigener Zuständigkeit wahrzunehmen sind und mit deren Erfüllung sie die Bundesnetzagentur beauftragt haben.

§ 194 Aufgaben und Rechte des Beirates. (1) Der Beirat nach § 5 des Gesetzes über die Bundesnetzagentur für Elektrizität, Gas, Telekommunikation, Post und Eisenbahnen hat die in den nachstehenden Absätzen genannten Aufgaben und Rechte.

(2) Der Beirat wirkt mit bei den Entscheidungen der Bundesnetzagentur in den Fällen des § 100 Absatz 4 Nummer 2 und 4.

(3) ¹Der Beirat ist berechtigt, Maßnahmen zur Umsetzung der Regulierungsziele und zur Sicherstellung des Rechts auf Versorgung mit Telekommu-

nikationsdiensten gemäß Teil 9 zu beantragen. ²Die Bundesnetzagentur ist verpflichtet, den Antrag innerhalb von sechs Wochen zu bescheiden.

(4) ¹Der Beirat ist gegenüber der Bundesnetzagentur berechtigt, Auskünfte und Stellungnahmen einzuholen. ²Die Bundesnetzagentur ist gegenüber dem Beirat auskunftspflichtig.

(5) Der Beirat ist bei der Aufstellung des Frequenzplans nach § 90 anzuhören.

§ 195 Tätigkeitsbericht, Sektorgutachten. (1) ¹Die Bundesnetzagentur legt den gesetzgebenden Körperschaften des Bundes einen Bericht über ihre Tätigkeit sowie über die Lage und die Entwicklung auf dem Gebiet der Telekommunikation vor. ²Der Bericht ist gemeinsam mit dem Sektorgutachten nach Absatz 2 vorzulegen. ³In dem Bericht ist auch zu der Entwicklung und der Höhe der Endnutzerpreise der Telekommunikationsdienste nach § 157 Absatz 2 sowie zu der Verfügbarkeit des Mindestangebots an diesen Diensten Stellung zu nehmen.

(2) Die Monopolkommission erstellt alle zwei Jahre ein Sektorgutachten, in dem sie den Stand und die absehbare Entwicklung des Wettbewerbs und die Frage, ob nachhaltig wettbewerbsorientierte Telekommunikationsmärkte in der Bundesrepublik Deutschland bestehen, beurteilt, die Anwendung der Vorschriften dieses Gesetzes über die Regulierung und Wettbewerbsaufsicht würdigt und zu sonstigen aktuellen wettbewerbspolitischen Fragen Stellung nimmt.

(3) ¹Das Sektorgutachten soll bis zum 30. November eines Jahres abgeschlossen sein, in dem kein Hauptgutachten nach § 44 des Gesetzes gegen Wettbewerbsbeschränkungen vorgelegt wird. ²Die Monopolkommission kann Einsicht nehmen in die bei der Bundesnetzagentur geführten Akten einschließlich der Betriebs- und Geschäftsgeheimnisse, soweit dies zur ordnungsgemäßen Erfüllung ihrer Aufgaben erforderlich ist. ³Für den vertraulichen Umgang mit den Akten gilt § 46 Absatz 3 des Gesetzes gegen Wettbewerbsbeschränkungen entsprechend. ⁴Die Bundesregierung nimmt zum Sektorgutachten gegenüber den gesetzgebenden Körperschaften des Bundes in angemessener Frist Stellung.

§ 196 Jahresbericht. ¹Die Bundesnetzagentur veröffentlicht einmal jährlich einen Bericht über die Entwicklung des Telekommunikationsmarktes, einschließlich der wesentlichen Marktdaten, ihrer Entscheidungen sowie ihrer eingesetzten personellen und finanziellen Ressourcen. ²In dem Jahresbericht berichtet die Bundesnetzagentur auch über ihre zukünftigen Vorhaben.

§ 197 Zusammenarbeit mit anderen Behörden auf nationaler Ebene.
(1) Die Bundesnetzagentur entscheidet in den folgenden Fällen im Einvernehmen mit dem Bundeskartellamt:
1. §§ 10 und 11,
2. § 31,

3. § 32 und
4. § 101 Absatz 2 Nummer 3.

(2) Die Bundesnetzagentur gibt dem Bundeskartellamt im Rahmen der folgenden Entscheidungen rechtzeitig vor Abschluss des Verfahrens Gelegenheit zur Stellungnahme:
1. § 17 in Verbindung mit § 18 Absatz 1 Nummer 2 und Absatz 3,
2. Teil 2 Abschnitt 2 bis 5 und
3. § 149 Absatz 6.

(3) Die Bundesnetzagentur gibt dem Bundeskartellamt im Rahmen einer Maßnahme oder Entscheidung nach § 91 Absatz 9 in Verbindung mit
1. § 92 Absatz 2 Satz 3 Nummer 4,
2. § 100 Absatz 3 Satz 3,
3. § 102 Absatz 1 Nummer 5 und 6,
4. § 105 oder
5. § 106

rechtzeitig vor Abschluss des Verfahrens Gelegenheit zur Stellungnahme.

(4) Führt das Bundeskartellamt im Bereich der Telekommunikation Verfahren nach den §§ 19 und 20 Absatz 1 und 2 des Gesetzes gegen Wettbewerbsbeschränkungen, nach Artikel 102 des Vertrages über die Arbeitsweise der Europäischen Union oder nach § 40 Absatz 2 des Gesetzes gegen Wettbewerbsbeschränkungen durch, gibt es der Bundesnetzagentur rechtzeitig vor Abschluss des Verfahrens Gelegenheit zur Stellungnahme.

(5) [1]Beide Behörden wirken auf eine einheitliche und den Zusammenhang mit dem Gesetz gegen Wettbewerbsbeschränkungen wahrende Auslegung dieses Gesetzes, auch beim Erlass von Verwaltungsvorschriften, hin. [2]Sie haben einander Beobachtungen und Feststellungen mitzuteilen, die für die Erfüllung der beiderseitigen Aufgaben von Bedeutung sein können.

(6) [1]Die Bundesnetzagentur arbeitet mit den Landesmedienanstalten zusammen. [2]Auf Anfrage übermittelt sie den Landesmedienanstalten Erkenntnisse, die für die Erfüllung von deren Aufgaben erforderlich sind. [3]Im Falle einer Betroffenheit von Belangen von Rundfunk und vergleichbaren Telemedien nach § 2 Absatz 7 Satz 1, wird die zuständige Landesmedienanstalt hierüber informiert und an eingeleiteten Verfahren beteiligt. [4]Auf Antrag der zuständigen Landesmedienanstalt prüft die Bundesnetzagentur auf der Grundlage dieses Gesetzes die Einleitung eines Verfahrens und die Anordnung von Maßnahmen nach diesem Gesetz.

(7) Bei der Wahrnehmung ihrer Aufgaben und Befugnisse nach Artikel 5 der Verordnung (EU) 2015/2120 arbeitet die Bundesnetzagentur, soweit Belange des Rundfunks und vergleichbarer Telemedien nach § 2 Absatz 7 Satz 1 betroffen sind, mit der nach dem jeweiligen Landesrecht zuständigen Stelle zusammen.

§ 198 Zusammenarbeit mit anderen Behörden auf der Ebene der Europäischen Union. (1) ¹Die Bundesnetzagentur arbeitet mit den nationalen Regulierungsbehörden anderer Mitgliedstaaten der Europäischen Union, der Kommission und dem GEREK auf transparente Weise zusammen, um eine einheitliche Anwendung der Bestimmungen der Richtlinie (EU) 2018/1972 zu gewährleisten. ²Sie arbeitet insbesondere mit der Kommission und dem GEREK bei der Ermittlung der Maßnahmen zusammen, die zur Bewältigung bestimmter Situationen auf dem Markt am besten geeignet sind.

(2) Die Bundesnetzagentur unterstützt die Ziele des GEREK in Bezug auf bessere regulatorische Koordinierung und mehr Kohärenz.

(3) Die Bundesnetzagentur arbeitet gemeinsam und im Einvernehmen mit dem Bundesministerium für Verkehr und digitale Infrastruktur in der Gruppe für Frequenzpolitik mit.

(4) ¹Die Bundesnetzagentur trägt bei der Wahrnehmung ihrer Aufgaben weitestgehend den Empfehlungen Rechnung, die die Kommission nach Artikel 38 Absatz 1 und 2 der Richtlinie (EU) 2018/1972 erlässt. ²Beschließt die Bundesnetzagentur, sich nicht an eine solche Empfehlung zu halten, so teilt sie dies der Kommission unter Angabe ihrer Gründe mit.

§ 199 Bereitstellung von Informationen. (1) ¹Die Bundesnetzagentur und andere nach diesem Gesetz zuständige Behörden stellen der Kommission auf deren begründeten Antrag die Informationen zur Verfügung, die die Kommission benötigt, um ihre Aufgaben aufgrund des Vertrages über die Arbeitsweise der Europäischen Union wahrzunehmen. ²Beziehen sich die bereitgestellten Informationen auf Informationen, die zuvor von Unternehmen auf Anforderung der Behörde bereitgestellt wurden, so werden die Unternehmen hiervon unterrichtet.

(2) Die Bundesnetzagentur und andere nach diesem Gesetz zuständige Behörden können ihnen übermittelte Informationen dem GEREK und Behörden eines anderen Mitgliedstaates der Europäischen Union auf deren begründeten Antrag hin zur Verfügung stellen, soweit dies erforderlich ist, damit das GEREK seine oder diese Behörden ihre Verpflichtungen aus dem Recht der Europäischen Union erfüllen kann oder können.

(3) Im Rahmen des Informationsaustausches nach den Absätzen 1 und 2 stellen die Bundesnetzagentur und andere nach diesem Gesetz zuständige Behörden eine vertrauliche Behandlung aller übermittelten Informationen sicher, die nach den Vorschriften der Europäischen Union und der Mitgliedstaaten der Europäischen Union über das Geschäftsgeheimnis als vertraulich angesehen werden.

(4) ¹Die Bundesnetzagentur und andere nach diesem Gesetz zuständige Behörden kennzeichnen im Rahmen der Bereitstellung von Informationen an die Kommission, an Behörden anderer Mitgliedstaaten der Europäischen Union und an das GEREK vertrauliche Informationen. ²Sie können bei der Kommis-

Telekommunikationsgesetz **TKG 29**

sion beantragen, dass die Informationen, die sie der Kommission bereitstellen, Behörden anderer Mitgliedstaaten der Europäischen Union nicht zur Verfügung gestellt werden. ³Der Antrag ist zu begründen.

§ 200 Mediation. Die Bundesnetzagentur kann in geeigneten Fällen zur Beilegung telekommunikationsrechtlicher Streitigkeiten den Parteien einen einvernehmlichen Einigungsversuch vor einer Gütestelle im Wege eines Mediationsverfahrens vorschlagen.

§ 201 Wissenschaftliche Beratung. (1) ¹Die Bundesnetzagentur kann zur Vorbereitung ihrer Entscheidungen oder zur Begutachtung von Fragen der Regulierung wissenschaftliche Kommissionen einsetzen. ²Die Mitglieder dieser Kommissionen müssen auf dem Gebiet der Telekommunikation über besondere volkswirtschaftliche, betriebswirtschaftliche, sozialpolitische, technologische oder rechtliche Erfahrungen und über ausgewiesene wissenschaftliche Kenntnisse verfügen.

(2) ¹Die Bundesnetzagentur erhält bei der Erfüllung ihrer Aufgaben fortlaufend wissenschaftliche Unterstützung. ²Diese betrifft insbesondere
1. die regelmäßige Begutachtung der volkswirtschaftlichen, betriebswirtschaftlichen, rechtlichen und sozialen Entwicklung der Telekommunikation im Inland und Ausland,
2. die Aufbereitung und Weiterentwicklung der wissenschaftlichen Grundlagen für die Gestaltung des Rechts auf Versorgung mit Telekommunikationsdiensten, die Regulierung von Anbietern mit beträchtlicher Marktmacht, die Regeln über den offenen Netzzugang und die Zusammenschaltung sowie die Nummerierung und den Kundenschutz.

Abschnitt 2

Befugnisse

§ 202 Durchsetzung von Verpflichtungen. (1) ¹Stellt die Bundesnetzagentur fest, dass ein Unternehmen seine Verpflichtungen nach diesem Gesetz, aufgrund dieses Gesetzes, nach der Verordnung (EU) Nr. 531/2012 oder nach der Verordnung (EU) 2015/2120 nicht erfüllt, fordert sie das Unternehmen auf
1. innerhalb einer angemessenen Frist zur Nichterfüllung der Verpflichtung Stellung zu nehmen und
2. innerhalb einer angemessenen Frist oder unverzüglich der Nichterfüllung der Verpflichtung abzuhelfen.
²Das Abhilfeverlangen nach Satz 1 Nummer 2 kann nur gleichzeitig mit der Anordnung nach Absatz 2 angefochten werden.

(2) ¹Die Bundesnetzagentur kann die erforderlichen Maßnahmen anordnen, um die Einhaltung der Verpflichtungen sicherzustellen, wenn das Unternehmen dem Abhilfeverlangen nach Absatz 1 Satz 1 Nummer 2 nicht innerhalb

29 TKG — Telekommunikationsgesetz

der gesetzten Frist nachkommt. ²Bei der Anordnung ist dem Unternehmen eine angemessene Frist zu setzen, um den Maßnahmen entsprechen zu können.

(3) Verletzt das Unternehmen seine Verpflichtungen in schwerer oder wiederholter Weise oder kommt es den von der Bundesnetzagentur angeordneten Maßnahmen nach Absatz 2 nicht nach, so kann die Bundesnetzagentur ihm die Tätigkeit als Betreiber von Telekommunikationsnetzen oder Anbieter von Telekommunikationsdiensten untersagen.

(4) ¹Wird durch die Verletzung von Verpflichtungen die öffentliche Sicherheit und Ordnung unmittelbar und erheblich gefährdet oder führt die Pflichtverletzung bei anderen Anbietern oder Nutzern von Telekommunikationsnetzen und -diensten zu erheblichen wirtschaftlichen oder betrieblichen Problemen, kann die Bundesnetzagentur vorläufige Maßnahmen ergreifen. ²Die Bundesnetzagentur entscheidet, nachdem sie dem betreffenden Unternehmen Gelegenheit zur Stellungnahme innerhalb einer angemessenen Frist eingeräumt hat, ob die vorläufige Maßnahme bestätigt, aufgehoben oder abgeändert wird.

(5) Zur Durchsetzung der Anordnungen nach Absatz 2 kann nach Maßgabe des Verwaltungsvollstreckungsgesetzes ein Zwangsgeld von mindestens 1 000 Euro bis höchstens 10 Millionen Euro festgesetzt werden.

(6) Die Absätze 1, 2, 4 und 5 gelten für die Durchsetzung von Verpflichtungen von Eigentümern und Betreibern öffentlicher Versorgungsnetze, die keine Unternehmen sind, entsprechend.

(7) Stellt die Bundesnetzagentur fest, dass ein Anbieter seine Verpflichtungen nach der Verordnung (EU) 2018/302 nicht erfüllt, gelten die Absätze 1, 2 und 5 entsprechend.

§ 203 Auskunftsverlangen und weitere Untersuchungsrechte; Übermittlungspflichten. (1) ¹Unbeschadet anderer nationaler oder auf unmittelbar vollziehbarem Recht der Europäischen Union beruhender Berichts- und Informationspflichten sind die Betreiber öffentlicher Telekommunikationsnetze und die Anbieter öffentlich zugänglicher Telekommunikationsdienste sowie die Eigentümer und Betreiber öffentlicher Versorgungsnetze verpflichtet, der Bundesnetzagentur auf Verlangen diejenigen Informationen zur Verfügung zu stellen, die für den Vollzug dieses Gesetzes und der weiteren ihr nach § 191 zugewiesenen Aufgaben und Befugnisse erforderlich sind. ²Die Bundesnetzagentur kann insbesondere Auskünfte verlangen, die erforderlich sind für
1. die systematische oder einzelfallbezogene Überprüfung der Verpflichtungen, die sich aus diesem Gesetz oder aufgrund dieses Gesetzes ergeben,
2. die einzelfallbezogene Überprüfung von Verpflichtungen, wenn der Bundesnetzagentur eine Beschwerde vorliegt oder sie aus anderen Gründen eine Verletzung von Pflichten annimmt oder sie von sich aus Ermittlungen durchführt,
3. die Veröffentlichung von Qualitäts- und Preisvergleichen für Dienste zum Nutzen der Endnutzer, einschließlich Informationen über die tatsächliche, standortbezogene Netzabdeckung nach § 52 Absatz 7 Satz 2,

Telekommunikationsgesetz **TKG 29**

4. von ihr genau angegebene statistische Zwecke,
5. die Marktdefinitions- und Marktanalyseverfahren nach den §§ 10 und 11 sowie die Regulierungsverfügung nach § 13,
6. das Marktprüfungsverfahren für Verpflichtungszusagen nach § 19 und für die Auferlegung von Zugangsverpflichtungen bei Hindernissen der Replizierbarkeit nach § 22,
7. die Durchführung der Verfahren in Teil 9,
8. Verfahren auf Erteilung von Nutzungsrechten und zur Überprüfung der entsprechenden Anträge oder
9. die systematische oder einzelfallbezogene Überprüfung der Einhaltung gesetzlicher Vorschriften über die Zuteilung und Nutzung von Nummern sowie der von der Bundesnetzagentur getroffenen Festlegungen und erteilten Bedingungen über die Zuteilung und Nutzung von Nummern.

³Auskünfte nach Satz 2 Nummer 1 bis 5 dürfen nicht vor dem Zugang zum Markt oder als Bedingung für den Zugang verlangt werden. ⁴Satz 1 gilt entsprechend für Anbieter im Sinne von Artikel 2 Nummer 18 der Verordnung (EU) 2018/302. ⁵Reichen die von den in den Satz 1 genannten Unternehmen übermittelten Informationen für die Bundesnetzagentur nicht aus, um ihre Regulierungsaufgaben wahrzunehmen, können auch andere Unternehmen, die in der Telekommunikation oder in eng damit verbundenen Sektoren tätig sind, zur Erteilung von Auskünften über die in den Sätzen 1 und 2 genannten Zwecke verpflichtet werden.

(2) ¹Soweit es zur Erfüllung der nach diesem Gesetz oder der weiteren ihr zugewiesenen Aufgaben und Befugnisse nach § 191 erforderlich ist, kann die Bundesnetzagentur von den in Absatz 1 genannten Unternehmen
1. Auskunft über ihre wirtschaftlichen Verhältnisse, insbesondere über Umsatzzahlen, verlangen sowie
2. innerhalb der üblichen Betriebs- oder Geschäftszeiten die geschäftlichen Unterlagen einsehen und prüfen.

²Die Bundesnetzagentur kann von den in Absatz 1 genannten Unternehmen insbesondere Auskünfte über künftige Netz- und Diensteentwicklungen verlangen, wenn diese Entwicklungen sich auf Dienste auf Vorleistungsebene auswirken können, die die Unternehmen Wettbewerbern zugänglich machen. ³Die Bundesnetzagentur kann ferner von Unternehmen mit beträchtlicher Marktmacht auf Vorleistungsmärkten verlangen, Rechnungslegungsdaten zu den mit diesen Vorleistungsmärkten verbundenen Endnutzermärkten vorzulegen.

(3) Soweit es zur Erfüllung der Aufgaben erforderlich ist, die der Bundesnetzagentur in diesem Gesetz übertragen werden, kann die Bundesnetzagentur im Streitfall
1. passive Netzinfrastrukturen öffentlicher Versorgungsnetze vor Ort untersuchen,
2. von den Eigentümern und Betreibern öffentlicher Versorgungsnetze Auskünfte über künftige Entwicklungen der Netze und Dienste verlangen, soweit sich diese Entwicklungen auf die Mitnutzung der passiven Netzinfra-

29 TKG Telekommunikationsgesetz

strukturen der Eigentümer und Betreiber öffentlicher Versorgungsnetze auswirken können, und
3. in den Fällen von § 79 Absatz 3, § 136 Absatz 4, § 137 Absatz 3, § 141 Absatz 2, § 142 Absatz 4, § 143 Absatz 4, § 153 Absatz 4 und § 154 Absatz 4 Einsicht nehmen in die von den Betreibern öffentlicher Versorgungsnetze erstellten Sicherheitskonzepte, sonstigen Konzepte, Nachweisdokumente oder in Teile davon.

(4) [1]Die zentrale Informationsstelle des Bundes kann von Eigentümern oder Betreibern öffentlicher Telekommunikationsnetze oder Telekommunikationslinien verlangen, diejenigen Informationen zur Verfügung zu stellen, die erforderlich sind zur Erfüllung ihrer Aufgaben nach
1. § 78 Absatz 1 Nummer 2 in Verbindung mit § 80 und
2. § 78 Absatz 1 Nummer 3 in Verbindung mit § 81.
[2]Reichen die gemäß Satz 1 gesammelten Informationen für die Zwecke der §§ 80 und 81 nicht aus, kann die zentrale Informationsstelle des Bundes andere Unternehmen, die in der Telekommunikation oder in eng damit verbundenen Sektoren tätig sind, um Informationen ersuchen, die zur Erfüllung der Aufgaben nach § 78 Absatz 1 Nummer 2 in Verbindung mit § 80 und nach § 78 Absatz 1 Nummer 3 in Verbindung mit § 81 erforderlich sind.

(5) [1]Die Bundesnetzagentur stellt dem Bundesministerium für Wirtschaft und Energie und dem Bundesministerium für Verkehr und digitale Infrastruktur Daten zum tatsächlichen, standortbezogenen Ausbau der Mobilfunknetze nach Absatz 1 Satz 2 Nummer 3 in Verbindung mit § 52 Absatz 7 Satz 2, insbesondere Daten zu lokalen Schwerpunkten für Verbindungsabbrüche bei der Sprachtelefonie, einschließlich unternehmensbezogener Daten und der Betriebs- und Geschäftsgeheimnisse, in einem weiterverarbeitungsfähigen Format zur Verfügung, soweit dies zur Erfüllung ihrer jeweiligen gesetzlichen Aufgaben erforderlich ist. [2]Zu den gesetzlichen Aufgaben zählt auch die Erstellung von Netzabdeckungskarten unter Wahrung von Betriebs- und Geschäftsgeheimnissen.

(6) [1]Die Bundesnetzagentur ordnet die Maßnahmen nach den Absätzen 1 bis 3 durch Verfügung an. [2]Die zentrale Informationsstelle des Bundes fordert die Informationen nach Absatz 4 durch Verfügung an. [3]In der Verfügung sind die Rechtsgrundlagen, der Gegenstand und der Zweck des Auskunftsverlangens anzugeben. [4]Ein Auskunftsverlangen kann dabei mehrere Zwecke umfassen. [5]Für die Erteilung der Auskunft oder der Information ist eine angemessene Frist zu bestimmen. [6]Die Übermittlung der angeforderten Auskünfte oder Informationen erfolgt elektronisch und in einem weiterverarbeitungsfähigen Format, soweit dies von der Bundesnetzagentur oder der zentralen Informationsstelle des Bundes nicht anders angeordnet wurde. [7]Die Bundesnetzagentur und die zentrale Informationsstelle des Bundes können zur Ausgestaltung und zu den Intervallen der Übermittlung geeignete Vorgaben machen.

§ 204 Auskunftserteilung. (1) [1]Die Inhaber der Unternehmen oder die diese vertretenden Personen sind verpflichtet,

Telekommunikationsgesetz **TKG 29**

1. die verlangten Auskünfte nach § 203 Absatz 1 bis 4 zu erteilen,
2. die geschäftlichen Unterlagen vorzulegen und
3. die Prüfung dieser geschäftlichen Unterlagen sowie das Betreten von Geschäftsräumen und -grundstücken während der üblichen Betriebs- oder Geschäftszeiten zu dulden.

²Bei juristischen Personen, Gesellschaften oder nicht rechtsfähigen Vereinen gelten die Verpflichtungen nach Satz 1 für die nach Gesetz oder Satzung zur Vertretung berufenen Personen.

(2) Personen, die von der Bundesnetzagentur mit der Vornahme von Prüfungen beauftragt werden, dürfen die Büro- und Geschäftsräume der Unternehmen und Vereinigungen von Unternehmen während der üblichen Betriebs- oder Geschäftszeiten betreten.

(3) ¹Durchsuchungen können nur auf Anordnung des Amtsgerichts, in dessen Bezirk die Durchsuchung erfolgen soll, vorgenommen werden. ²Auf die Anfechtung dieser Anordnung finden die §§ 306 bis 310 und 311a der Strafprozessordnung entsprechende Anwendung. ³Bei Gefahr im Verzug können die in Absatz 2 bezeichneten Personen während der Geschäftszeit die erforderlichen Durchsuchungen ohne richterliche Anordnung vornehmen. ⁴An Ort und Stelle ist ein Protokoll über die Durchsuchung und ihr wesentliches Ergebnis zu erstellen, aus dem sich, falls keine richterliche Anordnung ergangen ist, auch die Tatsachen ergeben, die zur Annahme einer Gefahr im Verzug geführt haben.

(4) ¹Gegenstände oder geschäftliche Unterlagen können im erforderlichen Umfang in Verwahrung genommen werden oder, wenn sie nicht freiwillig herausgegeben werden, beschlagnahmt werden. ²Auf die Beschlagnahme findet Absatz 3 entsprechende Anwendung.

(5) ¹Zur Auskunft nach Absatz 1 Verpflichtete können die Auskunft auf solche Fragen verweigern, deren Beantwortung sie selbst oder in § 383 Absatz 1 Nummer 1 bis 3 der Zivilprozessordnung bezeichnete Angehörige der Gefahr strafgerichtlicher Verfolgung oder eines Verfahrens nach dem Gesetz über Ordnungswidrigkeiten aussetzen würde. ²Die durch Auskünfte oder Maßnahmen nach § 203 Absatz 1 bis 4 erlangten Kenntnisse und Unterlagen dürfen für ein Besteuerungsverfahren oder ein Bußgeldverfahren wegen einer Steuerordnungswidrigkeit oder einer Devisenzuwiderhandlung sowie für ein Verfahren wegen einer Steuerstraftat oder einer Devisenstraftat nicht verwendet werden; die §§ 93, 97, 105 Absatz 1, § 111 Absatz 5 in Verbindung mit § 105 Absatz 1 sowie § 116 Absatz 1 der Abgabenordnung sind insoweit nicht anzuwenden. ³Satz 2 gilt nicht für Verfahren wegen einer Steuerstraftat sowie eines damit zusammenhängenden Besteuerungsverfahrens, wenn an deren Durchführung ein zwingendes öffentliches Interesse besteht, oder bei vorsätzlich falschen Angaben der Auskunftspflichtigen oder der für sie tätigen Personen.

(6) Soweit Prüfungen einen Verstoß gegen Auflagen, Anordnungen oder Verfügungen der Bundesnetzagentur ergeben haben, hat das Unternehmen der

Bundesnetzagentur die Aufwendungen für diese Prüfungen einschließlich ihrer Auslagen für Sachverständige zu erstatten.

(7) Zur Durchsetzung der Maßnahmen nach § 203 kann nach Maßgabe des Verwaltungsvollstreckungsgesetzes ein Zwangsgeld von mindestens 1 000 Euro bis höchstens 10 Millionen Euro festgesetzt werden.

§ 205 Ermittlungen. (1) Die Bundesnetzagentur kann alle Ermittlungen führen und alle Beweise erheben, die erforderlich sind.

(2) [1]Für den Beweis durch Augenschein, Zeugen und Sachverständige sind § 372 Absatz 1, die §§ 376, 377, 380 bis 387, 390, 395 bis 397, 398 Absatz 1 und die §§ 401, 402, 404, 406 bis 409, 411 bis 414 der Zivilprozessordnung entsprechend anzuwenden; Haft darf nicht verhängt werden. [2]Für die Entscheidung über die Beschwerde ist das Oberlandesgericht zuständig.

(3) [1]Über die Aussagen der Zeuginnen und Zeugen soll ein Protokoll erstellt werden. [2]Das Protokoll ist von dem ermittelnden Mitglied der Bundesnetzagentur und, wenn ein Urkundsbeamter zugezogen ist, auch von diesem zu unterschreiben. [3]Das Protokoll soll Ort und Tag der Verhandlung sowie die Namen der Mitwirkenden und Beteiligten enthalten.

(4) [1]Das Protokoll ist den Zeuginnen und Zeugen zur Genehmigung vorzulesen oder zur eigenen Durchsicht vorzulegen. [2]Die erteilte Genehmigung ist zu vermerken und von den Betreffenden zu unterschreiben. [3]Unterbleibt die Unterschrift, so ist der Grund hierfür anzugeben.

(5) Bei der Vernehmung von Sachverständigen sind die Absätze 3 und 4 entsprechend anzuwenden.

(6) [1]Die Bundesnetzagentur kann das Amtsgericht um die Beeidigung von Zeuginnen und Zeugen ersuchen, wenn sie die Beeidigung zur Herbeiführung einer wahrheitsgemäßen Aussage für notwendig erachtet. [2]Über die Beeidigung entscheidet das Gericht.

§ 206 Beschlagnahme. (1) [1]Die Bundesnetzagentur kann Gegenstände, die als Beweismittel für die Ermittlung von Bedeutung sein können, beschlagnahmen. [2]Die Beschlagnahme ist den davon Betroffenen unverzüglich bekannt zu geben.

(2) Die Bundesnetzagentur hat innerhalb von drei Tagen die gerichtliche Bestätigung des Amtsgerichts, in dessen Bezirk die Beschlagnahme stattgefunden hat, zu beantragen, wenn bei der Beschlagnahme weder der davon Betroffene noch ein erwachsener Angehöriger anwesend war oder wenn der Betroffene und im Falle seiner Abwesenheit ein erwachsener Angehöriger des Betroffenen gegen die Beschlagnahme ausdrücklich Widerspruch erhoben hat.

(3) [1]Der Betroffene kann jederzeit eine gerichtliche Entscheidung beantragen. [2]Hierüber ist er zu belehren. [3]Über den Antrag entscheidet das nach Absatz 2 zuständige Gericht.

Telekommunikationsgesetz **TKG 29**

(4) ¹Gegen die gerichtliche Entscheidung ist die Beschwerde zulässig. ²Die §§ 306 bis 310 und 311a der Strafprozessordnung gelten entsprechend.

§ 207 Vorläufige Anordnungen. Die Bundesnetzagentur kann bis zur endgültigen Entscheidung vorläufige Anordnungen treffen.

§ 208 Vorteilsabschöpfung durch die Bundesnetzagentur. (1) Hat ein Unternehmen gegen eine Entscheidung der Bundesnetzagentur oder vorsätzlich oder fahrlässig gegen eine Vorschrift dieses Gesetzes verstoßen und dadurch einen wirtschaftlichen Vorteil erlangt, kann die Bundesnetzagentur die Abschöpfung des wirtschaftlichen Vorteils anordnen und dem Unternehmen die Zahlung eines entsprechenden Geldbetrags auferlegen.

(2) ¹Absatz 1 gilt nicht, sofern der wirtschaftliche Vorteil durch Schadensersatzleistungen oder durch die Verhängung von Bußgeldern oder die Anordnung der Einziehung von Taterträgen ausgeglichen ist. ²Soweit das Unternehmen Leistungen nach Satz 1 erst nach der Vorteilsabschöpfung erbringt, ist der abgeführte Geldbetrag in Höhe der nachgewiesenen Zahlungen an das Unternehmen zurückzuerstatten.

(3) ¹Wäre die Durchführung einer Vorteilsabschöpfung eine unbillige Härte, soll die Anordnung auf einen angemessenen Geldbetrag beschränkt werden oder ganz unterbleiben. ²Sie soll auch unterbleiben, wenn der wirtschaftliche Vorteil gering ist.

(4) ¹Die Höhe des wirtschaftlichen Vorteils kann geschätzt werden. ²Der abzuführende Geldbetrag ist zahlenmäßig zu bestimmen.

Abschnitt 3

Verfahren

Unterabschnitt 1

Verwaltungsverfahren der Bundesnetzagentur

§ 209 Entscheidungen der Bundesnetzagentur. (1) ¹Entscheidungen der Bundesnetzagentur sind zu begründen. ²Sie sind mit der Begründung und einer Belehrung über den zulässigen Rechtsbehelf den Beteiligten bekannt zu geben.

(2) ¹Entscheidungen, die gegenüber einem Beteiligten im Ausland ergehen, gibt die Bundesnetzagentur gegenüber denjenigen bekannt, die der Beteiligte der Bundesnetzagentur als Bevollmächtigte im Inland oder in einem anderen Mitgliedstaat der Europäischen Union benannt hat. ²Hat der Beteiligte keine Bevollmächtigten im Inland oder in einem anderen Mitgliedstaat der Europäischen Union benannt, so gibt die Bundesnetzagentur die Entscheidung durch Bekanntmachung im Bundesanzeiger bekannt oder stellt diese nach § 9 des Verwaltungszustellungsgesetzes im Ausland zu.

(3) Im Übrigen bleibt § 41 des Verwaltungsverfahrensgesetzes unberührt.

(4) Sofern ein Verfahren nicht mit einer Entscheidung abgeschlossen wird, ist die Beendigung des Verfahrens den Beteiligten mitzuteilen.

§ 210 Bekanntgabe von Allgemeinverfügungen. [1]Entscheidungen der Bundesnetzagentur in Form von Technischen Richtlinien und anderen Allgemeinverfügungen sind abweichend von § 209 Absatz 1 öffentlich bekannt zu geben. [2]Die öffentliche Bekanntgabe wird dadurch bewirkt, dass
1. die vollständige Entscheidung auf der Internetseite der Bundesnetzagentur veröffentlicht wird und
2. Folgendes im Amtsblatt der Bundesnetzagentur bekannt gemacht wird:
    a) der verfügende Teil der Allgemeinverfügung,
    b) die Rechtsbehelfsbelehrung und
    c) ein Hinweis auf die Veröffentlichung der vollständigen Entscheidung auf der Internetseite der Bundesnetzagentur.

[3]Die Allgemeinverfügung gilt zwei Wochen nach der Bekanntmachung im Amtsblatt der Bundesnetzagentur als bekannt gegeben; hierauf ist in der Bekanntmachung hinzuweisen. 4 § 41 Absatz 4 Satz 4 des Verwaltungsverfahrensgesetzes gilt entsprechend.

Unterabschnitt 2

Beschlusskammern

§ 211 Beschlusskammerentscheidungen. (1) [1]Die Bundesnetzagentur entscheidet durch Beschlusskammern in den Fällen des Teils 2, des § 91 Absatz 9 sowie der §§ 100 und 101. [2]Absatz 4 Satz 1 bleibt unberührt. [3]Die Entscheidung ergeht durch Verwaltungsakt. [4]Die Beschlusskammern werden mit Ausnahme der Absätze 2 und 4 nach Bestimmung des Bundesministeriums für Wirtschaft und Energie im Benehmen mit dem Bundesministerium für Verkehr und digitale Infrastruktur gebildet.

(2) [1]Die Bundesnetzagentur entscheidet durch Beschlusskammern als nationale Streitbeilegungsstelle in den Fällen von § 72, § 128 Absatz 4, § 134 Absatz 5 und § 149. [2]Die Entscheidung ergeht durch Verwaltungsakt. [3]Nationale Streitbeilegungsstellen werden nach Bestimmung des Bundesministeriums für Verkehr und digitale Infrastruktur im Benehmen mit dem Bundesministerium für Wirtschaft und Energie gebildet.

(3) [1]Die Beschlusskammern entscheiden in der Besetzung mit einem Vorsitzenden oder einer Vorsitzenden und zwei beisitzenden Mitgliedern. [2]Der oder die Vorsitzende und die beisitzenden Mitglieder müssen die Befähigung für eine Laufbahn des höheren Dienstes erworben haben. [3]Mindestens ein Mitglied der Beschlusskammer muss die Befähigung zum Richteramt haben.

(4) [1]In den Fällen des § 91 Absatz 9 sowie der §§ 100 und 101 findet für die Besetzung der Beschlusskammer § 3 Absatz 1 Satz 1 und Absatz 2 des Geset-

zes über die Bundesnetzagentur für Elektrizität, Gas, Telekommunikation, Post und Eisenbahnen entsprechende Anwendung; Absatz 3 Satz 2 und 3 findet insoweit keine Anwendung. ²Die Entscheidung in den Fällen des § 100 Absatz 4 Nummer 2 und 4 erfolgt im Benehmen mit dem Beirat.

(5) ¹Zur Wahrung einer einheitlichen Spruchpraxis in Fällen vergleichbarer oder zusammenhängender Sachverhalte und zur Sicherstellung des Konsistenzgebotes nach § 38 Absatz 5 Satz 2 Nummer 1 sind in der Geschäftsordnung der Bundesnetzagentur Verfahren vorzusehen, die vor Erlass von Entscheidungen umfassende Abstimmungs-, Auskunfts- und Informationspflichten der jeweiligen Beschlusskammern und der Abteilungen vorsehen. ²Soweit Entscheidungen der Beschlusskammern nach den §§ 24 bis 32 Absatz 2, nach § 38 oder § 49 betroffen sind, ist in der Geschäftsordnung sicherzustellen, dass Festlegungen nach den §§ 10 und 11 durch die Präsidentenkammer erfolgen.

(6) ¹Abweichend von § 209 Absatz 1 sind Entscheidungen der Beschlusskammern den Beteiligten nach den Vorschriften des Verwaltungszustellungsgesetzes zuzustellen. ²Beschlusskammerentscheidungen, die gegenüber einem Beteiligten im Ausland ergehen, stellt die Bundesnetzagentur denjenigen zu, die der Beteiligte der Bundesnetzagentur als Zustellungsbevollmächtigte im Inland benannt hat. ³Hat der Beteiligte keine Zustellungsbevollmächtigten im Inland benannt, so stellt die Beschlusskammer die Entscheidung durch Bekanntmachung im Bundesanzeiger oder nach § 9 des Verwaltungszustellungsgesetzes im Ausland zu.

(7) Sofern ein Verfahren nicht mit einer Entscheidung abgeschlossen wird, die den Beteiligten nach Absatz 6 zugestellt wird, ist die Beendigung des Verfahrens den Beteiligten mitzuteilen.

§ 212 Sonstige Streitigkeiten zwischen Unternehmen. (1) ¹Ergeben sich im Zusammenhang mit Verpflichtungen aus diesem Gesetz oder aufgrund dieses Gesetzes Streitigkeiten zwischen Unternehmen, die öffentliche Telekommunikationsnetze betreiben oder öffentlich zugängliche Telekommunikationsdienste erbringen, oder zwischen diesen und anderen Unternehmen, denen Zugangs- oder Zusammenschaltungsverpflichtungen aus diesem Gesetz oder aufgrund dieses Gesetzes zugutekommen, trifft die Beschlusskammer, soweit dies gesetzlich nicht anders geregelt ist, auf Antrag einer Partei nach Anhörung der Beteiligten eine verbindliche Entscheidung. ²Sie hat innerhalb einer Frist von höchstens vier Monaten, beginnend mit der Anrufung durch einen der an dem Streitfall Beteiligten, über die Streitigkeit zu entscheiden.

(2) ¹Fällt eine Streitigkeit in einem unter dieses Gesetz fallenden Bereich zwischen Unternehmen in verschiedenen Mitgliedstaaten der Europäischen Union in die Zuständigkeit der nationalen Regulierungsbehörden von mehr als einem Mitgliedstaat der Europäischen Union, kann jede Partei die Streitigkeit der betreffenden nationalen Regulierungsbehörde vorlegen. ²Fällt die Streitigkeit in den Zuständigkeitsbereich der Bundesnetzagentur, so koordiniert sie ihre Maßnahmen mit den zuständigen nationalen Regulierungsbehörden der

anderen betroffenen Mitgliedstaaten der Europäischen Union. ³Die Beschlusskammer trifft ihre Entscheidung im Benehmen mit der betreffenden nationalen Regulierungsbehörde innerhalb der in Absatz 1 genannten Frist.

(3) ¹Bei einer Streitigkeit nach Absatz 2, die den Handel zwischen den Mitgliedstaaten der Europäischen Union beeinträchtigt, meldet die Bundesnetzagentur die Streitigkeit dem GEREK, um sie im Einklang mit den in § 2 genannten Zielen dauerhaft beizulegen. ²Die Beschlusskammer trifft ihre Entscheidung nicht, bevor das GEREK im Anschluss an eine Meldung nach Satz 1 seine Stellungnahme abgegeben hat, in der es die Bundesnetzagentur oder die zuständige nationale Regulierungsbehörde ersucht, konkrete Maßnahmen zu ergreifen oder zu unterlassen, damit die Streitigkeit spätestens innerhalb von vier Monaten beigelegt wird. 3 § 207 bleibt hiervon unberührt.

(4) Die §§ 202 bis 207, 211 und 213 bis 217 gelten entsprechend.

§ 213 Einleitung, Beteiligte. (1) Die Beschlusskammer leitet ein Verfahren von Amts wegen oder auf Antrag ein.

(2) An dem Verfahren vor der Beschlusskammer sind beteiligt:
1. der Antragsteller,
2. die Betreiber öffentlicher Telekommunikationsnetze und die Anbieter öffentlich zugänglicher Telekommunikationsdienste, gegen die sich das Verfahren richtet,
3. die Personen und Personenvereinigungen, deren Interessen durch die Entscheidung berührt werden und die die Bundesnetzagentur auf ihren Antrag zu dem Verfahren beigeladen hat.

§ 214 Verfahren der nationalen Streitbeilegung. (1) Die nationale Streitbeilegungsstelle leitet ein Verfahren auf Antrag ein.

(2) An Verfahren vor der nationalen Streitbeilegungsstelle sind beteiligt:
1. bei einem Verfahren nach § 128 Absatz 4, § 134 Absatz 5, § 149 Absatz 1 Nummer 1, 2, 3 und 5 der Antragsteller und die Eigentümer oder Betreiber öffentlicher Versorgungsnetze oder sonstiger physischer Infrastruktur, gegen die sich das Verfahren richtet,
2. bei einem Verfahren nach § 149 Absatz 1 Nummer 4 der Antragsteller und die Verfügungsberechtigten über Netzinfrastrukturen in Gebäuden oder bis zum ersten Konzentrations- oder Verteilerpunkt eines öffentlichen Telekommunikationsnetzes, gegen die sich das Verfahren richtet,
3. bei einem Verfahren nach § 149 Absatz 1 Nummer 6 der Antragsteller und die Betreiber einer nach § 72 Absatz 1 Nummer 1 und 2 errichteten Netzinfrastruktur, gegen die sich das Verfahren richtet,
4. die Personen und Personenvereinigungen, deren Interessen durch die Entscheidung berührt werden und die die Bundesnetzagentur auf ihren Antrag zu dem Verfahren beigeladen hat,
5. bei einer Inanspruchnahme von Eisenbahninfrastrukturunternehmen die zuständige Eisenbahnaufsichtsbehörde.

(3) Sind bei Streitigkeiten über das Vorliegen eines Ablehnungsgrundes nach § 136 Absatz 4 Nummer 3, § 137 Absatz 3 Nummer 3, § 141 Absatz 2 Nummer 4, § 142 Absatz 4 Nummer 4, § 143 Absatz 4 Nummer 1, § 153 Absatz 4 Nummer 3 oder § 154 Absatz 4 Satz 2 Nummer 4 Kritische Infrastrukturen im Sinne des § 2 Absatz 10 des BSI-Gesetzes betroffen, so entscheidet die Bundesnetzagentur im Benehmen mit dem Bundesamt für Sicherheit in der Informationstechnik.

§ 215 Anhörung, mündliche Verhandlung. (1) Die Beschlusskammer hat den Beteiligten Gelegenheit zur Stellungnahme zu geben.

(2) Die Beschlusskammer kann den Personen, die von dem Verfahren berührte Wirtschaftskreise vertreten, in geeigneten Fällen Gelegenheit zur Stellungnahme geben.

(3) [1]Die Beschlusskammer entscheidet aufgrund öffentlicher mündlicher Verhandlung. [2]Mit Einverständnis der Beteiligten kann die mündliche Verhandlung im Rahmen einer Telefon- oder Videokonferenz durchgeführt oder ohne mündliche Verhandlung entschieden werden. [3]Ferner kann die Beschlusskammer ohne mündliche Verhandlung entscheiden, wenn nach Ankündigung durch die Beschlusskammer keiner der Beteiligten begründet die Durchführung der mündlichen Verhandlung verlangt. [4]Auf Antrag eines Beteiligten oder von Amts wegen ist für die Verhandlung oder für einen Teil davon die Öffentlichkeit auszuschließen, wenn sie eine Gefährdung der öffentlichen Ordnung, insbesondere der Staatssicherheit, oder die Gefährdung eines wichtigen Betriebs- oder Geschäftsgeheimnisses besorgen lässt.

(4) [1]Abweichend von Absatz 3 kann die Beschlusskammer ohne mündliche Verhandlung entscheiden, wenn die Sache keine besonderen Schwierigkeiten tatsächlicher oder rechtlicher Art aufweist und der Sachverhalt geklärt ist. [2]Die Beteiligten sind vorher zu hören.

(5) [1]Die Beschlusskammer kann Erklärungen und Beweismittel, die erst nach Ablauf einer gesetzten Frist vorgebracht werden, zurückweisen und ohne weitere Ermittlungen entscheiden, wenn
1. ihre Zulassung nach der freien Überzeugung der Beschlusskammer die Erledigung des Verfahrens verzögern würde,
2. der Beteiligte die Verspätung nicht genügend entschuldigt und
3. der Beteiligte über die Folgen einer Fristversäumung belehrt worden ist.

[2]Der Entschuldigungsgrund ist auf Verlangen der Beschlusskammer glaubhaft zu machen.

§ 216 Betriebs- oder Geschäftsgeheimnisse. [1]Unverzüglich nach der Vorlage von Unterlagen im Rahmen des Beschlusskammerverfahrens haben alle Beteiligten diejenigen Teile zu kennzeichnen, die Betriebs- oder Geschäftsgeheimnisse enthalten. [2]In diesem Fall müssen sie zusätzlich eine Fassung vorlegen, die aus ihrer Sicht ohne Preisgabe von Betriebs- oder Geschäftsgeheimnissen eingesehen werden kann. [3]Erfolgt diese Vorlage nicht, kann die Beschlusskammer von ihrer Zustimmung zur Einsicht ausgehen, es sei denn, ihr sind besondere Umstände bekannt, die eine solche Vermutung nicht rechtfertigen. ⁴Hält die Beschlusskammer die Kennzeichnung der Unterlagen als Betriebs- oder Geschäftsgeheimnisse für unberechtigt, so muss sie vor der Entscheidung über die Gewährung von Einsichtnahme an Dritte die vorlegenden Personen hören.

Unterabschnitt 3

Gerichtsverfahren

§ 217 Rechtsbehelfe. (1) Widerspruch und Klage gegen Entscheidungen der Bundesnetzagentur haben keine aufschiebende Wirkung.

(2) Im Falle des § 211 und bei Entscheidungen der Bundesnetzagentur nach Teil 9 findet kein Vorverfahren statt.

(3) ¹Im Falle des § 211 und bei Entscheidungen der Bundesnetzagentur nach Teil 9 sind die Berufung gegen ein Urteil und die Beschwerde nach der Verwaltungsgerichtsordnung oder nach dem Gerichtsverfassungsgesetz gegen eine andere Entscheidung des Verwaltungsgerichts ausgeschlossen. ²Das gilt nicht für
1. die Beschwerde gegen den Beschluss nach § 218 Absatz 2 Satz 1,
2. die Beschwerde gegen die Nichtzulassung der Revision nach § 135 in Verbindung mit § 133 der Verwaltungsgerichtsordnung und
3. die Beschwerde gegen Beschlüsse über den Rechtsweg nach § 17a Absatz 2 und 3 des Gerichtsverfassungsgesetzes.

³Auf die Beschwerde gegen Beschlüsse über den Rechtsweg findet § 17a Absatz 4 Satz 4 bis 6 des Gerichtsverfassungsgesetzes entsprechende Anwendung.

(4) ¹Für Anfechtungsklagen gegen Entscheidungen der nationalen Streitbeilegungsstelle nach § 211 Absatz 2 in Verbindung mit § 72, § 128 Absatz 4, § 134 Absatz 5 oder § 149 ist das Verwaltungsgericht örtlich zuständig, in dessen Bezirk die nationale Streitbeilegungsstelle ihren Sitz hat. ²Dies gilt auch für Verpflichtungsklagen in den Fällen des Satzes 1. ³Die Sätze 1 und 2 gelten entsprechend für Streitigkeiten, die Entscheidungen der Bundesnetzagentur nach Teil 9 betreffen.

§ 218 Vorlage- und Auskunftspflicht der Bundesnetzagentur. (1) ¹Für die Vorlage von Urkunden oder Akten, die Übermittlung elektronischer Dokumente oder die Erteilung von Auskünften durch die Bundesnetzagentur ist § 99 Absatz 1 der Verwaltungsgerichtsordnung mit der Maßgabe anzuwenden, dass anstelle des Rechts der obersten Aufsichtsbehörde nach § 99 Absatz 1 Satz 2 der Verwaltungsgerichtsordnung, die Vorlage zu verweigern, das Recht der Bundesnetzagentur tritt, die Unterlagen als geheimhaltungsbedürftig zu kennzeichnen. ²Das Gericht der Hauptsache unterrichtet die Beteiligten, deren Geheimhaltungsinteresse durch die Offenlegung der Unterlagen im Hauptsacheverfahren berührt werden könnte, darüber, dass die Unterlagen vorgelegt worden sind.

(2) ¹Das Gericht der Hauptsache entscheidet auf Antrag eines Beteiligten, der ein Geheimhaltungsinteresse an den vorgelegten Unterlagen geltend macht, durch Beschluss, inwieweit die §§ 100 und 108 Absatz 1 Satz 2 sowie Absatz 2 der Verwaltungsgerichtsordnung auf die Entscheidung in der Hauptsache anzuwenden sind. ²Die Beteiligtenrechte nach den §§ 100 und 108 Absatz 1 Satz 2 sowie Absatz 2 der Verwaltungsgerichtsordnung sind auszuschließen, soweit nach Abwägung aller Umstände das Geheimhaltungsinteresse das Interesse der Beteiligten auf rechtliches Gehör auch unter Beachtung des Rechts auf effektiven Rechtsschutz überwiegt. ³Insoweit dürfen die Entscheidungsgründe im Hauptsacheverfahren die Art und den Inhalt der geheimgehaltenen Unterlagen nicht erkennen lassen. ⁴Die Mitglieder des Gerichts sind zur Geheimhaltung verpflichtet.

(3) ¹Der Antrag nach Absatz 2 Satz 1 ist innerhalb eines Monats zu stellen, nachdem das Gericht die Beteiligten, deren Geheimhaltungsinteressen durch die Offenlegung der Unterlagen berührt werden könnten, über die Vorlage der Unterlagen durch die Bundesnetzagentur unterrichtet hat. ²In diesem Verfahren ist § 100 der Verwaltungsgerichtsordnung nicht anzuwenden. ³Absatz 2 Satz 3 und 4 gilt sinngemäß.

(4) ¹Gegen die Entscheidung nach Absatz 2 Satz 1 ist die Beschwerde zum Bundesverwaltungsgericht gegeben. ²Über die Beschwerde entscheidet der für die Hauptsache zuständige Revisionssenat. ³Absatz 2 Satz 3 und 4 und Absatz 3 Satz 2 gelten sinngemäß.

§ 219 Informationssystem zu eingelegten Rechtsbehelfen. (1) Die Bundesnetzagentur erhebt zu den gegen ihre Entscheidungen eingelegten Rechtsbehelfen die folgenden Informationen:
1. die Anzahl und den allgemeinen Inhalt der eingelegten Rechtsbehelfe,
2. die Dauer der Verfahren und
3. die Anzahl der Entscheidungen im vorläufigen Rechtsschutz.

(2) Die Bundesnetzagentur stellt der Kommission und dem GEREK auf deren begründete Anfrage die Informationen nach Absatz 1 sowie die Entscheidungen oder Gerichtsurteile zur Verfügung.

§ 220 Beteiligung der Bundesnetzagentur bei bürgerlichen Rechtsstreitigkeiten. ¹Für bürgerliche Rechtsstreitigkeiten, die sich aus diesem Gesetz ergeben, gilt § 90 Absatz 1 und 2 des Gesetzes gegen Wettbewerbsbeschränkungen entsprechend. ²In diesen Fällen treten an die Stelle des Bundeskartellamtes und seines Präsidenten oder seiner Präsidentin die Bundesnetzagentur und ihr Präsident oder ihre Präsidentin.

29 TKG

Telekommunikationsgesetz

Unterabschnitt 4

Internationale Aufgaben

§ 221 Internationale Aufgaben. (1) ¹Im Bereich der europäischen und internationalen Telekommunikationspolitik, insbesondere bei der Mitarbeit in europäischen und internationalen Institutionen und Organisationen, wird die Bundesnetzagentur im Auftrag des Bundesministeriums für Wirtschaft und Energie oder des Bundesministeriums für Verkehr und digitale Infrastruktur tätig. ²Dies gilt nicht für Aufgaben, die die Bundesnetzagentur aufgrund dieses Gesetzes oder anderer Gesetze sowie aufgrund von Verordnungen der Europäischen Union in eigener Zuständigkeit wahrnimmt.

(2) ¹Die Bundesnetzagentur unterrichtet das Bundesministerium für Wirtschaft und Energie oder das Bundesministerium für Verkehr und digitale Infrastruktur vorab über die wesentlichen Inhalte geplanter Sitzungen in europäischen und internationalen Gremien. ²Sie fasst die wesentlichen Ergebnisse und Schlussfolgerungen der Sitzungen zusammen und übermittelt sie unverzüglich an das Bundesministerium für Wirtschaft und Energie oder das Bundesministerium für Verkehr und digitale Infrastruktur. ³Bei Aufgaben, die die Bundesnetzagentur nach Absatz 1 Satz 2 in eigener Zuständigkeit wahrnimmt, finden die Sätze 1 und 2 keine Anwendung, soweit zwingende Vorschriften die vertrauliche Behandlung von Informationen fordern.

§ 222 Anerkannte Abrechnungsstelle für den Seefunkverkehr. Zuständige Behörde für die Anerkennung von Abrechnungsstellen für den internationalen Seefunkverkehr nach den Anforderungen der Internationalen Fernmeldeunion im Geltungsbereich dieses Gesetzes ist die Bundesnetzagentur.

Teil 12

Abgaben

§ 223 Gebühren und Auslagen; Verordnungsermächtigung. (1) ¹Die Gebühren für Entscheidungen über die Zuteilung von Frequenzen nach den §§ 91 und 92 sind abweichend von § 9 Absatz 1 des Bundesgebührengesetzes so zu bestimmen, dass sie als Lenkungszweck die optimale Nutzung und eine den Zielen dieses Gesetzes verpflichtete effiziente Verwendung dieser Güter sicherstellen. ²Für Gebühren für Entscheidungen über die Zuteilung von Rundfunkfrequenzen sind die medienrechtlichen Zielvorgaben der Länder zu berücksichtigen. ³Die Bemessung der Gebühren ist nach Maßgabe von Satz 1 in regelmäßigem Abstand, mindestens jedoch alle fünf Jahre zu überprüfen und erforderlichenfalls anzupassen. ⁴Gebührenentscheidungen nach Satz 1 können eine Zahlung in jährlich fällig werdenden Raten vorsehen. ⁵Bei Erlöschen einer Frequenzzuteilung durch Verzicht nach § 102 Absatz 8 soll eine anteilige Gebührenermäßigung gewährt werden, wenn dadurch eine effizientere Frequenznutzung bewirkt wird. ⁶Es werden keine Gebühren erhoben, wenn Frequenzen im Wege eines Verfahrens nach § 100 Absatz 5 und 6 vergeben werden.

(2) ¹Das Bundesministerium für Wirtschaft und Energie bestimmt im Einvernehmen mit dem Bundesministerium für Verkehr und digitale Infrastruktur und dem Bundesministerium der Finanzen die Gebühren nach Absatz 1 Satz 1 sowie die mit einer Frequenzzuteilung im Sachzusammenhang stehenden Gebühren durch eine Besondere Gebührenverordnung nach § 22 Absatz 4 des Bundesgebührengesetzes. ²Das Bundesministerium für Wirtschaft und Energie kann die Ermächtigung durch Rechtsverordnung im Einvernehmen mit dem Bundesministerium der Finanzen und dem Bundesministerium für Verkehr und digitale Infrastruktur auf die Bundesnetzagentur übertragen. ³Eine Rechtsverordnung nach Satz 2, ihre Änderung und ihre Aufhebung bedürfen des Einvernehmens mit dem Bundesministerium für Wirtschaft und Energie, dem Bundesministerium der Finanzen und dem Bundesministerium für Verkehr und digitale Infrastruktur.

(3) Die Gebühren für Entscheidungen über die Zuteilung von Nummern können in einer Besonderen Gebührenverordnung nach § 22 Absatz 4 des Bundesgebührengesetzes abweichend von § 9 Absatz 1 des Bundesgebührengesetzes so bestimmt werden, dass sie als Lenkungszweck die optimale Nutzung und eine den Zielen dieses Gesetzes verpflichtete effiziente Verwendung der Nummern sicherstellen.

(4) ¹Die Wegebaulastträger können in ihrem Zuständigkeitsbereich Regelungen erlassen, nach denen lediglich die Verwaltungskosten abdeckende Gebühren und Auslagen für die Erteilung von Zustimmungsbescheiden nach § 127 Absatz 1 zur Nutzung öffentlicher Wege erhoben werden können. ²Eine Pauschalierung ist zulässig.

§ 224 Frequenznutzungsbeitrag. (1) ¹Die Bundesnetzagentur erhebt jährliche Beiträge zur Deckung ihrer Kosten für die Verwaltung, Kontrolle und Durchsetzung von Allgemeinzuteilungen und Nutzungsrechten im Bereich der Frequenz- und Orbitnutzungen nach diesem Gesetz oder den darauf beruhenden Rechtsverordnungen. ²Dies umfasst insbesondere auch die Kosten der Bundesnetzagentur für
1. die Planung und Fortschreibung von Frequenznutzungen einschließlich der notwendigen Messungen, Prüfungen und Verträglichkeitsuntersuchungen zur Gewährleistung einer effizienten und störungsfreien Frequenznutzung,
2. internationale Zusammenarbeit, Harmonisierung und Normung.

(2) ¹Beitragspflichtig sind diejenigen, denen Frequenzen zugeteilt sind. ²Die Anteile an den Kosten werden den einzelnen Nutzergruppen, die sich aus der Frequenzzuweisung ergeben, so weit wie möglich aufwandsbezogen zugeordnet. ³Eine Beitragspflicht ist auch dann gegeben, wenn eine Frequenz aufgrund sonstiger Verwaltungsakte oder dauerhaft ohne Zuteilung genutzt wird. ⁴Dies gilt insbesondere für die bis zum 1. August 1996 erteilten Rechte, soweit sie Festlegungen über die Nutzung von Frequenzen enthalten.

29 TKG Telekommunikationsgesetz

(3) In die nach Absatz 1 abzugeltenden Kosten sind solche nicht einzubeziehen, für die bereits die nachstehenden Gebühren oder Beiträge nach den genannten Vorschriften in der jeweils gültigen Fassung und nach den auf diesen Vorschriften beruhenden Rechtsverordnungen erhoben werden:
1. eine Gebühr nach § 223,
2. Gebühren nach den Besonderen Gebührenverordnungen des Bundesministeriums für Wirtschaft und Energie im Einvernehmen mit dem Bundesministerium für Verkehr und digitale Infrastruktur nach § 22 Absatz 4 des Bundesgebührengesetzes,
3. Beiträge nach § 31 des Elektromagnetische-Verträglichkeit-Gesetzes oder
4. Beiträge nach § 35 des Funkanlagengesetzes.

(4) [1]Das Bundesministerium für Wirtschaft und Energie wird ermächtigt, im Einvernehmen mit dem Bundesministerium der Finanzen und dem Bundesministerium für Verkehr und digitale Infrastruktur durch Rechtsverordnung, die nicht der Zustimmung des Bundesrates bedarf, nach Maßgabe der vorstehenden Absätze das Nähere festzulegen über
1. den Kreis der Beitragspflichtigen,
2. die Beitragssätze,
3. die Beitragskalkulation und
4. das Verfahren der Beitragserhebung einschließlich der Zahlungsweise.
[2]Der auf das Allgemeininteresse entfallende Kostenanteil ist beitragsmindernd zu berücksichtigen. [3]Das Bundesministerium für Wirtschaft und Energie kann die Ermächtigung nach Satz 1 durch Rechtsverordnung unter Sicherstellung der Einvernehmensregelung auf die Bundesnetzagentur übertragen. [4]Eine Rechtsverordnung der Bundesnetzagentur, ihre Änderung und ihre Aufhebung bedürfen des Einvernehmens mit dem Bundesministerium für Wirtschaft und Energie, dem Bundesministerium der Finanzen und dem Bundesministerium für Verkehr und digitale Infrastruktur.

§ 225 Kosten von außergerichtlichen Streitbeilegungsverfahren. [1]Für die außergerichtlichen Streitbeilegungsverfahren nach § 68 werden keine Gebühren und Auslagen erhoben. [2]Jede Partei trägt die ihr durch die Teilnahme am Verfahren entstehenden Kosten selbst.

§ 226 Kosten des Vorverfahrens. (1) Für ein Vorverfahren werden Gebühren und Auslagen erhoben.

(2) [1]Für die vollständige oder teilweise Zurückweisung eines Widerspruchs wird eine Gebühr bis zur Höhe der für die angefochtene Amtshandlung festgesetzten Gebühr erhoben. [2]Über die Kosten entscheidet die Widerspruchsstelle nach billigem Ermessen. [3]In den Fällen, in denen für die angefochtene Amtshandlung der Bundesnetzagentur keine Gebühr anfällt, bestimmt sich die Gebühr nach Maßgabe des § 34 Absatz 1 des Gerichtskostengesetzes; auf die Bestimmung des Wertes der Streitfrage finden die §§ 3 bis 9 der Zivilprozessordnung entsprechende Anwendung.

(3) ¹Wird ein Widerspruch nach Beginn seiner sachlichen Bearbeitung, jedoch vor deren Beendigung zurückgenommen, beträgt die Gebühr höchstens 75 Prozent der Widerspruchsgebühr. ²Über die Kosten entscheidet die Widerspruchsstelle nach billigem Ermessen.

§ 227 Mitteilung der Bundesnetzagentur. ¹Die Bundesnetzagentur veröffentlicht einen jährlichen Überblick über ihre Verwaltungskosten und die insgesamt eingenommenen Abgaben. ²Soweit erforderlich, werden Gebühren und Beitragssätze in den betroffenen Verordnungen für die Zukunft angepasst.

Teil 13

Bußgeldvorschriften

§ 228 Bußgeldvorschriften. (1) Ordnungswidrig handelt, wer vorsätzlich oder leichtfertig einer vollziehbaren Anordnung nach § 203 Absatz 4 Satz 1 Nummer 2 zuwiderhandelt.

(2) Ordnungswidrig handelt, wer vorsätzlich oder fahrlässig
1. entgegen § 4 eine Information nicht, nicht richtig, nicht vollständig oder nicht rechtzeitig zur Verfügung stellt,
2. entgegen § 5 Absatz 1 eine Meldung nicht, nicht richtig, nicht vollständig, nicht in der vorgeschriebenen Weise oder nicht rechtzeitig macht,
3. einer vollziehbaren Anordnung nach
   a) § 19 Absatz 1 Satz 1 in Verbindung mit § 18 Absatz 1 Satz 1 zweiter Halbsatz Nummer 2 oder 3, § 25 Absatz 1, 2 oder 3 Satz 1, § 29 Absatz 4 Satz 2, § 38 Absatz 4 Satz 1 oder 2, § 44 Absatz 3 Satz 2, auch in Verbindung mit § 46 Absatz 6, § 46 Absatz 5, § 47 Absatz 1 Satz 1, § 49 Absatz 2 erster Halbsatz, § 50 Absatz 4 Satz 1, § 161 Absatz 2 Satz 1 oder Absatz 3 Satz 1 oder § 188 Absatz 1,
   b) § 47 Absatz 3, § 104 oder § 203 Absatz 2 Satz 1 Nummer 1 oder Satz 3 oder
   c) § 58 Absatz 5 Satz 2, § 123 Absatz 1, 2 Satz 1 oder 2, Absatz 3 Satz 1, Absatz 4 oder 5, § 149 Absatz 2 Satz 1 oder § 166 Absatz 2 Satz 2 oder Absatz 4 Satz 1
   zuwiderhandelt,
4. entgegen
   a) § 34 Absatz 1,
   b) § 45 Absatz 1 oder § 76 Absatz 2 Nummer 4 oder
   c) § 111 Absatz 1 Nummer 1
   eine Anzeige nicht oder nicht rechtzeitig erstattet,
5. ohne Genehmigung nach § 38 Absatz 1 Satz 1 ein Entgelt erhebt,
6. einer Rechtsverordnung nach § 52 Absatz 4 oder § 108 Absatz 6 Satz 1 oder einer vollziehbaren Anordnung aufgrund einer solchen Rechtsverordnung zuwiderhandelt, soweit die Rechtsverordnung für einen bestimmten Tatbestand auf diese Bußgeldvorschrift verweist,

29 TKG   Telekommunikationsgesetz

7. entgegen § 54 Absatz 3 Satz 1, auch in Verbindung mit § 54 Absatz 3 Satz 3, eine Vertragszusammenfassung nicht oder nicht rechtzeitig zur Verfügung stellt,
8. entgegen § 55 Absatz 1 eine Information nicht, nicht richtig, nicht vollständig oder nicht rechtzeitig zur Verfügung stellt,
9. entgegen § 57 Absatz 2 Satz 1 den Endnutzer nicht oder nicht rechtzeitig unterrichtet,
10. entgegen § 58 Absatz 2 Satz 1 eine Dokumentation nicht oder nicht rechtzeitig erstellt,
11. entgegen § 59 Absatz 2 Satz 1 nicht sicherstellt, dass die Leistung beim Anbieterwechsel gegenüber dem Endnutzer nicht unterbrochen wird,
12. entgegen § 59 Absatz 2 Satz 3 den Telekommunikationsdienst unterbricht,
13. entgegen § 61 Absatz 3 Satz 1 eine Leistung ganz oder teilweise verweigert,
14. entgegen § 73 Absatz 3 Satz 1 den Anschluss einer Telekommunikationsendeinrichtung verweigert,
15. entgegen § 73 Absatz 3 Satz 3 die Zugangsdaten oder eine Information nicht, nicht richtig, nicht vollständig, nicht in der vorgeschriebenen Weise oder nicht rechtzeitig zur Verfügung stellt,
16. entgegen § 74 Absatz 5 eine Leistung anbietet,
17. ohne Frequenzzuteilung nach § 91 Absatz 1 Satz 1 eine Frequenz nutzt,
18. ohne Übertragung nach § 95 Absatz 2 Satz 1 ein deutsches Orbit- oder Frequenznutzungsrecht ausübt,
19. einer vollziehbaren Auflage nach § 99 Absatz 3 Satz 1 Nummer 1 zuwiderhandelt,
20. entgegen § 109 Absatz 1 Satz 1 oder 2, Absatz 2 Satz 1 oder Absatz 3 eine Angabe nicht, nicht richtig oder nicht vollständig macht,
21. entgegen § 109 Absatz 2 Satz 3 die Preisangabe zeitlich kürzer anzeigt,
22. entgegen § 110 Absatz 1, auch in Verbindung mit § 110 Absatz 2 Satz 1 oder 2, Absatz 3 Satz 1 oder Absatz 4 Satz 1 oder 2, einen dort genannten Preis nicht, nicht richtig, nicht vollständig oder nicht rechtzeitig ansagt,
23. entgegen § 112 Absatz 1, 2, 4 oder 5 Satz 1 einen Preis erhebt,
24. entgegen § 113 Absatz 1 Satz 1, auch in Verbindung mit § 113 Absatz 1 Satz 2, eine Verbindung nicht oder nicht rechtzeitig trennt,
25. entgegen § 114 Absatz 1 oder 3 Satz 2 einen dort genannten Dialer einsetzt,
26. entgegen § 115 Absatz 1 eine Warteschleife einsetzt,
27. entgegen § 115 Absatz 2 Satz 1 nicht sicherstellt, dass der Anrufende informiert wird,
28. entgegen § 119 Absatz 1 Satz 2 einen R-Gesprächsdienst anbietet,
29. entgegen § 120 Absatz 1 Satz 1, auch in Verbindung mit § 120 Absatz 5 Satz 1, nicht sicherstellt, dass eine vollständige Rufnummer übermittelt und gekennzeichnet wird,
30. entgegen § 120 Absatz 1 Satz 3, auch in Verbindung mit § 120 Absatz 5 Satz 1, oder entgegen § 120 Absatz 2 Satz 1 oder 3 eine dort genannte Rufnummer aufsetzt oder übermittelt,

31. entgegen § 120 Absatz 1 Satz 4, auch in Verbindung mit § 120 Absatz 5 Satz 1, eine übermittelte Rufnummer verändert,
32. entgegen § 120 Absatz 3 Satz 1 nicht sicherstellt, dass eine dort genannte Rufnummer nicht als Rufnummer des Anrufers übermittelt oder angezeigt wird,
33. entgegen § 120 Absatz 4 Satz 1 nicht sicherstellt, dass eine dort genannte Rufnummer nur in den dort genannten Fällen angezeigt wird,
34. entgegen § 120 Absatz 4 Satz 2 erster Halbsatz nicht sicherstellt, dass der Eintrittsweg gekennzeichnet wird,
35. entgegen § 164 Absatz 1 Satz 2, auch in Verbindung mit § 164 Absatz 2 oder einer Rechtsverordnung nach § 164 Absatz 5 Satz 1 Nummer 2, nicht sicherstellt, dass eine Notrufverbindung hergestellt wird,
36. entgegen § 164 Absatz 1 Satz 3, auch in Verbindung mit § 164 Absatz 2 oder einer Rechtsverordnung nach § 164 Absatz 5 Satz 1 Nummer 3, oder entgegen § 164 Absatz 4 Satz 1 nicht sicherstellt, dass die Rufnummer oder die dort genannten Daten übermittelt werden,
37. entgegen § 164 Absatz 3 Satz 1, auch in Verbindung mit einer Rechtsverordnung nach § 164 Absatz 5 Nummer 6, nicht sicherstellt, dass eine dort genannte Notrufverbindung möglich ist,
37a. entgegen § 164a Absatz 1 Nummer 1, auch in Verbindung mit einer Rechtsverordnung nach § 164a Absatz 4 Nummer 1, 2 oder 3, eine dort genannte Einrichtung nicht oder nicht richtig vorhält,
37b. entgegen § 164a Absatz 1 Nummer 2, auch in Verbindung mit einer Rechtsverordnung nach § 164a Absatz 4 Nummer 1, 2 oder 3, eine dort genannte Aussendung nicht sicherstellt,
37c. einer vollziehbaren Anordnung nach § 164a Absatz 2, auch in Verbindung mit einer Rechtsverordnung nach § 164a Absatz 4 Nummer 1, 2 oder 3, zuwiderhandelt,
38. entgegen § 166 Absatz 2 Satz 1 oder Absatz 4 Satz 2 oder § 181 Satz 2 ein Sicherheitskonzept nicht, nicht richtig, nicht vollständig oder nicht rechtzeitig vorlegt,
39. entgegen § 168 Absatz 1 Satz 1, § 170 Absatz 1 Nummer 3 Buchstabe a, Absatz 2 Nummer 2 oder Absatz 3 Satz 1 oder § 175 Absatz 1 Satz 2 Nummer 2 eine Mitteilung nicht, nicht richtig, nicht vollständig oder nicht rechtzeitig macht,
40. entgegen § 169 Absatz 1 Satz 1 oder 2 oder Absatz 5 Satz 1 eine Benachrichtigung nicht, nicht richtig, nicht vollständig oder nicht rechtzeitig vornimmt,
41. entgegen § 169 Absatz 3 Satz 1 das dort genannte Verzeichnis nicht, nicht richtig oder nicht vollständig führt,
42. entgegen § 170 Absatz 1 Satz 1 Nummer 1 in Verbindung mit einer Rechtsverordnung nach § 170 Absatz 5 Nummer 1 Buchstabe a eine technische Einrichtung nicht vorhält oder eine organisatorische Vorkehrung nicht trifft,

43. entgegen § 170 Absatz 1 Satz 1 Nummer 2 in Verbindung mit einer Rechtsverordnung nach § 170 Absatz 5 Nummer 1 Buchstabe a eine Steuerungsmöglichkeit nicht oder nicht rechtzeitig bereitstellt oder eine Steuerung nicht oder nicht rechtzeitig ermöglicht,
44. entgegen § 170 Absatz 1 Satz 1 Nummer 3 Buchstabe b einen Zustellungsbevollmächtigten im Inland nicht oder nicht rechtzeitig benennt,
45. entgegen § 170 Absatz 1 Satz 1 Nummer 5 eine Prüfung nicht gestattet,
46. entgegen § 170 Absatz 1 Satz 1 Nummer 6 die Aufstellung oder den Betrieb eines dort genannten technischen Mittels nicht duldet oder den Zugang zu einem solchen technischen Mittel nicht gewährt,
47. entgegen § 170 Absatz 8 Satz 3 einen Mangel nicht oder nicht rechtzeitig beseitigt,
48. entgegen § 170 Absatz 9 Satz 1 einen Netzabschlusspunkt nicht, nicht in der vorgeschriebenen Weise oder nicht rechtzeitig bereitstellt,
49. entgegen § 172 Absatz 1 Satz 1, auch in Verbindung mit § 172 Absatz 3, oder entgegen § 172 Absatz 4 dort genannte Daten nicht, nicht richtig, nicht vollständig oder nicht rechtzeitig erhebt, nicht, nicht richtig, nicht vollständig oder nicht rechtzeitig speichert oder nicht, nicht richtig, nicht vollständig oder nicht rechtzeitig berichtigt,
50. entgegen § 172 Absatz 2 Satz 1 die Richtigkeit der Daten nicht, nicht richtig, nicht vollständig oder nicht rechtzeitig überprüft,
51. entgegen § 172 Absatz 5 Satz 2 unrichtige Daten verwendet oder verarbeitet,
52. entgegen § 172 Absatz 5 Satz 3 eine Änderung nicht, nicht richtig, nicht vollständig oder nicht rechtzeitig übermittelt,
53. entgegen § 172 Absatz 6 Daten nicht oder nicht rechtzeitig löscht,
54. entgegen § 173 Absatz 2 Satz 1 Nummer 1 nicht gewährleistet, dass die Bundesnetzagentur jederzeit und automatisiert Daten aus den Kundendateien abrufen kann,
55. entgegen § 173 Absatz 2 Satz 2 nicht sicherstellt, dass ihm die abgerufenen Daten nicht zur Kenntnis gelangen können,
56. entgegen § 174 Absatz 6 Satz 2 Stillschweigen nicht wahrt,
57. entgegen § 176 Absatz 8 Daten nicht oder nicht rechtzeitig löscht oder die Löschung nicht sicherstellt,
58. entgegen § 177 Absatz 2 oder § 179 Absatz 2 dort genannte Daten für andere als die dort genannten Zwecke verwendet,
59. entgegen § 178 Satz 1 nicht sicherstellt, dass Daten geschützt werden,
60. entgegen § 179 Absatz 1 Satz 1 nicht sicherstellt, dass jeder Zugriff protokolliert wird,
61. entgegen § 182 Absatz 1 Satz 1, § 183 Absatz 1 Satz 2 oder § 190 Absatz 1 Satz 2 eine Auskunft nicht, nicht richtig, nicht vollständig oder nicht rechtzeitig erteilt,
62. entgegen § 185 Absatz 1 einen Telekommunikationsdienst, den Netzbetrieb oder eine Dienstleistung nicht aufrechterhält,

63. entgegen § 186 Absatz 1 einen Anschluss oder einen Übertragungsweg nicht oder nicht rechtzeitig bereitstellt oder nicht oder nicht rechtzeitig entstört oder eine Datenübertragungsrate nicht oder nicht rechtzeitig erweitert,
64. entgegen § 187 Absatz 2 Satz 1 eine Vorkehrung nicht oder nicht rechtzeitig trifft,
65. entgegen § 187 Absatz 2 Satz 2 eine Vorkehrung nicht oder nicht rechtzeitig aufhebt,
66. entgegen § 187 Absatz 2 Satz 3 eine Information nicht, nicht richtig oder nicht rechtzeitig gibt,
67. entgegen § 190 Absatz 1 Satz 5 eine Überprüfung nicht duldet oder
68. entgegen § 203 Absatz 1 Satz 1 eine Information nicht, nicht richtig, nicht vollständig oder nicht rechtzeitig zur Verfügung stellt.

(3) Ordnungswidrig handelt, wer gegen die Verordnung (EU) Nr. 531/2012 des Europäischen Parlaments und des Rates vom 13. Juni 2012 über das Roaming in öffentlichen Mobilfunknetzen in der Union (ABl. L 172 vom 30.6.2012, S. 10), die zuletzt durch die Verordnung (EU) 2017/920 (ABl. L 147 vom 9.6.2017, S. 1) geändert worden ist, verstößt, indem er vorsätzlich oder fahrlässig
1. entgegen Artikel 3 Absatz 5 Satz 2 einen Entwurf nicht oder nicht rechtzeitig vorlegt,
2. entgegen Artikel 5 Absatz 1 Satz 2 einem dort genannten Antrag nicht oder nicht unverzüglich nach Zugang des Antrags nachkommt,
3. entgegen Artikel 6a ein dort genanntes Entgelt berechnet,
4. entgegen Artikel 6e Absatz 1 Unterabsatz 2 Satz 1 einen Aufschlag erhebt,
5. entgegen Artikel 6e Absatz 1 Unterabsatz 3 Satz 1 oder 3 ein Entgelt nicht richtig abrechnet,
6. entgegen Artikel 6e Absatz 1 Unterabsatz 3 Satz 2 eine andere Mindestabrechnungsdauer zugrunde legt,
7. entgegen Artikel 11 ein technisches Merkmal verändert,
8. entgegen Artikel 14 Absatz 1 Unterabsatz 1 eine dort genannte Preisinformation nicht, nicht richtig, nicht vollständig, nicht in der vorgeschriebenen Weise oder nicht rechtzeitig bereitstellt,
9. entgegen Artikel 15 Absatz 2a Satz 1 in Verbindung mit Satz 2 eine Mitteilung nicht oder nicht rechtzeitig versendet,
10. entgegen Artikel 15 Absatz 3 Unterabsatz 6 Satz 1 nicht sicherstellt, dass eine dort genannte Meldung übermittelt wird,
11. entgegen Artikel 15 Absatz 3 Unterabsatz 7 Satz 3 die Erbringung oder Inrechnungstellung eines dort genannten Dienstes nicht oder nicht rechtzeitig einstellt,
12. entgegen Artikel 15 Absatz 3 Unterabsatz 8 eine dort genannte Änderung nicht oder nicht rechtzeitig vornimmt oder
13. entgegen Artikel 16 Absatz 4 Satz 2 eine Information nicht, nicht richtig, nicht vollständig oder nicht rechtzeitig übermittelt.

29 TKG   Telekommunikationsgesetz

(4) Ordnungswidrig handelt, wer gegen die Verordnung (EU) 2015/2120 des Europäischen Parlaments und des Rates vom 25. November 2015 über Maßnahmen zum Zugang zum offenen Internet und zu Endkundenentgelten für regulierte intra-EU-Kommunikation sowie zur Änderung der Richtlinie 2002/22/EG und der Verordnung (EU) Nr. 531/2012 (ABl. L 310 vom 26.11.2015, S. 1), die zuletzt durch die Verordnung (EU) 2018/1971 (ABl. L 321 vom 17.12.2018, S. 1) geändert worden ist, verstößt, indem er vorsätzlich oder fahrlässig

1. entgegen Artikel 3 Absatz 2 als Anbieter von Internetzugangsdiensten eine Vereinbarung trifft oder eine Geschäftspraxis anwendet,
2. entgegen Artikel 3 Absatz 3 Unterabsatz 3 erster Halbsatz eine dort genannte Verkehrsmanagementmaßnahme anwendet,
3. entgegen Artikel 4 Absatz 1 Unterabsatz 1 Satz 1 nicht sicherstellt, dass ein dort genannter Vertrag die dort genannten Angaben enthält,
4. einer vollziehbaren Anordnung nach Artikel 5 Absatz 1 Unterabsatz 1 Satz 2 zuwiderhandelt,
5. entgegen Artikel 5 Absatz 2 eine dort genannte Information nicht, nicht richtig, nicht vollständig oder nicht rechtzeitig vorlegt oder nicht, nicht richtig, nicht vollständig oder nicht rechtzeitig übermittelt,
6. entgegen Artikel 5a Absatz 2 Satz 2 einen Verbraucher nicht, nicht richtig, nicht vollständig oder nicht rechtzeitig unterrichtet oder
7. entgegen Artikel 5a Absatz 5 Satz 1, auch in Verbindung mit Satz 3, als Anbieter regulierter intra-EU-Kommunikation eine dort genannte Obergrenze nicht, nicht richtig oder nicht rechtzeitig festlegt.

(5) Ordnungswidrig handelt, wer als Anbieter regulierter intra-EU-Kommunikation nach Artikel 2 Absatz 2 Nummer 3 der Verordnung (EU) 2015/2120 vorsätzlich oder fahrlässig

1. gegenüber einem Verbraucher einen Endkundenpreis berechnet, der den in Artikel 5a Absatz 1 der Verordnung (EU) 2015/2120 genannten Endkundenpreis überschreitet,
2. nicht sicherstellt, dass ein in Artikel 5a Absatz 3 der Verordnung (EU) 2015/2120 genannter Tarifwechsel durchgeführt wird, oder
3. nicht sicherstellt, dass ein Verbraucher gemäß Artikel 5a Absatz 4 der Verordnung (EU) 2015/2120 aus einem oder in einen dort genannten Tarif kostenfrei wechseln kann.

(6) Ordnungswidrig handelt, wer gegen die Verordnung (EU) 2018/302 des Europäischen Parlaments und des Rates vom 28. Februar 2018 über Maßnahmen gegen ungerechtfertigtes Geoblocking und andere Formen der Diskriminierung aufgrund der Staatsangehörigkeit, des Wohnsitzes oder des Ortes der Niederlassung des Kunden innerhalb des Binnenmarkts und zur Änderung der Verordnungen (EG) Nr. 2006/2004 und (EU) 2017/2394 sowie der Richtlinie 2009/22/EG (ABl. L [60]I vom 2.3.2018, S. 1) verstößt, indem er vorsätzlich oder fahrlässig

1. entgegen Artikel 3 Absatz 1 einen Zugang zur Online-Benutzeroberfläche sperrt oder beschränkt,

Telekommunikationsgesetz **TKG 29**

2. entgegen Artikel 3 Absatz 2 Unterabsatz 1 einen Kunden zu einer dort genannten Version der Online-Benutzeroberfläche weiterleitet,
3. entgegen Artikel 4 Absatz 1 unterschiedliche Allgemeine Geschäftsbedingungen anwendet oder
4. entgegen Artikel 5 Absatz 1 unterschiedliche Bedingungen für einen Zahlungsvorgang anwendet.

(7) Die Ordnungswidrigkeit kann geahndet werden
1. in den Fällen des
   a) Absatzes 2 Nummer 19,
   b) Absatzes 3 Nummer 3 und 4 und des Absatzes 5 Nummer 1 und
   c) Absatzes 4 Nummer 1, 2 und 4
   mit einer Geldbuße bis zu einer Million Euro,
2. in den Fällen des Absatzes 2 Nummer 3 Buchstabe a, Nummer 4 Buchstabe a, Nummer 17, 42, 43, 47, 54 und 57 bis 59 mit einer Geldbuße bis zu fünfhunderttausend Euro,
3. in den Fällen des Absatzes 2 Nummer 10, 37 bis 38, 46, 49, 50, 53 und 60 und des Absatzes 6 mit einer Geldbuße von bis zu dreihunderttausend Euro,
4. in den Fällen des Absatzes 2 Nummer 3 Buchstabe c, Nummer 6 bis 8, 14 bis 16, 20 bis 36, 40, 61, 63 bis 66 und 68, des Absatzes 3 Nummer 1, 2 und 8, des Absatzes 4 Nummer 3 und 6 und des Absatzes 5 Nummer 2 und 3 mit einer Geldbuße bis zu einhunderttausend Euro,
5. in den Fällen des Absatzes 2 Nummer 11, 18 und 56 mit einer Geldbuße bis zu fünfzigtausend Euro und
6. in den übrigen Fällen der Absätze 1 bis 4 mit einer Geldbuße bis zu zehntausend Euro.

(8) ¹Bei einer juristischen Person oder Personenvereinigung mit einem durchschnittlichen Jahresumsatz von mehr als
1. 50 Millionen Euro kann abweichend von Absatz 7 Nummer 1 Buchstabe a in Verbindung mit § 30 Absatz 2 Satz 2 des Gesetzes über Ordnungswidrigkeiten eine Ordnungswidrigkeit nach Absatz 2 Nummer 19 in Verbindung mit § 30 Absatz 1 des Gesetzes über Ordnungswidrigkeiten mit einer Geldbuße bis zu 2 Prozent,
2. 100 Millionen Euro kann abweichend von Absatz 7 Nummer 1 Buchstabe c in Verbindung mit § 30 Absatz 2 Satz 2 des Gesetzes über Ordnungswidrigkeiten eine Ordnungswidrigkeit nach Absatz 4 Nummer 1, 2 oder 4, jeweils in Verbindung mit § 30 Absatz 1 des Gesetzes über Ordnungswidrigkeiten, mit einer Geldbuße bis zu 1 Prozent

des durchschnittlichen Jahresumsatzes geahndet werden, der von der juristischen Person oder Personenvereinigung weltweit in den letzten drei Geschäftsjahren erzielt wurde, die der Behördenentscheidung vorausgehen. ²In den durchschnittlichen Jahresumsatz nach Satz 1 sind die durchschnittlichen Jahresumsätze aller Unternehmen einzubeziehen, die mit der juristischen Person oder Personenvereinigung nach § 3 Nummer 69 verbunden oder zusammengeschlossen sind. ³Der durchschnittliche Jahresumsatz kann geschätzt werden.

(9) Verwaltungsbehörde im Sinne des § 36 Absatz 1 Nummer 1 des Gesetzes über Ordnungswidrigkeiten ist die Bundesnetzagentur.

(10) ¹Die Bundesnetzagentur ist zuständige Vollstreckungsbehörde für das Verfahren wegen der Festsetzung einer Geldbuße. ²Die Vollstreckung der im gerichtlichen Ordnungswidrigkeitenverfahren verhängten Geldbuße und des Geldbetrages, dessen Einziehung nach § 29a des Gesetzes über Ordnungswidrigkeiten angeordnet wurde, erfolgt durch die Bundesnetzagentur als Vollstreckungsbehörde aufgrund einer von dem Urkundsbeamten der Geschäftsstelle des Gerichts zu erteilenden, mit der Bescheinigung der Vollstreckbarkeit versehenen beglaubigten Abschrift der Urteilsformel entsprechend den Vorschriften über die Vollstreckung von Bußgeldbescheiden. ³Die Geldbußen und die Geldbeträge, deren Einziehung nach § 29a des Gesetzes über Ordnungswidrigkeiten angeordnet wurde, fließen der Bundeskasse zu, die auch die der Staatskasse auferlegten Kosten trägt.

Teil 14
Übergangs- und Schlussvorschriften

§ 229 Geltungsbereich. Die Vorschriften dieses Gesetzes gelten nach Maßgabe des Seerechtsübereinkommens der Vereinten Nationen vom 10. Dezember 1982 (BGBl. 1994 II S. 1798, 1799) auch im Bereich des Küstenmeers sowie im Bereich der deutschen ausschließlichen Wirtschaftszone.

§ 230 Übergangsvorschriften. (1) ¹Bestehende Frequenz- und Nummernzuteilungen sowie Wegerechte, die im Rahmen des § 8 des Telekommunikationsgesetzes vom 25. Juli 1996 (BGBl. I S. 1120) erteilt wurden, bleiben wirksam. ²Das Gleiche gilt auch für vorher erworbene Rechte, die eine Frequenznutzung gewähren.

(2) Rechte und Verpflichtungen, die aufgrund des Telekommunikationsgesetzes vom 25. Juli 1996 oder vom 22. Juni 2004 (BGBl. I S. 1190) erlassen worden sind, gelten als Rechte und Verpflichtungen nach diesem Gesetz im Sinne der §§ 202 und 212.

(3) Festlegungen, die über Marktdefinitionen und -analysen nach §§ 10 und 11 des Telekommunikationsgesetzes vom 22. Juni 2004 (BGBl. I S. 1190) getroffen worden sind, gelten als Festlegungen nach §§ 10 und 11 dieses Gesetzes.

(4) § 71 Absatz 2 ist bis zum 30. Juni 2024 nicht anzuwenden, wenn der Telekommunikationsdienst im Rahmen des Miet- und Pachtverhältnisses erbracht wird und die Gegenleistung ausschließlich als Betriebskosten abgerechnet wird.

(5) ¹Jede Partei kann einen vor dem 1. Dezember 2021 geschlossenen Bezugsvertrag über die Belieferung von Gebäuden oder in den Gebäuden befind-

lichen Wohneinheiten mit Telekommunikationsdiensten wegen der Beschränkung der Umlagefähigkeit nach § 2 Satz 1 Nummer 15 Buchstabe a und b der Betriebskostenverordnung frühestens mit Wirkung ab dem 1. Juli 2024 ohne Einhaltung einer Kündigungsfrist kündigen, soweit die Parteien für diesen Fall nichts anderes vereinbart haben. ²Die Kündigung berechtigt den anderen Teil nicht zum Schadensersatz.

(6) Bis zum Inkrafttreten einer Preisfestlegung für Premium-Dienste, Auskunftsdienste oder Massenverkehrsdienste nach § 123 Absatz 7 gilt § 109 mit der Maßgabe, dass der für die Inanspruchnahme dieser Dienste zu zahlende Preis für Anrufe aus den Festnetzen mit dem Hinweis auf die Möglichkeit abweichender Preise für Anrufe aus den Mobilfunknetzen anzugeben ist, soweit für Anrufe aus den Mobilfunknetzen Preise gelten, die von den Preisen für Anrufe aus den Festnetzen abweichen.

(7) Bis zum Inkrafttreten einer Preisfestlegung für Massenverkehrsdienste nach § 123 Absatz 7 gilt § 110 Absatz 3 mit der Maßgabe, dass der Diensteanbieter dem Endnutzer den für die Inanspruchnahme des Dienstes zu zahlenden Preis für Anrufe aus den Festnetzen mit dem Hinweis auf die Möglichkeit abweichender Preise für Anrufe aus den Mobilfunknetzen unmittelbar im Anschluss an die Inanspruchnahme des Dienstes anzusagen hat; dies gilt auch, wenn der Preis 1 Euro pro Minute oder Inanspruchnahme übersteigt.

(8) Die Vorgaben des § 120 Absatz 3 und 4 sind spätestens ab dem 1. Dezember 2022 zu erfüllen.

(9) Die Bundesnetzagentur kann abweichend von § 172 Absatz 2 Satz 4 und 5 festlegen, dass für eine von ihr zu bestimmende Übergangszeit von nicht mehr als zwölf Monaten nach Inkrafttreten dieses Gesetzes auf das Erfordernis eines vorherigen Konformitätsnachweises verzichtet werden kann.

(10) ¹Die von der Bundesnetzagentur vor Inkrafttreten dieses Gesetzes gemäß § 6 Absatz 1 Satz 2 des Post- und Telekommunikationssicherstellungsgesetzes vom 24. März 2011 (BGBl. I S. 506, 941), das zuletzt durch Artikel 12 Absatz 3 des Gesetzes vom 21. Dezember 2020 (BGBl. I S. 3229) geändert worden ist, getroffenen Festlegungen bleiben wirksam, bis sie durch neue Festlegungen nach § 186 Absatz 2 Satz 2 ersetzt werden. ²Bescheinigungen, die nach § 6 Absatz 2 Satz 2 des Post- und Telekommunikationssicherstellungsgesetzes ausgestellt wurden, gelten bis zum Ablauf der zehnjährigen oder vermerkten kürzeren Geltungsdauer fort.

(11) Die bei der Bundesnetzagentur zum Zeitpunkt des Inkrafttretens dieses Gesetzes gemäß § 77a Absatz 2 in Verbindung mit Absatz 1 Satz 1 des Telekommunikationsgesetzes vom 25. Juli 1996 oder vom 22. Juni 2004 (BGBl. I S. 1190) vorliegenden Informationen dürfen von der zentralen Informationsstelle des Bundes nach Maßgabe der Einsichtnahmebedingungen gemäß § 77a Absatz 3 Satz 4, § 77b Absatz 6 Satz 3 und § 77h Absatz 6 Satz 3 des Telekommunikationsgesetzes vom 22. Juni 2004 auch nach Inkrafttreten dieses Gesetzes weiterverwendet werden, bis eine Neuverpflichtung gemäß § 79 Absatz 2 herbeigeführt wurde.

(12) Die Vorgaben nach § 165 Absatz 3 und § 171 sind spätestens ab dem 1. Dezember 2022 zu erfüllen.

(13) Die Zulässigkeit des Rechtsmittels gegen eine gerichtliche Entscheidung richtet sich nach den bisher geltenden Vorschriften, wenn die gerichtliche Entscheidung vor dem Inkrafttreten dieses Gesetzes verkündet oder von Amts wegen anstelle einer Verkündung zugestellt worden ist.

(14) Auf vor dem Inkrafttreten dieses Gesetzes gestellte Anträge nach § 99 Absatz 2 der Verwaltungsgerichtsordnung sind die bisherigen Vorschriften anwendbar.

(15) Die §§ 6, 7 Absatz 2 und § 8 in der ab dem 1. Dezember 2021 geltenden Fassung sind erstmals auf Jahresfinanzberichte sowie Tätigkeitsabschlüsse für das nach dem 31. Dezember 2020 beginnende Geschäftsjahr anzuwenden.

NetzDG 29a

Gesetz zur Verbesserung der Rechtsdurchsetzung in sozialen Netzwerken (NetzDG)

vom 1. September 2017 (BGBl. I S. 3352),
zuletzt geändert durch Verordnung vom 3. Juni 2021 (BGBl. I S. 1436)

Vorbemerkung

Das Netzwerkdurchsetzungsgesetz wurde bereits durch zwei zentrale Gesetzgebungsverfahren novelliert. Zum Einen ist hier das Gesetz zur Bekämpfung des Rechtsextremismus und der Hasskriminalität zu nennen, zum Anderen das Gesetz zur Änderung des Netzwerkdurchsetzungsgesetzes. Beide Gesetzesnovellierung wurden in der 17. Auflage berücksichtig.

§ 1 Anwendungsbereich. (1) [1]Dieses Gesetz gilt für Telemediendiensteanbieter, die mit Gewinnerzielungsabsicht Plattformen im Internet betreiben, die dazu bestimmt sind, dass Nutzer beliebige Inhalte mit anderen Nutzern teilen oder der Öffentlichkeit zugänglich machen (soziale Netzwerke). [2]Plattformen mit journalistisch-redaktionell gestalteten Angeboten, die vom Diensteanbieter selbst verantwortet werden, gelten nicht als soziale Netzwerke im Sinne dieses Gesetzes. [3]Das Gleiche gilt für Plattformen, die zur Individualkommunikation oder zur Verbreitung spezifischer Inhalte bestimmt sind.

(2) Der Anbieter eines sozialen Netzwerks ist von den Pflichten nach den §§ 2 bis 3b und 5a befreit, wenn das soziale Netzwerk im Inland weniger als zwei Millionen registrierte Nutzer hat.

(3) Rechtswidrige Inhalte sind Inhalte im Sinne des Absatzes 1, die den Tatbestand der §§ 86, 86a, 89a, 91, 100a, 111, 126, 129 bis 129b, 130, 131, 140, 166, 184b, 185 bis 187, 201a, 241 oder 269 des Strafgesetzbuchs erfüllen und nicht gerechtfertigt sind.

§ 2 Berichtspflicht. (1) [1]Anbieter sozialer Netzwerke, die im Kalenderjahr mehr als 100 Beschwerden über rechtswidrige Inhalte erhalten, sind verpflichtet, einen deutschsprachigen Bericht über den Umgang mit Beschwerden über rechtswidrige Inhalte auf ihren Plattformen mit den Angaben nach Absatz 2 halbjährlich zu erstellen und im Bundesanzeiger sowie auf der eigenen Homepage spätestens einen Monat nach Ende eines Halbjahres zu veröffentlichen. [2]Der auf der eigenen Homepage veröffentlichte Bericht muss leicht erkennbar, unmittelbar erreichbar und ständig verfügbar sein.

(2) Der Bericht hat mindestens auf folgende Aspekte einzugehen:
1. Allgemeine Ausführungen, welche Anstrengungen der Anbieter des sozialen Netzwerks unternimmt, um strafbare Handlungen auf den Plattformen zu unterbinden,

29a NetzDG Netzwerkdurchsetzungsgesetz

2. Art, Grundzüge der Funktionsweise und Reichweite von gegebenenfalls eingesetzten Verfahren zur automatisierten Erkennung von Inhalten, die entfernt oder gesperrt werden sollen, einschließlich allgemeiner Angaben zu verwendeten Trainingsdaten und zu der Überprüfung der Ergebnisse dieser Verfahren durch den Anbieter, sowie Angaben darüber, inwieweit Kreise der Wissenschaft und Forschung bei der Auswertung dieser Verfahren unterstützt werden und diesen zu diesem Zweck Zugang zu Informationen des Anbieters gewährt wurde,
3. Darstellung der Mechanismen zur Übermittlung von Beschwerden über rechtswidrige Inhalte, Darstellung der Entscheidungskriterien für die Entfernung und Sperrung von rechtswidrigen Inhalten und Darstellung des Prüfungsverfahrens einschließlich der Reihenfolge der Prüfung, ob ein rechtswidriger Inhalt vorliegt oder ob gegen vertragliche Regelungen zwischen Anbieter und Nutzer verstoßen wird,
4. Anzahl der im Berichtszeitraum eingegangenen Beschwerden über rechtswidrige Inhalte, aufgeschlüsselt nach Beschwerden von Beschwerdestellen und Beschwerden von Nutzern und nach dem Beschwerdegrund,
5. Organisation, personelle Ausstattung, fachliche und sprachliche Kompetenz der für die Bearbeitung von Beschwerden zuständigen Arbeitseinheiten und Schulung und Betreuung der für die Bearbeitung von Beschwerden zuständigen Personen,
6. Mitgliedschaft in Branchenverbänden mit Hinweis darauf, ob in diesen Branchenverbänden eine Beschwerdestelle existiert,
7. Anzahl der Beschwerden, bei denen eine externe Stelle konsultiert wurde, um die Entscheidung vorzubereiten,
8. Anzahl der Beschwerden, die im Berichtszeitraum zur Löschung oder Sperrung des beanstandeten Inhalts führten, nach der Gesamtzahl sowie aufgeschlüsselt nach Beschwerden von Beschwerdestellen und von Nutzern, nach dem Beschwerdegrund, ob ein Fall des § 3 Absatz 2 Nummer 3 Buchstabe a vorlag, ob in diesem Fall eine Weiterleitung an den Nutzer erfolgte, welcher Schritt der Prüfungsreihenfolge nach Nummer 3 zur Entfernung oder Sperrung geführt hat sowie ob eine Übertragung an eine anerkannte Einrichtung der Regulierten Selbstregulierung nach § 3 Absatz 2 Nummer 3 Buchstabe b erfolgte,
9. jeweils die Anzahl der Beschwerden über rechtswidrige Inhalte, die nach ihrem Eingang innerhalb von 24 Stunden, innerhalb von 48 Stunden, innerhalb einer Woche oder zu einem späteren Zeitpunkt zur Entfernung oder Sperrung des rechtswidrigen Inhalts geführt haben, zusätzlich aufgeschlüsselt nach Beschwerden von Beschwerdestellen und von Nutzern sowie jeweils aufgeschlüsselt nach dem Beschwerdegrund,
10. Maßnahmen zur Unterrichtung des Beschwerdeführers sowie des Nutzers, für den der beanstandete Inhalt gespeichert wurde, über die Entscheidung über die Beschwerde,
11. Anzahl der im Berichtszeitraum eingegangenen Gegenvorstellungen nach § 3b Absatz 1 Satz 2, nach der Gesamtzahl sowie aufgeschlüsselt nach

Gegenvorstellungen von Beschwerdeführern und von Nutzern, für die der beanstandete Inhalt gespeichert wurde, jeweils mit Angaben, in wie vielen Fällen der Gegenvorstellung abgeholfen wurde,
12. Anzahl der im Berichtszeitraum eingegangenen Gegenvorstellungen nach § 3b Absatz 3 Satz 1, jeweils mit Angaben, in wie vielen Fällen von einer Überprüfung gemäß § 3b Absatz 3 Satz 3 abgesehen wurde und in wie vielen Fällen der Gegenvorstellung abgeholfen wurde,
13. Angaben darüber, ob und inwieweit Kreisen der Wissenschaft und Forschung im Berichtszeitraum Zugang zu Informationen des Anbieters gewährt wurde, um ihnen eine anonymisierte Auswertung zu ermöglichen, inwieweit
    a) entfernte oder gesperrte rechtswidrige Inhalte an Eigenschaften im Sinne des § 1 des Allgemeinen Gleichbehandlungsgesetzes vom 14. August 2006 (BGBl. I S. 1897), das zuletzt durch Artikel 8 des Gesetzes vom 3. April 2013 (BGBl. I S. 610) geändert worden ist, in der jeweils geltenden Fassung anknüpfen,
    b) die Verbreitung von rechtswidrigen Inhalten zu spezifischer Betroffenheit bestimmter Nutzerkreise führt und
    c) organisierte Strukturen oder abgestimmte Verhaltensweisen der Verbreitung zugrunde liegen,
14. sonstige Maßnahmen des Anbieters zum Schutz und zur Unterstützung der von rechtswidrigen Inhalten Betroffenen,
15. eine Zusammenfassung mit einer tabellarischen Übersicht, die die Gesamtzahl der eingegangenen Beschwerden über rechtswidrige Inhalte, den prozentualen Anteil der auf diese Beschwerden hin entfernten oder gesperrten Inhalte, die Anzahl der Gegenvorstellungen jeweils nach § 3b Absatz 1 Satz 2 und nach § 3b Absatz 3 Satz 1 sowie jeweils den prozentualen Anteil der auf diese Gegenvorstellungen hin abgeänderten Entscheidungen den entsprechenden Zahlen für die beiden vorangegangenen Berichtszeiträume gegenüberstellt, verbunden mit einer Erläuterung erheblicher Unterschiede und ihrer möglichen Gründe,
16. Erläuterung der Bestimmungen in den Allgemeinen Geschäftsbedingungen des Anbieters über die Zulässigkeit der Verbreitung von Inhalten auf dem sozialen Netzwerk, die der Anbieter für Verträge mit Verbrauchern verwendet,
17. Darstellung, inwiefern die Vereinbarung der Bestimmungen nach Nummer 16 mit den Vorgaben der §§ 307 bis 309 des Bürgerlichen Gesetzbuchs und dem sonstigen Recht in Einklang steht.

§ 3 Umgang mit Beschwerden über rechtswidrige Inhalte. (1) ¹Der Anbieter eines sozialen Netzwerks muss ein wirksames und transparentes Verfahren nach Absatz 2 und 3 für den Umgang mit Beschwerden über rechtswidrige Inhalte vorhalten. ²Der Anbieter muss Nutzern ein bei der Wahrnehmung des Inhalts leicht erkennbares, unmittelbar erreichbares, leicht bedienbares und ständig verfügbares Verfahren zur Übermittlung von Beschwerden über rechtswidrige Inhalte zur Verfügung stellen.

(2) ¹Das Verfahren muss gewährleisten, dass der Anbieter des sozialen Netzwerks
1. unverzüglich von der Beschwerde Kenntnis nimmt und prüft, ob der in der Beschwerde gemeldete Inhalt rechtswidrig und zu entfernen oder der Zugang zu ihm zu sperren ist,
2. einen offensichtlich rechtswidrigen Inhalt innerhalb von 24 Stunden nach Eingang der Beschwerde entfernt oder den Zugang zu ihm sperrt; dies gilt nicht, wenn das soziale Netzwerk mit der zuständigen Strafverfolgungsbehörde einen längeren Zeitraum für die Löschung oder Sperrung des offensichtlich rechtswidrigen Inhalts vereinbart hat,
3. jeden rechtswidrigen Inhalt unverzüglich, in der Regel innerhalb von sieben Tagen nach Eingang der Beschwerde entfernt oder den Zugang zu ihm sperrt; die Frist von sieben Tagen kann überschritten werden, wenn
   a) die Entscheidung über die Rechtswidrigkeit des Inhalts von der Unwahrheit einer Tatsachenbehauptung oder erkennbar von anderen tatsächlichen Umständen abhängt; das soziale Netzwerk kann in diesen Fällen dem Nutzer vor der Entscheidung Gelegenheit zur Stellungnahme zu der Beschwerde geben,
   b) der Anbieter des sozialen Netzwerks die Entscheidung über die Rechtswidrigkeit innerhalb von sieben Tagen nach Eingang der Beschwerde einer nach den Absätzen 6 bis 8 anerkannten Einrichtung der Regulierten Selbstregulierung überträgt und sich deren Entscheidung unterwirft,
4. im Falle der Entfernung den Inhalt zu Beweiszwecken sichert und zu diesem Zweck für die Dauer von zehn Wochen innerhalb des Geltungsbereichs der Richtlinie 2000/31/EG des Europäischen Parlaments und des Rates vom 8. Juni 2000 über bestimmte rechtliche Aspekte der Dienste der Informationsgesellschaft, insbesondere des elektronischen Geschäftsverkehrs, im Binnenmarkt („Richtlinie über den elektronischen Geschäftsverkehr") (ABl. L 178 vom 17.7.2000, S. 1) und der Richtlinie 2010/13/EU des Europäischen Parlaments und des Rates vom 10. März 2010 zur Koordinierung bestimmter Rechts- und Verwaltungsvorschriften der Mitgliedstaaten über die Bereitstellung audiovisueller Mediendienste (Richtlinie über audiovisuelle Mediendienste) (ABl. L 95 vom 15.4.2010, S. 1; L 263 vom 6.10.2010, S. 15), die durch die Richtlinie (EU) 2018/1808 (ABl. L 303 vom 28.11.2018, S. 69) geändert worden ist, speichert,
5. den Beschwerdeführer und den Nutzer, für den der beanstandete Inhalt gespeichert wurde, über jede Entscheidung unverzüglich informiert und dabei
   a) seine Entscheidung begründet,
   b) hinweist auf die Möglichkeit der Gegenvorstellung nach § 3b Absatz 1 Satz 2, das hierfür zur Verfügung gestellte Verfahren nach § 3b Absatz 1 Satz 3, die Frist nach § 3b Absatz 1 Satz 2 sowie darauf, dass der Inhalt der Gegenvorstellung im Rahmen des Verfahrens nach § 3b Absatz 2 Nummer 1 weitergegeben werden kann, und

c) den Beschwerdeführer darauf hinweist, dass er gegen den Nutzer, für den der beanstandete Inhalt gespeichert wurde, Strafanzeige und erforderlichenfalls Strafantrag stellen kann und auf welchen Internetseiten er hierüber weitere Informationen erhält.

²In den Fällen des Satzes 1 Nummer 3 Buchstabe b darf der Anbieter des sozialen Netzwerks der anerkannten Einrichtung der Regulierten Selbstregulierung den beanstandeten Inhalt, Angaben zum Zeitpunkt des Teilens oder der Zugänglichmachung des Inhalts und zum Umfang der Verbreitung sowie mit dem Inhalt in erkennbarem Zusammenhang stehende Inhalte übermitteln, soweit dies zum Zwecke der Entscheidung erforderlich ist. ³Die Einrichtung der Regulierten Selbstregulierung ist befugt, die betreffenden personenbezogenen Daten in dem für die Prüfung erforderlichen Umfang zu verarbeiten. ⁴Eine etwaige Unrichtigkeit der von der anerkannten Einrichtung der Regulierten Selbstregulierung in den Fällen des Satzes 1 Nummer 3 Buchstabe b getroffenen Entscheidung begründet keinen Verstoß des Anbieters des sozialen Netzwerks gegen Absatz 1 Satz 1.

(3) Das Verfahren muss vorsehen, dass jede Beschwerde und die zu ihrer Abhilfe getroffene Maßnahme innerhalb des Geltungsbereichs der Richtlinien 2000/31/EG und 2010/13/EU dokumentiert wird.

(4) ¹Der Umgang mit Beschwerden muss von der Leitung des sozialen Netzwerks durch monatliche Kontrollen überwacht werden. ²Organisatorische Unzulänglichkeiten im Umgang mit eingegangenen Beschwerden müssen unverzüglich beseitigt werden. ³Den mit der Bearbeitung von Beschwerden beauftragten Personen müssen von der Leitung des sozialen Netzwerks regelmäßig, mindestens aber halbjährlich deutschsprachige Schulungs- und Betreuungsangebote gemacht werden.

(5) Die Verfahren nach Absatz 1 können durch eine von der in § 4 genannten Verwaltungsbehörde beauftragten Stelle überwacht werden.

(6) Eine Einrichtung ist als Einrichtung der Regulierten Selbstregulierung im Sinne dieses Gesetzes anzuerkennen, wenn
1. die Unabhängigkeit und Sachkunde ihrer Prüfer gewährleistet ist,
2. eine sachgerechte Ausstattung und zügige Prüfung innerhalb von sieben Tagen sichergestellt sind,
3. eine Verfahrensordnung besteht, die den Umfang und Ablauf der Prüfung sowie Vorlagepflichten der angeschlossenen sozialen Netzwerke regelt und die Möglichkeit der Überprüfung von Entscheidungen auf Antrag des Beschwerdeführers und auf Antrag des Nutzers, für den der beanstandete Inhalt gespeichert wurde, vorsieht, und,
4. die Einrichtung von mehreren Anbietern sozialer Netzwerke oder Institutionen getragen wird, die eine sachgerechte Ausstattung sicherstellen. Außerdem muss sie für den Beitritt weiterer Anbieter insbesondere sozialer Netzwerke offenstehen.

(7) ¹Die Entscheidung über die Anerkennung einer Einrichtung der Regulierten Selbstregulierung trifft die in § 4 genannte Verwaltungsbehörde. ²Sie

gibt der zentralen Aufsichtsstelle der Länder für den Jugendmedienschutz vor der Entscheidung über die Anerkennung Gelegenheit zur Stellungnahme. ³Die Entscheidung kann mit Nebenbestimmungen versehen werden. ⁴Eine Befristung soll den Zeitraum von fünf Jahren nicht unterschreiten.

(8) Die anerkannte Einrichtung der Regulierten Selbstregulierung hat die in § 4 genannte Verwaltungsbehörde unverzüglich über Änderungen der für die Anerkennung relevanten Umstände und sonstiger im Antrag auf Anerkennung mitgeteilter Angaben zu unterrichten.

(9) Die anerkannte Einrichtung der Regulierten Selbstregulierung hat bis zum 31. Juli eines jeden Jahres einen Tätigkeitsbericht über das vorangegangene Kalenderjahr auf ihrer Internetseite zu veröffentlichen und der in § 4 genannten Verwaltungsbehörde zu übermitteln.

(10) Die Anerkennung kann ganz oder teilweise widerrufen oder mit Nebenbestimmungen versehen werden, wenn Voraussetzungen für die Anerkennung nachträglich entfallen sind.

(11) Die Verwaltungsbehörde nach § 4 kann auch bestimmen, dass für einen Anbieter von sozialen Netzwerken die Möglichkeit zur Übertragung von Entscheidungen nach Absatz 2 Nummer 3 Buchstabe b für einen zeitlich befristeten Zeitraum entfällt, wenn zu erwarten ist, dass bei diesem Anbieter die Erfüllung der Pflichten des Absatzes 2 Nummer 3 durch einen Anschluss an die Regulierte Selbstregulierung nicht gewährleistet wird.

§ 3a Meldepflicht. (1) Der Anbieter eines sozialen Netzwerks muss ein wirksames Verfahren für Meldungen nach den Absätzen 2 bis 5 vorhalten.

(2) Der Anbieter eines sozialen Netzwerks muss dem Bundeskriminalamt als Zentralstelle zum Zwecke der Ermöglichung der Verfolgung von Straftaten Inhalte übermitteln,
1. die dem Anbieter in einer Beschwerde über rechtswidrige Inhalte gemeldet worden sind,
2. die der Anbieter entfernt oder zu denen er den Zugang gesperrt hat und
3. bei denen konkrete Anhaltspunkte dafür bestehen, dass sie mindestens einen der Tatbestände
    a) der §§ 86, 86a, 89a, 91, 126, 129 bis 129b, 130, 131 oder 140 des Strafgesetzbuches,
    b) des § 184b des Strafgesetzbuches oder
    c) des § 241 des Strafgesetzbuches in Form der Bedrohung mit einem Verbrechen gegen das Leben, die sexuelle Selbstbestimmung, die körperliche Unversehrtheit oder die persönliche Freiheit
erfüllen und nicht gerechtfertigt sind.

(3) Der Anbieter des sozialen Netzwerks muss unverzüglich, nachdem er einen Inhalt entfernt oder den Zugang zu diesem gesperrt hat, prüfen, ob die Voraussetzungen des Absatzes 2 Nummer 3 vorliegen, und unverzüglich danach den Inhalt gemäß Absatz 4 übermitteln.

(4) Die Übermittlung an das Bundeskriminalamt muss enthalten:
1. den Inhalt und, sofern vorhanden, den Zeitpunkt, zu dem der Inhalt geteilt oder der Öffentlichkeit zugänglich gemacht worden ist, unter Angabe der zugrunde liegenden Zeitzone,
2. folgende Angaben zu dem Nutzer, der den Inhalt mit anderen Nutzern geteilt oder der Öffentlichkeit zugänglich gemacht hat:
   a) den Nutzernamen und,
   b) sofern vorhanden, die gegenüber dem Anbieter des sozialen Netzwerkes zuletzt verwendete IP-Adresse einschließlich der Portnummer sowie den Zeitpunkt des letzten Zugriffs unter Angabe der zugrunde liegenden Zeitzone.

(5) Die Übermittlung an das Bundeskriminalamt hat elektronisch an eine vom Bundeskriminalamt zur Verfügung gestellte Schnittstelle zu erfolgen.

(6) [1]Der Anbieter des sozialen Netzwerks informiert den Nutzer, für den der Inhalt gespeichert wurde, vier Wochen nach der Übermittlung an das Bundeskriminalamt über die Übermittlung nach Absatz 4. [2]Satz 1 gilt nicht, wenn das Bundeskriminalamt binnen vier Wochen anordnet, dass die Information wegen der Gefährdung des Untersuchungszwecks, des Lebens, der körperlichen Unversehrtheit oder der persönlichen Freiheit einer Person oder von bedeutenden Vermögenswerten zurückzustellen ist. [3]Im Fall der Anordnung nach Satz 2 informiert das Bundeskriminalamt den Nutzer über die Übermittlung nach Absatz 4, sobald dies ohne Gefährdung im Sinne des Satzes 2 möglich ist.

(7) Der Anbieter eines sozialen Netzwerks hat der in § 4 genannten Verwaltungsbehörde auf deren Verlangen Auskünfte darüber zu erteilen, wie die Verfahren zur Übermittlung von Inhalten nach Absatz 1 gestaltet sind und wie sie angewendet werden.

(8) Strafverfolgungsbehörden dürfen für einen allgemeinen Austausch mit den Anbietern sozialer Netzwerke über die Anwendung der Absätze 1 bis 7 die hierfür erforderlichen personenbezogenen Daten in pseudonymisierter Form verarbeiten.

§ 3b Gegenvorstellungsverfahren. (1) [1]Der Anbieter eines sozialen Netzwerks muss ein wirksames und transparentes Verfahren nach Absatz 2 vorhalten, mit dem sowohl der Beschwerdeführer als auch der Nutzer, für den der beanstandete beanstandete Inhalt gespeichert wurde, eine Überprüfung einer zu einer Beschwerde über rechtswidrige Inhalte getroffenen Entscheidung über die Entfernung oder die Sperrung des Zugangs zu einem Inhalt (ursprüngliche Entscheidung) herbeiführen kann; ausgenommen sind die Fälle des § 3 Absatz 2 Satz 1 Nummer 3 Buchstabe b. [2]Der Überprüfung bedarf es nur, wenn der Beschwerdeführer oder der Nutzer, für den der beanstandete Inhalt gespeichert wurde, unter Angabe von Gründen einen Antrag auf Überprüfung innerhalb von zwei Wochen nach der Information über die ursprüngliche Entscheidung stellt (Gegenvorstellung). [3]Der Anbieter des sozialen Netzwerks muss zu diesem Zweck ein leicht erkennbares Verfahren zur Verfügung stellen, das eine einfache elektronische Kontaktaufnahme und eine unmittelbare Kommunikation mit ihm ermöglicht. [4]Die Möglichkeit der Kontaktaufnahme muss auch im Rahmen der Unterrichtung nach § 3 Absatz 2 Satz 1 Nummer 5 Buchstabe b eröffnet werden.

(2) Das Verfahren nach Absatz 1 Satz 1 muss gewährleisten, dass der Anbieter des sozialen Netzwerks

1. für den Fall, dass er der Gegenvorstellung abhelfen möchte, im Fall einer Gegenvorstellung des Beschwerdeführers den Nutzer und im Fall einer Gegenvorstellung des Nutzers den Beschwerdeführer über den Inhalt der Gegenvorstellung unverzüglich informiert sowie im ersten Fall dem Nutzer und im zweiten Fall dem Beschwerdeführer Gelegenheit zur Stellungnahme innerhalb einer angemessenen Frist gibt,
2. darauf hinweist, dass der Inhalt einer Stellungnahme des Nutzers an den Beschwerdeführer sowie der Inhalt einer Stellungnahme des Beschwerdeführers an den Nutzer weitergegeben werden kann,
3. seine ursprüngliche Entscheidung unverzüglich einer Überprüfung durch eine mit der ursprünglichen Entscheidung nicht befasste Person unterzieht,
4. seine Überprüfungsentscheidung dem Beschwerdeführer und dem Nutzer unverzüglich übermittelt und einzelfallbezogen begründet, in den Fällen der Nichtabhilfe dem Beschwerdeführer und dem Nutzer jedoch nur insoweit, wie diese am Gegenvorstellungsverfahren bereits beteiligt waren, und
5. sicherstellt, dass eine Offenlegung der Identität des Beschwerdeführers und des Nutzers in dem Verfahren nicht erfolgt.

(3) [1]Sofern einer Entscheidung über die Entfernung oder die Sperrung des Zugangs zu einem Inhalt keine Beschwerde über rechtswidrige Inhalte zugrunde liegt, gelten die Absätze 1 und 2 entsprechend. [2]Liegt der Entscheidung eine Beanstandung des Inhalts durch Dritte zugrunde, tritt an die Stelle des Beschwerdeführers diejenige Person, welche die Beanstandung dem Anbieter des sozialen Netzwerks übermittelt hat. [3]Abweichend von Absatz 2 Nummer 3 ist es nicht erforderlich, dass die Überprüfung durch eine mit der ursprünglichen Entscheidung nicht befasste Person erfolgt. [4]Abweichend von Absatz 1 Satz 2 bedarf es der Überprüfung nach Satz 1 dann nicht, wenn es sich bei dem Inhalt um erkennbar unerwünschte oder gegen die Allgemeinen Geschäftsbedingungen des Anbieters verstoßende kommerzielle Kommunikation handelt, die vom Nutzer in einer Vielzahl von Fällen mit anderen Nutzern geteilt oder der Öffentlichkeit zugänglich gemacht wurde und die Gegenvorstellung offensichtlich keine Aussicht auf Erfolg hat.

(4) Der Rechtsweg bleibt unberührt.

§ 3c Schlichtung. (1) Die in § 4 genannte Verwaltungsbehörde kann privatrechtlich organisierte Einrichtungen als Schlichtungsstellen zur außergerichtlichen Beilegung von Streitigkeiten zwischen Beschwerdeführern oder Nutzern, für die der beanstandete Inhalt gespeichert wurde, und Anbietern sozialer Netzwerke über nach § 3 Absatz 2 Satz 1 Nummer 1 bis 3 getroffene Entscheidungen anerkennen.

NetzDG 29a

(2) ¹Eine privatrechtlich organisierte Einrichtung ist als Schlichtungsstelle nach Absatz 1 anzuerkennen, wenn
1. ihr Träger eine juristische Person ist,
   a) die ihren Sitz in einem Mitgliedstaat der Europäischen Union oder in einem anderen Vertragsstaat des Abkommens über den Europäischen Wirtschaftsraum, für den die Richtlinie 2010/13/EU gilt, hat,
   b) die auf Dauer angelegt ist und
   c) deren Finanzierung gesichert ist,
2. die Unabhängigkeit, die Unparteilichkeit und die Sachkunde derjenigen Personen gewährleistet sind, die mit der Schlichtung befasst werden sollen,
3. ihre sachgerechte Ausstattung und die zügige Bearbeitung der Schlichtungsverfahren sichergestellt sind,
4. sie eine Schlichtungsordnung hat, welche die Einzelheiten des Schlichtungsverfahrens und ihre Zuständigkeit regelt und welche ein einfaches, kostengünstiges, unverbindliches und faires Schlichtungsverfahren ermöglicht, an dem der Anbieter des sozialen Netzwerks, der Beschwerdeführer und der Nutzer, für den der beanstandete Inhalt gespeichert wurde, teilnehmen können,
5. sichergestellt ist, dass die Öffentlichkeit dauerhaft über Erreichbarkeit und Zuständigkeit der Schlichtungsstelle und über den Ablauf des Schlichtungsverfahrens, einschließlich der Schlichtungsordnung, informiert wird.
²§ 3 Absatz 7 Satz 2 und 3 und Absatz 8 bis 10 gilt entsprechend.

(3) ¹Beschwerdeführer und Nutzer, für die der beanstandete Inhalt gespeichert wurde, können eine Schlichtungsstelle im Rahmen ihrer Zuständigkeit anrufen, wenn zuvor ein Gegenvorstellungsverfahren nach § 3b durchgeführt wurde oder eine Überprüfung der Entscheidung im Sinne des § 3 Absatz 6 Nummer 3 stattgefunden hat und der Anbieter des sozialen Netzwerks allgemein oder im Einzelfall an der Schlichtung durch diese Schlichtungsstelle teilnimmt. ²Nimmt der Anbieter an der Schlichtung teil, darf er der Schlichtungsstelle den beanstandeten Inhalt, Angaben zum Zeitpunkt des Teilens oder der Zugänglichmachung des Inhalts und zum Umfang der Verbreitung sowie mit dem Inhalt in erkennbarem Zusammenhang stehende Inhalte übermitteln, soweit dies für das Schlichtungsverfahren erforderlich ist; übermittelt werden dürfen auch, im Falle einer Anrufung der Schlichtungsstelle durch den Beschwerdeführer, die Kontaktdaten des Nutzers, für den der beanstandete Inhalt gespeichert wurde, sowie, im Falle einer Anrufung der Schlichtungsstelle durch den Nutzer, für den der beanstandete Inhalt gespeichert wurde, die Kontaktdaten des Beschwerdeführers. ³Die Schlichtungsstelle ist befugt, die betreffenden personenbezogenen Daten zu verarbeiten, soweit dies für das Schlichtungsverfahren erforderlich ist; eine Offenlegung der personenbezogenen Daten des Beschwerdeführers und des Nutzers, für den der beanstandete Inhalt gespeichert wurde, ist ausgenommen.

(4) ¹Die Teilnahme an den Schlichtungsverfahren ist freiwillig. ²Das Recht, die Gerichte anzurufen, bleibt unberührt. ³Das Verbraucherstreitbeilegungsge-

setz vom 19. Februar 2016 (BGBl. I S. 254, 1039), das zuletzt durch Artikel 2 Absatz 3 des Gesetzes vom 25. Juni 2020 (BGBl. I S. 1474) geändert worden ist, ist nicht anzuwenden.

§ 3d Begriffsbestimmungen für Videosharingplattform-Dienste. (1) Im Sinne dieses Gesetzes
1. sind Videosharingplattform-Dienste
   a) Telemedien, bei denen der Hauptzweck oder eine wesentliche Funktion darin besteht, Sendungen oder nutzergenerierte Videos, für die der Diensteanbieter keine redaktionelle Verantwortung trägt, der Allgemeinheit bereitzustellen, wobei der Diensteanbieter die Organisation der Sendungen oder der nutzergenerierten Videos, auch mit automatischen Mitteln, bestimmt,
   b) trennbare Teile von Telemedien, wenn für den trennbaren Teil der in Buchstabe a genannte Hauptzweck vorliegt,
2. ist ein nutzergeneriertes Video eine von einem Nutzer erstellte Abfolge von bewegten Bildern mit oder ohne Ton, die unabhängig von ihrer Länge einen Einzelbestandteil darstellt und die von diesem oder einem anderen Nutzer auf einen Videosharingplattform-Dienst hochgeladen wird,
3. ist eine Sendung eine Abfolge von bewegten Bildern mit oder ohne Ton, die unabhängig von ihrer Länge Einzelbestandteil eines von einem Diensteanbieter erstellten Sendeplans oder Katalogs ist,
4. ist Mitgliedstaat jeder Mitgliedstaat der Europäischen Union und jeder andere Vertragsstaat des Abkommens über den Europäischen Wirtschaftsraum, für den die Richtlinie 2010/13/EU gilt,
5. ist Mutterunternehmen ein Unternehmen, das ein oder mehrere Tochterunternehmen kontrolliert,
6. ist Tochterunternehmen ein Unternehmen, das unmittelbar oder mittelbar von einem Mutterunternehmen kontrolliert wird,
7. ist Gruppe die Gesamtheit von Mutterunternehmen, allen seinen Tochterunternehmen und allen anderen mit dem Mutterunternehmen und seinen Tochterunternehmen wirtschaftlich und rechtlich verbundenen Unternehmen.

(2) [1]Im Sinne dieses Gesetzes ist Sitzland eines Anbieters von Videosharingplattform-Diensten derjenige Mitgliedstaat, in dessen Hoheitsgebiet der Anbieter niedergelassen ist. [2]Ist ein Anbieter von Videosharingplattform-Diensten nicht im Hoheitsgebiet eines Mitgliedstaats niedergelassen, so gilt derjenige Mitgliedstaat als Sitzland, in dessen Hoheitsgebiet
1. ein Mutterunternehmen oder ein Tochterunternehmen des Anbieters oder
2. ein anderes Unternehmen einer Gruppe, von welcher der Anbieter ein Teil ist,

niedergelassen ist.

(3) [1]Sind in den Fällen des Absatzes 2 Satz 2 das Mutterunternehmen, das Tochterunternehmen oder die anderen Unternehmen der Gruppe jeweils in verschiedenen Mitgliedstaaten niedergelassen, so gilt der Anbieter als in dem Mit-

Netzwerkdurchsetzungsgesetz **NetzDG 29a**

gliedstaat niedergelassen, in dem sein Mutterunternehmen niedergelassen ist, oder, mangels einer solchen Niederlassung, als in dem Mitgliedstaat niedergelassen, in dem sein Tochterunternehmen niedergelassen ist, oder, mangels einer solchen Niederlassung, als in dem Mitgliedstaat niedergelassen, in dem das andere Unternehmen der Gruppe niedergelassen ist. ²Gibt es mehrere Tochterunternehmen und ist jedes dieser Tochterunternehmen in einem anderen Mitgliedstaat niedergelassen, so gilt der Anbieter als in dem Mitgliedstaat niedergelassen, in dem eines der Tochterunternehmen zuerst seine Tätigkeit aufgenommen hat, sofern eine dauerhafte und tatsächliche Verbindung des Tochterunternehmens mit der Wirtschaft dieses Mitgliedstaats besteht. ³Gibt es mehrere andere Unternehmen, die Teil der Gruppe sind und von denen jedes in einem anderen Mitgliedstaat niedergelassen ist, so gilt der Anbieter als in dem Mitgliedstaat niedergelassen, in dem eines dieser Unternehmen zuerst seine Tätigkeit aufgenommen hat, sofern eine dauerhafte und tatsächliche Verbindung mit der Wirtschaft dieses Mitgliedstaats besteht.

(4) Treten zwischen der in § 4 genannten Verwaltungsbehörde und einer Behörde eines anderen Mitgliedstaats Meinungsverschiedenheiten darüber auf, welcher Mitgliedstaat Sitzland eines Anbieters von Videosharingplattform-Diensten ist oder als solcher gilt, so bringt die in § 4 genannte Verwaltungsbehörde dies der Europäischen Kommission unverzüglich zur Kenntnis.

§ 3e Für Videosharingplattform-Dienste geltende Vorschriften. (1) Für Anbieter von Videosharingplattform-Diensten gilt dieses Gesetz, sofern sich aus den Absätzen 2 und 3 nichts Abweichendes ergibt.

(2) ¹Für Anbieter von Videosharingplattform-Diensten, die im Inland weniger als zwei Millionen registrierte Nutzer haben, gilt dieses Gesetz nur, wenn die Bundesrepublik Deutschland nach § 3d Absatz 2 und 3 Sitzland ist oder als Sitzland gilt. ²Dieses Gesetz gilt für sie nur im Hinblick auf nutzergenerierte Videos und Sendungen nach § 3d Absatz 1 Nummer 2 und 3, welche Inhalte haben, die den Tatbestand der §§ 111, 130 Absatz 1 oder 2, der §§ 131, 140, 166 oder 184b des Strafgesetzbuches erfüllen und nicht gerechtfertigt sind. ³Abweichend von § 1 Absatz 2 sind diese Anbieter von Videosharingplattform-Diensten von den Pflichten nach den §§ 2, 3 Absatz 2 Satz 1 Nummer 3 und 4 sowie Absatz 4 und § 3a befreit.

(3) ¹Für Anbieter von Videosharingplattform-Diensten, bei denen gemäß § 3d Absatz 2 und 3 ein anderer Mitgliedstaat als die Bundesrepublik Deutschland Sitzland ist oder als Sitzland gilt, gelten im Hinblick auf die in Absatz 2 Satz 2 genannten nutzergenerierten Videos und Sendungen die Pflichten nach den §§ 2, 3 und 3b nur auf der Grundlage und im Umfang einer Anordnung der in § 4 genannten Behörde. ²Die Anordnung darf nur ergehen, soweit die Voraussetzungen des § 3 Absatz 5 des Telemediengesetzes vom 26. Februar 2007 (BGBl. I S. 179, 251), das zuletzt durch Artikel 12 des Gesetzes vom 30. März 2021 (BGBl. I S. 448) geändert worden ist, in der jeweils geltenden Fassung erfüllt sind und unter Beachtung der danach erforderlichen Verfahrensschritte.

[3]Die in § 4 genannte Verwaltungsbehörde kann eine Stelle mit der Prüfung beauftragen, ob die Voraussetzungen des § 3 Absatz 5 Satz 1 des Telemediengesetzes vorliegen.

(4) Soweit nach den Absätzen 1 bis 3 für den Anbieter eines Videosharingplattform-Dienstes dieses Gesetz im Hinblick auf die in Absatz 2 Satz 2 genannten nutzergenerierten Videos und Sendungen gilt, ist er verpflichtet, mit seinen Nutzern wirksam zu vereinbaren, dass diesen die Verbreitung der in Absatz 2 Satz 2 genannten nutzergenerierten Videos und Sendungen verboten ist.

§ 3f Behördliche Schlichtung für Streitigkeiten mit Videosharingplattform-Diensten. (1) [1]Bei der in § 4 genannten Verwaltungsbehörde wird eine behördliche Schlichtungsstelle eingerichtet. [2]Die behördliche Schlichtungsstelle besteht zur außergerichtlichen Beilegung von Streitigkeiten mit Anbietern von Videosharingplattform-Diensten über Entscheidungen nach § 3 Absatz 2 Satz 1 Nummer 1 bis 3 im Hinblick auf das Vorliegen von nutzergenerierten Videos und Sendungen, welche Inhalte haben, die einen in § 3e Absatz 2 Satz 2 genannten Tatbestand erfüllen und nicht gerechtfertigt sind. [3]Die behördliche Schlichtungsstelle ist nur zuständig für Streitigkeiten mit Anbietern von Videosharingplattform-Diensten, bei denen die Bundesrepublik Deutschland nach § 3d Absatz 2 Sitzland ist oder als Sitzland gilt, und nur, wenn der Anbieter nicht an einem Schlichtungsverfahren einer anerkannten Schlichtungsstelle nach § 3c Absatz 1 teilnimmt oder wenn keine privatrechtlich organisierte Einrichtung als Schlichtungsstelle nach § 3c Absatz 1 anerkannt ist.

(2) Die Anforderungen von § 3c Absatz 2 Satz 1 Nummer 2 bis 5 sowie § 3 Absatz 9 und § 3c Absatz 3 und 4 gelten für die behördliche Schlichtungsstelle entsprechend.

(3) Die behördliche Schlichtungsstelle kann für die Durchführung des Schlichtungsverfahrens Gebühren erheben, die in ihrer Schlichtungsordnung anzugeben sind.

§ 4 Bußgeldvorschriften. (1) Ordnungswidrig handelt, wer vorsätzlich oder fahrlässig
1. entgegen § 2 Absatz 1 Satz 1 einen Bericht nicht, nicht richtig, nicht vollständig oder nicht rechtzeitig erstellt oder nicht, nicht richtig, nicht vollständig, nicht in der vorgeschriebenen Weise oder nicht rechtzeitig veröffentlicht,
2. entgegen § 3 Absatz 1 Satz 1 oder § 3b Absatz 1 Satz 1 ein dort genanntes Verfahren für den Umgang mit Beschwerden von Beschwerdestellen oder Nutzern, die im Inland wohnhaft sind oder ihren Sitz haben, oder für eine Überprüfung einer Entscheidung nicht, nicht richtig oder nicht vollständig vorhält,
3. entgegen § 3 Absatz 1 Satz 2 oder § 3b Absatz 1 Satz 3 ein dort genanntes Verfahren nicht oder nicht richtig zur Verfügung stellt,

Netzwerkdurchsetzungsgesetz **NetzDG 29a**

4. entgegen § 3 Absatz 4 Satz 1 den Umgang mit Beschwerden nicht oder nicht richtig überwacht,
5. entgegen § 3 Absatz 4 Satz 2 eine organisatorische Unzulänglichkeit nicht oder nicht rechtzeitig beseitigt,
6. entgegen § 3 Absatz 4 Satz 3 eine Schulung oder eine Betreuung nicht oder nicht rechtzeitig anbietet,
7. entgegen § 3a Absatz 1 ein dort genanntes Verfahren nicht oder nicht richtig vorhält,
8. entgegen § 5 einen inländischen Zustellungsbevollmächtigten oder einen inländischen Empfangsberechtigten nicht benennt, oder
9. entgegen § 5 Absatz 2 Satz 2 als Empfangsberechtigter auf Auskunftsersuchen nicht reagiert.

(2) [1]Die Ordnungswidrigkeit kann in den Fällen des Absatzes 1 Nummer 8 und 9 mit einer Geldbuße bis zu fünfhunderttausend Euro, in den übrigen Fällen des Absatzes 1 mit einer Geldbuße bis zu fünf Millionen Euro geahndet werden. 2 § 30 Absatz 2 Satz 3 des Gesetzes über Ordnungswidrigkeiten ist anzuwenden.

(3) Die Ordnungswidrigkeit kann auch dann geahndet werden, wenn sie nicht im Inland begangen wird.

(4) [1]Verwaltungsbehörde im Sinne des § 36 Absatz 1 Nummer 1 des Gesetzes über Ordnungswidrigkeiten ist das Bundesamt für Justiz. [2]Das Bundesministerium der Justiz und für Verbraucherschutz erlässt im Einvernehmen mit dem Bundesministerium des Innern, für Bau und Heimat, dem Bundesministerium für Wirtschaft und Energie und dem Bundesministerium für Verkehr und digitale Infrastruktur allgemeine Verwaltungsgrundsätze über die Ausübung des Ermessens der Bußgeldbehörde bei der Einleitung eines Bußgeldverfahrens und bei der Bemessung der Geldbuße.

(5) [1]Will die Verwaltungsbehörde ihre Entscheidung darauf stützen, dass nicht entfernte oder nicht gesperrte Inhalte rechtswidrig im Sinne des § 1 Absatz 3 sind, so soll sie über die Rechtswidrigkeit vorab eine gerichtliche Entscheidung herbeiführen. [2]Zuständig ist das Gericht, das über den Einspruch gegen den Bußgeldbescheid entscheidet. [3]Der Antrag auf Vorabentscheidung ist dem Gericht zusammen mit der Stellungnahme des sozialen Netzwerks zuzuleiten. [4]Über den Antrag kann ohne mündliche Verhandlung entschieden werden. [5]Die Entscheidung ist nicht anfechtbar und für die Verwaltungsbehörde bindend.

§ 4a Aufsicht. (1) Die in § 4 genannte Verwaltungsbehörde überwacht die Einhaltung der Vorschriften dieses Gesetzes.

(2) [1]Stellt die in § 4 genannte Verwaltungsbehörde fest, dass ein Anbieter eines sozialen Netzwerks gegen die Vorschriften dieses Gesetzes verstoßen hat oder verstößt, so trifft sie die erforderlichen Maßnahmen gegenüber dem Anbieter. [2]Sie kann den Anbieter insbesondere verpflichten, die Zuwiderhandlung abzustellen. 3 § 4 Absatz 5 gilt mit der Maßgabe entsprechend, dass dasjenige

Gericht zuständig ist, welches über den Einspruch gegen einen Bußgeldbescheid entscheiden würde.

(3) ¹In dem Verwaltungsverfahren nach Absatz 2 erteilt der Anbieter eines sozialen Netzwerks der in § 4 genannten Verwaltungsbehörde auf deren Verlangen Auskunft über die zur Umsetzung dieses Gesetzes ergriffenen Maßnahmen, über die Anzahl der registrierten Nutzer im Inland sowie über die im vergangenen Kalenderjahr eingegangenen Beschwerden über rechtswidrige Inhalte; die Vertretung des Anbieters sowie bei juristischen Personen, Gesellschaften und nicht rechtsfähigen Vereinen die nach Gesetz oder Satzung zur Vertretung berufenen Personen sind verpflichtet, die verlangten Auskünfte im Namen des Unternehmens zu erteilen. ²Das Auskunftsverlangen muss verhältnismäßig sein. ³Soweit natürliche Personen nach Satz 1 zur Mitwirkung verpflichtet sind, müssen sie, falls die Informationserlangung auf andere Weise wesentlich erschwert oder nicht zu erwarten ist, auch Tatsachen offenbaren, die geeignet sind, eine Verfolgung wegen einer Straftat oder einer Ordnungswidrigkeit herbeizuführen. ⁴Jedoch darf eine Auskunft, die eine natürliche Person nach Satz 1 erteilt, in einem Strafverfahren oder in einem Verfahren nach dem Gesetz über Ordnungswidrigkeiten nur mit ihrer Zustimmung gegen diese Person oder einen der in § 383 Absatz 1 Nummer 1 bis 3 der Zivilprozessordnung bezeichneten Angehörigen verwendet werden. ⁵Gemäß Satz 1 erteilte Auskünfte dürfen in einem Verfahren zur Festsetzung einer Geldbuße nach § 30 des Gesetzes über Ordnungswidrigkeiten gegen den Anbieter nur mit Zustimmung des Anbieters oder derjenigen Person, die infolge ihrer Verpflichtung nach Satz 1 die Auskunft erteilt hat, verwendet werden.

(4) ¹Zeugen sind in dem Verwaltungsverfahren nach Absatz 2 zur Aussage verpflichtet. ²Ein Zeuge kann die Aussage auf solche Fragen verweigern, deren Beantwortung ihn selbst oder einen der in § 383 Absatz 1 Nummer 1 bis 3 der Zivilprozessordnung bezeichneten Angehörigen der Gefahr strafgerichtlicher Verfolgung oder eines Verfahrens nach dem Gesetz über Ordnungswidrigkeiten aussetzen würde. ³Im Übrigen gelten die Vorschriften der Zivilprozessordnung über die Pflicht, als Zeuge auszusagen, entsprechend. ⁴Die in § 4 genannte Verwaltungsbehörde hat den Zeugen vor der Vernehmung über sein Recht zur Verweigerung des Zeugnisses zu belehren.

§ 5 Inländischer Zustellungsbevollmächtigter. (1) ¹Anbieter sozialer Netzwerke haben im Inland einen Zustellungsbevollmächtigten zu benennen und auf ihrer Plattform in leicht erkennbarer und unmittelbar erreichbarer Weise auf ihn aufmerksam zu machen. ²An ihn können Zustellungen in Bußgeldverfahren und in aufsichtsrechtlichen Verfahren nach den §§ 4 und 4a oder in Gerichtsverfahren vor deutschen Gerichten wegen der Verbreitung rechtswidriger Inhalte, insbesondere in Fällen, in denen die Wiederherstellung entfernter oder gesperrter Inhalte begehrt wird, bewirkt werden. ³Das gilt auch für die Zustellung von Schriftstücken, die solche Verfahren einleiten, für Zustellungen von gerichtlichen Endentscheidungen sowie für Zustellungen im Vollstreckungs- oder Vollziehungsverfahren.

(2) ¹Für Auskunftsersuchen einer inländischen Strafverfolgungsbehörde ist eine empfangsberechtigte Person im Inland gegenüber der in § 4 genannten Verwaltungsbehörde zu benennen. ²Die empfangsberechtigte Person ist verpflichtet, auf Auskunftsersuchen nach Satz 1 48 Stunden nach Zugang zu antworten. ³Soweit das Auskunftsersuchen nicht mit einer das Ersuchen erschöpfenden Auskunft beantwortet wird, ist dies in der Antwort zu begründen. ⁴Die in § 4 genannte Verwaltungsbehörde führt eine Liste der empfangsberechtigten Personen. ⁵Sie gibt inländischen Strafverfolgungsbehörden hierüber auf Anfrage Auskunft.

§ 5a Auskünfte für wissenschaftliche Forschung. (1) Forscher im Sinne dieser Vorschrift ist jede natürliche oder juristische Person, die wissenschaftliche Forschung betreibt.

(2) Ein Forscher kann vom Anbieter eines sozialen Netzwerks qualifizierte Auskünfte verlangen über
1. den Einsatz und die konkrete Wirkweise von Verfahren zur automatisierten Erkennung von Inhalten, die entfernt oder gesperrt werden sollen, insbesondere zu Art und Umfang eingesetzter Technologien und den Zwecken, Kriterien und Parametern für deren Programmierung sowie zu den eingesetzten Daten,
2. die Verbreitung von Inhalten, die Gegenstand von Beschwerden über rechtswidrige Inhalte waren oder die vom Anbieter entfernt oder gesperrt worden sind, insbesondere die entsprechenden Inhalte sowie Informationen darüber, welche Nutzer in welcher Weise mit den Inhalten interagiert haben.

(3) Auskünfte nach Absatz 2 können nur verlangt werden, soweit sie für Vorhaben einer im öffentlichen Interesse liegenden wissenschaftlichen Forschung zu Art, Umfang, Ursachen und Wirkungsweisen öffentlicher Kommunikation in sozialen Netzwerken und den Umgang der Anbieter hiermit erforderlich ist.

(4) ¹Die Auskunftserteilung darf nur erfolgen, wenn der Forscher gegenüber dem Anbieter des sozialen Netzwerks ein Schutzkonzept vorlegt. ²Das Schutzkonzept beinhaltet
1. eine Beschreibung der für die Forschungszwecke nach Absatz 3 erforderlichen Informationen,
2. eine Beschreibung der beabsichtigten Verwendung der Informationen,
3. eine Beschreibung der Vorkehrungen, um eine anderweitige Verwendung der Informationen zu verhindern,
4. eine Beschreibung der Vorkehrungen, um die schutzwürdigen Interessen des Anbieters zu schützen, und
5. eine Beschreibung der technischen und organisatorischen Maßnahmen, die den Schutz der personenbezogenen Daten sicherstellen.

(5) Der Anbieter eines sozialen Netzwerks kann die Auskunft verweigern, wenn

29a NetzDG

1. seine schutzwürdigen Interessen das öffentliche Interesse an der Forschung erheblich überwiegen oder
2. die schutzwürdigen Interessen der betroffenen Personen beeinträchtigt werden und das öffentliche Interesse an der Forschung das Geheimhaltungsinteresse der betroffenen Personen nicht überwiegt.

(6) ¹Der Anbieter eines sozialen Netzwerks darf zu Zwecken der Auskunftserteilung nach Absatz 2 folgende personenbezogene Daten übermitteln:
1. die verbreiteten Inhalte,
2. Beschwerden über rechtswidrige Inhalte,
3. Nutzernamen der an der Verbreitung Beteiligten,
4. die näheren Umstände der Interaktionen der an der Verbreitung Beteiligten im Hinblick auf die jeweiligen Inhalte sowie
5. Trainingsdaten von Verfahren zur automatisierten Erkennung von Inhalten, die entfernt oder gesperrt werden sollen, sowie Angaben zur Wirkweise, zu Zwecken, Kriterien und Parametern für die Programmierung dieser Verfahren.

²Die Daten sind anonymisiert oder zumindest pseudonymisiert zu übermitteln, soweit dies ohne Gefährdung des Forschungszwecks möglich ist.

(7) ¹Der Forscher darf die Daten ausschließlich verarbeiten für die Zwecke von Vorhaben wissenschaftlicher Forschung nach Absatz 3. ²Soweit besondere Kategorien von Daten im Sinne von Artikel 9 Absatz 1 der Verordnung (EU) 2016/679 des Europäischen Parlaments und des Rates vom 27. April 2016 zum Schutz natürlicher Personen bei der Verarbeitung personenbezogener Daten, zum freien Datenverkehr und zur Aufhebung der Richtlinie 95/46/EG (Datenschutz-Grundverordnung) (ABl. L 119 vom 4.5.2016, S. 1; L 314 vom 22.11.2016, S. 72; L 127 vom 23.5.2018, S. 2) in der jeweils geltenden Fassung verarbeitet werden, hat der Forscher dafür angemessene und spezifische Maßnahmen zur Wahrung der Interessen der betroffenen Person gemäß § 22 Absatz 2 Satz 2 des Bundesdatenschutzgesetzes vorzusehen. ³Ergänzend zu den dort genannten Maßnahmen sind die Daten im Sinne des Artikels 9 Absatz 1 der Verordnung (EU) 2016/679 zu anonymisieren, sobald dies nach dem Forschungszweck möglich ist. ⁴Darüber hinausgehende datenschutzrechtliche Vorgaben bleiben unberührt.

(8) ¹Der Anbieter eines sozialen Netzwerks hat gegenüber dem Forscher Anspruch auf Erstattung der durch die Auskunftserteilung nach Absatz 2 entstehenden Kosten in angemessener Höhe. ²Bei der Bestimmung der angemessenen Höhe ist zu berücksichtigen, dass die Kosten kein wesentliches Hindernis für die Inanspruchnahme des Auskunftsrechts darstellen dürfen. ³§ 287 Absatz 1 der Zivilprozessordnung ist entsprechend anzuwenden. ⁴Die erstattungsfähigen Kosten dürfen vorbehaltlich des Satzes 5 höchstens 5 000 Euro betragen. ⁵Dieser Betrag darf nur überschritten werden, wenn durch die Erteilung der Auskunft ein außergewöhnlich hoher Aufwand entsteht. ⁶Nach Vorlage des Schutzkonzepts nach Absatz 4 kann der Forscher vom Anbieter die Vorlage eines unentgeltlichen Kostenanschlags innerhalb einer angemessener Frist verlangen.

Netzwerkdurchsetzungsgesetz   NetzDG 29a

§ 6 Übergangsvorschriften. (1) ¹Der Bericht nach § 2 wird erstmals für das erste Halbjahr 2018 fällig.

(2) ¹Die Verfahren nach § 3 müssen innerhalb von drei Monaten nach Inkrafttreten dieses Gesetzes eingeführt sein. ²Erfüllt der Anbieter eines sozialen Netzwerkes die Voraussetzungen des § 1 erst zu einem späteren Zeitpunkt, so müssen die Verfahren nach § 3 drei Monate nach diesem Zeitpunkt eingeführt sein.

(3) Für Berichte, die sich auf Zeiträume bis einschließlich 31. Dezember 2021 beziehen, ist § 2 in der Fassung des Gesetzes zur Verbesserung der Rechtsdurchsetzung in sozialen Netzwerken vom 1. September 2017 (BGBl. I S. 3352) anzuwenden.

(4) Der Bericht nach § 3 Absatz 9 ist erstmals zum 31. Juli 2022 vorzulegen.

(5) Für Einrichtungen der Regulierten Selbstregulierung, die am 28. Juni 2021 bereits anerkannt waren, ist § 3 Absatz 6 Nummer 3 bis zum Ablauf des Jahres 2022 in der Fassung des Gesetzes zur Verbesserung der Rechtsdurchsetzung in sozialen Netzwerken vom 1. September 2017 (BGBl. I S. 3352) anzuwenden.

(6) ¹Auf Anbieter, die nicht Anbieter von Videosharingplattform-Diensten sind, ist § 3b erst ab dem 1. Oktober 2021 anzuwenden. ²Bei Anbietern von Videosharingplattform-Diensten ist § 3b im Hinblick auf Inhalte, die keine nutzergenerierten Videos oder Sendungen sind, erst ab dem 1. Oktober 2021 anzuwenden.

§ 6 Übergangsvorschriften. (1) Der Bericht nach § 2 wird erstmals für das erste Halbjahr 2018 fällig.

(2) ¹Die Verfahren nach § 3 müssen innerhalb von drei Monaten nach Inkrafttreten dieses Gesetzes eingeführt sein. ²Erfüllt der Anbieter eines sozialen Netzwerkes die Voraussetzungen des § 1 erst zu einem späteren Zeitpunkt, so müssen die Verfahren nach § 3 drei Monate nach diesem Zeitpunkt eingeführt sein.

(3) Für Berichte, die sich auf Zeiträume bis einschließlich 31. Dezember 2021 beziehen, ist § 2 in der Fassung des Gesetzes zur Verbesserung der Rechtsdurchsetzung in sozialen Netzwerken vom 1. September 2017 (BGBl. I S. 3352) anzuwenden.

(4) Der Bericht nach § 3 Absatz 9 ist erstmals zum 31. Juli 2022 vorzulegen.

(5) Für Einrichtungen der Regulierten Selbstregulierung, die am 28. Juni 2021 bereits anerkannt waren, ist § 3 Absatz 6 Nummer 3 bis zum Ablauf des Jahres 2022 in der Fassung des Gesetzes zur Verbesserung der Rechtsdurchsetzung in sozialen Netzwerken vom 1. September 2017 (BGBl. I S. 3352) anzuwenden.

(6) ¹Auf Anbieter, die nicht Anbieter von Videosharingplattform-Diensten sind, ist § 3b erst ab dem 1. Oktober 2021 anzuwenden. ²Bei Anbietern von Videosharingplattform-Diensten ist § 3b im Hinblick auf Inhalte, die keine nutzergenerierten Videos oder Sendungen sind, erst ab dem 1. Oktober 2021 anzuwenden.

TMG 30

Telemediengesetz

vom 26. Februar 2007 (BGBl. I S. 179),
zuletzt geändert durch Gesetz vom 12. August 2021 (BGBl. I S. 3544)[1]

Abschnitt 1

Allgemeine Bestimmungen

§ 1 Anwendungsbereich. (1) [1]Dieses Gesetz gilt für alle elektronischen Informations- und Kommunikationsdienste, soweit sie nicht Telekommunikationsdienste nach § 3 Nummer 61 des Telekommunikationsgesetzes, telekommunikationsgestützte Dienste nach § 3 Nummer 63 des Telekommunikationsgesetzes oder Rundfunk nach § 2 des Rundfunkstaatsvertrages sind (Telemedien). [2]Dieses Gesetz gilt für alle Anbieter einschließlich der öffentlichen Stellen unabhängig davon, ob für die Nutzung ein Entgelt erhoben wird.

(2) Dieses Gesetz gilt nicht für den Bereich der Besteuerung.

(3) Das Telekommunikationsgesetz und die Pressegesetze bleiben unberührt.

(4) Die an die Inhalte von Telemedien zu richtenden besonderen Anforderungen ergeben sich aus dem Staatsvertrag für Rundfunk und Telemedien (Rundfunkstaatsvertrag).

(5) Dieses Gesetz trifft weder Regelungen im Bereich des internationalen Privatrechts noch regelt es die Zuständigkeit der Gerichte.

(6) Die besonderen Bestimmungen dieses Gesetzes für audiovisuelle Mediendienste gelten nicht für Dienste, die
1. ausschließlich zum Empfang in Drittstaaten bestimmt sind und
2. weder unmittelbar noch mittelbar von der Allgemeinheit mit handelsüblichen Verbraucherendgeräten in einem Mitgliedstaat

§ 2 Begriffsbestimmungen[2]. [1]Im Sinne dieses Gesetzes
1. ist Diensteanbieter jede natürliche oder juristische Person, die eigene oder fremde Telemedien zur Nutzung bereithält oder den Zugang zur Nutzung vermittelt,
2. ist niedergelassener Diensteanbieter jeder Anbieter, der mittels einer festen Einrichtung auf unbestimmte Zeit Telemedien geschäftsmäßig anbie-

---

1 Die Vereinbarkeit der Vorratsdatenspeicherung mit EU-Recht wird derzeit geprüft und es kann hier noch zu Anpassungen dieser Normen kommen. Dies ist in der Einführung unter 14. Multimediarecht b) Telekommunikation näher dargelegt.
2 Beachte zu §§ 2, 8 TMG das EuGH-Urteil im Fall „McFadden" (EuGH, 15. September 2016 – C-484/14). Die Tragweite dieses Urteils ist nicht ganz eindeutig. Zum einen werden private WLAN-Anbieter bezüglich der Störerhaftung gestärkt. Zum anderen kann aber der Staat auch in Deutschland nach wie vor Sicherungsmaßnahmen der Netze verlangen.

tet oder erbringt; der Standort der technischen Einrichtung allein begründet keine Niederlassung des Anbieters,

2a. ist drahtloses lokales Netzwerk ein Drahtloszugangssystem mit geringer Leistung und geringer Reichweite sowie mit geringem Störungsrisiko für weitere, von anderen Nutzern in unmittelbarer Nähe installierte Systeme dieser Art, welches nicht exklusive Grundfrequenzen nutzt,

3. ist Nutzer jede natürliche oder juristische Person, die Telemedien nutzt, insbesondere um Informationen zu erlangen oder zugänglich zu machen,

4. sind Verteildienste Telemedien, die im Wege einer Übertragung von Daten ohne individuelle Anforderung gleichzeitig für eine unbegrenzte Anzahl von Nutzern erbracht werden,

5. ist kommerzielle Kommunikation jede Form der Kommunikation, die der unmittelbaren oder mittelbaren Förderung des Absatzes von Waren, Dienstleistungen oder des Erscheinungsbilds eines Unternehmens, einer sonstigen Organisation oder einer natürlichen Person dient, die eine Tätigkeit im Handel, Gewerbe oder Handwerk oder einen freien Beruf ausübt; die Übermittlung der folgenden Angaben stellt als solche keine Form der kommerziellen Kommunikation dar:
   a) Angaben, die unmittelbaren Zugang zur Tätigkeit des Unternehmens oder der Organisation oder Person ermöglichen, wie insbesondere ein Domain-Name oder eine Adresse der elektronischen Post,
   b) Angaben in Bezug auf Waren und Dienstleistungen oder das Erscheinungsbild eines Unternehmens, einer Organisation oder Person, die unabhängig und insbesondere ohne finanzielle Gegenleistung gemacht werden; dies umfasst auch solche unabhängig und insbesondere ohne finanzielle Gegenleistung oder sonstige Vorteile von natürlichen Personen gemachten Angaben, die eine unmittelbare Verbindung zu einem Nutzerkonto von weiteren natürlichen Personen bei Diensteanbietern ermöglichen,

6. sind audiovisuelle Mediendienste
   a) audiovisuelle Mediendienste auf Abruf und
   b) die audiovisuelle kommerzielle Kommunikation,

7. ist audiovisueller Mediendiensteanbieter ein Anbieter von audiovisuellen Mediendiensten,

8. sind audiovisuelle Mediendienste auf Abruf nichtlineare audiovisuelle Mediendienste, bei denen der Hauptzweck des Dienstes oder eines trennbaren Teils des Dienstes darin besteht, unter der redaktionellen Verantwortung eines audiovisuellen Mediendiensteanbieters der Allgemeinheit Sendungen zur Information, Unterhaltung oder Bildung zum individuellen Abruf zu einem vom Nutzer gewählten Zeitpunkt bereitzustellen,

9. ist audiovisuelle kommerzielle Kommunikation jede Form der Kommunikation mit Bildern mit oder ohne Ton, die einer Sendung oder einem nutzergenerierten Video gegen Entgelt oder gegen eine ähnliche Gegenleistung oder als Eigenwerbung beigefügt oder darin enthalten ist, wenn die Kommunikation der unmittelbaren oder mittelbaren Förderung des Ab-

Telemediengesetz **TMG 30**

satzes von Waren und Dienstleistungen oder der Förderung des Erscheinungsbilds natürlicher oder juristischer Personen, die einer wirtschaftlichen Tätigkeit nachgehen, dient, einschließlich Sponsoring und Produktplatzierung,

10. sind Videosharingplattform-Dienste
    a) Telemedien, bei denen der Hauptzweck oder eine wesentliche Funktion darin besteht, Sendungen oder nutzergenerierte Videos, für die der Diensteanbieter keine redaktionelle Verantwortung trägt, der Allgemeinheit bereitzustellen, wobei der Diensteanbieter die Organisation der Sendungen und der nutzergenerierten Videos, auch mit automatischen Mitteln, bestimmt,
    b) trennbare Teile von Telemedien, wenn für den trennbaren Teil der in Buchstabe a genannte Hauptzweck vorliegt,
11. ist Videosharingplattform-Anbieter ein Diensteanbieter, der Videosharingplattform-Dienste betreibt,
12. ist redaktionelle Verantwortung die Ausübung einer wirksamen Kontrolle hinsichtlich der Zusammenstellung der Sendungen und ihrer Bereitstellung mittels eines Katalogs,
13. ist Sendung eine Abfolge von bewegten Bildern mit oder ohne Ton, die unabhängig von ihrer Länge Einzelbestandteil eines von einem Diensteanbieter erstellten Sendeplans oder Katalogs ist,
14. ist nutzergeneriertes Video eine von einem Nutzer erstellte Abfolge von bewegten Bildern mit oder ohne Ton, die unabhängig von ihrer Länge einen Einzelbestandteil darstellt und die von diesem oder einem anderen Nutzer auf einen Videosharingplattform-Dienst hochgeladen wird,
15. ist Mitgliedstaat jeder Mitgliedstaat der Europäischen Union und jeder andere Vertragsstaat des Abkommens über den Europäischen Wirtschaftsraum, für den die Richtlinie 2010/13/EU des Europäischen Parlaments und des Rates vom 10. März 2010 zur Koordinierung bestimmter Rechts- und Verwaltungsvorschriften der Mitgliedstaaten über die Bereitstellung audiovisueller Mediendienste (Richtlinie über audiovisuelle Mediendienste) (ABl. L 95 vom 15.4.2010, S. 1; L 263 vom 6.10.2010, S. 15), die durch die Richtlinie (EU) 2018/1808 (ABl. L 303 vom 28.11.2018, S. 69) geändert worden ist, gilt,
16. ist Drittstaat jeder Staat, der nicht Mitgliedstaat ist,
17. ist Mutterunternehmen ein Unternehmen, das ein oder mehrere Tochterunternehmen kontrolliert,
18. ist Tochterunternehmen ein Unternehmen, das unmittelbar oder mittelbar von einem Mutterunternehmen kontrolliert wird,
19. ist Gruppe die Gesamtheit von Mutterunternehmen, allen seinen Tochterunternehmen und allen anderen mit dem Mutterunternehmen und seinen Tochterunternehmen wirtschaftlich und rechtlich verbundenen Unternehmen.

²Einer juristischen Person steht eine Personengesellschaft gleich, die mit der Fähigkeit ausgestattet ist, Rechte zu erwerben und Verbindlichkeiten einzugehen.

§ 2a Europäisches Sitzland. (1) Sitzland des Diensteanbieters im Sinne dieses Gesetzes ist der Mitgliedstaat, in dessen Hoheitsgebiet der Diensteanbieter niedergelassen ist.

(2) [1]Abweichend von Absatz 1 gilt bei audiovisuellen Mediendiensten ein Mitgliedstaat als Sitzland des Diensteanbieters, in dem die Hauptverwaltung des Diensteanbieters liegt und die redaktionellen Entscheidungen über den audiovisuellen Mediendienst getroffen werden. [2]Werden die redaktionellen Entscheidungen über den audiovisuellen Mediendienst in einem anderen Mitgliedstaat als dem Sitz der Hauptverwaltung getroffen, so gilt als Sitzland des Diensteanbieters
1. derjenige dieser beiden Mitgliedstaaten, in dem ein erheblicher Teil des Personals des Diensteanbieters, das mit der Durchführung der programmbezogenen Tätigkeiten des audiovisuellen Mediendienstes betraut ist, tätig ist,
2. der Mitgliedstaat, in dem die Hauptverwaltung des Diensteanbieters liegt, wenn ein erheblicher Teil des Personals des audiovisuellen Mediendiensteanbieters, das mit der Ausübung der sendungsbezogenen Tätigkeiten betraut ist, in jedem dieser Mitgliedstaaten tätig ist oder
3. der Mitgliedstaat, in dem der Diensteanbieter zuerst mit seiner Tätigkeit nach Maßgabe des Rechts dieses Mitgliedstaats begonnen hat, sofern eine dauerhafte und tatsächliche Verbindung mit der Wirtschaft dieses Mitgliedstaats fortbesteht, wenn ein erheblicher Teil des Personals des audiovisuellen Mediendiensteanbieters, das mit der Ausübung der sendungsbezogenen Tätigkeiten betraut ist, in keinem dieser Mitgliedstaaten tätig ist.

[3]Werden die redaktionellen Entscheidungen über den audiovisuellen Mediendienst in einem Drittstaat getroffen, gilt der Mitgliedstaat als Sitzland, in dem die Hauptverwaltung des Diensteanbieters liegt. [4]Liegt die Hauptverwaltung des Diensteanbieters in einem Drittstaat und werden die redaktionellen Entscheidungen über den audiovisuellen Mediendienst in einem Mitgliedstaat getroffen, gilt der Mitgliedstaat als Sitzland, in dem ein erheblicher Teil des mit der Bereitstellung des audiovisuellen Mediendienstes betrauten Personals tätig ist.

(3) [1]Für audiovisuelle Mediendiensteanbieter, die nicht bereits aufgrund ihrer Niederlassung der Rechtshoheit eines Mitgliedstaats unterliegen, gilt ein Mitgliedstaat als Sitzland, wenn sie
1. eine in diesem Mitgliedstaat gelegene Satelliten-Bodenstation für die Aufwärtsstrecke nutzen oder
2. zwar keine in diesem Mitgliedstaat gelegene Satelliten-Bodenstation für die Aufwärtsstrecke, aber eine diesem Mitgliedstaat zugewiesene Übertragungskapazität eines Satelliten nutzen.

[2]Liegt keines dieser beiden Kriterien vor, gilt der Mitgliedstaat auch als Sitzland für einen audiovisuellen Diensteanbieter, in dem dieser gemäß den Artikeln 49 bis 55 des Vertrages über die Arbeitsweise der Europäischen Union niedergelassen ist.

Telemediengesetz **TMG 30**

(4) Ist ein Videosharingplattform-Anbieter nicht im Hoheitsgebiet eines Mitgliedstaats niedergelassen, so gilt derjenige Mitgliedstaat abweichend von Absatz 1 als Sitzland, in dessen Hoheitsgebiet
1. ein Mutterunternehmen oder ein Tochterunternehmen des Videosharingplattform-Anbieters oder
2. ein anderes Unternehmen einer Gruppe, von welcher der Videosharingplattform-Anbieter ein Teil ist,

niedergelassen ist.

(5) Sind in den Fällen des Absatzes 4 das Mutterunternehmen, das Tochterunternehmen oder die anderen Unternehmen der Gruppe jeweils in verschiedenen Mitgliedstaaten niedergelassen, so gilt der Videosharingplattform-Anbieter als in dem Mitgliedstaat niedergelassen,
1. in dem sein Mutterunternehmen niedergelassen ist oder
2. mangels einer solchen Niederlassung in dem sein Tochterunternehmen niedergelassen ist, oder
3. mangels einer solchen Niederlassung in dem das oder die anderen Unternehmen der Gruppe niedergelassen ist oder sind.

(6) Gibt es mehrere Tochterunternehmen und ist jedes dieser Tochterunternehmen in einem anderen Mitgliedstaat niedergelassen, so gilt der Videosharingplattform-Anbieter als in dem Mitgliedstaat niedergelassen, in dem eines der Tochterunternehmen zuerst seine Tätigkeit aufgenommen hat, sofern eine dauerhafte und tatsächliche Verbindung mit der Wirtschaft dieses Mitgliedstaats besteht.

(7) Gibt es mehrere andere Unternehmen, die Teil der Gruppe sind und von denen jedes in einem anderen Mitgliedstaat niedergelassen ist, so gilt der Videosharingplattform-Anbieter als in dem Mitgliedstaat niedergelassen, in dem eines dieser Unternehmen zuerst seine Tätigkeit aufgenommen hat, sofern eine dauerhafte und tatsächliche Verbindung mit der Wirtschaft dieses Mitgliedstaats besteht.

(8) Treten zwischen der zuständigen Behörde und einer Behörde eines anderen Mitgliedstaats Meinungsverschiedenheiten darüber auf, welcher Mitgliedstaat Sitzland des Diensteanbieters nach den Absätzen 2 bis 7 ist oder als solcher gilt, so bringt die zuständige Behörde dies der Europäischen Kommission unverzüglich zur Kenntnis.

§ 2b Listen der audiovisuellen Mediendiensteanbieter und Videosharingplattform-Anbieter. (1) [1]Die zuständige Behörde erstellt jeweils eine Liste der audiovisuellen Mediendiensteanbieter und der Videosharingplattform-Anbieter, deren Sitzland Deutschland ist oder für die Deutschland als Sitzland gilt. [2]In der Liste sind zu jedem audiovisuellen Mediendiensteanbieter und Videosharingplattform-Anbieter die maßgeblichen Kriterien nach § 2a Absatz 2 bis 7 anzugeben.

(2) Die zuständige Behörde übermittelt die Listen der audiovisuellen Mediendiensteanbieter und Videosharingplattform-Anbieter und alle Aktualisierun-

gen dieser Listen der für Kultur und Medien zuständigen obersten Bundesbehörde.

(3) Die für Kultur und Medien zuständige oberste Bundesbehörde leitet die ihr übermittelten Listen der audiovisuellen Mediendiensteanbieter und Videosharingplattform-Anbieter und alle Aktualisierungen dieser Listen an die Europäische Kommission weiter.

§ 2c Auskunftsverlangen der zuständigen Behörde. (1) Audiovisuelle Mediendiensteanbieter und Videosharingplattform-Anbieter sind verpflichtet, der zuständigen Behörde auf Verlangen Auskünfte über die in § 2a Absatz 2 bis 7 genannten Kriterien zu erteilen, soweit dies für die Erfüllung der Aufgaben nach § 2b Absatz 1 Satz 2 und Absatz 2 erforderlich ist.

(2) [1]Der Auskunftspflichtige kann die Auskunft auf solche Fragen verweigern, deren Beantwortung ihn selbst oder einen der in § 383 Absatz 1 Nummer 1 bis 3 der Zivilprozessordnung bezeichneten Angehörigen der Gefahr der Verfolgung wegen einer Straftat oder Ordnungswidrigkeit aussetzen würde. [2]Er ist über sein Recht zur Auskunftsverweigerung zu belehren. [3]Die Tatsache, auf die der Auskunftspflichtige die Verweigerung der Auskunft nach Satz 1 stützt, ist auf Verlangen glaubhaft zu machen. [4]Es genügt die eidliche Versicherung des Auskunftspflichtigen.

§ 3 Herkunftslandprinzip. (1) In Deutschland nach § 2a niedergelassene Diensteanbieter und ihre Telemedien unterliegen den Anforderungen des deutschen Rechts auch dann, wenn die Telemedien innerhalb des Geltungsbereichs der Richtlinie 2000/31/EG des Europäischen Parlaments und des Rates vom 8. Juni 2000 über bestimmte rechtliche Aspekte der Dienste der Informationsgesellschaft, insbesondere des elektronischen Geschäftsverkehrs, im Binnenmarkt (Richtlinie über den elektronischen Geschäftsverkehr) (ABl. L 178 vom 17.7.2000, S. 1) und der Richtlinie 2010/13/EU in einem anderen Mitgliedstaat geschäftsmäßig angeboten oder verbreitet werden.

(2) Der freie Dienstleistungsverkehr von Telemedien, die innerhalb des Geltungsbereichs der Richtlinie 2000/31/EG und der Richtlinie 2010/13/EU in Deutschland von Diensteanbietern, die in einem anderen Mitgliedstaat niedergelassen sind, geschäftsmäßig angeboten oder verbreitet werden, wird vorbehaltlich der Absätze 5 und 6 nicht eingeschränkt.

(3) Von den Absätzen 1 und 2 bleiben unberührt
1. die Freiheit der Rechtswahl,
2. die Vorschriften für vertragliche Schuldverhältnisse in Bezug auf Verbraucherverträge,
3. gesetzliche Vorschriften über die Form des Erwerbs von Grundstücken und grundstücksgleichen Rechten sowie der Begründung, Übertragung, Änderung oder Aufhebung von dinglichen Rechten an Grundstücken und grundstücksgleichen Rechten,
4. das für den Schutz personenbezogener Daten geltende Recht.

Telemediengesetz **TMG 30**

(4) Die Absätze 1 und 2 gelten nicht für
1. die Tätigkeit von Notaren sowie von Angehörigen anderer Berufe, soweit diese ebenfalls hoheitlich tätig sind,
2. die Vertretung von Mandanten und die Wahrnehmung ihrer Interessen vor Gericht,
3. die Zulässigkeit nicht angeforderter kommerzieller Kommunikationen durch elektronische Post,
4. Gewinnspiele mit einem einen Geldwert darstellenden Einsatz bei Glücksspielen, einschließlich Lotterien und Wetten,
5. die Anforderungen an Verteildienste,
6. das Urheberrecht, verwandte Schutzrechte, Rechte im Sinne der Richtlinie 87/54/EWG des Rates vom 16. Dezember 1986 über den Rechtsschutz der Topographien von Halbleitererzeugnissen (ABl. EG Nr. L 24 S. 36) und der Richtlinie 96/9/EG des Europäischen Parlaments und des Rates vom 11. März 1996 über den rechtlichen Schutz von Datenbanken (ABl. EG Nr. L 77 S. 20) sowie für gewerbliche Schutzrechte,
7. die Ausgabe elektronischen Geldes durch Institute, die gemäß Artikel 8 Abs. 1 der Richtlinie 2000/46/EG des Europäischen Parlaments und des Rates vom 18. September 2000 über die Aufnahme, Ausübung und Beaufsichtigung der Tätigkeit von E-Geld-Instituten (ABl. EG Nr. L 275 S. 39) von der Anwendung einiger oder aller Vorschriften dieser Richtlinie und von der Anwendung der Richtlinie 2000/12/EG des Europäischen Parlaments und des Rates vom 20. März 2000 über die Aufnahme und Ausübung der Tätigkeit der Kreditinstitute (ABl. EG Nr. L 126 S. 1) freigestellt sind,
8. Vereinbarungen oder Verhaltensweisen, die dem Kartellrecht unterliegen,
9. Bereiche, die erfasst sind von den §§ 39, 57 bis 59, 61 bis 65, 146, 241 bis 243b, 305 und 306 des Versicherungsaufsichtsgesetzes vom 1. April 2015 (BGBl. I S. 434), das zuletzt durch Artikel 6 des Gesetzes vom 19. März 2020 (BGBl. I S. 529) geändert worden ist, und von der Versicherungsberichterstattungs-Verordnung vom 19. Juli 2017 (BGBl. I S. 2858), die durch Artikel 7 des Gesetzes vom 17. August 2017 (BGBl. I S. 3214) geändert worden ist, für die Regelungen über das auf Versicherungsverträge anwendbare Recht sowie für Pflichtversicherungen.

(5) ¹Das Angebot und die Verbreitung von Telemedien, bei denen es sich nicht um audiovisuelle Mediendienste handelt, durch einen Diensteanbieter, der in einem anderen Mitgliedstaat niedergelassen ist, unterliegen den Einschränkungen des deutschen Rechts, soweit
1. dies dem Schutz folgender Schutzziele vor Beeinträchtigungen oder ernsthaften und schwerwiegenden Gefahren dient:
    a) der öffentlichen Sicherheit und Ordnung, insbesondere
        aa) im Hinblick auf die Verhütung, Ermittlung, Aufklärung, Verfolgung und Vollstreckung
            aaa) von Straftaten und Ordnungswidrigkeiten, einschließlich des Jugendschutzes und der Bekämpfung der Verunglimpfung aus

Gründen der Rasse, des Geschlechts, des Glaubens oder der Nationalität,

bbb) von Verletzungen der Menschenwürde einzelner Personen oder

bb) im Hinblick auf die Wahrung nationaler Sicherheits- und Verteidigungsinteressen,

b) der öffentlichen Gesundheit oder

c) der Interessen der Verbraucher und der Interessen der Anleger und

2. die Maßnahmen, die auf der Grundlage des deutschen Rechts in Betracht kommen, in einem angemessenen Verhältnis zu diesen Schutzzielen stehen. ²Maßnahmen nach Satz 1 Nummer 2 sind nur zulässig, wenn die gemäß Artikel 3 Absatz 4 Buchstabe b und Absatz 5 der Richtlinie 2000/31/EG erforderlichen Verfahren eingehalten werden; davon unberührt bleiben gerichtliche Verfahren einschließlich etwaiger Vorverfahren und die Verfolgung von Straftaten einschließlich der Strafvollstreckung und von Ordnungswidrigkeiten.

(6) ¹Der freie Empfang und die Weiterverbreitung von audiovisuellen Mediendiensten aus anderen Mitgliedstaaten darf abweichend von Absatz 2 vorübergehend beeinträchtigt werden, wenn diese audiovisuellen Mediendienste

1. in offensichtlicher, ernster und schwerwiegender Weise Folgendes enthalten:

    a) eine Aufstachelung zu Gewalt oder Hass gegen eine Gruppe von Personen oder gegen ein Mitglied einer Gruppe von Personen aus einem der in Artikel 21 der Charta der Grundrechte der Europäischen Union (ABl. C 364 vom 18.12.2000, S. 1) genannten Gründe,

    b) eine öffentliche Aufforderung zur Begehung einer terroristischen Straftat gemäß Artikel 5 der Richtlinie (EU) 2017/541 des Europäischen Parlaments und des Rates vom 15. März 2017 zur Terrorismusbekämpfung und zur Ersetzung des Rahmenbeschlusses 2002/475/JI des Rates und zur Änderung des Beschlusses 2005/671/JI des Rates (ABl. L 88 vom 31.3.2017, S. 6),

    c) einen Verstoß gegen die Vorgaben zum Schutz von Minderjährigen nach Artikel 6a Absatz 1 der Richtlinie 2010/13/EU oder

2. eine Beeinträchtigung oder eine ernsthafte und schwerwiegende Gefahr der Beeinträchtigung darstellen für

    a) die öffentliche Gesundheit,

    b) die öffentliche Sicherheit oder

    c) die Wahrung nationaler Sicherheits- und Verteidigungsinteressen.

²Maßnahmen nach Satz 1 sind nur zulässig, wenn die Voraussetzungen des Artikels 3 Absatz 2 bis 5 der Richtlinie 2010/13/EU erfüllt sind.

Abschnitt 2

Zulassungsfreiheit, Informationspflichten

§ 4 Zulassungsfreiheit. Telemedien sind im Rahmen der Gesetze zulassungs- und anmeldefrei.

Telemediengesetz — TMG 30

§ 5 Allgemeine Informationspflichten. (1) Diensteanbieter haben für geschäftsmäßige, in der Regel gegen Entgelt angebotene Telemedien folgende Informationen leicht erkennbar, unmittelbar erreichbar und ständig verfügbar zu halten:
1. den Namen und die Anschrift, unter der sie niedergelassen sind, bei juristischen Personen zusätzlich die Rechtsform, den Vertretungsberechtigten und, sofern Angaben über das Kapital der Gesellschaft gemacht werden, das Stamm- oder Grundkapital sowie, wenn nicht alle in Geld zu leistenden Einlagen eingezahlt sind, der Gesamtbetrag der ausstehenden Einlagen,
2. Angaben, die eine schnelle elektronische Kontaktaufnahme und unmittelbare Kommunikation mit ihnen ermöglichen, einschließlich der Adresse der elektronischen Post,
3. soweit der Dienst im Rahmen einer Tätigkeit angeboten oder erbracht wird, die der behördlichen Zulassung bedarf, Angaben zur zuständigen Aufsichtsbehörde,
4. das Handelsregister, Vereinsregister, Partnerschaftsregister oder Genossenschaftsregister, in das sie eingetragen sind, und die entsprechende Registernummer,
5. soweit der Dienst in Ausübung eines Berufs im Sinne von Artikel 1 Buchstabe d der Richtlinie 89/48/EWG des Rates vom 21. Dezember 1988 über eine allgemeine Regelung zur Anerkennung der Hochschuldiplome, die eine mindestens dreijährige Berufsausbildung abschließen (ABl. EG Nr. L 19 S. 16), oder im Sinne von Artikel 1 Buchstabe f der Richtlinie 92/51/EWG des Rates vom 18. Juni 1992 über eine zweite allgemeine Regelung zur Anerkennung beruflicher Befähigungsnachweise in Ergänzung zur Richtlinie 89/48/EWG (ABl. EG Nr. L 209 S. 25, 1995 Nr. L 17 S. 20), zuletzt geändert durch die Richtlinie 97/38/EG der Kommission vom 20. Juni 1997 (ABl. EG Nr. L 184 S. 31), angeboten oder erbracht wird, Angaben über
    a) die Kammer, welcher die Diensteanbieter angehören,
    b) die gesetzliche Berufsbezeichnung und den Staat, in dem die Berufsbezeichnung verliehen worden ist,
    c) die Bezeichnung der berufsrechtlichen Regelungen und dazu, wie diese zugänglich sind,
6. in Fällen, in denen sie eine Umsatzsteueridentifikationsnummer nach § 27a des Umsatzsteuergesetzes oder eine Wirtschafts-Identifikationsnummer nach § 139c der Abgabenordnung besitzen, die Angabe dieser Nummer,
7. bei Aktiengesellschaften, Kommanditgesellschaften auf Aktien und Gesellschaften mit beschränkter Haftung, die sich in Abwicklung oder Liquidation befinden, die Angabe hierüber,
8. bei audiovisuellen Mediendiensteanbietern die Angabe
    a) des Mitgliedstaats, der für sie Sitzland ist oder als Sitzland gilt sowie
    b) der zuständigen Regulierungs- und Aufsichtsbehörden.

(2) Weitergehende Informationspflichten nach anderen Rechtsvorschriften bleiben unberührt.

§ 6 Besondere Pflichten bei kommerziellen Kommunikationen.

(1) Diensteanbieter haben bei kommerziellen Kommunikationen, die Telemedien oder Bestandteile von Telemedien sind, mindestens die folgenden Voraussetzungen zu beachten:
1. Kommerzielle Kommunikationen müssen klar als solche zu erkennen sein.
2. Die natürliche oder juristische Person, in deren Auftrag kommerzielle Kommunikationen erfolgen, muss klar identifizierbar sein.
3. Angebote zur Verkaufsförderung wie Preisnachlässe, Zugaben und Geschenke müssen klar als solche erkennbar sein, und die Bedingungen für ihre Inanspruchnahme müssen leicht zugänglich sein sowie klar und unzweideutig angegeben werden.
4. Preisausschreiben oder Gewinnspiele mit Werbecharakter müssen klar als solche erkennbar und die Teilnahmebedingungen leicht zugänglich sein sowie klar und unzweideutig angegeben werden.

(2) [1]Werden kommerzielle Kommunikationen per elektronischer Post versandt, darf in der Kopf- und Betreffzeile weder der Absender noch der kommerzielle Charakter der Nachricht verschleiert oder verheimlicht werden. [2]Ein Verschleiern oder Verheimlichen liegt dann vor, wenn die Kopf- und Betreffzeile absichtlich so gestaltet sind, dass der Empfänger vor Einsichtnahme in den Inhalt der Kommunikation keine oder irreführende Informationen über die tatsächliche Identität des Absenders oder den kommerziellen Charakter der Nachricht erhält.

(3) Videosharingplattform-Anbieter müssen eine Funktion bereitstellen, mit der Nutzer, die nutzergenerierte Videos hochladen, erklären können, ob diese Videos audiovisuelle kommerzielle Kommunikation enthalten.

(4) Videosharingplattform-Anbieter sind verpflichtet, audiovisuelle kommerzielle Kommunikation, die Nutzer auf den Videosharingplattform-Dienst hochgeladen haben, als solche zu kennzeichnen, soweit sie nach Absatz 3 oder anderweitig Kenntnis von dieser erlangt haben.

(5) Die Vorschriften des Gesetzes gegen den unlauteren Wettbewerb bleiben unberührt.

Abschnitt 3

Verantwortlichkeit

§ 7 Allgemeine Grundsätze.
(1) Diensteanbieter sind für eigene Informationen, die sie zur Nutzung bereithalten, nach den allgemeinen Gesetzen verantwortlich.

(2) Diensteanbieter im Sinne der §§ 8 bis 10 sind nicht verpflichtet, die von ihnen übermittelten oder gespeicherten Informationen zu überwachen oder nach Umständen zu forschen, die auf eine rechtswidrige Tätigkeit hinweisen.

(3) [1]Verpflichtungen zur Entfernung von Informationen oder zur Sperrung der Nutzung von Informationen nach den allgemeinen Gesetzen aufgrund von

gerichtlichen oder behördlichen Anordnungen bleiben auch im Falle der Nichtverantwortlichkeit des Diensteanbieters nach den §§ 8 bis 10 unberührt. ²Das Fernmeldegeheimnis nach § 3 des Telekommunikation-Telemedien-Datenschutz-Gesetzes ist zu wahren.

(4) ¹Wurde ein Telemediendienst von einem Nutzer in Anspruch genommen, um das Recht am geistigen Eigentum eines anderen zu verletzen und besteht für den Inhaber dieses Rechts keine andere Möglichkeit, der Verletzung seines Rechts abzuhelfen, so kann der Inhaber des Rechts von dem betroffenen Diensteanbieter nach § 8 Absatz 3 die Sperrung der Nutzung von Informationen verlangen, um die Wiederholung der Rechtsverletzung zu verhindern. ²Die Sperrung muss zumutbar und verhältnismäßig sein. ³Ein Anspruch gegen den Diensteanbieter auf Erstattung der vor- und außergerichtlichen Kosten für die Geltendmachung und Durchsetzung des Anspruchs nach Satz 1 besteht außer in den Fällen des § 8 Absatz 1 Satz 3 nicht.

§ 8 Durchleitung von Informationen. (1) ¹Diensteanbieter sind für fremde Informationen, die sie in einem Kommunikationsnetz übermitteln oder zu denen sie den Zugang zur Nutzung vermitteln, nicht verantwortlich, sofern sie
1. die Übermittlung nicht veranlasst,
2. den Adressaten der übermittelten Informationen nicht ausgewählt und
3. die übermittelten Informationen nicht ausgewählt oder verändert haben.

²Sofern diese Diensteanbieter nicht verantwortlich sind, können sie insbesondere nicht wegen einer rechtswidrigen Handlung eines Nutzers auf Schadensersatz oder Beseitigung oder Unterlassung einer Rechtsverletzung in Anspruch genommen werden; dasselbe gilt hinsichtlich aller Kosten für die Geltendmachung und Durchsetzung dieser Ansprüche. ³Die Sätze 1 und 2 finden keine Anwendung, wenn der Diensteanbieter absichtlich mit einem Nutzer seines Dienstes zusammenarbeitet, um rechtswidrige Handlungen zu begehen.

(2) Die Übermittlung von Informationen nach Absatz 1 und die Vermittlung des Zugangs zu ihnen umfasst auch die automatische kurzzeitige Zwischenspeicherung dieser Informationen, soweit dies nur zur Durchführung der Übermittlung im Kommunikationsnetz geschieht und die Informationen nicht länger gespeichert werden, als für die Übermittlung üblicherweise erforderlich ist.

(3) Die Absätze 1 und 2 gelten auch für Diensteanbieter nach Absatz 1, die Nutzern einen Internetzugang über ein drahtloses lokales Netzwerk zur Verfügung stellen.

(4) ¹Diensteanbieter nach § 8 Absatz 3 dürfen von einer Behörde nicht verpflichtet werden,
1. vor Gewährung des Zugangs
   a) die persönlichen Daten von Nutzern zu erheben und zu speichern (Registrierung)
   oder
   b) die Eingabe eines Passworts zu verlangen
oder

30 TMG Telemediengesetz

2. das Anbieten des Dienstes dauerhaft einzustellen.
²Davon unberührt bleibt, wenn ein Diensteanbieter auf freiwilliger Basis die Nutzer identifiziert, eine Passworteingabe verlangt oder andere freiwillige Maßnahmen ergreift.

§ 9 Zwischenspeicherung zur beschleunigten Übermittlung von Informationen. ¹Diensteanbieter sind für eine automatische, zeitlich begrenzte Zwischenspeicherung, die allein dem Zweck dient, die Übermittlung fremder Informationen an andere Nutzer auf deren Anfrage effizienter zu gestalten, nicht verantwortlich, sofern sie
1. die Informationen nicht verändern,
2. die Bedingungen für den Zugang zu den Informationen beachten,
3. die Regeln für die Aktualisierung der Informationen, die in weithin anerkannten und verwendeten Industriestandards festgelegt sind, beachten,
4. die erlaubte Anwendung von Technologien zur Sammlung von Daten über die Nutzung der Informationen, die in weithin anerkannten und verwendeten Industriestandards festgelegt sind, nicht beeinträchtigen und
5. unverzüglich handeln, um im Sinne dieser Vorschrift gespeicherte Informationen zu entfernen oder den Zugang zu ihnen zu sperren, sobald sie Kenntnis davon erhalten haben, dass die Informationen am ursprünglichen Ausgangsort der Übertragung aus dem Netz entfernt wurden oder der Zugang zu ihnen gesperrt wurde oder ein Gericht oder eine Verwaltungsbehörde die Entfernung oder Sperrung angeordnet hat.

²§ 8 Abs. 1 Satz 2 gilt entsprechend.

§ 10 Speicherung von Informationen. ¹Diensteanbieter sind für fremde Informationen, die sie für einen Nutzer speichern, nicht verantwortlich, sofern
1. sie keine Kenntnis von der rechtswidrigen Handlung oder der Information haben und ihnen im Falle von Schadensersatzansprüchen auch keine Tatsachen oder Umstände bekannt sind, aus denen die rechtswidrige Handlung oder die Information offensichtlich wird, oder
2. sie unverzüglich tätig geworden sind, um die Information zu entfernen oder den Zugang zu ihr zu sperren, sobald sie diese Kenntnis erlangt haben.

²Satz 1 findet keine Anwendung, wenn der Nutzer dem Diensteanbieter untersteht oder von ihm beaufsichtigt wird.

Abschnitt 4

Melde- und Abhilfeverfahren der Videosharingplattform-Anbieter

§ 10a Verfahren zur Meldung von Nutzerbeschwerden. (1) Wenn eine Rechtsvorschrift des Bundes oder der Länder auf diese Vorschrift Bezug nimmt und soweit sich eine entsprechende Verpflichtung nicht bereits aus dem Netzwerkdurchsetzungsgesetz vom 1. September 2017 (BGBl. I S. 3352), das

Telemediengesetz **TMG 30**

zuletzt durch Artikel 274 der Verordnung vom 19. Juni 2020 (BGBl. I S. 1328) geändert worden ist, in der jeweils geltenden Fassung ergibt, sind Videosharingplattform-Anbieter verpflichtet, ein Verfahren vorzuhalten, mit dem die Nutzer Beschwerden (Nutzerbeschwerden) über rechtswidrige audiovisuelle Inhalte, die auf dem Videosharingplattform-Dienst des Videosharingplattform-Anbieters bereitgestellt werden, elektronisch melden können.

(2) Das Meldeverfahren muss
1. bei der Wahrnehmung des Inhalts leicht erkennbar und bedienbar, unmittelbar erreichbar und ständig verfügbar sein,
2. dem Beschwerdeführer die Möglichkeit geben, die Nutzerbeschwerde näher zu begründen und
3. gewährleisten, dass der Videosharingplattform-Anbieter Nutzerbeschwerden unverzüglich zur Kenntnis nehmen und prüfen kann.

§ 10b Verfahren zur Abhilfe von Nutzerbeschwerden. ¹Wenn eine Rechtsvorschrift des Bundes oder der Länder auf diese Vorschrift Bezug nimmt und soweit sich eine entsprechende Verpflichtung nicht bereits aus dem Netzwerkdurchsetzungsgesetz ergibt, müssen Videosharingplattform-Anbieter ein wirksames und transparentes Verfahren nach Satz 2 zur Prüfung und Abhilfe der nach § 10a Absatz 1 gemeldeten Nutzerbeschwerden vorhalten. ²Das Verfahren muss gewährleisten, dass der Videosharingplattform-Anbieter
1. unverzüglich nach Eingang der Nutzerbeschwerde prüft, ob ein rechtswidriger Inhalt vorliegt,
2. unverzüglich nach Eingang der Nutzerbeschwerde einen rechtswidrigen Inhalt entfernt oder den Zugang zu diesem Inhalt sperrt,
3. im Falle der Entfernung eines rechtswidrigen Inhalts den Inhalt zu Beweiszwecken sichert und für die Dauer von zehn Wochen speichert,
4. den Beschwerdeführer und den Nutzer, für den der beanstandete Inhalt gespeichert wurde, unverzüglich über seine Entscheidung informiert und diese begründet,
5. den Beschwerdeführer und den Nutzer, für den der beanstandete Inhalt gespeichert wurde, über die Möglichkeit der Teilnahme an einem unparteiischen Schlichtungsverfahren informiert,
6. dem Beschwerdeführer und dem Nutzer, für den der beanstandete Inhalt gespeichert wurde, die Gelegenheit gibt, unter Angabe von Gründen eine Überprüfung der ursprünglichen Entscheidung zu verlangen, wenn der Antrag auf Überprüfung (Gegenvorstellung) innerhalb von zwei Wochen nach Information über die Entscheidung gestellt wird,
7. darauf hinweist, dass der Inhalt einer Stellungnahme des Nutzers, für den der beanstandete Inhalt gespeichert wurde, an den Beschwerdeführer sowie der Inhalt einer Stellungnahme des Beschwerdeführers an den Nutzer, für den der beanstandete Inhalt gespeichert wurde, weitergegeben werden kann,
8. im Falle einer Gegenvorstellung des Beschwerdeführers den Nutzer, für den der beanstandete Inhalt gespeichert wurde, und im Falle einer Gegen-

vorstellung des Nutzers, für den der beanstandete Inhalt gespeichert wurde, den Beschwerdeführer im Falle der Abhilfe über den Inhalt der Gegenvorstellung unverzüglich informiert und ihm Gelegenheit zur Stellungnahme innerhalb einer angemessenen Frist gibt,
9. seine ursprüngliche Entscheidung unverzüglich einer Überprüfung unterzieht, das Ergebnis dem Beschwerdeführer und dem Nutzer, für den der beanstandete Inhalt gespeichert wurde, unverzüglich übermittelt und einzelfallbezogen begründet,
10. sicherstellt, dass eine Offenlegung der Identität des Beschwerdeführers und des Nutzers, für den der beanstandete Inhalt gespeichert wurde, nicht erfolgt und
11. jede Beschwerde, das Ergebnis ihrer Prüfung, die zu ihrer Abhilfe getroffene Maßnahme sowie jede verlangte Überprüfung der Entscheidung und deren Ergebnis dokumentiert.

§ 10c Allgemeine Geschäftsbedingungen. (1) Videosharingplattform-Anbieter sind verpflichtet, mit ihren Nutzern wirksam zu vereinbaren, dass diesen die Verbreitung unzulässiger audiovisueller kommerzieller Kommunikation verboten ist.

(2) Unzulässige audiovisuelle kommerzielle Kommunikation im Sinne dieser Vorschrift ist audiovisuelle kommerzielle Kommunikation, die gegen folgende Vorschriften verstößt:
1. § 20 des Tabakerzeugnisgesetzes vom 4. April 2016 (BGBl. I S. 569), das zuletzt durch Artikel 96 der Verordnung vom 19. Juni 2020 (BGBl. I S. 1328) geändert worden ist, oder
2. § 10 des Heilmittelwerbegesetzes in der Fassung der Bekanntmachung vom 19. Oktober 1994 (BGBl. I S. 3068), das zuletzt durch Artikel 6 des Gesetzes vom 28. April 2020 (BGBl. I S. 960) geändert worden ist.

Abschnitt 5

Bußgeldvorschriften

§ 11 Bußgeldvorschriften. (1) Ordnungswidrig handelt, wer absichtlich entgegen § 6 Abs. 2 Satz 1 den Absender oder den kommerziellen Charakter der Nachricht verschleiert oder verheimlicht.

(2) Ordnungswidrig handelt, wer vorsätzlich oder fahrlässig
1. entgegen § 2c Absatz 1 eine Auskunft nicht, nicht richtig, nicht vollständig oder nicht rechtzeitig erteilt,
2. entgegen § 5 Abs. 1 eine Information nicht, nicht richtig oder nicht vollständig verfügbar hält oder
3. entgegen § 10a Absatz 1 oder § 10b Satz 1 ein dort genanntes Verfahren nicht, nicht richtig oder nicht vollständig vorhält.

(3) Die Ordnungswidrigkeit kann mit einer Geldbuße bis zu fünfzigtausend Euro geahndet werden.

TTDSG 30a

Gesetz über den Datenschutz und den Schutz der Privatsphäre in der Telekommunikation und bei Telemedien (Telekommunikation-Telemedien-Datenschutz-Gesetz – TTDSG)

vom 23. Juni 2021 (BGBl. I S. 1982),
zuletzt geändert durch Gesetz vom 12. August 2021 (BGBl. I S. 3544)

INHALTSÜBERSICHT

Teil 1
Allgemeine Vorschriften

- § 1 Anwendungsbereich des Gesetzes
- § 2 Begriffsbestimmungen

Teil 2
Datenschutz und Schutz der Privatsphäre in der Telekommunikation

Kapitel 1
Vertraulichkeit der Kommunikation

- § 3 Vertraulichkeit der Kommunikation – Fernmeldegeheimnis
- § 4 Rechte des Erben des Endnutzers und anderer berechtigter Personen
- § 5 Abhörverbot, Geheimhaltungspflicht der Betreiber von Funkanlagen
- § 6 Nachrichtenübermittlung mit Zwischenspeicherung
- § 7 Verlangen eines amtlichen Ausweises
- § 8 Missbrauch von Telekommunikationsanlagen

Kapitel 2
Verkehrsdaten, Standortdaten

- § 9 Verarbeitung von Verkehrsdaten
- § 10 Entgeltermittlung und Entgeltabrechnung
- § 11 Einzelverbindungsnachweis
- § 12 Störungen von Telekommunikationsanlagen und Missbrauch von Telekommunikationsdiensten
- § 13 Standortdaten

Kapitel 3
Mitteilen ankommender Verbindungen, Rufnummernanzeige und -unterdrückung, automatische Anrufweiterschaltung

- § 14 Mitteilen ankommender Verbindungen
- § 15 Rufnummernanzeige und -unterdrückung
- § 16 Automatische Anrufweiterschaltung

Kapitel 4
Endnutzerverzeichnisse, Bereitstellen von Endnutzerdaten

- § 17 Endnutzerverzeichnisse
- § 18 Bereitstellen von Endnutzerdaten

Teil 3
Telemediendatenschutz, Endeinrichtungen

Kapitel 1
Technische und organisatorische Vorkehrungen, Verarbeitung von Daten zum Zweck des Jugendschutzes und zur Auskunftserteilung

- § 19 Technische und organisatorische Vorkehrungen
- § 20 Verarbeitung personenbezogener Daten Minderjähriger
- § 21 Bestandsdaten
- § 22 Auskunftsverfahren bei Bestandsdaten
- § 23 Auskunftsverfahren bei Passwörtern und anderen Zugangsdaten
- § 24 Auskunftsverfahren bei Nutzungsdaten

[1327]

30a TTDSG Telekommunikation-Telemedien-Datenschutz-Gesetz

Kapitel 2
Endeinrichtungen
§ 25 Schutz der Privatsphäre bei Endeinrichtungen
§ 26 Anerkannte Dienste zur Einwilligungsverwaltung, Endnutzereinstellungen

Teil 4
Straf- und Bußgeldvorschriften und Aufsicht
§ 27 Strafvorschriften

§ 28 Bußgeldvorschriften
§ 29 Zuständigkeit, Aufgaben und Befugnisse der oder des Bundesbeauftragten für den Datenschutz und die Informationsfreiheit
§ 30 Zuständigkeit, Aufgaben und Befugnisse der Bundesnetzagentur

Teil 1

Allgemeine Vorschriften

§ 1 Anwendungsbereich des Gesetzes. (1) Dieses Gesetz regelt
1. das Fernmeldegeheimnis, einschließlich des Abhörverbotes und der Geheimhaltungspflicht der Betreiber von Funkanlagen,
2. besondere Vorschriften zum Schutz personenbezogener Daten bei der Nutzung von Telekommunikationsdiensten und Telemedien,
3. die Anforderungen an den Schutz der Privatsphäre im Hinblick auf die Mitteilung ankommender Verbindungen, die Rufnummernunterdrückung und -anzeige und die automatische Anrufweiterschaltung,
4. die Anforderungen an die Aufnahme in Endnutzerverzeichnisse und die Bereitstellung von Endnutzerdaten an Auskunftsdienste, Dienste zur Unterrichtung über einen individuellen Gesprächswunsch eines anderen Nutzers und Anbieter von Endnutzerverzeichnissen,
5. die von Anbietern von Telemedien zu beachtenden technischen und organisatorischen Vorkehrungen,
6. die Anforderungen an die Erteilung von Auskünften über Bestands- und Nutzungsdaten durch Anbieter von Telemedien,
7. den Schutz der Privatsphäre bei Endeinrichtungen hinsichtlich der Anforderungen an die Speicherung von Informationen in Endeinrichtungen der Endnutzer und den Zugriff auf Informationen, die bereits in Endeinrichtungen der Endnutzer gespeichert sind, und
8. die Aufsichtsbehörden und die Aufsicht im Hinblick auf den Datenschutz und den Schutz der Privatsphäre in der Telekommunikation; bei Telemedien bleiben die Aufsicht durch die nach Landesrecht zuständigen Behörden und § 40 des Bundesdatenschutzgesetzes unberührt.

(2) Dem Fernmeldegeheimnis unterliegende Einzelangaben über Verhältnisse einer bestimmten oder bestimmbaren juristischen Person oder Personengesellschaft, die mit der Fähigkeit ausgestattet ist, Rechte zu erwerben oder Verbindlichkeiten einzugehen, stehen den personenbezogenen Daten gleich.

(3) ¹Diesem Gesetz unterliegen alle Unternehmen und Personen, die im Geltungsbereich dieses Gesetzes eine Niederlassung haben oder Dienstleistungen erbringen oder daran mitwirken oder Waren auf dem Markt bereitstellen. ² § 3 des Telemediengesetzes bleibt unberührt.

§ 2 Begriffsbestimmungen. (1) Die Begriffsbestimmungen des Telekommunikationsgesetzes, des Telemediengesetzes und der Verordnung (EU) 2016/679 des Europäischen Parlaments und des Rates vom 27. April 2016 zum Schutz natürlicher Personen bei der Verarbeitung personenbezogener Daten, zum freien Datenverkehr und zur Aufhebung der Richtlinie 95/46/EG (Datenschutz-Grundverordnung) gelten auch für dieses Gesetz, soweit in Absatz 2 keine abweichende Begriffsbestimmung getroffen wird.

(2) Im Sinne dieses Gesetzes ist oder sind
1. „Anbieter von Telemedien" jede natürliche oder juristische Person, die eigene oder fremde Telemedien erbringt, an der Erbringung mitwirkt oder den Zugang zur Nutzung von eigenen oder fremden Telemedien vermittelt,
2. „Bestandsdaten" im Sinne des Teils 3 dieses Gesetzes die personenbezogenen Daten, deren Verarbeitung zum Zweck der Begründung, inhaltlichen Ausgestaltung oder Änderung eines Vertragsverhältnisses zwischen dem Anbieter von Telemedien und dem Nutzer über die Nutzung von Telemedien erforderlich ist,
3. „Nutzungsdaten" die personenbezogenen Daten eines Nutzers von Telemedien, deren Verarbeitung erforderlich ist, um die Inanspruchnahme von Telemedien zu ermöglichen und abzurechnen; dazu gehören insbesondere
    a) Merkmale zur Identifikation des Nutzers,
    b) Angaben über Beginn und Ende sowie Umfang der jeweiligen Nutzung und
    c) Angaben über die vom Nutzer in Anspruch genommenen Telemedien,
4. „Nachricht" jede Information, die zwischen einer endlichen Zahl von Beteiligten über einen Telekommunikationsdienst ausgetauscht oder weitergeleitet wird; davon ausgenommen sind Informationen, die als Teil eines Rundfunkdienstes über ein öffentliches Telekommunikationsnetz an die Öffentlichkeit weitergeleitet werden, soweit die Informationen nicht mit dem identifizierbaren Nutzer, der sie erhält, in Verbindung gebracht werden können,
5. „Dienst mit Zusatznutzen" jeder von einem Anbieter eines Telekommunikationsdienstes bereitgehaltene zusätzliche Dienst, der die Verarbeitung von Verkehrsdaten oder anderen Standortdaten als Verkehrsdaten in einem Maße erfordert, das über das für die Übermittlung einer Nachricht oder für die Entgeltabrechnung des Telekommunikationsdienstes erforderliche Maß hinausgeht,
6. „Endeinrichtung" jede direkt oder indirekt an die Schnittstelle eines öffentlichen Telekommunikationsnetzes angeschlossene Einrichtung zum Aussenden, Verarbeiten oder Empfangen von Nachrichten; sowohl bei direkten als auch bei indirekten Anschlüssen kann die Verbindung über Draht, optische Faser oder elektromagnetisch hergestellt werden; bei einem indirekten

30a TTDSG Telekommunikation-Telemedien-Datenschutz-Gesetz

Anschluss ist zwischen der Endeinrichtung und der Schnittstelle des öffentlichen Netzes ein Gerät geschaltet.

Teil 2

Datenschutz und Schutz der Privatsphäre in der Telekommunikation

Kapitel 1

Vertraulichkeit der Kommunikation

§ 3 Vertraulichkeit der Kommunikation – Fernmeldegeheimnis.
(1) [1]Dem Fernmeldegeheimnis unterliegen der Inhalt der Telekommunikation und ihre näheren Umstände, insbesondere die Tatsache, ob jemand an einem Telekommunikationsvorgang beteiligt ist oder war. [2]Das Fernmeldegeheimnis erstreckt sich auch auf die näheren Umstände erfolgloser Verbindungsversuche.

(2) [1]Zur Wahrung des Fernmeldegeheimnisses sind verpflichtet
1. Anbieter von öffentlich zugänglichen Telekommunikationsdiensten sowie natürliche und juristische Personen, die an der Erbringung solcher Dienste mitwirken,
2. Anbieter von ganz oder teilweise geschäftsmäßig angebotenen Telekommunikationsdiensten sowie natürliche und juristische Personen, die an der Erbringung solcher Dienste mitwirken,
3. Betreiber öffentlicher Telekommunikationsnetze und
4. Betreiber von Telekommunikationsanlagen, mit denen geschäftsmäßig Telekommunikationsdienste erbracht werden.

[2]Die Pflicht zur Geheimhaltung besteht auch nach dem Ende der Tätigkeit fort, durch die sie begründet worden ist.

(3) [1]Den nach Absatz 2 Satz 1 Verpflichteten ist es untersagt, sich oder anderen über das für die Erbringung der Telekommunikationsdienste oder für den Betrieb ihrer Telekommunikationsnetze oder ihrer Telekommunikationsanlagen einschließlich des Schutzes ihrer technischen Systeme erforderliche Maß hinaus Kenntnis vom Inhalt oder von den näheren Umständen der Telekommunikation zu verschaffen. [2]Sie dürfen Kenntnisse über Tatsachen, die dem Fernmeldegeheimnis unterliegen, nur für den in Satz 1 genannten Zweck verwenden. [3]Eine Verwendung dieser Kenntnisse für andere Zwecke, insbesondere die Weitergabe an andere, ist nur zulässig, soweit dieses Gesetz oder eine andere gesetzliche Vorschrift dies vorsieht und sich dabei ausdrücklich auf Telekommunikationsvorgänge bezieht. [4]Die Anzeigepflicht nach § 138 des Strafgesetzbuches hat Vorrang.

(4) Befindet sich die Telekommunikationsanlage an Bord eines Wasser- oder Luftfahrzeugs, so besteht die Pflicht zur Wahrung des Fernmeldegeheim-

Telekommunikation-Telemedien-Datenschutz-Gesetz **TTDSG 30a**

nisses nicht gegenüber der Person, die das Fahrzeug führt, und ihrer Stellvertretung.

§ 4 Rechte des Erben des Endnutzers und anderer berechtigter Personen. Das Fernmeldegeheimnis steht der Wahrnehmung von Rechten gegenüber dem Anbieter des Telekommunikationsdienstes nicht entgegen, wenn diese Rechte statt durch den betroffenen Endnutzer durch seinen Erben oder eine andere berechtigte Person, die zur Wahrnehmung der Rechte des Endnutzers befugt ist, wahrgenommen werden.

§ 5 Abhörverbot, Geheimhaltungspflicht der Betreiber von Funkanlagen. (1) Mit einer Funkanlage (§ 1 Absatz 1 des Funkanlagengesetzes) dürfen nur solche Nachrichten abgehört oder in vergleichbarer Weise zur Kenntnis genommen werden, die für den Betreiber der Funkanlage, für Funkamateure im Sinne des § 2 Nummer 1 des Amateurfunkgesetzes, für die Allgemeinheit oder für einen unbestimmten Personenkreis bestimmt sind.

(2) ¹Der Inhalt anderer als in Absatz 1 genannter Nachrichten sowie die Tatsache ihres Empfangs dürfen, auch wenn der Empfang unbeabsichtigt geschieht, auch von Personen, für die eine Pflicht zur Geheimhaltung nicht schon nach § 3 besteht, anderen nicht mitgeteilt werden. 2 § 3 Absatz 4 gilt entsprechend.

(3) Das Abhören oder die in vergleichbarer Weise erfolgende Kenntnisnahme und die Weitergabe von Nachrichten aufgrund besonderer gesetzlicher Ermächtigung bleiben unberührt.

§ 6 Nachrichtenübermittlung mit Zwischenspeicherung. (1) Nach § 3 Absatz 2 Satz 1 Nummer 1 und 2 Verpflichtete dürfen bei Diensten, für deren Durchführung eine Zwischenspeicherung erforderlich ist, Nachrichteninhalte, insbesondere Sprach-, Ton-, Text- und Grafikmitteilungen von Endnutzern, im Rahmen eines hierauf gerichteten Diensteangebots verarbeiten, wenn
1. die Verarbeitung ausschließlich in Telekommunikationsanlagen des zwischenspeichernden Anbieters erfolgt, es sei denn, die Nachrichteninhalte werden im Auftrag des Endnutzers oder durch Eingabe des Endnutzers in Telekommunikationsanlagen anderer Anbieter weitergeleitet;
2. ausschließlich der Endnutzer
    a) durch seine Eingabe Inhalt, Umfang und Art der Verarbeitung bestimmt und
    b) bestimmt, wer Nachrichteninhalte eingeben und darauf zugreifen darf, und
3. der Verpflichtete
    a) dem Endnutzer mitteilen darf, dass der Empfänger auf die Nachricht zugegriffen hat, und
    b) Nachrichteninhalte nur entsprechend dem mit dem Endnutzer geschlossenen Vertrag löschen darf.

(2) ¹Nach § 3 Absatz 2 Satz 1 Nummer 1 und 2 Verpflichtete haben die erforderlichen technischen und organisatorischen Maßnahmen zu treffen, um

30a TTDSG Telekommunikation-Telemedien-Datenschutz-Gesetz

Fehlübermittlungen und das unbefugte Offenbaren von Nachrichteninhalten innerhalb des Unternehmens des Anbieters und an Dritte auszuschließen. ²Erforderlich sind Maßnahmen nur, wenn ihr Aufwand in einem angemessenen Verhältnis zu dem angestrebten Schutzzweck steht. ³Soweit es im Hinblick auf den angestrebten Schutzzweck erforderlich ist, sind die Maßnahmen dem jeweiligen Stand der Technik anzupassen.

§ 7 Verlangen eines amtlichen Ausweises. (1) ¹Anbieter und mitwirkende Personen nach § 3 Absatz 2 Satz 1 Nummer 1 und 2 können im Zusammenhang mit dem Begründen und dem Ändern eines Vertragsverhältnisses mit einem Endnutzer über das Erbringen von Telekommunikationsdiensten die Vorlage eines amtlichen Ausweises verlangen, wenn dies zur Überprüfung der Angaben des Endnutzers erforderlich ist. ²Die Pflicht nach § 172 des Telekommunikationsgesetzes bleibt unberührt.

(2) Um dem Verlangen nach Vorlage eines amtlichen Ausweises zu entsprechen, kann der Endnutzer den elektronischen Identitätsnachweis gemäß § 18 des Personalausweisgesetzes, gemäß § 12 des eID-Karte-Gesetzes oder gemäß § 78 Absatz 5 des Aufenthaltsgesetzes nutzen.

(3) ¹Von dem Ausweis darf eine Kopie erstellt werden. ²Die Kopie ist unverzüglich nach Feststellung der für den Vertragsabschluss erforderlichen Angaben des Endnutzers zu vernichten. ³Andere als die für den Vertragsabschluss erforderlichen Daten dürfen dabei nicht verarbeitet werden.

§ 8 Missbrauch von Telekommunikationsanlagen. (1) Es ist verboten, Telekommunikationsanlagen zu besitzen, herzustellen, auf dem Markt bereitzustellen, einzuführen oder sonst in den Geltungsbereich dieses Gesetzes zu verbringen, die ihrer Form nach einen anderen Gegenstand vortäuschen oder die mit Gegenständen des täglichen Gebrauchs verkleidet sind und aufgrund dieser Umstände oder aufgrund ihrer Funktionsweise in besonderer Weise geeignet und dazu bestimmt sind, das nicht öffentlich gesprochene Wort eines anderen von diesem unbemerkt abzuhören oder das Bild eines anderen von diesem unbemerkt aufzunehmen.

(2) Als zum unbemerkten Abhören oder Aufnehmen eines Bildes bestimmt gilt eine Telekommunikationsanlage insbesondere, wenn ihre Abhör- oder Aufnahmefunktion beim bestimmungsgemäßen Gebrauch des Gegenstandes für den Betroffenen nicht eindeutig erkennbar ist.

(3) Das Verbot, Telekommunikationsanlagen nach Absatz 1 zu besitzen, gilt nicht für denjenigen, der die tatsächliche Gewalt über eine solche Telekommunikationsanlage
1. als Organ, als Mitglied eines Organs, als gesetzlicher Vertreter oder als vertretungsberechtigter Gesellschafter eines Berechtigten nach Absatz 5 erlangt,
2. von einem anderen oder für einen anderen Berechtigten nach Absatz 5 erlangt, sofern und solange er die Weisungen des anderen Berechtigten über

die Ausübung der tatsächlichen Gewalt über die Telekommunikationsanlage aufgrund eines Dienst- oder Arbeitsverhältnisses zu befolgen hat oder die tatsächliche Gewalt aufgrund gerichtlichen oder behördlichen Auftrags ausübt,
3. als Gerichtsvollzieher oder Vollzugsbeamter in einem Vollstreckungsverfahren erwirbt,
4. von einem Berechtigten nach Absatz 5 vorübergehend zum Zweck der sicheren Verwahrung oder der nicht gewerbsmäßigen Beförderung zu einem Berechtigten erlangt,
5. lediglich zur gewerbsmäßigen Beförderung oder gewerbsmäßigen Lagerung erlangt,
6. durch Fund erlangt, sofern er die Telekommunikationsanlage unverzüglich abliefert an den Verlierer, den Eigentümer, einen sonstigen Berechtigten nach Absatz 5 oder die für die Entgegennahme der Fundanzeige zuständige Stelle,
7. von Todes wegen erwirbt, sofern er die Telekommunikationsanlage unverzüglich einem Berechtigten nach Absatz 5 überlässt oder sie für dauernd unbrauchbar macht.

(4) [1]Das Verbot, Telekommunikationsanlagen nach Absatz 1 zu besitzen, gilt ferner nicht für eine Telekommunikationsanlage, die durch Entfernen eines wesentlichen Bauteils dauernd unbrauchbar gemacht worden ist, sofern derjenige, der die tatsächliche Gewalt über eine solche Telekommunikationsanlage erlangt, den Erwerb unverzüglich der Bundesnetzagentur schriftlich anzeigt. [2]Die Anzeige muss folgende Angaben enthalten:
1. Name, Vornamen und Anschrift des Erwerbers,
2. die Art der Telekommunikationsanlage, deren Hersteller- oder Warenzeichen und, wenn die Telekommunikationsanlage eine Herstellungsnummer hat, auch diese,
3. die glaubhafte Darlegung, dass der Erwerber die Telekommunikationsanlage ausschließlich zu Sammlerzwecken erworben hat.

(5) [1]Die zuständigen obersten Bundes- oder Landesbehörden lassen Ausnahmen von Absatz 1 zu, wenn es im öffentlichen Interesse, insbesondere aus Gründen der öffentlichen Sicherheit oder zum Zweck der Lehre über oder der Forschung an entsprechenden Telekommunikationsanlagen erforderlich ist. [2]Absatz 1 gilt ferner nicht, soweit das Bundesamt für Wirtschaft und Ausfuhrkontrolle die Ausfuhr der Telekommunikationsanlagen genehmigt hat, und nicht für technische Mittel von Behörden, die diese in den Grenzen ihrer gesetzlichen Befugnisse zur Durchführung von technischen Ermittlungsmaßnahmen einsetzen.

(6) Es ist verboten, öffentlich oder in Mitteilungen, die für einen größeren Personenkreis bestimmt sind, für Telekommunikationsanlagen mit dem Hinweis zu werben, dass sie geeignet sind, das nicht öffentlich gesprochene Wort eines anderen von diesem unbemerkt abzuhören oder das Bild eines anderen von diesem unbemerkt aufzunehmen.

30a TTDSG Telekommunikation-Telemedien-Datenschutz-Gesetz

Kapitel 2
Verkehrsdaten, Standortdaten

§ 9 Verarbeitung von Verkehrsdaten. (1) [1]Nach § 3 Absatz 2 Satz 1 Verpflichtete dürfen folgende Verkehrsdaten nur verarbeiten, soweit dies zum Aufbau und zur Aufrechterhaltung der Telekommunikation, zur Entgeltabrechnung oder zum Aufbau weiterer Verbindungen erforderlich ist:
1. die Nummer oder Kennung der beteiligten Anschlüsse oder der Endeinrichtung, personenbezogene Berechtigungskennungen, bei Verwendung von Kundenkarten auch die Kartennummer, bei mobilen Anschlüssen auch die Standortdaten,
2. den Beginn und das Ende der jeweiligen Verbindung nach Datum und Uhrzeit und, soweit die Entgelte davon abhängen, die übermittelten Datenmengen,
3. den vom Nutzer in Anspruch genommenen Telekommunikationsdienst,
4. die Endpunkte von festgeschalteten Verbindungen, ihren Beginn und ihr Ende nach Datum und Uhrzeit und, soweit die Entgelte davon abhängen, die übermittelten Datenmengen und
5. sonstige zum Aufbau und zur Aufrechterhaltung der Telekommunikation sowie zur Entgeltabrechnung notwendige Verkehrsdaten.

[2]Im Übrigen sind Verkehrsdaten von den nach § 3 Absatz 2 Satz 1 Verpflichteten nach Beendigung der Verbindung unverzüglich zu löschen. [3]Eine über Satz 1 hinausgehende Verarbeitung der Verkehrsdaten ist unzulässig. [4]Die Pflicht zur Verarbeitung von Verkehrsdaten aufgrund von anderen Rechtsvorschriften bleibt unberührt.

(2) [1]Teilnehmerbezogene Verkehrsdaten nach Absatz 1 dürfen vom Anbieter des Telekommunikationsdienstes zum Zweck der Vermarktung von Telekommunikationsdiensten, zur bedarfsgerechten Gestaltung von Telekommunikationsdiensten oder zur Bereitstellung von Diensten mit Zusatznutzen im dazu erforderlichen Maß und im dazu erforderlichen Zeitraum verwendet werden, wenn der Endnutzer in diese Verwendung gemäß der Verordnung (EU) 2016/679 eingewilligt hat. [2]Die Daten anderer Endnutzer sind unverzüglich zu anonymisieren. [3]Eine zielnummernbezogene Verwendung der Verkehrsdaten zu den in Satz 1 genannten Zwecken ist nur zulässig, wenn der Endnutzer gemäß der Verordnung (EU) 2016/679 informiert wurde und er eingewilligt hat. [4]Hierbei sind die Daten anderer Endnutzer unverzüglich zu anonymisieren. [5]Außerdem ist der Endnutzer darauf hinzuweisen, dass er die Einwilligung nach den Sätzen 1 und 3 jederzeit widerrufen kann.

§ 10 Entgeltermittlung und Entgeltabrechnung. (1) [1]Die Verarbeitung der Verkehrsdaten nach § 9 Absatz 1 Satz 1 durch nach § 3 Absatz 2 Satz 1 Nummer 1 und 2 Verpflichtete zur Ermittlung des Entgelts und zur Abrechnung mit den Endnutzern darf nur nach Maßgabe der Absätze 2 bis 4 erfolgen. [2]Erbringt ein Anbieter eines Telekommunikationsdienstes seine Dienste über ein öffentliches Telekommunikationsnetz eines anderen Betreibers, darf dieser

Betreiber dem Anbieter des Telekommunikationsdienstes die für die Erbringung von dessen Diensten erhobenen Verkehrsdaten übermitteln. [3]Hat der Anbieter eines Telekommunikationsdienstes mit einem Dritten einen Vertrag über den Einzug des Entgelts geschlossen, so darf er dem Dritten die Verkehrsdaten nach § 9 Absatz 1 Satz 1 Nummer 1 bis 3 und 5 nur übermitteln, soweit es zum Einzug des Entgelts und der Erstellung einer detaillierten Rechnung erforderlich ist. [4]Der Dritte darf die Daten nur zu diesem Zweck verarbeiten. [5]Der Dritte ist vertraglich zur Wahrung des Fernmeldegeheimnisses und des dem Anbieter des Telekommunikationsdienstes obliegenden Datenschutzes zu verpflichten.

(2) [1]Nach § 3 Absatz 2 Satz 1 Nummer 1 und 2 Verpflichtete haben nach Beendigung der Verbindung aus den Verkehrsdaten nach § 9 Absatz 1 Satz 1 Nummer 1 bis 3 und 5 unverzüglich die für die Berechnung des Entgelts erforderlichen Daten zu ermitteln. [2]Diese Daten dürfen bis zu sechs Monate nach Versendung der Rechnung gespeichert werden. [3]Für die Abrechnung nicht erforderliche Daten sind unverzüglich zu löschen. [4]Hat der Endnutzer gegen die Höhe der in Rechnung gestellten Verbindungsentgelte vor Ablauf der Frist nach Satz 2 Einwendungen erhoben, dürfen die Daten gespeichert werden, bis die Einwendungen abschließend geklärt sind.

(3) Soweit es für die Abrechnung des Anbieters eines Telekommunikationsdienstes mit anderen Anbietern von Telekommunikationsdiensten oder mit den Endnutzern sowie für die Abrechnung anderer Anbieter mit ihren Endnutzern erforderlich ist, dürfen der Anbieter und mitwirkende Personen nach § 3 Absatz 2 Satz 1 Nummer 1 und 2 die für die Berechnung des Entgelts erforderlichen Verkehrsdaten nach § 9 Absatz 1 Satz 1 Nummer 1 bis 3 und 5 verarbeiten.

(4) Ziehen der Anbieter und mitwirkende Personen nach § 3 Absatz 2 Satz 1 Nummer 1 und 2 mit der Rechnung Entgelte für Leistungen eines Dritten ein, die dieser im Zusammenhang mit der Erbringung von Telekommunikationsdiensten erbracht hat, so dürfen dem Dritten Verkehrsdaten nach § 9 Absatz 1 Satz 1 Nummer 1 bis 3 und 5 übermittelt werden, soweit diese im Einzelfall für die Durchsetzung der Forderungen des Dritten gegenüber seinem Endnutzer erforderlich sind.

§ 11 Einzelverbindungsnachweis. (1) [1]Dem Endnutzer sind die Verkehrsdaten nach § 9 Absatz 1 Satz 1 Nummer 1 bis 3 derjenigen Verbindungen, für die er entgeltpflichtig ist, durch Anbieter und mitwirkende Personen nach § 3 Absatz 2 Satz 1 Nummer 1 und 2 mitzuteilen, wenn er vor dem maßgeblichen Abrechnungszeitraum einen Einzelverbindungsnachweis verlangt hat. [2]Auf Wunsch dürfen ihm auch die Daten pauschal abgegolterer Verbindungen mitgeteilt werden. [3]Dabei entscheidet der Endnutzer, ob ihm die von ihm gewählten Rufnummern ungekürzt oder unter Kürzung um die letzten drei Ziffern mitgeteilt werden. [4]Bei einem Teilnehmeranschluss im Haushalt ist die Mitteilung nur zulässig, wenn der Anschlussinhaber in Textform erklärt hat, dass er

30a TTDSG Telekommunikation-Telemedien-Datenschutz-Gesetz

alle zum Haushalt gehörenden Personen, die den Teilnehmeranschluss nutzen, darüber informiert hat und künftige Mitnutzer des Teilnehmeranschlusses unverzüglich darüber informieren wird, dass dem Inhaber des Teilnehmeranschlusses die Verkehrsdaten nach Satz 1 zur Erteilung des Einzelverbindungsnachweises bekannt gegeben werden.

(2) ¹Unbeschadet des Absatzes 1 dürfen dem Endnutzer die Verkehrsdaten nach Absatz 1 Satz 1 mitgeteilt werden, wenn er Einwendungen gegen die Höhe der Verbindungsentgelte erhoben hat. ²Das gilt auch für einen Mobilfunkanschluss.

(3) ¹Bei Teilnehmeranschlüssen in Betrieben und Behörden ist die Mitteilung nur zulässig, wenn der Inhaber des Teilnehmeranschlusses in Textform erklärt hat, dass die Mitarbeiter informiert worden sind und künftige Mitarbeiter unverzüglich informiert werden und dass der Betriebsrat oder die Personalvertretung entsprechend den gesetzlichen Vorschriften beteiligt worden ist oder eine solche Beteiligung nicht erforderlich ist. ²Soweit die öffentlich-rechtlichen Religionsgesellschaften für ihren Bereich eigene Mitarbeitervertreterregelungen erlassen haben, findet Satz 1 mit der Maßgabe Anwendung, dass an die Stelle des Betriebsrates oder der Personalvertretung die jeweilige Mitarbeitervertretung tritt.

(4) Soweit ein Anschlussinhaber zur vollständigen oder teilweisen Übernahme der Entgelte für Verbindungen verpflichtet ist, die bei seinem Anschluss ankommen, dürfen ihm in dem für ihn bestimmten Einzelverbindungsnachweis die Nummern der Anschlüsse, von denen die Anrufe ausgingen, nur unter Kürzung um die letzten drei Ziffern mitgeteilt werden.

(5) Der Einzelverbindungsnachweis nach Absatz 1 Satz 1 darf nicht Verbindungen zu Anschlüssen erkennen lassen,
1. deren Inhaber Personen, Behörden oder Organisationen in sozialen oder kirchlichen Bereichen sind, die grundsätzlich anonym bleibenden Endnutzern ganz oder überwiegend telefonische Beratung in seelischen oder sozialen Notlagen anbieten und die selbst oder deren Mitarbeiter insoweit besonderen Verpflichtungen zur Verschwiegenheit unterliegen, und
2. die die Bundesnetzagentur für Elektrizität, Gas, Telekommunikation, Post und Eisenbahnen (Bundesnetzagentur) in eine Liste aufgenommen hat.

(6) ¹Der Beratung im Sinne des Absatzes 5 Nummer 1 dienen neben den in § 203 Absatz 1 Nummer 4 und 5 des Strafgesetzbuches genannten Personengruppen insbesondere die Telefonseelsorge und die Gesundheitsberatung. ²Die Bundesnetzagentur nimmt die Inhaber der Anschlüsse auf Antrag in die Liste auf, wenn sie die Aufgabenbestimmung nach Absatz 5 Nummer 1 durch Bescheinigung einer Behörde oder Körperschaft, Anstalt oder Stiftung des öffentlichen Rechts nachgewiesen haben. ³Die Liste wird zum Abruf im automatisierten Verfahren bereitgestellt. ⁴Die Verpflichteten nach § 3 Absatz 2 Satz 1, die Einzelverbindungsnachweise erstellen, haben die Liste quartalsweise abzufragen und Änderungen unverzüglich in ihren Abrechnungsverfahren anzuwenden.

Telekommunikation-Telemedien-Datenschutz-Gesetz **TTDSG 30a**

§ 12 Störungen von Telekommunikationsanlagen und Missbrauch von Telekommunikationsdiensten. (1) [1]Soweit erforderlich, dürfen Verpflichtete nach § 3 Absatz 2 Satz 1 Verkehrsdaten der Endnutzer sowie die Steuerdaten eines informationstechnischen Protokolls zur Datenübertragung, die unabhängig vom Inhalt eines Kommunikationsvorgangs übertragen oder auf den am Kommunikationsvorgang beteiligten Servern gespeichert werden und zur Gewährleistung der Kommunikation zwischen Empfänger und Sender notwendig sind, verarbeiten, um Störungen oder Fehler an Telekommunikationsanlagen zu erkennen, einzugrenzen oder zu beseitigen. [2]Dies gilt auch für Störungen, die zu einer Einschränkung der Verfügbarkeit von Informations- und Telekommunikationsdiensten oder zu einem unerlaubten Zugriff auf Telekommunikations- und Datenverarbeitungssysteme der Nutzer führen können. [3]Eine Verarbeitung der Verkehrsdaten und Steuerdaten zu anderen Zwecken ist unzulässig. [4]Soweit die Verkehrsdaten nicht automatisiert erhoben und verwendet werden, muss der Datenschutzbeauftragte des Verpflichteten nach § 3 Absatz 2 Satz 1 unverzüglich über die Verfahren und Umstände der Maßnahme informiert werden. [5]Betroffene Endnutzer sind von dem nach § 3 Absatz 2 Satz 1 Verpflichteten zu benachrichtigen, sofern sie ermittelt werden können.

(2) Die Verkehrsdaten und Steuerdaten sind unverzüglich zu löschen, sobald sie für die Beseitigung der Störung nicht mehr erforderlich sind.

(3) [1]Zur Durchführung von Umschaltungen sowie zum Erkennen und Eingrenzen von Störungen im Netz ist dem Betreiber von Telekommunikationsnetzen oder seinem Beauftragten das Aufschalten auf bestehende Verbindungen erlaubt, soweit dies betrieblich erforderlich ist. [2]Eventuelle bei der Aufschaltung erstellte Aufzeichnungen sind unverzüglich zu löschen. [3]Das Aufschalten muss den betroffenen Kommunikationsteilnehmern durch ein akustisches oder sonstiges Signal zeitgleich angezeigt und ausdrücklich mitgeteilt werden. [4]Sofern dies technisch nicht möglich ist, muss der betriebliche Datenschutzbeauftragte des Betreibers des Telekommunikationsnetzes unverzüglich detailliert über die Verfahren und Umstände der Maßnahme informiert werden. [5]Diese Informationen hat der betriebliche Datenschutzbeauftragte für zwei Jahre aufzubewahren.

(4) [1]Wenn tatsächliche Anhaltspunkte für die rechtswidrige Inanspruchnahme eines Telekommunikationsnetzes oder Telekommunikationsdienstes vorliegen, insbesondere für eine Leistungserschleichung oder einen Betrug oder eine unzumutbare Belästigung nach § 7 des Gesetzes gegen den unlauteren Wettbewerb, darf der Verpflichtete nach § 3 Absatz 2 Satz 1 zur Sicherung seines Entgeltanspruchs sowie zum Schutz der Endnutzer vor der rechtswidrigen Inanspruchnahme des Telekommunikationsdienstes oder des Telekommunikationsnetzes Verkehrsdaten verarbeiten, die erforderlich sind, um die rechtswidrige Inanspruchnahme des Telekommunikationsnetzes oder des Telekommunikationsdienstes aufzudecken und zu unterbinden. [2]Die Anhaltspunkte für die rechtwidrige Inanspruchnahme des Telekommunikationsnetzes oder Telekommunikationsdienstes hat der nach § 3 Absatz 2 Satz 1 Verpflichtete zu

30a TTDSG Telekommunikation-Telemedien-Datenschutz-Gesetz

dokumentieren. ³Der nach § 3 Absatz 2 Satz 1 Verpflichtete darf aus den Verkehrsdaten nach Satz 1 einen pseudonymisierten Gesamtdatenbestand bilden, der Aufschluss über die von einzelnen Endnutzern erzielten Umsätze gibt und unter Zugrundelegung geeigneter Kriterien das Auffinden solcher Verbindungen des Netzes ermöglicht, bei denen der Verdacht einer rechtswidrigen Inanspruchnahme besteht. ⁴Die Verkehrsdaten anderer Verbindungen sind unverzüglich zu löschen. ⁵Die Aufsichtsbehörde ist über Einführung und Änderung eines Verfahrens nach Satz 1 unverzüglich in Kenntnis zu setzen.

§ 13 Standortdaten. (1) ¹Standortdaten, die in Bezug auf die Nutzer von öffentlichen Telekommunikationsnetzen oder Telekommunikationsdiensten verarbeitet werden, dürfen nur in dem zur Bereitstellung von Diensten mit Zusatznutzen erforderlichen Umfang und innerhalb des dafür erforderlichen Zeitraums verarbeitet werden, wenn sie anonymisiert wurden oder wenn der Nutzer vom Anbieter des Dienstes mit Zusatznutzen gemäß der Verordnung (EU) 2016/679 informiert wurde und eingewilligt hat. ²Der Anbieter des Dienstes mit Zusatznutzen hat bei jeder Feststellung des Standortes des Mobilfunkendgerätes der Endnutzer durch eine Textmitteilung an das Endgerät, dessen Standortdaten ermittelt wurden, über die Feststellung des Standortes zu informieren. ³Dies gilt nicht, wenn der Standort nur auf dem Endgerät angezeigt wird, dessen Standortdaten ermittelt wurden. ⁴Werden die Standortdaten für einen Dienst mit Zusatznutzen verarbeitet, der die Übermittlung von Standortdaten eines Mobilfunkendgerätes an einen anderen Nutzer oder Dritte, die nicht Anbieter des Dienstes mit Zusatznutzen sind, zum Gegenstand hat, muss der Nutzer seine Einwilligung ausdrücklich, gesondert und schriftlich gegenüber dem Anbieter des Dienstes mit Zusatznutzen erteilen. ⁵In diesem Fall gilt die Verpflichtung nach Satz 2 entsprechend für den Anbieter des Dienstes mit Zusatznutzen. ⁶Der Anschlussinhaber muss weitere Nutzer seines Mobilfunkanschlusses über eine erteilte Einwilligung unterrichten.

(2) Haben die Nutzer ihre Einwilligung zur Verarbeitung von Standortdaten gegeben, müssen sie auch weiterhin die Möglichkeit haben, die Verarbeitung dieser Daten für jede Verbindung zum Netz oder für jede Übertragung einer Nachricht auf einfache Weise und unentgeltlich zeitweise zu untersagen.

(3) Bei Verbindungen zu Anschlüssen, die unter den Notrufnummern 112 oder 110 oder den Rufnummern 124 124 oder 116 117 erreicht werden, haben der Anbieter und mitwirkende Personen nach § 3 Absatz 2 Satz 1 Nummer 1 und 2 sicherzustellen, dass nicht im Einzelfall oder dauernd die Übermittlung von Standortdaten ausgeschlossen wird.

(4) Die Verarbeitung von Standortdaten nach den Absätzen 1 und 2 muss auf das für die Bereitstellung des Dienstes mit Zusatznutzen erforderliche Maß sowie auf Personen beschränkt werden, die im Auftrag des Betreibers des Telekommunikationsnetzes oder des Anbieters des Telekommunikationsdienstes oder des Dritten, der den Dienst mit Zusatznutzen anbietet, handeln.

Kapitel 3

Mitteilen ankommender Verbindungen, Rufnummern – anzeige und -unterdrückung, automatische Anrufweiterschaltung

§ 14 Mitteilen ankommender Verbindungen. (1) ¹Trägt ein Anschlussinhaber in einem Verfahren schlüssig vor, dass bei seinem Anschluss bedrohende oder belästigende Anrufe ankommen, hat der Anbieter des Telekommunikationsdienstes auf schriftlichen Antrag auch netzübergreifend Auskunft über die Inhaber der Anschlusskennungen zu erteilen, von denen die Verbindungen ausgehen; das Verfahren ist zu dokumentieren. ²Die Auskunft darf sich nur auf Verbindungen und Verbindungsversuche beziehen, die nach Stellung des Antrags stattgefunden haben. ³Der Anbieter des Telekommunikationsdienstes darf die Anschlusskennungen, Namen und Anschriften der Inhaber dieser Anschlusskennungen sowie Datum und Uhrzeit des Beginns der Verbindungen und der Verbindungsversuche verarbeiten sowie diese Daten dem betroffenen Anschlussinhaber mitteilen.

(2) Die Bekanntgabe nach Absatz 1 Satz 3 darf nur erfolgen, wenn der betroffene Anschlussinhaber des betroffenen Anschlusses zuvor die Verbindungen nach Datum, Uhrzeit oder anderen geeigneten Kriterien eingrenzt, soweit ein Missbrauch dieses Verfahrens nicht auf andere Weise ausgeschlossen werden kann.

(3) Im Fall einer netzübergreifenden Auskunft sind die an der Verbindung mitwirkenden anderen Anbieter und Betreiber nach § 3 Absatz 2 Satz 1 verpflichtet, dem Anbieter des Telekommunikationsdienstes des bedrohten oder belästigten Anschlussinhabers die erforderlichen Auskünfte zu erteilen, sofern sie über diese Daten verfügen.

(4) ¹Der Inhaber der Anschlusskennung, von der die festgestellten Verbindungen ausgegangen sind, ist darüber zu unterrichten, dass über diese Verbindungen Auskunft erteilt wurde. ²Davon kann abgesehen werden, wenn der Antragsteller schriftlich schlüssig vorgetragen hat, dass ihm aus dieser Mitteilung wesentliche Nachteile entstehen können, und diese Nachteile bei Abwägung mit den schutzwürdigen Interessen der Anrufenden als wesentlich schwerwiegender erscheinen. ³Erhält der Inhaber der Anschlusskennung, von der die als bedrohend oder belästigend bezeichneten Anrufe ausgegangen sind, auf andere Weise Kenntnis von der Auskunftserteilung nach Absatz 1 Satz 3, so ist er auf Verlangen über die Auskunftserteilung zu unterrichten.

(5) Die Aufsichtsbehörde ist über die Einführung und Änderungen des Verfahrens zur Einhaltung der Anforderungen der Absätze 1 bis 4 unverzüglich in Kenntnis zu setzen.

§ 15 Rufnummernanzeige und –unterdrückung. (1) ¹Bietet der Anbieter eines Sprachkommunikationsdienstes bei Anrufen die Anzeige der Rufnum-

30a TTDSG Telekommunikation-Telemedien-Datenschutz-Gesetz

mer der anrufenden Endnutzer an, so müssen anrufende und angerufene Endnutzer die Möglichkeit haben, die Rufnummernanzeige dauernd oder für jeden Anruf einzeln auf einfache Weise und unentgeltlich zu unterdrücken. [2]Angerufene Endnutzer müssen die Möglichkeit haben, eingehende Anrufe, bei denen die Rufnummernanzeige durch den anrufenden Endnutzer unterdrückt wurde, auf einfache Weise und unentgeltlich abzuweisen. [3]Wird die Anzeige der Rufnummer von angerufenen Endnutzern angeboten, so müssen angerufene Endnutzer die Möglichkeit haben, die Anzeige ihrer Rufnummer beim anrufenden Endnutzer auf einfache Weise und unentgeltlich zu unterdrücken. [4]Die Anzeige von Rufnummern von anrufenden Endnutzern darf bei den Notrufnummern 112 und 110 sowie den Rufnummern 124 124 und 116 117 nicht ausgeschlossen werden.

(2) Bei Anrufen zum Zweck der Werbung dürfen anrufende Nutzer weder die Rufnummernanzeige unterdrücken noch bei dem Anbieter des Telekommunikationsdienstes veranlassen, dass diese unterdrückt wird; der anrufende Nutzer hat sicherzustellen, dass dem Angerufenen die dem anrufenden Nutzer zugeteilte Rufnummer übermittelt wird.

(3) [1]Sofern Anschlussinhaber es beantragen, müssen Anbieter von Sprachkommunikationsdiensten einen Anschluss bereitstellen, bei dem die Übermittlung der Rufnummer unentgeltlich ausgeschlossen ist. [2]Auf Antrag des Anschlussinhabers sind solche Anschlüsse im Endnutzerverzeichnis (§ 17) zu kennzeichnen. [3]Ist eine Kennzeichnung nach Satz 2 erfolgt, so darf an den gekennzeichneten Anschluss eine Übermittlung der Rufnummer des Anschlusses, von dem der Anruf ausgeht, erst dann erfolgen, wenn die Kennzeichnung in der aktualisierten Fassung des Endnutzerverzeichnisses nicht mehr enthalten ist.

(4) Hat der Anschlussinhaber die Eintragung in das Endnutzerverzeichnis nicht nach § 17 beantragt, unterbleibt die Anzeige seiner Rufnummer bei dem angerufenen Anschluss, es sei denn, dass der Anschlussinhaber die Übermittlung seiner Rufnummer ausdrücklich wünscht.

(5) Die Absätze 1 bis 4 gelten auch für Anrufe in das Ausland und für aus dem Ausland kommende Anrufe, soweit sie Anrufende oder Angerufene im Inland betreffen.

§ 16 Automatische Anrufweiterschaltung. Anbieter von Sprachkommunikationsdiensten sind verpflichtet, ihren Endnutzern die Möglichkeit einzuräumen, eine von einem Dritten veranlasste automatische Weiterschaltung auf das Endgerät des Endnutzers auf einfache Weise und unentgeltlich abzustellen, soweit dies technisch möglich ist.

Kapitel 4

Endnutzerverzeichnisse, Bereitstellen von Endnutzerdaten

§ 17 Endnutzerverzeichnisse. (1) ¹Anschlussinhaber können mit ihrer Rufnummer, ihrem Namen und ihrer Anschrift in gedruckte oder elektronische Endnutzerverzeichnisse, die der Öffentlichkeit unmittelbar oder über Auskunftsdienste zugänglich sind, eingetragen werden, soweit sie dies beantragen. ²Vor ihrem Antrag sind die Anschlussinhaber über weitere Nutzungsmöglichkeiten aufgrund der in elektronischen Fassungen der Verzeichnisse eingebetteten Suchfunktionen zu informieren. ³Auf Antrag können zusätzliche Angaben wie Beruf und Branche eingetragen werden. ⁴Dabei können die Antragsteller bestimmen, welche Angaben in den Verzeichnissen veröffentlicht werden sollen. ⁵Auf Verlangen des Antragstellers dürfen weitere Nutzer des Anschlusses mit Namen und Vornamen eingetragen werden, soweit diese damit einverstanden sind. ⁶Für die Einträge nach Satz 1 darf ein Entgelt nicht erhoben werden.

(2) Der Anbieter eines nummerngebundenen interpersonellen Telekommunikationsdienstes hat Anschlussinhaber bei der Begründung des Vertragsverhältnisses über die Möglichkeit zu informieren, ihre Rufnummer, ihren Namen, ihren Vornamen und ihre Anschrift in Endnutzerverzeichnisse nach Absatz 1 Satz 1 aufzunehmen.

(3) Der Anschlussinhaber kann von seinem Anbieter des nummerngebundenen interpersonellen Telekommunikationsdienstes jederzeit verlangen, dass seine Rufnummer, sein Name, sein Vorname und seine Anschrift in Auskunfts- und Verzeichnismedien unentgeltlich eingetragen, gespeichert, berichtigt oder gelöscht werden.

(4) Anbieter von Auskunfts- und Verzeichnismedien sind verpflichtet, die gemäß § 18 Absatz 1 übermittelten Daten zu veröffentlichen sowie unrichtige oder gelöschte Daten aus den Verzeichnissen zu entfernen und Berichtigungen vorzunehmen.

§ 18 Bereitstellen von Endnutzerdaten. (1) Jeder Anbieter eines nummerngebundenen interpersonellen Telekommunikationsdienstes hat unter Beachtung der anzuwendenden datenschutzrechtlichen Regelungen jedem Unternehmen Endnutzerdaten nach § 17 Absatz 1 auf Antrag zum Zweck der Bereitstellung von öffentlich zugänglichen Auskunftsdiensten, Diensten zur Unterrichtung über einen individuellen Gesprächswunsch eines anderen Nutzers und von Endnutzerverzeichnissen bereitzustellen.

(2) ¹Für die Bereitstellung der Daten kann ein Entgelt verlangt werden. ²Das Entgelt unterliegt in der Regel einer nachträglichen Missbrauchsprüfung durch die Bundesnetzagentur nach Maßgabe der Bestimmungen des Telekommunikationsgesetzes zur Missbrauchsprüfung von Entgelten. ³Ein Entgelt kann nur dann der Entgeltgenehmigungspflicht nach dem Telekommunikationsgesetz unterworfen werden, wenn das Unternehmen, von dem die Endnutzerdaten be-

30a TTDSG Telekommunikation-Telemedien-Datenschutz-Gesetz

reitgestellt werden, auf dem Markt für Endnutzerdaten über eine beträchtliche Marktmacht verfügt.

(3) Die Bereitstellung der Daten nach Absatz 1 hat unverzüglich nach einem Antrag nach Absatz 1 und in nichtdiskriminierender Weise zu erfolgen.

(4) Die nach Absatz 1 bereitgestellten Daten müssen vollständig sein und inhaltlich sowie technisch so aufbereitet sein, dass sie nach dem jeweiligen Stand der Technik ohne Schwierigkeiten in ein kundenfreundlich gestaltetes Endnutzerverzeichnis oder in eine entsprechende Auskunftsdienste-Datenbank aufgenommen werden können.

Teil 3

Telemediendatenschutz, Endeinrichtungen

Kapitel 1

Technische und organisatorische Vorkehrungen, Verarbeitung von Daten zum Zweck des Jugendschutzes und zur Auskunftserteilung

§ 19 Technische und organisatorische Vorkehrungen. (1) Anbieter von Telemedien haben durch technische und organisatorische Vorkehrungen sicherzustellen, dass der Nutzer von Telemedien die Nutzung des Dienstes jederzeit beenden kann und er Telemedien gegen Kenntnisnahme Dritter geschützt in Anspruch nehmen kann.

(2) [1]Anbieter von Telemedien haben die Nutzung von Telemedien und ihre Bezahlung anonym oder unter Pseudonym zu ermöglichen, soweit dies technisch möglich und zumutbar ist. [2]Der Nutzer von Telemedien ist über diese Möglichkeit zu informieren.

(3) Die Weitervermittlung zu einem anderen Anbieter von Telemedien ist dem Nutzer anzuzeigen.

(4) [1]Anbieter von Telemedien haben, soweit dies technisch möglich und wirtschaftlich zumutbar ist, im Rahmen ihrer jeweiligen Verantwortlichkeit für geschäftsmäßig angebotene Telemedien durch technische und organisatorische Vorkehrungen sicherzustellen, dass
1. kein unerlaubter Zugriff auf die für ihre Telemedienangebote genutzten technischen Einrichtungen möglich ist und
2. diese gesichert sind gegen Störungen, auch soweit sie durch äußere Angriffe bedingt sind.

[2]Vorkehrungen nach Satz 1 müssen den Stand der Technik berücksichtigen. [3]Eine Vorkehrung nach Satz 1 ist insbesondere die Anwendung eines als sicher anerkannten Verschlüsselungsverfahrens. [4]Anordnungen des Bundesamtes für Sicherheit in der Informationstechnik nach § 7d Satz 1 BSI-Gesetz bleiben unberührt.

§ 20 Verarbeitung personenbezogener Daten Minderjähriger. Hat ein Telemedienanbieter zur Wahrung des Jugendschutzes personenbezogene Daten von Minderjährigen erhoben, etwa durch Mittel zur Altersverifikation oder andere technische Maßnahmen, oder anderweitig gewonnen, so darf er diese Daten nicht für kommerzielle Zwecke verarbeiten.

§ 21 Bestandsdaten. (1) Auf Anordnung der zuständigen Stellen dürfen Anbieter von Telemedien im Einzelfall Auskunft über Bestandsdaten erteilen, soweit dies zur Durchsetzung der Rechte am geistigen Eigentum erforderlich ist.

(2) [1]Der Anbieter von Telemedien darf darüber hinaus im Einzelfall Auskunft über bei ihm vorhandene Bestandsdaten erteilen, soweit dies zur Durchsetzung zivilrechtlicher Ansprüche wegen der Verletzung absolut geschützter Rechte aufgrund rechtswidriger Inhalte, die von § 10a Absatz 1 des Telemediengesetzes oder § 1 Absatz 3 des Netzwerkdurchsetzungsgesetzes erfasst werden, erforderlich ist. [2]In diesem Umfang ist er gegenüber dem Verletzten zur Auskunft verpflichtet.

(3) [1]Für die Erteilung der Auskunft nach Absatz 2 ist eine vorherige gerichtliche Anordnung über die Zulässigkeit der Auskunftserteilung erforderlich, die vom Verletzten zu beantragen ist. [2]Das Gericht entscheidet zugleich über die Verpflichtung zur Auskunftserteilung, sofern der Antrag nicht ausdrücklich auf die Anordnung der Zulässigkeit der Auskunftserteilung beschränkt ist. [3]Für den Erlass dieser Anordnung ist das Landgericht ohne Rücksicht auf den Streitwert zuständig. [4]Örtlich zuständig ist das Gericht, in dessen Bezirk der Verletzte seinen Wohnsitz, seinen Sitz oder eine Niederlassung hat. [5]Die Entscheidung trifft die Zivilkammer. [6]Für das Verfahren gelten die Vorschriften des Gesetzes über das Verfahren in Familiensachen und in den Angelegenheiten der freiwilligen Gerichtsbarkeit entsprechend. [7]Die Kosten der richterlichen Anordnung trägt der Verletzte. [8]Gegen die Entscheidung des Landgerichts ist die Beschwerde statthaft.

(4) [1]Der Anbieter von Telemedien ist als Beteiligter zu dem Verfahren nach Absatz 3 hinzuzuziehen. [2]Er darf den Nutzer über die Einleitung des Verfahrens unterrichten.

§ 22 Auskunftsverfahren bei Bestandsdaten. (1) [1]Wer geschäftsmäßig Telemediendienste erbringt, daran mitwirkt oder den Zugang zur Nutzung daran vermittelt, darf die Bestandsdaten nach Maßgabe dieser Vorschrift zur Erfüllung von Auskunftspflichten gegenüber den in Absatz 3 genannten Stellen verwenden. [2]Dies gilt nicht für Passwörter oder andere Daten, mittels derer der Zugriff auf Endgeräte oder auf Speichereinrichtungen, die in diesen Endgeräten oder hiervon räumlich getrennt eingesetzt werden, geschützt wird. [3]Die in eine Auskunft aufzunehmenden Bestandsdaten dürfen auch anhand einer zu einem bestimmten Zeitpunkt zugewiesenen Internetprotokoll-Adresse bestimmt werden; hierfür dürfen Nutzungsdaten auch automatisiert ausgewertet

30a TTDSG Telekommunikation-Telemedien-Datenschutz-Gesetz

werden. ⁴Für die Auskunftserteilung sind sämtliche unternehmensinternen Datenquellen zu berücksichtigen.

(2) ¹Die Auskunft darf nur erteilt werden nach Maßgabe der nachfolgenden Absätze und soweit die um die Auskunft ersuchende Stelle dies im Einzelfall unter Angabe einer gesetzlichen Bestimmung verlangt, die ihr eine Erhebung der in Absatz 1 in Bezug genommenen Daten erlaubt. ²Das Auskunftsverlangen ist schriftlich oder elektronisch zu stellen. ³Bei Gefahr im Verzug darf die Auskunft auch erteilt werden, wenn das Verlangen in anderer Form gestellt wird. ⁴In diesem Fall ist das Verlangen unverzüglich nachträglich schriftlich oder elektronisch zu bestätigen. ⁵Die Verantwortung für die Zulässigkeit der Auskunft tragen die um Auskunft ersuchenden Stellen.

(3) Die Auskunft nach Absatz 1 Satz 1 darf nur erteilt werden an
1. die für die Verfolgung von Straftaten und Ordnungswidrigkeiten zuständigen Behörden, soweit zureichende tatsächliche Anhaltspunkte für eine Straftat oder Ordnungswidrigkeit, die gegenüber einer natürlichen Person mit Geldbuße im Höchstmaß von mehr als fünfzehntausend Euro bedroht ist, vorliegen und die in die Auskunft aufzunehmenden Daten erforderlich sind, um den Sachverhalt zu erforschen, den Aufenthaltsort eines Beschuldigten oder Betroffenen zu ermitteln oder eine Strafe zu vollstrecken,
2. die für die Abwehr von Gefahren für die öffentliche Sicherheit oder Ordnung zuständigen Behörden, soweit die in die Auskunft aufzunehmenden Daten im Einzelfall erforderlich sind,
    a) zur Abwehr einer Gefahr für die öffentliche Sicherheit, oder
    b) zum Schutz von Leib, Leben, Freiheit der Person, sexueller Selbstbestimmung, dem Bestand und der Sicherheit des Bundes oder eines Landes, der freiheitlich demokratischen Grundordnung, Gütern der Allgemeinheit, deren Bedrohung die Grundlagen der Existenz der Menschen berührt, sowie nicht unerheblichen Sachwerten, wenn Tatsachen den Schluss auf ein wenigstens seiner Art nach konkretisiertes sowie zeitlich absehbares Geschehen zulassen, an dem bestimmte Personen beteiligt sein werden, oder
    c) zum Schutz von Leib, Leben, Freiheit der Person, sexueller Selbstbestimmung, dem Bestand und der Sicherheit des Bundes oder eines Landes, der freiheitlich demokratischen Grundordnung sowie Gütern der Allgemeinheit, deren Bedrohung die Grundlagen der Existenz der Menschen berührt, wenn das individuelle Verhalten einer Person die konkrete Wahrscheinlichkeit begründet, dass sie in einem übersehbaren Zeitraum eine gegen ein solches Rechtsgut gerichtete Straftat begehen wird, oder
    d) zur Verhütung einer Straftat von erheblicher Bedeutung, sofern Tatsachen die Annahme rechtfertigen, dass eine Person innerhalb eines übersehbaren Zeitraums auf eine ihrer Art nach konkretisierte Weise als Täter oder Teilnehmer an der Begehung einer Tat beteiligt ist, oder
    e) zur Verhütung einer schweren Straftat im Sinne von § 100a Absatz 2 der Strafprozessordnung, sofern das individuelle Verhalten einer Person die

konkrete Wahrscheinlichkeit begründet, dass die Person innerhalb eines übersehbaren Zeitraums die Tat begehen wird,
3. das Bundeskriminalamt als Zentralstelle nach § 2 des Bundeskriminalamtgesetzes, sofern
   a) zureichende tatsächliche Anhaltspunkte für eine Straftat im Sinne des § 2 Absatz 1 des Bundeskriminalamtgesetzes vorliegen und die in die Auskunft aufzunehmenden Daten erforderlich sind, um
      aa) die zuständige Strafverfolgungsbehörde zu ermitteln oder
      bb) ein Auskunftsersuchen einer ausländischen Strafverfolgungsbehörde im Rahmen des internationalen polizeilichen Dienstverkehrs, das nach Maßgabe der Vorschriften über die internationale Rechtshilfe in Strafsachen bearbeitet wird, zu erledigen, oder
   b) die in die Auskunft aufzunehmenden Daten im Rahmen der Strafvollstreckung erforderlich sind, um ein Auskunftsersuchen einer ausländischen Strafverfolgungsbehörde im Rahmen des polizeilichen Dienstverkehrs, das nach Maßgabe der Vorschriften über die internationale Rechtshilfe in Strafsachen bearbeitet wird, zu erledigen, oder
   c) die Gefahr besteht, dass eine Person an der Begehung einer Straftat im Sinne des § 2 Absatz 1 des Bundeskriminalamtgesetzes beteiligt sein wird, und die in die Auskunft aufzunehmenden Daten erforderlich sind, um
      aa) die für die Verhütung der Straftat zuständige Polizeibehörde zu ermitteln oder
      bb) ein Auskunftsersuchen einer ausländischen Polizeibehörde im Rahmen des polizeilichen Dienstverkehrs zur Verhütung der Straftat zu erledigen, oder
   d) Tatsachen die Annahme rechtfertigen, dass eine Person innerhalb eines übersehbaren Zeitraums auf eine zumindest ihrer Art nach konkretisierte Weise an einer Straftat von erheblicher Bedeutung beteiligt sein wird und die in die Auskunft aufzunehmenden Daten erforderlich sind, um
      aa) die für die Verhütung der Straftat zuständige Polizeibehörde zu ermitteln oder
      bb) ein Auskunftsersuchen einer ausländischen Polizeibehörde im Rahmen des polizeilichen Dienstverkehrs zur Verhütung der Straftat zu erledigen, oder
   e) das individuelle Verhalten einer Person die konkrete Wahrscheinlichkeit begründet, dass sie innerhalb eines übersehbaren Zeitraums eine schwere Straftat nach § 100a Absatz 2 der Strafprozessordnung begehen wird, und die in die Auskunft aufzunehmenden Daten erforderlich sind, um
      aa) die für die Verhütung der Straftat zuständige Polizeibehörde zu ermitteln oder
      bb) ein Auskunftsersuchen einer ausländischen Polizeibehörde im Rahmen des polizeilichen Dienstverkehrs zur Verhütung der Straftat zu erledigen,

30a TTDSG Telekommunikation-Telemedien-Datenschutz-Gesetz

4. das Zollkriminalamt als Zentralstelle nach § 3 des Zollfahndungsdienstgesetzes, sofern
   a) im Einzelfall zureichende tatsächliche Anhaltspunkte für eine Straftat vorliegen und die in die Auskunft aufzunehmenden Daten erforderlich sind, um
      aa) die zuständige Strafverfolgungsbehörde zu ermitteln oder
      bb) ein Auskunftsersuchen einer ausländischen Strafverfolgungsbehörde im Rahmen des internationalen polizeilichen Dienstverkehrs, das nach Maßgabe der Vorschriften über die internationale Rechtshilfe in Strafsachen bearbeitet wird, auch im Rahmen der Strafvollstreckung, zu erledigen, oder
   b) dies im Einzelfall erforderlich ist
      aa) zur Abwehr einer Gefahr für die öffentliche Sicherheit, oder
      bb) zum Schutz von Leib, Leben, Freiheit der Person, sexueller Selbstbestimmung, dem Bestand und der Sicherheit des Bundes oder eines Landes, der freiheitlich demokratischen Grundordnung, Gütern der Allgemeinheit, deren Bedrohung die Grundlagen der Existenz der Menschen berührt, sowie nicht unerheblichen Sachwerten, wenn Tatsachen den Schluss auf ein wenigstens seiner Art nach konkretisiertes und zeitlich absehbares Geschehen zulassen, an dem bestimmte Personen beteiligt sein werden, oder
      cc) zum Schutz von Leib, Leben, Freiheit der Person, sexueller Selbstbestimmung, dem Bestand und der Sicherheit des Bundes oder eines Landes, der freiheitlich demokratischen Grundordnung sowie Gütern der Allgemeinheit, deren Bedrohung die Grundlagen der Existenz der Menschen berührt, wenn das individuelle Verhalten einer Person die konkrete Wahrscheinlichkeit begründet, dass die Gefährdung eines solchen Rechtsgutes in einem übersehbaren Zeitraum eintreten wird, oder
      dd) zur Erledigung eines Auskunftsersuchens einer ausländischen Polizeibehörde im Rahmen des polizeilichen Dienstverkehrs zur Verhütung einer Straftat, oder
      ee) zur Verhütung einer Straftat von erheblicher Bedeutung, sofern Tatsachen die Annahme rechtfertigen, dass eine Person innerhalb eines übersehbaren Zeitraums auf eine ihrer Art nach konkretisierte Weise als Täter oder Teilnehmer an der Begehung der Tat beteiligt ist, oder
      ff) zur Verhütung einer schweren Straftat nach § 100a Absatz 2 der Strafprozessordnung, sofern das individuelle Verhalten einer Person die konkrete Wahrscheinlichkeit begründet, dass die Person innerhalb eines übersehbaren Zeitraums die Tat begehen wird,
5. die Behörden der Zollverwaltung und die nach Landesrecht zuständigen Behörden, sofern im Einzelfall bei der Veröffentlichung von Angeboten oder Werbemaßnahmen ohne Angabe von Name und Anschrift tatsächliche Anhaltspunkte für Schwarzarbeit oder illegale Beschäftigung nach § 1 des

Schwarzarbeitsbekämpfungsgesetzes vorliegen und die in die Auskunft aufzunehmenden Daten zur Identifizierung des Auftraggebers erforderlich sind, um Schwarzarbeit oder illegale Beschäftigung aufzudecken,
6. die Verfassungsschutzbehörden des Bundes und der Länder, soweit dies aufgrund tatsächlicher Anhaltspunkte im Einzelfall erforderlich ist zur Aufklärung bestimmter Bestrebungen oder Tätigkeiten nach
   a) § 3 Absatz 1 des Bundesverfassungsschutzgesetzes oder
   b) einem zum Verfassungsschutz (§ 1 Absatz 1 des Bundesverfassungsschutzgesetzes) landesgesetzlich begründeten Beobachtungsauftrag der Landesbehörde, insbesondere zum Schutz der verfassungsmäßigen Ordnung vor Bestrebungen und Tätigkeiten der organisierten Kriminalität,
7. den Militärischen Abschirmdienst, soweit dies aufgrund tatsächlicher Anhaltspunkte im Einzelfall zur Aufklärung bestimmter Bestrebungen oder Tätigkeiten nach § 1 Absatz 1 des MAD-Gesetzes oder zur Sicherung der Einsatzbereitschaft der Truppe oder zum Schutz der Angehörigen, der Dienststellen und Einrichtungen des Geschäftsbereichs des Bundesministeriums der Verteidigung nach § 14 Absatz 1 des MAD-Gesetzes erforderlich ist,
8. den Bundesnachrichtendienst, soweit dies erforderlich ist
   a) zur politischen Unterrichtung der Bundesregierung, wenn im Einzelfall tatsächliche Anhaltspunkte dafür vorliegen, dass durch die Auskunft Informationen über das Ausland gewonnen werden können, die von außen- und sicherheitspolitischer Bedeutung für die Bundesrepublik Deutschland sind und zu deren Aufklärung das Bundeskanzleramt den Bundesnachrichtendienst beauftragt hat, oder
   b) zur Früherkennung von aus dem Ausland drohenden Gefahren von internationaler Bedeutung, wenn im Einzelfall tatsächliche Anhaltspunkte dafür vorliegen, dass durch die Auskunft Erkenntnisse gewonnen werden können mit Bezug zu den in § 4 Absatz 3 Nummer 1 des BND-Gesetzes genannten Gefahrenbereichen oder zum Schutz der in § 4 Absatz 3 Nummer 2 und 3 des BND-Gesetzes genannten Rechtsgüter.

(4) Die Auskunft nach Absatz 1 Satz 3 darf nur erteilt werden an
1. die für die Verfolgung von Straftaten zuständigen Behörden, soweit zureichende tatsächliche Anhaltspunkte für eine Straftat vorliegen und die in die Auskunft aufzunehmenden Daten erforderlich sind, um den Sachverhalt zu erforschen, den Aufenthaltsort eines Beschuldigten zu ermitteln oder eine Strafe zu vollstrecken,
2. die für die Abwehr von Gefahren für die öffentliche Sicherheit oder Ordnung zuständigen Behörden, wenn die in die Auskunft aufzunehmenden Daten im Einzelfall erforderlich sind
   a) zum Schutz von Leib, Leben, Freiheit der Person, sexueller Selbstbestimmung, dem Bestand und der Sicherheit des Bundes oder eines Landes, der freiheitlich demokratischen Grundordnung, Gütern der Allgemeinheit, deren Bedrohung die Grundlagen der Existenz der Menschen berührt, sowie nicht unerheblicher Sachwerte oder zur Verhütung einer Straftat oder

30a TTDSG Telekommunikation-Telemedien-Datenschutz-Gesetz

    b) zum Schutz von Leib, Leben, Freiheit der Person, sexueller Selbstbestimmung, dem Bestand und der Sicherheit des Bundes oder eines Landes, der freiheitlich demokratischen Grundordnung sowie Gütern der Allgemeinheit, deren Bedrohung die Grundlagen der Existenz der Menschen berührt, sowie nicht unerheblicher Sachwerte, wenn Tatsachen den Schluss auf ein wenigstens seiner Art nach konkretisiertes sowie zeitlich absehbares Geschehen zulassen, an dem bestimmte Personen beteiligt sein werden, oder
    c) zum Schutz von Leib, Leben, Freiheit der Person, sexueller Selbstbestimmung, dem Bestand und der Sicherheit des Bundes oder eines Landes, der freiheitlich demokratischen Grundordnung sowie Gütern der Allgemeinheit, deren Bedrohung die Grundlagen der Existenz der Menschen berührt, wenn das individuelle Verhalten einer Person die konkrete Wahrscheinlichkeit begründet, dass sie in einem übersehbaren Zeitraum eine gegen ein solches Rechtsgut gerichtete Straftat begehen wird, oder
    d) zur Verhütung einer schweren Straftat nach § 100a Absatz 2 der Strafprozessordnung, sofern Tatsachen die Annahme rechtfertigen, dass eine Person innerhalb eines übersehbaren Zeitraums auf eine ihrer Art nach konkretisierten Weise als Täter oder Teilnehmer an der Begehung einer Tat beteiligt ist, oder
    e) zur Verhütung einer schweren Straftat nach § 100a Absatz 2 der Strafprozessordnung, sofern das individuelle Verhalten einer Person die konkrete Wahrscheinlichkeit begründet, dass die Person innerhalb eines übersehbaren Zeitraums die Tat begehen wird,
3. das Bundeskriminalamt als Zentralstelle nach § 2 des Bundeskriminalamtgesetzes, sofern
    a) zureichende tatsächliche Anhaltspunkte für eine Straftat im Sinne des § 2 Absatz 1 des Bundeskriminalamtgesetzes vorliegen und die in die Auskunft aufzunehmenden Daten erforderlich sind, um
        aa) die zuständige Strafverfolgungsbehörde zu ermitteln, oder
        bb) ein Auskunftsersuchen einer ausländischen Strafverfolgungsbehörde im Rahmen des internationalen polizeilichen Dienstverkehrs, das nach Maßgabe der Vorschriften über die internationale Rechtshilfe in Strafsachen bearbeitet wird, zu erledigen, oder
    b) die in die Auskunft aufzunehmenden Daten im Rahmen der Strafvollstreckung erforderlich sind, um ein Auskunftsersuchen einer ausländischen Strafverfolgungsbehörde im Rahmen des polizeilichen Dienstverkehrs, das nach Maßgabe der Vorschriften über die internationale Rechtshilfe in Strafsachen bearbeitet wird, zu erledigen,
    c) die Gefahr besteht, dass eine Person an der Begehung einer Straftat im Sinne des § 2 Absatz 1 des Bundeskriminalamtgesetzes beteiligt sein wird und die in die Auskunft aufzunehmenden Daten erforderlich sind, um
        aa) die für die Verhütung der Straftat zuständige Polizeibehörde zu ermitteln, oder

Telekommunikation-Telemedien-Datenschutz-Gesetz **TTDSG 30a**

bb) ein Auskunftsersuchen einer ausländischen Polizeibehörde im Rahmen des polizeilichen Dienstverkehrs zur Verhütung der Straftat zu erledigen, oder

d) Tatsachen die Annahme rechtfertigen, dass eine Person innerhalb eines übersehbaren Zeitraums auf eine zumindest ihrer Art nach konkretisierte Weise an einer schweren Straftat nach § 100a Absatz 2 der Strafprozessordnung beteiligt sein wird, und die in die Auskunft aufzunehmenden Daten erforderlich sind, um

   aa) die für die Verhütung der Straftat zuständige Polizeibehörde zu ermitteln, oder

   bb) ein Auskunftsersuchen einer ausländischen Polizeibehörde im Rahmen des polizeilichen Dienstverkehrs zur Verhütung der Straftat zu erledigen, oder

e) das individuelle Verhalten einer Person die konkrete Wahrscheinlichkeit begründet, dass sie innerhalb eines übersehbaren Zeitraums eine schwere Straftat nach § 100a Absatz 2 der Strafprozessordnung begehen wird, und die in die Auskunft aufzunehmenden Daten erforderlich sind, um

   aa) die für die Verhütung der Straftat zuständige Polizeibehörde zu ermitteln, oder

   bb) ein Auskunftsersuchen einer ausländischen Polizeibehörde im Rahmen des polizeilichen Dienstverkehrs zur Verhütung der Straftat zu erledigen,

4. das Zollkriminalamt als Zentralstelle nach § 3 des Zollfahndungsdienstgesetzes, sofern

   a) im Einzelfall zureichende tatsächliche Anhaltspunkte für eine Straftat vorliegen, und die in die Auskunft aufzunehmenden Daten erforderlich sind, um

      aa) die zuständige Strafverfolgungsbehörde zu ermitteln, oder

      bb) ein Auskunftsersuchen einer ausländischen Strafverfolgungsbehörde im Rahmen des internationalen polizeilichen Dienstverkehrs, das nach Maßgabe der Vorschriften über die internationale Rechtshilfe in Strafsachen bearbeitet wird, auch im Rahmen der Strafvollstreckung, zu erledigen, oder

   b) dies im Einzelfall erforderlich ist

      aa) zum Schutz von Leib, Leben, Freiheit der Person, sexueller Selbstbestimmung, dem Bestand und der Sicherheit des Bundes oder eines Landes, der freiheitlich demokratischen Grundordnung, Gütern der Allgemeinheit, deren Bedrohung die Grundlagen der Existenz der Menschen berührt, sowie nicht unerheblicher Sachwerte oder zur Verhütung einer Straftat, oder

      bb) zum Schutz von Leib, Leben, Freiheit der Person, sexueller Selbstbestimmung, dem Bestand und der Sicherheit des Bundes oder eines Landes, der freiheitlich demokratischen Grundordnung sowie Gütern der Allgemeinheit, deren Bedrohung die Grundlagen der

30a TTDSG Telekommunikation-Telemedien-Datenschutz-Gesetz

        Existenz der Menschen berührt, wenn Tatsachen den Schluss auf ein wenigstens seiner Art nach konkretisiertes und zeitlich absehbares Geschehen zulassen, an dem bestimmte Personen beteiligt sein werden, oder

    cc) zum Schutz von Leib, Leben, Freiheit der Person, sexueller Selbstbestimmung, dem Bestand und der Sicherheit des Bundes oder eines Landes, der freiheitlich demokratischen Grundordnung sowie Gütern der Allgemeinheit, deren Bedrohung die Grundlagen der Existenz der Menschen berührt, wenn das individuelle Verhalten einer Person die konkrete Wahrscheinlichkeit begründet, dass die Gefährdung eines solchen Rechtsgutes in einem übersehbaren Zeitraum eintreten wird, oder

    dd) zur Erledigung eines Auskunftsersuchens einer ausländischen Polizeibehörde im Rahmen des polizeilichen Dienstverkehrs zur Verhütung einer schweren Straftat nach § 100a Absatz 2 der Strafprozessordnung, oder

    ee) zur Verhütung einer schweren Straftat nach § 100a Absatz 2 der Strafprozessordnung, sofern Tatsachen die Annahme rechtfertigen, dass eine Person innerhalb eines übersehbaren Zeitraums auf eine ihrer Art nach konkretisierte Weise als Täter oder Teilnehmer an der Begehung der Tat beteiligt ist, oder

    ff) zur Verhütung einer schweren Straftat nach § 100a Absatz 2 der Strafprozessordnung, sofern das individuelle Verhalten einer Person die konkrete Wahrscheinlichkeit begründet, dass die Person innerhalb eines übersehbaren Zeitraums die Tat begehen wird,

5. die Behörden der Zollverwaltung und die nach Landesrecht zuständigen Behörden zur Verhütung einer Straftat nach den §§ 10, 10a oder 11 des Schwarzarbeitsbekämpfungsgesetzes oder § 266a des Strafgesetzbuches,

6. die Verfassungsschutzbehörden des Bundes und der Länder, soweit dies aufgrund tatsächlicher Anhaltspunkte im Einzelfall erforderlich ist zur Aufklärung bestimmter Bestrebungen oder Tätigkeiten nach
   a) § 3 Absatz 1 des Bundesverfassungsschutzgesetzes, oder
   b) einem zum Verfassungsschutz (§ 1 Absatz 1 des Bundesverfassungsschutzgesetzes) landesgesetzlich begründeten Beobachtungsauftrag der Landesbehörde, insbesondere zum Schutz der verfassungsmäßigen Ordnung vor Bestrebungen und Tätigkeiten der organisierten Kriminalität,

7. den Militärischen Abschirmdienst, soweit dies aufgrund tatsächlicher Anhaltspunkte im Einzelfall zur Aufklärung bestimmter Bestrebungen oder Tätigkeiten nach § 1 Absatz 1 des MAD-Gesetzes oder zur Sicherung der Einsatzbereitschaft der Truppe oder zum Schutz der Angehörigen, der Dienststellen und Einrichtungen des Geschäftsbereichs des Bundesministeriums der Verteidigung nach § 14 Absatz 1 des MAD-Gesetzes erforderlich ist,

8. den Bundesnachrichtendienst, soweit dies erforderlich ist
   a) zur politischen Unterrichtung der Bundesregierung, wenn im Einzelfall tatsächliche Anhaltspunkte dafür vorliegen, dass durch die Auskunft In-

formationen über das Ausland gewonnen werden können, die von außen- und sicherheitspolitischer Bedeutung für die Bundesrepublik Deutschland sind und zu deren Aufklärung das Bundeskanzleramt den Bundesnachrichtendienst beauftragt hat, oder
b) zur Früherkennung von aus dem Ausland drohenden Gefahren von internationaler Bedeutung, wenn im Einzelfall tatsächliche Anhaltspunkte dafür vorliegen, dass durch die Auskunft Erkenntnisse gewonnen werden können mit Bezug zu den in § 4 Absatz 3 Nummer 1 des BND-Gesetzes genannten Gefahrenbereichen oder zum Schutz der in § 4 Absatz 3 Nummer 2 und 3 des BND-Gesetzes genannten Rechtsgüter.

(5) [1]Derjenige, der geschäftsmäßig Telemediendienste erbringt, daran mitwirkt oder den Zugang zur Nutzung daran vermittelt, hat die zu beauskunftenden Daten unverzüglich und vollständig zu übermitteln. [2]Eine Verschlüsselung der Daten bleibt unberührt. [3]Über das Auskunftsersuchen und die Auskunftserteilung haben die Verpflichteten gegenüber den Betroffenen sowie Dritten Stillschweigen zu wahren.

(6) [1]Wer geschäftsmäßig Telemediendienste erbringt oder daran mitwirkt, hat die in seinem Verantwortungsbereich für die Auskunftserteilung erforderlichen Vorkehrungen auf seine Kosten zu treffen. [2]Jedes Auskunftsverlangen ist durch eine verantwortliche Fachkraft auf Einhaltung der in Absatz 2 genannten formalen Voraussetzungen zu prüfen. [3]Die weitere Bearbeitung des Auskunftsverlangens darf erst nach einem positiven Prüfergebnis freigegeben werden.

§ 23 Auskunftsverfahren bei Passwörtern und anderen Zugangsdaten.

(1) [1]Abweichend von § 22 darf derjenige, der geschäftsmäßig Telemediendienste erbringt, daran mitwirkt oder den Zugang zur Nutzung daran vermittelt, die als Bestandsdaten erhobenen Passwörter oder andere Daten, mittels derer der Zugriff auf Endgeräte oder auf Speichereinrichtungen, die in diesen Endgeräten oder hiervon räumlich getrennt eingesetzt werden, geschützt wird, nach Maßgabe dieser Vorschrift zur Erfüllung von Auskunftspflichten gegenüber den in Absatz 2 genannten Stellen verwenden. [2]Für die Auskunftserteilung sind sämtliche unternehmensinternen Datenquellen zu berücksichtigen.

(2) [1]Die Auskunft nach Absatz 1 Satz 1 darf nur erteilt werden an
1. zur Verfolgung von Straftaten zuständige Behörden, soweit diese im Einzelfall die Übermittlung unter Angabe einer gesetzlichen Bestimmung, die ihnen eine Erhebung und Nutzung der in Absatz 1 genannten Daten zur Verfolgung besonders schwerer Straftaten nach § 100b Absatz 2 Nummer 1 Buchstabe a, c, e, f, g, h oder m, Nummer 3 Buchstabe b erste Alternative, Nummer 5, 6, 9 oder 10 der Strafprozessordnung erlauben, nach Anordnung durch ein Gericht verlangen, oder
2. für die Abwehr von Gefahren für die öffentliche Sicherheit oder Ordnung zuständige Behörden, soweit diese im Einzelfall die Übermittlung unter Angabe einer gesetzlichen Bestimmung, die ihnen eine Erhebung und Nutzung der in Absatz 1 genannten Daten zur Abwehr einer konkreten Gefahr

30a TTDSG Telekommunikation-Telemedien-Datenschutz-Gesetz

für Leib, Leben oder Freiheit der Person, für die sexuelle Selbstbestimmung, für den Bestand des Bundes oder eines Landes, die freiheitlich demokratische Grundordnung sowie Güter der Allgemeinheit, deren Bedrohung die Grundlagen der Existenz der Menschen berührt, erlauben, nach Anordnung durch ein Gericht verlangen.
²An andere öffentliche und nichtöffentliche Stellen dürfen Daten nach Absatz 1 nicht übermittelt werden. ³Die Verantwortung für die Zulässigkeit der Auskunft tragen die um Auskunft ersuchenden Stellen.

(3) ¹Derjenige, der geschäftsmäßig Telemediendienste erbringt, daran mitwirkt oder den Zugang zur Nutzung daran vermittelt, hat die zu beauskunftenden Daten unverzüglich und vollständig zu übermitteln. ²Eine Verschlüsselung der Daten bleibt unberührt. ³Über das Auskunftsersuchen und die Auskunftserteilung haben die Verpflichteten gegenüber den Betroffenen sowie Dritten Stillschweigen zu wahren.

(4) ¹Wer geschäftsmäßig Telemediendienste erbringt oder daran mitwirkt, hat die in seinem Verantwortungsbereich für die Auskunftserteilung erforderlichen Vorkehrungen auf seine Kosten zu treffen. ²Jedes Auskunftsverlangen ist durch eine verantwortliche Fachkraft auf Einhaltung der in Absatz 2 genannten formalen Voraussetzungen zu prüfen. ³Die weitere Bearbeitung des Auskunftsverlangens darf erst nach einem positiven Prüfergebnis freigegeben werden.

§ 24 Auskunftsverfahren bei Nutzungsdaten. (1) ¹Wer geschäftsmäßig Telemediendienste erbringt, daran mitwirkt oder den Zugang zur Nutzung daran vermittelt, darf die Nutzungsdaten nach Maßgabe dieser Vorschrift zur Erfüllung von Auskunftspflichten gegenüber den in Absatz 3 genannten Stellen verwenden. ²Für die Auskunftserteilung sind sämtliche unternehmensinternen Datenquellen zu berücksichtigen.

(2) ¹Die Auskunft darf nur erteilt werden nach Maßgabe der nachfolgenden Absätze und soweit die um die Auskunft ersuchende Stelle dies im Einzelfall unter Angabe einer gesetzlichen Bestimmung verlangt, die ihr eine Erhebung der in Absatz 1 in Bezug genommenen Daten erlaubt. ²Das Auskunftsverlangen ist schriftlich oder elektronisch zu stellen. ³Bei Gefahr im Verzug darf die Auskunft auch erteilt werden, wenn das Verlangen in anderer Form gestellt wird. ⁴In diesem Fall ist das Verlangen unverzüglich nachträglich schriftlich oder elektronisch zu bestätigen. ⁵Die Verantwortung für die Zulässigkeit der Auskunft tragen die um Auskunft ersuchenden Stellen.

(3) Die Auskunft nach Absatz 1 Satz 1 darf nur erteilt werden an
1. die für die Verfolgung von Straftaten zuständigen Behörden, soweit zureichende tatsächliche Anhaltspunkte für eine Straftat vorliegen und die zu erhebenden Daten erforderlich sind, um den Sachverhalt zu erforschen, den Aufenthaltsort eines Beschuldigten zu ermitteln,
2. die für die Abwehr von Gefahren für die öffentliche Sicherheit oder Ordnung zuständigen Behörden, soweit dies im Einzelfall erforderlich ist,
   a) zur Abwehr einer Gefahr für

Telekommunikation-Telemedien-Datenschutz-Gesetz **TTDSG 30a**

aa) die öffentliche Sicherheit, wobei die Auskunft auf Nutzungsdaten nach § 2 Absatz 2 Nummer 3 Buchstabe a beschränkt ist, oder

bb) Leib, Leben, Freiheit der Person, die sexuelle Selbstbestimmung, den Bestand und die Sicherheit des Bundes oder eines Landes, die freiheitlich demokratische Grundordnung, Güter der Allgemeinheit, deren Bedrohung die Grundlagen der Existenz der Menschen berührt, sowie nicht unerhebliche Sachwerte, oder

b) zum Schutz von Leib, Leben, Freiheit der Person, sexueller Selbstbestimmung, dem Bestand und der Sicherheit des Bundes oder eines Landes, der freiheitlich demokratischen Grundordnung, Gütern der Allgemeinheit, deren Bedrohung die Grundlagen der Existenz der Menschen berührt, sowie nicht unerheblichen Sachwerten, wenn Tatsachen den Schluss auf ein wenigstens seiner Art nach konkretisiertes sowie zeitlich absehbares Geschehen zulassen, an dem bestimmte Personen beteiligt sein werden, oder

c) zum Schutz von Leib, Leben, Freiheit der Person, sexueller Selbstbestimmung, dem Bestand und der Sicherheit des Bundes oder eines Landes, der freiheitlich demokratischen Grundordnung sowie Gütern der Allgemeinheit, deren Bedrohung die Grundlagen der Existenz der Menschen berührt, wenn das individuelle Verhalten einer Person die konkrete Wahrscheinlichkeit begründet, dass sie in einem übersehbaren Zeitraum eine gegen ein solches Rechtsgut gerichtete Straftat begehen wird, oder

d) zur Verhütung einer Straftat von erheblicher Bedeutung, sofern Tatsachen die Annahme rechtfertigen, dass eine Person innerhalb eines übersehbaren Zeitraums auf eine ihrer Art nach konkretisierten Weise als Täter oder Teilnehmer an der Begehung einer Tat beteiligt ist, oder

e) zur Verhütung einer schweren Straftat nach § 100a Absatz 2 der Strafprozessordnung, sofern das individuelle Verhalten einer Person die konkrete Wahrscheinlichkeit begründet, dass die Person innerhalb eines übersehbaren Zeitraums die Tat begehen wird,

3. das Bundeskriminalamt als Zentralstelle nach § 2 des Bundeskriminalamtgesetzes, sofern im Einzelfall eine erhebliche Gefahr für die öffentliche Sicherheit vorliegt oder zureichende tatsächliche Anhaltspunkte für eine Straftat im Sinne des § 2 Absatz 1 des Bundeskriminalamtgesetzes vorliegen und die Daten erforderlich sind, um die zuständige Strafverfolgungsbehörde oder zuständige Polizeibehörde zu ermitteln, wobei die Auskunft auf Nutzungsdaten nach § 2 Absatz 2 Nummer 3 Buchstabe a beschränkt ist,

4. das Zollkriminalamt, soweit dies im Einzelfall erforderlich ist zum Schutz der in § 4 Absatz 1, auch in Verbindung mit Absatz 2, des Außenwirtschaftsgesetzes genannten Rechtsgüter, wenn

a) Tatsachen den Schluss auf ein wenigstens seiner Art nach konkretisiertes sowie zeitlich absehbares Geschehen zulassen, an dem bestimmte Personen beteiligt sein werden, oder

b) das individuelle Verhalten einer Person die konkrete Wahrscheinlichkeit begründet, dass sie in einem übersehbaren Zeitraum eine gegen ein solches Rechtsgut gerichtete Straftat begehen wird,
5. die Verfassungsschutzbehörden des Bundes und der Länder, soweit dies aufgrund tatsächlicher Anhaltspunkte im Einzelfall erforderlich ist zur Aufklärung bestimmter Bestrebungen oder Tätigkeiten nach
   a) § 3 Absatz 1 des Bundesverfassungsschutzgesetzes oder
   b) einem zum Verfassungsschutz (§ 1 Absatz 1 des Bundesverfassungsschutzgesetzes) landesgesetzlich begründeten Beobachtungsauftrag der Landesbehörde, insbesondere zum Schutz der verfassungsmäßigen Ordnung vor Bestrebungen und Tätigkeiten der organisierten Kriminalität,
6. den Militärischen Abschirmdienst, soweit dies aufgrund tatsächlicher Anhaltspunkte im Einzelfall zur Aufklärung bestimmter Bestrebungen oder Tätigkeiten nach § 1 Absatz 1 des MAD-Gesetzes oder zur Sicherung der Einsatzbereitschaft der Truppe oder zum Schutz der Angehörigen, der Dienststellen und Einrichtungen des Geschäftsbereichs des Bundesministeriums der Verteidigung nach § 14 Absatz 1 des MAD-Gesetzes erforderlich ist,
7. den Bundesnachrichtendienst zur Gewinnung von Erkenntnissen über das Ausland von außen- und sicherheitspolitischer Bedeutung für die Bundesrepublik Deutschland, sofern
   a) tatsächliche Anhaltspunkte dafür vorliegen, dass ein wenigstens seiner Art nach konkretisiertes sowie zeitlich absehbares Geschehen besteht, an dem bestimmte Personen beteiligt sein werden, und das
      aa) einem der in § 4 Absatz 3 Nummer 1 des BND-Gesetzes genannten Gefahrenbereiche unterfällt, oder
      bb) eines der in § 4 Absatz 3 Nummer 2 und 3 des BND-Gesetzes genannten Rechtsgüter beeinträchtigen wird, oder
   b) eine Auskunftserteilung über bestimmte Nutzungsdaten im Sinne von § 2 Absatz 2 Nummer 3 Buchstabe a erforderlich ist, um einen Nutzer zu identifizieren, von dem ein bestimmter, dem Bundesnachrichtendienst bereits bekannter Inhalt der Nutzung des Telemediendienstes herrührt, zum Zweck
      aa) der politischen Unterrichtung der Bundesregierung, wenn im Einzelfall tatsächliche Anhaltspunkte für bestimmte Vorgänge im Ausland vorliegen, die von außen- und sicherheitspolitischer Bedeutung für die Bundesrepublik Deutschland sind und zu deren Aufklärung das Bundeskanzleramt den Bundesnachrichtendienst beauftragt hat, oder
      bb) der Früherkennung von aus dem Ausland drohenden Gefahren von internationaler Bedeutung, wenn im Einzelfall tatsächliche Anhaltspunkte für Vorgänge im Ausland bestehen, die einen Bezug zu den in § 4 Absatz 3 Nummer 1 des BND-Gesetzes genannten Gefahrenbereichen aufweisen oder darauf abzielen oder geeignet sind, die in § 4 Absatz 3 Nummer 2 und 3 des BND-Gesetzes genannten Rechtsgüter zu schädigen.

(4) ¹Derjenige, der geschäftsmäßig Telemediendienste erbringt, daran mitwirkt oder den Zugang zur Nutzung daran vermittelt, hat die zu beauskunftenden Daten unverzüglich und vollständig zu übermitteln. ²Eine Verschlüsselung der Daten bleibt unberührt. ³Über das Auskunftsersuchen und die Auskunftserteilung haben die Verpflichteten gegenüber den Betroffenen sowie Dritten Stillschweigen zu wahren.

(5) ¹Wer geschäftsmäßig Telemediendienste erbringt oder daran mitwirkt, hat die in seinem Verantwortungsbereich für die Auskunftserteilung erforderlichen Vorkehrungen auf seine Kosten zu treffen. ²Jedes Auskunftsverlangen ist durch eine verantwortliche Fachkraft auf Einhaltung der in Absatz 2 genannten formalen Voraussetzungen zu prüfen. ³Die weitere Bearbeitung des Auskunftsverlangens darf erst nach einem positiven Prüfergebnis freigegeben werden.

Kapitel 2

Endeinrichtungen

§ 25 Schutz der Privatsphäre bei Endeinrichtungen. (1) ¹Die Speicherung von Informationen in der Endeinrichtung des Endnutzers oder der Zugriff auf Informationen, die bereits in der Endeinrichtung gespeichert sind, sind nur zulässig, wenn der Endnutzer auf der Grundlage von klaren und umfassenden Informationen eingewilligt hat. ²Die Information des Endnutzers und die Einwilligung haben gemäß der Verordnung (EU) 2016/679 zu erfolgen.

(2) Die Einwilligung nach Absatz 1 ist nicht erforderlich,
1. wenn der alleinige Zweck der Speicherung von Informationen in der Endeinrichtung des Endnutzers oder der alleinige Zweck des Zugriffs auf bereits in der Endeinrichtung des Endnutzers gespeicherte Informationen die Durchführung der Übertragung einer Nachricht über ein öffentliches Telekommunikationsnetz ist oder
2. wenn die Speicherung von Informationen in der Endeinrichtung des Endnutzers oder der Zugriff auf bereits in der Endeinrichtung des Endnutzers gespeicherte Informationen unbedingt erforderlich ist, damit der Anbieter eines Telemediendienstes einen vom Nutzer ausdrücklich gewünschten Telemediendienst zur Verfügung stellen kann.

§ 26 Anerkannte Dienste zur Einwilligungsverwaltung, Endnutzereinstellungen. (1) Dienste zur Verwaltung von nach § 25 Absatz 1 erteilten Einwilligungen, die
1. nutzerfreundliche und wettbewerbskonforme Verfahren und technische Anwendungen zur Einholung und Verwaltung der Einwilligung haben,
2. kein wirtschaftliches Eigeninteresse an der Erteilung der Einwilligung und an den verwalteten Daten haben und unabhängig von Unternehmen sind, die ein solches Interesse haben können,

30a TTDSG   Telekommunikation-Telemedien-Datenschutz-Gesetz

3. die personenbezogenen Daten und die Informationen über die Einwilligungsentscheidungen für keine anderen Zwecke als die Einwilligungsverwaltung verarbeiten und
4. ein Sicherheitskonzept vorlegen, das eine Bewertung der Qualität und Zuverlässigkeit des Dienstes und der technischen Anwendungen ermöglicht und aus dem sich ergibt, dass der Dienst sowohl technisch als auch organisatorisch die rechtlichen Anforderungen an den Datenschutz und die Datensicherheit, die sich insbesondere aus der Verordnung (EU) 2016/679 ergeben, erfüllt,

können von einer unabhängigen Stelle nach Maßgabe der Rechtsverordnung nach Absatz 2 anerkannt werden.

(2) Die Bundesregierung bestimmt durch Rechtsverordnung mit Zustimmung des Bundestages und des Bundesrates die Anforderungen
1. an das nutzerfreundliche und wettbewerbskonforme Verfahren und technische Anwendungen nach Absatz 1 Nummer 1 und
2. an das Verfahren der Anerkennung, insbesondere
   a) den erforderlichen Inhalt des Antrags auf Anerkennung,
   b) den Inhalt des Sicherheitskonzepts nach Absatz 1 Nummer 4 und
   c) die für die Anerkennung zuständige unabhängige Stelle, und
3. die technischen und organisatorischen Maßnahmen, dass
   a) Software zum Abrufen und Darstellen von Informationen aus dem Internet,
      aa) Einstellungen der Endnutzer hinsichtlich der Einwilligung nach § 25 Absatz 1 befolgt und
      bb) die Einbindung von anerkannten Diensten zur Einwilligungsverwaltung berücksichtigt und
   b) Anbieter von Telemedien bei der Verwaltung der von Endnutzern erteilten Einwilligung die Einbindung von anerkannten Diensten zur Einwilligungsverwaltung und Einstellungen durch die Endnutzer berücksichtigen.

(3) Die Bundesregierung bewertet innerhalb von zwei Jahren nach Inkrafttreten einer Rechtsverordnung nach Absatz 1 die Wirksamkeit der getroffenen Maßnahmen im Hinblick auf die Errichtung nutzerfreundlicher und wettbewerbskonformer Einwilligungsverfahren und legt dazu einen Bericht an den Bundestag und den Bundesrat vor.

Teil 4

Straf- und Bußgeldvorschriften und Aufsicht

§ 27 Strafvorschriften. (1) Mit Freiheitsstrafe bis zu zwei Jahren oder mit Geldstrafe wird bestraft, wer
1. entgegen § 5 Absatz 1 eine Nachricht abhört oder in vergleichbarer Weise zur Kenntnis nimmt,
2. entgegen § 5 Absatz 2 Satz 1 eine Mitteilung macht oder
3. entgegen § 8 Absatz 1 eine dort genannte Telekommunikationsanlage herstellt oder auf dem Markt bereitstellt.

(2) Handelt der Täter in den Fällen des Absatzes 1 Nummer 3 fahrlässig, so ist die Strafe Freiheitsstrafe bis zu einem Jahr oder Geldstrafe.

§ 28 Bußgeldvorschriften. (1) Ordnungswidrig handelt, wer vorsätzlich oder fahrlässig

1. entgegen § 8 Absatz 6 für eine Telekommunikationsanlage wirbt,
2. entgegen § 9 Absatz 1 Satz 1 oder Absatz 2 Satz 1 Verkehrsdaten verarbeitet,
3. entgegen § 10 Absatz 2 Satz 3 dort genannte Daten nicht oder nicht rechtzeitig löscht,
4. entgegen § 12 Absatz 1 Satz 3 Verkehrsdaten verarbeitet,
5. entgegen § 12 Absatz 2 Verkehrsdaten nicht oder nicht rechtzeitig löscht,
6. entgegen § 12 Absatz 3 Satz 2 eine dort genannte Aufzeichnung nicht oder nicht rechtzeitig löscht,
7. entgegen § 12 Absatz 4 Satz 5 oder § 14 Absatz 5 die Aufsichtsbehörde nicht oder nicht rechtzeitig in Kenntnis setzt,
8. entgegen § 13 Absatz 1 Satz 2 den Endnutzer nicht, nicht richtig oder nicht rechtzeitig informiert,
9. entgegen § 15 Absatz 2 erster Halbsatz die Rufnummernanzeige unterdrückt oder veranlasst, dass diese unterdrückt wird,
10. entgegen § 19 Absatz 1 nicht sicherstellt, dass der Nutzer einen dort genannten Dienst beenden oder in Anspruch nehmen kann,
11. entgegen § 20 personenbezogene Daten verarbeitet,
12. entgegen § 22 Absatz 5 Satz 1, § 23 Absatz 3 Satz 1 oder § 24 Absatz 4 Satz 1 die dort genannten Daten nicht, nicht richtig, nicht vollständig oder nicht rechtzeitig übermittelt oder
13. entgegen § 25 Absatz 1 Satz 1 eine Information speichert oder auf eine Information zugreift.

(2) Die Ordnungswidrigkeit kann in den Fällen des Absatzes 1 Nummer 2, 3, 9, 11, 12 und 13 mit einer Geldbuße bis zu dreihunderttausend Euro, in den Fällen des Absatzes 1 Nummer 4 und 5 mit einer Geldbuße bis zu hunderttausend Euro, in den Fällen des Absatzes 1 Nummer 8 mit einer Geldbuße bis zu fünfzigtausend Euro und in den übrigen Fällen mit einer Geldbuße bis zu zehntausend Euro geahndet werden.

(3) Verwaltungsbehörde im Sinne des § 36 Absatz 1 Nummer 1 des Gesetzes über Ordnungswidrigkeiten ist

1. die Bundesnetzagentur in den Fällen des Absatzes 1 Nummer 1 und 9,
2. der Bundesbeauftragte oder die Bundesbeauftragte für den Datenschutz und die Informationsfreiheit in den Fällen des Absatzes 1 Nummer 2 bis 8 und im Fall des Absatzes 1 Nummer 13, soweit die Speicherung von oder der Zugriff auf Informationen durch Anbieter von Telekommunikationsdiensten oder durch Bundesbehörden erfolgt.

(4) Gegen Behörden und sonstige öffentliche Stellen im Sinne des § 2 Absatz 1 oder Absatz 2 des Bundesdatenschutzgesetzes werden keine Geldbußen verhängt.

30a TTDSG Telekommunikation-Telemedien-Datenschutz-Gesetz

§ 29 Zuständigkeit, Aufgaben und Befugnisse der oder des Bundesbeauftragten für den Datenschutz und die Informationsfreiheit. (1) Soweit für die geschäftsmäßige Erbringung von Telekommunikationsdiensten Daten von natürlichen oder juristischen Personen verarbeitet werden, ist der oder die Bundesbeauftragte für den Datenschutz und die Informationsfreiheit die zuständige Aufsichtsbehörde.

(2) Erfolgt die Speicherung von Informationen in der Endeinrichtung des Endnutzers oder der Zugriff auf Informationen, die bereits in der Endeinrichtung gespeichert sind, durch Anbieter von Telekommunikationsdiensten oder durch öffentliche Stellen des Bundes, ist der oder die Bundesbeauftragte für den Datenschutz und die Informationsfreiheit zuständige Aufsichtsbehörde für die Einhaltung des § 24.

(3) Im Hinblick auf die Befugnisse des oder der Bundesbeauftragten für den Datenschutz und die Informationsfreiheit im Rahmen seiner oder ihrer Aufsichtstätigkeit über die Einhaltung der Bestimmungen nach diesem Gesetz findet Artikel 58 der Verordnung (EU) 2016/679 entsprechende Anwendung.

(4) Das Fernmeldegeheimnis des Artikels 10 des Grundgesetzes wird eingeschränkt, soweit die Wahrnehmung der Befugnisse nach Absatz 3 dies erfordert.

§ 30 Zuständigkeit, Aufgaben und Befugnisse der Bundesnetzagentur. (1) Die Bundesnetzagentur ist zuständige Aufsichtsbehörde für die Einhaltung der Vorschriften in Teil 2, soweit nicht gemäß § 27 die Zuständigkeit des oder der Bundesbeauftragten für den Datenschutz und die Informationsfreiheit gegeben ist.

(2) [1]Die Bundesnetzagentur kann Anordnungen und andere Maßnahmen treffen, um die Einhaltung der Vorschriften des Teils 2 sicherzustellen. [2]Der nach den Vorschriften des Teils 2 Verpflichtete muss auf Anforderung der Bundesnetzagentur die hierzu erforderlichen Auskünfte erteilen. [3]Die Bundesnetzagentur ist zur Überprüfung der Einhaltung der Verpflichtungen befugt, die Geschäfts- und Betriebsräume während der üblichen Betriebs- oder Geschäftszeiten zu betreten und zu besichtigen.

(3) Über die Befugnis zu Anordnungen nach Absatz 2 hinaus kann die Bundesnetzagentur bei Nichterfüllung von Verpflichtungen des Teils 2 den Betrieb von betroffenen Telekommunikationsanlagen oder das Erbringen des betreffenden Telekommunikationsdienstes ganz oder teilweise untersagen, wenn mildere Eingriffe zur Durchsetzung rechtmäßigen Verhaltens nicht ausreichen.

(4) Zur Durchsetzung von Maßnahmen und Anordnungen nach den Absätzen 2 und 3 kann nach Maßgabe des Verwaltungsvollstreckungsgesetzes ein Zwangsgeld bis zu 1 Million Euro festgesetzt werden.

(5) Das Fernmeldegeheimnis des Artikels 10 des Grundgesetzes wird eingeschränkt, soweit die Wahrnehmung der Befugnisse nach Absatz 2 Satz 1 und 3 dies erfordert.

# BKAG 30b

Gesetz über das Bundeskriminalamt und die Zusammenarbeit des Bundes und der Länder in kriminalpolizeilichen Angelegenheiten (Bundeskriminalamtgesetz)

vom 1. Juni 2017 (BGBl. I S. 1354, ber. 2019, S. 400),
zuletzt angepasst durch das Gesetz vom 25. Juni 2021 (BGBl. I S. 2099)

– Auszug –

§ 9 Allgemeine Datenerhebung durch und Datenübermittlung an das Bundeskriminalamt. (1) [1]Das Bundeskriminalamt kann, soweit dies zur Erfüllung seiner Aufgabe als Zentralstelle nach § 2 Absatz 2 Nummer 1 und Absatz 6 erforderlich ist, personenbezogene Daten zur Ergänzung vorhandener Sachverhalte oder sonst zu Zwecken der Auswertung mittels Auskünften oder Anfragen bei öffentlichen oder nichtöffentlichen Stellen erheben. [2]Das Bundeskriminalamt kann unter den Voraussetzungen des Satzes 1 auch Daten erheben
1. bei den in den §§ 26 und 27 genannten Behörden und Stellen anderer Staaten,
2. bei zwischen- und überstaatlichen Stellen, die mit der Verfolgung und Verhütung von Straftaten befasst sind, sowie
3. unter den Voraussetzungen des § 81 des Bundesdatenschutzgesetzes auch bei sonstigen öffentlichen und nichtöffentlichen Stellen im Ausland.

[3]In anhängigen Strafverfahren steht dem Bundeskriminalamt diese Befugnis nur im Einvernehmen mit der zuständigen Strafverfolgungsbehörde zu.

(2) [1]Das Bundeskriminalamt kann, soweit dies zur Erfüllung seiner Aufgaben nach den §§ 6 bis 8 erforderlich ist, personenbezogene Daten erheben. [2]Die personenbezogenen Daten sind offen und bei der betroffenen Person zu erheben. [3]Sie können bei anderen öffentlichen oder bei nichtöffentlichen Stellen erhoben werden, wenn die Erhebung bei der betroffenen Person nicht möglich ist oder durch sie die Erfüllung der dem Bundeskriminalamt obliegenden Aufgaben nach Satz 1 gefährdet oder erheblich erschwert würde. [4]Eine Datenerhebung, die nicht als Maßnahme des Bundeskriminalamtes erkennbar sein soll, ist nur zulässig, wenn auf andere Weise die Erfüllung der dem Bundeskriminalamt obliegenden Aufgaben nach Satz 1 erheblich gefährdet wird oder wenn anzunehmen ist, dass dies dem überwiegenden Interesse der betroffenen Person entspricht.

(3) [1]Soweit das Bundeskriminalamt für seine Aufgaben nach den §§ 6 bis 8 personenbezogene Daten bei der betroffenen Person oder bei nichtöffentlichen Stellen erhebt, sind diese auf Verlangen auf den Umfang ihrer Auskunftspflicht und auf die Rechtsgrundlage der Datenerhebung hinzuweisen. [2]Der Hinweis kann unterbleiben, wenn durch ihn die Erfüllung der jeweiligen Aufgabe des Bundeskriminalamtes nach Absatz 2 gefährdet oder erheblich erschwert

würde. ³Sofern eine Auskunftspflicht nicht besteht, ist auf die Freiwilligkeit der Auskunft hinzuweisen.

(4) ¹Öffentliche Stellen können von sich aus dem Bundeskriminalamt Informationen einschließlich personenbezogener Daten übermitteln, wenn tatsächliche Anhaltspunkte dafür bestehen, dass die Übermittlung für die Erfüllung der Aufgaben des Bundeskriminalamtes erforderlich ist. ²Die Vorschriften der Strafprozessordnung, des Artikel 10-Gesetzes, des Bundesverfassungsschutzgesetzes, des BND-Gesetzes und des MAD-Gesetzes bleiben unberührt. ³Die Verantwortung für die Zulässigkeit der Übermittlung trägt die übermittelnde Stelle. ⁴Erfolgt die Übermittlung auf Ersuchen des Bundeskriminalamtes, trägt dieses die Verantwortung.

(5) Eine Übermittlungspflicht besteht, wenn die Informationen zur Abwehr einer Gefahr für den Bestand oder die Sicherheit des Bundes oder eines Landes oder Leib, Leben oder Freiheit einer Person oder einer Sache von bedeutendem Wert, deren Erhaltung im öffentlichen Interesse liegt, erforderlich sind.

(6) ¹Das Bundeskriminalamt als Vermögensabschöpfungsstelle kann die in § 24c Absatz 1 des Kreditwesengesetzes bezeichneten Kontoinformationen automatisiert abrufen, soweit dies im Einzelfall für die Wahrnehmung seiner Aufgaben nach § 3 Absatz 2a zur Verhütung und Verfolgung einer schweren Straftat oder zur Unterstützung einer strafrechtlichen Ermittlung im Zusammenhang mit einer schweren Straftat im Rahmen seiner Zuständigkeiten erforderlich ist, einschließlich der Ermittlung, Rückverfolgung und Sicherstellung der mit dieser Ermittlung zusammenhängenden Vermögenswerte. ²Als schwere Straftat im Sinne von Satz 1 gelten die im Anhang I der Verordnung (EU) 2016/794 des Europäischen Parlaments und des Rates vom 11. Mai 2016 über die Agentur der Europäischen Union für die Zusammenarbeit auf dem Gebiet der Strafverfolgung (Europol) und zur Ersetzung und Aufhebung der Beschlüsse 2009/371/JI, 2009/934/JI, 2009/935/JI, 2009/936/JI und 2009/968/JI des Rates genannten Straftaten. ³Das Bundeskriminalamt trägt die Verantwortung dafür, dass die Voraussetzungen des Satzes 1 vorliegen. ⁴Automatisierte Abrufe von Kontoinformationen dürfen nur durch Personen vorgenommen werden, die dazu besonders ermächtigt und entweder Amtsträger im Sinne des § 11 Absatz 1 Nummer 2 des Strafgesetzbuchs oder nach dem Verpflichtungsgesetz förmlich verpflichtet sind.

§ 10 Bestandsdatenauskunft. (1) ¹Zur Erfüllung der Aufgabe als Zentralstelle nach § 2 Absatz 2 Nummer 1 und Absatz 6 darf nach Maßgabe der nachfolgenden Vorschriften Auskunft verlangt werden von demjenigen, der geschäftsmäßig
1. Telekommunikationsdienste erbringt oder daran mitwirkt, über Bestandsdaten gemäß § 3 Nummer 6 des Telekommunikationsgesetzes und über die nach § 172 des Telekommunikationsgesetzes erhobenen Daten (§ 174 Absatz 1 Satz 1 des Telekommunikationsgesetzes), oder
2. eigene oder fremde Telemedien zur Nutzung bereithält oder den Zugang zur Nutzung vermittelt, über Bestandsdaten gemäß § 2 Absatz 2 Nummer 2

des Telekommunikation-Telemedien-Datenschutz-Gesetzes (§ 22 Absatz 1 Satz 1 des Telekommunikation-Telemedien-Datenschutz-Gesetzes).
²Die Auskunft nach Satz 1 darf nur verlangt werden, sofern im Einzelfall
1. zureichende tatsächliche Anhaltspunkte für eine Straftat im Sinne des § 2 Absatz 1 vorliegen und die zu erhebenden Daten erforderlich sind, um
   a) die zuständige Strafverfolgungsbehörde zu ermitteln, oder
   b) ein Auskunftsersuchen einer ausländischen Strafverfolgungsbehörde im Rahmen des polizeilichen Dienstverkehrs, das nach Maßgabe der Vorschriften über die internationale Rechtshilfe in Strafsachen bearbeitet wird, zu erledigen, oder
2. die zu erhebenden Daten im Rahmen der Strafvollstreckung erforderlich sind, um ein Auskunftsersuchen einer ausländischen Strafverfolgungsbehörde im Rahmen des polizeilichen Dienstverkehrs, das nach Maßgabe der Vorschriften über die internationale Rechtshilfe in Strafsachen bearbeitet wird, zu erledigen, oder
3. die Gefahr besteht, dass eine Person an der Begehung einer Straftat im Sinne des § 2 Absatz 1 beteiligt sein wird und die zu erhebenden Daten erforderlich sind, um
   a) die für die Verhütung der Straftat zuständige Polizeibehörde zu ermitteln, oder
   b) ein Auskunftsersuchen einer ausländischen Polizeibehörde im Rahmen des polizeilichen Dienstverkehrs zur Verhütung der Straftat zu erledigen, oder
4. Tatsachen die Annahme rechtfertigen, dass eine Person innerhalb eines übersehbaren Zeitraums auf eine zumindest ihrer Art nach konkretisierte Weise an einer Straftat von erheblicher Bedeutung beteiligt sein wird und die zu erhebenden Daten erforderlich sind, um
   a) die für die Verhütung der Straftat zuständige Polizeibehörde zu ermitteln, oder
   b) ein Auskunftsersuchen einer ausländischen Polizeibehörde im Rahmen des polizeilichen Dienstverkehrs zur Verhütung der Straftat zu erledigen, oder
5. das individuelle Verhalten einer Person die konkrete Wahrscheinlichkeit begründet, dass sie innerhalb eines übersehbaren Zeitraums eine schwere Straftat nach § 100a Absatz 2 der Strafprozessordnung begehen wird, und die zu erhebenden Daten erforderlich sind, um
   a) die für die Verhütung der Straftat zuständige Polizeibehörde zu ermitteln, oder
   b) ein Auskunftsersuchen einer ausländischen Polizeibehörde im Rahmen des polizeilichen Dienstverkehrs zur Verhütung der Straftat zu erledigen.

(2) Bezieht sich das Auskunftsverlangen nach Absatz 1 auf Daten, mittels derer der Zugriff auf Endgeräte oder auf Speichereinrichtungen, die in diesen Endgeräten oder hiervon räumlich getrennt eingesetzt werden, geschützt wird (§ 174 Absatz 1 Satz 2 des Telekommunikationsgesetzes), darf die Auskunft

nur verlangt werden, wenn im Einzelfall die gesetzlichen Voraussetzungen für die Nutzung der Daten vorliegen.

(3) [1]Die Auskunft nach den Absätzen 1 und 2 darf auch anhand einer zu einem bestimmten Zeitpunkt zugewiesenen Internetprotokoll-Adresse verlangt werden (§ 174 Absatz 1 Satz 3, § 177 Absatz 1 Nummer 3 des Telekommunikationsgesetzes und § 22 Absatz 1 Satz 3 und 4 des Telekommunikation-Telemedien-Datenschutz-Gesetzes) mit der Maßgabe, dass sich das Auskunftsverlangen in den Fällen des Absatzes 1 Satz 2 Nummer 4 und 5 auf eine schwere Straftat nach § 100a Absatz 2 der Strafprozessordnung bezieht. [2]Die Auskunft nach den Absätzen 1 und 2 anhand einer zu einem bestimmten Zeitpunkt zugewiesenen Internetprotokoll-Adresse nach § 22 Absatz 1 Satz 3 und 4 des Telekommunikation-Telemedien-Datenschutz-Gesetzes darf darüber hinaus nur verlangt werden, wenn tatsächliche Anhaltspunkte dafür vorliegen, dass die betroffene Person Nutzer des Telemediendienstes ist, bei dem die Daten erhoben werden sollen. [3]Die rechtlichen und tatsächlichen Grundlagen des Auskunftsverlangens sind aktenkundig zu machen.

(4) [1]Auskunftsverlangen nach Absatz 2 dürfen nur auf Antrag der Präsidentin oder des Präsidenten des Bundeskriminalamtes oder ihrer oder seiner Vertretung durch das Gericht angeordnet werden. [2]Bei Gefahr im Verzug kann die Anordnung durch die Präsidentin oder den Präsidenten des Bundeskriminalamtes oder ihre oder seine Vertretung getroffen werden. [3]In diesem Fall ist die gerichtliche Entscheidung unverzüglich nachzuholen. [4]Die Sätze 1 bis 3 finden keine Anwendung, wenn die betroffene Person vom Auskunftsverlangen bereits Kenntnis hat oder haben muss oder wenn die Nutzung der Daten bereits durch eine gerichtliche Entscheidung gestattet wird. [5]Das Vorliegen der Voraussetzungen nach Satz 4 ist aktenkundig zu machen.

(5) [1]Die betroffene Person ist in den Fällen der Absätze 2 und 3 über die Beauskunftung zu benachrichtigen. [2]Die Benachrichtigung erfolgt, soweit und sobald hierdurch der Zweck der Auskunft nicht vereitelt wird. [3]Sie unterbleibt, wenn ihr überwiegende schutzwürdige Belange Dritter oder der betroffenen Person selbst entgegenstehen. [4]Wird die Benachrichtigung nach Satz 2 zurückgestellt oder nach Satz 3 von ihr abgesehen, sind die Gründe aktenkundig zu machen.

(6) Der auf Grund eines Auskunftsverlangens Verpflichtete hat die zur Auskunftserteilung erforderlichen Daten unverzüglich und vollständig zu übermitteln.

(7) [1]Das Bundeskriminalamt hat den Verpflichteten für ihm erteilte Auskünfte eine Entschädigung zu gewähren. [2]Der Umfang der Entschädigung bemisst sich nach § 23 und Anlage 3 des Justizvergütungs- und -entschädigungsgesetzes; die Vorschriften über die Verjährung in § 2 Absatz 1 und 4 des Justizvergütungs- und -entschädigungsgesetzes finden entsprechend

§ 10a Erhebung von Nutzerdaten zur Identifizierung. (1) Das Bundeskriminalamt darf im Rahmen seiner Aufgaben als Zentralstelle nach § 2 Ab-

satz 2 Nummer 1 und Absatz 6 von demjenigen, der geschäftsmäßig eigene oder fremde Telemedien zur Nutzung bereithält oder den Zugang zur Nutzung vermittelt, Auskunft über Nutzungsdaten nach § 2 Absatz 2 Nummer 3 Buchstabe a des Telekommunikation-Telemedien-Datenschutz-Gesetzes verlangen, sofern im Einzelfall
1. dem Bundeskriminalamt der Inhalt der Nutzung des Telemediendienstes bereits bekannt ist,
2. eine erhebliche Gefahr für die öffentliche Sicherheit vorliegt oder zureichende tatsächliche Anhaltspunkte für eine Straftat vorliegen,
3. die hierauf bezogenen Daten im Sinne des § 2 Absatz 2 Nummer 3 Buchstabe a des Telekommunikation-Telemedien-Datenschutz-Gesetzes zur Identifizierung des Nutzers erforderlich sind und
4. die Daten erforderlich sind, die zuständige Strafverfolgungsbehörde oder zuständige Polizeibehörde zu ermitteln, um zur Ermöglichung der Strafverfolgung oder zur Ermöglichung der Gefahrenabwehr die Identität des Nutzers und den Inhalt der Nutzung des Telemediendienstes an diese weiterzuleiten.

(2) § 62 gilt entsprechend.

(3) Der auf Grund eines Auskunftsverlangens Verpflichtete hat die zur Auskunftserteilung erforderlichen Daten unverzüglich und vollständig zu übermitteln.

(4) [1]Das Bundeskriminalamt hat den Verpflichteten für ihm erteilte Auskünfte eine Entschädigung zu gewähren. [2]Der Umfang der Entschädigung bemisst sich nach § 23 und Anlage 3 des Justizvergütungs- und -entschädigungsgesetzes; die Vorschriften über die Verjährung in § 2 Absatz 1 und 4 des Justizvergütungs- und –

§ 11 Aufzeichnung eingehender Telefonanrufe.
[1]Das Bundeskriminalamt kann Telefonanrufe aufzeichnen, die über Rufnummern eingehen, die der Öffentlichkeit bekannt gegeben wurden
1. für die Entgegennahme sachdienlicher Hinweise im Zusammenhang mit der Erfüllung der Aufgaben nach den §§ 4 bis 8 oder
2. im Hinblick auf ein bestimmtes Ereignis,

soweit dies zur Erfüllung seiner Aufgaben erforderlich ist. [2]Die Aufzeichnungen sind sofort und spurenlos zu löschen, sobald sie nicht mehr zur Aufgabenerfüllung erforderlich sind, spätestens jedoch nach 30 Tagen, es sei denn, sie werden im Einzelfall zur Erfüllung der Aufgaben nach den §§ 4 bis 6 benötigt.

§ 12 Zweckbindung, Grundsatz der hypothetischen Datenneuerhebung.
(1) [1]Das Bundeskriminalamt kann personenbezogene Daten, die es selbst erhoben hat, weiterverarbeiten
1. zur Erfüllung derselben Aufgabe und
2. zum Schutz derselben Rechtsgüter oder zur Verfolgung oder Verhütung derselben Straftaten.

30b BKAG — Bundeskriminalamtgesetz

²Für die Weiterverarbeitung von personenbezogenen Daten, die aus Maßnahmen nach § 46 erlangt wurden, muss im Einzelfall eine dringende Gefahr im Sinne des § 46 Absatz 1 vorliegen, und für die Weiterverarbeitung von personenbezogenen Daten, die aus Maßnahmen nach § 49 erlangt wurden, muss im Einzelfall eine Gefahrenlage im Sinne des § 49 Absatz 1 vorliegen.

(2) ¹Das Bundeskriminalamt kann zur Erfüllung seiner Aufgaben personenbezogene Daten zu anderen Zwecken, als denjenigen, zu denen sie erhoben worden sind, weiterverarbeiten, wenn
1. mindestens
   a) vergleichbar schwerwiegende Straftaten verhütet, aufgedeckt oder verfolgt oder
   b) vergleichbar bedeutsame Rechtsgüter geschützt
   werden sollen und
2. sich im Einzelfall konkrete Ermittlungsansätze
   a) zur Verhütung, Aufdeckung oder Verfolgung solcher Straftaten ergeben oder
   b) zur Abwehr von in einem übersehbaren Zeitraum drohenden Gefahren für mindestens vergleichbar bedeutsame Rechtsgüter erkennen lassen.

²Die §§ 21 und 22 bleiben unberührt.

(3) ¹Für die Weiterverarbeitung von personenbezogenen Daten, die durch einen verdeckten Einsatz technischer Mittel in oder aus Wohnungen oder verdeckten Eingriff in informationstechnische Systeme erlangt wurden, gilt Absatz 2 Satz 1 Nummer 2 Buchstabe b mit der Maßgabe entsprechend, dass
1. bei personenbezogenen Daten, die durch einen verdeckten Einsatz technischer Mittel in oder aus Wohnungen erlangt wurden, im Einzelfall eine dringende Gefahr im Sinne des § 46 Absatz 1 vorliegen muss und
2. bei personenbezogenen Daten, die durch einen verdeckten Eingriff in informationstechnische Systeme erlangt wurden, im Einzelfall eine Gefahrenlage im Sinne des § 49 Absatz 1 vorliegen muss.

²Personenbezogene Daten, die durch Herstellung von Lichtbildern oder Bildaufzeichnungen über eine Person im Wege eines verdeckten Einsatzes technischer Mittel in oder aus Wohnungen erlangt wurden, dürfen nicht zu Strafverfolgungszwecken weiterverarbeitet werden.

(4) Abweichend von Absatz 2 kann das Bundeskriminalamt die vorhandenen Grunddaten (§ 18 Absatz 2 Nummer 1 Buchstabe a) einer Person auch weiterverarbeiten, um diese Person zu identifizieren.

(5) Bei der Weiterverarbeitung von personenbezogenen Daten stellt das Bundeskriminalamt durch organisatorische und technische Vorkehrungen sicher, dass die Absätze 1 bis 4 beachtet werden.

§ 13 Informationssystem des Bundeskriminalamtes. (1) Das Bundeskriminalamt betreibt ein Informationssystem zur Erfüllung seiner Aufgaben nach den §§ 2 bis 8.

Bundeskriminalamtgesetz **BKAG 30b**

(2) Im Zusammenhang mit den Aufgaben des Bundeskriminalamtes als Zentralstelle, bei der Strafverfolgung und bei der Gefahrenabwehr erfüllt das Informationssystem insbesondere folgende Grundfunktionen:
1. Unterstützung bei polizeilichen Ermittlungen,
2. Unterstützung bei Ausschreibungen von sowie Fahndungen nach Personen und Sachen,
3. Unterstützung bei der polizeilichen Informationsverdichtung durch Abklärung von Hinweisen und Spurenansätzen,
4. Durchführung von Abgleichen von personenbezogenen Daten,
5. Unterstützung bei der Erstellung von strategischen Analysen und Statistiken.

(3) Mit seinem Informationssystem nimmt das Bundeskriminalamt nach Maßgabe der §§ 29 und 30 am polizeilichen Informationsverbund nach § 29 teil.

§ 14 Kennzeichnung. (1) [1]Bei der Speicherung im Informationssystem sind personenbezogene Daten wie folgt zu kennzeichnen:
1. Angabe des Mittels der Erhebung der Daten einschließlich der Angabe, ob die Daten offen oder verdeckt erhoben wurden,
2. Angabe der Kategorie nach den §§ 18 und 19 bei Personen, zu denen Grunddaten angelegt wurden,
3. Angabe der
   a) Rechtsgüter, deren Schutz die Erhebung dient oder
   b) Straftaten, deren Verfolgung oder Verhütung die Erhebung dient,
4. Angabe der Stelle, die sie erhoben hat, sofern nicht das Bundeskriminalamt die Daten erhoben hat.

[2]Die Kennzeichnung nach Satz 1 Nummer 1 kann auch durch Angabe der Rechtsgrundlage der jeweiligen Mittel der Datenerhebung ergänzt werden.

(2) Personenbezogene Daten, die nicht entsprechend den Anforderungen des Absatzes 1 gekennzeichnet sind, dürfen so lange nicht weiterverarbeitet oder übermittelt werden, bis eine Kennzeichnung entsprechend den Anforderungen des Absatzes 1 erfolgt ist.

(3) Nach einer Übermittlung an eine andere Stelle ist die Kennzeichnung nach Absatz 1 durch diese Stelle aufrechtzuerhalten.

§ 15 Regelung von Zugriffsberechtigungen. (1) Das Bundeskriminalamt hat bei der Erteilung von Zugriffsberechtigungen der Nutzer des Informationssystems sicherzustellen, dass
1. auf Grundlage der nach § 14 Absatz 1 vorzunehmenden Kennzeichnungen die Vorgaben des § 12 bei der Nutzung des Informationssystems beachtet werden und
2. der Zugriff nur auf diejenigen personenbezogenen Daten und Erkenntnisse möglich ist, deren Kenntnis für die Erfüllung der jeweiligen dienstlichen Pflichten erforderlich ist.

(2) Das Bundeskriminalamt hat darüber hinaus sicherzustellen, dass Änderungen, Berichtigungen und Löschungen von personenbezogenen Daten im Informationssystem nur durch eine hierzu befugte Person erfolgen können.

(3) ¹Das Bundeskriminalamt trifft hierzu alle erforderlichen organisatorischen und technischen Vorkehrungen und Maßnahmen, die dem Stand der Technik entsprechen. ²Die Vergabe von Zugriffsberechtigungen auf die im Informationssystem gespeicherten Daten erfolgt auf der Grundlage eines abgestuften Rechte- und Rollenkonzeptes, das die Umsetzung der Maßgaben der Absätze 1 und 2 technisch und organisatorisch sicherstellt. ³Die Erstellung und Fortschreibung des abgestuften Rechte- und Rollenkonzeptes erfolgt im Benehmen mit der oder dem Bundesbeauftragten für den Datenschutz und die Informationsfreiheit.

(4) Das Informationssystem ist so zu gestalten, dass eine weitgehende Standardisierung der nach § 76 Absatz 1 des Bundesdatenschutzgesetzes zu protokollierenden Abfragegründe im Rahmen der Aufgaben des Bundeskriminalamtes erfolgt.

§ 16 Datenweiterverarbeitung im Informationssystem. (1) Das Bundeskriminalamt kann personenbezogene Daten nach Maßgabe des § 12 im Informationssystem weiterverarbeiten, soweit dies zur Erfüllung seiner Aufgaben erforderlich ist und soweit dieses Gesetz keine zusätzlichen besonderen Voraussetzungen vorsieht.

(2) ¹Das Bundeskriminalamt kann personenbezogene Daten im Informationssystem weiterverarbeiten, soweit dies erforderlich ist zur Fahndung und polizeilichen Beobachtung oder gezielten Kontrolle, wenn das Bundeskriminalamt oder die die Ausschreibung veranlassende Stelle nach dem für sie geltenden Recht befugt ist, die mit der Ausschreibung für Zwecke der Strafverfolgung, des Strafvollzugs, der Strafvollstreckung oder der Abwehr erheblicher Gefahren vorgesehene Maßnahme vorzunehmen oder durch eine Polizeibehörde vornehmen zu lassen. ²Satz 1 gilt entsprechend für Ausschreibungen zur Durchführung aufenthaltsbeendender oder einreiseverhindernder Maßnahmen. ³Die veranlassende Stelle trägt die Verantwortung für die Zulässigkeit der Maßnahme. ⁴Sie hat in ihrem Ersuchen die bezweckte Maßnahme sowie Umfang und Dauer der Ausschreibung zu bezeichnen. ⁵Nach Beendigung einer Ausschreibung nach Satz 1 oder Satz 2 sind die zu diesem Zweck gespeicherten Daten unverzüglich zu löschen.

(3) Das Bundeskriminalamt kann personenbezogene Daten, die es bei der Wahrnehmung seiner Aufgaben auf dem Gebiet der Strafverfolgung erlangt hat, unter den Voraussetzungen der §§ 18 und 19 im Informationssystem für Zwecke künftiger Strafverfahren weiterverarbeiten.

(4) ¹Das Bundeskriminalamt kann im Informationssystem personenbezogene Daten mit Daten, auf die es zur Erfüllung seiner Aufgaben zugreifen darf, abgleichen, wenn Grund zu der Annahme besteht, dass dies zur Erfüllung einer

Aufgabe erforderlich ist. ²Rechtsvorschriften über den Datenabgleich in anderen Fällen bleiben unberührt.

(5) ¹Das Bundeskriminalamt kann zur Erfüllung seiner Aufgaben nach § 2 Absatz 4 im Informationssystem personenbezogene Daten, die bei der Durchführung erkennungsdienstlicher Maßnahmen erhoben worden sind, weiterverarbeiten,
1. wenn eine andere Rechtsvorschrift dies erlaubt oder
2. wenn dies erforderlich ist,
   a) weil bei Beschuldigten und Personen, die einer Straftat verdächtig sind, wegen der Art oder Ausführung der Tat, der Persönlichkeit der betroffenen Person oder sonstiger Erkenntnisse Grund zu der Annahme besteht, dass gegen sie Strafverfahren zu führen sind, oder
   b) um eine erhebliche Gefahr abzuwehren.

²§ 18 Absatz 5 gilt entsprechend.

(6) Das Bundeskriminalamt kann in den Fällen, in denen bereits Daten zu einer Person vorhanden sind, zu dieser Person auch weiterverarbeiten:
1. personengebundene Hinweise, die zum Schutz dieser Person oder zur Eigensicherung von Beamten erforderlich sind, oder
2. weitere Hinweise, die geeignet sind, dem Schutz Dritter oder der Gewinnung von Ermittlungsansätzen zu dienen.

§ 17 Projektbezogene gemeinsame Dateien. (1) ¹Das Bundeskriminalamt kann für die Dauer einer befristeten projektbezogenen Zusammenarbeit mit den Verfassungsschutzbehörden des Bundes und der Länder, dem Militärischen Abschirmdienst, dem Bundesnachrichtendienst, Polizeibehörden des Bundes und der Länder und dem Zollkriminalamt eine gemeinsame Datei errichten. ²Die projektbezogene Zusammenarbeit bezweckt nach Maßgabe der Aufgaben und Befugnisse der in Satz 1 genannten Behörden den Austausch und die gemeinsame Auswertung von polizeilichen oder nachrichtendienstlichen Erkenntnissen zu
1. Straftaten nach den §§ 94 bis 96 und den §§ 97a bis 100a des Strafgesetzbuchs,
2. Straftaten nach § 129a, auch in Verbindung mit § 129b Absatz 1, den §§ 89a bis 89c und 91 des Strafgesetzbuchs,
3. vorsätzlichen Straftaten nach den §§ 17 und 18 des Außenwirtschaftsgesetzes, soweit es sich um einen Fall von besonderer Bedeutung handelt, oder
4. Straftaten, die mit Straftaten nach den Nummern 1 bis 3 in einem unmittelbaren Zusammenhang stehen.

³Personenbezogene Daten zu Straftaten nach Satz 2 dürfen unter Einsatz der gemeinsamen Datei durch die an der projektbezogenen Zusammenarbeit beteiligten Behörden im Rahmen ihrer Befugnisse weiterverarbeitet werden, soweit dies in diesem Zusammenhang zur Erfüllung ihrer Aufgaben erforderlich ist. ⁴Bei der Weiterverarbeitung der personenbezogenen Daten finden für die beteiligten Behörden die jeweils für sie geltenden Vorschriften über die Weiterverarbeitung von Daten Anwendung.

30b BKAG — Bundeskriminalamtgesetz

(2) ¹Für die Eingabe personenbezogener Daten in die gemeinsame Datei gelten die jeweiligen Übermittlungsvorschriften zugunsten der an der Zusammenarbeit beteiligten Behörden entsprechend mit der Maßgabe, dass die Eingabe nur zulässig ist, wenn die Daten allen an der projektbezogenen Zusammenarbeit teilnehmenden Behörden übermittelt werden dürfen. ²Eine Eingabe ist ferner nur zulässig, wenn die Behörde, die die Daten eingegeben hat, die Daten auch in eigenen Dateien weiterverarbeiten darf. ³Die Daten sind zu kennzeichnen.

(3) ¹Für die Führung einer projektbezogenen gemeinsamen Datei gelten § 29 Absatz 5, die §§ 31 und 86 entsprechend. 2 § 81 Absatz 2 findet mit der Maßgabe Anwendung, dass die Protokollierung bei jedem Datenabruf erfolgt. 3 § 84 Absatz 1 Satz 1 und 2 ist mit der Maßgabe anzuwenden, dass das Bundeskriminalamt die Auskunft im Einvernehmen mit der nach § 84 Absatz 1 Satz 1 zu beteiligenden Behörde erteilt und diese die Zulässigkeit der Auskunftserteilung nach den für sie geltenden Bestimmungen prüft.

(4) ¹Eine gemeinsame Datei nach Absatz 1 ist auf höchstens zwei Jahre zu befristen. ²Die Frist kann um zwei Jahre und danach um ein weiteres Jahr verlängert werden, wenn das Ziel der projektbezogenen Zusammenarbeit bei Projektende noch nicht erreicht worden ist und die Datei weiterhin für die Erreichung des Ziels erforderlich ist.

(5) ¹Für die Berichtigung, Verarbeitungseinschränkung und Löschung personenbezogener Daten durch die Behörde, die die Daten eingegeben hat, gelten die jeweiligen für sie anwendbaren Vorschriften über die Berichtigung, Verarbeitungseinschränkung und Löschung von Daten entsprechend. ²Für Daten, die das Bundeskriminalamt eingegeben hat, finden § 75 Absatz 1, 2 und 4 des Bundesdatenschutzgesetzes sowie § 77 mit Ausnahme von § 77 Absatz 2 Satz 5 und Absatz 3 Anwendung.

(6) ¹Das Bundeskriminalamt hat mit Zustimmung des Bundesministeriums des Innern, für Bau und Heimat sowie der für die Fachaufsicht der zusammenarbeitenden Behörden zuständigen obersten Bundes- und Landesbehörden für die projektbezogene gemeinsame Datei folgende Festlegungen zu treffen:
1. Bezeichnung der Datei,
2. Rechtsgrundlage und Zweck der Datei,
3. Personenkreis, über den Daten gespeichert werden,
4. Art der zu speichernden personenbezogenen Daten,
5. Arten der personenbezogenen Daten, die der Erschließung der Datei dienen,
6. Anlieferung oder Eingabe der zu speichernden Daten,
7. Voraussetzungen, unter denen in der Datei gespeicherte personenbezogene Daten an welche Empfänger und in welchem Verfahren übermittelt werden,
8. Prüffristen und Speicherungsdauer,
9. Protokollierung.

²Das Bundeskriminalamt hat im Einvernehmen mit den an der projektbezogenen Zusammenarbeit teilnehmenden Behörden deren jeweilige Organisations-

Bundeskriminalamtgesetz **BKAG 30b**

einheiten zu bestimmen, die zur Eingabe und zum Abruf befugt sind. ³Die oder der Bundesbeauftragte für den Datenschutz und die Informationsfreiheit ist vor den Festlegungen anzuhören. ⁴Ist im Hinblick auf die Dringlichkeit der Aufgabenerfüllung eine Mitwirkung der in den Sätzen 1 und 3 genannten Stellen nicht möglich, so kann das Bundeskriminalamt eine Sofortanordnung treffen. ⁵Das Bundeskriminalamt unterrichtet gleichzeitig unter Vorlage der Sofortanordnung das Bundesministerium des Innern, für Bau und Heimat. ⁶Das Verfahren nach den Sätzen 1 und 3 ist unverzüglich nachzuholen.

§ 18 Daten zu Verurteilten, Beschuldigten, Tatverdächtigen und sonstigen Anlasspersonen. (1) Das Bundeskriminalamt kann zur Erfüllung seiner Aufgaben nach § 2 Absatz 1 bis 3 personenbezogene Daten weiterverarbeiten von
1. Verurteilten,
2. Beschuldigten,
3. Personen, die einer Straftat verdächtig sind, sofern die Weiterverarbeitung der Daten erforderlich ist, weil wegen der Art oder Ausführung der Tat, der Persönlichkeit der betroffenen Person oder sonstiger Erkenntnisse Grund zu der Annahme besteht, dass zukünftig Strafverfahren gegen sie zu führen sind, und
4. Personen, bei denen Anlass zur Weiterverarbeitung der Daten besteht, weil tatsächliche Anhaltspunkte dafür vorliegen, dass die betroffenen Personen in naher Zukunft Straftaten von erheblicher Bedeutung begehen werden (Anlasspersonen).

(2) Das Bundeskriminalamt kann weiterverarbeiten:
1. von Personen nach Absatz 1 Nummer 1 bis 4
   a) die Grunddaten
   b) soweit erforderlich, andere zur Identifizierung geeignete Merkmale,
   c) die kriminalaktenführende Polizeidienststelle und die Kriminalaktennummer,
   d) die Tatzeiten und Tatorte,
   e) die Tatvorwürfe durch Angabe der gesetzlichen Vorschriften und die nähere Bezeichnung der Straftaten;
2. von Personen nach Absatz 1 Nummer 1 und 2 weitere personenbezogene Daten, soweit die Weiterverarbeitung der Daten erforderlich ist, weil wegen der Art oder Ausführung der Tat, der Persönlichkeit der betroffenen Person oder sonstiger Erkenntnisse Grund zu der Annahme besteht, dass zukünftig Strafverfahren gegen sie zu führen sind;
3. von Personen nach Absatz 1 Nummer 3 und 4 weitere personenbezogene Daten.

(3) ¹Das Bundeskriminalamt kann personenbezogene Daten weiterverarbeiten, um festzustellen, ob die betreffenden Personen die Voraussetzungen nach Absatz 1 erfüllen. ²Die Daten dürfen ausschließlich zu diesem Zweck weiterverarbeitet werden und sind im Informationssystem gesondert zu speichern. ³Die Daten sind nach Abschluss der Prüfung, spätestens jedoch nach zwölf

Monaten zu löschen, soweit nicht festgestellt wurde, dass die betreffende Person die Voraussetzungen nach Absatz 1 erfüllt.

(4) ¹Das Bundeskriminalamt kann personenbezogene Daten weiterverarbeiten, soweit dies erforderlich ist zum Zweck des Nachweises von Personen, die wegen des Verdachts oder des Nachweises einer rechtswidrigen Tat einer richterlich angeordneten Freiheitsentziehung unterliegen. ²Die Löschung von Daten, die allein zu diesem Zweck weiterverarbeitet werden, erfolgt nach zwei Jahren.

(5) Wird der Beschuldigte rechtskräftig freigesprochen, die Eröffnung des Hauptverfahrens gegen ihn unanfechtbar abgelehnt oder das Verfahren nicht nur vorläufig eingestellt, so ist die Weiterverarbeitung unzulässig, wenn sich aus den Gründen der Entscheidung ergibt, dass die betroffene Person die Tat nicht oder nicht rechtswidrig begangen hat.

§ 19 Daten zu anderen Personen. (1) ¹Soweit dies zur Verhütung oder zur Vorsorge für die künftige Verfolgung einer Straftat mit erheblicher Bedeutung erforderlich ist, kann das Bundeskriminalamt zur Erfüllung seiner Aufgaben nach § 2 Absatz 1 bis 3 personenbezogene Daten von Personen weiterverarbeiten, bei denen tatsächliche Anhaltspunkte dafür vorliegen, dass
1. sie bei einer künftigen Strafverfolgung als Zeugen in Betracht kommen,
2. sie als Opfer einer künftigen Straftat in Betracht kommen,
3. sie mit in § 18 Absatz 1 Nummer 1 bis 3 bezeichneten Personen nicht nur flüchtig oder in zufälligem Kontakt und in einer Weise in Verbindung stehen, die erwarten lässt, dass Hinweise für die Verfolgung oder vorbeugende Bekämpfung dieser Straftaten gewonnen werden können, weil Tatsachen die Annahme rechtfertigen, dass die Personen von der Planung oder der Vorbereitung der Straftaten oder der Verwertung der Tatvorteile Kenntnis haben oder daran mitwirken, oder
4. es sich um Hinweisgeber und sonstige Auskunftspersonen handelt.

²Die Weiterverarbeitung nach Satz 1 ist zu beschränken auf die in § 18 Absatz 2 Nummer 1 Buchstabe a bis c bezeichneten Daten sowie auf die Angabe, in welcher Eigenschaft der Person und in Bezug auf welchen Sachverhalt die Speicherung der Daten erfolgt. ³Personenbezogene Daten über Personen nach Satz 1 Nummer 1, 2 und 4 dürfen nur mit Einwilligung der betroffenen Person gespeichert werden. ⁴Die Einwilligung ist nicht erforderlich, wenn das Bekanntwerden der Speicherungsabsicht den mit der Speicherung verfolgten Zweck gefährden würde.

(2) ¹Das Bundeskriminalamt kann personenbezogene Daten weiterverarbeiten von Vermissten, unbekannten Personen und unbekannten Toten
1. zu Zwecken der Identifizierung,
2. zur Abwehr einer erheblichen Gefahr für die genannten Personen.

²Entsprechendes gilt, soweit es sonst zur Erfüllung seiner Aufgaben erforderlich ist, weil tatsächliche Anhaltspunkte dafür vorliegen, dass es sich um Täter, Opfer oder Zeugen im Zusammenhang mit einer Straftat handelt.

Bundeskriminalamtgesetz **BKAG 30b**

(3) ¹Das Bundeskriminalamt kann personenbezogene Daten weiterverarbeiten, um festzustellen, ob die betreffenden Personen die Voraussetzungen nach Absatz 1 oder Absatz 2 erfüllen. ²Die Daten dürfen ausschließlich zu diesem Zweck weiterverarbeitet werden und sind im Informationssystem gesondert zu speichern. ³Die Daten sind nach Abschluss der Prüfung, spätestens jedoch nach zwölf Monaten zu löschen, soweit nicht festgestellt wurde, dass die betreffende Person die Voraussetzungen nach Absatz 1 oder Absatz 2 erfüllt.

§ 20 Verordnungsermächtigung. ¹Das Bundesministerium des Innern, für Bau und Heimat bestimmt durch Rechtsverordnung mit Zustimmung des Bundesrates das Nähere über die Art und den Umfang der Daten, die nach den §§ 16, 18 und 19 weiterverarbeitet werden dürfen. ²In der Rechtsverordnung nach Satz 1 bestimmt es insbesondere
1. die Grunddaten nach § 18 Absatz 2 Nummer 1 Buchstabe a, die der Identifizierung dienen, wie insbesondere Namen, Geschlecht, Geburtsdatum, Geburtsort, Staatsangehörigkeit und Anschrift,
2. andere zur Identifizierung geeignete Merkmale nach § 18 Absatz 2 Nummer 1 Buchstabe b, wie insbesondere Lichtbilder und Personenbeschreibungen,
3. weitere personenbezogene Daten nach § 18 Absatz 2 Nummer 2 und 3,
4. bei der Durchführung erkennungsdienstlicher Maßnahmen erhobene personenbezogene Daten, die nach § 16 Absatz 5 weiterverarbeitet werden können,
5. personenbezogene Daten zur Fahndung und polizeilichen Beobachtung sowie gezielten Kontrolle,
6. personenbezogene Daten zum Zwecke des Nachweises von Personen, die einer richterlich angeordneten Freiheitsentziehung unterliegen und
7. personenbezogene Daten von Vermissten, unbekannten Personen und unbekannten Toten.

§ 21 Weiterverarbeitung für die wissenschaftliche Forschung. (1) ¹Das Bundeskriminalamt kann im Rahmen seiner Aufgaben bei ihm vorhandene personenbezogene Daten, wenn dies für bestimmte wissenschaftliche Forschungsarbeiten erforderlich ist, weiterverarbeiten, soweit eine Verwendung anonymisierter Daten zu diesem Zweck nicht möglich ist und das öffentliche Interesse an der Forschungsarbeit das schutzwürdige Interesse der betroffenen Person erheblich überwiegt. ²Eine solche Weiterverarbeitung von personenbezogenen Daten, die aus in § 12 Absatz 3 genannten Maßnahmen erlangt wurden, ist ausgeschlossen.

(2) ¹Das Bundeskriminalamt kann personenbezogene Daten an Hochschulen, andere Einrichtungen, die wissenschaftliche Forschung betreiben, und öffentliche Stellen übermitteln, soweit
1. dies für die Durchführung bestimmter wissenschaftlicher Forschungsarbeiten erforderlich ist,
2. eine Weiterverarbeitung anonymisierter Daten zu diesem Zweck nicht möglich ist und

3. das öffentliche Interesse an der Forschungsarbeit das schutzwürdige Interesse der betroffenen Person an dem Ausschluss der Übermittlung erheblich überwiegt.
²Eine Übermittlung von personenbezogenen Daten im Sinne des Absatzes 1 Satz 2 ist ausgeschlossen.

(3) ¹Die Übermittlung der Daten erfolgt durch Erteilung von Auskünften, wenn hierdurch der Zweck der Forschungsarbeit erreicht werden kann und die Erteilung keinen unverhältnismäßigen Aufwand erfordert. ²Andernfalls kann auch Akteneinsicht gewährt werden. ³Einsicht in elektronische Akten wird durch Bereitstellen des Inhalts der Akte zum Abruf gewährt. ⁴Ein Aktenausdruck oder ein Datenträger mit dem Inhalt der elektronischen Akten wird auf besonders zu begründenden Antrag nur übermittelt, wenn die antragstellende Person hieran ein berechtigtes Interesse hat. ⁵Einsicht in Akten, die in Papierform vorliegen, wird durch Bereitstellen des Inhalts der Akte zur Einsichtnahme in Diensträumen gewährt. ⁶Auf besonderen Antrag wird die Einsicht in Akten, die in Papierform vorliegen, durch Übersendung von Kopien, durch Übergabe zur Mitnahme oder durch Übersendung der Akten gewährt.

(4) ¹Personenbezogene Daten werden nur an solche Personen übermittelt, die Amtsträger oder für den öffentlichen Dienst besonders Verpflichtete sind oder die zur Geheimhaltung verpflichtet worden sind. 2 § 1 Absatz 2, 3 und 4 Nummer 2 des Verpflichtungsgesetzes findet auf die Verpflichtung zur Geheimhaltung entsprechende Anwendung.

(5) ¹Die personenbezogenen Daten dürfen nur für die Forschungsarbeit weiterverarbeitet werden, für die sie übermittelt worden sind. ²Die Weiterverarbeitung für andere Forschungsarbeiten oder die Weitergabe richtet sich nach den Absätzen 2 bis 4 und bedarf der Zustimmung der Stelle, die die Daten übermittelt hat.

(6) Durch organisatorische und technische Maßnahmen hat die wissenschaftliche Forschung betreibende Stelle zu gewährleisten, dass die Daten gegen unbefugte Kenntnisnahme geschützt sind.

(7) ¹Sobald der Forschungszweck es erlaubt, sind die personenbezogenen Daten zu anonymisieren. ²Solange dies noch nicht möglich ist, sind die Merkmale gesondert aufzubewahren, mit denen Einzelangaben über persönliche oder sachliche Verhältnisse einer bestimmten oder bestimmbaren Person zugeordnet werden können. ³Sie dürfen mit den Einzelangaben nur zusammengeführt werden, soweit der Forschungszweck dies erfordert.

(8) Wer nach den Absätzen 2 bis 4 personenbezogene Daten erhalten hat, darf diese nur veröffentlichen, wenn dies für die Darstellung von Forschungsergebnissen über Ereignisse der Zeitgeschichte unerlässlich ist und das Bundeskriminalamt zugestimmt hat.

§ 22 Weiterverarbeitung von Daten zur Aus- und Fortbildung, zu statistischen Zwecken und zur Vorgangsverwaltung. (1) ¹Das Bundeskriminalamt kann bei ihm vorhandene personenbezogene Daten zur polizeilichen Aus-

und Fortbildung oder zu statistischen Zwecken weiterverarbeiten, soweit eine Weiterverarbeitung anonymisierter Daten zu diesem Zweck nicht möglich ist. ²Entsprechendes gilt für die Übermittlung an die Landeskriminalämter zu kriminalstatistischen Zwecken. ³Die Daten sind zum frühestmöglichen Zeitpunkt zu anonymisieren. 4 § 21 Absatz 1 Satz 2 und Absatz 2 Satz 2 gilt entsprechend.

(2) Das Bundeskriminalamt kann, wenn dies zur Vorgangsverwaltung oder zur befristeten Dokumentation polizeilichen Handelns erforderlich ist, personenbezogene Daten ausschließlich zu diesem Zweck weiterverarbeiten.

§ 23 Elektronische Aktenführung. (1) Die Akten des Bundeskriminalamtes sollen elektronisch geführt werden.

(2) Das Bundesministerium des Innern, für Bau und Heimat regelt die für die elektronische Aktenführung geltenden organisatorischen und technischen Rahmenbedingungen einschließlich der einzuhaltenden Anforderungen des Datenschutzes, der Datensicherheit und der Barrierefreiheit, die die Grundsätze ordnungsgemäßer Aktenführung und den Stand der Technik beachten, in Verwaltungsvorschriften.

(3) Die Vorschriften über die elektronische Aktenführung im Strafverfahren bleiben unberührt.

§ 24 Speicherung von DNA-Identifizierungsmustern zur Erkennung von DNA-Trugspuren. (1) ¹Das Bundeskriminalamt kann von seinen Mitarbeiterinnen und Mitarbeitern, die Umgang mit Spurenmaterial haben oder die Bereiche in seinen Liegenschaften und Einrichtungen betreten müssen, in denen mit Spurenmaterial umgegangen oder dieses gelagert wird,
1. mittels eines Mundschleimhautabstrichs oder einer hinsichtlich ihrer Eingriffsintensität vergleichbaren Methode Körperzellen entnehmen,
2. diese zur Feststellung des DNA-Identifizierungsmusters molekulargenetisch untersuchen und
3. die festgestellten DNA-Identifizierungsmuster mit den an Spurenmaterial festgestellten DNA-Identifizierungsmustern automatisiert abgleichen,

um zur Erkennung von DNA-Trugspuren festzustellen, ob an Spurenmaterial festgestellte DNA-Identifizierungsmuster von diesen Personen stammen. ²Die Entnahme der Körperzellen darf nicht erzwungen werden. ³Die entnommenen Körperzellen dürfen nur für die in Satz 1 genannte molekulargenetische Untersuchung verwendet werden; sie sind unverzüglich zu vernichten, sobald sie hierfür nicht mehr erforderlich sind. ⁴Bei der Untersuchung dürfen andere Feststellungen als diejenigen, die zur Ermittlung des DNA-Identifizierungsmusters erforderlich sind, nicht getroffen werden; hierauf gerichtete Untersuchungen sind unzulässig.

(2) Untersuchungen und Abgleiche nach Absatz 1 bei Personen, die nicht Mitarbeiterinnen und Mitarbeiter des Bundeskriminalamtes sind, dürfen nur mit deren schriftlicher Einwilligung erfolgen.

30b BKAG Bundeskriminalamtgesetz

(3) ¹Die nach den Absätzen 1 und 2 erhobenen Daten sind zu pseudonymisieren und darüber hinaus im Informationssystem des Bundeskriminalamtes gesondert zu speichern. ²Eine Verwendung dieser Daten zu anderen als den in den Absätzen 1 und 2 genannten Zwecken ist unzulässig. ³Die DNA-Identifizierungsmuster sind zu löschen, wenn sie für die genannten Zwecke nicht mehr erforderlich sind. ⁴Die Löschung hat spätestens drei Jahre nach dem letzten Umgang der betreffenden Person mit Spurenmaterial oder dem letzten Zutritt zu einem in Absatz 1 Satz 1 genannten Bereich zu erfolgen. ⁵Betroffene Personen sind schriftlich über den Zweck und die Weiterverarbeitung sowie die Löschung der erhobenen Daten zu informieren.

§ 25 Datenübermittlung im innerstaatlichen Bereich. (1) Das Bundeskriminalamt kann unter Beachtung des § 12 Absatz 2 bis 4 an andere Polizeien des Bundes und an Polizeien der Länder personenbezogene Daten übermitteln, soweit dies zur Erfüllung seiner Aufgaben oder der des Empfängers erforderlich ist.

(2) Das Bundeskriminalamt kann an andere als die in Absatz 1 genannten Behörden und sonstige öffentliche Stellen personenbezogene Daten übermitteln, soweit dies
1. in anderen Rechtsvorschriften vorgesehen ist oder
2. unter Beachtung des § 12 Absatz 2 bis 4 zulässig und erforderlich ist
   a) zur Erfüllung seiner Aufgaben nach diesem Gesetz,
   b) für Zwecke der Strafverfolgung, der Strafvollstreckung, des Strafvollzugs und der Gnadenverfahren,
   c) für Zwecke der Gefahrenabwehr oder
   d) zur Abwehr einer schwerwiegenden Beeinträchtigung der Rechte Einzelner

und Zwecke des Strafverfahrens nicht entgegenstehen.

(3) ¹Unter den Voraussetzungen des Absatzes 2 kann das Bundeskriminalamt personenbezogene Daten auch an nichtöffentliche Stellen übermitteln. ²Das Bundeskriminalamt hat einen Nachweis zu führen, aus dem Anlass, Inhalt, Empfänger und Tag der Übermittlung sowie die Aktenfundstelle ersichtlich sind; die Nachweise sind gesondert aufzubewahren, gegen unberechtigten Zugriff zu sichern und am Ende des Kalenderjahres, das dem Jahr ihrer Erstellung folgt, zu löschen. ³Die Löschung unterbleibt, solange der Nachweis für Zwecke eines bereits eingeleiteten Datenschutzkontrollverfahrens oder zur Verhinderung oder Verfolgung einer schwerwiegenden Straftat gegen Leib, Leben oder Freiheit einer Person benötigt wird oder Grund zu der Annahme besteht, dass im Falle einer Löschung schutzwürdige Interessen der betroffenen Person beeinträchtigt würden.

(4) ¹Besteht Grund zu der Annahme, dass durch die Übermittlung von Daten nach Absatz 3 der der Erhebung dieser Daten zugrunde liegende Zweck gefährdet würde, holt das Bundeskriminalamt vor der Übermittlung die Zustimmung der Stelle ein, von der die Daten dem Bundeskriminalamt übermittelt

Bundeskriminalamtgesetz **BKAG 30b**

wurden. ²Unter den Voraussetzungen des Satzes 1 kann die übermittelnde Stelle bestimmte von ihr übermittelte Daten so kennzeichnen oder mit einem Hinweis versehen, dass vor einer Übermittlung nach Absatz 3 ihre Zustimmung einzuholen ist.

(5) ¹Daten, die den §§ 41 und 61 des Bundeszentralregistergesetzes unterfallen würden, können nach den Absätzen 2 und 3 nur den in den §§ 41 und 61 des Bundeszentralregistergesetzes genannten Stellen zu den dort genannten Zwecken übermittelt werden. ²Die Verwertungsverbote nach den §§ 51, 52 und 63 des Bundeszentralregistergesetzes sind zu beachten.

(6) ¹Der Empfänger darf die übermittelten personenbezogenen Daten nur zu dem Zweck verarbeiten, für den sie ihm übermittelt worden sind. ²Eine Verarbeitung für andere Zwecke ist unter Beachtung des § 12 Absatz 2 bis 4 zulässig; im Falle des Absatzes 3 gilt dies nur, soweit zusätzlich das Bundeskriminalamt zustimmt. ³Bei Übermittlungen an nichtöffentliche Stellen hat das Bundeskriminalamt die empfangende Stelle darauf hinzuweisen.

(7) ¹Die Einrichtung eines automatisierten Verfahrens für die Übermittlung von personenbezogenen Daten durch Abruf aus dem Informationssystem ist unter Beachtung des § 12 Absatz 2 bis 4 nur zur Erfüllung vollzugspolizeilicher Aufgaben mit Zustimmung des Bundesministeriums des Innern, für Bau und Heimat und der Innenministerien und Senatsinnenverwaltungen der Länder zulässig, soweit diese Form der Datenübermittlung unter Berücksichtigung der schutzwürdigen Interessen der betroffenen Personen wegen der Vielzahl der Übermittlungen oder wegen ihrer besonderen Eilbedürftigkeit angemessen ist. 2 § 81 Absatz 2 gilt entsprechend.

(8) ¹Die Verantwortung für die Zulässigkeit der Übermittlung trägt das Bundeskriminalamt. ²Erfolgt die Übermittlung in den Fällen der Absätze 1 und 2 Nummer 2 auf Ersuchen der empfangenden Stelle, trägt diese die Verantwortung. ³In diesen Fällen prüft das Bundeskriminalamt nur, ob das Übermittlungsersuchen im Rahmen der Aufgaben des Empfängers liegt, es sei denn, dass besonderer Anlass zur Prüfung der Zulässigkeit der Übermittlung besteht.

(9) Sind mit personenbezogenen Daten, die nach den Absätzen 1 und 2 übermittelt werden dürfen, weitere personenbezogene Daten der betroffenen Person oder eines Dritten in Akten so verbunden, dass eine Trennung nicht oder nur mit unvertretbarem Aufwand möglich ist, so ist die Übermittlung auch dieser Daten zulässig, soweit nicht berechtigte Interessen der betroffenen Person oder eines Dritten an der Geheimhaltung offensichtlich überwiegen; eine Verwendung dieser Daten ist unzulässig.

§ 26 Datenübermittlung an Mitgliedstaaten der Europäischen Union.
(1) ¹§ 25 gilt entsprechend für die Übermittlung von personenbezogenen Daten an
1. öffentliche und nichtöffentliche Stellen in Mitgliedstaaten der Europäischen Union und

2. zwischen- und überstaatliche Stellen der Europäischen Union oder deren Mitgliedstaaten, die mit Aufgaben der Verhütung und Verfolgung von Straftaten befasst sind.
²Die Verantwortung für die Zulässigkeit der Datenübermittlung trägt das Bundeskriminalamt. ³Für die Übermittlung an Polizei- und Justizbehörden sowie an sonstige für die Verhütung oder Verfolgung von Straftaten zuständige öffentliche Stellen zum Zwecke der Verfolgung von Straftaten und zur Strafvollstreckung bleiben die Vorschriften über die internationale Rechtshilfe in strafrechtlichen Angelegenheiten unberührt. ⁴Die Zulässigkeit der Übermittlung personenbezogener Daten durch das Bundeskriminalamt an eine Polizeibehörde oder eine sonstige für die Verhütung und Verfolgung von Straftaten zuständige öffentliche Stelle eines Mitgliedstaates der Europäischen Union auf der Grundlage besonderer völkerrechtlicher Vereinbarungen bleibt unberührt.

(2) Absatz 1 findet auch Anwendung auf die Übermittlung von personenbezogenen Daten an Polizeibehörden oder sonstige für die Verhütung und Verfolgung von Straftaten zuständige öffentliche Stellen von Staaten, welche die Bestimmungen des Schengen-Besitzstandes aufgrund eines Assoziierungsübereinkommens mit der Europäischen Union über die Umsetzung, Anwendung und Entwicklung des Schengen-Besitzstandes anwenden.

§ 27 Datenübermittlung im internationalen Bereich. (1) ¹Das Bundeskriminalamt kann unter Beachtung des § 12 Absatz 2 bis 4 und unter Beachtung der §§ 78 bis 80 des Bundesdatenschutzgesetzes an Polizei- und Justizbehörden sowie an sonstige für die Verhütung oder Verfolgung von Straftaten zuständige öffentliche Stellen in anderen als den in § 26 Absatz 1 genannten Staaten (Drittstaaten) und an andere als die in § 26 Absatz 1 genannten zwischen- und überstaatlichen Stellen, die mit Aufgaben der Verhütung oder Verfolgung von Straftaten befasst sind, personenbezogene Daten übermitteln, soweit dies erforderlich ist
1. zur Erfüllung einer ihm obliegenden Aufgabe,
2. zur Verfolgung von Straftaten und zur Strafvollstreckung nach Maßgabe der Vorschriften über die internationale Rechtshilfe in strafrechtlichen Angelegenheiten oder der Vorschriften über die Zusammenarbeit mit dem Internationalen Strafgerichtshof oder
3. zur Abwehr einer im Einzelfall bestehenden erheblichen Gefahr für die öffentliche Sicherheit.
²Entsprechendes gilt, wenn Anhaltspunkte dafür vorliegen, dass Straftaten von erheblicher Bedeutung begangen werden sollen.

(2) Mit Zustimmung des Bundesministeriums des Innern, für Bau und Heimat kann das Bundeskriminalamt gespeicherte nicht personenbezogene Daten, die der Suche nach Sachen dienen (Sachfahndung), für zentrale Polizeibehörden anderer Staaten nach Maßgabe zwischenstaatlicher Vereinbarungen zum Abruf im automatisierten Verfahren zur Sicherstellung von gestohlenen, unterschlagenen oder sonst abhanden gekommenen Sachen bereithalten.

Bundeskriminalamtgesetz **BKAG 30b**

(3) ¹Für Daten, die zu Zwecken der Fahndung nach Personen oder der polizeilichen Beobachtung oder gezielten Kontrolle gespeichert sind, ist die Einrichtung eines automatisierten Abrufverfahrens nach Absatz 2 mit Zustimmung des Bundesministeriums des Innern, für Bau und Heimat im Benehmen mit den Innenministerien und Senatsinnenverwaltungen der Länder unter Beachtung des § 12 Absatz 2 bis 4 zulässig, soweit

1. tatsächliche Anhaltspunkte dafür vorliegen, dass die Abrufe zur Verhinderung und Verfolgung von Straftaten von erheblicher Bedeutung sowie zur Abwehr von Gefahren für die öffentliche Sicherheit erforderlich sind,
2. diese Form der Datenübermittlung unter Berücksichtigung der schutzwürdigen Interessen der betroffenen Personen wegen der Vielzahl der Übermittlungen oder wegen ihrer besonderen Eilbedürftigkeit angemessen ist und
3. der Empfängerstaat das Übereinkommen des Europarates über den Schutz des Menschen bei der automatisierten Verarbeitung personenbezogener Daten vom 28. Januar 1981 (BGBl. 1985 II S. 538) ratifiziert hat oder ein gleichwertiger Schutz gewährleistet ist und eine Kontrollinstanz besteht, die die Gewährleistung des Datenschutzes unabhängig überwacht.

²Wird das Abrufverfahren für einen längeren Zeitraum als drei Monate eingerichtet, bedarf die Vereinbarung der Mitwirkung der gesetzgebenden Körperschaften nach Artikel 59 Absatz 2 des Grundgesetzes. ³Die empfangende Stelle ist darauf hinzuweisen, dass sie die Daten für Ausschreibungen zur Fahndung nur nach Vorliegen eines Rechtshilfeersuchens nutzen darf.

(4) ¹Die regelmäßige, im Rahmen einer systematischen Zusammenarbeit erfolgende Übermittlung personenbezogener Daten an internationale Datenbestände ist zulässig nach Maßgabe von Rechtsakten der Europäischen Union und völkerrechtlicher Verträge, die der Mitwirkung der gesetzgebenden Körperschaften nach Artikel 59 Absatz 2 des Grundgesetzes bedürfen. ²Entsprechendes gilt, wenn durch das Bundesministerium des Innern, für Bau und Heimat im Einzelfall im Benehmen mit der oder dem Bundesbeauftragten für den Datenschutz und die Informationsfreiheit festgestellt wird, dass durch die Nutzung datenschutzfreundlicher und datenminimierender Vorkehrungen die schutzwürdigen Belange der betroffenen Personen nicht überwiegen.

(5) Das Bundeskriminalamt kann als Nationales Zentralbüro der Bundesrepublik Deutschland für die Internationale Kriminalpolizeiliche Organisation personenbezogene Daten an das Generalsekretariat der Organisation unter den Voraussetzungen des Absatzes 1 übermitteln, soweit dies zur weiteren Übermittlung der Daten an andere Nationale Zentralbüros oder an die in Absatz 1 genannten Stellen geboten oder zu Zwecken der Informationssammlung und Auswertung durch das Generalsekretariat erforderlich ist.

(6) ¹Das Bundeskriminalamt kann unter Beachtung des § 12 Absatz 2 bis 4 personenbezogene Daten an Dienststellen der Stationierungsstreitkräfte im Rahmen des Artikels 3 des Zusatzabkommens zu dem Abkommen zwischen den Parteien des Nordatlantikvertrages über die Rechtsstellung ihrer Truppen

hinsichtlich der in der Bundesrepublik Deutschland stationierten ausländischen Streitkräfte vom 3. August 1959 (BGBl. 1961 II S. 1183) übermitteln, wenn dies zur rechtmäßigen Erfüllung der in deren Zuständigkeit liegenden Aufgaben erforderlich ist. ²§ 78 Absatz 2 des Bundesdatenschutzgesetzes gilt entsprechend.

(7) ¹Die Verantwortung für die Zulässigkeit der Übermittlung trägt das Bundeskriminalamt. ²§ 25 Absatz 4 Satz 2 gilt entsprechend. ³Das Bundeskriminalamt hat die Übermittlung und ihren Anlass aufzuzeichnen. ⁴Die empfangende Stelle personenbezogener Daten ist darauf hinzuweisen, dass sie nur zu dem Zweck genutzt werden dürfen, zu dem sie übermittelt worden sind. ⁵Ferner ist ihr der beim Bundeskriminalamt vorgesehene Löschungszeitpunkt mitzuteilen.

(8) ¹Das Bundeskriminalamt kann unter den Voraussetzungen des § 81 des Bundesdatenschutzgesetzes und unter Beachtung des § 12 Absatz 2 bis 4 Daten an die in § 81 des Bundesdatenschutzgesetzes genannten Stellen übermitteln. ²Zusätzlich kann es unter den Voraussetzungen des Satzes 1 an andere als die in Absatz 1 genannten zwischen- und überstaatlichen Stellen personenbezogene Daten übermitteln, soweit dies erforderlich ist
1. zur Erfüllung einer ihm obliegenden Aufgabe oder
2. zur Abwehr einer im Einzelfall bestehenden erheblichen Gefahr für die öffentliche Sicherheit.

³Entsprechendes gilt, wenn tatsächliche Anhaltspunkte dafür vorliegen, dass Straftaten von erheblicher Bedeutung begangen werden sollen.

§ 28 Übermittlungsverbote und Verweigerungsgründe. (1) ¹Die Übermittlung nach den Vorschriften dieses Gesetzes unterbleibt, wenn
1. für die übermittelnde Stelle erkennbar ist, dass unter Berücksichtigung der Art der Daten und ihrer Erhebung die schutzwürdigen Interessen der betroffenen Person das Allgemeininteresse an der Übermittlung überwiegen, oder
2. besondere bundesgesetzliche Verwendungsregulierungen entgegenstehen; die Verpflichtung zur Wahrung gesetzlicher Geheimhaltungspflichten oder von Berufs- oder besonderen Amtsgeheimnissen, die nicht auf gesetzlichen Vorschriften beruhen, bleibt unberührt.

²Satz 1 Nummer 1 gilt nicht für Übermittlungen an die Staatsanwaltschaften.

(2) Die Datenübermittlung nach den §§ 26 und 27 unterbleibt darüber hinaus,
1. wenn hierdurch wesentliche Sicherheitsinteressen des Bundes oder der Länder beeinträchtigt würden,
2. wenn hierdurch der Erfolg laufender Ermittlungen oder Leib, Leben oder Freiheit einer Person gefährdet würde,
3. soweit Grund zu der Annahme besteht, dass durch sie gegen den Zweck eines deutschen Gesetzes verstoßen würde, oder
4. wenn tatsächliche Anhaltspunkte dafür vorliegen, dass die Übermittlung der Daten zu den in der Charta der Grundrechte der Europäischen Union

enthaltenen Grundsätzen, insbesondere dadurch, dass durch die Nutzung der übermittelten Daten im Empfängerstaat Verletzungen von elementaren rechtsstaatlichen Grundsätzen oder Menschenrechtsverletzungen drohen, in Widerspruch stünde.

(3) [1]Das Bundeskriminalamt führt für den polizeilichen Informationsaustausch und Rechtshilfeverkehr eine fortlaufend aktualisierte Aufstellung über die Einhaltung der elementaren rechtsstaatlichen Grundsätze und Menschenrechtsstandards sowie das Datenschutzniveau in den jeweiligen Drittstaaten, die die speziellen Erfordernisse des polizeilichen Informationsaustauschs berücksichtigt. [2]Hierbei berücksichtigt es insbesondere die jeweils aktuellen Erkenntnisse der Bundesregierung und maßgeblich, ob ein Angemessenheitsbeschluss der Europäischen Kommission nach Artikel 36 der Richtlinie (EU) 2016/680 des Europäischen Parlaments und des Rates vom 27. April 2016 zum Schutz natürlicher Personen bei der Verarbeitung personenbezogener Daten durch die zuständigen Behörden zum Zwecke der Verhütung, Ermittlung, Aufdeckung oder Verfolgung von Straftaten oder der Strafvollstreckung sowie zum freien Datenverkehr und zur Aufhebung des Rahmenbeschlusses 2008/977/JI des Rates (ABl. L 119 vom 4.5.2016, S. 89) vorliegt.

§ 29 Polizeilicher Informationsverbund, Verordnungsermächtigung.

(1) [1]Das Bundeskriminalamt ist im Rahmen seiner Aufgabe nach § 2 Absatz 3 Zentralstelle für den polizeilichen Informationsverbund zwischen Bund und Ländern. [2]Es stellt zu diesem Zweck ein einheitliches Verbundsystem zur Verfügung.

(2) [1]Das Verbundsystem erfüllt die Grundfunktionen nach § 13 Absatz 2. [2]Innerhalb des Verbundsystems stellen die daran teilnehmenden Behörden einander Daten zum Abruf und zur Verarbeitung zur Verfügung. [3]Ausschreibungen im Schengener Informationssystem erfolgen im polizeilichen Informationsverbund. [4]Das Bundesministerium des Innern, für Bau und Heimat bestimmt im Einvernehmen mit den Innenministerien und Senatsinnenverwaltungen der Länder sowie im Benehmen mit der oder dem Bundesbeauftragten für den Datenschutz und die Informationsfreiheit die in den polizeilichen Informationsverbund einzubeziehenden Daten.

(3) [1]Außer dem Bundeskriminalamt und den Landeskriminalämtern sind zur Teilnahme am polizeilichen Informationsverbund berechtigt:
1. sonstige Polizeibehörden der Länder,
2. die Bundespolizei,
3. die Polizei beim Deutschen Bundestag,
4. mit der Wahrnehmung grenzpolizeilicher Aufgaben betraute Behörden der Zollverwaltung,
5. die Zollfahndungsämter,
6. das Zollkriminalamt und
7. die mit der Steuerfahndung betrauten Dienststellen der Landesfinanzbehörden[2]

²Die am polizeilichen Informationsverbund teilnehmenden Stellen haben das Recht, Daten zur Erfüllung der Verpflichtung nach § 32 im automatisierten Verfahren einzugeben und, soweit dies zur jeweiligen Aufgabenerfüllung erforderlich ist, abzurufen.

(4) ¹Durch organisatorische und technische Maßnahmen hat das Bundeskriminalamt sicherzustellen, dass Eingaben von und Zugriffe auf Daten im polizeilichen Informationsverbund nur möglich sind, soweit die jeweiligen Behörden hierzu berechtigt sind. 2 § 12 Absatz 2 bis 5, die §§ 14, 15 und 16 Absatz 1, 2, 5 und 6, § 18 Absatz 1, 2, 4 und 5, § 19 Absatz 1 und 2 sowie die §§ 20 und 91 gelten entsprechend.

(5) ¹Nur die Behörde, die Daten zu einer Person eingegeben hat, ist befugt, diese zu ändern, zu berichtigen oder zu löschen. ²Hat eine teilnehmende Stelle des polizeilichen Informationsverbundes Anhaltspunkte dafür, dass Daten unrichtig oder zu löschen sind, teilt sie dies umgehend der eingebenden Behörde mit, die verpflichtet ist, diese Mitteilung unverzüglich zu prüfen und erforderlichenfalls die Daten unverzüglich zu berichtigen oder zu löschen oder in ihrer Verarbeitung einzuschränken. ³Sind Daten zu einer Person gespeichert, kann jede teilnehmende Stelle des polizeilichen Informationsverbundes weitere Daten ergänzend eingeben.

(6) ¹Das Auswärtige Amt ist zum Abruf im automatisierten Verfahren der Fahndungsausschreibungen zur Festnahme und Aufenthaltsermittlung berechtigt, soweit dies für die Auslandsvertretungen in ihrer Eigenschaft als Pass- und Personalausweisbehörden erforderlich ist. ²Die Staatsanwaltschaften sind befugt, für Zwecke der Strafrechtspflege im automatisierten Verfahren abzurufen:
1. Fahndungsausschreibungen zur Festnahme und Aufenthaltsermittlung und, nach Maßgabe des Beschlusses 2007/533/JI des Rates vom 12. Juni 2007 über die Einrichtung, den Betrieb und die Nutzung des Schengener Informationssystems der zweiten Generation (SIS II) (ABl. L 205 vom 7.8.2007, S. 63) sowie der Verordnung (EG) Nr. 1987/2006 des Europäischen Parlaments und des Rates vom 20. Dezember 2006 über die Einrichtung, den Betrieb und die Nutzung des Schengener Informationssystems der zweiten Generation (SIS II) (ABl. L 381 vom 28.12.2006, S. 4), auch die Ausschreibungen, die im Schengener Informationssystem gespeichert sind,
2. Daten über Freiheitsentziehungen und
3. Daten aus dem DNA-Analyse-System.

(7) Das Bundesministerium des Innern, für Bau und Heimat wird ermächtigt, im Einvernehmen mit dem Bundesministerium der Justiz und für Verbraucherschutz durch Rechtsverordnung, die der Zustimmung des Bundesrates bedarf, weitere im polizeilichen Informationsverbund gespeicherte Daten, die von den Staatsanwaltschaften zur Erfüllung ihrer Aufgaben benötigt werden, zum automatisierten Abruf freizugeben, soweit diese Form der Datenübermittlung unter Berücksichtigung der schutzwürdigen Interessen der betroffenen Personen wegen der Vielzahl der Übermittlungen oder wegen ihrer besonderen Eilbedürftigkeit angemessen ist.

(8) Die Einrichtung eines automatisierten Abrufverfahrens ist für andere Behörden zur Erfüllung vollzugspolizeilicher Aufgaben mit Zustimmung des Bundesministeriums des Innern, für Bau und Heimat und der Innenministerien und Senatsinnenverwaltungen der Länder zulässig, soweit diese Form der Datenübermittlung unter Berücksichtigung der schutzwürdigen Interessen der betroffenen Personen wegen der Vielzahl der Übermittlungen oder wegen ihrer besonderen Eilbedürftigkeit angemessen ist.

§ 30 Verbundrelevanz. (1) Die am polizeilichen Informationsverbund teilnehmenden Stellen verarbeiten im polizeilichen Informationsverbund ausschließlich

1. personenbezogene Daten, deren Verarbeitung für die Verhütung und Verfolgung von Straftaten mit länderübergreifender, internationaler oder erheblicher Bedeutung erforderlich ist;
2. personenbezogene Daten, deren Verarbeitung im Informationsverbund erforderlich ist
   a) zu erkennungsdienstlichen Zwecken, soweit das Bundeskriminalamt diese Daten nach § 16 Absatz 5 auch im Informationssystem weiterverarbeiten dürfte oder
   b) zu Zwecken der Fahndung nach Personen und Sachen, soweit das Bundeskriminalamt diese Daten nach § 16 Absatz 2 auch im Informationssystem weiterverarbeiten dürfte

(Verbundrelevanz).

(2) ^{1}Die am polizeilichen Informationsverbund teilnehmenden Stellen legen unter Beteiligung der jeweils zuständigen obersten Bundes- oder Landesbehörden Kriterien fest, die bestimmen, welche Straftaten nach allgemeiner kriminalistischer Erfahrung die Voraussetzungen nach Absatz 1 Nummer 1 erfüllen. ^{2}Die Kriterien können sich an den unterschiedlichen kriminalistischen Phänomenbereichen orientieren. ^{3}Die Kriterien sind in angemessenen Abständen und, soweit erforderlich, zu aktualisieren. ^{4}Die Festlegung und Aktualisierung dieser Kriterien erfolgen im Benehmen mit der oder dem Bundesbeauftragten für den Datenschutz und die Informationsfreiheit.

§ 31 Datenschutzrechtliche Verantwortung im polizeilichen Informationsverbund. (1) Das Bundeskriminalamt hat als Zentralstelle für den polizeilichen Informationsverbund die Einhaltung der Regelungen zur Zusammenarbeit und zur Führung des Verbundsystems zu überwachen.

(2) ^{1}Im Rahmen des polizeilichen Informationsverbundes obliegt die datenschutzrechtliche Verantwortung für die bei der Zentralstelle gespeicherten Daten, namentlich für die Rechtmäßigkeit der Erhebung, die Zulässigkeit der Eingabe sowie die Richtigkeit oder Aktualität der Daten, den Stellen, die die Daten unmittelbar eingeben. ^{2}Die verantwortliche Stelle muss feststellbar sein. ^{3}Die Verantwortung für die Zulässigkeit des Abrufs im automatisierten Verfahren trägt die empfangende Stelle.

(3) ¹Die Datenschutzkontrolle obliegt der oder dem Bundesbeauftragten für den Datenschutz und die Informationsfreiheit. ²Die von den Ländern in den polizeilichen Informationsverbund eingegebenen Datensätze können auch von den jeweiligen im Landesrecht bestimmten öffentlichen Stellen, die für die Kontrolle der Einhaltung der Vorschriften über den Datenschutz zuständig sind, im Zusammenhang mit der Wahrnehmung ihrer Prüfungsaufgaben in den Ländern kontrolliert werden, soweit die Länder nach Absatz 2 verantwortlich sind. ³Die oder der Bundesbeauftragte für den Datenschutz und die Informationsfreiheit arbeitet insoweit mit den im Landesrecht bestimmten öffentlichen Stellen, die für die Kontrolle der Einhaltung der Vorschriften über den Datenschutz zuständig sind, zusammen.

§ 32 Unterrichtung der Zentralstelle. (1) ¹Die Landeskriminalämter übermitteln dem Bundeskriminalamt nach Maßgabe der Rechtsverordnung nach § 20 die zur Erfüllung seiner Aufgaben als Zentralstelle erforderlichen Informationen. ²Die Verpflichtung der Landeskriminalämter nach Satz 1 kann im Benehmen mit dem Bundeskriminalamt auch von anderen Polizeibehörden des Landes erfüllt werden. ³Das Bundeskriminalamt legt im Benehmen mit den Landeskriminalämtern Einzelheiten der Informationsübermittlung fest.

(2) ¹Die Justiz- und Verwaltungsbehörden der Länder teilen dem jeweils zuständigen Landeskriminalamt unverzüglich den Beginn, die Unterbrechung und die Beendigung von Freiheitsentziehungen mit, die wegen des Verdachts oder des Nachweises einer rechtswidrigen Tat von einem Gericht angeordnet worden sind. ²Die Justizbehörden des Bundes und der Länder teilen dem jeweils zuständigen Landeskriminalamt unverzüglich und, soweit technisch möglich, automatisiert mit:
1. die Entscheidung, dass
   a) die beschuldigte Person rechtskräftig freigesprochen wurde,
   b) die Eröffnung des Hauptverfahrens gegen die beschuldigte Person unanfechtbar abgelehnt wurde oder
   c) das Verfahren nicht nur vorläufig eingestellt wurde
sowie
2. die tragenden Gründe der Entscheidung nach Nummer 1.

(3) ¹Absatz 1 Satz 1 gilt entsprechend für die Polizeien des Bundes, soweit die Informationen Vorgänge betreffen, die sie in eigener Zuständigkeit bearbeiten. ²Satz 1 gilt im Bereich der Zollverwaltung nur für den Grenzzolldienst, soweit dieser aufgrund einer Rechtsverordnung nach § 68 des Bundespolizeigesetzes grenzpolizeiliche Aufgaben wahrnimmt. ³Im Übrigen richtet sich die Informationsübermittlung der Zollbehörden an das Bundeskriminalamt nach den Vorschriften der Abgabenordnung, des Zollverwaltungsgesetzes und des Zollfahndungsdienstgesetzes.

(4) Für die im Rahmen seiner Aufgaben nach den §§ 3 bis 8 gewonnenen Informationen gelten für das Bundeskriminalamt die Unterrichtungspflichten nach Absatz 1 Satz 1 entsprechend.

(5) Die Verantwortlichkeit für die Zulässigkeit der Übermittlung nach den Absätzen 1 bis 3 trägt die übermittelnde Stelle.

§ 39 Erhebung personenbezogener Daten. (1) Das Bundeskriminalamt kann, sofern in diesem Abschnitt nichts anderes bestimmt ist, personenbezogene Daten erheben, soweit dies zur Erfüllung der ihm nach § 5 Absatz 1 obliegenden Aufgabe erforderlich ist.

(2) Zur Verhütung von Straftaten nach § 5 Absatz 1 Satz 2 ist eine Erhebung personenbezogener Daten nur zulässig, soweit Tatsachen die Annahme rechtfertigen, dass
1. die Person eine Straftat nach § 5 Absatz 1 Satz 2 begehen will und die erhobenen Daten zur Verhütung dieser Straftat erforderlich sind oder
2. die Person mit einer Person nach Nummer 1 nicht nur flüchtig oder in zufälligem Kontakt in Verbindung steht und
   a) von der Vorbereitung einer Straftat nach § 5 Absatz 1 Satz 2 Kenntnis hat,
   b) aus der Verwertung der Tat Vorteile ziehen könnte oder
   c) die Person nach Nummer 1 sich ihrer zur Begehung der Straftat bedienen könnte

und die Verhütung dieser Straftaten auf andere Weise aussichtslos oder wesentlich erschwert wäre.

(3) § 9 Absatz 2 und 3 gilt entsprechend.

§ 40 Bestandsdatenauskunft. (1) Das Bundeskriminalamt darf von demjenigen, der geschäftsmäßig Telekommunikationsdienste erbringt oder daran mitwirkt, Auskunft über Bestandsdaten gemäß § 3 Nummer 6 des Telekommunikationsgesetzes und über die nach § 172 des Telekommunikationsgesetzes erhobenen Daten verlangen (§ 174 Absatz 1 Satz 1 des Telekommunikationsgesetzes), sofern
1. dies im Einzelfall zur Abwehr einer Gefahr erforderlich ist oder
2. im Einzelfall
   a) Tatsachen die Annahme rechtfertigen, dass eine Person innerhalb eines übersehbaren Zeitraums auf eine zumindest ihrer Art nach konkretisierte Weise eine Straftat nach § 5 Absatz 1 Satz 2 begehen wird, oder
   b) das individuelle Verhalten einer Person die konkrete Wahrscheinlichkeit begründet, dass sie innerhalb eines übersehbaren Zeitraums eine Straftat nach § 5 Absatz 1 Satz 2 begehen wird,

und die zu erhebenden Daten zur Verhütung dieser Straftat erforderlich sind.

(2) Unter den Voraussetzungen des Absatzes 1 darf von demjenigen, der geschäftsmäßig eigene oder fremde Telemedien zur Nutzung bereithält oder den Zugang zur Nutzung vermittelt, Auskunft über Bestandsdaten gemäß § 2 Absatz 2 Nummer 2 des Telekommunikation-Telemedien-Datenschutz-Gesetzes (§ 22 Absatz 1 Satz 1 und § 23 Absatz 1 Satz 1 des Telekommunikation-Telemedien-Datenschutz-Gesetzes).

(3) ¹Bezieht sich das Auskunftsverlangen nach Absatz 1 auf Daten, mittels derer der Zugriff auf Endgeräte oder auf Speichereinrichtungen, die in diesen Endgeräten oder hiervon räumlich getrennt eingesetzt werden, geschützt wird (§ 174 Absatz 1 Satz 2 des Telekommunikationsgesetzes), darf die Auskunft nur verlangt werden, wenn die gesetzlichen Voraussetzungen für die Nutzung der Daten vorliegen. ²Bezieht sich das Auskunftsverlangen nach Absatz 2 auf nach als Bestandsdaten erhobene Passwörter oder auf andere Daten, mittels derer der Zugriff auf Endgeräte oder auf Speichereinrichtungen, die in diesen Endgeräten oder hiervon räumlich getrennt eingesetzt werden, geschützt wird (§ 23 Absatz 1 Satz 1 des Telekommunikation-Telemedien-Datenschutz-Gesetzes), darf die Auskunft nur verlangt werden zur Abwehr einer konkreten Gefahr für Leib, Leben, Freiheit oder die sexuelle Selbstbestimmung einer Person oder für den Bestand des Bundes oder eines Landes sowie Güter der Allgemeinheit, deren Bedrohung die Grundlagen der Existenz der Menschen berührt, und wenn die gesetzlichen Voraussetzungen für die Nutzung der Daten vorliegen.

(4) ¹Die Auskunft nach den Absätzen 1 bis 3 darf auch anhand einer zu einem bestimmten Zeitpunkt zugewiesenen Internetprotokoll-Adresse verlangt werden (§ 174 Absatz 1 Satz 3 des Telekommunikationsgesetzes und § 22 Absatz 1 Satz 3 und 4 des Telekommunikation-Telemedien-Datenschutz-Gesetzes). ²Die Auskunft nach den Absätzen 1 bis 3 anhand einer zu einem bestimmten Zeitpunkt zugewiesenen Internetprotokoll-Adresse nach § 22 Absatz 1 Satz 3 und 4 des Telekommunikation-Telemedien-Datenschutz-Gesetzes darf nur verlangt werden, wenn tatsächliche Anhaltspunkte dafür vorliegen, dass die betroffene Person Nutzer des Telemediendienstes ist, bei dem die Daten erhoben werden sollen. ³Die rechtlichen und tatsächlichen Grundlagen des Auskunftsverlangens sind aktenkundig zu machen.

(5) ¹Auskunftsverlangen nach Absatz 3 dürfen nur auf Antrag der Präsidentin oder des Präsidenten des Bundeskriminalamtes oder ihrer oder seiner Vertretung durch das Gericht angeordnet werden. ²Bei Gefahr im Verzug kann die Anordnung durch die Präsidentin oder den Präsidenten des Bundeskriminalamtes oder ihre oder seine Vertretung getroffen werden. ³In diesem Fall ist die gerichtliche Entscheidung unverzüglich nachzuholen. ⁴Die Sätze 1 bis 3 finden keine Anwendung, wenn die betroffene Person vom Auskunftsverlangen bereits Kenntnis hat oder haben muss oder wenn die Nutzung der Daten bereits durch eine gerichtliche Entscheidung gestattet wird. ⁵Das Vorliegen der Voraussetzungen nach Satz 4 ist aktenkundig zu machen. ⁶Die Sätze 2 bis 5 gelten nicht in den Fällen des Absatzes 3 Satz 2. ⁷Werden dem Bundeskriminalamt aufgrund eines Auskunftsersuchens nach Absatz 3 Satz 2 Passwörter oder andere Daten unverschlüsselt beauskunftet, so informiert das Bundeskriminalamt hierüber die jeweils zuständige Datenschutzaufsichtsbehörde.

(6) ¹Die betroffene Person ist in den Fällen der Absätze 3 und 4 über die Beauskunftung zu benachrichtigen. ²Die Benachrichtigung erfolgt, soweit und sobald hierdurch der Zweck der Auskunft nicht vereitelt wird. ³Sie unterbleibt,

wenn ihr überwiegende schutzwürdige Belange Dritter oder der betroffenen Person selbst entgegenstehen. [4]Wird die Benachrichtigung nach Satz 2 zurückgestellt oder nach Satz 3 von ihr abgesehen, sind die Gründe aktenkundig zu machen.

(7) Der aufgrund eines Auskunftsverlangens Verpflichtete hat die zur Auskunftserteilung erforderlichen Daten unverzüglich und vollständig zu übermitteln.

(8) [1]Das Bundeskriminalamt hat den Verpflichteten für ihm erteilte Auskünfte eine Entschädigung zu gewähren. [2]Der Umfang der Entschädigung bemisst sich nach § 23 und Anlage 3 des Justizvergütungs- und -entschädigungsgesetzes; die Vorschriften über die Verjährung in § 2 Absatz 1 und 4 des Justizvergütungs- und -entschädigungsgesetzes finden entsprechend Anwendung.

§ 45 Besondere Mittel der Datenerhebung. (1) [1]Das Bundeskriminalamt kann personenbezogene Daten mit den besonderen Mitteln nach Absatz 2 erheben über
1. den entsprechend § 17 oder § 18 des Bundespolizeigesetzes Verantwortlichen oder entsprechend den Voraussetzungen des § 20 Absatz 1 des Bundespolizeigesetzes über die dort bezeichnete Person zur Abwehr einer Gefahr für den Bestand oder die Sicherheit des Bundes oder eines Landes oder für Leib, Leben oder Freiheit einer Person oder Sachen von bedeutendem Wert, deren Erhaltung im öffentlichen Interesse geboten ist,
2. eine Person, bei der bestimmte Tatsachen die Annahme rechtfertigen, dass sie innerhalb eines übersehbaren Zeitraums auf eine zumindest ihrer Art nach konkretisierte Weise eine Straftat nach § 5 Absatz 1 Satz 2 begehen wird,
3. eine Person, deren individuelles Verhalten die konkrete Wahrscheinlichkeit begründet, dass sie innerhalb eines übersehbaren Zeitraums eine Straftat nach § 5 Absatz 1 Satz 2 begehen wird, oder
4. eine Person nach § 39 Absatz 2 Nummer 2,

wenn die Abwehr der Gefahr oder die Verhütung der Straftaten auf andere Weise aussichtslos ist oder wesentlich erschwert wäre. [2]Die Maßnahme kann auch durchgeführt werden, wenn Dritte unvermeidbar betroffen werden.

(2) Besondere Mittel der Datenerhebung sind
1. die planmäßig angelegte Beobachtung einer Person, die durchgehend länger als 24 Stunden dauern oder an mehr als zwei Tagen stattfinden soll (längerfristige Observation),
2. der Einsatz technischer Mittel außerhalb von Wohnungen in einer für die betroffene Person nicht erkennbaren Weise
   a) zur Anfertigung von Bildaufnahmen oder -aufzeichnungen von Personen oder Sachen, die sich außerhalb von Wohnungen befinden, oder
   b) zum Abhören oder Aufzeichnen des außerhalb von Wohnungen nicht öffentlich gesprochenen Wortes,
3. sonstige besondere für Observationszwecke bestimmte technische Mittel zur Erforschung des Sachverhalts oder zur Bestimmung des Aufenthaltsortes einer in Absatz 1 genannten Person,

30b BKAG Bundeskriminalamtgesetz

4. der Einsatz von Privatpersonen, deren Zusammenarbeit mit dem Bundeskriminalamt Dritten nicht bekannt ist (Vertrauensperson), und
5. der Einsatz einer Polizeivollzugsbeamtin oder eines Polizeivollzugsbeamten unter einer ihr oder ihm verliehenen und auf Dauer angelegten Legende (Verdeckter Ermittler).

(3) [1]Maßnahmen nach
1. Absatz 2 Nummer 1,
2. Absatz 2 Nummer 2 Buchstabe a, bei denen durchgehend länger als 24 Stunden oder an mehr als zwei Tagen Bildaufzeichnungen bestimmter Personen angefertigt werden sollen,
3. Absatz 2 Nummer 2 Buchstabe b,
4. Absatz 2 Nummer 3, bei denen für Observationszwecke bestimmte technische Mittel durchgehend länger als 24 Stunden oder an mehr als zwei Tagen zum Einsatz kommen und
5. Absatz 2 Nummer 4 und 5, die sich gegen eine bestimmte Person richten oder bei denen die Vertrauensperson oder der Verdeckte Ermittler eine Wohnung betritt, die nicht allgemein zugänglich ist,

dürfen nur auf Antrag der zuständigen Abteilungsleitung oder deren Vertretung durch das Gericht angeordnet werden. [2]Bei Gefahr im Verzug kann die Anordnung einer Maßnahme nach Satz 1 durch die zuständige Abteilungsleitung oder deren Vertretung getroffen werden. [3]In diesem Fall ist die gerichtliche Entscheidung unverzüglich nachzuholen. [4]Soweit die Anordnung nach Satz 2 nicht binnen drei Tagen durch das Gericht bestätigt wird, tritt sie außer Kraft. [5]Die übrigen Maßnahmen nach Absatz 2 Nummer 1 bis 5 dürfen, außer bei Gefahr im Verzug, nur durch die zuständige Abteilungsleitung oder deren Vertretung angeordnet werden.

(4) Im Antrag sind anzugeben:
1. die Person, gegen die sich die Maßnahme richtet, soweit möglich, mit Name und Anschrift,
2. Art, Umfang und Dauer der Maßnahme,
3. der Sachverhalt sowie
4. eine Begründung.

(5) [1]Die Anordnung ergeht schriftlich. [2]In ihr sind anzugeben:
1. die Person, gegen die sich die Maßnahme richtet, soweit möglich, mit Name und Anschrift,
2. Art, Umfang und Dauer der Maßnahme sowie
3. die wesentlichen Gründe.

[3]Die Anordnung ist auf höchstens einen Monat zu befristen; im Falle des Absatzes 2 Nummer 4 und 5 ist die Maßnahme auf höchstens drei Monate zu befristen. [4]Die Verlängerung der Maßnahme bedarf einer neuen Anordnung. [5]Absatz 3 Satz 4 und 5 gilt entsprechend.

(6) [1]Ein Verdeckter Ermittler darf unter der Legende
1. zur Erfüllung seines Auftrags am Rechtsverkehr teilnehmen und

Bundeskriminalamtgesetz **BKAG 30b**

2. mit Einverständnis der berechtigten Person deren Wohnung betreten; das Einverständnis darf nicht durch ein über die Nutzung der Legende hinausgehendes Vortäuschen eines Zutrittsrechts herbeigeführt werden.

²Soweit es für den Aufbau und die Aufrechterhaltung der Legende eines Verdeckten Ermittlers nach Absatz 2 Nummer 5 unerlässlich ist, dürfen entsprechende Urkunden hergestellt, verändert oder gebraucht werden. ³Im Übrigen richten sich die Befugnisse eines Verdeckten Ermittlers nach diesem Abschnitt. ⁴Für den Einsatz technischer Mittel zur Eigensicherung innerhalb von Wohnungen gilt § 34 entsprechend.

(7) ¹Liegen tatsächliche Anhaltspunkte für die Annahme vor, dass durch eine Maßnahme nach Absatz 2 allein Erkenntnisse aus dem Kernbereich privater Lebensgestaltung erlangt würden, ist die Maßnahme unzulässig. ²Ergeben sich bei Maßnahmen nach Absatz 2 Nummer 4 und 5 während der Durchführung tatsächliche Anhaltspunkte dafür, dass der Kernbereich betroffen ist, ist die Maßnahme zu unterbrechen, sobald dies ohne Gefährdung der beauftragten Person möglich ist. ³Soweit im Rahmen einer Maßnahme nach Absatz 2 Nummer 1 bis 3 eine unmittelbare Kenntnisnahme, auch neben einer automatischen Aufzeichnung, erfolgt, ist die Maßnahme unverzüglich zu unterbrechen, soweit sich während der Überwachung tatsächliche Anhaltspunkte dafür ergeben, dass Inhalte, die dem Kernbereich privater Lebensgestaltung zuzurechnen sind, erfasst werden. ⁴Bestehen insoweit Zweifel, darf die Maßnahme in den Fällen des Absatzes 2 Nummer 2 Buchstabe a und b als automatische Aufzeichnung weiter fortgesetzt werden. ⁵Automatische Aufzeichnungen sind unverzüglich dem anordnenden Gericht vorzulegen. ⁶Das Gericht entscheidet unverzüglich über die Verwertbarkeit oder Löschung der Daten. ⁷Ist die Maßnahme nach Satz 3 unterbrochen worden, so darf sie für den Fall, dass sie nicht nach Satz 1 unzulässig ist, fortgeführt werden. ⁸Erkenntnisse aus dem Kernbereich privater Lebensgestaltung, die durch eine Maßnahme nach Absatz 2 erlangt worden sind, dürfen nicht verwertet werden. ⁹Aufzeichnungen hierüber sind unverzüglich zu löschen. ¹⁰Die Tatsachen der Erfassung der Daten und der Löschung sind zu dokumentieren. ¹¹Die Dokumentation darf ausschließlich für Zwecke der Datenschutzkontrolle verwendet werden. ¹²Sie ist sechs Monate nach der Benachrichtigung nach § 74 oder sechs Monate nach Erteilung der gerichtlichen Zustimmung über das endgültige Absehen von der Benachrichtigung zu löschen. ¹³Ist die Datenschutzkontrolle nach § 69 Absatz 1 noch nicht beendet, ist die Dokumentation bis zu ihrem Abschluss aufzubewahren.

(8) ¹Bei Gefahr im Verzug kann die Präsidentin oder der Präsident des Bundeskriminalamtes oder ihre oder seine Vertretung im Benehmen mit der oder dem Datenschutzbeauftragten des Bundeskriminalamtes über die Verwertung der Erkenntnisse entscheiden. ²Bei der Sichtung der erhobenen Daten kann sie oder er sich der technischen Unterstützung von zwei weiteren Bediensteten des Bundeskriminalamtes bedienen, von denen einer die Befähigung zum Richteramt haben muss. ³Die Bediensteten des Bundeskriminalamtes sind zur Verschwiegenheit über die ihnen bekannt werdenden Erkenntnisse, die nicht ver-

wertet werden dürfen, verpflichtet. [4]Die gerichtliche Entscheidung nach Absatz 7 ist unverzüglich nachzuholen.

§ 46 Besondere Bestimmungen über den Einsatz technischer Mittel in oder aus Wohnungen. (1) Das Bundeskriminalamt kann zur Abwehr einer dringenden Gefahr für den Bestand oder die Sicherheit des Bundes oder eines Landes oder für Leib, Leben oder Freiheit einer Person oder Sachen von bedeutendem Wert, deren Erhaltung im öffentlichen Interesse geboten ist, durch den verdeckten Einsatz technischer Mittel in oder aus Wohnungen
1. das nichtöffentlich gesprochene Wort einer Person abhören und aufzeichnen,
   a) die entsprechend § 17 oder § 18 des Bundespolizeigesetzes verantwortlich ist oder
   b) bei der konkrete Vorbereitungshandlungen für sich oder zusammen mit weiteren bestimmten Tatsachen die begründete Annahme rechtfertigen, dass sie Straftaten nach § 5 Absatz 1 Satz 2 begehen wird, und
2. Lichtbilder und Bildaufzeichnungen über diese Person herstellen,

wenn die Abwehr der Gefahr auf andere Weise aussichtslos oder wesentlich erschwert wäre.

(2) [1]Die Maßnahme darf sich nur gegen die in Absatz 1 genannte Person richten und nur in deren Wohnung durchgeführt werden. [2]In Wohnungen anderer Personen ist die Maßnahme nur zulässig, wenn aufgrund bestimmter Tatsachen anzunehmen ist, dass
1. sich eine in Absatz 1 Nummer 1 Buchstabe a oder b genannte Person dort aufhält und
2. die Maßnahme in der Wohnung dieser Person allein nicht zur Abwehr der Gefahr nach Absatz 1 führen wird.

[3]Die Maßnahme darf auch durchgeführt werden, wenn andere Personen unvermeidbar betroffen werden.

(3) [1]Maßnahmen nach Absatz 1 dürfen nur auf Antrag der Präsidentin oder des Präsidenten des Bundeskriminalamtes oder ihrer oder seiner Vertretung durch das Gericht angeordnet werden. [2]Bei Gefahr im Verzug kann die Anordnung auch durch die Präsidentin oder den Präsidenten des Bundeskriminalamtes oder ihre oder seine Vertretung getroffen werden. [3]In diesem Fall ist die gerichtliche Entscheidung unverzüglich nachzuholen. [4]Soweit die Anordnung der Präsidentin oder des Präsidenten des Bundeskriminalamtes oder ihrer oder seiner Vertretung nicht binnen drei Tagen durch das Gericht bestätigt wird, tritt sie außer Kraft.

(4) Im Antrag sind anzugeben:
1. die Person, gegen die sich die Maßnahme richtet, soweit möglich, mit Name und Anschrift,
2. die zu überwachende Wohnung oder die zu überwachenden Wohnräume,
3. Art, Umfang und Dauer der Maßnahme,
4. der Sachverhalt sowie
5. eine Begründung.

Bundeskriminalamtgesetz **BKAG 30b**

(5) ¹Die Anordnung ergeht schriftlich. ²In ihr sind anzugeben:
1. der Name und die Anschrift der Person, gegen die sich die Maßnahme richtet, soweit möglich,
2. die zu überwachende Wohnung oder die zu überwachenden Wohnräume,
3. Art, Umfang und Dauer der Maßnahme sowie
4. die wesentlichen Gründe.

³Die Anordnung ist auf höchstens einen Monat zu befristen. ⁴Eine Verlängerung um jeweils nicht mehr als einen Monat ist zulässig, soweit die in den Absätzen 1, 6 und 7 bezeichneten Voraussetzungen unter Berücksichtigung der gewonnenen Erkenntnisse fortbestehen. ⁵Liegen die Voraussetzungen der Anordnung nicht mehr vor, so sind die aufgrund der Anordnung ergriffenen Maßnahmen unverzüglich zu beenden.

(6) ¹Die Maßnahme nach Absatz 1 darf nur angeordnet und durchgeführt werden, soweit aufgrund tatsächlicher Anhaltspunkte, insbesondere zu der Art der zu überwachenden Räumlichkeiten und dem Verhältnis der zu überwachenden Personen zueinander, anzunehmen ist, dass durch die Überwachung Äußerungen, die dem Kernbereich privater Lebensgestaltung zuzurechnen sind, nicht erfasst werden. ²Das Abhören und Beobachten nach Satz 1 ist unverzüglich zu unterbrechen, soweit sich während der Überwachung tatsächliche Anhaltspunkte dafür ergeben, dass Inhalte, die dem Kernbereich privater Lebensgestaltung zuzurechnen sind, erfasst werden. ³Sind das Abhören und Beobachten nach Satz 2 unterbrochen worden, so darf es unter den in Satz 1 genannten Voraussetzungen fortgeführt werden.

(7) ¹Erkenntnisse, die durch Maßnahmen nach Absatz 1 erlangt worden sind, sind dem anordnenden Gericht unverzüglich vorzulegen. ²Das Gericht entscheidet unverzüglich über die Verwertbarkeit oder Löschung. ³Erkenntnisse aus dem Kernbereich privater Lebensgestaltung, die durch eine Maßnahme nach Absatz 1 erlangt worden sind, dürfen nicht verwertet werden. ⁴Aufzeichnungen hierüber sind unverzüglich zu löschen. ⁵Die Tatsachen der Erfassung der Daten und der Löschung sind zu dokumentieren. ⁶Die Dokumentation darf ausschließlich für Zwecke der Datenschutzkontrolle verwendet werden. ⁷Sie ist sechs Monate nach der Benachrichtigung nach § 74 oder sechs Monate nach Erteilung der gerichtlichen Zustimmung über das endgültige Absehen von der Benachrichtigung zu löschen. ⁸Ist die Datenschutzkontrolle nach § 69 Absatz 1 noch nicht beendet, ist die Dokumentation bis zu ihrem Abschluss aufzubewahren.

(8) ¹Bei Gefahr im Verzug kann die Präsidentin oder der Präsident des Bundeskriminalamtes oder ihre oder seine Vertretung im Benehmen mit der oder dem Datenschutzbeauftragten des Bundeskriminalamtes über die Verwertung der Erkenntnisse entscheiden. ²Bei der Sichtung der erhobenen Daten kann sie oder er sich der technischen Unterstützung von zwei weiteren Bediensteten des Bundeskriminalamtes bedienen, von denen einer die Befähigung zum Richteramt haben muss. ³Die Bediensteten des Bundeskriminalamtes sind zur Verschwiegenheit über die ihnen bekannt werdenden Erkenntnisse, die nicht ver-

wertet werden dürfen, verpflichtet. [4]Die gerichtliche Entscheidung nach Absatz 7 ist unverzüglich nachzuholen.

§ 48 Rasterfahndung. (1) [1]Das Bundeskriminalamt kann von öffentlichen oder nichtöffentlichen Stellen die Übermittlung von personenbezogenen Daten von bestimmten Personengruppen zum Zwecke des automatisierten Abgleichs mit anderen Datenbeständen verlangen, soweit dies zur Abwehr einer Gefahr für den Bestand oder die Sicherheit des Bundes oder eines Landes oder für Leib, Leben oder Freiheit einer Person oder Sachen von bedeutendem Wert, deren Erhalt im öffentlichen Interesse geboten ist, erforderlich ist; eine solche Gefahr liegt in der Regel auch dann vor, wenn konkrete Vorbereitungshandlungen die Annahme rechtfertigen, dass eine Straftat nach § 5 Absatz 1 Satz 2 begangen werden soll. [2]Vom Bundesamt für Verfassungsschutz und von den Verfassungsschutzbehörden der Länder, dem Militärischen Abschirmdienst sowie dem Bundesnachrichtendienst kann die Übermittlung nach Satz 1 nicht verlangt werden.

(2) [1]Das Übermittlungsersuchen ist auf Namen, Anschrift, Tag und Ort der Geburt sowie auf andere im Einzelfall festzulegende Merkmale zu beschränken; es darf sich nicht auf personenbezogene Daten erstrecken, die einem Berufs- oder besonderen Amtsgeheimnis unterliegen. [2]Von Übermittlungsersuchen nicht erfasste personenbezogene Daten dürfen übermittelt werden, wenn wegen erheblicher technischer Schwierigkeiten oder wegen eines unangemessenen Zeit- oder Kostenaufwands eine Beschränkung auf die angeforderten Daten nicht möglich ist; diese Daten dürfen vom Bundeskriminalamt nicht verwendet werden.

(3) [1]Ist der Zweck der Maßnahme erreicht oder zeigt sich, dass er nicht erreicht werden kann, sind die übermittelten und im Zusammenhang mit der Maßnahme zusätzlich angefallenen Daten zu löschen und die Akten zu vernichten, soweit sie nicht für ein mit dem Sachverhalt zusammenhängendes Verfahren erforderlich sind. [2]Die getroffene Maßnahme ist zu dokumentieren. [3]Diese Dokumentation ist gesondert aufzubewahren und durch organisatorische und technische Maßnahmen zu sichern. [4]Sie ist sechs Monate nach der Benachrichtigung nach § 74 oder sechs Monate nach Erteilung der gerichtlichen Zustimmung über das endgültige Absehen von der Benachrichtigung zu löschen. [5]Ist die Datenschutzkontrolle nach § 69 Absatz 1 noch nicht beendet, ist die Dokumentation bis zu ihrem Abschluss aufzubewahren.

(4) Die Maßnahme darf nur auf Antrag der Präsidentin oder des Präsidenten des Bundeskriminalamtes oder ihrer oder seiner Vertretung durch das Gericht angeordnet werden.

§ 49 Verdeckter Eingriff in informationstechnische Systeme. (1) [1]Das Bundeskriminalamt darf ohne Wissen der betroffenen Person mit technischen Mitteln in von der betroffenen Person genutzte informationstechnische Systeme eingreifen und aus ihnen Daten erheben, wenn bestimmte Tatsachen die Annahme rechtfertigen, dass eine Gefahr vorliegt für

Bundeskriminalamtgesetz **BKAG 30b**

1. Leib, Leben oder Freiheit einer Person oder
2. solche Güter der Allgemeinheit, deren Bedrohung die Grundlagen oder den Bestand des Bundes oder eines Landes oder die Grundlagen der Existenz der Menschen berührt.

²Eine Maßnahme nach Satz 1 ist auch zulässig, wenn
1. bestimmte Tatsachen die Annahme rechtfertigen, dass innerhalb eines übersehbaren Zeitraums auf eine zumindest ihrer Art nach konkretisierte Weise eine Schädigung der in Satz 1 genannten Rechtsgüter eintritt oder
2. das individuelle Verhalten einer Person die konkrete Wahrscheinlichkeit begründet, dass sie innerhalb eines übersehbaren Zeitraums die in Satz 1 genannten Rechtsgüter schädigen wird.

³Die Maßnahme darf nur durchgeführt werden, wenn sie für die Aufgabenerfüllung nach § 5 erforderlich ist und diese ansonsten aussichtslos oder wesentlich erschwert wäre.

(2) ¹Es ist technisch sicherzustellen, dass
1. an dem informationstechnischen System nur Veränderungen vorgenommen werden, die für die Datenerhebung unerlässlich sind, und
2. die vorgenommenen Veränderungen bei Beendigung der Maßnahme soweit technisch möglich automatisiert rückgängig gemacht werden.

²Das eingesetzte Mittel ist nach dem Stand der Technik gegen unbefugte Nutzung zu schützen. ³Kopierte Daten sind nach dem Stand der Technik gegen Veränderung, unbefugte Löschung und unbefugte Kenntnisnahme zu schützen.

(3) ¹Die Maßnahme darf sich nur gegen eine Person richten, die entsprechend § 17 oder § 18 des Bundespolizeigesetzes verantwortlich ist. ²Die Maßnahme darf auch durchgeführt werden, wenn andere Personen unvermeidbar betroffen werden.

(4) Die Maßnahme nach Absatz 1 darf nur auf Antrag der Präsidentin oder des Präsidenten des Bundeskriminalamtes oder ihrer oder seiner Vertretung durch das Gericht angeordnet werden.

(5) Im Antrag sind anzugeben:
1. die Person, gegen die sich die Maßnahme richtet, soweit möglich, mit Name und Anschrift,
2. eine möglichst genaue Bezeichnung des informationstechnischen Systems, in das zur Datenerhebung eingegriffen werden soll,
3. Art, Umfang und Dauer der Maßnahme,
4. der Sachverhalt sowie
5. eine Begründung.

(6) ¹Die Anordnung ergeht schriftlich. ²In ihr sind anzugeben:
1. die Person, gegen die sich die Maßnahme richtet, soweit möglich, mit Name und Anschrift,
2. eine möglichst genaue Bezeichnung des informationstechnischen Systems, in das zur Datenerhebung eingegriffen werden soll,
3. Art, Umfang und Dauer der Maßnahme unter Benennung des Endzeitpunktes sowie

4. die wesentlichen Gründe.
³Die Anordnung ist auf höchstens drei Monate zu befristen. ⁴Eine Verlängerung um jeweils nicht mehr als drei weitere Monate ist zulässig, soweit die Anordnungsvoraussetzungen unter Berücksichtigung der gewonnenen Erkenntnisse fortbestehen. ⁵Liegen die Voraussetzungen der Anordnung nicht mehr vor, sind die aufgrund der Anordnung ergriffenen Maßnahmen unverzüglich zu beenden.

(7) ¹Liegen tatsächliche Anhaltspunkte für die Annahme vor, dass durch die Maßnahme allein Erkenntnisse aus dem Kernbereich privater Lebensgestaltung erlangt würden, ist die Maßnahme unzulässig. ²Soweit möglich, ist technisch sicherzustellen, dass Daten, die den Kernbereich privater Lebensgestaltung betreffen, nicht erhoben werden. ³Erkenntnisse, die durch Maßnahmen nach Absatz 1 erlangt worden sind, sind dem anordnenden Gericht unverzüglich vorzulegen. ⁴Das Gericht entscheidet unverzüglich über die Verwertbarkeit oder Löschung. ⁵Daten, die den Kernbereich privater Lebensgestaltung betreffen, dürfen nicht verwertet werden und sind unverzüglich zu löschen. ⁶Die Tatsachen der Erfassung der Daten und der Löschung sind zu dokumentieren. ⁷Die Dokumentation darf ausschließlich für Zwecke der Datenschutzkontrolle verwendet werden. ⁸Sie ist sechs Monate nach der Benachrichtigung nach § 74 oder sechs Monate nach Erteilung der gerichtlichen Zustimmung über das endgültige Absehen von der Benachrichtigung zu löschen. ⁹Ist die Datenschutzkontrolle nach § 69 Absatz 1 noch nicht beendet, ist die Dokumentation bis zu ihrem Abschluss aufzubewahren.

(8) ¹Bei Gefahr im Verzug kann die Präsidentin oder der Präsident des Bundeskriminalamtes oder ihre oder seine Vertretung im Benehmen mit der oder dem Datenschutzbeauftragten des Bundeskriminalamtes über die Verwertung der Erkenntnisse entscheiden. ²Bei der Sichtung der erhobenen Daten kann sie oder er sich der technischen Unterstützung von zwei weiteren Bediensteten des Bundeskriminalamtes bedienen, von denen einer die Befähigung zum Richteramt haben muss. ³Die Bediensteten des Bundeskriminalamtes sind zur Verschwiegenheit über die ihnen bekannt werdenden Erkenntnisse, die nicht verwertet werden dürfen, verpflichtet. ⁴Die gerichtliche Entscheidung nach Absatz 7 ist unverzüglich nachzuholen.

§ 51 Überwachung der Telekommunikation. (1) ¹Das Bundeskriminalamt kann ohne Wissen der betroffenen Person die Telekommunikation einer Person überwachen und aufzeichnen,
1. die entsprechend § 17 oder § 18 des Bundespolizeigesetzes verantwortlich ist und dies zur Abwehr einer dringenden Gefahr für den Bestand oder die Sicherheit des Bundes oder eines Landes oder für Leib, Leben oder Freiheit einer Person oder Sachen von bedeutendem Wert, deren Erhaltung im öffentlichen Interesse liegt, geboten ist,
2. bei der bestimmte Tatsachen die Annahme rechtfertigen, dass sie innerhalb eines übersehbaren Zeitraums auf eine zumindest ihrer Art nach konkretisierte Weise eine Straftat nach § 5 Absatz 1 Satz 2 begehen wird,

Bundeskriminalamtgesetz **BKAG 30b**

3. deren individuelles Verhalten die konkrete Wahrscheinlichkeit begründet, dass sie innerhalb eines übersehbaren Zeitraums eine Straftat nach § 5 Absatz 1 Satz 2 begehen wird,
4. bei der bestimmte Tatsachen die Annahme rechtfertigen, dass sie für eine Person nach Nummer 1 bestimmte oder von dieser herrührende Mitteilungen entgegennimmt oder weitergibt oder
5. bei der bestimmte Tatsachen die Annahme rechtfertigen, dass eine Person nach Nummer 1 deren Telekommunikationsanschluss oder Endgerät benutzen wird

und die Abwehr der Gefahr oder Verhütung der Straftaten auf andere Weise aussichtslos oder wesentlich erschwert wäre. ²Die Maßnahme darf auch durchgeführt werden, wenn andere Personen unvermeidbar betroffen werden.

(2) ¹Die Überwachung und Aufzeichnung der Telekommunikation darf ohne Wissen der betroffenen Person in der Weise erfolgen, dass mit technischen Mitteln in von der betroffenen Person genutzte informationstechnische Systeme eingegriffen wird, wenn
1. durch technische Maßnahmen sichergestellt ist, dass ausschließlich laufende Telekommunikation überwacht und aufgezeichnet wird und
2. der Eingriff in das informationstechnische System notwendig ist, um die Überwachung und Aufzeichnung der Telekommunikation insbesondere auch in unverschlüsselter Form zu ermöglichen.

²§ 49 Absatz 2 gilt entsprechend. 3 § 49 bleibt im Übrigen unberührt.

(3) ¹Maßnahmen nach den Absätzen 1 und 2 dürfen nur auf Antrag der Präsidentin oder des Präsidenten des Bundeskriminalamtes oder ihrer oder seiner Vertretung durch das Gericht angeordnet werden. ²Bei Gefahr im Verzug kann die Anordnung durch die Präsidentin oder den Präsidenten des Bundeskriminalamtes oder ihre oder seine Vertretung getroffen werden. ³In diesem Fall ist die gerichtliche Entscheidung unverzüglich nachzuholen. ⁴Soweit diese Anordnung nicht binnen drei Tagen durch das Gericht bestätigt wird, tritt sie außer Kraft.

(4) Im Antrag sind anzugeben:
1. die Person, gegen die sich die Maßnahme richtet, soweit möglich, mit Name und Anschrift,
2. die Rufnummer oder eine andere Kennung des zu überwachenden Anschlusses oder des Endgeräts, sofern sich nicht aus bestimmten Tatsachen ergibt, dass diese zugleich einem anderen Endgerät zugeordnet ist,
3. Art, Umfang und Dauer der Maßnahme,
4. im Falle des Absatzes 2 auch eine möglichst genaue Bezeichnung des informationstechnischen Systems, in das zur Datenerhebung eingegriffen werden soll,
5. der Sachverhalt sowie
6. eine Begründung.

(5) ¹Die Anordnung ergeht schriftlich. ²In ihr sind anzugeben:

30b BKAG Bundeskriminalamtgesetz

1. die Person, gegen die sich die Maßnahme richtet, soweit möglich, mit Name und Anschrift,
2. die Rufnummer oder eine andere Kennung des zu überwachenden Anschlusses oder des Endgeräts, sofern sich nicht aus bestimmten Tatsachen ergibt, dass diese zugleich einem anderen Endgerät zugeordnet ist,
3. Art, Umfang und Dauer der Maßnahme unter Benennung des Endzeitpunktes,
4. im Falle des Absatzes 2 auch eine möglichst genaue Bezeichnung des informationstechnischen Systems, in das zur Datenerhebung eingegriffen werden soll, sowie
5. die wesentlichen Gründe.

[3]Die Anordnung ist auf höchstens drei Monate zu befristen. [4]Eine Verlängerung um jeweils nicht mehr als drei weitere Monate ist zulässig, soweit die Voraussetzungen der Anordnung unter Berücksichtigung der gewonnenen Erkenntnisse fortbestehen. [5]Liegen die Voraussetzungen der Anordnung nicht mehr vor, sind die aufgrund der Anordnung ergriffenen Maßnahmen unverzüglich zu beenden.

(6) [1]Aufgrund der Anordnung hat jeder, der Telekommunikationsdienste erbringt oder daran mitwirkt (Diensteanbieter), dem Bundeskriminalamt die Maßnahmen nach Absatz 1 zu ermöglichen und die erforderlichen Auskünfte unverzüglich zu erteilen. [2]Ob und in welchem Umfang hierfür Vorkehrungen zu treffen sind, bestimmt sich nach dem Telekommunikationsgesetz und der Telekommunikations-Überwachungsverordnung. [3]Für die Entschädigung der Diensteanbieter ist § 23 des Justizvergütungs- und -entschädigungsgesetzes entsprechend anzuwenden.

(7) [1]Liegen tatsächliche Anhaltspunkte für die Annahme vor, dass durch eine Maßnahme nach den Absätzen 1 und 2 allein Erkenntnisse aus dem Kernbereich privater Lebensgestaltung erlangt würden, ist die Maßnahme unzulässig. [2]Soweit im Rahmen von Maßnahmen nach den Absätzen 1 und 2 neben einer automatischen Aufzeichnung eine unmittelbare Kenntnisnahme erfolgt, ist die Maßnahme unverzüglich zu unterbrechen, soweit sich während der Überwachung tatsächliche Anhaltspunkte dafür ergeben, dass Inhalte, die dem Kernbereich privater Lebensgestaltung zuzurechnen sind, erfasst werden. [3]Bestehen insoweit Zweifel, darf nur eine automatische Aufzeichnung fortgesetzt werden. [4]Automatische Aufzeichnungen sind unverzüglich dem anordnenden Gericht vorzulegen. [5]Das Gericht entscheidet unverzüglich über die Verwertbarkeit oder Löschung der Daten. [6]Ist die Maßnahme nach Satz 2 unterbrochen worden, so darf sie für den Fall, dass sie nicht nach Satz 1 unzulässig ist, fortgeführt werden. [7]Erkenntnisse aus dem Kernbereich privater Lebensgestaltung, die durch eine Maßnahme nach den Absätzen 1 und 2 erlangt worden sind, dürfen nicht verwertet werden. [8]Aufzeichnungen hierüber sind unverzüglich zu löschen. [9]Die Tatsachen der Erfassung der Daten und der Löschung sind zu dokumentieren. [10]Die Dokumentation darf ausschließlich für Zwecke der Datenschutzkontrolle verwendet werden. [11]Sie ist sechs Monate nach der

Bundeskriminalamtgesetz **BKAG 30b**

Benachrichtigung nach § 74 oder sechs Monate nach Erteilung der gerichtlichen Zustimmung über das endgültige Absehen von der Benachrichtigung zu löschen. [12]Ist die Datenschutzkontrolle nach § 69 Absatz 1 noch nicht beendet, ist die Dokumentation bis zu ihrem Abschluss aufzubewahren.

(8) [1]Bei Gefahr im Verzug kann die Präsidentin oder der Präsident des Bundeskriminalamtes oder ihre oder seine Vertretung im Benehmen mit der oder dem Datenschutzbeauftragten des Bundeskriminalamtes über die Verwertung der Erkenntnisse entscheiden. [2]Bei der Sichtung der erhobenen Daten kann sie oder er sich der technischen Unterstützung von zwei weiteren Bediensteten des Bundeskriminalamtes bedienen, von denen einer die Befähigung zum Richteramt haben muss. [3]Die Bediensteten des Bundeskriminalamtes sind zur Verschwiegenheit über die ihnen bekannt werdenden Erkenntnisse, die nicht verwertet werden dürfen, verpflichtet. [4]Die gerichtliche Entscheidung nach Absatz 7 ist unverzüglich nachzuholen.

§ 52 Erhebung von Telekommunikationsverkehrsdaten und Nutzungsdaten. (1) Das Bundeskriminalamt kann ohne Wissen der betroffenen Person Verkehrsdaten (§§ 9 und 12 des Telekommunikation-Telemedien-Datenschutz-Gesetzes) erheben zu
1. den entsprechend § 17 oder § 18 des Bundespolizeigesetzes Verantwortlichen zur Abwehr einer dringenden Gefahr für den Bestand oder die Sicherheit des Bundes oder eines Landes oder für Leib, Leben oder Freiheit einer Person oder Sachen von bedeutendem Wert, deren Erhaltung im öffentlichen Interesse geboten ist,
2. der Person, bei der bestimmte Tatsachen die Annahme rechtfertigen, dass sie innerhalb eines übersehbaren Zeitraums auf eine zumindest ihrer Art nach konkretisierte Weise eine Straftat nach § 5 Absatz 1 Satz 2 begehen wird,
3. der Person, deren individuelles Verhalten die konkrete Wahrscheinlichkeit begründet, dass sie innerhalb eines übersehbaren Zeitraums eine Straftat nach § 5 Absatz 1 Satz 2 begehen wird,
4. der Person, bei der bestimmte Tatsachen die Annahme rechtfertigen, dass sie für eine Person nach Nummer 1 bestimmte oder von dieser herrührende Mitteilungen entgegennimmt oder weitergibt, oder
5. der Person, bei der bestimmte Tatsachen die Annahme rechtfertigen, dass eine Person nach Nummer 1 deren Telekommunikationsanschluss oder Endgerät benutzen wird,

wenn die Abwehr der Gefahr oder Verhütung der Straftaten auf andere Weise aussichtslos oder wesentlich erschwert wäre.

(2) [1]Unter den Voraussetzungen des Absatzes 1 kann das Bundeskriminalamt von denjenigen, die geschäftsmäßig eigene oder fremde Telemedien zur Nutzung bereithalten oder den Zugang zur Nutzung vermitteln, Auskunft über Nutzungsdaten (§ 2 Absatz 2 Nummer 3 des Telekommunikation-Telemedien-Datenschutz-Gesetzes) verlangen. [2]Die Auskunft kann auch über zukünftige Nutzungsdaten angeordnet werden. [3]Der Diensteanbieter hat die Daten dem

30b BKAG   Bundeskriminalamtgesetz

Bundeskriminalamt unverzüglich auf dem vom Bundeskriminalamt bestimmten Weg zu übermitteln.

(3) [1]§ 51 Absatz 3 bis 6 gilt entsprechend mit der Maßgabe, dass an die Stelle der Präsidentin oder des Präsidenten des Bundeskriminalamtes oder ihrer oder seiner Vertretung die zuständige Abteilungsleitung oder deren Vertretung tritt. [2]Abweichend von § 51 Absatz 4 Nummer 2 und Absatz 5 Satz 1 Nummer 2 genügt eine räumlich und zeitlich hinreichende Bezeichnung der Telekommunikation, sofern anderenfalls die Erreichung des Zwecks der Maßnahme aussichtslos oder wesentlich erschwert wäre.

§ 53 Identifizierung und Lokalisierung von Mobilfunkkarten und -endgeräten. (1) Das Bundeskriminalamt kann unter den Voraussetzungen des § 51 Absatz 1 durch technische Mittel ermitteln:
1. die Gerätenummer eines Mobilfunkendgeräts und die Kartennummer der darin verwendeten Karte sowie
2. den Standort eines Mobilfunkendgeräts.

(2) [1]Personenbezogene Daten Dritter dürfen anlässlich einer Maßnahme nach Absatz 1 nur erhoben werden, wenn dies aus technischen Gründen zur Erreichung des Zwecks nach Absatz 1 unvermeidbar ist. [2]Über den Datenabgleich zur Ermittlung der gesuchten Geräte- und Kartennummer hinaus dürfen sie nicht verwendet werden und sind nach Beendigung der Maßnahme unverzüglich zu löschen.

(3) [1]§ 51 Absatz 3 und 5 Satz 1 und 5 gilt entsprechend. [2]Die Anordnung ist auf höchstens sechs Monate zu befristen. [3]Eine Verlängerung um jeweils nicht mehr als sechs Monate ist zulässig, soweit die in Absatz 1 bezeichneten Voraussetzungen fortbestehen.

(4) Aufgrund der Anordnung einer Maßnahme nach Absatz 1 Nummer 2 hat jeder, der Telekommunikationsdienste erbringt oder daran mitwirkt, dem Bundeskriminalamt die für die Ermittlung des Standortes des Mobilfunkendgeräts erforderliche Geräte- und Kartennummer unverzüglich mitzuteilen.

§ 56 Elektronische Aufenthaltsüberwachung. (1) Das Bundeskriminalamt kann eine Person dazu verpflichten, ein technisches Mittel, mit dem der Aufenthaltsort dieser Person elektronisch überwacht werden kann, ständig in betriebsbereitem Zustand am Körper bei sich zu führen und dessen Funktionsfähigkeit nicht zu beeinträchtigen, wenn
1. bestimmte Tatsachen die Annahme rechtfertigen, dass diese Person innerhalb eines übersehbaren Zeitraums auf eine zumindest ihrer Art nach konkretisierte Weise eine Straftat nach § 5 Absatz 1 Satz 2 begehen wird oder
2. deren individuelles Verhalten eine konkrete Wahrscheinlichkeit dafür begründet, dass sie innerhalb eines übersehbaren Zeitraums eine Straftat nach § 5 Absatz 1 Satz 2 begehen wird,

um diese Person durch die Überwachung und die Datenverwendung von der Begehung dieser Straftat abzuhalten.

Bundeskriminalamtgesetz **BKAG 30b**

(2) ¹Das Bundeskriminalamt verarbeitet mit Hilfe der von der betroffenen Person mitgeführten technischen Mittel automatisiert Daten über deren Aufenthaltsort sowie über etwaige Beeinträchtigungen der Datenerhebung. ²Soweit es technisch möglich ist, ist sicherzustellen, dass innerhalb der Wohnung der betroffenen Person keine über den Umstand ihrer Anwesenheit hinausgehenden Aufenthaltsdaten erhoben werden. ³Die Daten dürfen ohne Einwilligung der betroffenen Person nur verwendet werden, soweit dies erforderlich ist für die folgenden Zwecke:
1. zur Verhütung oder zur Verfolgung von Straftaten nach § 5 Absatz 1 Satz 2,
2. zur Feststellung von Verstößen gegen Aufenthaltsvorgaben nach § 55 Absatz 1 und Kontaktverbote nach § 55 Absatz 2,
3. zur Verfolgung einer Straftat nach § 87,
4. zur Abwehr einer erheblichen gegenwärtigen Gefahr für Leib, Leben oder Freiheit einer dritten Person,
5. zur Aufrechterhaltung der Funktionsfähigkeit der technischen Mittel.

⁴Zur Einhaltung der Zweckbindung nach Satz 3 hat die Verarbeitung der Daten automatisiert zu erfolgen, und es sind die Daten gegen unbefugte Kenntnisnahme besonders zu sichern. ⁵Die in Satz 1 genannten Daten sind spätestens zwei Monate nach ihrer Erhebung zu löschen, soweit sie nicht für die in Satz 3 genannten Zwecke verwendet werden. ⁶Werden innerhalb der Wohnung der betroffenen Person über den Umstand ihrer Anwesenheit hinausgehende Aufenthaltsdaten erhoben, dürfen diese nicht verwendet werden und sind unverzüglich nach Kenntnisnahme zu löschen. ⁷Die Tatsache ihrer Kenntnisnahme und Löschung ist zu dokumentieren. ⁸Die Dokumentation darf ausschließlich für Zwecke der Datenschutzkontrolle verwendet werden. ⁹Sie ist nach Abschluss der Datenschutzkontrolle nach § 69 Absatz 1 zu löschen.

(3) ¹Die zuständigen Polizeibehörden des Bundes und der Länder sowie sonstige öffentliche Stellen übermitteln dem Bundeskriminalamt personenbezogene Daten über die betroffene Person, soweit dies zur Durchführung der Maßnahme nach den Absätzen 1 und 2 erforderlich ist. ²Das Bundeskriminalamt kann zu diesem Zweck auch bei anderen Stellen personenbezogene Daten über die betroffene Person erheben.

(4) Zur Durchführung der Maßnahme nach Absatz 1 hat das Bundeskriminalamt
1. Daten des Aufenthaltsortes der betroffenen Person an die zuständigen Polizei- und Strafverfolgungsbehörden weiterzugeben, wenn dies zur Verhütung oder zur Verfolgung einer Straftat nach § 5 Absatz 1 Satz 2 erforderlich ist,
2. Daten des Aufenthaltsortes der betroffenen Person an die zuständigen Polizeibehörden weiterzugeben, sofern dies zur Durchsetzung von Maßnahmen nach Absatz 2 Satz 3 Nummer 2 erforderlich ist,
3. Daten des Aufenthaltsortes der betroffenen Person an die zuständige Strafverfolgungsbehörde zur Verfolgung einer Straftat nach § 87 weiterzugeben,

4. Daten des Aufenthaltsortes der betroffenen Person an zuständige Polizeibehörden weiterzugeben, sofern dies zur Abwehr einer erheblichen gegenwärtigen Gefahr im Sinne von Absatz 2 Satz 3 Nummer 4 erforderlich ist,
5. eingehende Systemmeldungen über Verstöße nach Absatz 2 Satz 3 Nummer 2 entgegenzunehmen und zu bewerten,
6. die Ursache einer Meldung zu ermitteln; hierzu kann das Bundeskriminalamt Kontakt mit der betroffenen Person aufnehmen, sie befragen, sie auf den Verstoß hinweisen und ihr mitteilen, wie sie dessen Beendigung bewirken kann,
7. eine Überprüfung der bei der betroffenen Person vorhandenen technischen Geräte auf ihre Funktionsfähigkeit oder Manipulation und die zu der Behebung einer Funktionsbeeinträchtigung erforderlichen Maßnahmen, insbesondere den Austausch der technischen Mittel oder von Teilen davon, einzuleiten,
8. Anfragen der betroffenen Person zum Umgang mit den technischen Mitteln zu beantworten.

(5) ¹Maßnahmen nach Absatz 1 dürfen nur auf Antrag der zuständigen Abteilungsleitung oder deren Vertretung durch das Gericht angeordnet werden. ²Bei Gefahr im Verzug kann die Anordnung durch die zuständige Abteilungsleitung oder deren Vertretung getroffen werden. ³In diesem Fall ist die gerichtliche Entscheidung unverzüglich nachzuholen. ⁴Soweit die Anordnung nicht binnen drei Tagen durch das Gericht bestätigt wird, tritt sie außer Kraft.

(6) Im Antrag sind anzugeben:
1. die Person, gegen die sich die Maßnahme richtet, mit Name und Anschrift,
2. Art, Umfang und Dauer der Maßnahme,
3. die Angabe, ob gegenüber der Person, gegen die sich die Maßnahme richtet, eine Aufenthaltsvorgabe oder ein Kontaktverbot besteht,
4. der Sachverhalt sowie
5. eine Begründung.

(7) ¹Die Anordnung ergeht schriftlich. ²In ihr sind anzugeben:
1. die Person, gegen die sich die Maßnahme richtet, mit Name und Anschrift,
2. Art, Umfang und Dauer der Maßnahme sowie
3. die wesentlichen Gründe.

(8) ¹Die Anordnung ist auf höchstens drei Monate zu befristen. ²Eine Verlängerung um jeweils nicht mehr als drei Monate ist möglich, soweit die Anordnungsvoraussetzungen fortbestehen. ³Liegen die Voraussetzungen der Anordnung nicht mehr vor, ist die Maßnahme unverzüglich zu beenden.

§ 63a Bestandsdatenauskunft. (1) Das Bundeskriminalamt darf von demjenigen, der geschäftsmäßig Telekommunikationsdienste erbringt oder daran mitwirkt, Auskunft über Bestandsdaten gemäß § 3 Nummer 6 des Telekommunikationsgesetzes und über die nach § 172 des Telekommunikationsgesetzes erhobenen Daten verlangen (§ 174 Absatz 1 Satz 1 des Telekommunikationsgesetzes), soweit die zu erhebenden Daten im Einzelfall erforderlich sind

Bundeskriminalamtgesetz **BKAG 30b**

1. zur Abwehr einer Gefahr für eine zu schützende Person oder für eine zu schützende Räumlichkeit nach § 6 oder
2. zum Schutz von Leib, Leben, Freiheit, sexueller Selbstbestimmung oder bedeutenden Sachwerten einer zu schützenden Person oder zum Schutz einer zu schützenden Räumlichkeit nach § 6, wenn Tatsachen den Schluss auf ein wenigstens seiner Art nach konkretisiertes und zeitlich absehbares Geschehen zulassen, an dem bestimmte Personen beteiligt sein werden, oder
3. zum Schutz von Leib, Leben, Freiheit oder sexueller Selbstbestimmung einer zu schützenden Person oder zum Schutz einer zu schützenden Räumlichkeit nach § 6, wenn das individuelle Verhalten einer Person die konkrete Wahrscheinlichkeit begründet, dass sie in einem übersehbaren Zeitraum eine Straftat gegen eines dieser Rechtsgüter der zu schützenden Person oder gegen eine zu schützende Räumlichkeit begehen wird.

(2) Unter den Voraussetzungen des Absatzes 1 darf von demjenigen, der geschäftsmäßig eigene oder fremde Telemedien zur Nutzung bereithält oder den Zugang zur Nutzung vermittelt, Auskunft über Bestandsdaten gemäß § 2 Absatz 2 Nummer 2 des Telekommunikation-Telemedien-Datenschutz-Gesetzes (§ 22 Absatz 1 Satz 1 und § 23 Absatz 1 Satz 1 des Telekommunikation-Telemedien-Datenschutz-Gesetzes).

(3) [1]Bezieht sich das Auskunftsverlangen nach Absatz 1 auf Daten, mittels derer der Zugriff auf Endgeräte oder auf Speichereinrichtungen, die in diesen Endgeräten oder hiervon räumlich getrennt eingesetzt werden, geschützt wird (§ 174 Absatz 1 Satz 2 des Telekommunikationsgesetzes), darf die Auskunft nur verlangt werden, wenn die gesetzlichen Voraussetzungen für die Nutzung der Daten vorliegen. [2]Bezieht sich das Auskunftsverlangen nach Absatz 2 auf nach als Bestandsdaten erhobene Passwörter oder auf andere Daten, mittels derer der Zugriff auf Endgeräte oder auf Speichereinrichtungen, die in diesen Endgeräten oder hiervon räumlich getrennt eingesetzt werden, geschützt wird (§ 23 Absatz 1 Satz 1 des Telekommunikation-Telemedien-Datenschutz-Gesetzes), darf die Auskunft nur verlangt werden zur Abwehr einer konkreten Gefahr für Leib, Leben, Freiheit oder die sexuelle Selbstbestimmung der zu schützenden Person oder für den Bestand des Bundes oder eines Landes oder die freiheitlich demokratische Grundordnung und wenn die gesetzlichen Voraussetzungen für die Nutzung der Daten vorliegen. [3]Auskunftsverlangen nach den Sätzen 1 und 2 dürfen nur auf Antrag der Präsidentin oder des Präsidenten des Bundeskriminalamts oder ihrer oder seiner Vertretung durch das Gericht angeordnet werden. [4]In den Fällen des Satzes 1 ist Satz 3 nicht anzuwenden, wenn
1. die betroffene Person vom Auskunftsverlangen bereits Kenntnis hat oder haben muss, oder
2. die Verarbeitung der Daten bereits durch eine gerichtliche Entscheidung gestattet wird.

[5]Das Vorliegen der Voraussetzungen nach Satz 4 ist aktenkundig zu machen.
[6]Zuständig ist das Amtsgericht, in dessen Bezirk das Bundeskriminalamt sei-

30b BKAG Bundeskriminalamtgesetz

nen Sitz hat. [7]Für das Verfahren gelten die Vorschriften des Gesetzes über das Verfahren in Familiensachen und in den Angelegenheiten der freiwilligen Gerichtsbarkeit entsprechend. [8]Werden dem Bundeskriminalamt aufgrund eines Auskunftsersuchens nach Satz 2 Passwörter oder andere Daten unverschlüsselt beauskunftet, so informiert das Bundeskriminalamt hierüber die jeweils zuständige Datenschutzaufsichtsbehörde.

(4) [1]Die Auskunft nach den Absätzen 1 und 2 darf auch anhand einer zu einem bestimmten Zeitpunkt zugewiesenen Internetprotokoll-Adresse verlangt werden (§ 174 Absatz 1 Satz 3 des Telekommunikationsgesetzes und § 22 Absatz 1 Satz 3 und 4 des Telekommunikation-Telemedien-Datenschutz-Gesetzes) in den Fällen von
1. Absatz 1 Nummer 1 bei Gefahr der Begehung einer Straftat oder
2. Absatz 1 Nummer 2 oder 3 zum Schutz eines in Absatz 1 Nummer 3 genannten Rechtsguts.

[2]Absatz 3 Satz 2 bleibt unberührt. [3]Die Auskunft nach den Absätzen 1 und 2 anhand einer zu einem bestimmten Zeitpunkt zugewiesenen Internetprotokoll-Adresse nach § 22 Absatz 1 Satz 3 und 4 des Telekommunikation-Telemedien-Datenschutz-Gesetzes darf darüber hinaus nur verlangt werden, wenn tatsächliche Anhaltspunkte dafür vorliegen, dass die betroffene Person Nutzer des Telemediendienstes ist, bei dem die Daten erhoben werden sollen. [4]Die rechtlichen und tatsächlichen Grundlagen des Auskunftsverlangens sind aktenkundig zu machen.

§ 64 Besondere Mittel der Datenerhebung. (1) [1]Das Bundeskriminalamt kann personenbezogene Daten mit den besonderen Mitteln nach Absatz 2 erheben über
1. Personen, bei denen Tatsachen die Annahme rechtfertigen, dass von ihnen eine Straftat gegen Leib, Leben oder Freiheit einer zu schützenden Person oder eine gemeingefährliche Straftat gegen eine der in § 6 genannten Räumlichkeiten verübt werden soll, oder
2. Personen nach § 39 Absatz 2 Nummer 2

und die Abwehr der Gefahr oder die Verhütung der Straftat auf andere Weise aussichtslos ist oder wesentlich erschwert würde. [2]Die Erhebung kann auch durchgeführt werden, wenn Dritte unvermeidbar betroffen werden.

(2) Besondere Mittel der Datenerhebung sind:
1. die längerfristige Observation,
2. der Einsatz technischer Mittel außerhalb der Wohnung in einer für die betroffene Person nicht erkennbaren Weise
   a) zur Anfertigung von Bildaufnahmen oder -aufzeichnungen,
   b) zum Abhören oder Aufzeichnen des nicht öffentlich gesprochenen Wortes und
3. der Einsatz von Vertrauenspersonen.

(3) [1]Maßnahmen nach
1. Absatz 2 Nummer 1,

Bundeskriminalamtgesetz **BKAG 30b**

2. Absatz 2 Nummer 2 Buchstabe a, bei denen durchgehend länger als 24 Stunden oder an mehr als zwei Tagen Bildaufzeichnungen bestimmter Personen angefertigt werden sollen,
3. Absatz 2 Nummer 2 Buchstabe b,
4. Absatz 2 Nummer 3, die sich gegen eine bestimmte Person richten oder bei denen die Vertrauensperson eine Wohnung betritt, die nicht allgemein zugänglich ist,

dürfen nur auf Antrag der Leitung der für den Personenschutz zuständigen Abteilung des Bundeskriminalamtes oder deren Vertretung durch das Gericht angeordnet werden. ²Bei Gefahr im Verzug kann die Anordnung einer Maßnahme nach Satz 1 durch die Leitung der für den Personenschutz zuständigen Abteilung des Bundeskriminalamtes oder deren Vertretung getroffen werden. ³In diesem Fall ist die gerichtliche Entscheidung unverzüglich nachzuholen. ⁴Soweit die Anordnung nicht binnen drei Tagen durch das Gericht bestätigt wird, tritt sie außer Kraft. ⁵Die übrigen Maßnahmen nach Absatz 2 Nummer 1 bis 3 dürfen, außer bei Gefahr im Verzug, nur durch die Leitung der für den Personenschutz zuständigen Abteilung des Bundeskriminalamtes oder deren Vertretung angeordnet werden.

(4) § 45 Absatz 4, 5, 7 und 8 gilt entsprechend.

(5) Personenbezogene Daten, die durch Maßnahmen nach Absatz 2 erlangt worden sind, sind unverzüglich zu löschen, soweit sie für den der Anordnung zugrunde liegenden Zweck oder nach Maßgabe der Strafprozessordnung zur Verfolgung einer Straftat nicht oder nicht mehr erforderlich sind.

§ 65 Ausschreibung zur polizeilichen Beobachtung oder gezielten Kontrolle. (1) Das Bundeskriminalamt kann eine Ausschreibung zur polizeilichen Beobachtung oder eine Ausschreibung zur gezielten Kontrolle vornehmen, wenn
1. die Gesamtwürdigung der Person und ihre bisher begangenen Straftaten erwarten lassen, dass sie künftig Straftaten, durch die die zu schützenden Personen unmittelbar gefährdet sind, begehen wird,
2. Tatsachen die Annahme rechtfertigen, dass die Person Straftaten, durch die die zu schützenden Personen unmittelbar gefährdet sind, begehen wird oder
3. die Person mit einer Person nach den Nummern 1 und 2 nicht nur flüchtig oder in zufälligem Kontakt in Verbindung steht und tatsächliche Anhaltspunkte die Annahme rechtfertigen, dass sie von der Vorbereitung einer Straftat, durch die die zu schützenden Personen unmittelbar gefährdet sind, Kenntnis hat

und dies zur Verhütung der Straftaten erforderlich ist.

(2) § 47 Absatz 3 bis 5 gilt entsprechend.

§ 69 Aufgaben und Befugnisse der oder des Bundesbeauftragten für den Datenschutz und die Informationsfreiheit. (1) ¹Die oder der Bundesbeauftragte für den Datenschutz und die Informationsfreiheit führt, unbeschadet ihrer oder seiner in § 14 des Bundesdatenschutzgesetzes genannten Aufgaben, auch im Hinblick auf die Datenverarbeitung im Informationssystem nach § 13 und im Informationsverbund nach § 29 Kontrollen bezüglich der Datenverarbeitung bei Maßnahmen nach Abschnitt 5, nach § 34 oder nach § 64 und von Übermittlungen nach § 27 mindestens alle zwei Jahre durch. ²Sie oder er kontrolliert darüber hinaus mindestens alle zwei Jahre, dass Zugriffe auf personenbezogene Daten im Informationssystem und, im Rahmen ihrer oder seiner Zuständigkeit, im Informationsverbund nur innerhalb der Zugriffsberechtigungen nach § 15 Absatz 1 erfolgen.

(2) Sofern die oder der Bundesbeauftragte für den Datenschutz und die Informationsfreiheit Verstöße nach § 16 Absatz 2 des Bundesdatenschutzgesetzes beanstandet hat, kann sie oder er geeignete Maßnahmen anordnen, wenn dies zur Beseitigung eines erheblichen Verstoßes gegen datenschutzrechtliche Vorschriften erforderlich ist.

§ 72 Stellung der oder des Datenschutzbeauftragten des Bundeskriminalamtes und Zusammenarbeit mit der oder dem Bundesbeauftragten für den Datenschutz und die Informationsfreiheit. (1) Die oder der Datenschutzbeauftragte des Bundeskriminalamtes ist der Leitung des Bundeskriminalamtes unmittelbar zu unterstellen.

(2) Zur Erfüllung ihrer oder seiner Aufgabe kann sich die oder der Datenschutzbeauftragte des Bundeskriminalamtes in Zweifelsfällen an die Bundesbeauftragte oder den Bundesbeauftragten für den Datenschutz und die Informationsfreiheit wenden, nachdem sie oder er das Benehmen mit der Leitung des Bundeskriminalamtes hergestellt hat; bei Unstimmigkeiten zwischen der oder dem Datenschutzbeauftragten des Bundeskriminalamtes und der Leitung des Bundeskriminalamtes entscheidet das Bundesministerium des Innern, für Bau und Heimat.

§ 73 Datenschutzrechtliche Verantwortung der Verbindungsbeamtinnen und Verbindungsbeamten des Bundeskriminalamtes. Die datenschutzrechtliche Verantwortung für die Tätigkeit der an deutsche Auslandsvertretungen abgeordneten Verbindungsbeamtinnen und Verbindungsbeamten des Bundeskriminalamtes verbleibt beim Bundeskriminalamt.

§ 75 Benachrichtigung über die Speicherung personenbezogener Daten von Kindern. ¹Werden personenbezogene Daten von Kindern, die ohne Kenntnis der Sorgeberechtigten erhoben worden sind, gespeichert, sind die Sorgeberechtigten zu benachrichtigen, sobald die Aufgabenerfüllung hierdurch nicht mehr gefährdet wird. ²Von der Benachrichtigung kann abgesehen werden, solange zu besorgen ist, dass die Benachrichtigung zu erheblichen Nachteilen für das Kind führt. ³Im Rahmen des polizeilichen Informationsverbundes obliegt diese Verpflichtung der dateneingebenden Stelle.

§ 76 Nachträgliche Benachrichtigung über Ausschreibungen zur polizeilichen Beobachtung im Schengener Informationssystem. (1) Ist eine Ausschreibung zur polizeilichen Beobachtung nach Artikel 36 Absatz 1 des Be-

Bundeskriminalamtgesetz **BKAG 30b**

schlusses 2007/533/JI des Rates vom 12. Juni 2007 über die Einrichtung, den Betrieb und die Nutzung des Schengener Informationssystems der zweiten Generation (SIS II) (ABl. L 205 vom 7.8.2007, S. 63) durch eine Stelle der Bundesrepublik Deutschland in das Schengener Informationssystem eingegeben worden, hat das Bundeskriminalamt im Einvernehmen mit der Stelle, die die Ausschreibung veranlasst hat, die betroffene Person nach Beendigung der Ausschreibung über diese Ausschreibung zu benachrichtigen, soweit die Benachrichtigung nicht aufgrund anderer besonderer gesetzlicher Bestimmungen vorgesehen ist.

(2) [1]Die Benachrichtigung unterbleibt, solange dadurch die Durchführung einer rechtmäßigen Aufgabe im Zusammenhang mit der Ausschreibung gefährdet würde. [2]Die Stelle, die die Ausschreibung veranlasst hat, unterrichtet das Bundeskriminalamt über die Löschung und darüber, ob die betroffene Person benachrichtigt werden kann.

(3) [1]Erfolgt die nach Absatz 2 Satz 1 zurückgestellte Benachrichtigung nicht binnen zwölf Monaten nach Beendigung der Ausschreibung, bedürfen weitere Zurückstellungen auf Antrag der Stelle, die die Ausschreibung veranlasst hat, der gerichtlichen Zustimmung. [2]Das Gericht bestimmt die Dauer weiterer Zurückstellungen. [3]Fünf Jahre nach Beendigung der Ausschreibung kann es dem endgültigen Absehen von der Benachrichtigung zustimmen, wenn die Voraussetzungen für eine Benachrichtigung mit an Sicherheit grenzender Wahrscheinlichkeit auch in Zukunft nicht eintreten werden. [4]Die Zuständigkeit des Gerichts bestimmt sich nach dem jeweils für die Stelle, die die Ausschreibung veranlasst hat, geltenden Bundes- oder Landesrecht. [5]Ist insoweit keine Regelung getroffen, ist das Amtsgericht zuständig, in dessen Bezirk die Stelle, die die Ausschreibung veranlasst hat, ihren Sitz hat. [6]In diesem Fall gelten für das Verfahren die Bestimmungen des Gesetzes über das Verfahren in Familiensachen und in den Angelegenheiten der freiwilligen Gerichtsbarkeit entsprechend.

(4) Im Falle einer Ausschreibung nach § 17 Absatz 3 des Bundesverfassungsschutzgesetzes erfolgt die Benachrichtigung abweichend von Absatz 1 durch die Stelle, die die Ausschreibung veranlasst hat, nach Beendigung der Ausschreibung, sobald eine Gefährdung des Zwecks der Ausschreibung ausgeschlossen werden kann.

§ 77 Aussonderungsprüffrist; Mitteilung von Löschungsverpflichtungen. (1) [1]Das Bundeskriminalamt prüft nach § 75 des Bundesdatenschutzgesetzes bei der Einzelfallbearbeitung und nach festgesetzten Fristen, ob gespeicherte personenbezogene Daten zu berichtigen oder zu löschen sind. [2]Die Aussonderungsprüffristen nach § 75 Absatz 4 des Bundesdatenschutzgesetzes dürfen bei im Informationssystem des Bundeskriminalamtes verarbeiteten personenbezogenen Daten bei Erwachsenen zehn Jahre, bei Jugendlichen fünf Jahre und bei Kindern zwei Jahre nicht überschreiten, wobei nach Zweck der Speicherung sowie Art und Schwere des Sachverhalts zu unterscheiden ist. [3]Die

30b BKAG Bundeskriminalamtgesetz

Beachtung der Aussonderungsprüffristen ist durch geeignete technische Maßnahmen zu gewährleisten.

(2) ¹In den Fällen von § 19 Absatz 1 dürfen die Aussonderungsprüffristen bei Erwachsenen fünf Jahre und bei Jugendlichen drei Jahre sowie bei der Verhütung und Verfolgung von Straftaten nach den §§ 6 bis 13 des Völkerstrafgesetzbuches bei Erwachsenen zehn Jahre und bei Jugendlichen fünf Jahre nicht überschreiten. ²Personenbezogene Daten der in § 19 Absatz 1 Satz 1 Nummer 1 bis 4 bezeichneten Personen können ohne Zustimmung der betroffenen Person nur für die Dauer eines Jahres gespeichert werden. ³Die Speicherung für jeweils ein weiteres Jahr ist zulässig, soweit die Voraussetzungen des § 19 Absatz 1 weiterhin vorliegen. ⁴Die maßgeblichen Gründe für die Aufrechterhaltung der Speicherung nach Satz 3 sind aktenkundig zu machen. ⁵Die Speicherung nach Satz 2 darf jedoch insgesamt drei Jahre, bei der Verhütung und Verfolgung von Straftaten nach § 129a, auch in Verbindung mit § 129b Absatz 1, des Strafgesetzbuchs fünf Jahre sowie bei der Verhütung und Verfolgung von Straftaten nach den §§ 6 bis 13 des Völkerstrafgesetzbuchs zehn Jahre nicht überschreiten.

(3) ¹Die Fristen beginnen mit dem Tag, an dem das letzte Ereignis eingetreten ist, das zur Speicherung der Daten geführt hat, jedoch nicht vor Entlassung der betroffenen Person aus einer Justizvollzugsanstalt oder Beendigung einer mit Freiheitsentziehung verbundenen Maßregel der Besserung und Sicherung. ²Die Speicherung kann über die in Absatz 1 Satz 2 genannten Fristen hinaus auch allein für Zwecke der Vorgangsverwaltung aufrechterhalten werden, sofern dies erforderlich ist; in diesem Falle können die Daten nur noch für diesen Zweck oder zur Behebung einer bestehenden Beweisnot verwendet werden.

(4) ¹Bei der Übermittlung von personenbezogenen Daten an das Bundeskriminalamt als Zentralstelle außerhalb des polizeilichen Informationsverbundes teilt die anliefernde Stelle die nach ihrem Recht geltenden Löschungsverpflichtungen mit. ²Das Bundeskriminalamt hat diese einzuhalten. ³Die Löschung unterbleibt, wenn Anhaltspunkte dafür bestehen, dass die Daten für die Aufgabenerfüllung des Bundeskriminalamtes als Zentralstelle, namentlich bei Vorliegen weitergehender Erkenntnisse, erforderlich sind, es sei denn, auch das Bundeskriminalamt wäre zur Löschung verpflichtet.

(5) ¹Im Falle der Übermittlung nach Absatz 4 Satz 1 legt das Bundeskriminalamt bei Speicherung der personenbezogenen Daten im Informationssystem außerhalb des polizeilichen Informationsverbundes im Benehmen mit der übermittelnden Stelle die Aussonderungsprüffrist nach Absatz 1 oder Absatz 2 fest. ²Die anliefernde Stelle hat das Bundeskriminalamt zu unterrichten, wenn sie feststellt, dass zu löschende oder in ihrer Verarbeitung einzuschränkende Daten übermittelt worden sind. ³Entsprechendes gilt, wenn die anliefernde Stelle feststellt, dass unrichtige Daten übermittelt wurden und die Berichtigung zur Wahrung schutzwürdiger Interessen der betroffenen Person oder zur Erfüllung der Aufgaben der anliefernden Stelle oder des Bundeskriminalamtes erforderlich ist.

Bundeskriminalamtgesetz **BKAG 30b**

(6) ¹Bei im polizeilichen Informationsverbund gespeicherten personenbezogenen Daten obliegen die in § 75 des Bundesdatenschutzgesetzes und den Absätzen 1 bis 3 genannten Verpflichtungen der Stelle, die die datenschutzrechtliche Verantwortung nach § 31 Absatz 2 trägt. ²Absatz 4 Satz 3 gilt für die zur Löschung verpflichtete Landesbehörde entsprechend. ³In diesem Fall überlässt die Landesbehörde dem Bundeskriminalamt die entsprechenden schriftlichen Unterlagen.

§ 78 Berichtigung personenbezogener Daten sowie die Einschränkung der Verarbeitung in Akten sowie Vernichtung von Akten. (1) ¹Stellt das Bundeskriminalamt die Unrichtigkeit personenbezogener Daten in Akten fest, ist die in § 75 Absatz 1 des Bundesdatenschutzgesetzes genannte Berichtigungspflicht dadurch zu erfüllen, dass dies in der Akte vermerkt oder auf sonstige Weise festgehalten wird. ²Bestreitet die betroffene Person die Richtigkeit sie betreffender personenbezogener Daten und lässt sich weder die Richtigkeit noch die Unrichtigkeit feststellen, sind die Daten entsprechend zu kennzeichnen, um eine Verarbeitungseinschränkung nach § 58 Absatz 1 Satz 2 des Bundesdatenschutzgesetzes zu ermöglichen.

(2) ¹Das Bundeskriminalamt hat die Verarbeitung personenbezogener Daten in Akten einzuschränken, wenn
1. die Verarbeitung unzulässig ist oder
2. aus Anlass einer Einzelfallbearbeitung festgestellt wird, dass die Kenntnis der Daten zur Erfüllung der dem Bundeskriminalamt obliegenden Aufgaben nicht mehr erforderlich ist oder eine Löschungsverpflichtung nach § 77 Absatz 3 bis 5 besteht.

²Die Akte ist zu vernichten, wenn sie insgesamt zur Erfüllung der Aufgaben des Bundeskriminalamtes nicht mehr erforderlich ist. ³Die Vernichtung unterbleibt, wenn
1. Grund zu der Annahme besteht, dass andernfalls schutzwürdige Interessen der betroffenen Person beeinträchtigt würden oder
2. die personenbezogenen Daten für Zwecke eines gerichtlichen Verfahrens weiter aufbewahrt werden müssen.

⁴In diesen Fällen ist die Verarbeitung der Daten einzuschränken und sind die Unterlagen mit einem entsprechenden Einschränkungsvermerk zu versehen.

(3) In ihrer Verarbeitung eingeschränkte Daten dürfen nur für den Zweck verarbeitet werden, für den die Vernichtung der Akte unterblieben ist; sie dürfen auch verarbeitet werden, wenn dies zur Behebung einer bestehenden Beweisnot unerlässlich ist oder die betroffene Person einwilligt.

(4) Anstelle der Vernichtung nach Absatz 2 Satz 2 sind die Akten an das zuständige Archiv abzugeben, sofern diesen Unterlagen bleibender Wert im Sinne des § 1 Nummer 10 des Bundesarchivgesetzes zukommt.

(5) § 75 Absatz 4 des Bundesdatenschutzgesetzes sowie § 77 Absatz 4 und 5 gelten entsprechend.

30b BKAG Bundeskriminalamtgesetz

§ 79 Löschung von durch Maßnahmen zur Abwehr von Gefahren des internationalen Terrorismus oder vergleichbaren Maßnahmen erlangten personenbezogenen Daten. (1) ¹Sind die durch eine in Abschnitt 5 genannte Maßnahme oder durch Maßnahmen nach § 34 oder § 64 erlangten personenbezogenen Daten, die nicht dem Kernbereich privater Lebensgestaltung zuzuordnen sind, zur Erfüllung des der Maßnahme zugrunde liegenden Zwecks und für eine etwaige gerichtliche Überprüfung der Maßnahme nicht mehr erforderlich, sind sie unverzüglich zu löschen, soweit keine Weiterverarbeitung der Daten nach den Vorschriften des Abschnitts 2 Unterabschnitt 2 erfolgt. ²Die Tatsache der Löschung ist zu dokumentieren. ³Die Dokumentation darf ausschließlich für Zwecke der Datenschutzkontrolle verwendet werden. ⁴Sie ist sechs Monate nach der Benachrichtigung nach § 74 oder sechs Monate nach Erteilung der gerichtlichen Zustimmung über das endgültige Absehen von der Benachrichtigung zu löschen. ⁵Ist die Datenschutzkontrolle nach § 69 Absatz 1 noch nicht beendet, ist die Dokumentation bis zu ihrem Abschluss aufzubewahren.

(2) Absatz 1 gilt entsprechend für personenbezogene Daten, die
1. dem Bundeskriminalamt übermittelt worden sind und
2. durch Maßnahmen erlangt wurden, die den Maßnahmen nach § 34, Abschnitt 5 oder § 64 entsprechen.

§ 80 Verzeichnis von Verarbeitungstätigkeiten. (1) Das Bundeskriminalamt nimmt in das Verzeichnis nach § 70 des Bundesdatenschutzgesetzes Angaben auf zu
1. Kategorien von innerhalb seines Informationssystems durchgeführten Tätigkeiten der Datenverarbeitungen, einschließlich derer, die es im Rahmen seiner Teilnahme am polizeilichen Informationsverbund nach § 29 Absatz 3 durchführt,
2. Kategorien von Tätigkeiten der Datenverarbeitungen, die es in Erfüllung seiner Aufgabe nach § 2 Absatz 3 durchführt.

(2) Die nach § 70 Absatz 1 Satz 2 Nummer 2 des Bundesdatenschutzgesetzes geforderte Darstellung der Zwecke der im Informationssystem des Bundeskriminalamtes und in Erfüllung der Aufgabe nach § 2 Absatz 3 durchgeführten Kategorien an Verarbeitungen richtet sich nach den in den §§ 2 bis 8 genannten Aufgaben des Bundeskriminalamtes.

(3) Die nach § 70 Absatz 1 Satz 2 Nummer 3 des Bundesdatenschutzgesetzes geforderte Darstellung der Kategorien von Empfängern enthält auch Angaben dazu, ob die Übermittlung im Wege eines nach § 25 Absatz 7 eingerichteten automatisierten Abrufverfahrens erfolgt.

(4) Die nach § 70 Absatz 1 Satz 2 Nummer 4 des Bundesdatenschutzgesetzes geforderte Beschreibung
1. der Kategorien betroffener Personen richtet sich insbesondere nach den in den §§ 18 und 19 genannten Personen,
2. der Kategorien personenbezogener Daten richtet sich insbesondere nach den in der Rechtsverordnung nach § 20 aufgeführten Datenarten.

(5) Die im Verzeichnis enthaltenen Angaben zu Kategorien von Datenverarbeitungen nach Absatz 1 Nummer 2 enthalten Aussagen zu den Kriterien nach § 30.

(6) Das Bundeskriminalamt stellt das Verzeichnis und dessen Aktualisierungen der oder dem Bundesbeauftragten für den Datenschutz und die Informationsfreiheit zur Verfügung.

§ 81 Protokollierung. (1) Die Protokollierung nach § 76 des Bundesdatenschutzgesetzes erfolgt zu Verarbeitungsvorgängen im Informationssystem ergänzend zu den dort genannten Anforderungen in einer Weise, dass die Protokolle
1. der oder dem Datenschutzbeauftragten des Bundeskriminalamtes und der oder dem Bundesbeauftragten für den Datenschutz und die Informationsfreiheit in elektronisch auswertbarer Form für die Überprüfung der Rechtmäßigkeit der Datenverarbeitung zur Verfügung stehen und
2. eine Überprüfung ermöglichen, dass Zugriffe auf personenbezogene Daten im Informationssystem innerhalb der Zugriffsberechtigungen nach § 15 Absatz 1 und 2 erfolgen.

(2) [1]Absatz 1 gilt für Zugriffe der Teilnehmer am polizeilichen Informationsverbund entsprechend. [2]Das Bundeskriminalamt hat insbesondere den Zeitpunkt, die Angaben, die die Feststellung der aufgerufenen Datensätze ermöglichen, sowie die für den Zugriff verantwortliche Dienststelle zu protokollieren.

(3) Die nach § 76 des Bundesdatenschutzgesetzes und unter Beachtung der Absätze 1 und 2 generierten Protokolldaten sind nach zwölf Monaten zu löschen.

(4) [1]Bei eingehenden Ersuchen um Finanzinformationen oder Finanzanalysen nach Artikel 2 Nummer 5 und 11 der Richtlinie (EU) 2019/1153 werden protokolliert:
1. Der Name und die Kontaktdaten der Organisation und des Mitarbeiters, der die Informationen anfordert, sowie nach Möglichkeit des Empfängers der Ergebnisse der Abfrage oder Suche,
2. die Bezugnahme auf den nationalen Fall der ersuchenden zentralen Meldestelle, hinsichtlich dessen die Informationen angefordert werden
3. der Gegenstand der Ersuchen und
4. alle Maßnahmen, die getroffen wurden, um diesen Ersuchen nachzukommen.

[2]Abweichend von Absatz 3 sind die Protokolldaten nach fünf Jahren zu löschen. [3]Sie dürfen ausschließlich zur Überprüfung der Rechtmäßigkeit der Verarbeitung personenbezogener Daten verwendet werden und sind der oder dem Bundesbeauftragten für den Datenschutz und die Informationsfreiheit auf Anforderung zur Verfügung zu stellen. [4]Außerdem erhebt das Bundeskriminalamt die Dauer der Bearbeitung von Ersuchen im Sinne des Satzes 1 und übermittelt sie auf Anforderung an das Bundesministerium des Innern, für Bau und Heimat.

30b BKAG — Bundeskriminalamtgesetz

§ 82 Protokollierung bei verdeckten und eingriffsintensiven Maßnahmen. (1) Bei der Erhebung von Daten nach den §§ 34, 45 bis 53 und 64 sind zu protokollieren:
1. das zur Datenerhebung eingesetzte Mittel,
2. der Zeitpunkt des Einsatzes,
3. Angaben, die die Feststellung der erhobenen Daten ermöglichen, sowie
4. die Organisationseinheit, die die Maßnahme durchführt.

(2) Zu protokollieren sind auch
1. bei Maßnahmen nach § 34, bei denen Vorgänge außerhalb von Wohnungen erfasst wurden, nach § 45 Absatz 2 Nummer 1 bis 3 (längerfristige Observation, Bildaufnahmen, Tonaufnahmen, technische Observationsmittel) und nach § 64 Absatz 2 Nummer 1 und 2 (längerfristige Observation, Bildaufnahmen, Tonaufnahmen) die Zielperson sowie die erheblich mitbetroffenen Personen,
2. bei Maßnahmen nach § 34, bei denen Vorgänge innerhalb von Wohnungen erfasst wurden, nach § 45 Absatz 2 Nummer 4 und 5 (Einsatz einer Vertrauensperson und eines Verdeckten Ermittlers) und nach § 64 Absatz 2 Nummer 3 (Einsatz einer Vertrauensperson)
   a) die Zielperson,
   b) die erheblich mitbetroffenen Personen sowie
   c) die Personen, deren nicht allgemein zugängliche Wohnung die beauftragte Person, die Vertrauensperson oder der Verdeckte Ermittler betreten hat,
3. bei Maßnahmen nach § 46 (Wohnraumüberwachung)
   a) die Person, gegen die sich die Maßnahme richtete,
   b) sonstige überwachte Personen sowie
   c) Personen, die die überwachte Wohnung zur Zeit der Durchführung der Maßnahme innehatten oder bewohnten,
4. bei Maßnahmen nach § 47 (Ausschreibung) die Zielperson und die Personen, deren personenbezogene Daten gemeldet worden sind,
5. bei Maßnahmen nach § 48 (Rasterfahndung)
   a) die im Übermittlungsersuchen nach § 48 Absatz 2 enthaltenen Merkmale sowie
   b) die betroffenen Personen, gegen die nach Auswertung der Daten weitere Maßnahmen getroffen wurden,
6. bei Maßnahmen nach § 49 (Verdeckter Eingriff in informationstechnische Systeme)
   a) die Zielperson sowie die mitbetroffenen Personen sowie
   b) die Angaben zur Identifizierung des informationstechnischen Systems und die daran vorgenommenen nicht nur flüchtigen Veränderungen,
7. bei Maßnahmen nach § 50 (Postbeschlagnahme) der Absender und der Adressat der Postsendung sowie die Art und die Anzahl der beschlagnahmten Postsendungen,
8. bei Maßnahmen nach § 51 (Telekommunikationsüberwachung)
   a) die Beteiligten der überwachten Telekommunikation sowie

Bundeskriminalamtgesetz **BKAG 30b**

    b) im Falle, dass Überwachung mit einem Eingriff in von der betroffenen Person genutzte informationstechnische Systeme verbunden ist, die Angaben zur Identifizierung des informationstechnischen Systems und die daran vorgenommenen nicht nur flüchtigen Veränderungen,
9. bei Maßnahmen nach § 52 Absatz 1 (Erhebung von Verkehrsdaten) die Beteiligten der betroffenen Telekommunikation,
10. bei Maßnahmen nach § 52 Absatz 2 (Erhebung von Nutzungsdaten) der Nutzer,
11. bei Maßnahmen nach § 53 (IMSI-Catcher) die Zielperson.

(3) ¹Nachforschungen zur Feststellung der Identität einer in Absatz 2 bezeichneten Person sind nur vorzunehmen, wenn dies unter Berücksichtigung der Eingriffsintensität der Maßnahme gegenüber dieser Person, des Aufwands für die Feststellung ihrer Identität sowie der daraus für diese oder andere Personen folgenden Beeinträchtigungen geboten ist. ²Die Zahl der Personen, deren Protokollierung unterblieben ist, ist im Protokoll anzugeben.

(4) ¹Die Protokolldaten dürfen nur verwendet werden für Zwecke der Benachrichtigung nach § 74 und um der betroffenen Person oder einer dazu befugten öffentlichen Stelle die Prüfung zu ermöglichen, ob die Maßnahmen rechtmäßig durchgeführt worden sind. ²Sie sind bis zum Abschluss der Kontrolle nach § 69 Absatz 1 aufzubewahren und sodann automatisiert zu löschen, es sei denn, dass sie für den in Satz 1 genannten Zweck noch erforderlich sind.

§ 83 Benachrichtigung der oder des Bundesbeauftragten für den Datenschutz und die Informationsfreiheit bei Verletzungen des Schutzes personenbezogener Daten. Bei einer Verletzung des Schutzes personenbezogener Daten sind die teilnehmenden Behörden im Rahmen des polizeilichen Informationsverbunds entsprechend § 65 Absatz 6 des Bundesdatenschutzgesetzes zu benachrichtigen, wenn von ihnen eingegebene Daten betroffen sind.

§ 84 Rechte der betroffenen Person. (1) ¹Über die in den §§ 57 und 58 des Bundesdatenschutzgesetzes enthaltenen Rechte der betroffenen Person hinaus gilt für die Verarbeitung im polizeilichen Informationsverbund die Besonderheit, dass bei Daten, die im polizeilichen Informationsverbund verarbeitet werden, das Bundeskriminalamt die Auskunft nach § 57 des Bundesdatenschutzgesetzes im Einvernehmen mit der Stelle, die die datenschutzrechtliche Verantwortung nach § 31 Absatz 2 trägt, erteilt. ²Erteilt ein Landeskriminalamt Auskunft aus seinem Landessystem, kann es hiermit einen Hinweis auf einen vom Land in den polizeilichen Informationsverbund eingegebenen Datensatz verbinden. ³Bei der Berichtigung, Löschung und Verarbeitungseinschränkung personenbezogener Daten findet Satz 1 entsprechende Anwendung bei Daten, die im polizeilichen Informationsverbund verarbeitet werden.

(2) ¹Bei Ausschreibungen zur polizeilichen Beobachtung durch ausländische Stellen nach Artikel 36 Absatz 1 des Beschlusses 2007/533/JI des Rates vom 12. Juni 2007 über die Einrichtung, den Betrieb und die Nutzung des

Schengener Informationssystems der zweiten Generation (SIS II) hat das Bundeskriminalamt eine Auskunft, die nach Artikel 58 Absatz 3 und 4 des Beschlusses 2007/533/JI unterblieben ist, nachträglich zu erteilen, wenn die der Auskunftserteilung entgegenstehenden Umstände entfallen sind. ²Es hat dies im Zusammenwirken mit der Stelle, die die Ausschreibung veranlasst hat, spätestens zum vorgesehenen Zeitpunkt der Löschung im nationalen Teil des Schengener Informationssystems zu prüfen.

§ 85 Ausübung der Betroffenenrechte im polizeilichen Informationsverbund sowie bei projektbezogenen gemeinsamen Dateien. ¹Sind die Daten der betroffenen Person beim Bundeskriminalamt automatisiert in der Weise gespeichert, dass mehrere Stellen speicherungsberechtigt sind, und ist die betroffene Person nicht in der Lage festzustellen, welche Stelle die Daten gespeichert hat, so kann sie sich zur Geltendmachung ihrer Rechte an jede dieser Stellen wenden. ²Diese ist verpflichtet, das Vorbringen der betroffenen Person an die Stelle, die die Daten gespeichert hat, weiterzuleiten. ³Die betroffene Person ist über die Weiterleitung und jene Stelle zu unterrichten. ⁴Das Bundeskriminalamt kann statt der betroffenen Person die oder den Bundesbeauftragten für den Datenschutz und die Informationsfreiheit unterrichten. ⁵Das weitere Verfahren richtet sich nach § 57 Absatz 7 Satz 3 und 6 des Bundesdatenschutzgesetzes.

§ 86 Schadensersatz im polizeilichen Informationsverbund. (1) ¹Bei der Datenverarbeitung im polizeilichen Informationsverbund gilt das Bundeskriminalamt gegenüber einer betroffenen Person als allein Verantwortlicher im Sinne von § 83 Absatz 1 des Bundesdatenschutzgesetzes. 2 § 83 Absatz 3 des Bundesdatenschutzgesetzes ist nicht anzuwenden.

(2) In den Fällen des Absatzes 1 ist der Schaden im Innenverhältnis auszugleichen, soweit er der datenschutzrechtlichen Verantwortung einer anderen Stelle zuzurechnen ist.

VDG 31

Vertrauensdienstegesetz

vom 18. Juli 2017 (BGBl. I S. 2745)[1, 2]

INHALTSÜBERSICHT

Teil 1
Allgemeine Bestimmungen

- § 1 Anwendungsbereich
- § 2 Aufsichtsstelle; zuständige Stelle für die Informationssicherheit
- § 3 Verfahren über eine einheitliche Stelle
- § 4 Aufsichtsmaßnahmen; Untersagung des Betriebs
- § 5 Mitwirkungspflichten der Vertrauensdiensteanbieter
- § 6 Haftung
- § 7 Barrierefreie Dienste
- § 8 Datenschutz

Teil 2
Allgemeine Vorschriften für qualifizierte Vertrauensdienste

- § 9 Vertrauenslisten
- § 10 Deckungsvorsorge
- § 11 Identitätsprüfung
- § 12 Attribute in qualifizierten Zertifikaten für elektronische Signaturen und Siegel
- § 13 Unterrichtung über Sicherheitsmaßnahmen und Rechtswirkungen
- § 14 Widerruf qualifizierter Zertifikate
- § 15 Langfristige Beweiserhaltung
- § 16 Beendigungsplan; auf Dauer prüfbare Vertrauensdienste

---

1 Das Vertrauensdienstegesetz ersetzt das frühere Gesetz über die Rahmenbedingungen der elektronischen Signatur und dient der Umsetzung der Elektronische- Transaktionen- Verordnung oder eIDAS (= electronic IDentification, Authentication and trust Services) -Verordnung (VO (EU) 910/2014; ABl. Nr. L 257 S. 73, ber. ABl. 2015 Nr. L 23 S. 19 und ABl. 2016 Nr. L 155 S. 44). Dort finden sich auch weitergehende technische Details und Begriffsbestimmungen. Näher ausgeformt wird die weitergehende technische Umsetzung durch die Verordnung zur elektronischen Signatur (Signaturverordnung – SigV) vom 16. November 2001 (BGBl. I 2001, 3074), zuletzt geändert durch Gesetz vom 18. Juli 2017 (BGBl. I S. 2745).

2 In folgenden grundlegenden Bestimmungen wird auf die **qualifizierte elektronische Signatur nach dem Signaturgesetz** zur Gleichstellung mit der **Schriftform** bzw. zu dem Zwecke der **Einreichung von Schriftsätzen/Erklärungen** bzw. **Anträgen/Anmeldungen** verwiesen: §§ 126a BGB; 130a ff., 298a ff., 317, 340a ZPO, 87a AO; 46c ArbGG; 125a PatG, 95a MarkenG, 25 DesignG. Zur Beweiskraft elektronischer Dokumente § 371a, b ZPO und § 416a zur Beweiskraft des Ausdrucks eines öffentlichen elektronischen Dokuments. Im Bereich der **Verwaltungsgerichtsordnung** sind die §§ 55a ff. VwGO einschlägig.

Die **elektronische Form** kann bei folgenden Verträgen (BGB) **nicht** verwendet werden: § 484 (Teilzeit- Wohnrechteverträge); § 492 (Verbraucherdarlehensverträge), § 623 (Kündigung eines Arbeitsverhältnisses); § 630 (Zeugnis bei Beendigung eines Dienstverhältnisses), § 761 (Versprechen einer Leibrente), § 766 (Bürgschaftserklärung), § 780 (Schuldversprechen), § 781 (Schuldanerkenntnis).

Im Bereich des **Verwaltungsrechts** existieren weitere Vorschriften für die elektronische Übermittlung von Dokumenten, Schriftsätzen und Erklärungen sowie den „**elektronischen VA**", siehe z.B. §§ 3a, 37, 69 VwVfG; 36a SGB I.

Das Gesetz zur Einführung der elektronischen Akte in der Justiz und zur weiteren Förderung des elektronischen Rechtsverkehrs vom 5. Juli 2017 (BGBl. I, S. 2208) brachte Änderungen in den verschiedenen Verfahren mit sich (u.a. §§ 298a ZPO; 32 ff. StPO; 110a ff. OWiG, 46e ArbGG; 65a ff. SGG).

Teil 3
Qualifizierte elektronische Signaturen und Siegel

§ 17 Benannte Stellen nach Artikel 30 Absatz 1 der Verordnung (EU) Nr. 910/2014

Teil 4
Qualifizierte Dienste für die Zustellung elektronischer Einschreiben

§ 18 Dienste für die Zustellung elektronischer Einschreiben

Teil 5
Schlussvorschriften

§ 19 Bußgeldvorschriften
§ 20 Verordnungsermächtigung
§ 21 Übergangsvorschrift

Teil 1
Allgemeine Bestimmungen

§ 1 Anwendungsbereich. (1) Dieses Gesetz regelt die wirksame Durchführung der Vorschriften über Vertrauensdienste in der Verordnung (EU) Nr. 910/2014 des Europäischen Parlaments und des Rates vom 23. Juli 2014 über elektronische Identifizierung und Vertrauensdienste für elektronische Transaktionen im Binnenmarkt und zur Aufhebung der Richtlinie 1999/93/EG (ABl. L 257 vom 28.8.2014, S. 73) in der jeweils geltenden Fassung.

(2) Unberührt bleiben Rechtsvorschriften, die die Nutzung bestimmter Vertrauensdienste und die hierfür zu verwendenden Produkte regeln.

§ 2 Aufsichtsstelle; zuständige Stelle für die Informationssicherheit.
(1) Die Aufgaben der Aufsichtsstelle nach Artikel 17 der Verordnung (EU) Nr. 910/2014 und nach diesem Gesetz sowie nach der Rechtsverordnung nach § 20 obliegen
1. der Bundesnetzagentur für Elektrizität, Gas, Telekommunikation, Post und Eisenbahnen (Bundesnetzagentur) für die Bereiche
    a) Erstellung, Überprüfung und Validierung elektronischer Signaturen, elektronischer Siegel oder elektronischer Zeitstempel und Dienste für die Zustellung elektronischer Einschreiben sowie von diese Dienste betreffenden Zertifikaten nach Artikel 3 Nummer 16 Buchstabe a der Verordnung (EU) Nr. 910/2014 und
    b) Bewahrung von diese Dienste betreffenden elektronischen Signaturen, Siegeln oder Zertifikaten nach Artikel 3 Nummer 16 Buchstabe c der Verordnung (EU) Nr. 910/2014 und
2. dem Bundesamt für Sicherheit in der Informationstechnik für den Bereich Erstellung, Überprüfung und Validierung von Zertifikaten für die Website-Authentifizierung nach Artikel 3 Nummer 16 Buchstabe b der Verordnung (EU) Nr. 910/2014.

(2) Von der Aufgabenzuweisung an die Bundesnetzagentur unberührt bleiben die Aufgaben des Bundesamtes für Sicherheit in der Informationstechnik nach dem BSI-Gesetz und nach weiteren Fachgesetzen, insbesondere
1. bei der Erstellung technischer Standards in nationalen, europäischen und internationalen Gremien in Abstimmung mit der Bundesnetzagentur,
2. die Bewertung von Algorithmen und zugehörigen Parametern sowie
3. die Erstellung technischer Vorgaben und die Bewertung technischer Standards für den Einsatz von Vertrauensdiensten in Digitalisierungsvorhaben nach Maßgabe der entsprechenden Fachgesetze.

(3) Das Bundesamt für Sicherheit in der Informationstechnik ist die für die Informationssicherheit zuständige nationale Stelle im Sinne von Artikel 19 Absatz 2 der Verordnung (EU) Nr. 910/2014.

§ 3 Verfahren über eine einheitliche Stelle. Verwaltungsverfahren nach diesem Gesetz oder nach der Rechtsverordnung nach § 20 können über eine einheitliche Stelle im Sinne des Verwaltungsverfahrensgesetzes abgewickelt werden.

§ 4 Aufsichtsmaßnahmen; Untersagung des Betriebs. (1) Ergänzend zu den Aufgaben aus der Verordnung (EU) Nr. 910/2014 obliegt der Aufsichtsstelle auch die Aufsicht über die Einhaltung dieses Gesetzes sowie der Rechtsverordnung nach § 20.

(2) ¹Die Aufsichtsstelle kann gegenüber Vertrauensdiensteanbietern die erforderlichen Maßnahmen zur Einhaltung dieses Gesetzes sowie der Rechtsverordnung nach § 20 treffen. ²Zur Einhaltung dieses Gesetzes sowie der Rechtsverordnung nach § 20 kann sie von Vertrauensdiensteanbietern Nachweise anfordern und selbst Überprüfungen vornehmen. ³Im Übrigen stehen der Aufsichtsstelle die Maßnahmen nach der Verordnung (EU) Nr. 910/2014, insbesondere nach Artikel 17 Absatz 4, auch zur Durchsetzung dieses Gesetzes sowie der Rechtsverordnung nach § 20 zur Verfügung.

(3) Die Aufsichtsstelle kann einem Vertrauensdiensteanbieter den Betrieb vorübergehend, teilweise oder ganz untersagen, wenn
1. Maßnahmen nach Artikel 17 Absatz 4 Buchstabe j der Verordnung (EU) Nr. 910/2014 keinen Erfolg versprechen und
2. Tatsachen die Annahme rechtfertigen, dass der Anbieter die Voraussetzungen für den Betrieb eines Vertrauensdienstes nach der Verordnung (EU) Nr. 910/2014 sowie nach diesem Gesetz und nach der Rechtsverordnung nach § 20 nicht erfüllt.

§ 5 Mitwirkungspflichten der Vertrauensdiensteanbieter. (1) Zur Prüfung der Einhaltung ihrer Verpflichtungen haben der Vertrauensdiensteanbieter und die für ihn tätigen Dritten den Bediensteten und Beauftragten
1. der Aufsichtsstelle das Betreten der Geschäfts- und Betriebsräume während der üblichen Betriebszeiten zu gestatten,

2. der Aufsichtsstelle auf Verlangen die in Betracht kommenden Bücher, Aufzeichnungen, Belege, Schriftstücke und sonstigen Unterlagen zur Einsicht vorzulegen, auch soweit sie in elektronischer Form geführt werden,
3. der Aufsichtsstelle Auskunft zu erteilen und
4. der Aufsichtsstelle die erforderliche Unterstützung zu gewähren.

(2) ¹Die zur Erteilung einer Auskunft verpflichtete natürliche Person kann die Auskunft auf solche Fragen verweigern, deren Beantwortung sie selbst oder einen der in § 52 Absatz 1 der Strafprozessordnung bezeichneten Angehörigen der Gefahr der Verfolgung wegen einer Straftat oder eines Verfahrens nach dem Gesetz über Ordnungswidrigkeiten aussetzen würde. ²Hierüber ist die Person zu belehren. ³Die Vorschriften über die Glaubhaftmachung des Verweigerungsgrundes nach § 56 der Strafprozessordnung sind entsprechend anzuwenden. ⁴Die Sätze 1 und 2 gelten für die Vorlage von Unterlagen entsprechend.

§ 6 Haftung. ¹Ein Vertrauensdiensteanbieter haftet für Dritte, die er mit Aufgaben nach der Verordnung (EU) Nr. 910/2014, nach diesem Gesetz und nach der Rechtsverordnung nach § 20 beauftragt hat, wie für eigenes Handeln. ²Die Vorschrift zum Nichteintritt der Ersatzpflicht nach § 831 Absatz 1 Satz 2 des Bürgerlichen Gesetzbuchs ist nicht anzuwenden.

§ 7 Barrierefreie Dienste. (1) ¹Soweit möglich, haben Vertrauensdiensteanbieter die von ihnen angebotenen Vertrauensdienste für Menschen mit Behinderungen zugänglich und nutzbar zu machen. ²Soweit sie für die Nutzung der Vertrauensdienste erforderliche Endnutzerprodukte von Drittanbietern anbieten, haben sie, soweit möglich, auch mindestens ein marktübliches Endnutzerprodukt für Menschen mit Behinderungen anzubieten. ³Bei der Bewertung der Durchführbarkeit von Maßnahmen nach den Sätzen 1 und 2 sind auch technische und wirtschaftliche Belange zu berücksichtigen.

(2) ¹Die Vertrauensdiensteanbieter haben auf ihrer Internetseite über die von ihnen vorgenommenen Maßnahmen zur Barrierefreiheit der Vertrauensdienste und der zur Erbringung solcher Dienste verwendeten Endnutzerprodukte zu informieren. ²Außerdem haben sie dort Hinweise zu geben, die die Nutzung der von ihnen angebotenen Vertrauensdienste und der hierbei verwendeten Endnutzerprodukte durch Menschen mit Behinderungen erleichtern. ³Diese Informationen und Hinweise sowie die Informationen, die sich an alle Verbraucher richten, müssen nach Maßgabe der Rechtsverordnung nach § 20 barrierefrei zugänglich und nutzbar sein.

(3) Barrieren können von jedermann der Aufsichtsstelle gemeldet werden.

§ 8 Datenschutz. (1) Unbeschadet anderer Rechtsgrundlagen dürfen Vertrauensdiensteanbieter auch bei Dritten personenbezogene Daten verarbeiten, soweit dies für die Erbringung, einschließlich der Prüfung und Sicherstellung der rechtlichen Gültigkeit, des jeweiligen Vertrauensdienstes erforderlich ist.

Vertrauensdienstegesetz **VDG 31**

(2) ¹Der Vertrauensdiensteanbieter darf personenbezogene Daten einer Person, die Vertrauensdienste nutzt, den zuständigen Stellen übermitteln,
1. soweit die zuständigen Stellen die Übermittlung nach Maßgabe der hierfür geltenden Bestimmungen verlangen, da die Übermittlung erforderlich ist
   a) für die Verfolgung von Straftaten oder Ordnungswidrigkeiten,
   b) zur Abwehr von Gefahren für die öffentliche Sicherheit oder Ordnung oder
   c) für die Erfüllung der gesetzlichen Aufgaben der Verfassungsschutzbehörden des Bundes und der Länder, des Bundesnachrichtendienstes, des Militärischen Abschirmdienstes oder der Finanzbehörden, oder
2. soweit Gerichte die Übermittlung im Rahmen anhängiger Verfahren nach Maßgabe der hierfür geltenden Bestimmungen anordnen.

²Die Berechtigung zur Datenübermittlung nach Satz 1 Nummer 1 gilt nicht, soweit sie durch andere Gesetze ausdrücklich ausgeschlossen ist.

(3) ¹Die Vertrauensdiensteanbieter haben die Übermittlung zu dokumentieren. ²Die Dokumentation ist zwölf Monate aufzubewahren.

(4) ¹Hat die zuständige Stelle ein Verlangen nach Datenübermittlung nach Absatz 2 Nummer 1 gestellt, so unterrichtet sie die betroffene Person über die erfolgte Übermittlung der Daten. ²Von der Unterrichtung kann abgesehen werden, solange die Wahrnehmung der gesetzlichen Aufgaben gefährdet würde und solange das Interesse der betroffenen Person an der Unterrichtung nicht überwiegt. ³Fünf Jahre nach der Übermittlung kann endgültig von der Benachrichtigung abgesehen werden, wenn die Voraussetzungen für die Benachrichtigung mit an Sicherheit grenzender Wahrscheinlichkeit auch in Zukunft nicht eintreten werden.

(5) Die allgemeinen Datenschutzanforderungen bleiben unberührt.

Teil 2

Allgemeine Vorschriften für qualifizierte Vertrauensdienste

§ 9 Vertrauenslisten. Die Bundesnetzagentur ist für die Aufstellung, Führung und Veröffentlichung von Vertrauenslisten nach Artikel 22 Absatz 1 der Verordnung (EU) Nr. 910/2014 zuständig.

§ 10 Deckungsvorsorge. Die Mindestsumme für die gemäß Artikel 24 Absatz 2 Buchstabe c der Verordnung (EU) Nr. 910/2014 erforderliche angemessene Deckungsvorsorge beträgt jeweils 250 000 Euro für einen Schaden, der durch ein haftungsauslösendes Ereignis gemäß Artikel 13 der Verordnung (EU) Nr. 910/2014 verursacht worden ist.

§ 11 Identitätsprüfung. (1) Die Bundesnetzagentur legt nach Anhörung der betroffenen Kreise und im Einvernehmen mit dem Bundesamt für Sicherheit in der Informationstechnik durch Verfügung im Amtsblatt fest, welche sonstigen Identifizierungsmethoden im Sinne des Artikels 24 Absatz 1 Unterabsatz 2 Buchstabe d Satz 1 der Verordnung (EU) Nr. 910/2014 anerkannt sind und welche Mindestanforderungen dafür jeweils gelten.

(2) Die Bundesnetzagentur überprüft die Verfügung nach Absatz 1 regelmäßig im Abstand von vier Jahren sowie
1. bei der begründeten Annahme, dass Methoden nicht mehr hinreichend sicher sind, oder
2. auf Ersuchen des Bundesamtes für Sicherheit in der Informationstechnik.

(3) ¹Innovative Identifizierungsmethoden, die noch nicht durch Verfügung im Amtsblatt anerkannt sind, können von der Bundesnetzagentur im Einvernehmen mit dem Bundesamt für Sicherheit in der Informationstechnik und nach Anhörung der Bundesbeauftragten für den Datenschutz und die Informationsfreiheit für einen Zeitraum von bis zu zwei Jahren vorläufig anerkannt werden, sofern eine Konformitätsbewertungsstelle die gleichwertige Sicherheit der Identifizierungsmethode im Sinne des Artikels 24 Absatz 1 Unterabsatz 2 Buchstabe d der Verordnung (EU) Nr. 910/2014 bestätigt hat. ²Die Bundesnetzagentur veröffentlicht die vorläufig anerkannten Identifizierungsmethoden auf ihrer Internetseite. ³Die Bundesnetzagentur und das Bundesamt für Sicherheit in der Informationstechnik überwachen die Eignung der vorläufig anerkannten Identifizierungsmethoden über den gesamten Zeitraum der vorläufigen Anerkennung. ⁴Werden durch die Überwachung sicherheitsrelevante Risiken bei der vorläufig anerkannten Identifizierungsmethode erkannt, so kann die Aufsichtsstelle im Einvernehmen mit dem Bundesamt für Sicherheit in der Informationstechnik dem qualifizierten Vertrauensdiensteanbieter die Behebung dieser Risiken durch ergänzende Maßnahmen auferlegen, sofern dies sicherheitstechnisch sinnvoll ist. ⁵Lässt sich durch ergänzende Maßnahmen keine hinreichende Sicherheit der vorläufig anerkannten Identifizierungsmethode gewährleisten, so soll die Aufsichtsstelle dem qualifizierten Vertrauensdiensteanbieter die Nutzung dieser Identifizierungsmethode untersagen.

(4) Der qualifizierte Vertrauensdiensteanbieter darf nach Maßgabe der datenschutzrechtlichen Bestimmungen personenbezogene Daten nutzen, die zu einem früheren Zeitpunkt im Rahmen einer ordnungsgemäßen Identitätsprüfung erhoben wurden, sofern und soweit diese Daten zum Zeitpunkt der Antragstellung die zuverlässige Identitätsfeststellung des Antragstellers gewährleisten.

§ 12 Attribute in qualifizierten Zertifikaten für elektronische Signaturen und Siegel. (1) ¹Ein qualifiziertes Zertifikat für elektronische Signaturen kann auf Verlangen eines Antragstellers folgende Attribute enthalten:
1. Angaben über die Vertretungsmacht des Antragstellers für eine dritte Person,
2. amts- und berufsbezogene oder sonstige Angaben zur Person des Antragstellers und

3. weitere personenbezogene Angaben. ²Angaben über die Vertretungsmacht dürfen nur dann in das qualifizierte Zertifikat aufgenommen werden, wenn dem qualifizierten Vertrauensdiensteanbieter die Einwilligung der dritten Person nachgewiesen wird. ³Amts- und berufsbezogene oder sonstige Angaben zur Person des Antragstellers dürfen nur dann in das qualifizierte Zertifikat aufgenommen werden, wenn die jeweils zuständige Stelle die Angaben bestätigt hat. ⁴Weitere personenbezogene Angaben dürfen in ein qualifiziertes Zertifikat nur mit Einwilligung des Betroffenen aufgenommen werden.

(2) Soll in das qualifizierte Zertifikat anstelle des Namens ein Pseudonym eingetragen werden, so sind Angaben über eine Vertretungsmacht für eine dritte Person oder amts- und berufsbezogene oder sonstige Angaben zur Person nur zulässig, wenn eine Einwilligung der dritten Person oder der jeweils zuständigen Stelle zur Verwendung des Pseudonyms vorliegt.

(3) ¹Die Absätze 1 und 2 gelten entsprechend für qualifizierte Zertifikate für elektronische Siegel. ²Attribute in qualifizierten Zertifikaten für elektronische Siegel können auch die Vertretungsverhältnisse innerhalb der antragstellenden juristischen Person enthalten, sofern diese Vertretungsverhältnisse dem qualifizierten Vertrauensdiensteanbieter nachgewiesen werden.

§ 13 Unterrichtung über Sicherheitsmaßnahmen und Rechtswirkungen. (1) Der qualifizierte Vertrauensdiensteanbieter hat die Personen, die er nach Artikel 24 Absatz 2 Buchstabe d der Verordnung (EU) Nr. 910/2014 über die Nutzungsbedingungen zu unterrichten hat, weil sie einen qualifizierten Vertrauensdienst nutzen wollen, auch
1. über die Maßnahmen zu unterrichten, die erforderlich sind, um zur Sicherheit der angebotenen qualifizierten Vertrauensdienste und deren zuverlässiger Nutzung beizutragen, und dabei auf entsprechende Informationsmöglichkeiten hinzuweisen, insbesondere auf Informationsangebote der Hersteller von Produkten für qualifizierte Vertrauensdienste und auf Informationsangebote der Aufsichtsstellen,
2. darauf hinzuweisen, dass entsprechend § 15 qualifiziert elektronisch signierte, gesiegelte oder zeitgestempelte Daten bei Bedarf durch geeignete Maßnahmen neu zu schützen sind, bevor der Sicherheitswert der vorhandenen Signaturen, Siegel oder Zeitstempel durch Zeitablauf geringer wird, und
3. über die Rechtswirkungen der angebotenen qualifizierten Vertrauensdienste zu unterrichten.

(2) Soweit eine Person, die einen qualifizierten Vertrauensdienst nutzen will, bereits zu einem früheren Zeitpunkt nach Artikel 24 Absatz 2 Buchstabe d der Verordnung (EU) Nr. 910/2014 sowie nach Absatz 1 unterrichtet worden ist und sich keine Änderungen ergeben haben, kann eine erneute Unterrichtung unterbleiben.

§ 14 Widerruf qualifizierter Zertifikate. (1) [1]Der qualifizierte Vertrauensdiensteanbieter hat ein noch gültiges qualifiziertes Zertifikat insbesondere dann unverzüglich zu widerrufen, wenn
1. die Person, der das qualifizierte Zertifikat ausgestellt wurde, es verlangt,
2. das qualifizierte Zertifikat aufgrund falscher Angaben zu den Anhängen I, III und IV der Verordnung (EU) Nr. 910/2014 ausgestellt wurde,
3. er seine Tätigkeit beendet und diese nicht von einem anderen qualifizierten Vertrauensdiensteanbieter fortgeführt wird oder
4. Tatsachen die Annahme rechtfertigen, dass
    a) das qualifizierte Zertifikat gefälscht oder nicht hinreichend fälschungssicher ist oder
    b) die verwendeten qualifizierten elektronischen Signaturerstellungseinheiten oder qualifizierten elektronischen Siegelerstellungseinheiten Sicherheitsmängel aufweisen.

[2]Weitere Widerrufsgründe können vertraglich vereinbart werden. [3]Wurde ein qualifiziertes Zertifikat mit falschen Angaben ausgestellt, so kann der qualifizierte Vertrauensdiensteanbieter dies zusätzlich kenntlich machen.

(2) Enthält ein qualifiziertes Zertifikat Attribute nach § 12 Absatz 1 oder § 12 Absatz 3 Satz 2, so kann auch die dritte Person oder die für die amts- und berufsbezogenen oder sonstigen Angaben zur Person zuständige Stelle einen Widerruf des Zertifikats verlangen, wenn
1. die Vertretungsmacht entfällt oder
2. die Voraussetzungen für die amts- und berufsbezogenen oder sonstigen Angaben zur Person nach Aufnahme in das qualifizierte Zertifikat entfallen.

(3) Liegen die in Absatz 1 Satz 1 Nummer 3 oder eine der in Absatz 1 Satz 1 Nummer 4 genannten Voraussetzungen vor, so kann die Aufsichtsstelle den Widerruf eines qualifizierten Zertifikats anordnen.

§ 15 Langfristige Beweiserhaltung. [1]Sofern hierfür Bedarf besteht, sind qualifiziert elektronisch signierte, gesiegelte oder zeitgestempelte Daten durch geeignete Maßnahmen neu zu schützen, bevor der Sicherheitswert der vorhandenen Signaturen, Siegel oder Zeitstempel durch Zeitablauf geringer wird. [2]Die neue Sicherung muss nach dem Stand der Technik erfolgen.

§ 16 Beendigungsplan; auf Dauer prüfbare Vertrauensdienste. (1) [1]In dem Beendigungsplan nach Artikel 24 Absatz 2 Buchstabe i der Verordnung (EU) Nr. 910/2014 hat ein qualifizierter Vertrauensdiensteanbieter alle erforderlichen Maßnahmen vorzusehen, damit bei Einstellung der Tätigkeit, bei Entzug des Qualifikationsstatus oder wenn die Eröffnung eines Insolvenzverfahrens beantragt und die Tätigkeit nicht fortgesetzt wird, alle von ihm ausgegebenen qualifizierten Zertifikate im Zusammenhang mit elektronischen Signaturen und Siegeln sowie Zertifikate im Zusammenhang mit Anhang I Buchstabe g, Anhang III Buchstabe g und Artikel 42 Absatz 1 Buchstabe c der Verordnung (EU) Nr. 910/2014 einschließlich der Widerrufsinformationen

Vertrauensdienstegesetz **VDG 31**

1. von einem anderen qualifizierten Vertrauensdiensteanbieter übernommen werden können oder
2. von der Bundesnetzagentur in die Vertrauensinfrastruktur nach Absatz 5 übernommen werden können.

²Im Falle von Satz 1 Nummer 2 hat der qualifizierte Vertrauensdiensteanbieter die noch gültigen Zertifikate vor der Übermittlung an die Bundesnetzagentur zu widerrufen. ³Er hat in jedem Fall sicherzustellen, dass die dazugehörigen Aufzeichnungen nach Artikel 24 Absatz 2 Buchstabe h der Verordnung (EU) Nr. 910/2014 an den Übernehmenden übermittelt werden.

(2) Im Beendigungsplan hat der qualifizierte Vertrauensdiensteanbieter auch Vorkehrungen zu treffen, um die Inhaber der in Absatz 1 Satz 1 genannten Zertifikate, soweit möglich, mindestens zwei Monate im Voraus über die Einstellung seiner Tätigkeit und über die Übernahme seiner Zertifikate zu benachrichtigen.

(3) ¹In den Fällen des Absatzes 1 Satz 1 Nummer 2 erteilt die Bundesnetzagentur bei Vorliegen eines berechtigten Interesses Auskunft zu den Aufzeichnungen, soweit dies technisch und ohne unverhältnismäßig großen Aufwand möglich ist. ²Ein darüber hinausgehendes Auskunftsrecht gemäß § 19 des Bundesdatenschutzgesetzes und nach Artikel 15 der Verordnung (EU) 2016/679 bleibt hiervon unberührt.

(4) Qualifizierte Vertrauensdiensteanbieter haben für die gesamte Zeit ihres Betriebs
1. die in Absatz 1 Satz 1 genannten Zertifikate auch über den Zeitraum ihrer Gültigkeit hinaus zusammen mit den dazugehörigen Widerrufsinformationen in einer Zertifikatsdatenbank nach Artikel 24 Absatz 2 Buchstabe k und Absatz 4 der Verordnung (EU) Nr. 910/2014 zu führen und
2. die dazugehörigen Aufzeichnungen nach Artikel 24 Absatz 2 Buchstabe h der Verordnung (EU) Nr. 910/2014 aufzubewahren.

(5) ¹Die Bundesnetzagentur hat eine Vertrauensinfrastruktur zur dauerhaften Prüfbarkeit qualifizierter elektronischer Zertifikate und qualifizierter elektronischer Zeitstempel einzurichten, zu unterhalten und laufend zu aktualisieren. ²Näheres regelt die Rechtsverordnung nach § 20 Absatz 2 Nummer 5.

Teil 3

Qualifizierte elektronische Signaturen und Siegel

§ 17 Benannte Stellen nach Artikel 30 Absatz 1 der Verordnung (EU) Nr. 910/2014. (1) ¹Die Bundesnetzagentur benennt auf Antrag eine Organisation als private Stelle gemäß Artikel 30 Absatz 1 der Verordnung (EU) Nr. 910/2014 sowie gemäß Artikel 39 Absatz 2 in Verbindung mit Artikel 30 Absatz 1 der Verordnung (EU) Nr. 910/2014, sofern die Akkreditierungsstelle nach § 1 Absatz 1 des Akkreditierungsstellengesetzes durch Akkreditierung

festgestellt hat, dass die private Stelle die erforderlichen Anforderungen erfüllt. ²Die Benennung kann
1. inhaltlich beschränkt werden, vorläufig erteilt werden oder mit einer Befristung versehen erteilt werden und
2. mit Auflagen verbunden sein.

(2) ¹Solange die Europäische Kommission keine delegierten Rechtsakte nach Artikel 30 Absatz 4 der Verordnung (EU) Nr. 910/2014 erlassen hat, erstellt und veröffentlicht
1. die Akkreditierungsstelle die fachlichen Kriterien, die für die Akkreditierung zu erfüllen sind, und
2. die Bundesnetzagentur die fachlichen Kriterien, die für die Benennung als private Stelle nach Artikel 30 Absatz 1 der Verordnung (EU) Nr. 910/2014 zu erfüllen sind.

²Die Erstellung der fachlichen Kriterien erfolgt unter maßgeblicher Berücksichtigung der Entscheidung der Kommission vom 6. November 2000 über die Mindestkriterien, die von den Mitgliedstaaten bei der Benennung der Stellen gemäß Artikel 3 Absatz 4 der Richtlinie 1999/93/EG des Europäischen Parlaments und des Rates über gemeinschaftliche Rahmenbedingungen für elektronische Signaturen zu berücksichtigen sind (ABl. L 289 vom 16.11.2000, S. 42).

(3) Eine Stelle, die nach § 17 Absatz 4 Satz 1 des Signaturgesetzes in Verbindung mit § 18 des Signaturgesetzes anerkannt wurde, nimmt hinsichtlich der von ihr auf Grundlage des Signaturgesetzes bestätigten Produkte ihre hiermit zusammenhängenden Aufgaben bis zum Auslaufen der entsprechenden Produktbestätigungen wahr.

(4) Das Bundesamt für Sicherheit in der Informationstechnik ist die öffentliche Stelle gemäß Artikel 30 Absatz 1 der Verordnung (EU) Nr. 910/2014 sowie gemäß Artikel 39 Absatz 2 in Verbindung mit Artikel 30 Absatz 1 der Verordnung (EU) Nr. 910/2014.

Teil 4

Qualifizierte Dienste für die Zustellung elektronischer Einschreiben

§ 18 Dienste für die Zustellung elektronischer Einschreiben. Liegt der Konformitätsbewertungsstelle für einen qualifizierten Dienst für die Zustellung elektronischer Einschreiben eine Akkreditierung nach Abschnitt 4 des De-Mail-Gesetzes vor, so soll die Konformitätsbewertungsstelle die Konformitätsbewertung dieses qualifizierten Dienstes nach Möglichkeit auf die Prüfung der Nachweise beschränken, die im Rahmen der Akkreditierung nach § 18 Absatz 3 des De-Mail-Gesetzes erbracht worden sind.

Teil 5

Schlussvorschriften

§ 19 Bußgeldvorschriften. (1) Ordnungswidrig handelt, wer vorsätzlich oder fahrlässig
1. entgegen § 12 Absatz 1 Satz 2, 3 oder 4 oder Absatz 2, jeweils auch in Verbindung mit Absatz 3 Satz 1 oder einer Rechtsverordnung nach § 20 Absatz 2 Nummer 1, eine Angabe in ein qualifiziertes Zertifikat aufnimmt,
2. entgegen § 14 Absatz 1 Satz 1 Nummer 1 bis 4 oder § 16 Absatz 1 Satz 2 ein Zertifikat nicht oder nicht rechtzeitig widerruft,
3. entgegen § 16 Absatz 1 Satz 3, auch in Verbindung mit der Rechtsverordnung nach § 20 Absatz 2 Nummer 1, nicht sicherstellt, dass eine Aufzeichnung übermittelt wird, oder
4. entgegen § 16 Absatz 2 in Verbindung mit der Rechtsverordnung nach § 20 Absatz 2 Nummer 1 eine dort genannte Vorkehrung nicht oder nicht rechtzeitig trifft.

(2) Ordnungswidrig handelt, wer gegen die Verordnung (EU) Nr. 910/2014 des Europäischen Parlaments und des Rates vom 23. Juli 2014 über elektronische Identifizierung und Vertrauensdienste für elektronische Transaktionen im Binnenmarkt und zur Aufhebung der Richtlinie 1999/93/EG (ABl. L 257 vom 28.8.2014, S. 73; L 23 vom 29.1.2015, S. 19) verstößt, indem er vorsätzlich oder fahrlässig
1. entgegen Artikel 19 Absatz 2 Unterabsatz 1 eine Meldung nicht, nicht richtig oder nicht rechtzeitig macht,
2. entgegen Artikel 19 Absatz 2 Unterabsatz 2 eine Person nicht, nicht richtig oder nicht rechtzeitig unterrichtet,
3. entgegen Artikel 21 Absatz 1 eine Mitteilung nicht, nicht richtig oder nicht rechtzeitig vorlegt,
4. entgegen Artikel 24 Absatz 1 Unterabsatz 1 die Identität einer Person nicht oder nicht rechtzeitig überprüft,
5. entgegen Artikel 24 Absatz 2 Buchstabe c in Verbindung mit § 10 in Verbindung mit einer Rechtsverordnung nach § 20 Absatz 2 Nummer 3 eine Haftpflichtversicherung nicht oder nicht rechtzeitig abschließt,
6. entgegen Artikel 24 Absatz 2 Buchstabe e oder f, jeweils in Verbindung mit einer Rechtsverordnung nach § 20 Absatz 2 Nummer 1, ein vertrauenswürdiges System oder Produkt nicht verwendet,
7. entgegen Artikel 24 Absatz 2 Buchstabe g in Verbindung mit einer Rechtsverordnung nach § 20 Absatz 2 Nummer 1 eine dort genannte Maßnahme nicht oder nicht rechtzeitig trifft,
8. entgegen Artikel 24 Absatz 2 Buchstabe h Satz 1 eine Information nicht richtig aufzeichnet oder
9. entgegen Artikel 24 Absatz 3 Satz 1 einen Widerruf nicht oder nicht rechtzeitig veröffentlicht.

(3) Die Ordnungswidrigkeit kann in den Fällen des Absatzes 2 Nummer 5 bis 8 mit einer Geldbuße bis zu einhunderttausend Euro, in den übrigen Fällen mit einer Geldbuße bis zu zwanzigtausend Euro geahndet werden.

(4) Verwaltungsbehörden im Sinne des § 36 Absatz 1 Nummer 1 des Gesetzes über Ordnungswidrigkeiten sind die Bundesnetzagentur und das Bundesamt für Sicherheit in der Informationstechnik jeweils im Rahmen ihrer Zuständigkeit nach § 2 Absatz 1.

§ 20 Verordnungsermächtigung. (1) [1]Die Bundesregierung legt durch Rechtsverordnung nähere Anforderungen an die Zugänglich- und Nutzbarmachung von Vertrauensdiensten nach Artikel 15 der Verordnung (EU) Nr. 910/2014 und nach § 7 fest. [2]Sie hat dabei technische und wirtschaftliche Belange zu berücksichtigen. [3]Die Rechtsverordnung kann auch Nachweis-, Mitwirkungs- und Informationspflichten der Vertrauensdiensteanbieter enthalten.

(2) Die Bundesregierung wird ermächtigt, in der Rechtsverordnung nach Absatz 1 auch die zur Durchführung der Verordnung (EU) Nr. 910/2014 und dieses Gesetzes erforderlichen Rechtsvorschriften zu erlassen über

1. die Ausgestaltung der Pflichten der Vertrauensdiensteanbieter bei der Betriebsaufnahme, während des Betriebs und bei der Einstellung des Betriebs nach den Artikeln 17 bis 24 der Verordnung (EU) Nr. 910/2014 und nach den §§ 4 und 5, 9 bis 18,
2. die Durchführung gemeinsamer Untersuchungen nach Artikel 18 Absatz 3 der Verordnung (EU) Nr. 910/2014,
3. die zur Erfüllung der Verpflichtung zur Deckungsvorsorge nach § 10 zulässigen Sicherheitsleistungen sowie über deren Umfang, Höhe und inhaltliche Ausgestaltung,
4. die Anforderungen im Zusammenhang mit einer Zertifikatsdatenbank nach § 16 Absatz 4 Nummer 1,
5. die Einrichtung einer Vertrauensinfrastruktur zur dauerhaften Prüfbarkeit qualifizierter elektronischer Zertifikate und qualifizierter elektronischer Zeitstempel nach § 16 Absatz 5 und
6. die Einzelheiten des Verfahrens der Anerkennung und der Tätigkeit von Zertifizierungsstellen nach § 17.

§ 21 Übergangsvorschrift. [1]Zertifizierungsdiensteanbieter, die qualifizierte Zertifikate im Sinne von § 2 Nummer 3 des Signaturgesetzes ausgestellt haben, dürfen diese qualifizierten Zertifikate als qualifizierte Vertrauensdiensteanbieter für qualifizierte Zertifikate nach der Verordnung (EU) Nr. 910/2014 weiterhin in ihrem Zertifikatsverzeichnis führen. [2]Sie dürfen weiter alle in diesem Zusammenhang mit ihren Kunden vereinbarten Dienste anbieten, insbesondere einen Widerrufsdienst. [3]§ 16 Absatz 1 gilt entsprechend. [4]Die von der Bundesnetzagentur gemäß § 16 Absatz 1 des Signaturgesetzes ausgestellten Zertifikate werden mit Ablauf des 14. November 2018 gesperrt.

De-Mail-G 31a

Vorbemerkung zum De-Mail-Gesetz

Das De-Mail-Gesetz eröffnet eine schnelle und rechtssichere Kommunikation vor allem zwischen Bürger und Verwaltung, aber auch im sonstigen Rechtsverkehr. Es ist daher mit vielfältigen, z.T. indirekten Auswirkungen auf das Prozess- und Verfahrensrecht verbunden.

Das Gesetz zur Regelung von De-Mail-Diensten und zur Änderung weiterer Vorschriften vom 28. April 2011 (BGBl. I S. 666 ff.) führte die De-Mail ein. Zudem nehmen u.a. die §§ 130a, 371a ZPO und §§ 2, 5a Verwaltungszustellungsgesetz (VwZG Bund) Bezug auf das De-Mail-Gesetz.

De-Mail-Gesetz

vom 28. April 2011 (BGBl. I S. 666),
zuletzt geändert durch Gesetz vom 10. August 2021 (BGBl. I S. 3436)

INHALTSVERZEICHNIS

Abschnitt 1
Allgemeine Vorschriften

- § 1 De-Mail-Dienste
- § 2 Zuständige Behörde

Abschnitt 2
Pflichtangebote und optionale Angebote des Diensteanbieters

- § 3 Eröffnung eines De-Mail-Kontos
- § 4 Anmeldung zu einem De-Mail-Konto
- § 5 Postfach- und Versanddienst
- § 6 Identitätsbestätigungsdienst
- § 7 Verzeichnisdienst
- § 8 Dokumentenablage

Abschnitt 3
De-Mail-Dienste-Nutzung

- § 9 Aufklärungs- und Informationspflichten
- § 10 Sperrung und Auflösung des De-Mail-Kontos
- § 11 Einstellung der Tätigkeit
- § 12 Vertragsbeendigung
- § 13 Dokumentation
- § 14 Jugend- und Verbraucherschutz
- § 15 Datenschutz
- § 16 Auskunftsanspruch

Abschnitt 4
Akkreditierung

- § 17 Akkreditierung von Dienstanbietern
- § 18 Voraussetzungen der Akkreditierung; Nachweis
- § 19 Gleichstellung ausländischer Dienste

Abschnitt 5
Aufsicht

- § 20 Aufsichtsmaßnahmen
- § 21 Informationspflicht

Abschnitt 6
Schlussbestimmungen

- § 22 Ausschuss De-Mail-Standardisierung
- § 23 Bußgeldvorschriften
- § 24 Gebühren und Auslagen
- § 25 Verfahren über eine einheitliche Stelle

Abschnitt 1

Allgemeine Bestimmungen

§ 1 De-Mail-Dienste. (1) De-Mail-Dienste sind Dienste auf einer elektronischen Kommunikationsplattform, die einen sicheren, vertraulichen und nachweisbaren Geschäftsverkehr für jedermann im Internet sicherstellen sollen.

(2) [1]Ein De-Mail-Dienst muss eine sichere Anmeldung, die Nutzung eines Postfach- und Versanddienstes für sichere elektronische Post sowie die Nutzung eines Verzeichnisdienstes und kann zusätzlich auch Identitätsbestätigungs- und Dokumentenablagedienste ermöglichen. [2]Ein De-Mail-Dienst wird von einem nach diesem Gesetz akkreditierten Diensteanbieter betrieben.

(3) Elektronische Kommunikationsinfrastrukturen und sonstige Anwendungen, die der sicheren Übermittlung von Nachrichten und Daten dienen, bleiben unberührt.

§ 2 Zuständige Behörde. Zuständige Behörde nach diesem Gesetz ist das Bundesamt für Sicherheit in der Informationstechnik.

Abschnitt 2

Pflichtangebote und optionale Angebote des Diensteanbieters

§ 3 Eröffnung eines De-Mail-Kontos. (1) [1]Durch einen De-Mail-Konto-Vertrag verpflichtet sich ein akkreditierter Diensteanbieter, einem Nutzer ein De-Mail-Konto zur Verfügung zu stellen. [2]Ein De-Mail-Konto ist ein Bereich in einem De-Mail-Dienst, der einem Nutzer so zugeordnet ist, dass er nur von ihm genutzt werden kann. [3]Der akkreditierte Diensteanbieter hat durch technische Mittel sicherzustellen, dass nur der diesem De-Mail-Konto zugeordnete Nutzer Zugang zu dem ihm zugeordneten De-Mail-Konto erlangen kann.

(2) [1]Der akkreditierte Diensteanbieter hat die Identität des Nutzers und bei juristischen Personen, Personengesellschaften oder öffentlichen Stellen zusätzlich die Identität ihrer gesetzlichen Vertreter oder Organmitglieder zuverlässig festzustellen. [2]Dazu erhebt und speichert er folgende Angaben:
1. bei einer natürlichen Person Name, Geburtsort, Geburtsdatum und Anschrift;
2. bei einer juristischen Person oder Personengesellschaft oder öffentlichen Stelle Firma, Name oder Bezeichnung, Rechtsform, Registernummer, soweit vorhanden, Anschrift des Sitzes oder der Hauptniederlassung und Namen der Mitglieder des Vertretungsorgans oder der gesetzlichen Vertreter; ist ein Mitglied des Vertretungsorgans oder der gesetzliche Vertreter eine juristische Person, so wird deren Firma, Name oder Bezeichnung, Rechtsform, Registernummer, soweit vorhanden, und Anschrift des Sitzes oder der Hauptniederlassung erhoben.

(3) Der akkreditierte Diensteanbieter hat die Angaben nach Absatz 2 vor Freischaltung des De-Mail-Kontos des Nutzers zu überprüfen:
1. bei natürlichen Personen
   a) anhand eines gültigen amtlichen Ausweises, der ein Lichtbild des Inhabers enthält und mit dem die Pass- und Ausweispflicht im Inland erfüllt wird, insbesondere anhand eines inländischen oder nach ausländerrechtlichen Bestimmungen anerkannten oder zugelassenen Passes, Personalausweises oder Pass- oder Ausweisersatzes,
   b) anhand von Dokumenten, die bezüglich ihrer Sicherheit einem Dokument nach Buchstabe a gleichwertig sind,
   c) anhand eines elektronischen Identitätsnachweises nach § 18 des Personalausweisgesetzes oder nach § 78 Absatz 5 des Aufenthaltsgesetzes,
   d) anhand einer qualifizierten elektronischen Signatur oder
   e) anhand sonstiger geeigneter technischer Verfahren mit gleichwertiger Sicherheit zu einer Identifizierung anhand der Dokumente nach Buchstabe a;
2. bei juristischen Personen oder Personengesellschaften oder bei öffentlichen Stellen
   a) anhand eines Auszugs aus dem Handels- oder Genossenschaftsregister oder aus einem vergleichbaren amtlichen Register oder Verzeichnis,
   b) anhand der Gründungsdokumente,
   c) anhand von Dokumenten, die bezüglich ihrer Beweiskraft den Dokumenten nach den Buchstaben a oder b gleichwertig sind, oder
   d) durch Einsichtnahme in die Register- oder Verzeichnisdaten.

²Soweit die Anschrift von natürlichen Personen nicht durch Verfahren nach Satz 1 Nummer 1 Buchstabe a bis e überprüft werden kann, ist sie anhand behördlicher Dokumente zu überprüfen, die zum Zweck der Anschriftsbescheinigung ausgestellt worden sind; sofern keine behördlichen Dokumente beigebracht werden können, ist die Anschrift anhand sonstiger geeigneter Verfahren zur Überprüfung der postalischen Erreichbarkeit zu überprüfen. ³Der akkreditierte Diensteanbieter kann von dem amtlichen Ausweis eine Kopie erstellen. ⁴Er hat die Kopie unverzüglich nach Feststellung der für die Identität erforderlichen Angaben des Teilnehmers zu vernichten. ⁵Der akkreditierte Diensteanbieter darf zur Identitätsfeststellung und –überprüfung mit Einwilligung des Nutzers auch personenbezogene Daten verarbeiten, die er zu einem früheren Zeitpunkt erhoben hat, sofern diese Daten die zuverlässige Identitätsfeststellung des Nutzers gewährleisten.

(4) ¹Eine Nutzung der De-Mail-Dienste ist erst möglich, nachdem der akkreditierte Diensteanbieter das De-Mail- Konto des Nutzers freigeschaltet hat. ²Die Freischaltung erfolgt, sobald
1. der akkreditierte Diensteanbieter den Nutzer eindeutig identifiziert hat und die Identitätsdaten des Nutzers und bei Absatz 2 Nummer 2 auch dessen gesetzlichen Vertreters oder der Organmitglieder erhoben und erfolgreich überprüft worden sind,

2. der akkreditierte Diensteanbieter dem Nutzer dessen für die Erstanmeldung notwendigen Anmeldedaten auf geeignetem Wege übermittelt hat,
3. der Nutzer die Bestätigung nach § 9 Absatz 2 vorgenommen hat,
4. der Nutzer in die Prüfung seiner Nachrichten auf Schadsoftware durch den akkreditierten Diensteanbieter eingewilligt hat und
5. der Nutzer im Rahmen einer Erstanmeldung nachgewiesen hat, dass er die Anmeldedaten erfolgreich nutzen konnte.

(5) ¹Der akkreditierte Diensteanbieter hat nach der Freischaltung des De-Mail-Kontos eines Nutzers die Richtigkeit der zu dem Nutzer gespeicherten Identitätsdaten sicherzustellen. ²Er hat die gespeicherten Identitätsdaten in angemessenen zeitlichen Abständen auf ihre Richtigkeit zu prüfen und soweit erforderlich zu berichtigen.

§ 4 Anmeldung zu einem De-Mail-Konto. (1) ¹Der akkreditierte Diensteanbieter muss dem Nutzer den Zugang zu seinem De-Mail-Konto und den einzelnen Diensten mit einer sicheren Anmeldung oder auf Verlangen des Nutzers auch ohne eine solche sichere Anmeldung ermöglichen. ²Für die sichere Anmeldung hat der akkreditierte Diensteanbieter sicherzustellen, dass zum Schutz gegen eine unberechtigte Nutzung der Zugang zum De-Mail-Konto nur möglich ist, wenn zwei geeignete und voneinander unabhängige Sicherungsmittel eingesetzt werden; soweit bei den Sicherungsmitteln Geheimnisse verwendet werden, ist deren Einmaligkeit und Geheimhaltung sicherzustellen. ³Der Zugang zum De-Mail-Konto erfolgt ohne eine sichere Anmeldung, wenn nur ein Sicherungsmittel, in der Regel Benutzername und Passwort, verwendet wird. ⁴Der Nutzer kann verlangen, dass der Zugang zu seinem De-Mail-Konto ausschließlich mit einer sicheren Anmeldung möglich sein soll.

(2) ¹Der akkreditierte Diensteanbieter hat zu gewährleisten, dass der Nutzer zwischen mindestens zwei Verfahren zur sicheren Anmeldung nach Absatz 1 Satz 2 wählen kann. ²Als ein Verfahren zur sicheren Anmeldung muss durch den Nutzer, soweit er eine natürliche Person ist, der elektronische Identitätsnachweis nach § 18 des Personalausweisgesetzes genutzt werden können.

(3) Der akkreditierte Diensteanbieter hat sicherzustellen, dass die Kommunikationsverbindung zwischen dem Nutzer und seinem De-Mail-Konto verschlüsselt erfolgt.

§ 5 Postfach- und Versanddienst. (1) ¹Die Bereitstellung eines De-Mail-Kontos umfasst die Nutzung eines sicheren elektronischen Postfach- und Versanddienstes für elektronische Nachrichten. ²Hierzu wird dem Nutzer eine De-Mail-Adresse für elektronische Post zugewiesen, welche folgende Angaben enthalten muss:
1. im Domänenteil der De-Mail-Adresse eine Kennzeichnung, die ausschließlich für De-Mail-Dienste genutzt werden darf;
2. bei natürlichen Personen im lokalen Teil deren Nachnamen und einen oder mehrere Vornamen oder einen Teil des oder der Vornamen (Hauptadresse);

3. bei juristischen Personen, Personengesellschaften oder öffentlichen Stellen im Domänenteil eine Bezeichnung, welche in direktem Bezug zu ihrer Firma, Namen oder sonstiger Bezeichnung steht.

(2) ¹Der akkreditierte Diensteanbieter kann Nutzern auf Verlangen auch pseudonyme De-Mail-Adressen zur Verfügung stellen, soweit es sich bei dem Nutzer um eine natürliche Person handelt. ²Die Inanspruchnahme eines Dienstes durch den Nutzer unter Pseudonym ist für Dritte erkennbar zu kennzeichnen.

(3) ¹Der Postfach- und Versanddienst hat die Vertraulichkeit, die Integrität und die Authentizität der Nachrichten zu gewährleisten. ²Hierzu gewährleistet der akkreditierte Diensteanbieter, dass
1. die Kommunikation von einem akkreditierten Diensteanbieter zu jedem anderen akkreditierten Diensteanbieter über einen verschlüsselten gegenseitig authentisierten Kanal erfolgt (Transportverschlüsselung) und
2. der Inhalt einer De-Mail-Nachricht vom akkreditierten Diensteanbieter des Senders zum akkreditierten Diensteanbieter des Empfängers verschlüsselt übertragen wird.

³Der Einsatz einer durchgängigen Verschlüsselung zwischen Sender und Empfänger (Ende-zu-Ende- Verschlüsselung) bleibt hiervon unberührt.

(4) Der Sender kann eine sichere Anmeldung nach § 4 für den Abruf der Nachricht durch den Empfänger bestimmen.

(5) ¹Der akkreditierte Diensteanbieter muss dem Nutzer ermöglichen, seine sichere Anmeldung im Sinne von § 4 in der Nachricht so bestätigen zu lassen, dass die Unverfälschtheit der Bestätigung jederzeit nachprüfbar ist. ²Um dieses dem Empfänger der Nachricht kenntlich zu machen, bestätigt der akkreditierte Diensteanbieter des Senders die Verwendung der sicheren Anmeldung nach § 4. ³Hierzu versieht er im Auftrag des Senders die Nachricht mit einer dauerhaft überprüfbaren qualifizierten elektronischen Signatur; sind der Nachricht eine oder mehrere Dateien beigefügt, bezieht sich die qualifizierte elektronische Signatur auch auf diese. ⁴Die Bestätigung enthält bei natürlichen Personen den Namen und die Vornamen, bei juristischen Personen, Personengesellschaften oder öffentlichen Stellen die Firma, den Namen oder die Bezeichnung des Senders in der Form, in der diese nach § 3 Absatz 2 hinterlegt sind. ⁵Die Tatsache, dass der Absender diese Versandart genutzt hat, muss sich aus der Nachricht in der Form, wie sie beim Empfänger ankommt, ergeben. ⁶Die Bestätigung nach Satz 1 ist nicht zulässig bei Verwendung einer pseudonymen De-Mail-Adresse nach Absatz 2.

(6) ¹Der akkreditierte Diensteanbieter mit Ausnahme der Diensteanbieter nach § 19 ist verpflichtet, elektronische Nachrichten nach den Vorschriften der Prozessordnungen und der Gesetze, die die Verwaltungszustellung regeln, förmlich zuzustellen. ²Im Umfang dieser Verpflichtung ist der akkreditierte Diensteanbieter mit Hoheitsbefugnissen ausgestattet (beliehener Unternehmer).

(7) ¹Der akkreditierte Diensteanbieter bestätigt auf Antrag des Senders den Versand einer Nachricht. ²Die Versandbestätigung muss folgende Angaben enthalten:

1. die De-Mail-Adresse des Absenders und des Empfängers;
2. das Datum und die Uhrzeit des Versands der Nachricht vom De-Mail-Postfach des Senders;
3. den Namen und Vornamen oder die Firma des akkreditierten Diensteanbieters, der die Versandbestätigung erzeugt und
4. die Prüfsumme der zu bestätigenden Nachricht.

³Der akkreditierte Diensteanbieter des Senders hat die Versandbestätigung mit einer qualifizierten elektronischen Signatur zu versehen.

(8) ¹Auf Antrag des Senders wird der Eingang einer Nachricht im De-Mail-Postfach des Empfängers bestätigt. ²Hierbei wirken der akkreditierte Diensteanbieter des Senders und der akkreditierte Diensteanbieter des Empfängers zusammen. ³Der akkreditierte Diensteanbieter des Empfängers erstellt eine Eingangsbestätigung. ⁴Die Eingangsbestätigung enthält folgende Angaben:
1. die De-Mail-Adresse des Absenders und des Empfängers;
2. das Datum und die Uhrzeit des Eingangs der Nachricht im De-Mail-Postfach des Empfängers;
3. den Namen und Vornamen oder die Firma des akkreditierten Diensteanbieters, der die Eingangsbestätigung erzeugt und
4. die Prüfsumme der zu bestätigenden Nachricht.

⁵Der akkreditierte Diensteanbieter des Empfängers hat die Eingangsbestätigung mit einer qualifizierten elektronischen Signatur zu versehen. ⁶Der akkreditierte Diensteanbieter des Empfängers sendet diesem ebenfalls die Eingangsbestätigung zu.

(9) ¹Eine öffentliche Stelle, welche zur förmlichen Zustellung nach den Vorschriften der Prozessordnungen und der Gesetze, die die Verwaltungszustellung regeln, berechtigt ist, kann eine Abholbestätigung verlangen. ²Aus der Abholbestätigung ergibt sich, dass sich der Empfänger nach dem Eingang der Nachricht im Postfach an seinem De-Mail-Konto sicher im Sinne des § 4 angemeldet hat. ³Hierbei wirken der akkreditierte Diensteanbieter der öffentlichen Stelle als Senderin und der akkreditierte Diensteanbieter des Empfängers zusammen. ⁴Der akkreditierte Diensteanbieter des Empfängers erzeugt die Abholbestätigung. ⁵Die Abholbestätigung muss folgende Angaben enthalten:
1. die De-Mail-Adresse des Absenders und des Empfängers;
2. das Datum und die Uhrzeit des Eingangs der Nachricht im De-Mail-Postfach des Empfängers;
3. das Datum und die Uhrzeit der sicheren Anmeldung des Empfängers an seinem De-Mail-Konto im Sinne des § 4;
4. den Namen und Vornamen oder die Firma des akkreditierten Diensteanbieters, der die Abholbestätigung erzeugt und
5. die Prüfsumme der zu bestätigenden Nachricht.

⁶Der akkreditierte Diensteanbieter des Empfängers hat die Abholbestätigung mit einer qualifizierten elektronischen Signatur zu versehen. ⁷Der akkreditierte Diensteanbieter des Empfängers sendet diesem ebenfalls die Abholbestätigung zu. ⁸Die in Satz 5 genannten Daten dürfen ausschließlich zum Nachweis der förmlichen Zustellung im Sinne von § 5 Absatz 6 verarbeitet und genutzt werden.

(10) Der akkreditierte Diensteanbieter stellt sicher, dass Nachrichten, für die eine Eingangsbestätigung nach Absatz 8 oder eine Abholbestätigung nach Absatz 9 erteilt worden ist, durch den Empfänger ohne eine sichere Anmeldung an seinem De-Mail-Konto erst 90 Tage nach ihrem Eingang gelöscht werden können.

(11) [1]Nutzern, die natürliche Personen sind, bietet der akkreditierte Diensteanbieter an, von allen an ihre De- Mail-Adresse adressierten Nachrichten eine Kopie an eine zuvor vom Nutzer angegebene De-Mail-Adresse (Weiterleitungsadresse) weiterzuleiten, ohne dass der Nutzer an seinem De-Mail-Konto angemeldet sein muss (automatische Weiterleitung). [2]Der Nutzer kann ausschließen, dass im Sinne des Absatzes 4 an ihn gesendete Nachrichten weitergeleitet werden. [3]Der Nutzer kann den Dienst der automatischen Weiterleitung jederzeit zurücknehmen. [4]Um den Dienst der automatischen Weiterleitung nutzen zu können, muss der Nutzer sicher an seinem De-Mail-Konto angemeldet sein.

§ 6 Identitätsbestätigungsdienst. (1) [1]Der akkreditierte Diensteanbieter kann einen Identitätsbestätigungsdienst anbieten. [2]Ein solcher liegt vor, wenn sich der Nutzer der nach § 3 hinterlegten Identitätsdaten bedienen kann, um seine Identität gegenüber einem Dritten, der ebenfalls Nutzer eines De-Mail-Kontos ist, sicher elektronisch bestätigen zu lassen. [3]Die Übermittlung der Identitätsdaten erfolgt mittels einer De-Mail-Nachricht, die der akkreditierte Diensteanbieter im Auftrag des Nutzers an den Dritten, welchem gegenüber er seine Identitätsdaten mitteilen möchte, sendet. [4]Die De-Mail-Nachricht wird durch den akkreditierten Diensteanbieter mit einer qualifizierten elektronischen Signatur versehen.

(2) Der akkreditierte Diensteanbieter hat Vorkehrungen dafür zu treffen, dass Identitätsdaten nicht unbemerkt gefälscht oder verfälscht werden können.

(3) Die zuständige Behörde kann die Einschränkung der Verarbeitung eines Identitätsdatums anordnen, wenn Tatsachen die Annahme rechtfertigen, dass das Identitätsdatum auf Grund falscher Angaben ausgestellt wurde oder nicht ausreichend fälschungssicher ist.

§ 7 Verzeichnisdienst. (1) [1]Der akkreditierte Diensteanbieter hat auf ausdrückliches Verlangen des Nutzers die De-Mail-Adressen, die nach § 3 hinterlegten Identitätsdaten Name und Anschrift, die für die Verschlüsselung von Nachrichten an den Nutzer notwendigen Informationen und die Information über die Möglichkeit der sicheren Anmeldung nach § 4 des Nutzers in einem Verzeichnisdienst zu veröffentlichen. [2]Der akkreditierte Diensteanbieter darf die Eröffnung eines De-Mail-Kontos für den Nutzer nicht von dem Verlangen des Nutzers nach Satz 1 abhängig machen.

(2) [1]Der akkreditierte Diensteanbieter hat eine De-Mail-Adresse, ein Identitätsdatum oder die für die Verschlüsselung von Nachrichten an den Nutzer notwendigen Informationen unverzüglich aus dem Verzeichnisdienst zu löschen, wenn
1. der Nutzer dies verlangt,
2. die Daten aufgrund falscher Angaben ausgestellt wurden,

3. der Diensteanbieter seine Tätigkeit beendet und diese nicht von einem anderen akkreditierten Diensteanbieter fortgeführt wird oder
4. die zuständige Behörde die Löschung aus dem Verzeichnisdienst anordnet.
[2]Weitere Gründe für eine Löschung können vertraglich vereinbart werden.

(3) [1]Die Veröffentlichung der De-Mail-Adresse im Verzeichnisdienst auf ein Verlangen des Nutzers als Verbraucher nach Absatz 1 allein gilt nicht als Eröffnung des Zugangs im Sinne von § 3a Absatz 1 des Verwaltungsverfahrensgesetzes, § 36a Absatz 1 des Ersten Buches Sozialgesetzbuch oder des § 87a Absatz 1 Satz 1 der Abgabenordnung. [2]Auf Verlangen des Nutzers muss der akkreditierte Diensteanbieter durch einen geeigneten Zusatz die Erklärung des Nutzers im Verzeichnisdienst veröffentlichen, den Zugang im Sinne des § 3a des Verwaltungsverfahrensgesetzes, § 36a Absatz 1 des Ersten Buches Sozialgesetzbuch oder des § 87a Absatz 1 Satz 1 der Abgabenordnung eröffnen zu wollen. [3]Die Veröffentlichung der De-Mail-Adresse des Nutzers als Verbraucher mit diesem Zusatz im Verzeichnisdienst gilt als Zugangseröffnung. [4]Satz 2 gilt entsprechend für die Entscheidung des Nutzers, die Zugangseröffnung zurückzunehmen.

(4) § 18 des Telekommunikation-Telemedien-Datenschutz-Gesetzes gilt entsprechend.

§ 8 Dokumentenablage. [1]Der akkreditierte Diensteanbieter kann dem Nutzer eine Dokumentenablage zur sicheren Ablage von Dokumenten anbieten. [2]Bietet er die Dokumentenablage an, so hat er dafür Sorge zu tragen, dass die Dokumente sicher abgelegt werden; Vertraulichkeit, Integrität und ständige Verfügbarkeit der abgelegten Dokumente sind zu gewährleisten. [3]Der akkreditierte Diensteanbieter ist verpflichtet, alle Dokumente verschlüsselt abzulegen. [4]Der Nutzer kann für jede einzelne Datei eine für den Zugriff erforderliche sichere Anmeldung nach § 4 festlegen. [5]Auf Verlangen des Nutzers hat der akkreditierte Diensteanbieter ein Protokoll über die Einstellung und Herausnahme von Dokumenten bereitzustellen, das mit einer qualifizierten elektronischen Signatur gesichert ist.

Abschnitt 3

De-Mail-Dienste-Nutzung

§ 9 Aufklärungs- und Informationspflichten. (1) [1]Der akkreditierte Diensteanbieter hat den Nutzer vor der erstmaligen Nutzung des De-Mail-Kontos über die Rechtsfolgen und Kosten der Nutzung von De-Mail-Diensten, insbesondere der Nutzung des Postfach- und Versanddienstes nach § 5, des Verzeichnisdienstes nach § 7 und der Dokumentenablage nach § 8, über die Rechtsfolgen und Kosten der Sperrung und Auflösung des De-Mail-Kontos nach § 10, der Einstellung der Tätigkeit nach § 11 und der Vertragsbeendigung nach § 12 sowie über die Maßnahmen zu informieren, die notwendig sind, um einen unbefugten Zugang zum De-Mail-Konto zu verhindern. [2]Dies umfasst insbesondere auch Informationen

De-Mail-Gesetz **De-Mail-G 31a**

1. über die Möglichkeit und Bedeutung einer sicheren Anmeldung nach § 4 Absatz 1 Satz 2 sowie einen Hinweis dazu, dass ein Zugang zum De-Mail-Konto ohne sichere Anmeldung nicht den gleichen Schutz bietet wie mit einer sicheren Anmeldung und
2. über den Inhalt und die Bedeutung der Transportverschlüsselung nach § 5 Absatz 3 Satz 2 sowie der Verschlüsselung nach § 4 Absatz 3 sowie über die Unterschiede dieser Verschlüsselungen zu einer Ende-zu-Ende-Verschlüsselung nach § 5 Absatz 3 Satz 3.

³Der akkreditierte Diensteanbieter muss den Nutzer außerdem darüber informieren, wie mit schadsoftwarebehafteten De-Mail-Nachrichten umgegangen wird.

(2) Der akkreditierte Diensteanbieter darf die erstmalige Nutzung des De-Mail-Kontos nur zulassen, wenn der Nutzer die erforderlichen Informationen in Textform erhalten und in Textform bestätigt hat, dass er die Informationen nach Absatz 1 erhalten und zur Kenntnis genommen hat.

(3) Informationspflichten nach anderen Gesetzen bleiben unberührt.

§ 10 Sperrung und Auflösung des De-Mail-Kontos. (1) ¹Der akkreditierte Diensteanbieter hat den Zugang zu einem De-Mail-Konto unverzüglich zu sperren, wenn
1. der Nutzer es verlangt,
2. Tatsachen die Annahme rechtfertigen, dass die zur eindeutigen Identifizierung des Nutzers beim akkreditierten Diensteanbieter gespeicherten Daten nicht ausreichend fälschungssicher sind oder dass die sichere Anmeldung gemäß § 4 Mängel aufweist, die eine unbemerkte Fälschung oder Kompromittierung des Anmeldevorgangs zulassen,
3. die zuständige Behörde die Sperrung gemäß Absatz 2 anordnet oder
4. die Voraussetzungen eines vertraglich zwischen dem akkreditierten Diensteanbieter und dem Nutzer vereinbarten Sperrgrundes vorliegen.

²Im Fall des Satzes 1 Nummer 4 hat der akkreditierte Diensteanbieter die Sperrung so vorzunehmen, dass der Abruf von Nachrichten möglich bleibt; dies gilt nicht, soweit der vertraglich vereinbarte Sperrgrund den Abruf von Nachrichten ausschließt. ³Der akkreditierte Diensteanbieter hat den zur Sperrung berechtigten Nutzern eine Rufnummer bekannt zu geben, unter der diese unverzüglich eine Sperrung des Zugangs veranlassen können.

(2) Die zuständige Behörde kann die Sperrung eines De-Mail-Kontos anordnen, wenn Tatsachen die Annahme rechtfertigen, dass das De-Mail-Konto auf Grund falscher Angaben eröffnet wurde oder die zur eindeutigen Identifizierung des Nutzers beim akkreditierten Diensteanbieter vorgehaltenen Daten nicht ausreichend fälschungssicher sind oder die sichere Anmeldung gemäß § 4 Absatz 1 Mängel aufweist, die eine unbemerkte Fälschung oder Kompromittierung des Anmeldevorgangs zulassen.

(3) Der akkreditierte Diensteanbieter hat dem Nutzer nach Wegfall des Sperrgrundes den Zugang zum De-Mail- Konto erneut zu gewähren.

(4) Der akkreditierte Diensteanbieter hat ein De-Mail-Konto unverzüglich aufzulösen, wenn
1. der Nutzer dies verlangt oder
2. die zuständige Behörde die Auflösung anordnet.
²Die zuständige Behörde kann die Auflösung anordnen, wenn die Voraussetzungen des Absatzes 2 vorliegen und eine Sperrung nicht ausreichend ist. ³Eine Vereinbarung über weitere Auflösungsgründe ist unwirksam.

(5) Der akkreditierte Diensteanbieter hat sich vor einer Sperrung nach Absatz 1 oder einer Auflösung nach Absatz 4 auf geeignete Weise von der Identität des zur Sperrung oder Auflösung berechtigten Nutzers zu überzeugen.

(6) Im Fall einer Sperrung nach Absatz 1 Satz 1 Nummer 1 bis 3 oder Absatz 1 Satz 1 Nummer 4 in Verbindung mit Absatz 1 Satz 2 zweiter Halbsatz sowie einer Auflösung nach Absatz 4 hat der akkreditierte Diensteanbieter den Eingang von Nachrichten in das Postfach eines gesperrten oder aufgelösten De-Mail-Kontos zu unterbinden und den Absender unverzüglich davon zu informieren.

(7) ¹Sofern die Sperrung oder Auflösung des De-Mail-Kontos auf Veranlassung des akkreditierten Diensteanbieters oder der zuständigen Behörde erfolgt, ist der Nutzer über die Sperrung oder Auflösung zu informieren. ²In den Fällen des Absatzes 1 Satz 2 erster Halbsatz ist der akkreditierte Diensteanbieter verpflichtet, den Nutzer darüber zu informieren, dass er trotz Sperrung Nachrichten empfangen und abrufen kann.

§ 11 Einstellung der Tätigkeit. (1) ¹Der akkreditierte Diensteanbieter hat die Einstellung seiner Tätigkeit unverzüglich der zuständigen Behörde anzuzeigen. ²Er hat dafür zu sorgen, dass das De-Mail-Konto von einem anderen akkreditierten Diensteanbieter übernommen werden kann. ³Er hat die betroffenen Nutzer unverzüglich über die Einstellung seiner Tätigkeit zu benachrichtigen und deren Zustimmung zur Übernahme des De-Mail-Kontos durch einen anderen akkreditierten Diensteanbieter einzuholen.

(2) Übernimmt kein anderer akkreditierter Diensteanbieter das De-Mail-Konto, muss der akkreditierte Diensteanbieter sicherstellen, dass die im Postfach und in der Dokumentenablage gespeicherten Daten für wenigstens drei Monate ab dem Zeitpunkt der Benachrichtigung des Nutzers abrufbar bleiben.

(3) ¹Der akkreditierte Diensteanbieter hat die Dokumentation nach § 13 an den akkreditierten Diensteanbieter, der das De-Mail-Konto nach Absatz 1 übernimmt, zu übergeben. ²Übernimmt kein anderer akkreditierter Diensteanbieter das De-Mail-Konto, übernimmt die zuständige Behörde die Dokumentation. ³In diesem Fall erteilt die zuständige Behörde bei Vorliegen eines berechtigten Interesses Auskunft daraus, soweit dies ohne unverhältnismäßigen Aufwand möglich ist.

(4) Der akkreditierte Diensteanbieter hat einen Antrag auf Eröffnung eines Insolvenzverfahrens der zuständigen Behörde unverzüglich anzuzeigen.

§ 12 Vertragsbeendigung. Der akkreditierte Diensteanbieter ist verpflichtet, dem Nutzer für einen Zeitraum von drei Monaten nach Vertragsende den Zugriff auf die im Postfach und in der Dokumentenablage abgelegten Daten zu ermöglichen und ihn auf ihre Löschung mindestens einen Monat vor dieser in Textform hinzuweisen.

§ 13 Dokumentation. (1) ^{1}Der akkreditierte Diensteanbieter hat alle Maßnahmen zur Sicherstellung der Voraussetzungen der Akkreditierung und zur Erfüllung der in §§ 3 bis 12 genannten Pflichten so zu dokumentieren, dass die Daten und ihre Unverfälschtheit jederzeit nachprüfbar sind. ^{2}Die Dokumentationspflicht umfasst den Vorgang der Eröffnung eines De-Mail-Kontos, jede Änderung von Daten, die hinsichtlich der Führung eines De-Mail-Kontos relevant sind, sowie jede Änderung hinsichtlich des Status eines De-Mail-Kontos. ^{3}Für angefertigte Kopien von amtlichen Ausweisen gilt § 3 Absatz 3 Satz 3.

(2) Der akkreditierte Diensteanbieter hat die Dokumentation nach Absatz 1 während der Dauer des zwischen ihm und dem Nutzer bestehenden Vertragsverhältnisses sowie zehn weitere Jahre ab dem Schluss des Jahres aufzubewahren, in dem das Vertragsverhältnis endet.

§ 14 Jugend- und Verbraucherschutz. Der akkreditierte Diensteanbieter hat bei Gestaltung und Betrieb der De-Mail-Dienste die Belange des Jugendschutzes und des Verbraucherschutzes zu beachten.

§ 15 Datenschutz. ^{1}Der akkreditierte Diensteanbieter darf personenbezogene Daten des Nutzers eines De-Mail-Kontos nur verarbeiten, soweit dies zur Bereitstellung der De-Mail-Dienste und deren Durchführung erforderlich ist; im Übrigen gelten die Regelungen des Telemediengesetzes, des Telekommunikationsgesetzes, des Telekommunikation-Telemedien-Datenschutz-Gesetzes und des Bundesdatenschutzgesetzes. ^{2}Die datenschutzrechtlichen Regelungen dieser Gesetze gelten ergänzend zu der Verordnung (EU) 2016/679 des Europäischen Parlaments und des Rates vom 27. April 2016 zum Schutz natürlicher Personen bei der Verarbeitung personenbezogener Daten, zum freien Datenverkehr und zur Aufhebung der Richtlinie 95/46/EG (Datenschutz-Grundverordnung) (ABl. L 119 vom 4.5.2016, S. 1; L 314 vom 22.11.2016, S. 72; L 127 vom 23.5.2018, S. 2) in der jeweils geltenden Fassung.

§ 16 Auskunftsanspruch. (1) Ein akkreditierter Diensteanbieter erteilt Dritten Auskunft über Namen und Anschrift eines Nutzers, wenn
1. der Dritte glaubhaft macht, die Auskunft zur Verfolgung eines Rechtsanspruches gegen den Nutzer zu benötigen,
2. sich die Auskunft auf ein Rechtsverhältnis zwischen dem Dritten und dem Nutzer bezieht, das unter Nutzung von De-Mail zustande gekommen ist,
3. der Dritte die zur Feststellung seiner Identität notwendigen Angaben im Sinne von § 3 Absatz 2 macht,
4. der akkreditierte Diensteanbieter die Richtigkeit der Angaben nach § 3 Absatz 3 überprüft hat,

5. das Verlangen nicht rechtsmissbräuchlich ist, insbesondere nicht allein dem Zweck dient, ein Pseudonym aufzudecken, und
6. die schutzwürdigen Interessen des Nutzers im Einzelfall nicht überwiegen.

(2) [1]Der Dritte hat dem akkreditierten Diensteanbieter zur Glaubhaftmachung nach Absatz 1 Nummer 1 elektronische Nachrichten oder Schriftstücke zu übermitteln, aus denen sich das Rechtsverhältnis zum Nutzer ergibt, sofern diese angefallen sind. [2]Der akkreditierte Diensteanbieter hat den Nutzer von dem Auskunftsersuchen unverzüglich und unter Benennung des Dritten zu informieren und ihm Gelegenheit zur Stellungnahme zum Auskunftsersuchen zu gewähren, soweit dies die Verfolgung des Rechtsanspruchs des Dritten nicht im Einzelfall gefährdet.

(3) Der akkreditierte Diensteanbieter kann den Ersatz der für die Auskunftserteilung erforderlichen Aufwendungen verlangen.

(4) Die durch die Auskunftserteilung erlangten Daten dürfen nur zu dem bei dem Ersuchen angegebenen Zweck verwendet werden.

(5) [1]Der akkreditierte Diensteanbieter hat die Auskunftserteilung nach Absatz 1 zu dokumentieren und den Nutzer von der Erteilung der Auskunft zu informieren. [2]Die Dokumentationspflicht nach Satz 1 umfasst den Antrag zur Auskunftserteilung samt Angabe des Dritten nach Absatz 1, die Entscheidung des akkreditierten Diensteanbieters, die Identifizierungsdaten des bearbeitenden Mitarbeiters des akkreditierten Diensteanbieters, die Mitteilung des Ergebnisses an den auskunftsersuchenden Dritten, die Mitteilung über die Auskunftserteilung an den Nutzer und die jeweilige gesetzliche Zeit bei einzelnen Prozessen innerhalb der Auskunftserteilung. [3]Die Dokumentation ist drei Jahre aufzubewahren.

(6) Die §§ 13 und 13a des Gesetzes über Unterlassungsklagen bei Verbraucherrechts- und anderen Verstößen bleiben unberührt.

(7) Die nach anderen Rechtsvorschriften bestehenden Regelungen zu Auskünften gegenüber öffentlichen Stellen bleiben unberührt.

Abschnitt 4

Akkreditierung

§ 17 Akkreditierung von Diensteanbietern. (1) [1]Diensteanbieter, die De-Mail-Dienste anbieten wollen, müssen sich auf schriftlichen Antrag von der zuständigen Behörde akkreditieren lassen. [2]Die Akkreditierung ist zu erteilen, wenn der Diensteanbieter nachweist, dass er die Voraussetzungen nach § 18 erfüllt und wenn die Ausübung der Aufsicht über den Diensteanbieter durch die zuständige Behörde gewährleistet ist. [3]Akkreditierte Diensteanbieter erhalten ein Gütezeichen der zuständigen Behörde. [4]Das Gütezeichen dient als Nachweis für die umfassend geprüfte technische und administrative Sicherheit der De-Mail-Dienste. [5]Sie dürfen sich als akkreditierte Diensteanbieter bezeichnen. [6]Nur akkreditierte Diensteanbieter dürfen sich im Geschäftsverkehr auf die nachgewiesene Sicherheit berufen und das Gütezeichen führen. ⁷Weitere Kennzeichnungen können akkreditierten Diensteanbietern vorbehalten sein.

(2) Über den Antrag nach § 17 Absatz 1 Satz 1 ist innerhalb einer Frist von drei Monaten zu entscheiden; § 42a Absatz 2 Satz 2 bis 4 des Verwaltungsverfahrensgesetzes findet Anwendung.

(3) Die Akkreditierung ist nach wesentlichen Veränderungen, spätestens jedoch nach drei Jahren zu erneuern.

§ 18 Voraussetzungen der Akkreditierung; Nachweis. (1) Als Diensteanbieter kann nur akkreditiert werden, wer
1. die für den Betrieb von De-Mail-Diensten erforderliche Zuverlässigkeit und Fachkunde besitzt,
2. eine geeignete Deckungsvorsorge trifft, um seinen gesetzlichen Verpflichtungen zum Ersatz von Schäden nachzukommen,
3. die technischen und organisatorischen Anforderungen an die Pflichten nach den §§ 3 bis 13 sowie nach § 16 in der Weise erfüllt, dass er die Dienste zuverlässig und sicher erbringt, er mit den anderen akkreditierten Diensteanbietern zusammenwirkt und für die Erbringung der Dienste ausschließlich technische Geräte verwendet, die sich im Gebiet der Mitgliedstaaten der Europäischen Union oder eines anderen Vertragsstaates des Abkommens über den Europäischen Wirtschaftsraum befinden,
4. bei der Gestaltung und dem Betrieb der De-Mail-Dienste die datenschutzrechtlichen Anforderungen erfüllt.

(2) ¹Die Diensteanbieter haben die technischen und organisatorischen Anforderungen nach den §§ 3 bis 13 sowie nach § 16 nach dem Stand der Technik zu erfüllen. ²Die Einhaltung des Standes der Technik wird vermutet, wenn die Technische Richtlinie 01201 De-Mail des Bundesamtes für Sicherheit in der Informationstechnik vom 23. März 2011 (eBAnz AT40 2011 B1) in der jeweils im Bundesanzeiger veröffentlichten Fassung eingehalten wird. ³Bevor das Bundesamt für Sicherheit in der Informationstechnik wesentliche Änderungen an der Technischen Richtlinie vornimmt, hört es den Ausschuss De-Mail-Standardisierung im Sinne des § 22 an, und dem oder der Bundesbeauftragten für den Datenschutz und die Informationsfreiheit wird hierbei Gelegenheit zur Stellungnahme gegeben, sofern Fragen des Datenschutzes berührt sind.

(3) Die Voraussetzungen nach Absatz 1 werden wie folgt nachgewiesen:
1. die erforderliche Zuverlässigkeit und Fachkunde durch Nachweise über die persönlichen Eigenschaften, das Verhalten und die entsprechenden Fähigkeiten seiner oder der in seinem Betrieb tätigen Personen; als Nachweis der erforderlichen Fachkunde ist es in der Regel ausreichend, wenn für die jeweilige Aufgabe im Betrieb entsprechende Zeugnisse oder Nachweise über die dafür notwendigen Kenntnisse, Erfahrungen und Fertigkeiten vorgelegt werden;
2. eine ausreichende Deckungsvorsorge durch den Abschluss einer Versicherung oder die Freistellungs- oder Gewährleistungsverpflichtung eines Kre-

ditunternehmens mit einer Mindestdeckungssumme von jeweils 250 000 Euro für einen verursachten Schaden. Die Deckungsvorsorge kann erbracht werden durch
  a) eine Haftpflichtversicherung bei einem innerhalb der Mitgliedstaaten der Europäischen Union oder in einem anderen Vertragsstaat des Abkommens über den Europäischen Wirtschaftsraum zum Geschäftsbetrieb befugten Versicherungsunternehmen oder
  b) eine Freistellungs- oder Gewährleistungsverpflichtung eines in einem der Mitgliedstaaten der Europäischen Union oder in einem anderen Vertragsstaat des Abkommens über den Europäischen Wirtschaftsraum zum Geschäftsbetrieb befugten Kreditinstituts, wenn gewährleistet ist, dass sie einer Haftpflichtversicherung vergleichbare Sicherheit bietet.

Soweit die Deckungsvorsorge durch eine Versicherung erbracht wird, gilt Folgendes:
  a) Auf diese Versicherung finden § 113 Absatz 2 und 3 und die §§ 114 bis 124 des Versicherungsvertragsgesetzes Anwendung.
  b) Die Mindestversicherungssumme muss 2,5 Millionen Euro für den einzelnen Versicherungsfall betragen. Versicherungsfall ist jede Pflichtverletzung des Diensteanbieters, unabhängig von der Anzahl der dadurch ausgelösten Schadensfälle. Wird eine Jahreshöchstleistung für alle in einem Versicherungsjahr verursachten Schäden vereinbart, muss sie mindestens das Vierfache der Mindestversicherungssumme betragen.
  c) Von der Versicherung kann die Leistung nur ausgeschlossen werden für Ersatzansprüche aus vorsätzlich begangener Pflichtverletzung des akkreditierten Diensteanbieters oder der Personen, für die er einzustehen hat.
  d) Die Vereinbarung eines Selbstbehaltes bis zu 1 Prozent der Mindestversicherungssumme ist zulässig;
3. die Erfüllung der technischen und organisatorischen Anforderungen an die Pflichten im Sinne des Absatzes 1 Nummer 3 durch vom Bundesamt für Sicherheit in der Informationstechnik nach § 9 Absatz 2 Satz 1 des Gesetzes über das Bundesamt für Sicherheit in der Informationstechnik zertifizierten IT-Sicherheitsdienstleistern erteilte Testate; das Zusammenwirken mit den anderen akkreditierten Diensteanbietern kann nur nach ausreichenden Prüfungen bestätigt werden; die Sicherheit der Dienste kann nur nach einer umfassenden im Rahmen der Vergabe der Testate stattfindenden Prüfung des Sicherheitskonzepts und der eingesetzten IT-Infrastrukturen bestätigt werden; zum Zeitpunkt des Inkrafttretens des Gesetzes erteilte Zertifikate können berücksichtigt werden;
4. die Erfüllung der datenschutzrechtlichen Anforderungen an das Datenschutzkonzept für die eingesetzten Verfahren und die eingesetzten informationstechnischen Einrichtungen durch Vorlage geeigneter Nachweise; der Nachweis wird dadurch geführt, dass der antragstellende Diensteanbieter ein Zertifikat des oder der Bundesbeauftragten für den Datenschutz und die Informationsfreiheit vorlegt; der oder die Bundesbeauftragte für den Daten-

schutz und die Informationsfreiheit erteilt auf schriftlichen Antrag des Diensteanbieters ein Zertifikat, wenn die datenschutzrechtlichen Kriterien erfüllt sind; die Erfüllung der datenschutzrechtlichen Kriterien wird nachgewiesen durch ein Gutachten, welches von einer vom Bund oder einem Land anerkannten oder öffentlich bestellten oder beliehenen sachverständigen Stelle für Datenschutz erstellt wurde; der oder die Bundesbeauftragte für den Datenschutz und die Informationsfreiheit kann ergänzende Angaben anfordern; die datenschutzrechtlichen Kriterien sind in einem Kriterienkatalog definiert, der in der Verantwortung des oder der Bundesbeauftragten für den Datenschutz und die Informationsfreiheit liegt und durch ihn oder sie im Bundesanzeiger und zusätzlich im Internet oder in sonstiger geeigneter Weise veröffentlicht wird; dem Bundesamt für Sicherheit in der Informationstechnik wird Gelegenheit zur Stellungnahme gegeben, sofern Fragen der IT-Sicherheit berührt sind.

(4) Der Diensteanbieter kann, unter Einbeziehung in seine Konzepte zur Umsetzung der Anforderungen des Absatzes 1, zur Erfüllung von Pflichten nach diesem Gesetz Dritte beauftragen.

§ 19 Gleichstellung ausländischer Dienste. (1) Vergleichbare Dienste aus einem anderen Mitgliedstaat der Europäischen Union oder aus einem anderen Vertragsstaat des Abkommens über den Europäischen Wirtschaftsraum sind den Diensten eines akkreditierten Diensteanbieters, mit Ausnahme solcher Dienste, die mit der Ausübung hoheitlicher Tätigkeit verbunden sind, gleichgestellt, wenn ihre Anbieter dem § 18 gleichwertige Voraussetzungen erfüllen, diese gegenüber einer zuständige Stelle nachgewiesen sind und das Fortbestehen der Erfüllung dieser Voraussetzungen durch eine in diesem Mitglied- oder Vertragsstaat bestehende Kontrolle gewährleistet wird.

(2) ¹Die Prüfung der Gleichwertigkeit des ausländischen Diensteanbieters nach Absatz 1 obliegt der zuständigen Behörde. ²Die Gleichwertigkeit ausländischer Diensteanbieter ist gegeben, wenn die zuständige Behörde festgestellt hat, dass im Herkunftsland die jeweiligen Diensteanbieters
1. die Sicherheitsanforderungen an Diensteanbieter,
2. die Prüfungsmodalitäten für Diensteanbieter sowie die Anforderungen an die für die Prüfung der Dienste zuständigen Stellen und
3. das Kontrollsystem
eine gleichwertige Sicherheit bieten.

Abschnitt 5

Aufsicht

§ 20 Aufsichtsmaßnahmen. (1) ¹Die Aufsicht über die Einhaltung dieses Gesetzes obliegt der zuständigen Behörde. ²Mit der Akkreditierung unterliegen Diensteanbieter der Aufsicht der zuständigen Behörde.

(2) Die zuständige Behörde kann gegenüber Diensteanbietern Maßnahmen treffen, um die Einhaltung dieses Gesetzes sicherzustellen.

(3) Ungeachtet des Vorliegens von Testaten im Sinne des § 18 Absatz 3 Nummer 3 kann die zuständige Behörde einem akkreditierten Diensteanbieter den Betrieb vorübergehend ganz oder teilweise untersagen, wenn Tatsachen die Annahme rechtfertigen, dass
1. eine Voraussetzung für die Akkreditierung nach § 17 Absatz 1 weggefallen ist,
2. ungültige Einzelnachweise für das Angebot von De-Mail-Diensten verwendet oder bestätigt werden,
3. nachhaltig, erheblich oder dauerhaft gegen Pflichten verstoßen wird oder
4. sonstige Voraussetzungen für die Akkreditierung oder für die Anerkennung nach diesem Gesetz nicht erfüllt werden.

(4) Die Gültigkeit der von einem akkreditierten Diensteanbieter im Rahmen des Postfach- und Versanddienstes ausgestellten Eingangsbestätigungen und Abholbestätigungen bleibt von der Untersagung des Betriebs, der Einstellung der Tätigkeit, der Rücknahme oder dem Widerruf einer Akkreditierung unberührt.

(5) [1]Soweit es zur Erfüllung der zuständigen Behörde als Aufsichtsbehörde übertragenen Aufgaben erforderlich ist, haben die akkreditierten Diensteanbieter und die für diese nach § 18 Absatz 4 tätigen Dritten der zuständigen Behörde und den in ihrem Auftrag handelnden Personen das Betreten der Geschäftsräume während der üblichen Betriebszeiten zu gestatten, auf Verlangen die in Betracht kommenden Bücher, Aufzeichnungen, Belege, Schriftstücke und sonstigen Unterlagen in geeigneter Weise zur Einsicht vorzulegen, auch soweit sie elektronisch geführt werden, Auskunft zu erteilen und die erforderliche Unterstützung zu gewähren. [2]Ein Zugriff auf De-Mail-Nachrichten von Nutzern durch die zuständige Behörde als Aufsichtsbehörde findet nicht statt. [3]Der zur Erteilung einer Auskunft Verpflichtete kann die Auskunft verweigern, wenn er sich damit selbst oder einen der in § 383 Absatz 1 Nummer 1 bis 3 der Zivilprozessordnung bezeichneten Angehörigen der Gefahr der Verfolgung wegen einer Straftat oder eines Verfahrens nach dem Gesetz über Ordnungswidrigkeiten aussetzen würde. [4]Er ist auf dieses Recht hinzuweisen.

§ 21 Informationspflicht. Die zuständige Behörde hat die Namen der akkreditierten Diensteanbieter sowie der ausländischen Diensteanbieter nach § 19 jeweils unter Angabe der ausschließlich für die De-Mail-Dienste verwendeten Kennzeichnungen gemäß § 5 Absatz 1 Satz 2 Nummer 1 für jeden über öffentlich erreichbare Kommunikationsverbindungen abrufbar zu halten.

Abschnitt 6

Schlussbestimmungen

§ 22 Ausschuss De-Mail-Standardisierung. [1]Die technischen und organisatorischen Anforderungen an die Pflichten nach den §§ 3 bis 13 sowie nach

De-Mail-Gesetz **De-Mail-G 31a**

§ 16 werden unter Beteiligung der akkreditierten Diensteanbieter weiterentwickelt; dies gilt nicht für Anforderungen, die das Zusammenwirken zwischen den akkreditierten Diensteanbietern als solches oder die Sicherheit betreffen. ²Zu diesem Zweck wird ein Ausschuss De-Mail-Standardisierung gegründet, dem mindestens alle akkreditierten Diensteanbieter, je ein Vertreter von zwei auf Bundesebene bestehenden Gesamtverbänden, deren Belange berührt sind, das Bundesamt für Sicherheit in der Informationstechnik, der oder die Bundesbeauftragte für den Datenschutz und die Informationsfreiheit, ein vom IT-Planungsrat beauftragter Vertreter der Länder sowie ein Vertreter des Rates der IT-Beauftragten der Bundesregierung angehören. ³Die Entscheidung, welche beiden Verbände dem Ausschuss angehören sollen, liegt im Ermessen der zuständigen Behörde. ⁴Wird der Rat der IT- Beauftragten der Bundesregierung aufgelöst, tritt an dessen Stelle die von der Bundesregierung bestimmte Nachfolgeorganisation. ⁵Der Ausschuss tagt mindestens einmal im Jahr.

§ 23 Bußgeldvorschriften. (1) Ordnungswidrig handelt, wer vorsätzlich oder fahrlässig
1. entgegen § 3 Absatz 1 Satz 3 nicht sicherstellt, dass nur der Nutzer Zugang erlangen kann,
2. entgegen § 3 Absatz 3 Satz 1 Nummer 1 erster Halbsatz oder Nummer 2 eine dort genannte Angabe nicht oder nicht rechtzeitig überprüft,
3. entgegen § 4 Absatz 1 Satz 2 nicht sicherstellt, dass eine sichere Anmeldung nur in den dort genannten Fällen erfolgt,
4. entgegen § 4 Absatz 3 nicht sicherstellt, dass eine Kommunikationsverbindung verschlüsselt erfolgt,
5. entgegen § 7 Absatz 2 Satz 1 Nummer 2 oder 4 dort genannte Daten nicht oder nicht rechtzeitig löscht,
6. entgegen § 10 Absatz 1 Satz 1 oder Absatz 4 Satz 1 Nummer 2 den Zugang zu einem De-Mail-Konto nicht oder nicht rechtzeitig sperrt oder das De-Mail-Konto nicht oder nicht rechtzeitig auflöst,
7. entgegen § 11 Absatz 1 Satz 1 eine Anzeige nicht, nicht richtig oder nicht rechtzeitig erstattet,
8. entgegen § 11 Absatz 1 Satz 3 einen Nutzer nicht, nicht richtig oder nicht rechtzeitig benachrichtigt,
9. entgegen § 11 Absatz 2 nicht sicherstellt, dass die dort genannten Daten abrufbar bleiben,
10. entgegen § 12 den Zugriff auf dort genannte Daten nicht ermöglicht oder einen Hinweis nicht, nicht richtig oder nicht rechtzeitig gibt,
11. entgegen § 13 Absatz 1 eine Dokumentation nicht oder nicht richtig erstellt,
12. entgegen § 13 Absatz 2 eine Dokumentation nicht oder nicht mindestens zehn Jahre aufbewahrt oder
13. entgegen § 17 Absatz 1 Satz 6 sich auf die nachgewiesene Sicherheit beruft oder das Gütezeichen führt.

(2) Die Ordnungswidrigkeit kann in den Fällen des Absatzes 1 Nummer 5 und 6 mit einer Geldbuße bis zu dreihunderttausend Euro und in den übrigen Fällen mit einer Geldbuße bis zu fünfzigtausend Euro geahndet werden.

(3) Verwaltungsbehörde im Sinne des § 36 Absatz 1 Nummer 1 des Gesetzes über Ordnungswidrigkeiten ist das Bundesamt für Sicherheit in der Informationstechnik.

§ 24 Gebühren und Auslagen. (1) Gebühren und Auslagen erheben zur Deckung des Verwaltungsaufwands
1. die zuständige Behörde für individuell zurechenbare öffentliche Leistungen nach den §§ 17, 19 Absatz 2 und § 20 Absatz 3 sowie
2. der Bundesbeauftragte für den Datenschutz und die Informationsfreiheit für die Erteilung des Zertifikats nach § 18 Absatz 3 Nummer 4.

(2) ¹Das Bundesministerium des Innern wird ermächtigt, durch Rechtsverordnung ohne Zustimmung des Bundesrates die gebührenpflichtigen Tatbestände nach Absatz 1 und die Gebührensätze näher zu bestimmen und dabei Fest- oder Zeitgebühren vorzusehen. ²In der Rechtsverordnung kann die Erstattung von Auslagen abweichend von § 23 Absatz 6 des Bundesgebührengesetzes geregelt werden. ³Ermäßigungen und Befreiungen von Gebühren und Auslagen können zugelassen werden.

§ 25 Verfahren über eine einheitliche Stelle. Verwaltungsverfahren nach diesem Gesetz können über eine einheitliche Stelle abgewickelt werden.

Anhang
Änderungen im Verwaltungszustellungsgesetz

§ 2 Allgemeines. (1) Zustellung ist die Bekanntgabe eines schriftlichen oder elektronischen Dokuments in der in diesem Gesetz bestimmten Form.

(2) ¹Die Zustellung wird durch einen Erbringer von Postdienstleistungen (Post), einen *nach § 17 des De-Mail-Gesetzes akkreditierten Diensteanbieter* oder durch die Behörde ausgeführt. ²Daneben gelten die in den §§ 9 und 10 geregelten Sonderarten der Zustellung.

(3) ¹Die Behörde hat die Wahl zwischen den einzelnen Zustellungsarten. ²§ 5 Absatz 5 Satz 2 bleibt unberührt.

[§ 5a Elektronische Zustellung gegen Abholbestätigung über De-Mail-Dienste. (1) ¹Die elektronische Zustellung kann unbeschadet des § 5 Absatz 4 und 5 Satz 1 und 2 durch Übermittlung der *nach § 17 des De-Mail-Gesetzes akkreditierten Diensteanbieter* gegen *Abholbestätigung nach § 5 Absatz 9 des De-Mail-Gesetzes* an das De-Mail-Postfach des Empfängers erfolgen. ²Für die Zustellung nach Satz 1 ist § 5 Absatz 4 und 6 mit der Maßgabe anzuwenden, dass an die Stelle des Empfangsbekenntnisses die Abholbestätigung tritt.

(2) [1]Der nach § 17 des De-Mail-Gesetzes akkreditierte Diensteanbieter hat eine Versandbestätigung nach § 5 Absatz 7 des De-Mail-Gesetzes und eine Abholbestätigung nach § 5 Absatz 9 des De-Mail-Gesetzes zu erzeugen. [2]Er hat diese Bestätigungen unverzüglich der absendenden Behörde zu übermitteln.

(3) [1]Zum Nachweis der elektronischen Zustellung genügt die *Abholbestätigung nach § 5 Absatz 9 des De-Mail-Gesetzes.* [2]Für diese gelten § 371 Absatz 1 Satz 2 und § 371a Absatz 2 der Zivilprozessordnung.

(4) [1]Ein elektronisches Dokument gilt in den Fällen des § 5 Absatz 5 Satz 2 am dritten Tag nach der Absendung an das De-Mail-Postfach des Empfängers als zugestellt, wenn er dieses Postfach als Zugang eröffnet hat und der Behörde nicht spätestens an diesem Tag eine elektronische Abholbestätigung nach § 5 Absatz 9 des De-Mail-Gesetzes zugeht. [2]Satz 1 gilt nicht, wenn der Empfänger nachweist, dass das Dokument nicht oder zu einem späteren Zeitpunkt zugegangen ist. [3]Der Empfänger ist in den Fällen des § 5 Absatz 5 Satz 2 vor der Übermittlung über die Rechtsfolgen nach den Sätzen 1 und 2 zu belehren. [4]Als Nachweis der Zustellung nach Satz 1 dient die Versandbestätigung nach § 5 Absatz 7 des De-Mail-Gesetzes oder ein Vermerk der absendenden Behörde in den Akten, zu welchem Zeitpunkt und an welches De-Mail-Postfach das Dokument gesendet wurde. [5]Der Empfänger ist über den Eintritt der Zustellungsfiktion nach Satz 1 elektronisch zu benachrichtigen.]

(Diese Textfassung ist ab dem 1.8.2022 gültig:)

§ 5 Zustellung durch die Behörde gegen Empfangsbekenntnis; elektronische Zustellung. (1) [1]Bei der Zustellung durch die Behörde händigt der zustellende Bedienstete das Dokument dem Empfänger in einem verschlossenen Umschlag aus. [2]Das Dokument kann auch offen ausgehändigt werden, wenn keine schutzwürdigen Interessen des Empfängers entgegenstehen. [3]Der Empfänger hat ein mit dem Datum der Aushändigung versehenes Empfangsbekenntnis zu unterschreiben. [4]Der Bedienstete vermerkt das Datum der Zustellung auf dem Umschlag des auszuhändigenden Dokuments oder bei offener Aushändigung auf dem Dokument selbst.

(2) [1]Die §§ 177 bis 181 der Zivilprozessordnung sind anzuwenden. [2]Zum Nachweis der Zustellung ist in den Akten zu vermerken:
1. im Fall der Ersatzzustellung in der Wohnung, in Geschäftsräumen und Einrichtungen nach § 178 der Zivilprozessordnung der Grund, der diese Art der Zustellung rechtfertigt,
2. im Fall der Zustellung bei verweigerter Annahme nach § 179 der Zivilprozessordnung, wer die Annahme verweigert hat und dass das Dokument am Ort der Zustellung zurückgelassen oder an den Absender zurückgesandt wurde sowie der Zeitpunkt und der Ort der verweigerten Annahme,
3. in den Fällen der Ersatzzustellung nach den §§ 180 und 181 der Zivilprozessordnung der Grund der Ersatzzustellung sowie wann und wo das Dokument in einen Briefkasten eingelegt oder sonst niedergelegt und in welcher Weise die Niederlegung schriftlich mitgeteilt wurde.

31a De-Mail-G
De-Mail-Gesetz

[3]Im Fall des § 181 Abs. 1 der Zivilprozessordnung kann das zuzustellende Dokument bei der Behörde, die den Zustellungsauftrag erteilt hat, niedergelegt werden, wenn diese Behörde ihren Sitz am Ort der Zustellung oder am Ort des Amtsgerichts hat, in dessen Bezirk der Ort der Zustellung liegt.

(3) [1]Zur Nachtzeit, an Sonntagen und allgemeinen Feiertagen darf nach den Absätzen 1 und 2 im Inland nur mit schriftlicher oder elektronischer Erlaubnis des Behördenleiters zugestellt werden. [2]Die Nachtzeit umfasst die Stunden von 21 bis 6 Uhr. [3]Die Erlaubnis ist bei der Zustellung abschriftlich mitzuteilen. [4]Eine Zustellung, bei der diese Vorschriften nicht beachtet sind, ist wirksam, wenn die Annahme nicht verweigert wird.

(4) Das Dokument kann an Behörden, Körperschaften, Anstalten und Stiftungen des öffentlichen Rechts, an Rechtsanwälte, Patentanwälte, Notare, Steuerberater, Steuerbevollmächtigte, Wirtschaftsprüfer, vereidigte Buchprüfer, Berufsausübungsgesellschaften im Sinne der Bundesrechtsanwaltsordnung, der Patentanwaltsordnung und des Steuerberatungsgesetzes, Wirtschaftsprüfungsgesellschaften und Buchprüfungsgesellschaften auch auf andere Weise, auch elektronisch, gegen Empfangsbekenntnis zugestellt werden.

(5) [1]Ein elektronisches Dokument kann im Übrigen unbeschadet des Absatzes 4 elektronisch zugestellt werden, soweit der Empfänger hierfür einen Zugang eröffnet. [2]Es ist elektronisch zuzustellen, wenn auf Grund einer Rechtsvorschrift ein Verfahren auf Verlangen des Empfängers in elektronischer Form abgewickelt wird. [3]Für die Übermittlung ist das Dokument mit einer qualifizierten elektronischen Signatur zu versehen und gegen unbefugte Kenntnisnahme Dritter zu schützen.

(6) [1]Bei der elektronischen Zustellung ist die Übermittlung mit dem Hinweis „Zustellung gegen Empfangsbekenntnis" einzuleiten. [2]Die Übermittlung muss die absendende Behörde, den Namen und die Anschrift des Zustellungsadressaten sowie den Namen des Bediensteten erkennen lassen, der das Dokument zur Übermittlung aufgegeben hat.

(7) [1]Zum Nachweis der Zustellung nach den Absätzen 4 und 5 genügt das mit Datum und Unterschrift versehene Empfangsbekenntnis, das an die Behörde durch die Post oder elektronisch zurückzusenden ist. [2]Ein elektronisches Dokument gilt in den Fällen des Absatzes 5 Satz 2 am dritten Tag nach der Absendung an den vom Empfänger hierfür eröffneten Zugang als zugestellt, wenn der Behörde nicht spätestens an diesem Tag ein Empfangsbekenntnis nach Satz 1 zugeht. [3]Satz 2 gilt nicht, wenn der Empfänger nachweist, dass das Dokument nicht oder zu einem späteren Zeitpunkt zugegangen ist. [4]Der Empfänger ist in den Fällen des Absatzes 5 Satz 2 vor der Übermittlung über die Rechtsfolgen nach den Sätzen 2 und 3 zu belehren. [5]Zum Nachweis der Zustellung ist von der absendenden Behörde in den Akten zu vermerken, zu welchem Zeitpunkt und an welchen Zugang das Dokument gesendet wurde. [6]Der Empfänger ist über den Eintritt der Zustellungsfiktion nach Satz 2 zu benachrichtigen.

Internetrecht 32
Vertragsschluss im Internet

In diesem Abschnitt werden die wichtigsten Vorschriften aus dem **BGB**, die für den Vertragsschluss im Internet, insbesondere per Internetauktion, maßgeblich sind, zusammengefasst. Weitere medienrechtlich relevante Normen des BGB und des Internationalen Privatrechts (EGBGB) werden in den Nummern **5** und **6** zusammengefasst.

Vorschriften, die auf die elektronische Form bzw. auf die qualifizierte elektronische Signatur verweisen, werden im Rahmen des Vertrauensdienstegesetzes (Nr. **31**) aufgeführt.

§ 119 Anfechtbarkeit wegen Irrtums. (1) Wer bei der Abgabe einer Willenserklärung über deren Inhalt im Irrtum war oder eine Erklärung dieses Inhalts überhaupt nicht abgeben wollte, kann die Erklärung anfechten, wenn anzunehmen ist, dass er sie bei Kenntnis der Sachlage und bei verständiger Würdigung des Falles nicht abgegeben haben würde.

(2) Als Irrtum über den Inhalt der Erklärung gilt auch der Irrtum über solche Eigenschaften der Person oder der Sache, die im Verkehr als wesentlich angesehen werden.

§ 120 Anfechtbarkeit wegen falscher Übermittlung. Eine Willenserklärung, welche durch die zur Übermittelung verwendete Person oder Einrichtung unrichtig übermittelt worden ist, kann unter der gleichen Voraussetzung angefochten werden wie nach § 119 eine irrtümlich abgegebene Willenserklärung.

§ 126 Schriftform. (1) Ist durch Gesetz schriftliche Form vorgeschrieben, so muss die Urkunde von dem Aussteller eigenhändig durch Namensunterschrift oder mittels notariell beglaubigten Handzeichens unterzeichnet werden.

(2) [1]Bei einem Vertrag muss die Unterzeichnung der Parteien auf derselben Urkunde erfolgen. [2]Werden über den Vertrag mehrere gleichlautende Urkunden aufgenommen, so genügt es, wenn jede Partei die für die andere Partei bestimmte Urkunde unterzeichnet.

(3) Die schriftliche Form kann durch die elektronische Form ersetzt werden, wenn sich nicht aus dem Gesetz ein anderes ergibt.

(4) Die schriftliche Form wird durch die notarielle Beurkundung ersetzt.

§ 126a Elektronische Form. (1) Soll die gesetzlich vorgeschriebene schriftliche Form durch die elektronische Form ersetzt werden, so muss der Aussteller der Erklärung dieser seinen Namen hinzufügen und das elektronische Dokument mit einer qualifizierten elektronischen Signatur versehen.

(2) Bei einem Vertrag müssen die Parteien jeweils ein gleichlautendes Dokument in der in Absatz 1 bezeichneten Weise elektronisch signieren.

§ 126b Textform. Ist durch Gesetz Textform vorgeschrieben, so muss die Erklärung in einer Urkunde oder auf andere zur dauerhaften Wiedergabe in Schriftzeichen geeignete Weise abgegeben, die Person des Erklärenden genannt und der Abschluss der Erklärung durch Nachbildung der Namensunterschrift oder anders erkennbar gemacht werden.

§ 127 Vereinbarte Form. (1) Die Vorschriften des § 126, des § 126a oder des § 126b gelten im Zweifel auch für die durch Rechtsgeschäft bestimmte Form.

(2) [1]Zur Wahrung der durch Rechtsgeschäft bestimmten schriftlichen Form genügt, soweit nicht ein anderer Wille anzunehmen ist, die telekommunikative Übermittlung und bei einem Vertrag der Briefwechsel. [2]Wird eine solche Form gewählt, so kann nachträglich eine dem § 126 entsprechende Beurkundung verlangt werden.

(3) [1]Zur Wahrung der durch Rechtsgeschäft bestimmten elektronischen Form genügt, soweit nicht ein anderer Wille anzunehmen ist, auch eine andere als in § 126a bestimmte elektronische Signatur und bei einem Vertrag der Austausch von Angebots- und Annahmeerklärung, die jeweils mit einer elektronischen Signatur versehen sind. [2]Wird eine solche Form gewählt, so kann nachträglich eine dem § 126a entsprechende elektronische Signierung oder, wenn diese einer der Parteien nicht möglich ist, eine dem § 126 entsprechende Beurkundung verlangt werden.

§ 130 Wirksamwerden der Willenserklärung gegenüber Abwesenden. (1) [1]Eine Willenserklärung, die einem anderen gegenüber abzugeben ist, wird, wenn sie in dessen Abwesenheit abgegeben wird, in dem Zeitpunkt wirksam, in welchem sie ihm zugeht. [2]Sie wird nicht wirksam, wenn dem anderen vorher oder gleichzeitig ein Widerruf zugeht.

(2) Auf die Wirksamkeit der Willenserklärung ist es ohne Einfluss, wenn der Erklärende nach der Abgabe stirbt oder geschäftsunfähig wird.

(3) Diese Vorschriften finden auch dann Anwendung, wenn die Willenserklärung einer Behörde gegenüber abzugeben ist.

§ 147 Annahmefrist. (1) [1]Der einem Anwesenden gemachte Antrag kann nur sofort angenommen werden. [2]Dies gilt auch von einem mittels Fernsprechers oder einer sonstigen technischen Einrichtung von Person zu Person gemachten Antrag.

(2) Der einem Abwesenden gemachte Antrag kann nur bis zu dem Zeitpunkt angenommen werden, in welchem der Antragende den Eingang der Antwort unter regelmäßigen Umständen erwarten darf.

§ 156 Vertragsschluss bei Versteigerung. [1]Bei einer Versteigerung kommt der Vertrag erst durch den Zuschlag zustande. [2]Ein Gebot erlischt, wenn ein Übergebot abgegeben oder die Versteigerung ohne Erteilung des Zuschlags geschlossen wird.

§ 312b Außerhalb von Geschäftsräumen geschlossene Verträge.
(1) ¹Außerhalb von Geschäftsräumen geschlossene Verträge sind Verträge,
1. die bei gleichzeitiger körperlicher Anwesenheit des Verbrauchers und des Unternehmers an einem Ort geschlossen werden, der kein Geschäftsraum des Unternehmers ist,
2. für die der Verbraucher unter den in Nummer 1 genannten Umständen ein Angebot abgegeben hat,
3. die in den Geschäftsräumen des Unternehmers oder durch Fernkommunikationsmittel geschlossen werden, bei denen der Verbraucher jedoch unmittelbar zuvor außerhalb der Geschäftsräume des Unternehmers bei gleichzeitiger körperlicher Anwesenheit des Verbrauchers und des Unternehmers persönlich und individuell angesprochen wurde, oder
4. die auf einem Ausflug geschlossen werden, der von dem Unternehmer oder mit seiner Hilfe organisiert wurde, um beim Verbraucher für den Verkauf von Waren oder die Erbringung von Dienstleistungen zu werben und mit ihm entsprechende Verträge abzuschließen.

²Dem Unternehmer stehen Personen gleich, die in seinem Namen oder Auftrag handeln.

(2) ¹Geschäftsräume im Sinne des Absatzes 1 sind unbewegliche Gewerberäume, in denen der Unternehmer seine Tätigkeit dauerhaft ausübt, und bewegliche Gewerberäume, in denen der Unternehmer seine Tätigkeit für gewöhnlich ausübt. ²Gewerberäume, in denen die Person, die im Namen oder Auftrag des Unternehmers handelt, ihre Tätigkeit dauerhaft oder für gewöhnlich ausübt, stehen Räumen des Unternehmers gleich.

§ 312c Fernabsatzverträge[1]. (1) Fernabsatzverträge sind Verträge, bei denen der Unternehmer oder eine in seinem Namen oder Auftrag handelnde Person und der Verbraucher für die Vertragsverhandlungen und den Vertragsschluss ausschließlich Fernkommunikationsmittel verwenden, es sei denn, dass der Vertragsschluss nicht im Rahmen eines für den Fernabsatz organisierten Vertriebs- oder Dienstleistungssystems erfolgt.

(2) Fernkommunikationsmittel im Sinne dieses Gesetzes sind alle Kommunikationsmittel, die zur Anbahnung oder zum Abschluss eines Vertrags eingesetzt werden können, ohne dass die Vertragsparteien gleichzeitig körperlich anwesend sind, wie Briefe, Kataloge, Telefonanrufe, Telekopien, E-Mails, über den Mobilfunkdienst versendete Nachrichten (SMS) sowie Rundfunk und Telemedien.

§ 312d Informationspflichten. (1) ¹Bei außerhalb von Geschäftsräumen geschlossenen Verträgen und bei Fernabsatzverträgen ist der Unternehmer verpflichtet, den Verbraucher nach Maßgabe des Artikels 246a des Einführungs-

---

[1] Für die im Rahmen dieser Vertragstypen bedeutsamen Informationspflichten vgl. auch §§ 312b ff. und Art. 246 f. EGBGB (→ **Nr. 6**) mit den dort aufgeführten Anlagen.

gesetzes zum Bürgerlichen Gesetzbuche zu informieren. ²Die in Erfüllung dieser Pflicht gemachten Angaben des Unternehmers werden Inhalt des Vertrags, es sei denn, die Vertragsparteien haben ausdrücklich etwas anderes vereinbart.

(2) Bei außerhalb von Geschäftsräumen geschlossenen Verträgen und bei Fernabsatzverträgen über Finanzdienstleistungen ist der Unternehmer abweichend von Absatz 1 verpflichtet, den Verbraucher nach Maßgabe des Artikels 246b des Einführungsgesetzes zum Bürgerlichen Gesetzbuche zu informieren.

§ 312e Verletzung von Informationspflichten über Kosten. Der Unternehmer kann von dem Verbraucher Fracht-, Liefer- oder Versandkosten und sonstige Kosten nur verlangen, soweit er den Verbraucher über diese Kosten entsprechend den Anforderungen aus § 312d Absatz 1 in Verbindung mit Artikel 246a § 1 Absatz 1 Satz 1 Nummer 4 des Einführungsgesetzes zum Bürgerlichen Gesetzbuche informiert hat.

§ 312f Abschriften und Bestätigungen. (1) ¹Bei außerhalb von Geschäftsräumen geschlossenen Verträgen ist der Unternehmer verpflichtet, dem Verbraucher alsbald auf Papier zur Verfügung zu stellen
1. eine Abschrift eines Vertragsdokuments, das von den Vertragsschließenden so unterzeichnet wurde, dass ihre Identität erkennbar ist, oder
2. eine Bestätigung des Vertrags, in der der Vertragsinhalt wiedergegeben ist.

²Wenn der Verbraucher zustimmt, kann für die Abschrift oder die Bestätigung des Vertrags auch ein anderer dauerhafter Datenträger verwendet werden. Die Bestätigung nach Satz 1 muss die in Artikel 246a des Einführungsgesetzes zum Bürgerlichen Gesetzbuche genannten Angaben nur enthalten, wenn der Unternehmer dem Verbraucher diese Informationen nicht bereits vor Vertragsschluss in Erfüllung seiner Informationspflichten nach § 312d Absatz 1 auf einem dauerhaften Datenträger zur Verfügung gestellt hat.

(2) ¹Bei Fernabsatzverträgen ist der Unternehmer verpflichtet, dem Verbraucher eine Bestätigung des Vertrags, in der der Vertragsinhalt wiedergegeben ist, innerhalb einer angemessenen Frist nach Vertragsschluss, spätestens jedoch bei der Lieferung der Ware oder bevor mit der Ausführung der Dienstleistung begonnen wird, auf einem dauerhaften Datenträger zur Verfügung zu stellen. ²Die Bestätigung nach Satz 1 muss die in Artikel 246a des Einführungsgesetzes zum Bürgerlichen Gesetzbuche genannten Angaben enthalten, es sei denn, der Unternehmer hat dem Verbraucher diese Informationen bereits vor Vertragsschluss in Erfüllung seiner Informationspflichten nach § 312d Absatz 1 auf einem dauerhaften Datenträger zur Verfügung gestellt.

(3) Bei Verträgen über die Lieferung von nicht auf einem körperlichen Datenträger befindlichen Daten, die in digitaler Form hergestellt und bereitgestellt werden (digitale Inhalte), ist auf der Abschrift oder in der Bestätigung des Vertrags nach den Absätzen 1 und 2 gegebenenfalls auch festzuhalten, dass der Verbraucher vor Ausführung des Vertrags
1. ausdrücklich zugestimmt hat, dass der Unternehmer mit der Ausführung des Vertrags vor Ablauf der Widerrufsfrist beginnt, und

2. seine Kenntnis davon bestätigt hat, dass er durch seine Zustimmung mit Beginn der Ausführung des Vertrags sein Widerrufsrecht verliert.

(4) Diese Vorschrift ist nicht anwendbar auf Verträge über Finanzdienstleistungen.

§ 312g Widerrufsrecht. (1) Dem Verbraucher steht bei außerhalb von Geschäftsräumen geschlossenen Verträgen und bei Fernabsatzverträgen ein Widerrufsrecht gemäß § 355 zu.

(2) Das Widerrufsrecht besteht, soweit die Parteien nichts anderes vereinbart haben, nicht bei folgenden Verträgen:
1. Verträge zur Lieferung von Waren, die nicht vorgefertigt sind und für deren Herstellung eine individuelle Auswahl oder Bestimmung durch den Verbraucher maßgeblich ist oder die eindeutig auf die persönlichen Bedürfnisse des Verbrauchers zugeschnitten sind,
2. Verträge zur Lieferung von Waren, die schnell verderben können oder deren Verfallsdatum schnell überschritten würde,
3. Verträge zur Lieferung versiegelter Waren, die aus Gründen des Gesundheitsschutzes oder der Hygiene nicht zur Rückgabe geeignet sind, wenn ihre Versiegelung nach der Lieferung entfernt wurde,
4. Verträge zur Lieferung von Waren, wenn diese nach der Lieferung auf Grund ihrer Beschaffenheit untrennbar mit anderen Gütern vermischt wurden,
5. Verträge zur Lieferung alkoholischer Getränke, deren Preis bei Vertragsschluss vereinbart wurde, die aber frühestens 30 Tage nach Vertragsschluss geliefert werden können und deren aktueller Wert von Schwankungen auf dem Markt abhängt, auf die der Unternehmer keinen Einfluss hat,
6. Verträge zur Lieferung von Ton- oder Videoaufnahmen oder Computersoftware in einer versiegelten Packung, wenn die Versiegelung nach der Lieferung entfernt wurde,
7. Verträge zur Lieferung von Zeitungen, Zeitschriften oder Illustrierten mit Ausnahme von Abonnement-Verträgen,
8. Verträge zur Lieferung von Waren oder zur Erbringung von Dienstleistungen, einschließlich Finanzdienstleistungen, deren Preis von Schwankungen auf dem Finanzmarkt abhängt, auf die der Unternehmer keinen Einfluss hat und die innerhalb der Widerrufsfrist auftreten können, insbesondere Dienstleistungen im Zusammenhang mit Aktien, mit Anteilen an offenen Investmentvermögen im Sinne von § 1 Absatz 4 des Kapitalanlagegesetzbuchs und mit anderen handelbaren Wertpapieren, Devisen, Derivaten oder Geldmarktinstrumenten,
9. Verträge zur Erbringung von Dienstleistungen in den Bereichen Beherbergung zu anderen Zwecken als zu Wohnzwecken, Beförderung von Waren, Kraftfahrzeugvermietung, Lieferung von Speisen und Getränken sowie zur Erbringung weiterer Dienstleistungen im Zusammenhang mit Freizeitbetätigungen, wenn der Vertrag für die Erbringung einen spezifischen Termin oder Zeitraum vorsieht,

32 Internetrecht

10. Verträge, die im Rahmen einer Vermarktungsform geschlossen werden, bei der der Unternehmer Verbrauchern, die persönlich anwesend sind oder denen diese Möglichkeit gewährt wird, Waren oder Dienstleistungen anbietet, und zwar in einem vom Versteigerer durchgeführten, auf konkurrierenden Geboten basierenden transparenten Verfahren, bei dem der Bieter, der den Zuschlag erhalten hat, zum Erwerb der Waren oder Dienstleistungen verpflichtet ist (öffentlich zugängliche Versteigerung),
11. Verträge, bei denen der Verbraucher den Unternehmer ausdrücklich aufgefordert hat, ihn aufzusuchen, um dringende Reparatur- oder Instandhaltungsarbeiten vorzunehmen; dies gilt nicht hinsichtlich weiterer bei dem Besuch erbrachter Dienstleistungen, die der Verbraucher nicht ausdrücklich verlangt hat, oder hinsichtlich solcher bei dem Besuch gelieferter Waren, die bei der Instandhaltung oder Reparatur nicht unbedingt als Ersatzteile benötigt werden,
12. Verträge zur Erbringung von Wett- und Lotteriedienstleistungen, es sei denn, dass der Verbraucher seine Vertragserklärung telefonisch abgegeben hat oder der Vertrag außerhalb von Geschäftsräumen geschlossen wurde, und
13. notariell beurkundete Verträge; dies gilt für Fernabsatzverträge über Finanzdienstleistungen nur, wenn der Notar bestätigt, dass die Rechte des Verbrauchers aus § 312d Absatz 2 gewahrt sind.

(3) Das Widerrufsrecht besteht ferner nicht bei Verträgen, bei denen dem Verbraucher bereits auf Grund der §§ 495, 506 bis 512 ein Widerrufsrecht nach § 355 zusteht, und nicht bei außerhalb von Geschäftsräumen geschlossenen Verträgen, bei denen dem Verbraucher bereits nach § 305 Absatz 1 bis 6 des Kapitalanlagegesetzbuchs ein Widerrufsrecht zusteht.

§ 312h Kündigung und Vollmacht zur Kündigung. Wird zwischen einem Unternehmer und einem Verbraucher nach diesem Untertitel ein Dauerschuldverhältnis begründet, das ein zwischen dem Verbraucher und einem anderen Unternehmer bestehendes Dauerschuldverhältnis ersetzen soll, und wird anlässlich der Begründung des Dauerschuldverhältnisses von dem Verbraucher
1. die Kündigung des bestehenden Dauerschuldverhältnisses erklärt und der Unternehmer oder ein von ihm beauftragter Dritter zur Übermittlung der Kündigung an den bisherigen Vertragspartner des Verbrauchers beauftragt oder
2. der Unternehmer oder ein von ihm beauftragter Dritter zur Erklärung der Kündigung gegenüber dem bisherigen Vertragspartner des Verbrauchers bevollmächtigt,

bedarf die Kündigung des Verbrauchers oder die Vollmacht zur Kündigung der Textform.

§ 312i Allgemeine Pflichten im elektronischen Geschäftsverkehr.
(1) ¹Bedient sich ein Unternehmer zum Zwecke des Abschlusses eines Vertrags über die Lieferung von Waren oder über die Erbringung von Dienstleis-

tungen der Telemedien (Vertrag im elektronischen Geschäftsverkehr), hat er dem Kunden
1. angemessene, wirksame und zugängliche technische Mittel zur Verfügung zu stellen, mit deren Hilfe der Kunde Eingabefehler vor Abgabe seiner Bestellung erkennen und berichtigen kann,
2. die in Artikel 246c des Einführungsgesetzes zum Bürgerlichen Gesetzbuche bestimmten Informationen rechtzeitig vor Abgabe von dessen Bestellung klar und verständlich mitzuteilen,
3. den Zugang von dessen Bestellung unverzüglich auf elektronischem Wege zu bestätigen und
4. die Möglichkeit zu verschaffen, die Vertragsbestimmungen einschließlich der Allgemeinen Geschäftsbedingungen bei Vertragsschluss abzurufen und in wiedergabefähiger Form zu speichern.

²Bestellung und Empfangsbestätigung im Sinne von Satz 1 Nummer 3 gelten als zugegangen, wenn die Parteien, für die sie bestimmt sind, sie unter gewöhnlichen Umständen abrufen können.

(2) Absatz 1 Satz 1 Nummer 1 bis 3 ist nicht anzuwenden, wenn der Vertrag ausschließlich durch individuelle Kommunikation geschlossen wird. Absatz 1 Satz 1 Nummer 1 bis 3 und Satz 2 ist nicht anzuwenden, wenn zwischen Vertragsparteien, die nicht Verbraucher sind, etwas anderes vereinbart wird.

(3) Weitergehende Informationspflichten auf Grund anderer Vorschriften bleiben unberührt.

§ 312j Besondere Pflichten im elektronischen Geschäftsverkehr gegenüber Verbrauchern. (1) Auf Webseiten für den elektronischen Geschäftsverkehr mit Verbrauchern hat der Unternehmer zusätzlich zu den Angaben nach § 312i Absatz 1 spätestens bei Beginn des Bestellvorgangs klar und deutlich anzugeben, ob Lieferbeschränkungen bestehen und welche Zahlungsmittel akzeptiert werden.

(2) Bei einem Verbrauchervertrag im elektronischen Geschäftsverkehr, der den Verbraucher zur Zahlung verpflichtet, muss der Unternehmer dem Verbraucher die Informationen gemäß Artikel 246a § 1 Absatz 1 Satz 1 Nummer 1, 5 bis 7, 8, 14 und 15 des Einführungsgesetzes zum Bürgerlichen Gesetzbuche, unmittelbar bevor der Verbraucher seine Bestellung abgibt, klar und verständlich in hervorgehobener Weise zur Verfügung stellen.

(3) ¹Der Unternehmer hat die Bestellsituation bei einem Vertrag nach Absatz 2 so zu gestalten, dass der Verbraucher mit seiner Bestellung ausdrücklich bestätigt, dass er sich zu einer Zahlung verpflichtet. ²Erfolgt die Bestellung über eine Schaltfläche, ist die Pflicht des Unternehmers aus Satz 1 nur erfüllt, wenn diese Schaltfläche gut lesbar mit nichts anderem als den Wörtern „zahlungspflichtig bestellen" oder mit einer entsprechenden eindeutigen Formulierung beschriftet ist.

(4) Ein Vertrag nach Absatz 2 kommt nur zustande, wenn der Unternehmer seine Pflicht aus Absatz 3 erfüllt.

(5) ¹Die Absätze 2 bis 4 sind nicht anzuwenden, wenn der Vertrag ausschließlich durch individuelle Kommunikation geschlossen wird. ²Die Pflichten aus den Absätzen 1 und 2 gelten weder für Webseiten, die Finanzdienstleistungen betreffen, noch für Verträge über Finanzdienstleistungen.

§ 312k Allgemeine Informationspflichten für Betreiber von Online-Marktplätzen. *[Text gültig ab 28.5. bis 20.6.2022]* (1) Der Betreiber eines Online-Marktplatzes ist verpflichtet, den Verbraucher nach Maßgabe des Artikels 246d des Einführungsgesetzes zum Bürgerlichen Gesetzbuche zu informieren.

(2) Absatz 1 gilt nicht, soweit auf dem Online-Marktplatz Verträge über Finanzdienstleistungen angeboten werden.

(3) Online-Marktplatz ist ein Dienst, der es Verbrauchern ermöglicht, durch die Verwendung von Software, die vom Unternehmer oder im Namen des Unternehmers betrieben wird, einschließlich einer Webseite, eines Teils einer Webseite oder einer Anwendung, Fernabsatzverträge mit anderen Unternehmern oder Verbrauchern abzuschließen.

(4) Betreiber eines Online-Marktplatzes ist der Unternehmer, der einen Online-Marktplatz für Verbraucher zur Verfügung stellt.

*Für die ab dem 1.7.2022 geltende Fassung von § 312k BGB vgl. unter **5 BGB**.*

§ 312l Abweichende Vereinbarungen und Beweislast. (1) ¹Von den Vorschriften dieses Untertitels darf, soweit nichts anderes bestimmt ist, nicht zum Nachteil des Verbrauchers oder Kunden abgewichen werden. ²Die Vorschriften dieses Untertitels finden, soweit nichts anderes bestimmt ist, auch Anwendung, wenn sie durch anderweitige Gestaltungen umgangen werden.

(2) Der Unternehmer trägt gegenüber dem Verbraucher die Beweislast für die Erfüllung der in diesem Untertitel geregelten Informationspflichten.

Wegen des engen Bezuges zum Vertragsschluss im Internet werden hier im Folgenden die §§ 327–327u BGB – Verträge über digitale Produkte – aufgeführt.

§ 327 Anwendungsbereich. (1) ¹Die Vorschriften dieses Untertitels sind auf Verbraucherverträge anzuwenden, welche die Bereitstellung digitaler Inhalte oder digitaler Dienstleistungen (digitale Produkte) durch den Unternehmer gegen Zahlung eines Preises zum Gegenstand haben. ²Preis im Sinne dieses Untertitels ist auch eine digitale Darstellung eines Werts.

(2) ¹Digitale Inhalte sind Daten, die in digitaler Form erstellt und bereitgestellt werden. ²Digitale Dienstleistungen sind Dienstleistungen, die dem Verbraucher
1. die Erstellung, die Verarbeitung oder die Speicherung von Daten in digitaler Form oder den Zugang zu solchen Daten ermöglichen, oder
2. die gemeinsame Nutzung der vom Verbraucher oder von anderen Nutzern der entsprechenden Dienstleistung in digitaler Form hochgeladenen oder erstellten Daten oder sonstige Interaktionen mit diesen Daten ermöglichen.

(3) Die Vorschriften dieses Untertitels sind auch auf Verbraucherverträge über die Bereitstellung digitaler Produkte anzuwenden, bei denen der Verbraucher dem Unternehmer personenbezogene Daten bereitstellt oder sich zu deren Bereitstellung verpflichtet, es sei denn, die Voraussetzungen des § 312 Absatz 1a Satz 2 liegen vor.

(4) Die Vorschriften dieses Untertitels sind auch auf Verbraucherverträge anzuwenden, die digitale Produkte zum Gegenstand haben, welche nach den Spezifikationen des Verbrauchers entwickelt werden.

(5) Die Vorschriften dieses Untertitels sind mit Ausnahme der §§ 327b und 327c auch auf Verbraucherverträge anzuwenden, welche die Bereitstellung von körperlichen Datenträgern, die ausschließlich als Träger digitaler Inhalte dienen, zum Gegenstand haben.

(6) Die Vorschriften dieses Untertitels sind nicht anzuwenden auf:
1. Verträge über andere Dienstleistungen als digitale Dienstleistungen, unabhängig davon, ob der Unternehmer digitale Formen oder Mittel einsetzt, um das Ergebnis der Dienstleistung zu generieren oder es dem Verbraucher zu liefern oder zu übermitteln,
2. Verträge über Telekommunikationsdienste im Sinne des § 3 Nummer 61 des Telekommunikationsgesetzes vom 23. Juni 2021 (BGBl. I S. 1858) mit Ausnahme von nummernunabhängigen interpersonellen Telekommunikationsdiensten im Sinne des § 3 Nummer 40 des Telekommunikationsgesetzes,
3. Behandlungsverträge nach § 630a,
4. Verträge über Glücksspieldienstleistungen, die einen geldwerten Einsatz erfordern und unter Zuhilfenahme elektronischer oder anderer Kommunikationstechnologien auf individuellen Abruf eines Empfängers erbracht werden,
5. Verträge über Finanzdienstleistungen,
6. Verträge über die Bereitstellung von Software, für die der Verbraucher keinen Preis zahlt und die der Unternehmer im Rahmen einer freien und quelloffenen Lizenz anbietet, sofern die vom Verbraucher bereitgestellten personenbezogenen Daten durch den Unternehmer ausschließlich zur Verbesserung der Sicherheit, der Kompatibilität oder der Interoperabilität der vom Unternehmer angebotenen Software verarbeitet werden,
7. Verträge über die Bereitstellung digitaler Inhalte, wenn die digitalen Inhalte der Öffentlichkeit auf eine andere Weise als durch Signalübermittlung als Teil einer Darbietung oder Veranstaltung zugänglich gemacht werden,
8. Verträge über die Bereitstellung von Informationen im Sinne des Informationsweiterverwendungsgesetzes vom 13. Dezember 2006 (BGBl. I S. 2913), das durch Artikel 1 des Gesetzes vom 8. Juli 2015 (BGBl. I S. 1162) geändert worden ist.

§ 327a Anwendung auf Paketverträge und Verträge über Sachen mit digitalen Elementen. (1) ¹Die Vorschriften dieses Untertitels sind auch auf

Verbraucherverträge anzuwenden, die in einem Vertrag zwischen denselben Vertragsparteien neben der Bereitstellung digitaler Produkte die Bereitstellung anderer Sachen oder die Bereitstellung anderer Dienstleistungen zum Gegenstand haben (Paketvertrag). ²Soweit nachfolgend nicht anders bestimmt, sind die Vorschriften dieses Untertitels jedoch nur auf diejenigen Bestandteile des Paketvertrags anzuwenden, welche die digitalen Produkte betreffen.

(2) ¹Die Vorschriften dieses Untertitels sind auch auf Verbraucherverträge über Sachen anzuwenden, die digitale Produkte enthalten oder mit ihnen verbunden sind. ²Soweit nachfolgend nicht anders bestimmt, sind die Vorschriften dieses Untertitels jedoch nur auf diejenigen Bestandteile des Vertrags anzuwenden, welche die digitalen Produkte betreffen.

(3) ¹Absatz 2 gilt nicht für Kaufverträge über Waren, die in einer Weise digitale Produkte enthalten oder mit ihnen verbunden sind, dass die Waren ihre Funktionen ohne diese digitalen Produkte nicht erfüllen können (Waren mit digitalen Elementen). ²Beim Kauf einer Ware mit digitalen Elementen ist im Zweifel anzunehmen, dass die Verpflichtung des Verkäufers die Bereitstellung der digitalen Inhalte oder digitalen Dienstleistungen umfasst.

§ 327b Bereitstellung digitaler Produkte. (1) Ist der Unternehmer durch einen Verbrauchervertrag gemäß § 327 oder § 327a dazu verpflichtet, dem Verbraucher ein digitales Produkt bereitzustellen, so gelten für die Bestimmung der Leistungszeit sowie für die Art und Weise der Bereitstellung durch den Unternehmer die nachfolgenden Vorschriften.

(2) Sofern die Vertragsparteien keine Zeit für die Bereitstellung des digitalen Produkts nach Absatz 1 vereinbart haben, kann der Verbraucher die Bereitstellung unverzüglich nach Vertragsschluss verlangen, der Unternehmer sie sofort bewirken.

(3) Ein digitaler Inhalt ist bereitgestellt, sobald der digitale Inhalt oder die geeigneten Mittel für den Zugang zu diesem oder das Herunterladen des digitalen Inhalts dem Verbraucher unmittelbar oder mittels einer von ihm hierzu bestimmten Einrichtung zur Verfügung gestellt oder zugänglich gemacht worden ist.

(4) Eine digitale Dienstleistung ist bereitgestellt, sobald die digitale Dienstleistung dem Verbraucher unmittelbar oder mittels einer von ihm hierzu bestimmten Einrichtung zugänglich gemacht worden ist.

(5) Wenn der Unternehmer durch den Vertrag zu einer Reihe einzelner Bereitstellungen verpflichtet ist, gelten die Absätze 2 bis 4 für jede einzelne Bereitstellung innerhalb der Reihe.

(6) Die Beweislast für die nach den Absätzen 1 bis 4 erfolgte Bereitstellung trifft abweichend von § 363 den Unternehmer.

§ 327c Rechte bei unterbliebener Bereitstellung. (1) ¹Kommt der Unternehmer seiner fälligen Verpflichtung zur Bereitstellung des digitalen Produkts auf Aufforderung des Verbrauchers nicht unverzüglich nach, so kann der Verbraucher den Vertrag beenden. ²Nach einer Aufforderung gemäß Satz 1 kann eine andere Zeit für die Bereitstellung nur ausdrücklich vereinbart werden.

(2) ¹Liegen die Voraussetzungen für eine Beendigung des Vertrags nach Absatz 1 Satz 1 vor, so kann der Verbraucher nach den §§ 280 und 281 Absatz 1 Satz 1 Schadensersatz oder nach § 284 Ersatz vergeblicher Aufwendungen verlangen, wenn die Voraussetzungen dieser Vorschriften vorliegen. ² § 281 Absatz 1 Satz 1 ist mit der Maßgabe anzuwenden, dass an die Stelle der Bestimmung einer angemessenen Frist die Aufforderung nach Absatz 1 Satz 1 tritt. ³Ansprüche des Verbrauchers auf Schadensersatz nach den §§ 283 und 311a Absatz 2 bleiben unberührt.

(3) ¹Die Aufforderung nach Absatz 1 Satz 1 und Absatz 2 Satz 2 ist entbehrlich, wenn
1. der Unternehmer die Bereitstellung verweigert,
2. es nach den Umständen eindeutig zu erkennen ist, dass der Unternehmer das digitale Produkt nicht bereitstellen wird, oder
3. der Unternehmer die Bereitstellung bis zu einem bestimmten Termin oder innerhalb einer bestimmten Frist nicht bewirkt, obwohl vereinbart war oder es sich für den Unternehmer aus eindeutig erkennbaren, den Vertragsabschluss begleitenden Umständen ergeben konnte, dass die termin- oder fristgerechte Bereitstellung für den Verbraucher wesentlich ist.

²In den Fällen des Satzes 1 ist die Mahnung gemäß § 286 stets entbehrlich.

(4) ¹Für die Beendigung des Vertrags nach Absatz 1 Satz 1 und deren Rechtsfolgen sind die §§ 327o und 327p entsprechend anzuwenden. ²Das Gleiche gilt für den Fall, dass der Verbraucher in den Fällen des Absatzes 2 Schadensersatz statt der ganzen Leistung verlangt. ³§ 325 gilt entsprechend.

(5) § 218 ist auf die Vertragsbeendigung nach Absatz 1 Satz 1 entsprechend anzuwenden.

(6) ¹Sofern der Verbraucher den Vertrag nach Absatz 1 Satz 1 beenden kann, kann er sich im Hinblick auf alle Bestandteile des Paketvertrags vom Vertrag lösen, wenn er an dem anderen Teil des Paketvertrags ohne das nicht bereitgestellte digitale Produkt kein Interesse hat. ²Satz 1 ist nicht auf Paketverträge anzuwenden, bei denen der andere Bestandteil ein Telekommunikationsdienst im Sinne des § 3 Nummer 61 des Telekommunikationsgesetzes ist.

(7) Sofern der Verbraucher den Vertrag nach Absatz 1 Satz 1 beenden kann, kann er sich im Hinblick auf alle Bestandteile eines Vertrags nach § 327a Absatz 2 vom Vertrag lösen, wenn aufgrund des nicht bereitgestellten digitalen Produkts sich die Sache nicht zur gewöhnlichen Verwendung eignet.

§ 327d Vertragsmäßigkeit digitaler Produkte. Ist der Unternehmer durch einen Verbrauchervertrag gemäß § 327 oder § 327a zur Bereitstellung eines digitalen Produkts verpflichtet, so hat er das digitale Produkt frei von Produkt- und Rechtsmängeln im Sinne der §§ 327e bis 327g bereitzustellen.

32 Internetrecht

§ 327e Produktmangel. (1) ¹Das digitale Produkt ist frei von Produktmängeln, wenn es zur maßgeblichen Zeit nach den Vorschriften dieses Untertitels den subjektiven Anforderungen, den objektiven Anforderungen und den Anforderungen an die Integration entspricht. ²Soweit nachfolgend nicht anders bestimmt, ist die maßgebliche Zeit der Zeitpunkt der Bereitstellung nach § 327b. ³Wenn der Unternehmer durch den Vertrag zu einer fortlaufenden Bereitstellung über einen Zeitraum (dauerhafte Bereitstellung) verpflichtet ist, ist der maßgebliche Zeitraum der gesamte vereinbarte Zeitraum der Bereitstellung (Bereitstellungszeitraum).

(2) ¹Das digitale Produkt entspricht den subjektiven Anforderungen, wenn
1. das digitale Produkt
   a) die vereinbarte Beschaffenheit hat, einschließlich der Anforderungen an seine Menge, seine Funktionalität, seine Kompatibilität und seine Interoperabilität,
   b) sich für die nach dem Vertrag vorausgesetzte Verwendung eignet,
2. es wie im Vertrag vereinbart mit Zubehör, Anleitungen und Kundendienst bereitgestellt wird und
3. die im Vertrag vereinbarten Aktualisierungen während des nach dem Vertrag maßgeblichen Zeitraums bereitgestellt werden.

²Funktionalität ist die Fähigkeit eines digitalen Produkts, seine Funktionen seinem Zweck entsprechend zu erfüllen. ³Kompatibilität ist die Fähigkeit eines digitalen Produkts, mit Hardware oder Software zu funktionieren, mit der digitale Produkte derselben Art in der Regel genutzt werden, ohne dass sie konvertiert werden müssen. ⁴Interoperabilität ist die Fähigkeit eines digitalen Produkts, mit anderer Hardware oder Software als derjenigen, mit der digitale Produkte derselben Art in der Regel genutzt werden, zu funktionieren.

(3) ¹Das digitale Produkt entspricht den objektiven Anforderungen, wenn
1. es sich für die gewöhnliche Verwendung eignet,
2. es eine Beschaffenheit, einschließlich der Menge, der Funktionalität, der Kompatibilität, der Zugänglichkeit, der Kontinuität und der Sicherheit aufweist, die bei digitalen Produkten derselben Art üblich ist und die der Verbraucher unter Berücksichtigung der Art des digitalen Produkts erwarten kann,
3. es der Beschaffenheit einer Testversion oder Voranzeige entspricht, die der Unternehmer dem Verbraucher vor Vertragsschluss zur Verfügung gestellt hat,
4. es mit dem Zubehör und den Anleitungen bereitgestellt wird, deren Erhalt der Verbraucher erwarten kann,
5. dem Verbraucher gemäß § 327f Aktualisierungen bereitgestellt werden und der Verbraucher über diese Aktualisierungen informiert wird und
6. sofern die Parteien nichts anderes vereinbart haben, es in der zum Zeitpunkt des Vertragsschlusses neuesten verfügbaren Version bereitgestellt wird.

²Zu der üblichen Beschaffenheit nach Satz 1 Nummer 2 gehören auch Anforderungen, die der Verbraucher nach vom Unternehmer oder einer anderen Per-

son in vorhergehenden Gliedern der Vertriebskette selbst oder in deren Auftrag vorgenommenen öffentlichen Äußerungen, die insbesondere in der Werbung oder auf dem Etikett abgegeben wurden, erwarten kann. ³Das gilt nicht, wenn der Unternehmer die Äußerung nicht kannte und auch nicht kennen konnte, wenn die Äußerung im Zeitpunkt des Vertragsschlusses in derselben oder in gleichwertiger Weise berichtigt war oder wenn die Äußerung die Entscheidung, das digitale Produkt zu erwerben, nicht beeinflussen konnte.

(4) ¹Soweit eine Integration durchzuführen ist, entspricht das digitale Produkt den Anforderungen an die Integration, wenn die Integration
1. sachgemäß durchgeführt worden ist oder
2. zwar unsachgemäß durchgeführt worden ist, dies jedoch weder auf einer unsachgemäßen Integration durch den Unternehmer noch auf einem Mangel in der vom Unternehmer bereitgestellten Anleitung beruht.

²Integration ist die Verbindung und die Einbindung eines digitalen Produkts mit den oder in die Komponenten der digitalen Umgebung des Verbrauchers, damit das digitale Produkt gemäß den Anforderungen nach den Vorschriften dieses Untertitels genutzt werden kann. ³Digitale Umgebung sind Hardware, Software oder Netzverbindungen aller Art, die vom Verbraucher für den Zugang zu einem digitalen Produkt oder die Nutzung eines digitalen Produkts verwendet werden.

(5) Einem Produktmangel steht es gleich, wenn der Unternehmer ein anderes digitales Produkt als das vertraglich geschuldete digitale Produkt bereitstellt.

§ 327f Aktualisierungen. (1) ¹Der Unternehmer hat sicherzustellen, dass dem Verbraucher während des maßgeblichen Zeitraums Aktualisierungen, die für den Erhalt der Vertragsmäßigkeit des digitalen Produkts erforderlich sind, bereitgestellt werden und der Verbraucher über diese Aktualisierungen informiert wird. ²Zu den erforderlichen Aktualisierungen gehören auch Sicherheitsaktualisierungen. ³Der maßgebliche Zeitraum nach Satz 1 ist
1. bei einem Vertrag über die dauerhafte Bereitstellung eines digitalen Produkts der Bereitstellungszeitraum,
2. in allen anderen Fällen der Zeitraum, den der Verbraucher aufgrund der Art und des Zwecks des digitalen Produkts und unter Berücksichtigung der Umstände und der Art des Vertrags erwarten kann.

(2) Unterlässt es der Verbraucher, eine Aktualisierung, die ihm gemäß Absatz 1 bereitgestellt worden ist, innerhalb einer angemessenen Frist zu installieren, so haftet der Unternehmer nicht für einen Produktmangel, der allein auf das Fehlen dieser Aktualisierung zurückzuführen ist, sofern
1. der Unternehmer den Verbraucher über die Verfügbarkeit der Aktualisierung und die Folgen einer unterlassenen Installation informiert hat und
2. die Tatsache, dass der Verbraucher die Aktualisierung nicht oder unsachgemäß installiert hat, nicht auf eine dem Verbraucher bereitgestellte mangelhafte Installationsanleitung zurückzuführen ist.

§ 327g Rechtsmangel. Das digitale Produkt ist frei von Rechtsmängeln, wenn der Verbraucher es gemäß den subjektiven oder objektiven Anforderungen nach § 327e Absatz 2 und 3 nutzen kann, ohne Rechte Dritter zu verletzen.

§ 327h Abweichende Vereinbarungen über Produktmerkmale. Von den objektiven Anforderungen nach § 327e Absatz 3 Satz 1 Nummer 1 bis 5 und Satz 2, § 327f Absatz 1 und § 327g kann nur abgewichen werden, wenn der Verbraucher vor Abgabe seiner Vertragserklärung eigens davon in Kenntnis gesetzt wurde, dass ein bestimmtes Merkmal des digitalen Produkts von diesen objektiven Anforderungen abweicht, und diese Abweichung im Vertrag ausdrücklich und gesondert vereinbart wurde.

§ 327i Rechte des Verbrauchers bei Mängeln. Ist das digitale Produkt mangelhaft, kann der Verbraucher, wenn die Voraussetzungen der folgenden Vorschriften vorliegen,
1. nach § 327l Nacherfüllung verlangen,
2. nach § 327m Absatz 1, 2, 4 und 5 den Vertrag beenden oder nach § 327n den Preis mindern und
3. nach § 280 Absatz 1 oder § 327m Absatz 3 Schadensersatz oder nach § 284 Ersatz vergeblicher Aufwendungen verlangen.

§ 327j Verjährung. (1) ¹Die in § 327i Nummer 1 und 3 bezeichneten Ansprüche verjähren in zwei Jahren. ²Die Verjährung beginnt mit der Bereitstellung.

(2) Im Fall der dauerhaften Bereitstellung verjähren die Ansprüche nicht vor Ablauf von zwölf Monaten nach dem Ende des Bereitstellungszeitraums.

(3) Ansprüche wegen einer Verletzung der Aktualisierungspflicht verjähren nicht vor Ablauf von zwölf Monaten nach dem Ende des für die Aktualisierungspflicht maßgeblichen Zeitraums.

(4) Hat sich ein Mangel innerhalb der Verjährungsfrist gezeigt, so tritt die Verjährung nicht vor dem Ablauf von vier Monaten nach dem Zeitpunkt ein, in dem sich der Mangel erstmals gezeigt hat.

(5) Für die in § 327i Nummer 2 bezeichneten Rechte gilt § 218 entsprechend.

§ 327k Beweislastumkehr. (1) Zeigt sich bei einem digitalen Produkt innerhalb eines Jahres seit seiner Bereitstellung ein von den Anforderungen nach § 327e oder § 327g abweichender Zustand, so wird vermutet, dass das digitale Produkt bereits bei Bereitstellung mangelhaft war.

(2) Zeigt sich bei einem dauerhaft bereitgestellten digitalen Produkt während der Dauer der Bereitstellung ein von den Anforderungen nach § 327e oder § 327g abweichender Zustand, so wird vermutet, dass das digitale Produkt während der bisherigen Dauer der Bereitstellung mangelhaft war.

(3) Die Vermutungen nach den Absätzen 1 und 2 gelten vorbehaltlich des Absatzes 4 nicht, wenn
1. die digitale Umgebung des Verbrauchers mit den technischen Anforderungen des digitalen Produkts zur maßgeblichen Zeit nicht kompatibel war oder
2. der Unternehmer nicht feststellen kann, ob die Voraussetzungen der Nummer 1 vorlagen, weil der Verbraucher eine hierfür notwendige und ihm mögliche Mitwirkungshandlung nicht vornimmt und der Unternehmer zur Feststellung ein technisches Mittel einsetzen wollte, das für den Verbraucher den geringsten Eingriff darstellt.

(4) Absatz 3 ist nur anzuwenden, wenn der Unternehmer den Verbraucher vor Vertragsschluss klar und verständlich informiert hat über
1. die technischen Anforderungen des digitalen Produkts an die digitale Umgebung im Fall des Absatzes 3 Nummer 1 oder
2. die Obliegenheit des Verbrauchers nach Absatz 3 Nummer 2.

§ 327l Nacherfüllung. (1) ¹Verlangt der Verbraucher vom Unternehmer Nacherfüllung, so hat dieser den vertragsgemäßen Zustand herzustellen und die zum Zwecke der Nacherfüllung erforderlichen Aufwendungen zu tragen. ²Der Unternehmer hat die Nacherfüllung innerhalb einer angemessenen Frist ab dem Zeitpunkt, zu dem der Verbraucher ihn über den Mangel informiert hat, und ohne erhebliche Unannehmlichkeiten für den Verbraucher durchzuführen.

(2) ¹Der Anspruch nach Absatz 1 ist ausgeschlossen, wenn die Nacherfüllung unmöglich oder für den Unternehmer nur mit unverhältnismäßigen Kosten möglich ist. ²Dabei sind insbesondere der Wert des digitalen Produkts in mangelfreiem Zustand sowie die Bedeutung des Mangels zu berücksichtigen. ³§ 275 Absatz 2 und 3 findet keine Anwendung.

§ 327m Vertragsbeendigung und Schadensersatz. (1) Ist das digitale Produkt mangelhaft, so kann der Verbraucher den Vertrag gemäß § 327o beenden, wenn
1. der Nacherfüllungsanspruch gemäß § 327l Absatz 2 ausgeschlossen ist,
2. der Nacherfüllungsanspruch des Verbrauchers nicht gemäß § 327l Absatz 1 erfüllt wurde,
3. sich trotz der vom Unternehmer versuchten Nacherfüllung ein Mangel zeigt,
4. der Mangel derart schwerwiegend ist, dass die sofortige Vertragsbeendigung gerechtfertigt ist,
5. der Unternehmer die gemäß § 327l Absatz 1 Satz 2 ordnungsgemäße Nacherfüllung verweigert hat, oder
6. es nach den Umständen offensichtlich ist, dass der Unternehmer nicht gemäß § 327l Absatz 1 Satz 2 ordnungsgemäß nacherfüllen wird.

(2) ¹Eine Beendigung des Vertrags nach Absatz 1 ist ausgeschlossen, wenn der Mangel unerheblich ist. ²Dies gilt nicht für Verbraucherverträge im Sinne des § 327 Absatz 3.

(3) ¹In den Fällen des Absatzes 1 Nummer 1 bis 6 kann der Verbraucher unter den Voraussetzungen des § 280 Absatz 1 Schadensersatz statt der Leistung verlangen. ²§ 281 Absatz 1 Satz 3 und Absatz 4 sind entsprechend anzuwenden. ³Verlangt der Verbraucher Schadensersatz statt der ganzen Leistung, so ist der Unternehmer zur Rückforderung des Geleisteten nach den §§ 327o und 327p berechtigt. ⁴§ 325 gilt entsprechend.

(4) ¹Sofern der Verbraucher den Vertrag nach Absatz 1 beenden kann, kann er sich im Hinblick auf alle Bestandteile des Paketvertrags vom Vertrag lösen, wenn er an dem anderen Teil des Paketvertrags ohne das mangelhafte digitale Produkt kein Interesse hat. ²Satz 1 ist nicht auf Paketverträge anzuwenden, bei denen der andere Bestandteil ein Telekommunikationsdienst im Sinne des § 3 Nummer 61 des Telekommunikationsgesetzes ist.

(5) Sofern der Verbraucher den Vertrag nach Absatz 1 beenden kann, kann er sich im Hinblick auf alle Bestandteile eines Vertrags nach § 327a Absatz 2 vom Vertrag lösen, wenn aufgrund des Mangels des digitalen Produkts sich die Sache nicht zur gewöhnlichen Verwendung eignet.

§ 327n Minderung. (1) ¹Statt den Vertrag nach § 327m Absatz 1 zu beenden, kann der Verbraucher den Preis durch Erklärung gegenüber dem Unternehmer mindern. ²Der Ausschlussgrund des § 327m Absatz 2 Satz 1 findet keine Anwendung. ³§ 327o Absatz 1 ist entsprechend anzuwenden.

(2) ¹Bei der Minderung ist der Preis in dem Verhältnis herabzusetzen, in welchem zum Zeitpunkt der Bereitstellung der Wert des digitalen Produkts in mangelfreiem Zustand zu dem wirklichen Wert gestanden haben würde. ²Bei Verträgen über die dauerhafte Bereitstellung eines digitalen Produkts ist der Preis unter entsprechender Anwendung des Satzes 1 nur anteilig für die Dauer der Mangelhaftigkeit herabzusetzen.

(3) Die Minderung ist, soweit erforderlich, durch Schätzung zu ermitteln.

(4) ¹Hat der Verbraucher mehr als den geminderten Preis gezahlt, so hat der Unternehmer den Mehrbetrag zu erstatten. ²Der Mehrbetrag ist unverzüglich, auf jeden Fall aber innerhalb von 14 Tagen zu erstatten. ³Die Frist beginnt mit dem Zugang der Minderungserklärung beim Unternehmer. ⁴Für die Erstattung muss der Unternehmer dasselbe Zahlungsmittel verwenden, das der Verbraucher bei der Zahlung verwendet hat, es sei denn, es wurde ausdrücklich etwas anderes vereinbart und dem Verbraucher entstehen durch die Verwendung eines anderen Zahlungsmittels keine Kosten. ⁵Der Unternehmer kann vom Verbraucher keinen Ersatz für die Kosten verlangen, die ihm für die Erstattung des Mehrbetrags entstehen.

§ 327o Erklärung und Rechtsfolgen der Vertragsbeendigung. (1) ¹Die Beendigung des Vertrags erfolgt durch Erklärung gegenüber dem Unternehmer, in welcher der Entschluss des Verbrauchers zur Beendigung zum Ausdruck kommt. ²§ 351 ist entsprechend anzuwenden.

(2) ¹Im Fall der Vertragsbeendigung hat der Unternehmer dem Verbraucher die Zahlungen zu erstatten, die der Verbraucher zur Erfüllung des Vertrags geleistet hat. ²Für Leistungen, die der Unternehmer aufgrund der Vertragsbeendigung nicht mehr zu erbringen hat, erlischt sein Anspruch auf Zahlung des vereinbarten Preises.

(3) ¹Abweichend von Absatz 2 Satz 2 erlischt bei Verträgen über die dauerhafte Bereitstellung eines digitalen Produkts der Anspruch des Unternehmers auch für bereits erbrachte Leistungen, jedoch nur für denjenigen Teil des Bereitstellungszeitraums, in dem das digitale Produkt mangelhaft war. ²Der gezahlte Preis für den Zeitraum, für den der Anspruch nach Satz 1 entfallen ist, ist dem Verbraucher zu erstatten.

(4) Für die Erstattungen nach den Absätzen 2 und 3 ist § 327n Absatz 4 Satz 2 bis 5 entsprechend anzuwenden.

(5) ¹Der Verbraucher ist verpflichtet, einen vom Unternehmer bereitgestellten körperlichen Datenträger an diesen unverzüglich zurückzusenden, wenn der Unternehmer dies spätestens 14 Tage nach Vertragsbeendigung verlangt. ²Der Unternehmer trägt die Kosten der Rücksendung. ³§ 348 ist entsprechend anzuwenden.

§ 327p Weitere Nutzung nach Vertragsbeendigung. (1) ¹Der Verbraucher darf das digitale Produkt nach Vertragsbeendigung weder weiter nutzen noch Dritten zur Verfügung stellen. ²Der Unternehmer ist berechtigt, die weitere Nutzung durch den Verbraucher zu unterbinden. ³Absatz 3 bleibt hiervon unberührt.

(2) ¹Der Unternehmer darf die Inhalte, die nicht personenbezogene Daten sind und die der Verbraucher bei der Nutzung des vom Unternehmer bereitgestellten digitalen Produkts bereitgestellt oder erstellt hat, nach der Vertragsbeendigung nicht weiter nutzen. ²Dies gilt nicht, wenn die Inhalte
1. außerhalb des Kontextes des vom Unternehmer bereitgestellten digitalen Produkts keinen Nutzen haben,
2. ausschließlich mit der Nutzung des vom Unternehmer bereitgestellten digitalen Produkts durch den Verbraucher zusammenhängen,
3. vom Unternehmer mit anderen Daten aggregiert wurden und nicht oder nur mit unverhältnismäßigem Aufwand disaggregiert werden können oder
4. vom Verbraucher gemeinsam mit anderen erzeugt wurden, sofern andere Verbraucher die Inhalte weiterhin nutzen können.

(3) ¹Der Unternehmer hat dem Verbraucher auf dessen Verlangen die Inhalte gemäß Absatz 2 Satz 1 bereitzustellen. ²Dies gilt nicht für Inhalte nach Absatz 2 Satz 2 Nummer 1 bis 3. ³Die Inhalte müssen dem Verbraucher unentgeltlich, ohne Behinderung durch den Unternehmer, innerhalb einer angemessenen Frist und in einem gängigen und maschinenlesbaren Format bereitgestellt werden.

§ 327q Vertragsrechtliche Folgen datenschutzrechtlicher Erklärungen des Verbrauchers. (1) Die Ausübung von datenschutzrechtlichen Betroffenenrechten und die Abgabe datenschutzrechtlicher Erklärungen des Verbrauchers nach Vertragsschluss lassen die Wirksamkeit des Vertrags unberührt.

(2) Widerruft der Verbraucher eine von ihm erteilte datenschutzrechtliche Einwilligung oder widerspricht er einer weiteren Verarbeitung seiner personenbezogenen Daten, so kann der Unternehmer einen Vertrag, der ihn zu einer Reihe einzelner Bereitstellungen digitaler Produkte oder zur dauerhaften Bereitstellung eines digitalen Produkts verpflichtet, ohne Einhaltung einer Kündigungsfrist kündigen, wenn ihm unter Berücksichtigung des weiterhin zulässigen Umfangs der Datenverarbeitung und unter Abwägung der beiderseitigen Interessen die Fortsetzung des Vertragsverhältnisses bis zum vereinbarten Vertragsende oder bis zum Ablauf einer gesetzlichen oder vertraglichen Kündigungsfrist nicht zugemutet werden kann.

(3) Ersatzansprüche des Unternehmers gegen den Verbraucher wegen einer durch die Ausübung von Datenschutzrechten oder die Abgabe datenschutzrechtlicher Erklärungen bewirkten Einschränkung der zulässigen Datenverarbeitung sind ausgeschlossen.

§ 327r Änderungen an digitalen Produkten. (1) Bei einer dauerhaften Bereitstellung darf der Unternehmer Änderungen des digitalen Produkts, die über das zur Aufrechterhaltung der Vertragsmäßigkeit nach § 327e Absatz 2 und 3 und § 327f erforderliche Maß hinausgehen, nur vornehmen, wenn
1. der Vertrag diese Möglichkeit vorsieht und einen triftigen Grund dafür enthält,
2. dem Verbraucher durch die Änderung keine zusätzlichen Kosten entstehen und
3. der Verbraucher klar und verständlich über die Änderung informiert wird.

(2) [1]Eine Änderung des digitalen Produkts, welche die Zugriffsmöglichkeit des Verbrauchers auf das digitale Produkt oder welche die Nutzbarkeit des digitalen Produkts für den Verbraucher beeinträchtigt, darf der Unternehmer nur vornehmen, wenn er den Verbraucher darüber hinaus innerhalb einer angemessenen Frist vor dem Zeitpunkt der Änderung mittels eines dauerhaften Datenträgers informiert. [2]Die Information muss Angaben enthalten über:
1. Merkmale und Zeitpunkt der Änderung sowie
2. die Rechte des Verbrauchers nach den Absätzen 3 und 4.
[3]Satz 1 gilt nicht, wenn die Beeinträchtigung der Zugriffsmöglichkeit oder der Nutzbarkeit nur unerheblich ist.

(3) [1]Beeinträchtigt eine Änderung des digitalen Produkts die Zugriffsmöglichkeit oder die Nutzbarkeit im Sinne des Absatzes 2 Satz 1, so kann der Verbraucher den Vertrag innerhalb von 30 Tagen unentgeltlich beenden. [2]Die Frist beginnt mit dem Zugang der Information nach Absatz 2 zu laufen. [3]Erfolgt die Änderung nach dem Zugang der Information, so tritt an die Stelle des Zeitpunkts des Zugangs der Information der Zeitpunkt der Änderung.

(4) Die Beendigung des Vertrags nach Absatz 3 Satz 1 ist ausgeschlossen, wenn

1. die Beeinträchtigung der Zugriffsmöglichkeit oder der Nutzbarkeit nur unerheblich ist oder
2. dem Verbraucher die Zugriffsmöglichkeit auf das unveränderte digitale Produkt und die Nutzbarkeit des unveränderten digitalen Produkts ohne zusätzliche Kosten erhalten bleiben.

(5) Für die Beendigung des Vertrags nach Absatz 3 Satz 1 und deren Rechtsfolgen sind die §§ 327o und 327p entsprechend anzuwenden.

(6) Die Absätze 1 bis 5 sind auf Paketverträge, bei denen der andere Bestandteil des Paketvertrags die Bereitstellung eines Internetzugangsdienstes oder eines öffentlich zugänglichen nummerngebundenen interpersonellen Telekommunikationsdienstes im Rahmen eines Paketvertrags im Sinne des § 66 Absatz 1 des Telekommunikationsgesetzes zum Gegenstand hat, nicht anzuwenden.

§ 327s Abweichende Vereinbarungen. (1) Auf eine Vereinbarung mit dem Verbraucher, die zum Nachteil des Verbrauchers von den Vorschriften dieses Untertitels abweicht, kann der Unternehmer sich nicht berufen, es sei denn, die Vereinbarung wurde erst nach der Mitteilung des Verbrauchers gegenüber dem Unternehmer über die unterbliebene Bereitstellung oder über den Mangel des digitalen Produkts getroffen.

(2) Auf eine Vereinbarung mit dem Verbraucher über eine Änderung des digitalen Produkts, die zum Nachteil des Verbrauchers von den Vorschriften dieses Untertitels abweicht, kann der Unternehmer sich nicht berufen, es sei denn, sie wurde nach der Information des Verbrauchers über die Änderung des digitalen Produkts gemäß § 327r getroffen.

(3) Die Vorschriften dieses Untertitels sind auch anzuwenden, wenn sie durch anderweitige Gestaltungen umgangen werden.

(4) Die Absätze 1 und 2 gelten nicht für den Ausschluss oder die Beschränkung des Anspruchs auf Schadensersatz.

(5) § 327h bleibt unberührt.

§ 327t Anwendungsbereich. Auf Verträge zwischen Unternehmern, die der Bereitstellung digitaler Produkte gemäß der nach den §§ 327 und 327a vom Anwendungsbereich des Untertitels 1 erfassten Verbraucherverträge dienen, sind ergänzend die Vorschriften dieses Untertitels anzuwenden.

§ 327 Rückgriff des Unternehmers. (1) [1]Der Unternehmer kann von dem Unternehmer, der sich ihm gegenüber zur Bereitstellung eines digitalen Produkts verpflichtet hat (Vertriebspartner), Ersatz der Aufwendungen verlangen, die ihm im Verhältnis zu einem Verbraucher wegen einer durch den Vertriebspartner verursachten unterbliebenen Bereitstellung des vom Vertriebspartner bereitzustellenden digitalen Produkts aufgrund der Ausübung des Rechts des Verbrauchers nach § 327c Absatz 1 Satz 1 entstanden sind. [2]Das Gleiche gilt für die nach § 327l Absatz 1 vom Unternehmer zu tragenden Aufwendungen, wenn der vom Verbraucher gegenüber dem Unternehmer geltend gemachte Mangel bereits bei der Bereitstellung durch den Vertriebspartner vorhanden war oder in einer durch den Vertriebspartner verursachten Verletzung der Aktualisierungspflicht des Unternehmers nach § 327f Absatz 1 besteht.

(2) ¹Die Aufwendungsersatzansprüche nach Absatz 1 verjähren in sechs Monaten. ²Die Verjährung beginnt
1. im Fall des Absatzes 1 Satz 1 mit dem Zeitpunkt, zu dem der Verbraucher sein Recht ausgeübt hat,
2. im Fall des Absatzes 1 Satz 2 mit dem Zeitpunkt, zu dem der Unternehmer die Ansprüche des Verbrauchers nach § 327l Absatz 1 erfüllt hat.

(3) § 327k Absatz 1 und 2 ist mit der Maßgabe entsprechend anzuwenden, dass die Frist mit der Bereitstellung an den Verbraucher beginnt.

(4) ¹Der Vertriebspartner kann sich nicht auf eine Vereinbarung berufen, die er vor Geltendmachung der in Absatz 1 bezeichneten Aufwendungsersatzansprüche mit dem Unternehmer getroffen hat und die zum Nachteil des Unternehmers von den Absätzen 1 bis 3 abweicht. ²Satz 1 ist auch anzuwenden, wenn die Absätze 1 bis 3 durch anderweitige Gestaltungen umgangen werden.

(5) § 377 des Handelsgesetzbuchs bleibt unberührt.

(6) Die vorstehenden Absätze sind auf die Ansprüche des Vertriebspartners und der übrigen Vertragspartner in der Vertriebskette gegen die jeweiligen zur Bereitstellung verpflichteten Vertragspartner entsprechend anzuwenden, wenn die Schuldner Unternehmer sind.

33

Gegenansprüche und Domainrecht[1]

Für Gegenansprüche gegen die Medien sind neben Vorschriften aus dem Privatrecht (siehe → Nr. **5 BGB** und → Nr. **6 EGBG** dieser Vorschriftensammlung) Bestimmungen des Markenrechts (→ Nr. **10 MarkenG**) und des Rechts des Unlauteren Wettbewerbs (→ Nr. **12 UWG**) zu beachten. Im Internetrecht hat das Domainrecht eine herausragende wirtschaftliche Bedeutung. Die Ansprüche die Benutzung einer Domain betreffend sind daher sehr praxisrelevant. Für wettbewerbsrechtliche Ansprüche bei spezifischen Wettbewerbsaspekten (Behinderungswettbewerb, Irreführung) gelten die §§ 3 ff. UWG. Bei den allgemeinen/grundsätzlichen medienrechtlichen Ansprüchen können u.a. auch Normen aus dem Grundgesetz (→ Nr. **1**), aus dem Strafgesetzbuch (→ Nr. **14**) sowie aus dem Kunsturhebergesetz (→ Nr. **10**) zur Anwendung kommen. Spezifische Gegendarstellungsansprüche sind auch im Rundfunkrecht (→ Nr. **21**) und in den Pressegesetzen (→ Nr. **19**) zu finden.

Überblick über das System der Anspruchsgrundlagen

Allgemeine/grundsätzliche Ansprüche

1. Unterlassungsanspruch aus §§ 1004 BGB analog; 823 Abs. 2 BGB i.V.m. einem Schutzgesetz (z.B. §§ 185 ff. StGB, §§ 22, 23 KUG)
2. Berichtigungsanspruch aus §§ 1004 BGB analog i.V.m. §§ 823 ff. BGB
3. Schadensersatzanspruch aus § 823 Abs. 1 i.V.m. Art. 2 Abs. 1, Art. 1 Abs. 1 GG (allgemeines Persönlichkeitsrecht als „sonstiges Recht" i.S.d. § 823 Abs. 1 BGB) oder § 823 Abs. 2 BGB i.V.m. einem Schutzgesetz, z.B. §§ 185 ff. StGB, §§ 22, 23 KUG
4. Anspruch auf Geldentschädigung aus § 823 Abs. 1 BGB i.V.m. Art. 2 Abs. 1, Art. 1 GG (richterliches Gewohnheitsrecht)
5. Ungerechtfertigte Bereicherung aus § 812 Abs. 1 Satz 1, 2. Alt. BGB (Eingriffskondiktion)
6. Gegendarstellungsanspruch (exemplarisch): § 10 PresseG (Mustergesetz), § 20 MStV, § 9 Landesmediengesetz Baden-Württemberg (= LMG BW)[2], Art. 17 Bayerisches Rundfunkgesetz (= BayRG)[3]

Gegenansprüche und Domainrecht

1. Allgemeine Ansprüche aus §§ 812 ff.; 823, 826; 1004 BGB
2. Ansprüche aus Kennzeichenrechten: §§ 14, 15 MarkenG

---

1 Die Vergabe und Registrierung von Domains erfolgt über folgende Organisationen: **ICANN** (Top level domains allgemein u. international, www.icann.org); **Inter-NIC** (Generische Top level domains wie org, info etc; www.internic.net); **DENIC** (Vergabe von Second level domains (SLDs) → www./SLDs bzw. subdomains./.de; www.denic.de/de).
2 Fundstelle: vgl. Anhang I zum Rundfunkstaatsvertrag → Nr. 21.
3 Fundstelle: vgl. Anhang II zum Rundfunkstaatsvertrag → Nr. 21.

33 Domainrecht

3. Ansprüche wegen Namensrechtsverletzungen nach § 12 BGB i.V.m. 1004 BGB analog
4. Wettbewerbsrechtliche Ansprüche bei spezifischen Wettbewerbsaspekten (Behinderungswettbewerb; Irreführung) §§ 3 ff. UWG

(Im Domainrecht sind die speziellen Anspruchsgrundlagen Nr. 2–4 zunächst zu prüfen.)

I. Allgemeine/Grundsätzliche Ansprüche

1. Unterlassungsanspruch aus §§ 1004 BGB analog; evtl. 823 Abs. 2 BGB i.V.m. einem Schutzgesetz (bspw. §§ 185 ff. StGB, §§ 22, 23 KUG)

§ 1004 BGB Beseitigungs- und Unterlassungsanspruch. (1) ¹Wird das Eigentum in anderer Weise als durch Entziehung oder Vorenthaltung des Besitzes beeinträchtigt, so kann der Eigentümer von dem Störer die Beseitigung der Beeinträchtigung verlangen. ²Sind weitere Beeinträchtigungen zu besorgen, so kann der Eigentümer auf Unterlassung klagen.

(2) Der Anspruch ist ausgeschlossen, wenn der Eigentümer zur Duldung verpflichtet ist.

§ 823 BGB Schadensersatzpflicht. (1) Wer vorsätzlich oder fahrlässig das Leben, den Körper, die Gesundheit, die Freiheit, das Eigentum oder ein sonstiges Recht eines anderen[4] widerrechtlich verletzt, ist dem anderen zum Ersatz des daraus entstehenden Schadens verpflichtet.

(2) ¹Die gleiche Verpflichtung trifft denjenigen, welcher gegen ein den Schutz eines anderen bezweckendes Gesetz verstößt. ²Ist nach dem Inhalt des Gesetzes ein Verstoß gegen dieses auch ohne Verschulden möglich, so tritt die Ersatzpflicht nur im Falle des Verschuldens ein.

Beispiel 1 für ein Schutzgesetz: §§ 185 ff. StGB

§ 185 StGB Beleidigung Die Beleidigung wird mit Freiheitsstrafe bis zu einem Jahr oder mit Geldstrafe und, wenn die Beleidigung öffentlich, in einer Versammlung, durch Verbreiten eines Inhalts (§ 11 Absatz 3) oder mittels einer Tätlichkeit begangen wird, mit Freiheitsstrafe bis zu zwei Jahren oder mit Geldstrafe bestraft.

§ 186 StGB Üble Nachrede. Wer in Beziehung auf einen anderen eine Tatsache behauptet oder verbreitet, welche denselben verächtlich zu machen oder in der öffentlichen Meinung herabzuwürdigen geeignet ist, wird, wenn nicht

---

4 Ein „sonstiges Recht eines anderen" i.S.d. § 823 Abs. 1 BGB ist im Medienrecht vor allem das allgemeine Persönlichkeitsrecht des Art. 2 Abs. 1 i.V.m. Art. 1 Abs. 1 GG.

diese Tatsache erweislich wahr ist, mit Freiheitsstrafe bis zu einem Jahr oder mit Geldstrafe und, wenn die Tat öffentlich, in einer Versammlung oder durch Verbreiten eines Inhalts (§ 11 Absatz 3) begangen ist, mit Freiheitsstrafe bis zu zwei Jahren oder mit Geldstrafe bestraft.

§ 187 StGB Verleumdung. Wer wider besseres Wissen in Beziehung auf einen anderen eine unwahre Tatsache behauptet oder verbreitet, welche denselben verächtlich zu machen oder in der öffentlichen Meinung herabzuwürdigen oder dessen Kredit zu gefährden geeignet ist, wird mit Freiheitsstrafe bis zu zwei Jahren oder mit Geldstrafe und, wenn die Tat öffentlich, in einer Versammlung oder durch Verbreiten eines Inhalts (§ 11 Absatz 3) begangen ist, mit Freiheitsstrafe bis zu fünf Jahren oder mit Geldstrafe bestraft.

§ 188 StGB Üble Nachrede und Verleumdung gegen Personen des politischen Lebens. (1) ¹Wird gegen eine im politischen Leben des Volkes stehende Person öffentlich, in einer Versammlung oder durch Verbreiten eines Inhalts (§ 11 Absatz 3) eine Beleidigung (§ 185) aus Beweggründen begangen, die mit der Stellung des Beleidigten im öffentlichen Leben zusammenhängen, und ist die Tat geeignet, sein öffentliches Wirken erheblich zu erschweren, so ist die Strafe Freiheitsstrafe bis zu drei Jahren oder Geldstrafe. ²Das politische Leben des Volkes reicht bis hin zur kommunalen Ebene.

(2) Unter den gleichen Voraussetzungen wird eine üble Nachrede (§ 186) mit Freiheitsstrafe von drei Monaten bis zu fünf Jahren und eine Verleumdung (§ 187) mit Freiheitsstrafe von sechs Monaten bis zu fünf Jahren bestraft.

§ 189 StGB Verunglimpfung des Andenkens Verstorbener. Wer das Andenken eines Verstorbenen verunglimpft, wird mit Freiheitsstrafe bis zu zwei Jahren oder mit Geldstrafe bestraft.

§ 190 StGB Wahrheitsbeweis durch Strafurteil. ¹Ist die behauptete oder verbreitete Tatsache eine Straftat, so ist der Beweis der Wahrheit als erbracht anzusehen, wenn der Beleidigte wegen dieser Tat rechtskräftig verurteilt worden ist. ²Der Beweis der Wahrheit ist dagegen ausgeschlossen, wenn der Beleidigte vor der Behauptung oder Verbreitung rechtskräftig freigesprochen worden ist.

§ 192 StGB Beleidigung trotz Wahrheitsbeweises. Der Beweis der Wahrheit der behaupteten oder verbreiteten Tatsache schließt die Bestrafung nach § 185 nicht aus, wenn das Vorhandensein einer Beleidigung aus der Form der Behauptung oder Verbreitung oder aus den Umständen, unter welchen sie geschah, hervorgeht.

§ 192a StGB Verhetzende Beleidigung. Wer einen Inhalt (§ 11 Absatz 3), der geeignet ist, die Menschenwürde anderer dadurch anzugreifen, dass er eine durch ihre nationale, rassische, religiöse oder ethnische Herkunft, ihre Weltanschauung, ihre Behinderung oder ihre sexuelle Orientierung bestimmte Gruppe oder einen Einzelnen wegen seiner Zugehörigkeit zu einer dieser Gruppen beschimpft, böswillig verächtlich macht oder verleumdet, an eine andere Person, die zu einer der vorbezeichneten Gruppen gehört, gelangen lässt, ohne von dieser Person hierzu aufgefordert zu sein, wird mit Freiheitsstrafe bis zu zwei Jahren oder mit Geldstrafe bestraft.

§ 193 StGB Wahrnehmung berechtigter Interessen. Tadelnde Urteile über wissenschaftliche, künstlerische oder gewerbliche Leistungen, desgleichen Äußerungen oder Tathandlungen nach § 192a, welche zur Ausführung oder Verteidigung von Rechten oder zur Wahrnehmung berechtigter Interessen vorgenommen werden, sowie Vorhaltungen und Rügen der Vorgesetzten gegen ihre Untergebenen, dienstliche Anzeigen oder Urteile von seiten eines Beamten und ähnliche Fälle sind nur insofern strafbar, als das Vorhandensein einer Beleidigung aus der Form der Äußerung oder aus den Umständen, unter welchen sie geschah, hervorgeht.

Beispiel 2 für ein Schutzgesetz: §§ 22, 23 KUG

§ 22 KUG [Recht am eigenen Bilde]. [1]Bildnisse dürfen nur mit Einwilligung des Abgebildeten verbreitet oder öffentlich zur Schau gestellt werden. [2]Die Einwilligung gilt im Zweifel als erteilt, wenn der Abgebildete dafür, dass er sich abbilden ließ, eine Entlohnung erhielt. [3]Nach dem Tode des Abgebildeten bedarf es bis zum Ablaufe von 10 Jahren der Einwilligung der Angehörigen des Abgebildeten. [4]Angehörige im Sinne dieses Gesetzes sind der überlebende Ehegatte oder Lebenspartner und die Kinder des Abgebildeten, und wenn weder ein Ehegatte oder Lebenspartner noch Kinder vorhanden sind, die Eltern des Abgebildeten.

§ 23 KUG [Ausnahmen zu § 22]. (1) Ohne die nach § 22 erforderliche Einwilligung dürfen verbreitet und zur Schau gestellt werden:
1. Bildnisse aus dem Bereich der Zeitgeschichte;
2. Bilder, auf denen die Personen nur als Beiwerk neben einer Landschaft oder sonstigen Örtlichkeit erscheinen;
3. Bilder von Versammlungen, Aufzügen und ähnlichen Vorgängen, an denen die dargestellten Personen teilgenommen haben;
4. Bildnisse, die nicht auf Bestellung angefertigt sind, sofern die Verbreitung oder Schaustellung einem höheren Interesse der Kunst dient.

(2) Die Befugnis erstreckt sich jedoch nicht auf eine Verbreitung und Schaustellung, durch die ein berechtigtes Interesse des Abgebildeten oder, falls dieser verstorben ist, seiner Angehörigen verletzt wird.

2. Berichtigungsanspruch aus §§ 1004 BGB analog i.V.m. §§ 823 ff. BGB

§ 1004 BGB Beseitigungs- und Unterlassungsanspruch. (1) [1]Wird das Eigentum in anderer Weise als durch Entziehung oder Vorenthaltung des Besitzes beeinträchtigt, so kann der Eigentümer von dem Störer die Beseitigung der Beeinträchtigung verlangen. ²Sind weitere Beeinträchtigungen zu besorgen, so kann der Eigentümer auf Unterlassung klagen.

(2) Der Anspruch ist ausgeschlossen, wenn der Eigentümer zur Duldung verpflichtet ist.

§ 823 BGB Schadensersatzpflicht. (1) Wer vorsätzlich oder fahrlässig das Leben, den Körper, die Gesundheit, die Freiheit, das Eigentum oder ein sonstiges Recht eines anderen[5] widerrechtlich verletzt, ist dem Anderen zum Ersatz des daraus entstehenden Schadens verpflichtet.

(2) ¹Die gleiche Verpflichtung trifft denjenigen, welcher gegen ein den Schutz eines anderen bezweckendes Gesetz verstößt. ²Ist nach dem Inhalt des Gesetzes ein Verstoß gegen dieses auch ohne Verschulden möglich, so tritt die Ersatzpflicht nur im Falle des Verschuldens ein.

§ 824 BGB Kreditgefährdung. (1) Wer der Wahrheit zuwider eine Tatsache behauptet oder verbreitet, die geeignet ist, den Kredit eines anderen zu gefährden oder sonstige Nachteile für dessen Erwerb oder Fortkommen herbeizuführen, hat dem Anderen den daraus entstehenden Schaden auch dann zu ersetzen, wenn er die Unwahrheit zwar nicht kennt, aber kennen muss.

(2) Durch eine Mitteilung, deren Unwahrheit dem Mitteilenden unbekannt ist, wird dieser nicht zum Schadensersatz verpflichtet, wenn er oder der Empfänger der Mitteilung an ihr ein berechtigtes Interesse hat.

§ 826 BGB Sittenwidrige vorsätzliche Schädigung. Wer in einer gegen die guten Sitten verstoßenden Weise einem anderen vorsätzlich Schaden zufügt, ist dem Anderen zum Ersatz des Schadens verpflichtet.

§ 827 BGB Ausschluss und Minderung der Verantwortlichkeit. ¹Wer im Zustand der Bewusstlosigkeit oder in einem die freie Willensbestimmung ausschließenden Zustand krankhafter Störung der Geistestätigkeit einem anderen Schaden zufügt, ist für den Schaden nicht verantwortlich. ²Hat er sich durch geistige Getränke oder ähnliche Mittel in einen vorübergehenden Zustand dieser Art versetzt, so ist er für einen Schaden, den er in diesem Zustand widerrechtlich verursacht, in gleicher Weise verantwortlich, wie wenn ihm Fahrlässigkeit zur Last fiele; die Verantwortlichkeit tritt nicht ein, wenn er ohne Verschulden in den Zustand geraten ist.

§ 828 BGB Minderjährige. (1) Wer nicht das siebente Lebensjahr vollendet hat, ist für einen Schaden, den er einem anderen zufügt, nicht verantwortlich.

(2) ¹Wer das siebente, aber nicht das zehnte Lebensjahr vollendet hat, ist für den Schaden, den er bei einem Unfall mit einem Kraftfahrzeug, einer Schie-

---

[5] Ein „sonstiges Recht eines anderen" i.S.d. § 823 Abs. 1 BGB ist im Medienrecht vor allem das allgemeine Persönlichkeitsrecht des Art. 2 Abs. 1 i.V.m. Art. 1 Abs. 1 GG.

nenbahn oder einer Schwebebahn einem anderen zufügt, nicht verantwortlich. ²Dies gilt nicht, wenn er die Verletzung vorsätzlich herbeigeführt hat.

(3) Wer das 18. Lebensjahr noch nicht vollendet hat, ist, sofern seine Verantwortlichkeit nicht nach Absatz 1 oder 2 ausgeschlossen ist, für den Schaden, den er einem anderen zufügt, nicht verantwortlich, wenn er bei der Begehung der schädigenden Handlung nicht die zur Erkenntnis der Verantwortlichkeit erforderliche Einsicht hat.

§ 829 BGB Ersatzpflicht aus Billigkeitsgründen. Wer in einem der in den §§ 823 bis 826 bezeichneten Fälle für einen von ihm verursachten Schaden aufgrund der §§ 827, 828 nicht verantwortlich ist, hat gleichwohl, sofern der Ersatz des Schadens nicht von einem aufsichtspflichtigen Dritten erlangt werden kann, den Schaden insoweit zu ersetzen, als die Billigkeit nach den Umständen, insbesondere nach den Verhältnissen der Beteiligten, eine Schadloshaltung erfordert und ihm nicht die Mittel entzogen werden, deren er zum angemessenen Unterhalt sowie zur Erfüllung seiner gesetzlichen Unterhaltspflichten bedarf.

§ 830 BGB Mittäter und Beteiligte. (1) ¹Haben mehrere durch eine gemeinschaftlich begangene unerlaubte Handlung einen Schaden verursacht, so ist jeder für den Schaden verantwortlich. ²Das Gleiche gilt, wenn sich nicht ermitteln lässt, wer von mehreren Beteiligten den Schaden durch seine Handlung verursacht hat.

(2) Anstifter und Gehilfen stehen Mittätern gleich.

3. Schadensersatzanspruch aus § 823 Abs. 1 BGB i.V.m. Art. 2 Abs. 1, Art. 1 Abs. 1 GG (allgemeines Persönlichkeitsrecht als „sonstiges Recht" i.S.d. § 823 Abs. 1 BGB) oder § 823 Abs. 2 BGB i.V.m. einem Schutzgesetz, z.B. §§ 185 ff. StGB, §§ 22, 23 KUG

§ 823 BGB Schadensersatzpflicht. (1) Wer vorsätzlich oder fahrlässig das Leben, den Körper, die Gesundheit, die Freiheit, das Eigentum oder ein sonstiges Recht eines anderen widerrechtlich verletzt, ist dem anderen zum Ersatz des daraus entstehenden Schadens verpflichtet.

(2) ¹Die gleiche Verpflichtung trifft denjenigen, welcher gegen ein den Schutz eines anderen bezweckendes Gesetz verstößt. ²Ist nach dem Inhalt des Gesetzes ein Verstoß gegen dieses auch ohne Verschulden möglich, so tritt die Ersatzpflicht nur im Falle des Verschuldens ein.

Art. 1 GG [Menschenwürde]. (1) ¹Die Würde des Menschen ist unantastbar. ²Sie zu achten und zu schützen ist Verpflichtung aller staatlichen Gewalt.

(2) Das Deutsche Volk bekennt sich darum zu unverletzlichen und unveräußerlichen Menschenrechten als Grundlage jeder menschlichen Gemeinschaft, des Friedens und der Gerechtigkeit in der Welt.

(3) Die nachfolgenden Grundrechte binden Gesetzgebung, vollziehende Gewalt und Rechtsprechung als unmittelbar geltendes Recht.

[Allgemeines Persönlichkeitsrecht gemäß Art. 2 Abs. 1 i.V.m. Art. 1 Abs. 1 GG[6]]

Art. 2 GG [Freie Entfaltung der Persönlichkeit, Recht auf Leben und körperliche Unversehrtheit, Freiheit der Person]. (1) Jeder hat das Recht auf die freie Entfaltung seiner Persönlichkeit, soweit er nicht die Rechte anderer verletzt und nicht gegen die verfassungsmäßige Ordnung oder das Sittengesetz verstößt.

(2) [1]Jeder hat das Recht auf Leben und körperliche Unversehrtheit. [2]Die Freiheit der Person ist unverletzlich. [3]In diese Rechte darf nur aufgrund eines Gesetzes eingegriffen werden.

Beispiel 1 für ein Schutzgesetz: §§ 185 ff. StGB (→ Nr. **14**)

§ 185 StGB Beleidigung Die Beleidigung wird mit Freiheitsstrafe bis zu einem Jahr oder mit Geldstrafe und, wenn die Beleidigung öffentlich, in einer Versammlung, durch Verbreiten eines Inhalts (§ 11 Absatz 3) oder mittels einer Tätlichkeit begangen wird, mit Freiheitsstrafe bis zu zwei Jahren oder mit Geldstrafe bestraft.

§ 186 StGB Üble Nachrede. Wer in Beziehung auf einen anderen eine Tatsache behauptet oder verbreitet, welche denselben verächtlich zu machen oder in der öffentlichen Meinung herabzuwürdigen geeignet ist, wird, wenn nicht diese Tatsache erweislich wahr ist, mit Freiheitsstrafe bis zu einem Jahr oder mit Geldstrafe und, wenn die Tat öffentlich, in einer Versammlung oder durch Verbreiten eines Inhalts (§ 11 Absatz 3) begangen ist, mit Freiheitsstrafe bis zu zwei Jahren oder mit Geldstrafe bestraft.

§ 187 StGB Verleumdung. Wer wider besseres Wissen in Beziehung auf einen anderen eine unwahre Tatsache behauptet oder verbreitet, welche denselben verächtlich zu machen oder in der öffentlichen Meinung herabzuwürdigen oder dessen Kredit zu gefährden geeignet ist, wird mit Freiheitsstrafe bis zu zwei Jahren oder mit Geldstrafe und, wenn die Tat öffentlich, in einer Versammlung oder durch Verbreiten eines Inhalts (§ 11 Absatz 3) begangen ist, mit Freiheitsstrafe bis zu fünf Jahren oder mit Geldstrafe bestraft.

---

6 Dieses Grundrecht und seine Ausprägungen wurden durch das Bundesverfassungsgericht entwickelt und sind nicht explizit im Grundgesetz genannt. Es spielt eine wichtige Rolle bei den zivilrechtlichen Abwehransprüchen (insbesondere in Verbindung mit den §§ 823 ff., 1004 analog sowie §§ 812 ff. BGB; → **Nr. 5, Nr. 32**).

33 Domainrecht

§ 188 StGB Üble Nachrede und Verleumdung gegen Personen des politischen Lebens. (1) [1]Wird gegen eine im politischen Leben des Volkes stehende Person öffentlich, in einer Versammlung oder durch Verbreiten eines Inhalts (§ 11 Absatz 3) eine Beleidigung (§ 185) aus Beweggründen begangen, die mit der Stellung des Beleidigten im öffentlichen Leben zusammenhängen, und ist die Tat geeignet, sein öffentliches Wirken erheblich zu erschweren, so ist die Strafe Freiheitsstrafe bis zu drei Jahren oder Geldstrafe. [2]Das politische Leben des Volkes reicht bis hin zur kommunalen Ebene.

(2) Unter den gleichen Voraussetzungen wird eine üble Nachrede (§ 186) mit Freiheitsstrafe von drei Monaten bis zu fünf Jahren und eine Verleumdung (§ 187) mit Freiheitsstrafe von sechs Monaten bis zu fünf Jahren bestraft.

§ 189 StGB Verunglimpfung des Andenkens Verstorbener. Wer das Andenken eines Verstorbenen verunglimpft, wird mit Freiheitsstrafe bis zu zwei Jahren oder mit Geldstrafe bestraft.

§ 190 StGB Wahrheitsbeweis durch Strafurteil. [1]Ist die behauptete oder verbreitete Tatsache eine Straftat, so ist der Beweis der Wahrheit als erbracht anzusehen, wenn der Beleidigte wegen dieser Tat rechtskräftig verurteilt worden ist. [2]Der Beweis der Wahrheit ist dagegen ausgeschlossen, wenn der Beleidigte vor der Behauptung oder Verbreitung rechtskräftig freigesprochen worden ist.

§ 192 StGB Beleidigung trotz Wahrheitsbeweises. Der Beweis der Wahrheit der behaupteten oder verbreiteten Tatsache schließt die Bestrafung nach § 185 nicht aus, wenn das Vorhandensein einer Beleidigung aus der Form der Behauptung oder Verbreitung oder aus den Umständen, unter welchen sie geschah, hervorgeht.

§ 192a StGB Verhetzende Beleidigung. Wer einen Inhalt (§ 11 Absatz 3), der geeignet ist, die Menschenwürde anderer dadurch anzugreifen, dass er eine durch ihre nationale, rassische, religiöse oder ethnische Herkunft, ihre Weltanschauung, ihre Behinderung oder ihre sexuelle Orientierung bestimmte Gruppe oder einen Einzelnen wegen seiner Zugehörigkeit zu einer dieser Gruppen beschimpft, böswillig verächtlich macht oder verleumdet, an eine andere Person, die zu einer der vorbezeichneten Gruppen gehört, gelangen lässt, ohne von dieser Person hierzu aufgefordert zu sein, wird mit Freiheitsstrafe bis zu zwei Jahren oder mit Geldstrafe bestraft.

§ 193 StGB Wahrnehmung berechtigter Interessen. Tadelnde Urteile über wissenschaftliche, künstlerische oder gewerbliche Leistungen, desgleichen Äußerungen oder Tathandlungen nach § 192a, welche zur Ausführung oder Verteidigung von Rechten oder zur Wahrnehmung berechtigter Interessen vorgenommen werden, sowie Vorhaltungen und Rügen der Vorgesetzten gegen ihre Untergebenen, dienstliche Anzeigen oder Urteile von seiten eines Beamten und ähnliche Fälle sind nur insofern strafbar, als das Vorhandensein einer Beleidigung aus der Form der Äußerung oder aus den Umständen, unter welchen sie geschah, hervorgeht.

Gegenansprüche und Domainrecht **Domainrecht 33**

Beispiel 2 für ein Schutzgesetz: §§ 22, 23 KUG (→ Nr. **10**)

§ 22 KUG [Recht am eigenen Bilde]. ¹Bildnisse dürfen nur mit Einwilligung des Abgebildeten verbreitet oder öffentlich zur Schau gestellt werden. ²Die Einwilligung gilt im Zweifel als erteilt, wenn der Abgebildete dafür, dass er sich abbilden ließ, eine Entlohnung erhielt. ³Nach dem Tode des Abgebildeten bedarf es bis zum Ablaufe von 10 Jahren der Einwilligung der Angehörigen des Abgebildeten. ⁴Angehörige im Sinne dieses Gesetzes sind der überlebende Ehegatte oder Lebenspartner und die Kinder des Abgebildeten, und wenn weder ein Ehegatte oder Lebenspartner noch Kinder vorhanden sind, die Eltern des Abgebildeten.

§ 23 KUG [Ausnahmen zu § 22]. (1) Ohne die nach § 22 erforderliche Einwilligung dürfen verbreitet und zur Schau gestellt werden:
1. Bildnisse aus dem Bereich der Zeitgeschichte;
2. Bilder, auf denen die Personen nur als Beiwerk neben einer Landschaft oder sonstigen Örtlichkeit erscheinen;
3. Bilder von Versammlungen, Aufzügen und ähnlichen Vorgängen, an denen die dargestellten Personen teilgenommen haben;
4. Bildnisse, die nicht auf Bestellung angefertigt sind, sofern die Verbreitung oder Schaustellung einem höheren Interesse der Kunst dient.

(2) Die Befugnis erstreckt sich jedoch nicht auf eine Verbreitung und Schaustellung, durch die ein berechtigtes Interesse des Abgebildeten oder, falls dieser verstorben ist, seiner Angehörigen verletzt wird.

4. Anspruch auf Geldentschädigung aus § 823 Abs. 1 BGB i.V.m. Art. 2 Abs. 1, Art. 1 GG (richterliches Gewohnheitsrecht)

§ 823 BGB Schadensersatzpflicht. (1) Wer vorsätzlich oder fahrlässig das Leben, den Körper, die Gesundheit, die Freiheit, das Eigentum oder ein sonstiges Recht eines anderen[7] widerrechtlich verletzt, ist dem anderen zum Ersatz des daraus entstehenden Schadens verpflichtet.

Art. 1 GG [Menschenwürde]. (1) ¹Die Würde des Menschen ist unantastbar. ²Sie zu achten und zu schützen ist Verpflichtung aller staatlichen Gewalt.

(2) Das Deutsche Volk bekennt sich darum zu unverletzlichen und unveräußerlichen Menschenrechten als Grundlage jeder menschlichen Gemeinschaft, des Friedens und der Gerechtigkeit in der Welt.

---

7 Ein „sonstiges Recht eines anderen" i.S.d. § 823 Abs. 1 BGB ist im Medienrecht vor allem das allgemeine Persönlichkeitsrecht des Art. 2 Abs. 1 i.V.m. Art. 1 Abs. 1 GG.

(3) Die nachfolgenden Grundrechte binden Gesetzgebung, vollziehende Gewalt und Rechtsprechung als unmittelbar geltendes Recht.

[Allgemeines Persönlichkeitsrecht gemäß Art. 2 Abs. 1 i.V.m. Art. 1 Abs. 1 GG[8]]

Art. 2 GG [Freie Entfaltung der Persönlichkeit, Recht auf Leben und körperliche Unversehrtheit, Freiheit der Person]. (1) Jeder hat das Recht auf die freie Entfaltung seiner Persönlichkeit, soweit er nicht die Rechte anderer verletzt und nicht gegen die verfassungsmäßige Ordnung oder das Sittengesetz verstößt.

(2) [1]Jeder hat das Recht auf Leben und körperliche Unversehrtheit. [2]Die Freiheit der Person ist unverletzlich. [3]In diese Rechte darf nur aufgrund eines Gesetzes eingegriffen werden.

5. Ungerechtfertigte Bereicherung aus § 812 Abs. 1 Satz 1, 2. Alt. BGB (Eingriffskondiktion)

§ 812 BGB Herausgabeanspruch. (1) [1]Wer durch die Leistung eines anderen oder in sonstiger Weise auf dessen Kosten etwas ohne rechtlichen Grund erlangt, ist ihm zur Herausgabe verpflichtet. [2]Diese Verpflichtung besteht auch dann, wenn der rechtliche Grund später wegfällt oder der mit einer Leistung nach dem Inhalt des Rechtsgeschäfts bezweckte Erfolg nicht eintritt.

(2) Als Leistung gilt auch die durch Vertrag erfolgte Anerkennung des Bestehens oder des Nichtbestehens eines Schuldverhältnisses.

6. Gegendarstellungsanspruch (exemplarisch): § 10 PresseG, § 20 MStV, § 9 LMG BW, Art. 17 BayRG

§ 10 PresseG (Mustergesetz) Gegendarstellungsanspruch. (1) [1]Der verantwortliche Redakteur und der Verleger eines periodischen Druckwerks sind verpflichtet, eine Gegendarstellung der Person oder Stelle zum Abdruck zu bringen, die durch eine in dem Druckwerk aufgestellte Tatsachenbehauptung betroffen ist. [2]Die Verpflichtung erstreckt sich auf alle Nebenausgaben des Druckwerks, in denen die Tatsachenbehauptung erschienen ist.

(2) [1]Die Pflicht zum Abdruck einer Gegendarstellung besteht nicht, wenn
1. die betroffene Person oder Stelle kein berechtigtes Interesse an der Veröffentlichung hat oder

---

8 Dieses Grundrecht und seine Ausprägungen wurden durch das Bundesverfassungsgericht entwickelt und sind nicht explizit im Grundgesetz genannt. Es spielt eine wichtige Rolle bei den zivilrechtlichen Abwehransprüchen (insbesondere in Verbindung mit den §§ 823 ff., 1004 analog sowie §§ 812 ff. BGB → **Nr. 5, Nr. 32**).

Gegenansprüche und Domainrecht **Domainrecht 33**

2. die Gegendarstellung ihrem Umfang nach nicht angemessen ist oder
3. es sich um eine Anzeige handelt, die ausschließlich dem geschäftlichen Verkehr dient.

²Überschreitet die Gegendarstellung nicht den Umfang des beanstandeten Textes, so gilt sie als angemessen. ³Die Gegendarstellung muss sich auf tatsächliche Angaben beschränken und darf keinen strafbaren Inhalt haben. ⁴Sie bedarf der Schriftform und muss von dem Betroffenen oder seinem gesetzlichen Vertreter unterzeichnet sein. ⁵Der Betroffene oder sein Vertreter kann den Abdruck nur verlangen, wenn die Gegendarstellung dem verantwortlichen Redakteur oder dem Verleger unverzüglich, spätestens innerhalb von drei Monaten nach der Veröffentlichung, zugeht.

(3) ¹Die Gegendarstellung muss in der nach Empfang der Einsendung nächstfolgenden, für den Druck nicht abgeschlossenen Nummer in dem gleichen Teil des Druckwerks und mit gleicher Schrift wie der beanstandete Text ohne Einschaltungen und Weglassungen abgedruckt werden; sie darf nicht in der Form eines Leserbriefs erscheinen. ²Der Abdruck ist kostenfrei. ³Wer sich zu der Gegendarstellung in derselben Nummer äußert, muss sich auf tatsächliche Angaben beschränken.

(4) ¹Für die Durchsetzung des Gegendarstellungsanspruchs ist der ordentliche Rechtsweg gegeben. ²Auf Antrag des Betroffenen kann das Gericht anordnen, dass der verantwortliche Redakteur und der Verleger in der Form des Absatzes 3 eine Gegendarstellung veröffentlichen. ³Auf dieses Verfahren sind die Vorschriften der Zivilprozessordnung über das Verfahren auf Erlass einer einstweiligen Verfügung entsprechend anzuwenden. ⁴Eine Gefährdung des Anspruchs braucht nicht glaubhaft gemacht zu werden. ⁵Ein Hauptverfahren findet nicht statt.

(5) Die Absätze 1 bis 4 gelten nicht für wahrheitsgetreue Berichte über öffentliche Sitzungen von übernationalen parlamentarischen Organen, von gesetzgebenden oder beschließenden Organe des Bundes, der Länder, der Gemeinden und sonstigen kommunalen Körperschaften sowie der Gerichte.

§ 20 MStV Gegendarstellung. (1) ¹Anbieter von Telemedien mit journalistisch-redaktionell gestalteten Angeboten, in denen insbesondere vollständig oder teilweise Inhalte periodischer Druckerzeugnisse in Text oder Bild wiedergegeben werden, sind verpflichtet, unverzüglich eine Gegendarstellung der Person oder Stelle, die durch eine in ihrem Angebot aufgestellte Tatsachenbehauptung betroffen ist, ohne Kosten für den Betroffenen in ihr Angebot ohne zusätzliches Abrufentgelt aufzunehmen. ²Die Gegendarstellung ist ohne Einschaltungen und Weglassungen in gleicher Aufmachung wie die Tatsachenbehauptung anzubieten. ³Die Gegendarstellung ist so lange wie die Tatsachenbehauptung in unmittelbarer Verknüpfung mit ihr anzubieten. ⁴Wird die Tatsachenbehauptung nicht mehr angeboten oder endet das Angebot vor Aufnahme der Gegendarstellung, ist die Gegendarstellung an vergleichbarer Stelle so lange anzubieten, wie die ursprünglich angebotene Tatsachenbehauptung.

33 Domainrecht

⁵Eine Erwiderung auf die Gegendarstellung muss sich auf tatsächliche Angaben beschränken und darf nicht unmittelbar mit der Gegendarstellung verknüpft werden.

(2) Eine Verpflichtung zur Aufnahme der Gegendarstellung gemäß Absatz 1 besteht nicht, wenn
1. der Betroffene kein berechtigtes Interesse an der Gegendarstellung hat,
2. der Umfang der Gegendarstellung unangemessen über den der beanstandeten Tatsachenbehauptung hinausgeht,
3. die Gegendarstellung sich nicht auf tatsächliche Angaben beschränkt oder einen strafbaren Inhalt hat oder
4. die Gegendarstellung nicht unverzüglich, spätestens sechs Wochen nach dem letzten Tage des Angebots des beanstandeten Textes, jedenfalls jedoch drei Monate nach der erstmaligen Einstellung des Angebots, dem in Anspruch genommenen Anbieter schriftlich und von dem Betroffenen oder seinem gesetzlichen Vertreter unterzeichnet zugeht.

(3) ¹Für die Durchsetzung des vergeblich geltend gemachten Gegendarstellungsanspruchs ist der ordentliche Rechtsweg gegeben. Auf dieses Verfahren sind die Vorschriften der Zivilprozessordnung über das Verfahren auf Erlass einer einstweiligen Verfügung entsprechend anzuwenden. ²Eine Gefährdung des Anspruchs braucht nicht glaubhaft gemacht zu werden. Ein Verfahren zur Hauptsache findet nicht statt.

(4) Eine Verpflichtung zur Gegendarstellung besteht nicht für wahrheitstreue Berichte über öffentliche Sitzungen der übernationalen parlamentarischen Organe, der gesetzgebenden Organe des Bundes und der Länder sowie derjenigen Organe und Stellen, bei denen das jeweilige Landespressegesetz eine presserechtliche Gegendarstellung ausschließt.

§ 9 LMG BW Gegendarstellung. (1) Der Veranstalter ist verpflichtet, durch Rundfunk die Gegendarstellung der Person oder Stelle zu verbreiten, die durch eine vom Veranstalter verbreitete Tatsachenbehauptung betroffen ist.

(2) Die Pflicht zur Verbreitung der Gegendarstellung besteht nicht, wenn
1. die betroffene Person oder Stelle kein berechtigtes Interesse an der Verbreitung hat oder
2. die Gegendarstellung ihrem Umfang nach nicht angemessen ist, insbesondere den Umfang des beanstandeten Teils der Sendung erheblich überschreitet.

(3) ¹Die Gegendarstellung muss sich auf tatsächliche Angaben beschränken und darf keinen strafbaren Inhalt haben. ²Sie bedarf der Schriftform und muss von dem Betroffenen oder seinem gesetzlichen Vertreter unterzeichnet sein. ³Der Betroffene oder sein Vertreter kann die Verbreitung der Gegendarstellung nur verlangen, wenn die Gegendarstellung unverzüglich, spätestens innerhalb von zwei Monaten, dem Veranstalter zugeht. ⁴Die Gegendarstellung muss die beanstandete Sendung und Tatsachenbehauptung bezeichnen.

Gegenansprüche und Domainrecht

(4) ¹Die Gegendarstellung muss unverzüglich innerhalb des gleichen Programms und der gleichen Programmsparte wie die beanstandete Tatsachenbehauptung sowie zur gleichen Tageszeit oder, soweit dies nicht möglich ist, zu einer Sendezeit verbreitet werden, die der Zeit der beanstandeten Sendung gleichwertig ist. ²Die Verbreitung erfolgt ohne Einschaltungen und Weglassungen. ³Eine Erwiderung auf die verbreitete Gegendarstellung muss sich auf tatsächliche Angaben beschränken.

(5) ¹Die Verbreitung der Gegendarstellung erfolgt unentgeltlich. ²Dies gilt nicht, wenn sich die Gegendarstellung gegen eine Tatsachenbehauptung richtet, die in einer Werbesendung verbreitet worden ist.

(6) ¹Für die Durchsetzung des Anspruchs ist der ordentliche Rechtsweg gegeben. ²Auf Antrag des Betroffenen kann das Gericht anordnen, dass der Veranstalter in der Form des Absatzes 4 eine Gegendarstellung verbreitet. ³Auf das Verfahren sind die Vorschriften der Zivilprozessordnung über das Verfahren auf Erlass einer einstweiligen Verfügung entsprechend anzuwenden. ⁴Eine Gefährdung des Anspruchs braucht nicht glaubhaft gemacht zu werden. ⁵Ein Verfahren zur Hauptsache findet nicht statt.

(7) ¹Die Absätze 1 bis 6 gelten nicht für wahrheitsgetreue Berichte über öffentliche Sitzungen des Europäischen Parlaments, der gesetzgebenden Organe des Bundes, der deutschen Länder und der Vertretungen der Gemeinden und Gemeindeverbände, der Gerichte sowie für Sendungen nach § 5 Abs. 1 bis 3. ²Zu einer Gegendarstellung kann eine Gegendarstellung nicht verlangt werden.

Art. 17 BayRG [Gegendarstellung]. (1) ¹Der Bayerische Rundfunk ist verpflichtet, die Gegendarstellung einer Person oder Stelle, die durch eine in einer Rundfunksendung aufgestellte Tatsachenbehauptung betroffen ist, zu verbreiten. ²Die Gegendarstellung muss die beanstandete Sendung bezeichnen, sich auf tatsächliche Angaben beschränken, vom Betroffenen unterzeichnet sein und dem Bayerischen Rundfunk unverzüglich, spätestens innerhalb von zwei Monaten zugehen.

(2) ¹Die Gegendarstellung muss unverzüglich zu einer gleichwertigen Sendezeit und innerhalb des gleichen Programms und der gleichen Programmsparte wie die beanstandete Tatsachenbehauptung ohne Einschaltungen und Weglassungen verbreitet werden. ²Die Verbreitung erfolgt kostenfrei. ³Eine Erwiderung auf die Gegendarstellung muss sich auf tatsächliche Angaben beschränken.

(3) Eine Verpflichtung zur Verbreitung der Gegendarstellung besteht nicht, wenn
1. Betroffene kein berechtigtes Interesse an der Gegendarstellung haben,
2. ihr Umfang unangemessen über den der beanstandeten Sendung hinausgeht oder
3. die Gegendarstellung einen strafbaren Inhalt hat.

(4) ¹Eine ablehnende Entscheidung des Bayerischen Rundfunks ist unter Angabe der Gründe unverzüglich schriftlich zu verbescheiden und dem Be-

troffenen zuzustellen. ²Ein zweites Verlangen ist zulässig, wenn es den Gründen der Ablehnung Rechnung trägt und dem Bayerischen Rundfunk spätestens innerhalb eines Monats nach Zustellung der ablehnenden Entscheidung zugeht. ³Wird das zweite Verlangen abgelehnt, hat der Intendant über den Vorgang dem zuständigen Ausschuss binnen einer Woche zu berichten.

(5) ¹Der Anspruch auf Verbreitung der Gegendarstellung kann auch im Zivilrechtsweg verfolgt werden. ²Auf dieses Verfahren sind die Vorschriften der Zivilprozessordnung über das Verfahren auf Erlass einer einstweiligen Verfügung entsprechend anzuwenden. ³Eine Gefährdung des Anspruchs braucht nicht glaubhaft gemacht zu werden. ⁴Ein Hauptsacheverfahren findet nicht statt.

II. Gegenansprüche und Domainrecht

Allgemeine Ansprüche aus §§ 812 ff., 823, 826, 1004 BGB

Teilweise Anspruchsgrundlage im Fall von Domain-Grabbing allg. Gegenansprüche gegen Medien[9]

§ 812 BGB Herausgabeanspruch. (1) ¹Wer durch die Leistung eines anderen oder in sonstiger Weise auf dessen Kosten etwas ohne rechtlichen Grund erlangt, ist ihm zur Herausgabe verpflichtet. ²Diese Verpflichtung besteht auch dann, wenn der rechtliche Grund später wegfällt oder der mit einer Leistung nach dem Inhalt des Rechtsgeschäfts bezweckte Erfolg nicht eintritt.

(2) Als Leistung gilt auch die durch Vertrag erfolgte Anerkennung des Bestehens oder des Nichtbestehens eines Schuldverhältnisses.

§ 813 BGB Erfüllung trotz Einrede. (1) ¹Das zum Zwecke der Erfüllung einer Verbindlichkeit Geleistete kann auch dann zurückgefordert werden, wenn dem Anspruch eine Einrede entgegenstand, durch welche die Geltendmachung des Anspruchs dauernd ausgeschlossen wurde. ²Die Vorschrift des § 214 Abs. 2 bleibt unberührt.

(2) Wird eine betagte Verbindlichkeit vorzeitig erfüllt, so ist die Rückforderung ausgeschlossen; die Erstattung von Zwischenzinsen kann nicht verlangt werden.

§ 814 BGB Kenntnis der Nichtschuld. Das zum Zwecke der Erfüllung einer Verbindlichkeit Geleistete kann nicht zurückgefordert werden, wenn der Leistende gewusst hat, dass er zur Leistung nicht verpflichtet war, oder wenn

---

[9] Ansprüche auf Gegendarstellung ergeben sich aus Spezialgesetzen wie dem Pressegesetz (→ **Nr. 19**).

Gegenansprüche und Domainrecht **Domainrecht 33**

die Leistung einer sittlichen Pflicht oder einer auf den Anstand zu nehmenden Rücksicht entsprach.

§ 818 BGB Umfang des Bereicherungsanspruchs. (1) Die Verpflichtung zur Herausgabe erstreckt sich auf die gezogenen Nutzungen sowie auf dasjenige, was der Empfänger auf Grund eines erlangten Rechts oder als Ersatz für die Zerstörung, Beschädigung oder Entziehung des erlangten Gegenstands erwirbt.

(2) Ist die Herausgabe wegen der Beschaffenheit des Erlangten nicht möglich oder ist der Empfänger aus einem anderen Grunde zur Herausgabe außerstande, so hat er den Wert zu ersetzen.

(3) Die Verpflichtung zur Herausgabe oder zum Ersatz des Wertes ist ausgeschlossen, soweit der Empfänger nicht mehr bereichert ist.

(4) Von dem Eintritt der Rechtshängigkeit an haftet der Empfänger nach den allgemeinen Vorschriften.

§ 819 BGB Verschärfte Haftung bei Kenntnis und bei Gesetzes- oder Sittenverstoß. (1) Kennt der Empfänger den Mangel des rechtlichen Grundes bei dem Empfang oder erfährt er ihn später, so ist er von dem Empfang oder der Erlangung der Kenntnis an zur Herausgabe verpflichtet, wie wenn der Anspruch auf Herausgabe zu dieser Zeit rechtshängig geworden wäre.

(2) Verstößt der Empfänger durch die Annahme der Leistung gegen ein gesetzliches Verbot oder gegen die guten Sitten, so ist er von dem Empfang der Leistung an in der gleichen Weise verpflichtet.

§ 822 BGB Herausgabepflicht Dritter. Wendet der Empfänger das Erlangte unentgeltlich einem Dritten zu, so ist, soweit infolgedessen die Verpflichtung des Empfängers zur Herausgabe der Bereicherung ausgeschlossen ist, der Dritte zur Herausgabe verpflichtet, wie wenn er die Zuwendung von dem Gläubiger ohne rechtlichen Grund erhalten hätte.

§ 823 BGB Schadensersatzpflicht. (1) Wer vorsätzlich oder fahrlässig das Leben, den Körper, die Gesundheit, die Freiheit, das Eigentum oder ein sonstiges Recht eines anderen widerrechtlich verletzt, ist dem anderen zum Ersatz des daraus entstehenden Schadens verpflichtet.

(2) [1]Die gleiche Verpflichtung trifft denjenigen, welcher gegen ein den Schutz eines anderen bezweckendes Gesetz verstößt. [2]Ist nach dem Inhalt des Gesetzes ein Verstoß gegen dieses auch ohne Verschulden möglich, so tritt die Ersatzpflicht nur im Falle des Verschuldens ein.

§ 826 BGB Sittenwidrige vorsätzliche Schädigung. Wer in einer gegen die guten Sitten verstoßenden Weise einem anderen vorsätzlich Schaden zufügt, ist dem anderen zum Ersatz des Schadens verpflichtet.

33 Domainrecht

§ 1004 BGB Beseitigungs- und Unterlassungsanspruch. (1) ¹Wird das Eigentum in anderer Weise als durch Entziehung oder Vorenthaltung des Besitzes beeinträchtigt, so kann der Eigentümer von dem Störer die Beseitigung der Beeinträchtigung verlangen. ²Sind weitere Beeinträchtigungen zu besorgen, so kann der Eigentümer auf Unterlassung klagen.

(2) Der Anspruch ist ausgeschlossen, wenn der Eigentümer zur Duldung verpflichtet ist.

2. Ansprüche aus Kennzeichenrechten (Marke, Unternehmenskennzeichen, Werktitel) nach §§ 14, 15 Markengesetz (MarkenG)

Teilweise Anspruchsgrundlage bei Domain-Grabbing

§ 3 MarkenG Als Marke schutzfähige Zeichen. (1) Als Marke können alle Zeichen, insbesondere Wörter einschließlich Personennamen, Abbildungen, Buchstaben, Zahlen, Hörzeichen, dreidimensionale Gestaltungen einschließlich der Form einer Ware oder ihrer Verpackung sowie sonstige Aufmachungen einschließlich Farben und Farbzusammenstellungen geschützt werden, die geeignet sind, Waren oder Dienstleistungen eines Unternehmens von denjenigen anderer Unternehmen zu unterscheiden.

(2) Dem Schutz als Marke nicht zugänglich sind Zeichen, die ausschließlich aus einer Form bestehen,
1. die durch die Art der Ware selbst bedingt ist,
2. die zur Erreichung einer technischen Wirkung erforderlich ist oder
3. die der Ware einen wesentlichen Wert verleiht.

§ 4 MarkenG Entstehung des Markenschutzes. Der Markenschutz entsteht
1. durch die Eintragung eines Zeichens als Marke in das vom Patentamt geführte Register,
2. durch die Benutzung eines Zeichens im geschäftlichen Verkehr, soweit das Zeichen innerhalb beteiligter Verkehrskreise als Marke Verkehrsgeltung erworben hat, oder
3. durch die im Sinne des Artikels 6bis der Pariser Verbandsübereinkunft zum Schutz des gewerblichen Eigentums (Pariser Verbandsübereinkunft) notorische Bekanntheit einer Marke.

§ 5 MarkenG Geschäftliche Bezeichnungen. (1) Als geschäftliche Bezeichnungen werden Unternehmenskennzeichen und Werktitel geschützt.

(2) ¹Unternehmenskennzeichen sind Zeichen, die im geschäftlichen Verkehr als Name, als Firma oder als besondere Bezeichnung eines Geschäftsbetriebs oder eines Unternehmens benutzt werden. ²Der besonderen Bezeichnung eines

Gegenansprüche und Domainrecht **Domainrecht 33**

Geschäftsbetriebs stehen solche Geschäftsabzeichen und sonstige zur Unterscheidung des Geschäftsbetriebs von anderen Geschäftsbetrieben bestimmte Zeichen gleich, die innerhalb beteiligter Verkehrskreise als Kennzeichen des Geschäftsbetriebs gelten.

(3) Werktitel sind die Namen oder besonderen Bezeichnungen von Druckschriften, Filmwerken, Tonwerken, Bühnenwerken oder sonstigen vergleichbaren Werken.

§ 14 MarkenG Ausschließliches Recht des Inhabers einer Marke; Unterlassungsanspruch; Schadensersatzanspruch. (1) Der Erwerb des Markenschutzes nach § 4 gewährt dem Inhaber der Marke ein ausschließliches Recht.

(2) [1]Dritten ist es untersagt, ohne Zustimmung des Inhabers der Marke im geschäftlichen Verkehr in Bezug auf Waren oder Dienstleistungen
1. ein mit der Marke identisches Zeichen für Waren oder Dienstleistungen zu benutzen, die mit denjenigen identisch sind, für die sie Schutz genießt,
2. ein Zeichen zu benutzen, wenn das Zeichen mit einer Marke identisch oder ihr ähnlich ist und für Waren oder Dienstleistungen benutzt wird, die mit denjenigen identisch oder ihnen ähnlich sind, die von der Marke erfasst werden, und für das Publikum die Gefahr einer Verwechslung besteht, die die Gefahr einschließt, dass das Zeichen mit der Marke gedanklich in Verbindung gebracht wird, oder
3. ein mit der Marke identisches Zeichen oder ein ähnliches Zeichen für Waren oder Dienstleistungen zu benutzen, wenn es sich bei der Marke um eine im Inland bekannte Marke handelt und die Benutzung des Zeichens die Unterscheidungskraft oder die Wertschätzung der bekannten Marke ohne rechtfertigenden Grund in unlauterer Weise ausnutzt oder beeinträchtigt.

[2]Waren und Dienstleistungen werden nicht schon deswegen als ähnlich angesehen, weil sie in derselben Klasse gemäß dem in der Nizza-Klassifikation festgelegten Klassifikationssystem erscheinen. [3]Waren und Dienstleistungen werden nicht schon deswegen als unähnlich angesehen, weil sie in verschiedenen Klassen der Nizza-Klassifikation erscheinen.

(3) Sind die Voraussetzungen des Absatzes 2 erfüllt, so ist es insbesondere untersagt,
1. das Zeichen auf Waren oder ihrer Aufmachung oder Verpackung anzubringen,
2. unter dem Zeichen Waren anzubieten, in den Verkehr zu bringen oder zu den genannten Zwecken zu besitzen,
3. unter dem Zeichen Dienstleistungen anzubieten oder zu erbringen,
4. unter dem Zeichen Waren einzuführen oder auszuführen,
5. das Zeichen als Handelsnamen oder geschäftliche Bezeichnung oder als Teil eines Handelsnamens oder einer geschäftlichen Bezeichnung zu benutzen,
6. das Zeichen in Geschäftspapieren oder in der Werbung zu benutzen,

7. das Zeichen in der vergleichenden Werbung in einer der Richtlinie 2006/114/EG des Europäischen Parlaments und des Rates vom 12. Dezember 2006 über irreführende und vergleichende Werbung (ABl. L 376 vom 27.12.2006, S. 21) zuwiderlaufenden Weise zu benutzen.

(4) Dritten ist es ferner untersagt, ohne Zustimmung des Inhabers der Marke im geschäftlichen Verkehr
1. ein mit der Marke identisches Zeichen oder ein ähnliches Zeichen auf Aufmachungen oder Verpackungen oder auf Kennzeichnungsmitteln wie Etiketten, Anhängern, Aufnähern oder dergleichen anzubringen,
2. Aufmachungen, Verpackungen oder Kennzeichnungsmittel, die mit einem mit der Marke identischen Zeichen oder einem ähnlichen Zeichen versehen sind, anzubieten, in den Verkehr zu bringen oder zu den genannten Zwecken zu besitzen oder
3. Aufmachungen, Verpackungen oder Kennzeichnungsmittel, die mit einem mit der Marke identischen Zeichen oder einem ähnlichen Zeichen versehen sind, einzuführen oder auszuführen,

wenn die Gefahr besteht, daß die Aufmachungen oder Verpackungen zur Aufmachung oder Verpackung oder die Kennzeichnungsmittel zur Kennzeichnung von Waren oder Dienstleistungen benutzt werden, hinsichtlich deren Dritten die Benutzung des Zeichens nach den Absätzen 2 und 3 untersagt wäre.

(5) ^{1}Wer ein Zeichen entgegen den Absätzen 2 bis 4 benutzt, kann von dem Inhaber der Marke bei Wiederholungsgefahr auf Unterlassung in Anspruch genommen werden. ^{2}Der Anspruch besteht auch dann, wenn eine Zuwiderhandlung erstmalig droht.

(6) ^{1}Wer die Verletzungshandlung vorsätzlich oder fahrlässig begeht, ist dem Inhaber der Marke zum Ersatz des durch die Verletzungshandlung entstandenen Schadens verpflichtet. ^{2}Bei der Bemessung des Schadensersatzes kann auch der Gewinn, den der Verletzer durch die Verletzung des Rechts erzielt hat, berücksichtigt werden. ^{3}Der Schadensersatzanspruch kann auch auf der Grundlage des Betrages berechnet werden, den der Verletzer als angemessene Vergütung hätte entrichten müssen, wenn er die Erlaubnis zur Nutzung der Marke eingeholt hätte.

(7) Wird die Verletzungshandlung in einem geschäftlichen Betrieb von einem Angestellten oder Beauftragten begangen, so kann der Unterlassungsanspruch und, soweit der Angestellte oder Beauftragte vorsätzlich oder fahrlässig gehandelt hat, der Schadensersatzanspruch auch gegen den Inhaber des Betriebs geltend gemacht werden.

§ 15 MarkenG Ausschließliches Recht des Inhabers einer geschäftlichen Bezeichnung; Unterlassungsanspruch; Schadensersatzanspruch. (1) Der Erwerb des Schutzes einer geschäftlichen Bezeichnung gewährt ihrem Inhaber ein ausschließliches Recht.

(2) Dritten ist es untersagt, die geschäftliche Bezeichnung oder ein ähnliches Zeichen im geschäftlichen Verkehr unbefugt in einer Weise zu benutzen,

die geeignet ist, Verwechslungen mit der geschützten Bezeichnung hervorzurufen.

(3) Handelt es sich bei der geschäftlichen Bezeichnung um eine im Inland bekannte geschäftliche Bezeichnung, so ist es Dritten ferner untersagt, die geschäftliche Bezeichnung oder ein ähnliches Zeichen im geschäftlichen Verkehr zu benutzen, wenn keine Gefahr von Verwechslungen im Sinne des Absatzes 2 besteht, soweit die Benutzung des Zeichens die Unterscheidungskraft oder die Wertschätzung der geschäftlichen Bezeichnung ohne rechtfertigenden Grund in unlauterer Weise ausnutzt oder beeinträchtigt.

(4) Wer eine geschäftliche Bezeichnung oder ein ähnliches Zeichen entgegen Absatz 2 oder 3 benutzt, kann von dem Inhaber der geschäftlichen Bezeichnung auf Unterlassung in Anspruch genommen werden.

(5) Wer die Verletzungshandlung vorsätzlich oder fahrlässig begeht, ist dem Inhaber der geschäftlichen Bezeichnung zum Ersatz des daraus entstandenen Schadens verpflichtet.

(6) § 14 Abs. 7 ist entsprechend anzuwenden.

3. Ansprüche wegen Namensrechtsverletzungen nach § 12 BGB i.V.m. § 1004 BGB analog

§ 12 BGB Namensrecht. ¹Wird das Recht zum Gebrauch eines Namens dem Berechtigten von einem anderen bestritten oder wird das Interesse des Berechtigten dadurch verletzt, dass ein anderer unbefugt den gleichen Namen gebraucht, so kann der Berechtigte von dem anderen Beseitigung der Beeinträchtigung verlangen. ²Sind weitere Beeinträchtigungen zu besorgen, so kann er auf Unterlassung klagen.

4. Wettbewerbsrechtliche Ansprüche bei spezifischen Wettbewerbsaspekten (Behinderungswettbewerb; Irreführung) §§ 3 ff. UWG (→ Nr. 12)

Auf diese Normen werden üblicherweise auch Ansprüche wegen des sog. Domain-Grabbing (Behinderungswettbewerb) gestützt. Daneben kommen die kennzeichenrechtlichen Ansprüche nach MarkenG in Betracht, wenn eine Benutzung im geschäftlichen Verkehr bejaht werden kann.

34

Gerichtsberichterstattung

Für die Gerichtsberichterstattung sind im Wesentlichen § 169 aus dem Gerichtsverfassungsgesetz und § 17a aus dem Gesetz über das Bundesverfassungsgericht bedeutsam.

§ 169 GVG[1] **[Öffentlichkeit].** (1) [1]Die Verhandlung vor dem erkennenden Gericht einschließlich der Verkündung der Urteile und Beschlüsse ist öffentlich. [2]Ton- und Fernseh-Rundfunkaufnahmen sowie Ton- und Filmaufnahmen zum Zwecke der öffentlichen Vorführung oder Veröffentlichung ihres Inhalts sind unzulässig. [3]Die Tonübertragung in einen Arbeitsraum für Personen, die für Presse, Hörfunk, Fernsehen oder für andere Medien berichten, kann von dem Gericht zugelassen werden. [4]Die Tonübertragung kann zur Wahrung schutzwürdiger Interessen der Beteiligten oder Dritter oder zur Wahrung eines ordnungsgemäßen Ablaufs des Verfahrens teilweise untersagt werden. [5]Im Übrigen gilt für den in den Arbeitsraum übertragenen Ton Satz 2 entsprechend.

(2) [1]Tonaufnahmen der Verhandlung einschließlich der Verkündung der Urteile und Beschlüsse können zu wissenschaftlichen und historischen Zwecken von dem Gericht zugelassen werden, wenn es sich um ein Verfahren von herausragender zeitgeschichtlicher Bedeutung für die Bundesrepublik Deutschland handelt. [2]Zur Wahrung schutzwürdiger Interessen der Beteiligten oder Dritter oder zur Wahrung eines ordnungsgemäßen Ablaufs des Verfahrens können die Aufnahmen teilweise untersagt werden. [3]Die Aufnahmen sind nicht zu den Akten zu nehmen und dürfen weder herausgegeben noch für Zwecke des aufgenommenen oder eines anderen Verfahrens genutzt oder verwertet werden. [4]Sie sind vom Gericht nach Abschluss des Verfahrens demjenigen zuständigen Bundes- oder Landesarchiv zur Übernahme anzubieten, das nach dem Bundesarchivgesetz oder einem Landesarchivgesetz festzustellen hat, ob den Aufnahmen ein bleibender Wert zukommt. [5]Nimmt das Bundesarchiv oder das jeweilige Landesarchiv die Aufnahmen nicht an, sind die Aufnahmen durch das Gericht zu löschen.

(3) [1]Abweichend von Absatz 1 Satz 2 kann das Gericht für die Verkündung von Entscheidungen des Bundesgerichtshofs in besonderen Fällen Ton- und Fernseh-Rundfunkaufnahmen sowie Ton- und Filmaufnahmen zum Zwecke der öffentlichen Vorführung oder der Veröffentlichung ihres Inhalts zulassen. [2]Zur Wahrung schutzwürdiger Interessen der Beteiligten oder Dritter sowie eines ordnungsgemäßen Ablaufs des Verfahrens können die Aufnahmen oder deren Übertragung teilweise untersagt oder von der Einhaltung von Auflagen abhängig gemacht werden.

(4) Die Beschlüsse des Gerichts nach den Absätzen 1 bis 3 sind unanfechtbar.

---

1 Auszug aus dem **Gerichtsverfassungsgesetz (GVG)** in der Bekanntmachung vom 9. Mai 1975 (BGBl. I S. 1077), zuletzt geändert durch Gesetz vom 7. Juli 2021 (BGBl. I S. 2363).

§ 17a BVerfGG[2] (1) ¹Die Verhandlung vor dem Bundesverfassungsgericht einschließlich der Verkündung von Entscheidungen ist öffentlich. ²Ton- und Fernseh-Rundfunkaufnahmen sowie Ton- und Filmaufnahmen zum Zwecke der öffentlichen Vorführung oder der Veröffentlichung ihres Inhalts sind nur zulässig
1. in der mündlichen Verhandlung, bis das Gericht die Anwesenheit der Beteiligten festgestellt hat,
2. bei der öffentlichen Verkündung von Entscheidungen.

³Die Tonübertragung in einen Arbeitsraum für Personen, die für Presse, Hörfunk, Fernsehen oder für andere Medien berichten, kann durch Anordnung des oder der Vorsitzenden zugelassen werden.

(2) Zur Wahrung schutzwürdiger Interessen der Beteiligten oder Dritter sowie eines ordnungsgemäßen Ablaufs des Verfahrens kann der oder die Vorsitzende die Aufnahmen nach Absatz 1 Satz 2 oder deren Übertragung sowie die Übertragung nach Absatz 1 Satz 3 ganz oder teilweise untersagen oder von der Einhaltung von Auflagen abhängig machen.

(3) ¹Tonaufnahmen der Verhandlung vor dem Bundesverfassungsgericht einschließlich der Verkündung von Entscheidungen können zu wissenschaftlichen und historischen Zwecken durch Senatsbeschluss zugelassen werden, wenn es sich um ein Verfahren von herausragender zeitgeschichtlicher Bedeutung für die Bundesrepublik Deutschland handelt. ²Zur Wahrung schutzwürdiger Interessen der Beteiligten oder Dritter oder zur Wahrung eines ordnungsgemäßen Ablaufs des Verfahrens können die Aufnahmen durch den Vorsitzenden oder die Vorsitzende teilweise untersagt werden. ³Die Aufnahmen sind nicht zu den Akten zu nehmen und dürfen weder herausgegeben noch für Zwecke des aufgenommenen oder eines anderen Verfahrens genutzt oder verwertet werden. ⁴Die Aufnahmen sind vom Gericht nach Abschluss des Verfahrens dem Bundesarchiv zur Übernahme anzubieten, das nach dem Bundesarchivgesetz festzustellen hat, ob den Aufnahmen ein bleibender Wert zukommt. ⁵Nimmt das Bundesarchiv die Aufnahmen nicht an, sind die Aufnahmen durch das Gericht zu löschen. ⁶§ 25a Satz 2 bleibt unberührt.

(4) Gegen die Anordnungen des oder der Vorsitzenden kann der Senat angerufen werden.

---

2 Auszug aus dem Gesetz über das **Bundesverfassungsgericht (BVerfGG)** in der Fassung der Bekanntmachung vom 11. August 1993 (BGBl. I S. 1473), zuletzt geändert durch Gesetz vom 20. November 2019 (BGBl. I S. 1724).

Stichwortverzeichnis

Fette Zahl = Gesetzesnummer; magere Zahl = § oder Artikel

Akustische Wohnraumüberwachung **15** 100c
Akkreditierung von Zertifizierungsdiensteanbietern **31** 15
Aktenführung **31** Fn. 2
Allgemeine Geschäftsbedingungen **5** 305 f.
Allgemeine Gesetze **Einführung** 1.
Allgemeines Persönlichkeitsrecht **Einführung** 1.
Anbieter, soziale Netzwerke **29a** 1 ff.
Anbieterwechsel **29** 3, 43a, 45n, 46, 148
Anfechtung von Willenserklärungen **5** 119 f.; **32** 119 f.
Angebote, entwicklungsbeeinträchtigende **17** 5
Angebote (ZDF) **25** 8, 12–15
Anrufweiterschaltung **29** 103
ARD-Staatsvertrag **24**
ARTE **23** 9
Aufführungsrecht **8** 19
Aufsichtsstelle im Sinne des VDG **31** 2, 4 ff., 11, 13 f.
Audiovisuelle Mediendienste, Richtlinie **20**
Audiovisuelle Inhalte für das Jugendangebot **21** 33
Auflage **26** 5
Ausfuhrbeschränkungen **2** 29
Ausgaben, wissenschaftliche **8** 70
Auskunftsanspruch **7** 34 Abs. 6; **11** 19; **19** 4
Auskunftsansprüche **Einführung** 9.
Ausspähen von Daten **14** 202a
Ausstellungsrecht **8** 18
AVMD **20**

Bauwerke **8** 59
Bearbeitungen **8** 3, 23

Beauftragter für den Datenschutz **7** 8 ff.
BGB-InfoV **6** Einführung
Behinderungswettbewerb **33**
Beiwerk **10** 23
Belästigungen, unzumutbare **12** 7
Beleidigung **14** 185
Benutzung, freie **8** 24
Berichterstattung über Tagesereignisse **8** 50
Berufsfreiheit **1** 12; **3** II-75
Beschlagnahme **15** 97, 98, 99, 111m; **19** Fn. 1; **29** 129
Bestands- und Entwicklungsgarantie **Einführung** 11.
Betreiberauswahl **29** 40
Bezeichnungen, geschäftliche **33** 5
Bibliotheksgesetz Muster **27c**
Bibliotheksgesetze **27c**
Bildaufnahmen **14** 201a
Bildnisse **8** 60
Bildträger **16** 12
Briefgeheimnis **1** 10
Buchpreisbindung **27**
Bürgerliches Gesetzbuch **5**; **32**
Bundesbeauftragter für Datenschutz und Informationsfreiheit **7** 21; **18** 12
Bundesdatenschutzgesetz **7b**
Bundeskriminalamtgesetz **30b**
Bundesnetzagentur für Elektrizität, Gas, Telekommunikation, Post und Eisenbahnen **29** 116 ff; **31** 21
Bundesprüfstelle für jugendgefährdende Medien **16** 17
Bundesverfassungsgericht **1** 93

Charta der Grundrechte der Union **3**
Computerbetrug **14** 263a

Computerprogramme **8**
Computersabotage **14** 303b

Daten, personenbezogene **7** 3
Datenbankhersteller **8** 87a ff., 127a
Datenbankwerke **8** 4
Datenerhebung **7** 4, 13, 28
Datenerhebung durch die Medien **7** 41
Datengeheimnis **7** 5
Datenhehlerei **14** 202d
Datenschutz **1a** Art. 6 LSAVerf; **7**, **3** II-68; **19** 13; **21** 12, 23, 113; **29** 91 ff.
Datenschutz, Auskunft **7** 19, 34; **21** 12 Abs. 3
Datenschutz, Berichtigung **7** 20, 35
Datenschutz-Grundverordnung **7**
Datenschutz-Grundverordnung – Erwägungsgründe **7a**
Datennutzungsgesetz **18c**
Datensparsamkeit **7** 3a
Datenveränderung **14** 303a
Datenverarbeitung, automatisierte **7** 3, 6a, 8
Datenverarbeitung, öffentliche Stellen **7** 14 ff.
Dauer des Urheberrechts **8** 64 ff.
Dekompilierung **8** 69e
De-Mail-Gesetz **31a**
Diensteanbieter **30** 2, 6, 13; **31a** 3 ff.
Digitales Hochgeschwindigkeitsnetz **29** 3 Nr. 7a, 70 ff.
Domain-Grabbing **33**
Domainrecht **33**
Druckwerke **19** 6
Druckwerke, periodische **19** 6
Duale Rundfunkordnung **Einführung** 11.

eIDAS-VO **Einführung** 3.; **31** Fn. 1
Eigentum, geistiges **1** 14
Eigentumsfreiheit **1** 14; **3** II-72

Einführungsgesetz zum BGB **6**
Einfuhrbeschränkungen **2** 28
Einzelverbindungsnachweis **29** 99
Einziehung **14** 74 ff.
Elektronische Form **5** 126a; **31** Fn. 2; **32** 126a
Elektronischer Rechtsverkehr **5** 312e; **6** 241; **32** 312e
Elektronische-Transaktionen-VO **Einführung** 14. c) **31** Fn. 1
Endnutzerleistungen **29** 39 ff.
Entgeltgenehmigung **29** 35
Entgeltregulierung **29** 27 ff.
Europäisches Übereinkommen über das grenzüberschreitende Fernsehen **21** Fn. 1
EU-Urheberrechtsrichtlinie **7c**
Ewigkeitsgarantie **1** 79

Fernabsatzverträge **5** 312b ff.; **6** 246/1 f.; **32** 312b
Fernkommunikationsmittel **5** 312b; **32** 312b
Fernmeldegeheimnis **29** 88
Fernsehkurzberichterstattung **21** 14; **25** 7
Fernsehrat **25** 19a ff.
Fernsehvollprogramm **25** 2, 10, 11
Fernsehrichtlinie **21** Fn. 1
Film **28**
Filmförderungsanstalt (FFA) **28** 1
Filmrecht **28**
Filmveranstaltungen **16** 11
Filmwerke **8** 65, 88 ff.
Finanzausgleich **23** 12 ff.
Finanzierung **21** 65, 69, 112
Folgerecht **8** 26
Freizügigkeit **3** II-105
Frequenzbereichszuweisung **29** 53
Frequenzhandel **29** 62
Frequenzordnung **29** 52 ff.
Frequenzzuteilung **29** 55
Funktionsauftrag des öffentlich-rechtlichen Rundfunks **Einführung** 11.

Stichwortverzeichnis

Gegendarstellung **24** 8; **25** 9
Gegendarstellungsanspruch **19** 10
Gerichtsberichterstattung **34**
Geschäftliche Bezeichnung **11** 5
Geschäftsverkehr, elektronischer **5** 312e; **6** 241; **32** 312e
Gesetzgebungskompetenzen **1** 70 ff.
Gesetz zur Stärkung der Pressefreiheit **14** 353b; **15** 97
Gewaltdarstellungen **14** 131
Gewinnabschöpfung **12** 10
Gleichheit **1** 3
Großereignisse **21** 13
Grundgesetz **1**
Grundversorgung **Einführung** 11.

Hacking **14** 202a
Hamburgisches Transparenzgesetz **18** Anhang
Herausgabeanspruch **5** 812; **33** 812
Hessisches Bibliotheksgesetz **27c** Fn
Honorar **26** 22

Immunität **1** 46
Impressum **19** 7
Informationsfreiheit **1** 5; **1a** Art. 5 BremVerf, Art. 13 HessVerf, Art. 10 RhpfVerf; **4** 10; **18**
Informationsfreiheit der Länder (Anhang zu Nr. 18 IFG)
Informationsfreiheitsgesetz **18**
Informations- und Nachweispflichtenverordnung zum BGB Vorbemerkung vor **6**
Informationspflichten **5** 312b ff.; **6** 240 ff., Anlage 2 f.; **18a** 1; **29** 93, 127; **30** 5 f./15a
Informationszugang **18** 1, 3
Informationsrechte **1a** Art. 6 MVVerf
Intendant **21** Anlage II; **25** 27
Interoperabilität von Fernsehgeräten **29** 48
Irreführung **33**

Journalistische Sorgfaltspflicht/Wahrheitspflicht **19** 5
Jugendangebot **21** 11g u. Anlage Negativliste Jugendangebot
Jugendschutz **16**; **17**; **25** 8
jugendschutz.net **17** 18
Jugendschutzbeauftragte **17** 7
Jugendschutzgesetz **16**
Jugendschutzprogramme **17** 11

Kabelweitersendung **8** 20b
Kennzeichen verfassungswidriger Organisationen **14** 86a
Kennzeichnung entgeltlicher Veröffentlichungen **19** 9
Kennzeichnungspflichten **8** 95d; **19** 9; **21** 8; **29a** Präambel
Kommission für Jugendmedienschutz **17** 14
Kennzeichnungspflicht Jugendschutz **16** 12
Kommission zur Ermittlung der Konzentration im Medienbereich (KEK) **21** 50, 60, 104
Kommission zur Überprüfung und Ermittlung des Finanzbedarfs der Rundfunkanstalten (KEF) **23** 1
Kommunikationsfreiheit **1** 5
Konsolidierungsverfahren **29** 12
Konsultationsverfahren **29** 12
Kultur **2** 151
Kundenschutz **29** 43a ff.
Kunst **10** 23
Kunstfreiheit **1** 5; **3** II-73
Künstler, ausübende **8** 73 ff.
Kunsturhebergesetz **10**
Kursmanipulation Anm. nach **14** 353d

Landesmedienanstalt **21** 104; **23** 10
Landestransparenzgesetz RLP **27c** Fn
Landesverfassungen (LVerf) **1a**
Laufbilder **8**
Lebensmittel- und Bedarfsgegenständegesetz **12** Zusatztext

Lebensmittel-, Bedarfsgegenstände u. Futtermittelgesetzbuch **12** Zusatztext
Lichtbilder **8**
Liste jugendgefährdender Medien **16** 18
„Location-based Services" **29** 98

Marke **11** 3
Markengesetz **11**
Marktanalyse **29** 11
Marktdefinition **29** 10
Marktmacht, beträchtliche **29** 3
Marktregulierung **29** 9 ff.
Medienaufsicht **21** 104 ff.
Mediendienste-Staatsvertrag **Einführung** 9.
Medienfreiheit **Einführung** 1.; **1** 5; **1a** Art. 19 BrandVerf, Art. 10 RhpfVerf, Art. 20 SaVerf, Art. 11 ThürVerf
Medienprivileg **7** 41; **12** 9 S. 2
Medienstaatsvertrag **21**
Meinungsbildung **19** 3
Meinungsfreiheit **1** 5; **3** II-71; **4** 10
Meinungsvielfalt **21**
Menschen, behinderte **8** 45a
Menschenrechte **4** 1
Menschenwürde **1** 1; **3** II-61; **16** 4
Missbrauchsaufsicht **29** 42 ff.
Miturheber **8** 8
Mobilfunkendgeräte **15** 100i
Multimediarecht **29 ff.**
Mustergesetz, Landesbibliotheksgesetz **27c**
Mustergesetz, Presse **19**

Nachrede, üble **14** 186
Namensrecht **33**
Nationalbibliotheksgesetz Anhang zu **19**; **27a**
Netzwerkdurchgangsgesetz **29a**
Notruf **29** 108
Nummerierung **29** 66 ff.
Nutzungsrechte **8**

Offenlegungspflicht **19** 22
Öffentliche Zugänglichmachung für Unterricht und Forschung **8** 52a
Öffentliche Versorgungsnetze **30** 3, 70 ff.
Ordre public **6** 6
Organe **21** Anlage II; **25** 19
Overblocking **Einführung** 14. a)

Panoramafreiheit **8** 59
Parteien **1** 21
Parteiengesetz (Fußnote zu Art. 21 GG)
Personalstatut **6** 5
Persönlichkeitsrecht, allgemeines **1**
Pflichtablieferungsverordnung **27b**
Pflichtexemplar **19** 12
Pflichtexemplarrecht **19** Anlage IV
Postwesen **1** 87f
Preisansagepflicht **29** 66b, 67, 152
Preisbindung **27** 3
Pressefreiheit **1** 5; **19** 1
Pressegesetz **19**
Pressekodex **19** Fn. 2
Presserecht **19**
Programmbeirat **24** 7
Programmbouquet **21** 2, Präambel
Programmdirektor **24** 5 f.
Programmgrundsätze **21** 3, 50
Propagandamittel **14** 86
Protokoll über den öffentlich-rechtlichen Rundfunk **20a**

Qualifizierte elektronische Signaturen mit Anbieter-Akkreditierung **31** 15
Quellenangabe **8** 63

Recht am eigenen Bilde **10** 22
Recht der öffentlichen Zugänglichmachung **8** 19a
Rechtswahl, freie **6** 27
Redakteur, verantwortlicher **19** 7
Reden, öffentliche **8** 48
Referenzfilmförderung **28** 22

Stichwortverzeichnis

Regionalfensterprogramm **21** 2,
 8 Abs. 7, 65 Abs. 2
Regulierung der
 Telekommunikation **29** 2, 116
Rom I **6** Anhang I
Rom II **6** Anhang II
Rückgabebelehrung **6** Anlage 1
Rückgaberecht **5** 312d; **32** 312d
Rückrufsrecht wegen gewandelter
 Überzeugung **8** 42
Rückrufsrecht wegen Nicht-
 ausübung **8** 41
Rücktrittsrecht **26** 30
Rufnummernanzeige **29** 102
Rufnummernübertragbarkeit **29** 46
Rundfunk, öffentlich-rechtlicher
 21 26 ff.
Rundfunk, privater **21** 50 ff.
Rundfunkbegriff **21** 2
Rundfunkbeitragsstaatsvertrag **22**
Rundfunkfinanzierungsstaatsvertrag
 23
Rundfunkgebührenstaatsvertrag **22a**
Rundfunkkommentare **8** 49
Rundfunkrecht **21**
Rundfunkstaatsvertrag **21**
Rundfunkänderungsstaatsverträge
 21 Vorbemerkung
Rundfunkübertragung **29** 48 ff.

Sammelwerke **8** 4
Sammlungen **8** 46
Satellitensendung **8** 20a
Schadensersatz **5** 249 f., 823; **7** 7;
 8 97; **11** 14; **12** 9; **29** 44
Schadensersatzanspruch **11** 14 f.;
 33 14 f.
Schadensersatzpflicht **33** 823
Schleichwerbung **21** 2
Schlichtungsstelle **8** 36a
Schranken des Urheberrechts
 8 44a ff.
Schriften, pornographische **14** 184
Schriftform **32** 126
Schriftsätze **31** Fn. 2

Schulfunksendungen **8** 47
Schutz technischer Maßnahmen
 8 95a
Selbstkontrolle, freiwillige **17** 19
Senderecht **8** 20
Sendeunternehmen **8** 87
Sendezeit für Dritte **21** 69
Siegel, qualifizierte elektronische
 31 12, 17
Signatur, qualifizierte elektronische
 31 2, 17, Fn. 2
Signaturen, elektronische **31**
Sittenwidrige vorsätzliche
 Schädigung **33** 826
„Scalping" Anm. nach **14** 353d
Soziale Netzwerke, Anbieter
 29a 1 ff.
„Spannerschutz" **14** 201a
Spartenprogramm **21** 2, 28 Abs. 2,
 4; 55 Abs. 2; 59 Abs. 1, 60, 81
Sponsoring **21** 2, 10, 22, 39, 40
Staatsangehörige, ausländische
 8 121
Staatsprinzipien **1** 20
„Stalking" **14** 238
Standortdaten **29** 3, 98
Strafgesetzbuch **14**
Strafprozessrecht **15**

Tabakerzeugnisgesetz **12** Zusatztext
Tabakgesetz, vorläufiges **12** Zusatz-
 text
Teilnehmerverzeichnisse **29** 104
Telefonwarteschleifen **29** 2, 66b,
 66g, 66h, 148, 150
Telekommunikation **1** 87 f. **29** 3
Telekommunikationsgesetz **29**
Telekommunikation-Telemedien-
 Datenschutz-Gesetz **30a**
Teledienstegesetz **Einführung** 14. a)
Telemediengesetz **Einführung** 14. a);
 30
Telemedien **Einführung** 7.; **16** 1,
 17 3
Teleshopping **21** 2, 47, 71

Thüringer Bibliotheksgesetz **27c** Fn
Tonträgerhersteller **8** 85 ff.
Trägermedien **16** 1
Trägermedien, jugendgefährdende **16** 15
Transparenz **18c** 6
Transparenzgesetze **18** Anhang
TRIPS-Abkommen **8** Fn. 1

Übertragung von Nutzungsrechten **8** 34
Überwachung der Telekommunikation **15** 100a
Überwachungsmaßnahmen **29** 110
Umgestaltung **8** 23
Umweltdaten **1a** Art. 6 LSAVerf
Umweltinformationsgesetz **18b**
Universaldienstleistungen **29** 78
Unterlassung **8** 97; **12** 8; **29** 44
Unterlassungsanspruch **33** 15, 1004
Unterlassungsklagen **12** 8, Fn. 1
Unternehmenskennzeichen **11** 5; **33** 5
Unverletzlichkeit der Wohnung **1** 13
Urheberpersönlichkeitsrecht **8**
Urheberrecht **8**
Urheberrechts-Diensteanbieter-Gesetz **8a**

Verbot unlauteren Wettbewerbs **12**, 3
Verbraucherinformationsgesetz **18a**
Verbraucherschutzgesetze **12** 8, Fn. 1
Verbraucherverträge **5** 355 ff.; **6** 240 ff.
Verbreitungsrecht **8** 17
Vereinigungsfreiheit **1** 9
Vererbung von Urheberrechten **8** 28
Verfassungsbeschwerde **1** 93
Verfilmung **8** 88
Vergütung **8** 27; **9**
Vergütungspflicht **8** 54, 54a
Vergütungsrecht **8** 27

Vergütungsregeln **8** 36
Vergütungssätze **8** Anlage zu § 54d Abs. 1
Verkehrsdaten **15** Fn 20, 100c,101a f., 109g; **29** Vorbem. TKG, FN 62, 3 Nr. 30, 96 ff., 100, 113a f., **30a** 52, 74 Nr. 9
Verlagsgesetz **26**
Verlagsrecht **26** 8
Verletzung des Post- oder Fernmeldegeheimnisses **14** 206
Verleumdung **14** 187
Verrat von Geschäfts- und Betriebsgeheimnissen **12** 17
Versammlungen **10** 23
Versammlungsfreiheit **1** 8; **3** II-72; **4** 11
Versandhandel **17** 1
Vertrag über eine Verfassung für Europa **2** Fn. 1; **3**
Vertrag von Nizza **2** Fn. 1
Vertragsschluss im Internet **32**
Vertrauensdienste, qualifizierte **31** 9 ff.
Vertrauensdiensteanbieter **31** 4 ff., 8 ff., 12 ff.
Vertrauensdienstegesetz **31**
Verunglimpfung des Bundespräsidenten **14** 90
Verunglimpfung des Staates und seiner Symbole **14** 90a
Vervielfältigungen zum privaten und sonstigen eigenen Gebrauch **8** 53
Vervielfältigungsrecht **8** 16; **26** 2
Verwaltungsrat **21** Anlage II; **25** 23
Verwaltungszustellungsgesetz **31a** Vorbemerkung, Anhang
Verwertungsgesellschaftengesetz **9**
Verwertungsgesellschaften **8** Fn. 4; **9** 23; **13** 30
Verwertungsrechte **8** 15 ff.
Videoüberwachung **7** 6b
Videosharingplattformen **20** 1, 28a f., **21** 1 ff., 97 ff.; **29** 2, 2a ff., 6, 10a ff.

Stichwortverzeichnis

Volksverhetzung **14** 130
Vollprogramm **21** 2
Vorführungsrecht **8** 19
Vorläufiges Tabakgesetz **12** Zusatztext
Vorteilsabschöpfung **29** 43
Vortragsrecht **8** 19
Vorratsdatenspeicherung **15** Fn. 1; **29** Rn. 2, 113a f.; **29** Vorbem.

Wahrheitspflicht **19** 5
Wahrnehmung berechtigter Interessen **14** 193
Warenverkehrsfreiheit **2** 23
Wege, öffentliche **8** 59
Wegerecht **29** 68 ff.
Weiterverbreitung **21** 78
Werbeverbot **12** Zusatztext
Werbung **12** 5 f.; **17** 6; **21** 2, 9, 39, 46, 74, 98
Werbung, irreführende **12** 5
Werbung, vergleichende **12** 6
Werkbegriff **52**
Werke, amtliche **8** 5
Werke, anonyme und pseudonyme **8** 66
Werke, künftige **8** 40
Werke, nachgelassene **8** 71
Werktitel **33** 5
Wertpapierhandelsgesetz (zu § 20a WpHG im Anschluss von Nr. 14 StGB)
Wettbewerb, unlauterer **12**

Wettbewerbsbeschränkungen **13**
Wettbewerbsrecht **33**
Widerruf **21** 108
Widerrufsbelehrung **6** Anlage 2
Widerrufsrecht **5** 312d; **32** 312d
Wissenschaftsfreiheit **1** 5; **3** II-73

ZDF-Staatsvertrag **25**
Zensur **1** 5 Abs. 1 S. 3
Zensurverbot **Einführung** 1.
Zeitschriften **13** 15
Zeitstempel **31** 2, 9
Zeitungen **13** 15
Zeitungsartikel **8** 49
Zertifikate, qualifizierte elektronische **31** 12 ff.
Zertifizierungsdiensteanbieter **31** 2
Zeugnisverweigerungsrecht **15** 53
Zitate **8** 51
Zu eigen machen **Einführung** 14. a)
Zugangsberechtigungssysteme **29** 50
Zugangsfreiheit **21** 53
Zugangsrecht **8** 25
Zugangsregulierung **29** 16 ff.
Zulassung **21** 12, 20, Anhang II
Zulassungsverfahren **21** 21
Zusammenschaltung **29** 16
Zusammenschlusskontrolle **13** 35
Zustellungsbevollmächtigter, inländischer **29a** 5
Zwangslizenz **8** 42a

Der erste Griff bei Fragen zum Datenschutz:

DS-GVO/BDSG

Die aktuellen Fälle, Urteile, Erfahrungen aus erster Hand – alles in einem Kommentar!

Zwei Jahre nach seinem Erscheinen stellt der Kommentar DS-GVO/BDSG der Datenschutzpraxis wieder eine topaktuelle Kommentierung zur Verfügung. Anlass für die Neuauflage waren umfangreiche aktuelle Entwicklungen in der Gesetzgebung, Rechtsprechung und der Aufsichtspraxis, auf die sich die Datenschutzpraxis täglich einstellen muss.

Eine ganz neue Herausforderung für die Datenschutzpraxis stellt die Bekämpfung der Auswirkungen der SARS-CoV-2-Pandemie dar. Welche Maßnahmen sind noch datenschutzkonform und welche nicht? Ganz konkret gilt diese Frage beispielsweise für die Zulässigkeit einer App zur Ermittlung von Kontakten mit Corona-Infizierten. Hinweise zum Umgang mit diesen schwierigen aktuellen Rechtsfragen enthält der vorliegende Kommentar.

Schwerpunkte der Neuauflage sind:

- die neuen Gesetze zum Bereichsspezifischen Datenschutz mit wichtigen Änderungen des BDSG,
- die aktuelle Rechtsprechung nationaler Gerichte und des EuGH, die für die Praxis bedeutsame Maßstäbe gesetzt hat,
- verschärfte Sanktionen durch die Datenschutzbehörden und
- aktuelle Hinweise zur datenschutzrechtlichen Zulässigkeit von Maßnahmen zur Bekämpfung einer Pandemie.

Herausgegeben von Prof. Dr. **Rolf Schwartmann**, RA **Andreas Jaspers**, Prof. Dr. **Gregor Thüsing** und Prof. Dr. **Dieter Kugelmann**.

2., neu bearbeitete Auflage 2020
2.060 Seiten. € 189,–
ISBN 978-3-8114-5565-8

Versandkostenfrei bei: otto-schmidt.de
Bestellung: kundenservice@cfmueller.de, Tel.: 06221/1859-599
C.F. Müller GmbH, Waldhofer Straße 100, 69123 Heidelberg

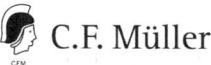

Ihr Schlüssel zum Einstieg!

Die Reihe „Start ins Rechtsgebiet"

- komprimierte Darstellung für schnellen Einstieg
- rasche Orientierung durch graphische Übersichten, Tabellen und Merksätze
- anschaulich durch viele Beispiele, einprägsam durch Glossar und Wiederholungsfragen

Prof. Dr. Dieter Dörr/
Prof. Dr. Rolf Schwartmann
Medienrecht
6. Auflage 2019. € 27,–

Prof. Dr. Rolf Schwartmann/
Ass. iur. Sara Ohr
Recht der Sozialen Medien
2015. € 24,99

Prof. Dr. Jürgen Kühling/
Dr. Manuel Klar/Florian Sackmann
Datenschutzrecht
5. Auflage 2021. € 34,–

Prof. Dr. Jürgen Kühling/
Tobias Schall/ Michael Biendl
Telekommunikationsrecht
2. Auflage 2014. € 31,99

Prof. Dr. Markus Köhler/
Prof. Dr. Thomas Fetzer
Recht des Internet
8. Auflage 2016. € 34,99

Alle Bände der Reihe und weitere Infos unter: **www.otto-schmidt.de/cfm**

C.F. Müller   Jura auf den ● gebracht